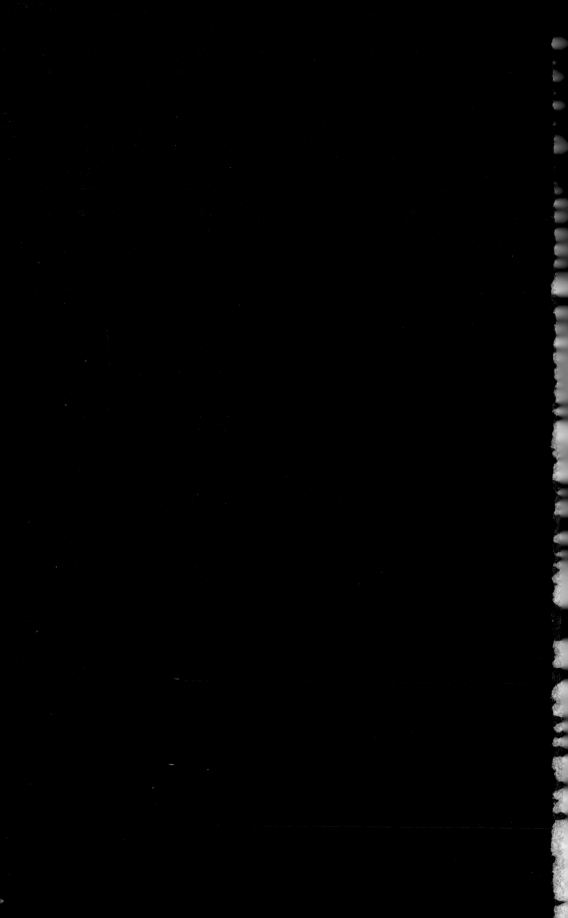

J. von Staudingers
Kommentar zum Bürgerlichen Gesetzbuch
mit Einführungsgesetz und Nebengesetzen
Buch 2 · Recht der Schuldverhältnisse
§§ 631–651
(Werkvertragsrecht)

Kommentatorinnen und Kommentatoren

Dr. Thomas E. Abeltshauser, LL.M.
Professor an der Universität Hannover, Richter am Oberlandesgericht Celle

Dr. Karl-Dieter Albrecht
Vorsitzender Richter am Bayerischen Verwaltungsgerichtshof, München

Dr. Hermann Amann
Notar in Berchtesgaden

Dr. Christian Armbrüster
Professor an der Bucerius Law School, Hamburg

Dr. Martin Avenarius
Professor an der Universität zu Köln

Dr. Wolfgang Baumann
Notar in Wuppertal

Dr. Roland Michael Beckmann
Professor an der Universität des Saarlandes, Saarbrücken

Dr. Detlev W. Belling, M.C.L.
Professor an der Universität Potsdam

Dr. Andreas Bergmann
Wiss. Assistent an der Universität des Saarlandes, Saarbrücken

Dr. Werner Bienwald
Professor an der Evangelischen Fachhochschule Hannover

Dr. Claudia Bittner, LL.M.
Privatdozentin an der Universität Freiburg i. Br.

Dr. Dieter Blumenwitz
Professor an der Universität Würzburg

Dr. Reinhard Bork
Professor an der Universität Hamburg

Dr. Wolf-Rüdiger Bub
Rechtsanwalt in München, Professor an der Universität Potsdam

Dr. Elmar Bund
Professor an der Universität Freiburg i. Br.

Dr. Jan Busche
Professor an der Universität Düsseldorf

Dr. Michael Coester, LL.M.
Professor an der Universität München

Dr. Dagmar Coester-Waltjen, LL.M.
Professorin an der Universität München

Dr. Heinrich Dörner
Professor an der Universität Münster

Dr. Christina Eberl-Borges
Professorin an der Universität Siegen

Dr. Werner F. Ebke, LL.M.
Professor an der Universität Konstanz

Dr. Jörn Eckert
Professor an der Universität zu Kiel, Richter am Schleswig-Holsteinischen Oberlandesgericht in Schleswig

Dr. Volker Emmerich
Professor an der Universität Bayreuth, Richter am Oberlandesgericht Nürnberg a. D.

Dipl.-Kfm. Dr. Norbert Engel
Ministerialdirigent im Thüringer Landtag, Erfurt

Dr. Helmut Engler
Professor an der Universität Freiburg i. Br., Minister in Baden-Württemberg a. D.

Dr. Karl-Heinz Fezer
Professor an der Universität Konstanz, Honorarprofessor an der Universität Leipzig, Richter am Oberlandesgericht Stuttgart

Dr. Johann Frank
Notar in Amberg

Dr. Rainer Frank
Professor an der Universität Freiburg i. Br.

Dr. Bernhard Großfeld, LL.M.
Professor an der Universität Münster

Dr. Karl-Heinz Gursky
Professor an der Universität Osnabrück

Dr. Ulrich Haas
Professor an der Universität Mainz

Norbert Habermann
Richter am Amtsgericht Offenbach

Dr. Stefan Habermeier
Professor an der Universität Greifswald

Dr. Johannes Hager
Professor an der Universität München

Dr. Rainer Hausmann
Professor an der Universität Konstanz

Dr. Dr. h. c. mult. Dieter Henrich
Professor an der Universität Regensburg

Dr. Reinhard Hepting
Professor an der Universität Mainz

Christian Hertel, LL.M.
Notar a. D., Geschäftsführer des Deutschen Notarinstituts, Würzburg

Joseph Hönle
Notar in Tittmoning

Dr. Bernd von Hoffmann
Professor an der Universität Trier

Dr. Heinrich Honsell
Professor an der Universität Zürich, Honorarprofessor an der Universität Salzburg

Dr. Dr. Dres. h. c. Klaus J. Hopt, M.C.J.
Professor, Direktor des Max-Planck-Instituts für Ausländisches und Internationales Privatrecht, Hamburg

Dr. Norbert Horn
Professor an der Universität zu Köln, Direktor des Rechtszentrums für europäische und internationale Zusammenarbeit, Köln

Dr. Heinz Hübner
Professor an der Universität zu Köln

Dr. Rainer Jagmann
Vorsitzender Richter am Landgericht Freiburg i. Br.

Dr. Ulrich von Jeinsen
Rechtsanwalt und Notar in Hannover

Dr. Joachim Jickeli
Professor an der Universität zu Kiel

Dr. Dagmar Kaiser
Professorin an der Universität Mainz

Dr. Rainer Kanzleiter
Notar in Neu-Ulm, Professor an der Universität Augsburg

Dr. Sibylle Kessal-Wulf
Richterin am Bundesgerichtshof, Karlsruhe

Dr. Hans-Georg Knothe
Professor an der Universität Greifswald

Dr. Helmut Köhler
Professor an der Universität München, Richter am Oberlandesgericht München

Dr. Jürgen Kohler
Professor an der Universität Greifswald

Dr. Heinrich Kreuzer
Notar in München

Dr. Jan Kropholler
Professor an der Universität Hamburg, Wiss. Referent am Max-Planck-Institut für Ausländisches und Internationales Privatrecht, Hamburg

Dr. Hans-Dieter Kutter
Notar in Schweinfurt

Dr. Gerd-Hinrich Langhein
Notar in Hamburg

Dr. Dr. h. c. Manfred Löwisch
Professor an der Universität Freiburg i. Br., vorm. Richter am Oberlandesgericht Karlsruhe

Dr. Dirk Looschelders
Professor an der Universität Düsseldorf

Dr. Stephan Lorenz
Professor an der Universität München

Dr. Dr. h. c. Werner Lorenz
Professor an der Universität München

Dr. Peter Mader
Professor an der Universität Salzburg

Dr. Ulrich Magnus
Professor an der Universität Hamburg, Richter am Hanseatischen Oberlandesgericht zu Hamburg

Dr. Peter Mankowski
Professor an der Universität Hamburg

Dr. Heinz-Peter Mansel
Professor an der Universität zu Köln

Dr. Peter Marburger
Professor an der Universität Trier

Dr. Wolfgang Marotzke
Professor an der Universität Tübingen

Dr. Dr. Dr. h. c. Michael Martinek, M.C.J.
Professor an der Universität des Saarlandes, Saarbrücken

Dr. Annemarie Matusche-Beckmann
Privatdozentin an der Universität zu Köln

Dr. Jörg Mayer
Notar in Pottenstein

Dr. Dr. Detlef Merten
Professor an der Deutschen Hochschule für Verwaltungswissenschaften Speyer

Dr. Peter O. Mülbert
Professor an der Universität Mainz

Dr. Dirk Neumann
Vizepräsident des Bundesarbeitsgerichts a. D., Kassel, Präsident des Landesarbeitsgerichts Chemnitz a. D.

Dr. Ulrich Noack
Professor an der Universität Düsseldorf

Dr. Hans-Heinrich Nöll
Rechtsanwalt in Hamburg

Dr. Jürgen Oechsler
Professor an der Universität Mainz

Dr. Hartmut Oetker
Professor an der Universität Jena, Richter am Thüringer Oberlandesgericht Jena

Wolfgang Olshausen
Notar in Rain am Lech

Dr. Dirk Olzen
Professor an der Universität Düsseldorf

Dr. Gerhard Otte
Professor an der Universität Bielefeld

Dr. Hansjörg Otto
Professor an der Universität Göttingen

Dr. Lore Maria Peschel-Gutzeit
Rechtsanwältin in Berlin, Senatorin für Justiz a. D. in Hamburg und Berlin, Vorsitzende Richterin am Hanseatischen Oberlandesgericht zu Hamburg i. R.

Dr. Frank Peters
Professor an der Universität Hamburg, Richter am Hanseatischen Oberlandesgericht zu Hamburg

Dr. Axel Pfeifer
Notar in Hamburg

Dr. Jörg Pirrung
Ministerialdirigent im Bundesministerium der Justiz, Berlin, Richter am Gericht erster Instanz der Europäischen Gemeinschaften, Luxemburg, Professor an der Universität Trier

Dr. Ulrich Preis
Professor an der Universität zu Köln

Dr. Manfred Rapp
Notar in Landsberg a. L.

Dr. Thomas Rauscher
Professor an der Universität Leipzig, Dipl. Math.

Dr. Peter Rawert, LL.M.
Notar in Hamburg, Professor an der Universität zu Kiel

Eckhard Rehme
Vorsitzender Richter am Oberlandesgericht Oldenburg

Dr. Wolfgang Reimann
Notar in Passau, Professor an der Universität Regensburg

Dr. Tilman Repgen
Professor an der Universität Hamburg

Dr. Dieter Reuter
Professor an der Universität zu Kiel, Richter am Schleswig-Holsteinischen Oberlandesgericht in Schleswig

Dr. Reinhard Richardi
Professor an der Universität Regensburg

Dr. Volker Rieble
Professor an der Universität Mannheim

Dr. Anne Röthel
Wiss. Mitarbeiterin an der Universität Erlangen-Nürnberg

Dr. Christian Rolfs
Professor an der Universität Bielefeld

Dr. Herbert Roth
Professor an der Universität Regensburg

Dr. Rolf Sack
Professor an der Universität Mannheim

Dr. Ludwig Salgo
Professor an der Fachhochschule Frankfurt a. M., Apl. Professor an der Universität Frankfurt a. M.

Dr. Gottfried Schiemann
Professor an der Universität Tübingen

Dr. Eberhard Schilken
Professor an der Universität Bonn

Dr. Peter Schlosser
Professor an der Universität München

Dr. Dres. h. c. Karsten Schmidt
Professor an der Universität Bonn

Dr. Martin Schmidt-Kessel
Wiss. Assistent an der Universität
Freiburg i. Br.

Dr. Günther Schotten
Notar in Köln, Professor an der
Universität Bielefeld

Dr. Hans Schulte-Nölke
Professor an der Universität Bielefeld

Dr. Hans Hermann Seiler
Professor an der Universität Hamburg

Dr. Reinhard Singer
Professor an der Universität Rostock,
Richter am Oberlandesgericht Rostock

Dr. Ulrich Spellenberg
Professor an der Universität Bayreuth

Dr. Sebastian Spiegelberger
Notar in Rosenheim

Dr. Malte Stieper
Wiss. Assistent an der Universität zu Kiel

Dr. Markus Stoffels
Professor an der Universität Bonn

Dr. Hans-Wolfgang Strätz
Professor an der Universität Konstanz

Dr. Dr. h. c. Fritz Sturm
Professor an der Universität Lausanne

Dr. Gudrun Sturm
Assessorin, Wiss. Mitarbeiterin an der
Universität Lausanne

Burkhard Thiele
Ministerialdirigent im Justizministerium
Mecklenburg-Vorpommern, Schwerin

Dr. Gregor Thüsing, LL.M.
Professor an der Bucerius Law School,
Hamburg

Dr. Bea Verschraegen, LL.M.
Professorin an der Universität Wien

Dr. Klaus Vieweg
Professor an der Universität Erlangen-
Nürnberg

Dr. Reinhard Voppel
Rechtsanwalt in Köln

Dr. Günter Weick
Professor an der Universität Gießen

Gerd Weinreich
Vorsitzender Richter am Landgericht
Oldenburg

Dr. Birgit Weitemeyer
Wiss. Assistentin an der Universität zu
Kiel

Dr. Joachim Wenzel
Vizepräsident des Bundesgerichtshofs,
Karlsruhe

Dr. Olaf Werner
Professor an der Universität Jena, Richter am Thüringer Oberlandesgericht Jena

Dr. Wolfgang Wiegand
Professor an der Universität Bern

Dr. Susanne Wimmer-Leonhardt
Wiss. Assistentin an der Universität des
Saarlandes, Saarbrücken

Dr. Peter Winkler von
Mohrenfels
Professor an der Universität Rostock,
Richter am Oberlandesgericht Rostock

Dr. Hans Wolfsteiner
Notar in München

Dr. Eduard Wufka
Notar in Starnberg

Dr. Michael Wurm
Richter am Bundesgerichtshof, Karlsruhe

**Redaktorinnen
und Redaktoren**

Dr. Christian von Bar, FBA
Dr. Wolf-Rüdiger Bub
Dr. Heinrich Dörner
Dr. Helmut Engler
Dr. Karl-Heinz Gursky
Norbert Habermann
Dr. Dr. h. c. mult. Dieter Henrich
Dr. Norbert Horn
Dr. Heinz Hübner
Dr. Jan Kropholler

Dr. Dr. h. c. Manfred Löwisch
Dr. Ulrich Magnus
Dr. Dr. Dr. h. c. Michael Martinek, M.C.J.
Dr. Gerhard Otte
Dr. Lore Maria Peschel-Gutzeit
Dr. Peter Rawert, LL.M.
Dr. Dieter Reuter
Dr. Herbert Roth
Dr. Hans-Wolfgang Strätz
Dr. Wolfgang Wiegand

J. von Staudingers
Kommentar zum Bürgerlichen Gesetzbuch
mit Einführungsgesetz und Nebengesetzen

Buch 2
Recht der Schuldverhältnisse
§§ 631–651
(Werkvertragsrecht)

Neubearbeitung 2003
von
Frank Peters

Redaktor
Dieter Reuter

Sellier – de Gruyter · Berlin

Die Kommentatorinnen und Kommentatoren

Neubearbeitung 2003
FRANK PETERS

Neubearbeitung 2000
FRANK PETERS

Dreizehnte Bearbeitung 1994
FRANK PETERS

12. Auflage
FRANK PETERS (1990)

11. Auflage
Landgerichtsrat Dr. HERMANN RIEDEL (1958)

Sachregister

Rechtsanwalt Dr. Dr. VOLKER KLUGE, Berlin

Zitierweise

STAUDINGER/PETERS (2003) Vorbem 1 zu §§ 631 ff
STAUDINGER/PETERS (2003) § 631 Rn 1
STAUDINGER/PETERS (2003) Anh I zu § 638 Rn 1

Zitiert wird nur nach Paragraph bzw. Artikel und Randnummer.

Hinweise

Das Vorläufige Abkürzungsverzeichnis 1993 für das „Gesamtwerk STAUDINGER" befindet sich in einer Broschüre, die den Abonnenten zusammen mit dem Band §§ 985–1011 (1993) bzw. seit 2000 gesondert mitgeliefert wird. Eine aktualisierte Neubearbeitung befindet sich in Vorbereitung und wird den Abonnenten wiederum kostenlos geliefert werden.

Der Stand der Bearbeitung ist jeweils mit Monat und Jahr auf den linken Seiten unten angegeben.

Am Ende eines jeden Bandes befindet sich eine Übersicht über den aktuellen Stand des Gesamtwerks STAUDINGER.

Die Deutsche Bibliothek verzeichnet diese Publikation in der Deutschen Nationalbibliografie: detaillierte bibliografische Daten sind im Internet über http://dnb.ddb.de abrufbar.

ISBN 3-8059-0977-2

© Copyright 2003 by Dr. Arthur L. Sellier & Co. – Walter de Gruyter GmbH & Co. KG, Berlin. – Printed in Germany

Dieses Werk einschließlich aller seiner Teile ist urheberrechtlich geschützt. Jede Verwertung außerhalb der engen Grenzen des Urheberrechtsgesetzes ist ohne Zustimmung des Verlages unzulässig und strafbar. Das gilt insbesondere für Vervielfältigungen, Übersetzungen, Mikroverfilmungen und die Einspeicherung und Verarbeitung in elektronischen Systemen.

Satz: jürgen ullrich typosatz, Nördlingen.

Druck: H. Heenemann GmbH & Co., Berlin.

Bindearbeiten: Lüderitz und Bauer, Buchgewerbe GmbH, Berlin.

Umschlaggestaltung: Bib Wies, München.

♾ Gedruckt auf säurefreiem Papier, das die DIN ISO 9706 über Haltbarkeit erfüllt.

Inhaltsübersicht

Seite[*]

Buch 2 · Recht der Schuldverhältnisse
Abschnitt 8 · Einzelne Schuldverhältnisse
Titel 9 · Werkvertrag und ähnliche Verträge
Untertitel 1 · Werkvertrag ———————————————————— 1

Anhang I zu § 638: Besonderheiten der Gewährleistung nach der VOB/B — 395

Anhang II zu § 638: Gewährleistung und Haftung des Architekten und anderer Sonderfachleute ———————————————————— 420

Anhang III zu § 638: Abtretung von Gewährleistungsansprüchen; Mehrheit von Gewährleistungsberechtigten ———————————————————— 446

Anhang IV zu § 638: Haftung der Parteien untereinander; Ausgleich bei gemeinschaftlicher Haftung gegenüber Dritten ———————————————————— 457

Anhang zu § 651: VOB Teil B ———————————————————— 800

Sachregister ———————————————————— 819

---

[*] Zitiert wird nicht nach Seiten, sondern nach Paragraph bzw Artikel und Randnummer; siehe dazu auch S VI.

Titel 9
Werkvertrag und ähnliche Verträge
Untertitel 1
Werkvertrag

Vorbemerkungen zu §§ 631 ff

Schrifttum

1. Umfassende oder grundlegende Darstellungen
EMMERICH, Kauf und Werklieferungsvertrag (1899)
FEIL/LANGER, Der Werkvertrag in der Lehre und Rechtsprechung (Österreich) (1974)
GAUCH, Der Werkvertrag (Schweiz) (3. Aufl 1985)
KORINTENBERG, Der Mängelbeseitigungsanspruch und der Anspruch auf Neuherstellung beim Werkvertrag (1927)
ders, Erfüllung und Gewährleistung beim Werkvertrage (1935)
RIEZLER, Der Werkvertrag nach dem Bürgerlichen Gesetzbuche (1900)
RÜMELIN, Dienstvertrag und Werkvertrag (1905).

2. Historische Abhandlungen
DANKWARDT, Die locatio conductio operis, JherJb 13 (1847) 299
PETERS, Rechtsdogmatik und Rechtspolitik im Werkvertragsrecht. Leistungen des Gesetzgebers und der Rechtsprechung, in: Ringvorlesung „Rechtsdogmatik und Rechtspolitik" des Fb Rechtswissenschaft I Hamburg (1990) 235
PIETSCH, Die Abnahme im Werkvertragsrecht – geschichtliche Entwicklung und geltendes Recht (Diss Hamburg 1976)
ROTHENBÜCHER, Werkvertrag (Diss München 1906).

3. Reform des Werkvertragsrechts
Abschlußbericht der Kommission zur Überarbeitung des Schuldrechts (1992)
BAUMGÄRTEL, Die beweisrechtlichen Auswirkungen der vorgeschlagenen EG-Richtlinie zur Dienstleistungshaftung auf die Arzthaftung und das Baurecht, JZ 1992, 321

GAUCH, Revision des Werkvertragsrechts? Ein Beitrag aus der Schweiz, in: FS Korbion (1986) 99
HAAS, Vorschläge zur Überarbeitung des Schuldrechts: Die Mängelhaftung bei Kauf- und Werkverträgen, NJW 1992, 2389
HEINEMANN, Auf dem Wege zur europäischen Dienstleistungshaftung, ZIP 1991, 1193
HUBER, Empfiehlt sich die Einführung eines Leistungsstörungsrechts nach dem Vorbild des Einheitlichen Kaufgesetzes?, in: BMJ (Hrsg), Gutachten und Vorschläge zur Überarbeitung des Schuldrechts, Bd I (1981) 647
KEILHOLZ, Baurecht, in: BMJ (Hrsg), Gutachten und Vorschläge zur Überarbeitung des Schuldrechts, Bd III (1983) 241
ders, Der 55. Deutsche Juristentag und das Baurecht, BauR 1985, 257
KÖHLER, Reform des Werkvertragsrechts – notwendig oder entbehrlich?, NJW 1984, 1841
ders, Juristentag und Reform des Werkvertragsrechts – eine kurze Bilanz, NJW 1985, 945
KNIFFKA, Änderungen des Bauvertragsrechts im Abschlußbericht der Kommission zur Überarbeitung des Schuldrechts, ZfBR 1993, 97
LOCHER, Zur Umgestaltung des deutschen Bauvertragsrechts durch EG-Initiativen, BauR 1992, 293
ders, Die Richtlinie 93/13/EGW des Rates über mißbräuchliche Klausel in Verbraucherverträgen und ihre Bedeutung für das Baurecht, BauR 1993, 379
MICKLITZ, Reform des Werkvertragsrechts? Eine Kritik der Gutachten von Weyers und Teichmann, ZRP 1984, 239
NICKLISCH, Empfiehlt sich eine Neukonzeption des Werkvertragsrechts – unter besonderer Berücksichtigung komplexer Langzeitverträge –, JZ 1984, 757

PETERS, Das geplante Werkvertragsrecht, in: ERNST/ZIMMERMANN (Hrsg), Zivilrechtswissenschaft und Schuldrechtsreform (2001) 277
PETERS/ZIMMERMANN, Verjährungsfristen, in: BMJ (Hrsg), Gutachten und Vorschläge zur Überarbeitung des Schuldrechts, Bd I (1981) 77
PORTZ, Die Einflüsse des Europäischen Binnenmarktes auf das private Baurecht, NJW 1993, 2145
RABE, Vorschläge zur Überarbeitung des Schuldrechts: Verjährung, NJW 1992, 2395
M ROTH, Die Reform des Werkvertragsrechts, JZ 2001, 543
SCHUBERT, Einheitsverjährung oder Beibehaltung besonderer Gewährleistungsfristen?, JR 1984, 315
SEILER, Das geplante Werkvertragsrecht, in: ERNST/ZIMMERMANN (Hrsg), Zivilrechtswissenschaft und Schuldrechtsreform (2001) 263
Verhandlungen des 60. Deutschen Juristentages (1994) m Referaten von KÖTZ (II 1 K 9), JOUSSEN (II 1 K 29), BRÜGGEMEIER (II 1 K 47), Beschlüssen (II 1 103) und Sitzungsbericht (II 2 K 113)
SKAUPY, Der Vorschlag einer EG-Richtlinie für die Haftung bei Dienstleistungen, BB 1991, 2021
TEICHMANN, Empfiehlt sich eine Neukonzeption des Werkvertragsrechts? Gutachten A für den 55. DJT (1984)
THOMAS, Das Werkvertragsrecht in der Reformdiskussion, ZIP 1984, 1046
WEYERS, Werkvertrag, in: BMJ (Hrsg), Gutachten und Vorschläge zur Überarbeitung des Schuldrechts, Bd II (1981) 1115
ders, Typendifferenzierung im Werkvertragsrecht, AcP 182 (1982) 60.

4. Computervertrag
Vgl die Nachweise u Rn 66.

5. Baurecht (Allgemein und VOB)
Vgl die Nachweise u Rn 69.

6. Architektenvertrag
Vgl die Nachweise u Rn 98.

7. Baubetreuung und Bauträgerschaft
Vgl die Nachweise u Rn 118.

8. Sonstige Einzelfragen
BASEDOW, Der Transportvertrag (1987)
BEISE, Gewährleistungsprobleme bei Wartungsverträgen, Betr 1979, 1214
BORN, Der Auftrittsvertrag für Musikgruppen im Bereich der Rock- und Popmusik (Diss Heidelberg 1989)
DROSTE, Der Liefervertrag mit Montageverpflichtung (Diss Köln 1991)
DUNZ, Beiderseitige Leistungsstörungen beim Werkvertrag, NJW 1991, 1527
ESCHENBRUCH, Recht der Projektsteuerung (1999)
FESSMANN, Theaterbesuchsvertrag oder wann krieg ich als Zuschauer mein Geld zurück?, NJW 1983, 1164
FIKENTSCHER, Die Geschäftsgrundlage als Frage des Vertragsrisikos, dargestellt unter besonderer Berücksichtigung des Bauvertrages (1971)
ders, Der Werkverschaffungsvertrag, AcP 190 (1990) 34
GERBER, Die Haftung des Kfz-Sachverständigen im Spiegel der Rechtsprechung, NVZ 1991, 295
GILLES, Partnerschaftsvorschlagdienst als Werkvertrag, MDR 1983, 712
ders, Partnerschaftsservice statt Ehemakelei, NJW 1983, 361
HAHN, Instandhaltungsverträge (Diss Frankfurt aM 1991)
HENLE, Grenzbestimmung zwischen Kauf und Werkvertrag nach allgemeinen Grundsätzen und nach gemeinem Recht (1902)
HUFF, Einige Rechtsfragen bei der Veranstaltung von Konzerten, VuR 1990, 166
JAKOBS, Die zahnärztliche Heilbehandlung als Werkvertrag, NJW 1975, 1437
KÜHNEL, Vollwartungsverträge, BB 1985, 1227
LESSHAFT/ULMER, Softwarefehler und Gewährleistung, CR 1988, 813
MEDICUS, Kaufvertrag und Werkvertrag, JuS 1992, 273
BETTINA MEYER, Der Schiedsgutachtervertrag (Diss München 1995)
MICKLITZ, Der Reparaturvertrag (1984)
MÖFFERT, Der Forschungs- und Entwicklungsvertrag (2. Aufl 2001)
PETERS, Aktuelle Probleme der Partnerschaftsvermittlung, NJW 1989, 2793

Titel 9 · Werkvertrag und ähnliche Verträge
Untertitel 1 · Werkvertrag

PLANDER/SCHIEK, Forschung als Gegenstand von Werkverträgen, RdA 1990, 219
RICHTSFELD, Das Rechtsverhältnis zwischen Sportveranstalter und Zuschauer (Diss Regensburg 1992)
ROGMANNS, Öffentliches Auftragswesen (1982)
RÖSCH, Zur Rechtsnatur des Zahnarztvertrages, VersR 1979, 12
SCHILL, Der Projektsteuerungsvertrag (2000)
STAPELFELDT, Der Projektsteuervertrag – juristische terra incognita?, BauR 1994, 693
THODE, Die wichtigsten Änderungen im BGB-Werkvertragsrecht: Schuldrechtsmodernisierungsgesetz und erste Probleme, NZBau 2002, 297, 360
THODE/WENNER, Internationales Architekten- und Bauvertragsrecht (1998)
TROST, Die Sachverständigenkosten bei der Schadensregulierung von Verkehrsunfällen unter Berücksichtigung der Rechtsprechung, VersR 1997, 537
ULLRICH, Zum Werkerfolgsrisiko beim Forschungs- und Entwicklungsvertrag, in: FS Fikentscher (1998) 298

UNGER, Rechtsfragen im Zusammenhang mit der Vergabe öffentlicher Aufträge, BauR 1985, 465
WIDMANN, Der Bestattungsvertrag (2. Aufl 1994)
ZIRKEL, Das Verhältnis von Zulieferer und Assembler – eine Vertragsart sui generis?, NJW 1990, 345.

9. Zeitschriften, Entscheidungssammlungen
Baurecht, Zeitschrift für das gesamte öffentliche und zivile Baurecht (BauR)
Blätter für Grundstücks-, Bau- und Wohnungsrecht (BlGWB)
Neue Zeitschrift für Baurecht und Vergaberecht (NZBau)
SCHÄFER/FINNERN (ab 1978: SCHÄFER/FINNERN/HOCHSTEIN), Rechtsprechung der Bauausführung (auch: RSprBau), Entscheidungssammlung
Zeitschrift für deutsches und internationales Baurecht (ZfBR).

Systematische Übersicht

I. Allgemeines
1. Praktische Bedeutung des Werkvertrages _____ 1
2. Merkmale der gesetzlichen Regelung _____ 3
a) Einheitliche Regelung _____ 3
b) Abgrenzung gegenüber anderen Verträgen _____ 4
c) Leitbild des Gesetzgebers _____ 5
d) Anlehnung an den Kauf _____ 6
e) Allgemeine Regeln _____ 7

II. Inhalt, Geschichte und Würdigung der gesetzlichen Regelung
1. Überblick über die gesetzliche Regelung _____ 8
2. Zur Geschichte des Werkvertrages _____ 10
3. Wesen des Werkvertrages _____ 12

III. Abgrenzung des Werkvertrages gegenüber anderen Vertragsarten
1. Abgrenzung zum Kauf _____ 13

a) Notwendigkeit _____ 13
b) Herstellungspflicht als Abgrenzungskriterium _____ 14
c) Mischformen _____ 16
2. Abgrenzung zur Miete _____ 17
3. Abgrenzung zum Dienstvertrag _____ 19
a) Bedeutung der Abgrenzung _____ 19
b) Abgrenzungskriterien _____ 20
aa) Erfolg _____ 20
bb) Sonstige Kriterien _____ 21
cc) Indizien _____ 22
c) Gestaltungsmöglichkeiten _____ 24
d) Einzelfälle _____ 25
4. Abgrenzung zum Reisevertrag _____ 34
5. Abgrenzung zum Auftrag _____ 35
a) Abgrenzung _____ 35
b) Problemfälle _____ 37
c) Sonderfälle _____ 38
d) Anwendung von Auftragsrecht auf den Werkvertrag _____ 39
aa) Bedeutung des § 675 _____ 39
bb) Einzelne Bestimmungen _____ 40

(1)	§ 663	40	**VII.**	**Vergaberecht**	
(2)	§ 664 Abs 1	42	1.	Grundlagen	90
(3)	§ 664 Abs 2	43	a)	Haushaltsrecht	90
(4)	§ 665	44	b)	Europarecht	91
(5)	§ 666	45	c)	Verfassungsrecht	92
(6)	§ 667	49	2.	Regelungen der Vergabegrundsätze	93
(7)	§ 668	51	3.	Haftung im Vergabebereich	94
(8)	§ 669	52	4.	Einzelheiten zur Haftung	96
(9)	§ 670	53			
(10)	§ 671	54	**VIII.**	**Architektenvertrag**	
(11)	§ 672	55	1.	Tätigkeit und Aufgaben des	
(12)	§ 673	56		Architekten	98
(13)	§ 674	56	a)	Umfassende Beratung	98
6.	Abgrenzung zum Maklervertrag	57	b)	Leistungsbilder des § 15 HOAI	99
a)	Allgemeines	57	2.	Rechtliche Einordnung des	
b)	Echte Werkverträge	58		Architektenvertrages	103
c)	Fingierte Werkverträge	59	a)	Problematik	103
d)	Partnerschaftsvermittlung	60	aa)	Aufgaben des Architekten	103
7.	Abgrenzung zur Verwahrung	63	bb)	Relevanz der Einordnung	104
			b)	Meinungsstand	107
IV.	**Beförderungsvertrag**		3.	Abschluß des Architektenvertrages	109
1.	Generelle Einordnung	64	a)	Form und Umfang des Vertrages	109
2.	Sonderregelungen	65	b)	Vorvertragliche Pflichten	110
			c)	Architektenbindung	111
V.	**Computervertrag**		4.	Vollmacht des Architekten	113
1.	Rechtsnatur	66	a)	Allgemeines	113
2.	Rechtsfolgen	68	b)	Einzelheiten	114
			5.	Pflichten des Architekten	116
VI.	**Bauvertrag**		6.	Vergütung	116
1.	Begriff	69	7.	Haftung	116
a)	Inhalt	69	8.	Beendigung des Vertrages	117
b)	Eigentumsverhältnisse	70			
c)	Handelsrecht	71	**IX.**	**Bauträgerschaft und Baubetreuung**	
d)	Genehmigungsbedürfnisse	72	1.	Allgemeines	118
e)	Schwarzarbeitsgesetz	74	a)	Interessenlage	118
f)	Formbedürftigkeit	75	b)	Beteiligte	119
2.	Die Verdingungsordnung für		2.	Die finanzierende Bank	120
	Bauleistungen (VOB)	76	a)	Kreditvertrag	120
a)	Mängel des Gesetzesrechts	76	b)	Haftung	121
b)	Historische Entwicklung	77	c)	Grundpfandrechte	122
c)	VOB/Teil A	78	3.	Werbung	123
d)	VOB/Teil C	81	a)	Notwendige Angaben	123
e)	VOB/Teil B	82	b)	Haftungsgrundlagen	124
aa)	Rechtsnatur	82	aa)	Allgemeines	124
bb)	Begriff des Verwenders	83	bb)	Culpa in contrahendo, Prospekt-	
cc)	Einbeziehung in den Vertrag	84		haftung	125
dd)	Inhaltskontrolle	86	4.	Bauträger	129
ee)	Generelle Leitbildfunktion	88	a)	Die Makler- und Bauträgerverord-	
3.	Hauptpflichten der Parteien	89		nung	129

Titel 9 · Werkvertrag und ähnliche Verträge
Untertitel 1 · Werkvertrag

b)	Rechtsnatur des Bauträgervertrages	129	b)	Funktionen	138
5.	Baubetreuer	130	c)	Bevollmächtigung	139
6.	Treuhänder	137	d)	Verjährung von Ersatzansprüchen	140
a)	Allgemeines	137	7.	Erwerber	141

Alphabetische Übersicht

Abrechnung	48		Dienstvertrag	6, 19 ff
Amtshaftung	94		Dritte, Einschaltung von	42
Angebot von Leistungen	40			
Anwaltsvertrag	26		Eigenverantwortlichkeit des Unternehmers	22
Architekt			Entgeltlichkeit der Leistung	35 ff
– Aufgaben	98 ff		Europarecht	91
– Haftung	111			
– Pflichten	116		Geschäftsbesorgung	39
– Vollmacht	113		Geschichte des Werkvertrages	10
Architektenvertrag	98 ff		Gutachtervertrag	28
– Abschluß	109			
– Rechtsnatur	103 ff		Handwerk	5
Arztvertrag	27		Haushaltsrecht	90
Aufklärungspflicht	46		Herausgabepflicht	49
Aufwendungsersatz	53		Herstellungspflicht	15
Auftragsrecht	35 ff		Hilfsmittel des Unternehmers	49 f
Auskunft	47		Höchstpersönlichkeit der Leistung	42
Auskunfteivertrag	27		Hufbeschlag	28
Bank, finanzierende	120 ff		Informationspflicht	47
Baubetreuer	118 ff, 129			
Bauherrenmodell	126		Kauf	10 ff
Bauträger	118 ff, 128		– auf Abbruch	16
Bauträgervertrag	129		– mit Montageverpflichtung	16
Bauvertrag	69 ff		Kaufrecht	5, 6
– Form	75		Kommission	29
– Genehmigungsbedürfnisse	72		Koppelungsverbot	111
Bedienungshandbuch	57		Kündigung	
Beförderungsvertrag	64		– aus wichtigem Grund	54
Benachrichtigung	47		– jederzeitige	54
Bergungsvertrag	27		Künstler	30
Bestattungsvertrag	27			
Betriebsbezogenheit der Unternehmer-			Leistungsbilder der HOAI	98 ff
pflichten	42		Lieferung von Sachen	15
Bieter, übergangener	96		locatio conductio	10
Bühnenaufführungsvertrag	30			
			Maschinenüberlassung	18
Computervertrag	66		Miete	17
culpa in contrahendo im Vergabebereich	94		Makler- und Bauträgerverordnung	128
			Maklervertrag	57
Deckvertrag	27			
Designervertrag	27		Negative	49

Partnerschaftsvermittlung	60	Vergabegrundsätze	93
Pflichtenheft	67	Vergaberecht	90 ff
Projektsteuerung	30	Vergabeverordnung	91
Prospekthaftung	126	Verlagsvertrag	32
Prüfungspflichten	46	Verwahrung	63
		VOB	76 ff
Rechenschaft	47	VOB/A	78 ff
Reisevertrag	34	VOB/B	
Reparaturvertrag	31	– Einbeziehung	84
		– Inhaltskontrolle	86
Schiedsrichtervertrag	31	– Rechtsnatur	82
Schmiergelder	51	– Verwender	83
Schornsteinfeger	31	VOB/C	82
Schwarzarbeit	74	Vorschuß	52
Steuerberater	32		
Subunternehmer, Leistung durch	42	Wartungsvertrag	33
		Werbungsvertrag	33
Tätigkeit und Erfolg	20	Werk	
Telekommunikation	32	– geistiges	1
Tod des Bestellers	56	– körperliches	1
Treuhänder	137 ff	Weisungen des Bestellers	44
		Wünsche des Bestellers	45
Unternehmer	2		
Übertragung des Leistungsanspruchs	43	Zusatzleistung	38
Verfassungsrecht	92		

I. Allgemeines

1 Bei dem in den §§ 631 ff geregelten **Werkvertrag** verpflichtet sich die eine Seite, der sog **Unternehmer**, ein Werk herzustellen, die Gegenseite, der sog **Besteller**, dafür eine Vergütung zu entrichten. Es handelt sich beim Werkvertrag um einen *entgeltlichen, gegenseitigen Vertrag*, auf den – wenn auch nicht ohne Modifikationen – insbes die Bestimmungen der §§ 320 ff anzuwenden sind.

1. Praktische Bedeutung des Werkvertrags

Der Werkvertrag ist ein Vertragstyp von außerordentlicher praktischer, vor allem auch forensischer Bedeutung. Neben Kauf, Miete und Dienstvertrag steht er im Mittelpunkt des Rechts der Schuldverhältnisse.

a) Die **Spannweite** der verabredeten Werke ist erheblich und prinzipiell **offen**. Das gilt schon für die sog *körperlichen Werke*. Es stehen nebeneinander Werke des täglichen Lebens wie die Schuhreparatur oder der Haarschnitt beim Friseur, Werke von existentieller wirtschaftlicher Bedeutung für die Betroffenen wie der Hausbau neben Bagatellangelegenheiten, Werke der Wirtschaft wie die Herstellung von Industrieanlagen neben rein privaten Angelegenheiten. Hinzu treten *unkörperliche Werke* wie die Beförderung oder die Theateraufführung. Die Typen des Werkvertrages sind teilweise althergekommen wie zB der Bauvertrag, teils beziehen sie sich auf aktuelle Entwicklungen wie zB die Herstellung von Computerprogrammen (vgl zur Spannweite des Vertragstyps auch u Rn 3).

b) Die besondere forensische Bedeutung des Werkvertragsrechts folgt aus mehreren Komponenten, zunächst aus der *besonderen Betroffenheit*, die der Vertrag insbes für den Besteller *in persönlicher wie wirtschaftlicher Hinsicht* äußern kann, sodann aus seinem zukunftsgerichteten Element, das die Möglichkeit von Fehlprognosen eröffnet, schließlich – und damit verbunden – aus der oft bestehenden Notwendigkeit für die Parteien, längerfristig miteinander zusammenzuwirken.

c) Von den am Werkvertrag beteiligten Personen ist die eine, der **Unternehmer**, typischerweise *professionell*, insbesondere *gewerblich* tätig, während die Rolle des Bestellers breit gestreut sein kann. Das verleiht dem Unternehmer idR einen besonderen *Erfahrungsvorsprung*, der ihn insbes zu besonderer Aufklärung und Beratung des Bestellers verpflichten kann. Ein Vorsprung an *wirtschaftlicher Macht*, der sich etwa auf die Gestaltung von AGB auswirken kann, ist damit jedoch *nicht durchweg* verbunden. Er besteht etwa im Reparaturbereich des wirtschaftlichen Lebens. Gerade im Werkvertragsrecht ist es aber doch auch eine *verbreitete Erscheinung, daß sich der Besteller* bei der Gestaltung der Verträge *stärker durchsetzen kann*. Dazu befähigt ihn nicht nur die besondere Nachfragemacht, die er uU besitzen kann, sondern auch der Umstand, daß er sich vielfach einer Vielzahl scharf miteinander konkurrierender kleinerer Unternehmer gegenübersieht, die er gegeneinander ausspielen kann, sowie die Erscheinung, daß sich der Besteller uU an fremde Nachfragemacht „anhängen" kann, so zB im Baubereich an die des Architekten.

2. Merkmale der gesetzlichen Regelung

Die gesetzliche Regelung des Werkvertragsrechts zeichnet sich durch folgende Merkmale aus:

a) Einheitliche Regelung
Es handelt sich um eine einheitliche Regelung, die grundsätzlich nicht nach Gegenstand oder anderen Kriterien unterscheidet, mögen auch in Teilbereichen, insbesondere etwa bei Beförderungsverträgen, zahlreiche *Sonderbestimmungen* zu beachten sein. Das hat sich im Grundsatz auch durchaus bewährt. Mögen auch ca 100 verschiedene Vertragstypen zu unterscheiden sein (vgl WEYERS, Werkvertragsrecht, in: Gutachten und Vorschläge zur Überarbeitung des Schuldrechts [1981] II 1128), so sind die *zu regelnden Probleme* doch so *weitgehend identisch* (vgl WEYERS AcP 182 [1982] 60 ff), daß es sich kaum verlohnt, nach dem Muster des Reisevertragsrechts der §§ 651a ff jeweils einzelne Arten von Werkverträgen einer eigenständigen Regelung zu unterwerfen. Vorzugswürdig ist vielmehr einmal die Schaffung gezielter Sonderbestimmungen, zum anderen Elastizität bei der Anwendung der gesetzlichen Regelungen.

b) Abgrenzung gegenüber anderen Verträgen
Der Gesetzgeber hat den Versuch unternommen, den Werkvertrag gegenüber verwandten Vertragstypen *scharf* abzugrenzen, und zwar gegenüber *Kauf* und *Dienstvertrag*. Beim Kauf geht es ihm um die Übereignung einer fertigen Sache, beim Werkvertrag um die Anfertigung einer Sache oder das Bewirken eines sonstigen

Erfolges, beim Dienstvertrag um die Leistung von Diensten. Das wird der Lebenswirklichkeit und den Problemen indessen nicht hinreichend gerecht. *Der Werkvertrag läßt sich vom Kauf nicht so klar scheiden, wie dies § 651 versucht*, vgl etwa den Kauf mit Montagepflicht oder anschließender Wartung, die Lieferung geistiger Werke mit körperlichem Substrat. Ähnlich *problematisch ist das Verhältnis zum Dienstvertrag*. Die Abgrenzungskriterien sind unscharf; der Wunsch, die Schutzbestimmungen des Arbeitsrechts auszuschalten, kann zur „Umfunktionierung" eines Vertragsverhältnisses Anlaß geben; schließlich sind die zu regelnden Probleme ähnlicher, als es die Gesetzeslage vermuten läßt. ZB muß es auch beim Werkvertrag die Möglichkeit einer Kündigung aus wichtigem Grunde geben (vgl § 649 Rn 36).

c) Leitbild des Gesetzgebers

5 Trotz der umfassenden Konzeption des Werkvertragsrechts hat sich der Gesetzgeber von der *Neuherstellung handwerklicher Gegenstände* überschaubaren Umfangs als Leitbild führen lassen, wie sie heute von § 651 weithin dem Kaufrecht überantwortet werden. In dem Maß, in dem die Werkleistungen hiervon abweichen, wird die Anwendung des Werkvertragsrechts problematischer: Mit einem größeren Umfang und damit verbundener längerer Fertigungsdauer und höheren Kosten wird es zB problematischer, daß die Vergütung einheitlich am Ende zu zahlen ist, vgl § 641, und daß der Besteller wegen vorab auftretender Mängel und Verzögerungen – nach der gesetzlichen Konzeption – einstweilen nur eingeschränkte Schritte unternehmen kann, weil es noch an der Fälligkeit der Leistung des Unternehmers fehlt. Außerdem rückt damit der Prozeß der *Herstellung des Werkes* stärker in das Blickfeld. Hier ergeben sich vielfältige Probleme, denen der Gesetzgeber des BGB keine hinreichende Beachtung geschenkt hat, zB Änderungen des Leistungsgegenstands und -umfangs, Behinderungen durch Witterungseinflüsse, Aufsichtsrechte des Bestellers, Möglichkeiten des Bestellers zu bestimmten Anordnungen, Interferenzen bei mehreren parallel arbeitenden Unternehmern. Hier ist die Praxis genötigt, in erheblichem Umfang *zusätzliche Regelungen* zu entwickeln, wie sie in erster Linie mangels näherer Ansatzpunkte im Gesetz aus einer ergänzenden Vertragsauslegung oder aus § 242 hergeleitet werden können. Wertvolle Anregungen für diese Rechtsergänzung vermag dabei die *VOB/B* auch dort zu liefern, wo sie nicht Vertragsinhalt geworden ist, also im Baubereich mangels entsprechender Vereinbarung, aber auch darüber hinaus.

Wenn weiterhin beanstandet wird (vgl ERMAN/SEILER Vor § 631 Rn 1), daß die Regelungen des Werkvertragsrechts auf *unkörperliche Werke* wie Beförderungen und kulturelle Veranstaltungen nicht oder nur schlecht paßten, kann dem in dieser Allgemeinheit nicht zugestimmt werden. *Werkvertragsrecht paßt hier durchaus*, nur laufen zahlreiche der gesetzlichen Bestimmungen leer. Besonders eindrucksvoll zeigt sich das bei Fehlern des Architekten, bei denen aus den §§ 633 ff praktisch nur die §§ 634 Nr 4, 634a Nr 2 von Bedeutung sind, vgl dazu Anh II zu § 638.

d) Anlehnung an den Kauf

6 Der Werkvertrag steht seinem Wesen nach zwischen Kaufvertrag, wenn wie dort etwas *Fertiges* geschuldet wird, und Dienstvertrag, wenn wie dort ein *Tätigwerden* geschuldet wird. Der Gesetzgeber des BGB hat sich *zu stark an der Parallele zum Kaufrecht* orientiert und zu wenig an der Parallele zum Dienstvertragsrecht.

aa) Die **Anlehnung an das Kaufrecht** zeigt sich in der Konzeption des Werkvertrages als eines einmaligen Austausches von fertigem Produkt und Werklohn (vgl dazu PETERS, in: FS Korbion [1986] 337 ff und § 633 Rn 2 f). Das hat nachteilige Auswirkungen, insofern als der *Prozeß der Herstellung nicht hinreichend gewürdigt* wird, vgl soeben Rn 5, ferner nicht die Möglichkeit, daß Mängel in den Verantwortungsbereich des Bestellers fallen (vgl § 633 Rn 181 f), sowie schließlich in der *problematischen Übernahme* der kaufrechtlichen Gewährleistungsbehelfe der *Wandlung*, jetzt Rücktritt, und der *Minderung* (vgl dazu § 634 Rn 85, 96, 100 ff).

bb) Auf der anderen Seite hätte die **dienstvertragsähnliche Tätigkeitskomponente** des Werkvertrages stärkere Berücksichtigung finden müssen (vgl bereits o Rn 4). Auch ist in der gesetzlichen Regelung der §§ 642, 643, 645 Abs 1 S 2 der Schutz des Unternehmers gegen Behinderungen durch den Besteller zu schwach ausgebildet, vgl demgegenüber § 615. Schließlich hätte die beiderseitige Möglichkeit der Kündigung aus wichtigem Grund eine nähere Ausgestaltung erfahren müssen; auch § 314 hilft wenig weiter (vgl § 649 Rn 2, 36 ff). So unpassend wie beim Dienstvertrag ist auch das Rücktrittsrecht der §§ 323, 643 Nr 3.

e) Allgemeine Regeln

Die *Bestimmungen außerhalb der §§ 631 ff*, die auf den Werkvertrag Anwendung **7** finden, sind weithin *aus der Sicht des Kaufes konzipiert*, so daß sie sich nicht ohne Probleme auf den Werkvertrag anwenden lassen. Das gilt namentlich für die Bestimmungen der §§ 281 ff, 323 ff (vgl dazu § 634 Rn 3 ff, § 641 Rn 3), aber auch für die Rückabwicklungsregelungen im Falle eines Scheiterns des Vertrages, §§ 346 ff, 812 ff, die nicht hinreichend berücksichtigen, daß im Rahmen eines Werkvertrages oft schon kaum reversible Zustände geschaffen worden sind.

II. Inhalt, Geschichte und Würdigung der gesetzlichen Regelung

1. Überblick über die gesetzliche Regelung

Die Regelung des Werkvertragsrechts im neunten Titel des einzelnen Schuldverhält- **8** nissen gewidmeten achten Abschnitts des Zweiten Buches des BGB über das Recht der Schuldverhältnisse baut auf auf den Regelungen des Allgemeinen Teils sowie des Allgemeinen Schuldrechts, die, soweit thematisch passend, grundsätzlich uneingeschränkt Anwendung finden.

a) Die gesetzliche Regelung beginnt in § 631 mit einer *Begriffsbestimmung* der *Parteien* und des *Vertragsgegenstandes*. Außerdem werden hier die Hauptpflichten der Parteien, *Herstellung des Werkes* einerseits, *Zahlung der Vergütung* andererseits, genannt. Die möglichen Nebenpflichten der Parteien, namentlich des Unternehmers, regelt das Gesetz nicht näher; zu der oft notwendigen Mitwirkung des Bestellers bei der Herstellung des Werkes verhält es sich erst in den §§ 642, 643. Ebenfalls nicht geregelt wird der Vorgang der Herstellung des Werkes; nur im Rahmen der Gewährleistung sagt das Gesetz später in § 633 Abs 2, welchen Anforderungen das Werk im Ergebnis zu genügen hat.

b) § 632 greift einen Aspekt des Vertragsschlusses heraus, die Frage nach *Ob und Höhe einer Vergütung* bei fehlender näherer Absprache. Die Bestimmung steht in einer Linie mit denen der §§ 612, 653 und hätte insoweit eine Einstellung in den Allgemeinen Teil verdient. Die für den Werkvertrag typischen *Probleme nachträglicher Kostenänderungen* werden nicht angesprochen; sie erfahren eine (teilweise) Regelung erst in § 650.

c) In den §§ 633–638 nennt das Gesetz zunächst in § 633 Abs 2 die *qualitativen Anforderungen an das Werk*. Es regelt sodann die Frage nach den Folgen, wenn ihnen nicht genügt wird, und stellt als prägende Merkmale des Werkvertrages für diesen Fall einen **Nacherfüllungsanspruch** des Bestellers, § 634 Nr 1, und ein **Nachbesserungsrecht** des Unternehmers in den Vordergrund, wie es sich im Umkehrschluß aus den §§ 281 Abs 2, 323 Abs 2, 636 ergibt. Nur wenn und soweit dies nicht zum Erfolg führt, soll es nach § 634 zu Rücktritt oder Minderung kommen, die in enger Anlehnung an den Kauf ausgestaltet sind. Auch einen **Schadensersatzanspruch** kennt das Gesetz insoweit in § 634 Nr 4, an den jetzt der kaufrechtliche Parallelanspruch aus § 437 Nr 3 in den Voraussetzungen angeglichen ist, vgl demgegenüber § 463 aF. Die einschlägigen Verjährungsfristen sind differenzierend in § 638 geregelt. Zu Gewährleistungsbeschränkungen findet sich eine partielle Regelung in § 639.

9 d) Die §§ 632a, 640, 641, 641a, 646 sind der **Abnahme des Werkes** und der **Zahlung des Werklohns** gewidmet.

e) Etwa erforderliche *Mitwirkungshandlungen* des Bestellers bei der Herstellung des Werkes erfahren in den §§ 642, 643 eine rechtliche Würdigung und Sanktionierung.

f) In den §§ 644, 645 werden Fragen der *Preisgefahr* angesprochen.

g) Die §§ 647, 648 sehen eine *dingliche Absicherung* des Unternehmers am Bearbeitungsobjekt vor. § 648a sieht für den Bauvertrag *anderweitige Sicherheiten* für den Unternehmer vor.

h) Die §§ 649, 650 geben dem *Besteller* ein allgemeines *Kündigungsrecht* sowie ein besonderes, das an Kostensteigerungen geknüpft ist.

i) § 651 unternimmt eine *Abgrenzung von Kauf und Werkvertrag*.

2. Zur Geschichte des Werkvertrages

10 Wenn es auch den heutigen Werkverträgen entsprechende Verträge bereits im Altertum (vgl KASER, Römisches Privatrecht I [2. Aufl 1971] 570) und im deutschen Mittelalter gegeben hat (vgl ROTHENBÜCHER, Geschichte des Werkvertrages nach deutschem Recht [1906] mwN), ist die **historische Entwicklung** doch dadurch geprägt, daß noch die Rechtslehre der Pandektistik den Werkvertrag im engen Anschluß an das klassische römische Recht würdigte (vgl ROTHENBÜCHER 131), das den *Werkvertrag zusammen mit dem Dienstvertrag und der Miete in dem einheitlichen Vertragstyp der locatio conductio* zusammenfaßte, wobei locator der Besteller, conductor der Unternehmer war (dazu KASER aaO). Das versperrte zwar den Blick nicht vollends für seine Besonderheiten, behinderte es aber doch, diesen Vertragstyp in seiner ganzen Eigenständigkeit voll zu erfassen. Noch bei WINDSCHEID, Pandekten (7. Aufl 1891) finden sich nur knappe

Bemerkungen in den §§ 399, 401 über den Werkvertrag als Sonderform der Dienstmiete. Zwar hatte das PrALR in I 11 §§ 925–980 eine vergleichsweise eingehende Regelung über „Verträge über ein verdungenes Werk" enthalten und auch der Dresdener Entwurf in Art 634–655, doch gab es **in wesentlichen Grundfragen kaum Vorbilder** für die Regelungen des BGB, so etwa hinsichtlich der *Nachbesserung* bei Mängeln, die das PrALR überhaupt nicht, Art 640 Dresdener Entwurf nur als Recht des Bestellers, nicht auch als Befugnis des Unternehmers vorsah. *Unterbleibende Mitwirkung des Bestellers* wird von dem PrALR als eigenes Regelungsproblem nicht gesehen, von Art 646 Dresdner Entwurf nur unzureichend erfaßt. Jeweils findet sich eine subsidiäre Bezugnahme auf das Dienstvertragsrecht (I 11 § 825 bzw Art 636). Das bedeutet einerseits, daß *heute zur Klärung von Zweifelsfragen auf den Rechtszustand vor Inkrafttreten des BGB kaum* zurückgegriffen werden kann, und andererseits, daß nachhaltige Erfahrungen mit bewährten Rechtsregeln der gesetzlichen Konzeption des Werkvertrages nicht zugrunde liegen konnten. Die Gesetz gewordene Regelung wurde vielmehr in wesentlichen Punkten „vom grünen Tisch" aus entworfen, was das Vorhandensein von Regelungen mehr *akademisch bedeutsamer Probleme* wie die der Gefahrtragung in den §§ 644 f erklärt, *wenig praktikabler Regelungen* wie die über Wandlung bzw jetzt Rücktritt und Minderung und auch manche *Fehlleistungen* wie die unpassende Bestimmung der Rechtsfolgen einer Kündigung des Unternehmers nach § 643 (vgl dort Rn 14 ff), die Konstruktion eines Anspruchs auf Abnahme (vgl PETERS, in: FS Max Keller [1989] 221 ff). Vgl auch FELS, Die Sachmängelgewährleistung im Werkvertragsrecht des BGB: Entstehung und Weiterentwicklung (Diss Hamburg 2000).

Angesichts dieser Umstände muß es als eher erstaunlich angesehen werden, daß die Bestimmungen der §§ 631 ff *Änderungen* seit dem Inkrafttreten des BGB *praktisch nicht unterworfen* waren. Zu nennen sind hier nur die Einführung des § 648 Abs 2 durch die VO zur Durchführung des Gesetzes über Rechte an eingetragenen Schiffen und Schiffsbauwerken vom 21. 12. 1940 (RGBl I 1609), die Schaffung des jetzigen § 633 Abs 2 S 2 durch das AGB-Gesetz vom 9. 12. 1976 (BGBl I 3317), sowie die Einfügung des § 648a durch Art 1 Nr 1 des Gesetzes zur Änderung des BGB (Bauhandwerkersicherung) und anderer Gesetze vom 27. 4. 1993 (BGBl I 509). Kürzlich hat das G zur Beschleunigung fälliger Zahlungen vom 30. 3. 2000 (BGBl I 330) die §§ 632a, 641a neu geschaffen und die §§ 640 Abs 1, 641, 648a abgeändert. Das G zur Modernisierung des Schuldrechts vom 26. 11. 2001 (BGBl I 3138) hat das Werkvertragsrecht trotz seiner tiefgreifenden Eingriffe in den Gesetzestext in seinen Strukturen unverändert gelassen; nachhaltige Eingriffe finden sich letztlich nur im Bereich der Verjährung. Frühere Literatur und Rechtsprechung bleiben durchweg verwertbar.

Das bedeutet nicht, daß der Rechtszustand seit 1900 unverändert geblieben wäre. Es hat seither *bedeutsame Fortentwicklungen in der Rechtsprechung* gegeben, von denen hier nur einige genannt seien: Die Anerkennung eines Kündigungsrechts aus wichtigem Grunde für beide Parteien (vgl § 649 Rn 2, 36 ff), die Anwendung des Mitverschuldenseinwandes auf alle Gewährleistungsrechte des Bestellers (vgl § 634 Rn 13 ff), die Anerkennung eines Anspruchs des Bestellers auf Kostenvorschuß (vgl § 634 Rn 75 ff), der zu einem der wichtigsten Rechtsbehelfe des Gewährleistungsrechts geworden ist und jetzt in § 637 anerkannt ist. Insgesamt hat sich das bisherige Werkvertragsrecht bewährt und war nicht reformbedürftig.

3. Wesen des Werkvertrages

12 Eine Frage nach dem Wesen des Werkvertrages erscheint müßig. Wenn es zuweilen in der entgeltlichen erfolgreichen Wertschöpfung gesehen wird (vgl BGH NJW 1983, 1489, 1490; ERMAN/SEILER Vor § 631 Rn 2), so ist das nahezu ohne Aussagekraft und auch nicht einmal immer richtig; man denke nur an die Theateraufführung. Jedenfalls versagt ein solcher Begriff dort, wo er allein Nutzen bringen könnte, nämlich bei der Abgrenzung des Werkvertrages gegenüber anderen Vertragsarten.

III. Abgrenzung des Werkvertrages gegenüber anderen Vertragsarten

1. Abgrenzung zum Kauf

a) Notwendigkeit

13 Die Abgrenzung des Werkvertrages gegenüber dem Kauf war im bisherigen Recht vorzugsweise wegen der tiefgreifenden Unterschiede im Gewährleistungsrecht notwendig; die Annäherung der §§ 434 ff, 633 ff aneinander nimmt der Frage weitgehend die Brisanz, freilich nicht vollends, vgl die unterschiedliche Zuweisung des Wahlrechts für die Art der Nacherfüllung in den §§ 439 Abs 1, 635 Abs 1, die zT unterschiedlichen Fristen der §§ 438 (Abs 1 Nr 3) und 634a (Abs 1 Nrn 1, 3), den unterschiedlichen Verjährungsbeginn (§ 438 Abs 2 gegenüber § 634a Abs 1 Nr 3, Abs 2).

Die Notwendigkeit der trennscharfen Abgrenzung folgt nicht aus der unterschiedlichen Art der Erfüllung nach den §§ 929 ff bzw nach den §§ 946 ff, 93 ff. Sie besteht aber für die Phase vor dem endgültigen Leistungsaustausch, weil der Besteller stärker auf dessen Vorbereitung Einfluß nehmen kann und nimmt, zB durch eigene Planung (und deren Änderung), Kontrolle der Herstellung des Werkes, als der Käufer.

Bestehende Unterschiede sind weithin durch Analogien einzuebnen. Das gilt zB für die Eigennachbesserung nach § 637 (auch im Kaufrecht) und in umgekehrter Richtung für § 446 Abs 1 S 2 und namentlich die §§ 474 ff: Der Verbraucher darf sich nicht dadurch schlechter stehen, daß sich der Eigentumsübergang nach den §§ 946, 94 Abs 2 statt nach § 929 vollzieht, der Unternehmer nicht nur liefert, sondern auch montiert.

b) Herstellungspflicht als Abgrenzungskriterium

14 Kauf und Werkvertrag *unterscheiden sich idealtypisch* danach, ob die **Erstellung des Vertragsgegenstandes** zu den *Pflichten* des Veräußerers gehört oder im *Vorfeld* des Vertrages verbleibt.

aa) Danach liegt *grundsätzlich ein Kauf* vor, wenn der Vertragsgegenstand bei Vertragsschluß bereits *fertig* vorliegt. Doch gilt dies nicht uneingeschränkt. So hat die Rechtsprechung insbesondere beim Erwerb schlüsselfertiger Häuser auch in Fällen dieser Art für die Gewährleistung Werkvertragsrecht herangezogen (vgl § 651 Rn 4 ff). Freilich sind die Gründe hierfür entfallen, weil die Gewährleistung der Materien aneinander angeglichen ist.

Auch im Kaufrecht kann im übrigen die eigene Fertigung durch den Verkäufer von

Bedeutung sein. ZB kann ausnahmsweise eine Fremdfertigung einen Mangel bedeuten.

bb) Wenn der Vertragsgegenstand erst noch zu erstellen ist, kann grundsätzlich statt Werkvertragsrecht auch Kaufrecht Anwendung finden, da auch der Kauf einer künftigen Sache möglich ist. Bei Anbringung von Sachen an Grundstücken, die deren wesentlicher Bestandteil werden, findet Werkvertragsrecht Anwendung, wie dies § 651 Abs 2 aF klarstellte. Bei beweglichen Sachen gilt § 651: 15

„Reines" Kaufrecht, wenn eine vertretbare Sache produziert werden soll (S 1), zT Modifikation durch Werkvertragsrecht, wenn das Produkt nicht vertretbar sein wird (S 3).

c) Mischformen
Darüber hinaus gibt es Mischformen zwischen Kauf und Werkvertrag. Zu nennen sind: 16

aa) Der *Kauf mit Montageverpflichtung* (vgl dazu § 651 Rn 13).

bb) Der *Kauf auf Abbruch*. Er wird freilich herkömmlich als *reiner Kaufvertrag* gedeutet (vgl RGZ 62, 135; RG Recht 1923 Nr 635) und die Abbruchpflicht des Käufers als Sonderfall der Abnahmepflicht nach § 433 Abs 2 (vgl SOERGEL/HUBER Vor § 433 Rn 284), jedenfalls dann, wenn für die zu gewinnenden Materialien noch ein Preis gezahlt werden soll. Das wird der Interessenlage jedoch nicht gerecht. Zutreffend will SOERGEL/HUBER (aaO) Werkvertragsrecht anwenden, wenn ein Abbruchauftrag vorliegt und die zu gewinnenden Materialien mit dem Werklohn verrechnet werden sollen. Es ist nicht einzusehen, warum der Vertragscharakter umschlagen soll, je nachdem, ob der Arbeitslohn oder die Materialien wertvoller sind. Vielmehr sind *Kaufrecht und Werkvertragsrecht stets miteinander zu kombinieren*. Beim Abbruch gelten die §§ 633 ff, namentlich § 637; in bezug auf die anfallenden verwertbaren Materialien ist der Auftraggeber Verkäufer und uU als solcher gewährleistungspflichtig.

cc) Bei einem Werkvertrag kann es ausnahmsweise *kaufrechtlich zu beurteilende Nebenpflichten* geben, so etwa, wenn zu der hergestellten Werkleistung noch Zubehör und Ersatzteile geliefert werden. IdR wird dies freilich als Teil des Werkes anzusehen sein, so daß insbesondere auf die Verjährung von Mängelansprüchen § 634a anzuwenden ist.

dd) Die Anwendung von Werkvertragsrecht wird nicht dadurch ausgeschlossen, daß der Unternehmer zunächst Sachen von dem Besteller zu Eigentum erwirbt, dieser diese aber später bearbeitet – oder andere aus ihnen gewonnene Sachen – zurückerwerben muß (vgl BGH NJW 1991, 166: Tierzuchtvertrag). Im einzelnen kommt es freilich auf die Ausgestaltung des Vertrages und dessen Auslegung an; es muß den Parteien um einen „Erfolg" gehen.

2. Abgrenzung zur Miete

Trotz ihrer gemeinsamen römischrechtlichen Wurzel in der locatio conductio bieten 17

Werkvertrag und Miete wenig Abgrenzungsprobleme (vgl zu ihnen STAUDINGER/RIEDEL[11] Vorbem 11 ff zu § 631).

a) Eine Reihe von Werkverträgen ist dadurch gekennzeichnet, daß sie *notwendig mit der Überlassung von Raum an den Besteller verbunden* ist. Dies gilt namentlich für Beförderungen mit Bus, Bahn, Flugzeug ua, aber auch für Theateraufführungen und sonstige Veranstaltungen. Hier findet *uneingeschränkt Werkvertragsrecht* Anwendung, und zwar auch insoweit, wie es um Mängel der Raumüberlassung geht. Diese sind mit einer Minderung des Werklohns auszugleichen, ggf durch einen Schadensersatzanspruch nach § 634 Nr 4. Kommt der Besteller durch eine mangelhafte Raumgewährung zu Schaden, wird er etwa körperlich verletzt, so gilt wegen dieser Mangelfolgeschäden § 634 Nr 4 ebenfalls.

b) Allerdings kann *das mietrechtliche Element an Bedeutung gewinnen*, wenn im Einzelfall dem dem Besteller gewährten Platz ein eigenständiges Gewicht zukommt. Dies gilt zwar noch nicht für die Platzkarte in der Eisenbahn, die nur die Ordnungsmäßigkeit der Beförderung sicherstellen soll (**aA** STAUDINGER/RIEDEL[11] Vorbem 11 zu § 631), wohl aber zB bei dem Abonnement eines bestimmten Theaterplatzes für die gesamte Spielzeit. Hier ist ggf zu fragen, ob der Schwerpunkt der Störung nicht doch im mietrechtlichen Bereich liegt und damit nach den §§ 536 ff zu beurteilen ist.

18 c) Bei der *Überlassung von Maschinen mit Bedienungspersonal* kommt es auf den *von den Parteien verfolgten Zweck* an (vgl BGH LM § 535 BGB Nr 40). *Miete* liegt vor, wenn sich die Pflichten des Überlassenden darin erschöpfen, so insbesondere wenn der Einsatz der Maschine den Weisungen des anderen Teiles überlassen bleibt; der Überlassende schuldet dann nur die Auswahl geeigneten Personals. Dagegen ist von *Werkvertragsrecht* auszugehen, wenn ein bestimmter Erfolg nicht nur vorgesehen ist, sondern auch noch von dem Überlassenden geschuldet sein soll (vgl STAUDINGER/EMMERICH [2003] Vorbem 37 zu § 535). Das ist dann der Fall, wenn das Direktionsrecht bei dem Überlassenden liegt (BGH NJW-RR 1996, 1203, 1204). In diesem Fall haftet der Überlassende für das Personal nach § 278.

d) Wird ein Grundstück zur Bebauung überlassen, eine Grube zur Verfüllung, so handelt es sich auch dann um einen Mietvertrag, wenn der Zustand dadurch verbessert wird, der überlassende Teil von ihm also nach Vertragsbeendigung profitiert, sofern eine Rechtspflicht zur Bebauung bzw Verfüllung nicht besteht (vgl BGH NJW 1983, 680). Anders kann es liegen, wenn eine solche besteht. Dann kommt es darauf an, ob das Interesse des übernehmenden Teils an der vorübergehenden Nutzung überwiegt oder das Interesse des Überlassenden an dem endgültigen Zustand. Etwa vereinbarte Zahlungen haben hierbei nur indizielle Bedeutung. BGH (aaO) scheint im Zweifel die Anwendung von Mietvertragsrecht vorzuziehen. Das ist bedenklich. Auch will die vorzugsweise daraus folgende kurze Verjährung nach § 548 nicht immer sachgerecht erscheinen.

e) Soweit die *Überlassung von Räumlichkeiten* oder Gegenständen an den Unternehmer *für die Erstellung des Werkes notwendig* ist oder sonst geschieht, handelt es sich nicht um eine Miete (oder Leihe), sondern um die *Wahrnehmung einer Mitwirkungsobliegenheit* des Bestellers, so daß etwaige Störungen in diesem Bereich nach den §§ 642 f zu beurteilen sind, ggf nach § 6 VOB/B.

3. Abgrenzung zum Dienstvertrag

a) Bedeutung der Abgrenzung

Der Abgrenzung von Dienst- und Werkvertrag kommt deshalb erhebliche Bedeutung zu, weil der Gesetzgeber diese beiden Vertragsarten ganz unterschiedlich ausgestaltet hat, heute auch mit der Entscheidung für eine der beiden Vertragstypen weithin zugleich die Entscheidung über die Anwendung des Arbeitsrechts getroffen wird. Nur *vereinzelt kann jeweils auf Bestimmungen der anderen Materie zurückgegriffen werden*, so etwa beim Werkvertrag auf § 618. Werkvertragliche Bestimmungen, die beim Dienstvertrag entsprechende Anwendung finden könnten, sind gar nicht ersichtlich. *Parallelprobleme haben nur ausnahmsweise eine parallele Regelung* gefunden, vgl die §§ 612, 632. In aller Regel werden sie unterschiedlich behandelt. So lösen vor allem **Mängel der geleisteten Arbeit** beim Werkvertrag primär eine Gewährleistung aus, bei der eine verschuldensunabhängige und nicht besonders zu vergütende Nacherfüllung im Vordergrund steht, während das Dienstvertragsrecht eine solche nicht kennt, sondern die Probleme mit Schadensersatzansprüchen aus den §§ 280 Abs 1, 241 Abs 2 bewältigt. Mangelnde Mitwirkung des Dienstberechtigten/Bestellers führt nach den §§ 615 einerseits, 642, 643 andererseits zu unterschiedlichen Folgen. Die Kündigung aus wichtigem Grunde hat in den §§ 626 ff für den Dienstvertrag eine nähere Regelung gefunden, für den Werkvertrag dagegen nur eine partielle und abweichende in § 650; zur Bedeutung des § 314 im Werkvertragsrecht vgl 649 Rn 2. In der Sache erscheint das *Ausmaß der Diversifizierung jedenfalls dort unangemessen*, wo die Tätigkeit für einen anderen nicht im Rahmen eines Arbeitsverhältnisses geleistet wird. So könnten etwa die §§ 615, 626 ohne nachhaltige Änderungen auch im Werkvertragsrecht Anwendung finden. Auch das abschnittsweise Vergütungssystem des § 614 kann als vorbildlich für das Werkvertragsrecht angesehen werden. Umgekehrt ließe sich auch manche Regelung des Werkvertragsrechts für das Dienstvertragsrecht fruchtbar machen, zB der Nachbesserungsanspruch des § 635 Abs 1, 1. Alt.

In der Praxis *konvergieren die Vertragstypen* freilich. Die Vergütung nach Abschnitten hat sich in der Kautelarjurisprudenz beim Werkvertrag längst durchgesetzt, vgl zB § 16 Nr 1 Abs 1 S 1 VOB/B. Die Kündigung aus wichtigem Grund ist auch beim Werkvertrag anerkannt (vgl § 649 Rn 2, 36). Die Rechtsfolgen des Annahmeverzugs sind an die des § 615 anzunähern (vgl § 643 Rn 17 ff). Die Anwendung von Werkvertrags-, statt Dienstvertragsrecht auf den *Architektenvertrag* bedeutet letztlich kaum mehr, als daß die §§ 634a Nr 2, 648 herangezogen werden können. Für wichtige Rechtsfolgen *erübrigt § 675 eine nähere Einordnung des Vertrages*. Und für die in der Praxis vielfach allein wichtige Frage, welche sachlichen Anforderungen an den Tätigwerdenden gestellt werden können, ist die *Wahl des Vertragstyps ohnehin durchweg bedeutungslos*, allenfalls die konkrete Vertragsgestaltung verdient hier Beachtung.

b) Abgrenzungskriterien

aa) Das maßgebliche Unterscheidungskriterium wird gemeinhin darin gesehen, daß beim Dienstvertrag eine **Tätigkeit** geschuldet wird, beim Werkvertrag dagegen ein **Erfolg** (vgl Mot II 456, 471; STAUDINGER/RIEDEL[11] Vorbem 6 zu § 631; ERMAN/SEILER Vor § 631 Rn 4; SOERGEL/TEICHMANN Vor § 631 Rn 2 ff; MünchKomm/SOERGEL § 631 Rn 12; LARENZ II

1 § 52 I; MEDICUS, SchuldR II Rn 361 f; HECK, Schuldrecht § 110, 2 f; RGZ 72, 179; 91, 328; BGHZ 54, 106 [107] = NJW 1970, 1596).

Dieses *Kriterium* ist freilich deshalb *wenig griffig* (vgl ERMAN/SEILER aaO; STAUDINGER/RICHARDI [1999] Vorbem 28 f zu § 611), weil einerseits der im Werkvertragsrecht geschuldete *Erfolg im denkbar weitesten Sinne zu verstehen* ist, vgl § 631 Abs 2 und dort Rn 2 ff, andererseits aber die Tätigkeit des Dienstverpflichteten natürlich auch „Erfolg" haben soll. Der *äußere Eindruck kann täuschen*: So schuldet die Putzfrau nicht den Erfolg einer sauberen Wohnung, sondern eine diesem Zweck entsprechende Tätigkeit, der die Bauaufsicht führende Architekt nicht eine Tätigkeit, sondern den Erfolg einer ordnungsgemäßen Bauaufsicht. *Gedanklich läßt sich jede Tätigkeit für andere sowohl dienstvertraglich wie werkvertraglich deuten*, je nachdem, wie man den Begriff des (geschuldeten) Erfolges faßt. Die Prozeßführung des Anwalts, die gemeinhin als dienstrechtlich geschuldet verstanden wird, wäre werkvertraglich zu sehen, wenn man die Gesamtheit der notwendigen Schritte als geschuldeten Erfolg verstehen würde. Bei einem *Forschungs- und Entwicklungsvertrag* ist es sorgsam zu prüfen, ob der Beauftragte den Erfolg schuldet und damit das Risiko ausbleibender Resultate tragen soll (BGH NJW 2002, 3323).

21 bb) Andere *globale Abgrenzungskriterien* sind ebenfalls im Einzelfall *wenig hilfreich*. Dies gilt etwa für eine Abgrenzung nach einem sozialen Leitbild (vgl dazu STAUDINGER/RICHARDI [1999] Vorbem 30 zu § 611), für die Entgeltgestaltung, die auch beim Werkvertrag arbeitszeitbezogen sein kann, vgl den Stundenlohnvertrag, oder für den Zeitfaktor im Rahmen des Vertrages. Beim Dienstvertrag ist die Abrechnung nach Zeitaufwand zwar typisch, aber nicht zwingend; sie gilt etwa durchweg nicht für die Gebühren des Rechtsanwaltes. Wichtig ist die Zuweisung des Entgeltrisikos (vgl etwa STAUDINGER/RICHARDI [1999] Vorbem 39 ff, 45 zu § 611), doch ist dies oft nur die gerade zu beantwortende Frage.

22 cc) Die *Einordnung von Verträgen* ist vielfach eine *Frage der schlichten Konvention*. Bei einer ganzen Reihe von Verträgen hat es sich einfach eingebürgert, sie der einen oder der anderen Materie zuzuweisen (vgl dazu u Rn 26 ff). Solange sich dies nicht als evident unsachgerecht erweist, sollte man es dabei belassen. Das gilt zB für die heutige Zuordnung des Architektenvertrages zum Werkvertrag, die sich nicht ohne Probleme durchführen läßt; der gegenteilige Standpunkt des Reichsgerichts hatte durchaus eine gewisse Berechtigung, vgl dazu auch u Rn 107 ff.

Darüber hinaus und ergänzend in Hinblick auf Besonderheiten, die der Einzelfall aufweisen mag, ist auf folgendes abzustellen:

(1) Zunächst auf die *Rechtsfolgen und ihre Angemessenheit*, die sich aus der Wahl des Vertragstypus ergeben (vgl STAUDINGER/RICHARDI [1999] Vorbem 35 zu § 611; **aA** NIKISCH, Grundformen des Arbeitsvertrags [1926] 60). Dabei sind sie freilich *in ihrer Gesamtheit zu würdigen*, nicht etwa kann auf eine einzelne Bestimmung abgestellt werden, die vielleicht gerade als besonders „passend" erscheinen will.

(2) Sodann gibt es eine Reihe von *Indizien*, die für bzw gegen das Vorliegen eines Werkvertrages sprechen können. Auch sie bedürfen freilich einer Gesamtabwägung,

weil sie einzeln weithin auch mit einem Dienstvertrag vereinbar sind (vgl BGB-RGRK/ GLANZMANN Vor § 631 Rn 4 f).

So sprechen für einen Werkvertrag die prinzipielle *Eigenverantwortlichkeit und Weisungsfreiheit* des Tätigen, vgl aber auch §§ 645, 675, 665, da bei strikter Weisungsgebundenheit die werkvertragliche Erfolgsgarantie nicht mehr zumutbar ist, ferner die *soziale Unabhängigkeit* und ein besonderes *Fachwissen*, auch wenn Ärzte und Rechtsanwälte typischerweise kraft Dienstvertrages tätig werden, weiterhin eine *Vergütung nach Erfolgen*, nicht nach – insbesondere zeitlichem – Aufwand, obwohl gerade dieses Kriterium mit größter Vorsicht zu gebrauchen ist, auch die *Befugnis, die Tätigkeit auf Dritte, insbesondere Mitarbeiter, zu delegieren*, schließlich die *Stellung von Arbeits- und Produktionsmitteln*.

Gegen einen Werkvertrag sprechen – ebenfalls nicht zwingend – die Umkehrung der eben genannten Merkmale, ferner die *Eingliederung in einen von der Gegenseite organisierten Fertigungsprozeß*.

Kaum geeignete Abgrenzungskriterien sind: Die Ausdrucksweise der Parteien; die Möglichkeit des Tätigen, den erstrebten Erfolg zu erreichen (**aA** BGB-RGRK/GLANZMANN Vor § 631 Rn 3; SOERGEL/KRAFT Vor § 611 Rn 42), die Frage, ob die geleistete Tätigkeit für sich allein sinnvoll ist oder der Ergänzung durch die Tätigkeit anderer bedarf; das soziale, wirtschaftliche oder geistige Niveau der geschuldeten Tätigkeit.

(3) Der *Wille der Parteien* (STAUDINGER/RIEDEL[11] Rn 6; BGB-RGRK/GLANZMANN Vor **23** § 631 Rn 3) vermag sich freilich dort nicht durchzusetzen, wo die Einordnung des Vertrages eindeutig erscheint wie zB beim Bauvertrag einerseits oder bei Arbeitsverträgen andererseits. Er muß sodann hinreichend konkret sein. ZB reicht eine bloße Bezugnahme auf „das Werkvertragsrecht" oder „das Dienstvertragsrecht" grundsätzlich nicht aus. Der Wille muß sich vielmehr auf bestimmte Regelungen der jeweiligen Materien beziehen. Dabei muß sich die Rechtswahl ggf nach den Maßstäben der §§ 305 ff an den Normen der abbedungenen Materie messen lassen, wenn diese als die eigentlich einschlägige erscheint. So gehört es zu den *wesentlichen Grundgedanken der gesetzlichen Regelung*, § 307 Abs 2 Nr 1, daß beim Werkvertrag ein Erfolg geschuldet wird und bei seiner Verfehlung eine Gewährleistung eingreift, desgleichen, daß beim Dienstvertrag dem Dienstpflichtigen die verschuldensunabhängige Gewährleistung bestimmter Erfolge gerade nicht anzusinnen ist.

c) Gestaltungsmöglichkeiten
Dienstvertrag und Werkvertrag sind weithin miteinander *austauschbar*. Dieselben **24** Aufgaben können (dienstvertraglich) durch eine Abteilung des eigenen Hauses erledigt werden oder (werkvertraglich) durch einen selbständigen Unternehmer. Dabei ist unter wirtschaftlichen Gesichtspunkten die letztere Gestaltung für den Leistungsempfänger durchaus vorzugswürdig. Kostenmäßig kann er klarer kalkulieren, während ihn Mehrkosten sonst selbst treffen. Preislich lassen sich selbständige Unternehmer gegeneinander ausspielen. Etwa notwendige Nachbesserungen gehen kostenmäßig nicht zu seinen Lasten. Weitere Vorzüge sind gesteigerte Flexibilität, weil bei weiterem mangelndem Bedarf von der Erteilung weiterer Aufträge abgesehen werden, bei sich änderndem der Unternehmer gewechselt werden kann; die eigene Abteilung läßt sich schwerer umstellen, gar auflösen. Außerdem unterliegt der

selbständige Unternehmer nicht jenen vielfältigen arbeitsrechtlichen Schutzvorschriften, die dem Dienstverpflichteten zugutekommen. Ihn schützt nur § 138, dessen Voraussetzungen kaum einmal erfüllt sein werden.

Bei der Abgrenzung der Vertragstypen entscheidet nicht die Wortwahl der Parteien, sondern der sachliche Gehalt des Vertrages, idR also, ob die Tätigkeit oder der Erfolg in seinen Mittelpunkt gestellt wird.

Inwieweit durch die Wahl des Werkvertragsrechts *arbeitsrechtliche Schutzvorschriften* konkret ausgeschaltet werden können, hängt von deren Auslegung ab und ist hier nicht näher zu erörtern. UU liegt es nahe, den „Unternehmer" jedenfalls als arbeitnehmerähnliche Person zu betrachten.

d) Einzelfälle

aa) Wenn im folgenden einzelne Vertragsverhältnisse hier bzw dort zugeordnet werden, darf die Relevanz der Fragestellung nicht überbewertet werden.

Zunächst ist die korrekte Zuordnung dort gleichgültig, wo das konkrete Problem eine spezialgesetzliche Regelung gefunden hat. ZB sind das Frachtgeschäft, das Kommissionsgeschäft näher im HGB geregelt, was den Rückgriff auf das BGB weithin erübrigt. Für die Vergütung der freien Berufe bestehen Gebührenordnungen.

Sodann sind vorrangig beachtlich die Vereinbarungen der Parteien, wie sie das Ziel der Tätigkeit festlegen. Vieles kann sinnvoll nur vertraglich geregelt werden. ZB wird man den Forschungs- und Entwicklungsvertrag grundsätzlich als Werkvertrag einzustufen haben (vgl ULLRICH, in: FS Fikentscher [1998] 298), doch ist dem Forscher oder Entwickler das vergütungsmäßige Risiko kaum zuzumuten, das sich ergibt, wenn verwertbare Ergebnisse ausscheiden.

Weiter ist die Einordnung des Vertrages weithin bedeutungslos. Das ergibt sich nicht nur bei der Existenz von Parallelbestimmungen wie den §§ 612, 632. Vor allem ist es bei den weithin im Mittelpunkt des Interesses stehenden Schadensersatzansprüchen primär von Bedeutung, welche Sorgfaltsanforderungen zu stellen sind. Dies ist aber unabhängig von der Qualifizierung des Vertrages.

Schließlich liegt bei Folgerungen aus der Vertragsnatur der Vorwurf der Begriffsjurisprudenz nahe.

bb) Mit diesen Vorbehalten:
(1) Der *Anwaltsvertrag* ist *ausnahmsweise Werkvertrag*, soweit der Anwalt konkrete, einer Erfolgsgarantie zugängliche Leistungen schuldet wie die Erstattung eines *Gutachtens*, die *Rechtsauskunft* über eine bestimmte Rechtsfrage, die *Ausformulierung einer getroffenen Vereinbarung*, etwa eines Gesellschaftsvertrags (vgl RGZ 88, 223; 110, 139; 162, 171; SOERGEL/KRAFT Vor § 611 Rn 45; PALANDT/PUTZO Vor § 611 Rn 21). Dagegen erfolgt die Führung eines Prozesses oder die Besorgung einer sonstigen Angelegenheit im Rahmen eines Dienstvertrages (vgl BGH LM § 675 Nr 28). Gleiches gilt für die Dauerberatung. Dabei unterscheiden sich die qualitativen Anforderungen aber nicht. Anwendbar ist jedenfalls stets § 675.

(2) Der *Anzeigenvertrag* ist ein Werkvertrag (vgl SOERGEL/TEICHMANN Vor § 631 Rn 31, PALANDT/SPRAU Vor § 631 Rn 8). Der geschuldete Erfolg ist die Veröffentlichung einer Anzeige nach den Vorgaben des Bestellers in der jeweiligen Auflagenhöhe. Auf Mängel finden daher die §§ 633 ff Anwendung. Geschuldet wird insbesondere auch Nacherfüllung (Berichtigung oder fehlerfreie Wiederholung). Für die notwendige Mitwirkung des Bestellers gelten die §§ 642, 643. Der Besteller hat ein (abdingbares) Kündigungsrecht nach § 649. Für die Abnahme gelten Besonderheiten; abzunehmen ist ggf der vorgelegte Entwurf; dagegen ist die Anzeige als solche nicht besonders abzunehmen.

(3) Zum *Architektenvertrag*, der heute grundsätzlich als Werkvertrag eingestuft wird, vgl u Rn 98 ff.

(4) Der Vertrag zwischen *Arzt* und Patient beurteilt sich *grundsätzlich nach Dienstvertragsrecht*, da dem Arzt das Einstehen für einen bestimmten Behandlungserfolg nicht angesonnen werden kann. Das wird freilich in Grenzbereichen zweifelhaft, so namentlich bei der Operation, wo sich als das geschuldete Werk immerhin die Vornahme lege artis verstehen läßt. Auch hier wendet die *Rechtsprechung* freilich *Dienstvertragsrecht* an (vgl BGH NJW 1980, 1452, 1453; OLG Düsseldorf NJW 1975, 595, beide Entscheidungen Sterilisationen betreffend; zustimmend LAUFS, Arztrecht [4. Aufl 1993] Rn 100; BGB-RGRK/GLANZMANN § 631 Rn 166; ablehnend JAKOBS NJW 1975, 1437; SOERGEL/TEICHMANN Vor § 631 Rn 38 f). Die praktische Bedeutung der Frage ist nicht sonderlich groß; bei schuldhaften Fehlhandlungen stand bislang ohnehin das Deliktsrecht im Vordergrund, was sich nach der Neufassung des § 253 Abs 2 ändern könnte, dessen Anwendbarkeit aber – ebenso wie die des § 280 Abs 1 S 2 – unabhängig von der Qualifizierung des Vertrags ist. Immerhin ist aber an eine *vorsichtige entsprechende Anwendung des Werkvertragsrechts* zu denken. So spricht insbesondere wenig dagegen, dem Patienten einen Nachbesserungsanspruch zu gewähren, falls die Operation mit behebbaren Mängeln verbunden war.

Ebenfalls zweifelhaft sind die anzuwendenden Vorschriften bei der *Lieferung und Anpassung von Brillen und Prothesen*. Der BGH will Werkvertragsrecht anwenden, soweit es lediglich um die technische Anfertigung dieser Hilfsmittel geht, dagegen auf die *zahnprothetische Behandlung* insgesamt Dienstvertragsrecht (vgl BGH NJW 1975, 305, 592). Dagegen ist nicht einzusehen, warum hier nicht insgesamt die werkvertragliche Gewährleistung mit der vorgesehenen Nachbesserung und auch der eigenständigen Verjährung Anwendung finden soll (vgl auch JAKOBS aaO, der die gesamte Tätigkeit des Zahnarztes dem Werkvertragsrecht unterwerfen will).

Soweit es an einer besonderen ärztlichen Behandlung fehlt, ist jedenfalls von Werkvertragsrecht auszugehen, so namentlich bei der *Erstattung von Gutachten*, der *Verrichtung und Auswertung von Laboratoriums- und Röntgendiagnostik* (vgl BGB-RGRK/GLANZMANN § 631 Rn 166).

(5) Der *Auskunfteivertrag* über die Beschaffung von Kredit- und sonstigen Auskünften ist Werkvertrag (vgl RGZ 115, 112, 115), sofern nicht eine *Dauerversorgung* mit Nachrichten vorliegt; dann ist von Dienstvertragsrecht auszugehen.

(6) *Bauverträge* sind Werkverträge (vgl u Rn 69 ff).

(7) *Beförderungsverträge* sind Werkverträge (vgl u Rn 64 ff).

(8) Der *Bergungsvertrag* ist im Zweifel Dienstvertrag, da der Bergende für einen Erfolg nicht einstehen will (vgl RG HRR 1937, 551).

Die Bergung aus Seenot begründet nach den §§ 740 ff HGB ein eigentümliches gesetzliches Schuldverhältnis, das nach § 741 HGB eine Vergütung nur im Erfolgsfall vorsieht; den Abschluß auch für diesen Fall vergütungspflichtiger Rettungsverträge schließt das nicht aus.

(9) Der *Bestattungsvertrag* enthält verschiedenartige Vertragselemente; im Kern ist er Werkvertrag (vgl WIDMANN, Der Bestattungsvertrag [2. Aufl 1994]).

(10) Der *Deckvertrag* über das Decken eines Muttertieres ist Werkvertrag, dessen Erfolg der Befruchtungsvorgang ist, nicht der Wurf.

(11) Bei dem Vertrag mit einem *Designer* kommt es auf die Ausgestaltung an. Werkvertrag, wenn eine eigenständige Gestaltung geschuldet ist (vgl REICH GRuR 2000, 956), Dienstvertrag, wenn Vorbereitung und Beratung überwiegen.

28 (12) *Gutachten* werden auf werkvertraglicher Basis erstellt (BGHZ 67, 1).

Der Gutachter ist verpflichtet, sich die zur Beantwortung der ihm gestellten Frage notwendigen Informationen in eigener Verantwortung zu beschaffen, auf die Angaben des Auftraggebers darf er sich nicht ohne Überprüfung verlassen; fehlerhafte Information des Gutachters begründet grundsätzlich kein Mitverschulden (vgl OLG Köln NJW-RR 1998, 1320). Diese festgestellten Tatsachen sind sodann nach den anerkannten Regeln des jeweiligen Faches zu verarbeiten. Verbleibende Zweifel am Ergebnis sind kenntlich zu machen, wenn zB ein Bodengutachten naturgemäß nur auf Stichproben beruhen kann.

Mängel des Gutachtens lösen verschuldensunabhängig die Rechte aus den §§ 633 ff aus, unter denen die Honorarkürzung als Minderung oder Rücktritt im Vordergrund stehen wird. Im Rahmen des § 637 kommt die anderweitige Einholung eines weiteren Gutachtens in Betracht. Im zu vermutenden, § 280 Abs 1 S 2, Verschuldensfall wird Schadensersatz nach § 634 Nr 4 geschuldet, wie er namentlich Fehldispositionen auf Grund des Gutachtens erfaßt. Zur zeitlichen Grenze des Anspruchs vgl die §§ 634a Abs 1 Nr 3, 195, 199.

Anspruchsberechtigt ist insoweit zunächst der Auftraggeber. *Dritte*, die Schäden erleiden, zB kreditausgebende Banken nach einer fehlerhaften Grundstücksbewertung, haben aus eigenem Recht ggf Ansprüche aus § 826, sofern das Handeln des Sachverständigen leichtfertig war. Ansprüche aus § 823 werden nur ausnahmsweise eröffnet sein, sind aber denkbar: Schäden am Nachbarhaus durch Fehler im Gründungsgutachten (§§ 823 Abs 2, 909). In den Schutzbereich des Gutachtenauftrags einzubeziehen sind aber jene Dritten, denen gegenüber das Gutachten bestimmungsgemäß Verwendung finden soll (vgl BGH NJW 1995, 392, dem Kaufinteressenten vorgelegtes Wertgutachten). Ihnen Ansprüche zuzugestehen ist unabweisbar; die Annahme eines Vertrages mit Schutzwirkung für Dritte ist weniger künstlich als die Alternative der

Konstruktion eines direkten stillschweigend zustandegekommenen Auskunftsvertrages zwischen Sachverständigem und Drittem oder die Annahme eines gesetzlichen Schuldverhältnisses zwischen ihnen.

Zur Haftung des *gerichtlichen Sachverständigen* vgl § 839a. **29**

(13) Der Vertrag über den *Hufbeschlag* eines Tieres ist Werkvertrag (BGH NJW 1968, 1932; dort auch zu der Frage, inwieweit der Besteller dem Hufschmied nach § 833 haftet).

(14) Der Vertrag mit einem *Krankenhaus* unterliegt jedenfalls nicht dem Werkvertragsrecht; es gilt das oben zum Arztvertrag Gesagte entsprechend.

(15) Die Einordnung des *Kommissionsvertrages* der §§ 383 ff HGB ist streitig. Für die (subsidiäre) Anwendung von Dienstvertragsrecht haben sich ausgesprochen RGZ 110, 119; SCHLEGELBERGER/HEFERMEHL, § 383 Rn 36 f; SOERGEL/HUBER Vor § 433 Rn 246; SOERGEL/TEICHMANN Vor § 631 Rn 66, für die Anwendung von Werkvertragsrecht RGZ 71, 76; HGB-Großkomm/KOLLER § 383 Rn 58 f; KNÜTEL ZHR 137 (1973) 286.

Die *Frage ist von recht geringer praktischer Bedeutung.* Zunächst geht es darum, ob eine *Kündigung* nach den §§ 621 Nr 5, 627 möglich sein soll oder nach § 649. Für den Provisionsanspruch ist dies angesichts seiner Erfolgsabhängigkeit ohne Bedeutung. Die Waffengleichheit spricht für Dienstvertragsrecht; nach § 649 könnte sich nur der Kommittent vom Vertrag lösen. Für die Verjährung der Haftung gelten ohnehin die §§ 195, 199, ggf über § 634a Abs 1 Nr 4. Für die von KOLLER (aaO) vorgeschlagene Differenzierung nach Größe und Selbständigkeit des Kommissionärs fehlt es an hinreichend klaren Abgrenzungskriterien. Zudem ist nicht deutlich, warum die §§ 634a, 649 nur auf den großen Kommissionär passen sollen, das Dienstvertragsrecht besser auf den kleinen. Auch die zuweilen erwogene Abgrenzung nach Dauerkommission (Dienstvertrag) und Einzelgeschäft (Werkvertrag) erscheint nicht zweckmäßig.

(16) Die Ausgestaltung von Verträgen mit *Künstlern* hängt vom *Einzelfall* ab. Die **30** *Kunstaufführung* als solche zielt gegenüber dem Publikum auf einen immateriellen Erfolg ab, so daß Werkvertragsrecht Anwendung findet und auch passender ist. ZB muß es nach dem Ausfall von Veranstaltungen eine Nachleistungspflicht geben, die nach Dienstvertragsrecht schwerer zu konstruieren ist. Dagegen ist der Vertrag des *Veranstalters mit einzelnen Künstlern*, die im Rahmen einer Aufführung oder Schallplattenbespielung zusammenzuwirken haben, weniger eindeutig zuzuordnen. Bei Solisten, die eine Veranstaltung „tragen" und in besonderem Maße zu deren Gelingen beisteuern, liegt die Annahme eines Werkvertrages näher als zB bei Orchestermusikern, die sich in die allgemeine Organisation stärker einordnen und in ganz anderem Ausmaß Weisungen unterworfen sind (vgl MünchKomm/MÜLLER-GLÖGE § 611 Rn 103; BAG AP § 2 BUrlG Nr 1).

Bühnenaufführungsverträge zwischen Verlegern und Theaterunternehmen sind urheberrechtliche Nutzungsverträge eigener Art, in denen neben Elementen anderer Vertragstypen auch solche des Werkvertrages enthalten sein können (vgl BGHZ 13, 115).

(17) Bei einem *Projektsteuerungsvertrag* übernimmt es jemand, Funktionen eines Bestellers bei Bauvorhaben wahrzunehmen, namentlich die Arbeiten zu koordinieren und die Planungsziele fortzuschreiben. Die Vergütung derartiger Leistungen, die der freien Vereinbarung unterliegen, spricht § 31 HOAI an. Die rechtliche Zuordnung dieses Vertragstyps hängt von seiner konkreten Ausgestaltung ab (BGH NJW 1999, 3118; ESCHENBRUCH, Recht der Projektsteuerung [1999] 197 ff; SCHILL, Der Projektsteuerungsvertrag [2000] 55 ff); der Projektsteuerer kann – werkvertraglich – bestimmte Erfolge zusagen. IdR ist aber doch von einem Dienstvertrag auszugehen (vgl OLG Düsseldorf BauR 1999, 384; NJW 1999, 3129; STAPELFELD BauR 1994, 693). Daß dem Projektsteuerer Erfolgshonorare für bestimmte Einsparungen zugesagt werden, führt noch nicht zur Annahme eines Werkvertrages (BGH NJW-RR 1995, 855). Wenn die zentrale Aufgabe eines Projektsteuerers die technische Bauüberwachung eines Generalübernehmers ist, prägt das werkvertragliche Element des Vertrages (BGH NJW 1999, 3118). Jedenfalls ist bei Störung des Vertrauens eine Kündigung aus wichtigem Grund möglich (BGH NJW 2000, 202). Stets gilt § 675.

31 (18) Eine *Reparatur* ist eine Werkleistung, wenn es denn darum geht, die Funktionsfähigkeit einer Maschine oder eines anderen Gegenstands wiederherzustellen. Ist, wie oft, die Störungsursache unklar, unterliegt der Beauftragte umfassenden Untersuchungs- und Aufklärungspflichten. Er hat die Störungsursache aufzudecken und den Auftraggeber über die Möglichkeiten der Behebung und namentlich ihre kostenmäßigen Auswirkungen aufzuklären; dazu wird oft der Rat gehören, daß eine Reparatur nicht mehr wirtschaftlich ist. Besonderen Augenmerks bedarf die Reichweite des Auftrags: zunächst nur Diagnose oder auch schon die Beauftragung zur Behebung der Mängel? Auftrag, auch weitere bei der Untersuchung festgestellte Defekte und Schwachstellen zu beseitigen?

Ein Mangel der Leistung wird indiziert, wenn die Funktionsfähigkeit alsbald wieder verlorengeht. Das führt verschuldensunabhängig zum Nachbesserungsanspruch, zur Möglichkeit von Rücktritt oder Minderung. Die Kosten einer anderweitigen „ordentlichen" Reparatur fallen unter § 634 Nrn 2, 4, doch sind dann die „Sowieso-Kosten" gegenzurechnen.

(19) Der Vertrag mit *Schiedsrichtern* und *Schiedsgutachtern* ist vereinzelt als Werkvertrag angesehen worden (so von TESSMER, Der Schiedsvertrag nach deutschem Recht [1912] 159). Überwiegend wird ein Dienstvertrag angenommen (vgl STEIN/JONAS/SCHLOSSER Vor § 1025 Rn 7; MünchKomm/MÜLLER-GLÖGE § 611 Rn 104; BETTINA MEYER, Der Schiedsgutachtervertrag [1995] 25 ff; NIKISCH, Zivilprozeßrecht § 144 III 3), bzw ein Vertragsverhältnis eigener Art (so namentlich RGZ 41, 251, 254; 94, 210, 213; STRIEDER, Rechtliche Einordnung und Behandlung des Schiedsrichtervertrages [1984] 30 ff). Letzterem entspricht es wohl, wenn BGHZ 43, 374 = NJW 1965, 1623 die rechtliche Einordnung offenläßt. Jedenfalls *passen die Bestimmungen über den Werkvertrag nicht*, unabhängig davon, ob man den Schiedsrichter nun zu einer Tätigkeit oder zu einem Erfolg (der Streitschlichtung) für verpflichtet hält. Insbesondere kann es nicht zu einer Gewährleistung nach den §§ 633 ff kommen. Vorzugswürdig dürfte die Betonung der *Sondernatur* des Vertrages sein.

(20) Der Vertrag mit dem *Schornsteinfeger* ist ein Werkvertrag (BGH VersR 1954, 404), soweit nicht seine hoheitlichen Befugnisse betroffen sind, deren Verletzung eine Haftung nach § 839 begründen kann (BGHZ 62, 372 = NJW 1974, 1507).

(21) Der Vertrag mit *Steuerbevollmächtigten und Steuerberatern* entzieht sich einer **32** eindeutiger Zuordnung. Soweit es um eine *umfassende steuerliche Beratung* des Mandanten geht, die auf Dauer angelegt ist, überwiegt der Tätigkeitscharakter des Auftrages, so daß mit BGHZ 54, 106; BGH VersR 1980, 264 ein Dienstvertrag – iSd § 675 – anzunehmen ist. Das schließt es gleichwohl nicht aus, daß der Steuerberater im Rahmen dieser Tätigkeit auch und gerade *einzelne Erfolge* schuldet, so zB die Erstellung einer Jahresbilanz oder von Steuerklärungen. *Insoweit* kann durchaus *Werkvertragsrecht* angewendet werden (vgl BGH NZBau 2002, 227 zur Nachbesserungsbefugnis bei laufender Buchhaltung; aA MARTENS/WIDMANN NJW 1977, 767), was erst recht für die *einmalige Inanspruchnahme* des Steuerberaters gilt. Der Vergleich mit dem dienstvertraglich tätigen Anwalt geht fehl, da es in dessen Tätigkeit so klar umrissene Leistungsgegenstände nur ausnahmsweise gibt, dann aber auch durchaus Werkvertragsrecht angewendet wird. So muß es hier namentlich bei Fehlern Nachbesserungsanspruch und Nachbesserungsbefugnis geben. Auf Mitwirkungshandlungen des Mandanten sind die §§ 642, 643 anzuwenden. Die Anwendbarkeit des § 675 wird durch die hier vorgenommene Einordnung nicht beeinflußt.

(22) Telekommunikationsleistungen werden werkvertraglich erbracht (vgl BILETZKI VuR 1999, 35).

(23) Der *Verlagsvertrag* ist ein im Verlagsgesetz von 1901 geregelter eigenständiger Vertrag, auf den die Regelungen der §§ 631 ff. Anwendung nicht finden können. Sie sind allerdings anwendbar auf den *Bestellvertrag* nach § 47 VerlagsG, bei dem der Inhalt des Werkes und die Art und Weise der Behandlung genau vorgeschrieben sind (vgl RGZ 140, 103).

(24) Der *Viehmastvertrag* ist idR Werkvertrag (BGH MDR 1972, 232), kann aber auch im Einzelfall abweichend ausgestaltet sein, wenn zB das Jungvieh an den Mäster verkauft und späterhin zurückgekauft wird.

(25) **Wartungsverträge** sind Werkverträge. Es geht bei ihnen um einen Erfolg, näm- **33** lich die *Erhaltung der Funktionstüchtigkeit des Wartungsgegenstandes* für den nächsten Zeitabschnitt (vgl OLG Frankfurt DAR 1973, 296 [Kfz]; OLG Stuttgart BB 1977, 118 [Computer]). Dabei ist freilich der geschuldete Erfolg nicht unmittelbar die uneingeschränkte Funktionsfähigkeit, sondern nur die Aufdeckung und Ausschaltung auffindbarer Störungsquellen (vgl OLG Düsseldorf NJW-RR 1988, 441). Bleibt der Gegenstand funktionsfähig, so ist dieser Erfolg jedenfalls eingetreten und kann der Werklohn entgegen OLG Stuttgart aaO nicht mit der Begründung gemindert werden, daß unzureichend gewartet worden sei. Treten Schäden an dem Wartungsgegenstand ein, so begründet dies die von dem Unternehmer zu widerlegende Vermutung, daß sie auf unzureichender Wartung beruhen (aA zur Beweislast SOERGEL/TEICHMANN Vor § 631 Rn 99). Der Beweis kann insbesondere dahin geführt werden, daß es sich um natürliche Alterung oder Verschleiß handele; dann hat der Wartende nur für die Kosten einzustehen, die sich durch korrekte Wartung hätten vermeiden lassen.

Als Dauerschuldverhältnis unterliegt der Wartungsvertrag der Möglichkeit der Kündigung aus wichtigem Grund. Bei der Laufzeit sind die Schranken des § 309 Nr 9 zu beachten, die freilich gegenüber Kaufleuten nicht gelten.

(26) Der Vertrag über *Werbemaßnahmen* kann unterschiedlich ausgestaltet sein (vgl BGH WM 1972, 947; MÖHRING/ILLERT BB 1974, 65). *Werkvertragsrecht* findet Anwendung, wenn bestimmte Werbemaßnahmen in Auftrag gegeben werden wie die Erstellung eines Werbefilms, das Aushängen von Plakaten in öffentlichen Verkehrsmitteln oder an anderen Werbeflächen (RG Recht 1920 Nr 379; BGH NJW 1984, 2406; Lichtreklame, KG LZ 1917, 692; die Verbreitung von Anzeigen in Theaterprogrammen, OLG Dresden SeuffA 64 Nr 140, die Vorführung von Werbefilmen oder Diapositiven durch ein Kino, LG München I NJW 1965, 1533). Dagegen liegt ein *Dienstvertrag* iSd § 675 vor, wenn eine Werbeagentur ganz allgemein – gar gegen eine monatliche Pauschale – die *Betreuung einer Firma* übernimmt (vgl MÖHRING/ILLERT).

4. Abgrenzung zum Reisevertrag

34 Der auf Grund des Reisevertragsgesetzes vom 4. 5. 1979 (BGBl I 509) in den §§ 651a ff geregelte Reisevertrag wird in der gesetzlichen Überschrift zum 9. Titel als ein dem Werkvertrag ähnlicher Vertrag bezeichnet, was seiner allgemeinen Deutung als eines im wesentlichen nach Werkvertragsrecht zu beurteilenden Vertrages vor Schaffung der §§ 651a ff entspricht. Soweit die §§ 651a ff *Lücken* aufweisen, die sich nicht aus ihnen selbst heraus füllen lassen, kann also uU *auf das Werkvertragsrecht zurückgegriffen* werden.

Normen des Reisevertragsrechts, die zur Fortentwicklung des allgemeinen Werkvertragsrechts herangezogen werden könnten, sind kaum ersichtlich, wenngleich eine solche rückwirkende Beeinflussung nicht prinzipiell ausgeschlossen erscheint. So gibt zB die Anerkennung einer *Ersetzungsbefugnis* des Reisenden in § 651b Anlaß, eine solche auch für den Besteller des Werkvertrages dort anzuerkennen, wo die Person des Destinatärs der Leistungen für den Unternehmer nicht entscheidend ist.

Zu den Abgrenzungsproblemen bei der Teilpauschalreise vgl ERMAN/SEILER § 651a Rn 4.

5. Abgrenzung zum Auftrag

a) Abgrenzung

35 Vom *Auftrag* unterscheidet sich der Werkvertrag **nicht zwingend durch den Gegenstand**, da Gegenstand eines Auftrags auch und gerade die Schaffung eines Erfolges iSd Werkvertragsrechts sein kann, sondern durch seine **Entgeltlichkeit**; der Auftrag ist nach der Begriffsbestimmung des § 662 unentgeltlich zu erledigen.

aa) Die zutreffende Einordnung des Vertragsverhältnisses *hat in mehrfacher Hinsicht Bedeutung*. Zunächst hängt es von ihr ab, ob außer dem Auftraggeber auch der Auftragnehmer jederzeit *kündigen* kann, vgl § 671, oder ob er dazu eines wichtigen Grundes bedarf, wie er insbesondere in einer unterlassenen Mitwirkung des Auftraggebers liegen kann, vgl § 643. Sodann ist die *Haftung für Mängel* unterschiedlich. Beim Werkvertrag richtet sie sich primär nach den §§ 633 ff; beim *Auftrag* kommen die allgemeinen Bestimmungen der §§ 280 ff zur Anwendung.

36 bb) In vielfacher Hinsicht kann die Unterscheidung auch unberücksichtigt bleiben, da sich die *Regelungen weithin überschneiden*.

(1) Das gilt zunächst insoweit, wie § 675 weite Bereiche des Auftragsrechts auch für das Werkvertragsrecht anwendbar macht; dazu u Rn 39 ff.

(2) Umgekehrt muß man aber auch *Bestimmungen des Werkvertragsrechts im Auftragsrecht* zur Anwendung bringen, sollen Wertungswidersprüche vermieden werden.

(a) Wenn der Auftragnehmer den von ihm geschuldeten Erfolg nur in mangelhafter Weise erbracht hat, darf er nicht schärfer haften als der Werkunternehmer. § 635 Abs 3 muß auch für ihn gelten. Namentlich muß die Haftung zeitlich nach § 634a beschränkt sein.

(b) Umgekehrt muß für den Auftraggeber § 637 gelten.

(c) Wegen des Anspruches auf *Verwendungsersatz* ist an eine dingliche Absicherung des Auftragnehmers in entsprechender Anwendung der §§ 647, 648 zu denken.

b) Problemfälle
Das *Abgrenzungskriterium des Gesetzes – entgeltlich oder unentgeltlich –* ist nur **37** *scheinbar klar.* Denn mit der Unentgeltlichkeit des Auftrages ist ein Ersatz der Aufwendungen vereinbar, § 670, der auch pauschaliert und nach oben abgerundet erfolgen kann; die Unentgeltlichkeit bezieht sich mithin nur, und nicht einmal uneingeschränkt, auf die Arbeitsleistung (vgl MünchKomm/SEILER § 670 Rn 20 f). Andererseits ist es mit der Entgeltlichkeit des Werkvertrages vereinbar, daß der Unternehmer kaum mehr als seine Aufwendungen erstattet erhalten soll; er kann außerdem mit Verlust arbeiten.

Die **Wahl des Vertragstyps** hängt von dem durch Auslegung zu ermittelnden **Willen der Parteien** ab. Es ist von den wesentlichen Eigenheiten der beiden Vertragstypen auszugehen. Dabei prägt den *Auftrag* außer dem freien Kündigungsrecht des Auftragnehmers vor allem der Umstand, daß den *Auftraggeber –* im Umfang der Aufwendungen *– das volle Kostenrisiko trifft,* § 670, sowie weiter, daß der *Auftragnehmer an dem Auftrag nichts verdienen soll,* schließlich und entsprechend, daß das *Risiko des schuldlosen Mißlingens* den Auftraggeber trifft.

Es können über die Unentgeltlichkeit der Arbeitsleistung sowie über diese Punkte ausdrückliche oder konkludente Absprachen getroffen sein. Fehlt es – wie im Regelfall – daran, so ist eine ergänzende Auslegung unter Berücksichtigung aller Umstände des Einzelfalls vorzunehmen. Indizien für einen Auftrag sind dabei ein signifikantes Mißverhältnis zwischen dem zu Zahlenden und dem Wert des zu Erarbeitenden, *persönliche Nähe der Parteien,* Zugehörigkeit der Angelegenheit zum *Privatbereich,* dagegen für einen Werkvertrag die *Zugehörigkeit der Sache zu Beruf oder Gewerbe* des Auftragnehmers, *Ausgeglichenheit von Leistung und Gegenleistung,* überhaupt alle Umstände, die sich im Rahmen des *§ 632 Abs 1* für eine Entgeltlichkeit der Tätigkeit anführen lassen (vgl dort Rn 32 ff). Dabei kann keinem der zu berücksichtigenden Umstände ein allein ausschlaggebendes Gewicht beigemessen werden. Denkbar ist es auch, daß die Tätigkeit *teilweise entgeltlich, teilweise unentgeltlich* sein soll, so daß je nach Übergewicht Regelungen der einen oder der anderen Materie heranzuziehen sind.

c) Sonderfälle

38 aa) Es kann eine *Entgeltsvereinbarung nach Vertragsschluß* getroffen werden. Geschieht dies vor Beginn der Tätigkeit, so ist nunmehr ein Werkvertrag anzunehmen; dagegen verbleibt es bei der Annahme eines Auftrags, wenn dies nach Beendigung der Tätigkeit geschieht (vgl MünchKomm/Seiler § 662 Rn 29).

bb) Im Rahmen eines *Werkvertrages* kann sich der Unternehmer zu *weiteren Leistungen ohne zusätzliche Vergütung* bereit erklären. Hierbei kann es sich zunächst um Leistungen handeln, die nach der Verkehrssitte oder nach sonst berechtigten Erwartungen des Bestellers zu seiner ursprünglichen Leistung oder deren Abrundung gehören. Dann liegt insoweit ein gesondertes Auftragsverhältnis nicht vor. Handelt es sich dagegen um „echte" Zusätze, so muß wiederum die Auslegung entscheiden, ob hierauf Auftrags- oder Werkvertragsrecht Anwendung finden soll. Im Zweifel ist von Werkvertragsrecht auszugehen, wenn ein *innerer Zusammenhang mit der eigentlichen Werkleistung* besteht, dagegen von Auftragsrecht, wenn die Zusage nur „bei Gelegenheit" erfolgte.

cc) Einigen sich die Parteien eines Werkvertrages auf Zusätze, so ist die Frage, ob dies zu vergüten ist, nach § 632 Abs 1 zu beantworten, die Höhe der Vergütung richtet sich nach dem Preisgefüge des bisherigen Vertrages, nur hilfsweise nach § 632 Abs 2.

d) Anwendung von Auftragsrecht auf den Werkvertrag

39 § 675 läßt eine Reihe wichtiger Vorschriften über den Auftrag auch im Werkvertragsrecht Anwendung finden. Es handelt sich um Bestimmungen, die die dem Auftrag typische Pflicht zur sorgfältigen, sachkundigen und loyalen Wahrnehmung der fremden Interessen näher ausprägen.

aa) § 675 macht dies seinem Wortlaut nach davon abhängig, daß der Werkvertrag *„eine Geschäftsbesorgung zum Gegenstand"* hat. Das wird überwiegend dahin verstanden, daß der Begriff der Geschäftsbesorgung in § 675 anders, insbesondere *enger zu verstehen sei als in § 662*. Während unter einer Geschäftsbesorgung iSd § 662 jegliche Tätigkeit für einen anderen zu verstehen ist, mag sie nun rechtsgeschäftlicher oder faktischer, wirtschaftlicher oder ideeller Natur sein (vgl BGHZ 56, 204, 207 = NJW 1971, 1404; Enneccerus/Lehmann § 160 I 3; Larenz, Schuldrecht II § 56 I; Staudinger/Wittmann [1995] Vorbem 9 zu § 662; MünchKomm/Seiler § 662 Rn 15) sollen nach der überwiegenden Meinung Geschäftsbesorgungen iSd § 675 nur *selbständige Tätigkeiten wirtschaftlicher Art* sein (vgl BGHZ 45, 223, 228 f = NJW 1966, 1452; BGH Betr 1959, 167, 168; RGZ 109, 299, 301; Enneccerus/Lehmann § 164 I; Larenz, Schuldrecht II § 56 V; Esser/Weyers § 35 I 1 c; Soergel/Mühl § 675 Rn 1; Erman/Ehmann § 675 Rn 1; aA im Sinne einer Gleichstellung der Begriffe durch ein weites Verständnis der Geschäftsbesorgung auch im Rahmen des § 675 Staudinger/Nipperdey[11] Vorbem 1 zu § 662; § 675 Rn 16; MünchKomm/Seiler § 662 Rn 12 ff).

Danach fallen unstr die Tätigkeiten von Rechtsanwälten, Vermögensverwaltern und Banken unter § 675. Hier sind die angezogenen Bestimmungen des Auftragsrechts auch ohne weiteres passend. Es ist aber nicht einzusehen, warum nicht alle Werkleistungen unter § 675 subsumiert werden sollen. Zunächst ist das *Abgrenzungskriterium der hM vage und unsicher*. Sodann zwingen Wortlaut und Entstehungsgeschichte des § 675 nicht zu der Unterscheidung der hM (vgl MünchKomm/Seiler § 662

Titel 9 · Werkvertrag und ähnliche Verträge
Untertitel 1 · Werkvertrag

Vorbem zu §§ 631 ff
40, 41

Rn 14). Endlich mögen bei „niederen" Tätigkeiten die in § 675 genannten Bestimmungen geringere Bedeutung haben. Aber die sich aus ihnen ergebenden Rechte und Pflichten können auch hier anzuerkennen sein. So muß zB selbst der Bote Auskunft und Rechenschaft erteilen (§ 666) und das Erlangte herausgeben (§ 667). Es bedeutet dann aber ein präziseres Arbeiten, wenn die Ergebnisse mit § 675 statt mit § 242 begründet werden.

bb) Aus der Verweisung auf das Auftragsrecht in § 675 ergibt sich für das Werkvertragsrecht im einzelnen (was sonst aus den §§ 241 Abs 2, 242 zu folgern wäre): **40**

(1) Im *Vorfeld des Vertragsschlusses* treffen den Unternehmer *Verhaltenspflichten nach § 663*, deren Verletzung zu einer Haftung aus den §§ 280 Abs 1, 241 Abs 2, 311 Abs 2 führen kann.

(a) Der Unternehmer muß sich zu Leistungen *erboten* haben. Das gilt für jeden gewerblichen Unternehmer, namentlich Spediteure (vgl RGZ 104, 265, 267), aber auch dann, wenn die Leistungen „niederer Art" sind, wenn man dem hier vertretenen Begriff der Geschäftsbesorgung folgt (vgl o Rn 39), also zB die der Friseure, Handwerker. Das gilt aber auch für nicht gewerbliche Unternehmer wie etwa Schüler und Jugendliche, die sich zu Gartenarbeiten erbieten. Für Rechtsanwälte vgl die Sonderbestimmung des § 44 BRAO.

(b) Die Leistungen müssen „angeboten" werden. Dieses *Angebot* ist *nicht im Sinne eines Vertragsangebots* zu verstehen, wozu es viel zu vage wäre, sondern im Sinne einer invitatio ad offerendum (vgl MünchKomm/SEILER § 663 Rn 10). Es handelt sich um eine geschäftsähnliche Handlung, zu der Minderjährige in entsprechender Anwendung der §§ 107, 111 der vorherigen Einwilligung der gesetzlichen Vertreter bedürfen.

Das Angebot ist in den verschiedensten Formen möglich. *Öffentlich* erfolgt es durch Werbemaßnahmen, aber auch schon durch das *Auftreten als Betrieb* etc für bestimmte Leistungen, wie dies auch Aufschriften an Räumlichkeiten und Fahrzeugen, durch Eintragung in das Branchenfernsprechbuch geschehen kann. Unter § 663 S 2 fällt insbesondere das Versenden von *Rundschreiben*. Dabei ist es idR der Anbietende selbst, der seine Leistungen anbietet. Eine *öffentliche Bestellung* gibt es außer bei Sachverständigen kaum. Gerichtsvollzieher und Notare, an die hier zu denken wäre, sind kraft öffentlichen Rechts tätig.

(c) Auf das öffentliche Erbieten hin muß ein entsprechender *„Auftrag"* ergehen. **41**

Er muß inhaltlich dem Erbieten entsprechen, darf also sachlich nicht von ihm abweichen. Er braucht in seiner Konkretisierung noch nicht den Anforderungen an ein Vertragsangebot zu genügen (aA MünchKomm/SEILER § 663 Rn 13), muß aber das Gewünschte so genau umreißen, daß es als *Basis konkreter Vertragsverhandlungen* dienen kann, hat also zB den Vertragsgegenstand und den ungefähren Umfang des Objekts zu benennen, darf sich aber nicht in einer allgemein gehaltenen Anfrage erschöpfen.

Im Rahmen schon aufgenommener Verhandlungen oder in den Fällen des § 151 gilt

§ 663 nicht (vgl BGH NJW 1984, 866). In den ersteren Konstellationen gilt aber das allgemeine Gebot fairen Verhandelns.

(d) Der Unternehmer, der den Auftrag nicht übernehmen will, ist verpflichtet, dies *unverzüglich anzuzeigen*. Diese Anzeige muß zugehen (vgl MünchKomm/SEILER § 663 Rn 17; aA STAUDINGER/WITTMANN [1995] § 663 Rn 8). Doch ist der Streit insofern wenig bedeutsam, als der Schadensersatzanspruch aus den §§ 280 Abs 1, 241 Abs 2, 311 Abs 2, zu dem die unterlassene Anzeige führt, Verschulden voraussetzt, an dem es bei ordnungsgemäßer Absendung fehlt. Zu ersetzen ist bei einem schuldhaften Verstoß gegen die Pflichten aus § 663 das *negative Interesse*, dh der Anfragende ist so zu stellen, wie er stehen würde, wenn die Anzeige unverzüglich erfolgt wäre.

(e) Soweit der Werkunternehmer *Kaufmann* ist, was sich schon aus seiner Rechtsform ergeben kann, ist *§ 362 Abs 1 HGB* zu beachten. Danach gilt das Schweigen auf einen Antrag als dessen Annahme, sofern eine *Geschäftsverbindung zwischen den Parteien besteht oder sich der Kaufmann direkt bei bestimmten Interessenten zur Besorgung von Geschäften für diese erboten* hat. Geschäftsbesorgungen können rechtsgeschäftlicher oder tatsächlicher Natur sein (RGZ 97, 65; BGHZ 46, 67). Es kommen also gerade auch Werkleistungen in Betracht.

42 (2) § 664 Abs 1, der sich mit der Frage befaßt, ob und inwieweit *Dritte bei der Durchführung des Werkes eingeschaltet* werden können, wird in § 675 unter den auf den Werkvertrag anwendbaren Auftragsvorschriften ausgespart. Daraus kann man den Schluß ziehen, daß die Bestimmung im Werkvertragsrecht auch nicht anwendbar sein soll (so RGZ 161, 68, 70; STAUDINGER/NIPPERDEY[11] § 664 Rn 27; ERMAN/HAUSS[8] § 664 Rn 7). Überwiegend wird freilich vertreten, daß die Bestimmung gleichwohl auch im Werkvertragsrecht anwendbar sei, wenn auch mit Modifikationen (vgl RGZ 78, 310, 313; BGH LM § 664 Nr 1 = NJW 1952, 257 m abl Anm vBERNSTORFF NJW 1952, 732; MünchKomm/SEILER § 664 Rn 17; ERMAN/EHMANN[9] § 664 Rn 7). Immerhin divergieren die Ergebnisse nicht sehr. Man wird *zu unterscheiden* haben:

(a) Die Frage, ob der Unternehmer **höchstpersönlich** zu leisten hat, ist regelmäßig zu verneinen; eine dem § 613 entsprechende Bestimmung gibt es beim Werkvertrag gerade nicht (vgl BGB-RGRK/GLANZMANN § 631 Rn 10; ERMAN/SEILER § 631 Rn 11). Der Unternehmer schuldet einen Erfolg; wie er diesen herbeiführt, ist grundsätzlich seine Sache. Mithin kann ihm eine Leistung durch Dritte nur dann verwehrt sein, wenn sie dadurch eine andere oder gar mangelhaft wäre. Das ist praktisch nur bei *künstlerischen Leistungen* anzunehmen, bei denen aber im Rahmen des Verkehrsüblichen auch Vor- und Zuarbeiten durch Dritte zulässig sind. Bei *wissenschaftlichen Leistungen* wie Gutachten gilt, daß der Beauftragte jedenfalls die eigene Verantwortung für Ergebnis und Argumentation übernehmen muß.

(b) Werkverträge sind aber in aller Regel **betriebsbezogen**. Das bedeutet, daß der Unternehmer die geschuldete Leistung *grundsätzlich durch seinen eigenen Betrieb* zu erbringen hat, dem das Vertrauen des Bestellers gilt. Diesen hat er personell und sachlich so zu organisieren, daß er den Anforderungen der geschuldeten Leistung gewachsen ist (vgl zu diesem Fragenkreis im Anschluß an und zu § 5 Nr 3, 4 VOB/B § 633 Rn 127 ff). Insoweit ist die *Zuziehung von Erfüllungsgehilfen* weithin sogar geboten.

Dagegen ist die Leistungserbringung durch selbständige *Subunternehmer grundsätzlich nicht gestattet*, was man aus einer entsprechenden Anwendung des § 664 Abs 1 S 1 herleiten kann. Die Einschaltung von Subunternehmern bedarf vielmehr idR der *Gestattung durch den Besteller* (vgl dazu näher die Erl zu dem [verallgemeinerungsfähigen] § 5 Nr 8 Abs 1 S 1 VOB/B in § 633 Rn 105 ff).

Zur Rechtslage bei unbefugter Einschaltung von Subunternehmern s dort Rn 105 ff. Zu der Rechtslage bei der zulässigen Einschaltung vgl § 631 Rn 31 ff.

(c) Es kann sich während der Ausführung der Leistung ergeben, daß sich der *Unternehmer* dem vertraglich Geschuldeten oder Teilen davon *sachlich oder personell nicht gewachsen* sieht. Wenn dies bei Vertragsschluß absehbar war, ändert es nichts daran, daß der Unternehmer die zugesagte Leistung schuldet; er hat für seine Unzulänglichkeit wegen Übernahmeverschuldens einzustehen. Anders ist es, wenn *außergewöhnliche und in dieser Form nicht absehbare Schwierigkeiten* auftreten. Das kann zu einer Störung der Geschäftsgrundlage führen. Der Unternehmer ist dann jedenfalls verpflichtet, dem Besteller Mitteilung zu machen und mit ihm nach geeigneten Lösungswegen zu suchen, insbesondere dabei *mitzuwirken, einen dritten Unternehmer zu finden*, der zu der Leistung in der Lage ist.

Die *Beauftragung des Drittunternehmers* kann dann durch *den Besteller* geschehen. Der Unternehmer haftet für dessen Fehlhandlungen nicht nach § 278, sondern nur bei eigener culpa in eligendo. Beauftragt er den Drittunternehmer selbst, so haftet er ebenfalls für culpa in eligendo, vgl auch § 664 Abs 1 S 2. Ob er auch nach *§ 278* für den Drittunternehmer einzustehen hat, ist primär eine Frage der Auslegung der Vereinbarungen mit dem Besteller. *Im Zweifel ist dies zu verneinen*, vgl auch § 664 Abs 1 S 2, weil eine solche Haftung dem Unternehmer in dieser Konstellation nicht mehr zuzumuten ist.

(3) Ebenfalls nicht genannt in § 675 wird die Bestimmung des § 664 Abs 2, die die *Übertragbarkeit des Anspruchs auf Ausführung des Auftrags* im Zweifel ausschließt. Man wird hier zu unterscheiden haben:

(a) Ein *Austausch des Leistungsobjekts* ist in entsprechender Anwendung des § 651b dem Besteller *im Zweifel gestattet*, wenn und soweit dies dem Unternehmer zumutbar ist, was dieser zu widerlegen hat. So mag der Besteller insbesondere ein anderes Baugrundstück zur Verfügung stellen. *Unzumutbarkeit* kann sich ergeben, wenn die Leistungserbringung dem Unternehmer nachhaltig erschwert wird, zB durch weitere Wege, oder mit sonstigen Nachteilen für ihn verbunden ist, zB einem erhöhten Mängelrisiko oder dem Nichtentstehen der Rechte aus den §§ 647, 648.

Mehrkosten kann der Unternehmer in entsprechender Anwendung des § 651b Abs 2 ersetzt verlangen (vgl auch § 632 Rn 66 ff zu § 2 Nr 5 VOB/B). Dabei geht es freilich nicht nur um einen bloßen Aufwendungsersatz, sondern es wird eine *zusätzliche Vergütung* geschuldet, die nach den Maßstäben des Vertrages zu ermitteln ist.

Verringern sich die Kosten des Unternehmers, so ist der Werklohn herabzusetzen. Hier sind aber nur die ersparten Kosten abzusetzen; der Gewinn des Unternehmers muß unberührt bleiben (vgl auch § 649 S 2 sowie § 632 Rn 61 ff zu § 2 Nr 4 VOB/B).

Benennt der Besteller dem Unternehmer ein *unzumutbares Ersatzobjekt*, so gerät er dadurch in Annahmeverzug, §§ 642, 643. Lehnt der Unternehmer ein *zumutbares Ersatzobjekt* ab, so kann der Besteller nach den §§ 281 Abs 1, 323 Abs 1 vorgehen, ggf aus wichtigem Gründe kündigen.

Eine vom Besteller benannte *Ersatzperson* erwirbt dadurch keine eigenen Rechte auf Erfüllung und Gewährleistung. Sie wird aber nach den Grundsätzen über den *Vertrag mit Schutzwirkung für Dritte* in das Vertragsverhältnis einbezogen.

(b) Eine *Abtretung des Anspruchs auf Leistung* ist nach *§ 399 1. Alt* ausgeschlossen, wenn damit eine inhaltliche Änderung der Leistung verbunden ist, die dem Unternehmer nicht mehr zumutbar ist. Ob sie darüber hinaus in entsprechender Anwendung des *§ 664 Abs 2* ausgeschlossen ist, hängt von den Umständen des Einzelfalls ab. § 664 Abs 2 kann *entsprechend angewendet werden*, wenn das in dieser Bestimmung vorausgesetzte *persönliche Vertrauen* der Parteien besteht und den Vertrag und seine Abwicklung prägt. Das ist bei Werkverträgen eher die Ausnahme, aber namentlich dort gegeben, wo der Besteller in erster Linie zu *beraten* ist, zB bei der Anfertigung von Steuererklärungen etc, dagegen *grundsätzlich nicht bei handwerklichen Leistungen*. So werden zB bei der Veräußerung von Grundstücken typischerweise Erfüllungs- und Gewährleistungsansprüche gegen Bauunternehmer mitabgetreten.

44 (4) Mißverständlich ist es, wenn § 675 die Bestimmung des *§ 665* im Werkvertragsrecht für anwendbar erklärt.

(a) Soweit § 665 voraussetzt und damit auch anordnet (vgl MünchKomm/SEILER § 665 Rn 1), daß *Weisungen verbindlich* seien, hat er im Werkvertragsrecht nur einen *schmalen Anwendungsbereich*. Versteht man Weisungen nämlich als einseitige Anordnungen, die Gegenstand und Art des Tuns verbindlich vorschreiben, passen sie zwar in das Recht des Dienstvertrages, *widersprechen* aber prinzipiell *dem Wesen des Werkvertrages*. Es wäre widersprüchlich, wenn man von dem Unternehmer einerseits einen bestimmten Erfolg erwartet und ihm andererseits vorschreiben wollte, wie er diesen zu erreichen hat. Das muß schon seiner Freiheit überlassen bleiben, wie es dies § 4 Nr 2 Abs 1 S 1 VOB/B mit der wünschenswerten Klarheit zum Ausdruck bringt; *„Der Auftragnehmer hat die Leistung unter eigener Verantwortung nach dem Vertrag auszuführen"* (vgl dazu § 633 Rn 53 ff).

(b) Danach ist der Unternehmer zunächst *gebunden an die getroffenen vertraglichen Vereinbarungen*. Er schuldet den dort ausformulierten Erfolg als Ergebnis seines Tuns. Der Weg dorthin liegt in seinem pflichtgemäßen Ermessen, sofern nicht ausnahmsweise auch die Arbeitsmethode zum Gegenstand der vertraglichen Vereinbarungen gemacht worden ist. Vgl zur **Dispositionsfreiheit** des Unternehmers auch § 633 Rn 3, 47 ff.

An *einseitige nachträgliche Weisungen* des Bestellers ist der Unternehmer dagegen nur ausnahmsweise gebunden. Sie sind denkbar:

(α) Hinsichtlich des *äußeren Rahmens der Arbeiten*. ZB bedarf das Neben- und Miteinander mehrerer Unternehmer der zeitlichen und örtlichen *Koordination*, die Sache des Bestellers ist (vgl dazu näher § 4 Nr 1 VOB/B und die Erl dazu in § 633 Rn 31 ff).

Diese Weisungen sind nur verbindlich, wenn sie dem Unternehmer *zumutbar* sind, insbesondere den Erfolg seiner Tätigkeit nicht gefährden. Ggf hat er Recht und Pflicht zur Remonstration (vgl § 4 Nr 1 Abs 4 VOB/B und dazu § 633 Rn 62 ff).

(β) Dort, wo dem Besteller nach den Vereinbarungen oder kraft der Verkehrssitte ein *Wahlrecht* unter alternativ angebotenen Leistungen zusteht. So ergibt sich aus der Verkehrssitte, daß der Besteller dem Maler die Wahl des Farbtons vorschreiben kann, ggf auch die Verwendung einer teureren und dafür haltbareren Farbart.

(γ) Generell dort, wo der Unternehmer gerade die *Interessen und Belange des Bestellers wahrnehmen* soll, ohne daß dadurch eigene berücksichtigenswerte Belange gefährdet wären, vgl außer der Versendung des Werkes nach einem anderen Ort als dem Erfüllungsort, §§ 644 Abs 2, 447 Abs 2, namentlich die handelsrechtlichen Bestimmungen des §§ 384 Abs 1 (Kommission), 418 Abs 1 (Frachtgeschäft) sowie den Vertrag mit dem Architekten.

(c) Die grundsätzliche Bindung des Unternehmers nur an den Vertrag ändert **45** nichts daran, daß er *gehalten sein kann, an dessen Abänderung mitzuwirken. Einschränkungen* muß er ohnehin einseitig nach § 649 hinnehmen; zu *Änderungen und Erweiterungen* muß er ggf nach Treu und Glauben bereit sein (vgl dazu § 631 Rn 9 f, § 633 Rn 9 ff, zu den vergütungsmäßigen Konsequenzen § 632 Rn 66 ff).

(d) Es ist weiterhin möglich und verbreitet, daß sich der Unternehmer *ohne eine entsprechende Verpflichtung Wünschen des Bestellers beugt*. Solche Wünsche können dann Anweisungen sein, wenn sie den Anspruch auf Verbindlichkeit für den Unternehmer erheben (vgl § 633 Rn 45 ff). Sie können dann die *Gewährleistung* des Unternehmers für auf ihnen beruhende Mängel mindern oder gar ganz aufheben (vgl § 633 Rn 181 f) sowie für den Bereich der VOB/B deren § 13 Nr 3 (dazu Anh I Rn 9 zu § 638), sowie die *Gefahrtragung* beeinflussen, vgl § 645. Der Unternehmer darf solche Anweisungen nicht kritiklos hinnehmen, sondern ist bei Verdachtsmomenten zur *Überprüfung und Warnung* verpflichtet (vgl § 4 Nr 3 VOB/B und dazu § 633 Rn 62 ff).

(e) Wo Weisungen des Bestellers für den Unternehmer verbindlich sind, gilt für sie die Grenze der *Zumutbarkeit* (vgl MünchKomm/Seiler § 665 Rn 12). Mit Knütel ZHR 137 (1973) 293, 294 ist dabei vor allem auf das *Verkehrs- und Geschäftsübliche* abzustellen. Dagegen kommt es nicht darauf an, ob die Weisungen aus der Sicht des Unternehmers sinnvoll und zweckmäßig sind, solange sie nicht gefährlich sind.

(f) Weicht der Unternehmer *unbefugt* von verbindlichen Weisungen ab, so sind die *Rechtsfolgen* andere als im Auftragsrecht (vgl dazu MünchKomm/Seiler § 665 Rn 36 f). Es ist zu berücksichtigen, daß § 665 im Werkvertragsrecht eben nur entsprechende Anwendung findet. Es kann sich bei nachhaltiger Beeinträchtigung der Belange des Bestellers ein *Recht zur Kündigung aus wichtigem Grund* ergeben. Außerdem kann das Werk *mangelhaft* werden, zB bei Verwendung der „falschen" Farbe durch den Maler, so daß die §§ 633 ff anzuwenden sind. Ggf kann das weisungswidrige Verhalten den Tatbestand der §§ 280 Abs 1, 241 Abs 2 erfüllen.

(g) Nur unzureichend kommt es in § 665 zum Ausdruck, daß der Unternehmer **46** gehalten ist, *kritisch mitzudenken*. Das bezieht sich nicht nur auf jenen schmalen

Bereich, in dem der Besteller verbindliche Weisungen erteilen darf, sondern auf die gesamte Angelegenheit; auf die etwas sophistische Fragestellung, ob auch Vertragserklärungen Weisungen sein können (vgl dazu MünchKomm/SEILER § 665 Rn 9), kann es dabei nicht ankommen. Vom Unternehmer wird grundsätzlich höherer Sachverstand erwartet als vom Besteller; und auch wo der Besteller Sachverstand besitzt, besteht die Gefahr von Irrtümern und Fehlgriffen. Die **Prüfungs- und Aufklärungspflichten** des Unternehmers werden zutreffend und in verallgemeinerungsfähiger Form in § 4 Nr 3 VOB/B umschrieben (vgl dazu § 633 Rn 62 ff).

(h) Wenn der Unternehmer an den Vertrag und ggf an Weisungen gebunden ist, darf er eigenmächtig grundsätzlich nicht abweichen, sondern hat insoweit das *Einverständnis des Bestellers* zu suchen; das kommt in § 665 zutreffend zum Ausdruck. Gleiches gilt für die Ausnahme, die ihm Abweichungen gestattet, nämlich die *drohende Gefahr* bei vertragsgemäßem Handeln.

Droht allerdings Gefahr, so ist der Unternehmer nicht nur berechtigt, sondern vielmehr verpflichtet, *nach eigenem pflichtgemäßen Ermessen* zu handeln (vgl MünchKomm/ SEILER § 665 Rn 24 ff). Er würde sich schadensersatzpflichtig machen, wenn er sich dann immer noch an den Vertrag halten würde, bzw sein Werk würde mangelhaft.

(i) Aufgrund der Verweisungstechnik des § 675 muß die Frage unbeantwortet bleiben, wie sich eigenmächtige oder auch einverständliche Abweichungen von den getroffenen Vereinbarungen auf den *Vergütungsanspruch* des Unternehmers auswirken (vgl dazu § 632 Rn 81 ff).

47 (5) Auch *§ 666* findet entsprechende Anwendung auf das Werkvertragsrecht. Danach hat der Unternehmer den Besteller zu *informieren*, und zwar unaufgefordert durch „*Benachrichtigung*", auf Aufforderung durch „*Auskunft*" und „*Rechenschaft*", letzteres erst anläßlich der Beendigung des Vertragsverhältnisses bzw periodisch. Es handelt sich um selbständig einklagbare, aber nicht um selbständig abtretbare Ansprüche.

(a) Die *Pflicht, die erforderlichen Nachrichten zu geben, trifft jeden Unternehmer*, nicht nur denjenigen, der selbständig fremde Vermögensinteressen wahrnimmt. Welche Nachrichten erforderlich sind, hängt von den *Umständen des Einzelfalls* ab sowie den *Gewohnheiten der Branche*. Es können namentlich folgende Nachrichten erforderlich sein:

(α) Nachrichten über *Zeitpunkt und Art der Erbringung der Werkleistung* (vgl auch § 5 Nr 2 S 2 VOB/B und dazu § 636 Rn 127 ff), insbesondere wenn eine *Mitwirkung* des Bestellers erforderlich ist oder er sich – etwa durch besondere *Schutzmaßnahmen* – auf die Erbringung der Werkleistung einzustellen hat. Die Verletzung dieser Pflicht schließt Rechte des Unternehmers aus den §§ 642, 643 aus; im Verschuldensfall kann er sich aus den §§ 280 Abs 1, 241 Abs 2 schadensersatzpflichtig machen, falls es bei dem Besteller zu Schäden kommt.

(β) Nachrichten über *besondere Beobachtungen* anläßlich der Erbringung der Werkleistung, sofern es für den Unternehmer erkennbar ist, daß sie für den Besteller von Bedeutung sein können, er sich aber nicht sicher sein kann, daß die beobachteten

Tatsachen dem Besteller bekannt sind. Zwischen den mitzuteilenden Tatsachen und der Erbringung der eigenen Werkleistung muß freilich ein *innerer Zusammenhang* bestehen. Die Benachrichtigungspflicht des Unternehmers darf nicht überspannt werden und ist unter Abwägung aller Umstände des Einzelfalls zu begründen.

Soweit es um die *Voraussetzungen für die Erbringung der Werkleistung* geht, besteht eine *intensive Mitteilungspflicht des Unternehmers*, deren Verletzung ggf zur Gewährleistung führen kann (vgl § 4 Nr 3 VOB/B und dazu § 633 Rn 62 ff).

(γ) Nachrichten über *Eigenschaften des Werkes* und über Maßnahmen, die bei seinem Gebrauch notwendig sind. Die Verletzung dieser Pflicht kann zu seiner Haftung aus den §§ 280 Abs 1, 241 Abs 2 führen.

Zu den der Benachrichtigung bedürftigen Tatsachen gehören namentlich auch *Mängel der Werkleistung*, die nicht behoben worden sind oder werden sollen. Das ist in der Rechtsprechung anerkannt für Mängel des *Architektenwerks* (vgl BGHZ 71, 149, 92, 258; BGH NJW-RR 1986, 192). Es ist aber nicht einzusehen, warum *andere Unternehmer* nicht auch Mängel der eigenen Werkleistung zum Besteller mitzuteilen haben sollten. Die Verletzung dieser Pflicht kann zu einem Anspruch des Bestellers aus den §§ 280 Abs 1, 241 Abs 2 führen, der dem Unternehmer die Einrede der Verjährung gegenüber den Gewährleistungsansprüchen nimmt (vgl § 634a Rn 40).

(δ) Besondere Benachrichtigungspflichten entstehen, wenn der Unternehmer *wirtschaftliche Angelegenheiten des Bestellers* selbständig besorgt. Das ist der eigentliche Kernbereich des § 666 (insoweit ist auf die Erl dort und zu § 675 zu verweisen).

(b) Die Informationspflichten des Unternehmers intensivieren sich bei einem *Auskunftsbegehren* des Bestellers. Dann hat er auch solche Tatsachen mitzuteilen, die er nicht von sich aus zu offenbaren brauchte. Auch hier gilt freilich zunächst die Voraussetzung, daß die Informationen für den Besteller *erforderlich* sein müssen; schlichte Neugier darf er nicht befriedigen. Auch muß ein *sachlicher Zusammenhang mit der Werkleistung* bestehen. Schließlich und vor allem muß die Auskunft für den Unternehmer *zumutbar* sein. Sie ist es dann nicht, wenn Geschäftsgeheimnisse oder Betriebsinterna berührt werden, aber auch dann nicht, wenn die Auskunft lästig ist, wenn sie etwa Ermittlungen voraussetzt, wie sie der Unternehmer sonst nicht vorzunehmen brauchte. Dabei sind aber Auskünfte über die Mangelhaftigkeit bzw Mangelfreiheit der eigenen Leistung stets zumutbar (vgl BGH NJW-RR 1986, 192 zum Architekten, aber verallgemeinerungsfähig).

Zu *Informations- und Kontrollrechten* auch § 4 Nr 1 Abs 2 VOB/B und dazu § 633 Rn 30 ff.

(c) Die Pflicht zur *Rechnungslegung* verweist auf § 259. Sie besteht dort, wo abrechnungsbedürftige und abrechnungsfähige Geschäfte des Bestellers geführt worden sind, bei anderen Werkleistungen, insbesondere körperlichen, dagegen grundsätzlich nicht.

Der Unternehmer ist aber dann, wenn der Betrag seiner Werklohnforderung für den

Besteller nicht auf der Hand liegt, stets zur *Erteilung einer prüfungsfähigen Rechnung* verpflichtet (vgl zur Rechnung auch noch § 632 Rn 101 ff, § 641 Rn 25 ff).

49 (6) Weiterhin findet § 667 entsprechende Anwendung.

(a) Die danach bestehende *Herausgabepflicht* des Unternehmers bezieht sich *nicht auf das Werk als solches*, vgl MünchKomm/SEILER § 667 Rn 11 ff. Dessen Herausgabe und ggf Übereignung wird vielmehr nach § 631 Abs 1 geschuldet, und zwar als Hauptpflicht (Ablieferung) (**aA** zB JAUERNIG/SCHLECHTRIEM § 631 Rn 10: Nebenleistungspflicht).

(b) Herauszugeben nach § 667 1. Alt hat der Unternehmer vielmehr das, was er an *Stoffen* von dem Besteller zur Erstellung des Werkes erhalten und nicht verbraucht hat, sowie etwa überlassene *Hilfsmittel* (Werkzeuge, Baupläne, Urkunden etc).

(c) Herauszugeben ist weiterhin nach § 667 2. Alt das, *was der Unternehmer in einem inneren Zusammenhang mit der Werkleistung erlangt.* Während die Abgrenzung zu dem was der Unternehmer nach § 631 Abs 1 herauszugeben hat, wegen der weitgehenden Gleichheit der Rechtsfolgen nicht weiter problematisiert zu werden braucht, bedarf es einer besonderen Abgrenzung zu dem, was der Unternehmer zwar in einem solchen Zusammenhang erhalten hat, aber doch behalten darf. Entscheidendes, freilich auch vages Abgrenzungskriterium muß es sein, *ob die betreffende Sache dem Besteller – und nicht dem Unternehmer – gebührt* (vgl MünchKomm/SEILER § 667 Rn 9).

50 (α) Danach sind zunächst unzweifelhaft herauszugeben die Sachen, die nur formal an den Unternehmer geleistet, aber *materiell für den Besteller bestimmt* sind, zB für diesen einzukassierende Gelder.

(β) Zweifelhafter ist die Rechtslage bei *Hilfsmitteln*, die dem Unternehmer durch eigene Leistung oder durch Dritte zugekommen sind, wie etwa bei Handakten, den Plänen des Architekten, Ausführungszeichnungen des Handwerkers.

Jedenfalls jene Hilfsmittel sind nicht herauszugeben, die der Unternehmer zwar aus Anlaß dieses Werkvertrages beschafft hat, die er aber auch darüber hinaus noch verwenden kann, zB Werkzeuge.

Jene *Hilfsmittel, die dem Unternehmer keinen weiteren Nutzen versprechen*, sind dagegen herauszugeben (**aA** MünchKomm/SEILER § 667 Rn 15). Das folgt aus den Grundgedanken, die der Bestimmung des § 50 BRAO über die Handakten des Rechtsanwalts zugrunde liegen. Wenn der Rechtsanwalt danach grundsätzlich seine Handakte herauszugeben hat mit Ausnahme der in § 50 Abs 3 genannten Schriftstücke (Briefwechsel mit dem Mandanten, diesem bereits vorliegende Schriftstücke), dann ist nicht einzusehen, warum zB für die *Pläne und Berechnungen* eines Architekten anderes gelten sollte. Besondere Aufbewahrungsvorschriften mancher Berufsordnungen, vgl § 50 Abs 2 BRAO, stehen dem nicht entgegen, weil diese nur für den Fall der Nichtherausgabe an den Mandanten gelten.

Gleiches gilt für Hilfsmittel, die bei Folgeaufträgen Verwendung finden können, aber preislich schon abgegolten sind, zB die Druckvorlagen des Druckers. Dagegen darf der Photograph die Negative einbehalten, weil er nach der Verkehrsanschauung auch noch an weiteren Abzügen verdienen darf. Das ist von Bedeutung, wenn für die Überlassung ein Entgelt verlangt wird.

(γ) Schaltet der Unternehmer einen *Subunternehmer* ein, so *braucht er die* aus seinen vertraglichen Beziehungen zu diesem erwachsenen *Erfüllungs- und vor allem Gewährleistungsansprüche nicht an den Besteller abzutreten.* Dieser ist insoweit auf seine eigenen Ansprüche gegen den Unternehmer beschränkt; zusätzliche Ansprüche gegen Dritte gebühren ihm nicht. Zur Möglichkeit, die eigene Gewährleistung durch die Abtretung von Ansprüchen gegen Dritte zu beschränken (vgl § 307 Nr 8 lit b aa) (dazu § 639 Rn 29 ff).

(δ) *Bestechungs- und Schmiergelder,* die dem Unternehmer von Dritten gezahlt **51** werden, hat er an den Besteller herauszugeben, weil sie sachlich diesem gebühren (vgl RGZ 99, 31; 146, 194, 205; 164, 98, 102; BGHZ 38, 171, 175 = NJW 1963, 102; 39, 1 = NJW 1963, 649; STAUDINGER/WITTMANN[12] § 667 Rn 9; ERMAN/EHMANN § 667 Rn 17; **aA** STAUDINGER/NIPPERDEY[11] § 667 Rn 7; MünchKomm/SEILER § 667 Rn 17).

(d) Die *Art der Herausgabe* ist von der Natur des Erlangten abhängig. Notwendig sein kann eine Übereignung nach den §§ 929 ff oder eine Abtretung von Rechten.

(e) Der Anspruch *verjährt* nach § 195 (vgl BGHZ 79, 89 = NJW 1981, 918).

(7) *§ 668* ist entsprechend anwendbar.

(8) *§ 669* soll entsprechend anwendbar sein. **52**

(a) Die Bestimmung ist speziell für den Auftrag konzipiert: Der unentgeltlich Tätige soll nicht auch noch wegen der Unkosten in Vorlage treten müssen. Dieser Gedanke paßt noch im Dienstvertragsrecht, wo der Tätige für Rechnung und Risiko des anderen arbeitet und Entgelt und Auslagen idR voneinander gesondert sind. *Dem gesetzlichen Konzept des Werkvertrages widerspricht der Regelungsgehalt des § 669.* In der Regel sind die Auslagen in den Werklohn einberechnet, den der Unternehmer erst bei der Ablieferung des Werkes erhält, § 641. Ohne weiteres anwendbar ist die Bestimmung deshalb nur dort, wo die Parteien eine klare Trennung zwischen Werklohn und Auslagen getroffen haben.

Daraus folgt, daß die Bestimmung beim Werkvertrag sonst nur *ausnahmsweise* dann zur Anwendung kommen kann, wenn eine Vorschußpflicht des Bestellers besonders vereinbart ist, wofür der Unternehmer beweispflichtig ist, oder wenn es sich aus den Umständen ergibt, daß der Unternehmer mit der Vorfinanzierung nicht belastet werden soll. Zu denken ist insoweit etwa an den Reparaturauftrag unter Privaten oder zum Freundschaftspreis. Dagegen ist die Bestimmung *nicht schon deshalb heranzuziehen, weil die Vergütung des Unternehmers aufwandsbezogen* nach Material und Zeit – erfolgen soll, und auch noch *nicht einmal in jenen Fällen, in denen über bestimmte Aufwendungen gesondert abgerechnet werden soll.* Vielmehr hat auch dies im Rahmen der Zahlung des Werklohns zu erfolgen.

(b) Das ändert nichts daran, daß es ein verfehltes Konzept ist, den Unternehmer generell mit der *Vorfinanzierung seiner Leistung* zu belasten. Sinnvoll und zweckmäßig sind vielmehr Abschlagszahlungen nach Leistungsfortschritt, wie sie der neue § 632a auch vorsieht. Freilich ist § 16 Nr 1 VOB/B zweckmäßiger und dem Unternehmer günstiger konzipiert. Die Parteien tun gut an einer dieser Bestimmung entsprechenden vertraglichen Regelung.

53 (9)   *§ 670* soll entsprechend anwendbar sein.

(a)   Der Anspruch des Auftragnehmers auf Ersatz seiner Aufwendungen entspricht dem Wesen des Auftrages, wenn dort auf Risiko, aber dann auch auf Kosten des Auftraggebers gearbeitet werden soll. Die Bestimmung kann insofern auch grundsätzlich auf den Dienstvertrag angewendet werden. *Doch paßt sie grundsätzlich nicht zur Konzeption des Werkvertrages,* bei dem der Unternehmer auf eigenes Risiko – und dann auch auf eigene Kosten – arbeiten soll. Ob und inwieweit die Bestimmung anwendbar ist, hängt maßgeblich von der Art der Preisvereinbarung der Parteien ab.

(b)   Danach ist die Bestimmung überhaupt *unanwendbar* beim Pauschalpreisvertrag sowie beim Einheitspreisvertrag.

(c)   Wenn die Parteien wie beim Stundenlohnvertrag eine aufwandsbezogene Vergütung vereinbart haben, ist die Bestimmung ebenfalls im wesentlichen unanwendbar. Doch gilt dann für den Aufwand des Unternehmers, daß er nur insoweit zu vergüten ist, wie er ihn „den Umständen nach für erforderlich halten" durfte (vgl § 632 Rn 12 ff). Diese *eingeschränkte entsprechende Anwendung des § 670* bedeutet dreierlei:

(α)   Maßgeblich ist eine *Prognose ex ante,* nicht ex post (vgl RGZ 59, 207, 210; 149, 205, 207). Diese Prognose ist unter Abwägung aller Umstände zu stellen, wobei es insbesondere darauf ankommt, auf welchem Wege der geschuldete Erfolg am sichersten, schnellsten und gefahrlosesten zu erreichen ist. Hier hat eine Abwägung stattzufinden.

(β)   Maßgeblich ist weiterhin ein *objektiver Maßstab,* wenn es auf das „Erforderliche" ankommt. Keineswegs kann das subjektive Dafürhalten des Unternehmers verbindlich sein (vgl RGZ).

(γ)   Gleichwohl ist dem Unternehmer ein gewisser *Ermessensspielraum* einzuräumen (vgl MünchKomm/SEILER § 670 Rn 9). Die Prognose über das, was zu tun ist, kann unsicher sein, und dann ist die Entscheidung des Unternehmers hinzunehmen, wenn sie nur vernünftig war.

Zur Pflicht des Unternehmers, den Besteller auf die zu erwartenden Kosten hinzuweisen (vgl § 650 Rn 2 ff).

(d)   *Ausnahmsweise* kann es beim Werkvertrag vereinbart werden bzw dem Üblichen iSd § 632 Abs 2 entsprechen, daß bestimmte Aufwendungen des Unternehmers als solche zu erstatten sind. Dann kann *§ 670 ohne Modifikationen* angewendet werden; insoweit ist die Bestimmung hier nicht näher zu erläutern.

(e)   Zur Vergütung bei *eigenmächtigen Leistungen* des Unternehmers vgl § 632 Rn 81 ff.

(10) § 675 läßt *§ 671 Abs 1, 3* im Werkvertragsrecht gänzlich unanwendbar sein, *§ 671 Abs 2* nur eingeschränkt.

(a) Eine § 671 Abs 1 entsprechende Möglichkeit zur *jederzeitigen Kündigung* gibt es für den Besteller nach *§ 649*, für den Unternehmer dagegen nicht.

(b) Das Recht zur *Kündigung aus wichtigem Grund*, das sich für den Beauftragten aus § 671 Abs 3 auch für den Fall ergibt, daß er auf sein allgemeines Kündigungsrecht verzichtet hat, ist für beide Parteien des Werkvertrages anerkannt, ohne daß es eine besondere gesetzliche Regelung gefunden hätte, wenn man von dem Sonderfall des § 643 absieht (vgl zu § 314 und zur Kündigung aus wichtigem Grund § 649 Rn 2, 36 ff, § 643 Rn 20).

(c) Das Recht zur jederzeitigen Kündigung besteht für den Unternehmer nur, wenn es besonders ausbedungen ist, vgl § 675; *§ 627 kann im Werkvertragsrecht auch nicht entsprechend angewendet werden*. Der Unternehmer trägt die Darlegungs- und Beweislast für ein solches Kündigungsrecht.

Das Recht darf jedenfalls *nicht zur Unzeit* ausgeübt werden, dh so, daß es dem Besteller trotz zumutbarer Anstrengungen nicht mehr möglich ist, für eine Ersatzlösung zu sorgen. Die Kündigung zur Unzeit ist freilich nicht wirkungslos (vgl MünchKomm/SEILER § 671 Rn 13, **aA** VAN VENROOY JZ 1981, 53, 57), macht den Unternehmer aber schadensersatzpflichtig; er hat den Besteller so zu stellen, wie dieser stehen würde, wenn er mit seiner Kündigung bis zu einem passenden Zeitpunkt zugewartet hätte.

(11) *§ 672*, der nur den Grundsatz des § 1922 einschränkend wiederholt, ist im Werkvertragsrecht *entsprechend anwendbar*. Tod oder Eintritt der Geschäftsunfähigkeit des Bestellers lassen den Werkvertrag in seinem Bestand unberührt. Allerdings kann die Werkleistung so sehr auf die Person des Bestellers zugeschnitten sein, daß mit seinem Tod ein Fall der Unmöglichkeit eintritt, vgl den Vertrag mit dem Schneider. Doch ist auch das im Zweifel nicht anzunehmen.

Für den Fall der Insolvenz des Bestellers vgl die §§ 103, 115 f InsO (§§ 17, 23 KO).

(12) *§ 673* soll anwendbar sein. Die Bestimmung paßt jedoch nicht bei jener Mehrzahl von Verträgen, die nicht höchstpersönlich von dem Unternehmer auszuführen sind. Wo aber die Werkleistung höchstpersönlich zu erbringen ist, da ist es zweckmäßiger, einen Fall des Unvermögens (der Erben) anzunehmen, als von einem Erlöschen des Vertrages auszugehen (unklar MünchKomm/SEILER § 673 Rn 4).

(13) *§ 674* ist entsprechend anwendbar.

Der Werkvertrag kann zum Ende kommen, „erlöschen", ohne daß der Unternehmer davon Kenntnis zu erlangen braucht. Wenn der Unternehmer ohne – vom Besteller zu beweisende – Fahrlässigkeit in Unkenntnis bleibt, darf dies nicht zu seinen Lasten gehen. Er darf vielmehr weiterhin vertragsgemäß handeln.

§ 674 gilt nicht zugunsten des Bestellers. Hat aber der Unternehmer weiterhandeln dürfen, so erwachsen ihm die damit korrespondierenden Rechte, zB auf Herausgabe und Gewährleistung.

6. Abgrenzung zum Maklervertrag

a) Allgemeines

57 *Gedanklich* läßt sich der Maklervertrag als ein *Sonderfall des Werkvertrages* – und nicht des Dienstvertrages – verstehen. Denn die Vergütung wird dort für den Nachweis der Möglichkeit zum Abschluß eines Vertrages entrichtet, mithin für etwas, was sich durchaus als ein Erfolg im Sinne des Werkvertragsrechts bezeichnen läßt, nicht aber für die diesen Erfolg vorbereitende Tätigkeit, deren Ausmaß und Intensität überhaupt unerheblich sind.

Dabei hat der Gesetzgeber freilich **grundlegende Sonderregelungen für den Maklervertrag** geschaffen. In dogmatischer Hinsicht ist vor allem die *fehlende Tätigkeitspflicht des Maklers* hervorzuheben (vgl STAUDINGER/REUTER [2003] Vorbem 1, 5 zu § 652), in praktischer und wirtschaftlicher Sicht, daß der Makler *nicht schon für den Erfolg des Nachweises der Abschlußmöglichkeit entlohnt* wird, sondern erst dann, wenn zusätzlich auch davon Gebrauch gemacht worden ist, was im Belieben des Auftraggebers steht (vgl STAUDINGER/REUTER [2003] Vorbem 1 zu § 652). Diese *tiefgreifenden strukturellen Unterschiede* verbieten es grundsätzlich, Regelungen der jeweils anderen Materie ergänzend heranzuziehen.

b) Echte Werkverträge

58 Wenn der Makler einen Erfolg nur im Vorfeld des eigentlichen Zieles, des Vertragsschlusses, herbeiführen soll, nämlich die Gelegenheit zur Abschlußmöglichkeit, dann ist trotz der Vergleichbarkeit der Tätigkeit kein Maklervertrag anzunehmen, sondern ein *Werkvertrag, wenn die Beauftragung dahin lautet, daß ein Vertragsschluß zustande gebracht werden soll*. Sofern nicht Sonderregelungen wie die über Kommission, Spedition oder die §§ 655a ff eingreifen, findet dann Werkvertragsrecht Anwendung. Denkbar ist dies zB bei der endgültigen *Vermittlung einer Finanzierung* (vgl BGH ZIP 1983, 72). Die Folge ist insbesondere, daß im Falle eines Auftragsentzugs eine Restvergütung nach § 649 S 2 geschuldet wird und daß bei einer Schlechtleistung Schadensersatzansprüche nach den §§ 634, 634a entstehen. Der Besteller, der den Vertragsschluß ohne triftigen Grund verweigert, begeht eine Obliegenheitsverletzung iSd §§ 642, 643. Freilich bedarf es im Einzelfall der kritischen Auslegung, ob wirklich etwas anderes als ein Maklervertrag geschlossen werden sollte (vgl BGH). Vgl zur Abgrenzung von Makler- und Werkvertrag auch REUTER NJW 1990, 1321, 1322, 1327.

c) Fingierte Werkverträge

59 Soweit nur der Nachweis der Abschlußmöglichkeit geleistet werden soll, *liegt es für den Makler nahe, seine Tätigkeit als im Rahmen eines Dienst- oder Werkvertrages geleistet zu deklarieren*, um so die sich aus § 652 Abs 1 ergebende Erfolgsabhängigkeit des Provisionsanspruchs aufzuheben oder einzuschränken. Das stellt eine erhebliche Beeinträchtigung der Interessen des Kunden dar, wenn in Wahrheit doch eine Maklertätigkeit gewollt ist, und verstößt gegen *das gesetzliche Leitbild des Maklervertrages*, § 307 Abs 2 Nr 1 (vgl auch STAUDINGER/REUTER [2003] §§ 652, 653 Rn 247). Bei individualvertraglicher Abrede bleibt jedenfalls § 138 zu beachten (vgl dazu [zum Sonderfall des Ehemaklervertrages] BGHZ 87, 309; allgemein STAUDINGER/REUTER [2003] §§ 652, 653 Rn 243 ff).

d) Partnerschaftsvermittlung

Besonders liegen die Dinge bei der Partnerschaftsvermittlung. Hier geht es bei dem **60** Versuch einer Abkehr von den §§ 652 ff nicht nur darum, zugunsten des Maklers eine erfolgsunabhängige Vergütung zu schaffen, sondern auch darum, die *Klagbarkeit* der Ansprüche zu erreichen, was sich praktisch angesichts der üblichen Vorkasse wegen § 656 Abs 1 S 2 *zugunsten des Kunden* auswirkt, sowie ferner – wiederum zugunsten des Kunden – *Kündigungsmöglichkeiten* nach § 627 oder nach § 649 zu schaffen.

aa) BGHZ 87, 309 hat für einen Eheanbahnungsvertrag die Möglichkeit anerkannt, einen *Maklerdienstvertrag* abzuschließen, dessen gesetzliches Leitbild dann die §§ 611 ff seien, mit der Folge, daß die im voraus gezahlte Provision nicht schon wegen der §§ 652 Abs 2, 9 Abs 2 Nr 1 AGBG (= § 307 Abs 2 Nr 1) zurückzuzahlen sei, sondern nur dann, wenn der Vertrag wegen Überhöhung der Provision nach § 138 nichtig sei. In dem zu entscheidenden Fall hatte der Ehevermittler eine geeignete werbende Tätigkeit zugesagt.

Dem entsprechend wird weithin auch auf Partnervermittlungsverträge *Dienstvertragsrecht* angewendet (vgl OLG Karlsruhe NJW 1985, 2035; LG Freiburg MDR 1984, 938; LG Osnabrück NJW 1986, 2710).

bb) Teilweise wird aber auch *Werkvertragsrecht* auf Partnervermittlungsverträge angewendet, namentlich dann, wenn die Leistung des Vermittlers den Charakter eines Werkes trägt, indem er etwa ein *einmaliges psychologisch untermauertes und EDV-ermitteltes Leistungspaket* anbietet, in dessen Verwendung der Kunde frei sein soll (vgl OLG Bamberg NJW 1984, 1466; GILLES MDR 1983, 712; B PETERS NJW 1986, 2679, 2681; aA STAUDINGER/REUTER [2003] § 656 Rn 6).

cc) In der Tat kommt es für die Einordnung der Beziehungen der Parteien *ent-* **61** *scheidend* darauf an, *welche Leistungen der Vermittler erbringen soll* und ob er *nur bei einem Erfolg* seiner Vermittlungsbemühungen zu entlohnen ist. Wenn sich die Erfolgsabhängigkeit der Vermittlungstätigkeit verneinen läßt, diese sich vielmehr schon für sich als ein Werk darstellt, kann auf die Beziehungen der Parteien Werkvertragsrecht angewandt werden. Die gutachtliche Analyse der Bedürfnisse und Wünsche des Kunden sowie das Zurverfügungstellen eines Angebotspaketes kann *durchaus als eine Werkleistung gewürdigt werden*. Daß Werkleistungen dieser Art verbreitet mangelhaft sind oder jedenfalls den Kunden enttäuschen, ändert daran nichts. Tätigkeitspflicht des Vermittlers und Leistungsanspruch des Kunden runden dann den werkvertraglichen Charakter der Beziehungen ab. Über diese mehr begrifflichen Erwägungen hinaus ist es aber auch entscheidend zu berücksichtigen, daß das Werkvertragsrecht geeignet ist, angemessene Ergebnisse zu liefern.

(1) Die angesichts des Vertragsgegenstandes *gebotene freie Kündigungsmöglichkeit* des Bestellers folgt dann aus *§ 649* ohne einschränkende Voraussetzungen, wie sie zB § 627 kennt.

Für ihre Folgen enthält § 649 S 2 eine angemessene Regelung, aA B PETERS NJW 1986, 2682, der § 627 im Werkvertragsrecht entsprechend anwenden will. Doch ist es nicht einzusehen, warum die freie Kündigung für den Kunden besonders „preiswert" sein soll. Die erhöhten Anlaufkosten des Vermittlers müssen zu Lasten des Kunden ebenso Berücksichtigung finden wie sein Gewinnanspruch. Die *Darlegungs- und Beweislast für die ersparten Aufwendungen* trifft den Kunden hier nicht härter als andere Besteller auch. Sofern die Art seiner Werbung mit unlauteren oder täuschenden Methoden verbunden war, ist dem mit den allgemeinen Mitteln Rechnung zu tragen, zB den §§ 312, 355, der Anfechtungsmöglichkeit, Ansprüchen aus den §§ 280 Abs 1, 241 Abs 2, 311 Abs 2.

62 (2) Soweit *die gebotenen Leistungen minderwertig* sind, wird der Kunde meist aufgrund der §§ 281 Abs 2, 323 Abs 2, 636 die angemessenen Rechtsfolgen von Rücktritt bzw Schadensersatz statt der Leistung (= hier gleich Rückzahlung der Vergütung) ohne weitere Umstände erreichen können. Ihm ggf einen Nachbesserungsanspruch nach §§ 634 Nr 1, 635 zu versagen, besteht kein hinreichender Grund.

(3) Die *Anwendbarkeit des § 656*, die sich hier zu Lasten des Kunden auswirken würde, ist mit der Wahl von Werkvertragsrecht noch nicht endgültig präjudiziert. Doch ist sie bei Partnervermittlungsverträgen *zu verneinen* (aA BGH NJW 1990, 2550; STAUDINGER/REUTER [2003] § 656 Rn 7). Es geht nicht um die Störung einer zustande gekommenen Ehe, allenfalls um die Störung des Persönlichkeitsrechts des Kunden, vgl KÖBL NJW 1972, 1441, 1443, die er aber doch freiwillig hinnehmen kann. Im übrigen sind die einschlägigen Prozesse in der Regel nicht persönlichkeitsschädigend. Durchweg geht es nur darum, daß diverse Vorschläge objektiv ungeeignet waren. Das kann mit der gebotenen Diskretion verhandelt werden.

7. Abgrenzung zur Verwahrung

63 a) Der Verwahrungsvertrag, §§ 688 ff, ist ein *Sonderfall des Werkvertrages*, bei dem sich der versprochene Erfolg in der sachgerechten Verwahrung des Vertragsgegenstands erschöpft. Die §§ 688 ff sind als *leges speciales* zu den §§ 631 ff anzusehen, auf die zurückzugreifen sich grundsätzlich verbietet.

b) Für den Werkvertrag ist es weithin typisch, daß *Verwahrungspflichten* des Unternehmers als *Nebenpflichten* entstehen. Das gilt überall dort, wo Sachen des Bestellers zur Bearbeitung in die *Obhut des Unternehmers* gelangen, namentlich bei Reparaturaufträgen. So hat etwa der Autoreparateur die ihm übergebenen Kfz sachgerecht vor Diebstahl zu schützen, vgl OLG Bremen VersR 1969, 524, und darf sie nicht an Unbefugte herausgeben. Die Verletzung dieser Pflichten führt zu einer *Haftung nach den für die (entgeltliche) Verwahrung maßgeblichen Grundsätzen*, ausnahmsweise zur Anwendung der §§ 633 ff, sofern die unzureichende Verwahrung den geschuldeten Erfolg beeinträchtigt hat, wenn zB die ungesicherten Arbeiten von Dritten beschädigt worden sind. Vgl zu dem Zusammenhang der Absicherung des Stoffes und des Werkes auch den verallgemeinerungsfähigen § 4 Nr 5 VOB/B und dazu § 633 Rn 81 ff.

Ggf kann auch *der Besteller* dem Unternehmer wegen *unzureichender Verwahrung* aus den §§ 280 Abs 1, 241 Abs 2 haften, sofern dessen Materialien und Werkzeuge aus Anlaß des Werkvertrages in seine Obhut gelangt sind. Diese Einstandspflicht setzt Verschulden voraus; es ist keine Obliegenheitsverletzung iSd § 642. Das Haftungsprivileg des § 690 dürfte dabei jedenfalls dann eingreifen, wenn der Unternehmer seine Sachen freiwillig bei dem Besteller hinterläßt oder eigene Möglichkeiten der Absicherung hatte. Insgesamt bleibt freilich zu beachten, daß es primär Sache des Unternehmers selbst ist, seine Sachen gehörig zu schützen. Wenn er sie – zB im Rahmen einer Baustelle – im Machtbereich des Bestellers beläßt, hat dieser dort grundsätzlich nur für die allgemeine Ordnung zu sorgen, vgl § 4 Nr 1 Abs 1 VOB/B und dazu § 633 Rn 32 ff.

IV. Beförderungsvertrag

1. Generelle Einordnung

Der Beförderungs- oder Transportvertrag wird allgemein, mag er sich nun auf Personen oder Sachen beziehen, als ein **Werkvertrag** verstanden (vgl Mot II 507; RGZ 10, 165, 167; BGHZ 62, 71, 75; ERMAN/SEILER Vor § 631 Rn 24; BASEDOW, Transportvertrag [1987] 89 f), obwohl letzterer zutreffend darauf hinweist, daß auch gewichtige Elemente der Verwahrung, des Auftrags, der Dienstleistung und der Miete im Vordergrund stehen können. In der Tat wird aber mit der Ortsveränderung primär ein Erfolg iSd § 631 geschuldet. **64**

Freilich sind die Bestimmungen der §§ 631 ff für den Beförderungsvertrag wenig ergiebig. Zum Kernstück der Gewährleistung, der Nachbesserung, kann es kaum kommen. Gewisse Bedeutung haben die Kündigungsmöglichkeit des Bestellers, § 649, das Pfandrecht des Unternehmers, § 647, die Fälligkeitsregelung der §§ 641, 646. Auf Kernprobleme der Beförderung aber geben die §§ 631 ff gerade keine Antwort: Im Mittelpunkt der Haftung des Beförderers wird die für Verletzungen von Personen oder Beschädigung oder Verlust von Sachen stehen, außerdem die Haftung für Verzögerungen. Ersteres ist ein Fall der §§ 280 Abs 1, 241 Abs 2, letzteres der §§ 280 Abs 1, 2, 281, 286.

2. Sonderregelungen

Für den Transport von Gütern sind eingehende Sonderregelungen zu beachten. Nach bis dahin bestehender Rechtszersplitterung hat die Neufassung der §§ 407 ff HGB über Frachtgeschäfte durch das Gesetz zur Neuregelung des Fracht-, Speditions- und Lagerrechts (TRG) vom 25. 6. 1998 (BGBl I 1588) eine Vereinheitlichung gebracht. Für den grenzüberschreitenden Verkehr bleiben bestimmte internationale Abkommen vorrangig. Eigenständig geblieben ist auch der Transport zur See im 5. Buch des HGB. **65**

V. Computervertrag*

1. Rechtsnatur

Bei der Überlassung von Hardware handelt es sich grundsätzlich um einen Kaufvertrag, sofern dies nur auf Zeit geschieht, um einen Mietvertrag, ggf in der Sonder- **66**

---

* **Schrifttum:** BRANDI-DOHRN, Gewährleistung bei Hard- und Softwaremängeln (1994); GORNY/KILIAN, Computersoftware und Sachmängelhaftung (1985); HABEL, Softwarewartung – Ein Leitfaden für die Luftfahrt, CR 1993, 57; JUNKER, Computerrecht – Gewerblicher Rechtsschutz, Mängelhaftung, Arbeitsrecht (1988); KILIAN/HEUSSEN, Computerrechts-

form des Leasings. Dagegen kommt bei der Überlassung von Software Werkvertragsrecht in Betracht.

a) *Werkvertragsrecht* findet jedenfalls dann Anwendung, wenn die *Software speziell für die Bedürfnisse des Kunden* bzw seines Betriebs hergerichtet wird (vgl BGHZ 102, 135, 141; BGH NJW 1993, 1063; OLG Köln NJW 1996, 1067); bei der Lieferung reiner Standard-Software verbleibt es bei der Anwendung des Kaufrechts. Zweifelsfälle ergeben sich, wenn Standard-Software anzupassen ist. Kaufrecht ist anzuwenden, wenn der Umfang der Anpassung nebensächlich und unbedeutend ist (vgl OLG Köln NJW-RR 1993, 1529). Dabei sind zunächst von Bedeutung die Wertverhältnisse. Nicht mehr unbedeutend ist nach der zutreffenden Auffassung von OLG Köln (aaO, vgl auch OLG Düsseldorf CR 1993, 361 m Anm Müller-Hengstenberg CR 1993, 689) eine Anpassung, die an 10% der Gesamtleistung heranreicht. Im übrigen kommt es entscheidend darauf an, ob die Anpassung notwendig ist, der Software ihre Funktionsfähigkeit zu geben. Dienstvertragsrecht findet jedenfalls keine Anwendung (vgl OLG Düsseldorf NJW-RR 1998, 345).

Werkvertragsrecht kann auch aus anderen Gründen anwendbar sein, zB wenn Hard- und Software zu einem Netzwerk zusammenzufassen sind, vgl OLG Köln NJW 1992, 1328. Dagegen führen Verpflichtungen des Lieferanten zur Installation und Einweisung in den Gebrauch noch nicht ohne weiteres zum Werkvertragsrecht, offengelassen von OLG Köln NJW-RR 1993, 1398.

67 **b)** Kaufrecht ist nicht schon deshalb nach § 651 anwendbar, weil Software in Form von Disketten ein körperliches Substrat hat; im Vordergrund steht nämlich der geistige Gehalt. Das ist von Bedeutung für die Gewährleistungsfrist, vgl § 634a Abs 1 Nr 3. An dem körperlichen Substrat ist Eigentum zu verschaffen, § 631 Abs 1. Im Falle von Mängeln ist die Rügelast nach den §§ 381 Abs 2, 377 HGB zu beachten.

c) Werden Hard- und Software aus einer Hand bezogen, können Verzögerungen oder Mängel in dem einen Lieferteil dann auf den anderen durchschlagen, wenn beide nach dem Willen der Parteien unteilbar sein sollen (vgl BGH NJW 1990, 3011). Das kann sich aus technischen Gründen ergeben, wenn die Einzelleistungen für sich allein nicht sinnvoll nutzbar sind, oder daraus, daß an einer Teilleistung (bei dem Kunden) kein Interesse besteht. Eine Vermutung für eine gewollte Vertragseinheit ergibt sich aus einer einheitlichen Vertragsurkunde.

2. Rechtsfolgen

68 Wenn Werkvertragsrecht anwendbar ist, ergeben sich keine grundsätzlichen Beson-

---

handbuch (Stand: Aug 2002); Koch, Computervertragsrecht (3. Aufl 1988); Köhler, in: M Lehmann, Rechtsschutz und Verwertung von Computerprogrammen (1988) 341; Marly, Softwareüberlassungsverträge (2. Aufl 1997); Schaub, Das Pflichtenheft im Spiegel der Rechtsprechung, CR 1993, 329; Schneider, Praxis des EDV-Rechts (1990); Wehlau/Meier, Die zivilrechtliche Haftung für Datenlöschung, Datenverlust und Datenzerstörung, NJW 1998, 1585; vgl ferner die regelmäßigen Rechtsprechungsberichte von Junker, zuletzt JZ 1993, 447; NJW 1993, 824; 1994, 897; 1999, 1294.

derheiten. Freilich müssen die Eigenheiten der Materie Berücksichtigung finden. Insoweit ist auf folgendes hinzuweisen.

a) Zunächst kann es unklar sein, *welchen Anforderungen die* zu erstellende *Software* überhaupt *zu genügen hat.* Hier kommen Beratungspflichten des Unternehmers in Betracht, die freilich unterschiedlich intensiv sind je nach Maßgabe des Kenntnis- und Erfahrungsstandes des Bestellers (vgl OLG Köln NJW-RR 1993, 1528; OLG Düsseldorf CR 1993, 361). Pflichtverstöße in diesem Bereich können zu Ansprüchen des Bestellers aus den §§ 280 Abs 1, 241 Abs 2, 311 Abs 2 führen, falls der Vertrag sonst nicht oder anders abgeschlossen worden wäre. Die Regel wird es sein, daß die Software als mangelhaft zu betrachten ist und daß der Unternehmer dies zu vertreten hat.

Ggf kann es Aufgabe des Bestellers sein, das Anforderungsprogramm in einem *Pflichtenheft* zusammenzustellen. Es handelt sich dann um eine Obliegenheit, deren Verletzung den Unternehmer nicht zu einem Vorgehen nach § 281 berechtigt; die Rechtsfolgen ergeben sich vielmehr einerseits aus den §§ 642, 643, so daß zB wegen des Annahmeverzuges des Bestellers ein Leistungsverzug des Unternehmers ausscheidet (vgl BGH NJW 1996, 1745; 1998, 2122, 2123); andererseits bestehen sie darin, daß nunmehr bei etwaigen Mängeln der Software ein Mitverschulden des Bestellers anzunehmen ist.

b) Der Unternehmer ist – wie sonst auch – zur rechtzeitigen und mangelfreien Leistung verpflichtet. Dabei erfüllt er nach BGH NJW 1993, 1063 nur vollständig, wenn er auch ein **Bedienungshandbuch** liefert: Ohne dieses kann der Besteller nach den §§ 281 Abs 1, 323 Abs 1 vorgehen und ist der Besteller noch nicht zur Rüge nach den §§ 377, 381 Abs 2 HGB oder gar zur Abnahme verpflichtet. Ob der Unternehmer auch das *Quellenprogramm* offenzulegen hat, hängt von den getroffenen Vereinbarungen ab, insbesondere davon, ob der Besteller selbständig mit der Software soll umgehen können. Das kann zur Offenlegungspflicht führen (vgl OLG Frankfurt BB 1993, Beil 3, Nr 3 [S 4]; LG Aschaffenburg CR 1998, 203, 204); anders, wenn der Hersteller zur Programmwartung verpflichtet ist, BGH NJW 1987, 1259.

VI. Bauvertrag*

1. Begriff, Abschluß

a) Inhalt

Unter einem Bauvertrag ist jeder *Werkvertrag* zu verstehen, *der Leistungen körperlicher Art zur Herstellung oder Veränderung eines Baues auf einem* von dem Besteller,

---

* **Schrifttum**

1. Allgemeines Baurecht

BAUMGÄRTEL, Grundlegende Probleme der Beweislast im Baurecht, Seminar Pauschalvertrag (1991) 53; BRÜGMANN, Der Bauvertrag (1974); CLEMM, Bauvertragsrecht (1987); CUYPERS, Instandhaltung und Änderung baulicher Anlagen (1993); ders, Das neue Bauvertragsrecht: VOB – HOAI – Planungsrecht (2. Aufl 2002); DÄHNE,

Risiken und Absicherungsmöglichkeiten bei der Bauabnahme (1981); DECKERT, Baumängel am Gemeinschaftseigentum der Eigentumswohnung (2. Aufl 1980); DONUS, Der Fertighausvertrag (1988); DUFFEK, Selbstbau – Bausatzvertrag, BauR 1996, 465; EPLINIUS, Der Bauvertrag (3. Aufl 1940); GANTEN, Pflichtverletzung und Schadensrisiko im Privaten Baurecht (1974); GLATZEL/HOFMANN/FRIKELL,

dem „Bauherrn", bereitgestellten *Grundstück betrifft*, mag es sich um Neubau, Umbau oder Instandsetzung handeln.

Unwirksame Bauvertragsklauseln nach dem AGB-Gesetz (8. Aufl 1999); HEIDLAND, Der Bauvertrag in der Insolvenz von Auftraggeber und Auftragnehmer (2001); HEINRICH, Der Baucontrollingvertrag, Bauplanung und Baumanagement nach HOAI und BGB (2. Aufl 1998); HERDING/SCHMALZL, Vertragsgestaltung und Haftung im Bauwesen (2. Aufl 1967); JAGENBURG, Juristisches Projektmanagement, in: FS Heiermann (1995) 157; KAISER, Das Mängelhaftungsrecht in Baupraxis und Bauprozeß (7. Aufl 1992); KAPELLMANN/SCHIFFERS, Vergütung, Nachträge und Behinderungsfolgen beim Bauvertrag, Bd 1 Einheitspreisvertrag (4. Aufl 2000), Bd 2 Pauschalvertrag (3. Aufl 2000); KLEIN, Produkthaftung bei Baustoffen und Bauteilen unter Einbeziehung der Rechtsverhältnisse im Baustoffhandel (1989); KLEINE-MÖLLER/MERL/OELMAIER, Handbuch des privaten Baurechts (2. Aufl 1997); KNIFFKA/KOEBLE, Kompendium des Baurechts (2000); LANG, Bauvertrag im Wandel, NJW 1995, 2063; LITTBARSKI, Haftungs- und Versicherungsrecht im Bauwesen (1986); LOCHER, Das private Baurecht (6. Aufl 1996); NICKLISCH (Hrsg), Bau- und Anlagenverträge, Risiken, Haftung, Streitbeilegung (1983); OBERHAUSER, Bauvertragsrecht im Umbruch. Vorschläge zu einer Neukonzeption. Ursprung, Bestand, Rechtswirklichkeit, Reformvorschläge (1999); PLATEN, Handbuch der Versicherung von Bauleistungen (3. Aufl 1995); PÖHNER, Die Bedeutung der Baugenehmigung für den Bauvertrag (1997); QUACK, Grundlagen des privaten Baurechts (1993); ders, Zur Zweckmäßigkeit (oder Unzweckmäßigkeit) eines verbreiteten Gestaltungsmittels für Bauverträge. Ansatzpunkte für Verbesserungen, BauR 1992, 18; REHM, Bauwesenversicherung (2. Aufl 1989); WEICK, Vereinbarte Standardbedingungen im deutschen und englischen Bauvertragsrecht (1977); WERNER/PASTOR, Der Bauprozeß (9. Aufl 1998).

2. Verdingungsordnung für Bauleistungen (VOB)
a) Umfassende Darstellungen Beck'scher VOB-Kommentar, VOB Teil B (1997); DAUB/PIEL/SOERGEL/STEFFANI, Kommentar zur VOB Teil B (1976); HEIERMANN/RIEDL/RUSAM, Handkommentar zur VOB Teil A und B (6. Aufl 1997); INGENSTAU/KORBION, VOB, Teile A und B (14. Aufl 2001); KAISER, Das Mängelhaftungsrecht der Verdingungsordnung für Bauleistungen, Teil B (7. Aufl 1992); NICKLISCH/WEICK, VOB Teil B (3. Aufl 2000); WINKLER/ROTHE, VOB (8. Aufl 1993); VYGEN, Bauvertragsrecht nach VOB und BGB (3. Aufl 1997).

b) Einzelfragen BROSS, Die Ausschreibung von Werkverträgen durch die öffentliche Hand in der Bundesrepublik Deutschland, ZfBR 1990, 255; BURMEISTER, Die Bindung der Gemeinden an die Verdingungsordnung für Bauleistungen (VOB) (1989); CUYPERS, Der Werklohn des Bauunternehmers (2000); ENDERS, VOB/B und BGB-Bauvertrag im Rechtsvergleich, unter besonderer Berücksichtigung des Vergütungsrechts (1986); HESSE, Vereinbarung der VOB für Planungsleistungen, ZfBR 1980, 259; KIESEL, Die VOB 2002 – Änderungen, Würdigung, AGB-Problematik, NJW 2002, 2064; KNIFFKA, Die Kooperationspflichten der Bauvertragsparteien im Bauvertrag, JbBauR 2001, 1; KORBION, Vereinbarung der VOB/B für planerische Leistungen, in: FS Locher (1990), 127; ders, Rechtliche Einordnung des Bauvergaberechts nach deutschem Recht, in: FS Gelzer (1991) 239; LAMPE-HELBIG, Die Verdingungsordnung für Bauleistungen (VOB) und der Bauvertrag, in: FS Korbion (1986) 249; dies, Praxis der Bauvergabe, VOB/A und EG-Recht (1991); dies, Teil A der Verdingungsordnung für Bauleistungen, Ausgabe 1992: neue Systematik und Änderungen in den Abschnitten 1 und 2, BauR 1993, 177; MANTSCHEFF, Die Bestimmungen der VOB/C und ihre vertragsrechtliche Bedeutung, in: FS Korbion (1986) 295; SCHMIDT, VOB-Credo des Gesetzgebers, ZfBR 1984, 57; SCHMITZ, Die Vereinbarung der VOB/B in Verträgen mit Nichtkaufleuten, ZfBR 1979, 184; SCHUBERT, Zur Entstehung der VOB (Teile A und B) von

Bauvertrag ist dabei nicht nur der Vertrag, durch den sich ein Bauunternehmer als sog *Generalunternehmer* verpflichtet, einen Bau insgesamt herzustellen; auch die Übernahme nur einer einzelnen ergänzungsbedürftigen *Teilleistung* wie zB der Maurer- oder Malerarbeiten fällt hierunter (Teillos, Fachlos), ferner jene Werkverträge, die ein Generalunternehmer im eigenen Namen mit Nach- oder Subunternehmern abschließt. Als Unternehmer kann ein einzelner auftreten, aber auch – insbesondere bei größeren Vorhaben – eine Arbeitsgemeinschaft mehrerer; zu den Beziehungen unter ihnen (vgl § 631 Rn 22 ff). Intern liegt dann eine Gesellschaft Bürgerlichen Rechts vor; gegenüber dem Bauherrn besteht Gesamtschuldnerschaft, § 128 HGB analog.

b) Eigentumsverhältnisse
Das zu bearbeitende Grundstück kann im Eigentum des Bestellers stehen, braucht es **70** *aber nicht*, vgl zB den Generalunternehmer. Es besteht auch keine Vermutung dahin, daß der Besteller zugleich auch im Namen des Grundstückseigentümers auftritt, selbst wenn er mit diesem verheiratet ist (vgl BGB-RGRK/Glanzmann § 631 Rn 68). Auszugehen ist vielmehr von den Grundsätzen, die sich aus § 164 ergeben.

Eine Mehrzahl von Bestellern haftet grundsätzlich als Gesamtschuldner, § 427. Eine Teilschuld wird allerdings angenommen, soweit es um die Erstellung mehrerer Eigentumswohneinheiten geht (vgl § 641 Rn 45).

Zu dem Fall, daß der Unternehmer auch das Grundstück beschafft, vgl u Rn 128 ff.

c) Handelsrecht
Nach der Neufassung der §§ 1 ff HGB durch Art 3 HRefG v 22. 6. 1998 (BGBl I 1470) **71** sind Bauunternehmer Kaufleute, wenn nicht der Ausnahmetatbestand des § 1 Abs 2 HGB eingreift. Auch dann können sie noch durch Eintragung in das Handelsregister die Kaufmannseigenschaft erwerben (§ 2 HGB). Freilich gelten von den Bestimmungen über Handelsgeschäfte nur die Allgemeinen Vorschriften der §§ 343–372 HGB für sie.

d) Genehmigungsbedürfnisse
aa) Bauverträge als solche *bedürfen grundsätzlich keiner behördlichen Genehmi-* **72** *gungen*, wohl aber die zu erstellenden baulichen Anlagen sowie öfters auch die Durchführung der Arbeiten, letzteres zB wenn es dabei zur Sondernutzung an öffentlichen Wegen kommt.

bb) Die *Beschaffung der notwendigen Genehmigungen* für die baulichen Anlagen ist *grundsätzlich Sache des Bestellers*, vgl auch § 4 Nr 1 Abs 1 S 2 VOB/B und dazu § 633 Rn 33 ff, sofern nicht der Unternehmer ausdrücklich ihre Beschaffung über-

---

1926, in: FS Korbion (1986) 389; Siegburg, VOB/B und AGB-Gesetz, in: FS Locher (1990) 349; Tempel, Ist die VOB/B noch zeitgemäß? – Eine kritische Skizze zur Neufassung 2002, NZBau 2002, 463, 532; Thode, Werkleistung und Erfüllung im Bau- und Architektenvertrag, ZfBR 1999, 116; Vygen, Rechtliche Probleme bei Ausschreibung, Vergabe und Abrechnung von Alternativ- und Eventualpositionen, BauR 1992, 135; Weick, Allgemeine Geschäftsbedingungen oder Verkörperung von Treu und Glauben? Zum Bild der VOB in Rechtsprechung und Literatur, in: FS Korbion (1986) 451; Weinkamm, Bauträgervertrag und VOB, BauR 1986, 387; Witt, Der Bauvertrag nach VOB/B (1977).

nimmt. Wenn der Besteller die notwendigen Genehmigungen nicht beschafft, kommt er in *Annahmeverzug* mit den Rechtsfolgen der §§ 642, 643. Doch trifft den Unternehmer schon im vorvertraglichen Bereich die Verpflichtung, auf die Notwendigkeit von Genehmigungen hinzuweisen; die Verletzung dieser Pflicht kann zu einer Haftung aus den §§ 280 Abs 1, 241 Abs 2, 311 Abs 2 führen. Nach Vertragsschluß ist er gehalten, bei ihrer Einholung, soweit notwendig, *mitzuwirken*. Hier kann er sich aus den §§ 280 Abs 1, 241 Abs 2 schadensersatzpflichtig machen; ggf sind die Rechte, die er aus dem Nichtvorliegen der Genehmigungen herleiten kann, in entsprechender Anwendung des § 254 Abs 1 zu mindern. Solange Genehmigungen nicht vorliegen, hat der Unternehmer ein *Leistungsverweigerungsrecht*, so daß er auch nicht in Verzug geraten kann (vgl BGH NJW 1974, 1080).

Kann eine Genehmigung nicht in der vorgesehenen Form erreicht werden, wohl aber in einer abgewandelten, ist der Unternehmer nach Treu und Glauben im Rahmen des ihm Zumutbaren gehalten, sich auf eine *entsprechende Abänderung des Vertrages* einzulassen; vgl die verallgemeinerungsfähigen Grundsätze der §§ 1 Nrn 3, 4 und 2 Nrn 5, 6 VOB/B.

73 cc) Die Versagung der Genehmigung führt jedenfalls *nicht nach § 134 zur Nichtigkeit des Vertrages* (vgl BGH JR 1962, 23; BauR 1976, 128; OLG Köln NJW 1961, 1023; BGB-RGRK/GLANZMANN § 631 Rn 62; NICKLISCH/WEICK § 4 Rn 17). Auch eine Nichtigkeit des Vertrages aus anderen Gründen ist in der Regel nicht anzunehmen (vgl OLG Köln aaO). Die Frage ist freilich, welche Rechtsfolgen statt dessen Platz greifen sollen. BGB-RGRK/GLANZMANN § 631 Rn 63 spricht sich für die Regeln über das Fehlen der Geschäftsgrundlage aus, was zu einer Änderung des Bauvorhabens führen müsse bzw, wenn sie nicht möglich oder zumutbar sei, zur Hinfälligkeit des Vertrages. Man wird zu differenzieren haben:

(1) Zur *Pflicht, den Vertrag zu ändern* und das Objekt genehmigungspflichtig zu machen, vgl soeben schon Rn 72. Der Besteller, der sich hierauf nicht einläßt, gerät jedenfalls in Annahmeverzug, der Unternehmer begeht ggf eine Pflichtverletzung.

Wenn die Baugenehmigung schon endgültig versagt ist oder es auf der Hand liegt, daß sie nicht erteilt werden kann (Bau im Naturschutzgebiet), berührt das jedenfalls nicht die Wirksamkeit des Vertrages, vgl § 311a Abs 1, vielmehr führt dann § 275 zur Leistungsfreiheit des Unternehmers. Seinen (um ersparte Aufwendungen gekürzten) Vergütungsanspruch erhält ihm § 326 Abs 2, sofern man annimmt, der Besteller habe das Leistungshindernis zu vertreten. Für den Bereich der VOB/B wird man das anzunehmen haben, wenn deren § 4 Nr 1 Abs 1 S 2 es ihm auferlegt, die Baugenehmigung herbeizuführen. Wenn die VOB/B nicht vereinbart ist, wird man aber nichts anderes anzunehmen haben (vgl näher PÖHNER, Die Bedeutung der Baugenehmigung für den Bauvertrag [1997] 100 ff, **aA** NICKLISCH/WEICK § 4 Rn 18; INGENSTAU/KORBION/OPPLER § 4 Rn 18, die generell eine besondere Risikoübernahme durch den Besteller fordern). Doch wird der Besteller umgekehrt das Genehmigungsrisiko abwälzen müssen, wenn er es nicht tragen will (vgl wie hier OLG München BauR 1980, 274).

74 dd) *Die Beteiligten sehen zuweilen davon ab, eine notwendige behördliche Genehmigung einzuholen.*

Titel 9 · Werkvertrag und ähnliche Verträge
Untertitel 1 · Werkvertrag

Vorbem zu §§ 631 ff

(1) Wenn dies aus *Unkenntnis* geschieht, gelten die eben gemachten Ausführungen.

(2) Häufig ist jedoch auch der Fall, daß dies *bewußt* geschieht, entweder in der Erkenntnis, daß eine Genehmigung doch nicht würde zu erlangen sein, oder in der Befürchtung, daß man einen ablehnenden Bescheid erlangen werde. In diesem Falle des *„Schwarzbaues"* verstößt das Vertragsverhältnis idR gegen *§ 138*. Denn einerseits sind die öffentlichen Belange grundsätzlich erheblich, die mit den Genehmigungsvorbehalten des öffentlichen Baurechts geschützt werden sollen, andererseits widerspricht das bewußte Absehen von den Vorgaben der Rechtsordnung dem Anstandsgefühl aller billig und gerecht Denkenden.

Dem steht der Fall gleich, daß *trotz eines ablehnenden Bescheids* gebaut wird.

Gegenüber dieser Annahme der Sittenwidrigkeit ist der Einwand möglich, daß das Bauvorhaben nur formell, nicht auch materiell bauordnungswidrig sei. Die *schlichte böse Gesinnung der Beteiligten* kann *nicht* zur Nichtigkeit des Vertrages führen.

e) Schwarzarbeitsgesetz
Zum Verstoß gegen das Gesetz zur Bekämpfung der Schwarzarbeit vgl § 631 Rn 74.

f) Formbedürftigkeit
Der Bauvertrag bedarf mangels entsprechender Abrede der Parteien, § 127, **keiner Form**. Im Gegensatz zum Kauf kann sich auch *aus teilweiser Unentgeltlichkeit ein Formbedürfnis nicht ergeben*, weil angrenzendes Rechtsinstitut hier nicht die Schenkung ist, sondern der formfrei mögliche Auftrag.

Das schließt es nicht aus, daß **§ 311b Abs 1** Anwendung finden kann, wenn sich im Rahmen eines Bauvertrages der Unternehmer zur Veräußerung oder der Besteller zum Erwerb eines Grundstücks verpflichtet. Das gilt ohne weiteres, wenn der Unternehmer ein Grundstück liefern soll, auf dem er das Bauwerk zu errichten hat. Dann gilt *§ 311b Abs 1 auch für den werkvertraglichen Teil der Abreden*, da nicht anzunehmen ist, § 139, daß die Grundstücksveräußerung auch für sich allein Bestand haben soll (vgl BGHZ 78, 348).

Entscheidendes Kriterium ist, ob die **Verträge „miteinander stehen und fallen" sollen** (BGHZ 78, 346, 350). Davon ist bei Identität der Beteiligten grundsätzlich auszugehen, auch wenn die getrennte Abfassung der Verträge ein gewisses gegenteiliges Indiz darstellt. UU hängt dabei nur einseitig der eine Vertrag von dem anderen ab (vgl BGH NJW 2002, 2560), und überhaupt ist die Abhängigkeit stets sorgsam zu prüfen; sie fehlt zB, wenn durch eine Grundstücksveräußerung ein Bauvertrag nur finanziert werden soll, weil der Besteller diese Finanzierung auch anders darstellen könnte (BGH NJW 2002, 1792). Eine solche Koppelung der Verträge kann aber *auch dann gegeben sein, wenn drei Personen beteiligt sind*, der Bauunternehmer mit dem Grundstücksveräußerer nicht identisch ist (vgl BGHZ 76, 43; OLG Köln NJW-RR 1996, 1484, OLG Hamm BauR 1998, 545; ferner SIGLE NJW 1985, 1660). Dabei reicht freilich ein Abschluß in *unmittelbarem zeitlichen Zusammenhang* für die Annahme einer rechtlichen Einheit der Verträge noch nicht aus. Grundsätzlich genügt es aber, wenn Bauvertrag und Grundstückserwerb für den Besteller/Erwerber in der Weise eine wirtschaftliche Einheit bilden, daß der Bauvertrag ohne den Grundstückserwerb sinnlos ist, und dies für den

Unternehmer erkennbar ist. Dazu genügt es, wenn sich der Bauvertrag auf ein bestimmtes Grundstück bezieht (vgl BGH NJW 1994, 721; OLG Schleswig NJW-RR 1992, 564). Dazu genügt es grundsätzlich auch, wenn sich der Bau zwar auch anderweitig verwirklichen ließe, der Unternehmer aber doch ein Grundstück zum Direkterwerb durch den Besteller vermittelt.

Bedarf aber im Einzelfall der Bauvertrag der notariellen Beurkundung, so gilt das auch für *spätere Änderungen*, sofern sie nicht nur der Behebung von Abwicklungsschwierigkeiten dienen (vgl STAUDINGER/WUFKA [2001] § 313 aF Rn 201, 201), oder der Realisierung gesetzlich vorgesehener Rechte der Parteien wie Rücktritt, Minderung oder Kündigung (vgl STAUDINGER/WUFKA [2001] § 313 aF Rn 103). Formbedürftig sind damit namentlich *Änderungen des Leistungsumfangs*, was in der Praxis nicht immer hinreichend beachtet wird, wohl deshalb, weil die strikte Beachtung zu unverhältnismäßigen Schwierigkeiten führen müßte, da Änderungen des Leistungsumfangs bei Bauverträgen eine alltägliche Erscheinung sind.

2. Die Verdingungsordnung für Bauleistungen (VOB)

a) Mängel des Gesetzesrechts

76 Das Werkvertragsrecht des BGB regelt die praktischen Fragen des Werkvertrages nur unvollkommen, obwohl der Bauvertrag der Prototyp des Werkvertrages ist. *Weitgehend ungeregelt bleibt die Phase der Erstellung des Werkes*, bleiben *Zulässigkeit und Folgen nachträglicher Leistungsänderungen*. Nicht sachgerecht ist es, wenn § 641 die Zahlung der Vergütung en bloc nach Abschluß der Arbeiten vorsieht, vgl jetzt aber § 632a, oder wenn die §§ 281, 323 dem Besteller bei *Mängeln oder Verzögerungen*, die *während der laufenden Arbeiten*, dh vor Fälligkeit der Pflicht zur Verschaffung des Werkes, eintreten, nur eingeschränkte sofortige Handlungsmöglichkeiten eröffnen. Es besteht deshalb ein objektives Bedürfnis, die knappen Regelungen der §§ 631 ff beim Bauvertrag – aber nicht nur dort – zu verfeinern und zuweilen abzuwandeln. Während ersteres mit den allgemeinen Auslegungsregeln gelingen kann, ergeben sich bei dem letzteren naturgemäß Schwierigkeiten.

Insofern ist es zu begrüßen, daß mit der VOB ein Regelwerk geschaffen worden ist, das eine *hinreichend intensive und dabei insgesamt durchaus ausgewogene Normierung der Beziehungen der Parteien liefert*.

b) Historische Entwicklung

77 In der historischen Entwicklung haben freilich weniger die Mängel und Defizite der ja auch weitgehend abdingbaren §§ 631 ff den Anlaß zur Schaffung der VOB gegeben, sondern vielmehr die *Mißstände, die sich im öffentlichen Auftragswesen*, namentlich im Baubereich, *ergeben hatten*. In der liberalen Wirtschaftsverfassung des 19. Jahrhunderts hatten die öffentlichen Auftraggeber die Vertragsgestaltung weithin einseitig nach den eigenen wirtschaftlichen Interessen ausgerichtet (vgl dazu NICKLISCH/WEICK Einl Rn 23).

aa) Nach *Reformbestrebungen*, die schon in der 2. Hälfte des 19. Jahrhunderts und zu Beginn dieses Jahrhunderts intensiviert, dann aber auch durch den 1. Weltkrieg unterbrochen worden waren (vgl dazu NICKLISCH/WEICK Einl Rn 24), wurde die Reichsregierung 1921 auf Antrag des Zentrums durch den Reichstag ersucht, einen Aus-

Titel 9 · Werkvertrag und ähnliche Verträge
Untertitel 1 · Werkvertrag

schuß einzusetzen, der einheitliche Grundsätze für die Vergebung von Leistungen und Lieferungen für Reich und Länder aufstellen sollte. Damit war einerseits der zuvor auch erwogenen gesetzlichen Regelung eine Absage erteilt, andererseits aber war mit der vom Reichstag empfohlenen Besetzung des Ausschusses nicht nur mit Vertretern der beteiligten Ressorts, sondern auch mit solchen der zuständigen Arbeitgeber- und Arbeitnehmerorganisationen die *Chance einer den Interessen aller Beteiligten gerecht werdenden Regelung* eröffnet. Tatsächlich gehörten dann dem 1921 einberufenen Reichsverdingungsausschuß (RVA) Vertreter der öffentlichen Auftraggeber, der Bauwirtschaft, der Gewerkschaften, der Architekten und der Ingenieure an. 1926 wurde die Verdingungsordnung für Bauleistungen von der Vollversammlung des RVA verabschiedet. In der Folgezeit wurde das Regelwerk in den Verwaltungen von Reich und Ländern eingeführt; eine Überarbeitung der VOB blieb vorbehalten. 1947 wurde nach dem Vorbild des RVA ein Deutscher Verdingungsausschuß für Bauleistungen (DVA) gegründet, der 1952 eine Neufassung der VOB vorlegte. Zur Besetzung des DVA vgl NICKLISCH/WEICK Einl Rn 26, vgl zu ihm auch LAMPE-HELBIG, in: FS Korbion (1986) 249.

bb) Von 1967 bis 1973 erfolgte eine *grundlegende Überarbeitung* der VOB; im Oktober 1973 hat die 8. Hauptversammlung des DVA die überarbeiteten Teile A und B (vollständig) sowie C (teilweise) verabschiedet („Fassung 1973"), veröffentlicht hinsichtlich der Teile A und B in einem Sonderdruck der Beil z BAnz Nr 216 v 15. 11. 1973 (= MinBlFin 1973, 691). Nach weiteren Änderungen – ua in Hinblick auf das AGB-Gesetz – datiert die aktuelle Fassung der VOB/A von 2000, die der VOB/B von 2002.

c) VOB/Teil A
In der **VOB/Teil A** (letzte Fassung BAnz-Beil Nr 202a v 29. 10. 2002) sind **Richtlinien 78 für die Vergabe von Werkleistungen** aufgestellt, die einerseits das Interesse des Bestellers an einem möglichst günstigen Angebot wahren, andererseits zu einer möglichst gerechten Verteilung der Aufträge sowie zu einer ausgewogenen Gestaltung der Verträge führen sollen. Danach ist *grundsätzlich eine öffentliche Ausschreibung* vorzunehmen, § 3 Nr 1, 3, ausnahmsweise eine beschränkte Ausschreibung oder eine freihändige Vergabe. Nach § 5 sollen primär Einheitspreise vereinbar werden. § 7 sieht ggf die Mitwirkung von Sachverständigen vor. § 8 Nr 1 verpflichtet zur *Gleichbehandlung aller Bewerber*, die allerdings, § 8 Nr 3, zum Nachweis der Fachkunde, Leistungsfähigkeit und Zuverlässigkeit aufgefordert werden können. § 9 will eine eindeutige und erschöpfende Leistungsbeschreibung in der Ausschreibung gewährleisten. § 10 sieht die spätere Vereinbarung der VOB/B vor und regelt die weitere rechtliche Ausgestaltung des abzuschließenden Vertrages. Die §§ 12–14 verhalten sich über Vertragsstrafen, Gewährleistung und Sicherheitsleistung bei dem abzuschließenden Vertrag, insoweit auch durchaus zu Lasten des Bestellers. Die §§ 16–23 regeln die *Formalien des Ausschreibungsverfahrens* (ua Bekanntmachung der Ausschreibung, Angebotsfrist, Eröffnungstermin für die Angebote, deren Prüfung). § 25 betrifft die *Wertung der Angebote*.

Ist das eben Dargestellte der herkömmliche Bestand der VOB/A, wie er in ihrem **79** jetzigen Abschnitt 1 („Basisparagraphen") enthalten ist, so *haben europarechtliche Vorgaben bestimmte Ergänzungen notwendig gemacht.* Ihnen ist dadurch Rechnung getragen worden, daß zu den auf alle Bauleistungen bezogenen Bestimmungen der

Basisparagraphen weitere zusätzliche Bestimmungen hinzutreten, die bei Überschreitung bestimmter Schwellenwerte, unter denen ein geschätzter Gesamtauftragswert von 5 Millionen Euro hervorzuheben ist, ebenfalls zu beachten sind. Danach enthält die VOB/A heute vier Abschnitte. Abschnitt 2 beruht auf der Richtlinie des Rates vom 26. 7. 1971 über die Koordinierung des Verfahrens zur Vergabe öffentlicher Bauaufträge (71/305/EWG) und der Richtlinie des Rates zur Änderung dieser Richtlinie vom 18. 7. 1989 (89/440/EWG) und enthält mit dem Buchstaben „a" gekennzeichnete Paragraphen *(a-Paragraphen),* die dann außer den – weiterhin zu beachtenden – Basisparagraphen ebenfalls zu berücksichtigen sind. Entsprechend enthält der auf der Richtlinie des Rates vom 17. 9. 1990 betreffend die Auftragsvergabe durch Auftraggeber im Bereich Wasser-, Energie- und Verkehrsversorgung sowie im Telekommunikationssektor (90/531/EWG) – sog EG-Sektorenrichtlinie – beruhende Abschnitt 3 weitere die Basisparagraphen ergänzende *b-Paragraphen.* Abschnitt 4 enthält Vergabebestimmungen nach der genannten EG-Sektorenrichtlinie („VOB/A – SKR"), die für Auftraggeber von Bedeutung sind, die nicht schon den Basisparagraphen unterliegen. Schließlich gibt ein TS (technische Spezifikationen) zur VOB/A Begriffsbestimmungen wieder und benennt die maßgeblichen technischen Zulassungsnormen. Das gesamte sich so ergebende Regelwerk ist ua wiedergegeben bei INGENSTAU/KORBION 1 ff.

80 Die Bestimmungen der VOB/A haben *keine Rechtsnormqualität,* BGH NJW 1992, 827, insbesondere nicht iSd § 823 Abs 2, vgl BGH VersR 1965, 764, wenn auch *behördenintern* durchweg die Anweisung besteht, Bauleistungen nach Maßgabe der VOB/A zu vergeben (vgl INGENSTAU/KORBION Einl Rn 40) und insofern grundsätzlich davon ausgegangen werden kann, daß die Behörden entsprechend verfahren (vgl BGHZ 60, 221).

Die Bestimmungen der VOB/A sind als das Arbeitsergebnis einer privaten Vereinigung – des DVA – ohne eigene Rechtsnormqualität. Sie gewinnen eine solche dadurch, daß die VergabeV v 9. 1. 2002 (BGBl I 110) idF v 14. 2. 2003 (BGBl I 169) sie in ihrem § 6 in ihrem Anwendungsbereich – dh oberhalb des Schwellenwertes von 5 Mio Euro – inkorporiert. Das ist eine statische Verweisung auf die in § 6 VgV angeführte Fassung der VOB/A. Hier und auch unterhalb der Schwellenwerte bildet die VOB/A freilich eine Ausprägung der bei der Vergabe öffentlicher Aufträge zu beachtenden Amtspflichten, vgl näher u Rn 90 ff.

d) VOB/Teil C

81 aa) Die VOB/C enthält nach ihrer Überschrift Allgemeine Technische Vertragsbedingungen für Bauleistungen (ATV). Dabei betrifft DIN 18 299 Bauarbeiten jeder Art, während DIN 18 300 ff Regelungen für einzelne Gewerke enthält. Sie sind jeweils nach dem selben Schema aufgebaut. Unter der Ordnungsziffer 0 finden sich Hinweise für das Aufstellen der Leistungsbeschreibung, womit § 9 VOB/A (Beschreibung der Leistung) konkretisiert wird. Ordnungsziffer 2 betrifft Stoffe und Bauteile, namentlich die Anforderungen, die in bezug auf Neuheit und Qualität an sie zu stellen sind. Ordnungsziffer 3 die Ausführung der Arbeiten. Von besonderer Bedeutung ist die Ordnungsziffer 4, die jeweils *zwischen Nebenleistungen* und *Besonderen Leistungen* unterscheidet. Erstere – zB die Einrichtung der Baustelle, die Einhaltung von Schutz- und Sicherheitsmaßnahmen – sind nicht besonders vergütungspflichtig, vielmehr mit den vertraglich vereinbarten Preisen mitabgegolten;

Besondere Leistungen – zB solche für andere Unternehmer – gehören nicht zur vertraglich geschuldeten Leistung und unterliegen damit der eigenen Vergütungspflicht.

bb) § 1 Nr 1 VOB/B läßt diese ATV Vertragsinhalt werden, wenn die Geltung der VOB/B vereinbart ist. Das hat Bedeutung für die Ordnungsziffern 2 bis 5. Aber auch ohne die Vereinbarung der VOB/B sind die Bestimmungen der VOB/C zu beachten (vgl INGENSTAU/KORBION Einl Rn 16), wenn sie denn grundsätzlich Aufschluß darüber geben, was zB qualitativ handwerksgerecht ist und was als durch die vereinbarten Preise abgegolten gelten kann.

e) VOB/Teil B
Der Text der VOB/B (letzte Fassung BAnz-Beil Nr 202a v 29. 10. 2002) ist im Anh zu 82 § 651 wiedergegeben. Ihre Erläuterung erfolgt hier in der Gliederung des BGB, vgl dazu die Fundortnachweise im Anh zu § 651.

aa) Die VOB/B ist ihrer Rechtsnatur nach entsprechend ihrer Entstehung **weder Gesetz noch Rechtsverordnung**, auch nicht im Sinne des § 306 Abs 2 (BGH NJW 1999, 3261). Ihr Inhalt kann auch *nicht* als *gewohnheitsrechtlich* anerkannt gelten. Ihre Bestimmungen bedürfen vielmehr grundsätzlich der konkreten Einbeziehung in den Vertrag. Das kann auch nachträglich erfolgen, doch muß dies bewußt geschehen. Die bloße Annahme, die VOB/B sei vereinbart, genügt dazu nicht (BGH NJW 1999, 3261). Es handelt sich bei ihnen um *Allgemeine Geschäftsbedingungen* iSd §§ 305 ff. Daran ändert ihre Ausarbeitung unter Beteiligung der Spitzenverbände der Besteller- und der Unternehmerseite so wenig wie ihre daraus resultierende angebliche *Ausgewogenheit*.

Die VOB/B stellt ein **Konditionenkartell** iSd § 2 Abs 2 GWB dar, weil sie es grundsätzlich hindert, Verträge zu besseren als ihren Bedingungen zustande zu bringen, vgl § 1 GWB, wobei sie Kartellcharakter durchaus auf beiden Marktseiten erzeugt, wenn die Nachfrager von Bauleistungen sich ebenso abgesprochen haben wie die Anbieter. Gleichwohl ist die nach § 9 GWB gebotene **Anmeldung nicht erfolgt** und entsprechend auch keine Freistellung vom Kartellverbot des § 1 GWB. Daß beide Marktseiten an der Erarbeitung der VOB/B beteiligt waren, macht die Freistellung vom Kartellverbot nicht überflüssig, sondern erleichtert sie allenfalls.

bb) Problematisch ist die **korrekte Bestimmung des Verwenders** der VOB/B als 83 AGB. Bei *Beteiligung der öffentlichen Hand* ist freilich diese Verwenderin, weil sie – der Gegenseite bekannt – nur zu den Bedingungen der VOB/B abschließen will. Sonst hängt es in der Praxis aber durchaus vom Zufall ab, auf welche Seite die Einbeziehung der VOB/B in den Vertrag zurückgeht. Die Rechtsprechung geht von dem *formalen Kriterium* aus, welche Seite die VOB/B in den Vertrag eingeführt hat (vgl BGH NJW 1987, 837; 1987, 2373; BGHZ 101, 357, 359). Demgegenüber wird in der Literatur mit im einzelnen unterschiedlichen Begründungsansätzen darauf abgestellt, wer durch die konkrete Klausel *materiell* begünstigt wird (vgl MünchKomm/KÖTZ § 1 AGBG Rn 9 [Interesse an der Einbeziehung der VOB]; BARTSCH NJW 1986, 28, 31; im Ergebnis ähnlich ULMER/BRANDNER/HENSEN § 1 AGBG Rn 30 [§§ 9–11 AGBG analog]; KOCH/STÜBING § 1 AGBG Rn 18; STAUDINGER/SCHLOSSER [1998] § 1 AGBG Rn 28; SONNENSCHEIN NJW 1980, 1492 [beide Seiten gleichzeitig Verwender und Gegner]).

Vorzugswürdig dürfte der *formale Ansatzpunkt* der Rechtsprechung sein. Wer die Einbeziehung der VOB/B in den Vertrag veranlaßt, kann vorab prüfen, inwieweit dies auch für ihn selbst mit Nachteilen verbunden ist, und erscheint insoweit nicht schutzbedürftig „vor sich selbst". Es ist auch *nicht einzusehen, warum der Gegenseite die mit der Vereinbarung der VOB/B verbundenen Vorteile genommen werden sollten.*

Im Einzelfall bedarf es freilich der sorgfältigen Prüfung, wer die Bestimmungen der VOB/B in den Vertrag einbezogen hat. Das ist zunächst jener, der sich im Rahmen der Verhandlungen zuerst auf ihre Bestimmungen berufen hat. Im Verhältnis Bauunternehmer – Laie wird dies überhaupt nur der Bauunternehmer sein, vgl auch § 310 Abs 3 Nr 1. Sind beide Seiten bauerfahren, wobei sich dies auf seiten des Bestellers schon aus der Einschaltung eines Architekten ergeben kann, so werden sich hinreichend klare Kriterien daraus ergeben, ob sich die VOB erstmalig im Leistungsangebot des Unternehmers oder im Auftragsschreiben des Bestellers findet. Das *schließt es* jedoch *nicht aus, daß gleichzeitig auch die Gegenseite als Verwender erscheint*, wenn nämlich der Ablauf der Vertragsverhandlungen ergibt, daß sie nicht nur nicht widersprochen, sondern auch eigenständig Gewicht auf die Vereinbarung der VOB/B gelegt hat. In Fällen dieser Art muß eine *Inhaltskontrolle* der VOB/B dann überhaupt *ausscheiden*.

Das Gesagte gilt freilich nur dann, wenn ausschließlich die VOB/B dem Vertrag zugrunde gelegt wird. Vielfach soll sie *nur subsidiär neben anderen Regelwerken* zur Anwendung kommen. Dann ist die Seite, von der diese stammen, – regelmäßig der Besteller – deren Verwender. Da alle Regelwerke zusammen aber noch eine Einheit bilden, muß sie aber auch hinsichtlich der VOB/B bzw des von ihr übrig bleibenden Restes als Verwender gelten, mag auch der Hinweis auf die VOB/B zunächst von der Gegenseite gekommen sein (vgl BGH NJW-RR 1991, 275). Dies gilt unabhängig davon, ob die VOB/B zu Lasten des Gegners oder ausgewogen modifiziert ist.

Gegenüber Verbrauchern ist die Vermutung des § 310 Abs 3 Nr 1 zu beachten, nach der die AGB im Zweifel vom Unternehmer gestellt sind. Die Vermutung wird sich idR nur dadurch widerlegen lassen, daß sich der Verbraucher eines Architekten bedient hat, der auf der Einbeziehung der VOB/B bestanden hat.

84 cc) Für die Wirksamkeit der Einbeziehung der VOB/B in den Bauvertrag ist, außer gegenüber Kaufleuten, vgl § 310 Abs 1, grundsätzlich von *§ 305* auszugehen. Doch ist hier danach zu modifizieren, ob der Besteller oder der Unternehmer die Rolle des Verwenders trägt.

(1) *Gegenüber dem Unternehmer reicht die* in der Baupraxis übliche *Benennung der VOB/B als Vertragsbestandteil*. Da von ihm mit Sicherheit die Kenntnis der VOB/B – als Regelwerk, wenn sicherlich auch nicht in ihren Einzelheiten – erwartet werden kann (vgl BGHZ 86, 135, 138 = NJW 1983, 816; ULMER/BRANDNER/HENSEN Anh §§ 9–1 Rn 903; INGENSTAU/KORBION Einl Rn 93; **aA** BARTSCH BB 1982, 1700; BUNTE BB 1983, 734), braucht der Besteller ihm nicht mehr die Möglichkeit der Kenntnisnahme iSd § 305 zu verschaffen. Strengere Anforderungen an die Einbeziehung würden in der Praxis auch zu unvertretbaren Schwierigkeiten führen. Dabei reicht zwar nicht der nachträgliche Hinweis auf Rechnungen etc, wohl aber der vorangehende in Ausschreibungs- bzw

Vertragsunterlagen (vgl BGHZ aaO), sofern er nur eindeutig genug ist. Das gilt namentlich auch gegenüber kleineren Bauhandwerkern.

(2) Wegen der allgemeinen Verfügbarkeit der VOB/B ist *dasselbe gegenüber dem* **85** *Besteller* anzunehmen, *sofern er Kaufmann oder öffentlicher Auftraggeber* ist (vgl §§ 310 Abs 1 S 1, 305 Abs 2, vgl INGENSTAU/KORBION/VYGEN Einl Rn 26) oder von einem *Architekten* betreut wird, von dem der Unternehmer erwarten kann, daß er den Besteller über die Bedeutung der VOB/B informiert (vgl § 15 Abs 2 Nr 7 HOAI, vgl OLG Hamm NJW-RR 1991, 277, INGENSTAU/KORBION/VYGEN Einl Rn 27).

Ist der *Besteller Privatmann* und im Baurecht nicht bewandert, muß ihm Gelegenheit geboten werden, den Text der VOB/B zur Kenntnis zu nehmen. Das Angebot ihrer kostenlosen Übersendung genügt dazu nicht (BGH NJW-RR 1999, 1246).

(3) Die Geltung der VOB/B kann sich im Einzelfall auch aus *früheren Vereinbarungen* ergeben. So braucht sie insbesondere bei *Zusatzaufträgen* nicht mehr erneut vereinbart zu werden, wenn sie dem Hauptauftrag zugrundelag (vgl OLG Hamm BauR 1997, 472). Bei Aufträgen, die sich auf verschiedene Objekte beziehen, besteht mangels näherer Absprache eine Vermutung, daß sie zu denselben Konditionen abgewickelt werden sollen.

dd) Bei der **Inhaltskontrolle** der VOB/B hat sich die Rechtsprechung bisher auf den **86** Standpunkt gestellt, daß *etwaige Verstöße einzelner Bestimmungen der VOB/B* gegen die §§ 9 ff AGBG jedenfalls dann hinzunehmen seien, wenn die **VOB/B als Ganzes Vertragsbestandteil** geworden ist (vgl BGHZ 86, 135; 101, 357), weil sie in sich ausgewogen sei (vgl dazu näher STAUDINGER/PETERS [2000] Vorbem 103 ff zu §§ 631 ff). Dann sollen alle ihre Bestimmungen kontrollfest sein.

Die Basis dieser Rechtsprechung ist inzwischen entfallen:

Das – angenommene – Gleichgewicht ist massiv beeinträchtigt, wenn die VOB/B die Gewährleistungsfristen des § 13 Nr 4 VOB/B verdoppelt hat, insbesondere die Hauptfrist von 2 auf 4 Jahre angehoben hat. Außerdem greift das jetzige Recht den Topos von der Vereinbarung der VOB/B „insgesamt" zwar auf, ordnet ihn aber gerade nur den Bestimmungen der §§ 308 Nr 5, 309 Nr 8 b ff zu. Daraus kann nur der Schluß gezogen werden, *daß die VOB/B 2002 nicht schon als solche Bestand hat vor den sonstigen Klauselverboten der §§ 307–309*.

(1) Soweit es § 309 Nr 8 b ff betrifft, muß hinsichtlich der *Vereinbarung der VOB/B insgesamt* unterschieden werden:

Wenn die VOB/B 2002 mit ihren in § 13 Nr 4 gegenüber früher verdoppelten Fristen vereinbart wird, kommt es für die Wirksamkeit dieser Fristenregelung immer noch auf die Vereinbarung der VOB/B insgesamt an, da ihre Fristen zwar angemessen erscheinen, aber doch eben hinter der des § 634a Abs 1 Nr 2 zurückbleiben. Das gilt natürlich nur, wenn der Unternehmer Verwender der VOB/B ist; der Besteller ist nicht gehindert, eine Verkürzung seiner Gewährleistungsfristen gegenüber dem BGB vorzusehen.

Nachdem der Gesetzgeber des § 309 Nr 8 b ff aber die kürzeren Fristen des § 13 Nr 4 VOB/B 2000 gekannt und gebilligt hat, ist es dem Unternehmer möglich, auch sie in den Vertrag einzubeziehen, ohne den Besteller unangemessen zu benachteiligen. Er ist eben nur gehalten, jene VOB/B insgesamt einzubeziehen, die der Gesetzgeber akzeptiert hat; das ist die des Jahres 2000.

Auf die Privilegierung der VOB/B in § 308 Nr 5 wirkt sich das eben Gesagte nicht aus.

(2) An der Vereinbarung der VOB/B insgesamt fehlt es, wenn der Vertrag im Kern nicht Bauleistungen betrifft, sondern zB planerische, oder wenn es zwar in dem Vertrag um Bauleistungen geht, denen die VOB/B sinnvoll zugrunde gelegt werden konnte, dann aber *deren Bestimmungen modifiziert werden*, und zwar zu Lasten des Gegners, hier regelmäßig des Unternehmers. Diese *Modifikationen brauchen sich im konkreten Fall nicht auszuwirken*. Sie müssen nur so viel Gewicht haben (BGHZ 86, 135), daß durch sie das – vom BGH angenommene – austarierte System der VOB/B aus dem Gleichgewicht gebracht wird. Im einzelnen ist dies angenommen worden, wenn die Preisanpassung bei Mengenänderungen gegenüber § 2 Nr 3 VOB/B modifiziert wurde (höherer Schwellenwert bei Bedarfspositionen, Ankündigung als Anspruchsvoraussetzung), von BGH NJW-RR 1991, 534, wenn Abschlagszahlungen nur zu 90% zu leisten sind, von BGH NJW 1990, 1365; NJW-RR 1991, 727, bei Änderungen der Abnahme, der Verjährung und der Beweislast für Mängel von BGH NJW-RR 1991, 1238, bei Einschränkungen des Rechtes den Unternehmer zur Kündigung aus wichtigem Grund (Befristung, Ausschluß von Schadensersatzansprüchen) von BGH NJW-RR 1990, 156.

87 Schon mangels Transparenz *unwirksam* sind Bestimmungen in AGB, nach denen *wahlweise die Regeln des BGB oder die der VOB/B* Anwendung finden sollen, je nachdem, welche der Bestimmungen den Verwender der AGB besser stellen (vgl BGH NJW 1986, 924 = LM § 5 AGBG Nr 8).

88 ee) Die Bestimmungen der VOB/B greifen zwar einerseits über den unmittelbaren Regelungsbereich der §§ 631 ff hinaus, sprechen aber andererseits nicht alle dort geregelten Probleme an, vgl zB § 640 Abs 2. Insoweit *können die Bestimmungen der §§ 631 ff neben denen der VOB/B beachtlich bleiben*. Dies ist jeweils im Zusammenhang erläutert.

Soweit einem Bauvertrag nicht die Bestimmungen der VOB/B zugrunde gelegt sind, aber auch bei Verträgen über andere Werkleistungen können sie *wertvolle Anregungen dafür* geben, wie solche Fragen zu lösen sind, die sich aus dem Vertrag oder dem Gesetz nicht hinreichend sicher beantworten lassen. Weithin *präzisieren sie nämlich die Gebote von Treu und Glauben* und geben Aufschluß über die *allgemeine werkvertragliche Verkehrssitte*. Das gibt ihnen dann grundlegende Beachtlichkeit iSd §§ 157, 242. Bei der Erläuterung der einzelnen Bestimmungen wird dem nachgegangen.

3. Hauptpflichten der Parteien

89 Die *Hauptpflicht des Unternehmers* besteht in der *mangelfreien Erstellung der Bauleistung*. Für den Bauvertrag gelten insoweit keine spezifischen Besonderheiten gegenüber den §§ 631, 633. Auch treffen ihn die üblichen Nebenpflichten, wie sie sich aus den Geboten von Treu und Glauben ergeben.

Unter den *Pflichten des Bestellers* im Vordergrund steht seine *Vergütungspflicht*, vgl zur Höhe der Vergütung die Erl zu § 632, zum Zahlungszeitpunkt die Erl zu §§ 632a, 641. Zu der ihm durch § 640 auferlegten Pflicht, die Werkleistung abzunehmen, vgl die Erl dort. Auch hinsichtlich seiner Nebenpflichten ergeben sich für die Besteller keine Besonderheiten. Doch ist allgemein zu beachten, daß seine oft notwendige *Mitwirkung bei der Erstellung des Werkes* vom Gesetz als *Gläubigerobliegenheit* ausgestaltet ist (vgl die Erl zu § 642).

VII. Vergaberecht*

1. Grundlagen

Die Vergabe öffentlicher Aufträge – namentlich im Baubereich – erfolgt grundsätzlich im Wege der Ausschreibung, vgl § 55 BHO und die entsprechenden Bestimmungen der Länder; für den Baubereich ist insoweit das Verfahren der VOB/A üblich (vgl zur VOB/A o Rn 78). Hier ist für den einzelnen Teilnehmer an der Ausschreibung ein korrektes Vorgehen aus doppeltem Grunde besonders wichtig: Hätte gerade er berücksichtigt werden müssen, könnte er das positive Interesse liquidieren. Aber auch das negative Interesse hat Gewicht, wenn die Abgabe eines Angebots mit erheblichen Kosten verbunden ist.

Der Hintergrund der Vergabe durch Ausschreibung ist in dreierlei zu sehen:

---

* **Schrifttum:** ACKERMANN, Die Haftung des Auftraggebers bei Vergabeverstößen, ZHR 164 (2000) 394; BOESEN, Vergaberecht – Kommentar zum 4. Teil des GWB (2000); BROSS, Die neuere Rechtsprechung des Bundesgerichtshofs zur Vergabe öffentlicher Aufträge, VerwArch 91 (2000) 133; BURGI, Vergabefremde Zwecke und Verfassungsrecht, NZBau 2001, 64; BYOK, die Entwicklung des Vergaberechts seit 1999, NJW 2001, 2295; ders/JAEGER, Kommentar zum Vergaberecht (2000); DAUB/EBERSTEIN, Kommentar zur VOL/A (5. Aufl 2000); HEINTZEN, Vergabefremde Zwecke im Vergaberecht, ZHR 165 (2001) 62; HERTWIG, Praxis der öffentlichen Auftragsvergabe (VOB/VOL/VOF) (2. Aufl 2001); IMMENGA/MESTMÄCKER, GWB (3. Aufl 2001); JAEGER, Die Rechtsprechung der OLG-Vergabesenate im Jahre 2000, NZBau 2001, 289, 366, 427; LANGEN/BUNTE, Kommentar zum deutschen und europäischen Kartellrecht (9. Aufl 2001); LEINEMANN, Die Vergabe öffentlicher Aufträge: VOB/A, VOL/A, VOF (2. Aufl 2001); NIEBUHR/KULARTZ/KUS/PORTZ, Kommentar zum Vergaberecht (2000); PIETZCKER, Vergabeverordnung und Kaskadenprinzip aus verfassungsrechtlicher und europarechtlicher Sicht, NZBau 2000, 64; PRIESS, Handbuch des europäischen Vergaberechts (2. Aufl 2001); SCHLETTE, Die Verwaltung als Vertragspartner: Empirie und Dogmatik verwaltungsrechtlicher Vereinbarungen zwischen Behörde und Bürger (2000); SCHNORBUS, Der Schadensersatzanspruch des Bieters bei der fehlerhaften Vergabe öffentlicher Aufträge, BauR 1999, 77; SCHOLZ, Vergabe öffentlicher Aufträge nur bei Tarifvertragstreue, RdA 2001, 193; SCHWARZE, Die Vergabe öffentlicher Aufträge im Lichte des europäischen Wirtschaftsrechts, EuZW 2000, 133.

a) Haushaltsrecht

Traditionell ist die Verankerung im Haushaltsrecht, vgl den schon angesprochenen § 55 BHO: Die öffentliche Ausschreibung soll sicherstellen, daß das beste Angebot zum Zuge kommt, und so die staatlichen Mittel effektiv einsetzen. Zugleich vermeidet sie den Geruch von Korruption und Vetternwirtschaft. Es bestehen Dienstanweisungen, bei der Ausschreibung nach der VOB/A zu verfahren.

b) Europarecht

91 Nach europarechtlichen Vorgaben sind 1998 die Bestimmungen der §§ 97 ff GWB geschaffen worden, die auf die Vergabe von Aufträgen oberhalb bestimmter Schwellenwerte Anwendung finden, vgl § 100 Abs 1 GWB. Diese legt die auf Grund der Ermächtigung des § 127 GWB erlassene Vergabeverordnung vom 9. 1. 2001 (BGBl I 110), idF v 14. 2. 2003 (BGBl I 169) in ihrem § 2 fest; nach § 2 Nr 4 VgV sind dies bei Bauaufträgen 5 Millionen Euro. Dieselbe Vergabeverordnung regelt das einzuhaltende Verfahren, insoweit auf der Ermächtigungsgrundlage des § 97 Abs 6 GWB. Für Bauleistungen schreibt § 6 VgV den öffentlichen Auftraggebern des § 98 Nrn 1–3, 5 und 6 GWB die Einhaltung des Verfahrens der VOB/A in der Fassung der Bekanntmachung v 30. 5. 2000 vor (BAnz Nr 120a v 30. 6. 2000, BAnz 19 125). Die Nachprüfung der Vergabe sieht das hier nicht weiter darzustellende Verfahren der §§ 102 ff GWB vor.

c) Verfassungsrecht

92 Bei der Vergabe öffentlicher Aufträge handelt es sich um *Wirtschaftslenkung, Verwaltungsprivatrecht*. Im Interesse der öffentlichen Hand soll das beste Angebot gesichert werden; umgekehrt soll der tüchtigste Bieter gefördert werden. Die insoweit geltenden Grundsätze lassen sich ohne weiteres § 97 GWB entnehmen, und zwar auch dann, wenn das *Auftragsvolumen unterhalb* des § 2 VgV bleibt und § 97 GWB dann wegen § 100 Abs 1 GWB nicht unmittelbar anwendbar ist. Auch dann

– muß das Vergabeverfahren transparent sein, § 97 Abs 1 GWB,

– sind die Teilnehmer gleich zu behandeln, § 97 Abs 2 GWB,

– sind fachkundige, leistungsfähige und zuverlässige Unternehmen zu bedenken, § 97 Abs 4 GWB,

– und hat das wirtschaftlichste Angebot den Zuschlag zu erhalten, § 97 Abs 5 GWB.

Darin spiegelt sich wider die aus Art 1 Abs 3 GG herzuleitende **Bindung der vollziehenden Gewalt an die Grundrechte als unmittelbar geltendes Recht**. Zutreffend bemerkt KONRAD HESSE (Grundzüge des Verfassungsrechts der Bundesrepublik Deutschland, 19. Aufl [1993] Rn 347): „Es gibt keine fiskalische Aufgabe, dessen sachgerechte Bewältigung einen Dispens von den Freiheitsrechten erfordert. Dasselbe gilt für den Gleichheitssatz des Art 3 GG."

Dieser Ansatz ist weiter auszuführen:

aa) Es kann keinen Unterschied machen, ob die öffentliche Hand selbst Aufträge vergibt, zB durch die Baubehörden von Bund, Ländern und Gemeinden, sondern gebunden sind auch namentlich zwischengeschaltete Personen auch des Privatrechts (vgl OSSENBÜHL, Staatshaftungsrecht, 5. Aufl [1998] 28). Insoweit kann – gerade auch unterhalb der Schwellenwerte – auf die Liste der möglichen Auftraggeber in § 98 GWB Bezug genommen werden.

bb) Die eben skizzierten Vergabegrundsätze lassen sich vielleicht nicht durchweg unmittelbar auf die Freiheitsrechte der Art 2 ff GG und Art 3 GG zurückführen; zT gemahnen sie an Art 33 Abs 2 GG. Aber sie sind doch jedenfalls mittelbar in den Grundrechten zu verankern, zB das Transparenzgebot in Art 12 GG. Daß das Vergabeverfahren fair und transparent zu sein hat, folgt schließlich auch aus dem **Rechtsstaatsprinzip** des Art 20 Abs 3 GG.

2. Regelungen der Vergabegrundsätze

a) Die tragenden Grundsätze des Vergabewesens sind zunächst in dem schon angesprochenen § 97 GWB zusammengefaßt; *sie müssen auch dann gelten, wenn die Schwellenwerte nicht erreicht sind.* **93**

b) Sind sie erreicht, ist für das Detail die *Vergabeverordnung* zu beachten (o Rn 91). Soweit deren § 6 für den *Baubereich die Bestimmungen der VOB/A* inkorporiert (o Rn 78), ergeben sich daraus erhebliche rechtstechnische Probleme, weil letztere ein von privater Hand aufgestelltes Regelwerk ist (o Rn 76 ff), so daß die Verweisung nur als eine statische verstanden werden kann, dh auf die der Bundesregierung als nach § 97 Abs 6 GWB zum Erlaß der VgV ermächtigter Instanz nur bekannte *Fassung v 30. 5. 2000*, auf die in § 6 VgV ja auch ausdrücklich Bezug genommen wird; spätere Änderungen der VOB/A durch den Deutschen Verdingungsausschuß für Bauleistungen müssen „verpuffen", solange § 6 VgV nicht entsprechend angepaßt wird. Dies gilt selbst dann, wenn sie nur redaktioneller Art sein sollten (**aA** offenbar KRATZENBERG NZBau 2002, 177), denn daß eine Neuerung sich auf das rein Redaktionelle beschränkt, ist nicht immer gesichert. Selbst neuere europarechtliche Vorgaben können, auf diese Weise – innerhalb der VOB/A, nicht der VgV – nicht umgesetzt werden (**aA** wiederum KRATZENBERG NZBau 2002, 177), mögen sie auch als solche zwingend sein. Die verfassungsrechtliche Vorgabe, daß Gesetze und Verordnungen nur von den für sie zuständigen Instanzen geändert werden können, verdient Beachtung. Bei der Normenkette Europarecht/GWB/VgV/VOB/A ist vom *Kaskadenprinzip* die Rede. Indessen kann Kaskade hier nicht in der Bedeutung des stufenförmigen Wasserfalls verstanden werden, sondern es kommt die weitere Bedeutung des Begriffes zum Zuge: Kaskade als der wagemutige Sprung des Artisten.

c) Sind die *Schwellenwerte nicht erreicht*, ist die VgV an sich nicht unmittelbar anwendbar. Indessen *gebietet Art 3 GG die entsprechende Anwendung*, weil eine Ungleichbehandlung allein durch das Auftragsvolumen nicht gerechtfertigt werden kann.

d) Während der Drucklegung ist jetzt freilich die VgV am 14. 2. 2003 neu gefaßt **93a** worden (BGBl I 169) und verweist in ihrem § 6 auf die VOB/A idF der Bekanntmachung v 12. 9. 2002 (BAnz Nr 202a v 29. 10. 2002). Diese Änderung ist freilich äußerst bedenklich: Sie gewinnt ihre praktische Bedeutung durch die Weiterverweisung von § 10 Nr 1 Abs 2 VOB/A auf die jetzt gleichzeitig neugefaßte und bekanntgemachte VOB/B mit namentlich ihrer Verlängerung der Gewährleistungsfristen in § 13 Nr 4

Abs 1 von – regelmäßig – zwei Jahren auf vier Jahre. Nun soll die Vergabe von „hochwertigen" Bauleistungen ja gerade europaweit erfolgen, wobei für die Bieter insbesondere die Länge der Gewährleistungsfristen ein wesentlicher Kalkulationsfaktor ist. Gerade den ausländischen Bietern ist es aber nicht anzusinnen, die Entwicklung der VOB/B ständig – gar im Bundesanzeiger – zu verfolgen; und sie wird regelmäßig geändert. Die Bestimmungen der VOB/B erscheinen letztlich als AGB der vergebenden Stelle im konkreten Vertrag. Das bedeutet, daß ihnen gegenüber das Transparenzgebot des § 307 Abs 1 S 2 nicht mehr gewahrt ist, wenn sich der spätere Vertragsinhalt erst aus einem komplizierten („Kaskadenprinzip") Normengefüge ergibt, das zudem einem ständigen Wandel unterliegt.

Praktisch folgt daraus, daß das Transparenzgebot den ausländischen Bietern gegenüber nur gewahrt wird, wenn den Ausschreibungsunterlagen die VOB/B in ihrer aktuellen Fassung und unter Hervorhebung ihrer etwaigen Neuerungen beigefügt wird. Um eine Inländerdiskriminierung zu vermeiden, kann dann in der Konsequenz auch inländischen Bietern gegenüber nicht anders verfahren werden. Geschieht dies nicht, wird sich der ausländische Bieter mit Erfolg darauf berufen können, daß sein Kenntnisstand der VOB/B noch von Ende 2002 datiert (und er sich damit nur eine zweijährige Gewährleistung gefallen zu lassen braucht). Der inländische Bieter kann keine schlechtere Position haben.

Schließlich hat *zugunsten der Bieter eine volle Inhaltskontrolle der VOB/B* nach § 307 stattzufinden (dazu jeweils die Erl bei ihren einzelnen Bestimmungen): Es kann nicht angehen, daß sich die öffentliche Hand bei ihren Ausschreibungen Bedingungen vorbehält, die der Gesetzgeber des BGB gerade für eine unangemessene Benachteiligung der Gegenseite hält. Auch ein „Kuhhandel" durch Kompensation durch gegenläufig unangemessene Benachteiligungen ist nicht möglich.

e) Von diesen praktischen Problemen abgesehen, ist es staatstheoretisch ein unhaltbarer Zustand, daß der privat verfaßte Verdingungsausschuß für Bauleistungen mit seiner „Hoheit" über VOB/A und VOB/B die Bundesregierung als die von § 97 Abs 6 GWB zu Erlaß und Fortentwicklung der VgV ermächtigte Instanz durch Änderungen an VOB/A oder VOB/B praktisch zwingen kann, innerhalb der VgV „nachzuziehen".

3. Haftung im Vergabebereich

94 a) Die Haftung der öffentlichen Hand im Vergabebereich folgt nach dem Gesagten aus **§ 839 iVm Art 34 GG**, vgl BGH NJW 1963, 644 zu einem anderweitigen Fall der nachträglichen Änderung von Ausschreibungsbedingungen. Dazu ist also die schuldhafte Verletzung einer drittschützenden Amtspflicht festzustellen, § 839 Abs 1 S 1. Eine anderweitige Ersatzmöglichkeit iSd § 839 Abs 1 S 2 wird idR nicht gegeben sein. Wohl aber kann ein Ersatzanspruch des übergangenen Interessenten daran scheitern, daß er den anderweitigen Zuschlag nicht im Nachprüfungsverfahren der §§ 102 ff GWB verhindert hat, § 839 Abs 3.

Eindeutig drittschützenden Charakter haben dabei die Vergabegrundsätze des § 97 GWB, vgl § 97 Abs 7, weithin aber auch die Regelungen der VOB/A, soweit sie die Vergabegrundsätze konkretisieren.

b) Die Frage, ob die Bestimmungen des § 97 GWB, der VergabeV und gar der VOB/A Schutzgesetzcharakter iSd § 823 Abs 2 haben, ist müßig, wenn denn bei beabsichtigtem Drittschutz einer dieser Bestimmungen immer schon eine entsprechende Amtspflicht iSd § 839 besteht.

c) Herkömmlich und allgemein angenommen ist die Annahme einer **Haftung aus culpa in contrahendo**, vgl nur BGH NJW 2002, 1952, weil die Eröffnung einer Ausschreibung ein vorvertragliches Vertrauensverhältnis dahin erzeuge, daß die Vergaberegeln eingehalten werden würden. Die Annahme eines vorvertraglichen Vertrauensverhältnisses ist in der Tat richtig; zu seiner Möglichkeit neben § 839 vgl MünchKomm/Papier § 839 Rn 71 ff. Diese Annahme ist bloß in bezug auf Vergabeverstöße funktionslos, weil es insoweit nicht ersichtlich ist, wie die hier einschlägigen §§ 311 Abs 2, 241 Abs 2 die vergaberechtlichen Pflichten der öffentlichen Hand sollten modifizieren können. Die Anspruchsgrundlage versagt überhaupt, wenn die öffentliche Hand pflichtwidrig von einer Ausschreibung absieht.

Die Anspruchsgrundlage der culpa in contrahendo behält Bedeutung, wenn privat nach der VOB/A ausgeschrieben wird.

d) Hinzuweisen ist auf § 126 GWB. Die dort vorgesehene Haftung hat eigenständige Bedeutung gegenüber § 839, weil sie verschuldensunabhängig ausgestaltet ist und außerdem das Erfordernis der Kausalität des Rechtsverstoßes für die Nichtberücksichtigung auflockert. Es ist nicht erforderlich, daß bei korrekter Verfahrensweise das Gebot auch den Zuschlag erhalten hätte, sondern es genügt insoweit das Minus einer „echten Chance".

4. Einzelheiten zur Haftung

a) Es ist nicht erforderlich, daß überhaupt ausgeschrieben worden ist (vgl auch – weniger weit gehend – BGH NZBau 2001, 637, 640; OLG Düsseldorf BauR 1999, 74). Die öffentliche Hand kann ihrer Haftung nicht dadurch entgehen, daß sie von einer gebotenen Ausschreibung absieht und einen Auftrag anderweitig frei erteilt. Sie ist gebunden, den Wettbewerb der Interessenten zu suchen und das Vergabeverfahren transparent zu gestalten, vgl § 97 Abs 1 GWB, dies – wegen Art 3 GG – auch unterhalb der Schwellenwerte.

b) Die gesuchte Leistung ist nach den Vorgaben des § 9 VOB/A korrekt zu beschreiben, namentlich eindeutig und hinreichend erschöpfend (§ 9 Nr 1) und ohne ein ungewöhnliches Wagnis für den Interessenten (§ 9 Nr 2).

Das führt zwar nicht zu einem Schadensersatzanspruch jenes Bieters, der schließlich den Zuschlag erhält, weil bei ihm im Wege der ergänzenden Vertragsauslegung die Preise entsprechend zu korrigieren sind (vgl § 632 Rn 27 ff). Wohl aber mag ein Interessent von der Teilnahme am Vergabeverfahren dadurch abgeschreckt worden sein.

c) Die Teilnehmer haben Anspruch auf verfahrensmäßige Gleichbehandlung, vgl § 97 Abs 2 GWB, wie es das Rechtsstaatsprinzip konkretisiert. Das verbietet zB Nachverhandlungen mit einzelnen Bietern, die diesen eine Nachbesserung ihres Gebots ermöglichen (BGH NJW 2002, 1952). Auch darf die Vergabe nur nach Kriterien erfolgen, die zuvor bekanntgemacht worden sind (BGH NJW 2000, 137). Es dürfen die Verdingungsunterlagen nicht verändert werden (BGH NJW 1998, 3634).

d) Es besteht ein Anspruch darauf, daß nur ein fachkundiges, leistungsfähiges und zuverlässiges Unternehmen den Zuschlag erhält, vgl § 97 Abs 4 GWB. Genügt ein Bieter aber diesen Anforderungen, darf ein anderer nur noch wegen des Preises vorgezogen werden (BGH NJW 1998, 3644).

e) Allerdings sichern die eben genannten Kriterien noch nicht den Zuschlag, vielmehr muß das erfolgreiche Gebot zugleich das wirtschaftlichste sein, § 97 Abs 5 GWB, was nicht nur, aber doch primär eine Frage des Preises ist (BGH NJW 2000, 661).

97 f) Ansprüche des *übergangenen Bieters* scheiden aus, wenn er selbst nicht hätte berücksichtigt werden dürfen, vgl BGH NJW 1998, 3634 (Verstoß des Bieters gegen § 21 Nr 1 Abs 2 VOB/A), BGH NJW-RR 1994, 284 (mangelnde Zuverlässigkeit), oder wenn der Verfahrensverstoß (zB Nachverhandeln mit einem anderen Bieter nach Öffnung der Angebote entgegen § 24 VOB/A, vgl INGENSTAU/KORBION § 24 VOB/A Rn 19; OLG Koblenz NJW-RR 1999, 747) nicht ursächlich geworden ist für seine Nichtberücksichtigung, vgl BGH NJW-RR 1997, 1106. Ersatzansprüche kann der Ausschreibende auch damit abwenden, daß er darlegt und beweist, daß ein wichtiger Grund zur Aufhebung der Ausschreibung (§ 26 Nr 1 VOB/A) vorlag und er deswegen – bei Kenntnis – die Ausschreibung aufgehoben hätte (rechtmäßiges Alternativverhalten), vgl BGHZ 120, 281; BGH NJW-RR 1997, 1106; NJW 1998, 3640. Ein solcher wichtiger Grund liegt auch dann vor, wenn er zwar zu Beginn der Ausschreibung schon gegeben war, aber verkannt wurde, vgl BGH NJW-RR 1997, 1106, einschränkend insoweit zu Mängeln der Finanzierbarkeit BGH NJW 1998, 3640.

Hätte der übergangene Bieter bei korrektem Procedere den Zuschlag erhalten, so hat er Anspruch auf den Ersatz des ihm entgehenden Gewinns (vgl BGHZ 120, 281; BGH NJW-RR 1997, 1106; NJW 1998, 3636; 1998, 3644). Dieser Fall liegt zB vor, wenn der Ausschreibende die vorliegenden Gebote fehlerhaft wertet (BGH NJW 1998, 3644). Voraussetzung für diesen Anspruch ist es freilich, daß der Auftrag überhaupt (anderweitig) erteilt wird (BGH NJW 1998, 3636), wenn denn die Ausschreibung keine Pflicht des Ausschreibenden erzeugt, den Auftrag zu erteilen.

Ein Anspruch auf das negative Interesse, Ersatz der – uU erheblichen – Bewerbungskosten steht bei unberechtigter Aufhebung der Ausschreibung jedenfalls dem günstigsten Bieter zu (BGH NJW 1996, 3636), weil sein berechtigtes Vertrauen darauf enttäuscht wurde, daß seine Aufwendungen die übliche Amortisationschance haben würden. In diesem Fall realisiert sich aber doch auch für die anderen Bieter ein unübliches und nicht mehr zumutbares Risiko.

VIII. Architektenvertrag*

1. Tätigkeit und Aufgaben des Architekten

a) Umfassende Beratung
Der vom Bauherrn bestellte Architekt hat dessen *Interessen* im Zusammenhang mit 98
der Planung und Errichtung eines Bauwerks *umfassend wahrzunehmen*. Dazu gehört die Beratung in wirtschaftlicher und technischer Hinsicht, die uU schon vor dem **Erwerb eines Baugrundstücks einsetzen kann und erst mit der Durchführung der Gewährleistung endet**. *Einen allgemeinen festgelegten Inhalt des* – zivilrechtlich nicht näher geregelten – *Architektenvertrages gibt es nicht*; dies ist vielmehr eine Frage der konkreten Vereinbarungen der Parteien. Doch läßt sich aus der Bestimmung des *§ 15 HOAI* entnehmen, welche Aufgaben ein Architekt bei der Erstellung von Gebäuden grundsätzlich zu erfüllen hat. Das ist zwar eine gebührenrechtliche Regelung; der Verordnungsgeber der HOAI wäre gar nicht ermächtigt gewesen, die Pflichten des Architekten als solche zu normieren, doch hat er sie hier immerhin deskriptiv erfaßt.

Dem Architekten kann das *volle Leistungsbild des § 15 HOAI* übertragen sein, die Parteien können sich aber auch darauf beschränken, ihm nur einen Teil dieser Aufgaben zu übertragen.

Neben dem Architekten, der bei der Planung und Erstellung von Bauwerken tätig ist, stehen der Innenarchitekt, der Städtebauarchitekt, dessen Leistungsbild § 37 HOAI betrifft, sowie der Garten- und Landschaftsarchitekt; zu dessen Leistungsbild vgl § 45 HOAI.

---

* **Schrifttum**: BARNIKEL, Die Rechtsnatur des Architektenvertrages, BauR 1979, 202; vCRAUSHAAR, Die Vollmacht des Architekten zur Anordnung und Vergabe von Zusatzarbeiten, BauR 1982, 421; DOERRY, Das Verbot der Architektenbindung in der Rechtsprechung des Bundesgerichtshofs, in: FS Baumgärtel (1990) 41; FRANKEN, HOAI für Garten- und Landschaftsarchitekten (1977); GLASER, Das Architektenrecht in der Praxis (3. Aufl 1981); HESSE, Verbot der Architektenbindung – Fehlschlag und Abhilfe, BauR 1985, 30; HESSE/KORBION/MANTSCHEFF/VYGEN, HOAI (5. Aufl 1996); JAGENBURG, Die Vollmacht des Architekten, BauR 1978, 180; JAKOBS, Der Architektenvertrag im Verhältnis zum Dienst- und Werkvertragsrecht, in: FS Ballerstedt (1975) 355; KAISER, Der Umfang der Architektenvollmacht, ZfBR 1980, 263; KELDUNGS, Die Vollmacht des Architekten zur Vergabe von Zusatzaufträgen, in: FS Vygen (1999) 208; KNYCHALLA, Inhaltskontrolle von Architektenformularverträgen (1987); KRUKENBERG, Der Architektenvertrag (1967); LOCHER, Rechtsfragen des Innenarchitektenvertrages, BauR 1971, 69; LOCHER/KOEBLE/FRIK HOAI (8. Aufl 2002); LÖFFELMANN/FLEISCHMANN, Architektenrecht (4. Aufl 2000); LUDWIGS/LUDWIGS, Der Architekt (1964); MEISTER, Das Recht des Architekten (1939); NEUENFELD, Handbuch des Architektenrechts (1973 ff); ders, Architekt und Recht (1977); OSENBRÜCK, Der Ingenieurvertrag (1982); PATTRI, Der Architekt und sein Arbeitsvertrag (1932); PAULY, Zur Frage des Umfangs der Architektenvollmacht, BauR 1998, 1143; POTT/DAHLHOFF/KNIFFKA, HOAI (7. Aufl 1996); SCHMALZL, Zur Rechtsnatur des Statikervertrages, MDR 1971, 349; ders, Zur Vollmacht des Architekten, MDR 1977, 622; WEYER, Gründe für eine Nichtigkeit des Architektenvertrages und dessen Abwicklung, BauR 1984, 324.

b) Leistungsbilder des § 15 HOAI

99 § 15 HOAI ist eine gebührenrechtliche Bestimmung. Sie regelt, für welche Tätigkeit der Architekt bei der sog Vollarchitektur das volle Honorar beanspruchen kann und zu welchem Prozentsatz das Honorar durch die einzelnen Leistungsabschnitte verdient wird. Erbringt er Teilleistungen nicht, so muß er uU eine Honorarkürzung hinnehmen, vgl dazu aber auch Anh II Rn 15 zu § 638. Doch spiegelt die Bestimmung zugleich auch die Aufgaben des Architekten bei der Erstellung von Bauwerken wider, was für die Bestimmung seines Pflichtenkreises bedeutsam ist. Die Bestimmung konstituiert die Pflichten des Architekten nicht (vgl BGHZ 133, 399; BGH NJW 1999, 427), beschreibt sie aber immerhin. Insoweit unterscheidet sie in ihrem Abs 2 *neun Leistungsphasen:*

aa) Im Rahmen der *Grundlagenermittlung* (Phase 1) geht es um das Klären der Aufgabenstellung, das Beraten zum gesamten Leistungsbedarf, das Formulieren von Entscheidungshilfen für die Auswahl anderer an der Planung fachlich Beteiligter sowie das Zusammenfassen der Ergebnisse.

bb) Bei der *Vorplanung* (*Projekt und Planungsvorbereitung*; Phase 2) sind die Grundlagen zu analysieren, die Zielvorstellungen (Randbedingungen, Zielkonflikte) abzustimmen, ist ein Planungskonzept zu erarbeiten, wobei auch alternative Lösungsmöglichkeiten zu untersuchen sind. Es sind erste zeichnerische Darstellungen und Strichskizzen zu liefern, ggf mit Erläuterungen, sodann hat der Architekt die Leistungen anderer an der Planung fachlich Beteiligter zu integrieren, die wesentlichen städtebaulichen, gestalterischen, funktionalen, technischen, bauphysikalischen, wirtschaftlichen, energiewirtschaftlichen, biologischen und ökologischen Zusammenhänge, Vorgänge und Bedingungen zu klären und dem Bauherrn zu erläutern, Vorverhandlungen mit Behörden und anderen an der Planung fachlich Beteiligten zu führen, eine Kostenschätzung nach DIN 276 oder nach dem wohnungsrechtlichen Berechnungsrecht vorzunehmen sowie alle Vorplanungsergebnisse zusammenzustellen.

100 cc) Bei der darauf folgenden *Entwurfsplanung* (*System- und Integrationsplanung*, Phase 3) ist das Planungskonzept wiederum umfassend unter Berücksichtigung aller einschlägigen Aspekte durchzuarbeiten unter stufenweiser Erarbeitung einer zeichnerischen Lösung und Verwendung der Beiträge anderer Planungsbeteiligter bis zum vollständigen Entwurf. Sodann ist eine Objektbeschreibung vorzunehmen und eine zeichnerische Darstellung des Gesamtentwurfs zu liefern. Es sind Verhandlungen mit Behörden und anderen Planungsbeteiligten über die Genehmigungsfähigkeit zu führen sowie eine Kostenberechnung (nicht mehr nur Kostenschätzung) nach DIN 276 zu liefern. Die Entwurfsunterlagen sind zusammenzufassen.

dd) Bei der *Genehmigungsplanung* (Phase 4) sind die Vorlagen für die nach den öffentlich-rechtlichen Vorschriften erforderlichen Genehmigungen oder Zustimmungen einschließlich der Anträge auf Ausnahmen und Befreiungen unter Verwendung der Beiträge anderer Planungsbeteiligter zu erstellen, etwa noch notwendige Verhandlungen mit Behörden zu führen sowie die Unterlagen einzureichen. Es sind dann die Planungsunterlagen, Beschreibungen und Berechnungen zu vervollständigen und anzupassen.

ee) Bei der *Ausführungsplanung* (Phase 5) sind die Ergebnisse der beiden vorangehenden Leistungsphasen unter Berücksichtigung aller einschlägigen Aspekte mit dem Ziel und dem Ergebnis einer ausführungsreifen Lösung durchzuarbeiten. Dazu ist eine zeichnerische Darstellung des Objekts mit allen für die Ausführung notwendigen Einzelangaben und den erforderlichen textlichen Ausführungen zu erstellen, zB endgültige und vollständige Ausführungs-, Detail- und Konstruktionszeichnungen im Maßstab 1:50 bis 1:1. Es sind die Grundlagen für die anderen Planungsbeteiligten zu erarbeiten und ihre Beiträge in den Planungsstand zu integrieren. Die Ausführungsplanung ist während der Objektausführung fortzuschreiben.

ff) Sodann folgt die *Vorbereitung der Vergabe* (Phase 6), bei der die Mengen als Grundlage für das Aufstellen von Leistungsbeschreibungen zu ermitteln und zusammenzustellen sind und dann Leistungsbeschreibungen mit Leistungsverzeichnissen nach Leistungsbereichen zu erstellen und die Leistungsbeschreibungen der Planungsbeteiligten abzustimmen und zu koordinieren sind.

gg) Bei der anschließenden *Mitwirkung bei der Vergabe* (Phase 7) sind die Verdingungsunterlagen für alle Leistungsbereiche zusammenzustellen, Angebote einzuholen, zu prüfen und zu bewerten, wobei auch ein Preisspiegel nach Teilleistungen aufzustellen ist. Dabei sind ggf die an den beiden vorangehenden Leistungsphasen Beteiligten erneut zu beteiligen. Der Architekt hat mit den Bietern zu verhandeln, aus Einheits- und Pauschalpreisen der Angebote einen Kostenanschlag nach DIN 276 zu erstellen und bei der Vergabe der Aufträge mitzuwirken.

hh) Bei der *Objektüberwachung (Bauüberwachung*; Phase 8) muß der Architekt die Ausführung des Objekts darauf überwachen, ob sie in Übereinstimmung steht mit der Baugenehmigung oder Zustimmung, den Ausführungsplänen und den Leistungsbeschreibungen, mit den anerkannten Regeln der Technik und den einschlägigen Vorschriften. Gleichzeitig hat er die an der Objektüberwachung fachlich Beteiligten zu koordinieren, Fertigteile zu überwachen und auf ihre Detailkorrektur hinzuwirken, einen Zeitplan (Balkendiagramm) aufzustellen und zu überwachen und ein Bautagebuch zu führen.

Im weiteren Ablauf muß er ein *gemeinsames Aufmaß* mit den bauausführenden Unternehmen aufnehmen, die Bauleistungen unter Mitwirkung der anderen an der Planung und Objektüberwachung Beteiligten und unter Feststellung etwaiger Mängel *abnehmen*, die *Rechnungen prüfen*, den Antrag auf behördliche Abnahmen stellen und an ihnen teilnehmen, das Objekt nebst Zusammenstellung und Übergabe der erforderlichen Unterlagen (zB Bedienungsanleitungen, Prüfprotokolle) *an den Bauherrn übergeben*, die Gewährleistungsfristen auflisten, die *Beseitigung* der bei der Abnahme der Bauleistungen festgestellten *Mängel überwachen* und eine *Kostenkontrolle* vornehmen.

ii) In der letzten Leistungsphase der *Objektbetreuung und Dokumentation* (Phase 9) obliegt dem Architekten vor Ablauf der Gewährleistungsfristen gegenüber den bauausführenden Unternehmen eine Objektbegehung zur Mängelfeststellung, die Überwachung der Beseitigung der rechtzeitig festgestellten Mängel, die Mitwirkung bei der Freigabe von Sicherheitsleistungen und schließlich die systematische Zusammenstellung der zeichnerischen Darstellung und rechnerischen Ergebnisse des Objekts.

kk) In den einzelnen Leistungsphasen können den Architekten auch nach entsprechender Vereinbarung und gegen zusätzliche Vergütung *besondere Leistungspflichten* treffen. Im übrigen sind die einzelnen Leistungsphasen von unterschiedlichem Gewicht. § 15 Abs 1 HOAI läßt sie bei Gebäuden – anders zT bei Freianlagen bzw bei raumbildenden Ausbauten – mit folgenden Prozentsätzen in das Honorar einfließen:

1. Grundlagenermittlung	3
2. Vorplanung (Projekt- und Planungsvorbereitung)	7
3. Entwurfsplanung (System- und Integrationsplanung)	11
4. Genehmigungsplanung	6
5. Ausführungsplanung	25
6. Vorbereitung der Vergabe	10
7. Mitwirkung bei der Vergabe	4
8. Objektüberwachung (Bauüberwachung)	31
9. Objektbetreuung und Dokumentation	3

2. Rechtliche Einordnung des Architektenvertrages

a) Problematik

103 Wenn das BGB auf einer klaren Trennung von Dienst- und Werkvertrag aufbaut, *erschwert es die sachgerechte Erfassung des Architektenvertrages*, der durchaus *Elemente beider Vertragstypen* aufweist.

aa) Wenn man zunächst *begrifflich* danach fragt, ob der Architekt eine Tätigkeit oder einen Erfolg schuldet, läßt sich feststellen, daß er in weiten Bereichen zu *Tätigkeiten* verpflichtet ist, bei denen er *einen bestimmten Erfolg nicht zusagen*, sondern nur *darauf hinwirken kann, daß ein optimaler Erfolg eintritt*. Das gilt namentlich für die Leistungsphasen 6 bis 9, die § 15 HOAI immerhin mit 48% seiner Gesamttätigkeit ansetzt. Aber auch dort, wo der Besteller an sich einen Erfolg erwartet, in den die Planung betreffenden Leistungsphasen 1–5, an deren Ende eine der Verwirklichung fähige Planung stehen soll, ist es nicht zu übersehen, daß dieser *Erfolg weit weniger beschreibbar* ist als typischerweise sonst bei Werkverträgen. Im Gegensatz etwa zur Entwicklung einer bestimmten Maschine, zur Erbringung einer Bauleistung, zur Beförderung zu einem vorbenannten Ziel *steht es im voraus keineswegs fest, wie das Planungsergebnis auszusehen* hat. Dieses stellt vielmehr einen Kompromiß zwischen den verschiedensten Faktoren dar, der auch durchaus anders denkbar wäre und dabei nicht zuletzt auch von dem persönlichen Belieben des Bauherrn abhängt. Es ist deshalb konsequent, daß § 15 HOAI auch in den planungsbezogenen Leistungsphasen weniger das Ergebnis in den Vordergrund stellt als vielmehr die die Dinge vorantreibende *Tätigkeit des Architekten* – für einen Werkvertrag ganz untypisch. Immerhin gibt es bei der planenden Tätigkeit des Architekten auch eindeutig Erfolge, die dann verfehlt werden können, zB die Genehmigungsfähigkeit seiner Planung.

104 bb) Wenn man sich weniger an der von dem Architekten geschuldeten Leistung orientiert als vielmehr an den mit der Rechtswahl verbundenen *spezifischen Rechtsfolgen*, sind es primär drei Bereiche, die von ihr beeinflußt werden.

(1) Zunächst die *Kündigungsmöglichkeiten* der Parteien. Zwar können beide so oder so aus wichtigem Grunde kündigen und der Bauherr auch jeweils ohne einen solchen, doch erwächst bei Anwendung von Dienstvertragsrecht auch dem Architekten aus § 627 ein freies Kündigungsrecht, was unpassend erscheinen will. Zudem regelt *§ 649* die vergütungsmäßigen Folgen der freien Kündigung des Bauherrn angemessener als § 627, wenn nicht nur die bisher verdiente Vergütung, sondern auch der künftig entgehende Gewinn geschuldet wird.

(2) Nur das Werkvertragsrecht gibt dem Architekten die *Möglichkeit einer dinglichen Absicherung* für seine Honorarforderung, § 648.

(3) Der mit Abstand wichtigste Bereich ist freilich der der **Einstandspflicht für Fehlleistungen**. Insoweit würde sich aus der Anwendung von Dienstvertragsrecht ein Schadensersatzanspruch des Bauherrn aus *positiver Forderungsverletzung*, den §§ 280 Abs 1, 241 Abs 2 ergeben; bei Anwendung von Werkvertragsrecht bestimmen primär die §§ 633 ff die Rechtsfolgen. Dabei gibt aber die Nennung von Planungs- und Überwachungsleistungen in § 634a Abs 1 Nr 2, wie sie auf Architekten gemünzt ist, keine zwingende Vorgabe für die Vorfrage, ob auf sie überhaupt § 634 und allgemein das Werkvertragsrecht anwendbar ist.

Die *Unterschiede* sind hier freilich zunächst *geringer*, als es den Anschein hat.

(a) Soweit das Werkvertragsrecht einen *Nachbesserungsanspruch* kennt sowie das Recht zurückzutreten oder zu *mindern, sind diese Befugnisse für den Bauherrn von mäßigem Interesse*. Denn mit Rücktritt oder Minderung kann nur der Honoraranspruch des Architekten ausgeschlossen oder beschränkt werden. Das ist allenfalls in jenen Fällen von Belang, in denen nur geplant worden ist. Regelmäßig geht es um Schäden am Bau und darüber hinaus. Sie können mit Wandlung oder Minderung betragsmäßig gar nicht hinreichend erfaßt werden, sondern nur mit Schadensersatzansprüchen.

Der *Nachbesserungsanspruch* des Bestellers ist im *Planungsstadium* von Interesse; soweit das Bauvorhaben darüber hinaus gediehen ist und jetzt durch Planung oder Bauaufsicht verursachte Bauschäden vorliegen, geht es – jedenfalls nach der Rechtsprechung – nicht um eine Nachbesserung „des Architektenwerks" (vgl Anh II Rn 8 ff zu § 638). Damit versagt gleichzeitig auch eine Nachbesserungsbefugnis des Architekten (vgl aber Anh II Rn 51 f zu § 638).

(b) Insofern regelt sich die *Einstandspflicht* des Architekten sowohl bei Anwendung von Dienstvertragsrecht als auch bei Anwendung von Werkvertragsrecht primär durch einen **Schadensersatzanspruch** des Bauherrn.

Daß dieser einmal aus *den §§ 280 Abs 1, 241 Abs 2* herzuleiten ist, das andere Mal aus *§ 634 Nr 4*, bedeutet zunächst in den Voraussetzungen keinen nachhaltigen Unterschied. Denn nach dem Gesagten entfällt weithin die Befugnis des Architekten, den Schadensersatzanspruch durch Nachbesserung abzuwenden, sowie die Obliegenheit des Bestellers, ihm bei Meidung des Rechtsverlustes Gelegenheit dazu zu geben. Sodann aber bleibt der Schadenersatzanspruch des Bauherrn, auch dann, wenn er formal aus § 634 Nr 4 herzuleiten ist, *der Sache nach ein solcher aus den §§ 280 Abs 1, 241 Abs 2*. Denn wenn die Aufgabe des Architekten darin besteht, in Planung, Beratung und Bauaufsicht ein Optimum für den Besteller zu erreichen, kommt es *immer wieder zu der Frage, die sich so ja auch bei der positiven Forderungsverletzung stellt, was er besser hätte machen können und sollen*, welche *Tätigkeitsfehler* er begangen hat. Anders als sonst bei § 634 Nr 4 ist nicht von einem verfehlten Erfolg auszugehen.

Der entscheidende Unterschied liegt vielmehr in den **Rechtsfolgen**. Zwar sind kaum Unterschiede nach Art und Ausmaß der zu ersetzenden Schäden festzustellen. Doch wird mit der Wahl des Werkvertragsrechts § **634a Abs 1 Nr 2** anwendbar, der der Haftung des Architekten eine andere zeitliche Schranke setzt als die §§ 195, 199.

Die Entscheidung für das Werkvertragsrecht kann namentlich bei Fehlern der Bauaufsicht und -koordination, aber auch bei Beratungsfehlern dogmatisch/konstruktiv kaum gerechtfertigt werden. *Formeln, daß der Architekt ein sich im Bauwerk verkörperndes geistiges Werk schulde, sind nebulös und eher verwirrend*. Die Anwendung von Werkvertragsrecht erscheint aber als eine *im Ergebnis durchaus zu billigende rechtspolitische Tat*.

b) Meinungsstand

107 Vor diesem Hintergrund kann es nicht überraschen, daß der Architektenvertrag *unterschiedlich* eingestuft worden ist. Heute dominiert eine **streng werkvertragliche Sicht**.

aa) Das *Reichsgericht* sah in ständiger Rechtsprechung den Schwerpunkt der Tätigkeit des Architekten in der Bauleitung, zu der die Planung nur Vorbereitung sei, und nahm deshalb einen *Dienstvertrag* an (vgl RGZ 86, 75; 137, 83; RG JW 1934, 2762; 1936, 3116). Nur die schlichte Planung sei Werkvertrag (vgl RGZ 97, 125).

bb) Demgegenüber nimmt der *Bundesgerichtshof* seit BGHZ 31, 224 jedenfalls für den Vollarchitektenvertrag einen *Werkvertrag* an. Der Architekt schulde zwar nicht das Bauwerk als körperliche Sache, wohl aber ein in dem Bauplan verkörpertes *geistiges Werk*, das sich dann in dem fertigen Bauwerk realisiere. Ließ diese Rechtsprechung es zunächst noch offen, wie die Übertragung der reinen Bauaufsicht zu bewerten sei, so hat BGH NJW 1974, 898 sich auch dann für einen Werkvertrag entschieden, wenn den Architekten zwar nicht der Vorentwurf, der Entwurf und die Bauvorlagen übertragen worden waren, wohl aber die sonstigen Architektenleistungen nach der früheren GOA, vgl auch BGHZ 82, 100. BGH NJW 1982, 438 hat dann noch weitergehend die isolierte Übertragung der örtlichen Bauaufsicht (jetzt: Leistungsphase 8 nach § 15 HOAI) als werkvertraglich qualifiziert. Danach blieb *praktisch kein Raum mehr für die Anwendung von Dienstvertragsrecht*. Neuere höchstrichterliche Entscheidungen, die von der Anwendung von Dienstvertragsrecht bei den zumeist anstehenden Haftungsfragen ausgingen, sind nicht ersichtlich.

108 cc) In der *Literatur sind die Auffassungen geteilt geblieben*. Soweit man nicht grundsätzlich der Rechtsprechung des BGH folgte (vgl LARENZ, Schuldrecht II 1 § 53 I S 343; MünchKomm/SOERGEL § 631 Rn 47; ERMAN/SEILER vor § 631 Rn 12 ff), wird die Anwendung von Werkvertragsrecht kaum noch grundsätzlich abgelehnt (vgl aber TEMPEL JuS 1966, 366). Wohl aber wird Dienstvertragsrecht für jedenfalls teilweise anwendbar gehalten, vgl MEDICUS, Schuldrecht II Rn 362 (vorsichtig ergänzend bei den handlungsbezogenen Teilen der Architektentätigkeit); für die isolierte Übertragung der Grundlagenermittlung nach Leistungsphase 1 des § 15 HOAI vgl LOCHER, Das private Baurecht Rn 224; BINDTHARDT/JAGENBURG, Die Haftung des Architekten § 2 Rn 80; für die isoliert übertragene Objektbetreuung und Dokumentation vgl LOCHER (aaO); BINDTHARDT/JAGENBURG Rn 81; POTT/FRIELING, Vertragsrecht für Architekten Rn 124; vgl auch OLG Hamm NJW-RR 1995, 400 (Dienstvertrag bei bloßer Beratung des Bauherrn über Mängelrechte). Teilweise wird aber auch – über den Bundesgerichtshof hinausgehend – der Standpunkt vertreten, daß der Architekt werkvertraglich das Bauwerk als solches schulde (vgl HESS, Die Haftung des Architekten für Mängel des errichteten Bauwerks [1966] 47; GANTEN NJW 1970, 687.).

dd) Der Gesetzgeber des G zur Modernisierung des Schuldrechts teilt die Sicht des Bundesgerichtshofs, vgl § 634a Abs 1 Nr 2.

ee) Es wurde bereits ausgeführt, daß die uneingeschränkte Anwendung von Werkvertragsrecht auf den Architektenvertrag dogmatisch nur schwer zu begründen ist. Da sie aber zu *billigenswerten Ergebnissen* führt, sollte der gefestigten Rechtsprechung die Gefolgschaft nicht versagt werden. Freilich muß man sich der *Sonderstellung des Architektenrechts* bewußt bleiben; Verallgemeinerungen von werkvertraglichen Rechtssätzen sind nicht ohne weiteres möglich.

3. Abschluß des Architektenvertrages

a) Form und Umfang des Vertrages
Der Architektenvertrag kann – nach allgemeinen Grundsätzen – *formfrei* zustandekommen, auch wenn Schriftform üblich und zweckmäßig und nach § 4 HOAI für bestimmte Honorarvereinbarungen – nur für sie! – notwendig ist. Insoweit ist auch ein Abschluß durch *schlüssiges Verhalten* denkbar. Ein solcher Abschluß liegt nicht schon dann vor, wenn der Architekt von sich aus einzelne Architektenleistungen erbringt, auch wenn der Bauherr sie entgegennimmt und verwertet (aA LOCHER, Das private Baurecht Rn 214), wohl aber, *wenn der Bauherr den Architekten um Leistungen bittet, wie sie typischerweise,* § 632 Abs 1, *nur gegen Entgelt erbracht werden.* Der Annahme eines schlüssigen Vertragsschlusses steht es auch nicht zwingend entgegen, wenn die dem Architekten abverlangten Vorarbeiten „unverbindlich" sein sollen, weil dies nicht ohne weiteres mit „kostenlos" gleichzusetzen ist, sondern auch dahin gedeutet werden kann, daß sich der Bauherr eine weiterreichende Bindung nicht auferlegen will (vgl auch – zu weitgehend – OLG Schleswig SCHÄFER/FINNERN Z 3.01, 197; LG Dortmund MDR 1954, 293). In der Regel wird sich der Bauherr freilich bei einer solchen Ausdrucksweise die *Auftragserteilung noch vorbehalten* wollen.

Gibt der Bauherr einzelne Leistungen – insbesondere hinsichtlich der Vorplanung – in Auftrag, so ist davon auszugehen, daß er sich nur *im geringstmöglichen Umfang* binden will. Eine Vermutung dahin, daß sämtliche Leistungen übertragen sein sollen, die der Bauherr – vor dem Hintergrund des § 649 S 2 – zu entkräften hätte, besteht nicht (vgl BGH NJW 1980, 122; OLG Düsseldorf BauR 1979, 347; SCHMALZL, Die Haftung des Architekten Rn 15; aA OLG Köln BauR 1973, 251; differenzierend WERNER/PASTOR, Der Bauprozeß

Rn 778 ff). Gerade in Fällen dieser Art will sich der Bauherr alle weiteren Schritte grundsätzlich frei vorbehalten. Allenfalls kann angenommen werden, daß auch das in Auftrag gegeben wurde, was zwar nicht ausdrücklich angesprochen wurde, aber doch die jetzige Leistung des Architekten sinnvoll abrundet (vgl auch LOCHER Rn 215).

Zur möglichen Bindungswirkung des Bestätigungsschreibens eines Architekten vgl BGH WM 1973, 1376; BauR 1975, 68.

b) Vorvertragliche Pflichten

110 Den Architekten (und den Bauherrn) treffen die üblichen vorvertraglichen Pflichten, insbesondere zur Aufklärung über wesentliche Umstände, deren Verletzung Anfechtungsmöglichkeiten nach den §§ 119 Abs 2, 123 eröffnet und zu Ansprüchen aus den §§ 280 Abs 1, 241 Abs 2, 311 Abs 2 führen kann. So muß ein Architekt namentlich darüber aufklären, ob er *zur Führung dieser Berufsbezeichnung* (nach Landesrecht) *berechtigt ist*, (vgl OLG Düsseldorf BauR 1973, 329; OLG Stuttgart BauR 1979, 259; OLG Hamm BauR 1987, 382; OLG Stuttgart BauR 1997, 681; OLG Nürnberg NJW-RR 1998, 1713; **aA** OLG Düsseldorf BauR 1982, 86 für den Fall, daß die Voraussetzungen für die Eintragung in die Architektenliste eindeutig gegeben sind).

c) Architektenbindung

111 Nach Art 10 des Gesetzes v 4.11. 1971 zur Regelung von Ingenieur- und Architektenleistungen sind *Vereinbarungen unwirksam, durch die sich der Erwerber eines Grundstücks im Zusammenhang mit dem Erwerb verpflichtet, bei der Planung oder Ausführung eines Bauwerks auf dem Grundstück die Leistungen eines bestimmten Architekten oder Ingenieurs in Anspruch zu nehmen.*

aa) Der auf den Erwerb des Grundstücks gerichtete Vertrag bleibt von dieser Unwirksamkeit *unberührt*.

bb) Im übrigen ist das *Koppelungsverbot weit* zu verstehen. Es reicht aus, wenn der Veräußerer oder der vermittelnde Makler (BGH NJW-RR 1998, 952) den Eindruck erweckt, daß er das Grundstück ohne Beauftragung eines bestimmten Architekten nicht überlassen werde (vgl CUSTODIS DNotZ 1973, 532), wenn der Erwerber ein Gebäude nach Plänen zu errichten hat, die der Veräußerer zuvor von einem Architekten hatte fertigen lassen (BGH NJW 1978, 1434), ferner, wenn der Architekt das Grundstück selbst in der Form veräußert oder vermittelt, daß er die Bebauung planen oder durchführen soll (BGH BauR 1975, 290) oder wenn der Architekt wie ein Generalunternehmer, Baubetreuer oder Bauträger tätig wird (BGH BauR 1978, 147; NJW-RR 1991, 143), es sei denn der Architekt wird als gewerbsmäßiger Generalunternehmer tätig mit einer Erlaubnis gemäß § 34c GewO (BGH NJW-RR 1989, 147; 1991, 143). Dabei ist ein *gleichzeitiger Abschluß* des Architekten- bzw Architektenbindungsvertrages mit dem Erwerbsvertrag *nicht notwendig*. Die angestrebte Freiheit des Erwerbers, über das Grundstück zu disponieren, ist dagegen nicht gefährdet, wenn der Erwerber angesichts einer Bindung des Veräußerers an einen Architekten eine Abstandszahlung an diesen leistet, um den Veräußerer „auszulösen" (BGH NJW 1978, 320).

112 cc) Nichtig, § 134, ist die Bindungsvereinbarung sowie ein auf dieser Basis abgeschlossener Architektenvertrag. Dieser kann allerdings nach erfolgtem Grundstückserwerb, dh nach Abschluß des Kaufvertrages und bindend gewordener Auflassung, *bestätigt* werden, § 141, da jetzt das Verbot entfallen ist. Das setzt freilich voraus, daß sich die Parteien des Verbots bewußt sind, vgl OLG Düsseldorf BauR 1975, 138, 140, und den Willen zum Neuabschluß haben. Dafür dürfte das bloße Gewährenlassen des Architekten kaum ausreichen; der Bauherr muß schon durch Abschlagszahlungen oder durch sonstige aktive Mitwirkung an der Vertragsdurchführung sein Einverständnis mit diesem zum Ausdruck bringen.

Bei der Rückabwicklung des nichtigen Vertrages ist zu berücksichtigen, daß der Bauherr um erbrachte Leistungen des Architekten *bereichert* sein kann (vgl BGH BauR 1984, 193). Ihren Wert hat er zu erstatten; § 817 S 2 findet keine Anwendung, da die Leistungen des Architekten als solche nicht gegen ein gesetzliches Verbot verstoßen. Die Bereicherung bemißt sich nach dem *Honorar, das der Bauherr anderweitig für entsprechende Architektenleistungen hätte aufbringen müssen* (BGH aaO).

dd) Nichtig ist ein Architektenvertrag auch dann, wenn die Möglichkeit eines Grundstückserwerbs seinen Abschluß veranlaßt hat, der Grundstückserwerb aber später scheitert (OLG Düsseldorf BauR 1976, 64).

4. Vollmacht des Architekten

a) Allgemeines
Auch wenn der Architekt die für den Bau notwendigen Verträge sowie die sonst anfallenden Willenserklärungen vorbereitet und weithin überhaupt der eigentliche Ansprechpartner der Baubeteiligten ist, *kann doch nicht davon ausgegangen werden, daß er die Vollmacht hat, den Bauherrn im rechtsgeschäftlichen Bereich zu vertreten*. Eine Vollmacht muß ihm vielmehr *grundsätzlich besonders erteilt* werden, so daß der Bauherr auch in seinen AGB wirksam feststellen kann, daß der Architekt Vollmacht nicht besitzt (BGH NJW-RR 1995, 80).

aa) Die Bevollmächtigung kann zunächst *ausdrücklich* geschehen, zB in Auftragsformularen des Architekten. Eine unangemessene Benachteiligung des Bauherrn iSd § 307 kann darin nicht gesehen werden; auch sonst ist dies nach den §§ 307 ff nicht zu beanstanden. Doch sind solche Bevollmächtigungen vielfach nicht sonderlich deutlich formuliert (vgl LOCHER, Das private Baurecht Rn 320) und dann wegen der mit ihnen verbundenen Risiken für den Bauherrn *restriktiv auszulegen* (vgl BGB-RGRK/GLANZMANN § 631 Rn 146).

Der Architekt kann auch *konkludent* bevollmächtigt werden. Ferner kann sich eine Befugnis, rechtswirksam für den Bauherrn zu handeln, aus einer *Duldungs-* oder einer *Anscheinsvollmacht* ergeben. Doch ist auch hier *Zurückhaltung* geboten. Namentlich ergibt sich aus der Bestellung zum Oberleiter bei der Bauaufsicht noch keine generelle Anscheinsvollmacht (vgl BGH RSprBau Z 3.01, 238; OLG Stuttgart BauR 1974, 423; BGB-RGRK/GLANZMANN § 631 Rn 148; PICKER NJW 1973, 1800; weitergehend OLG Stuttgart NJW 1966, 1461; OLG Köln NJW 1973, 1798). Auch die Benennung des Architekten auf dem Bauschild begründet noch keinen besonderen Vertrauenstatbestand (LOCHER, Das private Baurecht Rn 321).

bb) Gerade die *örtliche Bauaufsicht* bringt es freilich mit sich, daß eine Vielzahl von

Erklärungen abzugeben ist, die von der Abzeichnung von Stundenzetteln über die Geltendmachung von Gewährleistungsrechten (Rüge, Fristsetzung) bis hin zu Aufmaß und Abnahme reichen. Die Rechtsprechung vermag dem Architekten insoweit Vollmachten nicht gänzlich vorzuenthalten, ist aber in der Begründung wie im Umfang wenig einheitlich (vgl LOCHER Rn 321 ff; BGB-RGRK/GLANZMANN § 631 Rn 143). Es hat sich eine Kasuistik herausgebildet, die an die denkbaren einzelnen Erklärungen anknüpft und sich dogmatisch vielleicht am ehesten auf eine ergänzende Vertragsauslegung stützen läßt (vgl BGB-RGRK/GLANZMANN).

b) Einzelheiten

114 aa) Die *Erteilung von Aufträgen und Zusatzaufträgen* ist grundsätzlich *nicht* Sache des Architekten (mißverständlich BGH NJW 1960, 859), es sei denn, sie belasteten den Bauherrn vom Umfang her nicht sonderlich und wären durch das Gebot des Fortgangs des Baues triftig geboten bzw zur Meidung von Mängeln, Einhaltung des öffentlichen Baurechts zwingend erforderlich (vgl OLG Düsseldorf BauR 1998, 1023; BGB-RGRK/GLANZMANN § 631 Rn 143; LOCHER, Das private Baurecht Rn 328 f; recht weitgehend OLG Stuttgart NJW 1966, 1462; OLG München OLGZ 1969, 416). Dabei ist aber zu beachten, daß sich solche Zusatzaufträge im Einzelfall beachtlich kumulieren können und jedenfalls Ausdruck dafür sind, daß die Angelegenheit nicht hinreichend vorgeplant worden ist. Auch hätte sich der Architekt, der mit Weiterungen rechnet oder rechnen muß, vorab eine eindeutige Vollmacht des Bauherrn erteilen lassen können, was alles auch den bauausführenden Firmen deutlich sein muß, so daß ihr Vertrauen keinen sonderlichen Schutz verdient. Das spricht dafür, *die Entschließungsfreiheit des Bauherrn grundsätzlich streng zu wahren*. Bedenklich OLG Düsseldorf BauR 1998, 1023, daß der Architekt zur Vermeidung von Mängeln zwingend notwendige Zusätze in Auftrag geben dürfe. Freilich liegt ein Zusatzauftrag nicht vor, wenn die Ausführung der vorliegenden Planung zu einem Mangel des Werkes führen würde. Dann hat der Unternehmer von vornherein abweichend von ihr zu leisten, ihm sind nur etwaige Mehrkosten als sog Sowieso-Kosten (§ 634 Rn 20) zu erstatten. Dann darf der Architekt – trotz dieser Mehrkosten – die in Wahrheit „richtige" Leistung abfordern; mangels eines neuen Vertragsschlusses bedarf er dazu keiner besonderen Vertretungsmacht. Auch darf er in diesem Rahmen die technischen Details mit dem Unternehmer abklären. – Befugt sein muß der Architekt zur Abwendung drohender Gefahr.

Gleiches gilt für die *Abänderung bestehender Verträge* (vgl BGH BauR 1978, 140: Verlegung des Fertigstellungstermins; OLG Düsseldorf VersR 1982, 1147; Zusage zusätzlicher Vergütung), sowie erst recht die *Beauftragung von Sonderfachleuten* wie zB Statikern, die Aufgaben des Architekten erledigen sollen (vgl BGH BB 1963, 111; BauR 1978, 139; OLG München OLGZ 1969, 414).

115 bb) Was die *Anerkennung von Leistungen der Gegenseite* betrifft, wird man den Architekten grundsätzlich zur *Abzeichnung von Stundenzetteln* für befugt halten müssen (vgl BGH RsprBau Z 2.330, 6, auch zum gemeinsamen *Aufmaß* mit dem Bauhandwerker, BGH NJW 1960, 859, *nicht* aber zur *Abnahme* der Bauleistung; vgl BINDTHARDT/JAGENBURG, Die Haftung des Architekten § 6 Rn 140; LOCHER, Das private Baurecht Rn 325; BGB-RGRK/GLANZMANN § 631 Rn 143; unklar BGH NJW 1960, 859; **aA** LG Essen NJW 1978, 108; OLG Düsseldorf BauR 1997, 647 für den Fall der Vollmacht zum Abschluß des Vertrages). Erst recht kann der Architekt die *Werklohnforderung* der Gegenseite *nicht* mit Wirkung für den Bauherrn anerkennen (vgl LOCHER Rn 323; BGB-RGRK/GLANZMANN § 631 Rn 144). Sein *Prüf-*

vermerk auf der Rechnung des Bauhandwerkers (vgl dazu HOCHSTEIN BauR 1973, 341), dient nur der internen Information des Bauherrn und hat auch für den Bauhandwerker nur Informationscharakter, sofern der Architekt ihn diesem mitteilt (BGH NZBau 2002, 338). Er hat auch nicht die Vollmacht, eine Rechnung als prüfungsfähig zu akzeptieren (OLG Hamm BauR 1997, 656, 658).

cc) Im Bereich der *Gewährleistung* der Baubeteiligten wird man dem Architekten jedenfalls die Befugnis einräumen müssen, mit Wirkung für den Bauherrn solche *Erklärungen abzugeben, die diesem Rechte nicht nehmen.* Das gilt insbesondere für die *Mahnung* oder Fristsetzung zur Mängelbeseitigung (vgl BGB-RGRK/GLANZMANN § 631 Rn 143).

dd) Im sonstigen Bereich wird der Architekt *nicht* für befugt gehalten, den *Vorbehalt einer Vertragsstrafe,* nach § 343 Abs 3 auszusprechen, weil dies außerhalb seines eigentlichen Tätigkeitsbereiches liege (vgl OLG Stuttgart BauR 1975, 432; LG Leipzig NJW-RR 1999, 1183; LOCHER, Das private Baurecht Rn 326).

Kenntnis des Architekten von der Abtretung einer Werklohnforderung steht nicht der Kenntnis des Bauherrn gleich (§ 407; BGH NJW 1960, 1805).

5. Pflichten des Architekten

Pflichten des Architekten ergeben sich im wesentlichen aus seiner Tätigkeitsbeschreibung (vgl o Rn 99 ff). Erfüllungsort ist dabei die Baustelle jedenfalls dann, wenn er auch die Bauaufsicht übernommen hat (BGH NZBau 2001, 333, 334), soll er nur planen, sein Büro. Den Pflichten kommt eine eigenständige Bedeutung in dem Sinne kaum zu, daß ihre Erfüllung eingeklagt würde. Praktisch *relevant* werden sie vielmehr *im Verletzungsfall,* sei es im Rahmen einer Kündigung oder von Schadensersatzansprüchen. Sie werden deshalb bei der Haftung des Architekten in Anh II zu § 638 mitabgehandelt.

Hier seien nur jene Pflichten genannt, die Gegenstand eines besonderen Erfüllungsbegehrens sein können:

a) Der Architekt ist zur *Auskunft über das Baugeschehen* verpflichtet (vgl LOCHER, Das private Baurecht Rn 304), dh zur Mitteilung aller Tatsachen, die der Besteller benötigt, um dieses sachgerecht beurteilen und seine Rechte angemessen wahren zu können, mag man dies nun aus den §§ 675, 666 herleiten oder mit BGHZ 41, 318 = NJW 1964, 1469 aus § 242. Auf diesen Anspruch sind die §§ 259, 261 anzuwenden, so daß ggf die Abgabe einer eidesstattlichen Versicherung verlangt werden kann. Wegen seines Honoraranspruchs darf der Architekt ein Zurückbehaltungsrecht nicht ausüben (vgl LOCHER aaO).

b) Der Architekt ist nach § 810 verpflichtet, dem Bauherrn *Einsicht in die Bauunterlagen* zu gewähren. Dies betrifft grundsätzlich sämtliche Unterlagen, namentlich behördliche Genehmigungen, eigene Entwürfe, Zeichnungen und Berechnungen, Verträge mit Handwerkern und Schriftwechsel mit ihnen, und zwar unabhängig davon, ob sie im Eigentum des Architekten oder des Bauherrn stehen.

c) Der Architekt hat die *Bauunterlagen aufzubewahren.*

6. Zum *Vergütungsanspruch* des Architekten vgl § 632 Rn 108 ff, zu seiner *Fälligkeit* § 641 Rn 98.

7. Zur *Haftung* des Architekten vgl Anh II zu § 638.

8. Beendigung des Vertrags

117 Der Architektenvertrag kann einseitig von seiten des Bauherren beendet werden durch eine *Kündigung nach § 649*, von beiden Seiten ggf durch eine Kündigung aus wichtigem Grund, dh wenn die Fortsetzung des Vertragsverhältnisses nach Lage der Dinge nicht mehr zumutbar ist. Solche Kündigungsgründe liefert der Architekt, wenn er seine Leistung grob fehlerhaft erbringt (vgl LOCHER, Das private Baurecht Rn 353), zB bei unwirtschaftlicher Bauweise (vgl BGH NJW 1975, 1657), aber auch bei sonstigen Verhaltensweisen, die das Vertrauen in ihn erschüttern, zB der Annahme von Provisionen von Baustofflieferanten (BGH BauR 1977, 363), der Bauherr durch die Verweigerung fälliger Honorarzahlungen, der Mitwirkung, vgl § 643, ehrverletzende Äußerungen, nicht aber schon durch abredewidriges direktes Verhandeln mit den Bauhandwerkern unter Ausschluß des Architekten (vgl OLG Köln OLGZ 1974, 208).

Zu Tod oder Konkurs einer Seite vgl o Rn 55 f.

IX. Bauträgerschaft und Baubetreuung*

1. Allgemeines

118 a) Der Bauvertrag, auf den die §§ 631 ff Anwendung finden, setzt typischerweise

---

* **Schrifttum:** BASTY, Der Bauträgervertrag (4. Aufl 2002); ders, Das Freigabeversprechen nach der Makler- und Bauträgerverordnung, DNotZ 1992, 131; BAUMGÄRTEL, Die Beweislastverteilung bei einem Gewährleistungsausschluß im Rahmen eines Bauträgervertrages, ZfBR 1988, 101; BAYER, Planung und Bauausführung in einer Hand, in: Seminar Pauschalvertrag (1991) 85; BRAMBRING, Sachmängelhaftung beim Bauträgervertrag und bei ähnlichen Verträgen, NJW 1987, 87; BRYCH, Die Bevollmächtigung des Treuhänders im Bauherrenmodell, in: FS Korbion (1986) 1; BRYCH/PAUSE, Bauträgerkauf und Baumodelle (3. Aufl 1999); dies, Bauträgerkauf: Vom Generalübernehmer zum Mehrwertsteuermodell, NJW 1990, 545; vCRAUSHAAR, Zur vertraglichen Eigenhaftung des Baubetreuers als Vertreter des Bauherrn, in: FS vCaemmerer (1978) 87; DIETRICH, Zur Sicherungspflicht des Bauträgers, MittBayNot 1992, 178; DOERRY, Die Rechtsprechung des BGH zur Gewährleistung beim Haus- und Wohnungsbau unter besonderer Berücksichtigung von Bauträgerschaft und Baubetreuung, ZfBR 1982, 189; ders, Bauträgerschaft, Baubetreuung und Bautreuhandschaft sowie Prospekthaftung bei Baumodellen in der Rechtsprechung des Bundesgerichtshofs, WPM Sonderbeil Nr 8/1991; GRZIWOTZ, Vertragliche Gewährleistungsregelungen im Bauträgervertrag, NJW 1989, 193; HARDER, Der Auskunftsanspruch gegen den Treuhänder einer Bauherrengemeinschaft, BauR 1985, 50; HAUF, Der Bauträgervertrag (Diss Würzburg 1994); KAISER, VOB/B und Bauträgervertrag, ZfBR 1984, 15, 205; HEINEMANN, Mängelhaftung im Bauträgervertrag nach der Schuldrechtsreform, ZfIR 2002, 167; HERTEL, Werkvertrag und Bauträgervertrag nach der Schuldrechtsreform, DNotZ 2002, 6; KAUP, Stellung des Planers beim

voraus, daß jemand, der ein Grundstück zur Verfügung hat, einen Bauunternehmer mit der Bestellung eines Bauwerks beauftragt. Bereits dies kann den einzelnen *Bauwilligen überfordern*, da sich Probleme der Finanzierung stellen sowie der sachgerechten Kontrolle der Bauausführung; es ergibt sich die praktische Notwendigkeit der Einschaltung einer Bank, eines Architekten, in steuerlicher Hinsicht eines Steuerberaters. Die Probleme verschärfen sich, wenn zunächst überhaupt ein Grundstück beschafft werden muß, und es sodann oft nur um eine Wohnung geht. Hier bedarf es der Findung weiterer Interessenten, der Aufbringung erheblicher Mittel, damit ihrer Absicherung. Soll die Wohnung überhaupt nur *Kapitalanlage* sein, so tritt die Ferne zum Objekt hinzu, und stellt sich verschärft die Frage der Rentabilität, nicht zuletzt unter steuerlichen Gesichtspunkten. In dieser Situation treten Initiatoren von Objekten auf, die ihrerseits eine Vielzahl von rechtlichen Gestaltungsmöglichkeiten anbieten, wie sie einerseits nach den Eigenheiten des Objektes variieren, andererseits namentlich nach dem steuerlichen Hintergrund. Die rechtliche Gestaltung ist dabei nahezu stets durch eine Mehrheit von Verträgen gekennzeichnet.

---

schlüsselfertigen Bauen, in: Seminar Pauschalvertrag (1991) 111; KNIFFKA, Rechtliche Probleme des Generalunternehmervertrages, ZfBR 1992, 1; KOCH, Zur Gewährleistung im Bauträgervertrag nach VOB/B, ZfBR 1983, 167; KOEBLE, Die Rechtsnatur der Verträge mit Bauträgern (Baubetreuern), NJW 1974, 721; ders, Die Haftung des Treuhänders bei Bauherrenmodellen, in: FS Korbion (1986) 215; ders, Probleme der Sanierungsmodelle, BauR 1992, 569; ders, Probleme des Generalübernehmermodells, NJW 1992, 1142; KÜRSCHNER, Eigenverantwortlichkeit des Bauherrn und Haftung des Treuhänders im Bauherrenmodell, ZfBR 1988, 2; LOCHER, Aktuelle Fragen zum Baubetreuungs- und Bauträgerrecht (3. Aufl 1985); LOCHER/KOEBLE, Baubetreuungs- und Bauträgerrecht (4. Aufl 1985); LOCHER/KÖNIG, Bauherrenmodelle in zivil- und steuerrechtlicher Sicht (1982); LÖFFELMANN, Die Finanzierungsbestätigung in Bauträgerverträgen, BauR 1981, 320; MARCKS, Makler- und Bauträgerverordnung (6. Aufl 1998); MEHRINGS, Einbeziehung der VOB in den Bauträgervertrag, NJW 1998, 3457; MORITZ, Erwerberschutz bei Bauherrenmodellen, JZ 1980, 714; PAUSE, Die Entwicklung des Bauträgerrechts und der Baumodelle seit 1998, NZBau 2001, 603, 661; ders, Auswirkungen der Schuldrechtsreform auf den Bauträgervertrag, NZBau 2002, 648; PFEIFFER, Vertretungsprobleme bei Verträgen mit Bauträgern, NJW 1974, 1449; PRESSLER, Das Bauherrenmodell (Diss Bremen 1990); REITHMANN, Bauherrenmodell und Bauträgermodell in zivilrechtlicher Hinsicht, BB 1984, 681; ders, Zur Entwicklung des Bauträgerrechts, WM 1986, 377; ders, Das Generalübernehmer- und Architektenmodell im Bauträgerrecht, WM 1987, 61; ders, Neue Vertragstypen des Immobilienerwerbs, NJW 1992, 649; REITHMANN/MEICHSSNER/vHEYMANN, Kauf vom Bauträger (6. Aufl 1992); SCHMIDT, Ende der VOB/B im Bauträgervertrag, ZfBR 1986, 53, SCHMIDT, Bauträgerfragen, MittBayNot 1995, 434; SCHULZE-HAGEN, Aktuelle Probleme des Bauträgervertrages, BauR 1992, 320; ders, Der Wohnungsbauvertrag und die VOB/B-Vereinbarung, in: FS vCraushaar (1997) 169; THODE, Bauträgervertrag – Gestaltungsfreiheit im Rahmen der neuen Gesetzgebung und Rechtsprechung, in: THODE/UECHTRITZ/WOCHNER, Immobilienrecht (RWS-Forum 19), 2000, 267; USINGER, Kann die Geltung der VOB im Bauträgervertrag vereinbart werden?, NJW 1984, 153; WAGNER, Die Prospekthaftungsrechtsprechung des VII. Senats des BGH im Spannungsfeld des Gewährleistungs- und Bauhaftungsrechts, ZfBR 1991, 133; ders, Projektmanagement, Treuhandschaft. Immobiliendevelopment, BauR 1991, 665; WITTCHEN, Der Baubetreuungsvertrag (1969); ZIMMERMANN, Verbraucherkreditgesetz und notarieller Kauf- oder Bauträgervertrag, BWNotZ 1994, 49. Vgl auch das bei § 632a angegebene Schrifttum zum Bauträgervertrag.

119 b) Die Beteiligten bei Unternehmungen dieser Art sind folgende:

aa) Zunächst eine *finanzierende Bank*. Bei ihr stellen sich im hiesigen Zusammenhang im wesentlichen drei Problemkreise, ob sie im Vorfeld über etwaige Risiken des Objekts aufzuklären hat, ob der Kreditnehmer ihrem Rückzahlungsanspruch Einwendungen aus dem Steckenbleiben oder Mängeln des Objekts entgegenhalten kann, und inwieweit ihre dinglichen Absicherungen auf den jeweiligen Kredit beschränkt werden können.

bb) Im Vorfeld *werbend Tätige*, denen gegenüber Ansprüche aus den §§ 280 Abs 1, 241 Abs 2, 311 Abs 2 in Betracht kommen.

cc) Die *Initiatoren*, bei denen maßgeblich danach zu unterscheiden ist, ob sie das Bauvorhaben im eigenen Namen realisieren oder im Namen der Erwerber. Im ersteren Falle sind sie Bauträger, im zweiten treten sie als Baubetreuer auf.

dd) Besondere *Treuhänder*, die mit dem Abschluß der notwendigen Verträge betraut sein können sowie mit der Verwaltung der zur Verfügung stehenden Mittel.

ee) Die *Erwerber*, deren Verhältnis zueinander unterschiedlich ausgestaltet sein kann (Wohnungseigentümer, Bruchteilseigentümer ua) und die auch den eigentlich Bauausführenden unterschiedlich gegenübertreten können.

ff) Schließlich die eigentlich *Bauausführenden*.

2. Die finanzierende Bank

120 a) Der *Kreditvertrag* des Erwerbers mit der Bank ist *grundsätzlich selbständig* gegenüber den weiteren abzuschließenden Verträgen. Soweit diese auf den Erwerb eines Grundstücks gerichtet und damit nach § 311b Abs 1 beurkundungsbedürftig sind, erstreckt sich dieses Formbedürfnis nicht auch auf den Darlehensvertrag. In aller Regel muß dieser freilich den Anforderungen des § 492 genügen.

Aus der Selbständigkeit der Finanzierung gegenüber den weiteren Geschäften folgt zugleich, daß der Erwerber dem einmal begründeten Darlehensanspruch der Bank *grundsätzlich keine Einwendungen* aus diesen entgegenhalten kann (vgl BGH NJW 1980, 41; BGHZ 93, 264 = NJW 1985, 1020; NJW 1988, 1583).

121 b) Die *Risiken des Objektes abzuschätzen*, ist grundsätzlich die *Aufgabe des Erwerbers* (vgl BGHZ 93, 264). In *Ausnahmefällen* können sich aber doch Schadensersatzansprüche gegen die Bank ergeben. Das ist zunächst dann der Fall, wenn sie ihre neutrale Rolle als Kreditgeberin überschreitet und *sich aktiv in die Planung oder Durchführung des Projekts einschaltet* (vgl BGHZ 72, 92). Ebenfalls nach vertraglichen Grundsätzen entsteht eine Aufklärungspflicht der Bank, wenn sie *einen speziellen Gefährdungstatbestand schafft* oder seine Entstehung begünstigt, zB durch Auszahlung des Darlehens zu einem Zeitpunkt, in dem ihr bekannt ist, daß eine Verwirklichung des Projekts schon nicht mehr möglich ist (vgl BGH WM 1986, 98; 671). Schließlich ergeben sich Aufklärungspflichten der Bank, wenn sie hinsichtlich bestimmter

Risiken des Projekts für sich selbst erkennbar einen *Wissensvorsprung* gegenüber dem Erwerber hat, so im Falle drohender Zahlungsunfähigkeit des Initiators (vgl BGH NJW 1991, 693), bei positiver Kenntnis von Mängeln des Objekts, die dem Erwerber nicht erkennbar sind, oder über sonstige spezielle Risiken des Objekts (vgl BGH NJW 1989, 2879; NJW-RR 1990, 484). Der Grundsatz muß es freilich bleiben, daß der Erwerber die Risiken selbst abzuschätzen hat, so namentlich eine Preisgestaltung, die noch nicht sittenwidrig überhöht ist (BGH NJW 2000, 2353).

c) Regelmäßig finanzieren die Banken das Objekt insgesamt und lassen sich **122** entsprechend *globale Grundpfandrechte* eintragen. Das ist geeignet, den Erwerber zu gefährden, weil es ihm einmal ein Haftungsrisiko auferlegt, das über das „eigene" hinausgeht, und vorab überhaupt auch schon die weitere Beleihung der eigenen Wohnung ausschließt. Bei Verträgen mit Bauträgern und Baubetreuern iSd § 34c GewO schließt § 3 Abs 1 der *Makler- und Bauträgerverordnung (MaBV)* idF v 7. 11. 1990 (BGBl 1990 2479), die Fälligkeit von Zahlungen an den Bauträger solange aus, wie nicht der Vertrag und für die Durchführung notwendige Genehmigungen vorliegen (Nr 1), der Auflassungsanspruch vorgemerkt ist (Nr 2), die Freistellung des Objektes von nicht zu übernehmenden Grundpfandrechten gesichert ist (Nr 3) und der Bau genehmigt ist (näher Nr 4). Dazu muß ihre fristgemäße Löschung gewährleistet sein. Zu Ausweichmöglichkeiten durch Sicherheitsleistung vgl § 7 MaBV. Diese Regelung schützt den Erwerber an sich nur gegenüber dem Bauträger, doch ist es üblich, daß die Bank die Freigabe gegenüber dem Notar zusagt. Diese Zusage mag man mit BGH DNotZ 1977, 356 als Vertrag zwischen Bank und Bauträger zugunsten des Erwerbers sehen; richtiger dürfte die Annahme eines direkten Vertragsschlusses zwischen Bank und Erwerber sein. Immerhin bleibt zu beachten, daß die Bank zuvor dem Erwerber gegenüber nicht verpflichtet ist, auf die Durchsetzung ihres Globalgrundpfandrechts zu verzichten; sie kann sich deshalb auch nicht schadensersatzpflichtig machen.

3. Werbung

a) Bei der Werbung für das Projekt müssen die *Angaben richtig und vollständig* **123** sein; sie dürfen nicht irreführen.

aa) Die Aufklärung muß sich dabei *insbesondere* beziehen auf den Bauumfang und die Bauqualität des Gebäudes, den Gesamtaufwand, zu dessen Ermittlung Bauzeit und Herstellungskosten korrekt kalkuliert werden müssen, die notwendigen Zwischenzinsen, die Berechnung von Ertrag, sofern vermietet werden soll, und Liquidität (vgl OLG Bremen ZIP 1983, 423; OLG Koblenz ZIP 1981, 968), die zu erwartenden Steuervorteile, insoweit namentlich darauf, ob sie endgültig sind, und wie überhaupt die steuerliche Rechtslage ist, vgl BGH NJW-RR 1988, 348, die persönlichen und wirtschaftlichen Umstände der Initiatoren und etwaiger Treuhänder, zB ihre Qualifikationen und ihre Unabhängigkeit, die rechtliche Konstruktion des Objektes, so zB bei einem Bauherrenmodell darauf, daß der Erwerber hier nicht nur dem Baubetreuer auf den Erwerbspreis haftet, sondern auch den Handwerkern, bei einem Erwerb zu Bruchteilseigentum auf die Schwächen der dort zu erlangenden Position, auf etwaige gesellschaftsrechtliche, persönliche und finanzielle Verflechtungen.

Über *typische Risiken, die als bekannt vorausgesetzt werden können*, braucht nicht aufgeklärt zu werden, anders freilich, wenn insoweit konkrete Fragen gestellt werden.

bb) Sind die eben genannten Aspekte objektsbezogene, über die immer aufgeklärt werden muß, so kommt es auf die Gestaltung der Beziehungen der Parteien an, ob auch in bezug auf den Erwerber aufzuklären ist, zB darüber, ob er auch in der Lage ist, mögliche Steuervorteile wahrzunehmen. Angaben dazu müssen jedenfalls richtig sein (BGH NJW 1999, 160). Läßt der Veräußerer seinen Verhandlungsführern freie Hand, haftet er für sie nach § 278 (BGH aaO).

cc) Maßgeblicher Zeitpunkt ist der der Anlageentscheidung; ggf sind die Angaben anzupassen.

124 **b)** Die Haftung aus der Verletzung dieser Aufklärungspflichten kann in verschiedener Weise begründet sein.

aa) Sie kann sich zunächst aus den §§ 280 Abs 1, 241 Abs 2, 311 Abs 2 ergeben, soweit die Werbung im Rahmen einer bestehenden Vertragsbeziehung erfolgt oder ein besonderer *Auskunftsvertrag* angenommen werden kann. Eine Haftung auf dieser Basis kommt namentlich dort in Betracht, wo *Anlageempfehlungen* von einer Bank ausgesprochen werden oder ein Steuerberater Möglichkeiten der Steuerersparnis dartut. In Fällen dieser Art ist die Haftung freilich dem Grunde nach eingeschränkt: Die Bank bzw der Steuerberater brauchen nur auf ihnen bekannte oder erkennbare Risiken hinzuweisen innerhalb der eben genannten Bereiche; sie müssen dann freilich zugleich auch klarstellen, daß ihnen eine umfassende Risikobeurteilung nicht möglich ist.

125 **bb)** Umfassend zur Aufklärung verpflichtet ist der *Initiator*; er haftet aus *den §§ 280 Abs 1, 241 Abs 2, 311 Abs 2*. Freilich ist seine Haftung auf dieser Basis meist bedeutungslos. Bei Durchführung des Projektes haftet er für Fehler ohnehin schon aus § 634 Nr 4. Scheitert das Projekt, wird seine Haftung wirtschaftlich belanglos sein. Interessant ist deshalb die Haftung von *Hintermännern* und *Mitarbeitern*.

(1) Diese kommt zunächst – in persönlicher Hinsicht uneingeschränkt – deliktisch in Betracht; sie folgt aus § 830 Abs 1 S 1, Abs 2, setzt dabei freilich die Erfüllung deliktischer Tatbestände voraus, wobei wiederum nur Straftaten (Betrug, Untreue) in Betracht kommen oder ein Verstoß gegen die guten Sitten, §§ 823 Abs 2, 826, wobei namentlich Vorsatz erforderlich ist.

(2) Angesichts der insoweit genügenden Fahrlässigkeit ist deshalb eine *Eigenhaftung von Vertretern* aus den §§ 280 Abs 1, 241 Abs 2, 311 Abs 2 von praktischer Bedeutung. Sie steht freilich unter der Voraussetzung des § 311 Abs 3.

126 (3) Unter diesen Umständen gewinnt es besondere Bedeutung, daß die neuere Rechtsprechung des Bundesgerichtshofs im Anschluß an die Rechtsprechung zur Werbung für Kapitalanlagen (vgl dazu BGHZ 71, 284; 72, 382; 79, 337; 83, 222), eine **Prospekthaftung** auch in bezug auf Beteiligungen an Bauherrenmodellen und Immobilienanlagen anerkennt (vgl BGH NJW 1990, 2461; ZIP 1990, 1578; BGHZ 115, 213).

(a) Diese Haftung betrifft die *Werbung für Bauherrenmodelle*, wie sie auf den Erwerb von Wohnungseigentum gerichtet sind, aber doch auch für sonstige *Kapitalanlagen in Immobilien*, die nicht mit dem unmittelbaren Erwerb von Wohnungseigentum verbunden sind (vgl BGHZ 115, 213, 218). Über diese Baubetreuung hinaus erweitert BGH NJW 2001, 436 sie auf Bauträger.

(b) Die Haftung setzt (fehlerhafte) Angaben in einem Prospekt voraus. **Prospekte** in diesem Sinne sind Exposés, die die Anlageentscheidung des Beworbenen fördern und tragen sollen. Sie müssen deshalb grundsätzlich – nach ihrem Erscheinungsbild – auf eine umfassende Information ausgerichtet sein. Auf die Form kommt es nicht an, sondern nur darauf, daß der Prospekt seiner Aufmachung nach zur Grundlage der Anlageentscheidung gemacht werden soll und kann. Anderweitige unkorrekte Angaben sind darum nicht bedeutungslos; auf sie kann uU eine allgemeine Haftung aus culpa in contrahendo gestützt werden.

In der Sache müssen die Prospektangaben den Anforderungen (o Rn 123) genügen.

(c) Der haftende Personenkreis ist weit gezogen. Er setzt sich aus drei Gruppen **127** zusammen:

Zunächst unterliegen ihr die *Initiatoren und Gründer* des Modells. Das sind jene Personen, die das *Management* des Objekts bilden oder es *faktisch beherrschen* und so die Verantwortung tragen für die Richtigkeit des Prospektes. Wer das ist, hängt von den Umständen des Einzelfalls ab; eine namentliche Nennung im Prospekt ist nicht erforderlich. In Betracht kommen namentlich der Grundstücksverkäufer, Baufirmen, Bauträgergesellschaften (bzw deren leitende Personen), Architekten, Treuhänder, Rechtsanwälte, Wirtschaftsprüfer, Steuerberater, diese alle bei Wahrnehmung der genannten Funktionen.

Der zweite haftende Personenkreis wird gebildet durch *Sachverständige, die den Prospekt geprüft haben*. Insoweit kommen in Betracht Steuerberater, Wirtschaftsprüfer und Rechtsanwälte. Bei ihnen gibt es freilich die formale Haftungsvoraussetzung, daß sie entweder *namentlich* oder doch identifizierbar *in dem Prospekt erwähnt* werden und das Vertrauen auf dessen Richtigkeit absichern.

Auf die Umstände des Einzelfalls kommt es an, wenn *in den Vertrieb eingeschaltete Personen* tätig werden, wie Anlagevermittler, Anlageberater und Makler. Sofern sie sich – wie meist – die Angaben des Prospektes zu eigen machen, sind sie verpflichtet, diese sorgfältig zu prüfen (vgl BGH NJW 1990, 2461); das kann und wird ebenfalls zur Haftung führen.

Banken können haften, wenn sie der zweiten oder dritten Personengruppe zugehören; es reicht nicht aus, wenn sie in dem Prospekt allein als Finanzierungsinstitut benannt sind.

(d) Die Haftung setzt Verschulden voraus. Doch sind einerseits an die hier beteiligten Personen strenge Anforderungen zu stellen und sind sie andererseits nach § 280 Abs 1 S 2 aufgerufen, sich zu entlasten. Ein Mitverschuldenseinwand dahin, daß man **128** sich auf diese Angaben gar nicht habe verlassen dürfen, kommt grundsätzlich nicht in Betracht.

(e) In der Folge kann der Anleger verlangen, so gestellt zu werden, wie wenn er richtig aufgeklärt worden wäre. Dann hätte er seine Anlageentscheidung – so – nicht getroffen. Er kann also *Befreiung* davon verlangen oder *Ersatz der objektiven Überteuerung*; das positive Interesse – zB die vorgespiegelten möglichen Steuervorteile – steht ihm nicht zu. Es versteht sich, daß ein etwaiger Wert der Anlage bei der Schadensberechnung jedenfalls zu berücksichtigen ist. Der Anspruch kann allerdings ggf subsidiär hinter vertragliche Erfüllungs- und Gewährleistungsansprüche zurücktreten.

(f) Haftungsfreizeichnungen als solche erscheinen grundsätzlich nicht möglich. Mittelbar lassen sie sich freilich dadurch erreichen, daß dem Prospekt durch seine Ausgestaltung die vertrauensbildende Kraft genommen ist, sei es durch Einschränkung der Sachaussagen, sei es in bezug auf die eigene Person.

(g) Für die *Verjährung* gilt nach BGH NJW 1994, 2226, 2227; 2001, 436 (VIII. bzw VII. Senat), § 195, weil es sich um einen Sonderfall der culpa in contrahendo handelt. Die Konstellation des § 638 aF (= § 634a) ist nach diesen Entscheidungen nicht gegeben. Wenn man bei Anwälten, Steuerberatern und Wirtschaftsprüfern auch an eine Anwendung der § 51b BRAO, 68 StBerG, 51a WPO denken könnte, ist gleichwohl § 195 vorzuziehen, BGH aaO. Freilich geht der für das Gesellschaftsrecht zuständige II. Senat des BGH bei dem Beitritt zu einem geschlossenen Immobilienfonds von einer deutlich kürzeren Verjährung aus (BGH NJW 2001, 1203; nicht überzeugend).

4. Bauträger

129 Von einem Bauträger spricht man, wenn jemand sich verpflichtet, ein Grundstück oder einen Grundstücksanteil zu übereignen und dort ein schlüsselfertiges Objekt (Haus, Wohnung, Gewerbeobjekt) im eigenen Namen herzustellen (BRYCH/PAUSE Bauträgerkauf Rn 32). Liegt gewerbsmäßiges Handeln vor, so ist dazu nach § 34c Abs 1 Nr 2 lit a GewO eine von einer Zuverlässigkeitsprüfung abhängige behördliche Erlaubnis notwendig.

a) Die Makler- und Bauträgerverordnung

Außerdem unterliegt der Bauträger den Bindungen der Makler- und Bauträgerverordnung – MaBV – idF der Bekanntmachung vom 7. 11. 1990 (BGBl I 2479) mit späteren Änderungen, wie sie auf Grund der Ermächtigungsgrundlage des § 34c Abs 3 GewO „zum Schutze der Allgemeinheit und der Auftraggeber" erlassen worden ist, wie es dort heißt. Hinzuweisen ist namentlich auf § 3 MaBV, nach dem Vermögenswerte erst bei einer für den Auftraggeber gesicherten Rechtslage entgegengenommen werden dürfen (Abs 1): Wirksamer Vertrag (Nr 1), Vormerkung (Nr 2), Freistellung von vorrangigen, nicht zu übernehmenden Grundpfandrechten (Nr 3), erteilte Baugenehmigung oder Bestätigung, daß nach den baurechtlichen Vorschriften mit dem Bauvorhaben begonnen werden darf (Nr 4). Für Zahlungen des Auftraggebers sieht § 3 Abs 2 vor, daß sie frühestens zu den dort genannten Zeitpunkten und dem dortigen Umfang entgegengenommen werden dürfen (ua:

30% nach Beginn der Erdarbeiten (Nr 1), 40% nach Rohbaufertigstellung. Bei Leistung einer Sicherheit für die Rückgewähr erbrachter Zahlungen befreit § 7 MaBV von den genannten Bindungen des § 3 Abs 1, 2 MaBV. Nach § 12 MaBV darf der Bauträger diese Pflichten weder ausschließen noch beschränken.

Das sind an sich gewerberechtliche Bestimmungen, die damit das Verhältnis des Bauträgers zu seinem Kunden nicht unmittelbar regeln. Gleichwohl – und zutreffend – hat der BGH (BGHZ 139, 387; 146, 250) in § 12 MaBV ein Verbotsgesetz isD § 134 gesehen und daraus gefolgert, daß die Unterwerfung des Erwerbers unter die sofortige Zwangsvollstreckung unwirksam sei, wenn die Vollstreckungsklausel ohne einen besonderen Nachweis zu erteilen sei (BGHZ 139, 387); das sei ein Verstoß gegen den Zahlungsplan des § 3 Abs 2 MaBV. Ähnlich behandelt der BGH andere Verstöße gegen diesen Zahlungsplan (BGHZ 146, 250).

b)   Rechtsnatur des Bauträgervertrages
Der wegen § 94 rechtlich im Vordergrund stehende Erwerb von Grundeigentum läßt den Vertrag des Erwerbers mit dem Bauträger als Kauf erscheinen; so werden die einschlägigen notariellen Verträge auch überschrieben, was der Sicht der Beteiligten entsprechen dürfte. Namentlich der Erwerber sieht sich nicht als Bauherr. Gleichwohl hat die Rechtsprechung bisher insbesondere auf die Gewährleistung für die Bauleistung Werkvertragsrecht angewendet (BGHZ 68, 372; 74, 204; 74, 258).

Das entsprach dringenden rechtspolitischen Bedürfnissen. Nur so konnte dem Erwerber eine bessere Verjährungsfrist verschafft werden (fünf Jahre nach § 638 aF statt ein Jahr nach § 477 aF), und gab es – nach § 633 Abs 2 aF – den sachgerechten Nachbesserungsanspruch.

Diese Notwendigkeiten sind mit dem G zur Modernisierung des Schuldrechts entfallen (aA THODE NZBau 2002, 297, 299). Jetzt steht auch dem Käufer Nacherfüllung zu, § 437 Nr 1, und genießt er eine fünfjährige Verjährungsfrist, § 437 Abs 1 Nr 2 lit a. Was die verbleibenden Unterschiede im Gewährleistungsrecht betrifft, ergibt sich:

Angemessen zur Bestimmung des Fehlerbegriffs ist § 433 Abs 1 S 3. Gerade schlüsselfertige Häuser oder Wohnungen werden beworben. An seinen Werbeaussagen ist der Bauträger festzuhalten.

Im Katalog des § 437 fehlt die Möglichkeit der eigenen Mängelbeseitigung des Erwerbers, wie § 634 Nr 2 sie kennt. Diese Lücke kann aber zwanglos durch eine Analogie zum Werkvertragsrecht geschlossen werden, wie sie schon immer gezogen wurde, wenn dem Käufer vertraglich ein Nachbesserungsanspruch eingeräumt worden war.

Daß das Kaufrecht eine eigenständige Abnahmeregelung nicht kennt, ist nicht von Nachteil. Rein tatsächlich wird der Erwerber das ihm Angebotene schon gründlich inspizieren. Nimmt er es entgegen, darf auch die Verjährung gegen ihn laufen, bürdet ihm § 363 die Beweislast für nicht gerügte Mängel auf. Weist er die Sache zurück, läuft auch die Verjährung nicht. Ob er die Übergabe wegen Bagatellen verweigern kann, ist eine Frage, die auch nach Kaufrecht sinnvoll gelöst werden kann. Das Kaufrecht erspart ihm jedenfalls die Falle des § 640 Abs 2.

Für bewegliche Sachen bestätigt § 651 den Trend zum Kaufrecht. Denn es darf nicht vergessen werden, daß das Werkvertragsrecht weithin auf den Erwerb vom Bauträger nicht paßt, vgl zu § 649 BGH NJW 1986, 925. Es passen durchweg nicht die Bestimmungen der VOB/B, weil den Erwerber letztlich nur das fertige Produkt interessiert, er auch nicht plant. Er braucht auch nicht mitzuwirken (§§ 642, 643). Die Rücktrittsmöglichkeit darf ihm in AGB – gegenüber § 309 Nr 8 lit b bb – nicht genommen werden (OLG Hamm NJW-RR 98, 1031).

Wegen der weitgehenden Identität der Regelungen bleibt es möglich, auf die bisherige Rechtsprechung und Literatur zurückzugreifen. Praktische Bedeutung hat die Frage, ob Zahlungspläne nur § 3 MaBV oder auch § 632a genügen müssen (dazu § 632a Rn 23 ff).

5. Baubetreuer

130 Als **Baubetreuer** wird der Betreiber des Bauvorhabens tätig, wenn ihm eine **Vollmacht** des Erwerbers erteilt wird, die einschlägigen Verträge, insbesondere den Bauvertrag, im Namen des Erwerbers abzuschließen. Vom Baubetreuer ist der *Generalübernehmer* zu unterscheiden, der die Lieferung eines Hauses zu einem Festpreis zusagt, ohne daß er selbst Bauleistungen zusagt. Läßt er sich zusätzlich eine Vollmacht für Verträge mit den ausführenden Firmen erteilen, verstößt das gegen § 305c Abs 1 (BGH NZBau 2002, 561)

a) Die Bevollmächtigung eines Baubetreuers ist für den Erwerber – zivilrechtlich gesehen – *gefährlich*, wenn sie ihn in ein unmittelbares Obligo gegenüber den Handwerkern auch dann bringt, wenn er schon Zahlungen an den Betreuer selbst geleistet hat. Den wirtschaftlichen Hintergrund bildeten *steuerliche Überlegungen*, wenn die Grunderwerbsteuer auf die reinen Grunderwerbskosten zu berechnen war, der Erwerber sich nunmehr als Bauherr darstellte und damit eine Bauherren-AfA in Anspruch nehmen konnte und er außerdem dann, wenn das Objekt vermietet werden sollte, die Herstellungskosten in Hinblick auf die geplanten Mieteinnahmen als sofort abziehbare Werbungskosten abziehen konnte. Die Einzelheiten sind hier nicht näher darzustellen. Jedenfalls sind die steuerlichen Vorteile im wesentlichen entfallen, teils durch gesetzgeberische Maßnahmen im Steuerrecht, teils dadurch, daß die finanzgerichtliche Rechtsprechung in der Anerkennung des Erwerbers als Bauherrn immer strenger geworden ist (vgl BGH NJW 1990, 729). So hat denn das Bauherrenmodell verschiedenen anderen Vertragsmodellen den Vorrang lassen müssen (dazu u Rn 136).

131 b) Die *Vollmacht* des Betreuers ist auch dann ernst gemeint und *kein Scheingeschäft* iSd § 117 Abs 1, wenn dieser eine Festpreisgarantie abgegeben hat und den Zahlungsverkehr abwickelt (vgl BGH NJW 1977, 294; 1980, 992, BauR 1983, 457). Die unmittelbaren Vertragsbeziehungen zwischen den Betreuten und den einzelnen Unternehmern sind ernstlich gewollt, weil sich nur so die vermeintlichen oder realistischen Steuervorteile erreichen lassen. Daraus ergibt sich das schon skizzierte wirtschaftliche Risiko, wenn noch Handwerkerrechnungen offen stehen, obwohl die entsprechenden Gelder dem Baubetreuer bereits zur Verfügung gestellt wurden.

aa) Wenn der Baubetreuungsvertrag mit einem Grundstückserwerb steht und fällt, muß *umfassend notariell beurkundet* werden, also auch die *Vollmacht* (vgl BGH WM

1985, 81; 1987, 1369); dies ergibt – gegenüber § 167 Abs 2 – schon die Interessenlage. Verstöße können naturgemäß gemäß § 311b Abs 1 S 2 geheilt werden; vorab kann die nicht hinreichend beurkundete Vollmacht uU nach Rechtsscheingrundsätzen Wirkung erzeugen (vgl dazu BGHZ 102, 60).

bb) Die Vollmachten werden grundsätzlich umfassend ausgestaltet; sie sind nicht auf eine vertraglich etwa übernommene Festpreisgarantie beschränkt, ebenso wenig auf Verträge, die zur Erreichung des Vertragszwecks notwendig sind; so ist zB – vorbehaltlich eines Mißbrauchs der Vertretungsmacht – auch die Vergabe zu aufwendiger Leistungen gedeckt oder der Abschluß ungünstiger Verträge. Die Verträge müssen nur ihrer Art nach geeignet sein, den Vertragszweck zu fördern. Das ist zB nicht der Fall, wenn der Baubetreuer, der selbst schon die technische Leitung schuldet, zusätzlich einen Architektenvertrag abschließt (vgl BGH NJW 1978, 643).

cc) Der Baubetreuer schließt die weiteren Verträge zwar nicht zugleich auch im eigenen Namen ab, kann ihretwegen den Unternehmern aber selbst haften.

Eine solche Haftung, gerichtet auf das negative Interesse, kann sich zunächst aus den §§ 280 Abs 1, 241 Abs 2, 311 Abs 2, 3 ergeben. Die Voraussetzungen für eine Eigenhaftung des Vertreters liegen vor, da der Baubetreuer einmal besonderes persönliches Vertrauen für sich in Anspruch nimmt, er zum anderen aber auch ein hinreichendes eigenes wirtschaftliches Interesse an der Durchführung der Verträge hat.

Die Haftung kann sich aber auch aus *§ 179* ergeben. Dazu kommt es zunächst, wenn die Vollmacht überschritten wird. Von besonderer praktischer Bedeutung ist hier der weitere Fall, daß der Betreuer *im Namen erst noch zu werbender (weiterer) Interessenten* auftritt und deren Werbung sich verzögert oder mißlingt, § 179 kann hier entsprechend angewendet werden. Dabei schließt die Kenntnis des Gegners vom einstweiligen Fehlen der Vertretenen die Haftung nicht grundsätzlich nach § 179 Abs 3 aus (vgl BGH NJW 1989, 894). Vielmehr darf der Gegner auf die – regelmäßig jedenfalls konkludent abgegebene – Erklärung des Vertreters vertrauen, die Vertragspartner würden gestellt werden. Ein Anspruchsausschluß nach § 179 Abs 3 S 1 erfolgt vielmehr nur dann, wenn Zweifel daran bestehen mußten, daß die Bauherrengemeinschaft in absehbarer Zeit entstehen werde.

Wenn jemand einer Bauherrengemeinschaft erst nachträglich beitritt, wird auch er grundsätzlich Vertragspartner der Handwerker.

dd) Auf den Vertrag mit dem Baubetreuer findet grundsätzlich § 675 Anwendung. Seine Aufgabengebiete können verschieden weit gezogen sein; neben der Vollbetreuung steht die nur wirtschaftliche Betreuung oder die nur technische; die rein rechtliche verstößt uU gegen das RechtsberatungsG. Er hat je nach Aufgabengebiet *die Interessen des Betreuten umfassend wahrzunehmen.*

Das gilt ggf in steuerlicher Hinsicht. Er hat auf die hier bestehenden Möglichkeiten hinzuweisen und auf die Schaffung ihrer Voraussetzungen hinzuwirken. Er muß die einzelnen Handwerker ordnungsgemäß auswählen, sachgerechte, preislich vertretbare Verträge mit ihnen abschließen und darf Zahlungen an sie nur leisten, wenn dies gerechtfertigt ist. In der Struktur erinnert der Aufgabenbereich an den des Architekten, nur daß er eben weiter (zB in steuerlicher Hinsicht) oder anders (zB in wirtschaftlicher Hinsicht) gelagert sein kann. Dabei ist er namentlich auch verpflichtet, die Interessen mehrerer Betreuter untereinander sachgerecht zu wahren; so haftet er zB, wenn er es zuläßt, daß der interne Verteilungsschlüssel für die Kosten nicht sachgerecht ist.

Dabei ist freilich zu beachten, daß der Baubetreuer – auch insoweit wiederum dem Architekten vergleichbar – auch nur *für Pflichtverletzungen in seinem Bereich* haftet. So hat der bloß wirtschaftliche Baubetreuer zB grundsätzlich nicht das technische Gelingen des Bauwerks zu überprüfen. Solange nicht konkreter Anlaß zu Zweifeln besteht, darf er sich insoweit auf die für den technischen Bereich Zuständigen, ihre Bautenstandsmitteilungen etc verlassen.

134 b) Der Baubetreuervertrag ist in seiner rechtlichen Einordnung nicht immer eindeutig. Im wesentlichen gleicht er allerdings einem Architektenvertrag und ist dann auch entsprechend als Werkvertrag einzustufen, namentlich, wenn dem Betreuer die wirtschaftliche und technische Durchführung obliegt (BGHZ 126, 327, 330). Das bedeutet dann, daß bei Pflichtverletzungen Nachbesserung, Wandlung und Minderung grundsätzlich nicht in Betracht kommen, vgl Anh II zu § 638, dagegen aber *Schadensersatzansprüche aus § 634 Nr 4*, und zwar umfassend für sämtliche Verletzungen der Interessen des Betreuten, mögen die Pflichtwidrigkeiten nun im technischen oder im wirtschaftlichen Bereich liegen. Das führt dann insbesondere zur Anwendbarkeit des § 634a hinsichtlich der Verjährung.

Im Einzelfall ist es freilich denkbar, daß die Aufgaben des Betreuers auf reine Dienstleistungen iSd § 611 reduziert sind, so daß dann seine Haftung aus den §§ 280 Abs 1, 241 Abs 2 folgt und § 634a für ihre Verjährung nicht gilt. Grundsätzlich auszugehen ist aber von Werkvertragsrecht.

135 c) Nach den §§ 675, 666 treffen den Betreuer umfassende Pflichten zur *Auskunft und zur Rechenschaft*. Diese Pflichten beziehen sich zunächst auf die im Namen des Betreuten abgeschlossenen Verträge (Partner, Inhalt, ggf sonstige besondere Umstände, die für den Betreuten von Belang sein können, wie zB Verflechtungen, Interessenkollisionen). Außerdem hat der Betreuer nach Abschluß des Bauvorhabens über dieses Rechenschaft abzulegen, dh unter Beifügung von Belegen eine Abrechnung über Einnahmen und Ausgaben zu erstellen, die bei Beteiligung mehrerer Betreuter doppelt erfolgen muß, nämlich einmal für das Vorhaben insgesamt und dann für den Betreuten. Eine vertragliche Beschränkung der Pflicht zur Rechnungslegung ist jedenfalls in AGB nicht möglich. Vorbehaltlich des Schikaneverbots darf dem Betreuten das zur Wahrnehmung seiner Rechte notwendige Material nicht vorenthalten werden.

d) Auch der Baubetreuer bedarf der Genehmigung nach § 34c GewO, auch für ihn gelten die Bestimmungen der §§ 2, 3 MaBV (dazu o Rn 128). Letzteres ist freilich nur der Ausgangspunkt. Die eigene Entgegennahme von Mitteln, die die Kautelen der §§ 2, 3 MaBV auslöst, wird in der Praxis weithin dadurch ausgeschaltet, daß ein Treuhänder (dazu u Rn 137) eingeschaltet wird, der diesen Bindungen nicht unterliegt.

136 e) Verbreitet ist es neuerdings, daß sich die Initiatoren ganz im Hintergrund halten und eigene Verträge mit den Erwerbern nicht abschließen, die vielmehr auf einen Vertragsschluß mit einem Treuhänder verwiesen werden sowie dessen Bevollmächtigung (dazu u Rn 137). Von der Möglichkeit der eigenen Haftung kann dies die Initiatoren nicht befreien, da sie ggf der Prospekthaftung unterliegen (dazu o Rn 126).

6. Treuhänder

a) Die Einschaltung von Treuhändern scheint die Erwerber zu begünstigen, wenn **137** diese doch ausschließlich ihren Interessen verpflichtet sind. Tatsächlich ist das aber nicht zwingend der Fall. Zunächst entstehen (ggf zusätzliche) Vergütungsansprüche und Kosten. Sodann sind Interessenkollisionen auch hier nicht auszuschließen. Weiterhin wird der Geltungsbereich des § 34c GewO verlassen, wenn die Treuhänder – als Freiberufler – nicht gewerblich tätig sind, damit dann aber auch der Anwendungsbereich der §§ 2, 3 MaBV, die die korrekte Mittelverwendung sicherstellen sollen. Schließlich können Treuhänder gegenüber ihrer Haftung weithin berufsspezifische kurze Verjährungsfristen in Anspruch nehmen.

b) Treuhänder können in verschiedenen Funktionen tätig sein. Der sog **Basistreu- 138 händer** hat die verschiedenen Verträge mit den Beteiligten abzuschließen. Der *Kontotreuhänder* (Zahlungstreuhänder, Mittelverwendungstreuhänder) ist für die Kontrolle des Zahlungsverkehrs zuständig. Schließlich gibt es den *Gesellschaftstreuhänder* dort, wo eine Mehrheit von Erwerbern in einer Gesellschaft bürgerlichen Rechts oder einer Kommanditgesellschaft zusammengefaßt sind. Er hat dann ihre gesellschaftsrechtliche Stellung wahrzunehmen. Wenn dem Treuhänder ausschließlich oder hauptsächlich die rechtliche Betreuung obliegt, bedarf er bei Meidung der Nichtigkeit des Vertrages der Erlaubnis nach Art 1 § 1 Abs 1 S 1 RBerG (BGH NJW 2001, 70).

In jedem Fall liegt zwischen ihm und dem Erwerber ein Dienstvertrag als Geschäftsbesorgungsvertrag vor, §§ 611, 675. In diesem Rahmen sind die Interessen der Erwerber umfassend – nur ggf gegenständlich beschränkt – wahrzunehmen. Sinngemäß gilt das o Rn 133 Gesagte. Freilich haftet der Treuhänder auch nur in seinem Aufgabenbereich namentlich der korrekten und sparsamen Mittelverwendung, ggf des Abschlusses zweckmäßiger weiterer Verträge. Über die Wirtschaftlichkeit des Objektes insgesamt braucht er den Erwerber nicht aufzuklären (vgl OLG Köln BauR 1996, 905). Aber zu verhindern hat er zB die Änderung der Zweckbestimmung des Objekts (vgl OLG Köln NJW-RR 1996, 469: Studentenheim statt Seniorenwohnanlage). Bei schuldhafter Pflichtverletzung ergibt sich hier eine Haftung aus den §§ 280 Abs 1, 241 Abs 2. Ggf kann der Treuhänder auch der Prospekthaftung unterliegen, dazu o Rn 126.

Beim Abschluß des Basistreuhandvertrages ist § 311b Abs 1 zu beachten, weil er bei wirtschaftlicher Betrachtung eine unteilbare Einheit mit der vom Erwerber übernommenen Pflicht zum Grundstückserwerb bildet.

c) Zum Wesen der Basistreuhand gehört die *Bevollmächtigung des Treuhänders* **139** zum Abschluß der weiteren notwendigen Verträge, die nicht zu widerrufen sich der Erwerber zumeist auch verpflichtet. Auch diese bedarf als integrativer Teil des Gesamtkomplexes der *notariellen Beurkundung* (vgl BGH WM 1985, 81; 1987, 215; 1369; 1426; 1990, 1543), dies natürlich auch, wenn sie isoliert erfolgt. Zur möglichen Anscheinswirkung der Vollmacht bei Formmangel vgl o Rn 131. Zu einer etwaigen Haftung des Treuhänders aus § 179 gilt das o Rn 132 Gesagte entsprechend.

140 d)   Wenn etwaige Ersatzansprüche der Erwerber aus positiver Forderungsverletzung eines Dienstvertrages folgen, ist hinsichtlich ihrer *Verjährung* von der Frist des § 195 auszugehen, so jedenfalls die hM. Die Regel ist diese Verjährung jedoch deshalb nicht, weil regelmäßig Steuerberater, Rechtsanwälte oder Wirtschaftsprüfer als Treuhänder tätig werden und man die Wahrnehmung dieser Aufgabe zu ihrer beruflichen Tätigkeit rechnet, auch wenn sie sicherlich nicht deren Kern bildet. Damit aber werden die *dreijährigen Fristen der §§ 51b BRAO, 68 StBerG*, BGH NJW 1986, 1171, und der *fünfjährigen des § 51a WPO*, BGH WM 1987, 631, anwendbar. Bei diesen Fristen ist zweierlei zu beachten: Zum einen knüpfen sie an den Eintritt eines Schadens an, einen Zeitpunkt, der nicht eindeutig zu bestimmen ist und in der neueren Rechtsprechung jedenfalls möglichst spät angesetzt wird, vgl dazu die Erl zu § 198 aF. Zum anderen folgert die Rechtsprechung aus der Verpflichtung der betreffenden Personen zur umfassenden Interessenwahrnehmung, daß auch über mögliche Schadensersatzansprüche und die diesen drohende Verjährung aufzuklären ist, und zwar auch, soweit diese gegen die betreffenden Personen selbst gerichtet sind, so daß dem Betreuten ein neuerlicher (sekundärer) Schadensersatzanspruch erwächst, der dazu verpflichtet, die an sich begründete Einrede der Verjährung solange nicht zu erheben, wie er selbst nicht verjährt ist (vgl dazu die Erl zu § 222 aF). Im Ergebnis kann daraus maximal eine Verdoppelung der Verjährungsfrist folgen.

Vertragliche Verkürzungen der Verjährungsfrist sind jedenfalls nicht unter das Maß der §§ 51b BRAO, 68 StBerG möglich, § 307 Abs 2 Nr 1 (vgl BGH NJW 1986, 1171).

7. Erwerber

141 a)   Bei den Erwerbern gibt es unterschiedliche Motivationen. Neben dem Wohnbedürfnis steht der Wunsch nach sicherer Kapitalanlage und nach Steuerersparnis. Ob sich das zweite verlohnt, hängt von der Beurteilung des Grundstücksmarktes ab, ob das dritte, zunächst von den eigenen Gegebenheiten, sodann von Gesetzgebung und Praxis des Steuerrechts. Letztere sind hier nicht näher darzustellen, immerhin in der Tendenz eher restriktiv. Maßgebliche Abwägungsfaktoren sind außerdem (negativ) die unübersichtliche Kompliziertheit der Vertragsbündel sowie die Frage nach der Seriosität der Beteiligten. Hier bietet zwar heute die Prospekthaftung einigen Schutz, aber es ist nicht zu übersehen, daß es überhaupt notwendig war, sie zu entwickeln, und daß sie im Ergebnis nur so viel wert ist wie die Zahlungsfähigkeit der Haftenden.

b)   Untereinander können die Erwerber in verschiedener Form verbunden sein, und zwar in der Form der Wohnungseigentümergemeinschaft, von Bruchteilseigentümern, von Gesellschaftern einer Gesellschaft bürgerlichen Rechts oder einer Kommanditgesellschaft, wo sie die Stellung von Kommanditisten einnehmen.

142 c)   Für die *Kosten der Errichtung* des Bauwerks haften sie als Wohnungseigentümer *nach Bruchteilen* (vgl § 641 Rn 52) als Kommandisten in der beschränkten Weise der §§ 171 f HGB. Gesellschafter einer BGB-Gesellschaft haften grundsätzlich unbeschränkt.

Titel 9 · Werkvertrag und ähnliche Verträge
Untertitel 1 · Werkvertrag

d) Die Gewährleistungsansprüche richten sich gegen den jeweiligen Vertragspartner. Wie sie im Falle von Wohnungseigentum geltend zu machen sind, ist in Anh III zu § 635 dargestellt; im Falle gesellschaftsrechtlicher Verbindung folgt die Wahrnehmungsbefugnis aus den einschlägigen gesellschaftsrechtlichen Regeln.

Zu Schadensersatzansprüchen gegen Baubetreuer und Treuhänder o Rn 126.

Ein besonderes Risiko kann sich daraus ergeben, daß nicht genügend Interessenten gefunden werden können, um das Projekt überhaupt oder zeitgerecht durchzuführen. Im Falle des Bauträgers, der selbst den Anteil am Objekt schuldet, ergeben sich dann Schadensersatzansprüche aus den §§ 280, 281, bei bloßer Verzögerung aus den §§ 280, 286. Kündigungsmöglichkeiten können sich aus wichtigem Grund ergeben. Bei Baubetreuer und Treuhänder kann ein Fall der Prospekthaftung gegeben sein, wenn das Risiko absehbar war, im übrigen haften sie auf Schadensersatz wegen Nichterfüllung, wenn sie sich nicht gehörig bemüht haben, die notwendige Zahl zusammenzubringen, und auf das negative Interesse, wenn sie Gelder unwiederbringlich verwendet haben, bevor die Gesamtdurchführung gesichert war.

§ 631
Vertragstypische Pflichten beim Werkvertrag

(1) Durch den Werkvertrag wird der Unternehmer zur Herstellung des versprochenen Werkes, der Besteller zur Entrichtung der vereinbarten Vergütung verpflichtet.

(2) Gegenstand des Werkvertrags kann sowohl die Herstellung oder Veränderung einer Sache als auch ein anderer durch Arbeit oder Dienstleistung herbeizuführender Erfolg sein.

Materialien: E I § 567 Abs 1; II § 569; III § 621; Mot II 470 ff; Prot II 2205 f; Jakobs/Schubert, Recht der Schuldverhältnisse II 832 ff.

Schrifttum

Barner, Die Arbeitsgemeinschaft in der Bauwirtschaft als besonderer gesellschaftsrechtlicher Typus (Diss Mannheim 1971)
Benöhr, Rechtsfragen des Schwarzarbeitergesetzes, BB 1975, 232
Blaese, Der Erfüllungsanspruch und seine Konkretisierung im Werkvertrag (1988)
Donus, Der Fertighausvertrag (1988)
Ebert, Nebenpflichten des Unternehmers im Werkvertrag (Diss Bonn 1999)
Fahrenschon, Arge-Kommentar (2. Aufl 1982)
Graba, Zur Rechtsnatur des Fertighausvertrags, MDR 1974, 975

Hochstein/Jagenburg, Der Arbeitsgemeinschaftsvertrag (1974)
Häring, Der Fertighausbau und seine Rechtsprobleme (1968)
Jarasik, Der Ausgleichsanspruch des Werkunternehmers gegen den Besteller im Falle der Unwirksamkeit des Werkvertrages: Aufwendungs-, Verwendungs- oder Wertersatz (Diss Konstanz 1998)
Joussen, Die Abwicklung fehlerhafter/nichtiger Bauverträge, in: FS Vygen (1999) 182
Kniffka, Rechtliche Probleme des Generalunternehmervertrages, ZfBR 1992, 1

KÖHLER, Schwarzarbeitsverträge: Wirksamkeit, Vergütung, Schadensersatz, JZ 1990, 466
KRAUS, Gestaltung von Nachunternehmerverträgen, NJW 1997, 223
U LOCHER, Die Abwicklung des unwirksamen Architektenvertrages, in: FS Vygen (1999) 28
MEINERT, Das Verhältnis Generalunternehmer/ Subunternehmer unter Berücksichtigung des französischen Rechts, BauR 1978, 13
NICKLISCH, Rechtsfragen des Subunternehmervertrages bei Bau- und Anlageprojekten im In- und Auslandsgeschäft, NJW 1985, 2361
ders (Hrsg), Leistungsstörungen bei Bau- und Anlageverträgen (1984)
ders (Hrsg), Die Subunternehmer bei Bau- und Anlageverträgen im In- und Auslandsgeschäft (1985)
REUTER, Zivilrechtliche Probleme der Schwarzarbeit, in: ESER/MÜLLER, Schattenwirtschaft und Schwarzarbeit (1986) 31

RÜFNER, Schattenwirtschaft und Schwarzarbeit aus öffentlichrechtlicher Sicht, ebda 51
SCHLECHTRIEM, Haftung des Nachunternehmers gegenüber dem Bauherrn, ZfBR 1983, 101
SCHLÜNDER, Gestaltung von Nachunternehmerverträgen in der Praxis, NJW 1995, 1057
SCHRÖDER/BÄR, Geschäftsführung ohne Auftrag, Eigentümer-Besitzer-Verhältnis und Bereicherungsrecht bei der Abwicklung nichtiger Werkverträge, JURA 1996, 449
SCHWARZ, Der Subunternehmervertrag (Diss Hamburg 1996)
SONNENSCHEIN, Schwarzarbeit, JZ 1976, 497
THIES, Die Nichtigkeit des Werkvertrages unter besonderer Berücksichtigung des Eigentümer-Besitzer-Verhältnisses (Diss Hamburg 2001)
TIEDTKE, Baubetreuungsvertrag und Schwarzarbeit, NJW 1983, 713
ZEIGER, Der Nebenunternehmervertrag (1963).

Systematische Übersicht

I.	**Erfolg und Tätigkeit beim Werkvertrag**	1
1.	Erfolg	2
a)	Körperliche Objekte	3
aa)	Veränderung einer Sache	4
bb)	Herstellung einer Sache	5
b)	Sonstige Erfolge	6
c)	Bestimmtheit des Erfolges	7
d)	Ermittlung des Erfolges	8
aa)	Leistungsbeschreibung	8
bb)	Nachträgliche Änderungen	9
cc)	Bestimmung durch eine Partei	10
dd)	Auslegungskriterien	11
e)	Schulden des Erfolges	13
2.	Tätigkeit	14
a)	Allgemeines	14
b)	Subsidiarität der Tätigkeitspflicht	15
c)	Regelung der Tätigkeit	16
3.	Verschaffung des Werkes	17
a)	Stellung der Verschaffungspflicht	17
b)	Art der Verschaffung	18
II.	**Zukunftsbezogenheit des Werkvertrages**	
1.	Keine Begriffsnotwendigkeit	19
2.	Auswirkungen der Zukunftsbezogenheit	20
III.	**Parteien des Werkvertrages**	
1.	Unternehmer	21
a)	Anforderungen an den Unternehmer	21
b)	Kaufmannseigenschaft	22
c)	Mehrheit von Unternehmern	23
aa)	Außenbeziehungen der Arbeitsgemeinschaft	23
bb)	Innenbeziehung der Arbeitsgemeinschaft	24
cc)	Überlassung von Arbeitskräften oder Maschinen	25
d)	Parallel arbeitende Unternehmer	26
aa)	Beziehungen untereinander	26
bb)	Vertragliche Beziehungen: Haftungsverhältnisse	27
cc)	Einstandspflicht für andere Unternehmer	29
e)	Haupt- und (Sub-)Nachunternehmer	31
aa)	Allgemeines	31
bb)	Beziehungen des Bestellers zum Subunternehmer	32
cc)	Direkte Beauftragung des Subunternehmers	33

dd)	Zulässigkeit der Beschäftigung von Subunternehmern	34	V. Abschluß des Werkvertrages	
ee)	Beziehungen zu den Subunternehmern	35	1. Vorvertragliches Vertrauensverhältnis	64
ff)	Haftung für den Subunternehmer	36	a) Aufklärungspflichten, insbesondere des Bestellers	65
gg)	Subunternehmervertrag	37	b) Ausschreibung der Leistungen	66
hh)	Haftung des Hauptunternehmers für den Besteller	39	c) Sonstige Pflichten	66
ii)	Generalübernehmer	40	2. Abschluß	67
2.	Besteller	41	a) Form	67
			b) Bindungsfristen	68
IV.	**Rechte und Pflichten der Parteien**		c) Anforderungen an die Einigung	69
1.	Pflichten des Unternehmers	42	d) Haustürgeschäft	70
a)	Herstellung und Verschaffung	42	e) Finanzierungshilfe	71
aa)	Herstellung	43	3. Nichtigkeit des Werkvertrages	72
bb)	Verschaffung	47	a) Gesetzliche Verbote	74
b)	Aufklärung und Beratung	49	aa) SchwarzarbeitsG	74
aa)	Anforderungen an den Unternehmer	49	bb) Architektenbindung	74
bb)	Zeitpunkt der Hinweise	51	cc) Regelungen der Leistungserbringung; Genehmigungserfordernisse	75
cc)	Struktur der Pflichten	52	b) Sittenwidrigkeit	76
dd)	Weiteres Verfahren	53	4. Auslegung und Anfechtung	77
ee)	Sanktionen	54	a) Auslegungsgrundsätze	77
c)	Sonstige Nebenpflichten	57	b) Anfechtungsmöglichkeiten	78
2.	Pflichten des Bestellers	58	aa) § 119 Abs 1	78
a)	Zahlung des Werklohns	58	bb) § 119 Abs 2	79
b)	Abnahme	59	cc) § 123	80
c)	Mitwirkung des Bestellers	60		
d)	Nebenpflichten des Bestellers	61		

Alphabetische Übersicht

Abnahmepflicht	59	Bindungsfristen		68
Abschluß des Vertrages	64 ff	Dienstleistung		14
Anfechtung	78 ff			
– Einschränkungen der	81	Eigenschaften		
Arbeit	24	– des Unternehmers		79 ff
Arbeitsgemeinschaft	22 ff	– des Werkes		79 ff
Arbeitsmethode	15	Eigentümer-Besitzer-Verhältnis		73
Architektenbindung	74	Einigung der Parteien		69
Aufklärung		Erfolg		2 ff
– durch den Besteller	64 f	– Änderungen des		9
– durch den Unternehmer	49 ff	– Bestimmtheit des		7
– und Werkmangel	54 ff	– Bestimmung durch eine Partei		10
Auslegung	77	– gegenwärtiger		7
Ausschreibung	66	– Schulden des		13
Begriff des Werkvertrages	1	Erfüllungsort		
Beratung s Aufklärung		– Ablieferung		48
Besteller	41	– Herstellung		45

Erstellung des Werkes	44
Fertiges Werk	19
Finanzierungshilfe	71
Formerfordernisse	67
Geistiges Werk	6
Genehmigungen	75
Generalübernehmer	40
Geschäftsführung ohne Auftrag	73
Gesetzliche Verbote	74
Hauptunternehmer	31 ff
Haustürgeschäfte	70
Herstellung	14
– und Abnahme	43
– Recht zur	46
– einer Sache	5
– des Werkes	42 f
Hinweise s Aufklärung	
Kauf	19
Kaufmannseigenschaft	22
Körperliche Objekte	3
Kreditwürdigkeit	80
Künstler	10
Leistungsbeschreibung	8
Mängelbeseitigung	
– Recht zur	46
Materialien	
– Lieferung von	5
Mitverschulden	46
Mitwirkung des Bestellers	60 ff
Nachunternehmer	31 ff
Nebenpflichten	
– des Bestellers	61
– des Unternehmers	57
Nichtigkeit des Vertrages	72
Obhutspflichten des Unternehmers	57
Obliegenheiten des Bestellers	60
Polizeiliche Bestimmungen	75
Preisanpassung	20
Prüfungspflichten des Unternehmers	52

Reparaturauftrag	
– Umfang	12
Schwarzarbeit	74
Sittenwidrigkeit	76
Sowieso-Kosten	56
Subunternehmer	31 ff
– direkte Beauftragung	33
– Zulässigkeit der Beschäftigung	34
Subunternehmervertrag	35, 37 f
Tätigkeit	
– Regelung der	16
– und Vergütung	15
Tätigkeitspflicht	14
– Subsidiarität der	15
Überlassung	
– Arbeitnehmer	25
– Maschinen	25
Unmöglichkeit	72
Unternehmer	21 ff
– Anforderungen an den	21
– Arbeitsgemeinschaft	22
– parallel arbeitende	26 ff
Untersuchungsauftrag	12
Veränderung einer Sache	4
Verschaffung	16 f, 42, 47
– Erfüllungsort	48
– Inhalt	18
– Verjährung	47
Vertrag mit Schutzwirkung	28, 32, 57, 63
Vertrag zugunsten Dritter	41
Vertragsänderung	53
Vertrauenswürdigkeit	80
Verwendungszweck des Werkes	11
Vollendung des Werkes	18
Vorvertragliche Pflichten	64
Werkleistung	
– Notwendigkeit der	82
Werklohn	58
Werkstatt	48
Wirtschaftliches Werk	6
Zukunftsbezogenheit des Vertrages	19

Titel 9 · Werkvertrag und ähnliche Verträge § 631
Untertitel 1 · Werkvertrag 1–5

I. Erfolg und Tätigkeit beim Werkvertrag

§ 631 enthält eine *Begriffsbestimmung* des Werkvertrages. Nach Abs 1 der Bestim- **1**
mung ist der „Unternehmer" zur Herstellung des versprochenen Werkes verpflichtet,
der „Besteller" zur Entrichtung der vereinbarten Vergütung. Abs 2 umschreibt dann
die möglichen Gegenstände eines Werkes näher als die Herstellung oder Veränderung einer Sache bzw – umfassender – als die Herbeiführung eines Erfolges durch
Arbeit oder Dienstleistung. *Prägend im Mittelpunkt des Vertragstyps* steht damit *die
Werkleistung* des Unternehmers.

1. Erfolg

Der *Kreis der möglichen Werkleistungen* ist vom Gesetzgeber bewußt, vgl Mot II 506, **2**
außerordentlich weit gefaßt worden. Zentralbegriff ist insoweit der von § 631 Abs 2
genannte „Erfolg".

a) Körperliche Objekte
Werkverträge betreffen zunächst und weithin körperliche Objekte; wenn § 631 Abs 2 **3**
insoweit von Sachen redet, dann ist das *nicht abschließend* iSd § 90 gemeint. Gegenstand einer Werkleistung können ohne weiteres auch Menschen sein, zB beim Haarschnitt, oder Tiere, § 90a, zB beim Deckvertrag. Auch die Operation oder sonstige
Heilbehandlung ist als Gegenstand eines Werkvertrages nicht schlechthin ausgeschlossen, wird freilich gemeinhin als Dienstleistung, nicht Werkleistung verstanden (vgl Vorbem 27 zu §§ 631 ff).

Die körperlichen Objekte des Werkvertrages können nach § 631 Abs 2 *herzustellen*
oder *zu verändern* sein.

aa) Besonders typischer Gegenstand ist die Veränderung einer Sache. *Auf Ausmaß* **4**
oder Intensität der Veränderung kommt es dabei nicht an. Es reicht jede Form der
Bearbeitung, die von der grundlegenden Umgestaltung, wie zB beim Bau eines
Hauses, über die Wiederherstellung, wie zB bei der Reparatur, bis hin zur bloßen
Kontrolle der Funktionsfähigkeit, wie zB bei der Wartung, reichen kann.

Die *Veränderung einer Sache* trägt immer *werkvertraglichen Charakter*, sofern sie nur
entgeltlich erfolgt (dazu u Rn 58) und ein Erfolg als vertragliche Leistung des Unternehmers geschuldet wird.

Unerheblich sind dabei die Eigentumsverhältnisse an der Sache; sie kann selbst im
Eigentum des Unternehmers stehen und verbleiben, so zB wenn der Nachbar einen
Baum auf seinem Grundstück fällen soll. Es kommt auch nicht darauf an, wer das
Bearbeitungsobjekt stellt oder mit welchen Methoden es bearbeitet wird.

Aufgabe des Unternehmers muß es nur sein, *ein bestimmtes Endergebnis* seiner
Tätigkeit herbeizuführen. Wenn er nur die *Tätigkeit als solche* schuldet, handelt es
sich um einen Dienstvertrag (vgl zur Abgrenzung Vorbem 19 ff zu §§ 631 ff).

bb) Die durch das G zur Modernisierung des Schuldrechts nicht veränderte Be- **5**
stimmung des § 631 trägt § 651 nF nicht hinreichend Rechnung, nach dem die Liefe-

rung neu herzustellender beweglicher Sachen im wesentlichen dem Kaufrecht unterliegt, nach § 651 S 2, 3 nur teilweise dem Werkvertragsrecht, und zwar auch dann, wenn aus Stoffen des Bestellers gefertigt worden ist oder speziell für diesen. Es ergibt sich für die Anwendbarkeit des Werkvertragsrechts:

(1) Die „neue" Sache ist nur Bestandteil eines Grundstücks (Neubau, Einbau in ein Gebäude): Werkvertragsrecht, wie in § 651 Abs 2 aF ausdrücklich hervorgehoben, weil letztlich nur das Grundstück bearbeitet wird.

(2) Die neue Sache ist eine bewegliche:

Kaufrecht, falls aus Materialien des Bearbeitenden hergestellt.

Kaufrecht mit Anwendung des § 642, falls aus Materialien des Leistungsempfängers hergestellt, § 651 S 2.

Kaufrecht mit Anwendung weiterer werkvertraglicher Bestimmungen, falls die neue Sache nicht vertretbar ist, § 651 S 3.

Werkvertragsrecht, falls der Produktionsvorgang unter der Wertschwelle des § 950 bleibt (zB Abtrennung, Zerlegung).

b) Sonstige Erfolge

6 Gegenstand des Werkvertrages kann aber auch ein *anderer Erfolg als die Herstellung oder Veränderung einer Sache sein.* Im Rahmen eines Werkvertrages kann auf eine Sache eingewirkt werden, ohne sie in ihrer Substanz zu verändern, so namentlich bei der Beförderung. Es sind aber auch **rein geistige oder wirtschaftliche Ergebnisse** denkbar. So bleibt rein geistig die Kunstaufführung, rein wirtschaftlich die Besorgung einer bestimmten Finanzierung. Zuweilen, aber nicht zwingend, haben derartige unkörperliche Leistungen ein *körperliches Substrat*, so insbesondere Planungen, wie sie vor allem der Architekt schuldet.

Auch hier gilt wiederum, daß unmittelbares Vertragsziel mehr als eine bloße Tätigkeit zu sein hat, sondern daß eben ein bestimmter Erfolg vertraglich geschuldet werden muß. Angesichts der weiten Fassung des Erfolgsbegriffs *kann dieser aber letztlich nur negativ bestimmt werden.* Möglicher Erfolg des Werkvertragsrechts ist jeder, der nicht schon durch das Gesetz einem anderen Vertragstyp zugewiesen ist. So könnte es zB als werkvertragliche Leistung verstanden werden, daß man Eigentümer einer Sache wird, ungestört wohnt oder sein Eigentum in sicheren Händen weiß, nur hat das Gesetz dies eben als Kauf bzw Schenkung, Miete und Verwahrung ausgestaltet. Vgl insoweit zur Abgrenzung Vorbem 13 ff zu §§ 631 ff. Die vertraglich angestrebten Ziele sind bei Auftrag und Maklervertrag mit denen des Werkvertrages überhaupt identisch; die Abgrenzung gegenüber dem Auftrag kann nur nach dem Kriterium der Entgeltlichkeit erfolgen (vgl Vorbem 35 ff zu §§ 631 ff), gegenüber dem Maklervertrag danach, daß dort der Erfolg nicht geschuldet wird (vgl Vorbem 57 ff zu §§ 631 ff).

c) Bestimmtheit des Erfolges

7 Die Bestimmtheit des von dem Unternehmer geschuldeten Erfolges kann *von unter-*

schiedlicher Intensität sein. Er ist weithin konkret festgelegt, zB durch eine Planung, braucht dies aber nicht zu sein. So können zB auch nur *bestimmte Grenzwerte* festgelegt sein, zB eine Finanzierung, die eine bestimmte Kostenbelastung nicht überschreitet. Es widerspricht dem werkvertraglichen Charakter einer Vereinbarung aber auch nicht, wenn das *Ziel der Tätigkeit* des Unternehmers *einstweilen noch offen ist.* Das gilt namentlich für die Planung des Architekten, an deren Ende eine optimale Lösung der Probleme zu stehen hat, die sich aus Wünschen, Bedürfnissen und Möglichkeiten des Bauherrn ergeben. Zweifel an der Wirksamkeit des Vertrages ergeben sich aus dieser Unsicherheit nicht, auch nicht aus einer funktionalen Leistungsbeschreibung, die den Umfang des zu Leistenden nicht zuverlässig erkennen läßt (vgl BGH SCHÄFER/FINNERN/HOCHSTEIN § 9 VOB/A [1973] Nr 5).

d) Ermittlung des Erfolges
Die Vereinbarung des zu erreichenden Erfolges ist Sache der Parteien. In den Grenzen der §§ 134, 138 kann dies jeder beliebige sein. 8

aa) Diese Vereinbarung kann und wird vielfach in der Form einer *Leistungsbeschreibung* erfolgen. Doch ist diese nicht schlechthin verbindlich. Wenn für den Unternehmer Anhaltspunkte dafür bestehen, daß die von dem Besteller erstellte Leistungsbeschreibung bei wörtlicher Ausführung zu einem Werk führen wird, das den berechtigten Erwartungen des Bestellers nicht entspricht, hat er darauf hinzuweisen, wie dies § 4 Nr 3 VOB/B in verallgemeinerungsfähiger Form formuliert (vgl dazu § 633 Rn 62 ff) und schuldet bei Verletzung dieser Hinweispflicht jenes Werk, das der Besteller berechtigterweise erwarten kann, wobei der Besteller nur die damit verbundenen Mehrkosten als sog „Sowieso-Kosten" zu tragen hat. Entsprechendes gilt erst recht, wenn der Unternehmer die Leistungsbeschreibung erstellt hat.

bb) Wegen der Zukunftsbezogenheit des Werkvertrages kann es bei Durchführung 9 des Vertrages dazu kommen, daß sich Prognosen, die man bei Vertragsschluß angestellt hat, als unzutreffend erweisen, oder daß der Besteller seine Absichten ändert. Dann kann der Unternehmer nach Treu und Glauben gehalten sein, einer *nachträglichen Vertragsänderung* zuzustimmen (vgl dazu § 633 Rn 9 ff).

cc) Die nähere Bestimmung der Leistung kann *einer der Parteien überlassen* blei- 10 ben. Dies ist der *Besteller* dort, wo alternative Leistungspositionen vereinbart sind. Es kann und wird sich aber auch häufig aus der Natur der Sache ergeben, daß dies der *Unternehmer* ist. Dies gilt namentlich bei künstlerischen Leistungen, bei denen der Künstler eine seiner Eigenart entsprechende Gestaltungsfreiheit hat und die der Besteller nur dann als mangelhaft ablehnen darf, wenn sie dem Niveau des Künstlers nicht entsprechen, nicht aber schon deshalb, weil sie seinem eigenen Geschmack nicht entsprechen (vgl BGHZ 19, 382). Freilich kann auch die Gestaltungsfreiheit des Künstlers vertraglich beschränkt werden (vgl OLG Karlsruhe Justiz 1974, 123 zu der Vereinbarung bei einem Portrait, daß der Dargestellte „erkennbar sein" müsse).

dd) Der von dem Unternehmer geschuldete Erfolg bedarf im übrigen der Auslegung. Die Vereinbarungen der Parteien sind insbesondere unter Berücksichtigung der Verkehrssitte auszulegen. Dabei kommt es namentlich darauf an, *welchen Erfolg der Besteller redlicherweise erwarten darf.*

11 (1)   Gegenstand der Auslegung muß es dabei zunächst sein, ob überhaupt ein Erfolg und nicht nur eine Tätigkeit geschuldet wird. Wenn sich ein Erfolg als geschuldet ergibt, bedarf dieser der Feststellung in seiner Tragweite. Grundsätzlich will sich der Unternehmer nur zu seiner sachgerechten Leistung verpflichten (Haus, Reparatur, Planung oä), nicht aber auch dazu, daß der Besteller diese Leistung entsprechend seinen Zwecken verwenden kann. Freilich ist die *Übernahme einer entsprechenden Garantie* durch den Unternehmer denkbar. Fehlt es an einer solchen aber, so haftet er für eine Verfehlung der Verwendungszwecke des Bestellers nur im Verschuldensfall, entweder aus § 634 Nr 4, wenn dies auf einem Mangel des Werkes beruht, oder aus den §§ 280 Abs 1, 241 Abs 2, 311 Abs 2, wenn der Besteller von dem Unternehmer redlicherweise Aufklärung darüber erwarten durfte, daß das Werk für seine Verwendungszwecke nicht nutzbar sein würde. Der Schaden besteht dann in der Eingehung des Vertrages bzw der unterlassenen Kündigung nach § 649.

Gegenstand der Auslegung ist sodann die in § 633 Abs 2 geregelte Frage, welche konkreten Eigenschaften das Werk haben muß, damit es nicht mangelhaft erscheint.

12 (2)   Besondere Auslegungsprobleme ergeben sich hinsichtlich der geschuldeten Leistung dann, wenn *es bei Vertragsschluß noch gar nicht feststeht, was der Unternehmer im Ergebnis leisten soll.* Diese Situation kann sich vor allem – aber nicht nur – dann ergeben, wenn durch eine Reparatur Störungen unklarer Ursache beseitigt werden sollen.

Hier kann es sich ergeben, daß der Unternehmer von vornherein beauftragt sein soll, *die Störung durch die geeigneten Maßnahmen zu beseitigen.* Für einen solchen Auftragsumfang spricht es, wenn der Besteller ohne eine Alternative auf eine Abstellung der Störung angewiesen ist, ferner, wenn über die Kosten ausnahmsweise pauschal abgerechnet werden soll, oder bei konkreter Abrechnung über die Kosten, wenn diese im erwarteten Rahmen bleiben, und wenn zusätzlich die zu ergreifenden Maßnahmen ohne eine sinnvolle Alternative sind.

Hier kann es sich aber auch ergeben, daß der Unternehmer sich zunächst auf *eine Klärung der Ursachen* zu beschränken und weitere Entschließungen des Bestellers abzuwarten hat (vgl LG Stuttgart VuR 1990, 33). Das ist namentlich dann der Fall, wenn besonders hohe oder unübersichtliche Kosten zu gewärtigen sind oder wenn es mehrere sinnvolle Alternativen gibt, weiter vorzugehen.

Ob dann die Klärung der Störungsursachen noch im vorvertraglichen Bereich verbleibt oder schon eine eigene vergütungspflichtige Werkleistung darstellt, richtet sich mangels konkreter Absprachen nach den Kriterien des § 632 Abs 1. Maßgebliches Gewicht kommt insoweit den mit der Untersuchung verbundenen Kosten zu.

(3)   Dazu, daß die *Erarbeitung eines Vertragsangebots* trotz der damit verbundenen Kosten gemeinhin noch nicht als eine (vergütungspflichtige) Werkleistung zu verstehen ist (vgl § 632 Rn 93).

e) Schulden des Erfolges

13   Daß der Unternehmer die Herbeiführung des Erfolges schuldet bzw in der Ausdrucksweise des § 631 Abs 1 zu ihr verpflichtet ist, bedeutet, daß er *„im ersten An-*

lauf" gehalten ist, alle nur denkbaren Maßnahmen zu ergreifen, die geeignet sind, den Erfolg eintreten zu lassen. Hiervon befreit es ihn nur, wenn sich nachträglich unerwartete Hindernisse auftun, die sich als eine Störung der Geschäftsgrundlage darstellen; dann kann allerdings eine – auch preisliche – Anpassung des Vertrages geboten sein. Wenn der Erfolg zwar grundsätzlich eingetreten ist, aber doch nicht voll vertragsgemäß und damit mangelhaft, hat der Unternehmer im Rahmen seiner Nachbesserungspflicht nach § 634 Nr 1 „im zweiten Anlauf" alle Maßnahmen zu ergreifen, die geeignet sind, den Erfolg endgültig (mangelfrei) herbeizuführen, ohne doch mit einem unverhältnismäßigen Aufwand verbunden zu sein, § 635 Abs 3.

Im Falle der Verfehlung des geschuldeten Erfolges erhält der Unternehmer keine Vergütung bzw nur eine entsprechend herabgesetzte, vgl §§ 323, 644, 634 Nr 3. Dagegen hat er für Schäden, die die Verfehlung des geschuldeten Erfolges bei dem Besteller verursacht, grundsätzlich nur im Verschuldensfall einzustehen, vgl §§ 280, 281, 283, 634 Nr 4, 276.

2. Tätigkeit

§ 631 Abs 1 verpflichtet den Unternehmer zur **„Herstellung"** des Werkes, und Abs 2 **14** der Bestimmung erläutert dies näher dahin, daß seine Aufgabe eine „Arbeit oder Dienstleistung" ist, was sprachlich nicht nur auf die Herbeiführung eines anderen Erfolges zu beziehen ist, sondern auch schon auf die Herstellung oder Veränderung einer Sache.

a) **Allgemeines**

Die damit statuierte *Tätigkeitspflicht* des Unternehmers ist zunächst relevant in der Abgrenzung des Werkvertrages vom Kauf (vgl dazu Vorbem 13 ff zu §§ 631 ff, § 651 Rn 4 ff, 16 ff). Ihr kommt jedoch im übrigen *nur eine untergeordnete Bedeutung* gegenüber dem von dem Unternehmer geschuldeten Erfolg zu: Die Tätigkeitspflicht vermag für sich allein einen Vertrag noch nicht zu einem Werkvertrag zu machen. Gleichzeitig erhält der Unternehmer für seine schlichte Tätigkeit auch keine Vergütung, wenn nicht der geschuldete Erfolg eintritt, von den Ausnahmen des § 645 abgesehen (vgl dort). Umgekehrt wird die Vergütung für den Erfolg geschuldet. Die für diesen notwendige Tätigkeit hat für die Bemessung der Vergütung allenfalls kalkulatorische Bedeutung, sofern nicht nach Aufwand abzurechnen ist. Gleichzeitig *sichert der Eintritt des Erfolges dem Unternehmer die Vergütung*, mag seine Tätigkeit auch nur minimal gewesen sein oder ohne Kausalität für den Eintritt des Erfolges, weil diesen ein Dritter – nach § 267 – herbeigeführt hat.

b) **Subsidiarität der Tätigkeitspflicht**

Diese Subsidiarität der Tätigkeit gegenüber dem Erfolg hat mehrfache praktische **15** Auswirkungen.

(1) Wenn der Unternehmer nicht leistet, kann er nur auf den versprochenen Erfolg verklagt und zu diesem verurteilt werden (vgl § 633 Rn 3), *Gegenstand von Klage und Urteil* können nicht die für den Erfolg notwendigen Tätigkeiten sein, mögen diese auch eindeutig zu bestimmen sein.

(2) Sofern der Erfolg auf verschiedenen Wegen herbeigeführt werden kann, ist der Unternehmer in der Wahl der Arbeitsmethode frei (vgl § 633 Rn 53 ff).

(3) Der Unternehmer ist grundsätzlich auch frei in der *zeitlichen Einteilung seiner Arbeiten*. Dies bedarf allerdings der sachgerechten Einschränkung, soweit dadurch die fristgerechte Herbeiführung des Erfolges überhaupt gefährdet wird (vgl § 633 Rn 121), oder sonstige schützenswerte Belange des Bestellers (vgl § 633 Rn 122).

(4) Der *Eintritt des geschuldeten Erfolges* bzw seine Abnahme durch den Besteller ist für die Vergütung des Unternehmers maßgeblich, nicht die Tätigkeit des Unternehmers. Zunächst entsteht die Zahlungspflicht des Bestellers überhaupt nur dann, wenn das vollendete Werk abgeliefert wird, vgl §§ 641, 644. Die schlichte – aber erfolglose – Tätigkeit des Unternehmers kann nur unter den engen Voraussetzungen des § 645 eine Zahlungspflicht des Bestellers auslösen. Sodann ist der Werklohn auch in seiner Höhe davon abhängig, ob und inwieweit der geschuldete Erfolg eingetreten ist, vgl §§ 634 f, 644. Endlich wird der Werklohn an dem zu erzielenden Erfolg ausgerichtet; die dazu notwendige Tätigkeit ist regelmäßig nur einer von mehreren Bemessungsfaktoren, kann allerdings ausnahmsweise – beim Stundenlohnvertrag (vgl § 632 Rn 8 ff) – auch unmittelbar zum Maßstab der Vergütung gemacht werden.

c) Regelung der Tätigkeit

16 Die *Einzelheiten der Tätigkeit des Unternehmers sind im Gesetz*, obwohl von erheblicher praktischer Bedeutung, *praktisch kaum geregelt*. Die §§ 642, 643 sprechen Fragen an, die sich ergeben, wenn der Besteller eine notwendige Mitwirkung verweigert. Im Gegensatz zu dieser kargen Regelung stehen die *detaillierten Bestimmungen der VOB/B*, namentlich die §§ 3 (Ausführungsunterlagen), 4 (Ausführung), 5 (Ausführungsfristen), 6 (Behinderung und Unterbrechung der Leistung). Weil sie weithin nur das konkretisieren, was ohnehin aus dem Grundsatz von Treu und Glauben gefolgert werden kann, *kann vielfältig auf sie zurückgegriffen werden*. Das gilt nicht nur bei Bauleistungen, bei denen die Vereinbarung der VOB/B unterblieben ist, sondern *durchaus auch bei Werkleistungen anderen Charakters*; die Einzelheiten hierzu sind jeweils im Zusammenhang dargestellt (vgl zu § 3 VOB/B § 633 Rn 14 ff, zu § 4 VOB/B § 633 Rn 29 ff, zu § 5 VOB/B § 633 Rn 125 ff, zu § 6 VOB/B § 642 Rn 42 ff).

3. Verschaffung des Werkes

17 Neben der in § 631 Abs 1 genannten Herstellung des Werkes steht die in § 633 Abs 1 genannte Verschaffung des Werkes. Ob sie nach den Vorstellungen des Gesetzgebers als Teil der Herstellung zu verstehen ist (so BGB-RGRK/Glanzmann Rn 13 zur Ablieferung des bisherigen Rechts), erscheint zweifelhaft, weil sie näher noch mit dem Eintritt des Erfolges zusammenhängt. Außerdem ist sie im Gegensatz zur Herstellung des Werkes eine *unmittelbar einklagbare Pflicht* des Unternehmers.

Die Verpflichtung zur Verschaffung besteht in bezug auf das fertige Werk; die Verschaffung des unfertigen Werkes kann der Besteller nur im Falle der Kündigung verlangen (vgl BGB-RGRK/Glanzmann Rn 13). Zu verschaffen ist nach § 640 das vertragsgemäße mangelfreie Werk (vgl BGB-RGRK/Glanzmann Rn 15). Bei Mängeln kann der Besteller die Abnahme verweigern (vgl § 640 Rn 34) und – unabhängig von der Abnahme – die Beseitigung verlangen, §§ 281 Abs 1, 634 Nr 1.

a) Stellung der Verschaffungspflicht

Die Verschaffung steht im *Synallagma* mit der Zahlung der Vergütung, wie § 641 zeigt (vgl BGHZ 50, 177; 61, 62; BGB-RGRK/Glanzmann Rn 13). Sie ist eine *Hauptpflicht* des Unternehmers, auf die die §§ 320 ff ohne Besonderheiten anzuwenden sind; insbesondere erstreckt sich die Vorleistungspflicht des Unternehmers hinsichtlich der Herstellung des Werkes nicht mehr auf sie.

b) Art der Verschaffung

Entsprechend dem weit gespannten Kreis der möglichen werkvertraglichen Leistungen kann der Kreis der im Rahmen der Verschaffung geschuldeten Leistungen stark differieren. Der Unternehmer schuldet dem Besteller zunächst das *Eigentum an dem Werk*, sofern es nicht schon kraft Gesetzes auf diesen übergeht, vgl auch § 651 Abs 1 S 1 aF (und hier § 633 Rn 145 ff), oder die *sonstige Rechtsinhaberschaft*, sodann ganz allgemein das, was im römischen Kaufrecht mit *uti frui habere* umschrieben wurde, dh den ungestörten Genuß des Werkes. Dazu wird weithin die *Besitzverschaffung* gehören, zB die Übergabe oder Rückgabe von Schlüsseln, vgl auch § 651 Abs 1 S 1, dann aber vor allem auch, soweit dies nach Vereinbarung oder Verkehrssitte erwartet werden kann, eine *Einweisung* in das Werk, seine Besonderheiten und seinen Gebrauch, also ggf eine Gebrauchsanweisung und ergänzend/oder eine nähere Erläuterung, der *Hinweis auf Gefahren*, die für das Werk bestehen oder von diesem ausgehen, etc; letzteres ist eine Nebenpflicht iSd § 241 Abs 2.

18

Die Verschaffung des Werkes ist *nicht identisch mit seiner Vollendung* und auch nicht mit seiner *Abnahme*, schon weil letztere von dem Besteller vorzunehmen ist. Sie ist auch mehr als das bloße Spiegelbild der Abnahme, weil einerseits eine Billigung des Werkes zu ihr nicht gehört, sie sich andererseits in der bloßen Besitzverschaffung nicht erschöpft.

II. Zukunftsbezogenheit des Werkvertrages

§ 631 ergibt, daß dem Werkvertrag ein stark *zukunftsgerichtetes* Element innewohnt, wenn Gegenstand des Vertrages grundsätzlich eine künftige Leistung des Unternehmers ist.

19

1. Keine Begriffsnotwendigkeit

Begriffsnotwendig für den Werkvertrag ist diese Ausrichtung auf die Zukunft freilich nicht. Auch bei Verträgen über bereits fertige Sachen kann Werkvertragsrecht zugrunde gelegt werden, zB um § 637 Abs 1, 3 unzweifelhaft anwendbar sein zu lassen, oder in bezug auf die Wahlrechte nach den §§ 439 Abs 1, 635 Abs 1. Das ist auch in AGB der einen oder der anderen Seite unbedenklich zulässig.

2. Auswirkungen der Zukunftsbezogenheit

Aus der gemeinhin gegebenen Zukunftsbezogenheit des Werkvertrages ergibt sich:

20

a) Dem Besteller, nicht dem Unternehmer, ist ein *erleichtertes Kündigungsrecht in § 649* eingeräumt.

b) Beide Seiten können den Vertrag aus wichtigem Grunde kündigen (vgl zum Unternehmer § 643 Rn 20, zum Besteller § 649 Rn 36).

Leistungsstörungen, die nach allgemeinen Grundsätzen zur vollständigen Rückabwicklung des Vertrages durch Rücktritt, Wandlung oder Schadensersatz wegen Nichterfüllung führen müßten, können auf die *Zukunft beschränkt* werden, so daß über die bisher erbrachten Leistungen „normal" abzurechnen ist.

c) Der Besteller kann im Rahmen des dem Unternehmer Zumutbaren verlangen, daß das *Werk anders, erweitert oder auch nur eingeschränkt ausgeführt wird* (vgl dazu § 633 Rn 53 ff). Dies hat ggf Rückwirkungen auf die Vergütung (vgl § 632 Rn 61 ff).

Bei sich ergebenden Problemen der Vertragsdurchführung sind beide Parteien gehalten, kooperativ im Verhandlungswege eine Lösung zu suchen (BGH NJW 2000, 807); die Verweigerung kann einen Kündigungsgrund abgeben.

d) Dagegen kann der Unternehmer eine Anpassung der Preise an die sich im Laufe des Vertrages ändernden Verhältnisse grundsätzlich nicht verlangen, es sei denn, es sei ausnahmsweise die Geschäftsgrundlage des Vertrages gestört. Natürlich wirken sich Änderungen, Erweiterungen oder Einschränkungen des Werkes auf seinen Vergütungsanspruch aus (vgl wiederum § 632 Rn 61 ff). Soweit der Unternehmer Preisgleitklauseln in seinen AGB vorsieht, ist § 309 Nr 1 zu beachten. Ggf können ihm zusätzliche Vergütungsansprüche aus Behinderungen bei der Erstellung des Werkes erwachsen (vgl dazu § 642 Rn 42 ff).

III. Parteien des Werkvertrages

1. Unternehmer

21 Das Gesetz bezeichnet denjenigen, der die Werkleistung zu erbringen hat, als Unternehmer; die VOB spricht – sinngleich – von dem **Auftragnehmer**.

a) Anforderungen an den Unternehmer
Unternehmer kann grundsätzlich *jede natürliche oder juristische Person* sein. Besonderen formalen Qualifikationen braucht sie nicht zu genügen, sofern sich diese nicht ausnahmsweise aus der Art der zugesagten Tätigkeit ergeben; freilich kann sich für den Besteller ggf eine Anfechtungsmöglichkeit nach den §§ 119 Abs 2, 123 ergeben, sofern eine bestimmte formale Qualifikation – zB die als Architekt – nach der Verkehrsauffassung zu erwarten gewesen war. Allerdings muß der Unternehmer in der Sache *für die versprochene Werkleistung qualifiziert sein*; fehlt es daran, können sich wiederum Anfechtungsmöglichkeiten aus den §§ 119 Abs 2, 123 ergeben, außerdem auch Schadenersatzansprüche des Bestellers aus den §§ 280 Abs 1, 241 Abs 2, 311 Abs 2, die freilich hinter die §§ 633 ff zurücktreten, sofern die mindere Befähigung zu Mängeln der Werkleistung geführt hat.

Auf die *Gewerblichkeit* der Tätigkeit kommt es für die Eigenschaft als Unternehmer nicht an, wenn sie auch *die Regel* bildet und als solche namentlich die an den Unternehmer zu stellenden Anforderungen prägt.

b) Kaufmannseigenschaft

Während nach bisherigem Recht der Unternehmer grundsätzlich nicht als solcher 22 schon die Kaufmannseigenschaft hatte, weil werkvertragliche – namentlich handwerkliche – Tätigkeiten nicht in den Katalog des § 1 Abs 2 HGB aF fielen, kommt ihm diese jetzt unter den Voraussetzungen des § 1 Abs 2 HGB nF zu: Auch das Handwerk ist danach Gewerbe/*Handelsgewerbe*, zB im Baubereich, wobei es freilich oft an dem Erfordernis eines in kaufmännischer Weise eingerichteten Geschäftsbetriebs, § 1 Abs 2 HGB, fehlen wird. Auch dann besteht aber immer noch die Möglichkeit der konstitutiven Eintragung in das Handelsregister nach § 2 HGB.

Für den Besteller ist diese weitreichende Unterstellung unter das HGB insbesondere von Bedeutung für die Vertretung des Unternehmers (Prokura, Handlungsvollmacht, § 56 HGB) und für die Behandlung von unter gemeinsamer Firma agierenden Unternehmern nach den Regeln der oHG. Auch werden die allgemeinen Vorschriften über Handelsgeschäfte der §§ 343 ff HGB anwendbar.

Der Schutz des Werkunternehmers gegenüber AGB des Bestellers ist unabhängig von seiner Kaufmannseigenschaft nach Maßgabe des § 310 Abs 1 reduziert, sofern er denn nur gewerblich oder selbständig beruflich handelt, § 14.

Von der Anwendbarkeit des HGB ausgenommen bleiben die freien Berufe; § 14 erfaßt auch sie.

c) Mehrheit von Unternehmern

Als Unternehmer kann auch eine Mehrheit von Personen auftreten. Das kann sich 23 bei größeren Aufträgen empfehlen, die wegen ihres Umfanges oder der Unterschiedlichkeit der zu erbringenden Leistungen von einem Unternehmer allein nicht zu bewältigen sind. Die Form der Zusammenarbeit ist grundsätzlich die einer Gesellschaft Bürgerlichen Rechts (vgl BGHZ 33, 307 = NJW 1957, 750); man spricht üblicherweise von einer *Arbeitsgemeinschaft („Arge")*.

Namentlich in der Bauwirtschaft sind Zusammenschlüsse dieser Art üblich; es ist vom Hauptverband der Deutschen Bauindustrie und dem Zentralverband des Deutschen Baugewerbes ein Arge-Mustervertrag entwickelt worden, dessen letzte Fassung von 1995 stammt.*

aa) *Gegenüber dem Besteller* ist die Arbeitsgemeinschaft dadurch gekennzeichnet, daß ihre Mitglieder für die geschuldeten Leistungen und die Erfüllung weiterer

---

* **Schrifttum**: BARNER, Die Arbeitsgemeinschaft in der Bauwirtschaft als besonderer gesellschaftsrechtlicher Typus (Diss Mannheim 1971); LUTZ FISCHER, Die Gesellschaft bürgerlichen Rechts (1977) 190 ff; HOCHSTEIN/JAGENBURG, Der Arbeitsgemeinschaftsvertrag (1974); FAHRENSCHON/BRODBECK/BURCHARDT/KAPPERT/REHM/RENAUER, Arge-Kommentar (2. Aufl 1982, Ergänzungsband 1990); INGENSTAU/KORBION, VOB Anh 1 Rn 4 ff; KNIGGE, Die Abstellung von Arbeitnehmern an eine baugewerbliche Arbeitsgemeinschaft (Diss Freiburg 1976); KOPAL/KUHNEN, Die Geschäftsführung der Arbeitsgemeinschaft in der Bauwirtschaft (1968); KORNBLUM, Rechtsfragen der Bau-Arge, ZfBR 1992, 9; KARSTEN SCHMIDT, Gesellschaft bürgerlichen Rechts 453 ff, 515 ff, in: Gutachten und Vorschläge zur Überarbeitung des Schuldrechts, Bd III (1983).

vertraglicher und außervertraglicher Pflichten grundsätzlich unbeschränkt selbst als *Gesamtschuldner* haften, § 128 HGB analog; namentlich gilt ohne eine entsprechende Vereinbarung keine Beschränkung auf das Gesellschaftsvermögen, wie es nicht einmal immer gebildet zu sein braucht. Eine Einzelhaftung kann mit dem Besteller vereinbart werden; dies muß freilich mit hinreichender Deutlichkeit geschehen.

Die Arbeitsgemeinschaft ist aktiv und passiv parteifähig, BGH NJW 2001, 1056.

24 bb) *Intern* gelten die Grundsätze über die *Gesellschaft Bürgerlichen Rechts*, die mithin weithin der freien Vereinbarung der Beteiligten unterliegen, jedenfalls in der Bauwirtschaft aber üblicherweise an dem o Rn 23 genannten Mustervertrag ausgerichtet werden.

25 cc) Von der gemeinsamen Unternehmerstellung mehrerer ist der Fall zu unterscheiden, daß ein Unternehmer einem anderen für die Erledigung von dessen Auftrag *Arbeitskräfte und/oder Maschinen überläßt*. Hier kommt der Werkvertrag des endgültigen Auftraggebers nur mit dem die Arbeitskräfte oder Maschinen übernehmenden Unternehmer zustande; dieser haftet ggf für die überlassenen Arbeitskräfte nach § 278. Wie sich die Rechtsbeziehungen zwischen den beiden Unternehmern gestalten, hängt maßgeblich von den getroffenen Vereinbarungen ab, vgl auch BAG NJW 1979, 2636; BGH NJW 1980, 453: Um einen Dienstvertrag (bzw Miete) handelt es sich, wenn das Direktionsrecht auf den „Entleiher" übergeht, andernfalls um einen Werkvertrag. Letztlich kommt es wiederum auf die übliche Unterscheidung an, ob eine Tätigkeit oder ein Erfolg geschuldet wird (vgl dazu Vorbem 19 ff zu § 631). Die Beurteilung der Beziehungen zwischen den Unternehmern ist nicht präjudiziell für die Beurteilung der arbeitsrechtlichen Beziehungen zu den überlassenen Arbeitskräften und die nach dem AÜG zu beurteilende Zulässigkeit der Überlassung.

d) Parallel arbeitende Unternehmer

26 Möglich und verbreitet ist es, daß der Besteller nebeneinander mehrere Unternehmer kraft gesonderter Werkverträge beschäftigt; dies kann sich namentlich im Baubereich hinsichtlich der unterschiedlichen Gewerke ergeben.

aa) Die *Beziehungen der einzelnen Unternehmer zu dem Besteller* beurteilen sich dann allein nach dem jeweils mit dem Besteller abgeschlossenen Vertrag. Insbesondere hat ein Unternehmer für den anderen nicht nach § 278 einzustehen. Soweit er auf den Leistungen des anderen aufbauen soll, hat er freilich zu überprüfen, ob diese dafür eine geeignete Grundlage bilden (vgl zu den verallgemeinerungsfähigen Grundsätzen des § 4 Nr 3 VOB/B § 633 Rn 62 ff). Verstöße gegen diese Pflicht begründen den Vorwurf eigenen Verschuldens und können überhaupt auch schon die eigene Leistung als mangelhaft erscheinen lassen (vgl dazu Anh I Rn 10 zu § 638).

Umgekehrt haftet auch der Besteller dem einen Unternehmer *nicht nach § 278* für den anderen, sofern dieser Rechtsgüter des ersteren verletzt. Wenn der andere Unternehmer seine Leistung mangelhaft oder verspätet erbringt, so daß der erste Unternehmer in seiner Leistung behindert wird, gerät der Besteller dadurch allerdings regelmäßig seinerseits in Annahmeverzug (vgl § 642 Rn 85).

bb) *Vertragliche Beziehungen zwischen den einzelnen Unternehmern* bestehen nur 27 ausnahmsweise, wenn sie besonders begründet werden. Gegenüber der Annahme solcher Vereinbarungen ist aber Zurückhaltung geboten; sie müssen mit hinreichender Deutlichkeit zum Ausdruck kommen. Abreden, die der bloßen Koordinierung der jeweiligen Leistung dienen, reichen dazu nicht aus. Auch die Übernahme von Leistungen des anderen wird sich weithin im Bereich der bloßen Gefälligkeit bewegen; wesentliches Indiz für einen rechtlichen Bindungswillen ist die Vereinbarung von Entgelten. Insgesamt gelten die allgemeinen Grundsätze für die Abgrenzung von Rechts- und Gefälligkeitsverhältnissen.

Die Verträge des Bestellers mit den einzelnen Unternehmern sind grundsätzlich auch 28 *nicht als Verträge mit Schutzwirkung für den jeweils anderen* zu verstehen. Insofern ist ein Unternehmer bei einer Schädigung durch den anderen im direkten Verhältnis in aller Regel auf deliktische Ansprüche beschränkt. Insoweit wird es vor allem bei einer *Schädigung der Werkleistung* weithin an einem verletzten Rechtsgut iSd § 823 Abs 1 fehlen, da der geschädigte Unternehmer nicht mehr Eigentümer zu sein braucht und sein Besitz an der Werkleistung nur ausnahmsweise in seinem Schutzbereich das volle Schadensinteresse umfaßt. Es hat dann der Besteller im Wege der *Drittschadensliquidation* den Schaden des Unternehmers einzufordern, vgl § 644 Rn 10; der geschädigte Unternehmer kann die Abtretung der diesbezüglichen Ansprüche verlangen (vgl SOERGEL/TEICHMANN Rn 4).

cc) Im Einzelfall kann ein Unternehmer aber auch dem Besteller gegenüber für 29 den anderen Unternehmer einzustehen haben. Es bleibt dann freilich immer bei einer Haftung für Eigenverschulden.

(1) Eine *Haftung für culpa in eligendo* mit der Anspruchsgrundlage der §§ 280 Abs 1, 241 Abs 2 ergibt sich zunächst, wenn der eine Unternehmer dem Besteller zur Beauftragung eines bestimmten anderen Unternehmers geraten hat. Zwar braucht er sich grundsätzlich nicht darum zu kümmern, wen der Besteller zusätzlich beauftragt, aber wenn er dies tut, hat dies mit der gehörigen Sorgfalt zu geschehen.

Die Benennung eines geeigneten anderen Unternehmers wird dann von dem Unternehmer geschuldet, wenn er den Auftrag oder Teile von ihm zurückgegeben hat, weil er sich – aus kapazitären Gründen oder wegen unerwarteter sachlicher Überforderung – zur eigenen Durchführung außerstande sieht. Der Besteller braucht sich darauf nicht einzulassen; wenn er es tut, darf er die Benennung eines qualifizierten Unternehmers erwarten.

Zur Haftung für culpa in eligendo kommt es auch, wenn er in mittelbarer Stellvertretung für den Besteller ihn mit Aufgaben betraut, die er selbst nicht schuldet (vgl BGH NJW 1997, 2173, 2174 [zum Verhältnis Architekt/Bodengutachter]). Allein aus der Vergabe im eigenen Namen ist der Wille nicht zu schließen, selbst zu schulden (und dann nach § 278 zu haften).

(2) Im Einzelfall kann sich ein Unternehmer auch dem Besteller gegenüber ver- 30 pflichten, *die Tätigkeit eines anderen Unternehmers zu überwachen*. Das ist grundsätzlich gesondert *vergütungspflichtig* (vgl INGENSTAU/KORBION Anh 1 Rn 168), wie § 632 Abs 1 ergibt; die Höhe der Vergütung ist mangels konkreter Absprachen nach § 632

Abs 2 zu beurteilen. Welche Pflichten dem Unternehmer hier zufallen, kann nur eine Auslegung der getroffenen Vereinbarungen ergeben. Auch hier haftet der Unternehmer nur für *Eigenverschulden*. Da seine Stellung hier der eines Architekten angenähert ist, wird als Anspruchsgrundlage wie dort (vgl Anh II Rn 16 ff zu § 638) § 634 Nr 4 heranzuziehen sein.

e) Haupt- und (Sub-)Nachunternehmer

31 aa) Der Unternehmer kann die geschuldeten Leistungen selbst bzw durch den eigenen Betrieb erbringen; notwendig ist dies nicht, vielmehr kann er auch eigene Werkverträge über Teile der Leistungen mit weiteren Unternehmern abschließen. Letztere werden dann gemeinhin als **Sub- oder Nachunternehmer** bezeichnet; er selbst als Hauptunternehmer. Dabei macht es keinen Unterschied, ob der Hauptunternehmer selbst die gesamte vorgesehene Leistung zu erbringen hat – dann ist er Generalunternehmer oder Totalunternehmer – oder nur Teile davon.

32 bb) *Alleiniger Vertragspartner des Bestellers* ist – und bleibt – *der Hauptunternehmer* (vgl BGH BauR 1974, 134; INGENSTAU/KORBION Anh 1 Rn 123); vertragliche Beziehungen zwischen dem Subunternehmer und dem Besteller werden nicht begründet. Insbesondere ist sein Vertrag mit dem Subunternehmer *nicht als Vertrag mit Schutzwirkung für den Besteller* zu verstehen (aA SCHLECHTRIEM ZfBR 1983, 102; wie hier INGENSTAU/KORBION Anh 1 Rn 117), so daß Haupt- und Subunternehmer dem Besteller auch nicht als Gesamtschuldner haften (vgl BGH NJW 1981, 1779 = LM VOB/B § 13 [A] Nr 9). Möglich ist nur eine *Abtretung der Ansprüche gegen den Subunternehmer an den Besteller* (vgl DOERRY ZfBR 1982, 192). Unmittelbare vertragliche Beziehungen zwischen dem Subunternehmer und dem Besteller entstehen auch nicht schon dann, wenn direkt zwischen ihnen abgerechnet werden soll (vgl BGH WM 1974, 197, 198).

33 cc) Das schließt es nicht aus, *daß der Besteller dem Subunternehmer direkt (weitere) Aufträge erteilt*. Doch muß der Besteller dafür einen entsprechenden *Bindungswillen* haben, an dem es fehlt, wenn er davon ausgehen kann oder – für den Subunternehmer ersichtlich – davon ausgeht, daß er diese Leistung schon von dem Hauptunternehmer beanspruchen kann. Auch dann beschränken sich die Rechte des Bestellers gegenüber dem Subunternehmer auf die Rechte aus diesen Zusatzverträgen (aA OLG Schleswig NJW-RR 1998, 1551).

Insofern kann grundsätzlich auch das *bloße Anfordern bestimmter* Leistungen durch den Besteller von dem Subunternehmer nicht als eine direkte Beauftragung gewertet werden, selbst wenn man berücksichtigt, daß es *nicht Sache des Bestellers ist, direkt den Subunternehmer anzusprechen*, und er sich hierdurch uU dem Hauptunternehmer aus den §§ 280 Abs 1, 241 Abs 2 schadensersatzpflichtig machen kann. Es kann von dem Subunternehmer erwartet werden, daß er für direkte Aufträge die nötige Klarheit schafft. Anlaß für die direkte Beauftragung des Subunternehmers kann die Insolvenz des Hauptunternehmers sein (vgl OLG Schleswig NJW-RR 1998, 1551). Indiz für die direkte Beauftragung ist das Abverlangen anderer Leistungen als sie im Hauptvertrag enthalten sind (vgl OLG Koblenz NJW-RR 1996, 919 Ökokleber). Die Reichweite der direkten Gewährleistung des Subunternehmers ist eine Frage der Auslegung (vgl OLG Schleswig aaO); im Zweifel beschränkt sie sich auf das direkt in Auftrag Gegebene, erfaßt nicht die Leistungen des Subunternehmers an den Hauptunternehmer.

Darlegungs- und beweispflichtig für eine direkte Beauftragung ist der Subunternehmer, soweit es um die Vergütung geht; für Gewährleistungsansprüche trifft die Beweislast den Besteller.

dd) Die *Beschäftigung von Subunternehmern ist nicht ohne weiteres zulässig*, vgl die 34 verallgemeinerungsfähigen Grundsätze des § 4 Nr 8 Abs 1 VOB/B (dazu § 633 Rn 105 ff). Sie setzt die *Zustimmung des Bestellers* voraus, der grundsätzlich auf eine Ausführung im eigenen Betrieb des Unternehmers vertrauen darf, es sei denn, daß der Unternehmer auf Leistungen dieser Art nicht eingerichtet ist und auch nicht eingerichtet zu sein braucht.

ee) Wenn der Unternehmer zulässigerweise Subunternehmer beschäftigt, ist die 35 *Ausgestaltung der Verträge mit ihnen* – namentlich die Gestaltung der Preise – *grundsätzlich seine Sache*. § 4 Nr 8 Abs 2 VOB/B sieht allerdings vor, daß insoweit die VOB/B zugrunde gelegt wird (vgl dazu § 633 Rn 104 ff). Hinsichtlich der Einzelheiten der Vertragsgestaltung hat der Besteller *keinen Auskunftsanspruch*, ein solcher besteht nur nach § 241 Abs 2 in bezug auf Namen und Anschrift des Subunternehmers, vgl insoweit auch § 4 Nr 8 Abs 3 VOB/B (dazu § 633 Rn 108).

ff) Der Hauptunternehmer haftet für das Verschulden des Subunternehmers nach 36 *§ 278*. Er kann auch im Rahmen des §§ 634a Abs 3, 639 für *dessen Arglist* einzustehen haben (vgl BGHZ 66, 43 = NJW 1976, 516 = JR 1976, 285 m Anm Schubert = LM § 278 BGB Nr 73).

gg) *Maßgeblich für die Beziehungen zwischen dem Haupt- und dem Subunterneh-* 37 *mer ist allein der zwischen ihnen abgeschlossene Vertrag*. Nach diesem beurteilt es sich insbesondere, welche Vergütung dem Subunternehmer zusteht und welche Leistungen er zu erbringen hat, bzw, was diese als mangelhaft erscheinen lassen kann. So ist zB eine Leistung des Subunternehmers nicht schon deshalb als mangelhaft zu betrachten, weil insoweit der Hauptunternehmer dem Besteller gewährleistungspflichtig ist.

Wenn der Hauptunternehmer in seinen AGB versucht, *Risiken aus seinen Beziehun-* 38 *gen zum Besteller auf den Subunternehmer abzuwälzen*, sind dem nach § 307 Abs 2 Nr 1 Grenzen gesetzt. Es widerspricht den wesentlichen Grundgedanken der gesetzlichen Regelung, wenn einer Vertragspartei Risiken aus den Beziehungen der anderen zu Dritten aufgebürdet werden sollen, auf die sie keinen Einfluß hat. So ist es unzulässig zu vereinbaren, daß der Subunternehmer nur insoweit Vergütung erhalten soll, wie der Hauptunternehmer selbst eine erhält, unzulässig, die Abnahme seiner Leistungen von der Abnahme durch den Besteller abhängig zu machen (vgl Ingenstau/Korbion Anh 1 Rn 141) oder auch nur, auf den Zeitpunkt der Abnahme durch den Besteller zu verschieben, sofern sich die Leistung des Subunternehmers vorab schon abschließend beurteilen läßt (vgl Ulmer/Brandner/Hensen §§ 9–11 Anh Rn 725). Verlängerungen der Gewährleistungsfristen sind dann unzulässig, wenn dadurch die Fristen des § 634a überschritten werden (vgl § 639 Rn 70 f). Der Subunternehmer kann nicht wirksam auf „Einwendungen wegen Irrtums oder mangelnder Kenntnis der zur Beurteilung der Leistung erforderlichen Umstände" verzichten (vgl BGH NJW 1983, 1671), oder – über den Rahmen der §§ 634 Nr 2, 637 hinaus – auf seine Nachbesserungsbefugnis, desgleichen nicht auf Vergütungsansprüche im Falle der Kündigung, wie sie sich aus § 649 S 2 hinsichtlich der schon erbrachten Leistungsteile ergeben. Vgl zu der gebotenen selbständigen Beurteilung des Subunternehmervertrages auch BGH NJW 1981, 1779. Trotz der gebotenen Trennung der Verträge handelt der Hauptunternehmer nicht treuwidrig, wenn das Verhalten des Subunternehmers dazu führt, daß eine Vertragsstrafe gegenüber dem Besteller fällig wird, und er bei dem Subunternehmer Regreß nimmt (BGH NJW 1998, 1493).

Individualvertraglich sind die Gestaltungsmöglichkeiten weiter. Doch kann im Zweifel nicht davon ausgegangen werden, daß dem Subunternehmer das Risiko der Insolvenz des Bestellers aufgebürdet werden soll (OLG Düsseldorf NJW-RR 1999, 1323).

39 **hh)** Der Hauptunternehmer haftet dem Subunternehmer für den Besteller nicht nach § 278; freilich muß er sich ggf dessen Planungsverschulden zurechnen lassen (vgl BGH NJW 1987, 644 = LM § 633 BGB Nr 60), weil die Planung beim Werkvertrag grundsätzlich Sache der Bestellerseite ist und der Hauptunternehmer gegenüber dem Subunternehmer die Bestellerrolle einnimmt. Insofern muß sich der Hauptunternehmer auch ggf Behinderungen des Subunternehmers durch den Besteller zurechnen lassen. Auch hat der Hauptunternehmer auf den Besteller dahin einzuwirken, daß der Besteller eine Nachbesserung des Subunternehmers hinnimmt. Ihm, nicht dem Besteller hat der Subunternehmer seine Nachbesserung anzubieten (OLG Düsseldorf NJW-RR 1998, 1553).

40 **ii)** Der Hauptunternehmer, der das gesamte Bauvorhaben übernimmt, läßt sich als *Generalunternehmer* bezeichnen (vgl o Rn 31). Von ihm zu unterscheiden ist der *Generalübernehmer*, der im Baubereich für den Bauherrn die Bestellerrolle übernimmt. Sein Vertrag mit dem Bauherrn fällt unter § 675; in aller Regel ist er als Werkvertrag zu qualifizieren, wenn der Erfolg eines fertigen Bauwerks geschuldet wird. Gegenständlich kann der Generalübernehmervertrag verschiedenen Umfang haben, er kann sich auf die eigentlichen Bauleistungen beschränken, zusätzlich auch planerische Aufgaben erfassen und schließlich auch noch die wirtschaftliche Betreuung des Bauvorhabens. Als Generalübernehmer können namentlich auch *Architekten* auftreten, ohne damit gegen Art 10 § 3 MRVG zu verstoßen (vgl BGH BB 1984, 370). Verträgen dieser Art kann die VOB/B nur insoweit wirksam zugrunde gelegt werden, wie Bauleistungen im eigentlichen Sinne erbracht werden, nicht aber hinsichtlich planerischer und sonstiger Leistungen (vgl BGH NJW 1988, 142 = LM § 11 Nr 10 f A AGBG Nr 8), was namentlich für die Verjährung von Gewährleistungsansprüchen von Bedeutung ist (§ 634a statt § 13 Nr 4 VOB/B). Die für die Erstellung des Bauvorhabens notwendigen Verträge werden regelmäßig von dem Generalübernehmer im eigenen Namen abgeschlossen, können aber auch im Namen des Bauherrn abgeschlossen werden.

Vgl zur Bauträgerschaft und Baubetreuung auch Vorbem 135 ff zu §§ 631 ff.

2. Besteller

41 Der Empfänger der Werkleistung wird von dem Gesetz als Besteller bezeichnet; die VOB/B spricht sinngleich von dem **Auftraggeber**.

Besteller kann *jede natürliche oder juristische* Person sein, in den Fällen der Subunternehmerverträge (dazu o Rn 31 ff) auch ein Unternehmer selbst. *Kaufmannseigenschaft* des Bestellers führt namentlich zur Anwendbarkeit der §§ 377, 381 Abs 2 HGB und modifiziert gegenüber etwaigen AGB des Unternehmers die Anwendbarkeit der §§ 305 ff, vgl §§ 310 Abs 1, 14.

Die Eigenschaft als Besteller wird nicht schon durch das Eigentum – oder gar den Besitz – an der zu bearbeitenden Sache indiziert; es gibt keine Vermutung dahin, daß Werkverträge, die sich auf fremde Sachen beziehen, im Namen des Eigentümers bzw Besitzers abgeschlossen werden.

Der Werkvertrag stellt sich auch nicht schon deshalb als Vertrag zugunsten eines Dritten dar, weil dieser – etwa als Eigentümer, Besitzer oder Nutzer der bearbeiteten Sache – von den vertraglichen Leistungen besonders betroffen ist. Das gilt ohne weiteres im Verhältnis Besteller/Hauptunternehmer/Subunternehmer, aber doch auch dort, wo zB der Ehemann das Grundstück seiner Ehefrau bebauen läßt: Die legitimen Interessen dieser Dritten werden vollauf dadurch gewahrt, daß dann ein Vertrag mit Schutzwirkung für sie anzunehmen ist; seine Erfüllungsansprüche will der Besteller idR nicht mit ihnen teilen; bedenklich OLG Köln BauR 1998, 585 (Architektenvertrag der Brauerei zugunsten des Pächters).

Als Besteller kann auch eine *Mehrheit von Personen* auftreten; sie werden dann hinsichtlich der Werkleistung Gesamtgläubiger; hinsichtlich des Werklohns sind sie grundsätzlich nach § 427 Gesamtschuldner, doch schränkt die Rechtsprechung dies bei Wohnungseigentümern hinsichtlich der Zahlungspflichten ein, die sich bei der Erstellung des Bauvorhabens ergeben (vgl dazu § 641 Rn 45).

IV. Rechte und Pflichten der Parteien

1. Pflichten des Unternehmers

a) Herstellung und Verschaffung

Den Unternehmer treffen die *Hauptpflichten* zur Herstellung des Werkes und seiner Verschaffung. Dabei ergibt § 633 Abs 1, daß der Unternehmer nicht nur das Werk als solches schuldet, sondern auch und gerade seine Mangelfreiheit, vgl auch § 640 Abs 1, der dem Besteller die Befugnis verleiht, das mangelhafte Werk zurückzuweisen. 42

aa) Zum Wesen der Herstellungspflicht des Unternehmers vgl schon oben Rn 14 f, zu ihrer Stellung im Synallagma des Werkvertrages auch § 641 Rn 3, zum Inhalt der Herstellungspflicht § 633 Rn 29 ff, zur verzögerten Herstellung § 642 Rn 42 ff.

(1) Die Pflicht zur Herstellung des Werkes wird nachhaltig modifiziert durch die *Abnahme des Werkes* durch den Besteller. Bis dahin hat sie nur vorbereitenden Charakter, so daß sie nicht selbständig eingeklagt werden kann (vgl o Rn 15); es steht insoweit der Anspruch des Bestellers auf Verschaffung im Vordergrund. Dieser Anspruch kann eingeklagt oder zur Grundlage eines Vorgehens nach den §§ 281 Abs 1, 323 Abs 1 gemacht werden, seine Gefährdung gibt einen Anlaß zur Kündigung aus wichtigem Grund. Nach der Abnahme ist *der Herstellungsanspruch – als Nacherfüllungsanspruch* – selbständig einklagbar, wobei freilich nur das Ziel der Mangelfrei- 43

heit einklagbar ist, nicht die Methode der Mängelbeseitigung. Vor der Abnahme verjährt der Herstellungsanspruch nach § 195 in drei Jahren, nach der Abnahme verjährt der Nacherfüllungsanspruch nach § 634a.

44 Schon vor der Abnahme erfährt der Herstellungsanspruch des Bestellers eine *erste Modifikation durch die Erstellung des Werkes*. Soweit diese erfolgt, gilt nunmehr für den Kostenaufwand des Unternehmers die Bestimmung des § 635 Abs 3, dh die erstmalige Erstellung des Werkes kann nicht wegen unverhältnismäßigen Aufwandes verweigert werden, wohl aber die Beseitigung von Mängeln an dem schon ausgeführten Werk (vgl § 635 Rn 8). Auch kann der Herstellungsanspruch des Bestellers nach Maßgabe der §§ 645 f mit der Herstellung des Werkes erlöschen, vgl § 644 Rn 5 ff.

45 Einen *Erfüllungsort* für den Herstellungsanspruch des Bestellers anzunehmen, ist sinnlos; dieser besteht zunächst *nur für den Verschaffungsanspruch*. Dagegen ist der Nachbesserungsanspruch dort zu erfüllen, wo sich das Werk bestimmungsgemäß befindet. Das bedeutet namentlich bei Werkleistungen, die in der Werkstatt des Unternehmers erbracht worden sind, daß ihm der Besteller das Werk zur Nachbesserung nicht dorthin anzuliefern hat; auch die mit dem Transport verbundenen Kosten können ihm nicht auferlegt werden, vgl § 636 Abs 2 (dazu § 635 Rn 2).

46 (2) Ein *Recht des Unternehmers zur Herstellung* des Werkes ist nur eingeschränkt anzuerkennen (vgl BGB-RGRK/Glanzmann Rn 11). Es besteht insofern nicht, als ihm der Besteller mangels entgegenstehender Abrede jederzeit nach § 649 den Vertrag kündigen kann. Bei ungekündigtem Vertrag hat der Unternehmer auch keine Abwehrrechte, wenn ihn der Besteller an der Erstellung des Werkes hindert, sondern ist auf die Rechte aus den §§ 642, 643 beschränkt, vgl dort; ggf kann er den Vertrag aus wichtigem Grund kündigen. Andererseits kann er es sich verbitten, wenn der Besteller auf die Methode der Erstellung des Werkes Einfluß zu nehmen sucht (vgl § 633 Rn 53 ff), und jedenfalls behält er nach Maßgabe des § 326 Abs 2 seinen Vergütungsanspruch, wenn der Besteller das Werk selbst erstellt oder einen Anlaß zur Kündigung aus wichtigem Grund gibt; Gleiches gilt nach § 649 bei der freien Kündigung des Bestellers.

Zur Befugnis des Unternehmers zur eigenen Mängelbeseitigung vgl § 634 Rn 31.

47 bb) Zur *Verschaffungspflicht* des Unternehmers vgl o Rn 17 f und § 633 Rn 141 ff.

Der Anspruch auf die Verschaffung *verjährt* nach den §§ 195, 199.

48 Der **Erfüllungsort** für die **Verschaffung** ist nicht ohne weiteres der Ort, an dem nach dem Vertrag die Herstellungsarbeiten vorzunehmen waren (**aA** LG Bremen NJW 1965, 203; BGB-RGRK/Glanzmann Rn 13); er ist vielmehr nach § 269 zu bestimmen (vgl Soergel/Teichmann Rn 14). Das bedeutet, daß zunächst eine besondere Abrede der Parteien den Vorrang hat. Wo es an ihr fehlt, kommt es maßgeblich auf die *Umstände* an. Das führt bei Bauverträgen zu eindeutigen Ergebnissen. Unterhält der Unternehmer eine *Werkstatt*, in der er das Werk herstellen will, so wird diese auch bei schwer transportierbaren Gegenständen der Erfüllungsort für die Verschaffung dann sein, wenn sie ihm der Kunde dort anliefert. Umgekehrt ist die *Wohnung des Be-*

stellers grundsätzlich dann Erfüllungsort auch für die Verschaffung, wenn der Unternehmer den zu bearbeitenden Gegenstand dort abholen soll. Hier werden weithin der Ort des Vertragsschlusses und der Erfüllung zusammenfallen. Zweifelsfälle ergeben sich zB dann, wenn der Kunde die Sache angeliefert hat, aber der Unternehmer sie nach der Bearbeitung zum Kunden zurückbringen soll. Hier ist außer § 269 Abs 3 maßgeblich die *Verkehrssitte* zu berücksichtigen, für die es insbesondere von Bedeutung ist, inwieweit der Transport des Werkes bzw der bearbeiteten Sache mit besonderen Schwierigkeiten verbunden ist bzw Risiken, die der Unternehmer signifikant besser beherrscht als der Besteller.

Sind danach Werkleistungen idR entweder *Bring- oder Holschulden*, so belegt doch § 644 Abs 2, daß auch eine *Schickschuld* möglich ist. Sie ist etwa dann anzunehmen, wenn Sachen zur Bearbeitung eingeschickt werden.

b) Aufklärung und Beratung
Eine Sonderstellung unter den Pflichten des Unternehmers nimmt die zur Aufklärung und Beratung des Bestellers ein. **49**

aa) Bei dem Unternehmer sind die für die Herstellung des Werkes nötigen Kenntnisse jedenfalls dann vorauszusetzen, wenn er gewerblich tätig ist (vgl BGB-RGRK/ GLANZMANN Rn 33). Das verschafft ihm idR einen *Wissensvorsprung* vor dem Besteller, der ihn zur umfassenden Aufklärung und Beratung verpflichtet, die sich auf das Werk selbst zu beziehen hat, insbesondere auch seine Planung, und zwar auch dann, wenn diese von dem Besteller selbst stammt, vgl dazu den verallgemeinerungsfähigen § 4 Nr 3 VOB/B (dazu § 633 Rn 62 ff), die zu erwartenden Kosten (vgl § 650 Rn 2 ff), aber auch auf die Verwendungszwecke des Bestellers (vgl BGH BauR 1970, 57). Die an den Unternehmer zu stellenden *Anforderungen sind streng;* so muß der Unternehmer zB darauf hinweisen, daß der beschränkt erteilte Instandsetzungsauftrag unzulänglich ist, daß vorhandene Anlagen dem neuen Werk nicht gewachsen sein werden (vgl RGZ 127, 14; RG HRR 1933, 1304); daß bei der Reparatur einer Sache neue Fehler zum Vorschein gekommen sind (vgl BGH LM § 242 BGB Cd Nr 37); ggf muß der Unternehmer auch vorab prüfen, was überhaupt sinnvoll zu tun ist (vgl BGH LM § 242 BGB Cd Nr 37).

Die Hinweispflichten des Unternehmers werden *durch vorhandene eigene Sachkunde* **50** *des Bestellers* zwar eingeschränkt, aber *nicht aufgehoben* (vgl BGB-RGRK/GLANZMANN Rn 16). Auch der sachkundige Besteller kann in einem konkreten Irrtum befangen sein.

bb) Die Hinweispflichten des Unternehmers bestehen *zu jeder Zeit*. Es gibt sie **51** namentlich *vor Vertragsschluß*, vgl § 311 Abs 2, damit ein „richtiger" Vertrag zustande kommt bzw ein „unzweckmäßiger" Vertrag – zB über eine nicht mehr lohnende Reparatur – unterbleibt, *während der Vertragsabwicklung*, aber auch noch *nach der Abnahme, wo der Besteller zB in den Gebrauch des Werkes eingewiesen werden muß, und sogar noch nach Verjährung der Gewährleistungsansprüche*; hier kann der Unternehmer verpflichtet sein, wenigstens Auskünfte darüber zu erteilen, wie er das Werk erstellt hat, oder dem Besteller sonst naheliegende Ratschläge zu geben.

52 cc) Bei den von dem Unternehmer geschuldeten Hinweisen sind *drei Stufen* zu unterscheiden:

(1) Zunächst müssen sich für den Unternehmer *Verdachtsmomente* ergeben, zB auf Fehlvorstellungen des Bestellers über die Verwendbarkeit des Werkes oder dessen Kosten oder die Zweckmäßigkeit/Mangelfreiheit einer von dem Besteller vorgelegten Planung. Nur Verdachtsmomente können Hinweispflichten des Unternehmers auslösen.

(2) Ergeben sich Verdachtsmomente, muß der Unternehmer diese *überprüfen*. Dabei braucht er freilich besondere Untersuchungskosten nicht aufzuwenden, sondern kann sich dann auf die Mitteilung der Verdachtsmomente beschränken und dem Besteller die eigene Klärung bzw die Übernahme der Untersuchungskosten anheimstellen. Zu einer eigenen mit Kosten verbundenen Untersuchung ist er dann verpflichtet, wenn ihm dies zumutbar ist. Das setzt außer einem Kostenvorschuß des Bestellers namentlich voraus, daß der Unternehmer fachlich zuständig ist. Daran kann es zB fehlen, wenn ein am Bau beschäftigter Unternehmer den Verdacht auf Mängel eines vorangehenden Gewerks hat oder auf Planungsmängel des Bestellers.

(3) Schließlich ist *das Ergebnis dem Besteller mitzuteilen*, und zwar mit dem gebotenen Nachdruck. Der Unternehmer hat sicherzustellen, daß der Besteller seine Bedenken verstanden hat. Weigert sich der Besteller, die Bedenken zur Kenntnis zu nehmen, so kann der Unternehmer uU die weitere Leistung als unzumutbar verweigern und ggf sogar aus wichtigem Grund kündigen (vgl auch § 633 Rn 75). Es kann ihm nicht angesonnen werden, etwas Sinnloses zu tun.

53 dd) Erfüllt der Unternehmer die skizzierte Hinweispflicht, so kann er gehalten sein, auf eine entsprechende Vertragsänderung einzugehen, sofern ihm diese zumutbar ist (vgl § 633 Rn 9 ff). Wenn er dazu nicht bereit ist, können sich für den Besteller Schadensersatzansprüche (dazu u Rn 54) oder gar eine Möglichkeit zur Kündigung aus wichtigem Grund ergeben.

54 ee) Wenn der Unternehmer seiner Verpflichtung zur Aufklärung und Beratung nicht nachkommt, können die Sanktionen unterschiedlich ausfallen.

(1) Bei entsprechender Schwere der Pflichtverletzung kann sich für den Besteller die Möglichkeit zum Rücktritt oder zur *Kündigung aus wichtigem Grunde* ergeben.

(2) Wenn es in der Folge der unterlassenen Aufklärung und Beratung zu einem Mangel des Werkes kommt, stehen dem Besteller die *Gewährleistungsrechte* der §§ 633 ff zu.

(a) Das ist unproblematisch, soweit die aufklärungspflichtigen Umstände aus der eigenen Sphäre des Unternehmers stammen, zB die Mängel seiner Planung. Hier ist der Unternehmer ohnehin gewährleistungspflichtig, so daß die Verletzung der Aufklärungspflicht im Ergebnis nur dazu führt, daß der Unternehmer den Mangel auch zu vertreten iSd §§ 634 Nr 4, 276 hat (vgl aber auch noch u Rn 56).

55 (b) Die Verletzung der Aufklärungspflicht kann aber auch dazu führen, daß *der*

Unternehmer für einen Mangel mitverantwortlich wird, der aus der Sphäre des Bestellers stammt, zB auf dessen unzulängliche Planung zurückzuführen ist; dies stellt § 13 Nr 3 VOB/B in allgemeingültiger Weise klar.

(c) *Die Verletzung der Aufklärungspflicht ist vorab aber auch schon geeignet, überhaupt einen Mangel des Werkes zu begründen*: 56

Das Werk muß im Ergebnis jene Eigenschaften haben, die der Besteller redlicherweise von ihm erwarten darf (vgl § 633 Rn 167 ff).

Wenn nun die vereinbarte Leistungsbeschreibung von dem Unternehmer stammt, muß er den Besteller darüber aufklären, daß und in welcher Form dessen berechtigte Erwartungen möglicherweise enttäuscht werden; nach den §§ 133, 157 und dem Empfängerhorizont des Bestellers wird die Leistungsbeschreibung insoweit nicht Vertragsinhalt, wie diese Erwartungen enttäuscht werden. Der Unternehmer erfüllt dann nicht vertragsgerecht, wenn er sich an den Buchstaben der Leistungsbeschreibung hält. Das reicht nur, wenn dem Besteller die Leistungsbeschreibung hinreichend erläutert worden ist.

Stammt die Leistungsbeschreibung von dem Besteller, so muß der Unternehmer ebenfalls auf ersichtliche Planungsmängel hinweisen. Die schuldhafte Verletzung dieser Pflicht konstituiert den Mangel seines Werkes, vgl § 13 Nr 3 VOB/B.

(d) In der Rechtsfolge ergeben sich Gewährleistungsansprüche des Bestellers, die aber in doppelter Weise beschränkt sein können. Zunächst muß sich der Besteller als sog „Sowieso-Kosten" jenen Betrag anrechnen lassen, um den eine korrekte Ausführung von vornherein teurer geworden wäre (vgl dazu § 634 Rn 20), sodann kann ein *Abzug in entsprechender Anwendung des § 254 geboten sein*, wenn ein Mangel von beiden Seiten zu verantworten ist, zB der von dem Unternehmer pflichtwidrig nicht gerügte Planungsmangel des Bestellers (vgl dazu § 633 Rn 181). Diese Beschränkungen gelten für *alle Gewährleistungsrechte* des Bestellers; bei seinem Nachbesserungsanspruch sind sie in Form eines Kostenzuschusses zu berücksichtigen.

(3) Wo der Schaden des Bestellers nicht in einem Mangel des Werkes besteht, hat er bei einer vorvertraglichen Verletzung der Aufklärungspflicht einen *Schadensersatzanspruch aus den §§ 280 Abs 1, 241 Abs 2, 311 Abs 2*, bei späteren einen solchen aus den §§ 280 Abs 1, 241 Abs 2. Ersterer kann zB auf Entlassung aus dem Vertrag gerichtet sein, wenn der Besteller diesen bei gehöriger Aufklärung nicht geschlossen hätte, bei letzterem besteht der liquidationsfähige Schaden aus der Belastung mit dem Vertrag. Vgl zu dem besonders wichtigen Fall der unzulänglichen Aufklärung über die zu erwartenden Kosten § 650 Rn 11 ff.

Soweit der *Architekt* nicht hinreichend über die Kosten des Bauvorhabens aufklärt, folgt seine Haftung aus § 634 Nr 4 (vgl dazu Anh II Rn 30 zu § 638).

Auf seine Schadensersatzansprüche muß sich der Besteller jedenfalls außer einem etwaigen Mitverschulden jene Werte anrechnen lassen, die ihm auf Grund des Vertrages zufließen und endgültig verbleiben (vgl dazu auch § 650 Rn 13).

c) Sonstige Nebenpflichten

57 Im übrigen treffen den Unternehmer *die allgemeinen* aus § 241 Abs 2 herzuleitenden und mit Ansprüchen aus § 280 Abs 1 sanktionierten Nebenpflichten, auf die Rechtsgüter des Bestellers Rücksicht zu nehmen. Er darf dessen Leben und Gesundheit nicht gefährden, das Eigentum weder an der zu bearbeitenden Sache, zB dem zu reparierenden Gegenstand, der vor Diebstahl etc zu schützen ist, noch an anderen Gegenständen, wie sie im Zuge der Werkarbeiten dem Einfluß des Unternehmers ausgesetzt sein können. Der Unternehmer darf den Besteller auch nicht mit Vermögensschäden belasten, wie sie namentlich aus einer Einstandspflicht des Bestellers gegenüber Dritten wegen Verletzung der Verkehrssicherungspflicht resultieren können (vgl dazu auch Anh IV Rn 16 ff zu § 638).

Insoweit ist der Werkvertrag *Vertrag mit Schutzwirkung für dritte Personen auf der Seite des Bestellers,* namentlich für seine Familienangehörigen. Die Bestimmung des Kreises der geschützten Dritten richtet sich nach allgemeinen Grundsätzen (vgl dazu STAUDINGER/JAGMANN [1995] Vorbem 103 ff zu § 328; § 328 Rn 167). Hinzuweisen ist namentlich auf die Schutzwirkung von *Gutachtenaufträgen* zugunsten jener Dritter, denen gegenüber von dem Gutachten bestimmungsgemäß Gebrauch gemacht wird (vgl BGHZ 127, 378 [Kaufinteressent]; BGH NJW 1998, 1039 [grundstücksbeleihendes Kreditinstitut]).

2. Pflichten des Bestellers

a) Zahlung des Werklohns

58 Unter den Pflichten des Bestellers steht diejenige zur Zahlung des Werklohns im Vordergrund. Sie ist für den Werkvertrag konstitutiv; bei Unentgeltlichkeit der Leistung ist ein Auftragsverhältnis anzunehmen (vgl Vorbem 35 ff zu § 631). Zu der Frage, wann Entgeltlichkeit vereinbart ist, vgl § 632 Abs 1 (dazu dort Rn 37 ff). Zur Bemessung des Werklohns vgl § 632 Abs 2 (dazu dort Rn 46 ff). Zu den technischen Einzelheiten des Werklohnanspruchs des Unternehmers (Fälligkeit, Leistungsort, Verjährung) vgl § 641 Rn 42 ff. Die Zahlungspflicht des Bestellers ist *Hauptpflicht* und synallagmatisch mit der Verschaffungspflicht des Unternehmers hinsichtlich des Werkes.

b) Abnahme

59 Neben der Zahlungspflicht des Bestellers steht seine Pflicht zur Abnahme des Werkes (vgl dazu § 640 Rn 26 ff).

c) Mitwirkung des Bestellers

60 Der Unternehmer kann das Werk weithin nur dann erstellen, wenn der Besteller dabei mitwirkt, indem er zB das Baugrundstück und Pläne zur Verfügung stellt, für notwendige Vorarbeiten sorgt etc. Die Mitwirkung des Bestellers versteht das Gesetz in den §§ 642, 643 nicht als Schuldnerpflicht, sondern als eine Gläubigerobliegenheit, deren Verletzung mithin nicht zur Schadensersatzpflicht führt, sondern zum Annahmeverzug des Bestellers (vgl dazu § 642 Rn 17 ff). Eine Schuldnerpflicht des Bestellers kann freilich vereinbart werden (vgl dazu § 642 Rn 20).

Der Besteller hat es auch zu vermeiden, daß der Unternehmer bei der Erstellung des Werkes *behindert* wird (vgl dazu § 642 Rn 42 ff).

Den Unternehmer bei der Erstellung des Werkes zu *beaufsichtigen*, ist zwar ein

Recht des Bestellers (vgl § 633 Rn 38 ff), aber nicht seine Pflicht, so daß sich der Unternehmer gegenüber den Gewährleistungsansprüchen in aller Regel nicht nach § 254 Abs 1 darauf berufen kann, daß die Mängel bei gehöriger Beaufsichtigung vermieden worden wären (vgl § 633 Rn 39).

Eine bloße Obliegenheit des Bestellers bleibt es auch, wenn dieser es kraft ursprünglicher oder späterer Vereinbarung übernimmt, Teile der Leistung selbst auszuführen, oder wenn er sonstige Leistungen übernimmt, wie sie für die Erstellung des Werkes förderlich sind, zB die Gestellung von Materialien und Werkzeug (vgl dazu § 633 Rn 115), oder die Beförderung des Unternehmers zum Leistungsort (aA hierzu RG LZ 1916, 1485), so daß der Unternehmer keinen klagbaren Anspruch hierauf erwirbt, wohl aber nach § 642 einen Anspruch auf Ersatz der Mehrkosten durch nicht gehörige oder verspätete Tätigkeit des Bestellers.

d) Nebenpflichten des Bestellers

61 Den Besteller trifft die übliche, aus § 241 Abs 2 herzuleitende und durch Ansprüche aus § 280 Abs 1 sanktionierte Pflicht, die Rechtsgüter des Unternehmers zu schonen. So macht er sich außer aus Delikt auch vertraglich schadensersatzpflichtig, wenn er Leben, Gesundheit oder Eigentum des Unternehmers verletzt (vgl OLG Düsseldorf NJW-RR 1997, 181).

aa) Soweit der Unternehmer in den Räumen des Bestellers tätig wird, wird namentlich § 618 entsprechend angewendet (vgl dazu Anh IV Rn 5 zu § 638). Dabei ist freilich zu beachten, daß der Unternehmer viel weitergehend als etwa der Arbeitnehmer für seinen eigenen Schutz zu sorgen hat. Das kann nicht nur einen Mitverschuldenseinwand begründen, sondern überhaupt auch schon die Verantwortlichkeit des Bestellers dem Grunde nach aufheben (vgl auch OLG Düsseldorf NJW-RR 1995, 403).

62 **bb)** Ganz allgemein ist Voraussetzung der Haftung eine *Pflichtverletzung des Bestellers*. So hat er zB auf der von ihm unterhaltenen Baustelle für die Aufrechterhaltung der allgemeinen Ordnung zu sorgen und ein geregeltes Zusammenwirken der verschiedenen Unternehmer, vgl zu dem verallgemeinerungsfähigen § 4 Nr 1 Abs 1 VOB/B § 633 Rn 32 ff, und haftet den Unternehmern, wenn sie durch Versäumnisse auf diesem Gebiet zu Schaden kommen, doch kann es andererseits nicht Aufgabe des Bestellers sein, Materialien und Werkzeugen des Unternehmers einen besonderen Schutz vor Diebstahl oder Beschädigung zukommen zu lassen; dies ist vielmehr primär Aufgabe des Unternehmers selbst.

63 **cc)** Nicht jeder, der durch den Besteller die Gelegenheit erhält, auf die Rechtsgüter des Unternehmers einzuwirken, wird damit zu dessen Erfüllungsgehilfen iSd § 278. Der Besteller haftet vielmehr primär nur für Eigenverschulden hinsichtlich der von ihm zu erwartenden Obhut und nach § 278 für Pflichtverletzungen derjenigen, die von ihm zur Wahrnehmung der Obhutspflichten eingesetzt sind.

dd) Soweit sich aus dem Vorstehenden Pflichten des Bestellers ergeben, sind in deren Schutzbereich außer dem Unternehmer selbst auch *Mitarbeiter* einbezogen, die dieser zulässigerweise einsetzt. Das sind außer den Mitarbeitern seines Betriebes auch berechtigterweise eingesetzte Subunternehmer.

ee) Vgl zur Haftung des Bestellers aus den §§ 280 Abs 1, 241 Abs 2 auch Anh IV Rn 2 ff zu § 638.

V. Abschluß des Werkvertrages

1. Vorvertragliches Vertrauensverhältnis

64 Bei den dem Vertragsschluß vorausgehenden Vertragshandlungen entsteht auch hier ein vorvertragliches Vertrauensverhältnis, das auf Grund der Eigenheiten des Werkvertrages besonders intensive Pflichten erzeugen kann, §§ 311 Abs 2, 241 Abs 2.

a) Aufklärungspflichten, insbesondere des Bestellers

Hier sind zunächst hervorzuheben Aufklärungs- und Beratungspflichten (vgl zu den Unternehmerpflichten o Rn 49 ff); doch treffen auch den Besteller entsprechende Pflichten.

Zunächst müssen die *Angaben des Bestellers*, die dieser macht, *sachlich zutreffen* (vgl RGZ 95, 58). So haben zB Mengenangaben in einer Ausschreibung richtig zu sein. Sodann muß der Besteller auf alle Fragen des Unternehmers wegen der zu erbringenden Leistung eine korrekte Antwort geben. Endlich muß er von sich aus Punkte offenbaren, die der Unternehmer nicht zu bedenken braucht, die aber bei verständiger Würdigung bei seinem Abschlußwillen von Bedeutung sein können, so etwa besondere Gefahren für den Unternehmer, seine Leute oder das Gelingen des Werkes (vgl BGB-RGRK/GLANZMANN Rn 37), oder besondere Eigenschaften des zu bearbeitenden Gegenstandes. Es sind dies Pflichten, die uU auch noch nach Vertragsschluß neu entstehen bzw zu erfüllen sein können, so zB der Hinweis auf zu erwartende Verzögerungen oder unvorhergesehen auftretende Schwierigkeiten.

65 Die *Sanktionierung dieser Aufklärungs- und Beratungspflichten des Bestellers fällt je nach den Folgen der Pflichtverletzung unterschiedlich aus.* Führt die Pflichtverletzung zur Unmöglichkeit der Erstellung des Werkes, so ist § 645 anzuwenden. Ist ein Mangel des Werkes die Folge, so mindern sich die Gewährleistungsansprüche des Bestellers nach Maßgabe des § 254 Abs 1. Wenn die Kalkulation des Unternehmers beeinträchtigt ist, kann es zu Preisanpassungen kommen, vgl § 2 Nr 3 VOB/B für den Fall von Massenfehleinschätzungen (dazu § 632 Rn 52). Sind Teile von Leistungen übersehen worden, die zur ordnungsgemäßen Erstellung des Werkes gehören, stehen dem Unternehmer sog Sowieso-Kosten zu (dazu § 632 Rn 28, § 634 Rn 20). Kommt es zu einer Erschwerung der Arbeit des Unternehmers, kann ihm ein Ausgleich dafür in ergänzender Auslegung des Vertrages zustehen (vgl § 632 Rn 30).

b) Ausschreibung der Leistungen

66 Wenn dem Vertragsschluß eine Ausschreibung vorausgeht, wie es namentlich für öffentliche Auftraggeber Pflicht ist, vgl 97 ff GWB (dazu Vorbem 90 ff zu §§ 631 ff), sowie die VOL/A bei Leistungen außerhalb des Baubereichs, sind die Bestimmungen über das Ausschreibungsverfahren korrekt einzuhalten. Bei Verstößen ist – ähnlich wie im Rahmen des § 823 Abs 2 – danach zu fragen, ob die verletzten Bestimmungen den Schutz des Bestellers bzw teilnehmenden Unternehmers vor Schäden der erlittenen Art bezweckten; ggf erwächst ein Schadensersatzanspruch aus den §§ 280 Abs 1, 311 Abs 2, 241 Abs 2.

c) Sonstige Pflichten
Im übrigen gelten die üblichen vorvertraglichen Pflichten zum fairen Verhandeln und zur Rücksichtnahme auf die Rechtsgüter des anderen Teils.

2. Abschluß

a) Form
Der Vertragsschluß ist grundsätzlich *formfrei* möglich. Ggf ist § 311b Abs 1 zu beachten, sofern der Vertrag zum Erwerb oder zur Veräußerung eines Grundstücks verpflichtet oder dies zwar nicht selbst tut, aber doch in einem hinreichend engen Zusammenhang mit einem anderen Vertrag steht, für den § 311b Abs 1 gilt (vgl dazu Vorbem 75 zu §§ 631 ff). Für vereinbarte Formerfordernisse gelten keine Besonderheiten.

b) Bindungsfristen
Für die Bindungsfrist hinsichtlich des Vertragsangebots ist § 308 Nr 1 zu beachten. Dabei ist zu beachten, daß gerade die Überprüfung des Angebots werkvertraglicher Leistungen uU einen *nicht unerheblichen Arbeits- und damit Zeitaufwand* erfordern kann.

Angesichts der Vielgestaltigkeit angebotener Werkleistungen lassen sich feste Fristen nicht angeben; sie müssen vielmehr nach Branchen und Umfang/Kompliziertheit der Leistungen differieren, doch müssen die Fristen jedenfalls länger ausfallen dürfen als beim Kauf und können mehrere Wochen idR nicht beanstandet werden.

c) Anforderungen an die Einigung
Inhaltlich muß die Einigung der Parteien den üblichen Anforderungen genügen. Eine nähere *Einigung über den Werklohn* ist wegen § 632 Abs 1, Abs 2 freilich nur notwendig, wenn eine der Parteien deutlich macht, daß sie davon den Abschluß abhängig machen will (mißverständlich ERMAN/SEILER Rn 3). Soweit ein Werkvertrag – natürlich – auch konkludent abgeschlossen werden kann, ist freilich wegen der „automatischen" Kostenfolge des § 632 Abs 1 Vorsicht geboten. Ein Vertrag kommt nicht schon dann zustande, wenn jemand – auch willkommene – Leistungen duldet (vgl BGH NJW 1997, 1982). Er muß schon aktiv und in offenbarer Kenntnis der Vergütungspflicht auf ihre Erbringung hinwirken. ZB mag der Besteller bei bestehendem Vertrag zusätzliche Leistungen als schon von dem Vertrag erfaßt ansehen, vgl die besondere Hinweispflicht, die § 2 Nr 6 VOB/B dem Unternehmer in diesem Fall auferlegt.

d)
Auf den Werkvertrag ist ggf § 312 anwendbar.

e) Finanzierungshilfen
Die §§ 499 ff sind anwendbar.

Freilich liegt eine Finanzierungshilfe noch nicht in dem Zahlungsaufschub für den Besteller bis zur Abnahme, denn das ist nur die gesetzlich vorgesehene Zahlungsweise. Auch die *Vereinbarung von Abschlagszahlungen* bedeutet selbst dann *keine Finanzierungshilfe* für den Besteller, wenn ihre Summe niedriger ist als es ein bei Abnahme insgesamt zu zahlender Werklohn wäre. Kredit wird dem Besteller vielmehr nur dann eingeräumt, wenn er erst nach der Abnahme zu zahlen hat. Auch dann muß der Kredit freilich entgeltlich sein, § 499 Abs 1, dh zu einer Erhöhung des Werklohns führen. Daran fehlt es zB, wenn beim Bauvertrag nach der VOB/B erst nach Erteilung der Schlußrechnung und Ablauf einer zweimonatigen Prüfungsfrist zu zahlen ist, § 16 Nr 3 Abs 1 VOB/B: Das erhöht den Werklohn nicht.

Die *Finanzierung von Bauleistungen* durch Kredite unterfällt den §§ 491 ff. Wegen ihrer grundpfandrechtlichen Absicherung sind die Auswirkungen dessen aber nur eingeschränkt, § 491 Abs 3 Nr 1. Insbesondere sind nach dieser Bestimmung die §§ 358, 359 nicht anwendbar, so daß sich der Besteller nicht im Verhältnis zum Kreditinstitut auf Einwendungen aus dem Bauvertrag berufen kann.

3. Nichtigkeit des Werkvertrages

72 Die Nichtigkeit des Werkvertrages kann sich unter verschiedenen Gesichtspunkten ergeben.

Folge der Nichtigkeit ist, daß ein Anspruch auf (weitere) Vertragserfüllung nicht besteht und daß etwa schon erbrachte Leistungen als rechtsgrundlos kondiziert werden können, soweit dem nicht § 817 S 2 entgegensteht.

Probleme ergeben sich dann, wenn erbrachte Leistungen in Natur nicht mehr zurückgewährt werden können, sondern im Vermögen des Bestellers verbleiben müssen oder sollen, wie dies namentlich beim Bauvertrag der Fall sein kann. Die Rechtsprechung hält hier Ansprüche des Unternehmers aus Geschäftsführung ohne Auftrag für möglich (vgl BGHZ 37, 258, 263; 101, 393, 399 = NJW 1988, 132; 111, 308, 311 = NJW 1990, 2542; BGH NJW-RR 1993, 200; NJW 1993, 3196). Die Literatur tritt dem überwiegend entgegen (vgl Esser AcP 157, 94; Flume AT II § 17, 4; MünchKomm/Seiler § 677 Rn 41; Staudinger/Wittmann [1995] Vorbem 42 zu § 677), dies teils aus systematischen Gründen, daß andernfalls Wertungen des Bereicherungsrechts überspielt würden (§§ 817 S 2, 818 Abs 3), teils mit dem Hinweis darauf, daß die Voraussetzungen einer Geschäftsführung ohne Auftrag gar nicht vorlägen, nämlich die Besorgung eines fremden Geschäfts, wenn man nur die vermeintliche eigene Vertragspflicht zu erfüllen suche.

Bei der Stellungnahme ist zu bemerken, daß ein *Widerspruch zu § 817 S 2 nicht besteht*. Denn wenn die Leistung gegen ein gesetzliches Verbot oder die guten Sitten verstößt, kann der Unternehmer sie nicht für erforderlich halten, §§ 683, 670 (vgl BGHZ 111, 308, 311 zum Verstoß gegen das Schwarzarbeitsgesetz). *§ 818 Abs 3 wird im Regelfall bedeutungslos* sein: Nachträglich entfallen wird die Bereicherung selten; wenn die Leistung von vornherein nicht zu einer Bereicherung des Bestellers geführt hat (zB wegen Mängeln), wird sie nicht seinem Interesse entsprochen haben, vgl § 683. So konzentriert sich die Fragestellung darauf, ob man es für angemessener hält, Leistungen, die nicht zurückgewährt werden können, nach ihrem objektiven Wert zu bemessen (§ 818 Abs 2) oder nach den vertraglichen Ansätzen (§§ 683, 670). Letzteres erscheint nicht nur praktikabler, sondern auch interessengerecht, sofern nicht die Nichtigkeitsnorm gerade dies verhindern will. Bei dem Verstoß gegen Formvorschriften haben BGHZ 101, 393, 399; BGH NJW 1993, 3196 dies zu Recht verneint.

Die Rechtsprechung hält Ansprüche aus berechtigter Geschäftsführung ohne Auf- **73** trag nur für möglich; sie sind in der Tat noch besonders in ihren Voraussetzungen zu prüfen. In der Regel werden sie gegeben sein. Abgesehen von der schon angesprochenen Hürde bei der Annahme eines Fremdgeschäftsführungswillens, die aber doch überwindbar ist, wird bei einverständlicher Durchführung des (nichtigen) Vertrages das Tun des Unternehmers dem Willen und dem Interesse des Bestellers entsprechen. Hauptsächlicher Prüfungspunkt wird es dann zu sein haben, ob nicht der *Zweck der Nichtigkeitsnorm* eine Abrechnung auf diese Art verbietet und im Gegenteil eine Abrechnung nach Bereicherungsrecht gebietet.

Außerdem aber sind dort, wo der Unternehmer Besitz an dem Bearbeitungsgegenstand erlangt hat, vorrangig die §§ 987 ff, 994 ff anzuwenden. Für die Leistungen des Unternehmers haben die letzteren Bestimmungen den angemessenen Vorteil gegenüber den §§ 677 ff, daß ihm durch die §§ 1000 ff eine Befriedigungsmöglichkeit aus dem Bearbeitungsgegenstand erwächst. Der gutgläubige Unternehmer ist aber auch sonst besser geschützt: Was der Besteller will, wird man idR auch für notwendig iSd § 994 Abs 1 halten dürfen. Ist er bösgläubig, ergeben sich insoweit keine Unterschiede zu den §§ 677 ff, vgl § 994 Abs 2.

a) Gesetzliche Verbote
Die Nichtigkeit des Werkvertrages kann sich gemäß § 134 aus dem Verstoß gegen ein **74** gesetzliches Verbot ergeben. Dabei sind beachtliche gesetzliche Verbote freilich nur solche, die den Vertrag in seinem Inhalt unterbinden wollen.

aa) Von praktischer Bedeutung ist hier zunächst das *SchwarzarbeitsG* v 30. 3. 1957 idF v 31. 5. 1974 (BGBl I 1252), das den Vertrag insbesondere bei gewinnsüchtigem Handeln in erheblichem Umfang nichtig sein läßt (vgl BGHZ 85, 39), freilich dann nicht nach BGHZ 89, 369, 373, BGH NJW 1985, 2403, NZBau 2002, 149, wenn dem Besteller der Gesetzesverstoß des Unternehmers nicht bekannt ist oder er ihn zwar kennt, aber nicht zu seinem Vorteil ausnutzt (vgl dazu auch WESTPHAL BB 1984, 1002; CANARIS NJW 1985, 2404; KÖHLER JZ 1990, 466). Dabei könnten die Voraussetzungen des Schwarzarbeitsgesetzes nicht nur dann erfüllt sein, wenn der Unternehmer selbst Schwarzarbeit leisten soll, sondern auch dann, wenn der Vertrag darauf angelegt ist, daß der Unternehmer Schwarzarbeiter beschäftigen soll (vgl BGHZ 85, 39). Im übrigen wird man zur Nichtigkeit des Vertrages die *Kenntnis des Bestellers von der Schwarzarbeit* genügen lassen müssen. Schon dann erscheint er nicht schutzwürdig (vgl KÖHLER JZ 1990, 647), und die Grenzziehung zwischen Kenntnis und Ausnutzung der Schwarzarbeit erscheint kaum möglich.

Die Behandlung des einseitigen Verstoßes als unbeachtlich erscheint unbefriedigend, wenn sie dem Unternehmer seinen Werklohnanspruch beläßt und dem Besteller einen Anspruch auf ein gesetzeswidriges Tun gibt. Sinnvoller wäre es hier, nur dem Unternehmer die vertraglichen Ansprüche zu versagen, dem Besteller aber jedenfalls das vertragliche Interesse zuzubilligen (vgl CANARIS aaO).

Auch bei Nichtigkeit des Vertrages bleibt er nicht gänzlich unbeachtlich. So kann die Berufung auf die Nichtigkeit treuwidrig sein (vgl BGHZ 85, 39). Außerdem sind *erbrachte Leistungen* jedenfalls *nach Bereicherungsrecht* zu vergüten. § 817 S 2 kann dem nicht entgegenstehen. Wenig überzeugend erscheint es zwar aus systematischen

Gründen, dieser Bestimmung einen Gegeneinwand aus § 242 entgegenzusetzen (vgl BGH NJW 1990, 2542). Aber man muß sehen, welche Folge eine Anwendung des § 817 S 2 hätte: Es ergäbe sich ein erheblicher Anreiz, Schwarzarbeiter zu beschäftigen, wenn deren Leistungen „kostenlos" blieben (vgl näher KÖHLER JZ 1990, 468 f).

Gewährleistungsansprüche können dem Besteller bei Nichtigkeit des Vertrages nicht zustehen. Sonstige Ansprüche aus Schutzpflichtverletzung (§§ 280 Abs 1, 241 Abs 2) oder Delikt schließt das nicht aus (vgl näher KÖHLER JZ 1990, 470 ff).

bb) Ebenfalls als Verbotsgesetz einzustufen ist *Art 10 § 3 des G zur Verbesserung des Mietrechts und zur Begrenzung des Mietanstiegs sowie zur Regelung von Ingenieur- und Architektenleistungen (MRVG) v 4.11. 1971* (BGBl I 1745), der die Bindung des Erwerbers eines Grundstücks an bestimmte Architekten oder Ingenieure verbietet (vgl dazu Vorbem 111 zu §§ 631 ff).

75 **cc)** Jene vielfältigen polizei-, insbesondere baupolizeirechtlichen Bestimmungen, die werkvertraglich zu erbringende Leistungen nach ihrem Gegenstand oder der Methode der Erbringung näher regeln, sollen dagegen *Werkverträge nicht unterbringen, sondern nur steuern,* so daß sie in aller Regel nicht als Verbotsgesetze iSd § 134 anzusehen sind. Vgl zur Einholung etwa notwendiger Genehmigungen Vorbem 72 ff zu §§ 631 ff; das dort zum Bauvertrag Gesagte gilt ganz allgemein. Daselbst auch zu den Folgen des Fehlens notwendiger Genehmigungen.

b) Sittenwidrigkeit
76 Für die Beurteilung eines Werkvertrages als sittenwidrig iSd § 138 ergeben sich keine Besonderheiten. Zu beachten ist freilich, daß Werkverträge sowohl für den Unternehmer wie auch für den Besteller in wirtschaftlicher Hinsicht leicht existentielle Bedeutung gewinnen können. Insofern ist es auf seiten des Unternehmers denkbar, daß in preislicher Hinsicht eine *Notlage* ausgenutzt wird. Auf seiten des Bestellers können im Rahmen der nach § 138 Abs 1 vorzunehmenden Würdigung der Umstände des Einzelfalls außer der wirtschaftlichen Belastung durch den Vertrag namentlich von Bedeutung sein seine *Unerfahrenheit* mit Werkleistungen dieser Art, sowie die *Verhandlungsführung des Unternehmers,* zB eine Überrumpelungstaktik oder fehlende Aufklärung über die (fehlende) Notwendigkeit des Werkes, zB einer Reparatur, bzw eine Verschleierung der Kosten (vgl KG NJW-RR 1995, 1422). Eine bloße Überteuerung der Werkleistung reicht für sich allein keinesfalls aus. Allenfalls indizielle Bedeutung für ein sittenwidriges Geschäftsgebaren hat es auch, wenn ein Betrieb seine Einnahmen überdurchschnittlich aus § 649 S 2 erzielt. Die Zahlung von Schmiergeldern führt dann zur Sittenwidrigkeit, wenn sie eine nachteilige Vertragsgestaltung zur Folge hat (BGH NJW 1999, 2266).

4. Auslegung und Anfechtung

77 Für die Auslegung und Anfechtbarkeit von Werkverträgen gelten ebenfalls die üblichen Grundsätze.

a) Auslegungsgrundsätze
Bei der Auslegung kommt dem Wortlaut des Vertrages eine unterschiedliche Bedeutung zu, je nachdem ob der Besteller oder der Unternehmer formuliert hat. Bei dem

Unternehmer ist Sachkunde vorauszusetzen, so daß er technische Fachausdrücke und Maßangaben gegen sich gelten lassen muß, aber doch auch die bereichsüblichen juristischen Ausdrücke, zB der Abnahme, der Vertragsstrafe, des Sicherheitseinbehalts, des Rücktritts und der Minderung. Ihm gegenüber ist der Vertrag grundsätzlich buchstabengetreu auszulegen; er kann sich nicht darauf berufen, diesen nicht ordentlich gelesen zu haben. Vgl zur Auslegung von Leistungsverzeichnissen BGH NJW-RR 1995, 914; 96, 1044. Auch sie folgt den §§ 133, 157, wobei namentlich Umfeld und Funktion der Leistung von Bedeutung sind. Widersprüche sind entsprechend aufzulösen (BGH NJW 1999, 2432). An die *Annahme überraschender Klauseln* iSd § 305c Abs 1 sind eher strenge Anforderungen zu stellen; hier können ggf die Unübersichtlichkeit umfangreicher Klauselwerke Bedeutung erlangen oder für die Branche untypische Klauseln. Dagegen ist bei von dem Unternehmer formulierten Verträgen darauf Rücksicht zu nehmen, wenn der *Besteller Laie* ist, wobei ihm freilich im Baubereich auch die Sachkunde seines Architekten zuzurechnen ist. *Hier kommt es* – vorbehaltlich näherer Erläuterung durch den Unternehmer – *darauf an, wie der Besteller den Vertrag als Laie verstehen durfte.* Das ist namentlich von Bedeutung, soweit er Aussagen über die Eigenschaften des Werkes enthält (vgl dazu o Rn 49 ff). Auch liegt die *Schwelle zur Annahme überraschender oder unklarer Klauseln wesentlich niedriger.* Während es von dem Unternehmer erwartet werden kann, daß er sich nach der Bedeutung unverstandener Formulierungen erkundigt, gilt dies von einem Laien als Besteller nur sehr eingeschränkt; er darf grundsätzlich auf die Aufklärungspflicht des Unternehmers vertrauen.

b) Anfechtungsmöglichkeiten
Für die Anfechtungstatbestände ist hervorzuheben: **78**

aa) Die *Anfechtung nach § 119 Abs 1* ist beiden Parteien uneingeschränkt möglich.

bb) Die Anfechtung des Vertrages nach § 119 Abs 2 wird für den Unternehmer nur **79** selten möglich sein, sie ist für ihn aber zulässig, zB bei mangelnder Kreditwürdigkeit des Bestellers. Der Besteller kann den Vertrag nach § 119 Abs 2 zunächst wegen Irrtums über die *Eigenschaften des Unternehmers* anfechten; freilich wird dieserhalb – wenn überhaupt – idR die vorzuziehende Anfechtungsmöglichkeit nach § 123 gegeben sein; dazu sogleich. Irrtümer über Eigenschaften des Werkes berechtigen den Besteller insoweit zur Anfechtung nach § 119 Abs 2, wie sie sich nicht auf seine Beschaffenheit beziehen, sondern auf sonstige Eigenschaften. Hervorzuheben sind namentlich die Notwendigkeit des Werkes, wenn bei verständiger Würdigung statt einer umfassenden Neugestaltung einer Sache eine Ausbesserung bestimmter Schäden ausgereicht hätte, ferner die Verwendungsfähigkeit des vertragsgemäß erstellten Werkes. Dabei ist Sache iSd § 119 Abs 2 zunächst die zu bearbeitende Sache, sodann das Werk, uU auch das Material und die Arbeitsmethode.

Die *Beschaffenheit des Werkes* ist für die Anfechtung insoweit ohne Belang, wie es um die tatsächliche Beschaffenheit des fertigen Werkes geht; diese ist *mit den §§ 633 ff zu erfassen.* Aber auch für die vereinbarte Beschaffenheit des Werkes wird man – wie im Kaufrecht – dem Gewährleistungsrecht den Vorrang einräumen müssen (vgl STAUDINGER/DILCHER[12] § 119 Rn 66). Vorab bleibt freilich zu prüfen, ob die – nach der Leistungsbeschreibung irrtümlich – angenommene Beschaffenheit nicht schon Vertragsinhalt geworden ist.

80 cc) Die Anfechtung nach § 123 kann der mit der Erstellung des Werkes vorleistungspflichtige Unternehmer ggf auf mangelnde Kreditwürdigkeit des Bestellers stützen, sofern der Irrtum hierüber für den Vertragsschluß ursächlich war (vgl STAUDINGER/DILCHER[12] § 119 Rn 54); bei fehlender Arglist des Bestellers können Ansprüche aus den §§ 280 Abs 1, 241 Abs 2, 311 Abs 2 oder die Anfechtungsmöglichkeit nach § 119 Abs 2 verbleiben, vgl auch § 321 Abs 2. Ausnahmsweise sind aber auch sonstige arglistige Täuschungen des Unternehmers denkbar.

Die *Vertrauenswürdigkeit des Unternehmers* kann bei jenen Verträgen von Bedeutung sein, die § 675 unterfallen (vgl BGH WM 1970, 960 zum Baubetreuungsvertrag). Im übrigen ist bei Werkverträgen die *Leistungsfähigkeit des Unternehmers* ganz entscheidend für den Vertragsschluß, wie sie in *sachlicher*, insbesondere *finanzieller Hinsicht* gegeben sein muß, aber auch in Hinblick auf *Wissen und Erfahrung*. Dabei muß es an ihr freilich schon im Zeitpunkt des Vertragsschlusses fehlen; sie darf sich nicht erst und nur durch die mangelhafte Leistung herausstellen (vgl RGZ 62, 282, 285; STAUDINGER/DILCHER[12] § 119 Rn 50). An ihrer Beachtlichkeit ändert sich auch nichts durch die Vorleistungspflicht des Unternehmers hinsichtlich der Erstellung des Werkes.

Neben die materielle Qualifikation zur Erbringung der Werkleistung muß ggf auch die formelle treten, wo sie nach der Verkehrsanschauung erwartet werden kann, vgl zur *Architekteneigenschaft* Vorbem 110 zu §§ 631 ff, zur Eintragung in die Handwerksrolle OLG Nürnberg BauR 1985, 322; OLG Hamm NJW-RR 1990, 523; letztere ist allerdings entbehrlich, wenn der Betrieb erlaubterweise als Industriebetrieb geführt wird (vgl BGHZ 88, 240, 245).

Bei fehlender Arglist des Unternehmers können dem Besteller hier noch Ansprüche aus den §§ 280 Abs 1, 241 Abs 2, 311 Abs 2 bzw die Anfechtungsmöglichkeit nach § 119 Abs 2 verbleiben.

81 Wenn die Leistung erbracht ist, müssen die Rechte des Bestellers freilich eingeschränkt werden. Falls *keine Mängel* eingetreten sind, ist die Anfechtung des Vertrages wegen mangelnder Qualifikation des Unternehmers schon als *treuwidrig* zu betrachten. Sind aber Mängel eingetreten, so muß gegenüber den Anfechtungsmöglichkeiten dem *Gewährleistungsrecht* der *Vorrang* gebühren. Der Besteller erhält damit einerseits hinreichende Möglichkeiten, auf die Mängel zu reagieren, die mit Ansprüchen auf Nachbesserung und meist auf Schadensersatz weiterreichen als im Kaufrecht, gleichzeitig dürfen seinen Rechten aber die Beschränkungen des Gewährleistungsrechts, inbesondere der §§ 634a, 640 Abs 2, nicht genommen werden. Auf diese Weise wird auch nur der Vorrang des Gewährleistungsrechts vor der Anfechtungsmöglichkeit sachgerecht fortgeschrieben. Denn das im Zeitpunkt des Vertragsschlusses erst künftige Werk setzt für diesen Zeitpunkt einen zu seiner Erbringung befähigten Unternehmer voraus, so daß wegen der Besonderheiten, die das Werkvertragsrecht insoweit gegenüber dem Kaufrecht aufweist, statt auf den Vertragsgegenstand auf den Leistungspflichtigen abzustellen ist. Auch die *Anfechtungsmöglichkeit nach § 123 einzuschränken* ist unschädlich, weil hier im Falle der Arglist immer ein unausschließbarer Schadensersatzanspruch verbleibt, der nach den §§ 634a Abs 3, 195, 199 verjährt.

82 *Sonstige arglistige Täuschungen* des Unternehmers können sich zB auf die Notwendigkeit der Werkleistung beziehen, etwa einer Reparatur, oder auf die Verwendungsfähigkeit des Werkes, aber doch auch auf andere Umstände, zB steuerliche Aspekte, sofern insofern nur eine Aufklärungspflicht des Unternehmers anzunehmen ist. Über seine Kalkulation ist der Unternehmer jedenfalls nicht aufklärungspflichtig; hier sind nur die Grenzen des Wuchers zu beachten. Dagegen kann eine arglistige Täuschung hinsichtlich des Werklohnes beim Einheitspreis- oder beim Stundenlohnvertrag gegeben sein, sofern der Unternehmer dem Besteller – uU auch nur mit dolus eventualis – einen unzutreffenden Endpreis vorspiegelt.

§ 632
Vergütung

(1) Eine Vergütung gilt als stillschweigend vereinbart, wenn die Herstellung des Werkes den Umständen nach nur gegen eine Vergütung zu erwarten ist.

(2) Ist die Höhe der Vergütung nicht bestimmt, so ist bei dem Bestehen einer Taxe die taxmäßige Vergütung, in Ermangelung einer Taxe die übliche Vergütung als vereinbart anzusehen.

(3) Ein Kostenanschlag ist im Zweifel nicht zu vergüten.

Materialien: Abs 1, 2: E I § 567 Abs 2; II § 570; III § 622; Mot II 470 ff; Prot II 2206; JAKOBS/ SCHUBERT, Recht der Schuldverhältnisse II 832 ff Abs 3: G zur Modernisierung des Schuldrechts v 26. 11. 2001 (BGBl I, 3138); BT-Dr 14/6040, 25.

Schrifttum

BAUMGÄRTEL, Beweislast bei einer behaupteten Festpreisabrede im Bauvertrag, MDR 1992, 1028
BEHRE, Fortfall einer Position beim Einheitspreisvertrag, BauR 1976, 36
BERG, Beitrag zur Gestaltung der Vergütung von Bauleistungen im Einheitspreisvertrag (1972)
vCRAUSHAAR, Abgrenzungsprobleme im Vergütungsrecht der VOB/B bei Vereinbarung von Einheitspreisen, BauR 1984, 311
DÖSER/KRÄMER, Preisgleitklauseln in Bauverträgen (3. Aufl 1974)
EINBECK, Die Vergütung von Vorarbeiten im Werkvertragsrecht, BB 1967, 147
GRIMME, Die Vergütung beim Werkvertrag (1987)
HAHN, Projektierung technischer Anlagen: Kostenlos?, BauR 1989, 670
HARTMANN, Zur Vergütung von Wettbewerbsleistungen im Rahmen der HOAI, BauR 1996, 623
HEIERMANN, Der Pauschalvertrag im Bauwesen, BB 1975, 991
ders, Der Kalkulationsirrtum des Bieters beim Bauvertrag, BB 1984, 1836
ders, Zur Äquivalenz von Leistung und Gegenleistung, dargestellt an der Vergütungsregelung des § 2 Nr 3 VOB/B, in: FS Korbion (1986) 137;
ders, Zur Wirksamkeit des Ausschlusses der Preisanpassungsmöglichkeit nach der VOB durch AGB, NJW 1986, 2682
HONIG, Probleme um die Vergütung beim Werkvertrag, BB 1975, 447
HUNDERTMARK, Die zusätzliche Leistung und ihre Vergütung beim VOB-Vertrag, Betr 1987, 32
JAGENBURG, Der Vergütungsanspruch des Bauunternehmers bei Massen- und Preisabände-

rungen – zugleich ein Beitrag zur Problematik des § 2 VOB/B, BauR 1970, 18
JEBE, Preisermittlung für Bauleistungen (1974)
JEBE/SCHUBERT, Untersuchungen über die Vergabe von Bauleistungen zu Pauschalpreisen (1972)
KAISER, Der Vergütungsanspruch des Bauunternehmers nach Gesetz und VOB/B – mit rechtsvergleichenden Hinweisen auf die Schweiz, ZfBR 1987, 171
KEMPER/SCHAARSCHMIDT, Die Vergütung nicht bestellter Leistungen nach § 2 Nr 8 VOB/B, BauR 2000, 1651
KORBION, Vergütungsanspruch des Auftragnehmers beim Bauvertrag (1983)
LANGE, Baugrundhaftung und Baugrundrisiko (Diss Freiburg 1996)
LEHNING, Vergütungsanspruch für zusätzliche Leistungen trotz Verletzung der Ankündigungspflicht nach dem VOB-Vertrag, NJW 1977, 122
LOCHER, Zur AGB-gesetzlichen Kontrolle zusätzlicher Leistungen, in: FS Korbion (1986) 283
LOSERT, Die Bedeutung der Unterschrift unter einem Stundenlohnzettel, ZfBR 1993, 1
MANDELKOW, Qualifizierte Leistungsbeschreibung als wesentliches Element des Bauvertrages, BauR 1996, 31
vMETTENHEIM, Beweislast für Vereinbarung eines geringeren Werklohns, NJW 1984, 776
MOTZKE, Nachforderungsmöglichkeiten bei Einheitspreis- und Pauschalverträgen, BauR 1992, 146
ders, Planungsänderungen und ihre Auswirkungen auf die Honorierung, BauR 1994, 570
OERTMANN, Entschädigung für Projektarbeiten DJZ 1908, 455
OPITZ, Selbstkostenermittlung bei Bauarbeiten (5. Aufl 1983)
PAUSE/SCHMIEDER, Baupreis und Baupreiskalkulation (1986)
PIEL, Zur Abgrenzung zwischen Leistungsänderung (§ 1 Nr 3, 2 Nr 5 VOB/B) und Behinderung (§ 6 VOB/B), in: FS Korbion (1986) 349
PRANGE, Vergütungsänderungen bei Änderungen der Preisermittlungsgrundlagen nach der VOB, Betr 1981, 2477
PUTZIER, DIETER, Der unvermutete Mehraufwand für die Herstellung des Bauwerks (1997)
PUTZIER, ECKART, Der Pauschalpreisvertrag (2000)
ROQUETTE, Vollständigkeitsklauseln: Abwälzung des Risikos unvollständiger oder unrichtiger Leistungsbeschreibungen auf den Auftragnehmer, NZBau 2001, 57
SCHEIKE, Der Grundsatz der Unabänderlichkeit der Pauschalvergütung beim VOB-Vertrag und seine Durchbrechungen (Diss Frankfurt aM 1994)
SCHMIDT, Die Vergütung für Bauleistungen (1969)
SCHMIDT, Abrechnung von Sachverständigenleistungen der Architekten und Ingenieure, BauR 1999, 462
STAHL, Wegfall der Geschäftsgrundlage im Architekten- und Bauvertrag bei vereinbartem Pauschalhonorar und Festpreis, BauR 1973, 279
STEIN, Zur Bedeutung des Beseitigungs- und Kostenerstattungsanspruchs nach § 2 Nr 8 Abs 1 Satz 2 VOB/B, ZfBR 1987, 181
STURHAN, Vergütung von Projektierungsarbeiten nach Werkvertragsrecht, BB 1974, 1552
VYGEN, Der Pauschalpreisvertrag – Abgrenzungsfragen zu anderen Verträgen im Baugewerbe, ZfBR 1979, 133
ders, Der Vergütungsanspruch beim Pauschalpreisvertrag, BauR 1979, 375
ders, Der Vergütungsanspruch des Unternehmers für Projektierungsarbeiten und Ingenieurleistungen im Rahmen der Angebotsabgabe, in: FS Korbion (1986) 439
ders, Leistungsänderungen und Zusatzleistungen beim Pauschalvertrag, in: FS Locher (1990) 263
ders, Rechtliche Probleme bei Ausschreibung, Vergabe und Abrechnung von Alternativ- und Eventualpositionen, BauR 1992, 146
WIESER, Der Kalkulationsirrtum, NJW 1972, 708.

Titel 9 · Werkvertrag und ähnliche Verträge § 632
Untertitel 1 · Werkvertrag

Systematische Übersicht

I. **Allgemeines** 1

II. **Werklohn**
1. Gegenstand 3
2. Einheitspreisvertrag 4
3. Pauschalpreisvertrag 6
4. Stundenlohnvertrag 8
a) Stundenlohnarbeiten nach der VOB/B 9
aa) Regelung 9
bb) Vereinbarung 10
cc) Stundensatz 11
dd) Wirtschaftliche Betriebsführung 12
ee) Aufsichtspersonen 12
ff) Leistungskontrolle 13
b) Stundenlohnvertrag nach BGB 17
5. Selbstkostenerstattungsvertrag 19
6. Verhältnis der einzelnen Typen der Preisbildung 19
7. Kostengarantien 20

III. **Ausdrückliche Vergütungsvereinbarung**
1. Zustandekommen 21
2. Bemessung der Vergütung 22
a) Struktur der Vergütung 22
b) Grenzen der Vertragsfreiheit 23
c) Mehrwertsteuer 25
d) Anfechtung der Preisvereinbarung 26
e) Kalkulationsirrtum 27

IV. **Fehlende Vergütungsvereinbarung beim Werkvertrag, § 632 Abs 1**
1. Entgeltlichkeit des Werkvertrages 32
2. Bedeutung des § 632 Abs 1 32
a) Die Umstände 33
b) Rechtsfolge 35

V. **Höhe der Vergütung**
1. Vereinbarte Vergütung 36
2. Taxe und Üblichkeit als Maßstäbe des § 632 Abs 2 37
a) Taxe 37
b) Übliche Vergütung 38
aa) Allgemeines 38
bb) Spielräume 39
cc) Anfechtungsmöglichkeiten 41

3. Fehlen einer üblichen Vergütung 42

VI. **Die durch die Vergütung abgegoltene Leistung**
1. Konstante Leistungserbringung 43
2. Erbringung des Erfolges 44
3. Vorbereitende Tätigkeiten; Nebenleistungen 48

VII. **Vergütung bei Änderungen der vertraglich vereinbarten Leistung**
1. Die Fälle; § 2 Nr 3 ff VOB/B 50
2. Preiskorrekturen bei Mengenfehleinschätzungen 52
a) Einheitspreisvertrag 52
b) Pauschalpreisvertrag 58
3. Nachträgliche Einschränkungen der vorgesehenen Leistung 61
4. Nachträgliche Leistungsänderungen 66
5. Nachträgliche Leistungserweiterungen 71
6. Pauschalpreisvertrag 79
7. Eigenmächtige Leistungen des Unternehmers 81
a) Lage nach der VOB/B 82
aa) Die Fälle 82
bb) Beseitigungspflicht des Unternehmers 84
cc) Schadensersatzpflicht des Unternehmers 86
dd) Verjährung 86
ee) Ausnahmsweise Vergütung 87
ff) Geschäftsführung ohne Auftrag 90
b) Lage außerhalb des Anwendungsbereichs der VOB/B 91
8. Zusätzliche Planungsarbeiten des Unternehmers 92

VIII. **Kosten des Vertragsangebotes**
1. Späterer Vertragsschluß 93
2. Vergütungsvereinbarung 94
3. Baubereich 97
4. Angebot nicht zu Wettbewerbszwecken 97
5. Bemessung der Vergütung 97
6. Andere Anspruchsgrundlagen 98

Frank Peters

7. Vorvertragliche Architektenleistungen 99

IX. Bedeutung einer Rechnung
1. Allgemeines 101
2. Bindungswirkung der Rechnung 102
3. Bindung des Bestellers an die
Rechnung 106

X. Preisrechtliche Bestimmungen
1. Gebührenordnung für freie Berufe 107
   a) Architekten und Ingenieure 108
   b) Ärzte 115
   c) Rechtsanwälte 116
   d) Steuerberater 117
2. Öffentliche Aufträge 118

XI. Beweisfragen 119

Alphabetische Übersicht

Anfechtung 26
Ankündigung des Anspruchs 73
Architekt 108 ff
– vorvertragliche Leistungen 99
Arzt 115
Aufmaß 4, 6
Aufsichtsperson 12
Auftrag 1
Aufwand 46
Ausschreibung
– Fehler der 30

Beseitigungspflicht 84
Beweislast 119

Darlegungslast 119
Dissens 36

Einheitspreisvertrag 4 ff, 52 ff
Entgeltlichkeit 1
Entzug von Leistungsteilen 61 ff
Eventualposition 5

Fehlkalkulation 31
Freundschaftsdienst 34

Gebührenordnung 37
Geschäftsführung ohne Auftrag 90
Gewerbliche Tätigkeit 34

HOAI 108 ff

Ingenieur 108 ff

Kalkulationsirrtum 27 ff
Kostengarantie 20

Leistung
– abgegoltene 43 ff
– eigenmächtige 81 ff
Leistungsänderung 66 ff
Leistungsbeschreibung 28
Leistungseinschränkung 61 ff
Leistungserbringung
– Kosten der 30
Leistungserweiterung 71 ff

Mehrwertsteuer 25
Mengenabweichung 52 ff

Nachbarschaftshilfe 34
Nebenleistungen 48
Nichtarchitekt 111

Öffentliche Aufträge 118

Pauschalpreisvertrag 6 ff, 58, 79
Planungsarbeiten 92
Preiskorrektur 52 ff
Preisrecht 107 ff

Rechnung 111 ff
– Bindung an die 102 ff
Rechtsanwalt 116

Selbstkostenerstattungsvertrag 19
Sowieso-Kosten 28
Steuerberater 117
Stundenlohnsatz 11
Stundenlohnvertrag 8
Stundenlohnzettel 13 ff

Taxe 37

Januar 2003

Titel 9 · Werkvertrag und ähnliche Verträge § 632
Untertitel 1 · Werkvertrag 1, 2

Vergütung		Vorarbeiten	93 ff
– Höhe der	36 ff	Vorbereitende Tätigkeit	48
– übliche	36 ff	Vordersätze	5
Vergütungsvereinbarung	21 ff		
– fehlende	32	Wagnis, ungewöhnliches	30
Vertragsangebot		Werklohn, Art des	3
– Kosten des	93 ff		

I. Allgemeines

Zum Wesen des Werkvertrages gehört die **Entgeltlichkeit der Leistung** des Unter- 1
nehmers; wäre seine Leistung unentgeltlich zu erbringen, so läge kein Werkvertrag
vor, sondern ein *Auftrag*. Zu den Rechtsfolgen der Vereinbarung eines „Freundschaftspreises" oder der Vereinbarung teilweiser Unentgeltlichkeit vgl Vorbem 37
zu §§ 631 ff.

§ 632, dessen Abs 1 und 2 fast wortgleich mit § 611 beim Dienstvertrag übereinstimmen, regelt *wesentliche Teilaspekte* der Entgeltlichkeit des Werkvertrages.
Abs 1 hilft über die Probleme hinweg, die sich hinsichtlich der Wirksamkeit des
Vertrages ergeben können, wenn das Entgelt nicht besprochen ist. Abs 2 behandelt
dann das Folgeproblem, wie die nicht oder nicht näher ausgehandelte Vergütung
bemessen werden kann.

§ 632 Abs 3 betrifft ein allgemeines Problem des Vertragsschlusses, die fehlende
Vergütungspflicht der Gegenseite für Akquisitions„leistungen". Es hat beim Werkvertrag nur vom Kostenvolumen her besonderes Gewicht.

§ 632 geht auf eine Reihe von Fragen nicht näher ein, die sich an den Werklohn 2
knüpfen; das mag darin liegen, daß die Leistung des Unternehmers und dann auch
die ihm geschuldete Vergütung aus einer kaufrechtlichen Sicht des Gesetzgebers, vgl
Vorbem 6 zu §§ 631 ff, als grundsätzlich eindeutige und vor allem invariable Größen
angesehen werden, was angesichts des prognostischen Charakters, der dem Abschluß
eines Werkvertrages weithin innewohnt, der Natur der Sache nicht hinreichend gerecht wird. Zunächst kann man sich schon fragen, was überhaupt „*die Leistung*" des
Unternehmers ist, die durch die Vergütung abgegolten wird, dazu u Rn 43 ff. Sodann
braucht die *tatsächlich erbrachte Leistung nicht ohne weiteres* quantitativ *mit der
erwarteten übereinzustimmen*. Abweichungen können sich insoweit ergeben, weil
man sich verrechnet hat (Kalkulationsirrtum, vgl u Rn 27), oder weil man von vornherein nur Schätzungen vorgenommen hat und gar vornehmen konnte. Letzteres
wirkt sich je nach der Struktur der Preisvereinbarung unterschiedlich aus: Denkbar
ist einmal der Abschluß eines *Pauschalpreisvertrages* (u Rn 6), der mögliche Abweichungen der tatsächlich zu erbringenden Leistungen von den Vorstellungen der
Parteien bei Vertragsschluß bewußt ignoriert, aber auch eine Rahmenvereinbarung,
die nur Preise für einzelne Leistungseinheiten festlegt, aber deren endgültige Anzahl
einstweilen noch nicht festlegt (Einheitspreisvertrag, dazu u Rn 4). Abweichungen des
tatsächlichen Leistungsumfanges von dem ursprünglichen Vertrag können sich weiterhin aus dem späteren Verhalten der Parteien ergeben: Der Besteller wünscht eine
Änderung (u Rn 66), *Erweiterung* (u Rn 71) oder *Einschränkung* (u Rn 61) der Leistung;

der Unternehmer weicht *eigenmächtig* von der vertraglich vorgesehenen Leistung ab (u Rn 81).

Nicht angesprochen wird in § 632 auch die Bedeutung einer *Rechnung* des Unternehmers für den Werklohn (u Rn 101).

Die *Modalitäten der Entrichtung des Werklohns* sind bei §§ 632a, 641 erläutert.

II. Werklohn

1. Gegenstand

3 Die dem Unternehmer zustehende Vergütung wird in aller Regel *in Geld* ausgedrückt sein. Notwendig ist dies jedoch nicht. Es können auch *Sach- und Dienstleistungen* zugesagt werden. Es handelt sich dann um einen gemischten Vertrag, auf den jedoch im wesentlichen Werkvertragsrecht anzuwenden ist. Für die Darlegungs- und Beweislast für entsprechende Abreden gilt § 632 Abs 1 entsprechend, vgl u Rn 32 ff.

2. Einheitspreisvertrag

4 a)   Bei vielfältigen Werkleistungen, insbesondere im Baubereich, ist es nicht von vornherein klar erkennbar, was an Leistungen zur Erreichung des vorgesehenen und geschuldeten Erfolges konkret notwendig sein wird; das läßt sich oft nur mehr oder weniger genau abschätzen. Dann wird eine den Interessen beider Seiten gerecht werdende Vergütung des Unternehmers am besten dadurch gewährleistet, daß man die Leistung des Unternehmers vorab in möglichst viele Teilleistungen aufsplittet und insoweit – als Berechnungsfaktoren – **Einheitspreise** vereinbart, zB pro lfd m Mauerwerk, pro Fenster. Nach Abschluß der Leistung wird dann – im Wege des **Aufmaßes** – festgestellt, wieviele dieser Einzelleistungen erbracht worden sind. Die solcherart ermittelte Vergütung entspricht also der real erbrachten Leistung; ihr fehlt jener aleatorische Charakter, der der Vereinbarung eines Pauschalpreises innewohnt. Anders als ein Stundenlohnvertrag kann sie keinen Anreiz geben, zu Lasten des Bestellers zu bummeln. Freilich hat der Unternehmer bei seiner Kalkulation zu bedenken, daß nicht allen kostenverursachenden Faktoren ein eigener Einheitspreis zugeordnet ist; dies gilt namentlich für vorbereitende und ergänzende Leistungen, die durch die Einheitspreise mit abgegolten werden (vgl u Rn 48). Er muß also zB beim Einheitspreis für das Mauerwerk Transportkosten berücksichtigen, will er sich nicht verkalkulieren.

b)   *Einheitspreise gelten im Zweifel alle Kosten des Unternehmers ab*, also insbesondere für Löhne und Materialien und die allgemeine Geschäftseinrichtung, abweichende Vereinbarungen sind von dem Unternehmer zu beweisen (vgl INGENSTAU/KORBION/KELDUNGS § 2 Rn 156), ein Preisnachlaß allerdings von dem Besteller.

5 c)   Grundsätzlich, aber nicht zwingend, werden in dem Vertrag die voraussichtlichen Mengen der zu Einheitspreisen zu erbringenden Teilleistungen ausgeworfen, zB x lfd m Mauerwerk, y Fenster Typ a, sog Vordersätze. Diese *Vordersätze* sind bei Vereinbarung der VOB/B *nicht verbindlich*, da nach deren § 2 Nr 2 nach den tatsächlich ausgeführten Leistungen abzurechnen ist. Entscheidend ist also insoweit das Aufmaß als die nachträgliche tatsächliche Feststellung der tatsächlich erbrachten Leistungen, vgl dazu § 14 VOB/B (dazu § 641 Rn 31). Dieses ist die ursprünglich geschuldete, nur noch nicht sogleich festgelegte Vergütung.

Die Einheitspreise werden nach sog Positionen aufgelistet. Dabei kann es Alternativpositionen geben und Eventualpositionen, die also nur nach entsprechender Entscheidung des Bestellers zur Ausführung gelangen. Bei Positionen „nach Wahl des Bestellers" ist grundsätzlich nur eine Standardausführung geschuldet (OLG Köln BauR 1998, 1096).

Auch *ohne Vereinbarung der VOB/B* ist grundsätzlich davon auszugehen, daß Vordersätze zu vereinbarten Einheitspreisen *nicht verbindlich sein* sollen, sondern daß es auf die *tatsächlich erbrachte* Leistung ankommen soll.

d) Die Höhe der Einheitspreise ist Sache der Vereinbarung der Parteien; interne Sätze, mit denen der Unternehmer kalkuliert hat, sind nicht als Einheitspreise anzusehen (vgl BGH BauR 1983, 385).

Fehlt es an der Festlegung konkreter Einheitspreise, sind sie *nach § 632 Abs 2 zu ermitteln*, vgl dazu u Rn 38 ff. Behauptet der Unternehmer bestimmte Einheitspreise, ist er dafür beweispflichtig (vgl INGENSTAU/KORBION/KELDUNGS § 2 Rn 156).

Einheitspreise sind grundsätzlich auf der *Basis* kalkuliert, daß – *innerhalb einer gewissen Schwankungsbreite* – *bestimmte Massen* auszuführen sind, wie sie üblicherweise in den Vordersätzen ausgeworfen sind. Wenn die tatsächlich ausgeführten Massen davon nachhaltig abweichen, können die Einheitspreise ihre Angemessenheit einbüßen. Zur *Zulässigkeit einer Anpassung* vgl § 2 Nr 3 VOB/B und u Rn 52.

Einheitspreise können auch Gleitklauseln enthalten (vgl dazu OLG Hamm BauR 1989, 755; LG Kiel BauR 1991, 346), mit denen der Unternehmer andere als mengenmäßig verursachte Erhöhungen seiner Einstandskosten auffangen will bzw der Besteller an entsprechenden Einsparungen partizipieren will (zu den Grenzen der Zulässigkeit u Rn 23). Die Abweichung vom Ausgangspreis hat derjenige zu beweisen, der daraus Rechte herleiten will.

e) Einheitspreise gelten kraft besonderer Vereinbarung der Parteien; ihre Geltung kann sich aber auch aus § 632 Abs 2 ergeben. Die Methode der Preisbildung ist freilich von Branche zu Branche verschieden; insbesondere *im Baubereich* muß aber die Vergütung nach Einheitspreisen als *die übliche* angesehen werden (vgl INGENSTAU/KORBION/KELDUNGS § 2 Rn 154).

3. Pauschalpreisvertrag

a) Wesen des Pauschalpreisvertrages ist es, daß die von dem Unternehmer zu erbringende Leistung einerseits und die von dem Besteller zu vergütende Leistung andererseits *pauschaliert* werden (vgl dazu VYGEN ZfBR 1979, 133; BRANDT BauR 1982, 524; RIEDL ZfBR 1980, 1, 3; HEYERS BauR 1983, 297), so daß es für die Abrechnung der Parteien **grundsätzlich unerheblich ist, was tatsächlich ausgeführt ist** (vgl BGH NJW 1981, 1442,

1444). Es bedarf also grundsätzlich *keines Aufmaßes*, das sogar irrelevant wäre, auch keiner spezifizierten Abrechnung des Unternehmers über die erbrachten Leistungen.

b) Da die zu erbringenden Leistungen beim Werkvertrag weithin nicht zuverlässig abzuschätzen sind, wohnt dem Pauschalpreisvertrag ein *stark spekulativer Charakter* inne. Der Unternehmer macht einen besonderen Gewinn, wenn die Leistung wenig Aufwand erfordert, und zahlt im gegenteiligen Fall zu; er wird, wiederum zu Lasten des Bestellers, versuchen, einen auf jeden Fall auskömmlichen Preis zu vereinbaren. Beide Seiten nehmen dabei das *Risiko von Fehlberechnungen* im Leistungsverzeichnis bewußt in Kauf (vgl BGH BauR 1972, 118). Störungen im Äquivalenzverhältnis lassen sich nur korrigieren, wenn die Geschäftsgrundlage tangiert ist (vgl § 2 Nr 7 Abs 1 S 2 VOB/B und dazu u Rn 79). Das wiegt die Vorteile der klaren Verhältnisse durchaus wieder auf. Angemessen ist eine Pauschalpreisvereinbarung deshalb nur dann, wenn die zu erbringende Leistung und der dafür erforderliche Aufwand *wirklich zuverlässig abzuschätzen sind*, vgl auch die entsprechende Regelung in § 5 Nr 1 lit b VOB/A; § 5 Nr 1 VOB/A lautet:

> Bauleistungen sollen so vergeben werden, daß die Vergütung nach Leistung bemessen wird (Leistungsvertrag), und zwar:
>
> (a) In der Regel zu Einheitspreisen für technisch und wirtschaftlich einheitliche Teilleistungen, deren Menge nach Maß, Gewicht oder Stückzahl vom Auftraggeber in den Verdingungsunterlagen anzugeben ist (Einheitspreisvertrag),
>
> (b) in geeigneten Fällen für eine Pauschalsumme, wenn die Leistung nach Ausführungsart und Umfang genau bestimmt ist und mit einer Änderung bei der Ausführung nicht zu rechnen ist (Pauschalvertrag).

c) Ein Pauschalpreis kann sich grundsätzlich *nur auf die vertraglich vorgesehene Leistung* beziehen; nachträgliche Einschränkungen, Änderungen oder Erweiterungen müssen auch bei ihm berücksichtigt werden (vgl § 2 Nr 7 Abs 1 S 4 VOB/B und u Rn 80).

Ist es unklar, welche Leistungen insgesamt für den vereinbarten Pauschalpreis zu erbringen sind, so trifft die *Beweislast* dafür, daß bestimmte Leistungen ihm unterfallen, den Besteller (vgl BGH NJW 1984, 1676 = LM § 273 BGB Nr 38 m Anm RECKEN; INGENSTAU/KORBION [13. AUFL] § 2 Rn 333; HEYERS BauR 1983, 297, 311; **aA** INGENSTAU/KORBION/KELDUNGS § 2 Rn 286, falls der Unternehmer das Leistungsverzeichnis erstellt hat).

7 d) Ein Pauschalpreis kann von den Parteien besonders vereinbart werden; das muß allerdings *mit hinreichender Deutlichkeit* zum Ausdruck kommen, zB dadurch, daß der Preis als „pauschal" oder „fest" bezeichnet wird (vgl OLG Hamm SCHÄFER/FINNERN/HOCHSTEIN § 631 BGB Nr 43). Die Angabe von Einheitspreisen im Vertrag selbst oder einem zu dessen Inhalt gemachten Angebot des Unternehmers – nicht allerdings in einem Angebot, das dem Vertrag nur zugrundeliegt – widerspricht der Annahme eines Pauschalpreises deutlich. Das gilt selbst dann, wenn die sich aus den Berechnungsgrundlagen ergebende Summe abgerundet ist (vgl INGENSTAU/KORBION/KELDUNGS § 2 Rn 162; WERNER/PASTOR Rn 1181; VYGEN ZfBR 1979, 133, 135). Anderes ist erst dann anzunehmen, wenn *der Gesamtpreis deutlich von der Summe der Einheits-*

preise abgesetzt ist. Auch die Vereinbarung, daß ein Aufmaß stattzufinden habe, ist ein dringendes Indiz gegen die Annahme eines Pauschalpreises (vgl VYGEN aaO). Ein Leistungsverzeichnis kann und wird dem Pauschalpreis natürlich zugrunde liegen (vgl OLG Celle BauR 1996, 723).

Im Baubereich ist die übliche Vergütung iSd § 632 Abs 2 nicht die eines Pauschalpreises. Das kann in anderen Branchen anders sein, *wenn die Leistung* von *vornherein feststeht* oder die geschuldete Vergütung aus sonstigen Gründen nicht mit Unsicherheitsfaktoren belastet ist.

e) Bei Vereinbarung eines Pauschalpreises kann es *überraschend* iSd § 305c und *unangemessen* iSd § 307 sein, wenn bestimmte Leistungen, die redlicherweise als durch ihn mitabgegolten zu verstehen sind, eigens zusätzlich zu vergüten sind (vgl BGH NJW 1984, 171 = LM § 3 AGBG Nr 6; OLG Hamm SCHÄFER/FINNERN/HOCHSTEIN § 631 BGB Nr 46: Abfuhr des Bodenaushubs beim schlüsselfertigen Haus).

4. Stundenlohnvertrag

Die Berechnung des Werklohns des Unternehmers nach Stundenlöhnen (und Materialaufwand) ist trotz der Erfolgsbezogenheit des Werkvertrages mit *seinem Wesen vereinbar*, obwohl bei ihm etwas anderes als der Eintritt des – auch hier geschuldeten – Erfolgs zum Maßstab der Vergütung gemacht wird. Diese Berechnungsmethode weist allerdings ihre besonderen Gefahren für den Besteller auf, weil *die insgesamt geschuldete Vergütung* bei Vertragsschluß *noch ganz unabsehbar sein kann* und weil der Unternehmer und seine Mitarbeiter *keinen besonderen Anreiz zu zügigem und wirtschaftlichem Arbeiten* haben. Außerdem kann hier die *zweifelsfreie Ermittlung* des im Ergebnis geschuldeten Werklohns auf *Probleme* stoßen; das kann sich zu Lasten beider Parteien auswirken.

Die Vereinbarung von Stundenlohnarbeiten empfiehlt sich deshalb nur *ausnahmsweise*, vgl auch § 5 Nr 2 VOB/A:

> Bauleistungen geringeren Umfangs, die überwiegend Lohnkosten verursachen, dürfen im Stundenlohn vergeben werden (Stundenlohnvertrag).

Sinnvoll ist die Vereinbarung von Stundenlohnarbeiten dort, wo der Leistungsumfang gering ist, der notwendige Aufwand aber nicht absehbar ist. Das gilt namentlich bei Reparaturen oder Nach- und Anschlußarbeiten. Dabei können Stundenlohnarbeiten isoliert oder zusammen mit Leistungen vergeben werden, über die nach Einheitspreisen oder pauschal abzurechnen ist.

a) Stundenlohnarbeiten nach der VOB/B
aa) Die **VOB/B** enthält hinsichtlich des Stundenlohnvertrages folgende Bestimmungen:

> § 2 Vergütung
>
> 10. Stundenlohnarbeiten werden nur vergütet, wenn sie als solche vor ihrem Beginn ausdrücklich vereinbart worden sind (§ 15).

§ 15 Stundenlohnarbeiten

1. (1) Stundenlohnarbeiten werden nach den vertraglichen Vereinbarungen abgerechnet.

(2) Soweit für die Vergütung keine Vereinbarungen getroffen worden sind, gilt die ortsübliche Vergütung. Ist diese nicht zu ermitteln, so werden die Aufwendungen des Auftragnehmers für Lohn- und Gehaltskosten der Baustelle, Lohn- und Gehaltsnebenkosten der Baustelle, Stoffkosten der Baustelle, Kosten der Einrichtungen, Geräte, Maschinen und maschinellen Anlagen der Baustelle, Fracht-, Fuhr- und Ladekosten, Sozialkassenbeiträge und Sonderkosten, die bei wirtschaftlicher Betriebsführung entstehen, mit angemessenen Zuschlägen für Gemeinkosten und Gewinn (einschließlich allgemeinem Unternehmerwagnis) zuzüglich Umsatzsteuer vergütet.

2. Verlangt der Auftraggeber, daß die Stundenlohnarbeiten durch einen Polier oder eine andere Aufsichtsperson beaufsichtigt werden, oder ist die Aufsicht nach den allgemeinen Unfallverhütungsvorschriften notwendig, so gilt Nr. 1 entsprechend.

3. Dem Auftraggeber ist die Ausführung von Stundenlohnarbeiten vor Beginn anzuzeigen. Über die geleisteten Arbeitsstunden und den dabei erforderlichen, besonders zu vergütenden Aufwand für den Verbrauch von Stoffen, für Vorhaltung von Einrichtungen, Geräten, Maschinen und maschinellen Anlagen, für Frachten, Fuhr- und Ladeleistungen sowie etwaige Sonderkosten sind, wenn nichts anderes vereinbart ist, je nach der Verkehrssitte werktäglich oder wöchentlich Listen (Stundenlohnzettel) einzureichen. Der Auftraggeber hat die von ihm bescheinigten Stundenlohnzettel unverzüglich, spätestens jedoch innerhalb von 6 Werktagen nach Zugang, zurückzugeben. Dabei kann er Einwendungen auf den Stundenlohnzetteln oder gesondert schriftlich erheben. Nicht fristgemäß zurückgegebene Stundenlohnzettel gelten als anerkannt.

4. Stundenlohnrechnungen sind alsbald nach Abschluß der Stundenlohnarbeiten, spätestens jedoch in Abständen von 4 Wochen, einzureichen. Für die Zahlung gilt § 16.

5. Wenn Stundenlohnarbeiten zwar vereinbart waren, über den Umfang der Stundenlohnleistungen aber mangels rechtzeitiger Vorlage der Stundenlohnzettel Zweifel bestehen, so kann der Auftraggeber verlangen, daß für die nachweisbar ausgeführten Leistungen eine Vergütung vereinbart wird, die nach Maßgabe von Nr. 1 Absatz 2 für einen wirtschaftlich vertretbaren Aufwand an Arbeitszeit und Verbrauch von Stoffen, für Vorhaltung von Einrichtungen, Geräten, Maschinen und maschinellen Anlagen, für Frachten, Fuhr- und Ladeleistungen sowie etwaige Sonderkosten ermittelt wird.

10 bb) Nach § 2 Nr 10 VOB/B muß eine *ausdrückliche – nicht unbedingt schriftliche – Stundenlohnvereinbarung* getroffen werden, die sich auf den Gegenstand der Arbeiten zu beziehen hat sowie auf die Stundenlohnabrede als solche. Sie kann auch nachträglich getroffen werden, liegt aber idR nicht schon in der Unterzeichnung von Stundenlohnzetteln (BGH NJW-RR 1995, 50). Die Verabredung bedarf iü der Vertretungsmacht, die nicht schon in der Ermächtigung zu sehen ist, Nachweise abzuzeichnen (BGH aaO). Die *Höhe* des Stundenlohnes braucht nicht vereinbart zu werden; sie richtet sich *notfalls nach § 15 VOB/B*. Die Vereinbarung muß vor der Aufnahme der Arbeiten getroffen werden, nicht vor Aufnahme der Leistung insgesamt. Ein *bloßes*

Dulden der vom Unternehmen aufgenommenen Arbeiten reicht jedenfalls als Vereinbarung nicht aus.

Fehlt es an der geforderten Vereinbarung, dann entfällt nicht etwa der Vergütungsanspruch des Unternehmers (vgl NICKLISCH/WEICK § 2 Rn 118), sofern er nur überhaupt dem Grunde nach gegeben und nicht – etwa durch eigenmächtiges Handeln, vgl § 2 Nr 8 VOB/B – ausgeschlossen ist. Es entfällt nur die Möglichkeit der Abrechnung auf Stundenlohnbasis, *abzurechnen* ist vielmehr *nach Einheitspreisen* (vgl BGH BB 1961, 989). Wo dies nicht möglich ist, wird die *übliche Vergütung* geschuldet, § 632 Abs 2. Das kann zur Geltung von Stundenlohnpreisen zurückführen.

cc) Welcher Stundensatz zu zahlen ist, wird von § 15 Nr 1 VOB/B geregelt. Es ist **11** dies *primär der konkret vereinbarte*, wie er ausnahmsweise auch stillschweigend verabredet werden kann, etwa durch die Bezugnahme auf eine kürzliche anderweitige Zusammenarbeit der Parteien. Bei der Bemessung sind die Parteien frei; nur bei *öffentlichen Auftraggebern* ist § 11 VO Pr Nr 1/72 (BGBl I 293), zuletzt geändert durch G v 27. 12. 1993 (BGBl I 2378, 2413) nebst Nr 44 ff LSP-Bau (Anl dazu) zu beachten. Werden die dortigen Sätze nicht eingehalten, so gilt der sich aus der VO ergebende Preis (vgl auch u Rn 122 ff). Wenn eine besondere Preisabsprache nicht getroffen ist, gilt nach § 15 Nr 1 Abs 2 S 2 VOB/B – entsprechend § 632 Abs 2 – die *ortsübliche Vergütung*, vgl dazu u Rn 47 ff. Dabei sind jene Sätze zugrunde zu legen, die im Zeitpunkt der voraussichtlichen Durchführung der Arbeiten gelten (**aA** für Gemeinkosten und Gewinn INGENSTAU/KORBION/KELDUNGS § 15 Rn 15: Zeitpunkt des Vertragsschlusses; NICKLISCH/WEICK § 15 Rn 12: bei den Gemeinkosten Durchschnitt der Zeit zwischen Vertragsschluß und Abschluß der Arbeiten); es kommt aber nach § 15 Nr 1 Abs 2 S 2 VOB/B auf die „Aufwendungen" hilfsweise an, worunter die tatsächlichen Aufwendungen zu verstehen sind. Dann kann auch § 15 Nr 1 Abs 2 S 1 VOB/B sinnvoll nicht anders verstanden werden. Wenn eine ortsübliche Vergütung nicht oder nur mit unzumutbarem Aufwand festgestellt werden kann, enthält *§ 15 Nr 1 Abs 2 S 2 VOB/B eine nähere Regelung der Vergütung*. Dabei sind unter den aufgeführten Sonderkosten Lohnzuschläge für Überstunden oder Nacht- oder Feiertagsarbeit zu verstehen, ferner Erschwerniszuschläge, Leistungszulagen, Wege- und Fahrgelder, Auslösungen; zu den Wegekosten gehören die Kosten der Anfahrt zur Baustelle nicht (OLG Düsseldorf BauR 2000, 1334). Soweit bestimmte Kosten unter verschiedene Kategorien eingestuft werden können, ist jedenfalls ein *doppelter Ansatz zu vermeiden*. Nach § 15 Nr 1 Abs 2 S 2 aE VOB/B sind angemessene Zuschläge für Gemeinkosten und Gewinn zu machen.

dd) Nur für den *Sonderfall, daß eine bestimmte Vergütung nicht vereinbart und auch* **12** *nicht ortsüblich ist*, spricht § 15 Nr 1 Abs 2 S 2 VOB/B die Verpflichtung des Unternehmers zu einer *wirtschaftlichen Betriebsführung* an. Es kann aber keinen Zweifeln unterliegen, daß der Unternehmer *ganz allgemein* verpflichtet ist, kostengünstig und rationell zu arbeiten. Er muß also stets für einen zügigen Fortgang der Arbeiten und einen sinnvollen Baubetrieb sorgen, insbesondere etwa für den Einsatz einer angemessenen Zahl qualifizierter Leute, Vermeidung überflüssiger Wege, Vermeidung von Überstunden und Feiertagsarbeit, soweit sie sich nicht notwendig aus Art und insbesondere terminlicher Planung der ihm übertragenen Arbeiten ergeben (vgl BGH BauR 2000, 1196). Als Werklohn geschuldet wird nur die unter diesen Gesichtspunkten *notwendige Vergütung*. Für die Einhaltung der Pflicht zur wirtschaftlichen Betriebsführung ist der Unternehmer beweispflichtig (vgl BGH ZfBR 1990, 129; aA BGH BauR 2000, 1196: dem Besteller erwachse aus unwirtschaftlicher Arbeitsweise ein aufrechenbarer Schadensersatzanspruch, für dessen Voraussetzungen er darlegungs- und beweispflichtig sei).

ee) Ausnahmsweise kann auch die Tätigkeit einer *Aufsichtsperson* zu vergüten sein. Die Voraussetzungen nennt § 15 Nr 2 VOB/B; die zu zahlende Vergütung ist in entsprechender Anwendung von § 15 Nr 1 VOB/B zu ermitteln.

13 **ff)** § 15 Nr 3 VOB/B versucht, späteren Streitigkeiten über den tatsächlichen Anfall von Lohnstunden vorzubeugen. Zu diesem Zweck soll der *Beginn* der Stundenlohnarbeiten *angezeigt*, sollen *Stundenlohnzettel eingereicht und gegengezeichnet* werden.

(1) Die Anzeige der Aufnahme der Arbeiten soll die Kontrolle des Bestellers darüber gewährleisten, welche Lohnstunden tatsächlich angefallen sind. Es handelt sich um eine Pflicht des Unternehmers, deren Nichtbeachtung seinen Vergütungsanspruch nicht etwa entfallen läßt; vielmehr ist dann, unabhängig davon, ob der Pflichtverstoß des Unternehmers schuldhaft war oder nicht, entsprechend § 15 Nr 5 VOB/B abzurechnen (vgl INGENSTAU/KORBION/KELDUNGS § 15 Rn 36 f). Die Annahme einer Schadensersatzforderung des Bestellers ist bezüglich des Werklohnanspruchs des Unternehmers daneben überflüssig und entbehrlich (aA NICKLISCH/ WEICK § 15 Rn 24). *Schadensersatzansprüche* des Bestellers kommen nur insoweit in Betracht, wie er weitergehende Schäden erleidet, zB erhöhten Prüfungsaufwand hat (vgl INGENSTAU/KORBION aaO).

(2) Weiterhin hat der Unternehmer nach § 15 Nr 3 S 2 VOB/B *Stundenlohnzettel* vorzulegen, über deren Inhalt die Bestimmung nähere Angaben macht. Die Angabe der Stundenlohnsätze ist dabei weder notwendig noch üblich; gekennzeichnet werden muß aber die *Funktion der einzelnen Mitarbeiter.* Über den Turnus der Vorlage entscheidet die Vereinbarung der Parteien, sonst die Verkehrssitte, die jedenfalls kürzere Intervalle vorsieht (täglich, mindestens wöchentlich).

Die Verletzung dieser Pflicht hat dieselben Sanktionen wie die Nichtanzeige der Aufnahme der Arbeiten. Eine AGB-Klausel, daß der Vergütungsanspruch erlischt, wenn Stundenlohnzettel nicht vorgelegt wurden, verstößt gegen § 307 (OLG Düsseldorf NJW-RR 1997, 784); der Nachweis der Stunden bleibt anderweitig möglich (OLG Frankfurt BauR 1999, 1460).

14 (3) Nach § 15 Nr 3 S 3 ff VOB/B ist der Besteller gehalten, die Stundenlohnzettel zu *„bescheinigen"*, eventuelle Einwendungen schriftlich vorzubringen und die Stundenlohnzettel im übrigen unverzüglich, spätestens innerhalb von 6 Werktagen zurückzugeben. Unterläßt er die rechtzeitige Rückgabe, gelten die Stundenlohnzettel als anerkannt.

(a) Die „Bescheinigung" (Abzeichnung, Unterschrift) der Stundenlohnzettel führt zu dem *Anerkenntnis der dortigen Angaben* zu Art und Umfang der Arbeiten, also zB nicht der Wirtschaftlichkeit der Arbeiten oder ihrer Vertragsgemäßheit (BGH NJW-RR 1995, 80; OLG Frankfurt NJW-RR 2000, 1470). Sie ist insoweit ein *deklaratorisches Schuldanerkenntnis*, das dem Besteller die *Beweislast* dafür aufbürdet, daß die Stundenlohnzettel inhaltlich unrichtig sind und daß ihm die Unrichtigkeit auch nicht bekannt war (vgl BGH NJW 1958, 1535 = LM § 15 VOB/B Nr 1; BGH NJW 1970, 2295 = WM 1970, 1455; INGENSTAU/KORBION/KELDUNGS § 15 Rn 53 f).

(b) Wegen der Rechtsnatur des Anerkenntnisses muß es von dem *Besteller selbst* oder einer *entsprechend bevollmächtigten Person* abgegeben werden (vgl BGH NJW 1960, 859 = LM § 19 GOA Nr 2). Eine derartige Vollmacht hat der Architekt nicht ohne weiteres, ggf aber auf der Basis einer Anscheins- oder Duldungsvollmacht. Eine solche wird insbesondere dann anzunehmen sein, wenn er ständig Stundenlohnzettel abzeichnet oder wenn ihm die örtliche Bauaufsicht übertragen ist (vgl INGENSTAU/KORBION/KELDUNGS § 15 Rn 48).

(c) Der Besteller braucht die Stundenlohnzettel nur abzuzeichnen, wenn sie ihm ordnungsgemäß vorgelegt werden, dh nach rechtzeitiger Anzeige des Arbeitsbeginns und ihrerseits fristgemäß. Auf die Wirksamkeit der Abzeichnung ist es allerdings ohne Einfluß, wenn diese ihre Voraussetzungen nicht vorgelegen haben. Wenn der Besteller Einwendungen gegen die inhaltliche Richtigkeit der Stundenlohnzettel hat, muß er *entsprechende Vorbehalte* machen, die nicht zwingend schriftlich geäußert werden müssen. Das nimmt den Stundenlohnzetteln die Beweiskraft.

(d) Die Anerkenntnisfiktion des § 15 Nr 3 S 5 VOB/B für den Fall nicht rechtzeitiger Rückgabe der Stundenlohnzettel verstößt an sich gegen § 308 Nr 5 lit b, doch ist dies wegen der dortigen Bezugnahme auf die VOB/B unschädlich, mag § 15 Nr 3 S 5 VOB/B auch nicht im Mittelpunkt der gesetzgeberischen Überlegungen gestanden haben. Die Bestimmung ist also wirksam (vgl OLG Düsseldorf BauR 1997, 647, 650; INGENSTAU/KORBION/KELDUNGS § 15 Rn 56; NICKLISCH/WEICK § 15 Rn 33 mit der Einschränkung, daß die VOB/B als Ganzes vereinbart sein müsse; sonst sei auf die Anerkenntniswirkung hinzuweisen; STAUDINGER/SCHLOSSER § 23 AGBG Rn 29; RECKEN BauR 1978, 417, 421; **aA** WOLF/HORN/LINDACHER § 23 Rn 244).

Der Fristablauf läßt die Berufung auf damals unbekannte Einwendungen nicht unzulässig werden.

Die Abzeichnung der Stundenlohnzettel ist keine Schuldnerpflicht des Bestellers, sondern eine Gläubigerobliegenheit.

(4) § 15 Nr 4 VOB/B hält den Unternehmer an, Stundenlohnrechnungen zügig einzureichen. Mit der Bezugnahme auf § 16 VOB/B wird klargestellt, daß auch hier die *Erteilung der Rechnung Fälligkeitsvoraussetzung* ist. Dabei können die Stundenlohnrechnungen je nach den Umständen den Charakter von Abschlagsrechnungen oder von Schlußrechnungen haben.

(5) Bei *Zweifeln* über den Umfang von Stundenlohnleistungen ist *nach § 15 Nr 5 VOB/B abzurechnen.*

(a) Als Anlaß für derartige Zweifel nennt die Bestimmung ausdrücklich die nicht rechtzeitige Vorlage der Stundenlohnzettel durch den Unternehmer. Es ist aber kein Grund ersichtlich, sie nicht auch in anderen Zweifelsfällen zur Anwendung zu bringen, insbesondere dann, wenn die Unklarheiten darauf beruhen, daß die Aufnahme der Arbeiten nicht rechtzeitig angezeigt wurde oder daß die Stundenlohnzettel inhaltlich unzureichend sind.

Die Zweifel sind von dem Besteller darzutun und zu beweisen. Insoweit sind keine überhöhten Anforderungen zu stellen.

(b) Wenn diese Voraussetzungen erfüllt sind, entsteht ein Anspruch des Bestellers auf *Neuberechnung der Vergütung*. Er muß diesen Anspruch rechtzeitig geltend machen, nämlich spätestens bis zur Fälligkeit der Stundenlohnschlußrechnung; andernfalls verwirkt er ihn (so zutreffend INGENSTAU/KORBION/KELDUNGS § 15 Rn 69).

Wenn der Unternehmer auf das berechtigte Neuberechnungsverlangen des Bestellers nicht eingeht, ist dieser in entsprechender Anwendung des § 14 Nr 4 VOB/B berechtigt, die Stundenlohnrechnung seinerseits nach Fristsetzung für den Unternehmer aufzustellen (vgl LG Mannheim BauR 1982, 71; INGENSTAU/KORBION/KELDUNGS § 15 Rn 70). Diese Eigenaufstellung ist dann nur eingeschränkt überprüfbar, freilich nicht nach § 319, so LG Mannheim (aaO), sondern nach § 315 Abs 3. NICKLISCH/WEICK § 15 Rn 42; INGENSTAU/KORBION/KELDUNGS § 15 Rn 70 wollen demgegenüber eine uneingeschränkte Nachprüfung zulassen, doch verliert dann die Eigenaufstellung des Bestellers jeden Sinn.

(c) Die Neuberechnung hat wiederum auf Stundenlohnbasis zu geschehen.

Dabei entsprechen die Berechnungsfaktoren des § 15 Nr 5 VOB/B denen der Nr 1. Unter ihnen ist der des *wirtschaftlich vertretbaren Aufwandes* hervorzuheben.

b) Stundenlohnvertrag nach BGB

17 aa) Zum Stundenlohnvertrag kommt es nach *allgemeinem Zivilrecht* entweder kraft entsprechender Vereinbarung der Parteien oder weil dies die übliche Vergütung iSd § 632 Abs 2 ist. Letzteres gilt für weite Bereiche, insbesondere des Handwerks.

bb) Die Höhe der Stundensätze richtet sich nach denselben Grundsätzen. Eine Auffangbestimmung für den Fall, daß eine ortsübliche Vergütung nicht festgestellt werden kann, nach Art des § 15 Nr 1 Abs 2 VOB/B ist dem allgemeinen Zivilrecht dabei fremd. Nach der *Ortsüblichkeit* und insbesondere der *Branchenüblichkeit* richtet es sich auch, inwieweit die Verwendung von Arbeitsmitteln gesondert in Rechnung gestellt werden darf. Das wird jedenfalls bei Materialien durchweg üblich sein, bei Geräten dagegen nur, wenn sie unverhältnismäßig kostspielig sind.

18 cc) Der *Nachweis der aufgewendeten Lohnstunden* obliegt dem Unternehmer. Wenn er Lohnstundenzettel verwendet, was weithin der Üblichkeit entspricht und auch sonst zweckmäßig ist, ist der Besteller gehalten, diese *gegenzuzeichnen*. Für die Gegenzeichnung gelten die Grundsätze o Rn 14. Die Rechtsmacht zur Gegenzeichnung ist im häuslichen Bereich grundsätzlich Teil der Vertretungsmacht nach § 1357. Andere Familienangehörige oder Haushaltsmitglieder als der Ehegatte sind nicht ohne weiteres berechtigt, gegenzuzeichnen. Der Verweigerung der Abzeichnung kommt eine besondere Wirkung nicht zu. Damit fehlt zwar das deklaratorische Anerkenntnis des Bestellers, aber die Abrechnung ist nach wie vor auf Stundenlohnbasis vorzunehmen (vgl OLG Köln NJW-RR 1997, 150). Wo dies möglich ist, ist der

Unternehmer verpflichtet, Aufnahme und Beendigung der Stundenlohnarbeiten anzuzeigen.

Der Nachweis der Stundenlohnarbeiten erfolgt *außer durch abgezeichnete Stundenzettel* regelmäßig durch *Zeugenbeweis*. Dabei kommt einer ordnungsgemäßen Dokumentation ein erheblicher indizieller Stellenwert zu.

dd) Auch nach allgemeinem Zivilrecht ist der Unternehmer zu einer *wirtschaftlichen Betriebsführung* verpflichtet. Es gelten die Grundsätze o Rn 12.

5. Selbstkostenerstattungsvertrag

Die Preisbildung beim Selbstkostenerstattungsvertrag ähnelt strukturell der des Stundenlohnvertrages; der Unterschied beider Vertragstypen liegt darin, daß Stundenlohnverträge bei Leistungen geringeren Umfangs üblich sind, Selbstkostenerstattungsverträge dagegen typischerweise bei einem größeren Leistungsvolumen. Es gibt sie insbesondere bei öffentlichen Auftraggebern (vgl auch u Rn 118).

Zum Selbstkostenerstattungsvertrag heißt es in

§ 5 VOB/A Leistungsvertrag, Stundenlohnvertrag, Selbstkostenerstattungsvertrag

...

3. (1) Bauleistungen größeren Umfangs dürfen ausnahmsweise nach Selbstkosten vergeben werden, wenn sie vor der Vergabe nicht eindeutig und so erschöpfend bestimmt werden können, daß eine einwandfreie Preisermittlung möglich ist (Selbstkostenerstattungsvertrag).

(2) Bei der Vergabe ist festzulegen, wie Löhne, Stoffe, Gerätevorhaltung und andere Kosten einschließlich der Gemeinkosten zu vergüten sind und der Gewinn zu bemessen ist.

(3) Wird während der Bauausführung eine einwandfreie Preisermittlung möglich, so soll ein Leistungsvertrag abgeschlossen werden. Wird das bereits Geleistete nicht in den Leistungsvertrag einbezogen, so ist auf eine klare Leistungsabgrenzung zu achten.

6. Verhältnis der einzelnen Typen der Preisbildung

Es ist den Parteien *grundsätzlich freigestellt*, nach welcher Methode sie *den Werklohn festlegen wollen*; sie können auch die einzelnen Preistypen miteinander kombinieren. Bis auf den Selbstkostenerstattungsvertrag, der nur bei entsprechender Vereinbarung denkbar ist, sind auch alle Arten der Preisbildung als Gegenstand der nach Ort und Branche üblichen Vergütung iSd § 632 Abs 2 denkbar, grundsätzlich allerdings keine Kombinationen. Die *VOB* bevorzugt den *Einheitspreisvertrag*, vgl außer § 5 VOB/A, o Rn 6, und § 2 Nr 10 VOB/B, o Rn 9, noch

§ 2 VOB/B Vergütung

...

2. Die Vergütung wird nach den vertraglichen Einheitspreisen und den tatsächlich ausgeführten Leistungen berechnet, wenn keine andere Berechnungsart (zB durch Pauschalsumme, nach Stundenlohnsätzen, nach Selbstkosten) vereinbart ist.

...

Es wird hier eine *Vermutung für den Einheitspreisvertrag* aufgestellt (vgl INGENSTAU/ KORBION/KELDUNGS § 2 Rn 154), wie sie aber keineswegs ganz allgemein für Werkverträge gelten kann; hier kommt es vielmehr auf die Parteivereinbarungen, hilfsweise nach § 632 Abs 2 auf die Branchen- und Ortsüblichkeit an. Dabei ist allerdings für den Baubereich der Einheitspreisvertrag die Regel (vgl INGENSTAU/KORBION/KELDUNGS § 2 Rn 155).

7. Kostengarantien

20 Es können dem Besteller auch bestimmte *Obergrenzen des Werklohns garantiert* werden; solche Obergrenzen sind dort möglich, wo der Werklohn variabel ist, also zunächst beim Einheitspreisvertrag und beim Stundenlohnvertrag, sodann vorzugsweise dort, wo fremde Kosten zu liquidieren sind, so namentlich bei der Baubetreuung. Ob eine Kostengarantie abgegeben wurde, ist eine Frage der Auslegung. Der Besteller ist für sie darlegungs- und beweispflichtig, der Unternehmer dafür, daß bestimmte Leistungen gesondert zu vergüten sind (BGH NJW-RR 1996, 952). Eine Kostengarantie gilt auch bei einer unverschuldeten Kostenüberschreitung. An ihre Aufhebung sind strenge Anforderungen zu stellen (OLG München DAR 1996, 142).

III. Ausdrückliche Vergütungsvereinbarung

1. Zustandekommen

21 Eine Vergütung kann beim Werkvertrag zunächst und in erster Linie *ausdrücklich* vereinbart werden. Das wird weithin expressis verbis geschehen, ohne daß dies aber notwendig der Fall sein müßte. Eine ausdrückliche Vergütungsvereinbarung – und damit nicht der in § 632 Abs 1 geregelte Fall der stillschweigend als vereinbart geltenden Vergütung – kann auch dann vorliegen, wenn Worte nicht gewechselt werden. Anzunehmen ist dies insbesondere dort, wo deutlich sichtbar *Preislisten* aushängen (Friseur, Reinigung), oder wo dem Besteller sonst bekannt ist oder auf Grund der Umstände bekannt sein müßte, daß der Unternehmer nur zu einem bestimmten Preis zu kontrahieren bereit ist. Hier müssen die beiderseitigen Erklärungen nach ihrem objektiven Gehalt dahin verstanden werden, daß auf dieser Basis abgeschlossen werden soll. Die *Unterscheidung und Abgrenzung zu § 632 Abs 1* ist unter zweierlei Gesichtspunkten wichtig. Zum einen bemißt sich die Höhe der nach § 632 Abs 1 geschuldeten Vergütung stets nach § 632 Abs 2, also dem Üblichen, während die ausdrücklich vereinbarte Vergütung davon auch abweichen kann. Zum anderen ist die ausdrücklich vereinbarte Vergütung insbesondere nach § 119 Abs 1 anfechtbar (etwa, wenn man Leistungen bestellt, hinsichtlich derer man sich auf der Preisliste verlesen hat, oder wenn man diese gar übersehen hat), während die nach § 632 Abs 1 geschuldete Vergütung nicht anfechtbar ist (vgl u Rn 36).

2. Bemessung der Vergütung

a) Struktur der Vergütung

Zur Struktur der zu vereinbarenden Vergütung vgl o Rn 4 ff. Die Vergütung kann nur 22 rahmenmäßig festgelegt sein (Einheitspreisvertrag, Stundenlohnvertrag), aber auch schon endgültig (Pauschalpreisvertrag).

b) Grenzen der Vertragsfreiheit

Bei der Bemessung der Vergütung sind die Parteien grundsätzlich frei. Grenzen 23 ziehen allerdings zunächst die §§ 123, 138, sodann nach § 134 eine Reihe preisrechtlicher Bestimmungen, schließlich die §§ 305 ff.

Insofern ist es unbedenklich, wenn in AGB des Unternehmers bestimmte Positionen, die er verkehrsüblich in Rechnung stellen kann, pauschaliert werden, so etwa die Wegekosten für Reparaturen im Hause des Bestellers (vgl BGHZ 116, 117 = NJW 1992, 688 [„Kfz-Kostenanteil pro Anfahrt pauschal ... DM"]). Denkbar ist es dann, daß die Pauschale unangemessen ist (vgl ULMER/BRANDNER/HENSEN Anh zu §§ 9–11 Rn 931), doch ist dies nicht nach den §§ 307 ff, sondern in entsprechender Anwendung des § 315 Abs 3 zu überprüfen. Unbedenklich auch die Klausel „Fahrzeiten gelten als Arbeitszeiten" (aA BGHZ 91, 316 = NJW 1984, 2160; einschränkend dazu wieder BGHZ 116, 117). Denn die Berechnung der Fahrzeiten ist üblich, ihre Gleichstellung mit Arbeitszeiten kann – AGB-rechtlich – nicht getadelt werden. Was der Unternehmer eigens in Rechnung stellen darf, das darf er auch in seinen AGB pauschalieren. Die überhöhte Pauschale ist aber eben nach § 315 Abs 3 zu überprüfen. Wo aber der Unternehmer etwas in Rechnung stellen will, was üblicherweise nicht gesondert berechnet wird, da unterliegt er einer besonderen Hinweis- und Aufklärungspflicht, deren Verletzung ihn nach den Grundsätzen der culpa in contrahendo verpflichten kann, die entsprechende Forderung fallen zu lassen. ZB muß es in einem deutschen Lokal besonders hervorgehoben werden, wenn das Gedeck eigens berechnet werden soll. Bei besonders überraschenden Nebenforderungen des Unternehmers mag man sich fragen, ob sie überhaupt Vertragsinhalt geworden sind, vgl den Gedanken der §§ 305, 305c.

aa) Hinsichtlich der §§ 305 ff ist im Ausgangspunkt allerdings zu beachten, daß *keine Preiskontrolle* bezweckt ist, und dies auch dann nicht, wenn die Preise in die Form Allgemeiner Geschäftsbedingungen gekleidet sind (vgl ULMER/BRANDNER/HENSEN § 8 Rn 8 f, sofern die Regelung dem Transparenzgebot genügt).

(1) Zunächst stellt es eine *unangemessene Benachteiligung* des Unternehmers iSd 24 § 307 *Abs 1, Abs 2 Nr 1* dar, kann auch uU überraschend iSd § 305c sein, wenn ihm in AGB des Bestellers *Kürzungen seines Werklohnanspruchs* angedroht werden, für die er selbst weder Grund noch Anlaß gegeben hat. Das gilt etwa dann, wenn ein Subunternehmer Vergütung nur in dem Umfang erhalten soll, in dem der Hauptunternehmer selbst Vergütung von seinem Abnehmer erhält (vgl LOCHER NJW 1979, 2235, 2237), oder wenn sich der Besteller die einseitige beliebige Festsetzung des Werklohns vorbehält (OLG Düsseldorf BauR 1981, 293; 1983, 470).

(2) Weiterhin wird der Unternehmer unangemessen benachteiligt, wenn er ohne Zusatzvergütung *zusätzliche Leistungen* erbringen soll, die er als solche nicht schuldet, zB Wegschaffen des Bauschutts anderer Unternehmer (OLG München

NJW-RR 1987, 661) oder die Beseitigung von Mängeln an den Vorleistungen anderer Unternehmer.

(3) Auch kann das *Kostengefüge* des Werkvertrages auf andere Weise unangemessen zu Lasten des Unternehmers verschoben werden, so wenn er Stillegungskosten ohne weiteres tragen soll (OLG München aaO) oder Energiekosten bis hin zur Übergabe des Hauses an den Endabnehmer (OLG München aaO). Werden dem Unternehmer zulässig anteilige Kosten auferlegt, so muß ihr Betrag angemessen berechnet werden (vgl OLG Düsseldorf BauR 1993, 736 [Bauwesenversicherung]). Zulässig sind bei Lohngleitklauseln Bagatellklauseln, daß minimale Änderungen unberücksichtigt bleiben sollen (BGH NJW 2002, 441: 0,5% der Abrechnungssumme; diese habe der Unternehmer dann stets zu tragen).

(4) Gesetzlichen Regelungen über Preise bzw deren Ermittlung kann Richtlinienfunktion iSd § 307 Abs 2 Nr 1 zukommen (vgl BGH NJW 1981, 2351 zu § 10 Abs 2 HOAI).

(5) Den Besteller kann es benachteiligen, wenn sich der Unternehmer eine Preisänderung vorbehält. Solche Klauseln scheitern gegenüber Privatkunden zT an § 309 Nr 1. Wenn die dortige viermonatige Lieferfrist überschritten ist oder ein Dauerschuldverhältnis vorliegt (§ 309 Nr 1 HS 2), fragt es sich freilich, was dann gelten soll. Bei erheblichen Preissteigerungen muß dem Kunden jedenfalls ein Lösungsrecht eingeräumt werden (vgl BGHZ 82, 21, 90, 69), das indessen den Interessen des Kunden auch nicht immer gerecht wird. Eine wirksame Klausel muß außerdem außer dem Anlaß der Preiserhöhung auch deren Ausmaß bestimmen (vgl BGH NJW 1985, 855; BGHZ 94, 335 = NJW 1985, 2270), betreffend einen Festpreis im Bauvertrag. Es darf sich der Unternehmer keinen zusätzlichen Gewinn vorbehalten (BGHZ 94, 335, 340), sondern allenfalls Zusatzkosten weitergeben. Auch insoweit wird aber zu fordern sein, daß der Unternehmer es dem Besteller transparent macht, was im einzelnen an Zusatzkosten auf ihn zukommen kann (vgl ULMER/BRANDNER/HENSEN § 11 Nr 1 Rn 15 f; OLG Köln NJW-RR 1994, 1109). Damit sind dann allerdings im Ergebnis wirksame Klauseln kaum denkbar: Kann der Unternehmer die Kostensteigerungen sofort überschauen, müßte er sie sogleich einberechnen. Kann er es nicht, wird er es auch dem Kunden nicht hinreichend verdeutlichen können, was auf diesen zukommen wird. Letztlich wird es dann nur möglich sein, zwei konkrete zeitlich gestaffelte Preise anzubieten.

bb) Zu preisrechtlichen Bestimmungen vgl u Rn 107 ff.

c) Mehrwertsteuer

25 Der vereinbarte Vertragspreis umfaßt grundsätzlich auch die Mehrwertsteuer als unselbständigen Teil (vgl BGHZ 58, 295; 103, 287), die also ohne eine besondere Vereinbarung *nicht hinzugerechnet* werden darf (vgl BGH WM 1973, 677; OLG Oldenburg NJW 1969, 1486; OLG Köln NJW 1971, 894; OLG Hamm Betr 1973, 125), und zwar auch dann nicht, wenn der Vertrag der VOB/B unterliegt (OLG Düsseldorf BauR 1971, 121). Sollen sich die angegebenen Preise als Nettopreise verstehen, ist das mit hinreichender Deutlichkeit zum Ausdruck zu bringen, vgl auch § 305c Abs 2. Den Unternehmer auf Unklarheiten des Angebots hinzuweisen, ist der Besteller nicht verpflichtet (**aA** OLG Stuttgart BauR 1998, 559).

Allerdings stellt die Mehrwertsteuer dann nur einen durchlaufenden Posten dar, wenn *beide Parteien vorsteuerabzugsberechtigt* sind. Deshalb hat sich im Verhältnis solcher Parteien weithin ein „Nettodenken" durchgesetzt (vgl SCHAUMBURG/SCHAUMBURG NJW 1975, 1261), so daß man vielfach von einem entsprechenden Handelsbrauch, § 346 HGB, des Inhalts ausgehen kann, daß sich Preisangaben unter Kaufleuten ohne besonderen Zusatz als netto verstehen (vgl SCHAUMBURG/SCHAUMBURG aaO; aA DITTMANN BB 1979, 712). Dies dürfte heute jedenfalls im Baubereich der Fall sein (vgl INGENSTAU/KORBION/KELDUNGS § 2 Rn 105). Soweit die gewerbsmäßigen Baubeteiligten, wie vielfach, nicht im Handelsregister eingetragen sind, sollten bei der Auslegung ihrer nicht näher spezifizierten Preiserklärungen keine überhöhten Anforderungen gestellt werden, um statt der – auch hier zu vermutenden – Bruttoangaben Nettoangaben anzunehmen.

Eine Umsatzbeteiligung des Unternehmers am Nettoerlös des Bestellers versteht sich wiederum netto, zB im Verlagswesen, wo der Verlag abrechnet (§§ 24 VerlagsG, 14 Abs 5 UStG).

d) Anfechtung der Preisvereinbarung

26 Die Preisvereinbarung – und damit der gesamte Vertrag – ist nach den allgemeinen Grundsätzen anfechtbar, so namentlich nach § 119 Abs 1, wenn sich eine der Parteien bei ihr verschrieben oder versprochen hat, oder nach § 123, wenn eine arglistige Täuschung durch die Gegenseite vorliegt. Letzteres löst auch Ansprüche aus den §§ 280 Abs 1, 241 Abs 2, 311 Abs 2 aus, die auf eine Korrektur des Irrtums gerichtet sind; für derartige Ansprüche reicht im übrigen auch schon die fahrlässige Unterhaltung eines Irrtums aus.

e) Kalkulationsirrtum

27 Der vom Unternehmer angebotene Preis kann sich als unauskömmlich erweisen, weil sich der Aufwand für die von ihm geschuldete Leistung höher als angenommen darstellt.

aa) Die Problematik kann *nicht* mit einer *Irrtumsanfechtung* nach § 119 aufgelöst werden, vgl BGH JZ 1999, 365, 366: Für § 119 Abs 1 fehlt es an der Erfüllung des Tatbestandes einer der beiden Alternativen (vgl zB WIESER NJW 1972, 708, 710); es liegt vielmehr ein Motivirrtum vor, der aber gerade nicht zu den nach § 119 Abs 2 relevanten gehört (aA MünchKomm/KRAMER § 119 Rn 106; SINGER JZ 1999, 342). Eine Anfechtung ist auch nach Voraussetzungen und Rechtsfolgen ganz untunlich, wenn es nicht auf Verschulden am Irrtum und seine Erkennbarkeit ankommt und die Folge die Vernichtung des Vertrages ist, wo doch die tatsächliche Lage weithin die ist, daß die Leistung erbracht ist und es um die Vergütung des zusätzlichen Aufwandes geht.

28 **bb)** Vorrangig ist vielmehr eine *Auslegung des Vertrages* nach den §§ 133, 157.

(1) Diese kann zunächst in einfach gelagerten Fällen ergeben, daß der sich aus richtiger Kalkulation ergebende Preis geschuldet ist: Dazu führen die Grundsätze über die *falsa demonstratio* dann, wenn der Gegner den Fehler entdeckt hat (es fehlt zB ersichtliche eine „0" oder die Addition verschiedener Positionen weist einen evidenten Rechenfehler auf) (vgl WIESER NJW 1972, 708, 709; SINGER JZ 1999, 342, 327; MEDICUS, Bürgerliches Recht Rn 134).

(2) Sodann ist von dem Grundsatz auszugehen, daß der vereinbarte Preis die im Vertrag ausgewiesene Leistung umfaßt. Wird diese nur pauschal umschrieben, so entspricht es dem erfolgsbezogenen Charakter des Werkvertrages, *daß sich der Unternehmer an dem von ihm akzeptierten Preis festhalten lassen muß.* Der Besteller braucht nicht dafür zu sorgen, daß der Unternehmer sein Auskommen hat; er darf auf die Günstigkeit des Preises vertrauen.

Grenzen bilden einerseits § 138, andererseits die *Regeln über die Geschäftsgrundlage.* Freilich werden letztere kaum eingreifen, wenn denn der Unternehmer gehalten ist, die Voraussetzungen seiner Leistung sorgsam abzuklären. Es ist darauf hinzuweisen, daß die Zumutbarkeitsgrenze des § 635 Abs 2 für die erstmalige Erbringung der Leistung nicht gilt, bei der sich auch aus § 275 Abs 2 kaum anderes ergeben dürfte.

Den konkreten Leistungsumfang bestimmt § 633 Abs 1, 2: Die Leistung muß namentlich für die Gebrauchserwartung des Bestellers tauglich sein.

(3) Wenn eine *nähere Leistungsbeschreibung* vorliegt, ist diese für die Vergütung verbindlich, soweit es um den Umfang der Leistung geht. Das ist unabhängig davon, ob sie von Besteller- oder Unternehmerseite stammt.

Werden zusätzliche (weitere Heizkörper) oder andere (tragfähigere Decken) Leistungen erforderlich, ergeben die §§ 133, 157, daß sie zusätzlich zu vergüten sind. Das sind die sog *Sowieso-Kosten* (vgl § 634 Rn 20), die sich als solche ergeben, wenn die Unzulänglichkeit der Planung erst nachträglich bemerkt wird, die aber nicht anders zu behandeln sind, wenn diese den Parteien vorab deutlich wird. Die „falsche" Preisbildung kann insoweit also im Wege der Auslegung behoben werden. Dabei sind Klauseln des Bestellers grundsätzlich unangemessen (§ 307), in denen er den Unternehmer die Vollständigkeit der Leistungsbeschreibung bestätigen läßt (vgl Roquette NZBau 2001, 57). Die Zusatzvergütung kann nicht von vorheriger Vereinbarung oder auch nur Ankündigung abhängig gemacht werden. § 4 Nr 3 VOB/B gilt hier nicht.

29 (4) Bei näherer Leistungsbeschreibung können sich unvorhergesehene Kosten für den Unternehmer weiter daraus ergeben, daß er seine Leistung in qualitativ minderer Art kalkuliert hat (vgl die Normal- oder Sonderfarbe im Fall BGH NJW-RR 1993, 1109).

Hier ergibt die Auslegung des Vertrages, was er schuldet, BGH aaO. Sie hat sich zu orientieren an den gesamten Umständen des konkreten Bauvorhabens, BGH aaO. Verlangt der Besteller mehr, sind das zusätzlich zu vergütende Sowieso-Kosten.

Dabei muß die Auslegung der Leistungsbeschreibung unterschiedlich erfolgen, je nachdem, wer sie vorgelegt hat:

Ist dies der Unternehmer, entscheidet die verständige Sicht eines redlichen Laien.

Ist dies der Besteller, so kommt es (ebenfalls) nicht auf die Sicht eines Sachverständigen an (BGH BauR 1995, 538), anders als bei der Leistungsbeschreibung durch den Unternehmer aber auch nicht auf das laienhafte (allgemeine) Verständnis (BGH BauR 1994, 625), sondern auf jenes eines Sachkundigen und verständigen Unternehmers (BGH BauR 1993, 595 = NJW-RR 1993, 1109).

Schuldet der Unternehmer die teurere Ausführung, kann er die vermeintlich vermeidbaren Mehrkosten nicht abwälzen.

(5) Irrig beurteilen kann der Unternehmer außer Art und Umfang der Leistung weiterhin die **Kosten ihrer Erbringung**, zB machen die *Bodenverhältnisse* eine besondere Wasserhaltung erforderlich oder die Wege für die Abfuhr des Aushubs verlängern sich. Die Kosten dieser Art unterscheiden sich von den Sowieso-Kosten dadurch, daß sie sich nicht in der Qualität des späteren Bauwerks niederschlagen. Gleich den den Sowieso-Kosten zugrunde liegenden Maßnahmen schuldet der Unternehmer aber auch diese Maßnahmen.

Wiederum ist es maßgeblich, von welcher Seite die Planung kommt.

Wenn dies der Besteller ist, gelten die verallgemeinerungsfähigen Grundsätze der VOB/A:

> § 9 Beschreibung der Leistung
>
> 1. Die Leistung ist eindeutig und so erschöpfend zu beschreiben, daß alle Bewerber die Leistung im gleichen Sinne verstehen müssen und ihre Preise sicher und ohne umfangreiche Vorarbeiten berechnen können. ...
>
> 2. Dem Auftragnehmer darf kein ungewöhnliches Wagnis aufgebürdet werden für Umstände und Ereignisse, auf die er keinen Einfluß hat und deren Einwirkung auf die Preise und Fristen er nicht im Voraus schätzen kann.
>
> 3. (1) Um eine einwandfreie Preisermittlung zu ermöglichen, sind alle sie beeinflussenden Umstände festzustellen und in den Verdingungsunterlagen anzugeben.
>
> (2) Erforderlichenfalls sind auch der Zweck und die vorgesehene Beanspruchung der Leistung anzugeben.
>
> (3) Die für die Ausführung der Leistung wesentlichen Verhältnisse, zB Boden- und Wasserverhältnisse, sind so zu beschreiben, daß der Bewerber ihre Auswirkungen auf die bauliche Anlage und die Bauausführung hinreichend beurteilen kann.
>
> ...

Einerseits hat mithin der Besteller *ungewöhnliche Wagnisse* von dem Unternehmer fernzuhalten und diesem die angemessene Kalkulation namentlich auch der Bauausführung zu ermöglichen. Andererseits darf der Unternehmer grundsätzlich auf die Richtigkeit und Vollständigkeit der Angaben des Bestellers vertrauen; eine nähere Überprüfung ist ihm weder kostenmäßig noch zeitlich zuzumuten. Nur wo sich Verdachtsmomente ergeben, hat er nach dem Gedanken des § 4 Nr 3 VOB/B (dazu § 633 Rn 62) ihretwegen nachzufragen.

Wenn es mithin um *ein ungewöhnliches Wagnis geht, das der Unternehmer nicht zu erkennen brauchte,* wird die Auslegung nach den §§ 133, 157 ergeben, daß der Besteller die Zusatzkosten der erschwerten Ausführung zu tragen hat (vgl BGH NJW 1994,

850; vgl auch OLG München NJW-RR 1998, 883 m abl Anm Putzier BauR 1998, 561). Dem Besteller selbst nützt es, wenn der Unternehmer seine Preise auf voraussehbare Verhältnisse kalkuliert und die Preise dann ggf angepaßt werden. Er steht sich schlechter, wenn Risiken einkalkuliert werden, die sich dann nicht verwirklichen.

Das muß unabhängig davon gelten, ob der Besteller das Wagnis schuldhaft verkannt hat, und zwar jedenfalls für das sog *Baugrundrisiko* (vgl Ingenstau/Korbion/Kratzenberg § 9 VOB/A Rn 55), wofür sich auch der Gedanke des § 645 Abs 1 heranziehen läßt. Freilich betrifft die Bestimmung unmittelbar nur den Fall, daß das Hindernis die Vertragsdurchführung scheitern läßt, während es hier um die Kosten seiner Überwindung geht. Risiken außerhalb der Baustelle selbst sind dagegen Sache des Unternehmers, sofern er nicht auf die diesbezüglichen Angaben des Bestellers ohne weiteres vertrauen durfte.

Wenn der Unternehmer bei zumutbarer Überprüfung der Ausschreibung des Bestellers deren Fehlerhaftigkeit erkennen konnte, will BGH NJW 1994, 850 dem Unternehmer offenbar sowohl vertragliche Ansprüche versagen, weil dann eine Vertragsauslegung zugunsten des Unternehmers nicht mehr möglich sei, als auch jedenfalls Ansprüche aus culpa in contrahendo mangels schutzwürdigen Vertrauens des Unternehmers entfielen, entspricht dies zwar der Wertung des § 645 Abs 1, kann aber nicht befriedigen. Vielmehr wird man es auch bei leichtem Verschulden des Unternehmers bei seinem vollen vertraglichen Vergütungsaufwand für den unvermeidbaren Mehraufwand bewenden lassen müssen, wenn denn das Vertrauen des Bestellers nicht schutzwürdig ist, hier letztlich Mehrleistungen kostenlos zu erhalten.

Hat der Unternehmer die Kosten der Bauausführung ermittelt, muß er sich daran bis hin zum Wegfall der Geschäftsgrundlage festhalten lassen. Das gilt insbesondere auch für das Baugrundrisiko. Allerdings gibt es auch hier Grenzen, vgl die Kostenregelung des § 4 Nr 9 VOB/B zum Schatzfund.

31 (6) Ein Kalkulationsirrtum des Unternehmers kann sich schließlich daraus ergeben, daß er sich *bei gesicherten Grundlagen seiner Berechnung verkalkuliert*: In die Einheitspreise sind die Kostenpositionen, die § 15 Nr 1 Abs 2 VOB/B nennt, einzuberechnen. Dabei kann es Fehler geben, zB hatte der Unternehmer in dem BGH JZ 1999, 365 zugrunde liegenden Fall namentlich Transportkosten übersehen. Dann kann es *gegen Treu und Glauben verstoßen*, wenn der Besteller den Unternehmer an seinem Angebot *festhält*. Das setzt freilich zweierlei voraus:

Zunächst muß der Besteller den Kalkulationsirrtum kennen oder sich seiner Kenntnis treuwidrig verschließen (vgl BGH NJW 1983, 1671, 1672; JZ 1999, 365, 367). Er ist nicht verpflichtet, den Kalkulationsirrtum seinerseits aufzuklären (BGH JZ 1999, 365, 367 f), sondern hat den Unternehmer nur auf einen dem Grunde nach erkannten Kalkulationsirrtum hinzuweisen (vgl BGH NJW 1980, 180; NJW-RR 1986, 569). Dann ist es Sache des Unternehmers, *den Irrtum unverzüglich namentlich auch der Höhe nach aufzuklären*; erst wenn der Besteller den Betrag kennt, kennt er den Irrtum wirklich.

Sodann muß der Irrtum in seinem Ausmaß Gewicht haben, weil nur dann die Vertragsdurchführung für den Unternehmer schlechthin unzumutbar wird, wie zu fordern ist (vgl BGH JZ 1999, 365, 367).

Wenn der Unternehmer danach an seinem Preis festzuhalten ist, zB weil er seinen Irrtum nicht unverzüglich und auch der Höhe nach aufgeklärt hat, darf er die Leistung nicht verweigern; der Besteller kann gegen ihn nach § 281 vorgehen. Hat der Unternehmer die Leistung erbracht, muß er zum vereinbarten Preis abrechnen.

Kann sich der Unternehmer (ausnahmsweise) auf die Beachtlichkeit seines Irrtums berufen, so daß der Preis zu korrigieren ist, ist er zur Leistungsverweigerung berechtigt, wenn der Besteller dies nicht hinzunehmen bereit ist. Die gleichwohl erbrachte Leistung ist zum korrigierten Preis abzurechnen.

IV. Fehlende Vergütungsvereinbarung beim Werkvertrag, § 632 Abs 1

1. Entgeltlichkeit des Werkvertrags

Ein Erfolg, wie er im Rahmen des Werkvertrages zugesagt wird, kann auch ohne Entgelt zu bewirken sein; dann ist allerdings Werkvertragsrecht nicht anwendbar, sondern es ist primär von einem Auftrag auszugehen, vgl dazu Vorbem 35 ff zu § 631. *Zum Wesen des Werkvertrages gehört die Entgeltlichkeit.*

2. Bedeutung des § 632 Abs 1

Wenn die Vergütungsfrage, wie dies häufig der Fall ist, bei Vertragsabschluß nicht angesprochen wird, könnte man nach allgemeinen Grundsätzen den Vertrag gemäß § 154 Abs 1 S 1 als noch nicht geschlossen ansehen, ggf auch einen *Dissens* annehmen. § 632 Abs 1 vermeidet dies und ist deshalb *lex specialis* zu den genannten Regeln, wenn danach die Umstände über die Frage entscheiden, ob eine Vergütung vereinbart ist, vgl aber auch u Rn 36. Klärt sich damit das „Ob" der Vergütung, so wird die mindestens gleich wichtige Frage nach ihrer Bemessung in § 632 Abs 2 beantwortet.

a) Die Umstände
Nach § 632 Abs 1 entscheiden die Umstände, ob eine Vergütung geschuldet wird.

aa) Das ist ein *nur subsidiär* anwendbares Entscheidungskriterium, *das hinter Parteivereinbarungen jeglicher Art zurücktreten muß*, positiven oder negativen (BGH BauR 1995, 88), dh nicht nur hinter ausdrücklichen, sondern auch hinter stillschweigenden/konkludenten, wie sie sich beispielsweise aus der Bezugnahme auf eine frühere Zusammenarbeit der Parteien ähnlicher Art ergeben können, oder aus der Bezugnahme auf aushängende Preislisten etc. Das ist insbesondere für die Höhe der geschuldeten Vergütung von Bedeutung, die sich bei einer Vereinbarung nach dieser richtet, im Falle des § 632 Abs 1 dagegen nach § 632 Abs 2.

bb) Mit den „Umständen" spricht § 632 Abs 1 *objektive* Sachverhalte an; die *subjektiven Vorstellungen* sind grundsätzlich unbeachtlich, allenfalls insoweit zu verwerten, wie sie erkennbar geworden sind (vgl BGB-RGRK/GLANZMANN Rn 2; MünchKomm/ SOERGEL Rn 2; ERMAN/SEILER Rn 1). Es kommt an auf die *Verkehrsanschauung*, freilich unter Berücksichtigung der konkreten Gegebenheiten des Einzelfalls. Dabei sind diese nach der Fassung des Gesetzes („wenn die Herstellung des Werkes ... nur gegen eine Vergütung ‚zu erwarten' ist") *primär aus der Sicht des Bestellers,* nicht der des Unternehmers zu würdigen.

34 cc) Die maßgeblichen Umstände sind *kaum umfassend zu beschreiben.* Ein starkes Indiz für Entgeltlichkeit ist es regelmäßig, wenn der Unternehmer *gewerblich oder freiberuflich* tätig ist (vgl ERMAN/SEILER Rn 1) und die zugesagte Tätigkeit in diesen Rahmen fällt. Freilich spricht es nicht entscheidend gegen Entgeltlichkeit, daß es sich um eine – gar fachfremde – Gelegenheitstätigkeit handelt. Bedeutung kommt weiterhin dem *Wert des Werkes* einerseits zu und dem *Aufwand,* der für seine Erstellung an Zeit, Material – nicht unbedingt an Know-how – notwendig ist, andererseits; kleine Handreichungen pflegen auch beruflich tätige Unternehmer verbreitet unentgeltlich zu erbringen. Gewerbliche Leistungen eines Unternehmers sind grundsätzlich zu vergüten (vgl OLG Köln NJW-RR 1994, 1208: Komposition eines Musiktitels), auch wenn der Besteller das Werk später nicht verwendet (vgl OLG Zweibrücken NJW-RR 1995, 1265: Layout einer Broschüre; OLG Frankfurt NJW-RR 1997, 120: Titelbildentwurf für ein Buch).

Auch bei der Nachbarschaftshilfe sind aber grundsätzlich die materiellen Aufwendungen des Helfenden zu erstatten (vgl OLG Köln NJW-RR 1994, 1239, s auch § 670). *Verwandtschaftliche* oder *freundschaftliche Beziehungen* spielen gegenüber beruflich tätigen Unternehmern grundsätzlich keine Rolle; anders kann es unter Privaten sein, namentlich dann, wenn unentgeltliche Hilfsleistungen in umgekehrter Richtung schon erbracht worden sind oder doch in – einigermaßen konkreter – Aussicht stehen.

dd) Die *Darlegungs- und Beweislast* trifft für die eine Entgeltlichkeit begründenden Umstände den Unternehmer (vgl BGH BauR 1997, 1060), für die gegen sie sprechenden den Besteller. Sofern der Besteller insoweit im Prozeß nichts vorträgt, genügt der Unternehmer seiner Darlegungs- und Beweislast schon damit, daß er darlegt und beweist, es sei die Erstellung eines Werkes verabredet worden.

b) Rechtsfolge

35 Eine Vergütung *„gilt"* ggf als stillschweigend vereinbart. Das ist keine bloße Vermutung, die als solche widerlegt werden könnte, sondern eine *Fiktion* (vgl BGB-RGRK/ GLANZMANN Rn 5; MünchKomm/SOERGEL Rn 3), was insbesondere auch zur Folge hat, daß der Vertrag *nicht wegen Irrtums über die Entgeltlichkeit/Unentgeltlichkeit nach § 119 angefochten* werden kann (vgl BGB-RGRK/GLANZMANN Rn 6; MünchKomm/SOERGEL Rn 3). Wenn dem Unternehmer nach den Umständen eine Vergütung zusteht, wie sie dann der Höhe nach nach § 632 Abs 2 zu bestimmen ist, kann der Besteller diesem Anspruch grundsätzlich keinen Gegenanspruch aus culpa in contrahendo entgegensetzen, weil ihn der Unternehmer über Existenz und Höhe des Vergütungsanspruchs habe aufklären müssen (**aA** OLG Stuttgart NJW 1989, 2402; OLG Saarbrücken NJW-RR 1999, 1035: Die Umstände waren ihm selbst bekannt; bei Zweifeln über die Höhe mag er nachfragen).

Nicht unproblematisch ist das nähere Verhältnis des § 632 Abs 1 zu den Regelungen der §§ 154, 155 über den Dissens (in der Frage des Preises) (vgl BGB-RGRK/GLANZMANN Rn 5; MünchKomm/SOERGEL Rn 3). Ein Dissens wird – auch bei abweichenden subjektiven Vorstellungen der Parteien – von § 632 Abs 1 jedenfalls dann ausgeschlossen, wenn *eine nähere Klärung der Vergütungsfrage nicht ausdrücklich vereinbart* war. War sie dagegen nach dem Vorbehalt auch nur einer Partei geplant, dann liegt (offener oder versteckter) Dissens vor, wenn eine Einigung über die Vergütung tatsächlich unterbleibt. Wenn deswegen ein wirksamer Vertragsschluß nicht anzunehmen ist, ist auch § 632 Abs 1 nicht anzuwenden. Behindert der Dissens dagegen ausnahmsweise nicht die Wirksamkeit des Vertrages, dann ist die ungeklärte Vergütungsfrage nach § 632 Abs 1, Abs 2 zu beurteilen.

Bezieht sich die noch offene Frage iSd § 154 Abs 1 S 1 dagegen nicht auf die Höhe, sondern auf das Ob der Vergütung, hat § 154 den Vorrang vor § 632 Abs 1 (vgl SOERGEL/TEICHMANN Rn 2).

V. Höhe der Vergütung

1. Vereinbarte Vergütung

§ 632 Abs 2 regelt die Höhe der Vergütung näher. Die Bestimmung gibt eine **Auffangregelung** – letztlich durch Verweisung auf das „Übliche" – für den Fall, daß eine Vereinbarung der Parteien über ihre Höhe fehlt und sie auch nicht anderweitig bestimmt oder bestimmbar ist. **36**

Grenzen der Gestaltungsfreiheit der Parteien ergeben sich außer aus § 138 durch preisrechtliche Bestimmungen (dazu u Rn 118), sowie vor allem durch staatliche Gebührenordnungen. Auch diese können dann die Höhe der Vergütung bestimmen. Sie bestehen für vielfältige Berufsgruppen der freien Berufe (Rechtsanwälte, Architekten, Ärzte, Steuerberater) (vgl u Rn 107 ff).

Eine Bestimmung der Höhe der Vergütung liegt nicht nur dann vor, wenn sie zahlenmäßig endgültig festgelegt ist. *Es reicht* vielmehr aus, *wenn sich aus dem Vertrag die Maßstäbe ergeben*, nach denen die Vergütung zu berechnen ist (vgl BGB-RGRK/ GLANZMANN Rn 15), wie dies insbesondere beim Einheitspreisvertrag der Fall ist (vgl dazu o Rn 4 ff). Bestimmt ist die Vergütung auch dann, wenn ein Pauschalpreisvertrag gekündigt wird und nun über die erbrachten Leistungen abzurechnen ist: Ihre Preise sind aus den preislichen Grundlagen des Vertrages zu ermitteln.

Bei Nachtragsaufträgen geht der Wille der Parteien im Zweifel dahin, die Preise des Ursprungsauftrags zugrunde zu legen (vgl SOERGEL/TEICHMANN Rn 5).

Eine Bestimmung der Höhe kann dann fehlen, wenn ein Dissens der Parteien deshalb vorliegt, weil beide zu unterschiedlichen Beträgen abschließen wollten. Ein derartiger *Dissens* wird durch § 632 Abs 2 nicht behoben, sondern ist zunächst in seinen Auswirkungen auf die Wirksamkeit des Vertrages nach den §§ 154, 155 zu beurteilen. Ergibt sich danach die Wirksamkeit des Vertrages, so bestimmt sich die Höhe der Vergütung nunmehr nach § 632 Abs 2 (BGH VersR 1959, 1048; BGB-RGRK/ GLANZMANN Rn 14).

2. Taxe und Üblichkeit als Maßstäbe des § 632 Abs 2

a) Taxe

Die bei einer fehlenden Vereinbarung über die Höhe der Vergütung in erster Linie maßgeblichen „Taxen" sind nur unter *hoheitlicher Mitwirkung oder Genehmigung* **37** *festgesetzte Vergütungssätze* (vgl BGH NZBau 2001, 17; BGB-RGRK/GLANZMANN Rn 16; ERMAN/SEILER Rn 6; MünchKomm/SOERGEL Rn 13; PALANDT/SPRAU Rn 7a). Ohne hoheitliche Beteiligung erarbeitete Gebührenordnungen berufsständischer Organisationen können deshalb nicht als Taxen iSd § 632 Abs 2 angesehen werden, was nicht ausschließt, daß sie die übliche Vergütung prägen (ERMAN/SEILER Rn 6, auch u Rn 38 ff).

Ob die *Gebührenordnungen* für Rechtsanwälte, Ärzte, Architekten etc mit der hM als Taxen iSd § 632 Abs 2 anzusehen sind (vgl BGB-RGRK/GLANZMANN Rn 16; ERMAN/ SEILER Rn 6), erscheint deshalb zweifelhaft, weil diese Vergütungsordnungen regelmäßig auch dann gelten, wenn eine (abweichende) Bestimmung über die Höhe der Vergütung durchaus getroffen worden ist, sich diese aber entweder überhaupt nicht oder nur unter qualifizierten Voraussetzungen gegenüber der jeweiligen Gebührenordnung durchzusetzen vermag. Von einer Taxe im eigentlichen Sinne können die Parteien ohne weiteres abweichen. Die Frage hat aber keine praktischen Auswirkungen.

b) Übliche Vergütung

38 aa) Für die Üblichkeit einer Vergütung ist das entscheidend, *was zur Zeit des Vertragsschlusses nach allgemeiner Auffassung der beteiligten Kreise am Ort der Werkleistung für eine Werkleistung dieser Art gewährt zu werden pflegt* (vgl BGH BB 1969, 1413; ERMAN/SEILER Rn 6). Es kommt auf die weit überwiegende Mehrheit gleichartiger Einzelfälle an (BGHZ 43, 154, 159; BGB-RGRK/GLANZMANN Rn 17). Der Maßstab ist dabei ein rein *tatsächlicher* und als solcher vom Tatrichter festzustellen (BGH NJW 1970, 699). Es kommt nicht darauf an, was von den betreffenden Kreisen als angemessen angesehen wird, was zB bei einem allgemeinen Preisverfall von Bedeutung sein kann. Auch die Kenntnisse der Parteien sind unerheblich.

Bei *Gebührenordnungen berufsständischer Organisationen* kommt es darauf an, ob sie sich tatsächlich durchgesetzt haben (OLG Frankfurt NJW-RR 1997, 120; vgl BGH NJW 1970, 699 zu der früheren allgemeinen Gebührenordnung für die wirtschaftsprüfenden sowie wirtschafts- und steuerberatenden Berufe [AllGO]). Der BGH hat dies für die AllGO offen gelassen, dagegen für die früheren Gebührenordnungen für Architekten- und Ingenieurleistungen (GOA bzw LHO) angenommen (vgl BGH NJW 1969, 1855; BauR 1974, 141, 143).

Ihrer Struktur nach können die üblichen Vergütungssätze *Pauschalpreise* sein, aber auch *Einheits- oder Stundenlohnpreise* (vgl dazu o Rn 4 ff). Verbreitet üblich ist eine Abrechnung nach Aufwand (vgl AG Schwerin NZV 1998, 292 zum Sachverständigen gegen AG Brühl DAR 1998, 73 [Gegenstandswert], wobei zum Aufwand auch die Zeit der Vorbereitung gehört, zB die Anfahrt des Handwerkers, **aA** AG Königstein NJW-RR 1998, 49).

39 bb) Die üblichen Vergütungssätze sind regelmäßig keine festen Sätze, sondern bewegen sich innerhalb einer bestimmten **Bandbreite**. Man kann die damit verbundenen Unsicherheiten auf verschiedenen Wegen überwinden:

(1) Denkbar ist es zunächst, unter Nichtberücksichtigung von „Ausreißern" eine *Schwerpunktvergütung zu ermitteln, was jedoch mit einigen Aufklärungsschwierigkeiten verbunden sein dürfte.*

(2) Denkbar ist es weiterhin, eine bestimmte Spanne als üblich zu akzeptieren und innerhalb ihres Rahmens ein *Leistungsbestimmungsrecht des Unternehmers* nach den §§ 315, 316 anzunehmen (vgl Peters NJW 1977, 552; U Locher 16; krit Palm AcP 177, 266). Das hat den praktischen Vorteil, daß die Rechnungserteilung, die regelmäßig erfolgt, die Unklarheiten über die tatsächlich geschuldete Vergütung alsbald beseitigt, sofern sie sich nur im Rahmen des Billigen bewegt. Den Besteller belastet es insofern, als der Unternehmer an die obere Grenze der üblichen Spanne herangehen kann. Die Beweislast für die Billigkeit der getroffenen Entscheidung liegt bei dem Unternehmer als dem Bestimmenden (vgl BGHZ 41, 271, 279; Staudinger/Mader [2001] § 315 Rn 227). Der *Verkehrsanschauung* entspricht es durchaus, daß der Unternehmer „seinen Preis macht".

(3) Der BGH hat in der Entscheidung BGHZ 94, 98 = NJW 1985, 1895 = JZ 1985, 897 m Anm Vollkommer JZ 1985, 879, die zwar zum Maklerrecht (§ 653 Abs 2) ergangen ist, aber doch ohne Zweifel auf die schon im Wortlaut fast identische Parallelbestimmung des § 632 Abs 2 übertragen werden kann, diese auch von der dortigen Vorinstanz vertretene Auffassung als dem Willen und dem Interesse des Kunden widersprechend abgelehnt. Er will eine *„angemessene" Vergütung tatrichterlich festlegen* lassen, so daß sich eine Dreiheit der Maßstäbe ergibt: vertragsmäßig bestimmte Vergütung – ortsübliche Vergütung – angemessene Vergütung (vgl dazu und zur Konstruktion Vollkommer 882). Die angemessene Vergütung soll danach einerseits von einem mittleren Satz ausgehen, andererseits die besonderen Umstände des konkreten Falles durch Zu- oder Abschläge berücksichtigen. Das nimmt dem Unternehmer „das Recht des ersten Zugriffs" (Vollkommer 880), schafft aber schwerlich die wünschenswerte Klarheit. **40**

(4) Ähnliche Probleme ergeben sich, soweit Gebührenordnungen nur *Rahmensätze* bereithalten. Sicher ist, daß diese nicht nach Belieben ausgefüllt werden können, sondern daß hierfür die konkreten Umstände des Einzelfalls maßgeblich sein müssen, wie sie insbesondere in dem Schwierigkeitsgrad der Aufgabe, dem Umfang der entfalteten Tätigkeit zu sehen sind sowie in sozialen Gesichtspunkten wie den Vermögens- und Einkommensverhältnissen des Auftraggebers, vgl § 12 Abs 1 S 1 BRAGO. Zu klären ist aber einerseits immer, ob vom Mindestsatz auszugehen ist, vgl § 4 Abs 4 HOAI, von einem Mittelwert, wie dies im Rahmen der BRAGO üblich ist (vgl Gerold/Schmidt/vEicken/Madert § 12 BRAGO Rn 7 mwN), oder gar vom Höchstsatz, und andererseits, wem das endgültige Bestimmungsrecht zustehen soll; § 12 BRAGO weist es in Entsprechung zu den §§ 315, 316 dem Anwalt zu. Daß die Bestimmung im Zweifel durch den Auftragnehmer zu erfolgen hat, entspricht auch sonst der hier vertretenen Auffassung. In der Konsequenz von BGHZ 94, 98 müßte es freilich liegen, daß ohne eine anderweitige spezialgesetzliche Regelung *primär der Richter* zur Festlegung der konkret geschuldeten Vergütung berufen ist.

cc) Eine *Anfechtung wegen Irrtums* über die üblichen Vergütungssätze nach § 119 ist nicht möglich. Anders liegt es freilich, wenn die Parteien ausdrücklich die üblichen Sätze vereinbart haben; das ist nämlich nicht der Fall des § 632 Abs 2. **41**

3. Fehlen einer üblichen Vergütung

Es gibt Fälle, in denen weder eine taxmäßige noch eine übliche Vergütung festzu- **42** stellen ist. Dann soll nach allgemeiner Meinung der Unternehmer berechtigt sein, sie nach den §§ 315, 316 festzulegen (vgl BGH LM § 316 BGB Nr 1; BGH NJW 1966, 539; 1969, 1855 = MDR 1969, 1000; BGB-RGRK/GLANZMANN Rn 20; MünchKomm/SOERGEL Rn 15; ERMAN/ SEILER Rn 8). Hier ist jedoch zu unterscheiden:

a) Auch die §§ 315, 316 setzen voraus, daß es überhaupt *Kriterien* gibt, nach denen die Leistung bestimmt werden kann. Fehlt es ausnahmsweise schon daran, dann ist das *Rechtsgeschäft unwirksam* (vgl RG WarnR 1913, 221; AG Heilbronn MDR 1976, 400; STAUDINGER/MADER [2001] § 315 Rn 13 ff).

b) Wenn es derartige *Kriterien* gibt, wovon im Werkvertragsrecht freilich regelmäßig auszugehen ist, dann sind sie *maßgeblich*. Insoweit kommt es vorab auf die Behandlung vergleichbarer Fälle an; im übrigen kann insbesondere § 12 BRAGO als Richtlinie gelten; wie dort muß es auf den *Wert der Angelegenheit*, die *Schwierigkeit der Erledigung*, wohl auch auf die soziale Stellung des Bestellers ankommen, hilfsweise auch auf die Stellung des Unternehmers und trotz der Erfolgsbezogenheit des Werkvertrages auf seinen *konkreten Aufwand*. Die unter a) angedeutete Nichtigkeit des Vertrages ist als Rechtsfolge nach Möglichkeit auszuschließen, schon weil man dann zu einem rein bereicherungsrechtlichen Ausgleich käme, der keineswegs bequemer oder gar mit besseren Ergebnissen abgewickelt werden könnte.

c) Die weitere Frage ist, wem auf dieser Basis das *Bestimmungsrecht* zustehen soll. Der Verkehrsüblichkeit dürfte es entsprechen, mit der eingangs genannten Lehre den Unternehmer als bestimmungsberechtigt zu betrachten (vgl AG Bochum DAR 1996, 150). Das hat auch den Vorzug einer schnelleren und klareren Entscheidung der Frage. Doch dürfte es in der Konsequenz von BGHZ 94, 98 liegen, daß die *Ermittlung der Vergütung Sache des Richters* als einer neutralen Instanz ist.

VI. Die durch die Vergütung abgegoltene Leistung

1. Konstante Leistungserbringung

43 Welche **Leistungen** des Unternehmers durch die ausdrücklich oder stillschweigend vereinbarte Vergütung **abgegolten** werden, regelt das Gesetz nicht näher. Gerade beim Werkvertrag können sich an dieser Stelle Schwierigkeiten ergeben, weil der Leistungsumfang aus der Natur der Sache heraus nicht in den letzten Einzelheiten festgelegt werden kann, er nachträglichen Änderungen unterliegen kann, sich aber außerdem bei der Leistung unvorhergesehene Erschwernisse ergeben können. Zu nachträglichen Leistungsänderungen vgl u Rn 76. Bei einer konstant bleibenden Leistung des Unternehmers enthält die VOB/B in § 2 Nr 1 eine Regelung, die *allgemeinen Grundsätzen* entspricht und damit *über ihren unmittelbaren Anwendungsbereich hinaus allgemeine Geltung beanspruchen kann*.

§ 2 VOB/B Vergütung

1. Durch die vereinbarten Preise werden alle Leistungen abgegolten, die nach der Leistungsbeschreibung, den Besonderen Vertragsbedingungen, den Zusätzlichen Vertragsbedingungen, den Zusätzlichen Technischen Vertragsbedingungen, den Allgemeinen Technischen Vertrags-

bedingungen für Bauleistungen und der gewerblichen Verkehrssitte zur vertraglichen Leistung gehören.

2. Erbringung des Erfolges

Der Unternehmer hat für die vereinbarte Vergütung den *vereinbarten Leistungserfolg* zu erbringen. **44**

a) Welcher Erfolg dies ist, ergibt sich aus den *getroffenen Vereinbarungen*, und zwar in ihrer Gesamtheit, wie dies § 2 Nr 1 VOB/B klarstellt, ergänzend aus der *Verkehrssitte*, wie dies § 2 Nr 1 VOB/B ebenfalls anspricht, sowie letztlich aus dem dort nicht erwähnten *Grundsatz von Treu und Glauben* als den bei der Auslegung der Vereinbarungen nach den §§ 133, 157 maßgeblichen Prinzipien (vgl BGH NJW 1994, 850; LOTZ BB 1996, 544 [zum Begriff „schlüsselfertig"]; PUTZIER BauR 1994, 596). Folgt daraus ein erhöhter Leistungsumfang, ist die Vergütung anzupassen (vgl schon o Rn 27 ff). Für Ansprüche aus culpa in contrahendo ist grundsätzlich kein Raum (BGH NJW 1994, 850, 851, **aA** OLG Hamm NJW-RR 1994, 406).

Zum schlüsselfertigen Haus gehören auch der Bodenaushub, OLG Hamm BauR 1996, 714, der Stichweg zur öffentlichen Straße, OLG Düsseldorf BauR 1995, 559.

b) Da die Vergütung für den vereinbarten Erfolg geschuldet wird, gilt sie auch **45** eine *etwaige Mängelbeseitigung mit* ab. Wenn der Unternehmer diese von einer zusätzlichen Vergütung abhängig macht, verweigert er sie und kann mit ihr in Verzug geraten (§§ 13 Nr 5 Abs 2 VOB/B, 286, vgl auch § 281 Abs 2). Das hindert die Parteien nicht, über Nachbesserungsarbeiten eine *besondere Vergütungsvereinbarung* zu treffen, doch müssen sie sich dabei bewußt sein oder wenigstens mit der Möglichkeit rechnen, daß es sich um nicht besonders zu vergütende Nachbesserungsarbeiten handelt; andernfalls kann der Besteller die Vergütungsvereinbarung nach § 119 Abs 2 anfechten, denn er irrt über die „Sache" (Gegenstand und Reichweite seiner schon bestehenden vertraglichen Ansprüche), wobei er in aller Regel keinen Schadensersatz nach § 122 schulden wird, da dem Unternehmer die Sach- und Rechtslage bekannt sein muß. *Wenn der Unternehmer eine Zusatzvergütung fordert*, erfüllt dies grundsätzlich den Tatbestand der §§ 280 Abs 1, 241 Abs 2, ggf auch der arglistigen Täuschung iSd § 123; uU kann auch der Tatbestand der widerrechtlichen Drohung iS dieser Bestimmung erfüllt sein.

c) Abgesehen vom Stundenlohnvertrag gilt die Vergütungsvereinbarung *unab-* **46** *hängig von dem Aufwand*, den der Unternehmer treiben muß, um den geschuldeten Erfolg zu erreichen.

aa) Die vereinbarte *Vergütung* kann im Verhältnis zu dem Aufwand des Unternehmers unangemessen hoch sein.

(1) Wenn dies dem Unternehmer von vornherein deutlich ist oder deutlich sein muß, unterliegt er gegenüber dem Besteller keiner Haftung aus culpa in contrahendo wegen unterlassener Aufklärung; dieser Fall ist vielmehr abschließend – auch gegenüber § 123 – mit § 138 zu erfassen. Insbesondere kann ein Fall des *§ 138* vorliegen, so etwa, wenn der Besteller dringend und ohne Alternativen auf die Werkleistung

angewiesen ist (Aufsperren des Türschlosses in der Nachtzeit, Autoreparatur in einsamer Gegend): Ausbeutung der Zwangslage, oder wenn der Besteller nicht über das übliche Preisniveau informiert ist: Ausbeutung der Unerfahrenheit.

(2) Stellt sich nachträglich heraus, daß die Vergütung im Verhältnis zum Aufwand des Unternehmers unangemessen hoch ist, wenn zB bei einer Reparatur mit unklarer Schadensursache im Ergebnis einfachste Maßnahmen ausreichen, so kann damit die *Geschäftsgrundlage* für die Vergütungsvereinbarung entfallen. Auch kann der Unternehmer den Tatbestand des § 138 Abs 1 erfüllen, wenn er sich von vornherein die für den denkbar ungünstigsten Fall angemessene Vergütung fest zusagen läßt, obwohl er damit rechnen muß, daß uU ein deutlich geringerer Aufwand ausreichen wird.

bb) Unerheblich – insbesondere vor dem Hintergrund des § 138 – ist es dagegen, wenn der Besteller *Preise* durchzusetzen vermag, die für den Unternehmer *unauskömmlich* sind. Allerdings kann der Besteller den Tatbestand der culpa in contrahendo erfüllen, wenn er erkennt, daß ein Kalkulationsirrtum des Unternehmers vorliegt, und auf diesen nicht hinweist (vgl o Rn 31).

Erschwerungen der Leistungserbringung, die auf das *Verhalten des Bestellers* zurückzuführen sind, sind nach den §§ 642, 643 zu beurteilen bzw im Bereich der VOB/B nach deren § 6 (dazu § 642 Rn 42 ff, dort insbesondere auch zu der Frage, inwieweit die Regelungen des § 6 VOB/B verallgemeinerungsfähig sind).

Zu Erschwerungen der Leistungserbringung, die auf Dritte oder Naturereignisse zurückzuführen sind, vgl ebenfalls – im Rahmen des § 6 VOB/B – § 642 Rn 42 f.

47 d) *Nicht von den vereinbarten Preisen erfaßt* sind spätere *Änderungen* oder *Erweiterungen* der zu erbringenden Leistung, vgl dazu u Rn 66, 71.

Zu *Einschränkungen* der Leistung vgl u Rn 61.

3. Vorbereitende Tätigkeiten; Nebenleistungen

48 Der Umfang der im einzelnen zu erbringenden Leistungen ergibt sich ebenfalls aus der Auslegung der getroffenen Vereinbarungen in ihrer Gesamtheit sowie aus der Verkehrssitte. Hiernach beantwortet sich zB, ob eine gesonderte Vergütung geschuldet wird für vorbereitende Tätigkeiten wie Anfahrt und Baustelleneinrichtung, für *begleitende Tätigkeiten* wie zB Maßnahmen zur Verkehrssicherung, zum Lärmschutz oder *nachträgliche* wie die Säuberung der Baustelle oder die Einweisung des Bestellers. *Grundsätzlich* gilt, daß solche Zusatztätigkeiten des Unternehmers *keine zusätzliche Vergütungspflicht* auslösen können, die zwar nicht unmittelbar der Herbeiführung des Leistungserfolges dienen, aber doch *nach der Verkehrsanschauung notwendig* sind, um Tätigkeit und *Leistung* des Unternehmers als *gehörig* erscheinen zu lassen. Von besonderer Bedeutung sind insoweit die *Bestimmungen der VOB/C*, die, wenn sie nicht schon zwischen den Parteien vereinbart sind, Rückschlüsse auf die Verkehrssitte zulassen. Die DIN 18.299 ff der VOB/C benennen namentlich unter der Ordnungsziffer 4.1 „Nebenleistungen", die in die Einheitspreise einberechnet und damit nicht besonders zu vergüten sind, zB das Einrichten und Räumen der

Baustelle in DIN 18.299 Nr 4.1.1, (dazu OLG Düsseldorf NJW-RR 1998, 670), Abfallentsorgung (aaO Nr 4.1.11) und unter der Ordnungsziffer 4.2 „Besondere Leistungen", wie sie nur kraft besonderer Vereinbarung geschuldet werden und dann zusätzlich zu vergüten sind, wenn sie ohne eine solche abverlangt werden (vgl zB OLG Düsseldorf NJW-RR 1997, 1378: überhohes Gerüst gegenüber der einschlägigen DIN 18 338).

Das Gesagte gilt für den Einheitspreisvertrag, dagegen grundsätzlich nicht für den Pauschalpreisvertrag (vgl BGH NJW 1997, 131, 132).

Wenn der *Besteller* in seinen *AGB* dem Unternehmer Leistungen auferlegt, die danach nicht geschuldet sind, ohne ihm eine zusätzliche Vergütung zuzusagen, zB die Vorhaltung von Gerüsten für einen Zeitraum, der den Bedürfnissen anderer Unternehmer entspricht (vgl OLG München NJW-RR 1986, 382), dann kann dies überraschend iSd § 305c Abs 1 sein. Solche Klauseln lassen sich aber auch an § 307 messen, da sich die Abgrenzung von Leistung und Zusatzleistung nach dem gesetzlichen Maßstab des § 157 richtet (vgl ULMER/BRANDNER/HENSEN § 8 Rn 21 ff, aA offenbar STAUDINGER/COESTER [1998] § 8 AGBG Rn 2, 3, 29). Prüfungsmaßstab ist dann § 307 Abs 2 Nr 1. Der Unternehmer hat die *Wahl*, entweder die *Zusatzleistung zu verweigern* oder, wenn er sie erbringt, hierfür eine *zusätzliche Vergütung* nach § 632 Abs 2 zu fordern (vgl auch OLG Düsseldorf NJW-RR 1996, 592, OLG Koblenz BauR 1997, 143).

Wenn der Unternehmer in seinen AGB *Leistungen*, die *schon zur Abrundung seines Leistungsbildes gehören*, einer gesonderten Vergütungspflicht unterwirft, sind Prüfungsmaßstab ebenfalls die §§ 3, 9 Abs 2 Nr 1 AGBG.

VII. Vergütung bei Änderungen der vertraglich vereinbarten Leistung

1. Die Fälle; § 2 Nr 3 ff VOB/B

Es sind mehrere Fälle zu unterscheiden. Zunächst kann sich eine *uneigentliche Leistungsänderung* insofern ergeben, als die Leistung zwar gleichbleibend und unverändert zu erbringen ist, sich die *Vorstellungen der Parteien über ihren Umfang* bei Vertragsschluß aber nachträglich als *unzutreffend* erweisen, weil die Massen größer oder geringer als erwartet ausfallen. Das berührt die *Geschäftsgrundlage* des Vertrages, weil dessen Preise auf der Basis bestimmter Massen kalkuliert sind; es liegt auf der Hand, daß 10 qm zu anderen Preisen anzubieten sind als 100 qm, zumal die Einheitspreise ja nicht nur die Kosten der konkreten Position abzudecken haben, sondern auch noch (anteilig) die allgemeinen Geschäftsunkosten des Unternehmers sowie die Baustellengemeinkosten. Die *VOB/B* spricht die damit verbundenen Probleme für den Einheitspreisvertrag in § 2 Nr 3 an, für den Pauschalpreisvertrag in § 2 Nr 7 Abs 1 S 1–3. Das *BGB* enthält keine eigenständigen Regelungen; freilich bestimmt sich die *übliche Vergütung* iSd § 632 Abs 2 nach den *realen*, nicht nach den vorgestellten Massen, für die vereinbarte Vergütung fehlt es aber an einer § 2 Nr 3 VOB/B entsprechenden Bestimmung. Hier geht es darum, die Voraussetzungen für eine Preisanpassung zu bestimmen und deren Durchführung zu regeln.

Sodann kann es zu *Leistungsänderungen im eigentlichen Sinne* kommen. Der Besteller kann die zu erbringende Leistung eigenmächtig beschränken, vgl §§ 8 Nr 1 VOB/ B, 649. Es kann zu Änderungen und Erweiterungen der Leistungen kommen. Ihre preislichen Auswirkungen behandeln § 2 Nr 4–6 VOB/B für den Einheitspreisvertrag, § 2 Nr 7 Abs 1 S 4 VOB/B für den Pauschalpreisvertrag. Schließlich kann der Unternehmer eigenmächtig anderes oder mehr als vertraglich vereinbart leisten; dazu verhält sich § 2 Nr 8 VOB/B.

Nicht im Leistungsbereich spielt es sich ab, wenn der Besteller *Planungsarbeiten* von dem Unternehmer verlangt, die diesem vertraglich nicht obliegen; dazu § 2 Nr 9 VOB/B.

51 Bei der folgenden Kommentierung werden die Bestimmungen der VOB/B in den Vordergrund gestellt; in ihrem Zusammenhang wird dann jeweils untersucht, was nach allgemeinem Zivilrecht anzunehmen ist.

Die einschlägigen Bestimmungen der VOB/B lauten:

> § 2 Vergütung
>
> ...
>
> 3. (1) Weicht die ausgeführte Menge der unter einem Einheitspreis erfaßten Leistung oder Teilleistung um nicht mehr als 10 v. H. von dem im Vertrag vorgesehenen Umfang ab, so gilt der vertragliche Einheitspreis.
>
> (2) Für die über 10 v. H. hinausgehende Überschreitung des Mengenansatzes ist auf Verlangen ein neuer Preis unter Berücksichtigung der Mehr- oder Minderkosten zu vereinbaren.
>
> (3) Bei einer über 10 v. H. hinausgehenden Unterschreitung des Mengenansatzes ist auf Verlangen der Einheitspreis für die tatsächlich ausgeführte Menge der Leistung oder Teilleistung zu erhöhen, soweit der Auftragnehmer nicht durch Erhöhung der Mengen bei anderen Ordnungszahlen (Positionen) oder in anderer Weise einen Ausgleich erhält. Die Erhöhung des Einheitspreises soll im wesentlichen dem Mehrbetrag entsprechen, der sich durch Verteilung der Baustelleneinrichtungs- und Baustellengemeinkosten und der Allgemeinen Geschäftskosten auf die verringerte Menge ergibt. Die Umsatzsteuer wird entsprechend dem neuen Preis vergütet.
>
> (4) Sind von der unter einem Einheitspreis erfaßten Leistung oder Teilleistung andere Leistungen abhängig, für die eine Pauschalsumme vereinbart ist, so kann mit der Änderung der Einheitspreise auch eine angemessene Änderung der Pauschalsumme gefordert werden.
>
> 4. Werden im Vertrag ausbedungene Leistungen des Auftragnehmers vom Auftraggeber selbst übernommen (zB Lieferung von Bau-, Bauhilfs- und Betriebsstoffen), so gilt, wenn nichts anderes vereinbart wird, § 8 Nr. 1 Absatz 2 entsprechend.
>
> 5. Werden durch Änderung des Bauentwurfs oder andere Anordnungen des Auftraggebers die Grundlagen des Preises für eine im Vertrag vorgesehene Leistung geändert, so ist ein neuer Preis unter Berücksichtigung der Mehr- oder Minderkosten zu vereinbaren. Die Vereinbarung soll vor der Ausführung getroffen werden.
>
> 6. (1) Wird eine im Vertrag nicht vorgesehene Leistung gefordert, so hat der Auftragnehmer

Anspruch auf besondere Vergütung. Er muß jedoch den Anspruch dem Auftraggeber ankündigen, bevor er mit der Ausführung der Leistung beginnt.

(2) Die Vergütung bestimmt sich nach den Grundlagen der Preisermittlung für die vertragliche Leistung und den besonderen Kosten der geforderten Leistung. Sie ist möglichst vor Beginn der Ausführung zu vereinbaren.

7. (1) Ist als Vergütung der Leistung eine Pauschalsumme vereinbart, so bleibt die Vergütung unverändert. Weicht jedoch die ausgeführte Menge von der vertraglich vorgesehenen Leistung so erheblich ab, daß ein Festhalten an der Pauschalsumme nicht zumutbar ist (§ 242 BGB), so ist auf Verlangen ein Ausgleich unter Berücksichtigung der Mehr- oder Minderkosten zu gewähren. Für die Bemessung des Ausgleichs ist von den Grundlagen der Preisermittlung auszugehen. Die Nummern 4, 5 und 6 bleiben unberührt.

(2) Wenn nichts anderes vereinbart ist, gilt Absatz 1 auch für Pauschalsummen, die für Teile der Leistung vereinbart sind; Nummer 3 Absatz 4 bleibt unberührt.

8. (1) Leistungen, die der Auftragnehmer ohne Auftrag oder unter eigenmächtiger Abweichung vom Vertrag ausführt, werden nicht vergütet. Der Auftragnehmer hat sie auf Verlangen innerhalb einer angemessenen Frist zu beseitigen; sonst kann es auf seine Kosten geschehen. Er haftet außerdem für andere Schäden, die dem Auftraggeber hieraus entstehen.

(2) Eine Vergütung steht dem Auftragnehmer jedoch zu, wenn der Auftraggeber solche Leistungen nachträglich anerkennt. Eine Vergütung steht ihm auch zu, wenn die Leistungen für die Erfüllung des Vertrages notwendig waren, dem mutmaßlichen Willen des Auftraggebers entsprachen und ihm unverzüglich angezeigt wurden. Soweit dem Auftragnehmer eine Vergütung zusteht, gelten die Berechnungsgrundlagen für geänderte oder zusätzliche Leistungen der Nummer 5 oder 6 entsprechend.

(3) Die Vorschriften des BGB über die Geschäftsführung ohne Auftrag (§§ 677 ff. BGB) bleiben unberührt.

9. (1) Verlangt der Auftraggeber Zeichnungen, Berechnungen und andere Unterlagen, die der Auftragnehmer nach dem Vertrag, besonders den Technischen Vertragsbedingungen oder der gewerblichen Verkehrssitte, nicht zu beschaffen hat, so hat er sie zu vergüten.

(2) Läßt er vom Auftragnehmer nicht aufgestellte technische Berechnungen durch den Auftragnehmer nachprüfen, so hat er die Kosten zu tragen.

2. Preiskorrekturen bei Mengenfehleinschätzungen

a) Einheitspreisvertrag

aa) Beim *Einheitspreisvertrag* ist die im Ergebnis tatsächlich ausgeführte Menge nach den vereinbarten Einheitspreisen zu vergüten, und zwar auch dann, wenn sie von der bei Vertragsschluß angenommenen Menge abweicht. Eine solche Abweichung kann darauf beruhen, daß späterhin abweichend von der ursprünglichen Planung geleistet wird; die hiermit zusammenhängenden Fragen sind in § 2 VOB/B nicht in Nr 3 geregelt, sondern in den Nrn 4–6, 8 (vgl zu ihnen u Rn 61 ff), § 2 Nr 3 VOB/B betrifft *nur Fehleinschätzungen der Mengen bei unveränderter Planung.*

53 bb) Solche Fehleinschätzungen können *einer der beiden Seiten anzulasten* sein, dem Unternehmer oder auch dem Besteller, der zB die Leistungsbeschreibung durch einen Architekten vorgenommen hat, ohne dem anbietenden Unternehmer Gelegenheit zur Massenüberprüfung zu gewähren. Wenn dadurch die Preise unangemessen werden, soll die durch Verschulden der Gegenseite benachteiligte Partei einen *Anspruch auf eine angemessene Korrektur der Einheitspreise* haben (vgl Nicklisch/Weick § 2 Rn 34, 53; Ingenstau/Korbion/Keldungs § 2 Rn 176; Jagenburg BauR 1970, 21). Das trifft eben nicht zu. Unabhängig von einem Verschulden sind die vorgesehenen Mengen auch zu vergüten (§§ 133, 157); Fehler der Ausschreibung können daran nichts ändern. Wollte sich der Besteller – zB mit Vollständigkeitsklauseln – davor schützen, wäre das unangemessen (§ 307).

54 cc) Die Regelung des § 2 Nr 3 VOB/B stellt eine *besondere vertragliche Regelung der Störung der Geschäftsgrundlage* dar, so daß daneben auf die allgemeinen Grundsätze dieses Instituts nicht zurückgegriffen werden kann (vgl BGH Betr 1969, 1058 = LM VOB/B Nr 36; Nicklisch/Weick § 2 Rn 52; Ingenstau/Korbion/Keldungs § 2 Rn 179).

dd) Mengenabweichungen führen nicht von sich aus zu anderen Preisen; *notwendig ist vielmehr eine Vereinbarung der Parteien*, die auf Begehren einer der beiden Parteien zurückgehen kann (vgl BGH Betr 1969, 1058 = LM VOB/B Nr 36).

Voraussetzung ist dabei stets eine *Mengenabweichung von 10% oder mehr*, die sich auf die einzelne Position zu beziehen hat.

ee) Bei der Mengenüberschreitung gilt, daß sie eine Herabsetzung der Einheitspreise zur Folge haben kann, aber ausnahmsweise doch auch eine Heraufsetzung, sofern sich die allgemeinen Kosten des Unternehmers dadurch erhöhen. Dabei kann keine *„freie" Preisbildung* verlangt werden; Ausgangspunkt müssen vielmehr die Preisbildungsfaktoren des bisherigen Einheitspreises sein (vgl Nicklisch/Weick § 2 Rn 42; Ingenstau/Korbion/Keldungs § 2 Rn 185; Dähne BauR 1974, 371; vCraushaar BauR 1984, 311, 319; Heiermann, in: FS Korbion 137, 142, BGH Betr 1969, 1058 = LM VOB/B Nr 36; aA Heretz Baubetriebsberater 1967, 89, 91 und früher Heiermann BauR 1974, 73). Das gilt auch dann, wenn der bisherige Preis zu niedrig kalkuliert war (vgl Ingenstau/Korbion/Keldungs § 2 Rn 188, der dies für den Fall einer unerkannten Fehlkalkulation freilich einschränkt). Der Unternehmer hat seine Kalkulation offenzulegen (OLG München BauR 1993, 726).

55 ff) Eine Mengenunterschreitung iSd § 2 Nr 3 Abs 2 VOB/B liegt dann nicht vor, *wenn eine Position überhaupt entfällt*; hier ist vielmehr von § 2 Nr 4, 5 oder § 8 Nr 1 VOB/B auszugehen. Sonst ist auch hier eine Abweichung von mindestens 10% notwendig für eine Preiskorrektur. Die *Preiskorrektur ist entbehrlich*, wenn eine *Massenerhöhung bei anderen Positionen einen hinreichenden Ausgleich* schafft. Dabei müssen freilich solche Positionen außer Ansatz bleiben, bei denen die Erhöhung weniger als 10% beträgt. Auch dortige Erhöhungen um mehr als 10% sind nur beachtlich, wenn sie nicht schon nach § 2 Nr 3 Abs 2 VOB/B berücksichtigt worden sind (vgl BGH NJW 1987, 1820 = LM § 2 VOB/B Nr 7). Ein Ausgleich ist zunächst möglich durch eine Preiskorrektur nach Maßgabe von § 2 Nr 3 Abs 3 S 2 und 3 VOB/B, aber doch *auch in sonstiger Weise*, wie S 1 aE der Bestimmung klarstellt, zB durch Erweiterung des Auftrags (vgl dazu Nicklisch/Weick § 2 Rn 48; Ingenstau/Korbion/Keldungs § 2 Rn 198).

Daß der Unternehmer aus einer ständigen Beziehung zu dem Besteller späterhin Vorteile schöpfen wird, reicht nicht aus.

gg) Nach § 2 Nr 3 Abs 4 VOB/B kann die Änderung eines Einheitspreises auch vereinbarte Pauschalpreise für abhängige Leistungen beeinflussen.

hh) Von § 2 Nr 3 VOB/B abweichende individualvertragliche Vereinbarungen sind zulässig; sie erfassen allerdings im Zweifel nicht Ansprüche des Unternehmers auf Vergütung für nicht oder fehlsam ausgeschriebene Mengen, wie sie aus ergänzender Vertragsauslegung herzuleiten sind, vgl o Rn 27 ff. „Vollständigkeitsklauseln" in den AGB des Bestellers vermögen daran nichts zu ändern. In AGB unzulässig ist es auch, wenn *Preiskorrekturen nur in einer Richtung* zulässig sein sollen, aber auch, wenn die Beachtlichkeitsuntergrenze von 10% nachhaltig zu Lasten des Unternehmers verschoben wird (vgl auch INGENSTAU/KORBION/KELDUNGS § 2 Rn 177). Die Rechtsprechung des BGH zur Möglichkeit von AGB, die von § 2 Nr 3 VOB/B abweichen, ist freilich widersprüchlich. BGH NJW-RR 1991, 534 (= LM Nr 9 § 23 AGBG) hat zutreffend angenommen, daß Klauseln, die nachhaltig zu Lasten des Unternehmers abweichen (Preisanpassung erst bei 100% Mengenabweichung und nur nach vorheriger Ankündigung), diesen so nachhaltig benachteiligen, daß die VOB/B nicht mehr „als Ganzes" vereinbart ist. Demgegenüber läßt BGH (NJW 1993, 2738) die Abbedingung des § 2 Nr 3 VOB/B zu, weil immer noch die Regeln über die Störung der Geschäftsgrundlage anwendbar seien. Letzteres ist richtig. Diese sind das gesetzliche Leitbild (§ 307 Abs 2 Nr 1) und müssen von etwaigen Klauseln respektiert werden. Insoweit mag die Schwelle von 10% Mengenabweichung heraufgesetzt werden – wesentlich höher wird sie aber nicht angesetzt werden dürfen, wenn denn nicht der Unternehmer unangemessen benachteiligt werden soll. **56**

ii) *Außerhalb des Anwendungsbereichs der VOB/B* gilt im Grundsatz nichts anderes, außer daß es die starre Menge von 10% nicht gibt, die aber auch hier Richtschnur sein kann. Dabei ist die Preisanpassung nach den Grundsätzen des § 2 Nr 3 Abs 2–4 VOB/B vorzunehmen, sofern die Abweichung erheblich genug ist. Insoweit ergibt sich aus der Vereinbarung von Einheitspreisen, daß wie nach § 2 Nr 3 VOB/B auf die einzelnen Positionen abzustellen ist. *Wann die Abweichung dabei erheblich genug ist,* läßt sich *nicht abstrakt* bestimmen, sondern hängt maßgeblich von den Umständen des Einzelfalls ab. Doch wird man die von § 2 Nr 3 VOB/B genannte *Grenze von 10% als Beleg* dafür werten können, was die Verkehrsanschauung für relevant hält. **57**

b) Pauschalpreisvertrag

aa) Die Preiskorrektur bei Mengenfehleinschätzungen vollzieht sich beim *Pauschalpreisvertrag* stets nach denselben Grundsätzen, *unabhängig davon, ob die Geltung der VOB/B vereinbart ist oder nicht*; deren § 2 Nr 7 gibt nur *allgemeine Grundsätze* wieder. **58**

bb) Danach ist *grundsätzlich der Pauschalpreis* maßgeblich, und zwar auch dann, wenn er aus der Sicht des Bestellers überhöht erscheint oder für den Unternehmer nicht auskömmlich ist. Auch Mengenabweichungen von mehr als 10% bei einzelnen Positionen *rechtfertigen eine Preiskorrektur nicht,* vgl § 2 Nr 7 Abs 1 S 1 VOB/B. Dem Pauschalpreis ist die Übernahme derartiger *Risikoelemente* wesensimmanent.

59 **cc)** Der Pauschalpreis kann allerdings nach den Grundsätzen der *culpa in contrahendo* korrigiert werden, wenn seine Bildung auf schuldhaft falschen Angaben der Gegenseite beruht.

dd) Wenn sich der Pauschalpreis auf die vertraglich vereinbarte Leistung bezieht, kann er insoweit nicht gelten, wie diese *nachträglich geändert, eingeschränkt oder erweitert* wird; § 2 Nr 7 Abs 1 S 4 VOB/B stellt dies unter Bezugnahme auf § 2 Nr 4, 5 und 6 VOB/B nur klar. Allerdings kann es sich bei wesentlichen Leistungsänderungen ergeben, daß nicht nur diese preislich zu berücksichtigen sind, sondern mit ihnen zugleich auch die Grundlagen des Pauschalpreises berührt sind (vgl BGH BauR 1972, 118; BGHZ 80, 257 = NJW 1981, 1442 = LM § 632 BGB Nr 10). Das gilt etwa, wenn für die Kalkulation wesentliche Leistungen hinzukommen (BGH SFH Z 2.301 Bl 35) oder entfallen oder durch andere Leistungen ersetzt werden (BGH NJW 1974, 1864 = LM § 632 BGB Nr 7).

60 **ee)** Im übrigen kann der Pauschalpreis korrigiert werden, wenn sich Mengenabweichungen ergeben, die *das Festhalten an ihm unzumutbar* erscheinen lassen, § 2 Nr 7 Abs 1 S 2 VOB/B; hier sind in der Sache die *Regeln über die Störung der Geschäftsgrundlage* angesprochen (vgl INGENSTAU/KORBION/KELDUNGS § 2 Rn 300). Eine solche Unzumutbarkeit ist nur dann gegeben, wenn die Äquivalenz von Leistung und Gegenleistung nachhaltig gestört ist (vgl BGH VersR 1965, 803). Das ist regelmäßig nur dann der Fall, wenn Leistung und Gegenleistung *insgesamt* in einem *auffälligen Mißverhältnis* stehen, kann sich aber ausnahmsweise auch hinsichtlich einer kraß falsch ausgeschriebenen *Einzelposition* ergeben. *Für* die Unzumutbarkeit des Festhaltens am Pauschalpreis spricht es, wenn beide Seiten die zu erbringenden Mengen falsch eingeschätzt haben, *dagegen*, wenn die Änderungen vorauszusehen waren oder der Unternehmer vielleicht nur überschlägig kalkuliert hat oder es ihm bewußt war, daß die Mengen zunächst gar nicht näher zu beurteilen waren. Es ist dann von einer *bewußten Risikoübernahme* auszugehen. Eine wirtschaftliche Gefährdung des Unternehmers ist grundsätzlich unerheblich.

Sofern danach eine Preiskorrektur angezeigt ist, muß grundsätzlich ein neuer Pauschalpreis gebildet werden. Er ist *nicht frei zu vereinbaren*, sondern gemäß § 2 Nr 7 Abs 1 S 3 VOB/B auf der Grundlage der ursprünglichen Preiskalkulation.

ff) Da die Regeln über die Störung der Geschäftsgrundlage zu den wesentlichen Grundgedanken des geltenden Rechts gehören, müssen ein völliger Ausschluß oder auch eine wesentliche Einschränkung der sich ergebenden Anpassungsmöglichkeiten in AGB als *unvereinbar mit § 307 Abs 2 Nr 1* angesehen werden.

3. Nachträgliche Einschränkungen der vorgesehenen Leistung

61 **a)** Nach § 649 – und entsprechend § 8 Nr 1 VOB/B – kann der Besteller den Vertrag jederzeit ganz oder teilweise kündigen. Während man für die Teilkündigung wird fordern müssen, daß sie abgrenzbare Teile der Leistung betrifft (vgl § 649 Rn 13), kann der Besteller in Eigenausführung auch andere Maßnahmen übernehmen wie zB die in § 2 Nr 4 VOB/B eigens genannte Lieferung von Materialien. Das *dogmatische Verhältnis* des § 2 Nr 4 VOB/B zu § 8 Nr 1 VOB/B (§ 649) ist nicht ganz deutlich (vgl auch NICKLISCH/WEICK § 2 Rn 54 einerseits, INGENSTAU/KORBION/KELDUNGS § 2 Rn 212 andererseits), aber letztlich wegen der nahezu deckungsgleichen Rechtsfolgen auch nur von eingeschränktem Interesse. Man wird § 8 Nr 1 VOB/B zur Anwendung bringen müssen, wenn ein in sich abgeschlossener Teil der Leistung dem Unternehmer entzogen wird, § 2 Nr 4 VOB/B *in sonstigen Fällen*. Auch § 2 Nr 4 VOB/B betrifft aber nur einseitige Auftragsbeschränkungen durch den Besteller. Die nachträgliche Vereinbarung der Leistungsbeschränkung bedarf hinsichtlich ihrer Folgen der Auslegung (vgl BGH NJW 1999, 2661 zum Pauschalpreisvertrag).

b) Der sich aus § 2 Nr 4 VOB/B ergebende Vergütungsanspruch des Unternehmers setzt zunächst nur voraus, daß ihm obliegende Leistungsteile entzogen worden sind. **62**

aa) Dieser Auftragsentzug darf *nicht durch einen wichtigen Grund* verursacht worden sein, den der Unternehmer dem Besteller zur Kündigung gegeben hatte, dann entfällt der Vergütungsanspruch ganz (vgl § 649 Rn 39).

bb) Dagegen ist es unerheblich, ob die Auftragsbeschränkung auf dem Recht des Bestellers zur Teilkündigung nach § 8 Nr 1 VOB/B bzw § 649 beruht oder nicht; *entscheidend ist nur, daß der Unternehmer sie hingenommen hat*.

cc) Ob der Unternehmer die Leistungsbeschränkung hinnehmen mußte, ist – in ihrem Anwendungsbereich – aus den §§ 649, 8 Nr 1 VOB/B zu entnehmen. Im übrigen regelt sich die Frage nach § 242. Dabei ist einerseits aus § 649 zu entnehmen, daß der Unternehmer jegliche Beschränkung seiner Leistung hinnehmen kann und muß, weil er seinen Vergütungsanspruch behält, andererseits ist zu berücksichtigen, daß der Unternehmer hinsichtlich der jetzt mit Wirkung des Bestellers weitergeführten Arbeiten in der Gewährleistung verbleibt und auch Leistungserschwernisse nicht hinzunehmen braucht. Er darf deshalb seine Zustimmung zur Verwendung von nunmehr vom Besteller gelieferten Materialien verweigern, sofern damit irgendwelche Gefahren der Gewährleistung verbunden wären, oder auch wenn er Erschwernisse befürchten muß, zB aus geringerer Vertrautheit mit den zur Verfügung gestellten Materialien. Gleiches gilt dort, wo der Besteller eigene Leistungsteile erbringen will, die sich auf die Leistungen des Unternehmers auswirken.

dd) § 2 Nr 4 VOB/B setzt *nicht* voraus, daß das, was der Besteller nunmehr selbst **63** erbringt, von den Leistungen des Unternehmers *abgrenzbar* sein müßte, wenigstens abgrenzbar zu berechnen wäre, woran es zB fehlt, wenn nunmehr gemeinsam weitergemauert wird (aA INGENSTAU/KORBION/KELDUNGS § 2 Rn 214). Der Vergütungsanspruch des Unternehmers bleibt auch dann bestehen; Einsparungen muß er sich auch bei dieser Konstellation anrechnen lassen. Es wird nur dem Besteller erschwert, diese konkret darzutun und zu beweisen.

ee) Seinem Wortlaut nach setzt § 2 Nr 4 VOB/B voraus, daß der Besteller die Leistungen selbst übernimmt. Es ist jedoch *nicht* zu erkennen, warum das Ergebnis ein anderes sein sollte, wenn der Besteller einen *anderen Unternehmer mit diesen Leistungen betraut*. Ob die Rechtsfolge dann unmittelbar aus § 8 Nr 1 Abs 2 VOB/B zu entnehmen ist oder mittelbar über § 2 Nr 4 VOB/B, ist eine müßige Frage (vgl zu ihr INGENSTAU/KORBION/KELDUNGS § 2 Rn 216). Insofern kommt es auch nicht auf die Frage an, ob es Unterschiede macht, wenn der Besteller zunächst selbst weiterarbeiten will und dann doch Dritte beauftragt. Im Ergebnis wirkt es sich nicht einmal aus, wenn diese Leistungsteile nunmehr ersatzlos entfallen.

64 c) In der *Rechtsfolge* entspricht § 2 Nr 4 VOB/B § 649 S 2 (vgl dazu dort Rn 16 ff, dort auch in Rn 15 zur Abdingbarkeit des Anspruchs).

Es ist denkbar, daß der Unternehmer auf den auf den entfallenden Leistungsteil zu beziehenden Vergütungsanspruch verzichtet. Ein entsprechender Verzicht muß allerdings hinreichend deutlich zum Ausdruck kommen; insbesondere ist es nicht Sache des Unternehmers, sich seinen Vergütungsanspruch besonders vorzubehalten.

Hat allerdings der Besteller die Teilleistung nur deshalb übernommen, *weil der Unternehmer zu ihr nicht in der Lage* war, so diente das letztlich nur der Bewahrung des Unternehmers vor Schadensersatzpflichten. Dann muß der Vergütungsanspruch des Unternehmers unter dem Gesichtspunkt des venire contra factum proprium entfallen (vgl auch INGENSTAU/KORBION/KELDUNGS § 2 Rn 133).

d) § 2 Nr 4 VOB/B *gilt auch bei Pauschalpreisverträgen*, vgl § 2 Nr 7 Abs 1 S 4 VOB/B. Wird die Leistung hier einverständlich nachträglich beschränkt, muß die Vergütungsfolge freilich durch Auslegung ermittelt werden; § 2 Nr 4 VOB/B erfaßt diesen Fall nicht (BGH NJW 1999, 2661; 2000, 3277).

65 e) Die Grundsätze des § 2 Nr 4 VOB/B sind letztlich nur Ableitungen aus den Grundsätzen des § 649. Sie gelten deshalb *auch ohne die Vereinbarung der VOB/B und auch außerhalb des Baubereichs*.

4. Nachträgliche Leistungsänderungen

66 a) Nachträgliche vom Besteller veranlaßte oder ihm zuzurechnende Leistungsänderungen können auf die preislichen Absprachen nicht ohne Einfluß bleiben, sofern sie deren Kalkulationsgrundlagen beeinflussen. § 2 Nr 5 VOB/B enthält hierzu *Regelungen*, die *über den Anwendungsbereich der VOB/B hinaus Geltung beanspruchen* können, weil sie sich auf *allgemeine Grundsätze* – die der Störung der Geschäftsgrundlage – zurückführen lassen.

b) Die vertraglich vereinbarte Leistung muß sich ändern. Das ist weit zu verstehen. Entscheidend ist, daß die *Basis der Preisberechnung* des Unternehmers betroffen ist (vgl INGENSTAU/KORBION/KELDUNGS § 2 Rn 230). Insoweit reicht es zB aus, wenn auf die *Modalitäten der Leistungserbringung* Einfluß genommen wird, zB durch eine Verschiebung des Leistungszeitraums (vgl vCRAUSHAAR BauR 1984, 311; PIEL, in: FS Korbion 349, 351 f; INGENSTAU/KORBION aaO), oder wenn auf Grund einer *Planungsänderung* weniger Großbohrpfähle eingebracht werden, die dann höhere Lasten zu tragen haben, so daß sie stärker mit Betonstahl bewehrt werden müssen (vgl OLG Frankfurt NJW-RR 1986, 1149). Vor allem gehören hierher die Fälle, in denen ein *Leistungsteil entfällt* und *durch einen anderen ersetzt* wird, nicht bloß Einschränkungen der Leistung (dann § 2 Nr 4 VOB/B) oder reine Zusätze (dann § 2 Nr 6 VOB/B).

67 c) Die Leistungsänderungen müssen dem Besteller zuzurechnen sein. Dabei brauchen sie nicht ohne weiteres auf seine eigene Initiative zurückzugehen; vielmehr reichen uU auch *von dritter Seite veranlaßte Änderungen* aus. Namentlich kommen von der Baugenehmigungsbehörde geforderte Änderungen des Bauentwurfs in Betracht (vgl OLG München BauR 1980, 274; OLG Düsseldorf BauR 1996, 267), oder auch statische Forderungen des Prüfingenieurs (vgl INGENSTAU/KORBION/KELDUNGS § 2 Rn 237); entscheidend ist, daß sie – wie die Planung insgesamt – *der Sphäre des Bestellers zuzurechnen* sind (vgl OLG Stuttgart BauR 1997, 855). Es genügt auch eine Verschiebung des Baubeginns (OLG Frankfurt aM NJW-RR 1997, 84).

Anordnungen des Bestellers sind Befolgung erwartende Anweisungen (vgl BGH SCHÄFER/FINNERN/HOCHSTEIN Z 2.414 Bl 219; INGENSTAU/KORBION/KELDUNGS § 2 Rn 241). Bloße Wünsche reichen nicht aus, erst recht nicht die Ausübung von Wahlrechten (zB bei alternativer Ausschreibung). Anordnungen sind von einer Behinderung des Unternehmers zu unterscheiden, vgl dazu § 6 Nr 6 VOB/B und dazu § 642 Rn 42 ff. Als nicht hierher gehörende Behinderung ist es auch anzusehen, wenn der Besteller eine sachlich gebotene Anordnung unterläßt.

Muß die Leistung unter erschwerten Bedingungen, zB später (OLG Düsseldorf NJW-RR 1996, 730; OLG Frankfurt NJW-RR 1997, 84) gegenüber der ursprünglichen Planung erbracht werden, so kommt es darauf an, ob von dem Unternehmer nach dem Inhalt des Vertrages *die Überwindung der Erschwernisse zu erwarten* war – dann keine Preisanpassung – oder ob der Unternehmer erst durch eine besondere Anordnung des Bestellers zu in dieser Form nicht geschuldeten Leistungen verpflichtet wurde (vgl OLG Düsseldorf BauR 1991, 219; VYGEN BauR 1983, 414; vCRAUSHAAR BauR 1984, 311, 318; INGENSTAU/KORBION/KELDUNGS § 2 Rn 240). Jedenfalls muß dem Unternehmer, damit § 2 Nr 5 VOB/B anwendbar wird, bisher (so) nicht Geschuldetes auferlegt werden (BGH NJW-RR 1992, 1046). Das neu ermittelte Leistungsbild darf nicht von vornherein geschuldet sein, was insbesondere dann der Fall ist, wenn der vertraglich geschuldete Erfolg nicht ohne die Leistungsänderung zu erreichen war, BGH (aaO).

d) Kommt es derart zu einer Leistungsänderung, so ist *ein neuer Preis zu verein-* **68** *baren*, § 2 Nr 5 VOB/B spricht insoweit nur aus, was sich aus den allgemeinen Regeln über eine *Änderung der Geschäftsgrundlage ergibt.*

aa) Die Parteien trifft eine *Pflicht zu erneuten Verhandlungen*, der sie tunlichst vor Durchführung der Änderungen nachkommen sollen.

Wenn eine Einigung dabei nicht erzielt wird, gilt nicht etwa der alte Preis fort; er ist durch die Änderungen überholt. Es entsteht aber auch kein Leistungsbestimmungsrecht einer der beiden Seiten, etwa des Unternehmers nach § 316. *Vielmehr gilt ohne weiteres der neue Preis* (vgl BGHZ 50, 25, 30; OLG Celle BauR 1982, 381; INGENSTAU/KORBION/ KELDUNGS § 2 Rn 244; SCHMIDT MDR 1966, 888), der inhaltlich schon feststeht, nur eben noch gefunden werden muß. Im Prozeß ist das keine richterliche Bestimmung iSd §§ 315 Abs 3 S 2, 319 Abs 1 S 2 (so aber OLG Celle aaO); vielmehr sind etwaige Schwierigkeiten nach § 287 Abs 2 ZPO zu überwinden (so zutreffend INGENSTAU/KORBION aaO).

bb) Als neu festzusetzender Preis ist nicht etwa der für Leistungen dieser Art übliche iSd § 632 Abs 2 zu wählen; vielmehr ist er *aus dem Preisgefüge des bisherigen Vertrages zu entwickeln*; aus dessen Ansätzen ist er unter Berücksichtigung der Mehr- und Minderkosten hochzurechnen. Ein Gewinnanteil des Unternehmers muß jedenfalls gewahrt bleiben (BGH NJW 1996, 1346; vgl OLG Stuttgart SCHÄFER/FINNERN/HOCHSTEIN, Z 2.310 Bl 15), sofern nicht von vornherein mit Verlust kalkuliert war.

Dem Grundsatz, daß das Preis-Leistungs-Gefüge des Vertrages möglichst erhalten bleiben soll, entspricht es, als *maßgeblichen Zeitpunkt* für die Neukalkulation den des Vertragsschlusses zu wählen, nicht etwa den des Beginns der Ausführung der geänderten Leistungen (so aber INGENSTAU/KORBION/KELDUNGS § 2 Rn 245).

Der neue Preis ist nur für die von der Änderung betroffene Leistungsposition festzusetzen.

69 **cc)** Wenn sich der Besteller auf rechtzeitige Verhandlungen nicht einläßt oder diese grundlos hintertreibt, entsteht dem Unternehmer wegen der Änderung ein *Leistungsverweigerungsrecht* (vgl LEINEMANN NJW 1998, 3672). Er wird iSd § 6 Nr 6 VOB/B in seiner Leistung behindert und kann ggf nach § 9 Nr 1 a VOB/B bzw § 643 kündigen (vgl auch INGENSTAU/KORBION/KELDUNGS § 2 Rn 250). Ggf kann auch dem Besteller in umgekehrter Konstellation ein Recht zur Kündigung aus wichtigem Grund (im Bereich der VOB/B nach deren §§ 5 Nr 4, 8 Nr 3) erwachsen.

Eine *positive Forderungsverletzung* des Unternehmers kann es darstellen, wenn er den Besteller nicht rechtzeitig darüber informiert, daß eine Planungsänderung mit nachhaltigen Kostensteigerungen verbunden ist. Hier wird allerdings regelmäßig ein Mitverschulden des Bestellers gegeben sein, namentlich dann, wenn er von einem Architekten beraten wird.

70 **dd)** Klauseln in Allgemeinen Geschäftsbedingungen des Bestellers, die das Recht des Unternehmers auf Preisanpassungen bei Planungsänderungen spürbar einschränken, verstoßen zwar nicht gegen § 308 Nr 4 (**aA** INGENSTAU/KORBION/KELDUNGS § 2 Rn 257), wohl aber gegen § 307 Abs 2 Nr 1, da die *Regeln über die Störung der Geschäftsgrundlage* zu den tragenden Regelungen des geltenden Rechts gehören. Das gilt für Klauseln, die dem Besteller das einseitige Recht der Neufestsetzung vorbehalten oder eine Neufestsetzung bei behördlichen Auflagen ausschließen oder ein Mindestausmaß einer Änderung verlangen, das über einer Bagatellgrenze liegt (vgl OLG Frankfurt NJW-RR 1986, 245). Dagegen ist es *hinreichend* durch die berechtigten Informationsinteressen des Bestellers *legitimiert*, wenn er dem Unternehmer die *vorherige Einreichung eines Nachtragsangebots* auferlegt, das aber nicht Anspruchsvoraussetzung sein darf (**aA** INGENSTAU/KORBION/KELDUNGS § 2 Rn 251).

5. Nachträgliche Leistungserweiterungen

71 **a)** § 2 Nr 6 VOB/B sieht für *zusätzliche Leistungen*, die der Unternehmer auf Verlangen des Bestellers erbringt, einen zusätzlichen Vergütungsanspruch vor. Bei zutreffender Auslegung der Bestimmung – vgl u Rn 73 f zu der vorherigen Ankündigung des Anspruchs –, *konkretisiert sie nur allgemeine Grundsätze*, wie sie *auch außerhalb des Bereichs der VOB/B und überhaupt über das Baurecht hinaus zu beachten sind*.

72 **b)** Es müssen im Vertrag *nicht vorgesehene Leistungen* vom Besteller gefordert werden.

aa) Die Leistungen dürfen nicht schon im ursprünglichen Vertrag enthalten sein, sei es auch nur als nicht gesondert zu vergütende Nebenleistungen (vgl INGENSTAU/ KORBION/KELDUNGS § 2 Rn 262). Einen Fall des § 2 Nr 6 VOB/B stellt es auch nicht dar, wenn der vertraglich geschuldete Erfolg nur durch bisher nicht in Betracht gezogene – und nur insofern „zusätzliche" – Leistungen erzielt werden kann (vgl OLG Düsseldorf SCHÄFER/FINNERN/HOCHSTEIN Nr 4 § 2 Nr 6 VOB/B [1975]).

bb) Die Leistungen müssen einen *inneren Zusammenhang* mit der bisher vereinbarten Leistung haben; es darf sich nicht um selbständige Leistungen handeln (vgl INGENSTAU/KORBION/KELDUNGS § 2 Rn 261; OLG Düsseldorf BauR 1996, 875). Das ist von Bedeutung zunächst für die Höhe der geschuldeten Vergütung, die sich bei selbständigen Leistungen nach § 632 Abs 2 richtet, vgl INGENSTAU/KORBION aaO, sofern die Parteien nicht ausdrücklich oder stillschweigend auf die Preise des bisherigen Vertrages Bezug genommen haben. Außerdem entfällt hier die Notwendigkeit einer vorherigen Ankündigung des Vergütungsanspruchs nach § 2 Nr 6 Abs 2 S 2 VOB/ B, sofern man diese bei Zusatzleistungen für eine Anspruchsvoraussetzung hält (vgl dazu u Rn 73 f).

Ob ein innerer Zusammenhang noch gegeben ist, richtet sich nach den *Umständen des Einzelfalls* unter Berücksichtigung der *Verkehrssitte*. Es ist zB gegeben, wenn eine schon erbrachte Leistung wiederholt werden soll, die nach Gefahrübergang untergegangen ist (vgl BGHZ 61, 144 = NJW 1973, 1698), oder wenn eine an sich notwendige Leistung erst nachträglich in Auftrag gegeben wird (vgl BGH NJW 1984, 1676 = LM § 273 BGB Nr 38 m Anm RECKEN) oder die Leistung räumlich oder gegenständlich erweitert oder ergänzt wird.

cc) Die Zusatzleistungen müssen *vom Besteller gefordert* werden; die bloße Notwendigkeit der Leistung reicht nicht aus (vgl OLG Düsseldorf BauR 1992, 777; BGHZ 113, 315, 321). Das Abfordern einer Leistung durch einen Vertreter des Bestellers setzt dessen Vertretungsmacht voraus. Er kann dabei einen Anspruch auf ihre Erbringung gehabt haben, zB nach § 1 Nr 4 VOB/B (dazu § 633 Rn 9 f) oder allgemein aus den Grundsätzen von Treu und Glauben. Das ist aber nicht notwendig; entscheidend ist nur – außer ihrer Ausführung durch den Unternehmer –, *daß der Besteller auf ihnen bestanden hat*; bloße Wünsche, Anregungen oder sonstige Äußerungen, die der Unternehmer noch nicht als verbindlich verstehen durfte, reichen also nicht aus (vgl INGENSTAU/KORBION § 2 Rn 292). Es liegen sonst eigenmächtige Leistungen des Unternehmers vor, die nur nach Maßgabe des § 2 Nr 8 VOB/B zu vergüten sind (vgl dazu Rn 81 ff).

c) § 2 Nr 6 Abs 1 S 2 VOB/B verlangt eine **vorherige Ankündigung des Anspruchs**. **73** Das soll einer Überraschung des Bestellers mit unvorhergesehenen Ansprüchen des Unternehmers vorbeugen (BGH NJW 1996, 2158).

aa) Nach diesem Zweck der Bestimmung ist die Ankündigung jedenfalls dann *entbehrlich*, wenn der Besteller nach Lage der Dinge von dem zusätzlichen Vergütungsanspruch *nicht überrascht* sein kann, oder das Ausbleiben der Ankündigung entschuldigt ist (BGH aaO; INGENSTAU/KORBION/KELDUNGS § 2 Rn 267), wobei davon auszugehen ist, daß im Geschäftsleben für ein Mehr an Leistung grundsätzlich auch ein Mehr an Vergütung beansprucht wird. Eine besondere Überraschung des Bestellers kann sich deshalb nur ergeben, wenn er davon ausgehen konnte, daß ihm diese Leistung schon nach dem Vertrage geschuldet wurde, oder wenn sie ihm nicht als Auslöser besonderer Kosten zu erscheinen brauchte. *Wohl zu weitgehend* verlangt INGENSTAU/KORBION aaO, daß die Vergütungspflicht hinreichend klar erkennbar war (noch weitergehend DAUB/PIEL/SOERGEL/STEFFANI § 2 Rn 120, die verlangen, daß nicht die geringsten Zweifel an der Vergütungspflicht bestehen dürften).

74 bb) Diese Einschränkung der Ankündigungspflicht reduziert die Bedeutung der Streitfrage, ob sie eine *Anspruchsvoraussetzung für den zusätzlichen Vergütungsanspruch* mit der Folge ist, daß er ohne sie nicht gegeben ist (vgl in diesem Sinne BGH WM 1969, 1019, 1021 = LM VOB/B Nr 36; NJW 1996, 2158; INGENSTAU/KORBION/KELDUNGS § 2 Rn 265; HEIERMANN/RIEDL/RUSAM § 2 Rn 130; HERETH/LUDWIG/NASCHOLD § 2 Rn 2.100; LOCHER, Das private BauR Rn 190; WERNER/PASTOR Rn 1156; VYGEN BauR 1979, 375; vCRAUSHAAR BauR 1984, 311, 315 f; CLEMM BB 1986, 616, 617; **aA** NICKLISCH/WEICK § 2 Rn 71; LEHNING NJW 1977, 422; FAHRENSCHON BauR 1977, 172; HUNDERTMARK Betr 1987, 33 f) oder nicht.

Die *letztere Meinung dürfte zutreffen*. Der Vergütungsanspruch für die zusätzliche Leistung ist grundsätzlich gegeben, vgl § 632 Abs 1. Es ist zwar richtig, daß er abbedungen werden kann; jedoch läßt sich nicht annehmen, daß dies durch § 2 Nr 6 Abs 1 S 2 VOB/B geschehen ist. Die Formulierung der Bestimmung („jedoch") sollte dabei nicht überbewertet werden; sie ist mit beiden Auslegungen vereinbar. Die Entstehungsgeschichte spricht zwar eher für die gegenteilige Auffassung (vgl dazu INGENSTAU/ KORBION § 2 Rn 299). Doch ist demgegenüber zu berücksichtigen: (1) Es fehlt an einer hinreichenden Rechtfertigung der Bestimmung. Die unterbliebene Ankündigung müßte schon als ein *Verwirkungstatbestand* gedeutet werden, aber die Voraussetzungen einer Verwirkung sind ersichtlich – jedenfalls generell, anders vielleicht im Einzelfall – nicht hinreichend erfüllt (**aA** WELTER NJW 1959, 757 f). (2) Es drohen *eindeutig sachwidrige Ergebnisse*; um diese zu vermeiden, sieht sich die Gegenmeinung gezwungen, nach Treu und Glauben Ausnahmen bei evidenten Mehrforderungen des Unternehmers zuzulassen, vgl soeben Rn 73. (3) Es entsteht ein *Wertungswiderspruch zu § 2 Nr 5 VOB/B*: Dort, bei Leistungsänderungen, ist der Unternehmer nicht um den Preis eines Anspruchsverlustes gehalten, vorab höhere Vergütungsansprüche anzumelden, vgl o Rn 66 ff. Bei Auftragserweiterungen liegt es aber noch mehr als bei Auftragsänderungen auf der Hand, daß sich auch die Vergütung ändern muß. (4) Die Bestimmung behält auch ohne die Sanktion eines Anspruchsverlustes einen guten Sinn, indem sie jedenfalls dazu anhält, die Kostenfrage frühzeitig zu klären. (5) Soweit ersichtlich, versteht auch die Baupraxis die Bestimmung als bloße Sollbestimmung. Jedenfalls werden Mehrforderungen für Mehrleistungen regelmäßig nicht mit dem Argument bekämpft, sie seien nicht vorab angekündigt worden.

75 cc) Der Unternehmer, der seinen zusätzlichen Vergütungsanspruch nicht vorab ankündigt, *verletzt* allerdings *eine vertragliche Nebenpflicht* und kann sich dadurch schadensersatzpflichtig machen (vgl LEHNING NJW 1977, 423 f; NICKLISCH/WEICK § 2 Rn 71), wobei Inhalt der Schadensersatzpflicht die Freistellung von dem zusätzlichen Vergütungsanspruch ist. Freilich wird in aller Regel ein Mitverschulden des Bestellers anzunehmen sein, der auch seinerseits gehalten ist, den Vertragsinhalt kritisch zu überprüfen, und um die Vergütungspflicht für Zusätze wissen muß. Außerdem hat er sich auf seinen Schadensersatzanspruch den objektiven Wert der Zusatzleistung anrechnen zu lassen, vgl auch die entsprechend heranzuziehenden Grundsätze zum Schadensersatz bei Überschreitung eines Kostenanschlags (§ 650 Rn 12 ff). Im praktischen Ergebnis wird der *Schadenersatzanspruch* des Bestellers damit *weithin gegenstandslos* sein.

dd) Die *vertragliche Nebenpflicht*, vorab auf seinen zusätzlichen Vergütungsanspruch hinzuweisen, trifft den Unternehmer *auch dann, wenn die Geltung der VOB/B nicht vereinbart* ist.

ee) Den Unternehmer trifft eine *doppelte Hinweispflicht*. Er muß zunächst gegenüber dem Besteller klarstellen, daß diese Leistung nicht schon nach dem bisherigen Vertrag geschuldet ist. Er hat sodann seine *Mehrforderung „anzukündigen"*. Er braucht sie also nur als solche zu benennen, nicht aber der Höhe nach zu berechnen (vgl NICKLISCH/WEICK § 2 Rn 71; INGENSTAU/KORBION/KELDUNGS § 2 Rn 270), mag dies auch zweckmäßig sein. Freilich macht sich der Unternehmer wiederum schadensersatzpflichtig, wenn er ersichtliche Fehlvorstellungen des Bestellers über die Höhe der Zusatzvergütung nicht korrigiert. Solche Fehlvorstellungen können sich einerseits aus einer Verkennung der Zusatzleistung ergeben, andererseits bei einer Mehrzahl von Zusätzen entstehen.

Die Ankündigung hat bis zum Beginn der Ausführung zu erfolgen.

ff) Verstanden als Nebenpflicht des Unternehmers ist die Hinweispflicht *vor dem Hintergrund der §§ 305 ff unproblematisch*. Als Anspruchsvoraussetzung ist sie dagegen mit § 307 Abs 2 Nr 1 unvereinbar; insoweit gelten dieselben Erwägungen wie zu § 16 Nr 3 Abs 2 VOB/B (vgl dazu § 641 Rn 87).

BGH NJW 1996, 2158 hält den Anspruchsverlust dann für mit dem AGBG vereinbar, wenn die Fälle ausgenommen werden, daß die Ankündigung im konkreten Fall für den Schutz des Bestellers entbehrlich war oder daß sie entschuldigt unterblieb. Das ist aber eine geltungserhaltende Reduktion.

d) Die *Höhe der zusätzlichen Vergütung* bemißt sich nach § 2 Nr 6 Abs 2 S 1 VOB/B. Danach bleibt der für die bisher schon vorgesehene Leistung vereinbarte Preis unberührt. Er ist um einen Zuschlag zu ergänzen, der nicht frei – oder in Anlehnung an das Übliche – zu ermitteln, sondern an bestimmten Faktoren auszurichten ist:

aa) Es sind dies zunächst die *Grundlagen der Preisermittlung für die vertragliche Leistung*. Die Preisansätze für den Hauptauftrag sind also wiederum unverändert zugrunde zu legen, soweit sie einen Bezug zu der zusätzlichen Leistung haben, was etwa bei allgemeinen Rabatten nicht der Fall ist.

bb) Sodann sind die *besonderen Kosten* der zusätzlich geforderten Leistung zu berücksichtigen. Das sind solche Kostenelemente, die in der bisherigen Leistung nicht vorhanden waren (vgl INGENSTAU/KORBION/KELDUNGS § 2 Rn 278; ALTMANN BB 1966, 925, 926).

cc) Diese Grundsätze gelten *auch ohne Vereinbarung der VOB/B*.

77 e) Die Parteien haben eine entsprechende Preisvereinbarung zu treffen. Das ist eine *echte Rechtspflicht* (vgl INGENSTAU/KORBION/KELDUNGS § 2 Rn 280 gegen WERNER/PASTOR Rn 1159), die im übrigen auch aus allgemeinen Grundsätzen hergeleitet werden kann und deshalb *auch über den Bereich der VOB/B hinaus* einzuhalten ist.

aa) Das Zustandekommen dieser Vereinbarung ist keine Voraussetzung für das Entstehen des zusätzlichen Vergütungsanspruchs des Unternehmers (vgl OLG Celle BauR 1982, 381).

bb) Ob der Unternehmer ein *Leistungsverweigerungsrecht* hinsichtlich der Zusatzleistung bis hin zum Zustandekommen der Preisvereinbarung hat, ist zweifelhaft. Er hat es nach Treu und Glauben jedenfalls nicht bei besonders dringenden Arbeiten. Gegen die im übrigen generelle Bejahung eines solchen Leistungsverweigerungsrechts durch NICKLISCH/WEICK § 2 Rn 73 spricht schon das einschränkende „möglichst" in § 2 Nr 6 Abs 2 S 2 VOB/B. Richtigerweise dürfte es generell zu verneinen sein, soweit der Besteller die Zusatzleistung zu fordern berechtigt ist, und nur *in entsprechender Anwendung des § 321* zu bejahen sein.

cc) Unterbleibt eine Preisvereinbarung überhaupt, dann ist die geschuldete Mehrvergütung ggf vom Gericht nach § 287 Abs 2 ZPO zu schätzen.

78 f) Vertragliche Modifikationen des zusätzlichen Vergütungsanspruch des Unternehmers sind zulässig. Soweit allerdings AGB des Bestellers zusätzliche Vergütungsansprüche des Unternehmers einschränken, werden sie *regelmäßig mit § 307 nicht vereinbar* sein (vgl dazu auch LOCHER, in: FS Korbion 283, 288 ff).

AGB-Klauseln des Unternehmers, die eine Zusatzvergütung für Leistungen verlangen, die bei verständiger Würdigung des Vertrages schon nach diesem geschuldet werden, können für den Besteller überraschend iSd § 305c Abs 1 sein (vgl BGH NJW 1984, 171 = LM § 3 AGBG Nr 6).

6. Pauschalpreisvertrag

79 a) In Anwendung allgemeiner Grundsätze bestimmt § 2 Nr 7 Abs 1 S 1, 2 VOB/B daß es beim Pauschalpreisvertrag *grundsätzlich unbeachtlich* bleibt, wenn tatsächlich die erbrachten Mengen von denjenigen abweichen, die die Parteien bei Vertragsschluß als zu erbringen angenommen haben, eine Neukalkulation der Preise also nicht stattfindet, wie dies § 2 Nr 3 VOB/B für Mengenänderungen beim Einheitspreisvertrag vorsieht, sofern die Leistungsabweichung nicht so erheblich ist, daß ein Festhalten an der Pauschalsumme nicht zumutbar ist, § 242; damit ist der Fall der Störung der Geschäftsgrundlage angesprochen (INGENSTEIN/KORBION/KELDUNGS § 2 Rn 292; **aA** VOGEL/VOGEL BauR 1997, 556). § 2 Nr 7 Abs 2 HS 1 VOB/B stellt klar, daß dies auch dann gilt, wenn für Teile der Leistung eine Pauschalsumme vereinbart ist.

Dem Pauschalpreisvertrag ist es immanent, daß die Parteien – Besteller oder Unternehmer – das preisliche Risiko von Mengenabweichungen übernehmen (vgl BGH BauR 1972, 118). Insofern wird man für eine beachtliche Störung der Geschäftsgrundlage zunächst zu fordern haben, daß eine nachhaltige Mengenabweichung vorliegt; wenn § 2 Nr 3 VOB/B insoweit eine Abweichung von mehr als 10% bei einer Einzelposition genügen läßt, kann das hier nicht gelten; es sind vielmehr *strengere Maßstäbe* anzulegen. Sodann kommt es darauf an, ob und inwieweit die Abweichung erkennbar war. Schließlich ist die Abweichung dann eher zu berücksichtigen, wenn sie dem Verantwortungsbereich der Gegenseite zuzurechnen ist, insbesondere die Fehlkalkulation auf deren Angaben beruht. Insoweit darf sich freilich eher der Besteller auf die Angaben des Unternehmers verlassen als umgekehrt. Allgemeingültige Grundsätze lassen sich freilich kaum aufstellen, es kommt vielmehr entscheidend auf die Umstände des Einzelfalls an (BGH NJW-RR 1996, 722; vgl auch o Rn 58).

b) *Änderungen der Planung, Einschränkungen* und *Erweiterungen der Leistung* 80 wirken sich auch beim Pauschalpreisvertrag aus; § 2 Nr 7 Abs 1 S 4 VOB/B stellt dies durch die Bezugnahme auf die Nrn 3–5 klar; auf die Erl o Rn 76 ff kann verwiesen werden. Für diese Tatbestände ist der Unternehmer darlegungs- und beweispflichtig, auch für die mögliche Vereinbarung, Teile der Leistung aus der Pauschale herauszunehmen (BGH NJW-RR 1995, 722).

7. Eigenmächtige Leistungen des Unternehmers

Daß der Unternehmer eigenmächtig den ihm erteilten Auftrag überschreitet oder 81 von ihm abweicht, ist nicht selten. Die VOB/B enthält hierzu in ihrer gegenwärtigen Fassung seit 1996 eine Regelung, die als durchaus sachgerecht bezeichnet werden kann. Sachgerecht ist es, wenn der Unternehmer *bei vertragswidrigen Leistungen* zur *Beseitigung* und zum *Schadensersatz* verpflichtet wird, § 2 Nr 8 Abs 1 S 2, 3 und folgerichtig auch *keine vertragliche Vergütung* erhält, § 2 Nr 8 Abs 1 S 1. Erhalten bleiben und nach vertraglichen Grundsätzen vergütet werden müssen dem Besteller *willkommene* oder für den Bau *notwendige Leistungen*; das sieht § 2 Nr 8 Abs 2 vor. Unberührt läßt § 2 Nr 8 in seiner jetzigen, ab 1996 geltenden Fassung die Bestimmungen über die Geschäftsführung ohne Auftrag (Abs 3) und damit auch jene über die ungerechtfertigte Bereicherung, soweit sie in § 684 S 1 in Bezug genommen sind.

Wenn die vormalige Fassung die letzteren Ansprüche ausschloß (vgl BGHZ 113, 115, 323; INGENSTAU/KORBION [13. Aufl] § 2 Rn 355; aA NICKLISCH/WEICK § 2 Rn 96), verstieß das gegen § 9 AGBG (= § 307), BGH aaO. Dieser Vorwurf trifft die jetzige Regelung nicht mehr.

Wenn § 2 Nr 8 Abs 2 der Sache nach Elemente der Geschäftsführung ohne Auftrag aufgreift, ist der Vergütungsanspruch des Unternehmers gleichwohl systematisch nicht aus den §§ 670, 677, 683 bzw 684 S 2 herzuleiten; dem steht schon die Existenz des § 2 Nr 8 Abs 3 entgegen. Der Sache nach handelt es sich vielmehr um eine ergänzende Auslegung des ursprünglichen Vertrages, die vernünftig ist.

a) **Lage nach der VOB/B**
aa) § 2 Nr 8 VOB/B betrifft zwei Fälle: 82

(1) Leistungen werden von dem Unternehmer erbracht, *ohne daß ein Auftrag vorliegt*. Dem steht das Fehlen eines wirksamen Auftrags gleich; er wurde zB von einem vollmachtlosen Vertreter des Bestellers erteilt oder von einem Vertreter unter Mißbrauch der Vertretungsmacht (vgl BGHZ 113, 315). Bei § 2 Nr 8 muß es sich aber

um Leistungen handeln, die *zusätzlich* zu einem wirksamen Auftrag erbracht wurden. Der Fall, daß der Unternehmer überhaupt ohne wirksamen Auftrag gehandelt hat, wird von § 2 Nr 8 VOB/B *nicht erfaßt*, sondern ist nach den *allgemeinen Regeln* zu behandeln, insbesondere den §§ 677 ff, 812 ff.

(2) Leistungen werden *anders als vertraglich* vorgesehen erbracht. Dabei dürfen die Abweichungen einerseits nicht nur geringfügig sein, andererseits ist zu beachten, daß sich der Unternehmer grundsätzlich an den ihm erteilten Auftrag zu halten hat. In diesem Fall sind die Leistungen, auch wenn sie als solche ordentlich sein mögen, schon wegen ihrer Abweichung von den vertraglichen Vereinbarungen als mangelhaft zu betrachten und lösen – zusätzlich zu denen nach § 2 Nr 8 Abs 1 VOB/B – die entsprechenden *Gewährleistungsrechte* des Bestellers aus (vgl NICKLISCH/WEICK § 2 Rn 94 f; INGENSTAU/KORBION/KELDUNGS § 2 Rn 314, STEIN ZfBR 1987, 181).

83 (3) Die genannten Leistungen werden *nicht (vertraglich) vergütet*, § 2 Nr 8 Abs 1 S 1 VOB/B; eine Vergütung nach den §§ 677 ff bleibt möglich.

84 bb) § 2 Nr 8 Abs 1 S 2 VOB/B verpflichtet den Unternehmer darüber hinaus, die *auftragswidrigen Leistungen zu beseitigen*.

(1) Die dogmatische Grundlage dieses Anspruchs des Bestellers ist nicht eindeutig zu bestimmen. Man kann in der vertragswidrigen Leistung des Unternehmers eine *Pflichtverletzung* sehen, die zur Naturalrestitution verpflichtet. Sofern die vertragswidrige Leistung einen Mangel darstellt, folgt der Beseitigungsanspruch aus § 634 Nr 1 bzw § 13 Nr 5 VOB/B. In anderen Fällen folgt der Anspruch aus *§ 1004*, da das Eigentum des Bestellers beeinträchtigt wird (vgl insoweit auch § 634 Rn 81 zum Beseitigungsanspruch im Falle des Rücktritts).

(2) Dem Besteller wird (nur) ein Anspruch auf Beseitigung gewährt. Er kann auf diese verzichten, ohne daß sich daraus schon ein Vergütungsanspruch des Unternehmers ergäbe (vgl INGENSTAU/KORBION/KELDUNGS § 2 Rn 318). Dessen Entstehen ist vielmehr von den besonderen Voraussetzungen des § 2 Nr 8 Abs 2, 3 VOB/B abhängig.

(3) Die Frage, ob der Unternehmer hinsichtlich der nicht geschuldeten Leistungen ein *Wegnahmerecht* hat, wird in der VOB/B nicht angesprochen. Man wird es ihm nach Treu und Glauben nicht verwehren können, auch wenn die vielfältigen Regelungen des BGB über Wegnahmerechte (vgl den Überblick bei STAUDINGER/SELB [1995] § 258 Rn 2) wohl nicht verallgemeinerungsfähig sind. Doch wird das Wegnahmerecht des Unternehmers hier auch schon durch den fehlenden Vergütungsanspruch nahegelegt (und besteht es auch nur dort, wo es diesen nicht gibt). Es ist dann § 258 zu beachten.

85 (4) Es ist dem Unternehmer eine *angemessene Frist zur Beseitigung* zu setzen. Die Setzung einer unangemessenen Frist ist nicht wirkungslos, sondern setzt den Lauf einer angemessenen Frist in Gang. Die eigene Ersatzvornahme des Bestellers braucht dem Unternehmer nicht angedroht zu werden (vgl INGENSTAU/KORBION/KELDUNGS § 2 Rn 300).

(5) Wird der Unternehmer innerhalb der gesetzten Frist nicht tätig, kann der Besteller die Beseitigung der vertragswidrigen Leistungen auf seine Kosten vornehmen (lassen). Dabei wird man ihm – ähnlich wie bei der Mängelbeseitigung – einen *Anspruch auf Kostenvorschuß* gewähren müssen (vgl INGENSTAU/KORBION/KELDUNGS § 2 Rn 321). Wegen der Einzelheiten der eigenen Beseitigung und des Kostenvorschusses kann auf die Erl zu § 633 Abs 3 verwiesen werden (vgl § 634 Rn 75 ff).

cc) Nach § 2 Nr 8 Abs 1 S 3 VOB/B ist der Unternehmer zum *Ersatz für weitere Schäden* des Bestellers verpflichtet. Der entsprechende Anspruch des Bestellers ist ein solcher aus positiver Forderungsverletzung und setzt damit Verschulden voraus. Wie in dem ähnlichen Fall des § 678 genügt freilich das bloße Übernahmeverschulden. **86**

dd) Die Ansprüche des Bestellers nach § 2 Nr 8 Abs 1 S 2, 3 VOB/B verjähren in entsprechender Anwendung des § 13 Nr 4, 5 VOB/B.

ee) *Ausnahmsweise* kann nach § 2 Nr 8 Abs 2 VOB/B eine *Vergütungspflicht* für eigenmächtige Leistungen des Unternehmers gegeben sein; seine *Verpflichtung zur Beseitigung und zum Schadensersatz entfällt insoweit.* **87**

(1) Dieser Fall ist zunächst gegeben, wenn der Besteller die Leistung des Unternehmers *„anerkennt"*, § 2 Nr 8 Abs 2 S 1 VOB/B.

(a) Das ist ergänzende Vertragsauslegung (o Rn 81). Sachliche Voraussetzung ist, daß der Besteller erkannt hat, daß die Leistung nicht oder nicht in dieser Form geschuldet war, und sie gleichwohl akzeptiert. Das muß ohne alle Einschränkungen geschehen, so daß eine Prüfung der Forderung noch nicht genügt (BGH NJW 2002, 895).

(b) Es handelt sich bei dem Anerkenntnis um eine *einseitige empfangsbedürftige Willenserklärung*, die mithin, soweit sie von Dritten für den Besteller abgegeben wird, von einer entsprechenden Vertretungsmacht getragen sein muß. Eine besondere Form braucht nicht eingehalten zu werden; vielmehr reichen uU auch konkludente Verhaltensweisen aus. Dafür genügt allerdings regelmäßig nicht schon die Teilnahme an einem gemeinsamen Aufmaß (vgl BGH NJW 1974, 646 = LM VOB/B Nr 68; INGENSTAU/KORBION/KELDUNGS § 2 Rn 335). Genügen wird die Begleichung von auf die Zusatzleistungen entfallenden Rechnungsanteilen, sofern die Zusatzleistungen als solche gekennzeichnet waren. Hatte der Besteller die vertraglich nicht geschuldeten Zusatzleistungen verlangt (nicht nur angeregt), so folgt die Vergütungspflicht schon aus § 2 Nr 6 VOB/B (vgl o Rn 71 ff).

(c) Der Zeitpunkt des Anerkenntnisses ist bedeutungslos. Es kann auch vor der Aufnahme der Arbeiten erklärt werden oder während ihrer Durchführung.

(d) Die *Darlegungs- und Beweislast* für das Anerkenntnis trifft den Unternehmer.

(2) Auch ohne eine entsprechende Erklärung des Bestellers kann die Leistung nach § 2 Nr 8 Abs 2 S 2 VOB/B vergütungspflichtig sein, wenn sie (1) *für die Erfüllung des Vertrages notwendig* war, (2) dem *mutmaßlichen Willen des Bestellers* entsprach und (3) diesem *unverzüglich angezeigt* wurde (vgl dazu aber u Rn 89). Damit **88**

werden Elemente der Geschäftsführung ohne Auftrag, §§ 681 S 1, 683 S 1, aufgegriffen, freilich in einschränkender Form, wenn § 683 S 1 es ausreichen läßt, daß die Tätigkeit dem Interesse des Geschäftsherrn entsprach, aber nicht ihre Notwendigkeit verlangt. Vgl zu § 307 o Rn 81 (u Rn 89).

(a) Die Notwendigkeit zur Erfüllung des Vertrages ist objektiv zu verstehen. Die Ziele des Vertrages dürfen sachgerecht nicht mit der an sich vorgesehenen Bauleistung zu erreichen sein, sondern statt dessen nur mit der von dem Unternehmer gewählten Abweichung. Dabei ist eine *strenge Betrachtungsweise* geboten (vgl INGENSTAU/KORBION/KELDUNGS § 2 Rn 341). Daß seine Maßnahmen sinnvoll waren, reicht jedenfalls nicht aus. Eine bessere Ausführung kann ausnahmsweise dann genügen, wenn die Relation zwischen Qualitätssteigerung und Mehrkosten eindeutig günstig ist.

(b) Der mutmaßliche Wille des Bestellers ist nur dann von Bedeutung, wenn sein *wirklicher Wille* nicht bekannt oder zu ermitteln ist, vgl auch § 683 S 1. Es gelten hier dieselben Grundsätze wie bei dieser Bestimmung, so daß es auf den wahren *subjektiven Willen des Bestellers* ankommt, wie er aus den Umständen erschlossen werden kann. Nur in den Fällen des § 679 ist er unbeachtlich.

89 (c) Mit der Pflicht, auf den wahren Willen des Bestellers Rücksicht zu nehmen, korrespondiert die Pflicht des Unternehmers zur *unverzüglichen Anzeige*, die Anspruchsvoraussetzung ist (vgl INGENSTAU/KORBION/KELDUNGS § 2 Rn 343); der Vergütungsanspruch entfällt bei ihrer Verletzung (vgl BGHZ 113, 315, 321 ff).

Unverzüglich bedeutet ohne schuldhaftes Zögern, § 121 (vgl BGH NJW-RR 1994, 1108). Die Anzeigepflicht beginnt mit der Fassung des Entschlusses zu der nicht geschuldeten Leistung (BGH NJW-RR 1994, 1108, 1109).

Von der Unterrichtung an hat der Unternehmer in entsprechender Anwendung des § 681 die Entschließung des Bestellers abzuwarten, sofern mit dem Aufschub nicht Gefahr verbunden ist (vgl OLG Stuttgart BauR 1977, 291; INGENSTAU/KORBION/KELDUNGS § 2 Rn 348).

(3) Die nach § 2 Nr 8 Abs 2 VOB/B geschuldete *Vergütung* ist im Falle von Leistungsänderungen nach § 2 Nr 5 VOB/B zu berechnen, im Falle von Mehrleistungen nach § 2 Nr 6 VOB/B.

90 ff) Liegen die eben dargestellten Voraussetzungen für eine Vergütung des Unternehmers nach § 2 Nr 8 Abs 2 nicht vor, können ihm immer noch Zahlungsansprüche aus den §§ 677 ff erwachsen: § 2 Nr 8 Abs 3.

Dabei sind Ansprüche aus den §§ 677, 683 S 1, 670 kaum denkbar, weil die Fälle des § 683 S 1 weithin schon von § 2 Nr 8 Abs 2 erfaßt werden. Die Fälle des § 684 S 2 werden überhaupt vollständig von § 2 Nr 8 Abs 2 erfaßt.

Praktisch bedeutsam bleibt deshalb ein Ausgleich der dem Besteller aufgedrängten Bereicherung nach den §§ 684 S 1, 812 ff.

b) Lage außerhalb des Anwendungsbereichs der VOB/B

Hier gelten die §§ 677 ff. Doch wird idR auch hier eine ergänzende Auslegung des **91** Vertrages möglich sein, die zu den Grundsätzen des § 2 Nr 8 Abs 1, 2 VOB/B führt, und die dann den Vorrang hat.

8. Zusätzliche Planungsarbeiten des Unternehmers

a) Weithin ist die Planung Sache des Bestellers, vgl auch § 633 Rn 62 ff, doch **92** können nach dem Vertrag oder der Verkehrssitte auch dem Unternehmer Planungsaufgaben obliegen. § 2 Nr 9 VOB/B stellt klar, daß Planungsleistungen, die der Unternehmer danach nicht schon schuldet, die er auf Verlangen des Bestellers aber liefern soll, einer *zusätzlichen Vergütungspflicht* unterliegen; *ganz allgemein* folgt das aus *§ 632 Abs 1*.

b) Die *Höhe dieser Zusatzvergütung* kann nicht pauschal an einschlägigen Gebührenordnungen, zB der HOAI, orientiert werden (vgl INGENSTAU/KORBION/KELDUNGS § 2 Rn 360), andererseits wäre es unangemessen, dem Unternehmer nur die reinen Selbstkosten zu erstatten (vgl auch NICKLISCH/WEICK § 2 Rn 115). Es dürften die allgemeinen Gebührenordnungen aber auch als Orientierungsmaßstab ausscheiden (aA INGENSTAU/KORBION; NICKLISCH/WEICK), da nicht ersichtlich ist, wie sie fortentwickelt werden sollten und da dies in aller Regel zu einer zu hohen Vergütung führen würde. Auszugehen sein wird deshalb von den *Selbstkosten des Unternehmers*, uU ausgerichtet an dem Zeitaufwand, *unter Berücksichtigung eines angemessenen Gewinnaufschlags*.

c) Klauseln in AGB des Bestellers, die dem Unternehmer zusätzliche Planungsleistungen unentgeltlich auferlegen, benachteiligen diesen unangemessen iSd § 9 AGBG (vgl INGENSTAU/KORBION/KELDUNGS § 2 Rn 351).

VIII. Kosten des Vertragsangebotes

Ein jetzt in § 632 Abs 3 angesprochenes Sonderproblem stellt die Vergütungspflich- **93** tigkeit von **Vorarbeiten** des Unternehmers dar, die den Vertragsschluß vorbereiten sollen und die etwa aus der Anfertigung von Zeichnungen, Kostenvoranschlägen, Leistungsbeschreibungen, Modellen, Massenberechnungen, Finanzierungsunterlagen, allgemeinen Untersuchungen (zB zur Art und Rentabilität notwendiger Reparaturen) bestehen können. Derartige Vorarbeiten können für den *Besteller einen eigenen Wert* besitzen; sie sind uU mit *erheblichen Kosten* für den Unternehmer verbunden; in dem der Entscheidung BGH NJW 1979, 2202 zugrunde liegenden Fall sollten sie einen Mitarbeiter des Unternehmers für vier Wochen gebunden und zur Einschaltung eines Drittunternehmers geführt haben, was dann in einer Forderung über DM 16 000 resultierte (bei einer vorgesehenen Vertragssumme von ca DM 500 000).

Soweit die Bestimmung von den Kosten eines Kostenanschlags spricht, ist das umfassend zu verstehen, vgl die eben genannten Beispiele kostenträchtiger Maßnahmen im Stadium vorvertraglicher Beziehungen.

Nicht unter § 632 Abs 3 fällt es, wenn der Unternehmer zunächst eine vergütungspflichtige Expertise anbietet (zB vor einer Reparatur mit zunächst ungewissen Maßnahmen und Erfolg) und der Besteller diese in Auftrag gibt.

1. Späterer Vertragsabschluß

Wenn der Werkvertrag späterhin zustandekommt, ist grundsätzlich davon auszugehen, daß die planerischen Vorarbeiten des Unternehmers durch die aus ihm geschuldete Vergütung mitabgegolten sein sollen (vgl BGB-RGRK/GLANZMANN Rn 7; Münch-Komm/SOERGEL Rn 4); der Besteller muß davon ausgehen, daß der Unternehmer entsprechend kalkuliert hat. Abweichendes kann natürlich verabredet werden, s eben.

2. Vergütungsvereinbarung

94 Wenn der Hauptauftrag späterhin nicht erteilt wird, kann die Vergütung der Vorarbeiten *ausdrücklich vereinbart* werden. Regelmäßig ist das freilich nicht der Fall, so daß sich die Frage stellt, ob sich das Verhalten der Beteiligten nach den §§ 133, 157 als stillschweigender Abschluß eines auf die Vorarbeiten beschränkten Werkvertrages darstellt. Dabei ist freilich insgesamt davon auszugehen, *daß das BGB eine Vergütungspflicht für Vertragsangebote nicht kennt*; diese werden vielmehr im Grundsatz auf eigenes Risiko gemacht. Das ist ein Grundsatz nicht speziell des Werkvertragsrechts, sondern von allgemeiner Bedeutung. Der Standort der Regelung ist eigentlich verfehlt, er rechtfertigt sich nur aus der besonderen praktischen Bedeutung der Frage beim Werkvertrag.

a) Danach ist ein gesonderter Werkvertrag über die Vorarbeiten des Unternehmers dann *zu verneinen*, wenn der Unternehmer sie *von sich aus* in der Hoffnung erbringt, den Besteller dadurch zur Auftragserteilung geneigt zu machen (vgl RG Warn 1915, 112; BGB-RGRK/GLANZMANN Rn 8; VYGEN, in: FS Korbion 439, 443). Der Unternehmer kann schon nicht davon ausgehen, daß sein Verhalten als ein entsprechendes Vertragsangebot gewertet wird. Entsprechend kommt entgegen VYGEN (aaO) ein Vertrag bei dieser Konstellation auch nicht dadurch nach § 151 zustande, daß der Besteller anderweitig von dem Angebot Gebrauch macht; dies mag Schadensersatz- oder Bereicherungsansprüche auslösen (dazu u Rn 98).

95 b) Insofern kommt mangels ausdrücklicher Vereinbarung eine Vergütungspflicht überhaupt nur dann in Betracht, wenn der Unternehmer sie *auf Anforderung des Bestellers* leistet. Es ließe sich dann in dieser Anforderung ein entsprechendes Vertragsangebot sehen.

aa) Es ist dies teilweise dann angenommen worden, wenn die Vorarbeiten des Unternehmers schon eigene Vorteile für den Besteller bieten und wenn sie vor allem so aufwendig seien, daß nicht erwartet werden könne, daß sie ohne Vergütung aus der bloßen Hoffnung auf Auftragserteilung heraus erbracht werden würden (vgl OLG Nürnberg NJW-RR 1993, 760, STURHAN BB 1974, 1552; HONIG DB 1975, 447; VYGEN aaO; HAHN BauR 1989, 670; MünchKomm/SOERGEL Rn 5; auch BGB-RGRK/GLANZMANN Rn 8).

96 bb) *Die hM ist dem zutreffend entgegengetreten* (vgl BGH NJW 1979, 2202; OLG Hamm BauR 1975, 418; OLG Koblenz MDR 1998, 343; OLG Köln NJW-RR 1998, 309; OLG Koblenz NJW-

RR 1998, 813; ERMAN/SEILER Rn 2; PALANDT/SPRAU Rn 5; EINFELD BB 1967, 147; vgl auch aus früherer Zeit RG HRR 1927 Nr 15) § 633 Abs 3 nF kodifiziert sie nur.

Es ist auch *nicht* ersichtlich, warum im Bereich des Werkvertrages eine *Abweichung von dem allgemeinen Grundsatz* erfolgen sollte, daß Aufwendungen zur Förderung eines Vertragsschlusses auf eigenes Risiko gehen. Es ist nicht zu begründen, warum das anders sein sollte, wenn die Aufwendungen gezielt für eine bestimmte Person gemacht werden oder wenn sie besonders kostenträchtig sind. Letzteres ist im übrigen zum einen auch nicht annähernd zuverlässig abzugrenzen (objektiver Aufwand, Prozentsatz der Auftragssumme?) und zum anderen für den Besteller – vor allem bei der allein zulässigen Sicht ex ante – gar nicht immer zu erkennen, so daß er uU einen Schadensersatzanspruch aus den §§ 280 Abs 1, 241 Abs 2, 311 Abs 2 wegen unterlassener Aufklärung über das Kostenrisiko entgegenhalten könnte. Selbst nachträglich kann es dem Besteller oft unklar bleiben, ob der Unternehmer nicht nur fertige Pläne aus der Schublade geholt und geringfügig überarbeitet hat. Auch der konkrete anderweitige Nutzen der Vorarbeiten für den Besteller steht keineswegs von vornherein fest; oft bleiben sie wertlos. So bleibt denn für den Unternehmer, worauf der BGH zutreffend hinweist, die *Möglichkeit, die Kostenfrage mit dem Besteller offen anzusprechen*. Wenn diese Möglichkeit nicht genutzt wird, zB weil Mitbewerber zu dem Kostenrisiko bereit sind, kann das nicht zu Lasten des Bestellers gehen.

3. Baubereich

Etwas anderes gilt auch nicht im Baubereich, obwohl gerade dort für die Vorarbeiten des Unternehmers ein beträchtlicher Aufwand notwendig sein kann. Entsprechend bestimmt *§ 20 Nr 2 Abs 1 S 1 VOB/A*, daß für die Bearbeitung des Angebots keine Entschädigung gewährt wird.

Allerdings sieht *§ 20 Nr 2 Abs 1 S 2* VOB/A vor, daß eine Entschädigung vom Auftraggeber festzusetzen ist, sofern er von dem Bewerber die Ausarbeitung von Entwürfen, Plänen, Zeichnungen, statischen Berechnungen oder anderen Unterlagen verlangt, wobei insbesondere auf § 9 Nr 10 bis 12 VOB/A Bezug genommen wird. Es geht hier also um Fälle, in denen der Unternehmer *Arbeiten durchführt, die eigentlich in den Aufgabenbereich des Bestellers fallen*, eine Form der Angebotseinholung, die insbesondere dann zweckmäßig ist, wenn der Besteller noch keine Klarheit darüber besitzt, wie die von ihm angestrebten Ziele überhaupt erreicht werden können, oder wenn mehrere Lösungsmöglichkeiten für die Probleme bestehen. Diese Entschädigung steht dann allen Bietern zu, die ein ordnungsgemäßes Angebot einreichen, § 20 Nr 2 Abs 2 S 3 VOB/A.

Wenn die *Festsetzung dieser Entschädigung* durch den Besteller *unterblieben ist*, wollen MünchKomm/SOERGEL Rn 7; INGENSTAU/KORBION/KRATZENBERG § 20 VOB/A Rn 23 grundsätzlich einen Entschädigungsanspruch des Unternehmers anerkennen, wenn die Voraussetzungen des § 20 Nr 2 Abs 1 S 2 VOB/A erfüllt sind, der Unternehmer also Planungsarbeiten erbracht hat, die eigentlich in den Aufgabenbereich des Bestellers fallen. Dem kann jedoch nicht zugestimmt werden. Die Anordnung einer entsprechenden Festsetzung durch diese Bestimmung würde wirkungslos, wenn auch ohne sie dieselbe Rechtsfolge einträte. Hinreichende Gründe, von der allgemeinen Rechtslage abzuweichen, sind auch hier nicht ersichtlich.

4. Angebot nicht zu Wettbewerbszwecken

BGH NJW 1979, 2202 nimmt Entgeltlichkeit der Vorarbeiten allerdings dann an, wenn das Angebot erkennbar nicht oder nicht ausschließlich zum Zweck des Wettbewerbs eingeholt wurde. Das ist zutreffend, da dann für den Unternehmer die Gegenleistung für seine Bemühungen entfällt, nämlich die Chance, den Auftrag zu erhalten. Es wird sich dies allerdings nur selten nachweisen lassen; die Beweislast liegt bei dem Unternehmer.

5. Bemessung der Vergütung

Ist nach allem ausnahmsweise eine Entschädigung geschuldet, bemißt sie sich mangels konkreter Vereinbarung nach § 632 Abs 2 (vgl INGENSTAU/KORBION/KRATZENBERG § 20 VOB/A Rn 24; zT aA VYGEN, in: FS Korbion 439, 447 f).

6. Andere Anspruchsgrundlagen

98 Damit sind andere Anspruchsgrundlagen für den Unternehmer nicht ausgeschlossen:

a) Das *vorvertragliche Vertrauensverhältnis* zwischen dem Besteller und dem Unternehmer verpflichtet ersteren, auf die Belange des letzteren Rücksicht zu nehmen. Es kommt deshalb ein Anspruch des Unternehmers aus den §§ 280 Abs 1, 241 Abs 2, 311 Abs 2 in Betracht, wenn der Besteller ihn zur Abgabe eines Angebots mit umfangreichen Vorarbeiten veranlaßt, obwohl er von vornherein *nicht willens oder in der Lage* ist, den Auftrag zu erteilen – er holt zB das Angebot nur ein, um die Kosten bestimmter Maßnahmen vor Gericht substantiiert vortragen zu können, oder er hatte den Auftrag schon anderweitig vergeben (vgl OLG Düsseldorf BauR 1991, 613), oder ihm muß von vornherein eindeutig klar sein, daß der Auftrag seine finanziellen Möglichkeiten übersteigen würde. Auch wenn die spätere Auftragserteilung mit *sonstigen Risikofaktoren* belastet ist, die sich nicht schon aus der Wettbewerbssituation ergeben, muß der Besteller das dem Unternehmer mitteilen. Bei dessen Schadensersatzanspruch wird freilich uU § 254 Abs 2 S 1, 1 Alt zu beachten sein.

Eine Pflichtwidrigkeit des Bestellers stellt es auch dar, wenn er das *Angebot* ohne Genehmigung *anderweitig verwendet*, doch wird dies regelmäßig keinen Schaden des Unternehmers zur Folge haben.

b) Verschiedentlich (vgl EINFELD BB 1967, 148; WERNER/PASTOR Rn 1111; MünchKomm/ SOERGEL Rn 8) wird § 812 als Anspruchsgrundlage für den Fall genannt, daß der Besteller die von dem Unternehmer gefertigten Unterlagen für sich verwertet. Angesichts der strikten Zweckgebundenheit dieser Unterlagen ist dies in der Tat rechtsgrundlos; es erfüllt aber nicht den Tatbestand der *Eingriffskondition*, wenn absolut geschützte Rechte des Unternehmers an seinem Angebot nur ausnahmsweise bestehen werden; die relative Zuordnung der Nutzungsbefugnis im Verhältnis der Parteien zueinander genügt nicht.

c) Schutz nach *Urheberrecht* werden die Vorarbeiten des Unternehmers nur ganz ausnahmsweise genießen.

7. Vorvertragliche Architektenleistungen

Bei Arbeiten eines Architekten stellt sich das Problem, daß Vorarbeiten, die bei **99** anderen Unternehmern noch eindeutig dem vorvertraglichen Bereich zugeordnet werden können, hier nicht nach sachlichen Kriterien von dem geschieden werden können, was auf Grund eines Architektenvertrages zu leisten ist.

a) Wenn der Architekt *von sich aus* derartige Leistungen in der Hoffnung erbringt, den Hauptauftrag zu erhalten, tut er das auf eigenes Risiko (vgl BGH NJW 1999, 3554; OLG Oldenburg NJW-RR 1987, 1166). Anders ist es, wenn er dies *auf Wunsch oder mit Einverständnis des Bestellers* tut, wobei letzteres auch konkludent erklärt werden kann. Hier ist nach § 632 Abs 1 eine Vergütungspflicht anzunehmen (vgl OLG Saarbrücken NJW-RR 1999, 1035; BGB-RGRK/Glanzmann Rn 10; MünchKomm/Soergel Rn 9), sofern bereits Leistungsphasen des § 15 HOAI erfüllt sind, es sei denn die Leistungen wären ganz unerheblich (BGH NJW 1987, 2742), oder sonst nach den Umständen ersichtlich nur im Zusammenhang mit der Bewerbung um einen Architektenauftrag erbracht. Das gilt auch dann, wenn die Leistungen nur im Rahmen einer Abklärung der Finanzierungsmöglichkeit erbracht werden oder einer Wirtschaftlichkeitsberechnung.

b) Allerdings hat – auch hier – eine *konkrete Vereinbarung der Unentgeltlichkeit* durch die Parteien den *Vorrang* (vgl BGB-RGRK/Glanzmann Rn 11; MünchKomm/Soergel Rn 10); dies wird auch nicht durch § 4 HOAI ausgeschlossen (vgl BGH JZ 1985, 639), da Unentgeltlichkeit nicht mit einer Unterschreitung der Mindestsätze der HOAI gleichzusetzen ist. Wenn sich ein Architekt in der Hoffnung auf den Hauptauftrag auf die Zusage unentgeltlicher Arbeiten einläßt, muß er sich daran festhalten lassen, solange er dem Besteller nicht unmißverständlich erklärt, daß er nicht weiterhin unentgeltlich arbeiten will (BGH RSprBau Z 3.00, 144). Zur Beweislast bei einer vor dem Besteller behaupteten Abrede der Unentgeltlichkeit vgl u Rn 119.

c) Dabei muß die *angebliche Abrede der Unentgeltlichkeit* eindeutig sein (OLG **100** Koblenz NJW-RR 1996, 1045; OLG Düsseldorf NJW-RR 1995, 276; 1998, 1317). Sie liegt zB vor, wenn der Architekt einstweilen „auf eigenes Risiko" arbeiten soll, vgl BGH JZ 1985, 639, oder wenn die Vergütungspflicht unter eine aufschiebende Bedingung gestellt wird, die späterhin ausfällt, so zB den Erwerb eines Grundstücks (vgl OLG Hamm BauR 1987, 582). Bedingtheit des Honoraranspruchs des Architekten ist auch dann anzunehmen, wenn ihm bekannt ist, daß das Honorar nur aus von ihm zu beschaffenden Finanzierungsmitteln gezahlt werden kann (vgl BGB-RGRK/Glanzmann Rn 11).

Die Zusage „unverbindlicher" oder „freibleibender" Vorarbeiten ist nicht eindeutig. Es kann damit ein bloßer Vorbehalt für den Bauherrn gemeint sein, späterhin überhaupt nicht oder nicht mit diesem Architekten zu bauen; dann sind die Vorarbeiten des Architekten honorarpflichtig (vgl OLG Düsseldorf NJW-RR 1992, 1174; BGB-RGRK/Glanzmann Rn 12; MünchKomm/Soergel Rn 9). Es kann aber auch die Vereinbarung der Unentgeltlichkeit gemeint sein, was insbesondere dann anzunehmen ist, wenn der Architekt von sich aus eine entsprechende Auftragserteilung anregt, die dem Bauinteressenten die Orientierung ermöglichen soll, BGH RSprBau Z 3.01, 380. Im Zweifel ist das letztere anzunehmen (aA Locher/Koeble/Frik, HOAI Einl Rn 4 S 163).

IX. Bedeutung einer Rechnung*

1. Allgemeines

101 Über die meisten Werkleistungen pflegt eine Rechnung erteilt zu werden. Ihre Bedeutung kann man verschieden sehen. Wenn und soweit man ein Leistungsbestimmungsrecht des Unternehmers hinsichtlich seines Zahlungsanspruchs annimmt, vgl o Rn 39, kommt ihr *konstitutiver Charakter* zu, so daß sie das von dem Besteller geschuldete Entgelt verbindlich festlegt. Die Verbindlichkeit für den Besteller steht unter dem Vorbehalt des § 315, die Rechnung muß also billigem Ermessen entsprechen. Für den Unternehmer selbst ist sie dann als (einseitige und empfangsbedürftige) Willenserklärung verbindlich; es müssen also grundsätzlich die Voraussetzungen einer Anfechtung gegeben sein, wenn er sich wieder von ihr lösen will. Wenn man ein Leistungsbestimmungsrecht des Unternehmers leugnet, und jedenfalls in allen Fällen, in denen das dem Hersteller geschuldete Entgelt schon endgültig bestimmt oder bestimmbar festgelegt ist, kommt ihr ein bloß *deklaratorischer Charakter* zu: Sie verschafft dem Besteller Aufschluß über die Forderung des Unternehmers, erleichtert letzterem ihre Substantiierung im Prozeß und dient beiden Parteien als Beleg für die Buchhaltung.

Zur Bedeutung einer Rechnung für die Fälligkeit der Werklohnforderung vgl § 641 Rn 25 ff.

Zu den inhaltlichen Anforderungen an eine Rechnung vgl § 641 Rn 28 ff.

Zum Anspruch auf Erteilung einer Rechnung vgl § 641 Rn 25.

2. Bindungswirkung der Rechnung

102 Es will wenig befriedigend erscheinen, wenn der Unternehmer, der seine Forderung abschließend berechnet hat, nachträglich noch weitere Forderungen stellen kann; Abschlagsrechnungen binden natürlich nicht (BGH NJW 1996, 145). Im *Architektenrecht* hatte die – jetzt aufgegebene (vgl u Rn 104) – höchstrichterliche Rechtsprechung deshalb den Grundsatz entwickelt, daß der Architekt an seine einmal erteilte Schlußrechnung gebunden sei; er könne nur aus wichtigem Grunde von ihr abgehen (vgl BGHZ 62, 208, 211; BGH NJW 1978, 319; BGHZ 101, 357, 366 = NJW 1988, 55; BGHZ 102, 392, 395 = NJW 1988, 910; BGH NJW-RR 1990, 725, 726 = LM HOAI Nr 18). Bei *anderen freien Berufen* sind Grundsätze dieser Art – und Schärfe – nicht entwickelt worden. Es stellen sich drei grundsätzliche Probleme: zunächst sind die dogmatischen Grundlagen einer Bindungswirkung zu klären, sodann sind daraus die maßgeblichen Kriterien herzuleiten sowie der persönliche Anwendungsbereich einer Bindungswirkung.

---

* **Schrifttum**: JUNKER, Die Bindung an eine fehlerhafte Rechnung, ZIP 1982, 1158; ULRICH LOCHER, Die Rechnung im Werkvertragsrecht (1990); PETERS, Die Handwerkerrechnung und ihre Begleichung, NJW 1977, 552; ROTHER, Die Bedeutung der Rechnung für das Schuldverhältnis, AcP 1964 (1964) 97; WEYER, Die Bindung des Architekten an seine Honorarschlußrechnung; Theorie und Praxis, in: FS Vygen (1999) 78.

a) Fiktiv wäre die Herleitung aus dem *Verzicht* des Unternehmers (vgl JUNKER ZIP 1982, 1160).

b) Vor allem Teile der Literatur argumentieren mit *rechtsgeschäftlichen Elementen*, sei es, daß man in der Rechnung eine konstitutive Willenserklärung erblickt (so ROTHER AcP 164 [1964] 97, 111) oder doch wenigstens eine rechtsgeschäftsähnliche Handlung (so JUNKER ZIP 1982, 1158, 1165) oder eine einseitige Leistungsbestimmung nach den §§ 315, 316 (vgl PETERS NJW 1977, 522) oder daß man nur allgemein den Rechtsgedanken der §§ 315, 316 heranzieht, vgl zB OLG Hamburg MDR 1968, 667 (ausdrücklich ablehnend zu diesem Ansatz BGH NJW 1993, 659, 660).

Wer einem Ansatz dieser Art folgt, muß für die Beseitigung der Bindungswirkung fordern, aber auch genügen lassen, daß die *Voraussetzungen einer Anfechtung wegen Irrtums* gegeben sind. Dabei wäre dann als Motivirrtum unbeachtlich ein Irrtum über die Üblichkeit der in Rechnung gestellten Beträge, beachtlich dagegen zB ein Aufmaßfehler; Rechenfehler wären als Kalkulationsirrtum zu würdigen (dazu o Rn 27 ff, vgl insgesamt näher JUNKER ZIP 1982, 1158, 1160, 1164 f; U LOCHER 75 ff).

Diese Lösung ergibt relativ klare Kriterien. Sie ist wegen der knappen Anfechtungsfrist des § 121 für den Unternehmer eher streng. Das Verhalten des Bestellers wird ausgeblendet. Etwaige Vertrauensdispositionen des Bestellers werden nach § 122 geschützt. Zweifelhaft bleibt es freilich, ob dies alles auch auf rein deklaratorische Rechnungen angewendet werden kann bzw wie die genaue Grenzlinie zwischen deklaratorischen und konstitutiven Rechnungen zu ziehen ist.

c) Die jetzige höchstrichterliche Rechtsprechung leitet die Bindungswirkung der Rechnung aus *§ 242* her (vgl BGH NJW 1993, 659, 660; 661). Die genaue Verankerung bleibt freilich etwas undeutlich. BGH NJW 1993, 659, 660 spricht zunächst von einem *Verbot widersprüchlichen Verhaltens*, was darauf hindeuten könnte, daß allein das Tun des Rechnungsstellers relevant sein soll, fordert dann aber gleichzeitig eine *umfassende Interessenabwägung beider Parteien*, was dann im Sinne einer *Verwirkung* gedeutet werden könnte. Letzteres dürfte vorzuziehen sein (vgl auch BGH NJW 1997, 2329).

Danach kommt es zunächst darauf an, ob der *Besteller* auf die Rechnung *vertrauen* durfte. Rechen- und Aufmaßfehler dürften das regelmäßig ausschließen, sofern sie erkennbar sind. Bei fehlenden Positionen kommt es darauf an, ob der Unternehmer mutmaßlich auf sie verzichten wollte; das kann bei Nebensächlichkeiten der Fall sein, schwerlich aber bei Gewichtigem. Zu niedrige Ansätze, die zB unter dem Üblichen liegen, verdienen durchaus Vertrauen, selbst die Unterschreitung der Mindestsätze der HOAI schließt ein Vertrauen nicht aus (vgl BGH NJW 1993, 661).

Weiter kommt es darauf an, ob der *Besteller* auf die Richtigkeit der Rechnung *tatsächlich vertraut hat*, so daß die Nachforderung unzumutbar ist (vgl BGH NJW 1993, 659, 660; OLG Düsseldorf NJW-RR 1996, 1421). Das soll nicht der Fall sein, wenn er die Rechnung als nicht prüfungsfähig beanstandet (BGH aaO; NJW-RR 1998, 952). Indessen kann er doch auch dann immer noch davon ausgegangen sein, daß sie das Maximum des zu Berechnenden enthielt. Man wird den Besteller schwerlich dahin drängen dürfen, die Rechnung „vorsichtshalber" nicht zu beanstanden. Außerdem aber hat man konkrete

Vermögensdispositionen des Bestellers zu fordern (OLG Düsseldorf NJW-RR 1998, 454), und daran wird es regelmäßig fehlen.

104 d)   Die eben genannte Rechtsprechung bezieht sich auf Architekten. Bei – freilich dienstvertraglich tätigen – Rechtsanwälten hat BGH NJW 1987, 3203 Nachforderungen grundsätzlich zugelassen. Für generelle Schranken der Nachforderungsmöglichkeiten im Werkvertragsrecht vgl OLG Hamburg MDR 1968, 667; OLG München WM 1984, 541; U LOCHER 90. Dem ist grundsätzlich zuzustimmen. Vertrauensbildenden Charakter kann letztlich *jede werkvertragliche Rechnung* haben.

Dagegen nimmt die Rechtsprechung für den *Bereich des VOB-Vertrages* an, daß hier *Nachforderungen uneingeschränkt zulässig* seien (vgl BGHZ 102, 392 = NJW 1988, 910). Sie folgert dies aus der Regelung des § 16 Nr 3 Abs 2 VOB/B (1973), daß Nachforderungen durch die vorbehaltlose Annahme der Schlußzahlung ausgeschlossen seien, die Rechnungserteilung selbst könne also noch nicht zu einem Anspruchsausschluß führen. Die jetzige Neufassung des § 16 Nr 3 Abs 2 VOB/B, die den Anspruchsausschluß an einschränkende Voraussetzungen knüpft, kann daran nichts geändert haben. Dieser Rechtsprechung kann jedoch nur teilweise gefolgt werden, § 16 Nr 3 Abs 2 VOB/B setzt nur die grundsätzliche Zulässigkeit von Nachforderungen gegenüber der Schlußrechnung voraus, sagt aber nichts Näheres zu den Einzelheiten. Es ist nicht einzusehen, warum nicht auch und gerade der „Schlußrechnung" ein vertrauensbildender Charakter zukommen soll. Gänzlich freie Nachforderungsmöglichkeiten wird man dem Unternehmer nur zubilligen können, solange der Besteller sich noch in der Prüfung der Schlußrechnung befindet. Ist diese dagegen – vielleicht uneingeschränkt – beglichen, werden *weitere Forderungen* des Unternehmers *verwirkt* sein können.

Für den Bauvertrag nach BGB ist eine Bindungswirkung der Schlußrechnung nach Maßgabe der o Rn 102 ff zum Architektenvertrag entwickelten Grundsätze anzunehmen, vgl OLG Frankfurt NJW-RR 1993, 340 (aus der Zeit vor der „Wende" im Architektenrecht).

105 e)   Die eben skizzierten Grundsätze über die Bindung an die erteilte Rechnung können individualvertraglich modifiziert werden.

AGB des Bestellers, daß Nachforderungen vollends ausgeschlossen sein sollen, auf sie gar verzichtet werde, können schon unvereinbar sein mit § 308 Nr 5. Sie verstoßen aber auch gegen § 9 (Abs 2 Nr 1) AGBG bzw heute § 307 Abs 2 Nr 1 (vgl BGHZ 107, 205), sind also auch einem Kaufmann gegenüber nicht wirksam. Diese zu einem VOB-Vertrag ergangene Entscheidung ist ohne weiteres verallgemeinerungsfähig.

Umgekehrt kann sich aber auch der *Unternehmer in seinen AGB* nicht die freie Nachforderungsmöglichkeit gegenüber seiner Rechnung vorbehalten. Die Grundsätze über die Verwirkung sind auch insoweit nicht disponibel, § 307 Abs 2 Nr 1.

3. Bindung des Bestellers an die Rechnung

106 Die *zu Lasten des Bestellers fehlerhafte Rechnung* vermag eine Bindungswirkung grundsätzlich nicht zu entfalten. Bindungswirkung kann ihr in dieser Richtung nur dann zukommen, wenn sie auf den §§ 315, 316 beruht und der Billigkeit entspricht, was der Unternehmer darzutun hat (vgl BGHZ 41, 271, 279).

Zu Rückforderungsansprüchen des Bestellers bei Überzahlung vgl § 641 Rn 105.

X. Preisrechtliche Bestimmungen

Die Freiheit der Preisvereinbarung wird in einigen Bereichen eingeschränkt durch **107** gesetzliche Vorschriften, die ein angemessenes Preisniveau sicherstellen sollen. Es geht hier einmal um die *Gebührenordnungen für die freien Berufe*, sodann um das Preisrecht für *öffentliche Aufträge*.

1. Gebührenordnungen für freie Berufe*

a) Architekten und Ingenieure

Die Vergütung der Leistungen der Architekten und Ingenieure ist heute in der **108** *Verordnung über die Honorare für Leistungen der Architekten und Ingenieure vom 17. 9. 1976* (BGBl 2805) *(HOAI)*, in der Fassung der Bekanntmachung vom 4. 5. 1991 (BGBl I 533) näher geregelt, die ihrerseits auf den §§ 1 und 2 des Gesetzes zur Regelung von Ingenieur- und Architektenleistungen vom 4. 11. 1971 (BGBl I 1745, 1749) in der letzten Fassung vom 12. 11. 1984 (BGBl I 1337) beruht. Die HOAI sieht **Mindest- und Höchsthonorare** für die Leistungen vor, die sich im einzelnen nach den *anrechenbaren Kosten* des Objekts richten, § 10 HOAI, sowie nach der Honorarzone, der das Objekt angehört. Die *Honorarzonen*, §§ 11 ff HOAI, sind dabei nach dem Schwierigkeitsgrad der zu lösenden Aufgaben gestaffelt; es werden insgesamt 5 Zonen unterschieden. Insoweit sind die zu fordernden Gebühren durch *lineare Interpolation*, § 5a HOAI, aus den Honorartafeln der §§ 16 f HOAI zu ermitteln. Dabei gehen diese Honorartafeln davon aus, daß die vollen Architektenleistungen für das betreffende Objekt erbracht werden. Insoweit wirft § 15 HOAI Vomhundertsätze für einzelne Teilleistungen aus und beschreibt näher, welche Tätigkeiten im einzelnen zu den jeweiligen Leistungsphasen gehören; es darf ggf nur ein entsprechender Vomhundertsatz des Honorars gefordert werden, § 5 HOAI. Damit ist für den *Regelfall* eine *objektbezogene Honorarberechnung* vorgesehen; in Sonderfällen kann aber auch ein

---

* **Schrifttum**: DÖRR, HOAI und EG-Vertrag, BauR 1997, 390; HESSE/KORBION/MANTSCHEFF/VYGEN, HOAI (5. Aufl 1996); JOCHEM, HOAI-Kommentar, Architektenleistungen (4. Aufl 1998); ders, Architektenleistung als unentgeltliche Akquisition, in: FS Vygen (1999) 10; KIRBERGER, Zur Vereinbarung des Architektenhonorars bei Auftragserteilung, Leipziger Baurechtstage (1990) 184; KNACKE, Aufklärungspflicht des Architekten über die Vergütungspflicht und das Honorar seiner Leistungen, BauR 1990, 395; KNIFFKA, Kürzung des Architektenhonorars wegen fehlender Kostenkontrolle, BauR 1996, 773; KONRAD, Zur Unterschreitung der Mindestsätze (§ 4 Abs 2 HOAI), BauR 1989, 653; KROPPEN, Die außergewöhnliche Leistung des Architekten und deren Honorierung, in: FS Korbion (1986) 227; LENZEN, Fragen zum Architektenpauschalvertrag, BauR 1991, 692; LOCHER/KOEBLE/FRIK, HOAI (7. Aufl 1996); MEYKE, Honorarvereinbarung des Architekten unter den Mindestsätzen der HOAI, BauR 1987, 513; MOTZKE, Honorarbestimmungsrecht des Architekten, BauR 1982, 318; POTT/DAHLHOFF/KNIFFKA, HOAI (7. Aufl 1996); SANGENSTEDT, Zur Abänderbarkeit von Honorarvereinbarungen nach der HOAI, BauR 1991, 292. Vgl auch die Angaben Vorbem 112 zu § 631.

Zeithonorar vereinbart werden, für das dann § 6 HOAI mit seinen Stundensätzen gilt.

Erbringt der umfassend beauftragte Architekt bestimmte Teilleistungen nicht, führt das nicht schon für sich zu einer Honorarkürzung, sofern das Ergebnis seiner Tätigkeit insgesamt beanstandungsfrei ist. Freilich können daraus Mängel mit den entsprechenden Folgen resultieren (OLG Hamm BauR 1998, 1096; KNIFFKA, in: FS Vygen [1999] 20; aA LOCHER/KOEBLE/FRIK § 5 Rn 12 ff).

Die vorstehenden Ausführungen beziehen sich auf Leistungen bei *Gebäuden*, Freianlagen und raumbildenden Ausbauten, Teil II der HOAI, §§ 10 ff. In anderen Bereichen sind die Bestimmungen der Teile III–XIII, §§ 28–100 HOAI, zu beachten.

Wegen der sog anrechenbaren Kosten des § 10 HOAI hat der Architekt einen Auskunftsanspruch gegen den Auftraggeber (OLG Düsseldorf BauR 1997, 510; BAUMGÄRTEL, in: FS Heiermann [1995] 2). Bei Auskunftsverweigerung des Auftraggebers kann uU geschätzt werden (BGH NJW 1995, 399, 401).

In allen Bereichen kann der Architekt nach § 7 HOAI die Erstattung von *Nebenkosten* verlangen, sofern dies nicht bei Auftragserteilung ausgeschlossen wurde, sowie nach § 9 HOAI den Ersatz der *Umsatzsteuer*; die Honorare verstehen sich also – jedenfalls heute; § 9 HOAI ist zum 1. 1. 1985 geändert worden – als Nettohonorare.

Wegen der *Fälligkeit* des Honoraranspruchs sei auf § 8 HOAI hingewiesen. Danach ist hierfür außer der vertragsgemäßen Erbringung der Leistung die Erteilung einer *prüfungsfähigen Honorarschlußrechnung* erforderlich, doch können nach § 8 Abs 2 HOAI auch Abschlagszahlungen verlangt werden.

109 Von besonderer Bedeutung ist § 4 HOAI.

> Vereinbarung des Honorars
>
> (1) Das Honorar richtet sich nach der schriftlichen Vereinbarung, die die Vertragsparteien bei Auftragserteilung im Rahmen der durch die Verordnung festgesetzten Mindest- und Höchstsätze treffen.
>
> (2) Die in dieser Verordnung festgesetzten Mindestsätze können durch schriftliche Vereinbarung in Ausnahmefällen unterschritten werden.
>
> (3) Die in dieser Verordnung festgesetzten Höchstsätze dürfen nur bei außergewöhnlichen oder ungewöhnlich lange dauernden Leistungen durch schriftliche Vereinbarung überschritten werden. Dabei haben Umstände, soweit sie bereits für die Einordnung in Honorarzonen oder Schwierigkeitsstufen, für die Vereinbarung von Besonderen Leistungen oder für die Einordnung in den Rahmen der Mindest- und Höchstsätze mitbestimmend gewesen sind, außer Betracht zu bleiben.
>
> (4) Sofern nicht bei Auftragserteilung etwas anderes schriftlich vereinbart worden ist, gelten die jeweiligen Mindestsätze als vereinbart.

Titel 9 · Werkvertrag und ähnliche Verträge §632
Untertitel 1 · Werkvertrag 110–112

Die Bestimmung *schränkt die Möglichkeit von Honorarvereinbarungen* ein.

aa) Dabei ist freilich zunächst der Anwendungsbereich der HOAI zu beachten, vgl   **110**
deren § 1.

(1) Die HOAI gilt jedenfalls für *Architekten*, die zur Führung dieses Titels berechtigt sind, mögen sie nun freiberuflich tätig sein, angestellt (vgl OLG Düsseldorf NJW 1982, 1541) oder beamtet (LOCHER/KOEBLE/FRIK § 1 HOAI Rn 9, **aA** OLG Oldenburg BauR 1984, 541).

Hier gilt die HOAI, soweit Leistungen erbracht werden, die in den Anwendungsbereich der HOAI fallen, vgl §§ 2, 15 HOAI. Das ist zB bei der isolierten Bauvoranfrage nicht der Fall (vgl BGH NJW 1997, 3017), auch nicht bei der Projektentwicklung (BGH NJW 1998, 1228). Soweit *andere Leistungen* – ggf zusätzlich – erbracht werden, ist eine freie Honorarvereinbarung dagegen möglich bzw richtet sich die Vergütung ggf nach § 632 Abs 2. Das gilt zB für die Beschaffung von Finanzierungsmitteln, die Mithilfe bei der Vermietung des Objekts, die Projektsteuerung nach § 31 HOAI (vgl dazu BGH NJW 1997, 1694).

Die HOAI setzt weiterhin voraus, daß ein Architektenvertrag als Werkvertrag abgeschlossen wird (**aA** BGH NJW-RR 2000, 1333). So gilt sie insbes nicht, wenn Architektenleistungen im Rahmen eines Gesellschaftsvertrages erbracht werden (vgl OLG Hamm BauR 1987, 467) oder wenn ein Werkvertrag deshalb ausscheidet, weil *Unentgeltlichkeit der Leistungen* vereinbart ist (vgl LOCHER/KOEBLE/FRIK HOAI § 4 Rn 1). Die Vereinbarung der Unentgeltlichkeit unterbindet § 4 HOAI ebensowenig wie die Vereinbarung einer Bedingung für die Honorarforderung des Architekten. Auch der angestellte Architekt kann gegenüber seinem Arbeitgeber nicht nach der HOAI abrechnen.

Die Teilnahme von Architekten an Ideen- oder Planungswettbewerben verbleibt im   **111**
akquisitorischen Bereich (HARTMANN BauR 1996, 623). Unbedenklich deshalb, wenn Unkostenvergütungen zugesagt werden, die unter den Sätzen der HOAI bleiben (vgl im Ergebnis auch VGH Kassel NJW-RR 1995, 1299; **aA** BGH BauR 1997, 490, 492).

(2) Soweit Architektenleistungen von Nichtarchitekten erbracht werden, mögen dies natürliche oder juristische Personen sein, ist die Anwendbarkeit der HOAI (mit BGH NJW 1997, 2329) zu bejahen, freilich mit der dortigen Einschränkung, daß sie nicht nur Teil von Bauleistungen sind. Das entspricht dem Gesetzeszweck, den Preiswettbewerb zugunsten eines Leistungswettbewerbs zurückzudrängen.

bb) Ausgangspunkt für den Honoraranspruch des Architekten ist § 4 Abs 4 HOAI. Die Mindestsätze der HOAI „gelten" – eine Fiktion – als vereinbart, wenn keine oder nur eine unwirksame Honorarvereinbarung getroffen worden ist.

cc) Wollen die Parteien eine von § 4 Abs 4 HOAI abweichende Vergütung verein-   **112**
baren, so muß dies *schriftlich* geschehen, § 4 Abs 1 HOAI, was nichts daran ändert, daß der Architektenvertrag im übrigen formfrei abgeschlossen werden kann. Es ist also insoweit § 126 zu beachten (BGH NJW-RR 1989, 786). Insbesondere genügen nicht unterschiedliche Schriftstücke, vgl § 126 Abs 2 S 2 (vgl BGH NJW-RR 1994, 280; OLG Düsseldorf NJW-RR 1995, 340). Ein Verstoß gegen diese Bestimmung führt nach § 125

zur Nichtigkeit der Honorarvereinbarung, nicht aber gleichzeitig auch nach § 139 zur Nichtigkeit des gesamten Vertrages; dieser bleibt vielmehr aufrechterhalten und die Vergütung richtet sich nach § 4 Abs 4 HOAI.

dd) § 4 Abs 1 sieht als *zulässigen Zeitpunkt* für eine Honorarvereinbarung den der Auftragserteilung vor. Es reicht also nicht eine Honorarvereinbarung im Rahmen eines Vor- oder Rahmenvertrages (vgl GROSS BauR 1980, 9 ff; KOEBLE BauR 1987, 375). Eine *nachträgliche Honorarvereinbarung* reicht angesichts des klaren Gesetzeswortlauts auch dann *nicht* aus, wenn sie in engem zeitlichen Zusammenhang mit dem Vertragsschluß erfolgt (vgl GROSS aaO; **aA** WERNER/PASTOR Rn 749). Allerdings ist § 154 Abs 2 zu beachten: Wegen der zentralen Bedeutung der Vergütungsfrage wollen sich die Beteiligten im Zweifel insgesamt erst dann binden, wenn eine beabsichtigte schriftliche Fixierung des Honorars auch erfolgt. Diese Zweifel sind grundsätzlich mit nachhaltiger Arbeitsaufnahme widerlegt (vgl OLG Düsseldorf BauR 1996, 893; **aA** OLG Hamm NJW-RR 1995, 274; OLG Köln NJW-RR 1997, 405).

Nachträgliche Honorarvereinbarungen sind jedenfalls dann wirksam, wenn sie *nach Beendigung der Architektentätigkeit* getroffen werden (vgl BGH NJW-RR 1986, 18; 1987, 13; 1987, 1374; WEYER, in: FS Korbion 481, 490). Insoweit steht die HOAI insbesondere nicht einem Verzicht auf die Honorarforderung oder einem Vergleich über sie entgegen (vgl BGH NJW-RR 1987, 13; 1996, 728; OLG Düsseldorf BauR 1997, 880; NJW-RR 1998, 1099). Nachträgliche Honorarvereinbarungen vor diesem Zeitpunkt hält der BGH dagegen selbst dann für unwirksam, wenn eine Honorarvereinbarung späterhin aufgehoben wurde (vgl BauR 1988, 364).

Die Übernahme eines Architektenvertrages löst das Schriftformerfordernis nicht erneut aus (BGH NJW 2000, 1114).

Nach Beendigung des Architektenvertrages sind Honorarvereinbarungen auch formlos möglich (BGH BauR 1988, 364).

Eine nachträgliche schriftliche Honorarvereinbarung ist jedenfalls dann möglich, wenn *sich das Leistungsziel ändert* (BGH BauR 1988, 364), sei es, daß es Zusatz- oder Änderungswünsche des Auftraggebers gibt oder unvorhergesehene Schwierigkeiten auftreten, zB behördliche Auflagen.

113 ee) Im Rahmen der Sätze der HOAI räumt § 4 Abs 1 HOAI den Parteien einen freien Gestaltungsspielraum ein. Diesen können sie zB nutzen durch die Vereinbarung eines Pauschalhonorars, oder durch eine sonstige Abweichung von den Abrechnungsgrundsätzen der §§ 10, 11, 12, 15, 16 HOAI. Entscheidend ist nur, daß insgesamt die Mindest- und Höchstsätze der HOAI nicht überschritten werden (vgl LOCHER/KOEBLE/FRIK § 4 Rn 11, 13 f.).

ff) Die HOAI hat *Höchstpreischarakter*. Abweichungen nach oben sind nach einer Reihe von Ausnahmebestimmungen zulässig, vgl insoweit die Zusammenstellung bei LOCHER/KOEBLE/FRIK § 4 Rn 68: Abweichungen sind im übrigen *nur unter den Voraussetzungen des § 4 Abs 3 HOAI* möglich. Wenn diese nicht gegeben sind, wird man die Vereinbarungen der Parteien dahin deuten müssen und können, daß nicht gemäß § 4 HOAI deren Mindestsätze, sondern deren *Höchstsätze* gelten sollen (vgl Gross BauR 1980, 9, 19; Hesse/Korbion/Mantscheff/Vygen § 4 Rn 115; aA Weyer BauR 1982, 316). Wenn der Auftraggeber unter Verstoß gegen § 4 Abs 3 HOAI bewußt mehr als die Höchstsätze der HOAI gezahlt hat, wird man auf seinen Rückforderungsanspruch § 817 S 2 anzuwenden haben (vgl Locher/Koeble/Frik § 4 Rn 71; aA Hesse/Korbion/Mantscheff/Vygen § 4 Rn 117).

Die Sätze der HOAI sind bezogen auf Grundleistungen, wie sie in § 15 HOAI beschrieben sind. Hinzutreten können sog Besondere Leistungen, wie sie zT ebenfalls in § 15 HOAI dargestellt sind. Sie sind mit ihren Sätzen ebenfalls abgegolten. Haben sie einen nicht unerheblichen Arbeits- und Zeitaufwand zur Folge oder eine wesentliche Kostensenkung, läßt § 5 Abs 4, 4 a HOAI an Schriftform gebundene Honorarvereinbarungen zu, die im Falle des Abs 4 a „zuvor" getroffen sein müssen.

gg) Die Möglichkeit, von den Sätzen der HOAI nach unten abzuweichen, hatte § 4 **114** Abs 2 HOAI aF nur für Ausnahmefälle zugelassen. BVerfG NJW 1982, 373 hatte dies für verfassungswidrig erklärt, da diese Einschränkung von der Ermächtigungsgrundlage für die HOAI in Art 10 §§ 1, 2 MRVerbG nicht gedeckt sei, so daß zunächst generell nach unten abgewichen werden konnte. Dann hat der Gesetzgeber die Ermächtigungsgrundlage durch G v 12. 11. 1984 (BGBl I 1337) entsprechend korrigiert und dann das „in Ausnahmefällen" durch die 2. ÄnderungsVO zur HOAI v 24. 5. 1985 (BGBl I 961) erneut in § 4 Abs 2 HOAI eingefügt, so daß damit die formalen Bedenken beseitigt sind. Es bleibt in der Sache das Bedenken, daß *Kriterien für Abweichungen von der HOAI nach unten* – anders als bei Abweichungen nach oben, vgl § 4 Abs 3 HOAI – nicht genannt werden. Man wird insoweit besondere Beziehungen des Architekten zum Auftraggeber wie Verwandtschaft oder bestehende Freundschaft der Parteien anerkennen müssen (BGH NJW 1997, 2329, 2330), nicht schon sich erst entwickelnde Freundschaft (BGH WM 1997, 2181), besonders geringen Aufwand (BGH NJW 1997, 2329, 2330), oder mehrfache Verwendbarkeit der Planung (BGH NJW 1997, 2929, 2930, **aA** OLG Düsseldorf BauR 1996, 746; 1997, 880).

Ist die Preisvereinbarung wegen Formmangels, § 125, oder des Fehlens eines Ausnahmefalles unwirksam, ist nach den Mindestsätzen der HOAI abzurechnen, § 4 Abs 4 HOAI. Das kann freilich gegen Treu und Glauben verstoßen, wenn der Besteller auf die Wirksamkeit der Vereinbarung vertrauen durfte und sich darauf eingerichtet hat (BGH NJW 1997, 2929, 2930). Schutzwürdiges Vertrauen fehlt zB, wenn der Besteller das schriftliche Angebot des Architekten nicht auch schriftlich angenommen hat (vgl OLG Celle BauR 1997, 883).

War ein Ausnahmefall nicht gegeben, der eine Unterschreitung der Sätze der HOAI gerechtfertigt hätte, hat der Architekt auf die Differenz auch dann nicht wegen culpa in contrahendo zu verzichten, wenn er über das Problem nicht aufgeklärt hat (BGH WM 1997, 2181).

b) Ärzte
Leistungen der Ärzte sind nach der Gebührenordnung für Ärzte v 12. 11. 1982 (BGBl **115** I 1582) idF VO v 18. 12. 1995 (BGBl I 1861) zu vergüten, und zwar auch dann, wenn sie ausnahmsweise werkvertraglichen Charakter haben. § 2 GOÄ läßt abweichende Honorarvereinbarungen zu, fordert insoweit aber die Unterzeichnung eines beson-

deren, dem Zahlungspflichtigen auszuhändigenden Schriftstücks. Die GOÄ gilt freilich grundsätzlich nur für die Privatliquidation.

c) Rechtsanwälte

116 Für die beruflichen Leistungen der Rechtsanwälte gilt die Bundesrechtsanwaltsgebührenordnung, vgl § 1 Abs 1 BRAGO, und zwar auch insoweit, wie sie ausnahmsweise werkvertraglichen Charakter tragen (§ 20 BRAGO: Erteilung von Rat und Auskunft, §§ 21, 21a BRAGO: Erstattung von Gutachten, § 118 Abs 1 Nr 1 BRAGO: Entwerfen von Urkunden). Insoweit schränkt § 3 BRAGO die *Möglichkeit abweichender Vereinbarungen* ein. Eine höhere als die gesetzlich vorgesehene Vergütung kann nach Abs 1 S 1 nur durch eine gesonderte schriftliche Vereinbarung verabredet werden. Auch dann kann sie bei Unangemessenheit ggf nach Abs 3 S 1 im Rechtsstreit auf eine angemessene herabgesetzt werden. Allerdings ist bei einer freiwilligen und vorbehaltlosen Zahlung des Auftraggebers eine Rückforderung nach Abs 1 S 2 ausgeschlossen. Gebührenunterschreitungen sind nur in den Fällen des § 49b Abs 1 BRAO zulässig. Erfolgshonorare verbietet § 49b Abs 2 BRAO.

d) Steuerberater

117 Die beruflichen Leistungen der Steuerberater sind nach der Steuerberatergebührenverordnung vom 17. 12. 1981 (BGBl I 1442), zuletzt geändert durch VO v 20. 8. 1998 (BGBl I 2369), abzurechnen. Für abweichende Vereinbarungen enthält § 4 StBerGebVO ähnliche Bestimmungen, wie sie nach § 3 Abs 1, 3 BRAGO für Gebührenvereinbarungen der Rechtsanwälte gelten.

2. Öffentliche Aufträge*

118 Bei öffentlichen Aufträgen sind Preisvorschriften zu beachten, die auf der Grundlage des § 2 PreisG v 10. 4. 1948 (WiGBl 27) erlassen worden sind. Zur Verfassungsmäßigkeit dieser Ermächtigungsgrundlage vgl BVerfGE 8, 274, 314 f sowie – einschränkend – BVerfGE 53, 1, 22; 65, 248, 260.

a) Für den Bereich des Werkvertragsrechts ist zwischen den Preisen für *Bauleistungen* sowie für *sonstige Leistungen* zu unterscheiden. Für Bauleistungen gilt die *Verordnung PR Nr 1/72 über die Preise für Bauleistungen bei öffentlichen oder mit öffentlichen Mitteln finanzierten Aufträgen vom 6. 3. 1972* (BGBl I 293), zuletzt geändert durch G v 27. 12. 1993 (BGBl I 2378, 2413). Diese VO Pr Nr 1/72 wird ergänzt durch Leitsätze für die Ermittlung von Preisen für Bauleistungen aufgrund von Selbstkosten (LSP-Bau), die als Anlage zu ihr veröffentlicht worden sind. Subsidiär für Bauleistungen und primär *für die Preise anderer Leistungen* gilt die *Verordnung PR Nr 30/53 über die Preise bei öffentlichen Aufträgen vom 21. 11. 1953* (BAnz Nr 244), für die ergänzend als Anlage ebenfalls Leitsätze für die Preisermittlung aufgrund von Selbstkosten (LSP) veröffentlicht worden sind.

Die Bestimmungen sind wiedergegeben und kommentiert bei EBISCH/GOTTSCHALK/

---

* **Schrifttum**: ALTMANN, Die Baupreisverordnung (3. Aufl 1974); DAUB, Baupreisrecht der Bundesrepublik (3. Aufl 1978); ders, Die Preise bei öffentlichen Aufträgen (7. Aufl 1980); EBISCH/GOTTSCHALK, Preise und Preisprüfungen bei öffentlichen Aufträgen (7. Aufl 2001); HERETH/CROME, Baupreisrecht (3. Aufl 1973).

KNAUSS/SCHMIDT, Preise und Preisprüfungen bei öffentlichen Aufträgen (6. Aufl 1994).

b) Die nach den VOen zulässigen Preise sind jeweils *Höchstpreise*. Überschreitungen sind nach § 134 unwirksam, haben aber nicht die Nichtigkeit des gesamten Vertrages zur Folge, sondern die *Geltung der zulässigen Vergütung*. Der unzulässige Spitzenbetrag ist kondizierbar (vgl BGHZ 53, 17; 53, 24). Dabei nimmt § 5 VO Pr 1/72 in Abs 2, 3 Wettbewerbspreise von ihren preisrechtlichen Beschränkungen aus, dh Preise, die bei einer Ausschreibung zustandegekommen sind oder die bei freihändiger Vergabe zustandegekommen sind, sofern mehrere Unternehmer zur Angebotsangabe aufgefordert worden waren. Hat es dabei freilich unzulässige Wettbewerbsbeschränkungen gegeben, so findet nach den §§ 5 Abs 3, 7 doch wieder eine Preiskontrolle statt; es sind nur sog Selbstkostenfestpreise (§ 9 VO PR Nr 1/72) zulässig.

XI. Beweisfragen

1. Behauptet der Besteller eine *bestimmte Preisvereinbarung*, so hat der Unternehmer die Behauptung des Bestellers zu widerlegen (vgl RG JW 1907, 1745; BGH Betr 1954, 104; NJW 1957, 1555; MDR 1969, 999; WM 1979, 1311; NJW-RR 1992, 848; OLG Köln MDR 1973, 932; BGB-RGRK/GLANZMANN Rn 19; ERMAN/SEILER Rn 26; SCHUMANN NJW 1971, 455; krit vMETTENHEIM NJW 1971, 20; ders NJW 1984, 776). Dies gilt unabhängig davon, ob der Besteller die Vereinbarung von Einheitspreisen oder eines Pauschalpreises behauptet, ob die Geltung der VOB/B vereinbart ist oder nicht (BGHZ 80, 257). Allerdings dürfen an den von dem Unternehmer zu führenden Negativbeweis *keine allzu strengen Anforderungen gestellt* werden. So ist insbesondere vorab zu verlangen, daß der *Besteller* seine Behauptung *hinreichend substantiiert* (vgl BGH Betr 1954, 104; NJW 1957, 1555; NJW-RR 1992, 848; OLG Frankfurt MDR 1979, 756; OLG Hamm NJW-RR 1993, 1490; BauR 1996, 1490). Dabei müssen Zeit und Ort der angeblichen Vereinbarung dargetan werden. Bei der Beweiswürdigung ist auch zu berücksichtigen, wie sinnvoll und wahrscheinlich die angebliche Festpreisvereinbarung ist. Ob diese Beweislastverteilung mit BGH NJW 1957, 1555 schon dann zu Lasten des Bestellers umzukehren ist, wenn seine Festpreisbehauptung einem *Handelsbrauch* widerspricht, erscheint zweifelhaft.

2. Ist die Entgeltlichkeit der Leistungen streitig, so *hat der Unternehmer Umstände iSd § 632 Abs 1 darzutun*, die hierfür sprechen, der Besteller solche, die dagegen sprechen (BGH NJW 1999, 3554, 3555). Ist danach nach den Umständen von der Entgeltlichkeit der Leistungen auszugehen, so muß *der Besteller* die gleichwohl vereinbarte *Unentgeltlichkeit beweisen* (BGH NJW 1987, 2742; ERMAN/SEILER Rn 26). Umgekehrt muß der Unternehmer die vereinbarte Entgeltlichkeit beweisen, wenn nach den Umständen von Unentgeltlichkeit auszugehen ist. Auch in diesen Fällen ist die jeweils behauptete Abrede substantiiert darzutun.

3. Behauptet der Unternehmer eine Preisvereinbarung, die vom *Üblichen* abweicht, so hat er diese zu beweisen.

4. Besteht *Streit über die Üblichkeit einer Vergütung*, so hat der Unternehmer zu beweisen, daß die von ihm begehrte Vergütung der Üblichkeit entspricht.

5. Wird eine *nachträgliche Änderung* der Vergütungsvereinbarung behauptet, so hat dies derjenige zu beweisen, der sich darauf beruft (OLG Karlsruhe MDR 1963, 924; OLG Frankfurt NJW-RR 1997, 276).

6. Ist streitig, ob bestimmte Leistungen von einer Festpreisabrede mit erfaßt werden, so hat der Besteller zu beweisen, welche Leistungen ihm im Rahmen des Festpreises zustehen.

§ 632a
Abschlagszahlungen

Der Unternehmer kann von dem Besteller für in sich abgeschlossene Teile des Werkes Abschlagszahlungen für die erbrachten vertragsmäßigen Leistungen verlangen. Dies gilt auch für erforderliche Stoffe oder Bauteile, die eigens angefertigt oder angeliefert sind. Der Anspruch besteht nur, wenn dem Besteller Eigentum an den Teilen des Werkes, an den Stoffen oder Bauteilen übertragen oder Sicherheit hierfür geleistet wird.

Materialien: G zur Beschleunigung fälliger Zahlungen v 30. 3. 2000 (BGBl I 330).

Schrifttum

BASTY, Verordnung über Abschlagszahlungen bei Bauträgerverträgen, DNotZ 2001, 421
BECK/GIRRA, Bauabzugssteuer, NJW 2002, 1079
BLANK, Das „Aus" für den Bauträgervertrag?, ZfIR 2001, 85
BÖHME, Einige Überlegungen zum neuen § 632a BGB, BauR 2001, 525
vCRAUSHAAR, Die Regelung des Gesetzes zur Beschleunigung fälliger Zahlungen im Überblick, BauR 2001, 471
HEILAND, Die Bauabzugssteuer gem §§ 48 ff. EStG im Bauprozeß, NZBau 2002, 413
KANZLEITER, Quo vadis? Was wird aus dem Bauträgervertrag?, DNotZ 2001, 165
KIRBERGER, Die Beschleunigungsregelungen unter rechtsdogmatischem und praxisbezogenen Blickwinkel, BauR 2001, 492
KNIFFKA, Das Gesetz zur Beschleunigung fälliger Zahlungen – Neuregelung des Bauvertragsrechts und seine Folgen –, ZfBR 2000, 227
MOTZKE, Abschlagszahlung, Abnahme und Gutachterverfahren nach dem Beschleunigungsgesetz, NZBau 2000, 489
PAUSE, Verstoßen Zahlungspläne gem § 3 II MaBV gegen geltendes Recht?, NZBau 2001, 181
QUADBECK, Abschlagszahlungen im Bauträgerrecht – Auswirkungen der Neuregelung des § 632a BGB, MDR 2000, 1111
vRINTELEN, Abschlagszahlung und Werklohn, JbBaur 2001, 25
RODEMANN, § 632a: Regelungsbedarf für den Unternehmer, BauR 2002, 863
RÖSLER, Bauträgerfinanzierung nach der Bauträger-I-Entscheidung, ZfIR 2001, 259
SORGE/VOLLRATH, Das Ende vom Ende des Bauträgervertrages, DNotZ 2001, 261
STAPENHORST, Das Gesetz zur Beschleunigung fälliger Zahlungen, DB 2000, 909
STAUDINGER, Der Bauträgervertrag auf dem Prüfstein des Gemeinschaftsrechts, DNotZ 2002, 166
THODE, Bauträgervertrag – Gestaltungsfreiheit im Rahmen der neuen Gesetzgebung und Rechtsprechung, in: THODE/UECHTRITZ/WOCHNER, Immobilienrecht 2000, 2001 (RWS-Forum 19), 267

Titel 9 · Werkvertrag und ähnliche Verträge
Untertitel 1 · Werkvertrag

§ 632a

ULLMANN, Der Bauträgervertrag – quo vadit?, NJW 2002, 1073
VOPPEL, Abschlagszahlungen im Baurecht und § 632a BGB, BauR 2001, 1165

WAGNER, Die Zukunft des Bauträgervertrages, ZfIR 2001, Beil zu H 10, 22.

Systematische Übersicht

I. **Allgemeines** ____ 1	4. Vorläufigkeit der Zahlung ____ 12
II. **Anwendungsbereich der Bestimmung** ____ 2	VI. **Anderweitige Vereinbarungen**
	1. Individualvertraglich ____ 13
	2. AGB ____ 13
III. **Abschlagszahlungen** ____ 3	3. VOB/B ____ 14
IV. **Anspruch auf Abschlagszahlungen**	VII. **Zahlungsverkehr mit dem Bauträger**
1. Leistungen des Unternehmers ____ 4	1. Abweichungen von der MaBV ____ 24
2. In sich abgeschlossene Teile des Werkes ____ 4	2. Vorgaben des BGB ____ 25
a) Materialien ____ 4	a) Kauf vom Bauträger ____ 26
b) Werkteile ____ 5	b) Die widersprüchliche Sicht des Vertrages durch den Gesetzgeber ____ 27
c) Abgeschlossenheit ____ 6	c) Keine unmittelbare Bindung an § 632a ____ 28
d) Mängel ____ 7	
e) Anlieferung ____ 7	3. Verordnung über Abschlagszahlungen ____ 29
3. Sicherheit für den Besteller ____ 8	
4. Bemessungsmaßstab ____ 9	4. Abweichungen von der VO ____ 29
V. **Ausgestaltung des Anspruchs**	VIII. **Anhang: Bauabzugssteuer**
1. Fälligkeit, Verjährung ____ 10	1. Regelwerk ____ 30
2. Subsidiarität ____ 10	2. Zivilrechtliche Folgen ____ 31
3. Einbehalte ____ 11	

Alphabetische Übersicht

Abgeschlossenheit ____ 4 ff, 15	Einbehalte ____ 11, 20
Abnahme ____ 12, 20	Fälligkeit ____ 10, 18
Abnahmefähigkeit ____ 5	
Abrechnungsfähigkeit ____ 7, 15	Kauf ____ 26 ff
Abschlagsrechnung ____ 10, 15, 17	MaBV ____ 23 ff
Abschlagszahlung	Mängel ____ 7, 11, 15, 20
– Begriff ____ 3	Materialien ____ 4, 16
– VO über ____ 29	
Anlieferung ____ 7	Sicherheiten ____ 8, 16
Bauabzugssteuer ____ 30	Subsidiarität ____ 10
Bauträger ____ 23 ff	VOB/B ____ 13 ff
Bemessung ____ 9, 19	Vorauszahlung ____ 3
Dispositives Recht ____ 13	Vorläufigkeit ____ 12
Eigentumserwerb ____ 8	Werk, Art des ____ 2

I. Allgemeines

1 Die 2000 durch das G zur Beschleunigung fälliger Zahlungen neu geschaffene Bestimmung, wie sie für nach dem 1.5.2000 geschlossene Verträge gilt (Art 229 EGBGB § 1 Abs 2 S 1), gewährt dem Unternehmer einen Anspruch auf Abschlagszahlungen. Da sie weder den Abschluß des Vertrages betrifft noch die Preisbemessung, sondern vielmehr den Zahlungsverkehr der Parteien, gehört sie *systematisch* nicht in den Kontext des § 632, sondern vielmehr in den des § 641 (MOTZKE NZBau 2000, 489).

Der Werkvertrag zeichnet sich insofern durch eine Vorleistungspflicht des Unternehmers aus, als er zum vorgesehenen Ablieferungstermin das Werk gefertigt haben muß und außerdem bei der Bearbeitung von Sachen des Bestellers schon frühzeitig nach den §§ 946, 947, 950, 93, 94 das Eigentum an von ihm beigesteuerten Materialien verlieren kann. Damit trägt der Unternehmer ein hohes *Vorfinanzierungsrisiko*; wegen des gesetzlichen Eigentumsübergangs nach den genannten Bestimmungen besteht insoweit die Möglichkeit des Eigentumsvorbehalts und damit der dinglichen Absicherung nicht; die dingliche Absicherung durch die §§ 947, 948 versagt oft wertmäßig und hat jedenfalls nicht das Gewicht eines Eigentumsvorbehalts.

Insofern ist es in der Sache geboten und gerechtfertigt, dem Unternehmer einen Anspruch auf Abschlagszahlungen zu geben; die VOB/B kannte ihn in ihrem § 16 Nr 1 schon immer. § 632a ist freilich insofern mißlungen, als der Anspruch nach seinem Wortlaut an zu strenge, so nicht gerechtfertigte Voraussetzungen gebunden ist (vgl u Rn 5 ff).

II. Anwendungsbereich der Bestimmung

2 Die Bestimmung gilt für *Werkverträge aller Art* (PALANDT/SPRAU Rn 2), nicht nur für Bauverträge, wie sie den Anlaß zu ihrer Schaffung gegeben haben. Die Verträge brauchen nicht nur körperliche Werke zu betreffen, bei denen die in § 632a S 3 vorgesehene Absicherung des Bestellers allerdings problemlos möglich ist, sich in den Fällen des Einbaus von selbst ergibt. Aber die dort vorgesehene Alternative der Sicherheitsleistung ist doch bei Werken aller Art möglich.

III. Abschlagszahlungen

3 Der Begriff der Abschlagszahlungen ist aus § 16 Nr 1 VOB/B entlehnt. Sie sind abzugrenzen einerseits vom endgültigen Werklohn, wie er nach § 641 Abs 1 bei der Abnahme zu entrichten ist, andererseits und vor allem von *Vorauszahlungen*: Abschlagszahlungen stehen bereits Leistungen des Unternehmers gegenüber, mögen sie auch – vor der Abnahme – einstweilen nur vorläufigen Charakter haben und vielleicht auch noch keinen eigenständigen Wert besitzen (Aushub der Baugrube). Dagegen stehen Vorauszahlungen noch keine entsprechenden Leistungen des Unternehmers gegenüber.

Vorauszahlungen sieht die Bestimmung des § 632a nicht vor (PALANDT/SPRAU Rn 4). Sie können vereinbart werden, individualvertraglich ist das ohne weiteres möglich und auch üblich (Vorkasse bei der Reinigung); in AGB des Unternehmers muß darauf geachtet werden, daß der Besteller nicht unangemessen benachteiligt wird, wenn denn eine Abweichung vom Leitbild des Gesetzes vorliegt, § 307 Abs 2 Nr 1. Das ist dadurch möglich, daß dem Besteller eine Sicherheit gewährt wird.

IV. Anspruch auf Abschlagszahlungen

1. § 632a setzt also zunächst voraus, daß schon *Leistungen des Unternehmers* 4 vorliegen. Das kann und wird oft eine Teilerstellung des Werkes sein, braucht dies aber nicht. § 632a S 3 ergibt vielmehr, daß insoweit schon die *Beschaffung von Materialien* genügt.

2. § 632a verlangt in S 1 weiter, daß schon **in sich abgeschlossene Teile des Werkes** bestehen.

a) Von diesem Erfordernis wird bei der Beschaffung von Materialien abgesehen, vgl § 632a S 3. Das ist unbedenklich, weil sie ohne weiteres auf ihre Tauglichkeit überprüft werden können. Freilich braucht der Besteller Abschlagszahlungen für sie nur zu leisten, wenn er die Tauglichkeit hat überprüfen können bzw wenn sie ihm verläßlich nachgewiesen ist.

b) Was Werkteile betrifft, ist der Begriff des in sich abgeschlossenen Teiles der 5 Bestimmung des § 12 Nr 2 (bisherige lit a) VOB/B entlehnt, nach der für derartige Teile eine *vorzeitige Teilabnahme* verlangt werden kann. In jenem Zusammenhang ist der Begriff eng zu verstehen, wenn es bei der Abnahme darum geht, die Gebrauchstauglichkeit einer Leistung abschließend zu beurteilen; dann muß sie unabhängig von der noch ausstehenden Leistung gewürdigt werden können, so daß zB die eine Etage eines Rohbaus nicht in sich abgeschlossen ist (BGHZ 50, 160).

Versteht man den Begriff im Rahmen des § 632a entsprechend, läuft der Anspruch auf Abschlagszahlungen – entgegen der gesetzgeberischen Intention – freilich weitgehend leer, weil ein derartiger Leistungsstand zwischenzeitlich oft nicht zu erreichen ist. Das mag vielleicht noch möglich sein, wo es um ein einzelnes Gewerk geht, wenn zB eines von mehreren auszumalenden Zimmern fertig ist oder bei der Elektroinstallation für mehrere Häuser jene für das erste. Indessen belegt schon das zweite Beispiel die Probleme, wenn denn der Elektriker nicht erst das erste Haus fertigstellt, dann das nächste in Angriff nimmt, sondern alle gleichmäßig fördert, was das rationellste Arbeiten sein dürfte.

Daß es beim Zahlungsplan aber gar *nicht auf Abnahmefähigkeit ankommt*, mag sie auch wünschenswert sein, belegt wiederum die VOB/B, die insoweit – und dies offenbar ohne nennenswerte praktische Probleme – in ihrem § 16 Nr 1 Abs 1 „möglichst kurze Zeitabstände" vorsieht und nur einen Antrag des Unternehmers fordert, also sein Ermessen walten läßt, und einschränkend nur den Nachweis der abgerechneten Leistung verlangt. Dort genügt es also, wenn der Leistungsteil rechnungsmäßig für sich erfaßt werden kann. Entsprechend sind auch die Zeitpunkte, zu denen § 3 Abs 2 MaBV Teilbeträge für den Bauträger freigibt, nicht die einer sinnvollen Teilabnahme. Der Gesetzgeber des G zur Beschleunigung fälliger Zahlungen wird sich auch selbst untreu, wenn im Verordnungswege nach Art 244 EGBGB (= bisher § 27a

AGBG) „auch unter Abweichung von § 632a" Zahlungspläne für zu errichtende Häuser festgesetzt werden können, die namentlich an die Wertschöpfung durch einzelne Gewerke anknüpfen sollen, wobei hier der Frage nicht nachzugehen ist, wieweit eigentlich ein Verordnungsgeber ermächtigt werden kann, vom Gesetz abzuweichen; üblicherweise soll er dieses nur präzisieren, vgl dazu die Erl zu Art 244 EGBGB.

Außerdem läßt § 632a S 2 für einen Anspruch auf Abschlagszahlung auch die Anlieferung von Stoffen oder Bauteilen genügen. Das ist keinesfalls „in sich abgeschlossen", nach der insoweit zutreffenden Diktion des Gesetzes auch noch nicht einmal eine Leistung, sondern nur eine Vorbereitung für diese.

6 c) Unter diesen Umständen ist der Begriff des in sich geschlossenen Teils der Leistung jedenfalls weit zu verstehen (KNIFFKA ZfBR 2000, 229; MOTZKE NZBau 2000, 490; **aA** PALANDT/SPRAU Rn 5). Freilich ergibt sich dann die weitere Frage, wie dies konkret zu deuten ist.

Jedenfalls kann es nicht auf Abnahmefähigkeit ankommen (VOPPEL BauR 2001, 1167). Soweit auf Werthaltigkeit abgestellt wird (ULLMANN NJW 2002, 1075; dazu auch MOTZKE NZBau 2000, 491), ist dies ein recht vager Begriff, zumal die Werthaltigkeit auch nicht die Bemessungsgrundlage sein kann; letzteres ist die vertragliche Vereinbarung.

Es wird deshalb auf ein doppeltes abzustellen sein:

Zunächst auf die *Abrechnungsfähigkeit* (VOPPEL BauR 2001, 1167), wenn denn die Abschlagsforderung auch zu belegen ist.

Sodann darauf, daß die vorliegende Teilleistung einen *meßbaren Baufortschritt* bedeutet (ULLMANN NJW 2002, 1073), auf dem zB andere Gewerke aufbauen können.

7 d) Der Leistungsteil muß vertragsmäßig sein. Soweit Mängel vorhanden sind, wollen einige den Anspruch auf Abschlagszahlungen ganz entfallen lassen (vCRAUSHAAR BauR 2001, 473; KIRBERGER BauR 2001, 499; HEINZE NZBau 2001, 237), andere jedenfalls dann, wenn sie nicht nur unwesentlich sind (PALANDT/SPRAU Rn 5). Richtigerweise wird der Besteller jedoch durch sein nach § 641 Abs 3 zu bemessendes Zurückbehaltungsrecht aus § 320 gegenüber Mängeln hinreichend geschützt (MOTZKE NZBau 2000, 491; BÖHME BauR 2001, 531). Das ist auch mit dem Wortlaut des § 632a gut vereinbar: Soweit danach immer noch umgehend gezahlt werden muß, ist die Leistung vertragsmäßig. Soweit es Mängel gibt, zahlt der Besteller erst bei deren Beseitigung.

e) Für einen Anspruch auf Abschlagszahlung genügen auch Stoffe oder Bauteile. Sie müssen angeliefert, dh an den Ort der Leistungserbringung – namentlich die Baustelle – verbracht sein.

Damit müssen sie in den Machtbereich des Bestellers gelangt sein; anderenfalls würde ihm jegliche Kontrolle fehlen, daß sie auch für ihn verwendet werden. Hiervon ist auch keine Ausnahme zu machen für eigens angefertigte Bauteile, obwohl der

Wortlaut des § 632a S 2 das an sich nahelegt: Solange sie zB noch in der Werkstatt des Unternehmers verbleiben, ist ihre bestimmungsgemäße Verwendung für den Besteller noch nicht hinreichend gesichert.

3. Notwendig ist eine ggf Zug um Zug anzubietende Sicherheit für den Besteller. **8**

a) Sie entfällt dort, wo er kraft Gesetz Eigentum an den Leistungen des Unternehmers erlangt, zB nach § 946. Wenn ein Dritter Eigentümer des zu bebauenden Grundstücks ist, genügt dessen Erwerb (aA MOTZKE NZBau 2000, 492).

b) Wenn es um Abschlagszahlungen für noch nicht verwendete Stoffe oder Bauteile geht, soll die Sicherheit zunächst nach § 632a durch ihre Übereignung bewirkt werden.

Zum einen wird freilich der Werkunternehmer eine solche Übereignung vielfach wegen eines Eigentumsvorbehalts seiner eigenen Lieferanten nicht vornehmen dürfen. Zum anderen und vor allem genügt diese Sicherheit den berechtigten Interessen des Bestellers nicht: Für ihn muß gewährleistet sein, daß diese Stoffe auch im Bau verwendet werden. Dazu genügt nicht einmal die *Anlieferung auf die Baustelle*, wenn die Stoffe doch auch wieder abtransportiert werden können. In dieser Situation sieht § 16 Nr 1 Abs 1 S 3 VOB/B Übereignung oder anderweitige entsprechende Sicherheit nach Wahl des Bestellers vor. Dieses **Wahlrecht** kann man ihm auch nach § 632a nicht vorenthalten.

c) Praktisch wichtiger wird also bei noch nicht verwendeten Stoffen und Bauteilen eine *anderweitige Sicherheit* des Bestellers sein. Weil § 632a diese nicht näher regelt, sind im Ausgangspunkt die §§ 232 ff anwendbar, die freilich wenig praktikabel sind, wenn die naheliegende *Bankbürgschaft* nur ein subsidiäres Sicherungsmittel ist, § 232 Abs 2. Nach Treu und Glauben wird sich der Besteller ohne weiteres auf sie einlassen müssen. Insbesondere die Hinterlegung von Geld zu fordern, § 232 Abs 1, 1. Alt, widerspräche grob dem Zweck des § 632a. Die Sicherheit ist alsbald bei Erreichung ihres Zwecks zurückzugeben.

4. Bemessungsmaßstab für die Abschlagszahlung ist nicht der konkrete Wertgewinn für den Besteller, wie er zunächst ausbleiben kann und jedenfalls unsicher zu beurteilen ist. Es ist dies auch nicht der bloße Aufwand des Unternehmers. Maßgeblich sind vielmehr zunächst etwa *vereinbarte Einheitspreise*. Wo es daran fehlt, kommt es auf den *Prozentsatz der Gesamtleistung* an. **9**

V. Ausgestaltung des Anspruchs

1. Der Anspruch wird *fällig* mit dem Erreichen des betreffenden Leistungsstandes **10** und dem Verlangen des Unternehmers; anders als nach § 16 Nr 1 VOB/B ist die Erteilung einer Rechnung nicht Fälligkeitsvoraussetzung (PALANDT/SPRAU Rn 8, KNIFFKA ZfBR 2000, 229; MOTZKE NZBau 2000, 493). Freilich hat der Besteller ein Leistungsverweigerungsrecht, wenn ihm die Berechtigung der Abschlagsforderung nicht *prüfbar belegt* wird (PALANDT/SPRAU aaO; MOTZKE aaO). Insofern ist eine prüfungsfähige Rechnung doch praktisch unverzichtbar.

Der Anspruch *verjährt* nach § 195. Der Eintritt der Verjährung hindert den Unternehmer nicht, den Forderungsteil in seine Schlußrechnung einzustellen.

2. Der Anspruch *tritt zurück*, wenn über die Werkleistung insgesamt abgerechnet werden kann, sei es nach Vollendung des Werkes, sei es nach Kündigung oä. Dann hat dies zu geschehen, ohne daß Klagänderung vorläge, § 264 Nr 1 ZPO (BGH NJW 1985, 1840). Hilfsweise kann auf fällig gestellte Abschlagszahlungen zurückgegriffen werden (BGH NJW 2000, 2818), was zB von Bedeutung ist, wenn die Prüfungsfrist für die Schlußrechnung nach § 16 Nr 3 Abs 1 VOB/B noch nicht abgelaufen ist.

11 3. Der Anspruch ist voll zu bedienen. Ohne eine entsprechende Vereinbarung darf der Besteller namentlich keine *Einbehalte* wegen künftig zu erwartender Mängel machen.

Der Anspruch steht aber im **Synallagma** mit dem Anspruch des Bestellers auf das Werk, was zur Anwendbarkeit der §§ 320 ff in diesem Verhältnis führt.

Wegen schon *festgestellter Mängel* der erbrachten Leistungen hat der Besteller also ein Zurückbehaltungsrecht nach den §§ *320, 641 Abs 3*. Umgekehrt erwächst dem Unternehmer ein Leistungsverweigerungsrecht, wenn seine Abschlagsforderungen nicht bedient werden; ggf kann er kündigen oder nach den §§ 281, 323 vorgehen.

12 4. Die *Abschlagszahlung* des Bestellers hat nur *vorläufigen Charakter*. Sie bedeutet keine Anerkenntnis der ihr zugrunde liegenden Leistung als vertragsgemäß, wie dies § 16 Nr 1 Abs 4 VOB/B klarstellt. § 640 Abs 2 ist also unanwendbar. Es erfolgt auch keine Anerkenntnis einer endgültigen Zahlungspflicht. Es bleibt vielmehr Sache des Unternehmers im Rahmen der Schlußabrechnung, seine Gesamtforderung auch insoweit zu belegen, wie auf sie schon Abschläge gezahlt sind. Bei vorzeitiger Vertragsbeendigung erwächst dem Besteller im Falle von Überzahlungen ein vertraglicher Erstattungsanspruch (BGH NZBau 2002, 329). Verfrühte Abschlagszahlungen lösen auch dann einen Anspruch des Bestellers auf Nutzungsentgelt nicht aus, wenn der Unternehmer sie angefordert hat (BGH NJW 2002, 2640).

VI. Anderweitige Vereinbarungen

13 1. Die Bestimmung ist *dispositives* Recht. Individualvertraglich ist es deshalb sowohl möglich, den Anspruch auszuschließen, als auch zu Vorauszahlungen des Bestellers überzugehen.

2. Der völlige Ausschluß des Anspruchs in *AGB* des Bestellers benachteiligt den Unternehmer unangemessen iSd § 307 Abs 2 S 1 (KNIFFKA ZfBR 2000, 229), der Übergang auf Vorauszahlungen den Besteller, sofern diese nicht besonders abgesichert sind. § 16 Nr 1 VOB/B genügt § 632a (VOPPEL BauR 2001, 1174). § 632a S 3 ist im Kern unabdingbar in AGB.

14 3. Die **VOB/B** bestimmt in ihrem § 16 Nr 1:

> (1) Abschlagszahlungen sind auf Antrag in Höhe des Wertes der jeweils nachgewiesenen vertragsgemäßen Leistungen einschließlich des ausgewiesenen, darauf entfallenden Umsatz-

steuerbetrages in möglichst kurzen Zeitabständen zu gewähren. Die Leistungen sind durch eine prüfbare Aufstellung nachzuweisen, die eine rasche und sichere Beurteilung der Leistungen ermöglichen muß. Als Leistungen gelten hierbei auch die für die geforderte Leistung eigens angefertigten und bereitgestellten Bauteile sowie die auf der Baustelle angelieferten Stoffe und Bauteile, wenn dem Auftraggeber nach seiner Wahl das Eigentum an ihnen übertragen ist oder entsprechende Sicherheit gegeben wird.

(2) Gegenforderungen können einbehalten werden. Andere Einbehalte sind nur in den im Vertrag oder in den gesetzlichen Bestimmungen vorgesehenen Fällen zulässig.

(3) Abschlagszahlungen sind binnen 18 Werktagen nach Zugang der Aufstellung zu leisten.

(4) Die Abschlagszahlungen sind ohne Einfluß auf die Haftung des Auftragnehmers; sie gelten nicht als Abnahme von Teilen der Leistung.

a) Der *Anspruch auf Abschlagszahlungen in der hier vorgesehenen Weise folgt* **15** bereits *aus der Vereinbarung der VOB/B und ihres § 16 Nr 1*. Er besteht auch bei einem Pauschalvertrag (BGH NJW 1991, 565 = LM Nr 10 § 16 [B] VOB/B 1973). Die Abschlagszahlungen setzen aber weiter ein entsprechendes Verlangen des Unternehmers voraus, das an eine bestimmte Form nicht gebunden ist, für das sich aber – schon wegen des notwendigen Nachweises der erbrachten Leistungen – die *Erteilung einer Abschlagsrechnung* empfiehlt. In welchen *Abständen* die Abschlagsrechnungen erteilt werden, bleibt mangels einer anderweitigen Vereinbarung der Parteien *dem Unternehmer überlassen*; er darf dabei aber nicht mißbräuchlich verfahren. Zweckmäßig ist die *Orientierung an bestimmten Leistungsständen* oder an einem bestimmten *kalendermäßigen Rhythmus*.

b) Der Anspruch auf Abschlagszahlungen setzt weiter voraus, daß *Teile der Leistung erbracht* sind (BGH NJW 1986, 681).

aa) Diese Teile der Leistung brauchen *nicht in sich abgeschlossen* oder gar selbständig abnahmefähig zu sein; *notwendig ist nur, daß der auf sie entfallende Vergütungsanteil selbständig berechenbar* ist (INGENSTAU/KORBION/U LOCHER § 16 Rn 34). Daran fehlt es zB hinsichtlich der Baustelleneinrichtung, wenn ihre Vergütung in die Preise der sonstigen Leistungen einkalkuliert ist.

bb) Die in Rechnung gestellten Leistungsteile müssen vertragsgemäß sein. **Etwa vorhandene Mängel** führen zwar nicht dazu, daß der Anspruch auf Abschlagszahlungen noch nicht fällig wäre (vgl BGHZ 73, 140 = NJW 1979, 650 = LM § 322 BGB Nr 5 m Anm GIRISCH), geben dem Besteller aber wegen seines Anspruchs auf Mängelbeseitigung nach § 4 Nr 7 VOB/B ein *Leistungsverweigerungsrecht* nach § 320, so daß es nur zur *Verurteilung zur Zahlung Zug um Zug gegen Beseitigung der Mängel* kommt (BGH aaO). Dabei braucht der einzubehaltende Betrag nicht nur dem „Wert" des Mangels zu entsprechen; vielmehr darf ein *Mehrfaches zurückbehalten* werden, damit ein Anreiz zur Mängelbeseitigung für den Unternehmer entsteht, vgl § 641 Abs 3.

cc) Der Anspruch auf Abschlagszahlungen bezieht sich nicht nur auf erbrachte **16** Bauleistungen, sondern nach § 16 Nr 1 Abs 1 S 3 auch schon auf bestimmte *Materialien*. Bei ihnen ist zunächst zu unterscheiden zwischen speziell gefertigten, die nicht schon auf der Baustelle angeliefert, sondern nur ausgesondert zu sein brauchen, und allgemein verwendbaren Materialien, die auf der Baustelle angeliefert sein müssen. Ihr Wert muß in jedem Fall bestimmbar sein.

Der Besteller kann die Bedienung der Abschlagsrechnung hier *davon abhängig* machen, daß ihm entweder das *Eigentum* vorab nach den §§ 929 ff übertragen wird oder daß der Unternehmer *Sicherheit* für die Abschlagszahlung nach Maßgabe des § 17 VOB/B leistet. Die Wahl zwischen diesen beiden Sicherungsmöglichkeiten steht dem Besteller zu. Einen selbständig durchsetzbaren Anspruch auf Übereignung hat der Besteller nicht.

17 dd) Der Unternehmer hat die erbrachten Leistungen durch eine *prüfbare schriftliche Aufstellung* nachzuweisen. Für die Maßstäbe der Prüfbarkeit kann § 14 Nr 1, 2 VOB/B entsprechend herangezogen werden (dazu § 641 Rn 28). Der Unternehmer hat sich auch also insbesondere an die Positionen der Leistungsbeschreibung zu halten. Das Erfordernis eines prüfbaren Leistungsnachweises gilt *auch bei Vereinbarung eines Pauschalpreises* (INGENSTAU/KORBION/U LOCHER § 16 Rn 44).

Außerhalb des Geltungsbereichs der VOB/B können die Parteien *ebenfalls geeignete Leistungsnachweise* vereinbaren. Auch ohne eine entsprechende Vereinbarung kann der Besteller Abschlagszahlungen verweigern, wenn ihm die erbrachte und berechnete Leistung nicht hinreichend nachgewiesen wird.

18 c) Die **Fälligkeit der Abschlagszahlungen** regelt § 16 Nr 1 Abs 3 dahin, daß sie innerhalb von 18 Werktagen nach Zugang der Aufstellung zu erfolgen haben. Das ist unangemessen iSd § 307. Zunächst schiebt es Verzug und Verzinsung zu weit hinaus, wenn denn 18 Werktage durchaus nicht immer zur Prüfung erforderlich sein werden. Vor allem aber muß der Unternehmer, der seine Zahlungsansprüche gefährdet sieht, nach § 320 schneller mit einer Arbeitseinstellung reagieren können, als dies § 16 Nrn 1 Abs 4, 5 Abs 5 ermöglichen (18 Werktage zuzüglich angemessene Nachfrist). Das führt zu einer kostspieligen Vorlage. – Es kommt auf die *Absendung*, nicht den Eingang der Zahlung an (**aA** OLG Frankfurt NJW-RR 1987, 979 unter Berufung darauf, daß Erfüllungsort auch für den Besteller der Ort der Baustelle sei).

19 d) Abschlagszahlungen können in **Höhe der nachgewiesenen Leistungen** verlangt werden, dh insoweit in Höhe von 100%, nicht nur zu einem geringeren Prozentsatz (vgl INGENSTAU/KORBION/U LOCHER § 16 Rn 37). Nach BGHZ 101, 357, 361; BGH NJW 1990, 1365 ist die VOB/B nicht mehr als Ganzes vereinbart, wenn ein Sicherheitseinbehalt von 10% auf Abschlagszahlungen gemacht werden soll. Ohne entsprechende Vereinbarung ist der Besteller nicht zu einem besonderen Sicherheitseinbehalt berechtigt (vgl auch § 641 Rn 50 zu § 17 VOB/B).

Zur Mehrwertsteuer auf die Abschlagszahlung vgl INGENSTAU/KORBION/U LOCHER § 16 Rn 39 ff.

20 e) Bei der Bedienung der Abschlagsrechnungen darf der Besteller nach § 16 Nr 1 Abs 3 *bestimmte Einbehalte* machen.

aa) Dies gilt zunächst bei etwaigen *Gegenforderungen* gegen den Unternehmer.

Daß insoweit in § 16 Nr 1 Abs 2 S 1 von einem „Einbehalt" die Rede ist, bedeutet, daß dem Besteller *ein von einer Aufrechnung zu unterscheidendes Zurückbehaltungsrecht* zugestanden wird. Die Wirkungen dieses Einbehalts sind also nicht die der Aufrechnung, dh ein wechselseitiges Erlöschen der Forderungen, soweit sie sich decken, sondern nur eine wechselseitige Hemmung, so daß insbesondere die Forderung des Bestellers weiterexistiert und späterhin noch – auch anderweitig – zur Aufrechnung gebracht werden kann.

Die Möglichkeit des Einbehalts wegen Gegenforderungen hindert den Besteller allerdings nicht daran, seine Gegenforderungen bereits jetzt endgültig und tilgend *zur Aufrechnung zu verwenden*. § 16 Nr 1 Abs 2 S 1 enthält keinen Aufrechnungsausschluß.

Mit INGENSTAU/KORBION/U LOCHER § 16 Rn 62 ist die Zulässigkeit eines Einbehalts des Bestellers aber jedenfalls daran zu knüpfen, daß *die Voraussetzungen einer Aufrechnung gegeben* sind. Insbesondere muß die Forderung des Bestellers also fällig sein. Andererseits braucht Konnexität der Forderungen nicht gegeben zu sein.

bb) Unter den anderen, vertraglich oder gesetzlich vorgesehenen Einbehalten, von denen § 16 Nr 1 Abs 2 S 2 spricht, kommen namentlich *Zurückbehaltungsrechte* des Bestellers aus § 273 und vor allem aus § 320 in Betracht. Letzteres ist vor allem bei Mängeln bedeutsam (dazu o Rn 15).

f) § 16 Nr 1 Abs 4 enthält lediglich eine Klarstellung, wenn dort bestimmt ist, daß Abschlagszahlungen des Bestellers *nicht* als *eine teilweise Abnahme der Leistungen* des Unternehmers zu verstehen sind und daß sie die Haftung und Gewährleistung des Unternehmers nicht beeinflussen. Der Besteller braucht also insbesondere *keine Vorbehalte wegen bekannter Mängel* zu machen.

g) *Wenn der Besteller fällige Abschlagsrechnungen nicht bedient*, hat dies nachteilige Folgen für ihn.

aa) Zunächst kann ihn der Unternehmer nach Maßgabe des § 16 Nr 5 Abs 3 (§ 641 Rn 91), in Verzug setzen und *Verzugsschäden* liquidieren, dazu freilich o Rn 18.

bb) Sodann ist der Unternehmer nach § 16 Nr 5 Abs 5 zur *Einstellung seiner Arbeiten* berechtigt. Der Bestimmung kommt *ein eigener Regelungsgehalt* insofern *nicht* zu, als die Vereinbarung von Abschlagszahlungen § 320 auch insoweit anwendbar macht und sich die Befugnis zur Arbeitseinstellung dann schon aus dieser Bestimmung ergibt. Doch schiebt die Bestimmung die Befugnis zur Arbeitseinstellung zeitlich – unangemessen (o Rn 18) – hinaus.

(1) Obwohl die Einrede aus § 320 schon mit der Fälligkeit des eigenen Anspruchs entsteht, erlaubt § 16 Nr 5 Abs 5 die Arbeitseinstellung erst mit Eintritt des Verzuges und bezieht sich gerade auch auf unstreitige Forderungen des Unternehmers.

(2) § 320 Abs 2 stellt freilich das Zurückbehaltungsrecht aus § 320 Abs 1 in besonderem Maße unter den aus Treu und Glauben fließenden *Grundsatz der Verhältnismäßigkeit*. Wann die Arbeitseinstellung unverhältnismäßig ist, kann nur auf

Grund der Umstände des Einzelfalls näher gewürdigt werden. Hierfür spielen insbesondere eine Rolle: Dauer und betragsmäßiges Ausmaß des Zahlungsverzuges, Nachteile der Arbeitseinstellung für den Besteller, die uU recht erheblich sein können, dessen subjektives Verhalten (Böswilligkeit oder Vertretbarkeit der Nichtzahlung). Bei alledem ist aber auch zu berücksichtigen, daß der Unternehmer einen Anspruch auf Begleichung seiner fälligen Rechnungen hat und daß ihre Nichtbedienung ggf die Gefährdung künftiger Forderungen signalisiert (vgl dazu auch SCHMIDT WM 1974, 294, 299; INGENSTAU/KORBION/U LOCHER § 16 Rn 309).

(3) Klauseln in AGB des Bestellers, die das Recht des Unternehmers zur Arbeitseinstellung bei Zahlungsverzug einschränken, verstoßen gegen die §§ 307 Abs 2 Nr 1, soweit sie nicht wenigstens unstreitige Forderungen ausnehmen.

(4) Folge einer *unberechtigten Arbeitseinstellung* durch den Unternehmer kann ein Kündigungsrecht des Bestellers aus wichtigem Grund sein, ferner ein Schadensersatzanspruch aus § 5 Nr 4 VOB/B.

cc) Ein *Kündigungsrecht* erwächst dem Unternehmer durch Zahlungsverzug des Bestellers nach § 9 Nr 1 b VOB/B (dazu § 643 Rn 26 ff).

VII. Zahlungsverkehr mit dem Bauträger

23 Aus Gründen des Verbraucherschutzes werden Bauträger (vgl zum Begriff vor § 631 Rn 146) durch die Verordnung über die Pflichten der Makler, Darlehens- und Anlagenvermittler, Bauträger und Baubetreuer (Makler- und Bauträgerverordnung – MaBV) idF der Bekanntmachung v 7. 11. 1990 (BGBl I 2479), zuletzt geändert durch G v 16. 6. 1998 (BGBl I 1291) in ihrer Abrechnung mit den Erwerbern Bindungen unterworfen. Nach § 3 Abs 1 MaBV dürfen sie Vermögenswerte erst entgegennehmen, wenn die Durchführung des Bauvorhabens im Sinne der Erwerber gesichert ist. Dazu gehören insbesondere der wirksame Abschluß des Vertrages, das Vorliegen der zum Vollzug erforderlichen Genehmigungen, die Bestätigung dessen durch den Notar, das Fehlen eines Rücktrittsrechts des Bauträgers (Nr 1), die Sicherung des Anspruchs des Erwerbers auf Eigentumsübertragung durch Vormerkung (Nr 2), die Freistellung von dieser Vormerkung vorrangigen Grundpfandrechten (Nr 3), das Vorliegen der Baugenehmigung bzw ein entsprechendes behördliches Negativattest (Nr 4). Auch dann dürfen Zahlungen nur nach Baufortschritt entgegengenommen werden; § 3 Abs 2 bestimmt den insoweit zulässigen Zahlungsrhythmus näher. Von diesen Bindungen kann sich der Bauträger nach § 7 MaBV nur durch Sicherheitsleistung befreien. Diese Sicherheit deckt auch Kosten der Mängelbeseitigung ab (BGH NJW 1999, 1105). Der Bauträger „darf" nach § 12 MaBV die genannten Verpflichtungen „durch vertragliche Vereinbarung weder ausschließen noch beschränken".

Die *zivilrechtliche Tragweite* dieser gewerberechtlichen Bestimmungen erschließt sich nicht ohne weiteres.

1. Abweichungen von der MaBV

24 Nach der zutreffenden Auffassung von BGHZ 139, 387; 146, 250 stellt § 12 MaBV ein

Schutzgesetz iSd § 134 dar, so daß Abweichungen von ihren Regelungen in einem Bauträgervertrag nichtig sind. Dies gilt insbesondere dann, wenn ein Zahlungsplan vereinbart ist, der zu Lasten des Erwerbers von dem des § 3 Abs 2 MaBV abweicht, was insbesondere in der Unterwerfung in notarieller Urkunde unter die sofortige Zwangsvollstreckung in das gesamte Vermögen wegen des Entgeltes liegen kann. Dann ist diese Unterwerfungsklausel nichtig; die Forderung des Bauträgers unterliegt auch nicht der langfristigen Verjährung nach § 197 Abs 1 Nr 4 (BGHZ 139, 387).

Die weitere Frage ist für den Zahlungsplan dann, ob er sich nunmehr nach § 3 Abs 2 MaBV richtet oder nach den Bestimmungen des BGB. Angesichts des gewerberechtlichen Charakters der MaBV, wie er aus ihrer Ermächtigungsgrundlage in § 34c GewO folgt, muß der Weg hier zum BGB führen, nicht zur MaBV, so zutreffend BGH NJW 2001, 818, 820 in Auseinandersetzung mit dem dort nachgewiesenen Schrifttum.

Die nach dieser Entscheidung erlassene VO über Abschlagszahlungen bei Bauträgerverträgen v 23. 5. 2001 (BGBl I 946) hat die Maßgeblichkeit des BGB in der Konstruktion, aber nicht im Ergebnis geändert (vgl u Rn 29).

2. Vorgaben des BGB

Damit stellt sich die entscheidende Frage, was das BGB eigentlich für den Zahlungsfluß beim Erwerb vom Bauträger vorgibt. Sollten einschlägig die Bestimmungen der §§ 641 (so für den Zeitraum vor 2000 BGH NJW 2001, 818, 820) und jetzt namentlich 632a (so BLANK ZfIR 2001, 85, 90; QUACK BauR 2001, 507, 511; PAUSE NZBau 2001, 181, 182; RÖSLER ZfIR 2001, 345; WAGNER WM 2001, 718, 720) sein, so wäre schon ein Zahlungsplan nach § 3 MaBV bedenklich (§ 307 Abs 2 Nr 1), weil er als Sicherheit nicht Eigentum, sondern nur eine Vormerkung darauf vorsieht und die zulässigen Zahlungsziele nach § 3 Abs 2 MaBV auch nicht denen des § 632a entsprechen.

Die §§ 641, 632a sind aber nicht einschlägig.

a) Man „*kauft*" eine Wohneinheit vom Bauträger. Diese unausrottbare Überschrift prägt zu Recht die einschlägigen Verträge. Sie entspricht der Sachlage und der Sicht der Beteiligten, wenn die Wohneinheit schon erstellt ist, aber doch auch dann, wenn dies noch nicht der Fall ist. Die Unterstellung dieser Verträge unter das Werkvertragsrecht war nur partiell im Hinblick auf das Gewährleistungsrecht für den Gebäudeanteil des Vertrages notwendig und erfolgt: So konnten die eklatanten Schwächen der bisherigen kaufrechtlichen Gewährleistung (knappe Verjährung, kein Nachbesserungsanspruch, enger Zugang zum Schadensersatz nach § 463 aF) vermieden werden. Nachdem diese Schwächen des Kaufrechts jedenfalls mit dem Inkrafttreten der §§ 437, 438 Abs 1 Nr 2 entfallen sind, ist kein hinreichender Grund mehr ersichtlich, Verträge mit dem Bauträger seit Inkrafttreten dieser Regelungen nicht grundsätzlich nach Kaufrecht zu beurteilen (vgl dazu auch § 651 Rn 4 ff).

b) Freilich ist das G zur Modernisierung des Schuldrechts in sich widersprüchlich, wenn es einerseits die kaufrechtliche Gewährleistung so ausgestaltet hat, daß sie dem Bauträgervertrag adäquat ist, andererseits aber als Art 244 EGBGB den § 27a AGBG des G zur Beschleunigung fälliger Zahlungen vom 29. 6. 2000 (BGBl I 946) übernommen und aufrechterhalten hat, wie er „Abschlagszahlungen bei Werkverträgen" betrifft und dabei auch eine mögliche vertragliche Verpflichtung zur Verschaffung des Eigentums einbezieht, die ja für den Bauträgervertrag konstitutiv ist. Auch hier soll nach § 27a AGBG/Art 244 EGBGB eine „Abweichung von § 632a BGB" möglich sein. Wäre § 632a als werkvertragliche Regelung für den Bauträgervertrag gar nicht einschlägig, wäre die Einbeziehung von Verträgen, die eine Verpflichtung zur Verschaffung des Eigentums vorsehen, in Art 244 EGBGB sinnlos. Man steht also vor unterschiedlichen Konzepten des Gesetzgebers für denselben Vertragstyp, wobei es besonders pikant ist, daß der Weg beim Bauträgervertrag nach § 27a AGBG/Art 244 EGBGB gerade vom Werkvertragsrecht fortführen darf: ... auch in Abweichung von § 632a des Bürgerlichen Gesetzbuchs ...

Nebeneinander stehen
– eine adäquate kaufrechtliche Gewährleistung
– eine angenommene Bindung an § 632a (als Teil des Werkvertragsrechts)
– die Gestattung, sich von § 632a zu lösen.

28 c) Dann aber besteht letztlich keine unmittelbare Bindung an § 632a. Die Widersprüche im Gesetz sind zugunsten einer Anwendung des Kaufrechts aufzulösen. Die angenommene Bindung an das Werkvertragsrecht stellt sich als eine vermeintliche heraus.

Tatsächlich sehen § 27a AGBG/Art 244 EGBGB richtig, daß *§ 632a auf den Bauträgervertrag nicht paßt*. Bei ihm liegen die Eigentumsverhältnisse signifikant anders als beim Werkvertrag, namentlich dem Bauvertrag. Mit einer *Vormerkung* ist ein Sicherungsmittel möglich und nötig, das es dort nicht gibt.

Freilich verliert § 632a damit nicht jede Bedeutung für den Bauträgervertrag. Die Wertung der Bestimmung, daß Abschlagszahlungen einer *hinreichenden Absicherung* bedürfen, verdient auch dann Berücksichtigung, wenn man den Bauträgervertrag kaufrechtlich deutet; alles andere wäre reine Begriffsjurisprudenz. Auch als Käufer darf der Erwerber nicht ungeschützt zu Sicherheitsleistungen verpflichtet sein.

3. Verordnung über Abschlagszahlungen

29 Die noch auf der Basis des § 27a AGBG (jetzt: Art 244 EGBGB) erlassene Verordnung über Abschlagszahlungen bei Bauträgerverträgen v 23.5.2001 (BGBl I 981) übernimmt in ihrem § 1 das Sicherungssystem der §§ 3, 7 MaBV (vgl dazu die Erl zu Art 244 EGBGB). In der Tat hat sich dieses bislang als hinreichend erwiesen (ULLMANN NJW 2002, 1703 ff) und wäre eine aufwendigere Absicherung mit Kosten verbunden, die letztlich zu Lasten der Erwerber gingen (ULLMANN aaO). Das Regelungssystem der MaBV war also auch ohne den Erlaß der VO nicht zu beanstanden.

4. Abweichungen von der VO

Wird zu Lasten des Erwerbers von dem zulässigen Zahlungsplan abgewichen, ergeben die §§ 307, 271, 320, daß Abschlagszahlungen nicht zu leisten sind. Die VO läßt nämlich nur die Verpflichtung des Erwerbers durch den Vertrag zu Abschlagszahlungen zu, verpflichtet ihn aber nicht selbst zu ihnen. Das maßgebliche Kaufrecht sieht Abschlagszahlungen aber nicht vor.

VIII. Anhang: Bauabzugssteuer

1. Regelwerk

Das G zur Eindämmung illegaler Betätigung im Baugewerbe vom 30. 8. 2001 (BGBl I 2267) hat namentlich die §§ 48 ff EStG neu gefaßt. Nach § 48 EStG hat der Besteller von Bauleistungen von der Werklohnforderung des Werkunternehmers *einen Abzug von 15% der Rechnung zu machen und an dessen Finanzamt abzuführen.* Dieser Pflicht unterliegen alle Unternehmer – scil: hier als Besteller – iSd § 2 UStG und juristische Personen des öffentlichen Rechts, § 48 Abs 1 EStG. Einer Freistellung unterliegen *Bagatellaufträge* nach § 48 Abs 2 EStG: Unter 15 000,- Euro bei Wohnungsvermietern (Unternehmer iSd § 4 Nr 12 S 1 UStG), sonst unter 5 000,- Euro. Das Verfahren regelt § 48a EStG; insbesondere hat der Besteller mit dem Bauunternehmer nach § 48a Abs 2 EStG abzurechnen. Die Zahlungen an das Finanzamt werden nach Maßgabe des § 48c EStG mit den Steuerschulden des Bauunternehmers verrechnet und diesem ggf erstattet. **30**

Zum Steuerabzug ist der Besteller nicht verpflichtet, wenn ihm der Bauunternehmer eine **Freistellungsbescheinigung** vorlegt, §§ 48a Abs 2, 48b EStG, deren Erteilung im wesentlichen von der (steuerlichen) Zuverlässigkeit des Bauunternehmers abhängt, vgl zu den Einzelheiten § 48b EStG.

Das Bundesministerium der Finanzen hat das Regelwerk näher erläutert in dem *BFM-Schreiben v 1. 11. 2001* (BStBl I 2001, 804).

Das Regelwerk gilt für Zahlungen ab dem 1. 1. 2002, Art 4 Nr 3 des eingangs genannten Gesetzes.

2. Zivilrechtliche Folgen

Die Bestimmungen *leiten die Forderung* des Bauunternehmers *nicht* etwa (anteilig) *über*, sondern führen nur dazu, daß der Besteller mit *befreiender Wirkung* – ähnlich § 362 Abs 2 – an das Finanzamt *leistet.* Diese Befreiungswirkung tritt freilich nur ein, wenn die Voraussetzungen für den Steuerabzug vorlagen (keine Freistellungsbescheinigung, kein Bagatellauftrag) und er eben zahlt. **31**

Daß die Forderung in voller Höhe bei dem Bauunternehmer verbleibt, hat zur Folge, daß er in voller Höhe einzugsberechtigt ist, Zahlung an sich verlangen kann und die *Verurteilung* entsprechend – *brutto* – erfolgt; die Dinge liegen nicht anders als beim Lohnsteuerabzug. Wegen der drohenden Inanspruchnahme durch das Finanzamt kann der Besteller insbesondere auch ein Zurückbehaltungsrecht gegenüber dem Bauunternehmer nicht ausüben. Er bleibt vielmehr darauf angewiesen, gegenüber dem vollstreckenden Bauunternehmer ggf die Abwehrklage nach § 767 ZPO zu erheben, wenn er inzwischen an das Finanzamt gezahlt hat. Ergeht gegen ihn wegen nicht abgeführter Beträge ein *Leistungsbescheid* des Finanzamtes nach § 48a Abs 3 S 1 EStG, erwächst ihm daraus ein *vertraglicher Freihaltungsanspruch* gegenüber dem

Bauunternehmer, § 241 Abs 2, der aber mangels Gleichartigkeit nicht zur Aufrechnung gegenüber noch offenen Teilen der Werklohnforderung des Bauunternehmers verwendet werden kann, sondern insoweit nur ein Zurückbehaltungsrecht auslöst. Führt die Inanspruchnahme des Bestellers durch das Finanzamt zu Zahlungen, die die Werklohnforderung übersteigen, weil er zB schon voll an den Bauunternehmer gezahlt hat, erwächst dem Besteller aus § 241 Abs 2 ein vertraglicher Erstattungsanspruch gegen den Bauunternehmer.

Die Regelung betrifft Abschlags- wie Schlußzahlungen.

§ 633
Sach- und Rechtsmangel

(1) Der Unternehmer hat dem Besteller das Werk frei von Sach- und Rechtsmängeln zu verschaffen.

(2) Das Werk ist frei von Sachmängeln, wenn es die vereinbarte Beschaffenheit hat. Soweit die Beschaffenheit nicht vereinbart ist, ist das Werk frei von Sachmängeln,

1. wenn es sich für die nach dem Vertrag vorausgesetzte, sonst

2. für die gewöhnliche Verwendung eignet und eine Beschaffenheit aufweist, die bei Werken der gleichen Art üblich ist und die der Besteller nach der Art des Werkes erwarten kann.

Einem Sachmangel steht es gleich, wenn der Unternehmer ein anderes als das bestellte Werk oder das Werk in zu geringer Menge herstellt.

(3) Das Werk ist frei von Rechtsmängeln, wenn Dritte in Bezug auf das Werk keine oder nur die im Vertrag übernommenen Rechte gegen den Besteller geltend machen können.

Materialien: Art 1 G zur Modernisierung des Schuldrechts v 26. 11. 2001 (BGBl I 3138); BT-Dr 14/6040, 260; BT-Dr 14/7052, 65, 204. § 633 aF: E I § 569 Abs 1; II § 571; III § 623; Mot II 478 ff; Prot II 2207 ff; JAKOBS/SCHUBERT, Recht der Schuldverhältnisse II 845 ff. Vgl STAUDINGER/BGB-Synopse 1896–2000.

Schrifttum

1. Allgemeines
DELLER, Der „nach dem Vertrage" vorausgesetzte Gebrauch (§ 459 Abs 1 S 1 BGB) (Diss Saarbrücken 1999)
ENDERS, Existenz und Umfang eines Abänderungsrechts des Bestellers beim BGB-Bauvertrag, BauR 1982, 535
ERNST, Rechtliche Qualitätsmängel. Der Rechtsstatus von Leistungsobjekten als Gegenstand vertraglicher Vereinbarungen (1999)
FRANK, Die Haftung für Sachmängel und Verzug bei Bau- und Anlageverträgen. Eine rechtsvergleichende Untersuchung des deutschen und amerikanischen Rechts unter Berücksichtigung der Internationalen Vertragspraxis (Diss Berlin 1990)

LAMMEL, Zu Widersprüchen in Bauverträgen, BauR 1979, 109
LEVY, Die Gewährleistung für Mängel beim Werkvertrag (1903)
vLÜPKE, Schadensverteilung bei Vor- und Nacharbeit im Bauhandwerk, BB 1964, 738
MOOS, Sachmängelhaftung bei Zusammenwirken mehrerer Unternehmer, NJW 1961, 157
THODE, Die wichtigsten Änderungen im BGB-Werkvertragsrecht: Schuldrechtsmodernisierungsgesetz und erste Probleme – Teil 1, NZBau 2002, 297.

2. Anforderungen an das Werk
EBERSTEIN, Anerkannte Regeln der Technik und Allgemeine Technische Vorschriften für Bauleistungen (ATV/DIN-Normen), BB 1985, 1760
ENGEL, Mängelansprüche bei Software-Verträgen, BB 1985, 1159
HAHN, Verschleiß und Abnutzung im Bauvertragsrecht, BauR 1985, 532
JAGENBURG, Stand der Technik gestern, heute, morgen? Der für die anerkannten Regeln der Technik maßgebende Zeitpunkt, in: FS Korbion (1986) 179
KAISER, Der richtige Beurteilungszeitpunkt bei einem Verstoß gegen die anerkannten Regeln der Technik, BauR 1983, 203
ders, Der Begriff des Fehlers und der zugesicherten Eigenschaft im gesetzlichen Werkvertragsrecht, BauR 1983, 19
KNOTHE, „Umfunktionierte" Klassikeraufführung – vertragsgemäße Theaterleistung? NJW 1984, 1074
MARBURGER, Die Regeln der Technik im Recht (1979)
ders, Die haftungs- und versicherungsrechtliche Bedeutung technischer Regeln, VersR 1983, 597
MEDICUS, Mängelhaftung trotz Beachtung anerkannter Regeln der Technik beim Bauvertrag nach VOB/B, ZfBR 1984, 155

MEIER, Umweltproblematiken im Werkvertragsrecht, VuR 1992, 30
NICKLISCH, Technische Regelwerke – Sachverständigengutachten im Rechtssinne?, NJW 1983, 841
NIERWETBERG, Die Beweislast für Sollbeschaffenheit und Qualitätsabrede im Sachmängelprozeß, NJW 1993, 1745
PARMENTIER, Die anerkannten Regeln der Technik im privaten Baurecht, BauR 1998, 207
PIEPER, Die Regeln der Technik im Zivilprozeß, BB 1987, 273
REIM/KAMPHAUSEN, Nochmals: DIN-Normen, bauaufsichtliche Zulassungsbescheide, allgemein anerkannte Regeln der (Bau)Technik und Haftungsrisiko, BauR 1987, 269
SIEGBURG, Anerkannte Regeln der Bautechnik – DIN-Normen, BauR 1985, 367
STAMMBACH, Verstoß gegen die anerkannten Regeln der Technik – ein eigenständiger Gewährleistungstatbestand? (1997)
WEISE, Die Bedeutung der Mängelerscheinung im Gewährleistungsrecht, BauR 1991, 19.

3. Erstellung des Werkes
CLEMM, Die rechtliche Einordnung der Prüfungs- und Hinweispflicht des Auftragnehmers im Bauvertrag (§ 4 Nr 3 VOB/B) und die Rechtsfolgen ihrer Verletzung, BauR 1987, 609
HOCHSTEIN, Die Systematik der Prüfungs- und Hinweispflichten des Auftragnehmers beim VOB-Bauvertrag, in: FS Korbion (1986) 165
MOTZKE, Prüfungs-, Aufklärungs- und Überwachungspflichten des Unternehmers, ZfBR 1988, 244
PUTZIER, Der unvermutete Mehraufwand für die Herstellung des Bauwerks (1997)
SCHMALZL, Zur Feststellungspflicht nach § 13 Nr 4 VOB/B, BauR 1970, 203
SCHMIDT, Die Ausführung der Bauleistung nach VOB Teil B, MDR 1967, 713
SCHMITZ, Die Mängelbeseitigung vor Abnahme nach dem BGB, BauR 1979, 195.

Systematische Übersicht

I. Allgemeines ———————— 1

II. Herstellung und Verschaffung
1. Die vertraglichen Pflichten der Parteien ———————— 2

2. Die Herstellungspflicht des Unternehmers 3

III. Die Herstellung des Werkes
1. Allgemeines 4
2. Regelung der VOB/B 5
   a) Die zu erbringende Werkleistung; Änderungen und Ergänzungen 6
   aa) Maßgeblichkeit der Vereinbarungen 7
   bb) Widersprüche im Vertrag 8
   cc) Planungsänderungen durch den Besteller 9
   dd) Zusätzliche Leistungen 12
3. Ausführungsunterlagen 14
   a) Allgemeines 15
   b) Planung des Werkes 18
   c) Einweisung des Unternehmers 27
   d) Beweissicherung 28
4. Ausführung der Werkarbeiten 29
   a) Rechte und Pflichten des Bestellers während der Durchführung der Arbeiten 30
   aa) Überblick 30
   bb) Allgemeine Ordnung an der Arbeitsstelle 32
   cc) Beschaffung von Genehmigungen 33
   dd) Überwachung der Arbeiten des Unternehmers 38
   ee) Anordnungen des Bestellers 45
   b) Eigenverantwortliche Ausführung der vertraglichen Leistung durch den Unternehmer 53
   aa) Eigenverantwortlichkeit 53
   bb) Freiheiten des Unternehmers 54
   c) Prüfungs- und Anzeigepflicht des Unternehmers 62
   aa) Grundlagen 63
   bb) Folge unterlassener Prüfung 64
   cc) Die Prüfung 65
   dd) Vereinbarungen 72
   ee) Mitteilung der Bedenken 73
   ff) Zeitpunkt der Prüfung 74
   gg) Reaktion des Bestellers 75
   hh) Geteilte Verantwortlichkeit für Mängel 76
   ii) Beweislast 78
   d) Bereitstellungspflichten des Bestellers 79
   aa) Arbeits- und Lagerplätze 79
   bb) Zufahrt und Energieverbrauch 80
   e) Schutz- und Unterhaltungspflichten des Unternehmers 81
   f) Pflicht zur Beseitigung vertragswidriger Stoffe und Bauteile 84
   g) Rechte des Bestellers bei Mängeln, die während der Erstellung des Werkes erkannt werden 88
   h) Pflicht des Unternehmers zur Selbstausführung der geschuldeten Leistung 104
   i) Schatzfund 112
   k) Unechte Teilabnahme 112
5. Aufgabenverteilung bei der Herstellung des Werkes 113
   a) Durchführung der Arbeiten 113
   b) Planung 114
   c) Pflicht zur Beschaffung von Materialien, Zutaten und Geräten 115
6. Zeitlicher Rahmen des Werkvertrages 118
   a) Bestimmung der für die Ablieferung bestimmten Frist 118
   aa) Parteivereinbarung 118
   bb) Umstände 119
   cc) Sanktionen 122
   dd) Verlängerung der Fristen 123
   ee) Fixgeschäft 124
   b) Regelung der VOB/B 125
   aa) Vereinbarte Ausführungsfristen 126
   bb) Förderungspflichten des Unternehmers 127
   (1) Aufnahme der Arbeiten 127
   (2) Förderung der Arbeiten 130
   (3) Vollendung der Leistung 132
   (4) Schuldnerpflichten 133
   (5) Verlängerung der Bauzeiten 134
   cc) Rechtsfolgen von Verzögerungen 135
   (1) Fälle 136
   (2) Rechte des Bestellers 138

IV. Die Verschaffung des Werkes
1. Gegenstand der Pflicht 141
2. Befreiung von der Verpflichtung 142
   a) Unmöglichkeit 142
   b) § 275 Abs 2 143
   c) § 275 Abs 3 143
3. Elemente der Verschaffung 144
   a) Besitz 144

Titel 9 · Werkvertrag und ähnliche Verträge
Untertitel 1 · Werkvertrag

§ 633

b)	Eigentum	145
aa)	§ 946	146
bb)	§ 947	148
c)	Instruktion	149
4.	Fälligkeit, Verjährung	150
5.	Sanktionierung der Verschaffungspflicht	151

V. Die geschuldete Beschaffenheit des Werkes

1.	Eigenschaften	152
a)	Begriff	152
b)	Konkretheit	153
c)	Wert der Sache	154
d)	Das Werk als Bezugspunkt	154
2.	Mangelerscheinung und Mangelursache	155
3.	Mangelursachen	156
a)	Ausführungsmangel	156
b)	Planungsmangel	157
c)	Koordinierungsmangel	158
d)	Mangel des Stoffes	158
4.	Verantwortlichkeit für den Mangel	159

VI. Grundlagen der Sollbeschaffenheit des Werkes

1.	Beschaffenheitsgarantien	161
a)	Begriff	161
b)	Bedeutung einer Beschaffenheitsgarantie	162
c)	Selbständiges Garantieversprechen	163
2.	Beschaffenheitsvereinbarung	164
a)	Höhere Anforderungen an das Werk	164
b)	Mindere Anforderungen an das werk	165
c)	Werk nach Probe	166

3.	Übliche und zu erwartende Beschaffenheit	167
a)	Begriff und Maßstäbe	167
b)	Anerkannte Regeln der Technik	168
aa)	Begriff	169
bb)	Abbedingung	170
cc)	Folgenloser Verstoß	170
dd)	Mangel trotz Einhaltung der Regeln	171
c)	Werbeaussagen	172
4.	Die nach dem Vertrag vorausgesetzte Beschaffenheit	173

VII. Die Verwendungseignung des Werkes

1.	Verkehrswert des Werkes	174
2.	Eingeschränkte oder fehlende Eignung zur Verwendung	175
a)	Beispiele für Mängel	175
b)	Nicht zu Beanstandendes	177
c)	Ausmaß der Beeinträchtigung	178
d)	Beurteilungszeitpunkt	179
e)	Fragen der Beweislast	180
f)	Verantwortlichkeit des Unternehmers	181
g)	Unfertiges Werk	183

VIII. Anderes Werk, mindere Menge

| 1. | Anderes Werk | 184 |
| 2. | Mindere Menge | 185 |

IX. Rechtsmängel

1.	Rechte Dritter	186
2.	Beseitigungsfähigkeit der Rechtsposition	187
3.	Rechte wegen der Arbeitsmethode	187
4.	Bloße behauptete Rechte Dritter	188
5.	Ausschluß der Rechte des Bestellers	188

Alphabetische Übersicht

Ablieferungsfrist	118
Abnahme, rügelose	188
Abruf der Leistung	120
Absicherung	81
aliud	184
Änderungsbefugnis des Bestellers	10
Anordnungen des Bestellers	45 ff
– Adressat	48
– Grenzen	47
– Mehrkosten durch	51

– Verbindlichkeit	49
– Verweigerung gegen	50
Anpassung des Vertrages	36
Anzeigepflicht	62
Arbeitsmethode	152
Arbeits- und Lagerplätze	79
Aufgabenverteilung	113
Aufnahme der Arbeiten	120, 127
Auftragsentzug	94
Ausführung	

- Beginn der — 129
- Fristen für — 125 ff
- Mangel der — 156
Auskunftspflicht — 41
Auslegung des Vertrages — 7
Ausführung der Arbeiten — 29

Bauzeit, Verlängerung der — 134
Bedenken
- Mitteilung von — 73
- des Unternehmers — 62
Beschaffenheit
- Garantie der — 161
- geschuldete — 152 ff
- Vereinbarung der — 164
- vorausgesetzte — 173
Besitzverhältnisse — 79
Besitzverschaffung — 144
Beweislast — 180
Beweissicherung — 28

DIN-Normen — 170
Dispositionsfreiheit des Unternehmers — 3, 47
Durchführung der Arbeiten — 113

Eigentumserwerb, gesetzlicher — 145 ff
Eigentumsverschaffung — 145
Eigenverantwortlichkeit des Unternehmers — 53
Einweisung des Unternehmers — 27
Energieverbrauch — 80

Förderungspflicht — 127
Fristsetzung — 94
Fristverlängerung — 123
Funktionale Leistungsbeschreibung — 114

Garantie — 161
Garantieversprechen, selbständiges — 163
Genehmigungen — 33 ff
- andersartige — 36
- fehlende — 36
- verzögert vorgelegte — 37
Geräte — 115
Grundwasser — 83

Herstellungspflicht des Unternehmers — 3
Hinweispflicht des Unternehmers — 20
Höchstpersönlichkeit — 55

Instruktion — 149
Koordinierung — 32
Kündigung — 97, 139

Leistung, geschuldete — 56
Leitung, Delegation der — 52

Mangel — 176
- des Stoffes — 158
- Verantwortlichkeit für — 159, 181
Mängel
- vor der Abnahme — 88 ff
- Mitverursachung von — 76
Mangelerscheinung — 155
Mangelfreiheit — 152 ff
Mangelursache — 155 f
Materialien, Beschaffung von — 115
Minderung vor der Abnahme — 98
minus — 185
Mitarbeiter, Auswahl der — 56
Mitverschulden des Bestellers — 178
Mitwirkung des Bestellers — 113 f

Neuherstellung — 90

Obhut — 82
Ordnung
- allgemeine — 31
- auf der Arbeitsstelle — 57

Planung — 15 ff, 114
- Änderung der — 9
- als Obliegenheit — 16
- Verbindlichkeit der — 22
- Vergütung der — 26
- des Werkes — 18
Planungsmangel — 157
Prüfungspflicht — 19, 62 ff
- der Planung — 68

Rechtsmangel — 186
- Kenntnis des — 188
Regeln der Technik — 60, 168 ff
Rückstand, zeitlicher — 122

Schadensersatz vor der Abnahme — 99
Schatzfund — 112
Selbstausführung — 104

Titel 9 · Werkvertrag und ähnliche Verträge § 633
Untertitel 1 · Werkvertrag 1, 2

Selbsthilferecht des Bestellers	86	Vollendung der Leistung	132
Subunternehmer, Einsatz von	105	Vorbereitung des Leistungsaustauschs	2
		Vorhaltung	
Überwachung der Arbeiten	38	– von Arbeitskräften	130
Unmöglichkeit der Leistung	142	– von Geräten	130
Unterlagen		Vorlaufsfrist	120
– für die Ausführung	14	Vorleistungen anderer	113
– Überlassung der	21	Vorstufen des Werkes	141
Unzumutbarkeit der Leistung	143		
		Werbeaussagen	172
Verkehrswert	174	Werk	
Verschaffungspflicht		– nach Probe	166
– Fälligkeit	150	– unfertiges	183
– Sanktionierung der	151	Winterschäden	83
– Verjährung der	150	Zeiteinteilung	121
Verschaffung des Werkes	141 ff	Zeitrahmen	116
Versicherung	82	Zufahrtswege	80
Vertragswidrige Stoffe	84	Zusatzleistungen	12
Vertraulichkeit	44	Zutaten	115
Verwendungseignung	174	Zweckgebundenheit der Unterlagen	25
Verzögerung	135		

I. Allgemeines

§ 633 präzisiert die allgemeine Aussage des § 631 zu der Aufgabe des Unternehmers **1** im Rahmen des Werkvertrages. Das dort angesprochene Werk hat frei von Sachmängeln und Rechtsmängeln zu sein, § 633 Abs 1, wozu dann die Abs 2 und 4 nähere Angaben machen. Dies bezieht sich sowohl auf die Primärphase der Anfertigung des Werkes als auch auf die in den nachfolgenden Bestimmungen der §§ 634 ff geregelte (sekundäre) Phase der Gewährleistung. Die Aussage des Abs 3 zur Lieferung eines anderen oder quantitativ geringeren Werkes hat dagegen nur Bedeutung für die Sekundärphase der Gewährleistung.

Die Formulierung des § 633 Abs 1 weicht in bemerkenswerter Weise von der des § 631 Abs 1 ab, wenn dort von der *Herstellung des Werkes* die Rede ist, hier von seiner *Verschaffung* an den Besteller.

II. Herstellung und Verschaffung

1. Die vertraglichen Pflichten der Parteien

Das Pendant zur Verschaffung des Werkes ist auf seiten des Bestellers die in § 631 **2** Abs 1 angesprochene Entrichtung der Vergütung. Der Herstellung des Werkes würde auf seiten des Bestellers die Aufbringung des Werklohns entsprechen, wie sie namentlich bei größeren Werken ja auch Probleme bereiten kann. Wenn das Gesetz letztere nicht anspricht, sondern nur später in § 648a für einen Teilbereich für die Sicherstellung des Werklohns sorgt, und früher schon in § 321 dem Unternehmer bestimmte Rechte gibt, wenn er um die Entrichtung des Werklohns fürchten muß,

Frank Peters

bedeutet dies, daß die Aufbringung des Werklohns der vom Unternehmer nicht zu beeinflussenden Freiheit des Bestellers unterliegt.

Letztlich liegen die Dinge auf seiten des Unternehmers nicht anders. So wie der Besteller zu einem bestimmten Zeitpunkt (dazu § 641 Rn 4 ff) bar oder unbar zu zahlen haben wird, muß auch der Unternehmer zu einem bestimmten Zeitpunkt (dazu u Rn 118 ff) das fertige, vertragsgemäße Werk verschaffen (dazu u Rn 141 ff). Dieses sind die geschuldeten Erfüllungshandlungen; wie die Aufbringung des Werklohns bleibt auch die Herstellung des Werkes in ihrem Vorfeld.

2. Die Herstellungspflicht des Unternehmers

3 Nach dem eben Gesagten formuliert das Gesetz in § 631 Abs 1 unscharf, wenn es von einer Pflicht des Unternehmers zur Herstellung des Werkes redet. Wenn dem Unternehmer insoweit nicht konkrete Einzelpflichten im Vertrag auferlegt werden, genießt er vielmehr *Dispositionsfreiheit*, namentlich in *zeitlicher Hinsicht* und in der *Wahl der Arbeitsmethode*; er muß nur gewärtigen, später das Ziel einer rechtzeitigen Verschaffung eines mangelfreien Werkes zu verfehlen. Der Besteller hat nur auf dieses einen klagbaren Anspruch, nicht auf konkrete Einzelschritte hin zu diesem Ziel. Das gilt ohnehin, wenn hier Alternativen denkbar sind, aber doch auch dann, wenn es solche nicht gibt, nach Lage der Dinge nur bestimmte konkrete Maßnahmen sinnvoll sind. Auch dann kann er nicht auf ihre Vornahme klagen, sondern nur auf das vertragsgemäße Werk als solches.

III. Die Herstellung des Werkes

1. Allgemeines

4 Es ist realitätsfern, daß das BGB zur Herstellung des Werkes keine näheren Aussagen macht. Zunächst unterstellt es sachwidrig, daß die vorgesehene, vereinbarte Werkleistung als solche konstant bleibt. Tatsächlich können Änderungen, Erweiterungen, Einschränkungen notwendig oder wünschenswert werden. Das BGB hat den handwerklichen Unternehmer vor Augen, der seine Werkleistung selbst plant. Weithin liegt die Planung aber in den Händen des Bestellers (und seines Architekten). Bei der Ausführung der Arbeiten fragt es sich zB, ob der Besteller sie überwachen darf, ob der Unternehmer selbst bzw mit dem eigenen Betrieb arbeiten muß oder Subunternehmer einsetzen darf, wie er sich gegenüber sachwidrigen Planungsvorgaben zu verhalten hat, wie mit Mängeln umzugehen ist, die ersichtlich drohen oder gar schon eingetreten sind. Und trotz der zeitlichen Dispositionsfreiheit des Unternehmers lassen sich doch gewisse nähere Aussagen zu den zeitlichen Dimensionen der Vertragsabwicklung treffen; ihre Notwendigkeit erkennt das Gesetz selbst in § 323 Abs 4 an.

2. Regelung der VOB/B

5 Demgegenüber bietet die VOB/B in ihren §§ 1 (Art und Umfang der Leistung), 3 (Ausführungsunterlagen) und 4 (Ausführung) eine detaillierte Regelung der meisten der anstehenden Probleme. *Bei der Klärung der Parallelprobleme im allgemeinen Zivilrecht scheint es prinzipiell angebracht*, im wesentlichen die *Regelungen der*

VOB/B zu rezipieren, wenn sie jedenfalls durchweg den praktischen Bedürfnissen gerecht werden. Die folgende Kommentierung stellt deshalb jeweils die einschlägigen Bestimmungen der VOB/B voran und vermerkt dann jeweils, ob und inwieweit sie in das allgemeine Werkvertragsrecht rezipiert werden können.

Zu den zeitlichen Aspekten der Erbringung der Werkleistung, u Rn 118 ff und die dortigen Erl zu § 5 VOB/B. Behinderungen des Unternehmers (§ 6 VOB/B) sind angesprochen in § 642 Rn 42 ff.

a) Die zu erbringende Werkleistung; Änderungen und Ergänzungen
Hierzu verhält sich in der VOB/B 6

§ 1 Art und Umfang der Leistung

1. Die auszuführende Leistung wird nach Art und Umfang durch den Vertrag bestimmt. Als Bestandteil des Vertrages gelten auch die Allgemeinen Technischen Vertragsbestimmungen für Bauleistungen.

2. Bei Widersprüchen im Vertrag gelten nacheinander:

a) die Leistungsbeschreibung,
b) die Besonderen Vertragsbestimmungen,
c) etwaige Zusätzliche Vertragsbedingungen,
d) etwaige Zusätzliche Technische Vertragsbedingungen,
e) die Allgemeinen Technischen Vertragsbedingungen für Bauleistungen,
f) die Allgemeinen Vertragsbedingungen für die Ausführung von Bauleistungen.

3. Änderungen des Bauentwurfs anzuordnen, bleibt dem Auftraggeber vorbehalten.

4. Nicht vereinbarte Leistungen, die zur Ausführung der vertraglichen Leistung erforderlich werden, hat der Auftragnehmer auf Verlangen des Auftraggebers mit auszuführen, außer wenn sein Betrieb auf derartige Leistungen nicht eingerichtet ist. Andere Leistungen können dem Auftragnehmer nur mit seiner Zustimmung übertragen werden.

aa) Maßgeblichkeit der Vereinbarungen
§ 1 Nr 1 S 1 VOB/B wiederholt den allgemeinen Grundsatz, daß für die von dem 7 Unternehmer zu erbringende Leistung die vertragliche Vereinbarung primär maßgeblich ist (vgl dazu u Rn 160 ff). Besonderheiten für den Bereich der VOB/B werden insoweit nicht statuiert.

Freilich ist darauf hinzuweisen, daß *nicht der Wortlaut des Vertrages* maßgeblich ist, sondern seine *sachgerechte Auslegung*. Es kann sich ergeben, daß die Leistungsbeschreibung verfehlt ist, weil die vorgesehene Art der Ausführung nur zu einer minderwertigen Werkleistung führen würde, zB mögen die Heizkörper in ihrer Leistung zu knapp dimensioniert sein. Dann schuldet der Unternehmer von vornherein – dh ohne Vertragsänderung – die angemessenen Heizkörper (gegen Anpassung der Vergütung). Es wäre auch keine Planungsänderung des Bestellers iSd § 1 Nr 3 VOB/B, wenn er auf den angemessenen Heizkörpern besteht. Auch behördliche Auflagen können zu einer Leistungsänderung führen, die hier aus einer ergänzenden Vertragsauslegung, § 157, herzuleiten ist.

Wenn § 1 Nr 1 S 2 VOB/B die Allgemeinen Technischen Vertragsbedingungen für Bauleistungen für anwendbar erklärt, dann ergibt sich, daß bei Verträgen, für die die Parteien die Anwendung der VOB Teil B vereinbart haben, zugleich auch daß die *Bestimmungen der VOB Teil C* Anwendung finden, wenn auch, wie sich aus § 1 Nr 2 VOB/B ergibt, nur insoweit, wie die Parteien nicht anderweitige vorrangige Vereinbarungen getroffen haben.

Die *Bestimmungen der VOB/C* in ihrer jeweiligen, ständig überarbeiteten Fassung enthalten in DIN 18 299 allgemeine Regelungen für Bauarbeiten jeder Art, um dann in den DIN 18 300 ff spezielle Regelungen für insgesamt 54 Sachgebiete zu treffen. Nach der Neuschaffung der DIN 18 299 befinden sich die DIN 18 300 ff in einer der Anpassung dienenden Überarbeitung. Vgl zur VOB/C iü Vorbem 81 zu §§ 631 ff.

Die Bestimmungen der VOB/C sind grundsätzlich *auch dann von Bedeutung, wenn die Geltung der VOB/B nicht* vereinbart ist (vgl INGENSTAU/KORBION/VYGEN Einl Rn 23). Wenn und soweit nämlich die jeweiligen Rechte und Pflichten der Parteien näher zu konkretisieren sind, kommt der *Verkehrssitte* maßgebliche Bedeutung bei, §§ 157, 242, *bei deren Ermittlung vorrangig die VOB/C* zu beachten ist. Soweit die VOB/C qualitative Anforderungen an die Verwendung von Stoffen und die Ausführung von Arbeiten stellt, sind diese als Maßstäbe ebenfalls als im Zweifel von den Parteien gewollt anzusehen.

bb) Widersprüche im Vertrag

8 § 1 Nr 2 VOB/B löst die Widersprüche im Vertrag auf, die sich aus dem Nebeneinander verschiedener Regelungswerke ergeben. Wichtig ist, daß die Bestimmungen der VOB/B selbst nur *subsidiär* gelten, und zwar nicht nur von Individualabreden verdrängt werden, sondern auch von *anderen AGB*, die wirksam Aufnahme in den Vertrag gefunden haben (vgl BGH NJW-RR 1986, 825). Dabei regelt die Bestimmung nicht, wie solche AGB in den Vertrag aufzunehmen sind; das ergibt sich aus den allgemeinen Grundsätzen, namentlich der §§ 305 Abs 2, 310 Abs 1.

Gerade bei Werkverträgen erreichen die Vertragsunterlagen oftmals ein beträchtliches Ausmaß. Das ist hinzunehmen, soweit es sich aus der Natur der Sache ergibt, insbes hinsichtlich der Leistungsbeschreibung. Hinsichtlich der rechtlichen Reglungen ist dagegen davon auszugehen, daß die notwendigen Abreden schon in der VOB/B sowie im BGB prinzipiell enthalten sind, so daß *davon abweichende Bestimmungen* in besonderer Weise darauf zu überprüfen sind, ob sie nicht nach sachlichem Gehalt oder Stellung innerhalb des Regelwerkes als *überraschend* iSd § 305c Abs 1 zu bewerten sind. Auch die *Unklarheitenregel* des § 305c Abs 2 kann zuweilen Bedeutung gewinnen.

cc) Planungsänderungen durch den Besteller

9 § 1 Nr 3 VOB/B gibt dem Besteller das Recht, **Änderungen des Bauentwurfs** anzuordnen.

Eine Planungsänderung durch den Besteller liegt insoweit nicht vor, wie er nur eine mangelhafte Planung korrigiert oder auf äußere Vorgaben reagiert, zB behördliche Auflagen oder die Natur der Sache (unerwartet ungünstige Grundwasserverhältnisse); die Planungsänderung setzt Freiwilligkeit voraus. Auf eine notwendig geänderte Planung muß sich der Unternehmer – bei Zumutbarkeit – stets einlassen, dies auch außerhalb des Anwendungsbereichs der VOB/B; die Vergütung ist entsprechend anzupassen.

(1) Damit hat der Besteller beim VOB-Vertrag das Recht, Änderungen der zu erbringenden Leistung anzuordnen. Eine *Einigung mit dem Unternehmer* ist insoweit *nicht erforderlich*; es reicht vielmehr die einseitige empfangsbedürftige Erklärung des Bestellers.

Die Befugnis des Bestellers bezieht sich auf *Änderungen der zu erbringenden Leistung*, dh zu Neubestimmungen des zu liefernden Erfolges; das ist zu unterscheiden von den in § 4 Nr 1 Abs 3 VOB/B angesprochenen Anordnungen hinsichtlich der Arbeitsmethode (dazu u Rn 45 ff). Die Befugnis zur *Einschränkung der vertraglichen Leistung* ergibt sich für den Besteller aus § 8 Nr 1 VOB/B (dazu § 649 Rn 52); über zusätzliche Leistungen verhält sich § 1 Nr 4 VOB/B (dazu u Rn 12 f). Der Begriff der Änderungen ist schwer zu bestimmen. Grundsätzlich nicht befugt ist der Besteller, eine andere Leistung als zunächst vereinbart zu verlangen; doch kommt es entscheidend auf die *Zumutbarkeit* für den Unternehmer an (dazu u Rn 10).

Vom Besteller angeordnete Änderungen des Bauentwurfs wirken sich auf die geschuldete *Vergütung* nach Maßgabe des § 2 Nr 5 VOB/B aus bzw beim Pauschalpreisvertrag nach § 2 Nr 7 Abs 1 S 4 VOB/B, vgl dazu § 632 Rn 66 ff.

(2) § 1 Nr 3 VOB/B nennt keine *Grenzen der Änderungsbefugnis* des Bestellers. Insoweit kann zunächst nicht die Bestimmung des § 315 Abs 1 herangezogen werden, die billiges Ermessen als Maßstab und Grenze nennt. Es kommt vielmehr auf die *Zumutbarkeit* der Anordnung an (vgl INGENSTAU/KORBION/KELDUNGS § 1 Rn 37; NICKLISCH/ WEICK § 1 Rn 28, von denen freilich erstere mehr die Interessen des Unternehmers gewürdigt wissen wollen, letztere die Interessen beider Seiten gleichmäßig). Insoweit ist zunächst davon auszugehen, daß die finanziellen Belange des Unternehmers jedenfalls durch § 2 Nr 5 VOB/B gewahrt sind. Auf seiner Seite ist also primär zu berücksichtigen, daß es nicht zu einer zusätzlichen Belastung in zeitlicher Hinsicht kommen darf, und daß ihm keine Leistungen abverlangt werden dürfen, für die sein Betrieb nicht eingerichtet ist und eingerichtet zu sein braucht. Ohnehin braucht sich der Unternehmer auf solche Leistungsänderungen nicht einzulassen, die ihm bedenklich erscheinen, vgl § 4 Nr 3 VOB/B (dazu u Rn 62 ff). Anderseits soll das Werk im Ergebnis den Wünschen und Bedürfnissen des Bestellers entsprechen, die sich uU erst mit der Zeit näher konkretisieren oder sich erst allmählich herausstellen. Es ist deshalb insoweit *möglichste Großzügigkeit* angezeigt.

Die Darlegungs- und Beweislast für die Unzumutbarkeit trägt der Unternehmer.

Kommt der Unternehmer einer vom Besteller berechtigt angeordneten Änderung des Bauentwurfs nicht nach, dann ist seine *Leistung nicht vertragsgerecht*, so daß sich für den Besteller die Rechte aus § 4 Nr 7 VOB/B ergeben, uU einschließlich des Rechts zur Kündigung aus wichtigem Grunde (vgl u Rn 89 ff).

Weitergehende Änderungen des Bauentwurfs setzen eine entsprechende Vereinbarung mit dem Unternehmer voraus.

11 (3) Bei einem *Werkvertrag, der nicht den Bestimmungen der VOB/B unterliegt,* kann zunächst mangels einer § 1 Nr 3 VOB/B entsprechenden Regelung eine *einseitige Änderungsbefugnis des Bestellers nicht angenommen werden* (vgl Locher, Das private BauR Rn 78, 97; **aA** MünchKomm/Soergel § 631 Rn 132; Ingenstau/Korbion/Keldungs § 1 Rn 30; Enders BauR 1982, 535). Das ist indessen ein mehr theoretischer als praktischer Unterschied. Denn wenn die Durchsetzung von Änderungswünschen auch generell eine entsprechende Einigung mit dem Unternehmer voraussetzt, so ist dieser doch *nach Treu und Glauben gehalten, auf zumutbare Änderungswünsche des Bestellers einzugehen,* so daß von praktischer Relevanz allein die Frage ist, ob die Grenzen der Zumutbarkeit nach BGB genauso zu ziehen sind wie nach § 1 Nr 3 VOB/B (vgl bejahend Enders; einschränkend und auf die Kriterien des § 1 Nr 4 abstellend Ingenstau/Korbion/Keldungs § 1 Rn 31). Dabei ist zu berücksichtigen, daß der Unternehmer eine preisliche Berücksichtigung der Zusatzwünsche verlangen kann, die aus den bisherigen Vergütungsabreden heraus zu entwickeln ist (vgl § 632 Rn 71 ff). Im Ergebnis wird man die *Grenze des Zumutbaren hier nicht anders zu ziehen haben als nach § 1 Nr 3 VOB/B,* wenn denn die sachlichen Probleme dieselben sind. Ein wichtiger Unterschied gegenüber der Regelung der VOB/B ergibt sich dann allerdings daraus, daß der Besteller die Zumutbarkeit der Änderung für den Unternehmer *darzulegen und zu beweisen hat.*

dd) Zusätzliche Leistungen

12 Für zusätzliche, ursprünglich nicht vereinbarte Leistungen ist nach § 1 Nr 4 VOB/B zunächst eine entsprechende *Einigung der Parteien* erforderlich (vgl Ingenstau/Korbion/Keldungs § 1 Rn 43 f). Der Unternehmer unterliegt aber – jedenfalls teilweise – einem *Kontrahierungszwang* (Beck'scher VOB-Komm/W Jagenburg § 1 Nr 4 Rn 3). Zusatzleistungen liegen nur dann vor, wenn die konkreten Maßnahmen nicht schon ohne weiteres zur Abrundung der Leistung geschuldet werden, was sich insbesondere aus den jeweils maßgeblichen DIN-Normen ergeben kann.

(1) Wenn die zusätzlichen Leistungen zur *mangelfreien Ausführung der vertraglich vorgesehenen Leistung erforderlich* sind, unterliegt der Unternehmer insoweit einem *Kontrahierungszwang.* Er hat allerdings ein *Weigerungsrecht,* wenn sein Betrieb, was er darzulegen und zu beweisen hat, *auf derartige Leistungen* sachlich oder persönlich *nicht eingerichtet* ist. Dabei kommt es auf den *konkreten Zuschnitt* seines Betriebes an (Ingenstau/Korbion/Keldungs § 1 Rn 47), nicht darauf, wie er nach üblichen Maßstäben eingerichtet sein müßte. Der Unternehmer ist auch nicht verpflichtet, einen kompetenten Subunternehmer für derartige Arbeiten einzusetzen, schon weil ihn dies der Gewährleistung für von ihm nicht beherrschte Leistungen aussetzen würde. Er ist allerdings nach Treu und Glauben gehalten, bei *der Auswahl eines kompetenten anderen Unternehmers mitzuwirken,* und haftet insoweit für culpa in eligendo.

13 (2) *Weitergehende,* also nicht notwendige Zusatzarbeiten braucht der Unternehmer nach § 1 Nr 4 S 2 VOB/B *grundsätzlich nicht* zu übernehmen. Allerdings kann sich auch hier *aus Treu und Glauben ein Kontrahierungszwang* ergeben, wenn triftige Gründe für eine Ablehnung nicht bestehen, wenn der Unternehmer also unter Berücksichtigung seiner anderweitigen Verpflichtungen zur Übernahme ohne weiteres

Titel 9 · Werkvertrag und ähnliche Verträge § 633
Untertitel 1 · Werkvertrag 14

in der Lage ist und wenn die anderweitige Vergabe dieser Arbeiten dem Besteller besondere Probleme hinsichtlich Zeit, Kosten und Koordinierung bereitet. Die grundlose Verweigerung von Zusatzleistungen kann dem Besteller ein Recht zur Kündigung aus wichtigem Grunde geben bzw zum Rücktritt nach § 324. Gleiches gilt, wenn die Übernahme von Zusatzaufträgen von unberechtigten Vergütungsforderungen abhängig gemacht wird.

(3) Die für Zusatzleistungen geschuldete Vergütung regelt § 2 Nr 6 VOB/B (vgl dazu § 632 Rn 71 ff).

(4) Von den vorstehenden Grundsätzen ist auch dann auszugehen, *wenn die Bestimmungen der VOB/B nicht anwendbar sind.*

3. Ausführungsunterlagen

Zu den Ausführungsunterlagen verhält sich § 3 VOB/B: 14

1. Die für die Ausführung notwendigen Unterlagen sind dem Auftragnehmer unentgeltlich und rechtzeitig zu übergeben.

2. Das Abstecken der Hauptachsen der baulichen Anlagen, ebenso der Grenzen des Geländes, das dem Auftragnehmer zur Verfügung gestellt wird, und das Schaffen der notwendigen Höhenfestpunkte in unmittelbarer Nähe der baulichen Anlage sind Sache des Auftraggebers.

3. Die vom Auftraggeber zur Verfügung gestellten Geländeaufnahmen und die übrigen für die Ausführung übergebenen Unterlagen sind für den Auftragnehmer maßgebend. Jedoch hat er sie, soweit es zur ordnungsgemäßen Vertragserfüllung gehört, auf etwaige Unstimmigkeiten zu überprüfen und den Auftraggeber auf entdeckte oder vermutete Mängel hinzuweisen.

4. Vor Beginn der Arbeiten ist, soweit notwendig, der Zustand der Straßen und Geländeoberfläche, der Vorfluter und Vorflutleitungen, ferner der baulichen Anlagen im Baubereich in einer Niederschrift festzuhalten, die vom Auftraggeber und Auftragnehmer anzuerkennen ist.

5. Zeichnungen, Berechnungen, Nachprüfungen von Berechnungen oder andere Unterlagen, die der Auftragnehmer nach dem Vertrag, besonders den Technischen Vertragsbedingungen, oder der gewerblichen Verkehrssitte oder auf besonderes Verlangen des Auftraggebers (§ 2 Nr. 9) zu beschaffen hat, sind dem Auftraggeber nach Aufforderung rechtzeitig vorzulegen.

6. (1) Die in Nr. 5 genannten Unterlagen dürfen ohne Genehmigung ihres Urhebers nicht veröffentlicht, vervielfältigt, geändert oder für einen anderen als den vereinbarten Zweck benutzt werden.

(2) An DV-Programmen hat der Auftraggeber das Recht zur Nutzung mit den vereinbarten Leistungsmerkmalen in unveränderter Form auf den festgelegten Geräten. Der Auftraggeber darf zum Zwecke der Datensicherung zwei Kopien herstellen. Diese müssen alle Identifikationsmerkmale enthalten. Der Verbleib der Kopien ist auf Verlangen nachzuweisen.

(3) Der Auftragnehmer bleibt unbeschadet des Nutzungsrechts des Auftraggebers zur Nutzung der Unterlagen und der DV-Programme berechtigt.

a) Allgemeines

15 aa) Die zu erbringende Werkleistung setzt sich aus verschiedenen Komponenten zusammen, und zwar in sachlicher Hinsicht aus dem zu bearbeitenden Stoff (zu bebauendes Grundstück, zu renovierendes Gemälde), den zu verarbeitenden Zutaten (Mauersteine, Farben) sowie den dabei notwendigen technischen Hilfsmitteln (Handwerkszeug), in geistiger Hinsicht aus der **Planung** sowie schließlich aus der Durchführung der Arbeiten, zu der, im Baubereich besonders wichtig, die mit der Planung verwandte **Koordinierung** der Arbeiten gehört. Die Frage, was dabei von welcher Seite zu liefern ist, hängt von den Vereinbarungen der Parteien ab; zwingend zugewiesen ist nur die Durchführung der Arbeiten an den Unternehmer.

§ 3 VOB/B verhält sich unter den genannten Komponenten nur zur Planung sowie zu bestimmten Aspekten des Grundstücks als Stoff; die Durchführung der Arbeiten wird in § 4 VOB/B angesprochen, dort auch in Nr 1 zur Koordinierung (vgl dazu u Rn 29 ff).

Zur Lieferung von Stoff und Zutaten vgl u Rn 115.

16 bb) Soweit dem Besteller Aufgaben obliegen, insbesondere die der Planung, stellt sich die Frage nach der *Rechtsnatur dieser Aufgaben*. Es handelt sich um *Mitwirkungshandlungen*, wie sie in § 642 näher angesprochen sind. Bei diesen Mitwirkungshandlungen besteht Streit darüber, ob der Besteller als Schuldner – und mithin in einklagbarer Weise – zu ihnen verpflichtet ist, oder ob es sich um den Gegenstand von Gläubigerobliegenheiten handelt, die mithin nur mittelbar sanktioniert sind. Nach der hier vertretenen Auffassung handelt es sich grundsätzlich um *Gläubigerobliegenheiten*, sofern nichts anderes vereinbart ist (vgl näher § 642 Rn 17 ff). Die *VOB/B* läßt nicht erkennen, daß sie diesen Standpunkt nicht teilt, *ist aber in ihrer dogmatischen Konzeption insofern unklar*, als sie bei Behinderung des Unternehmers durch unterbleibende Mitwirkung des Bestellers in § 6 Nr 6 uU einen *Schadensersatzanspruch* gewährt, wie er mit der Annahme der Verletzung einer Gläubigerobliegenheit grundsätzlich unvereinbar ist, vgl dazu auch § 642 Rn 81, 85. Die *praktischen Konsequenzen* der Rechtsnatur der Mitwirkung des Bestellers dürfen freilich *nicht überschätzt werden*.

Die *Einklagbarkeit* der Mitwirkung, insbesondere der Planung, ist schon aus praktischen Gründen kaum von Interesse. Ihr kann sich der Besteller auch grundsätzlich nach § 649 entziehen. Wenn die Mitwirkung unterbleibt oder mangelhaft ist, erwächst dem Unternehmer verschuldensunabhängig jedenfalls ein eigenes Kündigungsrecht, vgl § 643 und § 9 Nr 1 a VOB/B. Wenn sich die Leistungen des Unternehmers aus derartigen Gründen verzögern, verlängern sich zu seinen Gunsten die *Ausführungsfristen* (vgl zu § 6 Nr 2 VOB/B und allgemein § 642 Rn 50 ff). Hat er dadurch *Mehraufwendungen*, gewähren die § 642 bzw § 6 Nr 6 VOB/B Ersatzansprüche (vgl § 642 Rn 22 ff einerseits, § 642 Rn 81 ff [zu § 6 Nr 6 VOB/B] andererseits). Kommt es wegen mangelhafter Mitwirkung zu *Mängeln des Werkes*, beschränkt dies die Gewährleistungsrechte des Bestellers nach Maßgabe des § 254 (vgl u Rn 181). Wenn das Werk infolge mangelhafter oder unterbleibender Mitwirkung untergeht oder verschlechtert wird, regelt sich der Vergütungsanspruch des Unternehmers unabhängig von der dogmatischen Konzeption nach § 645 (vgl dort Rn 22 ff, 29 ff).

cc) Soweit es um die dem Besteller obliegende Planung und Koordinierung geht, **17** hat er nicht nur für *das eigene Versagen einzustehen*, sondern nach *§ 278* bzw in entsprechender Anwendung dieser Bestimmung auch für das Verhalten jener Personen, die er mit diesen Aufgaben betraut hat, namentlich des Architekten (vgl BGH BB 1965, 1373 = Betr 1965, 1774; BGH NJW 1984, 1676 = LM § 273 BGB Nr 38 m Anm RECKEN; BGH BauR 1970, 57 = VersR 1970, 280; OLG Frankfurt NJW 1968, 1333), des Vermessungsingenieurs und des Statikers (vgl BGH VersR 1967, 260, ferner INGENSTAU/KORBION/OPPLER § 3 Rn 4 ff).

dd) Soweit der *Unternehmer* Planungsleistungen zu erbringen hat, handelt es sich bei dieser Pflicht um einen untrennbaren Bestandteil seiner Hauptpflicht zur Lieferung eines mangelfreien Werkes, so daß sich die *Sanktionen für Pflichtverletzungen aus den §§ 634 ff* ergeben.

b) Planung des Werkes
aa) *Wem die Planung des Werkes obliegt*, ist eine Frage der *Vereinbarung der* **18** *Parteien*, wie sie notfalls unter Berücksichtigung der Verkehrssitte, vgl §§ 157, 133 auszulegen ist. Die VOB/B geht in § 3 Nr 1 *grundsätzlich* davon aus, daß *die Planung dem Besteller obliegt*, läßt aber eben in § 3 Nr 5 Ausnahmen zu.

(1) Ob und inwieweit die Verkehrssitte den Besteller von der Aufgabe der Planung entlastet, hängt namentlich von seinem Sachverstand ab; die VOB/B geht insoweit von dem *Regelfall* aus, daß der Besteller – ggf vermittels eines Architekten – hierüber verfügt. Wenn es am Sachverstand des Bestellers fehlt, so daß die Aufgabe der Planung dem Unternehmer zuwächst, kann dieser von dem Besteller jedenfalls verlangen, daß dieser ihn über die für die Planung relevanten Daten wie insbes die Verwendungszwecke des Werkes aufklärt. Gleichzeitig behält der Besteller einen Anspruch darauf, daß ihn der Unternehmer über die wesentlichen Grundzüge der Planung des Werkes (Funktionsfähigkeit, Mängelrisiken, Haltbarkeit, Aussehen, Kosten) unterrichtet und seine Zustimmung in den entscheidenden Fragen einholt. Wo dies unterbleibt und das Werk deshalb für die Zwecke des Bestellers nicht mehr hinreichend tauglich ist, werden Gewährleistungsrechte ausgelöst (zu Kostenüberschreitungen vgl die Erl zu § 650).

(2) Da der Unternehmer stets über Sachverstand verfügt, ist er auch bei einer von **19** dem Besteller stammenden Planung gehalten, *diese auf etwaige Unstimmigkeiten zu überprüfen und den Besteller auf entdeckte oder vermutete Mängel hinzuweisen*. Diese Prüfungs- und Hinweispflicht des Unternehmers stellt § 3 Nr 3 S 2 VOB/B für den Anwendungsbereich der VOB/B klar; sie gilt darüber hinaus aber *auch ganz allgemein*.

(a) Gegenstand der Prüfungs- und Hinweispflicht sind *die den Unternehmer betreffenden Ausführungsunterlagen*. Diese sind auf ihre Eignung zu überprüfen, ein mangelfreies Werk sicherzustellen, aber doch auch, die Arbeiten zeitlich und in sonstiger Hinsicht reibungslos abzuwickeln (vgl HOCHSTEIN, in: FS Korbion 168 ff). Sie sind also umfassend zu überprüfen. Dagegen braucht der Unternehmer solche Unterlagen, die ihn nicht unmittelbar betreffen, nicht zu überprüfen.

(b) Die *Intensität der geschuldeten Nachprüfung* ist von den *Umständen des Einzelfalls* abhängig. Sie hängt namentlich von der Art der geforderten Leistung ab und steigt bei geringer Sachkunde des Bestellers naturgemäß an, entfällt aber doch auch dann nicht, wenn der Besteller sachkundig ist oder über sachkundige Mitarbeiter wie zB einen Architekten verfügt (vgl INGENSTAU/KORBION/OPPLER § 3 Rn 34).

20 (c)   Festgestellte oder auch nur vermutete Mängel der Planung brauchen zwar nicht schriftlich, müssen aber doch *mit Nachdruck mitgeteilt* werden. Der Unternehmer ist grundsätzlich berechtigt, bis zur Klärung durch den Besteller die *Arbeiten zu verweigern* (vgl INGENSTAU/KORBION/OPPLER § 3 Rn 41 f). Erkennt der Besteller hinreichend nachdrückliche Warnungen nicht an, wird der Unternehmer von seiner Gewährleistungspflicht frei, sofern der Planungsfehler zu einem Sachmangel führt.

(d)   Wenn der Unternehmer seine Prüfungs- und Hinweispflicht verletzt, verkürzt das die Rechte, die er sonst aus den Planungsfehlern herleiten könnte, nach Maßgabe des § 254, also insbesondere Ersatzansprüche aus den §§ 642 bzw 6 Nr 6 VOB/B (vgl dazu HOCHSTEIN aaO). Sofern die fehlerhafte Planung zu Mängeln der Werkleistung geführt hat, führt die Verletzung der Prüfungspflicht dazu, daß die Gewährleistung des Unternehmers wieder auflebt; die beiderseitigen Verursachungsbeiträge sind dann *in entsprechender Anwendung des § 254* gegeneinander abzuwägen. Sofern dem Besteller aus der unterbliebenen Prüfung sonstige Schäden erwachsen, kann er sie aus den §§ 280 Abs 1, 241 Abs 2 liquidieren (vgl INGENSTAU/KORBION/OPPLER § 3 Rn 36), muß sich freilich wiederum § 254 entgegenhalten lassen.

(e)   AGB des Bestellers, die aus der Prüfungspflicht des Unternehmers eine unbedingte Einstandspflicht des Unternehmers für Planungsmängel machen, verstoßen gegen § 307 Abs 2 Nr 1 (vgl auch INGENSTAU/KORBION/OPPLER § 3 Rn 37), sofern und soweit die Planung von dem Besteller stammt.

21 bb)   Wenn und soweit der Besteller plant, hat der Unternehmer *die für ihn nötigen Unterlagen rechtzeitig und unentgeltlich* zu erhalten. Dieser Grundsatz des § 3 Nr 1 VOB/B *gilt nach Treu und Glauben über den Geltungsbereich der VOB/B hinaus*.

(1)   Zunächst gebührt dem Unternehmer der *Besitz* an den Unterlagen, wenn er denn auf ihrer Basis arbeiten soll. Es reicht insoweit nicht die Möglichkeit der Einsicht (vgl INGENSTAU/KORBION/OPPLER § 3 Rn 15).

(2)   Es müssen sodann die nötigen Unterlagen übergeben werden. Es hängt von den Umständen des Einzelfalls ab, was dazu zu rechnen ist. Unter den Schriftstücken, Zeichnungen und Berechnungen sind vor allem die Ausführungspläne des Architekten zu nennen, § 15 Abs 1 Nr 5 HOAI, insgesamt aber *alle jene Vorgaben, die für eine ordnungsgemäße Vertragserfüllung notwendig* sind. Dazu gehört dann auch die Verarbeitung der mitgeteilten Bedenken des Unternehmers gegen die Planung.

Diese Unterlagen hat der Unternehmer *rechtzeitig* zu erhalten, also zwar nicht sofort nach ihrer Erstellung, aber doch so, daß er sich angemessen auf ihre Ausführung vorbereiten kann (vgl INGENSTAU/KORBION/OPPLER § 3 Rn 14).

Der Besteller darf schließlich *weder Vergütung noch Auslagenersatz* für die Planungsunterlagen verlangen. Diesbezügliche Forderungen benachteiligen den Unternehmer unangemessen und unter Verstoß gegen Treu und Glauben, § 307 Abs 1.

(3) Der Unternehmer kann die Überlassung der Unterlagen zwar nicht einklagen (aA INGENSTAU/KORBION/OPPLER § 3 Rn 15), ihm erwächst aber jedenfalls ein Leistungsverweigerungsrecht bis zu ihrer Überlassung. Solange diese nicht erfolgt, liegt eine *Behinderung* des Unternehmers vor, die zu einer Verlängerung der Ausführungsfristen führt, vgl § 6 Nr 2 a VOB/B, zu Ersatzansprüchen des Unternehmers nach § 6 Nr 6 VOB/B bzw nach § 642, sowie auch zu Kündigungsmöglichkeiten nach § 9 Nr 1 a VOB/B bzw § 643.

cc) Eine von dem Besteller erstellte *Planung* ist für den Unternehmer – vorbehaltlich seiner Prüfungspflicht – *verbindlich*. Er darf nicht eigenmächtig von ihr abweichen, sondern nur im Einverständnis mit dem Besteller (vgl BGH NJW 1982, 1702 = LM § 3 VOB/B Nr 1). Eigenmächtige Abweichungen lassen das Werk mangelhaft werden, ggf sogar als nicht erbracht erscheinen (BGH NJW 1982, 1702), es sei denn, der Wert oder die Tauglichkeit des Werkes wäre im Ergebnis nicht gemindert, was der Unternehmer zu beweisen hat (aaO). Diese Grundsätze des § 3 Nr 3 S 1 VOB/B gelten *über den Anwendungsbereich der VOB/B hinaus*. **22**

Zu der Befugnis des Bestellers zu nachträglichen Planungsänderungen o Rn 9 ff.

dd) Zu den Voraussetzungen, unter denen der Unternehmer zu planen hat, o Rn 18. Auch diese Planungen sind der Gegenseite rechtzeitig vorzulegen, wie dies § 3 Nr 5 VOB/B in verallgemeinerungsfähiger Form sagt. Kommt der Unternehmer seinen Pflichten nicht nach, kann der Besteller ggf aus wichtigem Grunde kündigen, vgl auch §§ 4 Nr 7, 8 Nr 3 VOB/B (vgl INGENSTAU/KORBION/OPPLER § 3 Rn 58). Wird das Werk mangelhaft, stehen dem Besteller Gewährleistungsrechte zu; ggf erwachsen ihm auch Schadensersatzansprüche nach § 6 Nr 6 VOB/B bzw nach allgemeinem Zivilrecht aus den §§ 280 Abs 1, 241 Abs 2 (Beeinträchtigung anderer Gewerke) oder aus Verzug (Bauverzögerung). **23**

ee) Über das *weitere Schicksal der der Gegenseite überlassenen Planungsunterlagen* verhält sich in der VOB/B § 3 Nr 6 nur insoweit, wie es um Planungen des Unternehmers geht. Die dort wiedergegebenen Grundsätze sind jedoch zunächst insoweit entsprechend anzuwenden, wie es um Planungsunterlagen geht, die der Besteller geliefert hat (vgl auch INGENSTAU/KORBION/OPPLER § 3 Rn 60). Im übrigen gelten die Grundsätze auch ganz allgemein für Planungen der Gegenseite. **24**

(1) Die Planungsunterlagen gehen zunächst *nicht in das Eigentum der Gegenseite* über (INGENSTAU/KORBION/OPPLER § 3 Rn 60). Eine Übereignung ist zwar möglich, kann aber grundsätzlich nicht als gewollt angesehen werden. Die Unterlagen können also nach Erreichung der Verwendungszwecke nach § 985, ggf nach § 3 Nr 6 S 2, uU auch nach den §§ 675, 667 bzw 242 herausverlangt werden.

(2) Die Unterlagen dürfen weiterhin nur *strikt zweckgebunden verwendet* werden. Sie sind weder der Öffentlichkeit/Fachöffentlichkeit zugänglich zu machen, noch darf sich die Gegenseite – auch sfür eigene Zwecke – beliebig Kopien machen (INGENSTAU/KORBION/OPPLER § 3 Rn 65). Erst recht dürfen die Unterlagen nicht zB für weitere Ausschreibungen verwendet werden (vgl BGH NJW 1986, 2701 = LM § 242 [A] BGB Nr 62). Dies alles ist vielmehr nur mit der Genehmigung dessen zulässig, der die Unterlagen geliefert hat. Trotz der Verwendung des Ausdrucks Urheber in § 3 **25**

Nr 6 Abs 1 VOB/B ist dieser Schutz dabei nicht davon abhängig, daß diese Unterlagen urheberrechtliche Schutzfähigkeit haben.

(3) Die *schuldhaft unterbliebene Rückgabe* oder die *zweckwidrige Verwendung* der Planungsunterlagen begründet *Schadensersatzansprüche* aus den §§ 280 Abs 1, 241 Abs 2, ggf auch aus den §§ 823 ff, 687 Abs 2, 18, 19 UWG (INGENSTAU/KORBION/OPPLER § 3 Rn 68). Sofern die Planungen von einem Dritten stammen, kann grundsätzlich davon ausgegangen werden, daß er in den Schutzbereich des Werkvertrages einbezogen ist und damit aus eigener Position Schadensersatzansprüche geltend machen kann (BGH NJW 1986, 2701). Wenn die Gegenseite vermögenswerte Vorteile aus der zweckwidrigen Verwendung der Planungsunterlagen zieht, kann sie auch *Bereicherungsansprüchen* ausgesetzt sein.

(4) Das *Besitzrecht* der Gegenseite *endet* mit der Erreichung des Verwendungszwecks bzw dem Zeitpunkt, in dem dessen Nichterreichbarkeit endgültig feststeht. Zur Erreichung des Verwendungszwecks gehört für den Besteller auch die Rechnungsprüfung. Kopierte EDV-Programme darf die Gegenseite zwar behalten, vgl § 3 Nr 6 Abs 2 VOB/B, unterliegt hier aber auch einer strengen Verschwiegenheitspflicht.

(5) Nur eine Klarstellung hinsichtlich des verbleibenden Nutzungsrechts des Unternehmers enthält § 3 Nr 6 Abs 3 VOB/B.

26 ff) Die Frage nach der *Vergütungspflicht* für Planungsarbeiten ist nicht einheitlich zu beurteilen.

(1) Wenn und soweit der Besteller die Planung zu erstellen hatte, kann er sie dem Unternehmer jedenfalls nicht in Rechnung stellen, vgl auch § 3 Nr 1 VOB/B. Übernimmt der Besteller an sich dem Unternehmer obliegende Planungsarbeiten, bedarf es einer besonderen Vereinbarung, wenn er dafür Vergütung erhalten soll.

(2) Wenn der Unternehmer die Planungsunterlagen erstellt hat und ihm dies oblag, wird die Vergütung hierfür regelmäßig auch dann mit der Vergütung für die ausgeführten Arbeiten abgegolten sein, wenn die Planung aufwendig war. Übernimmt er dagegen *zusätzliche Planungsarbeiten*, steht ihm dafür ein *besonderer Vergütungsanspruch* zu (vgl zu § 2 Nr 9 VOB/B und allgemein § 632 Rn 92).

(3) Zu Planungsleistungen im Rahmen des Vertragsangebots vgl § 632 Rn 93 ff.

(4) *Kündigt* der Besteller gemäß § 649 nach Planung durch den Unternehmer, aber vor Ausführung der Leisstungen, kann dieser die Planungskosten im Rahmen des Anspruchs aus § 649 S 2 liquidieren. Er kann sich aber auch darauf beschränken, seine Planungskosten als solche als Mindestbetrag einzufordern. Bei einer Kündigung des Bestellers aus wichtigem Grunde braucht dieser die nicht mehr ausgeführte Planung grundsätzlich nicht zu vergüten.

c) Einweisung des Unternehmers

27 § 3 Nr 2 VOB/B stellt klar, was sich auch allgemein aus § 242 ergibt, daß es eine *Obliegenheit des Bestellers ist, den Unternehmer insoweit einzuweisen*, wie es um Lage und Höhe des Bauwerks geht. Mängel gehen – vorbehaltlich der Prüfungspflicht des Unternehmers – zu Lasten des Bestellers (OLG Düsseldorf NJW-RR 1998, 739). Diese Verpflichtung folgt in der rechtlichen Behandlung den Regeln über die Planung. Wenn der Besteller die Einmessung des Bauwerks von dem Unternehmer verlangt, was er nach § 1 Nr 4 VOB/B bzw § 242 kann, schuldet er zusätzliche Vergütung nach § 2 Nr 9 VOB/B (vgl INGENSTAU/KORBION/OPPLER § 3 Rn 28).

d) Beweissicherung

§ 3 Nr 4 VOB/B gibt beiden Parteien einen Anspruch auf *außergerichtliche Beweissicherung* hinsichtlich des Zustands des Grundstücks und seiner Umgebung vor Beginn der Werkarbeiten. Ein derartiger Anspruch kann sich *auch sonst aus Treu und Glauben ergeben, wenn die Geltung der VOB/B nicht vereinbart ist*, zB wenn unfertig abgebrochene Arbeiten eines anderen Unternehmers weitergeführt werden sollen. Die Mitwirkung bei der Feststellung ist für den Besteller eine Gläubigerobliegenheit, für den Unternehmer eine Schuldnerpflicht. Ihre Verweigerung kann Anlaß zur Kündigung aus wichtigem Grunde geben (vgl INGENSTAU/KORBION/OPPLER § 3 Rn 49, aA SCHMALZL BauR 1970, 203, 204, vgl §§ 5 Nr 4, 8 Nr 3 VOB/B bzw §§ 9 Nr 1 a VOB/B, 643). Die Verweigerung der Mitwirkung begründet für die Gegenseite ein *Leistungsverweigerungsrecht* und stellt eine *Behinderung* dar; §§ 6 Nr 1, 6 VOB/B bzw 642. Die *Kosten* der Beweissicherung sind grundsätzlich zu teilen (aA INGENSTAU/KORBION/OPPLER § 3 Rn 50: Besteller), doch handelt es sich hierbei nicht um eine Planungsleistung. Allerdings kann sich die Kostentragungspflicht des Unternehmers aus der VOB/C ergeben (vgl die Nachweise bei INGENSTAU/KORBION), und trägt jene Partei, die auf einer aufwendigeren Beweissicherung als notwendig, zB durch einen Sachverständigen, besteht, die damit verbundenen Zusatzkosten allein.

4. Ausführung der Werkarbeiten

Zu der Ausführung der Werkarbeiten bestimmt § 4 VOB/B:

> 1. (1) Der Auftraggeber hat für die Aufrechterhaltung der allgemeinen Ordnung auf der Baustelle zu sorgen und das Zusammenwirken der verschiedenen Unternehmer zu regeln. Er hat die erforderlichen öffentlich-rechtlichen Genehmigungen und Erlaubnisse – zB nach dem Baurecht, dem Straßenverkehrsrecht, dem Wasserrecht, dem Gewerberecht – herbeizuführen.
>
> (2) Der Auftraggeber hat das Recht, die vertragsgemäße Ausführung der Leistung zu überwachen. Hierzu hat er Zutritt zu den Arbeitsplätzen, Werkstätten und Lagerräumen, wo die vertragliche Leistung oder Teile von ihr hergestellt oder die hierfür bestimmten Stoffe und Bauteile gelagert werden. Auf Verlangen sind ihm die Werkzeichnungen oder andere Ausführungsunterlagen sowie die Ergebnisse von Güteprüfungen zur Einsicht vorzulegen und die erforderlichen Auskünfte zu erteilen, wenn hierdurch keine Geschäftsgeheimnisse preisgegeben werden. Als Geschäftsgeheimnis bezeichnete Auskünfte und Unterlagen hat er vertraulich zu behandeln.
>
> (3) Der Auftraggeber ist befugt, unter Wahrung der dem Auftragnehmer zustehenden Leitung (Nr. 2) Anordnungen zu treffen, die zur vertragsgemäßen Ausführung der Leistung notwendig sind. Die Anordnungen sind grundsätzlich nur dem Auftragnehmer oder seinem für die Leitung der Ausführung bestellten Vertreter zu erteilen, außer wenn Gefahr im Verzug ist. Dem

Auftraggeber ist mitzuteilen, wer jeweils als Vertreter des Auftragsnehmers für die Leitung der Ausführung bestellt ist.

(4) Hält der Auftragnehmer die Anordnungen des Auftraggebers für unberechtigt oder unzweckmäßig, so hat er seine Bedenken geltend zu machen, die Anordnungen jedoch auf Verlangen auszuführen, wenn nicht gesetzliche oder behördliche Bestimmungen entgegenstehen. Wenn dadurch eine ungerechtfertigte Erschwerung verursacht wird, hat der Auftraggeber die Mehrkosten zu tragen.

2. (1) Der Auftragnehmer hat die Leistung unter eigener Verantwortung nach dem Vertrag auszuführen. Dabei hat er die anerkannten Regeln der Technik und die gesetzlichen und behördlichen Bestimmungen zu beachten. Es ist seine Sache, die Ausführung seiner vertraglichen Leistung zu leiten und für Ordnung auf seiner Arbeitsstelle zu sorgen.

(2) Er ist für die Erfüllung der gesetzlichen, behördlichen und berufsgenossenschaftlichen Verpflichtungen gegenüber seinen Arbeitnehmern allein verantwortlich. Es ist ausschließlich seine Aufgabe, die Vereinbarungen und Maßnahmen zu treffen, die sein Verhältnis zu den Arbeitnehmern regeln.

3. Hat der Auftragnehmer Bedenken gegen die vorgesehene Art der Ausführung (auch wegen der Sicherung gegen Unfallgefahren), gegen die Güte der vom Auftraggeber gelieferten Stoffe oder Bauteile oder gegen die Leistungen anderer Unternehmer, so hat er sie dem Auftraggeber unverzüglich – möglichst schon vor Beginn der Arbeiten – schriftlich mitzuteilen; der Auftraggeber bleibt jedoch für seine Angaben, Anordnungen oder Lieferungen verantwortlich.

4. Der Auftraggeber hat, wenn nichts anderes vereinbart ist, dem Auftragnehmer unentgeltlich zur Benutzung oder Mitbenutzung zu überlassen:

a) die notwendigen Lager- und Arbeitsplätze auf der Baustelle,
b) vorhandene Zufahrtswege und Anschlußgleise,
c) vorhandene Anschlüsse für Wasser und Energie. Die Kosten für den Verbrauch und den Messer oder Zähler trägt der Auftragnehmer, mehrere Auftragnehmer tragen sie anteilig.

5. Der Auftragnehmer hat die von ihm ausgeführten Leistungen und die ihm für die Ausführung übergebenen Gegenstände bis zur Abnahme vor Beschädigung und Diebstahl zu schützen. Auf Verlangen des Auftraggebers hat er sie vor Winterschäden und Grundwasser zu schützen, ferner Schnee und Eis zu beseitigen. Obliegt ihm die Verpflichtung nach Satz 2 nicht schon nach dem Vertrag, so regelt sich die Vergütung nach § 2 Nr. 6.

6. Stoffe oder Bauteile, die dem Vertrag oder den Proben nicht entsprechen, sind auf Anordnung des Auftraggebers innerhalb einer von ihm bestimmten Frist von der Baustelle zu entfernen. Geschieht es nicht, so können sie auf Kosten des Auftragnehmers entfernt oder für seine Rechnung veräußert werden.

7. Leistungen, die schon während der Ausführung als mangelhaft oder vertragswidrig erkannt werden, hat der Auftragnehmer auf eigene Kosten durch mangelfreie zu ersetzen. Hat der Auftragnehmer den Mangel oder die Vertragswidrigkeit zu vertreten, so hat er auch den daraus entstehenden Schaden zu ersetzen. Kommt der Auftragnehmer der Pflicht zur Beseiti-

gung des Mangels nicht nach, so kann ihm der Auftraggeber eine angemessene Frist zur Beseitigung des Mangels setzen und erklären, daß er ihm nach fruchtlosem Ablauf der Frist den Auftrag entziehe (§ 8 Nr. 3).

8. (1) Der Auftragnehmer hat die Leistung im eigenen Betrieb auszuführen. Mit schriftlicher Zustimmung des Auftraggebers darf er sie an Nachunternehmer übertragen. Die Zustimmung ist nicht notwendig bei Leistungen, auf die der Betrieb des Auftragnehmers nicht eingerichtet ist. Erbringt der Auftragnehmer ohne schriftliche Zustimmung des Auftraggebers Leistungen nicht im eigenen Betrieb, obwohl sein Betrieb darauf eingerichtet ist, kann der Auftraggeber ihm eine angemessene Frist zur Aufnahme der Leistung im eigenen Betrieb setzen und erklären, daß er ihm nach fruchtlosem Ablauf der Frist den Auftrag entziehe (§ 8 Nr. 3 VOB/B).

(2) Der Auftragnehmer hat bei der Weitervergabe von Bauleistungen an Nachunternehmer die Verdingungsordnung für Bauleistungen zugrunde zu legen.

(3) Der Auftragnehmer hat die Nachunternehmer dem Auftraggeber auf Verlangen bekanntzugeben.

9. Werden bei Ausführung der Leistung auf einem Grundstück Gegenstände von Altertums-, Kunst- oder wissenschaftlichem Wert entdeckt, so hat der Auftragnehmer vor jedem weiteren Aufdecken oder Ändern dem Auftraggeber den Fund anzuzeigen und ihm die Gegenstände nach näherer Weisung abzuliefern. Die Vergütung etwaiger Mehrkosten regelt sich nach § 2 Nr. 6. Die Rechte des Entdeckers (§ 984 BGB) hat der Auftraggeber.

10. Der Zustand von Teilen der Leistung ist auf Verlangen gemeinsam von Auftraggeber und Auftragnehmer festzustellen, wenn diese Teile der Leistung durch die weitere Ausführung der Prüfung und Feststellung entzogen werden. Das Ergebnis ist schriftlich festzuhalten.

a) Rechte und Pflichten des Bestellers während der Durchführung der Arbeiten
aa) Überblick

Wenn der Unternehmer im örtlichen Bereich des Bestellers arbeiten soll, müssen dazu die notwendigen tatsächlichen Voraussetzungen gegeben sein (dazu § 4 Nr 1 Abs 1 HS 1, u Rn 31 ff). Probleme können sich dabei insbesondere daraus ergeben, daß mehrere Unternehmer gleichzeitig im Zusammenhang miteinander Werkleistungen für den Besteller erbringen. Das ist für den Baubereich typisch, aber nicht auf diesen beschränkt. Hier stellt sich die Aufgabe der *Koordinierung* (dazu § 4 Nr 1 Abs 1 S 1 HS 2, u Rn 32). Sodann können verschiedene öffentlichrechtliche, aber auch privatrechtliche *Genehmigungen* notwendig sein (dazu § 4 Nr 1 Abs 1 S 2, u Rn 33). 30

Nach Aufnahme der Arbeiten hat der Besteller ein Interesse daran, diese zu *überwachen* und zu *überprüfen*, dazu § 4 Nr 1 Abs 2, u Rn 78 ff. Ggf wird der Besteller versuchen, durch einzelne *Anweisungen* Einfluß auf Fortgang und Art der Arbeiten zu nehmen, dazu § 4 Nr 1 Abs 2 (u Rn 45 ff). Der Unternehmer kann geneigt oder gehalten sein, zu diesen Anordnungen kritisch Stellung zu nehmen, dazu § 4 Nr 1 Abs 4, u Rn 49.

bb) Allgemeine Ordnung an der Arbeitsstelle

(1) Wenn der Unternehmer im räumlichen Bereich des Bestellers tätig wird, ist es *Aufgabe des Bestellers* iSd § 642, die *tatsächlichen Voraussetzungen* dafür *zu schaffen*, 31

daß er seine Arbeiten durchführen kann, und diese Voraussetzungen bis zum Abschluß der Arbeiten aufrechtzuerhalten. Dieser in § 4 Nr 1 Abs 1 S 1 HS 1 VOB/B statuierte Grundsatz *gilt ganz allgemein auch dann, wenn die Geltung der VOB/B nicht vereinbart ist.*

(a) Diese Aufgabe des Bestellers bezieht sich auf die *Baustelle* selbst, auf der dem Unternehmer geeignete Arbeitsplätze und Arbeitsmöglichkeiten zur Verfügung gestellt werden müssen, vgl insoweit und zur Gewährung von Anschlüssen für Energie und Wasser auch näher § 4 Nr 4 VOB/B (u Rn 80 ff), aber auch auf die *Umgebung*, wie insbesondere die *Zufahrtswege*. Es muß der zu bearbeitende Stoff dem Unternehmer in einer Weise zur Verfügung gestellt werden, daß dieser seine Arbeiten *ohne Behinderungen* aufnehmen und durchführen kann. Außerdem müssen Störungen der Arbeiten durch Dritte verhindert werden.

(b) Welche Maßnahmen dabei von dem Besteller im einzelnen zu erwarten sind, hängt außer von den insoweit getroffenen Abreden maßgebend von den *Umständen des Einzelfalls* ab, wie sie unter Berücksichtigung der Verkehrssitte und des Grundsatzes von Treu und Glauben zu würdigen sind. Die Aufgaben des Bestellers können unterschiedlich weit reichen. So ist er zB grundsätzlich *nicht verpflichtet*, einstweilen *nicht vorhandene Zugänge* zum Bearbeitungsobjekt zu schaffen, vgl auch § 4 Nr 4 VOB/B. Andererseits müssen zB zu malende Sachen unmittelbar frei zugänglich sein. Die *Abgrenzung der Aufgaben* wird auch davon beeinflußt, inwieweit sie schon den besonderen Sachverstand des Unternehmers voraussetzen.

(c) Genügt der Besteller seinen Aufgaben nicht, so erwächst dem Unternehmer ein *Leistungsverweigerungsrecht*, § 242. Es liegt ein Fall der *Behinderung* vor, der insbesondere zu Ansprüchen aus § 6 Nr 6 VOB/B oder § 642 führen kann sowie zu *Kündigungsmöglichkeiten* nach § 9 Nr 1 a VOB/B bzw § 643. Die *Verantwortlichkeit für etwaige Mängel des Werkes* ist nach § 254 gemindert. Für Hilfspersonen ist der Besteller gem § 278 verantwortlich. Dies gilt insbesondere für den Architekten (BGH BauR 1970, 57 = VersR 1970, 280; NJW 1972, 447 = VersR 1972, 275 = LM VOB/B Nr 49).

32 (2) Zur Schaffung und Bewahrung der allgemeinen Ordnung gehört die **Koordinierung** mehrerer Unternehmer, wie dies § 4 Nr 1 Abs 1 S 1 HS 2 VOB/B klarstellt. Dazu kann die Aufstellung eines *Baustellenordnungsplans* gehören sowie eines *Bauzeitenplans*, ferner die *Abhaltung von Besprechungen*.

Wenn der Besteller seinen Aufgaben nicht nachkommt, gilt das o Rn 31 Gesagte, daß Annahmeverzug des Bestellers gegenüber dem behinderten Unternehmer eintritt. Von dem Besteller ist dabei eine *erfolgreiche* Koordinierung zu erwarten, nicht nur das Bemühen um eine solche, so daß es zu seinen Lasten geht, wenn ein anderer Unternehmer die Mitwirkung verweigert (vgl INGENSTAU/KORBION/OPPLER § 4 Rn 16 gegen OLG Frankfurt MDR 1980, 794, vgl auch § 642 Rn 42 ff).

Die Unternehmer sind dem Besteller ihrerseits zur Mitwirkung verpflichtet und haften ihm bei Verletzung dieser Pflicht aus den §§ 280 Abs 1, 241 Abs 2, sofern es nicht zu einem Gewährleistungsfall kommt.

cc) Beschaffung von Genehmigungen

Die Möglichkeit, die Werkleistung zu erbringen, kann von verschiedenen *öffentlich-* **33**
rechtlichen und privatrechtlichen Genehmigungen abhängen, die sich teils auf das
Werk als solches beziehen (zB Baugenehmigung, Zweckentfremdungsgenehmigung,
aus dem Privatrecht bei Bestehen von Dienstbarkeiten eines Nachbarn), teils auf die
Erstellung des Werkes, hier wiederum teils auf die verwendeten Materialien, teils auf
die Arbeiten als solche.

(1) § 4 Nr 1 Abs 1 S 2 VOB/B stellt hierzu den *verallgemeinerungsfähigen* Grundsatz auf, daß die *notwendigen Genehmigungen von dem Besteller* beizubringen sind.
Wenn die Bestimmung nur von öffentlichrechtlichen Genehmigungen spricht, dann
gilt für privatrechtliche nichts anderes (vgl INGENSTAU/KORBION/OPPLER § 4 Rn 20). Das
beruht auf dem *Sphärengedanken*: Dafür zu sorgen, daß das Werk überhaupt erstellt
werden kann, ist eben Sache des Bestellers.

Dieser Grundsatz gilt jedoch nur eingeschränkt. Zunächst kann der Unternehmer die
Beschaffung bestimmter Genehmigungen übernehmen. Sodann obliegt ihm die Beschaffung aus der Natur der Sache dann, *wenn die Genehmigung nur von ihm erwirkt
werden kann,* wie zB die gewerbeaufsichtsrechtlichen Genehmigungen für bestimmte
Anlagen und Maschinen.

(2) § 4 Nr 1 Abs 1 S 2 VOB/B geht von einem sachkundigen Besteller aus, der **34**
selbst zu ermessen vermag, welche Genehmigungen notwendig sind und wie sie zu
beschaffen sind. An der *Beibringungspflicht des Bestellers* ändert sich jedoch auch
dann nichts, wenn ihm diese Sachkunde – generell oder weil es um bestimmte Spezialgenehmigungen geht – fehlt, sie aber, wie dies regelmäßig der Fall ist, bei dem
Unternehmer vorhanden ist. Bei einem solchen Informationsvorsprung des Unternehmers ist jedoch zweierlei zu beachten. Zum einen kann, wie bemerkt, die Beibringungspflicht des Bestellers *abbedungen* und *auf den Unternehmer übertragen*
worden sein. Das kann auch stillschweigend geschehen; es müssen sich dafür freilich
konkrete Anhaltspunkte in den Vereinbarungen der Parteien finden lassen. Sonst
aber besteht jedenfalls eine *Aufklärungspflicht des Unternehmers* über die notwendigen Genehmigungen und die Möglichkeiten ihrer Beschaffung (vgl INGENSTAU/KORBION/OPPLER § 4 Rn 19 f). Die Pflicht intensiviert sich bei geringer Sachkunde des Bestellers; auch bei vorhandener Sachkunde des Bestellers ist der Unternehmer nicht
gänzlich davon befreit, jedenfalls bei *Verdachtsmomenten zu prüfen,* ob bestimmte
Genehmigungen notwendig und vorhanden sind und ggf entsprechende Hinweise zu
geben. Ein Verstoß des Unternehmers gegen die Aufklärungspflicht kann zu
Schadensersatzansprüchen des Bestellers aus den §§ 280 Abs 1, 241 Abs 2 führen
(vgl OLG Stuttgart BauR 1980, 67), wo ein Sachmangel die Folge ist, zur Gewährleistung.

(3) Soweit notwendig, ist der Unternehmer zur *Mitwirkung bei der Beschaffung* **35**
von Genehmigungen verpflichtet.

Wenn der Unternehmer Genehmigungen beschafft, die eigentlich der Besteller beibringen müßte, kann er wegen seiner *Aufwendungen* Vorschuß bzw *Erstattung* nach
den §§ 675, 670, 669 verlangen. Auch hat es ihm der Besteller durch *Vollmachten* und
Lieferung etwa notwendiger Unterlagen zu ermöglichen, die Genehmigungen auch
zu erreichen.

36 (4) Wenn eine notwendige Genehmigung versagt wird, führt das nicht zur Unwirksamkeit des Vertrages nach § 134 (vgl BGH JR 1962, 203; BGH LM VOB/B Nr 80 = MDR 1976, 392). Allerdings läßt die endgültige Versagung einer Genehmigung der Leistung diese nachträglich unmöglich werden (vgl BGHZ 37, 237, 240; BGH NJW 1975, 1510). Das *hat der Besteller* dann auch *im Sinne des § 326 Abs 2 zu vertreten*, weil dies in seinen Risikobereich fällt (vgl OLG München BauR 1980, 274 zu § 9 Nr 1 a VOB/B).

Wo allerdings die behördliche Genehmigung durch eine *Änderung des geplanten Werks*, zB des Bauentwurfs, zu erreichen ist, kann der Besteller eine entsprechend geänderte Leistung des Unternehmers verlangen. Das folgt aus § 1 Nr 3 VOB/B, sonst aus § 242 und findet seine Grenze nur in der Zumutbarkeit für den Unternehmer (vgl o Rn 9).

37 (5) Wenn der Besteller von ihm zu beschaffende Genehmigungen nicht beibringt, gerät er damit in *Annahmeverzug*. Kommt es dadurch zu Verzögerungen oder Erschwernissen für den Unternehmer, kann dieser zusätzliche Vergütungsansprüche nach § 6 Nr 6 VOB/B bzw nach § 642 geltend machen; gegebenenfalls erwächst ihm eine *Kündigungsmöglichkeit* nach § 9 Nr 1 a VOB/B bzw § 643. Jedenfalls darf und muß er seine Arbeiten bis zum Vorliegen der notwendigen Genehmigungen *einstellen*; Verzug ist insoweit nicht möglich (vgl BGH NJW 1974, 1080 = WM 1974, 687; MDR 1976, 392 = LM VOB/B Nr 80). Arbeitsbeginn in Kenntnis der fehlenden Genehmigung oder bei begründetem Verdacht ihres Fehlens begründet einen Verschuldensvorwurf gegen den Unternehmer, der nach § 254 von Bedeutung ist, wenn es um die Verantwortlichkeit für Mangel geht, und im übrigen zu einem Schadensersatzanspruch des Bestellers aus den §§ 280 Abs 1, 241 Abs 2 führt, der ggf dem Vergütungsanspruch des Unternehmers entgegengehalten werden kann.

(6) Wenn es der Unternehmer übernommen hat, für den Besteller Genehmigungen beizubringen, die dieser eigentlich hätte beibringen müssen, haftet er aus den §§ 280 Abs 1, 241 Abs 2, wenn er schuldhaft falsche Prognosen über die Beibringbarkeit anstellt oder Fehler bei der Beantragung macht. Dagegen kann grundsätzlich *nicht* angenommen werden, daß er die *Garantie für die Beibringbarkeit* übernehmen wollte.

Wenn es dem Unternehmer nicht gelingt, Genehmigungen beizubringen, deren Beschaffung ihm von vornherein oblag, dann ist er gewährleistungspflichtig, falls dies zu Mängeln des Werkes führt, und hat dies auch ggf zu vertreten. Mehrkosten einer andersartigen Ausführung kann der Unternehmer dem Besteller dann grundsätzlich nicht in Rechnung stellen.

dd) Überwachung der Arbeiten des Unternehmers

38 (1) § 4 Nr 1 Abs 2 VOB/B gibt dem Besteller ein *Überwachungsrecht* hinsichtlich der Arbeiten des Unternehmers und steckt dies in seinen Grenzen näher ab.

Es ist INGENSTAU/KORBION/OPPELN § 4 Rn 48 zuzugeben, daß diese Bestimmung ein ausdrückliches Pendant *im gesetzlichen Werkvertragsrecht* nicht findet. Aber entgegen seiner Meinung ist es *dort doch auch vorausgesetzt*. Das gebieten die Grundsätze von Treu und Glauben. Wenn der Besteller Anspruch auf ein mangelfreies Werk hat, kann er diesen – gerade vor dem Hintergrund der knappen Verjährungsfristen –

weithin sinnvoll nur dann wahrnehmen, wenn er schon die Erstellung des Werkes verfolgen kann, bei der uU vorhandene Mängel späterhin vorläufig verdeckt werden. Er muß wissen können, was wie verarbeitet worden ist. Auf der anderen Seite sind keine hinreichenden Interessen des Unternehmers ersichtlich, die eine Überwachung durch den Besteller gänzlich ausschließen könnten. Fraglich kann insoweit nur die *Grenze des Überwachungsrechts* sein. Sie ist insbesondere unter dem *Gesichtspunkt der Zumutbarkeit* zu ziehen, wobei § 4 Nr 1 Abs 2 VOB/B eine wertvolle Orientierungshilfe bietet. Daß ein Überwachungsrecht des Bestellers jedenfalls im Baurecht ganz allgemein, auch ohne Vereinbarung der VOB/B anzuerkennen ist, nimmt auch INGENSTAU/KORBION/OPPELN § 4 Rn 50 an.

(2) Der Besteller hat das *Recht zur Überwachung*, er ist dazu jedoch **nicht verpflichtet**. Insofern kann der Unternehmer aus unterlassener Überwachung *keine Rechte* herleiten, insbesondere nicht geltend machen, daß bei gehöriger Überwachung bestimmte Mängel vermieden worden wären, so daß seine Verantwortlichkeit für diese nach § 254 gemindert sei (vgl BGH NJW 1973, 518 = WM 1973, 393 = LM VOB/B Nr 59; OLG Köln BauR 1996, 548, vgl aber auch BGH NJW-RR 1999, 893; BGH NZBau 2002, 514). Das gilt aber nur mit zwei Einschränkungen. Zunächst bleibt es dem Unternehmer unbenommen, bei dem Besteller *Rückfrage zu halten*, wenn er sich über die vertragsmäßige Ausführung der Leistung unsicher ist. Dann kann die falsche oder die verweigerte Auskunft des Bestellers einen Mitverschuldensvorwurf begründen. Außerdem kommt ein Mitverschulden des Bestellers dann in Betracht, wenn er einen Mangel *positiv entdeckt* hat, von dem er annehmen muß, daß er dem Unternehmer verborgen geblieben ist.

Abzugrenzen von dem *grundsätzlich unbeachtlichen Überwachungsverschulden* ist das grundsätzlich beachtliche Verschulden des Bestellers bzw seines Architekten bei Planung und Koordinierung.

(3) Das Recht des Bestellers ist auf *Überwachung* gerichtet; er darf die Leistungen 40 des Unternehmers beobachten, überprüfen und sie mit dem vergleichen, was nach dem Vertrag geschuldet ist. Das Überwachungsrecht als solches gibt dem Besteller *keine Befugnis, in die Tätigkeit des Unternehmers einzugreifen*, ihm gar Weisungen zu erteilen.

(4) Dem Überwachungsrecht des Bestellers entspricht eine *Duldungspflicht des* 41 *Unternehmers*, die durch § 4 Nr 1 Abs 2 S 2 VOB/B um eine *Auskunftspflicht* erweitert wird. Verstöße gegen diese Pflichten unterfallen den §§ 280 Abs 1, 241 Abs 2; das kann auch bei der Prüfung der Frage relevant werden, ob der Besteller Anlaß zur Kündigung aus wichtigem Grunde hatte bzw nach § 324 vorgehen konnte.

(5) Die Reichweite der Überwachungsmaßnahmen wird für den Bereich der VOB/ 42 B durch deren § 4 Nr 1 Abs 2 S 2 näher konkretisiert. Der Besteller darf nicht nur die Baustelle selbst betreten und inspizieren, sondern er hat auch *Zugang zu Werkstätten* des Unternehmers, in denen vorbereitende Arbeiten erfolgen. Nach S 3 hat er Anspruch auf *Einsicht in Unterlagen*, auch soweit sie von ihm selbst stammen, sowie auf Auskunft.

Eine Grenze der Überwachungsrechte zieht § 4 Nr 1 Abs 2 S 2 VOB/B für die Einsicht- und Auskunftsrechte des Bestellers dort, wo *Geschäftsgeheimnisse* des Unternehmers berührt werden. Diese Grenze gilt grundsätzlich auch für das Zutrittsrecht des S 2 (vgl – jedoch einschränkend – INGENSTAU/KORBION/OPPLER § 4 Rn 62; NICKLISCH/WEICK § 4 Rn 26). Dabei ist der *Begriff* der Geschäftsgeheimnisse *weit zu fassen*. Er bezieht sich auf *alle Tatsachen, bei denen ein objektiv anzuerkennendes wirtschaftliches Interesse* des Unternehmers daran besteht, daß sie *nicht bekannt werden*.

Wo die Geltung der VOB/B nicht vereinbart ist, werden die Grenzen der Überwachungsbefugnis von dem Grundsatz von Treu und Glauben gezogen. Das *Recht zur Besichtigung der Arbeitsstelle* wird man dem Besteller in der Regel zugestehen müssen, kaum aber den *Zutritt zu Werkstätten*, in denen nur vorbereitende Arbeiten stattfinden. Wichtig für diese Rechte sowie die Rechte auf Einsicht in und Erläuterung von Ausführungsunterlagen ist vor allem *die für den Einzelfall zu stellende Frage*, ob damit eine *Kontrolle der Qualität des Werkes gesichert* wird oder ob bestimmte Maßnahmen des Bestellers davon abhängen können oder ob die sachgerechte spätere Benutzung des Werkes positiv beeinflußt wird. Es kann zweckmäßig sein, dem Besteller das Werk schon jetzt im Entstehungsstadium zu erläutern.

43 (6) Von der VOB/B nicht angesprochen ist die *allgemeine Grenze des Überwachungsrechts*, die sich aus dem Grundsatz von *Treu und Glauben* ergibt. Der Besteller darf dem Unternehmer jedenfalls *nicht lästig* werden oder ihn in seinen Arbeiten *behindern* oder sich gar Gefahren aussetzen. Insoweit kommt es entscheidend auf die Umstände des Einzelfalls an: Art und Umfang des Auftrags, Wahrscheinlichkeit von Fehlern, Gefährlichkeit der Arbeiten, Festliegen des Auftrags oder Möglichkeit von Planungsänderungen etc.

44 (7) Sämtliche Überwachungsbefugnisse des Bestellers stehen unter dem Vorbehalt der **Vertraulichkeit**. Wenn § 4 Nr 1 Abs 2 S 4 VOB/B die Vertraulichkeit einer Tatsache davon abhängig macht, daß der Unternehmer sie als *Geschäftsgeheimnis* bezeichnet hat, dann ist das *zu eng* (**aA** INGENSTAU/KORBION/OPPLER § 4 Rn 66). Auch im unmittelbaren Anwendungsbereich der VOB/B hat der Besteller überhaupt alles *mit der gebotenen Verschwiegenheit* zu behandeln, was ihm im Rahmen seiner Überwachung über den Unternehmer und seinen Betrieb bekannt wird. Eine Grenze zieht hier nur der Gesichtspunkt der *Wahrnehmung berechtigter Interessen*, der insbesondere das freie Gespräch mit Beratern wie Architekten und Anwälten erlaubt, das dann aber auch vor Geschäftsgeheimnissen nicht haltzumachen braucht. Verstöße gegen die Verschwiegenheitpflicht begründen Ansprüche auf Unterlassung sowie auf Schadensersatz aus den §§ 280 Abs 1, 241 Abs 2; ggf kann der Unternehmer *aus wichtigem Grunde kündigen*.

ee) Anordnungen des Bestellers

45 (1) Anordnungen des Bestellers sind *einseitige Weisungen, die es dem Unternehmer in eindeutiger, Befolgung heischender und ihm keine Wahl lassender Weise aufgeben, eine Maßnahme in bestimmter Weise durchzuführen* (BGH NJW 1973, 754; BauR 1974, 421). Sie sind *zu unterscheiden* von bloßen *Wünschen, Vorschlägen* (BGHZ 91, 206 = NJW 1984, 2457 = LM § 633 BGB Nr 51 m Anm RECKEN) und *Anregungen* des Bestellers, die dem Unternehmer die eigene Entschließungsfreiheit belassen.

Anordnungen des Bestellers wirken sich zugunsten des Unternehmers auf die *Ge-*

währleistung (u Rn 181 f), wie auf die *Gefahrtragung*, § 645, aus. Das ist unabhängig davon, ob die Besteller zu seinen Anordnungen befugt war oder nicht.

(2) § 4 Nr 1 Abs 3 VOB/B gibt dem Besteller in gewissen Grenzen, dazu sogleich **46** Rn 47 f, die *Befugnis* zu solchen einseitigen Anordnungen. Das ist in dieser Form eine Besonderheit der VOB/B (vgl INGENSTAU/KORBION/OPPLER § 4 Rn 70). Eine Weisungsbefugnis des Bestellers steht zwar im Widerspruch zu der Dispositionsfreiheit des Unternehmers, vgl u Rn 54 ff, kann sich aber *auch sonst aus dem Gesichtspunkt von Treu und Glauben ergeben* (vgl auch, einschränkend, INGENSTAU/KORBION). Der Unternehmer handelt treuwidrig, wenn er Weisungen des Bestellers bezüglich einer bestimmten Art und Weise der Erstellung des Werkes nicht befolgt, obwohl diese *sachlich eindeutig vertretbar* sind und *schutzwürdige Belange* des Unternehmers (Mehrbelastung, höhere Gefahr von Mängeln, höhere Kosten, für die der Besteller nicht aufzukommen bereit ist) *nicht entgegenstehen*. Das gilt vorzugsweise für den *äußeren Ablauf* seiner Arbeiten, zB wenn diese in den Räumlichkeiten des Bestellers auszuführen sind, aber doch auch für ihre *inhaltliche Gestaltung*.

(3) Eine erste und generelle Grenze findet die Anordnungsbefugnis des Bestellers **47** nach § 4 Nr 1 Abs 3 VOB/B in der *Dispositionsfreiheit* des Unternehmers, dazu u Rn 54 ff. Der Besteller darf *nicht die Leitung der Arbeiten übernehmen*, gar den Mitarbeitern des Unternehmers unmittelbare Weisungen geben.

(4) Sodann müssen sich die Anweisungen auf *Maßnahmen* beziehen, die *zur mangelfreien Erstellung des Werkes notwendig* sind; es reicht nicht aus, daß sie nur zweckmäßig oder sinnvoll erscheinen. Insofern ist der Besteller zur *Zurückhaltung* aufgerufen.

(5) *Zu unterscheiden* von den hier besprochenen Anordnungen des Bestellers, die sich auf die Methode der Erstellung des Werkes beziehen, sind *Änderungen und Erweiterungen des Werkes* selbst, dazu § 1 Nr 3, 4 VOB/B und o Rn 9 ff.

(6) Wirksame und verbindliche Anweisungen des Bestellers liegen grundsätzlich **48** nur dann vor, wenn sie an den *richtigen Adressaten* gerichtet sind. Das ist nur *der Unternehmer selbst* oder ein für dies Leitung der Ausführung bestellter *Vertreter*, vgl § 4 Nr 1 Abs 3 S 2 VOB/B. Die Person eines solchen Vertreters ist dem Besteller mitzuteilen, vgl § 4 Nr 1 Abs 3 S 2 VOB/B. Der Besteller darf sich also regelmäßig *nicht an sonstige Mitarbeiter des Unternehmers* wenden, gar an dessen Subunternehmer. Dazu ist er vielmehr nur dann befugt, wenn Gefahr im Verzug ist. Auch dann hat er aber dem Unternehmer oder dessen Vertreter unverzüglich Mitteilung zu machen, vgl den Rechtsgedanken des § 681 S 1.

Diese formalen Regeln für die Erteilung von Weisungen gelten *unabhängig von der Vereinbarung der VOB/B*.

(7) Der Unternehmer darf Anordnungen des Bestellers *nicht blindlings* befolgen, **49** sondern hat diesen auf *Bedenken* hinzuweisen; dieser allgemein anzuerkennende, aus § 242 folgende Grundsatz wird in § 4 Nr 1 Abs 4 VOB/B ausgesprochen; er steht in innerem Zusammenhang mit der *allgemeinen Warnpflicht* des Unternehmers nach § 4 Nr 3 VOB/B; dazu u Rn 62 ff.

(a) Bedenken sind mitzuteilen, wenn die Anordnungen des Bestellers *unzweckmäßig* oder *unberechtigt* sind. Unzweckmäßig sind sie insbesondere dann, wenn sie zu vermeidbaren Mehrkosten oder Verzögerungen führen können, zu Mängeln oder sonstigen Gefährdungen des Vertragszwecks. Unberechtigt sind sie, wenn entweder der Besteller nach dem Vertrag nicht zu ihnen befugt ist oder wenn ihrer Befolgung sonstige rechtliche Hindernisse entgegenstehen.

Soweit § 4 Nr 1 Abs 4 S 1 VOB/B mit dem Wort „hält" ein subjektives Element in das Spiel bringt, ändert das nichts daran, daß es auf die *objektive Berechtigung der Bedenken* ankommt (aA INGENSTAU/KORBION/OPPLER § 4 Rn 84; NICKLISCH/WEICK § 4 Rn 36; HOCHSTEIN, in: FS Korbion 165, 175; wie hier KAISER MängelhaftungsR Rn 59). Hiermit wird vielmehr nur die Frage angesprochen, ob der Unternehmer zur besonderen Überprüfung der Anordnungen verpflichtet ist. Eine solche Pflicht besteht nicht. Der Unternehmer hat vielmehr nur das mitzuteilen, was ihm – kraft seiner Sachkunde – von sich aus an Bedenken kommt. Außerdem wird er von der Verpflichtung freigestellt, die Berechtigung seiner Bedenken irgendwie nachzuweisen; es genügt die Berufung auf seine Sachkunde.

(b) Die Bedenken sind vor der Ausführung geltendzumachen; die mündliche Mitteilung reicht aus.

50 (c) Wenn der Besteller auf der Befolgung der Anweisung besteht, hat sich der Unternehmer dem zu fügen. Ein *Verweigerungsrecht* hat er allerdings dann, wenn er sonst *gegen gesetzliche oder behördliche Bestimmungen verstoßen* würde, vgl § 4 Nr 1 Abs 4 S 1 aE VOB/B, oder wenn ihm die Befolgung *zivilrechtlich* – zB wegen eines damit verbundenen Eingriffs in Rechte Dritter – nicht erlaubt ist. Er darf schließlich ganz generell die Befolgung im Falle der *Unzumutbarkeit* verweigern (vgl BGHZ 92, 244 = NJW 1985, 631). Das ist namentlich dann der Fall, wenn sich der Besteller, wozu er gehalten ist, mit seinen Bedenken gar nicht auseinandergesetzt hat, oder wenn *Mängel der Leistung die sichere Folge* wären (vgl INGENSTAU/KORBION/OPPLER § 4 Rn 88), oder wenn der Unternehmer laienhaft unzweckmäßig verfahren müßte.

51 (d) Wenn die Anordnungen zu *Mehrkosten* bei dem Unternehmer führen, hat *der Besteller* diese zu tragen. Vorausgesetzt wird für den Erstattungsanspruch des Unternehmers allerdings, daß die Anordnungen unberechtigt oder unzweckmäßig waren, wie die Stellung des entsprechenden § 4 Nr 1 Abs 4 S 2 VOB/B belegt (vgl INGENSTAU/KORBION/OPPLER § 4 Rn 95; NICKLISCH/WEICK § 4 Rn 39). Berechtigten und zweckmäßigen Weisungen hat der Unternehmer ohnehin im Rahmen seiner allgemeinen Vertragspflichten zu folgen. Die Mehrkosten nach § 4 Nr 1 Abs 4 S 2 VOB/B sind, soweit möglich, an dem Preisgefüge des Vertrages zu orientieren (aA INGENSTAU/KORBION/OPPLER § 4 Rn 98). Im Rahmen seiner Pflicht, Bedenken vorzubringen, hat der Unternehmer gerade auch *auf sie hinzuweisen*.

(e) Wenn der Unternehmer *unberechtigte Bedenken* äußert oder umgekehrt *berechtigte verschweigt*, stellt das eine Pflichtverletzung dar. Letzteres kann vor allem die Verantwortlichkeit für Mängel wieder auf ihn zurückübertragen, vgl auch § 645 Abs 1 S 1.

Titel 9 · Werkvertrag und ähnliche Verträge § 633
Untertitel 1 · Werkvertrag 52, 53

(8) Der Unternehmer, der berechtigten Weisungen des Bestellers nicht nach- 52
kommt, handelt *pflichtwidrig*, so daß er zum Schadensersatz verpflichtet sein kann,
§§ 13 Nr 7 VOB/B, 634 Nr 4, ggf §§ 280 Abs 1, 241 Abs 2; seine *anordnungswidrig
erbrachte Leistung* kann *schon dadurch mangelhaft* sein; ggf liefert er auch Anlaß für
eine Kündigung aus wichtigem Grunde, bei der dann im Rahmen der VOB/B deren
§§ 4 Nr 7, 8 Nr 3 zu beachten sind.

Mit *unberechtigten Weisungen behindert* der Besteller den Unternehmer auch dann,
wenn er sie nicht ausführt. Es können sich dann Kündigungsmöglichkeiten aus den
§§ 9 Nr 1 a VOB/B, 643 ergeben. Mehrkosten durch Leistungsverzögerungen fallen,
wenn sie nicht von § 4 Nr 1 Abs 4 S 2 VOB/B erfaßt werden, unter § 6 Nr 6 VOB/B.

Mängel, die auf Weisungen des Bestellers zurückgehen, fallen nicht in die Verantwortlichkeit des Unternehmers (vgl §§ 13 Nr 3 VOB/B, 645 und u Rn 181). Voraussetzung ist
allerdings, daß der Unternehmer seiner Warnpflicht nachgekommen ist (vgl u Rn 62 ff).
Ggf sind die Verantwortlichkeiten nach § 254 abzuwägen.

Die Verantwortung des Unternehmers für Mängel soll nach BGH NJW 1996, 2372
freilich bestehen, wenn der Besteller die Verwendung bestimmter Baustoffe vorgeschrieben hat, die zu den Mängeln führten, sofern diese Stoffe generell geeignet
waren und dann nur ein „Ausreißer" die nachteiligen Folgen gezeitigt hat. Das ist
zweifelhaft (vgl anders auch noch BGH BauR 1988, 190).

**b) Eigenverantwortliche Ausführung der vertraglichen Leistung
durch den Unternehmer**

aa) Dem Wesen des Werkvertrages, insbesondere in seiner Abgrenzung zum 53
Dienstvertrag, entspricht es, daß der Unternehmer seine **Leistung in eigener Verantwortung** auszuführen hat, wie dies § 4 Nr 2 Abs 1 S 1 VOB/B ausdrücklich bestimmt,
wie es aber auch *ganz allgemein anzuerkennen* ist. Daran ändert sich auch dann
nichts, wenn der Unternehmer, wie dies vor allem im Baubereich weithin der Fall
ist, im räumlichen Bereich des Bestellers tätig wird.

Leitbild ist insoweit ein Unternehmer, der die für die Erbringung seiner Leistung
erforderliche Sachkunde besitzt. Wo sie ihm in eigener Person fehlt, ist es *seine Sache,
entsprechenden Rat bei Sachkundigen einzuholen* (vgl BGH SCHÄFER/FINNERN Z 2.414
Bl 185).

Der eigenen Verantwortung des Unternehmers kommt dabei eine *doppelte Funktion*
zu. Zunächst verschafft sie ihm *Freiheiten gegenüber dem Besteller* hinsichtlich der
Durchführung der Arbeiten; dieser darf ihm nicht „dreinreden". Sodann aber trifft
ihn eben auch eine *Garantiepflicht* dafür, daß *seine Leistung fehlerfrei gelingt*. Seine
Einstandspflicht für Mängel ist verschuldensunabhängig; anderes gilt nur, soweit aus
diesen Schadensersatzpflichten abgeleitet werden sollen. Außerdem gehört zur Verantwortung des Unternehmers dazu, daß er die vertraglich vorgesehene Leistung
nicht unbesehen erbringt, sondern daß er die ihm vorgelegte Planung und die ihm zur
Verfügung gestellten Vorarbeiten sachkundig überprüft. Insoweit steht § 4 Nr 2
Abs 1 S 1 VOB/B in engem sachlichen Zusammenhang mit der Warnpflicht des
Unternehmers nach § 4 Nr 3 VOB/B, die auch ihrerseits nur eine Ausprägung allgemeiner Grundsätze ist.

bb) Freiheiten des Unternehmers

54 (1)   Der Unternehmer darf und muß die Ausführung seiner Arbeiten *selbst leiten*, wie dies § 4 Nr 2 Abs 1 S 3 VOB/B ausdrücklich bestimmt, wie dies aber *auch allgemein anzuerkennen* ist.

Das bedeutet zunächst, daß er unberechtigte Weisungen des Bestellers zurückweisen darf. Er ist *seine Sache, Reihenfolge, Technik und Ablauf der Arbeiten zu bestimmen*, solange das Ergebnis einer fehlerfreien Erstellung des Werkes nicht gefährdet ist. Aber selbst dann, wenn dies der Fall ist, hat er einen Anspruch daraus, daß Beanstandungen nur an ihn oder seinen Vertreter gerichtet werden, vgl auch § 4 Nr 1 S 2 VOB/B (dazu o Rn 48), nicht an seine Leute, sofern nicht Gefahr im Verzug ist.

55 (2)   Das bedeutet aber weiter, daß die Erbringung der Werkleistung *grundsätzlich keine höchstpersönliche Verpflichtung* des Unternehmers ist, wenn er sie nach § 4 Nr 2 Abs 1 S 3 VOB/B denn *nur zu leiten* hat. Ausnahmen können sich aus den Vereinbarungen der Parteien ergeben, die auch stillschweigend getroffen werden können. Daran ist insbesondere dann zu denken, wenn es gerade auf die besonderen Befähigungen des Unternehmers selbst ankommt, wie etwa bei künstlerischen oder wissenschaftlichen Leistungen. Auch hier ist aber jedenfalls die Zuarbeit durch Dritte zulässig (vgl ERMAN/SEILER § 631 Rn 10 f; BGB-RGRK/GLANZMANN § 631 Rn 10).

Der Verstoß gegen die *vereinbarte Höchstpersönlichkeit* der Leistung kann dem Besteller einen Anlaß zur Kündigung aus wichtigem Grunde geben. Im übrigen stehen ihm die Gewährleistungsrechte zu, sofern sich der Verstoß im konkreten Fall nachteilig auf Wert oder Tauglichkeit des Werkes ausgewirkt hat, was namentlich bei künstlerischen Leistungen denkbar ist und der Fall sein wird, aber doch noch nicht ohne weiteres aus dem Verstoß gegen die Höchstpersönlichkeit der Leistungserbringung folgt.

56 (3)   Auch hinsichtlich der Leitung der Arbeiten ist der Unternehmer *zur Delegation befugt* (vgl INGENSTAU/KORBION/OPPLER § 4 Rn 169). Diesen *allgemeinen anzuerkennenden* Grundsatz belegt § 4 Nr 1 Abs 3 S 2 VOB/B.

(4)   Auch in der **Auswahl seiner Mitarbeiter** ist der Unternehmer *grundsätzlich frei*. Der Besteller hat allerdings uU einen *Anspruch auf Abhilfe*, wenn der Einsatz von Personal – quantitativ oder qualitativ – unzureichend ist (vgl § 5 Nr 3 VOB/B und dazu u Rn 130).

Die *Erfüllung seiner Pflichten als Arbeitgeber* und die nähere Ausgestaltung seiner vertraglichen Beziehungen zu seinen Mitarbeitern ist *Sache des Unternehmers*, wie dies § 4 Nr 2 Abs 2 VOB/B klarstellt. Vertragliche Beziehungen zwischen dem Besteller und den Mitarbeitern des Unternehmers bestehen nicht. Freilich erlegt der Werkvertrag dem Besteller in entsprechender Anwendung des § 618 dem Unternehmer gegenüber Schutzpflichten auf (BGHZ [GS] 5, 63), und diese Schutzpflichten gelten auch zugunsten der Mitarbeiter des Unternehmers (BGHZ 26, 365, 371).

(5)   Zu der in § 4 Nr 8 VOB/B angesprochenen Befugnis des Unternehmers, *Subunternehmer* einzusetzen, u Rn 105 ff.

Titel 9 · Werkvertrag und ähnliche Verträge § 633
Untertitel 1 · Werkvertrag 57–59

(6) Der Unternehmer hat für die *Ordnung auf seiner Arbeitsstelle* zu sorgen. Diese 57
Bestimmung des § 4 Nr 2 Abs 1 S 3 VOB/B entspricht *allgemeinen Grundsätzen*. Sie
greift immer dann ein, wenn der Unternehmer im räumlichen Bereich des Bestellers
arbeitet. Der Unternehmer muß allen Gefahren vorbeugen, die von hier aus dem
Besteller oder Dritten erwachsen können, zB durch *Absperrungen, Warnhinweise* etc.
Dabei muß seine *Gefahrenvorsorge effektiv* sein. Umfang und Intensität seiner
Pflichten richten sich nach den konkreten Umständen des Einzelfalls. Im Verletzungsfall haftet der Unternehmer aus den §§ 280 Abs 1, 241 Abs 2 und/oder Delikt.
Dabei ist er aber auch *nur für seine Arbeitsstelle* verantwortlich, die – im Baubereich –
von der Baustelle zu unterscheiden ist.

Der Verantwortlichkeit des Unternehmers entspricht ein *Anspruch auf Unterlassung
von Störungen* der Arbeitsstelle. Dritten gegenüber genießt der Unternehmer Besitzschutz.

(7) Die *Freiheit* des Unternehmers in der Erbringung der Leistung wird *ein-* 58
geschränkt: vor allem durch die Natur der Sache, wenn nur eine bestimmte Vorgehensweise sachdienlich ist (vgl BGH NJW-RR 1997, 1106 zur Art der Nachbesserung).

(a) Dann durch den *Vertrag* selbst. Dieser kann dem Unternehmer ein bestimmtes
Verfahren vorschreiben, ihm insbesondere auch zeitliche Vorgaben machen. Jedenfalls legt er das Arbeitsergebnis fest. Zu den Befugnissen des Bestellers, wenn sich
abzeichnet, daß dieses verfehlt wird, u Rn 88 ff.

(b) Sodann durch das *Überwachungsrecht* des Bestellers, dazu o Rn 38 ff, und seine
Befugnis, Weisungen zu erteilen (dazu o Rn 43 ff).

(c) Als weitere Grenze nennt § 4 Nr 2 Abs 2 S 2 VOB/B die *Beachtung der gesetzlichen und behördlichen Bestimmungen*.

(α) Das ist selbstverständlich, soweit sich diese gerade an den Unternehmer selbst
richten, wie dies vor allem bei Gesetzen oder behördlichen Auflagen der Fall sein
kann, wenn sie der Sicherheit dienen (vgl BGH NJW 1971, 752).

(β) Anders ist es dagegen, *wenn sich gesetzliche oder behördliche Bestimmungen an* 59
den Besteller richten. Solange es sich nicht um Verbotsgesetze iSd § 134 handelt, was
weitgehend nicht der Fall sein wird, haben die Vereinbarungen der Parteien den
Vorrang. Es ist *Sache des Bestellers, ihnen zu genügen*; das kann uU auch auf andere
Weise geschehen als durch Beauftragung dieses Unternehmers. Allerdings trifft den
Unternehmer eine Hinweispflicht bezüglich der für sein Werk einschlägigen Gesetze
oder der für dieses typischen behördlichen Auflagen. Außerdem ist bei der Auslegung des Vertrages zu beachten, daß die Parteien *im Zweifel das vereinbaren
wollen, was mit dem Gesetz vereinbar* ist. Schließlich hat der Unternehmer gegenüber
gesetzwidrigen Handlungen ein Leistungsverweigerungsrecht.

Vgl zur Beschaffung von behördlichen Genehmigungen auch o Rn 33 ff.

(γ) Was speziell die Baugenehmigung betrifft, richtet sich diese an sich an den
Besteller, doch hat sich der Unternehmer nach ihrem Inhalt zu erkundigen und

diesen zugrunde zu legen (vgl BGH NJW-RR 1998, 738). Das kann zur geteilten (§ 254) Verantwortlichkeit für Mängel führen.

60 (δ)   Schließlich verpflichtet § 4 Nr 2 Abs 1 S 2 VOB/B den Unternehmer auf die *Beachtung der anerkannten Regeln der Technik* (vgl zu dem Begriff u Rn 168).

Auch bei Vereinbarung der VOB/B haben jedenfalls die getroffenen Vereinbarungen der Parteien den Vorrang (vgl INGENSTAU/KORBION/OPPLER § 4 Rn 149). Im übrigen ist zu beachten, daß der Besteller nur einen Anspruch auf ein im Ergebnis mangelfreies Werk hat. Er kann aus einem Verstoß des Unternehmers gegen die anerkannten Regeln der Technik *Rechte* – gem § 4 Nr 7 VOB/B – also nur dann herleiten, *wenn sich als Folge Mängel des Werkes abzeichnen*. Eine unkonventionelle Arbeitsweise des Unternehmers als solche hat er aber hinzunehmen. Bedeutung gewinnen die anerkannten Regeln der Technik freilich späterhin im Rahmen der Gewährleistung, da der Verstoß gegen sie umfassende Schadensersatzansprüche des Bestellers nach § 13 Nr 7 Abs 2 lit b VOB/B auszulösen geeignet ist (vgl dazu Anh I Rn 47 ff zu § 638).

In derselben Weise sind die *anerkannten Regeln der Technik* für die Arbeitsmethode des Unternehmers *auch dann verbindlich, wenn die Geltung der VOB/B nicht vereinbart ist* (vgl INGENSTAU/KORBION/OPPLER § 4 Rn 141, 144). Auch hier haben sie vorzugsweise bei der Beurteilung der Frage Bedeutung, ob der Unternehmer einen Mangel iSd § 634 Nr 4 zu vertreten hat.

61 cc)   Zu der in § 4 Nr 2 Abs 1 S 1 VOB/B schon angelegten Verpflichtung des Unternehmers, die planerischen und sonstigen Voraussetzungen seiner Leistung kritisch zu überprüfen, s sogleich im Rahmen seiner *Prüfungs- und Anzeigepflicht* nach § 4 Nr 3 VOB/B.

c)   Prüfungs- und Anzeigepflicht des Unternehmers
62   Nach § 4 Nr 3 VOB/B hat der Unternehmer dem Besteller **Bedenken gegen die vorgesehene Art der Ausführung, gegen die Güte der von diesem gelieferten Stoffe oder Bauteile sowie gegen die Leistungen anderer Unternehmer unverzüglich mitzuteilen.** Der Unternehmer ist dabei nicht nur gehalten, Bedenken, die ihm tatsächlich gekommen sind, mitzuteilen, sondern er hat vorab schon die planerischen und sonstigen Voraussetzungen seiner Leistung zu überprüfen (vgl BGH NJW 1987, 643 = LM § 633 BGB Nr 60). Freilich geht es auch nur um seine Leistung; diese begründet und begrenzt seine Prüfungspflicht (vgl BGH NZBau 2000, 328). Gegenüber anderweitig bemerkten Mißständen braucht der Unternehmer – um den Preis seiner Einstandspflicht – nicht einzuschreiten.

63 aa)   Diese Prüfungs- und Anzeigepflicht des Unternehmers **folgt ganz allgemein aus dem Grundsatz von Treu und Glauben**; ohne ein „*Mitdenken*" des Unternehmers wäre der Vertragszweck gefährdet. § 4 Nr 3 VOB/B konkretisiert das nur und stellt für die Anzeige das Erfordernis der Schriftform auf. Die Prüfungs- und Anzeigepflicht des Unternehmers ist auch *ohne Vereinbarung der VOB/B im Baubereich anzuerkennen* (vgl BGH VersR 1957, 413 = LM § 633 BGB Nr 3; NJW 1960, 1813 = LM § 13 VOB/B Nr 4; NJW 1987, 643 = LM § 633 BGB Nr 60, OLG Köln NJW 1995, 19) und *überhaupt bei sämtlichen Werkleistungen* (vgl BGH NJW 2000, 280).

bb) Wesentlichste *Folge* einer Verletzung der Prüfungs- und Anzeigepflicht ist es, **64** daß die Leistung des Unternehmers *mangelhaft* ist, wenn und soweit sich unterlassene Hinweise qualitätsmindernd auswirken (vgl BGH LM § 633 BGB Nr 3; NJW 1983, 875, 1987, 643), so daß es zur Gewährleistungspflicht des Unternehmers kommt. Hat er dagegen seinen Pflichten genügt, so hat er für den Mangel nicht einzustehen.

Die *Rechtsnatur* der Prüfungs- und Anzeigepflicht ist streitig. Für eine Nebenpflicht halten sie SCHMALZL, Die Haftung des Architekten und Bauunternehmers Rn 169; NICKLISCH/WEICK § 4 Rn 68; CLEMM BauR 1987, 609, für eine Hauptpflicht LOCHER, Das private Baurecht Rn 100; VYGEN, Bauvertragsrecht Rn 461; INGENSTAU/KORBION/OPPLER § 4 Rn 185. Der *Streit* erscheint *müßig*, wenn die Rechtsfolgen einer Pflichtverletzung jedenfalls den §§ 633 ff bzw § 13 VOB/B zu entnehmen sind und vor der Abnahme § 4 Nr 7 VOB/B. Spricht dies auch prinzipiell für die Annahme einer Hauptpflicht, so bleibt als *Besonderheit* anzumerken, daß hier die *Gewährleistungsrechte* des Bestellers über den von den §§ 634 Nr 4, 280, 13 Nr 7 VOB/B gezogenen Rahmen hinaus *von einem Verschulden des Unternehmers abhängig* sind.

cc) Der Unternehmer ist *zunächst zur Prüfung verpflichtet* (BGH NJW 1987, 643; **65** NICKLISCH/WEICK § 4 Rn 51; INGENSTAU/KORBION/OPPLER § 4 Rn 187; DÄHNE BauR 1976, 255; **aA** SIEGBURG, in: FS Korbion [1986] 411, 425, unter Berufung auf den Wortlaut des § 4 Nr 3 VOB/B). Indessen ist es ein *allgemeines Gebot von Treu und Glauben, daß der Unternehmer seinen Sachverstand auch einsetzt.*

(1) Dabei ist eine *unterschiedliche Intensität* der Prüfungspflicht je nach ihrem **66** Gegenstand *nicht* anzunehmen (**aA** INGENSTAU/KORBION/OPPLER § 4 Rn 193; DÄHNE BauR 1976, 225; NICKLISCH, in: FS Bosch 747 ff, die die Prüfungspflicht für am intensivsten bei von dem Besteller gelieferten Materialien halten, etwas geringere Anforderungen bei Vorleistungen anderer Unternehmer stellen und noch geringere gegenüber der Planung des Bestellers). Demgegenüber muß *alles das, was für die eigene Leistung von Bedeutung ist, gleichermaßen überprüft* werden. So vermag insbesondere der sachkundige Unternehmer am besten zu beurteilen, ob die ihn betreffende Planung korrekt ist.

Im übrigen hängt die Prüfungspflicht von den *Umständen des Einzelfalls* ab (BGH NJW 1987, 643; OLG Karlsruhe NJW-RR 1988, 405; INGENSTAU/KORBION/OPPLER § 4 Rn 190). Dabei sind *namentlich von Bedeutung*:

(a) Die *Sachkunde des Unternehmers*, wobei es freilich nicht auf die konkret gegebene ankommt, sondern auf *die von ihm zu erwartende* (BGH NJW 1987, 643), wie sie sich der Unternehmer *notfalls beschaffen* muß (BGH SCHÄFER/FINNERN Z 410 Bl 29).

(b) Die Kenntnisse des Unternehmers vom *Informationsstand eines Vorunternehmers* (BGH NJW 1987, 643), bzw des Bestellers – und ggf seines Architekten oder Bauleiters – (INGENSTAU/KORBION/OPPLER § 4 Rn 198). Der Unternehmer muß *besondere Umsicht* walten lassen, wenn der Besteller ein unberatener Laie ist. Darf er dagegen Sachverstand voraussetzen, so mindern sich seine Pflichten, ohne daß sie deshalb doch ganz entfielen (BGH NJW 1977, 1966 = LM VOB/B Nr 93). Denn auch *der sachkundige Besteller* oder sein Architekt können einen Mangel übersehen haben. Und wenn er bekannt war, worüber sich der Unternehmer zu vergewissern hat, mag er in seiner Tragweite unterschätzt worden sein. Auch mag es auf Spezialwissen ankommen, wie es selbst bei einem Architekten nicht ohne weiteres als vorhanden vorausgesetzt werden kann.

67 (c) *Art und Umfang der Leistung des Unternehmers.* Der Unternehmer muß wissen, welche *Voraussetzungen* – planerisch und in Form von Vorleistungen anderer Unternehmer – erfüllt sein müssen, damit sie sachgerecht erbracht werden kann (vgl BGH NJW 1987, 643, 644). Dabei ist seine Leistung aber nicht nur der Bezugspunkt der Prüfungspflicht, sondern begrenzt diese gleichzeitig (vgl BGH VersR 1970, 280; INGENSTAU/KORBION/OPPLER § 4 Rn 192). Der Fliesenleger braucht nicht die Dichtigkeit des Bauwerkes zu überprüfen, sondern nur, ob die Voraussetzungen der Aufbringung des Fliesenbelages gegeben sind (OLG Oldenburg BauR 1985, 449), der Rohbauunternehmer nicht die sich aus dem späteren Ausbau ergebende endgültige Decken- und Treppenhöhe (OLG Köln MDR 1980, 228).

(d) *Besondere Risiken der Leistung.* Die Prüfungspflicht des Unternehmers ist dort besonders intensiv, wo generell *mit Mängeln zu rechnen* ist oder wenn *neuartige*, weniger erprobte Arbeitsmethoden zur Anwendung kommen sollen.

(e) Ganz allgemein kommt es auch auf die *Zumutbarkeit der Prüfungsmaßnahmen für den Unternehmer* an (vgl BGH NJW 1987, 643). So hat er *besondere Kosten* für die Prüfung *nicht* aufzuwenden (OLG Düsseldorf BauR 1997, 840). Wenn er eine solche Prüfung für geboten hält, hat er dem Besteller entsprechende Hinweise zu geben und sich ggf einen entsprechenden Zusatzauftrag erteilen zu lassen.

Auch muß im Einzelfall ein *konkreter Anlaß* zur Prüfung bestehen, zB Widersprüche in der Planung (OLG Stuttgart NJW-RR 1995, 892), Gefahr von Schwitzwasserbildung (OLG Düsseldorf BauR 1994, 522). Sofern keine besonderen Verdachtsmomente gegeben sind, braucht der Unternehmer nicht weiter zu prüfen.

Im übrigen darf er sich im Rahmen der normalen Erkenntnismöglichkeiten halten (OLG Schleswig BauR 1989, 730).

68 (2) § 4 Nr 3 VOB/B nennt – *in verallgemeinerungsfähiger Form* – die *Gegenstände der Prüfungspflicht* des Unternehmers.

(a) Die Prüfungspflicht bezieht sich zunächst auf die *vorgesehene Art der Ausführung.* Darunter ist die *Gesamtheit der Planung* des Bestellers zu verstehen, mag sie von ihm selbst oder seinem Architekten stammen (vgl BGH VersR 1965, 245; NJW 1973, 518). Zu überprüfen sind die Ausführungsplanung, die Angaben im Leistungsverzeichnis (vgl BGH NJW 1975, 1217; NJW-RR 1991, 276), die Einhaltung der Technischen Regeln (DIN-Vorschriften) und der allgemein anerkannten Regeln der Technik, etwa der Flachdachrichtlinien (OLG Düsseldorf NJW-RR 1994, 281), des Bauordnungsrechts sowie die Planung des Bauablaufs, dies alles *immer bezogen auf die eigene Leistung* des Unternehmers. Grundsätzlich zu überprüfen sind bei Bauwerken auch die Gründungsverhältnisse. Besondere Aufmerksamkeit wird von dem Unternehmer bei Anwendung neuer Fertigungsweisen verlangt (BGHZ 90, 354 = NJW 1984, 1679 = BauR 1984, 401, OLG Hamm NJW-RR 1990, 524) oder dem Gebrauch neuartiger Geräte (BGH BB 1958, 1035). Besondere Aufmerksamkeit hat der Unternehmer auch walten zu lassen, *wenn im Leistungsverzeichnis wesentliche Elemente fehlen.* Der Unternehmer muß auch erneut prüfen, wenn seinen Bedenken durch eine Planungsänderung Rechnung getragen worden ist (BGH NJW 1974, 188 = LM VOB/B Nr 65). Die Prüfungspflicht entfällt, wenn die Planung dem anerkannten Stand der Technik entspricht (vgl INGENSTAU/ KORBION/OPPLER § 4 Rn 204, 210) oder wenn der Unternehmer mit Gewißheit davon ausgehen kann, daß die Prüfungsmaßnahmen, die er für notwendig hält, korrekt durchgeführt worden sind und so der Planung zugrunde liegen. Dazu muß aber der Besteller bzw sein Architekt erkennbar auch fachlich zur Prüfung befähigt sein (BGH NJW 1977, 420 = LM VOB/B Nr 93), woran es insbesondere bei besonderen Facharbeiten fehlen kann.

(b) Die Prüfungspflicht des Unternehmers nach § 4 Nr 3 VOB/B bezieht sich *nicht* **69** *auf von ihm selbst geplante Leistungen* (vgl OLG Düsseldorf BauR 1997, 475). Für deren Korrektheit hat er vielmehr schon nach allgemeinen Grundsätzen, vgl § 4 Nr 2 VOB/ B, einzustehen, unterliegt hier also der Gewährleistung verschuldensunabhängig, soweit es nicht um Schadensersatz geht (vgl auch BGH NJW 1983, 875 = LM § 631 BGB Nr 46).

Insbesondere hat der Unternehmer auch darauf zu achten, daß der Besteller seinen *Verkehrssicherungspflichten* nachkommt, wie das § 4 Nr 3 VOB/B ausdrücklich hervorhebt.

Zu überprüfen sind die Vorbedingungen für die eigene Leistung: Tragfähigkeit der Dachsparren, auf die eine Überdachung aufgebracht werden soll (OLG Düsseldorf NJW-RR 1993, 405), die Ölleitungen, wenn ein neuer Kessel und Brenner installiert werden sollen (OLG Düsseldorf NJW-RR 1997, 816), die Verdichtung des Untergrundes von Terrassenplatten (OLG Köln NJW 1995, 19), die Beseitigung von Bauschutt vor der Kelleraußenisolierung (OLG Düsseldorf NJW-RR 1995, 214), die Vorbehandlungsbedürftigkeit der zu streichenden Wand (OLG Köln NJW-RR 1994, 533).

(c) Gegenstand der Prüfungspflicht sind weiterhin vom Besteller *gelieferte Stoffe* **70** (vgl BGH NJW 2000, 280) *oder Bauteile,* denen *jene gleichgestellt* werden müssen, die der Unternehmer zwar selbst beschafft hat, aber doch *nach Vorschrift des Bestellers* (vgl dazu BGH NJW 1973, 754). Für selbstbeschaffte Stoffe oder Bauteile haftet der Unternehmer dagegen ohne weiteres, und zwar auch dann, wenn die Auswahl auf Wunsch oder mit Einverständnis des Bestellers erfolgte.

Diese Prüfung kann sich normalerweise *im gewerbeüblichen Rahmen* bewegen (vgl OLG Stuttgart BauR 1975, 56). Die Anforderungen steigern sich aber *bei besonderen Verdachtsmomenten,* so etwa wenn ein bestimmter vom Besteller vorgeschriebener Hersteller als nicht zuverlässig gilt oder wenn der Unternehmer über besondere Erfahrungen mit ihm verfügt, die der Besteller nicht haben kann (vgl BGH BB 1961, 430 = Betr 1961, 569).

(d) Schließlich sind auch *die Leistungen anderer Unternehmer* zu überprüfen (OLG **71** Hamm BauR 1997, 309). Das gilt jedoch nicht generell, sondern *nur insoweit,* wie die eigene Leistung des Unternehmers auf ihnen aufbaut (vgl BGH NJW 1974, 747 = LM § 631 BGB Nr 46).

Ausnahmsweise kann der Unternehmer auch gehalten sein, *Hinweise für spätere Unternehmer* zu geben, die mit ihren Leistungen auf den seinigen aufbauen sollen. Zwar darf er grundsätzlich davon ausgehen, daß sie korrekt arbeiten werden, doch besteht eine Prüfungspflicht, wenn mit Fehlern zu rechnen ist (vgl OLG Köln BauR 1990, 729; WM 1993, 741; INGENSTAU/KORBION/OPPLER § 4 Rn 230). Hier ist die Rechtsfolge einer Pflichtverletzung des Unternehmers freilich nicht seine Gewährleistung, sondern eine Haftung aus den §§ 280 Abs 1, 241 Abs 2 (vgl WEYERS BlGWB 1970, 206, 207).

72 dd) Die *Anforderungen* an die Prüfungsverpflichtungen können jedenfalls *individualvertraglich verschärft* werden, *grundsätzlich dagegen nicht in AGB*, da damit eine gegen Treu und Glauben verstoßende Belastung des Unternehmers, § 307 Abs 1, verbunden wäre (vgl INGENSTAU/KORBION/OPPLER § 4 Rn 186), so etwa, wenn er verschuldensunabhängig für die Richtigkeit der Planung des Bestellers einstehen sollte oder für die Qualität der von diesem gelieferten Stoffe. Umgekehrt muß eine *Freizeichnung des Unternehmers* von seinen Prüfungspflichten jedenfalls die Grenzen des § 309 Nr 7 lit b einhalten. Darüber hinaus wird man seine Prüfungspflicht aber auch grundsätzlich als eine Kardinalpflicht iSd § 307 Abs 2 Nr 2 zu betrachten haben.

73 ee) Wenn der Unternehmer *eine gebotene Prüfung unterläßt*, ist er schon deshalb für Mängel verantwortlich, die sich daraus ergeben. Gleiches gilt, wenn er in schuldhafter Weise zu einem unrichtigen Prüfungsergebnis gelangt.

Ergeben sich bei der Prüfung *Bedenken*, für die eine Gewißheit nicht erforderlich ist, hat der Unternehmer *sie dem Besteller mitzuteilen*. Diese Mitteilung muß *klar, verständlich und erschöpfend* sein; sie muß insbesondere die Bedeutung der Tragweite ihrer Nichtbeachtung erkennen lassen (vgl BGH NJW 1975, 217). Dagegen ist der Unternehmer grundsätzlich *nicht* gehalten, dem Besteller *andere und bessere Möglichkeiten aufzuzeigen* (vgl OLG Celle NJW 1960, 102; INGENSTAU/KORBION/OPPLER § 4 Rn 244).

Wenn § 4 Nr 3 VOB/B für die Mitteilung der Bedenken die *Schriftform* verlangt, so kommt es auf ihre Einhaltung *nicht grundsätzlich* an (BGH NJW 1975, 1217). Es muß aber die Bedeutung der Mitteilung für den Besteller hinreichend deutlich werden (OLG Düsseldorf NJW-RR 1996, 401); insofern ist die Einhaltung der Schriftform für den Unternehmer empfehlenswert (BGH aaO).

Für eine ordnungsgemäße Mitteilung ist es insbesondere erforderlich, daß sie *von den richtigen Personen gemacht* wird. Das ist grundsätzlich *der Unternehmer selbst* oder ein *bevollmächtigter Vertreter* (BGH NJW 1975, 1217; OLG Hamm BauR 1995, 590), eine Stellung, die ausnahmsweise auch ein Subunternehmer haben kann. Auch auf der Bestellerseite ist die Mitteilung an *die richtige Person* zu richten. Das ist jedenfalls der Besteller selbst, regelmäßig auch der bauleitende Architekt, *nicht* dagegen *eine nachgeordnete Person*. Der Unternehmer muß sich aber *sicher sein, daß seine Bedenken auch den Besteller selbst erreichen*. Daran bestehen insbesondere dann Zweifel, wenn sich die Bedenken gegen die Maßnahmen des Architekten selbst richten oder sich dieser den Bedenken verschließt oder sonstige Eigenmächtigkeiten des Architekten vorliegen (vgl BGH SCHÄFER/FINNERN/HOCHSTEIN Z 2.400 Bl 33; NJW 1969, 653; 1973, 518; 1975, 1217; NJW-RR 1989, 721; BauR 1997, 301; OLG Düsseldorf NJW-RR 1995, 214).

74 ff) Die Prüfungs- und Mitteilungspflicht besteht *zu jedem Zeitpunkt*. Nach Möglichkeit soll der Unternehmer vor Arbeitsbeginn prüfen und warnen. Er darf aber auch später aufkommende Bedenken nicht unterdrücken.

gg) *Verschließt sich der Besteller den* – hinreichend nachdrücklich vorgebracht – 75 *Bedenken* des Unternehmers, so trägt er die damit verbundenen Risiken und kann insbesondere wegen der Folgen keine Gewährleistungsansprüche gegen den Unternehmer geltend machen, vgl § 4 Nr 3 aE VOB/B. Gleiches gilt, wenn der Besteller das Risiko übernimmt (OLG Köln SCHÄFER/FINNERN/HOCHSTEIN § 13 Nr 3 VOB/B [1973] Nr 15). Der Unternehmer hat dann auch seine Bedenken hintanzustellen und die Leistung auszuführen. Allerdings hat der Unternehmer ein *Leistungsverweigerungsrecht*, wenn er gegen gesetzliche oder behördliche Bestimmungen handeln müßte, vgl § 4 Nr 1 Abs 4 VOB/B, sowie nach Treu und Glauben auch dann, wenn mit an Sicherheit grenzender Wahrscheinlichkeit ein erheblicher Mangel die Folge wäre (vgl NICKLISCH/WEICK § 4 Rn 67; INGENSTAU/KORBION/OPPLER § 4 Rn 260; einschränkend KAISER, Mängelhaftungsrecht Rn 57a). Unter diesen Voraussetzungen hat der Unternehmer auch ein Kündigungsrecht nach § 9 Nr 1 a VOB/B bzw § 643 (vgl OLG Düsseldorf NJW-RR 1988, 210).

In der Regel wird sich der Besteller freilich berechtigten Einwendungen des Unternehmers nicht verschließen (vgl BGH NJW-RR 1991, 276), namentlich Mängel der Planung und Ausschreibung wird er abstellen. Das kann dann zur alleinigen Einstandspflicht des Unternehmers führen, sofern er den Planungsmangel erkannt hat (aaO). Im übrigen kommt es natürlich immer auf die Umstände des Einzelfalls an.

Akzeptiert der Besteller die Bedenken des Unternehmers, so hat dieser auch *die neuerlichen Maßnahmen* des Bestellers *zu überprüfen* (vgl BGH NJW 1974, 188 = LM VOB/B Nr 65).

Für seine Entschließung muß der Unternehmer dem Besteller eine gewisse *Überlegungszeit* belassen. Es handelt sich um eine Mitwirkungshandlung des Bestellers, die die Leistungsfrist für den Unternehmer verlängert und Ersatzansprüche nach den §§ 6 Nr 6 VOB/B, 642 auslösen kann.

Werden durch Umdispositionen des Bestellers *zusätzliche Leistungen des Unternehmers* erforderlich, sind diese zusätzlich zu vergüten, vgl § 2 Nr 6 VOB/B (dazu § 632 Rn 71 ff).

hh) Unterläßt der Unternehmer eine gebotene Prüfung oder teilt er seine Beden- 76 ken nicht oder nicht mit gehörigem Nachdruck mit, entsteht daraus seine Einstandspflicht: Gewährleistung, soweit die eigene Leistung mangelhaft gerät, Schadensersatz aus § 634 Nr 4, soweit sich Folgeschäden einstellen.

Diese Einstandspflicht ist idR eine volle, soweit es um die mangelnde Brauchbarkeit des vom Besteller gestellten Stoffes geht. Das ist auch die Wertung des § 645 Abs 1 S 1, die freilich zu starr ist, wenn sie jedes eigene Verschulden des Bestellers (bzw seines Architekten) ausblendet; dieses ist ggf nach § 254 zu berücksichtigen. Grundsätzlich volle Einstandspflicht auch, wenn es um die Vorbedingungen der eigenen Leistung geht.

Trifft der Verstoß gegen § 4 Nr 3 VOB/B mit einem Planungsfehler zusammen, ist gemäß § 254 abzuwägen. Den Ausgangspunkt muß es bei dieser Abwägung bilden, daß die nachteiligen Folgen primär auf dem Planungsfehler beruhen (vgl OLG Hamm BauR 1994, 145).

77 *Ausgleichsprobleme* ergeben sich, wenn der vorleistende Unternehmer für Mängel seines Werkes gewährleistungspflichtig ist und ein nachleistender haftet, weil er insoweit seine Prüfungspflicht verletzt hat. BGH BauR 1975, 130 hat hier die Annahme einer *Gesamtschuld verneint*. Jedenfalls kann der Besteller *beide Unternehmer im Rahmen ihrer Haftung in Anspruch nehmen*, und zwar auch insoweit, wie sich die Verantwortungsbereiche überschneiden (vgl LG Berlin BauR 1976, 130). INGENSTAU/ KORBION/OPPLER § 4 Rn 239 erwägt eine Leistungspflicht nur Zug um Zug gegen Abtretung der Ansprüche gegen den anderen Unternehmer gem § 255, aber auch einen internen Ausgleich der Unternehmer aus Geschäftsführung ohne Auftrag oder ungerechtfertigter Bereicherung (vgl zum Problemkreis auch OLG München NJW-RR 1988, 20; BRÜGMANN BauR 1976, 383; Wussow, Haftung und Versicherung bei der Bauausführung 151; LOCHER, Das private Baurecht Rn 102; HEIERMANN/RIEDL/RUSAM § 4 Rn 34 c; KAISER, Mängelhaftungsrecht der VOB/B Rn 54 l).

Der Kern des Problems liegt im internen Ausgleich der Unternehmer. Hier ließe sich als Anspruchsgrundlage an Geschäftsführung ohne Auftrag (sog „auch fremdes" Geschäft), ungerechtfertigte Bereicherung (um die ersparten Aufwendungen) oder – gegen den BGH – an § 426 denken. Letztere Anspruchsgrundlage erscheint vorzugswürdig, wenn sie denn – durch Anwendung des § 254 – den allfälligen flexiblen Ausgleich ermöglicht, der den jeweiligen Anteilen gerecht wird.

ii) Beweislast
78 Der Besteller hat darzutun und zu beweisen, daß der Unternehmer *Anlaß zur Prüfung und Äußerung von Bedenken gehabt* habe (vgl INGENSTAU/KORBION/OPPLER § 4 Rn 201).

Der Unternehmer hat sodann darzutun und zu beweisen, daß er diesen *seinen Pflichten ordnungsgemäß nachgekommen ist* (vgl BGH LM § 4 VOB/B Nr 2 = BB 1962, 428; BGHZ 61, 42 = NJW 1973, 1792; NJW 1974, 188 = LM VOB/B Nr 65).

Desgleichen obliegt dem Unternehmer der Beweis, *daß sich der Besteller seinen Bedenken verschlossen hätte* (BGH LM § 4 VOB/B Nr 2 = BB 1962, 428; BGHZ 61, 118 = NJW 1973, 1688 = LM § 282 BGB m Anm SCHMIDT), oder daß sich die unterlassene Belehrung aus sonstigen Gründen *nicht nachteilig ausgewirkt* habe.

d) Bereitstellungspflichten des Bestellers
79 aa) Der Besteller hat dem Unternehmer zunächst *unentgeltlich die notwendigen Arbeits- und Lagerplätze* zur Verfügung zu stellen, vgl § 4 Nr 4 lit a VOB/B, der einen *allgemeinen Grundsatz* für den Fall wiedergibt, daß die Arbeiten im räumlichen Bereich des Bestellers durchzuführen sind.

Diese Bereiche sind – nach den konkreten tatsächlichen Erfordernissen und Möglichkeiten – *angemessen* zu bemessen, dh so, daß der Unternehmer störungsfrei arbeiten kann. Eigene Sachen hat der Besteller also uU beiseitezuräumen und er hat sich, soweit dies zumutbar ist, einer eigenen Benutzung dieser Flächen zu enthalten.

Die zur Verfügung gestellten Flächen gehen grundsätzlich für den Zeitraum der Arbeiten – bis zu ihrer Abnahme – in den *unmittelbaren (Fremd-)Besitz* des Unternehmers über, wenn er denn die Arbeiten in eigener Verantwortung durchzuführen hat und für ihr Gelingen haftet. Das gilt selbst dann, wenn er innerhalb von Räumlichkeiten arbeitet, die der Besteller noch weiterbenutzt, vgl auch – einschränkend – STAUDINGER/BUND (2000) § 854 Rn 35. Das hat zur Folge, daß ihm hier der *Besitzschutz auch gegenüber dem Besteller* zusteht, dieser also auch den besitzmäßigen Anweisungen des Unternehmers an seiner Arbeitsstelle Folge zu leisten hat. Der Besitz des Unternehmers bezieht sich dabei nicht nur auf die Fläche, sondern auch auf die Arbeitsmittel einschließend einzubauender Materialien. Auch an *eingebauten Materialien* behält der Unternehmer *Besitz*, solange sie nicht abgenommen sind (vgl BGH NJW 1984, 2569) oder er zB durch Weiterführung von Bauarbeiten die Zugriffsmöglichkeit verloren hat (**aA** BGHZ 58, 309 = LM § 97 BGB Nr 6 m Anm MORMANN, wo bereits mit dem Abladen von Heizkörpern und der probeweisen Montage einiger von ihnen Besitzverlust des Unternehmers angenommen worden ist, vgl krit dazu STAUDINGER/BUND; KUCHINKE JZ 1972, 659, 661). – Die *Mitarbeiter* des Unternehmers sind *seine Besitzdiener*.

Wo Arbeitsflächen mehreren Unternehmern zur gleichzeitigen Benutzung zur Verfügung gestellt werden, entsteht unter ihnen *Mitbesitz*. Insofern kann sich auch Mitbesitz von Besteller und Unternehmer ergeben.

Wenn der Besteller die notwendigen Flächen nicht zur Verfügung stellt, *behindert* er den Unternehmer und verletzt seine Mitwirkungsobliegenheiten. Das kann ein Leistungsverweigerungsrecht des Unternehmers begründen, Entschädigungsansprüche nach den §§ 6 Nr 6 VOB/B bzw 642 auslösen und zur Kündigungsmöglichkeit nach § 9 Nr 1 lit a VOB/B bzw 643 führen.

Kostenmäßig geht die Einräumung des für die Arbeiten notwendigen Bereichs *zu Lasten des Bestellers*; das stellt § 4 Nr 4 VOB/B nur klar. Anderes kann sich nur ergeben, wenn der Unternehmer die Rückgabe der Flächen über Gebühr, dh über das für die Arbeiten notwendige Maß hinaus verzögert. Dann kann *Verzug mit der Rückgabepflicht* mit der Folge der §§ 280 Abs 1, 2, 286 eintreten. Sofern besondere Kosten anfallen, gehen diese außerdem, und insoweit ohne Verschulden, im Nachbesserungsstadium zu Lasten des Unternehmers (vgl INGENSTAU/KORBION/OPPLER § 4 Rn 270).

bb) *Unentgeltlich nutzen* darf der Unternehmer auch – außer *vorhandenen Zufahrtswegen und Anschlußgleisen*, vgl § 4 Nr 4 lit b VOB/B – *vorhandene Anschlüsse für Wasser und Energie*, vgl § 4 Nr 4 lit c VOB/B, der damit nur *den allgemeinen Grundsätzen von Treu und Glauben* entspricht. Auf *Schaffung nicht vorhandener* oder für seine Bedürfnisse ausreichend dimensionierter *Anschlüsse* hat der Unternehmer dagegen *keinen Anspruch*. Da es sich um einen Teil der von ihm zu erbringenden Werkleistung handelt, muß er *hierfür vielmehr auf eigene Kosten sorgen*. Wenn der Besteller insoweit für ihn tätig wird, erwächst ihm daraus ein Anspruch auf Kostenersatz nach dem Gedanken des § 670.

Der Unternehmer darf dann auch vorhandenes Wasser und vorhandene Energievorräte verbrauchen, hat dafür aber wiederum *dem* gegenüber den Lieferanten kostenpflichtigen *Besteller Aufwendungsersatz* zu leisten. Das wird in § 4 Nr 4 lit c VOB/B ausgesprochen, *gilt* aber *ganz allgemein nach Treu und Glauben*. Geschuldet wird insoweit nur *Aufwendungsersatz*; der Besteller darf insoweit nichts Zusätzliches berechnen. Wo sich die Kosten nicht exakt ermitteln lassen, sind sie ggf nach § 287 ZPO zu schätzen. Klauseln des Bestellers, die Prozentsätze des Werklohns als Entgelt festsetzen, sind unwirksam, OLG Stuttgart NJW-RR 1998, 312, erst recht Klauseln, nach denen der Unternehmer für nicht Geschuldetes herangezogen werden kann (vgl OLG Hamm NJW-RR 1997, 1042). Abzulehnen BGH NJW 1999, 3260, daß Verbrauchspauschalierungen in AGB des Bestellers nach § 8 AGBG (= § 307 Abs 3 S 1) kontrollfrei sein sollen.

Nach § 4 Nr 4 lit c S 2 VOB/B schulden *mehrere Unternehmer* anteiligen Aufwendungsersatz; sie werden also *nicht zu Gesamtschuldnern*. Dabei muß der Verteilungsschlüssel angemessen sein, darf also zB nicht an der Auftragssumme orientiert werden, sondern ist an Parametern auszurichten, die Rückschlüsse auf den konkreten Verbrauch zulassen. Auch dies läßt sich – ohne Vereinbarung der VOB/B – aus *allgemeinen Grundsätzen* herleiten.

e) Schutz- und Unterhaltungspflichten des Unternehmers

81 Den Unternehmer treffen bestimmte *Schutz- und Erhaltungspflichten*, wie sie aus Treu und Glauben herzuleiten sind und in § 4 Nr 5 VOB/B näher konkretisiert werden.

aa) Er muß die von ihm *ausgeführten Leistungen* vom Arbeitsbeginn bis zur Abnahme *absichern*, die die Gefahr übergehen läßt. Eine derartige Pflicht gegenüber dem Besteller ist trotz der einstweilen noch den Unternehmer treffenden Gefahr anzuerkennen, da den Beteiligten an der *Erhaltung bereits geschaffener Werte* gelegen sein muß, mag die Verletzung dieser Pflicht auch praktisch ohne eigene Sanktionen bleiben, da dem Besteller auch ohne ein Verschulden des Unternehmers sein Erfüllungsanspruch verbleibt, der dann etwaige Schadensersatzansprüche verdrängt. Ggf kann aber doch bei groben Verstößen des Unternehmers eine Kündigung des Bestellers aus wichtigem Grunde in Betracht kommen.

82 bb) Der Unternehmer muß auch die ihm für die Ausführung *übergebenen Gegenstände schützen*. Dieser Begriff aus § 4 Nr 5 VOB/B ist weit zu fassen.

Gegenständlich betrifft er zunächst die zu verarbeitenden *Materialien*, ferner *technische Hilfsmittel*, aber auch das *Grundstück selbst* (vgl Ingenstau/Korbion/Oppler § 4 Rn 281, **aA** OLG Bremen Schäfer/Finnern/Hochstein Z 2.401 Bl 9), und damit zB auch dem Unternehmer überlassene *Schlüssel*. Die *Arbeiten anderer Unternehmer* sind jedenfalls dann Objekt seiner Schutzpflicht, wenn auf ihnen aufgebaut wird. Aber auch bei anderen Sachen des Bestellers und sonstigen Arbeiten anderer Unternehmer kann der Unternehmer nach Treu und Glauben gehalten sein, einer Beschädigung oder einem Verlust vorzubeugen. Einerseits darf er nicht sehenden Auges eine Beschädigung zulassen, andererseits darf er jedenfalls keine Maßnahmen treffen, die diese einer erhöhten Gefährdung aussetzen.

Sachlich hat der Unternehmer *Diebstahl und Beschädigung* vorzubeugen. Was dazu an Maßnahmen erforderlich ist, ergibt sich aus den Umständen des Einzelfalls. Im Rahmen des Zumutbaren muß der Unternehmer jedenfalls gegen denkbare vorsätzliche oder fahrlässige *Eingriffe Dritter* Vorsorge leisten, aber ebenso gegen sonstige Gefährdungen, wie sie sich insbesondere aus Witterungseinflüssen ergeben können.

Die Werkleistung zu *versichern* ist der Unternehmer nur bei entsprechender Vereinbarung verpflichtet (vgl § 644 Rn 14). Schließt der Besteller eine Bauwesenversicherung ab, darf er den Unternehmer auch in seinen AGB an den Kosten beteiligen. Die Quote ist aber nicht kontrollfest nach § 8 AGBG bzw jetzt § 307 Abs 3 S 1 (aA BGH NZBau 2000, 466), sondern muß den konkreten Verhältnissen genügen. Die anteilige Beteiligung des Unternehmers an den Kosten der Baureinigung ist jedenfalls unangemessen, § 9 Abs 2 Nr 1 AGBG bzw § 307 Abs 2 Nr 1 (BGH NZBau 2000, 466), weil der Unternehmer seinen eigenen Abfall zunächst selbst beseitigen muß und darf.

Verstöße gegen die Schutz- und Erhaltungspflichten führen zu Ansprüchen des Bestellers aus § 823 bzw aus den §§ 280 Abs 1, 241 Abs 2, soweit ihm gehörende Sachen betroffen sind. Andere Unternehmer werden regelmäßig darauf angewiesen sein, daß der Besteller ihre Schäden im Rahmen einer *Drittschadensliquidation* geltend macht, vgl auch § 644 Rn 10. Wenn *Diebstähle von den Leuten des Unternehmers* begangen werden, kommt es darauf an, ob dies in Ausführung ihrer Verrichtung geschehen ist oder nur – was häufiger der Fall sein wird – bei deren Gelegenheit. Im ersteren Fall haftet der Unternehmer nach § 831 und vertraglich nach § 278, im letzteren nur im Falle eigenen Aufsichtsverschuldens, §§ 280 Abs 1, 241 Abs 2, § 276, bzw § 823 (vgl BGHZ 11, 151).

Soweit Verstöße gegen Schutz- und Aufsichtspflichten zu Mängeln der Werkleistung führen, verbleiben dem Besteller die Erfüllungsansprüche und erwachsen ihm die Gewährleistungsrechte; insoweit ist der Mangel dann auch von dem Unternehmer zu vertreten.

cc) Der Schutz gegen *Winterschäden und Grundwasser* sowie die Beseitigung von **83** Schnee und Eis, von denen § 4 Nr 5 S 2 VOB/B spricht, gehören zu den allgemeinen Schutz- und Erhaltungspflichten des Unternehmers; dies allerdings nur dann, wenn sie *von dem Besteller besonders verlangt* werden. Der Unternehmer hat dann auch Anspruch auf eine entsprechende *zusätzliche Vergütung*. – *Außerhalb des Anwendungsbereichs der VOB/B* wird man dies regelmäßig für eine normale, also nicht besonders zu verlangende oder zu vergütende Pflicht des Unternehmers halten müssen; es kommt aber entscheidend auf die getroffenen Vereinbarungen bzw die Verkehrssitte an.

f) Pflicht zur Beseitigung vertragswidriger Stoffe oder Bauteile
aa) Befinden sich auf der Baustelle *vertragswidrige Stoffe oder Bauteile*, so gewährt **84** § 4 Nr 6 S 1 VOB/B dem Besteller das Recht, deren **umgehende Beseitigung** zu verlangen. Die Stoffe müssen *objektiv mangelhaft* sein, wofür der *Besteller beweispflichtig* ist. Durch unberechtigte Beanstandungen behindert er den Unternehmer iSd §§ 6, 9 VOB/B. Von einer *Fristsetzung* ist der Beseitigungsanspruch *nicht abhängig*. Diese ist vielmehr nur Voraussetzung für die Selbsthilfebefugnisse nach § 4 Nr 6 S 2 VOB/B.

bb) Nicht anders ist die Rechtslage, wenn die Geltung der VOB/B nicht vereinbart **85** ist. Die Vorhaltung vertragswidriger Stoffe oder Bauteile impliziert die Gefahr ihrer

Verwendung und damit späterer Mängel. Das nimmt nicht die gebührende Rücksicht auf die Interessen des Bestellers, § 241 Abs 2.

86 cc) Unter bestimmten Voraussetzungen darf der Besteller nach § 4 Nr 6 S 2 VOB/B die vertragswidrigen Stoffe oder Bauteile *selbst entfernen*:

(1) Es muß dem Unternehmer zunächst eine *Frist zur eigenen Beseitigung gesetzt* worden sein. Es versteht sich, daß diese Frist angemessen zu sein hat. Insoweit muß dem Unternehmer zunächst Zeit zur Überprüfung der Rügen und dann zur Durchführung der Beseitigung gelassen werden, andererseits ist die Angelegenheit doch *zügig abzuwickeln*.

(2) Zweifelhaft, aber wohl zu *verneinen*, ist die Frage, ob der Unternehmer die Frist *schuldhaft* ungenutzt gelassen haben muß (vgl INGENSTAU/KORBION/OPPLER § 4 Rn 311; NICKLISCH/WEICK § 4 Rn 85; KAISER BlGWB 1976, 102).

(3) Der Besteller darf dann die Stoffe *selbst entfernen*. Er hat sie ordnungsgemäß zu lagern und zu sichern und den Unternehmer unverzüglich von dem Verbringungsort zu benachrichtigen. Entsprechend § 670 kann er den *Ersatz seiner Unkosten* verlangen.

(4) Wahlweise hat der Besteller auch die Befugnis, die vertragswidrigen Materialien zu *veräußern*. Insoweit dürfte die Regelung freilich gegen § 307 Abs 2 Nr 1 verstoßen, da die Veräußerung den Unternehmer belastet und auch nur im Notfall sinnvoll sein kann. Die §§ 372, 384 decken sie nicht. Es sind die §§ 383 ff entsprechend anzuwenden. Zu einem eigenen Erwerb ist der Besteller wegen § 181 nur bei Gestattung durch den Unternehmer berechtigt. Der Erlös ist, nach Abzug der Unkosten, dem Unternehmer auszuhändigen.

(5) Bei alledem haftet der Besteller dem Unternehmer für Vorsatz und jede Fahrlässigkeit (aA INGENSTAU/KORBION/OPPLER § 4 Rn 316, unter Berufung auf § 300 Abs 1), doch liegt Gläubigerverzug nicht vor, sondern nur Schuldnerverzug des Unternehmers.

87 dd) *Entsprechende Selbsthilferechte* des Bestellers sind *nach allgemeinem Zivilrecht nicht anzuerkennen*, insbesondere scheidet in diesem Stadium § 634 Nr 2 als ihre Grundlage aus. Doch sind die Voraussetzungen für eine auf Sequestration durch den Gerichtsvollzieher gerichtete *einstweilige Verfügung* dann gegeben, wenn die Verwendung der Materialien unmittelbar droht; vgl für den Eilfall auch § 229.

g) Rechte des Bestellers bei Mängeln, die während der Erstellung des Werkes erkannt werden

88 aa) Der Unternehmer schuldet ein mangelfreies Werk. Er ist deshalb nicht erst nach der Abnahme verpflichtet, vorhandene Mängel zu beseitigen, sondern auch vorher schon, *Mängel überhaupt zu vermeiden* und *bereits eingetretene Mängel zu beseitigen*, vgl § 4 Nr 7 S 1 VOB/B. Diese Beseitigungspflicht ist *Teil seiner Erfüllungspflicht* (vgl BGHZ 51, 275 = NJW 1969, 653; BGH NJW 1971, 838). Nach allgemeinem Zivilrecht folgt sie aus der Pflicht des Unternehmers zur Rücksichtnahme auf die Interessen des Bestellers, dem ja ohne die Beseitigung die Ablieferung eines mangelhaften Werkes droht.

bb) Der Unternehmer ist nach § 4 Nr 7 S 1 VOB/B verpflichtet, vorhandene Män- **89** gel zu beseitigen.

(1) Zum Begriff der Mängel vgl u Rn 162 ff. Es gelten hier keine grundsätzlichen Besonderheiten. Insbesondere brauchen die Mängel *nicht erheblich* zu sein, da der Besteller Anspruch auf ein überhaupt mangelfreies Werk hat (vgl INGENSTAU/KORBION/ OPPLER § 4 Rn 332; NICKLISCH/WEICK § 4 Rn 95). Allerdings kann die Beseitigung des Mangels uU wegen unverhältnismäßigen Aufwandes verweigert werden (vgl § 635 Rn 8).

Die *Ursachen* der Mängel sind *unerheblich*. Der Unternehmer schuldet nicht nur die Beseitigung von Mängeln, die er selbst verursacht hat, sondern auch von solchen Mängeln, die – auf Grund von Planungsfehlern, fehlerhaften Anweisungen, mangelhaften zur Verfügung gestellten Stoffen etc – in den *eigenen Verantwortungsbereich des Bestellers* fallen (**aA** INGENSTAU/KORBION/OPPLER § 4 Rn 334: Nur wenn gleichzeitig der Unternehmer gegen seine Pflichten aus § 4 Nr 3 VOB/B [o Rn 62 ff] verstoßen hat). *Auch derartige Mängel dürfen* aber nicht bestehen bleiben, und es ist auch hier Sache des Unternehmers, für Abhilfe zu sorgen. Freilich ist hier mit besonderer Strenge zu prüfen, ob die Beseitigung nicht mit einem für den Unternehmer unverhältnismäßigen Aufwand verbunden ist. Vor allem aber kann er die Beseitigung hier von der *vollen Übernahme der Kosten durch den Besteller* abhängig machen. Zur Kostenteilung bei beiderseits verursachten Mängeln vgl u Rn 181 ff.

Die *Beweislast* für die Mängel ist hier ausnahmsweise dem *Besteller* aufzuerlegen (**aA** INGENSTAU/KORBION/OPPLER § 4 Rn 338). Zwar trifft grundsätzlich den Unternehmer bis hin zur Abnahme die Beweislast für die Mangelfreiheit des Werkes, doch kann das dann nicht gelten, wenn der Besteller, wie hier, aus ihnen vorzeitig besondere Rechte herleiten will.

(2) Dem Beseitigungsanspruch hinsichtlich schon verursachter Mängel entspricht **90** ein *vorbeugender Anspruch auf Unterlassung der Verursachung von Mängeln*. Dieser kann uU zugunsten des Bestellers durch eine einstweilige Verfügung gesichert werden (vgl OLG München Betr 1986, 2595 = BB 1986, 2296).

(3) Die Pflicht zur Mängelbeseitigung während der Erstellung des Werkes muß *parallel zu dem Nachbesserungsanspruch* behandelt werden, der dem Besteller nach der Abnahme zusteht; er ist sachlich identisch mit diesem. Daraus folgt insbesondere:

In dem Rahmen, in dem nach der Abnahme statt einer Nachbesserung eine *Neuherstellung* verlangt werden kann (vgl § 634 Rn 28), kann dies auch jetzt schon geschehen.

Auch jetzt schon kann der Unternehmer die Nachbesserung nach dem Gedanken der §§ 13 Nr 6 VOB/B, 635 Abs 3 verweigern, wenn sie mit einem *unverhältnismäßig hohen Aufwand* verbunden wäre (vgl INGENSTAU/KORBION/OPPLER § 4 Rn 341 ff). Dafür ist freilich der Unternehmer darlegungs- und beweispflichtig, und sind insoweit gerade in diesem Stadium strenge Anforderungen zu stellen. Gegebenenfalls kann der Besteller nach Treu und Glauben gehalten sein, in eine *zumutbare Ersatzlösung* einzuwilligen. Wenn und soweit die Nachbesserung verweigert werden kann, berührt das nicht die Rechte des Bestellers auf Minderung oder Schadensersatz.

Die *Kosten der Nachbesserung* gehen zu Lasten des Unternehmers, vgl §§ 4 Nr 7 S 1 VOB/B, 635 Abs 2, soweit sich nicht der Besteller an ihnen zu beteiligen hat, weil er den Mangel mitverursacht hat (vgl u Rn 181 ff), oder es sich um sog „Sowieso"-Kosten handelt (vgl § 634 Rn 20).

Die geschuldeten Maßnahmen sind die zur Beseitigung des Mangels notwendigen. Dazu gehören seine *Freilegung* und die *Abklärung seiner Ursachen* sowie auch *Folgemaßnahmen*, die die Mängelbeseitigung als solche notwendig macht, zB ein erneuter Anstrich, nicht dagegen die Beseitigung von Mangelfolgeschäden (vgl auch § 634 Rn 30).

91 (4) Der *Zeitraum*, innerhalb dessen der Mängelbeseitigungsanspruch des Bestellers zu erfüllen ist, ist nach BGB und VOB/B unterschiedlich bemessen.

Wenn die Geltung der VOB/B vereinbart ist, ist der Anspruch auf Nachbesserung gem § 271 zu erfüllen, die Arbeiten sind also zügig aufzunehmen und zu beenden. Ggf wird die Leistungsfrist durch eine vom Besteller gesetzte Frist beeinflußt (vgl dazu auch u Rn 94).

cc) Wenn die Geltung der VOB/B nicht vereinbart ist, folgt aus der Pflicht des Unternehmers zur Rücksichtnahme auf die Interessen des Bestellers, daß er schon jetzt erkannte Mängel auf seine Kosten, vgl § 635 Abs 2, und vorbehaltlich der Zumutbarkeit, vgl § 635 Abs 3, zu beseitigen hat. Der ihm dazu zur Verfügung stehende zeitliche Rahmen ist unterschiedlich je nach der Art des Mangels. Es kann sich ergeben, daß er umgehend zu beseitigen ist, wenn seine Beseitigung zB später nur mit erhöhtem Aufwand möglich wäre oder seine Existenz gar auch weitere Leistungsabschnitte gefährden würde. Wo dies nicht der Fall ist, gilt auch in zeitlicher Hinsicht die Dispositionsfreiheit des Unternehmers. Er darf aber auch einen Mangel, dessen Beseitigung noch Aufschub duldet, jedenfalls nicht leugnen.

92 dd) Der Nachbesserungsanspruch des Bestellers kann zunächst *einredeweise dem Werklohnanspruch des Unternehmers nach § 320 entgegengesetzt* werden. Das ist namentlich bei der Vereinbarung von Abschlagszahlungen von Bedeutung (vgl BGHZ 73, 140, Kaiser BauR 1982, 205).

93 ee) Der Besteller kann weiterhin berechtigt sein, den *Vertrag aufzulösen*, wenn seinem Nachbesserungsbegehren nicht entsprochen wird. Das gestaltet sich *nach Voraussetzungen und Folgen unterschiedlich, je nachdem, ob die Geltung der VOB/ B vereinbart ist oder nicht*.

94 (1) *Wenn die Geltung der VOB/B vereinbart ist*, kann der Besteller unter den Voraussetzungen der §§ 4 Nr 7, 8 Nr 3 VOB/B *kündigen* („den Auftrag entziehen"). Die Möglichkeit des Rücktritts muß damit als stillschweigend abbedungen gelten.

Aus der Sicht der §§ 307 ff ist gegen diese Regelung nichts einzuwenden. Soweit dem Besteller die Rücktrittsmöglichkeit genommen wird, wird dies durch § 309 Nr 8 b bb gedeckt. Diese Bestimmung betrifft zwar den Zeitraum nach der Abnahme, zuvor sollte aber nichts anderes gelten. Soweit die Möglichkeit der Lösung vom Vertrag von der zusätzlichen Voraussetzung der vorherigen Ankündigung abhängt, benachteiligt dies den Besteller nicht unangemessen, auch wenn die §§ 281 Abs 1, 323 Abs 1 derlei nicht vorsehen. Es ist sachgerecht, dem Unternehmer den Ernst der Lage vor Augen zu führen. Dem Besteller, der die Lösung vom Vertrag erwägt, ist es zuzumuten, dies kundzutun. Mutatis mutandis entspricht die Regelung § 254 Abs 2 S 1, 1. Alt, und seiner Warnpflicht. Damit ist das korrekte Vorgehen auch dem nicht bauerfahrenen Besteller zuzumuten, dem bauerfahrenen ohnehin.

(a) Das setzt voraus, daß der Besteller dem Unternehmer eine *angemessene Frist zur Beseitigung* des Mangels setzt und *erklärt, daß er nach ihrem fruchtlosen Ablauf den Auftrag entziehe*.

(α) Die von dem Besteller gesetzte Frist muß *angemessen* sein. Die Angemessenheit ist von den Umständen des Einzelfalls abhängig. Einerseits muß sie – zur Beseitigung des Mangels gesetzt – hierfür ausreichen, wobei zu berücksichtigen sein kann, daß die Arbeiten auf Grund objektiver Faktoren (Witterungseinflüsse, Arbeiten anderer Unternehmer) uU nicht sofort aufgenommen oder bruchlos durchgeführt werden können. So kann es zB auch geboten sein, die Ursachen des Mangels vorab durch ein Sachverständigengutachten zu klären (vgl BGH BauR 1975, 137 = WM 1974, 932). Andererseits ist aber davon auszugehen, daß der Unternehmer, der den Mangel gesetzt hat, damit wenn schon nicht schuldhaft, so doch wenigstens *pflichtwidrig* gehandelt hat. Er darf also *keine besondere Rücksichtnahme* – zB auf innere Probleme seines Betriebes, anderweitige Aufträge – erwarten, sondern hat zur zügigen Aufnahme und Durchführung der Arbeiten bereit zu sein.

Eine *zu knapp bemessene Frist* ist darum nicht wirkungslos, sondern setzt eine nach objektiven Kriterien zu bemessende angemessene voraus. Wirkungslos ist allerdings eine Fristsetzung, die nur in der (vom Unternehmer zu beweisenden) Absicht gesetzt ist, den Unternehmer zu Fall zu bringen. Eine *zu lang bemessene Frist gilt als solche*, bindet also insbesondere den Besteller selbst. Der Unternehmer kann sich nach den §§ 307 Abs 2 Nr 1, 308 Nr 2 in seinen AGB keine unangemessen lange Frist zur Mängelbeseitigung ausbedingen (vgl OLG Stuttgart NJW 1981, 1105).

(β) Die Frist muß *zur Beseitigung des Mangels* gesetzt sein. § 4 Nr 7 S 3 VOB/B kann jedoch *entsprechend dahin angewendet* werden, daß eine Frist gesetzt wird für die *Aufnahme der Arbeiten* oder gar *die Erklärung der Bereitschaft zu ihnen* (vgl KAHLKE BauR 1981, 516; INGENSTAU/KORBION/OPPLER § 4 Rn 371, BGH NJW 1999, 3710). Das rechtfertigt sich hier daraus, daß der fruchtlose Ablauf einer derartigen Frist das *Vorliegen der Voraussetzungen des § 323 Abs 2 Nrn 1, 3* anzeigt: Entweder kann von einer Verweigerung der Mängelbeseitigung durch den Unternehmer ausgegangen werden, oder jedenfalls besteht ein besonderes Interesse des Bestellers daran, seine Beziehungen zu einem Unternehmer zu beenden, der auf eine derartige Fristsetzung nicht angemessen reagiert.

(γ) *Ausnahmsweise* kann die Fristsetzung *entbehrlich* sein, wenn die Beseitigung des Mangels unmöglich ist, oder wenn die Voraussetzungen des § 323 Abs 2 vorliegen, die Mängelbeseitigung zB *ernsthaft und endgültig von dem Unternehmer verweigert* wird (vgl BGHZ 50, 160 = NJW 1968, 1524), was aus einer Gesamtwürdigung seines Verhaltens zu erschließen ist, also insbesondere dann angenommen werden kann, wenn der Unternehmer abschließend die Meinung vertritt, seine Leistung sei mangelfrei (vgl RGZ 129, 143), oder schließlich wenn ein *besonderes Interesse des Bestellers* an sofortiger Vertragsbeendigung besteht, was insbesondere dann der Fall sein kann, wenn die bisherigen Mängel so gravierend sind, daß dem Besteller *die Duldung einer Nachbesserung nicht mehr zugemutet* werden kann (vgl BGHZ 50, 160 = NJW 1968, 1524 = LM § 4 VOB/B Nr 3; BGH NJW 1975, 825; BauR 1985, 450).

(δ) Mit der Fristsetzung muß die *Androhung des Auftragsentzugs* verbunden werden. Diese Androhung muß *bestimmt und zweifelsfrei* erfolgen. Als ausreichend erachtet worden ist insoweit die klare Androhung der Beschäftigung eines anderen Unternehmers nach fruchtlosem Fristablauf (vgl BGH NJW 1983, 1731). Insgesamt kann hier auf die zu § 326 aF entwickelten Grundsätze zurückgegriffen werden.

(ε) Der Auftragsentzug ist möglich, wenn die zur Nachbesserung gesetzte angemessene *Frist ergebnislos abgelaufen* ist. Das ist nicht nur dann anzunehmen, wenn der Unternehmer überhaupt nicht tätig geworden ist. Das Kündigungsrecht besteht vielmehr auch schon dann, wenn die Arbeiten zur Mängelbeseitigung nicht innerhalb der Frist *insgesamt abgeschlossen* sind. In engen Grenzen können sich Ausnahmen aus dem Grundsatz von Treu und Glauben ergeben, wenn der Rückstand des Unternehmers unerheblich und unverschuldet ist und die Interessen des Bestellers nicht berührt (etwas weiter insoweit wohl INGENSTAU/KORBION/OPPLER § 4 Rn 381).

Die Kündigung ist allerdings rechtsmißbräuchlich, wenn im *Zeitpunkt ihres Ausspruchs die Mängel beseitigt* sind.

96 (ζ) Inwieweit ein *Verschulden* des Unternehmers Voraussetzung für den Auftragsentzug nach § 4 Nr 7 S 3 VOB/B ist, ist streitig, vgl die Nachweise bei STAUDINGER/PETERS (2000) § 633 Rn 142. Die Bedeutung der Frage wird freilich dadurch gemindert, daß regelmäßig ein Verschulden vorliegen wird und daß sich der Unternehmer insoweit auch entlasten müßte, vgl § 280 Abs 1 S 2. Doch ist ein Verschulden weder hinsichtlich des Mangels noch hinsichtlich der Fristversäumung notwendig.

Die Versäumung der gesetzten Frist braucht jedenfalls nicht schuldhaft zu sein. Es ist nicht einzusehen, warum hier anderes als im Rahmen des § 326 aF gelten sollte (vgl insoweit STAUDINGER/OTTO [1995] § 326 Rn 111).

(η) Der Auftragsentzug wird mit dem fruchtlosen Fristablauf möglich; der *Auftrag endigt damit keineswegs von sich aus*; sondern der Besteller hat es in der Hand, ihn dem Unternehmer zu belassen (vgl INGENSTAU/KORBION/OPPLER § 4 Rn 384). Notwendig ist eine *Kündigungserklärung* des Bestellers, die *erst nach Fristablauf* wirksam ausgesprochen werden kann (vgl BGH NJW 1973, 1463 = WM 1973, 1056 = VersR 1973, 767), und zwar auch in jenen Fällen, in denen der Besteller auf die Fristsetzung hätte verzichten können.

97 (b) Die Entziehung des Auftrags nach den §§ 4 Nr 7 S 3, 8 Nr 3 VOB/B ist eine *Kündigung des Werkvertrages* mit Wirkung ex nunc, deren Folgen sich im einzelnen nach § 8 Nr 3 VOB/B richten (vgl dazu § 649 Rn 57 ff).

(2) *Wenn die Geltung der VOB/B nicht vereinbart ist*, kann der Besteller, der schon während der Erstellung des Werkes Mängel feststellt, bei Unzumutbarkeit des Fest-

haltens am Vertrag zurückzutreten, § 324. Dazu kann es ratsam sein, zuvor eine Frist zur Beseitigung zu setzen, § 323 Abs 1 analog, vgl auch § 314 Abs 2. In entsprechender Anwendung des § 314 kann der Besteller auch kündigen.

ff) Wo eine Nachbesserung von dem Unternehmer berechtigterweise wegen unverhältnismäßigen Aufwands verweigert wird, § 635 Abs 3, oder die sonstigen Voraussetzungen des § 636 vorliegen, insbesondere also bei Unmöglichkeit der (vollständigen) Mängelbeseitigung kann der Besteller auch in dem Zeitraum, in dem das Werk noch erstellt wird, dem Mangel durch *Minderung des Werklohns* Rechnung tragen. Dies gilt *unabhängig davon, ob die Geltung der VOB/B vereinbart ist oder nicht,* und ist vor allem dann von Interesse, wenn Abschlagszahlungen zu leisten sind. Zu der Frage, wie der Minderungsbetrag dann auf die einzelnen Teilbeträge der Werklohnforderung zu verrechnen ist, vgl § 634 Rn 103 f. **98**

gg) Dem Besteller können aus Mängeln, die er vor der Abnahme rügt, auch *Schadensersatzansprüche* erwachsen. Die *Rechtslage* gestaltet sich hier *unterschiedlich, je nachdem, ob die Geltung der VOB/B vereinbart ist* oder nicht, mögen die Ergebnisse auch miteinander vergleichbar sein. **99**

(1) Wenn die *Geltung der VOB/B nicht vereinbart* ist, ist von folgendem auszugehen:

Wenn die Schäden durch eine Nachbesserung nicht mehr abzuwenden sind oder der Unternehmer seine Nachbesserungsbefugnis nach den §§ 281 Abs 2, 323 Abs 2, 636 verloren hat, ist der Besteller an der Durchsetzung des Schadensersatzanspruchs nicht gehindert. Er dürfte im gegenwärtigen Zeitraum – vor der Abnahme – aus den §§ 280 Abs 1, 241 Abs 2, nicht aus § 634 Nr 4 herzuleiten sein.

Denkbare Schäden sind Kosten der Mängelbeseitigung (BGH NJW 2000, 2997), Verzögerungsschäden wie Mietausfälle (BGH NJW-RR 2000, 1260).

(2) *Wenn dem Vertrag die Geltung der VOB/B zugrunde liegt,* sind *Schadensersatzansprüche* des Bestellers grundsätzlich aus § 4 Nr 7 S 2 VOB/B herzuleiten. Zur Rechtsnatur des Anspruchs vgl STAUDINGER/PETERS (2000) § 633 Rn 149 mwN. **100**

(a) Das Verhältnis des Schadensersatzanspruchs aus § 4 Nr 7 S 2 VOB/B zu dem Schadensersatzanspruch nach erfolgter Abnahme gemäß § 13 Nr 7 VOB/B ist dahin zu bestimmen, daß *letzterer vorgeht* und etwa schon begründete Ansprüche aus § 4 Nr 7 S 2 VOB/B in sich aufnimmt (vgl BGHZ 50, 160, 163; 54, 352, 355; 55, 354, 356; BGH NJW 1982, 1524; INGENSTAU/KORBION/OPPLER § 4 Rn 360). Der Anspruch aus § 4 Nr 7 S 2 VOB/B kann also *grundsätzlich nur bis hin zur Abnahme* geltendgemacht werden. Ausnahmen ergeben sich dann, wenn zwar der Mangel schon vor der Abnahme beseitigt ist, der aus ihm resultierende und zu ersetzende Schaden aber noch fortbesteht. Dann bleibt insoweit § 4 Nr 7 S 2 VOB/B als Anspruchsgrundlage erhalten (vgl DÄHNE BauR 1973, 286; HEYERS BauR 1974, 24; KAISER BlGWB 1976, 121, 123, NICKLISCH/WEICK § 4 Rn 107; INGENSTAU/KORBION/OPPLER § 4 Rn 361; nicht eindeutig BGH BauR 1978, 306 = LM VOB/B Nr 97). Eines Vorbehalts des Anspruchs bei der Abnahme bedarf es dabei nicht (INGENSTAU/KORBION aaO; NICKLISCH/WEICK § 4 Rn 116).

§ 4 Nr 7 S 2 VOB/B enthält eine *abschließende Regelung* der Schadensersatzansprüche wegen Mängeln, die sich vor der Vollendung des Bauwerks gezeigt haben (BGHZ 50, 160, 168).

101 (b) Der Anspruch *verjährt* – soweit er nicht in dem Anspruch aus § 13 Nr 7 VOB/B aufgeht – innerhalb der Fristen des § 13 Nr 4, Nr 7 Abs 3 VOB/B (vgl INGENSTAU/KORBION/OPPLER § 4 Rn 362; aA HEYERS BauR 1974, 24, der § 195 anwenden will); kommt es nicht zur Abnahme, ist § 195 aber anwendbar.

Der Anspruch setzt einen *Mangel* voraus, *den der Unternehmer zu vertreten hat.* Daß ein Mangel vorliegt, hat der Besteller zu beweisen (aA INGENSTAU/KORBION § 4 Rn 376). Das widerspricht zwar dem Grundsatz, daß bis hin zur Abnahme der Unternehmer die Mangelfreiheit des Werkes zu beweisen hat, rechtfertigt sich aber daraus, daß das Werk überhaupt noch unfertig und nicht zur Abnahme vorgesehen ist, der Besteller aber gleichwohl in dieser Situation schon besondere Rechte geltend machen will. Zur Beweislast für das Vertretenmüssen gelten die allgemeinen Grundsätze des § 280 Abs 1 S 2.

102 (c) *Inhalt und Umfang* des Schadensersatzanspruchs können unterschiedlich ausgestaltet sein.

(α) Zunächst kann der Schadensersatzanspruch neben dem Nachbesserungsanspruch geltendgemacht werden, vgl das „auch" in § 4 Nr 7 S 2 VOB/B. Dann umfaßt er *jene Schäden des Bestellers, die trotz der Nachbesserung verbleiben* (vgl BGHZ 50, 165; BGH NJW 1982, 1524 = LM § 4 [A] VOB/B Nr 12; INGENSTAU/KORBION/OPPLER § 4 Rn 350). Zu denken ist etwa an Schäden an von dem Unternehmer nicht gelieferten Bauteilen, die durch den Mangel beschädigt worden sind (vgl BGH BauR 1978, 306 = LM VOB/B Nr 97), ferner vor allem an Verzögerungsschäden wie Mietausfälle oder sonstigen Gewinnausfall (vgl BGH NJW-RR 2000, 1260), weiterhin an Gutachterkosten, die aufgewendet werden müssen, um Mängel und Schäden nach Grund und Höhe festzustellen. Zu der Frage, ob die entgangene Gebrauchsmöglichkeit als solche einen liquidierbaren Schaden darstellt, vgl BGHZ 98, 212; 101, 330.

(β) Wenn der Unternehmer die Beseitigung des Mangels verweigert, kann der Schadensersatzanspruch auch die *Kosten der Mängelbeseitigung* erfassen (BGH NJW 2000, 2997, 2998). Ein vorheriger Auftragsentzug ist dann nicht erforderlich. Unterbleibt die Mängelbeseitigung aus Gründen der Wirtschaftlichkeit, erfaßt der Anspruch den *mängelbedingten Minderwert des Werkes.*

(γ) Probleme bereitet es, daß § 4 Nr 7 S 2 VOB/B zwar nicht von einem Anspruch auf Schadensersatz wegen Nichterfüllung redet, wie dies § 8 Nr 3 Abs 2 S 2 VOB/B für den Fall der mängelbedingten Kündigung tut, den Schadensersatzanspruch aber doch auch nicht bestimmten Schranken unterwirft, wie dies § 13 Nr 7 VOB/B für den Zeitraum nach der Abnahme tut, vgl dazu BGHZ 50, 160. Das darf *nicht* zu dem Schluß verleiten, daß *dieser Schadensersatzanspruch inhaltlich unbeschränkt* wäre, weil sich der Besteller über § 4 Nr 7 S 2 VOB/B schwerlich das holen darf, was ihm § 13 Nr 7 VOB/B gerade versagt. Es sind deshalb *die dortigen Grenzen des Schadensersatzes* grundsätzlich auch hier zu beachten (vgl INGENSTAU/KORBION/OPPLER § 4 Rn 357).

(δ) Der Schadensersatzanspruch nach § 4 Nr 7 S 2 VOB/B besteht auch dann fort, wenn der Besteller die Verweigerung der Mängelbeseitigung zum Anlaß für eine Kündigung nimmt, vgl § 8 Nr 3 Abs 2 S 1 aE VOB/B.

(d) Der Schadensersatzanspruch des Bestellers nach § 4 Nr 7 S 2 VOB/B kann zur Aufrechnung gegenüber dem Werklohnanspruch des Unternehmers verwendet oder diesem nach § 320 entgegengesetzt werden.

hh) Die Befugnis des Bestellers, bei Verzug des Unternehmers mit der Mängelbeseitigung diese selbst zu beseitigen bzw anderweitig beseitigen zu lassen, setzt beim VOB-Vertrag dessen Kündigung voraus (BGH BauR 1986, 573; NJW-RR 1998, 235; OLG Düsseldorf BauR 1994, 369; OLG Hamm NJW-RR 1997, 723). Das vermeidet unklare Zuständigkeiten. S auch § 281 Abs 1, 4.

h) Pflicht des Unternehmers zur Selbstausführung der geschuldeten Leistung
aa) Zu der nur ausnahmsweise gegebenen Verpflichtung des Unternehmers, die Werkleistung persönlich zu erbringen, vgl o Rn 55 ff. Grundsätzlich ist die Werkleistung **nur im eigenen Betrieb des Unternehmers** zu erbringen. Dies gilt *unabhängig davon, ob die Geltung der VOB/B vereinbart* ist; § 4 Nr 8 Abs 1 S 1 VOB/B, der dies ausdrücklich ausspricht, hat insoweit nur *klarstellenden* Charakter, **aA** offenbar INGENSTAU/KORBION/OPPLER § 4 Rn 394, der dann, wenn die Geltung der VOB/B nicht vereinbart ist, eine freie Befugnis des Unternehmers anzunehmen scheint, die Erbringung der Werkleistung auf Dritte zu übertragen.

bb) Die *Weitergabe des Auftrags* oder eines Teiles des Auftrags an einen selbständigen Dritten, den sog Subunternehmer, ist im Geltungsbereich der VOB/B nach § 4 Nr 8 Abs 1 S 2, 3 *nur unter zwei alternativen Voraussetzungen* zulässig.

(1) Zunächst nach § 4 Nr 8 Abs 1 S 2 VOB/B bei *schriftlicher Zustimmung* des Bestellers.

Der Besteller darf die Zustimmung an Auflagen und Bedingungen knüpfen. Insoweit ist aber zu beachten, daß er mit diesen *nur legitime eigene Interessen* verfolgen darf. Schutzbedürfnisse des Bestellers ergeben sich einmal daraus, daß die Auswahl – und damit die Qualität des Subunternehmers – Sache des Hauptunternehmers ist, zum anderen daraus, daß eigene vertragliche Beziehungen des Bestellers zu dem Subunternehmer nicht entstehen, dessen Vertragspartner vielmehr allein der Hauptunternehmer ist, vgl § 631 Rn 32. Daraus folgen *verminderte Einwirkungsmöglichkeiten* des Bestellers auf den Subunternehmer sowie die Gefahr, daß Probleme im Verhältnis des Hauptunternehmers zu dem Subunternehmer auf den Besteller zurückschlagen (zB Arbeitseinstellung des Subunternehmers mangels Vergütung durch den Hauptunternehmer).

Verweigert der Besteller die Einwilligung zur Heranziehung ohne hinreichenden Grund oder macht er sie von unzumutbaren Auflagen abhängig, wofür jeweils der Unternehmer beweispflichtig ist, verletzt er seine *Mitwirkungsobliegenheiten* mit den Folgen der §§ 6, 9, Nr 1 a VOB/B. Auch können etwaige Gewährleistungsrechte nach § 254 zu kürzen sein, wenn die Beauftragung von Spezialunternehmen das Auftreten von Mängeln vermieden hätte.

§ 4 Nr 8 Abs 1 S 2 VOB/B verlangt ein schriftliches Einverständnis des Bestellers mit der Beauftragung von Subunternehmern. Die nach § 127 zu beurteilende Schriftform kann von den Parteien einverständlich – auch formlos – aufgehoben werden.

Der *Zeitpunkt*, in dem das Einverständnis erfolgt, ist *gleichgültig*. Es kann sich um eine Einwilligung handeln, die bereits in dem Bauvertrag enthalten ist oder ad hoc erteilt wird, aber auch um eine Genehmigung.

Soweit AGB des Unternehmers eine Zustimmung des Bestellers enthalten, kann dies im Einzelfall eine unangemessene Benachteiligung des Bestellers iSd § 307 Abs 1 bedeuten (vgl NICKLISCH/WEICK § 4 Rn 118; ULMER/BRANDNER/HENSEN Anh §§ 9–11 Rn 911; **aA** INGENSTAU/KORBION/OPPLER § 4 Rn 402; HEIERMANN/RIEDL/RUSAM § 4 Rn 104). Daran fehlt es, wenn ein Generalunternehmer eingeschaltet ist (NICKLISCH/WEICK aaO). Doch ist eine *unangemessene Benachteiligung* des Bestellers dann anzunehmen, wenn es nach den objektiv zu würdigenden Umständen des Einzelfalls auf die Ausführung der Leistung im eigenen Betrieb des Unternehmers ankommt.

Soweit dem Unternehmer wirksam die Befugnis zur Beauftragung eines Subunternehmers eingeräumt ist, kann die *konkrete Auswahl* des Subunternehmers immer noch mißbräuchlich sein.

106 (2) Die Beauftragung eines Subunternehmers ist sodann nach § 4 Nr 8 Abs 1 S 3 VOB/B auch ohne Zustimmung des Bestellers *bei solchen Leistungen* zulässig, *auf die der Betrieb des Unternehmers nicht eingerichtet* ist. Das bedarf freilich der *einschränkenden Auslegung*, weil sich der Unternehmer grundsätzlich nur um solche Aufträge bemühen darf, denen er qualitativ und quantitativ auch gewachsen ist. Es darf sich also nur um nicht sonderlich ins Gewicht fallende Leistungsteile handeln, die auch typischerweise an besondere Spezialisten vergeben werden (vgl INGENSTAU/KORBION § 4 Rn 420 ff). Will der Unternehmer über diesen Rahmen hinausgehen, bedarf er wiederum der Zustimmung des Bestellers.

Die Bestimmung ist vor dem Hintergrund des § 307 unbedenklich (vgl STAUDINGER/ SCHLOSSER[12] § 9 AGBG Rn 77; INGENSTAU/KORBION/OPPLER § 4 Rn 402).

107 cc) Wenn *die Geltung des VOB/B nicht vereinbart ist*, können Subunternehmer zunächst ebenfalls bei *Zustimmung* des Bestellers beschäftigt werden. Insoweit gelten die Erl o Rn 105 zu § 4 Nr 8 Abs 2 S 2 VOB/B mit der Maßgabe entsprechend, daß die Zustimmung nicht vom Erfordernis der Schriftform abhängig ist.

Darüber hinaus ist die Zulässigkeit des Einsatzes von Subunternehmern nach den *Umständen des Einzelfalls* unter besonderer Berücksichtigung der *Verkehrssitte* zu beurteilen. Das wird namentlich in den von § 4 Nr 8 Abs 1 S 3 VOB/B angesprochenen Fällen dazu führen, daß der Einsatz eines Subunternehmers zulässig ist.

108 dd) Soweit der Unternehmer einen Subunternehmer beschäftigt, hat er dem Besteller auf dessen Verlangen *Namen, Anschrift und Auftragsumfang* des Subunternehmers bekanntzugeben. Das bestimmt § 4 Nr 8 Abs 3 VOB/B ausdrücklich und ist *sonst aus dem Grundsatz von Treu und Glauben* herzuleiten. *Weitergehende Aus-*

kunftsansprüche hat der Besteller dagegen *nicht*, insbesondere nicht hinsichtlich der einzelnen Vereinbarungen und namentlich der *Preise*.

Soweit § 4 Nr 8 Abs 2 die Verwendung der VOB/B im Verhältnis zum Subunternehmer vorschreibt, ist das eine unzulässige Gängelung des Unternehmers (§ 307), da der Besteller insoweit schützenswerte Interessen nicht hat, wie dies die VOB/B selbst in § 4 Nr 2 Abs 2 für den Bereich des eigenen Betriebes des Unternehmens anerkennt.

ee) Ausnahmsweise kann der Unternehmer auch *gehalten* sein, auf Verlangen des Bestellers einen Subunternehmer einzusetzen. Das gilt dann, wenn sich der Betrieb des Unternehmers auf Grund besonderer Umstände als nicht hinreichend kompetent erweist, vgl auch § 5 Nr 3 VOB/B und dazu u Rn 131. **109**

ff) Gegenüber dem *unzulässig beauftragten* Subunternehmer stehen dem Besteller uU die Rechte aus § 862 zu. Gegenüber dem Hauptunternehmer kann dem Besteller aus dem unzulässigen Einsatz eines Subunternehmers ein *Kündigungsrecht aus wichtigem Grunde* erwachsen, wenn und soweit das zu einer schweren und nachhaltigen Störung des Vertrauensverhältnisses zwischen dem Besteller und dem Unternehmer führt (vgl NICKLISCH/WEICK § 4 Rn 122). Ist das Verhältnis nicht nachhaltig gestört, kann der Besteller dem Unternehmer eine *Frist zur eigenen Arbeitsaufnahme* setzen und nach deren fruchtlosem Ablauf gemäß § 8 Nr 3 VOB/B kündigen. Damit ist zulässigerweise die Möglichkeit des Rücktritts nach § 324 ausgeschlossen. Unbedenklich bei dieser Regelung auch die Notwendigkeit, den späteren Auftragsentzug anzudrohen. *Nach allgemeinem Zivilrecht* kann eine Kündigung aus wichtigem Grund ebenfalls durch eine fruchtlose Fristsetzung zulässig werden, hier ist ggf auch der Rücktritt nach § 324 möglich. **110**

gg) Zu den Beziehungen zwischen den Beteiligten bei Einsatz von Subunternehmern vgl § 631 Rn 31 ff. **111**

Zu den sonst möglichen Formen des Zusammenwirkens mehrerer Unternehmer daselbst Rn 22 ff.

i) Schatzfund
Zu Schatzfunden während der Werkausführung vgl § 4 Nr 9 VOB/B. Die dort in S 1, 2 genannten Regeln gelten auch nach allgemeinem Zivilrecht. Zu den Rechten aus § 984 vgl BGH NJW 1988, 1204 = JZ 1988, 665 m Anm GURSKY = EWiR § 984 BGB 188, 363 m Anm GERHARDT. **112**

k) Unechte Teilabnahme
Die sog unechte Teilabnahme des bisherigen § 12 Nr 2 lit b VOB/B ist seit 2000 als Nr 10 in § 4 VOB/B eingestellt, ohne daß sich sachliche Änderungen ergeben würden; für frühere Verträge gilt noch die Bestimmung des § 12 Nr 2 lit b VOB/B. Die dortige Kommentierung ist deshalb einstweilen beibehalten; auf sie wird verwiesen (§ 640 Rn 71 f).

5. Aufgabenverteilung bei der Herstellung des Werkes

113 a) Durchführung der Arbeiten
§ 631 Abs 1 – und auch die VOB/B – weisen dem Unternehmer als Aufgabe nur die Herstellung des Werkes zu, dh jene Arbeiten, die dazu erforderlich sind. Dabei kann der Unternehmer mit der Gesamtleistung beauftragt sein, seine Werkleistung kann sich aber auch auf einen Teil dieser beschränken, zB die Elektroarbeiten für ein Gebäude. Unmittelbare Beziehungen zwischen den einzelnen Unternehmern ergeben sich in letzterem Fall nicht, namentlich ist der Vertrag des Bestellers mit dem einen Unternehmer nicht als ein Vertrag mit Schutzwirkung für den anderen zu verstehen. Untereinander sind die Unternehmer auf den Schutz des Gesetzes beschränkt, namentlich der §§ 823 ff.

Soweit die Leistung des einen Unternehmers notwendige Vorarbeit für die des anderen ist, erfüllt der Besteller nur eine eigene Mitwirkungsobliegenheit gegenüber dem letzteren iSd § 642, was zur Folge hat, daß er verschuldensunabhängig in Annahmeverzug gerät, wenn er jene Leistungen verspätet oder mangelhaft zur Verfügung stellt: Dem so behinderten Unternehmer erwächst der zusätzliche Vergütungsanspruch aus § 642; ggf kann er nach § 643 kündigen.

Zur Pflicht des Unternehmers, Vorleistungen anderer auf ihre Tauglichkeit für seine eigene Leistung zu überprüfen, o Rn 62 ff.

Schädigt ein Unternehmer das Werk eines anderen, das noch nicht abgenommen ist, löst das einen Ersatzanspruch des Bestellers aus, der mit dem Schaden des betroffenen Unternehmers aufzufüllen ist. Vgl zu dieser Drittschadensliquidation § 644 Rn 10.

Es kann natürlich auch der Besteller selbst Vorarbeiten erbringen bzw Arbeiten, die eigentlich Sache des Unternehmers sind. Auch das bleibt grundsätzlich eine Mitwirkungsobliegenheit.

b) Planung
114 Die Planung als der geistige Teil der Herstellung des Werkes ist ebenfalls grundsätzlich Aufgabe des Unternehmers. Hier ist aber zu unterscheiden:

Die Methode des Arbeitens ist Sache des Unternehmers (vgl o Rn 53).

Vorab muß jedoch das Werk als solches geplant werden, die Beschaffenheit ist festzulegen, die es im Ergebnis haben soll. Wem diese Planung obliegen soll, ist eine Frage der – meist konkludenten – Vereinbarung. Namentlich im Baubereich ist es üblich, daß der Besteller – insbesondere durch einen Architekten – plant; die VOB/B geht in ihrem § 3 davon aus. Zwingend vorgegeben ist diese Aufgabenverteilung auch dort freilich nicht, oft wird nur festgelegt, welche Beschaffenheit die Werkleistung im Ergebnis haben soll. Dann liegt eine sog funktionale Leistungsbeschreibung vor, wie sie die VOB/A in § 9 Nrn 10–12 als Leistungsbeschreibung mit Leistungsprogramm anspricht (gegenüber der Leistungsbeschreibung mit Leistungsverzeichnis des § 9 Nrn 6–9 VOB/A).

Ähnlich kann bei der Entwicklung von Individualsoftware in einem Pflichtenheft vorgegeben werden, welchen Anforderungen diese im Ergebnis genügen soll.

Auch die Planung des Bestellers ist bloße Obliegenheit iSd § 642. Eigene Planungsmängel lassen Gewährleistungsrechte nicht entstehen bzw nur nach § 254 Abs 1 verkürzte, falls der Unternehmer seiner auch hier bestehenden Prüfungs- und Hinweispflicht nicht nachgekommen ist (o Rn 62).

c) Pflicht zur Beschaffung von Materialien, Zutaten und Geräten

aa) Das Gesetz regelt auch nicht näher die Frage, ob der Unternehmer oder der Besteller die Materialien (den Stoff) oder die Zutaten zu liefern hat. Das ist vielmehr durch eine *Auslegung* der getroffenen Vereinbarungen zu ermitteln. Die Verpflichtungen können ausdrücklich oder konkludent übernommen werden, letzteres zB durch die Vereinbarung von Preisen, die sich nur inklusive Material verstehen lassen. Regelmäßig ergeben sich *Hinweise aus der Verkehrssitte*. Bei Bauverträgen ist es durchweg üblich, daß der Unternehmer die Materialien beschafft; gleiches gilt bei Reparaturverträgen für die notwendigen Ersatzteile.

115

bb) Die Beschaffung der notwendigen *Geräte* ist grundsätzlich Sache des Unternehmers; es kann eine entsprechende tatsächliche Vermutung aufgestellt werden.

Kommt der Unternehmer seiner Verpflichtung zur Beschaffung von Materialien oder Geräten nicht nach, so verletzt er seine *Schuldnerpflicht*, was zur Gewährleistung führen kann, vorab zu Schadensersatzpflichten aus den §§ 280 Abs 1, 241 Abs 2, der Möglichkeit des Rücktritts oder der Kündigung aus wichtigem Grund.

116

Wenn der Besteller von ihm zu lieferndes Material nicht beschafft, unterläßt er damit eine *Mitwirkungshandlung*, so daß die Rechtsfolgen den §§ 642, 643 zu entnehmen sind, § 651 S 3, der dies auf den Fall der Produktion nicht vertretbarer Sachen beschränkt; es muß aber auch bei vertretbaren gelten.

cc) Ein sog *unregelmäßiger Werklieferungsvertrag* liegt vor, wenn der Besteller dem Unternehmer zwar den Stoff liefert, es diesem aber freisteht, den Stoff durch anderen zu ersetzen (dazu Mot II 477; WINDSCHEID/KIPP II 412 Anm 12; STAUDINGER/RIEDEL[11] § 651 aF Rn 11; BGB-RGRK/GLANZMANN § 651 aF Rn 13; OLG Rostock OLGRspr 36, 7: Einlieferung von Kartoffeln zur Verflockung mit der Maßgabe, daß der Einlieferer eine entsprechende Menge Kartoffelflocken erhalten soll, die aber nicht aus seinen eigenen Kartoffeln gefertigt zu sein brauchen).

117

Bei Verträgen dieser Art kommt es für die anzuwendenden Regeln auf die *Interessenlage* sowie die aus den Umständen zu entnehmenden *Absichten der Parteien* an (STAUDINGER/RIEDEL[11]; BGB-RGRK/GLANZMANN). *Weithin* wird das *Werkvertragsrecht* anwendbar sein, obwohl im Ergebnis in aller Regel vertretbare Sachen herzustellen sind (vgl dazu § 651 Rn 6 ff).

6. Zeitlicher Rahmen des Werkvertrages

a) Bestimmung der für die Ablieferung bestimmten Frist

Ausgangspunkt ist die für die Ablieferung des Werkes bestimmte Frist, von der § 634

118

Abs 1 S 2 aF plastisch sprach; sie wird *vom Werkvertragsrecht selbst nicht näher beschrieben*; auch die VOB/B macht zu ihr keine Angaben. Sie ist deshalb *nach § 271 zu ermitteln* (vgl ERMAN/SEILER Rn 2 zu § 636 aF). Das bedeutet:

aa) Parteivereinbarung

In erster Linie maßgeblich ist eine von den Parteien vereinbarte Frist. In ihrer Bemessung sind sie frei. Doch bedarf es der Auslegung im Einzelfall, ob eine vorgesehene Frist oder ein vorgesehener Termin *verbindlich* sein soll oder nur eine unverbindliche Prognose darüber darstellt, wann die Werkleistung voraussichtlich erbracht sein wird. Letzterenfalls verbleibt es dabei, daß der Fertigstellungstermin *den Umständen* (s sogleich) *zu entnehmen* ist. Für die Auslegung wichtig sind außer den gewählten Formulierungen die Umstände des Einzelfalls, namentlich die der Gegenseite erkennbare wirtschaftliche Bedeutung der Einhaltung der Frist. Die Beweislast für die Verbindlichkeit der Frist trifft den, der sich darauf beruft.

Durch eine Terminsvereinbarung können die Parteien den Werkvertrag zum (relativen, eigentlichen) *Fixgeschäft* iSd § 323 Abs 2 Nr 2 machen. Dann bedarf ein Rücktritt des Bestellers nicht einer vorangehenden Fristsetzung, wie sie sonst nach § 323 Abs 1 notwendig ist.

bb) Umstände

119 Fehlt es an einer Terminvereinbarung, sind nach § 271 die Umstände maßgeblich (vgl RG WarnRspr 1937 Nr 16; BGH NZBau 2001, 389).

(1) Auszugehen ist dabei *zunächst* von einer *angemessenen Zeit für die Bearbeitung des Werkes*. Die Angemessenheit beurteilt sich danach, was nach *objektiven Erfahrungswerten* insoweit *üblich* ist bzw voraussichtlich benötigt werden wird. Dabei ist von einem zwar *ordentlichen, aber nicht überdurchschnittlichen Einsatz* des Unternehmers auszugehen. Es ist unerheblich, ob das Werk unter Anspannung aller Kräfte, mit Überstunden etc, schneller erstellt werden könnte. Zu *derartigen besonderen Leistungen* ist der Unternehmer *nur* verpflichtet, wenn dies entweder die *Natur des Werkes* – Notreparatur – erfordert oder eine entsprechende Vereinbarung vorliegt. Dem Unternehmer ist ferner zuzubilligen, daß er auch anderweitige Aufgaben angemessen fördert, doch kann er Rücksichtnahme auf eine besonders starke anderweitige Beanspruchung nur bei entsprechender Vereinbarung erwarten. Der Zuschnitt seines Betriebes muß grundsätzlich unbeachtlich bleiben. Andererseits ist es auch – von Notfällen abgesehen – unerheblich, wenn der Besteller das Werk besonders dringend benötigt, ihm selbst gar (zB als Hauptunternehmer) Fristen gesetzt sind; darauf braucht der Unternehmer nur bei besonderer Absprache Rücksicht zu nehmen. Die nach allem notwendige *Prognose ist ex ante* zu stellen; zur Bedeutung nachträglich sich ergebender Schwierigkeiten vgl § 642 Rn 50 ff.

120 (2) Wann die Arbeiten *aufzunehmen* sind, ist nicht einheitlich zu beurteilen. Ggf kann nach der Verkehrssitte oder den getroffenen Vereinbarungen ein *Abruf des Bestellers* notwendig sein, den dieser dann bei Meidung der Rechte des Unternehmers aus den §§ 642, 643 innerhalb angemessener Frist auszuüben hat. Weitere Vorgaben können sich aus der *Natur der Sache*, namentlich den Witterungsverhältnissen ergeben, wobei teils ein Aufschub ausgeschlossen sein kann (Taxifahrt), teils unumgänglich ist (Bestellung des Gartens für das Frühjahr). In der Regel hat aber die

Aufnahme der Arbeiten möglichst bald zu erfolgen (BGH NZBau 2001, 389, vgl auch – offenbar etwas strenger – RG WarnRspr 1937 Nr 16; BGB-RGRK/Glanzmann Rn 1; Erman/Seiler Rn 2, beide zu § 636 aF). Wo keine zwingenden Daten vorliegen, müssen die Interessen der Parteien zu einem sinnvollen Ausgleich gebracht werden (vgl auch die zweckmäßige Regelung des § 5 Nr 2 VOB/B; dazu u Rn 127 ff). So wenig es der Besteller hinzunehmen hat, daß ihn der Unternehmer warten läßt, so wenig darf er auch davon ausgehen, daß der Unternehmer seine Kapazitäten nur für seinen Auftrag freihält; *dieser darf vielmehr für eine möglichst kontinuierliche Beschäftigung sorgen*. Gleichzeitig muß der Unternehmer aber dem Besteller eine angemessene Frist dafür einräumen, daß sich der Besteller auf die Erbringung der Leistung einstellt, die ja uU erhebliche Mitwirkungshandlungen des Bestellers erfordert; das ist bei der Anwendung der §§ 642, 643 zu berücksichtigen.

Der eigentlichen Ausführungsfrist ist also *eine angemessene Vorlaufsfrist* hinzuzurechnen, die von den Umständen des Einzelfalls abhängt und zwischen wenigen Tagen und einigen Monaten liegen kann.

(3) Innerhalb der so bestimmten Ausführungsfrist ist der Unternehmer mit seiner *Zeiteinteilung grundsätzlich* frei; solange ihre Einhaltung nur gewahrt ist, darf er also auch Verschiebungen vornehmen und überhaupt unzweckmäßig disponieren. Das ist nur anders, wenn konkrete Einzelfristen vereinbart sind.

Den Unternehmer treffen aber zunächst nach Treu und Glauben hinsichtlich seiner zeitlichen Dispositionen *Auskunftspflichten*. Auf Verlangen hat er dem Besteller mitzuteilen, wann er beginnen wird, welchen Stand das Werk jetzt hat, wann es welche Leistungsphase erreichen wird und ob die angemessene Ausführungsfrist wird eingehalten werden können.

cc) Sanktionen

Sodann gilt aber, daß der Unternehmer bei seinen zeitlichen Dispositionen hinreichende Rücksicht auf die Interessen des Bestellers zu nehmen hat, § 241 Abs 2.

(1) Fehlt es daran, kann sich ein Schadensersatzanspruch des Bestellers nach § 280 Abs 1 ergeben, wenn zB der Fluß der Finanzierung den Nachweis bestimmter Bautenstände erfordert und er diese wegen des zögerlichen Arbeitens des Unternehmers nicht erbringen kann. Dabei gilt die Beweislastregel des § 280 Abs 1 S 2 (vgl auch BGH NZBau 2001, 389, 390).

(2) Außerdem kann der zeitliche Rückstand des Unternehmers so gravierend werden, daß er offensichtlich das fertige Werk nicht rechtzeitig wird verschaffen können. Dann kann der Besteller schon jetzt nach § 323 Abs 4 zurücktreten, ohne daß der vorgesehene Ablieferungszeitpunkt erreicht ist. Er kann dann die Vertragsauflösung auch auf eine Kündigung beschränken. Vorab kann eine Abmahnung nach den §§ 314 Abs 2, 323 Abs 3 geboten sein. Im Verschuldensfall ist mit der Vertragsauflösung ein Anspruch auf Schadensersatz statt der Leistung verbunden, vgl §§ 314 Abs 4, 325. Daß § 281 einen solchen Anspruch vor der (hier noch fehlenden) Fälligkeit der gesamten Leistung nicht nennt, steht dem nicht entgegen.

123 dd) Verlängerung der Fristen

Hinzuweisen ist darauf, daß sich die Ausführungsfristen verlängern können, wenn der Unternehmer in relevanter Weise behindert wird, zB durch den Besteller, aber doch auch durch anderes, zB nicht zu erwartendes schlechtes Wetter. Auch kann es zu Unterbrechungen seiner Leistung kommen. Die damit zusammenhängenden Fragen regelt für den Bereich der VOB/B deren § 6, wie er in § 642 Rn 50 ff kommentiert ist. Dort wird auch jeweils auf die Rechtslage nach dem BGB eingegangen.

124 ee) Fixgeschäft

Die Natur der Sache kann den Vertrag zu einem sog *absoluten Fixgeschäft* machen, wenn die Leistung sinnvoll nur zu einer bestimmten Zeit erbracht werden kann. Das ist der Fall bei zeitgebundenen Leistungen wie dem Essen im Lokal (vgl LG Karlsruhe NJW 1994, 947), der Flugbeförderung (vgl AG Frankfurt aM NJW-RR 1996, 238), der künstlerischen Veranstaltung (vgl zum Konzert AG Passau NJW 1993, 1473). Hier tritt mit Ablauf einer gewissen Toleranzzeit Unmöglichkeit mit ihren Folgen ein (§§ 275, 283, 326 Abs 1).

Freilich genügen den berechtigten Interessen des Bestellers die damit gewährten bloßen Sekundärrechte nicht immer, so daß ihm nach Treu und Glauben – wo möglich – ein Anspruch auf Nachholung zuzubilligen ist (zB Karten für die nächste Vorstellung).

Die verspätete Leistung kann deswegen auch als mangelhaft erscheinen und die Rechte aus § 634 auslösen: Es benötigt zB der Konzertbesucher, der gleichwohl bleibt, wegen der Verspätung ein Taxi für die Rückfahrt (§ 634 Nr 4).

125 b) Regelung der VOB/B

Zu den Ausführungsfristen verhält sich in der VOB/B deren § 5:

> § 5 Ausführungsfristen
>
> 1. Die Ausführung ist nach den verbindlichen Fristen (Vertragsfristen) zu beginnen, angemessen zu fördern und zu vollenden. In einem Bauzeitenplan enthaltene Einzelfristen gelten nur dann als Vertragsfristen, wenn dies im Vertrag ausdrücklich vereinbart ist.
>
> 2. Ist für den Beginn der Ausführung keine Frist vereinbart, so hat der Auftraggeber dem Auftragnehmer auf Verlangen Auskunft über den voraussichtlichen Beginn zu erteilen. Der Auftragnehmer hat innerhalb von 12 Werktagen nach Aufforderung zu beginnen. Der Beginn der Ausführung ist dem Auftraggeber anzuzeigen.
>
> 3. Wenn Arbeitskräfte, Geräte, Gerüste, Stoffe oder Bauteile so unzureichend sind, daß die Ausführungsfristen offenbar nicht eingehalten werden können, muß der Auftragnehmer auf Verlangen unverzüglich Abhilfe schaffen.
>
> 4. Verzögert der Auftragnehmer den Beginn der Ausführung, gerät er mit der Vollendung in Verzug oder kommt er der in Nr. 3 erwähnten Verpflichtung nicht nach, so kann der Auftraggeber bei Aufrechterhaltung des Vertrages Schadensersatz nach § 6 Nr. 6 verlangen oder dem Auftragnehmer eine angemessene Frist zur Vertragserfüllung setzen und erklären, daß er ihm nach fruchtlosem Ablauf der Frist den Auftrag entziehe (§ 8 Nr. 3).

Zu § 6 VOB/B (Behinderung und Unterbrechung der Leistung) vgl § 642 Rn 42 ff.

aa) Vereinbarte Ausführungsfristen

§ 5 Nr 1 betrifft vereinbarte Fristen. Die Bestimmung unterscheidet dabei *Ausführungsfristen* als die Fristen, die für die Erbringung der Gesamtleistung gelten, und *Einzelfristen* für die Erbringung einzelner Teilleistungen. Beide Arten von Fristen können nicht einseitig vom Besteller vorgegeben werden; sie *bedürfen* vielmehr *der Vereinbarung.* Ist freilich vertraglich ein verbindlicher Bauzeitenplan vorgesehen, der zunächst noch nicht vorliegt, kommt dem Besteller insoweit ein Bestimmungsrecht gemäß den §§ 315, 316 zu.

An die *Vereinbarung von Einzelfristen* stellt § 5 Nr 1 *strenge Anforderungen* (vgl OLG Düsseldorf BauR 1997, 851). Zeitangaben in Bauzeitplänen sind insoweit grundsätzlich nur unverbindliche Richtlinien; Verbindlichkeit muß ausdrücklich vereinbart sein; die Beweislast hierfür trifft den Besteller. Wenn feste Einzelfristen vereinbart sind, kann der Unternehmer insoweit in Verzug gesetzt werden; fehlt es daran, kann der Unternehmer durch zögerliches Arbeiten den Tatbestand der §§ 280 Abs 1, 241 Abs 2 erfüllen (vgl o Rn 122, aA INGENSTAU/KORBION/DÖRING § 5 Rn 5, der auch insoweit Verzug für möglich hält).

Verschafft sich der *Unternehmer in seinen AGB zeitliche Freiräume* für die Erbringung seiner Leistung, ist § 308 Nr 1 zu beachten (vgl BGH NJW 1985, 855).

Zu Verlängerungen der vereinbarten Fristen auf Grund von Behinderungen vgl § 642 Rn 50 ff zu § 6 VOB/B.

bb) Förderungspflichten des Unternehmers

Der Unternehmer ist verpflichtet, *seine Leistung fristgerecht und zügig* zu erbringen. Er hat mit ihr rechtzeitig zu beginnen, die Leistung angemessen zu fördern und sie spätestens zum vereinbarten Zeitpunkt zu vollenden.

(1) Aufnahme der Arbeiten

Der Zeitpunkt der Arbeitsaufnahme, dh der Einrichtung der Baustelle, richtet sich zunächst nach den konkreten Vereinbarungen. Wenn es an solchen fehlt, greift § 5 Nr 2 ein.

§ 5 Nr 2 S 1 erkennt einen *Auskunftsanspruch des Unternehmers* gegen den Besteller hinsichtlich des voraussichtlichen Arbeitsbeginns an. Ein solcher Auskunftsanspruch ist *auch nach allgemeinem Zivilrecht* aus dem Grundsatz von Treu und Glauben herzuleiten. Ein korrespondierender *Anspruch* des Bestellers gegen den Unternehmer auf Auskunft, wann diesem die Aufnahme der Arbeiten möglich sein werde, wird in der VOB/B nicht erwähnt, ist aber – hier wie nach allgemeinem Zivilrecht – *ebenfalls anzuerkennen.* Die gegebene Auskunft ist für die Gegenseite jeweils nicht verbindlich; sie hat vielmehr nur *Informationscharakter.* Es bleibt dabei, daß der Zeitpunkt des Arbeitsbeginns durch Auslegung zu ermitteln ist, im Zweifel aber demnächst – nach angemessener Vorbereitung – mit den Arbeiten begonnen werden muß.

Wenn der Besteller auf die Anfrage des Unternehmers *keinen Termin* für die Aufnahme der Arbeiten *benennt* oder dies nur verspätet tut, liegt darin eine *unterbleibende Mitwirkung* iSd § 642. Dies kann für den Unternehmer zu einer Verlängerung der Ausführungsfristen führen (§ 6 Nr 2 Abs 1 lit a VOB/B), zu einem Schadensersatzanspruch (§ 6 Nr 6 VOB/B), in gravierenden Fällen auch zur Kündigungsmöglichkeit (§ 9 Nr 1 lit a VOB/B). Die *Folgen nach allgemeinem Zivilrecht* sind ähnlich: Auch hier verlängert sich ggf die Ausführungsfrist nach § 242, gibt es Anspruch auf Ersatz der verzögerungsbedingten Mehrkosten nach § 642 und kann es zur Kündigungsmöglichkeit nach § 643 kommen.

Hält der Besteller den angekündigten Arbeitsbeginn nicht ein, so liegt darin ebenfalls das Unterlassen einer Mitwirkung bzw eine Behinderung des Unternehmers mit denselben Rechtsfolgen.

Die Auskunft hat der Besteller freilich *nur auf Anfrage* zu erteilen. Fehlt es daran, kann der Unternehmer aus der Verzögerung keine Rechte herleiten (vgl INGENSTAU/KORBION/DÖRING § 5 Rn 15).

128 Mangels anderweitiger Vereinbarung hat der Unternehmer die *Arbeiten innerhalb von 12 Werktagen nach Abruf* durch den Besteller aufzunehmen, § 5 Nr 2 S 2. Dies zeigt, daß er grundsätzlich sofort leistungsbereit sein muß, daß ihm aber doch eine *gewisse Vorbereitungsfrist* zuzubilligen ist; letzteres ist *auch für das allgemeine Zivilrecht* anzuerkennen.

Der Abruf der Arbeiten ist eine *Mitwirkungsobliegenheit* des Bestellers (vgl auch INGENSTAU/KORBION/DÖRING § 5 Rn 18). Daraus folgt, daß sich für die Unternehmer bei einem – auch schuldlos – unterbleibenden Abruf die (eben Rn 127) skizzierten Rechtsfolgen (Verlängerung der Fristen, Ersatz der Verzögerungskosten, Kündigungsmöglichkeit) ergeben können. Dagegen kann (entgegen INGENSTAU/KORBION [aaO]; NICKLISCH/WEICK § 5 Rn 10) ein *einklagbarer Anspruch* des Unternehmers *auf Abruf nicht* angenommen werden und auch kein Schadensersatzanspruch aus Verzug. Dies folgt aus dem Wesen des Abrufs als Gläubigerobliegenheit (vgl auch § 642 Rn 17 ff, 22). Es besteht auch *kein praktisches Bedürfnis*, insoweit zusätzlich eine Schuldnerpflicht des Bestellers anzunehmen.

Wann der Abruf des Bestellers zu erfolgen hat, ergibt § 5 Nr 2 nicht näher; der Zeitpunkt ist in entsprechender Anwendung des § 271 zu bestimmen.

129 Der **Beginn der Ausführung** ist dem Besteller nach § 5 Nr 2 S 3 *anzuzeigen*. Diese Nebenpflicht des Unternehmers besteht auch dann, wenn ein bestimmter Anfangstermin vereinbart ist (**aA** INGENSTAU/KORBION/DÖRING § 5 Rn 19), da es auch dann keineswegs sicher ist, daß die Aufnahme der Arbeiten tatsächlich fristgemäß erfolgt. Im *allgemeinen Zivilrecht* folgt sie aus § 242, da es auch hier dem Besteller ermöglicht werden muß, sich auf den tatsächlichen Arbeitsbeginn einzurichten. Ihre Verletzung kann zu einem Schadensersatzanspruch des Bestellers aus den §§ 280 Abs 1, 241 Abs 2 führen (vgl INGENSTAU/KORBION aaO).

(2) Förderung der Arbeiten
130 Der Unternehmer hat zwar nach § 4 Nr 2 VOB/B – und nach allgemeinen Grundsätzen – die Arbeiten in eigener Verantwortung durchzuführen. § 5 Nr 1 S 1 und Nr 3

engen aber *seine Dispositionsfreiheit in zeitlicher Hinsicht ein*: Er hat die Arbeiten „angemessen" zu fördern und dabei insbesondere Arbeitskräfte, Geräte, Gerüste, Stoffe oder Bauteile in angemessener Weise und zu einem angemessenen Zeitpunkt vorzuhalten.

Die *Aufzählung* dessen, was vorzuhalten ist, in § 5 Nr 3 ist *nur beispielhaft*. Der Unternehmer ist auch *in jeder sonstigen Weise zu einer angemessenen Förderung der Leistung verpflichtet*. ZB ist er gehalten, sich rechtzeitig zu informieren, wenn er neuartige Stoffe verarbeiten soll, mit denen er weniger vertraut ist.

Welche Förderung der Arbeiten angemessen ist, ergibt sich aus den *Umständen des Einzelfalls*. Sind verbindliche Einzelfristen vereinbart, gelten diese, ein Bauzeitenplan mit nicht verbindlichen Einzelfristen kann jedenfalls zur Beurteilung der angemessenen Förderung herangezogen werden. Im übrigen kommt es auf die Würdigung eines verständigen Beobachters an.

Wenn der Unternehmer das Bauvorhaben nicht angemessen fördert, gibt § 5 Nr 3 **131** dem Besteller einen **Anspruch auf Abhilfe**. Dieser ist dann gegeben, wenn es offenbar ist, daß die Ausführungsfristen nicht werden eingehalten werden können. Der Abhilfeanspruch ist also *nicht bei jeglicher Gefährdung der Ausführungsfristen* gegeben, erst recht nicht bei einem nur subjektiven Bangen des Bestellers um diese; es schränkt aber doch zu sehr ein, wenn INGENSTAU/KORBION/DÖRING § 5 Rn 24 verlangen, daß die Nichteinhaltung der geltenden Ausführungsfristen mit an Sicherheit grenzender Wahrscheinlichkeit zu erwarten sein muß. „Offenbar" bedeutet, daß *sich einem verständigen Beobachter ernstliche Zweifel* an der Einhaltung der Termine *aufdrängen müssen*. Bei der anzustellenden Gesamtwürdigung sind außer der Einrichtung der Baustelle auch zB die Witterungsverhältnisse sowie bisherige Mängel der Arbeiten zu berücksichtigen.

Der Anspruch auf Abhilfe ist unverzüglich, also ohne schuldhaftes Zögern zu erfüllen.

Nach *allgemeinem Zivilrecht* ist der Unternehmer in gleicher Weise gehalten, seine Arbeiten zu fördern. Bei offenbarer Gefährdung der geltenden Fristen muß *auch hier ein Abhilfeanspruch* des Bestellers anerkannt werden. Jedenfalls ist eine Abmahnung von Vorteil, um die Voraussetzung für den Rücktritt nach § 323 Abs 4 oder eine Kündigung aus wichtigem Grund zu schaffen.

(3) Vollendung der Leistung
Die vertragliche Leistung muß *bei Fristablauf* vollendet, dh jedenfalls *abnahmereif* **132** sein. Eine Räumung der Baustelle gehört dazu, wenn andernfalls eine bestimmungsgemäße Verwendung des Werkes noch nicht möglich ist. Zu der Vollendung der Leistung gehört es, daß der Unternehmer auch seinen Nebenleistungspflichten nachkommt, zB dem Besteller etwa notwendige Bescheinigungen verschafft.

(4) Schuldnerpflichten
Die Pflicht des Unternehmers zur rechtzeitigen Aufnahme, zügigen Durchführung **133** und rechtzeitigen Beendigung der Arbeiten ist eine Schuldnerpflicht. Behinderungen, die er nicht zu vertreten hat, vgl § 286 Abs 4, entlasten ihn, wobei der Kreis der

zu berücksichtigenden Behinderungen in § 6 Nr 2 VOB/B bereichsspezifisch näher bestimmt wird (vgl dazu § 642 Rn 42 ff).

(5) Verlängerung der Bauzeiten
134 Verlängerungen der Bauzeiten sind möglich kraft Vereinbarung der Parteien; der mit der Bauaufsicht betraute Architekt hat dazu im Zweifel keine Vertretungsmacht (vgl BGH NJW 1978, 995 = LM § 164 BGB Nr 41). Verlängerungen der Bauzeiten können sich ferner aus *Behinderungen* des Unternehmers ergeben; dazu § 642 Rn 42 ff zu § 6 VOB/B.

Zeitliche Freiräume, die sich der Unternehmer in seinen AGB zu verschaffen sucht, können aus verschiedenen Gründen unwirksam sein. § 305b greift ein, soweit individualvertragliche Zeitabsprachen vorliegen. Inhaltlich ist § 308 Nr 1 zu beachten, aber doch auch § 307, da die *pünktliche Erbringung der Leistung zu den wesentlichen Grundgedanken der gesetzlichen Regelung gehört*, uU auch zu den Kardinalpflichten der Parteien.

cc) Rechtsfolgen von Verzögerungen
135 Die wesentlichen Rechtsfolgen verzögerlichen Handelns des Unternehmers nennt § 5 Nr 4: Der Besteller kann **Schadensersatz verlangen** oder den Vertrag nach Fristsetzung **kündigen**; Schadensersatz steht ihm auch in diesem Fall zu, § 8 Nr 3 VOB/B.

(1) Fälle
136 Diese Rechte erwachsen dem Besteller in drei Fällen: Bei einer *verzögerten Aufnahme* der Arbeiten, bei *Verzug mit ihrer Fertigstellung* sowie bei einer *unzureichenden Einrichtung* der Baustelle.

Bei der verzögerten Aufnahme der Arbeiten kommt es zunächst darauf an, wann nach den getroffenen Vereinbarungen bzw nach § 5 Nr 2 der Arbeitsbeginn zu erfolgen hatte. Es muß demgegenüber eine Verspätung des Unternehmers vorliegen.

Zweifelhaft sind die weiteren Voraussetzungen des Begriffs der Verzögerung. Zwar ist er nicht insoweit mit dem des Verzuges gleichzusetzen, daß eine Mahnung oder die Einhaltung eines kalendermäßig bestimmten Termins notwendig wäre. Doch ist *streitig*, ob nicht jedenfalls ein *Verschulden* des Unternehmers gegeben sein muß (vgl verneinend OLG Celle MDR 1973, 136; bejahend OLG Düsseldorf NJW-RR 1992, 980; ANDERSON BauR 1972, 66). Es wird *zu differenzieren sein*: Wenn der Besteller *Schadensersatz* begehrt, ist zu verlangen, daß die verzögerte Aufnahme der Arbeiten vom Unternehmer – nach Maßgabe des § 286 Abs 4 – *zu vertreten* ist (BGH NJW 1998, 456), da es nicht vorstellbar ist, daß hier ein von dieser Voraussetzung freier Schadensersatzanspruch geschaffen werden sollte. Dagegen ist es *für eine Kündigung* des Bestellers *nicht notwendig*, daß der Unternehmer die Verzögerung zu vertreten hat. Einmal werden seine Belange durch die ihm zu setzende Nachfrist hinreichend gewahrt, zum anderen liegt ein Sonderfall der Kündigung aus wichtigem Grund vor, für die ein Vertretenmüssen der Gegenseite auch sonst nicht erforderlich ist, vgl nur § 314, 643. Freilich darf die Ursache der Verzögerung *nicht in den eigenen Verantwortungsbereich des Bestellers* fallen, indem er zB die Baugenehmigung verspätet zur Verfügung gestellt oder dem Unternehmer durch Nichtleistung von Abschlagszahlungen ein Leistungsverweigerungsrecht nach § 320 verschafft hat. Die Schadensersatzansprüche des Bestellers im Kündigungsfall nach § 8 Nr 3 VOB/B sind wiederum von einem Vertretenmüssen des Unternehmers abhängig.

Mit der *Fertigstellung der Arbeiten* muß der Unternehmer nach dem Wortlaut des § 5 **137** Nr 4 *in Verzug* geraten. Insoweit ist also jedenfalls ein Vertretenmüssen notwendig, § 285, ferner eine Mahnung, § 286 Abs 1, sofern sie nicht nach § 286 Abs 2 entbehrlich ist.

Schließlich reicht es auch aus, *daß der Unternehmer die Baustelle unzureichend iSd § 5 Nr 3 unterhält* (dazu o Rn 130). Für die Frage des Vertretenmüssens gilt dasselbe wie im Falle der verzögerten Aufnahme der Arbeiten. Freilich ist es praktisch nur in den Fällen von berücksichtigungsfähigen Behinderungen oder von Leistungsverweigerungsrechten des Unternehmers vorstellbar, daß er die unzureichende Unterhaltung der Baustelle nicht zu vertreten hat, da dies *sonst* nur *eine Frage der Leistungsfähigkeit des Unternehmers* ist, für die er grundsätzlich einzustehen hat. Die unzureichende Einrichtung der Baustelle führt allerdings noch nicht unmittelbar zum Schadensersatzanspruch oder Kündigungsrecht des Bestellers; vielmehr muß er *zusätzlich* nach § 5 Nr 3 *abgemahnt* haben.

(2) Rechte des Bestellers
Unter den genannten Voraussetzungen kann der Besteller Schadensersatz verlangen **138** oder – nach seiner Wahl – den Vertrag kündigen.

Der **Schadensersatzanspruch** tritt – ähnlich dem aus den §§ 280 Abs 1, 2, 286 – *neben den fortbestehenden Erfüllungsanspruch* des Bestellers. Seine Anspruchsgrundlage ist nicht Verzug (**aA** INGENSTAU/KORBION/DÖRING § 5 Rn 41), sondern eben § 5 Nr 4 iVm § 6 Nr 6.

Der Besteller kann *jeden auf die Pflichtverletzung zurückzuführenden Schaden ersetzt* verlangen; die Beweislast für diesen liegt bei ihm. Er hat konkret vorzutragen (BGH BauR 1998, 184; OLG Düsseldorf BauR 1998, 346; NJW-RR 1998, 670). Bei den denkbaren Stillstandskosten ist § 254 Abs 2 zu beachten (BGH NJW 1998, 456). Ein denkbarer Schaden gegenüber dem Subunternehmer ist eine Vertragsstrafe, die der Hauptunternehmer dem Besteller zu zahlen hat (BGH NJW 1998, 1493). Freilich ist der entgangene Gewinn nach § 6 Nr 6 außer für den Fall von Vorsatz oder grober Fahrlässigkeit von der Ersatzpflicht ausgenommen, das wird § 309 Nr 7 b gerecht.

Das **Kündigungsrecht** des Bestellers entspricht dem wegen mangelhafter Arbeiten **139** nach § 4 Nr 7 (vgl dazu o Rn 88 ff).

(1) Zusätzliche Voraussetzung zu Verzögerung bzw Verzug ist zunächst eine *Fristsetzung*. Diese muß zur Erbringung der geschuldeten Leistung gesetzt werden und hierfür angemessen sein, dh bei zügigem Arbeiten zu ihrer Fertigstellung ausreichen. Eine unangemessen knappe Fristsetzung ist nicht wirkungslos, sondern setzt eine angemessene Frist in Lauf.

Bei einem berechtigten Interesse des Bestellers kann die Frist *ausnahmsweise* auch *für die Weiterführung* oder *Wiederaufnahme* der Arbeiten gesetzt werden, uU sogar nur für die *Zusage ihrer rechtzeitigen Durchführung* (vgl BGHZ NJW 1983, 989, 990 = LM § 5 VOB/B Nr 2).

Ausnahmsweise kann die Notwendigkeit einer Fristsetzung auch ganz entfallen, wenn der Unternehmer die geschuldeten Tätigkeiten *ernsthaft und endgültig verweigert* oder wenn die weitere Zusammenarbeit mit ihm für den Besteller *aus sonstigen Gründen* bei verständiger Würdigung *unzumutbar* ist (vgl INGENSTAU/KORBION/DÖRING § 5 Rn 48): Abziehen der Leute vom Bau und Abbau der Gerüste, Abhängigmachen der Leistung von der Zahlung weiterer nicht geschuldeter Vergütung, Ankündigung der Fertigstellung für einen Zeitpunkt, der nach Ablauf einer angemessenen Frist liegt (vgl BGH NJW 1984, 48).

Das Kündigungsrecht des Bestellers kann *in AGB des Unternehmers* nicht ausgeschlossen, § 307 Abs 2 Nr 1 iVm § 323 Abs 4, oder an zu lange Fristen gebunden werden, § 308 Nr 2. Anderersets darf der Besteller in seinen AGB nicht vorsehen, daß eine Fristsetzung über den eben skizzierten Rahmen hinaus entbehrlich sein soll, § 309 Nr 4.

140 (2) Außerdem muß bei der Fristsetzung die *Kündigung* des Vertrages für den Fall des fruchtlosen Ablaufs unmißverständlich *angedroht* werden (vgl BGH NJW 1983, 1731). Ohne eine solche Androhung wird allenfalls Verzug des Unternehmers bewirkt (vgl BGH MDR 1968, 486 = LM VOB/B Nr 26). Die Notwendigkeit dieser Androhung benachteiligt den Besteller nicht unangemessen iSd § 307: Einerseits bindet sie ihn nicht, andererseits entspricht es legitimen Bedürfnissen des Unternehmers, den Ernst der Lage vor Augen geführt zu bekommen. Die Preisgabe der Ablehnungsandrohung des § 326 Abs 1 aF hat insoweit keine Leitbildfunktion.

(3) Die *Folgen der Kündigung* richten sich nach § 8 Nr 3 VOB/B; insbesondere erwächst dem Besteller auch ein Anspruch auf Schadensersatz statt der Leistung (vgl dazu § 649 Rn 57 f).

Neben der Kündigungsmöglichkeit des Bestellers nach § 5 Nr 4 besteht die Rücktrittsmöglichkeit nach § 323 Abs 4 nicht. Die Kündigung ist so ausgestaltet, daß sie jene Kündigung hinreichend ersetzt.

IV. Die Verschaffung des Werkes

141 § 633 Abs 1 erlegt dem Unternehmer die Verschaffung des Werkes als seine eigentliche Hauptpflicht auf (o Rn 3, vgl zu dieser Pflicht auch THODE NZBau 2002, 297, 303).

1. Gegenstand der Pflicht

Die Verpflichtung des Unternehmers bezieht sich auf das vertragsgemäße Werk. Dazu, daß dieses nachträglich geändert oder erweitert worden sein kann, o Rn 9. Vertragsgemäß ist das Werk nicht schon dadurch, daß es dem Wortlaut des Vertrages entspricht, da der Besteller Anspruch auf ein funktionstüchtiges Werk hat, das die Leistungsbeschreibung vielleicht nicht hergibt (vgl u Rn 165). Auch kann es geboten gewesen sein, das Werk anzupassen entweder an rechtliche Vorgaben, zB Auflagen der Behörden, oder an tatsächliche Vorgegebenheiten, zB einen Baugrund, der ein tragfähigeres Fundament als vorgesehen notwendig macht.

Dazu, daß das Werk frei von Sach- und Rechtsmängeln zu sein hat, u Rn 152 ff.

Der Besteller kann außer dem Werk selbst auch die Herausgabe seiner Vorstufen verlangen: Negative (AG Regensburg NJW-RR 1987, 1008), Druckvorlagen (OLG Köln NJW-RR 1989, 1274), Pläne des Architekten ggf in Kopie (OLG Köln BauR 1999, 189; zu Unrecht enger OLG Hamm NJW-RR 1999, 96). Ein besonderes Entgelt schuldet er dafür nicht, weil davon auszugehen ist, daß der Unternehmer ihre Kosten in den Werklohn einkalkuliert hat. Ggf können diesem Anspruch schützenswerte Interessen des Unternehmers entgegenstehen, wie er sie darzulegen und zu beweisen hat. Die bloße Hoffnung auf Anschlußaufträge dieses Bestellers genügt dazu nicht.

Gleiches gilt für Spezialwerkzeuge für diesen Auftrag (OLG Hamm NJW-RR 1995, 1265; aA OLG Köln MDR 1993, 844).

2. Befreiung von der Verpflichtung

Der Unternehmer kann nach § 275 von seiner Leistungspflicht befreit sein. **142**

a) Im Sinne des § 275 Abs 1 liegt eine ohne weiteres – und nicht nur auf Einrede – von der Leistungspflicht befreiende Unmöglichkeit für jedermann (objektive Unmöglichkeit) vor, wenn eine Werkleistung dieser Art gar nicht erbracht werden kann: Die zu reparierende Sache ist untergegangen, das zu bebauende Grundstück ist nach den Vorschriften des Baurechts der Bebaubarkeit entzogen. Doch macht das letztere Beispiel deutlich, daß vorab durch Auslegung geklärt werden muß, ob wirklich dieses Grundstück bebaut werden sollte und nicht nur irgendein von dem Besteller zur Verfügung zu stellendes.

Die Leistung kann auch nur teilweise objektiv unausführbar sein, zB bei geringerer genehmigter Geschoßzahl. Zu einer endgültigen teilweisen Befreiung des Unternehmers von seiner Leistungspflicht kommt es nur dann, wenn eine zumutbare Ersatzleistung nicht besteht.

Unvermögen als die andere Alternative des § 275 Abs 1 ist denkbar bei höchstpersönlichen Leistungen, namentlich künstlerischen.

Zu beiden Alternativen des § 275 Abs 1 kann es insbesondere aus zeitlichen Gründen kommen, wenn eine Leistung nur zu einem bestimmten Zeitpunkt sinnvoll erbracht werden kann, zB die Taxifahrt. Bei der Annahme von derartigen absoluten Fixgeschäften ist aber Vorsicht geboten. Künstlerische Veranstaltungen sind solche idR nicht, wenn denn Ersatzveranstaltungen und Ersatztermine möglich sind. Den legitimen Interessen des Bestellers ist besser mit der Rücktrittsmöglichkeit nach § 322 Abs 2 Nr 2 gedient.

b) Das Leistungsverweigerungsrecht für den Unternehmer nach § 275 Abs 2 setzt **143** ein Mißverständnis von Aufwand des Unternehmers und Interesse des Bestellers voraus; letzterem gebührt der gedankliche Vorrang. Angesichts des vom Unternehmer zugesagten Erfolges und seiner Kalkulation des Werklohns ist es praktisch undenkbar, daß hier ein grobes Mißverständnis entsteht. Daß der Ring ins Meer gefallen ist, wird den befreien, der ihn verkauft hat, aber natürlich nicht den, der seine Bergung zugesagt hat.

Insbesondere führt im Baubereich das Baugrundrisiko nicht zur Anwendung des § 275 Abs 2. Denn einerseits sind die Mehrkosten, die sich aus unerwartet schwierigen Bodenverhältnissen ergeben, vom Besteller zu tragen (vgl § 632 Rn 30), andererseits sind die Probleme des Baugrundes überwindbar und zu überwinden. Der Besteller mag kündigen, wenn sich die Angelegenheit insgesamt für ihn nicht mehr rechnet.

Wirtschaftlich unzumutbar kann bei ausfallenden Veranstaltungen die Abhaltung eines Ersatztermins sein.

c)   Das Leistungsverweigerungsrecht nach § 275 Abs 3 ist nur bei persönlich zu erbringenden Leistungen gegeben, wie sie im Bereich des Werkvertrages nur ausnahmsweise anzunehmen sind. Es kann nur um wissenschaftliche oder künstlerische Leistungen gehen, bei denen aber doch die Leistungserbringung nach Fortfall des Hindernisses geschuldet wird. § 275 Abs 3 gilt also nur in den seltenen Fällen, daß gleichzeitig ein absolutes Fixgeschäft anzunehmen ist.

3.   Elemente der Verschaffung

144 Die Verschaffung des Werkes geschieht – wo möglich – durch Einräumung des Besitzes, Verschaffung des Eigentums und Instruktion des Bestellers über das Werk, bei rein unkörperlichen Leistungen durch Vornahme der entsprechenden Handlungen, zB Gesang vor den Ohren des Bestellers.

a)   Besitz
Entsprechend § 433 Abs 1 S 1 ist der Unternehmer verpflichtet, dem Besteller den unmittelbaren Besitz an dem Werk zu verschaffen, sofern dieses körperlich ist oder jedenfalls ein körperliches Substrat hat.

Wenn das Werk mangelhaft ist und der Besteller deswegen die Abnahme verweigert, *darf und muß* der Unternehmer das Werk zur Durchführung der Mängelbeseitigung *in seinem Besitz* behalten. Freilich hat er nach Treu und Glauben dem Besteller schon jetzt die vorläufige Benutzung des Werkes zu gestatten, sofern dieser dringend darauf angewiesen ist und soweit dies die Mängelbeseitigung nicht beeinträchtigt. Soweit nur noch Rücktritt, Minderung oder Schadensersatz in Betracht kommen, steht dem Unternehmer der Besitz am Werk nicht mehr zu. Gleiches gilt, wenn der Besteller nach den §§ 634 Nr 2, 637 zur eigenen Mängelbeseitigung berechtigt ist.

b)   Eigentum
145 Der Unternehmer hat dem Besteller das Eigentum an dem Werk *rechtsgeschäftlich* zu verschaffen, sofern dieses nicht kraft Gesetzes nach den §§ 946–948 übergeht. Wegen der Einzelheiten zu dieser Verpflichtung kann auf die Erläuterungen zu der *Übereignungspflicht des Verkäufers* verwiesen werden, der sie entspricht. Die Erklärung der Einigung erfolgt regelmäßig konkludent anläßlich der Abnahme. Ein Eigentumsvorbehalt ist unter den üblichen Voraussetzungen möglich.

Titel 9 · Werkvertrag und ähnliche Verträge § 633
Untertitel 1 · Werkvertrag 146, 147

Regelmäßig kommt es zu einem Übergang des Eigentums auf den Besteller kraft Gesetzes. Das ist beim Werkvertrag *ordentliche Erfüllung*, nicht Leistung an Erfüllungs Statt.

In Betracht kommen für einen Eigentumserwerb des Bestellers sämtliche Tatbestände der §§ 946–948. Die Fälle des § 950 spielen für das Werkvertragsrecht keine Rolle mehr, weil § 651 S 1 nF diese jetzt dem Kaufrecht zuweist (vgl dort Rn 16).

aa) § 946

Der Besteller wird nach § 946 Eigentümer derjenigen Sachen, die vom Unternehmer **146** *mit seinem Grundstück als wesentliche Bestandteile* verbunden werden. Dabei beurteilt sich die Frage, ob eine mit dem Grundstück verbundene Sache dessen wesentlicher Bestandteil wird, nach den §§ 93, 94, auf deren Erläuterung Bezug zu nehmen ist.

Dabei müssen freilich die Tatbestände der §§ 93, 94 Abs 1, 2 unterschieden werden, weil *der Zeitpunkt unterschiedlich ist*, in dem die Sache wesentlicher Bestandteil wird.

(1) Im Falle des § 93 ist dies der Zeitpunkt, in dem die Verbindung mit dem Grundstück so fest geworden ist, daß eine Trennung der Sache von dem Grundstück dieses bzw eher die Sache zerstören oder im Wesen verändern würde. Dies gilt namentlich für Bausteine, Tapeten etc.

(2) Im Falle des § 94 Abs 2 werden Sachen wesentlicher Bestandteil, wenn sie *zur* **147** *Herstellung eines Gebäudes* eingefügt sind (zum Begriff STAUDINGER/DILCHER [1995] § 94 Rn 20 ff). Eine solche Einfügung ist namentlich auch bei Gegenständen anzunehmen, die *nachträglich zu Reparaturzwecken* eingefügt werden (RGZ 158, 362, 367; STAUDINGER/DILCHER; aA vCRAUSHAAR, in: FS Korbion 31). Hier kommen für einen Eigentumserwerb des Bestellers *verschiedene Zeitpunkte in Betracht*, von der erstmaligen provisorischen Anbringung über die aus der Sicht des Unternehmers endgültige Anbringung bis hin zur Abnahme.

Die Rechtsprechung neigt zur *Annahme eines relativ frühen Eigentumsübergangs*. Zwar läßt es RG WarnRspr 1915 Nr 6 (zutreffend) noch nicht ausreichen, daß noch nicht lackierte Fenster probeweise eingehängt werden, um die Richtigkeit ihrer Maße zu überprüfen, doch läßt es RGZ 62, 248 genügen, daß Dachgeschoßbalken lose aufgelegt und miteinander zu einem Dachgeschoß verbunden werden, ohne daß dieser in die vorgesehenen Vertiefungen eingelassen und vermauert worden war. Ähnlich genügt es nach BGH NJW 1979, 712, daß Heizkessel auf ihre Fundamente aufgesetzt werden, auch wenn sie noch endgültig zurechtgerückt und angeschlossen werden müssen.

Demgegenüber will H COSTEDE (NJW 1977, 2340) das Eigentum erst *mit der Abnahme der Gesamtanlage* übergehen lassen.

Daß das Eigentum des Unternehmers erlischt und Eigentumsvorbehalte wirkungslos werden, ist sachlich *so lange kaum zu rechtfertigen, wie dem Zahlungen des Bestellers noch nicht gegenüberstehen*; dieser braucht aber erst bei der Abnahme zu zahlen, § 641. Ein Eigentumsübergang vor diesem Zeitpunkt benachteiligt den Unternehmer und bevorteilt den Besteller sowie dessen Gläubiger. Gleichzeitig muß es dem Unternehmer vor der Abnahme *unbenommen* bleiben, *als fehlerhaft* oder unzweckmäßig *erkannte Werkteile wieder zu entfernen* und durch andere zu ersetzen, ohne daß der Besteller dem sachenrechtlich sollte widersprechen können. *Nur wenn man das Eigentum erst mit der Abnahme übergehen läßt*, läßt sich auch ohne konstruktive Schwierigkeiten das allein sachgerechte Ziel erreichen, daß an wieder entfernten Bauteilen die bisherigen Eigentumsverhältnisse fortbestehen. – Einen Eigentumsübergang vor der Abnahme nach § 93 schließt das nicht aus.

(3) Die gleichen Grundsätze müssen dort gelten, wo Bauteile nach § 94 Abs 1 wesentliche Bestandteile werden.

bb) § 947

148 Wenn der Unternehmer *Sachen des Bestellers repariert oder sonst bearbeitet*, kann der Besteller Eigentum an dabei verwendeten Materialien des Unternehmers nach § 947 erwerben. Das setzt voraus, daß diese wesentliche Bestandteile einer einheitlichen Sache nach § 93 werden, also nicht mehr abgelöst werden können, ohne daß sie zerstört oder in ihrem Wesen verändert würden. Hieran fehlt es in aller Regel, wenn der Unternehmer serienmäßig gefertigte Ersatzteile verwendet; diese bedürfen mithin einer besonderen rechtsgeschäftlichen Übereignung, die üblicherweise anläßlich der Abnahme erfolgt. Ein *Eigentumsvorbehalt* bleibt insoweit möglich, ist freilich unüblich.

Werden eingebaute Ersatzteile wesentliche Bestandteile, kommt es für die künftigen Eigentumsverhältnisse darauf an, ob die reparierte oder in sonstiger Weise bearbeitete Sache des Bestellers „Hauptsache" ist oder nicht: Ist sie Hauptsache, dann erwirbt der Besteller mit dem Einbau alleiniges Eigentum nach § 947 Abs 2; anderenfalls würde – entsprechend den Wertverhältnissen – Miteigentum mit dem Unternehmer oder gar dessen Lieferanten nach § 947 Abs 1 entstehen. Letzteres erscheint freilich ganz untunlich. In seinem Sicherungsinteresse ist der Unternehmer schon durch sein Unternehmerpfandrecht nach § 647 sowie durch sein Zurückbehaltungsrecht nach § 320 hinreichend geschützt. Da für die Beurteilung einer Sache als Hauptsache die Wertverhältnisse nicht allein den Ausschlag geben können (STAUDINGER/WIEGAND [1995] § 947 Rn 7), vielmehr die objektive Verkehrsanschauung entscheidet, ist von einer *Vermutung* dahin auszugehen, *daß die Sache des Bestellers die Hauptsache ist*, die nicht schon dadurch entkräftet wird, daß die vom Unternehmer gestellten Teile wertvoller sind als die reparaturbedürftige Sache des Bestellers.

Daß § 948 einschlägig ist, wird sich nur in seltenen Ausnahmefällen ergeben. Es gelten dann die eben zu § 947 angestellten Überlegungen entsprechend.

c) Instruktion

149 Der Unternehmer hat den Besteller in Gebrauch und Pflege des Werkes einzuweisen. Diese Verpflichtung ist in einer Zeit von wachsender Bedeutung, in der ständig neuartige Werkleistungen auf den Markt kommen, bei denen nicht angenommen werden kann, daß der Besteller ohne weiteres mit ihnen umgehen kann. Bei Software kann ein Benutzerhandbuch unabdingbar sein (BGH NJW 1993, 1063), so daß einstweilen auch noch die Abnahme ausgeschlossen sein kann. Im übrigen kommen je nach Vertragsgegenstand unterschiedliche Maßnahmen in Betracht: Schulung, mündliche Erläuterung, Gebrauchsanweisung etc. Der Unternehmer hat sich zu vergewissern, daß der Besteller mit der Werkleistung umgehen kann.

Die Instruktionspflicht wirkt über die Abnahme hinaus und ist als primäre Erfüllungspflicht namentlich nicht an die Gewährleistungsfristen gebunden, sondern verjährt nach den allgemeinen Bestimmungen der §§ 195, 199. Im Rahmen des Zumutbaren hat sich der Unternehmer langfristig bereitzuhalten, etwaige Fragen des Bestellers zu beantworten.

Zur Aufklärung des Bestellers über Mängel, die dem Unternehmer selbst erst nach der Abnahme deutlich geworden sind, vgl § 634a Rn 9.

4. Fälligkeit, Verjährung

a) Die Pflicht zur Verschaffung des Werkes wird fällig in dem zur Ablieferung des **150** Werkes bestimmten Zeitpunkt. Zu seiner Ermittlung o Rn 118 ff.

b) Als primäre Pflicht des Unternehmers verjährt sie in der regelmäßigen Frist des § 195. Der für den Fristbeginn nach § 199 Abs 1 Nr 1 maßgebliche Zeitpunkt der Entstehung/Fälligkeit ist der oben genannte.

aa) Das ändert sich, soweit es um Rechte aus Sach- und Rechtsmängeln geht, mit der Abnahme des Werkes; jetzt ist insoweit § 634a maßgeblich. Bei der ursprünglichen Verjährung nach den §§ 195, 199 verbleibt es, soweit die Ansprüche des Bestellers nicht auf Sach- oder Rechtsmängel zurückzuführen sind, also zB auf Instruktion gerichtet oder wegen der Verletzung sonstiger Pflichten aus den §§ 280 Abs 1, 241 Abs 2 herzuleiten sind.

bb) Verweigert der Besteller die Abnahme in berechtigter Weise wegen nicht nur unwesentlicher Mängel, § 640 Abs 1 S 2, verbleibt es auch in bezug auf ihre Beseitigung bei den §§ 195, 199. Dabei kann sich die Berechtigung einer erfolgten Verweigerung der Abnahme auch erst nachträglich herausstellen, wenn gewichtigere als nur unwesentliche Mängel erst später entdeckt werden.

Verweigert der Besteller die Abnahme unberechtigt, gelten die zu § 634a Rn 8 dargestellten Grundsätze.

cc) Wenn die Abnahme erfolgt, gilt für die Verjährung der Rechte des Bestellers nunmehr § 634a statt der §§ 195, 199. Das ist unabhängig davon, ob der Besteller die Abnahme geschuldet hat oder nicht.

5. Sanktionierung der Verschaffungspflicht

Wenn die Abnahme nicht erfolgt, stehen dem Besteller wegen der Nichterfüllung der **151** Verschaffungspflicht die allgemeinen Rechte auch insoweit zu, wie es um Mängel der Leistung geht. Er kann also nach Maßgabe der §§ 280, 281 – ggf der §§ 280, 283 – Schadensersatz statt der Leistung verlangen, nach Maßgabe des § 323 zurücktreten oder aus wichtigem Grunde kündigen. Zu beachten ist dabei:

Dem Besteller stehen die Möglichkeit des Rücktritts oder der Anspruch auf Schadensersatz wegen der ganzen Leistung nach dem Rechtsgedanken der §§ 323 Abs 5, 281 Abs 1 S 2 nur dann zu, wenn er an dem ihm angebotenen zT mangelhaften Werk kein Interesse hat. Dabei muß der Interessefortfall gerade auf den Mängeln beruhen, darf keine anderweitigen Gründe wie zB eine Veränderung der Marktverhältnisse haben. Hinreichend ist es insoweit auch, wenn die Mängelbeseitigung unzumutbar wäre, weil sie zB lästig oder langwierig wäre, vgl den auch schon vor der Abnahme anwendbaren Rechtsgedanken des § 636 aE. Gleich § 636 aE sind die §§ 323 Abs 5, 281 Abs 1 S 2 auch schon vor der Abnahme zu berücksichtigen, obwohl der Unternehmer eine Teilleistung noch nicht bewirkt hat, sondern sie nur vorhält und anbietet. – Die Möglichkeit der Kündigung aus wichtigem Grund schließen die §§ 323 Abs 5, 281 Abs 1 S 2 nicht generell aus, weil der Besteller hier die vorliegende Teilleistung ja entgegennimmt und an eine Kündigung etwas geringere Anforderungen zu stellen sind als an einen Rücktritt.

Rücktritt oder Schadensersatz statt der ganzen Leistung können bei einem mangelhaft angebotenen Werk auch deshalb ausgeschlossen sein, weil der Besteller dafür mitverantwortlich ist, sei es durch einen Planungsmangel, sei es durch sachwidrige Anweisungen oder die Ungeeignetheit des zur Bearbeitung gestellten Stoffes. Das kann die Pflichtverletzung des Unternehmers unter die Erheblichkeitsschwelle der §§ 281 Abs 1 S 3, 323 Abs 5 S 2 drücken.

Wenn die Abnahme erfolgt, konzentrieren sich die Rechte des Bestellers auf jene aus den §§ 634 ff.

V. Die geschuldete Beschaffenheit des Werkes

152 § 633 Abs 1, 2 erlegen es dem Unternehmer als vertragliche Hauptpflicht auf, dem Werk eine bestimmte Beschaffenheit zu geben; ihr Fehlen führt dann dazu, daß ein **Sachmangel** gegeben ist. Die Beschaffenheit des Werkes wird bestimmt durch seine Eigenschaften.

1. Eigenschaften

a) Eigenschaften sind die physischen Merkmale der Sache – bei unkörperlichen Werken die geistigen Wesenszüge –, die die Sache prägen. Eigenschaften haften ihr idR selbst an, können sich aber doch auch aus ihrer Beziehung zur Umwelt ergeben, zB bei der Lage eines Gebäudes. Es darf sich nur nicht um Umstände handeln, die gänzlich außerhalb der Sache selbst liegen.

Keine Eigenschaft ist die Arbeitsmethode des Unternehmers – zB nach DIN EN 9000–9004. Methodisch genießt der Unternehmer vielmehr Dispositionsfreiheit, vgl o Rn 53 ff. Eine unsachgemäße Arbeitsmethode kann freilich in eine nachteilige Eigenschaft und damit in einen Sachmangel münden.

Eigenschaften beschreiben das Werk in seiner physischen oder geistigen Beschaffenheit. Seine rechtlichen Verhältnisse können aber auch von Bedeutung sein, und zwar auch dann, wenn nicht ein Rechtsmangel nach § 633 Abs 3 anzunehmen ist. Ein Sachmangel ist anzunehmen, wenn ein Werk nicht die physischen Eigenschaften hat, die aus Rechtsgründen seine Brauchbarkeit zu sichern geeignet sind. Das gilt zB für die steuerliche Anerkennungsfähigkeit einer Einliegerwohnung (BGH NJW 1987, 2373), die Genehmigungsfähigkeit einer Planung eines Architekten.

b) Eigenschaften eines Werkes können nur *konkrete Merkmale* sein. „Erste Qualität", „hervorragende Durchführung" sind so wenig Eigenschaften (vgl MünchKomm/ SOERGEL Rn 29) wie „wirtschaftliches Arbeiten" einer herzustellenden Maschine (vgl BGB-RGRK/GLANZMANN Rn 13). Eine mögliche Eigenschaft einer Maschine ist aber eine technische Beschaffenheit, die eine *bestimmte* Produktivität ergibt (vgl RG Warn 1937, 72), die Zusage einer *bestimmten* prozentual ausgedrückten Energieeinsparung (vgl BGH NJW 1981, 2403 = LM § 320 BGB Nr 1), oder die Feststellung eines bestimmten Wärmedurchlaßwertes bei Fenster- und Türrahmen (BGHZ 96, 111 = NJW 1986, 711 = JZ 1986, 291 m Anm KÖHLER); Maßtoleranzen bei Binderschalungen (BGH WM 1997, 2183). 153

c) Der Wert der Sache ist als solcher keine Eigenschaft; Eigenschaften sind vielmehr nur ihre wertbildenden Faktoren. 154

Für die §§ 633 ff relevante Eigenschaften brauchen sich aber auf den Wert der Sache – verstanden als Verkehrswert – nicht auszuwirken. Es steht den Parteien frei, Eigenschaften des Werkes zu vereinbaren, die den Wert unberührt lassen (bestimmte Farbgebung) oder gar nachteilig beeinflussen. Das hindert die Nacherfüllung nicht, wenn diese Eigenschaften verfehlt werden und läßt nur die Rechte auf Schadensersatz oder Minderung leerlaufen.

d) Bei der Beurteilung, ob Mängel vorliegen, ist abzustellen auf das vertraglich geschuldete Werk, was bei späteren Auftragserweiterungen bedeutsam sein kann. Soll zB der Architekt zunächst nur planen und tut dies mangelfrei, dann können bei späterer Übertragung der Bauausführung dortige Mängel nicht zur Minderung des Planungshonorars führen (BGH NJW 1998, 135). Freilich wird in Konstellationen dieser Art aufgerechnet werden können. Auch kann ein Nachbesserungsanspruch jedenfalls nach § 273 verwendet werden (aA OLG Düsseldorf BauR 1997, 647).

2. Mangelerscheinung und Mangelursache

Es ist zwischen dem Mangel und seinen **Erscheinungsformen** zu unterscheiden: Mangel bzw Fehler ist die gesamte Beeinträchtigung der Werkleistung, einschließlich also ihrer Ursache, zB die Fehlkonstruktion des Mauerwerks und die aus ihr resultierenden Mauerrisse. Nun werden aber oft zunächst nur letztere Erscheinungsformen sichtbar und bleiben die Ursachen, der eigentliche Mangel unklar oder werden gar verkannt. Die Gewährleistungsansprüche des Bestellers beziehen sich auf den gesamten Mangel, insbesondere seine Ursachen. Zur Wahrung seiner Rechte genügt es aber, wenn er dem Gericht im Klageantrag nach § 253 ZPO (BGH BauR 1998, 632), im Vortrag (BGH NZBau 2000, 73), oder sonst dem Unternehmer *die Mangelerscheinungen benennt*, zB bei der Fristsetzung nach § 637 (BGH NJW-RR 1999, 813), dem selbständigen Beweisverfahren (§ 204 Abs 1 Nr 7), in den Fällen des § 203 (vgl BGHZ 110, 99, 101, 103; BGH NJW 1987, 381, 382; 1999, 1330; NJW-RR 1987, 336; 1987, 798; 1989, 148, 208, 667, 979; WEISE BauR 1991, 19). Dagegen ist Kenntnis vom Mangel iSd § 640 Abs 2 nur gegeben, wenn auch die Mangelursachen bekannt sind. Das Gesagte gilt auch beim Architek- 155 ten; der Besteller braucht nicht darzutun, ob ein Mangel der Planung oder der Bauaufsicht vorliegt (BGH NJW 1998, 135).

3. Mangelursachen

156 Die Einschränkung des Wertes oder der Tauglichkeit des Werkes kann verschiedene Ursachen haben. Es kommen in Betracht ein Ausführungsmangel, ein Planungsmangel, als eigentümliche Mischform beider ein Koordinierungsmangel sowie schließlich ein Mangel des zu bearbeitenden Stoffes.

a) Der *Ausführungsmangel* entspricht in seiner Struktur dem Sachmangel des Kaufrechts. Zu einem solchen Mangel kommt es, wenn der Unternehmer Arbeitsfehler begeht oder mit ungeeigneten Geräten oder Zutaten arbeitet. Die §§ 633 ff sind zugeschnitten gerade auf Mängel dieser Art.

157 b) Ein *Planungsmangel* liegt vor, wenn die Herstellung des Werkes fehlerhaft konzipiert ist, zB die vorgesehene Art der Dränage nicht den Grundwasserverhältnissen entspricht.

Ein solcher Mangel unterscheidet sich in seiner Behandlung dann nicht von einem Ausführungsmangel, wenn auch die Planung des Werkes in den Händen des Unternehmers liegt: Er hat nach Maßgabe der §§ 633 ff für ihn einzustehen.

Besonderheiten ergeben sich, wenn – wie oft und typisch bei Bauverträgen nach der VOB/B – *der Besteller die Planung vorgegeben hat*. Auch dann ist das Werk (des Unternehmers) mangelhaft, wenn es denn im Ergebnis nicht gebrauchstauglich ist (vgl BGH NJW 1998, 3707); daß es der vorgegebenen Planung entspricht, ändert daran nichts (BGH aaO). Ein solcher Mangel fällt grundsätzlich nicht in die Verantwortlichkeit des Unternehmers, sondern eben die des Bestellers; das klingt an in § 645 Abs 1 S 1, soweit die Bestimmung Anweisungen des Bestellers betrifft, die zur „Verschlechterung" des Werkes führen.

Freilich ist vom Unternehmer Sachverstand zu erwarten, namentlich die Befähigung, Schwächen der ihm vorgelegten Planung zu erkennen. Dann gebieten es die Grundsätze von Treu und Glauben, seine Bedenken mitzuteilen; § 4 Nr 3 VOB/B legt diesen allgemeinen Grundsatz näher dar (dazu o Rn 62 ff). Unterläßt er dies schuldhaft, dann erwächst ihm daraus die Mitverantwortung für den Mangel, vgl § 13 Nr 3 VOB/B. Abzuwägen sind die Verantwortlichkeiten nach den Grundsätzen des § 254 Abs 1 (näher dazu u Rn 181). Insoweit kann also die Verantwortlichkeit des Unternehmers im Werkvertragsrecht – im scharfen Gegensatz zum Kaufrecht – durch eine schuldhafte Pflichtverletzung konstituiert werden.

158 c) *Koordinierungsmängel* können sich ergeben, wenn – wie namentlich im Baubereich – mehrere Unternehmer nebeneinander tätig sind und ihr Tun der Abstimmung durch den Besteller bedarf. Sie sind mithin erst im Ausführungsstadium denkbar, entsprechen aber in Struktur und Folgen den Planungsmängeln.

d) *Mängel des zu bearbeitenden Stoffes* können sich namentlich daraus ergeben, daß Vorarbeiten, auf denen die Leistung dieses Unternehmers aufbauen soll, hierfür ungeeignet sind. Auch sie fallen in den Verantwortungsbereich des Bestellers, in den Verantwortungsbereich des Unternehmers dann (mit), wenn er seine Hinweispflicht gemäß § 4 Nr 3 VOB/B bzw § 242 verletzt hat.

4. Verantwortlichkeit für den Mangel

Aus dem Vorstehenden folgt ein dem Kaufrecht fremder zentraler Begriff der werkvertraglichen Gewährleistung: Die Verantwortlichkeit für einen Mangel, wie sie den Besteller treffen kann und ihm Rechte wegen des Mangels nimmt, wie sie aber auch zwischen Besteller und Unternehmer aufgeteilt sein kann (vgl näher zu dieser an § 254 Abs 1 orientierten Aufteilung u Rn 181 und § 634 Rn 13 ff). **159**

VI. Grundlagen der Sollbeschaffenheit des Werkes

Die Anforderungen, denen das Werk im Ergebnis zu genügen hat, ergeben sich aus den vertraglichen Vereinbarungen der Parteien. Es hat zur Verwendung geeignet zu sein, wie dies jetzt § 633 Abs 2 S 2 Nr 2 formuliert; bisher sprach § 633 Abs 1 aF sachlich gleich von der Tauglichkeit zum Gebrauch. Diese Verwendungseignung kann in unterschiedlicher Form bestimmt werden, und zwar durch eine Garantie des Unternehmers (§§ 276 Abs 1 S 1, 639), eine Vereinbarung der Parteien (§ 633 Abs 2 S 1), die nach diesem Vertrag vorausgesetzte Beschaffenheit (§ 633 Abs 2 S 2 Nr 1) oder schließlich durch das Übliche und zu Erwartende (§ 633 Abs 2 S 2 Nr 2). Das Regelungswerk ist insoweit nicht anders als beim Kauf, vgl dort die Bestimmungen der §§ 276 Abs 1 S 1, 434 Abs 1 S 1, 2, 444. Es fehlt gegenüber § 434 dessen Bezugnahme auf öffentliche Äußerungen, insbesondere Werbeaussagen in Abs 1 S 3. Indessen ergibt sich auch insoweit kein sachlicher Unterschied zum Kauf (u Rn 172). **160**

Dabei nimmt wegen der Unabdingbarkeit der Gewährleistung die Beschaffenheitsgarantie eine Sonderstellung ein, vgl § 639. Im übrigen betrifft § 633 Abs 2 in seinem S 1 die ausdrückliche Beschaffenheitsvereinbarung, in seinem S 2 in seinen beiden Alternativen die konkludente. Das läßt sich kaum trennscharf voneinander abgrenzen; eine solche Abgrenzung ist auch nicht erforderlich.

1. Beschaffenheitsgarantien

Daß der Unternehmer bestimmte Eigenschaften des Werkes garantieren kann, folgt aus allgemeinen Grundsätzen, die in den §§ 276 Abs 1 S 1, 639 nur bestätigt werden. Der jetzige, dem bisherigen Recht fremde Begriff der Garantie entspricht dessen Begriff der Zusicherung einer Eigenschaft, vgl § 633 Abs 1 aF; sachliche Unterschiede zwischen früherer Zusicherung und jetziger Garantie sind nicht ersichtlich. **161**

a) Begriff
Die Garantie einer Eigenschaft ist in dem vom Unternehmer vertraglich gegebenen, ernsthaften Versprechen zu sehen, das Werk mit einer bestimmten Eigenschaft herzustellen, ohne daß es erforderlich wäre, daß der Unternehmer zum Ausdruck bringt, er werde für alle Folgen einstehen, wenn die Eigenschaft nicht erreicht wird (vgl BGHZ 96, 111, 114; BGH NJW-RR 1994, 1134, 1135; 1996, 783, 784; WM 1997, 2183, 2184 f).

aa) Wenn die Garantie vertraglich gegeben sein muß, bedeutet das, daß etwa beachtliche Formvorschriften eingehalten sein müssen. Wenn sich der Unternehmer vertreten läßt, muß sich die Vertretungsmacht des Vertreters gerade auch auf die Garantie beziehen.

bb) Die grundsätzliche Möglichkeit *stillschweigender Garantien* schließt dies nicht aus (BGB-RGRK/GLANZMANN Rn 13; MünchKomm/SOERGEL Rn 25). Insoweit kommt es entscheidend darauf an, *wie der Besteller die Äußerungen der Gegenseite unter Berücksichtigung ihres sonstigen Verhaltens und der Umstände, die zum Vertragsschluß geführt haben, nach Treu und Glauben mit Rücksicht auf die Verkehrssitte verstehen durfte* (vgl BGHZ 59, 158 = NJW 1972, 1706 = LM § 459 BGB Nr 30 m Anm HIDDEMANN = BB 1972, 1069 m Anm vWESTPHALEN; STAUDINGER/HONSELL [1995] § 459 Rn 149). Maßgeblich ist dabei unter Berücksichtigung aller Umstände des Einzelfalls namentlich der der Gegenseite bekannte Verwendungszweck der Leistung.

cc) Danach kann eine Garantie noch nicht ohne weiteres angenommen werden, wenn auf DIN-Normen vertraglich Bezug genommen ist (vgl MünchKomm/SOERGEL Rn 27), auch nicht bei der vereinbarten Verwendung des Materials eines bestimmten Herstellers (vgl OLG Düsseldorf NJW-RR 1996, 146; **aA** OLG Hamm BauR 1993, 478). Es muß dem Besteller eben erkennbar darauf gerade ankommen. Überhaupt ist im Werkvertragsrecht an die Annahme der Garantie von Eigenschaften – gegenüber Tendenzen im Kaufrecht – größere Zurückhaltung geboten (vgl BGB-RGRK/GLANZMANN Rn 13). Das rechtfertigt sich daraus, daß der Besteller auch bei Verneinung einer Garantie hinsichtlich seiner berechtigten Erwartungen nicht schutzlos gestellt ist. Werden sie enttäuscht, läßt sich vielmehr regelmäßig ein Mangel mit den entsprechenden Konsequenzen anderweitig begründen.

Auch eine Probe bedeutet noch nicht ohne weiteres eine Garantie ihrer Beschaffenheit, vgl demgegenüber § 494 aF.

b) Bedeutung einer Beschaffenheitsgarantie

162 Die Garantie einer bestimmten Eigenschaft hat zunächst die Folge, daß die Gewährleistung des Unternehmers insoweit nicht ausgeschlossen werden kann, § 639 (dort Rn 16 ff). Sodann wirkt sie sich innerhalb des Gewährleistungsrechts mehrfach aus. Sie verstärkt das Gewicht von Eigenschaften, deren Fehlen die Eignung zur Verwendung des Werkes sonst weniger beeinträchtigen würde. Im Falle der Garantie verschiebt sich die Zumutbarkeitsgrenze für den Unternehmer in bezug auf die Nacherfüllung zu seinen Lasten gegenüber § 635 Abs 3 (vgl § 635 Rn 18), entsprechend die Erheblichkeitsschwelle in bezug auf Rücktritt und Schadensersatz statt der ganzen Leistung gegenüber den §§ 323 Abs 5 S 2, 281 Abs 1 S 2 zugunsten des Bestellers (vgl § 634 Rn 129).

Ob für den Schadensersatzanspruch des Bestellers die sich aus den §§ 634 Nr 3, 280 Abs 1 S 2, 276 Abs 1 S 2 ergebende Regelvoraussetzung des Verschuldens abbedungen sein soll, ist eine Frage der Auslegung. Ausdrücke wie „Zusicherung" oder „Garantie" deuten auf die Bereitschaft des Unternehmers zur Übernahme einer verschuldensunabhängigen Schadensersatzpflicht, belegen sie aber nicht zwingend. Wenn von einer Garantiefrist die Rede ist, soll damit idR nur die Länge der in ihren Voraussetzungen nicht abgeänderten Gewährleistung angesprochen werden. „Garantie nach der VOB" bedeutet nur eine Bezugnahme auf deren § 13. Freilich sind all dies bloße Wortlautargumente. Es ist weiterhin zu berücksichtigen, daß § 634 dem Besteller nachhaltige verschuldensunabhängige Remedien gegenüber einem Mangel zur Verfügung stellt, so daß eine verschuldensunabhängige Schadensersatzpflicht von dem Unternehmer leichter übernommen werden wird, wenn die zu gewärtigenden Schäden nicht über den Minderwert der Sache hinausgehen, umgekehrt aber der Besteller an einer solchen Haftung dann besonders interessiert sein muß, wenn nachhaltige Mangelfolgeschäden zu gewärtigen sind. Den Ausschlag muß es mithin letztlich geben, ob der Besteller in berechtigter Weise darauf vertrauen darf, daß der Unternehmer in bezug auf diese auf die Entlastungsmöglichkeit nach § 280 Abs 1 S 2 verzichten will.

c) Selbständiges Garantieversprechen

Das sog *selbständige Garantieversprechen* bezieht sich – seinerseits stets verschuldensunabhängig – auf einen über das Vorhandensein der Eigenschaft hinausgehenden Erfolg.

Das *selbständige Garantieversprechen* des Unternehmers verläßt den Bereich des Gewährleistungsrechts. Der Unternehmer knüpft hier zwar an bestimmte Eigenschaften des Werkes an, verspricht aber eben, für einen über diese hinausgehenden Erfolg einstehen zu wollen (vgl RGZ 165, 41; BGHZ 65, 107; ERMAN/SEILER Rn 20), wie er auch *noch von weiteren Faktoren abhängig* sein kann. Ein Garantieversprechen dieser Art liegt zB vor, wenn nicht nur ein bestimmtes Leistungsvermögen einer Maschine bindend in Aussicht gestellt wird, sondern darüber hinaus auch noch, daß mit ihrer Produktion ein bestimmter Umsatz oder gar Gewinn erzielt werden könne, oder in der Garantie eines bestimmten Jahresmietertrages bei der Erstellung eines Wohnblocks (BGH WM 1973, 411 = BauR 1973, 191). *Anspruchsgrundlage* für den Besteller ist insoweit *nicht* mehr *§ 634 Nr 4*; folgerichtig findet auch die Bestimmung des § 634a hier keine Anwendung (RGZ 165, 41; PALANDT/SPRAU Vor § 633 Rn 9).

2. Beschaffenheitsvereinbarung

Die Parteien können die Beschaffenheit des Werkes vereinbaren, § 633 Abs 2 S 1. Darin liegt noch keine Garantie dieser Beschaffenheit durch den Unternehmer, so daß also auch seine Gewährleistung beschränkt werden kann, individualvertraglich mit der Grenze der Arglist, § 639, durch AGB mit den Grenzen, die sich aus den §§ 307, 309 Nrn 7, 8 b ergeben.

Eine solche Beschaffenheitsvereinbarung ist zunächst notwendig, um das geschuldete Werk überhaupt festzulegen; so muß ein Gebäude zB nach Lage, Geschoßzahl, Bauart etc bestimmt werden. Für die Gewährleistung des Unternehmers von besonderem Interesse sind Vereinbarungen über die qualitative Beschaffenheit des Werkes, zB Tragfähigkeit, Schallschutz.

Die Vereinbarung ist ausdrücklich möglich, kann aber auch konkludent erfolgen, dh aus der Gesamtheit der Abreden zu ermitteln sein. Im letzteren Fall verschwimmt die Abgrenzung zwischen S 1 und S 2 des § 633 Abs 2.

a) Eine Vereinbarung über die qualitative Beschaffenheit des Werkes gewinnt praktische Bedeutung, wenn sie über das Übliche (§ 633 Abs 2 S 2 Nr 2) oder das im konkreten Fall Notwendige (§ 633 Abs 2 S 2 Nr 1) hinausgeht. Wird das Vereinbarte hier verfehlt, löst dies die Gewährleistung des Unternehmers nach Maßgabe der §§ 634 ff auch dann aus, wenn die Verwendung des Werkes nicht beeinträchtigt ist. Der Besteller handelt dann auch nicht mißbräuchlich, wenn er auf der Vereinbarung besteht. Man kann sich eben mehr zusagen lassen, als notwendig ist.

Entspricht das Werk nicht der getroffenen Vereinbarung, ist es mangelhaft, und zwar auch dann, wenn es „besser" ist (BGH NZBau 2002, 571, 572): Dem Besteller gebührt das Werk, das er in Auftrag gegeben hat.

165 b) Umgekehrt steht es den Parteien aber natürlich auch frei, *geringere qualitative Anforderungen an das Werk zu stellen, als sie üblich sind.* Sie mögen diese Anforderungen für übertrieben halten, oft wird der Besteller auch einfach Kosten sparen wollen. Das kann ihn veranlassen, sogar auch Abstriche an der notwendigen Qualität hinzunehmen.

An eine Beschaffenheitsvereinbarung dieser Art – „nach unten" – sind jedoch strenge Anforderungen zu stellen.

Sie folgt nicht schon aus einer Leistungsbeschreibung, die ein solches minderwertiges Werk zur unvermeidlichen Folge hat (BGH NJW 1998, 3707), zB einen geminderten Schallschutz. Sie folgt auch nicht aus einem geringen Preis der vom Unternehmer angebotenen Ausführungsart (BGH NJW-RR 2000, 465). Der Besteller darf vielmehr auch dann die übliche Verwendungsmöglichkeit des Werkes erwarten, vgl § 633 Abs 2 S 2 Nr 2, und hat gegenüber einer Leistungsbeschreibung, die diese nicht sichert, nur die Mehrkosten einer sachgerechten Ausführung als sog Sowieso-Kosten zu tragen (BGH NJW 1998, 3707). Daß die von ihm vorgesehene Ausführungsart unübliche Qualitätsminderungen des späteren Werkes zur Folge haben wird, muß dem Besteller vielmehr deutlich geworden sein; der Unternehmer hat ihn hierüber unmißverständlich aufzuklären.

Freilich führt die unterlassene Aufklärung des Unternehmers nicht zu einer Schadensersatzpflicht, wie sie nach den §§ 280 Abs 1, 276 verschuldensabhängig wäre. Es ist vielmehr der Vertrag dahin nach den §§ 133, 157 auszulegen, daß von vornherein – gegen Erstattung der damit verbundenen Mehrkosten als Sowieso-Kosten – eine § 633 Abs 2 S 2 genügende Ausführungsart geschuldet ist.

Stammt die Ausführungsplanung, die eine § 633 Abs 2 S 2 nicht genügende Beschaffenheit des Werkes zur Folge hat, vom Besteller (bzw seinem Architekten), so ist wiederum durch Auslegung zu ermitteln, ob er auf eine derartige Beschaffenheit verzichten wollte. Im Zweifel ist das zu verneinen. Als Laie mag der Besteller die Folgen seiner Vorgaben nicht bedacht haben. Im Falle des Sachverstandes kann eine Fehleinschätzung vorgelegen haben. Ganz in diesem Sinne sieht § 4 Nr 3 VOB/B – als Ausdruck eines allgemeinen Rechtsgedankens – vor, daß der Unternehmer in Fällen dieser Art zu remonstrieren hat.

Auch hier kommt es also in der Regel, wenn ein Verzichtswille des Bestellers nicht angenommen werden kann, zur Gewährleistung des Unternehmers, wenn die Vorgaben des § 633 Abs 2 S 2 verfehlt werden. Wiederum hat der Besteller die Sowieso-Kosten der Mängelbeseitigung zu tragen. Für die Verteilung ihrer weiteren Kosten kommt es darauf an, ob der Unternehmer seine Remonstrationspflicht schuldhaft verletzt hat oder nicht. Ist ihm ein Schuldvorwurf nicht zu machen, trägt der Besteller auch diese. Sonst sind sie nach Maßgabe des § 254 Abs 1 zu quoteln.

c)   Eine (einfache) Beschaffenheitsvereinbarung liegt namentlich bei der Werkleistung nach Probe vor (vgl § 494 aF). **166**

3. Übliche und zu erwartende Beschaffenheit

a)   Den Regelfall bildet es, daß die geschuldete Beschaffenheit/Qualität des Werkes nach dem Üblichen und zu Erwartenden zu bestimmen ist, § 633 Abs 2 Nr 2. Das ist ein objektiver Maßstab, der an sich nur hilfsweise zur Anwendung kommt, vgl das „sonst" am Ende von § 633 Abs 2 S 2 Nr 1, und zusammen mit dem Maßstab des § 633 Abs 2 S 2 Nr 1 überhaupt auch subsidiär ist gegenüber der Beschaffenheitsvereinbarung des § 633 Abs 2 S 1. Indessen fehlt es durchweg an Beschaffenheitsvereinbarungen im Sinne der letztgenannten Bestimmung, und hat der Besteller durchweg eben auch die Absicht der gewöhnlichen, üblichen Verwendung. **167**

Aus dogmatischer Sicht handelt es sich bei § 633 Abs 2 S 2 Nr 2 nicht um eine normative Vorgabe für die Beschaffenheit des Werkes, sondern die Bestimmung konkretisiert nur, was die – notfalls ergänzende – Auslegung des Vertrages nach den §§ 133, 157 im Grunde ohnehin ergeben würde.

Die Maßstäbe der Üblichkeit und des zu Erwartenden lassen sich nicht trennscharf voneinander abgrenzen. Was üblich ist, darf der Besteller eben auch erwarten, und was er zu erwarten hat, sollte üblich sein. Immerhin hat von beiden Kriterien das zu Erwartende das größere Gewicht. Es ist denkbar, daß sich in gewissen Bereichen ein Schlendrian breit gemacht hat und damit aus rein statistischer Sicht üblich ist. Das kann aber die Sollbeschaffenheit des Werkes nicht prägen.

b)   Zur Ermittlung der Sollbeschaffenheit des Werkes kann grundsätzlich auf die **anerkannten Regeln der Technik** zurückgegriffen werden, auch wenn § 633 Abs 2 S 2 Nr 2 sie im Gegensatz zu der Parallelbestimmung des § 13 Nr 1 VOB/B nicht ausdrücklich nennt. **168**

Aus der fehlenden Nennung folgt jedoch nicht, daß die anerkannten Regeln der Technik für die Beurteilung der Mangelfreiheit des Werkes unbeachtlich wären. Denn der Besteller hat Anspruch auf ein „ordentliches" Werk. Die übliche und zu erwartende Beschaffenheit kann das Werk aber grundsätzlich nur haben, wenn *es den anerkannten Regeln der Technik entspricht.* Insofern können die anerkannten Regeln der Technik *in den Wortlaut des § 633 Abs 2 Nr 2 „hineingelesen" werden* (vgl BGH BauR 1981, 577, 579 = WM 1981, 1108; INGENSTAU/KORBION § 13 Rn 133; NICKLISCH/WEICK § 13 Rn 19, 31; ERMAN/SEILER Rn 12; HEINRICH BauR 1982, 224, vgl ferner KAISER BauR 1983, 19; MARBACH ZfBR 1984, 9; SIEGBURG BauR 1985, 367, 381).

Freilich geht die getroffene Vereinbarung vor. Zunächst können die Parteien Abweichendes vereinbaren; das muß allerdings mit hinreichender Deutlichkeit geschehen. Sodann ist entscheidend, daß die Funktionsfähigkeit des Werkes gesichert ist. Das kann eine Abweichung von den anerkannten Regeln der Technik bedingen (BGH NJW-RR 1997, 688). Es ist eben primär durch Auslegung zu ermitteln, was hier geschuldet ist (BGH NJW 1998, 2814). Schließlich können technische Normen unvollständig (OLG Hamm NJW-RR 1998, 668) oder überholt (OLG Köln BauR 1997, 831) sein.

169 aa) Anerkannte Regeln der Technik lassen sich bestimmen als *technische Regeln für den Entwurf* und *die Ausführung von Werkanlagen*, die *in der Wissenschaft als theoretisch richtig anerkannt sind* und *feststehen* sowie *insbesondere in dem Kreise der für die Anwendung der betreffenden Regeln maßgeblichen, nach dem neuesten Erkenntnisstand vorgebildeten Techniker durchweg bekannt und auf Grund fortdauernder praktischer Erfahrung als technisch geeignet, angemessen und notwendig anerkannt sind* (vgl INGENSTAU/KORBION/OPPLER § 4 Rn 151; MünchKomm/SOERGEL Rn 37).

(1) Unberücksichtigt bleiben müssen mithin *einzelne* in Wissenschaft oder Praxis vertretene *Auffassungen*, auch wenn sie *„richtig"* sein sollten (vgl OLG Celle BauR 1984, 522). Es kommt vielmehr auf die Anerkennung und Praktizierung durch die herrschende Meinung an (vgl NICKLISCH NJW 1982, 2634; WEBER ZfBR 1983, 151, 153).

(2) Die anerkannten Regeln der Technik sind *wandelbar* entsprechend dem jeweiligen Erkenntnisstand (vgl BGHZ 90, 354 = NJW 1984, 1679).

170 (3) Wichtige Hilfen zur Feststellung der anerkannten Regeln der Technik kommen den technischen Regelwerken zu, insbesondere den *DIN-Normen* des Deutschen Instituts für Normung eV, den VDI-Richtlinien des Vereins Deutscher Ingenieure sowie den VDE-Bestimmungen des Verbands Deutscher Elektrotechniker (zu diesen OLG Hamm BauR 1990, 102). Freilich bedeutet die Aufnahme einer technischen Regel in diese Regelwerke s*nicht zwingend*, daß es sich um eine anerkannte Regel handelt; das gibt vielmehr nur eine *widerlegliche Vermutung* in dieser Hinsicht ab (vgl SOERGEL/ TEICHMANN Rn 44 vor § 633). Einerseits und vor allem ist es nämlich denkbar, daß eine Norm dieser Regelwerke bereits von der technischen Entwicklung überholt ist (vgl INGENSTAU/KORBION/OPPLER § 4 Rn 154). Das galt etwa spätestens ab 1974 für DIN 4109 (Fassung 1962) über die Mindestanforderungen für Schallschutz (vgl OLG Stuttgart BauR 1977, 279; OLG Frankfurt BauR 1980, 361); insoweit war eher der Entwurf für die DIN 4109 vom Februar 1979 zugrunde zu legen (vgl BGH NJW-RR 1986, 755 = JZ 1986, 768). Vgl zur Annahme eines Mangels trotz Einhaltung der DIN-Norm auch OLG Hamm NJW-RR 1998, 668. Weiterhin kann eine DIN-Norm *Anforderungen* stellen, die *überhöht* und zur Wahrung der – allein entscheidenden – Funktionstüchtigkeit des Werkes nicht notwendig sind (vgl OLG Hamm BauR 1994, 767 zur Auftrittsbreite von Treppenstufen).

Funktionsgleich neben den genannten technischen Regelwerken stehen andere Richtlinien, vgl die „Richtlinien für die Prüfung der körperlichen und geistigen Eignung von Fahrerlaubnisbewerbern und -inhabern" (dazu AG Essen DAR 1994, 160).

(4) Von ihnen zu unterscheiden sind:

Verarbeitungsrichtlinien von Herstellern. Ihre Einhaltung führt noch nicht zur Mangelfreiheit des Werkes, nicht einmal zum Ausschluß eines Verschuldens (vgl OLG Hamm BauR 1996, 758).

(Interne) Qualitätssicherungssysteme des Unternehmers, zB nach DIN EN ISO 9000 ff, bzw Qualitätssicherungsvereinbarungen zwischen Unternehmer und Besteller, wenn sich beide nicht auf die Eigenschaften des Werkes beziehen, sondern nur die Methode der Herstellung sichern sollen. Ihre Einhaltung hat bei der Prüfung der Verschuldensfrage Bedeutung (vgl Beck'scher VOB-Komm/GANTEN § 13 Nr 1 Rn 32).

bb) Die anerkannten Regeln der Technik *gelten nicht*, wenn die Parteien *ihre Maßgeblichkeit abbedungen* haben (vgl OLG Hamm NJW-RR 1996, 213). Zunächst bleibt es ihnen unbenommen, höhere Anforderungen an das Werk zu stellen (vgl BGH MDR 1981, 836 = LM § 635 BGB Nr 60). Es ist aber auch möglich, geringere Anforderungen an das Werk zu stellen. Insoweit reicht es freilich für eine wirksame Vereinbarung nicht aus, wenn der Unternehmer in die Leistungsbeschreibung Elemente hineingebracht hat, die mit den anerkannten Regeln der Technik unvereinbar sind. Er muß den Besteller vielmehr klar und unmißverständlich darüber aufklären, daß die angebotene Leistung – und wie sie – von den anerkannten Regeln der Technik abweicht (vgl auch o Rn 165). **171**

cc) Ein Verstoß gegen die anerkannten Regeln der Technik ist ferner dann *unbeachtlich, wenn er sich im konkreten Fall nicht mindernd auf den Wert oder die Tauglichkeit des Werks auswirkt*. Insoweit ist freilich Zurückhaltung geboten. Gewährleistungsrechte des Bestellers sind nicht erst dann gegeben, wenn durch die Art der Ausführung des Werkes bereits Schäden an diesem eingetreten sind, sondern auch schon dann, wenn mit ihnen gerechnet werden muß (vgl MünchKomm/SOERGEL Rn 34). So liegt ein Mangel vor, wenn Gebrauchstauglichkeitsnachweise nicht beigebracht werden können (vgl OLG Rostock NJW-RR 1995, 1422; OLG Düsseldorf NJW-RR 1996, 146).

dd) Besondere Probleme ergeben sich, wenn der Unternehmer die anerkannten Regeln der Technik *beachtet* hat, das Werk sich aber *gleichwohl* als minderwertig erweist. **172**

(1) Insoweit kommt den anerkannten Regeln der Technik im Zeitpunkt der Abnahme eine Bedeutung jedenfalls dahin zu, daß ein *Verschulden des Unternehmers ausscheidet*, wenn er sie beachtet hat (vgl BGHZ 48, 310 = NJW 1968, 43; BGH NJW 1971, 92 = VersR 1971, 374; BGHZ 58, 7 = BauR 1972, 172; OLG Hamm NJW-RR 1991, 731). Er hat dann die im Verkehr erforderliche Sorgfalt walten lassen.

(2) Daraus folgt aber nicht, daß das Werk bei Beachtung der gegenwärtig anerkannten Regeln der Technik auch als mangelfrei zu betrachten ist. Mit ERMAN/SEILER Rn 16; KAISER BauR 1983, 203, ist davon auszugehen, daß es primär auf die Auslegung der Vereinbarungen der Parteien ankommt. Diese kann ergeben, daß das Werk (nur) den gegenwärtig anerkannten Regeln der Technik entsprechen soll (vgl auch GANTEN NJW 1971, 374; JAGENBURG NJW 1971, 1431; KORBION BauR 1971, 58). Näher liegt indessen die Auslegung, daß das Werk weniger an ihnen ausgerichtet sein soll, *sondern daß es die zu erwartende Gebrauchstauglichkeit haben soll* (vgl BGHZ 48, 310; BGH NJW 1971, 92; BGHZ 91, 206, 213 = NJW 1984, 2457 = LM § 633 BGB Nr 51 m Anm RECKEN;

BGH NJW-RR 1997, 688; BGH NZBau 2002, 611). Darin liegt auch keine übermäßige Risikobelastung für den Unternehmer.

c)   Entsprechend anwendbar ist § 434 Abs 1 S 3, vgl zu den Einzelheiten dort. Auch der Besteller darf erwarten, daß öffentliche Äußerungen der Unternehmer über die von ihnen gelieferten Werkleistungen oder der Hersteller von Materialien über diese zutreffen. Es muß sich um konkrete Angaben zB in Katalogen handeln, die dann die Sollbeschaffenheit über das sonst übliche Maß anheben können.

aa)   Das bereitet dem Grunde nach keine Probleme bei eigenen Angaben des Unternehmers. Sind es solche des Herstellers, wie sie sich auf einzelne Produkte beziehen können, aber auch auf ganze Systemse wie zB Dachbegrünungen, die dann vom Gärtner aufzubringen sind, dürfen sie dem Unternehmer zunächst nicht schuldlos unbekannt geblieben sein, womit freilich kaum zu rechnen ist. Sodann muß den Besteller aber das Risiko unrichtiger Herstellerangaben treffen, wenn sie in seinen Verantwortungsbereich fallen (dazu u Rn 181), weil er dem Unternehmer die Verwendung dieser Materialien vorgeschrieben hat. Es kann dann eine Mitverantwortung des Unternehmers nur begründet sein, wenn er seiner Prüfungs- und Warnpflicht gegenüber den Herstellerangaben nachgekommen ist (o Rn 62).

bb)   Wenn die Gewährleistung des Unternehmers begründet ist, wird eine Nacherfüllung vielfach nicht möglich sein. Außerdem aber mag das Werk zwar den Werbeangaben nicht genügen, aber doch immer noch in der üblichen Weise gebrauchstauglich sein. Dann können die Kosten der Nacherfüllung leicht unverhältnismäßig iSd § 635 Abs 3 sein, so daß dem Besteller nur sekundärer Rechtsschutz (Schadensersatz, Minderung) verbleibt.

4.   Die nach dem Vertrag vorausgesetzte Beschaffenheit

173   Nachrangig gegenüber der Beschaffenheitsvereinbarung nach § 633 Abs 2 S 1, aber vorrangig gegenüber der Beschaffenheitsbestimmung nach § 633 Abs 2 S 2 Nr 2 ist an sich die Orientierung an dem Vertrag nach § 633 Abs 2 S 2 Nr 1, die sich auf diesen Vertrag bezieht, dem wiederum im Wege der Auslegung nach den §§ 133, 157 die Sollbeschaffenheit des Werkes zu entnehmen ist. Gegenüber dem objektiven Maßstab der Nr 2 enthält Nr 1 einen subjektiven. Die trennscharfe Abgrenzung ist aber weder notwendig noch auch möglich, weil natürlich auch bei der Bestimmung des Üblichen (Nr 2) auf die jeweiligen Gegebenheiten des einzelnen Falles Rücksicht genommen werden muß, vgl näher auch Thode NZBau 2002, 297, 303 f.

Die nach dem Vertrag vorausgesetzte Verwendung kann jedenfalls nicht einseitig von dem Besteller festgesetzt werden. Sein besonderer Verwendungszweck für das Werk muß dem Unternehmer bekannt geworden und von ihm gebilligt worden sein. Die Formulierung des Gesetzes „nach dem Vertrag vorausgesetzt" hat die Tradition der §§ 459, 633 aF, bedeutet aber recht eigentlich, daß die entsprechende Gebrauchstauglichkeit des Werkes Vertragsinhalt geworden sein muß. Jedenfalls ergibt sich die zu fordernde Gebrauchstauglichkeit aus der zu erwartenden Beschaffenheit, nicht schon aus der Ausschreibung des Bestellers (BGH NJW 2002, 1954).

VII. Die Verwendungseignung des Werkes

Der zentrale Begriff des § 633 Abs 2 ist der der Eignung des Werkes zur Verwendung; **174**
sachlich gleich sprach § 633 Abs 1 aF von seiner Tauglichkeit zum Gebrauch.

1. Verkehrswert des Werkes

Keine Änderung gegenüber dem bisherigen Recht bedeutet es zunächst, daß § 634 nF gegenüber § 634 Abs 1 aF den Wert des Werkes nicht mehr eigens nennt. Denn zu seiner Verwendung gehört es namentlich, daß es veräußert werden kann. Die Einschränkung des Verkehrswertes bedeutet also schon einen Sachmangel. Dazu genügt der bloße sog merkantile Minderwert (BGHZ 55, 198; BGH NJW 1986, 428).

2. Eingeschränkte oder fehlende Eignung zur Verwendung

a) Beispiele für Mängel

aa) Daß es an der Tauglichkeit ganz fehlt, liegt vorzugsweise am Verstoß gegen **175**
Rechtsvorschriften, zB bei der nicht genehmigungsfähigen Planung (BGH NJW-RR 1998, 952; OLG Düsseldorf NJW-RR 1996, 403), dem gegen die Friedhofssatzung verstoßenden Grabmal (OLG Köln NJW-RR 1994, 121), wobei es den Parteien natürlich freisteht, bewußt die Genehmigungsbereitschaft der Behörde zu testen (OLG Düsseldorf aaO). Die fehlende Tauglichkeit kann sich aber auch anderweitig ergeben (vgl AG Mainz VersR 1996, 771: unpräzises Gutachten; LG Freiburg MDR 1997, 335: überraschend gestaltete Torten, deren Überraschungseffekt durch eine Pressemitteilung vereitelt wird).

bb) Die *Eigenschaften* des Werkes können *minderwertig* sein: fehlende Dehnungsfugen (LG Stuttgart BauR 1997, 137) oder Wärmedämmung (OLG Schleswig BauR 2000, 1486), nicht hinreichende Kapazitäten (BGH NJW-RR 1996, 340 einer Industrieabwasserbehandlungsanlage gegenüber maximaler Beanspruchung; OLG Koblenz BauR 1997, 328 Festigkeit eines Baugerüsts gegenüber Sturm; OLG Düsseldorf NJW-RR 1996, 954 Sitzlift, an den ein Rollstuhlfahrer nicht sicher genug heranfahren kann; LG Tübingen NJW-RR 1993, 1075 geringe Verbreitung einer Zeitschrift als Werbeträger), ungeeignetes Holz für einen Wintergarten (OLG Düsseldorf NJW-RR 1997, 274), Veraltung (OLG Köln VersR 2000, 334).

cc) *Raum und Zeit* spielen eine Rolle, wobei sich natürlich gerade hier die Frage nach den zumutbaren Toleranzen stellt (vgl zur geminderten Wohnfläche BGH NJW 1997, 2874; NJW-RR 1998, 1169; NJW 1999, 1859), zu berechnen nach DIN 283 und der zweiten Berechnungsverordnung (OLG Celle NJW-RR 1999, 816; zur Küchenzeile, die die Wand nicht ausfüllt, OLG Düsseldorf NJW-RR 1996, 46, zur Verspätung der Flugbeförderung LG Frankfurt NJW-RR 1993, 1270, des Essens im Restaurant LG Karlsruhe MDR 1993, 952).

dd) Die Leistung darf keine *störenden Eigenschaften* haben (BGH NJW-RR 1998, 1286 **176**
Störanfälligkeit einer Anlage; Ermöglichung von Hausschwamm, OLG Düsseldorf BauR 1995, 131; von Pilzbefall, SCHWEDLER BauR 1996, 345 fehlender Schallschutz, BGH LM Nr 105 § 633 BGB; OLG München BauR 1999, 399; OLG Düsseldorf NJW-RR 1994, 88; 341, Formaldehydausdünstungen, OLG Nürnberg NJW-RR 1993, 1300; OLG Bamberg NJW-RR 2000, 97; dampfdichter Bodenbelag ohne entsprechenden Untergrund, OLG Düsseldorf NJW-RR 1996, 305, Fleckbildung auf Granitplatten, OLG Düsseldorf BauR 1996, 712, fehlende Maßgerechtigkeit einer Einbauküche, AG Düsseldorf VuR 1993, 305, Öffnung einer Kellerausgangstür nach außen, OLG Koblenz NJW-

RR 1996, 1299, lose Verlegung von Teppichfliesen, OLG Hamm BauR 1996, 399, fehlender Sitzplatz bei Freiluftkonzert, AG Herne-Wanne NJW 1998, 3654, nicht: größerer und damit lauterer Spielplatz, OLG Düsseldorf BauR 2000, 286).

ee) Eingehalten werden müssen jedenfalls die *konkreten Beschaffenheitsvereinbarungen der Parteien*, mögen sie auch „objektiv" nicht geboten gewesen sein (vgl BGH NJW-RR 1993, 309; OLG Köln NJW-RR 1993, 1492; OLG Düsseldorf BauR 1994, 147; 1996, 757).

ff) Der Unternehmer muß den Besteller bei *neuen oder ungewöhnlichen Leistungen* über das zu Erwartende aufklären (vgl BGH NJW-RR 1993, 26 Leistungsfähigkeit einer „alternativen Wärmegewinnung" für ein Einfamilienhaus; OLG Nürnberg NJW-RR 1993, 694 Treppenlift; OLG Düsseldorf NJW-RR 1998, 810 Nutzbarkeit eines Wintergartens); gleiches gilt, wenn das vom Besteller gewünschte Fabrikat Schwächen aufweist (vgl §§ 4 Nr 3, 13 Nr 3 VOB/B und OLG Köln NJW-RR 1993, 1432) oder wenn das vom Unternehmer Angebotene veraltet ist (OLG Köln NJW-RR 1993, 1398).

Entsprechendes gilt, *wenn Wünsche des Bestellers nachteilige Folgen haben können* (vgl BGH DAR 1996, 495 LKW-Spezialaufbau, der Zuladungsmöglichkeiten reduziert), oder wenn die angeforderte Werkleistung erkennbar sinnlos ist (vgl OLG Köln NJW-RR 1994, 1045).

gg) Das Werk kann *unerwünschte Folgen* zeitigen: Behördliche Auflagen nach einer Architektenplanung (BGH NJW-RR 1998 952, 953), Schallbrücken durch Fliesenverlegung (OLG Köln ZMR 1994, 219), Überschwemmungsschäden nach Teichanlage, (OLG Köln NJW-RR 1994, 917), Nässe nach fehlender Bodenauflockerung (OLG Düsseldorf NJW-RR 2000, 1336), Hausschwamm nach entsprechender Herrichtung eines Kriechkellers (OLG Düsseldorf NJW-RR 1994, 1204), Haarausfall nach Haarfärbung (AG Frankfurt aM VuR 1993, 249), erhöhte Schadensanfälligkeit bei hartgelöteten Kupferrohren (OLG Köln VersR 1997, 850), Abwaschbarkeit einer Schiffsfarbe mit der Folge einer möglichen Umweltgefährdung (OLG Karlsruhe VersR 1998, 1127).

b) Nicht zu Beanstandendes
Zuweilen kann ein Mangel zu *verneinen* sein.

177 aa) Bei *künstlerischen Werken* ist ein Gestaltungsspielraum des Künstlers hinzunehmen (BGHZ 19, 382), wie überhaupt der bloße Geschmack des Bestellers nicht zur Annahme eines Mangels führt, solange dem Unternehmer deshalb nicht konkrete Vorgaben gemacht worden sind.

Gutachten sind mangelfrei, wenn sie von zutreffenden tatsächlichen Voraussetzungen ausgehen, allgemein anerkannte Grundsätze beachten und nicht auf sachfremden Erwägungen beruhen (AG Chemnitz NVZ 1999, 385).

bb) Eine unerwünschte Eigenschaft darf nicht selbstverständlich sein (vgl OLG Köln NJW-RR 1994, 1209 Pflegebedürftigkeit eines Grabmals im Freien); freilich muß der Unternehmer den Besteller ggf aufklären, wenn ihm deutlich werden muß, daß dieser illusionäre Vorstellungen über die Eigenschaften des Werkes hegt, wie sie zB durch Presseberichte genährt sein können.

cc) Es sind *nur Äußerlichkeiten, die stören*: Textbausteine im Gutachten (AG Freiburg, NZV 1994, 402, Darstellungsart des Gutachtens AG Hamburg NZV 1997, 275; elektronisch gespeichertes statt ausgedrucktes Bedienerhandbuch, LG Heilbronn CR 1994, 284).

dd) Der geschaffene Zustand ist *vollkommen gebrauchstauglich*; der perfekte Zustand würde mit Mehrkosten zu Lasten des Bestellers verbunden sein (vgl OLG Düsseldorf NJW-RR 1997, 1039 Abtrennung der Stellplätze einer Garage durch Drahtgitter statt massiv; OLG Düsseldorf NJW-RR 1997, 816 Belassung einer unverkennbar stillgelegten Leitung).

ee) Es muß sich um einen *Zustand des Werkes selbst* handeln. Kein Mangel, wenn das Produkt der Konkurrenz nur günstiger ist (vgl OLG Düsseldorf NJW-RR 1997, 1283 größere Servicefreundlichkeit von Klimageräten). Ebenfalls kein Mangel, wenn die Störungsquelle von außen vorgegeben ist (vgl BGH NJW-RR 1995, 1200 Rekultivierung eines Grundstücks, dessen Grundwasser von benachbarter Deponie aus verseucht wird).

ff) Darauf hinzuweisen ist, daß der nachteilige Zustand nicht in den alleinigen Verantwortungsbereich des Bestellers fallen darf (vgl auch LG Koblenz CR 1994, 470; OLG Düsseldorf NJW-RR 1995, 85).

c) Ausmaß der Beeinträchtigung

Ein Mangel des Werkes liegt nur vor, wenn sein Wert oder seine Gebrauchstauglichkeit beeinträchtigt sind. Diese Beeinträchtigung braucht aber *nicht erheblich* zu sein. Bei einem unerheblichen Mangel ist der Rücktritt ausgeschlossen, § 323 Abs 5 S 2, der Anspruch auf Schadensersatz statt der ganzen Leistung, § 281 Abs 1 S 3. Auch können bei ihm die Kosten der Nacherfüllung unverhältnismäßig sein, § 635 Abs 3. Stets bleibt aber die Minderung möglich, § 638 Abs 1 S 2, im Verschuldensfall der Schadensersatzanspruch nach § 634 Nr 4. **178**

Ein Mangel ist jedoch zu verneinen, wenn die tatsächliche Beschaffenheit des Werkes von seiner Sollbeschaffenheit so unwesentlich abweicht, daß dies sowohl unter objektiven Gesichtspunkten als auch unter Berücksichtigung der subjektiven Belange des Bestellers ohne jede Bedeutung ist (vgl MünchKomm/Soergel Rn 20; Ingenstau/Korbion/Wirth § 13 Rn 153, Wussow NJW 1967, 953, 954). Das muß jedoch ein seltener Ausnahmefall bleiben, etwa beim schlichten *„optischen Mangel"*. Schon ein sog *Schönheitsfehler* ist grundsätzlich als ein die Gewährleistung auslösender Mangel zu betrachten (vgl BGH NJW 1981, 2801 unsaubere und unakkurate Schaufensteranlagen).

d) Beurteilungszeitpunkt

Die Mangelfreiheit des Werkes muß jedenfalls *bei der Abnahme* gegeben sein (BGH BauR 1974, 63; BGB-RGRK/Glanzmann Rn 3). Der Besteller kann diese verweigern, wenn Mängel vorliegen (vgl § 640 Rn 33). Er behält dann seinen ursprünglichen Erfüllungsanspruch mit seiner Sanktionierung durch die §§ 281, 323. **179**

Davon zu unterscheiden ist der *Wissensstand, auf Grund dessen die Mangelfreiheit zu beurteilen ist*. Es ist dies der Zeitpunkt der letzten mündlichen Verhandlung (vgl auch o Rn 171 zur zwischenzeitlichen Fortentwicklung des Standes der Technik).

e) Fragen der Beweislast

Wenn der Mangel in einer Differenz zwischen einer Soll- und einer Istbeschaffenheit des Werkes besteht, bedürfen beide Zustände des Beweises. Hinsichtlich der *Istbe-* **180** *schaffenheit* ist das nicht weiter problematisch; die Beweislast wechselt mit der Abnahme vom Unternehmer auf den Besteller über; nach BGH NJW 1996, 1924, 1926 f kann das ausnahmsweise anders liegen. Die *Sollbeschaffenheit* ist dagegen auch über diesen Zeitpunkt *vom Besteller zu beweisen* (vgl NIERWETBERG NJW 1993, 1745). Das gilt für besondere Qualitätsabreden ebenso wie für den gewöhnlichen Gebrauch. Behauptet dagegen der Unternehmer, daß eine Unterschreitung des gewöhnlichen Standards verabredet gewesen sei, so geht damit die Darlegungs- und Beweislast nicht etwa auf ihn über (**aA** offenbar NIERWETBERG). Sie bleibt vielmehr bei dem Besteller, der die Behauptung des Unternehmers widerlegen muß. Freilich sind an diesen Nachweis keine strengen Anforderungen zu stellen und ist außerdem zu fordern, daß der Unternehmer seine Behauptung vorab substantiiert dartut, damit sie überhaupt beachtlich ist. Nicht genügt zB schon der Hinweis auf den vereinbarten geringen Preis. Soweit der Unternehmer auf den für ihn sprechenden Wortlaut des Vertrages verweist, muß er ggf dartun (nicht beweisen), wann und wie er den Besteller über die Mängelrisiken aufgeklärt hat.

Jedenfalls muß es der Besteller ausschließen, daß der jetzige mangelhafte Zustand des Werkes erst nachträglich durch ihn selbst entstanden ist (vgl BGH SCHÄFER/FINNERN/ HOCHSTEIN § 635 BGB Nr 120), also nachweisen, daß er – wenn vielleicht auch nur im Kern – schon bei der Abnahme vorhanden war. Die Beweislastumkehr des § 476 gilt auch nicht entsprechend.

f)   Verantwortlichkeit des Unternehmers

181 Wenn auch die Gewährleistungsrechte des Bestellers, abgesehen von dem Schadensersatzanspruch aus § 634 Nr 4, nicht voraussetzen, daß der Unternehmer den Mangel verschuldet oder nach § 278 zu vertreten hat, so ist es doch generell notwendig, daß er **den Mangel** in einem weiteren Sinne **zu verantworten hat**.

aa)   Daran fehlt es nicht, wenn der Mangel auf *äußere Einflüsse* zurückzuführen ist, zB auf Witterungseinflüsse, und zwar auch dann nicht, wenn der Unternehmer ihnen nicht vorbeugen konnte. Auch hier schuldet er die Nachbesserung auf eigene Kosten und kann es zur Wandlung oder Minderung kommen.

bb)   Daran fehlt es aber, wenn und soweit die Ursachen des Mangels **in den eigenen Verantwortungsbereich des Bestellers** fallen. Denn wenn § 645 dem Unternehmer seinen Vergütungsanspruch teilweise für den Fall beläßt, daß ein Mangel des vom Besteller gelieferten Stoffes oder eine Anweisung des Bestellers zu dem Mangel geführt hat, ist daraus zu folgern, daß der Unternehmer insoweit auch einer *Gewährleistungspflicht nicht* unterliegt. Zu den Einzelheiten der von dem Besteller zu verantwortenden Umstände vgl die Erl zu § 645. Es kommt etwa die Lieferung schlechten Materials in Betracht oder die Erteilung sachwidriger Informationen, zB wegen der Vorgaben für Individualsoftware (OLG Köln NJW-RR 1993, 1529; NJW 1996, 1067), oder Anweisungen. Bei Baumängeln ist zu beachten, daß sie dann in den Verantwortungsbereich des Bestellers fallen, wenn sie auf seine *mangelhafte Planung oder Koordinierung* zurückgehen, vgl BGH NJW 1992, 1104, das Vorschreiben der Verwendung bestimmter Baustoffe, vgl § 13 Nr 3 VOB/B. Ein Verschulden des Bestellers ist nicht erforderlich, kann aber bei der notwendigen Abwägung der Anteile – s sogleich – beachtlich sein.

Wenn der Mangel *ausschließlich* (OLG Celle BauR 1998, 802) aus dem eigenen Verant- **182** wortungsbereich des Bestellers stammt, sind seine Gewährleistungsansprüche nicht ausgeschlossen, er muß aber alle Kosten der Mängelbeseitigung tragen. Das gilt bei Planungsmängeln des Bestellers, Gestellung oder Anordnung ungeeigneter Materialien, vgl § 13 Nr 2 VOB/B. Nach BGH NJW 1996, 2372 fällt es aber in den Verantwortungsbereich des Unternehmers, wenn der Besteller Material vorgeschrieben hat, das generell geeignet ist, und es dann zu einem „Ausreißer" gekommen ist. Weithin fallen Mängel freilich auch *gleichzeitig in den Verantwortungsbereich des Unternehmers*, so namentlich, wenn er es unterlassen hat, Pläne oder Stoffe des Bestellers oder von dritter Seite geleistete Vorarbeiten sachgerecht zu überprüfen und auf bestehende Bedenken hinzuweisen (vgl o Rn 62 ff). Das hat dann zur Konsequenz, *daß die an sich mangelfreie Leistung des Unternehmers ausschließlich unter Verschuldensgesichtspunkten zur mangelhaften wird*. Hierin liegt ein bedeutsamer dogmatischer Unterschied zwischen Werkvertrags- und Kaufrecht. Die dortige Annahme, daß ein Mangel ausschließlich objektiv begründet werde, läßt sich insoweit für das Werkvertragsrecht nicht übernehmen. Hier kann eben ein Verschulden konstitutiv für die Annahme eines Mangels wirken, vgl auch KOHLER NJW 1993, 417 zu den dogmatischen Zusammenhängen, der freilich die Bedeutung des § 645 überschätzt. Diese Bestimmung würde den Mangel ausschließlich dem Unternehmer zuweisen, sofern er seine Prüfungs- und Hinweispflicht verletzt hat. Tatsächlich aber – und sachgerecht – findet dann eine **Abwägung der beiderseitigen Verantwortlichkeiten** statt, bei der **§ 254 entsprechend** anzuwenden ist (vgl ERMAN/SEILER Rn 17), und sich so die alleinige Verantwortlichkeit des Unternehmers nur ausnahmsweise ergeben wird (bedenklich OLG Köln BauR 1993, 744; OLG Hamm NJW-RR 1994, 111), aber doch möglich ist (vgl OLG Koblenz BauR 1996, 868 [Rat des Unternehmers zu diesen vom Besteller gekauften Materialien]; OLG Hamm NJW-RR 1996, 273). Das gilt grundsätzlich für *sämtliche Gewährleistungsrechte* des Bestellers: Die Nachbesserung kann der Unternehmer von einer entsprechenden *Kostenbeteiligung* des Bestellers abhängig machen (vgl § 634 Rn 16). Bei Selbstbeseitigung des Mangels durch den Besteller ist sein Anspruch auf Kostenerstattung oder Kostenvorschuß anteilig zu kürzen (vgl o Rn 181 ff), doch ist hier zu beachten, daß der Unternehmer nicht in Verzug gerät, wenn er die eigene Mängelbeseitigung gerechtfertigterweise von einem anteiligen Kostenzuschuß des Bestellers abhängig macht, § 286 Abs 4. Die *Minderung* des Bestellers kann bei geteilter Verantwortung für den Mangel nur anteilig durchgreifen (vgl BGH WM 1971, 1125 = BGHZ 56, 312, dort nicht mit abgedruckt). Das Recht des Bestellers zum Rücktritt ist zwar unteilbar, doch kann der Mangel durch die Mitverantwortlichkeit des Bestellers unter die Erheblichkeitsschwelle des § 323 Abs 5 S 2 herabgedrückt werden. Gegenüber dem Anspruch aus § 634 Nr 4 kann § 254 unmittelbar angewendet werden (vgl BGH WM 1970, 354; 1974, 311; NJW 1973, 518).

g) Unfertiges Werk

Grundsätzlich zu unterscheiden vom mangelhaften Werk ist das unfertige Werk (vgl **183** BGB-RGRK/GLANZMANN Anh zu §§ 633–635 Rn 8). Hinsichtlich des unfertigen Werkes behält der Besteller seinen Erfüllungsanspruch. Hat allerdings der Unternehmer ein unfertiges Werk als fertig angedient und der Besteller es entsprechend abgenommen, so kann er wegen des fehlenden Restes die *normalen Gewährleistungsrechte* mit der Maßgabe geltend machen, daß dem Unternehmer gegenüber dem Anspruch auf Vervollständigung die Berufung auf einen damit verbundenen unverhältnismäßigen Aufwand nach § 635 Abs 3 versagt ist. Auch § 640 Abs 2 findet Anwendung.

Von einer Abnahme ist freilich grundsätzlich nicht auszugehen, wenn *Wesentliches* fehlt. Das hat BGH NJW 1993, 1063, 1064 bei der Lieferung von individueller Software für das den Gebrauch erst ermöglichende *Benutzerhandbuch* angenommen, vgl auch schon BGH NJW 1989, 3222; 1991, 2135 (beide zu Leasingverträgen). Dann bleibt es einstweilen bei dem originären Erfüllungsanspruch des Bestellers und seinem Schutz durch die §§ 280 ff, 320 ff.

VIII. Anderes Werk, mindere Menge

184 § 633 Abs 3 stellt es einem Sachmangel gleich, wenn der Unternehmer ein anderes als das bestellte Werk herstellt oder ein Werk in zu geringer Menge.

1. Anderes Werk

Die erste Alternative der Bestimmung hat nur äußerst selten praktische Bedeutung gegenüber § 633 Abs 2. Eine andere Leistung als die vereinbarte ist dort ohne weiteres möglich, wo bewegliche Sachen herzustellen sind, vgl den bisherigen Standort der Regelungsmaterie in den §§ 378 aF, 381 HGB. Diese Fälle verlagert § 651 nF aber in der hier interessierenden Frage der Gewährleistung in das Kaufrecht. Neu herzustellen und nach Werkvertragsrecht zu beurteilen und damit möglicher Regelungsgegenstand des § 633 Abs 3, 1. Alt, sind damit nur geistige Werke, zB Individualsoftware, künstlerische Leistungen. Bei ihnen ist es aber wiederum kaum vorstellbar, daß sie als eigentlich „ordentlich" und damit nicht schon § 633 Abs 2 unterfallend anzusehen sind.

Letzteres gilt aber auch für den Kernbereich des Werkvertragsrechts, die Bearbeitung von Sachen des Bestellers. Wenn zB der Maler einen anderen Farbton wählt als den vertraglich vorgesehenen oder eine anders beschaffene Farbe, ist seine Leistung schon nach § 633 Abs 2 mangelhaft.

Wenn es gleichwohl dazu kommt, daß der Unternehmer dem Besteller ein anderes als das zugesagte Werk andient, das deshalb aber noch nicht mangelhaft ist, kann der Besteller dieses als nicht gehörige Erfüllung ablehnen, auf seinem Erfüllungsanspruch bestehen und ggf nach den §§ 280, 281 Schadensersatz statt der ganzen Leistung verlangen bzw nach § 323 zurücktreten.

Diese Rechte stehen ihm aber dann nicht zu, wenn das ihm angebotene Werk gleichwertig ist und seine Interessen auch sonst nicht oder nur in zu vernachlässigendem Umfang beeinträchtigt sind. In dieser Situation kann der Unternehmer nämlich ggf gegenüber dem Erfüllungsanspruch des Bestellers die Einrede des § 275 Abs 2 erheben und scheitern der Anspruch auf Schadensersatz statt der ganzen Leistung und der Rücktritt an der Unerheblichkeit der Pflichtverletzung, § 281 Abs 1 S 3 bzw § 323 Abs 5 S 2.

Hat der Besteller die andersartige Leistung als Erfüllung angenommen oder hätte er dies nach dem eben Gesagten tun müssen, konzentrieren sich seine Rechte auf jene aus § 634.

2. Mindere Menge

In seiner zweiten Alternative betrifft § 633 Abs 3 nicht die bloße Teilleistung (ein **185** errichtetes Haus statt zweier) und auch nicht die unfertige Leistung, zB die noch fehlende Anlage des Gartens oder den noch fehlenden Innenausbau dse Bürogebäudes, der erst nach den Vorgaben künftiger Mieter vorgenommen werden soll. Geregelt ist hier nur jenes Werk minderer Menge, das dem Besteller als vollständige Leistung angeboten wird. Wiederum behält er den Erfüllungsanspruch und die Optionen des Schadensersatzes statt der ganzen Leistung und des Rücktritts mit den Vorbehalten der §§ 275 Abs 2, 281 Abs 1 S 3, 323 Abs 5 S 2, falls er das Werk wegen seiner Mindermenge zurückweist. Nimmt er es als Erfüllung entgegen, folgen seine Rechte jetzt aus § 634. Letzteres dürfte freilich wiederum schon aus § 633 Abs 2 herzuleiten sein.

IX. Rechtsmängel

Die Rechtsmängelhaftung des Unternehmers nach § 633 Abs 1, Abs 4 entspricht **186** jener des Verkäufers nach § 435 S 1, der sie nachgebildet ist. Auf die dortigen Erl kann deshalb weithin Bezug genommen werden.

1. Rechte Dritter

Unter § 633 Abs 1, 4 fallen zunächst dingliche, sonstige absolute oder obligatorische Rechte privater Dritter, die geeignet sind, Besitz und Nutzung des Werkes durch den Besteller zu vereiteln oder zu beeinträchtigen.

Dabei ist der Besteller vor Ansprüchen aus Eigentum oder beschränkten dinglichen Rechten freilich weithin abgeschirmt durch die §§ 946, 947, 93, 94, soweit es um die in dem Werk verwendeten Materialien geht. Allerdings kann der Schutz durch diese Bestimmungen versagen, wenn mit fremdem Recht belastete Sachen nicht wesentliche Bestandteile werden und damit in sein Eigentum übergehen.

Das Werk kann dem Anspruch eines Dritten aus § 985 aber auch in sonstiger Weise, § 1004, ausgesetzt sein, vgl den nicht zu duldenden Überbau oder den Löschwasserteich auf dem Grundstück des Nachbarn (OLG Oldenburg NJW-RR 2000, 545).

Auch bei gutem Glauben unterliegt der Besteller den Ansprüchen Dritter aus § 97 UrhG, dessen Urheberrechte das Werk verletzt (SCHRICKER/WILD, UrhG, 2. Aufl 1999, § 97 Rn 37). Das begründet ihm gegenüber die Verantwortlichkeit des Architekten, der entsprechend geplant hat.

Auch bei voller Nutzbarkeit stellt es einen Rechtsmangel aber auch dar, wenn das Werk durch die Rechte Dritter finanziell belastet ist, etwa durch Überbaurechte nach § 912 Abs 2 oder den aus den §§ 951, 812 folgenden Bereicherungsanspruch, wenn der Unternehmer abhandengekommenes Material verwendet hat.

Nach § 633 Abs 1, 4 relevant sind aber auch Rechtspositionen der öffentlichen Hand, zB aus dem Baupolizeirecht.

2. Beseitigungsfähigkeit der Rechtsposition

187 Nicht entscheidend für die Annahme eines Rechtsmangels ist es, daß er beseitigt werden kann. Gerade gegenüber Rechtspositionen der öffentlichen Hand ist dies weithin nicht möglich, eine solche Situation kann sich aber auch gegenüber privaten Dritten ergeben. Dann scheitert aber nur der Nacherfüllungsanspruch des Bestellers nach § 275. Schadensersatz, Rücktritt oder Minderung bleiben möglich, soweit ihre Voraussetzungen nur gegeben sind.

3. Rechte wegen der Arbeitsmethode

Die Rechte Dritter müssen sich auf das Werk als solches beziehen. Es genügt nicht, daß die Methode seiner Herstellung sie verletzt, zB die unberechtigte Benutzung patentierter Verfahren oder die Inanspruchnahme eines fremden Grundstücks beim Bau. Der Regreß, der sich hier für den uU mithaftenden Besteller ergeben kann, folgt aus den allgemeinen Bestimmungen der §§ 241 Abs 2, 426 Abs 1, nicht § 634; ggf kann es auch zum Regreß des Unternehmers kommen, vgl dazu § 10 VOB/B, erl in Anh III zu § 638.

4. Bloße behauptete Rechte Dritter

188 Wie zu Art 41 CISG überwiegend angenommen (vgl STAUDINGER/MAGNUS Art 41 CISG Rn 15 ff) hat der Unternehmer den Besteller im Rahmen seiner Rechtsmängelhaftung auch vor Ansprüchen Dritter zu schützen, die diese letzlich unberechtigt erheben, mag man dies nun aus § 633 Abs 1, 4 folgern oder nicht. Letzterenfalls folgt die Freistellungspflicht aus § 241 Abs 2, muß aber ebenfalls des zeitlichen Schranken des § 634a unterliegen.

5. Ausschluß der Rechte des Bestellers

a) Der Besteller kann Rechte Dritter „im Vertrag übernehmen", wie sich § 633 Abs 4 unbeholfen ausdrückt. Das bedeutet eine Beschränkung der Gewährleistung, die sich als individualvertragliche an den §§ 138, 639 messen lassen muß, zusätzlich an den §§ 307, 309 Nrn 7 b, 8 b, wenn sie in AGB des Unternehmers enthalten ist.

b) Nachhaltigere Schranken folgen aus der Natur der Sache. Liegt die Beeinträchtigung der Rechte eines Dritten nämlich im Planungsbereich, so ist im Verhältnis zum Unternehmer allein der Besteller verantwortlich, wenn er selbst – oder durch einen Architekten – geplant hat; der Unternehmer muß nur ggf seiner Warnpflicht nachkommen, vgl dazu o Rn 62.

Im Verhältnis zwischen Bauherr und Architekten gehen die planerisch zu berücksichtigenden Rechte Dritter freilich zu Lasten des Architekten. Seine Planung ist mangelhaft, wenn sie wegen der Rechte Dritter nicht verwirklicht werden kann (vgl Anh II zu § 638 Rn 12).

Hindern die Rechte Dritter den Unternehmer schon am Tätigwerden, so ist es dem Besteller nicht gelungen, eine bearbeitungsfähige Sache zur Verfügung zu stellen. Die Folgen ergeben sich aus den §§ 642, 643, 645, vgl dort.

c) Der Besteller erleidet bei Rechtsmängeln nicht den Rechtsverlust nach § 640 Abs 2 durch rügelose Abnahme trotz Kenntnis des Mangels. Die Abnahme bezieht sich nämlich nur auf die tatsächliche Beschaffenheit des Werkes; die rechtlichen Verhältnisse sind nicht ihr Gegenstand.

d) Freilich ist die Bestimmung des § 442 Abs 1 entsprechend anzuwenden, wie er sich auch auf Rechtsmängel bezieht (PALANDT/PUTZO § 442 Rn 3).

§ 634
Rechte des Bestellers bei Mängeln

Ist das Werk mangelhaft, kann der Besteller, wenn die Voraussetzungen der folgenden Vorschriften vorliegen und soweit nicht ein anderes bestimmt ist,

1. **nach § 635 Nacherfüllung verlangen,**

2. **nach § 637 den Mangel selbst beseitigen und Ersatz der erforderlichen Aufwendungen verlangen,**

3. **nach den §§ 636, 323 und 326 Abs. 5 von dem Vertrag zurücktreten oder nach § 638 die Vergütung mindern und**

4. **nach den §§ 636, 280, 281, 283 und 311a Schadensersatz oder nach § 284 Ersatz vergeblicher Aufwendungen verlangen.**

Materialien: Art 1 G zur Modernisierung des Schuldrechts v 26. 11. 2001 (BGBl I 3138); BT-Dr 14/6040, 261; BT-Dr 14/7052, 65, 204
§ 634 Nr 1: § 633 Abs 2 S 1 aF (s bei § 633)
§ 634 Nr 2: § 633 Abs 3 aF (s bei § 633)
§ 634 Nr 3: § 634 aF: E I § 569 Abs 2, II § 572, III § 624; Mot II 478 ff; Prot II 2207 ff; JAKOBS/SCHUBERT, Recht der Schuldverhältnisse II 645 ff
§ 634 Nr 4: § 635 aF: E I § 569 Abs 3; II § 573, III § 625; Mot II 478 ff; Prot II 2207 ff; JAKOBS/SCHUBERT, Recht der Schuldverhältnisse II 645 ff.

Schrifttum

1. Allgemeines
CLEMM, Abgrenzung zwischen (kostenloser) Nachbesserung und (entgeltlichem) Werkvertrag, BB 1986, 616
FRANK, Die Haftung für Sachmängel und Verzug bei Bau- und Anlageverträgen. Eine rechtsvergleichende Untersuchung des deutschen und amerikanischen Rechts unter Berücksichtigung der Internationalen Vertragspraxis (Diss Berlin 1990)
HEINRICHS, Die Einwirkung der VOB auf den BGB-Bauvertrag im Bereich des Mängelrechts, BauR 1982, 224
KORINTENBERG, Erfüllung und Gewährleistung beim Werkvertrag (1935)
LEVY, Die Gewährleistung für Mängel beim Werkvertrag (1903)
vLÜPKE, Schadensverteilung bei Vor- und Nacharbeit im Bauhandwerk, BB 1964, 738
MAGNUSSEN, Die eigenmächtige Mängelbeseitigung durch den Besteller (Diss Hamburg 1992)
MOOS, Sachmängelhaftung bei Zusammenwirken mehrerer Unternehmer, NJW 1961, 157

SCHOLZE-BECK, Gesamtschuldnerische Haftung für Baumängel (Diss Bonn 2001)
SEIDEL, Das Nachbesserungsrecht des Unternehmers beim Werkvertrag, JZ 1991, 391
SIEGBURG, Handbuch der Gewährleistung beim Bauvertrag (4. Aufl 2000)
STÜTZ, Mangelhafte Werkherstellung und der Neuherstellungsanspruch (Diss München 1970)
WAGNER, Mangel- und Mangelfolgeschäden im Neuen Schuldrecht?, JZ 2002, 475.

2. Verhältnis zum Allgemeinen Schuldrecht
BRÜGMANN, Die Einrede des nichterfüllten Vertrages bei Baumängeln, BauR 1981, 128
BUSCHE, Voraussetzungen und Grenzen der „Nachbesserung" im Werkvertragsrecht, Betr 1999, 1250
HOFMANN, Anfängliche Unausführbarkeit im Werkvertrag, MDR 1963, 717
JAKOBS, Nichterfüllung und Gewährleistung beim Werkvertrag, in: FS Beitzke (1979) 67
KAISER, Rechtsfragen bei der Anwendung der §§ 320, 322 BGB im gesetzlichen Werkvertragsrecht und in der VOB/B, BauR 1982, 205
KOHLER, Werkmängelrechte, Werkleistungsanspruch und allgemeines Leistungsstörungsrecht, BauR 1988, 278
ders, Werkmangel und Bestellerverantwortung, NJW 1993, 417
MALOTKI, Die unberechtigte Mangelbeseitigungsaufforderung: Ansprüche des Unternehmers auf Vergütung, Schadens- oder Aufwendungsersatz, BauR 1998, 682
QUACK, Vom Interesse des Bestellers an der Nachbesserung, in: FS Vygen (1999) 368
SCHAUB, Haftung und Konkurrenzfragen bei mangelhaften Produkten und Bauwerken im deutschen und englischen Recht (Diss Tübingen 1998)
TRAPP, Das Leistungsverweigerungsrecht des Bestellers nach den §§ 320 ff BGB als Druckmittel zur Leistungserbringung und Mängelbeseitigung, BauR 1983, 318.

3. Kostenbeteiligung des Bestellers
BÜHL/CLEMM, Der Kostenzuschußanspruch des Auftragnehmers, BauR 1985, 502
vCRAUSHAAR, Risikotragung bei mangelhafter Mitwirkung des Bauherrn, BauR 1987, 14

FRÜH, Die „Sowieso"-Kosten. Eine Fallgruppe des Allgemeinen Werkvertragsrechts (Diss München 1991)
ders, Die Kostenbeteiligungspflicht des Bestellers bei der Mängelbeseitigung unter besonderer Berücksichtigung der sog „echten Vorteilsausgleichung" (Abzug „neu für alt"), BauR 1992, 160
GROSS, Vorteilsausgleichung im Gewährleistungsrecht, in: FS Korbion (1986) 123
HAERENDEL, Sowieso-Kosten und weitere zusätzliche Kosten infolge Fehlplanung (1999)
JANISCH, Haftung für Baumängel und Vorteilsausgleichung, Diss Marburg (1992)
LAUM, Zur Zuschußpflicht des mitverantwortlichen Bestellers bei der Nachbesserung, BauR 1972, 140
SIEGBURG, Baumängel aufgrund fehlerhafter Vorgaben des Bauherrn, in: FS Korbion (1986) 411
STÖTTER, Haftung des Bauherrn nach § 278 BGB für Planungsverschulden seines Architekten (im Verhältnis zum Bauunternehmer), BauR 1978, 18
TOMIC, „Sowieso"-Kosten. Mängelbeseitigung und Kostenbeteiligung bei beschränktem Leistungsumfang (Diss Augsburg 1990).

4. Eigene Mängelbeseitigung des Bestellers, Kostenvorschuß
ACHILLES-BAUMGÄRTEL, Der Anspruch auf Kostenvorschuß im Gewährleistungsrecht (1998)
CLEMM, Mängelbeseitigung auf Kosten des Auftragnehmers vor der Abnahme des Bauwerks nach der VOB/B, BauR 1986, 137
EHRHARDT-RENKEN, Kostenvorschuß zur Mängelbeseitigung (1986)
GRAUVOGL, Die Erstattung von Kosten der Ersatzvornahme vor der Abnahme beim VOB-Bauvertrag, in: FS Vygen (1999) 291
GROSS, Die Wirkungen des Kostenvorschußurteils im Abrechnungsstreit, in: FS Jagenburg (2002) 253
GRUNSKY, Prozessuale Probleme bei Geltendmachung des Vorschußanspruchs zur Mängelbeseitigung, NJW 1984, 2545
JAGENBURG, Das Selbsthilferecht des Bauherrn, VersR 1969, 1077

Titel 9 · Werkvertrag und ähnliche Verträge § 634
Untertitel 1 · Werkvertrag

Kahlke, Zum Verzug des zur Mängelbeseitigung Verpflichteten gemäß §§ 538, 633, 634 BGB und § 13 Nr 5 Abs 2 VOB/B, BauR 1981, 516
Kniestedt, Zinsen auf Kostenvorschüsse gemäß § 633 III BGB und § 13 Nr 5 II VOB/B, DRiZ 1982, 229
Chr Knütel, Zur „Selbstvornahme" nach § 637 Abs 1 BGB nF, BauR 2002, 689
Kohler, Kostenvorschuß und Aufrechnung oder Zurückbehaltungsrecht als Verteidigung gegen Werkvergütungsansprüche, BauR 1992, 22
Müller-Foell, Ersatzvornahme beim VOB-Bauvertrag auch ohne Kündigung, NJW 1987, 1608
Oppler, Fristsetzung zur Nachbesserung, Selbstbeseitigungsrecht und Nachbesserungsbefugnis, in: FS Vygen (1999) 344
Renkl, Die Abrechnung des Vorschusses in Bausachen, BauR 1984, 472
vRintelen, Die Nachbesserungsbefugnis des Unternehmers nach Fristablauf gemäß § 13 Nr 5 Abs 2 VOB/B, in: FS Vygen (1999) 374

5. Rücktritt (Wandlung), Minderung

Aurnhammer, Verfahren zur Bestimmung von Wertminderung bei (Bau-)Mängeln und (Bau-)Schäden, BauR 1978, 356
Brych, Kein Ausschluß des Wandlungsrechts im Bauträgervertrag, ZfBR 1979, 222
Cuypers, Zur Berechnung des Minderungsbetrages beim Bauvertrag, BauR 1993, 541
Jakobs, Nichterfüllung und Gewährleistung beim Werkvertrag, in: FS Beitzke (1979) 67
ders, Die Abnahme beim Werkvertrag, AcP 183 (1983) 145
Kaiser, Rechtsbehelfe des Werkbestellers vor der Abnahme bei Nachbesserungspflichtverletzungen durch den Unternehmer, ZfBR 1980, 109
Knüttel, Minderwertberechnungen, in: FS Vygen (1999) 311
Kohler, Werkmangelrechte, Werkleistungsanspruch und allgemeine Leistungsstörungsrechte, BauR 1988, 278
Koller, Aufgedrängte Bereicherung und Wertersatz bei der Wandlung im Werkvertrags- sowie Kaufrecht, Betr 1974, 2385, 2458
Lorenz, Rechtsgrundlagen des Anspruchs aus Minderung, JuS 1993, 727

Oertmann, Wandlung beim Werkvertrag, Recht 1920, 153
Peters, Die Wandlung des Werkvertrages, JR 1979, 267
ders, Praktische Probleme der Minderung bei Kauf und Werkvertrag, Betr 1983, 1951
Rieble, Ausgleichsansprüche nach unzulässiger Ersatzvornahme nach § 633 Abs 3 BGB, Betr 1989, 1759
Schmid, Die fehlgeschlagene Reparatur, NJW 1994, 1824.

6. Schadensersatz

Brüggemeier, Die vertragsrechtliche Haftung für fehlerhafte Produkte und der deliktsrechtliche Eigentumsschutz nach § 823 Abs 1 BGB, VersR 1983, 501
ders, Reparatur und Folgeschaden, BB 1995, 2489
Cuypers, Bauvertrag und § 635 BGB, BauR 1993, 163
Diederichsen, Das Zusammentreffen von Ansprüchen aus Verschulden bei Vertragsschluß und Sachmängelgewährleistung, BB 1965, 401
Döbereiner/vKeyserlingk, Sachverständigenhaftung (1979)
Eimer, Verschuldensunabhängige Schadensersatzhaftung des Werkunternehmers bei Fehlen zugesicherter Eigenschaften, NJW 1973, 590
Eiselt/Trapp, Zur Abgrenzung der von der Betriebshaftpflichtversicherung nicht erfaßten Erfüllungspflicht des Werkunternehmers, NJW 1984, 899
Eisenmann, Ersatzansprüche nach Werk- und Kaufvertragsrecht bei Verwendung mangelhafter Baumaterialien, Betr 1980, 433
Foerste, Deliktische Haftung für Schlechterfüllung, NJW 1992, 27
Franzen, Deliktische Haftung für Produktionsschäden, JZ 1999, 702
Freund/Barthelmess, Eigentumsverletzung durch Baumängel?, NJW 1975, 281
Fuchs, Zur Frage der Beweislast im Fall des § 635 BGB, NJW 1968, 835
Ganten, Die Erstellung von sog „Regiekosten" als Schadensersatz, BauR 1987, 22
Götz, Schadensersatz wegen Nichtbenutzbarkeit eines Werkes während der Nachbesserung, JuS 1986, 14

GROSS, Die Einbeziehung des Herstellers in die Haftung des Ausführenden, BauR 1986, 127
GRUNEWALD, Eigentumsverletzung im Zusammenhang mit fehlerhaften Werkleistungen, JZ 1987, 1098
HESSE, Ersatz unnötiger Nachbesserungskosten, BauR 1972, 197
JAGENBURG, Deliktshaftung auf dem Vormarsch. Zur Haftung des Werkunternehmers wegen Eigentumsverletzung durch Baumängel, in: FS Locher (1990) 93
JAKOBS, Die Schadensersatzpflicht des Unternehmers wegen mangelhafter Werkleistung im Verhältnis zur Wandlung und zur Minderung, JuS 1974, 341
JOSWIG, Zur Erstattungsfähigkeit von Gutachterkosten, NJW 1985, 1323
JUNGBECKER, Schadensersatz bei mangelhaften medizinisch-psychologischen Eignungsgutachten?, DAR 1994, 297
KOEBLE, Die Verrechnung beim Werkvertrag, in: FS vCraushaar (1997) 259
KNIFFKA, Die Durchstellung von Schadensersatzansprüchen des Auftraggebers gegen den auf Werklohn klagenden Subunternehmer, BauR 1998, 55
KULLMANN, Aktuelle Rechtsfragen zur Produkthaftung bei Baustoffen, BauR 1993, 152
LITTBARSKI, Das Verhältnis der Ansprüche aus culpa in contrahendo zu den Ansprüchen aus den §§ 633 ff BGB, JZ 1978, 3
ders, Der Folgeschaden in der Betriebshaftpflichtversicherung, VersR 1982, 915
ders, Haftungs- und Versicherungsrecht im Bauwesen (1986)
LOTTER, Haftpflicht und Bauwesenversicherungsschutz im Baugewerbe (1973)
MEDICUS, Vertragliche und deliktische Ersatzansprüche für Schäden aus Sachmängeln, in: FS Kern (1968) 313
ders, Unmittelbarer und mittelbarer Schaden (1977)
MICHALSKI, Die Systemwidrigkeit der Differenzierung nach Mangel- und Mangelfolgeschäden im werkvertraglichen Sachmängelgewährleistungsrecht, NJW 1988, 793
MÖSCHEL, Der Schutz des Eigentums nach § 823 I BGB, JuS 1977, 1

NEUMANN-DUESBERG, Die Beweislast im Werkmängelprozeß, BlGWB 1967, 125
NICKLISCH, Die Schadensersatzhaftung für Eigenschaftszusicherung im Werkvertragsrecht und deren Einschränkbarkeit durch AGB, in: FS Beitzke (1979) 89
PETERS, Der Anspruch auf Schadensersatz wegen Nichterfüllung gemäß § 635 BGB, JZ 1977, 458
ders, Mangelschäden und Mangelfolgeschäden, NJW 1978, 665
PRÖLSS, Schadensersatzansprüche aus §§ 463, 480 II, 635 BGB in der Haftpflichtversicherung, NJW 1962, 968
REBE/REBELL, Vertragliche Schadensersatzansprüche bei der Lieferung einer mangelhaften Sache, JA 1978, 544, 605
REHM, Bauwesenversicherung (1977)
RENGIER, Die Abgrenzung des positiven Interesses vom negativen Vertragsinteresse und vom Integritätsinteresse (1977)
SCHELLEN, Ermittlung des kleinen Schadensersatzanspruchs gemäß § 635 BGB, BauR 1988, 42
SCHLECHTRIEM, Abgrenzungsfragen bei der positiven Vertragsverletzung, VersR 1973, 581
ders, Außervertragliche Haftung für Bearbeitungsschäden und weiterfressende Mängel bei Bauwerken, ZfBR 1992, 95
SCHMALZL, Die Haftpflichtversicherung des Bauunternehmers, BauR 1984, 456
ders, Die Haftung des Bauunternehmers bei der Bauausführung (4. Aufl 1985)
ders., Die Bedeutung des Anspruches auf Schadensersatz wegen Nichterfüllung im Sinne des § 635 BGB für die Haftpflichtversicherung des Architekten und des Bauunternehmers, in: FS Korbion (1986) 37
SCHULZE, Ersatz der Mängelbeseitigungskosten und allgemeines Schuldrecht, NJW 1987, 3097
SCHWENZER, Sachgüterschutz im Spannungsfeld deliktischer Verkehrspflichten und vertraglicher Leistungspflichten, JZ 1988, 525
TODT, Die Schadensersatzansprüche des Käufers, Mieters und Werkbestellers aus Sachmängeln (1970)
ders, Die Schadensersatzansprüche des Käufers, Mieters und Werkbestellers bei Lieferung eines mangelhaften Vertragsobjekts, BB 1971, 680

Titel 9 · Werkvertrag und ähnliche Verträge §634
Untertitel 1 · Werkvertrag

vWestphalen, Haftung aus culpa in contrahendo nach Rücktritt vom Werkvertrag, BB 1975, 1316
Wilts, § 635 BGB und Deliktsansprüche, VersR 1967, 817
Winter, Die Distinktion von Mangel- und Mangelfolgeschäden im Werkvertragsrecht (Diss Tübingen 1979)
Wolf, Die Haftung des Werkunternehmers für Lieferantenverschulden, ZIP 1998, 1657.
Weiteres Schrifttum bei den §§ 633, 634a und bei den Anhängen zu § 638.

Systematische Übersicht

I. Allgemeines
1. Neuerungen — 1
a) Gegenständliche Erweiterungen der Gewährleistung — 1
b) Fristsetzung und ihre Entbehrlichkeit — 2
c) Sonstige Details — 3
d) Regelungsdefizite — 4
2. Überblick über die Rechte des Bestellers gegenüber Mängeln — 5

II. Vertragliche Vereinbarungen
1. Einverständnis des Bestellers mit einer bestimmten Art der Mängelbeseitigung — 6
2. Regelungen zur Kostenlast — 7
3. Neuer Auftrag an den Unternehmer — 8

III. Zeitlicher Anwendungsbereich der §§ 634 ff
1. Abnahme — 9
2. Kündigung des Bestellers, Rücktritt — 11

IV. Mangel der Leistung
1. Begriff — 12
2. Verantwortlichkeit des Unternehmers — 13
a) Nacherfüllung — 13
b) Die sekundären Rechte des Bestellers — 18
3. Vorteilsausgleichung — 19

V. Einleitung zu § 634 — 22

VI. Nacherfüllung, § 634 Nr 1
1. Wesen der Nacherfüllung — 23
2. Ziel der Nacherfüllung — 24
a) Beseitigung des Mangels — 24
b) Methode der Nachbesserung — 25
c) Mitwirkung des Bestellers — 26
d) Mehrfache Nachbesserung — 27
e) Neuherstellung — 28
f) Vor- und Nacharbeiten — 30
4. Recht des Unternehmers zur Nacherfüllung — 31
a) Allgemeines — 31
b) Inhalt — 32
c) Verlust des Nachbesserungsrechts — 33
d) Eigene Mängelbeseitigung des Bestellers — 34
5. Grenzen des Nacherfüllungsanspruchs — 37
6. Wahlrecht des Unternehmers — 38
7. Die Nacherfüllung im Prozeß — 39

VII. Die Fristsetzung und ihre Entbehrlichkeit
1. Allgemeines — 42
2. Identität der Fristen und der Kriterien ihrer Entbehrlichkeit — 43
3. Bloße Fristsetzung — 44
4. Einzelheiten zur Fristsetzung — 45
5. Entbehrlichkeit der Fristsetzung — 51
a) Einigung der Parteien — 51
b) Unmöglichkeit der Nacherfüllung — 52
c) Erfüllungsverweigerung — 54
d) Relatives Fixgeschäft — 55
e) Besonderes Interesse des Bestellers — 56
f) Fehlschlagen der Nachbesserung — 59
g) Unzumutbarkeit der Nacherfüllung — 61

VIII. Wahlrecht des Bestellers
1. Fristablauf — 62
2. Die Erklärung des Bestellers — 62
3. Änderung der Entscheidung des Bestellers — 64
4. Konkurrenzverhältnis der Rechte des Bestellers — 65

IX.	**Nacherfüllung durch den Unternehmer**	66	XIII.	**Schadensersatz**

IX. **Nacherfüllung durch den Unternehmer** 66

X. **Selbstvornahme des Bestellers**
1. Allgemeines 67
2. Voraussetzungen der eigenen Mängelbeseitigung des Bestellers 68
3. Durchführung 71
a) Zulässige Maßnahmen 71
b) Umfang 72
c) Eigene Arbeitsleistungen 73
4. Erstattung von Aufwendungen 74
5. Anspruch des Bestellers auf Kostenvorschuß 75
a) Voraussetzungen 75
b) Umfang 76
c) Subsidiarität 77
d) Verzinsung 78
e) Verhältnis zum Werklohnanspruch 79
f) Verjährung 80
g) Verhältnis zum Schadensersatzanspruch 81
h) Abrechnungspflicht 82
i) Mangelhafte Eigennachbesserung 83
k) Rückforderungsanspruch des Unternehmers 84

XI. **Rücktritt des Bestellers**
1. Allgemeines 85
2. Voraussetzungen 86
3. Erklärung des Rücktritts 89
4. Folgen des Rücktritts 90
a) Werklohn 90
b) Rücknahme des Werkes 91
c) Wegnahmerecht des Unternehmers 93
d) Verbleib des Werkes beim Besteller 94
e) Erfüllungsort 95
f) Austauschverhältnis 95

XII. **Minderung der Vergütung**
1. Allgemeines 96
2. Voraussetzungen 97
3. Erklärung der Minderung 98
4. Rechtsfolge 99
5. Berechnung der Minderung 100

XIII. **Schadensersatz**
1. Allgemeines 105
2. Verhältnis des Schadensersatzanspruchs zu den anderen Rechten des Bestellers 107
3. Voraussetzungen des Anspruchs 109
a) Mangel 109
b) Vertretenmüssen 110
c) Fristablauf 123
d) Beweislast 124
4. Die Bestimmung des § 281 Abs 4 125
5. Der Werklohnanspruch des Bestellers 127
6. Großer und kleiner Schadensersatz; Wahlrecht des Bestellers 129
a) Großer Schadensersatz 130
b) Kleiner Schadensersatz 131
7. Sonderprobleme 136
a) Anfängliche Unmöglichkeit 136
b) Aufwendungen des Bestellers 137
8. Vertragliche Schadensersatzansprüche des Bestellers außerhalb des Anwendungsbereichs des § 634 Nr 4 138
a) Nebenpflichtverletzung 138
b) Problematische Fälle 139
c) Verletzung vorvertraglicher Pflichten 139
9. Deliktische Ansprüche 142
a) Tatbestandsmäßigkeit 143
b) Rechtswidrigkeit 145
c) Rechtsfolgen 147
d) Konkurrenzen 148
10. Schadensersatz nach der VOB/B 149

XIV. **Mengenabweichungen**
1. Preisliche Konsequenzen 150
2. Vertragswidrige Mindermenge 151

XV. **Anderes Werk** 153

XVI. **Rechtsmangel**
1. Abnahme 155
2. Nacherfüllung und Selbstvornahme 155
3. Nacherfüllung und Sekundärrechte 156
4. Schadensersatz, Rücktritt, Minderung 156

Titel 9 · Werkvertrag und ähnliche Verträge
Untertitel 1 · Werkvertrag

§ 634

Alphabetische Übersicht

Abdingbarkeit	6	– Vertrag und Delikt	148
Ablehnungsandrohung	2, 44	Kostenbeteiligung des Bestellers	16, 113
Abnahme	9	Kostenlast, Vereinbarung zur	7
aliud	1, 153	Kostenvorschuß	75
Annahmeverzug	40	– Abrechnung des	82
Arbeitsgemeinschaft	119	– Subsidiarität des	77
Arbeitsleistungen des Bestellers	73	– Verzinsung des	
Architekt	115	Kündigung	11
Auftrag, neuer	9		
Aufrechnung	128	Lieferant	118
Aufwendungen		Mangel	
– des Bestellers beim Schadensersatz	137	– Bezeichnung des	39
– Ersatz der	74	– nicht unerheblicher	86
Ausführungsart, vorgesehene	21	Mängelbeseitigung durch den Besteller	34
		Mängeleinrede	5, 40
Beratungsvertrag, selbständiger	141	Mangelfolgeschaden	1, 65, 106
Beseitigung des Werkes	91	Mengenabweichung	150
		Minderung	10, 18, 43, 96
Deliktsrecht	142	– Berechnung der	100
Disponibilität	6	– Erstattungsanspruch nach	99
		– bei Fehlmenge	152
Eigentumsverletzung	143	Minderwert	
– anderweitige	143	– merkantiler	65
– am Werk	144	– des Werkes	108
Erfüllungsanspruch	23	minus	1, 150
Erfüllungsgehilfe	117	Mitverursachung des Bestellers	13, 122
		Mitwirkung des Bestellers	26
Fahrlässigkeit	113		
Fehlmenge, Rüge der	151	Nachbesserung	
Fixgeschäft	55	– Fehlschlagen der	59
Frist	43	– Methode der	25
– Ablauf der	50	Nacherfüllung	13, 23, 63
– angemessene	47	– nach Fristablauf	62
– zur Erklärung	46	– Kosten der	4
– Versäumung der	50	– mehrfache	27
Fristsetzung	2, 42	– Recht zur	4, 31
– entbehrliche	51	– Unmöglichkeit der	52
– Gegenstand der	46	– Unzumutbarkeit der	61
		– Ziel der	24
Gutachter	53	Nachfrist	46
		Nebenpflichtverletzung	138
Integritätsinteresse	147	Neuherstellung	3, 28
Interesse, besonderes	56		
		Pflichten, vorvertragliche	110
Kaufrecht	67	Pflichtwidrigkeit	110
Konkurrenzen		Prozeß	39
– der Gewährleistungsrechte	65		

Rechtsmangel	155
Restschaden	105
Rücknahme des Werkes	91
Rücktritt	3, 10, 18, 88
– Ausschluß des	88
– Verwirkung des	87
– vorzeitiger	11
Schaden	
– anderweitiger	105
– Berechnung des	132
– irreversibler	52
Schadensersatz	105
– großer	129 f
– kleiner	129, 131
– Verlangen von	62, 125
Schuldrechtsmodernisierungsgesetz	1
Selbstvornahme	62, 67 ff
– bei Rechtsmangel	155
Sowieso-Kosten	20
Substitut	119
Unmöglichkeit, anfängliche	136
Unzumutbarkeit der Nacherfüllung	136
Verantwortlichkeit für Mängel	13
Verbleib des Werkes beim Besteller	94
Verrechnung	128
Vertretenmüssen	110
Vertreter	49
Verweigerung der Nachbesserung	54
Verweisungen des Gesetzes	2
Vor- und Nacharbeiten	30
Vorteilsausgleich	19, 135
Vorschuß	75
– Rückforderung des	84
Wahlrecht des Unternehmers	29, 39
Wandlung	3
Werklohnanspruch	127
Wert des Werkes	102
Wertersatz	94
Zug-um-Zug-Verurteilung	17, 40
– doppelte	41

I. Allgemeines

1. Neuerungen

1 Der *durch das G zur Modernisierung des Schuldrechts neu konzipierte § 634* stellt die Rechte zusammen, die dem Besteller aus einer mangelhaften Leistung des Unternehmers und ihr gegenüber erwachsen. Dabei ist die *Grundstruktur des bisherigen Rechts* erhalten geblieben, daß zunächst die Schaffung des vertragsgemäßen Zustandes – durch Nacherfüllung, §§ 634 Nr 1, 635 – anzustreben ist und es erst bei deren Versagen zu andersartigen Rechten des Bestellers kommt. Auch diese entsprechen im Kern dem bisherigen Recht, wenn es nunmehr zu Schadensersatz, Rücktritt (bisher: Wandlung) oder Minderung kommen kann. Dabei gibt es freilich eine ganze Reihe von Änderungen im Detail.

a) Gegenständliche Erweiterungen der Gewährleistung
aa) Über das bisherige Recht hinaus ist der Unternehmer auch dann zur werkvertraglichen Gewährleistung verpflichtet, wenn er gegenüber der vertraglich vorgesehenen Leistung ein *aliud* oder ein *minus* geliefert hat, § 633 Abs 2 S 2 (dazu u Rn 150 ff).

bb) Außerdem bezieht § 633 Abs 3 die Verantwortlichkeit des Unternehmers für *Rechtsmängel* in die Gewährleistung ein, die sich mit ihren eigenständigen Regelungen bisher auf Sachmängel beschränkte (dazu u Rn 155).

cc) Praktisch bedeutsam ist es, daß § 634 Nr 4 beim Schadensersatz die bisher vorgenommene Unterscheidung zwischen Mangelschäden und *Mangelfolgeschäden* aufgibt und auch den Ersatz letzterer regelt (dazu u Rn 106), was insbesondere die *Verjährung* der entsprechenden Ansprüche beeinflußt, wenn auch sie jetzt § 634a folgt (statt bisher § 195).

b) Fristsetzung und ihre Entbehrlichkeit
Das Scharnier zwischen Nachbesserung/Nacherfüllung bildete bislang das Verfahren der *Fristsetzung mit Ablehnungsandrohung* nach § 634 Abs 1 aF. Diese Sonderregelung des Werkvertragsrechts, die freilich bis in das Detail hinein der allgemeinen Regelung des § 326 Abs 1 aF entsprach, ist entfallen und durch deren Nachfolgebestimmungen der §§ 281 Abs 1, 323 Abs 1 ersetzt worden. Über diese mehr formale Änderung hinaus ist aber auch die *Ablehnungsandrohung* als tatbestandliche Voraussetzung der sekundären Rechte des Bestellers *entfallen*. 2

Das bisherige Werkvertragsrecht erkannte – weiter blickend als das allgemeine Recht – in § 634 Abs 2 aF die Möglichkeit an, daß das Vorgehen nach § 634 Abs 1 aF mit Fristsetzung (und Ablehnungsandrohung) sinnlos oder unzumutbar sein konnte; abgesehen von § 326 Abs 2 aF mußte man sich im Rahmen des § 326 aF insoweit mit ungeschriebenen Grundsätzen behelfen. Jetzt hat § 634 Abs 2 aF in den Bestimmungen der §§ 281 Abs 2, 323 Abs 2 Nachfolgevorschriften gefunden, in denen er aufgeht.

c) Sonstige Details
Von dem Vorstehenden abgesehen hat es bei der *eigenen Nachbesserung* des Bestellers eine Änderung dahin gegeben, daß die Befugnis dazu nicht schon durch Verzug des Unternehmers ausgelöst wird, § 634 Abs 3 aF, sondern eine ergebnislose *Fristsetzung* voraussetzt, §§ 634 Nr 2, 637. Aus der durch einen Vertrag der Parteien zustandekommenden Wandlung, §§ 634 Abs 4, 465 aF ist der *einseitige Rücktritt* des Bestellers geworden, § 634 Nr 3, dessen Folgen nach den §§ 346 ff nicht durchweg identisch mit denen der bisherigen Wandlung sind. Auch die Minderung erfolgt jetzt einseitig. 3

Daß der mangelfreie Zustand auch durch *Neuherstellung* des Werkes erzeugt werden kann, bedeutet in § 635 Abs 1 nur eine Klarstellung gegenüber dem bisherigen Recht. Gleiches gilt für die Ausweisung des Kostenvorschusses in § 637 Abs 3.

d) Regelungsdefizite
Die Schöpfer der §§ 634 ff haben ihre zB in § 637 Abs 3 belegte Absicht, das bisher gelebte Recht stärker im Gesetz auszuweisen, nur eingeschränkt verwirklicht. Daß die *Nacherfüllung* nicht nur eine Pflicht des Unternehmers ist, sondern auch ein *Recht des Unternehmers* darstellt (u Rn 31), kommt nur mittelbar darin zum Ausdruck, daß ihm dazu eine Frist gesetzt werden muß, §§ 634 Nrn 3, 4, 281 Abs 1, 323 Abs 2, 637. 4

Außerdem erweckt das Regelwerk den Eindruck, als sei die Gewährleistung *kostenmäßig allein eine Angelegenheit des Unternehmers*. Das trifft aber in zweierlei Hinsicht nicht zu. Zunächst kann der Besteller für einen Mangel *mitverantwortlich* sein, wenn dieser nämlich auf seiner Planung mitberuht. Diese Konstellation läßt sich problemlos nur bei dem Schadensersatzanspruch des Bestellers bewältigen, § 634 Nr 4, auf den ohne weiteres § 254 anwendbar ist. Es leuchtet aber ein, daß auch seine anderen Rechte gekürzt werden müssen (dazu u Rn 13 ff). Zudem kann die Mangelfreiheit des Werkes uU nur dadurch herbeigeführt werden, daß es aufwendiger erstellt wird als vorgesehen. Auch die damit verbundenen Mehrkosten müssen den Besteller treffen (dazu u Rn 20).

2. Überblick über die Rechte des Bestellers gegenüber Mängeln

5 Im Vordergrund des § 634 steht der Nacherfüllungsanspruch des Bestellers aus der Nr 1. Erst wenn dieser Anspruch scheitert, kann der Besteller den Mangel selbst beseitigen (Nr 2), zurücktreten oder mindern (Nr 3) oder Schadensersatz verlangen (Nr 4).

Diese Aufzählung seiner Rechte ist aber nicht vollzählig. Soweit die Werklohnforderung des Unternehmers noch nicht voll beglichen ist, steht dem Besteller wegen der Mängel die *Mängeleinrede* zu (u Rn 40). Außerdem können ihm deliktische Ansprüche aus den §§ 823 ff erwachsen (u Rn 142).

II. Vertragliche Vereinbarungen

6 Das Regelungswerk der §§ 634 ff ist disponibel. Besondere Vereinbarungen, die die Parteien vorab treffen, müssen freilich § 639 genügen (vgl dort), soweit sie in AGB der einen oder der anderen Seite enthalten sind, zusätzlich den §§ 307, 309 Nrn 7, 8 b (dazu § 639 Rn 18 ff).

Zuweilen treffen die Parteien *nachträgliche Abreden* gegenüber einem tatsächlich aufgetretenen oder auch nur vom Besteller vermuteten Mangel.

1. Einverständnis des Bestellers mit einer bestimmten Art der Mängelbeseitigung

Weithin sucht der Unternehmer das Einverständnis des Bestellers mit der von ihm als sinnvoll erachteten Art der Mängelbeseitigung. Vor dem Hintergrund des Gesetzes, daß der Unternehmer das Risiko des Gelingens der Nachbesserung trägt, kann es dann grundsätzlich nicht angenommen werden, daß der Besteller dieses Risiko übernehmen und auf seine weiteren Rechte verzichten will, wenn und soweit diese Nachbesserung erfolglos bleibt (bedenklich OLG Düsseldorf NJW-RR 2000, 165).

Anders liegen die Dinge, wenn der Besteller eine bestimmte Art der Nachbesserung verlangt. Wenn diese in ihrem Umfang nicht geboten ist, hat der Unternehmer nach dem Gedanken des § 632 Anspruch auf Ersatz der ihm erwachsenden Mehrkosten (wegen der Einzelheiten vgl § 632 Rn 71 ff zu § 2 Nr 6 VOB/B und der Lage nach allgemeinem Zivilrecht). Erstattung der Mehrkosten auch, wenn die vom Besteller verlangte Art der Nachbesserung scheitert; von seiner eigentlichen Gewährleistung wird der Unternehmer dabei nicht befreit.

2. Regelungen zur Kostenlast

7 Wenn bei einem Mangel die Verantwortlichkeit beider Seiten in Betracht kommt,

können sich die Parteien im Vergleichswege über die Kostenlast einigen, sei es, daß sie diese sogleich aufteilen, sei es, daß sie diese einer späteren Klärung – durch Sachverständige oder das Gericht – überlassen (BGH NJW 1999, 416). Dann bildet dieser Vergleich die Basis des Zahlungsanspruchs der einen oder der anderen Seite (BGH aaO). In der Verjährungsfrage ist er nach § 634a zu behandeln.

3. Neuer Auftrag an den Unternehmer

Einem neuen Auftrag an den Unternehmer fehlt die Geschäftsgrundlage, falls die **8** Parteien verkannt haben, daß es um die Beseitigug eines Mangels ging.

Nichtigkeit nach § 639 tritt dann ein, wenn sich der Unternehmer wider besseres Wissen einen neuen Auftrag für das erteilen läßt, was er in Wahrheit schon nach den §§ 634 Nr 1, 635 schuldet. Verkennt er seine Verpflichtung aus diesen Bestimmungen fahrlässig, verletzt er seine Pflichten aus § 241 Abs 2 mit der Folge eines auf Schuldbefreiung gerichteten Schadensersatzanspruchs des Bestellers. Ggf kann dieser auch nach § 119 Abs 2 anfechten.

III. Zeitlicher Anwendungsbereich der §§ 634 ff

1. Abnahme

Wenn den Ausgangspunkt der Rechte des Bestellers nach den §§ 634 ff der Anspruch **9** auf Nacherfüllung bildet, folgt daraus, daß diese Rechte im Prinzip erst nach Überwindung des Erfüllungsstadiums eingreifen, dh *nach der Abnahme* (PALANDT/SPRAU, ErgB Rn 7 vor § 633). Falls sich zuvor schon Mängel zeigen, dient ihrer Abstellung der ursprüngliche Erfüllungsanspruch des Bestellers (zu den Einzelheiten vgl § 633 Rn 88).

a) Art der Abnahme
Abnahme in diesem Sinne ist die reale *Abnahme des Bestellers*, nicht bereits die geschuldete; es genügt auch nicht Verzug des Bestellers mit der Abnahme. Die Abnahme reicht nur soweit, wie der Besteller das Werk als vertragsgemäß anerkennt: Mängel, die der Besteller rügt, unterliegen weiterhin seinem Erfüllungsanspruch. Abnahme ist aber auch die nach § 640 Abs 1 S 3 fingierte (PALANDT/SPRAU ErgB Rn 7 vor § 633); auch im Anschluß an sie hat der Besteller nur noch die Rechte aus den §§ 634 ff. Hat der Unternehmer eine Fertigstellungsbescheinigung nach § 641a erwirkt, so verschafft diese dem Besteller die Rechte aus den §§ 634 ff, auch wenn sie nicht hätte erteilt werden dürfen. In letzterem Falle ist sie freilich unwirksam (vgl § 641a Rn 20), so daß der Besteller zusätzlich seinen allgemeinen Erfüllungsanspruch behält, was namentlich für die Verjährungsfrage bedeutsam ist.

b) Die einzelnen Rechte des Bestellers
aa) Die Abnahme wandelt den Erfüllungsanspruch des Bestellers aus den §§ 633 **10** Abs 1, 631 Abs 1 in den Nacherfüllungsanspruch aus den §§ 634 Nr 1, 635 um.

bb) Die Befugnis zur eigenen Mängelbeseitigung nach den §§ 634 Nr 2, 637 entsteht erst mit der Abnahme. Gerade dieses Recht darf nicht schon früher entstehen, weil es sonst zu einer unklaren Vermischung der beiderseitigen Leistungen käme.

cc) Was die Möglichkeit des Rücktritts betrifft, kommt es auf die Abnahme nicht eigentlich an, weil die Rechtsfolgen identisch sind, mag er nun auf § 323 oder auf § 634 Nr 3 gestützt sein. Aber auch bei den Voraussetzungen sind Unterschiede zwischen § 323 Abs 1, 2, 4 einerseits und den §§ 634 Nr 3, 636 nicht erkennbar.

dd) Die Minderung ist schon vor der Abnahme möglich, soweit ein Mangel nicht beseitigt werden kann oder soll.

ee) Für den Anspruch auf Schadensersatz statt der Leistung gilt das eben zum Rücktritt Gesagte entsprechend.

2. Kündigung des Bestellers, Rücktritt

11 Wenn der Besteller nach § 649 oder aus wichtigem Grund (vgl dazu § 649 Rn 36) *kündigt*, erwachsen ihm auch dadurch die Rechte aus den §§ 634 ff. Es ergeben sich freilich gewisse inhaltliche Modifikationen für die Gewährleistung des Unternehmers. Ein Anspruch des Bestellers auf Neuherstellung kommt nicht mehr in Betracht; ausnahmsweise wird freilich der Unternehmer eine Mängelbeseitigung durch Neuherstellung abwenden wollen und können. War die Kündigung des Bestellers auf einen wichtigen Grund gestützt, wird die Nacherfüllung des Unternehmers idR unzumutbar für den Besteller sein, § 636 aE.

Wenn der Besteller *vorzeitig* nach § 323 Abs 1, 2, 4 *zurücktritt*, schneidet er sich damit die Rechte aus § 634 ab. Soweit das Werk bei ihm verbleibt und er Wertersatz nach § 346 Abs 2 schuldet, sind etwaige Mängel bloße Berechnungsfaktoren für diesen. Letzteres gilt auch, wenn dem Besteller nach den allgemeinen Bestimmungen ein Anspruch auf Schadensersatz statt der Leistung zusteht.

IV. Mangel der Leistung

1. Begriff

12 § 634 setzt einen Mangel der Leistung des Unternehmers voraus, namentlich einen Sachmangel/Werkmangel (zum Begriff § 633 Rn 162; zu den Sonderfällen des Rechtsmangels, der Lieferung eines aliud oder minus u Rn 150). Dabei ist die Bestimmung bezogen auf den einzelnen Mangel; liegen *mehrere Mängel* vor, sind sie *getrennt* zu behandeln, eine Gesamtschau ist nur insoweit geboten, wie es beim Rücktritt um die Überschreitung der Erheblichkeitsgrenze des § 323 Abs 5 S 2 geht. Jeweils einzeln ist aber zB die *Verjährung* zu beurteilen. Auch soweit der Besteller gegenüber der Werklohnforderung das Zurückbehaltungsrecht aus § 320 wegen Mängeln ausübt, muß im Prinzip der Zurückbehaltungsbetrag einzeln berechnet und im Urteil ausgeworfen werden. Daß noch einer von mehreren Mängeln verblieben ist, darf für den Unternehmer nicht die gesamte noch offene Forderung blockieren.

2. Verantwortlichkeit des Unternehmers

13 Der Mangel muß in den Verantwortungsbereich des Unternehmers fallen; das ist nicht der Fall, wenn oder soweit er in den des Bestellers fällt. Insoweit ist es insbesondere denkbar, daß der Besteller fehlerhaft geplant hat. Er kann aber auch dem

Unternehmer ungeeigneten Stoff zur Bearbeitung zur Verfügung gestellt haben. Die Situation kann sich vorzugsweise ergeben, wenn der Besteller das Zusammenwirken mehrerer Unternehmer nicht hinreichend koordiniert hat, so daß zB dem nachfolgenden Unternehmer nur eine mangelhafte Leistung seines Vorgängers zur Verfügung steht, auf der er seinerseits nicht sinnvoll aufbauen kann.

a) Nacherfüllung

Die Mitverantwortung des Bestellers wirkt sich namentlich auf die *Kostenlast* des Unternehmers bei der Nacherfüllung aus, wie § 635 sie – scheinbar unbeschränkt – dem Unternehmer zuweist. Dies folgt aus § 254 Abs 1; der Einwand von SOERGEL/ TEICHMANN § 633 aF Rn 9, daß der Nachbesserungsanspruch ein Erfüllungsanspruch und damit dem Anwendungsbereich des § 254 entzogen sei, geht fehl. Mitverursachung kann dem Besteller nämlich jedenfalls im Rahmen des Schadensersatzanspruchs aus § 634 Nr 4 entgegengehalten werden; *es wäre aber paradox, wenn der diesem Anspruch vorgeschaltete Nachbesserungsanspruch zu anderen wirtschaftlichen Ergebnissen führen müßte.* Es wäre dann aber auch weiter paradox, wenn sich der Besteller in den Fällen wirtschaftlich besser stehen sollte, in denen der Mangel von dem Unternehmer nicht verschuldet ist, es also nicht zu einem Schadensersatzanspruch aus § 634 Nr 4 kommen kann. Wenn die Rechtsprechung zuweilen *nur von § 242 statt von § 254 redet*, mag das unter dem Eindruck der dogmatischen Kritik geschehen sein, ändert aber in der Sache nichts (zur grundsätzlichen Anwendbarkeit des § 254 vgl BGH Betr 1961, 569 = BB 1961, 430; BGH NW 1981, 1448; BGHZ 90, 344 = NJW 1984, 1676 = LM § 273 BGB Nr 38 m Anm RECKEN, BGB-RGRK/GLANZMANN Rn 27; INGENSTAU/KORBION/ WIRTH § 13 Rn 603).

Ausnahmsweise kann auch § 254 Abs 2 von Bedeutung sein (BGB-RGRK/GLANZMANN Rn 27), wenn *der Besteller den Mangel vergrößert hat*, zB durch eigene sachwidrige Nachbesserungsversuche.

aa) Es findet eine *Abwägung der Verursachungsbeiträge* statt, was bedeutet, daß ein **14** Mitverschulden dann irrelevant ist, wenn es sich nicht ausgewirkt hat. So ist zB für sich genommen der Einsatz von Schwarzarbeitern irrelevant (vgl BGH NJW 1991, 165): Sie könnten ja gleichwohl fachlich kompetent sein. Dabei sind *auf seiten des Bestellers* namentlich zu berücksichtigen Planungsmängel, auch ein Verschulden dabei, insbes auch des Architekten, Mängel des zur Verfügung gestellten Stoffes, dagegen grundsätzlich nicht Fehler bei der Beaufsichtigung der Erbringung der Leistung (vgl auch § 633 Rn 39, 181). Beachtlich kann es freilich sein, daß man überhaupt diesen (inkompetenten) Unternehmer beauftragt hat; freilich besteht insoweit grundsätzlich keine Prüfungspflicht (vgl BGH NJW 1993, 1191). Doch kann sich das ergeben, wenn zB der Besteller den schon am Bau befindlichen Unternehmer gedrängt hat, zusätzlich ein fremdes Gewerk zu übernehmen. *Auf seiten des Unternehmers* sind namentlich Verstöße gegen seine Prüfungs- und Hinweispflichten (vgl § 4 Nr 3 VOB/B und § 633 Rn 62 ff), von Bedeutung. Anders als man dies § 645 Abs 1 S 1 entnehmen könnte, führen Pflichtverstöße des Unternehmers aber keineswegs zu seiner uneingeschränkten Kostenbelastung; vielmehr bleibt es dabei, daß die *beiderseitigen Verursachungs- und Verschuldensbeiträge gegeneinander abzuwägen* sind.

Bei dieser Abwägung ist es freilich zu beachten, daß von dem Unternehmer Sachverstand und dessen Einsatz erwartet werden können. So geht es voll zu Lasten des

Unternehmers, wenn er einen Mangel der Planung erkannt und sich trotzdem an diese gehalten hat (BGH NJW 1973, 518; NJW-RR 1991, 276), oder wenn er erkannt hat, daß eine *Planung gar nicht vorlag*. Auch der Sonderfachmann wird sich auf ein Mitverschulden nicht berufen können (vgl OLG Köln NJW-RR 1998, 1320).

15 bb) Zu den bei der Abwägung zu beachtenden Grundsätzen vgl allgemein STAUDINGER/SCHIEMANN (1998) § 254 Rn 111 ff, insbes zu der Frage, in welchem Verhältnis Verursachungs- und Verschuldensgesichtspunkte zu bewerten sind. Dabei gilt:

Planungsmängel und Verstöße gegen Mitwirkungsobliegenheiten, zu denen auch die *Koordinierung* verschiedener Werkleistungen gehört, gehen als Verursachungsbeiträge jedenfalls zu Lasten des Bestellers. An Verschulden ist auf seiner Seite außer seinem eigenen auch das seines *Architekten* (BGH NJW 1987, 644 = LM § 633 BGB Nr 60), oder *sonstiger Sonderfachleute* (vgl für den Statiker BGH VersR 1971, 666) anzurechnen, sofern sie innerhalb ihres Aufgabenbereiches tätig geworden sind, nicht dagegen das Verschulden von Lieferanten oder anderen Unternehmern, die Vorleistungen erbringen (vgl BGH BauR 1985, 561).

Gegenüber dem Architekten liegt ein Mitverschulden des Bestellers noch nicht darin, daß er einen anderen Unternehmer beauftragt als vom Architekten empfohlen (BGH NJW-RR 1999, 893).

Auf seiten des Unternehmers sind verschuldensunabhängig jedenfalls *Ausführungsmängel* zu berücksichtigen, bei denen sich ein Verschulden natürlich erschwerend auswirken kann. Nach § 278 hat er für das Verschulden seiner bei der Erbringung der Werkleistung eingesetzten *Mitarbeiter* sowie etwaiger *Subunternehmer* einzustehen. Der *Verstoß gegen die Prüfungs- und Hinweispflicht* (vgl § 4 Nr 3 VOB/B und § 633 Rn 62) ist nur *im Verschuldensfall* von Bedeutung; hier kann es dazu kommen, daß der Unternehmer kostenmäßig an der Beseitigung reiner Planungsmängel zu beteiligen ist.

Der Extremfall der ausschließlichen Verantwortlichkeit des Bestellers führt nur zu einer alleinigen Kostenlast (s sogleich), läßt seinen Nacherfüllungsanspruch aber nicht entfallen. Der Besteller mag auf die Arbeit dieses Unternehmers Wert legen, der vielleicht allein Markt ist und jedenfalls mit dem Werk vertraut ist.

16 cc) Die entsprechende Anwendung des § 254 auf den Nachbesserungsanspruch des Bestellers bereitet deshalb *technische Schwierigkeiten*, weil dieser grundsätzlich unteilbar ist. Es erfolgt deshalb jeweils eine **Kostenbeteiligung des Bestellers** (vgl BGHZ 90, 344), bei der ihm jene Kostenteile ganz zugewiesen werden, die ihm ganz zuzurechnen sind. Im übrigen sind die Kosten zu verquoteln.

(1) Wenn der Unternehmer die Mängelbeseitigung zunächst auf eigene Kosten durchführt, erwirbt er wegen des sich ergebenden Betrages einen vertraglichen Erstattungsanspruch, den BGHZ 90, 344, 348 auf § 242 zurückführt. Dieser Anspruch ist selbständig einklagbar und aufrechenbar. In der Verjährungsfrage wird man § 634a entsprechend anzuwenden haben.

(2) *Vor der Mängelbeseitigung* erwirbt der Unternehmer jedenfalls *keinen An-* **17** *spruch* auf (anteiligen) Kostenvorschuß des Bestellers. Vielmehr kann er dessen Pflicht zur anteiligen Kostentragung nur *einredeweise gegenüber dem Nachbesserungsanspruch* geltend machen (BGHZ 90, 344, 349; OLG Düsseldorf BauR 1979, 246; LAUM BauR 1972, 140; BGB-RGRK/GLANZMANN Rn 27; NICKLISCH/WEICK § 13 Rn 182).

Das führt *prozessual* dazu, daß der Unternehmer zur Nachbesserung Zug um Zug gegen Zuschußzahlung verurteilt wird (vgl BGHZ aaO). Entsprechend wird auch verfahren, wenn die prozessuale Lage die ist, daß der Unternehmer den Werklohn einklagt und der Besteller dem einredeweise seinen Nachbesserungsanspruch entgegensetzt. Es erfolgt dann die *Verurteilung des Bestellers zur Zahlung des Werklohns Zug um Zug gegen Nachbesserung, diese wiederum Zug um Zug gegen Kostenzuschuß*, sog *doppelte Zug-um-Zug-Verurteilung* (BGHZ 90, 354).

Außerprozessual kann der Unternehmer die Mängelbeseitigung von einer *angemessenen Sicherheitsleistung* des Bestellers abhängig machen (BGHZ 90, 344, 350), ohne mit dieser in Verzug zu geraten. Dabei ist zu beachten, daß der Unternehmer den Kostenanteil des Bestellers substantiiert, notfalls durch ein Sachverständigengutachten (BGHZ 90, 344, 352) darzulegen hat. *Unterläßt er eine nähere Begründung der Höhe seines Begehrens* oder verlangt er gar eine überhöhte Sicherheitsleistung, so ist das als eine unberechtigte Verweigerung der Mängelbeseitigung zu werten, §§ 633 Abs 3, 634 Abs 2 aF (§§ 281 Abs 2, 323 Abs 2 Nr 1) (aaO). Umgekehrt gerät der Besteller hinsichtlich seines Nachbesserungsanspruchs in Annahmeverzug, wenn er zu einer angemessenen und angemessen begründeten Sicherheitsleistung nicht bereit ist.

Das gilt jedenfalls *nach der Abnahme der Werkleistung*. Es ist aber kein Grund ersichtlich, *vorher* anders zu verfahren, sofern der Nachbesserungsanspruch des Bestellers schon fällig geworden ist, wie es sich kraft besonderer Vereinbarung, etwa gemäß § 4 Nr 7 VOB/B, ergeben kann.

b) Die sekundären Rechte des Bestellers
Keine Probleme bereitet die Anwendung des § 254 gegenüber dem Schadensersatz- **18** anspruch des Bestellers aus § 634 Nr 4. Auch der Minderungsbetrag kann gequotelt werden.

Der Rücktritt kann dadurch ausgeschlossen sein, daß die Mitverantwortlichkeit des Bestellers das Fehlverhalten des Unternehmers unter die Schwelle des § 323 Abs 5 S 2 sinken läßt. Bleibt der Rücktritt gleichwohl möglich, ergeben sich Probleme der Berechnung des Wertersatzes nach § 346 Abs 2, falls das Werk beim Besteller verbleibt. Hier sind Mängel nicht wertmindernd zu berücksichtigen, wenn und insoweit sie auf den Besteller selbst zurückzuführen sind.

3. Vorteilsausgleichung

Die Gewährleistung des Unternehmers darf nicht zu ungerechtfertigten Vorteilen bei **19** dem Besteller führen. Das ist zwar bei Rücktritt und Minderung nicht denkbar, kann sich aber bei der Nacherfüllung ebenso ergeben wie beim Schadensersatz.

aa) Für den Nacherfüllungsanspruch des Bestellers darf nicht anders als für seinen Schadensersatzanspruch gelten; mithin gilt der Grundsatz der **Vorteilsausgleichung** auch hier (vgl BGHZ 91, 206 = NJW 1984, 2457 = LM § 633 BGB Nr 51 m Anm Recken; BGH NJW 1987, 644 = LM § 633 BGB Nr 66; NJW-RR 1990, 89; Brandt BauR 1982, 524; Gross, in: FS Korbion 123; Ingenstau/Korbion/Wirth § 13 Rn 825 ff). Das rechtfertigt sich letztlich schon aus Treu und Glauben, ist aber auch schon daraus herzuleiten, daß der Nachbesserungsanspruch wertmäßig nicht weiter reichen kann als der Schadensersatzanspruch, in den er über kurz oder lang umschlagen könnte.

Dabei ist es eine *Wertungsfrage, welche Vorteile sich der Besteller anrechnen lassen muß*.

(1) Eine nicht sogleich durchgeführte Nachbesserung führt zunächst zu einer *längeren Lebensdauer* des Werkes bzw dazu, daß allfällige Erhaltungsmaßnahmen erst später notwendig werden. Es *widerspräche Treu und Glauben*, wenn sich der Besteller, der sich einstweilen mit einem mangelhaften Werk begnügen mußte, diese zeitlichen Vorteile anrechnen lassen müßte (vgl BGHZ 91, 206, 216). Gleiches gilt, wenn der Besteller *einstweilen Erhaltungsmaßnahmen* im Hinblick auf die ohnehin notwendige Nachbesserung unterlassen hat.

(2) Die Nachbesserung kann zu einer *Wertsteigerung des Werkes* führen, weil es jetzt besser als vertraglich vorgesehen ausgeführt wird. Das ist nach den Grundsätzen eines *Abzugs „Neu für Alt"* auszugleichen. Hierher kann auch eine verlängerte Lebensdauer des Werkes rechnen, wenn sie nicht nur durch die spätere Durchführung der Nachbesserung verursacht ist, sondern auf der Struktur der ergriffenen Maßnahmen beruht.

bb) Schließlich bürdet die Rechtsprechung dem Besteller die sog **„Sowieso"**-Kosten auf (vgl BGH BauR 1971, 60, 62; 1976, 430, 432; BGHZ 90, 344; 91, 206, 211, BGH NJW 1998, 3707), dh jene **Mehrkosten, um die das Werk von vornherein teurer gewesen wäre, wenn es ordnungsgemäß ausgeführt worden wäre**, vgl dazu auch Gross, in: FS Korbion 123, 131, der zutreffend bemerkt, daß es sich nicht eigentlich um ein Problem der Vorteilsausgleichung handelt, wie dies aber in der Rechtsprechung angenommen wird (vgl BGHZ 91, 206, 210 f). Solche Kosten können anfallen, wenn späterhin aufwendiger isoliert wird als vertraglich vorgesehen, wenn einfache Fenster späterhin durch bessere und damit teurere ersetzt werden, letztere Maßnahmen aber von vornherein technisch geboten waren.

In der Sache erwächst hier dem Unternehmer ein *zusätzlicher Vergütungsanspruch*, wie er aus dem Preisgefüge des Vertrages heraus zu entwickeln ist (vgl Gross aaO; Haerendel, Sowieso-Kosten und weitere zusätzliche Kosten infolge Fehlplanung [1999]). Sachlich zu rechtfertigen sein dürfte er unter dem Gesichtspunkt der *ergänzenden Vertragsauslegung*, nicht unter Schadensersatzaspekten: Wenn es den Parteien deutlich gewesen wäre, daß die vorgesehene Ausführung unzulänglich geraten würde, hätten sie sich von vornherein auf die sachlich angemessene Lösung geeinigt und der Besteller hätte sich dann nach Treu und Glauben nicht weigern können, die damit verbundenen Mehrkosten zu tragen. Das wird besonders deutlich, wenn man sich den – sicherlich nicht seltenen – Fall vergegenwärtigt, daß der Fehler der Planung vor ihrer Umsetzung bemerkt und behoben wird (Haerendel aaO). Der Ansatz bei einer ergänzenden Vertragsauslegung erklärt zugleich, daß die Sowieso-Kosten nach dem „damaligen" Preisstand zu berechnen sind (BGH BB 1993, 2182).

Der unterschiedliche dogmatische Ansatz wirkt sich freilich nur teilweise aus. Es spielt namentlich die Preisgestaltung keine Rolle, insbesondere sind Sowieso-Kosten auch bei einem Pauschalpreis zu beachten (vgl OLG Düsseldorf BauR 1990, 516). Folgen ergeben sich, wenn der jetzt geschaffene Mehrwert dem Besteller nicht zugute kommt, zB weil er das Werk zu einem Pauschalpreis veräußert hat und diesen selbst nicht mehr heraufsetzen kann. Schadensersatzrechtlich konsequent verneint hier BGH NJW-RR 1990, 89 die Berücksichtigungsfähigkeit der Sowieso-Kosten. Würde man sie unter § 157 fassen, blieben sie relevant (freilich könnte sich eine Schadensersatzpflicht des Unternehmers ergeben, der den Besteller nicht rechtzeitig auf die drohende Mangelhaftigkeit des Werkes hingewiesen hat. Damit könnte gegen die Sowieso-Kosten aufgerechnet werden bzw deren Geltendmachung müßte treuwidrig erscheinen).

Die Mehrkosten *fallen dem Besteller nur zur Last*, wenn eine bestimmte Art der **21** Ausführung vertraglich vorgesehen war (OLG Celle BauR 1998, 801). Das ist insbesondere dann der Fall, wenn sie sich aus einem von dem Besteller aufgestellten Leistungsverzeichnis ergibt (INGENSTAU/KORBION/WIRTH § 13 Rn 829; BGHZ 91, 206, 211 f). Mehrkosten kann der Unternehmer dagegen nicht abwälzen, wenn er nur einen bestimmten Erfolg zugesagt hat, der sich später nur aufwendiger als von dem Unternehmer kalkuliert erreichen läßt. Maßgeblich ist also die vertragliche Festlegung der Ausführungsart. Andererseits hindert (vgl BGHZ 91, 206) deren Einhaltung nicht die Annahme eines Mangels, wenn der einverständlich angestrebte Leistungserfolg verfehlt wird (vgl auch o Rn 20). Jedenfalls muß es um Leistungen gehen, die der Unternehmer nach dem Vertrag – diesen wörtlich genommen – nicht zu erbringen hatte (vgl BGH NJW-RR 1990, 89).

Mehrkosten muß der Unternehmer auch dann abwälzen können, wenn die unzulängliche Leistungsausführung von seiner Seite kommend Vertragsinhalt geworden ist.

V. Einleitung zu § 634

Die Bestimmung des § 634 ist *inhaltslos*, soweit vor der Nennung der einzelnen **22** Rechte des Bestellers in den Nrn 1–4 *auf die folgenden Vorschriften Bezug genommen wird*; welche das jeweils sind, wird dann nämlich in diesen Nummern jeweils konkret angegeben.

Ebenfalls inhaltslos ist der *Vorbehalt wegen einer anderen Bestimmung*. Eine solche folgt zunächst nicht durch die §§ 635–638. Gewiß schränkt zB § 635 Abs 3 den Nacherfüllungsanspruch des Bestellers ein, aber dies ergibt sich auch schon aus der Bezugnahme auf § 635 in § 634 Nr 1.

Auch die Regeln des allgemeinen Schuldrechts enthalten keine anderen Bestimmungen, vielmehr flankieren und ergänzen sie die Nrn 1–4 des § 634. ZB ist jeweils der Leistungsort von Bedeutung, wie er dann den §§ 269, 270 Abs 4 zu entnehmen ist. Beim Schadensersatzanspruch führt der in § 634 Nr 4 genannte Schadensersatzanspruch über § 280 Abs 1 zu der Frage, was der Unternehmer zu vertreten hat; dies klären dann die §§ 276, 278.

VI. Nacherfüllung, § 634 Nr 1

1. Wesen der Nacherfüllung

23 Während das bisherige Recht in den §§ 633 Abs 2, 3, 634 Abs 1 aF von einer *Beseitigung des Mangels* sprach, ein Ausdruck, den § 635 nF übernimmt, und daneben der dem Gesetz fremde, inhaltsgleiche Ausdruck der *Nachbesserung* üblich war (und ist), gehen die §§ 634 Nr 1, 635 Abs 1 von dem allgemeineren Begriff der *Nacherfüllung* aus, wie er zugleich auch die Neuherstellung des Werkes umfassen soll.

Die jetzige Ausdrucksweise des Gesetzes geht letztlich auf die Arbeiten von KORINTENBERG zurück (Mangelbeseitigungsanspruch und Anspruch auf Neuherstellung beim Werkvertrag [Diss Köln 1927]; Erfüllung und Gewährleistung beim Werkvertrag [1937]), der die *prinzipielle Identität* des Mängelbeseitigungsanspruchs *mit dem ursprünglichen Erfüllungsanspruch* herausgearbeitet hat. Sie zeigt sich an mehreren Aspekten, wenn der eine Werklohn des Bestellers beides entgilt, das Ziel identisch ist, das konkrete Vorgehen hier wie dort der Dispositionsfreiheit des Unternehmers obliegt. Insofern ist der jetzige Terminus der Nacherfüllung (zwar nicht plastisch, aber) dogmatisch korrekt.

Dabei ergeben sich aber doch auch *Unterschiede zum Erfüllungsanspruch*, die es geraten sein lassen, von einem modifizierten Erfüllungsanspruch zu reden oder eben einem Anspruch auf Nacherfüllung. Rein äußerlich zeigt sich das schon in der Frage der *Verjährung*: § 634a statt der §§ 195, 199. Bei der Nacherfüllung wird die *Grenze der Zumutbarkeit* nach § 635 Abs 3 eher erreicht als nach § 275 Abs 2, 3. Im Gegensatz zur Erfüllung kann die Nacherfüllung nach den §§ 634 Nr 2, 637 in die Hand des Bestellers übergehen. Vor allem sind die *Maßnahmen der Nacherfüllung* jedenfalls bei der Mängelbeseitigung *andere* als bei der Erfüllung. Es müssen die Ursachen des jetzigen Zustandes geklärt werden, der Mangel muß freigelegt werden, es kommt zu nachbereitenden Maßnahmen, zB Nachtapezieren. Gegenüber der Nacherfüllung kann eine Mitverantwortlichkeit des Bestellers relevant werden (o Rn 13); sie kann zu gesondert abzugeltenden Vorteilen des Bestellers führen (o Rn 20).

2. Ziel der Nacherfüllung

24 *Ziel der Nacherfüllung und des entsprechenden Anspruchs des Bestellers* ist die Beseitigung des Mangels; es handelt sich um einen Anspruch auf eine *Naturalleistung*, der mit dem aus § 249 S 1 eng verwandt ist.

Der Anspruch steht mit einer offenen Werklohnforderung des Unternehmers im Gegenseitigkeitsverhältnis, § 320, vgl § 641 Abs 3.

a) Beseitigung des Mangels
Der Mangel als solcher ist abzustellen, und zwar grundsätzlich vollständig. Ausnahmsweise kann sich der Besteller mit *anderweitigen Behelfen* begnügen müssen, wenn die direkte Beseitigung des Mangels unmöglich ist oder von dem Unternehmer

wegen unverhältnismäßigen Aufwandes verweigert wird. Wenn der anderweitige Behelf nicht gleichwertig ist, ist der *verbleibende Minderwert des Werkes* durch Minderung oder ggf Schadensersatz auszugleichen. Das gilt auch für einen bloß merkantilen Minderwert.

b) Methode der Nachbesserung
Die Methode der Nachbesserung bestimmt der Unternehmer, nicht der Besteller (vgl 25 BGH NJW 1973, 1792; BGH LM VOB/B Nr 83; BGB-RGRK/GLANZMANN Rn 17; INGENSTAU/ KORBION/WIRTH § 13 Rn 475), außer es wäre nur diese Methode sinnvoll (BGH NJW-RR 1997, 1106). Das hat insbesondere im Prozeß zur Folge, daß in Klagantrag und Entscheidungstenor nur das Ziel der Nachbesserung aufzunehmen ist, nicht aber der Weg dorthin, mag es technisch auch nur einen einzigen geben. Allerdings kann sich der Besteller natürlich solche Nachbesserungsversuche verbitten, die von vornherein nicht geeignet sind, den Mangel nachhaltig zu beseitigen (vgl OLG Düsseldorf BauR 1997, 140). Außerdem ist der Unternehmer – vor allem nach Abnahme der Werkleistung – verpflichtet, den Mangel *in einer für den Besteller zumutbaren Arbeitsweise* zu beseitigen, mag dies auch für ihn mit einem erhöhten Kostenaufwand verbunden sein.

Das Einverständnis des Bestellers in eine bestimmte Art der Nachbesserung umfaßt idR nicht den Verzicht auf bestehende Gewährleistungsansprüche (BGH NJW-RR 1997, 148). Verlangt der Besteller untaugliche Maßnahmen, so wird dadurch der Unternehmer nicht frei (BGH NJW-RR 1998, 233).

Gleichzeitig trägt der Unternehmer aber auch das Risiko des Mißlingens seiner Maßnahmen zur Nacherfüllung. Er kann es nicht dadurch auf den Besteller abwälzen, daß er diesem verschiedene Vorgehensweisen zur Wahl stellt.

c) Mitwirkung des Bestellers
Im Rahmen der Nachbesserung können Mitwirkungsobliegenheiten des Bestellers 26 entstehen, die nach den §§ 642, 643 zu würdigen sind. So muß er das Werk dem Unternehmer jedenfalls zur Verfügung stellen, uU Untersuchungen hinsichtlich der Mängelursachen und ggf einen Transport des Werkes in die Werkstatt des Unternehmers dulden (vgl BGB-RGRK/GLANZMANN § 633 Rn 17).

d) Mehrfache Nachbesserung
Die Beseitigung des Mangels kann vorzugsweise in einer Nachbesserung des sonst im 27 wesentlichen erhaltenbleibenden Werkes bestehen. Diese soll möglichst in der ursprünglich in dem Vertrag vorgesehenen Weise erfolgen. Statt dessen sind aber auch *Ersatzmaßnahmen* möglich, wenn nur sie den vorgesehenen Zustand schaffen können oder einen *gleichwertigen* oder sonst vom Besteller hinzunehmenden Ersatzzustand.

Dabei erschöpft sich der Nachbesserungsanspruch des Bestellers nicht in einem einmaligen Nachbesserungsversuch des Unternehmers, wenn dieser den Erfolg der Mangelfreiheit des Werkes schuldet. Der Besteller kann und muß vielmehr *ggf ein mehrfaches Tätigwerden* des Unternehmers verlangen. Er muß dies, solange nicht die Voraussetzungen der §§ 281 Abs 2, 323 Abs 2, 636 vorliegen; insbesondere können sich aus mehreren fruchtlosen Nachbesserungsversuchen des Unternehmers besondere Umstände iSd §§ 281 Abs 2, 323 Abs 2 Nr 3 ergeben.

e) Neuherstellung

28 Ob die Beseitigung des Mangels auch in einer Neuherstellung des Werkes bestehen darf, war Gegenstand eines Streites, der sich im wesentlichen durch BGHZ 96, 111 (= NJW 1986, 717 = JZ 1986, 291 m Anm KÖHLER = VYGEN EWiR § 633 BGB 2/86, 357) erledigt hat. Es wurde im wesentlichen die Ansicht vertreten, daß der Besteller vor der Abnahme ggf Neuherstellung verlangen könne (vgl ERMAN/SEILER Rn 24 f), daß sich der *Anspruch* dagegen *nach der Abnahme* auf einen *Nachbesserungsanspruch* konzentriere (vgl die eingehenden Nachweise in BGHZ 96, 111). Maßgeblich war dabei insbesondere die Erwägung, daß die Abnahme den Erfüllungsanspruch des Bestellers auf das vorliegende Werk konzentriere. § 635 Abs 1 stellt jetzt die Gleichwertigkeit der Neuherstellung klar.

Die ganze Fragestellung war und ist unnötig begrifflich. Der Abnahme kann vor dem Hintergrund der *allein maßgeblichen Interessenlage* eine ausschlaggebende Bedeutung nicht zukommen. Nachbesserung und Neuherstellung *lassen sich nicht scharf voneinander scheiden*, sondern gehen ineinander über. Dieselben Maßnahmen können für den einen Unternehmer Nachbesserung, für den anderen Neuherstellung sein. So ist zB die Neueindeckung eines Hauses Nachbesserung für den, der das ganze Haus zu errichten hat, weil dabei dessen Substanz im wesentlichen erhalten bleibt, aber Neuherstellung für den, der nur das Dach schuldet. *Kostenmäßig* kann zuweilen das eine, zuweilen das andere vorzuziehen sein. Der zu erwartende Effekt kann ebenfalls ganz unterschiedlich sein. *Maßgebliches Ziel der §§ 634 Nr 1, 635 ist es, dem Besteller ein mangelfreies Werk zu verschaffen*; dieses wird mit der Unterscheidung von Nachbesserung und Neuherstellung vernachlässigt.

29 Damit hat aber auch das *Wahlrecht zwischen Neuherstellung* und *Mängelbeseitigung* wenig Relevanz, das § 635 Abs 1 dem Unternehmer einräumt. Weithin kommt überhaupt nur letztere in Betracht, zB bei der Reparatur von Sachen des Bestellers. Wo an beides zu denken ist, kann das eine oder das andere für den Besteller unzumutbar iSd § 636 aE sein. ZB kann bei diesem so oder so eine unterschiedlich lange Betriebsunterbrechung die Folge sein. Und im Vordergrund muß überhaupt die Nachhaltigkeit der Maßnahme stehen.

Verlangt dagegen der Besteller Zahlung der für die Mängelbeseitigung notwendigen Kosten, sei es im Rahmen der §§ 634 Nr 2, 637, sei es als Schadensersatz nach § 634 Nr 4, so hat er die preisgünstigere Methode zu wählen, sofern ihm diese als solche zumutbar ist.

f) Vor- und Nacharbeiten

30 Zur Nachbesserung können Vor- und Nacharbeiten gehören. Es kann im Rahmen der Nachbesserung notwendig sein, den *Mangel freizulegen* und *in seinen Ursachen abzuklären*, anderweitige Voraussetzungen für die Behebung zu schaffen und schließlich *die Nachbesserungsspuren zu beseitigen*. Auch diese Maßnahmen schuldet der Unternehmer im Rahmen seiner Nachbesserungspflicht (vgl BGHZ 58, 332, 338; 72, 31, 33; 96, 221, 224; BGH NJW-RR 1999, 813; OLG Celle BauR 1996, 263; MünchKomm/SOERGEL Rn 100; ERMAN/SEILER Rn 27).

Dagegen erfaßt der Nachbesserungsanspruch nicht *solche Schäden, die infolge des Mangels bereits an anderen Rechtsgütern des Bestellers entstanden sind*. Diese können nur Gegenstand eines *Schadensersatzanspruchs* des Bestellers sein, sind in ihrer Ersatzfähigkeit mithin verschuldensabhängig (vgl BGHZ 96, 221, 225). Der merkantile Minderwert, der trotz Nachbesserung verbleibt, ist mit § 635 Nrn 3 (Minderung), 4 (Schadensersatz) zu erfassen, die Betriebsunterbrechung beim Besteller verschuldensabhängig nach § 634 Nr 4.

4. Recht des Unternehmers zur Nacherfüllung

a) Allgemeines

Die Formulierung des § 634 Nr 1, daß der Besteller Nacherfüllung verlangen könne, ist geeignet, den Blick darauf zu verdecken, daß die Nacherfüllung primär auch ein Recht des Unternehmers ist. Dies folgt aber mit hinreichender Deutlichkeit daraus, daß der Besteller ihm grundsätzlich eine Frist zur Nacherfüllung setzen muß, bevor er den Mangel selbst beseitigt oder sich für Rücktritt, Minderung oder Schadensersatz entscheidet, vgl § 637 Abs 1 und die in § 634 Nrn 3, 4 in bezug genommenen §§ 281 (Abs 1), 323 (Abs 1). Das rechtfertigt sich daraus, daß es nicht immer gleich gelingen kann, das Werk sofort vollständig mangelfrei herzustellen. Außerdem verfügt dieser Unternehmer über die Kenntnis des Werkes und wird schneller antreten können als ein anderer. Für den Unternehmer ist die eigene Nacherfüllung idR kostengünstiger.

b) Inhalt

Wenn der Unternehmer sein Recht zur Mängelbeseitigung noch nicht verwirkt hat (dazu u Rn 51 ff), was grundsätzlich erst nach der Abnahme möglich ist, sofern der Besteller nicht vorab zurücktritt, *muß es* also *der Besteller dulden, daß der Unternehmer die Mängel beseitigt.*

a) *Bis hin zur Abnahme des Werkes* darf der Unternehmer ordnungsgemäße Maßnahmen zur Beseitigung von Mängeln durchführen, ohne daß der Besteller widersprechen dürfte. Über die Art der Maßnahmen entscheidet grundsätzlich er (vgl § 633 Rn 54 ff). Widerspricht der Besteller oder behindert er den Unternehmer gar, löst das die Rechtsfolgen der §§ 642, 643 aus. Außerdem kann der Besteller späterhin nach der Abnahme keine oder nur verminderte Rechte aus diesen Mängeln herleiten (vgl § 254, dazu § 633 Rn 181).

Zu den Rechten des Bestellers, wenn der Unternehmer die Beseitigung der Mängel in diesem Zeitraum nicht oder nicht ordnungsgemäß in Angriff nimmt, § 633 Rn 88 ff.

b) *Nach der Abnahme* darf der Unternehmer ebenfalls noch ordnungsgemäße Maßnahmen zur Beseitigung von Mängeln durchführen, deren Wahl in seinem Ermessen steht (o Rn 25), ohne daß der Besteller widersprechen dürfte. Widerspruch oder Behinderungen durch den Besteller lösen wiederum für den Unternehmer die Rechte aus den §§ 642, 643 aus. Rechte aus den Mängeln kann der Besteller dann ebenfalls nicht herleiten, weil es insoweit an den Voraussetzungen des § 634 Nrn 2–4 fehlt.

Allerdings wird man jetzt anzunehmen haben, daß der Unternehmer eine ordnungsgemäße Beseitigung der Mängel nur dann anbietet, wenn er dem Besteller auf dessen Nachfrage Umfang und Ursache der Mängel mitteilt sowie das Konzept zu deren

Beseitigung. Denn nachdem der Unternehmer zu dem entscheidenden Zeitpunkt der Abnahme Mängel verursacht hat, kann das Vertrauen des Bestellers in ihn erschüttert sein und braucht er sich deshalb auf *Nachbesserungsversuche nur* dann einzulassen, *wenn diese auch erfolgversprechend erscheinen.* Außerdem muß die Nachbesserung Rücksicht auf die Belange des Bestellers nehmen, darf diesen nicht über das unvermeidliche Maß hinaus stören, was uU – bei Betrieben – Arbeiten nach Feierabend und am Wochenende notwendig machen kann.

Wenn der Unternehmer die Beseitigung der Mängel nicht ordnungsgemäß betreibt, kann ihm der Besteller dazu eine Frist setzen, §§ 281 Abs 1, 323 Abs 1, 637 Abs 1, wie sie nur unter den Voraussetzungen der §§ 281 Abs 2, 323 Abs 2, 637 Abs 2 entbehrlich ist.

Zur Durchsetzung des Werklohnanspruchs, wenn der Besteller eine zumutbare Nachbesserung nicht zu dulden bereit ist, vgl u Rn 39.

c) Verlust des Nachbesserungsrechts

33 Der Unternehmer verliert sein Recht zur eigenen Nacherfüllung unter den Voraussetzungen der §§ 281 Abs 1, 2, 323 Abs 1, 2, 637 Abs 1, 2, dazu u Rn 42 ff. Weitere Nachbesserungsarbeiten des Unternehmers kann der Besteller aber entgegennehmen. Namentlich die Fristsetzung hat nicht den Rechtsverlust der §§ 326 Abs 1, 634 Abs 1 aF zur Folge.

d) Eigene Mängelbeseitigung des Bestellers

34 Nimmt der Besteller *eine eigene Mängelbeseitigung* vor, obwohl das Recht des Unternehmers dazu noch besteht, so sind ihm die damit verbundenen Kosten nach Werkvertragsrecht nicht zu erstatten.

Ob er sie *nach anderen Bestimmungen,* insbesondere aus Geschäftsführung ohne Auftrag oder ungerechtfertigter Bereicherung, liquidieren kann, *ist zweifelhaft, aber zu verneinen.* Derartige Ansprüche wären systemwidrig (vgl BGH NJW 1966, 39; 1967, 389; 1968, 43; WM 1972, 1025; GURSKY NJW 1971, 782; FESTGE BauR 1974, 274; aA früher BGH BB 1961, 430 [zu § 812], vgl ferner die Nachweise zu ähnlichen höchstrichterlichen Entscheidungen aus anderen Zusammenhängen bei GURSKY aaO).

aa) Für derartige anderweitige Ansprüche des Bestellers besteht *kein billigenswertes Bedürfnis.* Es ist ihm zuzumuten, das Verfahren der vorherigen Fristsetzung durchzuführen.

35 **bb)** Damit scheiden jedenfalls *Ansprüche aus ungerechtfertigter Bereicherung* aus (vgl auch ERMAN/SEILER § 633 Rn 41). Es ist aber auch nicht ersichtlich, warum *Ansprüche aus Geschäftsführung ohne Auftrag* grundsätzlich denkbar sein sollten, aaO. Im übrigen wird es auch meist an den Voraussetzungen einer berechtigten Geschäftsführung ohne Auftrag fehlen, da die eigene Nachbesserung des Bestellers nicht dem Willen und dem Interesse des Unternehmers entsprechen wird. *Besondere Eilfälle* unterfallen §§ 281 Abs 2, 323 Abs 2 Nr 3, 637 Abs 2, wie wie sie besser passen als § 679.

cc) Im *Interesse einer klaren Zuordnung der Zuständigkeiten* kann auch nicht einmal bereicherungsrechtlich die Erstattungsfähigkeit jener – meist geringeren – Kosten angenommen werden, die der Unternehmer erspart hat. Es muß ein *Anreiz* bestehen bleiben, *die Formalien der genannten Bestimmungen einzuhalten*; nur so kann insbesondere auch Streitigkeiten über den Bestand der Mängel und die Kosten ihrer Beseitigung vorgebeugt werden, wenn dem Unternehmer prinzipiell Gelegenheit gegeben wird, zu ihrer Beseitigung tätig zu werden.

dd) Falls der Besteller unbefugt nachbessert, macht er dem Unternehmer seine **36** Nachbesserung unmöglich. Insoweit liegt dann ein Fall des auch hier anwendbaren § 326 Abs 2 vor. Danach können seine ersparten Aufwendungen doch nach *§ 326 Abs 1 S 2* relevant werden (vgl RIEBLE Betr 1989, 1759; SEIDEL JZ 1991, 391, 394; MAGNUSSEN 62 ff). Allerdings mindert diese Bestimmung nur den an sich bestehenbleibenden Vergütungsanspruch des Unternehmers, gibt dem Gläubiger/Besteller aber keinen eigenständigen Anspruch auf Auskehrung (aller) ersparten Aufwendungen (unklar insoweit RIEBLE, SEIDEL, vgl näher MAGNUSSEN 92 ff). Das bedeutet: War als Werklohn 100 vereinbart, so behält der Unternehmer diesen Anspruch (§ 326 Abs 1 S 1). Hat er aber bisher nur 70 an Kosten aufgewendet, so kann er die restlichen 30, seinen Gewinn, nur insoweit beanspruchen, wie er diese nicht für die eigene Mängelbeseitigung hätte aufwenden müssen. Sind sie schon bezahlt, kann der Besteller in ihrem Rahmen den Ersparungsbetrag, maximal den vom Besteller aufgewendeten Betrag, falls dieser ausnahmsweise billiger (zB ohne Wegekosten) nachbessern konnte, als rechtsgrundlos gezahlt vom Unternehmer herausverlangen. Dieser Erstattungsanspruch ergibt sich daraus, daß er dann entgegen der Anrechnungsregel des § 326 Abs 1 S 2 gezahlt hat, mit dem oben abgelehnten direkten Bereicherungsanspruch des Bestellers hat er nichts zu tun. Hat der Unternehmer andererseits durch die ihm vom Besteller abgenommene Nachbesserung in dem Beispiel 50 erspart, so bleiben die Rechte des Bestellers doch auf 30 begrenzt, der im übrigen auch darlegungs- und beweispflichtig ist.

5. Zu den Grenzen des Anspruchs auf Nacherfüllung wegen Unmöglichkeit oder **37** Unzumutbarkeit vgl § 635 Rn 5 ff.

Zu den Kosten der Nacherfüllung vgl § 635 Rn 2 ff.

6. Wahlrecht des Unternehmers

§ 635 Abs 1 räumt dem Unternehmer ein Wahlrecht ein, ob er den Mangel beseitigen **38** oder ein neues Werk herstellen will.

a) Damit wird die Dispositionsfreiheit des Unternehmers (§ 633 Rn 47, 53 ff) für einen Teilbereich anerkannt, nämlich den der Nacherfüllung und hier für die Alternativen Mängelbeseitigung/Neuherstellung. Es geht indessen weiter: Innerhalb der Mängelbeseitigung, dh der verbessernden Arbeit am bestehenbleibenden Werk, indem nämlich die Wahlfreiheit des Unternehmers auch hier anzuerkennen ist, soweit mehrere Möglichkeiten der Nachbesserung bestehen.

b) Abgesehen von der Schwierigkeit der Abgrenzung von Nachbesserung und Neuherstellung (o Rn 28) verdeckt § 635 Abs 1 außerdem das Ziel aller Maßnahmen, dem Besteller ein Werk zu verschaffen, das den vertraglichen Anforderungen entspricht. Vorbehaltlich der Zumutbarkeitsgrenze des § 635 Abs 3, gibt es ein Wahlrecht des Unternehmers dann nicht, wenn nur entweder die Nachbesserung oder die Neuherstellung diesem Ziel genügt.

c) Wo Nachbesserung und Neuherstellung echte Alternativen sind, entsteht keine Wahlschuld iSd §§ 262 ff, weil jene Bestimmungen voraussetzen, daß der vertraglich geschuldete Erfolg A oder B sein kann, während hier nur der eine Erfolg A geschuldet wird: das mangelfreie Werk, und dem Unternehmer nur der Weg dorthin freigestellt wird, Methode a oder Methode b.

So braucht sich der Unternehmer dann auch nicht durch Erklärung nach § 263 Abs 1 festzulegen; er kann es auch nicht. Daß er den Besteller nach § 241 Abs 2 über seine Absichten zu informieren hat, steht auf einem anderen Blatt. § 264 Abs 1 entspricht es freilich, daß der Besteller, dessen Nacherfüllungsanspruch tituliert ist, die Zwangsvollstreckung so oder so betreiben kann.

7. Die Nacherfüllung im Prozeß

39 a) Seinen Anspruch auf Nacherfüllung kann der Besteller zunächst im Wege der Leistungsklage verfolgen; vollstreckt wird dann später idR nach § 887 ZPO, ausnahmsweise nach § 888 ZPO. Muß er sich an den Kosten der Nacherfüllung beteiligen, weil er für den Mangel mitverantwortlich it, so ist es kostenmäßig günstig, auf Leistung Zug um Zug gegen Zahlung des entsprechenden Betrages anzutragen.

b) Dabei ist der *Mangel genau zu bezeichnen*, damit der Streitgegenstand feststeht und die *Vollstreckungsfähigkeit* des Titels gegeben ist. Dabei genügt der Besteller seiner *Darlegungslast*, wenn er das äußere Erscheinungsbild des Mangels belegt; namentlich braucht er nicht seine Ursachen darzutun (vgl BGH NJW-RR 1997, 1376). Er hat nur darzulegen die Sollbeschaffenheit des Werkes und inwiefern das abgelieferte Werk dahinter zurückbleibt. Auch das hat nur laienhaft zu geschehen, zB genügt die Behauptung unebener Fliesen. Soweit hier gewisse Toleranzen zulässig sind, braucht der Besteller Antrag und Vortrag dazu nicht zu präzisieren. – Ist ein Mangel anzunehmen, hat allerdings der Unternehmer seine Beseitigung zu beweisen (BGH NJW-RR 1998, 1268, 1289).

c) Auch wenn § 635 Abs 1 dem Unternehmer ein Wahlrecht zwischen Mängelbeseitigung und Neuherstellung einräumt, ist darum keine Wahlschuld iSd § 262 anzunehmen, so daß Antrag und Verurteilung darauf keine Rücksicht zu nehmen brauchen. Geschuldet wird nämlich nur der eine Erfolg des mangelfreien Werkes; das Wahlrecht bezieht sich nur auf die Methode seiner Erzielung.

40 d) Verbreitet wird der Anspruch des Bestellers auf Nacherfüllung einredeweise dem Anspruch des Unternehmers auf Zahlung restlichen offenen Werklohns entgegengesetzt *(Mängeleinrede)*. Eine Untergrenze für den einzubehaltenden Betrag zieht § 641 Abs 3: Dreifaches der Kosten, die Obergrenze ergibt sich aus § 320 Abs 2. Der Unternehmer ist darlegungs- und beweispflichtig dafür, daß nicht der volle Werklohn einbehalten werden darf. Bei mehreren Mängeln muß der Zurückbehaltungsbetrag einzeln ausgeworfen werden. Sonst würde der Unternehmer benachteiligt, der einige, aber nicht alle Mängel abgearbeitet hat. Zu zahlen hat der Besteller nach Beseitigung des betreffenden Mangels.

Seine *Verurteilung* erfolgt also *nach § 322 Abs 2* (BGH NJW 2002, 1262), dh zur Zahlung nach Beseitigung des Mangels. Dies gilt vor der Abnahme, aber doch auch nach der Abnahme, da der Besteller (voll) erst zu zahlen braucht, wenn der Mangel beseitigt ist. Die Vollstreckung richtet sich nach den §§ 322 Abs 2, 3, 274 Abs 2 BGB, 756, 765 ZPO, setzt also Annahmeverzug des Bestellers voraus. Die Vollstreckungsklausel ist dem Unternehmer auch ohne den Nachweis dieses Verzuges nach § 726 Abs 2 ZPO zu erteilen. Den für den Zugriff des Vollstreckungsorgans notwendigen Annahmeverzug kann der Unternehmer ggf schon im Urteil feststellen lassen (BGH aaO); sonst muß ihn der Gerichtsvollzieher feststellen.

Dabei ist freilich zu beachten:

In einer Annahmeverzug begründenden Weise kann nur der beseitigte Mangel/das mangelfreie Werk angeboten werden, wie dies einstweilen noch gar nicht möglich ist. Deshalb ist das Angebot nur wörtlich nach § 295 möglich, unter der dortigen Voraussetzung, daß der Besteller die Annahmeverweigerung erklärt hat. Diese Verweigerung muß sich wieder auf das Ergebnis der Mängelbeseitigung beziehen (unklar und offenbar verfehlt dazu BGH aaO), nicht auf den einzelnen Schritt dazu, wenn der Besteller nicht letztlich zu verstehen gibt, daß er die Mängelbeseitigung insgesamt nicht dulden will.

Ist der Annahmeverzug festgestellt, sei es im Urteil, sei es im Protokoll des Gerichtsvollziehers, kann der Besteller ihn wieder bereinigen, jetzt allerdings nur noch unter der Voraussetzung des § 298, die er bislang zur Meidung des Annahmeverzuges nicht zu wahren hatte. Ggf wird er dazu Feststellungsklage erheben müssen, § 256 Abs 1 ZPO, der die Rechtskraft eines seinen Annahmeverzug begründenden Urteils nicht entgegensteht, weil sich der Sachverhalt weiter entwickelt hat, vgl den Gedanken des § 767 Abs 2 ZPO. – Da der Besteller zur Zahlung nach Empfang der Gegenleistung verurteilt worden ist, darf der Gerichtsvollzieher den nach § 298 entgegengenommenen Betrag erst nach Beseitigung des Mangels an den Unternehmer auskehren.

e) Setzt der Besteller der Werklohnklage des Unternehmers einredeweise seinen Nacherfüllungsanspruch entgegen, der Unternehmer diesem wieder, daß sich der Besteller an den Kosten zu beteiligen habe, so erfolgt die *Verurteilung des Bestellers zur Zahlung des Werklohns Zug um Zug gegen Nachbesserung, diese wiederum Zug um Zug gegen Kostenzuschuß*, sog *doppelte Zug-um-Zug-Verurteilung* (BGHZ 90, 354).

Außerprozessual kann der Unternehmer die Mängelbeseitigung von einer *angemessenen Sicherheitsleistung* des Bestellers abhängig machen (BGHZ 90, 344, 350), ohne mit dieser in Verzug zu geraten. Dabei ist zu beachten, daß der Unternehmer den Kostenanteil des Bestellers substantiiert, notfalls durch ein Sachverständigengutachten (BGHZ 90, 344, 352) darzulegen hat. *Unterläßt er eine nähere Begründung der Höhe seines Begehrens* oder verlangt er gar eine überhöhte Sicherheitsleistung, so ist das als eine unberechtigte Verweigerung der Mängelbeseitigung zu werten, §§ 633 Abs 3, 634 Abs 2 (aaO). Umgekehrt gerät der Besteller hinsichtlich seines Nachbesserungsanspruchs in Annahmeverzug, wenn er zu einer angemessenen und angemessen begründeten Sicherheitsleistung nicht bereit ist.

VII. Die Fristsetzung und ihre Entbehrlichkeit

1. Allgemeines

42 Stellt sich ein Mangel heraus, ist zunächst der Unternehmer zur Nacherfüllung berechtigt. Die sekundären Rechte des Bestellers zur eigenen Mängelbeseitigung, Rücktritt oder Minderung oder Schadensersatz statt der Leistung entstehen grundsätzlich erst nach Ablauf einer dem Unternehmer zur Nacherfüllung gesetzten Frist, vgl §§ 634 Nr 2, 637 Abs 1, § 323 Abs 1, §§ 634 Nr 4, 281 Abs 1.

Ausnahmsweise kann die Setzung dieser Fristen entbehrlich sein, §§ 281 Abs 2, 323 Abs 2, 637 Abs 2.

Unterläßt der Besteller eine Fristsetzung zur Nacherfüllung und war dies auch nicht ausnahmsweise entbehrlich, so erwachsen ihm wegen eigener Aufwendungen zur Nacherfüllung keine Ansprüche gegen den Unternehmer. Für seine sekundären rechte aus § 634 Nrn 2–4 fehlt es an den Voraussetzungen. Das ist eine planmäßige Lücke im Rechtsschutz, die auch nicht durch die Anwendung der §§ 677 ff oder der §§ 812 ff gefüllt werden kann. Damit würde der tragende Grundgedanke des Gesetzes überspielt werden, zunächst dem Unternehmer die Gelegenheit zur Nacherfüllung zu geben (vgl auch o Rn 31).

2. Identität der Fristen und der Kriterien ihrer Entbehrlichkeit

43 Trotz der drei unterschiedlichen Standorte im Gesetz – § 280 Abs 1, 323 Abs 1, 637 Abs 1 – handelt es sich **immer** um **dieselbe Frist**; am deutlichsten spricht insoweit § 637 von einer „von ihm (scil: dem Besteller) zur Nacherfüllung bestimmten angemessenen Frist"; die §§ 281 Abs 1, 323 Abs 1 beinhalten nichts anderes.

Dann sind aber auch die *Kriterien identisch, unter denen die Fristsetzung entbehrlich ist*. Es sind identisch für Schadensersatz, Rücktritt oder Minderung, Selbstvornahme jene der §§ 281 Abs 2, 323 Abs 2 Nrn 1, 3, 637 Abs 2 S 1. Insoweit nimmt – in der Formulierung – eine Sonderstellung nur ein § 323 Abs 2 Nr 2 gegenüber § 281 Abs 2, sein Inhalt kann aber doch auch dort integriert werden. Wiederum identisch sind § 636 aE zu Rücktritt und Schadensersatz einerseits und § 637 Abs 2 S 2 zur Selbstvornahme andererseits.

Letztere Kriterien (Fehlschlagen der Nachbesserung oder ihre Unzumutbarkeit für den Besteller) scheinen die Fristsetzung vor der *Minderung* nicht entbehrlich zu machen. Dieser Wortlaut des Gesetzes ist aber evident verfehlt und zu korrigieren: Die Minderung darf insoweit nicht anders behandelt werden.

Unklar ist die Rechtslage, wenn der Unternehmer die Nacherfüllung wegen (für ihn) unverhältnismäßigen Aufwandes verweigern darf, § 275 Abs 2 (vgl dazu § 635 Rn 6). Da ihn dies nicht von sich aus von seiner Leistungspflicht befreit, ist es aber auch hier geboten, daß der Besteller seine Leistungsbereitschaft durch Fristsetzung testet, auch wenn § 275 Abs 4 sich hierüber ausschweigt.

3. Bloße Fristsetzung

a) § 634 Abs 1 aF sah – entsprechend § 326 Abs 1 aF – die Erklärung des Bestellers vor, daß *die Entgegennahme der Leistung* für den Fall des fruchtlosen Fristablaufs *abgelehnt* werde. Eine solche Erklärung wird dem Besteller *nicht mehr* angesonnen; er braucht seinen Erfüllungsanspruch nicht sofort – wenn auch aufschiebend bedingt – preiszugeben. AGB des Unternehmers, die derlei vorsehen, würden gegen das Leitbild des heutigen Gesetzes verstoßen, dem Besteller die Option für die (Nach-) Erfüllung zu erhalten, § 307 Abs 2 Nr 1. 44

b) Zweifelhaft ist die Ankündigung der möglichen Geltendmachung von Sekundärrechten.

aa) Der Besteller ist mit einer solchen Ankündigung jedenfalls dann gut beraten, wenn er auf die möglichen weiteren Schritte hinweist. Das unterstreicht die Ernsthaftigkeit seines Vorgehens, die der Unternehmer sonst vielleicht leugnen könnte, und wird diesen nachhaltiger zur korrekten Nacherfüllung anhalten können.

Der Besteller kann aber auch für den Fall des fruchtlosen Fristablaufs die weitere Nacherfüllung schon jetzt ablehnen. Des durch § 324 gesicherten Wahlrechts zwischen Schadensersatz, Rücktritt und Minderung kann er sich noch nicht begeben.

bb) Zweifelhaft ist es, ob der Unternehmer dem Besteller eine Hinweispflicht in seinen AGB mit der Folge auferlegen kann, daß eine Fristsetzung ohne diese Ankündigung wirkungslos bliebe. Man wird dies aber für zulässig halten dürfen. Die §§ 281 Abs 3, 323 Abs 3 sehen dort, wo eine Fristsetzung nach Art des Fehlverhaltens nicht in Betracht kommt, ersatzweise eine Abmahnung vor, der die Androhung von Rechtsfolgen für die Zukunft immanent ist (Schaub, Arbeitsrecht-Handbuch, 9. Aufl 1999, § 61 Rn 28). Es entfernt sich nicht zu weit vom Leitbild des Gesetzes, Fristsetzung und Abmahnung zu kombinieren, zumal es auch geeignet ist, Klarheit in die Beziehungen der Parteien zu bringen, und den Besteller vor der Selbstschädigung zu schützen: Setzt er nämlich eine Frist und fordert dann Schadensersatz, ist er nach § 281 Abs 3 seines Erfüllungsanspruchs verlustig, obwohl ihm dies vielleicht nicht deutlich geworden ist und es jedenfalls nicht gewollt war. – Eine Verschärfung der Anforderungen an die Fristsetzung muß freilich vor dem Hintergrund des § 307 Abs 1 S 2 transparent formuliert sein. Sie darf außerdem die Wahlfreiheit des Bestellers hinsichtlich seiner Befugnisse nicht beschneiden, wie sie zum Leitbild des Gesetzes gehört, § 307 Abs 2 Nr 1.

4. Einzelheiten zur Fristsetzung

a) Voraussetzungen
Das Vorgehen des Bestellers setzt voraus: 45

aa) einen *Mangel des Werkes*. Insoweit knüpft § 634 schon nach seinem Wortlaut und auch sonst ohne sachliche Besonderheiten an § 633 an. Es kann auf die Erl dort (Rn 152 ff) Bezug genommen werden.

Auf *Erheblichkeit des Mangels kommt es nicht an*. Bei unerheblichen Mängeln ist der Besteller nur in der Wahl seiner Sekundärrechte beschränkt.

Bei mehreren Mängeln kann und muß der Besteller wegen jedes einzelnen Mangels die Frist setzen, wie er ihn durch die Beschreibung seiner Erscheinungsformen individualisiert zu bezeichnen hat.

Dabei genügt das objektive Vorliegen eines Mangels; er braucht insbesondere von dem Unternehmer *nicht verschuldet* zu sein, nur darf er nicht in den eigenen Verantwortungsbereich des Bestellers fallen. Tut er dies teilweise, so schließt das die Fristsetzung nicht aus. Nur muß der Besteller dann anbieten, den auf ihn entfallenden Teil der Kosten der Mängelbeseitigung Zug um Zug gegen deren Beseitigung zu übernehmen (vgl o Rn 17).

bb) einen einredefreien Anspruch des Bestellers auf Nacherfüllung.

46 cc) die *Setzung einer angemessenen Frist* zur Mängelbeseitigung.

Es handelt sich um eine „Frist", anders als bei § 326 Abs 1 aF *nicht um eine „Nachfrist"*, da der Unternehmer ja bereits, wenn auch mangelhaft, geleistet hat. Praktisch bedeutet das vor allem, daß sich der Unternehmer bei Fristsetzung noch *nicht in Verzug* mit der Mängelbeseitigung zu befinden braucht (RGZ 52, 314).

dd) Die Frist muß *„zur Nacherfüllung"*, § 637 Abs 1, gesetzt werden.

(1) Das setzt zunächst voraus, daß der Mangel als solcher gekennzeichnet wird, wobei freilich an den Besteller keine hohen Anforderungen zu stellen sind. Er muß *den Mangel so beschreiben, daß er individualisiert werden kann*, braucht aber weder das Ausmaß noch die Ursachen anzugeben, erst recht nicht die zur Beseitigung notwendigen Maßnahmen oder den mangelfreien Zustand.

(2) Nach dem eindeutigen Wortlaut des Gesetzes muß *die Frist zur Nacherfüllung gesetzt* und entsprechend bemessen werden, nicht nur dazu, die Bereitschaft zu Mängelbeseitigung zu erklären (vgl BGH NJW 1999, 3710; OLG Düsseldorf NJW-RR 1999, 1396) bzw zur Arbeitsaufnahme (vgl zum Parallelproblem bei § 326 aF STAUDINGER/OTTO [2001] § 326 Rn 86). Das ist für den Besteller dann wenig praktisch und befriedigend, wenn die Mängelbeseitigung umfangreiche und vor allem zeitaufwendige Arbeiten erfordert.

Gleichwohl ist eine entsprechend eingeschränkte Aufforderung nicht wirkungslos. Nach Treu und Glauben ist der Unternehmer nämlich gehalten, auch auf sie zu reagieren. Dann aber kann *sein Verhalten nach den §§ 281 Abs 2, 323 Abs 2 Nrn 1, 3, 637 Abs 2 S 1 relevant* werden: Es kann entweder als eine Verweigerung der Mängelbeseitigung zu verstehen sein oder ein besonderes Interesse des Bestellers an der sofortigen Geltendmachung seiner sekundären Rechte begründen.

47 ee) Die Frist muß *angemessen* sein.

(1) Sie muß objektiv *so bemessen* sein, daß es dem Unternehmer bei Anspannung

aller Mittel und Kräfte – auch unter Einsatz von Überstunden und unter Vernachlässigung anderweitiger Aufgaben – noch möglich ist, *den Mangel zu beseitigen*, vgl RG Recht 1911, 301 (zu § 326 aF). Sie darf also jedenfalls *knapp* bemessen werden. Demgegenüber stellt BGH NJW-RR 1993, 309, sicherlich zu milde, auf den normalen Geschäftsgang des Unternehmers ab. So ist es auch uU zu berücksichtigen, daß der Besteller – etwa im Baubereich – auf eine umgehende Beseitigung des Mangels angewiesen sein kann, wenn sonst weitere Arbeiten blockiert werden, ohne daß deshalb die Fristsetzung schon durch ein besonderes Interesse entbehrlich würde.

Bedenklich auch, daß sich der Unternehmer in seinen AGB eine Mindestfrist für die Beseitigung soll ausbedingen können (BGH WM 1992, 1984): Das kann nicht den Besonderheiten des Einzelfalls gerecht werden und benachteiligt jenen Besteller unangemessen, § 307 Abs 1, der bei einem geringfügigen Mangel umgehend auf dessen Beseitigung angewiesen ist, vgl auch den Gedanken des § 308 Nr 2, der hier auch im kaufmännischen Verkehr Berücksichtigung verdient. Umgekehrt darf aber auch der Besteller in seinen AGB die Nachbesserungsbefugnis des Unternehmers nicht unangemessen beschränken; seine Interessen werden hinreichend durch die §§ 281 Abs 2, 323 Abs 2, 637 Abs 2 S 1 gewahrt.

(2) Die Frist kann nach der Abnahme oder nach deren Verweigerung gesetzt **48** werden, um dem Besteller die Befugnisse des § 634 Nrn 2–4 zu verschaffen. Eine vorher gesetzte Frist ist darum nicht wirkungslos; sie sanktioniert nur nicht den Anspruch des Bestellers auf Nacherfüllung, sondern immer noch seinen ursprünglichen Anspruch auf Erfüllung.

(3) Die *Frist muß nach* Tagen, Wochen, sonstigen *Zeitabschnitten* oder durch *Nennung eines Endtermins* bezeichnet werden. Eine Aufforderung, die Mängel „sofort", „unverzüglich" oder „innerhalb angemessener Zeit" zu beseitigen, reicht nicht aus (vgl auch [zu § 326 aF] RGZ 75, 354; RG Recht 1920 Nr 1497).

(4) Die Setzung einer *unangemessen knappen Frist* ist nicht wirkungslos; ähnlich wie im Falle des § 326 aF (vgl dazu RGZ 56, 231, 234; 62, 66, 68; 106, 98) ist vielmehr anzunehmen, daß dadurch eine angemessene Frist in Lauf gesetzt wird.

(5) Die Fristsetzung wirkt sich in der Weise *gegen den Besteller* aus, daß er während ihres Laufs keine Sekundärrechte gegen den Unternehmer geltend machen kann und auch nicht den Mangel selbst beseitigen darf. Das gilt auch dann, wenn die Frist zu lang bemessen oder gar entbehrlich war (vgl auch BGH NJW-RR 1993, 178). Freilich können sich während der laufenden Frist neue Umstände ergeben, die es nach den §§ 281 Abs 2, 323 Abs 2 entbehrlich machen, ihren Ablauf abzuwarten (BGH NZBau 2002, 668).

Über das beabsichtigte weitere Vorgehen braucht sich der Besteller nicht zu erklären. Tut er es, so bindet ihn das nicht, vgl § 325.

ff) Die Fristsetzung muß *von dem Besteller oder einem von ihm Bevollmächtigten* **49** ausgehen, wobei der Architekt nicht ohne weiteres als bevollmächtigt gelten kann. Im Falle der Zession der Gewährleistungsansprüche ist der *Zessionar* zuständig. *Adressat* ist der Unternehmer oder ein von ihm Bevollmächtigter, dagegen grundsätzlich nicht der örtliche Bauleiter. Eine besondere Form ist nicht vorgeschrieben; aus Gründen der Beweisbarkeit empfiehlt sich Schriftform. Ihrer Rechtsnatur nach dürfte es sich um *eine rechtsgeschäftsähnliche* Handlung handeln. Da sie nur Vorteile bringt, gilt § 107. Anwendbar sind die §§ 111, 180.

Wenn zur Nacherfüllung eine Mitwirkung des Bestellers notwendig ist, § 642, muß er diese anbieten (PALANDT/HEINRICHS ErgB § 281 Rn 11), zB Zeiten, in denen der Unternehmer arbeiten kann, wenn der Betrieb des Bestellers betroffen ist. Bei Zahlungsrückständen des Bestellers – etwa in bezug auf Abschlagszahlungen – hat das Angebot dabei § 298 zu genügen. Das gilt auch, wenn er sich an den Kosten zu beteiligen hat.

50 **gg)** Die gesetzte Frist muß schließlich *fruchtlos abgelaufen* sein. Der Unternehmer hat den Mangel während ihres Laufes zu beseitigen, und zwar *vollständig und mangelfrei*. Die Beweislast für die rechtzeitige Mängelbeseitigung trägt der Unternehmer (BGH NJW-RR 1998, 1268). Was er insoweit schuldet, ergibt sich aus den Erl zu § 633 (vgl dort Rn 152 ff). Allerdings braucht der Unternehmer noch nicht solche Schäden bei dem Besteller ausgeglichen zu haben, die infolge des Mangels irreparabel eingetreten sind; er muß eben einstweilen nur die Mängelbeseitigung durchführen. Dem Besteller kann es *nach Treu und Glauben* verwehrt sein, sich auf den fruchtlosen Fristablauf zu berufen, wenn das noch Fehlende geringfügig ist (vgl auch § 320 Abs 2 und, soweit es um Rücktritt oder Schadensersatz statt der ganzen Leistung geht, die §§ 323 Abs 5 S 2, 281 Abs 1 S 3).

Es ist *nicht* erforderlich, daß der Unternehmer die ihm gesetzte Frist *in schuldhafter Weise* versäumt hat. Allerdings werden objektive Hindernisse oder Erschwernisse bei der Mängelbeseitigung bei der Prüfung der Angemessenheit der Fristsetzung zu berücksichtigen sein.

hh) Der Besteller kann und wird regelmäßig außerprozessual vorgehen. Er ist aber nicht daran gehindert, den sekundären Rechtsbehelf seiner Wahl mit der Fristsetzung in einer *Klage nach den §§ 255, 260 ZPO* zu verbinden.

Der fruchtlose Fristablauf *nimmt dem Besteller nicht den Anspruch auf Nacherfüllung, eröffnet* ihm aber *den Weg zu den sekundären Rechten* (u Rn 62 ff).

5. Entbehrlichkeit der Fristsetzung

51 Die Fristsetzung zur Nacherfüllung ist in einer Reihe von Fällen „entbehrlich", wie dies die §§ 281 Abs 2, 323 Abs 2 ausdrücken, dh der Besteller kann sofort das sekundäre Recht seiner Wahl ausüben. Aus Gründen der Vorsicht kann er aber gleichwohl die Frist setzen, weil die Voraussetzungen der Entbehrlichkeit nicht immer sicher zu beurteilen sind. Setzt er die (entbehrliche) Frist, ist er an sie gebunden, muß den Unternehmer einstweilen gewähren lassen, sofern nicht während ihres Laufes die Voraussetzungen der Entbehrlichkeit erneut eintreten.

Sie wird nicht dadurch entbehrlich, daß der Besteller nach § 640 Abs 2 seinen Anspruch auf Nacherfüllung verloren hat: Die Chance zu ihr muß er dem Unternehmer belassen.

a) Einigung der Parteien
Die Parteien können dem Besteller einverständlich die Fristsetzung erlassen. Das kommt namentlich dann in Betracht, wenn der Mangel bestehenbleiben und nur der Werklohn gemindert werden soll.

b) Unmöglichkeit der Nacherfüllung
Wo die Nacherfüllung unmöglich ist, ergibt § 275 Abs 1 (nicht auch die Abs 2, 3), daß dem Unternehmer dann auch nicht die Gelegenheit zu ihr gewährt zu werden braucht.

aa) Die Nacherfüllung kann insgesamt unmöglich sein, wenn die Leistung zB später nicht mehr sinnvoll erbracht werden kann oder wenn Dritte mitwirken müßten, die dazu nicht bereit sind (Erwerber des bebauten Grundstücks).

Nicht hierher gehört der Fall, daß der Mangel nicht vollständig beseitigt werden kann oder jedenfalls ein merkantiler Minderwert verbleiben wird. Das wird zwar mit (teilwesem) Schadensersatz statt der Leistung oder einer Minderung zu erfassen sein, die entsprechenden Beträge können aber vorläufig noch nicht hinreichend sicher ermittelt werden.

bb) Da § 634 Nr 4 alle Schäden erfaßt, die der Besteller auf Grund des Mangels erleidet (u Rn 105 f), wird die Nacherfüllung sie weithin nicht mehr abwenden können; insoweit kann der *Schadensersatzanspruch sofort geltend gemacht werden*.

Unabwendbarkeit (durch Nacherfüllung) ergibt sich zunächst bei jenen Schäden, die der Besteller durch den Mangel an anderen Rechtsgütern erleidet, den bisher sog Mangelfolgeschäden, zB an Gesundheit und Eigentum. Unabwendbarkeit kann aber auch bei reinen Vermögensschäden eintreten, insbesondere solchen, die mit dem Mangel eng und unmittelbar zusammenhängen, den sog Mangelschäden. Wenn das Werk nur eingeschränkt nutzbar ist, entsteht Nutzungsausfall. Seine mangelnde Tauglichkeit kann zu Mehraufwendungen führen (erhöhte Heizkosten), eine Veräußerungsmöglichkeit kann sich zerschlagen. All dies kann durch eine Nacherfüllung rückwirkend nicht vermieden werden.

cc) Wenn sich ein Mangel zeigt, kann es sinnvoll und geboten sein, Ursachen und Ausmaß des Mangels, seine denkbaren gefährlichen Folgen, Möglichkeiten und Kosten seiner Beseitigung *vorab* durch ein *Gutachten* abzuklären. Dieses Gutachten darf sich der Besteller durch einen neutralen Dritten erstellen lassen, wenn der Unternehmer insoweit nicht gut die Person seines Vertrauens sein kann, also ohne Fristsetzung für den Unternehmer (BGH NZBau 2002, 32). Damit liegt in dessen Person Unvermögen iSd § 275 Abs 1 vor, alternativ könnte man freilich auch § 281 Abs 2, 2. Alt, oder § 323 Abs 2 Nr 2 heranziehen, was belegt, daß die Anlässe für eine Entbehrlichkeit der Fristsetzung sich überschneiden können.

Bestätigt der Gutachter nicht alle vom Besteller vermuteten Mängel, sind seine *Kosten* danach aufzuteilen, wieviel seines Aufwandes zu Gunsten und zu Lasten des Bestellers aufgewendet worden ist. Die Erstattungspflicht des Unternehmers muß den Anforderungen des § 280 Abs 1 S 2 genügen, sofern nicht ausnahmsweise die Abklärung notwendiger Bestandteil der Nachbesserung ist (dann verschuldensunabhängige Erstattung nach den §§ 634 Nr 2, 637).

c) Erfüllungsverweigerung

54 Nach den §§ 281 Abs 2, 1. Alt, 323 Abs 2 Nr 1 braucht dem Unternehmer eine Frist zur Nacherfüllung nicht gesetzt zu werden, der diese ernsthaft und endgültig verweigert.

aa) Die Verweigerung der Nacherfüllung muß grundlos sein; daran fehlt es, wenn der Unternehmer sich darauf beruft, daß sich der Besteller an ihren Kosten zu beteiligen habe, oder daß eine Mängelbeseitigung zur Zeit – zB aus Witterungsgründen – nicht möglich sei. Die Berufung auf die §§ 275 Abs 2, 3, 635 Abs 3 rechtfertigt sie nicht hinreichend, zwingt den Besteller also nicht zu einer Fristsetzung.

bb) Sie muß endgültig sein, kann also so lange widerrufen werden, wie der Besteller noch nicht seine Konsequenzen (nach § 634 Nrn 2–4) gezogen hat. Dabei genügt eben der bloße Widerruf.

cc) Sie muß ernsthaft sein. Wenn sie selten ausdrücklich erklärt wird, kann sie sich auch aus dem gesamten Verhalten des Unternehmers ergeben. Dieses muß aber nach einem strengen Maßstab eindeutig sein. Dazu genügt nicht der Wunsch nach Verhandlungen (BGH NJW-RR 1999, 560), die Äußerung eines nicht evident unrichtigen rechtlichen Standpunkts, idR wird aber der *Klageabweisungsantrag* gegenüber der Leistungsklage des Bestellers genügen (BGH NJW 1996, 1814, BGH NJW 2002, 3019, 3020), Rücktritt des Unternehmers vom Vertrag oder seine Kündigung, die fehlende Erklärung auf die Aufforderung zur Erklärung der Leistungsbereitschaft, die fehlende Arbeitsaufnahme trotz Fristsetzung dazu. In den beiden letzteren Fällen müssen freilich die Voraussetzungen des § 323 Abs 4 gegeben sein.

dd) Nicht notwendig ist es, daß der Unternehmer die Nacherfüllung vollständig verweigert.

d) Relatives Fixgeschäft

55 Bei einem sog relativen Fixgeschäft iSd § 361 aF lassen die §§ 634 Nr 3, 323 Abs 2 Nr 2 die Fristsetzung als Voraussetzung für Rücktritt oder Minderung entbehrlich sein. Dann muß der Besteller aber auch ohne Fristsetzung – zusätzliches Verschulden des Unternehmers vorausgesetzt – sogleich Schadensersatz verlangen können, obwohl die Parallelbestimmung des § 281 Abs 2 das Fixgeschäft nicht eigens aufführt.

Bei der eigenen Mängelbeseitigung des Bestellers soll § 323 Abs 2 – und damit auch dessen Nr 2 – nach § 637 Abs 2 S 1 entsprechend anwendbar sein. Das ergibt indessen wenig Sinn. Denn mit dem Vorgehen nach den §§ 634 Nr 2, 637 belegt der Besteller gerade, daß er trotz der strikten terminlichen Bindung des Vertrages an seiner korrekten Durchführung interessiert ist. Dann müßte er dem Unternehmer auch die Gelegenheit dazu geben. Indessen läßt sich der klare Wortlaut des Gesetzes nicht überwinden.

e) Besonderes Interesse des Bestellers

56 Die §§ 281 Abs 2, 2. Alt, 323 Abs 2 Nr 3, 637 Abs 3 S 1 lassen die Fristsetzung

entbehrlich sein, wenn besondere Umstände die sofortige Geltendmachung der Sekundärrechte aus § 634 Nrn 2–4 rechtfertigen. Dabei sind die beiderseitigen Interessen abzuwägen. Daß diese Alternative jeweils neben der ernsthaften und endgültigen Verweigerung der Nacherfüllung durch den Unternehmer steht, macht deutlich, daß auch hier ein strenger Maßstab anzulegen ist. Wenn die Vorgängerbestimmung des § 634 Abs 2, 2. Alt, aF zuweilen – fehlsam – dazu benutzt worden zu sein scheint, dem Besteller über die Folgen einer unterlassenen Fristsetzung hinwegzuhelfen, verbietet derlei die klare Formulierung des jetzigen Gesetzes.

aa) Die *Art des Interesses* des Bestellers wird nicht näher beschrieben. Grundsätzlich reicht *jedes schutzwürdige Interesse* aus, sofern es nur die erforderliche *Intensität* hat. Es kann sich ergeben

(1) daraus, *daß der Besteller das Werk nicht mehr zur Nachbesserung zur Verfügung stellen kann*, weil er es zB bereits weiterveräußert hat und der Erwerber nicht bereit ist, Nachbesserungsarbeiten hinzunehmen,

(2) daraus, daß der Besteller das Werk *sofort benötigt* (BGH NJW-RR 1993, 560; OLG Düsseldorf NJW-RR 1993, 477; OLG Köln NJW-RR 1995, 818), um es selbst zu verwenden oder an eigene Abnehmer weiterzuliefern, ohne es noch weiter für Nachbesserungen zur Verfügung stellen zu müssen. Daraus folgt, daß die Bestimmungen dann *nicht* angewendet werden können, wenn die Nachbesserung die Benutzung des Werkes nicht oder nur unerheblich stört,

(3) wenn der Besteller bereit ist, *den Mangel des Werkes hinzunehmen*, weil ihn dieser nicht nachhaltig genug stört. In Fällen dieser Art wird man den Besteller bei Nachbesserungsbereitschaft des Unternehmers allerdings auf die Möglichkeit der Minderung beschränken müssen und ihm insbesondere den Anspruch auf Schadensersatz statt der Leistung zu versagen haben, weil der Unternehmer den Mangel dann nicht mehr zu vertreten hat,

(4) wenn der Besteller *berechtigte Zweifel am Erfolg der Nachbesserung* haben muß. Diese sind dann begründet, wenn die denkbaren Nachbesserungsmaßnahmen riskant sind oder wenn der Unternehmer nur solche anbietet, die unzulänglich sind. Sie können sich aber auch *aus dem bisherigen Verhalten* des Unternehmers ergeben. Zwar reicht es nicht aus, daß der Unternehmer mangelhaft gearbeitet hat, weil das gerade die generelle Voraussetzung für sein eigenes Recht zur Mängelbeseitigung ist (vgl OLG Stuttgart NJW-RR 1997, 149), wohl aber, daß der Unternehmer *„Pfusch"* geliefert hat oder mit eindeutig nicht qualifizierten Mitarbeitern arbeitet (vgl auch zum wertlosen Werk OLG Koblenz NJW-RR 1992, 114) oder schon mehrfach erfolglos nachgebessert hat (vgl BGH NJW-RR 1998, 1268). Belassen werden muß dem Unternehmer aber die Nachbesserungschance, wenn er selbst das Opfer ungetreuer Bediensteter geworden ist (vgl BGHZ 46, 242).

Das *Scheitern eines ersten Nachbesserungsversuchs* begründet nicht ohne weiteres ein besonderes Interesse des Bestellers, insbesondere dann nicht, wenn der Mangel und seine Ursachen unklar sind oder wenn es doch schon Fortschritte gegeben hat. Das Scheitern kann aber uU die Untüchtigkeit des Unternehmers nachdrücklich belegen. Mehrfache Nachbesserungsversuche können unzumutbar werden (vgl auch LG Karlsruhe CR 1991, 544 m Anm HERR CR 1992, 342: nach 18 Monaten noch nicht funktionierende Software),

(5) wenn der Aufschub der Nachbesserung durch die Fristsetzung die Interessen des Bestellers ernsthaft gefährdet (BGH NJW 2002, 3019, 3020),

bb) wenn dem Besteller *das weitere Zusammenarbeiten* mit diesem Unternehmer aus sonstigen Gründen *nicht mehr zumutbar* ist (ERMAN/SEILER § 634 Rn 11), weil dieser – nicht der Besteller selbst – das notwendige Vertrauensverhältnis nachhaltig erschüttert hat (vgl OLG Koblenz NJW-RR 1995, 655; 1997, 845). Der Vertrauensverlust muß aber *objektiv begründet* sein; schlichte Launen des Bestellers reichen nicht aus.

Tatbestände, die einen *Anlaß zur Kündigung aus wichtigem Grund* geben, genügen immer.

58 cc) Abwägend entgegenzusetzen sind die Interessen des Unternehmers an der Nacherfüllung. Insoweit ist es vor allem von Belang, daß er sie vielleicht deutlich kostengünstiger vornehmen kann als der Besteller, dem er sie finanzieren müßte. Es ist aber auch denkbar, daß Anlaß von Zweifeln an der Befähigung und der Zuverlässigkeit jener Drittunternehmer besteht, die der Besteller einzusetzen gedenkt. Schließlich mögen Rücktritt oder Schadensersatz statt der ganzen Leistung mit ihren schlimmen Folgen ohne die Nacherfüllung denkbar sein, aber mit ihr abgewendet werden können.

f) Fehlschlagen der Nachbesserung

59 aa) Die §§ 636, 637 Abs 2 S 2 greifen einen Terminus auf, der aus den §§ 11 Nr 10 b AGBG, 309 Nr 8 b bb bekannt ist, den des Fehlschlagens der Nacherfüllung; in das Kaufrecht hat er in § 440 Aufnahme gefunden, vgl dessen S 1. § 440 S 2 erläutert das Fehlschlagen näher. Die werkvertragliche Regelung bezieht sich nach ihrem Standort nur auf Rücktritt, Schadensersatz und Selbstvornahme, es kann aber keinen Zweifeln unterliegen, daß der Besteller von der Obliegenheit zur Fristsetzung auch dann entbunden ist, wenn er mindern will.

bb) Gerade hier ist die *Abgrenzung gegenüber anderen Tatbeständen nicht möglich*, die ebenfalls von der Fristsetzung entbinden. Wenn sie fehlschlägt, ist in aller Regel ein besonderes Interesse des Bestellers an sofortigen Sekundärrechten iSd §§ 281 Abs 2, 323 Abs 2 Nr 3 begründet und ist die weitere Nacherfüllung durch diesen Unternehmer dem Besteller auch unzumutbar iSd zweiten Alternativen der §§ 636, 637 Abs 2 S 2.

cc) Die Formulierung des Gesetzes („fehlgeschlagen ... ist") betrifft unmittelbar nur die Situation, daß der Unternehmer die Nacherfüllung – wenn auch erfolglos – schon in Angriff genommen hat. Es kann der Besteller zur Fristsetzung zur Nacherfüllung aber auch dann nicht angehalten werden, wenn die vom Unternehmer *angekündigte Nacherfüllung – künftig – fehlzuschlagen* droht. Das ist dem Gedanken des § 323 Abs 4 zu entnehmen, der insoweit allgemeine Geltung beanspruchen kann. Dabei ist dessen „offensichtlich" dahin zu verstehen, daß es nicht auf die subjektiven Befürchtungen des Bestellers ankommen kann, sondern ein objektiver Maßstab zu gelten hat.

dd) Der Begriff des Fehlschlagens ist auf die *Nacherfüllung insgesamt* zu beziehen. 60
Unberührt bleibt das Recht des Bestellers, einzelne untaugliche Maßnahmen zurückzuweisen. Sie können freilich ein Indiz dafür sein, daß die Nacherfüllung insgesamt mißlingt.

Nicht hierher gehört die Unmöglichkeit der Nachbesserung (dann § 275 Abs 1), ihre Verweigerung durch den Unternehmer (dann §§ 281 Abs 2, 1. Alt, 323 Abs 2 Nr 1). Es verbleiben die lange Dauer der Nachbesserung, vergebliche Anläufe, die nichts fruchten oder Zweifel an der Kompetenz des Unternehmers wecken, seine offenbare Unfähigkeit, die Ursache des Mangels zu klären, um ihn dann nachhaltig abstellen zu können.

Für den Bereich des Kaufrechts stellt § 440 S 2 klar, *wie viele Versuche* des Verkäufers sich der Käufer gefallen lassen muß: in der Regel zwei. Das ist auf den Werkvertrag nur mit Vorsicht zu übertragen, wenn § 440 S 2 dies schon für den Bereich des Kaufes durch die Bezugnahme auf die Art der Sache, des Mangels und die sonstigen Umstände stark relativiert. Gerade Werkleistungen sind oft besonders komplex, mit mehreren kaum zu vermeidenden Mängeln behaftet, die sich auch überschneiden können. Der Besteller muß sich also uU mehrere Anläufe des Unternehmers gefallen lassen, sofern sie nicht insgesamt das Bild der Hoffnungslosigkeit vermitteln. Dieses Bild kann freilich uU schon ein einziger Nacherfüllungsversuch vermitteln.

g)   Unzumutbarkeit der Nacherfüllung
Die in den §§ 636, 637 Abs 2 S 2 ebenfalls erwähnte Unzumutbarkeit der Nacherfül- 61
lung gilt gleichfalls auch im Vorfeld der Minderung. Sie überschneidet sich wieder namentlich mit den §§ 281 Abs 2, 2. Alt, 323 Abs 2 Nr 3, ferner mit den ersten Alternativen der §§ 636, 637 Abs 2 S 2: Wenn die Nacherfüllung durch diesen Unternehmer fehlgeschlagen ist, ist die weitere Nacherfüllung durch ihn in aller Regel auch unzumutbar; läge es anders, wäre die Nacherfüllung durch ihn nicht fehlgeschlagen.

Ein gewisser eigenständiger Regelungsbereich kommt den Bestimmungen in den Fällen zu, in denen die Nacherfüllung im Betrieb des Bestellers vorzunehmen wäre und dort zu *nicht hinnehmbaren Störungen* führen würde (auch das könnte freilich schon mit den §§ 281 Abs 2, 323 Abs 2 Nr 3 erfaßt werden). Zu denken ist außerdem an *besondere Eilfälle*, auf die der Unternehmer voraussichtlich nicht schnell genug reagieren kann.

h) Die *Darlegungs- und Beweislast* für die Entbehrlichkeit der Fristsetzung trifft den Besteller, woraus immer sie herzuleiten sein wird.

VIII. Wahlrecht des Bestellers

1.   Fristablauf

Ist die zur Nacherfüllung gesetzte Frist abgelaufen oder war sie entbehrlich, berührt 62
das den Werkvertrag zunächst nicht. *Der Besteller kann weiterhin die Nacherfüllung verlangen*, der Unternehmer sie in Annahmeverzug begründender Weise anbieten.

2. Die Erklärung des Bestellers

a) Eine **Umgestaltung des Werkvertrages** erfolgt vielmehr erst dann, wenn sich der Besteller für einen der sekundären Rechtsbehelfe Selbstvornahme, Schadensersatz, Rücktritt oder Minderung entscheidet (vgl zum Schadensersatz freilich noch u Rn 107 f).

aa) Das Verlangen von Schadensersatz statt der Leistung nimmt dem Besteller den Nacherfüllungsanspruch, sofern es berechtigt ist, § 281 Abs 4, so daß auch das Nacherfüllungsrecht des Unternehmers erlischt (zu seinem Werklohnanspruch u Rn 128). Die gleiche gestaltende Wirkung hat die Erklärung des Rücktritts oder der Minderung.

bb) Eine Sonderstellung nimmt die Entscheidung des Bestellers für die *Selbstvornahme* ein. Da eine Parallelbestimmung zu § 281 Abs 4 fehlt, kann der Besteller zu seinem Nacherfüllungsanspruch zurückkehren. Das ist auch sachgerecht, weil der Vertrag noch im Stadium der Nacherfüllung verblieben ist, letztlich erfüllt der Besteller stellvertretend für den Unternehmer. Das wird besonders deutlich, wenn er dies auf der Basis eines Kostenvorschusses tut, über den später abzurechnen sein wird.

Freilich *verliert* auch hier *der Unternehmer* mit dem fruchtlosen Fristablauf *seine Befugnis zur Nacherfüllung*. Das ist anders als nach dem bisherigen Recht, § 633 Abs 3 aF, wo der Besteller schon bei bloßem Verzug des Unternehmers selbst nachbessern durfte. Seinen Verzug konnte der Unternehmer durch das ordnungsgemäße Angebot seiner Leistung bereinigen.

Wenn der Besteller die Mängelbeseitigung schon seinerseits in Angriff genommen hat, bevor er auf seinen Anspruch auf Nacherfüllung gegen den Unternehmer zurückkommt, kann diese freilich unzumutbar für den Unternehmer geworden sein. Nach den Maßstäben des § 275 wird er frei und hat dann auch nicht zu vertreten.

63 b) Rücktritt und Minderung sind gestaltende Willenserklärungen, die zugangsbedürftig sind und ggf nach den §§ 119 ff anfechtbar sind. Ein Vertreter des Bestellers benötigt Vertretungsmacht, es gelten die §§ 174, 180.

Die Minderung ist nur dem Grunde nach zu erklären. Daß sie nach früherem Recht nur vollzogen war, wenn man sich auch betraglich geeinigt hatte, ist auf das jetzige Recht nicht zu übertragen.

Soll doch noch erfüllt werden, ist der Vertrag neu zu begründen. Das kann konkludent geschehen, muß aber uU auf Formvorschriften (§ 311b Abs 1) Rücksicht nehmen.

Das Schadensersatzverlangen wird wegen § 281 Abs 4 als geschäftsähnliche Handlung anzusehen sein, folgt als solche aber denselben Grundsätzen (vgl Palandt/ Heinrichs ErgB § 281 Rn 50).

3. Änderung der Entscheidung des Bestellers

64 a) Vom Verlangen nach Schadensersatz statt der Leistung kann der Besteller nach allgemeinen Voraussetzungen zum Rücktritt übergehen, sofern nur dessen Voraussetzungen gegeben sind. Den Übergang in der entgegengesetzten Richtung gestattet § 325. Die Möglichkeit des Übergangs von der Minderung zum Schadensersatz statt der Leistung ist in entsprechender Anwendung dieser Bestimmung anzunehmen.

b) Der Besteller kann auch von der Selbstvornahme zu Schadensersatz statt der Leistung, Rücktritt oder Minderung übergehen.

Der Sinneswandel in umgekehrter Richtung (von Schadensersatz, Rücktritt oder Minderung zur Selbstvornahme) ist nicht möglich, weil dies den Vertrag in das Erfüllungsstadium zurückversetzen würde (o Rn 62), was die §§ 634 Nr 4, 281 Abs 4 ausschließen.

4. Konkurrenzverhältnis der Rechte des Bestellers

Schadensersatz, Rücktritt und Minderung *schließen sich insoweit wechselseitig aus,* 65 *wie es um den Minderwert des Werkes geht,* der aus dem Mangel resultiert. Der Besteller muß sich entscheiden, welcher dieser Behelfe seine Interessen am günstigsten wahrt; meist wird dies der Schadensersatz sein.

a) Dagegen ist der auf das Nacherfüllungsinteresse gerichtete, am Minderwert des Werkes orientierte Schadensersatzanspruch mit Nacherfüllung durch den Unternehmer oder Selbstvornahme kombinierbar. Er erfaßt jenen *verbleibenden Minderwert,* der so nicht hat beseitigt werden können, zB den merkantilen.

b) Mit allen anderen Rechtsbehelfen *zusammentreffen* kann der Schadensersatzanspruch, soweit es um *Mangelfolgeschäden* geht, dh um Schäden, die infolge des Mangels endgültig an anderen Rechtsgütern des Bestellers eingetreten sind, zB eine Körperverletzung durch das Werk, ein Einbruchsdiebstahl, den ein minderwertiges Türschloß ermöglicht hat.

Zu den Mangelschäden im Falle von Rücktritt oder Minderung u Rn 108.

IX. Nacherfüllung durch den Unternehmer

Zu dem Nacherfüllungsanspruch des Bestellers, § 634 Nr 1, die Erl zu § 635, wo er 66 näher ausgestaltet ist.

X. Selbstvornahme des Bestellers

1. Allgemeines

Die §§ 634 Nr 2, 637 erlauben es dem Besteller unter bestimmten Voraussetzungen, 67 den Mangel selbst auf Kosten des Unternehmers zu beseitigen. Diese Befugnis gehört systematisch noch in das Stadium der Nacherfüllung des Vertrages (o Rn 62). Von praktischer Bedeutung ist dabei weniger der in § 634 Nr 2 normierte Anspruch auf (nachträgliche) Erstattung der eigenen Aufwendungen als vielmehr der Vorschußanspruch nach § 637 Abs 3.

Die Bestimmungen der §§ 634 Nr 2, 637 sind beim Kauf entsprechend anzuwenden. Entsprechend angewendet wurde dort die Vorgängerbestimmung des § 633 Abs 3 aF (BGH NJW 1991, 1882), und es ist nicht anzunehmen, daß das modernisierte Schuldrecht die Rechtsstellung des Käufers (teilweise) schmälern will.

2. Voraussetzungen der eigenen Mängelbeseitigung des Bestellers

68 Die Rechte des Bestellers aus den §§ 634 Nr 2, 637 setzen voraus:

a)   Anspruch auf Mängelbeseitigung
Das Bestehen eines durchsetzbaren Anspruchs des Bestellers auf Mängelbeseitigung gemäß §§ 634 Nr 2, 635. *Nicht* notwendig ist also insbesondere, daß der Unternehmer den Mangel *verschuldet* hat; der Mangel muß nur – wenigstens teilweise – *in seinen Verantwortungsbereich* und nicht den des Bestellers fallen.

Die *Maßnahmen*, die zur Beseitigung des Mangels notwendig sind, dürfen *nicht unverhältnismäßig* iSd § 635 Abs 3 sein, vgl § 637 Abs 1 aE. Es schließt die Befugnis des Bestellers zur eigenen Mängelbeseitigung aber nicht aus, wenn der Unternehmer diese nach § 275 Abs 2, 3 verweigert hat, weil der Aufwand speziell für ihn unverhältnismäßig wäre, vgl o Rn 54. Zu § 635 Abs 3 kommt es nur darauf an, ob Unverhältnismäßigkeit nach objektiven Maßstäben gegeben ist; der Unternehmer braucht sich auf die diesbezügliche Einrede nicht berufen zu haben; dem Besteller ist es nicht gestattet, auf Kosten des Unternehmers unverhältnismäßig Aufwand zu treiben.

b)   Durchsetzbarkeit des Anspruchs
69 Der Anspruch des Bestellers auf Nacherfüllung muß durchsetzbar sein:

aa) Es geht nur um die Nacherfüllung, nicht um die Erfüllung. Damit ist die Abnahme der Werkleistung erforderlich, wie sie sein Erfüllungsstadium beendet. In jenem Stadium gelten noch die §§ 281, 323, wie sie als Folgen der Versäumung einer gesetzten Frist durch den Unternehmer nur Schadensersatz oder Rücktritt kennen, nicht auch eine Ersatzvornahme durch den Besteller. Anderes würde dort auch zu einem untunlichen Nebeneinander von Unternehmer und Besteller führen. Ggf kann der Besteller auch kündigen.

bb) Der Anspruch des Bestellers darf *nicht einredebehaftet* sein. Insbesondere schließt es die Verjährung des Anspruchs auf Mängelbeseitigung aus, daß der Besteller die Mängel selbst auf Kosten des Unternehmers beseitigen kann (vgl BGHZ 90, 344 = NJW 1984, 1676 = LM § 273 BGB Nr 38 m Anm Recken). Sonstige Einreden des Unternehmers gegen den Anspruch auf Nacherfüllung, zB aus § 320, hindern schon eine wirksame Fristsetzung.

c)   Fristsetzung
70 Der Besteller muß dem Unternehmer nach Maßgabe der §§ 637 Abs 1, 323 Abs 1 fruchtlos eine Frist zur Nacherfüllung gesetzt haben (o Rn 45 ff) oder die Setzung dieser Frist muß entbehrlich gewesen sein, §§ 637 Abs 2, 323 Abs 2, 637 Abs 2 S 2 (o Rn 51 ff).

d) Erlöschen der Befugnis

Die Befugnis des Bestellers zur eigenen Mängelbeseitigung auf Kosten des Unternehmers erlischt mit seinem Rücktritt oder der Minderung wegen dieses Mangels, ferner, wenn seinetwegen Schadensersatz statt der Leistung verlangt wird, vgl § 281 Abs 4. Dann bleiben die Kosten der Mängelbeseitigung freilich Berechnungsfaktoren im Rahmen des Schadensersatzanspruchs. Die Kündigung des Bestellers läßt seinen Nacherfüllungsanspruch in bezug auf die erbrachten Leistungsteile unberührt und damit auch seine Befugnisse aus den §§ 634 Nr 2, 637 (vgl § 649 Rn 18).

3. Durchführung

a) Zulässige Maßnahmen

Während es dem Unternehmer grundsätzlich freisteht, auf welche Weise er den Mangel beseitigen will, ist die *Dispositionsfreiheit des Bestellers* insoweit eingeschränkt. Wie der Unternehmer darf er nur Methoden wählen, die den Mangel mit Sicherheit und nicht nur wahrscheinlich beseitigen (vgl OLG Düsseldorf BauR 1974, 61). Andererseits muß er aber auch die *wirtschaftlich günstigste Methode* der Mängelbeseitigung wählen, darf also nicht auf Kosten des Unternehmers Luxus treiben. Dabei ist jedoch zu berücksichtigen, daß es dem Besteller *nicht angesonnen werden darf, unter allen Umständen die billigste Lösung* zu wählen. Er darf vielmehr einen Drittunternehmer seines Vertrauens aussuchen, den er auch nicht ohne weiteres durch eine Ausschreibung zu ermitteln hat (vgl auch INGENSTAU/KORBION/WIRTH § 13 Rn 540). Verursacht der in vertretbarer Weise ausgesuchte Drittunternehmer besondere Kosten, die vermeidbar waren, so darf das dem Besteller im Verhältnis zum Unternehmer nicht zur Last fallen, da der Drittunternehmer insoweit nicht sein Erfüllungsgehilfe ist, weil der Besteller selbst nicht Pflichten gegenüber dem Unternehmer wahrnimmt. Allgemein ist hier der Gedanke des § 670 heranzuziehen, daß der Besteller *jene Aufwendungen* machen darf, *die er nach den Umständen für erforderlich halten darf.* BGH NJW-RR 1991, 789 stellt in diesem Sinne auf das ab, was ein vernünftiger, wirtschaftlich denkender Besteller auf Grund sachverständiger Beratung im Zeitpunkt der Nachbesserung für erforderlich halten darf (vgl auch OLG Hamm NJW-RR 1994, 473: OLG Frankfurt NJW-RR 1997, 340). Dazu ist zu betonen, daß der Besteller auf *sachkundigen Rat* schwerlich verzichten darf. Insoweit darf er sich auch nicht ohne weiteres auf das verlassen, was ihm ein zweiter Unternehmer als sinnvoll und notwendig darstellt, weil dies einseitig vom Interesse zu verdienen geprägt sein kann. Andererseits schadet dem Besteller der objektive Fehlgriff nicht ohne weiteres (**aA** OLG Düsseldorf NJW-RR 1998, 527). Sind andererseits in einem Prozeß auf Kostenvorschuß die Kosten nach einer bestimmten Nachbesserungsmethode berechnet worden, so erwächst das Urteil insoweit nicht in Rechtskraft, so daß es denkbar bleibt, daß der Besteller – nach den genannten Maßstäben – doch anders nachbessert.

Soweit nur eine *Neuherstellung* in Betracht kommt, ist der Besteller auch zu ihr befugt.

Zu einem Kostenaufwand, den der Unternehmer nach § 635 Abs 3 verweigern könnte, ist der Besteller nicht befugt, § 637 Abs 1 aE, es sei denn, er könnte deutlich kostengünstiger arbeiten, wenn bei ihm zB die hohen Kosten einer Anreise nicht anfallen.

b) Umfang

72 Dem Umfang nach entspricht das Nachbesserungsrecht des Bestellers der Nachbesserungspflicht des Unternehmers (vgl dazu o Rn 24). Es umfaßt also insbesondere auch die *Kosten der Vor- und Nachbereitung* (Aufdecken des Ortes des Mangels, Beseitigung der Nachbesserungsspuren). Dabei kann insbesondere auch eine *sachverständige Begutachtung* zu berücksichtigen sein, wenn sie erforderlich erscheint, um Ausmaß und Ursachen des Mangels zu erkunden und ein Konzept zu seiner Beseitigung zu entwickeln. Bei Baumängeln kann insoweit auch die *Beiziehung eines Architekten* zulässig und geboten sein.

Der Anspruch erfaßt nicht einen merkantilen Minderwert (BGH NJW-RR 1997, 339); das wäre *(zusätzlicher)* Schadensersatz. Mangels steuerbarer Leistung unterliegt er nicht der Mehrwertsteuer (OLG Düsseldorf NJW-RR 1996, 532).

c) Eigene Arbeitsleistungen

73 Zu den erstattungsfähigen Aufwendungen des Bestellers können insbesondere auch Arbeitsleistungen zählen, die *er selbst oder Angehörige* erbringen (vgl BGHZ 59, 328 = NJW 1973, 46 = LM VOB/B Nr 57 m Anm RIETSCHEL). Problematisch ist dabei die *Bewertung* der erbrachten Arbeitsleistungen. Zu Recht will BGH aaO nicht jene Kosten ansetzen, die sonst mit der Einschaltung eines Unternehmers verbunden gewesen wären. Zu denken ist vielmehr an den *Lohn, der an einen in abhängiger Stellung Tätigen zu zahlen gewesen wäre,* wobei im übrigen eine Schätzung nach § 287 ZPO zulässig und geboten erscheint.

4. Erstattung von Aufwendungen

74 Wenn der Besteller die Nachbesserung durchgeführt hat, kann er die Erstattung seiner Aufwendungen verlangen. Erfüllungsort für diesen Anspruch ist jener Ort, an dem sich das Werk bestimmungsgemäß befindet. Eine prüfbare Rechnung ist auch beim VOB-Vertrag nicht Voraussetzung der Fälligkeit (BGH NJW-RR 2000, 19). Der Anspruch verjährt nach § 634a. Er ist nach § 256 S 1 *verzinslich*, trotz des bestehenden Verzuges des Unternehmers mit der Mängelbeseitigung dagegen nicht ohne weiteres nach § 286; insoweit müssen vielmehr die Voraussetzungen des Verzuges in bezug auf ihn neu geschaffen werden.

5. Anspruch des Bestellers auf Kostenvorschuß

75 Der heute in § 637 Abs 3 vom Gesetz anerkannte Anspruch des Bestellers auf Kostenvorschuß ist von der Rechtsprechung (BGHZ 47, 242; 61, 28; 66, 138) aus § 633 Abs 3 aF entwickelt worden. Er bietet für den Besteller unschätzbare Vorteile, wenn er den Einsatz eigener Mittel erspart, es möglich macht, den Unternehmer früher – als nach der eigenen Nachbesserung – in Anspruch zu nehmen. Außerdem hat die zeitliche Reihenfolge – erst Vorschußprozeß, dann Nachbesserung – den Vorteil, daß die Einstandspflicht des Unternehmers vorab geklärt ist, wie sie vielleicht schwierig zu beurteilen und streitig sein kann.

Der Vorschußanspruch ist identisch mit dem Erstattungsanspruch. Das hat prozessual zur Folge, daß der Besteller, der auf Vorschuß klagt und dann während des Prozesses selbst nachbessert, nicht etwa für erledigt zu erklären und die Klage umzustellen hat (aA OLG Koblenz NJW-RR 1990, 981). Es ist nur ggf die Berechnung der Klage zu berichtigen.

a) Voraussetzungen
Der Anspruch steht jedem Besteller zu, auch dem Hauptunternehmer gegen den Subunternehmer, dies auch dann, wenn er seinerseits schon Vorschuß an den Bauherrn geleistet hat (BGHZ 110, 205 = NJW 1990, 1475).

Der Anspruch auf Kostenvorschuß hat *die normalen Voraussetzungen* eines Mangels und der fruchtlosen bzw entbehrlichen Fristsetzung zu seiner Beseitigung.

Aus der *Zweckgebundenheit der Zahlung*, die der Besteller verlangen kann, folgt aber noch die weitere Voraussetzung, daß der Besteller auch *gewillt* ist, *die Nachbesserung tatsächlich durchzuführen* (vgl BGHZ 47, 272, 274; OLG Hamburg BauR 1979, 331, auch OLG Köln BauR 1988, 483). Die Beweislast für die fehlende Nachbesserungsbereitschaft des Bestellers trägt der Unternehmer (BGHZ 47, 272, 275).

b) Umfang
Der Umfang des Anspruchs richtet sich nach den zu erwartenden Kosten der Mängelbeseitigung, wie sie der Besteller – zB durch die Vorlage von Kostenvoranschlägen – darzutun hat; ggf sind sie nach § 287 ZPO zu schätzen. Merkantiler Minderwert wird nicht erfaßt (BGH NJW-RR 1997, 339); das ist Schadensersatz. Aus dem *provisorischen Charakter* des Vorschusses *folgt* dabei aber *nicht*, daß bei seiner Bemessung *eine besondere Freiheit* herrschen dürfte. Vielmehr sind wie auch sonst im Prozeß alle gegebenen Erkenntnismöglichkeiten auszuschöpfen; insbesondere wird weithin die *Einholung eines Sachverständigengutachtens* nicht zu vermeiden sein. In Rechtskraft erwachsen die darauf basierenden gerichtlichen Feststellungen zur Art der Nachbesserung nicht. 76

Auch hier kann die Nacherfüllung ggf Neuherstellung bedeuten.

Erweist sich nachträglich ein Kostenvorschuß als zu gering bemessen, kann seine Aufstockung begehrt werden (vgl BGHZ 47, 272, 274).

c) Subsidiarität
Aus dem Grundgedanken des Anspruchs, daß es dem Besteller nicht anzusinnen sei, eigene Mittel zur Mängelbeseitigung einzusetzen, könnte man den Schluß ziehen, daß er nur subsidiär geltendgemacht werden kann, daß sich der Besteller zunächst die erforderlichen Mittel auf andere Weise, insbesondere durch einen Einbehalt von der noch offenen Werklohnforderung zu verschaffen hat (vgl in diesem Sinne EHRHARDT-RENKEN, Der Kostenvorschußanspruch nach §§ 633 Abs 2, 13 Nr 5 Abs 2 VOB/B [Diss Hamburg 1985] 116 ff; INGENSTAU/KORBION/WIRTH § 13 Rn 557; OLG Karlsruhe Justiz 1983, 368; LG Köln BauR 1973, 114; ERMAN/SEILER § 633 aF Rn 38). Doch kann die Billigkeit des Anspruchs nur Motiv für seine Anerkennung sein, *nicht* aber die Voraussetzungen näher bestimmen. Den praktischen Bedürfnissen wird vollauf Genüge getan, wenn man den Werklohnanspruch einerseits und den Anspruch auf Kostenvorschuß andererseits für gegenseitig aufrechenbar hält (vgl u Rn 79). Insofern braucht sich der Vorschuß begehrende Besteller auch *nicht auf eine etwaige Sicherheitsleistung* verweisen zu lassen, es sei denn, jene deckte seine Interessen zweifelsfrei voll ab. 77

d) Verzinsung

78 Entgegen OLG München NJW 1978, 766 folgt aus der besonderen Rechtsnatur des Vorschußanspruchs nicht, daß er nicht zu verzinsen sei, weil es sich nicht um eine Geldschuld handele. Es können vielmehr *Prozeßzinsen* nach § 291 verlangt werden und auch Verzugszinsen nach § 288, da letztere einen realen Zinsschaden des Gläubigers nicht voraussetzen (vgl BGHZ 77, 60 = NJW 1980, 1955 = LM § 13 VOB/B [C] Nr 18 m Anm GIRISCH; BGH NJW 1983, 2191 m insoweit zustimmender Anm KÖHLER JZ 1983, 706; INGENSTAU/KORBION/WIRTH § 13 Rn 563; ERMAN/SEILER § 633 Rn 37; PALANDT/SPRAU § 633 Rn 9). Ein über den gesetzlichen Zinssatz hinausgehender Zinsschaden kann dagegen *grundsätzlich nicht* geltend gemacht werden, da der Besteller den Vorschuß nicht zur Abdeckung anderweitiger Verbindlichkeiten verwenden darf (vgl INGENSTAU/KORBION aaO; **aA** ERMAN/SEILER aaO). Allerdings können höhere Zinsschäden anfallen, sofern der Besteller schon jetzt andere Unternehmer beauftragt und zu vergüten hat.

Verzug des Unternehmers besteht nicht schon wegen seines Verzuges mit der Mängelbeseitigung; er muß vielmehr *gerade wegen des Kostenvorschusses* in Verzug gesetzt werden (BGHZ 77, 60).

e) Verhältnis zum Werklohnanspruch

79 Die besondere Rechtsnatur des Anspruchs auf Kostenvorschuß hindert es nicht, daß er **zur Aufrechnung** – *insbesondere gegenüber der Werklohnforderung* des Unternehmers – **verwendet** werden kann (**aA** OLG Düsseldorf BauR 1978 m 59; 1970, 60; wie hier aber BGHZ 54, 244 = NJW 1970, 2019, ERMAN/SEILER Rn 38; BGB-RGRK/GLANZMANN Rn 33; Münch-Komm/SOERGEL Rn 159; INGENSTAU/KORBION/WIRTH § 13 Rn 573; NICKLISCH/WEICK § 13 Rn 166; krit KNIESTEDT DRiZ 1982, 229, 231; **aA** OLG Oldenburg BauR 1994, 371: von vornherein werde nur die Differenz geschuldet).

In AGB des Unternehmers kann diese Aufrechnungsbefugnis nicht wirksam ausgeschlossen werden (vgl LG München NJW-RR 1990, 30), weil das den Besteller unangemessen benachteiligen würde (§ 307 Abs 2 Nr 1) angesichts des inneren Zusammenhangs beider Forderungen. Statt zur Aufrechnung kann der Besteller seinen Vorschußanspruch auch zur Zurückbehaltung verwenden, § 320 (**aA** wegen der grundsätzlichen Subsidiarität der Zurückbehaltung gegenüber der Aufrechnung KOHLER BauR 1992, 22).

f) Verjährung

80 Der Anspruch verjährt nach § 634a. Sofern die Kosten innerhalb der Fristen dieser Bestimmung noch nicht endgültig überschaubar sind, hat der Besteller insoweit *Feststellungsklage* zu erheben (vgl aber KAISER NJW 1973, 176 und krit dazu INGENSTAU/KORBION/WIRTH § 13 Rn 569, ferner BGH NJW-RR 1986, 1026 zur Möglichkeit einer Feststellungsklage). Nach allgemeinen Grundsätzen scheidet diese jedenfalls aus, soweit der *Vorschuß schon bezifferbar* ist.

Die Klage auf Kostenvorschuß hemmt die Verjährung auch hinsichtlich eines *weiteren Kostenvorschusses*, sofern dieser auf denselben Mangel gestützt wird und mit zwischenzeitlichen Kostensteigerungen begründet wird (BGHZ 66, 138 = NJW 1976, 956 = LM § 209 BGB Nr 30 m Anm DOERRY). Dagegen kommt der Aufrechnung mit einem Anspruch auf Kostenvorschuß eine so weitreichende Wirkung nicht zu (BGH NJW-RR 1986, 1079).

g) Verhältnis zum Schadensersatzanspruch

Der Anspruch auf Kostenvorschuß kann sich zwar betragsmäßig mit dem Anspruch auf Schadensersatz weithin decken, ist aber nach Voraussetzungen und Rechtsfolge mit diesem nicht identisch, so daß *im Prozeß* von *unterschiedlichen Streitgegenständen* auszugehen ist (BGH NJW-RR 1998, 1006; Grunsky NJW 1984, 2545). Der Besteller muß deshalb sein Klageziel klarstellen. In der Regel wird der Übergang von dem einen zu dem anderen Klageziel sachdienlich sein (OLG Köln BauR 1996, 548). Die Ansprüche bestehen nebeneinander, soweit sich der Schadensersatzanspruch auf Schäden bezieht, die schon eingetreten sind und damit durch die Nachbesserung nicht mehr aufgefangen werden können. **81**

Die Wahl des Anspruchs auf Kostenvorschuß bindet den Besteller nicht; er kann zum Anspruch aus § 634 Nr 4 übergehen, sofern dessen Voraussetzungen vorliegen (BGHZ 105, 103). Umgekehrt ist bei einem begründeten Begehren von Schadensersatz statt der Leistung der Weg nicht mehr zum Kostenvorschuß eröffnet, §§ 634 Nr 4, 281 Abs 4: Damit würde das gerade abgeschlossene Erfüllungsstadium wiederbelebt.

Wenn auch das Gericht bei der Bemessung des Kostenvorschusses einen *bestimmten Weg* der Mängelbeseitigung zugrunde gelegt hat, *so erwächst dies als Entscheidungsgrundlage* doch *nicht in Rechtskraft.* Der Besteller ist also nicht daran gebunden, sondern kann den Mangel auch auf andere Weise beseitigen, sofern dies nur sachlich gerechtfertigt ist.

h) Abrechnungspflicht

Nach Durchführung der Nachbesserung ist über diese und über die Verwendung des Kostenvorschusses abzurechnen (vgl Palandt/Sprau § 637 Rn 10; Erman/Seiler § 633 aF Rn 39; Nicklisch/Weick § 13 Rn 159), dh der Unternehmer erwirbt einen **Anspruch auf Auskunft und Rechenschaftslegung**, der in entsprechender Anwendung der §§ 666, 259 zu behandeln ist. Er wird fällig mit Abschluß der Arbeiten; der Besteller trägt die Beweislast dafür, daß er uU noch nicht abrechnen kann (BGH NJW 1990, 1475). **82**

Nicht verbrauchte Teile des Vorschusses hat der Besteller dem Unternehmer in entsprechender Anwendung des § 667 **auszukehren** (vgl Renkl BauR 1984, 472, 473 f; Mantscheff BauR 1985, 395; Ingenstau/Korbion/Wirth § 13 Rn 575; BGHZ 94, 330, 334 = NJW 1985, 2325). In die Abrechnung sind die dem Besteller gezahlten *Prozeß- oder Verzugszinsen* nicht zugunsten des Unternehmers einzubeziehen (BGH aaO). Der Erstattungsanspruch des Unternehmers ist trotz der damit verbundenen Härten in der *Verjährung analog zu § 634a* zu behandeln, wobei es für den Unternehmer zweckmäßig ist, gegenüber der Klage auf Kostenvorschuß eine entsprechende Feststellungswiderklage zu erheben. Die Richtigkeit dieses Ergebnisses folgt schon daraus, daß auch ein entsprechender Nachschußanspruch des Bestellers nach § 634a zu behandeln ist.

i) Mangelhafte Eigennachbesserung

Sofern eine Nachbesserung durch einen Drittunternehmer erfolglos bleibt oder ihrerseits mangelhaft ist, hat der Besteller zunächst Gewährleistungsansprüche gegen diesen. Seine Gewährleistungsansprüche gegen den ersten Unternehmer werden durch eine solche erfolglose Nachbesserung nicht verbraucht, auch nicht seine Befugnisse, den gezahlten Vorschuß zu behalten, sofern er nur seine Aufwendungen für **83** erforderlich halten durfte. Der erste Unternehmer kann seine Gewährleistung aber davon abhängig machen, daß ihm die Gewährleistungsansprüche gegen den Drittunternehmer abgetreten werden (vgl zu dem Fragenkreis auch BLOMEYER ZfBR 1985, 155, 158).

k) Rückforderungsanspruch des Unternehmers

84 Wenn der Besteller die Nachbesserung nicht innerhalb angemessener Frist in Angriff nimmt, erwirbt der Unternehmer einen Rückforderungsanspruch. Insoweit wird man (mit INGENSTAU/KORBION § 13 Rn 555) eine Frist von einem Jahr für angemessen halten müssen. Es kommt insoweit freilich jeweils auf die Umstände des Einzelfalls an. Die Rechtskraft der Verurteilung des Unternehmers wird der Besteller jedenfalls abwarten dürfen (OLG Celle NJW-RR 1994, 1174).

Gegenüber dem Rückforderungsanspruch des Unternehmers kann der Besteller *mit einem etwaigen Schadensersatzanspruch aus § 634 Nr 4* aufrechnen (BGHZ 105, 103 = BGH JZ 1988, 1017 m Anm KÖHLER).

XI. Rücktritt des Bestellers

1. Allgemeines

85 Die Möglichkeit des Rücktritts, die die §§ 634 Nr 3, 636 dem Besteller eröffnen, ist in enger Anlehnung an die Regelung beim Kauf konzipiert worden, vgl dort die §§ 437 Nr 2, 440. Als einseitig vom Besteller zu erklären, § 349, tritt er an die Stelle der bisherigen Wandlung, die grundsätzlich eine entsprechende Einigung der Parteien erforderte, vgl §§ 634 Abs 4, 467, 465 aF. Schon bei ihr hatte der historische Gesetzgeber Anlaß zu einer eigenständigen Regelung nicht gesehen, vgl Mot II 269. Das überrascht deshalb, weil eine *reibungslose Rückgewähr* der beiderseitig erbrachten Leistungen allenfalls beim Werklieferungsvertrag denkbar ist, vgl dort etwa den Fall der Lieferung von Software, kaum aber beim eigentlichen Werkvertrag, bei dem der Unternehmer Sachen des Bestellers zu bearbeiten hatte. Seine Leistung kann teils gar nicht, teils nur um den Preis ihrer Zerstörung zurückgewährt werden. In aller Regel ist es wirtschaftlich am sinnvollsten, wenn sie bei dem Besteller verbleibt. Für den Bereich des Bauvertrages läßt dann auch § 309 Nr 8 b bb den Ausschluß in AGB zu.

Wenn die Werkleistung bei dem Besteller verbleibt und der Unternehmer Wertersatz für sie erhält (vgl u Rn 94), *verliert der Rücktritt seine praktische Bedeutung neben der Minderung.* Obwohl als schneidiger Rechtsbehelf für den Besteller konzipiert, vgl die „Mißbrauchsbremse" des § 323 Abs 5 S 2, wird er so zu einer *unternehmerfreundlichen Art* der Bewältigung der Mängel. Gibt man dagegen dem Besteller einen *Anspruch auf Beseitigung der Werkleistung* (dazu u Rn 91), stellt sich das gegenteilige Problem, daß eine *übermäßige Benachteiligung des Unternehmers* vermieden werden muß.

2. Voraussetzungen

86 a) Es muß ein Mangel des Werkes vorliegen (dazu § 633 Rn 152 ff).

b) Die Pflichtverletzung, die er darstellt, darf *nicht nur unerheblich* sein, § 323 Abs 5 S 2, wie dies der Unternehmer darzulegen und zu beweisen hat.

Unerheblichkeit kann auch dann gegeben sein, wenn dem Werk eine zugesicherte Eigenschaft fehlt (vgl ERMAN/SEILER § 634 Rn 26; **aA** RGZ 66, 167; BGB-RGRK/GLANZMANN § 634 Rn 18). Auch dann kann es treuwidrig vom Besteller sein, die Konsequenz des Rücktritts zu ziehen.

Ein Mangel ist zunächst dann *unerheblich*, wenn er sich mit *geringem Aufwand beseitigen läßt*, mag er zunächst auch die Funktionsfähigkeit ausschließen (**aA** BGH NJW-RR 1993, 309); dies gilt, obwohl der Unternehmer zu seiner Beseitigung nicht mehr berechtigt ist. Bei höherem Aufwand handelt der Besteller mißbräuchlich, wenn ihm der Unternehmer die Kosten anbietet und er dies ablehnt.

Wenn sich der Mangel nicht oder nur in lästiger Weise beseitigen läßt, muß die *Gebrauchstauglichkeit für den Besteller objektiv fühlbar beeinträchtigt sein*; es genügt nicht, daß der Besteller nur subjektiv eine Aversion gegen das Werk gefaßt hat.

Dabei ist die Schwelle zur Erheblichkeit deutlich höher als beim Kauf anzusetzen, weil dort die Rückgabe der Sache problemlos möglich ist.

Ein Mangel ist allerdings dann erheblich, wenn das Werk beim Besteller verbleiben soll und sich das rechnerische Ergebnis, das sich dann aus § 346 Abs 1, 2 ergibt, nicht nachhaltig von dem der Minderung unterscheidet.

c) Der Mangel darf nicht allein oder weit überwiegend vom Besteller zu vertreten sein, § 323 Abs 6, 1. Alt. Hierher gehören zunächst die Fälle des § 645 Abs 1 (vgl dort Rn 12 ff, 29 ff), sodann der eigene Planungsmangel des Bestellers. Trifft den Unternehmer insoweit die Mitverantwortung, weil er seiner Remonstrationspflicht gemäß § 4 Nr 3 VOB/B (vgl § 633 Rn 62 ff) nicht nachgekommen ist, schließt dies die Rücktrittsmöglichkeit idR noch nicht aus, es sei denn, die Quote des Unternehmers läge über jenem Drittel, das gemeinhin anzusetzen ist. Hohe Sowieso-Kosten bei einer Nachbesserung (o Rn 20) gehen zwar zu Lasten des Bestellers, machen ihn aber noch nicht für den Mangel verantwortlich iSd § 323 Abs 6.

d) Aus *allgemeinen Gründen* kann der Rücktritt insbesondere durch **Verwirkung** 87 ausgeschlossen sein (vgl BGH NJW-RR 1991, 872), woran freilich strenge Anforderungen zu stellen sind. Das kommt namentlich dann in Betracht, wenn der Besteller *in Kenntnis des Mangels* vor dem Rücktritt *dergestalt mit dem Werk verfährt* – es insbesondere benutzt –, *daß nach Treu und Glauben der Wille anzunehmen ist, das Werk zu behalten* (vgl STAUDINGER/HONSELL [1995] § 467 aF Rn 16 f zum Kauf; ERMAN/SEILER § 634 Rn 27; PETERS JR 1979, 270). Davon kann allerdings dann *nicht* ausgegangen werden, wenn der Besteller durch *äußere Umstände* zur Benutzung des Werkes gezwungen war (vgl BGH NJW-RR 1991, 872), etwa weil er sich einen Ersatzgegenstand nicht beschaffen konnte (vgl BGH MDR 1955, 464), obwohl er ihn benötigte, oder weil sich die Benutzung des Werkes gar nicht vermeiden ließ, was insbesondere bei Bauleistungen der Fall sein kann. Leistung von Abschlagszahlungen oder Duldung von Nachbesserungsversuchen bedeuten jedenfalls keine Verwirkung.

88 e) Das Rücktrittsrecht kann schließlich *vertraglich ausgeschlossen* sein, vgl auch Anh I zu § 638 Rn 36 zu § 13 VOB/B, wo der Gesamtzusammenhang der Regelung einen derartigen Ausschluß ergibt. Die Annahme eines stillschweigenden Ausschlusses allgemein bei Bauverträgen (so OLG Koblenz NJW 1962, 741) ist aber nicht gerechtfertigt, (ERMAN/SEILER § 634 Rn 27), doch sind wegen der grundsätzlichen Problematik des Rücktritts beim Werkvertrag an den Ausschlußwillen der Parteien *keine hohen Anforderungen* zu stellen, was dann freilich *nicht nur für den Baubereich* gilt. So kann der Ausschlußwille dann angenommen werden, wenn der Vertrag die sonstigen Rechte des Bestellers regelt oder mindestens anspricht, aber den Rücktritt übergeht.

Nach § 309 Nr 8 b bb ist der *formularmäßige Ausschluß des Rücktritts bei Bauleistungen zulässig*; er verstößt dann auch nicht gegen § 307. Das trägt ihren praktischen Problemen Rechnung, ist aber deshalb *inkonsequent*, weil diese andernorts nicht geringer sind und dem Besteller auch dort hinreichende andere Rechte zur Verfügung stehen. Die Fassung des Gesetzes verbietet freilich die anderweitige entsprechende Anwendung der Ausnahmebestimmung. Allerdings bleibt es dem Unternehmer in seinen AGB unbenommen, den Rücktritt in seinen Folgen zu präzisieren, sie insbesondere auf den Fall zu beschränken, daß eine Rückabwicklung der Leistungen im eigentlichen Sinne erfolgen kann, und einen wertevernichtenden Demontageanspruch des Bestellers (dazu u Rn 91) auszuschließen. Erhalten zu bleiben braucht dem Besteller außerhalb des Bereichs der Bauleistungen eben nur die Befugnis zu einem „echten" Rücktritt. – Der Begriff der Bauleistungen ist nach dem Vorbild des Begriffs des Bauwerks in § 634a Nr 2 in einem weiten Sinne zu verstehen (vgl ULMER/BRANDNER/HENSEN § 11 Nr 10 b AGBG Rn 53).

Jedenfalls bei Werklieferungsverträgen kann die Rücktrittsbefugnis auch gegenüber Kaufleuten nicht endgültig ausgeschlossen werden, §§ 309 Nr 8 b bb, 307 (vgl BGH NJW 1981, 1501; 1993, 2436, 2438; 2002, 511). Wegen § 651 aF ist das jetzt freilich eine Frage des Kaufrechts.

Gleiches muß beim Bauträgervertrag gelten, dessen Rückabwicklung nicht zur Wertevernichtung führt (vgl OLG Koblenz NJW-RR 1995, 1004; OLG Hamm NJW-RR 1998, 1031).

f) Schließlich muß die Frist zur Nacherfüllung fruchtlos abgelaufen sein, §§ 634 Nr 3, 323 Abs 1 (dazu o Rn 42 ff), oder es muß ihre Setzung entbehrlich gewesen sein, §§ 323 Abs 3, 636 (dazu o Rn 51 ff).

3. Erklärung des Rücktritts

89 Zur Erklärung des Rücktritts vgl § 349 und die Erl dort. Mehrere Besteller können nur einheitlich zurücktreten, § 351 S 1. Gleiches gilt gegenüber mehreren Unternehmern. S auch § 351 S 2. Die Rücktrittsbefugnis kann zur Ausübung überlassen werden. Der Besteller kann noch zum Schadensersatz statt der Leistung übergehen, § 325. Zur „Verjährung" des Rücktrittsrechts vgl § 634a Rn 14.

4. Folgen des Rücktritts

90 Es wandelt sich der Vertrag in ein *Rückgewährschuldverhältnis* um, ohne doch nach heute hM gänzlich zu entfallen, so daß wegen der erbrachten Leistungen insbesondere eine *bereicherungsrechtliche Rückabwicklung ausgeschlossen* bleibt.

a) Werklohn
Dementsprechend erwirbt der Besteller zunächst einen *Anspruch auf Rückzahlung etwa schon gezahlten Werklohns* nebst gezogener oder erzielbarer Zinsen, §§ 346 Abs 1, 347 Abs 1 S 1, und kann er die Zahlung weiteren Werklohns verweigern.

b) Rücknahme des Werkes
Zweifelhaft ist, ob der Besteller von dem Unternehmer die Rücknahme des Werkes **91** verlangen kann. Das würde dort, wo der Unternehmer Sachen des Bestellers bearbeitet hat, bedeuten, daß er seine Bearbeitung rückgängig zu machen, zB das gedeckte Dach wieder abzudecken hat.

aa) Die Frage wurde in der Literatur zum Werkvertrag *überwiegend verneint* (vgl SCHÖLLER Gruchot 46, 253, 259; BGB-RGRK/GLANZMANN § 634 Rn 17; SOERGEL/MÜHL[11] § 634 Rn 14; ferner OLG Hamm NJW 1978, 1060: Dies sei Schadensersatz, wie er nur unter den Voraussetzungen des § 635 geschuldet sein könne). Demgegenüber wird eine Beseitigungspflicht des Unternehmens bejaht von OLG Frankfurt BauR 1990, 473 (jedenfalls bei besonderem Interesse); KORNMEIER NJW 1978, 2035; PETERS JR 1979, 265; SOERGEL/TEICHMANN[12] § 634 Rn 14; ERMAN/SEILER § 634 Rn 19; PALANDT/SPRAU § 634 nF Rn 7, anders jetzt § 636 Rn 7, letztere unter Berufung auf § 1004.

Im Bereich des Kaufes nimmt SOERGEL/HUBER § 467 aF Rn 135 eine Pflicht des Verkäufers zur Demontage dann an, wenn er auch die Montage geschuldet hatte; weitergehend bejahte BGHZ 87, 104, 109 eine Demontagepflicht des Verkäufers im Wandlungsfall auch dann, wenn der Käufer montiert hatte. Ob dies ein besonderes Interesse des Käufers an der Demontage voraussetzt, hat er offengelassen. Die von ihm zitierte Literatur zur Rücknahmepflicht des Verkäufers betrifft ersichtlich nicht die eigentlich interessierende Frage der Kosten der Demontage und der damit untrennbar verbundenen Kosten der Wiederherstellung des früheren Zustands.

In der Literatur zum Rücktrittsrecht finden sich Hinweise auf eine *Rücknahmepflicht* seit BGHZ 87, 104, 109 bei SOERGEL/HADDING § 346 Rn 6; MünchKomm/JANSSEN § 346 Rn 10, 12; eingehend jetzt STAUDINGER/KAISER (2001) § 346 Rn 48 ff.

bb) Die Frage hat eine *hinreichende klare Entscheidung im Gesetz nicht* gefunden. Die §§ 346, 348 gehen von der (hier) *irrigen Vorstellung* aus, daß die Rückgewähr für ihren Empfänger etwas Gutes bedeute. Der Gesetzgeber des § 634 hat *die Unterschiede zum Kauf nicht bedacht*.

Man wird eine Lösung auch nicht aus Wesen und Rechtsnatur des Rücktritts entwickeln können, weil diese zu unbestimmt sind. Den Ausschlag muß die *Interessenlage* geben:

cc) Der Besteller hat die Einwilligung in die Bearbeitung/Veränderung seiner Sa- **92** che nur unter der jetzt enttäuschten Voraussetzung gegeben, daß diese mangelfrei erfolgt. *In die mangelhafte Bearbeitung hat er nicht eingewilligt*, die ihn uU schlechter stellt, als wenn eine Bearbeitung der Sache ganz unterblieben wäre. Das spricht dafür, ihm *§ 1004 entsprechende Rechte* zu geben.

Nur ein Beseitigungsanspruch des Bestellers im Falle des Rücktritts bringt seine Gewährleistungsrechte in ein sinnvolles System. *Nur so kann der Rücktritt von der Minderung unterschieden* und in ihrer eigenständigen Existenz gerechtfertigt werden. Auch § 323 Abs 5 S 2 erhält nur so Sinn. Gleichzeitig werden Rücktritt und Anspruch auf Schadensersatz wegen Nichterfüllung in ein Verhältnis zueinander gebracht, wie es auch zwischen den Ansprüchen aus den §§ 823 und 1004 besteht. Sie überschneiden sich weithin, insbesondere kann ja im Falle des großen Schadensersatzes die Beseitigung des Werkes begehrt werden, werden aber nicht deckungsgleich.

Ein Anspruch des Bestellers auf Demontage des Werkes auf Kosten des Unternehmers führt notwendig *zum Entfallen des Werklohnanspruchs* und damit dazu, daß der Unternehmer über diesen hinaus weitere Einbußen erleidet. Das sind *harte Folgen*, die aber dem Wesen des Rücktritts jedenfalls nicht widersprechen, wenn § 346 Abs 5 Einbußen des Gegners durchaus zuläßt, und die *dadurch hinreichend gerechtfertigt* werden, daß der Unternehmer nicht nur die geschuldete Leistung nicht erbracht, sondern auch seine Nachbesserungschance nicht genutzt hat.

dd) Der so grundsätzlich anzunehmende Beseitigungsanspruch des Bestellers steht freilich – über § 323 Abs 5 S 2 hinaus – in *besonderem Maße unter dem Vorbehalt von Treu und Glauben*. Er wird treuwidrig ausgeübt, wenn der Unternehmer Werte geschaffen hat, deren Nutzung dem Besteller angesonnen werden kann oder die er gar plant. Eine mutwillige Wertevernichtung ist nicht hinzunehmen. Auch kann die Beseitigung des Werkes wegen unverhältnismäßigen Aufwandes in entsprechender Anwendung des § 635 Abs 3 verweigert werden.

ee) Im Ergebnis kann der Besteller zunächst von dem Unternehmer *die Beseitigung des Werkes und die Wiederherstellung des früheren Zustandes*, § 258, verlangen. Zur eigenen Beseitigung auf Kosten des Unternehmers ist er in entsprechender Anwendung des § 634 Nr 2 befugt.

c) Wegnahmerecht des Unternehmers

93 Wenn der Unternehmer grundsätzlich verpflichtet ist, das Werk zu beseitigen, muß ihm umgekehrt auch das Recht zugestanden werden, Sachen, die er mit der von dem Besteller gestellten Hauptsache verbunden hat, wegzunehmen, wobei er freilich dann auch gemäß § 258 für die Wiederherstellung des früheren Zustands zu sorgen hat. Dies gilt auch dort, wo die Beiträge des Unternehmers wesentliche Bestandteile geworden sind (vgl BGB-RGRK/GLANZMANN § 634 Rn 16); in den Fällen des § 94 Abs 2 kann eine Trennung wirtschaftlich durchaus sinnvoll sein.

d) Verbleib des Werkes beim Besteller

94 Verbleibt das Werk beim Besteller, so hat er Wertersatz zu leisten, § 346 Abs 2 S 1 Nr 1. Dabei brauchen Rückgewähr oder Herausgabe freilich nicht ausgeschlossen zu sein, wie allerdings oft der Fall ist, sondern es genügt, daß sich der Besteller für das Behalten entscheidet: Er hätte mit derselben Folge des Behaltens auch kündigen können.

Gleiches gilt, wenn der Besteller die bearbeitete Sache – und mit ihr die Werkleistung – veräußert hat, § 346 Abs 2 S 1 Nr 2, vgl auch die anderen dort aufgeführten Konstellationen.

Dieser Anspruch auf Wertersatz besteht *nicht*, wenn der Besteller zulässigerweise die Beseitigung des Werkes verlangen oder den Unternehmer auf die Wegnahmemöglichkeit verweisen kann.

Bei der Bemessung des Wertersatzes ist von dem vereinbarten Werklohn auszugehen, § 346 Abs 2 S 2. Daß die Leistung mangelhaft war und ist, muß nach denselben Maßstäben wie bei der Minderung berücksichtigt werden, dazu u Rn 100, weil andere Maßstäbe nicht ersichtlich sind. Der Mangel ist damit abgegolten.

Daß der Besteller das Werk genutzt hat und weiter nutzen wird, ist damit ebenfalls abgegolten. Die Pflicht zur Herausgabe der Nutzungen nach § 346 Abs 1 paßt nur zur „echten" Rückgewähr der Leistungen: Wer die Eigentumswohnung wegen des Mangels zurückgibt, hat damit letztlich eine Zeit lang in einer fremden Wohnung gewohnt; das darf nicht umsonst gewesen sein. Wer sie behält, braucht für das Wohnen in der eigenen Wohnung nicht auch noch Miete zu bezahlen. Bewertungszeitpunkt ist der des Vertragsabschlusses, § 638 Abs 3 analog.

e) Erfüllungsort
Der Erfüllungsort ist für den Besteller jedenfalls *der Ort, an dem sich das Werk im* **95** *Zeitpunkt der Wandlung vertragsgemäß* befindet, bei Bauverträgen mithin die Baustelle. Für die Rückzahlungspflicht des Unternehmers ist – entgegen SOERGEL/ HUBER § 467 aF Rn 97 ff (zum Kauf) – nicht von seinem Geschäftssitz auszugehen, sondern von dem Ort des primären Austausches der Leistungen, der damals schon – auch für den Besteller – den Erfüllungsort bestimmte, (vgl § 631 Rn 48; so auch die hM, vgl [alle zum Kauf] RGZ 50, 250, 252; BGH NJW 1962, 739; BGHZ 87, 104, 109; JAUERNIG/VOLLKOMMER § 269 Rn 8). Erst recht gilt dies, soweit der Unternehmer im Rahmen der Wandlung mit der Demontage des Werkes Naturalleistungen zu erbringen hat.

f) Austauschverhältnis
Die *Rückgewährpflichten* der Parteien sind nach den §§ 348, 320, 322 *Zug um Zug* zu erfüllen.

XII. Minderung der Vergütung

1. Allgemeines

Nicht anders als der Rücktritt ist auch die Minderung beim Werkvertrag *nach dem* **96** *Vorbild des Kaufes konzipiert*. Im Gegensatz zum Rücktritt ist sie dem *Grunde nach* ein *unproblematischer* Rechtsbehelf, der in der Praxis vor allem zu der Bewältigung von solchen Mängeln dient, denen ein besonderes Gewicht nicht zukommt und die auch keine weitergehenden Schäden verursacht haben. *Schwierigkeiten* bereitet allerdings gerade dann die *korrekte Berechnung*.

2. Voraussetzungen

97 **a)** Die Minderung ist möglich, wenn das Werk einen *Mangel* aufweist, dh nicht den Anforderungen entspricht, die sich aus § 633 ergeben. Besonders Anforderungen an den Mangel stellt das Gesetz nicht; insbesondere darf er *auch unerheblich* sein, wie die verklausulierte Bestimmung des § 638 Abs 1 S 2 ergibt. Auch und gerade ein solcher Mangel bedarf des Ausgleichs.

Allerdings muß der Mangel *geeignet sein, den Verkehrswert des Werkes zu beeinträchtigen*, wie sich aus § 638 Abs 2 S 1 ergibt, da nur dann überhaupt ein Minderungsbetrag ausgeworfen werden kann. Das führt in jenen Fällen zu einer *empfindlichen Lücke im Rechtsschutzsystem des Bestellers,* in denen der Unternehmer von den Vereinbarungen abgewichen ist, ohne doch etwas Minderwertiges zu schaffen, zB durch eine eigenmächtige Farbwahl. Hier kann der Nachbesserungsanspruch an unverhältnismäßigem Aufwand nach § 635 Abs 3 scheitern und versagen dann auch die anderen Gewährleistungsbehelfe des Bestellers.

b) Notwendig ist es weiter, daß eine Frist zur Nacherfüllung fruchtlos gesetzt oder entbehrlich war, § 323 Abs 1, 2, 636, 638 Abs 1 S 1. Da die Minderung die Belange des Unternehmers regelmäßig nicht stark beeinträchtigt, ist dies *von der Sache her kaum erforderlich*. Jedenfalls können die Voraussetzungen des § 323 Abs 2 Nr 3 vor diesem Hintergrund eher angenommen werden als im Falle des Rücktritts. So kann ein *besonderes Interesse des Bestellers* an sofortiger Minderung grundsätzlich schon dann angenommen werden, wenn die Kosten der Mängelbeseitigung den „Wert" des Mangels unzweifelhaft übersteigen, weil in Fällen dieser Art nicht damit zu rechnen ist, daß sich der Unternehmer zur Beseitigung bereitfinden wird. Hier *muß der Unternehmer*, der die Minderung vermeiden will, *die Beseitigung des Mangels von sich aus anbieten*. Das ist insbesondere dann von Bedeutung, wenn sich der Besteller gegenüber der Werklohnklage einredeweise auf Minderung beruft.

c) Die Minderung darf *nicht vertraglich ausgeschlossen* sein. Dabei setzt einem individualvertraglichen Ausschluß § 639 Grenzen, bei einem Ausschluß durch AGB des Unternehmers ist § 309 Nr 8 b zu beachten, dort insbesondere lit b (vgl dazu § 639 Rn 43, 74).

3. Erklärung der Minderung

98 Rechtstechnisch ist die Minderung als ein „kleiner Rücktritt" ausgestaltet. Sie erfolgt durch eine einseitige empfangsbedürftige gestaltende Willenserklärung gegenüber dem Unternehmer, § 638 Abs 1 S 1, was § 349 entspricht, bei einer Personenmehrheit auf der einen oder der anderen Seite nur einheitlich, § 638 Abs 2, entsprechend § 351 S 1. Dessen S 2, daß der Verlust der Befugnis bei einem Besteller diese auch den anderen nimmt, wird man entsprechend anzuwenden haben. Gleiches ist für § 325 anzunehmen, dh der Besteller kann nach erklärter Minderung noch zum Schadensersatz übergehen.

Zur Verjährung der Minderungsbefugnis § 634a Rn 14. Sie kann zur Ausübung überlassen werden.

Titel 9 · Werkvertrag und ähnliche Verträge § 634
Untertitel 1 · Werkvertrag 99–101

4. Rechtsfolge

a) Der noch offene Werklohnanspruch des Unternehmers erlischt in Höhe des Minderungsbetrages. **99**

b) Hat ein Besteller schon zuviel bezahlt, erwächst ihm ein Erstattungsanspruch aus den §§ 638 Abs 4, 346 Ab 1. Zu seiner Verjährung § 634a Rn 16. Der Unternehmer hat gezogene oder mögliche Zinsen der Überzahlung herauszugeben, § 346 Abs 1 bzw § 347 Abs 1, vgl § 638 Abs 4. Äußerst unklar ist dabei der Zinsbeginn, für den die einschlägige Abschlagszahlung in Betracht kommt, die Schlußzahlung oder das Entstehen des Minderungsrechts mit Ablauf der Nacherfüllungsfrist, schließlich der Zeitpunkt der Erklärung der Minderung. Die beiden letzteren (sinnvollen) Zeitpunkte schließt die Formulierung des § 346 Abs 1 aus; wegen der Einheitlichkeit des Werklohnanspruchs wird auf die Schlußzahlung abzustellen sein.

5. Berechnung der Minderung

a) Nach § 638 Abs 3 S 1 ist der Werklohn *in dem Verhältnis herabzusetzen, in dem* **100** *der tatsächliche Wert des Werkes hinter dem zurückbleibt, den es in mangelfreiem Zustand* hätte. Bezeichnet man den nach Minderung geschuldeten Werklohn als X, ergibt sich folgende Gleichung

$$\frac{X}{\text{vereinbarter Werklohn}} = \frac{\text{realer Wert}}{\text{Sollwert}}$$

bzw

$$X = \frac{\text{vereinbarter Werklohn} \times \text{realer Wert}}{\text{Sollwert}}$$

Das soll die vertraglich vorgesehenen Bewertungen erhalten.

Die korrekte Durchführung dieser Berechnungsweise bereitet in der Praxis ganz *erhebliche Schwierigkeiten.* Die Übertragung des kaufrechtlichen Modells stößt auf erste Probleme schon deshalb, weil es *das Werk des Unternehmers,* das ja in der Bearbeitung eines vom Besteller gestellten Stoffes besteht, im Gegensatz zum Kaufgegenstand *nicht isoliert* gibt, es also auch einer eigenständigen Bewertung nur eingeschränkt zugänglich ist. Weitere Probleme ergeben sich daraus, daß der *reale Wert und der Sollwert des Werkes weithin nur in aufwendiger Beweisaufnahme,* letztlich nur durch ein Sachverständigengutachten, *ermittelt werden können,* was in krassem Widerspruch dazu steht, daß durch Minderung weithin gerade Bagatellmängel ausgeglichen werden sollen.

aa) Vergleichsweise liquide ist unter den Berechnungsfaktoren der vereinbarte **101** *Werklohn,* vgl zu ihm § 632.

bb) Der *Sollwert* des Werks, dh jener Wert, den es in mangelfreien Zustand hätte, ist zunächst ein *objektiver*, nicht der subjektive, den es für den Besteller gehabt hätte (vgl RG BayZ 1906, 140; OLG Hamburg OLGE 20, 181; STAUDINGER/HONSELL [1995] § 472 aF Rn 5; MünchKomm/WESTERMANN § 472 aF Rn 7). Im Kaufrecht ist auf den Verkehrswert abzustellen, den erzielbaren Erlös. Das kommt im Werkvertragsrecht nur dort in Betracht, wo das Werk einen eigenen bestimmbaren Verkehrswert hat, zB bei der Errichtung eines Hauses. Bei anderen Werken ist grundsätzlich darauf abzustellen, was *üblicherweise*, § 632 Abs 2, *für eine mangelfreie Werkleistung dieser Art hätte entrichtet werden müssen*.

Dabei kommt es auf den *Wert des Werkes insgesamt* an, nicht etwa nur den des mangelhaften Teils.

Wenn keine gegenteiligen Indizien vorliegen, wird man den Sollwert des Werkes vereinfachend mit dem *vereinbarten Werklohn* gleichsetzen können (vgl RG BayZ 1905, 368; BGH WarnR 1971 Nr 202; STAUDINGER/HONSELL [1995] § 472 aF Rn 4, 8). Die Beweislast dafür, daß der Werklohn niedriger angesetzt war, trägt jedenfalls der Besteller, der für die Minderung daraus Vorteile zieht (vgl MünchKomm/WESTERMANN § 472 aF Rn 9). Umgekehrt wird der Unternehmer zu beweisen haben, daß der Werklohn objektiv überhöht war (vgl auch PETERS BB 1983, 1951, 1952). – Ausgeschlossen wird die Minderung jedenfalls nicht dadurch, daß dem Besteller ein Werk verbleibt, das mehr wert ist als der vereinbarte Werklohn.

102 cc) Der *wahre Wert des Werkes* ist wiederum der *Verkehrswert des Werkes*, den es in seinem mangelhaften Zustand hat, bzw *jener Werklohn, der für ein Werk dieser Qualität entrichtet werden müßte*, was freilich insofern weithin ein fiktiver Wert ist, als es einen Markt für fehlerhafte Werke oft nicht gibt.

Bei *Bagatellmängeln* kann es nicht ausbleiben, daß sie den Wert des Gesamtwerkes nicht weiter beeinflussen, zB ein mangelhafter Farbanstrich in einzelnen Räumen eines Hauses, aber gleichwohl *beachtlich* sind, wie die §§ 638 Abs 1 S 2, 325 Abs 5 S 2 ergeben. Hier wird – gegen den Ansatz des Gesetzes – von einer *Bewertung der Mängel als solcher* auszugehen sein (vgl SOERGEL/HUBER § 472 aF Rn 13; PETERS BB 1983, 1953), die freilich ebenfalls erhebliche Probleme aufwirft.

(1) Ein möglicher und verläßlicher Anhaltspunkt kann dabei *jener Betrag sein, der zur Beseitigung der Mängel aufgewendet werden müßte* (vgl BGH NJW-RR 1997, 688; SOERGEL/HUBER aaO; PETERS aaO). Dieser Betrag muß allerdings in jenen zahlreichen Fällen unbeachtlich bleiben, in denen eine Mängelbeseitigung gar nicht möglich oder wegen unverhältnismäßigen Aufwandes unterblieben ist.

(2) Wenn die Kosten der Mängelbeseitigung kein sinnvoller Ansatzpunkt sind, wird man alternativ auch zuweilen bei den Kosten ansetzen können, die der Unternehmer *infolge seiner mangelhaften Arbeit erspart* hat.

(3) Zur Berechnung der Minderung bei zu geringer Wohnfläche OLG Celle NJW-RR 1999, 816.

(4) In den verbleibenden Fällen ist mit AURNHAMMER BauR 1978, 356 *der auf den mangelhaften Teil des Werkes entfallende Preisanteil* zu ermitteln und dann die

Frage zu stellen, zu *welchem Prozentsatz er seine Funktionen noch zu erfüllen vermag*.

(5) Nicht bei der Minderung zu berücksichtigen sind die *Kosten der Ermittlung des Mangels* (vgl MünchKomm/WESTERMANN § 472 aF Rn 8; STAUDINGER/HONSELL [1995] § 472 aF Rn 9; **aA** RG JW 1931, 3270; ERMAN/GRUNEWALD § 472 aF Rn 6).

(6) Bei der Ermittlung des wahren Wertes erlaubt § 638 Abs 3 S 2 eins Schätzung (scil: nach § 287 ZPO). Das hilft praktisch weiter, leidet aber daran, daß eine Schätzung Maßstäbe voraussetzt, wie sie hier zT eben fehlen.

(7) *Besonders schwere Mängel* können dazu führen, daß der Werklohn auf „Null" reduziert wird (vgl OLG Köln BauR 1992, 760; NJW-RR 1993, 666).

dd) Bewertungsstichtag ist der Zeitpunkt des Vertragsschlusses, § 638 Abs 3 S 1.

b) Die *Herabsetzung des Werklohns* bereitet dann keine Schwierigkeiten, wenn **103** dieser insgesamt eingeklagt wird: Die Klage verfällt dann der teilweisen Abweisung. Probleme ergeben sich dagegen, wenn die *Werklohnforderung in sich strukturiert* ist, also etwa schon teilweise beglichen oder abgetreten oder gesichert ist oder nur teilweise eingeklagt wird.

aa) Man wird die *Verrechnung* jedenfalls *nicht in das Belieben einer der Parteien stellen können*. Das von LINDEMANN DJZ 1907, 421; OSTLER JR 1967, 259 befürwortete Wahlrecht des Unternehmers ist wenig interessengerecht; eher schon könnte man nach dem Vorbild der §§ 366 Abs 1, 396 Abs 1 S 1 an ein Wahlrecht des Bestellers denken. Aber da die Minderung die Forderung des Unternehmers kraft Gesetzes ergreift, wird eine *Verrechnung nach objektiven Kriterien* vorzuziehen sein.

bb) So geht auch die Rechtsprechung vor, die freilich in sich widersprüchlich ist. Bei **104** der *Teilklage* des Werkunternehmers verweist BGHZ 56, 312 den Besteller primär auf den nicht eingeklagten Rest, bei der *Teilzahlung* sollen nach RG SeuffA 167 Nr 247 der gezahlte und der gestundete Rest gleichmäßig gemindert werden; entsprechend nimmt BGHZ 46, 242 bei der *Teilzession* eine anteilige Kürzung aller Beträge an. Bei der Teilklage auf Werklohn will BGH NJW-RR 1998, 236 Gegenansprüche des Bestellers gerade hier berücksichtigt wissen.

Die Aufteilung bei der Teilerfüllung und der Teilzession ist jedenfalls äußerst unpraktisch. Bei der Teilerfüllung zwingt sie den Besteller zu Widerklage und Aufrechnung. Hier und bei der Teilzession kommt es jedenfalls zu einer Mehrheit kleinerer und kleinster Positionen. Es fehlt außerdem an einer überzeugenden rechtlichen Begründung für diese Lösung, die insbesondere *den* – hier doch *schutzwürdigeren* – Besteller benachteiligt.

cc) Eine klare und gleichzeitig interessengerechte Lösung läßt sich bei einer in sich differenzierten Werklohnforderung durch eine *entsprechende Anwendung der §§ 366 Abs 2, 396 Abs 1 S 2* gewinnen (vgl PETERS BB 1983, 1954 f). Die wenig zweckmäßige anteilige Aufteilung des Minderungsbetrages kommt danach erst in letzter Linie in Betracht, zunächst ist – nur ausnahmsweise von Bedeutung – ein fälliger Teil der

Werklohnforderung vor einem nicht fälligen zu kürzen; sodann ein ungesicherter vor einem gesicherten, andernfalls der dem Besteller lästigere, was zumeist jener Teil sein wird, mit dem er klageweise konfrontiert wird. Das ist hinzunehmen, da es dem Gericht nicht ermöglicht, die eigentliche Streitfrage der Minderung bei der Teilklage zu umgehen.

XIII. Schadensersatz

1. Allgemeines

105 Wenn der Unternehmer einen Mangel zu vertreten hat, was nach den §§ 276 ff zu beurteilen ist, gewährt ihm § 634 Nr 4 einen Anspruch auf Schadensersatz statt der Leistung. Dabei sind mehrere Fälle zu unterscheiden:

a) Der Schaden des Bestellers steht nicht im Zusammenhang mit einem Mangel, zB beschädigt der Unternehmer andere Sachen des Bestellers, die ihm nicht zur Bearbeitung anvertraut sind. Fälle dieser Art sind nicht mit § 634 Nr 4 zu erfassen, sondern unterliegen idR den §§ 280 Abs 1, 241 Abs 2 (zu ihnen noch u Rn 138).

b) der Schaden des Bestellers verkörpert sich gerade in dem Mangel des Werkes. Das ist der Kernanwendungsbereich der Bestimmung. Mit einem derartigen Schaden zum Gegenstand tritt der Anspruch aus § 634 Nr 4 an die Stelle des Nacherfüllungsanspruchs der Nr 1, ist er eine Alternative zu den sekundären Rechten des Bestellers aus den Nrn 2–4.

c) Wie eben, nur sind Nacherfüllung (oder Selbstvornahme) oder Rücktritt oder Minderung nicht geeignet gewesen, den Mangelschaden des Bestellers voll abzudecken, so daß insoweit ein *Restschaden* bei dem Besteller verbleibt. Dann geht es um das Verhältnis seiner Rechte zueinander (dazu u Rn 107).

106 d) Einen praktisch äußerst wichtigen Teil der Schäden des Bestellers bilden jene, die infolge des Mangels an anderen Rechtsgütern entstehen. Es sind dies die sog **Mangelfolgeschäden**, die früher aus dem Bereich des § 635 aF ausgegliedert und der Anspruchsgrundlage der positiven Forderungsverletzung zugewiesen wurden (zu den Details STAUDINGER/PETERS [2000] § 635 Rn 47 ff). Das hatte Bedeutung insbesondere in der Frage der Verjährung, weil nicht § 638 aF für einschlägig gehalten wurde, sondern § 195. In dieser Frage ist die Notwendigkeit der Unterscheidung entfallen, weil § 634a so oder so anwendbar ist. Die praktische Erleichterung, die dies mit sich bringt, ist aber mit systematischen und rechtspolitischen Unstimmigkeiten erkauft worden.

aa) In diesem seinen Anwendungsbereich hat § 634 Nr 4 nicht mehr die prinzipielle Deckungsgleichheit mit den anderen Regelungen des § 634, sondern geht über sie hinaus, *verläßt den Bereich der Gewährleistung*. Eine Nacherfüllung mit dem Ziel der Verschaffung eines sachmangelfreien Werkes wäre hier funktionslos. Zu ihr kann und braucht keine Frist nach § 281 Abs 1 gesetzt zu werden. Recht eigentlich ist die Nacherfüllung insoweit unmöglich. Das führt aber nicht dazu, daß der Schadensersatzanspruch des Bestellers nunmehr aus den §§ 634 Nr 4, 280, 283, 280 Abs 4, 1 herzuleiten wäre, weil nämlich die in den letztgenannten Bestimmungen genannte Leistungspflicht des Schuldners so weit gar nicht reichte (hätte sie es getan, müßte ihm die Gelegenheit der Nacherfüllung gewährt werden). *Grundlage seiner Schadensersatzpflicht* sind vielmehr bei genauer Betrachtung die §§ 634 Nr 4, 280 Abs 1, 241 Abs 2.

bb) Zu diesen systematischen Brüchen tritt die *Fragwürdigkeit des Verjährungsbeginns*. Sein unmittelbares Erfüllungsinteresse zu verfolgen, gibt dem Besteller die Abnahme hinreichenden Anlaß, § 634a Abs 2. Mangelfolgeschäden sind deutlich weniger kalkulierbar, treten vielmehr weithin unerwartet ein, so daß bei ihnen die Rücksichtnahme auf den Kenntnisstand des Bestellers gemäß § 199 Abs 1 Nr 2 angemessen wäre. Gottlob dürften die Fristen des § 634a durchweg auskömmlich sein.

2. Verhältnis des Schadensersatzanspruchs zu den anderen Rechten des Bestellers

a) Der Schadensersatzanspruch des Bestellers gemäß § 634 Nr 4 steht *weithin neben* der Nacherfüllung des Unternehmers gemäß § 634 Nr 1 oder seiner eigenen Mängelbeseitigung gemäß § 634 Nr 2: Jene sind nicht immer geeignet, den Mangel vollen Umfangs zu beseitigen, es verbleibt ein *Restmangel* oder auch nur ein *merkantiler Minderwert*. Insoweit füllt der Schadensersatzanspruch die eigene oder fremde Nacherfüllung auf. Außerdem können Schäden angefallen sein, die mit der Nacherfüllung gar nicht erfaßt werden können, zB entgangener Gewinn vor der Nacherfüllung. Weiterhin kann die Nacherfüllung selbst Schäden verursachen. Dazu gehören zwar nicht die Kosten von Vorarbeiten für sie (Aufgrabung, um an den Mangel zu gelangen) oder Nacharbeiten (Wiederherstellung des bei der Aufgrabung beschädigten Gartens) – sie gehören zu den Kosten der Nacherfüllung –, wohl aber der Verdienstausfall, den der Besteller erleidet, weil er dem Unternehmer das Werk zur Mängelbeseitigung zur Verfügung stellen muß. *Gutachterkosten zur Abklärung des Mangels* können notwendige Kosten der Mängelbeseitigung sein. Sonst sind sie jedenfalls nach § 634 Nr 4 als Schadensersatz zu liquidieren, wenn und soweit sich der Besteller zur eigenen Beauftragung eines Gutachters herausgefordert fühlen durfte. Dabei ist jedenfalls bei einem Laien ein großzügiger Maßstab geboten. – Soweit der Mangel nicht voll beseitigt werden kann, fällt der künftig entgehende Gewinn unter § 634 Nr 4. Nichts anderes gilt schließlich für solche Schäden, die infolge des Mangels an anderen Rechtsgütern des Bestellers eintreten wie zB Gesundheit oder Eigentum.

b) Rücktritt oder Minderung nach § 634 Nr 3 hindern den Besteller nicht, nach § 634 Nr 4 solche Schäden zu liquidieren, die infolge des Mangels schon an seinen anderweitigen Rechtsgütern eingetreten sind. Es sind dies ja letztlich Ansprüche aus den §§ 280 Abs 1, 241 Abs 2 (o Rn 107), und daß Ansprüche aus positiver Forderungsverletzung durch Wandlung oder Minderung nicht ausgeschlossen werden, war schon immer anerkannt.

§ 325 läßt dem Besteller zwar die Wahl zwischen Rücktritt – oder auch Minderung – einerseits und Schadensersatz statt der Leistung andererseits, im Ergebnis muß er sich aber entscheiden. Das bedeutet, daß er den Minderwert der Sache nur entweder durch Minderung oder durch Rücktritt oder durch Schadensersatz erfassen kann. Problematisch ist im Falle von Rücktritt oder Minderung der durch den Mangel entgehende Gewinn. Bei ihm ist es zwar sicher, daß er nicht mehr durch § 634 Nr 4 zu erfassen ist, soweit er künftig zu erwarten ist. Den Ersatz dieses Schadens hat sich der Besteller durch den Rücktritt abgeschnitten, er hätte ihn sonst „zum Nulltarif". Er müßte schon nach § 325 „den Kurs wechseln", was ihm nach dieser Bestimmung freilich gestattet ist. Unklar ist aber der bis zur Erklärung des Rücktritts (oder der Minderung) schon entgangene Gewinn. Man wird anzunehmen haben, daß er als Schadensersatz gleichwohl liquidierbar bleibt. Hat der Besteller nach § 346 auch die gezogenen Nutzungen herauszugeben, so hat der Unternehmer auch im Verschuldensfall für deren Gegenteil einzustehen.

Neben Rücktritt oder Minderung als Schadensersatz liquidierbar bleiben jedenfalls Kosten eines Gutachters zur Abklärung des Mangels. Sie dienen nicht zuletzt der Klärung der Frage, ob Rücktritt oder Minderung sinnvoll sind.

3. Voraussetzungen des Anspruchs

a) Mangel

109 Das Werk des Unternehmers muß mangelhaft sein, dh es darf nicht den Anforderungen genügen, die § 633 Abs 2 stellt (vgl dort Rn 152 ff). Dabei kommt es auf die *Erheblichkeit des Mangels* – anders als im Falle des Rücktritts, § 323 Abs 5 S 2 – *nicht an* (vgl RG WarnRspr 20 Nr 107; BGHZ 27, 219; ERMAN/SEILER § 635 aF Rn 4; bedenklich OLG Düsseldorf BauR 1992, 46, wonach die nur eingeschränkte Nutzbarkeit des Hobbykellers nicht ersatzfähig sein soll). Er braucht auch nicht bei der gegenwärtigen Nutzung fühlbar zu sein (BGH NJW-RR 1995, 591). Das steht jedenfalls dann außer Zweifel, wenn der Besteller das Werk behält, also den sog *kleinen Schadensersatz* wählt. Dagegen ist die Wahl des mit der Rückgabe des Werkes verbundenen sog großen Schadensersatzes bei unerheblichen Mängeln nach § 281 Abs 1 S 3 ausgeschlossen.

b) Vertretenmüssen

110 Die *Ursache* des Mangels muß von dem Unternehmer zu vertreten sein. Dabei ist gedanklich zu unterscheiden zwischen (1) einem pflichtwidrigen Verhalten des Unternehmers, (2) dem Mangel des Werkes, (3) der Kausalität zwischen der Pflichtwidrigkeit des Unternehmers und dem Mangel und (4) dem Vertretenmüssen des Unternehmers.

aa) Pflichtwidrigkeit

Das pflichtwidrige Verhalten des Unternehmers kann verschieden beschaffen sein.

(1) In der Regel wird es in der unmittelbaren Herbeiführung des Mangels liegen, zB darin, daß eine Wand schief gemauert, ein Plan falsch berechnet wird oder daß der Unternehmer zu beachtende Vorgaben für das Werk (die Planung) nicht einhält, vgl BGH NJW-RR 1991, 218 (Haftung des technischen Baubetreuers für eine geringere Wohnfläche als im Prospekt vorgesehen). Die *Verursachung eines Mangels* ist *als solche schon pflichtwidrig.* Dabei kommt es nicht auf die oft schwer zu treffende Unterscheidung an, ob ein positives Tun des Unternehmers vorliegt oder ein Unterlassen.

(2) Der Unternehmer kann aber auch *andere Pflichten* verletzen, namentlich *Prüfungs-, Hinweis- und Aufklärungspflichten.* So hat er insbesondere die *Leistungen anderer Unternehmer,* auf denen seine eigene Leistung aufbauen soll, bei Verdachtsmomenten kritisch auf ihre Eignung als Basis zu überprüfen, vgl § 4 Nr 3 VOB/B und

dazu allgemein § 633 Rn 62 ff. In gleicher Weise muß er *Anweisungen des Bestellers* und von diesem für die Erstellung des Werkes gelieferte *Stoffe* überprüfen. Er muß auf die Risiken der vorgesehenen Fertigungsmethoden hinweisen oder auch darauf, daß diese noch unerprobt seien. Er hat ggf auf Schranken seines eigenen Wissens und Könnens hinzuweisen und die Konsultation von Spezialisten zu empfehlen oder diese selbst zu konsultieren.

Der Mangel der Werkleistung des Unternehmers und damit seine Haftung kann gerade dadurch konstituiert werden, daß er diese Prüfungs- und Hinweispflichten verletzt hat, auch wenn er sonst im Einklang mit den vertraglichen Vereinbarungen gearbeitet hat (vgl auch § 633 Rn 64).

bb) Kausalität
Die Kausalität der Pflichtwidrigkeit des Unternehmers für den Mangel ist dann **111** unproblematisch, wenn er diesen unmittelbar gesetzt hat. Sie bedarf einer *besonderen Prüfung dort*, wo der Unternehmer *gegen Prüfungs- und Hinweispflichten verstoßen hat*; dann ist es nämlich denkbar, daß sich der Besteller den Ratschlägen des Unternehmers verschlossen hätte. Die Beweislast für die fehlende Kausalität liegt hier bei dem Unternehmer (vgl BGH BB 1962, 428 = LM § 4 VOB/B Nr 2; BGHZ 61, 118 = NJW 1973, 1688 = LM § 282 BGB Nr 20 m Anm SCHMIDT).

Im übrigen können natürlich mehrere Kausalitätsabläufe zu demselben Mangel führen. ZB können ein Planungs- und ein Ausführungsmangel zusammentreffen oder ein Planungsfehler mit unterlassener Prüfung des ausführenden Unternehmers oder zwei Ausführungsfehler.

Zu beachten ist, daß es hier um die haftungsbegründende Kausalität geht.

cc) Vertretenmüssen
Die Verursachung des Mangels muß schließlich von dem Unternehmer iSd §§ 276, **112** 278 zu vertreten sein.

(1) Dabei kommt zunächst eigener *Vorsatz* des Unternehmers, oder der Vorsatz eines Erfüllungsgehilfen in Betracht. Dieser versteht sich wie üblich als Wissen und Wollen der Tatbestandsverwirklichung, wobei auch *bedingter Vorsatz* – in seiner schwierigen Abgrenzung zur bewußten Fahrlässigkeit – als das billigende Inkaufnehmen der Tatbestandsverwirklichung ausreicht. Für die Begriffe gelten hier keine Besonderheiten; es kann auf die Erl zu § 276 Bezug genommen werden. Der *Mangel des Werkes* ist als Teil des Tatbestandes der §§ 633, 634 Nr 4 ebenfalls *Bezugspunkt des Vorsatzes*; außerdem muß er sich auf die Pflichtwidrigkeit und die haftungsbegründende Kausalität beziehen.

(2) Die regelmäßige Verschuldensform ist *Fahrlässigkeit* als die Nichtbeachtung **113** der im Verkehr erforderlichen Sorgfalt, § 276 Abs 2. Es gilt auch hier grundsätzlich der von hM angenommene *objektive Maßstab* (vgl zu ihm und seiner Begründung STAUDINGER/LÖWISCH [1995] § 276 Rn 23). Danach kommt es darauf an, welche Anforderungen an den Unternehmer in der konkreten Situation typischerweise gestellt werden konnten.

(α) Wenn der Unternehmer – wie meist – als Mitglied einer bestimmten Berufsgruppe tätig wird, hat er deren *Leistungsstandards* zu beachten, sich insbesondere an die dortigen *anerkannten Regeln der Technik* zu halten. Es versteht sich, daß dies nur die zur Zeit der Erbringung der Werkleistung anerkannten sein können (vgl OLG Hamm NJW-RR 1991, 731). Diese hat der Unternehmer aber zu kennen, ihre Fortentwicklung – im Rahmen des Zumutbaren – zu verfolgen. Außerdem ist der Maßstab ein normativer. Es kommt auf *das Erforderliche* an, nicht auf das Übliche; insbesondere kann und soll ein eingerissener Schlendrian nicht entschuldigen (vgl Prot II 604). Doch wird das Erforderliche meist nicht ohne einen Blick auf das Übliche zu bestimmen sein und wird auch weithin von diesem geprägt.

(β) *Individuelle Schwächen* sind nicht geeignet, den Unternehmer zu entlasten wie etwa vorhersehbare altersbedingte Krankheits- und Ausfallserscheinungen oder mangelhafte Ausbildung oder Erfahrung oder geringe Vertrautheit mit Aufgaben der übernommenen Art; vielmehr kann gerade in letzterem ein sog Übernahmeverschulden liegen (vgl STAUDINGER/LÖWISCH [1995] § 276 Rn 43).

114 (γ) Gewisse Besonderheiten für die Fahrlässigkeitshaftung des Unternehmers ergeben sich aus der Struktur des Tatbestandes der §§ 633, 634 Nr 4. Der Unternehmer schuldet nicht eine Tätigkeit wie etwa das Fahren eines Kfz, deren Durchführung mit bestimmten, im einzelnen freilich unberechenbaren Gefahren verbunden ist, denen es gegenzusteuern gilt, sondern er hat *für einen bestimmten Erfolg einzustehen*, dessen Eintritt er zugesagt hat und bei dem es grundsätzlich in seinem Ermessen steht, wie er ihn herbeiführen will (vgl auch § 633 Rn 54 ff). Das bedeutet:

(δ) *Normale Schwierigkeiten*, den vertraglich zugesagten Erfolg eines mangelfreien Werkes zu erreichen, dh solche Schwierigkeiten, mit denen bei Vertragsschluß – wenn auch vielleicht nur entfernt – zu rechnen war, können den Unternehmer keinesfalls entlasten. Zum Zwecke ihrer Bewältigung ist er vielmehr gerade als Unternehmer eingesetzt worden. Entlastend können nur *Schwierigkeiten* sein, *mit denen zunächst nicht zu rechnen war*. Hier genügt der Unternehmer den Anforderungen, wenn er einen *zuverlässigen Fachmann konsultiert* und dessen Empfehlungen folgt (vgl BGB-RGRK/GLANZMANN § 635 aF Rn 4).

(ε) Wenn der Unternehmer den zu erreichenden Erfolg kennt, ihm die Wahl des Weges dorthin überlassen bleibt und er – jedenfalls in der Regel – nicht unter Zeitdruck steht, kann von ihm erwartet werden, daß er von vornherein sein Vorgehen sorgfältig plant und sich insbesondere für den sichersten Weg entscheidet. Nur ausnahmsweise wird der Unternehmer vor Situationen stehen, die ein rasches Handeln erforderlich machen, was dann ein unrichtiges Verhalten eher entschuldbar macht (vgl STAUDINGER/LÖWISCH [1995] § 276 Rn 46).

115 (ζ) Es gibt allerdings auch Bereiche, in denen die *Haftung des Unternehmers weniger erfolgs- und stärker tätigkeitsbezogen* ist. Das gilt im Rahmen der §§ 633, 634 Nr 4 für die Haftung des *Architekten* (vgl dazu Anh II zu § 638), sowie dort, wo er für Mängel auf Grund der *Verletzung von Prüfungs- und Hinweispflichten* einzustehen hat (vgl § 633 Rn 62 ff), ferner, soweit er für Mangelfolge- und sonstige Schäden des Bestellers einzustehen hat (vgl dazu u Rn 138). Insoweit ist die Problematik jeweils weniger in dem Vertretenmüssen als solchem zu sehen. Es kommt vielmehr darauf

Titel 9 · Werkvertrag und ähnliche Verträge § 634
Untertitel 1 · Werkvertrag 116, 117

an, die *konkreten Pflichten des Unternehmers herauszuarbeiten*, aus deren objektiver Verletzung dann grundsätzlich auch das Vertretenmüssen folgt.

(η) Das Gesagte gilt zunächst dann, wenn der Unternehmer in seinem Fach tätig **116** wird. Bei *Zusatzarbeiten*, die nicht eigentlich zu seiner Sparte gehören, *kann* aber *grundsätzlich nichts anderes gelten*, weil der Besteller gleichwohl davon ausgehen darf, daß der Unternehmer doch über die nötigen Kenntnisse und Fähigkeiten verfügt, wenn er sie schon übernimmt.

(ϑ) *Überdurchschnittliche Kenntnisse und Fähigkeiten* muß der Unternehmer jedenfalls dann einsetzen, wenn er gerade ihretwegen – als Spezialist – beauftragt worden ist (vgl SOERGEL/TEICHMANN § 635 aF Rn 35). Aber *auch in sonstigen Fällen* muß er vorhandene überdurchschnittliche Fähigkeiten einsetzen.

(ι) Aus allgemeinen Grundsätzen (vgl STAUDINGER/LÖWISCH [1995] § 279 aF Rn 2 f), namentlich auch aus der vertraglichen Zusage des Erfolges eines mangelfreien Werkes ist zu folgern, daß den Unternehmer *mangelnde finanzielle Leistungsfähigkeit nicht* entlastet. Der Unternehmer kann sich auch nicht darauf berufen, daß es mit einem unverhältnismäßigen Aufwand verbunden gewesen wäre, den Mangel des Werkes überhaupt zu vermeiden. Dieser Gesichtspunkt des § 635 Abs 3 ist vielmehr nur geeignet, die Rechte zu beschränken, die der Besteller aus einem vorhandenen Mangel herleiten kann (vgl § 635 Rn 8 ff und o Rn 71).

(κ) Zu vertreten hat der Unternehmer insbesondere auch einen Organisationsmangel hinsichtlich der Erbringung der Werkleistung.

(λ) Der Unternehmer hat weiterhin nach § 278 für Vorsatz oder Fahrlässigkeit **117** seiner *Erfüllungsgehilfen* einzustehen.

Erfüllungsgehilfe des Unternehmers ist – nach der üblichen Definition –*jeder, der mit seinem Wissen und Wollen* bei der Erstellung des Werkes *tätig* ist (vgl BGHZ 13, 111; 50, 32, 35; 62, 119, 124).

Dabei kommt es auf die nähere Ausgestaltung der Beziehungen zwischen dem Unternehmer und dem handelnden Dritten nicht an: Erfüllungsgehilfen sind vorzugsweise jene Leute, die der Unternehmer *kraft Arbeitsverhältnisses* bei der Erstellung des Werkes einsetzt. Erfüllungsgehilfen können aber auch selbständig kraft eines eigenen Werkvertrages mit dem Unternehmer tätig werden, so namentlich *Subunternehmer*, ohne daß es – auch hier – auf die Wirksamkeit der Rechtsbeziehungen zu dem Unternehmer ankäme. In diesem Rahmen sind auch mehrfach gestufte Beziehungen des Unternehmers zu dem Erfüllungsgehilfen denkbar und verbreitet, so, wenn der Subunternehmer wiederum eigene Mitarbeiter einsetzt. Bis hin zum letzten Glied sind dann sämtliche Tätiggewordenen Erfüllungsgehilfen, sofern ihre Herbeiziehung nur erlaubterweise geschah (vgl STAUDINGER/LÖWISCH [1995] § 278 Rn 24). Zur Befugnis, Subunternehmer beizuziehen, vgl § 633 Rn 105. In der *unerlaubten Beiziehung* des weiteren Mitarbeiters kann freilich *ein eigenes Verschulden* des ihn beiziehenden Unternehmers liegen. Wenn er nur grundsätzlich mit seinem Einsatz einverstanden war, braucht dem Unternehmer die konkrete Person seines Erfüllungsgehilfen nicht näher bekannt geworden zu sein. Erst recht ist es nicht erforderlich, daß er das Recht

Frank Peters

oder die Möglichkeit hatte, auf den Erfüllungsgehilfen und seine Tätigkeit Einfluß zu nehmen. Die Weisungsmöglichkeit ist nur für die Haftung aus § 831 von Bedeutung.

118 Der *Lieferant* des Unternehmers ist *nicht* sein Erfüllungsgehilfe, außer wenn er ausnahmsweise auch die Erstellung – und nicht nur die Beschaffung – des Materials übernimmt, die zu den vertraglichen Pflichten des Unternehmers gehört (vgl ERMAN/ SEILER § 635 aF Rn 10; **aA** WOLF ZIP 1998, 1657, der den Unternehmer generell für Lieferanten haften lassen will. Immerhin wird der Lieferant von Fertigteilen, OLG Stuttgart BauR 1997, 317, oder Fertigbeton, OLG Karlsruhe NJW-RR 1997, 1240, im Pflichtenkreis des Unternehmers tätig).

119 Vom Erfüllungsgehilfen zu unterscheiden ist der sog *Substitut*. Sieht sich der Unternehmer durch unvorhergesehene Schwierigkeiten überfordert und zieht er deshalb mit dem Einverständnis des Bestellers einen Spezialisten heran, haftet er für diesen grundsätzlich nicht nach § 278, sondern nur *ggf für ein eigenes Auswahlverschulden*. Es muß aber dafür ein entsprechendes Einverständnis des Bestellers vorliegen, das zu erklären dieser nach Treu und Glauben verpflichtet sein kann. In der Regel liegt in der erlaubten Beziehung auch spezialisierter Subunternehmer noch keine Substitution des Unternehmers. Für eine Substitution ist der Unternehmer darlegungs- und beweispflichtig.

Der Erfüllungsgehilfe muß *in den Vorgang der Erstellung des Werkes eingeschaltet* gewesen sein. Er muß dabei schuldhaft gehandelt haben. Wenn dabei gesagt wird, daß es für das Maß der erforderlichen Sorgfalt auf die Person des Schuldners ankomme (vgl STAUDINGER/LÖWISCH [1995] § 278 Rn 47), so ist das etwas mißverständlich ausgedrückt. Es *kommt auf das nach dem Vertrag Geschuldete* an, wie es sich primär nach dem Betrieb des Unternehmers ausrichtet (vgl dazu o Rn 113 ff), wie es auf Grund der getroffenen Vereinbarungen aber auch über dessen Möglichkeiten hinausgehen kann, so etwa, wenn der Unternehmer einen Subunternehmer kraft seines überlegenen Sachverstandes einsetzt und dabei auch den von diesem zu schaffenden Erfolg als eigenen zusagt. Auch bei *Arbeitnehmern* ist es *nicht ungewöhnlich*, daß sie *wegen besonderer Sachkunde* beschäftigt und eingesetzt werden.

dd) Bei einer Arbeitsgemeinschaft mehrerer Unternehmer haftet diese für ein Fehlverhalten des einzelnen Mitglieds nach § 31, die einzelnen Mitglieder dann in entsprechender Anwendung des § 128 HGB.

120 ee) Auch ohne ein (eigenes oder fremdes) Verschulden kann der Unternehmer für Mängel auf Schadensersatz haften, wenn er insoweit eine *Garantie* abgegeben hat. Im Werkvertragsrecht wird freilich in der Garantie von Eigenschaften durchweg noch nicht die Übernahme einer verschuldensunabhängigen Schadensersatzpflicht gesehen; die Auslegung muß vielmehr einen entsprechenden Willen des Unternehmers ergeben (vgl auch § 633 Rn 162).

121 ff) Der Verschuldensmaßstab kann vertraglich modifiziert werden. Einem *Verzicht* auf die Haftungsvoraussetzung des Verschuldens steht dabei grundsätzlich nichts im Wege, wenn der Unternehmer generell eine entsprechende *Garantie der Mangelfreiheit* übernehmen kann. Ebenso kann die Haftung des Unternehmers jedenfalls individualvertraglich beschränkt werden, was sich zB dann empfiehlt, wenn er fach-

Titel 9 · Werkvertrag und ähnliche Verträge § 634
Untertitel 1 · Werkvertrag 122, 123

fremd tätig werden soll. Zu *Haftungsfreizeichnungen in AGB* des Unternehmers vgl § 637 Rn 25, 26.

Eine stillschweigende Haftungsmilderung auf eigenübliche Sorgfalt liegt dort nahe, wo Werkleistungen privat erbracht werden. Sie ist freilich auf den eigentlichen Schaden statt der Leistung zu beschränken, erfaßt nicht ohne weiteres auch Mangelfolgeschäden. Wer zB das Auto eines Freundes repariert, wird bei leichter Fahrlässigkeit nicht dafür einzustehen haben, daß eine Werkstatt die von ihm verursachten Mängel beseitigt, wohl aber für einen Unfall als Folge.

Ein „Freundschaftspreis" oder gar die Unentgeltlichkeit der konkreten Leistung sind grundsätzlich ohne Einfluß auf die Haftung.

gg) *Mitverschulden* des Bestellers am Mangel mindert nach § 254 Abs 1 die **122** Schadensersatzpflicht des Unternehmers. Es hat eine Abwägung der Verursachungsbeiträge stattzufinden. Dabei ist es im Rahmen des § 254 Abs 1 namentlich zu berücksichtigen, daß *auf seiten des Unternehmers der größere Sachverstand* zur Vermeidung des Mangels zu erwarten ist. An Beiträgen des Bestellers zur Mitverursachung eines Mangels kommen zB die Lieferung eines mangelhaften zu verarbeitenden Stoffes in Betracht oder die Erteilung fehlerhafter Anweisungen, wobei diese Mitverursachung wieder ganz oder teilweise dadurch aufgewogen werden kann, daß der Unternehmer seiner *Prüfungs- und Hinweispflicht* nicht nachkommt. Vgl zur Anwendung des § 254 und in dessen Rahmen des § 278 allgemein § 633 Rn 181. Natürlich ist der Besteller auch nach § 254 Abs 2 gehalten, den Schaden zu mindern, zB bei Vermietungsabsicht Baumängel alsbald beheben zu lassen (BGH NJW-RR 1995, 1169). Die sich bei den sonstigen Rechtsbehelfen des Bestellers gegenüber Mängeln (Nachbesserungsanspruch, Rücktritt, Minderung) aus ihrer Rechtsnatur wie auch aus ihren Rechtsfolgen ergebenden Anwendungsprobleme für § 254 entfallen für den Schadensersatzanspruch.

c) Fristablauf
aa) Es muß die nach § 281 Abs 1 zu setzende Frist zur Nacherfüllung ergebnislos **123** abgelaufen sein (dazu o Rn 43).

bb) Oder es muß die Setzung einer Frist entbehrlich gewesen sein nach den §§ 281 Abs 2, 636 (dazu o Rn 51).

Die Unzumutbarkeit der Fristsetzung, § 636 aE, ergibt sich namentlich insoweit, wie der Besteller gegenüber den Erscheinungen eines Mangels zunächst einen Gutachter einschaltet, um sich ein eigenes fundiertes Bild zu verschaffen.

cc) Die Entbehrlichkeit der Fristsetzung kann namentlich aus § 275 Abs 1 folgen, wenn nämlich die Nacherfüllung nicht geeignet ist, den Schaden des Bestellers abzuwenden. ZB ist es schon zu Nutzungsausfall gekommen, oder die fehlerhafte Planung des Architekten ist umgesetzt worden.

Nicht zur Schadensvermeidung geeignet ist die Nacherfüllung außerdem, wo infolge des Mangels Schäden an anderen Rechtsgütern des Bestellers eingetreten sind.

d) Beweislast

124 Der Besteller hat die Pflichtwidrigkeit des Unternehmers darzulegen und zu beweisen. In aller Regel bedeutet das den Beweis des Mangels. Besonderheiten ergeben sich, wo kein konkreter Erfolg geschuldet wird, sondern das optimale Ergebnis einer Tätigkeit, wie namentlich von seiten des Architekten. Hier hat der Besteller darzutun und zu beweisen, was der Unternehmer anderes hätte tun sollen, daß zB Baukosten hätten vermieden werden können oder daß Anlaß bestanden hätte, diese konkrete Leistung des Bauhandwerkers zu überwachen. Gleiches gilt dort, wo die Einstandspflicht des Unternehmers aus der Verletzung von Warn- und Hinweispflichten hergeleitet wird, zB nach § 4 Nr 3 VOB/B (dazu § 633 Rn 62 ff).

Vom Vorwurf des Verschuldens muß sich der Unternehmer entlasten, § 280 Abs 1 S 2.

4. Die Bestimmung des § 281 Abs 4

125 § 281 Abs 4 schließt den Anspruch auf die Leistung – hier: die Nacherfüllung – aus, wenn der Besteller Schadensersatz statt der Leistung verlangt hat.

a) Dieses Verlangen ist nur wirksam, wenn der Schadensersatzanspruch auch begründet ist. War die Fristsetzung in Wahrheit doch nicht entbehrlich, kann sich der Besteller so nicht um seinen Anspruch auf Nacherfüllung bringen.

b) Das Verlangen von Schadensersatz muß eindeutig sein; daß sich der Besteller Schadensersatz vorbehält, genügt dazu ebenso wenig wie die Androhung derartiger Ansprüche. Letztlich muß der eindeutige Wille erkennbar sein, eine weitere Nacherfüllung von seiten des Unternehmers nicht mehr hinzunehmen (Palandt/Heinrichs § 281 Rn 50).

Die Erklärung nach den §§ 281 Abs 4, 634 Nr 4 ist empfangsbedürftig. Sie ist eine geschäftsähnliche Handlung, die weithin nach den Regeln über Rechtsgeschäfte zu behandeln ist. Der minderjährige Besteller bedarf wegen ihrer zT nachteiligen Folgen der Einwilligung des gesetzlichen Vertreters, § 107, der Vertreter der Vertretungsmacht. Es gelten die §§ 111, 180. Eine Anfechtung ist nach den Bestimmungen der §§ 119 Abs 1, 123 möglich.

c) Das Verlangen muß auf Schadensersatz statt der Leistung gerichtet sein.

aa) Das ist dann nicht der Fall, wenn der Besteller Schadensersatz wegen eines Mangelfolgeschadens begehrt, weil dieser unabhängig von einer korrekten Nacherfüllung zu liquidieren ist. Hier gehört § 281 gar nicht zu den Anspruchsvoraussetzungen, sondern diese sind statt dessen den §§ 280 Abs 1, 241 Abs 2 zu entnehmen (vgl u Rn 138).

bb) Das ist aber auch insoweit nicht der Fall, wie der Schadensersatz die Nacherfüllung nur ergänzen und abrunden soll, weil entweder einzelne Schäden schon unumkehrbar eingetreten sind oder die Nacherfüllung den vertragsgemäßen Zustand des Werkes nicht voll zu erreichen vermag, weil zB ein merkantiler Minderwert – oder mehr – verbleibt.

d) In dem bezeichneten Umfang verliert der Besteller den Anspruch auf Nach- **126** erfüllung, § 634 Nr 1, und die eigene Befugnis dazu nach § 634 Nr 2. Er kann immer noch übergehen zu Rücktritt oder Minderung gemäß § 634 Nr 3.

aa) Sein Nacherfüllungsanspruch ist „ausgeschlossen" in der Formulierung des § 281 Abs 4, müßte also einvernehmlich wieder begründet werden, soll es doch wieder zur Nacherfüllung kommen. Von einer entsprechenden Einigung ist idR auszugehen, wenn der Unternehmer die Nacherfüllung doch noch anbietet, der Besteller sie annimmt oder der Besteller sie verlangt, der Unternehmer dem nachkommt. Freilich sind etwaige Formvorschriften zu wahren (§ 311b Abs 1).

bb) Im Grundsatz ist der Schadensersatzanspruch des Bestellers damit auf eine Geldzahlung gerichtet (PALANDT/HEINRICHS § 281 Rn 17). Das erfährt jedoch zwei Durchbrechungen:

Dem Unternehmer ist es möglich, das Schadensersatzbegehren des Bestellers dadurch abzuwenden, daß er die Mängelbeseitigung doch noch anbietet (BGHZ 43, 223; BGH NJW 1978, 1853; BGB-RGRK/GLANZMANN § 635 aF Rn 17; ERMAN/SEILER § 635 aF Rn 14; PALANDT/SPRAU § 635 aF Rn 7). Aus der Schadensminderungspflicht des Bestellers nach § 254 Abs 2 S 1 folgt, daß der Besteller die Mängelbeseitigung des Unternehmers dann doch noch hinnehmen muß, wenn ihm diese ohne weiteres zugemutet werden kann, insbesondere einen sicheren Erfolg verspricht. Zugunsten des Bestellers ist freilich ein strenger Maßstab anzulegen.

In Sonderfällen wird aber auch der Besteller auf die Leistungen dieses Unternehmers zurückgreifen können. Es mag zB ein anderer Unternehmer mit demselben Knowhow nicht zu finden sein, um die Mängel zu beseitigen. Wenn der Besteller Schadensersatz statt der ganzen Leistung fordert, ist der Unternehmer verpflichtet, den mangelhaften Bau abzureißen (RG WarnRspr 1920, 107; BGB-RGRK/GLANZMANN § 635 aF Rn 15).

5. Der Werklohnanspruch des Unternehmers

a) Verlangt der Besteller Schadensersatz statt der ganzen Leistung, entfällt der **127** Werklohnanspruch des Unternehmers. Das kann man entweder aus § 281 Abs 4 schließen oder daraus, daß der vereinbarte Werklohn der objektive Mindestschaden des Bestellers ist (vgl auch u Rn 130).

b) Verlangt der Besteller Schadensersatz nur in bezug auf den Mangel, bleibt der Werklohnanspruch des Unternehmers im Prinzip bestehen (mißverständlich PALANDT/ HEINRICHS § 281 Rn 50). Das wird schon dann deutlich, wenn der noch offene Werklohn den Schaden des Bestellers übersteigt.

c) Schadensersatz und Werklohn
Dabei ist das *Verhältnis der Schadensersatzansprüche* des Bestellers *zu noch offenen* **128** *Teilen der Werklohnforderung* des Unternehmers zweifelhaft.

Die hM folgert – beim großen Schadensersatz offenbar aus dem Wesen der Differenztheorie –, daß die Werklohnforderung des Unternehmers *ihre eigenständige Be-*

deutung verliere und zu einem bloßen *Rechnungsposten* bei der Ermittlung des Schadensersatzanspruchs des Bestellers herabsinke, so daß hier insbesondere – das ist die praktische Konsequenz dieser Lehre – die Regeln über die Aufrechnung nicht anwendbar seien, sondern eine **automatische „Verrechnung"** stattfinde (vgl RGZ 50, 255, 266; 58, 113, 117; 83, 279, 281; 149, 135, 136; BGHZ 70, 240, 245; BGH NJW 1958, 1915; WM 1983, 418; 1983, 559; JZ 1986, 689; STAUDINGER/OTTO [2001] § 325 Rn 40, 52; ERMAN/BATTES § 325 aF Rn 6; BGB-RGRK/GLANZMANN § 635 aF Rn 13; **aA** OLG Frankfurt SCHÄFER/FINNERN/HOCHSTEIN § 635 Nr 69 für den Fall eines Schadensersatzanspruchs gegen einen Architekten wegen Minderwerts des Hauses).

Diese Betrachtungsweise erscheint jedoch zweifelhaft (vgl PETERS JZ 1986, 669). *Die Wertungen des Aufrechnungsrechts dürfen nicht mit schlichten rechtstechnischen Überlegungen beiseite geschoben werden*, um so mehr als auch das Gesetz selbst in § 479 aF das Verhältnis von Schadensersatzforderung und Vergütungsforderung ganz unbefangen als das einer Aufrechnung bezeichnet hatte; nicht anders jetzt § 215, der ersichtlich auch auf die hiesige Konstellation zugeschnitten ist. Daraus folgt:

Wenn die Aufrechnung Konnexität der Forderungen nicht voraussetzt, muß es dem Besteller unbenommen bleiben, *einer anderen Forderung*, die der Unternehmer gegen ihn geltend macht, mit seinem Schadensersatzanspruch aufrechnend entgegenzutreten, mit der Folge, daß er dann später die Werklohnforderung ungekürzt begleichen muß. (Der Unternehmer kann gleiches nicht tun, weil seine Forderung jedenfalls einredebehaftet ist.)

BGHZ 70, 240, 245 will ein *vertragliches Aufrechnungsverbot nicht* eingreifen lassen. Dem kann für das in der Entscheidung behandelnde formularmäßige Aufrechnungsverbot in Hinblick auf die §§ 307, 309 Nrn 3, 8b bb zugestimmt werden (vgl auch ULMER/BRANDNER/HENSEN § 11 Nr 3 AGBG Rn 7). Bei *individuellen Aufrechnungsverboten* muß ihre Tragweite im Wege der Auslegung ermittelt werden. Dabei kann sich uU ergeben, daß auch die Saldierung von Werklohnanspruch und Schadensersatzforderung ausgeschlossen sein soll. Richtig auch, daß ein Vorbehaltsurteil nach § 302 ZPO ausgeschlossen ist (OLG Koblenz NZBau 2002, 453).

Das Gesagte gilt jedenfalls für den *großen Schadensersatzanspruch*. BGHZ JZ 1986, 689 nimmt aber auch bei dem kleinen Schadensersatzanspruch eine automatische Verrechnung beider Forderungen an. Das stößt hier aber auf noch stärkere Bedenken, weil eine *Rechtfertigung aus dem Wesen der Differenztheorie entfällt* (vgl BGB-RGRK/GLANZMANN § 635 aF Rn 13; ERMAN/SEILER § 635 aF Rn 16 f; PETERS JZ 1986, 669, 670). Die Rechtsprechung ist auch nicht ganz einheitlich (vgl BGHZ 9, 98; OLG Düsseldorf BauR 1974, 203). Die Annahme einer *echten Aufrechnung* kann sich bei einer Zession der Werklohnforderung nicht zu Lasten des Bestellers auswirken, da die Aufrechnungsmöglichkeit unter § 404 fällt.

6. Großer und kleiner Schadensersatz; Wahlrecht des Bestellers

129 Der Schadensersatz kann in zweierlei Weise zu leisten sein: als sog **großer Schadensersatz** (Schadensersatz statt der ganzen Leistung), *bei dem der Besteller das mangelhafte Werk insgesamt zurückweist* und seinen Schaden auf dieser Basis berechnet, oder als sog **kleiner**. Hier *behält der Besteller das Werk trotz seines Mangels* und begehrt Ausgleich der ihm durch den Mangel entstandenen Schäden. Dabei entspricht der sog große Schadensersatz der *Differenztheorie*, der sog kleine der *Austauschtheorie*.

Dabei besteht der Anspruch auf den kleinen Schadensersatz immer, wenn nur seine Voraussetzungen (Mangel, Verschulden, Fristablauf) gegeben sind; es kommt nicht darauf an, daß der Mangel ein gewisses Gewicht hat. Die Aussage der §§ 638 Abs 1 S 2, 323 Abs 5 S 2 zur Minderung, daß sie auch bei einem unerheblichen Mangel möglich sei, gilt hier entsprechend. Gleiches ergibt der Umkehrschluß aus § 281 Abs 1 S 3.

Dagegen setzt der Anspruch auf Schadensersatz statt der ganzen Leistung voraus, daß der Mangel nicht unerheblich ist, § 281 Abs 1 S 3. Die Regelung ist deckungsgleich mit der des § 323 Abs 5 S 2 (PALANDT/HEINRICHS § 281 Rn 48); so daß auf die Erl o Rn 86 verwiesen werden kann. Die Fassung des Gesetzes ergibt die Beweislast des Unternehmers für diesen Ausschlußtatbestand.

Dagegen kommt es für den großen Schadensersatzanspruch des Bestellers nicht noch zusätzlich darauf an, daß er an dem Werk in diesem seinen Zustand kein Interesse hat. § 281 Abs 1 S 2 ist bei der mangelhaften Leistung nicht einschlägig, bei letzterer genügt das objektive Gewicht des Mangels; das subjektive Interesse des Bestellers ist auch ohnehin nur schwer fassbar.

In dem durch § 281 Abs 1 S 3 vorgegebenen Rahmen hat der Besteller die *freie Wahl* zwischen großem und kleinem Schadensersatz. Beides schließt einander aber dann aus. Die *Schadensberechnung des Bestellers darf nicht Elemente beider haben.*

a) Großer Schadensersatz
aa) Der Besteller kann das mangelhafte Werk insgesamt zurückweisen. Bei Teilbarkeit des Werkes kann er sich ausnahmsweise auf die Zurückweisung der mangelhaften Teile beschränken. In jedem Fall kann der Besteller von dem Unternehmer die *Rücknahme des Werkes* verlangen, was bei Werkverträgen im eigentlichen Sinne bedeutet, daß der Unternehmer verpflichtet ist, den früheren Zustand wiederherzustellen, zB ein Bauwerk abzureißen, bzw die entsprechenden Kosten zu übernehmen (vgl RG WarnRspr 1920 Nr 107; OLG Düsseldorf NJW-RR 1996, 305).

bb) Gleichzeitig kann der Besteller *jenen Betrag* verlangen, *den er benötigt, um sich anderweitig mit einem mangelfreien Werk einzudecken.*

(1) In diesem Rahmen kann der Besteller jedenfalls die *Rückzahlung des schon gezahlten Werklohns* verlangen, so daß er praktisch so zu stellen ist, als wäre der Vertrag nie abgeschlossen worden (vgl BGB-RGRK/GLANZMANN § 635 aF Rn 5). Der gezahlte Werklohn ist insofern der **Mindestschaden** des Bestellers; der Unternehmer kann sich nicht darauf berufen, daß ein Werk gleicher Art und Güte anderweitig billiger zu haben sei (vgl SOERGEL/TEICHMANN § 635 aF Rn 52).

(2) Der Besteller kann aber *auch einen höheren Betrag* verlangen, wenn ihm nur dieser anderweitig ein gleichwertiges Werk zu verschaffen vermag.

Diesen Betrag kann der Besteller *abstrakt* oder *konkret* beziffern. Eine abstrakte Berechnung erfolgt durch die Einholung entsprechender Kostenvoranschläge anderer Unternehmer, durch Sachverständigengutachten bzw die Benennung marktüblicher Preise. Eine konkrete Berechnung nimmt der Besteller vor, wenn er sich anderweitig eingedeckt hat und die damit verbundenen Mehrkosten liquidiert. *Doch hindert ihn das vorgenommene Deckungsgeschäft nicht an einer abstrakten Schadensberechnung.*

In jedem Fall sind jene *Kosten herauszurechnen*, die darauf zurückzuführen sind, daß das Ersatzwerk von *höherwertiger Ausführung* ist.

Bei abstrakter Berechnung obliegt es dem Besteller *nicht*, den erlangten Geldbetrag auch *entsprechend einzusetzen*. Das entspricht allgemeinen schadensersatzrechtlichen Grundsätzen. – Bewertungsstichtag ist der Tag der letzten mündlichen Verhandlung in der Tatsacheninstanz.

cc) Wählt der Besteller den großen Schadensersatz, erwächst dem Unternehmer daraus ein Rückgabeanspruch nach den §§ 281 Abs 5, 346 f, den er nach den §§ 281 Abs 5, 348 dem Schadensersatzbegehren einredeweise entgegensetzen kann. Selbstständig durchsetzbar durchsetzbar wird der Anspruch erst, wenn der Unternehmer vollen Schadensersatz wegen der Leistung geleistet hat. In aller Regel wird die von ihm erbrachte Leistung freilich vorab schon in die Ermittlung des Schadens des Bestellers einfließen.

b) Kleiner Schadensersatz

131 Die Abwicklung des sog kleinen Schadensersatzanspruchs stellt sich als ein Anwendungsfall der Austauschtheorie dar. Der Besteller behält das Werk in seiner Mangelhaftigkeit und *liquidiert die konkreten mangelbedingten Nachteile.*

aa) Der Besteller kann sich darauf beschränken, den *Minderwert des Werkes* zu liquidieren, wie er Folge des Mangels ist. Auch Folgen von Nachbesserungsmaßnahmen gehören hierher, wenn sie sich als Mangel des Werkes darstellen (vgl BGH NJW-RR 1998, 1169 [Wohnflächenminderung durch Nachisolierung]). Auf die Erheblichkeit des Mangels kommt es dabei nicht an (**aA** OLG Düsseldorf BauR 1992, 96); nur die Bemessung des Schadens kann dann Probleme bereiten. Allerdings muß überhaupt ein Schaden gegeben sein (vgl OLG Köln DAR 1990, 136 mit handelsüblichen Mitteln zu beseitigende Waschbürstenspuren einer Autowaschanlage). Die Liquidation des Minderwerts rückt den kleinen Schadensersatz in die *Nähe der Minderung*, ohne daß er indessen wie jene nach der Bestimmung des § 638 Abs 3 S 1 zu berechnen wäre. Sein Betrag ergibt sich vielmehr als *die Differenz des Wertes, den das Werk mangelfrei hätte, und des Wertes, den es mangelbedingt hat*. In vereinfachter Berechnung – und als Minimum – kann der Besteller auch die *Differenz zum vertraglich vereinbarten Preis* beanspruchen. Diesen Betrag kann der Besteller beanspruchen, auch wenn eine Nachbesserung möglich wäre und er deren Kosten liquidieren könnte; er ist insoweit an die Voraussetzungen des § 251 Abs 1 nicht gebunden. Freilich wird die Minderung des Verkehrswertes *weithin den mutmaßlichen Nachbesserungskosten* entsprechen.

132 **bb)** Der Besteller kann aber auch jenen Betrag liquidieren, der für eine Beseitigung

des Mangels erforderlich ist. Das entspricht § 249 S 2 (die Erl dort können sinngemäß herangezogen werden).

(1) Die Schadensberechnung auf dieser Basis setzt grundsätzlich voraus, daß eine *Beseitigung des Mangels noch möglich ist*. Sie entfällt also, wenn das Werk überhaupt untergegangen ist. Nach der zutreffenden Auffassung von BGH BauR 2001, 1437 (gegen BGHZ 81, 385, 392) schadet insoweit *die zwischenzeitliche Veräußerung* des Werkes aber *nicht*; es ist auch nicht einzusehen, warum dieser Umstand dem schadensersatzpflichtigen Unternehmer zugute kommen sollte. Es kann außerdem zweckmäßig sein, den Schadensersatzanspruch an den Erwerber als den eigentlich Interessierten abzutreten. Notwendig für den Erhalt des Schadensersatzes ist diese Abtretung aber nicht (**aA** BGH BauR 2001, 1437): zB kann sich der Besteller seinem Abnehmer gegenüber verpflichtet haben, noch für einen mangelfreien Zustand des Werks zu sorgen. Nicht einmal die Zwangsversteigerung läßt den Anspruch entfallen, weil die Schadensersatzleistung nicht zweckgebunden ist.

(2) Der Besteller, der den Mangel noch nicht beseitigt hat, erhält *jenen Betrag, der erforderlich ist, ihn zu beseitigen* (BGH BauR 1991, 744). Er erhält ihn zu seiner freien Verfügung (BGHZ 61, 28), ist also *nicht verpflichtet*, ihn auch tatsächlich *zur Mängelbeseitigung einzusetzen*; das entspricht den Grundsätzen zu § 249 S 2 (vgl BGHZ 61, 56, 58; PALANDT/HEINRICHS § 249 Rn 4).

(3) Es werden *sämtliche Kosten* erfaßt, die bei der Beseitigung des Mangels anfallen können. Dazu gehören außer den eigentlichen Beseitigungskosten die *Kosten vorbereitender Maßnahmen* wie namentlich der gutachterlichen Abklärung von Ausmaß und Ursache des Mangels sowie der zu seiner Beseitigung erforderlichen Maßnahmen, sowie die *Kosten der Nachsorge*, wenn zB nach Maurerarbeiten zur Mangelbehebung noch wieder Malerarbeiten notwendig werden, aber auch die *Kosten begleitender Maßnahmen*, so etwa wenn Sachen für die Dauer der Nachbesserung auszulagern sind. Vgl zu den Kosten der Mängelbeseitigung auch § 635 Rn 2 ff. Unter § 634 Nr 4 – und nur unter diese Bestimmung – fallen auch durch die Nachbesserung verursachte Schäden, so etwa eine Betriebsunterbrechung (vgl OLG Düsseldorf BauR 1992, 414).

(4) Wenn der Besteller die Nachbesserung tatsächlich durchgeführt hat, ändert das an seinem Anspruch grundsätzlich nichts; er ist zur Abrechnung nicht verpflichtet. Bleibt sein realer Aufwand hinter den als erforderlich angesehenen Kosten zurück, so behält er gleichwohl seinen Anspruch auf diese; allenfalls stellt sich dann die Frage, ob ihre Erforderlichkeit nicht doch anders zu beurteilen ist. Diese Grundsätze kommen dem Besteller namentlich dann zugute, wenn es ihm *gelingt, den Mangel besonders preiswert* zu beseitigen, zB in Nachbarschaftshilfe oder gar durch Eigenarbeit: Er hat gleichwohl einen *Anspruch auf jenen Betrag, den eine ordentliche Fachfirma berechnen würde*.

Umgekehrt ist aber auch nicht jeder *Aufwand* erstattungsfähig, den der Besteller tatsächlich gehabt hat, sondern nur jener, *den er bei verständiger Würdigung für erforderlich halten durfte*. Dazu können uU auch die Kosten fehlgeschlagener Nachbesserungsversuche gehören (vgl OLG Frankfurt NJW-RR 1992, 902; STAUDINGER/SCHIEMANN [1998] § 249 Rn 229 f, der die §§ 251 Abs 1, 254 anwendet).

134 (5) Dem Besteller kann es nicht erlaubt sein, auf Kosten des Unternehmers einen unverhältnismäßigen Aufwand zu treiben. In entsprechender Anwendung des § 251 Abs 2 ist er vielmehr auf die *Liquidation des Minderwerts des Werkes* beschränkt, wenn die Beseitigung des Mangels *unvertretbar aufwendig wäre* (vgl RGZ 71, 212; BGHZ 114, 383, 389; SOERGEL/TEICHMANN § 635 aF Rn 45); das entspricht § 635 Abs 3 (vgl dort Rn 8). Es muß sich bei einem Vergleich der Kosten der Mängelbeseitigung einerseits und des zu erwartenden Gewinns andererseits ergeben, daß die Beseitigung des Mangels unvernünftig wäre. Dabei ist einerseits zu berücksichtigen, daß der Mangel einen vertragswidrigen Zustand darstellt, den der Unternehmer schuldhaft geschaffen hat, und andererseits, daß die Beseitigung eines Mangels wegen der anfallenden Zusatzkosten ohnehin kostspieliger ist als die sofortige Schaffung eines mangelfreien Zustandes. Es darf also der Mangel *die Funktionsfähigkeit des Werkes nicht eigentlich beeinträchtigen* und es muß *mit besonders hohen Kosten zu rechnen* sein.

(6) Ein trotz der Nachbesserung verbleibender Minderwert des Werkes ist als solcher zu ersetzen, vgl auch § 251 Abs 1. Das gilt insbesondere für den sog merkantilen Minderwert (vgl BGH BauR 1991, 744).

(7) Zu Schadensersatzansprüchen des Hauptunternehmers gegenüber dem Subunternehmer aus seinem Verhältnis zum Besteller vgl KNIFFKA BauR 1998, 55.

135 cc) Gegenüber beiden Berechnungsmethoden ist dem Unternehmer der *Einwand verwehrt*, daß der Besteller *tatsächlich keine Einbußen erlitten* habe, weil sein Abnehmer ihm selbst wegen des Mangels keine Abzüge gemacht habe (vgl RG JW 1919, 932; BGB-RGRK/GLANZMANN § 635 aF Rn 11); derartige Vorteile dürfen sich nicht zu Gunsten des Unternehmens auswirken (versagte Vorteilsausgleichung) (zu einem Ausnahmefall vgl OLG Düsseldorf NJW-RR 1997, 186).

7. Sonderprobleme

a) Anfängliche Unmöglichkeit

136 § 634 Nr 4 nimmt Bezug auf § 311a, wie er zu anfänglichen Leistungshindernissen Stellung nimmt. Das hat geringe praktische Bedeutung, weil es bei ihnen weithin nicht zu der in § 634 Nr 4 vorausgesetzten Abnahme kommt; insofern ist das anfängliche Leistungshindernis idR nur für den Erfüllungs-, nicht für den Nacherfüllungsanspruch des Bestellers von Bedeutung, man denke an den zugesagten Bau im Naturschutzgebiet.

Unter § 311a fällt es allerdings auch, wenn das Werk nur nicht mit den vereinbarten Eigenschaften erstellt werden kann, zB die Entwicklung einer Maschine mit einer bestimmten Leistungsfähigkeit, die Ermittlung eines besonderen Verfahrens. Die Verfehlung derartiger Ziele wird aber meist schon vor der Abnahme offenbar werden und den Besteller veranlassen, diese zu verweigern. Nimmt er gleichwohl ab, sei es in Verkennung des Mangels, sei es in Kenntnis, braucht er sich seinen Schadensersatzanspruch nicht nach § 640 Abs 2 vorzubehalten. Er kann dann ohne weiteres Schadensersatz statt der Leistung verlangen, sofern sich der Unternehmer nicht nach § 311a Abs 2 S 2 exkulpiert, und zwar insoweit das positive Interesse (CANARIS JZ 2001, 507; PALANDT/HEINRICHS § 311a Rn 7), dh das, was ihm das vertragsgemäße Werk erbracht hätte, § 252.

b) Aufwendungen des Bestellers

aa) Die Nacherfüllung kann auch dann, wenn sie durch den Unternehmer durchgeführt wird, zu besonderen Aufwendungen des Bestellers führen. Sie haben teils unmittelbar Vermögenswert, zB das Abstellen von Arbeitskräften, einer Aufsichtsperson, teils ist dies zweifelhaft, insbesondere bei dem Einsatz der eigenen Arbeitskraft. Auch insoweit wird man aber Vermögenswert zu bejahen haben. Zwar hat der Besteller bei der ursprünglichen Erfüllung des Vertrages gemäß § 642 für den Unternehmer kostenlos mitwirken müssen, aber das kann im Stadium der Nacherfüllung nicht mehr gelten, wenn hier letztlich vertragswidrige, zusätzliche Leistungen auf den Besteller zukommen. So wie bei der Selbstvornahme nach § 634 Nr 2 dem Einsatz der eigenen Arbeitskraft Vermögenswert zuerkannt wird (o Rn 73), muß es auch erstattungsfähig relevant sein, wenn der Besteller bei der Nacherfüllung des Unternehmers Zeit aufwendet. 137

Dabei kommt es für die Erstattungsfähigkeit darauf an, ob der Besteller seinen Aufwand nach den Umständen für erforderlich halten durfte, vgl § 670. Das kann durchaus auch bei frustrierten Aufwendungen der Fall sein, zB dem vergeblichen Warten auf den Unternehmer.

Die Erstattung kann dabei problemlos im Falle des verschuldeten Mangels nach § 634 Nr 4 erfolgen, aber nicht von einem Vertretenmüssen des Unternehmers abhängig sein. Vielmehr wird man anzunehmen haben, daß die Nacherfüllung des Unternehmers, § 634 Nr 1, zT unausweichlich durch eine eigene Nacherfüllung des Bestellers, § 634 Nr 2, flankiert wird. Anspruchsgrundlage sind dann für die Erstattung die §§ 634 Nr 2, 637.

bb) Mit der Erwähnung des § 284 in § 634 Nr 4 hat dies nichts zu tun. Jene Regelung basiert darauf, daß der Gläubiger im Vertrauen auf den Erhalt der Leistung Aufwendungen gemacht hat, zB für Werbemaßnahmen für ihre Weiterveräußerung. Solche Aufwendungen sind auch im Stadium der Nacherfüllung denkbar, aber doch nur in Ausnahmefällen. Sie müssen nämlich, sollen sie den §§ 634 Nr 4, 284 unterfallen, gerade im Vertrauen auf den Erfolg der Nacherfüllung getätigt worden sein, in aller Regel wird ihre Grundlage aber die Erwartung der ursprünglichen Leistung sein; dann verbleibt es bei den allgemeinen Regeln der §§ 280, 281, 283, 284, so daß namentlich in der Verjährungsfrage § 634a unanwendbar ist.

Beziehen sich die frustrierten Aufwendungen auf die bloße Nacherfüllung, ist nach § 284 auch nur der diesbezügliche Schadensersatz alternativ geltend zu machen.

8. Vertragliche Schadensersatzansprüche des Bestellers außerhalb des Anwendungsbereichs des § 634 Nr 4

Nicht alle Schadensersatzansprüche, die dem Besteller aus dem Vertrag zustehen, unterfallen § 634 Nr 4. Die praktische Bedeutung der Negativfeststellung liegt namentlich darin, daß ihre Verjährung nicht § 634a unterliegt, sondern der Regelverjährung der §§ 195, 199. 138

a) Nebenpflichtverletzung

Die §§ 280 Abs 1, 241 Abs 2 sind anwendbar, wenn die Schäden des Bestellers *nicht mit einem Mangel der Werkleistung in innerem Zusammenhang* stehen. Hier sind zu nennen: *Allgemeine Störungen des Vertrages*, zB dessen eigenmächtige Aufsage, Beeinträchtigung *sonstiger Belange* des Bestellers, zB seiner Gesundheit oder seines Eigentums.

Ansprüche aus den §§ 280 Abs 1, 241 Abs 2 können dabei insbesondere auch bei der Erbringung der Werkleistung entstehen. Das ist der Fall, wenn der Unternehmer hierbei *Sachen des Bestellers beschädigt* (vgl BGB-RGRK/GLANZMANN § 635 aF Rn 29), ohne daß dies im Zuge der Erbringung der Werkleistung unvermeidlich gewesen wäre; vgl BGH NJW 1975, 685: Das Kfz des Bestellers wird in der vollautomatischen Waschanlage beschädigt; durch unvorsichtigen Umgang mit Feuer wird die Arbeitsstelle und ihre Umgebung in Brand gesetzt (BGH VersR 1960, 344; 1963, 195; 1966, 1154. Das per Kran anzuhebende Boot stürzt ab, BGH NJW-RR 1996, 1203; nach den Arbeiten des Unternehmers ist aufzuräumen, OLG Celle BauR 1995, 713). Eine Schädigung des Bestellers kann sich aber insbesondere auch daraus ergeben, daß er *gegenüber Dritten haftpflichtig* wird; es wird zB bei Bauarbeiten das Grundstück eines Nachbarn beschädigt. Auch Dritte selbst können gegenüber dem Unternehmer Ansprüche aus den §§ 280 Abs 1, 241 Abs 2 haben, sofern sie, zB als Arbeitnehmer oder Familienangehörige des Bestellers, in den Schutzbereich des Vertrages einbezogen waren.

§ 634 Nr 4 bleibt aber anwendbar, wenn eine Sache beschädigt wurde und der Mangel des Werkes dafür ursächlich war (vgl die Fälle BGHZ 61, 203, 207; Überschwemmungsschäden durch Austritt von Wassermassen aus einem Schmutzwasserkanal, dem eigenmächtig ein unzureichend gesichertes Rohrstück angefügt war; BGHZ 58, 305; Brand eines Gebäudes infolge einer mangelhaften Ölfeuerungsanlage BGHZ 23, 288; elektrochemische Korrosion eines eisernen Rohrleitungsnetzes infolge Einbaus einer Warmwasserbereitungsanlage mit Kupferrohren; BGH NJW 1979, 1651 m Anm LITTBARSKI JZ 1979, 552: Schäden durch ein heruntergebrochenes Regal, OLG Hamm NJW-RR 1996, 1083; Lahmheit des Pferdes nach Hufbeschlag; LG Tübingen NJW-RR 1994, 1175: Schaden eines Rohres nach Pflanzen eines Baumes in seiner Nähe, die früher nicht nach § 635 aF zu behandeln waren).

b) Problematische Fälle

139 Damit verbleiben als problematisch jene – seltenen – Fälle, in denen der Besteller nicht oder nur unzureichend über solche Eigenschaften des Werkes unterrichtet worden ist, *die ihm nachteilig sind*, die sich aber *nicht unter den Mangelbegriff* einordnen lassen. Insoweit warnen BGB-RGRK/GLANZMANN § 635 aF Rn 25; LITTBARSKI JZ 1978, 3, 5 zutreffend davor, die Lehrmeinungen zum Kauf ohne weiteres auf das Werkvertragsrecht zu übertragen.

Wenn man von den § 639 Rn 4 f skizzierten intensiven Beratungs- und Aufklärungspflichten des Unternehmers ausgeht, besteht kein hinreichender Grund, den Besteller in diesem Bereich schutzlos zu lassen (vgl auch BGB-RGRK/GLANZMANN aaO). Der schlichte Hinweis auf den Vorrang des Gewährleistungsrechts kann dazu nicht ausreichen. Die Haftung aus culpa in contrahendo hat hier andere Grundlagen als dieses, wenn es um die Verletzung eines vorvertraglichen Vertrauensverhältnisses geht, und andere Folgen, wenn nicht die Bewältigung eines Mangels ansteht.

Wenn die aus den §§ 280 Abs 1, 311 Abs 2, 241 Abs 2 herzuleitende Haftung hier an die unzureichende Aufklärung über die Eigenschaften des Werkes anknüpft, wird man sie der Verjährung nach § 634a unterwerfen müssen.

c) Verletzung vorvertraglicher Pflichten
Ansprüche des Bestellers aus den §§ 280 Abs 1, 241 Abs 2, 311 Abs 2 sind ebenfalls ohne weiteres *dort möglich, wo sich das Fehlverhalten des Unternehmers nicht auf Eigenschaften des zu liefernden Werkes bezieht,* er also sonstige Schäden verursacht, zB durch eine körperliche Schädigung des Bestellers oder eine Verletzung seiner Geschäftsgeheimnisse.

Bei einer *fehlerhaften Beratung über das Werk* selbst und seine Eigenschaften gilt:

aa) Aufklärungs- und Beratungspflichten
Grundsätzlich treffen den Unternehmer, der gegenüber dem Besteller typischerweise **140** über einen Vorsprung an Information und Sachkunde verfügt, intensive Beratungs- und Aufklärungspflichten, und zwar stärkere als insbesondere einen Verkäufer, wenn es denn um eine künftige Sache geht, nicht etwa um eine schon vorhandene, die beurteilt und gar erprobt werden kann. Der Unternehmer muß schon dann bei Verdachtsmomenten prüfen und ggf aufklären, wenn die Konzeption des Werkes von dem Besteller selbst stammt (vgl § 633 Rn 62 ff im Rahmen des § 4 Nr 3 VOB/B). Erst recht muß er das Werk und seine Eigenschaften dem Besteller dann erläutern, wenn die Konzeption des Werkes von ihm selbst stammt. Dies gilt jedenfalls dann, wenn Anhaltspunkte dafür bestehen, daß sich der Besteller Fehlvorstellungen anheimgibt. Solche Anhaltspunkte können sich daraus ergeben, daß die Eigenschaften des Werkes allgemein nicht als bekannt vorausgesetzt werden können, oder daraus, daß gerade der Besteller unzutreffende Erwartungen zu erkennen gibt, ggf hat sich der Unternehmer durch entsprechende Nachfragen zu vergewissern (vgl auch § 637 Rn 4 ff). Dabei muß er gerade auch die Verwendungszwecke des Bestellers erkunden.

bb) Gewährleistungsrecht
Eine *Verletzung dieser Aufklärungspflichten kann durchweg mit den §§ 633 ff erfaßt werden* (vgl auch BGB NJW 1969, 1710), da das Werk mangelhaft ist, wenn es nicht jenen Erwartungen entspricht, die der Besteller redlicherweise hegen darf (vgl auch § 633 Rn 164 ff). Daran ändern selbst abweichende konkrete Regelungen nichts, wenn der Besteller nicht gehörig über ihre Tragweite aufgeklärt worden ist.

cc) Selbständiger Beratungsvertrag
Ausnahmsweise denkbar ist der Abschluß eines selbständigen Beratungsvertrages, **141** der dann nicht den §§ 633 ff unterfiele, wie ihn die Rechtsprechung namentlich im Bereich des Kaufes angenommen hat (vgl BGH NJW 1997, 3227, 3229), aber auch im Bereich des Werkvertrages (vgl BGH NJW 1999, 1540): Der Besteller läßt sich eine Expertise darüber erstellen, ob und welche Werkleistung er in Anspruch nehmen kann. Wie jeder Vertrag läßt sich dieser Vertrag unentgeltlich (dann freilich hier: als Auftrag) abschließen und konkludent; dann sind freilich an seine Feststellung strenge Anforderungen zu stellen. Verbreitet sind sie im Reparaturgewerbe: Kostenpflichtige Ermittlung der Wirtschaftlichkeit einer Reparatur und ihrer Kosten, die dann die Basis für den eigentlichen Reparaturauftrag bilden soll. Hier nimmt BGH (NJW 1999, 1540) eine Haftung aus positiver Forderungsverletzung (= jetzt § 280 Abs 1, 241

Abs 2) im Rahmen eines Auskunftsvertrages an. Dem ist aber nicht zuzustimmen: Auch diese Beratung ist wieder eine Werkleistung. Wird sie unentgeltlich erbracht, sind die §§ 633 ff analog anzuwenden.

9. Deliktische Ansprüche

142 Ob und inwieweit dem Besteller aus einer mangelhaften Werkleistung deliktische Ansprüche gegen den Unternehmer erwachsen können, ist zweifelhaft. Bei der Klärung der damit zusammenhängenden Fragen sind **mehrere Problemkreise sorgsam zu unterscheiden.** Zunächst ist zu fragen, ob *tatbestandlich eine Rechtsguts-*, meist *Eigentumsverletzung* vorliegt, sodann ist ihre *Rechtswidrigkeit* zu prüfen, dann die *Konkurrenz zur vertraglichen Haftungsordnung,* schließlich sind *die Rechtsfolgen* zu bestimmen.

a) Tatbestandsmäßigkeit

143 Ein Anspruch des Bestellers aus § 823 Abs 1 kann nur dann gegeben sein, wenn zunächst eine Rechtsgutsverletzung vorliegt, wie sie insbesondere in der Form einer Eigentumsverletzung gegeben sein kann. Eine solche Rechtsgutsverletzung kann sich ohne weiteres ergeben, wenn die Arbeiten selbst zu Schäden führen, vgl zur Verschmutzung der Nachbarräume durch Umbauarbeiten OLG Braunschweig BauR 1991, 486, zu Feuchtigkeitsschäden nach Öffnen der Dachhaut OLG Frankfurt NJW 1989, 233, zur Gefährdung des Nachbargrundstücks durch Vertiefungsmaßnahmen (§§ 909, 823 Abs 2) BGH NJW 1981, 50; OLG Koblenz BauR 1989, 637. Anspruchsberechtigt können der Besteller wie Dritte (zB Mieter [vgl KG BauR 1999, 421], Nachbar, Passant) sein.

aa) Es können durch den Mangel des Werkes *andere Rechtsgüter* in ihrer Integrität beeinträchtigt werden.

(1) Dabei kann es sich um eine zufällige Schädigung handeln, wenn zB Überschwemmungsschäden auf Grund mangelhafter Absicherung einer Kanalisation eintreten. *Hier kann eine Eigentumsverletzung nicht eigentlich geleugnet werden.*

(2) Der Schaden kann aber auch *an Rechtsgütern entstehen, deren Schutz die Werkleistung gerade dienen sollte* (vgl den Fall von RGZ 71, 173), daß das in einer Kühlhalle eingelagerte Fleisch auf Grund von deren Mängeln verdirbt, oder von BGHZ 60, 9, daß Blumen in einem Gewächshaus absterben, Entscheidungen, in denen jeweils eine Eigentumsverletzung nicht diskutiert wird. Eine solche wird man aber auch hier *schwerlich leugnen* können (**aA** möglicherweise SCHWENZER JZ 1988, 525, 528, vgl aber wie hier die Entscheidungen zur kaufrechtlichen Produzentenhaftung BGHZ 80, 186 [Derosal]; 80, 199 [Benomyl]; BGH NJW 1985, 194 [Dachabdeckfolie]). Insoweit kann es *keinen Unterschied* machen, ob die zum Schutz anderer Rechtsgüter einzusetzenden, aber wirkungslosen Sachen vom Produzenten *kraft Kaufrechts geliefert* oder *kraft Werkvertragsrechts angebracht worden* sind. Ganz entsprechend haben BGH NJW 1977, 1013; BGH NJW 1991, 562; OLG Hamm NJW-RR 1993, 594 den Architekten für Feuchtigkeitsschäden deliktisch haften lassen, die auf Grund seiner Fehlplanung bei Mietern des Bestellers eingetreten waren, BGH NJW-RR 1990, 726 den Bauunternehmer, der Wasserschäden durch seine mangelhafte Leistung verursacht hat. Für die Frage der Eigentumsverletzung kann es *keinen Unterschied* machen, ob die beschädigten Sa-

chen im Eigentum *eines Dritten* oder *des Bestellers* standen. Deliktisch haftet dann aber auch die Reparaturwerkstatt, die die Bremse fehlerhaft eingestellt hat, BGH NJW 1993, 665, der Veranstalter des Konzerts, das zu Hörschäden führt, LG Trier NJW 1993, 1474; der Lieferant von Blumentorf, auf dem die Pflanzen nicht gedeihen (BGH NJW 1999, 1028).

Eine deliktische Haftung tritt auch ein, wenn mit mangelhaften Sachen mangelfreie derart verbunden werden, daß sie nicht mehr wirtschaftlich sinnvoll von ihnen getrennt werden können (vgl BGHZ 117, 183; BGH NJW 1998, 1942). Beschädigt ist hier nicht das Endprodukt, sondern der verlorene heile Bestandteil.

(3) Eine *Eigentumsverletzung* stellt es weiter dar, *wenn eine zur Reparatur* oder **144** *sonstigen Bearbeitung gegebene Sache durch diese Werkleistung* in Integrität und Wert gemindert wird. Schon der zu der Bearbeitung notwendige Eingriff in die Substanz der Sache, zB der Aushub der Baugrube, beeinträchtigt das Eigentum. So hat BGHZ 55, 392 deliktische Ansprüche bejaht, nachdem der Einbau eines Doppelachsaggregats Rahmenrisse verursacht hatte, BGH NJW 1977, 1819 eine Eigentumsverletzung angenommen, nachdem Lichtrasterdecken beim Lackieren verformt worden waren.

(4) Zweifelhaft ist dagegen eine **Eigentumsverletzung**, soweit es um die **minderwertige Werkleistung selbst** geht. Eine Eigentumsverletzung wird hier in unterschiedlichem Umfang angenommen (vgl sehr weitgehend FREUND/BARTHELMESS NJW 1975, 281; WILTS VersR 1967, 817; GRUNEWALD JZ 1987, 1098, 1100); unklar die Rechtsprechung. BGHZ 39, 366 verneint bei der mangelhaften Errichtung eines Bauwerks deliktische Ansprüche, **weil das bebaute Grundstück nie in mangelfreiem Zustand im Eigentum des Bestellers gestanden habe**. Demgegenüber ist es aber nicht ersichtlich, warum die kaufrechtliche Rechtsprechung zum sog weiterfressenden Mangel nicht auch auf das Werkvertragsrecht sollte übertragen werden können (vgl dazu und in diesem Sinne LITTBARSKI, in: FS Korbion [1986] 269; SCHWENZER JZ 1988, 255 ff, ferner SCHLECHTRIEM ZfBR 1992, 95). Gerade im Werkvertragsrecht können spätere mangelhafte Leistungsteile solche vorangehenden Leistungsteile schädigen, die schon mangelfrei in das Eigentum des Bestellers übergegangen sind, vgl die einstürzende und weitere Schäden verursachende Zwischendecke in BGH VersR 1957, 304. Die Eigentumsverletzung kann insoweit nicht zweifelhaft sein, wenn ein nachfolgendes Gewerk ein vorangehendes schädigt. *Dann aber kann die Rechtslage nicht sinnvoll anders beurteilt werden, wenn der Unternehmer eigene vorangehende Leistungen schädigt.*

bb) An einer **Eigentumsverletzung fehlt es** allerdings, soweit es nur um den **Mangel des Werkes** selbst geht, weil der Besteller insoweit nie mangelfreies Eigentum erworben hat (vgl insoweit zutreffend BGHZ 39, 366; 67, 359, 364; SOERGEL/ZEUNER Rn 42 vor § 823; MÖSCHEL, JuS 1977, 1, 5; anders möglicherweise GRUNEWALD JZ 1987, 1908, 1909 f).

b) Rechtswidrigkeit
Bei der Frage der Rechtswidrigkeit der Eigentumsverletzung sind zwei Problem- **145** kreise zu unterscheiden.

aa) Zunächst muß *festgestellt werden*, daß der Unternehmer *gerade deliktische und nicht nur vertragliche Pflichten verletzt hat*; letztere können nicht einfach in deliktische umgemünzt werden (vgl SCHWENZER JZ 1988, 525, 528 f). Doch kann eine solche *Pflichtverletzung jedenfalls dann* angenommen werden, *wenn andere Rechtsgüter des Bestellers gefährdet werden*, und zwar auch dann, wenn die Werkleistung gerade ihrem Schutz diente (aA SCHWENZER aaO). Es haftet der nachlässige Wachmann auch deliktisch, und anderes kann auch im Werkvertragsrecht nicht angenommen werden. Insoweit von einer vertraglichen Sonderordnung zu sprechen, vgl SCHWENZER aaO, ergibt wenig Sinn. Sie versagt ohnehin, wenn zwischen den Parteien keine direkten vertraglichen Beziehungen bestehen wie zB zwischen Besteller und Subunternehmer. Es *können* dann aber *die Beziehungen zwischen dem Besteller und dem Unternehmer selbst in dieser Hinsicht nicht anders beurteilt werden.*

146 **bb)** Allerdings enthält der Werkvertrag als solcher – und das ist der zutreffende Kern des Gedankens einer vertraglichen Sonderordnung – eine **Einwilligung des Bestellers in die Einwirkung auf seine Rechtsgüter**. Das nimmt zB dem Ausheben der Baugrube die Rechtswidrigkeit. *Den Umfang dieser Einwilligung sachgerecht zu bestimmen, ist das Zentralproblem.*

(1) Diese *Einwilligung* ist zunächst in mancher Hinsicht *beschränkt*. Sie deckt nur solche Einwirkungen auf das Eigentum des Bestellers, die zur sachgerechten Erbringung der Werkleistung erforderlich sind, wobei insoweit von den anerkannten Regeln der Technik auszugehen ist. *Im Grundsatz hat der Unternehmer mit allen Rechtsgütern des Bestellers* – auch jenem, das er gerade zu bearbeiten hat – *schonend umzugehen.* Wenn sich aber der Substanzeingriff *lege artis nicht vermeiden* läßt, dann ist er auch *rechtmäßig.*

Die Einwilligung bezieht sich nicht auf Mangelfolgeschäden an sonstigen deliktisch geschützten Rechtsgütern des Bestellers.

(2) *Das Gesetz erweitert die Einwilligung des Bestellers* aber auch teilweise *auf Maßnahmen des Unternehmers, die den Regeln der Technik nicht entsprechen*, indem es dem Unternehmer in § 634 Nr 1 eine *Nachbesserungsbefugnis* gewährt. Solange diese besteht und soweit sie reicht, kann einstweilen von einer im deliktischen Sinne rechtswidrigen Handlungsweise des Unternehmers noch nicht gesprochen werden. *Erst wenn und soweit sich der Besteller nicht mehr auf eine Nachbesserung des Unternehmers einzulassen braucht*, ist das Verdikt der *Rechtswidrigkeit* möglich.

cc) Ausnahmsweise kann sich die Rechtswidrigkeit – und die deliktische Haftung überhaupt – auch aus einem Verstoß gegen Schutzgesetz iSd § 823 Abs 2 ergeben.

c) **Rechtsfolgen**
147 Was den Haftungsumfang betrifft, so ist ein deliktischer Anspruch des Bestellers *nicht auf das Erfüllungsinteresse* aus dem Werkvertrag *gerichtet*, vgl BGHZ 39, 266, sondern kann nur sein *Integritätsinteresse erfassen*, dh jenen Schaden, der in der Rechtsgutsverletzung selbst liegt bzw aus ihr resultiert. Das bedeutet, daß namentlich die *Kosten der eigentlichen Mängelbeseitigung nicht verlangt werden können* (vgl auch BGHZ 96, 221, 229; OLG Koblenz NJW-RR 1998, 374). In dem BGH VersR 1957, 304 zugrunde liegenden Fall der einstürzenden Zwischendecke können nur jene Schäden liquidiert werden, die diese an sonstigen Sachen des Bestellers sowie anderen schon mangelfrei erbrachten Leistungsteilen anrichtet; ihre mangelfreie Wie-

derherstellung bzw der dazu notwendige Betrag kann nur Gegenstand vertraglicher Ansprüche aus § 634 sein. Im Gegensatz zum Kostenvorschuß nach § 637 Nr 3 ist über den Anspruch nicht nachträglich abzurechnen (BGH NJW 1997, 520). Die Schadensersatzleistung ist nicht zweckgebunden, wenn sie sich nach den §§ 249 ff richtet.

d) Konkurrenzen
Soweit nach dem Vorstehenden deliktische Ansprüche des Bestellers gegeben sind, ist *kein hinreichender Grund ersichtlich*, sie entgegen sonstigen Prinzipien des Zivilrechts *hinter vertragliche Ansprüche des Bestellers zurücktreten zu lassen* (vgl BGHZ 55, 392; 61, 203; 96, 221). Sie sind mit diesen sachlich durchaus vereinbar (vgl BGH aaO, einschränkend zB SCHWENZER JZ 1988, 525, 527 ff), wenn man berücksichtigt, daß das Deliktsrecht nicht geeignet ist, dem Unternehmer sein Nachbesserungsrecht zu nehmen (vgl o Rn 31; BGHZ 96, 221, 229; GRUNEWALD JZ 1987, 1098, 1101). **148**

Der einzige weitere, freilich gravierende Punkt, in dem es zu Wertungswidersprüchen zwischen der vertraglichen und der deliktischen Ordnung kommen kann, ist der der **Verjährung**, für die die §§ 195 ff teils geräumigere Fristen bereithalten als § 634a, und die dort auch mit ihrer Anknüpfung an die Kenntnis vom Schaden wesentlich geschädigtenfreundlicher ausgestaltet ist. Die deliktischen Ansprüche des Bestellers nach den §§ 195 ff verjähren zu lassen, begegnet aber doch keinen durchgreifenden Bedenken. Es ist *kein hinreichender Grund ersichtlich, deliktische Ansprüche des Bestellers ebenfalls dieser Bestimmung zu unterwerfen* (vgl BGHZ 55, 392; SOERGEL/TEICHMANN § 638 Rn 23 f; NICKLISCH/WEICK Vor § 13 Rn 42; FREUND/BARTHELMESS NJW 1975, 281, 288; GRUNEWALD JZ 1987, 1098, 1101; aA GANTEN NJW 1971, 1804; einschränkend SCHLECHTRIEM JZ 1971, 449, 451; NJW 1972, 1554, 1555; 1977, 1819, 1820; ESSER/WEYERS § 32 II 6 f)

10. Zu **Schadensersatzansprüchen nach der VOB/B** vgl Anh I Rn 37 ff zu § 638. Zur Haftung des Architekten vgl Anh II zu § 638. **149**

XIV. Mengenabweichungen

1. Preisliche Konsequenzen

Das Werk des Unternehmers kann quantitativ anders ausfallen, als dies vorgesehen war. Das ist bei dem zukunftsbezogenen und damit zunächst auf Prognosen angewiesenen Werkvertrag eine alltägliche Erscheinung. Sofern keine Pauschalvergütung vereinbart war, sondern sich die Vergütung nach der erbrachten Menge bemessen soll, ist sie entsprechend zu berechnen, vgl das Aufmaß beim Einheitspreisvertrag, der Kilometerstand bei der Taxifahrt. Die etwaige Herabsetzung bei der minderen Menge gilt außer bei Korrektheit des Werkes auch bei dessen Mangelhaftigkeit und ist damit unabhängig von den §§ 633 Abs 2 S 3, 634, 640 Abs 2. **150**

2. Vertragswidrige Mindermenge

a) Zurückweisung
Hat das Werk des Unternehmers vertragswidrig einen geringeren Umfang als vereinbart, kann der Besteller es zurückweisen, sofern die Mindermenge nicht nur unwesentlich ist, § 640 Abs 1 S 2. Dann bleibt es bei seinem allgemeinen Erfüllungsanspruch, wie er durch die §§ 280, 281, 323 sanktioniert ist. Schadensersatz statt der **151**

ganzen Leistung und Rücktritt stehen dabei unter dem Vorbehalt der Erheblichkeit, §§ 281 Abs 1 S 3, 323 Abs 5 S 2.

Der Besteller, der die Fehlmenge erkannt hat, kann gleichwohl abnehmen. Rügt er nicht, nimmt ihm das nach § 640 Abs 2 die Rechte aus § 634 Nrn 1–3 (nicht Nr 4); die Preiskorrektur (soeben Rn 150) bleibt unangetastet.

Wenn er rügt, erhält ihm das seine Rechte wegen Fehlmenge. Dies sind jedenfalls die sich aus § 634 ergebenden. Außerdem aber ist anzunehmen, daß die Rüge in ihrem Umfang den Vertrag im Erfüllungsstadium beläßt (§ 640 Rn 24), so daß dem Besteller also insoweit auch die allgemeinen Rechte verbleiben.

b) Rechte aus § 634

152 Der Besteller, der die Mindermenge gerügt, aber abgenommen hat oder sie vielleicht erst später bemerkt hat, hat nach § 633 Abs 2 S 3 die zeitlich nach § 634a limitierten Rechte aus § 634. Er kann Nachlieferung verlangen (Nr 1), sich nach Fristsetzung, sofern diese nicht entbehrlich ist, selbst eindecken (Nr 2), zurücktreten oder Schadensersatz verlangen (Nrn 3, 4), wobei bei Rücktritt oder Schadensersatz wegen der ganzen Leistung die Erheblichkeit des Mangels weitere Voraussetzung ist, §§ 281 Abs 1 S 3, 323 Abs 5 S 2.

Die Möglichkeit der Minderung, § 634 Nr 3, hat eigenständige Bedeutung beim Pauschalpreisvertrag. Ist – beim Einheitspreisvertrag – nach der erbrachten Leistung abzurechnen, läuft sie idR leer neben der entsprechenden Preiskorrektur (o Rn 150). Eine ergänzende Bedeutung behält sie, wenn und soweit sich aus der Mindermenge zusätzlich eine weitergehende Einschränkung der Verwendungstauglichkeit ergeben sollte.

XV. Anderes Werk

a) Zurückweisung

153 Wenn der Unternehmer dem Besteller ein anderes als das vereinbarte Werk liefert, kann der Besteller auf dem letzteren bestehen, sofern die Abweichung nicht nur unwesentlich ist, § 640 Abs 1 S 2. Dann hat der Unternehmer es als vertragswidrige Leistung zu beseitigen (vgl o Rn 91 zur ähnlichen Lage beim Rücktritt). Verbleibt es gleichwohl beim Besteller, ist es zu vergüten, wofür die vier Regelungsmodelle der §§ 677 ff, 818 ff, 994 ff, 346 Abs 2 in Betracht kommen. Dabei ist das letztgenannte vorzuziehen, weil die vertraglichen Wertansätze auch hier maßgeblich bleiben müssen, vgl § 346 Abs 2 aE.

Wenn nach Aufwand des Unternehmers abzurechnen ist, muß uU die Vergütung angepaßt werden (o Rn 150).

b) Abnahme

154 Der Besteller kann die andere Werkleistung als Erfüllung entgegennehmen, § 640, muß dies sogar bei einer nur unwesentlichen Abweichung. Das nimmt ihm nicht die etwa notwendige Preiskorrektur wegen Minderaufwands des Unternehmers (o Rn 150).

aa) Wenn die Erbringung der ursprünglich vorgesehenen Leistung neben dem angedienten Werk sinnvoll bleibt – es mag der Maler das falsche Zimmer ausgemalt haben –, behält der Besteller insoweit seinen ursprünglichen Erfüllungsanspruch, wie er von einer Rüge nach § 640 Abs 2 nicht abhängig ist. Der Anspruch erlischt, wenn sich die Parteien nach § 364 Abs 1 einigen, oder wenn die eigentliche Werkleistung nicht mehr möglich ist.

bb) Seinen sekundären Rechten eine Frist zur Nacherfüllung vorzuschalten, wird der Besteller idR nicht gehalten sein: Wenn die aliud-Leistung bei ihm verbleibt und mit der „richtigen" Leistung deckungsgleich ist, greift § 275 Abs 1 ein. Wenn die aliud-Leistung verbleibt und damit zu vergüten ist, wird es dem Besteller nicht zuzumuten sein, die noch mögliche richtige Leistung zusätzlich zu vergüten, vgl § 636.

cc) Für Minderung, Rücktritt oder Schadensersatz statt der Leistung gelten im übrigen keine Besonderheiten. Hinzuweisen ist nur darauf, daß § 640 Abs 2 diese Rechte unterschiedlich behandelt.

XVI. Rechtsmangel

1. Abnahme

Auch ein Rechtsmangel berechtigt den Besteller zur Verweigerung der Abnahme, wenn er nicht nur unwesentlich ist iSd § 640 Abs 1 S 2. Kennt der Besteller den Rechtsmangel, so ist ein Vorbehalt nach § 640 Abs 2 nicht notwendig, freilich tunlich: § 640 Abs 2 ist gemünzt auf die tatsächliche, durch Besichtigung zu ermittelnde Beschaffenheit des Werkes. Das Erfordernis eines Vorbehalts würde auch den vom Gesetz angestrebten Gleichklang mit dem Kaufrecht aufheben.

2. Nacherfüllung und Selbstvornahme

Die Nacherfüllung unterscheidet sich deutlich von jener nach einem Sachmangel. Es geht um die Erwirkung fehlender behördlicher Genehmigungen, Abfindung privater Dritter, nicht um körperliche Leistungen, wie sie allerdings primär dem Unternehmer vorbehalten bleiben müssen. Die gegenüber einem Rechtsmangel notwendigen Schritte kann der Besteller nicht minder effektiv als der Unternehmer vornehmen, uU sogar nur er. Das bedeutet, daß die *Selbstvornahme idR nicht von einer vorherigen Fristsetzung abhängig* sein kann; es werden die Voraussetzungen des § 637 Abs 2 gegeben sein. Seinen Aufwand zur Abfindung eines Dritten muß der Besteller grundsätzlich – unter dem Vorbehalt der Erforderlichkeit – erstattet erhalten.

3. Nacherfüllung und Sekundärrechte

Die besondere Situation muß auch berücksichtigt werden, soweit es um das Verhältnis von Nacherfüllung und Rücktritt, Minderung bzw Schadensersatz geht. Sich mit den Behörden oder Dritten zu arrangieren, erfordert einen Zeitaufwand, der sich selten klar abschätzen läßt. Dann aber ist das besondere Interesse des Bestellers, §§ 281 Abs 2, 323 Abs 2 S 3, oder die Unzumutbarkeit der Nacherfüllung, § 636, dann anzunehmen, wenn der Erfolg ungewiß ist oder der Schwebezustand unerträglich.

Andererseits wird der Besteller die Nacherfüllungsbefugnis des Unternehmers idR nicht durch eine Fristsetzung beenden können: die spätere Abfindung des Driten durch den Unternehmer stellt ihm schadlos, so daß Schadensersatzbegehren oder Rücktritt mißbräuchlich sein werden, wenn sie jetzt noch erfolgen. Nach Treu und Glauben kann der Besteller – trotz § 281 Abs 4 – gehalten sein, von dem schon ausgesprochenen Begehren wieder Abstand zu nehmen. Die Minderung würde ohnehin gegenstandslos.

4. Schadensersatz, Rücktritt, Minderung

Von dem Vorstehenden abgesehen weisen die Rechte des Bestellers aus den Nrn 3, 4 des § 634 keine Besonderheiten auf.

§ 634a
Verjährung der Mängelansprüche

(1) Die in § 634 Nr. 1, 2 und 4 bezeichneten Ansprüche verjähren

1. **vorbehaltlich der Nummer 2 in zwei Jahren bei einem Werk, dessen Erfolg in der Herstellung, Wartung oder Veränderung einer Sache oder in der Erbringung von Planungs- oder Überwachungsleistungen hierfür besteht,**

2. **in fünf Jahren bei einem Bauwerk und einem Werk, dessen Erfolg in der Erbringung von Planungs- oder Überwachungsleistungen hierfür besteht, und**

3. **im Übrigen in der regelmäßigen Verjährungsfrist.**

(2) Die Verjährung beginnt in den Fällen des Absatzes 1 Nr. 1 und 2 mit der Abnahme.

(3) Abweichend von Absatz 1 Nr. 1 und 2 und Absatz 2 verjähren die Ansprüche in der regelmäßigen Verjährungsfrist, wenn der Unternehmer den Mangel arglistig verschwiegen hat. Im Falle des Absatzes 1 Nr. 2 tritt die Verjährung jedoch nicht vor Ablauf der dort bestimmten Frist ein.

(4) Für das in § 634 bezeichnete Rücktrittsrecht gilt § 218. Der Besteller kann trotz einer Unwirksamkeit des Rücktritts nach § 218 Abs. 1 die Zahlung der Vergütung insoweit verweigern, als er auf Grund des Rücktritts dazu berechtigt sein würde. Macht er von diesem Recht Gebrauch, kann der Unternehmer vom Vertrag zurücktreten.

(5) Auf das in § 634 bezeichnete Minderungsrecht finden § 218 und Absatz 4 Satz 2 entsprechende Anwendung.

Materialien: Art 1 G zur Modernisierung des Schuldrechts v 26. 11. 2001 (BGBl I 3138); BT-Dr 14/6040, 263; BT-Dr 14/7052, 65, 204

BGB aF: § 638: E I § 571, II § 576; III § 628; Mot II 486 ff; Prot II 2210 ff; JAKOBS/SCHUBERT, Recht der Schuldverhältnisse II 680 ff.

Titel 9 · Werkvertrag und ähnliche Verträge § 634a
Untertitel 1 · Werkvertrag

Schrifttum

Acker/Bechtold, Organisationsverschulden nach der Schuldrechtsreform, NZBau 2002, 529
vBilderling, Die Verjährung konkurrierender Schadensersatzansprüche wegen Sachmängeln (Diss Marburg 1992)
vCraushaar, Bauwerksleistungen im Sinne von § 638 BGB, NJW 1975, 993
ders, Die Verjährung der Gewährleistungsansprüche bei Arbeiten zur Erstellung eines Gebäudes, BauR 1979, 449
ders, Die Verjährung von Gewährleistungsansprüchen bei Bauleistungen am fertigen Gebäude, BauR 1980, 112
Gassner, Die Verjährung von Gewährleistungsansprüchen bei arglistigem Verschweigen, BauR 1990, 312
Hickl, Die Verjährungsunterbrechungswirkung beim gerichtlichen Beweissicherungsverfahren, BauR 1986, 282
Keisers, Die Verjährung von Bauvertraglichen Mängelansprüchen, insbesondere solcher aus mangelhafter Mängelbeseitigung (Diss Köln 1977)
Kniffka, Aufklärungspflicht des Bauunternehmers nach der Abnahme – zur Sekundärhaftung des Unternehmers, in: FS Heiermann (1995) 201
Koeble, Gewährleistung und selbständiges Beweisverfahren bei Bausachen (2. Aufl 1993)
Kroppen/Heyers/Schmitz, Beweissicherung im Bauwesen (1992)
Lang, Gewährleistung bei Organisationsmängeln des Bauunternehmers, in: FS Odersky (1996) 583
Motzke, Die Vorteile des Beweissicherungsverfahrens in Baustreitigkeiten (1981)
ders, Installierung eines Heizöltanks als Arbeit an einem Bauwerk, NJW 1987, 563
Nettesheim, Unterbrechung der Gewährleistungsfrist durch Nachbesserungsarbeiten, BB 1972, 1022
Oertmann, Bauwerk und Bauvertrag, ArchBürgR 38, 169
Peters, Zur Verjährung wiederaufgelebter Gewährleistungsansprüche, NJW 1983, 562
Quack, Neuerungen für den Bauprozeß, vor allem beim Beweisverfahren, BauR 1991, 278
Rutkowsky, Organisationsverschulden des Bauunternehmers als Arglist im Sinne von § 638 BGB?, NJW 1993, 1748
Schlechtriem, Organisationsverschulden als zentrale Zuordnungskategorie, in: FS Heiermann (1995) 95
Usinger, Die Hemmung der Verjährung durch Prüfung oder Beseitigung des Mangels, NJW 1982, 1021
Wagner, Verjährung im Baurecht nach der Schuldrechtsmodernisierung, ZfIR 2002, 257
Wussow, Das gerichtliche Beweissicherungsverfahren in Bausachen (2. Aufl 1982).

Systematische Übersicht

I.	**Allgemeines**		a)	Erstattungsanspruch des Unternehmers	9
1.	Die Neuregelung 2001	1	b)	Auskunftsansprüche	9
2.	Abgrenzungsprobleme	2	c)	Garantie	9
3.	Ablauf der Verjährung	5	3.	Sonstige Ansprüche des Bestellers	9
4.	Rücktritt, Minderung	6	4.	Deliktische Ansprüche	10
II.	**Erfaßte Rechte des Bestellers**	7	**IV.**	**Sonderbestimmungen**	
III.	**Nicht erfaßte Ansprüche**		1.	Güterbeförderung	11
1.	Vor der Abnahme	8	2.	Anwaltliche Leistungen	12
2.	Ansprüche im Zusammenhang mit Mängeln	9	3.	Steuerberater	13

V.	**Rücktritt und Minderung**		2.	Regelmäßiger Verjährungsbeginn
1.	Allgemeines 14			nach § 199 39
2.	Voraussetzungen der Verjährung ... 14		**X.**	**Beratungspflichten hinsichtlich der**
3.	Unwirksamkeit des Rücktritts ... 15			**Verjährung** 40
4.	Anspruch aus Rücktritt oder Minderung 16		**XI.**	**Arglistiges Verschweigen von Mängeln**
VI.	**Die Fristen des § 634a Abs 1**		1.	Arglist 42
1.	Bauwerke 17		2.	Zeitpunkt 44
a)	Begriff 18		3.	Hilfspersonen 45
b)	Erfaßte Leistungen 21		4.	Beweislast 46
c)	Planung und Bauaufsicht 22		**XII.**	**Hemmung der Verjährung;**
2.	Leistungen nach § 634a Abs 1 Nr 1 ... 23			**Neubeginn**
3.	Sonstige Leistungen 24		1.	Stundung 47
4.	Rechtsmängel 25		2.	Verhandlungen 48
5.	Mehrheit von Leistungen 26		a)	Verhandlungen als solche 49
VII.	**Vertragliche Vereinbarungen über die**		b)	Anerkenntnis 54
	Verjährung		3.	Katalog des § 204 55
1.	Mögliche Vereinbarungen 27		a)	Selbständiges Beweisverfahren, Abs 1 Nr 7 55
2.	Garantien 29		b)	Streitverkündung, Abs 1 Nr 6 57
VIII.	**VOB/B** 31		c)	Begutachtungsverfahren, Abs 1 Nr 8 ... 58
IX.	**Beginn der Verjährung**		4.	Gesamtwirkung von Hemmung und Neubeginn der Verjährung 59
1.	Abnahme 32		**XIII.**	**Eintritt der Verjährung**
a)	Irrelevante Gesichtspunkte 33		1.	Allgemeines 61
b)	Mängelrüge 34		2.	Rücktritt, Minderung 61
c)	Vorzeitige Vertragsbeendigung ... 35		3.	Offene Werklohnforderung 62
d)	Abnahmeverweigerung 36			
e)	Architektenvertrag 38			

Alphabetische Übersicht

Abnahme	3, 4, 32, 42		Beginn der Verjährung	
– Verweigerung der	36 f		– regelmäßiger	39
Abtretung der Ansprüche	47		Begutachtung	58
Anerkenntnis	54		Beratungspflicht	40
Anspruch			Beschädigung des Werkes	9
– Entstehung des	33		Beseitigung des Mangels	48
Anwalt	12			
Architekt	22, 38		Delikt	2, 10
Arglist	41 ff		Dienstvertrag	23
– von Hilfspersonen	45			
Aufrechnung	61		Erfüllungsanspruch	4, 8
Auskunft	9		Eintritt der Verjährung	61
Bauaufsicht	22		Frist	
Bauwerk	17 ff		– Verkürzung der	28

Januar 2003

– Verlängerung der	28	Organisationsmangel	43
Garantie	9, 29	Planung	22
Garantiefrist	30	Prüfung des Mangels	48
Gartenbau	23	Reform	
Grundstück	23	– Umfang der	1
Gutachten	24	Rechtsmangel	25
Güterbeförderung	11	Regelungsziel	1
		Reparatur	19
Hemmung der Verjährung	47 ff	Rücktritt	8, 14 ff, 61 ff
Herstellung beweglicher Sachen	23	– Anspruch aus	16
		– des Unternehmers	63
Individualsoftware	24	– Unwirksamkeit des	15
		– Zurückweisung des	63
Kauf	2		
Kenntnis des Bestellers	33	Schaden	
Kostenerstattung	7	– Eintritt des	33
Kostenvorschuß	7	Schadensersatz	7
– Erstattung des	9	Selbständiges Beweisverfahren	55
		Steuerberater	13
Leistung		Streitverkündung	57
– ideelle	23 f	Stundung	47
– Mehrheit von	26	Subunternehmer	21
Leistungsverweigerungsrecht	61		
		Teilabnahme	22
Mangelfolgeschaden	7, 60, 62	Teilklage	60
Mängel			
– Vorbehalt von	4	Umbau	19
Mängelbeseitigung, eigene	52		
Mängelrüge	34	Verbund der Gewährleistungsrechte	59
Minderung	6, 14 ff, 61 ff	Vereinbarungen	27 f
– Anspruch aus	16	Verhandlungen	48 ff
Musterprozeß	47	Vertragsbeendigung, vorzeitige	25
		VOB/B	13
Nachbesserungsarbeiten	34	Vorbehalt der Rechte	34
Nacherfüllung	7	Vorsatz	43
Nebenpflichtverletzung	8		
Neubau	19	Werk, unfertiges	8
Nichterfüllung, vollständige	8		
Offenbarungspflicht	42		

I. Allgemeines

1. Die Neuregelung 2001

Der durch das G zur Modernisierung des Schuldrechts neu geschaffene § 634a hält an **1** dem Prinzip der Vorgängervorschrift des § 638 aF fest, die Rechte des Bestellers aus

Mängeln einer eigenständigen Regelung zu unterwerfen, soweit es Dauer und Beginn der Verjährung betrifft. Die allgemeinen Bestimmungen der §§ 195, 199 sollen nur in den Fällen des Abs 1 Nr 3 (dazu u Rn 23) sowie dann gelten, wenn ein Mangel arglistig verschwiegen worden ist, Abs 2. Das führt zu einem schnelleren Eintritt der Verjährung, wenn ein Fall des Abs 1 Nr 1 vorliegt: Zwei Jahre statt der drei des § 195, und dies schon von der Abnahme an gerechnet, Abs 2, nicht erst ab Kenntnismöglichkeit des Bestellers und anschließendem Jahresende gemäß § 199 Abs 1. Bei einem Bauwerk ist die Frist des § 634a Nr 2 mit fünf Jahren zwar länger als die dreijährige des § 195, aber der starre Verjährungsbeginn kann auch hier für eine schnellere Vollendung der Verjährung sorgen, als sie sich aus den §§ 195, 199 ergeben würde.

Das perpetuiert den Gedanken des historischen Gesetzgebers (Mot II 486, 238) an *„praktische Zweckmäßigkeit"*: Es sollten und sollen *Beweisschwierigkeiten vermieden* und eine *rasche Vertragsabwicklung* erreicht werden, die dem Geschäftsverkehr insgesamt Vorteile bringe. Die Regelung des § 638 aF ist dabei zugunsten des Bestellers insoweit entschärft worden, als dessen beide kurze Fristen (ein Jahr oder gar nur sechs Monate) entfallen sind; die Verjährungsfrist beträgt jetzt jedenfalls zwei Jahre, wie sie wohl weithin zur Bewältigung von Mängeln ausreichen könnten. Sie ist nachhaltig ungünstiger für den Besteller als das bisherige Recht, wenn dort auf **Mangelfolgeschäden** nicht § 638 aF angewendet wurde, sondern § 195 aF mit seiner dreißigjährigen Frist; nunmehr unterliegen auch die diesbezüglichen Ansprüche den Fristen des § 634a (und ihrem Beginn!). Das ist eine Härte, wenn doch gerade derartige Schäden unerwartet eintreten und damit nicht in die ordentlichen Planungen des Bestellers einbezogen werden können; bei einer kurzen Frist wäre hier die flexible Regelung des § 199 Abs 1 über den Beginn angemessen gewesen.

2. Abgrenzungsprobleme

a) In bezug auf Mangelfolgeschäden ist die übliche Lesart des § 477 aF zum Kauf übernommen worden. In der Verjährungsfrage sind Kauf und Werkvertrag auch im übrigen in den §§ 438 und 634a stark aneinander angenähert worden, so daß die Abgrenzung der beiden Vertragstypen voneinander insoweit an praktischer Bedeutung verliert.

b) Die unterbliebene Harmonisierung mit dem Deliktsrecht, für das die §§ 195, 199 gelten, wie sie für den Besteller günstiger sind, wird weiterhin der Frage Bedeutung zuweisen, ob er seine Schäden nicht doch nach den §§ 823 ff liquidieren kann.

c) Innerhalb des Werkvertragsrechts tun sich neue Bruchstellen auf:

Ist in die Kausalkette, die zur weiteren Schädigung des Bestellers geführt hat, ein Mangel des Werks eingeschaltet, so gilt § 634a; fehlt es daran, gelten die §§ 195, 199. Das ist zunächst einmal dogmatisch unstimmig, weil Anspruchsgrundlage für die Liquidierung von zB Körperschäden in beiden Fällen der an die Verletzung einer Nebenpflicht nach § 241 Abs 2 anknüpfende § 280 Abs 1 ist (vgl § 634 Rn 106); in beiden Fällen geht es nicht um die Verletzung der vertraglichen Leistungsfrist, wie sich schon plastisch daran zeigt, daß die Setzung einer Frist zur Nacherfüllung hier wie dort – insoweit – völlig sinnlos wäre. Dieser Befund führt aber auch zu praktischen Problemen. Man denke nur an die Fälle, die den Leitentscheidungen RGZ 62,

119; 66, 16 Anlaß gegeben haben, den Anwendungsbereich der §§ 635, 638 aF zu beschränken und auf die positive Forderungsverletzung zurückzugreifen: Ein Fahrgast erleidet während der Beförderung Schäden. Folge ihres Mangels (= § 634a) oder nicht (= §§ 195, 199)? Man wende nicht ein, daß hier die §§ 634a Abs 1 Nr 3 oder 823 die Reichweite des Problems begrenzen dürften, denn solche Remedur braucht nicht immer gegeben zu sein.

b)   Nicht gelöst ist das alte Problem, wie Vorbehalte des Bestellers wegen Mängeln **4** bei der Abnahme zu sehen sind: Doch volle Abnahme mit der Folge der Geltung der §§ 634, 634a, oder insoweit keine Abnahme, so daß der Erfüllungsanspruch fortbesteht und die §§ 195, 199 anzuwenden sind (vgl dazu § 640 Rn 26). Das Problem verschärft sich, wenn der Besteller durch den gerügten Mangel zu Schaden kommt: §§ 280 Abs 1, 195, 199 oder §§ 634 Nr 4, 634a?

c)   Entsprechend unstimmig ist auch das Verhältnis der Verjährung der Rechte aus § 634 nach § 634a zur Verjährung des ursprünglichen Erfüllungsanspruchs nach den §§ 195, 199, wodurch die Frage unnötige Brisanz gewinnt, ob eine Abnahme stattgefunden hat, und wenn nicht, ob sie zu Recht verweigert wurde: Die zu Recht verweigerte Abnahme beläßt dem Besteller den Zeitrahmen der §§ 195, 199, die erfolgte Abnahme verweist ihn auf den des § 634a, wohl auch die zu Unrecht verweigerte (vgl dazu auch u Rn 36). Hier tun sich Unterschiede auf, die zwar nicht mehr so krass sind wie im bisherigen Recht, aber gerade darum hätten vermieden werden sollen, zumal sie zur Tüftelei im Detail führen müssen.

3. Ablauf der Verjährung

Zum Ablauf der Verjährung enthielt § 639 aF Sonderbestimmungen, die eigenstän- **5** dige des Abs 2, im übrigen durch die Verweisung in Abs 1 auf die §§ 477 Abs 2, 3, 478, 479 aF des Kaufrechts. Diese Regelungen sind nur insoweit entfallen, als in ihnen eine Mängelanzeige des Bestellers in unverjährter Zeit gefordert worden war. Im übrigen sind sie in den allgemeinen Bestimmungen der §§ 203 ff aufgegangen und sind dort im Anwendungsbereich erweitert worden, vgl die §§ 203, 204 Nr 7, 213. S aber auch das Relikt des § 634a Abs 4 S 2 (§§ 639 Abs 1, 478 aF).

4. Rücktritt, Minderung

Rücktritt und Minderung erfolgen durch einseitige gestaltende Erklärung des Be- **6** stellers; das unterscheidet sie von der Wandlung und der Minderung des bisherigen Rechts, bei denen der Besteller nur den Anspruch auf Abschluß eines entsprechenden Vertrages mit dem Unternehmer hatte. Dem hat der Gesetzgeber Rechnung tragen zu müssen geglaubt und den von § 634a Abs 4, 5 flankierten § 218 geschaffen.

II.   Erfaßte Rechte des Bestellers

Sofern keine Sonderbestimmungen eingreifen (u Rn 11 ff), gelten die Fristen des **7** § 634a Abs 1 für

1. den Anspruch des Bestellers auf Nacherfüllung gemäß § 634 Nr 1.

2. die Ansprüche, die sich bei der eigenen Mängelbeseitigung des Bestellers ergeben, also auf die in § 634 Nr 2 angesprochene Kostenerstattung nach eigener Mängelbeseitigung oder den Vorschuß dazu gemäß § 637 Abs 3.

3. den Anspruch auf Schadensersatz gemäß § 634 Nr 4.

a) Hierher rechnen zunächst die Ansprüche wegen des Mangelschadens, also beim kleinen Schadensersatzanspruch auf die Erstattung des Minderwerts oder die für die Mängelbeseitigung erforderlichen Kosten, beim großen Schadensersatzanspruch auf Rückzahlung des Werklohns oder jenen Betrag, der zur anderweitigen mangelfreien Eindeckung notwendig ist. Insoweit sind Anspruchsgrundlagen die §§ 634, 280 iVm den §§ 281 bis 284.

b) Hierher gehören aber auch die Ansprüche wegen Mangelfolgeschäden, wie sie sich aus den §§ 634 Nr 4, 280 Abs 1, 241 Abs 2 ergeben. Voraussetzung ist nur, daß die Abnahme (oder Vollendung des Werks, § 646) stattgefunden hat und daß der Schaden auf einen Mangel des Werkes zurückzuführen ist, dh ohne diesen nicht eingetreten wäre.

c) Zu beachten ist die verdrängende Sonderregelung des § 634a Abs 2 für den Fall der Arglist des Unternehmers.

III. Nicht erfaßte Ansprüche

1. Vor der Abnahme

§ 634a gilt nicht vor der Abnahme, soweit sie nicht erfolgt oder berechtigt verweigert wird, damit nicht

a) für den ursprünglichen Erfüllungsanspruch des Bestellers (BGH NJW 1974, 1046; BGB-RGRK/GLANZMANN § 638 aF Rn 3)

aa) § 634a gilt damit auch *nicht für Schadensersatzansprüche des Bestellers, die ihre Grundlage in der vollständigen Nichterfüllung* des Unternehmens haben; mögen sie nun aus Unmöglichkeit oder § 281 herzuleiten sein (vgl BGH aaO, BGB-RGRK/GLANZMANN aaO).

bb) Der ursprüngliche Erfüllungsanspruch bleibt mit seiner Verjährung dem Besteller auch insoweit erhalten, wie er ein unfertiges Werk entgegennimmt; dessentwegen braucht er auch keinen Vorbehalt nach § 640 Abs 2 zu machen. Ferner gilt dies, soweit der Besteller bei der Abnahme Mängel rügt (§ 640 Rn 24).

b) Für Ansprüche aus Nebenpflichtverletzungen in diesem Zeitraum (zB Unfall des Bestellers vor oder während der Abnahme), wie sie aus den §§ 241 Abs 2 (311 Abs 2), 280 Abs 1 herzuleiten sind, mag ihnen auch ein Mangel des Werkes zugrunde liegen. Es gelten die §§ 195, 199, bei der Beschädigung von Geräten, die der Besteller dem Unternehmer überlassen hat, § 548 bzw § 606 (BGH NZBau 2002, 267).

2. Ansprüche im Zusammenhang mit Mängeln

a) Erstattungsanspruch des Unternehmens

§ 634a gilt nicht für einen Erstattungsanspruch des Unternehmens *auf einen* von dem 9
Besteller *nicht oder nicht vollständig verbrauchten Vorschuß zur Mängelbeseitigung*
gemäß § 633 Abs 3. Es gelten die §§ 195, 199.

b) Auskunftsansprüche

§ 634a gilt auch *nicht* für Ansprüche auf Auskünfte über das Werk, seine Eigenschaften, Möglichkeiten der Bedienung und der Pflege, wie sie insbesondere auch gegenüber dem Architekten in Betracht kommen. Solche aus § 241 Abs 2 herzuleitenden Ansprüche werden *materiell durch den Gesichtspunkt der Zumutbarkeit der Auskunft beschränkt*. Unzumutbar ist die Auskunft aber auch dann, wenn sie nur der Vorbereitung von Gewährleistungsansprüchen dienen soll (vgl auch KNIFFKA, in: FS Heiermann [1995] 201, 212: Verjährungsfrist des § 638 aF analog mit Beginn im Zeitpunkt der Auskunft).

c) Garantie

Schließlich gilt § 634a nicht für Ansprüche aus einer *selbständigen* Garantie des Unternehmers, dh die Garantie eines über die Vertragsgemäßheit der Leistung hinausgehenden Erfolges (vgl RG JW 1919, 240).

3. Sonstige Ansprüche des Bestellers

Unanwendbar ist § 634a auf Ansprüche des Bestellers aus den §§ 280 Abs 1, 241 Abs 2, ggf auch § 311 Abs 1, die nicht durch einen Mangel verursacht sind: Beschädigung anderer Rechtsgüter anläßlich der Erstellung des Werkes, Beschädigung des Bearbeitungsgegenstands, Beschädigung des Werkes durch den Unternehmer nach der Abnahme.

4. Deliktische Ansprüche

Zu der Frage, inwieweit die mangelhafte Leistung des Unternehmers geeignet ist, 10
deliktische Ansprüche des Bestellers auszulösen, vgl § 634 Rn 142. Sie *unterliegen in
der Verjährung nicht § 634a*, sondern den §§ 195, 199, was nur insoweit zweifelhaft sein kann, als die Ansprüche des Bestellers den Mangel selbst und seine Folgen betreffen (vgl für die sonstigen Fälle zutreffend ERMAN/SEILER § 638 aF Rn 14). Die Rechtsprechung wendet aber auch hier die allgemeinen Bestimmungen an (vgl BGHZ 55, 392; 61, 203 im Rahmen des § 13 Nr 7 VOB/B; zustimmend FREUND/BARTHELMESS NJW 1975, 281; krit – im Sinne einer zT modifizierten Anwendung des § 638 – GANTEN NJW 1971, 1804; BauR 1973, 148; SCHLECHTRIEM JZ 1971, 449; NJW 1972, 1554; VersR 1973, 581; FINGER Betr 1972, 1211; NJW 1973, 2104; SCHMITZ NJW 1973, 2081). Das ist nur konsequent und *folgt den allgemeinen Regeln für das Verhältnis von vertraglichen und deliktischen Ansprüchen*, die einzuschränken weitaus weniger Anlaß als im Falle des § 548 besteht. Die Probleme, die deliktische Ansprüche hier dem Grunde nach bereiten, geben jedenfalls noch keine Veranlassung, sie in der Verjährungsfrage besonderen Regelungen zu unterwerfen. Und wenn man das Werkvertragsrecht bei den Anspruchsvoraussetzungen gebührend berücksichtigt (vgl § 634 Rn 142 ff), *besteht auch nicht die Gefahr, daß die Vertragsordnung durch die deliktische Ordnung gestört würde*.

Wegen der Einbeziehung der Mangelfolgeschäden in § 634 Nr 4 verdienen deliktische Ansprüche des Bestellers jetzt besonderes Augenmerk.

IV. Sonderbestimmungen

11 Gegenüber § 634a sind ggf Sonderbestimmungen zu beachten.

1. Güterbeförderung

Für Fracht- und Speditionsgeschäfte gelten die §§ 439, 463 HGB idF d TRG v 25. 6. 1998 (BGBl I S 1588).

2. Anwaltliche Leistungen

12 Im Ergebnis keine Sonderbestimmung stellt § 51b BRAO dar, nach dem Schadensersatzansprüche des Mandanten gegen den Rechtsanwalt in drei Jahren nach ihrer Entstehung, spätestens drei Jahre nach Beendigung des Auftrags verjähren. Denn dort sind *nur Ansprüche aus den §§ 280 Abs 1, 241 Abs 2* erfaßt. Dies ergab sich nach RGZ 88, 223 für die Vorgängervorschrift des § 32a RAO aus ihrer Entstehungsgeschichte. Bei § 51b BRAO selbst ist aus der Nichterwähnung von Wandlung und Minderung mit BGB-RGRK/GLANZMANN § 638 aF Rn 15 zu schließen, daß die Bestimmung die werkvertragliche Gewährleistung des Anwalts, soweit sie im Einzelfall, zB bei der Erstattung eines Gutachtens, überhaupt gegeben ist, nicht betrifft (vgl auch BGH NJW 1965, 106; OLG Celle DStR 1974, 290; ERMAN/SEILER § 638 aF Rn 9). Bei Ansprüchen des Mandanten aus positiver Forderungsverletzung gilt § 51b BRAO aber unabhängig davon, ob ein Dienst- oder Werkvertrag zugrundeliegt. Bei der Bestimmung ist die Rechtsprechung zu beachten, die es dem Anwalt auferlegt, auf seinen Fehler und auf die drohende Verjährung der Ersatzansprüche gegen ihn hinzuweisen (vgl STAUDINGER/PETERS [2001] § 222 aF Rn 25 ff).

3. Steuerberater

13 Der Bestimmung des § 51b BRAO nachgebildet ist der für Steuerberater geltende § 68 StBerG, der ebenfalls eine dreijährige Verjährungsfrist für Schadensersatzansprüche gegen den Steuerberater, gerechnet ab Entstehung der Ansprüche, vorsieht. Die Vorschrift ist jedenfalls auf Ansprüche aus den §§ 280 Abs 1, 241 Abs 2 anzuwenden, und sie gilt für *jene Schäden, die dem Mandanten aus der mangelhaften Leistung des Steuerberaters in seinem Vermögen erwachsen*. Soweit ein Werkvertrag mit dem Steuerberater anzunehmen ist, bleiben im übrigen die §§ 634, 634a unberührt. Nach § 634a verjähren also *Ansprüche auf Nachbesserung*, aber auch Schadensersatzansprüche, soweit es um den Minderwert der Leistung des Steuerberaters geht oder um die Kosten einer anderweitigen Neuvornahme oder Nachbesserung, wie sie insbesondere bei steuerlichen Erklärungen notwendig werden kann. Haupt- und wesentlicher Anwendungsfall des § 68 StBerG sind also die Fälle, in denen der berufliche Fehler zu weitergehenden Vermögensschäden des Mandanten geführt hat. Problematisch ist hier wiederum der an den Eintritt des Schadens geknüpfte Verjährungsbeginn (vgl dazu STAUDINGER/PETERS [2001] § 198 Rn 21 ff). Außerdem ist die Rechtsprechung zu beachten, die auch dem Steuerberater die Pflicht auferlegt, auf seinen Fehler und auf die drohende Verjährung der Ersatzansprüche hinzuweisen (vgl STAUDINGER/PETERS [2001] § 222 Rn 25 ff).

V. Rücktritt und Minderung

1. Allgemeines

Rücktritt und Minderung hat der Gesetzgeber des G zur Modernisierung des Schuldrechts als Gestaltungsrechte des Bestellers ausgestaltet. Das hat ihn zu dem doktrinären Schluß aus § 194 Abs 1 geführt, daß sie nicht der Verjährung unterworfen werden könnten, was dann – für den Werkvertrag – zu der Regelung der §§ 634a Abs 4 S 1, Abs 5, 218 S 1 geführt hat, die sie dann doch der Verjährung unterwerfen. Die einigermaßen verwirrende Reise durch das Gesetz hätte sich entschieden abkürzen lassen. **14**

2. Voraussetzungen der Verjährung

a) Die uneingeschränkte Befugnis des Bestellers zu Rücktritt oder Minderung entfällt in den Fristen des § 634a Abs 1, wie die Bezugnahme auf den Nacherfüllungsanspruch in § 218 S 1 ergibt. Da die Verjährung gehemmt werden oder neu beginnen kann, unterliegt das Gestaltungsrecht hier nicht – wie sonst meist – einer idR starren Ausschlußfrist.

b) Der Unternehmer muß sich auf den Ablauf der Frist berufen. Entgegen dem mißverständlichen Wortlaut des § 218 S 1 braucht das nicht erst nach Erklärung von Rücktritt oder Minderung zu geschehen, sondern es genügt, wenn der Unternehmer schon vorab die anderen Gewährleistungsrechte des Bestellers mit der Einrede der Verjährung bekämpft hat. Dies muß nur nach Ablauf der Verjährungsfrist geschehen sein.

3. Unwirksamkeit des Rücktritts

§ 218 S 1 nennt den Rücktritt bei Vorliegen der genannten Voraussetzungen unwirksam; gleiches wäre dann wegen § 634a Abs 5 für die Minderung anzunehmen. Das wird in der Tat auch die Regel sein wie zB auch bei Ausspruch einer fristgebundenen Kündigung bei Versäumung der Kündigungsfrist. Indessen kann der Schuldner auch auf die Einrede der Verjährung verzichten oder sie fallen lassen, zB bei unklarer Sach- oder Rechtslage, bei einem Vergleich, der anderweitige Vorteile bringt. Es ist nicht einzusehen, warum diese Möglichkeiten hier nicht bestehen sollten. Die Folge muß dann sein, daß der Rücktritt oder die Minderung wieder wirksam wird. Erfüllend und endgültig leisten könnte der Schuldner ohnehin noch, vgl §§ 218 Abs 2, 214 Abs 2, 813 Abs 1 S 2. **15**

4. Anspruch aus Rücktritt oder Minderung

Für die Ansprüche aus Wandlung oder (früherer) Minderung hat die hM angenommen, daß sie nunmehr der Regelverjährung des § 195 unterlägen (vgl nur STAUDINGER/WESTERMANN [1995] § 477 aF Rn 29). Das hatte für die damaligen Erstattungsansprüche des Käufers oder Bestellers auch seine innere Berechtigung, weil sie auf einer Eini- **16** gung der Parteien beruhten, vgl § 465 aF, damit unstreitig gestellt waren und eine Novation des Schuldverhältnisses stattgefunden hatte. Es geht nicht an, dies auf das neue Recht zu übertragen (aA PALANDT/HEINRICHS § 218 Rn 7; PALANDT/SPRAU § 634a Rn 6): Hier haben die Rückforderungsansprüche eine deutlich geringere Legitimation. Außerdem würde dies zu nicht zu rechtfertigenden Vorteilen für den Besteller führen: Nähme man an, es ginge um ein Bauwerk und er träte nach vier Jahren zurück. Dann hätte er vier plus drei Jahre (aus § 195) zur Rückforderung Zeit, könnte diese also durchsetzen, obwohl ein entsprechender Schadensersatzanspruch längst verjährt wäre und damit auch die Austauschbarkeit der Rechtsbehelfe nach § 324 nicht mehr funktionieren würde. Aus dem Gleichlauf der Verjährung aller seiner Rechte, den § 213 (unvollkommen) anstrebt, folgt vielmehr, daß der Besteller auch mit der Wahl von Rücktritt oder Minderung die Fristen des § 634a insgesamt nicht überschreiten kann. Bei einem Rücktritt vom Bauvertrag nach vier Jahren bleibt also nur noch eine Restfrist von einem Jahr. – Akzeptiert freilich der Unternehmer Rücktritt oder Minderung, gilt § 212 Abs 1 Nr 1.

VI. Die Fristen des § 634a Abs 1

17 Die Fristen des § 634a Abs 1 sind dreifach nach dem Gegenstand der Werkleistung gestaffelt. Das „vorbehaltlich der Nr 2" in Nr 1 und das „im Übrigen" der Nr 3 ergibt die *Prüfungsreihenfolge* Nr 2, Nr 1, Nr 3.

1. Bauwerke

Bei Bauwerken gilt eine Frist von fünf Jahren. Diese Frist rechtfertigt sich daraus, daß Mängel von Bauwerken oft erst spät und schwer erkennbar sind, gleichzeitig aber für die Bausubstanz besonders nachteilig. Es gibt durchaus Bauwerksmängel, die auch innerhalb der Fünfjahresfrist nicht erkennbar sind, wie etwa vorzeitige Verschleißerscheinungen von Bauteilen, von denen eine jahrzehntelange Haltbarkeit zu erwarten wäre. Gleiches gilt für Fehler der Planung oder Überwachung der Ausführung.

Immerhin ist die Frist signifikant länger als die anderen Fristen des § 634a Abs 1. Das hat bei der entsprechenden Vorgängerregelung des § 638 aF zur Folge gehabt, daß bei dieser Alternative der Bestimmung *Fälle eingestellt* worden sind, *die man bei unbefangener Betrachtungsweise auch einer der beiden anderen Alternativen zuordnen könnte*; namentlich ist dort die Abgrenzung zu Arbeiten an einem Grundstück zu Lasten letzterer verschoben worden. Diese Tendenz wird im Rahmen der Nrn 1, 2 des § 634a Abs 1 bleiben.

Der Frist entsprach im Kaufrecht nach § 477 Abs 1 S 1 aF eine einjährige Frist. Das ergab ein starkes rechtspolitisches Motiv, der Gewährleistung beim Erwerb schlüsselfertiger Häuser Werkvertragsrecht und nicht Kaufrecht zugrunde zu legen (vgl § 651 Rn 3 ff). Dies entfällt jetzt im Hinblick auf § 438 Nr 2.

a) Begriff

18 Unter einem *Bauwerk* ist *eine unbewegliche, durch Verwendung von Arbeit und Material in Verbindung mit dem Erdboden hergestellte Sache* zu verstehen, wobei die Verbindung mit dem Erdboden auch durch die eigene Schwere der Sache bewirkt sein kann (vgl RGZ 56, 41; BGHZ 57, 60; BGH NJW 1992, 1445 zu einer als Blumenladen zu nutzenden Containerkombination). Das Beispiel macht deutlich, daß es für die Grundstücksverbindung nicht auf die Kriterien des § 94 ankommt, sie vielmehr eigenständig zu werten ist. Wesentliche Bestandteile werden freilich stets unter § 634a Nr 2 fallen (vgl OLG Köln BauR 1991, 760 Schrankwand).

aa) Es kann sich dabei um einen *Hochbau* oder um einen *Tiefbau* handeln (BGHZ 57, 60; BGH LM § 638 Nr 7; VOB/B Nr 51). Insofern gilt die Bestimmung zunächst für *Gebäude* unabhängig von ihrem Widmungszweck, für *technische Bauwerke* wie Brücken, für *unterirdische Anlagen* wie einen Kanal mit gemauerten Einsteigeschächten (vgl RG JW 1910, 148; BGH RSprBau Z 2.414, 208), oder einen tiefen *Rohrbrunnen* mit einem Vorschacht von Betonringen oben und einer eingebrachten Kiesumschüttung unten (vgl BGHZ 57, 60; anders noch RGZ 56, 41; RG WarnRspr 1914, 333, ein *Schwimmbecken*, vgl BGH NJW 1983, 567). Bei einem Außenheizöltank, der nur in das Erdreich eingebettet ist, hat BGH NJW 1986, 1927 ein Bauwerk verneint (krit MOTZKE NJW 1987, 363). Auch die Bearbeitung der Erdoberfläche selbst kann ein Bauwerk darstellen, so die *Gleisanlagen der Eisenbahn* (BGH LM VOB/B Nr 51), die Makadamdecke auf einem Tankstellengelände (BGH MDR 1964, 742). Hierher muß also auch die Anlage von *Straßen* rechnen, sofern sie mit der Schaffung von Bausubstanz verbunden ist. Im übrigen verfährt die Rechtsprechung zunehmend großzügig (vgl zur Hofpflasterung [Betonformsteine auf Schotterbett] bejahend BGH NJW-RR 1992, 849 1993, 592; OLG Köln NJW-RR 1993, 593; oder die genormten Fütterungsanlagen und Buchten eines Schweinestalls von OLG Hamm NJW-RR 1990, 787). Jedenfalls ist es unschädlich, daß die Anlage ohne weiteres beseitigt werden kann und vielleicht sogar soll (vgl BGH NJW 1992, 1445 aufgestellte Containerkombination als Laden. Bedenklich OLG Hamm BauR 1998, 343 zum Blockheizwerk).

Ein Grabmal kann Bauwerk sein, vgl OLG Köln NJW-RR 1994, 1209, aber schwerlich ein im Boden verankerter Maschendrahtzaun (**aA** LG Weiden NJW-RR 1997, 1108).

bb) Als Bauwerk ist jedenfalls der *Neubau* anzusehen. Unter den Begriff können aber *auch Umbauten, Reparaturen und sonstige Veränderungen* rechnen. Dann gilt freilich die *Einschränkung*, daß die Arbeiten in dem Sinne als notwendig angesehen werden müssen, daß ohne sie das Bauwerk nicht als fertiges Bauwerk anzusehen wäre, oder daß sie für den Bestand oder die Erneuerung des Gebäudes oder Gebäudeteils von wesentlicher Bedeutung sind und die eingefügten Teile mit ihm fest verbunden werden (vgl BGHZ 19, 319; 53, 43; BGB-RGRK/GLANZMANN § 638 aF Rn 38). Wenn es dabei auch auf die Zweckbestimmung des Gebäudes ankommen soll (BGH NJW 1974, 136), kann es nicht überraschen, daß die *Abgrenzung unsicher* ist. Letztlich ist die Rechtsprechung hier aber *mit der Annahme eines Bauwerks großzügig*. Im Ergebnis wird ein Bauwerk eindeutig nur verneint bei der Beseitigung einzelner Schäden (vgl BGHZ 19, 322), sowie bei *Schönheitsreparaturen*. Ein Bauwerk abgelehnt hat BGH BauR 1973, 246 für die Umstellung der Heizung auf Ölfeuerung, dagegen wurde ein Bauwerk angenommen von BGH NJW 1978, 1522 für die grundlegende Erneuerung der Elektroinstallation, von BGH NJW 1984, 168 für Isolierungsarbeiten im Kellerbereich, von BGH BB 1957, 524 für die Verlegung eines Steinholzfußbodens, von BGH NJW 1979, 2036 bei dem Einbau von Fensterscheiben, von BGH NJW 1974, 136 für den Einbau einer Klimaanlage, von BGH NJW 1987, 837 für den Einbau einer Papierentsorgungsanlage. Vgl zum Einbau einer Einbruchsalarmanlage einerseits bejahend OLG Hamm NJW 1976, 1269, andererseits verneinend OLG Frankfurt NJW 1988, 2546; OLG Düsseldorf MDR 1994, 275; offengelassen in BGH NJW-RR 1991, 1367 = LM Nr 74.

20 Die Kasuistik ist nach wie vor verwirrend. Bauwerkseigenschaft sollen haben der nachträgliche Einbau einer Müllpresse von 11 t Gewicht (BGH NZBau 2002, 387), einer Einbauküche in der vom Eigentümer selbst genutzten Wohnung (BGH NJW-RR 1990, 787 = LM Nr 70), einer Küchenzeile (KG NJW-RR 1996, 1010), gar eines Kachelofens (OLG Koblenz NJW-RR 1995, 655); oder einer Leuchtreklame (OLG Hamm NJW-RR 1995, 213), das nachträgliche Verlegen eines Teppichbodens mittels Klebers (BGH NJW 1991, 2468). Malerarbeiten sind sicherlich einschlägig, wenn sie Teil einer umfassenden Renovierung sind (vgl OLG Düsseldorf BauR 1992, 678), doch hat BGH (NJW 1993, 3195) den Umfang von Malerarbeiten auch so schon genügen lassen, ohne entscheidend auf den gleichzeitig stattfindenden umfassenden Umbau abzustellen. Ein Dachgarten ist kontrovers behandelt worden (vgl bejahend OLG Hamm BauR 1992, 413, verneinend OLG München NJW-RR 1990, 917). Billigenswert jedenfalls, eine Markise nicht mehr als Bauwerk anzusehen (vgl OLG Köln VersR 1990, 436; OLG Hamm NJW-RR 1992, 1272). – Gegenüber dieser Kasuistik bleibt festzuhalten, daß der Ausgangspunkt, daß die Arbeiten für Bestand oder Erneuerung des Gebäudes von wesentlicher Bedeutung sein müssen, nicht aus den Augen verloren werden darf. Bloße Reparaturarbeiten genügen nicht (vgl OLG Köln NJW-RR 1995, 337; OLG Hamm NJW-RR 1999, 462), es sei denn, sie gehen über die bloße Instandsetzung hinaus (OLG Hamm NJW-RR 1996, 919).

Technische Anlagen, die als solche kein Bauwerk sind, können dies durch die Integration in ein Bauwerk werden (BGH NJW 1997, 1982, BB 1997, 2394; NJW-RR 1998, 89, NJW 1999, 2434).

b) Erfaßte Leistungen

21 Im Rahmen eines Bauwerks wird nicht nur derjenige tätig, der dieses insgesamt erstellt; es reicht *auch die Erbringung einzelner Leistungsteile*, sofern der Besteller eine Mehrzahl von Leistungen in Angriff nimmt, die in ihrer Gesamtheit ein Bauwerk ergeben (vgl BGH NJW 1997, 1982 Steuerungsanlage zu einer Hängebahn).

aa) Insoweit kommen zunächst solche *Leistungen* in Betracht, *die unmittelbar körperlich* zu dem Bauwerk *beitragen* wie die des Maurers, Tischlers, Elektroinstallateurs. Diese Arbeiten dürfen für sich genommen nebensächlich und gar verzichtbar sein, wie dies etwa bei Malerarbeiten der Fall sein kann. Es kommt eben auf die Gesamtheit der Arbeiten an. Sie brauchen auch nicht von dem Eigentümer in Auftrag gegeben zu sein (vgl BGH NJW-RR 1991, 1367 zum Mieter).

bb) Es reichen aber auch *schlichte vorbereitende körperliche Tätigkeiten* wie der Aushub der Baugrube für die Fundamente (vgl RG WarnRSpr 1908, 304; JOHLEN NJW 1974, 732), die Verfüllung von Arbeitsräumen (OLG Düsseldorf NJW-RR 1995, 214).

cc) Der Beitrag zu dem Bauwerk braucht dabei *kein unmittelbarer* zu sein. So reicht die Lieferung von Fertigbauteilen jedenfalls dann aus, wenn der Unternehmer objektbezogene statische Berechnungen anstellt und einen individuellen Verlegungsplan mitliefert (vgl BGH NJW 1968, 1087 und zur Abgrenzung KG OLGZ 1980, 462). Wenn ein *Subunternehmer* vor dem Einbau im Auftrag des Hauptunternehmers Gegenstände für ein bestimmtes Bauwerk bearbeitet, gilt im Verhältnis zwischen ihm und dem Hauptunternehmer auch dann die Fünfjahresfrist, wenn die Arbeiten nicht auf der Baustelle ausgeführt werden (vgl BGHZ 72, 206). Der Subunternehmer braucht nur Kenntnis von dem Verwendungszweck der Leistung zu haben (BGH NJW-RR 1990, 1108). Dabei darf die „Kette" dann auch länger sein, vgl BGH (aaO) zum Subunternehmer des Subunternehmers. – Hingewiesen sei auf die ebenfalls fünfjährige Frist des § 438 Abs 1 Nr 2 b für die Lieferung von Baumaterialien.

c) Planung und Bauaufsicht

aa) § 634a Abs 1 Nr 2 führt ausdrücklich Planungsleistungen für ein Bauwerk auf. **22** Solche Leistungen werden in erster Linie von Architekten erbracht, ohne daß es dabei auf die Berechtigung zur Führung dieses Titels ankäme; es muß eben materiell um Architektenleistungen gehen. Hierher gehören aber auch sonstige Sonderfachleute, die bei der gedanklichen Vorbereitung von Bauleistungen eingesetzt werden: Baugrundgutachter, Vermessungsingenieur, Statiker, der Ingenieur, der ein Sanierungsgutachten zur Mängelbeseitigung erstattet.

Es kommt bei diesen Personen nicht darauf an, daß ihre Planung auch umgesetzt wird, es überhaupt später zu Bauleistungen kommt. Die Planung braucht auch kein konkretes Grundstück zu betreffen, vgl den Architekten, der ein Musterhaus entwickelt.

bb) Auch die Bauaufsicht unterliegt § 634a Abs 1 Nr 2, wie sie von Architekten durchgeführt wird, aber auch bei anderen Personen denkbar ist. Bauaufsicht – „Überwachung" – ist zunächst die konkrete während der Bauleistung, aber auch die nachbereitende (Kostenkontrolle, Dokumentation, Überwachung der Gewährleistungsfristen, der Mängelbeseitigung) sowie die vorbereitende (Ausschreibung, Mitwirkung bei der Vergabe). Von den Leistungsphasen 1–9 des § 15 HOAI (dazu vor § 631 Rn 99) unterfallen alle § 634a Abs 1 Nr 2.

2. Leistungen nach § 634a Abs 1 Nr 1

a) Sache iSd § 634a Abs 1 Nr 1 ist die körperliche iSd § 90, also die unbewegliche, **23** wie auch die bewegliche. Hierher gehören bei Grundstücken gärtnerische und landschaftliche Leistungen, soweit sie nicht Bauwerkqualität erreichen (o Rn 19 f), ferner nachträgliche Arbeiten an Gebäuden, die ebenfalls unter der Schwelle des § 634a Abs 1 Nr 2 bleiben (o Rn 21 f). Auf Leistungen an Tieren ist die Bestimmung ebenfalls anwendbar, vgl § 90a S 3, zB Befruchtung, Aufzucht, Pflege, Tötung; es muß sich nur um werk-, nicht dienstvertragliche Leistungen handeln. – Der lebende Mensch ist keine Sache; Maßnahmen an ihm unterfallen – sofern werkvertraglich – § 634a Abs 1 Nr 3 (Haarschnitt, Anpassung von Prothesen). Maßnahmen am Leichnam oder entnommenen Körperteilen unterfallen wieder § 634a Abs 1 Nr 1.

b) Die der Bestimmung zuzuordnenden Tätigkeiten müssen werkvertraglichen Charakter tragen, namentlich keinen dienstvertraglichen. Insoweit sind aber die vom Gesetz genannten Leistungen in einem weitesten Sinne zu verstehen, so kann etwa die Veränderung einer Sache auch in ihrer Zerstörung liegen.

aa) Bei der Herstellung einer Sache ist wegen § 651 Kaufrecht und damit § 438

Abs 1 Nr 3 (mit gleicher Frist, nur anderem Beginn) anzuwenden, wenn dabei eine neue Sache nach den Kriterien des § 950 Abs 1 entsteht, also der Herstellungsprozeß gewichtig genug ist. Ist er es nicht, gilt § 634a Abs 1 Nr 1, zB bei der Ernte, der Zerlegung von Fleisch.

bb) Bei der Wartung (von Haus und Garten, Maschinen) werden für den Verjährungsbeginn die Bestimmungen der §§ 634a Abs 2, 646 zu beachten sein; so ist bei der Inspektion ihr Abschluß maßgeblich.

cc) Die Veränderung einer Sache ist zB ihre Reparatur, ihre Umgestaltung, ihre Vernichtung (Akten).

dd) Planungs- und Überwachungsleistungen sind einerseits das Entwickeln eines Konzepts für die genannte Tätigkeit, auch wenn es nicht umgesetzt wird, andererseits namentlich ihre Vorbereitung, ihre Organisation.

c) Die Sache selbst muß Gegenstand der Bearbeitung sein. Es genügt also nicht, wenn sie nur das körperliche Substrat einer eigentlich ideellen Leistung ist, für die § 634a Abs 1 Nr 3 gilt. Unter Nr 1 fällt das Pressen einer Schallplatte, aber nicht die Komposition des wiedergegebenen Tonstücks.

3. Sonstige Leistungen

24 § 634a Abs 1 Nr 3 umfaßt alle jene Werk-(nicht: Dienst-)leistungen, die nicht den Nrn 1 und 2 unterfallen, also Leistungen am lebenden Menschen, Beförderungen, vor allem *geistige Leistungen* wie Gutachten, Entwickeln von Individualsoftware.

4. Rechtsmängel

25 Auf Rechtsmängel (dazu § 633 Rn 186) ist ggf § 438 Abs 1 Nr 1 a mit seiner dreißigjährigen Frist entsprechend anzuwenden.

5. Mehrheit von Leistungen

26 Es ist denkbar, daß mehrere Leistungen des Unternehmers zusammentreffen, die für sich genommen *unterschiedlichen* Verjährungsfristen unterliegen, wenn zB ein Haus gebaut und dazu ein Garten angelegt wird. Dann ist *die jeweils längere Verjährungsfrist* anwendbar (BGH BauR 1973, 246; LOCHER BauR 1971, 69; ERMAN/SEILER § 638 aF Rn 7); auf das wirtschaftliche Gewicht der einzelnen Leistungsteile kommt es nicht an, es sei denn, der längerfristig verjährende Leistungsteil wäre völlig nebensächlich, zB eine Laube oder ein Unterstand in einem größeren Garten. Hier wird man die Verjährungsfristen splitten müssen.

Das ändert nichts daran, daß *jeder einzelne Mangel in der Verjährungsfrage eigenständig* zu betrachten ist. Das gilt für die Dauer der Verjährungsfrist, soweit arglistig verschwiegene Mängel mit anderen zusammentreffen (vgl RGZ 62, 122; BGB-RGRK/ GLANZMANN § 638 aF Rn 22), ganz allgemein aber für den Beginn, zB bei einer Teilabnahme, und für Hemmungen und Unterbrechung, die für jeden Mangel einzeln erfolgen müssen.

VII. Vertragliche Vereinbarungen über die Verjährung

1. Mögliche Vereinbarungen

Eine *vertragliche Abänderung* der Verjährungsfristen ist *grundsätzlich zulässig*, vgl **27** § 201. Eine *prinzipielle Schranke* für Abkürzungen ergibt sich nur für die Fälle der Garantie und der *Arglist* des Unternehmers aus § 639.

a) Dabei können die *Mittel der Abänderung der Fristen unterschiedlich* sein. Neben ihrer unmittelbaren Verlängerung oder Verkürzung ist es für eine Verlängerung vor allem denkbar, daß der *Beginn hinausgeschoben* wird oder daß *dem Gesetz unbekannte Gründe der Hemmung oder des Neubeginns* vereinbart werden (vgl BGH NJW 1963, 810; BGB-RGRK/GLANZMANN § 638 aF Rn 28). Insoweit können die Parteien zB einer Mängelrüge eine die Verjährung erneuernde Wirkung beilegen (vgl zB § 13 Nr 5 Abs 1 S 1 VOB/B und dazu Anh I Rn 20 ff zu § 638). *Erleichterungen der Verjährung* sind prinzipiell in entsprechender Weise denkbar durch Vorverlegung des Verjährungsbeginns oder Nichtanerkennung gesetzlich vorgesehener Hemmungsgründe oder Ausschluß des § 212 Abs 1. Soweit sie in AGB vereinbart werden, werden sie aber außer an § 309 Nr 8 b ff (vgl dazu § 639 Rn 44 ff), in besonderer Weise an § 307 Abs 2 Nr 1 zu messen sein, *da den Vorschriften des Gesetzes über Beginn, Hemmung und Unterbrechung der Verjährung ein besonderer Gerechtigkeitsgehalt zukommt*. Da Klauseln dieser Art außerdem überaus selten sind, können sie leicht überraschend iSd § 305c Abs 1 sein.

b) *Schranken der Zulässigkeit* von Vereinbarungen über die Verjährung ergeben **28** sich vor allem aus §§ 305 ff, dort insbesondere aus § 309 Nr 8 b ff (vgl dazu § 639 Rn 44 ff), wobei bei Verträgen mit Verbrauchern zusätzlich § 310 Abs 1 zu beachten ist, sie werden aber auch bei *Individualvereinbarungen* außer aus § 639 auch noch aus § 242 hergeleitet (vgl dazu § 639 Rn 59 ff).

Bedenklich kann außer einer Verkürzung der Verjährung auch ihre *Verlängerung* in AGB sein. BGH NJW 1990, 2065 hat beim Kauf eine Verlängerung der sechsmonatigen Frist des § 477 aF auf drei Jahre für unvereinbar mit § 9 AGBG (= § 307) und allenfalls zwei Jahre für angemessen gehalten. Da die Entscheidung zutreffend auf die konkreten Umstände des Einzelfalles abgestellt hat, wird man sie nur mit Vorsicht auf das Werkvertragsrecht übertragen können, wo die Beziehungen der Parteien enger, die berechtigten Erwartungen an Tauglichkeit und Haltbarkeit des Werkes größer sein können. Der Spielraum für eine Erweiterung der Fristen wird hier – bei Prägung durch den konkreten Regelungsgegenstand – größer sein. Unabdingbar nach § 307 ist aber jedenfalls, daß der *Fristablauf* für den Unternehmer *bestimmbar* ist (vgl BGHZ 107, 75, 79); ihr Beginn darf also nur in engen Grenzen variabel sein.

c) Die Vereinbarung einer insgesamt verkürzten Verjährung ergibt sich vor allem aus der *Vereinbarung der VOB/B*, dort aus § 13 Nr 4, 5. Vgl zum Inhalt dieser Regelung Anh I Rn 4 ff, 10 ff zu § 638. Die Rechtsprechung erkennt entsprechende Vereinbarungen nur an, wenn die VOB/B „insgesamt" Vertragsgrundlage geworden ist (vgl dazu Anh I Rn 17 zu § 638), und auch dann nur, soweit es um Bauleistungen geht, auf die die VOB/B angewendet werden kann, nicht aber soweit auf Grund desselben Vertrages auch noch andersartige, insbesondere planerische Leistungen erbracht werden (vgl BGHZ 101, 369), wegen der Schwierigkeit der Abgrenzung und des Interesses an einer einheitlichen Verjährungsfrist für alle Leistungen aus einem Vertrag (vgl o Rn 26) bedenklich.

2. Garantien

29 Wenn der Unternehmer eine Garantie übernimmt, kann das eine unterschiedliche Bedeutung, namentlich auch für die Verjährung, haben. Eine sog *unselbständige Garantie* bedeutet die Zusicherung bestimmter Eigenschaften des Werkes; hier ist durch Auslegung zu ermitteln, unter welchen Voraussetzungen – insbesondere ob mit oder ohne Verschulden – der Unternehmer für das Vorhandensein der Eigenschaften einzustehen haben will (vgl dazu § 633 Rn 161). An der Maßgeblichkeit der Fristen des § 634a, auch des dortigen Fristbeginns, *ändert sich hier grundsätzlich nichts* (vgl RGZ 65, 121; 91, 136; 128, 213; ERMAN/SEILER § 638 aF Rn 8).

Allerdings ist zu beachten, *daß die Garantie des Unternehmers nicht „leerlaufen" darf*; ihre Auslegung kann zu dem Ergebnis einer stillschweigenden Verlängerung der Verjährungsfrist führen (vgl SOERGEL/HUBER § 477 aF Rn 55). Dies gilt insbesondere, wenn die Garantie für eine besondere Dauerhaftigkeit oder Haltbarkeit des Werkes übernommen worden ist. Hier wird die Verjährung erst in dem Moment beginnen können, bis zu dem redlicherweise mit der Haltbarkeit zu rechnen war.

Anders liegt es bei der sog *selbständigen Garantie*, nach der der Unternehmer für einen weitergehenden Erfolg einstehen soll, der sich nicht nur in bestimmten Eigenschaften des Werkes erschöpft. Derart begründete Ansprüche des Bestellers unterliegen nicht § 634a, verjähren also nach § 195 (vgl RG JW 1919, 240; BGB-RGRK/GLANZMANN § 634 aF Rn 6). Ob dies auch insoweit gilt, wie es um den Mangel des Werkes selbst geht, ist eine Frage der Auslegung. Im Zweifel wird der insoweit geltende § 634a nicht abbedungen sein.

30 Die Bedeutung einer *vereinbarten Garantiefrist* ist durch *Auslegung* zu ermitteln. Es ist denkbar, daß sie an der sich aus § 634a ergebenden Verjährungsfrist nichts ändern soll, was namentlich dann anzunehmen sein wird, wenn sie ihr gleich bemessen ist (vgl RGZ 65, 121; ERMAN/SEILER § 638 aF Rn 8). Es ist weiterhin denkbar, daß sie die sich aus § 634a ergebende Frist – je nachdem – entweder verkürzen oder – auf ihr Maß – verlängern soll (vgl OLG Frankfurt NJW-RR 1992, 280; ERMAN/SEILER aaO; BGB-RGRK/GLANZMANN § 638 Rn 29). Doch ist *gegenüber der Annahme einer Verkürzung der Gewährleistungsfristen Zurückhaltung geboten*, da der Besteller grundsätzlich nicht annehmen kann, daß sich die Verwendung des starken Ausdrucks Garantie letztlich zu seinem Nachteil auswirken soll. Eine *schlichte Verlängerung der gesetzlichen Verjährungsfrist* ist *insbesondere dort* anzunehmen, wo die Parteien dem Ausdruck Garantie eine besondere Bedeutung nicht beigemessen haben, sondern letztlich nur die gesetzliche Gewährleistung umschreiben wollten. Das liegt im Werkvertragsrecht, wo eine Garantie eine besondere verschuldensunabhängige Haftung nicht ohne weiteres begründet, besonders nahe (vgl auch BGH NJW 1965, 162). Hiervon ist *im Zweifel dann* auszugehen, wenn die Garantiefrist länger ist als die gesetzliche Verjährungsfrist (vgl auch ERMAN/SEILER § 638 aF Rn 8).

Die Vereinbarung einer Garantiefrist *kann* aber *auch die gesetzliche Verjährungsfrist als solche unberührt lassen* und sich *nur* auf den *Verjährungsbeginn* auswirken. Das ist am ehesten dann der Fall, wenn sie kürzer ist als diese, aber doch auch denkbar, wenn sie gleich oder länger bemessen ist (zT **aA** SOERGEL/TEICHMANN § 638 aF Rn 21). Hier bieten sich wiederum die beiden Möglichkeiten an, daß der Verjährungsbeginn entweder auf den Ablauf der Garantiefrist verschoben ist, oder auf jenen Zeitpunkt, zu dem der Mangel innerhalb der Garantiefrist hervortritt (vgl in letzterem Sinne BGB-RGRK/GLANZMANN § 638 aF Rn 29; SOERGEL/TEICHMANN § 638 aF Rn 19); das entspricht auch der üblichen Deutung beim Kauf (SOERGEL/HUBER § 477 aF Rn 55). Möglich sind beide Deutungen. *Im Zweifel wird* jedoch *auf den Ablauf der Garantiefrist abzustellen sein*, die den Parteien besonderen Anlaß zur Überprüfung des Werkes gibt. Das Abstellen auf das Hervortreten des Mangels, das vom Unternehmer darzutun und zu beweisen wäre, ist deshalb wenig tunlich, weil dies ein schillernder Begriff ist. Die äußeren Anzeichen eines Mangels können für den Sachkundigen alarmierend sein, für den Laien belanglos. Es fragt sich auch, ob auf einen durchschnittlichen oder den speziellen Sachverstand des Bestellers abzustellen ist. Freilich verstößt der Besteller gegen Treu und Glauben, wenn er den Lauf der gesetzlichen Verjährungsfristen nicht von dem Zeitpunkt an gegen sich gelten läßt, in dem er *positive Kenntnis von dem Mangel* hatte. Die Beweislast liegt insoweit bei dem Unternehmer.

VIII. VOB/B

Zur Verjährungsregelung der VOB/B vgl o Rn 28 und insbesondere Anh I Rn 4 ff, 11 ff zu § 638. **31**

IX. Beginn der Verjährung

1. Abnahme

Die Gewährleistungsansprüche *beginnen* nach § 634a Abs 2 in den Fällen des § 634a Abs 1 Nrn 1 und 2 mit der Abnahme des Werkes zu verjähren, an deren Stelle bei Werken, die einer Abnahme nicht fähig sind, nach § 646 die *Vollendung* des Werkes tritt. Die Parteien können Abweichendes vereinbaren, zB die Übergabe des Werkes (BGH NJW-RR 2000, 164). **32**

Bei einer *Teilabnahme* des Werkes beginnt die Verjährung mit der Abnahme des betreffenden Teils (BGH WM 1983, 1104, 1105; BGB-RGRK/GLANZMANN § 638 aF Rn 16; ERMAN/SEILER § 638 aF Rn 3).

Die Abnahme des Werkes ist dabei die *tatsächliche Abnahme* (vgl dazu § 640 Rn 14 ff). Es kommt nicht darauf an, ob der Besteller zu ihr verpflichtet war oder nicht.

Gleichstehen muß die Wegnahme des Werkes durch den Besteller sowie die Verhinderung der Fertigstellung des Werkes (vgl zu letzterer BGH NJW-RR 1998, 1027, 1028).

a) Irrelevante Gesichtspunkte

Angesichts der gesetzlichen Regelung sind *bestimmte Gesichtspunkte*, die sonst zT für den Verjährungsbeginn Relevanz haben, *bedeutungslos*. **33**

Dies gilt zunächst für die *Entstehung des Anspruchs* iSd § 199. Da die Ansprüche des

Bestellers aus den §§ 634, 635 nach § 634 Abs 1 idR voraussetzen, daß dem Unternehmer Gelegenheit zur Nachbesserung gegeben wurde, können sie *verjährt* sein, *bevor alle ihre Voraussetzungen gegeben* und sie damit entstanden sind (vgl BGB-RGRK/GLANZMANN § 638 aF Rn 16). Dieses für den Besteller harte Ergebnis wird durch § 213 abgemildert: Die Verfolgung des einen Rechts wirkt auch für die anderen.

Aus dem Gesagten folgt, daß es für den Schadensersatzanspruch des Bestellers auch nicht darauf ankommt, daß überhaupt – und inwieweit – schon ein *Schaden* eingetreten ist (vgl BGB-RGRK/GLANZMANN § 638 aF Rn 19). Insbesondere ein Gewinnentgang kann uU erst nach Ablauf der Verjährungsfrist eintreten (vgl BGHZ 50, 21).

Es kommt ferner nicht auf den *Kenntnisstand* des Bestellers an, vgl demgegenüber § 199 Abs 1 Nr 2.

b) Mängelrüge

34 Auch eine Mängelrüge des Bestellers ist für den Verjährungsbeginn bedeutungslos. Soweit Mängel *anläßlich* der gleichwohl erfolgenden *Abnahme gerügt* werden, nimmt sie dies freilich von der nunmehr laufenden Verjährung aus, denn insoweit findet eine Abnahme nicht statt (vgl § 640 Rn 24).

Die Abnahme bleibt als Verjährungsbeginn auch bedeutsam für Mängel, deren Beseitigung der Unternehmer auf Rüge des Bestellers in Angriff nimmt. Hier kommt es zu einer Hemmung der Verjährung nach § 203; ggf kann in dem Verhalten des Unternehmers auch ein Anerkenntnis iSd § 212 Abs 1 Nr 1 liegen, doch sieht das BGB *für die Nachbesserungsarbeiten keine erneute Abnahme* vor, die die Gewährleistungsfrist erneut in Lauf setzen könnte (vgl zu der *insoweit abweichenden Regelung des § 13 Nr 5 Abs 1 S 3 VOB/B* Anh I Rn 11 ff zu § 638).

Das Unterlassen einer Mängelrüge bei der Abnahme ist für den Verjährungsbeginn ebenfalls bedeutungslos (vgl aber § 640 Abs 2).

c) Vorzeitige Vertragsbeendigung

35 Das Vertragsverhältnis kann vorzeitig beendet werden durch Kündigung oder Rücktritt einer der beiden Seiten oder einvernehmlich. Das schließt die Möglichkeit einer Abnahme der teilweise erbrachten Leistung nicht aus, so daß § 634a Abs 2 auch hier Anwendung finden kann.

Wenn *ausnahmsweise eine Abnahme* bei der vorzeitigen Vertragsbeendigung *unterbleibt*, kann die Verjährungsfrage nicht offenbleiben. Hier läßt sich für den Verjährungsbeginn entweder an den *Zeitpunkt der Vertragsbeendigung* denken oder an den der *tatsächlichen Hinnahme des Werkes* durch den Besteller. Mit BGB-RGRK/GLANZMANN § 638 aF Rn 17 ist *letzteres vorzuziehen*, da es auf die Möglichkeit des Bestellers ankommen muß, das Werk auf seine Vertragsgemäßheit zu untersuchen, vgl auch die Regelung des § 438 Abs 2, die beim Kauf entsprechend auf die Ablieferung oder Übergabe abstellt.

d) Abnahmeverweigerung

36 Wenn der Besteller die Abnahme verweigert, ist zu unterscheiden:

aa) Die Verjährung der Gewährleistungsansprüche muß jedenfalls dann zu laufen beginnen, wenn der Besteller die *Abnahme endgültig verweigert* (vgl RGZ 165, 41, 54; BGH JZ 1963, 596; BGH NJW 1970, 421 = LM VOB/B Nr 37; 1974, 1187; WM 1974, 200; BGB-RGRK/GLANZMANN § 638 aF Rn 18; **aA** ERMAN/SEILER § 638 aF Rn 3: mit dem Abnahmeverzug des Bestellers). Letzterer Vorschlag versagt aber dann, wenn die Abnahme zu Recht verweigert wird. Bei der endgültigen Verweigerung hat der Besteller einerseits Gelegenheit gehabt, das Werk zu überprüfen, andererseits ist kein Grund ersichtlich, jetzt nicht die Verjährung laufen zu lassen. Freilich ist die Frist noch die des § 195 (BGH NJW 2000, 133).

bb) Die *vorläufige und begründete Verweigerung* der Abnahme vermag die Verjährung der Gewährleistungsansprüche nicht beginnen zu lassen (vgl BGH NJW 1970, 421).

cc) Probleme bereitet die *nicht endgültige, aber unberechtigte Verweigerung der Abnahme* durch den Besteller, wobei ihre Berechtigung sich danach richtet, ob Mängel objektiv vorliegen, nicht danach, ob sie bekannt sind oder gar zur Begründung vorgetragen werden. Die Konstellation kann sich insbesondere daraus ergeben, daß nur wesentliche Mängel zur Verweigerung der Abnahme berechtigen, § 640 Abs 1 S 2. Die Belange des Unternehmers würden nicht hinreichend gewahrt, wenn er eine Verurteilung des Bestellers zur Abnahme erreichen müßte (vgl zu den damit verbundenen Problemen, insbesondere in der Vollstreckung § 640 Rn 39 f). Das wäre zu kostspielig und würde auch den Verjährungsbeginn zu lange hinausschieben. An Lösungsmöglichkeiten bietet es sich an, an den *Annahmeverzug* des Bestellers anzuknüpfen (so namentlich PIETSCH, Die Abnahme im Werkvertragsrecht [Diss Hamburg 1976] 168 ff; ERMAN/SEILER § 638 aF Rn 3) oder aber an den *Schuldnerverzug* des Bestellers mit der Abnahme (so namentlich Münch-Komm/SOERGEL § 638 aF Rn 43, der hierfür freilich unzutreffend und auch unsachgemäß eine Fristsetzung und Ablehnungsandrohung des Unternehmers fordert). Verzichtet man auf letzteres, so liegt der *Unterschied* der Lösungswege im *Verschulden* des Bestellers, das ja für den Gläubigerverzug nicht Voraussetzung ist. Es ist der erstgenannte Vorschlag, daß der *Annahmeverzug des Bestellers* ausreichen muß, *vorzugswürdig*. Zum einen kann der Beginn der Verjährung in der Sache nicht von Verschuldensgesichtspunkten abhängig sein. Zum anderen ist der Gläubigerverzug nach § 644 Abs 1 S 2 auch in der eng verwandten Frage der Gefahrtragung maßgeblich. Schließlich und vor allem eröffnet das Angebot des fertigen Werkes dem Besteller die *Untersuchungsmöglichkeit*, die es sachlich rechtfertigt, nunmehr seine Gewährleistungsansprüche verjähren zu lassen. Die gegebene Untersuchungsmöglichkeit ist es auch, die beim Kauf die Verjährung beginnen läßt, § 438 Abs 2. Eine Gleichbehandlung beider Vertragstypen in diesem Punkt erscheint sinnvoll und zweckmäßig.

e) Architektenvertrag
Konsequenterweise beginnt auch gegenüber dem Architekten die Verjährung der Ansprüche nach § 634a Abs 2 mit der *Abnahme des Architektenwerks*; da die Leistungen des Architekten billigungsfähig sind, kommt es nicht statt dessen auf ihre Vollendung an (vgl auch LOCHER, Das private Baurecht Rn 248). Die genaue Bestimmung des Abnahmezeitpunkts bereitet freilich gerade hier erhebliche Probleme. Abzustellen ist wiederum nicht darauf, wann die Abnahme geschuldet wird, sondern darauf, *wann sie tatsächlich vorgenommen wird*. Freilich ist *jener Zeitpunkt, zu dem der Bauherr die Abnahme schuldet*, insofern von erheblicher praktischer Bedeutung, als davon auszugehen ist, daß die Abnahme – die selten ausdrücklich als solche

erklärt wird – auch tatsächlich in diesem zeitlichen Rahmen erfolgt ist und jedenfalls der Architekt die Beweislast für seine Behauptung trägt, der Besteller habe seine Leistung – ganz oder teilweise – schon vorher abgenommen.

aa) Grundsätzlich ist das Architektenwerk *dann abzunehmen, wenn der Architekt die ihm nach dem Vertrag obliegenden Leistungen vollständig erbracht hat.* Dazu gehört bei der Vollarchitektur nicht nur die *Rechnungsprüfung* (§ 15 HOAI, Phase 8) sondern auch noch die *Objektbegehung vor Ablauf der Gewährleistungsfristen* der bauausführenden Unternehmer und das *Überwachen der Beseitigung der rechtzeitig erkannten Mängel* (§ 15 HOAI, Phase 9, BGH NJW 1994, 1276; BGH NJW-RR 2001, 1468, 1469). Insoweit ist seine Tätigkeit freilich schon beendet, wenn er die betreffenden Unternehmer zwar ordnungsgemäß, aber vergeblich zur Mängelbeseitigung angefordert hat (BGH BauR 1972, 385). Die Beseitigung der von dem Architekten selbst zu verantwortenden Baumängel gehört nicht zu seinen Pflichten, so daß dies den Ablauf der Verjährung nicht zu hindern vermag; freilich kann dies nach § 203 die Verjährung hemmen oder nach § 212 Abs 1 Nr 1 die Verjährung neu beginnen lassen. Eine Teilabnahme nach Abschluß der Leistungsphase 8 kann der Architekt nur aufgrund einer entsprechenden Vereinbarung verlangen (BGH NJW 1994, 1276).

39 bb) Eine *tatsächliche Abnahme* der Leistungen des Architekten kann *schon vorher* erfolgen. Sie wird zwar sicherlich nicht schon in Bezug und Benutzung des errichteten Gebäudes zu sehen sein, kann aber – wie auch sonst – zB in der vorbehaltlosen Zahlung des restlichen Architektenhonorars liegen oder in sonstigen *Verhaltensweisen, die den Schluß zulassen, daß der Bauherr die Leistungen des Architekten als im wesentlichen vertragsgerecht erbracht bewertet.* In dem Fall BGH BauR 1972, 251 hatte sich beispielsweise der Bauherr in diesem Sinne in einer Besprechung über die Schlußabrechnung verhalten. – Die berechtigte Verweigerung der Abnahme löst die Frist nicht aus (BGH NJW 2000, 133).

cc) Zu Vereinbarungen mit dem Architekten über die Verjährung vgl § 639 Rn 44 ff.

dd) Zur Beratungspflicht des Architekten hinsichtlich der Verjährung vgl u Rn 40.

2. Regelmäßiger Verjährungsbeginn nach § 199

In den Fällen des § 634a Abs 1 Nr 3 gilt die regelmäßige Verjährungsfrist und damit auch die für ihren Beginn maßgebliche Bestimmung des § 199.

X. Beratungspflichten hinsichtlich der Verjährung

40 Die *Angehörigen freier Berufe* haben die Interessen ihrer Auftraggeber umfassend wahrzunehmen. Dazu gehört es auch, daß sie diese einerseits auf mögliche Ersatzansprüche hinweisen, andererseits und vor allem aber auch auf die diesen Ersatzansprüchen drohende Verjährung, vgl für den Fall des Architekten § 15 HOAI, Leistungsphase 8 („Auflisten der Gewährleistungsfristen"), Leistungsphase 9 („Objektbegehung zur Mängelfeststellung vor Ablauf der Gewährleistungsfristen der bauausführenden Unternehmer"); gleiches gilt aber zB auch für Rechtsanwälte und Steuerberater.

Diese Aufklärungspflichten, namentlich des Architekten – nicht: des Statikers (BGH NZBau 2002, 42) –, machen nicht halt vor der *eigenen Person. Auch insoweit ist auf mögliche Ersatzansprüche hinzuweisen* und die diesen drohende Verjährung. Die schuldhafte Verletzung dieser Pflicht gewährt dem Auftraggeber einen Schadensersatzansprucht aus den §§ 280 Abs 1, 241 Abs 2, der auf Befreiung von dem in dem Eintritt der Verjährung liegenden Schaden gerichtet ist (vgl für den Fall des Architekten BGHZ 91, 251, 258 = NJW 1985, 328; BGH NJW-RR 1987, 182; NJW 1996, 1278; NJW-RR 2000, 1468; vgl STAUDINGER/PETERS [2001] § 222 aF Rn 25 ff). Die damit verbundene weitgehende Aushöhlung des Instituts der Verjährung ist *nicht unproblematisch*. Sofern man der Rechtsprechung aber zu folgen bereit ist, erscheint die Beschränkung der über die Verjährung Aufklärungspflichtigen auf die Angehörigen freier Berufe wiederum problematisch.

XI. Arglistiges Verschweigen von Mängeln

Die **Fristen** des § 634a Abs 1 Nrn 1, 2 gelten **nicht**, wenn der Unternehmer einen Mangel arglistig verschwiegen hat, so daß es insoweit bei der regelmäßigen **Verjährungsfrist des § 195** verbleibt mit ihrem uU deutlich späteren Beginn nach § 199 Abs 1, § 634a Abs 3 S 1. Freilich bleibt es für den Besteller bei der Frist des § 634a Abs 1 Nr 2, wenn diese ausnahmsweise für ihn günstiger ist, wie § 634a Abs 3 S 2 dies umständlich ausdrückt.

Die Regelung entspricht der des § 438 Abs 3. Sachliche Unterschiede bestehen nicht.

Vgl zu den Folgen eines arglistigen Verschweigens von Mängeln auch § 639, der insbesondere bewirkt, daß die Frist der §§ 195, 199 durch Vereinbarungen der Parteien nicht verkürzt werden kann.

1. Arglist

Arglist *des Unternehmers* ist gegeben, wenn er einerseits *Kenntnis von dem Mangel* hat, andererseits Kenntnis von tatsächlichen Umständen, die hinsichtlich des Mangels eine *Offenbarungspflicht* gegenüber dem Besteller begründen (vgl BGHZ 62, 63; BGH JZ 1963, 596).

a) Eine *Offenbarungspflicht* des Unternehmers besteht dann, *wenn damit zu rechnen ist, daß die Kenntnis des Bestellers von dem Mangel diesen entweder von der Abnahme überhaupt oder doch jedenfalls von einer rügelosen Abnahme abhalten würde.*

Dazu gehört es *nicht*, daß der Mangel objektiv besonders *schwer wiegt*, sondern nur, daß *ein verständiger* – oder auch nur: dieser – Besteller auf ihn reagieren würde; auf eine ihm bekannte Indolenz des Bestellers darf sich der Unternehmer nicht berufen. Auch die Kenntnis des Bestellers vom Mangel schließt Arglist des Unternehmers nicht aus (vgl BGB-RGRK/GLANZMANN § 638 aF Rn 23), sofern sie nicht dem Unternehmer sicher bekannt ist. Es ist auch nicht erforderlich, daß der Besteller durch das Verhalten des Unternehmers von gerichtlichen Schritten abgehalten worden ist (vgl BGH RSprBau Z 2.414, 106). Mangels besonderer Umstände des Einzelfalls *wird* damit *in aller Regel die Kenntnis des Unternehmers von dem Mangel ausreichen*, seine Arglist zu bejahen.

So ist Arglist *namentlich* angenommen worden, wenn ein Architekt es verschweigt, daß er den Bau entgegen der Baugenehmigung ausführt (BGH VersR 1970, 744), wenn ein Unternehmer das Fehlen zugesicherter Eigenschaften verschweigt (vgl BGH JZ 1963, 596), wenn neuartig konstruierte Geräte ohne die übliche Erprobung auf dem Prüfstand geliefert werden (vgl OLG Celle Betr 1970, 582). Nach BGH NJW 1962, 803 soll die dem Besteller erkennbare Verwendung eines billigeren und schlechteren Baustoffes noch keine Arglist begründen (krit dazu zu Recht ERMAN/SEILER § 637 aF Rn 3). Zutreffend anders jetzt BGH NZBau 2002, 503 bei Verwendung eines nicht erprobten Baustoffes ohne besonderen Hinweis.

43 b) Als Verschuldensform bei dem Unternehmer reicht *bedingter Vorsatz* aus (vgl RG WarnRspr 1934, 6; BGB-RGRK/GLANZMANN § 638 aF Rn 22). Jedenfalls bedingter Vorsatz ist auch dann gegeben, wenn der Unternehmer eine bestimmte Schadensanfälligkeit des Werkes als Mangel kennt, aber hofft, ein solcher Schaden werde nicht eintreten (vgl BGH 11. 3. 1965 VII ZR 78/63; VersR 1970, 964). Auch eine *besondere Schädigungsabsicht des Unternehmers oder das Streben nach einem eigenen Vorteil sind nicht erforderlich* (vgl BGH NJW 1986, 980); er mag zB annehmen, daß der Mangel des Werkes für die Belange des Bestellers ohne Bedeutung sei.

Als arglistig muß es auch angesehen werden, wenn der Unternehmer ohne jegliche konkrete Überprüfung des Werkes diese in einzelner Hinsicht oder pauschal für mangelfrei erklärt, insoweit also *Angaben „ins Blaue hinein"* macht. Das kann sich namentlich dann ergeben, wenn der Besteller konkrete Fragen nach dem Vorhandensein einzelner Eigenschaften des Werkes stellt.

Der Unternehmer ist grundsätzlich nicht verpflichtet, das zur Abnahme angebotene Werk noch einmal auf Mängel zu überprüfen. Er handelt aber *arglistig, wenn er sich bewußt der Kenntnis von Mängeln verschließt* (vgl BGB-RGRK/GLANZMANN § 638 aF Rn 22). Er hat die Arbeiten aber schon während ihrer Durchführung angemessen überwachen und prüfen lassen; das muß er auch *organisatorisch sicherstellen*. Fehlt es daran, dann darf er sich nicht darauf berufen, daß er den Mangel tatsächlich nicht gekannt habe, den er sonst gekannt hätte (vgl BGHZ 117, 318 = NJW 1992, 1754 = LM Nr 77 m Anm KOEBLE = JZ 1992, 1019 m Anm DERLEDER; dazu auch noch RUTKOWSKY NJW 1993, 1748; WIRTH BauR 1994, 33; WALTHER BauR 1996, 455; LANG, in: FS Odersky [1996] 583; ANKER/ADLER BauR 1996, 461; OLG München NJW-RR 1998, 529). Bestehen sonst dem Unternehmer bekannte Anhaltspunkte für das Vorliegen eines Mangels, so muß er jedenfalls diese dem Besteller offenbaren, wenn er ihnen schon nicht selbst nachgehen will. Vom Besteller darzulegende Indizien für einen Organisationsmangel sind Art oder Evidenz des Mangels; der Unternehmer hat sich hinsichtlich seiner Organisation zu entlasten (BGHZ 117, 318, 322; OLG Stuttgart BauR 1997, 317). Die Befolgung der Herstellerangaben entlastet grundsätzlich (OLG Düsseldorf NJW-RR 1998, 315).

c) Dem arglistigen Verschweigen von Mängeln steht es gleich, wenn der Unternehmer *nicht vorhandene Eigenschaften des Werkes vortäuscht* (vgl BGH RSprBau Z 2 400, 38; BGB-RGRK/GLANZMANN § 638 aF Rn 24). Das ist namentlich dann der Fall, wenn er Vergütung für Arbeiten verlangt, die er gar nicht ausgeführt hat (vgl BGH NJW 1967, 340, 342). Im einzelnen ist die Abgrenzung schwierig, aber auch entbehrlich.

2. Zeitpunkt

Der *maßgebliche* Zeitpunkt für die Offenbarungspflicht des Unternehmers ist der der **44** Ablieferung des Werkes (BGH 17.10. 1966 VII ZR 164/64; BGB-RGRK/GLANZMANN § 638 aF Rn 25). Der Unternehmer hat dafür Sorge zu tragen, daß vorherige Kenntnis von Mängeln bis zu diesem Zeitpunkt erhalten bleibt. Die nachträgliche Kenntnis von Mängeln, die der Unternehmer im Zuge von Nachbesserungsarbeiten oder kraft neuerer allgemeiner Erkenntnisse erwirbt, schadet grundsätzlich nichts. Doch erwirbt der Besteller einen Schadensersatzanspruch, den er der Berufung des Unternehmers auf die Einrede der Verjährung entgegenhalten kann, und zwar jedenfalls aus § 826, wenn er auf späteres Befragen des Bestellers einen Mangel bewußt ableugnet. Zur spontanen Mitteilung nachträglich erkannter Mängel ist er aber nicht verpflichtet (vgl auch KNIFFKA, in: FS Heiermann [1995] 201).

3. Hilfspersonen

Dem Unternehmer kann außer der eigenen Arglist auch die *Arglist Dritter* zuge- **45** rechnet werden, § 278 oder richtiger § 166 analog.

a) Solche Dritte sind jedenfalls *Mitarbeiter, die mit der Mitwirkung bei der Ablieferung oder Abnahme des Werkes betraut sind* (vgl Münch Komm/SOERGEL § 638 aF Rn 36), sofern sie hierbei nicht nur ganz untergeordnete Funktionen haben wie zB ein Fahrer.

b) Was den Wissensstand von Personen angeht, die bei der Erstellung des Werkes mitwirken, differenziert die Rechtsprechung. Zum Nachteil des Unternehmers soll sich der *Wissensstand solcher Personen* auswirken, *die mit der Überprüfung des Werkes auf Mängel betraut sind.* Das ist im Baubereich der örtliche Bauleiter, nicht aber zB der Polier (vgl BGHZ 62, 63 = NJW 1974, 553; OLG Köln BauR 1984, 525; MünchKomm/ SOERGEL § 638 Rn 36; aA JAGENBURG NJW 1971, 1425, 1426; HOFFMANN JZ 1969, 372). Auch das Wissen eines *Subunternehmers* geht zu Lasten des Unternehmers (vgl BGHZ 66, 43 = NJW 1976, 516 = JR 1976, 285 m Anm SCHUBERT).

Dieser Rechtsprechung ist im Ausgangspunkt zuzustimmen, weil sonst die Risiken des Unternehmers übermäßig wären; er hätte praktisch für jede bewußte Pfuscharbeit ohne nennenswerte zeitliche Grenzen einzustehen. Das widerspräche Sinn und Zweck der kurzen Fristen des § 634a. Doch muß der Arglist ein *Organisationsverschulden* des Unternehmers gleichgestellt werden. Ein solches ist dann anzunehmen, wenn es an einer ordnungsgemäßen Überwachung der Leistungen der Mitarbeiter überhaupt fehlt.

4. Beweislast

Nach der Fassung des Gesetzes trifft die *Darlegungs- und Beweislast* für die Arglist **46** des Unternehmers den Besteller (vgl ERMAN/SEILER § 638 aF Rn 15). Freilich können sich für ihn Beweiserleichterungen ergeben: Ein gravierender Mangel an wichtigen Leistungsteilen kann ebenso den Schluß auf mangelhafte Überwachung und Überprüfung (o Rn 43) zulassen wie ein besonders augenfälliger Mangel an weniger wichtigen Teilen (vgl BGHZ 117, 318 = NJW 1992, 1754).

XII. Hemmung der Verjährung; Neubeginn

47 Die Hemmung der Verjährung der Gewährleistungsansprüche richtet sich nach den allgemeinen Bestimmungen der §§ 203–211, 213.

In Betracht kommen namentlich:

1. Stundung

Eine Hemmung der Verjährung durch Stundung nach § 205 tritt insbesondere *dann* ein, *wenn der Unternehmer dem Besteller eigene Gewährleistungsansprüche gegen Dritte abgetreten* hat (BGH NJW 1981, 2243, 2244; OLG Düsseldorf BauR 1991, 363; 1992, 773; PETERS NJW 1982, 562), mag er sich dabei an § 309 Nr 8 b aa gehalten haben oder nicht. Die Hemmung dauert hier *solange* fort, wie der Besteller entweder gehalten ist, vor Inanspruchnahme des Unternehmers gegen den Dritten vorzugehen, oder aber *tatsächlich gegen den Dritten vorgeht*, mag dies auch überobligationsmäßig sein (BGH aaO; PETERS aaO).

In der *Verabredung, den Ausgang eines Vor- oder Musterprozesses abzuwarten*, kann ein verjährungshemmendes pactum de non petendo liegen, sofern der Unternehmer einstweilen zur Leistungsverweigerung berechtigt sein soll (BGH WM 1960, 613; 1970, 548). Eine formularmäßige Musterprozeßklausel eines Bestellers ist freilich unwirksam (BGHZ 92, 13).

Keine Hemmung der Verjährung bewirkt es, daß die Beseitigung der Mängel einstweilen aus Witterungs- oder anderen Gründen unmöglich sein kann.

Es führt *nicht* zu einer Hemmung der Verjährung der Gewährleistungsansprüche des Bestellers, *daß der Unternehmer die Beseitigung von Mängeln nach § 320 von der Begleichung ausstehenden Werklohnes abhängig machen kann*.

2. Verhandlungen

48 § 203 hält die Verjährung an, wenn die Parteien miteinander verhandeln. Dies kann in beliebiger Form geschehen, namentlich dadurch, daß sich der Unternehmer „im Einverständnisse mit dem Besteller der Prüfung des Vorhandenseins des Mangels oder der Beseitigung des Mangels unterzieht", wie dies § 639 Abs 2 aF als eine der Vorgängervorschriften des § 203 plastisch formuliert hat. In der Sache hat sich dem gegenüber nichts geändert.

a) Verhandlungen als solche

49 aa) *Gegenstand* der Prüfung, Nachbesserung oder sonstigen Verhandlung muß *das Werk des Unternehmers* sein. Es tritt deshalb keine Hemmung der Gewährleistungsansprüche des Bauherrn gegenüber seinem Architekten ein, wenn er diesen zur Verfolgung von Gewährleistungsansprüchen gegenüber einem Bauunternehmer heranzieht (BGH NJW 1964, 647; 1978, 1311). Anders liegt es, wenn der Unternehmer zwar das Werk eines Dritten überprüfen soll, diese Prüfung aber aus sachlichen Gründen das eigene Werk einbeziehen muß und der Unternehmer damit zu rechnen hat, daß der Besteller auch diese Prüfung erwartet (BGH NJW 1978, 2393 ebenfalls zum Verhältnis

Bauherr/Architekt/Bauunternehmer). Schulden mehrere Unternehmer ein Werk gemeinschaftlich, so will BGH NJW-RR 1994, 373 die Maßnahmen des einen Unternehmers auch die Verjährung gegenüber den anderen Unternehmern hemmen lassen. Das widerspricht § 425 Abs 2.

Außerdem betrifft die Hemmung der Verjährung *nur jenen Mangel, dem die Prüfung* **50** *oder Beseitigung gilt* (BGB-RGRK/GLANZMANN § 638 aF Rn 19). Dieser braucht freilich in seinen Ursachen und Ausmaßen nicht erkannt zu sein. Es gelten auch hier jene Grundsätze, die u Rn 55 zum selbständigen Beweisverfahren skizziert sind; vgl BGH BauR 1989, 603. So ist es dann auch *unschädlich, wenn der Unternehmer nur an äußeren Symptomen des Mangels „herumkuriert"* (BGHZ 48, 108), ohne daß seine Maßnahmen geeignet sind, diesen wirklich zu erfassen und zu beheben. Das muß jedenfalls dann gelten, wenn der Unternehmer die Zielrichtung seiner Prüfung oder Beseitigungsmaßnahmen nicht weiter eingrenzt, wobei es dann auch unschädlich ist, daß der Besteller erkennt, daß das Tun des Unternehmers nur Stückwerk ist; er darf ihn insoweit beim Wort nehmen. *Anders* ist es nur, wenn der Unternehmer einen grundsätzlichen Mangel leugnet und nur die auffälligen Symptome eines Mangels als eigene (kleinere) Mängel anerkennt. Das kann zB bei Rißbildungen bei Bauten von Bedeutung sein: Verjährungshemmung auch hinsichtlich der konstruktiven Ursachen, wenn der Unternehmer sie ohne Einschränkungen prüft oder zu beseitigen sucht, nicht dagegen, wenn er von vornherein konstruktive Ursachen in Abrede stellt.

bb) Insbesondere der Begriff der **Prüfung** des Mangels ist *weit auszulegen.* Es **51** kommen dafür zunächst *Untersuchungsmaßnahmen am Werk selbst* in Betracht; sie sind aber nicht zwingend notwendig. Ebenso reichen zB Untersuchungsmaßnahmen *im Labor oder Erkundigungen bei Dritten* oder Prüfungen des Mangels durch Dritte (BGHZ 72, 257, 262 = NJW 1979, 214). Dabei wird die Prüfung des Mangels in der Regel tatsächlicher Natur sein; es reicht aber auch aus, wenn sich der Unternehmer auf die rechtliche Prüfung seiner Einstandspflicht beschränkt (BGH NJW 1983, 163). Insoweit hemmt es die Verjährung auch, wenn der Unternehmer die Mängelrüge des Bestellers an seinen Haftpflichtversicherer zur weiteren Veranlassung weiterleitet (BGH NJW 1983, 162, BGH BauR 1985, 202). Ausreichend ist es nicht minder, *wenn sich Besteller und Unternehmer darauf einigen,* einstweilen nichts wegen des Mangels zu unternehmen, sondern *seine weitere Entwicklung abzuwarten.* Entscheidend ist insgesamt, ob der Unternehmer aus der verständigen Sicht des Bestellers den Mangel nicht leugnet, sondern die Möglichkeit seiner Existenz anerkennt und gleichzeitig seine Bereitschaft bekundet, Maßnahmen gegen ihn zu ergreifen oder ihm sonst Rechnung zu tragen (OLG Hamm NJW-RR 1996, 1301). Deshalb tritt eine Hemmung durch Prüfung *nicht ein, wenn der Unternehmer den Mangel zwar untersucht, aber gleichzeitig klarstellt, daß er zur Gewährleistung insoweit nicht bereit sei,* oder wenn er es dem Besteller anheimstellt, den „Mangel" prüfen zu lassen (OLG Köln NJW-RR 1995, 602).

cc) Zur **Beseitigung** des Mangels vgl schon o Rn 50. Es reicht die *bekundete und* **52** *betätigte Beseitigungsabsicht des Unternehmers*; auf die Tauglichkeit der Beseitigungsversuche kommt es nicht an.

Es ist auch nicht erforderlich, daß der Mangel wirklich oder auch nur vermeintlich behebbar ist (BGHZ 66, 367; OLG Nürnberg MDR 1975, 1018; ERMAN/SEILER § 639 aF Rn 2; **aA** OLG Köln OLGZ 1976, 81).

dd) Die Prüfung des Mangels oder die Maßnahmen zu seiner Beseitigung müssen im Einverständnis mit dem Besteller vorgenommen werden: Es reicht nicht aus, daß der Unternehmer den Mangel für sich allein prüft, auch wenn das zur Kenntnis des Bestellers gelangt. Eine nachträgliche Genehmigung oder Billigung durch den Besteller genügt nicht, sofern kein Einverständnis erzielt wird (**aA** OLG Oldenburg MDR 1977, 1019). Zum Beginn der Hemmung bei nachträglich erzieltem Einverständnis u ff. Es reicht auch nicht aus, daß der Unternehmer in einem von dem Besteller betriebenen Beweissicherungsverfahren an einer Ortsbesichtigung des Sachverständigen teilnimmt (BGH NJW 1967, 340).

Erst recht reicht es *nicht aus, daß der Besteller* den Unternehmer wegen der Mängelbeseitigung in Verzug setzt und *diese* dann *selbst nach § 634 Nr 2 betreibt* (BGB-RGRK/ GLANZMANN § 633 aF Rn 20 gegen KAISER NJW 1973, 176, 178). Es fehlt an der von der Bestimmung vorausgesetzten Bereitschaft des Unternehmers, auf die Mängelrüge des Bestellers einzugehen.

53 **ee)** Notwendig ist die grundsätzliche Bereitschaft des Unternehmers, den Gewährleistungsrechten des Bestellers Rechnung zu tragen. Insoweit kommt es auf sein tatsächliches Verhalten an; es *ändert* an der Hemmung der Verjährung *nichts*, wenn der Unternehmer erklärt, er handele ohne Rechtspflicht und *nur aus Kulanz* (BGH BauR 1977, 348 = WM 1977, 823; **aA** OLG Nürnberg MDR 1977, 49). Auf die Art der Prüfung kommt es nicht an (OLG Hamm NJW-RR 1996, 1301). Verjährungshemmend wirkt es insofern auch, wenn der Unternehmer deshalb nachbessert, weil seine Werklohnforderung nur Zug um Zug gegen Mängelbeseitigung tituliert ist und er aus dieser vollstrecken will (BGH NJW 1990, 1472 = LM Nr 31).

ff) Die Hemmung der Verjährung *beginnt* mit der Einigung der Parteien, daß der Unternehmer den Mangel prüfen und/oder beseitigen soll. Soll dies erst zu einem späteren Zeitpunkt geschehen, so ist die Verjährung *schon von dieser Vereinbarung* an gehemmt, nicht erst von dem vorgesehenen oder möglichen Arbeitsbeginn an (BGH NJW-RR 1999, 1181). Beginnt der Unternehmer einseitig mit der Prüfung oder Beseitigung des Mangels und folgt das Einverständnis des Bestellers späterhin nach, so tritt die Hemmung nur ex nunc, nicht ex tunc ein (BGH Betr 1983, 107; PALANDT/SPRAU § 639 aF Rn 4; USINGER NJW 1982, 1021; **aA** OLG Oldenburg MDR 1977, 1018; ERMAN/SEILER § 639 aF Rn 2; SOERGEL/TEICHMANN § 639 aF Rn 13).

Die Hemmung endet wegen § 203 S 2 drei Monate nach Abschluß der Nachbesserung, mag sie erfolgreich gewesen sein oder nicht, bzw nach ihrer Verweigerung, sofern nicht der Unternehmer Gesprächsbereitschaft zu § 634 Abs 1 Nrn 2, 3, 4 bekundet.

gg) Wenn der Unternehmer einen Mangel mehrfach prüft oder zu beseitigen versucht, kann – für die „Zwischenräume" bedeutsam – eine einheitliche Hemmung vorliegen. Es ist Sache des Unternehmers, eine zwischenzeitliche Beendigung der Hemmung darzutun (BGH WM 1994, 306, 307).

b) Anerkenntnis
54 Zu beachten ist, daß die Zusage des Unternehmers, einen Mangel zu prüfen oder zu beseitigen, auch ein Anerkenntnis der Gewährleistungsrechte des Bestellers iSd

§ 212 Abs 1 Nr 1 enthalten kann, so daß die Verjährung neu beginnt. Ob ein derartiges Anerkenntnis abgegeben wurde, ist eine Frage der *Auslegung* (vgl BGH NJW 1988, 254, OLG Hamm MDR 1990, 243). Es genügt dann für ein Anerkenntnis des gesamten Mangels (einschließlich seiner Ursachen), daß seine äußeren Erscheinungsformen als mangelhaft anerkannt werden (BGH NJW 1990, 1472).

Treffen dann Hemmung und Neubeginn der Verjährung zusammen, so beginnt die durch die Unterbrechung erneuerte Verjährungsfrist erst nach Beendigung der Hemmung zu laufen (BGH NJW 1990, 826).

3. Katalog des § 204

Aus dem Katalog der Hemmungsgründe des § 204 sind bedeutsam:

a) Selbständiges Beweisverfahren, Abs 1 Nr 7
Notwendig ist ein selbständiges Beweisverfahren nach Maßgabe der §§ 485 ff ZPO. Ein bloßer Beweisantritt iSd §§ 282 ff ZPO im Rahmen eines zwischen dem Besteller und dem Unternehmer anhängigen Prozesses genügt zur Hemmung der Verjährung selbst dann nicht, wenn ein entsprechender Beweis erhoben wird. § 204 Abs 1 Nr 7 kann auf diesen Fall auch nicht analog angewendet werden (BGH NJW 1973, 38; STAUDINGER/HONSELL [1995] § 477 aF Rn 53); es muß vielmehr bei *Anhängigkeit eines Prozesses* ein *Beweisantrag* nach § 486 ZPO angebracht werden.

aa) Die Hemmung beginnt mit der Zustellung des Antrags des Bestellers an den Unternehmer. Das Gesuch muß *wirksam*, aber es braucht *nicht unbedingt zulässig* zu sein. Nur eine Zurückweisung als unstatthaft darf nicht erfolgen (BGH NJW 1998, 1305). Es gelten *ähnliche Grundsätze wie für Mängel einer Klage*.

Inhaltlich notwendig ist es, daß der *Gegner bezeichnet* wird sowie die *Tatsachen (Mängel)*, über die Beweis erhoben werden soll, § 487 Nr 1, 2 ZPO, weil anders der Gegenstand der Verjährungsunterbrechung gar nicht bestimmt werden könnte; bedenklich OLG Hamburg MDR 1978, 845, das bei zu allgemeiner Bezeichnung der Mängel die Unterbrechungswirkung für sämtliche Mängel eintreten lassen will. Der Mangel braucht nur in seinen Erscheinungen dargetan zu sein (OLG Köln NJW-RR 1993, 533; OLG Düsseldorf NJW-RR 1997, 976). Dagegen ist es für verjährungshemmende Wirkung des Beweissicherungsantrags *unerheblich*, wenn einstweilen entgegen § 487 Nr 3 ZPO das *Beweismittel* nicht benannt wird, erst recht, wenn entgegen § 487 Nr 4 ZPO nicht dargetan oder glaubhaft gemacht wird, daß ein Verlust oder eine Beeinträchtigung des Beweismittels droht.

Formal ist es *nicht erforderlich*, daß das Gesuch an ein *zuständiges Gericht* gerichtet wird (RGZ 66, 365; RG JW 1907, 739). Das gilt selbst dann, wenn das angerufene Gericht evident unzuständig ist. Ebenfalls ist es nicht erforderlich, daß ein vom Gericht angeforderter *Kostenvorschuß* eingezahlt wird, doch greift bei der Nichteinzahlung § 204 Abs 2 S 2 ein.

bb) Die Hemmungswirkung des Beweisverfahrens *endet wegen § 204 Abs 2 S 1 sechs Monate nach dessen Beendigung*, also der Einvernehmung der Zeugen oder der Erstattung des Gutachtens, der Einnahme des Augenscheins. Wenn ein *schrift-*

liches Gutachten erstattet wird, endet die Hemmung nicht schon mit dessen Eingang bei Gericht (so aber RG Recht 1916, Nr 2083, BGB-RGRK/KUHN § 477 aF Rn 9), sondern erst mit der Mitteilung des Gutachtens an die Parteien (BGHZ 53, 43, 47; BGHZ 120, 329; SOERGEL/HUBER § 477 aF Rn 64), es sei denn, es würde die mündliche Vernehmung des Sachverständigen vom Gericht angeordnet oder von den Parteien beantragt. Dann ist auf das Ende der Protokollierung abzustellen (BGHZ 80, 212, SOERGEL/HUBER aaO). Werden über verschiedene Mängel mehrere Gutachten erstattet, so will BGHZ 120, 329 die Wirkung für den einzelnen Mangel mit jenem Gutachten enden lassen, in dem er zuletzt behandelt wurde. Dem ist nicht zuzustimmen. Diese Auffassung ist nicht nur wenig praktikabel; es könnte der einzelne Mangel im Verfahren doch auch noch wieder aufgegriffen werden. Außerdem betrifft auch die Klage als Hemmungstatbestand alle verfolgten Ansprüche, auch wenn einzelne vielleicht schon „abgehakt" sind.

Gerät das Verfahren in *Stillstand*, weil die Parteien sich entsprechend geeinigt haben oder es ohne triftigen Grund nicht betreiben, gilt § 204 Abs 2 S 2.

cc) Die Wirkung des Beweisverfahrens tritt *nur ein, wenn der Besteller es beantragt hat*; ein von dem Unternehmer beantragtes Beweisverfahren kommt ihm nicht zugute (OLG Düsseldorf BauR 1992, 678). Das sagt § 204 Abs 1 Nr 7 zwar nicht ausdrücklich, doch ist dies gemeinsames Strukturmerkmal aller Maßnahmen nach § 204 Abs 1, daß sie vom Gläubiger ausgehen müssen.

Die Hemmungswirkung tritt *nur für jenen Besteller* ein, der das Verfahren beantragt hat, für andere Besteller nur, wenn der Antragsteller in zulässiger Prozeßstandschaft für sie gehandelt hat. Überhaupt muß der Antragsteller Anspruchsinhaber sein; wird er es später, tritt die Wirkung ex nunc ein (BGH NJW 1993, 1916). Berechtigter ist freilich in bezug auf Mängel am Gemeinschaftseigentum der einzelne Wohnungseigentümer auch dann, wenn die Ansprüche wegen der Mängel späterhin gemeinschaftlich zu verfolgen sind (BGH NJW 1991, 2480).

Entsprechend tritt bei einer *Mehrheit von Unternehmern* die Hemmungswirkung nur gegenüber jenen ein, denen gegenüber die Sicherung des Beweises beantragt wird, so daß folgerichtig ein Verfahren *gegen Unbekannt* verjährungsrechtlich *überhaupt wirkungslos* bleiben muß (BGH NJW 1980, 1458). Die Beteiligung an einem Verfahren, das gegen einen anderen geführt wird, kann im Einzelfall nach den §§ 203, 212 Abs 1 Nr 1 von Bedeutung sein.

b) Streitverkündung, Abs 1 Nr 6

57 § 204 Abs 1 Nr 6 nennt die Zustellung der Streitverkündung, wie sie ggf nach § 270 Abs 3 ZPO aF/§ 167 ZPO nF auf die Einreichung der Streitverkündung bei Gericht zurückwirken kann. BGHZ 134, 190 läßt dabei auch die Streitverkündung im selbständigen Beweisverfahren zu. Sie kann zweckmäßig sein für den Besteller, wenn die Verantwortlichkeit für einen Mangel zweifelhaft ist (Bauunternehmer oder Architekt), vor allem aber für einen Unternehmer, der bei Lieferant oder Subunternehmer Regreß nehmen könnte.

c) Begutachtungsverfahren, Abs 1 Nr 8

58 § 204 Abs 1 Nr 8 nimmt in seiner ersten Alternative Bezug auf den Schiedsgutachter-

vertrag, wie er entsprechend zu § 317 zu behandeln ist. Hier kommt es auf die Beauftragung an; die einseitige durch den Besteller genügt, wenn das Verfahren vorab verabredet worden ist. Bei der gemeinsamen Beauftragung deckt sich der Hemmungsgrund mit dem des § 203. Freilich ist die Wirkungsweise etwas unterschiedlich, vgl § 203 S 2 gegenüber § 204 Abs 2 S 1.

Soweit § 204 Abs 1 Nr 8 in seiner zweiten Alternative § 641a anspricht, hat das Bedeutung nur für den Erfüllungs-, nicht auch für den Nacherfüllungsanspruch.

4. Gesamtwirkung von Hemmung und Neubeginn der Verjährung

§ 213 statuiert den Grundsatz der Wechselwirkung der §§ 202–212 für alternative **59** oder gestaffelte Rechte des Gläubigers. Das soll im Gewährleistungsrecht der unklaren Situation Rechnung tragen, die sich für den Besteller aus dem Auftreten von Mängeln ergibt. Er soll nicht zu einer vorschnellen Wahl unter seinen verschiedenen Möglichkeiten gezwungen werden (BGHZ 48, 114; ERMAN/SEILER § 639 aF Rn 3). Auch dürfen ihm keine Nachteile daraus erwachsen, daß die Verjährung einheitlich mit der Abnahme beginnt, er die Gewährleistungsrechte aber regelmäßig nur zeitlich gestaffelt geltend machen kann, vgl § 634.

§ 213 gilt für *sämtliche* Hemmungs- und Erneuerungstatbestände, namentlich auch für die Klage, obwohl diese bei den einzelnen Gewährleistungsrechten jeweils unterschiedliche Streitgegenstände hat.

Der von § 213 hergestellte „Verbund" erfaßt den Anspruch des Bestellers auf Nach- **60** erfüllung, seinen Anspruch auf Kostenerstattung nach eigener Nachbesserung bzw auf Kostenvorschuß dazu, seine Befugnisse zur Minderung oder zum Rücktritt. Bei den Ansprüchen *aus* Rücktritt oder Minderung gilt nichts anderes (o Rn 16). Bei dem Schadensersatzanspruch ist danach zu unterscheiden, ob er die Nacherfüllung ersetzt, also aus den §§ 634 Nr 4, 280, 281 herzuleiten ist, oder – wegen *Mangelfolgeschäden* – aus den §§ 280 Abs 1, 241 Abs 2. Letztere sind nicht einbezogen. Unerheblich ist es, in welcher Reihenfolge der Besteller sie verfolgt; er mag auch zunächst das „falsche", namentlich noch nicht begründete Recht in Anspruch genommen haben.

Wenn der Besteller – etwa im Wege der *Teilklage* oder Teilprozeßaufrechnung – seine Ansprüche nur teilweise verjährungshemmend verfolgt hat, nahm RGZ 85, 365 zu den §§ 639 Abs 1, 477 Abs 3 aF an, daß dies wirkungslos sei, daß nur die Prozeßaufrechnung mit dem gesamten Schadensersatzanspruch aus § 635 aF den Anspruch auf Nachbesserung erhalten könne (krit dazu BGB-RGRK/GLANZMANN § 639 aF Rn 8). Richtigerweise wird man in diesen Fällen entsprechend zu *quoteln* haben: Der Besteller, der zunächst nur 75% seines Schadensersatzanspruchs einklagt, kann auch nur 75% seiner weiteren Ansprüche weiter verfolgen. Zahlungsansprüche sind entsprechend zu kürzen, bei der Nachbesserung ist ihm ein entsprechender Eigenanteil an den Kosten aufzuerlegen. Diese Einschränkung gilt nicht, wenn Klage oder Aufrechnung umfassend gemeint waren, sich dann aber objektiv als betraglich unzureichend herausgestellt haben (vgl BGHZ 66, 138 für den Fall, daß sich der zunächst eingeklagte Kostenvorschuß für die Mängelbeseitigung nachträglich als zu gering dimensioniert erweist).

XIII. Eintritt der Verjährung

1. Allgemeines

61 Wenn die Verjährungsfrist abgelaufen ist, steht dem Unternehmer das Leistungsverweigerungsrecht aus § 214 Abs 1 zu; leistet er gleichwohl noch, ist dies nicht rechtsgrundlos, §§ 214 Abs 2 S 1, 813 Abs 1 S 2.

Die verjährten Ansprüche kann der Besteller nach Maßgabe des § 215 zur Aufrechnung oder Zurückbehaltung gegenüber Ansprüchen des Unternehmers verwenden.

2. Rücktritt, Minderung

Nach Fristablauf kann der Unternehmer Rücktritt oder Minderung des Bestellers zurückweisen, §§ 218 Abs 1 S 1, 634a Abs 4 S 1, Abs 5. Hat er den aus Rücktritt oder Minderung folgenden Ansprüchen genügt, gilt freilich § 214 Abs 2, vgl § 218 Abs 2.

3. Offene Werklohnforderung

62 Wenn im Zeitpunkt der Verjährung der Gewährleistungsansprüche ein Teil der Werklohnforderung noch offen ist, kann der Besteller ihr noch wegen des Mangels entgegentreten. Im Gegensatz zu den §§ 639 Abs 1, 478, 479 aF ist dies nicht mehr davon abhängig, daß er den Mangel in unverjährter Zeit angezeigt hat. Im einzelnen bedeutet dies:

a) Der Anspruch auf Nacherfüllung kann der Werklohnforderung nach den §§ 320, 215 entgegengesetzt werden.

b) Mit den Zahlungsansprüchen bei eigener Nachbesserung kann nach § 215 aufgerechnet werden.

c) Bei dem Schadensersatzanspruch aus § 634 Nr 4 ist zu unterscheiden:

Soweit es um den Mangelschaden geht, besteht dieselbe Aufrechnungsmöglichkeit wie eben.

Soweit der Besteller Ansprüche wegen Mangelfolgeschäden geltend macht, §§ 634 Nr 4, 280 Abs 1, 241 Abs 2, ist es für die Aufrechnung außerdem notwendig, daß der Anspruch in unverjährter Zeit entstanden ist, § 215: Wegen eines Schadens sechs Jahre nach der Abnahme könnte der Besteller nicht mehr aufrechnen.

63 d) Zurücktreten oder mindern kann der Besteller eigentlich nicht mehr, § 218 Abs 1. Er kann aber unter Berufung auf diese Rechte *den restlichen Werklohn verweigern*, § 634a Abs 4 S 2, Abs 5, was das Zurückweisungsrecht des Unternehmers nach § 218 Abs 1 S 1 einschränkt.

Das führt bei der *Minderung* zu angemessenen Ergebnissen. Wenn der Besteller vielleicht nicht ihren vollen Betrag realisieren kann, ist das nur die angemessene Folge der eingetretenen Verjährung.

Bei dem *Rücktritt* kann sich eine Schieflage ergeben, wenn einerseits der Zahlungsstand hinsichtlich des Werklohns mehr oder weniger zufällig ist, andererseits Wertersatz nach § 346 Abs 2 im Raum steht und es schließlich möglich ist, daß das Werk zwar zurückgegeben werden kann, aber eine Verschlechterung eingetreten ist, die wegen § 346 Abs 2 Nr 3 aE zu Lasten des Unternehmers ginge, wenn sie nämlich durch bestimmungsgemäßen Gebrauch verursacht ist. All dies muß der Unternehmer durchkalkulieren. Um ihn vor Schaden zu bewahren, räumt § 634a Abs 4 S 3 dem *Unternehmer* nun *seinerseits ein Rücktrittsrecht* ein. Das ist eine in doppelter Weise hybride Konstruktion: Einerseits kann der Unternehmer jetzt letztlich wegen seiner eigenen Pflichtverletzung zurücktreten. Andererseits hätte es seine Rechte vollauf gewahrt, den Rücktritt des Bestellers nun nicht nach § 218 zurückzuweisen.

§ 635
Nacherfüllung

(1) Verlangt der Besteller Nacherfüllung, so kann der Unternehmer nach seiner Wahl den Mangel beseitigen oder ein neues Werk herstellen.

(2) Der Unternehmer hat die zum Zwecke der Nacherfüllung erforderlichen Aufwendungen, insbesondere Transport-, Wege-, Arbeits- und Materialkosten zu tragen.

(3) Der Unternehmer kann die Nacherfüllung unbeschadet des § 275 Abs. 2 und 3 verweigern, wenn sie nur mit unverhältnismäßigen Kosten möglich ist.

(4) Stellt der Unternehmer ein neues Werk her, so kann er vom Besteller Rückgewähr des mangelhaften Werkes nach Maßgabe der §§ 346 bis 348 verlangen.

Materialien: Art 1 G zur Modernisierung des Schuldrechts v 26.11.2001 (BGBl I 3138); BT-Dr 14/6040, 264.

BGB aF: Abs 1 –; Abs 2: § 633 Abs 2 S 2 (s bei § 633); Abs 3: § 633 Abs 2 S 3 (s bei § 633); Abs 4 –.

Schrifttum: s bei § 634.

Systematische Übersicht

I.	**Nacherfüllung, Abs 1**	1
II.	**Aufwendungen zur Nacherfüllung**	
1.	Grundsatz	2
2.	Durchbrechungen der Kostenlast	4
III.	**Grenzen des Anspruchs auf Nacherfüllung**	
1.	Unmöglichkeit der Mängelbeseitigung	5

2.	Unverhältnismäßiger Aufwand für die Nacherfüllung	6
3.	Persönliche Unzumutbarkeit der Nacherfüllung	7
4.	Unverhältnismäßige Kosten der Nacherfüllung	8
a)	Allgemeines	8
b)	Maßstäbe	9
c)	Folgen der Leistungsverweigerung	11

IV. Rückgewähr, Rücknahme	2. Rücknahmepflicht des Unter-
1. Rückgewähranspruch des Unternehmers ___ 12	nehmers ___ 13

I. Nacherfüllung, Abs 1

1 Der Gehalt des § 635 Abs 1 ist bei § 634 Nr 1 wiedergegeben, vgl § 634 Rn 28.

II. Aufwendungen zur Nacherfüllung

1. Grundsatz

2 a) § 635 Abs 2 erlegt dem Unternehmer die Kosten der Nacherfüllung auf. Dazu gehören die Kosten vorbereitender Maßnahmen, zB der Einschaltung eines Gutachters zur Abklärung des Mangels und der Möglichkeiten seiner Beseitigung, der Freideckung des Mangels, der Mängelbeseitigung selbst, etwa notwendiger Nacharbeiten, zB Neuanstrich des nachgebesserten Mauerwerks. Die Bestimmung führt insoweit ausdrücklich die Kosten für Transport, Wege, Arbeit und Material an. Hier können uU erhöhte Kosten anfallen, wenn zB mit Rücksicht auf den laufenden Betrieb des Bestellers abends, nachts und am Wochenende zu arbeiten ist.

Nicht erwähnt werden die in den Bestimmungen der §§ 633 Abs 2 S 2, 476a S 2 aF behandelten Mehrkosten, die durch eine Verbringung der Werkleistung entstehen, welche nicht ihrem vertragsgemäßen Gebrauch entspricht; so kann die Veräußerung oder Verbringung einer reparierten Sache erhebliche Transport- und Wegekosten verursachen. Nach der Konzeption des Gesetzes fallen auch sie dem Unternehmer zur Last, können aber dessen Leistungsverweigerungsrecht nach § 635 Abs 3 begründen (vgl PALANDT/PUTZO § 439 Rn 12).

3 b) Nicht zu den Kosten der Nachbesserung gehört der Nutzungsausfall durch die Nachbesserung; er ist als Schadensersatz nach § 634 Nr 4 zu liquidieren (vgl BGHZ 72, 31).

c) Die Kosten können bei dem Unternehmer anfallen, aber auch bei dem Besteller, zB die Kosten für einen Architekten für die Überwachung der Mängelbeseitigung. Dem Besteller erwächst ein Erstattungsanspruch für die Aufwendungen, die er für erforderlich halten durfte, § 670 analog. In der Verjährungsfrage ist er nach § 634a zu behandeln. § 256 ist anwendbar.

d) Die Kostenregelung ist individualvertraglich vorbehaltlich des § 639 abdingbar. In AGB des Unternehmers verstößt eine Abänderung gegen § 309 Nr 8 b bb, was grundsätzlich auch gegenüber Unternehmern gilt (vgl BGH NJW 1981, 1510), §§ 307, 310 Abs 1.

2. Durchbrechungen der Kostenlast

4 a) Zu einer Beteiligung des Bestellers an den Kosten der Nachbesserung kommt es, wenn er den zu beseitigenden Mangel zB durch eine fehlerhafte Planung mitverursacht hat (vgl dazu § 633 Rn 181).

b) Außerdem fallen dem Besteller die sog Sowieso-Kosten zur Last (dazu § 634 Rn 20). Sie ergeben sich dann, wenn eine bestimmte Art der Ausführung vereinbart war, diese sich aber als unzulänglich erweist. Sowieso-Kosten sind jene Mehrkosten, die angefallen wären, wenn sogleich ordentlich geleistet worden wäre.

III. Grenzen des Anspruchs auf Nacherfüllung

1. Unmöglichkeit der Mängelbeseitigung

Der Nachbesserungsanspruch des Bestellers ist ausgeschlossen, wenn eine *Nachbesserung unmöglich* ist, § 275 Abs 1, was aus Schwierigkeiten der Nachbesserung noch nicht folgen kann (OLG Düsseldorf NJW-RR 1999, 894). Eine vollständige Unmöglichkeit der Nachbesserung ist insbesondere denkbar bei *unkörperlichen Werken* wie Beförderungen und Veranstaltungen (vgl ERMAN/SEILER § 633 aF Rn 30), ferner bei Architektenplanungen; bei *körperlichen Werken* ist Unmöglichkeit insbesondere dann denkbar, wenn die notwendigen Maßnahmen von der Gestattung durch einen Dritten abhängen, die dieser berechtigterweise verweigert (vgl zum Fall der Zwangsversteigerung OLG Bremen NJW-RR 1990, 218). Das kann namentlich im Verhältnis des Subunternehmers zum Hauptunternehmer eine Rolle spielen, wenn dessen Abnehmer eine Nachbesserung nicht hinzunehmen bereit ist.

Dabei ist aber zu beachten, daß eine Nachbesserung nicht nur aus der Herstellung des geschuldeten Zustands bestehen kann, sondern auch aus der *Schaffung eines anderen, der diesem gleich- oder näherkommt* (vgl OLG Düsseldorf BauR 1993, 82). Insofern wird *regelmäßig nur eine teilweise Unmöglichkeit* in Betracht kommen, bei der dann der *verbleibende Restmangel* durch Minderung oder ggf Schadensersatz zu erfassen ist.

Theoretisch denkbar ist auch ein *Unvermögen* des Unternehmers, auf das dann § 275 Abs 1 anzuwenden ist. Freilich liegt ein Unvermögen des Unternehmers nicht schon dann vor, wenn ihn die Nachbesserung wirtschaftlich überfordert, und auch dann nicht, wenn er seinen Betrieb zwischenzeitlich aufgegeben hat (vgl OLG Köln MDR 1971, 579 = BauR 1971, 129 m Anm JAGENBURG; ERMAN/SEILER § 633 aF Rn 30).

Unmöglichkeit der Mängelbeseitigung tritt für den Unternehmer schließlich dann ein, wenn der Besteller sie unbefugt – zB ohne vorherige Fristsetzung – selbst durchführt (vgl dazu § 634 Rn 42).

2. Unverhältnismäßiger Aufwand für die Nacherfüllung

§ 635 Abs 3 läßt ausdrücklich § 275 Abs 2 unbeschadet, wie er dem Unternehmer bei unverhältnismäßigem „Aufwand" der Nacherfüllung ein Leistungsverweigerungsrecht gibt. Die Abgrenzung dieses Aufwandes gegenüber den unverhältnismäßigen Kosten, von denen § 635 Abs 3 dann selbst redet, kann sinnvoll nur in der Weise erfolgen, daß die Kosten auf den Mangel zu beziehen sind, der Aufwand aber auf den Unternehmer. Unverhältnismäßige Kosten fallen dann an, wenn es sich nicht lohnt, diesen geringen Mangel so teuer zu beseitigen (näher u Rn 8), unverhältnismäßiger

Aufwand beim Unternehmer dann, wenn sich diese Kosten zwar lohnen, der Unternehmer aber zuviel aufwenden müßte.

Das kann dann der Fall sein, wenn der Unternehmer verstorben ist, seinen Betrieb eingestellt oder veräußert hat oder wenn er eine auswärtige Werkleistung unternommen hat, so daß die Nacherfüllung für ihn mit hohen Wegeaufwendungen verbunden wäre. Im letzteren Fall bleibt es freilich zu seinen Lasten zu berücksichtigen, daß er sich auf eine auswärtige Leistung eingelassen hat. Außerdem ist es dann von Bedeutung, ob es auf seine besondere Vertrautheit mit dem Werk oder auf sein Know-how ankommt. Letztlich muß der Mangel so beschaffen sein, daß es dem Besteller ohne weiteres zuzumuten ist, im Rahmen seiner Rechte aus den §§ 634 Nr 2, 637 einen anderen Unternehmer zu beauftragen, vgl sein in § 275 Abs 2 S 2 aE angesprochenes Leistungsinteresse. Daß das Leistungshindernis zu vertreten ist, § 275 Abs 2 S 3, wird dabei selten eine Rolle spielen.

Folgebestimmung zu § 275 Abs 2 ist gegenüber § 275 Abs 4 dann namentlich § 634 Nr 2 iVm § 637.

3. Persönliche Unzumutbarkeit der Nacherfüllung

7 Unberührt bleibt nach § 635 Abs 3 weiter § 275 Abs 3, wie er für persönlich zu erbringende Leistungen gilt. Die Bestimmung wird nur selten Anwendung finden können. Denkbar sind künstlerische Leistungen, die im ersten Anlauf mißlungen und deshalb nachzuholen sind. Es kann die Nachholung zB wegen Erkrankung des Kindes der Sängerin unzumutbar werden. Hier wird dann die Folge der Verlust des Vergütungsanspruchs für die erste (!) mangelhafte Leistung nach § 634 Nr 3 sein, wie er ganz (Rücktritt) oder teilweise (Minderung) eintreten kann.

4. Unverhältnismäßige Kosten der Nacherfüllung

8 Als seinen eigentlichen Regelungsgehalt beschränkt § 635 Abs 3 den Nacherfüllungsanspruch des Bestellers für den Fall, daß die Nacherfüllung unverhältnismäßige Kosten verursachen würde. Das knüpft – inhaltlich gleich – an § 633 Abs 2 S 3 aF an, auch wenn der Zentralbegriff des Aufwandes (§ 633 Abs 2 S 3 aF) durch den der Kosten ersetzt worden ist. Die übliche restriktive Deutung der Vorgängernorm wird betont durch das „nur" des § 635 Abs 3. – Zur Abgrenzung zu § 275 Abs 2 vgl o Rn 6.

Die Bestimmung entspricht dem ähnlich formulierten § 251 Abs 2 S 1, so daß auch auf dessen Kommentierung Bezug genommen werden kann.

a) Allgemeines
Die Bestimmung ist *nur anwendbar, wenn überhaupt ein mangelhaftes Werk geschaffen worden ist*; die Einrede der Unzumutbarkeit ist dem Unternehmer also gegenüber dem erstmaligen Erfüllungsbegehren des Bestellers versagt, kann aber im übrigen auch schon vor der Abnahme des Werkes erhoben werden (vgl ERMAN/SEILER § 633 aF Rn 31).

Die Unverhältnismäßigkeit des Aufwandes ist im Prozeß nicht von Amts wegen zu berücksichtigen, sondern nur dann, *wenn sich der Unternehmer darauf beruft*. Ein

Hinweis auf die mögliche Einrede *ist dem Gericht nicht versagt*; er kann vielmehr zweckmäßig sein, wenn über die Existenz der Mängel Beweis zu erheben ist, damit der Sachverständige sogleich sachgemäß zu Beseitigungskosten und etwaigen Minderungsbeträgen befragt werden kann.

Darlegungs- und beweispflichtig für die Unverhältnismäßigkeit des Aufwandes ist der Unternehmer (vgl Kaiser, Mängelhaftungsrecht Rn 88; Ingenstau/Korbion § 13 Rn 630).

Die Bestimmung gehört zu den *wesentlichen Grundgedanken der gesetzlichen Regelung* iSd § 307 Abs 2 Nr 1 (vgl Ingenstau/Korbion/Wirth § 13 Rn 631).

b) Maßstäbe

In der Sache ist es notwendig, daß der zu erzielende Erfolg oder Teilerfolg bei Abwägung aller Umstände des Einzelfalls *in keinem vernünftigen Verhältnis* zur Höhe des dafür mit Sicherheit zu erwartenden Geldaufwands steht (vgl RGZ 66, 167; BGHZ 59, 365 = NJW 1973, 138 [zu § 251 Abs 2]; BGH NJW 1996, 3269; NJW-RR 1997, 1106; NZBau 2002, 338, 340; Quack, in: FS Vygen [1999] 368; BGB-RGRK/Glanzmann § 633 aF Rn 25; Ingenstau/Korbion/Wirth § 13 Rn 622). Es ist der *Gedanke der Unzumutbarkeit*, der hier durchschlägt. Bei der erforderlichen Abwägung ist zunächst zu bedenken, daß dem Besteller ein taugliches Werk vertraglich zugesagt ist und deshalb ein strenger Maßstab gelten muß (vgl Quack aaO). Es sind namentlich zu berücksichtigen: **9**

aa) Die *Beeinträchtigung der Gebrauchstauglichkeit* des Werkes, gar eine besondere Gefährlichkeit des Mangels.

bb) Mit geringerer Intensität, aber doch auch, die *Unzumutbarkeit des Mangels* für den Besteller aus sonstigen Gründen. Insoweit können durchaus auch seine *immateriellen Interessen* von Bedeutung sein (vgl zum parallelen Streitstand bei § 251 Abs 2 Staudinger/Schiemann [1998] § 251 Rn 19). Der Besteller, der sich ein Werk gewünscht hat, das seinen Intentionen entspricht, hat Anspruch auf Respektierung seiner Wünsche. Insofern kann zB eine abweichende Farbgebung relevant werden, auch wenn sie *objektiv den Wert des Werkes nicht beeinträchtigt*, so daß sie also weder zum Rücktritt noch zur Minderung führen könnte. In diesem Rahmen sind mithin auch bloße sog Schönheitsfehler beachtlich. Abzulehnen OLG Celle BauR 1998, 401: Wenn die Masern und bräunlichen Flecken im Marmor eine Minderung um DM 6 000 rechtfertigen, sind die DM 25 000 der Neuherstellung zumutbar; schließlich soll Marmor ein Prunkstück sein. Abzulehnen auch OLG Düsseldorf BauR 1998, 126: Wenn das Abschleifen des Parketts geboten ist und einen merkantilen Minderwert von 30% verursacht, ist die Neuverlegung zumutbar.

cc) Die *Kosten der Mängelbeseitigung* oder etwaiger Maßnahmen zur Mängelreduzierung. Sie dürfen aber den „*Wert*" des Mangels *auch erheblich überschreiten*, dürfen also nur nicht mehr „in keinem vernünftigen Verhältnis" zu ihm stehen (vgl BGH NJW 1996, 2271). *Starre Wertgrenzen* sind hier *fehl am Platz*. Die Rechtsprechung zu § 251 Abs 2, daß die Herstellungskosten den Wiederbeschaffungswert eines Wagens, vermindert um einen etwaigen Restwert, um 30% nicht überschreiten dürfen (vgl die Nachweise bei Staudinger/Schiemann [1998] § 251 Rn 22), ist jedenfalls nicht übertragbar, da hier der Unternehmer vertraglich einen vollen Erfolg zugesagt hat und man von ihm füglich auch entsprechende Anstrengungen erwarten darf. **10**

dd) Die *Gewißheit oder Ungewißheit des Erfolges* von Maßnahmen zur Mängelbeseitigung.

ee) Zweifelhaft ist, inwieweit ein *Verschulden* des Unternehmers an dem Mangel relevant ist. Jedenfalls in gewissem Rahmen wird man es abwägend mitzuberücksichtigen haben. Doch kann die Berufung auf § 635 Abs 3 dem Unternehmer auch bei Vorsatz *nicht grundsätzlich verschlossen sein* (**aA** OLG Hamburg MDR 1974, 489; ERMAN/ SEILER § 633 aF Rn 31; OLG Düsseldorf NJW-RR 1987, 1167, sogar für den Fall grober Fahrlässigkeit).

c)   Folgen der Leistungsverweigerung

11 Das Leistungsverweigerungsrecht des Unternehmers betrifft den Nacherfüllungsanspruch und insoweit immer nur einzelne konkrete Maßnahmen, nicht auch den Schadensersatzanspruch (BGH NZBau 2002, 571, 573). Sind sie unzumutbar, so können andere mindere zumutbar bleiben, die den Mangel jedenfalls reduzieren. Wenn sich der Unternehmer auf die Unverhältnismäßigkeit der Kosten beruft, kann der Besteller seinen Nachbesserungsanspruch nicht mehr durchsetzen. Es *darf der Besteller den Mangel auch nicht* nach den §§ 634 Nr 2, 637 *selbst beseitigen* und die entsprechenden Kosten liquidieren, § 637 Abs 1 aE. Er behält das Recht zur *Minderung* (vgl dazu OLG Düsseldorf NJW-RR 1994, 342), ggf den *Anspruch auf Schadensersatz* nach § 634 Nr 4 (vgl BGHZ 59, 365). Inhaltlich kann dieser Anspruch am merkantilen Minderwert der Sache ausgerichtet werden, vgl BGH (aaO). Wenn das Gericht allerdings annimmt, daß der Schadensersatzanspruch nicht grundsätzlich nach § 251 Abs 2 – in entsprechender Anwendung – beschränkt sei, ist dem nicht zu folgen. *Es ist nicht einzusehen, warum der Besteller auf diesem Wege unverhältnismäßigen Aufwand auf Kosten des Unternehmers* sollte betreiben können. Nur die Frage, welche Kosten unverhältnismäßig sind, muß – wie auch bei § 635 Abs 3 – aus einer bestellerfreundlichen Sicht beurteilt werden.

IV.   Rückgewähr, Rücknahme

1.   Rückgewähranspruch des Unternehmers

12 **a)**   Der durch das G zur Modernisierung des Schuldrechts neu geschaffene § 635 Abs 4, der § 439 Abs 4 beim Kauf entspricht, hat nur geringe praktische Bedeutung, weil beim Werkvertrag idR Sachen des Bestellers zu bearbeiten sind, so daß das Werk meistens nicht rückgabefähig ist. Eine Rückgabe kommt problemlos wohl nur in Betracht, wo geistige Werke mit körperlichem Substrat geschaffen worden sind, zB Individualsoftware.

b)   Ihrem Wortlaut nach ist die Bestimmung nur anwendbar, wenn es zur Neuherstellung eines Werkes gekommen ist. Das ist aber zu eng gefaßt: Die Bestimmung muß auch dann gelten, wenn im Zuge der Nachbesserung dem Werk werthaltige Gegenstände entnommen worden sind. Muß zB der Heizkessel durch einen leistungsfähigeren ersetzt werden, ist der zunächst eingebaute herauszugeben.

c)   Die Rechtsfolge der Rückgewähr bedeutet

aa) nur ausnahmsweise die Rückgabe durch den Besteller (von Plänen, Disketten etc). IdR hat der Besteller die *Rücknahme durch den Unternehmer zu dulden.* Eine eigene Tätigkeitspflicht kann ihm im Rahmen des Werkvertrages grundsätzlich nicht aufgegeben werden.

bb) Wegen der sonstigen Details des Anspruchs des Unternehmers aus § 635 Abs 4 gilt nichts anderes als im Falle des Rücktritts (dazu § 634 Rn 90 ff).

2. Rücknahmepflicht des Unternehmers

Praktisch bedeutsamer und Teil seiner Nacherfüllung ist es, daß der Unternehmer die mangelhafte Leistung oder ihre mangelhaften Teile zurückzunehmen oder zu beseitigen hat (vgl § 634 Rn 91). **13**

§ 636
Besondere Bestimmungen für Rücktritt und Schadensersatz

Außer in den Fällen der §§ 281 Abs. 2 und 323 Abs. 2 bedarf es der Fristsetzung auch dann nicht, wenn der Unternehmer die Nacherfüllung gemäß § 635 Abs. 3 verweigert oder wenn die Nacherfüllung fehlgeschlagen oder dem Besteller unzumutbar ist.

Materialien: Art 1 G zur Modernisierung des Schuldrechts v 26.11.2001 (BGBl I 3138); BT-Dr 14/6040, 265; BT-Dr 14/7052, 66, 205.

BGB aF: § 634 Abs 3 (s bei § 634).

Schrifttum: s bei § 634.

Die Fristsetzung zur Nacherfüllung vor Rücktritt oder dem Begehren von Schadensersatz ist erl in § 634 Rn 42 ff. Zu den in § 636 angesprochenen Fällen ihrer Entbehrlichkeit s § 634 Rn 51 ff.

Zum Rücktritt des Bestellers s § 634 Rn 85 ff.

Zum Anspruch des Bestellers auf Schadensersatz s § 634 Rn 105 ff.

§ 637
Selbstvornahme

(1) Der Besteller kann wegen eines Mangels des Werkes nach erfolglosem Ablauf einer von ihm zur Nacherfüllung bestimmten angemessenen Frist den Mangel selbst beseitigen und Ersatz der erforderlichen Aufwendungen verlangen, wenn nicht der Unternehmer die Nacherfüllung zu Recht verweigert.

(2) § 323 Abs. 2 findet entsprechende Anwendung. Der Bestimmung einer Frist bedarf es auch dann nicht, wenn die Nacherfüllung fehlgeschlagen oder dem Besteller unzumutbar ist.

(3) Der Besteller kann von dem Unternehmer für die zur Beseitigung des Mangels erforderlichen Aufwendungen Vorschuss verlangen.

Materialien: Art 1 G zur Modernisierung des Schuldrechts v 26. 11. 2001 (BGBl I 3138); BT-Dr 14/6040, 266; BT-Dr 14/7052, 66, 205.

BGB aF: § 633 Abs 3 (s bei § 633).

Schrifttum: s bei § 634.

Die eigene Beseitigung des Mangels durch den Besteller ist erl in § 634 Rn 67 ff zu § 634 Nr 2.

Zu der Fristsetzung zur Nacherfüllung, die ihr vorauszugehen hat, § 634 Rn 42 ff, zu den Fällen ihrer Entbehrlichkeit, wie sie Abs 2 anspricht, vgl § 634 Rn 51 ff.

Abs 1 aE schließt die Befugnis des Bestellers zur Selbstvornahme aus, wenn der Unternehmer die Nacherfüllung zu Recht verweigert. Das nimmt Bezug auf § 635 Abs 3; dazu dort Rn 5 ff.

Zum Anspruch des Bestellers auf Vorschuß für seine Aufwendungen vgl § 634 Rn 75 ff.

§ 638
Minderung

(1) Statt zurückzutreten, kann der Besteller die Vergütung durch Erklärung gegenüber dem Unternehmer mindern. Der Ausschlussgrund des § 323 Abs. 5 Satz 2 findet keine Anwendung.

(2) Sind auf der Seite des Bestellers oder auf der Seite des Unternehmers mehrere beteiligt, so kann die Minderung nur von allen oder gegen alle erklärt werden.

(3) Bei der Minderung ist die Vergütung in dem Verhältnis herabzusetzen, in welchem zur Zeit des Vertragsschlusses der Wert des Werkes in mangelfreiem Zustand zu dem wirklichen Wert gestanden haben würde. Die Minderung ist, soweit erforderlich, durch Schätzung zu ermitteln.

(4) Hat der Besteller mehr als die geminderte Vergütung gezahlt, so ist der Mehrbetrag vom Unternehmer zu erstatten. § 346 Abs. 1 und § 347 Abs. 1 finden entsprechende Anwendung.

Titel 9 · Werkvertrag und ähnliche Verträge
Untertitel 1 · Werkvertrag

Materialien: Art 1 G zur Modernisierung des Schuldrechts v 26.11. 2001 (BGBl I 3138); BT-Dr 14/6040, 266; BT-Dr 14/7052, 67, 205.

BGB aF: § 634 (s dort).

Schrifttum: s bei § 634.

Die Minderung des Bestellers ist erläutert in § 634 Rn 96 ff.

In ihrer technischen Ausgestaltung – einseitige Erklärung des Bestellers – entspricht sie dem Rücktritt, s dazu § 634 Rn 98.

Zur Berechnung der Minderung § 634 Rn 100 ff.

Zum Rückforderungsanspruch des Bestellers, der mehr gezahlt hat, als er im Ergebnis schuldet, § 638 Abs 4, vgl § 634 Rn 99.

Anhang I zu § 638

Besonderheiten der Gewährleistung nach der VOB/B

Schrifttum

HEINRICH, Abschied von der 2jährigen Gewährleistung von VOB und AGB-Gesetz unter besonderer Berücksichtigung von § 13 Nr 4 Abs 1 VOB/B sowie der europäischen Richtlinie Nr 93/13 EWG über mißbräuchliche Klauseln in Verbraucherverträgen (1998)
KAISER, Rechtsfragen des § 13 Nr 4 VOB/B, BauR 1987, 617
ders, Die Bedeutung der schriftlichen Mängelrüge nach VOB/B, NJW 1975, 2184
ders, Die Minderung nach § 13 Nr 6 VOB/B – Grundsätzliche Rechtsfragen, ZfBR 1991, 87
ders, Das Mängelhaftungsrecht in Baupraxis und Bauprozeß (7. Aufl 1992)
ders, Gilt § 13 Nr 4 Abs. 1 VOB/B auch für Verbraucherbauverträge?, BauR 1998, 203

KNIFFKA, Die deliktische Haftung für durch Baumängel verursachte Schäden, ZfBR 1990, 1
QUACK, Gilt die kurze VOB/B-Verjährung noch für Verbraucherverträge?, BauR 1997, 24
SCHMIDT, § 13 VOB/B im Bauträgervertrag, BauR 1981, 119
SCHMIDT, Sinn der Regelfrist in § 13 Nr 4 VOB/B, ZfBR 1986, 207
THESEN, Zur Abänderbarkeit des § 13 Nr 4 VOB/B, ZfBR 1986, 153
VOIT, Zum Ausschluß von Allmählichkeitsschäden in der allgemeinen Haftpflichtversicherung, (§ 4 I Nr 5 AHB), VersR 1991, 627
WERNER/PASTOR, Der Bauprozeß (9. Aufl 1998).
Vgl auch die Nachweise zur VOB/B Rn 69 vor § 631.

Systematische Übersicht

I. § 13 VOB/B 1

II. Allgemeines
1. Vergleich mit der Regelung des BGB ... 2
2. Würdigung 3
   a) Generell 3
   b) Verkürzung der Gewährleistungsfrist ... 4
   c) Öffentliche Auftraggeber 5
   d) Verbraucherverträge 7

III. Anforderungen an die Bauleistung nach § 13 Nr 1–3 VOB/B
1. Verhältnis zum BGB 8
2. Leistungen nach Probe 9
3. Mitverantwortung des Bestellers ... 10

IV. Gewährleistungsfristen, § 13 Nr 4, 5 Abs 1 VOB/B 11
1. Betroffene Ansprüche 12
2. Fristen des § 13 Nr 4 VOB/B 14
   a) Einjährige Frist 14
   b) Zweijährige Frist 15
   c) Vierjährige Frist 16
   d) Abweichende Vereinbarungen ... 17
   e) Arglist 18
3. Ablauf der Verjährung 19
4. Gewährleistungsfristen bei Leistungen zur Mängelbeseitigung, § 13 Nr 5 Abs 1 S 3 VOB/B 22
5. Wirkungen der Verjährung 24

V. Nachbesserungsanspruch des Bestellers
1. Grundlagen 25
2. Voraussetzungen 26
3. Verlangen des Bestellers 27
4. Inhalt 29

VI. Eigene Mängelbeseitigung durch den Besteller, § 13 Nr 5 Abs 2 VOB/B
1. Allgemeines 30
2. Voraussetzungen 31
3. Nichteinhaltung des Verfahrens ... 34
4. Rechtsfolgen 34

VII. Minderung der Vergütung, § 13 Nr 6 VOB/B
1. Voraussetzungen 35
2. Rechtsfolgen 35

VIII. Wandlung, Rücktritt 36

IX. Schadensersatzansprüche des Bestellers, § 13 Nr 7 VOB/B
1. Allgemeines 37
2. AGB-Kontrolle 38
3. Schädigung des Bestellers an Leben, Körper oder Gesundheit, § 13 Nr 7 Abs 1 VOB/B 41
4. Vorsatz oder grobe Fahrlässigkeit, § 13 Nr 7 Abs 2 VOB/B 41
5. Der eingeschränkte Schadensersatzanspruch nach § 13 Nr 7 Abs 3 S 1 VOB/B 42
   a) Voraussetzungen 42
   b) Inhalt 45
   c) Verjährung 46
6. Der Schadensersatzanspruch nach § 13 Nr 7 Abs 3 S 2 VOB/B 47
   a) Verstoß gegen die anerkannten Regeln der Technik 47
   b) Fehlen einer vereinbarten Beschaffenheit 47
   c) Versicherung oder Versicherbarkeit des Schadens 48
7. Verjährung 53
8. Modifikationen des Haftungsumfangs 54

Alphabetische Übersicht

AGB-Kontrolle 38
Arglist 18

Bauwerk 16

Beschaffenheitsvereinbarung ... 8, 47

Elektrotechnische Anlage 15
Erfüllungsrisiko 49

Januar 2003

Titel 9 · Werkvertrag und ähnliche Verträge
Untertitel 1 · Werkvertrag

Anh I zu § 638

Erneuerung der Verjährung	20	Öffentlicher Auftraggeber	5
Feuerungsanlage	14, 15	Probe, Leistungen nach	9
Gebrauchsfähigkeit	8, 43 f	Regeln der Technik	8, 47
Gewährleistungsfristen	4 ff, 11 ff	Rücktritt	3, 36
Grundstücksarbeiten	15	Schaden	
Haftpflichtversicherung	48	– am Werk	45
		– an der baulichen Anlage	46
Insgesamt vereinbarte VOB/B	4	Schadensersatz	37 ff
Körperverletzung	41	Tätigkeitsklausel	52
Mängelbeseitigung		Verbraucher	7
– Begehren der	20	Vergabeverordnung	5
– durch den Besteller	34 ff	Verjährungsfrist	4 ff, 11 ff, 53
– Leistungen zur	22	– bei Nachbesserungsarbeiten	22 f
Mangel, wesentlicher	42	– Überleitung von der VOB/B 2000 zur	
Minderung	34	VOB 2002	4 ff
Mitverantwortlichkeit des Bestellers	10	– vereinbarte	17
		Verschulden, grobes	41
Nachbesserung	29	Versicherungsschutz	48
Nachbesserungsanspruch	25		

I. § 13 VOB/B

Die Einstandspflicht des Unternehmers für *Mängel*, die sich schon *während der Ausführung des Werkes* zeigen, ist in § 4 Nr 7 VOB/B geregelt (vgl dazu § 633 Rn 88 ff). Im übrigen ist die **Zentralnorm für die Gewährleistung des Unternehmers § 13 VOB/B**. Die Bestimmung lautet: **1**

§ 13 Mängelansprüche

1. Der Auftragnehmer hat dem Auftraggeber seine Leistung zum Zeitpunkt der Abnahme frei von Sachmängeln zu verschaffen. Die Leistung ist zur Zeit der Abnahme frei von Sachmängeln, wenn sie die vereinbarte Beschaffenheit hat und den anerkannten Regeln der Technik entspricht. Ist die Beschaffenheit nicht vereinbart, so ist die Leistung zur Zeit der Abnahme frei von Sachmängeln,
a. wenn sie sich für die nach dem Vertrag vorausgesetzte, sonst
b. für die gewöhnliche Verwendung eignet und eine Beschaffenheit aufweist, die bei Werken der gleichen Art üblich ist und die der Auftraggeber nach der Art der Leistung erwarten kann.

2. Bei Leistungen nach Probe gelten die Eigenschaften der Probe als vereinbarte Beschaffenheit, soweit nicht Abweichungen nach der Verkehrssitte als bedeutungslos anzusehen sind. Dies gilt auch für Proben, die erst nach Vertragsschluß als solche anerkannt sind.

Frank Peters

3. Ist ein Mangel zurückzuführen auf die Leistungsbeschreibung oder auf Anordnungen des Auftraggebers, auf die von diesem gelieferten oder vorgeschriebenen Stoffe oder Bauteile oder die Beschaffenheit der Vorleistung eines anderen Unternehmers, haftet der Auftragnehmer, es sei denn er hat die ihm nach § 4 Nr. 3 obliegende Mitteilung gemacht.

4. (1) Ist für die Mängelansprüche keine Verjährungsfrist im Vertrag vereinbart, so beträgt sie für Bauwerke 4* Jahre, für Arbeiten an einem Grundstück und für die vom Feuer berührten Teile von Feuerungsanlagen 2 Jahre. Abweichend von Satz 1 beträgt die Verjährungsfrist für feuerberührte und abgasdämmende Teile von industriellen Feuerungsanlagen 1 Jahr.

(2) Bei maschinellen und elektrotechnischen/elektronischen Anlagen oder Teilen davon, bei denen die Wartung Einfluß auf die Sicherheit oder Funktionsfähigkeit hat, beträgt die Verjährungsfrist für die Gewährleistungsansprüche abweichend von Abs. 1 2 Jahre, wenn der Auftraggeber sich dafür entschieden hat, dem Auftragnehmer die Wartung für die Dauer der Verjährungsfrist nicht zu übertragen.

(3) Die Frist beginnt mit der Abnahme der gesamten Leistung; nur für in sich abgeschlossene Teile der Leistung beginnt sie mit der Teilabnahme (§ 12 Nr. 2).

5. (1) Der Auftragnehmer ist verpflichtet, alle während der Verjährungsfrist hervortretenden Mängel, die auf vertragswidrige Leistung zurückzuführen sind, auf seine Kosten zu beseitigen, wenn es der Auftraggeber vor Ablauf der Frist schriftlich verlangt. Der Anspruch auf Beseitigung der gerügten Mängel verjährt in 2 Jahren, gerechnet vom Zugang des schriftlichen Verlangens an, jedoch nicht vor Ablauf der Regelfristen nach Nr. 4 oder der an ihrer Stelle vereinbarten Frist. Nach Abnahme der Mängelbeseitigungsleistung beginnt für diese Leistung eine Verjährungsfrist von 2 Jahren neu, die jedoch nicht vor Ablauf der Regelfristen nach Nummer 4 oder der an ihrer Stelle vereinbarten Frist endet.

(2) Kommt der Auftragnehmer der Aufforderung zur Mängelbeseitigung in einer vom Auftraggeber gesetzten angemessenen Frist nicht nach, so kann der Auftraggeber die Mängel auf Kosten des Auftragnehmers beseitigen lassen.

6. Ist die Beseitigung des Mangels für den Auftraggeber unzumutbar oder ist sie unmöglich oder würde sie einen unverhältnismäßig hohen Aufwand erfordern und wird sie deshalb vom Auftragnehmer verweigert, so kann der Auftraggeber durch Erklärung gegenüber dem Auftragnehmer die Vergütung mindern (§ 638 BGB).

7. (1) Der Auftragnehmer haftet bei schuldhaft verursachten Mängeln für Schäden aus der Verletzung des Lebens, des Körpers oder der Gesundheit.

(2) Bei vorsätzlich oder grob fahrlässig verursachten Mängeln haftet er für alle Schäden.

(3) Im übrigen ist dem Auftraggeber der Schaden an der baulichen Anlage zu ersetzen, zu deren Herstellung, Instandhaltung oder Änderung die Leistung dient, wenn ein wesentlicher Mangel vorliegt, der die Gebrauchsfähigkeit erheblich beeinträchtigt und auf ein Verschulden

---

* Fassung der VOB/B 2002 (BAnz Nr 202a v 29. 10. 2002; bis dahin: 2 Jahre).

des Auftragnehmers zurückzuführen ist. Einen darüber hinausgehenden Schaden hat der Auftragnehmer nur dann zu ersetzen,

a) wenn der Mangel auf einem Verstoß gegen die anerkannten Regeln der Technik beruht,

b) wenn der Mangel in dem Fehlen einer vertraglich vereinbarten Beschaffenheit besteht oder

c) soweit der Auftragnehmer den Schaden durch Versicherung seiner gesetzlichen Haftpflicht gedeckt hat oder durch eine solche zu tarifmäßigen, nicht auf außergewöhnliche Verhältnisse abgestellten Prämien und Prämienzuschlägen bei einem im Inland zum Geschäftsbetrieb zugelassenen Versicherer hätte decken können.

(4) Abweichend von Nr. 4 gelten die gesetzlichen Verjährungsfristen, soweit sich der Auftragnehmer nach Absatz 3 durch Versicherung geschützt hat oder hätte schützen können oder soweit ein besonderer Versicherungsschutz vereinbart ist.

(5) Eine Einschränkung oder Erweiterung der Haftung kann in begründeten Sonderfällen vereinbart werden.

II. Allgemeines

1. Vergleich mit der Regelung des BGB

§ 13 VOB/B *entspricht in seinem Regelungsgehalt den Bestimmungen der §§ 633–638.* **2** Die *geschuldete mangelfreie Leistung* des Unternehmers, § 633 Abs 1, 2, ist in den Nrn 1, 2 beschrieben und präzisiert. Soweit § 633 Abs 1 auch noch den Herstellungsvorgang – vor der Abnahme – regelt, hat dieses Stadium allerdings eine *Sonderregelung in § 4 VOB/B* gefunden (vgl dazu § 633 Rn 38). Im übrigen enthält § 13 Nr 1, 2 aber *keine nachhaltigen Abweichungen* von § 633 Abs 1. § 13 Nr 3 steckt die Verantwortungsbereiche für Mängel zwischen Unternehmer und Besteller ab. Die Bestimmung hat kein besonderes Pendant im BGB, doch *gilt ihr Inhalt im wesentlichen auch dort* (vgl § 633 Rn 62). **Nachhaltige Abweichungen vom BGB** enthält dann § 13 Nr 4 hinsichtlich der **Verjährungsfristen**. Auch *der Ablauf der Verjährung* ist in § 13 Nr 5 Abs 1 deutlich gegenüber dem BGB modifiziert, wenn schon das *Nachbesserungsbegehren* des Bestellers *die Frist zu wahren geeignet* ist. Im übrigen ist diese Bestimmung das Gegenstück zu den §§ 634 Nr 1, 635. § 13 Nr 5 Abs 2 korrespondiert mit den §§ 634 Nr 2, 637. Die *Minderung* ist in § 13 Nr 6 angesprochen; in den Voraussetzungen ist sie im wesentlichen, in den Folgen gänzlich der Regelung des BGB nachgebildet. Daraus, daß die *Wandlung* hier keine Erwähnung gefunden hatte, wurde allgemein geschlossen, daß sie bei Vereinbarung der VOB/B nicht zulässig sein soll. § 13 Nr 7 regelt *Schadensersatzansprüche* des Bestellers. Die Bestimmung betrifft *sämtliche* aus der Mangelhaftigkeit des Werkes folgenden Schäden. Sie schränkt in Abs 3 die Ersatzpflicht des Unternehmers in den Voraussetzungen – wesentlicher Mangel – und im Umfang ein; eine umfassende Ersatzpflicht des Unternehmers erkennt § 13 Nr 7 Abs 1, 2, 4 nur für qualifizierte Fälle an, nämlich die der Verletzung von Leben, Körper, Gesundheit (Abs 1), des schweren Verschuldens (Abs 2), der Versicherbarkeit des Schadens (Abs 3 S 2 lit c, Abs 4) sowie zwei weitere Fälle (Verstoß gegen anerkannte Regeln der Technik [Abs 3 S 2 lit a], Fehlen einer vertraglich vereinbarten Beschaffenheit [Abs 3 S 2 lit b]); gleiches muß jetzt für den Rücktritt gelten.

2. Würdigung

a) Generell

3 Das Regelwerk des § 13 VOB/B erscheint, wenn man von der sogleich zu behandelnden Verkürzung der Verjährungsfrist in Nr 4 absieht, **insgesamt praktikabel und ausgewogen**. Daß es die Voraussetzungen der Gewährleistung in den Nrn 1 und 2 näher präzisiert und in Nr 3 die Verantwortungsbereiche von Besteller und Unternehmer gegeneinander abgrenzt, erscheint als ein *regelungstechnischer Vorteil* gegenüber dem BGB. Daß es dem Besteller das ohnehin wenig praktikable Recht zum *Rücktritt* nimmt, verdient eher Lob als Tadel und wird auch in § 309 Nr 8 b bb akzeptiert. Die *Verkürzung der Schadensersatzansprüche* des Bestellers in § 13 Nr 7 Abs 3 ist freilich nicht hinzunehmen.

b) Verkürzung der Gewährleistungsfrist

4 Die Verkürzung der Gewährleistungsfrist von 5 Jahren nach § 634a Abs 1 Nr 2 auf 4 bzw in Sonderfällen 2 Jahre in § 13 Nr 4 VOB/B wird zunächst dadurch in ihrem Gewicht gemindert – aber nicht aufgehoben –, daß § 13 Nr 5 Abs 1 S 1 die Wahrung der Frist gegenüber § 204 deutlich erleichtert (bloßes schriftliches Verlangen der Mängelbeseitigung) und daß § 13 Nr 5 Abs 1 S 2 ähnlich § 212 nach der Mängelbeseitigung eine neue Verjährungsfrist beginnen läßt, jetzt freilich nur noch von 2 Jahren.

In den bisherigen Fassungen der VOB/B – zuletzt von 2000 – betrugen die entsprechenden Fristen 2 bzw 1 Jahr, also nur jeweils die Hälfte. Wenn § 309 Nr 8 b ff letztere Fristen bei Vereinbarung der VOB/B „insgesamt" für zulässig erklärte, kann unter AGB-rechtlichem Aspekt gegen die neuen verdoppelten Fristen nichts eingewendet werden. Sie benachteiligen den Unternehmer nicht unangemessen, weil sie ja nicht mit den Fristen der VOB/B aF zu vergleichen sind, sondern mit denen des § 634a Abs 1 Nr 2, falls der Besteller Verwender dieser AGB ist. Und falls die Verwenderrolle dem Unternehmer zufällt, wird der Besteller jetzt in geringerem Maß benachteiligt als bisher.

Freilich muß eben die VOB/B „insgesamt einbezogen" sein, § 309 Nr 8 b ff. Daran fehlt es in drei unterschiedlich gelagerten Fällen:

Zunächst ist es denkbar, daß der Unternehmer die VOB/B in den Bauvertrag eingebracht und dabei *mindestens eine erhebliche Abweichung* von ihrem Regelwerk zu Lasten des Bestellers vorgesehen hat.

Sodann ist es denkbar, daß dem Vertrag im übrigen die Regeln des BGB oder sonstige Vereinbarungen zugrunde gelegt wurden, dann aber *speziell hinsichtlich der Gewährleistung* auf § 13 VOB/B – oder gar nur auf dessen Nr 4 – Bezug genommen wurde (vgl BGHZ 96, 129).

Endlich ist es denkbar, daß die VOB/B zwar – *äußerlich* – insgesamt *Vertragsgrundlage* wurde, daß ihre Bestimmungen aber *durchweg deshalb nicht passen*, weil es sich insgesamt nicht um einen Bauvertrag handelt. Das gilt namentlich für die Planung des Architekten (vgl BGH NJW 1983, 453, 454). Auch bei dem Erwerb vom Bauträger findet die VOB/B nicht insgesamt Anwendung, weil weite Teile ihrer Bestimmungen leerlaufen. Die VOB/B ist für Werkverträge konzipiert und ist damit für Kaufverträge ungeeignet (Thode NZBau 2002, 362). Der Bauträgervertrag ist aber – wenigstens nach neuem Recht – als Kaufvertrag zu verstehen (vgl vor § 631 Rn 129).

Zulässig ist es freilich für den Besteller, der Gewährleistung „isoliert" § 13 VOB/B – und damit auch dessen Nr 4 – mit der Maßgabe zugrunde zu legen, daß die Gewährleistungsfrist 5 Jahre (und nicht nur 2) betragen soll (BGH 107, 75). § 13 VOB/B und namentlich die Ausgestaltung der Verjährung nehmen sonst eben hinreichend auf die Belange des Bestellers Rücksicht.

Der Unternehmer darf ohne Verstoß gegen die §§ 305c Abs 1, 307, 309 Nr 8 b ff in seinen AGB die bisherigen kürzeren Fristen der VOB/B vorsehen, denn diese sind die dem Gesetzgeber des G zur Modernisierung bekannten und mit der Schaffung des § 308 Nr 8 b ff „abgesegneten" Fristen.

Wenn die VOB/B 2002 die Stellung des Bestellers in der Verjährungsfrage nachhaltig verbessert, ist freilich die bislang angenommene *Austarierung der VOB/B empfindlich gestört*. Das hat zur Konsequenz, daß künftig dann, wenn der Besteller Verwender der VOB/B ist, *sämtliche anderweitige dem Unternehmer nachteilige Klauseln an den §§ 305 ff zu messen sind*.

Da die Fristen der VOB/B vertraglich vereinbarte sind, unterliegen sie nicht der Überleitungsvorschrift des Art 229 § 6 EGBGB. Vielmehr kommt es für die maßgebliche Frist darauf an, ob der Vertragsschluß vor dem 29. 10. 2002 lag als dem Verkündungsdatum der Neufassung der VOB/B (dann bisherige Regelung) oder danach. Bei öffentlichen Auftraggebern (s sogleich) auf den Zeitpunkt einer etwaigen Anpassung der Verweisung des § 6 VgV auf die VOB/A.

c) Öffentliche Auftraggeber
Besonderheiten gelten bei öffentlichen Auftraggebern iSd § 98 GWB und öffentlichen Aufträgen iSd § 99 GWB.

aa) Vergabe nach der VergabeV
Nach § 6 der Vergabeverordnung v 9. 1. 2001 (BGBl I 110) haben sie bei Erreichung der Schwellenwerte des § 2 VergabeV die Bestimmungen des 2. Abschnitts der VOB/A idF der Bekanntmachung v 30. 5. 2000 (BAnz Nr 120a v 30. 6. 2002, BAnz 19, 125) anzuwenden. Diese *Verweisung ist also statisch*. Nun sieht § 10 Nr 1 Abs 2 VOB/A seinerseits vor, daß den abzuschließenden Verträgen die Bestimmungen der *VOB/B* zugrunde zu legen sind. Auch das kann *nur statisch verstanden werden*, dh als eine *Bezugnahme auf § 13 Nr 4 VOB/B 2000 mit ihren zwei- bzw einjährigen Fristen*. Die Neufassung der VOB/B 2002 kann in diesem Bereich keine Wirkung entfalten – jedenfalls nicht zu Lasten der Unternehmer. Ihnen gegenüber verbleibt es bei den bisherigen Fristen, solange nicht die Verweisung in § 6 VgV entsprechend umgestellt wird.

Während der Drucklegung ist die VgV am 14. 2. 2003 neugefaßt worden (BGBl I 169); ihr § 6 verweist jetzt auf die VOB/A idF der Bekanntmachung v 12. 9. 2002 (BAnz Nr 202a v 29. 10. 2002) und damit wegen § 10 Nr 1 VOB/A auf die gleichzeitig bekanntgemachte VOB/B 2002 mit ihren verlängerten Gewährleistungsfristen in § 13 Nr 4

VOB/B 2002. Zu den damit verbundenen Komplikationen s Vorbem 93a zu § 631 ff: Die verwickelte Regelungstechnik mit der sog „Kaskade" § 97 GWB / § 6 VgV / § 10 VOB/A, § 13 VOB/B ist mit der verbundenen Notwendigkeit, ständig die Bekanntmachungen im Bundesanzeiger verfolgen zu müssen, namentlich für ausländische Bieter intransparent, § 307 Abs 1 S 2. Ihnen gegenüber werden die verlängerten Gewährleistungsfristen des § 13 Nr 4 VOB/B 2002 nur dann wirksam, wenn sie bei der Ausschreibung ausdrücklich auf diese hingewiesen werden, § 305 Abs 2 Nr 1. Inländische Auftragnehmer dürfen ihnen gegenüber aber nicht diskriminiert werden, was aber die Folge wäre, wenn sie mit längeren Verjährungsfristen kalkulieren und damit teurer anbieten müßten.

bb) Vergabe außerhalb der VergabeV

6 Die eben skizzierte uU strikte Bindung an die VOB/B 2000 nach der VergabeV fehlt nach deren § 1, wenn die Schwellenwerte des § 2 VergabeV nicht erreicht sind, vgl auch § 100 Abs 1 GWB, so daß die öffentliche Hand – auf den ersten Blick – frei zu sein scheint, hier die VOB/B 2002 ohne weiteres den abzuschließenden Verträgen zugrunde zu legen und damit auch ihre verlängerten Gewährleistungsfristen. Hier ist aber an die Sätze von Konrad Hesse zu erinnern: „Es gibt keine fiskalische Aufgabe, deren sachgemäße Bewältigung einen Dispens – scil: der öffentlichen Hand – von den Freiheitsrechten erfordert. Dasselbe gilt für den Gleichheitssatz des Art 3 GG" (Grundzüge des Verfassungsrechts der Bundesrepublik Deutschland, 19. Aufl [1993] Rn 347, vgl zum Zusammenhang auch Vorbem 92 zu §§ 631 ff). Das Auftragsvolumen ist nun aber ein schlechterdings ungeeignetes Kriterium für die Bemessung von Verjährungsfristen. Danach hat das bisherige Verjährungsrecht nicht differenziert, und eine solche Differenzierung ist auch dem geltenden Verjährungsrecht fremd. Unterschieden werden kann zB nach der Art des Anspruchs, vgl die §§ 196, 634a, seinem Gegenstand, vgl § 634a Abs 1 und § 13 Nr 4 VOB/B. Vor dem Hintergrund des Art 3 GG kann von dem Nehmer eines geringeren Auftrags keine längerfristige Gewährleistung verlangt werden als von dem eines größeren. Ob man die Fristen des § 13 Nr 4 VOB/B 2002 unter § 307 Abs 2 Nr 1 iVm Art 3 GG subsumiert oder die Berufung des öffentlichen Auftraggebers auf sie als mißbräuchlich qualifiziert – vermutlich ersteres – ist die sekundäre Frage der Konstruktion. Das gilt umso mehr, als noch das G zur Modernisierung des Schuldrechts in § 309 Nr 8 b die bisherigen Fristen des § 13 Nr 4 als vertretbar anerkannt hat.

d) Verbraucherverträge

7 aa) Eine Inhaltskontrolle namentlich des § 13 VOB/B zugunsten des Verbrauchers findet nicht statt, wenn er ihn und seine Regelungen in den Vertrag eingeführt hat, wie § 310 Abs 3 Nr 1 klarstellt. Zu dieser Konstellation kann es leicht kommen, wenn sich der Verbraucher eines Architekten bedient und dieser Aufträge auf der Basis der VOB/B vorbereitet.

bb) Ist dagegen der Unternehmer Verwender, ist es praktisch kaum vorstellbar, daß die VOB/B insgesamt – iSd § 309 Nr 8 b ff – einbezogen wird, weil das Transparenzgebot des § 307 Abs 1 S 2 nicht zu wahren ist. Das ausgefeilte Regelwerk der VOB/B ist für den Laien insgesamt nicht durchschaubar. Er wird zB nicht verstehen, was sich hinter der Einbeziehung der VOB/C in § 1 Nr 2 d verbirgt. Speziell bei § 13 VOB/B ist die Bezugnahme auf – fremde! – Versicherungsbedingungen in dessen Nr 7 Abs 3 S 2 c) unverständlich. Daran ändert sich auch dann nichts, wenn er sich von einem

Architekten betreuen läßt, der ihm das Regelwerk der VOB/B erläutern könnte. Die Beiziehung eines Architekten soll die Stellung des Bestellers verbessern und nicht beeinträchtigen.

Die Folge des § 307 ist dann die Geltung der Fristenregelung des BGB.

III. Anforderungen an die Bauleistung nach § 13 Nr 1–3 VOB/B

1. Verhältnis zum BGB

§ 13 Nr 1 VOB/B unterscheidet sich von der Parallelbestimmung des § 633 Abs 1, 2 praktisch nicht. Soweit Rechtsmängel nicht genannt werden, soll dies die Haftung des Unternehmers nicht aufheben. Deckungsgleich ist die Bestimmung des Sachmangels. **8**

Nur scheinbar weicht § 13 Nr 1 VOB/B von § 633 Abs 2 ab, wenn ausdrücklich die *anerkannten Regeln der Technik* als Maßstab für die zu fordernde Qualität des Werkes genannt werden. Ihnen hat nämlich eine Bauleistung grundsätzlich auch dann zu entsprechen, wenn die VOB/B nicht vereinbart ist (vgl BGH BauR 1978, 498; INGENSTAU/KORBION/WIRTH § 13 Rn 133; HEINRICH BauR 1982, 224). Wegen der Einzelheiten vgl § 633 Rn 168 ff, dort auch zu der streitigen Frage, ob es auf jene Regeln der Technik ankommt, die im Zeitpunkt der Abnahme anerkannt sind, oder ob auch spätere bessere Erkenntnisse zu berücksichtigen sind.

Nur eine *Klarstellung* gegenüber dem BGB bedeutet es, wenn § 13 Nr 1 VOB/B als den *maßgeblichen Zeitpunkt* für die zu fordernden Eigenschaften des Werkes den der *Abnahme* nennt.

2. Leistungen nach Probe

Soweit § 13 Nr 2 VOB/B die Gewährleistung bei Leistungen nach Probe anspricht, handelt es sich um eine Regelung, die in der Sache auch für das allgemeine Werkvertragsrecht anerkannt werden kann, auch wenn dieses es nicht eigens erwähnt (vgl dazu § 633 Rn 161). **9**

3. Mitverantwortung des Bestellers

§ 13 Nr 3 VOB/B gibt jene *immanenten Grenzen* der Verantwortlichkeit des Unternehmers für Mängel wieder, die auch nach allgemeinem Recht anzuerkennen sind (vgl INGENSTAU/KORBION/WIRTH § 13 Rn 179 f), weil die *Mängel in den eigenen Verantwortungsbereich des Bestellers fallen*. Vgl zu den Einzelheiten die Erl in § 633 Rn 181, § 634 Rn 13 ff. Es ist stets zu beachten, daß der Unternehmer vorherige Leistungen anderer Unternehmer, Stoffe und Anordnungen des Bestellers bei Verdachtsmomenten sorgfältig zu überprüfen und ggf zu beanstanden hat, vgl den allgemeinen Grundsatz in § 4 Nr 3 VOB/B (dazu § 633 Rn 62 f). Eine *Verletzung dieser Pflichten läßt seine Gewährleistung wieder aufleben*; ggf kommt es bei beiderseitiger Verantwortlichkeit zu Gewährleistungsansprüchen des Bestellers, die nach Maßgabe des § 254 Abs 1 zu kürzen sind. **10**

IV. Gewährleistungsfristen, § 13 Nr 4, 5 Abs 1 VOB/B

11 *Vom Regelwerk des BGB entfernen sich die Nrn 4, 5 Abs 1 des § 13 VOB/B*, die die **Verjährung** der Gewährleistungsansprüche des Bestellers regeln. Generell wird eine dem BGB hier unbekannte *vierjährige Verjährungsfrist* eingeführt, die im wesentlichen an die Stelle der fünfjährigen Frist des § 634a Abs 1 Nr 2 tritt. Es gibt aber auch kürzere Fristen von 2 Jahren, § 13 Nr 4 Abs 1 S 1 aF, Abs 2, und gar nur einem Jahr, § 13 Nr 4 Abs 1 S 2. Schließlich ergeben sich *wichtige Besonderheiten im Ablauf der Verjährung*.

Zur Wirksamkeit der Regelungen vor dem Hintergrund des AGBG und im Vergabebereich vgl o Rn 4 ff.

1. Betroffene Ansprüche

12 a) Die Fristen des § 13 Nr 4 VOB/B gelten zunächst für die *eigentlichen Gewährleistungsansprüche* des Bestellers, also den Nachbesserungsanspruch, den Anspruch auf Kostenerstattung bei eigener Nachbesserung bzw auf einen entsprechenden Vorschuß, den Anspruch auf Schadensersatz, das Recht zur Minderung. Insoweit entspricht der Anwendungsbereich der Bestimmung dem des § 634a Abs 1 Nr 2. Zu beachten ist allerdings, daß § 13 Nr 7 Abs 4 VOB/B bei Versicherung oder Versicherbarkeit von Schäden durch den Unternehmer die gesetzliche Regelung wieder eingreifen läßt (vgl dazu u Rn 48).

b) Die Fristen des § 13 Nr 4 VOB/B müssen *auch dann Anwendung finden*, wenn der Besteller während der Bauausführung Ansprüche wegen mangelhafter Leistungen nach § 4 Nr 7 VB/B geltend gemacht hat und zwischenzeitlich die Abnahme der Werkleistung erfolgt ist (vgl BGH NJW 1971, 99 = VersR 1971, 135); *ferner dann, wenn der Unternehmer* entgegen § 4 Nr 8 Abs 1 VOB/B *unbefugt Nachunternehmer beschäftigt hat* und diese mangelhaft geleistet haben (vgl BGHZ 59, 323 = NJW 1973, 38).

13 c) Wie die Fristen des § 634a gelten sie schließlich auch für Ansprüche wegen Mangelfolgeschäden, soweit § 13 Nr 7 VOB/B sie überhaupt als ersatzfähig anerkennt. War der Schaden freilich versichert oder versicherbar, läßt § 13 Nr 7 Abs 4 wieder die gesetzlichen Fristen des § 634a Abs 1 Anwendung finden.

2. Fristen des § 13 Nr 4 VOB/B

14 § 13 Nr 4 VOB/B geht regelungstechnisch ebenso vor wie § 634a Abs 1, indem ebenfalls nach *Leistungsgegenständen differenziert* wird.

a) Einjährige Frist

aa) Eine einjährige Verjährungsfrist gilt *für vom Feuer berührte und abgasdämmende Teile von industriellen Feuerungsanlagen*, § 13 Nr 4 Abs 1 S 2 VOB/B. Die dem BGB unbekannte kurze Verjährungsfrist für *Feuerungsanlagen* erklärt sich aus deren schnellem Verschleiß. Zu beachten ist, daß diese Verjährungsfrist *nicht für Feuerungsanlagen insgesamt* gilt, sondern nur – räumlich beschränkt – für ihre vom Feuer unmittelbar berührten Teile sowie die abgasdämmenden Teile.

b) Zweijährige Frist

aa) Eine zweijährige Frist gilt zunächst für Arbeiten an einem Grundstück, § 13 Nr 4 Abs 1 S 1 HS 2. Das ist § 638 Abs 1 S 1 aF entlehnt; wie dort ist der Begriff des Bauwerkes vorrangig. Außerdem gilt eine zweijährige Frist – jetzt mit Vorrang gegenüber der Frist bei Bauwerken – für feuerberührte Teile von nicht industriellen Feuerungsanlagen, § 13 Nr 4 Abs 1 S 1 aE.

bb) § 13 Nr 4 Abs 2 sieht eine zweijährige Verjährungsfrist für *elektrotechnische/ elektronische Anlagen* bzw Teile von ihnen vor, sofern der Unternehmer sie nicht häufig warten soll. Das ist praktisch bedeutsam, wenn dies ua Aufzüge, Rolltreppen, Gefahrenmeldeanlagen, Meß-, Steuer- und Regelungsanlagen für Raumlufttechnik, Nachrichtentechnik betrifft.

Es benachteiligt den Besteller unangemessen, daß er diese Frist zugunsten der allgemeinen vierjährigen dadurch soll vermeiden können, daß er den Unternehmer mit der Wartung beauftragt. Einerseits muß er in der Entscheidung der Auftragsvergabe frei bleiben, andererseits kann so der herstellende und weiterhin wartende Unternehmer Mängel seiner Herstellungsleistung vertuschen. Die unangemessene Struktur der Bestimmung wird auch nicht dadurch geheilt, daß sie bei Schaffung des § 309 Nr 8 b ff bekannt war.

Folge der Unwirksamkeit ist die Geltung des BGB (nicht der VOB/B) und damit des § 634a Abs 1 Nr 2 mit seiner fünfjährigen Frist.

Der Besteller darf aber auch nicht schlechter gestellt werden, wenn er sich dem Druck beugt und den Unternehmer mit der Wartung beauftragt; auch dann muß § 634a gelten.

cc) Zur Verjährungsfrist für Gewährleistungsarbeiten, § 13 Nr 5 Abs 1, u Rn 123.

c) Vierjährige Frist
Bei *Bauwerken* beträgt die Verjährungsfrist vier Jahre, § 13 Nr 4 Abs 1 VOB/B. Zum Begriff des Bauwerks § 634a Rn 27 ff.

d) Abweichende Vereinbarungen
§ 13 Nr 4 Abs 1 VOB/B erwähnt ausdrücklich die Möglichkeit abweichender Fristvereinbarungen der Parteien. Vgl zu den Auslegungsproblemen, die sich ergeben können, wenn dem Vertrag mehrere widersprüchliche Klauselwerke zugrunde liegen, BGH NJW-RR 1991, 980. Hier wird sich meist eine konkret genannte Frist gegenüber der allgemeinen Bezugnahme auf die VOB/B durchsetzen.

aa) *Individualvertraglich* können sowohl kürzere als auch längere Fristen vereinbart werden, vgl § 202.

bb) Bei der Vereinbarung von Verjährungsfristen in AGB sind die §§ 307 und 309 Nr 8 b ff zu beachten. Eine *Verkürzung der Verjährungsfrist gegenüber § 634a* in AGB des Unternehmers ist danach nur durch Vereinbarung der VOB/B „als Ganzes" (vgl dazu o Rn 4 ff) und auf mindestens die Fristen des § 13 Nr 4 VOB/B zulässig, die auch nicht dadurch mittelbar geschmälert werden dürfen, daß der Verjährungsbeginn vorverlegt oder die Hemmung erschwert wird. Gegenüber *Kaufleuten* folgt die Unzulässigkeit einer derartigen Verkürzung der Verjährungsfrist aus § 307 Abs 2 Nr 1 (vgl BGH NJW 1981, 1510; BGHZ 90, 273 = NJW 1984, 1790). Bei einer danach unzulässigen Verkürzung gelten wieder die Fristen des § 634a (vgl OLG Stuttgart NJW-RR 1988, 786, 787).

Eine *Verlängerung* der Verjährungsfristen in AGB des Bestellers gegenüber § 13 Nr 4 VOB/B bedarf der Überprüfung im Einzelfall. Sie ist *grundsätzlich zulässig* (vgl BGH NJW 1987, 381, **aA** OLG München NJW-RR 1986, 383) und jedenfalls dann *weder überraschend noch unangemessen*, wenn der Besteller für sich nur die *gesetzlichen Verjährungsfristen* in Anspruch nimmt. Eine *Verlängerung darüber hinaus* bedarf dagegen der *besonderen Rechtfertigung*, wie sie sich daraus ergeben kann, daß bei Leistungen dieser Art typischerweise damit zu rechnen ist, daß Mängel erst nach Ablauf der gesetzlichen Gewährleistungsfristen erkennbar werden.

e) **Arglist**

18 Die kurzen Verjährungsfristen des § 13 Nr 4 VOB/B gelten bei Arglist des Unternehmers nicht. Es greift vielmehr § 634a Abs 3 mit der Mindestfrist des § 634a Abs 1 Nr 2 ein.

3. **Ablauf der Verjährung**

19 a) Der *Beginn der Verjährung* der Gewährleistungsansprüche des Bestellers wird von § 13 Nr 4 Abs 3 VOB/B nicht anders als von § 634a Abs 2 auf den Zeitpunkt der Abnahme festgelegt, vgl dazu § 634a Rn 32 ff.

b) Die Verjährung kann *nach den allgemeinen Bestimmungen* der §§ 203 ff *gehemmt* sein.

20 c) Einen **eigenartigen Erneuerungsgrund** für die Verjährung enthält § 13 Nr 5 Abs 1 S 1, 2 VOB/B. Danach hat *das schriftliche Begehren des Bestellers nach Mängelbeseitigung*, wenn es nach der Abnahme, aber vor dem Ablauf der Gewährleistung abgegeben wird, *die Wirkung, daß eine neue – jetzt aber zweijährige – Frist zu laufen beginnt*. Freilich wird die Frist nach § 13 Nr 4 VOB/B dadurch nicht verkürzt.

Wegen § 202 ist diese Regelung zulässig.

21 aa) *Voraussetzung* ist ein *schriftliches Begehren* des Bestellers nach Mängelbeseitigung. Es muß sich auf *bestimmte Mängel* beziehen (vgl dazu § 634 Rn 45). Es genügt aber, daß der Mangel nur nach seinem äußeren Erscheinungsbild beschrieben wird; die neue Verjährung bezieht sich dann auch auf die Ansprüche des Bestellers wegen der Ursachen und der Folgen des Mangels (BGH NJW-RR 1989, 148, 208). Das Begehren kann mit den verjährungserneuernden Wirkungen erst nach der Abnahme ergehen. Es muß schriftlich sein und dem Unternehmer zugehen. Seine Wirkung bezieht sich *nur auf den gerügten Mangel*, nicht auch auf weitere, so daß also hinsichtlich der Mängel desselben Bauvorhabens zwei oder gar mehrere Fristen laufen können. Hinsichtlich desselben Mangels ist **nur eine Verjährungserneuerung** in dieser Form möglich (INGENSTAU/KORBION/WIRTH § 13 Rn 398). Das kann auch in AGB des Bestellers nicht anders vorgesehen werden (OLG Düsseldorf BauR 1998, 549); wird seine Beseitigung mehrfach verlangt, kommt es auf das erste Verlangen an.

bb) Die Wirkung des Verlangens ist der Neubeginn einer jetzt zweijährigen Frist, die frühestens mit der Ursprungsfrist (4 Jahre bzw Vereinbarung) abläuft, also auch über diese hinausreichen kann. Dabei kann eine vereinbarte Frist Höchstfrist sein, also auch die des § 13 Nr 5 Abs 1 VOB/B kappen. Davon ist aber idR nicht auszugehen.

4. Gewährleistungsfristen bei Leistungen zur Mängelbeseitigung, § 13 Nr 5 Abs 1 S 3 VOB/B

a) *Nach dem BGB* haben Leistungen des Unternehmers zur Beseitigung von Mängeln nur insoweit Einfluß auf die Verjährung der Gewährleistungsansprüche des Bestellers, als darin ein Anerkenntnis seiner Pflichten iSd § 212 Abs 1 Nr 1 liegen kann und jedenfalls eine Hemmung nach § 203 eintritt. *Im Grundsatz läuft aber auch für Mängel, deren Beseitigung der Unternehmer in Angriff nimmt, die normale Verjährung* von der Abnahme an; auch eine eigenständige Abnahme von Leistungen zur Mängelbeseitigung kennt das BGB nicht.

b) Das ist nach § 13 Nr 5 Abs 1 S 3 VOB/B *anders*. Auch hier *hemmt zunächst die Nachbesserung* des Unternehmers den Lauf der Verjährung nach § 203. Dann aber beginnt eine **neue Verjährungsfrist** zu laufen, **bezogen auf die Nachbesserungsarbeiten** und beginnt mit **deren Abnahme**. Die Abnahme der Nachbesserungsarbeiten richtet sich wieder nach § 12 VOB/B. Beschränkt sich der Unternehmer freilich darauf, gerügte Mangelerscheinungen zu beseitigen, nicht eigentlich den Mangel selbst, dann betrifft die neu laufende Verjährungsfrist doch diesen bzw die aus ihm herzuleitenden Ansprüche (BGHZ 108, 65 = BGH NJW 1989, 2753).

Nach der genannten Entscheidung kann die neue Verjährungsfrist selbst dann in Lauf gesetzt werden, wenn die Nachbesserungsarbeiten des Unternehmers Mängel betrafen, hinsichtlich derer Verjährung schon eingetreten war. Das erscheint nach allgemeinen Grundsätzen bedenklich und wird mit der selbständigen Tragweite der Regelung (BGHZ 108, 65, 70) nicht hinreichend begründet.

Die Frist, die nunmehr läuft, ist *grundsätzlich die Regelfrist* des § 13 Nr 4 VOB/B, es sei denn, die Parteien hätten eine andere Frist vereinbart. Diese Frist kann in der üblichen Weise gehemmt oder erneuert werden, insbesondere auch durch ein Verlangen nach Mängelbeseitigung nach § 13 Nr 5 Abs 1 S 2 VOB/B (vgl auch BGH NJW-RR 1986, 98; 1987, 336). *Bei wiederholten Nachbesserungsversuchen* können so auch mehrfach neue Verjährungsfristen in Lauf gesetzt werden.

5. Wirkungen der Verjährung

Insoweit enthält die VOB/B *keine Sonderregelungen* gegenüber dem BGB. Der Unternehmer kann also nach ihrem Ablauf die Erfüllung der Gewährleistungsansprüche des Bestellers verweigern, § 214, und zugleich vorbehaltlich des § 216 eine Gewährleistungssicherheit herausverlangen; vgl aber o Rn 23 zu BGHZ 108, 65, wo die Überwindung der eingetretenen Verjährung des Ursprungsmangels für möglich gehalten wird. Soweit der Werklohn noch nicht beglichen ist, gilt § 215, den § 17 Nr 8 Abs 2 VOB/B in bezug auf die Verwertung von Gewährleistungssicherheiten einschränkend von einer rechtzeitigen Mangelanzeige abhängig macht (dazu § 641 Rn 62 f).

V. Nachbesserungsanspruch des Bestellers

1. Grundlagen

25 Der Nachbesserungsanspruch des Bestellers bei Mängeln der Bauleistung hat bei Vereinbarungen der VOB/B *unterschiedliche rechtliche Grundlagen.* Für den *Zeitraum vor der Abnahme* des Werkes ist deren § 4 Nr 7 zu beachten, der die Stellung des Bestellers gegenüber dem BGB verstärkt (vgl dazu § 633 Rn 88 ff). *Nach erfolgter Abnahme* ist dagegen § 13 Nr 5 Abs 1 S 1 VOB/B einschlägig, der sich sachlich nicht von den §§ 634 Nr 1, 635 unterscheidet.

2. Voraussetzungen

26 Die Voraussetzungen für den Nachbesserungsanspruch des Bestellers aus § 13 Nr 5 Abs 1 S 1 VOB/B unterscheiden sich von denen der §§ 634 Nr 1, 635 nicht.

Wenn § 13 Nr 5 Abs 1 S 1 VOB/B zusätzlich davon spricht, daß der Mangel während der Verjährungsfrist *hervorgetreten* sein muß, so ist das *irreführend.* Erfolgreich geltendgemacht werden kann er natürlich nur, wenn der Besteller ihn innerhalb dieser Frist bemerkt (und angemeldet) hat. Im übrigen aber muß er schon im Zeitpunkt der Abnahme vorhanden gewesen sein, wenn auch nur im Keim und ohne daß es auch sogleich schon zu besonderen schädlichen Auswirkungen gekommen zu sein braucht. Wesentlichkeit des Mangels ist auch hier nicht erforderlich, ebenfalls nicht ein Verschulden des Unternehmers. Der Mangel darf nur nicht durch eigene Verantwortlichkeit des Bestellers aus dem Verantwortungsbereich des Unternehmers herausgenommen sein (vgl o Rn 10 zu § 13 Nr 3 VOB/B).

3. Verlangen des Bestellers

27 Der Anspruch des Bestellers auf Beseitigung des Mangels ist *nicht davon abhängig, daß er dies* – gar schriftlich – *verlangt;* der Wortlaut des § 13 Nr 5 Abs 1 S 1 VOB/B ist auch insoweit mißverständlich (vgl BGHZ 58, 332, 334).

Ein konkretes Begehren der Mängelbeseitigung ist allerdings mittelbar notwendig. Seine vorprozessuale Äußerung kann zur Meidung der Kostenfolgen des § 93 ZPO geboten sein. Im Mängelprozeß kann der Besteller nur damit einen *hinreichend bestimmten Klagantrag* iSd § 253 Abs 2 Nr 2 ZPO stellen, wenn er auf Mängelbeseitigung klagt. Es ist entsprechend aber auch dann erforderlich, wenn er seinen Anspruch auf Mängelbeseitigung der Werklohnforderung *einredeweise* entgegensetzt, und auch dann, wenn er die Mängel als Berechnungsfaktoren für Ansprüche auf Schadensersatz, Kostenvorschuß bzw Kostenerstattung bei eigener Mängelbeseitigung oder auf Minderung benutzt. Nur ein *konkretes Begehren der Mängelbeseitigung* kann im übrigen die *Hemmungswirkung des § 203* auslösen, die Erneuerungswirkung des § 13 Nr 5 Abs 1 VOB/B, sowie zum eigenen Mängelbeseitigungsrecht nach § 13 Nr 5 Abs 2 VOB/B führen. Die *Schriftlichkeit* des Begehrens ist schließlich für die Erneuerung der Verjährung nach § 13 Nr 5 Abs 1 S 2 VOB/B notwendig.

Zur Konkretheit des Mängelbeseitigungsbegehrens vgl § 634a Rn 50; INGENSTAU/ KORBION § 13 Rn 461. Der Mangel muß *in seinen äußeren Erscheinungsformen – nicht in seinen Ursachen – so genau bezeichnet sein, daß der Unternehmer Art und Umfang* der von ihm geforderten Nachbesserungsleistungen *erkennen kann.* Dabei dürfen an den Besteller, der oft Laie ist, *keine übertriebenen Anforderungen* gestellt werden. **28**

4. Inhalt

Die *Nachbesserung*, die danach verlangt werden kann, *unterscheidet sich nicht von der nach den §§ 634 Nr 1, 635 geschuldeten* (vgl § 634 Rn 23). Ggf ist also auch eine Neuherstellung nötig. Die Methode der Nachbesserung ist grundsätzlich Sache des Unternehmers (vgl BGH NJW 1973, 1792). Zu ihr gehört auch die Beseitigung der mit ihr verbundenen nachteiligen Folgen. Bei unverhältnismäßigem Aufwand kann der Unternehmer die Nachbesserung verweigern, vgl § 13 Nr 6 VOB/B, und den Besteller auf das Recht zur Minderung verweisen (vgl dazu § 635 Rn 6 ff). **29**

VI. Eigene Mängelbeseitigung durch den Besteller, § 13 Nr 5 Abs 2 VOB/B

1. Allgemeines

§ 13 Nr 5 Abs 2 VOB/B *entspricht den §§ 634 Nr 2, 637.* **30**

2. Voraussetzungen

Notwendig ist der fruchtlose Ablauf einer Frist zur Nachbesserung, die als solche möglich und zumutbar zu sein hat und zu deren Verweigerung der Unternehmer auch nicht aus sonstigen Gründen – zB wegen Zahlungsverzugs des Bestellers – berechtigt sein darf. **31**

a) Die Fristsetzung bedarf *keiner besonderen Form.* Sie kann mit dem Nachbesserungsverlangen verbunden werden, ihm aber auch nachfolgen. Mit einer *Ablehnungsandrohung* braucht sie nicht verbunden zu werden.

b) Die Frist muß zur Mängelbeseitigung *angemessen* sein. Dabei ist davon auszugehen, daß der Unternehmer, der den Mangel ja verursacht hat, nach Aufforderung unverzüglich mit der Nachbesserung beginnt und sie mit geeigneten Mitteln zügig durchführt. *Fristverlängernd* kann es nicht wirken, wenn der Unternehmer anderweitig verpflichtet ist, sondern *nur* wenn *objektive Hindernisse* für die Nachbesserung bestehen wie zB ungünstige Witterungsverhältnisse oder auch die Notwendigkeit einer vorherigen sachverständigen Abklärung der Mängelursachen (vgl dazu BGH BauR 1975, 137 = WM 1974, 932). Eine zu knapp bemessene Frist setzt eine angemessene in Lauf. Die Fristsetzung zur Erklärung über die Nachbesserungsbereitschaft oder zur Aufnahme der Nachbesserung reicht als solche nicht aus. Doch kann ihr fruchtloses Verstreichen als eine ernsthafte und endgültige Verweigerung der Nachbesse- **32** rung zu verstehen sein und solcherart die korrekte Fristsetzung entbehrlich machen (vgl u Rn 34).

33 c) Schließlich muß die Frist *ungenutzt verstrichen* sein. Dabei kommt es darauf an, ob der geschuldete Erfolg – die vollständige Beseitigung des Mangels, soweit sie möglich ist und verlangt werden kann, – innerhalb der Frist eingetreten ist. Auf ein Verschulden des Unternehmers kommt es grundsätzlich nicht an (INGENSTAU/KORBION Rn 535). Allerdings können objektive Leistungshindernisse, die sich nachträglich ergeben, bei der Beurteilung der Angemessenheit der Frist berücksichtigt werden. Subjektive Leistungshindernisse entlasten den Unternehmer aber keinesfalls.

d) Eine Fristsetzung kann *ausnahmsweise entbehrlich sein*. Es gelten auch hier die Bestimmungen der §§ 637 Abs 2 S 1, 636, 281 Abs 2, 323 Abs 2 (vgl dazu § 634 Rn 51).

3. Nichteinhaltung des Verfahrens

34 Wenn die genannten Voraussetzungen, für die der Besteller darlegungs- und beweispflichtig ist, nicht vorliegen, kann dieser die *Kosten* einer eigenen Nachbesserung grundsätzlich nicht auf den Unternehmer *abwälzen*, insbesondere nicht unter dem Gesichtspunkt der von diesem ersparten Aufwendungen nach Bereicherungsrecht oder Geschäftsführung ohne Auftrag (vgl 634 Rn 42).

4. Rechtsfolgen

Liegen die Voraussetzungen dagegen vor, hat der Unternehmer die Kosten der Nachbesserung durch den Besteller selbst bzw durch von diesem beauftragte andere Unternehmer zu tragen. Er muß sie erstatten oder vorschießen, § 637 Abs 1, 3. Selbst nachbessern kann er nur noch mit Einverständnis des Bestellers.

VII. Minderung der Vergütung, § 13 Nr 6 VOB/B

1. Voraussetzungen

35 Die Minderung des Werklohns entspricht in Voraussetzungen und Folgen der Regelung der §§ 634 Nr 3, 638.

2. Rechtsfolgen

Hinsichtlich der *Durchführung der Minderung* enthält der auf § 634 Abs 4 verweisende § 13 Nr 6 S 1 VOB/B *keine Besonderheiten*; auch sie ist jetzt vom Besteller einseitig zu erklären (auf die Erl in § 634 Rn 98 ist zu verweisen). Gleiches gilt für ihre Berechnung (vgl dazu § 634 Rn 100 ff).

VIII. Wandlung, Rücktritt

36 Die Wandlung des Vertrages – an deren Stelle jetzt der Rücktritt zu setzen ist – ist in § 13 VOB/B als Möglichkeit des Bestellers *nicht erwähnt*. Daraus wird der Schluß gezogen, daß sie **hier nicht zulässig** ist (vgl INGENSTAU/KORBION/WIRTH § 13 Rn 657; NICKLISCH/WEICK § 13 Rn 218; LOCHER, Das private BauR 165; OLG Koblenz NJW 1962, 741;

OLG Karlsruhe BauR 1971, 55; aA KUHN NJW 1955, 412). Angesichts der Probleme der Wandlung beim Werkvertrag (vgl § 634 Rn 30 ff) war das *nur sachgerecht*; das AGBG stand dem nicht entgegen, vgl § 11 Nr 10b AGBG; jetzt § 309 Nr 8b bb. Der BGH hat die Frage der Zulässigkeit der Wandlung bei Vereinbarung der VOB/B bislang *offengelassen* (vgl BGHZ 42, 232 = NJW 1965, 152; BGHZ 51, 275 = NJW 1969, 655).

Für den jetzigen Rücktritt nach § 634 Nr 3 kann nichts anderes angenommen werden.

Die *wirtschaftlichen Effekte eines Rücktritts* kann der Besteller auch bei Vereinbarung der VOB/B in Extremfällen im Wege der Minderung erreichen, ggf auch als Schadensersatz nach § 13 Nr 7 Abs 1 VOB/B (vgl OLG Hamm NJW 1978, 1060; LG Nürnberg-Fürth NJW-RR 1986, 1466), so daß für ihn auch kein praktisches Bedürfnis für einen Rücktritt besteht.

IX. Schadensersatzansprüche des Bestellers, § 13 Nr 7 VOB/B

1. Allgemeines

Die Regelung der Schadensersatzansprüche des Bestellers in § 13 Nr 7 VOB/B schränkt seine Rechte nachhaltig gegenüber § 634 Nr 4 ein. Voller Ersatz steht ihm nur zu bei der Verletzung von Leben, Körper oder Gesundheit (§ 13 Nr 7 Abs 1) oder bei grobem Verschulden (§ 13 Nr 7 Abs 2), im übrigen (§ 13 Nr 7 Abs 3) aber nur unter einschränkenden Voraussetzungen, nämlich

– Verstoß gegen anerkannte Regeln der Technik (lit a),

– Fehlen einer vereinbarten Eigenschaft (lit b),

– Versicherbarkeit des Schadens (lit c).

Fehlt es an diesen Voraussetzungen, ist der Schadensersatzanspruch gegenständlich beschränkt (§ 13 Nr 7 Abs 3).

Dabei ist die Systematik des § 13 Nr 7 VOB/B verwirrend:

Dem Besteller steht uneingeschränkter, im Umfang § 634 Nr 4 entsprechender Schadensersatz nur zu in den Fällen des § 13 Nr 7 Abs 2 (grobes Verschulden) oder wenn die Voraussetzungen des § 13 Nr 7 Abs 3 S 1 mit einer der Voraussetzungen des § 13 Nr 7 Abs 3 S 2 zusammentreffen. Hier müssen also vorliegen

– ein wesentlicher Mangel

– zuzüglich eine erhebliche Beeinträchtigung der Gebrauchsfähigkeit des Werkes

– zuzüglich Verschulden

als die Voraussetzungen des § 13 Nr 7 Abs 1 S 1, kombiniert mit

– entweder einem Verstoß gegen die anerkannten Regeln der Technik

– oder dem Fehlen einer vereinbarten Eigenschaft

– oder der Versicherbarkeit der gesetzlichen Haftpflicht des Unternehmers

als jeweils einem der Fälle des § 13 Nr 7 Abs 3 S 2.

Wenn es zu einer Schädigung der in § 13 Nr 7 Abs 1 genannten Rechtsgüter kommt, ist der Schadensersatz zwar insoweit uneingeschränkt, wie eben diese Rechtsgüter betroffen sind, aber der Besteller mag darüber hinaus Schäden an Eigentum oder Vermögen erlitten haben. Ihrem Ersatz sind wieder die Filter des § 13 Nr 7 Abs 2 und 3 vorgeschaltet.

Liegen bei einem nicht körperlichen Schaden nur die Qualifikationsmerkmale des § 13 Nr 7 Abs 3 S 1 vor (wesentlicher Mangel und erhebliche Beeinträchtigung der Gebrauchsfähigkeit), erhält der Besteller eingeschränkten Schadensersatz.

Fehlt es bei einem nicht körperlichen Schaden an grobem Verschulden und ist der Mangel außerdem nicht wesentlich oder beeinträchtigt er die Gebrauchsfähigkeit auch nicht erheblich, schließt § 13 Nr 7 die Ersatzpflicht des Unternehmers ganz aus.

2. AGB-Kontrolle

38 § 13 Nr 7 Abs 1 und 2 VOB/B genügen § 309 Nr 7 lit a und b und halten damit einer AGB-Kontrolle stand. Für § 13 Nr 7 Abs 3 gilt das nicht.

a) Die Regelung verstößt gegen das Transparenzgebot des § 307 Abs 1 S 2, vgl schon soeben Rn 37.

Auszugehen ist von einem branchenfremden Besteller, wie es ein Verbraucher nahezu immer ist, aber durchweg doch auch der unternehmerisch tätige Besteller, der zB für seinen Betrieb bauen läßt. Diese können nicht beurteilen, wann ein Verstoß gegen die anerkannten Regeln der Technik vorliegt (Abs 3 lit a) oder welche Schäden für den Unternehmer versicherbar sind (Abs 3 lit c). Selbst der Begriff der vereinbarten Beschaffenheit (Abs 3 lit b) verschwimmt: Letztlich beruhen alle Anforderungen an die Beschaffenheit des Werkes auf der Vereinbarung der Parteien, auch die in § 633 Abs 2 S 2 angesprochenen. Sie sind jedenfalls konkludent vereinbart. Sinn gibt § 13 Nr 7 Abs 3 lit b also nur dann, wenn man die Bestimmung auf ausdrückliche Beschaffenheitsvereinbarungen beschränkt. Das ist aber weder ihrem Wortlaut mit hinreichender Deutlichkeit zu entnehmen, noch lassen sich ausdrückliche Beschaffenheitsvereinbarungen von konkludenten hinreichend sicher unterscheiden, noch ist es zu rechtfertigen. ZB ist es so selbstverständlich, daß ein Wohnhaus in Deutschland winterfest sein muß, daß darüber nicht gesprochen werden wird. Dies fällt also nicht unter § 633 Abs 2 S 1, sondern es geht um die übliche und zu erwartende Beschaffenheit, § 633 Abs 2 S 2 Nr 2. Man wende nicht ein, daß hier schon § 13 Nr 7 Abs 3 lit b VOB/B einschlägig sein wird, denn das braucht nicht immer der Fall zu sein. Intransparent ist auch der Begriff des wesentlichen Mangels in § 13 Nr 7 Abs 3.

39 b) Die Regelung des § 13 Nr 7 Abs 3 verstößt gegen § 307 Abs 2. Gerade die in

§ 633 Abs 2 S 2 angesprochenen Interessen sind die elementaren des Bestellers. Ihr Schutz ist Leitbild des Werkvertrages (§ 307 Abs 2 Nr 1) und Kardinalpflicht des Unternehmers (§ 307 Abs 2 Nr 2).

c) Unangemessen ist auch der Kreis der durch § 13 Nr 7 Abs 3 ggf von der Ersatzpflicht ausgeschlossenen Schäden: Der Mangel kann für dieses Werk unwesentlich sein und braucht seine Gebrauchsfähigkeit nicht erheblich zu beeinträchtigen, äußert aber verheerende Folgen für ein Nachbargrundstück, zB eine Überflutung, für die der Besteller einzustehen hat. Die Freistellung des Unternehmers vom Regreß wäre mit § 307 Abs 1 S 1 nicht zu vereinbaren.

d) § 13 Nr 7 Abs 4 VOB/B kehrt für den *Fall der Versicherbarkeit* der Schäden zu den *Verjährungsfristen* des BGB zurück (§ 634a). Das ist intransparent (vgl soeben Rn 37, ferner LOCHER, in: FS Soergel 181, 186 f; ULMER/BRANDNER/HENSEN Anh zu §§ 9–11 Rn 913), und deshalb unwirksam. Der daraus zu ziehende Schluß kann nicht der der nunmehr uneingeschränkten Geltung der VOB-Fristen sein; vielmehr gelten für die Schadensersatzansprüche uneingeschränkt die Fristen des BGB.

e) Wenn § 13 Nr 7 Abs 5 VOB/B Einschränkungen und Erweiterungen der Haftung auf „begründete" Sonderfälle beschränkt, ist das als bloßer Appell zu verstehen (vgl Beck'scher VOB-Komm/KOHLER § 13 Nr 7 Rn 211): Die Individualabrede bedarf keiner Rechtfertigung, vgl § 305b, die AGB-Klausel muß sich an den §§ 305 ff messen lassen, nicht an der VOB/B.

Auch als bloßer Appell ist die Bestimmung aber unwirksam, was zur Konsequenz hat, daß ein Vorgehen nach dem UKlaG möglich ist. Es ist das selbstverständliche, nicht der Rechtfertigung bedürftige Recht der Gegenseite, die Vertragsfreiheit für sich in Anspruch zu nehmen; sie wird unangemessen benachteiligt, wenn insoweit (scheinbare) Hürden errichtet werden. Namentlich der Verbraucher könnte sich davon beeindrucken lassen.

3. Schädigung des Bestellers an Leben, Körper oder Gesundheit, § 13 Nr 7 Abs 1 VOB/B

Dem vertraglichen Anspruch des Bestellers wegen der Verletzung von Leben, Körper oder Gesundheit nach § 13 Nr 7 Abs 1 kommt praktische Bedeutung kaum zu neben seinem deliktischen Anspruch aus § 823 Abs 1, den die Bestimmung nicht ausschließt. Er ist von Belang nur dann, wenn ein Verschulden des Unternehmers in bezug auf die Verletzung von Leben, Körper oder Gesundheit nicht festzustellen ist. Dann genügt es für die Auslösung seiner Haftung, daß der Mangel, der zu dieser Verletzung geführt hat, seinerseits schuldhaft verursacht worden ist, wie dies nach § 280 Abs 1 S 2 vermutet wird.

4. Vorsatz oder grobe Fahrlässigkeit, § 13 Nr 7 Abs 2 VOB/B

Die verwendeten Begriffe sind im üblichen Sinne zu verstehen. Die Beweislast des Unternehmers für fehlendes Verschulden am Mangel bezieht sich namentlich auch darauf, daß sein Verschulden jedenfalls kein grobes war.

5. Der eingeschränkte Schadensersatzanspruch nach § 13 Nr 7 Abs 3 S 1 VOB/B

a) Voraussetzungen

42 aa) Es wird zunächst ein **wesentlicher** Mangel verlangt. Wesentlich ist ein Mangel dann, wenn er nach allgemeiner Verkehrsauffassung – unter Berücksichtigung des speziellen Vertragszwecks – als *empfindlich* anzusehen ist (vgl INGENSTAU/KORBION § 13 Rn 683). Das ist zB bei der Verwendung einer anderen als der vorgesehenen Holzart angenommen worden, die eine geringere Widerstandsfähigkeit gegenüber Witterungseinflüssen aufweist (BGH NJW 1962, 1569) oder auch bei der nicht ausreichenden Festigkeit von Mauermörtel, die keine hinreichende Standsicherheit des Gebäudes gewährleistet (vgl BGH Urt v 20.12.1976 – VII ZR 105/74 –). Wesentlichkeit des Mangels ist *auch dann* erforderlich, wenn er in dem *Fehlen einer garantierten Eigenschaft* liegt (vgl BGH NJW 1962, 1569; BGHZ 46, 242; BGH NJW 1981, 1448), auch wenn dies die Wesentlichkeit des Mangels *im allgemeinen indiziert*.

Subjektive Erwartungen des Bestellers an das Werk lassen als solche einen Mangel noch nicht als wesentlich erscheinen. Sie können aber, wenn sie dem Unternehmer bekannt waren oder hätten bekannt sein müssen, den Vertragszweck prägen und insofern zur Wesentlichkeit des Mangels führen.

43 bb) Der Mangel muß **zusätzlich die Gebrauchsfähigkeit des Werkes beeinträchtigen**. Der Begriff der Gebrauchsfähigkeit entspricht dem der Eignung zur Verwendung des § 633 Abs 2 S 2 Nr 2 (dazu § 633 Rn 167 ff).

§ 13 Nr 7 Abs 1 VOB/B nennt eine *bloße Wertminderung des Werkes* nicht, wie sie – auch ohne eine Einschränkung der technischen Gebrauchsmöglichkeit – insbesondere als sog *merkantiler Minderwert* eintreten kann, der sich voraussichtlich bei einer Weiterveräußerung realisieren wird. Auch dieser Minderwert kann – unabhängig von einer tatsächlichen oder jedenfalls geplanten Veräußerung des Werkes – zu einem Schadensersatzanspruch nach § 13 Nr 7 Abs 1 VOB/B führen (so zutreffend BGHZ 55, 198 = NJW 1971, 615 = LM VOB/B Nr 44 m Anm RIETSCHEL; INGENSTAU/KORBION/ WIRTH § 13 Rn 687; NICKLISCH/WEICK § 13 Rn 234). Das ist zwar aus dem Wortlaut der Bestimmung nicht ohne weiteres herzuleiten, stellt jedoch *das einzig angemessene Ergebnis* dar.

44 cc) Nicht jede Beeinträchtigung der Gebrauchsfähigkeit löst einen Schadensersatzanspruch des Bestellers nach § 13 Nr 7 Abs 1 VOB/B aus, sie muß vielmehr *erheblich* sein. Dieses Tatbestandsmerkmal ist *einschränkend auszulegen*. Wenn nach Nachbesserung und bzw oder Minderung noch ein Schaden verbleibt, der in Geld meßbar ist und nicht nur Bagatellcharakter trägt, dann ist es nicht einzusehen, warum er nicht auch ausgeglichen werden soll.

Eine in diesem Sinne erhebliche Minderung der Gebrauchsfähigkeit ist auch dann zu verlangen, wenn es um das Fehlen garantierter Eigenschaften geht (vgl BGH NJW 1962, 1562 = LM § 13 VOB/B Nr 5).

dd) Soweit § 13 Nr 7 Abs 1 VOB/B *ein Verschulden* des Unternehmers oder seiner Erfüllungsgehilfen verlangt, besteht *kein* Unterschied zu § 634 Nr 4 (vgl dort Rn 110 ff).

ee) Wegen der Beweislast vgl § 280 Abs 1 S 2.

b) Inhalt
Der Besteller erwirbt nur einen **eingeschränkten Schadensersatzanspruch**, sofern nicht zusätzlich eine der Voraussetzungen des § 13 Nr 7 Abs 3 S 2 VOB/B gegeben ist. Zu ersetzen ist *nur der Schaden „an der baulichen Anlage"*.

aa) Zu ersetzen ist zunächst *der Schaden an der Werkleistung des Unternehmers* selbst. Dieser Schaden kann bestehen aus den *Kosten der Beseitigung des Mangels* (vgl BGHZ 77, 134). Dabei muß die Beseitigung des Mangels nur möglich sein; der Besteller kann insoweit den erforderlichen Betrag verlangen, der sich mit dem tatsächlich aufgewendeten nicht unbedingt zu decken braucht und in dessen Verwendung – zur Mängelbeseitigung oder nicht – der Besteller frei bleibt. Die Möglichkeit der Mängelbeseitigung wird nicht durch die Veräußerung oder gar Zwangsversteigerung des Objekts genommen (vgl BGHZ 99, 81 = NJW 1987, 645 = LM § 635 BGB Nr 82; PETERS JURA 1987, 422; SCHULZE NJW 1987, 3097). Denkbare Schadenspositionen sind weiter *Begutachtungskosten* (vgl BGHZ 54, 352, = NJW 1971, 99 = LM VOB/B Nr 43; BGHZ 92, 308), *zusätzlicher Erhaltungsaufwand für die bauliche Anlage*, falls sich der Mangel nur unzureichend beseitigen läßt (vgl BGH NJW-RR 1992, 788; INGENSTAU/KORBION § 13 Rn 716), *Mietausfall* und *Zinsverluste*, die durch die einstweilige Unbrauchbarkeit des Werkes entstehen (vgl BGHZ 46, 238 = NJW 1967, 340 = LM § 638 BGB Nr 8), aber doch auch schon *die entgangenen Gebrauchsvorteile* am Werk selbst (BGH [GS] NJW 1987, 50). Dagegen sind die Kosten eines anderweitigen Behelfs, insbesondere einer anderweitigen Unterkunft, nur unter den Voraussetzungen des § 13 Nr 17 Abs 3 S 2 VOB/B zu liquidieren.

bb) *Außer diesen eigentlichen Mangelschäden* sind nach § 13 Nr 7 Abs 1 VOB/B aber auch *teilweise Mangelfolgeschäden* zu ersetzen, soweit sie nämlich *an der baulichen Anlage insgesamt* aufgetreten sind, an der der Unternehmer gearbeitet hat. Es können also auch die *Gewerke anderer Unternehmer* betroffen sein oder gar *Teile der Anlage, an denen unmittelbar gar nicht gearbeitet wurde*. Der Begriff der baulichen Anlage deckt sich mit dem des *Bauwerks* in § 634a Abs 1 Nr 2 (auf die Erl dort Rn 17 ff kann Bezug genommen werden). Sonstige Schäden sind dagegen nicht zu ersetzen, so insbesondere *nicht Schäden am Inventar* im Hause oder *an Material für das Haus* (vgl INGENSTAU/KORBION/WIRTH § 13 Rn 705). Hier kann aber § 823 eingreifen.

cc) Wenn nur der über den Minderungsbetrag nach § 13 Nr 6 VOB/B hinausgehende Schaden – „außerdem" – unter § 13 Nr 7 Abs 1 VOB/B einzuordnen ist, so bedeutet das nicht, daß der Besteller, der aus dieser Bestimmung vorgeht, im Prozeß seine Forderung aufgliedern und jeweils einer der beiden Bestimmungen zuordnen müßte. Es *genügt* vielmehr *eine einheitliche Schadensberechnung* nach § 13 Nr 7 Abs 1 VOB/B, in der der Minderungsbetrag dann ohne weiteres mitenthalten ist (vgl BGH MDR 1960, 838 = BB 1960, 755).

dd) In der Frage, ob der *Schadensersatz in Geld* oder durch Naturalrestitution zu leisten ist, bestehen *keine Besonderheiten* für den Anspruch aus § 13 Nr 7 Abs 1 VOB/B gegenüber dem aus § 634 Nr 3 (vgl insoweit dort Rn 126).

c) Verjährung

Die Verjährung des Anspruchs aus § 13 Nr 7 Abs 3 S 1 VOB/B richtet sich nach § 13 Nr 4 VOB/B (vgl BGH NJW 1970, 421), es sei denn, es lägen die Voraussetzungen des § 13 Nr 7 Abs 3 vor; dann ist diese Bestimmung maßgeblich.

6. Der Schadensersatzanspruch nach § 13 Nr 7 Abs 3 S 2 VOB/B

47 Die Voraussetzungen dieses *gegenständlich erweiterten Schadensersatzanspruchs* decken sich hier zunächst insofern mit denen des Anspruchs aus § 13 Nr 7 Abs 3 S 1 VOB/B, als auch hier ein schuldhaft verursachter wesentlicher Mangel gegeben sein muß, der die Gebrauchsfähigkeit des Werkes erheblich beeinträchtigt (vgl BGH NJW 1962, 1569; INGENSTAU/KORBION/WIRTH § 13 Rn 727). Darüber hinaus stellt die Bestimmung *drei zusätzliche Voraussetzungen* auf, von denen mindestens eine erfüllt sein muß. Die Buchstaben a) bis c) stehen also im Verhältnis der *Alternativität* zueinander.

a) § 13 Nr 7 Abs 3 S 2 lit a VOB/B sanktioniert den *Verstoß gegen die anerkannten Regeln der Technik* als Ursache des Mangels.

Zum Begriff der anerkannten Regeln der Technik vgl § 633 Rn 168 ff. Der Verstoß muß – und wird in aller Regel – schuldhaft sein. Allerdings reicht insoweit *jede Fahrlässigkeit* – auch leichte – aus (vgl BGH NJW-RR 1992, 788; INGENSTAU/KORBION/WIRTH § 13 Rn 741).

b) § 13 Nr 7 Abs 3 S 2 lit b VOB/B knüpft an das *Fehlen einer vereinbarten Beschaffenheit* an; die Vorgängerbestimmung des § 13 Nr 7 Abs 2 lit c VOB/B 2000 sprach insoweit von dem Fehlen einer zugesicherten Eigenschaft. Hierher gehört nur die ausdrückliche Beschaffenheitsvereinbarung nach § 633 Abs 2 S 1, auch wenn die sich aus § 633 Abs 2 S 2 ergebende Beschaffenheit letztlich auf der – hier konkludenten – Vereinbarung der Parteien beruht (vgl schon o Rn 38). Würde man aber auch die Anforderungen an das Werk in § 13 Nr 7 Abs 3 S 2 lit b VOB/B einbeziehen, würde die Haftungsbeschränkung leerlaufen. Die Abgrenzung ist jedoch kaum möglich und ihre Notwendigkeit intransparent iSd § 307 Abs 1 S 2.

48 c) § 13 Nr 7 Abs 3 S 2 lit c VOB/B knüpft endlich daran an, *daß der Unternehmer seine Haftung durch Versicherung abgedeckt hat* oder *in zumutbarer Weise hätte abdecken können*.

Auch hier ist es zunächst erforderlich, daß der Unternehmer den Mangel *verschuldet* hat und dieser in Ausmaß und Wirkungen § 13 Nr 7 Abs 3 S 1 genügt. Im übrigen gilt:

aa) Der Versicherungsschutz muß von der *Haftpflichtversicherung* des Unternehmers gewährt oder angeboten worden sein, *nicht von der Bauwesenversicherung*. Versicherungsschutz wird insoweit angeboten nach Maßgabe der *Allgemeinen Versicherungsbedingungen für die Haftpflichtversicherung* (AHB) (vgl dazu allg die Kommentierung bei PRÖLSS/MARTIN/VOIT, VVG [26. Aufl 1998] 1155 ff). Danach ergeben sich *nur eingeschränkte Möglichkeiten der Versicherbarkeit*.

bb) Versichert werden zunächst nur *Personenschäden* und *Sachschäden*, § 1 Nr 1 AHB, also *nicht Vermögensschäden*. Das ist bedeutsam, soweit der Besteller gegen den Unternehmer Ansprüche wegen entgangenen Gewinns geltend macht. Allerdings kann Versicherungsschutz wegen Vermögensschädigung kraft besonderer Vereinbarung gewährt werden, § 1 Nr 3 AHB. Hat sich der Unternehmer in dieser Weise versichert, dann greift auch § 13 Nr 7 Abs 2 lit c VOB/B ein.

cc) Versichert ist außerdem nach § 1 Nr 1 AHB *nur die Schadensersatzpflicht auf* **49** *Grund gesetzlicher Haftpflichtbestimmungen*, mithin nicht „Haftpflichtansprüche, soweit sie *auf Grund Vertrages* oder besonderer Zusagen über den Umfang der gesetzlichen Haftpflicht des Unternehmers hinausgehen", wie § 4 Abs 1 Nr 1 AHB abdingbar formuliert. Das bedeutet, daß **das reine Erfüllungsrisiko, weil vertraglich übernommen, nicht versichert** werden kann. Von den möglichen Schadensersatzansprüchen des Bestellers wird von der Versicherung also nicht gedeckt jener Teil, der der Schaffung des vertragsmäßigen Zustands des Werkes dient bzw dem Ausgleich des trotz Nachbesserung verbleibenden Minderwerts des Werkes. Umgekehrt sind versichert primär *deliktische Ansprüche* gegen den Unternehmer sowie *vertragliche*, soweit sie mit diesen deckungsgleich sind. *Vergröbernd gesprochen kann man sagen, daß dies die Ansprüche sind, die, wenn die VOB/B nicht vereinbart worden wäre, nach der Anspruchsgrundlage der §§ 280 Abs 1, 241 Abs 2 zu liquidieren* wären, es um die herkömmlich sog Mangelfolgeschäden geht, dazu Vorauf § 635 Rn 49 ff. Doch kann dies *nur eine Faustregel* sein, weil die Begriffsbildung des Versicherungsrechts eine eigene ist, die sich an der speziellen Interessenlage jenes Rechtsgebiets ausrichtet. Insofern hat BGHZ 80, 284 = NJW 1981, 1780 m Anm Littbarski VersR 1982, 715, Schadensersatzansprüche gegen einen Statiker, die sich aus einem Mehrbedarf an Material ergaben, als versichert angesehen, obwohl sie zivilrechtlich aus § 635 aF herzuleiten waren.

dd) Von besonderer Bedeutung sind die *Ausschlüsse des Versicherungsschutzes*, die **50** sich aus § 4 AHB ergeben.

(1) Zu nennen ist zunächst § 4 Abs 1 Nr 5 AHB:

> Haftpflichtansprüche aus Sachschaden, welcher entsteht durch allmähliche Einwirkung der Temperatur, von Gasen, Dämpfen oder Feuchtigkeit, von Niederschlägen (Rauch, Ruß, Staub und dgl.), ferner durch Abwässer, Schwammbildung, Senkung von Grundstücken (auch eines darauf errichteten Werkes oder eines Teils von solchen), durch Erdrutschungen, Erschütterungen infolge Rammarbeiten, durch Überschwemmungen stehender oder fließender Gewässer, sowie aus Flurschaden durch Weidevieh oder aus Wildschaden.

Diese Klausel betrifft *Gefahrenlagen, deren Eintritt, Ablauf und Folgen oft unberechenbar* sind. Die Begriffe sind hier nicht weiter zu erläutern; festzuhalten bleibt, daß damit – vorbehaltlich einer auch im Bereich des § 4 Abs 1 AHB möglichen besonderen Vereinbarung mit dem Versicherer – *wesentliche Haftungsrisiken* des Unternehmers *nicht versichert* sind, wie sie sich bei Vereinbarung der VOB/B aus deren § 13 Nr 7 Abs 3 S 1 (Schäden am Werk selbst) ergeben können, ohne Vereinbarung der VOB/B vorzugsweise aus den §§ 280 Abs 1, 241 Abs 2.

(2) Von größerer Bedeutung noch sind die Ausschlüsse des Versicherungsschutzes, **51** die sich aus § 4 Abs 1 Nr 6 AHB sowie dem sich damit überschneidenden § 4 Abs 2 Nr 5 AHB ergeben:

§ 4 Abs. 1 Nr. 6: Haftpflichtansprüche wegen Schäden

a) an fremden Sachen, die der Versicherungsnehmer gemietet, gepachtet, geliehen oder durch verbotene Eigenmacht erlangt hat oder die Gegenstand eines besonderen Verwahrungsvertrages sind,

b) die an fremden Sachen durch eine gewerbliche oder berufliche Tätigkeit des Versicherungsnehmers an oder mit diesen Sachen (z. B. Bearbeitung, Reparatur, Beförderung, Prüfung u. dgl.) entstanden sind; bei Schäden an fremden unbeweglichen Sachen gilt dieser Ausschluß nur insoweit, als diese Sachen oder Teile von ihnen unmittelbar Gegenstand der Tätigkeit gewesen sind.

Sind die Voraussetzungen der obigen Ausschlüsse in der Person von Angestellten, Arbeitern, Bediensteten, Bevollmächtigten oder Beauftragten des Versicherungsnehmers gegeben, so entfällt gleichfalls der Versicherungsschutz, und zwar sowohl für den Versicherungsnehmer wie auch für die durch den Versicherungsvertrag etwa mitversicherten Personen.

Die Erfüllung von Verträgen und die an die Stelle der Erfüllungsleistung tretende Ersatzleistung ist nicht Gegenstand der Haftpflichtversicherung, auch dann nicht, wenn es sich um gesetzliche Ansprüche handelt, desgleichen nicht der Anspruch aus der gesetzlichen Gefahrtragung (für zufälligen Untergang und zufällige Verschlechterung).

§ 4 Abs. 2 AHB: Ausgeschlossen von der Versicherung bleiben:

5. Haftpflichtansprüche wegen Schäden, die an den vom Versicherungsnehmer (oder in seinem Auftrage oder für seine Rechnung von Dritten) hergestellten oder gelieferten Arbeiten oder Sachen infolge einer in der Herstellung oder Lieferung entstehenden Ursache entstehen.

(a) § 4 Abs 1 Nr 6 lit a AHB spielt grundsätzlich für die Haftung des Unternehmers für Mängel und Mangelfolgen keine Rolle, kann sich aber auswirken, soweit dem Unternehmer *Gerätschaften überlassen* sind. Versteht man den Begriff des Leihens oder Mietens formal (so zB PRÖLSS/MARTIN/VOIT § 4 AHB Rn 39), so genießt der Unternehmer Versicherungsschutz für Beschädigungen an derartigen Gegenständen, sofern nicht ausnahmsweise ein besonderer Mietvertrag abgeschlossen worden ist. Da indessen Grundgedanke des Ausschlusses des Versicherungsschutzes ist, daß überlassene Gegenstände ebenso gefährdet sind wie eigene, wird man den Ausschluß des Versicherungsschutzes (mit LG Hamburg VersR 1990, 848) auch auf *Gegenstände* beziehen müssen, *die der Besteller dem Unternehmer im Rahmen seiner Mitwirkung* ohne besondere *Vergütung überläßt*.

52 (b) Die *Tätigkeitsklausel* des § 4 Abs 1 Nr 6 lit b AHB hat ihren Grund in dem hohen objektiven Risiko, das durch die Gewährung von Versicherungsschutz nur noch erhöht würde. Sie betrifft die *Kernpunkte der Haftung des Unternehmers*. Die Tätigkeit an einer Sache besteht in der gewollten und bewußten Einwirkung auf sie, ohne daß sie im Mittelpunkt der Tätigkeit zu stehen braucht (BGH VersR 1960, 109 = MDR 1960, 207). Es muß sich um eine berufliche, wenn auch nicht typische oder notwendige oder zweckmäßige Tätigkeit handeln. Der Begriff der Arbeiten „an oder mit" einer Sache hat objektive und subjektive Elemente (vgl dazu näher und mit reichhaltiger Kasuistik PRÖLSS/MARTIN/VOIT § 4 AHB Rn 43 ff). Allgemein zu beachten ist, daß der Ausschluß des Versicherungsschutzes bei beweglichen Sachen weiter ist als bei unbeweglichen Sachen. Soweit aus der Beschädigung der bearbeiteten Sachen Folgeschäden resultieren, ist der Versicherungsschutz zweifelhaft (vgl PRÖLSS/MARTIN/VOIT § 4 AHB Rn 57 ff).

(c) § 4 Abs 1 Nr 6 Abs 2 AHB stellt zunächst klar, daß auch die *Mitarbeiter* des Unternehmers Versicherungsschutz hier nicht genießen. Im übrigen wiederholt sein S 2 nur den sich schon aus § 1 AHB ergebenden Grundsatz, daß die Erfüllung und ihre unmittelbaren Surrogate nicht versichert sind.

(d) Der Ausschluß des Versicherungsschutzes nach § 4 Abs 2 Nr 5 AHB bezieht sich nur auf Schäden an Sachen, die *unmittelbar Leistungsgegenstand* waren, *nicht auf Folgeschäden* (BGHZ 23, 249, str, vgl auch PRÖLSS/MARTIN/VOIT § 4 AHB Rn 98).

(e) Nach § 13 Nr 7 Abs 2 lit d VOB/B haftet der Unternehmer nur in jenem Umfang – „soweit" –, in dem er Versicherungsschutz genießt bzw – im Rahmen der AHB – genießen könnte. *Der Unternehmer hat die in seiner Branche üblichen Versicherungen abzuschließen*; er braucht sich nicht auf weitergehende und mit höheren Prämien verbundene Versicherungen einzulassen, um auch außergewöhnlichen Schädigungen gewachsen zu sein.

7. Verjährung

Die Schadensersatzansprüche des Bestellers aus § 13 Nr 7 VOB/B verjähren grundsätzlich nach § 13 Nr 4 VOB/B (BGHZ 58, 332 = NJW 1972, 1280). Dies gilt nach § 13 Nr 7 Abs 4 VOB/B jedoch dann *nicht*, wenn der Schaden durch Versicherungsschutz gedeckt war bzw hätte gedeckt werden können, vgl dazu o Rn 48 ff. Bei unterbliebenem Versicherungsschutz muß dies auf einem *Verschulden* des Unternehmers beruhen (vgl INGENSTAU/KORBION/WIRTH § 13 Rn 805; NICKLISCH/WEICK § 13 Rn 275; aA WUSSOW NJW 1967, 1552), doch wird ein solches Verschulden *regelmäßig gegeben* sein. In diesen Fällen regelt sich die Verjährung nach § 638 bzw, soweit die Ansprüche aus § 13 Nr 7 sachlich solche aus positiver Forderungsverletzung sind, nach § 194 (vgl INGENSTAU/KORBION § 13 Rn 804, 806).

8. Modifikationen des Haftungsumfangs

Zu § 13 Nr 7 Abs 5 VOB/B s o Rn 40.

Anhang II zu § 638

Gewährleistung und Haftung des Architekten und anderer Sonderfachleute

Schrifttum

ALTENBURGER, Die zivilrechtliche Haftung des Architekten für Vermögensschäden Dritter aufgrund unrichtig erteilter Auskünfte und Gutachten (Diss Münster 1996)
BAUMGÄRTEL, Die Beweislastverteilung für die Haftung des Unternehmers und des Architekten, ZfBR 1982, 1
BINDTHARDT/JAGENBURG, Die Haftung des Architekten (8. Aufl 1981)
BOHL/DÖBEREINER/GRAF KEYSERLINGK, Die Haftung der Ingenieure im Bauwesen (1985)
GANTEN, Recht und Pflicht des Architekten zur Nachbesserung seines (mangelhaften) Werkes in: FS Korbion (1986) 85
GLÖCKNER, Zurück zur Subsidiärhaftung des Architekten bei konkurrierender Gewährleistungsverpflichtung eines Bauunternehmers?, BauR 1997, 529
GROSS, Haftungsrisiken des Architekten bei Planung, Beratung, Überwachung, Koordinierung und Kostenermittlung (1981)
HESS, Die Haftung des Architekten für Mängel des errichteten Bauwerks (1966)
JEBE/VYGEN, Der Bauingenieur in seiner rechtlichen Verantwortung (1981)
KAISER, Gesamtschuldnerische Haftung des Architekten neben anderen Baubeteiligten, ZfBR 1985, 101
KNYCHALLA, Inhaltskontrolle von Architekten-Formularverträgen (1987)
KRAUSE-ALLENSTEIN, Die Haftung des Architekten für Bausummenüberschreitung und sein Versicherungsschutz (2001)
KRETSCHMER, Zum Honoraranspruch des Architekten im Falle der Ablehnung des Baugesuchs, NJW 1968, 534
LAUER, Zur Haftung des Architekten bei Bausummenüberschreitung, BauR 1991, 401
ders, Die Haftung des Architekten bei Bausummenüberschreitung (1993)
LENZEN, Die Haftung des Architekten für die Kosten des Vorprozesses gegen den Unternehmer, BauR 1998, 62
LOCHER, Schadensersatzansprüche gegen den Architekten wegen Nichtauflistung von Gewährleistungsfristen, BauR 1991, 135
ders, Das Schadensbeseitigungsrecht des Architekten und Ingenieurs, in: FS vCraushaar (1997) 21
LÖFFELMANN/FLEISCHMANN, Architektenrecht (4. Aufl 2000)
MASER, Die Haftung des Architekten für die Genehmigungsfähigkeit der Planung, BauR 1994, 180
MIEGEL, Die Haftung des Architekten für höhere Baukosten sowie fehlerhafte und unterlassene Kostenermittlung (1995)
ORTLOFF/RAPP, Genehmigungsfreies Bauen: Neue Haftungsrisiken für Bauherren und Architekten, NJW 1996, 2346
SCHMALZL, Rechtsbetreuung des Bauherrn durch den Architekten, NJW 1968, 24
ders, Die Haftung des Architekten und des Bauunternehmers (4. Aufl. 1980)
ders, Neue Tendenz im Architektenhaftpflichtrecht: Weg von der positiven Vertragsverletzung hin zu § 635 BGB, NJW 1983, 1717
ders, Die Auswirkung des § 278 BGB im Verhältnis des Bauherrn zu den anderen Baubeteiligten, in: FS Locher (1990) 225
SCHOLZE-BECK, Gesamtschuldnerische Haftung für Baumängel (2001)
SCHULTE, Die erweiterte Haftung des Architekten durch die Entwicklung im Bauordnungsrecht, BauR 1996, 599
WEISE, Regreß zwischen Bauunternehmern und Regreßbehinderung durch den Auftraggeber, BauR 1992, 685
WUSSOW, Auslegung der Subsidiaritätsklausel in Architekten-Verträgen, NJW 1980, 113

ders, Der Ausgleich zwischen Architekt und Bauunternehmer gemäß § 426 BGB, NJW 1974, 9.

Systematische Übersicht

I. Allgemeines
1. Anwendbarkeit des Werkvertragsrechts ... 1
2. Bloße Planung ... 2
3. Durchführung des Bauvorhabens ... 4
4. Pflichtenkreis des Architekten ... 5

II. Nachbesserung, Rücktritt und Minderung
1. Nachbesserung ... 7
2. Rücktritt ... 10
3. Minderung ... 14

III. Schadensersatz statt der Leistung
1. Verantwortungsbereiche des Architekten ... 16
   a) Planung ... 16
   b) Vergabe der Arbeiten ... 18
   c) Wirtschaftlichkeit der Planung ... 19
   d) Rechtliche Betreuung des Bauherrn ... 21
   e) Koordinierung des Bauvorhabens ... 23
   f) Bauaufsicht ... 25
   g) Abnahme der Unternehmerleistungen ... 26
   h) Aufmaß und Rechnungsprüfung ... 27
   i) Überwachung der Mängelbeseitigung ... 28
   k) Beschleunigung des Bauvorhabens ... 29
   l) Kostenüberschreitung ... 30
2. Keine vorrangige Nachbesserungsbefugnis ... 37
3. Verschulden ... 37
4. Mitverschulden ... 37
5. Beweislast ... 38
   a) Mangel des Architektenwerkes ... 38
   b) Verschulden ... 40
6. Anspruchsinhalt ... 41
   a) Geldzahlung ... 41
   b) Mangelschäden, Mangelfolgeschäden ... 41
7. Der Architekt im Haftungsverbund ... 42
   a) Uneingeschränkte Haftung ... 42
   b) Verhältnis Bauherr/Bauunternehmer ... 43
   c) Gleichzeitige Haftung von Architekt und Bauunternehmer ... 44
      aa) Stellung des Bauherrn ... 45
      bb) Interner Ausgleich ... 46
      cc) Quotierung ... 47
      dd) Sonstiges ... 48
   d) Architekt und sonstige Sonderfachleute ... 49
8. Haftungsbeschränkungen ... 50
   a) Summenmäßige Beschränkungen ... 50
   b) Unmittelbare Schäden ... 51
   c) Subsidiaritätsklauseln ... 51
   d) Verschuldensklauseln ... 52
   e) Beweislast ... 53
   f) Nachbesserungsbefugnis ... 54

IV. Sonstige Haftung des Architekten
1. Deliktische Haftung ... 55
2. Haftung für Auskunft ... 56

Alphabetische Übersicht

Abnahme ... 26
Architektenleistung ... 5
Aufmaß ... 27
Auskunftshaftung ... 36

Bauaufsicht ... 25
Bauunternehmer ... 42 ff
Bauwerk ... 4

Bauwerksmangel ... 38
Beaufsichtigung ... 44
Bedürfnisse des Bauherrn ... 16
Beschleunigung ... 24
Beweiserleichterung ... 39
Beweislast ... 38, 53
Brauchbarkeit der Planung ... 16

Deliktische Haftung	55	Planung	2 ff, 16 ff
Details der Planung	17	Planungsfehler	44
Durchführung	4	Positive Forderungsverletzung	41
		Prüfvermerk	27
Entbehrliche Leistungen	20		
		Quotierung	47
Gefährliche Arbeiten	25		
Genehmigungsfähigkeit	12	Rechnungsprüfung	27
Geologe	1	Rechtliche Betreuung	21
Gesamtschuld	44 ff	Regeln der Technik	17
		Rücktritt	10
Haftung gegenüber Dritten	57	Schaden am Bauwerk	3
Haftungsbeschränkungen	50 ff	Schadensersatz	3, 41
Honorar	50	Sonderfachleute	1, 16, 25
		Statiker	1
Koordinierung	23	Steuervorteile	20
Kosten	30 ff	Subsidiarität	51
Kostenlimit	33		
Kostenschätzung	31		
Kostenüberschreitung	30 ff	Technische Vorgegebenheiten	16
Kündigung	22		
		Vergabe der Arbeiten	18
Leistungsbilder	6	Verschulden	3, 37, 40, 52
Leistungsphasen	16	Verträge	21
		Vertragsstrafe	22
Mängel des Architektenwerks	38	Verzögerung	29
Mangelbeseitigung	28		
Mangelfolgeschaden	41	Wertsteigerung	36
Mangelschaden	41	Wirtschaftlichkeit	19
Minderung	2, 14 ff	Wünsche des Bauherrn	16
Mitverschulden	37, 43 f		
		Zeitplan	29
Nachbesserung	2, 7, 37, 54		
Nachbesserungsarbeiten	28		

I. Allgemeines

1. Anwendbarkeit des Werkvertragsrechts

1 a) Das *Leitbild der §§ 631 ff* ist an sich die *handwerkliche Erbringung körperlich faßbarer Leistungen* (vgl Vorbem 5 zu §§ 631 ff). Hierauf passen wesentliche Elemente der gesetzlichen Regelung wie etwa die Nachbesserung, die Abnahme, die Minderung. Auf die *Tätigkeit des Architekten* läßt sich diese *nur mit Besonderheiten* anwenden, wenn dieser nicht eine konkrete Leistung zu erbringen hat wie zB eine Reparatur, sondern ein „Produkt" schuldet, dessen Eigenheiten zunächst noch offen sind, so bei der Planung, und außerdem – bei der Fürsorge für den entstehenden Bau – mehr das schadensabwendende Tätigwerden im Vordergrund steht als eine bestimmte Leistung. Käme danach durchaus auch die Anwendung von Dienstvertragsrecht in Betracht, so ist doch in der heutigen Rechtsprechung und Literatur die Grundentscheidung für das Werkvertragsrecht gefallen (vgl Vorbem 105 zu §§ 631 ff). Die Bestimmung des § 634a Abs 1 Nr 2 teilt diese Sicht.

b) In der Haftung des Architekten ergeben sich Unterschiede je nach dem Bereich, in dem er tätig geworden ist. Es kann dies die Planung sein, die Durchführung des Bauvorhabens oder im Rahmen einer sog Vollarchitektur beides.

c) Die für die Haftung des Architekten entwickelten Grundsätze sind im wesentlichen auch anwendbar auf jene **Sonderfachleute**, die beim Bau vorzugsweise in der Planungsphase eingeschaltet werden wie *Statiker* (vgl BGHZ 48, 257 = NJW 1967, 2259; BGHZ 58, 85 = NJW 1972, 625), *Vermessungsingenieure, Geologen*, die ein Baugrundgutachten erstatten (vgl BGHZ 72, 257 = NJW 1979, 214). Daß ihr Aufgabengebiet weitaus geringer geschnitten ist, führt nicht zu sachlichen Unterschieden. Auch ein Baubetreuer, der die Aufgaben eines Architekten übernimmt, haftet wie dieser (BGH NJW-RR 2000, 1547; OLG Bamberg NJW-RR 1999, 962).

2. Bloße Planung

Wenn der Architekt *lediglich plant*, kann seine Tätigkeit allerdings *problemlos dem Werkvertragsrecht zugeordnet* werden (vgl RGZ 97, 122; BGHZ 31, 224 = NJW 1960, 431). Seine Einstandspflicht für Fehlleistungen regelt sich dann nach den §§ 633 ff.

Die Anwendung der §§ 633 ff ist jedoch schon hier *mit einigen Besonderheiten verbunden*, die sich aus der Natur der Tätigkeit ergeben. Die Rechtsbehelfe der Nachbesserung, der Minderung sowie des Schadensersatzes wegen Nichterfüllung haben hier *jeweils eine eigene Prägung*.

a) Eine *Nachbesserung* ist grundsätzlich *nur solange möglich*, wie die Planung noch nicht realisiert worden ist (vgl BGH NJW-RR 1989, 86; NZBau 2001, 211, 212). Sie ist deshalb auf einen schmalen zeitlichen Bereich beschränkt.

b) Eine *Minderung* der Vergütung, die bei anderen Werkverträgen als ein einigermaßen angemessenes Äquivalent für Mängel angesehen werden kann, ist für den Bauherrn dann *unattraktiv*, wenn Planungsmängel zu Schäden am Bauwerk geführt haben, weil die anteilige Herabsetzung des Architektenhonorars meist nicht im entferntesten jene Schäden aufzuwiegen vermag. Entsprechendes gilt für die Wandlung.

c) Damit gewinnen *Schadensersatzansprüche* des Bestellers hier eine so zentrale Bedeutung, wie sie sie in anderen Bereichen des Werkvertragsrechts nicht haben.

aa) Dem Grunde nach folgen sie aus den §§ 280 Abs 1, 281, 283, 636. Wenn sich, wie dies die Regel ist, planerische oder sonstige Fehler des Architekten schon im Bauwerk realisiert haben, entfällt dabei das Stadium der Fristsetzung nach § 281 Abs 1.

bb) Die Prädominanz von Schadensersatzansprüchen hat die Konsequenz, daß es mit der Feststellung eines Mangels kaum jemals sein Bewenden haben kann, sondern daß zusätzlich die *Verschuldensfrage* zu klären ist. Dabei ergeben sich aus der Natur des Architektenauftrages wiederum Besonderheiten. Denn der Architekt schuldet auch dann, wenn er nur mit der Planung beauftragt ist, *keine von vornherein festumrissene Leistung*, sondern etwas erst noch zu Entwickelndes, die *bestmögliche Leistung*. Das bedeutet, daß man nicht – wie sonst – aus dem Verfehlen eines bestimmten Erfolges eine Verschuldensvermutung ableiten kann, vgl § 280 Abs 1 S 2, sondern vor der Frage steht, was der Architekt hätte anders machen sollen und können, zunächst die objektive Pflichtverletzung festzustellen hat.

3. Durchführung des Bauvorhabens

4 Erst recht stehen *Schadensersatzansprüche* im Mittelpunkt, wenn dem Architekten Fehler bei der *Durchführung des Bauvorhabens* unterlaufen. Die Grundsatzentscheidung BGHZ 31, 224 hat auch sie werkvertraglich der Anspruchsgrundlage des § 635 aF zugeordnet, nicht der dienstvertraglichen der damaligen positiven Forderungsverletzung, sofern dem Architekten Planung und Bauaufsicht aufgetragen waren. Die isolierte Bauaufsicht wurde zunächst noch dienstvertraglich gewertet (vgl BGHZ 59, 163, 166). BGHZ 82, 100 = NJW 1982, 438 hat dann auch insoweit Werkvertragsrecht angewendet. Das war *dogmatisch alles andere als zwingend* (vgl nur JAKOBS, in: FS Ballerstedt [1975] 355, 365), aber doch im Ergebnis zu begrüßen, und zwar nicht nur wegen der damals *rechtspolitisch wünschenswerten Anwendbarkeit des § 638 aF*, die so ziemlich begriffsjuristisch erreicht wurde, sondern vor allem auch wegen der *dringenden Notwendigkeit, alle Ansprüche gegen den Architekten unter eine einheitliche Anspruchsgrundlage zu bringen*. Es ergäben sich sonst kaum zu bewältigende Abgrenzungsprobleme, und zwar schon deshalb, weil die Abgrenzung von Planungs- und Ausführungsmängeln zwar begrifflich möglich, aber praktisch kaum durchzuführen und am Ende recht künstlich ist.

4. Pflichtenkreis des Architekten

5 a) Der Architekt schuldet jedenfalls **nicht das Bauwerk als solches**, und zwar auch dann nicht, wenn er mit der Durchführung des Bauvorhabens betraut ist (aA HESS, Die Haftung des Architekten für Mängel des errichteten Bauwerks [1966] 39 ff). Er schuldet nur eine **mangelfreie Architektenleistung**. Wenn im Anschluß an BGHZ 31, 224, 228 öfters davon gesprochen wird, daß der Architekt ein *„geistiges Werk" schulde*, dann ist das Substantiv zu sehr der werkvertraglichen Ausdrucksweise verhaftet und das Attribut unklar. Was der Architekt schuldet, läßt sich vielmehr *generalklauselartig* dahin umschreiben, daß er eine *optimale Förderung des Bauvorhabens* schuldet, *wie er sie kraft seiner beruflichen Ausbildung und Stellung leisten kann*.

6 b) Was von ihm insoweit konkret erwartet werden kann, folgt letztlich aus dem Grundsatz von Treu und Glauben, § 242. Eine Darstellung haben die Pflichten des Architekten erfahren durch die *„Leistungsbilder" des § 15 HOAI*, in denen die Aufgaben des Architekten in bezug auf 9 Phasen des Bauvorhabens beschrieben werden, wenn auch diese honorarrechtliche Bestimmung natürlich nicht geeignet ist, die Leistungspflichten des Architekten zu konstituieren (vgl Vorbem 99 ff zu §§ 631 ff). Daneben ergeben sich Pflichten – und mögliche Pflichtverletzungen – des Architekten in drei Bereichen, die sich indessen nicht klar voneinander scheiden lassen: vorzugsweise im *technischen Bereich*, aber auch im *wirtschaftlichen, kostenmäßigen* sowie im *rechtlichen*.

II. Nachbesserung, Rücktritt und Minderung

1. Nachbesserung

a) Eine *Nachbesserung* ist auch beim Architektenwerk *grundsätzlich möglich*. Sie 7
folgt den allgemeinen Regeln, wie sie sich aus den §§ 634 Nr 1, 635 ergeben, setzt also insbesondere einen Mangel voraus, nicht aber ein Verschulden. Durch Verzug des Architekten mit der Nachbesserung kann die Nachbesserungsbefugnis nach Fristsetzung auf den Bauherrn übergehen, § 637 Abs 1.

b) Die *Nachbesserungsmöglichkeiten* sind freilich *eingeschränkt*.

aa) Recht und Pflicht zur Nachbesserung sind jedenfalls dann gegeben, wenn die Leistung des Architekten *noch nicht in ein Bauwerk umgesetzt* ist, bzw einer Umsetzung nicht bedarf. Das gilt namentlich für die noch nicht realisierte Planung (vgl BGH NJW-RR 1989, 86), aber zB auch für die Prüfung der Handwerkerrechnungen.

bb) Dagegen sind Recht und Pflicht zur Nachbesserung zweifelhaft, wenn sich 8
Mängel der Architektenleistung – Planung oder Bauaufsicht – in *Mängeln des Bauwerks niedergeschlagen haben*.

(1) Die *Rechtsprechung lehnt eine Nachbesserungsmöglichkeit des Architekten hier generell ab*. Wenn er den Bau als solchen nicht schulde, seien gegenständliche Arbeiten an diesem keine Nachbesserung seines Werkes, die bloße Änderung der Pläne führe zu nichts mehr, die korrekte Bauaufsicht sei nicht mehr nachzuholen (vgl BGH NJW 1962, 390; 1499; BGHZ 39, 261, 263 f = NJW 1963, 1401; BGHZ 42, 16 = NJW 1964, 1791; BGHZ 43, 227, 232 = NJW 1965, 1175; BGHZ 48, 257 = NJW 1967, 2259; BGH NJW 1974, 367; NJW-RR 1989, 86; OLG Oldenburg SCHÄFER/FINNERN/HOCHSTEIN Nr 10 zu § 8 HOAI).

(2) Demgegenüber werden die Möglichkeiten der Nachbesserung in der *Literatur* zT weiter gesehen, so insbesondere hinsichtlich der Umplanung und der Beaufsichtigung der Nachbesserungsarbeiten (vgl HESS, Die Haftung des Architekten für Mängel des errichteten Bauwerks [1966] 69 ff; KAISER NJW 1973, 1910; GANTEN, Pflichtverletzung und Schadenrisiko im privaten Baurecht [1974] 95 f; BINDTHARDT/JAGENBURG 206 ff).

(3) Man wird zu *differenzieren* haben. Daß der Architekt die Mängel am Bauwerk 9
selbst beseitigt bzw beseitigen läßt, wird der Bauherr in der Tat nicht verlangen können, die Beaufsichtigung der Mängelbeseitigung durch ihn nicht verlangen wollen. *Wenn* anderseits *der Architekt* – zB aus Kostengründen – die *eigene Mängelbeseitigung in einer dem Bauherrn zumutbaren, insbesondere sicheren Erfolg versprechenden Weise anbietet, dürfte dieser gegen Treu und Glauben verstoßen, wenn er auf seiner Schadensersatzforderung beharrt* (vgl LOCHER, Das private Baurecht Rn 239). Bei Zumutbarkeit wird er dem Architekten jedenfalls die *Gelegenheit zur Neuplanung und Beaufsichtigung der Nachbesserung* gewähren müssen, so daß er die hierfür zu veranschlagenden Kosten von seinem Schadensersatzanspruch abzusetzen hat. Jedenfalls kann sich der Architekt *in AGB wirksam die Befugnis* ausbedingen, selbst nachbessern zu dürfen; das benachteiligt den Bauherrn nicht unangemessen iSd § 307 (vgl OLG Hamm NJW-RR 1992, 800; LOCHER aaO). Schadensersatz kann der Bauherr dann nur unter den Voraussetzungen der §§ 281 Abs 2, 636 verlangen. Klauseln dieser Art

sind freilich je nach ihrer Tragweite unterschiedlich zu beurteilen: Behält sich der Architekt die Nachbesserung nur hinsichtlich der eigentlichen Architekturleistungen vor (Planung und Überwachung der Nacharbeiten), sind sie ohne weiteres unbedenklich (vgl OLG Celle BauR 1999, 676), weil der Architekt dann nur eine Befugnis in Anspruch nimmt, die schon aus § 634 Abs 1, 2 hergeleitet werden könnte. Dagegen greift eine Klausel, die dem Architekten das Recht vorbehält, den Baumangel selbst zu beseitigen, über seine gesetzlichen Befugnisse hinaus. Das kann vor § 307 Abs 2 Nr 1 nur bestehen, wenn die Zumutbarkeit für den Bauherrn sichergestellt ist.

2. Rücktritt

10 a) Ein mangelbedingter Rücktritt vom Architektenvertrag kann *nicht stillschweigend als generell ausgeschlossen* angesehen werden (vgl BINDTHARDT/JAGENBURG 211; LOCHER, Das private Baurecht Rn 241, aA OLG Koblenz NJW 1972, 741). Er kommt *namentlich* in Betracht, wenn die *Planung des Architekten noch nicht umgesetzt ist*, und folgt dann ohne Besonderheiten den allgemeinen Regeln. Nach Verwirklichung der Planung wird er funktionslos, weil der Besteller in die Berechnung seines positiven Interesses die volle Honorarforderung des Architekten einstellen muß.

11 b) Der Rücktrittsgrund darf nicht *unerheblich* sein, § 323 Abs 5 S 2. Es kommt insbesondere mangelnde Brauchbarkeit der Planung in Betracht, wie sie sich daraus ergeben kann, daß die Planung nicht hinreichend auf die dem Architekten vorgegebenen Wünsche, Bedürfnisse und Möglichkeiten (zB in finanzieller Hinsicht) des Bauherrn Rücksicht nimmt, oder daraus, daß die erstellte Planung aus tatsächlichen oder aus rechtlichen Gründen nicht realisierbar ist, letzteres zB wegen der Beschaffenheit des vorgesehenen Grundstücks.

12 aa) In rechtlicher Hinsicht hat *die Planung* insbesondere *genehmigungsfähig* zu sein (vgl OLG Jena OLG-NL 1995, 105; OLG Düsseldorf NJW-RR 1996, 1234; BINDTHARDT/JAGENBURG 277; MASER BauR 1994, 180). Die Genehmigungsfähigkeit muß nach Bauplanungs- und Baupolizeirecht bestehen. Dabei ist die Notwendigkeit kleinerer Änderungen unschädlich. Wenn die Genehmigung erreicht werden kann, bleibt die Planung mangelhaft, solange der Dispens nicht erteilt wird (BINDTHARDT/JAGENBURG aaO). Das gilt insbesondere auch dann, wenn die Baugenehmigung – zB wegen einer Grenzbebauung – von einer Zustimmung des Nachbarn abhängt. Die Genehmigung muß dann auch dauerhaft erfolgen (BGH NJW-RR 1999, 1105); zu Lasten des Architekten geht es, wenn sie später wieder zurückgenommen wird (BGH NJW 1999, 2112). Daß die Genehmigung uU im vereinfachten Verfahren erteilt wird, mindert die Anforderungen an die Planung des Architekten nicht (BGH NJW 2002, 129).

Mangelnde Genehmigungsfähigkeit führt allerdings *nicht unter allen Umständen* zur Mangelhaftigkeit der Planung. Das ist – seltener – zunächst dann der Fall, wenn der Besteller dem Architekten kein konkretes zu beplanendes Grundstück genannt hat. Häufiger ist der Fall, daß der Bauherr das Risiko der unterbleibenden Genehmigung bewußt übernommen, man also sozusagen *„auf Verdacht"* geplant hat. Hier sind aber strenge Anforderungen zu stellen (vgl BGH NJW-RR 1999, 1105; KRETSCHMER NJW 1968, 534). Der Architekt hat den Besteller unmißverständlich auf die bestehenden Risiken hinzuweisen, wenn dies notwendig erscheint (vgl auch BGH WM 1972, 1457; NJW 1996, 2370).

In diesen Fällen aber – und auch sonst – hat der Architekt *die Planung auf das unbedingt erforderliche Mindestmaß* zu beschränken und muß insbesondere durch eine Bauvoranfrage einen verbindlichen Vorbescheid erwirken (vgl BGH WM 1972, 1457; OLG Köln BauR 1999, 358; BINDTHARDT/JAGENBURG 280 ff). Eine jetzt schon weitergehende Architektenleistung ist nicht zu vergüten; BGH aaO leitet das aus einem aufrechenbaren Schadensersatzanspruch des Bestellers aus positiver Forderungsverletzung her; richtiger erscheint die Annahme, daß die *Planung insoweit mangelhaft ist* (vgl OLG Düsseldorf NJW-RR 1997, 915).

Andererseits schuldet der Architekt nur eine genehmigungsfähige Planung, nicht auch, daß sie tatsächlich genehmigt wird. Wird die Genehmigung zu Unrecht verweigert, ist das Risiko des Bauherrn (BGH NJW-RR 1999, 1105) und ist die Planung dann nicht mangelhaft, wenn die Fehlentscheidung der Behörde auf der Hand liegt und dem Bauherrn Rechtsmittel zugemutet werden können; dagegen wird man die nicht genehmigte Planung bei zweifelhafter Rechtslage und unklaren Aussichten von Rechtsmitteln für mangelhaft halten müssen (vgl auch BINDTHARDT/JAGENBURG, 282 f).

bb) Soweit Bauvorhaben neuerdings verstärkt von der Genehmigungsbedürftigkeit **13** freigestellt und nur noch anzeigepflichtig sind (vgl den Überblick über die Regelungen bei SCHULTE BauR 1996, 599; ORTLOFF/RAPP NJW 1996, 2346), kann ein bauordnungsrechtlicher Mangel der Planung nicht schon dadurch entfallen, daß eine bestandskräftige Baugenehmigung vorliegt. Die Planung bleibt mangelhaft, wenn sie dem materiellen Baurecht nicht entspricht; im Verschuldensfall haftet der Architekt für die Folgen auf Schadensersatz.

cc) Auch sonst muß die Planung realisierbar sein, um mangelfrei zu sein. Den Architekten entlastet es nur, wenn die Verantwortung für die Nichtrealisierbarkeit den Besteller trifft, zB mangelnde finanzielle Leistungsfähigkeit. Doch hat der Architekt die Möglichkeiten der Realisierung zu erkunden, seine Planung ihnen anzupassen (vgl auch sogleich Rn 16).

Fehlende Realisierbarkeit ist dann kein Mangel, wenn der Auftrag nur auf Erkundung lautete.

dd) Die Planung muß vertragsgemäß sein; das kann auch durch Auflagen der Genehmigungsbehörde verfehlt werden (BGH BauR 1998, 579).

3. Minderung

Die Minderung des Architektenhonorars folgt den allgemeinen Regeln des § 634. Als **14** *Minderungsgründe* kommen vor allem die soeben in Rn 12 f genannten Gründe in Betracht. Nach *Realisierung der Planung* ist die Minderung gleich dem Rücktritt *interessenwidrig*, weil sie Schadensersatzansprüche aus § 634 Nr 4 abschneidet. Zur Berechnung der Minderung vgl § 634 Rn 100. Die Kosten der Beseitigung etwaiger Mängel können jedenfalls nicht zur Berechnungsbasis gemacht werden. Es ist vielmehr eine *Honorarkürzung* in dem Verhältnis vorzunehmen, in dem der Wert des Bauwerks gemindert ist.

15 *Keine Frage der Minderung* ist es, wenn der Architekt *nicht alle Leistungsphasen des Leistungsbildes* erbringt, die ihm aufgetragen werden. *Wenn das Bauwerk gleichwohl mangelfrei ersteht,* können Honorarabzüge unter dem Gesichtspunkt der Gewährleistung nicht gemacht werden (vgl auch BGH NJW 1982, 1387; 1969, 420; LOCHER/KOEBLE/ FRIK § 5 HOAI Rn 13, 20). Wegen der Erfolgsbezogenheit der Architektentätigkeit sollten aber auch dann Abzüge vom Honorar nicht gemacht werden, wenn einzelne Teile von Leistungsphasen ohne nachteilige Folgen nicht erbracht worden sind. Wenn *ganze Phasen* ausgefallen sind, ist es zweifelhaft, ob in entsprechender Anwendung von § 5 HOAI Abzüge zu machen sind (offen dazu BGHZ 45, 376 = NJW 1966, 1713; bejahend zB LOCHER/KOEBLE/FRIK 12; verneinend OLG Düsseldorf BauR 1982, 597; mit Einschränkungen OLG Hamm NJW-RR 1990, 522; OLG Celle BauR 1991, 371). Richtigerweise sollte es wohl *auch dann nicht* zu Honorarabzügen kommen. Der in § 5 HOAI geregelte Fall der bewußten Übertragung einzelner Leistungsphasen liegt anders. Die werkvertragliche und damit erfolgsbezogene Sicht des Architektenvertrages spricht für einen ungekürzten Honoraranspruch des Architekten.

III. Schadensersatz statt der Leistung

1. Verantwortungsbereiche des Architekten

a) Planung

16 Der Architekt schuldet, sofern er damit beauftragt ist, eine *verwertbare* Planung. Es sind an sie bestimmte Anforderungen zu stellen, vgl auch schon o Rn 12 f. Dabei hat er freilich in ästhetischer Hinsicht ein *Planungsermessen*. Die Planung ist nicht schon dann mangelhaft, wenn sie nicht die optimale Lösung ist, sondern erst dann, wenn sie nicht mehr sachgerecht erscheint (vgl OLG Hamm NJW-RR 1989, 470 zur Einbindung des Gebäudes in die Umgebung).

aa) Die Planung muß den *Wünschen und Bedürfnissen* des Bestellers entsprechen, die der Architekt zu ermitteln hat (BGH NJW-RR 1998, 668) sowie seinen *Möglichkeiten* und Verpflichtungen (OLG Düsseldorf NJW-RR 1997, 275) gerecht werden.

(1) Die Wünsche, die der Bauherr an den Architekten heranträgt, hat dieser seiner Planung nach Möglichkeit zugrunde zu legen. Er hat sie jedoch *kritisch zu überprüfen,* wobei das Ausmaß der Prüfungspflicht davon abhängt, inwieweit der Bauherr selbst über Sachkunde verfügt (vgl BINDTHARDT/JAGENBURG 199). Selbst volle eigene Sachkunde des Bauherrn läßt die Überprüfungspflicht des Architekten jedoch nicht gänzlich entfallen (aA BINDTHARDT/JAGENBURG 199 unter Berufung auf OLG München MDR 1960, 399); der Architekt muß sich dann jedenfalls vergewissern, daß der Bauherr die nachteiligen Folgen seiner Wünsche auch überblickt und hinzunehmen bereit ist. *Unfachmännischen Wünschen* des Bauherrn muß der Architekt deutlich entgegentreten und auf die Konsequenzen hinweisen (vgl OLG Hamm NJW-RR 1988, 275; BINDTHARDT/JAGENBURG 275). Das gilt insbesondere auch dann, wenn die Wünsche des Bauherrn rechtlich unzulässig sind, weil sie zB von der erteilten Baugenehmigung abweichen. Hinsichtlich der Baugenehmigung selbst müssen dem Architekten die einschlägigen gesetzlichen Bestimmungen vertraut sein, so daß er haften kann, wenn

die Baugenehmigung zunächst fälschlich erteilt und dann widerrufen wird (vgl OLG München NJW-RR 1992, 788). Will der Bauherr Handwerker beauftragen, an deren Zuverlässigkeit der Architekt Zweifel hegt, muß er diese vortragen (vgl BGH NJW 1978, 322).

(2) Die Planung muß den *Bedürfnissen* des Bestellers entsprechen; sie hat seine realisierbaren Wünsche zugrunde zu legen (vgl BGH NJW-RR 1998, 668). Diese hat der Architekt uU erst zu ermitteln. Bei widerstreitenden Bedürfnissen hat er den Bauherrn über die Möglichkeiten der jeweiligen Berücksichtigung aufzuklären.

(3) Unter den *Möglichkeiten* des Bauherrn, die der Architekt zu berücksichtigen hat, stehen dessen *finanzielle* im Vordergrund (vgl dazu Rn 19 f).

bb) Die Planung muß *technisch einwandfrei* sein.

(1) Dazu hat der Architekt zunächst die *technischen Vorgegebenheiten* zu klären, insbesondere Baugrund, Statik (OLG Düsseldorf NJW-RR 1997, 915), Bauphysik (OLG Düsseldorf BauR 1993, 622: Schallschutz). Namentlich hat er auf Punkte zu achten, die für den Bau kritisch werden können, so etwa die Grundwasserverhältnisse (OLG Düsseldorf NJW-RR 1996, 1300; BauR 2000, 1358; OLG Köln NJW-RR 1993, 1493. Vgl auch OLG Düsseldorf NJW-RR 1996, 17 zu den Prüfungspflichten bei einer raumlufttechnischen Anlage).

Insoweit kann die *Einschaltung von Sonderfachleuten* geboten sein. Ihr Einsatz ist zwar, da mit Kosten verbunden, nicht in jedem Fall zulässig (vgl BINDTHARDT/JAGENBURG 246), sondern erst dann, wenn mit Problemen zu rechnen ist, die so kompliziert sind, daß sie das Maß dessen überschreiten, was durchschnittlicherweise von einem Architekten erwartet werden kann. Ihre *Nichteinschaltung* kann dann aber auch einen *Verschuldensvorwurf* begründen (vgl OLG Hamm BauR 1997, 1069).

Wenn der Architekt einen *Sonderfachmann einschaltet*, kommt es darauf an, *in welcher Form dies geschieht*. Sofern er ihn selbst als Subunternehmer beauftragt, haftet er für seine Fehler nach § 278. Sofern er auf eine Beauftragung durch den Bauherrn hinwirkt, ist er jedenfalls zu einer sorgfältigen Auswahl sowie zu einer Überprüfung der Ergebnisse verpflichtet, letzteres jedenfalls, soweit zu Bedenken Anlass besteht (vgl auch u Rn 26).

(2) Darüber hinaus muß die Planung des Architekten *den anerkannten Regeln der Technik* entsprechen (vgl dazu § 633 Rn 168 ff). Will er von ihnen abweichen, hat er den Bauherrn eingehend auf die damit verbundenen Risiken hinzuweisen. Grundsätzlich ist er gehalten, den technisch sichersten Weg zu wählen. Die *Verwendung neuer* und damit zwangsläufig weniger erprobter *Materialien* scheidet damit nicht grundsätzlich aus. Bewähren sie sich, fehlt es ohnehin an einem Schaden, bewähren sie sich nicht, haftet der Architekt nicht bei hinreichender Aufklärung über Risiken und Alternativen bzw – mangels Verschulden – wenn sie ihm sicher erscheinen konnten (vgl LG Düsseldorf SCHÄFER/FINNERN/HOCHSTEIN § 635 Nr 81, vgl aber auch OLG Celle BauR 1990, 739 zu dem Fall, daß ein „Restrisiko" verbleibt). Der Wunsch zu sparen entbindet jedenfalls nicht von der Einhaltung der anerkannten Regeln der Technik (OLG Düsseldorf BauR 1991, 732).

cc) Die Planung des Architekten muß insbesondere auch *so detailliert* sein, daß danach ohne weiteres gebaut werden kann (vgl BGH VersR 1974, 261; NJW 1978, 393). Jedenfalls in Zweifelsfällen und bei schwierigeren Fragen darf sich der Architekt nicht darauf verlassen, daß die bauausführenden Firmen seine unvollständige Planung schon sachgerecht ausfüllen werden (vgl BGH NJW-RR 1988, 275, ferner OLG Celle BauR 1992, 801 zu Abdichtungsmaßnahmen; bedenklich OLG Köln VersR 1993, 1229, zur Absicht, die Handwerker nur mündlich einzuweisen. Seine Planung muß für die Handwerker unmißverständlich sein, OLG Düsseldorf NJW-RR 1999, 960). Schadensträchtige Risiken sind unmißverständlich zu verdeutlichen (BGH NJW 2000, 2991).

b) Vergabe der Arbeiten

18 aa) Die zu erbringenden Arbeiten müssen in der *Leistungsbeschreibung grundsätzlich vollständig und richtig erfaßt* sein, wobei sich der Architekt insoweit an § 9 VOB/A zu orientieren hat (vgl BINDTHARDT/JAGENBURG 264 f). Er hat insbesondere auch geeignete Materialien vorzuschreiben.

bb) Die eingehenden *Angebote* hat der Architekt *sorgfältig und gewissenhaft zu prüfen*. Er hat den Bauherrn bei der Auswahl sachverständig zu beraten und ihm insbesondere von ungeeigneten Unternehmern abzuraten, wobei sich die mangelnde Eignung aus mangelnder Erfahrung, geringer Zuverlässigkeit oder finanzieller Angespanntheit ergeben kann. Bei der Wertung der Angebote hat der Architekt die Kriterien des § 25 VOB/A zugrunde zu legen.

c) Wirtschaftlichkeit der Planung

19 aa) Die Planung des Architekten kann dadurch mangelhaft sein, daß sie *wirtschaftlich nicht mehr vertretbar* ist (BINDTHARDT/JAGENBURG 285 ff; LOCHER, Das private Baurecht Rn 272). Übermäßiger Aufwand muß vermieden, die Nutzbarkeit des Gebäudes optimiert werden (BGH NJW 1998, 1064). Der Architekt muß die *finanziellen Möglichkeiten des Bauherrn* berücksichtigen, und dies naturgemäß möglichst frühzeitig, BGH NJW-RR 1991, 664 = LM Nr 19 HOAI, er hat aber auch innerhalb des dadurch vorgegebenen Rahmens *möglichst kostengünstig* zu planen, vgl BGH VersR 1964, 1045, wobei natürlich der Kostenaspekt *nur einer unter den vielfältigen zu berücksichtigenden Gesichtspunkten* ist. Er darf keinen übermäßigen Aufwand treiben (BGH NJW 1998, 1046). Ein Mehrfamilienhaus, das Renditeobjekt werden soll, kann schon deshalb mangelhaft sein, weil dieser Zweck verfehlt wird (vgl BGH NJW 1975, 1657). Dagegen können bei einem vom Bauherrn selbst zu nützenden Eigenheim andere Gesichtspunkte im Vordergrund stehen. Eine Pflicht des Architekten, so kostengünstig wie nur möglich zu bauen, kann gerade dort nicht angenommen werden (vgl auch BGHZ 60, 1, 3).

Die vorgegebene Bausumme muß eingehalten werden (OLG Naumburg NJW-RR 1996, 1302). Ggf hat der Architekt auf staatliche Fördermittel hinzuweisen (BGH NJW 1996, 1889). Auch die spätere Verwertung des Objektes muß er bedenken (BGH NJW 1996, 2370).

20 bb) Der Architekt braucht grundsätzlich nicht von sich aus zu klären, ob und welche *steuerlichen Vorteile* der Bauherr in Anspruch nehmen kann (vgl BGHZ 60, 1). Weiß er aber, daß der Bauherr bestimmte Steuervorteile in Anspruch nehmen will, dann hat er seine Planung und die Beratung des Bauherrn entsprechend ein-

Titel 9 · Werkvertrag und ähnliche Verträge
Untertitel 1 · Werkvertrag

Anh II zu § 638
21–23

zurichten (BGHZ aaO; OLG Düsseldorf NJW-RR 1991, 90; OLG Köln NJW-RR 1993, 1493), zB auf die Einhaltung bestimmter Wohnflächenhöchstgrenzen hinzuwirken und die Wohnflächen auch korrekt zu berechnen, wenn davon die steuerlichen Vorteile abhängen. – Ggf hat er staatliche Fördermittel zu beantragen (BGH NJW 1996, 1884) bzw darf er ihre Streichung nicht verursachen (OLG Koblenz NJW-RR 1998, 21).

cc) Dem entspricht es, daß der Architekt auch eigene *entbehrliche Leistungen zu unterlassen* hat. So darf er insbesondere eine detaillierte Planung erst erstellen, wenn die Bebauungsmöglichkeit als solche geklärt ist (BINDTHARDT/JAGENBURG 288). Auch den Erwerb des für die Bebauung vorgesehenen Grundstücks muß der Architekt vor weiteren Schritten uU abwarten; jedenfalls hat er einen drängenden Bauherrn eindringlich darauf hinzuweisen, daß nähere Planungen nutzlos werden könnten.

d)   Rechtliche Betreuung des Bauherrn
Die *rechtliche Betreuung* des Bauherrn ist grundsätzlich *nicht Aufgabe des Architekten*; hierfür mag dieser anwaltliche Beratung einholen. **21**

aa) Doch hat der Architekt *die notwendigen Verträge vorzubereiten*, wozu es insbesondere gehört, daß er auf die Vereinbarung der VOB/B dringt (BINDTHARDT/JAGENBURG 292) und in diesem Zusammenhang einen nicht sachkundigen Bauherrn auf die wesentlichen Unterschiede zwischen einem VOB-Vertrag und einem BGB-Vertrag hinweist, wie sie insbesondere in der Verjährungsfrage bestehen. Der Architekt hat jedenfalls *die Grundzüge des Werkvertragsrechts nach BGB und VOB/B zu kennen* (vgl BGH NJW 1973, 1457 = BGHZ 61, 28, dort nicht mit abgedruckt; BGH NJW 1978, 1311).

Den Architekten trifft bei der Vorbereitung der Verträge keine Verpflichtung, diese durch zusätzliche AGB so günstig wie nur möglich für den Besteller auszugestalten; vielmehr haftet er, wenn sich derartige AGB im Ergebnis nachteilig auswirken, weil dem Besteller ungünstige Klauseln erhalten bleiben (zB die verkürzte Verjährung nach der VOB/B), angestrebte Vorteile wegen § 307 aber nicht zu erreichen sind.

bb) Die Pflicht des Architekten, dem Bauherrn, der nicht selbst sachkundig ist, jedenfalls eine *juristische „Grundversorgung"* zu liefern, setzt sich auch während der Durchführung des Bauvorhabens fort. Wenn die beauftragten Unternehmer mangelhaft oder verzögerlich arbeiten, hat er darüber aufzuklären, welche *rechtlichen Möglichkeiten*, zB der Kündigung, der Ersatzvornahme oder des Schadensersatzes bestehen, und ggf korrekte Schritte einzuleiten. Er hat zu wissen, daß eine Vertragsstrafe nach § 341 Abs 3 des Vorbehalts bei der Abnahme bedarf (BGH NJW 1979, 1499), und wie man die Verjährung bei Gewährleistungsansprüchen hemmt oder erneuert (BGH NJW 1978, 1311). Diese Rechtsprechung, die *„nicht unerhebliche Kenntnisse"* des *Architekten im Werkvertragsrecht* verlangt (BGH NJW 1979, 1499), ist (entgegen GANTEN NJW 1979, 2513; BINDTHARDT/JAGENBURG 293 f) nicht als zu streng anzusehen. **22**

e)   Koordinierung des Bauvorhabens
Der Architekt hat die Tätigkeit der verschiedenen Unternehmer in der Planungsphase und auch späterhin *sachgerecht zu koordinieren* (LOCHER, Das private Baurecht Rn 255). **23**

aa) Das gilt zunächst *in technischer Hinsicht*. Der Architekt hat einander widersprechende Leistungen der einzelnen Gewerke zu vermeiden, zB die Verwendung von Baustoffen, die nicht miteinander kombiniert werden dürfen (vgl OLG Celle MDR 1969, 391 = BauR 1970, 182). Er hat aber auch für ein *sachgerechtes Ineinandergreifen der Arbeiten* zu sorgen, zB Ausgleich des Rohbetons vor Aufbringung des Estrichs (BGH WM 1971, 1125 = BGHZ 56, 312, dort nicht mitabgedruckt; OLG Oldenburg NJW-RR 2000, 21) oder Abstimmung der Festigkeit verschiedener Mörtellagen (BGH WM 1970, 354 = VersR 1970, 280).

Der Architekt hat bei Verdachtsmomenten die vorliegenden Pläne zu überprüfen (OLG Düsseldorf NJW-RR 1998, 741; OLG Köln NJW-RR 1997, 579); dies erst recht bei schon aufgetretenen Mängeln (OLG Düsseldorf NJW-RR 1999, 960).

bb) Das gilt weiterhin und vor allem *in zeitlicher Hinsicht*. Die einzelnen Arbeiten müssen einerseits in ausreichendem zeitlichen Abstand aufeinander folgen, andererseits aber auch hinreichend zügig, so daß einerseits Mängel vermieden werden, andererseits Verzögerungen und sonstige Mehrkosten, zB Lagerkosten.

24 cc) Fehler in der Koordinierung der Arbeiten können dem Architekt auch und gerade während der Ausführungsphase unterlaufen. Gleichwohl stehen sie in der Sache *den Planungsfehlern näher* als den Bauaufsichtsfehlern, da sich der auf Gewährleistung in Anspruch genommene Unternehmer auf mangelnde Beaufsichtigung nicht nach § 254 Abs 1, 278 berufen kann, wohl aber auf fehlerhafte Planung und eben auf fehlerhafte Koordinierung (vgl BGH NJW 1972, 447 = WM 1972, 800; OLG Köln BauR 1989, 377). Die Abgrenzung von Koordinierung und Bauaufsicht gestaltet sich allerdings im Einzelfall schwierig.

f) Bauaufsicht

25 aa) Der die Bauaufsicht führende Architekt braucht gängige, einfache Handwerkerarbeiten grundsätzlich nicht im einzelnen zu überwachen (vgl BGH VersR 1966, 488; 1969, 473; OLG Hamm NJW-RR 1990, 158; OLG Düsseldorf BauR 1992, 678). Er braucht auch *nicht ständig auf der Baustelle anwesend* zu sein (BGH BB 1956, 739 = Betr 1956, 771), sondern muß die Arbeiten – freilich über Stichproben hinaus – in angemessener Weise kontrollieren, wobei die Sanierung von Altbauten erhöhte Präsenz verlangt (BGH NJW 2000, 2500, 2501). Der Architekt hat aber *jedenfalls die wichtigsten Bauabschnitte, von denen das Gelingen des ganzen Werkes abhängt, persönlich oder durch erprobte Erfüllungsgehilfen zu überwachen* und sich nach Erledigung von ihrer Ordnungsmäßigkeit zu überzeugen (vgl BGH NJW 1971, 1130; BGHZ 68, 169 = NJW 1977, 898). Anhaltspunkte für Mängel verpflichten zu besonderer Aufmerksamkeit (BGH NJW 1994, 1276; OLG Celle NJW-RR 1995, 1468).

bb) *Erhöhte Aufsichtspflichten* des Architekten können sich *aus konkretem* Anlaß ergeben. Feste Regeln lassen sich insoweit nicht aufstellen, da die Umstände des Einzelfalls entscheiden. Kriterien sind zB:

(1) die *Wichtigkeit der Arbeiten* und ihre Bedeutung für den Bau als Ganzes. Hier sind namentlich zu nennen die Betonarbeiten (vgl BGH VersR 1965, 800; 1971, 818 = WM 1971, 1056; BB 1973, 1191 = Betr 1973, 1846 VersR 1973, 167), Abdichtungs- und Isolierungsarbeiten (BGH NJW-RR 2000, 1468; OLG Hamm NJW-RR 1990, 158; NJW-RR 1992, 1049; BauR 2000, 77), Einbindung der Fundamente (OLG Düsseldorf NJW-RR 1995, 532);

(2) die *Gefährlichkeit der Arbeiten* wie etwa Ausschachtungs-, Abbruch- und Fundamentierungsarbeiten (vgl BGH WM 1977, 1004; OLG Oldenburg NJW-RR 1992, 409; OLG Oldenburg NJW-RR 2000, 21);

(3) die *eingeschränkte Möglichkeit späterer Feststellung und Behebung von Baumängeln* (OLG München BauR 1994, 145: Drainage);

(4) *mangelnde Erfahrung oder sonstige Unzuverlässigkeit eines Unternehmers.* Darf der Architekt auch grundsätzlich auf ordentliche Arbeit von Unternehmern vertrauen, die ihm als zuverlässig bekannt sind (vgl BGHZ 39, 261 = NJW 1963, 1401; BGHZ 68, 189 = NJW 1977, 898), so können doch auch ihnen gegenüber die Aufsichtspflichten gesteigert sein, wenn sie zB im konkreten Fall schon Fehler gemacht haben (vgl BGHZ 68, 189) oder mit kritischen Aufgaben betraut sind. Erst recht obliegt dem Architekten eine intensivere Kontrolle, wenn der Bauherr Handwerker beauftragt, von denen er selbst abgeraten hat (vgl BGH NJW 1978, 322);

(5) *die Ungewöhnlichkeit oder Neuartigkeit eines bestimmten Verfahrens* oder verwendeter Baustoffe. Bei letzteren obliegt dem Architekten eine erhöhte Materialprüfungspflicht auch dann, wenn es auf bestimmte Eigenschaften besonders ankommt, wie zB Frostbeständigkeit. Zugelassene Baustoffe hat der Architekt aber nur zu überprüfen, wenn Mängel auffallen (OLG Stuttgart NJW-RR 1989, 1428).

(6) Stets bedürfen einer besonders intensiven Überwachung *Nachbesserungsarbeiten* (vgl BGH WM 1971, 680), weil der Unternehmer, der sie durchführt, mit der Verursachung des Mangels schon Zweifel an seiner Zuverlässigkeit geweckt hat.

(7) Schließlich ist darauf hinzuweisen, daß der die Bauaufsicht führende Architekt im Rahmen seiner *Verkehrssicherungspflicht* Gefahren abwenden muß, die Dritten aus der Baustelle erwachsen (vgl dazu Anh IV Rn 16 ff zu § 638).

cc) Die *Aufsichtspflichten* des Architekten finden auch wieder *ihre Grenzen*. So darf er namentlich darauf vertrauen, daß *Sonderfachleute* wie zB Statiker ihre Aufgaben auch ordentlich erfüllt haben (vgl OLG Köln NJW-RR 1994, 1110; 1998, 1476). Er hat das Werk des Statikers nur in groben Zügen zu überprüfen, wobei er aber insbesondere darauf zu achten hat, daß der Statiker von zutreffenden Daten ausgegangen ist und daß seine Planung korrekt umgesetzt wird. Der planende Architekt darf grundsätzlich ihm vom Bauherrn überlassene Bodengutachten zugrundelegen (OLG Köln BauR 1992, 804), der mit der Bauüberwachung beauftragte Architekt braucht die Planung nur auf erkennbare Fehler durchzusehen (BGH NJW-RR 1989, 86, 89), was bedeutet, daß er nur – aber dies jedenfalls – Verdachtsmomenten nachzugehen hat.

Die Aufsichtspflichten des Architekten werden jedoch grundsätzlich *nicht durch die Grenzen seiner eigenen Sachkunde* beschränkt. Wo diese überschritten werden, was zB bei Spezialarbeiten leichter der Fall sein kann, hat er sich entweder selbst zu unterrichten oder – was der sicherste Weg sein wird – Sachkundige heranzuziehen, vgl BGH NJW 1956, 787 (Plattenarbeiten); NJW 1962, 1569 (Holzarbeiten); VersR 1965, 800 (Stahlbetonarbeiten); NJW 1971, 1130 (Anbringung von Decken).

g) Abnahme der Unternehmerleistungen

26 **aa)** Der Architekt ist im Rahmen der Bauaufsicht dem Bauherrn gegenüber verpflichtet, die Leistungen der Unternehmer *abzunehmen*, allerdings nicht iSd § 640, was er nur bei entsprechender Vollmacht könnte, die nicht ohne weiteres besteht, sondern *im technischen Sinne*: Er hat die Leistungen auf ihre Mangelfreiheit zu überprüfen, etwaige Mängel dem Bauherrn mitzuteilen und *so dessen Entschließung über die Abnahme vorzubereiten*. Dabei hat er auch darauf hinzuwirken, daß der Bauherr nicht Gewährungsansprüche durch rügelose Abnahme nach § 640 Abs 2 einbüßt (vgl Bindthardt/Jagenburg 323). Gleiches gilt für den Vorbehalt einer Vertragsstrafe nach § 341 Abs 3 (vgl BGH NJW 1979, 1499).

bb) Die *Abnahme* der Werkleistungen durch den Bauherrn, die der Architekt vorzubereiten hat, sollte zur Vermeidung von Komplikationen *eine förmliche* sein; insbesondere sollte auch ein Abnahmeprotokoll mit einer Mängelliste erstellt werden.

cc) Im Zusammenhang mit der Abnahme hat der Architekt für den Bauherrn nach § 15 Nr 8 HOAI eine *Liste der Gewährleistungsfristen* der Unternehmer aufzustellen, aus der sich ihr Beginn und Ende ergeben (vgl zu den diesbezüglichen Pflichten Locher BauR 1991, 135).

h) Aufmaß und Rechnungsprüfung

27 **aa)** Der Architekt hat zusammen mit den Bauunternehmern ein genaues *örtliches Aufmaß* der erbrachten Leistungen zu erstellen, soweit sich dies nicht durch Pauschalpreisabreden erübrigt.

bb) Im Anschluß daran muß der Architekt die von den Unternehmern eingereichten *Rechnungen auf ihre sachliche und rechnerische Richtigkeit überprüfen* (vgl auch BGH NJW-RR 1998, 1548, NZBau 2002, 513 zu Abschlagsrechnungen). Zur Bedeutung seines Prüfvermerks vgl § 641 Rn 76. Im Fall von Mängeln hat er für einen entsprechenden *Sicherheitsbehalt* des Bauherrn nach § 320 zu sorgen. Im übrigen hat er die Rechnungen und die von ihm vorgeschlagenen Abzüge und Einbehalte dem Bauherrn *zu erläutern*. Eine fehlerhafte Bedienung der Rechnungen kann zur Haftung führen, mag sie sich nun zu Gunsten oder zu Lasten der Unternehmer auswirken.

i) Überwachung der Mängelbeseitigung

28 **aa)** Der Architekt hat die *Ursachen festgestellter Mängel zu klären*, und zwar auch soweit sie auf ihn selbst zurückgehen (vgl BGH NJW 1978, 1311) und die Unternehmer zu ihrer *Beseitigung* zu veranlassen.

bb) Wenn die Unternehmer der Aufforderung des Architekten zur Mängelbeseitigung nicht nachkommen, hat dieser jedenfalls den Weg der *Ersatzvornahme* nach § 13 Nr 5 Abs 2 VOB/B bzw § 637 ordnungsgemäß einzuschlagen. Von dieser Verpflichtung ist er nur befreit, wenn der Bauherr selbst über die erforderliche Sachkunde verfügt (vgl BGH NJW 1973, 1457 = BGHZ 61, 28, dort nicht mitabgedruckt; 1978, 1311; 1979, 1499). Die Kritik im Schrifttum, die die Anforderungen an den Architekten herabschrauben möchte (vgl Bindthardt/Jagenburg 322 mwN), vermag nicht zu überzeugen.

cc) *Ergeben sich nachträglich Mängel*, muß der Architekt erneut entsprechend tätig werden (vgl BGH NJW 1971, 1130; 1978, 1311). Insbesondere hat er im Rahmen der ihm obliegenden Objektbetreuung, § 15 Nr 9 HOAI, das Objekt zur Feststellung von Mängeln zu besichtigen und dann das Notwendige zu veranlassen. Ihm obliegt auch die Mitwirkung bei der Freigabe von Gewährleistungssicherheiten.

k) Beschleunigung des Bauvorhabens
Für den Bauherrn ist die *Verwirklichung des Bauvorhabens in angemessener Frist* von entscheidender Bedeutung.

aa) Kommt es zu Verzögerungen aus dem eigenen Verantwortungsbereich des Architekten, kann der Besteller Fristen nach den §§ 281 Abs 1, 323 Abs 1 setzen, ggf aus wichtigem Grund fristlos kündigen, vgl auch §§ 281 Abs 2, 323 Abs 2 Nr 3, Abs 4.

bb) Zur Mangelfreiheit des Architektenwerks iSd §§ 633, 635 gehört es aber auch, daß der Architekt ein *zügiges Tätigwerden der Unternehmer* veranlaßt. Zu diesem Zweck hat er im Rahmen der Objektüberwachung, § 15 Nr 8 HOAI, einen *Zeitplan* (Balkendiagramm) aufzustellen und seine *Einhaltung durch die Bauunternehmer* zu überwachen. Da Bauzeitpläne gegenüber den Unternehmern nach § 5 Nr 1 S 2 VOB/B nur dann verbindlich sind, wenn eine entsprechende Vereinbarung ausdrücklich im Bauvertrag getroffen ist, hat der Architekt auch dies zu veranlassen. Wo *Mahnungen* der Unternehmer erforderlich werden, hat der Architekt sie auszusprechen bzw zu veranlassen (BINDTHARDT/JAGENBURG 335).

l) Kostenüberschreitung
Zu den wesentlichen Pflichten des Architekten gehört die *ständige Kontrolle der Kosten* des Bauvorhabens (OLG Naumburg ZfBR 1996, 322). Der Architekt hat den Bauherrn laufend über die Kostenentwicklung zu *informieren* (BGH BauR 1997, 1067). Bei der Kostenermittlung hat der Architekt jeweils korrekt vorzugehen; er schuldet Ersatz für Schäden, die aus einer unsauberen Ermittlung folgen, zB wenn deshalb dem Bauherrn Zuschüsse verweigert werden (vgl BGH NJW-RR 1988, 1361). Freilich braucht der Architekt nur seinen eigenen Pflichten zu folgen, nicht etwa besonderen weiteren, wie sie sich etwa aus den Anforderungen der den Zuschuß verwaltenden Stellen ergeben können, BGH (aaO). Auch soweit die Kosten durch dessen Zusatz- und Sonderwünsche steigen, darf der Architekt nicht davon ausgehen, daß dem Bauherrn *die kostenmäßigen Konsequenzen* von sich aus deutlich sein werden, sondern hat ihn *eindringlich* auf diese hinzuweisen (BINDTHARDT/JAGENBURG 340). Zur Präzisierung der Pflichten des Architekten kommt die HOAI in § 15 an 5 Stellen auf die Kostenprüfung zu sprechen. Danach gehören zur Vorplanung, Phase 2, eine Kostenschätzung, zur Entwurfsplanung, Phase 3, eine Kostenberechnung, zur Objektüberwachung, Phase 8, eine Kostenfeststellung und eine Kostenkontrolle.

aa) Die *Kostenschätzung* wie auch die *Kostenberechnung* sind nach DIN 276 (abgedruckt bei LOCHER/KOEBLE/FRIK, HOAI Anh 1) oder nach dem wohnungsrechtlichen Berechnungsrecht (2. BerechnungsVO idF v 22.6.1979) vorzunehmen. Sie müssen insoweit *richtig* sein, als sie keine Rechenfehler enthalten dürfen und auf richtigen Voraussetzungen basieren müssen; so dürfen zB keine notwendigen Bauleistungen übersehen werden; die Kubikmeterpreise müssen realistisch sein und die Mehrwertsteuer muß bedacht werden (vgl BGH NJW-RR 1997, 402). Auf dieser Basis sind dann freilich, weil es sich um bloße Prognosen handelt, *gewisse Toleranzen* hinzunehmen (vgl OLG Hamm BauR 1991, 246), *die sich mit der Verfestigung der Planung verringern.* BINDTHARDT/JAGENBURG 345 nehmen für vorvertragliche Kostenschätzungen Abweichungen von 30% hin, für die Kostenschätzung im Vorplanungsstadium 20%, für die Kostenberechnung im Entwurfsstadium 10%, was ein relativ strenger Maßstab ist. BGH VersR 1957, 298 hat eine spätere Kostensteigerung gegenüber einer Schätzung von 27,7% noch für ggf tragbar gehalten; nach BGH NJW 1971, 1840 war die zulässige Toleranzgrenze mit einer Kostensteigerung von 100% weit überschritten. *Vor festen Prozentsätzen ist jedenfalls zu warnen*; es kommt ganz auf die *Umstände des Einzelfalls an* (vgl BGH NJW-RR 1988, 1361; NJW 1994, 1741), und der Architekt muß jedenfalls auf die kostenmäßigen *Risikofaktoren* hinweisen.

32 bb) Der *Kostenanschlag* bei der Vergabe der Arbeiten basiert auf den Preisen der Angebote. Er muß die Kosten genau angeben, unter Berücksichtigung auch der in den Angeboten nicht mitenthaltenen Nebenkosten. Ein *Spielraum* für den Architekten ist hier *nicht* mehr anzuerkennen (vgl BINDTHARDT/JAGENBURG 347; **aA** SCHMALZL Rn 86 [10%], POTT/FRIELING Rn 492). Wo noch kein Angebot vorliegt, wird der Architekt dieses jetzt selbst richtig – und jedenfalls nicht zu niedrig – kalkulieren können.

cc) Nach Abschluß des Bauvorhabens hat der Architekt *die endgültig entstandenen Baukosten zusammenzustellen* und etwaige Differenzen zu den Prognosen zu klären.

33 dd) Auch wenn der Architekt die Kosten in allen Leistungsphasen zutreffend ermittelt, kann seine Leistung mangelhaft sein. Das gilt namentlich dann, wenn er ein ihm gesetztes *Kostenlimit* überschreitet, wobei freilich zu unterscheiden ist zwischen einem *absoluten Kostenlimit*, das keinesfalls überschritten werden darf, und einem *relativen*, das nach Möglichkeit, aber nicht zwingend einzuhalten ist und bei dessen Überschreitung ein Mangel nicht ohne weiteres anzunehmen ist. Eine mangelhafte Architektenleistung ist aber auch dann anzuerkennen, wenn der Architekt den Bauherrn nicht *rechtzeitig auf sich ergebende preisliche Veränderungen* hinweist, wie sie aus Änderungen der Planung oder aus zusätzlichen Wünschen des Bauherrn folgen können, deren kostenmäßige Konsequenzen dem Besteller nicht deutlich zu sein brauchen (bedenklich OLG Köln NJW-RR 1993, 986).

Ohne Vorgabe eines Kostenrahmens haftet der Architekt jedenfalls nicht (BGH NJW-RR 1997, 850). Ob es bei diesem Spielraum in bezug auf das fertige Objekt geben soll, ist eine Frage der Auslegung (BGH aaO).

Der Architekt kann auch eine Kostengarantie übernehmen, die aber einen entsprechenden Einstandswillen voraussetzt (vgl OLG Düsseldorf NJW-RR 1985, 285 BauR 1993, 356). Im Zweifel kann davon nicht ausgegangen werden.

34 ee) Die *Entwicklung angemessener Rechtsfolgen* bei Kostenüberschreitungen bereitet *Schwierigkeiten*.

(1) Vor dem Abschluß des Bauvorhabens kann in einer Kostenüberschreitung für den Bauherrn ein Anlaß zur *Kündigung aus wichtigem Grund* liegen, bei der er dann von der Verpflichtung zur Zahlung des künftig entgehenden Gewinns nach § 649 S 2

befreit ist. Wenn der Architekt *das eigene Honorar* falsch einschätzt, kann der Architektenvertrag ggf nach § 650 Abs 1 gekündigt werden.

(2) Vor und nach Abschluß des Bauvorhabens besteht auch bei unverschuldeten Mängeln des Architektenwerks für den Bauherrn die Möglichkeit des Rücktritts oder der *Minderung*, bei denen er freilich maximal von der Verpflichtung zur Zahlung des Architektenhonorars befreit werden kann, idR aber auch dies nicht, weil verbleibende Vorteile nach § 346 Abs 2 zu berücksichtigen sind.

(3) Der *Schadensersatzanspruch* im Verschuldensfall bereitet ebenfalls Schwierigkeiten. 35

(a) Wenn den Mehrkosten *keine entsprechenden Vorteile* gegenüberstehen („echte Baukostenüberschreitung"), hat der Bauherr einen entsprechenden Schaden (vgl BINDTHARDT/JAGENBURG 350; LOCHER, Das private Baurecht Rn 281).

(b) *Regelmäßig* werden den Mehrkosten aber *Vorteile für den Bauherrn* gegenüberstehen, sog unechte Baukostenüberschreitung. Sie können im Wege der *Vorteilsausgleichung* zu berücksichtigen sein (vgl BGH BauR 1970, 246; 1979, 74). Es ist zu unterscheiden: 36

Es ist zunächst denkbar, daß der Bauherr auch bei rechtzeitiger Kenntnis der wahren Kosten in dieser Weise gebaut hätte, zB wenn er das Grundstück auf jeden Fall nutzen wollte und es sich um unumgängliche Gründungskosten handelt. Dann *entfällt die Kausalität* der Pflichtwidrigkeit des Architekten für diesen Schaden. Die Beweislast für sein Verhalten bei korrekter Aufklärung über die Kosten trägt der Bauherr (BGH NJW-RR 1997, 850).

Wenn der Bauherr das Objekt wegen der Kosten nicht mehr halten kann, besteht der Schaden aus den tatsächlichen Kosten abzüglich des Erlöses für den Bau, dh unter Ausschaltung des Grundstücksanteils am Kaufpreis (BGH WM 1971, 1371).

Wenn der Bauherr das Bauvorhaben ganz unterlassen, aufgegeben oder nur reduziert durch- oder fortgeführt hätte, besteht sein Schaden aus den *Mehraufwendungen*. Soweit diese Mehrkosten aus einer *erweiterten Finanzierung* resultieren, steht ihnen ein auszugleichender Gegenwert jedenfalls nicht gegenüber, so daß sie insoweit *uneingeschränkt* zu ersetzen sind (vgl OLG Düsseldorf BauR 1974, 354; OLG Stuttgart BauR 1979, 174; OLG Köln NJW-RR 1994, 981; BINDTHARDT/JAGENBURG 349).

Dagegen will die Rechtsprechung eine *Wertsteigerung des Bauvorhabens als schadensmindernd* berücksichtigen (vgl BGH VersR 1957, 298 NJW 1970, 2018; BauR 1979, 74; OLG Hamm BauR 1993, 628; OLG Köln NJW-RR 1994, 981). Dabei soll es eine Frage des Einzelfalls sein, ob die Wertsteigerung nach dem *Ertragswert* oder nach dem *Substanzwert* zu ermitteln ist. BGH NJW 1970, 2018 stellt bei eigengenutzten Gebäuden den Substanzwert in den Vordergrund, BGH BauR 1979, 74 bei fremdgenutzten, aber auch bei gewerblich selbstgenutzten Objekten den Ertragswert.

Dieser Rechtsprechung kann *im Ansatz*, daß eine Anrechenbarkeit gegeben ist, *gefolgt* werden, ebenfalls in der Frage der Bewertungsmaßstäbe (vgl aber krit jeweils

LAUER BauR 1991, 401, 405 ff, 409 ff). Nicht gefolgt werden kann ihr, wenn sie den Einwand des Bauherrn, daß für ihn eine Wertsteigerung nicht gegeben sei, grundsätzlich nicht zuläßt. Der hier auf den Schadensersatzanspruch anzurechnende Vorteil bedeutet für den Bauherrn letztlich nichts anderes als eine *aufgedrängte Bereicherung* (vgl LOCHER NJW 1965, 1696), so daß die dort berücksichtigten Gesichtspunkte hier schwerlich außer Betracht gelassen werden dürfen (vgl zu ihnen MünchKomm/LIEB § 812 Rn 258 ff, 262). Bei der notwendigen Abwägung wird man zu berücksichtigen haben, inwieweit die Mehrkosten und Wertsteigerungen gerade auf den Bauherrn zurückgehen (dann eher volle Berücksichtigung), inwieweit sie notwendig waren (vgl LOCHER aaO), und ob sie für den Bauherrn einen *realisierbaren und fühlbaren Gewinn* bedeuten.

Abzusetzen sind jedenfalls sog „Sowieso"-Kosten (vgl dazu § 634 Rn 20), dh jene Kosten, die bei ordnungsgemäßer Durchführung des Bauvorhabens ebenfalls angefallen wären.

2. Keine vorrangige Nachbesserungsbefugnis

37 Jedenfalls soweit es um Schäden am Bauwerk selbst geht, ist der Schadensersatzanspruch des Bauherrn *nicht* davon abhängig, daß er dem Architekten vorab nach Maßgabe des § 281 Abs 1 die *Möglichkeit zur Nachbesserung* gewährt hat (vgl dazu Rn 9).

3. Verschulden

Der Anspruch setzt ein Verschulden des Architekten voraus. Er kann insbesondere gegen die zur betreffenden Zeit anerkannten Regeln der Technik verstoßen haben (dazu § 633 Rn 168 ff; vgl auch OLG Düsseldorf NJW-RR 1994, 477 zum Statiker). – Der Architekt muß aber auch über hinreichende Kenntnisse im öffentlichen und privaten Baurecht verfügen; die Klärung schwieriger Rechtsfragen obliegt ihm nicht (OLG Zweibrücken NJW-RR 1998, 1097).

So kann es etwa am Verschulden fehlen, wenn die Behörde seine Planung zunächst genehmigt und damit – wie er – für genehmigungsfähig gehalten hat (vgl KG BauR 1999, 1474). Ohne besondere Anhaltspunkte darf sich ein Architekt auch auf die Richtigkeit eingeholter Gutachten verlassen (vgl OLG Koblenz BauR 2000, 130).

4. Mitverschulden

Ein anspruchsminderndes Mitverschulden des Bauherrn kommt nur ganz ausnahmsweise in Betracht (vgl LOCHER, Das private Baurecht Rn 267 f). Soweit der Bauherr Unvernünftiges begehrt, hat ihn der Architekt kraft seiner überlegenen Sachkunde aufzuklären, so daß ein Mitverschulden erst dann denkbar ist, wenn der Bauherr trotz nachhaltiger Belehrung auf seinen Vorstellungen besteht (vgl auch – im Rahmen des § 4 Nr 3 VOB/B – § 633 Rn 76 f). Zu einer Beaufsichtigung des Architekten ist der Bauherr auch dann nicht nach § 254 Abs 1 gehalten, wenn er selbst über Sachkunde verfügt. Es mindert seinen Ersatzanspruch gegen den fehlerhaft planenden Architekten mithin auch nicht, wenn der spätere bauleitende Architekt den Planungsmangel schuldhaft übersehen hat (vgl OLG Köln NJW-RR 1997, 597). Auch umgekehrt braucht sich der Besteller gegenüber dem bauleitenden Architekten, der den Planungsmangel übersehen hat, das Verschulden des planenden Architekten nicht anrechnen zu lassen. Kein Mitverschulden des Bestellers, der andere Firmen beauftragt, als vom Architekten empfohlen, solange letzterer nicht warnt (BGH BauR 1999, 680), wenn er dem Architekten Daten von Sonderfachleuten fehlerhaft übermittelt (OLG Köln NJW-RR 1998, 1320).

5. Beweislast

a) Mangel des Architektenwerkes 38
Der Schadensersatz begehrende Besteller muß zunächst einen Mangel des Architektenwerkes beweisen.

aa) Ein **Mangel am Bauwerk** ist *nicht ohne weiteres gleichzusetzen mit einem Mangel des Architektenwerks* (vgl BINDTHARDT/JAGENBURG 14) da er auch andere Ursachen haben kann als eine Pflichtverletzung des Architekten wie zB eine mangelhafte Bauausführung durch die Unternehmer. In diesem Sinne ist das Architektenwerk dann mangelhaft, wenn eine *objektive Pflichtverletzung* durch den Architekten vorliegt. Diese muß der Bauherr beweisen (vgl BGHZ 42, 16; 48, 310; OLG Düsseldorf NJW-RR 1999, 1616; ERMAN/SEILER § 635 aF Rn 29; BINDTHARDT/JAGENBURG 186; SCHMALZL Rn 63). Freilich kann ein Mangel des Bauwerks den Anscheinsbeweis für eine Verletzung der Bauaufsicht liefern (BGH NZBau 2002, 574).

Geht es um die Alternative Planungs- oder Ausführungsmangel, muß der Bauherr also ersteres beweisen. Liegt ein Ausführungsmangel nicht vor, indiziert die objektive Unzulänglichkeit des Baues den Planungsmangel. Wenn ein Ausführungsfehler vorliegt, muß der Besteller beweisen, daß Anlaß zu besonderer Aufsicht bestand (riskante Bauphase, Unzuverlässigkeit der Handwerker) und daß der Architekt nicht oder nicht genug beaufsichtigt hat.

bb) Der Besteller muß weiterhin die *Ursächlichkeit* der objektiven Pflichtverletzung für den in dem Mangel des Bauwerks liegenden Schaden beweisen (vgl ERMAN/SEILER aaO; BINDTHARDT/JAGENBURG 191).

cc) Dabei können aber für den Besteller verschiedene *Beweiserleichterungen* Platz 39 greifen.

(1) Zunächst wird ihm vielfach der Beweis des ersten Anscheins gelingen.

(a) Die Kausalität der Pflichtverletzung für den eingetretenen Bauwerksmangel ist oft nicht zur vollen Überzeugung nachzuweisen. Gerade hier liegt es aber vielfach so, daß *bestimmte Pflichtverletzungen typische Folgen* haben. Verwirklichen sich diese, dann ist damit der Beweis des ersten Anscheins geführt (vgl BINDTHARDT/JAGENBURG 191 f unter Hinweis auf BGH BauR 1975, 346). Es ist dann der Architekt aufgerufen, die ernsthafte Möglichkeit anderer Schadensursachen aufzuzeigen.

(b) Bauwerksmängel können aber auch so beschaffen sein, daß mit ihnen der Beweis des ersten Anscheins *schon für die Pflichtwidrigkeit des Architekten* geführt werden kann (vgl OLG Köln VersR 1975, 352; SCHMALZL Rn 63; einschränkend BINDTHARDT/

JAGENBURG 193 f). Es gibt bestimmte Bauwerksmängel, die typischerweise darauf hindeuten, daß Fehler bei der Planung gemacht wurden, wie zB feuchte Keller oder durchhängende Decken.

(2) Weiterhin kann es ausnahmsweise hinsichtlich Pflichtverletzung wie Kausalität zu einer *vollen Umkehrung der Beweislast* kommen, wenn nämlich der Architekt die Beweisführung des Bestellers dadurch vereitelt oder erschwert, daß er ihm obliegende *Dokumentationspflichten* nicht erfüllt hat, vgl BGH VersR 1972, 457 (Protokoll über Rammarbeiten). Insoweit ist darauf hinzuweisen, daß der Architekt nach § 15 Nr 8 HOAI im Rahmen der Bauaufsicht ein *Bautagebuch* zu führen hat und seine Tätigkeit natürlich auch sonst in geeigneter Form dokumentieren muß. Eine Umkehrung der Beweislast durch mangelhafte Dokumentation kommt so vorzugsweise für die Bauaufsicht in Betracht, ist aber *ausnahmsweise auch im Planungsbereich* denkbar, wenn der Architekt seine Planung nur unvollständig schriftlich oder bildlich fixiert hat.

40 b) Wenn die Pflichtwidrigkeit des Architekten und ihre Ursächlichkeit für den Mangel feststehen, hat sich der Architekt *hinsichtlich des Verschuldens zu entlasten*, § 280 Abs 1 S 2. Dieser Beweis ist *in der Regel kaum zu führen*; ausnahmsweise kann er dann gelingen, wenn die Maßnahmen des Architekten zur Zeit der Bauausführung noch den anerkannten Regeln der Technik entsprachen und berechtigte Kritik an ihnen entweder noch nicht aufgekommen war oder als Außenseitermeinung erscheinen mußte (vgl BGH NJW 1971, 92) oder, wenn er sich auf vorliegende bzw eingeholte Gutachten von Sonderfachleuten verlassen durfte (OLG Köln NJW-RR 1998, 1476).

6. Anspruchsinhalt

41 a) Der Anspruch des Bestellers ist auf **Schadensersatz statt der Leistung** gerichtet. Diesen hält die Rechtsprechung bei Bauwerksmängeln auch beim Architekten heute nur in Form einer *Geldleistung* für denkbar (vgl BGH NJW-RR 1989, 86; OLG Hamm NJW-RR 1993, 1044 zum Statiker).

b) Dabei geht es *nicht nur um die Kosten der Beseitigung der Mängel*, sondern auch die damit zusammenhängenden *Folgekosten*: Beseitigung von Schäden am sonstigen Eigentum des Bestellers, die mit der Mängelbeseitigung zwangsläufig verbunden sind (BGHZ 72, 31 = NJW 1978, 1626), Zinsverluste und Zwischenfinanzierungskosten im Zusammenhang mit der Mängelbeseitigung (BGHZ 46, 238), entgehender Gewinn während der Nachbesserungszeit (BGHZ 72, 31), Auslagerungskosten für die Zeit der Mängelbeseitigung (OLG Düsseldorf BauR 1992, 106). Bei unverhältnismäßigem Aufwand der Nachbesserung kann in entsprechender Anwendung des § 251 Abs 2 der Minderwert des Bauwerks liquidiert werden. Zu beachten ist im übrigen, soweit es um notwendige Nacharbeiten am Bauwerk geht, daß diese von vornherein unvermeidlich sein konnten und damit als sog Sowieso-Kosten zu Lasten des Bauherrn gehen (BGH NJW-RR 1990, 728); den Architekten treffen dann nur die jetzigen Mehrkosten (vgl zum Begriff der Sowieso-Kosten § 634 Rn 20). Im übrigen ist die Reichweite des Pflichtenkreises des Architekten zu beachten; wenn er auch die Gewährleistung zu betreuen hat, haftet er für die Kosten eines Prozesses, in den er den Bauherrn dadurch getrieben hat, daß er diesen Handwerker fälschlich als gewährleistungspflichtig bezeichnet hat (OLG Hamm NJW-RR 1991, 515). Muß er die steuerlichen Belange des

Bauherrn berücksichtigen, so fallen dortige Nachteile unter § 634 Nr 4. Gleiches gilt für die Haftung im Kostenbereich (vgl o Rn 35). Bei nutzlosen Aufwendungen des Bestellers gilt § 284.

7. Der Architekt im Haftungsverbund

a) Uneingeschränkte Haftung

Wenn der Architekt dem Bauherrn für Baumängel verantwortlich ist, haftet er diesem unmittelbar und uneingeschränkt auf Schadensersatz auch dann, wenn neben ihm *ein anderer, insbesondere der Bauunternehmer,* für die Mängel einzustehen hat und *unabhängig davon, in welchem Stadium* (Nachbesserungsanspruch oder Schadensersatzanspruch) *sich die Rechte des Bauherrn gegen diesen Dritten befinden*. Eine Subsidiarität der Haftung des Architekten kann nicht angenommen werden (vgl WUSSOW NJW 1974, 9; BINDTHARDT/JAGENBURG 395; zweifelnd zB GANTER BauR 1975, 177; einschränkend TEMPEL JuS 1965, 262, 268 mit dem unzutreffenden Argument, realisierbare Nachbesserungsansprüche des Bauherrn gegen den Bauunternehmer könnten den Schaden des Bauherrn ausschließen). Sie gilt auch dann nicht, wenn dem Architekten nur ein Überwachungsverschulden zur Last fällt (vgl OLG Hamm BauR 2000, 1363).

b) Verhältnis Bauherr/Bauunternehmer

Anders kann es im Verhältnis des Bauherrn zum Bauunternehmer aussehen.

aa) Wenn der Bauunternehmer dem Bauherrn für einen Mangel einzustehen hat, kann er sich uU darauf berufen, daß dieser Mangel *von dem Architekten des Bauherrn mitverursacht worden* sei. Dann *verkürzen sich die Ansprüche des Bauherrn gegen den Bauunternehmer* von vornherein nach den §§ 254 Abs 1, 278 (vgl BGH VersR 1970, 280; NJW 1981, 1448 = LM § 12 VOB/B Nr 5) mit der Folge, daß der Architekt für den *„überschießenden" Teil allein haftet*.

bb) Dieser *Mitverschuldenseinwand* besteht nicht nur gegenüber einem Schadensersatzanspruch des Bauherrn gegen den Bauunternehmer, sondern *auch gegenüber seinen sonstigen Gewährleistungsansprüchen* wie insbesondere dem Nachbesserungsanspruch (vgl § 634 Rn 13), der freilich nicht quotiert werden kann, wohl aber Zug um Zug gegen Kostenbeteiligung an der Nachbesserung zu erfüllen ist.

cc) Der Mitverschuldenseinwand des Bauunternehmers gegenüber dem Bauherrn ist darauf zu stützen, daß der Architekt dessen Obliegenheiten gegenüber dem Bauunternehmer nicht ordentlich erfüllt habe. Insoweit kann sich der Bauunternehmer in erster Linie auf eine *mangelhafte Planung* berufen (vgl BGH VersR 1970, 280; NJW 1981, 1448), aber dann auch auf eine *mangelhafte Koordinierung* des Bauvorhabens (vgl BGH VersR 1970, 280). Dagegen obliegt dem Bauherrn gegenüber dem Bauunternehmer grundsätzlich nicht dessen Beaufsichtigung (vgl § 633 Rn 38 ff), so daß sich der Unternehmer gegenüber dem Bauherrn in der Regel nicht auf Fehler des Architekten bei der Bauaufsicht berufen kann.

Die Berufung auf eine fehlerhafte Planung des Architekten des Bauherrn steht auch dem *Subunternehmer* im Verhältnis zum Hauptunternehmer zu (vgl BGH NJW 1987, 644 = LM § 633 BGB Nr 50), weil den Hauptunternehmer im Verhältnis zum Subunternehmer die Obliegenheit zur ordnungsgemäßen Planung trifft.

c) Gleichzeitige Haftung von Architekt und Bauunternehmer

44 Es verbleibt *ein Bereich*, in dem Architekt und Bauunternehmer *nebeneinander* für einen mangelhaften Zustand des Bauwerks einzustehen haben. Das kann sich insbesondere ergeben, wenn ein Ausführungsmangel des Unternehmers zusammentrifft mit einem Mangel der Bauaufsicht des Architekten oder mit einem Planungsmangel, der für diesen Ausführungsmangel nicht ursächlich geworden ist. Die Rechtsprechung (vgl u Rn 46), nimmt insoweit eine **Gesamtschuld** von Architekt und Bauunternehmer iSd § 421 an, und zwar *unabhängig davon, ob sich das von ihnen zu Leistende – als Schadensersatz – gegenständlich deckt* oder nicht, was zB dann nicht der Fall ist, wenn der Architekt Schadensersatz schuldet, der Bauunternehmer dagegen einstweilen noch Nachbesserung.

45 aa) Das hat *zunächst nur geringe praktische Bedeutung*. Gemeinsam verklagt werden können Architekt und Bauunternehmer ohnehin; die Annahme einer Gesamtschuld führt freilich nach § 100 Abs 4 ZPO zu einer entsprechenden Haftung für die Prozeßkosten. Daß die *Leistung des einen den anderen befreit*, erscheint selbstverständlich (vgl auch BGH NJW 1996, 2370); bei Annahme einer Gesamtschuld kann man dies aus § 422 herleiten. Die Annahme einer Gesamtschuld führt auch nicht dazu, daß der Bauherr durch sein Vorgehen und die Art seines Vorgehens gegen den einen seine Rechte gegenüber dem anderen präjudiziert, vgl § 425. Insbesondere führt auch ein Vergleich mit dem einen mit einem Teilverzicht auf seine Forderungen nach § 423 noch nicht zu einem Rechtsverlust gegenüber dem anderen, wenn er nicht entsprechend umfassend abgeschlossen wird. Auch die Möglichkeit der Streitverkündung des Bauherrn in dem Prozeß gegen die eine Seite, die gegenüber der anderen Seite die sonst nach § 425 Abs 2 drohende Verjährung nach § 204 Abs 1 Nr 6 hemmt und es ausschließt, daß sich nacheinander der Bauunternehmer mit Erfolg auf ein Verschulden des Architekten beruft und der Architekt auf ein Verschulden des Bauunternehmers, ist von der Annahme einer Gesamtschuld nicht abhängig; zulässig ist sie jedenfalls dann, wenn der Erstprozeß gegen den Bauunternehmer geführt wird (vgl BGHZ 70, 187).

46 bb) Die Rechtsprechung sieht den Architekten und den Bauunternehmer, die nebeneinander für denselben Bauwerksmangel einzustehen haben, aber insbesondere auch als *Gesamtschuldner iSd § 426* an, ermöglicht ihnen also den *wechselseitigen Regreß* nach erbrachter Leistung nach Abs 1, Abs 2 dieser Bestimmung sowie vorab nach § 426 Abs 1 einen Freihaltungsanspruch, damit aber auch eine vorsorgliche Streitverkündung (vgl BGH [GS] 43, 227 = NJW 1965, 1175; BGH VersR 1965, 803; BGHZ 51, 275 = NJW 1969, 653; BGHZ 58, 216 = NJW 1972, 216; BGH BauR 1995, 231 und dazu zT kritisch Frotz VersR 1965, 212; ders NJW 1965, 1257; Höhn NJW 1965, 1701; Tempel JuS 1965, 262; Ganten NJW 1970, 687; ders BauR 1975, 177; Wussow NJW 1974, 9; OLG Düsseldorf NJW-RR 1995, 339).

Dieser Rechtsprechung kann *jedenfalls im Ausgangspunkt gefolgt* werden, wie immer man die konstituierenden Merkmale der Gesamtschuld beurteilt. Das von beiden Geschuldete ist bei gleichzeitiger Schadensersatzpflicht identisch, bei Zusammentreffen von Nachbesserungs- und Schadensersatzpflicht hinreichend ähnlich. Im Regelfall des beiderseitigen Verschuldens läßt sich § 840 Abs 1 entsprechend heranziehen. Vor allem aber erscheint ein *interner Ausgleich* nach Maßgabe der jeweiligen Verantwortlichkeit *dringend geboten*; mit der Annahme einer Gesamtschuld läßt er sich am zwanglosesten verwirklichen, wird insbesondere von einer Mitwirkung des Bauherrn befreit. Daß es namentlich bei einer Störung des Ausgleichsverhältnisses Folgeprobleme gibt, ändert daran nichts.

Gesamtschuldner sind ggf aber auch der Architekt, der Statiker oder ein sonstiger Sonderfachmann (vgl BGH VersR 1971, 666 = WM 1971, 682).

cc) Die *Quotierung des Ausgleichs* erfolgt in entsprechender Anwendung des § 254 Abs 1, richtet sich also nach dem *jeweiligen Ausmaß der Verantwortung* für den betreffenden Mangel des Bauwerks. So können Planungs- oder Koordinierungsmängel des Architekten einen Haftungsanteil des Bauunternehmers für eigene Ausführungsmängel ganz entfallen lassen oder jedenfalls stark zurückdrängen (vgl BGH VersR 1970, 280; 1971, 667). Ihnen gegenüber kommt eine Haltung des Bauunternehmers aber auch dafür in Betracht, daß er nicht auf naheliegende Bedenken hingewiesen hat (vgl § 4 Nr 3 VOB/B und dazu § 633 Rn 103 ff), was idR allerdings nur einen geringeren Haftungsanteil zu begründen vermag. War freilich der Planungsmangel nur fahrlässig und führt der Bauunternehmer die Planung gleichwohl in positiver Kenntnis ihrer Mangelhaftigkeit aus, so verschieben sich die Haftungsanteile deutlich zu seinen Lasten. Ähnliches gilt, wenn – zB bei Spezialgewerken – von dem Bauunternehmer höhere Sachkunde als von dem Architekten erwartet werden kann. Ist der Bauwerksmangel dagegen ein Ausführungsmangel und fällt dem Architekten demgegenüber nur ein Aufsichtsfehler zur Last, so kommt intern regelmäßig eine volle Haftung des Bauunternehmers in Betracht (vgl BGH NJW 1971, 752). Anders kann es hier freilich ausnahmsweise liegen, wenn es sich um schwierige und verantwortungsvolle Arbeiten handelt, die grundsätzlich unter der Aufsicht eines Architekten durchgeführt zu werden pflegen (vgl BINDTHARDT/JAGENBURG 404). **47**

dd) Aus den §§ 423, 425 folgt, daß es *den Regreß grundsätzlich nicht tangiert*, wenn einer der Gesamtschuldner zwischenzeitlich – außer durch Erfüllung oder Erfüllungssurrogat, § 422 – gegenüber dem Bauherrn *freigeworden* ist, namentlich durch vergleichsweisen Erlaß, § 423, oder durch Verjährung, § 425 Abs 2, vgl (zum Vergleich) BGHZ 58, 216 = NJW 1972, 943, auch wenn es zweifelhaft erscheinen mag, daß dem Bauunternehmer jene Vorteile, die er durch einen Vergleich mit dem Bauherrn errungen zu haben meint, durch einen Regreß des Architekten nach § 426 Abs 1 genommen werden können. Doch mag er dem durch eine entsprechende Fassung des Vergleichs vorbeugen. **48**

Wenn der Bauherr zunächst den Bauunternehmer in Anspruch genommen hat und dies wegen eines ihm zuzurechnenden Planungs- oder Koordinierungsverschuldens des Architekten, §§ 254 Abs 1, 278 nur verkürzt konnte, ist für einen anschließenden Regreß des Bauunternehmers gegen den Architekten kein Raum; dessen Quote darf nicht nochmals in Anschlag gebracht werden. Umgekehrt kann der Architekt uneingeschränkt Regreß nehmen, der zunächst voll an den Bauherrn leisten mußte.

Zu beachten ist dabei prozessual, daß Entscheidungen Rechtskraft nur inter partes bewirken, was § 425 Abs 2 für mehrere Gesamtschuldner bekräftigt. Bei einer Mehrzahl von Prozessen kann es sich also empfehlen, den Streit zu verkünden. Das hat dann die Bindungswirkung der §§ 68, 74 Abs 3 ZPO und kann zudem noch drohender Verjährung vorbeugen, vgl § 204 Abs 1 Nr 6.

d) Architekt und sonstige Sonderfachleute

49 aa) Die Ausführungen zum Architekten gelten auch dann, wenn neben der Haftung des Bauunternehmers auch die eines sonstigen Sonderfachmannes in Betracht kommt, zB des Statikers (vgl zum Vermessungsingenieur OLG Hamm BauR 1992, 78).

bb) Anders ist es dagegen, wenn dem Architekten der Vorwurf gemacht werden kann, die Leistungen eines anderen Sonderfachmannes nicht hinreichend überprüft zu haben, zB bei der Planung die des Statikers oder bei der Bauausführung die Planung eines anderen damit beauftragten Architekten: Das ist in der Sache ein bloßer Aufsichtsfehler (vgl BGH NJW-RR 1989, 86), den sich der Bauherr also nicht anspruchsverkürzend bei seinem Vorgehen gegen den Statiker anrechnen zu lassen braucht. Ihm haften damit erster und zweiter Sonderfachmann jeweils voll, und im Innenverhältnis der Sonderfachleute wird der erste den Schaden ganz zu übernehmen haben (**aA** OLG Frankfurt NJW-RR 1990, 1496, das den Anspruch des Bauherrn gegen den planenden Architekten nach § 254 verkürzen will, nachdem er diesem eine mangelhafte Statikerberechnung zur Verfügung gestellt hatte). Aber der Statiker ist nicht Erfüllungsgehilfe des Bauherrn gegenüber dem planenden Architekten. Die Verschuldensanteile kommen erst beim internen Regreß in Betracht, wobei im übrigen das Verschulden des planenden Architekten gegenüber dem des Statikers zurücktreten dürfte, in der Regel unbeachtlich sein müßte.

8. Haftungsbeschränkungen

50 Wesentliche Haftungsbeschränkungen enthalten die Allgemeinen Vertragsbestimmungen (AVA) zum sog „Einheits-Architektenvertrag", wie ihn die Bundesarchitektenkammer als Konditionsempfehlung gem § 2 Abs 2 GWB beim Bundeskartellamt angemeldet hat (BAnz Nr 29 v 21.3. 1985) in ihrem § 5, aber auch andere übliche Vertragsmuster.

a) *Unzulässig* wegen § 307 Abs 2 Nr 2 ist zunächst eine *Haftungsbeschränkung auf die Höhe des Honorars*, die den möglichen Schäden des Bauherrn nicht im entferntesten gerecht zu werden vermag. Soweit die Haftung auf eine *versicherte Deckungssumme* beschränkt wird, muß wegen § 308 Nr 7 lit b jedenfalls der Fall des Vorsatzes oder der groben Fahrlässigkeit ausgenommen werden und ist außerdem die Deckungssumme an den möglichen Schadenssummen auszurichten (vgl Locher, Das private Baurecht Rn 310).

51 b) Klauseln, die die Haftung des Architekten auf den *unmittelbaren Schaden am Bauwerk* beschränken, also Nutzungsausfälle, Mietausfälle und Kosten einer ersatzweisen Unterbringung ausnehmen, verstoßen gegen § 309 Abs 2 Nr 1 (vgl Knychalla, Inhaltskontrolle von Architekten-Formularverträgen [1987] 40).

c) Klauseln, die zur *Subsidiarität* der Haftung des Architekten führen sollen, indem sie dem Bauherrn die vorherige Inanspruchnahme des Bauunternehmers vorschreiben, müssen darauf Rücksicht nehmen, daß diese wegen § 309 Nr 8 lit b aa jedenfalls keine gerichtliche sein darf. Gleiches ist zu berücksichtigen, wenn der Architekt gegenüber dem Bauherrn auf jene Quote haften will, die er im Verhältnis zum Bauunternehmer tragen muß.

d) Soweit Klauseln die Rechte des Bestellers von einem *Verschulden* des Architekten abhängig machen, schränken sie mit Rücktritt und Minderung wesentliche Befugnisse des Bestellers ein. **52**

Soweit es das Planungsstadium betrifft, kann dies wegen § 307 Abs 2 Nr 1 nicht hingenommen werden, da diese die Äquivalenz der Leistungen sicherstellenden Rechtsbehelfe zu den tragenden Grundgedanken der gesetzlichen Regelung zu rechnen sind (vgl BGHZ 93, 29, 62). Dagegen kann gegen einen Ausschluß des Rücktritts nach Baubeginn wegen § 309 Nr 8 lit b bb nichts eingewendet werden.

e) Wenn dem Bauherrn die *Beweislast für ein Verschulden des Architekten* auferlegt wird, ist dies zwar mit §§ 280 Abs 1 S 2, 309 Nr 12 lit a nicht vereinbar (vgl BGH NJW-RR 1990, 856, LÖWE/vWESTPHALEN/TRINKNER § 11 Nr 15 a Rn 12), aber deshalb von geringer praktischer Bedeutung, weil der Bauherr ja jedenfalls die objektive Pflichtwidrigkeit des Architekten zu beweisen hat (vgl o Rn 38 ff) und mit diesem Beweis der Beweis des Verschuldens schon prima facie geführt und kaum zu erschüttern ist. **53**

f) Unbedenklich ist es, wenn sich der Architekt die *Befugnis vorbehält, die Nachbesserung selbst durchzuführen* (vgl LOCHER, Das private Baurecht Rn 315; ders, in: FS v Craushaar [1997] 21; OLG Celle BauR 1999, 676; WOLF/HORN/LINDACHER § 23 Rn 310). Das ist kein Verstoß gegen § 309 Nr 8 lit b, aber auch mit § 307 vereinbar, da die Leistung des Schadensersatzes in Geld nicht zu den tragenden Grundgedanken der gesetzlichen Regelung gehört (vgl weiter o Rn 9). **54**

IV. Sonstige Haftung des Architekten

1. Zu beachten ist, daß den Architekten auch eine *deliktische Haftung* treffen kann. Wenn ihm die Bauausführung oblag, kann diese namentlich im Rahmen des § 823 Abs 1 aus der *Verletzung einer Verkehrssicherungspflicht* herzuleiten sein (vgl dazu Anh IV Rn 16 ff zu § 638). Geschützt sein kann insoweit außer Dritten namentlich auch der Bauherr selbst. Kommt es durch das Tun bzw Unterlassen des Architekten zu einer eigenen Einstandspflicht des Bauherrn nach § 823 Abs 1, richtet sich der Regreß nach den §§ 840 Abs 1, 426 Abs 1. **55**

Deliktische Ansprüche des Bauherrn oder Dritter könne sich aber auch daraus ergeben, daß die Planung oder die Durchführung des Bauvorhabens ihr Eigentum schädigen. ZB kann der wegen mangelhafter Planung feuchte Keller zu Feuchtigkeitsschäden an dort eingelagerten Sachen führen. Oder der Architekt veranlaßt oder duldet eine Öffnung der Dachhaut, ohne hinreichend sicherzustellen, daß der Inhalt des Hauses gegen die Witterung geschützt ist. Vgl zu deliktischen Ansprüchen insoweit § 634 Rn 142 ff.

2. Der Architekt kann Dritten aber auch *nach vertraglichen Grundsätzen* haften. Zwar ist der Architektenvertrag grundsätzlich nicht als ein Vertrag mit Schutzwirkung für Dritte anzusehen, doch gilt anderes, wenn der Architekt gutachterliche Stellungnahmen abgibt, von denen er weiß oder wissen muß, daß ein Dritter sie zur Grundlage von Entscheidungen machen will, also namentlich bei *Stellungnahmen* über den Verkehrswert eines Grundstücks (vgl BGH WM 1966, 1158) oder bei einer Bautenstandsanzeige (vgl BGH NZBau 2002, 229; OLG Hamm NJW-RR 1987, 209; OLG Köln **56**

NJW RR 1988, 335; OLG Frankfurt NJW-RR 1989, 337), wie sie zur Grundlage von erstmaliger oder weiterer Kreditgewährung gemacht zu werden pflegen. In Fällen dieser Art ist es nicht einmal erforderlich, daß die Auskunft direkt an den Dritten erteilt wird; es genügt vielmehr, daß der Architekt sie in dem Wissen um den Verwendungszweck an den Bauherrn aushändigt. Es kommt dann ein Vertrag mit Schutzwirkung „für den, den es angeht", zustande. – Ist die Auskunft – wie in Fällen dieser Art häufig – bewußt unrichtig oder jedenfalls leichtfertig, kann der allfällige Schadensersatzanspruch im übrigen auch aus § 826 resultieren (vgl BGH WM 1966, 1160).

Anhang III zu § 638

Abtretung von Gewährleistungsansprüchen; Mehrheit von Gewährleistungsberechtigten

Schrifttum

BRAMBRING, Sachmängelhaftung bei Bauträgervertrag und bei ähnlichen Verträgen, NJW 1987, 97
DECKERT, Baumängel am Gemeinschaftseigentum der Eigentumswohnung, Gewährleistungsansprüche in der Praxis (2. Aufl 1980)
ders, Die Klagebefugnis bei Gewährleistungsansprüchen wegen anfänglicher Baumängel am Gemeinschaftseigentum der neuerstellten Eigentumswohnanlage, ZfBR 1984, 161
ders, Die „modernisierende Instandsetzung" am Gemeinschaftseigentum der Eigentumswohnanlage, in: FS Korbion (1986) 57
GROSS, Die Gewährleistung des Bauträgers iwS bei Mängeln am gemeinschaftlichen Eigentum, BauR 1975, 12
ders, Abtretung von Mängelansprüchen an Dritte bei Werkverträgen, NJW 1971, 648

HAHN, Abtretung von Gewährleistungsansprüchen, BauR 1978, 80
HAUGER, Die Rechte des Wohnungseigentümers auf Wandlung, Minderung und Schadensersatz bei Baumängeln, NZM 1999, 536
HOCHSTEIN, Untergang von Gewährleistungsrechten durch Veräußerung des Gegenstandes der Werkleistung?, in: FS Heiermann (1995) 121
KELLMANN, Die Durchsetzung von Ansprüchen der Wohnungseigentümer bei Mängeln am Gemeinschaftseigentum, Betr 1979, 2261
PAUSE, Die Geltendmachung von Gewährleistungsansprüchen der Wohnungseigentümer gegen den Bauträger, NJW 1993, 553
WEITNAUER, Mängelgewährleistung und Instandhaltungspflicht am gemeinschaftlichen Eigentum, ZfBR 1981, 109.

Systematische Übersicht

I. **Abtretung von Gewährungsansprüchen**		
1. Abtretbarkeit	1	
a) Nachbesserungsanspruch	2	
b) Kostenvorschuß; Kostenerstattung	4	
c) Minderung	5	
d) Rücktritt	6	
e) Schadensersatzanspruch	7	
2. Ausschluß der Abtretbarkeit	8	
3. Umfang der Abtretung	9	
4. Anspruch auf Abtretung	10	
5. Pfändbarkeit	11	
6. Abtretung	12	
7. Teilabtretung	15	

8.	Schuldnerschutz	16	2. Wohnungseigentum	20
			a) Sondereigentum	21
II.	**Veräußerung des Werkes**	17	b) Gemeinschaftseigentum	22
			c) Verfolgung der Rechte	23
III.	**Mehrheit von Gewährleistungsberechtigten**			
1.	Mehrere Besteller	18		

Alphabetische Übersicht

Abnahme	26	Nachbesserungsanspruch	2 f, 18, 25
Abtretung	1 ff	Nachzügler	27
AGB	8, 10		
Aufrechnung	27	Pfändbarkeit	12
Auskunft	13		
		Rücktritt	7, 29
Beweissicherungsverfahren	27		
		Schadensersatzanspruch	8, 17
Fristsetzung	28	– Minderwert	31
		– Nachbesserung	30
Gemeinschaftseigentum	22 ff	Schuldnerschutz	16
		Sondereigentum	21
Hemmung der Verjährung	26		
		Teilabtretung	15
Kostenerstattung	4		
Kostenvorschuß	4, 27	Veräußerung des Werkes	17
		Verjährung	26 f
Mahnung	28	Verwalter	22
Mehrheit von Berechtigten	18 ff		
Minderung	5 f, 31 f	Wohnungseigentum	20 ff

I. Abtretung von Gewährleistungsansprüchen

1. Abtretbarkeit

Gewährleistungsansprüche sind grundsätzlich abtretbar. Das ergibt zwar dogmatische Implikationen, wenn die Ausübung der Gewährleistungsgarantie durch den Zessionar in das beim Zedenten verbleibende Schuldverhältnis hineinwirkt (vgl dazu NÖRR/SCHEYHING, Sukzessionen [2. Aufl 1999] 46 ff), doch sind die praktischen Bedürfnisse unabweisbar und durch die Üblichkeit solcher Abtretungen belegt. Daß der Gesetzgeber gerade hier von Abtretbarkeit ausgeht, zeigt § 309 Nr 8 lit a aa.

1

Ein *umfassender Übergang* der Gewährleistungsansprüche erfolgt zunächst dann, wenn die Rechte und Pflichten aus dem Werkvertrag insgesamt übertragen werden. Es können jedoch *auch isoliert* Gewährleistungsrechte übertragen werden. Häufigster Anlaß ist die Veräußerung des Werkes (vgl auch u Rn 12 f, 17).

a) Nachbesserungsanspruch

2 aa) Die Abtretbarkeit gilt zunächst und unstreitig für den Nachbesserungsanspruch aus §§ 634 Nr 1, 635 (für den dortigen Anspruch auf Neuherstellung ohnehin); er ist *auch dann* abtretbar, *wenn nicht zugleich das Werk selbst übertragen* wird (vgl BGHZ 96, 146). Dabei ist freilich zu berücksichtigen, daß er auf die Beseitigung konkreter Mängel eines konkreten Werkes gerichtet ist. Dieser Inhalt kann ihm durch die Abtretung nicht genommen werden, vgl § 399, 1. Alt, so daß der *Kreis der möglichen Abtretungsempfänger* aus praktischen Gründen beschränkt ist. Es kommen nur Personen in Betracht, die ein Interesse an der Beseitigung dieses Mangels haben. Die wichtigste Konstellation ist hier die Veräußerung der Werkleistung, zB des neu errichteten Hauses. Auch mag etwa der Hauptunternehmer an seinen Abnehmer die *Ansprüche gegen seinen Subunternehmer* abtreten, vgl auch § 309 Nr 8 lit b aa zu den Grenzen der Möglichkeit, damit der eigenen Gewährleistung zu entgehen. Auch dann schuldet der Subunternehmer nach der Abtretung *nur jene Nachbesserung*, die er auch schon vor der Abtretung dem Hauptunternehmer schuldete. Das ist von Bedeutung, wenn die jeweils geschuldeten Werkleistungen nicht identisch sind. Auch hilft dies dem Besteller im Falle von Zahlungsschwierigkeiten des Hauptunternehmers meist nicht viel, weil der Subunternehmer Gegenansprüche gegen diesen haben wird, auf die er sich nach § 404 weiterhin berufen kann (vgl BGHZ 55, 354; BGB-RGRK/GLANZMANN § 633 aF Rn 46).

3 bb) In der Folge erwirbt der Zessionar den Nachbesserungsanspruch, den er als solchen durchsetzen kann. *Welche weiteren Befugnisse* er durch die Abtretung des Nachbesserungsanspruchs erwirbt, ist eine Frage der getroffenen Vereinbarungen. So wird man im Zweifel anzunehmen haben, daß dem Zessionar auch die Nachbesserungsbefugnis gemäß § 637 zustehen soll (vgl BGB-RGRK/GLANZMANN § 633 aF Rn 30). Dagegen wird man ihn *nicht ohne weiteres* auch für befugt halten dürfen, Rücktritt, Minderung oder Schadensersatz zu wählen, da dies tief in das Vertragsgefüge eingreift.

b) Kostenvorschuß, Kostenerstattung

4 Als reiner Zahlungsanspruch ist der Anspruch auf Kostenerstattung nach eigener Nachbesserung gemäß § 637 Abs 1 beliebig abtretbar. Dagegen gilt wegen seiner Zweckbindung für den Anspruch auf Kostenvorschuß gemäß § 637 Abs 3 dieselbe Beschränkung wie für den Nachbesserungsanspruch selbst: Er kann nur an Personen abgetreten werden, die den Vorschuß zur Mängelbeseitigung verwenden können.

c) Minderung

5 Die Abtretbarkeit des *Anspruchs auf Minderung* war im früheren Recht streitig (verneinend BGB-RGRK/GLANZMANN § 634 aF Rn 30; BRYCH NJW 1973, 1583, 1589; GROSS NJW 1971, 648; ders BauR 1975, 12; bejahend BGH BGHZ 95, 250 = JZ 1986, 85 m Anm SCHEYHING; FRITZ, Haftungsfreizeichnung im Bauträger- und Architektenvertrag nach dem AGBG 81 ff, 85; JAUERNING/VOLLKOMMER § 462 aF Rn 6, STAUDINGER/HONSELL [1995] § 462 aF Rn 22 f; § 462 aF Rn 7; MünchKomm/WESTERMANN § 462 aF Rn 15; PALANDT/PUTZO § 462 aF Rn 7; ERMAN/SEILER § 634 aF Rn 28). Für die Abtretbarkeit der Minderungsbefugnis aus § 634 Nr 4 kann jedenfalls die *Interessenlage* der Beteiligten angeführt werden, wenn es *im praktischen Ergebnis* um eine Zahlung geht. Bedenken ergeben sich in *konstruktiver Hinsicht*, wenn ein fremder Vertrag abgeändert wird. Indessen sind diese *Probleme* wohl *überwindbar*, indem man den Zessionar als *ermächtigt* ansieht, *die Minderung zu* *vollziehen*, § 185 Abs 1. Dann ist auch der Zedent an sie gebunden. Die Minderungsbefugnis beim Zedenten zu belassen, den aus ihr resultierenden Anspruch dem Zessionar zu geben, wäre jedenfalls untunlich; zB kann er dann der dann notwendigen Kooperation fehlen.

d) Rücktritt
Schwerlich grundsätzlich anders als die Minderung kann der Rücktritt behandelt werden, auch wenn er noch tiefer in das Gefüge des Vertrages eingreift. Offen dazu BGH 68, 118, 124 f zur Wandlung eines Kaufes durch einen Leasingnehmer als Zessionar; BGHZ 95, 250, 254. BGH NJW 1973, 1793 f hatte die Möglichkeit der Abtretung eines vertraglichen Rücktrittsrechts angenommen. Die Abtretung der Wandlungsbefugnis beim Werkvertrag wird man aber jedenfalls wegen ihrer besonderen Probleme als *grundsätzlich nicht gewollt* ansehen müssen, und zwar insbesondere nicht schon dann, wenn die Gewährleistungsrechte pauschal abgetreten sind. Wo aber gleichwohl eine Abtretung als gewollt angesehen werden kann, wird man wiederum eine *Bindung des Zedenten* anzunehmen haben. Gleichzeitig ist der Gegner dadurch zu schützen, daß er den sich ergebenden Ansprüchen des Zessionars allfällige eigene Rückabwicklungsansprüche einredeweise nach § 404 entgegenhalten kann. **6**

e) Die Abtretung des **Anspruchs auf Schadensersatz** begegnet keinen durchgreifenden Bedenken (vgl ERMAN/SEILER § 634 aF Rn 28). Er ist – in allen seinen Ausprägungen – auf Geld gerichtet (vgl § 634 Rn 126). Auch die einzelnen Berechnungsmöglichkeiten können im Zessionsfall ungeschmälert erhalten bleiben. So läßt die Veräußerung des Werkes, die der typische Anlaß für die Zession ist, namentlich die Liquidation der Nachbesserungskosten weiterhin zu. **7**

2. Ausschluß der Abtretbarkeit

Ein Ausschluß der Abtretbarkeit der Gewährleistungsrechte ist nach § 399 2. Alt möglich; wenn er sich in AGB des Unternehmers befindet, ist er weder überraschend iSd § 305c Abs 1, noch begegnet er sachlichen Bedenken aus § 307. Freilich wird der Besteller unangemessen benachteiligt, wenn er die Rechte im Falle der Veräußerung des Werkes nicht an den Erwerber übertragen darf, der praktisch wichtigste Fall. **8**

3. Umfang der Abtretung

Die Gewährleistungsrechte können *einzeln* abgetreten werden, aber doch auch *insgesamt*. Dazu, daß eine Pauschalabtretung nicht ohne weiteres auch Rücktritt und Minderung erfaßt, vgl o Rn 6. **9**

Wenn eine Einzelabtretung erfolgt, wird damit *der hinsichtlich der Verjährung bestehende Zusammenhang der einzelnen Rechte* durch § 213 nicht aufgelöst (vgl BGH JZ 1986, 85), so daß also zB die Klage des Zessionars auf Nachbesserung die Verjährung für die anderen bei dem Zedenten verbliebenen Rechte unterbricht.

4. Anspruch auf Abtretung

Der Anspruch auf Abtretung bemißt sich nach den Vereinbarungen der Parteien. Er **10** kann jedenfalls in AGB des Zedenten wirksam begründet werden, arg § 309 Nr 8 lit b aa. Eine *entsprechende Klausel in AGB des Zessionars* kann überraschend iSd § 305c Abs 1 sein. Im übrigen ist es denkbar, daß sie den Zedenten unangemessen iSd § 307 belastet. Sie darf jedenfalls nur für den Fall und nur insoweit vorgesehen werden, wie schon eigene entsprechende Ansprüche des Zessionars gegen den Zedenten bestehen. Gleichzeitig muß es *ausgeschlossen* sein, daß dem Zedenten Nachteile gegenüber seinem Schuldner entstehen, wie sie namentlich Rücktritt und Minderung erzeugen können.

Der Anspruch auf Abtretung kann sich *auch ohne besondere Vereinbarung aus Treu und Glauben* ergeben. Dies ist zB anzunehmen, wenn der Zedent zu einer eigenen ihm obliegenden Gewährleistung nicht in der Lage ist, aber seinerseits realisierbare Gewährleistungsansprüche gegen Dritte besitzt. So mag zB der zahlungsunfähige Hauptunternehmer Nachbesserungsansprüche gegen Subunternehmer besitzen, die durch eine wertmäßig dahinter zurückbleibende Zahlung restlichen Werklohns „ausgelöst" werden können.

5. Pfändbarkeit

11 Aus der Abtretbarkeit folgt jedenfalls bei den Ansprüchen aus den §§ 634 Nr 1, 2, 4, daß sie auch der Pfändung durch jene Personen unterliegen, an die sie abgetreten werden könnten, vgl § 400.

6. Abtretung

12 Die Abtretung als solche ist als abstraktes Rechtsgeschäft von dem auf sie gerichteten Anspruch zu unterscheiden. Sie *bedarf des besonderen Vollzuges*, der als solcher eigens festgestellt werden muß.

Wenn es zur Abtretung kommt, können Nebenpflichten der Beteiligten entstehen.

13 a) Der Zedent hat dem Zessionar *die Durchsetzung der abgetretenen Ansprüche* zu ermöglichen. Dazu hat er zunächst gemäß § 402 *Auskunft* über diese zu erteilen, die sich auf *Namen und Anschrift* der Schuldner zu beziehen hat, auf den *Inhalt der* mit diesen getroffenen *Vereinbarungen*, den *Stand der Beziehungen* zu den Schuldnern (Verzug, Vorgehen nach §§ 281 Abs 1, 323 Abs 1, Bestehen etwaiger Gegenrechte der Schuldner aus § 320 etc) sowie *sonstige Tatsachen von Bedeutung*, zB die tatsächliche Beurteilung der Frage, ob der Drittschuldner seinerseits gewährleistungspflichtig ist. Dazu gehört es ferner, *daß der Zedent etwaige Gegenrechte der Dritten* aus § 320 *beseitigt*, sowie ferner, daß er dem Vorgehen gegen die Drittschuldner nicht den Boden entzieht, indem er bei einer isolierten Abtretung des Nachbesserungsanspruchs zurücktritt oder mindert. – Ob er die Kosten eines gerichtlichen Vorgehens gegen die Drittschuldner vorzuschießen hat, ist eine Frage der zugrunde liegenden Vereinbarungen; sie ist im Zweifel zu verneinen.

14 b) Der Zessionar ist zunächst gehalten, die abgetretenen Gewährleistungsrechte *schonend für den Zedenten auszuüben*; so darf er zB nicht ohne weiteres zurücktreten oder mindern, weil das die vertraglichen Rechte des letzteren tangiert. Hier wird er sich dessen Einverständnisses versichern müssen. Aber auch in sonstiger Hinsicht kann sich eine *Rücksichtnahme auf die Interessen* des Zedenten gebieten. Im Zweifel darf er auch nur sachlich notwendige Maßnahmen ergreifen.

Wenn die Abtretung der Gewährleistungsansprüche – wie meist – erfüllungshalber im Rahmen eigener Gewährleistungsansprüche des Zessionars gegen den Zedenten erfolgt ist, hat er die Ansprüche sachgerecht zu verfolgen, darf sie insbesondere *nicht verjähren lassen*. Dabei ist er allerdings *grundsätzlich nicht* zu einer *gerichtlichen Verfolgung der Ansprüche verpflichtet,* vgl auch § 307 Nr 8 lit b aa (dazu § 639 Rn 29 ff), sondern hat sie ggf rechtzeitig zurückzuübertragen.

Pflichtverstöße des Zessionars können ihn aus den §§ 280 Abs 1, 241 Abs 2 schadensersatzpflichtig machen. Erfolgte die Abtretung der Ansprüche zur Abgeltung eigener Gewährleistungsansprüche des Zessionars gegen den Zedenten, so leben diese bei erfolgloser Inanspruchnahme des Drittschuldners zwar wieder auf, sind aber ggf nach § 254 zu kürzen. Vgl auch zu einer derartigen Kausalbeziehung zwischen Zedenten und Zessionar § 639 Rn 29 ff.

7. Teilabtretung

Eine Teilabtretung der Gewährleistungsansprüche ist jedenfalls – abgesehen vom **15** Rücktritt – insoweit zulässig, als sie bei Bestehen mehrerer Mängel auf die *Rechte wegen eines Mangels* beschränkt werden kann. *Insoweit* können aber der Anspruch auf Nacherfüllung sowie der Anspruch auf Kostenvorschuß *jeweils nur insgesamt abgetreten* werden. Dagegen können der Anspruch auf Kostenerstattung gemäß § 637 Abs 1 und der Anspruch auf Schadensersatz wegen Nichterfüllung grundsätzlich beliebig für Teilabtretungen aufgesplittet werden.

8. Schuldnerschutz

Für den Schuldner der abgetretenen Gewährleistungsrechte gelten ohne Einschrän- **16** kungen die §§ 404 ff; insbesondere kann er sich ggf wegen noch ausstehenden Werklohns auf ein *Leistungsverweigerungsrecht* nach § 320 berufen. Wo der Zessionar gestaltend in den Vertrag eingreifen will, kann er nach Treu und Glauben auf einer diesbezüglichen Legitimation des Zessionars bestehen. Dies gilt jedenfalls bei einer Fristsetzung nach § 281 Abs 1 oder § 323 Abs 1, ist aber trotz ihrer Vertragsnatur auch bei Wandlung und Minderung anzunehmen.

II. Veräußerung des Werkes

Die Veräußerung des Werkes bzw der bearbeiteten Sache bedeutet *grundsätzlich* **17** *noch keine Abtretung* der Gewährleistungsansprüche, sondern beläßt diese bei dem Zedenten. Ohne besondere Vereinbarung wird der Erwerber die Abtretung der Gewährleistungsansprüche auch nicht schon nach Treu und Glauben verlangen können.

Die Veräußerung läßt die Gewährleistungsansprüche des Veräußerers grundsätzlich unberührt. Insbesondere kann er weiterhin Nachbesserung verlangen bzw Vorschuß für diese, sofern ihm nur die Einwirkung auf das Werk weiter möglich bleibt (vgl HOCHSTEIN, in: FS Heiermann [1995] 121, 137; zT **aA** OLG Köln NJW-RR 1993, 1367).

Ob die *Veräußerung des Werkes* ein *besonderes Interesse iSd § 636, 3. Alt begründet*, hängt von den Umständen des Einzelfalls ab. Hatte sich der Besteller schon vorab zu ihr verpflichtet oder war sie sonst vorgesehen, so kann ein besonderes Interesse an sofortigem Schadensersatz wegen Nichterfüllung durch sie begründet werden; der Besteller braucht eine geplante Veräußerung nicht zu dem Zweck aufzuschieben, daß der Unternehmer die Gelegenheit zur Nachbesserung behält (vgl dazu auch noch § 634 Rn 56).

Wenn sich der Mangel des Werkes bei der Veräußerung *nicht mindernd auf den Erlös* ausgewirkt hat, kann sich der Unternehmer darauf gegenüber dem Besteller nicht berufen (vgl § 634 Rn 135).

Die Veräußerung des Werkes nimmt dem Besteller nicht die Befugnis, den Schadensersatz wegen Nichterfüllung auf der Basis der Nachbesserungskosten zu berechnen (BGHZ 99, 81; § 634 Rn 132). Die Geltendmachung des sog großen Schadensersatzes wird dann regelmäßig ausgeschlossen sein, weil sie mit der Rückgewähr des Werkes verbunden ist.

III. Mehrheit von Gewährleistungsberechtigten

1. Mehrere Besteller

18 Es können mehrere Personen als Besteller an demselben Werkvertrag beteiligt sein.

a) Dann ist zu berücksichtigen, daß der *Nacherfüllungsanspruch aus § 634 Nr 1* ebenso wie der Anspruch auf Kostenvorschuß nach § 637 Abs 3 – jedenfalls hinsichtlich des einzelnen Mangels – auf eine *unteilbare Leistung* gerichtet sind. Das bedeutet, daß jedenfalls § 432 Anwendung findet, wenn nicht schon eine Gesamtgläubigerschaft nach § 428 begründet ist, so daß einerseits *jeder Besteller befugt* ist, diese Rechte geltendzumachen, andererseits aber auch nur, was für den Kostenvorschuß von Bedeutung ist, *an alle Besteller zusammen* geleistet werden kann.

b) Der *Anspruch auf Kostenerstattung* nach eigener Nachbesserung nach §§ 634 Nr 2, 637 Abs 1 sowie der *Schadensersatzanspruch* aus § 634 Nr 4 sind auf Geld und damit auf eine *teilbare Leistung* gerichtet, so daß grundsätzlich nach § 420 von Teilgläubigerschaft auszugehen ist, sofern nicht das Innenverhältnis der Besteller eine Gesamthandsgläubigerschaft gemäß § 428 begründet, zB das Bestehen einer Gesellschaft bürgerlichen Rechts.

c) Für die *Minderung* gilt § 638 Abs 2, für den Rücktritt § 351.

19 d) Aus den §§ 429 Abs 3, 425 ergibt sich, daß die *Befugnisse mehrerer Besteller in sonstiger Hinsicht grundsätzlich unabhängig voneinander* bestehen. So braucht es sich keiner entgegenhalten zu lassen, daß der andere rügelos abgenommen hat, § 640 Abs 2, daß Gewährleistungsansprüche des anderen rechtskräftig abgewiesen sind, § 425 Abs 2. Gleiches gilt für den Eintritt der Verjährung gemäß § 425 Abs 2.

Freilich ist hinsichtlich der Verjährung vorrangig § 213 zu beachten, so daß sich ein Besteller auf die Hemmung oder Unterbrechung der Verjährung durch den anderen berufen kann, soweit dieser Rechte verfolgt, die auch ihm zustehen.

Im übrigen ist zu berücksichtigen, daß die mehreren Besteller vorzugsweise in der Form einer *Wohnungseigentümergemeinschaft* miteinander verbunden sein können, mag diese schon bestehen oder im Werden begriffen sein. Dann sind die sogleich zu skizzierenden Grundsätze zu beachten.

2. Wohnungseigentum

Besonders bei der Errichtung von Wohnungseigentum ist es denkbar, daß auf Grund 20 getrennter Verträge Rechte wegen derselben Mängel entstehen können. Dies gilt, wenn mehrere Wohnungseigentümer gemeinschaftlich die Errichtung der Anlage in Auftrag gegeben haben, aber auch dann, wenn sie einzeln vom Bauträger kaufen (dann nach Kaufrecht, vgl § 651 Rn 4 ff). Es sind hier jeweils *zu unterscheiden Rechte wegen Mängeln am Sondereigentum und am Gemeinschaftseigentum.* Dann sind zwei Aspekte in praktische Konkordanz zu bringen. Zum einen stehen dem einzelnen Erwerber auf Grund des von ihm abgeschlossenen *Individualvertrages* Gewährleistungsrechte zu, die möglichst wenig zu schmälern sind. Zum anderen werden bei den Mängeln solche am Gemeinschaftseigentum im Vordergrund stehen, bei denen dann die *gemeinschaftliche Zuständigkeit* zu berücksichtigen bleibt. Praktisch noch weiter kompliziert werden die Dinge dadurch, daß der Erwerb der Wohnungen zeitlich gestreckt erfolgen kann, so daß *unterschiedliche Gewährleistungsfristen* laufen können.

a) Sondereigentum

Die Gewährleistungsrechte wegen Mängeln am Sondereigentum unterliegen *keinen* 21 *Besonderheiten.* Sie stehen in der üblichen Form dem jeweiligen Wohnungseigentümer zu; das schließt es nicht aus, daß der *Verwalter ermächtigt* werden kann, die Gewährleistungsrechte auch in bezug auf das Sondereigentum als Prozeßstandschafter im eigenen Namen geltendzumachen (vgl BGH Betr 1986, 1330).

b) Gemeinschaftseigentum

Soweit Mängel am Gemeinschaftseigentum bestehen, können diese zunächst unpro- 22 blematisch von der *Gemeinschaft der Wohnungseigentümer* verfolgt werden, soweit es um Nachbesserung, Vorschuß für diese oder Erstattung dabei angefallener Aufwendungen, geht, § 633 Abs 2, Abs 3; zu Rücktritt, Minderung und Schadensersatz wegen Nichterfüllung (vgl u Rn 27 ff). Dabei ist es auch möglich, daß der *Verwalter zum Prozeßstandschafter bestellt* wird (vgl BGHZ 74, 258 = NJW 1979, 2207; BGHZ 81, 35 = NJW 1981, 1841). Die Ermächtigung des Verwalters bezieht sich im Zweifel auch auf die Rechte wegen des Sondereigentums, sofern derselbe Mangel gleichzeitig Gemeinschafts- und Sondereigentum betrifft (vgl BGH Betr 1986, 1330).

c) Verfolgung der Rechte

Bei Mängeln am Gemeinschaftseigentum erhält zugleich der einzelne Wohnungs- 23 eigentümer nicht das, was ihm gebührt; das defekte Dach oder der feuchte Keller betreffen gerade auch ihn. Sie sind Mängel der ihm geschuldeten Leistung, was natürlich voraussetzt, daß er Vertragspartner des jeweils leistungspflichtigen Unternehmers ist (vgl BGH NJW 1994, 443), also nicht zB Zweiterwerber der Wohnung ist. Seine Einbindung in die Wohnungseigentümergemeinschaft kann deshalb *nicht* dazu führen, daß *grundsätzlich nur diese* Gewährleistungsrechte geltend machen könnte (aA DECKERT Baumängel 138); vielmehr stehen *die Gewährleistungsrechte den einzelnen Wohnungseigentümern* zu (vgl BGH 74, 258; BGH NJW 1983, 453; 1985, 1551; WEITNAUER ZfBR 1979, 84; ders NJW 1980, 400; ders, WEG Anh zu § 8 Rn 54 ff), freilich *nicht unverbunden* (aA KELLMANN Betr 1979, 2261; ders NJW 1980, 401), da die Ansprüche inhaltlich aufeinander abgestimmt werden müssen und namentlich auch Gestaltungsrechte nicht widersprüchlich ausgeübt werden können.

Daraus folgt:

24 aa) Da die Geltendmachung von Mängeln am Gemeinschaftseigentum zur ordnungsgemäßen Verwaltung gehört, können insoweit mit Mehrheit *Beschlüsse der Wohnungseigentümerversammlung* herbeigeführt werden, §§ 21, 10 Abs 4 WEG (vgl BGH LM § 21 WEG Nr 1; BGH NJW 1981, 1841). Das ist deshalb nicht unproblematisch, weil die jetzige Wohnungseigentümergemeinschaft mit der Summe der Erwerber nicht mehr übereinzustimmen braucht (vgl PAUSE NJW 1993, 553, 554). Immerhin spricht die Praktikabilität dagegen, die Beschlußfassung den Ursprungserwerbern weiterhin anheimzugeben. Ob der Einzelne die Beschlüsse hinzunehmen hat, ist hier nicht zu erörtern; das richtet sich nach den Regeln des WEG. Im Ergebnis können verbindliche Beschlüsse jedenfalls das Vorgehen des Einzelnen erfolglos machen. So kann etwa der Beschluß der Wohnungseigentümergemeinschaft, einen Mangel hinzunehmen und durch Minderung auszugleichen, dazu führen, daß sich das Nachbesserungsbegehren des Einzelnen – an sich noch möglich – jetzt doch auf eine nicht mehr erbringbare Leistung richtet, § 275 (vgl OLG Düsseldorf NJW-RR 1993, 89).

25 bb) Der *Nachbesserungsanspruch* wegen Mängeln am Gemeinschaftseigentum kann – außer von der Gesamtheit der Wohnungseigentümer oder dem ermächtigten Verwalter – *von dem einzelnen Wohnungseigentümer* geltend gemacht werden, ohne daß dazu eine ermächtigende Beschlußfassung der Wohnungseigentümergemeinschaft notwendig wäre (BGHZ 68, 377 = NJW 1977, 1336; BGH NJW 1988, 1718; 1998, 2967).

Der Umfang des Nachbesserungsanspruchs ist unproblematisch: Es ist der Mangel zu beseitigen. Dabei kann sich das Leistungsverweigerungsrecht des Unternehmers wegen unverhältnismäßigen Aufwandes, § 635 Abs 3, nicht schon daraus ergeben, daß die Gewährleistungsansprüche anderer Wohnungseigentümer vielleicht schon verjährt sind (vgl u Rn 27), und man den Mangel vielleicht für tragbar halten könnte, wenn sich nur einer an ihm stören darf und nicht fünfzig (vgl auch BGH NJW 1985, 1551; 1991, 2480: beide zu § 635).

26 cc) Für die *Verjährung dieses Anspruchs* – und aller weiteren von dem einzelnen Wohnungseigentümer zu verfolgenden Ansprüche – gilt, daß dieser aus seinem Individualvertrag folgt, und daß sie deshalb individuell zu bestimmen ist. Nichts anderes ergibt sich im übrigen bei gemeinschaftlichem Abschluß wegen § 425 Abs 2. Daraus folgt, daß der Einzelne („Nachzügler") uU noch Ansprüche geltend machen kann, wenn die der anderen längst verjährt sind (vgl BGH NJW 1985, 1551; 1991, 2480).

Werden auch die *Verjährungsfristen* identisch sein, so können sich doch *Beginn* und *Ablauf* unterschiedlich gestalten:

(1) Unbeschadet der Möglichkeit einer gemeinschaftlichen Abnahme, wie sie vielfach erfolgen wird, ist nämlich jede Wohnung für sich abzunehmen (BGH NJW 1985, 1551). Das gilt namentlich auch für den Nachzügler. Der Unternehmer hat auch keine Möglichkeit, die frühere Abnahme der anderen für diesen verbindlich zu machen. Eine entsprechende Vertragsklausel würde als unangemessene Benachteiligung des Nachzüglers unwirksam sein, § 242 (vgl zur Inhaltskontrolle notarieller Verträge § 639 Rn 59). Hätte der Unternehmer schon Kenntnis von bestehenden Mängeln, würde sogar Arglist iSd § 634a Abs 3 vorliegen. Der Unternehmer, der von Mängeln Kenntnis hat, kann nur diese offenbaren und dann die Wohnung tel quel verkaufen.

(2) Die Verjährung wird auch *individuell gehemmt und erneuert*, vgl § 425 Abs 2. Der einzelne Wohnungseigentümer kann ein die Verjährung hemmendes Beweissicherungsverfahren sogar dann durchführen, wenn Gewährleistungsansprüche an sich gemeinschaftlich zu verfolgen sind (vgl BGH NJW 1991, 2480).

dd) Die individuelle Durchsetzbarkeit gilt dann auch für den *Anspruch auf Kosten-* 27 *vorschuß* im Verzugsfall (BGHZ 68, 372; 81, 35, 38). Wiederum ist er auf die gesamten Kosten der Nachbesserung gerichtet, da er – wie diese – unteilbar ist. Die praktischen Bedenken, daß die Nachbesserung uU unterschiedlich durchgeführt werden kann und deshalb das Einvernehmen aller Wohnungseigentümer herzustellen ist, greifen nicht durch. Zum einen erwachsen die Erwägungen nicht in Rechtskraft, mit denen das Gericht den Kostenvorschuß in seiner Höhe begründet, zum anderen ist auf Kostenvorschuß zu Händen der Gemeinschaft der Wohnungseigentümer zu klagen (vgl Pause NJW 1993, 555, auch BGH NJW 1991, 2480, 2481 zu § 634 Nr 4, für den nichts anderes gelten kann).

Sind noch Zahlungsansprüche des Unternehmers offen, dann fehlt es jedenfalls an der für eine Aufrechnung erforderlichen Gegenseitigkeit gegenüber dem Anspruch auf Kostenvorschuß, wenn andere Wohnungseigentümer als der Schuldner des Unternehmers klagen (vgl BGH NJW 1992, 435). Wegen der Zweckgebundenheit des Kostenvorschusses wird man hier die *Aufrechnung* aber auch dann nicht zulassen dürfen, wenn gerade der Schuldner klagt, weil sonst seine Verwendung nicht mehr gesichert wäre, wenn dieser gegenüber der Gemeinschaft noch aus eigener Tasche nachlegen müßte.

ee) Vorbereitend mahnen kann den Bauträger jeder Wohnungseigentümer für sich 28 (BGH NJW 1988, 1718). Er kann aber auch die Frist nach den §§ 281 Abs 1, 323 Abs 1 setzen, wenn diese nicht mehr wie früher die Frist nach § 634 Abs 1 aF mit einer Ablehnungserklärung verbunden ist, so daß sich Nachteile für die anderen ergeben könnten (vgl dazu BGH NJW 1998, 2967, 2968).

ff) *Zurücktreten oder großen Schadensersatz verlangen* kann jeder Wohnungs- 29 eigentümer hinsichtlich seiner Wohnung (vgl BGHZ 74, 258), dies auch wegen Mängeln am Gemeinschaftseigentum. Dabei ist der Schadensersatz individuell zu berechnen.

Wenn die Wohnungseigentümer den Vertrag gemeinsam abgeschlossen haben, können sie auch gemeinsam wandeln oder großen Schadensersatz verlangen. Ob sie auf etwaige Rückerstattungsansprüche des Unternehmers als Gesamtschuldner haften, ist zweifelhaft, weil sie dies hinsichtlich der Werklohnforderung nicht waren (vgl § 641 Rn 45) und wohl zu verneinen.

30 gg) Als Schadensersatz kann der Unternehmer auch jenen *Betrag* schulden, *der erforderlich ist, seine Leistung in den vertragsgemäßen Zustand zu versetzen*. Wenn diese Ansprüche in der Sache ebenso wie Nachbesserung und Kostenvorschuß dazu der Mangelfreiheit des Wohnungseigentums dienen, dann kann sie auch wiederum der einzelne Eigentümer durchsetzen. Dabei kann er den vollen zur Nachbesserung erforderlichen Betrag verlangen, nicht nur seine Quote (BGH NJW 1999, 1705). Das gilt dann, wenn sie – wegen unvollständiger Leistung – aus § 326 aF bzw jetzt §§ 280 Abs 1, 281 herzuleiten sind (vgl BGH NJW 1988, 1718), aber auch dann, wenn sie wegen mangelhafter Leistung aus § 634 Nr 4 resultieren (vgl BGH NJW 1985, 1551; 1991, 2480). Wiederum ist eine besondere Ermächtigung der Wohnungseigentümergemeinschaft nicht notwendig. Da diese Beträge jeweils nicht zweckgebunden sind, dürfte ihnen nicht einmal ein Beschluß der Eigentümergemeinschaft entgegenstehen, den Mangel nicht zu beseitigen. Jedenfalls sind die Ansprüche aber jeweils auf die vollen Kosten gerichtet (und nicht etwa nur auf eine Quote des jeweiligen Klägers), BGH (aaO), und insofern an die Gemeinschaft zu zahlen und entsprechend einzuklagen.

31 hh) Unklar ist die Rechtslage, wenn die *Liquidation des Minderwerts* der Leistung des Unternehmers im Raume steht, was durch *Minderung* erfolgen kann bzw *durch Schadensersatz* nach § 634 Nr 4. BGHZ 74, 258, 263 ff hatte diese Rechte noch uneingeschränkt der Gemeinschaft der Wohnungseigentümer vorbehalten; BGH 110, 258, 260 schränkt diesen Vorbehalt jetzt auf den Fall der *behebbaren Mängel* ein, läßt ein Vorgehen des einzelnen Eigentümers also wegen *unbehebbarer Mängel* zu, vgl dort auch die Nachweise zu den divergierenden Auffassungen in der Literatur.

Man wird zu unterscheiden haben:

Die Liquidation des Minderwertes als Schadensersatz präjudiziert niemanden und kann deshalb uneingeschränkt dem einzelnen Wohnungseigentümer anheimgegeben werden. Dieser Minderwert kann in zweierlei Hinsicht berechnet werden, und zwar zunächst in bezug auf die gesamte Leistung des Unternehmers. Insoweit wird der einzelne Eigentümer jedenfalls den vollen Schaden mit einer auf Zahlung an die Gemeinschaft gerichteten Klage geltend machen können. Die Klage auf Zahlung der auf ihn entfallenden Quote an sich selbst kann dagegen zu Verwirrung führen, auch dem Unternehmer unzumutbar sein, wenn er diese Quote nicht sicher beurteilen kann (Anteil an der Wohnungseigentümergemeinschaft, Betroffenheit vom Schaden?). Ihr Erfolg setzt deshalb ein darzulegendes besonderes Interesse des einzelnen Wohnungseigentümers voraus. – Den konkreten Minderwert nur seiner eigenen Wohnung kann der einzelne Wohnungseigentümer geltend machen, wenn eine Nachbesserung ausgeschlossen ist.

32 *Mindern* kann der einzelne Wohnungseigentümer nur dann, wenn alles andere ausgeschlossen ist, die Wandlung zB wegen Vereinbarung der VOB/B, der Schadensersatzanspruch mangels Verschuldens. Richtig im Ansatz BGHZ 110, 258, 261, daß es auch an einem über den Minderungsbetrag hinausgehenden Schaden fehlen kann, doch ist dies eher der Ausnahmefall, wenn zB Gutachterkosten im Raum stehen, oder eine jedenfalls teilweise Schadensbeseitigung möglich erscheint. Insoweit wird man die Minderungsbefugnis grundsätzlich nach wie vor der Eigentümergemeinschaft vorbehalten müssen.

Zu berechnen ist die Minderung nach dem Minderwert der einzelnen Wohnung, wahlweise nach dem Minderwert der Leistung des Unternehmers.

Anhang IV zu § 638

Haftung der Parteien untereinander; Ausgleich bei gemeinschaftlicher Haftung gegenüber Dritten

Schrifttum

BINDTHARDT, Pflichten und Verantwortung des Architekten gegenüber dem Nachbarn seines Bauherrn, BauR 1983, 422
vBOISSEREE, Die Haftung der Baubeteiligten für Schäden an Nachbargebäuden (2002)
DIEHL, Gesamtschuld und Gesamtschuldnerausgleich im Baurecht, in: FS Heiermann (1995) 37
KULLMANN, Die außervertragliche Haftung des Bauherrn in der Rechtsprechung des Bundesgerichtshofs, in: FS Korbion (1986) 235
LEWER, Die Haftung des Werkbestellers nach Dienstleistungsrecht gem den §§ 618, 619 BGB, JZ 1983, 336
VENS-CAPELL/WOLF, Drittschäden bei Bauvorhaben. Zur haftungs- und versicherungsrechtlichen Problematik des § 10 Nr 2 Abs 2 VOB/B, BauR 1993, 275
WEIMAR, Muß der Nachbar die Aufstellung von Gerüsten auf seinem Grundstück dulden?, BauR 1975, 26
WUSSOW, Zur Haftungsabwälzung auf den Unternehmer in Zusätzlichen Vertragsbedingungen der öffentlichen Hand, VersR 1977, 979.

Systematische Übersicht

I.	Allgemeines; § 10 VOB/B	1	IV.	Interner Ausgleich bei gleichzeitiger Haftung gegenüber Dritten	
II.	Haftung der Vertragsparteien für Schädigungen der anderen Seite		1.	Gesamtschuldnerschaft	20
1.	Haftungsgrundlagen	2	2.	Alleinige Schadenstragung durch den Besteller	21
a)	Haftung des Bestellers	2	3.	Alleinige Schadenstragung durch den Unternehmer	23
b)	Haftung des Unternehmers	6	4.	Schadensaufteilung	25
2.	Haftungsmaßstäbe	8	5.	Gesamtschuld	26
a)	Haftung des Bestellers	8			
b)	Haftung des Unternehmers	10	V.	Freistellung von gesetzlichen Vertretern und Erfüllungsgehilfen	27
3.	Kreis der geschützten Personen	11			
4.	Haftungsbeschränkungen	13			
III.	Haftung der Vertragsparteien für Schädigungen Dritter	14			

Alphabetische Übersicht

Architekt	16, 19	Haftungsmaßstab	8 ff
Ausgleich, interner	20 ff		
		Leistungen Dritter	7
culpa in contrahendo	2 ff, 6		
		Obhutspflichten des Bestellers	2 ff
Dritte, geschützte	11		
		Positive Forderungsverletzung	2 ff, 6
Eigenverantwortlichkeit des Unternehmers	3		
Erfüllungsgehilfe	9 f, 27 f	Räumlichkeit des Bestellers	5
Gefahrenquelle	4	Schädigungen Dritter	14 ff
Gesamtschuld	25 f		
		Verkehrssicherungspflichten	16 ff
Haftungsbeschränkung	13		

I. Allgemeines; § 10 VOB/B

1 Die Parteien können sich bei Durchführung des Werkvertrages einander gegenüber *schadensersatzpflichtig* machen. Das *Werkvertragsrecht* regelt dies *nur*, soweit es um die *Haftung des Unternehmers für Mängel* geht, *nicht* dagegen *hinsichtlich sonstiger Schädigungen*. Insoweit gelten die allgemeinen Regeln der §§ 280 ff (dazu u Rn 2, 6). Die VOB/B spricht diese Haftung in § 10 Nr 1 an, ohne sie zu modifizieren. Die Fragen können deshalb im Zusammenhang angesprochen werden.

Außerdem kann sich aus der Tätigkeit des Unternehmers eine *Schädigung eines Dritten* ergeben, für die diesem auch der Besteller einzustehen hat. Die Grundlagen dieser Ansprüche Dritter regelt die VOB/B nicht näher, wohl aber den *internen Ausgleich* in § 10 Nr 2–6. Dies weicht zT von den Regelungen ab, die sich aus dem BGB ergeben. Auch insoweit sollen die Dinge im Zusammenhang dargestellt werden; Abweichungen werden besonders kenntlich gemacht.

§ 10 VOB/B lautet:

Haftung der Vertragsparteien

1. Die Vertragsparteien haften einander für eigenes Verschulden sowie für das Verschulden ihrer gesetzlichen Vertreter und der Personen, deren sie sich zur Erfüllung ihrer Verbindlichkeiten bedienen (§§ 276, 278 BGB).

2. (1) Entsteht einem Dritten im Zusammenhang mit der Leistung ein Schaden, für den auf Grund gesetzlicher Haftpflichtbestimmungen beide Vertragsparteien haften, so gelten für den Ausgleich zwischen den Vertragsparteien die allgemeinen gesetzlichen Bestimmungen, soweit im Einzelfall nichts anderes vereinbart ist. Soweit der Schaden des Dritten nur die Folge einer Maßnahme ist, die der Auftraggeber in dieser Form angeordnet hat, trägt er den Schaden allein, wenn ihn der Auftraggeber auf die mit der angeordneten Ausführung verbundene Gefahr nach § 4 Nr. 3 hingewiesen hat.

(2) Der Auftragnehmer trägt den Schaden allein, soweit er ihn durch Versicherung seiner gesetzlichen Haftpflicht gedeckt hat oder durch eine solche zu tarifmäßigen, nicht auf außergewöhnliche Verhältnisse abgestellten Prämien und Prämienzuschlägen bei einem im Inland zum Geschäftsbetrieb zugelassenen Versicherer hätte decken können.

3. Ist der Auftragnehmer einem Dritten nach den §§ 823 ff. BGB zu Schadensersatz verpflichtet wegen unbefugten Betretens oder Beschädigung angrenzender Grundstücke, wegen Entnahme oder Auflagerung von Boden oder anderen Gegenständen außerhalb der vom Auftraggeber dazu angewiesenen Flächen oder wegen der Folgen eigenmächtiger Versperrung von Wegen oder Wasserläufen, so trägt er im Verhältnis zum Auftraggeber den Schaden allein.

4. Für die Verletzung gewerblicher Schutzrechte haftet im Verhältnis der Vertragsparteien zueinander der Auftragnehmer allein, wenn er selbst das geschützte Verfahren oder die Verwendung geschützter Gegenstände angeboten oder wenn der Auftraggeber die Verwendung vorgeschrieben und auf das Schutzrecht hingewiesen hat.

5. Ist eine Vertragspartei gegenüber der anderen nach Nr. 2, 3 oder 4 von der Ausgleichspflicht befreit, so gilt diese Befreiung auch zugunsten ihrer gesetzlichen Vertreter oder Erfüllungsgehilfen, wenn sie nicht vorsätzlich oder grob fahrlässig gehandelt haben.

6. Soweit eine Vertragspartei von dem Dritten für einen Schaden in Anspruch genommen wird, den nach Nr. 2, 3 oder 4 die andere Vertragspartei zu tragen hat, kann sie verlangen, daß ihre Vertragspartei sie von der Verbindlichkeit gegenüber dem Dritten befreit. Sie darf den Anspruch des Dritten nicht anerkennen oder befriedigen, ohne der anderen Vertragspartei vorher Gelegenheit zur Äußerung gegeben zu haben.

II. Haftung der Vertragsparteien für Schädigungen der anderen Seite

1. Haftungsgrundlagen

a) Haftung des Bestellers

Auch wenn den Besteller hinsichtlich der Erstellung des Werkes grundsätzlich keine Schuldnerpflicht, sondern nur eine Obliegenheit zur Mitwirkung trifft (vgl § 642 Rn 17 ff), so treffen ihn doch *allgemeine Fürsorge- und Obhutspflichten gegenüber dem Unternehmer*, wie sie aus § 241 Abs 2 herzuleiten sind. Ihre Verletzung macht ihn nach § 280 Abs 1 schadensersatzpflichtig, ggf iVm § 311 Abs 2. Auch die §§ 823 ff kommen ggf in Betracht.

aa) Dabei ist freilich allgemein zu berücksichtigen, daß die Erbringung der Leistung als solche für den Unternehmer mit *Gefahren* verbunden sein kann. Diese hat er *grundsätzlich hinzunehmen*, ihre Realisierung kann er nicht auf den Besteller abwälzen. Insoweit hat er sich auch über jene Gefahren zu vergewissern, und ihnen gegenüber Vorsorge zu treffen, die typischerweise mit der Erbringung seiner Leistung verbunden sind. Soweit eine Haftung des Bestellers zu bejahen ist, vgl u Rn 4 f, kann sich aus Unterlassungen in diesem Bereich jedenfalls ein anspruchsmindernder Mitverschuldenseinwand nach § 254 Abs 1 ergeben. Insgesamt bleibt aber zu berücksichtigen, daß der *Unternehmer* – im scharfen Kontrast insbesondere zum Arbeitnehmer – *für sich selbst verantwortlich* ist.

4 bb) Eine *Haftung des Bestellers* ergibt sich, wenn er nicht das ihm Mögliche und Zumutbare getan hat, um den Unternehmer bei der Erfüllung seiner Vertragspflichten vor Schaden zu bewahren (vgl BGH VersR 1959, 948).

(1) Insoweit hat der Besteller – auch der Hauptunternehmer gegenüber dem Subunternehmer – namentlich *auf Gefahrenquellen oder gefahrerhöhende Umstände* hinzuweisen, auf die der Unternehmer keinen Einfluß hat und die er auch bei sorgfältiger Beobachtung der tatsächlichen Gegebenheiten nicht voll erkennen kann (vgl INGENSTAU/KORBION/WIRTH § 10 Rn 28).

5 (2) Soweit der Unternehmer in den *Räumlichkeiten des Bestellers* oder mit dessen Geräten tätig wird, hat der Besteller die ihm möglichen und zumutbaren Maßnahmen zu treffen, um Gefahren von dem Unternehmer abzuwenden. Insoweit wendet die hM **§ 618 Abs 1 entsprechend** an (vgl RGZ 157, 282, 285; 159, 268, 271; BGHZ 26, 365, 371 = NJW 1958, 70 = JZ 1958, 481 m Anm DUNZ; BGHZ 56, 269, 270 = NJW 1971, 1931, 1933, BGH NJW 1984, 1904; PALANDT/PUTZO § 618 Rn 1; krit LEWER JZ 1983, 336).

cc) Diese Anwendung des § 618 Abs 1 kann *nur eine entsprechende* sein. Die Maßnahmen, die der Besteller zu treffen hat, werden nämlich nur nach Anlaß und Richtung durch § 618 Abs 1 konkretisiert, nicht aber nach ihrer Intensität. Der Besteller kann sich *darauf beschränken, auf die bestehenden Gefahren hinzuweisen*, wenn er dies nur mit dem nötigen Nachdruck tut. Es verbleibt immer, vor allem in den Fällen, in denen der Besteller nicht über die nötige Sachkunde verfügt, die *eigene Prüfungspflicht des Unternehmers*.

dd) Aus der nur entsprechenden Anwendung des § 618 Abs 1 folgt weiter, daß der Unternehmer keinen Anspruch darauf hat, daß der Besteller *die bestehenden Gefahren auf das geringstmögliche Maß reduziert*. Es ist vielmehr im Wege der Vertragsauslegung zu untersuchen, ob ihm derartige Maßnahmen selbst zuzumuten sind. So kann er zB gehalten sein – gegen Erstattung der Mehrkosten –, eigenes Gerät zu verwenden. Wo aber dem Unternehmer eigene Abhilfemaßnahmen nicht zumutbar sind, erwächst ihm ein Leistungsverweigerungsrecht nach § 273 mit der Folge eines zusätzlichen Vergütungsanspruchs nach § 642 bzw § 6 Nr 6 VOB/B.

ee) Den Unterschieden zwischen Werkvertrag und Dienstvertrag entspricht es schließlich, daß § 618 entgegen *§ 619 insoweit abbedungen* werden kann, wie es den Unternehmer selbst und seine Subunternehmer betrifft (BGHZ 56, 269, nach BGHZ 26, 366 freilich nicht, soweit Arbeitnehmer des Unternehmers geschädigt sind).

b) Haftung des Unternehmers

6 Auch für den Unternehmer greifen bei Schädigungen des Bestellers die üblichen Anspruchsgrundlagen der §§ 280 Abs 1, 241 Abs 2, 311 Abs 2 sowie der §§ 823 ff ein. Zur Möglichkeit, im Zusammenhang mit der Erbringung der Werkleistung die Rechtsgüter des Bestellers, insbesondere sein Eigentum zu verletzen, vgl § 634 Rn 142 ff.

Der Unternehmer hat ganz allgemein mit dem *Eigentum des Bestellers* schonend umzugehen (vgl BGH VersR 1969, 927; BGH LM § 631 BGB Nr 15; BGH NJW 1983, 113 = LM

§ 631 BGB Nr 15) und dieses vor Beschädigungen und Verlusten zu sichern, mag es sich nun um die zur Bearbeitung überlassene Sache handeln oder um sonstige Gegenstände, die seiner Einwirkung ausgesetzt sind.

Der Unternehmer hat die *körperliche Integrität des Bestellers* zu schützen; er hat insoweit zB bei einer Baustelle darauf zu achten, daß der Besteller sie sicher und gefahrlos betreten kann (vgl OLG Nürnberg VersR 1979, 748; OLG Karlsruhe VersR 1985, 297). Zur Konkretisierung der Pflichten des Unternehmers sind namentlich die *Unfallverhütungsvorschriften* bedeutsam.

Der Unternehmer hat auch dem Besteller gegenüber die Pflicht, die *Leistungen anderer Unternehmer* auf der Baustelle pfleglich zu behandeln. Zwar behält der Besteller idR einen Nachleistungsanspruch gegen den anderen Unternehmer (vgl § 644 Rn 8 ff), doch kann er dessen Schaden im Wege der Drittschadensliquidation geltend machen (vgl § 644 Rn 10). Ein eigener Schadensersatzanspruch steht dem anderen Unternehmer allenfalls aus Besitzverletzung zu, doch hat er einen Anspruch auf Abtretung der Ansprüche des Bestellers, § 281.

Der Unternehmer ist schließlich gehalten, den Besteller vor *Ersatzpflichten gegenüber Dritten* wie zB Grundstücksnachbarn zu bewahren.

2. Haftungsmaßstäbe

a) Haftung des Bestellers

Der Besteller haftet ggf dem Unternehmer gem § 276 *für jede Fahrlässigkeit*. Haftungserleichterungen – etwa auf die eigenübliche Sorgfalt – kennt das BGB nicht und sieht auch § 10 Nr 1 VOB/B nicht vor. Doch bleibt zweierlei zu beachten: Zunächst werden die Pflichten des Bestellers ausgeschlossen oder doch zumindest nach § 254 Abs 1 beschränkt durch die Pflicht des Unternehmers, seine eigenen Belange zu wahren. Sodann ist es bei der Bestimmung der im Verkehr erforderlichen Sorgfalt iSd § 276 Abs 2 zu seinen Gunsten zu berücksichtigen, daß er *Laie* sein kann und *nur über einen entsprechenden Stand an Wissen und Können* verfügt. Freilich hat er Sachverstand und Können einzusetzen, soweit er sie selbst besitzt oder sich verschafft durch Einsatz von Sonderfachleuten, zB Architekten.

Im Rahmen der vertraglichen Haftung gilt für den Besteller, wie dies auch § 10 Nr 1 VOB/B klarstellt, § 278. *Erfüllungsgehilfen* sind dabei zunächst jene Personen, die der Besteller zur Erfüllung seiner Verbindlichkeiten und Obliegenheiten gegenüber dem Unternehmer einsetzt, dh bei Planung, Mitarbeit oder Aufsicht, vorzugsweise also im Baubereich der Architekt. Schwierigkeiten bereitet die sachgerechte Eingrenzung des Kreises der Erfüllungsgehilfen bei jenen Personen, die durch den Besteller Gelegenheit erhalten, auf die Rechtsgüter des Unternehmers einzuwirken. Man wird insoweit die bloße Schaffung der Gelegenheit zur Einwirkung nicht ausreichen lassen können, was namentlich die Haftung für *Familienangehörige* idR – soweit sie nicht zur Beaufsichtigung und Betreuung des Unternehmers eingesetzt sind – ausschließt. Freilich kann der Besteller hier für eigenes Aufsichtsverschulden nach den §§ 276, 832 haftbar bleiben. Zu fordern ist vielmehr, daß die Dritten bestimmungsgemäß mit den Rechtsgütern des Unternehmers in Kontakt kommen. Insoweit haftet der Besteller vertraglich für den Architekten nach § 278, nicht dagegen für andere Unternehmer, die mit der Leistung dieses Unternehmers oder seinen Rechtsgütern in Kontakt kommen. Es bleibt bei beiden Personengruppen die Möglichkeit eines Eigenverschuldens des Bestellers hinsichtlich der Auswahl oder der Überwachung.

Für den Besteller gilt auch die *deliktische Einstandspflicht* nach § 831. Doch ist insoweit zu beachten, daß es für ihn gegenüber dem Architekten und selbständigen Unternehmern an der von der hM geforderten näheren Weisungsmöglichkeit fehlt, was jedenfalls im Falle des Architekten angesichts der §§ 675, 665 zweifelhaft erscheinen muß.

b) Haftung des Unternehmers

10 Auch der Unternehmer haftet dem Besteller nach § 276 für Vorsatz und *jede Fahrlässigkeit*, wobei bei letzterer grundsätzlich ein *professioneller Maßstab* anzulegen ist, sofern der Unternehmer nicht deutlich erkennbar als Privatmann oder Laie tätig geworden ist, doch ist in letzterem Falle oft schon ein Übernahmeverschulden in Betracht zu ziehen.

Unter den *Erfüllungsgehilfen*, für die der Unternehmer nach § 278 einzustehen hat, sind zunächst seine *Arbeitnehmer* hervorzuheben, sofern sie im Rahmen der Erbringung der Werkleistung – sei es auch nur vorbereitend – eingesetzt sind. Für befugt eingesetzte (vgl § 633 Rn 105 ff) *Nachunternehmer* hat der Unternehmer ebenfalls nach § 278 einzustehen (vgl INGENSTAU/KORBION/WIRTH § 10 Rn 58), darüber hinaus aber auch für unbefugt eingesetzte (**aA** INGENSTAU/KORBION/WIRTH aaO), da es ausreicht, wenn die betreffenden Personen mit Wissen und Wollen des Schuldners tätig sind, was hier der Fall ist. Für ihr Fehlverhalten haftet der Unternehmer also im Falle ihres Verschuldens sowie bei eigenem Auswahlverschulden, wenn dieses für die Schädigung ursächlich geworden ist, vgl insoweit auch § 831 Abs 1 S 2. Alt, dagegen *nicht schon ohne weiteres wegen des schlichten unbefugten Einsatzes*; § 287 S 2 ist nicht entsprechend anzuwenden. Die Lieferanten des Unternehmers sind nicht als seine Erfüllungsgehilfen anzusehen, soweit sie nicht mit seinem Wissen und Wollen am Ort der Erbringung der Werkleistung tätig werden, zB durch dortige Anlieferung von Materialien.

Für die Haftung des Unternehmers aus § 831 gelten keine Besonderheiten.

3. Kreis der geschützten Personen

11 a) Auf seiten des Bestellers ist es zu berücksichtigen, daß der Werkvertrag *Schutzwirkungen zu Gunsten Dritter* äußern kann. Insoweit werden die einschlägigen Kriterien erfüllt von den Familienangehörigen des Bestellers (BGH VersR 1956, 600), von seinen Mietern (BGH NJW 1976, 1843 = LM § 558 BGB Nr 22) und seinem Vermieter (BGH NJW 1954, 874), seinen Betriebsangehörigen und Hausangestellten (RGZ 127, 224). OLG Düsseldorf (NJW 1965, 359) hat auch den Nachbarn als geschützt angesehen. Dagegen genießt bei einem *Subunternehmervertrag* der Hauptauftraggeber keinen Schutz (vgl FEUDNER BauR 1984, 247, 258 f; **aA** OLG Braunschweig NJW-RR 1986, 1314; INGENSTAU/KORBION/WIRTH § 10 Rn 24; SCHLECHTRIEM ZvBR 1983, 101, 103), weil es hier an einer besonderen Fürsorgepflicht des Gläubigers fehlt, ferner nicht ein anderer, parallel arbeitender Unternehmer (BGH NJW 1970, 38, 40), dessen Schutz vielmehr im Wege der Drittschadensliquidation zu verwirklichen ist (vgl § 644 Rn 10).

b) Parallel dazu sind auf seiten des Unternehmers in den Schutzbereich des Ver- **12** trages einbezogen seine *Arbeitnehmer* (BGHZ 5, 62 = NJW 1952, 458; BGHZ 26, 366, 370), ferner der Subunternehmer (BGHZ 56, 269 = LM § 618 BGB Nr 10 m Anm WEBER).

4. Haftungsbeschränkungen

Haftungsbeschränkungen *in AGB sind zunächst eng auszulegen*, § 305c Abs 2. **13** Wenn dies nicht besonders deutlich hervortritt, erfassen sie zB nicht auch *deliktische Ansprüche*. Bei ihrer inhaltlichen Kontrolle ist außer § 309 Nr 7 namentlich auch § 307 Abs 2 Nr 2 zu beachten. Letztere Bestimmung kommt zwar regelmäßig dem Unternehmer nicht zugute, wohl aber dem Besteller. Dies ist zB der Fall, wenn der Unternehmer besonderes Vertrauen für sich in Anspruch genommen hat (vgl BGH NJW-RR 1986, 272), wenn er den Schaden durch Versicherungsschutz hätte abdecken können (vgl OLG Hamburg DAR 1984, 260; WOLF NJW 1980, 2437), oder wenn es um den Schutz von Leben oder Gesundheit des Bestellers geht (vgl OLG Stuttgart NJW-RR 1988, 1082, WOLF NJW 1980, 2437). Soweit die Haftung summenmäßig beschränkt wird, muß dies in einem angemessenen Verhältnis zu den zu erwartenden Schäden stehen, was zB nicht der Fall ist, wenn bei chemischen Reinigungen die Haftung auf das 15fache des Entgelts beschränkt wird (vgl OLG Köln ZIP 1981, 1104; AG Memmingen NJW-RR 1988, 380; **aA** KG VersR 1978, 1170). Ausreichend ist es freilich auch, wenn dem Besteller ein angemessener Versicherungsschutz angeboten wird (vgl BGHZ 77, 133).

III. Haftung der Vertragsparteien für Schädigungen Dritter

Die Haftung der Vertragsparteien gegenüber Dritten kann sich ausnahmsweise aus **14** *besonderen vertraglichen Beziehungen* ergeben oder daraus, daß die Dritten in den *Schutzbereich des Vertrages* einbezogen sind (vgl dazu o Rn 11 f). Die *Regel* wird freilich eine *deliktische Einstandspflicht* gegenüber den Dritten sein. Insoweit ist zu beachten, daß der *Unternehmer* grundsätzlich – mangels hinreichender Weisungsbefugnis – *nicht Verrichtungsgehilfe* des Bestellers ist (vgl BGH VersR 1964, 46), so daß eine Haftung nach § 831 ausscheidet und die Erfüllung eines der Tatbestände der §§ 823 ff in der Person des Bestellers selbst festgestellt werden muß. Freilich hat der Besteller für den Unternehmer *nach § 278* einzustehen, soweit er dem Dritten *ausnahmsweise vertraglich* haftet.

Unter den deliktischen Haftungstatbeständen gegenüber Dritten sind von besonderer Bedeutung:

1. § 823 Abs 1. Zu der besonders bedeutsamen Fallgruppe der Verletzung der **15** Verkehrssicherungspflichten vgl u Rn 16 ff.

2. § 823 Abs 2. Die Bestimmung des Kreises der sog Schutzgesetze hat hier nach den allgemeinen Grundsätzen zu erfolgen. Namentlich kommen in Betracht:

a) die §§ 907, 909 (vgl BGHZ 12, 75 = NJW 1954, 593; BGH LM § 909 BGB Nr 4 a; BGHZ 85, 375 = NJW 1983, 872; KULLMANN, in: FS Korbion [1986] 235, 243 f), die zu einer Haftung des Bauherrn, des Bauunternehmers und des Architekten führen können;

b) § 1134 (vgl BGHZ 65, 211 = NJW 1976, 189 = LM § 823 [Ad] BGB Nr 8 m Anm STEFFEN), der bei Abbruch- und Umbauarbeiten auch zu einer Haftung des Architekten führen kann, wobei freilich sein Verschulden besonders zu prüfen sein wird, da die Wahrung der Belange der Grundpfandgläubiger grundsätzlich nicht seine Aufgabe ist;

c) Bestimmungen der Landesbauordnungen;

d) die Bestimmungen des Gesetzes über die Sicherung von Bauforderungen v 1. 6. 1909 (RGBl I 499); vgl dazu § 648 Rn 46 ff;

e) zahlreiche weitere gesetzliche Bestimmungen. Insoweit ist allgemein auf die Erl zu § 823 Abs 2 zu verweisen.

3. Bei Werbemaßnahmen oä § 824.

4. § 826.

5. §§ 836 ff, die freilich auf Abbrucharbeiten nicht anzuwenden sind, wohl aber auf ein Baugerüst (BGH VersR 1959, 694; NJW 1997, 1853, einen Turmdrehkran, OLG Hamm BauR 1996, 730).

6. Außerhalb des BGB kommen als Haftungstatbestände namentlich die der Gefährdungshaftung in Betracht.

7. Die *Erbringung von Werkleistungen*, insbesondere, aber nicht nur die Einrichtung und Unterhaltung von Baustellen, kann eine *besondere Gefahrenquelle* darstellen, die denjenigen, die diese Gefahrenquelle beherrschen, die Verpflichtung auferlegt, die Gefahren für Dritte, soweit möglich, abzuwenden. Bei Verstoß gegen diese Verpflichtung ergibt sich die Haftung aus § 823 Abs 1.

a) Die *insgesamt strengen Verkehrssicherungspflichten* treffen zunächst den *Bauherrn* (vgl dazu KULLMANN, in FS Korbion [1986] 235), der ja die Gefahrenquelle der Baustelle eröffnet hat. Er ist zu *umfassenden Maßnahmen* verpflichtet, jenen Gefahren zu steuern, die sich aus der Baustelle ergeben.

aa) Vor allem dann, wenn er *selbst Laie* ist (vgl BGH VersR 1959, 908, 909), reduziert sich seine Verantwortung freilich, wenn er einen bewährten Architekten oder einen zuverlässigen und leistungsfähigen Unternehmer heranzieht. Bei ihrer Auswahl darf er sich auf ihren guten Ruf verlassen (BGH aaO), es sei denn ihm wäre bekannt, daß sie bisher nur hinsichtlich der Gefahren mit diesem Auftrag nicht vergleichbare Aufgaben erledigt hätten (BGH VersR 1964, 412, 413). Zur Überprüfung der Versicherung des Unternehmers ist der Bauherr nicht verpflichtet (BGH VersR 1954, 101, 102). Wenn diese Voraussetzungen gegeben sind, braucht der Bauherr nicht ständig zu kontrollieren und die Arbeiten in den Einzelheiten zu besprechen.

bb) Er bleibt jedoch auch dann zu einer gewissen *Aufsicht* verpflichtet, deren *Intensität* sich aus der *Art und der Gefährlichkeit der Arbeiten* ergibt, BGH aaO. Anlaß zu Zweifeln an hinreichender Vorsorge ergeben sich insbesondere, wenn der Bauherr besondere Gefahren erkannt hat, aber sich einer hinreichenden Vorsorge durch den Unternehmer nicht sicher sein kann (KULLMANN 238), ferner nach Abschluß der Arbeiten des Unternehmers (BGH VersR 1962, 326, 327), sowie überhaupt bei Großprojekten (BGH VersR 1976, 145, 146 Moselstaustufe; VersR 1981, 267 Verbrauchermarkt). Zum eigenen Eingreifen ist der Bauherr selbst bei besonderen Anlässen gehalten, die teils sich aus der Gefährlichkeit der Arbeiten ergeben können (vgl OLG Düsseldorf BauR 1973, 305 Abbruch mit sog „Fallbirne"; BGH BauR 1982, 399, 400), teils aus der Möglichkeit unvernünftigen Verhaltens (BGH BauR 1983, 387, 388 Möglichkeit des Betretens eines Rohbaus durch alkoholisierte Teilnehmer eines Richtfestes; BGH VersR 1975, 453 spielende Kinder). Dabei hat er nicht nur auf Gefahren hinzuweisen, sondern ihre Meidung zu prüfen (OLG Hamm NJW-RR 1996, 1362).

b) Die Verkehrssicherungspflichten treffen sodann *den Unternehmer* hinsichtlich **18** seiner Arbeiten (BGH NJW 1997, 582). Er muß die Unfallverhütungsvorschriften seiner Berufsgenossenschaft beachten, etwaige öffentlichrechtliche Bestimmungen wie Brandschutzbestimmungen (vgl BGH VersR 1976, 166); er genügt seinen Verpflichtungen aber nicht schon dadurch, daß er die baubehördlichen Anforderungen einhält (vgl BGH VersR 1976, 149), sondern muß *überhaupt all jene Sicherungsmaßnahmen* treffen, die *nach den konkreten Umständen geboten* und wirtschaftlich zumutbar erscheinen. ZB muß ein Bauweg auch im Winter gesichert sein (BGH NJW-RR 1997, 1109). Die Verkehrssicherungspflicht *überdauert die Ablieferung des Werkes*, soweit es um die Gefahren geht, die sich aus der Benutzung des Werkes ergeben, die entweder seiner Bestimmung entspricht oder zwar mißbräuchlich, aber doch nicht auszuschließen ist (BGH VersR 1978, 561 Kinder im Schwimmbad; OLG Karlsruhe BauR 1997, 675 Abstand zwischen Treppe und Geländer). Hinsichtlich der spezifischen Gefahren der Erbringung der Bauleistung endet sie nicht schon mit der Räumung der Baustelle (vgl aber OLG Koblenz VersR 1982, 1085), sondern erst (oder schon) mit der Beseitigung dieser Gefahren.

Zu den insoweit notwendigen Einzelmaßnahmen vgl die Kasuistik bei INGENSTAU/ KORBION/WIRTH § 10 Rn 112 ff.

c) Schließlich ist *der Architekt* verkehrssicherungspflichtig (vgl BGHZ 68, 169, 175 ff; **19** BGH NJW 1997, 582; SCHMALZL NJW 1977, 2041; ders BauR 1981, 503; NEUENFELD BauR 1981, 436; BINDTHARDT BauR 1975, 376). Seine Pflichten können einerseits hinter denen des Bauherrn zurückbleiben, wenn ihm nicht die volle Wahrnehmung der Verkehrssicherungspflicht übertragen ist, so insbesondere, wenn er nicht zum verantwortlichen Bauleiter nach der jeweiligen Landesbauordnung bestellt ist, andererseits aber *über die des Bauherrn hinausgehen*, da ihm angesichts seiner besonderen Sachkunde Gefahrenquellen eher erkennbar sein müssen als dem Bauherrn. Auch ihm obliegen Prüfungspflichten gegenüber dem Unternehmer (OLG Frankfurt BauR 1998, 152 Gerüst).

8. Auch wenn Besteller oder Unternehmer einen deliktischen Haftungstatbestand nicht selbst erfüllt haben, kann sich *die volle eigene Haftung* doch entweder aus Mittäterschaft, Anstiftung oder Beteiligung ergeben, § 830 Abs 1 S 1, Abs 2, oder daraus, daß die konkrete Schadensverursachung zwar ungeklärt ist, aber beide eine rechtswidrige und schuldhafte Handlung begangen haben, die dann Schadensursache wäre, wenn insoweit nicht auch die des anderen in Betracht käme, § 830 Abs 1 S 2.

IV. Interner Ausgleich bei gleichzeitiger Haftung gegenüber Dritten

1. Gesamtschuldnerschaft

20 Wenn Besteller und Unternehmer nach dem Vorstehenden nebeneinander einem Dritten schadensersatzpflichtig sind, haften sie *grundsätzlich* als Gesamtschuldner kraft der ausdrücklichen Bestimmung des § 840 Abs 1, so daß es dem Dritten überlassen bleibt, wen von ihnen er in welchem Umfang in Anspruch nehmen will, § 421. Das Vorgehen des Dritten wird primär von Zweckmäßigkeitsüberlegungen geprägt sein und kann die endgültige Schadenstragung nicht präjudizieren.

Anspruchsgrundlage für den *Regreß des Leistenden* können die §§ 280 Abs 1, 241 Abs 2 sein, deren Tatbestand durch die Verursachung der Haftung gegenüber dem Dritten oftmals erfüllt sein wird, ferner – neben dieser Anspruchsgrundlage oder allein – § 426 Abs 1, schließlich nach Leistung an den geschädigten Dritten dessen nach § 426 Abs 2 auf den Leistenden übergegangener Ersatzanspruch gegen den Schädiger.

Seinem *Umfang* nach ist der Regreß nur ausnahmsweise darauf gerichtet, daß alle Haftenden den Schaden zu gleichen Teilen tragen, wie dies § 426 Abs 1 im Zweifel vorsieht. Die *Regel wird es vielmehr sein,* daß intern *einer den Schaden allein zu tragen* hat. Dies sehen die einschlägigen Bestimmungen des § 10 Nr 2, 3 VOB/B für den Fall ihrer Anwendbarkeit vor, dies ergibt sich aber auch aus allgemeinen Erwägungen.

2. Alleinige Schadenstragung durch den Besteller

21 a) Die Erbringung der Werkleistung kann *zwangsläufig mit der Beeinträchtigung fremden Eigentums* verbunden sein, zB ist es vielfach nicht möglich, ein Bauwerk zu errichten, ohne ein Nachbargrundstück mit in Anspruch zu nehmen. Insoweit kann der Nachbar – zB auf Grund besonderer Gestattung oder kraft nachbarrechtlichen Gemeinschaftsverhältnissen (vgl BGHZ 101, 290 = NJW 1987, 2808 = LM § 909 BGB Nr 30) – zur Duldung verpflichtet sein. Wenn er nicht duldungspflichtig ist, ihm also Schadensersatzansprüche zustehen, kann der Unternehmer die unumgänglichen Schäden voll auf den Besteller abwälzen, vgl auch §§ 675, 670.

Das Gesagte folgt aus einer entsprechenden Anwendung des § 254 Abs 1, wie sie im Bereich des § 426 Abs 1 geboten ist. Insoweit gilt bei Vereinbarung der VOB/B nichts anderes, weil dessen § 10 Nr 2 Abs 1 S 1 nur auf die gesetzlichen Vorschriften verweist.

22 b) § 10 Nr 2 Abs 1 S 2 VOB/B betrifft den weiteren Fall, daß die Verletzung fremder Rechte zwar nicht zwangsläufig mit der Erbringung der Werkleistung verbunden war, aber doch auf einer *besonderen Anordnung des Bestellers* beruht. Auch hier muß es zu einer vollen Freistellung des Unternehmers kommen, und *auch* dies wiederum, *wenn die VOB/B nicht Vertragsgrundlage ist.* Voraussetzung für die volle Freistellung des Unternehmers ist es freilich, daß der Unternehmer, wenn er *Beden-*

ken wegen der Rechte des Dritten haben mußte, diese dem Besteller *mit dem nötigen Nachdruck vorgetragen hat*, vgl den Hinweis auf § 4 Nr 3 VOB/B (zu dieser Bestimmung und ihren verallgemeinerungsfähigen Grundsätzen vgl § 633 Rn 62 ff). Auch hier ergeben sich keine Unterschiede für die Rechtslage nach BGB und nach VOB/B.

Unterläßt der Unternehmer einen gebotenen Hinweis, ergeben sich die jeweiligen Haftungsquoten aus dem Verhältnis der jeweiligen Verursachungsbeiträge zueinander, § 254 Abs 1.

Dieselben Grundsätze gelten bei der Verletzung gewerblicher Schutzrechte, vgl § 10 Nr 4 VOB/B, soweit sie auf eine Anordnung des Bestellers zurückgeht.

3. Alleinige Schadenstragung durch den Unternehmer

Häufiger wird es sein, daß der Unternehmer den Schaden allein zu tragen hat.   23

a) Die alleinige Schadenstragung des Unternehmers ergibt sich, unabhängig von der Vereinbarung der VOB/B, wenn der Unternehmer *unbefugt und ohne insbesondere durch den Vertrag dazu zwangsläufig* veranlaßt worden zu sein, fremdes Eigentum verletzt oder sonstige Rechte, insbesondere gewerbliche Schutzrechte, vgl § 10 Nrn 3, 4 VOB/B. Das folgt aus einer entsprechenden Anwendung des § 254 Abs 1 und kommt auch in § 840 Abs 2 zum Ausdruck, auch wenn diese Bestimmung hier nicht unmittelbar anzuwenden ist, weil der Unternehmer nicht Verrichtungsgehilfe des Bestellers iSd § 831 ist. Die Dinge liegen hier nicht anders als bei § 840 Abs 2: Der Unternehmer haftet dem Dritten unmittelbar wegen der Rechtsverletzung, der Besteller – sozusagen mittelbar – nur wegen Verletzung der aus der Verkehrssicherungspflicht abzuleitenden Aufsichtspflicht über den Unternehmer. *Aus seiner nicht gehörigen Beaufsichtigung* durch den Besteller kann der Unternehmer aber *grundsätzlich keine Rechte gegen* den Besteller herleiten (vgl insoweit auch § 633 Rn 39, dort zur Beaufsichtigung bei der Vermeidung von Mängeln).

b) Die alleinige interne Schadenstragung des Unternehmers sieht § 10 Nr 2 Abs 2   24
VOB/B schließlich für den Fall vor, daß der Unternehmer seine Haftung gegenüber dem Dritten durch *Versicherung abgedeckt* hat oder in zumutbarer Weise hätte abdecken können. Die Bestimmung betrifft auch das Verhältnis Haupt-/Subunternehmer (BGH NJW 1999, 942).

aa) Eine derartige Regelung *kennt das allgemeine Zivilrecht nicht*, das eine Abwägung der beiderseitigen Verursachungsbeiträge in entsprechender Anwendung des § 254 Abs 1 gebietet. Zu den dort abwägungsrelevanten Faktoren gehört die Möglichkeit, den Schaden durch Versicherungsschutz aufzufangen, jedenfalls nicht (vgl STAUDINGER/SCHIEMANN [1998] § 254 Rn 112).

bb) Ob § 10 Nr 2 Abs 2 VOB/B mit den *tragenden Grundgedanken* der gesetzlichen Regelung iSd § 307 Abs 2 Nr 1 vereinbar ist, ist zweifelhaft, vgl offenbar bejahend NICKLISCH/WEICK § 10 Rn 42; ohne Zweifel insoweit OLG Stuttgart VersR 1981, 741 und – zum früheren Rechtszustand – BGH VersR 1969, 1039, 1040; krit VENS-CAPELL/WOLF BauR 1993, 275; Beck'scher VOB-Komm/GANTEN § 10 Nr 2 Rn 21.

Die Klausel ist schon vor dem Hintergrund des § 309 Nr 7 *bedenklich*, wenn sie geeignet ist, dem Besteller die Verantwortung für grobe Fahrlässigkeit zu nehmen. Sie benachteiligt aber auch den Unternehmer, dessen Versicherungsschutz sie gefährdet, vgl außer § 67 Abs 1 S 3 VVG auch die §§ 16, 23 VVG. Diese *Benachteiligung* muß auch als *unangemessen* betrachtet werden, da die Haftungsrisiken, die sich so für den Unternehmer ergeben können, enorm sind. BGH NJW 1999, 942 nimmt den Fall des grob fahrlässig handelnden Bestellers aus dem Anwendungsbereich der Klausel heraus und hält sie so für mit § 9 AGBG (= § 307 BGB) vereinbar. Das ist freilich eine unzulässige geltungserhaltende Reduktion.

4. Schadensaufteilung

25 *In den übrigen Fällen* kommt es intern zu einer Schadensaufteilung nach Maßgabe der jeweiligen Verursachungs- und Verschuldensbeiträge. Die Beiträge von Erfüllungsgehilfen sind in entsprechender Anwendung des § 278 zu würdigen.

5. Gesamtschuld

26 Die Gesamtschuld *zwischen Besteller und Unternehmer* gegenüber dem geschädigten Dritten erzeugt nach dessen Befriedigung einen Regreßanspruch in dem dargestellten Rahmen, vor der Befriedigung einen Freihaltungsanspruch, wie dies § 10 Nr 6 S 1 klarstellt; er folgt auch aus den allgemeinen Regeln (vgl BGHZ 47, 166; BGH NJW 1986, 312).

Soweit § 10 Nr 6 S 2 VOB/B ein Anerkenntnis oder die Befriedigung der Forderung des Dritten von der *vorherigen Kontaktaufnahme der anderen Vertragspartei* abhängig macht, liegt darin keine Beschränkung des nachträglichen Ausgleichs- oder des vorherigen Freihaltungsanspruchs. Es ändert dies auch nichts an der Verpflichtung des anderen, an der Befriedigung des Gläubigers mitzuwirken. Freilich ist Anhörung ein Gebot des wohlverstandenen eigenen Interesses, weil dem anderen Einwendungen gegen den Anspruch zustehen könnten, die dem in Anspruch Genommenen selbst unbekannt sind. Auf dieser Basis ist das eigenmächtige Verhalten geeignet, den Regreß zu gefährden.

V. Freistellung von gesetzlichen Vertretern und Erfüllungsgehilfen

27 **1.** Auch *gesetzliche Vertreter* wie die Organe juristischer Personen *oder Erfüllungsgehilfen* können durch eigene Erfüllung deliktischer Tatbestände in den gesamtschuldnerischen Ausgleich einbezogen sein; regelmäßig wird dies in Form einer Haftungseinheit mit dem Besteller oder Unternehmer geschehen, sofern der Betreffende nicht über das Verschulden der Hilfsperson hinaus auch noch zusätzlich für eigenes Verschulden einzustehen hat.

28 **2.** § 10 Nr 5 VOB/B stellt hierzu den *allgemeinen Grundsatz* klar, daß ihre Ausgleichspflicht gegenüber dem Vertragspartner nicht weiter reicht als die der eigenen Vertragspartei. Das Bestehen eines internen Freistellungsanspruchs der Hilfsperson gegenüber der Vertragspartei auf ihrer Seite, wie er namentlich aus den Grundsätzen über die schadensgeneigte Arbeit herzuleiten ist, wird dadurch ebenso wenig berührt wie ein etwaiger Regreßanspruch der Vertragspartei gegen ihre Hilfsperson,

Titel 9 · Werkvertrag und ähnliche Verträge
Untertitel 1 · Werkvertrag

wie er insbesondere im Verhältnis des Bestellers zum Architekten gegeben sein kann.

Wenig Sinn ergibt die *Einschränkung* des § 10 Nr 5 aE VOB/B *für den Fall des vorsätzlichen oder grob fahrlässigen Handelns der Hilfsperson*, weil die eigene interne Haftungsbeteiligung der jeweiligen Vertragspartei wegen § 278 grundsätzlich ebenso weit reicht wie die ihrer Hilfsperson. Anderes kann sich nur ergeben, wenn die Hilfsperson nur „bei Gelegenheit" gehandelt hat; dann aber wird die Vertragspartei regelmäßig nicht selbst an der Haftung beteiligt sein, es sei denn sie träfe ein Auswahlverschulden.

§ 639
Haftungsausschluss

Auf eine Vereinbarung, durch welche die Rechte des Bestellers wegen eines Mangels ausgeschlossen oder beschränkt werden, kann sich der Unternehmer nicht berufen, wenn er den Mangel arglistig verschwiegen oder eine Garantie für die Beschaffenheit des Werkes übernommen hat.

Materialien: Art 1 G zur Modernisierung des Schuldrechts v 26.11. 2001 (BGBl I 3138); BT-Dr 14/6040, 31; BT-Dr 14/7052, 67, 205.

BGB aF: § 637; E I § 570; II § 575; III § 627; Mot II 485 f; Prot II 2210 ff; JAKOBS/SCHUBERT, Recht der Schuldverhältnisse II 859 f.

Schrifttum

FRIELING, Klauseln im Bauvertrag (1993)
FRITZ, Haftungsfreizeichnung im Bauträger- und Architektenvertrag nach dem AGBG (1979)
GLATZEL/HOFMANN/FRIKELL, Unwirksame Bauvertragsklauseln nach dem AGB-Gesetz (6. Aufl 1992)
HOFFMANN, Arglist des Unternehmers aus der Sicht für ihn tätiger Personen, JR 1969, 372
JAGENBURG, Haftungsbeschränkung durch Abtretung von Gewährleistungsansprüchen, NJW 1972, 1222
KLUMPP, AGB-Gewährleistungsausschluß für „alte" Neubauten?, NJW 1993, 372
KOLLER, Die Wirksamkeit formularmäßiger Haftungsfreizeichnungsklauseln zwischen Schadensausgleich und Schadensprävention, ZIP 1986, 1089
KORBION/LOCHER, AGB-Gesetz und Bauerrichtungsverträge (3. Aufl 1997)
MARLY, Die Aufnahme einer Ausschlußfrist für Mängelanzeigen in Allgemeinen Geschäftsbedingungen, NJW 1978, 1184
NICKLISCH, Die Schadensersatzhaftung für Eigenschaftszusicherungen und deren Einschränkbarkeit durch Allgemeine Geschäftsbedingungen, in: FS Beitzke (1979) 89
ROUSSOS, Freizeichnung von Schadensersatzansprüchen im Recht der AGB (1982)
VOGEL, Arglistiges Verschweigen des Bauunternehmers aufgrund Organisationsverschuldens (1998).

Systematische Übersicht

I. Allgemeines 1	II.	Ausschluß der Gewährleistung
	1.	Begriff 2
	a)	Beschaffenheitsvereinbarung 3

b)	Arten der Beschränkung	6	ff)	Ausschlußfrist für Mängelanzeige	40
2.	Zeitpunkt	7	gg)	Erleichterung der Verjährung	44
3.	Verzicht des Bestellers	8	e)	Beweislast	46
4.	Auslegung	9	f)	Form von Anzeigen und Erklärungen	49
5.	Rechtsfolgen	10	5.	Inhaltskontrolle nach § 308	50

III. Arglist des Unternehmers

1. Offenbarungspflichten — 12
2. Vorsatz — 13
3. Zeitpunkt — 14
4. Hilfspersonen — 15
5. Arglistiges Vorspiegeln einer nicht vorhandenen Eigenschaft — 15

IV. Beschaffenheitsgarantie — 16

V. Beschränkungen der Gewährleistung in Allgemeinen Geschäftsbedingungen

1. Überraschende Klauseln — 19
2. Individualabreden — 20
3. Unklarheiten — 20
4. Inhaltskontrolle nach § 309 — 21
   a) Leistungsverweigerungsrechte — 21
   b) Aufrechnungsmöglichkeiten — 24
   c) Grobes, einfaches Verschulden — 25
   d) Mängel bei Werkleistungen — 29
   aa) Anwendungsbereich — 29
   bb) Ausschluß der Gewährleistungsansprüche und Verweisung an Dritte — 29
   cc) Beschränkung des Bestellers auf Nacherfüllung — 35
   dd) Kosten der Nacherfüllung — 38
   ee) Vorenthalten der Nacherfüllung — 39

a) Nachfrist — 50
b) Fingierte Erklärungen — 51
6. Inhaltskontrolle nach § 307 — 52
   a) Bedeutung — 52
   b) Nachbesserungsanspruch — 53
   c) Nachbesserungsbefugnis des Bestellers — 54
   d) Kostenerstattung — 54
   e) Kostenvorschuß — 54
   f) Rücktritt — 55
   g) Minderung — 55
   h) Wahlrecht — 55
   i) Schadensersatzansprüche — 56

VI. Individualvertragliche Beschränkungen der Gewährleistung

1. Kontrolle nach § 242 — 59
2. Voraussetzungen der Kontrolle — 61
3. Prüfungsmaßstäbe — 63

VII. Erweiterungen der Gewährleistung

1. Individualvertraglich — 64
2. In allgemeinen Geschäftsbedingungen — 65
3. Unangemessene Benachteiligung des Unternehmers — 66
4. Nachbesserungsbefugnis des Unternehmers — 67
5. Sonstige Benachteiligungen — 68

Alphabetische Übersicht

Abnahme — 10, 51
– Bestätigung der — 47
Abtretung von Ansprüchen — 31
AGB
– des Bestellers — 18, 65
– des Unternehmers — 18 ff
Anzeige
– Form der — 49
– Frist zur — 41
Arglist — 11 ff
Aufklärungspflicht — 4 f

Aufrechnung — 24
Ausschluß der Gewährleistung — 2
Ausschlußfrist — 40
Bauträgervertrag — 55
Bauwerk — 71
Beschaffenheitsgarantie — 16
Beschaffenheitsvereinbarung — 3
Beweislast — 46

Deliktischer Anspruch — 57

Januar 2003

Dritte		Minderung	55
– Anspruch gegen	31	Nachbesserungsbefugnis	67
– Inanspruchnahme	32	Nacherfüllung	35
– Klage gegen	32 f	– Anspruch auf	53
– Verweisung an	29	– Kosten der	38
		– Vorenthalten der	39
Erfüllungsanspruch	10		
Erklärung		Offenbarungspflicht	12
– fingierte	51	Organisationsmangel	15
– Form der	49		
Erweiterung der Gewährleistung	64	Rücktritt	55, 69
Fehlschlagen der Nacherfüllung	37	Rügelast	40
Fristsetzung	64		
		Schadensersatz	27, 56, 69
Garantie	16	Schriftform	49
		Selbstvornahme	54
Hilfspersonen	15, 26	Sowieso-Kosten	38
		Subunternehmer	66, 71
Individualabrede	20		
Individualvertrag	59	Überraschende Klausel	19
		Unklarheiten	9, 20
Kenntnis	13	Unternehmer als Besteller	52
Kostenerstattung	54		
Kostenvorschuß	54	Verhalten des Bestellers	30
		Verjährung	44
Leistungsbeschreibung	4	– Verlängerung der	70
Leistungsverweigerungsrecht	21	Verschulden, grobes	25
		Vertragsinhalt	4 f
Mangel	29 ff	Verzicht	8
– offensichtlicher	40	Vorleistungspflicht	23
– der Vorleistung	66	Vorsatz	13, 26
Mangelanzeige	40	Vorspiegelung von Eigenschaften	15
Mangelfolgeschaden	57, 71		

I. Allgemeines

§ 639 knüpft an § 637 aF an, der sich auf den Fall des arglistigen Verschweigens eines **1** Mangels bezog, und ergänzt dessen Regelung um den Fall einer Garantie der Beschaffenheit des Werkes. Letzteres übernimmt § 11 Nr 11 AGBG, der folgerichtig keine Nachfolgebestimmung in § 309 gefunden hat. Damit bleibt der Gleichlauf des bisherigen Rechts mit dem Kauf gewahrt, vgl dort §§ 476 aF, 444.

§ 637 aF formulierte präziser als das jetzige Gesetz, wenn die gewährleistungsbeschränkende Vereinbarung dort für nichtig erklärt wurde; die jetzige Formulierung meint nichts anderes (vgl PALANDT/HEINRICHS ErgB § 444 Rn 13).

Die Bestimmung zieht dem Gewährleistungsausschluß nur äußerste Grenzen. Praktisch bedeutsamer sind die Schranken, die sich aus den §§ 305 ff ergeben, namentlich den §§ 307, 309 Nr 8 b. Doch findet eine Kontrolle auch außerhalb der §§ 305 ff statt (vgl u Rn 59 zu notariellen Verträgen).

II. Ausschluß der Gewährleistung

1. Begriff

2 Ein Ausschluß oder *eine Beschränkung der Gewährleistung* liegt dann vor, wenn *an sich bestehende Rechte des Bestellers aus § 634 Nrn 1–4 durch Vereinbarung der Parteien eingeschränkt oder ausgeschlossen* werden.

a) Beschaffenheitsvereinbarung

3 Zu **unterscheiden** ist ein derartiger Gewährleistungsausschluß von einer Beschaffenheitsvereinbarung. Eine solche liegt dann vor, *wenn die Parteien verabreden, daß das Werk eine andere,* insbesondere mindere *Qualität haben soll, als sie üblicherweise erwartet werden kann* (vgl dazu § 633 Rn 164 f). Dann stellt sich ein Zustand des Werkes, der normalerweise als ein Mangel zu bewerten wäre, gar nicht erst als ein solcher dar. Liegt etwa eine Reparatur an, so ist sie an sich „ordentlich" auszuführen. Die Parteien könne aber auch Maßnahmen vorsehen, die für die geringe restliche Brauchbarkeit des Bearbeitungsgegenstandes genügen, oder zunächst gar nur provisorische Behelfsmaßnahmen. – Es können die Parteien zB vereinbaren, daß die Garage eines neu zu errichtenden Wohnhauses Ausmaße haben soll, die für einen durchschnittlichen Wagen nicht ausreichen. Oder sie können eine bestimmte Drainage für ein Haus vereinbaren, die angesichts der Wasserverhältnisse unzulänglich ist.

Derartige Abreden sind für den Besteller nachteilig. Er erhält uU eine *untaugliche Sache*, hat aber *keine Gewährleistungsansprüche*, die ja einen Mangel voraussetzen. Eine Kontrolle von Beschaffenheitsabreden nach § 639 findet nicht statt.

4 aa) Hinsichtlich der Leistungsbeschreibung unterliegt der Unternehmer jedenfalls *Aufklärungspflichten*. Diese sind schon dann streng, wenn die *Leistungsbeschreibung von dem Besteller selbst* – oder zB von seinem Architekten oder sonstigen Berater – stammt. Der Unternehmer darf sie nicht unbesehen übernehmen, sondern muß sie jedenfalls bei Verdachtsmomenten darauf überprüfen, ob das Werk allgemein oder speziell für die Zwecke des Bestellers tauglich sein wird, und hat ggf entsprechende Hinweise zu geben. Diese Aufklärungspflicht folgt daraus, daß bei ihm von Sachverstand auszugehen ist, und wird auch durch bestehenden eigenen Sachverstand des Bestellers, der ja vielleicht etwas übersehen haben mag, nicht ausgeschlossen. Sie ist in verallgemeinerungsfähiger Form positiv normiert in § 4 Nr 3 VOB/B (vgl dazu § 633 Rn 62 ff). Folgerichtig unterliegt der Unternehmer *erst recht strengen Aufklärungspflichten*, wenn *die Leistungsbeschreibung von ihm selbst* in den Vertrag eingebracht worden ist.

Die Aufklärungspflicht des Unternehmers besteht zunächst vor Vertragsschluß; sie wird durch diesen nicht beendet, falls sich späterhin Verdachtsmomente hinsichtlich der Ordnungsmäßigkeit der Leistungsbeschreibung ergeben. Beide Parteien müssen im Rahmen des Zumutbaren zu einer Vertragsänderung bereit sein, wobei die mit einer ordnungsgemäßen Ausführung verbundenen Mehrkosten als sog „Sowieso-Kosten" zu Lasten des Bestellers gehen müssen (vgl dazu auch § 634 Rn 20 ff).

Vertragsinhalt wird bei einer unsachgemäßen Leistungsbeschränkung von seiten des **5** Unternehmers, über die dieser nicht hinreichend nachdrücklich aufgeklärt hat, nicht der ihr entsprechende Zustand des Werkes, sondern *jener Zustand, den der Besteller nach Treu und Glauben erwarten durfte* (vgl BGH NJW 1998, 3707). Der davon abweichende Zustand des Werkes stellt einen Mangel dar, der die normalen Gewährleistungsrechte auslöst (vgl auch § 633 Rn 165 ff). Im Rahmen seiner Gewährleistungsrechte hat der Besteller freilich wiederum die sog „Sowieso-Kosten" selbst zu tragen.

Wenn die unsachgemäße Leistungsbeschreibung von seiten des Bestellers stammt, ist die ihr entsprechende Leistungserbringung des Unternehmers mangelfrei, sofern er entweder keine Bedenken zu haben brauchte oder aber diese ordnungsgemäß vorgetragen hat (vgl auch § 13 Nr 3 VOB/B und dazu Anh I Rn 10 zu § 638). *Hat er dagegen seine Aufklärungspflicht* (schuldhaft) *verletzt, so ist seine Leistung schon deshalb als mangelhaft* anzusehen, so daß dem Besteller auch die üblichen Gewährleistungsrechte erwachsen. Dabei ist freilich bei dieser Konstellation finanziell zu seinen Lasten außer den „Sowieso-Kosten" auch ein in entsprechender Anwendung des § 254 Abs 1 zu ermittelnder Mitverursachungsanteil zu berücksichtigen (vgl dazu § 633 Rn 181).

bb) Leistungsbeschreibungen in AGB des Unternehmers unterliegen jedenfalls dem Transparenzgebot, § 307 Abs 3 S 2, Abs 1 S 2.

b) Arten der Beschränkung

Inhaltlich kann eine *Beschränkung der Gewährleistungsrechte* unterschiedlich ausgestaltet sein; § 308 Nr 8 b nennt insoweit – nicht abschließend – Beispiele. Eine Beschränkung liegt *immer dann* vor, *wenn sich der Besteller durch die getroffenen Vereinbarungen gegenüber dem Mangel rechtlich oder wirtschaftlich schlechter steht, als er dies nach den §§ 633 ff täte.* **6**

2. Zeitpunkt

Ein Ausschluß oder eine Beschränkung der Gewährleistungsrechte ist *zu verschiedenen Zeitpunkten möglich*, also bereits bei Vertragsschluß und dann vor, aber auch nach dem Auftreten von Mängeln. Insoweit ist es etwa in Bauprozessen üblich, daß der Besteller im Vergleichswege ganz oder teilweise auf Gewährleistungsrechte verzichtet. § 639 gilt für sämtliche diesbezügliche Abreden ohne Rücksicht auf den Zeitpunkt ihres Zustandekommens (vgl ERMAN/SEILER § 637 aF Rn 1). **7**

3. Verzicht des Bestellers

Ein Ausschluß oder eine Beschränkung der Gewährleistung ist nur durch eine entsprechende *vertragliche Vereinbarung* der Parteien möglich. Insbesondere *genügt nicht ein einseitiger Verzicht* des Bestellers; dieser bedarf vielmehr der Annahme durch den Unternehmer, vgl § 397, auf die freilich regelmäßig § 151 anzuwenden sein wird. Einseitiges Verhalten des Bestellers kann allerdings als Verwirkung zu deuten sein, außerdem ist im Rahmen der Abnahme § 640 Abs 2 zu beachten. Be- **8** schränken dritte Personen für den Besteller die Gewährleistung, so bedürfen sie einer entsprechenden Vollmacht, wie sie insbesondere für Architekten und Rechtsanwälte in der Regel nicht besteht. Bei bevollmächtigten Vertretern, insbesondere bei Baubetreuern, bleiben dann immer noch die Grundsätze über den Mißbrauch der Vertretungsmacht zu prüfen.

4. Auslegung

9 Beschränkungen der Gewährleistung sind vielfach *auslegungsbedürftig*. Zu der Frage, inwieweit sie bei Individualabreden im Falle der Unklarheit entsprechend § 305c Abs 2 gegen den Unternehmer ausgelegt werden können, vgl STAUDINGER/HONSELL (1995) § 476 aF Rn 3 f. Praktisch geht es regelmäßig um die Reichweite von Haftungsausschlüssen, um die Fragen, ob sie *auch etwaige deliktische Ansprüche* erfassen sollen und außer den eigentlichen Gewährleistungsansprüchen auch solche wegen Mangelfolgeschäden. Die Rechtsprechung neigt hier jedenfalls bei AGB zu einem engen Verständnis der Haftungsbeschränkung (vgl BGHZ 67, 359, 366 [deliktische Ansprüche]; BGH WM 1982, 980, 982 [Mangelfolgeschäden]). Dem wird man auch für den Bereich der Individualabreden zu folgen haben. Der Besteller will sich grundsätzlich nur so weniger Rechte wie möglich begeben. Ein Verzicht auch auf derartige Ansprüche wäre für ihn in den Folgen unabsehbar und unkalkulierbar. Es wäre *Sache des Unternehmers, unmißverständliche Formulierungen durchzusetzen*.

5. Rechtsfolgen

10 a) Die Beschränkung der Rechte des Bestellers aus § 634 bleibt sonst insgesamt wirksam, soweit nicht die §§ 307 ff anderes ergeben. Es mögen Mängel vorliegen, die der Unternehmer selbst nicht erkannt und damit nicht verschwiegen hat. Bei ihnen greift die Gewährleistungsbeschränkung. Wirksam bleibt gegenüber den §§ 139, 306 Abs 3 auch der Werkvertrag als solcher. Der Gewährleistungsausschluß versagt eben nur gegenüber dem verschwiegenen Mangel, der Beschaffenheitsgarantie.

b) Der Anwendungsbereich des § 639 ist weiter, als es der Standort der Bestimmung nahelegt: Geschützt ist auch schon der Erfüllungsanspruch des Bestellers vor der Abnahme.

c) Nach der Abnahme stehen dem Besteller jedenfalls die Rechte aus § 634 Nrn 1–3 zu, im Falle des arglistig verschwiegenen Mangels auch uneingeschränkt der Schadensersatzanspruch nach § 634 Nr 4. Bei der Beschaffenheitsgarantie ist der Schadensersatzanspruch wegen des Mangelschadens unabdingbar. Soweit es um Mangelfolgeschäden des Bestellers geht, muß die Auslegung der Garantie ergeben, daß sie sich auch auf diese erstrecken sollte; im Zweifel ist davon auszugehen.

d) Es bleibt den Parteien unbenommen, nachträglich dem Unternehmer die Einstandspflicht zu erlassen oder sie zu beschränken.

III. Arglist des Unternehmers

11 *Arglist des Unternehmers* läßt die Beschränkung der Gewährleistung hinsichtlich des verschwiegenen Mangels unwirksam sein. Arglist bedeutet *das wissentliche Ver-*

schweigen eines Mangels trotz des Bestehens einer Offenbarungspflicht des Unternehmers (vgl ERMAN/SEILER § 637 aF Rn 2).

1. Offenbarungspflichten

Eine Offenbarungspflicht des Unternehmers besteht *grundsätzlich hinsichtlich aller* **12**
Mängel des Werkes (ERMAN/SEILER § 637 aF Rn 2). Sie ist jedenfalls weiter als die des Verkäufers im Rahmen des § 463 S 2 aF (vgl dazu STAUDINGER/HONSELL [1995] Rn 35). Es hat der Unternehmer, der ohnehin zur Aufklärung und Beratung des Bestellers verpflichtet ist, den Besteller bei *Vertragsschluß* auf jene Mängel hinzuweisen, mit denen die Art der Erstellung des Werkes oder schon seine Planung verbunden sein kann, und zwar auch dann, wenn die Planung von dem Besteller stammt (vgl auch § 4 Nr 3 VOB/B und zu dieser verallgemeinerungsfähigen Bestimmung § 633 Rn 62 ff). Soweit *während der Erstellung* des Werkes Mängel sich abzeichnen oder gar schon auftreten, hat der Unternehmer den Besteller aber ebenfalls auf sie hinzuweisen, jedenfalls sofern er nicht die Absicht der umgehenden Beseitigung hat. Nur so kann der Besteller in die Lage versetzt werden, seine Rechte sachgerecht wahrzunehmen.

Unerheblich sind Gewicht und Ausmaß des Mangels (ERMAN/SEILER § 637 aF Rn 2). *Auch und gerade kleinere Mängel*, die der Besteller übersehen könnte, *bedürfen des Hinweises*. Insofern kann es den Unternehmer auch nicht entlasten, wenn er die Tragweite des Mangels verkannt hat. Es reicht, wenn ihm die äußeren Mangelerscheinungen bekannt sind; die richtigen Schlüsse auf die eigentlichen Ursachen braucht er nicht gezogen zu haben. Auch ist nicht erforderlich, daß der Mangel den Besteller von der Abnahme oder jedenfalls der rügelosen Abnahme des Werkes abgehalten hätte (**aA** BGB-RGRK/GLANZMANN § 638 aF Rn 22). Nur die von dem Unternehmer zu beweisende Gewißheit, daß der Besteller aus dem Mangel nichts herleiten wird, begrenzt die Offenbarungspflicht des Unternehmers.

Zweifelhaft ist die Bedeutung einer *Kenntnis des Bestellers* von dem Mangel für das Bestehen der Offenbarungspflicht des Unternehmers (vgl dazu BGB-RGRK/GLANZMANN § 638 aF Rn 23). Kenntnis liegt jedenfalls *nur dann* vor, wenn der Besteller nicht nur die äußeren Erscheinungsformen des Mangels bemerkt, sondern ihn auch in seinen Ursachen durchschaut hat. Das schlichte Entdecken des Mangels durch den Besteller schließt die Offenbarungspflicht des Unternehmers jedenfalls nicht aus (vgl BGB-RGRK/GLANZMANN aaO). Der Unternehmer, der annimmt, der Besteller habe den Mangel entdeckt, hat sich dessen vielmehr zu vergewissern, und zwar durch Rücksprache mit dem Besteller.

2. Vorsatz

Der Unternehmer muß *vorsätzlich* handeln. Erforderlich ist mithin *Kenntnis des* **13**
Unternehmers von dem Zustand des Werkes einerseits und dessen Vertragswidrigkeit andererseits. Dabei braucht dem Unternehmer das Bestehen seiner Offenbarungspflicht nicht bewußt zu sein. Eine *besondere Schädigungsabsicht* gegenüber dem Besteller ist *nicht erforderlich* (ERMAN/SEILER § 637 aF Rn 2).

Wenn auch eine besondere Pflicht des Unternehmers zur Untersuchung des Werkes nicht besteht, so reicht doch *bedingter Vorsatz* hinsichtlich des Mangels aus (BGH NJW

1990, 42). Es genügt, wenn der Unternehmer mit der Möglichkeit des Mangels rechnet. Zu offenbaren sind also auch bei dem Unternehmer bestehende *Zweifel über die Beschaffenheit des Werkes*, dem Unternehmer bekannte Zustände des Werkes, die mit dem Verdacht eines Mangels verbunden sind. Auch die Vertragswidrigkeit des Zustands des Werkes braucht dem Unternehmer nicht positiv bekannt zu sein; es reicht vielmehr aus, wenn er mit dieser Möglichkeit rechnet.

3. Zeitpunkt

14 Die Offenbarungspflicht des Unternehmers entsteht, sobald er von dem Mangel Kenntnis erhält; sie ist *spätestens bei der Abnahme zu erfüllen* (vgl BGB-RGRK/GLANZMANN § 638 aF Rn 25; ERMAN/SEILER § 637 aF Rn 5). Daraus folgt, daß der Unternehmer arglistig handelt, wenn er den Mangel *zu irgendeinem Zeitpunkt* gekannt hat. Es ändert daran nichts, wenn er ihm im Zeitpunkt der Abnahme nicht mehr gegenwärtig ist. Erst recht braucht der Mangel im Zeitpunkt der Gewährleistungsbeschränkung noch nicht abzusehen oder bekannt gewesen zu sein.

Ein arglistiges Verschweigen des Mangels ist nicht mehr möglich, wenn dem Unternehmer *nach erfolgter Abnahme* Mängel seines Werkes bekannt werden; der Gewährleistungsausschluß bleibt insoweit wirksam. Doch hat der Unternehmer im Rahmen seiner nachwirkenden vertraglichen Pflichten den Besteller jedenfalls solange auf ihm bekannt werdende Mängel hinzuweisen, wie die Gewährleistungsfristen noch nicht abgelaufen sind. Auch hier darf der Unternehmer nicht darauf vertrauen, daß der Besteller den Mangel selbst entdecken wird. Erst recht muß er korrekt antworten, wenn ihn der Besteller fragt (vgl KNIFFKA, in: FS Heiermann [1995] 201, 204). Durch die *Verletzung dieser Aufklärungspflicht* kann sich der Unternehmer aus den §§ 280 Abs 1, 241 Abs 2 schadensersatzpflichtig machen, wenn der Besteller dadurch verhindert wird, mitverantwortliche Dritte rechtzeitig in Anspruch zu nehmen oder selbst Maßnahmen zu ergreifen, bevor sich der Mangel ausweitet. Der Anspruch verjährt in der Regelfrist des § 195 (KNIFFKA 211 ff). § 634a Abs 1 Nrn 1 und 2 passen schon deshalb nicht, weil der Fristbeginn nicht nach § 634a Abs 2 bestimmt werden kann.

4. Hilfspersonen

15 Das arglistige Handeln von Hilfspersonen ist dem Unternehmer nach § 166 zuzurechnen (vgl ERMAN/SEILER § 637 aF Rn 4; **aA** BGB-RGRK/GLANZMANN, § 638 aF Rn 25: § 278). Dabei schadet die Arglist jedenfalls der beim Vertragsabschluß tätigen Vertreter. Gleiches gilt für die Arglist von **Hilfspersonen, die der Unternehmer im Rahmen der Abnahme einschaltet** (vgl BGHZ 62, 68; 66, 44). Diese Personen sind jedenfalls von dem Unternehmer zu dem Zweck eingeschaltet, seinen Offenbarungspflichten gegenüber dem Besteller zu genügen.

Außerdem aber hat der Unternehmer bei arbeitsteiliger Arbeitsweise die organisatorischen Voraussetzungen dafür zu schaffen, daß die Mangelfreiheit des Werkes bei Ablieferung sachgerecht beurteilt werden kann, zB einen Polier zu bestellen. Ein **Organisationsmangel** an dieser Stelle ist Arglist gleichzustellen, sofern der Mangel sonst erkannt worden wäre (vgl BGH NJW 1992, 1754 = LM § 638 Nr 77 m Anm KOEBLE = JZ 1992, 1019 m Anm DERLEDER; vgl auch RUTKOWSKY NJW 1993, 1748; GRUNEWALD, in: FS Beusch

[1993] 301, 313; SCHLECHTRIEM, in: FS Heiermann [1995] 281, 290). Die Entscheidung ist zu § 638 aF ergangen, paßt aber auch hier. Der Organisationsmangel kann durch Art und Schwere des Mangels indiziert sein; dann hat der Unternehmer seine organisatorischen Maßnahmen darzutun (BGH aaO).

Zweifelhaft ist demgegenüber die unmittelbare Zurechnung der Kenntnisse *jener Personen, die – ohne bei Vertragsschluß oder Abnahme eingeschaltet zu sein – während der Erstellung des Werkes Mängel bemerken* oder gar selbst vorsätzlich verursachen. BGHZ 62, 63, 68; 66, 43, 44 will Kenntnisse dieser Personen *nur ausnahmsweise* dem Unternehmer zurechnen. Es handele sich um eine Frage des Einzelfalls, bei der es insbesondere auch auf die Entdeckbarkeit des Mangels ankomme. Jedenfalls die Kenntnisse eines *örtlichen Bauleiters* seien regelmäßig zuzurechnen, meist aber nicht die Kenntnisse von Personen, die unter ihm arbeiten (BGHZ 62, 69), wohl aber die Kenntnisse eigenverantwortlich arbeitender *Subunternehmer* (BGHZ 66, 43). Demgegenüber will JAGENBURG NJW 1971, 1425, 1427 die Kenntnisse aller bei der Erstellung des Werkes tätigen Personen dem Unternehmer zurechnen.

Die Auffassung des BGH führt nicht nur zu Unsicherheiten bei der Abgrenzung; sie *privilegiert* auch *ohne hinreichenden Grund jenen Unternehmer, der mehrschichtig delegiert.* Für den Besteller kann es keinen Unterschied machen, ob der Unternehmer selbst vertragswidrig handelt oder dessen örtlicher Bauleiter oder eine nachgeordnete Person. Daß der Unternehmer selbst uU Opfer einer Täuschung wird, ist nicht erheblich. Da das Werk erst erstellt wird, ist die Lage auch anders als beim Kauf. *Jeder, der bewußt einen Mangel verursacht,* hat diesen dem Unternehmer zur Kenntnis zu bringen, damit dieser ihn entweder beseitigen oder insoweit seiner Offenbarungspflicht gegenüber dem Besteller genügen kann. Notwendig ist insoweit nur die eigene Verursachung eines Mangels, die aber zB auch dadurch geschehen kann, daß unzulängliche Materialien für die Einstellung des Werkes ausgeliefert werden. Eine Offenbarungspflicht wird *nur dann nicht begründet, wenn Mitarbeiter einen Mangel bemerken, zu deren Aufgaben die Überwachung der Arbeiten nicht gehört.*

5. Arglistiges Vorspiegeln einer nicht vorhandenen Eigenschaft

Dem arglistigen Verschweigen eines Mangels muß – wie bei § 463 S 2 aF – das Vorspiegeln einer nicht vorhandenen Beschaffenheit gleichgestellt werden (vgl PALANDT/HEINRICHS § 444 Rn 11), zB der behördlichen Genehmigung des Bauwerks. Gleiches gilt für das arglistige Vortäuschen der Mangelfreiheit.

IV. Beschaffenheitsgarantie

1. Zum Begriff der *Garantie von Eigenschaften* im Werkvertragsrecht vgl § 633 Rn 161 ff. § 639 *betrifft nicht die Frage, ob überhaupt eine Garantie vorliegt.* Dies ist vielmehr im Wege der Auslegung des Vertrages zu ermitteln, wobei Klauseln, die das Auslegungsergebnis dadurch zu beeinflussen suchen, daß sie anordnen, daß Angaben des Unternehmers unverbindlich bzw keine Garantie sein sollen, dieses ihr Ziel nicht erreichen können, weil sie ihrerseits gegen § 639 verstoßen (vgl OLG Hamm BB 1983, 21; OLG Hamburg Betr 1986, 2428, beides zu § 11 Nr 11 AGBG). Zulässig ist es allerdings, in einer ausdrücklichen Garantie diese inhaltlich und zeitlich einschränkend zu präzisieren.

2. Bei der Garantie von Eigenschaften kann es sich – und wird es sich oft – nur um eine sog einfache Garantie handeln, die einen Schadensersatzanspruch des Bestellers nur im Verschuldensfall auslöst (vgl § 633 Rn 162). Seinem eindeutigen Wortlaut nach bezieht sich § 639 *auch auf derartige Garantien* (vgl STAUDINGER/COESTER-WALTJEN [1998] § 11 Nr 11 AGBG Rn 10; aA NICKLISCH, in: FS Beitzke [1979] 89; 104 ff, beide zu § 11 Nr 11 AGBG), auch wenn der Grundgedanke der Bestimmung, Garantiezusagen die gehörigen Rechtsfolgen zu sichern, hier nicht paßt und außerdem ein Ungleichgewicht gegenüber dem Kauf geschaffen wird, wo es Garantien dieser (minderen) Art nicht gibt. Doch ist das Ergebnis nicht unbillig.

17 3. Die Bestimmung gilt aber auch und gerade für sog qualifizierte Garantien, bei denen der Unternehmer ohne weiteres auf Schadensersatz haftet, wenn die garantierte Eigenschaft fehlt.

4. Dagegen ist § 639 dort *nicht anwendbar*, wo der Unternehmer eine sog *selbständige Garantie* abgibt, also die Garantie für einen über die Vertragsmäßigkeit der Leistung hinausgehenden Erfolg übernimmt. Freizeichnungen in diesem Bereich können überraschend iSd § 305c Abs 1 sein, sie stellen auch *regelmäßig eine unangemessene Benachteiligung* des Bestellers, § 307, dar. Freilich kann und wird eine Garantieübernahme dieser Art auch oft von vornherein zulässigerweise nur in begrenztem Umfang erfolgen; das ist im Wege der Auslegung zu ermitteln.

V. Beschränkungen der Gewährleistung in Allgemeinen Geschäftsbedingungen

18 Beschränkungen der Gewährleistungsrechte können sich *in den eigenen AGB des Bestellers* finden, wenn er zB die Bestimmungen der VOB/B in den Vertrag einbringt. Sie sind dann *bedenkenfrei wirksam*; § 307 Abs 1 S 1 setzt eine Benachteiligung des Vertragspartners voraus. Dagegen findet eine Kontrolle nach §§ 305 ff statt, wenn der Unternehmer Verwender der gewährleistungsbeschränkenden AGB ist. Unter den Bestimmungen sind zunächst von Bedeutung

1. Überraschende Klauseln

19 § 305c Abs 1, nach dem überraschende Klauseln nicht Vertragsinhalt werden. Insoweit ist freilich zu beachten, daß Regelungen der Gewährleistung regelmäßig drucktechnisch hinreichend abgesondert und zusammengefaßt sind, so daß formale Bedenken *nur ganz ausnahmsweise* durchschlagen können. Zur inhaltlichen Ausgestaltung von Gewährleistungsbeschränkungen aber hat sich ein gewisser Kanon eingespielt, so daß Klauseln unter diesem Aspekt ebenfalls nur ausnahmsweise überraschen können; eine etwaige – auch grobe – Unbilligkeit führt noch nicht zu einem Überraschungsmoment. Insofern wird § 305c Abs 1 nur ausnahmsweise zur Nichteinbeziehung von Klauseln führen. Angenommen wurde eine Überraschung etwa von OLG Hamburg WM 1985, 568 für eine Klausel, nach der entgegen § 639 Abs 2 aF (§ 203) ein Nachbesserungsversuch des Unternehmers ohne Einfluß auf den Ablauf der Verjährung bleiben sollte. Dagegen hat BGH BB 1979, 185 (zum früheren Recht) zutreffend den Überraschungseffekt einer Verkürzung der Gewährleistungsfristen verneint.

2. Individualabreden

§ 305b, der den *Vorrang von individuellen Abreden* begründet. Die Bestimmung **20** findet dann entsprechende Anwendung, wenn mehrere Klauselwerke miteinander konkurrieren. Es kommt dann darauf an, welches den Vorrang haben sollte, vgl die beispielhafte Regelung in § 1 Nr 2 VOB/B.

3. Unklarheiten

§ 305c Abs 2, nach dem *Unklarheiten* bei der Auslegung Allgemeiner Geschäftsbedingungen zu Lasten des Unternehmers gehen. Solche Unklarheiten können sich insbesondere hinsichtlich der Reichweite eines Ausschlusses von Schadensersatzansprüchen ergeben, also darüber, ob auch Ansprüche wegen Mangelfolgeschäden beschränkt oder ausgeschlossen sein sollen (vgl BGH WM 1982, 980, 982) oder neben vertraglichen auch deliktische (vgl dazu schon o Rn 9). Mangels eindeutiger entgegenstehender Indizien ist dem Gewährleistungsausschluß das jeweils engste Verständnis zu unterlegen.

4. Inhaltskontrolle nach § 309

Bei der Inhaltskontrolle kommt dem Klauselkatalog des § 309 besondere Bedeutung **21** zu. Zu nennen sind hier vor allem

a) Leistungsverweigerungsrechte

§ 309 Nr 2 lit a, der Leistungsverweigerungsrechte des *Bestellers* nach § 320 vor Ausschluß oder Einschränkung schützt, beachte aber auch § 309 Nr 2 lit b, nach dem Zurückbehaltungsrechte des Bestellers wegen Mängeln nicht von deren vorheriger Anerkennung durch den Unternehmer abhängig gemacht werden dürfen.

aa) Die Reichweite dieser Bestimmungen, deren Gehalt für den hier interessierenden Bereich von § 309 Nr 8 lit b dd (vgl dazu Rn 39) fortgeführt und ergänzt wird, wird zunächst dadurch eingeschränkt, daß sie dort *nicht gelten, wo eine Vorleistungspflicht vereinbart* ist (vgl BGHZ 100, 158, 160, str), wobei sich deren Vereinbarung freilich wiederum an § 307 messen lassen muß (BGHZ aaO). Es kommt ihr aber deshalb erhebliche praktische Bedeutung zu, weil der *Nachbesserungsanspruch* des Bestellers *mit der Werklohnforderung des Unternehmers,* soweit diese fällig ist, *im Gegenseitigkeitsverhältnis* iSd § 320 *steht* (vgl § 641 Abs 3).

bb) Neben § 309 Nr 8 lit b bb behält § 309 Nr 2 lit b eigenständige Bedeutung dann, **22** *wenn nicht primär der Besteller Nachbesserung begehrt,* sondern *der Unternehmer seinen Werklohn,* und demgegenüber der Nachbesserungsanspruch einredeweise geltend gemacht wird. Hier sichert die Bestimmung insbesondere, daß der Werklohn in angemessener Höhe zurückbehalten werden kann, vgl § 641 Abs 3. § 309 Nr 2 lit b stellt sicher, daß das Zurückbehaltungsrecht auch auf von dem Unternehmer bestrittene Mängel gestützt werden kann, so daß also im Prozeß eine Beweisaufnahme stattzufinden hat.

cc) Unter Kaufleuten soll § 309 Nr 2 nach überwiegender Ansicht nicht entsprechend anwendbar sein (vgl zu dem entsprechenden § 11 Nr 2 AGBG ULMER/BRAND-

NER/HENSEN § 11 Nr 2 Rn 16; PALANDT/HEINRICHS § 11 Rn 14; WOLF § 11 Rn 29, MünchKomm/ BASEDOW § 11 Nr 2 Rn 21; **aA** LÖWE/VWESTPHALEN/TRINKNER § 11 Nr 2 Rn 29; für die grundsätzliche Zulässigkeit des Ausschlusses der Zurückbehaltungsrechte auch früher BGH BB 1976, 1289). Immerhin kann auch nach dieser Auffassung der Ausschluß der Zurückbehaltungsrechte noch *gegen § 307 verstoßen*, wenn die Rechte des Bestellers unverhältnismäßig eingeschränkt werden (vgl BGHZ 48, 264). Das ist namentlich dann der Fall, wenn die Rechte des Bestellers unbestritten, rechtskräftig festgestellt oder entscheidungsreif sind (vgl BGH NJW 1985, 319, 320; 1992, 575). Das muß – bei Vermeidung der Gesamtnichtigkeit der Klausel – auch in ihrem Text zum Ausdruck gebracht werden. BGH NJW 1978, 634 hat es auch für treuwidrig gehalten, wenn der Unternehmer seinerseits ein Zurückbehaltungsrecht gegenüber seinem Subunternehmer ausübt. Dies wird nicht unter § 307 zu subsumieren sein, sondern eine unzulässige Rechtsausübung darstellen.

23 dd) *Zur Möglichkeit, Vorleistungspflichten des Bestellers zu vereinbaren*, vgl § 641 Rn 12 ff. Die *Vereinbarung von Voraus- und Abschlagszahlungen* ist grundsätzlich nur darauf zu beziehen, daß der Besteller – in beiden Fällen – vor der Abnahme zu bezahlen hat, bei den Vorauszahlungen auch noch zusätzlich über den jeweiligen Leistungsstand des Unternehmers hinaus. Mit der Vereinbarung von Abschlagszahlungen soll dagegen *grundsätzlich nicht das Recht ausgeschlossen* werden, *Zurückbehaltungsrechte wegen des Nachbesserungsanspruchs auszuüben*. Anderes gilt bei Vorauszahlungen. Der Besteller darf sich durch ihre Verzögerung nicht die Möglichkeit verschaffen, ein Zurückbehaltungsrecht wegen Nachbesserungsansprüchen auszuüben. Soweit die *Vorauszahlungen* zulässigerweise vereinbart waren (vgl § 641 Rn 13), *schließen* sie mithin auch *wirksam ein Zurückbehaltungsrecht* wegen eines Nachbesserungsanspruchs aus.

Soweit hinreichend eindeutig eine Vorleistungspflicht des Bestellers für das Verhältnis von Werklohnzahlung und Nachbesserungsanspruch vereinbart ist, verstößt das gegen die §§ 309 Nr 8 lit b dd, 307 (vgl auch Rn 39).

b) Aufrechnungsmöglichkeiten

24 § 309 Nr 3, der Aufrechnungsmöglichkeiten mit unbestrittenen oder rechtskräftig festgestellten Forderungen ausschlußfest macht. Die Bestimmung ist freilich nur eingeschränkt unmittelbar einschlägig, da der Schadensersatzanspruch des Bestellers, der als Gegenanspruch zum Werklohnanspruch am häufigsten in Betracht kommt, gegenüber diesem nicht aufgerechnet, sondern verrechnet wird (vgl § 634 Rn 128). Doch ergibt ein *Erst-recht-Schluß* aus der Bestimmung, daß *der Besteller unbestrittene Ansprüche* aus § 634 Nr 4 dem Werklohnanspruch des Unternehmers ungehindert entgegenhalten können muß. Soweit der Besteller seinen *bestrittenen Nachbesserungsanspruch* aus § 634 Nr 1 der Werklohnforderung des Unternehmers einredeweise entgegenhalten darf (vgl o Rn 21), *muß dies dann aber auch für einen bestrittenen Schadensersatzanspruch aus § 634 Nr 4 gelten*, der nicht schlechter behandelt werden darf als der Nachbesserungsanspruch, aus dem er hervorgehen kann (vgl ULMER/ BRANDNER/HENSEN § 11 Nr 3 Rn 7; MünchKomm/BASEDOW § 11 Nr 2 Rn 4; PALANDT/HEINRICHS § 11 AGBG Rn 17). Gleiches gilt dann aber auch für Ansprüche des Bestellers aus § 634 Nr 2 auf Kostenvorschuß oder -erstattung bei eigener Nachbesserung. Freilich gilt das nur insoweit, wie der Schadensersatzanspruch gegenständlich der Werklohnforderung entspricht, also zB nicht, wenn der Architekt wegen Mängeln am Bau in Anspruch genommen wird.

Damit bleibt Raum für die von § 309 Nr 3 eröffneten Möglichkeiten des Aufrechnungsausschlusses im Verhältnis zur Werklohnforderung für Ansprüche wegen Mangelfolgeschäden.

Daß die Aufrechnungsmöglichkeiten mit unbestrittenen oder rechtskräftig festgestellten Forderungen erhalten bleiben müssen, folgt aber auch schon aus § 307 Abs 2 Nr 1 (vgl BGHZ 91, 375, 383; 92, 308, 316 zu § 9 Abs 2 Nr 1 AGBG) und gilt damit *auch im kaufmännischen Bereich.*

c) Grobes, einfaches Verschulden
§ 309 Nr 7 lit b, der eine *Haftungsbegrenzung bei grob fahrlässigem Verhalten* des Unternehmers oder seiner Erfüllungsgehilfen unwirksam sein läßt.

aa) Die Bestimmung betrifft zunächst die Schadensersatzansprüche, die der Besteller wegen Mangelschäden und Mangelfolgeschäden *aus § 634 Nr 4* herleiten kann, darüber hinaus aber auch etwa konkurrierende *deliktische Ansprüche* (vgl BGHZ 100, 158, 184; STAUDINGER/COESTER-WALTJEN [1998] AGBG § 11 Nr 7 Rn 16; ULMER/ BRANDNER/HENSEN § 11 Nr 7 Rn 12). Es ist nicht ersichtlich, warum derartige Ansprüche über das in § 309 Nr 7 lit b zugelassene Maß hinaus sollten beschränkt werden können.

Eine entsprechende Anwendung der Bestimmung ist aber auch dann angezeigt, wenn der Besteller bei grober Fahrlässigkeit *andere Gewährleistungsansprüche* als einen Schadensersatzanspruch geltend macht, also *Nachbesserung* verlangt, *Kostenvorschuß für diese,* Minderung oder Rücktritt erklärt. Wenn der Schadensersatzanspruch als ultima ratio insoweit nicht eingeschränkt werden kann, ergäbe es keinen Sinn, wenn ihm vorausgehende oder mit ihm konkurrierende Rechte beschränkt werden könnten. *Der Zweck der Bestimmung, auf schweres Verschulden eine angemessene Reaktion folgen zu lassen,* muß auch hier gelten. Auch sonst werden sämtliche Rechte, die der Besteller aus Mängeln herleiten kann, „gleich behandelt" (vgl § 639 zur Gewährleistungsbeschränkung, §§ 634a Abs 2, 213 zur Verjährung und § 633 Rn 181 zur Mitverschuldensfrage).

bb) Die Bestimmung ist weiterhin anwendbar, soweit Schadensersatzansprüche des Bestellers gegen Dritte, insbesondere die *Erfüllungsgehilfen* des Unternehmers, eingeschränkt werden sollen, bzw Schadensersatzansprüche Dritter aus dem Werkvertrag als einem Vertrag mit Schutzwirkung für sie, zB der Angehörigen des Bestellers (vgl STAUDINGER/COESTER-WALTJEN [1998] ABGB § 11 Nr 7 Rn 17 f, 22; ULMER/BRANDNER/ HENSEN § 11 Nr 7 Rn 13; **aA** MünchKomm/BASEDOW § 11 Nr 7 Rn 11 f, der Haftungsfreistellungen Dritter nur an § 9 AGBG [= § 307] messen will).

cc) Die *Begriffe des Vorsatzes, der groben Fahrlässigkeit* und *des Erfüllungsgehilfen* weisen keine Besonderheiten auf; zu Unrecht will KÜMPEL (WM 1977, 700) selbständige Erfüllungsgehilfen von der Bestimmung nicht erfaßt wissen.

dd) Eine *Beschränkung der Haftung ist in mehrfacher Hinsicht denkbar,* aber eben nach § 309 Nr 7 lit b unwirksam. Es kann sich handeln um eine Verkürzung der Verjährungsfristen (vgl BGH MDR 1983, 552; NJW-RR 1987, 1252), das Aufstellen von Rügeobliegenheiten, wie sie nicht mehr § 640 Abs 2 entsprechen (vgl BGH NJW 1985, 3016), das Aufstellen von Ausschlußfristen oder sonstigen Ausschlußtatbeständen (vgl BGH aaO), wie sie zB in der eigenen Weiterverarbeitung der Werkleistung durch den Besteller gesehen werden könnten (vgl BGH aaO), oder auch in eigenen Maßnahmen zur Mängelbeseitigung; letztere dürfen vielmehr nur nach § 254 Abs 2 bewertet werden, soweit sie den Aufwand des Unternehmers für die Mängelbeseitigung erhöhen. Unter § 309 Nr 7 lit b fiele eine Bestimmung, die § 203 einschränken wollte. Vor allem ist aber auch zu denken an den Ausschluß bestimmter Arten von Schäden von der Ersatzfähigkeit oder die summenmäßige Beschränkung des Schadensersatzes auf den Warenwert (vgl BGH aaO) oder den Werklohn bzw ein bestimmtes Vielfaches des Werklohns.

27 Dagegen wird die *inhaltliche Ausgestaltung* des Schadensersatzes von § 309 Nr 7 lit b *nicht betroffen*, so lange es nur ein voller bleibt; hier bleibt nur § 307 Abs 2 Nr 1 zu bedenken. Doch gehört es zB nicht zu den tragenden Grundgedanken der gesetzlichen Regelung, daß der Schadensersatz nur in Geld zu leisten ist. Dies gilt jedenfalls für den Architekten, der Nachbesserung an dem Bauwerk selbst nicht schuldet (vgl Anh II Rn 7 ff zu § 638); er kann sich also in AGB eine eigene Nachbesserungsbefugnis ausbedingen. Gegen § 307 Abs 2 Nr 1 verstößt es freilich, wenn sich ein sonstiger Unternehmer die Nachbesserung als Schadensersatzleistung vorbehält, nachdem er die eigene Nachbesserungsbefugnis verloren hat.

Auch *Erschwerungen der Durchsetzung des Schadensersatzanspruchs* werden von § 309 Nr 7 lit b *nicht erfaßt* (vgl STAUDINGER/COESTER-WALTJEN [1998] AGBG § 11 Nr 7 Rn 20); sie sind vielmehr in der Notwendigkeit der Fristsetzung vorgezeichnet und sind an den §§ 309 Nr 8 lit b aa, bb, dd, 307 zu messen. Das gilt insbesondere für Klauseln, die die eigene Haftung nur subsidiär zur Haftung anderer eingreifen lassen wollen, wie sie vor allem bei Architekten üblich sind.

28 ee) Zur grundsätzlichen Unwirksamkeit *salvatorischer Klauseln* – Haftungsbeschränkung, „soweit gesetzlich zulässig" – vgl STAUDINGER/COESTER-WALTJEN (1998) AGBG § 11 Nr 7 Rn 28 f; ULMER/BRANDNER/HENSEN § 2 Rn 53.

ff) Die *Unzulässigkeit der Haftungsbeschränkung* für die Fälle des Vorsatzes und der groben Fahrlässigkeit *berechtigt nicht zu dem Umkehrschluß*, daß Schadensersatzansprüche des Bestellers im Falle geringeren Verschuldens beliebig eingeschränkt werden könnten. Es bleibt hier zunächst § 309 Nr 8 lit b zu beachten (dazu u Rn 29 ff), vor allem aber auch § 307, dessen Abs 2 Nr 2 die wesentlichen Vertragspflichten und damit die Erreichung des Vertragszwecks sichert. Das ist gerade für Schadensersatzansprüche des Bestellers bedeutsam (vgl dazu u Rn 56 ff).

d) Mängel bei Werkleistungen
29 § 309 Nr 8 lit b, der sich – ua – auf Mängel bei Werkleistungen bezieht.

aa) Anwendungsbereich
In seiner ersten Alternative – neu hergestellte Sachen – erfaßt § 309 Nr 8 lit b verkaufte (oder unentgeltlich gelieferte) Gegenstände, namentlich auch bei § 651 unter-

liegenden Verträgen. Die andere Alternative der Werkleistungen ist immer dann einschlägig, wenn die Gewährleistungsregeln der §§ 633 ff einschlägig sind.

bb) Ausschluß der Gewährleistungsansprüche und Verweisung an Dritte, § 309 Nr 8 lit b aa

(1) Gewährleistungsansprüche des Bestellers dürfen *nicht insgesamt ausgeschlossen* werden; es muß ihm also *mindestens eines der Rechte* auf Nachbesserung, ggf in Selbstvornahme, Minderung, Rücktritt oder Schadensersatz wegen Nichterfüllung *erhalten bleiben*. Insoweit ist die Bestimmung praktisch wenig bedeutsam, da derart radikale Beschränkungen der Gewährleistung selten sind und schon § 307 dem Besteller regelmäßig einen weitergehenden Schutz sichert, vgl Rn 52 ff.

(a) Ein Gewährleistungsausschluß liegt nicht vor, wenn die Eigenschaften des Werkes vertraglich so beschrieben sind, daß es zwar nicht den – berechtigten – Erwartungen des Bestellers entspricht, wohl aber eben dieser *Leistungsbeschreibung* (vgl STAUDINGER/COESTER-WALTJEN [1998] AGBG § 11 Nr 10 Rn 22). Doch ist hier die in § 4 Nr 3 VOB/B beschriebene und verallgemeinerungsfähige Aufklärungspflicht des Unternehmers zu beachten (vgl dazu § 633 Rn 62 ff und o Rn 3 ff). Von ihr kann sich der Unternehmer wegen § 307 Abs 2 Nr 1, 2 nicht wirksam freizeichnen, weil sie aus dem bei ihm vorauszusetzenden überlegenen Sachverstand folgt und damit dem Wesen des Werkvertrages entspricht. Die Verletzung dieser Pflicht führt dazu, daß jener Zuschnitt der Leistung Vertragsinhalt wird, den der Besteller redlicherweise erwarten darf, und der sich nach § 305b gegen alle sonstigen Vertragsklauseln durchsetzt (vorbehaltlich etwaiger sog „Sowieso-Kosten", vgl dazu § 634 Rn 20).

(b) Klauseln, die einen *Gewährleistungsausschluß* an ein *Verhalten des Bestellers* knüpfen, fallen nicht unter § 309 Nr 8 lit b aa (vgl STAUDINGER/SCHLOSSER[12] AGBG § 11 Nr 10 Rn 23). Wo der Unternehmer eine fristgebundene Rüge des Bestellers fordert, ist § 309 Nr 8 lit b ee zu beachten. Wo der Unternehmer die Gewährleistung für den *Fall eigener Eingriffe* des Bestellers ablehnt, ist das nach § 307 unwirksam (vgl BGH Betr 1980, 494; LG HALLE VersR 1998, 54), sofern der Unternehmer das nicht auf den Fall beschränkt, daß seine eigene Gewährleistung dadurch erweitert oder erschwert wird. Hier geht es um die Frage, inwieweit § 254 Abs 2 erweiterungsfähig ist, die grundsätzlich verneint werden muß.

(c) Der gänzliche Ausschluß der Gewährleistung ist auch *nicht hinsichtlich einzelner Teile* der Leistung möglich, mögen diese nun gegenständlich bezeichnet sein oder nach anderen Merkmalen, zB qualitativ (vgl zum Ausschluß der Gewährleistung für Konstruktionsfehler [zum früheren Recht] BGH NJW 1971, 1795; STAUDINGER/COESTER-WALTJEN [1998] AGBG § 11 Nr 10 Rn 22) oder quantitativ, oder danach, ob sie auf Zulieferung von Dritten bzw Subunternehmern beruhen oder unverschuldet verursacht sind. Soweit *die Mängel von dem Besteller mitverursacht sind*, darf der Unternehmer dessen nach § 254 Abs 1 zu bemessenden Anteil (an den Kosten) (vgl dazu § 633 Rn 181) nicht hinaufschrauben. *Unzulässig ist auch eine Beschränkung der Gewährleistung auf im Abnahmeprotokoll vermerkte oder vom Unternehmer anerkannte Mängel.*

(2) Unzulässig ist insbesondere auch ein Ausschluß der Gewährleistung unter *„Einräumung" von Ansprüchen gegen Dritte*, dh für den Fall der Abtretung von

Ansprüchen gegen Dritte oder der Schaffung von Ansprüchen des Bestellers durch einen Vertrag mit einem Dritten zu seinen Gunsten.

Dieser Bestimmung kommt insofern geringe Bedeutung zu, als *der Besteller durchaus*, wenn auch innerhalb zumutbarer Grenzen (vgl u Rn 32) *auf die vorherige Inanspruchnahme Dritter verwiesen werden kann*.

Dabei ist die Reichweite der Wirkungen des § 309 Nr 8 b aa zu beachten. Unzulässig ist nur der Ausschluß der eigenen Gewährleistung des Unternehmers bzw die Vorschaltung der *gerichtlichen* Inanspruchnahme eines Dritten, wobei es genügt, daß die sprachliche Fassung der Klausel beim Besteller den *Eindruck dieser Notwendigkeit* erweckt (BGH NJW 1998, 904 Anspruch gegen Subunternehmer des Bauträgers „nicht durchsetzbar"). *Wirksam bleibt*, woran im Einzelfall durchaus ein erhebliches Interesse des Bestellers bestehen kann:

Zunächst *die Abtretung der Ansprüche* des Unternehmers gegen die Dritten, sofern sie nur als solche ordnungsgemäß, insbesondere bestimmt genug, erfolgt ist.

Sodann *ein etwaiger Anspruch des Bestellers auf Abtretung der Ansprüche gegen die Dritten*. Dieser Anspruch schließt nach § 242 einen Anspruch auf nähere Bezeichnung der Dritten und der Art der Ansprüche gegen sie ein. Wenn der Unternehmer nicht rechtzeitig Auskunft erteilt oder abtritt, zB erst nach Verjährung der Ansprüche gegen die Dritten oder deren Insolvenz, kann er sich insoweit schadensersatzpflichtig machen.

Ansprüche des Bestellers in diesem Bereich unterliegen § 634a.

32 (a) Zulässig ist es, die *Gewährleistung von der vorherigen außergerichtlichen Inanspruchnahme eines Dritten abhängig zu machen* (**aA** BGH NJW 2002, 2470, zum Bauträgervertrag unter Berufung auf § 9 Abs 2 Nr 2 AGBG [§ 307 Abs 2 Nr 2]).

(α) Die Subsidiarität der eigenen Gewährleistung kann nur wegen *solcher Mängel* ausbedungen werden, *hinsichtlich derer Ansprüche gegen einen Dritten überhaupt bestehen*; wo das nicht der Fall ist, haftet der Unternehmer unmittelbar selbst (vgl BGHZ 62, 251, 255). Dabei braucht der *Haftungsgrund des Dritten* aber *nicht mit dem des Unternehmers identisch* zu sein, wie es zB dann nicht der Fall ist, wenn ein Ausführungsverschulden des Handwerkers mit einem Planungsverschulden des Architekten zusammentrifft und in denselben Mangel mündet.

(β) Es ist unerheblich, ob die *Ansprüche* gegen den Dritten *eigene des Bestellers* sind oder *abgetretene des Unternehmers*. Geht es um Ansprüche des Unternehmers, kann er sich auf die Subsidiarität seiner Haftung nur dann berufen, wenn er die Ansprüche wirksam abgetreten und den Besteller mit allen Auskünften versorgt hat, die dieser benötigt, um gegen den Dritten erfolgreich vorgehen zu können (Name, Anschrift, getroffene Vereinbarungen, Zeitpunkt der dortigen Abnahme etc) (STAUDINGER/COESTER-WALTJEN [1998] AGBG § 11 Nr 10 Rn 32).

(γ) Wenn der Besteller zu einem gerichtlichen Vorgehen gegen den Dritten auch nicht verpflichtet werden kann, muß er aber jedenfalls *außergerichtlich mit Sorgfalt und Nachdruck und unter Einhaltung etwa notwendiger Formalien vorgehen.* Dabei bleibt es seinem pflichtgemäßen Ermessen vorbehalten, wie er vorgeht, ob er etwa den Dritten nur zur Leistung auffordert oder auch die §§ 634 Nrn 2–4 vorgeschaltete Frist setzt.

Die Pflicht, gegen den Dritten vorzugehen, endet, wenn sich ein weiteres Insistieren gegenüber diesem als sinnlos erweist, wofür der Besteller darlegungs- und beweispflichtig ist. Dabei ist einerseits ein objektiver Maßstab anzulegen; es kommt nicht auf das subjektive Dafürhalten des Bestellers an. Andererseits dürfen *die Anforderungen im Interesse des Bestellerschutzes nicht zu hoch* angesetzt werden. Weigerung des Dritten oder fehlende Reaktion auf Anschreiben reichen jedenfalls aus. Bei Vermögensverfall oder aus sonstigen Gründen fehlender Leistungsfähigkeit ist ein Vorgehen gegen ihn überhaupt entbehrlich.

(b) Dem Besteller ist ein *klageweises Vorgehen* gegen den Dritten *nicht verwehrt*, **33** sofern dieses aussichtsreich erscheint (vgl BGH NJW 1984, 2573 zum früheren Recht).

Ist das Vorgehen gegen den Dritten mit *Kosten* verbunden, die bei diesem nicht beizutreiben sind, so *hat der Unternehmer sie in entsprechender Anwendung des § 670 zu tragen*, sofern der Besteller aus abgetretenem Recht des Unternehmers vorgegangen ist (so BGH NJW 1984, 2573); richtiger ist es wohl, sie *in entsprechender Anwendung der §§ 634 Nr 2, 637, 635 Abs 2* in jedem Fall dem Unternehmer aufzubürden.

(c) Solange sich der Besteller noch in der Auseinandersetzung mit dem Dritten befindet, steht dem Unternehmer gegenüber seinen Gewährleistungsansprüchen ein *Leistungsverweigerungsrecht* zu. Das führt dazu, daß eine Klage des Bestellers gegen den Unternehmer als zur Zeit unbegründet abgewiesen werden müßte (vgl STAUDINGER/SCHLOSSER[12] AGBG § 11 Nr 10 Rn 36).

Unbeeinträchtigt bleibt freilich auch jetzt schon die Befugnis des Bestellers, wegen des Mangels ein *Zurückhaltungsrecht* gegenüber der Werklohnforderung des Unternehmers auszuüben. Entgegen BGHZ 70, 193, 198 ist dieses Zurückbehaltungsrecht nicht davon abhängig, daß der Unternehmer seinerseits ein Zurückbehaltungsrecht gegenüber dem Dritten ausübt (vgl ULMER/BRANDNER/HENSEN § 11 Nr 10 Rn 23).

(d) Wenn – und soweit – das Vorgehen gegen den Dritten fehlschlägt oder sich als aussichtslos erweist, *lebt die eigene Gewährleistung des Unternehmers unverjährt wieder auf* (vgl BGH NJW 1981, 2343; 1984, 2573). Das ist konstruktiv aus § 205 zu begründen.

Zu diesem Wiederaufleben kommt es nicht, wenn das Vorgehen gegen den Dritten zwar nicht erfolgreich war, aber bei gehörigem Verhalten des Bestellers hätte erfolgreich sein müssen. Hierfür trägt der Unternehmer die Beweislast.

(3) *Im kaufmännischen Verkehr* gilt nach § 307 Abs 2 Nr 1 Ähnliches wie nach **34** § 309 Nr 8 b aa. Auch hier ist es unzulässig, die eigene Gewährleistung gegen Abtretung von Ansprüchen gegen Dritte vollen Umfangs auszuschließen (vgl PALANDT/ HEINRICHS § 309 Rn 60; einschränkend ULMER/BRANDNER/HENSEN § 11 Nr 10 Rn 27). Zulässig

muß es aber sein, die vorherige gerichtliche Inanspruchnahme eines Dritten zur Voraussetzung zu machen (vgl PALANDT/HEINRICHS aaO; STAUDINGER/COESTER-WALTJEN [1998] AGBG § 11 Nr 10 R 40). Freilich wird der Besteller Sicherheitsleistung wegen der damit verbundenen Kosten verlangen können und muß die Klausel dies zum Ausdruck bringen.

cc) Beschränkung des Bestellers auf Nacherfüllung, § 309 Nr 8 lit b bb

35 (1) § 309 Nr 8 lit b bb ist eine Bestimmung, *die eher Verwirrung stiftet*. Denn auf einen primären Nachbesserungsanspruch beschränkt ist der Besteller schon nach dem Gesetz, vgl die den Sekundärrechten grundsätzlich vorgeschaltete Fristsetzung zur Nacherfüllung. Wann der Übergang zu sekundären Rechten erfolgt, regeln die §§ 281 Abs 1, 2, 323 Abs 1, 2 ebenfalls genauer, während der – freilich in § 637 Abs 2 S 2 wiederkehrende – Begriff des Fehlschlagens wenig zur Erhellung beiträgt. Wenn dann noch dem Unternehmer die Verpflichtung auferlegt wird, auf die Möglichkeit der Minderung (und ggf des Rücktritts) hinzuweisen, dann wird damit *eine Informationspflicht statuiert, die nach den §§ 633 ff nicht besteht*. Die Folgen sind nur noch komisch: Verletzt der Unternehmer seine Informationspflicht, so ist seine Klausel unwirksam. Nach § 306 Abs 2 findet dann das Werkvertragsrecht des BGB Anwendung, nach dem er nicht über Rücktritt und Minderung zu informieren braucht. *Die Bestimmung ist ersichtlich am Kauf orientiert* und auch dort durch die Statuierung des Anspruchs auf Nacherfüllung überholt, § 437 Nr 1 nF. Der Versuch, sie mit Sinn zu erfüllen, ergibt folgendes:

36 (2) Daß dem Besteller in AGB des Unternehmers ein Nachbesserungsrecht eingeräumt wird, ist angesichts von § 634 Nr 2 bedeutungslos. Interessantere Fragen ergeben sich hinsichtlich der Einschränkbarkeit dieses Anspruchs, vgl insoweit zu den *Kosten der Nachbesserung* § 309 Nr 8 lit b cc (dazu u Rn 38), zu der Frage, inwieweit der *Werklohn* trotz des zu beseitigenden Mangels zu *entrichten* ist, § 309 Nr 8 lit b cc (dazu u Rn 39 f). Die zu verneinende Frage, ob der *Nachbesserungsanspruch überhaupt ausgeschlossen* werden darf, beantwortet sich nach § 307 (dazu Rn 53). Der Nachbesserungsanspruch muß als ein *wesentlicher Kern des Werkvertragsrechts in seinen Grundzügen erhalten* bleiben. Der Unternehmer darf ihn nicht von einem Verschulden am Mangel abhängig machen, auch nicht auf den Fall beschränken, daß sie ihn nicht teurer zu stehen kommt als eine Minderung. Er darf auch *nicht eine Neuherstellung* zugunsten einer bloßen Nachbesserung *ausschließen*, wenn damit die Erwartung des Bestellers, ein brauchbares Werk zu erhalten, enttäuscht wird. Er darf schließlich sein Recht, die Nachbesserung wegen unverhältnismäßigen Aufwands zu verweigern, § 635 Abs 3, nicht nachhaltig ausweiten.

Zu der Befugnis des Bestellers, nach § 634 Nr 2 den Mangel selbst auf Kosten des Unternehmers zu beseitigen, vgl u Rn 54 ff.

37 (3) Die *Minderungsmöglichkeit* muß dem Besteller für den Fall vorbehalten bleiben, daß die Nacherfüllung „fehlschlägt". Dabei darf sich der Verwender – auch im kaufmännischen Bereich – nicht drei Nachbesserungsversuche vorbehalten (BGH NJW 1998, 677). Er darf in seiner Klausel auf die Formulierung des Gesetzes („Fehlschlagen") zurückgreifen (BGH NJW 1998, 679). Definiert er dieses näher, muß er grundsätzlich alle möglichen Varianten des Fehlschlagens nennen (unberechtigte Weigerung, ungebührliche Verzögerung) (BGH NJW 1998, 679). Insgesamt ist der Be-

griff des Fehlschlagens nicht anders als in § 637 Abs 2 S 2 zu verstehen, vgl dazu § 634 Rn 59.

(4) Die Voraussetzung des § 309 Nr 8 lit b bb, *daß der Besteller ausdrücklich auf das Recht zur Herabsetzung der Vergütung (Minderung) hinzuweisen ist, läuft leer* (vgl o Rn 35) und braucht deshalb *nicht eingehalten* zu werden.

(5) In der *Rechtsfolge* verbleibt dem Besteller jedenfalls das Recht zur *Minderung*, wie es sich aus den §§ 634 Nr 3, 638 ergibt (zu seiner Entziehbarkeit vgl u Rn 54).

Zur Pflicht des Unternehmens, dem Besteller auch den Rücktritt vorzubehalten, vgl u Rn 54.

Übersehen ist in der gesetzlichen Regelung der bedeutsame *Schadensersatzanspruch aus § 634 Nr 4* (zu seiner Entziehbarkeit vgl o Rn 25 ff, u Rn 56 ff).

(6) Im *kaufmännischen Bereich* muß dem Besteller jedenfalls ein sekundärer Rechtsbehelf erhalten bleiben (vgl ULMER/BRANDNER/HENSEN § 11 Nr 10 Rn 58).

(7) Die Beweislast für das „Fehlschlagen" trägt der Besteller (BGH BB 1990, 950).

dd) Kosten der Nacherfüllung, § 309 Nr 8 lit b cc

(1) Die *Kosten der Mängelbeseitigung* hat der Unternehmer zu tragen, wie dies **38** § 635 Abs 2 klarstellt (vgl dazu § 635 Rn 2 ff). Während diese Regelung individualvertraglich abdingbar ist, kann sie durch AGB des Unternehmers nicht ausgeschlossen oder eingeschränkt werden.

Ggf hat sich der Besteller an den durch die Mängelbeseitigung *verursachten Kosten zu beteiligen*, was sich unter den Gesichtspunkten der sog „Sowieso-Kosten" oder des § 254 ergeben kann. *Auch insoweit darf der Besteller durch AGB des Unternehmers nicht stärker belastet werden, als sich dies aus den allgemeinen Bestimmungen ergibt.* Auch die Modalitäten des Beitrags des Bestellers zu den Kosten dürfen nicht nachhaltig – zB im Sinne einer Vorleistungspflicht des Bestellers – zu seinen Lasten verschoben werden.

(2) Im *kaufmännischen Bereich* werden die Kosten der Nachbesserung ebenfalls im wesentlichen von dem Unternehmer zu tragen sein; hier kommt es aber doch auch auf die Umstände des Einzelfalls an (vgl ULMER/BRANDNER/HENSEN § 11 Nr 10 Rn 61; weitergehend zB vWESTPHALEN NJW 1980, 2227, 2232).

ee) Vorenthalten der Nacherfüllung, § 309 Nr 8 lit b dd

(1) Der Unternehmer darf die Beseitigung von Mängeln *nicht davon abhängig* **39** *machen, daß vorab der gesamte Werklohn gezahlt wird* bzw mehr als angesichts der Mängel angemessen wäre.

Die Bestimmung greift dort nicht ein, wo überhaupt eine Vorleistungspflicht des Bestellers hinsichtlich des Werklohns (wirksam) vereinbart worden ist (vgl ULMER/ BRANDNER/HENSEN § 11 Nr 10 Rn 63). Sie soll *das Zurückbehaltungsrecht* des Bestellers wegen seines Nachbesserungsanspruchs aus § 320 *unabdingbar machen, soweit es besteht*. Die Bestimmung korrespondiert insoweit mit § 309 Nr 2 (vgl dazu o Rn 21 ff).

Der Besteller muß den Betrag des § 641 Abs 3 einbehalten dürfen. Darlegungs- und beweispflichtig für einen genügenden Einbehalt ist der Unternehmer.

(2) Der Gedanke des § 309 Nr 8 lit b dd hat grundsätzlich auch im *kaufmännischen Geschäftsverkehr* Berücksichtigung zu finden (vgl ULMER/BRANDNER/HENSEN § 11 Nr 10 Rn 68; PALANDT/HEINRICHS § 309 Rn 70).

ff) Ausschlußfrist für Mängelanzeige, § 309 Nr 8 lit b ee

40 (1) § 309 Nr 8 lit b ee unterscheidet zwischen *offensichtlichen und nicht offensichtlichen Mängeln*. Bei ersteren darf dem Besteller formularmäßig eine Frist zur Mängelanzeige gesetzt werden, bei letzteren nicht.

Offensichtlich ist ein Mangel dann, wenn er *so offen zu Tage tritt, daß er auch dem durchschnittlichen nichtkaufmännischen Kunden ohne besonderen Aufwand auffällt*. Zu einer *besonderen Untersuchung* kann der Kunde mithin *nicht* verpflichtet werden; *Maßstab ist der Gebrauch des Werkes*. Hierbei muß der Mangel „ins Auge springen". Dadurch, daß ihn der Besteller erkannt hat, wird ein Mangel nicht schon offensichtlich (vgl ULMER/BRANDNER/HENSEN § 11 Nr 10 Rn 73, **aA** MARLY NJW 1988, 1184). Dabei braucht der Mangel nicht schon bei der Abnahme offensichtlich zu sein; es reicht vielmehr aus, wenn er es späterhin wird.

Zugunsten des Bestellers ist der *Begriff des offensichtlichen Mangels eng auszulegen*. Ein Mangel ist nur in dem Ausmaß offensichtlich, wie ihn der Besteller ohne weiteres bemerken kann. Feuchte Stellen im Keller lassen es zB noch nicht offensichtlich werden, daß die Isolierung insgesamt mangelhaft ist. Der Besteller muß außerdem in der Lage sein, den Mangel dem richtigen Gewerk zuzuordnen.

41 (2) Bei *offensichtlichen Mängeln* können *Rügefristen* gesetzt werden, die aber ihrerseits wieder an § 307 zu messen sind (vgl STAUDINGER/COESTER-WALTJEN [1998] AGBG § 11 Nr 10 Rn 76). Es werden Fristen von einer Woche (Überlegung und Postlaufzeit) genannt (vgl STAUDINGER/COESTER-WALTJEN [1998] AGBG aaO), und mindestens einer Woche bis zwei Wochen (vgl ULMER/BRANDNER/HENSEN § 11 Nr 10 Rn 72). Dem kann jedoch so nicht zugestimmt werden. Zunächst kann es *schwerlich für alle Branchen einheitliche Fristen* geben. Das Massengeschäft des Reinigungswesens verträgt zB kürzere Fristen als das Bauwesen. Eine Woche ist wohl die kürzestmögliche Frist. In anderen Bereichen können auch bis zu vier Wochen zu fordern sein. In entsprechender Anwendung des § 377 Abs 4 HGB dürfen dabei dem Besteller *postalische Verzögerungen der Rüge nicht aufgebürdet* werden. Jedenfalls muß ihm *hinreichende Gelegenheit* belassen werden, *den Mangel zu prüfen und geeignete Schritte* zu erwägen; das Gebot einer unverzüglichen Rüge ist also unzulässig (vgl LG Köln NJW 1986, 69; KG NJW-RR 1991, 698).

Für die Rüge darf Schriftform vorgeschrieben werden, vgl § 309 Nr 13.

(a) Der Beginn der Rügefrist ist an den *Zeitpunkt der Offensichtlichkeit* des Mangels zu knüpfen, der dem der Abnahme nachfolgen kann. Zur Fristwahrung genügt die rechtzeitige Absendung der Rüge, vgl § 377 Abs 4 HGB; Beweispflichtig für die Offensichtlichkeit des Mangels (und ihren Zeitpunkt) ist der Unternehmer, für den Zugang der Rüge der Besteller.

(b)   § 309 Nr 8 lit b ee läßt *Rechtsverluste* des Bestellers *für den Fall der versäumten* **42** *Rüge* zu, umschreibt diese aber nicht näher. Unklarheiten müssen insoweit nach § 305c Abs 2 zu Lasten des Unternehmers gehen. Ausschließbar sind *prinzipiell alle Rechte des Bestellers* auf Nachbesserung, Minderung, Rücktritt und Schadensersatz wegen Nichterfüllung. Zweifelhaft ist allerdings bei letzteren das Verhältnis zu § 309 Nr 7 lit b. Man wird einen Vorrang des § 309 Nr 8 lit b ee mit der Folge, daß Schadensersatzansprüche auch *für den Fall groben Verschuldens* von der Einhaltung einer Rügefrist abhängig gemacht werden können, nicht anzunehmen haben. Das würde den Besteller unangemessen benachteiligen, ohne daß der Unternehmer hier Schutz verdienen würde, vgl auch die Privilegierung des Schadensersatzanspruchs in § 640 Abs 2 für den Fall der rügelosen Abnahme. Privilegiert ist der Besteller auch bei einer Beschaffenheitsgarantie, § 639.

Nicht erfaßt sind jedenfalls *Ansprüche wegen Mangelfolgeschäden aus §§ 634 Nr 4, 280 Abs 1, 241 Abs 2*, die keine eigentlichen Gewährleistungsansprüche darstellen. Hier sind Anmeldefristen an § 307 zu messen und insoweit grundsätzlich unzulässig. Einwendungs- und Aufrechnungsmöglichkeiten, die sich für den Besteller bei noch nicht oder nicht voll entrichtetem Werklohn aus § 634a Abs 4 S 2 ergeben, können nicht wirksam ausgeschlossen werden, vgl auch § 309 Nr 2.

(3)   Bei *nicht offensichtlichen Mängeln* können dem Besteller keine Rügefristen **43** gesetzt werden bzw nur solche, die zeitlich nicht hinter den gesetzlichen Verjährungsfristen für Gewährleistungsansprüche zurückbleiben, wobei auch deren mögliche Hemmungen zu beachten sind. Bei Vereinbarung der VOB/B muß es allerdings zulässig sein, sich statt dessen an der Regelung des § 13 Nr 4, 5 VOB/B zu orientieren.

(4)   Im *kaufmännischen Verkehr* können die Grundsätze des § 309 Nr 8 lit b ee keine Beachtung beanspruchen. Prüfungsmaßstab sind hier im Rahmen des § 307 Abs 2 S 1 die *Grundsätze des § 377 HGB*. Weitergehende Untersuchungs- und Rügepflichten, als sie nach dieser Bestimmung bestehen, können grundsätzlich nicht zu Lasten des Bestellers vorgesehen werden (vgl BGH NJW-RR 1986, 52; STAUDINGER/ COESTER-WALTJEN [1998] § 11 Nr 10 Rn 79).

gg) Erleichterung der Verjährung, § 309 Nr 8 lit b ff
(1)   § 309 Nr 8 lit b ff nimmt Bezug auf die Fristen des § 634a Abs 1 und beschränkt **44** die Möglichkeiten der Verkürzung.

Nicht betroffen ist die Frist des § 634a Abs 3; sie wird durch § 639 von jeder Verkürzungsmöglichkeit freigestellt. Nicht betroffen sind auch etwaige deliktische Ansprüche des Bestellers; diese betreffende Klauseln sind an § 307 zu messen. Dabei dürfte der Verjährungsbeginn nach § 199 unabdingbar sein, die Frist des § 195 selbst bis auf ein Jahr.

(2)   Konstruktiv kann die Erleichterung der Verjährung durch eine Verkürzung der Frist bewirkt werden, die Vorverlegung des Verjährungsbeginns, die Nichtanerken-

nung von Hemmungsgründen. § 309 Nr 8 lit b ff führt nicht zur Nichtigkeit der Klausel, wenn von den beiden letzteren Möglichkeiten Gebrauch gemacht ist, die hiesige Mindestfrist aber „unter dem Strich" gewahrt wird. Doch kann derlei anderweitig, namentlich an § 307 Abs 2 Nr 1, scheitern. Es gehört zB zu den tragenden Gedanken des Gesetzes, daß die Verjährung nicht vor der Prüfungsmöglichkeit einsetzen kann (§ 634a Abs 2), Verhandlungen ohne Druck möglich sein müssen (§ 203).

(3) Entgegen dem Wortlaut des § 309 Nr 8 lit b ff kann *nicht jede Verkürzung der Verjährungsfristen unzulässig sein*. Wenn § 309 Nr 8 lit b ee für offensichtliche Mängel kürzere Rügefristen zuläßt, muß es bei solchen Mängeln auch zulässig sein, die Verjährung auf deren Dauer zu beschränken. Freilich findet die Bestimmung dann wieder Anwendung, *wenn der Mangel fristgerecht gerügt ist*.

(4) Zur Verjährungsregelung in § 13 Nr 4, 5 VOB/B vgl Anh I Rn 4 ff, 10 ff zu § 638.

(5) Im Rahmen des eben Gesagten ist die Fünfjahresfrist des § 634a Abs 1 Nr 2 bei Bauwerken unabdingbar (vorbehaltlich eben der VOB/B), die Fristen des § 634a Nrn 1, 3 können bis auf ein Jahr verkürzt werden. Letzteres genügt dann freilich zunächst nur § 309 Nr 8 lit b ff. Möglich bleibt bei Wahrung dieser Mindestfrist immer noch ein Verstoß gegen § 307, falls nämlich für die konkrete Konstellation eine längere Frist geboten ist, zB bei Werbung mit der Dauerhaftigkeit einer bestimmten Reparaturmethode.

45 (6) Der Grundgedanke des § 309 Nr 8 lit b ff ist nach § 307 Abs 2 S 1 auch *im kaufmännischen Bereich* verbindlich (vgl BGH NJW 1981, 1510; BGHZ 122, 241 = NJW 1993, 2054; STAUDINGER/COESTER-WALTJEN [1998] § 11 Nr 10 Rn 86; PALANDT/HEINRICHS § 309 Rn 77). Selbst die fünfjährige Verjährungsfrist bei Bauwerken ist in ihrer starren Anbindung an die Abnahme eher knapp als reichlich bemessen; § 13 Nr 4 VOB/B kann kein gegenteiliges Vorbild sein. Sollte der Unternehmer allerdings statt an die Abnahme *an die Kenntnis vom Mangel* anknüpfen, könnte die Frist hier nachhaltig – zB auf ein Jahr – verkürzt werden. Zur Vermeidung von Überraschungseffekten iSd § 305c Abs 1 müßte eine solche heute unübliche Klausel allerdings deutlich hervorgehoben werden.

e) Beweislast

46 § 309 Nr 12, der *Beweislastregelungen* untersagt, die von der einschlägigen Regelung des Gesetzes abweichen.

aa) Die Bestimmung verbietet alle Regelungen, die – hier in Hinblick auf Mängel – die *Beweisposition des Bestellers verschlechtern*. Hier geht es zunächst um Erklärungen, die die Existenz der Mängel betreffen. Da die Beweislast für die Abwesenheit von Mängeln bis hin zur Abnahme bei dem Unternehmer liegt, würde es gegen die Bestimmung verstoßen, wenn er es sich in diesem Zeitraum von dem Besteller bescheinigen ließe, daß das Werk – bzw die schon vorliegenden Teile – mangelfrei sei.

Umgekehrt darf er sich jedenfalls *nach der Abnahme* die Mangelfreiheit bestätigen lassen. Denn jetzt liegt die Beweislast ohnehin bei dem Besteller, so daß insoweit die Beweislast nicht zu seinen Lasten abgeändert werden kann. Die Mangelfreiheit darf er sich dann auch bei der Abnahme – genauer: an deren Ende – bestätigen lassen. Freilich bleibt hier zweierlei zu bedenken:

(1) Zunächst braucht es dem Besteller nicht deutlich zu sein, daß er wegen § 640 Abs 2 wegen ihm bekannter Mängel bei Meidung des Rechtsverlusts einen Vorbehalt zu machen hat. Dann handelt der Unternehmer mißbräuchlich, wenn er ein Abnahmeformular vorlegt, das Raum für entsprechende Vorbehalte nicht läßt.

(2) Sodann darf nicht der Eindruck erweckt werden, der – eigentlich dem Besteller obliegende – Beweis sei gar nicht zulässig. Dies mag man mit BGHZ 102, 41 aus § 9 AGBG (= § 307) herleiten oder aus § 309 Nr 12. Unzulässig ist es also jedenfalls, wenn sich der Unternehmer bestätigen läßt, daß spätere Reklamationen nicht möglich seien (vgl LG Tübingen NJW-RR 1992, 258). Doch dürfte auch schon die *bloße einschränkungslose Bestätigung der Mangelfreiheit* in dem branchenunkundig zu denkenden Besteller den Eindruck erwecken, Mängelrügen seien späterhin ausgeschlossen. Der Unternehmer darf sich also letztlich nur bescheinigen lassen, daß Mängel gegenwärtig nicht festzustellen waren bzw daß die Werkleistung funktioniert.

bb) Bei der *Bestätigung der Abnahme als solcher* ist zu sehen, daß die Beweislast für diese bei dem Unternehmer liegt. Gleichwohl kann sich der Unternehmer diese wirksam bestätigen lassen, sofern ein eigenes Abnahmeprotokoll unterzeichnet wird. Darin liegt dann nämlich ein Empfangsbekenntnis iSd § 309 Nr 12 aE: Es wird der Empfang des Werkes bestätigt. Daß man in der Abnahme zusätzlich die Billigung des Werkes als im wesentlichen vertragsgerecht sieht, ändert daran nichts, ist dies doch stets der Inhalt einer Quittung, nur ist die Anerkennung der Leistung sonst meist nicht zweifelhaft.

cc) Anders liegt es, wenn sich der Unternehmer die Abnahme nicht in unmittelbarem Zusammenhang mit ihr, sondern *nachträglich* bestätigen läßt. Damit nämlich bürdet er die Beweislast für die erfolgte Abnahme, die er doch tragen müßte, dem Besteller auf. Es liegt ein Verstoß gegen § 309 Nr 12 lit b vor.

dd) Anders liegt es auch dann, wenn die Erklärung der Abnahme zwar auf den jetzigen Zeitpunkt bezogen, aber *getrennt von einer gemeinsamen Besichtigung* der Sache – isoliert – abgegeben werden soll. Auch dann liegt mehr als ein bloßes Empfangsbekenntnis iSd § 309 Nr 12 aE vor. Die Beweislast für eine „echte" Abnahme als Anlaß der Erklärung trägt der Unternehmer.

ee) Soweit sich der Unternehmer *vor der Abnahme die Mangelfreiheit bestätigen* läßt, liegt ein Verstoß gegen § 312 Nr 12 lit a vor, der grundsätzlich auch im kaufmännischen Bereich von Bedeutung ist (vgl ULMER/BRANDNER/HENSEN § 11 Nr 15 Rn 25; PALANDT/HEINRICHS § 309 Rn 103). Von § 309 Nr 12 lit b läßt sich letzteres nicht ohne weiteres sagen (vgl PALANDT/HEINRICHS aaO; ULMER/BRANDNER/HENSEN § 11 Nr 15 Rn 25a), es kommt vielmehr auf die Umstände des Einzelfalls an. Doch ist der Begriff der Abnahme so kompliziert und von Wertungen abhängig, daß ihn auch ein Kaufmann weithin nicht hinreichend erfassen wird, so daß jedenfalls dann ein Verstoß gegen § 307 Abs 2 Nr 1 anzunehmen ist, wenn der kaufmännische Besteller branchenfremd ist.

f) Form von Anzeigen und Erklärungen

49 *§ 309 Nr 13*, der für Anzeigen oder Erklärungen strengere Formanforderungen als die der Schriftform oder besondere Zugangserfordernisse nicht zuläßt.

aa) Die Bestimmung erlaubt den Umkehrschluß, daß ein Schriftformerfordernis als solches nicht – auch nicht nach § 307 Abs 2 Nr 1 – zu beanstanden ist (vgl BGH NJW-RR 1989, 625, 626), wobei freilich die Berufung des Unternehmers auf dieses eine unzulässige Rechtsausübung sein kann, wenn eine rechtzeitige mündliche Erklärung unstreitig oder bewiesen ist (vgl ULMER/BRANDNER/HENSEN § 11 Nr 16 Rn 6). Das gilt zB für die Behinderungsanzeige nach § 6 Nr 1 VOB/B. – Kaufleuten wird man ein Einschreiben auferlegen können.

bb) Bei Geltung der VOB/B kommt dem *schriftlichen Nachbesserungsverlangen des Bestellers nach § 13 Nr 5 Abs 1* S 2 VOB/B eine die Verjährung der Gewährleistungsansprüche unterbrechende Wirkung zu. Dieses Schriftformerfordernis ist also unbedenklich. Es kann aber auch ohne Verstoß gegen die §§ 307 Abs 2 Nr 1, 309 Nr 13 verschärft, namentlich auf das Erfordernis eines Einschreibens angehoben werden. Denn Hintergrund der Bestimmung ist, daß die Verjährung sonst nur in den strengen Formen des § 204 gehemmt werden kann. Die hier bestehende Vergünstigung gegenüber dem Gesetz darf wieder aufgehoben werden. Freilich wird dann die VOB/B nicht mehr „insgesamt" vereinbart iSd §§ 308 Nr 5, 309 Nr 8b ff. Außerdem ist eine solche Modifikation der VOB/B überraschend. Das führt freilich nur dann zur Anwendbarkeit des § 305c Abs 1, wenn man dort als Kontrollmaßstab die VOB/B heranzieht, wie dies BGH WM 1987, 907 es offenbar für möglich und zulässig hält, nicht das BGB selbst (§ 204). Dogmatisch dürfte dies nicht zu begründen sein.

5. Inhaltskontrolle nach § 308

50 Eine etwas geringere, aber immerhin noch eine gewisse Bedeutung kommt im Rahmen der Gewährleistung dem Klauselkatalog des § 308 zu. Hinzuweisen ist auf

a) Nachfrist

§ 308 Nr 2, der unangemessen lange oder nicht hinreichend bestimmte Nachfristen für die eigene Leistung untersagt, vgl §§ 281 Abs 1, 323 Abs 1 (zur Bemessung vgl § 634 Rn 47 ff).

§ 308 Nr 2 kann ohne weiteres auch im kaufmännischen Geschäftsverkehr Geltung beanspruchen.

b) Fingierte Erklärungen

51 *§ 308 Nr 5*, der fingierte Erklärungen nur eingeschränkt zuläßt.

Wichtiger Anwendungsfall dieser Bestimmung ist die *Abnahme des Werkes* durch den Besteller. Nach der Bestimmung unzulässig ist es, die Abnahme dann als vorgenommen zu bezeichnen, wenn der Besteller das Werk in Besitz nimmt bzw für eine bestimmte Zeit im Besitz hat (vgl BGH NJW 1984, 725). Entsprechend unzulässig ist die Fiktion einer Abnahme auf den Ablauf einer bestimmten Frist nach Mitteilung der Fertigstellung der Leistung.

aa) Nun sind allerdings gerade Klauseln dieses Inhalts Gegenstand der einschlägigen Regelungen der VOB/B (§ 12 Nr 5 Abs 1, 2). Das ist aber nach § 308 Nr 5 aE unschädlich; entsprechend kann § 12 Nr 5 VOB/B dann auch nicht nach § 307 Abs 2 Nr 1 verworfen werden. In zwei Fällen kann indessen § 308 Nr 5 doch wieder Anwendung finden bei Vereinbarung der VOB/B: Zunächst dann, wenn AGB des Unternehmers die Fristen der VOB/B verkürzen, sodann und vor allem, wenn die Regelungen der VOB/B anderweitig modifiziert worden sind, daß nicht mehr von einer Vereinbarung der VOB/B insgesamt gesprochen werden kann, wie die Bestimmung dies voraussetzt.

bb) Die *Hinweise nach § 308 Nr 5 lit a und b*, kumuliert erforderlich, können der Vertragsklausel zur Wirksamkeit verhelfen.

cc) Die Grundsätze des § 308 Nr 5 können – über § 307 Abs 2 Nr 1 – grundsätzlich auch im kaufmännischen Bereich Beachtung beanspruchen (vgl BGHZ 101, 357, 365; ULMER/BRANDNER/HENSEN Anh zu §§ 9–11 Rn 914). Eine fingierte Abnahme ohne entsprechende Warnhinweise benachteiligt auch einen Kaufmann unangemessen. Das gilt jedenfalls dort, wo er sich branchenfremd eindeckt, anders wird der Fall zu beurteilen sein, daß er regelmäßig Werkleistungen dieser Art bezieht.

dd) Die Unwirksamkeit einer Abnahmeklausel schließt es nicht aus, daß *nach allgemeinen zivilrechtlichen Maßstäben* gleichwohl eine Abnahme angenommen werden kann, wenn denn der rügelose Gebrauch der Sache über eine gewisse Zeit hinweg, der nicht unter dem Druck der Verhältnisse erfolgt, typischerweise als ihre Billigung zu werten ist.

6. Inhaltskontrolle nach § 307

Neben den §§ 308, 309 kommt § 307 bei der Kontrolle von Gewährleistungsbeschränkungen aus doppeltem Grunde eine erhebliche praktische Bedeutung zu.

a) Diese praktische Bedeutung folgt zunächst aus § 310 Abs 1 für die Fälle der Verwendung der AGB gegenüber Unternehmern und juristischen Personen oder Sondervermögen des öffentlichen Rechts, wenn hier die §§ 308, 309 nicht unmittelbar anwendbar sein sollen. Indessen behalten deren Einzelregelungen doch eine gewisse Leitbildfunktion auch für diese Bereiche, vgl § 310 Abs 1 S 2; darauf ist bei der Erläuterung der einschlägigen Bestimmungen der §§ 308, 309 jeweils Bezug genommen worden.

Sodann behält § 307 seine eigenständige Bedeutung, weil es *mögliche Beschränkungen der Gewährleistung* gibt, die mit den §§ 308, 309 gar *nicht zu erfassen* sind.

Diese Lücke wird zum einen maßgeblich dadurch verursacht, daß namentlich § 309 Nr 8 lit b – aber doch auch die sonstigen Regelungen der §§ 308, 309 – primär im Hinblick auf den Kauf konzipiert worden sind und deshalb den *Besonderheiten des Werkvertrages* gar nicht gerecht werden können: Rücktritt und Minderung haben hier eine andere Prägung als im Kaufrecht, und der Nachbesserungsanspruch hat im Kaufrecht ein geringeres Gewicht; § 309 Nr 8 lit b bb behandelt ihn dann auch entsprechend. Demgegenüber ist er der Ausgangs- und Mittelpunkt der werkvertraglichen Gewährleistung.

Zum anderen besteht bei den *Schadensersatzansprüchen* des Bestellers die Gefahr, daß ihre Beschränkung den Vertragszweck gefährdet, § 307 Abs 2 Nr 2.

Daraus folgt für die einzelnen Rechte des Bestellers im Falle von Mängeln:

53 **b)** Der Nacherfüllungs-, namentlich Nachbesserungsanspruch des Bestellers ist im Prinzip *unentziehbar*, § 307 Abs 2 Nr 1: Er folgt aus der Erfolgsbezogenheit des Werkvertrages einerseits und der Wertung des Gesetzes andererseits, daß ggf mehr als ein Versuch zu unternehmen ist, diesen Erfolg zu erreichen. Dann muß es aber auch generell unzulässig sein, diesen Anspruch des Bestellers zu beschränken, sei es, daß die Nachbesserung unter leichteren Voraussetzungen als denen des § 635 Abs 3 als unzumutbar aufwendig abgelehnt werden kann, sei es, daß eigene Nachbesserungsversuche des Bestellers den Anspruch ausschließen, sei es, daß die Nachbesserung von einer eigenen Vergütung für sie abhängig gemacht wird oder daß der Besteller weitere Kosten der Nachbesserung tragen soll, als sie ihm nach dem Gesetz, zB § 254, aufgebürdet werden können. – Zulässig ist es, den Nachbesserungsanspruch an die vorherige außergerichtliche Inanspruchnahme eines Dritten zu binden, vgl § 309 Nr 8 lit b aa, die im kaufmännischen Bereich wohl ausnahmsweise auch eine gerichtliche sein darf.

54 **c)** Jedenfalls nicht endgültig ausgeschlossen werden kann die in den §§ 634 Nr 2, 637 vorgesehene *Befugnis des Bestellers, den Mangel selbst zu beseitigen*: Es kann ihm nicht angesonnen werden, den Mangel unzumutbar lange hinzunehmen.

d) Damit kann der *Anspruch auf Kostenerstattung* nach eigener Mängelbeseitigung des Bestellers nach den §§ 634 Nr 2, 637 nicht beschnitten werden.

e) Als unabdingbar muß aber auch der *Anspruch des Bestellers auf Kostenvorschuß* für die eigene Nachbesserung angesehen werden. Dem Besteller kann es nicht angesonnen werden, die Nachbesserung vorzufinanzieren, mag er auch vermögend und/oder Kaufmann sein. Erst recht braucht er bei eigener Nachbesserungsabsicht nicht auf die praktischen Vorteile zu verzichten, die ihm insoweit der Kostenvorschuß mit seiner vorherigen gerichtlichen Klärung bietet.

55 **f)** Die Befugnis zum Rücktritt ist sinnvoll beim Bauträgervertrag. Hier ist der Vertragsgegenstand rückgabefähig. Das Recht dazu darf nicht genommen werden (BGH NJW 2002, 511; OLG Hamm NJW-RR 1998, 1031).

Anders sieht es dagegen beim *eigentlichen Werkvertrag* aus, bei dem Sachen des Bestellers bearbeitet worden sind. Eine Rückgabe der Werkleistung scheidet praktisch aus, die Werkleistung wird verbleiben und in ihrem geminderten Wert dann doch zu vergüten sein (§ 346 Abs 2). Die Funktionslosigkeit der Wandlung beim echten Werkvertrag erkennt das Gesetz selbst in § 309 Nr 8 lit b bb an, insoweit freilich mit seiner Beschränkung auf Bauleistungen zu eng greifend. Die Wandlungsbefugnis kann auch darüber hinaus ohne Verstoß gegen § 307 ausgeschlossen werden.

g) Daraus folgt dann aber für die *Minderungsbefugnis*, daß jedenfalls sie bei einem echten Werkvertrag *unabdingbar* sein muß. Ihr kommt hier zwar nur eine geringere Bedeutung zu als beim Kauf, weil ihr wirtschaftliches Ergebnis auch mit dem Schadensersatzanspruch erzielt werden kann und dessen Voraussetzungen idR vorliegen werden bzw zu schaffen sind. Indessen ist doch auch hier mit unverschuldeten Mängeln zu rechnen, und dann ist die Minderungsbefugnis ein zwingendes Gebot, wenn die Gleichwertigkeit der Leistungen erhalten bleiben soll.

h) Wo aber der Kunde zu Rücktritt oder Minderung berechtigt ist, da darf der Unternehmer das *Wahlrecht* zwischen diesen beiden Behelfen nicht auf sich überleiten (vgl ULMER/BRANDNER/HENSEN § 11 Nr 10 Rn 16).

i) Bei den *Schadensersatzansprüchen* des Bestellers muß es vermieden werden, **56** daß er rechtlos gestellt wird, § 307 Abs 2 Nr 2 (vgl ULMER/BRANDNER/HENSEN § 11 Nr 7 Rn 24), was weithin auch die – gegenüber § 309 Nr 7 lit b noch zulässige – Haftungsfreizeichnung für leichtes Verschulden ausschließt (vgl BGH NJW 1985, 3016; NJW-RR 1986, 272; 1989, 625; 1993, 560).

In gewissen Grenzen sind Haftungsfreizeichnungen freilich zulässig. Dann bleibt allerdings zu beachten, daß diese äußerst sorgfältig und differenziert formuliert sein müssen, sollen sie nicht zu weit gefaßt und damit angesichts der Unzulässigkeit einer geltungserhaltenden Reduktion wirkungslos bleiben. Vgl zu den möglichen Grenzen u Rn 58.

aa) Der Vertragszweck wird jedenfalls gefährdet, wenn der *Schadensersatzan-* **57** *spruch des Bestellers aus § 634 Nr 4* ausgeschlossen oder beschränkt wird, soweit es um Mangelfolgeschäden geht. Gerade zur Vermeidung dieser Schäden wendet er den Werklohn auf.

Der Vertragszweck wird weiterhin gefährdet, wenn dem Besteller *Ansprüche aus den §§ 634 Nr 4, 280 Abs 1, 241 Abs 2* wegen solcher *Mangelfolgeschäden* vorenthalten werden, die die Werkleistung gerade vermeiden soll (vgl BGH NJW-RR 1986, 271: Schäden aus dem Ausfall einer Klimaanlage; NJW-RR 1996, 783, 786; OLG Saarbrücken NJW-RR 1995, 117, 118).

Schadensträchtig sind weiterhin die *Arbeiten des Unternehmers* selbst, was zu Ansprüchen aus den §§ 280 Abs 1, 241 Abs 2 und Delikt führen kann. Namentlich fällt es prinzipiell unter § 307 Abs 2 Nr 2, wenn die Obhut über die zu bearbeitende Sache des Bestellers – auch nur leicht fahrlässig – verletzt wird, vgl BGHZ 103, 316: Das zu reparierende Schiff wird im Dock geschädigt (KG NJW-RR 1991, 698, 699 [Autowaschanlage]; BGH NJW 1985, 3016, 3017 f [Textilveredelung]). Gleiches ist anzunehmen, wo sonstige typische Schäden aus unsachgemäßer Arbeit drohen, zB Feuchtigkeitsschäden am Gebäude durch unvorsichtiges Öffnen der Dachhaut.

bb) Zulässig muß es hier aber sein, den Anspruch des Bestellers auf *entgehenden* **58** *Gewinn* in den Voraussetzungen zu beschränken, vgl aus der VOB/B § 6 Nr 6 (Vorsatz, grobe Fahrlässigkeit), § 13 Nr 7 (Vorsatz oder grobe Fahrlässigkeit, alternativ Verstoß gegen die anerkannten Regeln der Technik, alternativ Fehlen zugesicherter Eigenschaften).

Ebenso muß es möglich sein, den zu ersetzenden Schaden auf den voraussehbaren zu beschränken, wie dies auch Art 74 UN-Kaufrecht (CISG) tut.

cc) Unzulässig – auch gegenüber Kaufleuten – ist es aber jedenfalls, wenn eine *Relation zwischen dem Werklohn und dem maximal zu ersetzenden Schadensbetrag* hergestellt wird, zB bei einer chemischen Reinigung auf das X-fache des Entgelts (BGH BB 1980, 1011, 1013), mag es auch hier wie auch bei Architekten und Steuerberatern bitter sein, daß die drohenden Schäden den zu verdienenden Werklohn weit übersteigen können. Unzulässig ist es weiter, den Schadensersatz auf die Höhe des Versicherungsschutzes des Unternehmers zu beschränken.

dd) Gewisse Aspekte können Haftungsfreizeichnungen erlauben, bedenklich freilich BGHZ 103, 316, das die Mitbeherrschung der Gefahr durch den Besteller sowie den bei dem Besteller vorauszusetzenden Kaskoversicherungsschutz hatte genügen lassen. Hier ist nicht einzusehen, warum diese Versicherung und damit letztlich die Gesamtheit der Besteller belastet werden soll. Aber denkbar ist es zB, daß der Unternehmer dem Besteller vollen Versicherungsschutz anbietet.

ee) Die Haftung für sonstige Schädigungen des Bestellers, die für den Werkvertrag nicht typisch sind, aber sich eben ergeben können, läßt sich bis zur Grenze der groben Fahrlässigkeit zurücknehmen oder – im Falle leichter Fahrlässigkeit – im Umfang beschränken, zB auf den eigenen Versicherungsschutz.

VI. Individualvertragliche Beschränkungen der Gewährleistung*

1. Kontrolle nach § 242

59 *Der werkvertraglichen Mängelgewährleistung kommt ein besonderer Gerechtigkeitsgehalt zu.* Noch weniger als im Kaufrecht kann es befriedigen, wenn der Besteller durch die Vorenthaltung eines Nachbesserungsanspruchs um das erwartete mangel-

---

* **Schrifttum:** BRAMBRING, AGB-Gesetz und Gewährleistungsregelung im Bauträgervertrag, NJW 1978, 777; BRAMBRING/SCHIPPEL, Vertragsmuster des Notars und Allgemeine Geschäftsbedingungen, NJW 1979, 1802; BUNTE, Inhaltskontrolle notariell beurkundeter Verträge, ZIP 1984, 1313; HABERSACK, Richtigkeitsgewähr notariell beurkundeter Verträge, AcP 189 (1989) 403; HÖNN, Wirksamkeitskontrolle als Instrument des allgemeinen Privatrechts zur Bewältigung von Ungleichgewichtslagen, JZ 1983, 677; MEDICUS, Zur gerichtlichen Inhaltskontrolle notarieller Verträge (1989); MICHALSKI/RÖMERMANN, Inhaltskontrolle von Einzelvereinbarungen anhand des AGB-Gesetzes, ZIP 1993, 1443; NIEDENFÜHR, Informationsgebote des AGB-Gesetzes (1985); ROTH, Die Inhaltskontrolle nicht ausgehandelter Individualverträge im Privatrechtssystem, BB 1987, 977; RÜDIGER, Der Gewährleistungsausschluß in notariellen Verträgen (1992); ULMER, Notarielle Vertragsmuster und AGB-Inhaltskontrolle, DNotZ 1981, 84; ders, Auf dem Wege zur Inhaltskontrolle notarieller Verträge?, DNotZ 1982, 587; SCHIPPEL/BRAMBRING, AGB-Gesetz und notariell beurkundete Formularverträge, DNotZ 1977, 131, 197; WAGNER, Die Anwendung des AGB-Gesetzes im Bauherrnmodell, BB 1984, 1757; WALCHSHÖFER, Grenzen des Anwendungsbereichs des AGB-Gesetzes – Individualverträge, Ausnahmebereiche, in: HEINRICHS/LÖWE/ULMER, Zehn Jahre AGB-Gesetz (1987) 155; WELLKAMP, Der Gewährleistungsausschluß in notariellen Verträgen, DB 1995, 813.

freie Werk gebracht wird oder durch die Vorenthaltung von Rücktritt, Minderung oder Schadensersatz wegen Nichterfüllung dazu gezwungen wird, für etwas voll zu zahlen, was „sein Geld nicht wert ist". Dabei sind *die Gefahren für den Besteller, unbedacht Einschränkungen bei der Gewährleistung hinzunehmen, besonders* groß. Wenn das Werk erst noch entstehen soll, sind die Mängel noch nicht sichtbar. Sie brauchen es aber einstweilen selbst insoweit nicht zu sein, wie das Werk schon besteht. Der Gewährleistungsausschluß wird deshalb in seiner Tragweite nicht hinreichend bedacht, und zwar schon dann nicht, wenn er offen im Vertrag ausgewiesen ist, erst recht dann nicht, wenn er in einer Verkürzung der Verjährungsfristen „versteckt" ist. Aber auch diese kann wiederum „versteckt" werden, wenn sie durch eine Bezugnahme auf die VOB/B (§ 13 Nr 4) ausgedrückt wird. Dabei kann die Bezugnahme auf die VOB/B sogar einen besonders sachgerechten Vertragsinhalt vortäuschen, obwohl sie sich in der Sache einseitig auf eine Verkürzung der Gewährleistungsfristen bezieht. Den Eindruck einer ausgewogenen Vertragsgestaltung kann dabei zusätzlich auch noch die notarielle Beurkundung des Vertrages hervorrufen, wie sie beim Erwerb schlüsselfertiger Häuser nach § 311b Abs 1 notwendig ist, und zwar jedenfalls dann, wenn der Notar seiner Verpflichtung zur eingehenden Belehrung nicht nachkommt.

Unter diesen Umständen kann es nicht verwundern, daß die bei Individualverträgen **60** ohne weiteres mögliche *Kontrolle nach den §§ 134, 138 als unzulänglich empfunden wird* und daß man nach einem strengeren Kontrollmaßstab sucht. Insoweit wird heute von der Rechtsprechung und – ihr folgend – weiten Teilen der Literatur **§ 242** herangezogen (vgl BGHZ 74, 204 = NJW 1979, 1406; BGH NJW 1982, 2243; NJW-RR 1986, 1026; BGHZ 101, 350, 355 = NJW 1988, 135; 108, 164, 168 = NJW 1989, 2748; OLG Schleswig NJW-RR 1995, 590; OLG Celle MDR 1997, 1008; ULMER/BRANDNER/HENSEN § 1 Rn 80 f [krit noch ULMER DNotZ 1981, 84; ders DNotZ 1982, 1026]; WIEDEMANN, in: FS Max Kummer [1980] 175; G STEIN, Die Inhaltskontrolle vorformulierter Verträge des allgemeinen Privatrechts [1982] 47 ff; krit noch BRAMBRING NJW 1987, 99). § 138 ist als Kontrollmaßstab wohl jedenfalls zu eng (**aA** HÖNN, JZ 1983, 684). Ob man statt auf 242 auf § 315 abstellt (so MünchKomm/SÖLLNER[2] § 315 Rn 29, anders jetzt MünchKomm/GOTTWALD[3] § 315 Rn 36) oder auf die §§ 317, 319 (so BUNTE ZIP 1984, 1317), macht in der Sache keinen wesentlichen Unterschied.

Die *grundsätzliche Berechtigung* einer solchen Kontrolle von Individualebenen ist hier nicht zu erörtern (vgl dazu außer den Genannten noch LIEB AcP 178 [1978] 196, 205). Ihre Problematik besteht darin, daß zwischen die gesetzlich vorgesehen Kontrollmöglichkeiten der §§ 134, 138 einerseits und der §§ 305 ff andererseits eine weitere Kontrolle eingeschoben werden soll. *Das skizzierte praktische Bedürfnis ist jedenfalls unabweisbar*; die Hoffnung auf den Gesetzgeber hilft hic et nunc nicht.

2. Voraussetzungen der Kontrolle

Problematisch ist dann freilich zunächst die Frage, *welche Umstände* eine solche **61** erweiterte Inhaltskontrolle erlauben.

a) Der BGH aaO zieht dazu *formale Umstände* heran. Es müsse sich um *vorformulierte Bedingungen* handeln, wie sie insbesondere auch von einem Notar entwickelt werden könnten, die dann *formelhaft und ohne nähere Erörterung mit den Parteien* in den Vertrag aufgenommen worden sein müßten; notwendig sei eine umfassende Aufklärung über die einschneidenden Rechtsfolgen (BGHZ 101, 356), wie sie der Unternehmer nachzuweisen habe (BGHZ 108, 164, 170 f).

b) In der Literatur wird demgegenüber statt dessen auch auf die vor allem *wirtschaftlich oder sozial begründete Überlegenheit der einen Seite* gegenüber der anderen abgestellt (vgl LIEB AcP 178 [1978] 205 ff; WOLF NJW 1977, 1942; STAUDINGER/J SCHMIDT[12] § 242 Rn 413, 419, REICH/MICKLITZ, Verbraucherschutz in der Bundesrepublik [1980] 333 lassen die *schlichte inhaltliche Unausgewogenheit der Regelung* genügen; krit zu derartigen Kriterien ULMER/BRANDNER/HENSEN § 1 Rn 80).

62 **c)** Bei der Kontrolle von Individualvereinbarungen ist es *zweifelhaft, ob sich allgemein verwendbare Kriterien überhaupt entwickeln lassen.*

aa) Die Gewährleistungsbeschränkung muß zunächst *inhaltlich unausgewogen* sein. Ob sie dies ist, ergibt der *Vergleich mit der gesetzlichen Regelung.* Ein Abweichen von ihr zu Lasten des Bestellers ergibt eine Vermutung für die Unausgewogenheit, die der Unternehmer uU dadurch entkräften kann, daß er anderweitig kompensierende Vorteile dartut.

bb) Hinzukommen müssen *zusätzliche anstößige Elemente.* In *formeller Hinsicht* können sie aus der in ihrer Tragweite nicht näher erläuterten Verwendung formelhafter vorgefertigter Vertragsbausteine folgen. Doch ist es denkbar, daß ein Besteller trotz eingehender Belehrung leichtfertig Gewährleistungsbeschränkungen hinnimmt, weil er die Gefahr von Mängeln nicht hinreichend ernst nimmt. Es sollten deshalb *auch materielle Kriterien* eine Inhaltskontrolle erlauben. Wegen der meist klaren Feststellbarkeit der Unausgewogenheit der Regelung droht hier keine unkontrollierbare Billigkeitsrechtsprechung. Materiell kann eine Inhaltskontrolle durch die *wirtschaftliche oder intellektuelle Unterlegenheit* einer Seite gerechtfertigt sein; den *Kriterien des § 138 Abs 2*, die freilich im einzelnen nicht voll erfüllt zu sein brauchen, kommt hier *indizielle Bedeutung* zu.

cc) Ist danach eine Inhaltskontrolle von individualvertraglichen Gewährleistungsbeschränkungen möglich, so gilt dies *prinzipiell für sämtliche Werkverträge*, nicht nur für notariell beurkundete, mögen diese auch den Anlaß zu der Erweiterung der Prüfungsmaßstäbe gegeben haben. Die Gefahren drohen aber doch auch bei mündlich abgeschlossenen Werkverträgen oder individuellen Ergänzungen schriftlicher Verträge, bei denen zB einem Klauselwerk auf Grund besonderer Vereinbarung der Zusatz „Gewährleistung nach VOB/B" hinzugefügt worden sein mag.

3. Prüfungsmaßstäbe

63 In der Sache hat sich die *Inhaltskontrolle an den §§ 307 ff zu orientieren* (vgl G STEIN 114 ff); doch können auch die §§ 305b–306a ggf entsprechend herangezogen werden.

VII. Erweiterungen der Gewährleistung

1. Individualvertraglich

64 Daß die *Gewährleistungspflichten* des Unternehmers über den von den §§ 633 ff vorgezeichneten Rahmen hinaus *erweitert* werden, ist zunächst individualvertraglich möglich. So mag der Unternehmer insbesondere verschuldensunabhängige Garantien übernehmen, oder es werden die Verjährungsfristen für Gewährleistungsansprüche verlängert. Doch sind auch Detailkorrekturen an den §§ 633 ff denkbar, zB eine eigene Nachbesserungsbefugnis des Bestellers ohne die Voraussetzungen der §§ 634 Nr 2, 637. *Grundsätzliche Bedenken* bestehen insoweit *nicht*. Die gesetzliche Regelung ist abdingbar; eine äußerste Grenze zieht § 138.

2. In allgemeinen Geschäftsbedingungen

Denkbar ist es aber auch, daß die Gewährleistungspflichten des Unternehmers *in* **65** *AGB des Bestellers* erweitert werden. Das dazu notwendige wirtschaftliche oder intellektuelle Übergewicht der Abnehmerseite kann es beim Werkvertrag leichter geben als beim Kauf, weil viele Unternehmer wirtschaftlich schwach sind und unter ihnen Konkurrenzdruck herrscht, Werkleistungen auch oft gewerbsmäßig abgerufen werden, so namentlich von öffentlichen Auftraggebern oder von Hauptunternehmern gegenüber Subunternehmern. Doch kann sich selbst der private und einmalige Auftraggeber die Marktmacht eines Architekten zunutzemachen.

Erweiterungen der Gewährleistung des Unternehmers in AGB des Bestellers dürfen jedenfalls *nicht überraschend* iSd § 305c Abs 1 sein. Sie treten gemäß § 305b hinter Individualabreden zurück und sind ggf gemäß § 305c Abs 2 zu Lasten des Bestellers auszulegen. Im übrigen unterliegen sie der Inhaltskontrolle nach den §§ 307 ff. Dabei ergibt sich freilich die Problematik, daß jedenfalls die §§ 308, 309 eher auf mißbräuchliche AGB des Unternehmers zugeschnitten sind.

3. Unangemessene Benachteiligung des Unternehmers

Gegen § 307 Abs 2 S 1 verstößt es jedenfalls, wenn der Besteller den Unternehmer **66** für Mängel eintreten lassen will, die diesem nicht zuzurechnen sind, bzw in weiterem Umfang, als sie diesem zuzurechnen sind. So sind *unwirksam* Klauseln, nach denen sich der Unternehmer nicht auf *die Mängel von Vorleistungen anderer Unternehmer* – oder des Bestellers selbst – berufen darf (vgl Korbion/Locher, AGB-Gesetz und Bauerrichtungsverträge[3] [1997] Rn 119 f) oder nach denen die *Kosten für die Beseitigung von Schäden* durch nicht feststellbare Verursacher anteilig auf die baubeteiligten Unternehmer umgelegt werden (vgl Korbion/Locher Rn 185) oder in denen der Unternehmer für die Kosten der Beseitigung von Verunreinigungen über das von ihm verursachte Maß hinaus herangezogen werden soll. Vom Besteller zu tragende „Sowieso-Kosten" darf dieser nicht auf den Unternehmer abwälzen, desgleichen nicht Kosten der Mängelbeseitigung, die er in entsprechender Anwendung des § 254 selbst zu tragen hat. Auch dürfen an den *Subunternehmer* nicht Ansprüche weitergeleitet werden, die der Besteller des Hauptunternehmers gegen diesen geltend macht, sondern nur in dem Ausmaß, wie dies aus dem Verhältnis zwischen Haupt- und Subunternehmer gerechtfertigt ist.

Hinsichtlich der *Beweislast für Mängel* kann der Unternehmer unangemessen iSd § 307 Abs 1 benachteiligt werden, wenn er vor der Abnahme die Qualität seiner Leistungen in einer nicht verkehrsüblichen Weise nachweisen muß, zB durch Vorlage bestimmter Bescheinigungen. Nach erfolgter Abnahme darf sich der Besteller wegen

§ 309 Nr 12 a, dessen Grundsätze auch im kaufmännischen Verkehr zu berücksichtigen sind, vgl BGHZ 101, 184, nicht von seiner Verpflichtung zu dem Nachweis freizeichnen, daß der Mangel schon im Zeitpunkt der Abnahme bestand. § 476 gilt nicht (entsprechend) für den AGB verwendenden Besteller.

4. Nachbesserungsbefugnis des Unternehmers

67 Die *Befugnis des Unternehmers, etwaige Mängel* – außer bei besonderen entgegenstehenden Interessen des Bestellers, vgl §§ 281 Abs 2, 323 Abs 2, 636, 637 Abs 2 – *selbst beseitigen zu dürfen*, ist für ihn *wirtschaftlich unverzichtbar* und gehört damit zu den wesentlichen Grundgedanken der gesetzlichen Regelung iSd § 307 Abs 2 S 1 (vgl KORBION/LOCHER Rn 184). Sie darf ihm mithin nicht gänzlich entzogen werden. Auch eine Beschränkung ist nicht möglich. Die §§ 281 Abs 2, 323 Abs 2, 636, 637 Abs 2 schützen den Besteller hinreichend.

5. Sonstige Benachteiligungen

68 Der Unternehmer darf gegenüber den Gewährleistungsansprüchen des Bestellers keinen nachhaltig geringeren Schutz genießen als nach den Bestimmungen des BGB.

a) Für den Nacherfüllungsanspruch des Bestellers gilt:

aa) Es kann der Unternehmer nicht verpflichtet werden, Mängel zu beseitigen, wenn das mit einem *unverhältnismäßigen Aufwand* verbunden wäre, § 635 Abs 3 unterfällt § 307 Abs 2 S 1. Zu den Grenzen seiner Kostentragungspflicht vgl schon o Rn 66.

bb) Soweit *Teile des Werklohns* fällig sind, die der Besteller nicht zur Absicherung seines Nachbesserungsanspruchs benötigt, folgt aus § 309 Nr 2 lit a, daß der Unternehmer die Beseitigung der Mängel nach § 320 von der Bezahlung dieser Beträge abhängig machen können muß. Ebenso kann er dann, wenn der Besteller einen Teil der Kosten der Mängelbeseitigung selbst zu übernehmen hat, wegen § 309 Nr 2 lit a (in entsprechender Anwendung) nicht zur einseitigen Vorleistung verpflichtet werden. Gleiches gilt im kaufmännischen Bereich nach § 307 Abs 2 Nr 1 jedenfalls insoweit, wie der fällige Werklohn unstreitig nicht zur Absicherung des Nachbesserungsanspruchs notwendig ist. Insofern sind auch alle *Pauschalierungen des Zurückbehaltungsrechts* des Bestellers unwirksam, die dessen angemessener betraglicher Begrenzung nicht hinreichend Rechnung tragen.

69 b) Der Besteller kann seine Befugnis, nach den §§ 634 Nr 2, 637 Mängel selbst auf Kosten des Unternehmers zu beseitigen, wegen § 309 Nr 4 nicht von einer Fristsetzung unabhängig machen, soweit diese nicht schon nach dem Gesetz entbehrlich ist. Das gilt auch unter Unternehmern.

c) Die Befugnis des Bestellers, zu mindern, zurückzutreten oder Schadensersatz wegen Nichterfüllung zu verlangen, kann *nicht davon unabhängig gemacht werden, daß der Unternehmer zuvor Gelegenheit zur eigenen Nachbesserung erhält* (vgl o Rn 67 zu § 634 Abs 1, 2).

d) Daß Minderungs- oder Schadensersatzansprüche pauschaliert werden, ist kaum denkbar. Doch ist dann jedenfalls § 309 Nr 5 zu beachten.

e) Die Befugnis des Bestellers zum Rücktritt kann nach den §§ 323 Abs 5 S 2, 307 Abs 2 Nr 1 nicht auf den Fall nur unerheblicher Mängel erweitert werden.

f) *Schadensersatzansprüche* des Bestellers dürfen in ihrem Umfang nicht über das 70 hinaus erstreckt werden, was der Unternehmer auch zu vertreten hat, vgl schon o Rn 86, so daß zB der Subunternehmer nicht ohne weiteres für das haftbar gemacht werden kann, was der Hauptunternehmer seinem eigenen Besteller schuldet. Dem Grunde nach darf nach § 307 Abs 2 Nr 1 die Einstandspflicht des Unternehmers nicht verschuldensunabhängig ausgestaltet werden.

g) *Verlängerungen der Gewährleistungsfrist* sind kritisch zu beurteilen.

aa) Bei den Fristen der §§ 634a Abs 1 Nr 3, 195, 199 ist idR ein entsprechendes Bedürfnis nicht anzuerkennen.

bb) Bei Bauwerken dürfte bei Mangelschäden eine generelle Verlängerung der 71 Verjährungsfrist über die gesetzlich vorgesehenen fünf Jahre hinaus unangemessen sein, § 307 Abs 2 S 1 (vgl für eine Obergrenze auch STAUDINGER/COESTER-WALTJEN [1998] § 11 Nr 10 Rn 91; vWESTPHALEN, Das AGBG im Spiegel des Baurechts, Bauvertrag und AGBG, 60 f). Eine weitere Verlängerung kann zwar durchaus sachlich berechtigt sein, sollte dann aber zum Gegenstand von Individualvereinbarungen gemacht werden (vgl ULMER/ BRANDNER/HENSEN Anh zu §§ 9–11 Rn 726). Es kommt aber auf das konkrete Gewerk an, BGH NJW 1996, 155 hält formularmäßige 10 Jahre bei Flachdacharbeiten für zulässig.

Verlängerungen über die Fünfjahresfrist des § 634a Abs 1 Nr 2 hinaus sind auch nicht mittelbar dadurch zu erreichen, daß der *Verjährungsbeginn* hinausgeschoben wird oder dem BGH unbekannte Hemmungs- oder Unterbrechungstatbestände geschaffen werden.

Die Frist des BGB darf aber auch ausgeschöpft werden. Diese gilt insbesondere für den Hauptunternehmer gegenüber dem Subunternehmer, und zwar auch dann, wenn er selbst gegenüber seinem Abnehmer nur kürzer – nach § 13 Nr 4 VOB/B – haftet (vgl LOCHER NJW 1979, 2238).

Umstritten ist die Frage, ob der Hauptunternehmer die *Fristen gegenüber dem Subunternehmer* und seinem eigenen Besteller in der Weise koordinieren kann, daß er die Abnahme des letzteren auch gegenüber dem Subunternehmer zum Verjährungsbeginn wählt (vgl ablehnend STAUDINGER/COESTER-WALTJEN [1998] § 11 Nr 10 Rn 91; ULMER/ BRANDNER/HENSEN Anh zu §§ 9–11 Rn 726; LOCHER NJW 1979, 2238; differenzierend vWESTPHALEN 60). Das ist solange nicht zu beanstanden, wie die Verjährungsfrist *insgesamt im Rahmen des § 634a Abs 1 Nr 2 bleibt*. Belastet wird der Subunternehmer dann nur durch den unsicheren Verjährungsbeginn. Das aber ist hinsichtlich der Verjährung hinzunehmen.

cc) Bei der Frist des § 634a Abs 1 Nr 1 kann sich in bezug auf die eigentliche

Gewährleistung ein legitimes Verlängerungsbedürfnis für den Besteller ergeben. ZB dürfte bei nachträglichen Arbeiten an einem Gebäude, die nicht Bauwerksqualität erreichen, die Frist des § 634a Abs 1 Nr 2 angemessen sein.

dd) In bezug auf Mangelfolgeschäden kann sich der Besteller die Frist des § 195 – namentlich mit ihrem flexiblen Beginn nach § 199 Abs 1 Nr 2 – ausbedingen.

§ 640
Abnahme

(1) Der Besteller ist verpflichtet, das vertragsmäßig hergestellte Werk abzunehmen, sofern nicht nach der Beschaffenheit des Werkes die Abnahme ausgeschlossen ist. Wegen unwesentlicher Mängel kann die Abnahme nicht verweigert werden. Der Abnahme steht es gleich, wenn der Besteller das Werk nicht innerhalb einer ihm vom Unternehmer bestimmten angemessenen Frist abnimmt, obwohl er dazu verpflichtet ist.

(2) Nimmt der Besteller ein mangelhaftes Werk gemäß Absatz 1 Satz 1 ab, obschon er den Mangel kennt, so stehen ihm die in § 634 Nr 1 bis 3 bezeichneten Rechte nur zu, wenn er sich seine Rechte wegen des Mangels bei der Abnahme vorbehält.

Materialien: Abs 1 S 1, Abs 2: E I § 572; II § 577; III § 630; Mot II 489 ff; Prot II 2215 ff; JAKOBS/SCHUBERT, Recht der Schuldverhältnisse II 868 ff. Abs 1 S 2, 3 durch, Abs 2 idF des G zur Beschleunigung fälliger Zahlungen v 30. 3. 2000 (BGBl I 330). Abs 2 geändert durch das G zur Modernisierung des Schuldrechts v 26. 11. 2001 (BGBl I 3138).

Schrifttum

BODE, Die Abnahmepflicht des Werkbestellers (Diss Leipzig 1935)
BÖGGERING, Die Abnahme beim Werkvertrag, JuS 1978, 512
BRANDT, Die Vollmacht des Architekten zur Abnahme von Unternehmerleistungen, BauR 1972, 69
BRINKMANN, Die Abnahmepflicht bei Kauf und Werkvertrag und die Folgen ihrer Verletzung (Diss Leipzig 1906)
BÜHL, Die Abnahme der Bauleistungen bei der Errichtung einer Eigentumswohnungsanlage, BauR 1984, 237
CUYPERS, Die Abnahme beim Bauvertrag in Theorie und Praxis, BauR 1990, 537
ders, Die Abnahme beim Bauvertrag, Versuch einer Typisierung, BauR 1991, 141
DÄHNE, Die „vergessene" förmliche Abnahme nach § 12 Nr 4 VOB/B, BauR 1979, 227

ders, Risiken und Absicherungsmöglichkeiten bei der Bauabnahme (1981)
FEUERBORN, Abnahme technischer Anlagen, CR 1991, 1
FROMME, Die Abnahme beim Werkvertrag (Diss Göttingen 1914)
GROSS, Die verweigerte Abnahme, in: FS Locher (1990) 53
ders, Beweislast bei in der Abnahme vorbehaltenen Mängeln, BauR 1995, 46
HOCHSTEIN, die „vergessene" förmliche Abnahme und ihre Rechtsfolgen im Bauprozeß, BauR 1975, 221
JACOBI, Die Abnahmepflicht des Käufers, JherJB 45, 259
JAGENBURG, Die Abnahme des Architektenwerks und die Tätigkeitspflicht des Architekten bei Mängeln, BauR 1980, 406

JAKOBS, Die Abnahme beim Werkvertrag, AcP 183 (1983) 145
KEILHOLZ, Um eine Neubewertung der Abnahme im Werkvertrags- und Baurecht, BauR 1982, 121
KÖHLER, Zur Funktion und Reichweite der gesetzlichen Gewährleistungsausschlüsse, JZ 1989, 761
KORBION, Voraussetzungen und Folgen der Bauabnahme (2. Aufl 1988)
LEHMANN, Die Bedeutung der Ausdrücke „Abnahme" (Empfangnahme) nach dem Bürgerlichen Gesetzbuche und dem Handelsgesetzbuche, DJZ 1902, 491
MARBACH/WOLTER, Die Auswirkung bei der förmlichen Abnahme erklärter Mängelvorbehalte auf die Beweislast, BauR 1998, 36
MOTZKE, Abschlagszahlung, Abnahme und Gutachterverfahren nach dem Beschleunigungsgesetz, NZBau 2000, 489
OBERLOSKAMP, Die Abnahmepflicht nach dem BGB (1905)
PETERS, Der Anspruch auf Abnahme bei Kauf und Werkvertrag, in: FS Keller (1989) 221
PIETSCH, Die Abnahme im Werkvertragsrecht – geschichtliche Entwicklung und geltendes Recht (Diss Hamburg 1976)
ROHDE, Die Abnahme beim Zahnarzt, NJW 1985, 1379
SCHMIDT, Die Abnahme beim Werkvertrag (Diss Leipzig 1913)
SCHMIDT, Abnahme im Bauträgervertrag und MaBV, BauR 1997, 216
SCHNEIDER, Die Abnahme in der Praxis internationaler Bau- und Anlagenverträge, ZfBR 1984, 101
SCHÜBLER, Die Abnahme beim Werkvertrag (Diss Rostock 1933)
SIEGBURG, Zur Klage auf Abnahme einer Bauleistung, ZfBR 2000, 507
SPENNEBERG, Die Abnahme beim Werkvertrag unter besonderer Berücksichtigung des Bauwerkvertrages (Diss Erlangen 1930)
THODE, Werkleistung und Erfüllung im Bau- und Architektenvertrag, ZfBR 1999, 116
WILLEBRAND/DETZER, Abnahmeverweigerung – Strategie und Abwehrmaßnahmen, BB 1992, 1801
ZAHRNT, Abnahme bei Programmerstellung, CR 1993, 676.

Systematische Übersicht

I. Allgemeines	
1. Wirkungen der Abnahme	1
2. Begriff der Abnahme	2
a) Abnahme und verwandte Begriffe	2
b) Zweigliedriger Abnahmebegriff	3
c) Rechtsmangel, aliud, minus	4
d) Reale und geschuldete Abnahme	5
II. Reale Abnahme	
1. Billigung des Werkes	6
a) Nicht abnahmefähige Werke	7
b) Billigung des Werkes im wesentlichen	7
2. Übergabe des Werkes	8
a) Nicht mögliche Übergabe	8
b) Begriff der Übergabe	9
3. Rechtsnatur	10
a) Abnahme durch Dritte	11
b) Anfechtung	12
c) Bedingungsfeindlichkeit	13
d) Zugang	13
4. Voraussetzungen der Abnahme	14
a) Vollendung der Leistung	14
b) Anzeige der Fertigstellung	15
c) Mangelfreiheit des Werkes	15
d) Prüfung des Werkes	15
5. Erklärung der Abnahme	16
a) Ausdrücklich	16
b) Tatsächliches Verhalten	17
c) Erprobung des Werkes	18
d) Benutzung des Werkes	18
e) Vereinbarte förmliche Abnahme	19
f) Erschwerungen der Abnahme	20
g) Wohnungseigentum	21
h) Architektenleistungen	22
6. Gegenstand der Abnahme	23
a) Teilwerk	23
b) Mängelrüge und Abnahmeverweigerung	23
c) Vorbehaltene Mängel	24
7. Beweis- und Darlegungslast	25

III.	**Anspruch des Unternehmers auf Abnahme**	26	**V.**	**Rechtsverlust nach § 640 Abs 2**
1.	Praktische Bedeutung des Anspruchs	27	1.	Allgemeines ... 53
			2.	Voraussetzungen ... 54
a)	Annahmeverzug, Abnahmeverzug	27	a)	Mangel ... 54
b)	Zahlung des Werklohns	28	b)	Kenntnis ... 55
c)	Sekundärrechte des Unternehmers	31	c)	Vorbehalt der Rechte ... 57
d)	Sonstiges	32	d)	Beweislast ... 60
2.	Voraussetzungen des Anspruchs	33	e)	Wirkung ... 60
a)	Vertragsmäßigkeit des Werkes	33	3.	Folgen des unterlassenen Vorbehalts ... 61
b)	Fertigstellung des Werkes	36	a)	Einrede des Unternehmers ... 61
c)	Ausschluß der Abnahme	37	b)	Betroffene Rechte ... 62
3.	Inhalt des Anspruchs	38	c)	Geltung der VOB/B ... 63
a)	Hinwegnahme des Werkes	38	d)	Vertragliche Modifikationen ... 64
b)	Billigung des Werkes	39		
4.	Folgen der unberechtigten Abnahmeverweigerung	41	**VI.**	**Sonderregelungen der VOB/B** ... 65
			1.	Allgemeines, § 12 VOB/B ... 66
5.	Klage und Vollstreckung	44	2.	Fälligkeit der Abnahme, Nr 1 ... 67
6.	Fristsetzung zur Abnahme	45	3.	Teilabnahme, Nr 2 ... 69
			4.	Verweigerung der Abnahme, Nr 3 ... 73
			5.	Förmliche Abnahme, Nr 4 ... 75
IV.	**Besondere Vereinbarungen über die Abnahme**		6.	„Fiktive" Abnahme, Nr 5 ... 78
			a)	Rechtsnatur ... 78
1.	§ 12 VOB/B	47	b)	Inhaltskontrolle ... 79
2.	Individualvertragliche Abreden	47	c)	Systematische Einordnung ... 80
3.	AGB	48	d)	Mitteilung der Fertigstellung ... 81
a)	AGB des Bestellers	48	e)	Ingebrauchnahme ... 81
b)	AGB des Unternehmers	49	f)	Wirkungen ... 82
c)	Förmlichkeiten	52	7.	Gefahrtragung ... 83

Alphabetische Übersicht

Ablieferung des Werkes	2	Benutzerhandbuch		14
Abnahme		Besitzerwerb des Bestellers		1, 9
– ausdrückliche	16	Bestätigung der Leistung		16
– bedingte	13	Beweislast		
– durch Dritte	11	– Kenntnis des Bestellers		55
– geschuldete	5	– Mängel		1, 25
– reale	5	Billigung des Werkes		4, 6, 39
Abnahmebegriff, zweigliedriger	4			
Abnahmeprotokoll	16, 76	Druck der Verhältnisse		18
Abnahmeunfähigkeit	7			
aliud	4, 54	Ehegatte des Bestellers		11
Anfechtung der Abnahme	12	Einsatz des Werkes		18
Anzeige der Fertigstellung	15	Entgegennahme der Leistung		17
Architekt	11	Erprobung des Werkes		17
Arglistige Täuschung	11	Ersatzvornahme als Abnahme		16
Ausschluß der Abnahme	37	Erscheinungsbild des Mangels		56
Behebbare Mängel	34	Fälligkeit der Abnahme		33 ff, 67

Titel 9 · Werkvertrag und ähnliche Verträge § 640
Untertitel 1 · Werkvertrag 1

Fertigstellung des Werkes	33, 36	Schuldrechtsmodernisierung	4
Fiktive Abnahme	78 ff	Subunternehmer	11, 20
Förmliche Abnahme	19, 53, 75, 80		
Freigabe von Sicherheiten	18	Teilabnahme	14, 69
Fristsetzung zur Abnahme	27, 45	– echte	70
		– unechte	71
Gegenstand der Abnahme	23	Teilleistung	69
Gläubigerverzug	27, 41		
		Übergabe des Werkes	4, 6, 8
Hauptpflicht, Abnahme als	42	Unfertiges Werk	36
Herstellung des Werkes	2	Unterlassener Vorbehalt	53 ff
Hinwegnahme des Werkes	38	Unternehmerpfandrecht	32
		Untersuchungspflicht des Bestellers	51
Ingebrauchnahme	18, 81	Unwesentlicher Mangel	34
Kaufrecht	3	Vertragsmäßigkeit des Werkes	33
Kenntnis des Mangels	55 ff	Vertragsstrafe	1
Klage auf Abnahme	5	Vertreter, Kenntnis des	56
Kündigung des Vertrages	14	Verwahrung des Bestellers	18
		Verweigerung der Abnahme	73, 80
Mangelfreiheit	15	VOB/B	65 ff
Mängel des Werkes	33 f	Vollendung der Leistung	14
Mängelrüge	23, 35	Vollstreckung des Abnahmeanspruchs	40, 44
Mängelursache	55	Voraussetzungen der Abnahme	14 ff
minus	4, 54	Vorbehalt der Mängel	57
Mitteilung der Fertigstellung	81	Vorbehaltene Mängel	24
Prüfung des Werkes	15	Werklohn	1
Prüfungsmöglichkeit	35	Wesentliche Mängel	73
		Wirkungen der Abnahme	1
Rechtsmangel	4, 54	Wohnungseigentum	21
Rechtsnatur der Abnahme	10		
Rechtsverlust	53 ff	Zahlung des Werklohns	17, 28
Rügelasten in AGB	64	Zeitpunkt	
		– der Kenntnis	55
Sachverständiger	75	– des Mängelvorbehalts	57
Schlüssiges Verhalten	13		

I. Allgemeines

1. Wirkungen der Abnahme

Mit § 640 Abs 1 ist der Abnahme des Werkes durch den Besteller eine eigene Be- **1**
stimmung gewidmet; demgegenüber faßt das Kaufrecht sie mit der Zahlungspflicht
des Käufers in der einen Bestimmung des § 433 Abs 2 zusammen. Das betont besondere Bedeutung: Der ursprüngliche Anspruch des Bestellers auf Herstellung
eines mangelfreien Werkes wird mit ihr entscheidend modifiziert:

Bis zur Abnahme ist er aus § 631 Abs 1 herzuleiten, verjährt damit nach den §§ 195, 199; jetzt folgt er aus § 635 und verjährt nach § 634a. Inhaltlich beschränkt ihn § 635 Abs 3 über § 275 Abs 2, 3 hinaus.

Bei der Abnahme des Werkes ist der Werklohn zu zahlen, § 641 Abs 1; durch die (berechtigte) Verweigerung der Abnahme kann der Besteller die Zahlung blockieren. Freilich erwirbt er einen Anspruch auf den Besitz am Werk auch erst mit der Abnahme; verweigert er diese, kann ihm der Unternehmer das Werk vorenthalten.

Aus der Beweislast des Unternehmers für die Mangelfreiheit des Werkes wird mit der Abnahme eine Beweislast des Bestellers für die Mangelhaftigkeit; einschränkend für einen Sonderfall BGH NJW 1996, 2924.

Dem Besteller droht der Rechtsverlust nach § 640 Abs 2.

Hinzu treten weitere Wirkungen: Der Rechtsverlust nach § 341 Abs 3 bei der nicht vorbehaltenen Vertragsstrafe, die Verzinsungspflicht nach § 641 Abs 4, der Gefahrübergang nach § 644 Abs 1 S 1.

2. Begriff der Abnahme

a) Abnahme und verwandte Begriffe

2 aa) Das Werkvertragsrecht kennt neben dem Begriff der Abnahme noch weitere ähnliche, aber doch von ihr zu trennende Begriffe. Die *Herstellung des Werkes* (§§ 631 Abs 1) geht nach § 640 Abs 1 der Abnahme voraus. Zwingend notwendig ist das freilich nicht, wenn § 641 Abs 1 S 2 die Teilabnahme erlaubt und wenn vor allem der Besteller faktisch nicht gehindert ist, das unfertige oder gar mangelhafte Werk abzunehmen. Die letztgenannte Möglichkeit setzt § 634a Abs 2 voraus. Die *Vollendung des Werkes*, §§ 649, 646, kann nach der letzteren Bestimmung der Abnahme gleichstehen. Die *Übergabe des Werkes* ist nur ein Teil der Abnahme, wenn man mit der hM einen zweigliedrigen Abnahmebegriff zugrundelegt, Übergabe und Billigung des Werkes (dazu u Rn 4). Die *Ablieferung des Werkes*, §§ 634 Abs 1 S 2, 636 Abs 1 S 1 aF, des bisherigen Rechts kennt das geltende als eigenständigen Begriff nicht mehr.

bb) Damit ergeben sich Unterschiede zum Kaufrecht. Wo sich das Werkvertragsrecht auf die Abnahme bezieht, spricht letzteres von der Übergabe (§ 446 Abs 1 gegenüber § 644 Abs 1), der Ablieferung bzw Übergabe (§ 438 Abs 2 gegenüber § 634a Abs 2).

Das scheint auf sachliche Unterschiede hinauszulaufen, wenn den kaufrechtlichen Pendants zur Abnahme jeweils das die letztere wesentlich kennzeichnende Element der Billigung fehlt. Doch dürfen diese vor dem Hintergrund des § 363 nicht überbewertet werden, nach dem auch der Käufer, der den Kaufgegenstand entgegennimmt, ihn als vertragsgerecht billigt; die Billigung gibt es also auch beim Kauf. Unterschiede verbleiben zB beim Verjährungsbeginn der Gewährleistung, der Fälligkeit der Vergütung.

Titel 9 · Werkvertrag und ähnliche Verträge § 640
Untertitel 1 · Werkvertrag 3–5

b) Zweigliedriger Abnahmebegriff

Herrschend ist im Werkvertragsrecht ein zweigliedriger Abnahmebegriff (vgl näher u 3
Rn 6 ff): Übergabe des Werkes, wo diese möglich ist, und Billigung des Werkes als im wesentlichen vertragsgerecht. Das entspricht der Entstehungsgeschichte des Gesetzes (vgl die eingehende Darstellung bei PIETSCH 93 ff). Nachdem die erste Kommission die Abnahme auf die Besitzübernahme beschränkt hatte (Mot 490 ff mit § 572 E I), kehrte die II. Kommission davon ab (Prot 2218 ff) anknüpfend an die herkömmliche Praxis. Dem trägt die Terminologie des Gesetzes Rechnung (vgl o Rn 2 f), die die Abnahme gerade von Ablieferung oder Übergabe unterscheidet. *Die Billigung der Werkleistung als das entscheidende Element der Abnahme* wird dem Wesen des Werkvertrages gerecht, wenn etwas Neues herzustellen ist, bei dem es erst der Klärung bedarf, ob es denn den getroffenen Vereinbarungen entspricht. Hierzu ist dem Besteller eine gewisse Frist zuzubilligen; erst nach der Erprobung kann er gehalten sein, den Werklohn zu zahlen, darf die Verjährung seiner Gewährleistungsansprüche laufen und kann ihm die Beweislast für Mängel aufgebürdet werden.

c) Rechtsmangel, aliud, minus

Das *G zur Modernisierung des Schuldrechts* hat nichts daran geändert, daß die Ab- 4
nahme die Entgegennahme und Billigung des Werkes in seiner tatsächlichen Beschaffenheit ist. Die Gleichstellung von *Rechtsmängeln* mit Sachmängeln in § 633 Abs 1 hat den Abnahmebegriff unberührt gelassen, so daß in bezug auf Rechtsmängel auch ein Rechtsverlust nach § 640 Abs 2 nicht eintreten kann.

Auch im Rahmen des § 640 Abs 1 ist freilich § 633 Abs 3 von Bedeutung:

Wird dem Besteller *ein anderes* als das geschuldete *Werk* angedient, kann er es nach § 364 Abs 1 – der Andersartigkeit bewußt und sich darüber mit dem Unternehmer einig – an Erfüllungs Statt annehmen; dann ist dieses andere Werk abgenommen bzw abzunehmen. Er kann es auch wegen seiner Andersartigkeit zurückweisen. Schließlich ist es denkbar, daß er die Andersartigkeit verkennt und das Werk als das geschuldete entgegennimmt. Dann gibt es einen Gleichlauf von aliud und Mangel.

Wo dem Besteller ein *Werk in zu geringer Menge* angedient wird, kann er sich hierüber mit dem Unternehmer einig sein; dann kommt es zur Teilabnahme, behält der Besteller aber im übrigen seinen ursprünglichen Erfüllungsanspruch, namentlich mit der ihm eigenen Verjährung nach den §§ 195, 199, nicht nach § 634a.

Wenn der Besteller die quantitative Unzulänglichkeit verkennt und das Werk entgegennimmt, folgen seine Rechte in bezug hierauf den §§ 634a ff.

Bei einem aliud oder minus kann ggf der Rechtsverlust nach § 640 Abs 2 eintreten.

d) Reale und geschuldete Abnahme

aa) § 640 Abs 1 betrifft die Abnahme, die der Besteller schuldet, und nennt die 5
Voraussetzungen, unter denen er sie schuldet; fehlen sie, kann er sie verweigern.

Dabei spielt der Anspruch des Unternehmers auf Abnahme in der Praxis nur eine geringe eigenständige Rolle; er wird nur selten als solcher verfolgt. Praktisch bedeutsam ist die Frage, ob eine Abnahmeverweigerung des Bestellers berechtigt war oder nicht.

bb) Davon scharf zu trennen ist die reale Abnahme des Werkes, die der Besteller vornehmen kann, ohne sie zu schulden. Sie wird in § 640 Abs 2 angesprochen. Sie löst die Folgen der Abnahme aus (Beweislastverlagerung für Mängel, Beginn der Gewährleistungsfristen, Fälligkeit des Werklohns, Gefahrübergang). Der Anspruch des Unternehmers auf die Abnahme hat diese noch nicht, freilich teilweise dann, wenn der Besteller insoweit in Annahmeverzug gerät, vgl zB § 644 Abs 1 S 2.

II. Reale Abnahme

1. Billigung des Werkes

6   Die Abnahme des Werkes bedeutet in erster Linie die Billigung durch den Besteller als im wesentlichen vertragsgerecht (RGZ 57, 337, 338; 64, 236, 240; 171, 297, 300; BGHZ 48, 257, 262; 50, 160, 162: 61, 42, 45; PLANCK/OEGG Anm lc; OERTMANN Anm 2 b; BGB-RGRK/GLANZMANN Rn 3 f; SOERGEL/TEICHMANN Rn 2; PALANDT/SPRAU Rn 2; JAKOBS AcP 183 [1983] 145). Die gegenteilige Auffassung, daß sie in der körperlichen Hinnahme der Werkleistung zu sehen sei (vgl TITZE, Unmöglichkeit der Leistung [1990] 299 ff; SIBER, Rechtszwang im Schuldverhältnis [1903] 43 ff; LOTMAR II 843 ff; RAAPE JW 1925, 1993; HECK, SchuldR § 117), ist überholt. Das Abstellen auf die Billigung rechtfertigt sich aus den Überlegungen o Rn 4. Wer auf die Besitzverhältnisse abstellt, kann die Fälle nicht befriedigend erfassen, in denen sich an diesen nichts ändert, wie zB bei Arbeiten im Hause des Bestellers.

Soweit ein *differenzierter Abnahmebegriff* vertreten wird (vgl ROSENBERG JherJb 43, 254; BÖGGERING JuS 1978, 512; vCRAUSHAAR BauR 1979, 449), kommt dies dem herrschenden Abnahmebegriff nahe. Richtig daran ist, daß der Begriff der Abnahme in verschiedenen Regelungszusammenhängen eine Rolle spielt, deren Eigenheiten nicht vernachlässigt werden dürfen, doch rechtfertigt dies keine Aufspaltung des Begriffs (vgl auch ERMAN/SEILER Rn 6).

7   **a)**   Wenn es primär auf eine Billigung des Werkes ankommt, läuft freilich die Annahme des Gesetzes in § 640 Abs 1 leer, daß es Werke gebe, bei denen die Beschaffenheit eine Abnahme ausschließt, und damit auch die Bestimmung des § 646, die daraus die Konsequenzen zieht, sind doch letztlich alle Werkleistungen einer Billigung durch den Besteller zugänglich (vgl § 646 Rn 7).

b)   Das Werk braucht nur als im wesentlichen vertragsgerecht gebilligt zu werden. Diese Einschränkung belegt § 640 Abs 2, eine andere Erklärung wäre dem Besteller auch weder zuzumuten, noch möglich.

2. Übergabe des Werkes

8   Zweifelhaft ist die Bedeutung einer Übergabe des Werkes für die Abnahme. Die hM (o Rn 6) hält sie für notwendig, muß aber Ausnahmen anerkennen.

a)   Eine Übergabe scheidet zunächst schon dann aus, wenn sie nicht möglich ist. Dies ergibt sich, wenn die Leistung unkörperlich ist, ferner dann, wenn sie sich schon im Besitz des Bestellers befindet, wie dies zB bei Arbeiten im Hause des Bestellers der Fall ist. Denn auch wenn man zB Besitz des Malers an den Räumen annimmt, die er dekoriert, entfällt dieser, wenn er abzieht.

Eine Übergabe als einverständliche Übertragung des unmittelbaren Besitzes (so SOERGEL/TEICHMANN Rn 9) kann aber auch in weiteren Fällen nicht notwendig sein. Insoweit ist es zunächst denkbar, daß der Unternehmer im Besitz der Sache verbleibt: Wenn der Besteller bei Angebot des fertigen Werkes nicht zahlen kann oder will, wird der Unternehmer sein Pfandrecht nach § 647 ausüben dürfen, ohne damit die Abnahme (und ihre Folgen!) zu verhindern. Gleiches ist anzunehmen, wenn der Besteller das fertige Werk in der Verwahrung des Unternehmers beläßt. Schließlich ist der Fall zu bedenken, daß der Besteller dem Unternehmer das fertige Werk eigenmächtig entzieht. Dann ist es jedenfalls treuwidrig, wenn er sich auf die fehlende Abnahme beruft.

b) Damit muß es auf seiten des Unternehmers genügen, daß er das Werk dem 9
Besteller zur Abnahme anbietet. Ist es schon im Besitz des Bestellers, genügt dazu die Mitteilung der Fertigstellung (vgl SOERGEL/TEICHMANN Rn 9).

Auf seiten des Bestellers ist die Erlangung des mittelbaren oder unmittelbaren Besitzes nicht zwingend notwendiger Bestandteil der Abnahme, wenn es denn entscheidend auf seine Billigung ankommt (aA SOERGEL/TEICHMANN Rn 9; PALANDT/SPRAU Rn 2; JAUERNIG/SCHLECHTRIEM Rn 2). Freilich behält der Besitzerwerb dann starke indizielle Bedeutung: Ohne ihn kann in aller Regel nicht von einer Billigung des Bestellers ausgegangen werden.

3. Rechtsnatur

Unterschiedlich wird die Rechtsnatur der Abnahme beurteilt. Die Auffassungen 10
reichen von der Annahme einer *empfangsbedürftigen Willenserklärung* (vgl RIEZLER 135; ESSER, SchuldR II § 79 II 2 a), über die Annahme einer *nicht empfangsbedürftigen Willenserklärung* (vgl RGZ 110, 404, 406 f; INGENSTAU/KORBION/OPPLER § 12 Rn 1, 9 ff; JAKOBS AcP 183 [1983] 163 [unter Berufung auf § 151]; LOCHER, Das private Baurecht Rn 37; GANTEN NJW 1974, 987; HOCHSTEIN BauR 1975, 221; BÖGGERING JuS 1978, 512); sowie die Annahme einer *geschäftsähnlichen Handlung* (vgl BGB-RGRK/GLANZMANN Rn 9; KAISER, Mängelhaftungsrecht Rn 37); bis zur Annahme eines *tatsächlichen Vorgangs* (vgl RGZ 109, 295, 296; ENNECCERUS/LEHMANN § 63 II; STAUDINGER/KADUK[12] § 363 Rn 5, 17).

Zutreffend dürfte die Annahme einer *geschäftsähnlichen Handlung* sein, auf die die Rechtssätze über Rechtsgeschäfte also durchweg entsprechend angewendet werden können. Das bedeutet im einzelnen:

a) Die Abnahme muß *grundsätzlich vom Besteller* ausgehen, für den insoweit 11
Geschäftsfähigkeit zu fordern ist (BGB-RGRK/GLANZMANN Rn 10).

Nimmt ein *Dritter* die Abnahme für den Besteller vor, bedarf er dazu der *Vertretungsmacht* (BGHZ 74, 235 = NJW 1979, 1499; 97, 224 = NJW 1986, 1758 = **LM** § 12 VOB/B Nr 7; INGENSTAU/KORBION/OPPLER § 12 Rn 13 ff; BGB-RGRK/GLANZMANN § 631 Rn 143), die freilich auch in Form einer Anscheinsvollmacht bestehen kann (BGHZ 97, 224).

Insoweit gilt namentlich für den *Architekten*, daß er grundsätzlich nicht als bevollmächtigt gelten kann, weil er im Rahmen des § 15 Abs 2 Nr 8 HOAI grundsätzlich nur zur Feststellung des technischen Befundes tätig wird, mithin die Abnahme des Bestellers nur vorbereitet (vgl INGENSTAU/KORBION/OPPLER § 12 Rn 12 f; NICKLISCH/WEICK § 12 Rn 14; LOCHER/KOEBLE/FRIK, HOAI § 15 Rn 31; HESSE/KORBION/MANTSCHEFF, HOAI § 15 Rn 175).

Doch kann gerade für ihn eine Anscheinsvollmacht bestehen, wenn er etwa vom Besteller gerade zum förmlichen Abnahmetermin entsandt wird (vgl BGHZ 97, 224, 230), oder wenn er schon den Werkvertrag als Vertreter abgeschlossen hat (OLG Düsseldorf SCHÄFER/FINNERN/HOCHSTEIN Nr 18 zu § 12 VOB/B [1973]). Ähnliches gilt für sonstige Mitarbeiter des Bestellers.

Kunden des Bestellers können nicht als zur Abnahme befugt gelten; insofern ist auch die Ingebrauchnahme der Leistung durch sie unerheblich (BGH NJW-RR 1993, 1461; OLG München NJW-RR 1999, 455). Ebenso ist der Generalunternehmer gegenüber seinem Subunternehmer nicht daran gebunden, daß sein eigener Besteller ihm gegenüber abgenommen hat. Freilich kann dann die eigene Abnahmeverweigerung treuwidrig sein (vgl OLG Köln SCHÄFER/FINNERN/HOCHSTEIN § 631 Nr 47).

Ehegatten sind im Rahmen des § 1357 dann zur Abnahme befugt, wenn sie den zugrunde liegenden Werkvertrag wirksam abgeschlossen haben oder hätten abschließen können (bedenklich OLG Hamm NJW-RR 1997, 1450).

12 b) Eine *Anfechtung* der Abnahme ist jedenfalls dann grundsätzlich möglich, wenn sie auf *Tatbestände* gestützt wird, *die nicht dem Gewährleistungsrecht unterliegen* (vgl NICKLISCH/WEICK § 12 Rn 34; INGENSTAU/KORBION/OPPLER § 12 Rn 18 f); also etwa im Falle des Versprechens oder Verschreibens nach § 119 Abs 1, der *Drohung* nach § 123 (BGH NJW 1983, 384), wobei aber die Ankündigung der Vorenthaltung des Besitzes am Werk bei Verweigerung der Abnahme kein unzulässiges Druckmittel ist (BGH aaO), wohl aber das unberechtigte Verlangen nach einem Schuldanerkenntnis, auf den Verzicht auf Gewährleistungsrechte (vgl BGH NJW 1982, 2301).

Die Möglichkeit einer Anfechtung nach § 119 Abs 2 *wegen Irrtums über die Beschaffenheit des Werkes scheidet aus* (vgl außer den Genannten noch BGB-RGRK/GLANZMANN Rn 9). Sie wäre mit dem Wesen der Abnahme unvereinbar, insbesondere damit, daß sie gerade die Gewährleistungsfristen in Lauf setzen soll. Die eben genannten Autoren wollen auch eine auf die Beschaffenheit des Werkes gestützte Anfechtung *wegen arglistiger Täuschung* ausschließen (aA zB NICKLISCH/WEICK § 12 Rn 34). Das kann freilich mit dem angeführten Vorrang des Gewährleistungsrechts kaum begründet werden. Die Anfechtung ist vielmehr als *zulässig* zu betrachten, aber als funktionslos, weil sie den Besteller von der Beweislast für den Mangel nicht entbindet, ihm hinsichtlich der Verjährungsfrist nicht von Vorteil ist, da Arglist iSd § 634a Abs 3 vorliegt, und auch sonst keinen ersichtlichen Nutzen bringt.

13 c) Wegen ihrer *rechtsgestaltenden Wirkung* kann die Abnahme *grundsätzlich nicht unter einer Bedingung* oder Befristung erklärt werden, sofern diese *nicht ausschließlich in den Willen des Unternehmers gestellt* ist, wie zB die Beseitigung eines Mangels.

Die unter eine unzulässige Bedingung gestellte Abnahme wird regelmäßig als eine unbedingte zu verstehen sein.

d) Die Abnahme kann durch *ausdrückliche Erklärung* gegenüber dem Unternehmer erfolgen; insoweit ist sie *zugangsbedürftig*. Es reicht aber auch ein **schlüssiges Verhalten** aus, das bei verständiger Würdigung als Billigung des Werkes zu verstehen ist. Insofern genügen *nicht rein interne Vorgänge* bei dem Besteller (BGH NJW 1974, 95), wie zB die Billigung des Werkes gegenüber Mitarbeitern, die Freigabe des Werklohns; es muß sich vielmehr um *ein Verhalten* handeln, *das gerade auch für den Unternehmer den Schluß auf die Billigung des Werkes durch den Besteller zuläßt und zulassen soll.*

4. Voraussetzungen der Abnahme

a) Vollendung der Leistung
Grundsätzliche Voraussetzung für die Abnahme ist *die Vollendung der Leistung* (BGHZ 50, 160, 162 = NJW 1968, 1524), wobei unwichtige, nebensächliche Arbeiten noch ausstehen dürfen (BGH WM 1971, 101; BGH VersR 1972, 640), sofern sie die Prüfbarkeit der Leistung nicht hindern (vCRAUSHAAR BauR 1979, 449), bzw *die bestimmungsmäßige Nutzbarkeit der Sache* (HOCHSTEIN BauR 1975, 221, 222; INGENSTAU/KORBION/OPPLER § 12 Rn 46). Dabei nimmt die Rechtsprechung bei der Lieferung von Software an, daß die Abnahme die Aushändigung eines Benutzerhandbuchs voraussetzt (BGH NJW 1993, 1063; 1993, 2436). Eine Dokumentation der Leistung kann aber auch sonst zu ihrer Vollendung gehören (vgl BGH NJW-RR 1993, 1461 zur Montageanlage).

Diese Vollendung kann sich auf Teile der Leistung beziehen, wenn diese selbständig abzunehmen sind (vgl zu § 12 Nr 2 VOB/B u Rn 69, zur Teilabnahme nach BGB § 641 Rn 123).

Wird der Werkvertrag vor der Vollendung gekündigt, dann ist das vorhandene Stückwerk abzunehmen (RGZ 110, 404, 408; BGHZ 55, 354, 357; BGB-RGRK/GLANZMANN Rn 16; vgl zur Problematik auch THODE ZfBR 1999, 116, 121 f), ohne daß dies hier Voraussetzung für die Fälligkeit des Werklohnanspruchs wäre. Doch löst die Abnahme hier zB die Gewährleistungsfristen aus und ist Anlaß für den Vorbehalt einer Vertragsstrafe.

b) Anzeige der Fertigstellung
Die Abnahme setzt weiter voraus, daß der Unternehmer dem Besteller das Werk als vollendet anbietet bzw dort, wo es dem Besteller schon zugänglich ist, als fertiggestellt anbietet. Gegen den Willen des Unternehmers kann Besteller grundsätzlich nicht abnehmen.

c) Mangelfreiheit des Werkes
Grundsätzlich nicht Voraussetzung der Abnahme ist die Mangelfreiheit des Werkes. Vorhandene Mängel berechtigen den Besteller zu ihrer Verweigerung, weil damit die Voraussetzungen des § 640 Abs 1 nicht vorliegen, es sei denn sie wären unwesentlich, § 640 Abs 1 S 2, hindern aber die tatsächliche Abnahme nicht.

d) Prüfung des Werkes
Soll die Abnahme die Erklärung des Bestellers bedeuten, daß er das Werk für im wesentlichen vertragsgerecht halte, so ist ihm die Möglichkeit einzuräumen, die

Werkleistung eingehend zu untersuchen bzw zu erproben. § 12 Nr 5 Abs 2 VOB/B sieht dafür einen Zeitraum von sechs Werktagen der Benutzung vor, soweit es Bauleistungen betrifft; das ist reichlich knapp bemessen. Bei Computersoftware kann der Zeitraum auch länger zu bemessen sein (vgl OLG Köln BB 1993 Beil 13 zu H 19 S 12).

Nicht erforderlich ist es, daß der Besteller die Prüfungsmöglichkeit auch tatsächlich nutzt.

5. Erklärung der Abnahme

16 Die Abnahme kann ausdrücklich erklärt werden, durch konkludente Handlungsweisen des Bestellers und schließlich dadurch, daß er sich verschweigt.

a) Eine ausdrückliche Abnahmeerklärung des Bestellers liegt zB vor, wenn er ein Abnahmeprotokoll unterschreibt. Die Bestätigung der Ausführung der Leistung ist noch keine Abnahme (aA OLG Düsseldorf SCHÄFER/FINNERN/HOCHSTEIN § 640 BGB Nr 28). Die Geltendmachung von Gewährleistungsrechten kann ebenfalls nicht als Einverständnis mit dem Werk gewertet werden (vgl BGH NJW 1994, 942 [Androhung und Durchführung der Ersatzvornahme]; BGH NJW 1996, 1749 [Fristsetzung und Ablehnungsandrohung mit anschließender Ersatzvornahme]). Ob mit BGB-RGRK/GLANZMANN Rn 8 ein isoliertes Minderungsverlangen als Abnahme verstanden werden kann, ist zweifelhaft.

17 b) Vielfach können tatsächliche Verhaltensweisen des Bestellers nicht anders denn als Billigung des Werkes verstanden werden. Dazu genügt noch nicht die bloße Entgegennahme der Leistung (vgl BGH NJW-RR 1992, 1078 [Gutachten]; unhaltbar OLG Hamm NJW-RR 1993, 340: Abnahme durch Entgegennahme der Schlüssel. Die dem Besteller zuzubilligende Überprüfungsmöglichkeit fehlt dann noch. Anderes gilt auch nicht, wenn die Leistung nur erschwert zurückgegeben werden kann; aA OLG Düsseldorf NJW-RR 1992, 1202 [einzementierte Zahnprothese]).

Typische stillschweigende Abnahme ist die *Zahlung des Werklohns* (BGH NJW 1970, 421), die Freigabe einer für ihn gestellten Sicherheit (BGB-RGRK/GLANZMANN Rn 8), die Bitte um seine Stundung (OLG Köln NJW-RR 1998, 1133). Hier bedarf es jeweils einer besonderen Verwahrung, wenn der Besteller die Wirkungen der Abnahme nicht eintreten lassen will, sondern zB nur zahlt, um das Prozeßrisiko gering zu halten (vgl auch OLG Köln BauR 1992, 514).

18 c) Die Erprobung der Leistung genügt nicht als Abnahme. Ihre Ingebrauchnahme ist eine Abnahme; sie genügt aber dann nicht, wenn sie unvermeidlich ist wie zB die Benutzung des ausgemalten Zimmers oder wenn sie nur unter dem Druck der Verhältnisse erfolgt, zB der Bezug des Hauses nach Kündigung der bisherigen Unterkunft in Erwartung der rechtzeitigen und mangelfreien Erstellung des Hauses (vgl BGH NJW 1975, 1701; BGB-RGRK/GLANZMANN Rn 8). Bei der freiwilligen Ingebrauchnahme ist zusätzlich noch der Ablauf einer gewissen Frist zu fordern, die dem Besteller eine nähere Überprüfung ermöglicht (vgl OLG Köln BB 1993 Beil 13 zu H 19 S 12; OLG Hamm BauR 1993, 604; NJW-RR 1995, 1233). Es ist dann von dem Besteller eine ausdrückliche Verwahrung zu fordern, will er die Wirkungen der Abnahme vermeiden (vgl PIETSCH 152 ff, 220 f; ERMAN/SEILER Rn 5, 7; vCRAUSHAAR BauR 1979, 449). Die Verwahrung kann vor der Ingebrauchnahme liegen, braucht bei ihr nicht wiederholt zu werden (BGH NJW-RR 1999, 1246).

d) Der produktive Einsatz des Werkes bedeutet grundsätzlich seine Abnahme (vgl OLG München NJW 1991, 2198; LG Aachen NJW-RR 1993, 1399). Ebenso seine Weiterveräußerung, sofern sie nicht auf schon früher geschlossene Verträge zurückgeht. Daß der Besteller – namentlich im Baubereich – andere Unternehmer auf der Basis des von dem ersten Unternehmer geschaffenen Werkes weiterarbeiten läßt, geschieht regelmäßig unter dem Druck der Verhältnisse und ist deshalb noch keine Abnahme, vgl die Wertung des § 12 Nr 5 Abs 2 Nr 2 VOB/B (dazu u Rn 78).

e) Vereinbarte förmliche Abnahme
Vereinbarungen über die Abnahme sind grundsätzlich *zulässig*, insbesondere die **19** Vereinbarung von **Förmlichkeiten** wie der Anwesenheit beider Parteien oder der Erstellung eines Protokolls. Das verstößt grundsätzlich nicht gegen die §§ 307, 308 Nr 1, es sei denn die Abnahme würde zu Lasten des Unternehmers unzulässig erschwert oder verzögert.

Die Vereinbarung von Förmlichkeiten kann späterhin von den Parteien wieder aufgehoben werden (vgl in diesem Zusammenhang HOCHSTEIN BauR 1975, 221, 224). An eine solche Aufhebungsvereinbarung sind freilich grundsätzlich strenge Anforderungen zu stellen (BGH NJW 1993, 1063; OLG Düsseldorf NJW-RR 1999, 529). Davon wird man insbesondere dann auszugehen haben, *wenn die Parteien die Abnahme in anderer Form als vereinbart vornehmen*. Im übrigen ist davon auszugehen, daß die Förmlichkeit der Abnahme schwerlich als Wirksamkeitsvoraussetzung vereinbart ist, sondern in erster Linie *Beweiszwecken* dient, so daß die Nichteinhaltung der Form entgegen der Regel des § 125 S 2 grundsätzlich nicht zur Unwirksamkeit der formlosen Abnahme führt. Insofern muß auch eine einseitige Abnahme durch den Besteller möglich bleiben (vgl auch BGH BauR 1974, 63, wo dem Besteller, der seine Zufriedenheit mit dem Werk zum Ausdruck gebracht hatte, nach § 242 die Berufung auf die unterbliebene förmliche Abnahme versagt worden war; zustimmend HOCHSTEIN aaO). Insbesondere ist das Bestehen des Bestellers auf einer vereinbarten förmlichen Abnahme treuwidrig, wenn er deren Durchführung nicht hinreichend (durch die Behauptung von Mängeln) zu rechtfertigen vermag (BGH NJW 1990, 43), sie gar selbst hätte anberaumen können (BGH aaO; vgl auch OLG Düsseldorf BauR 1997, 647).

Verweigert der Besteller die Mitwirkung an der vorgesehenen förmlichen Abnahme, so kommt er dann in Annahmeverzug, wenn das Werk mangelfrei erstellt ist.

f) Erschwerungen der Abnahme
Nach den §§ 307 Abs 2 Nr 1, 308 Nr 1 grundsätzlich *unzulässig* ist es, *die Abnahme an* **20** *Voraussetzungen zu knüpfen, die der Unternehmer nicht durch eigenes mangelfreies Arbeiten herbeiführen kann*, so insbesondere die Abnahme der Leistung des Subunternehmers von der Abnahme der Leistung des Hauptunternehmers (vgl OLG München NJW-RR 1987, 661), oder die Abnahme durch die Behörde oder Erklärungen sonstiger Dritter (BGH NJW 1989, 1602; INGENSTAU/KORBION/OPPLER § 12 Rn 16).

g) Wohnungseigentum
Bei der Abnahme von Wohnungseigentum ist die Abnahme sowohl für das *Sonder-* **21**

eigentum als auch für das *Gemeinschaftseigentum* von dem einzelnen Erwerber zu erklären (BGH BauR 1985, 314; GROSS BauR 1975, 12; INGENSTAU/KORBION § 12 Rn 6; aA KAPELLMANN MDR 1973, 1; DECKERT NJW 1975, 854), sofern nicht die Abnahme des Gemeinschaftseigentums von einem gemeinsamen Vertreter vorgenommen werden soll. Dabei kann die Abnahme von Sondereigentum und Gemeinschaftseigentum grundsätzlich getrennt erfolgen (BGH BauR 1983, 753), und ist der Schluß von der Abnahme der einen Leistung auf die der anderen nicht ohne weiteres möglich (vgl BGH BauR 1981, 467; OLG Stuttgart MDR 1980, 495).

h) Architektenleistungen

22 Die Abnahme der Leistungen des Architekten setzt grundsätzlich die Vollendung seines Werkes voraus, dh aber, daß er die Leistungsphasen des § 15 HOAI vollständig erbracht hat (vgl BGH BauR 1972, 251; LOCHER, Das private BauR Rn 248). Eine frühere Teilabnahme kann vereinbart werden (BGH BauR 1994, 394). Das ist grundsätzlich erst nach der Mängelbeseitigung und der Schlußabrechnung der Fall, doch kann der Auftraggeber die Leistung schon vorher abgenommen haben. Das ist namentlich denkbar bei Zahlung des Honorars, nicht aber schon bei Bezug des Hauses (vgl auch § 634a Rn 38 f).

6. Gegenstand der Abnahme

23 a) Gegenstand der Abnahme ist grundsätzlich das vollendete Werk. Doch läßt § 641 Abs 1 S 2 die Abnahme von Teilen des Werkes zu (dazu § 641 Rn 106, vgl auch u Rn 69 zu dem entsprechenden § 12 Nr 2 VOB/B). Der Besteller kann die Abnahme von sich aus auf Teile des Werkes beschränken, andere Teile von seiner Billigung ausnehmen.

Keine Teilabnahme liegt vor, wenn das Werk deshalb unvollendet bleibt, weil der Vertrag vorzeitig beendet wird. Dann kann dieses Stückwerk abgenommen werden (vgl RGZ 110, 404, 408; BGHZ 55, 354, 357; BGB-RGRK/GLANZMANN Rn 16).

b) Nimmt der Besteller die Werkleistung entgegen, rügt dabei aber Mängel, so schließt dies die Abnahme nicht aus, wie § 640 Abs 2 belegt. Es ist eine Frage der Auslegung des Willens des Bestellers, ob die Werkleistung sonst gleichwohl abgenommen sein soll. Es kann sich ergeben, daß der Besteller sie trotz seiner Rüge als im wesentlichen vertragsgerecht anerkennt. Es besteht aber auch die Möglichkeit, daß der Besteller die Vertragsgemäßheit insgesamt leugnet. Maßgeblich ist der äußere Erklärungswert seiner Handlungen. Zweifel gehen dabei zu Lasten des Unternehmers.

Dabei ist dann von einer Abnahme auszugehen, wenn der Besteller die Werkleistung aus freien Stücken übernimmt. Anders, wenn dies unvermeidlich ist (das ausgemalte Zimmer) oder unter dem Druck der Verhältnisse geschieht (Bezug des Hauses nach Verlust der anderweitigen Unterkunft) oder zur Schadensminderung, zB Vermeidung von Produktionsausfällen. Für einen der letzteren Fälle ist der Besteller darlegungspflichtig.

c) Vorbehaltene Mängel

24 Hat der Besteller das Werk abgenommen, so stellt sich die Frage, ob die Wirkungen der Abnahme auch hinsichtlich jener Mängel eintreten, derentwegen er sich seine

Rechte gemäß § 640 Abs 2 vorbehalten hat. Wenn diese Bestimmung dem Besteller die Rechte auf Nacherfüllung, Rücktritt und Minderung zuspricht, scheint dies der Fall zu sein. Gleichwohl sprechen die besseren Gründe dafür, die Wirkungen der Abnahme in bezug auf diese Mängel zu verneinen. Zunächst wäre es sinnwidrig, jetzt dem Besteller die Beweislast dafür aufzubürden, daß sie vorhanden sind (vgl BGH NJW-RR 1997, 339; SOERGEL/TEICHMANN Rn 23; BAUMGÄRTEL § 633 Rn 2; NICKLISCH/WEICK § 12 Rn 5; GROSS BauR 1995, 456; aA BAUMGÄRTEL § 634 Rn 4; § 640 Rn 5; KLEINE-MÖLLER/MERL/ OELMAIER § 11 Rn 93; HEIERMANN/RIEDL/RUSAM § 12 Rn 12). Sodann braucht der Besteller insoweit einstweilen nicht zu zahlen. Sein Nachbesserungsanspruch kann nicht den inhaltlichen Schranken des § 635 Abs 3 unterliegen und vor allem nicht den zeitlichen des § 634a. Die Lage ist kaum anders als bei der teilweise noch unfertigen Leistung, die iü schon jetzt abgenommen wird.

7. Beweis- und Darlegungslast

Die Beweislast für die Abnahme trifft den, der aus ihr Rechte herleitet (BGB-RGRK/ 25 GLANZMANN Rn 17). Das ist in aller Regel der Unternehmer. Doch muß der Besteller dartun, daß eine Ingebrauchnahme des Werkes unvermeidlich war und daß er sich gegen den entstehenden Eindruck der Billigung verwahrt hat.

III. Anspruch des Unternehmers auf Abnahme

§ 640 Abs 1 gewährt dem Unternehmer einen *Anspruch auf Abnahme des vertrags-* 26 *mäßig hergestellten Werkes*, sofern die Abnahme nicht nach der Beschaffenheit des Werkes ausgeschlossen ist. Das entspricht der kaufrechtlichen Regelung in § 433 Abs 2, ist aber *im Rahmen des Werkvertrages insofern etwas überraschend*, als § 642 die Mitwirkung des Bestellers bei der Herstellung des Werkes als bloße Gläubigerobliegenheit begreift (vgl § 642 Rn 18 ff). In ihrem letzten Abschnitt *ändert die Mitwirkung des Bestellers* mithin *ihre Rechtsnatur*.

Wird die Abnahme zu Recht verweigert, besteht der ursprüngliche Erfüllungsanspruch mit der ihm eigenen Verjährung nach den §§ 195, 199 fort.

1. Praktische Bedeutung des Anspruchs

Die *praktische Bedeutung des Anspruchs* auf Abnahme ist aus verschiedenen Grün- 27 den *gering*; er wird kaum jemals gerichtlich anhängig gemacht.

a) Annahmeverzug, Abnahmeverzug

Das liegt zunächst daran, daß der Besteller mit *der Nichtannahme der hinreichend* (§ 640 Abs 1 S 2) *vertragsgemäß fertiggestellten und ordnungsgemäß* nach Maßgabe der §§ 293 ff *angebotenen Leistung* in **Annahmeverzug** gerät. Dieser tritt sogleich mit dem Angebot ein, ungeachtet einer Fristsetzung des Bestellers nach § 640 Abs 1 S 3 (vgl u Rn 45), aA KNIFFKA ZfBR 2000, 227, 239, der den Unternehmer auf die Möglichkeit der Fristsetzung nach § 640 Abs 1 S 3 verweisen will. Letztere soll aber doch die Möglichkeiten des Unternehmers erweitern, nicht beschränken. Es ist unannehmbar, daß ohne Abnahme oder Fristsetzung dazu der Werklohn nicht fällig und nicht verzinslich ist. Der Annahmeverzug, der diese Wirkungen hat, richtet sich vielmehr nach wie vor allein nach den §§ 293 ff und wird so auch nicht dadurch ausgeschlossen, daß der Besteller ohne Verschulden an der Entgegennahme des Werkes verhindert ist. Der Besteller kann den Annahmeverzug auch nicht schon dadurch vermeiden, daß er zur Entgegennahme des Werkes bereit ist; er muß vielmehr seinerseits *gleichzeitig den Werklohn anbieten*, wie die §§ 298, 641 Abs 1 ergeben. Schon wegen der erleichterten Voraussetzungen ist es für den Unternehmer oft bequemer, sich bei unterbleibender Abnahme auf den Gläubigerverzug des Bestellers zu berufen statt auf seinen Schuldnerverzug.

Gleichzeitig werden die *Belange des Unternehmers weithin schon durch die Rechtsfolgen des Gläubigerverzuges gewahrt*. Nach § 644 Abs 1 S 2 geht die Preisgefahr auf den Besteller über. Nach § 300 Abs 1 hat der Unternehmer jetzt nur noch Vorsatz und grobe Fahrlässigkeit zu vertreten. Nach § 303 ist der Unternehmer, der ein Grundstück zu bearbeiten hatte, dort zB ein Bauwerk zu errichten hatte, berechtigt, nach vorheriger Ankündigung den Besitz aufzugeben. Soweit ihm durch die weitere Verwahrung *Mehrkosten* entstehen, kann er diese nach § 304 liquidieren; dieselbe Bestimmung sichert ihm Kostenersatz für das erfolglose Angebot. Wenn er eine bewegliche Sache herzustellen hatte, kann er diese nach § 383 *versteigern lassen* und dann den Erlös nach § 372 für den Besteller hinterlegen bzw mit der Werklohnforderung verrechnen. Dieselbe Möglichkeit der Veräußerung und Verrechnung eröffnet ihm an anderen beweglichen Sachen, die er nur zu bearbeiten hatte, sein Unternehmerpfandrecht, § 647.

b) Zahlung des Werklohns

28 Das primäre Interesse des Unternehmers ist auf die Zahlung des Werklohns gerichtet. Insoweit scheint der Anspruch auf Abnahme für den Unternehmer notwendig zu sein, wenn man mit der hM (vgl § 641 Rn 4), die Abnahme als Fälligkeitsvoraussetzung für den Werklohnanspruch versteht. Indessen nützt der Anspruch auf Abnahme dem Unternehmer dann nichts, *wenn das Werk Mängel aufweist*, weil die Abnahme dann verweigert werden kann (u Rn 33 ff). Wenn aber hinreichende *Mangelfreiheit* gegeben ist, so daß der Anspruch auf Abnahme durchgesetzt werden könnte, *will, soweit ersichtlich, niemand den Erfolg der auf Zahlung des Werklohns gerichteten Klage davon abhängig machen, daß gleichzeitig die Abnahme eingeklagt* wird. Dieses Ergebnis ist schon deshalb *allein sinnvoll*, weil sonst der Besteller die Zahlung von Verzugszinsen für die Werklohnforderung durch seine unberechtigte Abnahmeverweigerung grundlos und beträchtlich hinausschieben könnte. Konstruktiv läßt sich die *Entbehrlichkeit einer auf Abnahme gerichteten Klage* auf verschiedenen Wegen herleiten:

29 aa) Ein möglicher Lösungsweg ist es (mit PIETSCH 185 ff; ERMAN/SEILER § 641 Rn 5), die Fälligkeit der Werklohnforderung alternativ zur erfolgten Abnahme an den *Annahmeverzug* des Bestellers zu knüpfen. Das läßt sich aus einer Analogie zu § 644 Abs 1 S 1, 2 herleiten.

bb) Andere wollen die Fälligkeit des Werklohnanspruchs mit der *Fälligkeit des Anspruchs auf Abnahme* eintreten lassen (vgl OLG Saarbrücken OLGZ 1968, 137; auch schon KORINTENBERG, Erfüllung und Gewährleistung 33; PLANCK/OEGG Anm 2 d; STAUDINGER/RIEDEL[11] Rn 12; SOERGEL/BALLERSTEDT[10] Rn 7). Das wird jedoch durchweg nicht näher begründet.

cc) Möglich wäre es weiterhin, aus dem *Schuldnerverzug* des Bestellers mit der Abnahme eine Verpflichtung herzuleiten, § 286, den Unternehmer so zu stellen, als habe er rechtzeitig abgenommen. Das ist jedoch eine recht gekünstelte Konstruktion.

dd) Wer einen *einstufigen*, nur aus der Entgegennahme des Werkes bestehenden *Abnahmebegriff* für § 641 Abs 1 vertritt (vgl BÖGGERING JuS 1978, 512, 517), kann es zwar vermeiden, daß der Besteller durch unberechtigte Kritik an dem mangelfreien Werk den Eintritt der Fälligkeit der Werklohnforderung hindert, löst den Fall aber nicht zufriedenstellend, daß der Besteller bereits die Entgegennahme des Werkes (grundlos) verweigert.

ee) Wenn § 641 Abs 1 von der Abnahme des Werkes spricht, dann sollte mit dieser **30** Formulierung nur der sprachliche Gleichklang mit den umliegenden Vorschriften erreicht werden; sachlich nicht anders gemeint, war bei der Schaffung des Gesetzes zuvor von „bei der Ablieferung" gesprochen worden, dem man als Alternative ein „nach der Ablieferung" entgegengestellt hatte. Letzteres wurde als den Unternehmer unbillig belastend verworfen, so daß man der Sache nach in § 644 Abs 1 lesen kann: *„Zug um Zug gegen die Ablieferung des Werkes"* (vgl näher § 641 Rn 2).

Dann aber regelt § 641 Abs 1 entgegen dem üblichen Verständnis *nur das Austauschverhältnis von Werkleistung und Werklohn* (§§ 320 ff), *nicht aber die Fälligkeit* des letzteren, die sich vielmehr nach den allgemeinen Regeln des § 271 bestimmt (vgl dazu näher § 641 Rn 4). Mithin ist die Abnahme nicht Voraussetzung für die Fälligkeit des Werklohns, so daß isoliert auf dessen Zahlung geklagt werden kann, wenn denn die Fälligkeit überhaupt eingetreten ist.

c) Sekundärrechte des Unternehmers
Soweit dem Unternehmer an *Schadensersatz*, §§ 280, 281, oder sonstigen Sekundär- **31** rechten wegen verzögerter Vertragserfüllung durch den Besteller gelegen ist, bietet sich eher die unterbleibende Zahlung des Werklohns als die unterbleibende Abnahme als Anküpfungspunkt an.

d) Sonstiges
Die Abnahme ist als solche *vielfach nicht geeignet, die Interessen des Unternehmers zu* **32** *wahren*. Die körperliche Abnahme der Werkleistung nimmt dem Unternehmer sein Unternehmerpfandrecht und jedenfalls sein Zurückhaltungsrecht aus § 320. Die Billigung des Werkes als im wesentlichen vertragsgerecht ist nicht geeignet, dem Besteller Gewährleistungsrechte zu nehmen. Das kann vielmehr nur eine gerichtliche Feststellung, daß das Werk – insgesamt oder nur in bestimmten streitigen Punkten – vertragsgerecht ist (vgl dazu auch u Rn 40).

Zur Fristsetzung zur Abnahme, die jetzt § 640 Abs 1 S 3 vorsieht, vgl u Rn 45. Sie ändert nichts daran, daß der Besteller sogleich mit dem Angebot des Werkes in Annahmeverzug gerät (und zahlen muß). Es ist nicht die Intention des Gesetzgebers, dem Besteller durch die Frist zeitlichen Spielraum zu geben, der bei unterlassener Fristsetzung gar „ewig" wäre.

2. Voraussetzungen des Anspruchs

a) Vertragsmäßigkeit des Werkes

33 Das Werk muß vertragsgemäß hergestellt sein; dies kann auch durch den Besteller selbst nach den §§ 634 Nr 2, 637 erfolgt sein.

Diese Wendung des Gesetzes bezieht sich nur darauf, daß das Werk *fertiggestellt und im wesentlichen mangelfrei* sein muß. Eine verspätete Herstellung berechtigt den Besteller nicht zur Verweigerung der Abnahme, sondern löst die Rechte aus den §§ 281, 323 aus.

34 aa) *Mängel der Werkleistung* berechtigen den Besteller zur Verweigerung der Abnahme, § 640 Abs 1 S 2, wenn sie nicht nur „unwesentlich" sind. Die Wortwahl unterscheidet sich von der des § 12 Nr 3 VOB/B, der in positiver Wendung von wesentlichen Mängeln redet. Schon in sprachlicher Hinsicht sind die Ablehnungsbefugnisse des Bestellers enger, wenn ihm gestattet ist, die Abnahme wegen wesentlicher Mängel zu verweigern (VOB/B), als wenn es ihm untersagt ist, die Abnahme wegen unwesentlicher Mängel zu verweigern (BGB). Insofern kann bei der Deutung des § 640 Abs 1 S 2 auch nur eingeschränkt auf jene Grundsätze zurückgegriffen werden, die zu § 12 Nr 3 VOB/B entwickelt worden sind (u Rn 73); **aA** KNIFFKA ZfBR 2000, 227, 230.

Bei der Bestimmung des Begriffs des unwesentlichen Mangels ist zu berücksichtigen, daß der Besteller – wie jeder Gläubiger – Anspruch auf die volle ihm gebührende Leistung hat und sich deshalb nicht – auch nicht einstweilen – mit einer Teilleistung zu begnügen braucht. Umgekehrt steht der Unternehmer mit einer mangelfreien Leistung im Wort; daß man ihn daran festhält, belastet ihn nicht über Gebühr: Er mag den Mangel abstellen und das Werk dann anbieten. Und auch wenn ein Mangel nicht mit hohem Aufwand zu beseitigen ist, kann er dem Besteller doch lästig sein, zB ein nicht schließendes Türschloß. Lästig kann es aber auch weiterhin sein, wenn der Mangel erst zu einem Zeitpunkt beseitigt werden soll, zu dem das Werk schon in der Benutzung des Bestellers ist. Insofern ist davor zu warnen, den Wert des Mangels in Relation zum Werklohn zu setzen. Wenn vor Schaffung des § 640 Abs 1 S 2 nur von einem Schikaneverbot die Rede war (BGB-RGRK/GLANZMANN Rn 20), so entfernt sich davon auch das jetzige Recht nicht nachhaltig (vgl auch das schützenswerte Interesse des Bestellers an der Mängelbeseitigung, auf das BGH NJW 1996, 1280 abstellte). Letztlich darf „Pfuscharbeit" auch insoweit nicht Vorschub geleistet werden, wie es „nur" um das Detail geht.

Nachhaltige Bedeutung kommt der Frage zu, ob der Mangel beseitigt werden kann und soll. Das bringt § 12 Nr 3 VOB/B klar mit der Formulierung zum Ausdruck, daß die Abnahme „bis zur Beseitigung" verweigert werden kann. Daß der mit der Abnahmeverweigerung verbundene Aufschub der Mängelbeseitigung – und nichts sonst – dient, ist aber ein allgemeiner Gedanke, der auch für § 640 Abs 1 S 2 gilt. Wenn nichts an Mängeln beseitigt werden soll (weil zB nur gemindert oder rückabgewickelt werden soll), ist ohnehin jetzt abzurechnen. Wenn der Mangel beseitigt werden soll, geschieht das besser, bevor der Besteller die Sache in Gebrauch nimmt. Unwesentlich kann ein Mangel aber auch dadurch sein, daß seine Beseitigung jetzt untunlich ist.

Mehrere für sich unwesentliche Mängel sind zu „addieren", so daß sie insgesamt die Schwelle der Wesentlichkeit überschreiten können.

Wird bei verweigerter Abnahme über die Berechtigung des Bestellers dazu gestritten, so hat der Besteller den Mangel (in seinem äußeren Erscheinungsbild, nicht seinen Ursachen) zu bezeichnen, der Unternehmer hat darzutun und zu beweisen, daß ein Mangel nicht vorliegt oder daß er nur unwesentlich ist (vgl KNIFFKA ZfBR 2000, 227, 230).

Auch wenn der Besteller späterhin im Prozeß die Mängel darzutun (nicht allerdings zu beweisen) hat, derentwegen er die Annahme verweigert, *bedarf die Verweigerung der Abnahme doch keiner Begründung* gegenüber dem Unternehmer, wenn sie auch natürlich zweckmäßig ist. Es reichen zur Verweigerung der Abnahme sogar Mängel aus, die dem Besteller einstweilen noch unbekannt sind. Der Besteller kann auch darauf spekulieren, daß er *späterhin Mängel* entdecken wird und diese dann „nachschieben" kann.

bb) Auch wesentliche Mängel berechtigen nicht zur Verweigerung der Abnahme, wenn sie nicht beseitigt werden können oder sollen und das Werk beim Besteller verbleiben soll. Es entstünde sonst ein unerträglicher Schwebezustand.

cc) Auch wenn eine Prüfung des Werkes nicht Voraussetzung für die Abnahme ist **35** (o Rn 15), *kann der Besteller die Abnahme doch solange einstweilen verweigern, bis ihm hinreichende Gelegenheit einer kursorischen Überprüfung gewährt worden ist;* sonst kann die Billigung des Werkes von ihm nicht verlangt werden. Welche Intensität diese Überprüfung haben darf, ist dabei von den Umständen des Einzelfalls abhängig. So wird der Besteller bei Maschinen jedenfalls einen *Probelauf* beanspruchen dürfen. Eingriffe in die Substanz des Werkes wird er dagegen nur dann beanspruchen dürfen, wenn davon Beschädigungen nicht ernstlich zu befürchten sind.

Ist nach den §§ 381 Abs 2, 377 HGB eine *Mängelrüge* erforderlich, so nimmt deren Versäumung dem Besteller das Recht zur Verweigerung der Abnahme (vgl OLG Düsseldorf BauR 1990, 386).

b) Fertigstellung des Werkes
Das Werk muß fertiggestellt sein (vgl insoweit o Rn 14 zur Notwendigkeit eines Benutzerhand- **36** buchs bei der Lieferung von Software). Außer bei Unwesentlichkeit der noch ausstehenden Leistungsteile ist der Besteller zur Verweigerung der Abnahme berechtigt, sofern sein Verhalten nicht treuwidrig ist. Es gelten insoweit dieselben Grundsätze wie zur Mangelfreiheit des Werkes (vgl soeben).

Ausnahmsweise kann der Besteller *zur Abnahme von Leistungsteilen* verpflichtet sein, sofern dies entsprechend vereinbart worden ist (vgl auch § 12 Nr 2 a VOB/B; dazu u Rn 69 ff, sowie § 641 Rn 106 ff).

Treu und Glauben verpflichten den Besteller zur Abnahme von *solchen Teilen der Werkleistung, die durch deren weitere Ausführung der Prüfung und Feststellung entzogen werden* (vgl zu der entsprechenden Bestimmung des § 12 Nr 2 b VOB/B aF = § 4 Nr 10

VOB/B nF u Rn 93). Diese Teilabnahme hat aber nur eingeschränkte Wirkungen (vgl u Rn 71 f).

c) **Ausschluß der Abnahme**

37 Die Abnahme darf *nicht nach der Beschaffenheit des Werkes* ausgeschlossen sein. Sie ist dies im Sinne einer körperlichen Hinwegnahme jedenfalls bei unkörperlichen Werken. Möglich bleibt eine Billigung als zweites Element der Abnahme aber bei sämtlichen Werken (vgl auch § 646 Rn 2 ff).

3. Inhalt des Anspruchs

Der Anspruch auf Abnahme ist selbständig einklagbar (BGHZ 132, 96); namentlich nimmt er dem Unternehmer nicht das Rechtsschutzbedürfnis, daß er außerprozessual nach § 640 Abs 1 S 3 vorgehen kann (zweifelnd PALANDT/SPRAU Rn 6), weil das nicht mit der gerichtlichen Feststellung der Voraussetzungen der geschuldeten Abnahme einhergeht.

a) **Hinwegnahme des Werkes**

38 Der Anspruch auf Abnahme ist zunächst wie beim Kauf, § 433 Abs 2, auf die **körperliche** Hinwegnahme des Werkes gerichtet, sofern eine solche möglich ist (vgl STAUDINGER/KÖHLER [1995] § 433 Rn 188). Jedenfalls bei beweglichen Werken hat der Unternehmer *keinen Anspruch darauf, daß der Besteller das Werk an sich nimmt*, es gar nutzt; das bedürfte besonderer Vereinbarung. Bei Grundstücken wird man den Besteller ggf zur Entgegennahme der Auflassung für verpflichtet halten müssen (vgl STAUDINGER/KÖHLER aaO Rn 189).

b) **Billigung des Werkes**

39 Für die Billigung des Werkes **als im wesentlichen vertragsgerecht** gilt:

aa) Der Unternehmer hat jedenfalls einen Anspruch darauf, *daß sich der Besteller über das Werk* und die Vertragsgemäßheit seines Zustands *erklärt*.

bb) Dagegen kann er *nicht verlangen, daß der Besteller das Werk als im wesentlichen vertragsgemäß billigt*, sofern dieser sich dazu nicht freiwillig bereitfindet. Denn das bedeutet die *Abgabe eines Werturteils*, das dem Besteller vor dem Hintergrund des Art 5 GG nicht angesonnen werden kann. Soweit dazu, wie vielfach, eine subjektive Bewertung des Werkes notwendig ist, braucht die eigene Sicht des Bestellers nicht ohne weiteres eine positive zu sein. Es kann ihm eine Billigung des Werkes als im wesentlichen vertragsgerecht aber auch dann nicht zugemutet werden, wenn diese Einstufung allein von objektiven Faktoren abhängt, weil der Besteller weithin schon mangels Sachverstandes nicht in der Lage ist, die Mangelfreiheit des Werkes näher zu beurteilen, und dazu nur seinen ersten äußeren Eindruck wiedergeben kann. *Das Werk insgesamt als vertragsgerecht beurteilen könnte er nur nach sachverständiger Prüfung, die er aber nicht schuldet*. Soweit das Gericht ein Gutachten eingeholt hat, braucht das den Besteller nicht zu überzeugen.

40 Ein Anspruch auf subjektive Billigung des Werkes wäre auch gar **nicht vollstreckungsfähig**. Der von FIKENTSCHER § 80 II 2 a, PALANDT/SPRAU Rn 6, vorgeschlagene Weg des § 888 ZPO versagt, weil man den Besteller nicht mit *Beugemaßnahmen* zur

Titel 9 · Werkvertrag und ähnliche Verträge § 640
Untertitel 1 · Werkvertrag 41, 42

Äußerung einer Meinung zwingen darf, die nicht die seinige ist oder die er nicht verläßlich genug meint begründen zu können. Es versagt aber auch die von ENNECCERUS/LEHMANN § 152 I 5; JAKOBS AcP 183 (1983) 145, 175, vorgeschlagene entsprechende Anwendung des § 894 ZPO. *Es darf nicht eine Meinung fingiert werden, die der Besteller nicht hat* oder nicht vertreten will.

Sachgerecht und weiterführend für den Unternehmer ist im Streitfall allein eine *Klage auf Feststellung, daß das Werk den vertraglichen Anforderungen entspreche*, bzw daß dem Besteller wegen des Werkes Gewährleistungsansprüche – insgesamt oder in bestimmter Hinsicht – nicht zustünden. Der letztere Klagantrag kann allerdings vor Ablauf der Gewährleistungsfristen keinen Erfolg haben.

4. Folgen der unberechtigten Abnahmeverweigerung

a) Es tritt zunächst **Gläubigerverzug** des Bestellers ein (dazu o Rn 27). **41**

b) Unter den Voraussetzungen des § 286 gerät der Besteller außerdem **in Schuldnerverzug** (BGB-RGRK/GLANZMANN Rn 18; MünchKomm/SOERGEL Rn 23 b; STAUDINGER/RIEDEL[11] Rn 13). Das setzt also insbesondere *eine entsprechende Mahnung* voraus, falls nicht ausnahmsweise ein kalendermäßig bestimmter Termin für die Abnahme bestimmt war, § 286 Abs 2 Nr 1, sowie ein Verschulden, wobei die Beweislast in letzter Hinsicht beim Besteller liegt, § 286 Abs 4. Die Mangelfreiheit hat der Unternehmer zu beweisen.

Inhaltlich umfaßt der *Schadensersatzanspruch* insbesondere die *Kosten der weiteren Verwahrung* des Werkes durch den Unternehmer, vgl dazu aber auch § 304. Etwaige Schädigungen des Unternehmers durch das Werk dürften regelmäßig nicht vom Schutzzweck der Abnahmepflicht erfaßt sein. Gleiches gilt für mögliche Rufschäden des Unternehmers durch die unterbleibende Abnahme. *Einen Weg, sich von dem Werk zu befreien, eröffnet ihm der Schuldnerverzug nicht.*

c) Mit Rücksicht auf die weitreichenden Folgen der Abnahme auf die Abwicklung **42** des Werkvertrages (o Rn 1), wird die Abnahmepflicht des Bestellers – anders als die des Käufers – weithin als eine **im Synallagma stehende Hauptpflicht** gedeutet, was zur Anwendbarkeit des § 326 aF führe (vgl RGZ 171, 297, 300 f; BGHZ 107, 75, 77; STAUDINGER/RIEDEL[11] Rn 4; BGB-RGRK/GLANZMANN Rn 18; MünchKomm/SOERGEL Rn 23; SOERGEL/MÜHL[11] Rn 2; PALANDT/SPRAU Rn 6; aA ERMAN/SEILER Rn 16; ENNECCERUS/LEHMANN § 152 I 4; ESSER/WEYERS § 33 II 2).

Es fällt auf, daß die Abnahmeverweigerung und der darauf gestützte Rücktritt des Unternehmers von dem Vertrag *offenbar nur in der einen Entscheidung* RGZ 171, 297 zur ratio decidendi gemacht worden ist. Diese Entscheidung betraf den aus der kriegsbedingten Mangelwirtschaft erklärlichen Fall, daß der Unternehmer die Herausgabe des Werkes begehrte, und mag auch sonst als *zeitbedingt* verstanden werden, wenn die ungerechtfertigte Kritik des Bestellers angeprangert wurde. Grundsätzlich reicht es zur Wahrung der schutzwürdigen Interessen des Unternehmers aus, wenn er den Werklohn beanspruchen und ggf seinetwegen nach den §§ 281, 323 vorgehen kann. *Ein eigenes anerkennenswertes Interesse an der Abnahme* besteht darüber hinaus *nicht*. Wie ENNECCERUS/LEHMANN (aaO) treffend bemerkt, scheitert die Anwendbarkeit des § 326 aF schon daran, daß *das Werk* nicht für die Abnahme, sondern *lediglich für das Entgelt* versprochen wird. Etwas anderes ergibt sich auch nicht aus den weitreichenden Wirkungen der Abnahme. Die Werklohnklage läßt die zutreffende Praxis schon bei Abnahmereife des Werkes zu (vgl § 641 Rn 6). Für den Gefahrübergang reicht nach § 644 Abs 1 S 2 der Annahmeverzug des Bestellers aus. Im übrigen sind die Wirkungen der Abnahme nicht so andersartig als beim Kauf, daß es gerechtfertigt sein könnte, hier eine Pflicht als Hauptpflicht zu werten, die es dort unstreitig regelmäßig nicht ist (vgl nur STAUDINGER/KÖHLER [1995] § 433 Rn 196).

43 *Ausnahmsweise* kann die Abnahme wie beim Kauf dann *als Hauptpflicht* angesehen werden, wenn es dem Unternehmer für den Besteller erkennbar entscheidend darauf ankommt, von dem Besitz am Werk befreit zu werden, oder wenn die Parteien *vereinbart* haben, daß der Besteller zur Benutzung des Werkes verpflichtet sein soll.

5. Klage und Vollstreckung

44 Klagbarkeit und Vollstreckbarkeit des Anspruchs auf Abnahme werden in Literatur und Rechtsprechung fast einhellig bejaht (vgl nur BGHZ 132, 96; ERMAN/SEILER Rn 17; JAKOBS AcP 183 [1983] 172 ff; zweifelnd ESSER/WEYERS § 33 II 2 [fehlendes Rechtsschutzbedürfnis]). Die *Klagbarkeit* kann in der Tat nicht geleugnet werden, da der Unternehmer ein schutzwürdiges Interesse daran haben kann, daß er von dem Besitz am Werk befreit wird und daß sich der Besteller über das Werk erklärt (vgl auch o Rn 39 f).

Das Rechtsschutzbedürfnis für eine solche Klage entfällt nicht durch die neuerlichen Möglichkeiten des Unternehmers, nach § 640 Abs 1 S 3 oder nach § 641a vorzugehen, weil die gerichtliche Feststellung der Vertragsmäßigkeit des Werkes von anderem Gewicht ist.

Dabei wird die *Hinwegnahme des Werkes* dann als vertretbare Handlung *vollstreckt*, wenn auch ein Dritter den Besitz am Werk übernehmen kann, sonst, zB bei Arbeiten an Grundstücken, als unvertretbare. Die Erklärung des Bestellers über das Werk ist eine unvertretbare Handlung.

6. Fristsetzung zur Abnahme

45 § 640 Abs 1 S 3 gibt dem Unternehmer die Möglichkeit, eine Frist zur Abnahme zu setzen; ihr fruchtloser Ablauf soll der Abnahme gleichstehen.

a) *Vorausgesetzt* ist zunächst, daß der Unternehmer einen Anspruch auf Abnahme hat, wie er in seinen Voraussetzungen o Rn 33 ff skizziert ist; die Werkleistung muß also namentlich hinreichend mangelfrei sein.

Das Gesetz verlangt weiter die Setzung einer angemessenen Frist. Wenn sie „vom Unternehmer bestimmt" werden soll, ist das mißverständlich: Dem Unternehmer kommt kein Ermessensspielraum zu, sondern die Angemessenheit der Frist bestimmt sich nach objektiven Kriterien. Insoweit kommt es auf die Umstände des Einzelfalls an, namentlich den Umfang der Werkleistung, den Schwierigkeitsgrad ihrer Beurteilung. Wenn der Besteller sachverständige Hilfe in Anspruch nehmen will, ist darauf

Rücksicht zu nehmen. Ein Orientierungspunkt bei der Fristbemessung sind die 12 Werktage des § 12 Nr 1 VOB/B.

Setzt der Unternehmer eine längere Frist als angemessen, bindet ihn das. Ist die Frist unangemessen kurz, ist das nicht wirkungslos, sondern setzt – ähnlich wie im Falle der §§ 326 Abs 1 S 1, 634 Abs 1 S 1, 643 – eine angemessene Frist in Lauf.

b) Ist der Besteller an der Einhaltung der Frist verhindert, was er zu beweisen hat, treten die Rechtsfolgen der Bestimmung gleichwohl ein (Palandt/Sprau Rn 8), weil es letztlich um Annahmeverzug geht, der ein Verschulden nicht voraussetzt.

c) Der fruchtlose Ablauf der Frist soll der Abnahme gleichstehen. Das ist mißverständlich.

Die Bestimmung soll die Rechtslage des hinreichend mangelfrei anbietenden Unternehmers nicht *verschlechtern, sondern verbessern.* Daraus folgt:

aa) Sogleich mit dem Angebot des Werkes gerät der nicht abnehmende Besteller in *Gläubigerverzug* und, wenn er entsprechend gemahnt ist, auch in *Schuldnerverzug*; es kann nicht angenommen werden, daß dies auf den Ablauf der gesetzten Frist hinausgeschoben sein soll. Dem Besteller soll nicht Luft verschafft werden, auch wenn man sonst gesetzte Fristen durchaus ausschöpfen darf. Es muß die Werklohnforderung schon jetzt verzinst werden, die Gefahr muß nach § 644 Abs 1 S 2 übergehen. Es kann nicht angenommen werden, daß die allgemeinen Voraussetzungen des Gläubiger- bzw Schuldnerverzuges nach den §§ 293 ff bzw den §§ 286 f hier zu Lasten des Unternehmers verschärft werden sollten. Darf aber schon eine gesetzte Frist den Besteller nicht begünstigen, so wäre es gänzlich unannehmbar, seinen Verzug als Gläubiger und/oder Schuldner auf unbestimmte Zeit für den Fall hinauszuschieben, daß der Unternehmer aus Unachtsamkeit oder sonstigen Gründen *die Fristsetzung unterläßt.*

bb) Der fruchtlose Fristablauf führt zur Abnahme. Das ist freilich keine „echte" bzw fingierte Abnahme: Rügt nämlich der Besteller nach Fristablauf Mängel, so ergibt sich daraus, daß die Voraussetzungen des § 640 Abs 1 S 3 nur scheinbar, in Wirklichkeit aber nicht vorgelegen hatten. Die Fristsetzung des Unternehmers ist ins Leere gegangen.

Der fruchtlose Fristablauf nimmt dem Unternehmer auch nicht einmal die *Beweislast* für die Mangelfreiheit des Werkes, weil sie ihn „durch die Hintertür" wieder trifft: Er muß ja darlegen und beweisen, daß die Voraussetzungen des § 640 Abs 1 S 3 vorgelegen hatten, zu denen namentlich das Angebot eines hinreichend mangelfreien Werkes gehört.

cc) Bedeutung hat der fruchtlose Fristablauf also nur bei einem hinreichend mangelfreien Werk und dort letztlich nur für die Gewährleistungsrechte des Bestellers mit ihren Fristen, nicht aber zB für § 640 Abs 2, der ausdrücklich auf § 640 Abs 1 S 1 Bezug nimmt: Eine Vertragsstrafe wird innerhalb der Frist vorzubehalten sein (vgl Kniffka ZfBR 2000, 227, 230).

IV. Besondere Vereinbarungen über die Abnahme

47 **1.** Zu der Sonderregelung des § 12 VOB/B u Rn 65 ff.

2. *Individualvertragliche Abreden*, die die Abnahme modifizieren, indem sie ihren Eintritt erleichtern oder erschweren, begegnen grundsätzlich keinen Bedenken; ein Verstoß gegen § 138 erscheint kaum denkbar.

3. AGB

48 Bedenklich sein kann die Wirksamkeit von Bestimmungen über die Abnahme in AGB.

a) AGB des Bestellers

AGB des Bestellers erschweren vielfach die Abnahme, indem sie sie insbesondere an Handlungen Dritter binden: Abnahme von Bauwerksleistungen nur insgesamt oder erst bei ihrer behördlichen Abnahme. Solche Klauseln verstoßen nicht schon gegen die Klauselkataloge der §§ 308 f, insbesondere nicht gegen § 308 Nr 1, da die Abnahme keine Leistung des Bestellers ist, wohl aber gegen § 307 (vgl BGHZ 107, 75 = NJW 1989, 1602; BGH NJW 1996, 2155, 2156; ULMER/BRANDNER/HENSEN Anh zu §§ 9–11 Rn 725; INGENSTAU/KORBION/OPPLER § 12 Rn 48; LOCHER NJW 1979, 2235, 2237 f), womit sie *auch im kaufmännischen Verkehr unzulässig sind*. Denn der Unternehmer, dessen Werk mangelfrei fertiggestellt ist, hat einen legitimen Anspruch darauf, daß es abgenommen wird und damit die ihm günstigen Wirkungen der Abnahme eintreten. Diese kann nicht ohne weiteres von Ereignissen abhängig gemacht werden, die seiner Einflußnahme entzogen sind und uU unabsehbar lange auf sich warten lassen (vgl BGH NJW 1989, 1602 zur Koppelung mit der Abnahme der eigenen Kunden). Dies darf nur zu einer Verzögerung von maximal 4–6 Wochen führen, und jedenfalls muß der Zeitpunkt für den Unternehmer berechenbar bleiben, darf nicht dem Belieben des Bestellers überlassen bleiben (BGH NJW 1996, 1346).

Dagegen muß es als *zulässig* angesehen werden, *wenn sich der Besteller einen angemessenen Zeitraum für die Erprobung des Werkes sichert* oder wenn er von dem Unternehmer Nachweise über die Qualität des Werkes fordert, die dieser in zumutbarer Weise beschaffen kann.

Unzulässig ist es wiederum, die Abnahmewirkung der Ingebrauchnahme, o Rn 18, in AGB gänzlich auszuschließen (BGH NJW 1996, 1346).

b) AGB des Unternehmers
49 AGB des Unternehmers werden nach dem Vorbild des § 12 Nr 5 VOB/B, dazu u Rn 78 ff, den Eintritt der Abnahme zu erleichtern suchen, indem sie *dem Schweigen des Bestellers* innerhalb bestimmter Frist *Erklärungswert* beimessen.

aa) Soweit sie dabei an die *Mitteilung der Fertigstellung* anknüpfen, sind sie nach § 308 Nr 5 unwirksam, wenn sie dem Besteller keine angemessene Frist zur Verwahrung einräumen und wenn der Besteller nicht noch besonders auf die Folgen seines Schweigens hingewiesen werden soll. Das hat grundsätzlich nach § 307 Abs 2 Nr 1 auch im kaufmännischen Bereich zu gelten (vgl BGH NJW 1988, 55, 57).

bb) Anders ist es dagegen, *wenn die Abnahme nach Ablauf einer angemessenen* **50** *Frist ab Ingebrauchnahme des Werkes für erfolgt erklärt wird.* Dieser Fall unterfällt nämlich *nur scheinbar § 308 Nr 5.* Die dort angesprochenen Fiktionen können sinnvollerweise nur auf solche Erklärungen bezogen werden, die dem Handeln der Gegenseite an sich nicht als konkludent innewohnend entnommen werden können. *Der rügelose Gebrauch der Werkleistung ist jedoch ein typischer Fall der konkludenten Abnahme* (vgl o Rn 18 und JAKOBS AcP 183 [1983] 145, 172 ff); der Besteller weiß selbst oder muß es wissen, daß ein solches Verhalten *verständigerweise nur als Billigung des Werkes verstanden* werden kann und daß er deshalb in der Erklärungspflicht steht. Wenn der rügelose Gebrauch des Werkes schon im Wege der Auslegung als Abnahme verstanden werden kann, *darf es nicht* durch Anwendung des § 308 Nr 5 *zum Nachteil des Unternehmers ausschlagen*, wenn er dies noch einmal ausdrücklich in seinen AGB verankert. Es kann von ihm auch nicht nach § 308 Nr 5 erwartet werden, daß er den Besteller noch einmal ausdrücklich auf die Abnahmewirkung des rügelosen Gebrauchs hinweist, weil er dies auch nach allgemeinem Zivilrecht nicht zu tun braucht.

Etwas anderes ergibt sich auch nicht aus § 308 Nr 5, der ja nach seinem Wortlaut § 12 **51** Nr 5 VOB/B nur dann von der Anwendung des § 308 Nr 5 ausnimmt, wenn die VOB/B insgesamt Vertragsgrundlage geworden ist. Denn die Regelung des § 12 Nr 5 Abs 2 VOB/B bedarf nicht deshalb der Zulassung, weil sie zwar einseitig ist, aber durch das Gesamtgefüge der VOB/B austariert wird, sondern weil die Bestimmung schon für sich genommen sinnvoll ist (vgl JAKOBS AcP 183 [1983] 145, 175 ff mit eingehender Analyse von Vorschlägen bei der Vorberatung des BGB), eine gesetzliche Erklärungspflicht des Bestellers zu statuieren.

Problematisch können *allenfalls jene Fälle sein*, in denen der Gebrauch des Werkes deshalb nicht als Abnahme zu werten ist, weil er nur unter dem Druck der Verhältnisse erfolgt (vgl o Rn 18). Doch ist es *auch dann kein unbilliges Ansinnen* an den Besteller, dies klarzustellen, was für den Unternehmer nicht immer erkennbar zu sein braucht. Insofern kann auch § 307 nicht zur Verwerfung derartiger Klauseln führen.

Die Frist darf nicht unangemessen kurz bemessen sein.

c) Förmlichkeiten
Nicht zu beanstanden ist es, wenn in AGB *besondere Förmlichkeiten für die Abnahme* **52** *statuiert* werden, zB die gemeinsame Besichtigung des Werkes oder die Aufnahme eines Protokolls (BGH NJW 1996, 1346), vgl zu der einschlägigen Bestimmung des § 12 Nr 4 VOB/B u Rn 74 ff.

V. Rechtsverlust nach § 640 Abs 2

1. Allgemeines

Wenn den Besteller hinsichtlich des abzunehmenden Werkes auch *keine Untersu-* **53** *chungspflicht* trifft, vgl allerdings §§ 381 Abs 2, 377 HGB, so erwartet das Gesetz in § 640 Abs 2 doch jedenfalls von ihm, daß er sich hinsichtlich ihm bekannter Mängel seine Rechte anläßlich der Abnahme vorbehält. Daß es ihn andernfalls mit Rechtsverlusten belegt, kann man auf *Gesichtspunkte der Verwirkung oder des Verzichts* zurückführen. Indessen wiegt sein Schweigen nicht ähnlich schwer. Zu Recht ist deshalb die Parallelbestimmung des § 464 aF getilgt worden. Der Kurs des Gesetzes ist wenig durchsichtig, wenn auch § 536b erhalten geblieben ist. In sich ist § 640 Abs 2 inkonsequent, wenn der Schadensersatzanspruch des Bestellers erhalten bleibt, wo doch Mängel idR zu vertreten sind und § 286 Abs 1 S 2 dies auch vermutet.

2. Voraussetzungen

a) Mangel

54 Es muß ein *Mangel* des Werks vorliegen (dazu § 633 Rn 152 ff). Er darf auch unwesentlich iSd § 460 Abs 1 S 2 sein, weil § 640 Abs 2 nur auf § 640 Abs 1 S 1, nicht auch auf § 640 Abs 1 S 2 Bezug nimmt.

Ein Mangel iSd § 640 Abs 2 liegt auch in den Fällen des § 634 Abs 2 vor. Dies setzt freilich voraus, daß das andersartige oder zu gering dimensionierte Werk als das geschuldete angedient worden ist. Das andersartige Werk darf der Besteller auch nicht nach § 364 Abs 1 an Erfüllungs Statt angenommen haben; dann schließt § 364 Abs 1 alle Rechte aus der Abweichung aus.

Eine *bloße Unfertigkeit* des Werkes kann einem Mangel *nicht gleichgestellt* werden, mag beides voneinander auch zuweilen schwer abzugrenzen sein. *Seinen insoweit noch bestehenden ursprünglichen Erfüllungsanspruch* braucht sich der Besteller *nicht vorzubehalten.*

Auf einen Rechtsmangel bezieht sich § 640 Abs 2 nicht, weil dieser nicht durch Prüfung des Werkes feststellbar ist, woran die Bestimmung anknüpft; ggf gilt § 442 analog.

b) Kenntnis

Der Besteller muß Kenntnis von dem Mangel haben.

55 aa) Die Kenntnis muß eine *positive* sein; Kennenmüssen steht ihr nicht gleich (vgl ERMAN/SEILER Rn 21; PALANDT/SPRAU Rn 11), mag auch noch so grobe Fahrlässigkeit vorliegen, etwa bei Handgreiflichkeit des Mangels. Das entspricht der fehlenden Untersuchungspflicht des Bestellers.

Positive Kenntnis in diesem Sinne kann nur eine *aktuelle* sein. Es entlastet den Besteller also, wenn er von dem Mangel zwar zunächst einmal Kenntnis erlangt hatte, ihn aber im Zeitpunkt der Abnahme nicht bedenkt. Das kann praktische Bedeutung zB bei der Abnahme von Häusern haben, wenn es um eine Vielzahl kleinerer Mängel geht.

56 bb) Die Kenntnis muß sich auf den Mangel beziehen. Dazu ist es zunächst *notwendig, aber nicht ausreichend, daß der Mangel in seinem äußeren Erscheinungsbild bekannt* ist. Hinzukommen muß, daß er auch – wenigstens in groben Zügen – *als Mangel erkannt* ist, dh als eine Einschränkung des Wertes oder der Tauglichkeit des Werkes (vgl RG Gruchot 50, 368 [zum Parallelproblem bei § 460 aF]); RGZ 149, 401; BGH NJW 1970, 383, 385; BGB-RGRK/GLANZMANN Rn 4; ERMAN/SEILER Rn 21; MünchKomm/SOERGEL Rn 16). In diesem Sinne ist zu fordern, daß *auch die Ursachen*, die zu dem äußerlich

mangelhaften Erscheinungsbild führen, *jedenfalls ungefähr bekannt* sind, da sich anders ein Mangel auch nicht annähernd zuverlässig in seiner Tragweite beurteilen läßt. BGB-RGRK/GLANZMANN (aaO) verweist in diesem Zusammenhang zutreffend auf den Tatbestand von BGHZ 48, 108: Die Kenntnis von Rissen im Putz bedeutet noch nicht die Kenntnis von der Mangelhaftigkeit der vom Putz verdeckten Steine. Ebenso kann Feuchtigkeit im Keller auf verschiedenartigen Ursachen/Mängeln beruhen oder das Nichtfunktionieren einer Maschine. Jedenfalls brauchen dem Besteller *nicht die zur Behebung des Mangels notwendigen Maßnahmen* bekannt zu sein.

cc) Der *Zeitpunkt* der Kenntnis ist der der Abnahme (vgl schon o Rn 55). Wenn der *Abnahmetatbestand zeitlich gestreckt* ist wie zB bei der Benutzung des Werkes, reicht es, wenn die Kenntnis des Bestellers irgendwann innerhalb dieses Zeitraums vorhanden ist.

dd) Wird durch Vertreter abgenommen, gilt § 166 (vgl SOERGEL/TEICHMANN Rn 19). Die konkludente Abnahme durch Ingebrauchnahme, Zahlung des Werklohns oä ist grundsätzlich eine eigene des Bestellers, bei der die Kenntnis anderer nicht zugerechnet werden kann.

c) **Vorbehalt der Rechte**
Der Besteller muß sich seine Rechte bei der Abnahme bzw während des Abnahmezeitraums vorbehalten. **57**

aa) Inhaltlich sind an den Vorbehalt *keine strengen Anforderungen* zu stellen. Er braucht die vorbehaltenen Rechte weder einzeln noch pauschal zu benennen; *grundsätzlich genügt es, daß er* zum einen *den Mangel bezeichnet und* zum anderen *erkennen läßt, daß er nicht bereit ist, diesen Zustand des Werkes folgenlos hinzunehmen.* Dabei muß *der Mangel konkret*, jedenfalls *individualisierbar bezeichnet* werden, wenn auch nur in seinen äußeren Erscheinungsformen. Es reicht nicht, wenn sich der Besteller pauschal seine Rechte wegen sämtlicher Mängel vorbehält.

bb) Der Vorbehalt muß *zeitlich bei der Abnahme* gemacht werden. **58**

(1) Ein *späterer Vorbehalt* reicht nicht aus (vgl BGB-RGRK/GLANZMANN Rn 28; unklar RGZ 73, 146). Es genügt aber, wenn der Vorbehalt bis hin zum Ende der Abnahmeverhandlung angebracht wird, mag auch der vom Mangel betroffene Teil des Werkes schon von den Parteien erledigt sein (BGH RSprBauZ 2.502, 1).

(2) Auch *frühere Vorbehalte reichen grundsätzlich nicht* aus. Die Rechtsprechung ist hier aber zu Recht nicht so streng wie bei dem Vorbehalt der Vertragsstrafe nach § 341 Abs 3. Ein früherer Vorbehalt muß dann *genügen*, wenn er *in engem zeitlichen Zusammenhang mit der Abnahme* gemacht worden ist und bei dieser erkennbar, wenn auch nicht ausdrücklich, aufrechterhalten wird (vgl BGH RSprBau Z 2.411, 34; BGB-RGRK/GLANZMANN Rn 25; MünchKomm/SOERGEL Rn 19).

(3) *Ausnahmsweise entbehrlich* ist der Vorbehalt, wenn seinetwegen bereits prozessiert wird oder ein selbständiges Beweisverfahren anhängig ist (MünchKomm/SOERGEL Rn 17; INGENSTAU/KORBION/OPPLER § 12 Rn 61). **59**

(4) Soweit eine Erklärung des Bestellers innerhalb bestimmter Frist notwendig ist, zB nach § 12 Nr 5 VOB/B, ist diese *Erklärung zwar zugangsbedürftig* (BGHZ 33, 326), es reicht zur Wahrung der Frist in entsprechender Anwendung des § 377 Abs 4 HGB aber die *fristgemäße Absendung* der Erklärung aus.

(5) Soweit vereinbart ist, daß Mängel in ein *Abnahmeprotokoll* aufzunehmen sind, reicht der mündliche Vorbehalt des Bestellers nicht aus (BGH BauR 1973, 192; LG Tübingen NJW 1973, 1975; INGENSTAU/KORBION/OPPLER § 12 Rn 128). Im übrigen empfiehlt sich Schriftform zu Beweiszwecken.

d) Beweislast

60 Die Beweislast für die Abnahme und die Kenntnis des Bestellers vom Mangel trifft den Unternehmer, die Beweislast für den Vorbehalt und seine Rechtzeitigkeit den Besteller.

e) Wirkung

Bei Vorbehalt eines Mangels trifft den Unternehmer die Beweislast für sein Fehlen bzw seine Beseitigung (vgl THODE ZfBR 1999, 116, 120). Der Vertrag muß aber auch sonst insoweit im Erfüllungsstadium verbleiben (**aA** THODE aaO), so daß namentlich die Gewährleistungsfristen noch nicht greifen.

3. Folgen des unterlassenen Vorbehalts

a) Einrede des Unternehmers

61 § 640 Abs 2 läßt *bestimmte Rechte* des Bestellers ihm *nur im Vorbehaltsfalle* zustehen. Rechtstechnisch ist dabei *nicht* von einem *Erlöschen der Rechte* auszugehen, das dann schon von Amts wegen zu berücksichtigen wäre. Die Interessen des Unternehmers werden vielmehr vollauf gewahrt, wenn man ihm eine *Einrede* gegen die Gewährleistungsrechte des Bestellers gewährt (vgl SOERGEL/TEICHMANN Rn 17). Den Fall der rügelosen Abnahme trotz erkannter Mängel insoweit dem der Verjährung gleichzustellen, wird auch dadurch gerechtfertigt, daß man bei der vorbehaltlosen Annahme der Schlußzahlung nach § 16 Nr 3 Abs 2 VOB/B nicht anders verfährt (vgl § 641 Rn 84). Diese *Parallele zur Verjährung* muß auch insoweit gezogen werden, als dem Unternehmer, der trotz rügeloser Abnahme des mangelhaften Werkes durch den Besteller Nachbesserungsarbeiten durchführt, deshalb keine Bereicherungsansprüche zustehen können, vgl §§ 214 Abs 2, 813 Abs 1 S 2.

b) Betroffene Rechte

62 Es sind die des § 634 Nrn 1–3: Auf Nacherfüllung, Kostenersatz bei eigener Nacherfüllung, Rücktritt, Minderung, nicht hingegen der Anspruch auf Schadensersatz nach § 634 Nr 4.

Von diesem Rechtsverlust unberührt und damit von dem Besteller hinzunehmen bleibt *das Recht des Unternehmers*, den nicht gerügten *Mangel von sich aus zu beseitigen*, sofern dies ernsthaft, unverzüglich und sachgerecht angeboten wird (vgl INGENSTAU/KORBION/OPPLER § 12 Rn 63, ferner WILHELM JZ 1982, 466, sowie BGHZ 77, 134, 138). Man muß dann dem Unternehmer die eigene Nachbesserungsmöglichkeit gewähren, weil dies grundsätzlich auch bei gerügten Mängeln zu geschehen hätte, § 281 Abs 1, und es nicht einzusehen ist, warum die Unterlassung der Rüge insoweit zu

Lasten des Unternehmers gehen sollte. Insofern bleibt der Besteller zur Fristsetzung nach den §§ 634 Nr 4, 281 Abs 1 S 1 verpflichtet, sofern nicht die Beseitigung des Mangels unmöglich ist oder die Voraussetzungen der §§ 281 Abs 2, 636 vorliegen. Konstruktiv läßt sich das Nachbesserungsrecht des Unternehmers auch zusätzlich mit dem hier angenommenen bloßen Einredecharakter des § 640 Abs 2 rechtfertigen (vgl o Rn 61).

c) Geltung der VOB/B

63 § 640 Abs 2 gilt *ohne Modifikationen auch bei Verträgen, die der VOB/B unterliegen.* Die Frage nach dem Schicksal von Schadensersatzansprüchen bei vorbehaltloser Abnahme ist auch dort nicht anders zu beurteilen als bei BGB-Verträgen (vgl BGHZ 77, 134, 136; OLG Köln NJW-RR 1993, 211).

d) Vertragliche Modifikationen

64 Bei Modifikationen des § 640 Abs 2 zu Lasten des Bestellers in AGB des Unternehmers ist § 309 Nr 8 lit b ee zu beachten, soweit dem Besteller besondere Untersuchungs- und Rügelasten auferlegt werden sollen. Dagegen ist es auch mit § 307 Abs 2 Nr 1 vereinbar, wenn die unterbleibende Rüge bekannter Mängel *auch die Schadensersatzansprüche* des Bestellers erfassen soll.

Der Besteller wird sich in seinen AGB ohne Verstoß gegen § 307 Abs 2 Nr 1 von seiner Verpflichtung *freizeichnen* können, bekannte Mängel bei der Abnahme zu rügen.

VI. Sonderregelungen der VOB/B

65 Die VOB/B befaßt sich in ihrem § 12 mit der Abnahme. Die Bestimmung lautet:

1. Verlangt der Auftragnehmer nach der Fertigstellung – gegebenenfalls auch vor Ablauf der vereinbarten Ausführungsfrist – die Abnahme der Leistung, so hat sie der Auftraggeber binnen 12 Werktagen durchzuführen; eine andere Frist kann vereinbart werden.

2. Besonders abzunehmen sind auf Verlangen:

a) in sich abgeschlossene Teile der Leistung,

b) andere Teile der Leistung, wenn sie durch die weitere Ausführung der Prüfung und Feststellung entzogen werden.

3. Wegen wesentlicher Mängel kann die Abnahme bis zur Beseitigung verweigert werden.

4. (1) Eine förmliche Abnahme hat stattzufinden, wenn eine Vertragspartei es verlangt. Jede Partei kann auf ihre Kosten einen Sachverständigen zuziehen. Der Befund ist in gemeinsamer Verhandlung schriftlich niederzulegen. In die Niederschrift sind etwaige Vorbehalte wegen bekannter Mängel und wegen Vertragsstrafen aufzunehmen, ebenso etwaige Einwendungen des Auftragnehmers. Jede Partei erhält eine Ausfertigung.

(2) Die förmliche Abnahme kann in Abwesenheit des Auftragnehmers stattfinden, wenn der Termin vereinbart war oder der Auftraggeber mit genügender Frist dazu eingeladen hatte. Das Ergebnis der Abnahme ist dem Auftraggeber alsbald mitzuteilen.

5. (1) Wird keine Abnahme verlangt, so gilt die Leistung als abgenommen mit Ablauf von 12 Werktagen nach schriftlicher Mitteilung über die Fertigstellung der Leistung.

(2) Wird keine Abnahme verlangt und hat der Auftraggeber die Leistung oder einen Teil der Leistung in Benutzung genommen, so gilt die Abnahme nach Ablauf von 6 Werktagen nach Beginn der Benutzung als erfolgt, wenn nicht anderes vereinbart ist. Die Benutzung von Teilen einer baulichen Anlage zur Weiterführung der Arbeiten gilt nicht als Abnahme.

(3) Vorbehalte wegen bekannter Mängel oder wegen Vertragsstrafen hat der Auftraggeber spätestens zu den in den Absätzen 1 und 2 bezeichneten Zeitpunkten geltend zu machen.

6. Mit der Abnahme geht die Gefahr auf den Auftraggeber über, soweit er sie nicht schon nach § 7 trägt.

Seit der VOB/B 2000 ist Nr. 2 lit b) inhaltsgleich überführt worden in § 4 Nr. 10; wegen des Sachzusammenhangs wird der Fragenkreis gleichwohl hier erörtert.

1. Allgemeines

66 Der *Abnahmebegriff* des § 12 VOB/B *unterscheidet sich nicht von dem des § 640* (INGENSTAU/KORBION/OPPLER Rn 6). Auch die *Wirkungen* der Abnahme sind *identisch*, § 12 VOB/B enthält einige Sonderregelungen gegenüber dem BGB, unter denen als besonders wichtig hervorzuheben sind: Die Einschränkung des Rechtes des Bestellers zur *Verweigerung der Abnahme* auf den Fall *wesentlicher Mängel*, Nr 3, der Anspruch des Unternehmers auf die *Abnahme von Teilleistungen*, Nr 2, die Regelung der *förmlichen Abnahme*, Nr 4, schließlich die Regelung der *stillschweigenden Abnahme* in Nr 5.

Die Bestimmungen des § 12 VOB/B lassen sich teilweise zur Auslegung des gesetzlichen Werkvertragsrechts sinngemäß heranziehen.

2. Fälligkeit der Abnahme, Nr 1

67 **a)** § 12 Nr 1 VOB/B regelt die *Fälligkeit des Anspruchs des Unternehmers auf Abnahme.* Diese setzt voraus:

aa) Die *Fertigstellung* der Leistung (dazu o Rn 36).

bb) Ein *Verlangen des Unternehmers,* das an eine besondere Form nicht gebunden ist, mit dem Vorbehalt des § 309 Nr 13 aber formgebunden ausgestaltet werden kann, was dann grundsätzlich nur die Schriftform zuläßt, gegenüber Kaufleuten auch die Form des eingeschriebenen Briefes.

cc) Den *Ablauf einer Frist von 12 Werktagen,* gerechnet ab Zugang des Abnahmebegehrens.

dd) Nicht ist Voraussetzung, daß die vereinbarte Ausführungsfrist ausgeschöpft ist.

68 **b)** Die *Fälligkeit* des Anspruchs auf Abnahme kann *nach allgemeinem Werkver-*

tragsrecht grundsätzlich nicht anders als nach § 12 Nr 1 VOB/B beurteilt werden. Angesichts des legitimen Interesses des Unternehmers an der Abnahme kann diese auch hier *nicht* davon abhängig sein, daß die zur Ablieferung des Werkes vorgesehene Frist eingehalten ist. *Ausnahmsweise* kann der Besteller die Abnahme vorher als *unzumutbar* ablehnen, wenn zB die Frist wesentlich unterschritten ist oder ihm einstweilen die Prüfungsmöglichkeiten für das Werk fehlen oder er für dieses noch keinen Bedarf hat. *Notwendig ist* außer der Fertigstellung des Werkes *die Erklärung des Unternehmers, daß es fertiggestellt und abzunehmen sei.* Schließlich ist dem Besteller angesichts der von ihm geforderten Erklärung über die Qualität des Werkes eine *gewisse Erklärungsfrist* einzuräumen. Ihre Bemessung hängt von den Umständen des Einzelfalls ab. Die Frist des § 12 Nr 1 VOB/B entspricht den Gegebenheiten des Bauwesens. Ausnahmsweise ist bei besonders komplizierten Werken nach allgemeinem Zivilrecht von einer etwas längeren Frist auszugehen, bei Werken des täglichen Lebens dagegen von einer wesentlich kürzeren. Bei vielen Reparaturverträgen wird sie ganz entfallen.

c) Wie der Besteller nach § 12 Nr 1 die Abnahme erklärt, bleibt ihm überlassen. Außer einer ausdrücklichen Billigung kommen *namentlich konkludente Verhaltensweisen* in Betracht wie die rügelose Benutzung des Werkes oder die Zahlung des Werklohns (vgl o Rn 17).

3. Teilabnahme, Nr 2

a) Die *Abnahme von Teilleistungen* setzt zunächst ein entsprechendes Verlangen **69** des Unternehmers voraus; ein Verlangen des Bestellers reicht nicht aus (aA Ingenstau/Korbion/Oppler § 12 Rn 98), wobei es dem Besteller freilich unbenommen bleibt, schon vorab Teile der Leistungen als vertragsgerecht mit der Folge der §§ 363, 640 Abs 2 zu billigen.

b) Der Unternehmer hat nach § 12 Nr 2 a einen Anspruch auf *Abnahme von* **70** *Teilleistungen, die „in sich abgeschlossen" sind.* Davon ist bei Leistungsteilen auszugehen, wenn sie nach der Verkehrsauffassung selbständig und von den übrigen Leistungsteilen unabhängig sind, so daß sie *sich isoliert in ihrer Gebrauchsfähigkeit abschließend beurteilen lassen.* Das gilt zB für den Einbau einer Heizungsanlage, auch wenn der Unternehmer daneben noch andere Installationsarbeiten schuldet (BGHZ 73, 140 = NJW 1979, 650), für die Errichtung eines von mehreren Häusern. Der Tatbestand ist freilich *restriktiv* zu handhaben (Ingenstau/Korbion/Oppler § 12 Rn 100), schon um das mißliche Ergebnis zu vermeiden, daß hinsichtlich derselben Werkleistung unterschiedliche Rechtsfolgen – insbesondere hinsichtlich der Gewährleistungsfristen – eintreten. Er ist also *nur dann gegeben, wenn die Teilleistung in sich funktionsfähig* ist, wozu Ingenstau/Korbion/Oppler Rn 100 das treffende negative Beispiel des Hauses ohne Licht oder gar ohne Abortanlage bringt. Erst recht fehlt es an einer in sich abgeschlossenen Teilleistung, *wenn diese für sich gar nicht sinnvoll beurteilt werden kann*, wie zB die Betondecke oder auch einzelne Stockwerke eines Rohbaus (vgl BGHZ 50, 160 = NJW 1968, 1524).

Diese Abnahme in sich abgeschlossener Teilleistungen ist eine *echte Abnahme* mit allen ihren Folgen zB für die Gewährleistungsrechte und die Durchsetzbarkeit des Vergütungsanspruchs (BGHZ 50, 160; Ingenstau/Korbion/Oppler § 12 Rn 102).

71 c) Daneben steht die *„unechte"* Teilabnahme nach § 12 Nr 2 b aF = § 4 Nr 10 VOB/B nF, die die Überprüfung von Leistungsabschnitten sichern soll, solange diese noch ohne besondere Schwierigkeiten möglich ist. Es handelt sich *nicht* um *die eigentliche Abnahme* (NICKLISCH/WEICK § 4 Rn 128; INGENSTAU/KORBION/OPPLER § 4 Rn 436 f), die erst späterhin hinsichtlich der fertiggestellten Werkleistung erfolgt, so daß dann insbesondere erst die Verjährungsfristen für Mängel zu laufen beginnen, § 641 anwendbar wird. Die unechte Teilabnahme ist aber *zunächst geeignet, die Wirkungen des § 640 Abs 2 auszulösen.* Sodann weist sie dem Besteller die *Beweislast für Mängel* zu, wie aus entsprechender Anwendung des § 363 zu folgern ist, und zwar auch dann, wenn er sich der Teilabnahme trotz ordnungsgemäßer Aufforderung entzogen hat (vgl – mit Unterschieden über die Tragweite der Beweislastumkehr im einzelnen – LOCHER, Das private BauR Rn 140; NICKLISCH/WEICK § 12 Rn 55; INGENSTAU/KORBION/OPPLER § 4 Rn 440; VYGEN, BauvertragsR Rn 400; **aA** KAISER, Mängelhaftungsrecht Rn 40).

Die *unberechtigte Verweigerung* der Teilabnahme kann den Unternehmer im Sinne des § 6 VOB/B behindern.

72 d) *Nach allgemeinem Zivilrecht* besteht ein Anspruch auf Teilabnahmen gemäß § 12 Nr 2 a VOB/B *bei entsprechender Vereinbarung.* Außerdem kann sich der Besteller *freiwillig* zu einer solchen Teilabnahme bereitfinden, wobei freilich an seinen Abnahmewillen angesichts der ihm nachteiligen Folgen strenge Anforderungen zu stellen sind.

Nach Treu und Glauben kann der Unternehmer von dem Besteller eine unechte Teilabnahme entsprechend § 12 Nr 2 b VOB/B verlangen. Auch eine solche Teilabnahme kann faktisch durchgeführt werden. Sie hat die eingeschränkten Auswirkungen hinsichtlich der Beweislast für Mängel und des § 640 Abs 2.

4. Verweigerung der Abnahme, Nr 3

73 a) Während nach allgemeinem Zivilrecht nur unerhebliche Mängel nicht zur Verweigerung der Abnahme berechtigen (o Rn 33 f), darf dies nach § 12 Nr 3 **bei wesentlichen Mängeln** geschehen.

b) Als wesentlich sind die Mängel dann zu betrachten, wenn *die Abnahme des Werkes* und der mit ihr verbundene Übertritt des Werkvertrages in das Abwicklungsstadium *dem Besteller unzumutbar* sind, BGH NJW 1981, 1448. Dabei ist vor allem auch zu berücksichtigen, daß die Abnahme nur dazu führen kann, daß der Werklohn zwar zu entrichten ist, aber doch nur Zug um Zug gegen die Beseitigung der Mängel, BGH aaO. Im einzelnen kommt es entscheidend auf eine Würdigung der *Umstände des Einzelfalls* an, unter denen ua die Höhe der Mängelbeseitigungskosten ein besonderes Gewicht hat. Sicherlich unwesentlich sind € 250 bei einem Auftragsvolumen von € 30 000 (OLG Hamm NJW-RR 1990, 917). Das *Fehlen garantierter Eigenschaften* läßt für sich allein die Abnahme noch nicht zumutbar erscheinen (BGH aaO, einschränkend INGENSTAU/KORBION/OPPLER § 12 Rn 106 f), weil es sich hierbei um bloße Nebenpunkte handeln kann. Wesentlich sind Mängel jedenfalls dann, wenn sie *die Gebrauchsfähigkeit des Werkes beeinträchtigen* (vgl OLG Hamm NJW-RR 1989, 1118 Gefälle des Küchenfußbodens vom Ablauf weg). Dann ist es auch unerheblich, daß die Kosten der Mängelbeseitigung gering sind. Wesentlich kann auch eine Mehrzahl von Mängeln sein, die für sich allein nicht als wesentlich betrachtet werden können (vgl KG BauR 1984, 527). Maßgeblicher Beurteilungszeitpunkt ist der des Abnahmetermins (BGH NJW 1992, 2481).

c) Die *Unfertigkeit des Werkes* fällt *nicht* unter § 12 Nr 3; sie berechtigt zur Verweigerung der Abnahme auch dann, wenn keine wesentlichen Teile der Leistung mehr fehlen (**aA** offenbar INGENSTAU/KORBION/OPPLER § 12 Rn 105, vgl aber auch DÄHNE BauR 1973, 268). **74**

5. Förmliche Abnahme, Nr 4

a) Die förmliche Abnahme findet auf Verlangen einer der beiden Vertragsparteien statt, *ohne daß es einer besonderen zusätzlichen Vereinbarung* über die der VOB/B hinaus bedürfte, § 12 Nr 4 Abs 1 S 1. Der Termin kann vereinbart werden, aber auch einseitig von einer der beiden Seiten anberaumt werden, wobei dann eine angemessene, in der Länge an § 12 Nr 1 auszurichtende Ladungsfrist einzuhalten ist (vgl VYGEN BauvertragsR Rn 375). **75**

b) Beide Parteien dürfen *Sachverständige* herbeiziehen, § 12 Nr 4 Abs 1 S 2. Das tut der Unternehmer jedenfalls auf seine *Kosten*, wohingegen der Besteller sie ggf nach § 4 Nr 7 S 2 oder nach § 13 Nr 5, Nr 7 Abs 1 auf den Unternehmer abwälzen kann (vgl BGHZ 54, 352, 358 = NJW 1971, 99), sofern Mängel festgestellt werden und ihretwegen gar die Abnahme verweigert wird.

Das Recht des Bestellers zur Beiziehung von Sachverständigen impliziert für ihn noch *keine Untersuchungspflicht*. Ebenso brauchen sich beide Parteien Kenntnisse ihres Sachverständigen – als Arglist bzw im Rahmen des § 640 Abs 2 – nicht nach Maßgabe des § 166 Abs 1 zurechnen zu lassen. Diese Bestimmung ist vielmehr nur auf eigentliche Vertreter bei der Abnahme anzuwenden, wie es die Sachverständigen nicht sind.

c) Der Befund ist schriftlich niederzulegen, § 12 Nr 4 Abs 1 S 3–5. **76**

Es ist ein *gemeinsames Protokoll* zu fertigen, das übereinstimmend festgestellte Mängel feststellt, Zustände des Werkes, die eine der beiden Seiten für mangelhaft hält, die Stellungnahme der anderen Seite dazu, sowie Vorbehalte etwaiger Vertragsstrafenansprüche des Bestellers. Es ist dann das Protokoll von beiden Seiten zu unterschreiben; jede Seite erhält eine Ausfertigung. Bei Meidung der Folgen der §§ 640 Abs 2 und 341 Abs 3 muß der Besteller insbesondere die *Aufnahme bekannter Mängel* sowie etwaiger Vertragsstrafenansprüche in das Protokoll bewirken (BGH BauR 1973, 192; BauR 1974, 206). Insoweit reicht es aber, wenn er selbst das Protokoll unterschreibt. Umgekehrt bedeutet die *Unterschrift des Unternehmers nicht die Anerkennung der Mängel* oder der Vertragsstrafenansprüche (INGENSTAU/KORBION/OPPLER § 12 Rn 128).

d) Nach § 12 Nr 4 Abs 2 kann der Besteller *die Abnahme allein* durchführen, wenn der Unternehmer trotz rechtzeitiger Ladung zu dem Termin nicht erscheint. Er braucht dann ein förmliches Protokoll nicht aufzunehmen; vielmehr hat er dem **77**

Unternehmer nur das Ergebnis mitzuteilen. Diese Mitteilung ist die Abnahme (INGENSTAU/KORBION/OPPLER § 12 Rn 135). Sie darf nicht verzögert werden.

Der Besteller, der einen Anspruch auf gemeinsame förmliche Abnahme und die damit verbundene Erörterung des Werkes hat, kann freilich nicht gehalten sein, die Abnahme nunmehr allein durchzuführen. Man wird ihm vielmehr stattdessen auch das *Recht* zugestehen müssen, *die Abnahme zu verweigern,* bis der Unternehmer zur Mitwirkung bereit ist.

Der Fall, daß der Besteller die Mitwirkung an der Abnahme verweigert, ist in der VOB/B nicht eigens geregelt. Er gerät dann, Freiheit des Werkes von wesentlichen Mängeln vorausgesetzt, in Annahmeverzug.

e) Die Vereinbarung der VOB/B läßt es zu, daß das Werk im Zeitpunkt des förmlichen Abnahmeverlangens bereits abgenommen ist; das Verlangen geht dann ins Leere. *Auch kann das Werk trotz förmlichen Abnahmeverlangens nach § 12 Nr 5 abgenommen werden* (vgl INGENSTAU/KORBION/OPPLER § 12 Rn 141 mwN). Zum „Vergessen" der Durchführung einer förmlichen Abnahme o Rn 19.

f) *Außerhalb des Geltungsbereichs der VOB/B* ist *die Vereinbarung einer förmlichen Abnahme* auch in AGB *zulässig* (vgl o Rn 19). Mangels näherer Vereinbarungen über ihre Durchführung kann § 12 Nr 4 VOB/B entsprechend herangezogen werden.

6. „Fiktive" Abnahme, Nr 5

78 § 12 Nr 5 VOB/B enthält *zwei besondere Abnahmetatbestände,* einmal in Abs 1 die *Verschweigung* des Bestellers *auf die Mitteilung der Fertigstellung* des Werkes, sodann in Abs 2 die *rügelose Ingebrauchnahme* des Werkes. Die Regelung kann in AGB des Bestellers ausgeschlossen werden (BGH NJW 1997, 394).

a) Rechtsnatur
Die Rechtsnatur dieser Abnahmetatbestände ist zweifelhaft.

aa) Im *Falle des Abs 1* liegt jedenfalls die *Fiktion einer Abnahme* vor (vgl BRANDT BauR 1972, 69; HOCHSTEIN BauR 1975, 221). Nach allgemeinem Bürgerlichen Recht hat nämlich die bloße Verschweigung auf die Mitteilung der Fertigstellung, die nicht von der Ingebrauchnahme des Werkes oder sonstigen auf seine Billigung hindeutenden Handlungsweisen des Bestellers begleitet ist, nach dem zugrunde zu legenden verobjektivierten Empfängerhorizont des Unternehmers noch *nicht den Erklärungswert einer Abnahme.* Unklar NICKLISCH/WEICK § 12 Rn 73, die von einem vermuteten Abnahmewillen des Bestellers reden, aber offenbar daraus nicht die Konsequenz ziehen wollen, daß der Gegenbeweis zulässig wäre.

79 bb) Im *Falle des Abs 2* liegen die Dinge weniger eindeutig. Zwar braucht das Verhalten des Bestellers auch hier grundsätzlich nicht von einem Abnahmewillen getragen zu sein, doch kommt es darauf nach allgemeinem Zivilrecht auch nicht unmittelbar an, wenn es den Ausschlag gibt, wie das Verhalten redlicherweise von der Gegenseite verstanden werden kann. *Die rügelose Benutzung des Werkes über einen gewissen Zeitraum kann aber durchaus als seine Billigung verstanden werden,* o

Rn 18. Insofern *beschränkt sich die Fiktionswirkung* des § 12 Nr 5 Abs 2 darauf, daß sie die zugrundelegende *Frist* starr auf 6 Werktage festlegt, daß sie aus der Interpretation des Verhaltens des Bestellers *Indizien*, die *gegen die Annahme* eines Abnahmewillens sprechen, *ausblendet*, wie insbesondere äußere Zwänge zur Benutzung des Werkes, zB die Aufgabe der früheren Unterkunft, und daß sie schließlich die *Möglichkeit einer Anfechtung* der „Abnahme" nach § 119 Abs 1 versagt. Wenn deshalb die Annahme einer Fiktion im Ergebnis doch gerechtfertigt sein mag, so handelt es sich doch jedenfalls nicht um eine weitreichende. *Unter den obwaltenden Umständen muß es auch dem Besteller deutlich sein, daß er sich jedenfalls gegen den äußeren Anschein einer Abnahme verwahren muß.*

b) Inhaltskontrolle
Die Regelung ist nach § 308 Nr 5 zulässig, wenn die VOB/B „insgesamt" in den Vertrag einbezogen ist.

c) Systematische Einordnung
Im Verhältnis der Fälle des § 12 Nr 5 VOB/B zu den anderen Abnahmetatbeständen **80** gilt:

aa) Die *ausdrückliche Verweigerung* der Abnahme *schließt* die Anwendung des § 12 Nr 5 VOB/B *aus* (KG BauR 1988, 230), und zwar auch dann, wenn diese nicht nach § 12 Nr 3 VOB/B berechtigt war.

bb) Wenn eine ausdrückliche oder stillschweigende Abnahme des Werkes durch den Besteller schon erfolgt ist, *bedarf es des Rückgriffs auf § 12 Nr 5 VOB/B nicht*. Freilich ist bei der Interpretation von Handlungsweisen des Bestellers als Abnahme vor Ablauf der dortigen Fristen Zurückhaltung geboten.

cc) Wenn eine *förmliche Abnahme* verlangt wird, scheidet eine Abnahme nach § 12 Nr 5 VOB/B aus. Das gilt auch dann, wenn eine förmliche Abnahme vorgesehen ist, aber nicht durchgeführt wird. Dann kann aber nach Ablauf angemessener Fristen die Ingebrauchnahme des Werkes als stillschweigende Abnahme angesehen werden (vgl INGENSTAU/KORBION/OPPLER § 12 Rn 141 mwN).

dd) Die Vereinbarung der VOB/B nimmt dem Unternehmer nicht die Möglichkeit, eine Frist zur Abnahme nach § 640 Abs 1 S 3 zu setzen. Während des Laufs der Frist kann allerdings keine Abnahme nach § 12 Nr 5 VOB/B angenommen werden.

d) Mitteilung der Fertigstellung
§ 12 Nr 5 Abs 1 VOB/B setzt zunächst die *Mitteilung der Fertigstellung* des Werkes **81** voraus. Das kann ausdrücklich geschehen, aber doch auch durch zweifelsfreie anderweitige Mitteilungen, zB die Übersendung der als solche ausgewiesenen Schlußrechnung (BGHZ 55, 354 = NJW 1971, 831 = LM § 320 BGB Nr 11 m Anm RIETSCHEL; OLG Düsseldorf NJW-RR 1997, 1178), oder die Mitteilung der Räumung der Baustelle. Es muß sodann *eine Frist von 12 Werktagen verstrichen* sein.

e) Ingebrauchnahme
§ 12 Nr 5 Abs 2 VOB/B setzt die *Ingebrauchnahme des Werkes* voraus, insbesondere also den Einzug in ein neuerrichtetes Bauwerk, Freigabe für den Verkehr, unabhän-

gig davon, ob dies durch den Besteller selbst geschieht oder durch dessen Abnehmer (KG BauR 1973, 244). Die Benutzung kann sich auf Teile des Werkes im Sinne des § 12 Nr 2 a VOB/B beschränken. Sie muß aber *eine den Funktionen des Werkes entsprechende* sein, wie § 12 Nr 5 Abs 2 S 2 VOB/B ergibt. Nutzung, die der bloßen Schadensminderung dienen, scheiden dabei aus (BGH NJW 1979, 549). Es muß sodann eine Frist von 12 Werktagen verstrichen sein.

f) Wirkungen

82 Innerhalb der Fristen des § 12 Nr 5 Abs 1, 2 VOB/B muß der Besteller *entweder die Abnahme ausdrücklich* gegenüber dem Unternehmer *verweigern* oder aber zur Meidung der Folgen des § 640 Abs 2 *Vorbehalte wegen ihm bekannt gewordener Mängel machen*. Zur Fristwahrung reicht die rechtzeitige Absendung, § 377 Abs 4 HGB analog (aA INGENSTAU/KORBION/OPPLER § 12 Rn 155). Vorbehalte vor Beginn der Fristen des § 12 Nr 5 genügen grundsätzlich nicht für § 640 Abs 2.

7. Gefahrtragung

83 Zur Gefahrtragungsregelung des § 12 Nr 6 VOB/B vgl § 644 Rn 30 ff.

§ 641
Fälligkeit der Vergütung

(1) Die Vergütung ist bei der Abnahme des Werkes zu entrichten. Ist das Werk in Teilen abzunehmen und die Vergütung für die einzelnen Teile bestimmt, so ist die Vergütung für jeden Teil bei dessen Abnahme zu entrichten.

(2) Die Vergütung des Unternehmers für ein Werk, dessen Herstellung der Besteller einem Dritten versprochen hat, wird spätestens fällig, wenn und soweit der Besteller von dem Dritten für das versprochene Werk wegen dessen Herstellung seine Vergütung oder Teile davon erhalten hat. Hat der Besteller dem Dritten wegen möglicher Mängel des Werkes Sicherheit geleistet, gilt dies nur, wenn der Unternehmer dem Besteller Sicherheit in entsprechender Höhe leistet.

(3) Kann der Besteller die Beseitigung eines Mangels verlangen, so kann er nach der Abnahme die Zahlung eines angemessenen Teils der Vergütung verweigern, mindestens in Höhe des Dreifachen der für die Beseitigung des Mangels erforderlichen Kosten.

(4) Eine in Geld festgesetzte Vergütung hat der Besteller von der Abnahme des Werkes an zu verzinsen, sofern nicht die Vergütung gestundet ist.

Materialien: Abs 1 und jetziger Abs 4: E I § 573; II § 578; III § 631; Mot II 492 ff; Prot II 2225 ff; JAKOBS/SCHUBERT, Recht der Schuldverhältnisse II 874 ff Abs 2 und 3: G zur Beschleunigung fälliger Zahlungen v 30. 3. 2000 (BGBl I 330).

Titel 9 · Werkvertrag und ähnliche Verträge § 641
Untertitel 1 · Werkvertrag

Schrifttum

CLEMM, Die Stellung eines Gewährleistungsbürgen, insbesondere bei einer Bürgschaft auf erstes Anfordern, BauR 1987, 123
DÄHNE, Der Rückforderungsanspruch des öffentlichen Bauherrn, in: FS Korbion (1986) 39
FRÖMMING, Die Verzinsung von Kaufpreisforderungen nach § 452 BGB (Diss Hamburg 1991)
GRIMME, Rechnungserteilung und Fälligkeit der Werklohnforderung, NJW 1987, 468
GROSS, Die Ablösung des Garantierückbehalts durch Bankbürgschaft, BlGWG 1970, 191
HAHN, Verzinsung von Rückforderungsansprüchen, BauR 1987, 269
ders, Verwirkung von Rückzahlungsansprüchen der öffentlichen Hand, ZfBR 1983, 718
HALM, Rückforderungen im Bauvertragsrecht, Anspruch und Verwirkung beim öffentlichen Auftrag (1986)
HOCHSTEIN, Zahlungsklage aus Zwischenrechnungen gemäß § 16 Nr 1 VOB/B, BauR 1971, 7
ders, Der Prüfvermerk des Architekten auf der Schlußrechnung – Rechtswirkungen; Bedeutung im Urkundsprozeß, BauR 1973, 333
ders, Die Abnahme als Fälligkeitsvoraussetzung des Vergütungsanspruchs beim VOB-Bauvertrag, BauR 1976, 168
HUNDERTMARK, Der Eingang der Schlußzahlung nach § 16 Nr 3 Abs 2 Satz 1 VOB/B, Betr 1984, 2444
KAISER, Der Vergütungsanspruch des Bauunternehmers nach Gesetz und VOB/B, ZfBR 1987, 171
KLEINE-MÖLLER, Die Sicherung bauvertraglicher Ansprüche durch Bankbürgschaft und Bankgarantie, NZBau 2002, 585
KOEBLE, Die Prüfbarkeit der Honorarrechnung des Architekten und der Ingenieure, BauR 2000, 785
KRONENBITTER, Der Skontoabzug in der Praxis der VOB/B, BB 1984, 2030
LEINEMANN, Die Bezahlung der Bauleistung: Durchsetzung und Sicherung von Zahlungsansprüchen im VOB-Vertrag (2. Aufl 1999)
HORST LOCHER, Der Skontoabzug an Vergütungen für Bauleistungen, BauR 1980, 30
ULRICH LOCHER, Die Rechnung im Werkvertragsrecht (1991)
LOSERT, Der Adressat der Schlußzahlungserklärung bei einer abgetretenen Werklohnforderung, ZfBR 1988, 65
MANTSCHEFF, Prüfungsfähige Rechnungen, BauR 1972, 205
MEISKI, Die Verjährung des Architektenhonoraranspruchs, BauR 1993, 1
MOHNS, Der Beginn der Vorbehaltsfrist bei der Schlußzahlung, NJW 1978, 2543
MÜLLER, Der Schutz des Werkunternehmers bei Insolvenz des Bestellers, VersR 1981, 499
PETERS, Die vorbehaltlose Annahme der Schlußzahlung und das AGB-Gesetz, NJW 1983, 798
ders, Die Handwerkerrechnung und ihre Begleichung, NJW 1977, 552
ders, Die Fälligkeit der Werklohnforderung, in: FS Korbion (1986) 337
ders, Fälligkeit und Verzug bei den Zahlungsansprüchen des Bauunternehmers nach der VOB/B, NZBau 2002, 305
RAUDZUS, Rückwirkung der Zustellung beim Rückzahlungsvorbehalt durch Klage oder Mahnbescheid?, NJW 1983, 667
ROTHER, Die Bedeutung der Rechnung für das Schuldverhältnis, AcP 164 (1964) 97
SCHELLE, Bindung an die Schlußrechnung auch beim VOB-Vertrag?, BauR 1987, 272
SCHMIDT, Abrechnung und Zahlung nach der VOB, MDR 1965, 621
SCHWÄRZEL-PETERS, Die Bürgschaft im Bauvertrag (1992)
SIEBECK, Nochmals zur Problematik der Zahlung an Dritte nach § 16 Nr 6 VOB/B, BauR 1976, 238
SIEGBURG, Zur Abnahme als Fälligkeitsvoraussetzung beim Werklohnanspruch, ZfIR 2000, 841, 941
STEINBACH, Ablösung des Sicherheitseinbehalts nach Vorausabtretung der Gewährleistungsansprüche, WM 1988, 809
THODE, Erfüllungs- und Gewährleistungssicherheiten in innerstaatlichen und grenzüberschreitenden Bauverträgen, ZfIR 2000, 165
TRAPP, Die Aufrechnung mit ausgeschlossenen Gegenforderungen nach vorbehaltloser Annahme der Schlußzahlung, BauR 1979, 271

USINGER, Schlußzahlung gem § 16 Nr 3 II VOB/B im Bauträgervertrag, NJW 1985, 32
WEISE, Sicherheiten im Baurecht (1999)
WEYER, Die gefährdete Einrede aus § 16 Nr 3 Abs 2 Satz 1 VOB/B, BauR 1984, 553.

Systematische Übersicht

I. Allgemeines	
1. Entstehungsgeschichte des § 641 Abs 1	2
2. Synallagma des Werkvertrages	3
3. Fälligkeit des Werklohns	4
II. Abnahme und Zahlung des Werklohns	
1. Regelfall der Abnahme	5
2. Unberechtigte Abnahmeverweigerung	6
3. Berechtigte Abnahmeverweigerung	7
III. Vorzeitige Abrechnung	
1. Vorzeitige Vertragsbeendigung	8
2. Obstruktion des Bestellers	9
IV. Vorauszahlungen und Abschlagszahlungen	
1. Abgrenzung	10
2. Vorauszahlungen	12
a) Allgemeines	12
b) Verrechnung von Vorauszahlungen	15
c) Regelung der VOB/B	16
3. Abschlagszahlungen	18
V. Stundung des Werklohns, Zahlungsverzug, Einbehalte	
1. Stundung des Werklohns	19
2. Zahlungsverzug des Bestellers	20
3. Einbehalte	21
a) Sicherheitseinbehalt	21
b) Zurückbehaltungsrecht wegen Mängeln, § 641 Abs 3	22
VI. Erteilung einer Rechnung	
1. Anspruch auf Erteilung einer Rechnung	25
a) Umsatzsteuerrechtlich	25
b) Allgemein	26
2. Rechnung als Fälligkeitsvoraussetzung	27
3. Prüfbarkeit der Rechnung	28
a) Begriff	28
b) Gegenstand der Rechnung	30
c) Belege, Aufmaß	31
d) Architektenrechnung	34
e) Informationsbedürfnis des Bestellers	35
f) Folge mangelnder Prüfbarkeit	36
VII. Einzelheiten des Vergütungsanspruchs	
1. Fälligkeit, § 641 Abs 2	37
a) Anwendungsbereich des § 641 Abs 2	37
b) Kritik	38
c) Verhältnis zur anderweitig begründeten Fälligkeit	39
d) Umfang der fälliggestellten Forderung	40
e) Auskunftsanspruch	41
f) Begünstigte Personen	41
g) Sicherheit	41
h) Abdingbarkeit	41
2. Leistungsort	42
3. Abtretung, Pfändbarkeit	43
4. Erfüllung, Bauabzugssteuer	44
5. Schuldner	45
6. Verjährung	46
VIII. Sicherung der Werklohnforderung und anderer Ansprüche der Parteien	
1. Sicherungsbedürfnis	47
2. Gesetzlicher Schutz des Unternehmers	48
3. Schutz des Bestellers	48
4. Vertragliche Sicherungsmittel	49
5. § 17 VOB/B	50
a) Sicherheiten des Bestellers	51
b) Sicherheitszweck	52
c) Notwendigkeit einer Vereinbarung	53
d) Arten der Sicherheit	54
e) Sicherheit durch Bürgschaft	55
f) Hinterlegung von Geld	56
g) Einbehalt vom Werklohn	57
h) Frist zur Leistung	61
i) Verwertung der Sicherheit	62

Titel 9 · Werkvertrag und ähnliche Verträge **§ 641**
Untertitel 1 · Werkvertrag

k)	Rückgabe der Sicherheit	63	X. **Stundenlohnarbeiten**	97
l)	Die Sicherheit in der Insolvenz	63	XI. **Fälligkeit des Architektenhonorars**	
IX.	**Besonderheiten des Abrechnungsverkehrs nach der VOB/B**		1. Fälligkeit des Gesamthonorars	99
			2. Abschlagszahlungen	101
1.	Schlußrechnung und Schlußzahlung	65	3. Nebenkosten	101
a)	Allgemeines	65	4. Andere Zahlungsweisen	102
b)	Aufstellung der Schlußrechnung	66	XII. **Überzahlungen des Unternehmers**	
aa)	Fristen	67	1. Während der Vertragsdurchführung	103
bb)	Aufstellung der Schlußrechnung durch den Besteller	68	2. Nach Durchführung des Werkvertrages	104
c)	Fälligkeit der Schlußzahlung	69	XIII. **Teilabnahme**	
d)	Ausschluß des Unternehmers mit weiteren Forderungen	78	1. Allgemeines	106
aa)	Voraussetzungen des Rechtsverlustes	79	2. Gegenstand	107
bb)	Vorbehalt der Forderungen	81	3. Pflicht zur Teilabnahme	108
cc)	Rechtscharakter der Bestimmung	84	4. Beweislast	109
dd)	Umfang des Anspruchsausschlusses	85	5. Wirkungen	110
ee)	Wirksamkeit der Regelung	87	6. Unechte Teilabnahme	111
2.	Teilabnahme und Teilabrechnung	88	7. Regelung der VOB/B	112
3.	Zahlungsverzug des Bestellers	89	XIV. **Verzinsung der Werklohnforderung**	
a)	Beschleunigung der Zahlungen	89	1. Allgemeines	113
b)	Skonti	90	2. Voraussetzungen	114
c)	Zahlungsverzug des Bestellers	91	3. Ausschluß	117
4.	Zahlung an Gläubiger des Unternehmers	93	4. Zinssatz	118
			5. Anderweitige Verzinsung	119
			6. VOB/B	120

Alphabetische Übersicht

Ablieferung des Werkes	2, 4	Aufmaß	31
Ablieferungsfrist	4	– Bindung an das	32
Abnahme	2, 5	– und Mängel	32
Abnahmereife	6	– Mitwirkung bei dem	31
Abnahmeverweigerung		– und Preise	32
– berechtigte	7	– Rechtsnatur des	32
– unberechtigte	6	– Vertretungsmacht zum	33
Abrechnung, vorzeitige	8	Auskunftsanspruch	41
Abrechnungspflichtige Ansprüche	30	Ausschlußwirkung der Schlußzahlung	78
Abschlagszahlung	10, 18		
– beim Architektenvertrag	101	Bauabzugssteuer	44
Abtretung des Werklohnanspruchs	43	Bauträger, Zahlungen an den	37
Annahmeverzug des Bestellers	9	Begründung des Vorbehalts bei der	
Anerkenntnis des Bestellers	75	Schlußzahlung	83
Architektenhonorar, Fälligkeit des	98	Bürgschaft als Sicherheit	55
Architektenrechnung, Prüfbarkeit	34		
Aufbauschuld	45	Druckzuschlag	23

Frank Peters

Einbehalt vom Werklohn	22 ff, 57 f
Entstehungsgeschichte der Norm	12
Erfüllung der Werklohnforderung	44
Fälligkeit des Werklohns	4
Frist zum Vorbehalt der Forderung	82
Gesamtschuld	45
Gewährleistungssicherheit	52
Herstellungspflicht des Unternehmers	3
Hinterlegung von Geld	56
Kündigung des Unternehmers	9
Leistungsort beim Werklohn	42
Mängel	22
Minderung	22
Mitteilung des Prüfergebnisses bei der Schlußrechnung	75
Nebenkosten des Architekten	101
Obstruktion des Bestellers	9
Pfändbarkeit des Werklohnanspruchs	43
Prüfbarkeit der Rechnung	28
Prüfvermerk des Architekten	76
Rechnung	25 ff
– Anspruch auf	25 f
– und Fälligkeit	27
Schadensersatz	22
Schlußrechnung	65 ff
– Aufstellung der	66
– des Bestellers	68
– Frist zur	67
– Prüfung der	73
Schlußzahlung	65 ff
– und Abnahme	69
– Begriff der	70
– Fälligkeit der	69
– und Schlußrechnung	70
Schuldner des Werklohns	44
Sicherung der Ansprüche	47 ff
Sicherheit	41, 51
– Arten der	54
– Frist zur Leistung	61
– Rückgabe der	63
Sicherheitenvereinbarung	49 ff, 53
Sicherheitsleistung des Bestellers	51
Sicherheitsverwertung	62
Sicherheitszweck	52
Skonto	90
Sperrkonto	59
Stundung des Werklohns	19, 116
Subunternehmen	37 ff
Synallagma	3
Teilabnahme	106
– unechte	111
Teilschuld	45
Überzahlung	103
– Rückforderung der	105
Unbestrittenes Guthaben	75
Verjährung	46
Verzinsung des Werklohns	113
Vorauszahlung	10, 12 ff
Vorbehalt der Forderung	81
Vorbehaltlose Annahme der Schlußzahlung	78 ff
– rechtliche Einordnung	84
– Umfang des Anspruchsausschlusses	85
Vorleistung des Unternehmers	2 f
Vorsteuerabzug	25
Zahlung an Gläubiger des Unternehmers	93
Zahlungen Dritter	48 ff
Zahlungsverweigerung des Bestellers	80
Zahlungsverzug des Bestellers (VOB/B)	91 ff
Zurückbehaltungsrecht	22

I. Allgemeines

1 § 641 Abs 1 regelt den **Leistungsaustausch** beim Werkvertrag. Der mit dem G zur Beschleunigung fälliger Zahlungen neu geschaffene § 641 Abs 2 betrifft eine Spezialfrage der Fälligkeit, § 641 Abs 3 das Zurückbehaltungsrecht des Bestellers bei Mängeln. § 641 Abs 4 enthält eine § 452 aF entsprechende Zinsregelung. Eine Regelung über Abschlagszahlungen hat der Gesetzgeber wenig systematisch in § 632a eingestellt.

1. Entstehungsgeschichte des § 641 Abs 1

Die Gesetzgebungsgeschichte belegt, daß die Bestimmung des § 641 Abs 1 – entgegen dem heute herrschenden Verständnis und der jetzt amtlichen Überschrift – **nicht die Fälligkeit** der Werklohnforderung regeln sollte. Ihr Zweck sollte es vielmehr sein, *das Synallagma des Werkvertrages zu klären*. Da sich die Pflichten des Unternehmers über einen längeren Zeitraum erstrecken, kann die auf den Kauf zugeschnittene Bestimmung des § 320 hier nicht unbesehen angewendet werden. Der Gehalt des § 641 Abs 1 S 1 erschließt sich, wenn man die Gesetzgebungsgeschichte betrachtet: **2**

Der Ausdruck „Abnahme" ist von der 1. Kommission in § 573 E I (= § 641 BGB) aufgenommen worden, um die Bestimmung *sprachlich* mit § 572 E I (= § 640 BGB) zu harmonisieren. Zuvor war in den Beratungen statt von der Abnahme von der *„Ablieferung"* die Rede gewesen; eine *sachliche Änderung* war mit dem Wechsel im Ausdruck *nicht* beabsichtigt. Man kann mithin in § 641 Abs 1 S 1 sachlich gleichbedeutend mit „bei der Abnahme" „bei der Ablieferung" lesen.

Insoweit aber war in den Beratungen, vgl die Nachweise bei PIETSCH 130 f, Beratungsgegenstand die Regelung des Art 644 des Dresdner Entwurfs gewesen, der – gleich manchen anderen Regelungen der damaligen Zeit – die Zahlung des Werklohns erst „nach" der Ablieferung vorsah. Doch mochte man es *dem Unternehmer nicht zumuten*, daß er das Werk ohne Empfang der Gegenleistung auszuhändigen habe. Er brauche dies *nur Zug um Zug gegen Empfang der Gegenleistung* zu tun.

Insofern kann man noch präziser aus dem „bei der Abnahme" des Gesetzes nicht nur ein „bei der Ablieferung" machen, sondern noch weitergehend ein „Zug um Zug gegen die Ablieferung", so daß die berichtigte Lesart des § 641 Abs 1 S 1 insgesamt lauten muß:

„Die Vergütung ist Zug um Zug gegen die Ablieferung des Werkes zu entrichten"

Die Bestimmung präzisiert so, wie § 320 auf den Werkvertrag angewendet werden kann. Indem die Pflichten des Unternehmers auf den Zeitpunkt der Ablieferung zusammengezogen werden, wird der Werkvertrag *kaufähnlich* gesehen und § 320 anwendbar. Damit wird die Pflicht des Unternehmers, das Werk herzustellen, letztlich zu einer nur vorbereitenden, vergleichbar mit der Pflicht des Verkäufers, sich gegebenenfalls den Kaufgegenstand zu beschaffen (vgl zum Ganzen näher PETERS, in: FS Korbion 337, 338 ff).

2. Synallagma des Werkvertrages

a) Danach sagt § 641 Abs 1 unmittelbar nur aus, daß der Unternehmer das fertige **3** Werk nur *abzuliefern* hat *Zug um Zug gegen Abnahme* durch den Besteller *und*

Zahlung des Werklohns. Wird das eine oder das andere verweigert, darf der Unternehmer das Werk dem Besteller vorenthalten.

b) Insofern ist es nicht richtig, aus § 641 Abs 1 eine Vorleistungspflicht des Unternehmers zu folgern, wie dies allgemein geschieht (vgl nur BGHZ 50, 175, 176 f). Auf die Ablieferung des Werkes kann eine solche nicht bezogen werden, sondern nur auf die Herstellung des Werkes, wenn sie denn die notwendige Voraussetzung für seine Ablieferung ist. Doch kann insoweit nicht eigentlich von einer „Pflicht" gesprochen werden: Letztlich unterscheidet sich der Unternehmer nicht vom Verkäufer, der sich die verkaufte Sache ja ggf auch erst beschaffen muß, und vom Käufer oder Besteller, die den Kaufpreis bzw Werklohn auch erst aufbringen müssen, um ihn dann beim Leistungsaustausch parat zu haben. Bei den letzteren redet man bei dieser Leistungsvorbereitung auch nicht von einer „Pflicht"; daß man es auch beim Unternehmer nicht kann, ergibt sich daraus, daß er bei der Erstellung des Werkes in seinen zeitlichen oder methodischen Dispositionen grundsätzlich frei ist.

3. Fälligkeit des Werklohns

4 § 641 Abs 1 wird allgemein als Regelung der Fälligkeit des Werklohns betrachtet, vgl nur die jetzt amtliche Überschrift zu der Bestimmung (PALANDT/SPRAU Rn 3; JAUERNIG/SCHLECHTRIEM Rn 2; SOERGEL/TEICHMANN Rn 1; ERMAN/SEILER Rn 1, 4). BGHZ 79, 176, 178 führt aus, daß die Abnahme dem Unternehmer die Klagemöglichkeit verschaffe. Wenn man in der Bestimmung eine Regelung der Fälligkeit sieht, ist die letztere Bemerkung bedenklich, wenn sie denn aus dem „bei der Abnahme" des Gesetzes letztlich ein „nach der Abnahme" macht. Die Annahme einer Fälligkeitsregelung stößt auch auf Schwierigkeiten bei einer grundlosen Verweigerung der Abnahme (u Rn 6). Sie hätte bei ihr zur Konsequenz, daß der Unternehmer nicht nur auf Zahlung, sondern gleichzeitig auf Abnahme klagen müßte. Zu Recht verzichtet die Praxis darauf. Auch bei berechtigter Abnahmeverweigerung führt die hM zu unbefriedigenden Ergebnissen (vgl u Rn 7).

Richtig ist freilich, daß die Werklohnforderung fällig ist, wenn der Besteller *abgenommen hat*. Richtig ist auch, daß Fälligkeit jedenfalls dann gegeben ist, wenn gegenüber Mängeln der Leistung nur noch Sekundärrechte des Bestellers (Minderung, Schadensersatz) im Raume stehen (BGH NJW 2002, 3019, 3020). Fällig wird auch ein Wertersatzanspruch des Unternehmers nach § 346 Abs 2. Im übrigen gilt:

Die Fälligkeit des Werklohns hängt nicht von der Abnahme ab, sondern ist mit ihr – bzw richtiger: der Ablieferung – nur durch die §§ 320, 322 (eng) verknüpft. Sie ist vielmehr **nach § 271** zu bestimmen, hängt also vorrangig von den Vereinbarungen der Parteien ab, ggf von einschlägigen gesetzlichen Bestimmungen wie zB § 8 HOAI, in der Regel von den „Umständen" (§ 271 Abs 1): Wenn das Werk erst noch erstellt werden muß, ergibt sich aus der dazu erforderlichen Zeit die „für die (seine) Ablieferung bestimmte Frist" (§ 634 Abs 1 S 2 aE aF; vgl zu ihrer Bestimmung § 633 Rn 118). Zu diesem Zeitpunkt wird dann auch der Zug um Zug zu entrichtende Werklohn fällig. Der Regelfall des § 271 Abs 1 der sofortigen Fälligkeit kann für den Werklohn praktisch nicht zum Tragen kommen, weil das Werk bei Vertragsschluß regelmäßig noch nicht fertig vorliegt.

Verbreitet sind freilich ausdrückliche oder konkludente Abreden über die Fälligkeit des Werklohns. Sie können zum Gegenstand haben eine Vorleistungspflicht des Bestellers (Erwerb einer Fahrkarte, Eintrittskarte), Abschlagszahlungen des Bestellers nach Fortschritt des Werkes, vgl auch § 632a, das Vorliegen besonderer Fälligkeitsvoraussetzungen, wie zB die Vorlage einer Rechnung, vgl zB § 16 Nr 3 VOB/B (dazu u Rn 65 ff), oder schließlich eine Stundung des Werklohns über die Abnahme hinaus, vgl wiederum § 16 Nr 3 Abs 1 VOB/B.

Nicht näher geregelt ist die Fälligkeit des Werklohns bei vorzeitiger Beendigung des Vertrages (vgl dazu u Rn 8 f).

II. Abnahme und Zahlung des Werklohns

1. Regelfall der Abnahme

Nimmt der Besteller das Werk ab, hat er den Werklohn zu zahlen. Dies gilt auch 5 dann, wenn ihm das Werk vorzeitig angedient wird; mit der freiwilligen Entgegennahme der Werkleistung verzichtet der Besteller auf den Einwand späterer Fälligkeit.

Wenn der Besteller bei der Abnahme Mängel rügt, beeinflußt das nur die Durchsetzbarkeit der Werklohnforderung. Soweit ihm ein Nachbesserungsanspruch zusteht, schuldet er den Werklohn nur Zug um Zug gegen Beseitigung der Mängel, § 320. Die Wertverhältnisse können dazu führen, daß er den Werklohn teils uneingeschränkt, teils eingeschränkt schuldet, vgl § 641 Abs 3, wobei die Beweislast für einen übermäßigen Einbehalt beim Unternehmer liegt (BGH NJW-RR 1997, 18). Die Einrede des § 320 steht dem Besteller auch dann zu, wenn er Mängel nachträglich entdeckt und den Werklohn noch nicht (voll) entrichtet hat. Soweit ein Nachbesserungsanspruch ausscheidet, weil die Nachbesserung unmöglich ist oder das Nachbesserungsrecht des Unternehmers sonst überwunden ist (§§ 636, 281 Abs 2, 323 Abs 2), ist ein entsprechender Abzug von der Werklohnforderung zu machen.

2. Unberechtigte Abnahmeverweigerung

a) Die Verweigerung der Abnahme ist unberechtigt, wenn Mängel des Werkes 6 objektiv nicht vorliegen; später entdeckte Mängel können sie also nachträglich als berechtigt erscheinen lassen. Die Annahme von Mängeln setzt voraus, daß entweder der Unternehmer sie einräumt oder der Besteller Mängelrügen erhebt. Näher zu belegen hat der Unternehmer die Mangelfreiheit zunächst nicht (vgl OLG Hamm NJW-RR 1994, 474), er hat nur entsprechenden Behauptungen des Bestellers substantiiert entgegenzutreten. Auf der anderen Seite braucht der Besteller nur die äußeren Mängelerscheinungen zu benennen, nicht aber ihre Ursachen. Bei Bagatellcharakter eines Mangels kann die Verweigerung der Abnahme uU unzulässig sein (vgl BGH NJW-RR 1996, 1280).

b) Ist danach von *Mangelfreiheit* auszugehen, ist die *Werklohnforderung fällig* (vgl MünchKomm/SOERGEL Rn 1; SOERGEL/TEICHMANN Rn 14). Zur Begründung kann man an die bestehende Abnahmereife anknüpfen (so OLG Saarbrücken OLGZ 1968, 317 f), oder an den Annahmeverzug des Bestellers (so PIETSCH 191 ff; ERMAN/SEILER Rn 5). Eine besondere Abnahmeerklärung des Bestellers ist nicht erforderlich, sie braucht folgerichtig auch nicht eingeklagt zu werden. Der damit verbundene Aufschub würde die berechtigten Interessen des Unternehmers beeinträchtigen (Zinslauf, Gefahrtragung).

3. Berechtigte Abnahmeverweigerung

7 Im Falle der berechtigten Abnahmeverweigerung soll die *Werklohnklage – mangels Fälligkeit –* als zur Zeit *unbegründet* abzuweisen sein (vgl RGZ 171, 297, 301; BGHZ 61, 42; BGH NJW-RR 1992, 1078; BGH NJW 1996, 1280; BGB-RGRK/Glanzmann § 640 Rn 2; Münch-Komm/Soergel Rn 4; **aA** noch RG Recht 1917, Nr 809; HRR 1935, 661; jetzt Soergel/Teichmann Rn 9). Das beruht jedoch auf der irrtümlichen Deutung der Bestimmung des § 641 Abs 1 als einer Regelung der Fälligkeit (vgl o Rn 2 ff) und widerspricht vor allem den Interessen der Parteien. Eine Verurteilung zur Zahlung des Werklohns Zug um Zug gegen die Beseitigung der Mängel (bzw mit entsprechenden Abzügen) wahrt jene des Bestellers und wird denen des Unternehmers gerecht, dem die Möglichkeit eröffnet wird, an den Werklohn zu kommen. Nur dies ist im übrigen prozeßökonomisch.

III. Vorzeitige Abrechnung

1. Vorzeitige Vertragsbeendigung

8 Der Vertrag kann vorzeitig dadurch beendigt werden, daß die eine oder die andere Seite ihn kündigt oder daß er einverständlich aufgehoben wird. Dann ist abzurechnen, auch wenn dies den Zahlungszeitpunkt vorverlegt, und zwar ohne daß eine Abnahme erforderlich wäre (vgl BGH NJW-RR 1996, 883). Dies liegt auf der Hand, wenn eine Nachbesserung nicht mehr in Betracht kommt (vgl BGH NJW 1979, 549, NJW-RR 1996, 883), kann aber nicht anders sein, wenn noch nachzubessern ist. In der letzteren Konstellation wird der Werklohn Zug um Zug gegen Nachbesserung geschuldet.

Soweit die Erteilung einer Rechnung Voraussetzung für die Fälligkeit der Werklohnforderung ist, vgl § 16 Nr 3 VOB/B, § 8 Abs 1 HOAI, wird dieses Erfordernis nicht aufgehoben. Vielmehr ist auch – und gerade – hier prüfbar (u Rn 28 ff) abzurechnen, wenn denn die jetzt restierende Forderung des Unternehmers besonders unübersichtlich ist (erreichter Leistungsstand einerseits, mögliche Abzugspositionen wie ersparte Aufwendungen andererseits). Gleiches gilt, wenn der Besteller wegen eines Mangels oder aus anderen Gründen zurücktritt, §§ 634 Nr 3, 323, 324, 326 Abs 5. Zu den Anforderungen an die Schlußrechnung in diesen Fällen vgl § 649 Rn 24 ff.

2. Obstruktion des Bestellers

9 Zweifel wirft der Fall auf, daß der Besteller die Fertigstellung des Werkes oder auch nur die Beseitigung seiner Mängel behindert. Wenn hier im Ergebnis dem Werklohnanspruch des Unternehmers zum Erfolg zu verhelfen ist, bleiben der Weg dahin und der Umfang des Anspruchs problematisch (vgl auch Seidel JZ 1994, 383).

Unbehelflich ist es (mit BGHZ 50, 175; BGH NJW 1990, 3008; OLG Köln NJW-RR 1996, 624; BGB-RGRK/Glanzmann Rn 5), einen betraglich uneingeschränkten und ohne weiteres durchsetzbaren Zahlungsanspruch des Unternehmers anzunehmen. Es ist erstens nicht ersichtlich, wie eine Vorleistungspflicht des Bestellers konstruiert werden soll, zum anderen müßten jedenfalls die Anrechnungsbeträge der §§ 326 Abs 2 S 2, 649 S 2, in Ansatz gebracht werden; schlechter als in jenen Fällen darf der Besteller auch hier nicht stehen.

Nicht gangbar ist der von HARTMANN (BB 1997, 326), vorgeschlagene Weg über die §§ 322 Abs 2, 3, 274 Abs 2. Denn dazu müßte der Unternehmer den Besteller in Verzug mit der Annahme der fertigen Werkleistung setzen, die er hier aber ja gerade nicht anbieten kann. Der Annahmeverzug des Bestellers nach § 642 bei der Erstellung des Werkes genügt nicht.

Richtig ist, daß der Obstruktion betreibende Besteller sich nicht auf eine fehlende Abnahme berufen kann und auch den Schutz der §§ 320, 322 einbüßt (vgl RGZ 58, 173, 176; 69, 381, 383; BGHZ 50, 175, 177; BGH NJW-RR 1996, 883). Um klare Verhältnisse zu schaffen, wird man aber zu fordern haben, daß der Unternehmer kündigt, was ihm § 643 ermöglicht. Dann kann er nach § 649 abrechnen (vgl näher § 643 Rn 18), was auch das betraglich angemessene Ergebnis liefert (vgl auch § 643 Rn 20 ff zu den in diesem Zusammenhang diskutierten Schadensersatzansprüchen des Unternehmers).

IV. Vorauszahlungen und Abschlagszahlungen

1. Abgrenzung

Daß der Unternehmer nach § 641 das Werk vor der Zahlung des Werklohns zu **10** erstellen hat, kann ihn erheblich belasten. Er trägt damit zunächst das **Risiko der Insolvenz des Bestellers**, das *durch die dinglichen Sicherheiten* der §§ 647, 648 *kaum aufgefangen* wird. Gleichzeitig wird ihm damit eine *Vorfinanzierungspflicht auferlegt*, die gerade bei größeren Objekten zu einer schweren Bürde werden kann. Mögliche Mittel der Abhilfe sind hinsichtlich des erstgenannten Risikos *Sicherheitsleistungen* des Bestellers, vgl auch § 648a, hinsichtlich beider Risiken **Vorauszahlungen** und **Abschlagszahlungen** auf den Werklohn. Dabei sind *Vorauszahlungen solche Zahlungen, die wirtschaftlich durch entsprechende Leistungen des Unternehmers noch nicht abgedeckt sind, während Abschlagszahlungen ihnen wertmäßig entsprechende Leistungen des Unternehmers voraussetzen* (vgl BGH NJW 1986, 1681, 1682; 1992, 1107; NICKLISCH/WEICK § 16 Rn 8; INGENSTAU/KORBION/LOCHER § 16 Rn 81). *Vorauszahlungen* sind deshalb für den Besteller besonders *gefährlich*, weil sie das Risiko der Insolvenz und die Last der Vorfinanzierung zu seinen Ungunsten umkehren. Aber auch Abschlagszahlungen können sich dann als nachteilig erweisen, wenn das Werk unvollendet bleibt, untergeht oder mangelhaft gerät. Immerhin sind sie weit weniger bedenklich als Vorauszahlungen.

Die Abgrenzung beider Zahlungsarten kann Probleme bereiten. *Abgrenzungskriterium* kann nicht die Ausdrucksweise der Parteien sein; vielmehr müssen *objektive wirtschaftliche Kriterien* den Ausschlag geben.

Danach liegen Abschlagszahlungen jedenfalls insoweit vor, *wie das Werk selbst schon* **11** durch die Tätigkeit des Unternehmers *eine Wertsteigerung gefunden* hat. Der Begriff ist aber weiter zu fassen. Abschlagszahlungen liegen auch schon dann vor, wenn ihnen *Vorbereitungshandlungen* des Unternehmers *für das konkrete Werk* gegenüberstehen, bei denen gesichert ist, daß sie diesem zugutekommen, vgl § 632a und die verallgemeinerungsfähige Begriffsbestimmungen in § 16 Nr 1 Abs 1 S 3 VOB/B (dazu § 632a Rn 16). Sonstige Vorbereitungshandlungen des Unternehmers wie zB der Materialeinkauf können keine Abschlagszahlungen auslösen. Zahlungen, die diese ermöglichen sollen, sind Vorauszahlungen.

Voraus- und Abschlagszahlungen sind nur vorläufige Zahlungen; sie sind zu erstatten, wenn ihnen im Ergebnis Leistungen des Unternehmers nicht deckend gegenüberstehen, wobei die Erstattungspflicht aus der Zahlungsabrede folgt, nicht aus § 812 (BGH NJW 1999, 1867, 1869), wenn denn der Vertrag den Rechtsgrund bildet. Die Darlegungs- und Beweislast für die Zahlung rechtfertigende Leistungen liegt bei dem Unternehmer (BGH aaO). Fehlt es an einer Abrechnung des Unternehmers, sind an die Substantiierung der Klage des Bestellers auf Rückzahlung eines Überschusses keine überhöhten Anforderungen zu stellen.

2. Vorauszahlungen

a) Allgemeines

12 **aa)** *Vorauszahlungen* kann der Unternehmer *nicht beanspruchen*, sofern sie nicht besonders mit dem Besteller vereinbart worden sind. Verlangt er ohne eine entsprechende Vereinbarung Vorauszahlungen oder macht er gar die Fortführung der Arbeiten von ihnen abhängig, so begeht er eine Pflichtverletzung, die ihn schadensersatzpflichtig machen und ein Recht des Bestellers zum Rücktritt, § 324, oder zur Kündigung aus wichtigem Grund auslösen kann.

Die *Vereinbarung von Vorauszahlungen* erfolgt vielfach *einzelvertraglich* und entspricht insoweit oft schon der *Verkehrssitte*, zB beim Erwerb von Fahrkarten oder Eintrittskarten, oder *branchentypischen Üblichkeiten*, zB bei kleineren Reparaturverträgen. Sie ist grundsätzlich nicht zu beanstanden. Bedenken aus § 138 sind nur in Ausnahmefällen denkbar, vgl auch die Zulassung von Vorschüssen in § 669. Die Annahme von Sittenwidrigkeit kommt in Betracht, wenn die Vorauszahlungen besonders hoch sind und jegliche Sicherheiten für den Besteller für eine vertragsgemäße Verwendung der Gelder fehlen.

13 **bb)** Soweit *AGB des Unternehmers* Vorauszahlungen des Bestellers vorsehen, ist es zunächst zweifelhaft, ob Prüfungsmaßstab § 309 Nr 2a ist, weil damit (mittelbar) ein Zurückbehaltungsrecht des Bestellers nach § 320 ausgeschlossen wird, oder nur *allgemein § 307*. Das letztere dürfte vorzuziehen sein, weil sich dadurch durchaus auch sachgerechte Ergebnisse erzielen lassen und der Gedanke des § 320 auch so keineswegs ausgeschlossen wird (vgl Ulmer/Brandner/Hensen § 11 Nr 2 a Rn 11; Staudinger/Coester-Waltjen [1998] § 11 Nr 2 AGBG Rn 1, 7; Palandt/Heinrichs § 309 Rn 13; aA Münch-Komm/Basedow § 11 Nr 2 Rn 8 ff; Tonner DB 1980, 1629; NJW 1985, 111). Auch BGH NJW 1985, 850; 1985, 1613; 1987, 1931 gehen von § 9 AGBG/§ 307 als Prüfungsmaßstab aus.

(1) *Ausgangspunkt* der Überlegungen zu § 307 muß es sein, daß der *Austausch der Leistungen beim Werkvertrag als einem gegenseitigen Vertrag eigentlich gleichzeitig erfolgen müßte*. Da das praktisch nicht möglich ist, konzentriert § 641 die Leistung des Unternehmers auf die Ablieferung des Werkes und eröffnet so den Weg zu einem

Leistungsaustausch Zug um Zug. Das ist aber nur eine der denkbaren Lösungsmöglichkeiten. Eine *sukzessive Zahlung des Werklohns – in Form von Abschlagszahlungen* – würde dem Grundgedanken der §§ 320 ff noch eher entsprechen. Und wenn § 641 aus der Unmöglichkeit einer unmittelbaren Anwendung des § 320 auf den Werkvertrag Konsequenzen zieht, die zu Lasten des Unternehmers gehen, so ist es doch auch denkbar, die Problematik auf einem Wege zu lösen, der stärker zu Lasten des Bestellers geht. Daraus folgt, daß *Vorauszahlungspflichten des Bestellers nicht von vornherein insgesamt als unangemessen zu verwerfen* sind (vgl auch BGH NJW 1987, 1613).

(2) Als *zulässig* müssen zunächst solche Anzahlungen des Bestellers anerkannt **14** werden, die nur *mögliche Ansprüche des Unternehmers aus § 649 S 2* bei vorzeitiger Vertragsbeendigung *abdecken sollen* (vgl zu ihrer Bemessung § 649 Rn 21 ff).

(3) Darüber hinaus kommt es *entscheidend* darauf an, ob und inwieweit dem Besteller **hinreichende Sicherheiten für die Vertragsdurchführung einschließlich der Gewährleistung** geboten werden (vgl dazu BGH NJW 1986, 1614; 1987, 1931, 1932 [beide zum Reisevertragsrecht]; 1992, 1107; vgl aber auch BGHZ 87, 309, 318 = NJW 1983, 2817 [Heiratsvermittlung], wo dieser Aspekt nicht herausgestellt wird). Es kann insoweit die Bestimmung des § 16 Nr 2 VOB/B als vorbildlich dienen (dazu u Rn 15).

(4) Dagegen müssen *sonstige Gesichtspunkte* grundsätzlich zurücktreten. Die bloße Üblichkeit rechtfertigt Vorauszahlungen ebensowenig wie das Finanzvolumen des Werkvertrages; letzteres kann nur durch Abschlagszahlungen Berücksichtigung finden.

b)   Verrechnung von Vorauszahlungen
Die Verrechnung zulässiger Vorauszahlungen ist Sache der Parteivereinbarungen; *im* **15** *Zweifel* sind sie *auf die nächstfälligen Zahlungen* des Bestellers zu verrechnen.

c)   Regelung der VOB/B
Die VOB/B regelt Vorauszahlungen in § 16 Nr 2: **16**

> (1) Vorauszahlungen können auch nach Vertragsabschluß vereinbart werden; hierfür ist auf Verlangen des Auftraggebers ausreichende Sicherheit zu leisten. Diese Vorauszahlungen sind, sofern nichts anderes vereinbart wird, mit 3 v.H. über dem Basiszinssatz des § 247 BGB zu verzinsen.

> (2) Vorauszahlungen sind auf die nächstfälligen Zahlungen anzurechnen, soweit damit Leistungen abzugelten sind, für welche die Vorauszahlungen gewährt worden sind.

aa) Der *Anspruch des Bestellers auf Sicherheitsleistung* entsteht „von selbst" nur dann, wenn die Vorauszahlung nachträglich vereinbart wird; sonst ist er *von einer entsprechenden Vereinbarung der Parteien abhängig* (INGENSTAU/KORBION/LOCHER § 16 Rn 84 f).

bb) Der Anspruch des Bestellers auf die Sicherheitsleistung entsteht *nur bei ent-* **17** *sprechendem Verlangen des Bestellers*; von sich aus braucht der Unternehmer die Sicherheitsleistung also nicht anzubieten.

Die Ansprüche auf die Sicherheitsleistung einerseits und die Vorauszahlung andererseits sind *Zug um Zug abzuwickeln*, § 320 (aA INGENSTAU/KORBION/LOCHER § 16 Rn 87, der § 273 anwenden will).

cc) Die *Sicherheitsleistung* richtet sich nach § 17 VOB/B (dazu u Rn 50 ff). Sie ist *nach Erreichung des Sicherungszwecks* zurückzugeben. Der Höhe nach darf eine übermäßige Absicherung des Bestellers nicht eintreten.

Die Verzinsungspflicht des Unternehmers ist abdingbar.

dd) Zur *Verrechnung von Vorauszahlungen* vgl § 16 Nr 2 Abs 2. Die Bestimmung hat Vorrang vor den §§ 366 f.

3. Abschlagszahlungen

18 Abschlagszahlungen werden geschuldet kraft entsprechender Vereinbarungen der Parteien, sonst nach § 632a, gegenüber dem Architekten nach § 8 Abs 2 HOAI. Die VOB/B sieht sie in § 16 Nr 1 vor. Die Makler- und BauträgerVO sieht in ihrem § 3 Abs 2 bestimmte Vomhundertsätze vor, die ein Bauträger maximal entsprechend dem Leistungsstand fordern darf.

Zu den Einzelheiten vgl näher bei § 632a.

V. Stundung des Werklohns, Zahlungsverzug, Einbehalte

1. Stundung des Werklohns

19 a) Individualvertraglich kann es ohne weiteres vereinbart werden, daß der Werklohn zu einem späteren Zeitpunkt gezahlt wird, als er sich aus den §§ 271, 641 Abs 1 ergibt. Damit wird eine Vorleistungspflicht des Unternehmers begründet, die als solche noch nicht anstößig ist.

b) Allgemeine Geschäftsbedingungen des Bestellers können dadurch mittelbar zu einer Stundung des Werklohns führen, daß sie die Abnahme der Werkleistung hinauszögern (vgl dazu § 640 Rn 48). Direkte Stundungsregelungen weichen regelmäßig von dem Leitbild des § 641 Abs 1 ab, daß der Unternehmer mit der Ablieferung des Werkes auch seinen Lohn verdient hat, und benachteiligen ihn damit unangemessen iSd § 307 Abs 2 Nr 1.

c) Wenn die Erteilung einer prüfungsfähigen Rechnung als Fälligkeitsvoraussetzung gesetzlich vorgeschrieben, vgl § 8 HOAI, oder sonst vereinbart ist, vgl § 16 Nr 3 VOB/B (dazu u Rn 65 ff), liegt darin allein noch keine Stundung der Werklohnforderung für jenen Zeitraum, der für eine sachgerechte Prüfung notwendig ist, vgl § 8 Abs 1 HOAI, der nur an die Erteilung der Rechnung anknüpft. Der Besteller gerät vielmehr nur nicht in Verzug, solange jener Zeitraum noch nicht verstrichen ist.

Es benachteiligt den Unternehmer freilich nicht unangemessen iSd § 307 Abs 2 Nr 1, wenn der Besteller, dem eine prüfungsfähige Rechnung zusteht, in seinen AGB dann auch einen angemessenen Prüfungszeitraum als Voraussetzung der Fälligkeit – und

Titel 9 · Werkvertrag und ähnliche Verträge § 641
Untertitel 1 · Werkvertrag 20–22

nicht erst des Verzuges – vorsieht. Unangemessen kann nur die Bemessung dieses Zeitraums sein. Sie ist es – und damit unwirksam nach § 307 Abs 2 Nr 1 – im Falle des § 16 Nr 3 Abs 1 VOB/B. Die dortigen zwei Monate werden vielfach nicht benötigt, zB nicht bei einem eingehaltenen Pauschalpreis.

2. Zahlungsverzug des Bestellers

Der Unternehmer kann den Zahlungsverzug des Bestellers nach der Abnahme nach 20
§ 286 Abs 1, 3 durch Mahnung oder Rechnungstellung herbeiführen. Freilich ist jener Zeitraum, den der Besteller für eine angemessene Prüfung der Werklohnforderung, namentlich einer erteilten Rechnung in Anspruch nehmen kann, in § 286 Abs 3 einberechnet; 30 Tage nach Rechnungserteilung tritt auch bei Prüfungsbedürfnis Verzug ein. Erfolgt eine Mahnung während eines angemessenen Prüfungszeitraums, ist sie nicht unwirksam, sondern entfaltet ihre Wirkung mit seinem Ablauf.

Unangemessen iSd § 307 Abs 2 S 1 ist die nach § 16 Nr 5 Abs 3 VOB/B bei Zahlungsverzögerung zu setzende Nachfrist. Nach dem Leitbild des § 286 Abs 1 löste die Mahnung den Verzug – Verschulden vorausgesetzt – umgehend, nicht erst nach Fristablauf aus.

3. Einbehalte

a) Einbehalte von der Werklohnforderung sind zur Absicherung der Gewährlei- 21
stungsansprüche des Bestellers gegen noch unbekannte Mängel für die Dauer der Gewährleistungsfristen verbreitet. Sie verstoßen gegen das Leitbild des § 641 Abs 1, daß der Werklohn mit der Abnahme verdient ist, und werden auch nicht hinreichend durch das Interesse des Bestellers gerechtfertigt, gegen mögliche und nie auszuschließende Mängel gesichert zu sein, sind also mit § 307 nicht vereinbar, sofern die Regelung für den Unternehmer nicht hinreichend abgemildert wird (vgl BGHZ 136, 27). Dem Unternehmer muß jedenfalls das Risiko zwischenzeitlicher Insolvenz des Bestellers genommen und der Zugriff auf die Zinsen des Betrages gegeben werden. Das kann geschehen durch Einzahlung des Einbehalts auf ein Sperrkonto mit Zinsberechtigung des Unternehmers oder durch Ablösung durch eine Bankbürgschaft, die freilich nicht auf erstes Anfordern gestellt sein darf (BGH aaO, vgl näher die Regelung des § 17 VOB/B, dazu u Rn 50). – Die angemessene prozentuale Höhe des Einbehalts muß den Gegebenheiten des konkreten Falles Rechnung tragen und kann nicht generell ausgeworfen werden. Bedenklich INGENSTAU/KORBION/JOUSSEN § 17 Rn 33: bis zu 10%. § 14 Nr 2 S 3 VOB/A gibt vielmehr für die Gewährleistung 3% vor.

b) Ohne weiteres zulässig und jetzt in § 641 Abs 3 ausdrücklich anerkannt ist ein 22
Zurückbehaltungsrecht des Bestellers **wegen** bekannter **Mängel**.

aa) Das Zurückbehaltungsrecht stützt sich dogmatisch auf § 320. Es setzt damit einen Gegenanspruch des Bestellers voraus, der in seinem **Anspruch auf Mängelbeseitigung** zu sehen ist. Wo diese nicht möglich oder nicht gewollt oder nicht zumutbar ist, gibt es das Zurückbehaltungsrecht nicht; wegen § 215 schadet der Eintritt der Verjährung des Anspruchs auf Mängelbeseitigung nicht. Das ist von Bedeutung für die Höhe des Einbehalts: Wegen des Zurückbehaltungsrechts beim Anspruch auf Mängelbeseitigung gibt es einen Druckzuschlag (s sogleich), der bei **Minderung und**

Schadensersatz entfällt; letztere werden „zum Nennwert gehandelt", sind nur in ihrer konkreten Höhe abzusetzen.

bb) Irreführend spricht § 641 Abs 3 von einer Leistungsverweigerung *nach der Abnahme*. Das übersieht, daß der Besteller schon vorher nach § 632a oder kraft spezieller Vereinbarung zu *Abschlagszahlungen* verpflichtet sein kann. Wenn es auch seinen Nachbesserungsanspruch jetzt schon gibt, vgl § 633 Rn 88 ff, 91, muß es auch bereits jetzt schon zur Grundlage eines Zurückbehaltungsrechts gemacht werden können. Es wäre auch schlechthin unzumutbar für den Besteller, mangelhafte Leistungen voll zu vergüten und nicht einen Anreiz für ihre Beseitigung setzen zu können.

23 cc) Bei der Bemessung der einzubehaltenden Summe bilden die *Kosten der Mängelbeseitigung* den Ausgangspunkt. Daß dazu nicht die volle offene Werklohnforderung benötigt wird, hat der Unternehmer darzutun und zu beweisen, wie die Grundregel des § 320 Abs 2 ergibt (BGH NJW-RR 1997, 18). Wenn dieser Betrag nach § 641 Abs 3 zu vervielfältigen ist, geschieht das aus der Überlegung heraus, daß der Unternehmer zur Nachbesserung wenig motiviert sein wird, wenn er mit ihr nur so viel an Werklohn realisieren kann, wie sie ihn auch wieder kostet. Die Nachbesserung ist lästig und geriete so zum „Nullsummenspiel". Es kann und muß deshalb **Druck** ausgeübt werden. Dazu ist das Dreifache ein bewährter Betrag.

Freilich muß man sehen, daß bei geringem Nachbesserungsvolumen das Dreifache nicht genügen wird, es muß uU kräftig aufgestockt werden. § 641 Abs 3 erlaubt das. Umgekehrt würde bei hohem Nachbesserungsvolumen auch weniger als das Dreifache ausreichen; bedenklich, daß § 641 Abs 3 hier eine Untergrenze zieht. Immerhin hat das Dreifache – nach oben wie nach unten – Leitbildfunktion für AGB der einen oder der anderen Seite (vgl auch KNIFFKA ZfBR 2000, 227, 232).

Der Besteller muß darlegen und glaubhaft machen, daß ein höherer Einbehalt als das Dreifache geboten ist, sobald die Kosten der Mängelbeseitigung ermittelt sind. Ein etwaiger Sicherheitseinbehalt hindert ihn daran nicht (vgl BGH NJW 1982, 2494). Denn er ist nicht geeignet, jetzt Druck auf den Unternehmer auszuüben.

Die Möglichkeit des Druckzuschlags entfällt, wenn der Besteller wegen der Nachbesserung im Annahmeverzug ist; dann kann er nur den einfachen Betrag einbehalten (BGH NZBau 2002, 381).

24 dd) Das Zurückbehaltungsrecht des Bestellers schließt – soweit es besteht – seinen Zahlungsverzug aus. Es kann durch Sicherheitsleistung nicht abgewendet werden, § 320 Abs 1 S 3.

Da das Zurückbehaltungsrecht akzessorisch zum Anspruch auf Nacherfüllung ist, entfällt es mit diesem, wenn etwa die Nacherfüllung nicht möglich ist oder vom Unternehmer zu Recht nach § 635 Abs 3 verweigert wird oder wenn der Besteller zu seinen sekundären Rechten aus § 634 Nrn 2–4 übergeht. Namentlich der Anspruch auf Kostenvorschuß nach § 637 Abs 3 kann dem Werklohnanspruch nur in einfacher Höhe entgegengesetzt werden.

VI. Erteilung einer Rechnung

1. Anspruch auf Erteilung einer Rechnung

a) Der zum Vorsteuerabzug berechtigte Besteller hat gemäß den *§§ 14 Abs 1 S 1* **25**
UStG, 242 Anspruch auf Erteilung einer seinen steuerlichen Belangen genügenden –
namentlich die Umsatzsteuer gesondert ausweisenden und ihn als Leistungsempfänger nennenden – Rechnung (BGHZ 103, 285; 120, 315), bis zu deren Erteilung ihm
gegenüber dem Werklohn ein Zurückbehaltungsrecht nach § 273 zusteht (vgl OLG
München NJW 1988, 270; SOERGEL/HUBER § 433 Anh I Rn 34). Wird die Rechnung verspätet
erstellt, kann das zu einer Schadensersatzpflicht des Unternehmers aus Verzug führen (vgl BGH NJW-RR 1991, 793).

b) Darüberhinaus kann sich ein berechtigtes Interesse des Bestellers an einer **26**
Rechnung in doppelter Hinsicht ergeben: Er benötigt sie zT zur anderweitigen Kostenerstattung nach § 670 bzw zur ordentlichen Führung seiner eigenen Unterlagen.
Außerdem sind die Fälle zahlreich, in denen es dem Besteller nicht ohne weiteres
ersichtlich ist, wie sich die Werklohnforderung in ihrer konkreten Höhe errechnet.
Dann hat er in entsprechender Anwendung des § 666 einen Anspruch darauf, daß
ihm der Unternehmer eine nachvollziehbare, prüfungsfähige Rechnung erteilt;
PALANDT/HEINRICHS § 271 Rn 7 stützt ihn auf die §§ 157, 242; im Bereich der
VOB/B folgt er aus § 14 Nr 1 (OLG Dresden BauR 2000, 103). Dieser Anspruch besteht
auch dann, wenn die Vorlage einer Rechnung Fälligkeitsvoraussetzung für den Werklohn ist wie nach den §§ 8 Abs 1 HOAI, 16 Nr 3 Abs 1 VOB/B, und sogar dann, wenn
der Besteller das Recht zur eigenen Rechnungsaufstellung hat wie ggf nach § 14 Nr 4
VOB/B, weil ihn das überfordern könnte und er sich der Begleichung seines allfälligen Kostenerstattungsanspruchs nicht sicher sein kann. Den Anspruch auf Ausstellung einer Rechnung bei nicht liquiden Forderungen wird man als durch § 320
sanktioniert ansehen müssen, so daß einstweilen Zahlungsverzug des Bestellers auch
dann ausgeschlossen ist, wenn er sich nicht auf seinen Anspruch auf die Rechnung
beruft. Er „kann" gar nicht zahlen.

2. Rechnung als Fälligkeitsvoraussetzung

Von dem Anspruch auf Ausstellung einer Rechnung zu unterscheiden ist die Frage, **27**
ob diese – neben ggf weiteren Voraussetzungen – den Werklohn überhaupt erst fällig
werden läßt.

Das sieht die HOAI in § 8 Abs 1 vor, die Vereinbarung der Parteien in § 16 Nr 3
Abs 1 S 1 VOB/B für die Schlußzahlung des Auftraggebers, in § 16 Nr 1 Abs 1 VOB/
B für Abschlagszahlungen. Auch sonst sind *Vereinbarungen dieser Art möglich* (OLG
Düsseldorf NJW-RR 1999, 527) *und auch in AGB nicht zu beanstanden.* Die Frage, ob eine
generelle stillschweigende Vereinbarung angenommen werden kann, ist zu verneinen
(vgl BGHZ 79, 176 = NJW 1981, 814; OLG Köln BauR 1996, 725; PALANDT/HEINRICHS § 271 Rn 7;
NICKLISCH/WEICK § 14 Rn 1; aA STAUDINGER/PETERS [2000] Rn 15; PETERS NJW 1977, 552; ROTHER
AcP 164, 106). Die berechtigten Belange des Bestellers werden durch sein Zurückbehaltungsrecht hinreichend gewahrt. Gleichzeitig werden dem Unternehmer Möglichkeiten der Manipulation am Verjährungsbeginn genommen, die wegen § 199
Abs 1 nachhaltig sein können.

3. Prüfbarkeit der Rechnung

28 Für Rechnungen gilt das Gebot der Prüfbarkeit, das § 8 Abs 1 HOAI nennt und die VOB/B mehrfach (§§ 14 Nr 1, 16 Nr 1 Abs 1 S 2, Nr 3 Abs 1). Wo nicht unmittelbar Wirkungen an die Prüfbarkeit einer Rechnung geknüpft werden, ist sie prozessual immerhin zur Substantiierung des Vorbringens erforderlich (vgl OLG Düsseldorf BauR 1996, 594, OLG Celle BauR 1997, 1052).

a) Prüfbarkeit ist nicht mit Richtigkeit der Rechnung gleichzusetzen (BGH NJW 1998, 135); nicht einmal die Erbringung der berechneten Leistungen ist für sie Voraussetzung (BGH NJW-RR 1999, 95, 96). Es soll vielmehr dem *Informations- und Kontrollinteresse* des Bestellers Rechnung getragen werden (BGH NJW-RR 1999, 95).

29 Dabei kommt es ganz auf die Einzelheiten der abzurechnenden Leistungen an. Im Baubereich vorbildlich ist die Bestimmung des § 14 Nrn 1 und 2 VOB/B:

> 1. Der Auftragnehmer hat seine Leistungen prüfbar abzurechnen. Er hat die Rechnungen übersichtlich aufzustellen und dabei die Reihenfolge der Posten einzuhalten und die in den Vertragsbestandteilen enthaltenen Bezeichnungen zu verwenden. Die zum Nachweis von Art und Umfang der Leistung erforderlichen Mengenberechnungen, Zeichnungen und andere Belege sind beizufügen. Änderungen und Ergänzungen des Vertrags sind in der Rechnung besonders kenntlich zu machen; sie sind auf Verlangen getrennt abzurechnen.
>
> 2. Die für die Abrechnung notwendigen Feststellungen sind dem Fortgang der Leistung entsprechend möglichst gemeinsam vorzunehmen. Die Abrechnungsbestimmgunen in den Technischen Vorschriften und den anderen Vertragsunterlagen sind zu beachten. Für Leistungen, die bei Weiterführung der Arbeiten nur schwer feststellbar sind, hat der Auftragnehmer rechtzeitig gemeinsame Feststellungen zu beantragen.

Die hier aufgestellten Grundsätze gelten im Baubereich auch über den der VOB/B hinaus (OLG Hamm BauR 1996, 594).

30 b) Die Abrechnungspflicht betrifft die Vergütungsansprüche, diese freilich in einem weiteren Sinne verstanden. Vergütungsansprüche sind insoweit auch jene *Ansprüche*, die dem Unternehmer *bei eigenmächtiger Ausführung von Leistungen* nach § 2 Nr 8 Abs 2 VOB/B zustehen, ferner jene, die ihm *im Falle von Behinderungen* aus den Bestimmungen des § 6 Nr 5, 6 erwachsen, schließlich die *Ansprüche bei Kündigung* des Bestellers nach § 8 Nr 1 Abs 2 VOB/B oder bei eigener Kündigung nach § 9 Nr 3. Dagegen bezieht sich die Abrechnungspflicht *nicht auf Schadensersatzansprüche*, wie sie dem Unternehmer aus Verzug, §§ 280 Abs 1, 241 Abs 2 oder Delikt oä gegenüber dem Besteller zustehen können, erst recht *nicht auf Gegenforderungen des Bestellers* oder auf *von diesem geleistete Zahlungen*, auch wenn der Unternehmer jedenfalls letztere in seine Abrechnung aufnehmen wird.

Die Abrechnungspflicht entsteht bei jeder Rechnung, Abschlags- (BGH NJW 1999, 713), wie Schlußrechnung. Sie entfällt auch beim Pauschalpreisvertrag nicht, erschöpft sich hier aber in der Bezugnahme auf den Pauschalpreis (BGH BauR 1979, 525 = LM § 16 VOB/B Nr 3; OLG Düsseldorf BauR 1993, 508), wenn nicht weiteres mitabzurechnen ist.

c) Wie die Prüfbarkeit der Rechnung herbeizuführen ist, bestimmen S 1 bis 4 in **31**
§ 14 Nr 1 näher. Aus ihnen ergibt sich der allgemein geltende Grundsatz, daß *die Leistungen* nicht nur aufzuführen, sondern auch – soweit möglich – *zu belegen sind.* Dies geschieht beim Einheitspreisvertrag durch die Ermittlung der tatsächlich erbrachten Leistungen, das sog Aufmaß, von dem § 14 Nr 2 handelt. Ohne Aufmaß ist eine Schlußrechnung beim Einheitspreisvertrag nicht prüfbar (BGH NJW 2002, 676).

aa) Um Streitigkeiten vorzubeugen, sieht § 14 Nr 2 S 1 vor, daß das Aufmaß „möglichst gemeinsam" vorzunehmen ist.

Dieser Formulierung ist zu entnehmen, daß eine *Rechtspflicht* zur Mitwirkung am Aufmaß grundsätzlich *nicht* angenommen werden kann (vgl INGENSTAU/KORBION/U LOCHER § 14 Rn 30; **aA** NICKLISCH/WEICK § 14 Rn 17). Damit entfallen Schadensersatzansprüche aus der Verweigerung der Mitwirkung. Die *Sanktionen* unterlassener Mitwirkung sind vielmehr *andere*: Mit INGENSTAU/KORBION/U LOCHER § 14 Rn 31 ist eine entsprechende Obliegenheit beider Seiten anzunehmen mit der Folge, daß bei einer ungerechtfertigten Mitwirkungsverweigerung des Bestellers eine *Behinderung des Unternehmers* eintritt, sofern eine Fortführung der Leistungen eine spätere Feststellung behindert oder gar ausschließt. Das führt zu Ansprüchen des Unternehmers aus § 6 Nr 6 VOB/B bzw § 642. Mit INGENSTAU/KORBION/U LOCHER ist ferner anzunehmen, daß sich dann, wenn der Unternehmer nicht die Konsequenz einer einstweiligen Einstellung seiner Leistungen zieht, sondern weitere erbringt, die seine bisherigen verdecken, zu seinen Gunsten *Beweiserleichterungen* hinsichtlich der bisherigen Leistungen eintreten, die allerdings wohl schwerlich zu einer vollständigen Umkehrung der Beweislast führen können, wie dies INGENSTAU/KORBION/U LOCHER annimmt.

Die so umrissene *Obliegenheit zur Mitwirkung beim Aufmaß* ist *auch außerhalb des Anwendungsbereichs der VOB/B aus § 242 herzuleiten* (vgl OLG Köln NJW 1973, 2111; INGENSTAU/KORBION/U LOCHER § 14 Rn 31).

Als zusätzliche Voraussetzung für die Fälligkeit des Werklohns kann eine Vereinbarung gemeinsamen Aufmaßes nicht angenommen werden (BGH NJW-RR 1999, 1180).

bb) Gibt der Unternehmer dem Besteller keine zumutbare Gelegenheit zur Mitwirkung beim Aufmaß, dann kann der Besteller *Mehrkosten für ein eigenes Aufmaß*, zB aus der dadurch notwendigen Einschaltung eines Sachverständigen, aus den §§ 280 Abs 1, 241 Abs 2 liquidieren (INGENSTAU/KORBION/U LOCHER § 14 Rn 32).

cc) Festzustellen sind *die tatsächlichen Umstände, die für die Abrechnung von Be-* **32** *deutung sind.* Dabei sind die erbrachten Massen möglichst exakt zu ermitteln (vgl OLG Düsseldorf NJW-RR 1992, 217; 538). Näherungs- oder Hilfsberechnungen bergen die Gefahr von Fehlern in sich. ZB ist abgefahrener Boden lockerer als entnommener und ergibt damit mehr Kubikmeter (vgl OLG Koblenz NJW-RR 1992, 727). Erst recht gilt dies für Schätzungen. Etwaige *Mängel* sind *nicht* beim Aufmaß, sondern bei der von diesem zu unterscheidenden Abnahme festzustellen (und vor dem Hintergrund des § 640 Abs 2 vom Besteller zu rügen).

Das gemeinsame Aufmaß muß *in zweckmäßigen Abständen* genommen werden, wobei insbesondere zu berücksichtigen ist, ob einzelne Teile der geleisteten Arbeiten durch den Baufortschritt verdeckt werden. Anlaß für ein vorzeitiges Teilaufmaß kann es aber auch sein, daß Abschlagszahlungen vereinbart sind, die an bestimmte Abschnitte im Baufortschritt gekoppelt sind, oder § 632a eingreift. Jedenfalls kann keine Seite ihre Mitwirkung grundsätzlich deswegen verweigern, weil die Leistung noch nicht insgesamt abgeschlossen ist. Gerade hier sind *Abnahme und Aufmaß zu unterscheiden.*

dd) Das gemeinsame Aufmaß stellt grundsätzlich *ein abstraktes Schuldanerkenntnis nicht* dar, weil es am selbständigen Verpflichtungswillen der Parteien mangelt. Es ist aber ein *deklaratorisches Schuldanerkenntnis* anzunehmen (vgl OLG Köln JMBl NRW 1968, 248, 250 = MDR 1968, 148; OLG Hamm BauR 1992, 242, INGENSTAU/KORBION/U LOCHER § 14 Rn 35; NICKLISCH/WEICK § 14 Rn 20), dh es entfaltet *bindende Wirkung, die sich* freilich *auf den Gegenstand des Aufmaßes beschränkt*, also auf die Frage, was ausgeführt ist, nicht auf die weiteren Fragen, ob es in Auftrag gegeben war und ob es mangelfrei ist (vgl BGH NJW 1974, 646). Auch die weiteren Fragen, ob die Leistung so richtig – unter dieser Position und zu diesem Preis – in Rechnung gestellt wurde, werden durch das Aufmaß nicht präjudiziert (vgl BGH NJW-RR 1992, 727). *Das Aufmaß beweist* dann den Umfang der ausgeführten Arbeiten und kann nur durch einen doppelten Nachweis entkräftet werden: Daß es unrichtig sei und daß die die Unrichtigkeit begründenden Tatsachen erst späterhin bekannt geworden seien. Dabei ist dann allerdings auch die rechtsgeschäftliche Natur dieses Anerkenntnisses zu berücksichtigen, die es gebietet, eine Berufung auf Irrtümer beim Aufmaß *nur innerhalb der Fristen der §§ 121, 124* zuzulassen (**aA** insoweit offenbar INGENSTAU/KORBION/U LOCHER § 14 Rn 38, vgl aber auch Rn 41).

An das gemeinsame Aufmaß ist auch *der öffentliche Auftraggeber* gebunden (BGH BauR 1975, 211 = MDR 1975, 482; OLG Hamm NJW-RR 1991, 1496; INGENSTAU/KORBION/U LOCHER § 14 § 36; HEIERMANN/RIEDL/RUSAM § 14 Rn 16; LOCHER, Das private Baurecht Rn 196). Eine spätere Überprüfung durch eine Rechnungsprüfungsbehörde ändert daran nichts.

33 ee) Kommt damit dem Aufmaß rechtsgeschäftliche Bedeutung zu, so müssen etwaige *Hilfspersonen* der Beteiligten entsprechende *Vollmachten* besitzen. Davon ist auszugehen beim Architekten des Bestellers, sofern ihm die örtliche Bauaufsicht übertragen ist (BGH NJW 1960, 859; BB 1963, 111; OLG Stuttgart NJW 1966, 1461; LOCHER, Das private Baurecht Rn 196; INGENSTAU/KORBION/U LOCHER § 14 Rn 42), und zwar zeitlich über die Beendigung des Bauvorhabens hinaus (BGH WM 1974, 929), so daß diese eine Anscheinsvollmacht begründende Vermutung im Streitfall vom Besteller zu widerlegen ist.

ff) Die skizzierten Grundsätze über das Aufmaß gelten *im Baurecht allgemein und sind nicht von der Vereinbarung der VOB/B abhängig*.

34 d) Die Prüfbarkeit einer *Architektenrechnung* hängt davon ab, daß der Architekt die bei POTT/DAHLHOFF/KNIFFKA, HOAI § 8 Rn 6 a für den Regelfall wiedergegebene Checkliste von insgesamt 12 Berechnungsfaktoren beachtet hat, zu denen insbesondere die anrechenbaren Kosten, die Honorarzone, der Honorarsatz der in Rechnung gestellten Leistungsphasen gehören. Diesen Anforderungen zu genügen ist schwer. Ein besonderes Problem ergibt sich für den Architekten daraus, daß er die anrechenbaren Kosten von sich aus oft nicht kennt, insoweit auf Angaben des Bauherrn angewiesen ist. Der *Bauherr* ist ihm in soweit *zur Auskunft verpflichtet* und zur Überlassung der einschlägigen Unterlagen. Verweigert der Bauherr dies, darf der Architekt nach BGH NJW 1995, 399 schätzen, wenn er die ihm zugänglichen Unterlagen sorgfältig ausgewertet hat und der Bauherr die fehlenden Angaben unschwer ergänzen kann.

e) Bei der Aufstellung der prüfbaren Rechnung ist grundsätzlich auf das Informationsbedürfnis des Bestellers selbst abzustellen, wie es vom Einzelfall abhängt (BGH NJW 1999, 1867). BGH NJW 1967, 342; 1994, 1238; NJW-RR 1999, 95; NJW 2002, 676 lassen allerdings zutreffend die *Verständlichkeit für Architekten* und sonstige Mitarbeiter des Bestellers genügen, die ihm die Rechnung erläutern können; weiteres würde den Unternehmer, Architekten unzumutbar überfordern. Vgl iü zur Prüfungsfähigkeit der Schlußrechnung BGH NJW-RR 1999, 1541; NJW 2000, 206; 808; KOEBLE BauR 2000, 785.   35

f) Genügt die Rechnung danach nicht den zu stellenden Anforderungen, ist die auf sie gestützte Klage, für die sie Fälligkeitsvoraussetzung ist, nur als zur Zeit unbegründet abzuweisen (BGH NJW 1995, 399; 1999, 1867). Vorab ist das Gericht zu unmißverständlichen Hinweisen nach § 139 ZPO verpflichtet (BGH NJW 1999, 1867).   36

Freilich kann die Prüfbarkeit noch während des Prozesses hergestellt werden, sich ggf auch aus den Schriftsätzen ergeben (OLG Hamm NJW-RR 1998, 811).

Im übrigen betont der BGH neuerdings zutreffend, daß die *Prüfbarkeit von Rechnungen nicht Selbstzweck* sei (vgl BGHZ 136, 342; BGH NJW 1998, 3123; NJW-RR 1999, 95). Das bedeutet: *Rügt der Besteller* die mangelnde Prüfbarkeit *nicht*, sondern läßt sich auf die Rechnung ein, erkennt sie gar als rechnerisch richtig an, kann die Werklohnklage nicht wegen fehlender Prüfbarkeit abgewiesen werden. Damit kommt es praktisch zu einer (zu erhebenden) Einrede der mangelnden Prüfbarkeit.

Die Prüfbarkeit kann sich auch ergeben aus der Bezugnahme auf frühere Teilrechnungen, die ihrerseits prüfbar sind (BGH NJW-RR 1999, 1180), aus prozessualem Vorbringen (OLG Hamm NJW-RR 1998, 811).

Außerdem darf die Unmöglichkeit der genauen Abrechnung den Unternehmer nicht endgültig um seinen Werklohn bringen. Von der Prüfbarkeit ist deshalb ggf nach Treu und Glauben abzusehen, wenn zB die Arbeiten längst beendet sind und dem Unternehmer eine korrekte Abrechnung nicht mehr möglich ist, (vgl BGH MDR 1968, 40; INGENSTAU/KORBION/U LOCHER § 14 Rn 13).

VII. Einzelheiten des Vergütungsanspruchs

1. Zur Bemessung der Werklohnforderung vgl § 632 nebst Erläuterungen.   37

Zur **Fälligkeit** allgemein schon o Rn 4.

Zur Fälligkeit enthält jetzt **§ 641 Abs 2** eine modifizierende Sonderregelung.

a) Die Bestimmung greift ein, wenn der Besteller die Herstellung des Werkes einem Dritten versprochen hat. Typischer Anwendungsbereich ist also die Kette *Besteller/Hauptunternehmer/Subunternehmer*, wo sie das Verhältnis der beiden letzteren betrifft. Sie muß aber doch auch dann anwendbar sein, wenn als Mittelglied ein *Bauträger* – oder eine vergleichbare Person – tätig wird. Das ist selbstverständlich, wenn der Endabnehmer der Werkleistung schon gefunden ist, aber trotz des Gesetzeswortlauts (versprochen hat) auch dann nicht anders, wenn er erst noch gefunden werden soll. Auf die zeitliche Reihenfolge der beiden Vertragsschlüsse kann es nicht ankommen, sobald es beide Verträge gibt, wenn denn nur die Weiterleitung der Werkleistung von vornherein intendiert ist.

38 b) Die Bestimmung soll den Subunternehmer an den Zahlungseingängen beim Hauptunternehmer partizipieren lassen. Das befremdet, wenn es auch böses Blut bei den Subunternehmern erzeugen mag, daß der Hauptunternehmer Zahlungseingänge zu verzeichnen hat, aber seinerseits Zahlungen nicht leistet. Doch ist zunächst zu bedenken, daß diese **beiden Rechtsbeziehungen** im Grundsatz **unabhängig voneinander** sind und sonst auch zu Recht auseinandergehalten werden: Würde der Hauptunternehmer zB in seinen AGB Zahlungen an den Subunternehmer unter den Vorbehalt stellen, daß er seinerseits Zahlungen von seinem Abnehmer erhält, würde das ohne weiteres als Abweichung vom gesetzlichen Leitbild, § 307 Abs 2 Nr 1, und unangemessene Benachteiligung des Subunternehmers betrachtet werden. Der Hauptunternehmer darf eben Risiken aus seinem Verhältnis zu seinem Abnehmer nicht auf den Subunternehmer durchstellen. Damit nicht im Einklang steht es, wenn jetzt Vorteile aus jener Beziehung durch § 641 Abs 2 auf den Subunternehmer durchgestellt werden. Es widerspricht auch dem Grundprinzip unserer Wirtschaftsordnung, daß jeder eben mit jenem Vertragspartner zurechtkommen muß, den er sich selbst gesucht hat.

Befremdlich ist weiter der Charakter der Bestimmung als *Regelung der Fälligkeit*: War die Forderung des Subunternehmers schon fällig, läuft die Bestimmung leer. Dann wäre es allerdings sinnvoll, die Zahlung des Endabnehmers beim Hauptunternehmer zugunsten des Subunternehmers zu vinkulieren. Doch enthält die Bestimmung derlei nicht und wäre dies im übrigen auch rechtstechnisch nicht – oder nur mit unendlichem Aufwand – zu realisieren. – War die Forderung des Subunternehmers aber noch nicht fällig, so hat das seine guten Gründe, die der Gesetzgeber hätte respektieren sollen.

Unabhängig von diesen schwerwiegenden dogmatischen Bedenken wird sich alsbald zeigen, daß eine *praktische Anwendung der Bestimmung kaum möglich* sein wird. Gerichtlich relevant werden kann sie ohnehin nur bei *Zinsansprüchen*, weil die Zeitspanne zwischen „eigentlicher" Fälligkeit und durch § 641 Abs 2 bewirkter Fälligkeit zu gering ist, um gerichtlichen Rechtsschutz durchzusetzen. Denkbar mag es auch sein, daß ein *Arrest* des Subunternehmers gefördert wird, für den freilich nach § 916 Abs 2 ZPO die Fälligkeit der Forderung nicht einmal notwendig ist; es reicht, wenn der Werklohn in der Sache verdient ist.

39 c) Zu unterscheiden ist, ob der Werklohn schon nach den *allgemeinen Bestimmungen fällig* geworden ist, die von § 641 Abs 2 nicht verdrängt werden.

aa) Daß er schon fällig ist, kann sich nach § 641 Abs 1 aus der Abnahme ergeben oder sonst daraus, daß die Voraussetzungen einer Abschlagszahlung vorliegen, sei es kraft entsprechender Vereinbarung, sei es nach § 16 Nr 1 VOB/B, sei es nach § 632a; auch Abschlagszahlungen fallen unter § 641 Abs 2 (**aA** KNIFFKA ZfBR 2000, 227; PALANDT/ SPRAU Rn 7). Ferner *hebt* § 641 Abs 2 eine mögliche *Stundung auf.* Freilich würde eine Stundung in AGB des Hauptunternehmers den Subunternehmer unangemessen benachteiligen und deshalb nach § 307 hinfällig sein. Es geht also um individualvertragliche Stundungen. Es ist denkbar, daß der Subunternehmer dem Hauptunternehmer gestundet hat, weil dieser selbst Zahlungseingänge nicht erhält. Dann ist im Zweifel anzunehmen, daß die Stundung hinfällig sein soll, wenn und soweit es doch Zahlungseingänge gibt.

bb) Praktisch bedeutsamer ist die Wirkung der Bestimmung *vor einer anderweitig begründeten Fälligkeit*: Hier tritt sie jetzt ein, so daß die Bestimmung ähnlich wirkt wie § 632a. Allerdings müssen **schon entsprechende Leistungen** des Subunternehmers vorliegen: Zu Vorauszahlungen kann und soll die Bestimmung nicht führen. Wo eine Rechnung des Subunternehmers Voraussetzung für die Fälligkeit seiner Forderung ist, muß sie vorliegen.

d) Die Fälligkeit tritt *nicht uneingeschränkt* im Umfang der vom Subunternehmer **40** schon erbrachten Leistungen ein.

aa) Die erste Grenze bildet der Umfang der geleisteten Zahlung des Dritten, mag sie eine Abschlags- oder Schlußzahlung sein.

bb) Außerdem und vor allem kann der Subunternehmer **nur anteilige Bedienung** verlangen. Abzusetzen sind

– nicht werkbezogene Teile der Zahlung, zB der Grundstücksanteil bei der Lieferung eines schlüsselfertigen Hauses,

– jene Teile der Zahlung, die die Leistungen anderer Subunternehmer betreffen,

– insofern auch jene Teile der Zahlung, die eigene Leistungen des Hauptunternehmers betreffen,

– und schließlich auch der anteilige Gewinn des Hauptunternehmers.

cc) Die Lösung der sich hier ergebenden Rechenaufgabe ist praktisch unmöglich, schon weil der Dritte Raten auf eine einheitliche Schuld erbringt, zB nicht erst das Grundstück, dann den Neubau bezahlt.

Versucht man ansatzweise die *Aufteilung*, liegt mangels anderweitiger Orientierungsmöglichkeiten die *Anlehnung an § 366 Abs 2* nahe. Das bedeutet: Grundstück und Werkleistungen anteilig nach ihrem Wertverhältnis, dann letztlich der erste Subunternehmer vor den späteren, was freilich letztere benachteiligt.

dd) Macht der Dritte Einbehalte wegen Mängeln, dürfen sie nur an den betroffenen **41** Subunternehmer weitergereicht werden.

e) Der Subunternehmer kann seine Rechte aus § 641 Abs 2 überhaupt nur realisieren, wenn er *Kenntnis* von den Zahlungseingängen bei dem Hauptunternehmer hat.

aa) Den Dritten braucht er nicht zu kennen. Kennt er ihn, hat er keinen Auskunftsanspruch gegen ihn. Fragt der Subunternehmer ihn gleichwohl, verletzt er seine Pflichten gegenüber dem Hauptunternehmer, was eine Pflichtverletzung darstellt und einen Kündigungsgrund ergeben kann.

bb) Mithin muß man dem Subunternehmer einen **Auskunftsanspruch** aus § 242 gegen den Hauptunternehmer zuerkennen, weil nur so die Wahrnehmung seiner Rechte möglich ist und § 641 Abs 2 die Zumutbarkeit der Auskunft ergibt (Kiesel NJW 2000, 1673, 1678; Palandt/Sprau Rn 8).

f) Subunternehmer ist jeder, der kraft Werkvertrages in einer mittelbaren Beziehung zum Endabnehmer steht. Eine dienstvertragliche Beziehung reicht nicht. Aufgabenmäßig kann man sich am Personenkreis des § 648a orientieren, obwohl der Anwendungsbereich der Bestimmung nicht auf den Baubereich bestimmt ist, vielmehr *Werkverträge aller Art, auch Werklieferungsverträge* über nicht vertretbare Sachen betrifft.

g) Hinzuweisen ist auf die **Sicherheit**, die ggf nach § 641 Abs 2 S 2 zu leisten ist. Hier gelten die §§ 232 ff, falls vertraglich nicht eine andere Sicherheit vorgesehen ist. Eine Bankbürgschaft wird nicht zurückgewiesen werden können.

h) Individualvertraglich kann die Regelung abbedungen werden; ihren Ausschluß in AGB hindert § 307 Abs 2 Nr 1 (Kniffka ZfBR 2000, 227, 232; Palandt/Sprau Rn 9).

2. Leistungsort

42 Der Leistungsort für den Besteller bestimmt sich nach den §§ 269, 270 Abs 4. Es ist also grundsätzlich sein Wohn- bzw Geschäftssitz, sofern sich nicht aus den getroffenen Vereinbarungen oder den Umständen etwas anderes ergibt. Dabei ist es gerade bei Werkverträgen von Bedeutung, daß der Unternehmer die vertragstypische Leistung erbringt und daß in der Rechtsprechung die Tendenz besteht, den Erfüllungsort auf jenen Ort zu vereinheitlichen, an dem diese erbracht wird (vgl Palandt/Heinrichs § 269 Rn 12; krit Schmid MDR 1993, 410 bei Verträgen mit Verbrauchern). Das führt für den Besteller nicht zu Veränderungen, wenn der Unternehmer den Bearbeitungsgegenstand frei Haus zu liefern hat, wohl aber, wenn der Gegenstand in die Werkstatt des Unternehmers vom Besteller anzuliefern und dort abzuholen ist (vgl OLG Düsseldorf MDR 1976, 496; OLG Frankfurt aM Betr 1978, 2217).

Bei *Bauverträgen* hat sich BGH (NJW 1986, 935 = BB 1986, 350 = BauR 1986, 241) der überwiegenden Auffassung angeschlossen, daß Leistungsort auch für den Besteller der Ort des Bauwerkes sei (vgl zuvor schon BayObLGZ 1983, 64, 66 ff; OLG Düsseldorf BauR 1982, 297, jetzt auch OLG Koblenz NJW-RR 1988, 1401; OLG Saarbrücken NJW 1992, 988, ferner Palandt/Heinrichs § 269 Rn 13 f; Baumbach/Lauterbach/Hartmann § 29 ZPO Rn 33, Zöller/Vollkommer § 29 ZPO Rn 25; Ingenstau/Korbion/Joussen § 18 Rn 12; **aA** LG Konstanz BauR 1984, 86; LG Wiesbaden BauR 1984, 88). Der BGH weist zutreffend darauf hin, *daß die*

Leistungen des Unternehmers das Vertragsbild prägen, daß der Besteller vor Ort an der Erstellung des Bauwerks mitzuwirken und es dort abzunehmen habe und daß schließlich die Beweisaufnahme – insbesondere bei der Behauptung von Mängeln – durch die entsprechende Festlegung des Gerichtsstandes, § 29 ZPO, erleichtert werde. Gleiches gilt für den internen Ausgleich mehrerer für einen Mangel Verantwortlicher (LG Heilbronn BauR 1997, 1073). Auch beim *Architektenvertrag* ist am Bauort zu zahlen, sofern Planung und Bauaufsicht in Auftrag gegeben sind (BGH NJW 2001, 1936). Bei bloßer Planung bleibt es für den Besteller bei den §§ 269, 270 Abs 4 (KG BauR 1999, 940; PALANDT/HEINRICHS § 269 Rn 14). Letzteres muß auch gelten, wenn der umfassende Auftrag im Planungsstadium beendet wird.

3. Abtretung, Pfändbarkeit

Für die Abtretung des Werklohnanspruchs gelten keine Besonderheiten; ihr Ausschluß ist nach Maßgabe der § 399 BGB, 354a HGB möglich. Soweit der *Werklohnanspruch teilweise abgetreten* werden soll, ist zu beachten, daß er eine einheitliche Forderung darstellt, den Saldo der einzelnen Berechnungsfaktoren (Positionen). Abtretbar ist nur – ganz oder teilweise – dieser Saldo (vgl BGH NJW 1999, 417), nicht der Anspruch aus der einzelnen (unselbständigen) Position. Bei der Teilabtretung des Saldos bleibt dann immer noch das Erfordernis der Bestimmtheit zu beachten. **43**

Die Pfändung unterliegt keinen Einschränkungen; die Bestimmungen der §§ 850 ff ZPO über den Pfändungsschutz für Arbeitseinkommen sind nicht – auch nicht entsprechend – anwendbar. Freilich kann im Einzelfall die Prüfung geboten sein, ob nicht nur Scheinselbständigkeit vorliegt und damit Arbeits-, nicht Werklohn.

4. Erfüllung, Bauabzugssteuer

Für das *Erlöschen* der Werklohnforderung durch Erfüllung oder Erfüllungssurrogate gelten grundsätzlich ebenfalls keine Besonderheiten. Zu der von § 16 Nr 6 VOB/B dem Besteller eröffneten Möglichkeit, befreiend an andere Personen als den Unternehmer zu zahlen, u Rn 93. Die Bestimmung ist nicht verallgemeinerungsfähig. Zur Aufrechnung im Verhältnis des Werklohnanspruchs zum Anspruch auf Schadensersatz nach § 634 Nr 4 vgl § 634 Rn 128. **44**

Hinzuweisen ist freilich auf die §§ 48 ff EStG idF d G zur Eindämmung illegaler Betätigung im Baugewerbe v 30. 8. 2001 (BGBl 2001 I 2267): Bei Bauleistungen oberhalb bestimmter Bagatellgrenzen (§ 48 Abs 2 EStG) hat der Besteller 15% vom Werklohn an das Finanzamt des Bauunternehmers abzuführen, sog **Bauabzugssteuer**, sofern der Bauunternehmer keine Freistellungsbescheinigung vorlegt (§§ 48 Abs 2, 48b EStG). Zu dem von dem Besteller einzuhaltenden Verfahren vgl § 48a EStG. Zu den Einzelheiten ist ein BFM-Schreiben v 1. 11. 2001 ergangen, wiedergegeben in BStBl I 2001, 804 und NZBau, Internetbeitrag zu NZBau 2002, H 8.

5. Schuldner

Schuldner **der Werklohnforderung** ist der Besteller; bei mehreren Bestellern ergibt grundsätzlich § 427 eine *Gesamtschuld*. Die Vereinbarung einer Teilschuld ist in Abweichung hiervon möglich, und zwar ohne unangemessene Benachteiligung des **45**

Unternehmers, § 307, auch in AGB des Bestellers. Dies kann aber überraschend im Sinne des § 305c Abs 1 sein.

Die *stillschweigende Vereinbarung einer Teilschuld* nimmt die Rechtsprechung insbesondere dort an, wo Verträge über die Errichtung von Eigentumswohnungen im Namen der künftigen Wohnungseigentümer geschlossen werden (vgl BGH NJW 1959, 2160; BGH LM § 427 BGB Nr 4 = WM 1977, 1173; BGH NJW 1977, 294 = BGHZ 67, 334; BGHZ 75, 26; OLG Hamm Betr 1973, 1890; BGB-RGRK/WEBER § 427 Rn 12; MünchKomm/SELB § 420 Rn 5; ERMAN/WESTERMANN § 427 Rn 1; **aA** BRYCH MittBayNot 1973, 336). Nur anteilig haften mehrere Bauherrn auch dann, wenn sie in Form einer BGB-Gesellschaft organisiert sind (BGH NJW 2002, 1642), dies auch bei Bildung eines offenen Immobilienfonds (BGH NJW 2002, 1642).

Diese Rechtsprechung ist *in ihrer rechtspolitischen Tendenz zu billigen*. Gerade bei größeren Wohnanlagen könnte eine gesamtschuldnerische Haftung für den Einzelnen schlechthin erdrückend wirken. Daß es auf der anderen Seite für den Inhaber einer kleineren Werklohnforderung eine *erhebliche Belastung* ist, sie aufgesplittet gegen eine Vielzahl von Personen verfolgen zu müssen, muß als Argument zurücktreten, weil die Interessen der Bestellerseite grundsätzlich überwiegen und es keine praktikablen Abgrenzungskriterien dafür gibt, wann dies im Einzelfall nicht mehr der Fall ist. *Methodisch* muß es freilich *Bedenken* erwecken, wenn das, was „vernünftig" ist, gegen die gesetzliche Vermutung des § 427 als der Wille der Parteien angenommen wird, wo es doch möglich wäre, entsprechende Klauseln in die durchweg schriftlichen Verträge aufzunehmen.

Die *Haftungsanteile* richten sich nach den *Umständen des Einzelfalls* und der Interessenlage, *in der Regel* dabei freilich nach den vorgesehenen Miteigentumsanteilen, und dies unabhängig davon, ob die berechneten Leistungen Gemeinschafts- oder Sondereigentum betreffen (BGHZ 75, 26). Anteilig sind aber auch schon etwa gemeinschaftliche Abschlagszahlungen zu verrechnen (BGH NJW 1988, 1982, 1983).

Eine *Gesamtschuld* wird anders als bei diesen sog Aufbauschulden wieder angenommen, wenn die Verpflichtungen aus der laufenden Verwaltung der Wohnungseigentumsanlage stammen (vgl BGHZ 67, 235). Mögen auch sie einen hohen Umfang erreichen können, so sind sie doch insgesamt signifikant niedriger als die Aufbaukosten und kann vor allem durch die Bildung von Rücklagen vorgebeugt werden.

Sofern *Wohnungseigentum nicht gebildet werden soll*, verbleibt es auch bei Aufbauschulden bei der gesamtschuldnerischen Haftung der Mehreren, § 427 (BGH NJW-RR 1989, 465). Zur Vermeidung einer uneingeschränkten persönlichen Haftung wird dann zweckmäßigerweise die Vertretungsmacht der Handelnden auf das gebildete Gemeinschaftsvermögen beschränkt.

6. Verjährung

46 Die Verjährung der Werklohnforderung richtet sich nach § 195. Zur Verjährung von Altforderungen aus der Zeit vor 2002 vgl STAUDINGER/PETERS (2000) Rn 53 ff und Art 229 § 6 EGBGB.

Der Verjährungsbeginn folgt aus § 199 Abs 1, ist also regelmäßig das Ende des Jahres der Abnahme bzw der Erteilung einer fälligkeitsbegründenden Rechnung. Eine AGB-Klausel des Unternehmers, daß eine Rechnung Fälligkeitsvoraussetzung sein soll, benachteiligt den Besteller nicht unangemessen (aA OLG Stuttgart NJW-RR 1994, 17, vgl auch BGHZ 79, 176, 178). Bei Verträgen, die der VOB/B unterliegen, ist hinsichtlich der Fälligkeit § 16 Nr 3 zu beachten (dazu u Rn 64).

VIII. Sicherung der Werklohnforderung und anderer Ansprüche der Parteien

1. Sicherungsbedürfnis

47 Ein Sicherungsbedürfnis hat vorzugsweise der Unternehmer, der uU erhebliche Vorarbeiten erbringen muß, bevor er das Werk abliefern und damit den Werklohn verdienen kann. Ein Sicherungsbedürfnis besteht aber auch für den Besteller, dies zunächst dann, wenn seine Vorleistung vereinbart ist, ferner hinsichtlich seiner Gewährleistungsansprüche. Wenn das Gesetz diesen Sicherungsbedürfnissen nur unzureichend nachkommt, kann es zweckmäßig sein, besondere Sicherheiten zu vereinbaren. Dazu verhält sich in der VOB/B die Bestimmung des § 17 (zu ihr u Rn 46 ff).

2. Gesetzlicher Schutz des Unternehmers

48 **a)** Gegenüber seinem Vorleistungsrisiko genießt der Unternehmer zunächst Schutz durch die allgemeinen Bestimmungen. Wenn der Werkvertrag ein Kreditvertrag im weiteren Sinne ist, stellt sich die Kreditwürdigkeit des Bestellers als eine im Verkehr als wesentlich angesehene Eigenschaft seiner Person iSd § 119 Abs 2 dar, besteht im Falle ihres Fehlens eine Hinweispflicht, die bei fahrlässiger Verletzung zu Ansprüchen aus culpa in contrahendo führt, bei vorsätzlicher die Rechte aus den §§ 123 Abs 1, 826 auslöst. Verschlechtern sich die Vermögensverhältnisse nachträglich, so löst das ebenfalls eine Offenbarungspflicht aus, deren Verletzung zu Schadensersatzansprüchen aus den §§ 280 Abs 1, 241 Abs 2 führen kann. Auch erwachsen dem Unternehmer die Rechte aus § 321.

b) Speziell das Werkvertragsrecht schützt den Unternehmer in mehrfacher Hinsicht: § 632a gibt ihm einen Anspruch auf Abschlagszahlungen, deren Ausbleiben ihm das Recht zur Arbeitseinstellung gibt, § 320, oder gar zur Fristsetzung nach den §§ 281 Abs 1, 323 Abs 1. Nach § 641 Abs 1 braucht der Unternehmer das Werk nur Zug um Zug gegen Zahlung des Werklohns auszuliefern. Bei beweglichen Sachen erwächst ihm das Pfandrecht aus § 647, bei Bauwerken der Anspruch auf die dingliche Sicherheit des § 648. In den Fällen des § 648a hat er Anspruch auf die dort genannten Sicherheiten. Eine wesentliche Vermögensverschlechterung beim Besteller kann eine Kündigung aus wichtigem Grund rechtfertigen (vgl § 643 Rn 20 ff).

3. Die Risiken, die sich für den Besteller hinsichtlich seiner Gewährleistung ergeben oder vorab schon aus Vorauszahlungen, sind durch die gesetzliche Regelung nicht abgesichert.

4. Vertragliche Sicherungsmittel

49 **a)** Wenn die eben genannten Sicherungsmittel aus wirtschaftlicher Sicht oft schwach sind, stellt es für den Unternehmer das günstigste Sicherungsmittel dar, *Abschlagszahlungen nach Leistungsfortschritt* – und zwar in einem strafferen Rhythmus als nach § 632a – zu vereinbaren; dies ist zugleich ein Sicherungsmittel, gegen das sich der Besteller nicht eigentlich sperren kann, dessen Verweigerung dem Unternehmer Anlaß geben muß, vom Vertragsschluß abzusehen. Zu Abschlagszahlungen vgl die Erl zu § 632a.

5. § 17 VOB/B

50 Die Bestimmung lautet:

> § 17 Sicherheitsleistung
>
> 1. (1) Wenn Sicherheitsleistung vereinbart ist, gelten die §§ 232 bis 240 BGB, soweit sich aus den nachstehenden Bestimmungen nichts anderes ergibt.
>
> (2) Die Sicherheit dient dazu, die vertragsgemäße Ausführung der Leistung und die Mängelansprüche sicherzustellen.
>
> 2. Wenn im Vertrag nichts anderes vereinbart ist, kann Sicherheit durch Einbehalt oder Hinterlegung von Geld oder durch Bürgschaft eines Kreditinstituts oder Kreditversicherers geleistet werden, sofern das Kreditinstitut oder der Kreditversicherer
>
> – in der Europäischen Gemeinschaft oder
>
> – in einem Staat der Vertragsparteien des Abkommens über den Europäischen Wirtschaftsraum oder
>
> – in einem Staat der Vertragsparteien des WTO-Übereinkommens über das öffentliche Beschaffungswesen
>
> zugelassen ist.
>
> 3. Der Auftragnehmer hat die Wahl unter den verschiedenen Arten der Sicherheit; er kann eine Sicherheit durch eine andere ersetzen.
>
> 4. Bei Sicherheitsleistung durch Bürgschaft ist Voraussetzung, daß der Auftraggeber den Bürgen als tauglich anerkannt hat. Die Bürgschaftserklärung ist schriftlich unter Verzicht auf die Einrede der Vorausklage abzugeben (§ 771 BGB); sie darf nicht auf bestimmte Zeit begrenzt und muß nach Vorschrift des Auftraggebers aufgestellt sein. Der Auftraggeber kann als Sicherheit keine Bürgschaft fordern, die den Bürgen zur Zahlung auf erstes Anfordern verpflichtet.
>
> 5. Wird Sicherheit durch Hinterlegung von Geld geleistet, so hat der Auftragnehmer den Betrag bei einem zu vereinbarenden Geldinstitut auf ein Sperrkonto einzuzahlen, über das beide Parteien nur gemeinsam verfügen können. Etwaige Zinsen stehen dem Auftragnehmer zu.
>
> 6. (1) Soll der Auftraggeber vereinbarungsgemäß die Sicherheit in Teilbeträgen von seinen

Zahlungen einbehalten, so darf er jeweils die Zahlungen um höchstens 10 v. H. kürzen, bis die vereinbarte Sicherheitssumme erreicht ist. Den jeweils einbehaltenen Betrag hat er dem Auftragnehmer mitzuteilen und binnen 18 Werktagen nach dieser Mitteilung auf ein Sperrkonto bei einem vereinbarten Geldinstitut einzuzahlen. Gleichzeitig muß er veranlassen, daß dieses Geldinstitut den Auftragnehmer von der Einzahlung des Sicherheitsbetrages benachrichtigt. Nummer 5 gilt entsprechend.

(2) Bei kleineren oder kurzfristigen Aufträgen ist es zulässig, daß der Auftraggeber den einbehaltenen Sicherheitsbetrag erst bei der Schlußzahlung auf Sperrkonto einzahlt.

(3) Zahlt der Auftraggeber den einbehaltenen Betrag nicht rechtzeitig ein, so kann ihm der Auftragnehmer hierfür eine angemessene Nachfrist setzen. Läßt der Auftraggeber auch diese verstreichen, so kann der Auftragnehmer die sofortige Auszahlung des einbehaltenen Betrages verlangen und braucht dann keine Sicherheit mehr zu leisten.

(4) Öffentliche Auftraggeber sind berechtigt, den als Sicherheit einbehaltenen Betrag auf eigenes Verwahrgeldkonto zu nehmen; der Betrag wird nicht verzinst.

7. Der Auftragnehmer hat die Sicherheit binnen 18 Werktagen nach Vertragsabschluß zu leisten, wenn nicht anderes vereinbart ist. Soweit er diese Verpflichtung nicht erfüllt hat, ist der Auftraggeber berechtigt, vom Guthaben des Auftragnehmers einen Betrag in Höhe der vereinbarten Sicherheit einzubehalten. Im übrigen gelten Nummern 5 und 6 außer Absatz 1 Satz 1 entsprechend.

8. (1) Der Auftraggeber hat eine nicht verwertete Sicherheit für die Vertragserfüllung zum vereinbarten Zeitpunkt, spätestens nach Abnahme und Stellung der Sicherheit für Mängelansprüche zurückzugeben, es sei denn, daß Ansprüche des Auftraggebers, die nicht von der gestellten Sicherheit für Mängelansprüche umfaßt sind, noch nicht erfüllt sind. Dann darf er für diese Vertragserfüllungsansprüche einen entsprechenden Teil der Sicherheit zurückhalten.

(2) Der Auftraggeber hat eine nicht verwertete Sicherheit für Mängelansprüche nach Ablauf von 2 Jahren zurückzugeben, sofern kein anderer Rückgabezeitpunkt vereinbart worden ist. Soweit jedoch zu diesem Zeitpunkt seine geltend gemachten Ansprüche noch nicht erfüllt sind, darf er einen entsprechenden Teil der Sicherheit zurückhalten.

a) Sicherheiten des Bestellers
Sicherheiten können *von beiden Parteien* zu stellen sein. § 17 regelt näher nur die *vom Unternehmer zu stellende Sicherheit*. Auf Sicherheitsleistungen *des Bestellers* finden die §§ 232–240 uneingeschränkt Anwendung, § 17 dagegen nur bei entsprechender Vereinbarung.

b) Sicherheitszweck
Bei jeder Sicherheit kommt es **entscheidend auf den vereinbarten Zweck** an. Sie darf *nur für diesen* verwertet werden, zB die Erfüllungsbürgschaft nicht für die Gewährleistung (OLG Karlsruhe NJW-RR 1998, 533), die Gewährleistungsbürgschaft nur für Rechte aus Mängeln, (BGH NJW 1998, 1140). Jede anderweitige Verwertung stellt eine Pflichtverletzung dar.

aa) Als Zweck einer vom Unternehmer gestellten Sicherheit *vermutet* § 17 Nr 1

Abs 2 die Absicherung der *Ansprüche* des Bestellers *auf vertragsgemäße Ausführung der Leistung* und *auf Gewährleistung*. Wer einen anderen Zweck behauptet, hat diesen zu beweisen.

Eine Gewährleistungsbürgschaft erfaßt grundsätzlich auch *den Anspruch auf Kostenvorschuß* für die eigene Mängelbeseitigung des Bestellers (BGH NJW 1984, 2456), ferner aber auch solche aus § 4 Nr 7 VOB/B (aA INGENSTAU/KORBION/JOUSSEN § 17 Rn 21), eine Bürgschaft nach § 17 Nr 1 Abs 2 dagegen *nicht Ansprüche wegen Überzahlung des Unternehmers* (BGHZ 76, 187 = NJW 1980, 1459); letztere sind durch eine entsprechende Bürgschaft zu sichern. Wann eine Sicherheit für eine vom Unternehmer verwirkte Vertragsstrafe herangezogen werden kann, ist eine Frage der Auslegung (BGH NJW 1982, 2305).

bb) Die *Gewährleistungssicherheit* nach § 17 Nr 1 Abs 2 gilt insbesondere für *mögliche künftige Ansprüche* des Bestellers *wegen noch nicht entdeckter Mängel*. Das bedeutet, daß sich der Besteller wegen *schon entdeckter Mängel* grundsätzlich nicht auf die Sicherheit verweisen zu lassen braucht (BGH NJW 1982, 2494; OLG Hamm BauR 1997, 141). Wegen seiner diesbezüglichen Ansprüche auf Mängelbeseitigung behält er also ein Zurückbehaltungsrecht gegenüber der sonstigen Werklohnforderung, bei dessen Bemessung allerdings ein Sicherheitseinbehalt berücksichtigt werden kann (vgl RG JW 1915, 1189; BGH NJW 1967, 34).

cc) Die Erfüllungsbürgschaft deckt das Interesse des Bestellers an vollständiger und rechtzeitiger Leistung des Unternehmers bis hin zur Abnahme (vgl THODE ZfIR 2000, 165, 176 f), einschließlich bis dahin entstandener Ansprüche auf Gewährleistung (BGHZ 139, 325; BGH ZfBR 1984, 185), aus Verzug, Nichterfüllung, auf eine Vertragsstrafe (BGH ZIP 1982, 940).

c) Notwendigkeit einer Vereinbarung

Der *Anspruch* des Bestellers *auf Sicherheit* ergibt sich nach § 17 Nr 1 *nicht schon aus der Vereinbarung der VOB/B oder gar der Üblichkeit* bzw aus Handelsbräuchen, sondern *bedarf der besonderen Vereinbarung*, die dabei auch hinreichend eindeutig zu sein hat (BGH NJW-RR 1988, 851).

Der vereinbarungsgemäße Einbehalt von der Werklohnforderung führt dazu, daß die Werklohnklage insoweit als zur Zeit unbegründet abzuweisen ist.

Bei der Vereinbarung von Sicherheiten braucht bei Geltung der VOB/B ihr *Zweck nicht angegeben* zu werden, weil er sich aus § 17 Nr 1 Abs 2, ergibt (vgl INGENSTAU/ KORBION/JOUSSEN § 17 Rn 12), wohl aber dann, wenn die VOB/B nicht gelten soll. Dagegen *bedarf die Höhe* der Sicherheit *in jedem Fall der Vereinbarung* (aA NICKLISCH/ WEICK § 17 Rn 18; INGENSTAU/KORBION/JOUSSEN § 17 Rn 26; WERNER/PASTOR Rn 1094: Bestimmungsrecht des Bestellers nach § 316). Ist ein Prozentsatz der Werklohnforderung einzubehalten, so versteht sich dieser im Zweifel einschließlich Mehrwertsteuer, wobei der Besteller aber nur von jener Werklohnsumme ausgehen darf, die er selbst als berechtigt anerkennt. *Übersicherungen* kraft AGB des Bestellers können an § 307 Abs 2 Nr 1 scheitern. Als *Richtwert* für eine angemessene Absicherung des Bestellers können die in § 14 Nr 2 VOB/A genannten Werte gelten: 5% für die Erfüllungssicherheit, 3% der Abrechnungssumme für die Gewährleistung.

Titel 9 · Werkvertrag und ähnliche Verträge § 641
Untertitel 1 · Werkvertrag 54, 55

d) Arten der Sicherheit

Unter den verschiedenen Arten der Sicherheit hat nach § 232 der zur Stellung Ver- **54** pflichtete *die Wahl*, allerdings kommt die Sicherheit durch Bürgschaft nur subsidiär in Betracht. Dieses Wahlrecht erhält und erweitert ihm § 17 Nr 3 VOB/B: Die Bestimmung gestattet auch *die nachträgliche Auswechslung von Sicherheiten*, wie sie nach § 235 nur eingeschränkt möglich ist. Macht der Unternehmer von seinem Auswechslungsrecht Gebrauch, so ist die bisherige Sicherheit ohne weiteres herauszugeben (BGH NJW 1997, 2958). Der Besteller darf seine Sicherheiten nicht durch deren Einbehalt verdoppeln, selbst wenn die zu sichernden Ansprüche durch die gewährte Sicherheit nicht abgedeckt sind (BGH NJW-RR 2000, 1259). Lehnt der Besteller unberechtigt den vom Unternehmer verlangten Austausch trotz Nachfristsetzung ab, so *verliert er seinen Anspruch auf Sicherheitsleistung* in entsprechender Anwendung des § 17 Nr 6 Abs 3 VOB/B (BGH NJW 1999, 2958; OLG Stuttgart BauR 1987, 577). Im übrigen ist anzunehmen, daß die Gestellung einer Bürgschaft zur Ablösung eines Einbehalts vom Werklohn unter der auflösenden Bedingung ihrer Akzeptanz steht (BGH NJW 1997, 2958; 1998, 2057). Die Bürgschaftsurkunde muß also herausgegeben, der Einbehalt ausbezahlt werden. Gegenüber letzterem Anspruch ist allerdings die Aufrechnung mit Gewährleistungsansprüchen möglich (BGH NJW 1998, 2057).

Abreden der Parteien, auch in AGB, über die Art der Sicherheitsleistung haben den *Vorrang* (BGH BauR 1979, 525), zB durch Stellung nur einer Bankbürgschaft (vgl dazu CLEMM BauR 1987, 123). Doch ist es Auslegungsfrage, ob das Wahlrecht des Unternehmers wirklich eingeschränkt sein soll. Dem Besteller bleibt es dann immer noch unbenommen, in eine andere Sicherheit einzuwilligen, insbesondere konkludent durch deren Entgegennahme (vgl OLG Köln Schäfer/Finnern/Hochstein § 17 VOB/B Nr 1).

Von der Ersetzung einer Sicherheit durch eine andere ist der *Nachschuß* zu unterscheiden, der nach § 240 geschuldet sein kann; diese Bestimmung ist durch § 17 VOB/B nicht abbedungen.

e) Sicherheit durch Bürgschaft

Die Sicherheit durch Bürgschaft, die nach § 232 Abs 2 nur subsidiär möglich ist, wird **55** von § 17 Nr 2 als *vollwertiges Sicherheitsmittel* anerkannt. Eine Einschränkung gegenüber dem BGB enthält die Bestimmung insofern, als sie nur die genannten Banken oder Kreditversicherer als Bürgen zuläßt. Das zusätzliche Erfordernis des § 17 Nr 4 S 1, daß der Besteller den Bürgen als *tauglich* anerkennen muß, entspricht im Kern § 239 Abs 1; es hat praktische Bedeutung bei Vereinbarung anderer Bürgen. Insoweit kommt es darauf an, ob der Bürge *objektiv tauglich* ist; einen solchen darf der Besteller nicht ablehnen.

Die Auswahl des Bürgen obliegt dem Unternehmer. Als Sicherheitspflichtiger hat er die *Kosten* zu tragen. Diese Art der Sicherheit hat für ihn den praktischen Vorzug der geringstmöglichen Mittelbindung.

§ 17 Nr 4 S 2 entspricht insoweit § 239 Abs 2, als die Bürgschaftserklärung den – ohnehin üblichen – *Verzicht auf die Einrede der Vorausklage* enthalten muß. Der Bürge darf sich die Möglichkeit der Hinterlegung vorbehalten (OLG Köln NJW-RR 1993, 1494). Dagegen kann der Besteller die Stellung einer Bürgschaft auf erstes

Anfordern nur bei entsprechender Vereinbarung verlangen. Das kann freilich nicht in AGB geschehen, da die ungehinderte Zugriffsmöglichkeit des Bestellers den legitimen Interessen des Unternehmens widerspricht (vgl BGHZ 136, 27, 32), wobei eine Umdeutung einer Bürgschaft auf erstes Anfordern in eine einfache nicht in Betracht kommt (BGH NZBau 2002, 844). Eine Individualabrede schließt § 17 Nr 4 S 2 VOB/B nicht aus. Die Bank, die eine solche Bürgschaft übernommen hat, kann sich selbst darauf aber nicht berufen. – § 17 Nr 4 S 2 schließt weiterhin die nach § 777 bestehende Möglichkeit aus, die Bürgschaft nur auf Zeit zu übernehmen. Sie darf also in ihrer *Laufzeit* nicht hinter der zu sichernden Forderung zurückbleiben, wobei zu berücksichtigen ist, daß sich die der Gewährleistungsbürgschaft *nicht aus den Gewährleistungsfristen allein* ergibt, können diese doch gehemmt oder unterbrochen werden.

Daß die Bürgschaftsurkunde nach Vorschrift des Bestellers aufzustellen sei, wie dies § 17 Nr 4 S 2 HS 2 verlangt, ist mißverständlich. Der *Inhalt* der Bürgschaftsurkunde ist vielmehr *für beide Seiten vorgeschrieben* durch die Sicherheitsvereinbarung einerseits und § 17 andererseits.

Mit dem Erfordernis der Schriftform schließt § 17 Nr 4 S 2 HS 2 im Verhältnis der Parteien des Bauvertrages zueinander die durch § 350 HGB den Kaufleuten eröffnete Möglichkeit aus, eine Bürgschaft mündlich zu übernehmen; eine solche könnte als nicht vertragsgerecht zurückgewiesen werden. Insoweit handelt es sich um eine *gewillkürte Schriftform*, die an § 127, nicht an § 126 zu messen ist. Die Bestimmung gilt freilich nicht im Verhältnis des Bestellers zum Bürgen, so daß hier die Formerleichterung des § 350 HGB Platz greift (BGH NJW 1986, 1681 = LM § 125 BGB Nr 43 = JAGENBURG EWiR 1986, 937).

Für die Ausgestaltung der Bürgschaft gelten die §§ 765 ff, soweit die Beteiligten nicht zulässigerweise Abweichendes vereinbaren.

Die Bürgschaft endet mit ihrer Erfüllung oder dem Erlöschen der Hauptforderung. Zur Bedeutung der Rückgabe der Bürgschaftsurkunde vgl OLG Hamburg BB 1986, 834 = vSTEBUT EWiR 1986, 779.

f) Hinterlegung von Geld

56 Die Sicherheit durch Hinterlegung von Geld hat den Nachteil der Bindung liquider Mittel und ist deshalb wenig verbreitet. Während die Hinterlegung nach allgemeinem bürgerlichen Recht beim *Amtsgericht* als der *Hinterlegungsstelle* zu erfolgen hat und insoweit den Vorschriften der HinterlegungsO v 10. 3. 1937 (RGBl I 285) m spät Änderungen unterliegt, sieht § 17 Nr 5 in Abweichung davon vor, daß auf ein *Sperrkonto bei einer Bank* zu zahlen ist, über das beide Parteien nur gemeinsam verfügen können, was regelmäßig zinsgünstiger ist. Die Auswahl der Bank haben die Parteien gemeinsam zu treffen; verweigert der Sicherheitsberechtigte die Mitwirkung ohne triftigen Grund, so ist grundsätzlich der Sicherheitsverpflichtete nach § 242 zur alleinigen Bestimmung berechtigt (vgl NICKLISCH/WEICK § 17 Rn 39; INGENSTAU/KORBION/ JOUSSEN § 17 Rn 141).

g) Einbehalt vom Werklohn

57 *Naheliegend* und deshalb auch *weit verbreitet* bei der Gewährleistungssicherheit ist es, daß der Besteller seinerseits entsprechende Einbehalte vom Werklohn macht. Das ist freilich für den Unternehmer *ungünstig wegen der Bindung von Liquidität* und *gefährlich*, weil er gegen einen Mißbrauch der Gelder durch den Besteller oder einen Zugriff auf sie von seiten der Gläubiger des Bestellers nicht ohne weiteres geschützt ist. Die VOB/B versucht, *diesen Nachteilen entgegenzuwirken*, indem sie einmal in § 17 Nr 3 dem Unternehmer *das Recht zur Auswechslung* der Sicherheit gibt, zum anderen in § 17 Nr 6 Abs 1 S 2 den *einbehaltenen Betrag der ausschließlichen Verfügungsgewalt des Bestellers zu entziehen sucht*, schließlich aber in § 17 Nr 6 Abs 3 dem Unternehmer *bei pflichtwidrigem Verhalten des Bestellers* die Möglichkeit gibt, der eigenen Verpflichtung zur Sicherheitsleistung überhaupt zu entgehen.

§ 232 kennt diese Art der Sicherheit nicht. § 17 Nr 2, 6 ist gleichwohl mit § 307 vereinbar, da *auf die Belange des Unternehmers hinreichend Rücksicht* genommen ist. Soweit sonst in AGB des Bestellers eine Gewährleistungssicherheit durch Einbehalt vom Werklohn vorgesehen ist, darf das austarierte Gefüge der Bestimmungen freilich nicht zu weit zu Lasten des Unternehmers verschoben werden. Insbesondere muß *die Auszahlung des Werklohns für den Fall sichergestellt* sein, daß der Sicherheitsfall nicht eintritt.

Wegen des als Sicherheit einzubehaltenden Betrages ist *die Werklohnforderung* als erst mit Ablauf der Sicherheitsfrist *fällig* anzusehen (BGH BauR 1979, 525 = WM 1979, 1046).

aa) Die *Zulässigkeit*, eine vereinbarte Gewährleistungssicherheit durch Einbehalte **58** vom Werklohn zu schaffen, *ergibt sich schon aus der Vereinbarung der VOB/B*, vgl § 17 Nr 2. Wenn der Werklohn in einer Summe zu zahlen ist, bereitet der Einbehalt keine technischen Probleme. Soweit der Besteller dagegen *mehrere Zahlungen*, also Vorauszahlungen, Abschlagszahlungen und Schlußzahlung, zu leisten hat, fragt es sich, ob auch der Einbehalt entsprechend aufzuteilen ist. Insoweit ist es ohne besondere Vereinbarung so, daß der Einbehalt *insgesamt erst von der letzten Zahlung* zu machen ist, wie aus § 17 Nr 6 Abs 1 S 1 zu schließen ist. Dem Besteller *kann* nach dieser Bestimmung jedoch *das Recht eingeräumt werden*, auch schon seine vorangehenden Zahlungen zu kürzen. Dabei darf er den Sicherheitseinbehalt aber nur so einteilen, daß von jeder Zahlung maximal 10% betroffen sind.

bb) Der Besteller hat dem Unternehmer *den Einbehalt und seine Höhe mitzuteilen*. **59** Er darf den Betrag außerdem nicht mehr für sich behalten, sondern hat ihn *binnen 18 Werktagen bei einer vereinbarten Bank einzuzahlen*. Abweichende AGB verstoßen gegen § 307 (OLG Hamburg BauR 1996, 904). Die Bank ist zu veranlassen, den Unternehmer vom Eingang der Zahlung zu benachrichtigen. Über das einzurichtende Sperrkonto dürfen – nach dem entsprechend anzuwendenden § 17 Nr 5 – Besteller und Unternehmer *nur gemeinsam verfügen*. Die Zinsen stehen dem Unternehmer zu. Trotz dieser Zinsregelung tritt *eine Erfüllung der Zahlungsansprüche des Unternehmers noch nicht* ein, was bei einer Insolvenz der Bank bedeutsam werden kann.

Ausnahmsweise kann nach § 17 Nr 5 Abs 2 die Einzahlung – nicht der Einbehalt – der Sicherheit bis zur Schlußzahlung aufgeschoben werden. Dies gilt bei *kleineren oder kurzfristigen Aufträgen*.

Öffentliche Auftraggeber dürfen nach § 17 Nr 5 Abs 4 einbehaltene Beträge auf ein eigenes Verwahrgeldkonto nehmen und brauchen sie dort nicht zu verzinsen. Letzteres verstößt gegen § 307 Abs 2 Nr 1: Es benachteiligt den Unternehmer unangemessen gegenüber dem Gedanken des § 553 Abs 3 S 1, wie er ohne weiteres auch außerhalb des Bereichs der Miete gelten muß. Die nach § 17 Nr 5 erzielbaren Zinsen sind auch hier gutzuschreiben. § 8 BHO mit seinem Verbot der verzinslichen Anlage von Geldern für Dritte steht dem nicht entgegen. Zivilrechtliche Pflichten kann diese Bestimmung nicht aufheben. Der Unternehmer kann auch nicht gehalten sein, durch einen Austausch der Sicherheit auszuweichen.

60 **cc)** Die Nichteinzahlung der Sicherheit auf ein Sperrkonto durch den privaten Besteller kann die Interessen des Unternehmers erheblich gefährden. § 17 Nr 5 Abs 3 verleiht dem Unternehmer deshalb ein Druckmittel: Er kann dem Besteller eine *angemessene Nachfrist setzen, mit deren fruchtlosem Ablauf er von der Verpflichtung zur Sicherheitsleistung überhaupt frei wird*, so daß er dann auch die Auszahlung des Einbehalts an sich selbst verlangen kann. Die Angemessenheit der Frist hängt von den Umständen des Einzelfalls ab; generell wird man von 1 Woche bis zu 10 Tagen auszugehen haben. Läßt das Verhalten des Bestellers erkennen, daß er zur Einzahlung des Einbehalts nicht bereit ist, wird die Nachfristsetzung als fruchtlose Förmlichkeit entbehrlich.

h) **Frist zur Leistung**

61 Für *alle* vom Unternehmer zu leistenden *Sicherheiten* gilt, § 17 Nr 7, daß sie *binnen 18 Werktagen zu leisten* sind. Diese Frist rechnet bereits ab Vertragsschluß bzw ab Vereinbarung der Sicherheit. Soweit er dieser Pflicht nicht nachkommt, erwächst daraus dem Besteller das Recht, sich nunmehr selbst durch Einbehalt von den Zahlungen Sicherheit zu verschaffen. Dabei ist er bei der Aufteilung des Einbehalts auf die einzelnen Zahlungen an den Unternehmer von den Beschränkungen des § 17 Nr 6 Abs 1 S 1 – nie mehr als 10% des Rechnungsbetrages – befreit, hat aber im übrigen wie beim vereinbarten Sicherheitseinbehalt zu verfahren, muß die Einbehalte also insbesondere auf ein *Sperrkonto* einzahlen. – Seinem Wortlaut nach verweist § 17 Nr 7 S 3 auch auf § 17 Nr 6 Abs 3; das ist indessen in der Sache verfehlt. *Es wäre treuwidrig, wenn der Unternehmer, der selbst seiner Pflicht zur Sicherheitsleistung nicht nachgekommen ist, versuchen könnte, von dieser überhaupt freizukommen.*

i) **Verwertung der Sicherheit**

62 Der Verwertungsfall (vgl zu diesem QUACK BauR 1977, 754) tritt ein, wenn dem Besteller ein Zahlungsanspruch erwachsen ist, also noch nicht bei einem bloßen Nachbesserungsanspruch. Dann erfolgt die Verwertung im Wege der *Aufrechnung*, sofern der Besteller einen Geldbetrag empfangen (einbehalten) und noch in Händen hat und seine eigenen Ansprüche auf Geld gerichtet sind. Wenn Geld hinterlegt oder eine Bürgschaft gestellt ist, hat der Besteller, dem auf Geld gerichtete Ansprüche zustehen, Ansprüche auf Freigabe entsprechender Summen gegen den Unternehmer bzw auf Zahlung gegen den Bürgen. Wo dem Besteller *Nachbesserungsansprüche* zustehen, braucht er dem Anspruch auf *Rückgabe der Sicherheit* nur *Zug um Zug gegen Beseitigung der Mängel* zu genügen.

k) **Rückgabe der Sicherheit**

63 Die *Fälligkeit des Anspruchs* auf Rückgabe der Sicherheit ergibt sich nach § 17 Nr 8 entweder aus besonderer Vereinbarung der Parteien oder aus der *Erreichung des Sicherungszwecks*. Für die Erfüllungssicherheit des § 17 Nr 8 Abs 1 ist der Sicherungszweck erreicht, wenn die Abnahme erfolgt ist und der Unternehmer zusätzlich eine Sicherheit für die Gewährleistung gestellt hat, wie sie entsprechend geringer dimensioniert sein muß. Ist letztere unangemessen ausgestaltet, zB zu hoch oder als Bürgschaft auf erstes Anfordern, kann es auf die Stellung dieser Sicherheit freilich nicht zusätzlich ankommen. Bei unangemessener Gewährleistungssicherheit stehen nach der Abnahme auch offene Erfüllungsansprüche dem Rückgabeanspruch nicht entgegen. Bei angemessener Gewährleistungssicherheit darf ein Teil der Erfüllungssicherheit einbehalten werden, soweit die Gewährleistungssicherheit sie nicht abdeckt. Der einbehaltene Teil der Sicherheit muß seinerseits im Hinblick auf die noch offenen Erfüllungsansprüche angemessen sein. Bei einer Bürgschaft, für die nur eine Urkunde ausgestellt sein wird, hat der Besteller den Erlaß des überschießenden Teils anzubieten, §§ 397, 151. Der Rückgabeanspruch steht – außer dem Bürgen auch – dem Besteller zu; ggf richtet er sich auf Rückzahlung einer zu Unrecht in Anspruch genommenen Bürgschaft, sofern der Besteller rückbelastet wurde (BGH NJW 1999, 55, 56). Die Verjährung des Rückgabeanspruchs richtet sich nach den §§ 195, 199.

Darf die Sicherheit noch in Anspruch genommen werden, dann ist das auf ihre Herausgabe gerichtete Verlangen des Unternehmers zZt unbegründet (und nicht etwa Zug um Zug gegen Mängelbeseitigung zu erfüllen) (BGHZ 121, 173 = NJW 1993, 1132; BGHZ 121, 168 = NJW 1993, 1131).

Die Möglichkeit des Bestellers, eine Gewährleistungssicherheit zu verwerten, schränkt § 17 Nr 8 Abs 2 mangels anderweitiger Abrede der Parteien doppelt ein: Es kommt nicht auf den Ablauf der Verjährungsfrist des § 13 Nr 4 an (jetzt ab 2002 4 Jahre), sondern die Sicherheit ist schon nach zwei Jahren zurückzugeben. Ist die Rückgabe innerhalb dieser Frist nicht erfolgt, darf die Sicherheit nur noch in bezug auf solche Mängel weiter einbehalten und verwertet werden, die innerhalb der Frist gerügt („geltend gemacht") worden sind. Diese Notwendigkeit einer fristgemäßen Mängelanzeige entspricht § 478 aF, aber nicht § 215 nF. Sie benachteiligt den Besteller aber nicht unangemessen iSd § 307. Umgekehrt kann aber der Besteller in seinen AGB das Erfordernis der fristgemäßen Mängelanzeige aufheben, ohne seinerseits den Unternehmer unangemessen zu benachteiligen.

l) Zur Sicherheit in der Insolvenz der einen oder der anderen Seite vgl THODE ZfIR 2000, 165, 177 ff; AMELUNG BauR 1999, 801.

IX. Besonderheiten des Abrechnungsverkehrs nach der VOB/B

Zu Vorauszahlungen, § 16 Nr 1, 2 VOB/B, o Rn 12 ff, sowie zu Abschlagszahlungen § 632a Rn 14, zu Sicherheitsleistungen o Rn 47 ff. Im übrigen ist die Endabrechnung der Parteien in § 16 Nr 3 ff VOB/B geregelt. Die Bestimmungen lauten:

§ 16 Zahlung

3. (1) Der Anspruch auf die Schlußzahlung wird alsbald nach Prüfung und Feststellung der vom Auftragnehmer vorgelegten Schlußrechnung fällig, spätestens jedoch innerhalb von 2 Mo-

naten nach Zugang. Die Prüfung der Schlußrechnung ist nach Möglichkeit zu beschleunigen. Verzögert sie sich, so ist das unbestrittene Guthaben als Abschlagszahlung sofort zu zahlen.

(2) Die vorbehaltlose Annahme der Schlußzahlung schließt Nachforderungen aus, wenn der Auftragnehmer über die Schlußzahlung schriftlich unterrichtet und auf die Ausschlußwirkung hingewiesen wurde.

(3) Einer Schlußzahlung steht es gleich, wenn der Auftraggeber unter Hinweis auf geleistete Zahlungen weitere Zahlungen endgültig und schriftlich ablehnt.

(4) Auch früher gestellte, aber unerledigte Forderungen werden ausgeschlossen, wenn sie nicht nochmals vorbehalten werden.

(5) Ein Vorbehalt ist innerhalb von 24 Werktagen nach Zugang der Mitteilung nach Absätzen 2 und 3 über die Schlußzahlung zu erklären. Er wird hinfällig, wenn nicht innerhalb von weiteren 24 Werktagen eine prüfbare Forderung über die vorbehaltenen Forderungen eingereicht oder, wenn das nicht möglich ist, der Vorbehalt eingehend begründet wird.

(6) Die Ausschlußfristen gelten nicht für ein Verlangen nach Richtigstellung der Schlußrechnung und -zahlung wegen Aufmaß-, Rechen- und Übertragungsfehlern.

4. In sich abgeschlossene Teile der Leistung können nach Teilabnahme ohne Rücksicht auf die Vollendung der übrigen Leistungen endgültig festgestellt und bezahlt werden.

5. (1) Alle Zahlungen sind aufs äußerste zu beschleunigen.

(2) Nicht vereinbarte Skontoabzüge sind unzulässig.

(3) Zahlt der Auftraggeber bei Fälligkeit nicht, so kann ihm der Auftragnehmer eine angemessene Nachfrist setzen. Zahlt er auch innerhalb der Nachfrist nicht, so hat der Auftragnehmer vom Ende der Nachfrist an Anspruch auf Zinsen in Höhe der in § 288 BGB angegebenen Zinssätze, wenn er nicht einen höheren Verzugsschaden nachweist.

(4) Zahlt der Auftraggeber das fällige unbestrittene Guthaben nicht innerhalb von 2 Monaten nach Zugang der Schlussrechnung, so hat der Auftragnehmer für dieses Guthaben abweichend von Abs. 3 (ohne Nachfristsetzung) ab diesem Zeitpunkt Anspruch auf Zinsen in Höhe der in § 288 BGB angegebenen Zinssätze, wenn er nicht einen höheren Verzugsschaden nachweist.

(5) Der Auftragnehmer darf in den Fällen der Absätze 3 und 4 die Arbeiten bis zur Zahlung einstellen, sofern eine dem Auftraggeber zuvor gesetzte angemessene Nachfrist erfolglos verstrichen ist.

6. Der Auftraggeber ist berechtigt, zur Erfüllung seiner Verpflichtungen aus den Nrn. 1 bis 5 Zahlungen an Gläubiger des Auftragnehmers zu leisten, soweit sie an der Ausführung der vertraglichen Leistung des Auftragnehmers auf Grund eines mit diesem abgeschlossenen Dienst- oder Werkvertrags beteiligt sind, wegen Zahlungsverzugs des Auftragnehmers die Fortsetzung ihrer Leistung zu Recht verweigern und die Direktzahlung die Fortsetzung der Leistung sicherstellen soll. Der Auftragnehmer ist verpflichtet, sich auf Verlangen des Auftraggebers innerhalb einer von diesem gesetzten Frist darüber zu erklären, ob und inwieweit er

die Forderungen seiner Gläubiger anerkennt; wird diese Erklärung nicht rechtzeitig abgegeben, so gelten die Voraussetzungen für die Direktzahlung als anerkannt.

1. Schlußrechnung und Schlußzahlung, § 16 Nr 3 VOB/B

a) Allgemeines

§ 16 Nr 3 befaßt sich mit der **Schlußrechnung** des Unternehmers und der **Schlußzahlung** des Bestellers. Beiden Akten kommt schon rein tatsächlich eine erhebliche Bedeutung zu. Da bei Bauverträgen einerseits der Leistungsumfang weithin nicht exakt prognostiziert werden kann und andererseits von § 16 Nr 1 VOB/B Abschlagszahlungen vorgesehen sind, ist es *erforderlich, sich am Ende der Arbeiten ein genaues Bild über den Stand der Abrechnung zu verschaffen.* Diesem Ziel dient die Schlußrechnung. § 16 Nr 3 Abs 1 verstärkt die Bedeutung der Schlußrechnung rechtlich noch, wenn die Bestimmung die *Fälligkeit der Werklohnforderung* von ihrer Vorlage und dem Ablauf eines angemessenen Zeitraums zu ihrer Prüfung abhängig macht. Der ihr folgenden *Schlußzahlung* des Bestellers verleiht § 16 Nr 3 Abs 2 dadurch besondere Relevanz, weil sie nach dieser Bestimmung *geeignet ist, den Unternehmer mit seinen Forderungen ganz oder teilweise auszuschließen.*

b) Aufstellung der Schlußrechnung

Die Schlußrechnung muß prüfungsfähig sein; zu den Anforderungen, die sich insoweit aus § 14 Nr 1 VOB/B ergeben, o Rn 29. § 14 Nr 3 VOB/B setzt dem Unternehmer Fristen für die Einreichung; Nr 4 erlaubt es dem Besteller, uU die Schlußrechnung seinerseits aufzustellen:

§ 14 VOB/B
Abrechnung
...

3. Die Schlußrechnung muß bei Leistung mit einer vertraglichen Ausführungsfrist von höchstens 3 Monaten spätestens 12 Werktage nach Fertigstellung eingereicht werden, wenn nichts anderes vereinbart ist; diese Frist wird um je 6 Werktage für je weitere 3 Monate Ausführungsfrist verlängert.

4. Reicht der Auftragnehmer eine prüfbare Rechnung nicht ein, obwohl ihm der Auftraggeber dafür eine angemessene Frist gesetzt hat, so kann sie der Auftraggeber selbst auf Kosten des Auftragnehmers aufstellen.

aa) Die Fristen der Nr 3 rechnen ab Fertigstellung der Leistung (nicht: Abnahme) und gelten auch für solche Leistungen, die auf Grund späterer Zusatzaufträge erbracht worden sind. Bei Kündigung des Vertrages laufen die Fristen ab Vertragsbeendigung.

bb) Aufstellung der Schlußrechnung durch den Besteller
Der Besteller kann *an einer baldigen Rechnungsvorlage interessiert* sein, wenn er zB Gelder fristgebunden zu verwenden hat. Er kann insoweit *Klage auf Vorlage einer Rechnung* erheben (OLG München NJW-RR 1987, 146). § 14 Nr 4 verleiht ihm die *zusätzliche Befugnis*, gleichsam im Wege der Ersatzvornahme, *die Rechnung selbst aufzustellen.*

(1) Die Regelung benachteiligt den Unternehmer unangemessen. Sie gemahnt an die §§ 634 Nr 3, 637, bei denen der Leidensdruck des Bestellers aber doch ungleich größer ist, der mit einem Mangel leben muß. Außerdem wird der Unternehmer mit uU erheblichen Kosten belastet, falls der Besteller zB Sachverständige einschalten muß. Diesem müssen – im Gegensatz zu § 14 Nr 4 VOB/B verschuldensabhängige – Schadensersatzansprüche aus den §§ 280 Abs 1, 2, 286 genügen, zumal idR ein Gewinn durch die eigene Rechnungsstellung nicht ersichtlich ist. Außerdem ist die Kontrolle der Rechenwerke grundsätzlich kostenlos für die Gegenseite.

(2) Die *eigene Rechnungsaufstellung* des Bestellers setzt voraus, daß der Unternehmer innerhalb der Fristen des § 14 Nr 3 eine Rechnung nicht oder nicht in prüfungsfähiger Form vorgelegt hat. Weiterhin ist notwendig die *Setzung einer Nachfrist*, die unter Berücksichtigung der Umstände des Einzelfalls angemessen zu sein hat.

In der Folge darf der Besteller die Rechnung selbst aufstellen. Er hat dabei ordnungsgemäß vorzugehen, dh *die Rechnung so zu gestalten, wie sie* – nach Maßgabe von § 14 Nr 1 – *von dem Unternehmer selbst zu erwarten gewesen wäre* (BGH NJW 1984, 1757 = LM § 16 [B] VOB/B Nr 5; NZBau 2002, 91; INGENSTAU/KORBION/U LOCHER § 14 Rn 60). Diese Rechnung hat er dem Unternehmer zur Prüfung und Stellungnahme zu übermitteln.

(3) Die *Kosten der Rechnungsaufstellung durch den Besteller* treffen den Unternehmer, dies freilich nur bei Tauglichkeit der Rechnung (OLG Düsseldorf BauR 1996, 704). Hier sind allerdings nur solche Mehrkosten zu berücksichtigen, die nicht schon ohnehin durch die Prüfung einer vom Unternehmer vorgelegten Rechnung durch den Besteller angefallen wären (INGENSTAU/KORBION/U LOCHER § 14 Rn 62). Bei der Bemessung ist von § 632 Abs 2 auszugehen.

(4) Die Schlußrechnung des Bestellers stellt den Werklohn fällig (BGH NJW 1985, 1757), freilich ohne die Prüfungsfrist des § 16 Nr 3 Abs 1 (BGH NJW 2002, 676), die hier entbehrlich wird (DÄHNE BauR 1981, 233; INGENSTAU/KORBION/U LOCHER § 14 Rn 65). Weitergehende Wirkung kommt ihr nicht zu; namentlich wird der Unternehmer nicht gehindert, späterhin seinerseits abzurechnen, dies auch gliederungsmäßig anders als der Besteller (solange er nur das Gebot der Prüfungsfähigkeit der Rechnung wahrt) (aA OLG Düsseldorf NJW-RR 1995, 535; INGENSTAU/KORBION/U LOCHER § 14 Rn 65; Beck'scher VOB-Komm/CUYPERS § 14 Nr 4 Rn 36 f). Eine Bindung des Unternehmers an die Schlußrechnung des Bestellers gibt die Bestimmung jedoch nicht her; wenn man sie aus ihr sollte herauslesen können, wäre der Verstoß gegen das AGBG noch gravierender als im Falle des § 16 Nr 3 Abs 2–5 VOB/B (dazu u Rn 78 ff).

(5) § 14 Nr 4 VOB/B kann nicht entsprechend angewendet werden, wenn bei einem BGB-Bauvertrag die Schlußrechnung Fälligkeitsvoraussetzung sein soll (aA OLG Düsseldorf NJW-RR 1999, 527).

c) Fälligkeit der Schlußzahlung

69 Die Fälligkeit der Schlußzahlung ist *von drei Komponenten abhängig*, und zwar zunächst davon, daß die Werklohnforderung auch *nach allgemeinem Bürgerlichen Recht fällig* ist, sodann von der *Vorlage einer Schlußrechnung*, schließlich vom *Verstreichen eines angemessenen Prüfungszeitraums*.

aa) Daß die *Fälligkeit der Werklohnforderung nach allgemeinem Bürgerlichen Recht* eingetreten sein muß, wird jetzt weit überwiegend angenommen (vgl BGHZ 79, 180 = NJW 1981, 822 = BauR 1981, 201; zuvor schon BGHZ 73, 140 = NJW 1979, 650 = BauR 1979, 179; ferner OLG Hamm NJW 1978, 649: HOCHSTEIN BauR 1976, 168; LOCHER, Das private Baurecht Rn 204; INGENSTAU/KORBION/U LOCHER § 16 Rn 16; NICKLISCH/WEICK § 16 Rn 23; **aA** noch SCHMIDT MDR 1965, 621; FISCHER BauR 1973, 210; SCHULTZ JZ 1973, 718; SCHMALZL MDR 1978, 619). Es ist nicht einzusehen, warum sich die Fälligkeitsregelung des § 16 Nr 3 Abs 1 weiter vom Gesetz sollte entfernen wollen, als dies in ihrem Wortlaut zum Ausdruck kommt.

Das bedeutet nach hM (o Rn 1), daß das **Werk abgenommen** worden sein muß. Abnahmereife des Werkes steht dem gleich (o Rn 6), wobei zu beachten ist, daß nach § 12 Nr 3 VOB/B die Abnahme nur wegen wesentlicher Mängel verweigert werden darf (dazu § 640 Rn 73). Zum hier vertretenen Standpunkt o Rn 2 ff.

bb) Weiterhin ist für die Fälligkeit die **Erteilung einer Schlußrechnung** erforderlich **70**
(vgl BGH BauR 1971, 203; BGHZ 56, 312 = NJW 1971, 1800; BGH NJW 1975, 1833; WM 1979, 1046; NJW 1981, 1040).

(1) Eine *Schlußrechnung* des Unternehmers liegt dann vor, *wenn er zu erkennen gibt, welche Vergütung er endgültig aus dem Bauvorhaben gegen den Besteller zu beanspruchen gedenkt.* Das kommt regelmäßig durch eine entsprechende Bezeichnung zum Ausdruck, kann sich aber auch auf andere Weise ergeben, insbesondere dadurch, daß die Rechnung alle übernommenen und ausgeführten Arbeiten enthält, so daß *sich eine weitere Rechnung erkennbar erübrigt* (vgl BGH NJW 1975, 1701). An einer Schlußrechnung *fehlt es* immer dann, wenn sich der Unternehmer – einseitig oder auf Grund entsprechender Vereinbarungen mit dem Besteller – *weitere Rechnungen vorbehält*. So liegt einstweilen nur eine Zwischenrechnung vor, wenn bei einem Pauschalpreisvertrag zunächst nur die Pauschale berechnet wird, dabei aber die besondere Berechnung von Zusatzleistungen angekündigt wird (vgl BGH NJW 1982, 1594 = BauR 1982, 282). Andererseits können Rechnungen, die sich zunächst nur als *Zwischenrechnungen* darstellen, *nachträglich* den Charakter einer Schlußrechnung erwerben, wenn das spätere Verhalten des Unternehmers den eindeutigen Schluß erlaubt, daß er über ihren Betrag hinaus keine weiteren Forderungen aus dem Bauvorhaben zu erheben gedenkt (vgl BGH WM 1975, 453; NJW 1975, 1833; OLG Hamm NJW-RR 1996, 593). Vgl zum Verhältnis von Abschlags- und Schlußrechnung zueinander iü § 632a Rn 10.

(2) Die Erteilung ist auch dann Voraussetzung für die Fälligkeit der Schlußzahlung, **71** *wenn der Unternehmer sie verspätet übermittelt* (vgl BGH NJW 1971, 1455 = BauR 1971, 203; BGHZ 56, 312 = NJW 1971, 1800; OLG Celle MDR 1970, 674; INGENSTAU/KORBION/U LOCHER § 16 Rn 102; **aA** OLG Köln MDR 1969, 839). Das kann zwar nachteilig für den Besteller sein, wenn es wegen § 199 Abs 1 den Verjährungsbeginn beeinflußt, entbindet ihn aber vorläufig doch auch von der Zahlungspflicht.

(3) Das Erfordernis einer Schlußrechnung besteht auch dann, wenn die Forderung des Unternehmers liquide ist, namentlich auch bei Vereinbarung eines Pauschalpreises (vgl BGH BauR 1979, 525 = LM § 16 VOB/B Nr 3; NZBau 2002, 91, 92).

In die Schlußrechnung aufzunehmen sind die Vergütungsansprüche des Unternehmers, (vgl INGENSTAU/KORBION/U LOCHER § 14 Rn 1 f), diese freilich *in einem weiteren Sinne* verstanden. Vergütungsansprüche sind insoweit auch jene *Ansprüche*, die ihm *bei eigenmächtiger Ausführung von Leistungen* nach § 2 Nr 8 Abs 2 VOB/B zustehen, ferner jene, die ihm *im Falle von Behinderungen* aus den Bestimmungen des § 6 Nr 5, 6 erwachsen, schließlich die *Ansprüche bei Kündigung* des Bestellers nach § 8 Nr 1 Abs 2 VOB/B oder bei eigener Kündigung nach § 9 Nr 3. Dagegen bezieht sich die Abrechnungspflicht *nicht auf Schadensersatzansprüche*, wie sie dem Unternehmer aus Verzug, §§ 280 Abs 1, 241 Abs 2 oder Delikt oä gegenüber dem Besteller zustehen können, erst recht *nicht* auf *Gegenforderungen des Bestellers* oder auf *von diesem geleistete Zahlungen,* auch wenn der Unternehmer jedenfalls letztere in seine Abrechnung aufnehmen wird.

Das Erfordernis einer Schlußrechnung besteht *immer dann, wenn das Bauvorhaben seine Erledigung* gefunden hat, mag dies nun, wie im Regelfall, auf dem Abschluß der geschuldeten Leistungen beruhen, oder aber auf einer *einverständlichen Vertragsaufhebung* oder auf einer *Kündigung* einer der beiden Seiten.

72 (4)   Die Schlußrechnung muß der Gegenseite *zugehen.* Dies gilt auch dann, wenn sie von dem Besteller nach § 14 Nr 4 VOB/B aufgestellt worden ist.

Inhaltlich muß die Schlußrechnung den Anforderungen des § 14 Nr 1 VOB/B entsprechen, dazu o Rn 78 ff, also *prüfungsfähig* sein; eine nicht prüfungsfähige Schlußrechnung läßt die Werklohnforderung des Unternehmers nicht fällig werden (BGHZ 82, 382, 384, BGH NJW-RR 1990, 1170; INGENSTAU/KORBION/U LOCHER § 14 Rn 11). Zu Ausnahmen vom Erfordernis der Prüfungsfähigkeit o Rn 70. Die Prüfungsfähigkeit der Rechnung darf nicht mit ihrer *Richtigkeit* gleichgesetzt werden.

73 cc)   Schließlich ist es für die Fälligkeit der Schlußzahlung nach § 16 Nr 3 Abs 1 erforderlich, daß zusätzlich für den Besteller eine **Frist zur Prüfung der Schlußrechnung** abgelaufen ist. Hat er freilich die Schlußrechnung selbst aufgestellt, entfällt die Frist (BGH NZBau 2002, 91, 92).

(1)   Diese beträgt *grundsätzlich und in aller Regel* zwei Monate (INGENSTAU/KORBION/ U LOCHER § 16 Rn 100). Dabei ist es *unerheblich,* ob für die Prüfung der Schlußrechnung *ein solcher Zeitraum notwendig ist,* ebenso ob der Besteller den Zeitraum tatsächlich zur Prüfung nutzt. Diese starre Frist benachteiligt den Unternehmer unangemessen (vgl PETERS NZBau 2002, 305). § 286 Abs 3 als das gesetzliche Leitbild (§ 307 Abs 2 Nr 1) sieht nur eine Prüfungsfrist von 30 Tagen vor. Dort tritt dann außerdem mit Fristablauf Verzug ein, hier erst die Fälligkeit. Die starre Frist hier nimmt keine Rücksicht auf die Fälle, in denen die Rechnung schnell geprüft werden kann. Das Beschleunigungsgebot des § 16 Nr 3 Abs 1 S 2 ändert nichts daran, weil es sanktionslos bleibt. Der Anspruch des Unternehmers auf Abschlagszahlungen hebt seine Benachteiligung nicht auf. Bemerkenswert im übrigen, daß § 14 Nr 3 dem Unternehmer grundsätzlich weniger Zeit zur Aufstellung der Schlußrechnung gibt als § 16 Nr 3 Abs 1 S 1 zu ihrer Prüfung. Die berechtigten Belange des Bestellers würden vollauf gewahrt, wenn man für den angemessenen Zeitraum einer Prüfung die Nichtzahlung als entschuldigt, § 286 Abs 4, ansehen würde.

Titel 9 · Werkvertrag und ähnliche Verträge § 641
Untertitel 1 · Werkvertrag 74, 75

(2) *Ausnahmsweise* kann allerdings die Fälligkeit der Schlußzahlung auch erst später eintreten, wenn dem Besteller eine Prüfung der Schlußrechnung aus sachlichen Gründen, die er nicht zu vertreten hat, innerhalb von zwei Monaten nicht möglich ist (vgl BGHZ 53, 222 = NJW 1969, 428 = LM VOB/B Nr 33 Verhaftung des mit der Rechnungsprüfung betrauten Architekten und daraus folgende Notwendigkeit der Beauftragung eines Nachfolgers). Die Prüfungsfrist verlängert sich aber nicht schon dadurch, daß der Besteller eine besonders eingehende oder aufwendige Prüfung der Schlußrechnung betreibt (OLG Düsseldorf BauR 1981, 479).

Der Ablauf der Prüfungsfrist hat nicht zur Folge, daß der Besteller mit Einwendungen ausgeschlossen wäre (BGH NZBau 2001, 134; OLG Brandenburg NJW-RR 2000, 1338).

(3) Ebenso kann ausnahmsweise die Fälligkeit der Schlußzahlung auch schon vor **74** Ablauf von zwei Monaten eintreten, *sofern* nämlich *der Besteller die Prüfung der Schlußrechnung eher beendet und sein Prüfungsergebnis dem Unternehmer mitgeteilt hat* (BGHZ 83, 382, 385 = NJW 1982, 1815). Das ist vor allem für den Verjährungsbeginn von Bedeutung. Zu einer solchen zügigen Prüfung hält § 16 Nr 3 Abs 1 S 2 den Besteller an, ohne daß diese Verpflichtung indessen sanktioniert wäre. Der *nicht mitgeteilte vorzeitige Prüfungsabschluß* des Bestellers bleibt ohne Einfluß auf die Fälligkeit.

Außerdem hat der Besteller nach § 16 Nr 3 Abs 1 S 3 ein *unbestrittenes Guthaben* des Unternehmers als Abschlagszahlung sofort auszuzahlen. Das gilt auch schon vor Ablauf der Zweimonatsfrist. Der Besteller kann aber nicht gezwungen werden, ein Guthaben des Unternehmers unstreitig zu stellen. Insofern nützt dem Unternehmer auch die hier verschärfte Verzinsungspflicht des § 16 Nr 5 Abs 4 wenig. – Unstreitig ist ein Guthaben nicht schon dadurch, daß einzelne Positionen einer Schlußrechnung unstreitig sind (vgl BGH NJW 1997, 1444). Es muß vielmehr ein unstreitiger Saldo bestehen.

(4) Der *Mitteilung des Prüfungsergebnisses* durch den Besteller *kommt eine eigen-* **75** *ständige Funktion grundsätzlich nicht zu*. Freilich ist diese Erklärung *der Auslegung fähig*, und diese kann ergeben, daß ein Schuldanerkenntnis vorliegt, sei es in der Form eines abstrakten, sei es in der Form eines bestätigenden, das die Beweislast für die Erbringung der berechneten Leistungen zu Lasten des Bestellers umkehrt (vgl zu letzterem BGH BauR 1974, 356 = WM 1974, 410). Entscheidend ist die dem Unternehmer erkennbare Willensrichtung des Bestellers. Dem schlichten Ablauf der Prüfungsfrist kommt eine die Forderung des Unternehmers feststellende oder Einwendungen des Bestellers ausschließende Wirkung nicht zu (**aA** OLG Düsseldorf NJW-RR 1991, 278; 1998, 376).

(a) Insoweit ist freilich *grundsätzlich davon auszugehen*, daß der Besteller mit der Mitteilung des Prüfungsergebnisses nur zum Ausdruck bringen will, daß er *aus gegenwärtiger Sicht* keine Einwände gegen die „anerkannte" Summe hat, daß er aber doch nicht zu nachteiligen Erklärungen bereit ist (vgl OLG Frankfurt NJW-RR 1997, 526; OLG Hamm MDR 1996, 1011; weitergehend OLG Düsseldorf NJW-RR 1998, 376; INGENSTAU/KORBION/ U LOCHER § 16 Rn 107). Das gilt *unabhängig* davon, ob nur das Ergebnis mitgeteilt oder ob, wie häufig, eine korrigierte Schlußrechnung an den Unternehmer geschickt wird, oder ob die Rechnung mit einem Prüfungsvermerk des Architekten – „sachlich und rechnerisch richtig" – an den Unternehmer gegeben wird.

76 (b) Speziell dem *Prüfungsvermerk des Architekten* kommt *grundsätzlich nur interne Bedeutung* im Verhältnis zum Besteller zu (vgl auch OLG Köln MDR 1977, 404; HOCHSTEIN BauR 1973, 333), indem diesem mitgeteilt wird, daß er die Rechnung unbedenklich begleichen könne.

(c) Auch ein *Schuldanerkenntnis* durch den Architekten gegenüber dem Unternehmer ist nach dem Gesagten aus inhaltlichen Gründen *regelmäßig nicht* anzunehmen, wenn er zB diesem das Ergebnis seiner Rechnungsprüfung direkt mitteilt. Im Falle des Architekten kommt außerdem noch hinzu, daß er grundsätzlich nicht als bevollmächtigt angesehen werden kann, im Namen des Bestellers Forderungen des Unternehmers anzuerkennen (vgl BGH NJW 1960, 859 = LM § 19 GOA Nr 1).

(d) Die *Beweislast für die Nichterbringung der berechneten Leistungen* geht freilich mit der Zahlung auf den Besteller über, weil er dann seinerseits aus § 812 vorgehen muß.

77 **dd)** *Fällig werden* mit Ablauf der Prüfungsfrist *nicht nur die in die Schlußrechnung aufgenommenen Forderungen des Unternehmers,* sondern auch **seine sämtlichen weiteren Forderungen aus dem konkreten Bauvorhaben,** *sofern sie nur* – als fällig, was zB für den Garantieeinbehalt nicht gilt – *in die Schlußrechnung hätten aufgenommen werden können* (OLG Düsseldorf NJW 1977, 1298; INGENSTAU/KORBION/U LOCHER § 16 Rn 104). Sie *verjähren* also wie die in die Schlußrechnung aufgenommenen Forderungen des Unternehmers.

d) Ausschluß des Unternehmers mit weiteren Forderungen
78 § 16 Nr 3 Abs 2–5 sieht vor, daß der Unternehmer unter bestimmten Voraussetzungen mit seinen unbeglichenen Forderungen ausgeschlossen ist. Diese Folge soll eintreten, wenn der Besteller eine abschließende Zahlung leistet oder sonst erklärt, nichts weiteres mehr leisten zu wollen, den Unternehmer auf die Folge des Rechtsverlustes hinweist und sich der Unternehmer dann nicht innerhalb bestimmter Frist seine Forderungen vorbehält und innerhalb weiterer Frist den Vorbehalt begründet.

aa) Voraussetzungen des Rechtsverlustes
79 (1) Notwendig ist zunächst – als Voraussetzung einer Schlußzahlung des Bestellers – eine *Schlußrechnung* (BGH NJW 1987, 2582), mag sie auch der Besteller selbst nach § 14 Nr 4 VOB/B aufgestellt haben (vgl OLG Schleswig BauR 1980, 477). Diese Schlußrechnung braucht dabei aber nicht prüfungsfähig zu sein (BGH aaO; krit INGENSTAU/ KORBION [13. Aufl] § 16 Rn 163).

(2) Notwendig ist sodann eine **Schlußzahlung** des Bestellers. Das ist jene Zahlung, mit der er die aus dem Bauvorhaben noch restierenden Forderungen des Unternehmers endgültig begleichen will (BGH NJW 1972, 51; BGHZ 75, 307 = NJW 1980, 455; BGH NJW 1983, 816).

Nicht notwendig ist dabei die betragliche Übereinstimmung der Schlußzahlung mit der Schlußrechnung oder eine Begründung für die Abweichung (aA Trapp BauR 1979, 271, 272, 273), oder auch nur die Möglichkeit, die Abweichung nachzuvollziehen. Es kommt auch nicht auf die sachliche Richtigkeit des Zahlungsbetrages an.

(3) Weiterhin muß der Unternehmer über die Schlußzahlung und die mögliche **80** Ausschlußwirkung deutlich und schriftlich unterrichtet werden (BGH NJW 1999, 944). Dazu genügen Ausführungen auf dem Überweisungsträger nicht (vgl OLG Köln NJW-RR 1994, 1501; Beck'scher VOB-Komm/Motzke § 16 Nr 3 Rn 67). Insoweit muß der Hinweis auf die Ausschlußwirkung genügen; dieser verdeutlicht hinreichend den Charakter der Zahlung als „Schluß"zahlung. Dabei muß freilich die Ausschlußwirkung korrekt und detailliert beschrieben sein (vgl Ingenstau/Korbion/U Locher § 16 Rn 198): der Zeitpunkt ihres Eintritts und die Möglichkeit ihrer Vermeidung durch den Vorbehalt der Forderungen und seine Begründung. Insofern ist es weniger – anders als nach der vorhergehenden Fassung des § 16 Nr 3 Abs 2 – die Schlußzahlung, die die Forderung des Unternehmers ausschließt, als vielmehr dieser Hinweis.

Zum Zeitpunkt der Erklärung des Bestellers verhält sich die Bestimmung nicht näher. Sie kann der Zahlung nachfolgen, muß ihr aber auch vorangehen können. Letztere Konstellation ergibt sich ja schon, wenn Zahlung und Schreiben gleichzeitig auf den Weg gebracht werden. Immerhin ist ein *enger zeitlicher Zusammenhang* zu fordern.

(4) Der Schlußzahlung steht die **endgültige schriftliche Verweigerung weiterer Zahlungen** gleich. Wenn sie nach § 16 Nr 3 Abs 3 „unter Hinweis auf geleistete Zahlungen" zu erfolgen hat, so ist das mißverständlich. Zunächst braucht der Besteller diese nicht näher zu bezeichnen. Sodann wird er sich auch auf den Standpunkt stellen dürfen, daß der Unternehmer wegen Mängeln, Aufrechnung, Erlaß oder aus sonstigen Gründen gar nichts zu erhalten habe.

Der Besteller muß auch hier über die Ausschlußwirkung unterrichten (OLG Celle NJW-RR 1995, 915; Ingenstau/Korbion/U Locher § 16 Rn 211).

(5) Wenn entscheidender Faktor des Anschlusses weiterer Forderungen des Unternehmers die unmißverständliche Zahlungsverweigerung des Bestellers ist, kann die zu § 16 Nr 3 Abs 2 aF vertretene Auffassung, auch eine Schlußrückzahlung des sich überzahlt fühlenden Unternehmers genüge (vgl BGHZ 68, 368 = NJW 1977, 1293 = LM VOB/B Nr 89 m Anm Doerry), nicht aufrechterhalten werden (aA Ingenstau/Korbion/U Locher § 16 Rn 215).

bb) Vorbehalt der Forderungen
Der Unternehmer *entgeht der Ausschlußwirkung* dadurch, daß er sich seine bestrit- **81** tenen Forderungen **vorbehält** und **diesen Vorbehalt späterhin begründet**.

(1) Der Vorbehalt ist eine *einseitige empfangsbedürftige Willenserklärung* bzw eine geschäftsähnliche Handlung. Er kann mündlich erfolgen, was freilich in Hinblick auf die dem Unternehmer obliegende Beweislast (BGH NJW 1972, 2267), wenig tunlich ist. Berechtigt ist zu ihm außer dem Unternehmer auch ein Zessionar der Werklohnforderung (OLG Frankfurt aM NJW-RR 1994, 1241).

An den Vorbehalt sind keine hohen Anforderungen zu stellen, es genügt die Erklärung, an der Forderung fest zu halten (BGH NJW 2002, 2952, 2954).

Der Vorbehalt muß *gegenüber dem Besteller erfolgen*; ein Vorbehalt gegenüber dessen Architekten kann ausreichen, so, wenn dieser mit der Bauabrechnung befaßt ist und insoweit mit dem Unternehmer vom Besteller geduldete direkte Verhandlungen führt (BGH NJW 1977, 1634; 1978, 1631).

82 (2) § 16 Nr 3 Abs 5 stellt dem Unternehmer für die Erklärung des Vorbehalts eine **Frist von 24 Werktagen** (früher: 12) zur Verfügung, gerechnet ab Eingang der Mitteilungen nach Abs 2, 3. Der Vorbehalt muß innerhalb der Erklärungsfrist zugehen.

Die Frist wird auch durch einen *Mahn- oder Vollstreckungsbescheid* gewahrt. § 270 Abs 3 ZPO ist entsprechend anwendbar (BGHZ 75, 307, 314).

Ein *vorzeitiger Vorbehalt* reicht grundsätzlich *nicht* aus; die Rechtslage ist insoweit ähnlich wie beim Vorbehalt der Vertragsstrafe nach § 341 Abs 3. Hiervor werden jedoch *nach Treu und Glauben Ausnahmen* dann gemacht, wenn der Vorbehalt als nutzlose Förmlichkeit erscheinen müßte. Das ist zB der Fall, wenn er in engem zeitlichen Zusammenhang mit der Schlußzahlung (vorher) erfolgt, nachdem schon streitige Verhandlungen über die Werklohnforderung stattgefunden hatten (BGH NJW 1970, 1185; 1979, 2310), wenn der Unternehmer auf die telefonische Ankündigung der Schlußzahlung hin seinen Vorbehalt erklärt hat (OLG Düsseldorf BauR 1983, 185), wenn bei parallelen Schlußrechnungen und identischen Kürzungsgründen der Vorbehalt nur wegen einer Schlußrechnung erklärt wird (BGH BauR 1983, 474), vor allem aber, *wenn die betreffende Forderung schon gerichtlich anhängig gemacht worden ist*, sei es auch nur durch Mahnbescheid (BGHZ 68, 38 = NJW 1977, 531 vgl insoweit aber auch OLG Frankfurt BauR 1983, 372 [unklarer Gegenstand eines Teilbetrages, unterbleibende Begründung nach Widerspruch]; OLG Frankfurt NJW-RR 1988, 600 [früherer, abgeschlossener Prozeß]). Die *Streitverkündung des* Unternehmers gegenüber dem Besteller läßt BGHZ 68, 368 (= NJW 1977, 1293) *nicht* ausreichen. Insgesamt sind aber bei der Frage, ob der Vorbehalt ausnahmsweise nach Treu und Glauben entbehrlich ist, strenge Anforderungen zu stellen (BGH ZfBR 1978, 18; OLG Köln BauR 1975, 351 m Anm JAGENBURG; OLG München BauR 1976, 61). So reicht etwa nicht eine der Schlußzahlung vorausgehende Mahnung mit Klagandrohung (OLG Hamburg BauR 1979, 173).

Die *Berechnung der Vorbehaltsfrist* unterliegt § 187 und als Tagesfrist § 188 Abs 1. Da die Frist nach Werktagen rechnet, zählen Samstage mit, soweit sie innerhalb der Frist liegen, wegen § 193 dagegen dann nicht, wenn das Fristende auf einen Samstag fällt (BGH NJW 1979, 2310).

83 (3) Nach § 16 Nr 3 Abs 5 verliert der Vorbehalt seine Wirkung, wenn er nicht binnen weiterer 24 Werktage nach Maßgabe der Bestimmung *begründet* wird.

(a) Diese Frist rechnet nicht ab Ablauf der 24tägigen Vorbehaltsfrist, sondern *ab Zugang des Vorbehalts*, was bei vorzeitigem Vorbehalt von Bedeutung ist, (Beck'scher VOB-Komm/MOTZKE § 16 Nr 3 Rn 100; INGENSTAU/KORBION/U LOCHER § 16 Rn 244; aA KAISER BlGWB 1975, 161; ders ZfBR 1982, 231, 234; HEIERMANN/RIEDL/RUSAM § 16 Rn 107; NICKLISCH/ WEICK § 16 Rn 61). Es gilt hier anderes als jetzt bei der Berufungsbegründungsfrist.

(b) *Für den Inhalt der Begründung sind übertriebene Anforderungen an den Unternehmer nicht zu stellen* (BGH NJW 1965, 536; BauR 1980, 178 = WM 1980, 136 = ZfBR 1980, 33). Es reicht aus, wenn der Unternehmer dem Besteller hinreichende, vor allem diesem bisher noch fehlende Informationen über seine restlichen Forderungen gibt. Dazu kann die *Bezugnahme auf die schon vorliegende Schlußrechnung* genügen (BGH NJW-RR 1998, 954), wenn diese schon angemessenen Aufschluß gibt. *Eine neue Rechnung ist regelmäßig nur notwendig*, wenn sich der Unternehmer Forderungen vorbehält, die in seine Schlußrechnung keinen Eingang gefunden hatten. Eine Wiederholung der vorliegenden Schlußrechnung aber wäre sinnlos (vgl BGH BauR 1983, 476 = ZfBR 1983, 436). Eine nähere *Begründungspflicht* für den Vorbehalt *entfällt überhaupt*, wenn der Besteller seinerseits die Kürzungen nicht näher begründet hat und diese deshalb dem Unternehmer nicht nachvollziehbar sind.

cc) Rechtscharakter der Bestimmung

(1) Rechtsdogmatisch wird man den Rechtsverlust des Unternehmers als einen *vertraglich vereinbarten Sonderfall der Verwirkung* einzustufen haben. **84**

(2) Von der Verwirkung unterscheidet sich die vorbehaltlose Annahme der Schlußzahlung freilich dadurch, daß sie entgegen dem Wortlaut des § 16 Nr 3 Abs 2 („... schließt Nachforderungen aus ...") nach allgemeiner und zutreffender Ansicht dem Besteller **nur eine der Verjährung vergleichbare Einrede** verschafft, auf die er sich mithin berufen muß (vgl BGHZ 62, 15 = NJW 1974, 236; BGHZ 75, 307 = NJW 1980, 455; BGH NJW 1982, 2250 = LM § 16 [D] VOB/B Nr 16; INGENSTAU/KORBION/U LOCHER § 16 Rn 166 f).

Auf diese Einrede sind *die Vorschriften über die Verjährung entsprechend anzuwenden*, so insbesondere die §§ 214 Abs 2, 813 Abs 1 S 2 (keine Rückforderung des trotz Bestehens der Einrede Geleisteten als rechtsgrundlos geleistet) (vgl BGHZ 62, 15 = NJW 1974, 236; BGH JZ 1981, 533 = NJW 1981, 1784; § 390 S 2 [Erhaltung der Aufrechnungsmöglichkeit, die einmal bestanden hat], vgl BGH NJW 1982, 2250; OLG Hamm NJW 1976, 1268; TRAPP BauR 1979, 271; aA unzutreffend OLG Düsseldorf BauR 1977, 360 für den Fall der Hilfsaufrechnung). Wo der Unternehmer Sicherheiten für seine Werklohnforderung hat, gilt § 216 entsprechend, was insbesondere zur Folge hat, daß er eine Bauhandwerksicherungshypothek trotz Erhebung der Einrede verwerten kann (vgl BGH NJW 1981, 1436 = LM § 16 [D] VOB/B Nr 14).

Die Einrede ist verzichtbar; ein Verzicht auf sie kann auch in dem Verzicht auf die Einrede der Verjährung zu sehen sein (vgl BGH NJW 1978, 1485). Auf die dem Unternehmer eingeräumte *Vorbehaltsfrist* ist *§ 270 Abs 3 aF / § 167 nF ZPO* entsprechend anzuwenden (BGHZ 75, 307, 314).

dd) Umfang des Anspruchsausschlusses

Die *Ausschlußwirkung* nach § 16 Nr 3 Abs 2; 4 umfaßt **grundsätzlich sämtliche Ansprüche des Unternehmers aus dem betreffenden Bauvertrag**. Das gilt zunächst für Ansprüche des Unternehmers auf Vergütung – auch aus § 649 S 2 – und Aufwendungsersatz. Bei Schadensersatzansprüchen ist danach zu fragen, ob sie der Sache nach Vergütungscharakter tragen, was zB bei Ansprüchen des Unternehmers gemäß § 6 Nr 6 VOB/B anzunehmen ist (vgl BGHZ 62, 15, 16 f = NJW 1983, 816. Für eine weitere Erfassung von Schadensersatzansprüchen offenbar KAISER NJW 1973, 884; INGENSTAU/KORBION/U LOCHER § 16 Rn 183). Ansprüche aus Verzug fallen unter die Bestimmung, solche aus **85**

§ 812 jedenfalls dann, wenn sie ihre Grundlage in Bauleistungen des Unternehmers haben (aA wohl INGENSTAU/KORBION/U LOCHER § 16 Rn 185). Für Ansprüche auf Nebenleistungen (Zinsen) folgt die Ausschlußwirkung aus einer entsprechenden Anwendung des § 217 (so auch im Ergebnis OLG München OLGZ 1976, 464).

86 *Gegenstand des Rechtsverlustes* sind zunächst die in die Schlußrechnung aufgenommenen und nicht bedienten Forderungen, sodann auch früher angemeldete, aber unerledigt gebliebene Forderungen, § 16 Nr 3 Abs 4 VOB/B, schließlich aber auch sonstige und uU dem Besteller unbekannt gebliebene Forderungen, soweit sie in die Schlußrechnung hätten Aufnahme finden müssen (vgl INGENSTAU/KORBION/U LOCHER § 16 Rn 178), insbesondere auch Forderungen aus Zusatz- und Nachtragsaufträgen (OLG Düsseldorf BauR 1973, 386). § 16 Nr 3 Abs 6 VOB/B schränkt die Ausschlußwirkung der vorbehaltlosen Annahme der Schlußzahlung dahin ein, daß bestimmte Fehler der Rechnung noch weiterhin beachtlich und der Korrektur zugänglich bleiben, nämlich solche des Aufmaßes, der Berechnung und der Übertragung. Ihrer Berücksichtigung können freilich andere Aspekte entgegenstehen, so namentlich die – vom BGH für den Bereich der VOB/B freilich verneinte – Bindungswirkung der Rechnung (vgl dazu § 632 Rn 102 ff).

Erhalten bleibt dem Unternehmer der Anspruch auf einen Sicherheitseinbehalt, wenn der Besteller diesen nicht bestritten hat (OLG Frankfurt BauR 1985, 460). Die Ausschlußwirkung kommt auch dann nicht zum Tragen, wenn der Unternehmer dem Besteller versehentlich eine nicht geleistete Abschlagszahlung gutgeschrieben hat (BGH NJW 1986, 2050).

ee) Wirksamkeit der Regelung
87 § 16 Nr 3 Abs 2–6 wurde 1990 neu gefaßt; die Vorgängernorm des § 16 Nr 3 Abs 2 war für den Unternehmer deutlich ungünstiger ausgestaltet, wenn insbesondere ein besonderer Hinweis auf die Ausschlußwirkung nicht notwendig war und für den Vorbehalt des Unternehmers sowie dessen Begründung deutlich kürzere Fristen galten. Das verstieß gegen § 9 AGBG (so zutreffend BGHZ 101, 357), war also auch im kaufmännischen Verkehr unwirksam. Für die jetzige Fassung gilt entsprechend § 307 (BGHZ 138, 176; NICKLISCH/WEICK § 16 Rn 42; INGENSTAU/KORBION/U LOCHER § 16 Rn 201; KLEINE-MÖLLER/MERL/OELMAIER § 2 Rn 486): Eine Forderung ist grundsätzlich durch Zahlung zu erledigen; die Voraussetzungen einer Verwirkung liegen nicht vor; gegenüber der Verjährung sind die Fristen grotesk verkürzt. Die Lasten werden einseitig verschoben, wenn der Besteller mit entsprechenden Fristen und Risiken nicht zu rechnen hat. Von einer Begründungslast ist der Besteller im Gegensatz zum Unternehmer freigestellt.

Das führt freilich dann nicht zur Unwirksamkeit, wenn der Unternehmer die VOB/B als „seine" AGB gestellt hat (ferner nach BGHZ 101, 357; 138, 176 dann nicht, wenn die VOB/B „als Ganzes" vereinbart ist; krit zu letzterem vor § 631 Rn 86).

2. Teilabnahme und Teilabrechnung
88 Zur Teilabnahme und Teilabrechnung, § 16 Nr 4, u Rn 106 ff.

3. Zahlungsverzug des Bestellers

Der Zahlungsverzug des Bestellers hat in § 16 Nr 5 Abs 3 eine besondere Regelung gefunden; die Bestimmung enthält weiterhin Regelungen über die Beschleunigung von Zahlungen (Abs 1) sowie über Skontoabzüge (Abs 2). **89**

a) Beschleunigung der Zahlungen

Die Bestimmung des § 16 Nr 5 Abs 1, daß alle Zahlungen aufs äußerste zu beschleunigen seien, ist ein bloßer *Programmsatz* (aA INGENSTAU/KORBION/U LOCHER § 16 Rn 266). Damit eine Zahlungsverzögerung Rechtsfolgen auslöst, muß der Unternehmer nämlich den Besteller in Verzug setzen.

b) Skonti

Für eine Berechtigung des Bestellers zu Skontoabzügen von seinen Zahlungen *bedarf es einer besonderen Vereinbarung* mit dem Unternehmer, § 16 Nr 5 Abs 2, die auch in AGB zulässig ist. Zeitraum und Höhe müssen freilich hinreichend bestimmt sein. Vor allem muß der Skonto angemessen sein (vgl ULMER/BRANDNER/HENSEN Nach §§ 9–11 Rn 296): Nettozahlungsziel nur bis zu 30 Tagen, 3% Skonto nur bis 2 Wochen (bedenklich OLG Karlsruhe NJW-RR 1999, 1033: 3,5%). Wenn nicht vereinbart ist, von welchen Zahlungen ein Skonto abzuziehen ist, betrifft er grundsätzlich die Schlußzahlung (INGENSTAU/KORBION/U LOCHER § 16 Rn 270); bei Teilzahlungen kann er nicht in Anspruch genommen werden (aA OLG Hamm NJW-RR 1995, 856, wie hier NETTESHEIM BB 1991, 1724). Ist ein Skonto auch bei Raten vereinbart, kann er für jede pünktliche in Anspruch genommen werden, auch wenn andere verspätet sind (BGH NJW 2000, 3277). **90**

c) Zahlungsverzug des Bestellers

aa) Zahlungsverzug des Bestellers setzt außer der *Fälligkeit* der Forderung des Unternehmers, dem *Vertretenmüssen* der Nichtzahlung, § 286 Abs 4, der Einredefreiheit der Forderung (vgl BGH NJW 1993, 2674: Leistungsverweigerungsrecht wegen berechneter, aber nicht erbrachten Leistungen) nach § 16 Nr 5 Abs 3 S 1 insbesondere voraus, daß der Unternehmer dem Besteller *fruchtlos eine angemessene Nachfrist zur Zahlung gesetzt* hat. Diese Verschärfung der Verzugsvoraussetzungen gegenüber § 286 Abs 1 (BGH NJW 1961, 1968 = LM § 16 VOB/B Nr 1), ist für sich gesehen unbedenklich, weicht aber in der Kombination mit der Frist des § 16 Nr 3 Abs 1 unangemessen zu Lasten des Bestellers vom gesetzlichen Leitbild des § 286 Abs 1, 4 ab, § 307 Abs 2 Nr 1 (vgl PETERS NZBau 2002, 305). Das gilt iü auch bei verzögerten Abschlagszahlungen, bei denen § 16 Nr 1 Abs 3 eine Prüfungsfrist von 18 Werktagen vorschaltet. **91**

Die *angemessene Frist* braucht nicht lang bemessen zu sein. Insbesondere braucht sie dem Besteller nicht erst in die Lage zu versetzen, sich Zahlungsmittel zu verschaffen (INGENSTAU/KORBION/U LOCHER § 16 Rn 282). Eine zu knapp bemessene Frist setzt eine angemessene in Lauf. BGH NJW-RR 1986, 1346 (= JZ 1986, 1122) will auch die zweiwöchige gerichtliche Fristsetzung nach § 692 Abs 1 Nr 3 ZPO im Mahnbescheid genügen lassen.

Zahlungsverzug des Bestellers tritt *erst mit Fristablauf* ein.

Unter den Voraussetzungen des § 284 Abs 2 ist die Nachfristsetzung jedenfalls entbehrlich.

92 bb) Als *Verzugsfolge* erwirbt der Unternehmer ein *Kündigungsrecht* nach § 9 Nr 1 b VOB/B, wie es vor allem bei der Nichtbedienung von Abschlagsforderungen von Bedeutung ist (dazu § 643 Rn 29 ff), die Befugnis, unabhängig davon *die Arbeiten einstweilen einzustellen* (dazu o Rn 69 f), sowie schließlich einen *Zinsanspruch* nach § 16 Nr 5 Abs 3 S 2 in dortiger Höhe.

(1) Diese Schadenspauschalierung ist *mit § 309 Nr 5 vereinbar*.

(2) § 16 Nr 5 Abs 3 S 2 gestattet es dem Unternehmer, *einen höheren Verzugsschaden* zu belegen. Das entspricht § 288 Abs 4.

Angesichts des von § 16 Nr 5 Abs 3 hinausgeschobenen Verzinsungsbeginns kann es für den Unternehmer von Bedeutung sein, daß der *Anspruch auf Prozeßzinsen nach § 291* nicht ausgeschlossen ist.

Zum Verhältnis des Zinsanspruchs aus § 16 Nr 5 Abs 3 S 2 zu dem aus § 641 Abs 2 u Rn 120.

4. Zahlung an Gläubiger des Unternehmers

93 § 16 Nr 6 gibt dem Besteller in gewissem Umfang die **Befugnis, an Gläubiger des Unternehmers mit befreiender Wirkung zu zahlen.**

a) Es handelt sich dabei um eine *schlichte Befugnis des Bestellers*, der keine entsprechenden Ansprüche des Unternehmers oder gar der genannten Dritten gegenüberstehen (OLG Düsseldorf BauR 1973, 250; INGENSTAU/KORBION/U LOCHER § 16 Rn 316 f). Ansprüche des Unternehmers auf Zahlung an Dritte können sich ergeben, wenn sich der Besteller ihm gegenüber entsprechend verpflichtet hat; in der Erklärung gegenüber dem Dritten, von den Rechten aus § 16 Nr 6 VOB/B Gebrauch machen zu wollen, liegt noch nicht die Übernahme einer Zahlungspflicht (BGH NZBau 2001, 449). *Dritte erwerben unmittelbare Zahlungsansprüche gegen den Besteller*, wenn der Unternehmer ihnen seine Ansprüche abtritt oder wenn der Besteller ihnen gegenüber eigene Verpflichtungen eingeht, was durch Bürgschaft, Schuldbeitritt oder auch Garantievertrag geschehen kann. Wegen des eigenen Interesses des Bestellers daran, daß die Subunternehmer oder Arbeitnehmer des Unternehmers ihre Leistungen erbringen, wird *unter den verschiedenen Formen der Schuldintervention regelmäßig ein Schuldbeitritt des Unternehmers anzunehmen* sein (**aA** BGH WM 1962, 576: Garantievertrag). Dabei ist zu beachten, daß es zu einem Schuldbeitritt *auch konkludent* kommen kann, so insbesondere dann, wenn Subunternehmer in Hinblick auf eine Gefährdung ihrer Vergütungsansprüche zögern, ihre Leistungen zu erbringen, und der Besteller sie dann auffordert, zu leisten und ihre Bedenken hintanzustellen (vgl dazu auch BGH SCHÄFER/FINNERN/HOCHSTEIN Z 2.332 Bl 65).

94 b) Die Drittzahlungsbefugnis des Bestellers nach § 16 Nr 6 S 1 verstößt gegen § 9 Abs 2 Nr 1 AGBG (= § 307 Abs 2 Nr 1) (BGHZ 111, 395 = NJW 1990, 2384 = LM § 16 [E] VOB/B Nr 1). Zahlungen des Bestellers haben nämlich (nach § 267) nicht zwingend befreiende Wirkung gegenüber dem Unternehmer, sondern nur dann, wenn die Voraussetzungen der § 185, 362 Abs 2 vorliegen, wie sie hier nur fingiert werden. Die Bestimmung enthält so auch einen einschneidenden Eingriff in die Befugnis des

Unternehmers, frei über seine Mittel zu disponieren, auf die er gerade in der Krise angewiesen sein kann. Ihr Zweck, dem Besteller die Möglichkeit zu geben, Arbeitseinstellungen der Dritten und damit Stockungen des Bauvorhabens zu vermeiden, ist zwar grundsätzlich anzuerkennen, doch bleiben ihm die Möglichkeiten der Interzession (s eben). Es geht hier letztlich um den Regreß gegen den Unternehmer, wie er eigentlich aus den §§ 677 ff herzuleiten wäre. Die dortigen Schranken der §§ 677, 683 müssen aber eingehalten und dürfen nicht durch eine Fiktion überwunden werden.

Die Folge der Unwirksamkeit von § 16 Nr 6 S 1 VOB/B – zu § 16 Nr 6 S 2 hat die Entscheidung nicht Stellung genommen, – zieht BGHZ 111, 395 freilich nur dann, wenn die VOB/B nicht als Ganzes vereinbart ist, dh die Vereinbarungen der Parteien mindestens in noch einem weiteren Punkt nachhaltig zu Lasten des Unternehmers vom Regelwerk der VOB/B abweichen.

Auch dann ist der Besteller im übrigen *gut beraten*, keine Zahlungen nach § 16 Nr 6 an Dritte zu leisten. Er trägt das Risiko einer Fehlbeurteilung der Lage, kann dieses nach dem Gesagten auch nicht zuverlässig nach § 16 Nr 6 S 2 abwälzen und wird am Ende mit seinen Zahlungen an die Dritten Stockungen des Bauvorhabens doch nicht sicher verhindern können. Er tut besser daran, dem Unternehmer ggf aus wichtigem Grunde zu kündigen und dann direkt mit den Subunternehmern zu kontrahieren.

c) *Dritte im Sinne der Bestimmung* sind einmal *selbständige Subunternehmer*, sodann selbständige Dritte, die mit dem Unternehmer durch einen Dienstvertrag verbunden sind, endlich dessen *Arbeitnehmer*. Bei *Lieferanten* kommt es darauf an, ob sie diese Baustelle beliefert haben.

Die Forderungen dieser Dritten müssen fällig sein; der Unternehmer muß insoweit *in Zahlungsverzug* geraten sein. Die Forderungen müssen inhaltlich mit der Erbringung der Werkleistung des Unternehmers verbunden sein.

d) Da der Besteller das Aufklärungsrisiko hinsichtlich der Zahlungsvoraussetzungen trägt, hat er einen entsprechenden *Auskunftsanspruch* gegen den Unternehmer und kann diesem eine angemessene Erklärungsfrist setzen, mit deren Ablauf das Bestehen der Forderungen der Dritten sowie der Zahlungsverzug des Unternehmers – nicht die Baubezogenheit der Forderungen – als zugestanden gelten. Zu den Bedenken gegen diese Regelung des § 16 Nr 6 S 2 aE soeben Rn 94.

e) Die durch die Erklärungsfiktion geschaffenen Befugnisse darf der Besteller *nur in den Grenzen von Treu und Glauben* ausüben. So muß er etwaigen Bedenken gegen Forderungen Dritter nachgehen, wenn dafür konkrete Anhaltspunkte bestehen, und er muß weiterhin auch Erklärungen des Unternehmers berücksichtigen, die nach Ablauf der gesetzten Erklärungsfrist eingehen.

f) Die von § 16 Nr 6 eröffneten Befugnisse des Bestellers *enden* jedenfalls *mit der Eröffnung des Insolvenzverfahrens* bzw schon mit dem Erlaß eines allgemeinen Veräußerungsverbots gegen den Unternehmer (BGH NZI 1999, 313), da es dessen Ansprüche bleiben, die befriedigt werden, und diese dann konkursbefangen werden (BGH NJW 1986, 2761 = JZ 1986, 911 = LM § 16 [A] VOB/B Nr 18).

X. Stundenlohnarbeiten

97 Zu der Abrechnung von Stundenlohnarbeiten vgl § 632 Rn 8 ff.

XI. Fälligkeit des Architektenhonorars

98 Die Fälligkeit des Architektenhonorars hat eine die §§ 271 Abs 1, 641 Abs 1 ausschließende Sonderregelung in § 8 HOAI erfahren. Zweifel bestehen, ob der durch Art 10 § 2 des G zur Verbesserung des Mietrechts und zur Begrenzung des Mietanstiegs sowie zur Regelung von Ingenieur- und Architektenleistungen v 4.11.1971 (BGBl I 1745) zum Erlaß einer Honorarordnung ermächtigte Gesetzgeber befugt war, eine die Fälligkeit betreffende Regelung zu treffen (vgl dies bejahend BGHZ 81, 229; verneinend zB HESSE/KORBION/MANTSCHEFF/VYGEN § 8 HOAI Rn 3). Die Frage ist deshalb recht belanglos, weil der in § 8 Abs 2 vorgesehene Anspruch auf Abschlagszahlungen sonst aus § 632a folgen würde. Soweit eine prüffähige Schlußrechnung gefordert wird (Abs 1), ist ohne diese auch nach allgemeinem Zivilrecht dem Bauherrn die Zahlung nicht zuzumuten. So beschränkt sich das Relevante der Regelung letztlich auf das Schriftformgebot des § 8 Abs 4 für die Vereinbarung anderer Zahlungsweisen.

1. Fälligkeit des Gesamthonorars

99 a) Sie setzt nach § 8 Abs 1 die Erteilung einer Honorarschlußrechnung voraus, die prüffähig zu sein hat (zu diesem Erfordernis o Rn 28 ff, 34).

b) § 8 Abs 1 verlangt weiter, daß die Leistung des Architekten erbracht ist. Das ist unproblematisch, wenn er zB nur zu planen hatte, führt aber zu einer erheblichen und nicht hinnehmbaren Verzögerung der Fälligkeit, wenn er auch die Bauaufsicht durchzuführen hatte, weil dazu auch die Überwachung der Gewährleistungsfristen gegenüber den Baubeteiligten gehört (vgl § 15 Abs 1 Nr 9 HOAI, BGH NJW 1994, 1276, 1277), eine Tätigkeit, für die diese Bestimmung 3% der Gesamtvergütung veranschlagt. Das blockiert den Honoraranspruch des Architekten uU auf Jahre hinaus. Wenn vorgeschlagen wird, Abreden mit dem Bauherrn zu treffen, nämlich *nur die Leistungsphasen 1–8 in Auftrag zu geben oder Leistungsphase 9 gesondert* (vgl POTT/DAHLHOFF/KNIFFKA HOAI § 8 Rn 4 a), ist freilich das erstere für den Bauherrn inakzeptabel, wenn die Objektbetreuung ein wesentlicher Aufgabenbestandteil ist (vgl BGH aaO), und ihm die Betreuung durch den mit dem Objekt vertrauten Architekten legitimerweise wichtig sein muß. Das letztere widerspricht den Interessen des Bauherrn ebenfalls deutlich, wenn gerade hier mit wesentlichen Risiken zu rechnen ist, sein Sicherungspotential aber auf 3% der Honorarsumme beschränkt wird. Insofern benachteiligt es den Besteller auch unangemessen (mit HESSE/KORBION/MANTSCHEFF/VYGEN, HOAI § 8 Rn 22), den Auftrag voll zu belassen, aber eine Fälligkeitsregelung von 97% vorzusehen. Den legitimen Interessen des Bestellers gerecht wird nur eine Regelung, die den vollen Auftragsumfang beläßt und deutlich mehr als 3% des Honorars einstweilen offenläßt. Derlei kann nicht im Wege von AGB erreicht werden, sondern nur durch *Individualvereinbarung*, der eine *umfassende und klare Aufklärung des Bestellers* über die Zusammenhänge und Risiken vorauszugehen hat. Sonst wird er nicht erahnen, worauf er verzichten soll.

100 c) Nach dem Wortlaut des § 8 Abs 1 ist eine Abnahme der Leistung des Architekten nicht notwendig (vgl BGH NJW-RR 1986, 1279), wohl aber, daß er diese „vertragsgemäß", dh mängelfrei erbracht hat (vgl HESSE/KORBION/MANTSCHEFF/VYGEN, HOAI § 8 Rn 24; POTT/DAHLHOFF/KNIFFKA, HOAI § 8 Rn 5). Die Forderung nach Mangelfreiheit kann indessen nicht zur Konsequenz haben, daß die Feststellung von Mängeln zur Abweisung der Klage als zZt nicht fällig führen müßte; sie sind vielmehr in ihrem Verhältnis zum Honoraranspruch zu würdigen; idR wird es zu dessen Verrechnung oder Aufrechnung mit Schadensersatzansprüchen des Bestellers kommen. Gleichzeitig genügt zur Feststellung der mangelfreien Erbringung, daß der Bauherr die Leistung abgenommen hat. Insgesamt kann es zur Abweisung der Honorarklage *mangels Fälligkeit* nur kommen, wenn die Leistung des Architekten *noch nicht beendet* ist; danach kann und muß nämlich abgerechnet werden.

d) Bei vorzeitiger Vertragsbeendigung durch Kündigung oä gilt § 8 Abs 1 ebenfalls (vgl BGH NJW-RR 2000, 386).

2. Für Abschlagszahlungen sieht § 8 Abs 2 HOAI angemessene zeitliche Abstände vor. Auf Abschlagsrechnungen kann nicht mehr zurückgegriffen werden, wenn das Bauvorhaben insgesamt abrechnungsreif ist. Die Forderungen aus Abschlagsrechnung verjähren selbständig, was die Einstellung der entsprechenden Forderungsteile in die Schlußrechnung nicht hindert (BGH NJW 1999, 713).

3. § 8 Abs 3 HOAI betrifft Nebenkosten, wie sie begrifflich näher in § 7 Abs 2 HOAI umschrieben sind. Sie werden nicht Teil des Architektenhonorars, sondern sind – nach Einzelnachweis oder pauschal, § 7 Abs 3 HOAI – neben diesem abzurechnen. § 8 Abs 3 stellt sie auf Nachweis fällig, gestattet aber eine abweichende schriftliche Vereinbarung bei Auftragserteilung.

4. § 8 Abs 4 HOAI läßt „andere Zahlungsweisen" zu, fordert für sie aber die Schriftform des § 126 BGB, so daß ggf Nichtigkeit nach § 125 BGB eintreten kann. Anders als Vereinbarungen zur Höhe des Honorars, für die 4 HOAI zeitliche Vorgaben macht, ist hier eine Abmachung zu beliebigen Zeitpunkten möglich. Eine entsprechende Vereinbarung kann auch in AGB der einen oder anderen Seite enthalten sein; das ist dann an den §§ 307 ff zu messen (vgl BGHZ 81, 228, 242). Wenn man bedenkt, daß die Regelungen der Abs 1 und 2 HOAI mit Abschlagszahlungen und Schlußzahlung ausgewogen sind, sind abweichende Regelungen kaum denkbar, die die Gegenseite nicht unangemessen benachteiligen.

XII. Überzahlungen des Unternehmers

1. Während der Vertragsdurchführung

Überzahlungen des Unternehmers ergeben sich während der Vertragsdurchführung gewollt durch Vorauszahlungen und versehentlich bei Abschlagszahlungen. Sie ergeben keinen Erstattungsanspruch, vielmehr gilt für Vorauszahlungen, daß sie auf jene Leistungen zu verrechnen sind, für die sie bestimmt sind, sonst auf die nächstfällige Zahlung, vgl § 16 Nr 2 Abs 2 VOB/B. Letzteres gilt auch für überhöhte Abschlagszahlungen; die nächste Zahlung ist entsprechend zu kürzen.

Kommt eine derartige Verrechnung nicht mehr in Betracht, weil zB der Werkvertrag ein vorzeitiges Ende gefunden hat, ergibt sich ein Erstattungsanspruch des Bestellers, der nicht etwa aus § 812 herzuleiten ist und damit mit der Schwäche des § 818 Abs 3 bedroht wäre, sondern aus einer vertraglichen Nebenpflicht (§ 241 Abs 2) des Unternehmers (BGHZ 140, 365, 373; BGH NZBau 2002, 562); damit ist er namentlich auch von einem Verschulden unabhängig.

Darlegungs- und beweispflichtig für Zahlungen ist der Besteller, für einen den Zahlungen entsprechenden Leistungsstand der Unternehmer. Ggf kommen Kürzungen nach § 649 S 2 HS 2 in Betracht.

Die Verjährung richtet sich nach den §§ 195, 199.

2. Nach Durchführung des Werkvertrages

a) Mängelbedingte Überzahlungen

104 Stellen sich nachträglich Mängel heraus, so sind sie durch Minderung oder ggf durch Schadensersatz auszugleichen. Voraussetzung ist jeweils, daß das Stadium der Nacherfüllung überwunden ist. Die Anspruchsgrundlage bildet bei der Minderung § 638 Abs 4, bei Schadensersatz die §§ 634 Nr 4, 280. Für die Verjährung ist jeweils § 634a maßgeblich.

b) Sonstige Überzahlungen

105 Sonstige Überzahlungen des Unternehmers können verschiedenartige Ursachen haben: Es sind Abschlagszahlungen des Bestellers übersehen worden, das Aufmaß war nicht richtig, der Unternehmer hat nicht erbrachte Leistungen berechnet oder erbrachte doppelt.

In diesen Fällen ist zunächst zu prüfen, ob eine „echte" Überzahlung vorliegt: Der Werklohnanspruch bildet eine Einheit. Deshalb liegt eine Überzahlung nicht schon dann vor, wenn eine Position überhöht abgerechnet ist, weil ihr nämlich an anderer Stelle eine Minderberechnung gegenüberstehen kann. Erst ein für den Unternehmer nachteiliger Saldo bildet eine Überzahlung.

Der Besteller hat die Überzahlung zu beweisen, der Unternehmer, daß es nur eine anderweitig ausgeglichene und damit unechte war.

Die Anspruchsgrundlage für die Rückforderung wird herkömmlich in § 812 gesehen (vgl nur BGHZ 61, 338; DÄHNE, in: FS Korbion [1986] 39, 41). Das trifft indessen nicht zu. Es ist kein Grund ersichtlich, hier anders als bei übermäßigen Abschlagszahlungen zu verfahren, vielmehr unterliegt der Unternehmer auch hier der vertraglichen Nebenpflicht, § 241 Abs 2, Überzahlungen auszugleichen. Das bedarf keiner besonderen Vereinbarung, wie sie zB BGH BauR 1979, 249, NJW 1980, 880 noch gefordert hatten.

Die Qualifizierung des Anspruchs ist unerheblich für die Verjährungsfrist; dies ist so oder so die regelmäßige des § 195. Sie wirkt sich aber aus auf den Verjährungsbeginn, wenn es insoweit nach § 199 Abs 1 Nr 2 auf die Möglichkeit der Kenntnis der anspruchsbegründenden Umstände ankommt. Sind es bei der öffentlichen Hand die Rechnungshöfe, die Überzahlungen feststellen, vgl zB den BGH NJW 1980, 880 zugrunde liegenden Fall, so ist eine Organisation zu fordern, die eine Prüfung in angemessener Zeitnähe ermöglicht, will sie sich nicht dem Vorwurf grober Fahrlässigkeit aussetzen. Für diese ist der Besteller als Gläubiger darlegungspflichtig. Eine solche Organisationspflicht könnte bei einem nur bereicherungsrechtlichen Anspruch schwerlich angenommen werden. Daß es sie geben muß, bestätigt den hiesigen vertraglichen Ansatz.

Zur denkbaren Verwirkung des Rückzahlungsanspruchs vgl STAUDINGER/PETERS (2000) Rn 121.

Der Erstattungsanspruch ist unter den Voraussetzungen des § 353 HGB verzinslich. Als gesetzliches Leitbild für Zinsklauseln in AGB des Bestellers können die §§ 638 Abs 4, 346 Abs 1, 347 Abs 1 entsprechend herangezogen werden.

XIII. Teilabnahme

1. Allgemeines

Der Besteller kann das Werk auch in Teilen abnehmen. Dann ist nach § 641 Abs 1 S 2 **106** auch *die Vergütung für diesen Teil der Leistung* schon jetzt zu entrichten, sofern sie nur bestimmt ist. § 641 Abs 1 S 2 ist ganz *§ 641 Abs 1 S 1 nachgebildet* mit der einen Maßgabe, daß an die Stelle der Abnahme des Gesamtwerks eben die Abnahme von Teilen tritt. Mit dieser Modifikation können die Erl zu § 641 Abs 1 S 1 entsprechend herangezogen werden.

2. Gegenstand

Den Gegenstand der *Teilabnahme* legt das Gesetz nicht fest. Er kann in beliebiger **107** Weise *von den Parteien verabredet* werden. Zweckmäßig ist eine Teilabnahme zunächst dann, wenn in sich abgeschlossene Teile eines Werkes vorliegen, *die selbständig beurteilt und genutzt werden können*, zB der Einbau eines von mehreren zu liefernden Fenstern. Vgl auch zu dem Begriff der in sich abgeschlossenen Teile der Leistung, § 12 Nr 2 a VOB/B, § 640 Rn 73. Der entsprechende Begriff des § 632a ist weiter zu fassen (vgl § 632a Rn 6). Sinnvoll kann eine Teilabnahme ferner dann sein, wenn ein *bestimmter Leistungsabschnitt* erreicht ist, zB der Aushub der Baugrube, der Abschluß der Kellerdecke, auch wenn insoweit die eigenständige Nutzung des Teilwerkes noch nicht möglich ist. Angezeigt kann eine Teilabnahme schließlich dann sein, wenn es zweckmäßig ist, weiteres Arbeiten des Unternehmers von der Feststellung der Ordnungsmäßigkeit der ersten Leistungsabschnitte abhängig zu machen (Billigung der Druckvorlage bei der Erstellung eines Kataloges).

3. Pflicht zur Teilabnahme

Die Verpflichtung des Bestellers zur Teilabnahme ergibt sich nicht aus § 641 Abs 1 **108** S 2; sie wird vielmehr *von dieser Bestimmung als anderweitig begründet vorausgesetzt*.

Hierfür kommt insbesondere eine Vereinbarung der Parteien in Betracht, wie sie insbesondere auch in AGB (des Unternehmers) enthalten sein kann. Grenzen für sie ergeben sich nicht aus den §§ 308, 309, ausnahmsweise aber aus § 307 Abs 2 Nr 1, *sofern nämlich das abzunehmende Teilwerk für sich gar nicht sinnvoll beurteilt oder gar benutzt werden kann* und auch der Gefahrübergang auf den Besteller deshalb unangemessen erscheint. Dann wird die Teilabnahmeklausel aber auch schon überraschend iSd § 305c Abs 1 sein.

In weiteren Fällen kann sich eine Verpflichtung des Bestellers aber *auch aus Treu und Glauben* ergeben (aA ERMAN/SEILER § 641 Rn 7). Das ist insbesondere *bei in sich abgeschlossenen und eigenständig nutzbaren Teilwerken* der Fall, sofern der Besteller sie auch schon nutzen will. Dann wäre es unerträglich, wenn insoweit der dem Unternehmer nachteilige Zustand vor Abnahme (Verantwortlichkeit für Mängel, Gefahrtragung etc) sollte aufrechterhalten werden können.

Zur Teilabnahme kann sich der Besteller auch *freiwillig* bereitfinden.

4. Beweislast

109 Daß eine Teilabnahme stattgefunden hat, ist als Ausnahme von der Regel, daß grundsätzlich erst das gesamte Werk abzunehmen ist, von dem Unternehmer *darzutun und zu beweisen*. Insofern hat er zunächst die Verpflichtung des Bestellers dazu darzutun; anschließend gelten die übrigen Regeln über die Abnahme.

Behauptet der Unternehmer eine *freiwillige Teilabnahme* des Bestellers, so gelten für ihren Nachweis *besonders strenge Anforderungen*. Bloße Billigungserklärungen des Bestellers können grundsätzlich nicht ausreichen. Erforderlich ist vielmehr der Nachweis eines Abnahmewillens des Bestellers, der in aller Regel die eigenständige Abnahmefähigkeit der Teilleistung voraussetzt.

5. Wirkungen

110 Die Teilabnahme hat *die üblichen Wirkungen der Abnahme*; insbesondere ist nach § 641 Abs 1 S 2 der entsprechende Teil der Vergütung zu entrichten, sofern er „bestimmt" ist.

Die *Bestimmung der Vergütung für einen einzelnen Leistungsteil* ist dabei *in einem doppelten Sinne* zu verstehen. Zum einen muß der Vergütungsanteil *zahlenmäßig bestimmt* oder doch jedenfalls bestimmbar sein. Es muß *Kriterien für eine Aufspaltung des gesamten Werklohns geben*. Sodann muß der Werklohn „*für die einzelnen Teile bestimmt*" sein; treffender könnte man von „vorgesehen sein" reden. Das bedeutet, daß die Parteien auch schon *die einzelnen Teile des Werkes als vergütungsfähig* ansehen müssen, woran es zB fehlt, wenn zwar eine Leistungsstufe abgeschlossen ist, diese aber keinen eigenständigen Wert für den Besteller verkörpert, sondern nur eine Vorstufe für die eigentlich entscheidenden Leistungsstufen bildet. So kann es zB bei Druckvorlagen liegen.

Die Zahlung nach § 641 Abs 1 S 2 ist eine endgültige; die sonst ähnliche Abschlagszahlung nach § 632a nur eine vorläufige.

6. Unechte Teilabnahme

Eine unechte Teilabnahme liegt dann vor, wenn die abzunehmende Teilleistung nicht **111** in sich abgeschlossen ist, sondern die Beurteilung durch den Besteller nur deshalb jetzt erfolgt, weil die Beurteilung ihrer Qualität durch die Fortführung der Arbeiten erschwert wird (Übermauerung der Fundamente).

Zu ihr ist der Besteller grundsätzlich nach Treu und Glauben auf Verlangen des Unternehmers verpflichtet (vgl auch § 640 Rn 72).

Diese unechte Teilabnahme *beeinflußt nur die Beweislast für Mängel des Werkes* (vgl § 640 Rn 71), löst aber nicht die allgemeinen Folgen der Abnahme aus.

7. Regelung der VOB/B

Zur Teilabnahme nach § 12 Nr 2 VOB/B vgl § 640 Rn 69 ff.

Eine Verpflichtung des Bestellers zur *Teilschlußzahlung* besteht nach § 16 Nr 4 VOB/ **112** B ohne weiteres dann, wenn eine der Parteien das Verlangen stellt, über einen in sich abgeschlossenen Teil der Leistung endgültig abzurechnen. Es gelten die Abrechnungsgrundsätze des § 16 Nr 3 VOB/B entsprechend (dazu o Rn 64 ff), insbesondere auch dessen Abs 2 (vgl INGENSTAU/KORBION/U LOCHER § 16 Rn 262; OLG Köln MDR 1985, 496; offengelassen in BGH NJW 1982, 1594 = LM § 16 [B] VOB/B Nr 4).

XIV. Verzinsung der Werklohnforderung

1. Allgemeines

Die Verzinsung der Werklohnforderung, die § 641 Abs 4 für die Zeit ab Abnahme **113** vorsieht, *entspricht der früheren Verzinsung des Kaufpreises ab Gefahrübergang* nach § 452 aF. Grundgedanke ist es, daß der Besteller *nicht gleichzeitig das Werk und den Werklohn soll nutzen dürfen*; einer dieser beiden Wertgegenstände muß dem Unternehmer zukommen. Die *Ausnahme für den Fall der Stundung* des Werklohns erklärt sich daraus, daß der Werkunternehmer die Zinseinbuße in zu vermutender Weise in den Werklohn einkalkuliert haben wird (vgl STAUDINGER/KÖHLER[12] § 452 aF Rn 1; anders ders [1995] § 452 aF Rn 1).

2. Voraussetzungen

a) Die Zinspflicht setzt zunächst voraus, daß die *Werkleistung abgenommen* ist; **114** insoweit reicht auch eine Teilabnahme aus (BGB-RGRK/GLANZMANN Rn 9), sofern und soweit das teilweise abgenommene Werk dem Besteller schon eine Nutzungsmöglichkeit vermittelt. Ob eine Abnahme vorliegt, ist nach allgemeinen Grundsätzen zu ermitteln (dazu § 640 Rn 6 ff). Es kommt nicht darauf an, ob sie geschuldet war.

Wenn die Abnahme des Werkes zu Unrecht verweigert wird, beginnt die Zinspflicht mit dem Zeitpunkt, in dem der Besteller in *Annahmeverzug* gesetzt wird, vgl auch die insoweit deutlichere Formulierung des § 452 aF. Der Besteller soll ein Entgelt für die Nutzungsmöglichkeit des Werkes zahlen, und diese hat er von dem Angebot des ordnungsgemäßen Werkes an. *Auf die tatsächliche Nutzung kommt es nicht mehr an.*

115 b) Weiterhin muß die *Werklohnforderung fällig* sein (vgl Soergel/Huber § 452 aF Rn 10; Staudinger/Köhler [1995] § 452 aF Rn 7: beide zum Kauf). Das widerstreitet zwar dem Grundgedanken der Bestimmung, daß der Besteller das Werk nicht ohne Gegenleistung soll nutzen können, folgt aber zwingend daraus, daß die Verzinsungspflicht auch bei einer Stundung des Werklohns ausscheidet.

Die *Erteilung einer Rechnung* ist jedenfalls dann erforderlich, wenn diese Voraussetzung der Fälligkeit ist (dazu o Rn 38 ff). Aber auch sonst wird man die Erteilung einer Rechnung jedenfalls dann zu fordern haben, wenn der Rechnungsbetrag dem Besteller nicht bekannt zu sein braucht (vgl Soergel/Huber § 452 aF Rn 12; **aA** BGH WM 1956, 1149, 1150). Die Zinspflicht muß *zuvor* als *stillschweigend ausgeschlossen* gelten, § 157.

c) Bei *Mängeln* der Werkleistung schließt das Zurückbehaltungsrecht des Bestellers wegen seines Nachbesserungsanspruchs den Zinsanspruch des Unternehmers aus (BGHZ 55, 198, 200; 61, 42, 46; BGB-RGRK/Glanzmann Rn 9). Dies gilt freilich *nur insoweit*, wie das Zurückbehaltungsrecht die Werklohnforderung erfaßt. Ihr „freier" Teil muß verzinslich bleiben.

116 d) Der Werklohn darf nicht *gestundet* sein (zum Begriff der Stundung vgl Staudinger/Peters [1995] § 202 aF Rn 8 ff). Dabei ist die verbreitete Unterscheidung zwischen der Stundung im eigentlichen Sinne als der nach Eintritt der Fälligkeit getroffenen Vereinbarung späterer Fälligkeit und der Stundung im uneigentlichen Sinne als der von vornherein getroffenen Vereinbarung späterer Fälligkeit hier ohne Bedeutung: In beiden Fällen entfällt die Zinspflicht. *Von der Stundung zu unterscheiden* ist der Fall, daß der Unternehmer einstweilen von der gerichtlichen Durchsetzung seiner Forderung absieht, um dem Besteller Gelegenheit zur Beschaffung von Geld zu geben (vgl RGZ 83, 181). Beweispflichtig für die Stundung ist der Besteller. Dabei sind schon an seine Darlegung der Stundung strenge Anforderungen zu stellen. Endet die Stundung, so lebt die Zinspflicht nach § 641 Abs 4 ohne weiteres wieder auf.

3. Ausschluß

117 Die Bestimmung ist *disponibel* (RG SeuffA 67, 17; BGH WM 1956, 1152: zum Kauf).

Insbesondere wird sich bei *Kleingeschäften des täglichen Lebens* gemäß § 157 vielfach ein stillschweigender Ausschluß der Zinspflicht – jedenfalls bis zur Rechnungserteilung – annehmen lassen. § 641 Abs 4 ist aber auch dann als abbedungen anzusehen, wenn besondere Zahlungsbedingungen vereinbart sind (vgl BGH aaO zu § 452).

Ein *Ausschluß der Zinspflicht in AGB* ist ohne weiteres zulässig. Ihre *Verschärfung* muß gemäß § 307 Abs 2 Nr 1 dem bereicherungsrechtlichen Gedanken der Bestimmung Rechnung tragen, darf also nur dazu dienen, die Nutzungsvorteile des Bestellers zu pauschalieren. Unzulässig nach dieser Bestimmung ist es dagegen, wenn sich der Unternehmer der Sache nach Schadensersatz wegen der Vorenthaltung des Werklohns zusagen läßt; das verstößt wegen der fehlenden Notwendigkeit einer

Mahnung zugleich auch gegen § 309 Nr 4 (vgl aber auch STAUDINGER/COESTER-WALTJEN [1998] § 11 Abs 4 Rn 7, die offenbar jede Erhöhung des Zinssatzes für unzulässig hält).

4. Zinssatz

Mangels besonderer Vereinbarung *bemißt* sich der Zinssatz nach § 246 (4%) bzw nach § 352 HGB (5%). **118**

5. Anderweitige Verzinsung

Daß der Besteller den Werklohn zu verzinsen hat, kann sich auch aus *anderen* **119** *Bestimmungen* ergeben, so insbesondere aus § 353 HGB in Höhe von 5% ab Fälligkeit, aus § 291, sowie aus Verzug, §§ 286, 288, Die nach § 641 Abs 4 geschuldeten Zinsen sind *mit anderweitig begründeten Zinsen zu verrechnen.*

6. VOB/B

Im Geltungsbereich der VOB/B ist der Zinsanspruch nach § 641 Abs 4 *aus-* **120** *geschlossen*; er ist durch die dortige Sonderregelung des § 16 Nr 5 ersetzt (vgl BGH NJW 1964, 1223; OLG Naumburg NJW-RR 1997, 404).

§ 641a
Fertigstellungsbescheinigung

(1) Der Abnahme steht es gleich, wenn dem Unternehmer von einem Gutachter eine Bescheinigung darüber erteilt wird, dass

1. das versprochene Werk, im Falle des § 641 Abs. 1 Satz 2 auch ein Teil desselben, hergestellt ist und

2. das Werk frei von Mängeln ist, die der Besteller gegenüber dem Gutachter behauptet hat oder die für den Gutachter bei einer Besichtigung feststellbar sind,

(Fertigstellungsbescheinigung). Das gilt nicht, wenn das Verfahren nach den Absätzen 2 bis 4 nicht eingehalten worden ist oder wenn die Voraussetzungen des § 640 Abs. 1 Satz 1 und 2 nicht gegeben waren; im Streitfall hat dies der Besteller zu beweisen. § 640 Abs. 2 ist nicht anzuwenden. Es wird vermutet, dass ein Aufmaß oder eine Stundenlohnabrechnung, die der Unternehmer seiner Rechnung zugrunde legt, zutreffen, wenn der Gutachter dies in der Fertigstellungsbescheinigung bestätigt.

(2) Gutachter kann sein

1. ein Sachverständiger, auf den sich Unternehmer und Besteller verständigt haben, oder

2. ein auf Antrag des Unternehmers durch eine Industrie- und Handelskammer, eine Handwerkskammer, eine Architektenkammer oder eine Ingenieurkammer bestimmter öffentlich bestellter und vereidigter Sachverständiger.

Der Gutachter wird vom Unternehmer beauftragt. Er ist diesem und dem Besteller des zu begutachtenden Werks gegenüber verpflichtet, die Bescheinigung unparteiisch und nach bestem Wissen und Gewissen zu erteilen.

(3) Der Gutachter muss mindestens einen Besichtigungstermin abhalten; eine Einladung hierzu unter Angabe des Anlasses muss dem Besteller mindestens zwei Wochen vorher zugehen. Ob das Werk frei von Mängeln ist, beurteilt der Gutachter nach einem schriftlichen Vertrag, den ihm der Unternehmer vorzulegen hat. Änderungen dieses Vertrages sind dabei nur zu berücksichtigen, wenn sie schriftlich vereinbart sind oder von den Vertragsteilen übereinstimmend gegenüber dem Gutachter vorgebracht werden. Wenn der Vertrag entsprechende Angaben nicht enthält, sind die allgemein anerkannten Regeln der Technik zugrunde zu legen. Vom Besteller geltend gemachte Mängel bleiben bei der Erteilung der Bescheinigung unberücksichtigt, wenn sie nach Abschluss der Besichtigung vorgebracht werden.

(4) Der Besteller ist verpflichtet, eine Untersuchung des Werkes oder von Teilen desselben durch den Gutachter zu gestatten. Verweigert er die Untersuchung, wird vermutet, dass das zu untersuchende Werk vertragsgemäß hergestellt worden ist; die Bescheinigung nach Absatz 1 ist zu erteilen.

(5) Dem Besteller ist vom Gutachter eine Abschrift der Bescheinigung zu erteilen. In Ansehung von Fristen, Zinsen und Gefahrübergang treten die Wirkungen der Bescheinigung erst mit ihrem Zugang beim Besteller ein.

Materialien: G zur Beschleunigung fälliger Zahlungen vom 31. 3. 2000 (BGBl I 330).

Schrifttum

JAEGER/PALM, Die Fertigstellungsbescheinigung gemäß § 641a BGB – kurzer Prozeß im Baurecht, BB 2000, 1102
KNIFFKA, Das Gesetz zur Beschleunigung fälliger Zahlungen – Neuregelung des Bauvertragsrechts und seine Folgen –, ZfBR 2000, 227
KORBION, Gesetz zur Beschleunigung fälliger Zahlungen – Neuregelungen in Werkvertragsrecht, ZPO und AGBG, MDR 2000, 932
MOTZKE, Abschlagszahlung, Abnahme und Gutachterverfahren nach dem Beschleunigungsgesetz, NZBau 2000, 489
NIEMÖLLER, Abnahme und Abnahmefiktionen nach dem Gesetz zur Beschleunigung fälliger Zahlungen, BauR 2001, 481
SEEWALD, § 641a BGB: Die Fertigstellungsbescheinigung im Werkvertragsrecht, ZfBR 2000, 219
STAPENHORST, Das Gesetz zur Beschleunigung fälliger Zahlungen, DB 2000, 909.

Systematische Übersicht

I.	**Allgemeines**		c)	Schwächen des Verfahrens	5
1.	Inhalt der Bestimmung	1	d)	Die Praxis	5
2.	Die Fertigstellungsbescheinigung	2			
3.	Kritik	3	**II.**	**Betroffene Werkleistungen**	6
a)	Bedeutung der Abnahme	3			
b)	Redundanz der Abnahmeformen	4			

Titel 9 · Werkvertrag und ähnliche Verträge § 641a
Untertitel 1 · Werkvertrag

III.	Mögliche Antragsteller	7	2.	Benennung	22
			3.	Beauftragung des Gutachters	24
IV.	**Inhalt der Fertigstellungsbescheinigung**		4.	Besichtigung des Werkes	26
1.	Fertigstellung und Mangelfreiheit	8	a)	Ladung	26
a)	Wesentliche Mängel	8	b)	Besichtigungstermin	26
b)	Unwesentliche Mängel	9	c)	Intensität der Untersuchung	27
c)	Fertigstellung	10	d)	Duldungspflichten	27
d)	non liquet	10	5.	Hindernisse bei der Besichtigung	28
2.	Aufmaß; Stundenlohnabrechnungen	11	6.	Bezugspunkte der Beurteilung	29
3.	Begründung	12	7.	Abnahme	30
V.	**Mängel der Werkleistung als Einwand gegen die erteilte Bescheinigung**		VIII.	**Verhältnis zu anderen Formen der Abnahme**	
1.	Relevante Mängel	13	1.	Fristsetzung nach § 640 Abs 1 S 3	31
a)	Unterschätzte Mängel	13	2.	Reale Abnahme	31
b)	Mängel aus mündlichen Vereinbarungen	13	IX.	**Aufmaß, Stundenlohnabrechnungen**	
c)	Verspätete Mängelrügen	14	1.	Ablehnung der Feststellung	32
d)	Verhinderte Untersuchung	14	2.	Selbständigkeit der Feststellungen	32
e)	Nachträglich entdeckte Mängel	15	3.	Vermutung der Richtigkeit	33
2.	Fehlende Fertigstellung	16	a)	Zur Widerlegung Berechtigte	33
			b)	Verfahrensmängel	34
VI.	**Entkräftung der Bescheinigung**	17	c)	Inhaltliche Unrichtigkeit	34
1.	Verfahrensfehler	18			
2.	Mängel, Aufmaßfehler	19	X.	**Schadensersatzpflichten**	
3.	Folge des nachgewiesenen Mangels oder Verfahrensfehlers	20	1.	Des Unternehmers	35
			2.	Des Bestellers	36
VII.	**Das Verfahren nach den Absätzen 2 bis 4 des § 641a**		XI.	**Zwingendes Recht**	37
1.	Verständigung der Parteien	21			

Alphabetische Übersicht

Abdingbarkeit	37	– durch Dritte		28
Abnahme	30, 31	Benennung		22
Abreden		Benutzung des Werkes		31
– mündliche	1, 29	Besichtigung		26
– schriftliche	1, 29	Besichtigungstermin		26
Annahmeverzug	36	Besteller als Antragsteller		7
Antragsteller	7	Beweislast		20
Aufmaß	11, 32			
– Fehler des	19	Fertigstellung		
		– fehlende		16
Beauftragung	24	Fertigstellungsbescheinigung		
Befangenheit	23	– Entkräftung der		17, 20
Begründung der Bescheinigung	12			
Behinderung		Haftung		
– durch den Besteller	28	– des Bestellers		36

– des Gutachters	24	Substanzeingriff	27
– des Unternehmers	35	Teilabnahme	8
Kosten des Verfahrens	36		
Kündigung	6	Unterlagen	29
		Untersuchung	
Ladung	26	– Intensität der	27
		– verhinderte	14, 28
Mangel	13, 19	Urkunde	2
– nachträglich erkannter	14		
– unwesentlicher	9, 13	Verfahren	
– wesentlicher	8	– Einhaltung des	12
		– Mangel des	18, 34
Neutralität	18	Verjährung	21, 25
Nichtfertigstellung	8, 9	Verständigung der Parteien	21
non liquet	10	Vertrag zu Gunsten des Bestellers	8
Praxis	5	Werk	
		– Art des	6
Schiedsgutachten	2		
Stundenlohnabrechnung	11, 32	Zugang	30

I. Allgemeines

1. Inhalt der Bestimmung

1 Die Bestimmung führt eine neuartige sog Fertigstellungsbescheinigung in das Werkvertragsrecht ein, die den abnahmefähigen Zustand des Werkes feststellen und dann der Abnahme gleichstehen soll, wie eingangs ausdrücklich formuliert ist.

Freilich kann die Bescheinigung **hinter einer echten Abnahme zurückbleiben** (ohne doch ihre Wirkungen einzubüßen), wenn jene die aktuellen Vereinbarungen der Parteien zugrundelegt, die Bescheinigung aber grundsätzlich **nur die schriftlichen**, mündliche nur, soweit sie unstreitig sind (§ 641a Abs 3 S 2). Gleichzeitig kann sie aber auch über die Abnahme hinausgreifen. Gegenstand der Abnahme ist die **Mangelfreiheit** des Werkes, § 641a Abs 1 S 4 läßt aber auch **Feststellungen zu Aufmaß und Stundenlohnabrechnungen** zu, also zur Abrechnung, wie sie grundsätzlich nicht Gegenstand der Abnahme ist.

Breiten Raum nimmt in der Bestimmung die Bestellung und das Verfahren des Gutachters ein.

2. Die Fertigstellungsbescheinigung

2 Die Fertigstellungsbescheinigung iSd § 641a ist auch bei Einigung der Parteien kein Schiedsgutachten, auf das die §§ 317 ff entsprechende Anwendung finden könnten (PALANDT/SPRAU Rn 3; SEEWALD ZfBR 2000, 221); namentlich entfaltet sie keine Bindungswirkung – gar bis hin zur Grenze der offenbaren Unrichtigkeit, § 319 Abs 1 S 1, – sondern begründet nur eine Vermutung ihrer Richtigkeit, § 641a Abs 1 S 2.

Sie ist allerdings eine Privaturkunde iSd § 416 ZPO (Palandt/Sprau Rn 3; Seewald ZfBR 2000, 222), die ggf dem Unternehmer die Möglichkeit eröffnet, seinen Werklohnanspruch im Urkundenprozeß titulieren zu lassen.

3. Kritik

Unabhängig von der befremdlichen Länge der Bestimmung und der Vielzahl von Zweifelsfragen, die sie aufwirft, ist grundsätzliche Kritik geboten. 3

a) Die Bestimmung überschätzt die **Bedeutung der erfolgenden Abnahme**. Wenn das Werk fertig und mangelfrei erstellt ist, wie auch sie voraussetzt, gerät der nicht abnehmende Besteller ohne weiteres in Annahmeverzug als Gläubiger der Werkleistung und – bei Mahnung – in Schuldnerverzug hinsichtlich der Abnahme, zu der ihn § 640 Abs 1 verpflichtet. Das genügt, den Werklohnanspruch durchsetzbar zu machen (vgl § 640 Rn 27 ff). Das **aufwendige Verfahren des § 641a ist insofern nicht erforderlich**.

b) Es überrascht die Vielzahl der Mittel, die das Gesetz dem Unternehmer zur Verfügung stellt, wenn er auf den Einwand der Unvollständigkeit oder Mangelhaftigkeit seiner Leistung trifft. Er kann (1) nach § 640 Abs 1 S 3 vorgehen, (2) Klage auf den Werklohn erheben, bei der dann eine Inzidentprüfung stattfindet, (3) nach § 641a vorgehen oder (4) ein selbständiges Beweisverfahren nach den §§ 485 ff ZPO anstrengen. Diese Redundanz der Mittel scheint nicht geboten, wenn es mit der Abnahme doch nur um ein „Etappenziel" geht. Wenn – offenbar – zuweilen Gerichte Werklohnklagen unter Hinweis auf eine fehlende Abnahme a limine abweisen, ohne sich zu fragen, ob denn noch eine Nachbesserung in Betracht kommt, der die Abnahmeverweigerung allein dient, vgl § 12 Nr 3 VOB/B, oder ob nicht nur noch sekundäre Gewährleistungsrechte des Bestellers im Raum stehen, die die sofortige Abrechnung nicht hindern, ist das ein tatsächlicher Mißstand, den das neue Gesetz nicht hindert, sondern allenfalls verlagert. Wenn man im Gesetz festgestellt hätte, daß die Abnahmeverweigerung wegen Mängeln auch bei Nachbesserungsmöglichkeit nicht zur Klagabweisung führt, sondern zur Verurteilung zur Zahlung des Werklohns Zug um Zug gegen Beseitigung der Mängel (vgl dazu § 641 Rn 7), hätte sich durch die Klarstellung oder – je nach Auffassung – Gesetzesänderung der aufwendige § 641a erübrigt. 4

c) Unabhängig von diesen grundsätzlichen dogmatischen und praktischen Bedenken ist gegen das Verfahren nach § 641a einzuwenden, daß es 5

aa) aufwendig ist. Gutachter arbeiten zu Recht nicht umsonst. Außerdem können gerade begehrte Gutachter stark beansprucht sein, so daß zu den anfallenden Kosten eine erhebliche Verzögerung treten kann.

bb) in seinen Grundlagen unklar ist. Die zugrunde zu legenden schriftlichen Vereinbarungen können ja unstreitig überholt sein, nur daß der Inhalt der mündlichen Abänderung streitig ist; dann ist freilich die Erteilung der Fertigstellungsbescheinigung – mangels hinreichenden Maßstabs – abzulehnen (PALANDT/SPRAU Rn 6). Vor allem aber verfügen die vorgesehenen Gutachter nur über technischen Sachverstand, oft wird es aber zunächst einmal darum gehen, in juristischer Auslegungsarbeit den Inhalt des Vertrages zu ermitteln. Eine den Buchstaben eines Vertrages erfüllende Leistung kann mangelhaft sein, wenn sie den berechtigten Erwartungen des Bestellers nicht genügt (vgl § 637 Rn 4). Diese vorrangige Auslegungsarbeit kann von den Sachverständigen nicht in hinreichender Solidität erwartet werden.

d) Es verwundert nicht, daß die Bestimmung *von der Praxis nicht angenommen* worden ist. Der Unternehmer muß den Aufwand scheuen; wegen der strengen Haftung nach § 600 Abs 2 ZPO ist der Weg über die Fertigstellungsbescheinigung zum Urkundenprozeß gefährlich. Gelingt dem Besteller der Nachweis nach § 641a Abs 1 S 2, steht der Unternehmer am Ende ganz ohne Abnahme da (u Rn 20).

Vollends muß ein Sachverständiger die enormen Haftungsrisiken (u Rn 24) scheuen.

II. Betroffene Werkleistungen

6 Wenn auch ersichtlich Bauleistungen den Anlaß zur Schaffung der Bestimmung gegeben haben, so beschränkt sie sich doch nicht auf diese, sondern betrifft *Werkleistungen aller Art*. Das gilt dann namentlich auch für den Architekten (SEEWALD ZfBR 2000, 221) oder andere Personen, die nur geistige Leistungen erbringen.

Falls der Werkvertrag seine vorzeitige Beendigung durch Kündigung erfährt, ist die vorliegende Teilleistung die endgültig geschuldete und damit möglicher Gegenstand der Begutachtung (KNIFFKA ZfBR 2000, 233; PALANDT/SPRAU Rn 5).

III. Mögliche Antragsteller

7 § 641a sieht in Abs 1, Abs 2 S 2 vor, daß sich der Unternehmer eine Fertigstellungsbescheinigung erteilen läßt. Der Gedanke der Waffengleichheit gebietet es aber, daß **auch der Besteller** das gutachterliche Verfahren einleiten kann. Er hat ggf ein schützenswertes Interesse an der Feststellung, daß die Leistung des Unternehmers eben nicht fertiggestellt bzw mangelfrei ist. Dieses kann sich namentlich ergeben, wenn er mit einer Fristsetzung zur Abnahme nach § 640 Abs 1 S 3 konfrontiert ist; er kann dann nicht auf das (noch) aufwendigere selbständige Beweisverfahren verwiesen bleiben. Und so wie der Unternehmer das Verfahren in der (vermutlich vergeblichen) Hoffnung einleiten mag, den Besteller zu überzeugen, mag auch der Besteller hoffen, den Unternehmer zu überzeugen.

IV. Inhalt der Fertigstellungsbescheinigung

1. Fertigstellung und Mangelfreiheit

8 Der Gutachter kann (und muß) gegebenenfalls bescheinigen, daß das Werk fertig und frei von Mängeln ist. Diese Feststellung hat er auch im Falle des § 641 Abs 1 S 2 bei der *Teilabnahme* zu treffen.

a) Jedenfalls *wesentliche Mängel* stehen der Erteilung einer Fertigstellungsbescheinigung entgegen; diese hat zu unterbleiben.

Zweifelhaft und nicht im Gesetz geregelt ist die Frage, ob der Gutachter auch die Nichtfertigstellung zu bescheinigen hat. Ein Interesse an einer solchen Bescheinigung besteht durchaus auf beiden Seiten: Der Unternehmer muß wissen, was er noch abzuarbeiten hat, dem Besteller ist es nützlich zu wissen, was er noch beanspruchen kann. Falls der Unternehmer seinen Werklohn auch ohne die Fertigstellungsbescheinigung einklagt, etwa weil ihn die Mängelrügen des Gutachters nicht überzeugen, wird die Verteidigung deutlich vereinfacht. Außerdem wird so eine Basis für ein späteres weiteres Begutachtungsverfahren geschaffen.

Der Gutachtenauftrag an den Sachverständigen deckt bei verständiger Würdigung, §§ 133, 157, auch die Feststellung der Nichtfertigstellung: Begründen muß er die Nichterteilung der Fertigstellungsbescheinigung ohnehin. Dann ist es aber auch sinnvoll, nicht nur einen Mangel zu benennen, der schon als solcher die Fertigstellungsbescheinigung hindert, sondern umfassend Stellung zu nehmen.

Bei gemeinsamer Beauftragung folgt ein entsprechender Anspruch des Bestellers schon aus § 432 Abs 1 S 1. Ist aber der Gutachter einseitig von dem Unternehmer bestellt, so ist darin ein Vertrag zu Gunsten des Bestellers zu sehen. § 641a Abs 2 S 3 belegt, daß der Besteller auch dann keine geringeren Rechte gegenüber dem Gutachter haben darf als der Unternehmer.

b) In bezug auf unwesentliche Mängel, wie sie den Besteller nach § 640 Abs 1 S 2 **9** zur Verweigerung der Abnahme nicht berechtigen würden, ist das Gesetz nicht deutlich. Das „frei von Mängeln" in § 641a Abs 1 S 1 Nr 2 legt den Gedanken nahe, daß unwesentliche Mängel die Erteilung der Bescheinigung hindern (so KNIFFKA ZfBR 2000, 233; NIEMÖLLER BauR 2001, 487; PALANDT/SPRAU Rn 5; aA MOTZKE NZBau 2000, 500; STAPENHORST DB 2000, 913), aber § 641a Abs 1 S 2 nimmt dann doch auf § 640 Abs 1 S 2 Bezug. Letzteres muß den Ausschlag geben. Wenn die Fertigstellungsbescheinigung der Abnahme des Bestellers gleichstehen (§ 641a Abs 1 S 1), sie ersetzen soll, wäre es nicht einzusehen, warum sie nicht sollte erteilt werden können, wo die Abnahme erfolgen müßte. Der Gutachter muß freilich sowohl den Mangel nennen als auch seine Einschätzung als unwesentlich.

c) Nicht anders liegt es, soweit es um die *Fertigstellung des Werkes* geht. Soweit **10** *Unwesentliches* noch fehlt, muß der Gutachter zwar zunächst vertagen (u Rn 26) und so dem Unternehmer die Gelegenheit zur Vervollständigung geben, aber eine solche mag nicht immer umgehend möglich sein. Dann kann die Fertigstellungsbescheinigung – mit dem entsprechenden Vermerk – schon jetzt erteilt werden (JAEGER/PALM BB 2000, 1103; aA KNIFFKA ZfBR 2000, 233; PALANDT/SPRAU Rn 5).

d) Für den Gutachter kann sich ein *non liquet* ergeben. Das kann einmal daraus folgen, daß er ja zunächst die Sollbeschaffenheit des Werkes ermitteln muß: Der Vertrag kann unklar und widersprüchlich sein. Außerdem ist hier eine Auslegungsarbeit gefordert, die nicht allein mit technischem Sachverstand zu bewältigen ist, sondern nicht zuletzt auch juristischen voraussetzt, wie er von dem Gutachter nicht erwartet werden kann. Zum anderen ist es denkbar, daß Mängelrügen im Raum stehen, deren Überprüfung auch den technischen Sachverstand dieses Gutachters überfordert oder (zu) aufwendig, zeitraubend oder teuer ist (Aufgrabung, Abwarten der weiteren Entwicklung, Laboruntersuchung). Da die Beweislast für die Mangelfreiheit einstweilen noch bei dem Unternehmer liegt, darf der Gutachter hier eine Fertigstellungsbescheinigung nicht erteilen.

2. Aufmaß, Stundenlohnabrechnungen

11 Nach § 641a Abs 1 S 4 sind in der Fertigstellungsbescheinigung auch Feststellungen zu Aufmaß und Stundenlohnabrechnungen möglich. Der Gutachter soll die diesbezüglichen Rechnungsgrundlagen des Unternehmers bestätigen können.

Das ist befremdlich, wenn denn das Aufmaß nichts mit Fertigstellung und Mangelfreiheit zu tun hat. Gleiches gilt für Stundenlohnabrechnungen. Bei ihnen kommt aber als Störfaktor noch hinzu, daß der Gutachter den tatsächlichen Zeitaufwand des Unternehmers aus eigener Sachkunde gar nicht beurteilen kann. Bescheinigen kann er nur einen angemessenen Aufwand, auf den es freilich letztlich auch ankommt (vgl KNIFFKA ZfBR 2000, 234; PALANDT/SPRAU Rn 8).

Der Sachverständige wird aber Feststellungen zu diesen Fragen verweigern dürfen. Dazu ist er gehalten, wenn der Unternehmer keine prüfbare Abrechnung vorlegt (PALANDT/SPRAU Rn 8).

3. Begründung

12 Der Gutachter muß die Erteilung der Fertigstellungsbescheinigung begründen.

a) Dazu muß er zunächst de Einhaltung des Verfahrens nach § 641a Abs 2–4 belegen (JAEGER/PALM BB 2000, 1104): Die Basis seiner Bestellung, die durchgeführten Besichtigungstermine, die Ladung dazu, etwaige weitere Prüfmaßnahmen, eine Weigerung des Bestellers, falls diese nach § 641a Abs 4 die Grundlage seiner Feststellung ist, hier auch die Begründung des Bestellers für seine Weigerung.

b) Die Fertigstellung ist auch in der Sache zu begründen: Mängelrügen des Bestellers sind zu benennen; der Gutachter muß angeben, warum er sie nicht für durchgreifend hält (aA JAEGER/PALM BB 2000, 1104). Unwesentliche Mängel sind zu vermerken, zweifelhafte Punkte.

c) Feststellungen zu Aufmaß oder Stundenlohnabrechnungen sind jedenfalls dann zu erläutern, wenn sie von Angaben des Unternehmers oder des Bestellers abweichen.

V. Mängel der Werkleistung als Einwand gegen die erteilte Bescheinigung

13 § 641a Abs 1 S 2 gestattet es dem Besteller, „im Streitfall ... zu beweisen", daß „die Voraussetzungen des § 640 Abs 1 S 1 und 2 nicht gegeben waren". Dann soll die Gleichsetzung der Erteilung der Fertigstellungsbescheinigung mit der Abnahme nach § 641a Abs 1 S 1 nicht gelten.

1. Relevante Mängel

a) Hierher rechnen zunächst Mängel, die der Gutachter als solche anerkannt, aber nur für unwesentlich gehalten hat, wenn jetzt die nähere Würdigung ergibt, daß sie *doch wesentlich* waren bzw sind. Berufen kann sich der Besteller auch auf Mängel, die ihm bekannt waren, wegen derer er aber *keinen Vorbehalt* gemacht hat: § 641a Abs 1 S 3 ordnet die Nichtanwendung des § 640 Abs 2 an.

b) Solche Mängelrügen mußte der Gutachter unbeachtet lassen, die sich nur aus *mündlichen Abreden* der Parteien ergaben, deren Inhalt streitig war, § 641a Abs 3 S 3. Es ist kein Grund ersichtlich, diesbezügliche Mängel – wenn sie denn gegeben sind – nicht jedenfalls nachträglich zu berücksichtigen. Auch sie können Gewicht haben und geeignet sein, den Anspruch des Unternehmers auf Abnahme zu blockieren.

c) Dieselben Überlegungen treffen auf *nachträgliche Mängelrügen* zu, die der Gutachter nach § 641a Abs 3 S 5 außer acht zu lassen hatte. Das ist ohne weiteres anzunehmen, wenn die Verspätung entschuldigt ist, muß aber doch auch dann gelten, wenn der Besteller sie rechtzeitig hätte vorbringen können. Zum einen ist er während des gutachterlichen Verfahrens von den Obliegenheiten des § 640 Abs 2 befreit, wie dies § 641a Abs 1 S 3 ausdrücklich sagt, zum anderen verdienen auch derartige Mängel Beachtung.

d) Zu mehr als einer Vermutung der Mängelfreiheit führt es nicht, wenn der Besteller die *Untersuchung verhindert* und damit nach § 641a Abs 4 die Fertigstellungsbescheinigung ohne weiteres zu erteilen ist; einen Rechtsverlust hat dies nicht zur Folge. Der Nachweis des Fehlens der Voraussetzungen des § 640 Abs 1 S 1, 2 bleibt möglich.

e) Ausgeschlossen sein können auch nicht Mängel, die erst *nachträglich entdeckt* wurden, ohne daß es einen Unterschied machen könnte, ob sie rechtzeitig hätten entdeckt werden können, wenn denn den Besteller eine Untersuchungspflicht hinsichtlich des Werkes nicht trifft, wie § 640 Abs 2 belegt. Die Abnahmepflicht schließen alle nicht nur unwesentlichen Mängel aus, ob bekannt oder nicht, vgl § 640 Abs 1 S 1, 2, wo danach nicht differenziert wird.

Zweifelhaft kann überhaupt nur die Frage sein, ob es eine zeitliche Grenze für die Berücksichtigung nachträglich entdeckter Mängel gibt. Eine solche wird in der Tat herzuleiten sein aus dem Ablauf der Verjährungsfrist und der Berufung des Unternehmers auf die Verjährung, was namentlich bei Arbeiten an einem Grundstück praktische Bedeutung gewinnen könnte (wenn denn die Bearbeitung beweglicher Sachen kaum das Verfahren nach § 641a veranlassen wird).

Dazu muß aber eine den Fristbeginn auslösende Abnahme, § 634a Abs 2, überhaupt vorliegen. Sie kann anderweitig erfolgt sein (dazu u Rn 31). Speziell *die Erteilung der Fertigstellungsbescheinigung ergibt bzw ersetzt die Abnahme nicht, wenn denn ihre Wirkung durch den Nachweis doch vorhandener Mängel gerade wieder aufgehoben wird*. Und § 641a Abs 1 S 2 zieht selbst keine zeitliche Grenze für den Nachweis von Mängeln.

2. Fehlende Fertigstellung

16 Ohne daß § 641a Abs 1 S 2 auch diesen Fall nennen würde, muß auch der Nachweis fehlender Fertigstellung der Leistung genügen, wie sich dies namentlich aus streitigen mündlichen Nachtragsabreden ergeben kann. Wertungsmäßig besteht kein Unterschied zum Mangel, und Unfertigkeit und Mangel lassen sich kaum sinnvoll voneinander abgrenzen.

VI. Entkräftung der Bescheinigung

17 § 641a Abs 1 verlagert die Beweislast auf den Besteller (PALANDT/SPRAU Rn 1) für fehlende Fertigstellung und/oder vorhandene Mängel und die Unrichtigkeit des vom Gutachter festgestellten Aufmaßes, vgl S 2, 4. Der Besteller hat also den vollen Beweis zu führen, nicht etwa nur den eingeschränkten Gegenbeweis. Nach allgemeinen Grundsätzen steht es dem Beweis gleich, wenn der Unternehmer die Behauptungen des Bestellers nicht bestreitet.

1. Verfahrensfehler

18 a) § 641a Abs 1 S 2 erlaubt zunächst gegenüber der Bescheinigung der Fertigstellung und der Mangelfreiheit den Nachweis eines Verfahrensmangels: Benennung des Gutachters von einer ungeeigneten Stelle, kein Besichtigungstermin, keine fristgemäße Ladung zu einem solchen, Ablehnung eines begründeten Vertagungswunsches, verfehlte Würdigung einer Untersuchungsverweigerung als unbegründet, nicht hinreichende Ablehnung einer zumutbaren gründlicheren Untersuchung, nicht hinreichende Auseinandersetzung mit Mängelbehauptungen des Bestellers.

Zu einem ordnungsgemäßen Verfahren gehört namentlich auch die in § 641a Abs 2 S 2 angesprochene Neutralität des Gutachters. Es kann also die Besorgnis der Befangenheit, § 406 ZPO, jedenfalls nachträglich im Prozeß geltend gemacht werden. Im Hinblick auf § 43 ZPO hat dies in der Klageschrift zu geschehen, falls der Besteller klagt, sonst in seiner Klageerwiderung.

b) Nach dem Wortlaut des § 641a Abs 1 ist der Nachweis eines Verfahrensmangels nicht vorgesehen gegenüber Feststellungen des Gutachters zu Aufmaß oder Stundenlohnabrechnungen. Auch insoweit muß sich der Besteller aber auf Verfahrensmängel berufen können, hier zB keine Beauftragung des Gutachters durch den Unternehmer damit, kein rechtliches Gehör.

2. Mängel, Aufmaßfehler

19 Statt eines Verfahrensfehlers kann der Besteller auch einen Mangel des Werkes – oder einen Aufmaßfehler – des Sachverständigen nachweisen. Insoweit genügt nur nicht der Nachweis von Unwesentlichem, vgl die Bezugnahme auf § 640 Abs 1 S 2 in § 641a Abs 1 S 2, freilich bleiben ihm die aus diesem Mangel folgenden Rechte natürlich erhalten. In bezug auf wesentliche Mängel ist der Besteller Beschränkungen nicht unterworfen; namentlich können es auch solche sein, mit denen er im Gutachterverfahren ausgeschlossen war. Das gilt nicht nur für solche, die dort nicht berücksichtigt werden konnten, weil sie sich aus einer streitigen mündlichen

Abrede ergaben, sondern insbesondere auch dann, wenn der Besteller Feststellungen verhindert (§ 641a Abs 4 S 2) oder den Mangel zu spät gerügt hatte (§ 641a Abs 3 S 5).

3. Folge des nachgewiesenen Mangels oder Verfahrensfehlers

Gelingt dem Besteller nachträglich der Beweis von Verfahrensfehlern oder nicht nur unwesentlichen Mängeln, so waren damit die Voraussetzungen des § 640 Abs 1 S 1, 2 in Wahrheit doch nicht gegeben. Die Erteilung der Fertigstellungsbescheinigung steht der Abnahme nicht mehr gleich; sie ist **wirkungslos**.

a) Dieser Effekt ergibt sich **rückwirkend**, weil ja die Voraussetzungen des § 640 Abs 1 S 1, 2 in Wahrheit nie gegeben waren. Die Bescheinigung entfaltet von vornherein keine Wirkungen der Abnahme, so daß es zB unschädlich ist, daß der Besteller bei ihrem Zugang (§ 641 Abs 5) eine Vertragsstrafe sich nicht nach § 341 Abs 3 vorbehalten hat; die Gefahr ist nie übergegangen.

b) Das hat Bedeutung namentlich für die Beweislast für Mängel. Für den Nachweis nach § 641a Abs 1 S 2 genügt der (volle) Nachweis eines relevanten Mangels, der geeignet ist, den Anspruch auf Abnahme zu blockieren. Der Besteller braucht also in diesem Rahmen nicht die Berechtigung aller seiner Mängelrügen nachzuweisen. Vielmehr gilt nach Nachweis eines Mangels, daß ja ein abnahmeloser Zustand besteht, so daß der Unternehmer nach den allgemeinen Grundsätzen zur Widerlegung des zweiten und aller weiteren behaupteten Mängel verpflichtet ist.

c) Wenn die Fertigstellungsbescheinigung ihre Abnahmewirkung verliert, schließt das nicht aus, daß eine Abnahme anderweitig erfolgt ist (vgl u Rn 31). Die Wirkungen dieser anderweitigen Abnahme sind natürlich umfassend und beachtlich.

Kommt es zu ihr nicht, so fehlt es an dem die Gewährleistungsfristen nach § 634a Abs 2 auslösenden Moment, wenn die Fertigstellungsbescheinigung versagt. Die *Gewährleistungsrechte* des Bestellers verbleiben in der *allgemeinen Frist des § 195* (BGH NJW 2000, 133).

VII. Das Verfahren nach den Absätzen 2 bis 4 des § 641a

1. Verständigung der Parteien

Nach § 641a Abs 2 S 1 können sich die Parteien auf einen Sachverständigen verständigen; die Wortwahl des Gesetzes macht deutlich, daß der legitime Zeitraum für die gemeinschaftliche Bestimmung nach dem Auftritt von Meinungsverschiedenheiten ist; vorher könnte auch die nach § 641a Abs 2 S 1 Nr 2 zuständige Stelle eine Bestimmung ablehnen. Eine frühere Einigung – gar im Rahmen des Vertragsabschlusses – wäre bedenklich (vgl KNIFFKA ZfBR 2000, 235; PALANDT/SPRAU Rn 9); sie kann nur hingenommen werden, wenn beiden Seiten eine Widerrufsmöglichkeit verbleibt.

Öffentlich bestellt und vereidigt braucht der von den Parteien ausgesuchte Sachverständige nicht zu sein.

Der Beginn der Verhandlungen der Parteien über einen Gutachter hemmt die Verjährung nach § 203. Hat der Besteller die Abnahme bislang zu Recht verweigert, betrifft dies seinen ursprünglichen Erfüllungsanspruch. Hat er sie ungerechtfertigt verweigert, geht es um seine Rechte aus § 634.

2. Benennung

22 Ohne Einigung der Parteien bestimmt den Gutachter eine der in § 641a Abs 2 Nr 2 genannten Stellen, bei deren Auswahl der Antragsteller bundesweit (PALANDT/SPRAU Rn 9) freie Hand hat, was Manipulationen ermöglicht. Zum Kreis der möglichen Gutachter vgl dieselbe Bestimmung.

a) Der Gutachter wird von der Stelle *„bestimmt"*, nicht etwa nur „benannt". Daraus folgt, daß die Parteien grundsätzlich an die genannte Person *gebunden* sind. Es muß etwas Ähnliches wie das Prinzip des gesetzlichen Richters gelten; es darf nicht dazu kommen, daß man sich solange Sachverständige benennen läßt, bis einer besonders „genehm" erscheint.

Das ließe sich freilich leicht umgehen durch die – womöglich gleichzeitige – Anrufung mehrerer unterschiedlicher Kammern. Die Bestimmung selbst nennt schon vier; da Ortsgebundenheit der Kammer nicht vorausgesetzt wird und auch schädlich wäre, wenn die Sachverständigen eines Kammerbezirks besonders überlastet sind, läßt sich die Zahl noch beliebig steigern. Die Kammern haben deshalb die eingehenden Anträge aufzubewahren und – notfalls im Wege des Datenaustausches – abzugleichen. Der Gegner hat einen Auskunftsanspruch, ob und wo schon ein Antrag gestellt ist.

23 b) Gegenüber einem benannten Gutachter mag die *Besorgnis* der *Befangenheit* auf der einen oder anderen Seite bestehen. Das rechtfertigt eine Ersatzbestimmung durch die jeweilige Kammer. Freilich ist ein besonderes Ablehnungsverfahren nicht vorgesehen und möglich (KNIFFKA ZfBR 2000, 235; NIEMÖLLER BauR 2001, 489; PALANDT/ SPRAU Rn 9; **aA** STAPENHORST DB 2000, 914), doch stellt ein Ablehnungsgrund einen Verfahrensmangel iSd § 641a Abs 1 S 2 dar.

Ein triftiger Grund zur Zurückweisung eines Sachverständigen ergibt sich, wenn er so überlastet ist, daß er nur mit Verzögerung tätig werden kann.

3. Beauftragung des Gutachters

24 a) Die Beauftragung des Gutachters gibt § 641a Abs 2 S 2 dem Unternehmer auf. Es ist aber nicht ersichtlich, warum im Falle der Einigung nicht auch beide Seiten sollen beauftragen können. Das macht dem Gutachter die Vergütung sicherer, § 427, und die Pflicht zur Neutralität deutlicher. Es muß aber auch der Besteller allein den Auftrag erteilen können.

Es kommt mit dem Gutachter ein Werkvertrag zustande. Die Vergütung ist frei aushandelbar, sonst gilt § 632. Zweckmäßigerweise bedingt sich der Sachverständige einen Vorschuß aus.

Der Sachverständige ist zur Übernahme des Amtes nicht verpflichtet. Wenn er es übernimmt, hat er unparteiisch zu sein. Das erlegt ihm über eine innere Haltung hinaus Pflichten gegenüber beiden Seiten auf. Vom Unternehmer beauftragt, hat er einem berechtigten Terminverlegungsersuchen des Bestellers zu entsprechen, auf dessen Mängelbehauptungen einzugehen, ggf ist er ihm gegenüber verpflichtet, die Fertigstellungsbescheinigung zu unterlassen und die Gründe hierfür festzuhalten.

b) Jedenfalls liegt ein Vertrag mit Schutzwirkung für Dritte für die andere Seite vor. Der Gutachter haftet beiden Seiten, im Falle des Verzuges nach den §§ 280, 286, bei Verfahrensmängeln und fehlerhaften Feststellungen nach § 634. Seine *Schadensersatzpflicht* nach § 634 Nr 4 wird durch *jedes Verschulden* ausgelöst (KNIFFKA ZfBR 2000, 235; STAPENHORST DB 2000, 913; **aA** SEEWALD ZfBR 2000, 235; PALANDT/SPRAU Rn 10: nur bei offenbarer Unrichtigkeit seiner Feststellungen). Das ist ein *enormes Haftungsrisiko*, dem der Gutachter seinem Auftraggeber gegenüber auch durch AGB nicht steuern kann, § 307 (SEEWALD ZfBR 2000, 226). Individualvereinbarungen mit dem Auftraggeber können jedenfalls den Gegner nicht binden.

c) Die Beauftragung des Gutachters soll nach § 204 Abs 1 Nr 8 verjährungshemmende Wirkung haben. Zu den Ansprüchen, um die es dabei geht, vgl o Rn 21; hier gilt nichts anderes. Im übrigen ist zu unterscheiden: **25**

Erfolgt die Beauftragung einverständlich – uU allein durch den Unternehmer –, gilt § 204 Abs 1 Nr 8 in der Tat, überschneidet sich aber mit § 203.

Beauftragt der Unternehmer den Gutachter ohne Konsens mit dem Besteller, greift § 204 Abs 1 Nr 8 nicht ein, denn alle nach § 204 Abs 1 hemmenden Maßnahmen müssen vom Gläubiger ausgehen, hinsichtlich der Gewährleistung ist der Unternehmer aber Schuldner.

4. Besichtigung des Werkes

Der Gutachter muß das Werk besichtigen. **26**

a) Zu den Anforderungen an die **Ladung** der Beteiligten zur Besichtigung vgl § 641a Abs 3 S 1. Ggf muß einer Bitte auch des Bestellers um Terminverlegung entsprochen werden (PALANDT/SPRAU Rn 10).

b) Mindestens einen **Besichtigungstermin** sieht das Gesetz vor, § 641a Abs 3 S 1. Dem Gutachter ist es also unbenommen, mehrere Termine abzuhalten. Das ist ohnehin dort unumgänglich, wo das Werk umfangreich ist, so daß ein Termin zur Beurteilung zeitlich nicht genügt. Dem Gutachter muß es aber doch auch freistehen, einen behaupteten Mangel mehrfach zu besichtigen, was zB dann der Fall ist, wenn er „aus dem Stand" nicht kompetent Stellung nehmen kann, sondern etwa noch Nachforschungen anstellen muß. Schließlich ist ein weiterer Termin möglich, um dem Unternehmer die Möglichkeit zur Mängelbeseitigung zu geben (PALANDT/SPRAU Rn 1).

c) Unklar ist die **Intensität** seines Tuns, die der Gesetzgeber erwartet, wenn § 641a **27** Abs 3 eine *Besichtigung* vorsieht, § 641a Abs 4 aber eine Pflicht des Bestellers zur Duldung einer *Untersuchung* statuiert. Letzteres ist intensiver. Man wird zu differenzieren haben:

aa) In der geistigen Durchdringung der Angelegenheit darf sich der Gutachter keine Grenzen setzen. Das findet einen Anhalt in der Bezugnahme auf die Regeln der Technik in § 641a Abs 3 S 4: sie müssen schließlich ggf erst durch Literaturstudium ermittelt werden.

bb) Die Besichtigung hat gründlich zu sein. Sie muß insbsondere die vom Besteller behaupteten Mängel berücksichtigen (PALANDT/SPRAU Rn 5; KNIFFKA ZfBR 2000, 234), hat unklaren Erscheinungen, wie Rissen, Feuchtigkeit nachzugehen (KNIFFKA aaO).

cc) *Substanzeingriffe* braucht der Besteller nur hinzunehmen, wenn sie folgenlos sind oder die Folgenbeseitigung gesichert ist oder sonst zumutbar ist (PALANDT/SPRAU Rn 13). Dann muß sie der Sachverständige aber doch auch vornehmen, sofern sie zur Beurteilung erforderlich sind und ihm weiterhin die Kosten vorgeschossen werden. Letzteres ist auch notwendig bei etwaigen Laboruntersuchungen.

d) Zur *Duldungspflicht* des Bestellers vgl soeben. Ihr korrespondiert eine Duldungspflicht des Unternehmers.

5. Hindernisse bei der Besichtigung

28 Die Besichtigung oder die nähere Untersuchung kann unmöglich sein.

a) Wenn das an einer *unberechtigten Duldungsverweigerung* des *Bestellers* liegt, wie sie uU nur in bezug auf einen Mangel vorliegt, ist die Fertigstellungsbescheinigung nach § 641a Abs 4 S 2 zu erteilen (PALANDT/SPRAU Rn 7). Freilich ist zu beachten, daß diese Bestimmung nur von einer Vermutung der Mangelfreiheit spricht, sie aber nicht fingiert. Eine Vermutung ist widerleglich, was ggf auch ohne eine Besichtigung des Werkes geschehen kann, wenn zB die schriftlichen Unterlagen eine planerische Konzeption des Werkes ergeben, die seine Gebrauchstauglichkeit ausschließt.

b) Die Duldungsverweigerung eines **Dritten** steht der des Bestellers nicht gleich. Davon ist auch nicht nach dem Gedanken des § 162 Abs 1 eine Ausnahme für den Fall zu machen, daß der Besteller den Dritten zu seinem Verhalten veranlaßt hat. Zusammenhänge dieser Art aufzudecken, überschreitet nämlich die Kompetenz des Gutachters.

c) Außerdem kann es sich ergeben, daß eine verläßliche Beurteilung mit den einzusetzenden Mitteln nicht möglich ist. Dann ist die Fertigstellungsbescheinigung zu verweigern.

6. Bezugspunkte der Beurteilung

29 Bezugspunkte sind die schriftlichen und die unstreitigen mündlichen vertraglichen Unterlagen, § 641a Abs 3 S 2. Daß das uU zu einer sinnvollen Beurteilung des Werkes nicht ausreicht, nimmt der Gesetzgeber hin; ggf ist die Fertigstellungsbescheinigung gleichwohl zu erteilen für das, was als in Auftrag gegeben schriftlich belegt ist.

Immerhin ist der Vertrag *auszulegen*, nicht sein bloßer Buchstabe entscheidet, was in jenen Fällen relevant wird, in denen die berechtigten Erwartungen des Bestellers durch die buchstabengetreue Erfüllung des Vertrages enttäuscht werden (vgl dazu § 639 Rn 4).

7. Abnahme

a) Die Wirkungen der Abnahme treten mit dem **Zugang** der Fertigstellungsbescheinigung bei dem Besteller ein, § 641a Abs 5. Insoweit ist dieser durchaus Wirksamkeitsvoraussetzung für die Bescheinigung (aA PALANDT/SPRAU Rn 12) Nach dieser Bestimmung erteilt der Gutachter dem Besteller eine Abschrift der Bescheinigung. Es sind aber keine Hindernisse ersichtlich, daß der Gutachter die Zustellung dem Unternehmer überläßt. Zum einen muß es dem Unternehmer möglich sein, die Dinge in der Schwebe zu lassen, zum anderen wird er sonst für einen *förmlichen, nachweisbaren Zugang* sorgen wollen.

b) Es sind die *üblichen Wirkungen* der Abnahme, zB der Gefahrübergang, § 644, der Beginn der Verjährung nach § 634a Abs 2, die freilich mit dem Nachweis nach § 641a Abs 1 S 2 (Werkmangel oder Verfahrensmangel) wieder entfallen können und die dem Besteller nicht die volle Beweislast für alle behaupteten Mängel auferlegt, sondern nur für einen, der nicht nur unwesentlich ist (o Rn 19 f). Nach § 641a Abs 1 S 3 ist ein Vorbehalt von Mängeln nach § 640 Abs 2 nicht notwendig. Auf den Vorbehalt der Vertragsstrafe nach § 341 Abs 3 wird man das nicht entsprechend anwenden können.

VIII. Verhältnis zu anderen Formen der Abnahme

1. Eine Fristsetzung nach § 640 Abs 1 S 3 schließt ein Vorgehen nach § 641a deshalb nicht aus, weil letzteres die Mangelfreiheit besser belegt. Der Unternehmer kann aber auch in umgekehrter Richtung wechseln.

2. Möglich bleibt auch noch eine „normale" Abnahme durch Billigung des Werkes als im wesentlichen vertragsgerecht. Sie kann ausdrücklich erfolgen, uU – vorher oder nachher – als vereinbarte förmliche (KNIFFKA ZfBR 2000, 237). Auch eine konkludente Abnahme ist nicht grundsätzlich ausgeschlossen. Insoweit müssen aber *strenge Anforderungen* gelten: Wenn dem Besteller eine Fertigstellungsbescheinigung vorgelegt wird, treffen ihn die nachteiligen Folgen der Abnahme. Dann kann es ihm aber nicht zum Nachteil gereichen, wenn er nun auch die positiven Folgen zieht, das Werk in Benutzung nimmt. Die *rügelose Benutzung des Werkes* kann also als solche nicht – wie sonst – *als Abnahme gedeutet* werden.

Eine normale Abnahme durch den Besteller hat erhebliche Bedeutung. Gelingt es dem Besteller nämlich, den Nachweis nach § 641a Abs 1 S 2 (Werkmangel oder Verfahrensmangel) zu führen, tritt ein abnahmeloser Zustand ein, so daß namentlich nicht die Gewährleistungsfristen (gegen ihn) laufen können.

IX. Aufmaß, Stundenlohnabrechnungen

1. Feststellungen zu den in § 641a Abs 1 S 4 erwähnten Aufmaß bzw Stundenlohnzetteln kann der Sachverständige ablehnen (vgl schon o Rn 11); will er Feststellungen treffen, hat er das in der Ladung nach § 641a Abs 3 S 2 HS 2 anzugeben und die Ladungsfrist entsprechend zu bemessen.

2. Die Feststellungen zu den tatsächlich erbrachten Leistungen sind *selbständig* gegenüber jenen zu Fertigstellung und Mangelfreiheit der Leistung. Das bedeutet, daß ein Nachweis des Bestellers gegenüber der erteilten Fertigstellungsbescheinigung nach § 641a Abs 1 S 2, es lägen Werkmängel oder Verfahrensmängel vor, der der Bescheinigung die Vermutung der mangelfreien Fertigstellung nimmt, nicht auch die Feststellungen des Gutachters zu Aufmaß und Stundenlohnabrechnungen hinfällig werden läßt.

33 3. Es gilt vielmehr auch dann noch die Vermutung der Richtigkeit von Aufmaß oder Stundenlohnabrechnungen. Diese Vermutung gilt nicht nur dann, wenn der Gutachter die Angaben des Unternehmers (voll) bestätigt, wie dies allerdings § 641a Abs 1 S 4 formuliert, sondern es erscheint allein sachgerecht, sie auch dann durchgreifen zu lassen, wenn die eigenen Ergebnisse des Gutachters von denen des Unternehmers abweichen. Dann gelten sie insoweit.

Die Vermutung ist – wie jede Vermutung – *widerleglich*.

a) Die Möglichkeit der Widerlegung ist beiden Seiten eröffnet, also namentlich auch dem Unternehmer, dem die Feststellungen des Sachverständigen ja auch nachteilig sein können: Das Aufmaß des Gutachters fällt geringer aus, der Gutachter hält weniger Stunden für angemessen als abgerechnet, der Gutachter erkennt tatsächlich erbrachte Leistungen nicht als abrechnungsfähig an, weil sie eine vertragliche Grundlage in den ihm vorgelegten und für ihn maßgeblichen schriftlichen Unterlagen, § 641a Abs 3 S 2, nicht finden, sondern vielmehr auf streitige mündliche Vereinbarungen zurückzuführen sind. Zwar spricht diese Bestimmung von der Maßgeblichkeit der schriftlichen Vereinbarungen nur in bezug auf die Frage der Mängelfreiheit, aber es kann doch keinen Zweifeln unterliegen, daß Aufmaß und Stundenlohnabrechnungen auf keiner anderen Basis zu beurteilen sind.

34 b) Die Vermutung kann zunächst widerlegt werden durch den Nachweis von relevanten *Verfahrensmängeln*, § 641a Abs 1 S 2, 1. Alt, in entsprechender Anwendung, wobei die Verfahrensmängel – hier – in bezug auf Aufmaß und Stundenlohnabrechnungen gegeben sein müssen. Ein derartiger Nachweis läßt die Vermutung voll entfallen.

c) Stattdessen ist auch der Nachweis möglich, daß die Feststellungen des Gutachters zu Aufmaß und Stundenlohnabrechnungen *inhaltlich unrichtig* sind.

Insoweit gilt § 292 ZPO. Das bedeutet, daß der betroffene Vertragsteil, der ja auch der Unternehmer sein kann, nicht nur nachzuweisen hat, daß die Feststellungen des Gutachters unrichtig sind. Er hat vielmehr voll, also zur Überzeugung des Gerichts, nachzuweisen, was denn nun nach seiner Behauptung in bezug auf Aufmaß und Stundenlohnabrechnungen richtig ist.

Bei Stundenlohnabrechnungen genügt dazu dem Unternehmer die Vorlage abgezeichneter Stundenlohnzettel. Der Besteller muß seinerseits nachweisen, daß der abgerechnete Aufwand nicht erforderlich war iSd § 670.

X. Schadensersatzpflichten

1. Der **Unternehmer** kann sich gegenüber dem Besteller nicht dadurch schadens- 35
ersatzpflichtig machen, daß er das Verfahren nach § 641a einleitet; dazu ist er berechtigt. Wohl aber kann sich eine Schadensersatzpflicht – aus den §§ 280 Abs 1, 241 Abs 2 – daraus ergeben, daß er unzutreffend Behauptungen des Bestellers zu mündlichen Abreden bestreitet und damit aus der Begutachtung ausblendet, § 641a Abs 3 S 2, die seine Leistungen in einem anderen Licht erscheinen lassen.

2. Umgekehrt kann sich eine entsprechende Schadensersatzpflicht des **Bestellers** 36
gegenüber dem Unternehmer ergeben. Sie ist freilich praktisch kaum relevant:

Verweigert nämlich der Besteller die Abnahme des ihm mangelfrei und auch sonst ordnungsgemäß angebotenen Werkes, so gerät er damit als Schuldner und Gläubiger in Verzug; es kann nicht angenommen werden, daß Schuldnerpflicht und Gläubigerobliegenheit zur Abnahme für die Dauer des gutachterlichen Verfahrens suspendiert sind; namentlich liegt eine Stundung nicht vor.

Im Verschuldensfall, der vermutet wird, § 286 Abs 4, schuldet der Besteller Schadensersatz, §§ 280 Abs 1, 2, 286, Ersatz der Verzögerungskosten. Dazu gehören namentlich die **Kosten des Verfahrens** nach § 641a, die der durchdringende Unternehmer also liquidieren kann.

Doch kommt es auf ein Verschulden des Bestellers nicht einmal an, weil der Gläubigerverzug ein solches nicht voraussetzt. Einleitung und Durchführung des Verfahrens nach § 641a sind als ein Angebot des Werkes zu sehen, das bis hin zur Erteilung der Fertigstellungsbescheinigung erfolglos bleibt. **§ 304** ist auf die mit dem Verfahren verbundenen Kosten anzuwenden.

3. Zur möglichen Haftung des Gutachters o Rn 24.

XI. Zwingendes Recht

§ 641a enthält zwingendes Recht, ist nicht abdingbar (**aA** Kniffka ZfBR 2000, 236; 37
Palandt/Sprau Rn 2; auch Jaeger/Palm BB 2000, 236 schon durch die Vereinbarung förmlicher Abnahme). Die eklatanten Schwächen des Gesetzes berechtigen nicht zu der gegenteiligen Annahme.

Die Bestimmung gilt insoweit für Verträge, die ab dem 1. 5. 2000 geschlossen sind, EGBGB Art 229 § 1 Abs 2 S 1.

§ 642
Mitwirkung des Bestellers

(1) Ist bei der Herstellung des Werkes eine Handlung des Bestellers erforderlich, so kann der Unternehmer, wenn der Besteller durch das Unterlassen der Handlung in Verzug der Annahme kommt, eine angemessene Entschädigung verlangen.

(2) Die Höhe der Entschädigung bestimmt sich einerseits nach der Dauer des Verzugs und der Höhe der vereinbarten Vergütung, andererseits nach demjenigen, was der Unternehmer infolge des Verzugs an Aufwendungen erspart oder durch anderweitige Verwendung seiner Arbeitskraft erwerben kann.

Materialien: E I § 575; II § 579 Abs 1; III § 632; Mot II 494 ff; Prot II 2241 f; JAKOBS/SCHUBERT, Recht der Schuldverhältnisse II 886 ff.

Schrifttum

vCRAUSHAAR, Der Vorunternehmer als Erfüllungsgehilfe des Auftraggebers, in: FS Vygen (1999) 154
CROME, Partiarische Rechtsgeschäfte (1897) 346
GÖTZ, Obliegenheiten und positive Forderungsverletzung – BGHZ 11, 80, JuS 1961, 56
HARTMANN, Der Gegenleistungsanspruch des Werkunternehmers bei unterlassener Mitwirkung des Bestellers, BB 1997, 326
HEINLE, Ansprüche des Architekten bei Bauzeitverlängerung. Zum Schattendasein des § 642 BGB, BauR 1992, 428
HOFMANN, Die rechtliche Einordnung der Mitwirkungspflichten des Auftraggebers beim Bauvertrag, in: FS v Craushaar (1997) 219
HÜFFER, Leistungsstörungen durch Gläubigerhandeln (1976)
KAPELLMANN, Der Verjährungsbeginn beim (vergütungsgleichen) Ersatzanspruch des Auftragnehmers aus § 6 Nr 6 VOB/B und aus § 642 BGB, BauR 1985, 123
KLEINE-MÖLLER, Die Haftung des Auftraggebers gegenüber einem behinderten Nachfolge-Unternehmer, NZBau 2000, 401

KNIFFKA, Die Kooperationspflichten der Bauvertragspartner im Bauvertrag, JbBauR 2001, 1
KOHLER, Der Gläubigerverzug, ArchBürgR 13 (1897) 149
ders, Annahme und Annahmeverzug, JherJb 17 (1879) 281
KOLLER, Die Risikozurechnung bei Vertragsstörungen in Austauschverträgen (1979)
LACHMANN, Die Rechtsfolgen unterlassener Mitwirkungshandlungen des Werkbestellers, BauR 1990, 409
MÜLLER-FOELL, Die Mitwirkung des Bestellers beim Werkvertrag (1982)
NICKLISCH, Mitwirkungspflichten des Bestellers beim Werkvertrag, insbesondere beim Bau- und Industrieanlagenvertrag, BB 1979, 533
OERTMANN, Leistungsmöglichkeit und Annahmeverzug, AcP 116, 1
ROSENBERG, Der Verzug des Gläubigers, JherJb 43 (1901) 141
Weiteres Schrifttum zur Behinderung des Unternehmers u Rn 42.

Systematische Übersicht

I. Allgemeines
1. Mitwirkung des Bestellers _____ 1
2. Problembereiche _____ 2

a) Verantwortungsbereiche der Parteien _____ 2

Titel 9 · Werkvertrag und ähnliche Verträge
Untertitel 1 · Werkvertrag

§ 642

b)	Rechtsnatur und Erzwingbarkeit der Mitwirkung	3	b)	Annahmeverzug	23
c)	Mängel des Werkes	4	2.	Rechtsfolgen	24
d)	Verzögerung des Werkes	5	a)	Vergütungsanspruch eigener Art	24
e)	Kostenfolgen	6	b)	Bemessungskriterien	25
aa)	Wartezeiten	6	c)	Kosten der Werkleistung	28
bb)	Kostensteigerung	6	**VI.**	**Weitere Rechte des Unternehmers bei Annahmeverzug des Bestellers**	
cc)	Weitere Schäden	6	1.	Ersatzvornahme	29
II.	**Mitwirkungshandlungen des Bestellers**		2.	§§ 300 ff	29
1.	Arten	7	**VII.**	**Mitwirkungspflichten des Bestellers**	
a)	Positives Tun	7	1.	Voraussetzungen	31
b)	Unterlassen	8	2.	Klagbarkeit	32
2.	Sonstige Qualifikationen	8	3.	Schadensersatzansprüche	33
3.	Anwendungsbereich der Bestimmung	9	**VIII.**	**Leistungsbehinderung durch Naturereignisse oder Dritte**	
4.	Eigene, fremde Mitwirkungen; äußere Einflüsse	10	1.	Naturereignisse	34
5.	Ermittlung der Mitwirkungsobliegenheiten	11	2.	Behinderung durch Dritte	36
III.	**Rechte und Pflichten des Unternehmers bei unterbleibender oder unqualifizierter Mitwirkung des Bestellers**		**IX.**	**Mitwirkungsbefugnisse des Bestellers**	
			1.	Änderungen des Vertragsgegenstands	37
1.	Untersuchungs- und Rügepflicht	12	2.	Einwirkungen auf die Arbeiten	39
2.	Mahnung	14	**X.**	**Zur VOB/B**	
3.	Ersetzungsbefugnisse des Unternehmers	15	1.	Mitwirkungshandlungen des Bestellers	41
a)	Ersatzlieferung	15	2.	Behinderung und Unterbrechung der Ausführung	42
b)	Nachbesserung mangelhafter Mitwirkung	16	a)	Allgemeines	43
4.	Kündigung	16	b)	Die Begriffe der Behinderung und der Unterbrechung	44
IV.	**Rechtsnatur der Mitwirkungshandlungen des Bestellers**		c)	Anzeigepflicht des Unternehmers	45
1.	Gläubigerobliegenheit	17	d)	Verlängerung der Ausführungsfristen	50
2.	Fehlende Erzwingbarkeit	18	e)	Pflichten des Unternehmers während und nach einer Behinderung oder Unterbrechung seiner Arbeiten	59
a)	Interessen des Bestellers	18			
b)	Interessen des Unternehmers	19			
aa)	Mehrkosten	19	f)	Berechnung der Verlängerung der Ausführungsfristen	66
bb)	Mitwirkung und § 649	19			
3.	Schuldnerpflichten des Bestellers	20	g)	Vorläufige Abrechnung während einer Unterbrechung der Leistung	69
V.	**Der Entschädigungsanspruch nach § 642**		h)	Vorzeitige Kündigungsmöglichkeit wegen Unterbrechung der Leistung	76
1.	Voraussetzungen	22			
a)	Mitwirkung, Abnahme	22	i)	Schadensersatz wegen Behinderungsschäden	81

Alphabetische Übersicht

Abnahme	22
Abrechnung, vorläufige	69
Änderungswünsche	39
Äußere Einflüsse	10
Annahmeverzug	23, 85
Anrechnung	26
Anzeigepflicht	45 ff
Aufgabenzuweisung	11
Ausführungsfrist	48
– Verlängerung der	55, 66
Aussperrung	54
Behinderung	42 ff
– durch den Besteller	85
– durch den Unternehmer	82
– Wegfall der	64
Demonstration	56
Dritte	34, 36
Entschädigung	22 ff
Erfüllungsgehilfe	85
Ersetzung	
– Befugnis zur	15
– Vergütung	16
Förderungspflicht	59
Geschäftsgrundlage	80
Gewalt, höhere	56
Gläubigerobliegenheit	17
Großanlagen	18
Haftung	
– des Bestellers	85
– des Unternehmers	83
Haftungsminderung	30
Hinterlegung	30
Klagbarkeit	32
Kostennachteile	6, 28
Kündigung	30, 76
Künstlerische Werke	18
Mängel des Werkes	4
Mahnung	14
Mitverschulden	24
Mitwirkung	
– Befugnis zur	33
– durch Dritte	9
– Handlung	7
– mangelhafte	9
Naturereignisse	34 f
Obstruktives Verhalten	19
Pläne	7
Positives Tun	7
Risikobereich	51
Rügepflicht	12
Schadensersatz	33, 81 ff
Schlechterfüllung	44
Schuldnerpflicht	20, 31
Streik	54
Tatsachen, offenkundige	47
Überwachung	39
Unmöglichkeit	44, 69
Unterbrechung	42 ff
Untergang des Werkes	30
Unterlassen	8
Unterstützungshandlungen	7
Untersuchungspflicht	12
Verantwortungsbereiche	2
Verjährung	27
Vertragspreise	73
Verzögerungen	5
Vorunternehmer	52
Wahlrechte	16
Wartezeiten	6, 25
Weiterführung der Arbeiten	59
Witterungseinflüsse	58

Titel 9 · Werkvertrag und ähnliche Verträge § 642
Untertitel 1 · Werkvertrag 1–6

I. Allgemeines

1. Mitwirkung des Bestellers

Daß das Werk ordnungsgemäß, also mangelfrei und rechtzeitig erstellt wird, *hängt* **1**
nicht allein von dem Unternehmer selbst ab. Es müssen hierzu vielmehr zunächst auch
äußere Rahmenbedingungen gegeben sein wie etwa das Vorliegen notwendiger behördlicher Genehmigungen oder, vorzugsweise im Baubereich, ein die Herstellung
ermöglichendes oder wenigstens nicht ausschließendes Wetter. Es muß sodann auch
der Besteller selbst mitwirken, indem er sich zum Porträtieren oder Anmessen des
Maßanzuges zur Verfügung stellt, *den zu bearbeitenden Stoff liefert*, die Arbeiten,
soweit das seine Aufgabe ist, vorbereitet, Farben wählt etc. Der Besteller kann durch
eine unterlassene Mitwirkung *die Herstellung des Werkes verzögern*, diese sogar
gänzlich unmöglich machen. Er kann weiterhin durch fehlerhafte Mitwirkung *Mängel des Werkes* verursachen. Daß das alles nicht zu Lasten des Unternehmers gehen
darf, liegt auf der Hand.

2. Problembereiche

a) Es geht zunächst darum, die *Verantwortungsbereiche gegeneinander abzugrenzen*. Gewiß müssen die nachteiligen Folgen den Besteller treffen, wenn er sich nicht **2**
zum Porträtieren zur Verfügung stellt. Ebenso ist es Risiko des Unternehmers, daß er
unsachgemäß arbeitet. Es gibt jedoch eine Reihe von *Störungsfaktoren, die sich nicht
so eindeutig zuordnen lassen*, so namentlich – im Baubereich – die Vorarbeiten
anderer Unternehmer und vor allem das Wetter. Das Gesetz trifft hierzu keine eigenständige Regelung, wenn es der Herstellung des Werkes durch den Unternehmer,
§ 631 Abs 1, schlicht in § 642 Abs 1 „bei der Herstellung des Werkes erforderliche
Handlungen des Bestellers" gegenüberstellt. Vgl näher in der VOB/B die §§ 3 (§ 633
Rn 14 ff), 4 (§ 633 Rn 29 ff), 6 (u Rn 42 ff).

b) Sodann ist die Frage zu beantworten, ob der Unternehmer *Mitwirkungshandlungen des Bestellers erzwingen, ersetzen oder korrigieren darf.* Sie hängt nicht zuletzt **3**
mit der Frage nach der *Rechtsnatur* der Mitwirkungshandlungen zusammen, die § 642
durch die Bezugnahme auf die Bestimmungen über den Annahmeverzug offenbar als
Gläubigerobliegenheit deutet.

c) Durch unterbleibende oder fehlerhafte Mitwirkung der Besteller können sich **4**
Mängel des Werkes einstellen. Die Verantwortlichkeit für diese Mängel regelt das
Gesetz nicht näher. Sie wird durch einen *Rückgriff auf § 254 Abs 1* gelöst, s dazu
§ 633 Rn 181.

d) Daß der Besteller nicht hinreichend mitwirkt, kann *die Herstellung des Werkes* **5**
verzögern. Das kann nicht ohne Einfluß auf die *Ausführungsfristen* bleiben. Auch
diesen Problemkreis regelt das Gesetz nicht eigens (vgl dazu u Rn 50 ff).

e) Unterbleibende oder nicht hinreichend qualifizierte Mitwirkung des Bestellers **6**
kann sich *für den Unternehmer kostenmäßig nachteilig* auswirken. Von den damit
verbundenen Fragen regelt das Gesetz nur einen Teil.

aa) Zunächst kann es zu *Wartezeiten des Unternehmers* kommen, während derer er nutzlos Kapazitäten bereit hält. Diese Kosten betrifft § 642 Abs 2. Weiter ist es denkbar, daß er das Werk länger in seiner *Obhut* bewahren muß. Über die damit verbundenen Kosten verhält sich § 304.

bb) Darüber hinaus kann es aber zu *Kostensteigerungen* kommen. Es ist denkbar, daß die Herstellung des Werkes in einen Zeitraum verlagert wird, der mit *höheren Kosten* verbunden ist, namentlich durch neue Tarifabschlüsse oder sonstige Preissteigerungen. Es ist aber auch denkbar, daß die Arbeiten des Unternehmers erschwert werden, indem sie *zu ungünstigerer Zeit* (Winter) durchgeführt werden müssen bzw *mit erhöhtem Aufwand* (fehlende oder unsachgerechte Vorarbeiten). Hierüber trifft das Gesetz keine eigenständige Regelung; vgl dazu u Rn 85.

cc) Schließlich kann der Unternehmer durch Verzögerung *geschädigt* werden, wenn diese ihn etwa an der Ausführung anderer Aufträge hindert. Nur mittelbar läßt sich dem Gesetz eine Zuweisung dieser Schäden daraus entnehmen, daß es die Mitwirkung des Bestellers als bloße Obliegenheit wertet.

II. Mitwirkungshandlungen des Bestellers

7 Mitwirkungshandlungen des Bestellers sind *solche Verhaltensweisen, von denen nach dem Inhalt des Vertrages der Beginn oder die Durchführung der Arbeiten des Unternehmers abhängig ist.*

1. Arten

Die Handlungen des Bestellers, um die es bei § 642 geht, sind *in einem weiten Sinne* zu verstehen. Es geht teils um ein *positives Tun, teils aber auch um Unterlassung*.

a) Das *positive Tun*, das dem Besteller obliegt, kann namentlich vorab darin bestehen, den zu bearbeitenden Stoff zur Verfügung zu stellen, etwa notwendige behördliche Genehmigungen, Zeichnungen und Pläne, nach denen gearbeitet werden soll, Hilfsmittel, die bei der Herstellung des Werkes zu benutzen sind, Unterstützungsmaßnahmen vorzunehmen, wie zB Anschlüsse für Strom und Wasser zu bieten. Es kann um *eigene Arbeiten* gehen, wie etwa die Ausführung selbst übernommener Teile der Werkleistung oder das Lesen von Korrekturen oder um die Vorarbeiten anderer Unternehmer. Auch *Entscheidungen* können von dem Besteller zu treffen sein wie etwa die Farbenwahl oder die Auswahl zwischen alternativ angebotenen Positionen.

8 b) Auch ein *Unterlassen* kann dem Besteller obliegen. So darf er insbesondere nicht die Werkleistung gefährden, indem er sie etwa vorzeitig in Benutzung nimmt, oder überhaupt den Unternehmer bei der Herstellung des Werkes behindern, zB – im krassesten Fall – durch Erteilung eines Hausverbots (dazu OLG Düsseldorf NJW-RR 2000, 466). Die Abgrenzung zwischen positivem Tun und Unterlassen des Bestellers wird oft schwierig sein. Doch *bedarf es einer scharfen Grenzziehung* wegen der Gleichheit der Rechtsfolgen *nicht*.

2. Sonstige Qualifikationen

Mitwirkungshandlungen des Bestellers sind nicht nur solche, ohne die die Herstellung des Werkes überhaupt unterbleiben müßte, sondern durchaus auch *solche, die der Unternehmer an sich selbst vornehmen könnte*. Sie können zentrale, aber auch periphere Punkte betreffen. Es ist denkbar, daß der Unternehmer sie abfordern muß, doch können sie auch spontan von dem Besteller vorzunehmen sein.

3. Anwendungsbereich der Bestimmung

§ 642 nennt nur den Fall, daß die Mitwirkungshandlungen überhaupt unterbleiben. **9** Gleichgestellt werden muß aber der Fall, daß sie *nicht ordnungsgemäß vorgenommen* werden und dadurch die fehlerfreie Herstellung des Werkes verzögern und gefährden.

4. Eigene, fremde Mitwirkungen, äußere Einflüsse

Mitwirkungshandlungen hat der Besteller nur dann selbst vorzunehmen, wenn sie höchstpersönlicher Natur sind wie etwa das Porträtsitzen; im übrigen kann sich der Besteller auch *Dritter* bedienen (BGB-RGRK/GLANZMANN Rn 2). Insoweit kommen bei Reparaturverträgen des täglichen Lebens vor allem Familienangehörige des Bestellers in Betracht, bei Bauverträgen der Architekt. Im Sinne des § 642 (zu § 6 Nr 6 VOB/B s u Rn 52, 81 ff) unterbleibt eine Mitwirkungshandlung des Bestellers aber namentlich auch dann, wenn ein anderer Unternehmer, auf dessen Leistungen dieser Unternehmer aufzubauen hat, nicht leistet. Das ist insbesondere im Baubereich bedeutsam, wo die einzelnen Gewerke an ordnungsgemäße und rechtzeitige Arbeiten anderer Gewerke anzuknüpfen haben. Dabei stellt sich dann die weitere Frage, ob der Besteller die Behinderung in direkter oder entsprechender Anwendung der §§ 276, 278 zu vertreten hat oder nicht. Vertretenmüssen könnte zu Schadensersatzansprüchen führen. Auch ohne ein Vertretenmüssen tritt der in den §§ 642, 643 angesprochene Annahmeverzug des Bestellers ein.

Dagegen fällt es nicht unter § 642, wenn eine Behinderung der Arbeiten des Unter- **10** nehmers auf *äußere Einflüsse* zurückzuführen ist wie etwa das Wetter oder Eingriffe unbeteiligter Dritter. Doch *kann es Sache des Bestellers sein, solchen äußeren Einflüssen vorzubeugen*, zB durch Beheizen eines Bauwerks und Sicherungsmaßnahmen. Was insoweit von ihm an Mitwirkung zu erwarten ist, richtet sich in erster Linie nach den getroffenen *Vereinbarungen*, bei deren Schweigen nach der *Verkehrssitte*, die im übrigen auch dem Unternehmer selbst derartige Sicherungspflichten auferlegen kann, s sogleich.

5. Ermittlung der Mitwirkungsobliegenheiten

Welche Mitwirkungshandlungen *dem Besteller – und nicht dem Unternehmer* – ob- **11** liegen, ist in erster Linie eine Frage der getroffenen Vereinbarungen, sodann vor allem von der Verkehrssitte abhängig (vgl auch § 633 Rn 113 zu der Frage, wer zu verarbeitende Materialien zu beschaffen hat). Dabei können die Verhältnisse in den einzelnen Branchen unterschiedlich sein. So hat etwa beim *Bauvertrag* grundsätzlich der Besteller das zu bebauende Grundstück zu stellen, auch die Baugenehmigung zu beschaffen; demgegenüber wird der Schneider regelmäßig auch den Stoff besorgen. Grundsätzlich obliegt die Stellung von Werkzeugen und Hilfsmitteln dem Unternehmer. Zu Lager- und Arbeitsplätzen im Bereich des Bestellers, Anschlüssen für Wasser und Energie vgl die verallgemeinerungsfähigen Regelungen in § 4 Nr 4 VOB/B (dazu § 633 Rn 79 f), zum Schutz vor Beschädigung und Diebstahl daselbst § 4 Nr 5 (dazu § 633 Rn 81 f).

Nicht zu den Mitwirkungsobliegenheiten des Bestellers gehört es, die Anforderungen an die Werkleistung festzulegen, wie dies zB bei Software durch ein Pflichtenheft üblich ist. Das ist vielmehr eine Frage der Beschaffenheitsvereinbarung iSd § 633 Abs 2.

III. Rechte und Pflichten des Unternehmers bei unterbleibender oder unqualifizierter Mitwirkung des Bestellers

12 Unabhängig von der Frage nach der Rechtsnatur der Mitwirkung des Bestellers als Gläubigerobliegenheit oder Schuldnerpflicht (dazu u Rn 17 ff) lassen sich einige *allgemeine Grundsätze* über die Rechte und Pflichten des Unternehmers aufstellen.

1. Untersuchungs- und Rügepflicht

Der Unternehmer ist verpflichtet, jene Mitwirkungshandlungen, die der Besteller vornimmt, darauf zu überprüfen, ob sie ordnungsgemäß und zweckmäßig sind.

a) Diese Verpflichtung, die in § 4 Nr 3 VOB/B (dazu § 633 Rn 62 ff), eine nähere Regelung gefunden hat, folgt *ganz allgemein aus § 241 Abs 2*. Da typischerweise der Unternehmer über einen *höheren Sachverstand* verfügt als der Besteller, ist er gehalten, diesen auch einzusetzen.

b) Die Überprüfungspflicht des Unternehmers setzt voraus, daß zu Bedenken Anlaß besteht. Wenn ein solcher gegeben ist, hat er dem nachzugehen und dem Besteller das Ergebnis mitzuteilen.

13 **c)** Die Überprüfungspflicht des Unternehmers ist eine *echte Rechtspflicht*. Ihre Verletzung kann bewirken, daß der Unternehmer *Mängel* oder Verzögerungen, die auf unterbleibende oder unqualifizierte Mitwirkung des Bestellers zurückzuführen sind, *(mit-)zuvertreten* hat. Eine Abwägung der beiderseitigen Verursachungsbeiträge hat in entsprechender Anwendung des § 254 Abs 1 zu erfolgen (vgl zu dem Fall der Mängel § 633 Rn 181 f). Eine Verletzung der Überprüfungspflicht kann auch gegenüber eigenen Ansprüchen des Unternehmers, namentlich dem aus § 642, den *Mitverschuldenseinwand* begründen.

2. Mahnung

14 Der Unternehmer kann aus einer unterlassenen Mitwirkungshandlung des Bestellers Rechte nur herleiten, wenn er ihn *insoweit gemahnt* hat. Das folgt, wenn man die Mitwirkung des Bestellers als Schuldnerpflicht deutet, aus § 286 Abs 1 S 1, bei der Annahme einer Gläubigerobliegenheit aus § 295 S 2. *Ausnahmsweise* ist eine Mahnung *entbehrlich*, wenn für die Mitwirkungshandlung des Bestellers eine Zeit nach dem Kalender bestimmt ist, § 286 Abs 2 Nr 1 bzw § 296. Ein Bauzeitenplan äußert diese Wirkung nur, wenn er verbindlich ist (BGHZ 143, 32, 38).

Ggf hat der Unternehmer nach § 254 Abs 2 S 1 HS 1 darauf hinzuweisen, daß aus der unterlassenen Mitwirkung des Bestellers ein unverhältnismäßig hoher Schaden zu entstehen droht.

3. Ersetzungsbefugnisse des Unternehmers

a) Ersatzlieferung
Wenn die Mitwirkungshandlung des Bestellers gänzlich unterbleibt, ist es dem Unternehmer uU *möglich, diese seinerseits vorzunehmen.* Er kann zB vom Besteller zu liefernde Materialien selbst stellen, von diesem auszuführende Arbeiten selbst durchführen oder seinerseits dem Besteller obliegende Auswahlentscheidungen selbst treffen. 15

aa) Bei der Lieferung von Materialien und Ausführung von Arbeiten gilt, daß der Besteller sie hinzunehmen hat, wenn und soweit sie vertragsgemäß sind. Ihre Beseitigung zu verlangen, wäre mindestens treuwidrig.

Das bedeutet noch *nicht, daß der Besteller* derartige Leistungen *auch zu vergüten hat.* Eine Vergütungspflicht kann sich vielmehr nur unter eingeschränkten Voraussetzungen ergeben. Zunächst besteht sie, Mahnung des Bestellers vorausgesetzt, in entsprechender Anwendung des § 254 Abs 2, vgl auch § 304, *wenn das ersatzweise Tätigwerden des Unternehmers notwendig war, um noch höhere Verzögerungs- oder sonstige Schäden zu vermeiden.* Im übrigen kann sich eine Vergütungspflicht aus den Bestimmungen über die *Geschäftsführung ohne Auftrag ergeben* (vgl auch § 2 Nr 8 VOB/B; dazu § 632 Rn 81 ff). Wie hier SOERGEL/TEICHMANN Rn 8 mit dem zutreffenden Hinweis, daß sich bei Ausgestaltung der Mitwirkung als Schuldnerpflicht für den Unternehmer § 633 Abs 3 entsprechende Rechte ergeben (gegen eine Erstattungspflicht des Bestellers BGB-RGRK/GLANZMANN Rn 15; MünchKomm/SOERGEL Rn 17).

bb) Bei *Auswahlentscheidungen des Bestellers* kann das Wahlrecht unter den Voraussetzungen des § 264 Abs 2 auf den Unternehmer übergehen.

b) Nachbesserung mangelhafter Mitwirkung
Bei der Nachbesserung mangelhafter Mitwirkungshandlungen des Bestellers darf der Unternehmer auf Kosten des Bestellers *in entsprechender Anwendung der §§ 634 Nr 2, 637* dann tätig werden, wenn er ihn fruchtlos zur Nachbesserung aufgefordert hat. Notwendig ist freilich, daß aus den Mängeln der Mitwirkungshandlungen Mängel der eigenen Leistung des Unternehmers zu entstehen drohen. Unter den Voraussetzungen des § 637 Abs 2 kann der Unternehmer von einer Mahnung des Bestellers *absehen.* 16

4. Kündigung

§ 643 gibt dem Unternehmer die Möglichkeit, den Vertrag zur Auflösung zu bringen (vgl daselbst).

IV. Rechtsnatur der Mitwirkungshandlungen des Bestellers

1. Gläubigerobliegenheit

17 Die Mitwirkung des Bestellers ist nach der auf die §§ 293 ff verweisenden Fassung des § 642 Abs 1 vom Gesetzgeber eindeutig als eine Gläubigerobliegenheit, nicht als eine Schuldnerpflicht konzipiert worden. Das ist unter dem maßgeblichen Einfluß von JOSEF KOHLER (JherJb 17 [1879] 281; ArchbürgR 3 [1897] 149) geschehen, kommt in den *Gesetzesmaterialien* deutlich zum Ausdruck, vgl Mot II 495; Prot II 328 (zu § 643) und wird *auch von der hM anerkannt*, auch wenn diese in der Terminologie nicht immer eindeutig ist, vgl zB BGHZ 50, 175, wo von Mitwirkungspflichten die Rede ist, und die Rechtsfolgen der Verletzung von Gläubigerobliegenheiten zuweilen denen der Verletzung von Schuldnerpflichten angenähert und sogar gleichgesetzt werden, vgl insbes BGHZ 11, 80, 86 und den Überblick bei MÜLLER-FOELL, Die Mitwirkung des Bestellers beim Werkvertrag (1982) 28 ff, 39 ff. Grundsätzlich im Sinne von Gläubigerobliegenheiten äußern sich aber RGZ 54, 98; RG SeuffArch 76 Nr 112; RGZ 168, 321, 327; BGHZ 11, 80; 50, 175, 178; BGH NJW 1984, 1080; ENNECCERUS/ LEHMANN § 152 III; FIKENTSCHER Rn 895; ESSER/WEYERS II 1 284; LARENZ II 1 371; MünchKomm/SOERGEL Rn 1 f; PALANDT/SPRAU Rn 1b; JAUERNIG/SCHLECHTRIEM Rn 1; *ablehnend im Sinne einer echten Schuldnerpflicht* BGB-RGRK/GLANZMANN § 631 Rn 46, 94; § 642 Rn 2; ERMAN/SEILER Rn 2; *differenzierend* auf Grund der Interessenlage NICKLISCH BB 1979, 533, der Schuldnerpflichten des Bestellers beim Großanlagenbau annimmt, zustimmend SOERGEL/TEICHMANN Rn 7; LENZEN BauR 1997, 210, 213; MÜLLER-FOELL 102, der Gleiches auch bei künstlerischen Werken vertritt. Die hM nimmt – zutreffend – an, daß der Besteller durch Parteiabrede zur Mitwirkung verpflichtet werden kann, vgl insbes LARENZ (aaO); JAUERNIG/SCHLECHTRIEM (aaO).

2. Fehlende Erzwingbarkeit

18 Der *Ausgangspunkt des Gesetzes ist zu billigen*, daß die Mitwirkung des Bestellers eine bloße Gläubigerobliegenheit ist, deren Erfüllung insbesondere nicht erzwungen werden kann.

a) Interessen des Bestellers

Das gilt zunächst *aus der Sicht des Bestellers*. Solange die Belange des Unternehmers gewahrt bleiben, dazu sogleich, *muß es ihm möglich sein, auf das Werk zu verzichten*, das sich vielleicht im Laufe der Herstellung als für ihn und seine Zwecke unbrauchbar erweist, ohne doch mangelhaft zu sein. Der Abschluß des Werkvertrages bedeutet eine schwerwiegende *Prognoseentscheidung, deren Korrektur möglich bleiben soll*. Die Annahme einer nicht erzwingbaren Gläubigerobliegenheit sichert ihm dies. Sie entspricht der freien Kündigungsmöglichkeit des Bestellers nach § 649. Es ist aber nicht einzusehen, warum der Besteller nur kündigen, nicht aber die tatsächliche Erstellung des Werkes blockieren können soll.

Hiervon sind *auch nicht in Teilbereichen Ausnahmen* zu machen. Das gilt namentlich für den Großanlagenbau, der zunächst in der Abgrenzung Probleme bereitet, aber auch sonst keine hinreichenden Besonderheiten aufweist. *Es ist nicht zu rechtfertigen, bei Fehldispositionen von einer bestimmten Größenordnung an die Korrekturmöglich-*

keit zu versagen. Bei künstlerischen Leistungen liegen die Dinge nicht anders; ein Besteller sollte nicht gezwungen sein, bei einem Porträt mitzuwirken, das seinem Geschmack widerspricht. Eine Ausnahme ist endlich nicht geboten, wo eine besonders enge Kooperation der Parteien notwendig ist, zB der Besteller Vorgaben für Computersoftware zu machen hat (**aA** BGH CR 1989, 102; SOERGEL/TEICHMANN Rn 7).

b) Interessen des Unternehmers
Wenn der Unternehmer ein Interesse daran hat, *das Werk unter allen Umständen zu* **19** *vollenden*, weil es zB für ihn werben soll, mag er entsprechende *Vereinbarungen mit dem Besteller* treffen (dazu u Rn 31 ff). Abgesehen von Fällen dieser Art ist es eine hinzunehmende und angesichts der Kostenbelastung des Bestellers durch das Werk auch zu billigende Entscheidung des Gesetzgebers, § 649 S 2, *nur das Interesse des Unternehmers an dem Gewinn aus dem Vertrag zu schützen*. Insoweit ist freilich die Konzeption der §§ 642, 643 nicht hinreichend ausgereift; sie bedarf der Korrektur.

aa) Zunächst gilt es, vom Unternehmer *Mehrkosten abzuwenden*, die durch unterbleibende oder unqualifizierte Mitwirkung des Bestellers entstehen können. § 642 deckt dies nicht vollständig ab, kann aber entsprechend erweitert ausgelegt werden, dazu u Rn 25, 28, 85.

bb) Sodann *scheint nach dem Gesetzeswortlaut* der §§ 643, 645 Abs 1 S 2 der Besteller, der den Vertrag nicht mehr durchführen möchte, *besser zu stehen, wenn er nicht selbst* – mit der Folge des § 649 S 2 – *kündigt*, sondern durch *obstruktives Verhalten* den Unternehmer in die Kündigung treibt. Doch muß insoweit die *Rechtsfolge* der vom Besteller veranlaßten Kündigung des Unternehmers der der eigenen Kündigung des Bestellers *angeglichen* werden (dazu § 643 Rn 18 ff).

Nimmt man diese Korrekturen vor, dann verbleibt ein legitimer Anwendungsbereich für eine Mitwirkungspflicht des Bestellers und für Schadensersatzansprüche aus ihrer Verletzung aus §§ 280 ff nicht mehr. Schadensersatzansprüche sind mit ihrer Verschuldensvoraussetzung für den Unternehmer zuweilen sogar ungünstiger.

3. Schuldnerpflichten des Bestellers

Nach allem verbleibt für die Annahme einer Schuldnerpflicht des Bestellers zur **20** Mitwirkung nur *ein denkbar geringer Raum*. Die Parteien können solche Pflichten vereinbaren, doch ergibt sich eine ausdrückliche Vereinbarung *nicht schon aus der Wortwahl* („Der Besteller hat ... zu tun, ist verpflichtet ..."), weil dies meist nur eine nachlässige und kaum zu vermeidende Ausdrucksweise ist, wie sie auch der höchstrichterlichen Rechtsprechung unterläuft. Es muß vielmehr die Auslegung des Vertrages zu dem Ergebnis führen, daß nicht nur ein besonderes Interesse des Unternehmers an der Vollendung des Werkes besteht, sondern daß *dieses auch Inhalt des Vertrages geworden* ist. – Erst recht sind an die Annahme einer konkludenten Vereinbarung von Schuldnerpflichten des Bestellers zur Mitwirkung strenge Anforderungen zu stellen. Die bloße Art des Werkes reicht insoweit nicht aus (vgl o Rn 18).

Im Rahmen der allgemeinen Grundsätze bleibt der Besteller verpflichtet, die *Rechts-* **21** *güter des Unternehmers nicht zu schädigen*. Tut er es gleichwohl, so haftet er dem Unternehmer gegebenenfalls aus den §§ 823 ff, vor allem aber aus den §§ 280 Abs 1,

241 Abs 2. Bezieht sich freilich seine Schädigung auf das noch nicht abgenommene Werk, so sind die Rechte des Unternehmers aus § 645 herzuleiten, vgl dort Rn 30 ff. Verursacht der Besteller Mängel des Werkes, so sind seine Gewährleistungsrechte in entsprechender Anwendung des § 254 Abs 1 zu kürzen (vgl § 633 Rn 181).

V. Der Entschädigungsanspruch nach § 642

1. Voraussetzungen

22 a) Zu den Mitwirkungshandlungen des Bestellers o Rn 7 ff. Sie betreffen regelmäßig die Herstellung des Werkes, doch gehört hierher auch der Abruf der Leistungen des Unternehmers (BGB-RGRK/GLANZMANN Rn 2, aA ERMAN/SEILER Rn 3).

Die *Abnahme* der Werkleistung ist zwar in § 640 Abs 1 als Schuldnerpflicht ausgestaltet, doch gerät der grundlos die Abnahme verweigernde Besteller hinsichtlich der Ablieferung des Werkes in Annahmeverzug. Es ist kein hinreichender Grund ersichtlich, dem Unternehmen insoweit den Entschädigungsanspruch nach § 642 zu verweigern (aA ERMAN/SEILER Rn 3; SOERGEL/TEICHMANN Rn 5 unter Hinweis auf § 304). Doch ist § 304 nicht vorrangig und deckt zB die Kosten des Anbietens nicht ab.

23 b) § 642 Abs 1 nimmt auf die *Bestimmungen* der §§ 293 ff *über den Annahmeverzug* Bezug. Die wichtigste Konsequenz daraus ist, daß ein *Verschulden des Bestellers nicht notwendig* ist (RGZ 100, 46; BGB-RGRK/GLANZMANN Rn 4). Auch sonst sind die Ursachen der unterlassenen Mitwirkung unerheblich. Zu Lasten des Bestellers muß es zB gehen, wenn ein Vorunternehmer zögerlich arbeitet, auf dessen Leistungen dieser Unternehmer aufbauen soll: Damit stellt er, der Besteller, selbst den zu bearbeitenden Stoff nicht rechtzeitig zur Verfügung (vgl BGHZ 143, 32, 40). Aus der Bezugnahme auf die §§ 293 ff folgt ferner, daß *die Bestimmungen* der §§ 293–296 *über das Angebot der Leistung Anwendung* finden müssen (OLG Stuttgart BauR 1973, 385). Zum Angebot gehört bei einem VOB-Vertrag auch ggf eine konkrete Behinderungsanzeige nach § 6 Nr 1 VOB/B (BGHZ 143, 32, 41). Diese ist aber auch sonst zu fordern, wo eine Behinderung vorliegt und dem Besteller nicht offensichtlich ist; er muß ggf Abhilfe schaffen können. Sinngemäß paßt auch § 299, nach dem der Besteller nicht in Annahmeverzug gerät, wenn eine Zeit für die Leistung nicht bestimmt war und er nur vorübergehend an der Annahme verhindert ist, sofern ihm der Unternehmer nicht die Leistung in angemessener Zeit vorher angekündigt hat. Schließlich folgt aus § 297, daß die Leistung dem Unternehmer überhaupt möglich sein muß.

2. Rechtsfolgen

24 Bei unterbliebener – oder mangelhafter – Mitwirkung des Bestellers erwirbt der Unternehmer einen **Anspruch auf eine angemessene Entschädigung**, den Abs 2 in seinem Umfang näher präzisiert.

a) Vergütungsanspruch eigener Art
Nach dem Wortlaut des § 642, angesichts der aufgestellten Voraussetzungen, zu denen ein Verschulden des Bestellers nicht gehört (ERMAN/SEILER Rn 3), sowie angesichts der Direktiven in Abs 2 für die Anspruchsbemessung gewährt § 642 dem Unternehmen *keinen Schadensersatzanspruch* (aA SOERGEL/TEICHMANN Rn 6: „eigenstän-

diger Schadensersatzanspruch"; AG Aachen NJW 1997, 2058). Es handelt sich vielmehr um einen *Vergütungsanspruch eigener Art für die fruchtlose Bereithaltung der Kapazitäten*, der den Nachweis eines Schadens durch den Unternehmer nicht voraussetzt (ERMAN/SEILER Rn 5).

Aus dem Vergütungscharakter des Anspruchs folgt freilich nicht, daß *insbesondere* § 254 nicht anzuwenden wäre (**aA** STAUDINGER/MEDICUS[12] § 254 Rn 23; wie hier MünchKomm/ SOERGEL Rn 8; BGB-RGRK/GLANZMANN Rn 6). Bei der Anspruchsentstehung ist angesichts des notwendigen Annahmeverzuges eine *Mitverursachung durch den Unternehmer* freilich nur selten denkbar. Versäumt der Unternehmer anderweitige Einnahmen, so fällt dies unter § 642 Abs 2 aE; im übrigen wird ihm eben auch nur eine „angemessene" Entschädigung geschuldet.

b) Bemessungskriterien

§ 642 betrifft unmittelbar nur *Wartezeiten* des Unternehmers („Dauer des Verzuges"). Hierfür soll ihm eine „angemessene" Entschädigung gezahlt werden. **25**

aa) Anzusetzen ist dabei auf jeden Fall die *volle Wartezeit* als *jene Zeit, für die Mitarbeiter, Maschinen und Materialien nicht gewinnbringend anderweitig eingesetzt werden können, weil sie für dieses Objekt zur Verfügung stehen müssen.*

In *preislicher Hinsicht* ist von der vereinbarten Vergütung auszugehen bzw jener, die sich aus § 632 Abs 2 ergibt. Dabei ist die Entschädigung nach unten jedenfalls durch die *Selbstkosten* des Unternehmers begrenzt, es sei denn, die vereinbarten Preise lägen darunter. Doch ist es nicht einzusehen, warum der wartende Unternehmer nicht *auch den kalkulierten Gewinnanteil* soll ansetzen können (**aA** BGHZ 143, 32, 40).

Wenn die Entschädigung angemessen sein soll, so bedeutet dies, daß der Unternehmer jene Bereitstellungskosten fordern kann, die er den Umständen nach für erforderlich halten darf, vgl § 670; im Ergebnis wohl ähnlich BGB-RGRK/GLANZMANN Rn 6, der § 319 Abs 3 heranziehen will. Doch ist der Prüfungsmaßstab hier strenger als im Bereich jener Vorschrift. Jedenfalls ist mit BGB-RGRK/GLANZMANN (aaO) § 287 ZPO anzuwenden.

Voll anzusetzen sind mit den vertraglichen oder üblichen, § 632 Abs 2, Sätzen aber auch *Kosten der vorläufigen Obhut für das stilliegende Werk.*

bb) Die *Anrechnungsregelung* des § 642 Abs 2 aE entspricht in ihrer Struktur denen **26** der §§ 324, 615, 649. Die Berücksichtigung *ersparter Aufwendungen* ist eine Selbstverständlichkeit. Bei dem unterlassenen anderweitigen Erwerb fordert das Gesetz hier keine Böswilligkeit des Unternehmers. Grundsätzlich ist also *jeder mögliche anderweitige Erwerb* anzusetzen (BGB-RGRK/GLANZMANN Rn 9; ERMAN/SEILER Rn 5), wobei dem Unternehmer *auch Arbeiten unter Selbstkosten zuzumuten* sind, weil er die Differenz von dem Besteller ersetzt erhält. Doch darf der Unternehmer nach seinem Ermessen anderweitige Aufträge ausschlagen, sofern deren Übernahme seine Erfüllungsfähigkeit für diesen Auftrag gefährdet.

Sofern es dem Unternehmer an anderweitigen Aufträgen mangelt, darf er dieses sein Unternehmerrisiko im Falle längerfristigen Annahmeverzuges nicht dem Besteller in

Rechnung stellen; es fehlt dann an der *Kausalität* des Annahmeverzuges für die Untätigkeit.

cc) Die *Beweislast* für das Entstehen des Entschädigungsanspruchs trifft den Unternehmer; der Besteller hat die Anrechnungsbeträge darzutun und zu beweisen.

27 dd) Der Anspruch auf die Entschädigung tritt *neben den Vergütungsanspruch des Unternehmers* für das fertige Werk bzw Ansprüche aus den §§ 645, 649 und ist mit diesen *nicht zu verrechnen* (BGB-RGRK/GLANZMANN Rn 11). Er tritt auch neben etwaige Schadensersatzansprüche gegen den Besteller wegen Verzuges oder aus den §§ 280 Abs 1, 241 Abs 2 (BGB-RGRK/GLANZMANN). Bei Vereinbarung der VOB/B steht er neben dem dortigen Anspruch aus § 6 Nr 6 (BGHZ 143, 32); mit diesem ist er zu verrechnen.

Die *Verjährung* folgt den §§ 195, 199.

c) Kosten der Werkleistung

28 § 642 ist *entsprechend anzuwenden*, wenn und soweit der Verzug des Bestellers mit Mitwirkungshandlungen bzw eine unsachgemäße Mitwirkung des Bestellers dazu führt, daß *sich die Kosten des Unternehmers erhöhen*, weil *sich die Erbringung der Werkleistung* in einen Zeitraum mit höheren Löhnen und Materialpreisen *verschiebt oder weil* die Arbeit des Unternehmers *als solche erschwert* wird. Das erfordert der Grundgedanke der Bestimmung, daß der Werklohnanspruch des Unternehmers durch den Annahmeverzug des Bestellers nicht geschmälert werden soll. Auf die Kostensteigerungen ist der *kalkulierte Gewinnanteil* des Unternehmers aufzuschlagen (vgl dazu auch u Rn 85).

Die Kostensteigerungen hat der Unternehmer darzutun und zu beweisen. Sie sind gegebenenfalls nach § 287 ZPO zu schätzen.

VI. Weitere Rechte des Unternehmers bei Annahmeverzug des Bestellers

29 1. Zur Möglichkeit der Ersatzvornahme o Rn 15.

2. §§ 300 ff

Wenn die unterbleibende Mitwirkung als Annahmeverzug gewertet wird, sind damit grundsätzlich auch die §§ 300 ff anwendbar.

a) Insoweit ist § 304 von praktischer Bedeutung, der dem Unternehmer einen Anspruch auf Ersatz der *Kosten für das erfolglose Angebot* gibt, sowie der durch den Annahmeverzug bedingten *Mehrkosten für die Aufbewahrung* und Erhaltung der schon erstellten Werkteile. § 642 ergänzt diese Bestimmung, verdrängt sie aber nicht (ERMAN/SEILER Rn 1).

30 b) Dagegen kommt der Unternehmer *nicht* in den Genuß *der Haftungsminderung* nach § 300 Abs 1, was auch sinnwidrig wäre. Die Bestimmung wird von der hM trotz der weiten Fassung des Wortlauts ohnehin nicht angewendet auf Nebenpflichten, wie sie durch die §§ 280 Abs 1, 241 Abs 2 sanktioniert sind (BGH LM § 651 Nr 3 Bl 2 R; RG

SeuffA 76, 96; RG JW 1921, 394). Aber *auch das Werk selbst hat der Unternehmer mit der normalen Sorgfalt zu wahren und zu fördern.*

c) Die §§ 300 Abs 2 bis 303 können keine Anwendung finden.

d) Eine *Hinterlegungsmöglichkeit* nach den §§ 383, 372 erwirbt der Unternehmer nicht.

e) Zum zufälligen Untergang und zur zufälligen Verschlechterung des Werkes während des Mitwirkungsverzuges des Bestellers vgl § 644 Rn 26.

f) Zu *Kündigungsmöglichkeiten* des Unternehmers auf Grund unterbliebener oder mangelhafter Mitwirkung des Bestellers s die Erl zu § 643.

g) Einen Anspruch auf Vornahme der Mitwirkungshandlungen hat der Unternehmer nicht, sofern diese nicht als Bestellerpflichten ausgestaltet sind (MÜLLER-FOELL 130; ERMAN/SEILER Rn 8).

VII. Mitwirkungspflichten des Bestellers

1. Voraussetzungen

Es bleibt denkbar (o Rn 20 ff), daß bestimmte Mitwirkungshandlungen des Bestellers zu *echten Schuldnerpflichten* ausgestaltet sind, auch wenn insoweit *strenge Anforderungen* gestellt werden müssen, weil die gesetzliche Konzeption von Gläubigerobliegenheiten den Interessen der Parteien grundsätzlich gerecht wird (o Rn 20). 31

Verläßliche Kriterien für die Annahme echter Rechtspflichten zu entwickeln, ist *schwierig.* Die *Interessenlage,* die nach den §§ 133, 157 ausgewertet werden könnte, hilft nach den angestellten Überlegungen kaum weiter. Gerade für die als Beispiel genannten Großanlagen (NICKLISCH BB 1979, 541; MÜLLER-FOELL 104), oder die ebenfalls genannten künstlerischen Leistungen ergeben sich insoweit keine Besonderheiten. Ebenfalls reicht es für die Annahme von Schuldnerpflichten *nicht* aus, wenn die Mitwirkungshandlungen des Bestellers *in imperativischer Form* angesprochen werden, aA NICKLISCH BB 1979, 541 für die imperativischen Formulierungen der VOB/B (§§ 3 Nr 1, 4 Nr 1 Abs 1), da sich dies *schon sprachlich oft kaum vermeiden läßt,* ohne daß dem ein entsprechender Rechtsfolgewille zugrunde liegen müßte.

2. Klagbarkeit

Soweit danach *Rechtspflichten* des Bestellers bestehen, sind diese *einklagbar.* Allerdings scheidet eine Durchsetzung im Wege der *einstweiligen Verfügung* grundsätzlich aus, weil diese auf Erfüllung gerichtet sein müßte (aA NICKLISCH BB 1979, 542; MÜLLER-FOELL 116). Eine Ersatzvornahme ist dem Unternehmer in entsprechender Anwendung der §§ 634 Nr 3, 637 möglich (vgl SOERGEL/TEICHMANN Rn 8). 32

3. Schadensersatzansprüche

Schadensersatzansprüche wegen pflichtwidrig unterlassener Mitwirkungshandlungen 33 des Bestellers sind *aus den §§ 280, 281, 286* herzuleiten (Erman/Seiler Rn 10; BGB-RGRK/Glanzmann Rn 13; Soergel/Teichmann Rn 9; Nicklisch BB 1979, 542; Müller-Foell 119), so daß also auch die allgemeinen Verzugsvoraussetzungen gegeben sein müssen, wozu neben einer *Mahnung* oder einem *kalendermäßig bestimmten Termin* für die Mitwirkungshandlung namentlich ein Vertretenmüssen des Bestellers gehört, § 286 Abs 4. Insoweit kann ein eigenes Verschulden des Bestellers vorliegen. Er hat sich aber nach § 278 auch das Verschulden seiner eigenen Mitarbeiter zurechnen zu lassen, zu denen im Baubereich insbesondere der Architekt gehört, dem die zeitliche Planung und Überwachung aufgetragen ist (vgl – zu § 6 Nr 6 VOB/B – OLG Köln NJW 1968, 71; Walzel BauR 1984, 569).

§ 278 muß aber auch dann anwendbar sein, wenn der Besteller seine *Mitwirkungspflichten durch sonstige, insbesondere selbständige Dritte* erfüllt. Die Selbständigkeit eines Dritten ist ebensowenig Anlaß, seine Stellung als Erfüllungsgehilfe zu leugnen, wie die damit verbundene Risikoerhöhung für den Besteller (**aA** zu letzterem Walzel aaO). Bei der Vereinbarung von Schuldnerpflichten hat der Besteller also auch dafür einzustehen, wenn andere von ihm beauftragte Unternehmer, die Vorleistungen für diesen zu erbringen haben, schuldhaft Verzögerungen verursachen.

Wenn der Besteller in *mangelhafter Weise* mitwirkt, muß er sich dies zunächst in entsprechender Anwendung des § 254 auf seine Gewährleistungsansprüche anrechnen lassen, sofern daraus Mängel des Werkes resultieren (s § 633 Rn 181 ff). Im übrigen können sich daraus Schadensersatzansprüche des Unternehmers aus den §§ 280 Abs 1, 241 Abs 2 ergeben (Müller-Foell 121 f).

Für Schadensersatzansprüche des Unternehmers aus den §§ 280, 281, 283 kommt es darauf an, ob die Mitwirkung des Bestellers als *Hauptpflicht* ausgestaltet ist. Das wird man gegen BGB-RGRK/Glanzmann Rn 13 weithin zu bejahen haben, und zwar jedenfalls dann, wenn die unterbleibende Mitwirkung des Bestellers die Abwicklung des Vertrages insgesamt oder doch nachhaltig blockiert, vgl auch BGHZ 11, 80, wo § 326 aF freilich unzutreffend auf die Verletzung einer Obliegenheit angewendet ist.

Die zu ersetzenden Schäden des Unternehmers umfassen seine gesamten verzögerungsbedingten Einbußen sowie den entgangenen Gewinn.

Die *Verjährung* der Schadensersatzansprüche folgt den §§ 195, 199.

VIII. Leistungsbehinderung durch Naturereignisse oder Dritte

1. Naturereignisse

34 Der Unternehmer kann an der Erbringung seiner Leistung durch Naturereignisse, insbesondere die Witterungsverhältnisse, *behindert* werden.

a) Das fällt *nur dann in den Verantwortungsbereich des Bestellers,* wenn dieser es besonders übernommen hat oder wenn er kraft der Verkehrssitte als gehalten angesehen werden kann, diesen Einflüssen – zB durch ein Beheizen der Baustelle – entgegenzuwirken. In diesem Rahmen kann es zu Ansprüchen des Unternehmers aus § 642 kommen.

b) In der Regel muß es aber als die *Aufgabe des sachverständigen Unternehmers* angesehen werden, die denkbaren Witterungseinflüsse einzukalkulieren, wenn er sich zu einer bestimmten Leistung zu einer bestimmten Zeit und innerhalb eines bestimmten Zeitraums verpflichtet. Das bedeutet, daß er witterungsbedingte Mehrkosten grundsätzlich nicht nach § 642 auf den Besteller abwälzen kann und daß er gegenüber dessen Schadensersatzansprüchen aus verzögerter Herstellung des Werkes, §§ 280, 281, 286, nicht durch die Berufung auf ungünstige Witterungsverhältnisse entlastet wird. Gegebenenfalls muß er diesen durch entsprechende Vereinbarungen vorbeugen.

c) Anderes gilt jedoch für *solche Witterungseinflüsse, mit denen bei Vertragsschluß vernünftigerweise nicht zu rechnen war* (vgl dazu auch u Rn 58 zu § 6 VOB/B), wobei es Sache des Unternehmers ist, darzutun und zu beweisen, daß er sich auf Einflüsse dieser Art nicht einzustellen brauchte. **35**

aa) Derartige Einflüsse fallen allerdings nicht unter § 642, so daß der Besteller durch sie verursachte Mehrkosten des Unternehmers nicht zu vergüten hat. Diese bleiben insoweit vielmehr Risiko des Unternehmers.

bb) Doch hat der Unternehmer in Fällen dieser Art *die Verzögerung* der Erstellung der Werkleistung *nicht zu vertreten*, so daß Schadensersatzansprüche des Bestellers aus Verzug nicht ausgelöst werden. Es verbleibt dem Besteller die verschuldensunabhängige Möglichkeit des Rücktritts, § 323 Abs 4.

Auch wenn der Unternehmer die Verzögerung als solche nicht zu vertreten hat, verbleibt ihm doch nach Treu und Glauben die *Nebenpflicht, den Besteller über die Verzögerung aufzuklären*. Ihre Verletzung kann zu einem Schadensersatzanspruch des Bestellers aus den §§ 280 Abs 1, 241 Abs 2 führen, sofern dieser im Vertrauen auf die Erstellung des Werkes nachteilige Dispositionen getroffen hat.

2. Behinderung durch Dritte

Die Erbringung der Werkleistung kann durch *außenstehende Dritte* behindert und verzögert werden. **36**

a) Insoweit ist zunächst der Vertrag unter Berücksichtigung der Verkehrssitte zu der Frage auszulegen, welcher Partei geeignete Vorbeugungsmaßnahmen obliegen. Dabei gilt der Grundsatz, daß *der Unternehmer*, der seine Leistung in eigener Verantwortung zu erbringen hat, auch die üblichen und zumutbaren Maßnahmen zur Abwehr von Behinderungen ohne Anspruch auf zusätzliche Vergütung vorzunehmen hat, insoweit zB einen Bauzaun anbringen muß. Andererseits muß der Besteller solche Gefahren abwehren, denen nur er steuern kann, wenn zB Arbeiten in seinen Räumen auszuführen sind, oder die an seine Person anknüpfen, zB die gegen ihn gerichtete Demonstration.

b) *Vernachlässigt der Besteller ihm obliegende Sicherungsmaßnahmen*, so erwächst dem Unternehmer dadurch ein Leistungsverweigerungsrecht und er kann etwaige Mehrkosten nach § 642 liquidieren. Bei Schäden am Werk, die der Besteller hätte verhindern müssen, gilt § 645.

c) Bei Behinderungen durch außenstehende Dritte, denen der Unternehmer hätte vorbeugen müssen, gelten die o Rn 34 f zu den Witterungsverhältnissen angestellten Überlegungen entsprechend.

IX. Mitwirkungsbefugnisse des Bestellers

1. Änderungen des Vertragsgegenstandes

37 Das BGB regelt nicht eigens, inwieweit der Besteller nach Vertragsschluß Änderungen am Vertragsgegenstand vornehmen darf; nur mittelbare Schlüsse hierauf sind möglich.

a) Aus § 649 ist zu folgern, daß der Besteller nachträglich einseitig *den vertraglich vorgesehenen Leistungsumfang einschränken* darf; vgl dazu § 649 Rn 5 ff.

b) Ob und inwieweit der Besteller einseitig *Erweiterungen des Auftragsumfangs* verlangen darf, ist im BGB nicht geregelt; die VOB/B spricht diese Problematik in § 1 Nr 4 an, vgl dazu und zu den notwendigen Folgerungen für Verträge, die nicht der VOB/B unterliegen, § 633 Rn 12.

c) Ebenfalls nicht näher geregelt sind *Änderungen des Auftrages*, vgl dazu § 1 Nr 3 VOB/B (erl in § 633 Rn 9 ff), sowie die Schlüsse daraus auf Verträge, die nicht der VOB/B unterliegen (in § 633 Rn 11).

d) Wenn es zu Änderungen der vertraglich vorgesehenen Leistung kommt, kann eine *Neufestsetzung des Werklohns* notwendig werden, vgl dazu § 2 Nr 3–6 VOB/B, (erl in § 632 Rn 71 ff), sowie zu den daraus möglichen Schlüssen für Verträge, die nicht der VOB/B unterliegen (§ 632 Rn 66, 71).

38 e) *Wenn der Unternehmer berechtigten Änderungswünschen des Bestellers nicht entspricht*, sondern die ursprünglich vorgesehene Leistung ausführt, kann seine Leistung dadurch im Sinne der §§ 633 ff *mangelhaft* ausfallen. Kommt er berechtigten Erweiterungswünschen nicht nach, so bleibt seine Leistung unfertig mit der Folge, daß der Besteller sie einstweilen nicht abzunehmen braucht. Außerdem kann der Unternehmer durch ein Verhalten der einen oder anderen Art einen Anlaß zur *Kündigung aus wichtigem Grunde* liefern oder zum Rücktritt nach § 324.

2. Einwirkungen auf die Arbeiten

39 Die Erbringung der Werkleistung ist grundsätzlich Sache des Unternehmers, der einen bestimmten Erfolg schuldet (zu seiner hier bestehenden Dispositionsfreiheit § 633 Rn 12, 99).

a) Ein Recht des Bestellers, *die Ausführung zu überwachen*, statuiert das BGB nicht eigens; es folgt aber grundsätzlich aus § 242, da es dem Besteller anders oft nicht möglich ist, seine Befugnisse sachgerecht wahrzunehmen. Zur näheren Ausgestaltung des *Überwachungsrechts* vgl § 4 Nr 1 Abs 2 VOB/B (erl in § 633 Rn 38).

b) Zu den Möglichkeiten des Bestellers, *schon während der Ausführung des Wer-*

kes auf Mängel zu reagieren, § 633 Rn 88 ff. Zu seinen Möglichkeiten bei sich abzeichnenden *Verzögerungen* der Werkleistung § 633 Rn 135 ff.

c) Zu *Anordnungen* des Bestellers zur Art und Weise der Erbringung der Werkleistung § 633 Rn 45 ff. **40**

X. Zur VOB/B

1. Mitwirkungshandlungen des Bestellers

Die VOB/B präzisiert die Mitwirkungshandlungen des Bestellers näher in den §§ 3 **41** Nr 1, 2 (dazu § 633 Rn 18 ff), 4 Nr 1 Abs 1 (dazu § 633 Rn 30 ff), und kann insoweit *auch außerhalb ihres Anwendungsbereichs Anhaltspunkte* für die Beantwortung der Frage liefern, was im einzelnen dem Besteller obliegt. Die Rechtsnatur der Mitwirkung ist hier nicht anders als nach § 642 zu sehen.

2. Behinderung und Unterbrechung der Ausführung*

Im übrigen geht die VOB/B in ihrem § 6 nicht von dem Begriff der Mitwirkungs- **42** handlung des Bestellers aus, sondern knüpft weiter und sachgerechter an Behinderungen des Unternehmers an.

---

* **Schrifttum**: BADEN, Nochmals: Hat der Bauherr im Verhältnis zum Unternehmer die Verspätung oder Mangelhaftigkeit der Arbeiten des Vorunternehmers zu vertreten?, BauR 1991, 30; CLEMM, Erstattung der Mehrkosten des Auftragnehmers bei Planlieferverzug des Auftraggebers nach der VOB/B, Betr 1985, 2597; vCRAUSHAAR, Der Vorunternehmer als Erfüllungsgehilfe des Auftraggebers, in: FS Vygen (1999) 154; DÖRING, Der Vorunternehmer als Erfüllungsgehilfe des Auftraggebers, in: FS vCraushaar (1997) 193; ders, Die Vorunternehmerhaftung und § 642 BGB, in: FS Jagenburg (2002) 111; GRIEGER, Verspätete oder mangelhafte Bauunternehmerleistungen – Wer hat sie zu vertreten?, BauR 1990, 406; HEIERMANN, Die Spezialregelung des § 6 VOB/B bei Behinderungen oder Unterbrechungen der Ausführung von Bauleistungen, BB 1981, 876; KAPELLMANN, § 645 BGB und die Behinderungshaftung für Vorunternehmer, BauR 1992, 433; KAPELLMANN/SCHIFFERS, Die Ermittlung der Ersatzansprüche des Auftragnehmers aus vom Bauherrn zu vertretender Behinderung, § 6 Nr 6 VOB/B, BauR 1986, 615; dies, Vergütung, Nachträge und Behinderungsfolgen beim Bauvertrag, Bd 1: Einheitspreisvertrag (4. Aufl 2000), Bd 2: Pauschalvertrag einschließlich Schlüsselfertigbau (3. Aufl 2000); KRAUS, Ansprüche des Auftragnehmers bei einem durch Vorunternehmer verursachten Baustillstand, BauR 1986, 17; LACHMANN, Die Rechtsfolgen unterlassener Mitwirkungshandlungen des Werkbestellers, BauR 1990, 409; LEINEWEBER, Mehrkostenforderungen des Auftragnehmers bei gestörtem Bauablauf, JbBauR 2002, 107; OBERHAUSER, Formelle Pflichten des Auftragnehmers bei Behinderung, BauR 2001, 8; VYGEN, Behinderungen des Auftragnehmers und ihre Auswirkungen auf die vereinbarte Bauzeit, BauR 1983, 210; ders, Behinderungen des Bauablaufs und deren Auswirkungen auf den Vergütungsanspruch des Unternehmers, BauR 1983, 414; ders, Behinderung des Auftragnehmers durch verspätete oder mangelhafte Vorunternehmerleistungen, BauR 1989, 387; VYGEN/SCHUBERT/LANG, Bauverzögerung und Leistungsänderung (2. Aufl 1994); WALZEL, Zur Haftung des Auftraggebers aus § 278 BGB bei Bauzeitverzögerung eines Auftragnehmers, BauR 1984, 569.

Die Bestimmung lautet:

> § 6 Behinderung und Unterbrechung der Leistung
>
> 1. Glaubt sich der Auftragnehmer in der ordnungsgemäßen Ausführung der Leistung behindert, so hat er es dem Auftraggeber unverzüglich schriftlich anzuzeigen. Unterläßt er die Anzeige, so hat er nur dann Anspruch auf Berücksichtigung der hindernden Umstände, wenn dem Auftraggeber offenkundig die Tatsache und deren hindernde Wirkung bekannt waren.
>
> 2. (1) Ausführungsfristen werden verlängert, soweit die Behinderung verursacht ist:
>
> a) durch einen Umstand aus dem Risikobereich des Auftraggebers,
>
> b) durch Streik oder eine von der Berufsvertretung der Arbeitgeber angeordnete Aussperrung im Betrieb des Auftragnehmers oder in einem unmittelbar für ihn arbeitenden Betrieb,
>
> c) durch höhere Gewalt oder andere für den Auftragnehmer unabwendbare Umstände.
>
> (2) Witterungseinflüsse während der Ausführungszeit, mit denen bei Abgabe des Angebots normalerweise gerechnet werden mußte, gelten nicht als Behinderung.
>
> 3. Der Auftragnehmer hat alles zu tun, was ihm billigerweise zugemutet werden kann, um die Weiterführung der Arbeiten zu ermöglichen. Sobald die hindernden Umstände wegfallen, hat er ohne weiteres und unverzüglich die Arbeiten wieder aufzunehmen und den Auftraggeber davon zu benachrichtigen.
>
> 4. Die Fristverlängerung wird berechnet nach der Dauer der Behinderung mit einem Zuschlag für die Wiederaufnahme der Arbeiten und die etwaige Verschiebung in eine ungünstigere Jahreszeit.
>
> 5. Wird die Ausführung für voraussichtlich längere Zeit unterbrochen, ohne daß die Leistung dauernd unmöglich wird, so sind die ausgeführten Leistungen nach den Vertragspreisen abzurechnen und außerdem die Kosten zu vergüten, die dem Auftragnehmer bereits entstanden und in den Vertragspreisen des nicht ausgeführten Teiles der Leistung enthalten sind.
>
> 6. Sind die hindernden Umstände von einem Vertragsteil zu vertreten, so hat der andere Teil Anspruch auf Ersatz des nachweislich entstandenen Schadens, des entgangenen Gewinns aber nur bei Vorsatz oder grober Fahrlässigkeit.
>
> 7. Dauert eine Unterbrechung länger als 3 Monate, so kann jeder Teil nach Ablauf dieser Zeit den Vertrag schriftlich kündigen. Die Abrechnung regelt sich nach Nr. 5 und 6; wenn der Auftragnehmer die Unterbrechung nicht zu vertreten hat, sind auch die Kosten der Baustellenräumung zu vergüten, soweit sie nicht in der Vergütung für die bereits ausgeführten Leistungen enthalten sind.

a) Allgemeines

43 Die Arbeiten des Unternehmers können behindert oder gar unterbrochen werden. Das sind *faktische Vorgänge*, die im Baubereich besonders häufig, aber doch keineswegs auf diesen beschränkt sind. *Das BGB hat den Begriffen der Behinderung und Unterbrechung keine eigenständige Beachtung gewidmet*, obwohl auch hier durchaus Regelungsbedarf besteht. Es ist zu klären, ob sich die *geltenden Fristen verlängern*, wer die *verursachten Kosten* und Schäden bei Unternehmer und Besteller zu tragen hat, ob im Falle der Unterbrechung *schon jetzt abgerechnet* werden kann und ob das Vertragsverhältnis überhaupt fortzusetzen ist. Weiterhin müssen Unterbrechung und Behinderung der Arbeiten ersichtlich *zusätzliche Pflichten der Parteien* (auf Anzeige und Notmaßnahmen etc) auslösen. Schließlich muß die Verantwortlichkeit für hindernde und unterbrechende Umstände festgelegt werden.

Das BGB enthält für diese Fragen keine hinreichend detaillierten Regelungen. Demgegenüber versucht die VOB/B in ihrem § 6 eine umfassende Regelung. Bei der folgenden Besprechung dieser Bestimmung wird stets darauf einzugehen sein, was sich insoweit nach allgemeinem Zivilrecht ergibt.

b) Die Begriffe der Behinderung und der Unterbrechung

aa) Die *Begriffe* der Behinderung und der Unterbrechung sind zunächst *rein faktische*. Eine *Behinderung* der Arbeiten liegt vor, wenn diese zwar fortgeführt werden können und fortgeführt werden, aber doch nur unter erschwerten Voraussetzungen für den Unternehmer. Eine *Unterbrechung* ist gegeben, wenn die Arbeiten überhaupt zum Erliegen kommen, ohne daß sie endgültig abgebrochen würden. Das ist *schon vor der Aufnahme der Arbeiten* möglich (vgl BGB-RGRK/GLANZMANN Rn 30; INGENSTAU/KORBION/DÖRING § 6 Rn 3) und dann bis zu ihrem endgültigen Abschluß. **44**

Zu unterscheiden sind Behinderung und Unterbrechung der Arbeiten *von der Unmöglichkeit der Leistung* sowie *der Schlechterfüllung*; für erstere gelten die §§ 275, 283, 326, für letztere die §§ 633 ff bzw 4 Nr 7, 13 VOB/B.

bb) Die *Ursachen* von Behinderung und Unterbrechung der Arbeiten können *verschiedener Art* sein. Sie können zunächst *im eigenen Verantwortungsbereich des Unternehmers* liegen wie zB unzulängliche Belieferung mit Materialien, nicht einkalkulierte Schwierigkeiten bei der Erstellung des Werkes, etwa auf Grund unvermutet problematischer Bodenverhältnisse. Denkbar sind weiterhin *äußere Einflüsse*, wie sie weder der Unternehmer noch der Besteller zu vertreten hat, wie unvorhersehbare Witterungsverhältnisse. Schließlich können Behinderung oder Unterbrechung *aus der Sphäre des Bestellers* kommen (vgl INGENSTAU/KORBION/DÖRING § 6 Rn 5). Dabei wird es sich meist um eine unzureichende Mitwirkung handeln, doch sind auch korrekte Verhaltensweisen denkbar wie zB Planungsänderungen, auf die sich der Unternehmer zwar einlassen muß, denen er aber erst nach einer unterbrechenden Umstellung seiner Arbeiten Folge leisten kann.

c) Anzeigepflicht der Unternehmer

aa) § 6 Nr 1 erlegt dem Unternehmer die Pflicht auf, dem Besteller **Anzeige zu erstatten**, *wenn er sich* in der ordnungsgemäßen Durchführung der Leistung *behindert glaubt*. Das soll diesen in die Lage versetzen, *rechtzeitige Abhilfe* zu schaffen, wo er dies kann, oder *sich* doch jedenfalls auf die veränderten Umstände *einzustellen*. **45**

bb) Die Anzeige muß die Tatsachen hinreichend genau bezeichnen, durch die sich der Unternehmer behindert fühlt, und eben die Art der Behinderung, die betroffenen **46**

Arbeiten (BGHZ 143, 32, 35). Das Ausmaß der Behinderungsfolgen braucht auch nicht ungefähr angegeben zu werden (BGH NJW-RR 1990, 403). Diese können durchaus auch in seinem eigenen Verantwortungsbereich liegen. Auch das ist für den Besteller von Interesse und für den Unternehmer nicht unzumutbar mitzuteilen.

Wenn § 6 Nr 1 Schriftform für die Anzeige verlangt, bedeutet das *nicht*, daß eine *mündliche Anzeige wirkungslos wäre* (vgl OLG Köln BauR 1981, 472; OLG Koblenz NJW-RR 1988, 851; INGENSTAU/KORBION/DÖRING § 6 Rn 12; NICKLISCH/WEICK § 6 Rn 19; HEIERMANN/ RIEDL/RUSAM § 6 Rn 3 c; aA DENZINGER BB 1981, 1123). Sie hat aber doch *mit Nachdruck und Deutlichkeit* zu erfolgen, und daran kann es bei der nur mündlichen Anzeige fehlen. Es ist deshalb nicht nur aus Beweisgründen die Einhaltung der Schriftform anzuraten.

Adressat der Anzeige ist grundsätzlich *der Besteller selbst*. Die Anzeige an den aufsichtsführenden Architekten reicht aber aus, es sei denn die Behinderung ginge gerade auf diesen zurück oder er verschlösse sich den berechtigten Einwänden des Unternehmers oder nur der Besteller selbst könnte Abhilfe leisten und der Architekt böte nicht die Gewähr für eine Weiterleitung an den Besteller (vgl INGENSTAU/KORBION/ DÖRING § 6 Rn 14; HEIERMANN BB 1981, 878; einschränkend [Anzeige nur an den Besteller] KAISER NJW 1974, 445; ders MDR 1973, 986; NICKLISCH/WEICK § 6 Rn 19).

47 cc) Der Anzeige bedürfen *solche Tatsachen nicht*, die dem Besteller als solche – und in ihrer hindernden Wirkung! – *offenkundig bekannt* sind, § 6 Nr 1 S 2. Dabei reicht Offenkundigkeit für einen von dem Besteller mit der Wahrnehmung seiner Interessen beauftragten Dritten wie zB den Architekten aus (vgl INGENSTAU/KORBION/ DÖRING § 6 Rn 21; VYGEN BauR 1983, 210; aA KAISER NJW 1974, 445). Im übrigen ist auf die konkrete Wahrnehmungsfähigkeit des Bestellers als Fachmann oder Laie abzustellen (INGENSTAU/KORBION/DÖRING § 6 Rn 17). Für den von dem Unternehmer zu beweisenden *Ausnahmetatbestand* gelten *strenge Anforderungen*. So braucht es dem Besteller keineswegs deutlich zu sein, daß auch kurzfristige Leistungsverschiebungen zu erheblichen Lohn- und damit Kostensteigerungen führen können (vgl BGH BauR 1979, 245 = WM 1979, 582). Auch Nachtragsaufträge sind nicht ohne weiteres eine offenkundige Behinderung, wohl aber ein früher und harter Wintereinbruch (vgl BGH BauR 1976, 279 = LM VOB/B Nr 82). Offenkundig ist auch die Kostenwirkung einer längeren Unterbrechung, vgl OLG Köln BlGBW 1983, 196.

48 dd) Das Unterlassen der gebotenen Anzeige hat verschiedene *Wirkungen*:

(1) Zunächst kann dies einen *Schadensersatzanspruch aus den §§ 280 Abs 1, 241 Abs 2* auslösen, falls dem Besteller gerade durch die unterlassene Anzeige ein Schaden erwächst, wenn er zB rechtzeitig hätte Abhilfe schaffen oder sonst umdisponieren können (vgl INGENSTAU/KORBION/DÖRING § 6 Rn 11; KAISER NJW 1974, 445).

(2) Vor allem *entlastet die Behinderung* den Unternehmer *nicht*, so daß sich die Ausführungsfristen nicht nach § 6 Nr 2, 4 verlängern. Auch hat der Unternehmer keinen Anspruch auf Ersatz der behinderungsbedingten Mehrkosten nach § 6 Nr 6 (vgl BGH BauR 1979, 245 = WM 1979, 582; NJW 1983, 989 = LM § 5 VOB/B Nr 2).

Freilich hat der Unternehmer durch die Nichtanzeige die Behinderung als solche noch nicht zu vertreten (BGH NJW 1999, 1108), so daß er *nicht schon wegen der Nichtanzeige* zum Ersatz der dem Besteller durch die Behinderung erwachsenden Mehrkosten *verpflichtet* wird oder eine Vertragsstrafe verwirkt.

ee) *Auch nach allgemeinem Zivilrecht* – und insbesondere auch außerhalb des Baubereichs – ist eine *Anzeigepflicht des Unternehmers* bei Behinderung aus dem Grundsatz von Treu und Glauben herzuleiten, die in ihren Voraussetzungen § 6 Nr 1 VOB/B entspricht. In der Folge kann es dann ebenfalls zu einem Schadensersatzanspruch des Bestellers aus den §§ 280 Abs 1, 241 Abs 2 kommen. Dagegen sind die sonstigen Folgen des Unterlassens einer gebotenen Anzeige nicht so rigoros wie nach § 6 VOB/B: Einen etwaigen Anspruch auf Ersatz der behinderungsbedingten Mehrkosten nach § 642 wird sich der Unternehmer ggf *in entsprechender Anwendung des § 254* kürzen lassen müssen. Soweit es um eine Verlängerung der Ausführungsfristen geht (vgl u Rn 50 ff), büßt der Unternehmer einen Anspruch darauf nicht vollends ein, doch ist die Nichtanzeige der Behinderung angemessen zu berücksichtigen. **49**

d) Verlängerung der Ausführungsfristen
aa) § 6 Nr 2 nennt bestimmte Umstände, die geeignet sind, *zugunsten des Unternehmers eine Verlängerung der Ausführungsfristen* zu bewirken. § 6 Nr 4 gibt dann an, wie die Fristverlängerung zu berechnen ist. Die Fristverlängerung trifft „von selbst" ein, *bedarf* also *keiner besonderen Vereinbarung* der Parteien (vgl INGENSTAU/KORBION/DÖRING § 6 Rn 24). Konstruktiv wird man nicht annehmen dürfen, daß die von § 6 Nr 2 genannten Umstände ein Verschulden des Unternehmers ausschließen, soweit er die ursprünglich geltenden Fristen nicht einhält, so daß er wegen § 286 Abs 4 nicht in Verzug geraten kann. Vielmehr ist § 6 Nr 2 als *eine von vornherein getroffene bedingte Abänderungsvereinbarung* hinsichtlich der zunächst geltenden Fristen anzusehen. **50**

bb) Die als Verlängerungsgründe anerkannten Umstände sind folgende: **51**

(1) Nach § 6 Nr 2 Abs 1 lit a Umstände aus dem Bereich des Bestellers.

(a) Es ist davon auszugehen, daß der Besteller *Gläubiger* ist. Es kommt deshalb nicht auf ein Verschulden des Bestellers im eigentlichen Sinne an, sondern vielmehr nur darauf, daß die Leistungshindernisse in seinen Risikobereich fallen, anders gewendet, *daß dem Unternehmer nach Treu und Glauben ein Festhalten an den ursprünglichen Fristen nicht mehr angesonnen werden kann* (vgl zum Problemkreis INGENSTAU/KORBION/DÖRING § 6 Rn 29 ff; NICKLISCH/WEICK § 6 Rn 25; VYGEN BauR 1983, 210; vCRAUSHAAR BauR 1987, 4, 19). In den Risikobereich des Bestellers fällt namentlich sein *Annahmeverzug*, vgl auch §§ 326 Abs 2, 644 Abs 1 S 2. Doch sind ihm durchaus auch Verhaltensweisen zuzurechnen, die als solche rechtmäßig sind, nicht nur Obliegenheitsverletzungen. Insofern sind hier zu nennen:

Zunächst die *unterlassene notwendige Mitwirkung* des Bestellers, vgl § 642: Nicht zur Verfügung gestellte Pläne, mangelnde Bereitstellung des zu bebauenden Grundstücks.

Sodann die *Schaffung von Leistungsverweigerungsrechten* für den Unternehmer. Hier kommt namentlich die Nichtzahlung fälliger Vergütung in Betracht. Auf ein Verschulden des Bestellers kann es gerade in diesem Bereich nicht ankommen.

Weiterhin *behindernde Schädigungen des Unternehmers* durch den Besteller, wobei es wiederum auf ein Verschulden nicht ankommen kann.

Schließlich *Weisungen des Bestellers,* deren Befolgung zusätzlichen Zeitaufwand erfordert, insbesondere auch *Planungsänderungen* (vgl Vygen BauR 1983, 210).

Auch ohne Planungsänderungen kann sich die Ausführungszeit zugunsten des Unternehmers ändern, wenn gegenüber der Ausschreibung *Mehrmengen* zu erbringen sind (vgl Vygen 218), da der Besteller für eine korrekte Ausschreibung verantwortlich ist.

52 (b) Dem Besteller sind die genannten Umstände nicht nur dann zuzurechnen, wenn er selbst tätig geworden ist, sondern er hat *in entsprechender Anwendung des § 278* auch für das Verhalten derjenigen Dritten einzustehen, die er mit der Wahrnehmung seiner Belange betraut hat, insbesondere also des Architekten.

Problematisch sind dabei die Fälle, in denen *andere von dem Besteller betraute Unternehmer* die Verzögerung verursachen. Das ist dem Besteller jedenfalls dann zuzurechnen, wenn Ursache der Behinderung eine unzulängliche Koordinierung oder Planung ist (vgl Vygen aaO). Sofern die anderen Unternehmer Vorarbeiten liefern, auf denen die Arbeiten dieses Unternehmers aufzubauen haben, führt ihre verspätete oder mangelhafte Leistung dazu, daß der Besteller selbst (!) dem jetzigen Unternehmer das Substrat für dessen Leistung nicht rechtzeitig oder ordentlich zur Verfügung stellen kann, dh in Ausnahmeverzug ihm gegenüber gerät. Insofern hat er für die Vorunternehmer einzustehen (vgl auch u Rn 85). Dagegen wird man es dem Besteller *nicht* mehr zurechnen können, wenn andere Unternehmer „*von sich aus*" *behindern, ohne dazu durch den Konnex der Arbeiten,* die Planung oder aus ähnlichen Gründen *genötigt zu sein.*

Nicht dem Besteller zuzurechnen sind Störungen, die von *außenstehenden Dritten* ausgehen. Freilich muß er seiner eigenen Obliegenheit nachgekommen sein, angemessene und zumutbare Maßnahmen zur Abwehr zu erwartender Eingriffe Dritter zu treffen.

53 (c) *Auch außerhalb der Geltungsbereichs der VOB/B* werden unter den genannten Voraussetzungen Ausführungsfristen verlängert bzw verschiebt sich der Zeitpunkt für die Ablieferung des Werkes. Hier hat der Unternehmer *nach Treu und Glauben einen Anspruch* darauf, daß es zu *einer entsprechenden Vertragsanpassung* kommt, sofern nicht schon eine ergänzende Vertragsauslegung zu diesem Ergebnis führt. Jedenfalls hat der Unternehmer die Verzögerung der Ablieferung nicht zu vertreten, § 286 Abs 4.

54 (2) Nach § 6 Nr 2 Abs 1 lit b *Streik oder Aussperrung im Betrieb des Unternehmers* oder in einem unmittelbar für ihn arbeitenden Betrieb; die Aussperrung muß dabei von der Berufsvertretung der Arbeitgeber angeordnet sein; das benachteiligt den Besteller unangemessen (§ 307), weil es keine zeitlichen Grenzen vorsieht, dem Unternehmer nicht die Pflicht auferlegt, uU auf eine schnelle Beendigung des Arbeitskampfes hinzuwirken und schließlich dem Besteller keine Kündigungsmöglichkeit vorhält; jene des § 6 Nr 7 VOB/B genügt insoweit nicht.

(a) Streik oder Aussperrung *in einem anderen Betrieb* als dem des Unternehmers sind nur beachtlich, wenn diese Betriebe unmittelbar – als Subunternehmer – für den Unternehmer tätig sind; sie müssen also regelmäßig selbst in das Baugeschehen eingeschaltet sein. Ausnahmsweise kann es ausreichen, wenn sie mit der speziellen Vorfertigung von Teilen für dieses Bauvorhaben beschäftigt sind. Dagegen reicht ein *Arbeitskampf in einem sonstigen Zuliefererbetrieb* nicht aus (vgl NICKLISCH/WEICK § 6 Rn 27, ferner – einschränkend – INGENSTAU/KORBION/DÖRING § 6 Rn 35). Insoweit ist der Unternehmer grundsätzlich gehalten, auf andere Zulieferer auszuweichen und überhaupt auch eine angemessene Vorratspolitik zu betreiben. Derartige Arbeitskämpfe können nur *ausnahmsweise* als für den Unternehmer *unabwendbare Umstände* gemäß § 6 Nr 2 Abs 1 lit c beachtlich sein.

Während es für den Streik im Betrieb des Unternehmers oder eines Subunternehmers nicht zu fordern ist, daß er im Sinne des Arbeitskampfrechts rechtmäßig ist (vgl INGENSTAU/KORBION/DÖRING § 6 Rn 38), hat diese Erfordernis sehr wohl für die Aussperrung zu gelten. Auf eine unrechtmäßige Aussperrung darf sich der Unternehmer gegenüber dem Besteller nicht berufen.

(b) *Wenn die Geltung der VOB/B nicht vereinbart* ist, kann auch deren Risikoverteilung keine Anwendung finden. Es ist vielmehr auf *allgemeine Grundsätze zurückzugreifen*, die freilich dunkel und streitig sind (vgl die nähere Darstellung bei OTTO, in: Münchener Handbuch zum Arbeitsrecht III [2. Aufl 2000, 759 ff]). 55

Zunächst dürfte der *Streik im Zuliefererbetrieb* häufiger beachtlich sein als nach der Regelung der VOB/B. Denn der Unternehmer handelt jedenfalls nicht schuldhaft, wenn er nur wirtschaftlich tragbare Ausweichmöglichkeiten wahrnimmt. Der *Arbeitskampf im eigenen Betrieb* dürfte die Ausführungszeiten dann verlängern, wenn er bei Abschluß des Vertrages nicht einzukalkulieren war.

(3) Ausführungsfristen werden schließlich verlängert durch *höhere Gewalt* oder *andere* für den Unternehmer *unabwendbare Umstände*, § 6 Nr 2 Abs 1 lit c. 56

(a) Von diesen beiden Begriffen ist *der letztere der umfassendere*, der den ersteren miteinschließt. Kennzeichen für unabwendbare Ereignisse sind, daß *sie oder ihre Auswirkungen nach menschlicher Einsicht und Erfahrung in dem Sinne unvorhersehbar sind, daß sie trotz Anwendung wirtschaftlich erträglicher Mittel durch die äußerste nach der Sachlage zu erwartende Sorgfalt nicht verhütet oder in ihren Auswirkungen auf ein erträgliches Maß abgemildert werden können* (so jedenfalls BGH NJW 1962, 390 = VersR 1962, 159; BGHZ 61, 144 = NJW 1963, 1698, beide Entscheidungen Wolkenbrüche betreffend und zu § 7 VOB/B ergangen, also zur Frage der Vergütungspflicht für untergegangene Leistungen). Man wird aber (entgegen INGENSTAU/KORBION/DÖRING § 6 Rn 42) diese strengen Maßstäbe nicht uneingeschränkt auf die hier interessierende Frage der Bemessung der Ausführungsfristen übertragen können. Unabwendbar und damit fristverlängernd sind Umstände insoweit vielmehr schon dann, wenn mit ihnen *nicht näher zu rechnen war* und sie jedenfalls durch wirtschaftlich vernünftige und verhältnismäßige Mittel nicht abgewendet werden können. Dies folgt schon aus der vergleichenden Heranziehung der Bewertung von Witterungseinflüssen durch § 6 Nr 2 Abs 2. – Als unabwendbare Ereignisse kommen *grundsätzlich nur betriebsfremde* in Betracht (aA INGENSTAU/KORBION aaO; Beck'scher VOB-Kommentar/MOTZKE § 6 Rn 81).

Zur Behinderung durch *Demonstrationen* und politische Anschläge vgl RUTKOWSKY NJW 1988, 1761. Ihnen nimmt nicht schon der Umstand die fristverlängernde Wirkung, daß der Unternehmer nach den bisherigen Erfahrungen mit ihnen gerechnet hat oder rechnen muß. Er darf nämlich darauf vertrauen, daß im Umfeld seiner Leistung die Einhaltung der Rechtsordnung gewährleistet ist.

57 (b) *Außerhalb des Anwendungsbereichs der VOB/B* ist nach denselben Maßstäben zu verfahren.

58 (4) Eine Sonderregelung haben **Witterungseinflüsse** in § 6 Nr 2 Abs 2 erfahren. Danach gelten jene, mit denen bei der Abgabe des Angebots *normalerweise gerechnet werden mußte*, nicht als eine die Ausführungsfristen verlängernde Behinderung.

(a) Maßgeblich ist also zunächst der *Zeitpunkt der Abgabe des Angebots*, bei sich hinziehenden Verhandlungen der des letzten. Es wird davon ausgegangen, daß der Unternehmer hier das einkalkuliert hat, womit er normalerweise rechnen mußte.

(b) Die beachtlichen Witterungseinflüsse, zu denen außer Niederschlägen auch Sturm, Nebel, Kälte, Wärme zu rechnen sind, müssen *sich auf die Baustelle selbst auswirken*; ausnahmsweise reichen auch anderweitige Witterungseinflüsse aus, wenn sie zB die Versorgung der Baustelle nachhaltig beeinträchtigen.

(c) Als *unbeachtlich* gelten jene Witterungseinflüsse, *mit denen normalerweise gerechnet werden mußte*. Dabei ist normalerweise durchaus mit ungünstigem Wetter zu rechnen, zB mit kräftigem und andauerndem Frost im Winter, mit einer Serie von Regentagen oder mit Stürmen im Frühjahr und Herbst. Es müssen also gegebenenfalls die klimatischen Mittelwerte ermittelt werden; *beachtlich* ist dann eine *signifikante Abweichung* von ihnen, wobei nicht gefordert werden kann, daß diese Abweichung völlig ungewöhnlich ist. Eine für sich nicht aus dem Rahmen fallende Kette von Regentagen kann dann zu berücksichtigen sein, wenn bestimmte Arbeiten für einen bestimmten Zeitraum vorgesehen sind und in diesem durch das Wetter verhindert werden (vgl INGENSTAU/KORBION/DÖRING § 6 Rn 47 f).

(d) *Außerhalb des Anwendungsbereichs der VOB/B* beurteilt sich die Beachtlichkeit von Witterungseinflüssen nach denselben Grundsätzen mit der Maßgabe, daß der Beurteilung der Zeitpunkt des Vertragsschlusses zugrunde zu legen ist.

e) Pflichten des Unternehmers während und nach einer Behinderung oder Unterbrechung seiner Arbeiten

59 aa) Nach § 6 Nr 3 S 1 hat der Unternehmer *alles zu tun, was ihm billigerweise zugemutet werden kann*, um die Weiterführung der Arbeiten zu ermöglichen.

(1) Diese aus Treu und Glauben folgende Verpflichtung besteht zunächst dann, *wenn der Unternehmer die Behinderung oder Unterbrechung seiner Arbeiten selbst zu vertreten hat*. In diesem Fall intensiviert sich seine Förderungspflicht; es kann von ihm jede nur mögliche Anstrengung verlangt werden (vgl INGENSTAU/KORBION/DÖRING § 6 Rn 60), die einen zügigen Arbeitsfortgang ermöglicht oder erleichtert. Insbesondere sind *auch zusätzliche Kosten* zumutbar, ohne daß der Unternehmer sie auf den Besteller abwälzen könnte.

(2) Die Förderungspflicht des Unternehmers *entfällt* aber auch dann *nicht*, wenn die hindernden Umstände *in den Verantwortungsbereich des Bestellers* fallen. Sie ist dann aber weniger intensiv; es ist stärker auf die Gegebenheiten des Betriebes des Unternehmers Rücksicht zu nehmen.

Zusätzliche Kosten dürfen auch hier anfallen; jedoch sind sie jetzt von dem Besteller zu übernehmen, was sich einerseits aus § 2 Nr 5, 6, 8 VOB/B ergeben kann, letztlich aber aus § 6 Nr 6 VOB/B.

(3) Bei *neutralen Ursachen* der Behinderung des Unternehmers besteht seine Förderungspflicht uneingeschränkt. Zusatzkosten kann er unter den Voraussetzungen des § 2 Nr 6, 8 Abs 2 VOB/B liquidieren.

(4) Welche *konkreten Maßnahmen* verlangt werden können, ergibt sich einerseits **60** aus dem Grundsatz von Treu und Glauben – „billigerweise zugemutet" –, andererseits aus den *jeweiligen Umständen* des Einzelfalls. Es kann sich um eine eingeschränkte Fortführung der Arbeiten handeln, wenn sie denn möglich ist, um *Sicherungsarbeiten*, um ein *Vorziehen anderer Leistungsteile*, um eine Abänderung oder gar um einen Austausch der Leistungen. Die Maßnahmen können bereits zu treffen sein, wenn sich die Behinderung erst abzeichnet, während sie besteht, oder auch nach ihrem Ende. *Der Unternehmer hat von sich aus aktiv zu werden* und darf nicht erst die Wünsche des Bestellers abwarten. Er hat aber dessen Einvernehmen zu suchen.

(5) Es ist nicht eigens erwähnt, aber doch selbstverständlich, daß eine Behinderung **61** der Arbeiten des Unternehmers auch *für den Besteller Obliegenheiten* erzeugt. So muß er zunächst zu Verhandlungen mit dem Unternehmer über seine Problemlösung bereit sein, sodann dessen Maßnahmen, soweit von seiner Seite notwendig, fördern, schließlich namentlich die Vergütung jener Mehrkosten sicherstellen, die von ihm zu tragen sind.

(6) Unterläßt der Unternehmer zumutbare Förderungsmaßnahmen, so führt das **62** zunächst – Vertretenmüssen vorausgesetzt – zu einem *Schadensersatzanspruch* des Bestellers nach § 6 Nr 6 VOB/B. Im übrigen kann das zu einer Abkürzung der nach den §§ 5 Nr 4, 8 Nr 3 VOB/B zu setzenden Frist führen und in besonderes krassen Fällen zu der Möglichkeit einer *Kündigung aus wichtigem Grund*.

(7) Unterläßt der Besteller eine ihm zumutbare Förderung, so kommt es wegen etwaiger Mehrkosten des Unternehmers zu einem *Ersatzanspruch* nach § 6 Nr 6 VOB/B. Im übrigen ist auf die Kündigungsmöglichkeit nach § 9 Nr 1 VOB/B hinzuweisen.

(8) *Außerhalb des Anwendungsbereichs der VOB/B* bestehen die *Förderungspflich-* **63** *ten* beider Seiten nach denselben Maßstäben und in derselben Intensität. Der Unternehmer, der die Behinderung nicht zu vertreten hat, kann etwaige Mehrkosten von Förderungsmaßnahmen jedenfalls dann nach § 642 liquidieren, wenn der Besteller die Behinderung zu vertreten hat, sonst ist ihm ggf nach § 242 ein Anspruch auf ihren Ersatz zuzubilligen. Unterläßt der Besteller zumutbare Förderungsmaßnahmen, sind die §§ 642, 643 anwendbar. Unterbleibende Förderungsmaßnahmen des Unternehmers sind im Rahmen der Fristsetzung nach den §§ 281 Abs 1, 323 Abs 1 bedeutsam

und führen jedenfalls dazu, daß der Unternehmer eine verspätete Ablieferung des Werkes zu vertreten hat.

64 bb) *Nach dem Wegfall der Behinderung* hat der Unternehmer die Arbeiten unverzüglich wiederaufzunehmen und den Besteller entsprechend zu benachrichtigen, § 6 Nr 3 S 2.

(1) Er hat also *ohne schuldhaftes Zögern tätig zu werden*. Das bedeutet nicht ohne weiteres sofort. War das Leistungshindernis von ungewisser Dauer und von ihm nicht zu vertreten, so war der Unternehmer nämlich berechtigt – und in entsprechender Anwendung der §§ 326 Abs 2 S 2, 649 Abs 2 sogar verpflichtet –, eine – nicht zu umfangreiche – *Zwischentätigkeit* aufzunehmen, die er jetzt noch beenden darf.

(2) Die Wiederaufnahme der Arbeiten hat grundsätzlich ohne eine besondere Aufforderung durch den Besteller zu erfolgen. Das gilt aber dann nicht, wenn der Besteller den Fortfall der Behinderung besser erkennen kann als der Unternehmer, zB bei rechtlichen Hindernissen, oder wo noch zusätzliche Koordinierungsmaßnahmen von seiner Seite erforderlich sind.

(3) Die *Verletzung der Benachrichtigungspflicht* des Unternehmers kann zu einem Schadensersatzanspruch des Bestellers nach § 6 Nr 6 VOB/B führen, wenn dieser zB dadurch außerstandegesetzt wird, weitere Gewerke rechtzeitig abzurufen.

65 (4) *außerhalb des Anwendungsbereichs der VOB/B* gelten für die Wiederaufnahme der Arbeiten und die Benachrichtigung hiervon dieselben Grundsätze. Pflichtverletzungen des Unternehmers sind im Rahmen der §§ 280 Abs 2, 286 bedeutsam.

f) Berechnung der Verlängerung der Ausführungsfristen

66 aa) Wenn der Unternehmer die Unterbrechung oder Behinderung der Arbeiten *zu vertreten* hat, *verbleibt es bei den bisher geltenden Fristen*. Ist das Leistungshindernis von beiden Seiten zu vertreten, ist dies bei der Neuberechnung der Fristen *in entsprechender Anwendung des § 254* zu würdigen (vgl VYGEN BauR 1983, 210; INGENSTAU/KORBION/DÖRING § 6 Rn 71). Allgemein ergibt § 6 Nr 4, wie nach Maßgabe des § 6 Nr 2 beachtliche Hinderungsgründe zu berücksichtigen sind. Für die Anpassung der Fristen sind drei Faktoren von Bedeutung:

(1) Die *Dauer der Behinderung*, wobei eine Teilbehinderung entsprechend zu berücksichtigen ist und auch etwaige zumutbare Förderungsmaßnahmen nach § 6 Nr 3 zu beachten sind.

(2) Sodann ein *Zuschlag für die Wiederaufnahme* der Arbeiten, die ja mit gewissen Vorbereitungshandlungen verbunden sein kann. Dieser Zuschlag ist von den Gegebenheiten des Einzelfalls abhängig und grundsätzlich knapp zu bemessen.

(3) Schließlich ist eine *etwaige Verschiebung in eine ungünstigere Jahreszeit von* Belang. Im Umkehrschluß dazu kann es *ausnahmsweise* auch zu einer *Verkürzung der Fristen* kommen, wenn sich die Arbeiten in eine günstigere Jahreszeit verschieben (vgl INGENSTAU/KORBION/DÖRING § 6 Rn 74; NICKLISCH/WEICK § 6 Rn 38).

bb) Da die sich so ergebenden neuen Fristen mit erheblichen Unsicherheitsfakto- 67 ren belastet sind, tun die Parteien gut daran, insoweit *eine Einigung* herbeizuführen. *Notwendig ist das jedoch nicht* (vgl DAUB/PIEL/SOERGEL/STEFFANI § 6 ErlZ 6.71 ff; **aA** INGENSTAU/KORBION/DÖRING § 6 Rn 75 ff, die sich unzutreffend auf den Wortlaut des § 6 Nr 4 [„werden verlängert"] stützen). Die Fristverlängerung ist nämlich – jedenfalls im Grundsatz – hinreichend genau festgelegt, notfalls hat das Gericht sie unter Anwendung allgemeiner Erfahrungssätze in entsprechender Anwendung des § 287 ZPO zu schätzen. Darlegungs- und beweispflichtig ist grundsätzlich der Unternehmer, vgl auch § 286 Abs 4, der mithin – aber auch nur insoweit – auf eigenes Risiko handelt, wenn er einseitig von verlängerten Fristen ausgeht.

cc) *Außerhalb des Anwendungsbereichs der VOB/B* gelten dieselben Grundsätze. 68

g) Vorläufige Abrechnung während einer Unterbrechung der Leistung
§ 6 Nr 5 sieht bei einer voraussichtlich länger andauernden Unterbrechung der Aus- 69 führung vor, daß *nach dem gegenwärtigen Leistungsstand abzurechnen* ist.

aa) Die Voraussetzungen hierfür sind:

(1) Die *Leistung* darf *nicht dauernd unmöglich* sein.

Eine dauernde Unmöglichkeit der Leistung ist objektiv zu verstehen; schlichtes, insbesondere finanzielles Unvermögen des Unternehmers reicht nicht aus. Letzterem kann der Besteller vielmehr durch eine Kündigung nach den §§ 5 Nr 4, 8 Nr 3 VOB/B Rechnung tragen, während es dem Unternehmer eine Abrechnungsmöglichkeit nicht eröffnet, sieht man von § 103 InsO ab.

An *Gründen für eine dauernde Unmöglichkeit* der Leistung kommen außer tatsächlichen Gründen namentlich rechtliche Hindernisse für die Erbringung der Leistung in Betracht wie etwa gesetzliche Verbote, fehlende Genehmigungen oder unüberwindbare Rechte Dritter. Ob eine dauernde Unmöglichkeit vorliegt, ist die Frage einer objektiven Prognose; insoweit hat BGH (NJW 1982, 1458 = LM § 534 BGB m Anm WALCHSHÖFER) die politischen Verhältnisse im Iran als hinreichendes Leistungshindernis angesehen. Im einzelnen ist der Begriff der Unmöglichkeit hier nicht anders zu verstehen als in § 275.

Wenn eine dauernde Unmöglichkeit vorliegt, ist allerdings *ebenfalls abzurechnen*, und 70 zwar endgültig. Falls der Unternehmer sie zu vertreten hat, kommen die §§ 280, 283 in Betracht, sonst die §§ 323 ff, 346 ff. Im Falle der Verantwortlichkeit des Bestellers gilt § 326 Abs 2.

(2) Eine *voraussichtlich länger andauernde Unterbrechung* der Ausführung. Eine 71 bloße, auch schwerwiegende Behinderung der Arbeiten berechtigt also nicht zur vorzeitigen Abrechnung; es muß vielmehr eine Unterbrechung eingetreten sein oder unausweichlich drohen. Ihre Dauer muß „länger sein". Der dazu *notwendige Zeitraum* hängt von den Umständen des Einzelfalls ab, wobei aber aus § 6 Nr 7 zu folgern ist, daß *drei Monate* jedenfalls *ausreichen*. Doch muß es sich um eine *nicht eingeplante* Unterbrechung handeln; eine ohnehin vorgesehene Pause – zB wegen des Winters oder wegen zwischenzeitlich durchzuführender anderer Arbeiten – reicht

nicht aus. Abzustellen ist auf eine objektive Prognose, die insbesondere durch eine schon eingetretene Unterbrechung erhärtet werden kann. Doch berechtigt eine schon eingetretene Unterbrechung dann *nicht* zu einer sofortigen Abrechnung, *wenn eine baldige Wiederaufnahme der Arbeiten* zu erwarten ist.

72 (3) *Unerheblich* sind die *Ursachen* der Unterbrechung. Es kann sich also einerseits um Umstände handeln, die keiner Partei zum Vorwurf gereichen, andererseits um Umstände, die im Verhalten der Gegenseite liegen (ungerechtfertigte Verweigerung der Arbeiten, Verweigerung fälliger Abschlagszahlungen), schließlich aber auch um Umstände, die der die Abrechnung Begehrende – meist der Unternehmer – selbst zu vertreten hat. Darin liegt keine Unbilligkeit, da die Gegenseite, die dies nicht hinzunehmen bereit ist, kündigen und/oder Schadensersatzansprüche geltend machen kann, vgl §§ 5 Nr 4, 8 Nr 3, 9 Nr 1, 3 VOB/B.

73 bb) Kommt es zu einer danach beachtlichen Unterbrechung, so ist *nach den Vertragspreisen abzurechnen*.

(1) Abzurechnen ist über die *tatsächlich ausgeführte Leistung*. Ein etwaiger vertraglicher Zahlungsplan ist unbeachtlich, da er nicht dem wahren Leistungsstand zu entsprechen braucht. Einzubeziehen in die Abrechnung sind auch mangelhafte Leistungen (**aA** INGENSTAU/KORBION/DÖRING § 6 Rn 90), bei denen freilich entsprechende Abzüge zu machen sind, zB bei bestehendem Nachbesserungsanspruch des Bestellers in Höhe des Zurückbehaltungsrechts.

Einzubeziehen in die Abrechnung sind weiter nach der ausdrücklichen Anordnung des § 6 Nr 5 schon für weitere Leistungshandlungen entstandene *Vorbereitungskosten des Unternehmers*, sofern sie in den Vertragspreisen des nicht ausgeführten Leistungsteils enthalten waren, obwohl insoweit dem Besteller noch nichts zugeflossen ist. Auch diese Kosten sind vom Unternehmer darzutun und zu beweisen.

Ebenfalls einzubeziehen sind *Kosten*, die nach § 6 Nr 3 während und *durch die Unterbrechung* angefallen sind, sofern und soweit der Unternehmer sie auf den Besteller abwälzen kann (**aA** STEIN ZfBR 1986, 210, 212; HERETH/LUDWIG/NASCHOLD § 6 Ez 6. 86; INGENSTAU/KORBION/DÖRING § 6 Rn 93).

Als *Abzugsposten* kommen namentlich Schadensersatzansprüche des Bestellers sowie Gewährleistungsansprüche in Betracht.

74 (2) Die *Abrechnungsmöglichkeit* besteht *für beide Seiten*. Sie wird primär für den Unternehmer von Interesse sein. Für den Besteller ist sie dann von Bedeutung, wenn er Abschlagszahlungen geleistet hat, die den wahren Leistungsgrad übertreffen.

(3) Daß abgerechnet werden kann, bedeutet, daß der *Vergütungsanspruch* des Unternehmers – teilweise – *fällig* wird. Diese Fälligkeit hängt nur von der tatsächlichen Unterbrechung ab, aber von keinen weiteren formellen Voraussetzungen wie insbesondere einer Abnahme, wie sie jetzt ohnehin nicht vorzunehmen ist, oder auch der Erteilung einer (vorläufigen) Schlußrechnung.

(4) Zugrunde zu legen sind *die vertraglich vorgesehenen Preise*. Bei Vereinbarung

Titel 9 · Werkvertrag und ähnliche Verträge   § 642
Untertitel 1 · Werkvertrag   75–77

eines Pauschalpreises wird jener Prozentsatz des Pauschalpreises geschuldet, der sich aus der Relation der erbrachten Leistung zu der vorgesehenen Leistung ergibt (vgl auch INGENSTAU/KORBIONDÖRING § 6 Rn 90). Dazu ist der Pauschalpreis aufzulösen. Letztlich gelten dieselben Grundsätze wie bei § 649 hinsichtlich der schon erbrachten Leistung (dazu § 649 Rn 16).

cc) Das *Werkvertragsrecht des BGB* kennt eine Abrechnungsmöglichkeit entsprechend § 6 Nr 5 nicht ausdrücklich, doch kann sie auch *hier aus § 242 hergeleitet* werden. Kommt es nämlich zu einer nachhaltigen Unterbrechung der Arbeiten, so muß dem Unternehmer Vergütung für die schon erbrachten Leistungen zugestanden werden. Dies darf *nicht von einer Kündigung durch den Unternehmer abhängen*, die diesem unzumutbar sein kann und zu der er vielleicht auch gar nicht berechtigt ist. Von einer Kündigung durch den Besteller, die er nicht erzwingen kann, darf er nicht abhängig sein. Andernfalls könnte der Besteller dem leistungsunfähig gewordenen Unternehmer auf Dauer die Vergütung vorenthalten, indem er den Vertrag in der Schwebe hält. Aber auch der Besteller muß abrechnen können, ohne kündigen zu müssen. 75

(1) Die *Voraussetzungen* dieser vorzeitigen Abrechnungsmöglichkeit sind freilich für den Unternehmer *strenger zu fassen* als nach § 6 Nr 5, sofern er die Unterbrechung zu vertreten hat. Es ist dann zu fordern, daß die Unterbrechung voraussichtlich nicht zu beheben ist. Fallen die Ursachen dagegen in den Verantwortungsbereich des Bestellers, sind die Voraussetzungen nicht anders als nach § 6 Nr 5 zu bemessen.

(2) Die *Abrechnung* erfolgt *nach denselben Maßstäben* wie nach § 6 Nr 5, doch ist bei den Vorbereitungskosten für nicht ausgeführte Leistungsteile danach zu unterscheiden, wer die Unterbrechung zu vertreten hat. Ist dies der Unternehmer, dann hat ihm der Besteller einstweilen nur das an Leistung zu vergüten, was ihm tatsächlich zugeflossen ist.

h)   Vorzeitige Kündigungsmöglichkeit wegen Unterbrechung der Leistung
§ 6 Nr 7 räumt beiden Parteien eine **Kündigungsmöglichkeit** ein, wenn eine Unterbrechung mehr als drei Monate dauert. 76

aa)   Die Kündigungsmöglichkeit setzt voraus:

(1) Eine *Unterbrechung* der Arbeiten, die als solche nicht eingeplant war und mit der man auch nicht von vornherein ohne weiteres zu rechnen hatte, handelt es sich doch um einen *Sonderfall der Störung der Geschäftsgrundlage*. Mit Unterbrechungen ist zB bei längerfristigen Bauvorhaben zu rechnen. Zur Kündigung berechtigen kann auch die Nichtaufnahme der Arbeiten zu dem vorgesehenen Zeitpunkt (vgl BGB-RGRK/GLANZMANN § 636 aF Rn 30).

(2) Eine Dauer der Unterbrechung *von mindestens drei Monaten*. Diese Frist braucht im Zeitpunkt der Kündigung noch nicht abgelaufen zu sein, sofern es nur feststeht, daß die Unterbrechung dieses zeitliche Ausmaß erreichen wird, da das Abwarten des Fristablaufs dann eine überflüssige Formalität wäre.

(3) *Nicht* vorausgesetzt wird, daß dem Kündigenden *das Festhalten an dem Vertrag* 77

(und seinen Parteien) *unzumutbar* geworden sein muß, doch wird man die Kündigung dann als mißbräuchlich zu betrachten haben, wenn ein *schutzwürdiges Interesse* an ihr nicht besteht und sie nur als ein bequemes Mittel eingesetzt wird, aus einem als lästig empfundenen Vertrag herauszukommen (vgl auch INGENSTAU/KORBION/DÖRING § 6 Rn 98). Darlegungs- und beweispflichtig ist hierfür freilich der Kündigungsgegner. Im übrigen darf die Kündigung durchaus *auch als Änderungskündigung* benutzt werden, wenn sich etwa die Lohn- und Materialkosten des Unternehmers erhöht haben (**aA** INGENSTAU/KORBION/DÖRING § 6 Rn 95).

(4) Die Kündigungsmöglichkeit ist *ausgeschlossen*, wenn die Arbeiten nach der Unterbrechung wieder aufgenommen worden sind. Dagegen reicht die bloße Möglichkeit auch der baldigen Wiederaufnahme der Arbeiten nicht aus, den Parteien die Kündigungsmöglichkeit zu versagen (**aA** INGENSTAU/KORBION/DÖRING § 6 Rn 97), da das nichts daran zu ändern braucht, daß sich die Geschäftsgrundlage des Vertrags entscheidend geändert haben kann.

bb) Das Kündigungsrecht steht *beiden Parteien* zu, insbesondere auch jener, die die Unterbrechung zu vertreten hat, vgl aber u Rn 96. Die Kündigung ist an *Schriftform* gebunden mit der Folge der Unwirksamkeit bei Nichteinhaltung der Form (vgl INGENSTAU/KORBION/DÖRING § 6 Rn 103). Doch kann in der widerspruchslosen Hinnahme einer formlosen Kündigung eine einverständliche Vertragsaufhebung liegen.

78 cc) *Nach der Kündigung* ist nach Maßgabe des § 6 Nr 5 *abzurechnen* (dazu o Rn 69 f). Auch zu berücksichtigen sind Schadensersatzansprüche nach § 6 Nr 6 (dazu u Rn 81 ff). Die Kosten der Baustellenräumung werden dem Unternehmer gesondert ersetzt, sofern er die Unterbrechung nicht zu vertreten hat und sofern diese Kosten durch die Vergütung für noch ausstehende Leistungsteile mitabgegolten werden sollten.

79 dd) *Sofern der Besteller dem Unternehmer eine Kündigungsmöglichkeit* nach § 9 Nr 1 VOB/B *gegeben hat*, nimmt ihm das die Kündigungsmöglichkeit nach § 6 Nr 7 nicht (**aA** INGENSTAU/KORBION/DÖRING § 6 Rn 101), doch kann eine solche Kündigung im Einzelfall mißbräuchlich sein, vgl o Rn 94, und nimmt sie dem Unternehmer jedenfalls nicht das Recht, seinerseits nach § 9 Nr 1 VOB/B zu kündigen und dann nach § 9 Nr 3 VOB/B abzurechnen (vgl dazu § 643 Rn 26 ff).

Wenn das jederzeitige Kündigungsrecht des Bestellers nach § 8 Nr 1 VOB/B (= § 649) mit dem aus § 6 Nr 7 in Konkurrenz steht, ist im Einzelfall zu prüfen, ob es nicht mißbräuchlich ist, die Kündigung auf die letztere Vorschrift zu stützen, so daß die Kündigung zwar jedenfalls wirksam bleibt (vgl § 649 Rn 10), aber gegebenenfalls nach § 8 Nr 1 Abs 2 VOB/B (= § 649 S 2) abgerechnet werden muß.

Wenn der Besteller nach § 8 Nr 3 VOB/B kündigen kann, hat *diese seine* Kündigung den Vorrang, auch vor einer etwa vorausgegangenen Kündigung des Unternehmers nach § 6 Nr 7, so daß auch die Rechtsfolgen des § 8 Nr 3 VOB/B Anwendung finden.

80 ee) § 6 Nr 7 ist ein besonders geregelter Fall der *Störung der Geschäftsgrundlage*. Das bedeutet, daß eine dieser Bestimmung entsprechende Kündigung *grundsätzlich auch dann möglich ist, wenn die Geltung der VOB/B nicht vereinbart ist*, vgl § 313 Abs 3. Der Besteller ist nicht auf die Kündigungsmöglichkeiten beschränkt, die sich aus § 649 oder aus einer schuldhaften schweren Störung des Vertragszwecks durch den Unternehmer ergeben, der Unternehmer nicht auf die Kündigungsmöglichkeit nach § 643 oder aus einem sonst von dem Besteller gesetzten wichtigen Grund. Vielmehr kann beiden *eine nachhaltige Unterbrechung* der Erstellung des Werkes das Recht zur Kündigung und Abrechnung geben. Das setzt freilich voraus, daß das *Festhalten an dem Vertrag* durch den Zeitablauf *unzumutbar* geworden ist, wofür der Kündigende darlegungs- und beweispflichtig ist, und daß weiterhin eine Anpassung des Vertrages gemäß § 313 Abs 1 nicht möglich ist oder verweigert wird. Ob die weitere unveränderte Durchführung des Vertrages unzumutbar geworden ist, kann nur nach den *Umständen des einzelnen Falles* beurteilt werden, wobei insgesamt ein strenger Maßstab anzulegen ist; eine Vermutung dafür, daß dies nach einer Unterbrechung von drei Monaten der Fall ist, kann nicht aufgestellt werden.

Die *Abrechnung* erfolgt in diesen Fällen nach dem Vorbild des § 6 Nr 7.

i) Schadensersatz wegen Behinderungsschäden
aa) § 6 Nr 6 gewährt dann einen Anspruch auf Ersatz des Schadens, *wenn hindernde Umstände von einer der Parteien zu vertreten sind*. Die Bestimmung gilt *für den Unternehmer wie für den Besteller*. Hinsichtlich des Anspruchsumfangs differenziert sie nach dem Grade des Verschuldens. *Systematisch muß danach unterschieden werden, ob der Unternehmer oder der Besteller belangt wird.* In erster Hinsicht wird korrekt von einem *Schadensersatzanspruch* gesprochen, während dem Besteller grundsätzlich *nur eine Verletzung von Gläubigerobliegenheiten* zur Last fallen kann (vgl § 642 Rn 17 ff), die als solche nicht die Folge einer Schadensersatzpflicht hat.

bb) Behinderung durch den Unternehmer
(1) § 6 Nr 6 spricht zunächst *Behinderungen des Bestellers durch den Unternehmer* an. Insoweit ist die Bestimmung nicht als Anspruchsgrundlage zu sehen (vgl INGENSTAU/KORBION/DÖRING § 6 Rn 114), sondern hat *Bedeutung als Haftungsbeschränkung* für den Fall minderen Verschuldens. Als *Anspruchsgrundlage* kommt namentlich § 5 Nr 4 in Betracht (dazu § 633 Rn 138 ff), für den Fall der Leistungsverzögerung des Unternehmers ohne Kündigung durch den Besteller, aber doch auch der Schadensersatzanspruch des Bestellers nach Kündigung wegen Leistungsverzögerung nach den §§ 5 Nr 4, 8 Nr 3 Abs 2 (vgl BGHZ 62, 90, 92 = NJW 1974, 646). Unanwendbar ist die Bestimmung – und insbesondere ihre Haftungsbeschränkung –, wenn es um die Auswirkungen von Mängeln der Leistung des Unternehmers geht, Anspruchsgrundlage für den Besteller also § 4 Nr 5 2 bzw – nach Abnahme – § 13 Nr 7 ist (vgl BGH MDR 1971, 927 = LM § 4 VOB/B Nr 1; BGH NJW 1975, 1701, 1703).

(2) Der Unternehmer haftet *uneingeschränkt* – insbesondere auch auf den entgangenen Gewinn des Bestellers – *bei Vorsatz oder grober Fahrlässigkeit*.

(a) Die Begriffe des Vorsatzes und der groben Fahrlässigkeit weisen hier keine Besonderheiten auf; es ist auf die allgemeinen Erl zu verweisen. Zutreffend hat BGHZ 65, 372, 376 (= NJW 1976, 517 = LM AGB Nr 88 a m Anm DOERRY) eine Haftungsbeschränkung für den Unternehmer für den Fall der ernsthaften und endgültigen Erfüllungsverweigerung nicht durchgreifen lassen.

(b) Wenn § 286 Abs 4 dem Unternehmer hinsichtlich des Verschuldens die Beweislast für entlastende Umstände auferlegt, dann trifft ihn auch *die Beweislast dafür, daß sein Verschulden kein grobes* war (vgl STAUDINGER/LÖWISCH [1993] § 285 aF Rn 35, § 282 Rn 15). Die – insoweit mißverständliche – Formulierung des § 6 Nr 6 will daran nichts ändern.

(c)   Zu den zu ersetzenden Schäden gehören namentlich *der entgangene Gewinn des Bestellers,* wie er sich insbesondere in der unterbleibenden Nutzungsmöglichkeit des Werkes realisieren kann. Es gilt § 252.

84   (3)   Der Unternehmer haftet *nur eingeschränkt,* dh nicht auf den entgangenen Gewinn des Bestellers, wenn *nur einfache,* also eine nicht als grobe zu wertende *Fahrlässigkeit* vorliegt.

(a)   Diese Haftungsbeschränkung ist mit § 309 Nr 7 lit b vereinbar, aber auch mit § 307.

(b)   Die Haftungsbeschränkung gilt nicht, wenn die VOB/B nur nachrangig nach dem BGB vereinbart ist (BGH SCHÄFER/FINNERN/HOCHSTEIN § 284 BGB Nr 1); sie kann aber im übrigen auch ohne generelle Vereinbarung der VOB/B ohne Verstoß gegen das AGBG vereinbart werden.

(c)   Die Beweislast für eine mindere als grobe Fahrlässigkeit trifft den Unternehmer (vgl o Rn 83).

(d)   Zu den zu ersetzenden Schäden des Bestellers gehören namentlich *Mehrkosten für die Fortführung des Baues,* soweit sie bei ihm angefallen sind. Schäden, die andere von ihm beauftragte Unternehmer durch die Verzögerung erlitten haben, kann er dagegen nicht liquidieren, sofern diese Schäden nicht zunächst auf den Besteller abgewälzt werden konnten (vgl LOCHER, Das private BauR Rn 20; INGENSTAU/KORBION § 6 Rn 143). Von der Haftungsbeschränkung noch nicht erfaßt sind Aufwendungen des Bestellers für das Werk, die infolge der fehlenden Nutzungsmöglichkeit frustriert sind (vgl INGENSTAU/KORBION/DÖRING § 6 Rn 134), zB Finanzierungskosten (BGHZ 121, 210, 213, BGH NJW-RR 2000, 1186), wohl aber ein Mietausfall (BGH NJW 1967, 2262). Auch eine Vertragsstrafe kann der Hauptunternehmer an den Subunternehmer weiterreichen (BGH NJW 1998, 1493, 1494; NJW-RR 2000, 684). Ist sie hoch, hat er allerdings § 254 Abs 2 S 1 HS 1 zu beachten.

cc)   Behinderungen des Unternehmers durch den Besteller

85   (1)   Behinderungen des Unternehmers durch den Besteller führen nach § 642 Abs 1 zu dessen Annahmeverzug, wie er von einem Verschulden unabhängig ist, so daß insoweit die vieldiskutierte Frage müßig ist, ob etwa ein langsam arbeitender Vorunternehmer Erfüllungsgehilfe des Bestellers gegenüber dem Nachunternehmer ist (vgl dazu BGHZ 95, 128; 143, 32).

Kommt es zu einem erhöhten Aufwand des Unternehmers, ergeben die §§ 326 Abs 2, 304, 642 Abs 1, daß Annahmeverzug der Gegenseite kostenmäßig nicht zu seinen Lasten gehen darf. Nur dies entspricht auch dem Grundsatz von Treu und Glauben. Redlicherweise hätten sich die Parteien darauf geeinigt, daß der Besteller für Mehrkosten einzustehen hat, die sein Annahmeverzug verursacht. Diese Kosten hat also der Besteller zu tragen. Der Unternehmer hat sie freilich konkret zu belegen (BGH NJW 1986, 1684 NZBau 2002, 381). Zeitliche Verzögerungen führen nur dann zu Annahmeverzug, wenn verbindliche Fristen vereinbart sind (BGHZ 143, 32).

§ 642 ist auch dann anwendbar, wenn die VOB/B vereinbart ist (BGHZ 143, 32), vgl auch o Rn.

(2) Ein Verständnis des § 6 Nr 6 dahin, daß er die Ansprüche des Unternehmers wegen seiner Mehrkosten von einem Verschulden des Bestellers abhängig macht, ist mit den §§ 307 Abs 2 Nr 1, 293 unvereinbar. Eine solche Wirkung kann die Bestimmung nur haben, wenn der Unternehmer ihr Verwender ist.

(3) Eine eigenständige Bedeutung als Anspruchsgrundlage für den Unternehmer gewinnt die Bestimmung dann, wenn ausnahmsweise die Überwindung der Behinderung die Kräfte des Unternehmers so sehr bindet, daß er darüber anderweitige Aufträge nicht wahrnehmen kann und ihm dort Gewinn entgeht oder Schadensersatzpflichten erwachsen. Insoweit trifft die Auffassung des BGH (BGHZ 95, 128) zu, daß nur der Architekt Erfüllungsgehilfe des Bestellers ist.

§ 643
Kündigung bei unterlassener Mitwirkung

Der Unternehmer ist im Falle des § 642 berechtigt, dem Besteller zur Nachholung der Handlung eine angemessene Frist mit der Erklärung zu bestimmen, dass er den Vertrag kündige, wenn die Handlung nicht bis zum Ablauf der Frist vorgenommen werde. Der Vertrag gilt als aufgehoben, wenn nicht die Nachholung bis zum Ablauf der Frist erfolgt.

Materialien: E I; II § 579 Abs 2; III § 632 Abs 3; Mot II 494 ff; Prot II 2241 ff; JAKOBS/SCHUBERT, Recht der Schuldverhältnisse II 886 ff.

Schrifttum

Vgl die Nachweise zu § 642.

Systematische Übersicht

I.	**Allgemeines**		b)	Schwere des Verstoßes	7
1.	Gesetzliche Regelung	1	c)	Sonstige Behinderungen	8
2.	Kündigung aus wichtigem Grund	2	d)	Fristsetzung	9
3.	Kündigung, nicht Rücktritt	3	aa)	Nachfrist	9
4.	Abrechnung nach Kündigung	4	bb)	Inhalt der Fristsetzung	10
			cc)	Angemessene Frist	11
II.	**Kündigung nach § 643**		e)	Ausspruch der Kündigung	12
1.	Voraussetzungen	5	f)	Unterbleibende Mitwirkung	13
a)	Unterlassene Mitwirkung	5	2.	Rechtsfolgen	14

a)	Vertragsauflösung	14	
aa)	Rücknahme der Kündigung	15	
bb)	Neuabschluß	16	
b)	Wirkung ex nunc	17	
aa)	Erbrachte Leistungen	17	
bb)	Vergütungsanspruch	18	

IV. **Sonstige Rechte des Unternehmers auf Kündigung oder Schadensersatz wegen Nichterfüllung** 23

V. **Die Regelungen der VOB/B**
1. Behinderungen 24
2. Kündigungsmöglichkeiten 25
   a) Kündigung wegen unterlassener Mitwirkung 26
      aa) Voraussetzungen 26
      bb) Abrechnung 27
   b) Schuldnerverzug des Bestellers 28
      aa) Voraussetzungen 28
      bb) Schuldnerverzug 28
      cc) Rechte aus § 326 39
      dd) Weitergehende Ansprüche 30

III. **Fristlose Kündigung des Unternehmers aus wichtigem Grunde; Zahlungsansprüche des Unternehmers**
1. Dogmatische Grundlagen der Kündigung 20
2. Zahlungsansprüche 21

Alphabetische Übersicht

Abrechnung 4, 27
Abschlagszahlungen 23

Behinderung .... 7 f, 24

Erbrachte Leistungen 17
Erfüllungsanspruch 18

Fristablauf 13
Fristsetzung .... 9 ff
– angemessene 11
– Inhalt 10

Gefährdung des Vertragszwecks .... 20 f

Kündigung 2, 12
– Rücknahme 15
– wegen unterlassener Mitwirkung (VOB) 26
– aus wichtigem Grund .... 2, 20 f

– Vergütung bei wichtigem Grund .... 21 f

Mängel 19
Mitwirkung, unterlassene .... 5 f

Nachfrist 9
Neuabschluß 16

Rücktritt 3

Schadensersatz wegen Nichterfüllung 29
Schuldnerverzug 28

Unterbrechung der Ausführung 24

Vertragsauflösung 14
Vergütung 18
Verzug des Unternehmers 6

I. Allgemeines

1 1. Die Bestimmung des § 643 *ergänzt die des § 642*. Fehlt es an notwendigen Mitwirkungshandlungen des Bestellers, so ist den Interessen des Unternehmers mit dem Ersatz der Verzögerungskosten nicht immer hinreichend gedient; *er muß sich vielmehr von dem Vertrag lösen* können. Hierfür stellt § 643 dem Unternehmer ein an § 323 Abs 1 gemahnendes Verfahren der Fristsetzung zur Verfügung. Damit wird der Kanon der Rechte, die sonst im Falle des Annahmeverzuges bestehen, vgl §§ 300 ff, 326 Abs 2, sachgerecht erweitert.

2. Jedenfalls im Ergebnis ist es anerkannt, daß sich der Unternehmer auch ohne **2** eine Fristsetzung dann von dem Vertrag lösen können muß, wenn ihm das Verhalten des Bestellers einen wichtigen Grund liefert. Vorbild dafür bilden die Fälle des § 323 Abs 2.

3. Von § 323 unterscheidet sich § 643 mehrfach. Unterschiedlich ist schon die Art **3** der Vertragsbeendigung durch Kündigung, nicht Rücktritt. Außerdem betrifft § 643 den Zeitraum vor der Fälligkeit der Leistung des Unternehmers, während § 323 auf den Zeitraum nach der Fälligkeit konzipiert ist, vgl allerdings seinen Abs 4. Schließlich knüpft § 323 an das Verhalten des Bestellers als Schuldner an, § 643 an sein Verhalten als Gläubiger.

Wenn sich somit beide Regelungen in der Konzeption klar voneinander trennen lassen, gibt es praktische Überschneidungen, weil der Besteller, der seinen Gläubigerobliegenheiten nicht nachkommt, auch zur Sorge Anlaß geben wird, ob er seiner Schuldnerpflicht zur Zahlung des Werklohns genügen wird; vielleicht hat er sogar schon fällige Abschlagsforderungen nicht bedient. Dann hat der Unternehmer die Wahl zwischen einem Vorgehen nach § 643 oder nach § 323, wobei er letzteres auch auf die Zukunft beschränkt muß betreiben können. Im (regelmäßigen, vgl auch § 280 Abs 1 S 2) Verschuldensfall ist dann überhaupt auch die dritte Alternative des Schadensersatzes nach den §§ 280, 281, 282 vorzugswürdig.

4. Problematisch ist die *Abrechnung* im Falle der Kündigung des Unternehmers. **4**

a) Wenn man dem *Wortlaut des Gesetzes* folgt, ergibt sich aus § 645 Abs 1 S 2 für den Regelfall für den Unternehmer eine geringere Vergütung, als er sie nach § 649 S 2 im Falle der freien Kündigung des Bestellers erhält. Das ist wenig befriedigend und mag einer der Gründe dafür sein, *daß der Bestimmung praktische Bedeutung gegenwärtig kaum zukommt*. Der fehlerhafte Berechnungsansatz des Gesetzes bedarf der Korrektur (u Rn 18 f).

b) Einer näheren Klärung bedarf das Abrechnungsverhältnis aber auch im Falle der *fristlosen* Kündigung des Unternehmers (u Rn 20 ff).

II. Die Kündigung nach § 643

1. Voraussetzungen

a) Unterlassene Mitwirkung
Die Bestimmung *knüpft an § 642 Abs 1 an*; sie setzt voraus, daß der Besteller ihm **5** obliegende Mitwirkungshandlungen unterläßt und dadurch in Verzug der Annahme gerät. Insoweit kann auf die Erl zu § 642 Bezug genommen werden.

Besondere Hervorhebung verdient hier, daß – dem Wesen des Annahmeverzuges entsprechend – ein *Verschulden* des Bestellers *nicht erforderlich* ist. Für die Mitwirkungshandlungen ist der Zeitpunkt im Ablauf der Arbeiten des Unternehmers nicht von Bedeutung; die Erbringung der Werkleistung muß nur noch möglich sein (vgl § 297, ferner RGZ 94, 29). Ist sie es infolge des Annahmeverzuges des Bestellers nicht, weil er zB etwa notwendige Genehmigungen nicht beibringt, ist *nach § 326 Abs 2 abzurechnen*; soweit der Unternehmer zum Zeitpunkt des Eintritts der Unmöglichkeit weiterer Arbeiten schon Teilarbeiten vorgenommen hat, ist über diese nach § 645 abzurechnen (vgl dort Rn 21 ff). Einer besonderen Kündigung des Unternehmers bedarf es in diesen Fällen nicht.

Der vollständig unterlassenen Mitwirkung steht die *teilweise unterlassene Mitwirkung* gleich. Gleiches gilt für die *sachwidrige Mitwirkung*, die der Unternehmer zurückweisen darf. Hat eine sachwidrige Mitwirkung des Bestellers bereits zu Mängeln des Werkes geführt, so muß der Unternehmer eine Frist zur Korrektur der Mitwirkung bzw zur Leistung des auf den Besteller entfallenden Anteils der Mängelbeseitigungskosten setzen. Er kann die Mitverantwortung des Bestellers dessen Mängelrechten auch einredeweise entgegenhalten (vgl § 634 Rn 40).

6 Treffen Mitwirkungsverzug des Bestellers und Schuldnerverzug des Unternehmers zusammen, kann die Ausübung des Kündigungsrechts *treuwidrig* sein. In Fällen dieser Art ist allerdings schon vorab besonders zu prüfen, ob überhaupt ein Angebot des Unternehmers vorliegt, das Annahmeverzug des Bestellers zu begründen vermochte (vgl BGH NJW 1986, 987 = EwiR 1986, 127 m Anm Löwisch).

b) Schwere des Verstoßes

7 § 643 differenziert nicht näher nach der Art der unterlassenen Mitwirkungshandlung, während die Parallelbestimmung des § 9 Nr 1 a VOB/B (dazu u Rn 27) weiterhin fordert, daß der Unternehmer dadurch *außerstande gesetzt wird, die Leistung auszuführen*. Eine gewisse Einschränkung ist aber auch für § 643 anzunehmen, da der Unternehmer schwerlich jedwede Mitwirkungsverweigerung zum Anlaß für eine Kündigung nehmen kann; der Gedanke des § 324 ist entsprechend anzuwenden, daß das Festhalten am Vertrag unzumutbar sein muß, freilich abgeschwächt, weil es hier nur um eine Lösung vom Vertrag ex nunc geht.

Notwendig ist also eine durch das Verhalten des Bestellers verursachte Unmöglichkeit für den Unternehmer, das Werk insgesamt oder doch in seinen wesentlichen Teilen auszuführen. Dem steht der Fall gleich, *daß das Werk angesichts des Verhaltens des Bestellers nur mangelhaft ausgeführt werden kann* oder daß seine Herstellung deswegen für den Unternehmer *mit ins Gewicht fallenden Erschwernissen verbunden ist*.

Freilich ist bei der Abwägung zu berücksichtigen, daß die Behinderung des Unternehmers nicht ein solches Ausmaß erreichen muß, daß er deswegen schon zur fristlosen Kündigung berechtigt sein müßte. Vielmehr gewinnen auch *für sich genommen geringere Pflichtwidrigkeiten* des Bestellers durch die Abmahnung des Unternehmers an Gewicht, vgl auch § 323 Abs 3.

In diesem Sinne kann der Unternehmer nach § 643 vorgehen, wenn der Besteller die zu bearbeitende Sache nicht zur Verfügung stellt oder behördliche Genehmigungen oder Ausführungsunterlagen.

§ 643 ist dagegen unanwendbar, wenn dem Unternehmer zwar ein enger, aber doch noch hinreichender Arbeitsplatz zur Verfügung gestellt wird.

c) Sonstige Behinderungen

Die Bestimmung ist entsprechend anzuwenden, wenn der Besteller zwar nicht Mitwirkungshandlungen unterläßt, aber den Unternehmer in sonstiger Weise an seinen Arbeiten *behindert*. Das gilt namentlich dann, wenn er die allgemeine Ordnung auf einer Baustelle trotz ihm zumutbarer Maßnahmen nicht aufrechterhält. In diesem Sinne geht es immer zu Lasten des Bestellers, wenn andere von ihm beauftragte Unternehmer diesen Unternehmer behindern. Bei Eingriffen außenstehender Dritter ist er zu den Abwehrmaßnahmen verpflichtet, die nach Treu und Glauben und der Verkehrssitte von ihm erwartet werden können, zB zu Absperrungen, soweit diese nicht eigene Sache des Unternehmers sind. 8

d) Fristsetzung

§ 643 fordert sodann die Bestimmung einer angemessenen Frist zur Nachholung der Handlung. 9

aa) Das ist ähnlich wie bei § 323 Abs 1 eine *Nachfrist*. Der Besteller muß sich also bereits im Annahmeverzug befinden, insbesondere muß ihm also die Leistung des Unternehmers schon ordnungsgemäß angeboten worden sein. Wie bei § 323 Abs 1 reicht die Gleichzeitigkeit von Angebot und Nachfristsetzung (vgl zu § 326 aF nur RGZ 50, 255, 262; 106, 89; MünchKomm/EMMERICH § 326 aF Rn 62).

bb) Die Frist muß *zur Nachholung der Handlung* – oder Beseitigung der Behinderung – gesetzt sein. Diese muß dabei korrekt bezeichnet sein, dem Besteller das von ihm erwartete Verhalten verständlich umschreiben, was vor allem in jenen Fällen von Bedeutung ist, in denen dem Besteller der Inhalt seiner Obliegenheiten nicht von selbst deutlich zu sein braucht. Unangemessene Zuvielforderungen machen die Fristsetzung des Unternehmers wirkungslos; gleiches gilt, wenn der Unternehmer sein Begehren inhaltlich nicht hinreichend präzisiert. 10

cc) Die Frist muß *angemessen* sein. Auch insoweit kann an die zu § 326 aF entwickelten Grundsätze angeknüpft werden. Sie muß zunächst zur Erbringung der Mitwirkungshandlung oder Beseitigung der Behinderung ausreichend bemessen sein, ohne daß sie doch großzügig bemessen sein müßte, weil das den berechtigten Interessen des Unternehmers widersprechen würde und sich der Besteller bereits im Annahmeverzug befindet. Bei der *Bemessung der Frist* sind im übrigen die gesamten Umstände des Einzelfalls zu berücksichtigen, insbesondere kann es darauf ankommen, wie exakt die zeitlichen Planungen der Beteiligten waren und inwieweit eine weitere Verzögerung dem Unternehmer zumutbar ist. Die subjektiven Verhältnisse beim Besteller müssen Berücksichtigung finden (RG WarnRspr 1908 Nr 625; ERMAN/SEILER Rn 2). 11

Eine unangemessen kurze Fristsetzung macht diese nicht wirkungslos; vielmehr wird dadurch eine angemessene Frist in Gang gesetzt.

e) Ausspruch der Kündigung

Bei einer Fristsetzung nach den §§ 323 Abs 1, 281 Abs 1 kann es der Gläubiger zunächst offen lassen, ob er Konsequenzen aus dem fruchtlosen Fristablauf ziehen will, wenn ja, welche. Davon unterscheidet sich § 643, der nur die eine Rechtsfolge der Vertragsauflösung kennt. *Diese, die Kündigung, muß selbst schon bei der Nach-* 12 *fristsetzung ausgesprochen werden*, wiederum nicht wörtlich, aber doch in der Weise, daß der Wille, den Vertrag nach Fristablauf nicht mehr fortsetzen zu wollen, ohne nähere Zweifel zum Ausdruck kommt (Palandt/Sprau Rn 2). Der bloße Vorbehalt einer Kündigung nach Fristablauf reicht also nicht aus.

f) Unterbleibende Mitwirkung

13 Schließlich muß die Mitwirkungshandlung bis zum Ablauf der Frist unterblieben sein, § 643 S 2. Dabei reicht es auch aus, wenn die Mitwirkungshandlung nur teilweise noch aussteht. Allerdings kann der noch fehlende Rest so unbedeutend sein, daß die Mitwirkungshandlung als im wesentlichen erbracht gelten kann. Außerdem besteht die Möglichkeit der Parteien, den gekündigten Vertrag wieder neu zu begründen (u Rn 16) und des Unternehmers, *vor Fristablauf die Kündigung zurückzunehmen* (u Rn 15).

2. Rechtsfolgen

a) Vertragsauflösung

14 Folge des ergebnislosen Fristablaufs ist zunächst die Vertragsauflösung. Da die Kündigung schon bei der Fristsetzung zu erklären war, braucht sie jetzt nicht erneut ausgesprochen zu werden. In diesem Sinne stellt § 643 S 2 klar, daß der Vertrag „als aufgehoben gilt", wenn nicht die Nachholung der Handlung bis zum Ablauf der Frist erfolgt.

15 **aa)** Die Kündigung, die – aufschiebend bedingt durch das Verhalten des Bestellers – schon ausgesprochen ist, kann als Gestaltungsakt *nach Fristablauf* nicht mehr einseitig durch den Unternehmer *zurückgenommen* werden. Doch lassen es Soergel/Mühl[11] Rn 3; Erman/Seiler Rn 2 zu, daß der Unternehmer die Kündigung *vor Fristablauf einseitig* zurücknimmt, (**aA** jetzt Soergel/Teichmann[12] Rn 5). Das widerspricht zwar der hM zu § 326 aF (vgl RGZ 53, 161, 1 67; Staudinger/Otto [1995] Rn 69; **aA** MünchKomm/Emmerich Rn 59) und ist auch sonst dogmatisch nicht unbedenklich, wird aber *der Interessenlage gerecht*; eine strikte Auflösung des Vertrages, die beide Seiten nicht wollen, ist nicht wünschenswert. Die Möglichkeit einer Neubegründung des Vertrages reicht als Korrektiv nicht aus.

16 **bb)** Der Vertrag kann *einverständlich neubegründet* werden. Davon ist auszugehen, wenn beide Parteien den Vertrag nach Fristablauf weiter durchführen, obwohl sie die Wirksamkeit der Kündigung kennen oder mit ihr rechnen. Im Zweifel wollen die Parteien dann auch zu den bisherigen Konditionen weiter zusammenwirken.

b) Wirkung ex nunc

17 Die Vertragsauflösung erfolgt durch eine Kündigung, ist also ex nunc, nicht ex tunc wirksam. Es kommt mithin zu einer Zweiteilung.

aa) *Für die Vergangenheit* bleibt der Vertrag als Rechtsgrund für die schon erbrachten Leistungen bestehen, über die insbesondere auch nach den vertraglichen Grundsätzen abzurechnen ist. Aus der insoweit mißverständlichen Formulierung des § 645 Abs 1 S 2 darf insoweit etwas anderes nicht gefolgert werden. Auch *etwaige Gewährleistungsansprüche* des Bestellers bleiben bestehen, ebenso schon begründete Rechte des Unternehmers aus § 642 (BGB-RGRK/Glanzmann Rn 2). *Für die Vergangenheit* unterscheidet sich die Kündigung des Unternehmers nach § 643 nicht von der des Bestellers nach § 649 (auf die Erl dort Rn 16 kann verwiesen werden).

bb) *Für die Zukunft* entfällt zunächst der Erfüllungsanspruch des Bestellers. **18**

Was den *Vergütungsanspruch* des Unternehmers betrifft, besteht er nach dem *Wortlaut* des § 645 Abs 1 S 2, S 1 aE *nur insoweit, wie der Unternehmer schon Vorleistungen erbracht hat,* die sich in dem Werk noch nicht niedergeschlagen haben, zB durch Anlieferung von Materialien. Errichtung von Gerüsten oä; insbesondere *ein Anspruch auf den entgehenden Gewinn* würde dem Unternehmer dagegen *nicht* zustehen.

(1) Das würde bedeuten, *daß der Besteller im Ergebnis besser steht, wenn er den ihm unliebsam gewordenen Werkvertrag nicht selbst kündigt,* was ihn Ansprüchen nach § 649 S 2 aussetzen würde, sondern *wenn er den Unternehmer durch eine nachhaltige Verweigerung der Mitwirkung in die Kündigung treibt.* Er würde auch um so besser stehen, je früher er den Unternehmer zu dessen Kündigung veranlaßt; im Extremfall, in dem er die Arbeiten des Unternehmers überhaupt verhindert, würde er nichts zu leisten haben. In *Mißbrauchsfällen* dieser Art darf der Unternehmer nicht schlechter stehen, als er bei einer eigenen Kündigung des Bestellers stehen würde, was bedeutet, daß *hier für die Zukunft nach § 649 S 2 abzurechnen ist.*

Nichts anderes kann aber auch dann gelten, wenn der Besteller die Mitwirkung zwar **19** nicht mißbräuchlich, aber doch *schuldhaft* verweigert (Beuthien/Studkomm BGB Anm 2).

Gleichzustellen ist schließlich aber auch der Fall, daß der Besteller unverschuldet die Mitwirkung unterläßt. Sein Annahmeverzug ist, wie § 326 Abs 2 zeigt, einer von ihm zu vertretenden Leistungsstörung gleichzustellen. Es darf nicht zu Lasten des Unternehmers gehen, wenn die Vertragsdurchführung aus Gründen unterbleibt, die in den Verantwortungsbereich des Bestellers fallen. *Wertungsmäßig steht der durch den Besteller angesprochenen Kündigung* des Vertrages *die durch ihn verursachte Kündigung des Unternehmers gleich.* Die Systematik des Gesetzes würde gestört, wenn bei einer Unmöglichkeit der Leistung nach § 324 abzurechnen wäre, was § 649 S 2 entspricht, nicht aber bei einer aus Anlaß des Annahmeverzuges ausgesprochenen Kündigung. Dabei ist auch noch zu berücksichtigen, daß der Unternehmer, der aus wichtigem Grund fristlos kündigt, nach hM ebenfalls nicht auf eine Abrechnung nach § 645 Abs 1 S 2 beschränkt ist (u Rn 20 ff).

(2) Wegen der Einzelheiten des Vergütungsanspruchs des Unternehmers kann auf § 649 Rn 16 ff Bezug genommen werden.

(3) *Mängel* in der schon erbrachten Leistung des Unternehmers sind nicht anders als im Falle des § 649 zu behandeln (vgl dort Rn 18).

III. Fristlose Kündigung des Unternehmers aus wichtigem Grunde; Zahlungsansprüche des Unternehmers

Im Ergebnis besteht Einigkeit darüber, daß der Unternehmer *den Vertrag aus wich-* **20** *tigem Grund fristlos kündigen* kann (vgl zB BGH NJW-RR 1998, 1391, wo dies als selbstverständlich vorausgesetzt wird). Ein solcher ist zB anzunehmen, wenn der Besteller angemessene Abschlagszahlungen verweigert (BGH NJW-RR 1989, 1248, für die ihm aber – außer bei ernsthafter und endgültiger Erfüllungsverweigerung – eine Nachfrist mit Ablehnungsandrohung zu setzen ist; vgl OLG Düsseldorf BauR 1990, 386) oder wenn der Besteller Arbeitnehmer des Unternehmers zur Schwarzarbeit verleitet (OLG Köln NJW 1993, 73). Geht es speziell um unterlassene Mitwirkung des Bestellers, ist – außer im Falle der Unzumutbarkeit – das Verfahren des § 643 einzuhalten (BGH BB 1963, 160; PALANDT/ SPRAU Rn 1).

Es versteht sich freilich, daß das Fehlverhalten des Bestellers gewichtig genug sein muß. Nicht genügen kann zB bei Fluggästen die Nichteinhaltung der vom Unternehmen festgesetzten Erscheinungszeiten vor Abflug, sofern nicht eigens auf den möglichen Ausschluß von der Beförderung hingewiesen ist (LG Frankfurt aM NJW 1991, 2572). Erst recht genügt nicht ein berechtigtes Verhalten des Bestellers (vgl BGH NJW-RR 1997, 403), wohl aber zB Heranziehung von Leuten des Unternehmers zur Schwarzarbeit während ihrer Dienstzeit (OLG Köln NJW 1993, 73). Bei geringeren Verstößen des Bestellers kann eine Abmahnung erforderlich sein.

Ist die Kündigung des Unternehmers nicht gerechtfertigt, hat die in ihr liegende Vertragsaufsage die Wirkungen der §§ 281 Abs 2, 323 Abs 2 Nr 1 (vgl auch BGH NZBau 2001, 623). Die bisherigen Leistungen bleiben vergütungspflichtig, wegen der künftigen hat der Unternehmer keine Ansprüche. Läßt der Besteller das Werk anderweitig fertigstellen, ist der auf sie entfallende Werklohnanteil in den Schadensersatz statt der Leistung einzuberechnen.

1. Dogmatische Grundlagen der Kündigung

Bei der dogmatischen Rechtfertigung des Kündigungsrechts kann nicht unmittelbar an § 314 angeknüpft werden, weil der Werkvertrag – mangels gleichbleibender wiederkehrender Leistungen – kein Dauerschuldverhältnis im dortigen Sinne ist. Es folgt vielmehr unmittelbar aus § 643, wenn das Verhalten des Bestellers die dortige Fristsetzung sinnlos erscheinen läßt. Außerdem kann § 323 Abs 2 Nr 1, Abs 4 entsprechend herangezogen werden, auch wenn es hier nicht um Schuldnerpflichten, sondern um Gläubigerobliegenheiten geht, vgl auch BGHZ 11, 80.

2. Zahlungsansprüche

Für Zahlungsansprüche des Unternehmers *bei einer schweren Gefährdung des Vertragszwecks* durch den Besteller werden mehrere Grundlagen diskutiert.

a) Bei einer nachhaltigen Mitwirkungsverweigerung des Bestellers gesteht BGHZ 50, 175 dem Unternehmer *einen sofort fälligen Anspruch auf den gesamten Werklohn* zu.

Überwiegend wird ein *Schadensersatzanspruch* des Unternehmers wegen schuldhafter schwerer Vertragsverletzung angenommen, vgl § 281 Abs 2 (BGHZ 11, 80; BGB-RGRK/GLANZMANN Rn 3; ERMAN/SEILER Rn 10 zu § 642; SOERGEL/TEICHMANN Rn 8; MünchKomm/SOERGEL Rn 5; NICKLISCH BB 1979, 533, 544; KOLLER 256 f; MÜLLER-FOELL 122), und zwar teils auf der Basis, daß die Mitwirkung dem Besteller nur *als Gläubiger obliege* (so BGHZ aaO), teilweise werden dem Unternehmer auch *Rechte entsprechend § 326 aF* (= § 280, 281 nF) zugestanden (so HÜFFER 227, 240 f).

b) *Wenn ausnahmsweise die Mitwirkung des Bestellers als Schuldnerpflicht ausgestaltet ist* (dazu § 642 Rn 31), ist es ohne weiteres möglich, auf mangelhafte oder verzögerte Mitwirkung des Bestellers die §§ 280 ff anzuwenden. Die §§ 642, 643 enthalten hierzu keine ausschließende Sonderregelung, weil sie davon ausgehen, daß die Mitwirkung des Bestellers bloße Obliegenheit ist. **22**

In der Regel ist die Mitwirkung des Bestellers aber eine *bloße Obliegenheit.* An ihre Nichterfüllung Schadensersatzpflichten zu knüpfen, ist *dogmatisch bedenklich, aber auch sachlich nicht geboten.* Denn die Einbußen, die der Unternehmer erleiden kann, bestehen zum einen aus *verzögerungsbedingten Mehrkosten,* die er aber schon nach § 642 liquidieren kann (vgl dort Rn 24). Zum anderen hat er ein *schützenswertes Interesse* nur noch daran, *den vollen Werklohn zu verdienen,* von dem er sich freilich ersparte Aufwendungen abziehen lassen muß. *Die Liquidation des vollen Werklohns abzüglich ersparter Aufwendungen* ermöglicht ihm aber *schon eine Kündigung des Vertrages nach § 643,* zu der er ausnahmsweise auch schon ohne Nachfristsetzung berechtigt sein kann (o Rn 20 f). Insoweit sind die §§ 642, 643 als eine abschließende Regelung zu betrachten, weil sie die Interessen des Unternehmers hinreichend wahren. Zur Frage, ob der Unternehmer unter Aufrechterhaltung des Vertrages den vollen Werklohn beanspruchen kann, vgl BGHZ 50, 175, § 641 Rn 7. BGH NJW-RR 1998, 1391 rechnet sachgerecht nach dem Vorbild des § 649 S 2 ab.

IV. Sonstige Rechte des Unternehmers auf Kündigung oder Schadensersatz wegen Nichterfüllung

Unberührt von den Rechten des Unternehmers aus den §§ 642, 643 bleibt seine *Befugnis, auf anderweitig begründete Rechte zurückzugreifen.* **23**

Namentlich sind hier für den Fall der Vereinbarung von *Abschlagszahlungen* die Rechte aus den §§ 280, 281, 286 zu nennen, wenn der Besteller diese nicht rechtzeitig leistet.

Wenn der Besteller die Abwicklung des Vertrages *in anderer Weise als durch unterlassene oder mangelhafte Mitwirkung behindert,* zB durch Beleidigungen oder Diebstähle, können die §§ 282, 324 dem Unternehmer das Recht zur Auflösung des Vertrages geben.

Dieses Recht kann sich für den Unternehmer schließlich noch aus den *Regeln über den Wegfall der Geschäftsgrundlage* ergeben, sofern der Besteller einer angemessenen Anpassung des Vertrages nicht zustimmt (BGH NJW 1969, 233).

V. Die Regelungen der VOB/B

1. Behinderungen

Die VOB/B nennt zunächst in § 6 die Begriffe der *Behinderung* und der *Unterbre-* **24** *chung* der Ausführung der Leistung. § 6 Nr 5 sieht eine *vorläufige Abrechnung* für den Fall vor, daß die Unterbrechung voraussichtlich längere Zeit dauert. Nach § 6 Nr 7 entsteht *für beide Seiten eine Kündigungsmöglichkeit*, wenn die Unterbrechung länger als drei Monate dauert. § 6 Nr 6 sieht schließlich *Schadensersatzansprüche* vor, falls eine Seite die Ausführungen des Werkes hindernde Umstände zu vertreten hat. Die Bestimmungen sind wiedergegeben und erläutert in § 642 Rn 81 ff.

2. Kündigungsmöglichkeiten

25 Einseitige Kündigungsmöglichkeiten des Unternehmers nennt § 9 VOB/B.

Diese Bestimmung lautet:

§ 9 Kündigung durch den Auftragnehmer

1. Der Auftragnehmer kann den Vertrag kündigen:

   a) wenn der Auftraggeber eine ihm obliegende Handlung unterläßt und dadurch den Auftragnehmer außerstande setzt, die Leistung auszuführen (Annahmeverzug nach §§ 293 ff. BGB).

   b) wenn der Auftraggeber eine fällige Zahlung nicht leistet oder sonst in Schuldnerverzug gerät.

2. Die Kündigung ist schriftlich zu erklären. Sie ist erst zulässig, wenn der Auftragnehmer dem Auftraggeber ohne Erfolg eine angemessene Frist zur Vertragserfüllung gesetzt und erklärt hat, daß er nach fruchtlosem Ablauf der Frist den Vertrag kündigen werde.

3. Die bisherigen Leistungen sind nach den Vertragspreisen abzurechnen. Außerdem hat der Auftragnehmer Anspruch auf angemessene Entschädigung nach § 642 BGB; etwaige weitergehende Ansprüche des Auftragnehmers bleiben unberührt.

26 a) **Kündigung wegen unterlassener Mitwirkung**
    aa) Die *Kündigungsmöglichkeit* wegen unterlassener Mitwirkung des Bestellers nach § 9 Nr 1 a VOB/B entspricht der Kündigung nach § 643. Wegen der Voraussetzung des Kündigungsrechts kann auf die Erl o Rn 5 ff Bezug genommen werden. *Einschränkend* enthält § 9 Nr 1 a VOB/B *die weitere Voraussetzung*, daß die unterlassene Mitwirkung des Bestellers den Unternehmer außerstande setzen muß, die vertragliche Leistung auszuführen. Doch ist § 643 ebenfalls restriktiv zu interpretieren (o Rn 7).

In *formaler Hinsicht* unterscheidet sich § 9 Nr 1 a, Nr 2 VOB/B dadurch, daß die Kündigung anläßlich der Nachfristsetzung nur – unzweideutig – anzudrohen, nicht aber auszusprechen ist. *Auszusprechen* ist sie vielmehr *erst nach fruchtlosem Fristablauf* (BGH NJW 1973, 1463 = LM VOB/B Nr 61, INGENSTAU/KORBION/VYGEN § 9 Rn 46 f). Unterläßt mithin der Unternehmer nach Ablauf der Frist den Ausspruch der Kündigung, *so bleibt der Vertrag wirksam*. Das entspricht der zu § 643 vertretenen Annahme, daß vor Wirksamwerden der Kündigung auf die Rechte aus dieser verzichtet werden kann (o Rn 15), und *erweitert nur den Zeitraum der Verzichtsmöglichkeit.*

Die in § 9 Nr 2 S 1 VOB/B angeordnete *Schriftlichkeit der Kündigung* ist Wirksamkeitsvoraussetzung (INGENSTAU/KORBION VYGEN § 9 Rn 48).

Auf die Nachfristsetzung nach § 9 Nr 2 S 2 VOB/B kann *verzichtet* werden, wenn es nach Lage der Dinge aussichtslos erscheint, daß der Besteller dadurch zu einem vertragsgemäßen Verhalten veranlaßt wird (INGENSTAU/KORBION/VYGEN § 9 Rn 2 f). Insoweit gilt nichts anderes als nach § 643.

bb) Die *Abrechnung* nach § 9 Nr 3 VOB/B unterscheidet sich letztlich nicht von der 27 nach § 643.

Zunächst sind nach § 9 Nr 3 S 1 VOB/B *die schon erbrachten Leistungsteile* vertragsgemäß abzurechnen (vgl dazu auch – zu § 6 Nr 5 VOB/B – § 636 Rn 86).

Weiterhin sind nach § 9 Nr 3 S 2 VOB/B zusätzlich *die verzögerungsbedingten Mehrkosten* des Unternehmers zu vergüten.

Zu leisten ist aber schließlich auch, ohne daß dies in der Formulierung des § 9 Nr 3 S 2 VOB/B hinreichend deutlich wäre, *jener Gewinn aus dem Vertrag, den der Unternehmer ohne seine Kündigung noch gezogen hätte* (vgl BGH SCHÄFER/FINNERN/HOCHSTEIN Z 2.511 Bl 8 ff; INGENSTAU/KORBION/VYGEN Rn 59; NICKLISCH/WEICK Rn 40). Es wird also wiederum *der volle Werklohn mit den Abzügen des § 649 S 2* geschuldet. Der VOB/B kann der Wille nicht entnommen werden, den Unternehmer insoweit gegenüber dem allgemeinen Zivilrecht schlechter zu stellen.

b) Schuldnerverzug des Bestellers
aa) Der Besteller kann in Schuldnerverzug geraten, wenn er *fällige Abschlagszah-* 28 *lungen* nicht leistet oder wenn er *sonstige ihm als Schuldnerpflichten obliegende Handlungen* nicht vornimmt. Letzteres sind allerdings seltene Fälle, da die Mitwirkung bei der Bauleistung nur ausnahmsweise entsprechend ausgestaltet ist (§ 642 Rn 17 ff; aA NICKLISCH/WEICK § 4 Rn 8 ff; § 9 Rn 20). Insbesondere gehört hierher regelmäßig *nicht die Bereitstellung des Grundstücks oder der Baupläne*. Auch die Lieferung von Baumaterialien und *Erbringung von Eigenleistungen* bleibt grundsätzlich Gläubigerobliegenheit (aA INGENSTAU/KORBION/VYGEN Rn 27 f).

bb) Soweit der Besteller danach in Schuldnerverzug gerät, erwachsen dem Unternehmer daraus *Schadensersatzansprüche* gemäß § 286, § 9 Nr 3 S 2 HS 2 (vgl INGENSTAU/KORBION/VYGEN Rn 39; NICKLISCH/WEICK Rn 22), wobei allerdings § 16 Nr 5 Abs 3 S 1, 2 VOB/B zu beachten ist.

cc) Die *Befugnisse* des Unternehmers *nach §§ 280 ff, 323* werden durch § 9 VOB/B 29 *eingeschränkt.*

(1) Der *Anspruch auf Schadensersatz statt der Leistung* muß nach der Fassung der Bestimmung als ausgeschlossen gelten (OLG Köln SCHÄFER/FINNERN/HOCHSTEIN § 8 VOB/B Nr 7; INGENSTAU/KORBION/VYGEN Rn 39). Das ist allerdings *in dieser uneingeschränkten*

Form mit § 307 *unvereinbar* und kann deshalb nur dann gelten, wenn der Unternehmer als Verwender der VOB/B anzusehen ist.

(2) Dagegen weicht die *Kündigungsmöglichkeit* des Unternehmers nicht wesentlich von der nach § 643 ab.

Notwendig ist wie dort eine angemessene Nachfristsetzung, mit der Androhung einer Kündigung, § 9 Nr 2 S 2 VOB/B.

In der Folge wird durch die nach fruchtlosem Fristablauf auszusprechende *Kündigung* des Unternehmers der Vertrag (nur) *mit Wirkung für die Zukunft* aufgelöst. Diese Einschränkung entspricht allgemeinem Zivilrecht (o Rn 16 ff).

30 **dd)** Der Hinweis in § 9 Nr 3 S 2 HS 2 VOB/B auf weitergehende Ansprüche des Unternehmers hat *kaum praktische Bedeutung.* Es bleiben ihm danach jedenfalls im Zeitpunkt der Kündigung bereits begründete vertragliche oder ausnahmsweise auch gesetzliche Ansprüche erhalten.

§ 644
Gefahrtragung

(1) Der Unternehmer trägt die Gefahr bis zur Abnahme des Werkes. Kommt der Besteller in Verzug der Annahme, so geht die Gefahr auf ihn über. Für den zufälligen Untergang und eine zufällige Verschlechterung des von dem Besteller gelieferten Stoffes ist der Unternehmer nicht verantwortlich.

(2) Versendet der Unternehmer das Werk auf Verlangen des Bestellers nach einem anderen Ort als dem Erfüllungsort, so findet die für den Kauf geltende Vorschrift des § 447 entsprechende Anwendung.

Materialien: E I § 576; II § 580; III § 634; Mot II 496 ff = Mugdan II, 277 ff; Prot II 2243 ff; JAKOBS/SCHUBERT, Recht der Schuldverhältnisse II 893 ff.

Schrifttum

BOLZE, Über den Zufall bei der Werkverdingung, AcP 57 (1874) 86
BRANDIS, Rechtliche Behandlung des Zufalls bei der Werkverdingung nach gemeinem Recht und nach BGB (Diss Erlangen 1898)
BRANDT, Ersatz des Drittschadens im Baurecht, BauR 1973, 13
DOCHNAHL, Die Gefahrtragung beim Werkvertrage nach römischem Recht und dem BGB, JherJB 48 (1904) 241

DUFFEK, Handlungen des Bauherrn als unabwendbarer, vom Auftragnehmer nicht zu vertretender Umstand, BauR 1975, 22
ERMAN, Der Sphärengedanke als Gesichtspunkt für die Verteilung der Preisgefahr beim Werkvertrag, JZ 1965, 657
FEUDNER, Generalunternehmer/Drittschadensliquidation, BauR 1984, 247
KAISER, Die Gefahrtragung beim Bauvertrag, in: FS Korbion (1986) 197

Titel 9 · Werkvertrag und ähnliche Verträge
Untertitel 1 · Werkvertrag

§ 644

LAMPE, Die Gefahrtragung beim Werkvertrag (Diss Göttingen 1935)
LOCHER/LÖFFELMANN, Drittschadensliquidation bei Verletzung bauvertraglicher Pflichten?, NJW 1982, 790
RICHTER, Schadensersatz des Werkunternehmers aus Besitzverletzung, NJW 1985, 1450
RUTKOWSKY, Gefahrtragung und Haftung bei gewaltsamen Anschlägen gegen Großbaumaßnahmen und die daran beteiligten Unternehmen, NJW 1988, 1761
SCHMIDT, Abnahmepflicht und Gefahrübergang beim Werkvertrag (Diss Leipzig 1921)
URSPRUNG, Die Bauleistung, BauR 1973, 341
VEELKEN, Zur Dogmatik der Gefahrtragung beim Werkvertrag (1989).

Systematische Übersicht

I. Allgemeines	
1. Gefahrtragung	1
2. Regelung der Preisgefahr	2
3. Leistungsgefahr	3
4. Sachgefahr	4
5. Vertretenmüssen	4
II. Leistungsgefahr	
1. Erstmalige Leistung	5
2. Nach erbrachter Leistung	7
a) Mängel	7
b) Untergang, Beschädigung des Werkes	8
c) Vertretenmüssen des Bestellers	11
3. Ende der Leistungsgefahr	12
III. Sachgefahr	
1. Obhutpflicht des Unternehmers	13
2. Obhutpflicht des Bestellers	15
3. Unmöglichkeit der Erstellung des Werkes	16
4. Möglichkeit der Erstellung des Werkes	17
IV. Vergütungsgefahr	
1. Grundsatz	20
a) Abnahme	20
b) Folgen	21
aa) Vor Abnahme	21
bb) Nach Abnahme	22
c) § 446	24
2. Abnahmeverzug des Bestellers	25
a) Mit der Abnahme	25
b) Mit Mitwirkungshandlungen	26
3. Versendung des Werkes	27
4. Abnahmeunfähige Werke	28
5. § 645	28
V. Parteivereinbarungen	29
VI. Besonderheiten nach der VOB/B	
1. Regelungen	30
2. Leistungsgefahr	30
3. Sachgefahr	31
4. Vergütungsgefahr; § 7 VOB/B	32
a) Voraussetzungen	33
b) Rechtsfolgen	37

Alphabetische Übersicht

Abnahme	12, 20, 22
Abnahmeunfähigkeit	28
Abschlagszahlungen	21
Annahmeverzug	25
Beschädigung des Werkes	23
Drittschadensliquidation	10
Ersatzstoff	17
Garantiehaftung	29
Höhere Gewalt	33, 35
Kaufrecht	24
Lasten	24
Leistungserschwernisse	5 f
Leistungsgefahr	3, 5 ff, 30
Mängel	7
Mitverschulden	37
Mitwirkung	26

Neuherstellung	7 f, 11	Unmöglichkeit	12, 16
Nutzungen	24	Untergang	8
Obhutspflicht		Vereinbarungen	29
– des Bestellers	15	Vergütung	9
– des Unternehmers	13	Vergütungsgefahr	2, 20 ff, 31
		Versendung	27
Preisgefahr s Vergütungsgefahr		Versicherung	14
		Vertretenmüssen	11
Sachgefahr	4, 13 ff, 31	Vorverlagerung der Gefahr	29
Streik	36		
		Witterungseinflüsse	34
Unabwendbares Ereignis	33		

I. Allgemeines

1. Gefahrtragung

1 Die §§ 644, 645 behandeln, freilich *nicht abschließend*, die Gefahrtragung beim Werkvertrag. Dabei ist der Begriff der Gefahr im allgemeinen zivilrechtlichen Sinne dahin zu verstehen, daß *nur solche Störungen der Vertragsabwicklung* angesprochen werden, die von keiner der beiden Seiten zu vertreten, also *„zufällig" sind* (ERMAN/SEILER Rn 1).

Liegt ein Vertretenmüssen vor, gelten die allgemeinen Regeln (ERMAN/SEILER), also die §§ 275, 323 ff, denen wiederum, soweit es um Mängel der Werkleistung geht, die §§ 633 ff vorgehen (vgl dazu aber näher § 645 Rn 9 ff).

2. Regelung der Preisgefahr

2 Primärer Regelungstatbestand der §§ 644, 645 ist die *Zuweisung der Vergütungsgefahr*, also die Festlegung des Zeitpunktes, bis zu dem der Unternehmer auf eigenes Risiko arbeitet, keine Vergütung erhält, wenn das Werk zufällig untergeht oder verschlechtert wird, bzw von dem an er trotz Untergangs oder Verschlechterung des Werks uneingeschränkte Vergütung erhält. Diesen Zeitpunkt legt § 644 Abs 1 S 1 *im Grundsatz auf den der Abnahme* fest. Insoweit kommt der Bestimmung weithin ein besonderer Regelungsgehalt nicht zu, weil die Abnahme Erfüllung bedeutet und mit dieser zwangsläufig die Vergütungsgefahr übergehen muß. Allerdings enthält die Bestimmung insoweit auch die Aussage, *daß die vom Unternehmer bis zur Abnahme entfaltete Tätigkeit zur Erstellung des Werkes nur vorbereitenden Charakter hat*, also insbesondere noch nicht als Erfüllung zu qualifizieren ist (vgl dazu auch § 631 Rn 14 ff). Freilich wird das *Prinzip* des Gefahrübergangs mit der Abnahme *für mehrere Fälle durchbrochen*. Der Gefahrübergang wird für den Fall des *Annahmeverzuges* in § 644 Abs 1 S 2 vorverlegt, ebenso in Konkordanz mit § 447 in § 644 Abs 2 für den Fall der *Versendung des Werkes*, schließlich in § 645 Abs 1 S 1 für den Fall, daß *das Leistungshindernis* auf *einen Mangel des vom Besteller gelieferten Stoffs* oder auf *sachwidrige Anweisungen von seiner Seite* für die Ausführung zurückzuführen ist. – Für der Abnahme nicht fähige Werkleistungen gilt § 646, wonach die *Vollendung* an

Titel 9 · Werkvertrag und ähnliche Verträge § 644
Untertitel 1 · Werkvertrag 3–6

die Stelle der Abnahme tritt. § 644 ist insoweit in enger Anlehnung an das Kaufrecht konzipiert.

Die bewußte (Mot II 498) prinzipielle Entscheidung des Gesetzgebers für die Abnahme als den letzten denkbaren Zeitpunkt des Gefahrübergangs (statt der Vollendung oder wenigstens der Übergabe des Werks) soll dem Wesen des Werkvertrags entsprechen. Sie geht zu Lasten des Unternehmers und überzeugt jedenfalls ab Übergabe nicht mehr (vgl STAUDINGER/KOBER[10] [1939] Rn 1; TEICHMANN, Gutachten zum 55. DJT, S A 88; Abschlußbericht der Schuldrechtskommission 266 f).

3. Leistungsgefahr

Nicht eigens geregelt ist in den §§ 644, 645 die Zuweisung der Leistungsgefahr, also 3 die Bestimmung des Zeitpunktes, von dem an der Unternehmer von der Verpflichtung zur Herstellung des Werkes befreit wird. Immerhin muß die Leistungsgefahr spätestens mit der Vergütungsgefahr übergehen, und gilt für sie bis dahin im Grundsatz die Bestimmung des § 275.

4. Sachgefahr

Ausschnittweise angesprochen ist in § 644 Abs 1 S 3 die Sachgefahr, dh das Risiko des 4 Verlustes von Materialien.

5. Vertretenmüssen

§ 644 verhält sich als Gefahrtragungsregelung *nicht zu der Frage, unter welchen Voraussetzungen eine der Parteien eine Leistungsstörung zu vertreten hat* und welche Rechtsfolgen sich daraus ergeben. Eine partielle, freilich in vielem zweifelhafte Regelung dessen, was der Besteller zu vertreten hat, enthält § 645.

II. Leistungsgefahr

1. Erstmalige Leistung

Aus den §§ 633 Abs 1, 275 folgt, daß der Unternehmer *vor der Abnahme zur erst-* 5 *maligen Erbringung seiner Werkleistung solange und soweit verpflichtet ist, wie dies überhaupt nur objektiv möglich ist* bzw kein Unvermögen des Unternehmers eintritt, uU also in mehreren „Anläufen". Der Unternehmer kann sich auch nicht darauf berufen, daß die Werkleistung nur mit außergewöhnlichen Schwierigkeiten (Kosten) zu erbringen sei. § 635 Abs 3 gilt insoweit nicht (vgl dort Rn 8). Auch § 275 befreit ihn hier nur nach Maßgabe des § 275 Abs 3 von seiner Leistungspflicht.

Der Unternehmer kann sich auch nicht darauf berufen, daß das Werk *nur mangelhaft* erstellt werden könne. Auch dazu ist er vielmehr gegebenenfalls verpflichtet; es ist *Sache des Bestellers,* aus der unvermeidlichen Mangelhaftigkeit des Werkes die Konsequenzen insbesondere in Form von Rücktritt oder Minderung zu ziehen.

Wenn der Erstellung des Werkes in der vertraglich vorgesehenen Form *nicht aus-* 6 *räumbare Hindernisse* entgegenstehen, zB durch die Versagung behördlicher

Genehmigungen, ist der Unternehmer verpflichtet, im Rahmen des ihm Zumutbaren, § 242, an der Verwirklichung von *Ersatzlösungen* mitzuwirken. Dabei kommt es insbesondere darauf an, inwieweit sein Betrieb auf Leistungen dieser Art eingerichtet ist (vgl auch § 1 Nr 4 S 2 VOB/B, dazu § 633 Rn 9 ff). Die *Ersetzungsbefugnis* des Kunden im Reisevertragsrecht ist auch auf das allgemeine Werkvertragsrecht zu übertragen. Eine Mitwirkungsverweigerung des Unternehmers kann dem Besteller Anlaß zum Rücktritt nach § 324 geben und den Unternehmer aus den §§ 280 Abs 1, 241 Abs 2 schadensersatzpflichtig machen.

2. Nach erbrachter Leistung

7 Wenn der Unternehmer das Werk bereits ganz oder teilweise erstellt hat, dieses aber Mängel aufweist oder wieder untergegangen oder verschlechtert worden ist, ist der Unternehmer *vor der Abnahme grundsätzlich zur erneuten mangelfreien Erstellung des Werkes verpflichtet.*

a) Mängel

Im Falle von Mängeln des Werkes besteht der Nachbesserungsanspruch des Bestellers aus § 635 unabhängig davon, ob die Verantwortung für diese bei dem Unternehmer oder bei dem Besteller liegt; freilich muß sich der Besteller gegebenenfalls an den Kosten der Mängelbeseitigung beteiligen (vgl § 634 Rn 13 ff). Auch kann der Unternehmer nach § 635 Abs 3 wegen unverhältnismäßiger Kosten zur Leistungsverweigerung berechtigt sein.

b) Untergang, Beschädigung des Werkes

8 Wenn das Werk untergeht oder beschädigt wird, hat der Besteller jedenfalls dann einen Anspruch auf Neuherstellung der Nachbesserung, wenn der Unternehmer dies zu vertreten hat, indem er etwa die noch verletzungsanfällige Werkleistung nicht hinreichend gegen die bestehenden Gefahren abgesichert hat. *Gleiches* gilt aber, *wenn keine der beiden Seiten die Beeinträchtigung der Werkleistung zu vertreten hat,* diese zB auf nicht vorhersehbaren oder beherrschbaren Witterungseinflüssen beruht oder auf dem nicht vermeidbaren Eingreifen Dritter (Diebstahl, Vandalismus, versehentliche Beschädigung). Auf diesen Anspruch des Bestellers ist § 635 entsprechend anzuwenden, was insbesondere zur Folge hat, daß der Unternehmer die *mangelfreie Erstellung* des Werkes *bei unverhältnismäßigem Aufwand* nach § 635 Abs 3 *verweigern* kann (PALANDT/SPRAU §§ 644, 645 Rn 3).

9 Diese *Nacharbeiten* sind vom Besteller *nicht zu vergüten,* wie schon aus der entsprechenden Anwendung des § 635 Abs 2 folgt; sie werden vielmehr *von dem allgemeinen Werklohnanspruch* des Unternehmers *mitabgegolten.*

10 Wenn **Dritte** *für den Schaden am Werk verantwortlich* sind, werden *regelmäßig keine direkten Ansprüche des Unternehmers gegen sie* bestehen. Vertragliche Ansprüche gegen sie bestehen nicht aus eigener Rechtsverbindung; *etwaige Vertragsbeziehungen des Bestellers zu den Schädigern,* die zB andere an der Baustelle eingesetzte Unternehmer sein können, entfalten keine Schutzwirkung für den nachleistungspflichtigen Unternehmer (vgl BGH NJW 1970, 38; LG München BauR 1990, 508; OLG Düsseldorf NJW-RR 1996, 591). *Deliktische Ansprüche* aus Eigentumsverletzung versagen ebenfalls in der Regel, da etwa verwendete Materialien durch den Einbau in das Eigentum des

Bestellers übergegangen sein werden, §§ 93, 94 (BGH NJW 1984, 2569; OLG Düsseldorf aaO). Doch wird der Unternehmer während der Erbringung der Werkleistung *Besitz an dem Werk* haben und kann dann jedenfalls die Wiederherstellungskosten direkt bei dem Schädiger aus Besitzverletzung liquidieren (BGH NJW 1984, 2459). Diese Entscheidung billigt dem Unternehmer aus dieser Anspruchsgrundlage als Folgeschaden auch den auf den beschädigten Teil der Werkleistung entfallenden Gewinn zu; das erscheint vor dem Hintergrund der Lehre vom Schutzzweck der Norm zweifelhaft (vgl krit auch RICHTER NJW 1985, 1450). *Allenfalls der Substanzwert* kann auf diesem Wege eingefordert werden. Die Anspruchsgrundlage muß gänzlich versagen, wenn der Unternehmer keinen Besitz (mehr) hat, etwa schon abgerückt ist. Doch hat weithin der *Besteller* Ansprüche gegen den schädigenden Dritten, entweder aus Delikt oder auch zusätzlich aus seinen vertraglichen Beziehungen zu diesem, wobei der ersatzfähige Schaden des Bestellers entweder aus einer normativen Betrachtungsweise herzuleiten ist (vgl HAGEN JuS 1970, 442) oder sich der Besteller jedenfalls auf den Schaden des Unternehmers berufen kann (**Drittschadensliquidation**, so BGH NJW 1970, 38; SOERGEL/TEICHMANN Rn 6; MünchKomm/SOERGEL Rn 10). Der Besteller hat dann diese seine Ansprüche an den Unternehmer abzutreten, § 285 analog oder auch § 255 analog. Der Unternehmer braucht die Schäden nur Zug um Zug gegen diese Abtretung zu beseitigen, §§ 320, 322.

Was der Unternehmer inhaltlich schuldet, hängt von den Gegebenheiten des Einzelfalles ab. Dem Interesse des Bestellers an einem mangelfreien Werk kann eine *Nachbesserung* des Unternehmers genüge tun, doch wird oft nur *eine Neuherstellung* angemessen sein. Insgesamt kann zu Inhalt und Umfang des Anspruchs auf § 634 Rn 23 ff Bezug genommen werden.

c) Vertretenmüssen des Bestellers
Wenn der Besteller den Schaden an dem Werk zu vertreten hat, vgl dazu § 645 **11** Rn 12 ff, 29 ff, ließe sich aus der Regelung des § 645 Abs 1 S 1, daß der Unternehmer für das mißlungene Werk eine Teilvergütung verlangen kann, der Schluß ziehen, daß der Unternehmer zur weiteren Tätigkeit nicht verpflichtet ist. Doch wird man auf die Gegebenheiten des Einzelfalls abzustellen haben und *den Unternehmer in den Grenzen von Treu und Glauben für verpflichtet halten müssen, den Schaden zu beseitigen* (vgl DOCHNAHL JherJB 48 [1904] 304; RIEZLER, 142; LOTMAR II 744 ff; PLANCK/OEGG vor §§ 644, 645 Anm 4; STAUDINGER/RIEDEL[11] Rn 16 mit Unterschieden im einzelnen). Das schützenswerte Interesse des Bestellers an einem mangelfreien Werk besteht nach wie vor und kann vom Unternehmer grundsätzlich nur durch eine Kündigung aus wichtigem Grunde beseitigt werden. Andererseits hat der Unternehmer die *Schadensbeseitigung nur Zug um Zug gegen eine zusätzliche Vergütung* vorzunehmen, wie sie nach den Maßstäben des Vertrages zu ermitteln ist. Allerdings wird sich der Unternehmer darauf berufen können, daß seine Kapazitäten anderweitig ausgelastet seien oder daß ihm eine weitere Zusammenarbeit mit dem Besteller unzumutbar sei.

Jedenfalls ist der Unternehmer nicht berechtigt, von sich aus die vom Besteller zu vertretenden Schäden oder Mängel auf dessen Kosten zu beseitigen; dies setzt vielmehr *ein entsprechendes Verlangen des Bestellers* voraus; aA zT die eben Genannten.

3. Ende der Leistungsgefahr

12 Die Leistungsgefahr des Unternehmers *endet* nach § 275 mit dem Eintritt von Unmöglichkeit oder Unvermögen, weiterhin nach § 644 mit der Abnahme des Werkes, soweit dieses mangelfrei ist, oder mit Abnahmeverzug des Bestellers oder mit der Versendung des fertigen Werkes. Sie ist *suspendiert*, solange der Besteller durch die Verweigerung notwendiger Mitwirkung in Annahmeverzug ist, § 642, vgl § 323 Abs 6.

III. Sachgefahr

1. Obhutspflicht des Unternehmers

13 Der Unternehmer hat die Sachen des Bestellers, die er zu bearbeiten hat, sorgfältig und pfleglich zu behandeln und vor Schäden zu schützen (BGH NJW 1983, 113; BGB-RGRK/GLANZMANN § 631 Rn 31). Das gilt vor allem dann, wenn die Sachen in *seine Obhut* gelangt sind, aber doch auch dann, wenn die Sachen des Bestellers ihm nur sonst ausgesetzt sind (vgl OLG Hamm NJW-RR 1992, 1236: Verwendung eines 48 t schweren Autokrans). Was dabei im einzelnen von ihm zu erwarten ist, regelt sich nach der Verkehrssitte und den Umständen des Einzelfalls, BGH aaO. Von besonderer Bedeutung sind dabei der *Wert der Sachen* des Bestellers, das *Ausmaß von Gefährdungen*, auch durch Dritte, die *Möglichkeit und Kosten nachhaltiger Sicherungsmaßnahmen* (BGH NJW-RR 1997, 342). Im Falle der Pflichtverletzung haftet der Unternehmer aus den §§ 280 Abs 1, 241 Abs 2, gegebenenfalls auch deliktisch.

Die Sorgfaltspflichten bestehen nicht erst dann, wenn der Werkvertrag schon zustandegekommen ist, sondern *in unverminderter Intensität auch schon vorher*, wenn eine zu reparierende Sache schon zum Unternehmer verbracht worden ist, die Reparatur als solche aber noch nicht abgesprochen wurde (BGH NJW 1977, 376; OLG Hamm MDR 1991, 940), die Haftung folgt dann aus culpa in contrahendo.

14 Zu einer *Versicherung* der Sachen des Bestellers auf eigene Kosten ist der Unternehmer nicht gehalten (RG HRR 1928, 413; OLG Frankfurt NJW-RR 1986, 107; BGB-RGRK/GLANZMANN § 631 Rn 41; PALANDT/SPRAU §§ 644, 645 Rn 5; **aA** STAUDINGER/RIEDEL[11] Rn 6; ERMAN/SEILER Rn 5). Anderes widerspräche schon dem Gedanken des § 390 Abs 2 HGB sowie der strikten Haftung des Frachtführers für entsprechende Schäden. Wenig praktikabel die Auffassung des OLG Frankfurt, daß der Unternehmer den Besteller auf mangelnden Versicherungsschutz hinzuweisen habe und bei Unterlassen dieses Hinweises aus culpa in contrahendo hafte. Der Unternehmer, zB der Juwelier, hat vielmehr bei besonderem Wert der zu bearbeitenden Sachen oder sonstigen hohen Risiken dem Besteller *von sich aus* in geeigneter Form *den Abschluß einer* von jenem zu nehmenden *Versicherung anzubieten* und haftet im Unterlassungsfall aus den §§ 280 Abs 1, 241 Abs 2.

Bei der Obhut für die Sachen des Bestellers hat der Unternehmer für sich und seine Leute, nicht dagegen für Dritte, nach den §§ 276, 278 einzustehen, gegebenenfalls auch deliktisch nach den §§ 823 Abs 1, 831. Daß er für *zufällige Beschädigung nicht einzustehen* hat, stellt § 644 Abs 1 S 2 klar.

Wenn es streitig ist, ob der *Unternehmer* die Beschädigung oder den Verlust der Sachen des Bestellers zu vertreten hat, gilt für die Beweislast § 280 Abs 1 S 2.

2. Obhutspflicht des Bestellers

Sofern umgekehrt der Besteller in zu vertretender Weise Stoffe oder Geräte des Unternehmers beschädigt, haftet er diesem aus den §§ 280 Abs 1, 241 Abs 2 für den Wertverlust, meist auch aus Delikt. Dabei ist es wiederum der Verkehrssitte und vor allem den Umständen des Einzelfalles zu entnehmen, welche Sorgfaltsanforderungen an den Besteller zu stellen sind. Er ist jedenfalls dann zu erhöhter Aufmerksamkeit verpflichtet, wenn die Sachen des Unternehmers in seine Obhut gelangen, zB bei im Hause des Bestellers durchzuführenden Reparaturen. Doch entbindet dies den Unternehmer nicht von der nach § 254 Abs 1 zu berücksichtigenden Pflicht zu eigenen Sicherungsmaßnahmen. Grundsätzlich darf der Unternehmer aber darauf vertrauen, daß *von dem Besteller selbst* keine besonderen Gefahren für seine Sachen ausgehen. 15

3. Unmöglichkeit der Erstellung des Werkes

Durch Untergang oder Beschädigung des Stoffes kann die Erstellung des Werkes unmöglich werden oder es kann sich ergeben, daß es nur noch mit Mängeln hergestellt werden kann. 16

Wenn der Unternehmer Untergang oder Beschädigung des bestellereigenen Stoffes zu vertreten hat, erwachsen dem Besteller die Rechte aus den §§ 280 ff bzw aus den §§ 633 ff. Wenn das Vertretenmüssen auf seiten des Bestellers liegt, ergeben sich die Rechte des Unternehmers aus den §§ 326 Abs 2 bzw 645 Abs 1 S 1. Wenn das Leistungshindernis von keiner der beiden Seiten zu vertreten ist, bleibt es im Falle der Unmöglichkeit der Leistung bei der Regel der §§ 326 Abs 1, 644 Abs 1 S 1; im Falle der mangelhaften Leistung bestimmt sich der Vergütungsanspruch des Unternehmers nach § 634.

4. Möglichkeit der Erstellung des Werkes

Wenn die Erstellung des Werkes durch die Beschaffung von *Ersatzstoff* möglich bleibt, ist der Vertrag grundsätzlich weiter durchzuführen, doch kann sich für jede der beiden Seiten das Recht zur *Kündigung aus wichtigem Grund* ergeben, sofern die Gegenseite Untergang oder Beschädigung des primär zu verwendenden Stoffes zu vertreten hat. Wenn es nicht zu einer solchen Kündigung kommt, gilt folgendes: 17

a) Der *Unternehmer* hat den Untergang des bestellereigenen Stoffes zu vertreten. Der Besteller kann hier wegen des Stoffes einen Anspruch aus den §§ 280 Abs 1, 241 Abs 2 geltend machen, der nach § 249 S 1, 2 wahlweise auf Beschaffung von Ersatzstoff durch den Unternehmer oder Ersatz der Kosten für die eigene Beschaffung gerichtet ist. Kommt der Unternehmer dieser Verpflichtung nicht nach, so kann der Besteller wegen des gesamten Werkes nach § 281 vorgehen. 18

b) Der *Besteller* selbst oder *keiner der Beteiligten* hat den Untergang des *besteller-* 19 *eigenen* Stoffes zu vertreten. Dem Unternehmer erwachsen hier wegen der Beschaffung des Ersatzstoffes die Rechte aus den §§ 642, 643.

c) Der *Besteller* hat den Untergang des *unternehmereigenen* Stoffes zu vertreten. Der Unternehmer kann insoweit Schadensersatz aus den §§ 280 Abs 1, 241 Abs 2 begehren und für den Fall, daß dieser nicht geleistet wird, wegen des gesamten Vertrages nach den §§ 642, 643 vorgehen.

d) Der *Unternehmer* selbst oder *keiner der Beteiligten* hat den Untergang des unternehmereigenen Stoffes zu vertreten. Der Besteller kann wegen des gesamten Werkes nach den §§ 636, 326 vorgehen, weil der Unternehmer dann neuen Stoff zu beschaffen hat.

IV. Vergütungsgefahr

1. Grundsatz

20 § 644 Abs 1 S 1 legt den – freilich von Ausnahmen durchbrochenen – Grundsatz fest, daß die Vergütungsgefahr mit der Abnahme des Werkes auf den Besteller übergeht.

a) Abnahme
Maßgeblicher **Zeitpunkt** ist **der der tatsächlichen Abnahme** (vgl dazu § 640 Rn 6 ff). Es ist nicht etwa schon der Zeitpunkt der Vollendung des Werkes, dies vielmehr nur bei der Abnahme nicht fähigen Werken, § 646, auch *nicht der Zeitpunkt der Übergabe des Werkes* an den Besteller; notwendig ist vielmehr noch die Billigung des Werkes durch den Besteller. Das kann zu Härten führen, wenn das Werk schon im Machtbereich des Bestellers ist (vgl HECK § 116, 4), die aber hinzunehmen sind, weil die Vertragsgemäßheit des Werkes eben einstweilen noch offen ist.

Sofern eine *Teilabnahme* erfolgt (dazu § 640 Rn 69), geht die Vergütungsgefahr insoweit teilweise auf den Besteller über.

b) Folgen
Es geht mit der Abnahme die Vergütungsgefahr auf den Besteller über.

21 aa) Das bedeutet, daß der Werklohn durch den Unternehmer zuvor durch seine Leistungen noch nicht endgültig verdient ist, sofern nicht einer der in Rn 2 behandelten Ausnahmefälle gegeben ist, sondern *daß der Werklohnanspruch immer noch durch einen Untergang des Werkes in Fortfall kommen* kann.

Dies gilt insbesondere auch dann, wenn dem Unternehmer entsprechend dem Fortschritt des Werkes *Abschlagszahlungen geleistet* worden sind. Bei einem Fortfall der Werkleistung können sie als ohne rechtlichen Grund gezahlt zurückverlangt werden, § 812 Abs 1 S 2, 1. Alt. Die Vereinbarung von Abschlagszahlungen bedeutet *keine Abänderung der Grundregel* des § 644 Abs 1 S 1.

22 bb) Nach der Abnahme muß der Besteller dagegen den Werklohnanspruch des Unternehmers erfüllen. Wenn die Ausführung des Werkes jetzt endgültig unmöglich wird, kann er sich diesem gegenüber nicht auf § 326 Abs 1 berufen. Wenn die *Wie-*

derholung des Werkes noch möglich ist, kann der Besteller zwar nach § 242 einen Anspruch darauf haben, vgl die Überlegungen o Rn 11, die auch noch nach erfolgter Abnahme gelten, hat dies nunmehr aber *erneut zu vergüten* und kann seinen Neuherstellungsanspruch auch nicht einredeweise nach § 320 der Werklohnforderung des Unternehmers entgegensetzen; auch § 273 versagt insoweit.

Die Werklohnforderung ist freilich *nur in dem Umfang* zu bedienen, *in dem sie besteht*. Unberührt bleiben etwaige Stundungen; insbesondere wird dem Besteller auch nicht das Recht genommen, der Werklohnforderung Gewährleistungsrechte entgegenzusetzen. Ein Untergang oder eine Beschädigung des Werkes kann insoweit nur dazu führen, daß nunmehr der Nachbesserungsanspruch entfällt und daß der Schadensersatzanspruch aus § 634 Nr 4 nicht mehr an den Kosten der Mängelbeseitigung ausgerichtet werden kann, sondern entsprechend § 251 zu bemessen ist. Bleibt das Werk teilweise erhalten, dann ist dieser Teil zu vergüten, und zwar nicht nur im Falle eigentlicher Teilbarkeit der Leistung (**aA** insoweit ERMAN/SEILER Rn 3). Die Teilvergütung ist dann nach § 645 Abs 1 S 1 zu leisten (**aA** ERMAN/SEILER: § 323 aF Abs 1 aE).

cc) Der Übergang der Vergütungsgefahr erfolgt *endgültig*. Hat der Unternehmer **23** eine spätere Beschädigung der Werkleistung zu vertreten, so beeinträchtigt das seine Werklohnforderung nicht; freilich erwächst dem Besteller ein Schadensersatzanspruch aus *den §§ 280 Abs 1, 241 Abs 2*, meist auch aus § 823 Abs 1, der gegen die Werklohnforderung aufgerechnet werden kann.

c) § 446

§ 644 Abs 1 S 1 ist die werkvertragliche Parallelbestimmung zu § 446. Daraus folgt: **24**

aa) Soweit auf einen Vertrag nebeneinander Kauf- und Werkvertragsrecht Anwendung finden, so insbesondere nach bisheriger Rechtsprechung beim Erwerb schlüsselfertiger Häuser (dazu § 651 Rn 4 ff), ist für den werkvertraglichen Teil des Vertrages für den Gefahrübergang der sich aus § 644 ergebende Zeitpunkt maßgeblich.

bb) § 446 S 2 kann mit der Maßgabe entsprechend angewendet werden, daß dem Besteller von der Abnahme an die *Nutzungen* des Werkes gebühren und er die *Lasten* zu tragen hat.

2. Annahmeverzug des Bestellers

Der Abnahme des Werkes steht nach § 644 Abs 1 S 2 der Annahmeverzug des Be- **25** stellers gleich. Damit wird der Gedanke des § 326 Abs 2 aufgenommen.

a) Mit der Abnahme

Annahmeverzug des Bestellers liegt dann vor, wenn er das mangelfrei erstellte und ihm *ordnungsgemäß angebotene Werk grundlos nicht entgegennimmt und/oder seine Billigung verweigert*. Auf ein Verschulden kommt es dabei nicht an. Annahmeverzug tritt insbesondere dann *nicht* ein, wenn *Mängel* zur Verweigerung der Abnahme berechtigen (vgl dazu § 640 Rn 34).

Auch hier berührt es den Werklohnanspruch des Unternehmers nicht, wenn das Werk nunmehr zufällig untergeht oder verschlechtert wird. Ausnahmsweise kann der Werklohnanspruch *in entsprechender Anwendung des § 326 Abs 2 S 2* um die dort genannten Positionen zu kürzen sein.

Ein Untergang oder eine Verschlechterung des Werkes ist jedenfalls dann zufällig, wenn ein Verschulden des Unternehmers oder seiner Erfüllungsgehilfen nicht vorliegt. Doch kommt dem Unternehmer die *Haftungserleichterung* nach § 300 Abs 1 zugute, sofern es seine Maßnahmen zur Verwahrung und Pflege des Werkes waren, die zu dem Untergang oder der Verschlechterung des Werkes geführt haben.

Soweit *Mängel* des Werkes *jetzt erstmalig auftreten*, hat der Unternehmer – mangels Abnahme – für sie *immer noch Gewähr* durch Nachbesserung, Wandlung oder Minderung *zu leisten*. Schadensersatz nach § 634 Nr 4 schuldet er für sie aber nur, wenn er sie nach Maßgabe des § 300 Abs 1 zu vertreten hat.

Die Haftungsbeschränkung auf grobe Fahrlässigkeit nach § 300 Abs 1 ist dagegen nicht anwendbar, soweit es um die Haftung aus positiver Forderungsverletzung für mangelhafte Obhut für (zu bearbeitende) Sachen des Bestellers geht (vgl STAUDINGER/ LÖWISCH [1995] Rn 3, 8).

b) Mit Mitwirkungshandlungen

26 Wenn der Besteller dadurch in Annahmeverzug gerät, daß er vor der Vollendung des Werkes *notwendige Mitwirkungshandlungen* zu dessen Erstellung unterläßt, § 642, ist die Rechtslage hinsichtlich der Vergütungsgefahr unklar und streitig (PLANCK/OEGG Anm 2 b will § 644 Abs 1 S 2 anwenden; STAUDINGER/RIEDEL[11] Rn 5 will daneben „die allgemeinen Vorschriften" [?] anwenden in Verbindung mit den §§ 642, 643; DOCHNAHL JherJb 48 [1904] 311 spricht sich für eine Anwendung des § 645 aus, BGB-RGRK/GLANZMANN Rn 9 für eine Anwendung der §§ 644 Abs 1 S 2, 324 Abs 1 S 2 aF; SOERGEL/TEICHMANN für § 324 Abs 1 S 2 aF [= § 326 Abs 2 S 2]; vgl ferner KOHLER ArchBürgR 13, 258).

Richtig ist zunächst, daß dem Unternehmer *die Rechte aus § 642* – Ersatzanspruch für das vergebliche Warten – zustehen, was mit der Vergütungsgefahr nichts zu tun hat. Bei Unmöglichkeit der Fertigstellung ist im übrigen der Überlegung von DOCHNAHL und GLANZMANN zuzustimmen, daß dem Unternehmer, der nur einen Teil geleistet hat, *nicht ohne weiteres die volle Vergütung* zustehen kann. Er wird aber unter Wert behandelt, wenn er nur das vergütet erhält, was er tatsächlich geleistet hat, wie dies DOCHNAHL vorschlägt. Angemessen ist es vielmehr, so im Ergebnis auch GLANZMANN, wenn man einerseits von der vollen Vergütung ausgeht, andererseits ersparte Aufwendungen sowie anderweitigen Ersatzerwerb abzieht. Dies entspricht den Bestimmungen der §§ 324 Abs 1 S 2, 649 S 2 und einer berichtigenden Auslegung des § 643 (vgl § 643 Rn 20 ff), wie sie geboten erscheint.

Die *Haftungsmaßstäbe* für den Unternehmer sind hier nicht anders zu beurteilen als beim Annahmeverzug des Bestellers hinsichtlich des Gesamtwerkes (dazu o Rn 25).

3. Versendung des Werkes

27 § 644 Abs 2 erklärt § 447 für entsprechend anwendbar, wenn der Unternehmer das Werk auf Verlangen des Bestellers an einen anderen Ort als den Erfüllungsort *versendet* (vgl OLG Düsseldorf NJW-RR 1998, 347).

a) Die Bestimmung greift nicht ein, wenn das Werk im Zeitpunkt der Versendung bereits abgenommen war; dann gilt vielmehr § 644 Abs 1 S 1.

b) Zum Erfüllungsort für den Werkunternehmer § 631 Rn 48.

c) Im übrigen ist auf die Erl zu § 447 Bezug zu nehmen.

4. Abnahmeunfähige Werke

Bei der Abnahme nicht fähigen Werkleistungen ist nach § 646 für den Übergang der Vergütungsgefahr die *Vollendung* maßgeblich (vgl die Erl dort). Die Regelung ist auch insoweit praktisch bedeutungslos. **28**

5. § 645

Wenn die Risiken, die zum Untergang oder der Verschlechterung des Werkes führen, aus der Sphäre des Bestellers stammen, ist von § 645 auszugehen (s die Erl dort).

V. Parteivereinbarungen

Die Regelungen des § 644 sind *abdingbar*. Doch ist bei einer Modifikation durch Allgemeine Geschäftsbedingungen § 307 Abs 2 zu beachten. Eine *Gefahrtragung des Unternehmers über die Abnahme* oder den Annahmeverzug des Bestellers *hinaus ist grob unbillig und verstößt* gegen wesentliche Grundgedanken der gesetzlichen Regelung (vgl INGENSTAU/KORBION/OPPLER § 7 Rn 35). Ihm kann allerdings – wegen § 644 Abs 2 – das *Versendungsrisiko* auferlegt werden. **29**

Eine *Vorverlagerung der Gefahr* zu Lasten des Bestellers ist differenziert zu betrachten. Soweit die Werkleistung *im räumlichen Bereich des Bestellers* erbracht werden soll, erscheint sie nicht generell unbillig (vgl auch u Rn 30 ff zu der entsprechenden Regelung in § 7 VOB/B). Wenn die Werkleistung im räumlichen Bereich des Unternehmers erbracht werden soll, wird es auf die Art der Werkleistung ankommen. *Wo der Eintritt des Erfolges ungewiß* ist, erscheint es mit Treu und Glauben vereinbar, wenn sich der Unternehmer eine erfolgsunabhängige Vergütung für seine Bemühungen versprechen läßt. Dies läuft praktisch auf die (zulässige) Vereinbarung eines Dienstvertrages hinaus. Anders, *wenn nach Treu und Glauben eine Erfolgsgarantie von dem Unternehmer erwartet* werden kann. Dann widerspricht eine erfolgsunabhängige Vergütungsklausel *dem gesetzlichen Leitbild des Werkvertrages* und wird auch meist schon überraschend iSd § 305c Abs 1 sein.

Dem Unternehmer kann grundsätzlich eine *Garantiehaftung* für Stoffe des Bestellers gegen § 644 Abs 1 S 3 auferlegt werden, solange er nicht Risiken tragen soll, die nach Maßgabe des § 645 in den Verantwortungsbereich des Bestellers fallen. Umgekehrt kann sich der Unternehmer von der Haftung für schuldhafte Beschädigungen der Stoffe des Bestellers nach Maßgabe des § 309 Nr 7 lit b freizeichnen.

VI. Besonderheiten nach der VOB/B

1. Regelungen

30 Die VOB/B spricht die Gefahrtragung vorzugsweise in den Bestimmungen der §§ 7 und 12 Nr 6 an.

> § 7 Verteilung der Gefahr
>
> 1. Wird die ganz oder teilweise ausgeführte Leistung vor der Abnahme durch höhere Gewalt, Krieg, Aufruhr oder andere objektiv unabwendbare vom Auftragnehmer nicht zu vertretende Umstände beschädigt oder zerstört, so hat dieser für die ausgeführten Teile der Leistung die Ansprüche nach § 6 Nr. 5; für andere Schäden besteht keine gegenseitige Ersatzpflicht.
>
> 2. Zu der ganz oder teilweise ausgeführten Leistung gehören alle mit der baulichen Anlage unmittelbar verbundenen, in ihre Substanz eingegangenen Leistungen, unabhängig von deren Fertigstellungsgrad.
>
> 3. Zu der ganz oder teilweise ausgeführten Leistung gehören nicht die noch nicht eingebauten Stoffe und Bauteile sowie die Baustelleneinrichtung und Absteckungen. Zu der ganz oder teilweise ausgeführten Leistung gehören ebenfalls nicht Baubehelfe, zB Gerüste, auch wenn diese als besondere Leistung oder selbständig vergeben sind.
>
> § 12 Abnahme
>
> ...
>
> 6. Mit der Abnahme geht die Gefahr auf den Auftraggeber über, soweit er sie nicht schon nach § 7 trägt.

2. Leistungsgefahr

Die VOB/B enthält *keine eigenständige Regelung der Leistungsgefahr* (vgl Ingenstau/Korbion/Oppler § 7 Rn 3), so daß für diese von den oben Rn 5 ff dargestellten Grundsätzen auszugehen ist. Es ist aber für ihren Geltungsbereich anzunehmen, daß der Unternehmer *grundsätzlich zur Neuherstellung* der untergegangenen oder beschädigten Leistung *verpflichtet* ist (Ingenstau/Korbion), dies freilich nur gegen erneute Vergütung, BGHZ 61, 144. Im übrigen ist für den Fall, daß Leistungshindernisse auftreten, auf die Bestimmungen des § 6 VOB/B hinzuweisen (dazu § 642 Rn 42 ff).

3. Sachgefahr

31 Die VOB/B enthält ferner *keine Sonderregelung gegenüber der Bestimmung des § 644 Abs 1 S 3*, so daß diese auch in ihrem Anwendungsbereich anzuwenden ist. § 7 Nr 3 bietet insoweit nur eine Klarstellung.

4. Vergütungsgefahr; § 7 VOB/B

Für die *Vergütungsgefahr* ist die Grundregelung der VOB/B in § 12 Nr 6 enthalten, die sachlich mit der des § 644 Abs 1 S 1 übereinstimmt (BGH BlGWB 1962, 59).

Die Vereinbarung der VOB/B ändert nichts daran, daß die Gefahr in den dem BGB bekannten Fällen vor der Abnahme auf den Besteller übergehen kann, also nach § 645 (INGENSTAU/KORBION § 7 Rn 9), nach § 644 Abs 1 S 2 für den Fall des *Annahmeverzugs* des Bestellers und nach § 644 Abs 2 für den Fall der vereinbarten *Versendung* des Werkes.

In § 7 Nr 1 VOB/B wird diesen Fällen der vorzeitigen Gefahrtragung ein weiterer an **32** die Seite gestellt. Das ist mit § 307 BGB vereinbar (INGENSTAU/KORBION/OPPLER § 7 Rn 1; NICKLISCH/WEICK § 7 Rn 6; KAISER, in: FS Korbion [1986] 197, 205; einschränkend auf den Fall des öffentlichen Auftraggebers ULMER/BRANDNER/HENSEN Anh §§ 9–11 Rn 911; aA SCHMIDT-SALZER BB Beil 1/73 S 8).

a) Die Bestimmung setzt voraus: **33**

aa) Es muß die *Leistung ganz oder teilweise ausgeführt* sein, wobei vorbereitende Maßnahmen wie etwa die Einrichtung der Baustelle oder die Beschaffung von Baustoffen nicht ausreichen, vgl § 7 Nr 3 VOB/B. Es reicht aber aus, wenn Leistungsteile eingebaut und dann zur weiteren Bearbeitung wieder herausgelöst waren (vgl BGH VersR 1968, 911: vorläufige Demontage von Heizkörpern zum Anstreichen).

Die Leistung muß *beschädigt oder zerstört* worden sein. Dem kann ein *Diebstahl* gleichgestellt werden (BGH aaO), wobei es sich freilich gerade bei Diebstählen nur ausnahmsweise um ein unabwendbares Ereignis handeln wird.

bb) Die Beschädigung der Leistung muß zurückzuführen sein auf: höhere Gewalt oder andere unabwendbare Umstände. Das sind Umstände, die nach menschlicher Einsicht und Erfahrung in dem Sinne unvorhersehbar sind, daß sie oder ihre Auswirkungen durch die äußerste nach der Sachlage zu erwartende Sorgfalt nicht verhütet oder in ihren Wirkungen bis auf ein erträgliches Maß unschädlich gemacht werden können (BGHZ 61, 144, 145; BGH NJW 1997, 3018; 1998, 456).

Daß der Unternehmer sie nicht zu vertreten haben darf, bedeutet nur noch eine Klarstellung.

Umstände sind für den Unternehmer nicht schon dann unabwendbar, wenn sie auf den Besteller zurückzuführen sind (aA DUFFEK BauR 1975, 22).

Wenn dem Besteller Abwehrmaßnahmen zumutbar und möglich sind, will BGH NJW 1997, 3018 § 7 VOB/B nicht anwenden, sondern statt dessen § 645. Doch kann § 7 VOB/B mit der Unabwendbarkeit sinnvoll nur auf den Unternehmer abstellen.

(1) Besondere Probleme ergeben sich insoweit bei *Witterungseinflüssen* (vgl BGH **34** VersR 1962, 159 einerseits, BGHZ 61, 144 andererseits). Einzukalkulieren hat der Unter-

nehmer auch *schwereres Wetter*, zB außergewöhnliche Regenfälle, die Rohrverlegungsarbeiten gefährden (BGH VersR 1962, 159), Sturmböen, Kälte, wobei insbesondere darauf abzustellen ist, was nach Zeit und Ort der Erstellung des Werkes gerade noch erwartet werden kann, selbst wenn die Bauleistung gegen diese Risiken nicht mehr mit wirtschaftlich vertretbaren Maßnahmen zu sichern ist (vgl Nicklisch/ Weick Rn 13). Danach kommen *praktisch nur* Sturmfluten, Orkane, Erdbeben als unabwendbare Ereignisse in Betracht, und dabei auch die ersteren nicht ausnahmslos, zB nicht im Herbst auf den Halligen. Andererseits hat BGHZ 61, 144 bei Straßenbauarbeiten Niederschlagsmengen von 64 mm statt sonst maximal in dieser Jahreszeit 40–50 mm als unabwendbares Ereignis angesehen, eine zweifelhafte Entscheidung.

Auch *Diebstähle* können unabwendbare Ereignisse sein (Nicklisch/Weick Rn 15), sofern der Unternehmer seiner entsprechenden Sicherungspflicht nach § 4 Nr 5 S 1 VOB/B nachgekommen ist.

35 (2) Besonders genannt werden als Fälle höherer Gewalt *Krieg und Aufruhr*. Unter Aufruhr wird man nach dem Sinn der Regelung auch unfriedliche Demonstrationen rechnen müssen, mögen sie nun gegen sonstige Ziele gerichtet sein und die Werkleistung nur zufällig betreffen oder gegen die Werkleistung als solche, zB die Errichtung eines Kernkraftwerks (**aA** Rutkowsky NJW 1988, 1761, 1762, der ein sonstiges unabwendbares Ereignis annimmt, aber entscheidend auf die Vorhersehbarkeit abstellt). Doch kann das *Demonstrationsrisiko* auch dann nicht das des Unternehmers sein, wenn er mit ihnen rechnen muß.

36 (3) Nicht genannt werden in § 7 VOB/B *Streik und Aussperrung*. Insoweit ergibt sich aus § 6 Nr 2 Abs 1 lit b VOB/B, daß sie grundsätzlich nur zu einer *Verlängerung der Ausführungsfristen* führen (vgl auch Nicklisch/Weick § 7 Rn 14). Allerdings kann ein Arbeitskampf im Bereich des Bestellers für den Unternehmer ein unabwendbares Ereignis sein.

b) In der Folge ist über die beschädigte oder zerstörte Werkleistung nach § 6 Nr 5 VOB/B *abzurechnen* (vgl dazu § 642 Rn 73).

37 aa) Nach Sinn und Zweck des § 7 VOB/B muß dieser Abrechnungsmodus nicht nur dann Verwendung finden, wenn die Vergütungsgefahr nach dieser Bestimmung auf den Besteller übergegangen ist, sondern überhaupt *in allen Fällen, in denen er sie zu tragen hat*, also auch dann, wenn sie nach den §§ 644 Abs 1 S 2, Abs 2, 645 Abs 1 S 1 auf ihn übergegangen ist.

bb) Auch im Falle des § 7 VOB/B kann es zu einer *Kürzung der Vergütung* in entsprechender Anwendung des § 254 kommen, sofern Umstände bei der Schädigung der Werkleistung mitgewirkt haben, die in den Verantwortungsbereich des Unternehmers fallen (vgl § 645 Rn 18 f). Freilich können unabwendbare Ereignisse im Sinne der Bestimmung nicht in einen abwendbaren und einen unabwendbaren Teil aufgespalten und dann in entsprechender Anwendung des § 254 beiden Parteien teilweise zugewiesen werden (vgl BGHZ 61, 144, 147 zu das übliche Maß wesentlich übersteigenden Regenfällen).

cc) Abzurechnen ist *nach den Vertragspreisen* für die ausgeführte Leistung; außerdem sind *die Kosten zu erstatten, die dem Unternehmer bereits entstanden*, aber in den Vertragspreisen des nicht mehr ausgeführten Teils der Leistung enthalten sind (vgl zu diesem Regelungsgehalt des in § 7 VOB/B in Bezug genommenen § 6 Nr 5 VOB/B § 642 Rn 73).

dd) Nach § 7 Nr 1 HS 2 VOB/B besteht für andere Schäden *keine gegenseitige Ersatzpflicht*. Das schließt entgegen der mißverständlichen Formulierung Ersatzansprüche auf anderer Basis nicht aus (vgl NICKLISCH/WEICK Rn 21), zB vertragliche oder deliktische Schadensersatzansprüche, wenn eine der Parteien in von ihr zu vertretender Weise Eigentum der anderen beschädigt. *Im Grunde entbehrlich* wird vielmehr klargestellt, daß der Besteller bei schuldlosem Handeln des Unternehmers gegen diesen keine Schadensersatzansprüche hat, was freilich einen *Anspruch auf Neuerstellung der Werkleistung* – gegen erneute Vergütung – nicht ausschließt, o Rn 11. Festgestellt wird weiterhin, daß der Unternehmer dann, wenn die Leistungsstörung nicht nach Maßgabe der §§ 7 VOB/B, 644 Abs 1 S 2, Abs 2, 645 Abs 1 S 1 in den Verantwortungsbereich des Bestellers fällt, gegen diesen keine Ansprüche hat, und daß der Unternehmer in diesen Fällen auf die Ansprüche aus den §§ 7, 6 Nr 5 VOB/B beschränkt ist, also zB nicht *die Kosten der Baustellenräumung* verlangen kann (vgl NICKLISCH/WEICK § 7 Rn 19), aber auch nicht den entgehenden Gewinn für den nicht mehr ausgeführten Teil der Leistung. Ansprüche hierauf können aber nach Maßgabe der §§ 645 Abs 2, 326 Abs 2 bestehen, die unberührt bleiben.

§ 645
Verantwortlichkeit des Bestellers

(1) Ist das Werk vor der Abnahme infolge eines Mangels des von dem Besteller gelieferten Stoffes oder infolge einer von dem Besteller für die Ausführung erteilten Anweisung untergegangen, verschlechtert oder unausführbar geworden, ohne dass ein Umstand mitgewirkt hat, den der Unternehmer zu vertreten hat, so kann der Unternehmer einen der geleisteten Arbeit entsprechenden Teil der Vergütung und Ersatz der in der Vergütung nicht inbegriffenen Auslagen verlangen. Das Gleiche gilt, wenn der Vertrag in Gemäßheit des § 643 aufgehoben wird.

(2) Eine weitergehende Haftung des Bestellers wegen Verschuldens bleibt unberührt.

Materialien: E I § 577; II § 581; III § 635; Mot II 500 ff; Prot II 2248 ff; JAKOBS/SCHUBERT, Recht der Schuldverhältnisse II 901 ff.

Schrifttum

BEUTHIEN, Zweckerreichung und Zweckstörung im Schuldverhältnis (1969)
vCRAUSHAAR, Die Rechtsprechung zu Problemen des Baugrundes, in: FS Locher (1990) 9
DUFFEK, Handlungen des Bauherrn als unabwendbarer, vom Auftragnehmer nicht zu vertretender Umstand, BauR 1975, 22
ENGLERT, Das „Baugrundrisiko" – ein normierungsbedürfiger Rechtsbegriff?, BauR 1990, 537
GLEICHMANN, Der Anspruch des Werkunter-

nehmers auf einen der geleisteten Arbeit entsprechenden Teil der Vergütung und den Ersatz der in der Vergütung nicht inbegriffenen Auslagen gem § 645 Abs 1 S 1 BGB (Diss Hamburg 1991)
HÜFFER, Leistungsstörungen durch Gläubigerhandeln (1975)
KÖHLER, Unmöglichkeit und Geschäftsgrundlage bei Zweckstörungen im Schuldverhältnis (1971)
KOHLER, Werkmangel und Bestellerverantwortung, NJW 1993, 417
KOLLER, Die Risikozurechnung bei Vertragsstörungen in Austauschverträgen (1979)

KRONKE, Konkretisierung der Risikozurechnungskriterien im Leistungsstörungsrecht – BGHZ 83, 197, JuS 1984, 758
LENZEN, Ansprüche gegen den Besteller, dem Mitwirkungspflichten unmöglich werden, BauR 1997, 210
NICKLISCH, Risikoverteilung im Werkvertragsrecht bei Anweisungen des Bestellers, in: FS Bosch (1976) 731
SOERGEL, Mängelansprüche bei vorzeitiger Vertragsbeendigung wegen höherer Gewalt, in: FS Korbion (1986) 427
WIEGAND, Bauvertragliche Risikoverteilung im Rechtsvergleich, ZfBR 1990, 2.

Systematische Übersicht

I.	**Allgemeines**		
1.	Gesetzgeberische Motive		2
2.	Billigkeit		3
3.	Würdigung		4
a)	Erweiterungen		4
b)	Vertretenmüssen		5
II.	**Systematische Stellung des § 645 Abs 1 S 1**		
1.	Regeln über die Unmöglichkeit		6
a)	Leistungsgefahr		6
b)	Vergütungsgefahr		7
c)	Bedeutung der Bestimmung		8
2.	§ 645 Abs 1 S 1 und die Gewährleistung		9
a)	Keine Regelung der Gewährleistung		9
b)	Vorrang der §§ 633 ff		10
c)	Beschädigung und Mangel		11
III.	**Voraussetzungen des § 645 Abs 1 S 1**		
1.	Mangel des Stoffes		12
a)	Stoff		12
b)	Mangel		12
c)	Lieferung vom Besteller		13
2.	Anweisungen		14
a)	Qualität der Forderung		14
b)	Inhalt		15
c)	Anweisung und Vertragsinhalt		15
d)	Folgepflicht des Unternehmers		16
3.	Untergang des Werkes		17
4.	Kein Vertretenmüssen des Unternehmers		18
5.	Kein Vertretenmüssen des Bestellers		20
IV.	**Rechtsfolgen des § 645 Abs 1 S 1**		
1.	Die Teilvergütung		21
2.	Berechnung		22
3.	Gewährleistung		27
4.	Neuherstellung		28
V.	**Entsprechende Anwendung des § 645 Abs 1 S 1**		
1.	Sphärentheorie		29
2.	Schädigung des Werkes durch den Besteller		30
a)	Verhalten des Bestellers		30
b)	Unterlassung		31
c)	Mitwirkungshandlungen		32
d)	Dritte		33
3.	Fehlendes Bearbeitungsobjekt		34
4.	Leistungserschwernisse		37
5.	Sonstige Risiken		38
VI.	**§ 645 Abs 1 S 2**		39
VII.	**Vereinbarungen der Parteien**		
1.	Zu Lasten des Unternehmers		40
2.	Zu Lasten des Bestellers		42
VIII.	**§ 645 Abs 2**		44

Titel 9 · Werkvertrag und ähnliche Verträge §645
Untertitel 1 · Werkvertrag 1, 2

Alphabetische Übersicht

Anweisungen	14 ff	Risiken	38
– Folgepflicht des Unternehmers	16	Sphärentheorie	4, 29
Arbeit	22 f	Stoff	12 f
Auslagen	24	– Lieferung	13
		– Mangel	12
Beschädigung	11		
– durch den Besteller	30		
Billigkeit	2 f	Teilvergütung	21 ff
Dritte	33	Unausführbarkeit	17
		Untergang	17
Gewährleistung	9 ff	Vereinbarungen	40 ff
Gewinn	24	Vergütungsgefahr	7 ff
Kosten des Unternehmers	41	Verschlechterung	17
		Versicherung	41
Leistungserschwernisse	37	Vertragsvereinbarung	
Leistungsgefahr	6	– und Anweisung	15
Leistungssubstrat	34	Vertretenmüssen	5
– Beschaffung durch den Besteller	35	– des Bestellers	20, 44
		– des Unternehmers	18, 26
Mängel	9 ff, 27, 44	Vorarbeiten	23, 42
Mitverschulden	26	Vorunternehmer	31
Mitwirkung des Bestellers	32		
		Zweckerreichung	34
Neuherstellung	28	Zweckvereitelung	34
Politische Hindernisse	37		

I. Allgemeines

Während § 644 der Erfolgsbezogenheit des Werkvertrages Rechnung trägt und deshalb den Besteller erst und nur dann zur Zahlung verpflichtet, wenn der Unternehmer das Seinige getan, also das ordnungsgemäß erstellte Werk in Annahmeverzug begründender Weise angeboten hat, *verlegt § 645 Abs 1 S 1 den Zeitpunkt des Übergangs der Vergütungsgefahr* vor, sofern das noch nicht oder nicht vollständig erstellte oder noch nicht abgenommene Werk *aus Gründen, die dem Besteller zuzurechnen sind,* untergegangen, verschlechtert oder unausführbar geworden ist. Freilich soll der Unternehmer dann *nur eine anteilige Vergütung* erhalten, die nach dem Wortlaut des Gesetzes knapper bemessen ist als die sich aus den §§ 324, 649 ergebende. 1

1. Gesetzgeberische Motive

Der Gesetzgeber hat § 645 Abs 1 S 1 angesichts der Vorleistungspflicht des Unternehmers als Ausnahme zu der sich aus den jetzigen § 323 Abs 1, 644 Abs 1 S 1 ergebenden Regel angesehen, daß der Unternehmer angesichts des Untergangs 2 des Werkes gar keine Vergütung beanspruchen könne. Diese Ausnahme beruhe auf *Billigkeit*, Mot II 500. Während in der 1. Kommission (vgl JAKOBS/SCHUBERT, Die Beratung des BGB, Recht der Schuldverhältnisse II 901 f) noch erwogen worden war, die geschuldete Vergütung nach Maßgabe der jetzigen §§ 324 Abs 1, 649 zu bemessen, dies aber als eine zu weitgehende Begünstigung des Unternehmers verworfen worden war, wurde diese letztere Entscheidung in der 2. Kommission hingenommen, aber erwogen, den Kreis der eine Vergütungspflicht auslösenden Umstände insbesondere um Fälle der höheren Gewalt zu erweitern, was dann aber wegen Abgrenzungsschwierigkeiten und einer angenommenen unbilligen Belastung des Bestellers abgelehnt wurde, vgl Prot 2248 ff.

2. Billigkeit

3   Die Bestimmung wird allgemein als eine der Billigkeit verstanden (vgl Mot II 500; BGHZ 60, 14, 20; 83, 197, 203; BGB-RGRK/GLANZMANN Rn 4; ERMAN/SEILER Rn 1). Freilich wird der Gedanke der Billigkeit dabei in unterschiedlichen Sinnzusammenhängen verwendet. Während der Gedanke der Billigkeit dem *Gesetzgeber* dazu diente, *überhaupt einen Vergütungsanspruch* des Unternehmers *zu begründen*, wird er *heute* dazu herangezogen, dem Unternehmer *in weiteren Fällen* einen Vergütungsanspruch zu gewähren.

3. Würdigung

4   Die Bestimmung des § 645 Abs 1 S 1 muß als *mißlungen* bezeichnet werden.

a) Einerseits wird es schon seit jeher gefordert (vgl OERTMANN § 644 Anm 3 b; PLANCK/OEGG §§ 644, 645 Anm 2 e) und ist es heute praktisch nicht mehr streitig (vgl u Rn 29 f), daß *der Kreis der Fälle*, die eine Vergütungspflicht des Bestellers auslösen, gegenüber der Fassung des Gesetzes *zu erweitern* ist.

5   **b)** Andererseits hat § 645 Abs 1 S 1 nur *jenen schmalen Kreis von Fällen* zum Regelungsgegenstand, in denen die Vertragsstörung von keiner der beiden Seiten zu vertreten ist (vgl nur BGHZ 60, 14, 20; BGB-RGRK/GLANZMANN Rn 1); dies folgt – bezogen auf den Besteller – aus § 645 Abs 2 und ist auch allein geeignet, die eingeschränkte Vergütungspflicht des Bestellers zu legitimieren. Dies wird aber dadurch überdeckt, daß die Fälle, die das Gesetz nennt, mangelhafter Stoff oder zum Untergang des Werkes führende Anweisungen, *im Regelfall durchaus vom Besteller zu vertreten* sein werden. Auch ist es dann *nicht zu verstehen*, warum ein Fall in § 645 Abs 1 S 2 gleichgestellt wird, in dem durchaus ein Vertretenmüssen des Bestellers anzunehmen ist. *Die Unterscheidung des Gesetzes* wird weiterhin dadurch *fragwürdig*, daß es bisher nicht gelungen ist, die Umstände, die der Besteller als Gläubiger zu vertreten hat, § 326 Abs 2, nach sicheren Kriterien von jenen abzugrenzen, die ihm wenigstens eingeschränkt nach § 645 Abs 1 zuzurechnen sind, und diese wiederum von jenen, die gar nicht seiner Verantwortung unterliegen. So scheint denn gerade § 645 Abs 1 S 1 zuweilen zum *Ausgangspunkt einer wenig konturierten Billigkeitsrechtsprechung* gemacht zu werden, bei der die Abgrenzung der Bestimmung entweder in die eine oder in die andere Richtung – oder gar in beide – wenig überzeugend erscheint.

II. Systematische Stellung des § 645 Abs 1 S 1

1. Regeln über die Unmöglichkeit

§ 645 Abs 1 S 1 ist auch dann anwendbar, wenn die Parteien dem Vertrag die VOB/B zugrunde gelegt haben (vgl BGH NJW 1997, 3018, 3019); deren § 7 Nr 1 schließt die Bestimmung nicht aus. 6

a) § 645 Abs 1 S 1 betrifft die *Vergütungsgefahr.* Zur *Leistungsgefahr* lassen sich aus der Bestimmung auch mittelbare Schlüsse *nicht* ziehen. Wenn das Werk ganz oder teilweise untergegangen ist, seine Neuherstellung aber noch möglich ist, kann der Unternehmer dazu verpflichtet sein (dazu § 644 Rn 11). Die Leistungsgefahr des Unternehmers findet ihre Grenze entweder an der Unmöglichkeit der Leistung oder an der Abnahme bzw den ihr nach § 644 Abs 1 S 2, Abs 2 gleichstehenden Umständen.

b) Für die *Vergütungsgefahr* gilt: 7
Grundsätzlich kann der Unternehmer für diese seine Werkleistung vor Abnahme keine Vergütung verlangen, § 644 Abs 1 S 1.

Ausnahmsweise kann er die *volle,* nach Maßgabe des § 326 Abs 2 S 2 zu kürzende *Vergütung* verlangen, § 326 Abs 2, *wenn der Besteller den Untergang des Werkes zu vertreten hat.* Dabei kommt es nicht darauf an, ob die Leistung endgültig unmöglich wird. Dies folgt aus § 645 Abs 2 (vgl auch u Rn 44).

Ausnahmsweise kann der Unternehmer eine *eingeschränkte,* nach Maßgabe des § 645 Abs 1 S 1 zu berechnende *Vergütung* verlangen, wenn der Besteller den Untergang des Werkes zwar *nicht zu vertreten* hat, dieser ihm aber nach den Kriterien des § 645 Abs 1 S 1 zuzurechnen ist. Das gilt auch dann, wenn die Erbringung der Werkleistung insgesamt unmöglich wird (**aA** BEUTHIEN 71 ff gegen Wortlaut und Sinn der Bestimmung, wie hier BGHZ 60, 14, 18; BGB-RGRK/GLANZMANN Rn 1).

c) Danach ist die Aussage in BGHZ 60, 14, 18 *mißverständlich,* § 645 Abs 1 S 1 sei 8 eine *Sondervorschrift, die für ihren Anwendungsbereich der allgemeinen Regelung der §§ 323 aF ff (= 326 nF) vorgehe* (bestätigt von BGH NJW 1997, 3018, 3019; 1998, 456, 457). Das läßt aber § 645 Abs 2 unerklärlich werden. Mit § 326 Abs 1 berührt sie sich nur für den Sonderfall, daß die Erstellung des Werkes unmöglich wird. Hier schafft sie einen eingeschränkten Vergütungsanspruch, den § 326 in dieser Form nicht kennt, vgl § 326 Abs 2. Im übrigen liegt die *Hauptbedeutung der Bestimmung darin, daß sie die Zweiteilung „vom Gläubiger zu vertreten" und „vom Gläubiger nicht zu vertreten" durch die Zwischenkategorie „vom Gläubiger eingeschränkt zu vertreten" ergänzt.*

2. § 645 Abs 1 S 1 und die Gewährleistung

a) § 645 Abs 1 S 1 soll **nicht die Gewährleistung für Mängel** des Werkes betreffen; 9 das ergibt außer dem Standort der Bestimmung auch die Entstehungsgeschichte, in der auf Gewährleistungsfragen nicht eingegangen wird. Gleichwohl können sich *Abgrenzungsprobleme* dann ergeben, wenn das Werk beschädigt wird, *da sich die Beschädigung als Mangel der Werkleistung darstellen kann.* Man könnte aus dem Umstand, daß der Unternehmer Vergütung für das geschädigte Werk verlangen kann, den Schluß ziehen, daß er zur Gewährleistung insoweit nicht verpflichtet sei.

10 b) Demgegenüber ist aber von **einem Vorrang der §§ 633 ff** auszugehen, *soweit ihr Anwendungsbereich reicht.* Das bedeutet (vgl auch KOHLER NJW 1993, 417), daß der Unternehmer *zur Nachbesserung auch dann verpflichtet bleibt*, wenn nur der Besteller sich den Mangel – wegen Vertretenmüssens oder weil die Kriterien des § 645 Abs 1 S 1 vorliegen – selbst zurechnen muß oder wenn beide Seiten den Mangel verursacht oder verschuldet haben, daß der Besteller aber in entsprechender Anwendung des § 254 Abs 1 die gesamten oder wenigstens anteilige Kosten der Nachbesserung übernehmen muß (vgl dazu § 633 Rn 13 ff). *Diese flexible Mitverursachungsregelung ist vorzugswürdig* gegenüber der starren, einseitigen Mitverursachungsregelung in § 645 Abs 1 S 1. Ebenso sind die sekundären Gewährleistungsrechte des Bestellers auf Rücktritt, Minderung oder Schadensersatz statt der Leistung nach den Grundsätzen des § 254 zu beurteilen. UU kann der Unternehmer die Nachbesserung bei überwiegender Verursachung des Mangels durch den Besteller wegen unverhältnismäßigen Aufwands nach § 635 Abs 3 verweigern. Fallen die beschädigungsbedingten Mängel nur dem Besteller zur Last, muß er die gesamten Kosten der Nachbesserung tragen; eines Anspruchs aus § 645 Abs 1 S 1 bedarf der Unternehmer hier nicht. Demgegenüber will KOHLER (NJW 1993, 417, 419 f) hier offenbar einen solchen neben den Werklohnanspruch stellen. Das erscheint unförderlich.

11 c) Damit stellt sich die *Aufgabe, eine Beschädigung des Werkes von einem Mangel des Werkes abzugrenzen.*

Der *Begriff des Mangels des Werkes* ist gegenüber dem in § 645 Abs 1 S 1 verwendeten Begriff der Verschlechterung des Werkes, aber auch der dieser gleichzustellenden Beschädigung des Werkes (u Rn 17) *weit auszulegen*. Ein Mangel kann solange angenommen werden, *wie das Werk* – oder der betroffene Werkteil – *überhaupt noch als Werk bzw Werkteil angesprochen werden können*. Gegen die Annahme eines Mangels spricht es nicht, daß Maßnahmen der Nachbesserung nicht mehr ausreichen, sondern daß solche der Neuherstellung notwendig werden, da Nachbesserung und Neuherstellung ohnehin nicht sinnvoll gegeneinander abgegrenzt werden können.

III. Voraussetzungen des § 645 Abs 1 S 1

1. Mangel des Stoffes

12 Es muß ein Mangel des vom Besteller gelieferten Stoffes vorliegen.

a) Der Begriff des Stoffes ist weit auszulegen.

aa) Hierher gehören zunächst die *Sachen, die* im Rahmen des Werkvertrages *zu bearbeiten sind*. Besondere Probleme können sich dabei hinsichtlich des Baugrundes ergeben, der schwieriger zu bearbeiten sein mag, als man sich dies ursprünglich vorgestellt hat (andere Bodenklasse, unerwartete Grundwasserverhältnisse). Hier ergeben sich zusätzliche Vergütungsansprüche des Unternehmers, wenn er daraufhin zusätzliche Leistungen erbringt oder der Besteller seine Planung ändert (vgl § 632 Rn 66 ff). Denkbar sind auch Ansprüche des Unternehmers aus culpa in contrahendo, sofern der Bauherr zB die Bodenklasse schuldhaft falsch ausgeschrieben hat (vgl BGH NJW 1966, 499; BauR 1988, 338, 340). Doch werden solche Ansprüche meist daran scheitern, daß der Unternehmer Lücken der Ausschreibung erkennen und überprüfen muß, ggf dann auch den Baugrund selbst. Insoweit sind an ihn strenge Anforderungen zu stellen. Ist die Schwierigkeit des Baugrundes für beide Seiten nicht erkennbar, wird dieses Risiko verbreitet nach § 645 dem Besteller zugewiesen (vgl INGENSTAU/ KORBION [13. Aufl] § 2 Rn 119; NICKLISCH/WEICK Einl vor §§ 4–13 Rn 72; vCRAUSHAAR, in: FS Locher [1990] 19; SOERGEL/TEICHMANN Rn 4; vgl zum Problem auch ENGLERT BauR 1991, 537; WIEGAND ZfBR 1991; 2). Die Bestimmung paßt aber nicht. § 645 Abs 1 S 1 betrifft unüberwindliche Hindernisse, die die Erstellung des Werkes scheitern lassen. Zur Bewältigung der schwierigen Bodenverhältnisse ist der Unternehmer aber gerade verpflichtet; zusätzliche Vergütung verlangt er gerade auf der Basis, daß er die Probleme gemeistert hat. Dann begehrt er aber auch nicht eine eingeschränkte Vergütung, sondern die volle: Sie ist ihm auf der Basis einer ergänzenden Vertragsauslegung zu gewähren (vgl § 632 Rn 30).

bb) Hierher gehören weiter die zu verwendenden *Materialien* wie Farben und Steine. Entsprechend anzuwenden ist die Bestimmung auf vom Besteller gestellte *Werkzeuge* (vgl DOCHNAHL JherJb 48 [1904] 306; SOERGEL/TEICHMANN Rn 4; ERMAN/SEILER Rn 2, die § 645 unmittelbar anwenden wollen).

b) Der Stoff muß *mangelhaft* sein, also für die vertragsgemäße Erstellung des Werkes nicht ausreichen (ERMAN/SEILER Rn 2). Das ist dann der Fall, wenn das Werk mit ihm gar nicht erstellt werden kann (BGHZ 60, 14, 20), aber auch dann, wenn es sich mit diesem Stoff nur mangelhaft erstellen läßt.

Dagegen fällt es *nicht* unter § 645 Abs 1 S 1, wenn das Werk mit diesem Stoff *nur unter erschwerten Bedingungen*, insbesondere zu erhöhten Kosten, erstellt werden kann (vgl dazu § 632 Rn 46).

Maßgeblicher Zeitpunkt für die Beurteilung der Mangelhaftigkeit ist der für die Verwendung des Stoffes vorgesehene (**aA** ERMAN/SEILER Rn 2: Zeitpunkt der Lieferung).

c) Der Stoff muß vom Besteller *geliefert* sein. Dabei kommt es nicht darauf an, ob er nach den getroffenen Vereinbarungen zur Lieferung verpflichtet war; *auch die freiwillige* Lieferung des Stoffes reicht aus. § 645 Abs 1 S 1 kann *sogar dann anwendbar sein, wenn der Unternehmer den Stoff beschafft hat*, sofern ihm der Besteller dabei nämlich *verbindliche Vorgaben für die Auswahl* gemacht hat.

Naturgemäß gehört hierher auch der Fall, daß der Besteller den zu bearbeitenden Stoff, zB das Baugrundstück, gar nicht zur Verfügung stellt, so daß deshalb die Erbringung der Werkleistung unterbleiben muß (vgl OLG München NJW-RR 1992, 348 sowie u Rn 34).

Die Gründe für die Nichtlieferung des Stoffes oder die Lieferung mangelhaften Stoffes sind unbeachtlich, zB kann auch ein – berechtigtes oder unberechtigtes – Verhalten Dritter zugrunde liegen (vgl OLG München), etwa auch das Verhalten eines Vorunternehmers (vgl KAPELLMANN BauR 1992, 433). Ein Verschulden kann nur insoweit beachtlich sein, als es um über § 645 hinausgehende Ansprüche des Unternehmers geht, zB auf Schadensersatz.

2. Anweisungen

14 Dem Mangel des Stoffes stehen Anweisungen des Bestellers für die Ausführung des Werkes gleich. Zum Begriff der Anweisungen vgl schon § 633 Rn 45. Er ist schillernd, hier aber jedenfalls *nicht anders als im Gewährleistungsrecht* zu verstehen. Der Grundgedanke ist folgender: Von dem Unternehmer kann die Einstandspflicht für das Werk nur dann erwartet werden, wenn ihm die Freiheit belassen wird, den vereinbarten Erfolg auf dem Wege anzustreben, den er für richtig und zweckmäßig hält. Verlangt der Besteller, daß ein anderer Weg für die Ausführung beschritten wird, kann dem Unternehmer das Risiko von Fehlschlägen nicht mehr – uneingeschränkt – angesonnen werde.

a) Notwendig ist mithin zunächst ein *ernstliches Verlangen* des Bestellers, das von der Erwartung getragen wird, daß der Unternehmer Folge zu leisten habe und leisten werde. Bloße Wünsche und Anregungen des Bestellers, die dem Unternehmer die Möglichkeit der Ablehnung belassen, können nicht als Anweisungen verstanden werden.

b) Inhaltlich müssen die Anweisungen *methodischer Art* sein, sich auf die Ausführung des Werkes beziehen, deren Zeit, Ort, Mittel oder Ablauf betreffen. Anweisungen, die auf die *Erstellung eines geänderten Werkes* abzielen, fallen nicht unter § 645 Abs 1 S 1.

15 c) Diese Anweisungen sind *regelmäßig nicht Teil der vertraglichen Vereinbarungen* (vgl ERMAN/SEILER Rn 3), auch wenn dort auch durchaus methodische Fragen der Erstellung des Werkes geregelt sein können. Wenn sich der Unternehmer nämlich vertraglich auf einen bestimmten Ausführungswunsch des Bestellers einläßt, übernimmt er als der für den Erfolg primär Verantwortliche damit auch das Risiko des Fehlschlags. *Im Einzelfall kann das aber durchaus auch anders sein*, sofern der Unternehmer deutlich macht, daß diese Ausführungsart auf den Wunsch des Bestellers zurückgeht und er nicht bereit ist, das Risiko des Fehlschlags zu tragen.

In der Regel handelt es sich aber um *nachträgliche Verlangen des Bestellers*. Dabei reicht es, wenn der Unternehmer ihnen *tatsächlich nachkommt*, weil es der Besteller so will; eine nachträgliche Änderung der getroffenen Vereinbarungen ist darin nicht zu sehen.

16 d) Nicht näher geregelt ist die Frage, *ob der Unternehmer Anweisungen des Bestellers zu befolgen hat*. Das beantwortet sich nach der Zumutbarkeit; sie ist auf Grund der Umstände des Einzelfalls zu beurteilen. Der Unternehmer *kann die Befolgung verweigern*, wenn Mehrkosten anfallen würden, die der Besteller nicht zu übernehmen bereit ist, oder wenn er nicht auf die vom Besteller gewünschte Methode eingestellt ist oder wenn Zweifel an ihrer Zweckmäßigkeit bestehen, wie er sie dem Besteller deutlich zu machen hat. Wo die Befolgung der Weisungen aber zumutbar ist, da muß der Unternehmer ihnen auch entsprechen und kann durch eine Weigerung gegebenenfalls auch Anlaß zu einer Kündigung aus wichtigem Grund liefern. Umgekehrt kann der Unternehmer grob sachwidrige Weisungen des Bestellers seinerseits als Anlaß zur Kündigung aus wichtigem Grund nehmen.

3. Untergang des Werkes

Auf Grund des mangelhaften Stoffes oder der sachwidrigen Anweisungen des Bestellers muß es *zum Untergang des Werkes, seiner Verschlechterung oder seiner Unausführbarkeit* gekommen sein. **17**

a) Ein *Untergang* des Werkes liegt vor, wenn es, soweit es errichtet ist, wieder entfällt. *Unausführbarkeit* ist gegeben, wenn es gar nicht mehr erstellt werden kann oder wenn der Unternehmer nach dem Rechtsgedanken der §§ 251 Abs 2, 635 Abs 3 die Ausführung wegen *unverhältnismäßigen Aufwands* verweigern kann. Letzteres ist jedoch nur der Fall, wenn und soweit er es bereits einmal ausgeführt hatte (vgl § 635 Rn 8).

b) Eine *Verschlechterung* des Werkes ist gegeben, wenn es beschädigt oder sonst mangelhaft wird. Insoweit ist jedoch zu beachten, daß die *Gewährleistungsregelungen*, soweit anwendbar, den Vorrang vor § 645 Abs 1 S 1 genießen (o Rn 9).

4. Kein Vertretenmüssen des Unternehmers

Negativ setzt § 645 Abs 1 S 1 voraus, daß *kein Umstand* mitgewirkt hat, *den der Unternehmer seinerseits zu vertreten hat*. **18**

a) Der Unternehmer hat zunächst schuldhafte *Pflichtwidrigkeiten* zu vertreten. Namentlich ist er dann, wenn Anlaß zu Zweifeln bestehen, verpflichtet, die Stoffe des Bestellers auf ihre Tauglichkeit und seine Anweisungen auf ihre Zweckmäßigkeit zu *überprüfen* und gegebenenfalls dem Besteller Bedenken vorzutragen (vgl dazu § 633 Rn 62 ff). Eine solche Überprüfungspflicht ist vom Vorliegen von Verdachtsmomenten abhängig. Von dem Unternehmer kann im Regelfall größere Aufmerksamkeit erwartet werden, da er gegenüber dem Besteller über überlegenen Sachverstand verfügt. Die Anforderungen verringern sich, wenn der Sachverstand des Bestellers oder seiner Mitarbeiter, zB eines Architekten, gleich dem des Unternehmers ist oder diesen gar übersteigt, ohne doch dadurch gänzlich in Fortfall zu kommen. Zu aufwendigen Spezialuntersuchungen kann der Unternehmer freilich nicht verpflichtet sein.

b) *Zu vertreten* hat der Unternehmer außer schuldhaften Pflichtverstößen aber auch schuldlos verursachte Mängel seiner Arbeiten, also *alles das, was zu seiner Gewährleistungspflicht* nach Maßgabe der §§ 633 ff *führt*, also insbesondere die Verwendung eigener mangelhafter Materialien oder ein sachwidriges Vorgehen. **19**

5. Kein Vertretenmüssen des Bestellers

Negativ setzt § 645 Abs 1 S 1 weiter voraus, daß *der Besteller* den Untergang, die Verschlechterung oder die Unausführbarkeit des Werkes *nicht seinerseits zu vertreten hat*, weil dann, wenn dies der Fall ist, § 326 Abs 2 mit seinen weiterreichenden Rechtsfolgen eingreift (vgl dazu o Rn 7 und u Rn 44). Freilich kann sich der Unternehmer **20** bei einem Vertretenmüssen des Bestellers *darauf beschränken, nach § 645 Abs 1 S 1 abzurechnen.*

IV. Rechtsfolgen des § 645 Abs 1 S 1

1. Die Teilvergütung

21 § 645 Abs 1 S 1 gewährt dem Unternehmer nach dem Wortlaut des Gesetzes *einen der geleisteten Arbeit entsprechenden Teil der Vergütung* sowie Ersatz der in der Vergütung nicht inbegriffenen Auslagen. Der Ansatz dieser Vergütungsberechnung steht also *im Gegensatz* zu dem der §§ 649, 326 Abs 2. Während letztere „von oben" ausgehen, von der vollen Werklohnforderung, und dann von dieser (von der Gegenseite zu beweisende) Abstriche machen, geht § 645 Abs 1 S 1 „von unten" aus, nämlich *von dem, was real gearbeitet worden ist,* was zudem noch vom Unternehmer selbst darzutun und zu beweisen ist (BGHZ 60, 14, 22). Beide Beträge nähern sich aneinander an, je weiter das Werk fortgeschritten ist; bei seiner Vollendung kommen sie zur Deckung. Sie klaffen desto weiter auseinander, je weniger getan worden ist. Wenn der Unternehmer an der Arbeit überhaupt verhindert war, erhält er im Falle des § 645 Abs 1 S 1 nichts.

Diese Unterschiede lassen sich nur daraus rechtfertigen, daß der Besteller die Leistungsstörung nicht zu vertreten hat, so daß es eigentlich zu Lasten des Unternehmers bei der Grundregelung des § 326 Abs 1 verbleiben müßte. Selbst dann sind *die Rechtsfolgen* aber *schwer zu billigen,* wenn man bedenkt, daß der Unternehmer so wesentlich besser steht, wenn seine Leistung während Annahmeverzuges des Bestellers unmöglich wird, § 324 Abs 2, oder wenn der Besteller aus freien Stücken kündigt, § 649.

Zu beachten ist, daß das Gesagte freilich nur für § 645 Abs 1 S 1 selbst gilt. Soweit § 645 Abs 1 S 2 „das gleiche" auch für den Fall des § 643 anordnet und damit auch für den Fall des § 648a Abs 5 S 1, ist nach den Maßstäben des § 649 abzurechnen (vgl u Rn 39).

2. Berechnung

22 Im Anschluß an DOCHNAHL JherJb 48 (1904) 307 f bemißt sich die nach § 645 Abs 1 S 1 dem Unternehmer geschuldete Vergütung *nicht nach dem Wert der bisher erbrachten Leistung,* sondern dem Wortlaut der Bestimmung entsprechend *nach dem Verhältnis der bisher aufgewendeten Arbeitszeit zu der insgesamt für das Werk veranschlagten Arbeitszeit* (vgl OERTMANN Anm 2 b; BGB-RGRK/GLANZMANN Rn 8; ERMAN/SEILER Rn 6). Wenn 40% der vorgesehenen Arbeitszeit abgeleistet sind, müssen mithin 40% der Vergütung gezahlt werden, mögen sich die Leistungen des Unternehmers auch in bloßen Vorbereitungen erschöpfen oder umgekehrt das Werk seinem Wert nach schon im wesentlichen geschaffen haben. Das führt jedoch allenfalls bei kleinen und überschaubaren Werkleistungen zu einigermaßen gesicherten Ergebnissen und hängt zudem von einem Parameter ab, der gegenüber dem Besteller nur selten offen ausgewiesen wird.

23 a) Zu berücksichtigen sind jedenfalls *auch Vorbereitungshandlungen* des Unternehmers, sofern und soweit sie sich auf das konkrete Werk beziehen, zB die Beschaffung der hierfür benötigten Materialien (weitergehend möglicherweise BGB-RGRK/GLANZMANN Rn 11). Zu berücksichtigen sind aber auch *Zeiten der Abwicklung,* zB die Baustellenräumung. Dabei ist auch der *anteilige kalkulierte Unternehmergewinn* mitzuberücksichtigen (BGB-RGRK/GLANZMANN Rn 11). Statt dessen kann der Unternehmer aber auch anteilige Gemeinkosten liquidieren (OLG München NJW-RR 1992, 348).

Führt der Unternehmer das Werk erneut aus, dann tritt der Anspruch aus § 645 Abs 1 S 1 neben den Werklohnanspruch für dieses.

b) § 645 Abs 1 S 1 gewährt dem Unternehmer auch einen *Anspruch auf die Auslagen,* die er bereits gehabt hat, die aber in der nach dem Vorstehenden ermittelten Vergütung noch nicht inbegriffen sind; zB Kosten für Materialbeschaffung (BGH NJW 1998, 456, 457). Er kann sich auf die Geltendmachung dieser Auslagen beschränken (BGHZ 60, 14, 22). **24**

c) *Darlegungs- und beweispflichtig* für seine Ansprüche ist der Unternehmer. Für die *Fälligkeit* kommt es auf eine Abnahme der erbrachten Teilleistung nicht an (BGH WM 1982, 596).

d) Nach der klaren Wertung des Gesetzes ist dem Unternehmer ein Anspruch auf den *anteiligen Gewinn, den er aus dem noch ausstehenden Teil der Leistung hätte ziehen können,* verwehrt. Diesen Anspruch hat er vielmehr nur nach den §§ 645 Abs 2, 324 Abs 1 unter der zusätzlichen Voraussetzung, daß der Besteller das Leistungshindernis zu vertreten hat; unklar insoweit BGHZ 40, 71, wo dem Unternehmer der (volle?) restliche Werklohn nach § 645 Abs 1 S 1 zugesprochen wird.

e) Die vorstehenden Grundsätze gelten dann, wenn das Werk insgesamt untergeht oder unausführbar wird. *Sofern Teile schon erstellt sind und erhalten bleiben,* sind diese nach den vertraglichen Grundsätzen abzurechnen (BGB-RGRK/GLANZMANN Rn 11). **25**

f) Sofern der Unternehmer den Untergang oder die Unmöglichkeit des Werkes mitverschuldet hat, *schließt dies seinen Vergütungsanspruch* nach der eindeutigen Regelung des § 645 Abs 1 S 1 ganz *aus.* **26**

aa) Dies läßt seinen Vergütungsanspruch für erhalten bleibende Teile des Werkes unberührt.

bb) Sofern der Unternehmer den Untergang oder die Unmöglichkeit des Werkes zwar mitverursacht hat, ihm ein Verschuldensvorwurf aber nicht zu machen ist, scheint es unbillig, ihm einen Vergütungsanspruch ganz zu versagen. In *Fällen der beiderseitigen schuldlosen Mitverursachung* ist es vielmehr angezeigt, ihm den sich nach § 645 Abs 1 S 1 ergebenden Vergütungsanspruch belassen, diesen aber in entsprechender Anwendung des § 254 Abs 1 zu kürzen.

3. Gewährleistung

27 Zur vorrangigen Anwendung der §§ 633 ff, wenn das Werk Mängel erleidet, o Rn 10.

4. Neuherstellung

28 Zur Verpflichtung des Unternehmers, die nachholbare Werkleistung erneut zu erbringen, § 644 Rn 11. Dies ist dann – nach den Maßstäben des Vertrages – vergütungspflichtig.

V. Entsprechende Anwendung des § 645 Abs 1 S 1

1. Sphärentheorie

29 Es steht heute *praktisch außer Streit*, daß § 645 Abs 1 S 1 entgegen den Vorstellungen des historischen Gesetzgebers, o Rn 2, *über seinen unmittelbaren Geltungsbereich hinaus* entsprechend angewendet werden kann. Die hier angesprochenen Fälle einer durch den Besteller verursachten Vereitelung der Erstellung des Werkes sind nicht die einzigen denkbaren, in denen wertungsmäßig der Vergütungsanspruch des tätig gewordenen Unternehmers jedenfalls anteilig erhalten bleiben muß.

Freilich kann eine **allgemeine Sphärentheorie** des Inhalts **nicht** anerkannt werden, daß der Besteller immer dann das Risiko des Untergangs oder der Unmöglichkeit der Werkleistung zu tragen habe, wenn die Ursache in seiner Sphäre zu suchen ist (vgl aber eine solche Theorie befürwortend ENNECCERUS/LEHMANN § 153 II 1 a; FIKENTSCHER § 80 II 4 c; kritisch ERMAN JZ 1965, 657; BGB-RGRK/GLANZMANN Rn 4; ERMAN/SEILER Rn 11). Eine solche Theorie ist eben schon anläßlich der Beratungen zum BGB als *zu unbestimmt und zu wenig praktikabel* verworfen worden, vgl Prot 2248 ff; statt dessen ist die konkrete Regelung des § 645 Abs 1 S 1 Gesetz geworden. ERMAN/SEILER Rn 11 weist zutreffend darauf hin, daß sich die Verhältnisse seit 1900 nicht hinreichend verändert hätten, daß man der gesetzlichen Regelung die Gefolgschaft versagen könnte. Distanziert gegenüber einer allgemeinen Sphärentheorie auch BGHZ 40, 71; 60, 19; 78, 335.

2. Schädigung des Werkes durch den Besteller

30 Dem Fall der sachwidrigen Weisung des Bestellers, die zum Untergang des Werkes führt, kann es zunächst *wertungsmäßig gleichgestellt* werden, *daß der Besteller das Werk durch sein Verhalten zerstört oder beschädigt* (vgl BGHZ 40, 72: Einbringen von Heu, das sich späterhin entzündet, in die noch nicht fertiggestellte Scheune; zustimmend zB BGB-RGRK/ GLANZMANN Rn 6; ERMAN/SEILER Rn 10; PALANDT/SPRAU §§ 644, 645 Rn 9).

a) Verhalten des Bestellers
Das Verhalten des Bestellers braucht *nicht schuldhaft* zu sein; sofern ein Verschuldensvorwurf zu erheben ist, erhält der Unternehmer nach den §§ 645 Abs 2, 326 Abs 2 im Grundsatz die volle Vergütung. Es kann sich zB um einen bestimmungsgemäßen Gebrauch des Werkes handeln, wie er dem Besteller vor der Abnahme noch nicht gebührt.

Zu differenzieren ist in den im Baubereich häufigen Fällen, in denen *die noch nicht abgenommene Werkleistung in andere, weitere Arbeiten einbezogen und dabei beschädigt wird*. Wenn der Besteller diese weiteren Arbeiten selbst durchführt, hat er dafür in entsprechender Anwendung des § 645 Abs 1 S 1 einzustehen. Dagegen ist er *für von ihm veranlaßte Arbeiten anderer* nicht ohne weiteres verantwortlich (aA OLG Köln OLGZ 1975, 323), sondern nur dann, wenn diese auch bei ordnungsgemäßer Durchführung die Werkleistung zwangsläufig gefährden, nicht aber, wenn sie ohne eine solche Gefährdung durchgeführt werden können. In letzterem Fall kann die Vergütungsgefahr den Besteller treffen, wenn er der Bauaufsicht nicht hinreichend nachgekommen ist, doch folgt dies dann aus den §§ 645 Abs 2, 324 Abs 1.

Sofern *mangelhafte Leistungen von Vorunternehmern* die Werkleistung beeinträchtigen, fällt dies unmittelbar unter § 645 Abs 1 S 1, da dann der vom Besteller gelieferte Stoff mangelhaft ist. **31**

b) Unterlassung
Außer durch ein positives Tun kann der Besteller die Werkleistung auch durch ein *Unterlassen* beeinträchtigen. Das ist namentlich dann der Fall, wenn ihm Maßnahmen der Obhut für die unfertige Werkleistung obliegen; so hat er diese, wenn sie sich in seiner Sachherrschaft befindet, im Rahmen des Zumutbaren insbesondere gegen Diebstahl und sonstige schädigende Eingriffe Dritter sowie gegen nachteilige Witterungseinflüsse zu schützen (vgl zu unzureichendem Hochwasserschutz durch den Besteller BGH NJW 1997, 3018; 1998, 456). Doch wird ein Verstoß gegen diese Obliegenheiten *meist schuldhaft* mit der Folge der Anwendbarkeit der §§ 645 Abs 2, 326 Abs 2 sein.

c) Mitwirkungshandlungen
Stets trifft die Vergütungsgefahr nach § 645 Abs 1 S 1 den Besteller, wenn das *Unterlassen einer notwendigen Mitwirkungshandlung* zum Untergang oder zur Unausführbarkeit der Werkleistung führt. Zu denken ist etwa daran, daß er es versäumt, die nur innerhalb bestimmter Frist erhältliche Genehmigung für die Erstellung des Werkes zu beschaffen. Gleiches gilt bei einer Schädigung des Werkes durch eine mangelhafte Mitwirkung des Bestellers. **32**

d) Dritte
Wenn dritte Personen die unfertige Werkleistung beeinträchtigen, kann der Besteller dafür in entsprechender Anwendung des § 278 einzustehen haben. Zuzurechnen ist ihm allerdings nicht das Verhalten anderer auf derselben Baustelle tätiger Personen, die nicht seinem Einfluß unterliegen (BGHZ 78, 352). Zu selbständigen Unternehmern, die er selbst eingeschaltet hat, o Rn 30. Wohl aber fallen unter § 278 *abhängige Personen, die auf Weisung des Bestellers tätig werden*, indem sie kraft Dienstvertrages für ihn Arbeiten oder Überwachungs- und Aufsichtsmaßnahmen durchführen, sowie auch *die Personen, die die Interessen des Bestellers wahrnehmen und ihn repräsentieren*, wie namentlich der Architekt, etwaige Vertreter oder auch der Ehegatte und sonstige Familienangehörige. **33**

3. Fehlendes Bearbeitungsobjekt

§ 645 Abs 1 S 1 setzt in seiner ersten Alternative voraus, daß der Besteller dem Unternehmer überhaupt einen Stoff zur Bearbeitung zur Verfügung stellt, der aller- **34** dings nicht geeignet ist. Dem stellt im Anschluß an BGHZ 60, 14, 20 die hM den Fall gleich, *daß der Besteller dem Unternehmer gar keinen bearbeitungsfähigen Stoff zur Verfügung stellt* (vgl MEDICUS JZ 1973, 369; BGB-RGRK/GLANZMANN Rn 2; ERMAN/SEILER Rn 10; STAUDINGER/LÖWISCH [1995] § 275 Rn 10; ESSER/SCHMIDT § 23 II, III; früher schon BEUTHIEN 69 ff, 239 ff; KÖHLER 38 ff, 54 ff; HUBER JuS 1972, 57, 60 ff).

a) Die Entscheidung BGHZ 60, 14 betraf den Fall, daß eine Person nicht befördert werden konnte, weil sie nach Vertragsschluß verschärften Impfbedingungen nicht nachkommen konnte. Hier fehlt das *Leistungssubstrat*; man spricht – wenig glücklich (vgl STAUDINGER/LÖWISCH [2001] § 275 Rn 12) – von „Zweckvereitelung". Hierher rechnen weiter die Fälle, daß das zu renovierende Haus abbrennt, das zu bergende Schiff endgültig untergeht. Ihnen gleichzustellen sind die Fälle, in denen das Leistungssubstrat dem Unternehmer deshalb nicht zur Verfügung gestellt wird, weil der vereinbarte Erfolg schon anderweitig eingetreten ist *(„Zweckerreichung")*: Das liegengebliebene Kraftfahrzeug springt von selbst wieder an, das aufgelaufene Schiff wird mit der Flut wieder frei.

b) Der im Anschluß an BEUTHIEN, 16 ff, 230 ff, gewählte *Ansatz bei dem Begriff der Unmöglichkeit erscheint nur eingeschränkt brauchbar*. Er berücksichtigt nicht hinreichend die *werkvertraglichen Besonderheiten*. Die Unmöglichkeit ist primär eine Kategorie des Kaufrechts, die auch dort recht eigentlich nur auf den Stückkauf paßt, in das Werkvertragsrecht kann sie nur eingeschränkt übertragen werden.

Im Fall BGHZ 60, 14 ist Unmöglichkeit erst dadurch eingetreten, daß der Reisetermin verstrichen war (absolutes Fixgeschäft), nicht schon mit der Notwendigkeit, aber Unmöglichkeit der Impfung eines Reiseteilnehmers. Die heutige Bestimmung des § 615b Abs 1 S 1 belegt dies: Mit einer anderen Person wäre die Reise durchaus möglich gewesen. So aber liegen die Fälle häufig, daß die Werkleistung an einem anderen Leistungssubstrat durchaus und sinnvoll erbracht werden könnte. Wenn die Baugenehmigung für dieses Grundstück versagt wird oder sein Erwerb mißlingt, kann das Haus meist mit geringen Modifikationen an anderer Stelle errichtet werden. Allerdings ist es dem Besteller nicht immer zumutbar, ein *ersatzweises Leistungssubstrat* zu beschaffen.

Die angenommene Unmöglichkeit wegen eines fehlenden Leistungssubstrats wäre außerdem in einer Vielzahl von Fällen eine *anfängliche*. Dann ist es schwierig, zugunsten des Unternehmers die als unbillig empfundenen Rechtsfolgen des § 306 zu vermeiden (vgl die Versuche BEUTHIENS 144 f und seinen Überblick 228 ff).

c) *Zweckmäßiger* erscheint es, von einer *Gläubigerobliegenheit des Bestellers zur Beschaffung eines Leistungssubstrats* auszugehen. Dann ergibt sich folgendes:

aa) Wenn dem Besteller die *Beschaffung eines anderen Leistungssubstrats möglich und zumutbar* ist, kann der Unternehmer ihm hierfür eine Frist nach § 643 setzen und nach deren fruchtlosem Ablauf nach dieser Bestimmung den vollen Werklohn abzüglich ersparter Aufwendungen liquidieren (vgl § 643 Rn 18 f). Die Fristsetzung erübrigt sich, wenn der Besteller die Beschaffung verweigert. Hierher gehört namentlich die *Stellung eines anderen Baugrundstücks*, weiterhin auch die Stellung eines anderen Reiseteilnehmers.

bb) Die Beschaffung eines anderen Leistungssubstrats kann dem Besteller *unzu-* 36 *mutbar* sein und deshalb unterbleiben. Dann ist entsprechend § 645 Abs 1 S 1 abzurechnen. Bei einer Reise ist dies etwa dann anzunehmen, wenn Eltern mit ihren Kindern verreisen wollen.

cc) *Mußte der Besteller damit rechnen*, daß er ein Leistungssubstrat nicht würde zur Verfügung stellen können, führt dies zur Anwendbarkeit der §§ 645 Abs 2, 326 Abs 2.

dd) Wenn die Leistung unmöglich wird, weil sie an einem Ersatzobjekt nicht erbracht werden kann oder darf, sind entweder § 645 Abs 1 S 1 oder §§ 645 Abs 2, 326 Abs 2 anzuwenden.

4. Leistungserschwernisse

BGHZ 83, 197, 203 ff wendet § 645 Abs 1 S 1 in einem Fall entsprechend an, in dem 37 *politische Hindernisse* einer Erbringung der Werkleistung entgegenstanden. Der Besteller stehe den Risiken näher als der Unternehmer, auch wenn er sie nicht beherrschen könne, vor allem aber habe der Besteller von seinem Abnehmer schon den Gegenwert für die Leistung des Unternehmers erhalten. Die Entscheidung erscheint *kaum verallgemeinerungsfähig*, da höhere Gewalt als Hinderungsgrund von § 645 gerade nicht dem Besteller als Risiko zugewiesen wird, *die Beziehungen des Bestellers zu seinem Abnehmer* aber *grundsätzlich* für den Unternehmer *unbeachtlich* zu bleiben haben. Sowenig der Besteller aus ihnen Rechte gegenüber dem Unternehmer herleiten kann, so wenig darf sich umgekehrt auch der Unternehmer auf sie berufen. Die Bestimmung des § 645 Abs 1 S 1, der der historische Gesetzgeber gerade Konturen zu geben versucht hat, kann nicht allein aus Gründen der Billigkeit entsprechend herangezogen werden.

5. Sonstige Risiken

Weitere vom Besteller im Rahmen des § 645 Abs 1 S 1 zu tragende Risiken sind nicht 38 auszuschließen, aber nicht ersichtlich. *Höhere Gewalt* gehört jedenfalls *nicht* zu ihnen, sie fällt unter § 644. Es kann auch nicht als das Risiko des Bestellers angesehen werden, daß die Werkleistung in besonderem Maße die *Begehrlichkeit* – zB wegen ihres Wertes – oder die *Angriffslust* – zB als politisch umstrittene atomare Anlage – *Dritter* weckt (vgl auch zu letzterem Rutkowsky NJW 1988, 1761, 1762). Es kann hier aber zur Anwendung der §§ 645 Abs 2, 326 Abs 2 führen, wenn der Besteller ihm zumutbare Sicherungsmaßnahmen unterläßt oder den Unternehmer nicht auf Gefahren hinweist, die ihm im Gegensatz zu jenem deutlich sein müssen.

VI. § 645 Abs 1 S 2

§ 645 Abs 1 S 2 ist in § 643 Rn 18 f erläutert. Danach ist in den Fällen des § 643 nach 39 § 649 abzurechnen. Eine Abrechnung nach § 649 ist auch geboten, wenn der Unternehmer nach § 648a Abs 5 S 1 gekündigt hat (BGH NJW 1999, 2036).

VII. Vereinbarungen der Parteien

Das Regelwerk der §§ 644 Abs 1 S 1, 2, 645 Abs 1 S 1 ist *vertraglich modifizierbar*, 40 auch in allgemeinen Geschäftsbedingungen der einen oder der anderen Seite. Die Vereinbarung der VOB/B modifiziert die Bestimmung des § 645 nicht (BGH NJW 1997, 3018).

1. Zu Lasten des Unternehmers

Abänderungen zu Lasten des Unternehmers in AGB des Bestellers stoßen allerdings auf enge Grenzen, die durch § 307 Abs 2 Nr 1 gezogen werden. Wesentlichen Grundgedanken der gesetzlichen Regelung widerspricht es zunächst, die Gefahrtragung des Unternehmers zeitlich über den Zeitpunkt der Abnahme hinaus zu erstrecken (vgl KORBION/LOCHER, AGB-Gesetz und Bauerrichtungsverträge [1987] Rn 86). Das kann zB dadurch geschehen, daß auf den Zeitpunkt der baubehördlichen Abnahme abgestellt wird oder den der Abnahme des Abnehmers des Bestellers. Doch basiert die Gefahrverteilung im deutschen Recht auf dem *Gedanken der besseren Risikobeherrschung*, und diese fehlt dem Unternehmer nach der Abnahme seines Werkes.

41 Zulässig ist es dagegen (vgl KORBION/LOCHER), bis hin zur Abnahme dem Unternehmer eine *Pflicht zur Versicherung* seiner Werkleistung aufzuerlegen. Das kann in der Form geschehen, daß der Unternehmer sie selbst zu versichern hat, aber auch in der Form, daß er die anteiligen Kosten einer allgemeinen, vom Besteller genommenen Versicherung zu tragen hat. Damit entgeht der Besteller der Vergütungspflicht nach § 645 Abs 1 S 1; er kann den Unternehmer auf die Versicherung verweisen. Ebenso kann dem Unternehmer – in Abweichung von § 644 Abs 1 S 3 – die Pflicht auferlegt werden, die in seinen Besitz gelangten Stoffe des Bestellers zu versichern.

Wie die Versuche belegen, die Verantwortlichkeit des Bestellers für das unfertige Werk über die in § 645 Abs 1 S 1 genannten Fälle hinaus zu erweitern, gehören diese zu den *unverzichtbaren Bestandteilen* der gesetzlichen Regelung, auch wenn sie ihrerseits den Grundsatz des § 323 Abs 1 einschränken. Der Besteller kann sich also nicht für die Fälle von seiner Leistungspflicht freizeichnen, daß ein Mangel des von ihm gelieferten Stoffes oder eine Anweisung von seiner Seite zum Untergang des Werkes führt. Gleiches muß aber auch für die Fälle angenommen werden, in denen eine entsprechende Anwendung des § 645 Abs 1 S 1 angezeigt ist (dazu o Rn 29 ff). Er kann den Unternehmer allerdings auf die *Möglichkeit der Versicherung* verweisen, dazu soeben.

Eine inhaltliche Modifikation des Anspruchs aus § 645 Abs 1 S 1 muß dem Unternehmer *jedenfalls* den *Ersatz der ihm entstandenen Kosten* belassen. Möglich ist also nur eine Reduktion des Gewinnanteils an der Vergütung.

2. Zu Lasten des Bestellers

42 Modifikationen der Gefahrtragung zu Lasten des Bestellers in AGB des Unternehmers sind differenziert zu beurteilen.

a) Zunächst kann dem Besteller *nur die Gefahr für die unfertige Werkleistung selbst* auferlegt werden, nicht auch für vorgefertigte, vielleicht gar schon angelieferte Stoffe und Werkteile, die noch keinen Eingang in die Werkleistung selbst gefunden haben (vgl INGENSTAU/KORBION [13. Aufl] § 7 Rn 36; **aA** URSPRUNG BauR 1973, 341, 345 zu § 7

VOB/B). Insoweit muß es bei einer Haftung des Bestellers aus den §§ 280 Abs 1, 241 Abs 2 oder Delikt verbleiben, falls er solche Sachen des Unternehmers beschädigt. Dem Besteller kann in AGB auch *keine Vergütungspflicht für Vorarbeiten* auferlegt werden, wie das Ausheben der Baugrube oder Schalungsarbeiten, die durch höhere Gewalt zunichte gemacht werden (INGENSTAU/KORBION; **aA** SCHMALZL BauR 1972, 276, 278).

b) Soweit dem Besteller die Gefahr für die unfertige Werkleistung selbst über den Rahmen des § 645 Abs 1 S 1 und seiner entsprechenden Anwendung hinaus auferlegt wird, kommt es maßgeblich darauf an, welcher Art die Werkleistung ist und in wessen räumlichem Bereich sie ausgeführt wird. Danach bestehen eher Bedenken, wenn dies in der Sphäre des Unternehmers geschieht (vgl auch ULMER/BRANDNER/HENSEN Anh zu §§ 9–11 Rn 911). Anders, wenn die Werkleistung gleichermaßen den Einflüssen beider Parteien und auch Dritter ausgesetzt ist, wie etwa typischerweise beim Bau auf dem Grundstück des Bestellers (vgl auch § 7 VOB/B, dazu § 644 Rn 32).

c) Soweit dem Besteller die Gefahr auferlegt werden darf, kann auch die Vergütung des Unternehmers für die untergegangene Teilleistung dahin modifiziert werden, daß er für sie *die volle anteilige Vergütung erhält*, und daß dann, wenn das Werk insgesamt unausführbar wird, nach den §§ 324 Abs 2, 649 S 2 abgerechnet wird, so daß nur die ersparten Aufwendungen des Unternehmers in Abzug zu bringen sind. Allerdings wird dem Unternehmer die Beweislast dafür zu belassen sein, daß er nichts oder nur weniger als vom Besteller behauptet, erspart habe, vgl insoweit auch § 309 Nr 12 lit a. **43**

VIII. § 645 Abs 2

1. Die Bestimmung *bestätigt, daß § 326 Abs 2 uneingeschränkt Anwendung findet*, wenn der Besteller die Unmöglichkeit der Erstellung des Werkes *zu vertreten hat* (vgl nur BGB-RGRK/GLANZMANN § 644 Rn 13; ERMAN/SEILER Rn 7). Freilich begründet § 326 Abs 2 keine „Haftung ... wegen Verschuldens", wie dies § 645 Abs 2 mißverständlich formuliert, sondern *erhält dem Unternehmer nur den Anspruch auf die Gegenleistung*, obwohl er nicht ordentlich erfüllt. **44**

a) § 326 Abs 2 setzt voraus, daß die Erbringung der Leistung ganz oder teilweise unmöglich wird.

aa) Sofern sich nur eine Teilunmöglichkeit der Werkleistung ergibt, wird man § 326 Abs 2 dann nicht anwenden können, wenn sich die beschädigte Werkleistung als *mangelhaft* darstellt. Hier ist vielmehr das Gewährleistungsrecht als Spezialregelung heranzuziehen (vgl o Rn 10). Es handelt sich dann um einen Mangel, der in den Verantwortungsbereich des Bestellers fällt (dazu § 633 Rn 178).

bb) Über den eigentlichen Anwendungsbereich der Unmöglichkeit der Leistung hinaus ist § 326 Abs 2 dann anzuwenden, wenn die Leistung zwar untergegangen, aber *nachholbar und damit möglich* bleibt (BGB-RGRK/GLANZMANN § 644 Rn 13). Es ist dann die untergegangene Werkleistung nach § 324 Abs 1 zu vergüten.

b) § 326 Abs 2 setzt weiter voraus, daß der *Besteller die Leistungsstörung zu vertreten hat*. Vgl zu dem in der Person des Gläubigers schillernden Begriff des Vertretenmüssens STAUDINGER/OTTO (2001) § 324 aF Rn 7 ff, 22 ff. Wenn beide Seiten die Leistungsstörung zu vertreten haben, findet § 254 entsprechende Anwendung (dazu STAUDINGER/OTTO [1995] Rn 58 ff).

Soweit es um das Tun Dritter geht, hat der Besteller in entsprechender Anwendung des § 278 für von ihm dienstvertraglich eingesetzte Personen sowie für seinen Architekten einzustehen. Zweifelhaft ist die Möglichkeit, die Fehler von Vorunternehmern zuzurechnen. Wohl zu Recht verneint dies BGH BauR 1985, 561 (zu § 6 VOB). Entsprechendes muß dann auch für andere Unternehmer gelten, die nachträglich durch den Besteller die Möglichkeit erhalten, auf die noch nicht abgenommene Werkleistung einzuwirken.

c) Zur *Rechtsfolge* des § 326 Abs 2 vgl STAUDINGER/OTTO (1995) § 324 aF Rn 45 ff. Sie unterscheidet sich nicht von der des § 649.

45 2. § 326 Abs 2 S 1, 2. Alt findet *keine Anwendung*, weil § 644 Abs 1 S 2 eine entsprechende Regelung enthält.

3. Unberührt bleiben nach § 645 Abs 2 weiterhin *Schadensersatzansprüche* des Unternehmers aus Delikt oder den §§ 280 ff.

§ 646
Vollendung statt Abnahme

Ist nach der Beschaffenheit des Werkes die Abnahme ausgeschlossen, so tritt in den Fällen des § 634a Abs. 2 und der §§ 641, 644 und 645 an die Stelle der Abnahme die Vollendung des Werkes.

Materialien: E I § 579; II § 582; III § 636; Mot II 506 ff; JAKOBS/SCHUBERT, Recht der Schuldverhältnisse II 832 ff; Art 1 G zur Modernisierung des Schuldrechts vom 26.11.2001 (BGBl I 3138).

Systematische Übersicht

I.	**Allgemeines**	1	d)	Anwendungsmöglichkeiten der Bestimmung	10
II.	**Der Abnahme unfähige Werke**		e)	Abnahmebegriff	10
1.	Körperliche Werke	2			
2.	Immaterielle Werke	4	**III.**	**Rechtsfolgen**	
3.	Verkehrssitte	6	1.	Vollendung	11
4.	Stellungnahme	7	2.	Auswirkungen	12
a)	Abgrenzungskriterien	7	a)	Verjährung	12
b)	Billigungsfähigkeit	8	b)	Vergütungszeitpunkt	13
c)	Beispiele	9	c)	Gefahrübergang	14
			d)	§ 645	14

Titel 9 · Werkvertrag und ähnliche Verträge
Untertitel 1 · Werkvertrag

§ 646
1, 2

e) Beweislast für Mängel —— 15
f) § 640 Abs 2 —— 16

3. Anzeige der Vollendung —— 17

Alphabetische Übersicht

Anwendungsbereich	7, 9	Körperliche Werke	2
Besitz am Werk	2	Mitteilungspflicht des Unternehmers	17
Beweislast für Mängel	15		
		Rügelast	16
Endgültige Werke	6		
		Vergütung	13
Gefahr	14	Verjährung	12
Geistige Werke	7	Verkehrssitte	6
		Vollendung	11
Immaterielle Werke	4		
		Zumutbarkeit der Prüfung	3
Körperliches Substrat	4 f		

I. Allgemeines

§ 646 geht wie § 640 Abs 1 S 1 HS 2 davon aus, daß die *Abnahme* eines Werkes „*nach* **1** *der Beschaffenheit des Werkes*" *ausgeschlossen* sein kann; die Bestimmung verlegt dann bestimmte Wirkungen der Abnahme – nicht alle – auf den Zeitpunkt der **Vollendung** des Werkes vor. Der *Anwendungsbereich* der Bestimmung ist außerordentlich *zweifelhaft und streitig; überzeugende Kriterien* für die Abnahmeunfähigkeit einer Werkleistung *haben sich* bislang *nicht finden lassen.* Außerdem läßt sich eine *hinreichende Begründung* für die durch den Verzicht auf die Abnahme gegebene Schlechterstellung des Bestellers *nicht* geben. Dabei ist freilich zu berücksichtigen, daß die Auswirkungen des § 646 überaus gering sind, die Bestimmung *heute praktisch nicht mehr angewendet wird.*

II. Der Abnahme unfähige Werke

1. Körperliche Werke

Wer in der Abnahme allein die körperliche Entgegennahme des Werkes durch den **2** Besteller sieht, muß eine Abnahme dann für ausgeschlossen halten, *wenn sich das Werk ununterbrochen im Besitz des Bestellers befunden hat* (so Heck, Schuldrecht § 117, 5 b; Siber, Schuldrecht 337). Freilich ist die *Prämisse zweifelhaft,* inwieweit sich tatsächlich ununterbrochener Besitz des Bestellers an der Werkleistung annehmen läßt. Selbst bei Reparaturen im Hause des Bestellers geht die tatsächliche Sachherrschaft über das Substrat der Arbeiten jedenfalls für deren Dauer auf den Unternehmer über: Der Maler gibt das Zimmer frei, wenn er meint, fertig zu sein, und kann sich vorher Störungen verbitten (vgl auch § 633 Rn 79). Letztlich ist diese Lehrmeinung *nur bei Arbeiten am Körper des Bestellers schlüssig.* Die hM hält auf der Basis ihres zweigliedrigen, auch die Billigung umfassenden Abnahmebegriffs *körperliche Werke* *stets* für *abnahmefähig* (vgl RGZ 110, 408; BGB-RGRK/GLANZMANN Rn 1; ERMAN/SEILER § 640 Rn 11).

3 Eine *Ausnahme* ist auch dann *nicht* zu machen, wenn dem Besteller *eine Überprüfung der Werkleistung nicht zuzumuten* ist (aA ENNECCERUS/LEHMANN § 152 I 2 Reparatur eines hohen Daches; KG W 1916, 1295 Reklameplakate in Straßenbahnen). Doch ist mindestens eine eingeschränkte Überprüfung der Werkleistung immer möglich, eine vollständige dagegen nur ausnahmsweise, so daß *dieses Abgrenzungskriterium versagt*, und ist es ohnehin nicht einzusehen, warum Schwierigkeiten der Überprüfung die Rechtsstellung des Bestellers sollten schmälern können.

2. Immaterielle Werke

4 Umstritten ist die *Abnahmefähigkeit* immaterieller Werke. Einige halten hier eine Abnahme für in der Regel (?) ausgeschlossen (so STAUDINGER/RIEDEL[11] § 640 Rn 14; SOERGEL/MÜHL[11] § 640 Rn 8). Andere nehmen Abnahmefähigkeit jedenfalls dann an, wenn die Werkleistung ein *körperliches Substrat* hat wie zB ein Manuskript oder eine Zeichnung (vgl BGB-RGRK/GLANZMANN § 640 Rn 13). Insbesondere sind hier die Werkleistungen von *Architekten* zu nennen, die nach BGHZ 37, 341, 345; BGH VersR 1972, 640 abnahmefähig sind, ebenso wie die Werkleistungen von *Statikern* (vgl BGHZ 48, 257, 263). Dabei nimmt die letztgenannte Entscheidung an, daß die Abnahme nicht schon in der rügelosen Entgegennahme des Rechenwerkes liege, sondern erst in der Billigung des späterhin errichteten Bauwerks.

5 Teilweise wird die Abnahmefähigkeit von unkörperlichen Werken jedenfalls dann angenommen, wenn ihnen ein *körperliches Substrat fehlt*, wie zB künstlerischen und sportlichen Leistungen (vgl BGB-RGRK/GLANZMANN Rn 2 f; MünchKomm/SOERGEL Rn 3).

3. Verkehrssitte

6 Gewichtige Bedeutung wird der Verkehrssitte für die Frage der Abnahmefähigkeit beigemessen; es wird darauf abgestellt, ob eine *Abnahme üblich* ist (vgl LARENZ SchuldR II § 53 III a; BGB-RGRK/GLANZMANN Rn 2). Nach LARENZ sollen Reparaturen beweglicher Sachen des Bestellers, Personen- und Güterbeförderung danach nicht abnahmefähig sein, ebenso Theateraufführungen. Demgegenüber hält GLANZMANN Beförderungsleistungen unter Berufung auf die Verkehrssitte für abnahmefähig.

Daran anknüpfend stellt ERMAN/SEILER (§ 640 Rn 10) darauf ab, ob mit der Vollendung der Werkleistung ein *endgültiger, nicht mehr abänderbarer* Zustand geschaffen worden ist; hierher rechnet er insbesondere Beförderungsleistungen und Theateraufführungen; ähnlich PIETSCH 200 ff, für den es darauf ankommt, ob eine *Nachbesserung noch möglich* ist.

4. Stellungnahme

7 Im Ergebnis wird festzustellen sein, daß es **der Abnahme nicht fähige Werke nicht gibt**.

a) Die *genannten Abgrenzungskriterien* versagen. Die Verkehrsüblichkeit wird zB für und gegen die Abnahmefähigkeit von Beförderungsleistungen angeführt. Sie kann schon wegen ihrer Unbestimmtheit ein taugliches Kriterium nicht bilden. Die Endgültigkeit des durch die Werkleistung geschaffenen Zustandes bedeutet, daß seine Nachbesserungsfähigkeit entscheidet. Aber das ist *nicht das Kriterium des Gesetzes*, das mit der Beschaffenheit des Werkes nicht die Eigenschaften des konkreten Werkes, sondern *bestimmte Typen von Werken* meint. Außerdem sind kaum Werke denkbar, die nicht nachbesserungsfähig sind. Die vielfach genannten Beförderungsleistungen können korrigiert werden, zB an ihrem Endpunkt. Mißlungene Theateraufführungen können wiederholt werden; auch die Neuherstellung ist Nachbesserung (vgl § 635 Abs 1). Als nicht nachbesserungsfähig kommen letztlich nur die Bauaufsicht des Architekten und die umgesetzte Berechnung des Statikers in Betracht, jedenfalls wenn man der Rechtsprechung folgt (vgl Anh II Rn 8 ff zu § 638). Gerade hier geht die Rechtsprechung aber zutreffend von Abnahmefähigkeit aus, vgl o Rn 4.

b) *Einer Billigung durch den Besteller zugänglich sind alle Werkleistungen* (so zutreffend PIETSCH 200 ff). Dann aber kann die Abnahme nicht nach der Beschaffenheit des Werkes ausgeschlossen sein. Daß die Billigung des Bestellers in manchen Bereichen unüblich sein mag, ändert daran nichts, sondern kann nur Anlaß geben, den Begriff der Abnahme entsprechend zu fassen, so daß sie als konkludent erfolgt gilt, wenn es nicht zu einer ausdrücklichen Mißbilligung kommt (vgl dazu § 640 Rn 14 ff). **8**

c) Die neuere Rechtsprechung kennt, soweit ersichtlich, *keine Beispiele mehr* für der Abnahme nicht fähige Werke (vgl aber LG Hannover NJW-RR 1989, 1525 Anzeigenwerbevertrag; AG Cottbus NJW-RR 1994, 949: Papier-Tischsets für Gaststätten mit Werbeaufdruck). **9**

d) Beachtlich ist freilich das Argument von BGB-RGRK/GLANZMANN Rn 2, *daß der gesetzlichen Regelung ein Anwendungsbereich verbleiben müsse*. Doch geht es nicht an, allein deswegen für einzelne Arten von Werkleistungen die Abnahmeunfähigkeit zu postulieren, wenn sie als solche nicht hinreichend begründet werden kann. **10**

e) Wenn es, so PIETSCH 204, darum geht zu vermeiden, daß der Besteller durch die Verweigerung der Abnahme die weitere Abwicklung des Werkvertrages blockieren kann, so ist das ein allgemeines Problem, das als solches gelöst werden muß. Es kann nicht punktuell durch die großzügige Bejahung der Abnahmeunfähigkeit bewältigt werden.

III. Rechtsfolgen

1. Vollendung

Bei Werken, die man der Abnahme nicht für fähig hält, tritt in bestimmten Beziehungen **an die Stelle der Abnahme die Vollendung**. **11**

a) Es reicht die *Vollendung als solche*; Mängel oder das Fehlen zugesicherter Eigenschaften schließen diese nicht aus (BGB-RGRK/GLANZMANN Rn 4).

b) Der *Zeitpunkt* der Vollendung wird sich meist aus der Natur der Sache ergeben: Ankunft am Zielort, Abschluß der Theatervorstellung. Wo dieses Kriterium versagt, weil es darauf ankommt, ob der Unternehmer sein Werk für vollendet hält, reicht *dessen* – meist konkludent abgegebene – *Erklärung*, das Werk sei vollendet, so zB bei der improvisierten Kunstaufführung.

2. Auswirkungen

12 Es sind *nicht alle Wirkungen der Abnahme* in § 646 aufgeführt, vielmehr nur die in den §§ 634a Abs 2, 641, 644, 645 genannten.

a) Die Bezugnahme auf § 634a Abs 2 bedeutet, daß die Gewährleistungsansprüche des Bestellers nicht erst mit der Abnahme *zu verjähren beginnen*, sondern bereits mit der Vollendung des Werkes. Der Zeitpunkt wird insoweit *vorverlegt*.

13 b) Aus den §§ 646, 641 Abs 1 ergibt sich, daß die *Vergütung* im Zeitpunkt der Vollendung zu zahlen ist. Das nimmt dem Besteller nicht die Möglichkeit, dem Zahlungsanspruch des Unternehmers im Falle von Mängeln einredeweise Gewährleistungsansprüche entgegenzusetzen. Kommt insoweit noch eine Nachbesserung in Betracht, ist der Werklohn Zug um Zug gegen deren Vornahme zu zahlen. Ist sie nicht möglich, ist endgültig abzurechnen.

Vom Zeitpunkt der Vollendung an ist nach den §§ 646, 641 Abs 4 ein nicht gestundeter Werklohn *zu verzinsen*.

14 c) Die Bezugnahme auf § 644 kann sinnvoll nur als Bezugnahme auf dessen Abs 1 S 1 gedeutet werden. Der *Übergang der Preisgefahr* wird also auf den Zeitpunkt der Vollendung des Werkes festgelegt.

d) Keinen Sinn ergibt die *Bezugnahme auf § 645*. Wenn man dort in Abs 1 S 1 an die Stelle der Abnahme die Vollendung setzt, ändert sich am Regelungsgehalt nichts.

15 e) Nicht geregelt ist in § 646 die Frage der *Beweislast für Mängel. Insoweit kann die Vollendung des Werkes die Abnahme nicht ersetzen.* Daß der Besteller nach der Abnahme die Beweislast für Mängel trägt, rechtfertigt sich daraus, daß er die Werkleistung mit der Abnahme als im wesentlichen vertragsgerecht anerkannt hat. An einem entsprechenden Akt fehlt es bei der schlichten Vollendung des Werkes, so daß hier die Beweislast für die Mangelfreiheit bei dem Unternehmer verbleiben muß. Ein Wechsel der Beweislast kann sich nur aus dem auch hier anwendbaren § 363 ergeben.

16 f) § 646 nennt **§ 640 Abs 2** nicht. Die Bestimmung ist hier also nicht anwendbar (vgl BGB-RGRK/Glanzmann Rn 5; Erman/Seiler Rn 1). Kenntnis des Bestellers von Mängeln kann ohne einen Akt der Abnahme auch schwerlich zum Verlust von Gewährleistungsrechten führen. Denkbar bleibt der Verlust dieser Rechte aus allgemeinen Gründen (vgl Planck/Oegg Anm 2; Erman/Seiler Rn 1), zB durch *Verzicht oder Verwirkung*, doch sind insoweit *strenge Anforderungen* zu stellen. Die von Erman/Seiler genannten Beispiele der Benutzung oder Veräußerung des Werkes können kaum ausreichen, abgesehen davon, daß sie bei abnahmeunfähigen Werken ohnehin nicht recht denkbar sind.

3. Anzeige der Vollendung

Wenn der Besteller keine Kenntnis von der Vollendung hat oder zu haben braucht, trifft den Unternehmer die Nebenpflicht, den Besteller hiervon zu informieren. Die Verletzung dieser Pflicht kann ihn schadensersatzpflichtig machen (vgl ERMAN/SEILER Rn 3). **17**

§ 647
Unternehmerpfandrecht

Der Unternehmer hat für seine Forderungen aus dem Vertrag ein Pfandrecht an den von ihm hergestellten oder ausgebesserten beweglichen Sachen des Bestellers, wenn sie bei der Herstellung oder zum Zwecke der Ausbesserung in seinen Besitz gelangt sind.

Materialien: E I § 574; II § 583 Abs 1; III § 637; Mot II 494 ff; Prot II 2227 ff; JAKOBS/SCHUBERT, Recht der Schuldverhältnisse II 874 ff.

Schrifttum

BENÖHR, Kann ein Dritter mit Zustimmung des Eigentümers das gesetzliche Unternehmerpfandrecht begründen?, ZHR 135 (1971) 144
FROHN, Kein gutgläubiger Erwerb des Werkunternehmerpfandrechts?, AcP 161 (1962) 31
GRASMANN, Rechte des Werkunternehmers gegenüber dem Sicherungseigentümer aus der Instandsetzung von Kraftfahrzeugen, MDR 1953, 199
HENKE, Gutgläubiger Erwerb gesetzlicher Besitzpfandrechte?, AcP 161 (1962) 1
HOHENESTER, Unternehmerpfandrecht bei fehlender Gutgläubigkeit an das Eigentum des Bestellers, NJW 1958, 212
KARTZKE, Unternehmerpfandrecht des Bauunternehmers nach § 647 BGB an beweglichen Sachen des Bestellers, ZfBR 1993, 205
KAYSERS, Die Verwendungsansprüche des Besitzers bei vertraglichen Leistungen (1968)
KRAFT, Gutgläubiger Erwerb des Unternehmerpfandrechts?, NJW 1963, 741
MÜHL, Vindikation und Kondiktion, AcP 176 (1976) 396

MÜLLER, Der Schutz des Werkunternehmers bei Insolvenz des Bestellers, VersR 1981, 499
PETERS, Werkverträge über bestellerfremde Sachen, JR 1996, 133
PICKER, Formularmäßige Pfandrechtsbestellung – Enteignung vertragsunbeteiligter Dritter?, NJW 1978, 1417
RAISER, Verwendungsansprüche des Werkunternehmers, JZ 1958, 681
ders, Zum gutgläubigen Erwerb gesetzlicher Besitzpfandrechte, JZ 1961, 285
REINICKE/TIEDTKE, Der gutgläubige Erwerb eines Pfandrechts an beweglichen Sachen, JA 1984, 202
RIEMENSCHNEIDER, Sicherung des Werkunternehmers (1967)
STÖBER, Das Unternehmerpfandrecht an bestellerfremden Sachen, NJW 1958, 821
WIEGAND, Fälle des gutgläubigen Erwerbs beweglicher Sachen außerhalb § 932 ff BGB, JuS 1974, 545.

Systematische Übersicht

I. Allgemeines 1

II. Gesicherte Forderungen
1. Vertragliche Forderungen 2
2. Frühere Forderungen 3

III. Pfandobjekte
1. Bewegliche Sachen 4
2. Sachen des Bestellers 7
   a) Neuhergestellte Sachen 7
   b) Subunternehmer 8
   c) Anwartschaftsrecht 9
   d) Sachen Dritter 10
   aa) Einwilligung des Eigentümers ... 10
   bb) Gutgläubiger Erwerb 13

IV. Entstehen, Inhalt und Erlöschen des Pfandrechts
1. Besitz des Unternehmers 16

2. Verwertung des Pfandrechts 19
3. Erlöschen 20

V. Vereinbarungen über das Pfandrecht 21

VI. Herausgabeansprüche gegen den Unternehmer; Ansprüche des Unternehmers auf Verwendungsersatz
1. Vertraglicher Herausgabeanspruch .. 23
2. Fehlende Identität von Besteller und Eigentümer 24
   a) Herausgabeansprüche 25
   b) Verwendungen des Unternehmers .. 26

VII. Anwendungsbereich der Bestimmung 30

Alphabetische Übersicht

AGB 13, 22
Anwartschaftsrecht 9

Bearbeitung 18
Besitz des Unternehmers 16
Besitzrecht des Bestellers .... 27 ff
Besitzverlust des Unternehmers 20

Dienstvertrag 30

Einwilligung des Eigentümers .... 10 ff

Forderungen .... 2 ff
– frühere 3
– gesetzliche 2
– vertragliche 2

Guter Glaube 15
Gutgläubiger Erwerb .... 12 ff

Herausgabeansprüche 23

Pfandobjekte .... 4 ff

Pfandrecht
– Ausschluß 21
– Entstehen 16
– Erlöschen 20
– Inhalt 19

Rückgabe 20

Sachen .... 4 ff
– des Bestellers 4
– bewegliche 4
– Dritter .... 10 ff, 24 ff
– unpfändbare 6
– Wert 6
Schiffe 4
Subunternehmer 8

Vereinbarungen 21
Verwendungen des Unternehmers .... 26 ff

Werklieferungsvertrag 30

Titel 9 · Werkvertrag und ähnliche Verträge §647
Untertitel 1 · Werkvertrag 1, 2

I. Allgemeines

Da der Unternehmer den Werklohn erst bei der Ablieferung des Werkes beanspru- **1**
chen kann, § 641 Abs 1, ist er mit der Erstellung des Werkes *vorleistungspflichtig*. Das
damit verbundene Risiko kann zwar durch Voraus- und Abschlagszahlungen des
Bestellers abgemildert werden (vgl zu ihnen §§ 641 Rn 10 ff, 632a Rn 1 ff), doch lassen
sich solche am Markt nicht immer durchsetzen. § 647 bietet deshalb *eine Absicherung
durch die Gewährung eines Pfandrechts*. Die *Herausgabe* des Werkes könnte zwar
dann, wenn der Werklohn nicht angeboten wird, *nach den §§ 320 ff verweigert werden*, doch hat das Pfandrecht den Vorteil der Befriedigungsmöglichkeit aus der
bearbeiteten Sache, von der freilich selten Gebrauch gemacht zu werden scheint.
Dabei ist das Pfandrecht als ein *gesetzliches* ausgeschaltet, entsteht also ohne einen
entsprechenden Willen der Beteiligten. Das ist insofern etwas paradox, als die historischen Ursprünge der gesetzlichen Pfandrechte in einer vermuteten stillschweigenden rechtsgeschäftlichen Verpfändung im römischen Recht zu suchen sind, vgl Dig
20. 2. 2 ff.

In seiner *inhaltlichen Ausgestaltung* folgt das Pfandrecht nach § 1257 den Regeln über
rechtsgeschäftlich bestellte Pfandrechte, und zwar ohne Modifikationen, da es sich
nicht um ein besitzloses Pfandrecht handelt. Es finden also die §§ 1210 ff Anwendung, ferner die §§ 223 Abs 1, 401.

II. Gesicherte Forderungen

1. Vertragliche Forderungen

Abgesichert werden die *Forderungen* des Unternehmers *„aus dem Vertrag"*. Insoweit **2**
findet eine *umfassende Absicherung* der Forderungen statt (vgl PALANDT/SPRAU Rn 2). In
erster Linie wird die *Werklohnforderung* erfaßt. Sie wird schon vor ihrer Fälligkeit
geschützt, dann allerdings nicht in vollem Umfang, sondern soweit sie schon entstanden ist, wie aus den §§ 648 Abs 1 S 2, 649 gefolgert werden kann. *Mängel* des
Werkes schließen das Unternehmerpfandrecht wegen der Werklohnforderung *nicht*
aus, sondern sind in Höhe der Nachbesserungskosten von der Werklohnforderung
abzusetzen. Freilich hindert § 1228 Abs 2 S 1 den Unternehmer an einer Verwertung
der Sache, wenn der Besteller die Abnahme der Werkleistung berechtigterweise
wegen der Mängel verweigert. Außer der Werklohnforderung genießen aber auch
solche vertraglichen Ansprüche des Unternehmers Schutz, *die sich erst aus der weiteren Entwicklung des Vertrages ergeben*, zB solche aus den §§ 642, 645 Abs 1, 649, auf
Schadensersatz aus den §§ 280 ff. Aus § 1210 Abs 2 folgt, daß auch die Kosten der
Rechtsverfolgung aus dem Pfandrecht gesichert sind. Gesichert sind auch ersatzfähige
Kosten der Rechtsverfolgung wegen der Werklohnforderung. Unanwendbar ist die
Bestimmung auf Ansprüche, die *nur* auf eine unerlaubte Handlung oder eine sonstige
gesetzliche Grundlage gestützt werden können. Das gilt namentlich auch für *Bereicherungsansprüche*, die sich bei Nichtigkeit des Vertrags ergeben; hier sind aber
die §§ 1000 ff zu beachten. Für Ansprüche des Unternehmers nach § 357 Abs 3 S 1
gilt § 647 ebenfalls nicht, wohl aber für solche *Vergütungsansprüche*, die dem Unternehmer *nach Rücktritt* gemäß § 346 Abs 2 verbleiben, da diese die vertragliche Anspruchsgrundlage nicht vernichten. Wenn der Unternehmer mit seinen Leistungen
über den ursprünglichen Auftragsumfang hinausgeht, wird man danach zu unter-

scheiden haben, ob er für diese zusätzlichen Leistungen Vergütung nach vertraglichen Grundsätzen (vgl dazu § 632 Rn 90 ff) oder nur nach Bereicherungsrecht beanspruchen kann.

2. Frühere Forderungen

3 Als Forderungen aus „dem" Vertrag werden freilich solche *aus früheren Verträgen nicht* geschützt (vgl BGH NJW 1983, 2140), mögen sie sich auch auf dieselbe Sache bezogen haben. Die damals begründeten Pfandrechte werden regelmäßig durch eine zwischenzeitliche Rückgabe an den Besteller nach § 1235 *erloschen* sein. Allerdings bleibt es denkbar, daß der Unternehmer dem Herausgabeanspruch des Bestellers seine früher begründete Forderung einredeweise nach § 273 Abs 1 entgegensetzt. Die dazu notwendige Konnexität kann sich namentlich aus einer ständigen Geschäftsverbindung wie etwa einer regelmäßigen Wartung von Kfz oä ergeben.

III. Pfandobjekte

1. Bewegliche Sachen

4 § 647 gilt für bewegliche Sachen; für unbewegliche ist § 648 Abs 1 einschlägig, für Schiffe und für Schiffsbauwerke § 648 Abs 2. Freilich gilt § 647 für letztere dann, wenn sie nicht in das Schiffsregister eingetragen werden können.

Sachen in diesem Sinne sind zunächst die dem Unternehmer zur Reparatur oder sonstigen Bearbeitung überlassenen *Gegenstände*, ferner sonstige dazu überlassene *Stoffe oder Materialien*. Bearbeitet worden brauchen sie entgegen dem Wortlaut des Gesetzes noch nicht zu sein (**aA** Erman/Seiler Rn 3; wie hier BGB-RGRK/Glanzmann Rn 4 unter Hinweis auf die ratio legis). Es muß *ausreichen, daß schon eine Forderung des Unternehmers begründet* worden ist. § 647 erfaßt nicht Werkzeuge und sonstige Hilfsmittel, die der Besteller zur Verfügung gestellt hat.

Das Pfandrecht umfaßt *die gesamte Sache*, mag sie auch nur in Teilen bearbeitet worden sein, sowie *alles, was ihrem rechtlichen Schicksal folgt* (vgl zum Kfz-Brief [analoge Anwendung des § 952] OLG Köln MDR 1977, 51).

5 Das Pfandrecht ist *nicht* davon abhängig, daß die Forderung des Unternehmers im Verhältnis zum Wert der Sache *eine gewisse Mindesthöhe* erreicht. Allerdings ist der Unternehmer bei einer Mehrheit bearbeiteter Sachen nach Treu und Glauben gehalten, sie insoweit freizugeben, wie sie offenkundig zu seiner Absicherung nicht benötigt werden, vgl § 320 Abs 2. Außerdem kann er nach den Umständen des Einzelfalls gehalten sein, die *Sache freizugeben, wenn ihm der Besteller eine anderweitige hinreichende Sicherheit bietet*. Das gilt namentlich dann, wenn Zweifel an seinen Forderungen bestehen und der Besteller dringend auf die Sache angewiesen ist.

6 § 647 macht – anders als § 562 Abs 1 S 2 für das Vermieterpfandrecht – *keine Einschränkung für unpfändbare Sachen*. Auch bei ihnen muß der sie bearbeitende Unternehmer gesichert sein (Erman/Seiler Rn 3).

2. Sachen des Bestellers

„Sachen des Bestellers" sind diejenigen, die **in seinem Eigentum** stehen. 7

a) Neuhergestellte Sachen
Bei der Neuherstellung einer Sache scheitert die durch das Pfandrecht gewährleistete Möglichkeit der Befriedigung aus der Sache nicht schon an einem eigenen Eigentumserwerb des Unternehmers nach § 950. Vielmehr findet ein solcher grundsätzlich nicht statt, sondern ist der Besteller als Hersteller im Sinne jener Bestimmung zu verstehen (vgl BGHZ 14, 114, 117 zum Werklieferungsvertrag; BGB-RGRK/GLANZMANN Rn 4; ERMAN/SEILER Rn 3, ferner § 651 Rn 15 und die Erl zu § 950). Auch wenn man gleichwohl einen Eigentumserwerb des Unternehmers annehmen wollte, müßte man ihm trotz des doktrinären Ausschlusses des § 647 in § 651 S 3 ein *Pfandrecht an der eigenen Sache* zuerkennen, wie es von § 1256 Abs 2 als möglich anerkannt wird. Ungeachtet all dessen ergibt sich für den Fall des Annahmeverzuges für den Unternehmer die *Möglichkeit der Befriedigung* aus der Sache aus den §§ 372, 383, 387, sofern es sich nicht um Kostbarkeiten handelt.

b) Subunternehmer
Das Erfordernis des Eigentums des Bestellers wirkt sich nachteilig aus für den Subunternehmer, an den der Hauptunternehmer Sachen des Bestellers zur Bearbeitung weitergibt. Für ihn ist der Hauptunternehmer Besteller. 8

c) Anwartschaftsrecht
Dem Eigentum des Bestellers ist auch hier ein etwaiges Anwartschaftsrecht des Bestellers an der Sache gleichzustellen (vgl PALANDT/SPRAU Rn 4, ferner – zum Verpächterpfandrecht – BGH NJW 1965, 1475), wie es namentlich durch einen Kauf unter Eigentumsvorbehalt entstanden sein kann. Das Pfandrecht am Anwartschaftsrecht erstarkt zum Pfandrecht an der Sache, wenn der Besteller das Eigentum an ihr erwirbt. Es erlischt freilich auch mit dem Anwartschaftsrecht, wenn dieses – zB durch einen Rücktritt des Verkäufers vom Kaufvertrag – untergeht. 9

d) Sachen Dritter
Eigentum Dritter unterliegt dem Pfandrecht grundsätzlich **nicht**. Zweifelhaft und streitig ist es freilich, ob das Unternehmerpfandrecht bei der Bearbeitung einer bestellerfremden Sache nicht über eine **Einwilligung** des Eigentümers **gemäß § 185** oder durch **guten Glauben** des Unternehmers an das Eigentum des Bestellers entsprechend § 1207 begründet werden kann. 10

aa) Bei der Konstruktion des Unternehmerpfandrechts über eine Einwilligung des Eigentümers stellen sich zwei Probleme: Liegt überhaupt ein *Tatbestand* vor, der einer entsprechenden Anwendung des § 185 zugänglich ist? Und ist *gegebenenfalls* eine solche anzunehmen?

(1) Ein einwilligungsfähiger Tatbestand ist allerdings dann gegeben, wenn sich Unternehmer und Besteller anläßlich des Vertragsschlusses *rechtsgeschäftlich* über eine Verpfändung der Sache einigen, was durch § 647 nicht ausgeschlossen wird. BGHZ 68, 323, BGH NJW 1983, 2140, 2141 lassen eine solche Verpfändung insbesondere auch in AGB des Unternehmers zu (vgl dazu u Rn 13).

11 Zweifelhaft ist aber, ob auch schon *der Realakt* der schlichten *Übergabe* zur Reparatur dem in § 185 angesprochenen Rechtsgeschäft der Verfügung gleichgestellt werden kann (vgl insoweit verneinend RAISER JZ 1958, 682; HOHENESTER NJW 1958, 212; BAUR, Sachenrecht § 55 C II 2 a bb; PALANDT/SPRAU Rn 3; bejahend STÖBER NJW 1958, 821; BENÖHR ZHR 135, 144; WESTERMANN, Sachenrecht § 133 I; MEDICUS, Bürgerliches Recht Rn 594; ERMAN/ SEILER Rn 4; unklar BGHZ 34, 125). Angesichts der rechtsgeschäftlichen Ursprünge des Unternehmerpfandrechts, auf die auch MEDICUS (aaO) hinweist, und vor der Interessenlage wird man dies wohl *bejahen* können. Der Unternehmer erscheint schutzbedürftig, wenn er, wovon in der Regel auszugehen ist, den Wert der Sache erhöht hat; die Position des einwilligenden Eigentümers wird nicht unzumutbar beeinträchtigt. Außerdem lassen sich so Manipulationen zur Vermeidung des Unternehmerpfandrechts, indem man bewußt einen anderen als den Eigentümer als Besteller auftreten läßt, vermeiden. Ihnen ist sonst kaum beizukommen. Erst recht muß es derjenige, der eine Verpfändungsklausel in AGB zuläßt, als unbefriedigend empfinden, wenn der Unternehmer leer ausgeht, der hier nicht hinreichend vorgesorgt hat.

12 (2) Notwendig ist dann aber auch, daß der Eigentümer *tatsächlich einwilligt*. Insoweit dürfen die *Anforderungen nicht zu gering* angesetzt werden. Von einer Einwilligung ist dann auszugehen, wenn der Eigentümer von dem konkreten Reparaturvorhaben oä Kenntnis hat und ihm zustimmt. Dagegen reicht es nicht aus, wenn der Eigentümer dem Besteller langfristig den Besitz überlassen und ihm vielleicht auch auferlegt hat, etwa notwendige Reparaturen auf seine Kosten ausführen zu lassen, wie zB der Vorbehaltsverkäufer (vgl auch BGHZ 34, 125; BGB-RGRK/GLANZMANN Rn 7; MünchKomm/SOERGEL Rn 8). Hier bleiben Zeitpunkt, Ausmaß, Kosten, Notwendigkeit und Nutzen einer Reparatur einstweilen noch vollkommen ungewiß.

13 bb) Beim **gutgläubigen Erwerb** des Unternehmerpfandrechts geht es einmal um die rechtliche Frage, *ob ein hinreichender Erwerbstatbestand vorliegt*, sodann um die *tatsächliche des guten Glaubens* des Unternehmers.

(1) Bei der *individualvertraglichen* Verpfändung der Sache durch den Besteller bestehen keine Bedenken dagegen, § 1207 anzuwenden. Doch erfolgt eine derartige Verpfändung fast nur in AGB des Unternehmers (was BGHZ 68, 323; BGH NJW 1981, 227; 1983, 2140 für unbedenklich halten; zustimmend zB ULMER/BRANDNER/HENSEN § 3 Rn 53; krit PICKER NJW 1978, 1417; MÜLLER VersR 1981, 499). Solche Klauseln sind *unwirksam*. Wenn § 647 bei Eigentum des Bestellers problemlos das Pfandrecht ermöglicht, es sonst aber grundsätzlich ausschließt, haben sie den primären Zweck, im Falle fehlenden Eigentums des Bestellers die Voraussetzungen für einen gutgläubigen Erwerb des Pfandrechts zu schaffen. Das ist wegen der damit verbundenen Absicht, den wahren Eigentümer zu schädigen, mit PICKER aaO für sittenwidrig zu halten; im übrigen belegt es, daß der Unternehmer billigend in Kauf nimmt, daß es um bestellerfremdes Eigentum geht, er mithin bösgläubig ist.

14 (2) Ob das gesetzliche Unternehmerpfandrecht als solches gutgläubig erworben werden kann, ist streitig (*verneinend die Rechtsprechung* seit BGHZ 34, 122; aus der Literatur vgl zu der Problematik außer den Erl zu § 1257 RAISER JZ 1961, 285; HENKE AcP 161, 1; FROHN AcP 161, 32; FLUME AcP 161, 395; KRAFT NJW 1963, 741; WIEGAND JuS 1974, 546; REINICKE/TIEDTKE JA 1984, 202; 213 f; WESTERMANN/GURSKY, Sachenrecht § 133 I; BAUR, Sachenrecht § 55 C II a; SERICK I

224 ff; MEDICUS, Bürgerliches Recht Rn 589 ff). *Auf rechtsdogmatischem Wege ist die Frage kaum zu entscheiden.* Grundsätzlich möglich ist eine entsprechende Anwendung des § 1207 zunächst insofern, als das Pfandrecht nach § 647 mit dem Erwerb des Besitzes verbunden ist: ihr steht entgegen, daß der zu § 1207 führende § 1257 von einem entstandenen, nicht von einem entstehenden Pfandrecht redet. Dem läßt sich wieder entgegenhalten, daß § 366 Abs 3 HGB den gutgläubigen Erwerb gesetzlicher Pfandrechte durchaus zuläßt und daß § 647 eine rechtsgeschäftliche Verpfändung, bei der der gute Glaube geschützt würde, nur ersparen soll. Gegen den gutgläubigen Erwerb sprechen dann wieder die Materialien (Mot II 405 zum Vermieterpfandrecht): „Ein Bedürfnis zu dieser Ausdehnung des Grundsatzes ‚Hand wahre Hand' ist jedoch nicht anzuerkennen. Nach dem Entwurf findet er auf gesetzliche Pfandrechte überhaupt keine Anwendung". Mot II 494 schränkt dies für das Unternehmerpfandrecht nicht ein.

Den Ausschlag muß es geben, wie man die Interessenlage wertet. Insoweit sprechen gegen den gutgläubigen Erwerb des Unternehmerpfandrechts zunächst die *Interessen des Eigentümers*. Er hat der Reparatur oder der sonstigen Bearbeitung der Sache – so die Prämisse der Konstruktion – nicht zugestimmt und zieht auch uU keine besonderen Vorteile aus ihr; häufig konnte er die Durchführung der Arbeiten auch schon ohne besondere Gegenleistung von dem Besteller verlangen. Bei wirtschaftlicher Betrachtungsweise wirkt sich der Werkvertrag als *ein Vertrag zu Lasten Dritter* aus, wenn er ihn zur Begleichung der Werklohnforderung nötigt. Demgegenüber kann dem *Unternehmer* uU über § 185 geholfen werden (vgl o Rn 10 ff), ggf auch mit den §§ 994, 1000 (vgl u Rn 26 ff). In den verbleibenden Fällen ist seine Schutzwürdigkeit jedenfalls nicht höher einzuschätzen als die des Eigentümers. Unstreitig genießt er keinen Schutz, wenn er die Sache in Kenntnis ihrer Bestellerfremdheit entgegengenommen hat. Warum ihm Fehlvorstellungen über die Eigentumsverhältnisse zugutekommen sollen, ist letztlich auch dann nicht einzusehen, wenn sie entschuldbar sind. Die Dinge liegen auch tatsächlich durchaus anders als bei der rechtsgeschäftlichen Verpfändung: Wer einen Kredit gegen Pfandbestellung vergibt, legt entscheidenden Wert auf dessen Wirksamkeit und würde den Kredit bei Scheitern der Verpfändung regelmäßig (so) nicht geben. Dagegen ist es nicht ersichtlich, daß Aufträge zu Werkleistungen nur unter der Voraussetzung der pfandrechtlichen Absicherung entgegengenommen würden. Das belegt schon der Blick auf den Grundstücksbereich, wo § 648 Abs 1 eine dingliche Absicherung zunächst nicht entstehen läßt und dann meist nur zu einer wirtschaftlich wertlosen Absicherung führt. Das hindert es nicht, daß Aufträge zu Bauleistungen entgegengenommen werden. Auch dem Bearbeiter beweglicher Sachen kommt es grundsätzlich *primär auf die Bonität seines Bestellers* an. Wo er Zweifel an ihr hat, mag er sich durch Voraus- oder Abschlagszahlungen sichern. In der Krise des Bestellers schützt ihn § 320 und jedenfalls bei intakten vertraglichen Beziehungen § 986.

(3) Sofern man *gleichwohl* einen gutgläubigen Erwerb des Unternehmerpfandrechts für möglich hält, muß jedenfalls *guter Glaube* des Unternehmers iSd § 932 Abs 2 gegeben sein. Insoweit verneint BGHZ 68, 323 eine grundsätzliche Verpflichtung des Unternehmers, sich bei einer Kfz-Reparatur den Kfz-Brief vorlegen zu lassen. Das ist angesichts der praktischen Gegebenheiten zutreffend. Doch dürfen auch *die Anforderungen* an den guten Glauben des Unternehmers *nicht zu gering* angesetzt werden. Zweifeln am Eigentum des Bestellers hat er nachzugehen, wenn er

das Unternehmerpfandrecht erwerben will. Dabei darf er sich auch grundsätzlich nicht mit einer bloßen entsprechenden Versicherung des Bestellers begnügen.

IV. Entstehen, Inhalt und Erlöschen des Pfandrechts

1. Besitz des Unternehmers

16 Die Sache bzw die zu verarbeitenden Stoffe müssen zur *Herstellung* einer Sache bzw zu ihrer *Ausbesserung* in den Besitz des Unternehmers gelangt sein.

a) Die Sache muß *in den Besitz* des Unternehmers gelangt sein; danach reicht außer unmittelbarem iSd § 854 auch mittelbarer Besitz iSd § 868 aus (BGB-RGRK/ GLANZMANN Rn 10 f), wie er dann entsteht, wenn der Unternehmer die Sache an einen Subunternehmer weitergibt oder wenn er veranlaßt, daß der Besteller sie direkt an den Subunternehmer aushändigt.

Unmittelbarer Besitz des Unternehmers entsteht jedenfalls dann, wenn er die Sache in seine Werkstatt oder sonst in seine Obhut übernimmt, aber doch auch schon dann, wenn er sie aus dem Einflußbereich des Bestellers entfernt. Die *Bearbeitung der Sache* auf dem Grundstück oder *in den Räumen des Bestellers* schließt einen Besitzerwerb des Unternehmers aber nicht grundsätzlich aus (vgl RGZ 72, 281). Ein solcher ist jedenfalls dann anzunehmen, wenn der Unternehmer wegen seiner Verantwortung für das Gelingen des Werkes nach der Verkehrsanschauung berechtigt ist, den Besteller für die Zeit der Bearbeitung von der Benutzung der Sache oder der sonstigen Einwirkung auf sie auszuschließen. Man wird freilich zusätzlich zu fordern haben, *daß der Unternehmer nach dem Inhalt des Vertrages berechtigt sein muß, die Sache aus dem Machtbereich des Bestellers zu entfernen.*

17 b) Der Besitzerwerb muß sich *mit dem Willen des Bestellers* vollziehen. Es reicht nicht die eigenmächtige Inbesitznahme durch den Unternehmer oder die vom Besteller nicht gestattete Übergabe durch einen Dritten.

18 c) Die Übergabe muß zum Zwecke der Neuherstellung oder der Ausbesserung erfolgen. Über den Gesetzeswortlaut hinaus muß auch die Übergabe *zu einer sonstigen Bearbeitung*, zB einer Veränderung, ausreichen. Auch muß es trotz § 1253 genügen, wenn die Sache nach zwischenzeitlicher Rückgabe an den Besteller dem Unternehmer *wieder übergeben wird, damit dieser Mängel seiner Leistung beheben kann.*

2. Verwertung des Pfandrechts

19 *Inhaltlich* verweist § 1257 auf die *Regelung über das vertragliche Pfandrecht.* Das bedeutet vor allem, daß der Unternehmer nicht zur freihändigen Verwertung der Sache befugt ist, §§ 1228, 1235, sondern sie *öffentlich versteigern* lassen muß.

3. Erlöschen

20 Das Pfandrecht erlischt nach § 1252 mit der Tilgung der zu sichernden Forderungen, nach § 1253 mit der *Rückgabe* an den Besteller, eine von diesem benannte Person oder den Eigentümer, sofern diese *freiwillig* erfolgt, nicht also bei einem unfreiwilligen Besitzverlust des Unternehmers (vgl RGZ 72, 284), wobei zu beachten ist, daß Mitarbeiter des Unternehmers grundsätzlich nur als Besitzdiener anzusehen sind, § 855. Bei späterer Wiedererlangung der Sache lebt es, einmal erloschen, nicht wieder auf.

V. Vereinbarungen über das Pfandrecht

§ 647 enthält *dispositives Recht*. 21

Ein *Ausschluß des Unternehmerpfandrechts* ist grundsätzlich *möglich*. Sofern sich der Ausschluß aus AGB des Bestellers ergibt, bleibt zunächst zu beachten, daß die *Besitzbefugnis* des Unternehmers bis zur Erfüllung seiner Forderungen deshalb nicht wirksam abbedungen werden kann, weil sie auch noch durch die §§ 320, 309 Nr 2, notfalls durch § 307 Abs 2 Nr 1 abgesichert ist. Mag auch der Ausschluß des Zurückbehaltungsrechts nach § 320 gegenüber Kaufleuten in gewissen Grenzen zulässig sein (vgl BGH NJW 1992, 577; PALANDT/HEINRICHS § 11 AGBG Rn 14), so kann das hier nicht gelten, wo die Zurückhaltungsbefugnis durch § 647 besonders verfestigt ist. Dagegen ist es *nicht ohne weiteres unzulässig*, die sich aus dem Pfandrecht ergebenden *Verwertungsbefugnisse* des Unternehmers *auszuschließen*. Das scheint zB gerade dann sinnvoll, wenn die Werklohnforderung nachhaltig hinter dem Wert der Sache zurückbleibt. Man wird den Anschluß aber davon abhängig machen müssen, daß dem Unternehmer *hinreichende anderweitige Sicherheiten gewährt* werden (vgl auch BGHZ 91, 138 zu § 648).

Soweit *AGB des Unternehmers* ein Pfandrecht überhaupt erst *begründen* sollen, 22 können sie nicht anerkannt werden (vgl o Rn 13). Dagegen wird der Besteller nicht unangemessen benachteiligt, wenn der *Kreis der gesicherten Forderungen erweitert wird*, insbesondere um solche aus früheren Verträgen (BGH NJW 1983, 2140, 2141; BGHZ 101, 307, 315; ULMER/BRANDNER/HENSEN Anh zu §§ 9–11 Rn 604). Wo allerdings das Unternehmerpfandrecht an einer bestellerfremden Sache durch Einwilligung des Eigentümers wirksam begründet worden ist, kann nicht angenommen werden, daß sich diese Einwilligung auch auf solche Erweiterungen des Kreises der abzusichernden Forderungen bezieht (BGH NJW 1983, 2140).

VI. Herausgabeansprüche gegen den Unternehmer; Ansprüche des Unternehmers auf Verwendungsersatz

1. Vertraglicher Herausgabeanspruch

Der Besteller kann zwar nach § 631 die Herausgabe des fertigen Werkes verlangen, 23 doch hat der Unternehmer *wegen seiner Werklohnforderung ein Zurückhaltungsrecht* nach den §§ 320 ff, 641 (vgl § 641 Rn 48). Es kommt zu einer *Verurteilung Zug um Zug*, woran auch das Unternehmerpfandrecht nichts ändert. Nichts anderes ergibt sich, wenn dem Besteller der Anspruch aus § 985 zur Verfügung steht. Hier wirken sich der Werkvertrag einerseits und das Unternehmerpfandrecht andererseits als Rechte zum Besitz iSd § 986 aus, was allerdings nicht zur Abweisung der Herausgabeklage führen kann, sondern ebenfalls eine Verurteilung zur Herausgabe Zug um Zug gegen Zahlung des Werklohns zur Folge haben muß.

Als *berechtigter Besitzer* kann der Unternehmer gegenüber dem Besteller, der selbst Eigentümer der Sache ist, Verwendungsersatzansprüche nach § 994 nicht geltend machen.

Bei einem *vorzeitigen Herausgabeverlangen* des Bestellers versagt § 631 als Anspruchsgrundlage mangels Fälligkeit; gegenüber dem Anspruch aus § 985 gibt der Werkvertrag ein Recht zum Besitz. Wenn der Besteller diese Hindernisse durch eine Kündigung überwindet, kommt es zur Verurteilung zur Herausgabe Zug um Zug gegen Befriedigung der verbleibenden Ansprüche des Unternehmers.

2. Fehlende Identität von Besteller und Eigentümer

24 Wenn der *Eigentümer mit dem Besteller nicht identisch* ist, entstehen zunächst (zu § 994 vgl u Rn 26) keine Zahlungsansprüche des Unternehmers gegen ihn, sofern nicht von einer wirksamen Vertretung auszugehen ist. Ansprüche aus ungerechtfertigter Bereicherung scheiden in diesem Verhältnis aus, weil der Unternehmer an den Besteller leisten wollte und geleistet hat. Wegen seiner Rechtsbeziehungen zum Besteller scheiden auch Ansprüche des Unternehmers aus Geschäftsführung ohne Auftrag aus. Auch ein *Einverständnis des Eigentümers* mit dem abgeschlossenen Werkvertrag *führt nicht zu seiner Zahlungsverpflichtung*. Gegen die Annahme einer Verpflichtungsermächtigung spricht – neben allen dogmatischen Zweifeln an diesem Institut – schon regelmäßig der tatsächliche Umstand, daß der Eigentümer regelmäßig nicht den Willen hat, auch persönlich verpflichtet zu werden (vgl BGHZ 34, 122, 125; BGH NJW 1983, 2140, 214). Es ist auch von der Interessenlage her nicht gerechtfertigt, dem Unternehmer, der den Besteller als Vertragspartner akzeptiert hat, in dem Eigentümer einen zusätzlichen Schuldner zu geben.

a) Herausgabeansprüche

25 Ein Herausgabeanspruch des mit dem Besteller nicht identischen Eigentümers scheitert an § 986 Abs 1 S 2, sofern *der Besteller dem Eigentümer gegenüber* zum Abschluß des Werkvertrages berechtigt war; andernfalls kann nach § 986 Abs 1 S 2 Herausgabe an den Besteller bzw an den Eigentümer selbst verlangt werden.

Endet das Besitzrecht des Bestellers gegenüber dem Eigentümer, so endet damit auch das abgeleitete Besitzrecht des Unternehmers, § 986 Abs 1 S 1.

b) Verwendungen des Unternehmers

26 Die Maßnahmen des Unternehmers sind weithin Verwendungen auf die Sache iSd §§ 994 ff. Das führt zu der Frage, ob er *Ersatzansprüche* gegenüber dem Eigentümer nach den §§ 994, 996 hat, ein *Wegnahmerecht* nach § 997, ein *Zurückbehaltungsrecht* nach § 1000 und die *Befriedigungsmöglichkeit* des § 1003.

aa) Insbesondere das Reichsgericht (vgl RGZ 142, 417, 422) hatte angenommen, daß diese Befugnisse dem Unternehmer immer dann zustünden, wenn der Werkvertrag nicht mit dem Eigentümer selbst abgeschlossen worden war; in dem Werkvertrag mit dem Besteller hatte es kein Hindernis gesehen. BGHZ 27, 317 hat diese Rechtsprechung *zu Recht aufgegeben*. Die genannten Bestimmungen setzen ein Eigentümer-Besitzer-Verhältnis voraus, an dem es wegen § 986 dann fehlt, wenn der Besitz ordnungsgemäß vom Eigentümer an den Besteller und von diesem an den Unternehmer überlassen worden ist. *Solange die Besitzverhältnisse „intakt" sind*, entstehen keine Verwendungsansprüche des Unternehmers. Sie würden ihn, der ja seinen Werklohnanspruch hat, auch nur ungerechtfertigt begünstigen.

bb) Das *Besitzrecht des Bestellers* gegenüber dem Eigentümer kann enden, zB **27** durch dessen Rücktritt vom Kauf unter Eigentumsvorbehalt. Auch dann bleibt es für die Vergangenheit bei den dargestellten Grundsätzen. Demgegenüber will BGHZ 34, 122 für schon gemachte Verwendungen jetzt *nachträglich* einen Verwendungsersatzanspruch aufleben lassen (zustimmend BGB-RGRK/GLANZMANN Rn 15; MünchKomm/SOERGEL Rn 8; aA MEDICUS Bürgerliches Recht Rn 587 ff, 591; STAUDINGER/GURSKY [1999] Vorbem 30 ff zu § 994 ff; MÜHL AcP 176, 420; KAYSERS, Die Verwendungsersatzansprüche des Besitzers bei vertraglichen Leistungen [1968] 125 ff). Aber rückwirkend kann eine Vindikationslage nicht geschaffen werden.

cc) Nach allem kommen *Verwendungsersatzansprüche* des Unternehmers gegen- **28** über dem Eigentümer nur dann in Betracht, *wenn der Besteller diesem gegenüber entweder nicht zum Besitz oder nicht zur Besitzüberlassung an den Unternehmer berechtigt war.* Auch dann leugnet freilich eine verbreitete Meinung in der Literatur (vgl statt aller STAUDINGER/GURSKY [1999] Vorbem 20 f zu §§ 994 ff) solche Ansprüche des Unternehmers mit der Begründung, daß Verwender nicht der Unternehmer sei, sondern der ihn beauftragende Besteller, was insbesondere aus § 950 begründet wird.

Das kann im Ergebnis so aber nicht befriedigen. Es wäre *paradox, wenn – bei fehlender Berechtigung des Bestellers zur Überlassung des Besitzes an den Unternehmer – der Eigentümer dem Besteller nach § 986 Abs 1 S 2 den Besitz ohne weiteres sollte wieder verschaffen können, den dieser sich selbst nicht zu verschaffen vermag.* Man wird zu unterscheiden haben:

(1) War der Besteller *dem Eigentümer gegenüber gar nicht zum Besitz berechtigt*, so ist der Unternehmer diesem zwar nach den §§ 985, 986 zur Herausgabe verpflichtet, kann dem Herausgabeanspruch aber Verwendungsersatzansprüche entgegensetzen, wie sie dem Besteller gegenüber dem Eigentümer zustehen, vgl § 999 Abs 1, der entsprechend angewendet werden kann, indem man den Besteller wie einen Vorbesitzer behandelt. Sach- und Interessenlage sind vergleichbar.

(2) War der Besteller dem Eigentümer gegenüber *nur nicht zum Abschluß des* **29** *Werkvertrages* berechtigt, so sind angemessene Ergebnisse nur dann zu erzielen, wenn man dem Unternehmer gegenüber dem Herausgabeanspruch des Eigentümers einen Verwendungsersatzanspruch nach § 994 zubilligt, ihn also insoweit als Verwender behandelt, *weil er sonst auch gegenüber dem Besteller schutzlos* bliebe. Das verschafft ihm dann insbesondere auch das Zurückbehaltungsrecht des § 1000.

VII. Anwendungsbereich der Bestimmung

1. Zum Ausschluß der Anwendbarkeit der Bestimmung auf den *Werklieferungs-* **30** *vertrag* durch § 651 S 3 vgl dort Rn 19.

2. Nicht – auch nicht entsprechend – anwendbar ist § 647 auf den *Dienstvertrag* (vgl RGZ 72, 281).

§ 648
Sicherungshypothek des Bauunternehmers

(1) Der Unternehmer eines Bauwerks oder eines einzelnen Teiles eines Bauwerks kann für seine Forderungen aus dem Vertrage die Einräumung einer Sicherungshypothek an dem Baugrundstück des Bestellers verlangen. Ist das Werk noch nicht vollendet, so kann er die Einräumung der Sicherungshypothek für einen der geleisteten Arbeit entsprechenden Teil der Vergütung und für die in der Vergütung nicht inbegriffenen Auslagen verlangen.

(2) Der Inhaber einer Schiffswerft kann für seine Forderungen aus dem Bau oder der Ausbesserung eines Schiffes die Einräumung einer Schiffshypothek an dem Schiffsbauwerk oder dem Schiff des Bestellers verlangen; Absatz 1 Satz 2 gilt sinngemäß. § 647 findet keine Anwendung.

Materialien: Abs 1: E I –; II § 583 Abs 2; III § 638; Prot II 2226 ff; JAKOBS/SCHUBERT, Recht der Schuldverhältnisse II 874 ff. Abs 2: 1. DVO vom 21. 12. 1940 (RGBl I 1609) zum Schiffsregistergesetz vom 15. 11. 1940 (RGBl I 1499).

Schrifttum

1. Zur Rechtspolitik
BAUMGÄRTEL, Die Sicherung der Bauforderungen, der Kern der Mittelstandsfrage (1907) Bestandsaufnahme und Perspektiven über Sicherung von Bauforderungen (Sammelband), Schriftenreihe der Deutschen Gesellschaft für Baurecht eV (1975)
BIBERFELD, Die Sicherung der Bauhandwerker nach dem geltenden Recht und den neuen Gesetzentwürfen (1902)
BÖTTGER, Der Bauschwindel und das Pfandvorrecht der Bauhandwerker, Lieferanten usw (1894)
BUDDE, Kann der § 648 BGB zu einem genügenden Schutz für die Baugläubiger ausgestaltet werden?, DJZ 1906, 1221
HEINITZ, Der Entwurf eines Reichsgesetzes, betr die Sicherung der Bauforderungen, DJZ 1898, 299
NOETZEL, Die mangelhafte Bauhandwerkersicherung und die schweizerische Regelung, BauR 1980, 521
OERTMANN, Sicherung der Bauforderungen, Handwörterbuch der Staatswissenschaften Bd 2 (4. Aufl 1924) 417

STERNBERG, Neuregelungen der Bauhandwerkersicherung, BauR 1988, 33.

2. Abs 1
a) Umfassende Darstellungen
GROSS, Die Bauhandwerkersicherungshypothek (1978)
MOTZKE, Die Bauhandwerkersicherungshypothek (1981)
SIEGBURG, Die Bauwerksicherungshypothek (1989)
WEISE, Sicherheiten im Baurecht (1999).

b) Einzelfragen
BARNIKEL, Sicherungshypothek für den Architekten bei Nichterrichtung des Bauwerks?, Betr 1977, 1084
BIRK, Sicherung der Baugeldforderung bei Erbbaurecht, BlGWB 1956, 357
BRONSCH, Abwendung der Vormerkung auf Eintragung einer Bauhandwerkersicherungshypothek durch Bürgschaft?, BauR 1983, 517
BRYCH, Bauhandwerkersicherungshypothek bei der Errichtung von Eigentumswohnungen, NJW 1974, 483

CLEMM, Haftung des mit dem Besteller nicht identischen Grundstückseigentümers auf Einräumung einer Bauhandwerkersicherungshypothek, Betr 1985, 1777
DURCHLAUB, Bauhandwerkersicherungshypothek für Architektenleistungen, BB 1982, 1392
FEHL, Zur Identität von Besteller und Grundstückseigentümer als Voraussetzung für die Bestellung der Bauhandwerkersicherungshypothek iS von § 648 BGB, BB 1977, 69
FRANCKE, Mit einer Bau-Forderung geht der Anspruch auf Einräumung einer Sicherungs-Hypothek ohne weiteres über, Recht 1902, 260
FREESE, Das Pfandrecht der Bauhandwerker (1901)
GREISER, Kann nach § 648 BGB die Bestellung einer Hypothek auch für eine Kostenforderung des Bauunternehmers verlangt werden?, JW 1936, 635
GROSS, Die Sicherung der Ansprüche aus dem Bauvertrag vor dem Hauptsacheprozeß (5. Aufl 1984)
HAHN, Neue Rechtsprechung zur Sicherung von Bauforderungen, BauR 1980, 310
HEYERS, Die Veranlassung zur einstweiligen Verfügung nach §§ 648, 885 BGB im Rahmen des § 93 ZPO, BauR 1980, 20
HOGENSCHURZ, Besteht ein Anspruch des Werkunternehmers auf Einräumung einer Bauhandwerkersicherungshypothek (§ 648 BGB) gegen juristische Personen des öffentlichen Rechts?, NJW 1999, 2576
JAKOBS, Der Schutz des Werkunternehmers gegen die Insolvenz des Bestellers, JurA 1970, 697
JOHLEN, Gehört die Ausschachtung zu den Arbeiten am Bauwerk iSd §§ 638 und 648 BGB?, NJW 1974, 732
KAPELLMANN, Einzelprobleme der Handwerkersicherungshypothek, BauR 1976, 323
KOHLER, Die künftige Sicherung des Bauwerksunternehmers, KTS 1989, 45
LEINEWEBER, Die Rechte des Bauunternehmers im Konkurs des Auftraggebers, BauR 1980, 510
LENZEN, Bauhandwerker-Sicherungshypothek bei „wirtschaftlicher Identität" von Besteller und Grundstückseigentümer, BauR 1981, 434
LÜDTKE-HANDJERY, Die Sicherung von Geldforderungen des Bauunternehmers, Betr 1972, 2193

METZGER, Bauwerkssicherungshypothek an Erbbaurechten, NJW 1953, 1009
PETERS, Die Bauhandwerkersicherungshypothek bei Mängeln der Werkleistung, NJW 1981, 2550
RAABE, Bauhandwerkersicherungshypothek an schuldnerfremden Grundstücken trotz § 648a BGB?, BauR 1997, 757
RATHJEN, Sicherungshypothek des Bauunternehmers bei enger Verflechtung zwischen Besteller und Grundstückseigentümer, Betr 1977, 987
RIXECKER, Die Sicherungshypothek des zur Sicherheitsleistung verpflichteten Bauunternehmers, MDR 1982, 718
RUPPERT, Sicherungshypothek des Bauunternehmers, LZ 1932, Sp 1415
SCHLECHTRIEM, Der Zugriff des Unternehmers auf das bestellerfremde Grundstück – Zur Anwendung und Weiterentwicklung des § 648 BGB, JA 1984, 453
ders, Der rechtsgebundene Richter und die wirtschaftliche Betrachtungsweise, in: FS Korbion (1986) 359
SCHMALZL, Bauwerkshypothek für den Architekten?, MDR 1968, 14
SCHUMACHER, Das Bauhandwerkerpfandrecht (Schweiz) (2. Aufl 1982)
SIEGBURG, Ausgewählte Fragen zur Bauwerkssicherungshypothek, BauR 1990, 32
SIMON, Der Schutz der Baugläubiger durch die Sicherungshypothek, Recht 1913, 425
TEMPEL, Bauhandwerkersicherungshypothek für den Architekten?, JuS 1973, 414
WILHELM, Bauunternehmersicherungshypothek und wirtschaftliche Identität von Besteller und Eigentümer, NJW 1975, 2322
WINKLER, Die Sicherungshypothek an Gesamtgutsgrundstücken, Recht 1913, Sp 367.

3. Gesetz über die Sicherung von Bauforderungen
BRUNS, Zur haftungsrechtlichen Bedeutung des Gesetzes über die Sicherung der Bauforderungen, JbBauR 2001, 49
HAGELBERG, Sicherung der Bauforderungen. Kommentar zum Reichsgesetz über die Sicherung von Bauforderungen vom 1. 6. 1909 (1911)

HAGENLOCH, Handbuch zum Gesetz über die Sicherung von Bauforderungen (GSB) (1991)
KORSUKEWITZ, Das GSB – eine vergessene Anspruchsgrundlage, BauR 1986, 383
MARITZ, Das GSB – eine beschränkte Sicherheit für Bauunternehmen, BauR 1990, 401
MERGEL, Die Sicherung der Bauforderungen in Recht und Praxis mit Hinweisen auf das schweizerische und französische Recht (1989)
MEYER, Die Bedeutung des Gesetzes über die Sicherung von Bauforderungen für Nachkriegsbauten, JZ 1954, 140

MÜGEL, Bauverwendung und Baubuch, Gruchot 54 (1910) 1
SCHLENGER, Schadensersatz bei zweckfremder Verwendung von Baugeld, ZfBR 1983, 104
SCHULZE-HAGEN, Schadensersatz bei zweckwidriger Verwendung von Baugeld, NJW 1986, 2403
SCORL, Eigenart und zivilrechtliche Bedeutung des Gesetzes über die Sicherung von Bauforderungen, in: FS vCraushaar (1997) 317
WEIMAR, Ansprüche der Handwerker bei Insolvenz des Bauträgers, BauR 1975, 308.

Systematische Übersicht

I. Allgemeines
1. Grundgedanke — 1
2. Schutzbedürfnis des Unternehmers — 2
a) Geschützte Personen — 2
b) Bestellereigentum — 3
c) Schuldrechtlicher Schutz — 4
3. Wirtschaftliche Sicht — 5
a) Dingliche Sicherheit — 5
b) „Grundbuchsperre" — 6
c) Würdigung — 7
4. Entstehungsgeschichte — 7

II. Gesicherter Personenkreis
1. Werkvertrag — 8
a) Andere Verträge — 9
b) Anforderungen an den Werkvertrag — 10
2. Bauwerk — 11
a) Begriffsbildung — 11
b) Begriff — 11
c) Bauwerksteile — 11
d) Reparaturen — 12
e) Einrichtung der Baustelle — 13
3. Leistungen — 14
a) Architekt — 15
b) Baubetreuer — 16
c) Bauträger — 17
d) Baustofflieferant — 17

III. Sicherungsobjekt
1. Grundstück — 18
2. Bestellereigentum — 19
a) Zeitpunkt — 19
b) Eigentum Dritter — 20
c) Gutgläubiger Erwerb — 23
3. Mehrheit von Grundstücken; Bruchteilseigentum — 24

IV. Zu sichernde Forderungen
1. Werklohnforderungen — 25
2. Zeitpunkt der Sicherung — 28
a) Werklohnforderung — 28
b) Sonstige Forderungen — 29
3. Mängel der Leistung — 30
a) Eindeutige Fälle — 30
b) Nachbesserungsbefugnis des Unternehmers — 31

V. Inhalt und Durchsetzung des Anspruchs
1. Sicherungshypothek — 34
2. Vormerkung — 35
a) Eintragungsvoraussetzungen — 35
b) Prozessuales — 36
c) Aufhebung — 37
d) Streitwert — 38
3. Insolvenzanfechtung — 39
4. Sonstige Sicherungen — 40
a) Arrest — 40
b) Titulierte Forderung — 41

VI. Ausschluß der Rechte aus § 648 Abs 1
1. Dispositives Recht — 42
2. Individualvereinbarung — 42
3. AGB — 43
4. VOB/B — 44

Titel 9 · Werkvertrag und ähnliche Verträge   § 648
Untertitel 1 · Werkvertrag

VII. Gesetz über die Sicherung von Bauforderungen (GSB)
1. Allgemeines — 46
2. Schutzgesetzcharakter — 47
3. Geschützte Personen — 48
4. Passivlegitimation — 49
   a) Baugeld — 49
   b) Empfänger — 49
5. Haftungstatbestand — 50
6. Anspruchsinhalt — 52
7. Baubuch — 53

VIII. Forderungen aus dem Bau oder der Ausbesserung von Schiffsbauwerken
1. Eingetragene Schiffe — 55
2. Voraussetzungen — 56
3. Schiffshypothek — 57

Alphabetische Übersicht

Architekt	15
Arrest	40
Aufteilung des Grundstücks	19
Ausbesserung	12
Ausschluß	
– durch AGB	43
– individualvertraglich	42
Baubetreuer	16, 49
Baubuch	53
Bauforderung	46 ff
Baugeld	47 ff
– Empfang	49
– Verwendung	48 ff
Baugrube	13
Baustofflieferant	17
Bauträger	17
Bauwerk	11 ff
– Teile	13
Bewilligung	35
Bruchteilseigentum	23
Dienstvertrag	9, 47
Eigenmittel	49
Eigentum	
– des Bestellers	19
– Dritter	20 ff
Eigentumswohnung	24
Einstweilige Verfügung	
– Aufhebung	37
– Hauptsache	37
– Streitweg	38
– Zuständigkeit	36
Generalübernehmer	49
Generalunternehmer	10
Gerüstbauer	13
Grundbuchblockade	6
Grundstücke, Mehrheit von	24
Grundstücksarbeiten, sonstige	2
Gutgläubiger Erwerb	23
Handwerkliche Leistungen	10
Hypothek kraft Gesetzes	4
Identität, wirtschaftliche	21
Leistungsstand	28
Lieferanten	9, 47
Löschungsbewilligung	38
Mängel	30 ff
Nachbarschaftshilfe	10
Nachbesserungsanspruch	32 f
Nachträgliche Arbeiten	12
oHG	20
Rechtsverfolgungskosten	27
Reparaturen	12
Schadensersatzansprüche	26, 29
Scheinbestandteile	11
Schiff	54 ff
Schiffsbauwerk	54 ff
Schiffshypothek	56 f
Schiffsparten	57
Schutzgesetz	46 ff
Sicherheit, anderweitige	37
Sicherungshypothek	34
Sicherungsobjekt	18 ff
Statiker	15

Teilflächen	19	– Fälligkeit	28
		– Titulierung	41
VOB/B	44	– Verjährung	34
Vorbereitende Arbeiten	2, 13	Werkvertrag	8 ff
Vormerkung	35 ff	Wert, wirtschaftlicher	5
		Wertsteigerung	26, 342
Werklieferungsvertrag	9		
Werklohn	25 f	Zurückbehaltungsrecht	33
– Einwendungen	30 ff		

I. Allgemeines

1. Grundgedanke

1 § 648 Abs 1 ergänzt § 647 für den Grundstücksbereich. Wer als Unternehmer ein Bauwerk ganz oder teilweise errichtet, erwirbt wegen seiner Werklohnforderung einen *Anspruch auf Einräumung einer Sicherungshypothek*. Diese dingliche Absicherung läßt sich *in mehrfacher Weise rechtfertigen*. Daß der Unternehmer das Werk vor Zahlung des Werklohns zu errichten hat, § 641, schließt hinsichtlich der einzubauenden Sachen ein Zurückbehaltungsrecht nach § 320 an ihnen aus. Die §§ 946, 93, 94 verhindern darüber hinaus weitestgehend einen Eigentumsvorbehalt. Außerdem erfährt das Grundstück durch die Arbeiten des Unternehmers einen Mehrwert.

2. Schutzbedürfnis des Unternehmers

2 Dem legitimen Schutzbedürfnis des Unternehmers *wird* freilich in § 648 *nur unvollkommen Rechnung getragen*. Das hat der Rechtsprechung Anlaß gegeben, das Gesetz zur Sicherung von Bauforderungen als Schutzgesetz iSd § 823 Abs 2 heranzuziehen (vgl u Rn 45 ff), dem Gesetzgeber Anlaß zur Schaffung des § 648a (vgl dort).

a) Das gilt zunächst für den *Kreis der geschützten Personen*. Wenn nur Bauunternehmer geschützt werden, fragt es sich, wie es um jene steht, die nur vorbereitend tätig werden, sowie um jene, die gar nicht ein Bauwerk – ganz oder teilweise – errichten, sondern sonstige Arbeiten an einem Grundstück verrichten, zB Gartenbauarbeiten, Rohrverlegung, oder die nur reparierende Arbeiten an einem schon bestehenden Bauwerk leisten. Ihr Schutzbedürfnis ist *kaum geringer* und müßte entweder nach § 647 oder nach § 648 befriedigt werden und wird hinsichtlich der Außenanlagen jetzt auch in § 648a anerkannt; es müßte aber auch in § 648 anerkannt werden.

Bei Unternehmern, die vorbereitend bei der Errichtung eines Bauwerks tätig sind, läßt sich durch eine extensive Auslegung des Begriffs des Bauwerks/Bauwerksteils helfen (vgl u Rn 13, 15 ff).

Jene Unternehmer, die *Arbeiten an einem Grundstück verrichten, welche nicht im Zusammenhang mit der Erstellung eines Bauwerks stehen*, sind als Problemgruppe bei der Vorbereitung des Gesetzes offenkundig übersehen worden. Demgegenüber gewährt Art 837 Nr 3 schwZGB ihnen durchaus Schutz („… Handwerker oder Unternehmer, die zu Bauten oder anderen Werken auf einem Grundstück Material und Arbeit oder Arbeit allein geliefert haben ..."); desgleichen sieht Art 2103 Nr 4 cc ein Spezialprivileg für Arbeiten an Gebäuden, Kanälen oder anderen Werken irgendeiner Art vor.

Sicherlich sind die Probleme hier geringer, weil die Forderungen weithin niedriger sein werden, ebenso auch die allgemeine finanzielle Belastung des Bestellers; doch ist der Fall der Krise auch hier nicht auszuschließen. Dem Unternehmer bleibt hier nur die – kaum genutzte – Möglichkeit, sich von vornherein Sicherheiten auszubedingen, was namentlich durch die Vereinbarung von *Abschlagszahlungen* geschehen kann, wie sie als das überhaupt wirksamste Sicherungsmittel erscheinen, oder notfalls einen Arrest wegen ihrer Forderungen auszubringen.

b) Gefährdet wird der Schutz des Unternehmers weiterhin dadurch, daß § 648 **3** grundsätzlich nur dann eingreift, wenn das *Grundstück im Eigentum des Bestellers* steht. Eine Identität von Besteller und Grundstückseigentümer besteht jedoch oftmals nicht (vgl dazu u Rn 20 ff).

c) Während § 647 die dingliche Absicherung an beweglichen Sachen kraft Ge- **4** setzes entstehen läßt, gibt § 648 nur *einen entsprechenden schuldrechtlichen Anspruch*. Indessen ist anderes nach dem System des Grundbuchrechts kaum denkbar, vgl GROSS 105. Kraft Gesetzes entstehende Hypotheken der Handwerker wären nach Rang und Höhe nicht hinreichend sicher einzuordnen. Das würde – untereinander – übrigens selbst dann gelten, wenn man erstrangige Hypotheken einführen würde (vgl BÜGLER 15). Der damit verbundene Schutz der Handwerker wäre im übrigen überdimensioniert (vgl schon THINIUS, Verhandlungen zum 24. DJT, III 66; GROSS 105).

3. Wirtschaftliche Sicht

Aus wirtschaftlicher Sicht bietet § 648 Abs 1 nur einen *indirekten Schutz*. **5**

a) Der *unmittelbare dingliche Schutz des Unternehmers* ist *zu vernachlässigen* (vgl SCHWERDTNER NJW 1970, 222, 225; MOTZKE 235 ff), da Baugrundstücke meist schon bei Baubeginn bis hin zur Grenze der Beleihungsfähigkeit und darüber hinaus belastet sind und der Unternehmer außerdem wegen § 648 Abs 1 S 2 eine Hypothek auch nur insoweit erlangen kann, wie er bereits geleistet hat.

b) § 648 Abs 1 ist aber wenigstens *mittelbar wirksam*: Wegen § 885 Abs 1 S 2 kann **6** es der Unternehmer im Wege des Verfahrens der einstweiligen Verfügung relativ problemlos erreichen, daß eine *Vormerkung* zur Sicherung seines Anspruchs auf Eintragung einer Sicherungshypothek in das Grundbuch eingetragen wird. *Das wirkt dann faktisch wie eine Grundbuchsperre*, indem einerseits die letzten freien Beleihungsreserven des Grundstücks blockiert und andererseits etwaigen Geldgebern Zahlungsprobleme (oder Konfliktsbereitschaft) des Bestellers signalisiert werden. So wird *Druck auf den Besteller* ausgeübt, *die fälligen Teile der Werklohnforderung auszugleichen*. Daß das nicht erfolglos ist, hat MOTZKE empirisch festgestellt (240 ff).

c) *Rechtspolitisch* ist das skizzierte Verfahren freilich *wenig billigenswert*. Es ver- **7**

schafft aktiven Bauhandwerkern kaum zu rechtfertigende Vorteile gegenüber anderen, zumal viele von ihnen das Institut gar nicht kennen (vgl Motzke 240), es ist ferner geeignet, auch unberechtigte Forderungen durchzudrücken.

Zudem ist das *Verfahren der einstweiligen Verfügung*, in das der Streit der Beteiligten auf diese Weise abgedrängt wird, mit seinen beschränkten Erkenntnismöglichkeiten *denkbar ungeeignet, die Höhe der Werklohnforderung hinreichend sicher abzuklären,* wenn die Werkleistung noch nicht abgeschlossen ist. Insbesondere kann dabei der weithin im Mittelpunkt der Auseinandersetzung stehende Mängeleinwand nicht zuverlässig genug abgeklärt werden.

Für den Unternehmer selbst birgt das skizzierte Vorgehen mit seiner „Grundbuchblockade" unabsehbare *Haftungsrisiken* in Hinblick auf die verschuldensunabhängige Schadensersatzpflicht nach § 945 ZPO.

4. Entstehungsgeschichte

Zu Vorläufern und Entstehungsgeschichte der Bestimmung Siegburg 6 ff, 27 ff; rechtsvergleichende Hinweise bei Siegburg 300 ff.

II. Gesicherter Personenkreis

8 Gesichert werden „Unternehmer eines Bauwerkes oder eines einzelnen Teiles eines Bauwerkes".

1. Werkvertrag

Schon nach der Formulierung des Gesetzes ist es notwendig, daß ein Werkvertrag mit dem Besteller abgeschlossen wird (vgl RGZ 62, 312, 315 f; BGH LM § 648 BGB Nr 1; BGB-RGRK/Glanzmann Rn 4; MünchKomm/Soergel Rn 4; Siegburg 75). Nicht geschützt ist der Subunternehmer, dies auch dann nicht, wenn der Eigentümer der Verbindlichkeit des Generalunternehmers beitritt (OLG Dresden NJW-RR 2000, 1412).

a) Andere Verträge

9 *Nicht ausreichend* ist damit *der Abschluß andersartiger Verträge* mit dem Besteller. Es scheidet insbesondere der Abschluß eines Dienstvertrages aus (MünchKomm/Soergel Rn 4; Palandt/Sprau Rn 2; Siegburg 193 ff). Das ist von Bedeutung vor allem für den Architekten, der ständig dienstvertraglich für den Bauherrn tätig ist, aber auch für sonstige eigene Mitarbeiter des Bauherrn, namentlich seine Arbeitnehmer.

Nicht geschützt werden ferner *Lieferanten von Baumaterialien* (vgl Motzke 55 f mNachw aus der Entstehungsgeschichte). Das gilt ohne weiteres, soweit sie vertretbare Teile geliefert haben, kraft der ausdrücklichen Anordnung des § 651 S 3 aber auch dann, wenn es um vertretbare Bauteile geht. Hier hielt man (Motzke) das Zurückbehaltungsrecht der §§ 320, 322 für ein ausreichendes Sicherungsmittel. Das ist nicht unproblematisch; bedenklich auch die versagende Möglichkeit eines Eigentumsvorbehalts, doch läßt sich entgegen Siegburg 191 f die Verfassungswidrigkeit des Ausschlusses des § 648 in § 651 nicht annehmen.

Es reicht schließlich nicht das Zurverfügungstellen von Baumaschinen, ggf mit Bedienungspersonal. Das ist Miete, eventuell mit dienstvertraglichem Einschlag.

b) Anforderungen an den Werkvertrag
An den Werkvertrag werden besondere Anforderungen nicht gestellt, abgesehen   10
davon, daß er sich auf ein *Bauwerk oder Bauteile* beziehen muß.

aa) Es ist also *nicht notwendig*, daß es sich um eine gewerbsmäßige wiederholte oder sonst irgendwie qualifizierte Leistung handelt (vgl BGB-RGRK/GLANZMANN Rn 4). Gelegentliche, freundschaftliche, nachbarschaftliche Mitarbeit reicht aus, sofern nur einerseits eine über einen bloßen Kostenersatz hinausreichende *Entgeltlichkeit* gegeben ist, andererseits nicht nur ein Dienstvertrag vorliegt.

bb) *Ebensowenig* stellt das Gesetz *inhaltliche Anforderungen an die Werkleistung.* Hier kommen zunächst die üblichen *handwerklichen Leistungen* des Maurers, Schlossers, Malers (ERMAN/SEILER Rn 3), des Dachdeckers und Fliesenlegers in Betracht. Aber wenn landläufig von einer „Bauhandwerker"sicherungshypothek die Rede ist, dann ist das nicht die Ausdrucksweise des Gesetzes, und so kommen außer Handwerkern auch noch andere Personen in Betracht. Zu Architekten, Statikern und Ingenieuren vgl u Rn 15, zu Baubetreuern u Rn 16. Zu nennen sind an dieser Stelle insbesondere noch *Generalunternehmer*, die ihre Leistungen im wesentlichen durch die Einschaltung von Subunternehmern erbringen (vgl BGB-RGRK/GLANZMANN Rn 4; MünchKomm/SOERGEL Rn 5). Mit GROSS 23 wird man auch *künstlerische Arbeiten* ausreichen lassen müssen.

cc) Der Vertrag muß *wirksam* sein, wie der Wortlaut der Bestimmung ergibt (**aA** SOERGEL/TEICHMANN Rn 10, der auch Ansprüche aus § 812 abgesichert wissen will).

2. Bauwerk
Der Vertrag muß sich auf ein Bauwerk oder einzelne Teile eines Bauwerks beziehen.   11

a) Begriffsbildung
Der maßgebliche Begriff des Bauwerks kehrt wieder in § 634a als Unterscheidungskriterium bei der Bemessung der Verjährungsfristen sowie in § 1 VOB/A als Abgrenzungskriterium für den Anwendungsbereich der VOB. Wenn den dort entwickelten Begriffsbestimmungen auch wertvolle Anregungen für die Auslegung des § 648 entnommen werden können, so muß doch deutlich sein, daß der Begriff dort jeweils in anderen Zusammenhängen steht, so daß er eine unterschiedliche Prägung erfahren kann. Gleichwohl versteht die hM den Begriff des Bauwerks in § 648 *ebenso wie in §§ 638 aF / 634a Abs 1 Nr 2 nF* (vgl BGB-RGRK/GLANZMANN Rn 4; MünchKomm/SOERGEL Rn 5; ERMAN/SEILER Rn 6; PALANDT/SPRAU Rn 2; BGHZ 19, 319, 321; RGZ 57, 377; 63, 313, 317; **aA** TEMPEL JuS 1973, 416). Daran ist so viel richtig, daß es in beiden Fällen *rechtspolitisch geboten* erscheint, *den Begriff des Bauwerks möglichst weit zu fassen*, einmal, um den Kreis der kurzen Verjährungsfristen einzuschränken, das andere Mal, um den (zu) knapp gefaßten Kreis der Sicherungsberechtigten zu erweitern.

b) Begriff

Ein Bauwerk ist eine *unbewegliche, durch Verwendung von Arbeit und Material in Verbindung mit dem Erdboden hergestellte Sache* (RGZ 56, 43; BGHZ 57, 60). Der Begriff des Bauwerks ist damit *erheblich weiter als der des Gebäudes*; er umfaßt zunächst diese, aber auch *sonstige* mit dem Erdboden fest verbundene Hoch- und Tiefbauten: Bahngleise der Bundesbahn (BGH MDR 1972, 410), die Makadamdecke auf einem Tankstellengebäude (BGH MDR 1964, 742), Rohrbrunnen (BGHZ 57, 60), die Einlassung eines Schwimmbeckens aus genormten Fertigteilen in die Erde (BGH NJW 1983, 567).

c) Bauwerksteile

Indem § 648 Abs 1 S 1 – im Gegensatz zu § 634a Abs 1 Nr 2 – auch einzelne Teile eines Bauwerks ausdrücklich erwähnt, stellt die Bestimmung jedenfalls *für die Neubauphase* klar, daß es nicht darauf ankommt, ob der Unternehmer einen bedeutsamen oder gar entscheidenden Anteil an der Errichtung des Bauwerks hat. Es kann auch nicht darauf ankommen, ob der von ihm gelieferte Teil irgendwie besonders abgrenzbar ist, was dinglich ohnehin nicht möglich wäre, vgl §§ 93, 94. Die Bestimmung gilt also insbesondere auch für den Maler. Notwendig ist angesichts der Rechtsfolge einer Hypothek an dem Grundstück nur, daß das Gelieferte *nicht nur Scheinbestandteil*, § 95, wird; dann unterliegt es dem Unternehmerpfandrecht nach § 647.

d) Reparaturen

12 Zweifelhaft ist die Behandlung **nachträglicher** Arbeiten, insbesondere von Reparaturen. Dem legitimen Sicherungsbedürfnis hiermit befaßter Handwerker steht zunächst der *Wortlaut des Gesetzes* – „Bauwerk" – entgegen, sodann die Gefahr, daß sie eine überdimensionierte Sicherheit für ihre Forderungen erhalten könnten, letztlich auch die Überlegung, daß das Grundbuch nicht mit einer Vielzahl kleinerer Posten sollte überflutet werden können. Diese beiden Gefahren bestehen zwar auch bei Neubauten, sind aber dort doch signifikant geringer. Es ist deshalb von den zu § 638 aF (= § 634a Abs 1 Nr 2) entwickelten Grundsätzen auszugehen, daß *Umbauten, Veränderungen und Reparaturen* nur dann zu berücksichtigen sind, wenn sie für Erneuerung oder Bestand eines Bauwerks *von wesentlicher Bedeutung* sind (vgl RGZ 57, 380; BGHZ 19, 322; 53, 43). Malerarbeiten, andere *Schönheitsreparaturen* oder sonstige Ausbesserungen lösen also grundsätzlich *nicht* die Rechtsfolgen des § 648 Abs 1 aus. Sie dürfen freilich nicht isoliert betrachtet werden, dh § 648 Abs 1 wird anwendbar, wenn sie im Zuge einer wesentlichen Erneuerung eines Bauwerks erfolgen. Die Einzelheiten sind fallbezogen zu beurteilen, vgl wohl zutreffend bejahend RG Warn 1928 Nr 146 für den Einbau einer Lichtanlage; BGH BB 1978, 683 für die Umstellung der gesamten Stromversorgungsanlage, anders LG Düsseldorf NJW-RR 1999, 383 für die Erneuerung von Teppichböden. *Im Zweifel ist eine eher großzügige Beurteilung* geboten (vgl auch BGB-RGRK/Glanzmann Rn 5; Siegburg 77 f). Dabei muß es nach dem Wortlaut des Gesetzes ausreichen, wenn die Erneuerung oder Umgestaltung nur einen Bauwerksteil betrifft.

e) Einrichtung der Baustelle

13 Ein Bauwerk *vorbereitende Leistungen* wie die Einrichtung der Baustelle, der Aushub der Baugrube fallen jedenfalls dann unter § 648 Abs 1, wenn sie zusammen mit eigentlichen Bauwerksleistungen vergeben sind (vgl BGB-RGRK/Glanzmann Rn 5). Es ist aber nicht einzusehen, warum derjenige Unternehmer schlechter gestellt werden sollte, dem ein isolierter Auftrag für solche Leistungen erteilt worden ist (**aA** Gross

16). In diesem Rahmen wird man selbst den *Abriß der Vorbebauung* hierher rechnen müssen, sofern es nur in konkretem Zusammenhang mit einer geplanten Neubebauung steht (aA OLG Bremen MDR 1996, 45; LG Köln BauR 1997, 672; wie hier SIEGBURG 116 ff). Auch der Gerüstbauer verdient den Schutz des § 648 Abs 1 (vgl SIEGBURG 126 f; aA OLG Zweibrücken BauR 1981, 294; OLG Hamburg BauR 1994, 123; WERNER/PASTOR, Bauprozeß Rn 204).

3. Leistungen

An Leistungen, für deren Vergütung eine dingliche Absicherung verlangt werden kann, kommen zunächst *handwerkliche* in Betracht, die das Bauwerk unmittelbar körperlich beeinflussen; Schutz verdienen aber nicht minder die Vergütungsforderungen für *Leistungen, die das Bauwerk ideell gefördert haben.* 14

a) Architekt

Dem Architekten wurde allerdings in der Rechtsprechung des Reichsgerichts ein Anspruch auf Einräumung einer Sicherungshypothek mit der Begründung versagt, daß er keine materiellen Leistungen für das Bauvorhaben erbringe (vgl RGZ 63, 312, 316; RG JW 1913, 133, 134; RG SeuffA 62 Nr 83, ebenso noch OLG Nürnberg NJW 1952, 426; OLG Karlsruhe NJW 1961, 464). Ferner ergab sich dies daraus, daß man den umfassend beauftragten Architekten als kraft Dienstvertragsrechts tätig ansah (vgl RGZ 87, 75; 137, 83). Das erstere ist ein recht formales Argument, das nicht hinreichend berücksichtigt, daß sich auch und gerade die geistige Leistung des Architekten sehr wohl und werterhöhend im Bauwerk niederschlägt, das letztere Argument entfiel mit der immer strikteren Hinwendung zum Werkvertragsrecht beim Architekten, die durch BGHZ 31, 224; 32, 206 eingeleitet wurde. Insofern war es nur konsequent, daß BGHZ 51, 190 auch dem Architekten einen Anspruch auf Einräumung einer Sicherungshypothek einräumte. Diese Sicht kann heute als *ganz einhellige Meinung* bezeichnet werden (vgl nur BGB-RGRK/GLANZMANN Rn 31; PALANDT/SPRAU Rn 2; aA noch TEMPEL JuS 1973, 414, 416; JAKOBS, in: FS Ballerstedt 377 f). 15

Voraussetzung für den Anspruch des Architekten ist es, daß seine Leistung in das Bauwerk eingeflossen ist. Insoweit muß es dann auch ausreichen, wenn er *nur die Planung* erstellt hat (vgl LG Traunstein NJW 1971, 1460; DURCHLAUB BB 1982, 1392; SIEGBURG 140 f; aA BARNIKEL Betr 1977, 1084; PALANDT/SPRAU Rn 2); anders, wenn die Planung nicht oder noch nicht verwirklicht wird (OLG Dresden NJW-RR 1996, 920; OLG Celle NJW-RR 1996, 854; OLG Hamm NJW-RR 2000, 971; vgl SIEGBURG 142, aber auch MASER BauR 1975, 91, 92 f). Der Anspruch entfällt auch dann, wenn und soweit sich die Leistungen des Architekten nicht in dem Bauwerk selbst niederschlagen. Das gilt jedenfalls für *atypische Nebenleistungen* wie Finanzberatung und Geldbeschaffung (vgl OLG München NJW 1973, 289). Das gilt aber auch dann, wenn dem Architekten isoliert typische *Architektenleistungen* übertragen sind, *die auf das Objekt selbst nicht einwirken,* wie zB die Kostenermittlung (vgl SIEGBURG 143 ff). Dagegen ist sein Vergütungsanspruch *bei umfassender Beauftragung* auch insoweit sicherungsfähig, wie er sich auf derartige Leistungen bezieht.

Entsprechendes wie für den Architekten gilt für den *Statiker* (GROSS 29; SOERGEL/ TEICHMANN Rn 13; OLG Frankfurt OLGZ 1979, 437) und zwar auch dann, wenn er nur im Planungsbereich tätig wird, seine Ergebnisse aber dann dem Bau zugrunde gelegt werden (vgl PALANDT/SPRAU Rn 2; SIEGBURG 165; **aA** OLG München OLGZ 1965, 143; MOTZKE 185).

b) Baubetreuer

16 Auch beim Baubetreuer wird die Absicherbarkeit der Ansprüche grundsätzlich bejaht (vgl LOCHER, Das private Baurecht Rn 439; PALANDT/SPRAU Rn 2), wobei es allerdings streitig ist, ob das nur für solche Leistungen gilt, die sich wie die des Architekten im Bauwerk realisiert haben (so WERNER/PASTOR Rn 220), oder auch für Leistungen aus dem wirtschaftlichen Leistungsbereich (so LOCHER/KOEBLE, Baubetreuungs- und Bauträgerrecht Rn 451), oder für letztere jedenfalls dann, wenn die wirtschaftliche Betreuung keinen größeren Umfang neben der technischen hat (so GROSS 33). Die *rein wirtschaftliche Baubetreuung* führt jedenfalls *nicht* zur Anwendbarkeit des § 648. Die Bestimmung ist auch dann nicht anzuwenden, wenn sich die Beziehungen der Parteien nach Dienstvertragsrecht beurteilen. Im übrigen wird man § 648 *auf die gesamte Forderung* des Baubetreuers anzuwenden haben, sofern sie nicht überwiegend wirtschaftlicher Natur ist. Freilich ist zu beachten, daß der wirtschaftliche Baubetreuer in aller Regel *gegen Treu und Glauben verstoßen* wird, wenn er auf der Einräumung einer Sicherungshypothek besteht, da er damit die Finanzierung des Bauvorhabens, für die er zuständig ist, nachhaltig gefährdet (vgl o Rn 6 f).

c) Bauträger

17 Zum Bauträger, der ein Haus auf einem von ihm zu liefernden Grundstück zu errichten hat, vgl SIEGBURG 171 ff. Ihm wegen seiner werkvertraglichen Ansprüche einen Anspruch auf Einräumung einer Sicherungshypothek zu gewähren, wie dies SIEGBURG für grundsätzlich möglich hält (vgl auch MünchKomm/SOERGEL Rn 11), wäre einerseits *nicht vereinbar mit seiner Verpflichtung zur Verschaffung lastenfreien Eigentums* und widerspricht zumeist zudem dem konkret vereinbarten vertraglichen Zahlungsplan.

d) Baustofflieferant

Der Baustofflieferant genießt selbst dann nicht den Schutz des § 648, wenn zu seiner Lieferpflicht als Nebenpflicht noch eine Montageverpflichtung hinzutritt (vgl WERNER/PASTOR Rn 221; OLG Köln BB 1982, 1578; **aA** SIEGBURG 175 ff).

III. Sicherungsobjekt

1. Grundstück

18 Die Sicherungshypothek ist **auf dem Grundstück des Bestellers** einzutragen. Besteller kann auch eine juristische Person des öffentlichen Rechts sein; eine Analogie zu § 648a Abs 5 Nr 1 ist nicht geboten (**aA** HOGENSCHURZ NJW 1999, 2576). Dabei reicht auch *Wohnungseigentum* oder ein *Erbbaurecht* aus; in letzterem Fall sind allerdings uU die Bestimmungen der §§ 5 Abs 2, 7 Abs 2, 3 ErbbauRVO zu beachten (Vereinbarung, daß die Zustimmung des Grundstückseigentümers für die Belastung notwendig ist) (vgl OLG Köln NJW 1968, 505).

Zu belasten ist das gesamte Objekt, auch soweit es nicht bebaut und später abgetrennt wird, (OLG Hamm BauR 2000, 1527).

Mehrere einheitlich bebaute Grundstücke haften jedes in voller Höhe der Gesamtforderung, (BGH NJW 2000, 1861).

2. Bestellereigentum

Nach dem Gesetzeswortlaut muß das Grundstück im **Eigentum** des Bestellers stehen. **19**
Am fehlenden Eigentum ihres Bestellers scheitert die Möglichkeit, die Forderungen von *Subunternehmern* abzusichern.

a) Zeitpunkt

Der *Eigentumserwerb des Bestellers* muß jedenfalls während der Durchführung des Werkvertrages erfolgen; von dann an ist eine Absicherung möglich (**aA** OLG Koblenz BauR 1993, 750), vorher nicht (vgl Gross 56).

Das Eigentum des Bestellers muß auch noch bis zur Eintragung der Sicherungshypothek bzw der Vormerkung für sie bzw dem Eingang des Eintragungsantrags beim Grundbuchamt, § 17 GBO, *fortbestehen* (vgl nur BGB-RGRK/Glanzmann Rn 12; **aA** früher Riezler, Werkvertrag 156).

Bei einer *Aufteilung des Grundstücks* kann der Unternehmer hinsichtlich seiner vollen Forderung Absicherung an dem im Eigentum des Bestellers verbleibenden Grundstücksteil verlangen, nicht nur anteilig hinsichtlich der hierauf entfallenden Werklohnforderung, was namentlich bei der Bildung von Wohnungseigentum von Bedeutung ist (vgl BGH NJW 2000, 1861; OLG München NJW 1975, 220; OLG Düsseldorf BauR 1975, 62; OLG Frankfurt OLGZ 1985, 193; **aA** OLG Frankfurt NJW 1974, 62; Siegburg 237 f), es sei denn, es bestünde nur Teilschuldnerschaft.

ZT wird angenommen, daß sich der Besteller durch die *Veräußerung von Teilflächen* und die damit verbundene Schmälerung des Sicherungsobjekts *schadensersatzpflichtig* machen könne (vgl Planck/Oegg Anm 3 a bei „willkürlicher" Veräußerung; MünchKomm/ Soergel Rn 18; Gross 74; OLG Köln JMBl NRW 1976, 211, 213), sofern die Abtrennung bei Vertragsschluß nicht ausdrücklich oder stillschweigend vorbehalten war. Doch ist demgegenüber zu betonen, daß der Besteller die Freiheit hat, über sein Grundstück ganz oder teilweise zu verfügen und deshalb *keine vertragliche Nebenpflicht* gegenüber dem Unternehmer hat, *das Sicherungsobjekt zu erhalten* (vgl Siegburg 238 f). In Fällen ausschließlicher Schädigungsabsicht mag diesem § 826 helfen. Auch derartige Ansprüche sind freilich nur insofern wirtschaftlich von Bedeutung, weil sie nach den §§ 830, 840 den gesamtschuldnerischen Zugriff auf Dritte eröffnen könnten.

b) Eigentum Dritter

Am Eigentum des Bestellers **fehlt es in zahlreichen Fällen, in denen das Rechtsgefühl** **20**
den Unternehmer gesichert wissen möchte: Der Ehemann bestellt Bauleistungen am Grundstück der Ehefrau; die Gesellschaft (GmbH oder oHG) am Grundstück des Gesellschafters bzw umgekehrt oder eine Gesellschaft am Grundstück ihrer Schwestergesellschaft. Hierzu werden unterschiedliche Lösungsansätze vertreten.

aa) Vergleichsweise problemlos ist der *Sonderfall, daß Besteller eine oHG*, Grundstückseigentümer ihr persönlich haftender Gesellschafter ist. Hier kann mit OLG München OLGZ 34, 47; OLG Hamm BauR 1978, 58; BGB-RGRK/Glanzmann

Rn 14; ERMAN/SEILER Rn 8; GROSS 59; einschränkend FEHL BB 1977, 72, aus § 128 HGB ein Anspruch des Unternehmers auf Einräumung einer Sicherungshypothek hergeleitet werden. Das ist unabhängig von der dogmatischen Struktur dieser Bestimmung. – Weitergehend KG NJW-RR 1999, 1247 zum Kommanditisten, aber unter Berücksichtigung besonderer Umstände des Falles.

bb) Im Ansatz zutreffend ist die Forderung von FEHL BB 1977, 69 ff, danach zu fragen, ob *der Auftrag nicht zugleich auch im Namen des Grundstückseigentümers erteilt* worden ist. Doch ist das meist schon durch die klare Fassung der Verträge ausgeschlossen und idR wegen der sich daraus ergebenden vollen persönlichen Haftung des Grundstückseigentümers auch nicht gewollt, zB bei der nicht verdienenden Ehefrau als Grundstückseigentümerin. Der zu § 164 entwickelte Satz, daß unternehmensbezogene Verträge im Zweifel im Namen des Inhabers des Unternehmens geschlossen werden, läßt sich jedenfalls nicht auf Bauverträge übertragen.

21 cc) In den übrigen Fällen werden unterschiedliche Meinungen vertreten.

(1) Verbreitet ist die Auffassung, daß es *mit der engen Wirkungsweise des Gesetzes sein Bewenden haben müsse* (vgl OLG Braunschweig OLGZ 1974, 210, 212 ff; OLG Bremen NJW 1976, 1320, 1321; OLG Hamm NJW-RR 1986, 570, 571; ERMAN/SEILER Rn 8; WILHELM NJW 1975, 2322, 2323; CLEMM Betr 1985, 1777; SCHLECHTRIEM, in: FS Korbion 359; SLAPNICAR BB 1993, 230; RAABE BauR 1997, 757).

(2) Demgegenüber lassen manche es ausreichen, *wenn Besteller und Grundstückseigentümer wirtschaftlich identisch sind* (vgl OLG München NJW 1975, 220; KG NJW 1978, 325; WERNER/PASTOR, Bauprozeß Rn 239; LOCHER, Das private BauR Rn 433; RATHJEN Betr 1977, 987; LENZEN BauR 1981, 434).

(3) Teils wird *zwar Eigentum des Bestellers im juristischen Sinne* gefordert, aber eingeräumt, daß die *Berufung auf die Nichtidentität* von Besteller und Grundstückseigentümer *gegen Treu und Glauben verstoßen* könne (vgl OLG Zweibrücken ZfBR 1983, 264, 265 m Anm BLAESING; OLG Düsseldorf NJW-RR 1993, 851; OLG Naumburg NJW-RR 2000, 321; LG Aschaffenburg NJW-RR 1997, 783; BGB-RGRK/GLANZMANN Rn 15; GROSS 68; MOTZKE 144 ff).

(4) Der *Bundesgerichtshof* hat sich in BGHZ 102, 95 grundsätzlich dafür ausgesprochen, daß Grundstückseigentümer und *Besteller* rechtlich dieselbe Person sein müßten; wirtschaftliche Identität reiche regelmäßig nicht, *doch müsse sich der Grundstückseigentümer nach Lage des Einzelfalls gemäß § 242 wie ein Besteller behandeln lassen*. Insoweit hat es der Bundesgerichtshof, 103 f, nicht ausreichen lassen, daß der Grundstückseigentümer den Bauvertrag kannte und billigte, sondern entscheidend darauf abgestellt, 104 f, daß der Grundstückseigentümer die *Möglichkeit* hatte, die *Ergebnisse der Werkleistung finanziell für sich zu nutzen*.

Offengeblieben ist damit die Frage, ob die Nutzungsmöglichkeiten von Ehegatten ebenfalls ausreichen.

22 (5) Stellungnahme: Mit BGHZ (aaO) ist davon auszugehen, daß die Entscheidung für die §§ 647, 648 *grundsätzlich nur einheitlich* ausfallen kann. Auch ist der *Begriff* *der wirtschaftlichen Identität* von Besteller und Grundstückseigentümer als *zu vage* abzulehnen. Es dürften hier auch schon die Grenzen richterlicher Rechtsfortbildung überschritten sein; außerdem drohen *Abgrenzungsprobleme*, wenn die Identität nur eine teilweise ist. Auszugehen ist vielmehr vom Eigentum im rechtlichen Sinne. Zugrunde zu legen ist außerdem das *wohl allseits anerkannte Schutzbedürfnis* des Unternehmers, das durch die Sicherungsmöglichkeit nach § 648a nicht entfallen ist (KG NJW-RR 1999, 1247; **aA** OLG Schleswig BauR 2000, 1377).

Wenn man ihm dann mit § 242 hilft, bleibt das *grundsätzliche* Bedenken, inwieweit diese Bestimmung zur Anspruchsbegründung taugt, das *praktische*, daß hiermit die Umstände des Einzelfalls ausschlaggebende Bedeutung gewinnen und damit wiederum Rechtsunsicherheit entsteht. Freilich ist an Umständen des Einzelfalls idR kaum mehr denkbar, als daß einerseits der Grundstückseigentümer Abschluß und Durchführung des Bauvertrags billigt, was dem BGH nicht ausreichen will, und daß der Grundstückseigentümer andererseits das entstandene Bauwerk nutzen kann, was grundsätzlich ausreichen soll, wobei man sich nur fragen kann, wie intensiv diese Nutzungsmöglichkeit zu sein hat.

Dogmatisch klarer dürfte es sein, *auf die Billigung des Werkvertrages* und seine Durchführung durch den Grundstückseigentümer *§ 185 entsprechend anzuwenden* (vgl auch FEHL BB 1977, 69; 1987, 2039); das wird idR auch in der Praxis zu einer einfacheren Abgrenzung führen, auch wenn diese *Billigung noch nicht in der bloßen Grundstücksüberlassung* gesehen werden kann (vgl iü auch § 647 Rn 10 ff).

c) Gutgläubiger Erwerb
Wenn der Besteller *fälschlich* als Eigentümer im Grundbuch *eingetragen* ist, kann die Hypothek trotz ihres Charakters als Sicherungshypothek bzw die Vormerkung für sie gutgläubig erworben werden, §§ 892, 893. Interessengerecht dürfte es dabei sein, für den guten Glauben des Unternehmers auf den *Zeitpunkt* abzustellen, in dem sein Anspruch in sicherbarer Form entsteht (vgl dazu u Rn 28).

3. Mehrheit von Grundstücken; Bruchteilseigentum

Bei einer Mehrheit von Grundstücken des Bestellers kann eine einheitliche Absicherung in Form einer Gesamthypothek verlangt werden, wenn und soweit sie auf Grund eines einheitlichen Werkvertrages bebaut werden, ohne daß es darauf ankäme, in welchem Umfang die einzelne Parzelle betroffen ist (BGB-RGRK/GLANZMANN Rn 13). Wenn das Bauwerk teilweise auf dem Grundstück des Bestellers errichtet worden ist, teilweise auch auf dem eines Dritten, kann das Grundstück des Bestellers für die Absicherung der gesamten Forderung herangezogen werden (OLG Nürnberg NJW 1951, 155; OLG Frankfurt NJW-RR 1994, 1432).

Zu den Problemen, die sich aus der nachträglichen Vereinigung, § 890 Abs 1, oder Zuschreibung, § 890 Abs 2, ergeben, vgl die Erl dort.

Steht das Grundstück im *Bruchteilseigentum* mehrerer Besteller, wird es insgesamt belastet. Soweit mehrere Eigentümer getrennter Grundstücke einen gemeinsamen Bauauftrag vergeben, kann eine *Gesamthypothek* verlangt werden. Praktische Bedeutung hat ein gemeinsamer Bauauftrag mehrerer einzelner Eigentümer vor allem beim *Wohnungseigentum*. Die hier von der Rechtsprechung angenommene nur anteilige Haftung der Wohnungseigentümer für die sich ergebende Werklohnforderung (vgl BGHZ 75, 27) muß in der Konsequenz dazu führen, daß auch die einzelnen Eigentumswohnungen nur anteilig belastet werden können (aA OLG Hamm NJW-RR 1999, 383).

IV. Zu sichernde Forderungen

1. Werklohnforderungen

25 Es werden grundsätzlich – nicht anders als bei § 647 – *sämtliche Forderungen des Unternehmers aus dem Werkvertrag* abgesichert, mag es sich nun um die eigentliche Vergütungsforderung handeln oder um Ansprüche aus den §§ 645, 649. Weshalb dabei bei etwa vereinbarten Naturalleistungen des Bestellers eine Ausnahme gemacht werden sollte (so GROSS 43; SOERGEL/BALLERSTEDT[10] Rn 7), ist jedenfalls dann nicht ersichtlich, wenn sie in eine Geldforderung übergehen können; sie sind entsprechend in Geld auszudrücken. Absicherbar ist insbesondere auch der auf die Umsatzsteuer entfallende Teil der Vergütung, vgl dazu und zu den sich aus der Entstehung dieses Anspruchs ergebenden Problemen GROSS 43; ders BauR 1971, 177 ff.

Eine Absicherung nach § 648a schließt das Vorgehen nach § 648 aus (vgl § 648a Abs 4, OLG Köln BauR 1996, 272).

26 § 648 beruht zwar auf dem Gedanken, daß *die Wertsteigerung des Grundstücks* den Sicherungsanspruch rechtfertigt, vgl Abs 1 S 2, benutzt dies aber in Abs 1 S 1 *nicht dazu, den Kreis der sicherbaren Forderungen einzuschränken*, wenn dort umfassend von „seinen" – des Unternehmers – Forderungen die Rede ist, vgl auch SIEGBURG 212 f. Das bedeutet zunächst, daß die Absicherung der Vergütungsansprüche *eine entsprechende Wertsteigerung des Grundstücks nicht voraussetzt*. Das bedeutet aber weiterhin, daß auch *solche Ansprüche* absicherbar sind, *denen ihrer Struktur nach eine Wertsteigerung nicht gegenüberstehen kann* (vgl auch BGHZ 51, 190, 192; aA offenbar SIEGBURG aaO). Dies gilt für Ansprüche aus § 642 (vgl BGB-RGRK/GLANZMANN Rn 10; MünchKomm/SOERGEL Rn 16) oder aus § 649 (aA OLG Jena, NJW-RR 1999, 384), vor allem aber auch für *Schadensersatzansprüche* (BGH NJW 1988, 255, 257), mögen sie ihre Grundlage nun in Verzug, positiver Forderungsverletzung oder einer Vertragsstrafenvereinbarung haben (vgl GROSS 44 ff; BGB-RGRK/GLANZMANN Rn 10, MünchKomm/SOERGEL Rn 16; WERNER/PASTOR Rn 212). Dabei ist die *gesamte Schadensersatzforderung* absicherbar (vgl BGHZ 51, 190 = NJW 1969, 419). Freilich ist zu beachten, daß als Grundpfandrecht eine streng akzessorische Sicherungshypothek gewährt wird. BGH NJW 1974, 1761 weist insofern zutreffend darauf hin, daß eine für den Werklohnanspruch bestellte Sicherungshypothek mangels Identität der Forderungen nicht zugleich auch einen Schadensersatzanspruch des Unternehmers absichert. Es ist deshalb *bei der Eintragung in das Grundbuch sorgfältig auf die Bezeichnung der zu sichernden Forderung zu achten*.

27 Die Absicherung der *Kosten der Rechtsverfolgung* des Unternehmers hängt davon ab, inwieweit ihm insoweit ein Erstattungsanspruch gegen den Besteller erwachsen ist. BGB-RGRK/GLANZMANN Rn 10 weist zutreffend darauf hin, daß § 1118 nur die Kosten der Rechtsverfolgung aus der Hypothek betrifft, nicht die Kosten, die zur

Erlangung der Hypothek notwendig sind. Wenn in der Literatur (vgl MünchKomm/ Soergel Rn 16) von den Kosten notwendiger Rechtsverfolgung die Rede ist, dann ist damit ein Erstattungsanspruch noch nicht dargetan. Dieser kann sich vielmehr entweder ergeben aus einer *gerichtlichen Kostenentscheidung,* § 91 ZPO, wie sie insbesondere auch im Verfahren der einstweiligen Verfügung auf Eintragung einer Vormerkung für eine Sicherungshypothek ergeht, oder *materiellrechtlich* unter dem Gesichtspunkt des Verzuges mit der Begleichung der Werklohnforderung, der ihre Absicherung geboten erscheinen läßt, *nicht* dagegen *aus Verzug* mit der Einräumung der Hypothek (vgl auch BayOLGZ 9, 488; Staudinger/Riedel[11] Rn 9).

2. Zeitpunkt der Sicherung

Für die Absicherung der Ansprüche des Unternehmers enthält § 648 Abs 1 S 2 die **28** Regelung, daß sie einerseits schon **vor der Vollendung des Werkes** erfolgen kann, andererseits aber nur soweit gehen darf, wie dies dem **jeweiligen Leistungsstand** entspricht.

a) Werklohnforderung

Das bedeutet zunächst, daß *nicht schon der bloße Vertragsschluß* die Forderung sicherbar macht (vgl Erman/Seiler Rn 10). Eine so frühe Absicherung ermöglicht auch nicht § 883 Abs 1 S 2. Zwar ist nach dieser Bestimmung eine Vormerkung für künftige Ansprüche möglich, doch wird sie durch § 648 Abs 1 S 2 als lex specialis ausgeschlossen (Staudinger/Riedel[11] Rn 10; Erman/Seiler Rn 11).

Andererseits wird aber auch *auf die Fälligkeit der Werklohnforderung verzichtet* (Palandt/Sprau Rn 4; OLG Koblenz NJW-RR 1994, 786).

Es kommt vielmehr auf *den jeweiligen Leistungsstand* an, für den der Unternehmer darlegungs- und beweispflichtig ist. Dabei ist für die Bemessung der Höhe des (schon) zu sichernden Werklohnanspruchs wiederum nicht die bereits eingetretene Wertsteigerung des Grundstücks maßgeblich, sondern die Höhe des auf die erbrachten Leistungsabschnitte entfallenden Anteils am Werklohn, wie er sich aus den Vereinbarungen der Parteien ergibt. Die Aufteilung hat nach denselben Grundsätzen wie bei § 645 Abs 1 zu erfolgen (vgl dazu dort Rn 22 ff). Notfalls ist nach § 287 ZPO zu schätzen.

Wenn der Unternehmer seine *Leistung zurückbehält,* dann schließt dies insoweit die Entstehung eines Anspruchs auf Einräumung einer Sicherungshypothek aus, mag die Zurückbehaltung auch gerechtfertigt gewesen sein. Daran ändert es auch nichts, wenn er die einzubauenden Teile in seiner Werkstatt schon gefertigt hat (RGZ 58, 301).

Werklohnansprüche, die dem Unternehmer nach Erwirkung der Vormerkung erwachsen, werden von ihr nicht mehr (rangwahrend) erfaßt.

b) Sonstige Forderungen
Andere als Vergütungsansprüche, insbesondere Schadensersatzansprüche, entstehen **29** sofort vollen Umfangs, wenn ihre Voraussetzungen erfüllt sind. § 648 Abs 1 S 2 errichtet Hürden für ihre Absicherung nicht. Wenn Schadensersatz statt der Leistung

begehrt wird, kann also schon jetzt auch der Anspruch wegen des künftig entgehenden Gewinns, § 252, abgesichert werden (vgl auch BGHZ 51, 190 = NJW 1969, 419).

3. Mängel der Leistung

30 Ein besonderes Problem bilden rechtlich wie praktisch Mängel der Werkleistung. Einerseits führen sie besonders häufig zur Zahlungsverweigerung des Bestellers und geben damit *Anlaß*, den Anspruch auf Einräumung einer Sicherungshypothek zu realisieren. Andererseits ist ihr *Bestehen und ihre Bewertung* wegen § 294 ZPO in dem Regelfall *kaum zuverlässig zu beurteilen*, daß im Verfahren der einstweiligen Verfügung gestritten wird.

a) Eindeutige Fälle

Wenn der Besteller gemindert oder die Aufrechnung mit einem Schadensersatzanspruch aus § 634 Nr 4 erklärt hat bzw einen Anspruch auf Kostenvorschuß nach § 637 Abs 3 hat, mindert sich der einzutragende Forderungsbetrag entsprechend (vgl KAPELLMANN BauR 1976, 323, 326; MOTZKE 121; BGB-RGRK/GLANZMANN Rn 9). Kommt es ausnahmsweise zum Rücktritt, sind die etwaigen Rückforderungsansprüche des Unternehmers abzusichern (aA SIEGBURG 226, der indessen ihren vertraglichen Ursprung verkennt).

b) Nachbesserungsbefugnis des Unternehmers

31 Für den häufigeren Fall, daß der Unternehmer noch die *Berechtigung*, aber auch *die Verpflichtung zur eigenen Nachbesserung* hat, gibt es unterschiedliche Lösungsansätze.

aa) Die Mängel werden überhaupt *unberücksichtigt* gelassen (vgl LG Düsseldorf BauR 1976, 211; LG Flensburg MDR 1975, 841; JAGENBURG BauR 1975, 216; KAPELLMANN BauR 1976, 323). Zur Begründung wird angeführt, daß der Werklohnanspruch im Prinzip bestehe und durch die Mängel nur in seiner Durchsetzbarkeit beeinträchtigt werde, die Durchsetzbarkeit aber wegen § 648 Abs 1 S 2 gerade keine Voraussetzung für die Eintragung einer Sicherungshypothek sei. Auch sei nur so eine schnelle und effektive Durchsetzung des Sicherungsanspruchs gewährleistet. – Von diesen Argumenten ist das letztgenannte der Praktikabilität gewichtig; es werden alle skizzierten Aufklärungsprobleme vermieden. Aber das Ergebnis ist für den Besteller *unzumutbar*, wenn eine „überdimensionierte" Sicherungshypothek eingetragen wird. Zwar kann das rechtlich wegen der in § 1184 angeordneten strikten Akzessorietät der Sicherungshypothek nicht schaden, doch wird dann gegenüber etwaigen Geldgebern des Bestellers, die an einer dinglichen Absicherung interessiert sind, ein unzutreffender Eindruck über die Belastung des Grundstücks hervorgerufen. Außerdem beeinträchtigen Mängel die Werklohnforderung kräftiger als ein schlichtes Fälligkeitshindernis, wie es allerdings wegen § 648 Abs 1 S 2 unbeachtlich wäre. – Anderes gilt auch nicht, wenn sich der Besteller wegen der Werklohnforderung der Zwangsvollstreckung unterworfen hat (aA OLG Bremen NJW-RR 1999, 963).

32 bb) BGHZ 68, 180; OLG Köln BauR 1975, 213; OLG Düsseldorf BauR 1976, 363; BGB-RGRK/GLANZMANN Rn 9; MünchKomm/SOERGEL Rn 20; ERMAN/SEILER Rn 10; LOCHER, Das private Baurecht Rn 436; MOTZKE 122 ff; SIEGBURG 226 ff *stellen die mangelhaften Leistungsteile den nicht erbrachten Leistungsteilen gleich* und wollen wegen der Mängel *einen entsprechenden Abzug* von der Werklohnforderung machen. Dessen Höhe wird aus der Entscheidung des Bundesgerichtshofs nicht vollends deutlich; OLG Düsseldorf BauR 1976, 111 und LOCHER (aaO) präzisieren sie aber – wohl im Sinne des Bundesgerichtshofs – dahin, daß es auf die *mutmaßliche Höhe der Nachbesserungskosten* ankomme. Zur Begründung wird vor allem darauf verwiesen, daß nur so dem *Wertzuwachs* des Grundstücks Rechnung getragen werde. So komme es zu einer angemessenen Risikoverteilung; die Lösung sei auch praktikabler als die Gegenvorschläge. Übersteigen die Mängelbeseitigungskosten die Werklohnforderung, kommt es nicht zu einer Sicherungshypothek (OLG Hamm BauR 1998, 885).

Demgegenüber ist zu betonen, daß der konkrete Wertzuwachs des Grundstücks zwar gesetzgeberisches Motiv des § 648, sonst aber unstreitig keine Bemessungsgrundlage für die Höhe der einzutragenden Sicherungshypothek ist. Die Lösung des Bundesgerichtshofs wird außerdem *dem Zurückbehaltungsrecht des Bestellers nicht hinreichend* gerecht, das diesem aus § 320 jedenfalls für die Zeit nach der Abnahme wegen seines Anspruchs auf Mängelbeseitigung zusteht und das – als Druckmittel – zur Verweigerung der Zahlung eines Mehrfachen der reinen Nachbesserungskosten berechtigt. Schlechter darf der Besteller aber auch vor der Abnahme nicht stehen. Vor allem aber überlastet diese Lösung mit ihrer Forderung, die Mängel konkret zu bewerten, die *eingeschränkten Erkenntnismöglichkeiten des Verfahrens der einstweiligen Verfügung*, in dem meist gestritten wird. Damit beschwört sie aber auch erhebliche Gefahren für den Sicherung suchenden Unternehmer herauf, der sich ja dem verschuldensunabhängigen Schadensersatzanspruch aus § 945 ZPO ausgesetzt sieht, wenn seine einstweilige Verfügung scheitert. Das Ausmaß der hier bestehenden Haftungsrisiken belegt gerade der der Entscheidung BGHZ 68, 180 zugrunde liegende Fall eindrucksvoll.

cc) Man kann das Zurückbehaltungsrecht des Bestellers dadurch berücksichtigen, **33** daß man die *Eintragung* der Sicherungshypothek bzw der entsprechenden Vormerkung *nur Zug um Zug gegen Beseitigung der Mängel* zuläßt (vgl OLG Frankfurt SCHÄFER/ FINNERN Z 2.231 Bl 20; INGENSTAU/KORBION § 16 Rn 96 [bis zur 7. Aufl]; GROSS 50 ff). Das führt im praktischen Ergebnis aber wegen § 765 ZPO zu einer Vorleistungspflicht des Unternehmers und ist schon deshalb nicht interessengerecht und nicht praktikabel (vgl BGHZ 68, 185; KAPELLMANN BauR 1976, 323, 326).

dd) *Vorzugswürdig* dürfte es deshalb sein, *die Werklohnforderung in ihrem realen Bestand einzutragen, dh in ihrer Abhängigkeit von dem Zurückbehaltungsrecht des Bestellers* wegen der Mängel. Die grundsätzliche Eintragungsfähigkeit dieser Einrede gegen die der Hypothek zugrunde liegende Forderung ergibt sich aus den §§ 1137, 1138. Nun erklärt zwar § 1185 Abs 2 die Bestimmung des § 1138 gerade für unanwendbar bei einer Sicherungshypothek, wie sie § 648 vorsieht. Das soll aber doch nur verhindern, daß diese Hypothek in Ansehen der Forderung (und der sie betreffenden Einreden) gutgläubig erworben werden kann, macht damit die Eintragung der Einreden aber schwerlich unzulässig. *Nur mit ihrer Eintragung kann ein zutreffendes Bild von der gesicherten Forderung* gezeichnet werden, das § 1185 nicht verhindern kann und soll.

Werden aber im Rahmen des § 320 die Nachbesserungsansprüche des Bestellers als solche eingetragen, so wird damit zwar das Grundbuch belastet, doch wird so zunächst die *Forderung des Unternehmers korrekt wiedergegeben*, weiter wird eine Saldierung von Werklohn und Mängeln vermieden, wie sie im gegenwärtigen Stadium des noch bestehenden Nachbesserungsanspruchs unzulässig ist. Damit erweist sich gleichzeitig die mühsame Bewertung der Mängel mit allen ihren Fehlerquellen als entbehrlich. Endlich kann sich jeder Interessent bei einer derartigen Eintragung noch am ehesten ein eigenes Bild von der Berechtigung und Werthaltigkeit der Belastung des Grundstücks zugunsten des Unternehmers verschaffen. *Das System der §§ 633 ff* wie auch *die Interessen der Parteien* werden so am besten gewahrt (vgl auch PETERS NJW 1981, 2550).

V. Inhalt und Durchsetzung des Anspruchs

1. Sicherungshypothek

34 § 648 gewährt einen Anspruch auf Einräumung einer Sicherungshypothek.

a) Begriff und Wesen dieses Rechts ergeben sich aus den §§ 1184, 1185. Auf die Erl dazu kann Bezug genommen werden. Im Vordergrund steht die *strikte Durchführung des Grundsatzes der Akzessorietät* der Hypothek. Die Eintragung im Grundbuch begründet zugunsten der Hypothek hier keine Vermutung dafür, daß die gesicherte Forderung in dem eingetragenen Umfang existiert; diese muß vielmehr von dem Hypothekengläubiger nachgewiesen werden, § 1184 Abs 1.

b) Erfüllt wird der Anspruch des Unternehmers aus § 648 Abs 1 durch eine entsprechende *Einigung mit dem Eigentümer* und die *Eintragung in das Grundbuch*, § 873; die Einigungserklärung des Eigentümers kann durch ein entsprechendes rechtskräftiges Urteil nach § 894 ZPO ersetzt werden. § 867 ZPO ist nicht anwendbar (vgl OLG Frankfurt NJW-RR 1995, 1359).

c) Nicht erst die eingetragene **Hypothek**, § 1153, sondern bereits der Anspruch auf ihre Einräumung folgt *im Abtretungsfall* nach § 401 der Werklohnforderung (RGZ 126, 383 f).

d) Mit dem Eintritt der *Verjährung* der Werklohnforderung, § 196 Abs 1 Nr 1, Abs 2, wird auch der Anspruch auf Einräumung der Sicherungshypothek undurchsetzbar (LG Aurich NJW-RR 1991, 1240, vgl § 224). Freilich wirkt die durch Klage oä bewirkte *Unterbringung der Verjährung der Werklohnforderung* auch zugunsten des Anspruchs aus § 648 Abs 1, sofern die Verjährung dieses Anspruchs nicht direkt unterbrochen wird.

Sofern *bei Eintritt der Verjährung* der Werklohnforderung *die Sicherungshypothek schon bestellt* ist, kann der Unternehmer nach § 216 Abs 1 weiterhin aus ihr Befriedigung suchen. Dagegen nützt es ihm insoweit nichts, wenn zu diesem Zeitpunkt nur eine Vormerkung eingetragen ist (SIEGBURG 225).

2. Vormerkung

35 Zur Sicherung des Anspruchs auf Einräumung der Hypothek kann eine Vormerkung in das Grundbuch eingetragen werden. Sie wahrt für die Hypothek die Rangstelle und schützt vor nachteiligen Verfügungen über das Grundstück, § 883 Abs 2, unter denen namentlich die Veräußerung oder Belastung zu nennen ist.

a) Eintragungsvoraussetzungen
Eingetragen werden kann die Vormerkung zunächst auf Grund einer Bewilligung des Eigentümers. Praktisch wichtiger ist die **Eintragung auf Grund einer einstweiligen Verfügung**, § 885. Dabei braucht die Gefährdung des zu sichernden Anspruchs nicht glaubhaft gemacht zu werden, § 885 Abs 1 S 2, wohl aber ist *dieser selbst glaubhaft* zu machen. Hierfür wird regelmäßig die Vorlage einer prüfungsfähigen Rechnung sowie die eidesstattliche Versicherung ihrer Richtigkeit notwendig sein. Sofern um *Mängel* gestritten wird, hat der Unternehmer vor der Abnahme ihr Nichtvorliegen glaubhaft zu machen, nach der Abnahme der Besteller (vgl auch OLG Koblenz NJW-RR 1994, 786).

Der zu sichernde Anspruch braucht den *Mindestbetrag des § 866 Abs 3 ZPO nicht* zu erreichen, weil es nicht um die dort geregelte Zwangsvollstreckung wegen einer Geldforderung in ein Grundstück geht, sondern um die Abgabe einer geschuldeten Willenserklärung (KGJ 35 [1908] A 314; GROSS 100; MOTZKE 125; BGB-RGRK/GLANZMANN Rn 20; STAUDINGER/RIEDEL[11] Rn 13; ZÖLLER/STÖBER § 866 Rn 5). Der Anspruch muß aber im übrigen entstanden sein, dh eine Vormerkung kann *nicht wegen erst künftig zu verdienender Teile der Werklohnforderung* begehrt werden (vgl RGHZ 58, 301; 74, 158, 160; BGB-RGRK/GLANZMANN Rn 20; BGHZ 68, 180, 183; STAUDINGER/RIEDEL[11] Rn 10; ERMAN/SEILER Rn 10 f; **aA** SIEGBURG 296 ff; MOTZKE 260 ff). Dies folgt trotz der §§ 916 Abs 2 ZPO, 883 Abs 1 S 2 aus § 648 Abs 1 S 2; für die Vormerkung kann insoweit sinnvollerweise nichts anderes gelten als für die Hypothek selbst. Unschädlich dürfte es aber für die Eintragung der Vormerkung sein, wenn bei der Belastung eines Erbbaurechts eine nach § 5 ErbbauRVO notwendige Zustimmung des Grundstückseigentümers zur Belastung noch nicht vorliegen sollte (vgl OLG Nürnberg MDR 1967, 213). Andere Hindernisse gegen die Hypothek dürfen aber grundsätzlich nicht bestehen (**aA** BGB-RGRK/GLANZMANN Rn 21).

b) Prozessuales
Zuständig für den Erlaß der einstweiligen Verfügung ist entweder das *Prozeßgericht* oder nach § 942 ZPO das *Amtsgericht der belegenen Sache*. Zur Vorbereitung des Verfahrens kann der Unternehmer *das Grundbuch einsehen*; er hat daran ein berechtigtes Interesse iSd § 12 GBO (vgl STAUDINGER/RIEDEL[11] Rn 13; GROSS 86; MEIKEL/IMHOFF/RIEDEL, GBO § 12 Rn 6).

Die *Kosten des Verfahrens* trägt nach § 91 ZPO der Besteller; er kann ihnen nur unter den Voraussetzungen des § 93 ZPO entgehen, dh bei sofortigem Anerkenntnis und *wenn er keinen Anlaß zum gerichtlichen Vorgehen gegeben* hat. Wann letzteres der Fall ist, ist streitig. Sicherlich zu weitgehend LG Hannover MDR 1969, 935, das den Zahlungsanspruch des Unternehmers stets als gefährdet ansieht, und OLG Celle BauR 1976, 365, das mit § 885 Abs 1 argumentiert; so im Ergebnis nach OLG Frankfurt BauR 1989, 644; zustimmend aber PALANDT/SPRAU Rn 5. Man wird wenigstens *Zahlungsverzug des Bestellers* mit der Werklohnforderung für notwendig halten müssen (vgl OLG Köln NJW 1975, 454 m abl Anm JOOST NJW 1975, 1172), sofern Abschlagszahlungen vereinbart sind, oder sonst die Verweigerung angemessener Abschläge. Darüber hinaus wird man grundsätzlich aber auch eine auf die Bewilligung der Hypothek abzielende *Anfrage des Unternehmers* an den Besteller zu fordern haben (vgl GROSS 92 f; aA OLG Köln NJW-RR 1997, 1242). Freilich bietet diese ihre Gefahren, weil sie anderweitige Verfügungen über das Grundstück veranlassen kann. Insofern kommt es letztlich auf die Umstände des Einzelfalls an. Eine Anfrage ist jedenfalls dann entbehrlich, wenn sie unzumutbar ist (vgl OLG Düsseldorf BauR 1976, 285; OLG Hamm NJW 1975, 1459; vgl zur Problematik auch HEYERS BauR 1980, 20). Das kann insbesondere bei *einer erkennbaren wirtschaftlichen Krise des Bestellers* der Fall sein, etwa wenn er anderweitige Forderungen grundlos nicht begleicht.

c) Aufhebung

37 Die einstweilige Verfügung kann *unter den üblichen Voraussetzungen aufgehoben* werden; zu nennen ist insbesondere die *Versäumnis der Vollziehungsfrist*, § 929 ZPO, oder die Versäumung einer nach § 926 ZPO gesetzten *Frist zur Erhebung der Klage in der Hauptsache*. Dabei ist „Hauptsache" hier nicht die Werklohnforderung (aA OLG Frankfurt NZBau 2002, 456), sondern *der Anspruch auf Einräumung der Sicherungshypothek* (RGZ 62, 64; LG Mainz NJW 1973, 2294; BGB-RGRK/GLANZMANN Rn 23; GROSS 90). – Zur Aufhebung können nach § 927 ZPO auch *veränderte Umstände* führen. Diese können in der *Stellung einer anderweitigen ausreichenden Sicherheit* durch den Besteller liegen, zB einer Bankbürgschaft (vgl RGZ 55, 140; OLG Köln NJW 1975, 454; STAUDINGER/RIEDEL[11] Rn 12; BGB-RGRK/GLANZMANN Rn 22). Dagegen wird man schon wegen § 885 Abs 1 S 2 (entgegen OLG Hamm SCHÄFER/FINNERN Z 2.321 Bl 10) eine Glaubhaftmachung des Bestellers/Eigentümers, daß die Interessen des Unternehmers konkret nicht gefährdet seien, nicht ausreichen lassen können (vgl GROSS 98). Das kann auch (entgegen GROSS aaO) kaum zum Einwand der unzulässigen Rechtsausübung führen, sondern nur im Rahmen des § 93 ZPO relevant sein.

d) Streitwert

38 Der Streitwert des Verfahrens der einstweiligen Verfügung bemißt sich nach § 3 ZPO (vgl OLG Bremen AnwBl 1976, 441; OLG Hamburg BlGWB 1966, 18; ZÖLLER/HERGET § 3 Rn 16 „Sicherungshypothek"; BAUMBACH/LAUTERBACH/ALBERS/HARTMANN § 6 Anm 3 B; GROSS 103 f), nicht nach § 6 ZPO (so aber RGZ 35, 394; KG NJW 1954, 1687). Er wird dabei wegen der nur vorläufigen Sicherung mit 1/3 der zu sichernden Forderungen anzusetzen sein (vgl KG BauR 1972, 259; OLG Hamm JurBüro 1964, 272 m zust Anm SCHMIDT; WERNER/PASTOR Rn 291). Der *Grad der Gefährdung* des Anspruchs rechtfertigt *Zu- oder Abschläge*.

Zur Erteilung einer *Löschungsbewilligung* hinsichtlich der Vormerkung ist der Unternehmer nur Zug um Zug gegen Zahlung der Werklohnforderung verpflichtet (RG JW 1904, 91; BGB-RGRK/GLANZMANN Rn 23).

3. Insolvenzanfechtung

39 Wegen des Anspruchs des Unternehmers auf Einräumung einer Sicherungshypothek stellt *weder diese noch auch die sichernde Vormerkung eine inkongruente Deckung* iSd §§ 131 InsO, 3 Abs 1 Nr 1, 2 AnfG dar (vgl BGH NJW 1961, 456; KILGER/HUBER AnfG § 3 Anm 6).

4. Sonstige Sicherungen

40 Der Unternehmer ist nicht darauf beschränkt, seine Werklohnforderung nach § 648

Abs 1 durch eine Sicherungshypothek bzw eine entsprechende Vormerkung abzusichern.

a) Arrest
Er kann seine Forderung statt dessen auch durch einen Arrest sichern (vgl RGZ 54, 164; RG Recht 1908, 2466; OLG Celle BauR 1994, 274; STAUDINGER/RIEDEL[11] Rn 12, 15; BGB-RGRK/ GLANZMANN Rn 24; ERMAN/SEILER Rn 14, PALANDT/SPRAU Rn 5). Das hat gegenüber dem Vorgehen nach § 648 den Vorteil, daß dann auch auf das sonstige Vermögen des Bestellers zurückgegriffen werden kann; das Grundstück selbst mag schon wertausschöpfend belastet sein. Allerdings gilt dann § 885 Abs 1 S 2 nicht, so daß nach § 917 ZPO eine Gefährdung des Werklohnanspruchs glaubhaft zu machen ist.

In bezug auf das Baugrundstück selbst führt das Arrestverfahren nach § 932 Abs 1 ZPO wiederum zu der Eintragung einer Sicherungshypothek. Damit *entfällt das Rechtsschutzbedürfnis für eine einstweilige Verfügung auf Eintragung einer Vormerkung* für eine Sicherungshypothek nach § 648 jedenfalls grundsätzlich dann, wenn der Arrest ohne Sicherheitsleistung vollstreckbar ist (vgl §§ 921 Abs 2, 922 Abs 3 ZPO, RG Gruchot 39, 1156, 1159; OLG Hamburg NJW 1958, 1145 m Anm LENT). Davon kann es jedoch Ausnahmen geben, etwa wenn eine Aresthypothek wegen Nichterreichen der Grenze des § 866 Abs 3 ZPO nicht eingetragen werden kann oder wenn mit einer Aufhebung des Arrests zu rechnen ist (vgl GROSS 84 f).

b) Titulierte Forderung
Wenn die Werklohnforderung vorläufig oder endgültig vollstreckbar tituliert ist, **41** kann der Unternehmer aus ihr vollstrecken und dann insbesondere auch in das Baugrundstück. Das läßt das Rechtsschutzbedürfnis für ein Vorgehen nach § 648 jedenfalls dann entfallen, wenn der *Titel rechtskräftig* ist. Ist er nur gegen Sicherheitsleistung vorläufig vollstreckbar, dann wäre an sich ihretwegen das Rechtsschutzbedürfnis insbesondere für eine einstweilige Verfügung zu bejahen (vgl STAUDINGER/ RIEDEL[11] Rn 11; OLG Breslau Recht 1906 Nr 670). Doch läßt heute § 720 Abs 1 lit b ZPO die Eintragung einer Sicherungshypothek – nicht die Befriedigung aus ihr – auch ohne Sicherheitsleistung zu. Das dürfte das Rechtsschutzbedürfnis für eine einstweilige Verfügung nach § 648 ausschließen (vgl GROSS 86 f).

VI. Ausschluß der Rechte aus § 648 Abs 1

1. Dispositives Recht

§ 648 Abs 1 enthält dispositives Recht, ist abdingbar (OLG Köln BauR 1974, 282; PLANCK/ **42** OEGG Anm 4; OERTMANN Anm 7; STAUDINGER/RIEDEL[11] Rn 16; BGB-RGRK/GLANZMANN Rn 2; ERMAN/SEILER Rn 1).

2. Individualvereinbarung

Für einen individualvertraglichen Ausschluß wird man allerdings eine *deutliche entsprechende Abrede* zu fordern haben, GROSS 8. Einen stillschweigenden Ausschluß wird man nur ausnahmsweise dann für denkbar halten können, wenn *anderweitig für eine hinreichende Sicherung* des Unternehmers *gesorgt* wird, zB durch Gestellung einer Bankbürgschaft (vgl STAUDINGER/RIEDEL[11] Rn 16), oder *wenn der Unternehmer auch für die Finanzierung des Bauvorhabens zuständig ist* und diese durch ein Vorgehen nach § 648 gefährdet würde. Die Vereinbarung eines Sicherheitseinbehalts reicht nicht (BGH NJW-RR 2000, 387).

Wenn eine *nachträgliche wesentliche Vermögensverschlechterung* bei dem Besteller eintritt, wird der Ausschluß der Rechte aus § 648 Abs 1 als unwirksam betrachtet (vgl OLG Köln BauR 1974, 282; LEINEWEBER BauR 1980, 510, 518; STAUDINGER/RIEDEL[11] Rn 16; MünchKomm/SOERGEL Rn 2). Dies läßt sich kaum aus § 321 herleiten, auch nicht aus den Regeln über den Wegfall der Geschäftsgrundlage. Mit SIEGBURG 284 wird man die *Berufung auf den Ausschluß* vielmehr für *mißbräuchlich* halten müssen. Ein solcher Mißbrauch ist dagegen nicht schon ohne weiteres anzunehmen, wenn nur fällige Zahlungen grundlos nicht geleistet werden (aA LG Köln SCHÄFER/FINNERN Z 2.321 Bl 25, 25 R; KAPELLMANN BauR 1976, 323, 329; GROSS 10 f; wie hier SIEGBURG 285).

3. AGB

43 Die Wirksamkeit des Ausschlusses der Rechte des Unternehmers aus § 648 Abs 1 in Allgemeinen Geschäftsbedingungen des Bestellers hängt zunächst formal davon ab, daß er *nicht an unübersichtlicher oder versteckter Stelle* angebracht ist. Materiellrechtlich ist davon auszugehen, daß die dingliche Sicherungsmöglichkeit des Unternehmers zu den *tragenden Grundgedanken der gesetzlichen Regelung*, § 307 Abs 2 Nr 1, gehört, so daß ein Ausschluß den Vergleich mit dem dispositiven Gesetzesrecht nur dann bestehen kann, wenn dem Unternehmer *eine anderweitige hinreichende Sicherheit geboten wird* (vgl BGHZ 91, 139; OLG Karlsruhe NJW-RR 1997, 658; GROSS 9 ff; MOTZKE 156 f; MünchKomm/SOERGEL Rn 2; ULMER/BRANDNER/HENSEN Anh zu §§ 9–11 Rn 727; aA noch KAPELLMANN BauR 1976, 323). Die Sicherungsmöglichkeit nach § 648a macht den Schutz nach § 648 nicht entbehrlich (OLG Karlsruhe NJW-RR 1998, 530).

4. VOB/B

44 Die VOB/B enthält *keine eigene Regelung* zur Sicherungshypothek; § 648 Abs 1 ist auch bei ihrer Vereinbarung *ohne Modifikationen anwendbar* (INGENSTAU/KORBION [13. Aufl] § 16 Rn 360).

5. Sonstiges

45 Der Anspruch entfällt naturgemäß, wenn der Werklohnanspruch des Unternehmers erfüllt ist. Er entfällt aber auch schon dann, wenn das Schutzbedürfnis des Unternehmers nicht gegeben ist. Diesen Gedanken normiert § 648a Abs 4 ausdrücklich. Gleichzustellen ist außer dem Fall der Verjährung der Werklohnforderung (o Rn 37) der Fall des Entstehens einer sonstigen dauernden Einrede gegen diese Forderung (PALANDT/SPRAU Rn 4) und der Fall, daß der Besteller auf die vorläufig vollstreckbar titulierte Werklohnforderung zur Abwendung der Zwangsvollstreckung zahlt (OLG Hamburg NJW-RR 1986, 1467).

VII. Gesetz über die Sicherung von Bauforderungen (GSB)

1. Allgemeines

Zum Gesetz über die Sicherung von Bauforderungen (GSB) v 1. 6. 1909 (RGBl I 449, **46** vgl allgemein STAUDINGER/RIEDEL[11] Rn 2 ff mwN): Im Interesse namentlich der Bauhandwerker sollte das Gesetz *sicherstellen, daß Baugeld zweckentsprechend verwendet wird*, da diese ihre Bauforderungen sonst nicht hinreichend absichern konnten. Das Gesetz hat die vorgesehene dingliche Absicherung der Baubeteiligten *nie verwirklichen* können, weil die diesbezüglichen Bestimmungen des 2. Abschnitts nach dessen § 9 nur in „den durch landesherrliche Verordnung bestimmten Gemeinden" gelten sollten und entsprechende landesrechtliche Bestimmungen nirgends erlassen worden sind. Ob man das mit LEONHARD (SchuldR II 230 Fn 9, zustimmend GROSS 4) als einen „grotesken und unerhörten Zustand" bezeichnen soll, ist zweifelhaft, weil das vorgesehene Verfahren recht aufwendig erscheint und sich die Frage stellt, ob der Gewinn gegenüber § 648 dies verlohnt hätte.

In Kraft getreten sind vielmehr nur die §§ 1–8 GSB, von denen die §§ 4 und 7 zwischenzeitlich wieder aufgehoben worden sind. *Von praktischer Bedeutung sind namentlich die §§ 1 und 5*, die in der Rechtsprechung als Schutzgesetze iSd § 823 Abs 2 angesehen werden und als solche uU *den Zugriff auf einen weiteren Personenkreis eröffnen*. Außerdem ist noch § 2 GSB über die *Führung eines Baubuchs* zu beachten. Die Bestimmungen lauten in ihrer heutigen Fassung:

§ 1
(1) Der Empfänger von Baugeld ist verpflichtet, das Baugeld zur Befriedigung solcher Personen, die an der Herstellung des Baues aufgrund eines Werk-, Dienst- oder Lieferungsvertrages beteiligt sind, zu verwenden. Eine anderweitige Verwendung des Baugeldes ist bis zu dem Betrage statthaft, in welchem der Empfänger aus anderen Mitteln Gläubiger der bezeichneten Art bereits befriedigt hat.

(2) Ist der Empfänger selbst an der Herstellung beteiligt, so darf er das Baugeld in Höhe der Hälfte des angemessenen Wertes der von ihm in dem Bau verwendeten Leistung, oder, wenn die Leistung von ihm noch nicht in den Bau verwendet worden ist, der von ihm geleisteten Arbeit und der von ihm gemachten Auslagen für sich behalten.

(3) Baugeld sind Geldbeträge, die zum Zwecke der Bestreitung der Kosten eines Baues in der Weise gewährt werden, daß zur Sicherung der Ansprüche des Geldgebers eine Hypothek oder Grundschuld an dem zu bebauenden Grundstück dient oder die Übertragung des Eigentums an dem Grundstück erst nach gänzlicher oder teilweiser Herstellung des Baues erfolgen soll. Als Geldbeträge, die zum Zwecke der Bestreitung der Kosten eines Baues gewährt werden, gelten insbesondere:

– solche, deren Auszahlung ohne nähere Bestimmung des Zweckes der Verwendung nach Maßgabe des Fortschreitens des Baues erfolgen soll,

– solche, die gegen eine als Baugeldhypothek bezeichnete Hypothek (§ 33) gewährt werden.

§ 2

(1) Zur Führung des Baubuches ist verpflichtet, wer die Herstellung eines Neubaues unternimmt und entweder Baugewerbetreibender ist oder sich für den Neubau Baugeld gewähren läßt. Über jeden Neubau ist gesondert Buch zu führen.

(2) Neubau im Sinne dieses Gesetzes ist die Errichtung eines Gebäudes auf einer Baustelle, die zur Zeit der Erteilung der Bauerlaubnis unbebaut oder nur mit Bauwerken untergeordneter Art oder mit solchen Bauwerken besetzt ist, welche zum Zwecke der Errichtung des Gebäudes abgebrochen werden sollen.

(3) Aus dem Baubuche müssen sich ergeben:

1. Die Personen, mit denen ein Werk-, Dienst- oder Lieferungsvertrag abgeschlossen ist, die Art der diesen Personen übertragenen Arbeiten und die vereinbarte Vergütung;

2. die auf jede Forderung geleisteten Zahlungen und die Zeit dieser Zahlungen;

3. die Höhe der zur Bestreitung der Baukosten zugesicherten Mittel und die Person des Geldgebers sowie Zweckbestimmung und Höhe derjenigen Beträge, die gegen Sicherstellung durch das zu bebauende Grundstück (§ 1 Abs. 3), jedoch nicht zur Bestreitung der Baukosten gewährt werden;

4. die einzelnen in Anrechnung auf die unter Ziffer 3 genannten Mittel an den Buchführungspflichtigen oder für seine Rechnung geleisteten Zahlungen und die Zeit dieser Zahlungen;

5. Abtretungen, Pfändungen oder sonstige Verfügungen über diese Mittel;

6. die Beträge, die der Buchführungspflichtige für eigene Leistungen in den Bau aus diesen Mitteln entnommen hat.

(4) Das Buch ist bis zum Ablaufe von fünf Jahren, von der Beendigung des letzteingetragenen Baues an gerechnet, aufzubewahren.

§ 3
Die Vorschriften des § 2 finden auch auf Umbauten Anwendung, wenn für den Umbau Baugeld gewährt wird.

§ 5
Baugeldempfänger, welche ihre Zahlungen eingestellt haben oder über deren Vermögen das Insolvenzverfahren eröffnet worden ist und deren in § 1 Abs. 1 bezeichnete Gläubiger zur Zeit der Zahlungseinstellung oder der Eröffnung des Insolvenzverfahrens benachteiligt sind, werden mit Freiheitsstrafe bis zu fünf Jahren oder Geldstrafe bestraft, wenn sie vorsätzlich zum Nachteile der bezeichneten Gläubiger den Vorschriften des § 1 zuwidergehandelt haben.

2. Schutzgesetzcharakter

47 Die §§ 1, 5 GSB sind als **Schutzgesetz iSd § 823 Abs 2** anerkannt (vgl RGZ 84, 188 [190]; 91, 72, 76; 138, 156, 158; BGH NJW 1982, 1037, 1038; NJW 1985, 134; NJW-RR 1986, 446; NJW 1988, 263 = ALISCH EwiR § 823 BGB 2/88, 59 = LM § 823 BGB [Bf] Nr 97; BauR 1991, 237; BGB-RGRK/ GLANZMANN Rn 25; MünchKomm/SOERGEL Rn 31; MEYER JZ 1954, 141; LÜDTKE-HANDJERY Betr

1972, 2194; SCHULZE-HAGEN NJW 1986, 2402; KORSUKEWITZ BauR 1986, 383). Sie sollen die Baubeteiligten, wie sie in § 1 Abs 1 S 1 GSB näher bezeichnet sind, *davor schützen,* daß „Baugeld", wie es in § 1 Abs 3 GSB umschrieben wird, *zweckentfremdet verwendet wird.* Wenn dies *vorsätzlich* geschehen ist, § 5 GSB, erwächst ihnen ein Schadensersatzanspruch bei Zahlungseinstellung oder Konkurs der Baugeldempfänger, der bei juristischen Personen den Zugriff auf *den in § 14 StGB genannten Personenkreis* zuläßt, ganz allgemein nach § 830 Abs 1 S 1, Abs 2 auf *Mittäter, Anstifter und Gehilfen.*

3. Geschützte Personen

Der geschützte Personenkreis ist *weiter* als der von § 648 Abs 1 erfaßte. Gemäß § 1 Abs 1 S 1 GSB reicht nicht nur die Tätigkeit auf Grund eines Werkvertrages aus, sondern *auch die auf Grund eines Dienstvertrages oder Lieferungsvertrages.* Insofern kommen auch *Baustofflieferanten* als geschützte Personen in Betracht sowie *Subunternehmer* (BGH NJW-RR 1990, 342; SCHULZE-HAGEN NJW 1986, 2405). Notwendig ist dabei insbesondere nicht ein Vertrag mit dem Besteller oder Grundstückseigentümer selbst. Zu beachten ist allerdings, daß einem Subunternehmer nicht mehr an Baugeld zustehen kann als seinem Hauptunternehmer (BGH). **48**

Geschützt sind dabei allerdings *nicht sämtliche Forderungen,* sondern nur *Vergütungsansprüche für Leistungen, die „in den Bau verwendet" worden sind,* wie dies § 1 Abs 2 GSB formuliert (vgl RGZ 91, 72, 77 f). Die Leistung muß dem Bau als solchem also *unmittelbar* zugute gekommen sein. Das wirkt sich anspruchsbeschränkend namentlich bei Bauträgern aus, wenn und soweit diese den Bau nur wirtschaftlich betreuen.

4. Passivlegitimation

Passivlegitimiert sind – mit den sich aus den §§ 14 StGB, 830 Abs 1 S 1, Abs 2 ergebenden Erweiterungen – **„Empfänger von Baugeld",** § 1 Abs 1 S 1 GSB. **49**

a) Baugeld

aa) Der Begriff des Baugeldes umfaßt zunächst *nur Fremdmittel,* nicht auch Eigenmittel (BGH NJW 1985, 135; 1986, 1104). Auch Fremdmittel sind jedoch nicht vollen Umfangs Baugeld, sondern nur soweit, wie sie zur Bestreitung der Kosten eines Baues gewährt sind, § 1 Abs 3 S 1 BSG. *Nicht* hierher gehören *Darlehen* Dritter, die *zum Grundstückserwerb* zu verwenden sind oder zur Ablösung bestehender Grundpfandrechte, oder Abzüge des Kreditgebers wegen Zinsen, Provisionen oder eines Disagios, auch nicht öffentliche Fördermittel (BGH NZBau 2000, 426).

bb) Gleichzeitig schränkt § 1 Abs 3 BSG den Begriff des Baugeldes dahin ein, daß die Beträge *grundpfandrechtlich durch Hypothek oder Grundschuld abgesichert* sein müssen. Dabei reicht es aus, wenn die dingliche Absicherung erst nach der Darlehensauszahlung in das Grundbuch eingetragen wird; entscheidend ist die *entsprechende Vereinbarung* (BGH NJW 1988, 263).

cc) „Baugeld" kann zunächst einen *Neubau* iSd § 2 Abs 2 BSG betreffen; notwendig ist dies wegen § 3 BSG jedoch nicht. Es reichen vielmehr auch bei bestehenden Bauten *Maßnahmen der Sanierung und Reparatur* (BGH). Reine Schönheitsreparaturen dürften freilich nicht mehr erfaßt werden.

dd) Der einzelne Baubeteiligte ist *nur dann geschützt, wenn das Baugeld seiner Bestimmung nach ihm zugutekommen sollte*. Insoweit ist das Baugeld zunächst ratenweise nach seinem Verwendungszweck zu prüfen (BGH NJW 1986, 1105 = LM GSB Nr 3). Das kann bedeuten, daß erst späterhin am Bau Beteiligte ausfallen, wenn das Baugeld insgesamt nur bis zu einer bestimmten Bauphase reichte.

Darlegungs- und beweispflichtig dafür, daß das Geld Baugeld war und ihm zugute gekommen wäre, ist der einzelne Baubeteiligte (BGH NJW 1987, 1196; 1988, 263, 264).

b) Empfänger
Als Empfänger von Baugeld kommen außer dem Bauherrn bzw Grundstückseigentümer auch weitere Personen in Betracht, die für ihn das Baugeld empfangen. Dies gilt insbesondere für den *Generalübernehmer* (BGH NJW-RR 1996, 976) und den *Baubetreuer*, die das Baugeld treuhänderisch für den Bauherrn empfangen und weiterleiten (vgl SCHULZE/HAGEN NJW 1986, 2406), nicht für einen Subunternehmer (BGH NJW 2000, 956). Dabei reicht auch eine *mittelbare Betreuung* des Baues durch beherrschte Gesellschaften aus (BGH NJW-RR 1986, 446 = LM GSB Nr 5). Zweifelhaft ist die Behandlung des Generalunternehmers, der selbständig Subunternehmer beschäftigt. Wohl zutreffend hat RGZ 138, 156, 161 auch ihn als möglichen Empfänger von Baugeld angesehen. Zum Verkäufer eines schlüsselfertigen Hauses vgl OLG Düsseldorf BauR 1996, 904.

Von wirtschaftlichem Interesse ist die Haftung von Gehilfen, § 830 Abs 2, sowie von Organen juristischer Personen, § 14 StGB (vgl OLG Düsseldorf BauR 1996, 593).

5. Haftungstatbestand

50 Der Haftungstatbestand wird durch die *zweckwidrige Verwendung des Baugeldes* erfüllt.

a) Insoweit verbietet es § 1 Abs 1 GSB, Baugeld zu anderen Zwecken als der Befriedigung von Baubeteiligten zu verwenden; es darf also insbesondere *nicht zur Deckung der eigenen allgemeinen Unkosten* verwendet werden. Dem Empfänger ist der Zugriff auf das Baugeld zwar nicht verwehrt, wenn er durch eigene Leistungen selbst Baubeteiligter ist (vgl BGH NJW-RR 1991, 141), doch ist hier die restriktive Bestimmung des § 1 Abs 2 GSB zu beachten.

b) Wenn das Baugeld *insgesamt nicht ausreicht*, ist der Empfänger nicht gehalten, alle Baubeteiligten gleichmäßig zu befriedigen. Er wird vielmehr frei, wenn er einzelne befriedigt, auch wenn andere leer ausgehen (RGZ 138, 156; BGH NJW 1986, 1105). Andererseits ist ihm bei zweckwidriger Verwendung des Baugelds der Einwand verwehrt, daß es auch bei ordnungsgemäßer Verwendung nicht ausgereicht hätte (RGZ).

51 c) Für die ordnungsgemäße Verwendung des Baugeldes ist der *Empfänger darlegungs- und beweispflichtig* (BGH VersR 1984, 1071; NJW 1988, 263, 264). Sein Vortrag hierzu muß hinreichend substantiiert sein. Er wird seinen Pflichten regelmäßig nur durch die Einrichtung eines Sonderkontos und die *Führung eines Baubuchs* gem § 2 GSB nachkommen können.

d) *Pfändungen* des Baugeldes durch Gläubiger des Empfängers fallen an sich nicht unter das GSB. Doch haftet der Empfänger des Baugeldes, wenn er eine Pfändung des Baugeldes vorsätzlich zuläßt oder sie billigend in Kauf nimmt (BGH NJW 1988, 263, 265). Dabei ist zu beachten, daß es dem Pfandrecht der Banken nach Nr 14 AGB/Banken nicht unterliegt (BGH). Der Empfänger von Baugeld kann sich auch sonst haftbar machen, wenn er zweckwidrige Verwendung von Baugeld durch seine Zahlungsempfänger zuläßt, obwohl er dagegen einschreiten könnte, zB daß der Generalunternehmer die Zahlungen nicht in dem gebotenen Umfang an seine Subunternehmer weiterleitet.

e) Die Haftung setzt, wie sich aus § 5 GSB ergibt, **Vorsatz** voraus (BGH NJW 1988, 265; NZBau 2002, 342), wobei auch bedingter ausreicht. Das bereitet insofern Probleme, als das GSB und die sich daraus ergebenden Pflichten vielfach nicht bekannt sein werden, so daß es am Unrechtsbewußtsein fehlen kann. Doch wendet BGH (NJW 1985, 134 = LM GSB NR 2 = JZ 1984, 1047 m krit Anm NIERWETBERG) insoweit die **Schuldtheorie** an, die das Unrechtsbewußtsein nicht als Teil des Vorsatzes begreift. Danach kommt es lediglich darauf an, *ob sich der Empfänger von Baugeld in zumutbarer Weise von dem GSB und den sich daraus für ihn ergebenden Pflichten Kenntnis hätte verschaffen können.*

f) Trotz des Wortlauts des § 5 GSB ist nach RGZ 138, 156, 159 die Zahlungseinstellung oder der Konkurs des Empfängers von Baugeld nicht Haftungsvoraussetzung.

6. Anspruchsinhalt

Inhaltlich ist *der Baubeteiligte so zu stellen*, wie er bei ordnungsgemäßer Verwendung des Baugeldes stehen würde. Dessen Erschöpfung durch ordnungsgemäße Verwendung nimmt ihm mithin seine Ansprüche. **52**

7. Baubuch

Haftungsrechtlich nach § 823 Abs 2 von Bedeutung ist auch die *Führung des Baubuches* nach § 2 Abs 3 GSB, die durch § 6 GSB sanktioniert wird (vgl MEYER JZ 1954, 141, Fn 4; LÜDTKE-HANDJERY Betr 1972, 2194; STAUDINGER/SCHÄFER[12] § 823 Rn 603; **aA** HAGENLOCH Rn 140). Hier kommen *Ansprüche auf das negative Interesse* in Betracht, wenn der Einblick in das Baubuch dazu geführt hätte, einen Auftrag – zB wegen des Mißverhältnisses von zur Verfügung stehenden Geldern einerseits und schon erteilten Aufträgen andererseits – abzulehnen. **53**

VIII. Forderungen aus dem Bau oder der Ausbesserung von Schiffsbauwerken

Das Pfandrecht an einem im Schiffsregister eingetragenen Schiff war früher in den §§ 1259 ff geregelt, bezüglich der im Bau befindlichen Schiffe in dem Gesetz vom 4. 7. 1926 (RGBl I 367). Nunmehr ist das **SchiffsregisterG vom 15. 11. 1940** (RGBl I 1499) maßgeblich; § 648 Abs 2 ist durch die 1. DVO vom 21. 12. 1940 (RGBl I 1609) zu diesem eingeführt worden. Die **Schiffshypothek**, die begehrt werden kann, ist in den §§ 24 ff SchiffsRG näher geregelt. § 648 Abs 2 bezieht sich nur auf Schiffe, die **54** in das Schiffsregister *eingetragen* sind, § 1 Abs 1 SchiffsRG, und auf Schiffsbauwerke, bei denen die Eintragungsfähigkeit in Betracht kommt, § 76 SchiffsRG.

§ 648 Abs 2 S 1 entspricht in seiner Ausgestaltung Abs 1 S 1; Abs 1 S 2 ist nach Abs 2 S 1 HS 2 sinngemäß anzuwenden. Nach § 648 Abs 2 S 2 ist § 647 nicht anwendbar. Die Bestimmung des § 647 bleibt jedoch anzuwenden, wenn § 648 Abs 2 seinerseits nicht zur Anwendung kommt, weil es sich *nicht* um ein *eintragungsfähiges Schiff* handelt.

1. Eingetragene Schiffe

55 In das *Seeschiffsregister* werden die Kauffahrteischiffe und andere zur Seefahrt bestimmte Schiffe eingetragen, die nach §§ 1, 2 FlaggenrechtsG die Bundesflagge zu führen haben oder führen dürfen, § 3 Abs 2 SchiffsregO. In das *Binnenschiffsregister* werden die zur Schiffahrt auf Flüssen und sonstigen Binnengewässern bestimmten Schiffe eingetragen, wobei bestimmte Mindestgrößen erreicht sein müssen, § 3 Abs 3 SchiffsregO. In das Schiffsbauregister wird ein Schiffsbauwerk im Sinne der §§ 1, 2 SchiffsregO nur eingetragen, wenn zugleich eine Schiffshypothek eingetragen oder die Zwangsversteigerung beantragt wird, §§ 65, 66 SchiffsregO. Die Bestellung kann in diesem Fall erst bei Vorliegen der Voraussetzungen des § 76 Abs 2 SchiffsRG erfolgen.

2. Voraussetzungen

56 Die Einräumung einer Schiffshypothek an dem Schiff oder Schiffsbauwerk kann nach § 648 S 2 unter zwei Voraussetzungen verlangt werden:

a) Die Rechte aus § 648 Abs 2 stehen nur *Inhabern von Schiffswerften* zu, nicht sonstigen Personen, die Ausbesserungsarbeiten an dem Schiff vornehmen; diese sind wie andere Gläubiger auf Arrest oder einstweilige Verfügung angewiesen, wenn sie eine Sicherstellung ihrer Forderungen erreichen wollen. Der *Kreis* der Anspruchsberechtigten ist bei § 648 Abs 2 insoweit *enger* als bei § 648 Abs 1.

b) Zur Absicherung geeignet sind nur *Forderungen, die sich auf den Bau des Schiffes oder seine Ausbesserung beziehen.* Unter Bau wird man außer der Neuherstellung auch eine Vergrößerung, Erweiterung oder Erneuerung verstehen können. Abs 2 S 1 unterscheidet zwar nicht wie Abs 1 S 1 zwischen dem Werk als Ganzem und einzelnen Teilen, aus der unterschiedlichen Formulierung darf aber nicht auf sachliche Abweichungen geschlossen werden. Beim Inhaber der Schiffswerft fällt jede Forderung, die sich auf den Bau oder die Ausbesserung bezieht, unter die Bestimmung; es gilt also ebenso wie bei Abs 1 S 1 eine weite Auslegung. Die Forderungen müssen allerdings auch hier *vertraglich begründet* sein; wiederum führt die unterschiedliche Formulierung nicht zu sachlichen Abweichungen.

3. Schiffshypothek

57 Zu der zu beanspruchenden Schiffshypothek vgl näher die §§ 8, 24 ff SchiffsRG. Die Schiffshypothek hat den Rang, der ihr nach den Bestimmungen des SchiffsRG zu-

Titel 9 · Werkvertrag und ähnliche Verträge § 648a
Untertitel 1 · Werkvertrag

kommt; eine Bevorzugung tritt nicht ein, was dem früheren Rechtszustand entspricht (vgl STAUDINGER/RIEDEL[11] Rn 17).

§ 648 Abs 2 gibt dem Unternehmer eine Sicherung für seine Forderung; um eine Zwangsvollstreckung handelt es sich dabei nicht. Zur Zwangsvollstreckung in Schiffe vgl §§ 870a ZPO, 162 ff ZVG.

Schiffsparten sind Anteile der Mitreeder. Bei ihnen kommt ein Pfandrecht nach den §§ 1263 ff in Betracht. § 648 Abs 2 *bezieht sich auf sie nicht.* Zur Zwangsvollstreckung in Schiffsparten vgl § 858 ZPO.

§ 648a
Bauhandwerkersicherung

(1) Der Unternehmer eines Bauwerks, einer Außenanlage oder eines Teils davon kann vom Besteller Sicherheit für die von ihm zu erbringenden Vorleistungen einschließlich dazugehöriger Nebenforderungen in der Weise verlangen, dass er dem Besteller zur Leistung der Sicherheit eine angemessene Frist mit der Erklärung bestimmt, dass er nach dem Ablauf der Frist seine Leistung verweigere. Sicherheit kann bis zur Höhe des voraussichtlichen Vergütungsanspruchs verlangt werden, wie er sich aus dem Vertrag oder einem nachträglichen Zusatzauftrag ergibt, sowie wegen Nebenforderungen verlangt werden; die Nebenforderungen sind mit zehn vom Hundert des zu sichernden Vergütungsanspruchs anzusetzen. Sie ist auch dann als ausreichend anzusehen, wenn sich der Sicherungsgeber das Recht vorbehält, sein Versprechen im Falle einer wesentlichen Verschlechterung der Vermögensverhältnisse des Bestellers mit Wirkung für Vergütungsansprüche aus Bauleistungen zu widerrufen, die der Unternehmer bei Zugang der Widerrufserklärung noch nicht erbracht hat.

(2) Die Sicherheit kann auch durch eine Garantie oder ein sonstiges Zahlungsversprechen eines im Geltungsbereich dieses Gesetzes zum Geschäftsbetrieb befugten Kreditinstituts oder Kreditversicherers geleistet werden. Das Kreditinstitut oder der Kreditversicherer darf Zahlungen an den Unternehmer nur leisten, soweit der Besteller den Vergütungsanspruch des Unternehmers anerkennt oder durch vorläufig vollstreckbares Urteil zur Zahlung der Vergütung verurteilt worden ist und die Voraussetzungen vorliegen, unter denen die Zwangsvollstreckung begonnen werden darf.

(3) Der Unternehmer hat dem Besteller die üblichen Kosten der Sicherheitsleistung bis zu einem Höchstsatz von 2 vom Hundert für das Jahr zu erstatten. Dies gilt nicht, soweit eine Sicherheit wegen Einwendungen des Bestellers gegen den Vergütungsanspruch des Unternehmers aufrechterhalten werden muss und die Einwendungen sich als unbegründet erweisen.

(4) Soweit der Unternehmer für seinen Vergütungsanspruch eine Sicherheit nach den Absätzen 1 oder 2 erlangt hat, ist der Anspruch auf Einräumung einer Sicherungshypothek nach § 648 Abs. 1 ausgeschlossen.

(5) Leistet der Besteller die Sicherheit nicht fristgemäß, so bestimmen sich die Rechte des Unternehmers nach den §§ 643 und 645 Abs. 1. Gilt der Vertrag danach als aufgehoben, kann der Unternehmer auch Ersatz des Schadens verlangen, den er dadurch erleidet, dass er auf die Gültigkeit des Vertrags vertraut hat. Dasselbe gilt, wenn der Besteller in zeitlichem Zusammenhang mit dem Sicherheitsverlangen gemäß Absatz 1 kündigt, es sei denn, die Kündigung ist nicht erfolgt, um der Stellung der Sicherheit zu entgehen. Es wird vermutet, dass der Schaden fünf Prozent der Vergütung beträgt.

(6) Die Vorschriften der Absätze 1 bis 5 finden keine Anwendung, wenn der Besteller

1. eine juristische Person des öffentlichen Rechts oder ein öffentlich-rechtliches Sondervermögen ist oder

2. eine natürliche Person ist und die Bauarbeiten überwiegend zur Herstellung oder Instandsetzung eines Einfamilienhauses mit oder ohne Einliegerwohnung ausführen lässt; dies gilt nicht bei Betreuung des Bauvorhabens durch einen zur Verfügung über die Finanzierungsmittel des Bestellers ermächtigten Baubetreuer.

(7) Eine von den Vorschriften der Absätze 1 bis 5 abweichende Vereinbarung ist unwirksam.

Materialien: Art 1 Nr 1 des Gesetzes zur Änderung des Bürgerlichen Gesetzbuchs (Bauhandwerkersicherung) und anderer Ges v 27.4.1993 (BGBl I 509). Abs 1 S 1, 2 idF d G zur Beschleunigung fälliger Zahlungen vom 30.3.2000 (BGBl I 330); Abs 5 S 2, 3 durch dieses G. Vgl STAUDINGER/BGB-Synopse 1896–2000.

Schrifttum

BRECHTELSBAUER, Leistungsverweigerungs- und Kündigungsrecht nach § 648a BGB auch bei eigener Vertragsuntreue des Unternehmers?, BauR 1999, 1371
FRANK, Anwendbarkeit des § 648a BGB nach erfolgter Abnahme, JbBauR 2002, 143
HOFMANN/KOPPMANN, Die neue Bauhandwerkersicherung (4. Aufl 2000)
dies, Erste Streitfragen bei Anwendung des neuen § 648a BGB, BauR 1994, 305
KLAFT, Die Bauhandwerkersicherung nach § 648a (1998)
LEINEMANN/KLAFT, Erfordert die Neuregelung des § 648a BGB eine restriktive Auslegung zum Schutz des Bestellers?, NJW 1995, 2521
LEINEWEBER, Alternative Sicherungsformen anstelle der Bürgschaft, BauR 2000, 159
LIEPE, Problemlösung bei der Bauhandwerkersicherung, § 648a BGB, aus dem Gesetz selbst, BauR 1996, 336
ders, Mängelbeseitigung durch Auftragnehmer erst nach Sicherheit gemäß § 648a BGB?, BauR 1998, 860
MÖNKE, Die Sicherung des Bauunternehmers nach § 648a BGB (Diss Kiel 1999)
MOESER/KOCHER, Begrenzung des Sicherungsverlangens des Werkunternehmers nach § 648a BGB, BauR 1997, 425
QUACK, Die Bauhandwerkersicherung – Ketzerisches zu einem immer noch ungelösten Problem, BauR 1995, 319
RAABE, Bauhandwerkersicherungshypothek an schuldnerfremden Grundstücken trotz § 648a BGB?, BauR 1997, 757

REINELT, Ist § 648a BGB extensiv oder restriktiv auszulegen?, BauR 1997, 766
SCHILLING, Probleme zum Umfang und zur Höhe einer Sicherheitsleistung nach § 648a BGB, insbesondere auch zu den Bürgschaften eines zugleich objektfinanzierenden Kreditinstituts, in: FS Vygen (1999) 260
SCHULZE-HAGEN, § 648a – eine Zwischenbilanz, BauR 2000, 28
SIEGBURG, Das geplante „Bauhandwerkersicherungsgesetz", BauR 1990, 647
ders, Erfaßt § 648a BGB auch die Vergütung für bereits erbrachte Teilleistungen?, BauR 1997, 40
SLAPNICAR/WIEGELMANN, Neue Sicherheiten für den Bauhandwerker NJW 1993, 2903
SOERGEL, Die neue Sicherung der Bauunternehmervergütung, in: FS vCraushaar (1997) 179
STAMMKÖTTER, Die Fälligkeit des Erstattungsanspruchs gemäß § 648a Abs 3 BGB, ZfBR 1998, 225
ders, Das Gesetz über die Sicherung von Bauforderungen – eine schlafende Chance, BauR 1998, 954
STURMBERG, § 648a BGB – Über das Ziel hinaus? Entspricht die neue Vergütungssicherung den Anforderungen der Vertragspraxis?, BauR 1994, 57
ders, Noch einmal § 648a BGB – Streitfragen –, BauR 1995, 169
THIERAU, § 648a BGB nach Abnahme – eine „Rückschlagsicherung" gegen Mängeleinreden?, NZBau 2000, 14
ULLRICH, Uneingeschränkter Werklohnanspruch trotz Mängeln?, MDR 1999, 1233
WAGNER/SOMMER, Zur Entschärfung des § 648a BGB, ZfBR 1995, 168
WARNER, Voraussetzungen der Bestellerpflicht zur Sicherheitsleistung und Folgen der Nichtleistung im Werklohnprozeß, BauR 2000, 1261
WEBER, Das Bauhandwerkersicherungsgesetz, WM 1994, 725
ZANNER, Zum Umfang der Sicherheit nach § 648a BGB bei Vereinbarung der VOB/B, BauR 2000, 485
ZIMDARS, Bauhandwerkersicherheit gem § 648a BGB, Zulässigkeit der Garantie auf erstes Anfordern und der Befristung der Garantie, Betr 1997, 614.

Systematische Übersicht

I. Allgemeines
1. Interessenlage ___ 1
2. Nutzen der Regelung ___ 2

II. Geschützter Personenkreis
1. Unternehmer ___ 3
2. Bauwerke, Außenanlagen ___ 4

III. Verpflichteter Personenkreis
1. Besteller ___ 5
2. Einschränkungen ___ 6
a) Juristische Personen des öffentlichen Rechts ___ 6
b) Einfamilienhäuser ___ 7

IV. Bemessung der Sicherheit
1. Grundsatz ___ 8
a) Erbrachte Leistungen ___ 8
b) Künftige Leistungen ___ 9
c) Mängel der Leistung ___ 9
d) Anpassung ___ 10

e) Sicherungsbedürfnis des Unternehmers ___ 11

V. Eigene Sicherheit des Bestellers ___ 12

VI. Sicherheit durch Einschaltung eines Kreditinstituts
1. Mögliche Sicherheitsgeber ___ 13
2. Form der Sicherheit ___ 14
3. Kosten der Sicherheit ___ 15
a) Übliche Kosten ___ 15
b) Vermeidbare Kosten ___ 16
c) Erstattung, Vorfinanzierung ___ 17
d) Verzögerung des Bauvorhabens ___ 18
4. Stellung der Bank ___ 19

VII. Gestellung der Sicherheit
1. Begehren des Unternehmers ___ 20
2. Leistungsverweigerungsrecht ___ 21

VIII. Auflösung des Vertrages
1. Schwebezustand ___ 22

2. Kosten der Leistungsbereitschaft — 23
3. Kündigung des Unternehmers — 24
a) Vergütung — 24
b) Ersatz des Vertrauensschadens — 25
4. Kündigung des Bestellers — 26

IX. **Verhältnis zu § 648** — 27

Alphabetische Übersicht

Abnahme	8
Abschlagszahlungen	9
Altverträge	30
Anderweitige Sicherheit	11
Aufstockung der Sicherheit	10
Auflösung des Vertrages	21 f
Aufrechterhaltung der Sicherheit	10
Außenanlage	4
Baubetreuung	7
Bauwerk	4
Besteller	5
Bürgschaft	14, 19
Dienstvertrag	3
Eigenbedarf	7
Einfamilienhaus	7
Erbrachte Leistungen	8
Fristsetzung	20
Garantie	14
Gegenforderungen des Bestellers	11
Gestellung der Sicherheit	20
Gültigkeit des Vertrages	25
Inkrafttreten	30
Juristische Personen	6
Kaufvertrag	3
Kosten der Sicherheit	15 ff
Kostenerstattung	14
Kreditinstitut	13

X. **Unabdingbarkeit** — 28
XI. **Unberechtigtes Sicherungsbegehren** — 29
XII. **Inkrafttreten, Übergangsregelung** — 30

Kündigung	
– des Bestellers	26
– des Unternehmers	24
Künftige Leistungen	9
Leistungsverweigerung	21
Mängel	9
Nachträgliche Arbeiten	4
Privater Bereich	7
Regreß der Bank	19
Schwebezustand	22 f
Sicherungsbedürfnis	1, 11
Sicherungshypothek	8, 27
Subunternehmer	3
Werkvertrag	3
Übergangsregelung	30
Unberechtigtes Begehren	29
Unternehmer	3
Vereinbarungen der Parteien	28
Vertrauensschaden	25
Verzögerung des Vorhabens	18
Vorfinanzierung der Kosten	17
Zahlungsaufforderung	24
Zahlungsvoraussetzungen der Bank	19
Zusatzaufträge	9, 30

I. Allgemeines

1. Daß der Werkunternehmer uU erhebliche Leistungen zu erbringen hat, bevor 1
ihm der Werklohn zusteht, § 641, läßt sein *Sicherungsbedürfnis unabweisbar* erscheinen. Die sich anbietende dingliche Absicherung am Bearbeitungsobjekt, vgl §§ 647, 648 ist dabei häufig nur unzureichend. Sie kann dem Grunde nach scheitern an fehlender Identität von Besteller und Eigentümer, und sie kann sich dann, wenn sie möglich ist, als wertlos erweisen. Im Falle des § 647 kann sich dies aus der Unverwertbarkeit der zu bearbeitenden Sache ergeben; im Falle des § 648 folgt dies idR aus der Höhe der vorrangigen Belastungen. In dieser Situation versucht § 648a die *Aktivierung anderweitiger Sicherungen*, unter denen *Zahlungszusagen von Banken* im Vordergrund stehen werden. Ausgenommen von diesem Schutz ist freilich die Bearbeitung beweglicher Sachen, vgl Abs 1 S 1, zum Werklieferungsvertrag § 651 S 3, im Grundstücksbereich die Erstellung von Einfamilienhäusern, vgl Abs 6 Nr 2 mit näheren Details. Damit bleiben gewichtige Lücken des Schutzes. Dies gilt namentlich bei den Einfamilienhäusern. Entgegen den Vorstellungen des Gesetzgebers (BT-Drucks 12/1836, 11 u 12/4526, 11) sind sie keineswegs immer solide finanziert. Und die in den Motiven (aaO) apostrophierte lebenslängliche Haftung des Bestellers ist immerhin davon abhängig, daß er greifbar bleibt und daß alsbald die kurze Verjährung des § 195 ausgeschaltet wird.

2. Ob die Unternehmer in dem verbleibenden Bereich eine *nachhaltige Verbesse-* 2
rung ihrer Position erreichen, bleibt *zweifelhaft*. Immerhin werden sie mit den Kosten belastet, vgl Abs 3, bereiten sie mit dem Sicherungsverlangen die (eigene) Vertragsauflösung vor und verärgern sie damit möglicherweise nur den Besteller. In der gegebenen Konkurrenzsituation der Unternehmer mag das die eigene Wettbewerbsposition nachhaltig schwächen; wo das Verlangen faktisch durchsetzbar ist, wird es die Beziehung zu dem Besteller belasten können. So könnte letztlich nur ein schmaler Bereich von Aufträgen verbleiben, die ohne die Sicherungsleistung mit Wahrscheinlichkeit zu riskant wären (vgl auch die Kritik bei Quack BauR 1995, 319).

Einen fragwürdigen Nutzen durch die Bestimmung kann sich der Unternehmer, der den Vertrag als unauskömmlich oder sonst lästig (geworden) ansieht, dadurch verschaffen, daß er die Sicherheit einfordert, hoffend, daß der Besteller sie nicht beibringt und er dann kündigen kann.

II. Geschützter Personenkreis

1. Die Bestimmung nennt *Unternehmer* von Bauwerken und Außenanlagen. 3

a) Damit ist hier – gegenüber § 648 – namentlich auch der *Subunternehmer* in den Schutzbereich einbezogen (vgl Ingenstau/Korbion [13. Aufl] § 16 VOB/B Rn 419; Palandt/Sprau Rn 7), dies auch bei mehrfacher Staffelung der Beziehungen.

b) Andererseits muß die geschützte Person als Unternehmer tätig werden, dh also kraft *Werkvertrages*. Ein *kaufvertraglicher* Bezug zu den Bauvorhaben reicht nicht aus, wenn § 651 S 3 schon den Werklieferungsvertrag über nicht vertretbare Sachen vom Schutz ausnimmt. Nicht geschützt ist also namentlich der Baustofflieferant (vgl Palandt/Sprau Rn 7), mag er nun allgemein verwendbare oder speziell gefertigte Baustoffe/Materialien liefern; anderes gilt bei der Lieferung und Montage von Fertighäusern (Beck'scher VOB-Komm/JAGENBURG Vor § 2 Rn 372). Nicht geschützt ist auch derjenige, der kraft *Dienstvertrages* an dem Bauvorhaben tätig wird.

c)   Unter den Unternehmern stellt Abs 1 S 1 klar, daß sie nicht umfassend tätig zu sein brauchen, wenn sie auch Unternehmer „eines Teils davon" sein können. Ihr Beitrag darf also wertmäßig gering sein oder von der Bedeutung her verzichtbar für das Vorhaben. Geschützt ist also einerseits zB auch der Maler, andererseits zB der Künstler.

d)   Den *Kreis der danach einschlägigen Unternehmer* zieht § 648a – von der Erweiterung um Außenanlagen abgesehen – nicht anders als § 648. In Betracht kommen also auch nur vorbereitende oder unterstützende Tätigkeiten wie das Ausheben der Baugrube, die Erstellung von Gerüsten, aber auch bloß planerische Tätigkeiten (Architekten, Ingenieure, Statiker, Bodengutachter). Auch die Baubetreuung gehört hierher, sofern sie sich nicht auf eine rein wirtschaftliche Tätigkeit beschränkt. Gegeben sein muß nur ein unmittelbarer Grundstücksbezug, woran es bei der Planung des Architekten solange fehlen wird, wie ihre Umsetzung noch nicht gesichert ist.

4 **2.** Die Tätigkeit muß *Bauwerke oder Außenanlagen* betreffen.

a)   Der Begriff des *Bauwerks* ist hier nicht anders zu verstehen als bei § 648, also als eine unbewegliche, durch Verwendung von Arbeit und Material in Verbindung mit dem Erdboden hergestellte Sache (vgl RGZ 56, 43; BGHZ 57, 60). Er ist damit weiter als der des Gebäudes (vgl die Kasuistik in § 648 Rn 11).

Auch § 648a gilt namentlich auch für *nachträgliche Arbeiten*, vgl die in Abs 6 Nr 2 erwähnte Instandsetzung. Zu fordern ist freilich, daß sie für die Erneuerung oder die Instandsetzung des Bauwerks von wesentlicher Bedeutung sind (vgl § 648 Rn 12). Im Gegensatz zu dort wird man hier freilich eher einer einschränkenden Auslegung das Wort reden müssen. Malerarbeiten fallen also nicht darunter, wenn sie im gebotenen Rhythmus durchgeführt werden, wohl aber, wenn sich Sanierungsbedarf aufgestaut hat.

b)   *Außenanlagen* betreffen Gräben, Sportplätze, den Landschaftsbau (vgl BT-Drucks 12/4526, 10). Es kann sich um Arbeiten der Entwässerung und Vegetationstechnik handeln, um Pflanz-, Rasen- und Saatarbeiten. Bei letzteren bleibt freilich zu berücksichtigen, daß es sich nicht um die routinemäßig wiederkehrenden handeln darf, sondern daß sie von Bedeutung für die Erneuerung sein müssen. Hierher gehört auch die Anlage von Teichen, von Straßen und Wegen, wobei freilich bei den letzteren Abs 6 Nr 1 nicht einschlägig sein darf.

III.   Verpflichteter Personenkreis

5 **1.** Die Sicherheit zu stellen hat der **Besteller**, auch wenn er *nicht Grundstückseigentümer* ist. Betroffen ist also namentlich auch der Hauptunternehmer im Verhältnis zum *Subunternehmer*.

6 **2.** Freilich schränkt Abs 6 das ein.

a) Das Sicherungsbedürfnis, auf das reagiert werden soll, besteht nicht gegenüber den *juristischen Personen des öffentlichen Rechts* der Nr 1 sowie den dort erwähnten öffentlich-rechtlichen Sondervermögen. Das beruht zT auf der mangelnden Insolvenzfähigkeit (Bund, Länder), gilt aber nach der klaren Gesetzesfassung auch dort, wo diese besteht (aA KLAFT 65). Zu letzteren gehören *juristische Personen des Privatrechts* auch dann *nicht*, wenn sie von Körperschaften des öffentlichen Rechts beherrscht werden und Aufgaben der Daseinsvorsorge wahrnehmen (aA INGENSTAU/KORBION [13. Aufl] § 16 VOB/B Rn 438; KLAFT 66). Es muß vielmehr durch die öffentlich-rechtliche Trägerschaft die Möglichkeit der Insolvenz ausgeschlossen oder unwahrscheinlich sein.

b) Gegenüber den natürlichen Personen der Nr 2 wird man dieses Risiko – gegenüber den Vorstellungen des Gesetzgebers (vgl o Rn 1) – doch zu bejahen haben. Tragen können die Einschränkung nur soziale Gesichtspunkte. Die Ausnahme gilt aber nur unter bestimmten Voraussetzungen: **7**

aa) Die Werkleistung muß ein Einfamilienhaus mit oder ohne Einliegerwohnung betreffen. Gleichzustellen sind hierzugehörige Außenanlagen, ferner Eigentumswohnungen, sofern es sich nicht um zwei oder mehr Eigentumswohnungen handelt.

Zweifelhaft ist dabei, ob es sich um *Leistungen für den Eigenbedarf* handeln muß (vgl verneinend STURMBERG BauR 1994, 59), *der sogar – wortlautgetreu – gewerbliches Handeln zulassen will*. Eigenbedarf wird man in der Tat nicht zu fordern haben; man denke nur an Baumaßnahmen zugunsten der Kinder, der geschiedenen Ehefrau. Der ratio legis würde es indessen widersprechen, wenn man Bauvorhaben, *die über den privaten Bereich hinausgehen*, von der Notwendigkeit der Sicherheitsleistung ausnehmen würde. Privilegiert bleibt aber auch noch die private Kapitalanlage, soweit sie keinen gewerbsmäßigen Charakter annimmt.

bb) Notwendig für die Privilegierung ist weiter, daß der Besteller die *Mittel selbst verwaltet* und dies nicht einem Baubetreuer, § 34c Abs 1 Nr 2 b GewO, überlassen hat. Damit sind praktisch alle Bauherrengemeinschaften von der Privilegierung ausgenommen.

cc) Die Kaufmannseigenschaft als solche nimmt die Privilegierung nicht. Hier wird freilich meist eine gewerbliche Tätigkeit (eben aa) vorliegen.

IV. Bemessung der Sicherheit

1. Die Sicherheit ist auf den *voraussichtlichen Vergütungsanspruch* zu beziehen **8** nebst – neuerdings – *Nebenforderungen*, wie sie mit 10% anzusetzen sind. Letzteres betrifft mögliche Verzugszinsen, Kosten der Rechtsverfolgung. Dabei ist die Sicherheit aber eine *einheitliche*; es haftet die gesamte Sicherheit für alle Ansprüche ungeachtet ihrer jeweiligen Genese.

Beim Vergütungsanspruch ist zu unterscheiden, ob der Unternehmer im Zeitpunkt seines Sicherungsbegehrens schon geleistet hat oder nicht:

a) *Hat er schon geleistet*, so ist auch der diesbezügliche Teil seiner Vergütung absicherbar, wie Abs 4 durch seine Bezugnahme auf § 648 klarstellt (aA OLG Schleswig NJW-RR 1998, 532; WEBER WM 1994, 725, 726; SIEGBURG BauR 1997, 40; wie hier BGH NZBau 2001, 129, 131; OLG Düsseldorf BauR 1999, 47; INGENSTAU/KORBION [13. Aufl] § 16 VOB/B Rn 425; OLG Karlsruhe NJW 1997, 263, 264; STURMBERG BauR 1994, 57, 61; LEINEMANN/KLAFT NJW 1995, 2521, 2522 f; LIEPE BauR 1996, 857, 858). Insoweit sind absicherbar *alle Forderungen, die dem Vergütungsbereich zuzurechnen sind*, also zB auch Ansprüche aus § 642, aus § 649, aA OLG Düsseldorf BauR 2000, 919, aus § 6 Nr 6 VOB/B. Bei Schadensersatzansprüchen kommt es darauf an, ob sie bei wirtschaftlicher Betrachtungsweise dem Vergütungsanspruch entsprechen.

Dabei kann der Unternehmer auch noch nach der Abnahme Sicherheit verlangen (OLG Dresden BauR 1999, 1314; LG Erfurt BauR 1999, 771; THIERAU NZBau 2000, 14; aA LIEPE, BauR 1998, 860; SCHULZE-HAGEN BauR 1999, 210).

9 b) *Künftige Ansprüche* sind „zum Nennwert" abzusichern. Sie dürfen auch aus einem Zusatzauftrag resultieren, sofern dieser schon erteilt ist bzw gleichzeitig erteilt wird, vgl Abs 1 S 2. Der künftige Anspruch ist dabei der volle. Das gilt auch bei der Vereinbarung von Abschlagszahlungen (BGH NZBau 2001, 129, 130; OLG Düsseldorf BauR 1999, 47; aA REINELT BauR 1997, 766, 761; SCHULZE-HAGEN BauR 2000, 29, 31). Daß der Unternehmer bei ihrem Ausbleiben die Rechte aus § 320 hat, genügt seinem Sicherungsbedürfnis nicht.

Soweit der künftige Vergütungsanspruch noch nicht feststeht, wie dies bei Abrechnung nach Einheitspreisen oder Stundenlöhnen der Fall ist, muß nach § 287 ZPO *geschätzt* werden (vgl OLG Karlsruhe NJW 1997, 263; PALANDT/SPRAU Rn 10).

c) *Mängel* bleiben grundsätzlich unberücksichtigt. Soweit sie schon vorhanden sind, wird der auf sie entfallende Teil des Werklohnes durch Nachbesserung noch verdient werden können (BGH NZBau 2001, 129, 131). Anders sieht es also dann aus, wenn ihretwegen nur noch eine Reduktion des Werklohns in Betracht kommt (BGH aaO). Insofern kann der Sicherungsgeber auch nicht etwa die Gestellung der Sicherheit von ihrer Beseitigung abhängig machen (aA OLG Düsseldorf BauR 1999, 47).

Mängel, mit denen künftig zu rechnen ist, rechtfertigen nicht etwa einen Sicherheitseinbehalt von der Sicherheitsleistung.

10 d) Ergibt sich, daß die Sicherheit zu gering bemessen ist, muß sie ggf *aufgestockt* werden.

Umgekehrt braucht sie aber auch *nur in der Höhe aufrechterhalten* zu werden, in der ein Sicherungsbedürfnis des Unternehmers besteht. Bei Vorauszahlungen des Bestellers ist sie von vornherein nur in entsprechend verminderter Höhe zu stellen; bei Abschlagszahlungen oder Auftragskürzungen entsprechend zu reduzieren (vgl PALANDT/SPRAU Rn 9 f; WEBER ZRP 1992, 294; STURMBERG BauR 1994, 61). Der Besteller braucht Zahlungen nur Zug um Zug gegen die entsprechende Freigabe zu leisten. Nicht etwa darf der Unternehmer die Sicherheit ungekürzt in der Hoffnung darauf behalten, daß sie noch wieder durch künftige Ansprüche aufgefüllt würde.

11 e) Ein konkretes Sicherungsbedürfnis des Unternehmers ist weder Voraussetzung der Sicherheit noch Berechnungsmaßstab für diese. Hat der Unternehmer schon *anderweitige Sicherheiten*, so müssen sie den Anforderungen der §§ 232 ff entsprechen. *Gegenforderungen des Bestellers* taugen nicht als Sicherheit (aA INGENSTAU/KORBION [13. Aufl] § 16 VOB/B Rn 426 für den Fall, daß sie unbestritten oder rechtskräftig festgestellt sind). Aber selbst dann verbleibt noch die Möglichkeit, daß sie abgetreten oder anderweitig verrechnet werden.

V. Eigene Sicherheit des Bestellers

Der Besteller kann selbst Sicherheit leisten. Diese muß den Anforderungen der §§ 232 ff entsprechen. § 235 ergibt die Befugnis zum Austausch von Sicherheiten, auch gegen die sogleich zu behandelnde Zahlungszusage einer Bank. **12**

VI. Sicherheit durch Einschaltung eines Kreditinstituts

Die Regel werden Zahlungszusagen einer Bank sein. **13**

1. In Betracht kommen im Inland zugelassene *Kreditinstitute* oder *Kreditversicherer*, vgl Abs 2 S 1; die Zulassung innerhalb der EU genügt (vgl §§ 32, 52 b Abs 1 S 1 KWG; Beck'scher VOB-Komm /JAGENBURG Vor § 2 Rn 470).

2. Abs 2 S 1 spricht von einer Garantie oder einem sonstigen Zahlungsversprechen. Es liegt jedoch *keine Garantie im eigentlichen Sinne* vor, wie sie in ihrer Durchsetzbarkeit von der Höhe der zu sichernden Forderung unabhängig sein könnte, sondern es geht um eine **Bürgschaft**, § 232 Abs 2, die *selbstschuldnerisch*, § 239 Abs 2, *unbefristet* und *unwiderruflich* zu sein hat, vgl zu letzterem Abs 1 S 2. Dem Unternehmer muß ein eigener Zahlungsanspruch gegen den Sicherungsgeber zustehen (BGH NZBau 2001, 129, 131). Wegen § 648a Abs 2 S 2 scheidet eine Bürgschaft auf erstes Anfordern aus (PALANDT/SPRAU Rn 14; STURMBERG, BauR 1994, 57, 63; einschränkend ZIMDARS Betr 1997, 614). Danach darf sich die Bank den **Widerruf** freilich **teilweise vorbehalten**, nämlich für den Fall, daß in der Person des Bestellers die Voraussetzungen des § 321 eintreten (vgl PALANDT/SPRAU Rn 4), auch dann aber *nur* in Hinblick auf die Vergütung für noch nicht erbrachte Bauleistungen. **14**

3. Nach Abs 3 S 1 muß der Unternehmer die **Kosten** der Sicherheit tragen. **15**

a) Die Bestimmung spricht von den *üblichen Kosten*. Darüber hinaus gehende Kosten hat also der Besteller zu tragen, mögen sie nun durch das Gebührenniveau der von ihm angesprochenen Bank bedingt sein oder durch Risikozuschläge wegen seiner Person.

Eine absolute Obergrenze zieht Abs 3 in Höhe von 2% pA.

Üblich ist der statistische Mittelwert der Banken am Ort des Bauvorhabens zur Zeit der Zahlungszusage.

Gelingt es dem Besteller, eine *preisgünstigere* Zahlungszusage beizubringen, muß er mit dem Unternehmer konkret abrechnen. Es widerspräche dem Zweck der Bestimmung, ihm hier Vorteile zu verschaffen.

16 b) Maßgeblich für die Dauer der Kostentragungspflicht des Unternehmers ist die Dauer der Zahlungszusage der Bank. Das ist jedoch nur der Ausgangspunkt.

Gerät der Unternehmer mit der *Freigabe der Sicherheit* in Verzug, muß er die Kosten der Sicherheit in voller, auch unüblicher Höhe tragen, § 286.

Gerät der Besteller in *Zahlungsrückstand*, trägt er die Kosten der Sicherheit insoweit voll. Das sagt Abs 3 S 2 für den Fall, daß der Besteller unbegründete Einwendungen erhebt; es muß aber erst recht dann gelten, wenn er grundlos nicht zahlt.

Ein Verschulden des Bestellers am Zahlungsrückstand ist nicht erforderlich (vgl Beck'scher VOB-Komm/JAGENBURG Vor § 2 Rn 479; INGENSTAU/KORBION [13. Aufl] § 15 VOB/B Rn 431). Die Regelung ist mit der des § 91 ZPO zu vergleichen.

Der Unternehmer ist nicht gehalten, zum Zwecke der Abkürzung des Zahlungsrückstandes die Bank in Anspruch zu nehmen; wegen Abs 2 S 2 wird er dies auch meist nicht können.

17 c) Wenn Abs 3 S 1 von einer *Erstattung der Kosten* spricht, bedeutet dies im Wortsinne, daß der Besteller sie *vorzufinanzieren* hat. Das würde jedoch der ratio legis widersprechen, daß er mit ihnen in dem vorgesehenen Rahmen nicht belastet werden soll, und würde ihn auch uU einem erheblichen Ausfallrisiko aussetzen. Der Besteller darf deshalb die Gestellung der Sicherheit davon abhängig machen, daß der Unternehmer insoweit seinerseits Sicherheit in Höhe der voraussichtlichen Kosten leistet (**aA** LG Bonn NJW-RR 1998 530, 532; STAMMKÖTTER ZfBR 1998, 225, 226). Zweckmäßig ist es, daß von der ersten Abschlagszahlung auf den Werklohn ein entsprechender Abzug gemacht wird oder daß sich der Unternehmer von vornherein selbst zur Zahlung der Kosten an die Bank verpflichtet.

18 d) Die Kosten der Sicherheit können sich dadurch erhöhen, daß sich das Bauvorhaben *verzögert*. Liegt dem Verzug des Unternehmers zugrunde, hat er den Besteller nach § 280 Abs 2 von den entsprechenden Mehrkosten freizustellen, also im Verzugsfall. Anders, wenn er es nicht zu vertreten hat, wenn zB Zusatzwünsche des Bestellers zugrunde liegen.

19 4. Als *Bürgin* stehen der Bank die Einwendungen des Bestellers gegenüber der Werklohnforderung zu, § 768. Sie darf überhaupt *erst unter den Voraussetzungen des Abs 2 S 2 an den Unternehmer zahlen*.

a) Leistet sie *vorher*, so haben die Zahlungen Bestand, *sofern die Werklohnforderung des Unternehmers bestand*. Von diesem können sie nicht kondiziert werden, weil ein Rechtsgrund bestand. Sie können auch dem Besteller in Rechnung gestellt werden, denn dieser würde treuwidrig handeln, wenn er sich bei bestehender Verpflichtung darauf berufen würde, daß die formalen Voraussetzungen des Abs 2 S 2 nicht vorgelegen hätten. Folgerichtig kann er in dieser Konstellation auch keine Schadensersatzansprüche gegen die Bank wegen verfrühter Zahlung geltend machen.

b) *Bestand die Werklohnforderung dagegen nicht*, so kann die Bank den Besteller bei vorheriger Zahlung nicht belasten. Sie kann vielmehr kondizieren, wobei Kondiktionsschuldner der Werkunternehmer sein dürfte.

c) Hat die Bank *unter den Voraussetzungen des Abs 2 S 2 gezahlt*, so steht ihr der Regreßanspruch gegen den Besteller aus den §§ 675, 670 auch dann zu, wenn die Forderung des Unternehmers in Wahrheit nicht bestand. Ihr dürfte dann auch die Kondiktion gegen den Unternehmer eröffnet sein. Bei Bestehen der Forderung des Unternehmers gilt § 774 Abs 1.

VII. Gestellung der Sicherheit

Auf die Sicherheit besteht nach Abs 1 S 1 **kein Anspruch des Unternehmers**, nicht einmal ist ihretwegen – zunächst – ein Zurückbehaltungsrecht hinsichtlich der eigenen Werkleistung gegeben.

1. Ein solches Zurückbehaltungsrecht wird vielmehr erst dadurch begründet, daß der Unternehmer

a) den Besteller zur *Gestellung der Sicherheit auffordert*. Dabei schadet ein überhöhtes Verlangen nicht (BGH NZBau 2001, 129, 132; OLG Kalrsruhe NJW 1997, 263), wenn der Unternehmer die richtige Sicherheit akzeptiert hätte und der Besteller diese ermitteln kann. Der Unternehmer kann die Sicherheit voll verlangen, sein Begehren aber auch nur eingeschränkt verfolgen. Letzteres ist deshalb erwägenswert, weil die Kostenregelung des Abs 3 zu bedenken ist und weil überzogene Forderungen riskant sein können (vgl u Rn 28).

Den Zeitpunkt des Begehrens kann der Unternehmer beliebig wählen ab Vertragsschluß bis hin zur endgültigen Erfüllung seines Anspruchs, vgl o Rn 8. Das Begehren ist nie mißbräuchlich, auch wenn ihm die Absicht zugrunde liegen sollte, einen unauskömmlichen oder sonst als lästig empfundenen Vertrag zu „kippen", indem der Unternehmer darauf baut, daß die Sicherheit nicht geleistet wird und er dann kündigen kann.

b) dem Besteller *eine angemessene Frist setzt*. Die *Dauer dieser Frist* kann nicht einheitlich angesetzt werden; sie hängt vom Einzelfall ab (vgl PALANDT/SPRAU Rn 6). Sie muß mindestens genügen für die Kontaktaufnahme mit einer Bank, deren Bearbeitungszeit – gesunde finanzielle Verhältnisse des Bestellers unterstellt –, und der Zuleitung der Sicherheit an den Unternehmer. Danach sind die in BT-Drucks 12/1836 Rn 18 genannten 7–10 Tage als Mindestfrist anzusehen, die dann eingreift, wenn der Unternehmer etwa vorvertraglich schon deutlich gemacht hat, daß er auf der Sicherheit bestehen werde, so daß sich der Besteller also vorbereiten konnte. Stellt der Unternehmer sein Begehren dagegen unverhofft, so wird man dem Besteller die Gelegenheit zu Erkundigungen einräumen müssen, auch dazu, ggf Bonitätsnachweise für die Bank zu beschaffen. Dazu können dann 3 Wochen erforderlich sein.

c) dem Besteller *für den Fall des fruchtlosen Fristablaufes die Verweigerung der Leistung* – dh weiterer Arbeiten – *ankündigt*.

d) Nach den Überlegungen o Rn 17 zu Abs 3 muß er *zusätzlich dem Besteller erklären*, daß er zur sofortigen Übernahme der Kosten in dem von Abs 3 vorgezeichneten Rahmen bereit sei (**aA** LG Bonn NJW-RR 1998, 530).

21 2. Wenn das vorbezeichnete Verfahren exakt eingehalten ist, erwächst dem Unternehmer ein **Leistungsverweigerungsrecht**, das § 321 entspricht. Die Rechte des Unternehmers aus dieser Bestimmung sind nicht ausgeschlossen, was wegen § 648a Abs 3 von Bedeutung ist.

a) *Verfahrensfehler* verhindern seine Entstehung. Unschädlich ist insoweit nur die Setzung einer zu knappen Frist; das setzt eine wirklich angemessene in Lauf.

b) Das Leistungsverweigerungsrecht *entfällt* wieder, wenn der Besteller nachträglich die geschuldete, bzw, wenn niedriger, die vom Unternehmer geforderte Sicherheit beibringt.

c) Der Vertrag wird also durch den fruchtlosen Fristablauf *noch nicht aufgehoben*. Der Unternehmer ist vielmehr nur zur Einstellung der Arbeiten berechtigt und – s sogleich – eventuell anschließend nach § 643 vorzugehen. Verpflichtet zur Einstellung der Arbeiten ist der Unternehmer nicht; der Besteller darf also nicht gleichwohl erbrachte Arbeiten als vertragswidrig zurückweisen. Dadurch würde er in Annahmeverzug mit den Folgen der §§ 642, 643 geraten.

VIII. Auflösung des Vertrages

22 1. Wenn die Frist ergebnislos abgelaufen und damit das Leistungsverweigerungsrecht des Unternehmers entstanden ist, kann er es damit sein Bewenden haben lassen. Der sich ergebende **Schwebezustand** ist für den Besteller nicht unzumutbar; er kann ihn dadurch beenden, daß er die Sicherheit doch noch leistet oder seinerseits nach § 649 kündigt, vgl dazu aber sogleich. Der Unternehmer kann ihn dadurch beenden, Abs 5, daß er nunmehr nach § 643 vorgeht, dh also nochmals eine Frist zur Beibringung der Sicherheit setzt und gleichzeitig den Vertrag (jetzt schon) für den Fall des fruchtlosen Ablaufs dieser Frist kündigt; auf die Erl zu § 643 kann Bezug genommen werden.

23 2. Danach ergeben sich bis zu *drei Phasen*: Frist nach Abs 1 S 1, Phase der berechtigten Leistungsverweigerung, Frist der §§ 648a Abs 5, 643. Da sich der Unternehmer während der beiden letzteren Phasen für den Fall leistungsbereit halten muß, daß die Sicherheit doch noch geleistet wird, kann er die damit verbundenen Kosten nach den §§ 642, 304 liquidieren, vgl die Erl zu § 642.

24 3. Im Falle seiner Kündigung bleibt der Unternehmer zur Gewährleistung für die erbrachten Leistungen verpflichtet (LG Bonn NJW-RR 1998, 530). Er hat

a) zunächst *Zahlungsansprüche nach den §§ 643, 645 Abs 1 S 2*. Er kann also Vergütung für die bisher geleistete Arbeit verlangen, die zu bemessen ist nach den Grundsätzen in § 645 Rn 22 ff. Vorenthalten wird also dem Unternehmer der Gewinnanteil für die nicht mehr erbrachte Leistung, wie er ihm im Falle des § 649 zustehen würde. Das ist eine *bedenkliche Härte*, die aber angesichts der klaren

Fassung des Gesetzes hinzunehmen ist. BGH NJW 1999, 2036 rechnet wie nach § 649 ab.

b) außerdem einen *Anspruch auf Ersatz des Vertrauensschadens*, Abs 5 S 2. **25**

aa) Dieser Anspruch ist nach der klaren Fassung des Gesetzes *verschuldensunabhängig*; er gleicht insoweit dem aus § 122.

bb) In seinen *Voraussetzungen* ist er *undeutlich*: Wenn das Gesetz vom Vertrauen auf die „Gültigkeit des Vertrages" spricht, kann dies zunächst – was dogmatisch korrekt wäre – seine weitere Gültigkeit sein. Gemeint ist aber doch wohl seine *Gültigkeit insgesamt*, also von Anfang an (so offenbar auch PALANDT/SPRAU Rn 19; INGENSTAU/KORBION § 16 VOB/B Rn 437).

cc) Danach *kommen in Betracht* (vgl INGENSTAU/KORBION): entgangener Gewinn aus einem wegen dieses Auftrags ausgeschlagenen anderen Auftrag, besondere Kosten der Akquisition dieses Auftrags (soweit sie über die der generellen Werbung hinausgehen), Ersatz für Kosten, die konkret für die Ausführung erwachsen sind (Einstellung zusätzlicher Leute, Beschaffung zusätzlicher Materialien und Werkzeuge). Erstattung der Abfindung von Subunternehmern, denen jetzt nach § 649 gekündigt werden mußte (vgl LEINEMANN/KLAFT NJW 1995, 2521, 2525).

Aus der Schadensminderungspflicht des § 254 Abs 2 ergibt sich, daß die *Anrechnungspositionen* der §§ 324 Abs 1 S 2, 649 S 2 auch hier Berücksichtigung finden müssen. § 648a Abs 5 S 3 vermutet den Schaden des Unternehmers mit 5% der Vertragssumme; dem Unternehmer bleibt der Nachweis eines höheren Schadens vorbehalten.

4. Wenn der Besteller kündigt, bleiben dem Unternehmer jedenfalls die Ansprüche wegen der schon erbrachten Leistungen erhalten. Den Schadenersatzanspruch nach § 648a Abs 5 büßt der Unternehmer ein, wenn sich die Kündigung auf einen wichtigen Grund stützen läßt. Dieser muß freilich anderweitig gesetzt sein; das Sicherungsbegehren als solches ist kein Kündigungsgrund. Macht der Besteller von der Kündigungsmöglichkeit nach § 649 Gebrauch, so kann der Unternehmer statt nach § 648a nach § 649 S 2 abrechnen (falls dies für ihn günstiger ist). Er kann aber auch in diesem Fall nach § 648a Abs 5 abrechnen, wenn die Kündigung, was vermutet wird, durch das Sicherungsbegehren veranlaßt ist. Das kann wegen der – jetzt vom Besteller zu widerlegenden – Schadensvermutung des § 648a Abs 5 S 3 günstiger sein. **26**

Jedenfalls muß der Unternehmer entweder nach § 648a Abs 5 oder nach § 649 S 2 abrechnen; er kann dies nicht kumulieren.

IX. Verhältnis zu § 648

Mit § 648 kann es dann zu Überschneidungen kommen, wenn man mit der hier vertretenen Auffassung (vgl o Rn 8) § 648a auch auf bereits erbrachte Leistungsteile bezieht. Der *Unternehmer hat* dann *die Wahl*, nach welcher Bestimmung er ihretwegen vorgehen will. Nach Abs 4 schließt das erfolgreiche Vorgehen nach § 648a das nach § 648 aus; eine schon gewährte Sicherungshypothek bzw Vormerkung dazu muß **27** ggf aufgegeben werden. Da aber erst das erfolgreiche Vorgehen nach § 648a den Unternehmer bindet, kann er *zunächst beide Wege nebeneinander her* verfolgen, ohne damit auch treuwidrig zu handeln; schließlich kann er die Sicherheitsleistung im Gegensatz zur Hypothek nicht erzwingen und blockiert ersteres das weitere Anwachsen seines Vergütunganspruchs, wenn sie denn nicht geleistet wird.

X. Unabdingbarkeit

28 Nach § 648a Abs 7 ist der Inhalt der Abs 1–5 *unabdingbar*. Der Unternehmer kann sich also keine höhere Sicherheit ausbedingen, oder deren Stellung unter erleichterten Bedingungen oder die Freistellung von den Kosten. Wenn die Bestimmung auch primär den Unternehmer schützt, ist doch auch die Kostenregelung des Abs 3 zugunsten des Bestellers zwingend. Der Besteller kann sich von der Pflicht zur Leistung, den Folgen der Nichtleistung nicht freizeichnen. – Eine nicht hinreichende Sicherheit bleibt wirksam (OLG Oldenburg MDR 1999, 89).

Möglich bleiben Abreden *im Bereich des Abs 6 und überhaupt außerhalb des Baubereiches.* Es kann den Besteller nicht überraschen, § 305c Abs 1, oder unangemessen benachteiligen, § 307, wenn sich der Unternehmer eine Sicherheit nach dem Vorbild des § 648a ausbedingt. Allerdings werden *Verschärfungen* dieser Regelung in AGB des Unternehmers leicht unangemessen sein, § 307 Abs 2 Nr 1, nicht dagegen *Abmilderungen* in Abwehr-AGB des Bestellers, wenn er hier eine Sicherheit von Gesetzes wegen überhaupt nicht schuldet.

XI. Unberechtigtes Sicherungsbegehren

29 Fordert der Unternehmer eine Sicherheit, die er nicht, nicht in dieser Höhe oder nicht in dieser Art zu beanspruchen hat, so bedeutet das eine *Pflichtverletzung*. Stellt er dann wegen ihrer Nichtleistung seine Arbeit ein, so liegt darin ebenfalls eine Pflichtverletzung. Stellt der Unternehmer seine Arbeit unbefristet ein, so kann und wird darin eine *ernsthafte und endgültige Erfüllungsverweigerung* liegen, die dem Besteller einen Anspruch auf Schadensersatz statt der Leistung gibt, § 282, sowie das Recht zum Rücktritt, § 324, oder zur Kündigung des Vertrages aus wichtigem Grund.

XII. Inkrafttreten, Übergangsregelung

30 Die Bestimmung ist am 1. 5. 1993 in Kraft getreten.

Auf *zuvor abgeschlossene Verträge* findet sie keine Anwendung, Art 170 EGBGB in entsprechender Anwendung (vgl STURMBERG BauR 1994, 57; **aA** GUTBROD DB 1993, 1561). Freilich greift sie wieder ein, wenn es im Rahmen zuvor abgeschlossener Verträge nach dem 1. 5. 1993 zu *Zusatzaufträgen* gekommen ist oder kommt.

Titel 9 · Werkvertrag und ähnliche Verträge § 649
Untertitel 1 · Werkvertrag

§ 649
Kündigungsrecht des Bestellers

Der Besteller kann bis zur Vollendung des Werkes jederzeit den Vertrag kündigen. Kündigt der Besteller, so ist der Unternehmer berechtigt, die vereinbarte Vergütung zu verlangen; er muss sich jedoch dasjenige anrechnen lassen, was er infolge der Aufhebung des Vertrages an Aufwendungen erspart oder durch anderweitige Verwendung seiner Arbeitskraft erwirbt oder zu erwerben böswillig unterlässt.

Materialien: E I § 578; II § 584; III § 639; Mot II 502 ff; Prot II 2254 ff; JAKOB/SCHUBERT, Recht der Schuldverhältnisse II 906 ff.

Schrifttum

ANDERSON, Die Problematik des § 8 Nr 3 VOB/B, BauR 1972, 65
BEIGEL, Zum Anspruch des Architekten gemäß § 649 Satz 2 BGB nach Kündigung des Architektenvertrages durch den Bauherrn, BauR 1997, 782
BÖRNER, Architektenhonorar. Kostenermittlung und Architektenhonorar bei vorzeitiger Vertragskündigung, BauR 1995, 331
BOLDT, Die Kündigung des Bauvertrages aus wichtigem Grund durch den Auftraggeber nach neuem Recht, NZBau 2002, 655
BRÜGMANN, Ersparte Aufwendungen beim Architektenhonorar – Besprechung von BGH NJW 1996, 1751, NJW 1996, 2982
GAUCH, Der Rücktritt des Bestellers vom Werkvertrag – Gedanken zu Art 377 des Schweizerischen Obligationsrechts, in: FS Locher (1990) 35
VAN GELDER, Der Anspruch nach § 649 Satz 2 BGB bei Verlustgeschäften und seine Geltendmachung im Prozeß, NJW 1975, 189
GLÖCKNER, § 649 Satz 2 BGB – ein künstlicher Vergütungsanspruch?, BauR 1998, 669
GROSS, Die Abrechnung des Pauschalvertrages bei vorzeitig beendetem Vertrag, BauR 1992, 36
GRÜTER, Das Abschneiden des Werklohns bei Bestellerkündigung in Allg Geschäftsbedingungen, Betr 1982, 867
KENTER, der Vergütungsanspruch des Werkunternehmers gemäß § 649 S 2 BGB (2000)
KNIFFKA, Abnahme und Gewährleistung nach
Kündigung des Werkvertrages, in: FS vCraushaar (1997) 359
ders, Die neuere Rechtsprechung des Bundesgerichts zur Abrechnung nach Kündigung des Bauvertrages, JbBauR 2000, 1
MUGLER, Vergütungs- und Schadensersatzprobleme nach „Kündigung" von Werkverträgen, BB 1993, 1460
NIEMÖLLER, Vergütungsansprüche nach Kündigung des Bauvertrages, BauR 1997, 539
NIESTRATE, Vergütung des Architekten nach Kündigung des Architektenvertrages durch den Auftraggeber, ZfBR 1997, 9
PETERS, Der Einwand des Mitverschuldens gegenüber Erfüllungsansprüchen, JZ 1995, 754
ders, Die Stornierung von Verträgen, JZ 1996, 73
QUACK, Einige Probleme der Vergütungsabrechnung nach § 649 S 2 BGB, in: FS vCraushaar (1997) 309
REUS, Die Kündigung durch den Auftraggeber gemäß § 8 VOB/B, BauR 1995, 637
ROSENBERGER, Vertragsabwicklung im Konkurs des Bauunternehmers, BauR 1975, 253
SCHMEEL, § 649 BGB: Anrechnung ersparter Aufwendungen, MDR 1997, 109
SCHMIDT, Die Kündigung des Bauvertrages nach §§ 8, 9 VOB (Teil B), MDR 1968, 801
SCHMIDT, Zur unberechtigten Kündigung aus wichtigem Grund beim Werkvertrag, NJW 1995, 1313
SCHMITZ, Der Bauunternehmer im Konkurs, ZIP 1998, 1421
VAN VENROOY, „Kündigung" des Werkvertrages

durch den Besteller nach § 649 Satz 1 BGB, JR 1991, 492
WERNER/SIEGBURG, Der „entgangene Gewinn" des Architekten gemäß § 649 Satz 2 BGB – im Blickwinkel der neuesten Rechtsprechung des BGH, BauR 1997, 181.

Systematische Übersicht

I. Allgemeines
1. Vorzeitige Beendigung des Werkvertrages 1
2. Kündigung mit oder ohne wichtigen Grund 3

II. Eigentliche Dauerschuldverhältnisse 4

III. Die freie Kündigung
1. Rechtfertigung 5
2. Voraussetzungen 8
a) Sachliche Voraussetzungen 8
b) Zeitliche Voraussetzungen 8
3. Kündigung 10
a) Erklärung der Kündigung 11
b) Verhältnis zur Kündigung aus wichtigem Grund 12
c) Teilkündigung 13
4. Ausschluß des Kündigungsrechts 14
a) Individualvertraglich 14
b) In AGB 15

IV. Rechtsfolgen der Kündigung nach § 649 S 1
1. Bisherige Leistungen des Unternehmers 16
a) Werklohn 16
b) Mängel 18
c) Überlassung des Werkes 19
d) Ausgestaltung des Werklohnanspruchs 20
2. Künftige Leistungen 21
a) Rechtsnatur des Anspruchs aus § 649 S 2 21
b) Berechnung des Anspruchs 23
c) Darlegungs- und Beweislast 24
d) Fälligkeit 26
e) Anrechnungsposition ersparte Aufwendungen 27
f) Anrechnungsposition anderweitiger Erwerb 30
g) Anrechnungsposition unterlassener anderweitiger Erwerb 31

h) Verhältnis zu anderweitigen Regelungen 32
i) Teilbare Werklohnforderungen 33
3. Zusätzliche Aufwendungen 34

V. Kündigung des Bestellers aus wichtigem Grunde
1. Voraussetzungen 36
2. Erklärung der Kündigung 38
3. Rechtsfolgen 39
a) Vergütungsansprüche des Unternehmers 40
b) Schadensersatzansprüche 41

VI. Sonstige vorzeitige Vertragsbeendigungen
1. Kündigung des Bestellers 43
2. Kündigung des Unternehmers 44
3. Einverständliche Vertragsaufhebung 46
4. Rücktritt 47

VII. Entsprechende Anwendung des § 649 48

VIII. Besonderheiten beim Bauvertrag, insbesondere nach der VOB/B
1. Allgemeines 49
2. § 8 VOB/B 50
3. Allgemeines zu § 8 VOB/B 51
4. Freie Kündigung des Bestellers, § 8 Nr 1 VOB/B 52
5. Kündigung des Bestellers wegen Vermögensverfalls des Unternehmers, § 8 Nr 2 VOB/B 53
a) Voraussetzungen 53
b) Rechtsfolgen 56
6. Kündigung des Bestellers wegen mangelhafter, zögerlicher Arbeiten des Unternehmers oder aus sonstigen Gründen in der Person des Unternehmers, § 8 Nr 3 VOB/B 57
a) Voraussetzungen 57
b) Rechtsfolgen 58

Titel 9 · Werkvertrag und ähnliche Verträge § 649
Untertitel 1 · Werkvertrag

7. Kündigung wegen wettbewerbswidrigen Verhaltens des Unternehmers, § 8 Nr 4 VOB/B ___ 64
   a) Voraussetzungen ___ 64
   b) Rechtsfolgen ___ 65
8. Aufmaß, Abnahme und Rechnungserteilung, § 8 Nr 6 VOB/B ___ 66
9. Vertragsstrafe nach erfolgter Kündigung, § 8 Nr 7 VOB/B ___ 67

Alphabetische Übersicht

Abmahnung — 36	Fristsetzung — 36
Abnahme — 9, 20, 66	
Abrechnung — 17, 66	Gefährdung des Vertragszwecks — 36
– der Fertigstellung — 61	Gewährleistung — 18
AGB	
– des Bestellers — 29	Insolvenz — 52
– des Unternehmers — 28	Interesse des Unternehmers am Vertrag — 6
Akquisitionskosten — 30	
Anderweitiger Erwerb — 30	Kalkulation des Unternehmers — 25
Anderweitige Verwertung des Werkes — 30	Kauf — 48
Architekt — 28	Kausalität — 30
Aufmaß — 66	Kenntnis des Kündigungsgrunds — 37
Aufwendungen	Konkrete Berechnung — 17, 23
– ersparte — 27	Kündigung
– pauschalierte — 28	– Erklärung der — 11
– zusätzliche — 6, 34	– freie — 1 ff, 5 ff
Auskunftsanspruch — 25	– konkludente — 11
Ausschluß der Kündigung — 14 f	– des Unternehmers — 44
	– zur Unzeit — 8
Baustelleneinrichtung — 60	– vor Vertragsschluß — 8
Bauträger — 8, 14	– aus wichtigem Grund — 12, 35 ff
Bauvertrag — 49 ff	Kündigungsrecht, Ausschluß des — 14
Beweislast — 24 ff	Leistungen
Bisherige Leistungen — 16	– erbrachte — 26 ff, 39
	– künftige — 21 ff
Darlegungslast — 24 ff	
Dauerschuldverhältnis — 2, 4, 43	Mängel — 18, 42, 57
	Mangelhaftes Arbeiten — 57
Einheitspreisvertrag — 17, 23	Material, beschafftes — 27
Einstellung der Leistungen — 45	Mehrwertsteuer — 22
Einverständliche Vertragsaufhebung — 45	
Erfüllungsanspruch — 7, 20 f	Nachbesserung — 18
Erstattungsanspruch — 17	Nachschieben von Gründen — 12
Erwerb	
– anderweitiger — 30	Pauschalierung — 28
– unterlassener — 31	Pauschalpreisvertrag — 17, 23
Fälligkeit — 20, 27	
Fertigstellung	Rechtsfolgen der Kündigung — 16
– Mehrkosten der — 59	Risikoaufschlag — 27
– des Werkes — 41	Rücknahme des Werkes — 19

Rücktritt	1, 10, 47	Vertragsangebot	8
		Vertragsaufhebung	45
Schadensersatz	22, 41	Vertragsstrafe	67
Schadensersatzanspruch	7	Vertragstreue	5 f
Schadloshaltung	22	Vertragszweck, Gefährdung des	36
Schriftform	51	Vertrauensverlust	37
Sicherheiten	20, 22	Verzug des Unternehmers	57
Stornierung von Verträgen	48	VOB/B	50 ff
		Vollendung des Werks	9, 58
Teilkündigung	13	Voraussetzungen der Kündigung	8 ff
		Vorbereitungshandlungen	18
Überlassung des Werkes	19		
Überzahlung	17	Wahlrecht des Insolvenzverwalters	54
Umdeutung	12	Werklohn, bisheriger	16
Umsatzsteuer	22	Werklohnforderung, teilbare	33
Unterlassener Erwerb	31	Werthaltigkeit des Werkes	16
		Wettbewerbswidriges Verhalten	64
Vergütung			
– der ausfallenden Leistungen	21	Zahlungseinstellung	53
– des Unternehmers	40	Zurückweisung des Werkes	41
Verlustgeschäft	23	Zusätzliche Aufwendungen	34
Vermögensverfall	52		

I. Allgemeines

1. Vorzeitige Beendigung des Werkvertrages

1 Der Werkvertrag kann aus verschiedenen Gründen vorzeitig beendet werden.

a) Diese Möglichkeit ergibt sich schon aus dem allgemeinen Recht der Leistungsstörungen, vgl § 323 Abs 4, der den sofortigen *Rücktritt* zuläßt, wenn es offenkundig ist, daß dessen Voraussetzungen eintreten werden. Die eine oder die andere Seite kann den Vertrag aber nicht nur schon vor Fälligkeit durch Rücktritt in ein Rückgewährschuldverhältnis umwandeln. Die Möglichkeit der vorzeitigen Liquidation des Vertrages muß ihr vielmehr auch durch *das Begehren von Schadensersatz statt der Leistung* möglich sein, auch wenn § 281 Abs 1 dies nach seinem Wortlaut erst nach Eintritt der Fälligkeit zuläßt. Es wäre nicht einzusehen, wenn ein schuldhaftes Fehlverhalten der Gegenseite seine Folgen erst später haben sollte als ein schuldloses.

2 b) Es war stets anerkannt, **daß der Werkvertrag auch aus wichtigem Grund gekündigt werden kann** (vgl die Nachweise u Rn 36). Das Gesetz enthält zwar jetzt ausdrücklich ein Recht zur Kündigung von Dauerschuldverhältnissen in § 314, das aber unmittelbar nur auf Verträge mit wiederkehrenden, weithin gleichbleibenden Leistungen anwendbar ist. Ein Dauerschuldverhältnis in diesem Sinne ist der Werkvertrag nicht. Zwar „dauert" seine Abwicklung auch oft, doch verändert sich das Leistungsprogramm ständig. Immerhin sind die Parteien – wie bei einem Dauerschuldverhältnis und sogar mehr als bei manchen von diesen (Abonnement der Zeitung) – auf eine ständige Vertrauensbasis angewiesen, so daß die Rechtfertigung der Kündigung aus wichtigem Grund gerade auch bei ihm gegeben ist. Soweit das Gesetz jetzt in den §§ 323, 634 Nr 3 die Möglichkeit des Rücktritts stärker betont, paßt die diesem typische Rückabwicklung kaum. ZB müssen Mängel der schon erbrachten Leistung noch beseitigt statt in Geld umgerechnet werden und ist schon der Fortbestand der bereits erbrachten Leistung nicht Ausnahme, wie dies § 346 Abs 1 nahelegt, sondern Regel.

Erfreulicherweise ist der Gesetzgeber dem Vorschlag des Diskussionsentwurfs nicht gefolgt, dem Besteller die Möglichkeit der Kündigung nach § 649 zu nehmen (vgl u Rn 5 ff).

2. Kündigung mit oder ohne wichtigen Grund

§ 649 *belastet* das freie Kündigungsrecht des Bestellers *mit der Verpflichtung zur Zahlung des Werklohns*, der nur nach Maßgabe des S 2 gekürzt werden kann. Die Kündigung aus wichtigem Grunde *befreit den Besteller von einer solchen Zahlungspflicht* (BGHZ 31, 224, 229; 64, 145, 146), da der Unternehmer aus seinem pflichtwidrigen Verhalten, das Anlaß zur Kündigung gegeben hat, Vorteile nicht ziehen soll.

Zur Frage, ob eine Kündigung aus wichtigem Grunde, die sich als solche nicht als gerechtfertigt erweist, als eine Kündigung nach § 649 verstanden werden kann, u Rn 12; dort auch zu der Frage, ob einer Kündigung nach § 649 ein wichtiger Grund nachgeschoben werden kann.

II. Eigentliche Dauerschuldverhältnisse

Zuweilen sind gerade auch Werkleistungen regelmäßig zu erbringen, so daß von einem echten Dauerschuldverhältnis gesprochen werden kann, zB bei der Wartung von Maschinen, der Pflege von Gärten und Gräbern.

1. AGB des Unternehmers müssen dann bei Laufzeit-Verlängerungsmöglichkeiten gegenüber Verbrauchern die Grenzen des § 309 Nr 9 lit a, b, c einhalten, gegenüber unternehmerisch tätigen Kunden die wesentlich großzügigeren des § 307.

2. Die Möglichkeit der außerordentlichen Kündigung folgt problemlos aus § 314, die ordentliche Kündigung wird idR vereinbart bzw in den AGB des Unternehmers vorgesehen. Fehlt es dazu an einer (wirksamen) Regelung, gilt eine angemessene Frist, wie sie in ergänzender Vertragsauslegung zu bestimmen ist (ULMER/BRANDNER/HENSEN § 11 Nr 12 AGBG Rn 17; aA OETKER, Das Dauerschuldverhältnis und seine Beendigung [1994] 276 f: Bestimmungsrecht des Kündigenden in entsprechender Anwendung des § 315). Dabei kommt es ganz auf die Gegebenheiten der Branche an; die drei Monate des § 309 Nr 9 lit b sind jedenfalls zu unterschreiten.

3. Die wirksame Vereinbarung von Laufzeit und Kündigungsfristen hindert die Anwendung des § 649 nicht. Der Besteller kann sich vielmehr mit sofortiger Wirkung die weitere Leistungserbringung verbitten. Der verbleibende Werklohnanspruch des Unternehmers nach § 649 S 2 mit den Abzugspositionen des dortigen HS 2 bemißt sich nach der Restlaufzeit des Vertrages bzw bis zu dem nächsten Kündigungstermin, der hätte eingehalten werden können.

Die wirksame ordentliche Kündigung läßt weitere Vergütungsansprüche entfallen.

III. Die freie Kündigung

1. Rechtfertigung

5 a) Auf den ersten Blick mag es überraschen, daß dem Besteller die Möglichkeit einer an keine besonderen Voraussetzungen gebundenen Kündigung eingeräumt wird. Das ist indessen nur die konsequente Folge der Wertung des § 642, daß der Besteller zur Mitwirkung nicht verpflichtet ist, sondern hinsichtlich der Erstellung der Werkleistung nur die Obliegenheiten eines Gläubigers hat. Als solcher kann er nicht gezwungen werden, die ihm geschuldete Leistung entgegenzunehmen (vgl VAN VEENROY JR 1991, 492). Auch ist der Werkvertrag zukunftsbezogen. Der Besteller mag zu der Einsicht gelangen, daß er das Werk doch nicht benötigen wird, daß seine Unterhaltung übermäßige Opfer fordern könnte. Da ist es sinnvoll, das Werk nicht erst fertigstellen zu lassen.

6 b) Von dem Grundsatz des pacta sunt servanda wird der Besteller nicht eigentlich entbunden. Für ihn als Gläubiger gilt er ohnehin nicht, soweit er Schuldner ist, hält ihn § 649 S 2 an seiner Verpflichtung fest (vgl GLÖCKNER BauR 1998, 669, 676), die nur den Umständen entsprechend modifiziert wird.

Wenn § 649 S 2 den Unternehmer „schadlos halten" soll (Mot II 503), sind seine Interessen im Prinzip gewahrt. Freilich versagt sein dortiger Vergütungsanspruch in zweierlei Hinsicht. Zunächst kann der Unternehmer ein Interesse an der Durchführung des Vertrages haben; seine Kapazitäten liegen nicht brach, das fertige Werk würde für ihn werben (vgl SOERGEL/TEICHMANN Rn 2). Dieses „Erfüllungsinteresse" wird negiert. Es bedeutet eine harte Entscheidung des Gesetzgebers, daß *das Interesse des Unternehmers am Vertrag auf das reine unmittelbare finanzielle reduziert wird*.

Sodann aber wird nicht einmal dieses hinreichend gewahrt: Die vorzeitige Vertragsbeendigung kann zu **zusätzlichen Aufwendungen des Unternehmers** führen (erschwertes Aufmaß der halbfertigen Leistung, Errechnung des nunmehrigen Vergütungsanspruchs, vorzeitige Rückführung auswärts eingesetzten Personals zu erhöhten Preisen). Das ist in § 649 S 2 nicht bedacht, muß aber zweifellos zu Lasten des Bestellers gehen (vgl u Rn 34).

c) Parallelbestimmungen zu § 649 sind die §§ 326 Abs 2, 615. Es ist kein Zufall, daß nicht nur die Rechtsfolgen identisch sind. Letztlich sind auch die Tatbestände identisch: Mit der Kündigung macht hier der Gläubiger die Erbringung der weiteren Leistung unmöglich, wenn sie ihm denn nicht aufgedrängt werden kann (§ 293), er verweigert ihre Annahme (§ 615). Hätte das Gesetz in § 649 die Kündigungsmöglichkeit nicht vorgesehen, würden sich also letztlich keine anderen Rechtsfolgen aus einer Vertragsaufsage des Bestellers ergeben (vgl auch GLÖCKNER BauR 1988, 675 ff).

aa) Damit reduziert sich der Effekt der Bestimmung zunächst auf einen rein psychologischen. Von sich aus würde der Besteller es vielleicht nicht wagen, den Vertrag aufzusagen; der Gesetzgeber ermutigt ihn dazu, bestärkt ihn in seinem Entschluß.

bb) § 649 erlaubt etwas, was andernorts als Fehlverhalten gedeutet wird (zu vertretende Verursachung der Unmöglichkeit der Leistung, Annahmeverzug, Vertragsaufsage). Damit gewinnt § 649 S 2 den **Charakter einer schadensersatzrechtlichen Bestimmung** (so zutreffend GLÖCKNER BauR 1998, 675 ff, QUACK, in: FS vCraushaar [1997] 309, 312). Das bestätigt sich in dem Ziel der Bestimmung, den Unternehmer „schadlos zu halten" (Mot II 503), sowie darin, daß § 649 S 2 eine § 254 entsprechende Schadensminderungspflicht anerkennt (vgl dazu u Rn 32). Diese Feststellungen sind nicht belanglos: 7

(1) Zunächst spricht § 649 S 2 zweifellos den ursprünglichen Erfüllungsanspruch des Unternehmers an (vgl auch u Rn 21), dies aber doch nur in der (irrigen) Vorstellung, damit sei seinen Interessen genüge getan. Zu ersetzen sind aber auch zusätzliche Aufwendungen (vgl u Rn 34).

(2) Wenn sodann die neuere Rechtsprechung die Anforderungen an den Unternehmer für die Darlegung seines verbleibenden Anspruchs verschärft (u Rn 22 ff), darf der dargestellte Kontext der Bestimmung nicht übersehen werden.

2. Voraussetzungen

a) Besondere sachliche Voraussetzungen stellt das Gesetz für die Kündigung **nicht** auf; sie ist „frei", „willkürlich" und *bedarf* auch *keiner Begründung* (RGZ 86, 107). 8

Kündbar nach § 649 sind freilich nur Werkverträge. Gegenüber dem Bauträger, der ein Grundstück liefert und dieses bebauen soll, kann der werkvertragliche Teil des Vertrages nicht isoliert nach § 649 gekündigt werden (BGHZ 96, 275). Möglich bleibt die Kündigung aus wichtigem Grund (KG BauR 2000, 114).

b) Zeitliche Voraussetzungen
Für die zeitlichen Dimensionen des Kündigungsrechts sagt das Gesetz, daß es „jederzeit", „bis zur Vollendung des Werkes" ausgeübt werden kann.

aa) Es gibt damit *keine Kündigung zur Unzeit*. Die Kündigung ist vielmehr auch dann zulässig und wirksam, wenn der Unternehmer gerade intensiv mit der Erstellung des Werkes beschäftigt ist; sie setzt auch nicht voraus, daß jedenfalls ein gewisser Teilabschluß des Werkes erreicht ist. *Sie trifft* vielmehr *das Werk in seinem jeweiligen Zustand.*

bb) Nach der Formulierung des Gesetzes setzt das Rücktrittsrecht mit dem Abschluß des Vertrages ein; doch muß aus der Bestimmung gefolgert werden, daß sich der Besteller *auch schon von einem Vertragsangebot von seiner Seite lösen* kann, ohne insoweit den Bindungsfristen zu unterliegen, die sich hier aus den §§ 145, 147 Abs 2, 148 ergeben können. Die Kündigung während dieser vorvertraglichen Periode löst ebenfalls die Zahlungspflicht nach § 649 S 2 aus, sofern die Gegenseite das Angebot annimmt.

Der Besteller kann auch vor Eintritt einer aufschiebenden Bedingung des Werkvertrages kündigen. Das ist nicht treuwidrig iSd § 162 Abs 1, so daß dem Unternehmer ein Anspruch nach § 649 S 2 nicht zusteht (vgl OLG Brandenburg BB 1998, 505).

9 cc) Die *Vollendung des Werkes* als zeitliche Begrenzung des Rücktrittsrechts ist nicht schon mit dem Abschluß des Werkes gegeben, sondern erst dann, wenn etwaige behebbare Mängel behoben sind (BGB-RGRK/GLANZMANN Rn 2, 22). Eine Vollendung des Werkes ist auch dann gegeben, wenn zwar noch Mängel vorliegen, diese aber unbehebbar sind (BGB-RGRK/GLANZMANN). Entscheidend ist dabei der objektive Sachstand.

Ist das Werk mangelfrei vollendet, müßte nach dem Wortlaut des Gesetzes das Kündigungsrecht des Bestellers erlöschen. Die geschuldete Vergütung könnte der Besteller jetzt ohnehin nicht mehr durch seine Kündigung beeinflussen; die Wirkung der Kündigung würde sich darauf reduzieren, daß sich der Besteller durch sie seiner Abnahmepflicht nach § 640 Abs 1 entziehen könnte. *Warum ihm diese Möglichkeit genommen werden soll*, ist nicht einzusehen (aA BGB-RGRK/GLANZMANN Rn 2; ERMAN/SEILER Rn 8). Das Gesetz ist inkonsequent, wenn es für diesen Fall die Belange des Unternehmers über das Interesse am Werklohn hinaus schützt. Man wird vielmehr *auch jetzt noch eine Kündigung des Bestellers* zuzulassen haben.

Zweifelhaft sind die *Wirkungen einer Abnahme* des Werkes durch den Besteller. Sie schließt die Kündigungsmöglichkeit jedenfalls dann aus, wenn das Werk mangelfrei ist. Bestehen noch Mängel, so könnte der Nachbesserungsanspruch des Bestellers den Schluß nahelegen, daß das Werk in Wahrheit doch noch nicht vollendet war. Doch dürfte mit BGB-RGRK/GLANZMANN (aaO) die Abnahme des Werkes als vollendet der Vollendung gleichzusetzen sein. Anders liegt es, wenn sich der Besteller bei der Abnahme die Rechte wegen bestimmter Mängel vorbehält. Dann erlischt einstweilen sein Rücktrittsrecht noch nicht.

3. Kündigung

10 § 649 S 1 sieht eine Kündigung des Vertrages vor, nachdem der E I noch von einem Rücktritt gesprochen hatte. Dessen Rückbeziehung, § 346, wäre aber dem Umstand nicht gerecht geworden, daß doch schon kaum rückabwickelbare Leistungen erbracht worden sein können. Dem wird die Kündigung mit ihrer Wirkung ex nunc besser gerecht, dies trotz § 346 Abs 2.

Wenn die Kündigung das für Dauerrechtsverhältnisse typische Gestaltungsmittel ist, ist der Werkvertrag zwar keines im eigentlichen Sinne, weist aber mit der uU langfristigen Zusammenarbeit der Parteien, dem dazu notwendigen Vertrauen wesentliche Merkmale eines solchen auf. Aber auch dort, wo er sich in einem kurzfristigen Leistungsaustausch erschöpft, stehen dogmatische Gründe einer Kündigung nicht entgegen.

Freilich hat die auf § 649 S 1 gestützte Kündigung ihre eigene Färbung (vgl MUGLER BB 1993, 1460). Während zB der Mietvertrag durch eine Kündigung umfassend beendet wird, bleibt die Vergütungspflicht des Bestellers für die nicht mehr ausgeführten Teile der Leistung – nach Maßgabe des § 649 S 2 – bestehen. Und selbst die Leistungspflicht des Unternehmers endet nicht, wenn er für die ausgeführten Teile der Leistung nicht nur in der Gewährleistung verbleibt, sondern die hM insoweit auch den Fortbestand der Nachbesserungspflicht annimmt (vgl u Rn 18).

a) Erklärung der Kündigung
Die Kündigung ist – wie üblich – eine *einseitige empfangsbedürftige Willenserklärung*, 11
die mit ihrem Zugang wirksam wird (ERMAN/SEILER Rn 2). Als die Ausübung eines Gestaltungsrechts ist sie *bedingungsfeindlich*, sofern die Bedingung nicht ausschließlich in das Belieben der Gegenseite gestellt wird.

Die Erklärung der Kündigung kann ausdrücklich, aber *auch durch schlüssiges Verhalten* erfolgen. *Die Rechtsprechung* ist bei der Annahme einer konkludenten Kündigung *recht großzügig*. RG JW 1911, 770 läßt die Rückforderung des gelieferten Stoffes genügen, BGH NJW 1960, 431 die Beauftragung eines anderen Unternehmers mit den Aufgaben dieses Unternehmers (vgl auch BGH WM 1972, 1025). Im gleichen Sinne sieht MünchKomm/SOERGEL Rn 4 die Ablehnung weiterer Tätigkeit des Unternehmers als Kündigung an; zustimmend BGB-RGRK/GLANZMANN Rn 5.

Man wird indessen insoweit *vorsichtig* sein müssen. Rechtstechnisch fragt es sich schon, ob jeweils aus der zugrunde zu legenden Sicht der Gegenseite eine als Kündigung zu deutende Willenserklärung vorliegt. Wegen der Vergütungspflicht des Bestellers nach § 649 S 2, die jetzt ohne Gegenleistung bleibt, *wird die Auslegung nicht immer die Annahme einer Kündigung rechtfertigen*. Man wird vielmehr zu verlangen haben, daß das Verhalten des Bestellers unter Berücksichtigung aller Umstände des Einzelfalls *mit hinreichender Eindeutigkeit* als der Wunsch nach Vertragsbeendigung zu verstehen ist (vgl ERMAN/SEILER Rn 2 f). Insofern wird man die Rückforderung des zu bearbeitenden Stoffes genügen lassen können, aber Behinderungen bei den Arbeiten nur ausnahmsweise. – Zweifelhaft kann ferner der Zugang einer als Kündigung zu deutenden Erklärung an den Unternehmer sein.

Soweit der Rechtsprechung *das Bemühen* zugrunde liegt, *dem Unternehmer einen Zahlungsanspruch nach § 649 S 2 gegenüber dem vertragsuntreuen Besteller zu verschaffen*, ist das zwar ein billigenswertes Ziel, doch wird dabei übersehen, daß der Unternehmer nicht schutzlos ist. Er kann zusätzliche Kosten nach § 642 liquidieren und seinerseits wegen unterbleibender Mitwirkung nach § 643 kündigen, was ihn bei zutreffender Auslegung der §§ 643, 645 Abs 1 S 2 nicht schlechter als § 649 stellt (vgl § 643 Rn 17 ff).

b) Verhältnis zur Kündigung aus wichtigem Grund
Zum Verhältnis der Kündigung nach § 649 S 1 zur Kündigung aus wichtigem Grunde 12
gilt folgendes:

aa) Die Kündigung aus wichtigem Grunde genießt zugunsten des Bestellers den **Vorrang**. War sie gerechtfertigt, dann beurteilen sich die Rechtsfolgen nach ihr, *auch wenn der Besteller zum Zeitpunkt der Kündigung die Möglichkeit einer Kündigung aus wichtigem Grund nicht gekannt hat*; er darf insoweit Kündigungsgründe „nachschieben" (BGH NJW 1975, 826; BGHZ 65, 391; BGB-RGRK/GLANZMANN Rn 18; ERMAN/SEILER Rn 11).

bb) Häufiger ist die *Konstellation, daß der Besteller* zwar seine Kündigung auf einen wichtigen Grund stützt, *diesen aber nicht nachzuweisen vermag* oder das Gericht der Bewertung des Kündigungsgrundes als wichtig nicht folgt. BGH NJW 1969, 419, 421; CR 1993, 311; NJW-RR 1999, 560, zustimmend BGB-RGRK/GLANZMANN Rn 18, krit ERMAN/SEILER Rn 3, SOERGEL/TEICHMANN Rn 6; SCHMIDT NJW 1995, 1313, *behandeln die Kündigung dann als eine solche nach § 649 S 1*, insbesondere mit der Folge der Vergütungspflicht nach § 649 S 2.

Dem wird man jedoch *in dieser Allgemeinheit nicht zustimmen* können. Wenn der Besteller die Grundlosigkeit seiner Kündigung erkennt, wird er es uU vorziehen, den Vertrag durchzuführen statt den Unternehmer ohne Gegenleistung auszuzahlen, um so mehr als er bei § 649 S 2 beweispflichtig für ersparte Aufwendungen ist (u Rn 22 f). Es muß deshalb der *unzweideutige Wille* des Bestellers gegeben sein, den Vertrag unter allen Umständen zu beenden. Die in Verkennung der Lage ausgesprochene Kündigung aus wichtigem Grund läßt sich nicht in eine solche nach § 649 S 1 umdeuten. Gegebenenfalls ist der Besteller nach § 139 ZPO zu befragen.

c) Teilkündigung

13 Die Kündigung nach § 649 S 1 kann sich *auf einen Teil der Werkleistung* beschränken. Sie tut dies ohnehin, wenn sie während der Erstellung des Werkes erfolgt; von ihr betroffen sind dann nur die noch ausstehenden Teile des Werkes. Auch insoweit ist der Besteller aber nicht daran gehindert, sich auf Teile der noch offenen Werkleistung zu beschränken. Einer *Teilkündigung* zugänglich sind dabei zunächst in sich abgrenzbare Teile der Werkleistung, zB eines von mehreren zu errichtenden Häusern. Dagegen ist eine Teilkündigung, die dem Unternehmer nur einzelne Arbeiten an dem Werk entziehen soll, nur dann zulässig, wenn sie dem Unternehmer zumutbar ist. Daran kann es fehlen, wenn die ihm verbleibende Werkleistung in ihrer Mangelfreiheit dadurch gefährdet werden kann, daß die entzogenen Arbeiten nicht oder nur mangelhaft ausgeführt werden. Für die *Zumutbarkeit einer solchen Teilkündigung* ist der Besteller darlegungs- und beweispflichtig.

4. Ausschluß des Kündigungsrechts

14 Das Recht des Bestellers zur freien Kündigung kann *vertraglich ausgeschlossen* werden. Damit kann einem besonderen Interesse des Unternehmers an der Erstellung des Werkes Rechnung getragen werden.

a) Individualvertraglich

Der Ausschluß des Kündigungsrechts braucht nicht ausdrücklich zu geschehen; er kann vielmehr *auch konkludent* erfolgen. Das läßt sich allerdings dann *noch* nicht annehmen, *wenn ein besonderes*, insbesondere ein künstlerisches *Interesse des Unternehmers an der Durchführung des Vertrages besteht* (so aber MünchKomm/SOERGEL Rn 5). In Fällen dieser Art mag der Unternehmer vielmehr eine entsprechende ausdrückliche Vereinbarung suchen. Es geht vielmehr um Fallgestaltungen wie in RGZ 86, 107, 110: Der als solcher kündbare Werkvertrag ist *so in ein Geflecht von Verträgen einbezogen, die ihrerseits nicht kündbar sind, daß ihnen allen der Boden entzogen würde, wenn dieser Vertrag zu Fall käme*. Ähnlich BGHZ 96, 275 = NJW 1986, 925: Bei einem *Bauträgervertrag* kann der auf die Errichtung des Bauwerks gerichtete Teil des Vertragswerks nicht isoliert unter Aufrechterhaltung des auf die Verschaffung des

Grundstücks gerichteten Vertragsteils gekündigt werden. Praktisch ist hier ein Umkehrschluß aus § 139 zu ziehen. Die Möglichkeit einer Kündigung aus wichtigem Grunde bleibt unberührt (BGHZ).

b) In AGB
Klauseln in Allgemeinen Geschäftsbedingungen des Unternehmers schließen das Kündigungsrecht des Bestellers regelmäßig nicht aus, sondern behindern es nur wirtschaftlich dadurch, daß sie übermäßige Zahlungspflichten des Bestellers vorsehen. Hier ist die Zahlungspflicht des Bestellers im Hinblick auf § 308 Nr 7 zu reduzieren (vgl u Rn 20 ff), so daß *im Ergebnis das Kündigungsrecht des Bestellers unangetastet* bleibt. – Nach oben wird der Vergütungsanspruch des Unternehmers durch die Zahlen seiner AGB wirksam begrenzt (OLG Koblenz NJW-RR 2000, 871).

Ein Ausschluß des Kündigungsrechts als solchem ist nicht unmittelbar an § 308 Nr 7 zu messen, doch ist schon aus dieser Bestimmung, die das Kündigungsrecht des Bestellers voraussetzt, zu folgern, daß dieses zu den *wesentlichen Grundgedanken der gesetzlichen Regelung* gehört, so daß in der Regel eine unangemessene Benachteiligung des Bestellers im Sinne des § 307 vorliegt, wenn ihm das Kündigungsrecht genommen wird (vgl BGH NJW 1999, 3261 zum Bauvertrag; OLG Düsseldorf NJW-RR 2000, 166 zur Beschränkung auf das Recht zur Kündigung aus wichtigem Grund). In der Tat ist regelmäßig ein schutzwürdiges Interesse des Unternehmers an der vollen Vertragsdurchführung nicht anzuerkennen, wenn er wirtschaftlich durch § 649 S 2 schadlos gestellt wird. Es kann freilich im konkreten Einzelfall auch anders liegen.

IV. Rechtsfolgen der Kündigung nach § 649 S 1

Das Vorgehen des Bestellers nach § 649 S 1 führt als Kündigung zu einer auf die Zukunft beschränkten Beendigung des Vertragsverhältnisses. Es kommt zu einer Zweiteilung des Vertragsverhältnisses (aA GLÖCKNER BauR 1998, 673), wenn denn zwischen den erbrachten Leistungen und den nicht mehr zu erbringenden zu unterscheiden ist. Namentlich gibt es grundlegende Unterschiede in ihrer Abrechnung.

1. Bisherige Leistungen des Unternehmers

a) Werklohn
Die bisherigen Leistungen des Unternehmers sind mit Rechtsgrund erbracht (BGH NJW 1992, 2553; 1993, 1972), und damit nach den vertraglichen Ansätzen zu vergüten. Das gilt auch dann, wenn sie in ihrer Unfertigkeit für den Besteller nicht eigentlich von Wert sind (BGH MDR 1994, 35). Insoweit unterscheidet sich die freie Kündigung nach § 649 S 1 auch nicht von der Kündigung aus wichtigem Grund (BGH NJW 1993, 1972): Letztere befreit den Besteller zwar von der in § 649 S 2 normierten Vergütungspflicht für die nicht mehr erbrachten Leistungen, nicht aber auch von der Vergütungspflicht für die erbrachten.

Bei der Abrechnung zu berücksichtigen sind nur jene Leistungen, die schon in das Werk eingeflossen sind. Das gilt auch für in den Baupreis eingerechnete Architektenleistungen (BGH NJW-RR 1999, 960). Vorbereitungen für die nicht mehr ausgeführten Teile des Werkes sind im Rahmen des § 649 S 2 zu berücksichtigen.

17 Bei der Bemessung des verdienten Werklohns beim *Einheitspreisvertrag* kann nicht einfach nach dem Stand des Werkes vorgegangen werden in dem Sinne, daß bei einem hälftig fertiggestellten Werk 50% des Werklohns verdient wären. Es ist vielmehr konkret – nach Aufmaß – abzurechnen. Eine Preisanpassung wegen kündigungsbedingter Mindermengen kommt dabei nicht in Betracht, sondern dies ist nach § 649 S 2 zu erfassen, OLG Celle BauR 1995, 648.

Beim *Pauschalpreisvertrag* kann man zweifeln, ob er schon hinsichtlich der erbrachten Leistungen aufzulösen ist und diese konkret abzurechnen sind. Die Rechtsprechung tut das nicht, sondern setzt den Wert der erbrachten Leistung (insgesamt) in Verhältnis zur Gesamtleistung (vgl BGH NJW 1995, 1837; 1995, 2712; 1997, 733; 2000, 2988; NJW-RR 1998, 234), was in konkreter Darlegung zu erfolgen hat. Dieses Vorgehen wird nicht dadurch ausgeschlossen, daß ein Leistungsverzeichnis gar nicht vorliegt (BGH NJW-RR 1998, 234). Ein etwa vereinbarter Zahlungsplan kann der Abrechnung nicht zugrunde gelegt werden (BGH NJW-RR 1998, 236).

Zweifelhaft kann der Stand des Werkes im Zeitpunkt der Kündigung insbesondere dann werden, wenn dieses von anderer Seite fortgeführt wird. Die Darlegungs- und Beweislast liegt insoweit bei dem Vergütung begehrenden Unternehmer (OLG Naumburg BauR 1999, 915), sei dies nun der erste oder der Nachfolger.

Bei einer Überzahlung des Unternehmers folgt ein Erstattungsanspruch des Bestellers aus Vertrag (§ 241 Abs 2, nicht aus § 812 [BGHZ 140, 365, 373]).

b) Mängel

18 Für Mängel seiner erbrachten Leistung hat der Unternehmer naturgemäß weiterhin einzustehen; er hat ihr Nichtvorliegen zu beweisen (BGH MDR 1994, 35). Das bereitet keine Schwierigkeiten in bezug auf Minderung oder Schadensersatz wegen Nichterfüllung. Die hM beläßt dem Besteller aber auch seinen Nachbesserungsanspruch bzw – bei Vorliegen der einschlägigen Voraussetzungen – den Anspruch auf Kostenvorschuß dazu, dem Unternehmer sein Nachbesserungsrecht (vgl BGH NJW 1988, 140; NZBau 2001, 311; KNIFFKA, in: FS vCraushaar [1997] 359; zum Nachbesserungsanspruch OLG Düsseldorf NJW-RR 1995, 155; OLG Hamm NJW-RR 1995, 657; zum Nachbesserungsrecht OLG Hamm NJW-RR 1995, 724; OLG Düsseldorf NJW-RR 1996, 1422). Dem kann grundsätzlich zugestimmt werden (aA STAUDINGER/PETERS [1994] Rn 13). Das Argument dagegen, daß der Vertrag mit der Kündigung sein Ende finden müsse, ist zu formal. Wenn die Parteien friedlich auseinandergehen, ist gegen eine nachträgliche Nachbesserung nichts einzuwenden. Indessen wird das Verhältnis oft belastet sein. Dann wird im Einzelfall zu prüfen sein, ob dem Unternehmer die Nachbesserung gegenüber diesem uU querulatorischen Besteller noch zumutbar ist, ob sie nicht einen unverhältnismäßigen Aufwand erfordert, wenn sie nicht mehr „nebenbei" erledigt werden kann. Umgekehrt kann der Besteller ein besonderes Interesse (§ 636 aE) an der Nachbesserung durch einen Dritten haben. Hat er aus wichtigem Grund gekündigt, wird dies idR zu bejahen sein (einschränkend BGH NZBau 2001, 311, 312; KNIFFKA 359).

c) Überlassung des Werkes

19 Der erbrachte Teil des Werkes muß dem Besteller überlassen werden (RGZ 104, 93). Der Unternehmer ist nicht befugt, die verwendeten Stoffe aus dem Werk herauszunehmen (RGZ). Andererseits hat der Besteller keinen Anspruch darauf, daß ihm für die Fortführung des Werkes bereitgestellte, aber noch nicht eingefügte Stoffe überlassen werden; sie sind eben noch nicht Teil des Werkes geworden (RGZ). Einen *Anspruch auf Rücknahme des Werkes* durch den Unternehmer hat der Besteller *nicht*; vielmehr ist er nach § 640 Abs 1 *zu dessen Abnahme verpflichtet* (vgl dazu näher KNIFFKA 359, 363). Mit der Abnahme treten deren übliche Wirkungen ein.

d) Ausgestaltung des Werklohnanspruchs

20 Der Anspruch des Unternehmers wegen der erbrachten Leistungen ist der „echte" Erfüllungsanspruch; für diesen bestellte Sicherheiten bleiben also ohne weiteres bestehen (RG Recht 1919, 2108, wohl nicht hinreichend berücksichtigt in BGH NJW 1996, 717).

Die Fälligkeit ist von einer Abnahme nicht abhängig, tritt vielmehr mit der Kündigung ein (BGH BauR 1993, 469; 1987, 95). Freilich muß ggf noch die weitere Fälligkeitsvoraussetzung einer prüfungsfähigen Schlußrechnung gegeben sein (§ 16 Nr 3 VOB/B, § 8 HOAI).

2. Künftige Leistungen

21 Die Kündigung des Bestellers läßt seinen Anspruch auf diese entfallen. Ihretwegen bleibt nur noch der – nach Maßgabe des § 649 S 2 modifizierte – Vergütungsanspruch des Unternehmers bestehen. Beruht die Kündigung des Bestellers auf einem wichtigen Grund, so entfällt auch er.

a) Rechtsnatur des Anspruchs aus § 649 S 2

Aufgabe des Anspruchs aus § 649 S 2 ist es, den Unternehmer schadlos zu stellen, die Kündigung für ihn wirtschaftlich zu neutralisieren, dafür zu sorgen, daß ihm aus ihr weder Vorteile noch Nachteile erwachsen (Mot II 503; RGZ 74, 199).

Zu diesem Zweck beläßt der Gesetzgeber dem Unternehmer seinen bisherigen Vergütungsanspruch, den er nur kürzt. Es handelt sich um den ursprünglichen Erfüllungsanspruch (vgl nur BGH BauR 1995, 946; BEIGEL BauR 1997, 782).

Freilich sind nachhaltige Modifikationen des Vergütungsanspruchs nicht zu verkennen.

aa) Die Fälligkeit wird vorverlegt auf den Zeitpunkt der Kündigung. Sie ist nicht abhängig von einer Abnahme. Ggf ist die Fälligkeitsvoraussetzung einer prüfungsfähigen Schlußrechnung zu wahren (BGH BauR 2000, 1191), die im Falle des § 8 HOAI die erbrachten und die nicht erbrachten Leistungen umfassen muß (BGH NJW-RR 1994, 1238).

bb) Der Anspruch des Unternehmers ist in seinem Umfang reduziert. Wenn § 649 S 2 bestimmte Positionen für anrechenbar erklärt, ergibt sich daraus, daß diese den Anspruch automatisch mindern; der Anspruch besteht von vornherein nur in der sich ergebenden Höhe; es hat nicht etwa eine Aufrechnung stattzufinden (vgl BGH NJW 1999, 1253, 1254; MünchKomm/SOERGEL Rn 12).

22 **cc)** Dem Anspruch steht eine werthaltige Leistung des Unternehmers nicht gegenüber.

(1) Wenn für den Werklohnanspruch *gewährte Sicherheiten* auch grundsätzlich für ihn verwertet werden können, so kann es sich im Einzelfall doch ergeben, daß der Sicherungszweck auf die Absicherung echter Leistungen des Unternehmers beschränkt ist.

(2) Nachhaltig wirkt sich das Fehlen einer werthaltigen Leistung des Unternehmers im Steuerrecht aus, wenn diese bei der Umsatzsteuer der Besteuerungsgegenstand ist, § 1 Abs 1 Nr 1 UStG, nicht das Entgelt, das nur Bemessungsgrundlage ist, § 10 Abs 1 UStG. Insofern unterliegt der Teil der Vergütung des Unternehmers, der auf die nicht mehr ausgeführte Leistung entfällt, **nicht der Umsatzsteuer** (vgl BFHE 100, 259; BGHZ 101, 130 = ZIP 1987, 1192 m krit Anm WEISS). Möglicherweise folgt anderes aus der EG-Richtlinie 77, 388 (vgl BGH NJW 1999, 3261).

dd) Es wurde o Rn 6 bereits bemerkt, daß es die Aufgabe des § 649 S 2 ist, den Unternehmer gegenüber der Kündigung des Bestellers schadlos zu stellen, durch die er keine Vorteile, aber auch keine Nachteile erleiden soll. Von daher hat die Bestimmung durchaus den Charakter eines Schadensersatzanspruchs; der Gesetzgeber hat nur gemeint, die Schadloshaltung des Unternehmers mit der Gewährung des Erfüllungsanspruchs erreichen zu können. Der Gesetzeszweck gebietet es aber, dem Unternehmer dort einen zusätzlichen Vergütungsanspruch zu gewähren, wo die Kündigung des Bestellers zusätzliche Kosten verursacht (vgl u Rn 34).

b) Berechnung des Anspruchs

aa) § 649 S 2 geht aus von dem vollen Werklohnnspruch des Unternehmers abzüglich des auf den schon erbrachten Teil der Leistung entfallenden Vergütungsanspruchs sowie – s eben – von der Mehrwertsteuer, die bei Erbringung der restlichen Leistung angefallen wäre. Das ist beim Einheitspreisvertrag grundsätzlich der sich aus dem Leistungsverzeichnis, im Falle des § 632 der sich aus § 632 Abs 2 ergebende (BGH NZBau 2000, 73), wie er notfalls zu schätzen ist, beim Pauschalpreis dieser. Darlegungs- und beweispflichtig ist der Unternehmer.

Hiervon sind bestimmte Abzüge zu machen, zu ihnen sogleich.

bb) Wenn Vorteile des Unternehmers vermieden werden sollen, kann § 649 S 2 bei Geschäften, die mit Verlust kalkuliert waren, nicht zu einem Anspruch des Unternehmers führen (vgl VAN GELDER NJW 1975, 189).

cc) Der Anspruch ist grundsätzlich konkret zu berechnen (BGH NJW 1996, 1283).

Das ist bei einem Einheitspreisvertrag grundsätzlich möglich (vgl BGH): Es ist nach den Positionen des Leistungsverzeichnisses abzurechnen, bei denen jeweils die ersparten Aufwendungen abzusetzen sind. Bei der konkreten Abrechnung können günstige und ungünstige Positionen nicht miteinander verrechnet werden.

Probleme bietet der Pauschalpreisvertrag, bei dem diese Rechenweise nicht ohne weiteres möglich ist. Er ist deshalb nach der Rechtsprechung aufzulösen, so daß dann die jeweils ersparten Aufwendungen angesetzt werden können (vgl BGH NJW 1996, 3270; 1997, 733; NJW-RR 1996, 2360). Fehlt es an einer Kalkulation (vor Vertragsschluß), ist sie ggf nachzuliefern (BGH NJW 1997, 733). Auch das Fehlen eines Leistungsverzeichnisses soll das nicht hindern (BGH NJW-RR 1998, 234).

c) Darlegungs- und Beweislast
Es kann keinen Zweifeln unterliegen, daß die negative Fassung des Gesetzes dem Besteller die Beweislast für Anzurechnendes auferlegt (BGH NZBau 2001, 202). Dem Unternehmer wird die vereinbarte Vergütung zugesprochen; ausnahmsweise vermindert sie sich.

aa) Bei dieser Beweislast muß es jedenfalls dann verbleiben, wenn der Besteller höhere Ersparnisse behauptet, als der Unternehmer sie einräumt. Insoweit muß ihn auch die Darlegungslast treffen. Das ist zwar mißlich, wenn es um Interna des Unternehmers geht, in die er keinen Einblick hat. Indessen ist es doch nur die Folge seiner Lossagung vom Vertrag. Außerdem ist er ohne Zweifel ohne Erleichterungen darlegungspflichtig hinsichtlich der Frage, ob der Unternehmer es vorwerfbar unterlassen hat, seine brachliegenden Kapazitäten anderweitig zu verwenden. Insoweit wendet er Mitverschulden ein, bei der Parallelbestimmung des § 254 gibt es aber grundsätzlich keine Erleichterungen hinsichtlich Beweis- und Darlegungslast.

bb) Die Rechtsprechung erlegt es dem Unternehmer auf, **seine Kalkulation aufzudecken** und seine Ersparnisse darzutun, dies nach der tatsächlichen Kostenentwicklung (BGH NJW 1999, 3261), erlegt ihm also eine intensive – sog **sekundäre – Darlegungslast** auf. Das Argument, nur er sei dazu in der Lage (vgl BGHZ 131, 362 = NJW 1996, 1282; NJW 1997, 733), trifft sicher zu, nur kann die Last der Darlegung nicht allein aus der Befähigung zu sachgerechtem Vortrag folgen. Folgende Bedenken sprechen gegen den Ansatz des BGH:

(1) Er ist inkonsequent: Die Kalkulation aufzudecken und Ersparnisse darzutun, gar eine Kalkulation nachzuliefern, ist mit *Kosten* verbunden. Diese müssen jedenfalls den Besteller treffen. Die Rechtsprechung ist also nur bei Ergänzung durch eine Kostenregelung tragbar.

(2) Die Rechtsprechung ist methodisch inkonsequent. Bei der Parallelproblematik des § 615 S 2 geht man zutreffend von einer Darlegungslast des Arbeitgebers aus und hilft ihm mit einem Auskunftsanspruch (vgl nur STAUDINGER/RICHARDI [1999] § 615 Rn 159); bei § 649 S 2 macht das prozessuale Mittel der Darlegungslast den materiellen Auskunftsanspruch entbehrlich. Dort zieht man der Auskunftspflicht aber die zutreffende *Grenze der Zumutbarkeit*: In bezug auf die Gewinn- und Verlustrechnung des Dienstverpflichteten, der sich selbständig gemacht hat, besteht sie nicht (vgl BAG AP Nr 6 zu § 74c HGB; zustimmend ua STAUDINGER/RICHARDI aaO; MünchKomm/SCHAUB § 615 Rn 73). Eben diese Auskunft erlegt die werkvertragliche Rechtsprechung aber dem Unternehmer auf.

Daraus folgt: Korrekt wäre der Ansatz bei einem Auskunftsanspruch des Bestellers gegen den Unternehmer; dann könnte man die Darlegungs- und Beweislast zu § 649 S 2 auch bei ihm belassen. Aber hinsichtlich von Kalkulation und Gewinn ist ein solcher *Auskunftsanspruch* eben nicht konstruierbar, weil es nur der allgemeine Auskunftsanspruch aus § 242 sein könnte und dessen Voraussetzung der Zumutbarkeit nicht erfüllt ist. Kalkulation, Disposition und erwarteter Gewinn des Unternehmers sind dessen Interna, die den Besteller grundsätzlich nichts angehen, schon ja nicht, wenn er sich auf einen Pauschalpreis eingelassen hat. Aber auch beim Einheitspreisvertrag kann der Unternehmer nicht eigentlich gehalten sein, dem Besteller zu offenbaren, was er wo verdient hätte.

Die Situation ist paradox: Die Details der Kalkulation gehen den Besteller nichts an, solange er den Vertrag ungekündigt läßt. Wenn er kündigt, dann liegt von seiner Seite aus eine ernsthafte und endgültige Erfüllungsverweigerung vor, macht er als Gläubiger die Erbringung der Leistung unmöglich. Das kann seine Position nicht verbessern.

Erst recht wäre die Konsequenz unangemessen, die Klage des Unternehmers als unschlüssig abzuweisen, der Ersparnisse leugnet (aA QUACK, in: FS vCraushaar [1997] 309, 311) oder nur pauschal zu ihnen vorträgt.

26 **cc)** Auszugehen ist vielmehr von der **grundsätzlichen Darlegungs- und Beweislast des Bestellers**. Dieser hat zunächst das Preisgefüge des Vertrages darzulegen, was ihm beim Einheitspreisvertrag keine Probleme bereiten kann. Mit sachverständiger Hilfe muß es ihm aber auch möglich sein, einen Pauschalpreis aufzulösen. Meint der Unternehmer, hierbei werde er benachteiligt, so mag er substantiiert erwidern.

Sodann kann der Besteller mit branchenüblichen Sätzen zu den einzelnen Positionen Ersparnisse darlegen. Solche Sätze dürften nicht so unbrauchbar sein, wie BGH NJW 1996, 1751 dies annimmt. Wiederum mag der Unternehmer substantiiert bestreiten, wenn er meint, sie träfen auf seinen Betrieb nicht zu. Das ist ggf sachverständig zu klären, wobei es im Einzelfall geboten sein kann, daß der Unternehmer seine konkrete Kalkulation nur dem Sachverständigen aufdeckt, wenn zB ein Konkurrenzverhältnis zwischen den Parteien (Haupt- und Subunternehmer) besondere Geheimhaltung gebietet. Bei der Würdigung der Beweisergebnisse ist ggf von den Möglichkeiten des § 287 ZPO großzügig Gebrauch zu machen.

Daß die Anforderungen an die Darlegung des Unternehmers nicht überspannt werden dürfen, erkennt auch die Rechtsprechung an (vgl BGH NJW 1999, 1253; 1999, 2036). Insbesondere ist eine konkrete Ermittlung zwar gesetzeskonform, aber doch kein Selbstzweck. Wie andernorts auch muß es erlaubt sein, sich mit einer abstrakten Ermittlung zu begnügen.

d) **Fälligkeit**
Notwendig ist ggf eine prüfbare Schlußrechnung, die insbesondere den an die Darlegungslast des Unternehmers zu stellenden Anforderungen genügt. Fehlt es daran, ist die Werklohnklage als zur Zeit unbegründet abzuweisen (BGHZ 127, 254; BGH NJW 1999, 1867; BauR 2000, 1191).

e) **Anrechnungsposition ersparte Aufwendungen**
27 **aa)** Anzurechnen sind die Aufwendungen, die der Unternehmer erspart, weil er diesen Auftrag nicht ausführt. Seine allgemeinen Geschäftsunkosten, die auch ohne die Kündigung weiterlaufen, gehören also nicht hierher.

Die typische ersparte Aufwendung ist die Beschaffung von Material, die jetzt unterbleiben kann; es ist mit dem Einkaufspreis anzusetzen (vgl SOERGEL/TEICHMANN Rn 18). Ist Material bereits beschafft, kommt es darauf an, ob der Unternehmer es in absehbarer, zumutbarer Zeit anderweitig nutzen kann (BGH NJW 1996, 1282, 1283). Der Besteller muß es hinnehmen, daß der Unternehmer dabei zu preislichen Zugeständnissen gezwungen sein kann (vgl OLG Hamm NJW-RR 1992, 889) und daß die anderweitige Verwertung wiederum mit Kosten verbunden sein kann. Ggf mag er die Überlassung an sich selbst verlangen.

Auch ersparte Lohn- und Personalkosten sind anzurechnen. Hierher gehören nicht Provisionen an Handelsvertreter (vgl BGH NJW 1984, 1455), wenn deren Provision bei Kündigung schon verdient ist. Aber der Unternehmer mag besonders eingestellten freien Mitarbeitern kündigen können, einem Subunternehmer seinerseits nach § 649 (vgl BGH NJW 1999, 1867). Die Kündigung von Stammkräften kann von ihm grundsätzlich nicht erwartet werden (BGH NJW 2000, 653).

Ist offen, ob und inwieweit sich Einsparungen realisieren lassen, kann auf Feststellung der Einstandspflicht des Bestellers geklagt werden (BGH NJW 1999, 1867).

Aufwendungen, die gesondert neben dem Werklohn in Rechnung zu stellen gewesen wären, können nicht von diesem abgezogen werden. Das ist von Bedeutung zB beim Architekten im Hinblick auf § 7 HOAI.

Erspart sein kann auch ein Risikoaufschlag, wenn sich das Risiko nicht verwirklicht hat (BGH NJW-RR 1998, 451).

bb) Pauschalierungen der ersparten Aufwendungen in AGB des Unternehmers sind grundsätzlich sinnvoll und zweckmäßig; sie binden den Unternehmer „nach oben" (vgl BGH NJW 2000, 3498). Sonst stoßen sie freilich auf mehrere Probleme.

(1) Gegenüber dem nichtkaufmännischen Besteller ist zunächst § 309 Nr 5 zu wahren.

(2) Es darf der verbleibende Werklohn auch nicht unangemessen hoch angesetzt werden, was aus einer entsprechenden Anwendung der §§ 308 Nr 7b, 309 Nr 5a folgt. Unangemessen etwa, wenn der Unternehmer die Möglichkeit der Ersparnis von Aufwendungen überhaupt leugnet und sich den vollen Werklohn für den Fall der Kündigung vorbehält: Das widerspräche jeder Lebenserfahrung (vgl BGH NJW 1985, 633). Im einzelnen kommt es freilich auf die Gegebenheiten der jeweiligen Branche an, welchen Gewinn der Unternehmer jedenfalls erwarten kann, so daß er ihn sich dann ausbedingen darf. Von Bedeutung ist auch der Zeitpunkt der Kündigung (vgl BGH NJW 1983, 1491); ggf ist die zu zahlende Pauschale zu staffeln.

(3) Bei **Architektenverträgen** war es seit jeher üblich, in AGB die ersparten Aufwendungen mit 40% anzusetzen. In der Sache ist diese Pauschalierung dringend geboten, wenn man andernfalls den Architekten für gehalten ansieht, konkret zu seinen ersparten Aufwendungen vorzutragen (wie dies BGH NJW 1996, 1751 tut). Die Pauschalierung ist auch in der Sache unbedenklich (vgl BGH NJW 1997, 259, 260; 1999, 418, 420). Sie kann auf die Berücksichtigung des Zeitpunktes der Kündigung verzichten, wenn denn die Relation von Aufwand und Gewinn immer ungefähr gleich bleibt.

Auch der Satz widerspricht nicht den Erfahrungen (BGH). Was die Pauschalierung in BGH NJW 1997, 259 gleichwohl unwirksam machte, war der sich ergebende Eindruck, ein Gegenbeweis sei nicht zulässig, § 11 Nr 5 b AGBG (§ 309 Nr 5 b). Außerdem vermißte der BGH in beiden Entscheidungen die Klarstellung, daß anderweitiger Erwerb die zu zahlende Pauschale mindere, was er gemäß § 9 AGBG (= § 307) – und damit auch gegenüber Kaufleuten – für geboten hielt. Werden die Klauseln also entsprechend „nachgebessert", kann es entgegen Annahmen in der Literatur also durchaus bei der bisherigen Pauschalierung bleiben.

Ist die Pauschalierungsklausel des Architekten unwirksam, ist er jedenfalls gehindert, mehr zu verlangen (BGH NJW-RR 1998, 594).

29 cc)   Pauschalierungen in AGB des Bestellers können gegen § 307 verstoßen, wenn sie den Unternehmer unangemessen benachteiligen (BGHZ 92, 244, 250). Ob das der Fall ist, ist in spiegelbildlicher Anwendung der §§ 308 Nr 7, 309 Nr 5 zu ermitteln (vgl STAUDINGER/COESTER-WALTJEN [1998] § 10 Nr 7 Rn 17). Es muß also jedenfalls die Vergütung für das schon Geleistete voll gesichert bleiben. Der Ersatz von Aufwendungen darf nicht auf das beschränkt werden, was dem Besteller zugutegekommen ist, und auch der kalkulierte Gewinn des Unternehmers darf nicht geschmälert werden. Daß der Unternehmer gegenüber der Kündigung schadlos bleibt, ist ein unabdingbarer wesentlicher Grundgedanke (§ 307 Abs 2 Nr 1) des Gesetzes.

f)   Anrechnungsposition anderweitiger Erwerb

30 Anderweitiger Erwerb kann sich ergeben aus der Verwertung der Arbeitskraft, von der das Gesetz wenig sachgerecht spricht. Wenn der Werkleistende einen Betrieb unterhält, wie dies die Regel sein wird, ist auf seine betrieblichen Kapazitäten abzustellen.

Anderweitiger Erwerb kann sich außerdem ergeben aus der anderweitigen Verwertung der nicht mehr abgenommenen Werkleistung, zu der der Unternehmer verpflichtet ist (vgl OLG Hamm NJW-RR 1992, 889).

Anderweitiger Erwerb zählt nur netto, es sind also die dortigen Kosten abzusetzen einschließlich jener für Akquisitionsmaßnahmen. Außerdem muß es der Besteller hinnehmen, daß der Unternehmer uU zu Preisnachlässen genötigt ist, will er überhaupt zu anderweitigem Erwerb kommen.

Die Problematik der Anrechnungsposition liegt darin begründet, daß **der Erwerb durch die Kündigung verursacht worden sein muß**, dh ohne sie ausgeblieben wäre. Dazu reicht es bei anderweitiger Tätigkeit nicht, daß sie zu derselben Zeit und mit denselben Kräften ausgeübt wird. Denn zum einen sind Unternehmer durchweg in der Lage, mehrere Aufträge gleichzeitig zu erledigen, zum anderen ist ein anderweitiger Auftrag vielleicht nur zeitlich in seiner Erledigung vorgezogen worden. Der Besteller kann den ihm obliegenden Nachweis der Kausalität letztlich nur erbringen, wenn er den Ersatzauftrag vermittelt hat. Möglich ist es natürlich, daß es der Unternehmer einräumt, daß es sich um Füllaufträge handelt (vgl die Konstellation in BGHZ 131, 362, 366).

In AGB des Unternehmers kann die Anrechnung nicht ausgeschlossen werden, § 307

Abs 2 Nr 1. Nach der Rechtsprechung des Bundesgerichtshofs muß in AGB in Klauseln, die § 649 S 2 insgesamt pauschalieren, ein Vorbehalt für den anderweitigen Erwerb gemacht werden (vgl BGH NJW 1997, 259; 1999, 418, 420). Das ist recht streng, wenn man bedenkt, daß er die Ausnahme ist und daß der Unternehmer, wenn er anfällt, schwerlich die Anrechnung verweigern wird. Auch für die 3. Alternative des böswillig unterlassenen anderweitigen Erwerbs verlangt man nicht den Vorbehalt in Pauschalierungsklauseln.

g) Anrechnungsposition unterlassener anderweitiger Erwerb

aa) Den Unternehmer trifft eine Schadensminderungspflicht; das Gesetz greift den Gedanken des § 254 Abs 2 auf. Dabei ist das Gesetz hier weniger streng als dort. Während im Rahmen des § 254 Abs 2 grundsätzlich jedes Verschulden relevant ist, soll hier nur „Böswilligkeit" schaden. Freilich ist dieser Begriff identisch mit dem des § 615 S 2, und die dortige Rechtsprechung (BAGE 14, 31) läßt sich übertragen, daß es genügt, wenn der Anspruchsberechtigte in Kenntnis der objektiven Umstände untätig bleibt. Diese objektiven Umstände werden insbesondere gebildet durch die Arbeitsmöglichkeit, ihre Zumutbarkeit und die Nachteile für die Gegenseite, wenn die Arbeitsmöglichkeit nicht wahrgenommen wird. Eine eigentliche Schädigungsabsicht braucht nicht gegeben zu sein. **31**

bb) Denkbar sind mehrere Spielarten: Der Unternehmer nimmt einen anderweitigen Auftrag überhaupt nicht an. Der Unternehmer nimmt zwar einen anderweitigen Auftrag an, dies aber zu vermeidbar ungünstigen Konditionen. Schließlich kann man hierher auch rechnen böswillig nicht ersparte Aufwendungen. Freilich ist der Unternehmer bei bestehendem Auftrag nicht deshalb gehalten, vorsichtig zu disponieren, weil der Besteller noch kündigen könnte. Und nach der Kündigung braucht er sich bei teuren realen Aufwendungen nicht entgegenhalten zu lassen, daß er sich billiger hätte eindecken können. Zur Kündigung von Personal ist der Unternehmer nicht verpflichtet (aA KAPELLMANN/SCHIFFERS II Rn 1361), es sei denn, es handele sich um ad hoc eingestelltes Personal ohne Kündigungsschutz (vgl BGH NJW 2000, 653).

cc) Die Darlegungs- und Beweislast trifft uneingeschränkt den Besteller. Nur die Unzumutbarkeit eines ihm angetragenen Ersatzauftrags hat der Unternehmer substantiiert zu belegen.

h) Verhältnis zu anderweitigen Regelungen

Die Bestimmung des § 649 S 2 ist in Anlehnung an § 324 Abs 1 S 2 aF (= § 326 Abs 2 nF) konzipiert; auf die dort entwickelten Grundsätze kann ergänzend zurückgegriffen werden. Dagegen lassen sich nur vorsichtige Schlüsse aus der Parallele zu § 615 S 2 ziehen, da die möglichen Ersparnisse sowie die anderweitigen Erwerbsmöglichkeiten des Dienstverpflichteten weiterhin anders strukturiert sind als die des Werkunternehmers. Grundsätzlich keine Analogien sind zu dem schadensersatzrechtlichen Begriff der Vorteilsausgleichung möglich, mögen dieser auch ähnliche Gedanken zugrunde liegen (vgl ERMAN/SEILER Rn 6). So sind zB ersparte Aufwendungen des Bestellers von vornherein unbeachtlich. **32**

h) Teilbare Werklohnforderungen

Ist der danach verbleibende restliche Werklohnanspruch des Unternehmers in sich gegliedert, etwa durch *Teilklage, Teilzession* oder *teilweise Absicherung*, so stellt sich **33** die Frage, wie der sich aus § 649 S 2 ergebende Anrechnungsbetrag zu verteilen ist. RGZ 74, 197, BGB-RGRK/GLANZMANN Rn 12 wollen bei der Teilklage die Kürzung am letzten Teil der Forderung, also an dem nicht eingeklagten Teil vornehmen. Das ist im Ergebnis zutreffend. Das *Problem* ist hier *kein anderes als bei der Minderung*. Sicher ist, daß keiner der beiden Seiten ein Wahlrecht hinsichtlich der Verrechnung eingeräumt werden kann. Dann aber dürften sich die angemessensten Ergebnisse durch eine *entsprechende Anwendung des § 366 Abs 2* erzielen lassen.

Diese Bestimmung wird ohnehin auch bei nur einer, aber in sich gegliederten Forderung angewendet, und zwischen der dort angesprochenen Leistung des Schuldners und der von § 649 S 2 HS 2 angeordneten Teiltilgung der Forderung kraft des Gesetzes besteht kein so nachhaltiger Unterschied, daß er die ratio legis des § 366 Abs 2 berühren würde.

3. Zusätzliche Aufwendungen

34 Wenn es das Ziel des § 649 S 2 ist, den Unternehmer schadlos zu halten gegenüber der Kündigung des Bestellers (Mot II 503), diese zu neutralisieren, sind nicht nur ersparte Aufwendungen von seinem Anspruch abzusetzen, sondern auch zusätzliche Aufwendungen, die die Kündigung verursacht hat, hinzuzusetzen. Denkbar sind Abtransport und Lagerung von Materialien, Erschwernisse beim Aufmaß der halbfertigen Leistung, Erschwernisse der Anpassung der Kalkulation, Akquisitionskosten für Ersatzaufträge, die nicht zum Erfolg geführt haben.

V. Kündigung des Bestellers aus wichtigem Grunde

35 Der Besteller kann den Werkvertrag grundsätzlich auch *aus wichtigem Grunde* kündigen. Zur dogmatischen Grundlage vgl o Rn 2. – Zu einer Kündigung des Bestellers wegen einer sonstigen Störung der Geschäftsgrundlage vgl § 650 Rn 17 ff, 29. Zur Kündigung des Unternehmers aus wichtigem Grunde § 643 Rn 20 ff.

1. Voraussetzungen

36 Notwendig für eine Kündigung des Werkvertrages durch den Besteller aus wichtigem Grunde ist eine **schuldhafte schwere Gefährdung des Vertragszwecks durch den Unternehmer** oder seine Erfüllungsgehilfen (BGHZ 31, 224, 229; 45, 372, 375; BGH NJW 1969, 419, 421; BGB-RGRK/GLANZMANN Rn 17). Der Unternehmer muß sich schuldhaft so verhalten haben, daß der Besteller hinsichtlich der weiteren Zusammenarbeit kein Vertrauen mehr zu ihm haben kann (BGHZ 45, 372, 375; BGH NJW-RR 1996, 1108). Dieses vertrauenszerstörende Verhalten kann sich *in der verschiedensten Weise* äußern: Zahlung von Schmiergeldern an Mitarbeiter des Bestellers (BGH RsprBauZ 2.301, 18), eigene Vereinnahmung von dem Besteller zustehenden Rabatten durch den Architekten (OLG Düsseldorf BauR 1996, 574), Beleidigungen, Tätlichkeiten, hartnäckiges Nichtbeachten von Wünschen des Bestellers, die nach Treu und Glauben zu berücksichtigen sind, der heimliche Einbau einer Programmsperre bei der Erstellung von Software (OLG Düsseldorf NJW-RR 1993, 59), außer wenn die Nutzung dadurch nicht behindert werden kann (OLG Köln NJW 1996, 733). Dabei ist aber ein durchaus strenger Maßstab an die Pflichtwidrigkeit des Unternehmers anzulegen. Fahrlässiges Handeln ist eher entschuldbar als vorsätzliches. Hat der Besteller selbst zur Zerrüttung des

Verhältnisses beigetragen, kann dies das Kündigungsrecht ausschließen (vgl OLG Düsseldorf NJW-RR 1996, 730; OLG Saarbrücken MDR 1998, 899). Geringere Verfehlungen des Unternehmers können durch Abmahnung des Bestellers (BGH NJW-RR 1996, 1108) oder gar Fristsetzung mehr Gewicht erhalten. Bei letzterer ist freilich zu beachten, daß während der laufenden Frist das Kündigungsrecht des Bestellers gehemmt ist (BGH NJW-RR 1999, 560; OLG Düsseldorf NJW-RR 1997, 625), sofern sich nicht Zusätzliches ergibt, zB das eindeutige Unvermögen zur Korrektur innerhalb der gesetzten angemessenen Frist.

Ein Kündigungsrecht des Bestellers kann es nicht auslösen, wenn der Unternehmer nur von seinen Rechten und Pflichten Gebrauch macht: Verpflichtet ist der Unternehmer, auf Bedenken gegen die vorgesehene Art der Bauausführung aufmerksam zu machen, mögen diese im Ergebnis auch unbegründet sein. Berechtigt ist er zu einem Sicherheitsverlangen nach § 648a (vgl LG Hamburg BauR 1996, 895), zur Arbeitseinstellung wegen Zahlungsverzuges des Bestellers (OLG Düsseldorf NJW-RR 1996, 1170). Zweifelhaft ist die Befugnis zur Arbeitseinstellung, wenn Mehrleistungen anstehen, aber die Vergütungsfrage noch nicht geklärt ist (vgl einerseits OLG Düsseldorf BauR 1994, 521, andererseits OLG Dresden NJW-RR 1998, 672). Hier wird es auf die Umstände des Einzelfalls ankommen. Wieder gilt, daß der Anlaß ein hinreichendes Gewicht haben muß. Dieser fehlt zB auch, wenn der Architekt den vereinbarten Nachweis der Versicherung nur auf schlichten Hinweis des Bauherrn nicht erbringt (vgl BGH NJW-RR 1994, 14).

Das Vertrauen des Bestellers kann namentlich dadurch erschüttert werden, daß der Unternehmer *verzögerlich* (BGH NJW 2000, 2988: sicher zu erwartende und zu vertretende Fristüberschreitung) *oder mangelhaft* arbeitet. Auch das kann die Kündigung rechtfertigen. Dabei sind die Wertungen der §§ 323 Abs 2, 3, 4, 636 zu beachten, ferner die des § 314 Abs 1 S 2. 37

Entscheidend ist nicht der subjektive Vertrauensverlust des Bestellers, es kommt vielmehr darauf an, ob ihm eine Fortsetzung des Vertragsverhältnisses *bei verständiger Würdigung* nicht mehr zugemutet werden kann.

Die Kündigung ist entsprechend § 314 Abs 3 fristgebunden.

Dazu, daß *Kenntnis* des Bestellers vom Kündigungsgrund *nicht notwendig* ist, dieser vielmehr nachgeschoben werden kann, o Rn 12.

Die Beweislast für das Vorliegen eines wichtigen Grundes trägt der Besteller (BGH NJW-RR 1990, 1109).

2. Erklärung der Kündigung

Zur Erklärung der Kündigung aus wichtigem Grunde o Rn 11. 38

3. Rechtsfolgen

In den Rechtsfolgen gleicht die Kündigung aus wichtigem Grunde der auf § 649 S 1 gestützten *insoweit*, als über *schon erbrachte* und dem Besteller verbleibende *Teil-* 39 *leistungen* nach den Maßstäben des Vertrages abzurechnen ist (vgl BGH NJW 1993, 1972; 1995, 1837; das o Rn 16 Gesagte gilt entsprechend). Das gilt jedenfalls dann, soweit das Werk brauchbar ist und dem Besteller verbleibt (BGB-RGRK/GLANZMANN Rn 19), Mängelfreiheit hat der Unternehmer zu beweisen (BGH NJW 1993, 1972). Zum Einwand des Bestellers, das bisherige Teilwerk sei überhaupt oder wegen der Kündigung wertgemindert (u Rn 41 f).

a) **Vergütungsansprüche des Unternehmers**

40 Der Anspruch auf Vergütung für den noch ausstehenden Teil der *Leistung nach § 649 S 2 entfällt* (BGHZ 31, 224, 229; 45, 372, 375; BGH NJW 1975, 825; BGB-RGRK/GLANZMANN Rn 19; PALANDT/SPRAU Rn 4; ERMAN/SEILER Rn 11). Die Rechtsprechung begründet dies damit, daß der Unternehmer aus seiner eigenen Vertragswidrigkeit Nutzen nicht ziehen dürfe (BGHZ 31, 224, 229). Das ist als Begründung nicht korrekt (krit auch ERMAN/SEILER); das Ergebnis *folgt* vielmehr *aus dem Wesen der Kündigung aus wichtigem Grunde*.

b) **Schadensersatzansprüche**

41 Da die Kündigung auf einem zu vertretenden Fehlverhalten des Unternehmers beruht, kommt es weiterhin zu *Schadensersatzansprüchen* des Bestellers. Sie sind nicht einheitlich zu beurteilen.

aa) Die schuldhafte schwere Gefährdung des Vertragszwecks durch den Unternehmer stellt einen Fall der §§ 280 Abs 1, 241 Abs 2 dar (BGH WM 1983, 1043 = ZIP 1983, 1082; BGB-RGRK/GLANZMANN Rn 19 f).

In der Folge kann der Besteller insbesondere die *Mehrkosten* liquidieren, die ihm durch die Einschaltung eines anderen Unternehmers *zur Fertigstellung des Werkes* entstehen (BGH). Von der Rechnung des Nachunternehmers sind zunächst Zusatzkosten für etwaige zusätzliche Leistungen herauszurechnen, sodann ist der anteilige Werklohnanspruch des gekündigten Unternehmers abzusetzen, da der Besteller durch die Kündigung keine Vorteile erlangen darf. Einzustehen hat der gekündigte Unternehmer auch für *etwaige Verzögerungen*. Dieser Anspruch unterliegt nicht § 634a, sondern den §§ 195, 199.

Der Besteller *braucht das Werk nicht vollenden zu lassen*. Dann kann er als Schaden den bisher aufgewendeten Werklohn unter dem Gesichtspunkt der frustrierten Aufwendungen liquidieren (BGH NJW 1975, 825). Darauf muß er sich freilich schadensmindernd *einen ihm verbleibenden Restwert* der schon erbrachten Teilleistung anrechnen lassen, es sei denn, diese wäre für ihn infolge Kündigung wertlos, was namentlich bei Architektenplanungen der Fall sein kann. Für anzurechnende Vorteile des Bestellers ist der Unternehmer darlegungs- und beweispflichtig.

Der Besteller kann auch *das bisherige Teilwerk zurückweisen*, gegebenenfalls dessen Beseitigung und Wiederherstellung des früheren Zustands verlangen, womit seine Verpflichtung zur Zahlung von Werklohn ganz entfällt (vgl OLG Naumburg NJW-RR 1996, 1302). Ein solches Vorgehen kann sich allerdings als unzulässige Rechtsausübung darstellen, wenn und soweit die Nutzung der erbrachten Teilleistung möglich und dem Besteller zumutbar ist.

bb) Soweit *Mängel der Leistung* des Unternehmers Anlaß zur Kündigung des Be- 42 stellers aus wichtigem Grund gegeben haben, folgt die Einstandspflicht des Unternehmers aus §§ 280, 634 Nr 4 (BGH WM 1983, 1043 = ZIP 1983, 1082). Dabei braucht der Besteller dem Unternehmer *keine Gelegenheit mehr zur Nachbesserung* zu geben; einschränkend offenbar BGH. Denn wenn das Verhalten des Unternehmers eine Kündigung aus wichtigem Grunde zu rechtfertigen vermochte, wird seine Nachbesserung unzumutbar sein, § 636. Von Bedeutung ist die Wahl dieser Anspruchsgrundlage also primär für die damit verbundene Anwendung des § 634a (BGH). Freilich zählen hierher nur die Kosten der Mängelbeseitigung, nicht die der kündigungsbedingten anderweitigen Fertigstellung.

Zum Verjährungsbeginn § 634a Rn 32 ff.

VI. Sonstige vorzeitige Vertragsbeendigungen

1. Kündigung des Bestellers

Wenn der Unternehmer *fortgesetzt gleichartige Werkleistungen* für den Besteller 43 erbringen soll wie zB Lohnveredelungen, Reinigungsarbeiten und andere Wartungsleistungen, Steuererklärungen, ergeben sich unterschiedliche Kündigungsmöglichkeiten für den Besteller.

a) § 649 ist anzuwenden, wenn der Vertrag auf eine bestimmte oder doch hinreichend bestimmbare Gesamtmenge gerichtet ist (BGB-RGRK/GLANZMANN Rn 24; vgl auch o Rn 4).

b) War der Vertrag *auf unbestimmte Mengen*, insbesondere auch *auf unbestimmte Zeit* abgeschlossen, kann § 649 nicht angewendet werden (STAUDINGER/RIEDEL[11] Rn 12; BGB-RGRK/GLANZMANN Rn 25; ERMAN/SEILER Rn 9). Hier besteht für beide Seiten die Möglichkeit der ordentlichen Kündigung, die einen besonderen Grund nicht voraussetzt, dafür aber an die Einhaltung einer angemessenen Frist gebunden ist, deren Länge nach den Regeln jenes Vertragstyps zu beurteilen ist, dem der Vertrag am meisten ähnelt; meist wird dies der Dienstvertrag sein (vgl OLG Hamburg MDR 1972, 866: § 621 bei Vertrag über Gebäudereinigung). Fehlt es an einem vergleichbaren Vertragstyp, ist die *Dauer der Kündigungsfrist nach Treu und Glauben* zu bestimmen (BGH LM § 242 Bc Nr 8).

c) Wenn dem Vertrag eine bestimmte *Mindestlaufzeit* beigelegt ist oder die Möglichkeit einer stillschweigenden Verlängerung oder eine längere Kündigungsfrist, ist dies an *§ 309 Nr 9* zu messen, der werkvertragliche Leistungen ausdrücklich nennt. Die sich etwa ergebende Regelungslücke ist mit einer ergänzenden Vertragsauslegung zu füllen, die wiederum den jeweiligen Interessen Rechnung zu tragen hat (ULMER/BRANDNER/HENSEN § 11 Nr 12 Rn 17). Unter Kaufleuten brauchen die Schranken dieser Bestimmung nicht gewahrt zu werden (ULMER/BRANDNER/HENSEN Rn 18).

d) Unberührt bleibt das Recht zur Kündigung aus wichtigem Grunde. Liefert der Unternehmer in zu vertretender Weise einen Anlaß dazu, kann der Besteller aus den §§ 280 Abs 1, 241 Abs 2 Schadensersatz verlangen, und zwar bis zu jenem Zeitpunkt, zu dem der Unternehmer ordentlich hätte kündigen können.

2. Kündigung des Unternehmers

44 Zur Kündigung des Vertragsverhältnisses durch den Unternehmer vgl die Erl zu § 643.

3. Einverständliche Vertragsaufhebung

45 Eine einverständliche Vertragsaufhebung durch die Parteien ist jederzeit möglich.

a) Eine Vertragsaufhebung kann ausdrücklich erfolgen, aber auch *stillschweigend*. Es ist dazu der Wille der Parteien nach seinem objektiven Erklärungswert auszulegen. Eine stillschweigende Vertragsaufhebung ist *nicht schon dann* anzunehmen, *wenn beide Parteien die Erbringung ihrer Leistungen einstellen*, insbesondere dann nicht, wenn sie sich dafür als Begründung auf ein – aus ihrer Sicht – pflichtwidriges Verhalten der Gegenseite berufen. Allerdings kann es sich in Fällen dieser Art ergeben, daß die Parteien sich späterhin darüber einig werden, daß der Vertrag beendet sein soll. Das kann namentlich dann anzunehmen sein, wenn die Störungen des Vertragsverhältnisses geklärt sind, aber die Arbeiten des Unternehmers gleichwohl im Einverständnis mit dem Besteller nicht wieder aufgenommen werden (BGH NJW 1973, 1463).

46 b) Hinsichtlich der *Rechtsfolgen der einverständlichen Vertragsaufhebung* ist zunächst davon auszugehen, daß diese mit Wirkung *ex nunc*, nicht ex tunc erfolgen soll, es sei denn, es wären eindeutige gegenteilige Vereinbarungen festzustellen. Das bedeutet dann zunächst, daß über die schon erbrachten Leistungen nach den Maßstäben des Vertrages abzurechnen ist (dazu o Rn 16).

Im übrigen kommt es darauf an, *welchen Hintergrund die einverständliche Vertragsaufhebung hatte*. Es ist nicht davon auszugehen, daß der Besteller, der zur Kündigung aus wichtigem Grunde berechtigt war, auf die damit verbundenen Rechte verzichten wollte; das darf auch der Unternehmer redlicherweise nicht annehmen (BGH NJW 1973, 1463; INGENSTAU/KORBION/VYGEN Vor §§ 8, 9 Rn 17). Gleiches gilt für den Unternehmer, der aus wichtigem Grunde hätte kündigen können, vgl zu seinen Rechten § 643 Rn 20 ff.

Bestand für *keine der beiden Seiten Anlaß zur Kündigung aus wichtigem Grunde*, dann ist nach § 649 S 2 abzurechnen (BGH aaO; INGENSTAU/KORBION/VYGEN aaO; BEHRE BauR 1976, 36), da von einem Willen des Unternehmers, auf seinen künftigen Gewinn zu verzichten, nicht ausgegangen werden kann.

4. Rücktritt

47 Beiden Parteien steht die Möglichkeit offen, unter den Voraussetzungen des § 323 vom Vertrag zurückzutreten. Dabei müssen idR die Voraussetzungen des § 323 Abs 4 erfüllt sein.

VII. Entsprechende Anwendung des § 649

48 § 649 *beruht* trotz seiner systematischen Stellung im Werkvertragsrecht *nicht auf* *einer spezifisch werkvertraglichen Interessenlage* (o Rn 5 ff). Es liegt der Bestimmung vielmehr der *verallgemeinerungsfähige Gedanke* zugrunde, daß der Destinatär einer Sachleistung auf deren Entgegennahme soll verzichten können, wenn er bereit ist, die legitimen Interessen der Gegenseite zu wahren, sowie die Wertung, daß die legitimen Interessen des Unternehmers auf den Empfang des Werklohns beschränkt sind. Nur rein faktisch ist es beim zukunftgerichteten Werkvertrag besonders häufig, daß sich der Destinatär einer Sachleistung zum Verzicht auf diese entschließt.

Unter diesen Umständen kann die Bestimmung *verallgemeinert* werden. Sie muß überall dort anwendbar sein, *wo der Sachleistende kein über das Interesse an der Vergütung hinausgehendes Interesse* an der Erbringung seiner eigenen Leistung hat. Das ist namentlich für den *Kauf* anzunehmen. Es muß dem Käufer nicht nur in dem Sonderfall des Erwerbs einer noch herzustellenden nicht vertretbaren Sache, § 651 S 3, möglich sein, die Entgegennahme des Kaufgegenstandes unter Zahlung des Kaufpreises abzüglich ersparter Aufwendungen des Verkäufers abzulehnen. Es ist ihm nicht zuzumuten, auf ein Vorgehen des Verkäufers nach § 281 zu warten, das er nicht erzwingen kann, oder Klage und Vollstreckung wegen der gesamten Kaufpreisforderung hinzunehmen.

Bei *Dienstverträgen* verbietet sich die Analogie jedenfalls insoweit, wie ein legitimes Beschäftigungsinteresse des Dienstverpflichteten anzuerkennen ist. Im übrigen sind gerade hier vorrangige Spezialregelungen zu beachten wie etwa § 627.

VIII. Besonderheiten beim Bauvertrag, insbesondere nach der VOB/B

1. Allgemeines

a) Beim Bauvertrag bereitet regelmäßig eine Rückabwicklung bereits erbrachter Leistungen kaum überwindliche Schwierigkeiten; sie kann außerdem mit der Zerschlagung erheblicher wirtschaftlicher Werte verbunden sein. Es sind deshalb nach Möglichkeit die sich für den Besteller aus den allgemeinen Regelungen der §§ 280 ff, 323 ff ergebenden Rechte *auf die Zukunft zu beschränken* (BGB-RGRK/Glanzmann Rn 30). Das bedeutet, daß sich der Besteller ohne weiteres auf eine Vertragsbeendigung für die Zukunft beschränken kann; über die bisherigen Leistungen ist dann vertragsgemäß abzurechnen. Das bedeutet aber ferner, daß der Besteller, der eine *Rückabwicklung* des Vertrages begehrt, hierfür *ein schutzwürdiges Interesse* dartun und beweisen muß, wie es sich zB aus der Mangelhaftigkeit oder sonstigen Unbrauchbarkeit der bisherigen Leistungsteile ergeben kann.

b) Die VOB/B regelt die Möglichkeit des Bestellers, sich vorzeitig vom Vertrag zu lösen, in § 8. Sie kennt, gleich dem BGB, das Recht des Bestellers zur freien Kündigung, § 8 Nr 1. Das Recht des Bestellers zur Kündigung aus wichtigem Grund präzisiert sie nach Voraussetzungen und Rechtsfolgen, § 8 Nr 2 nennt eine Kündigung wegen Vermögensverfalls des Unternehmers, § 8 Nr 3 eine Kündigung wegen mangelhafter oder zögerlicher Arbeiten, § 8 Nr 4 eine Kündigung wegen wettbewerbsbeschränkender Arbeiten. § 8 Nr 5 stellt ein Schriftformerfordernis für Kündigungen auf. § 8 Nr 6 spricht Aufmaß und Abnahme der schon ausgeführten Leistungen an, § 8 Nr 7 die Auswirkungen einer Kündigung auf schon verwirkte Vertragsstrafen.

2. § 8 VOB/B

50 Die Bestimmung des § 8 VOB/B lautet:

> 1. (1) Der Auftraggeber kann bis zur Vollendung der Leistung jederzeit den Vertrag kündigen.
>
> (2) Dem Auftragnehmer steht die vereinbarte Vergütung zu. Er muß sich jedoch anrechnen lassen, was er infolge der Aufhebung des Vertrages an Kosten erspart oder durch anderweitige Verwendung seiner Arbeitskraft und seines Betriebes erwirbt oder zu erwerben böswillig unterläßt (§ 649 BGB).
>
> 2. (1) Der Auftraggeber kann den Vertrag kündigen, wenn der Auftragnehmer seine Zahlungen einstellt oder das Insolvenzverfahren beziehungsweise ein vergleichbares gesetzliches Verfahren beantragt oder ein solches Verfahren eröffnet wird oder dessen Eröffnung mangels Masse abgelehnt wird.
>
> (2) Die ausgeführten Leistungen sind nach § 6 Nr. 5 abzurechnen. Der Auftraggeber kann Schadensersatz wegen Nichterfüllung des Restes verlangen.
>
> 3. (1) Der Auftraggeber kann den Vertrag kündigen, wenn in den Fällen des § 4 Nrn. 7 und 8 Abs. 1 und des § 5 Nr. 4 die gesetzte Frist fruchtlos abgelaufen ist (Entziehung des Auftrags). Die Entziehung des Auftrags kann auf einen in sich abgeschlossenen Teil der vertraglichen Leistung beschränkt werden.
>
> (2) Nach der Entziehung des Auftrags ist der Auftraggeber berechtigt, den noch nicht vollendeten Teil der Leistung zu Lasten des Auftragnehmers durch einen Dritten ausführen zu lassen, doch bleiben seine Ansprüche auf Ersatz des etwa entstehenden weiteren Schadens bestehen. Er ist auch berechtigt, auf die weitere Ausführung zu verzichten und Schadensersatz wegen Nichterfüllung zu verlangen, wenn die Ausführung aus den Gründen, die zur Entziehung des Auftrags geführt haben, für ihn kein Interesse mehr hat.
>
> (3) Für die Weiterführung der Arbeiten kann der Auftraggeber Geräte, Gerüste, auf der Baustelle vorhandene andere Einrichtungen und angelieferte Stoffe und Bauteile gegen angemessene Vergütung in Anspruch nehmen.
>
> (4) Der Auftraggeber hat dem Auftragnehmer eine Aufstellung über die entstandenen Mehrkosten und über seine anderen Ansprüche spätestens binnen 12 Werktagen nach Abrechnung mit dem Dritten zuzusenden.
>
> 4. Der Auftraggeber kann den Auftrag entziehen, wenn der Auftragnehmer aus Anlaß der Vergabe eine Abrede getroffen hat, die eine unzulässige Wettbewerbsbeschränkung darstellt. Die Kündigung ist innerhalb von 12 Werktagen nach Bekanntwerden des Kündigungsgrundes auszusprechen. Die Nr. 3 gilt entsprechend.
>
> 5. Die Kündigung ist schriftlich zu erklären.
>
> 6. Der Auftragnehmer kann Aufmaß und Abnahme der von ihm ausgeführten Leistungen alsbald nach der Kündigung verlangen; er hat unverzüglich eine prüfbare Rechnung über die ausgeführten Leistungen vorzulegen.

7. Eine wegen Verzugs verwirkte, nach Zeit bemessene Vertragsstrafe kann nur für die Zeit bis zum Tag der Kündigung des Vertrages gefordert werden.

3. Allgemeines zu § 8 VOB/B

a) Der *Kündigungsgrund* des Bestellers ist für die eintretenden Rechtsfolgen von 51 ausschlaggebendem Interesse; er *braucht aber nicht angegeben zu werden* (NICKLISCH/ WEICK vor §§ 8, 9 Rn 29; aA INGENSTAU/KORBION/VYGEN § 8 Rn 2). Es können auch hier die Gründe für eine Kündigung aus wichtigem Grund einer einfachen Kündigung nachgeschoben werden, bzw es kann eine Kündigung aus wichtigem Grunde, die sich als nicht hinreichend gerechtfertigt erweist, als eine einfache Kündigung verstanden werden (INGENSTAU/KORBION/VYGEN § 8 Rn 3, 4; dazu o Rn 10). Die Beweislast für die behaupteten Kündigungsgründe trifft den Besteller.

b) Die Kündigung ist nach § 8 Nr 5 in jedem Fall *schriftlich* zu erklären; das ist nach § 309 Nr 13 unbedenklich.

Wegen der einschneidenden Folgen der Kündigung ist die Schriftform nach § 125 S 2 als *Wirksamkeitsvoraussetzung* zu werten (OLG Celle BauR 1973, 49 = MDR 1973, 136; OLG Frankfurt BauR 1991, 612; JAGENBURG VersR 1969, 1077; INGENSTAU/KORBION/VYGEN § 8 Rn 139). Allerdings bleibt es denkbar, daß die Parteien das Schriftformerfordernis einverständlich aufgehoben haben oder daß eine – formlos mögliche – einverständliche Vertragsaufhebung vorliegt.

4. Freie Kündigung des Bestellers, § 8 Nr 1 VOB/B

§ 8 Nr 1 knüpft *schon im Wortlaut* eng an § 649 an. *Sachliche Abweichungen sind nicht* 52 *zu erkennen* (INGENSTAU/KORBION/VYGEN § 8 Nr 12). Es kann auf die Erläuterungen o Rn 5 ff verwiesen werden.

5. Kündigung des Bestellers wegen Vermögensverfalls des Unternehmers, § 8 Nr 2 VOB/B

a) Voraussetzungen
aa) Die in § 8 Nr 2 VOB/B genannten Tatbestände des Vermögensverfalls des 53 Unternehmers müssen im Zeitpunkt der Kündigung gegeben sein; es reicht nicht aus, wenn sie später eintreten (vgl OLG Oldenburg BauR 1987, 567); dann ist die ausgesprochene Kündigung vielmehr nach § 8 Nr 1 zu beurteilen.

bb) Der Vermögensverfall muß beim Unternehmer eingetreten sein. Hat eine *Arbeitsgemeinschaft* mehrerer Unternehmer kontrahiert, eröffnet der Vermögensverfall eines von ihnen dem Besteller nicht ohne weiteres die Möglichkeit der Kündigung. Es kommt vielmehr darauf an, ob ihm die weitere Durchführung des Objekts zuzumuten ist, dh darauf, ob die verbleibenden Mitglieder der Arbeitsgemeinschaft noch hinreichend leistungsfähig, zuverlässig und fachkundig erscheinen, um die Lücke zu schließen und das Objekt zu beenden (vgl – m Unterschieden im einzelnen – NICKLISCH/ WEICK § 8 Rn 12; HEIERMANN/RIEDL/RUSAM § 8 Rn 10 c; DAUB/PIEL/SOERGEL/STEFANI § 8 Rn 8, 13 f; INGENSTAU/KORBION/VYGEN § 8 Rn 55).

cc) Der Begriff der *Zahlungseinstellung* entspricht dem des § 102 Abs 2 KO, dem er entlehnt ist (INGENSTAU/KORBION/VYGEN § 8 Rn 60), bzw jetzt der **Zahlungsunfähigkeit** des § 17 InsO.

54 **dd)** Beim Insolvenzverfahren kommt es auf den Antrag nach § 13 InsO an, bzw die Abweisung des Antrags nach § 26 InsO.

Dieses Kündigungsrecht des Bestellers ist jedenfalls dann unbedenklich, *wenn der Insolvenzverwalter* nach § 103 InsO *nicht die Erfüllung des Vertrages wählt* (HENCKEL JZ 1986, 297). Entscheidet sich der Insolvenzverwalter dagegen *für die Erfüllung* des Vertrages, gerät es mit diesem Wahlrecht in ein Spannungsverhältnis. BGHZ 96, 34 = NJW 1986, 255 = JZ 1986, 295; HEIDLAND BauR 1981, 21; INGENSTAU/KORBION/VYGEN § 8 Rn 58 halten § 8 Nr 2 gleichwohl auch in diesem seinem Teil für wirksam: *Der Insolvenzverwalter müsse den Vertrag so hinnehmen, wie er ihn vorfinde*, also mit ausgesprochener Kündigung des Bestellers oder jedenfalls mit dessen Kündigungsrecht. Überdies könne die Erfüllung dem Besteller unzumutbar werden, weil die Leistungsfähigkeit des Insolvenzverwalters zweifelhaft sei; insbesondere eine angemessene Gewährleistung sei von ihm kaum zu erwarten. Demgegenüber halten ROSENDORFER BauR 1975, 233, 236; JAEGER/HENCKEL, KO (9. Aufl) § 17 Rn 214; HENCKEL JZ 1986, 297; KILGER EWiR 1986, 87; LG Aachen BauR 1979, 150 das Kündigungsrecht des Bestellers vor allem wegen Verstoßes gegen § 103 InsO (§ 17 KO) und den Grundsatz der Gleichbehandlung der Gläubiger für *unwirksam*. Der Besteller könne nur kündigen, wenn ihm *im konkreten Fall* die vom Insolvenzverwalter gewählte Durchführung des Vertrages *unzumutbar* sei. – Vorzugswürdig dürfte der Standpunkt des Bundesgerichtshofs sein, schon deshalb, weil die Gegenmeinung Kündigungsmöglichkeiten des Bestellers nicht gänzlich ausschließen kann und will, sich dann aber beträchtliche Unsicherheiten über die Wirksamkeit einer vom Besteller ausgesprochenen Kündigung ergeben können, die für alle Beteiligten schwer erträglich sind.

55 **ee)** *Außerhalb des Geltungsbereichs der VOB/B* ist ein § 8 Nr 2 VOB/B entsprechendes Kündigungsrecht des Bestellers nicht anzuerkennen. Doch kann in den Fällen des § 8 Nr 2 VOB/B eine ernsthafte und endgültige Erfüllungsverweigerung des Unternehmers gegeben sein, die den Besteller zur Kündigung berechtigt; im übrigen kann er nach §§ 281, 323 vorgehen. Zum Vermögensverfall des Bestellers § 9 Nr 1 a VOB/B; dazu § 643 Rn 24 f.

b) Rechtsfolgen

56 **aa)** Die *bereits ausgeführten Leistungen* des Unternehmers sind im Falle der Kündigung des Bestellers nach den vertraglichen Preisen abzurechnen; dazu o Rn 16. Dies gilt auch für bloß vorbereitete Leistungen des Unternehmers, wie die insoweit eingeschränkte Verweisung auf § 6 Nr 5 VOB/B ergibt (HEIERMANN/RIEDL/RUSAM § 8 Rn 16; INGENSTAU/KORBION/VYGEN § 8 Rn 69; **aA** NICKLISCH/WEICK § 8 Rn 16). Auch die schon ausgeführten Leistungen braucht der Besteller in entsprechender Anwendung von § 8 Nr 3 Abs 2 S 2 nicht zu vergüten, wenn er wegen der Kündigung an ihnen kein Interesse mehr hat (INGENSTAU/KORBION/VYGEN aaO).

Gewährleistungsrechte bleiben dem Besteller hinsichtlich des ausgeführten Leistungsteils erhalten (o Rn 18). Wegen des Beginns der Verjährung und ihres Ablaufs im übrigen § 13 Nr 4 f VOB/B (dazu Anh I Rn 11 ff zu § 638).

bb) Darüber hinaus erwächst dem Besteller nach § 8 Nr 2 S 2 VOB/B *wegen des nicht ausgeführten Restes der Leistung* ein Anspruch auf Schadensersatz wegen Nichterfüllung, der dogmatisch dem aus den §§ 280, 281 entspricht (INGENSTAU/KORBION § 8 Rn 67). In ihn können insbesondere die vom Besteller darzulegenden Kosten der anderweitigen Fertigstellung der Leistung eingestellt werden (BGH ZIP 1980, 637). Besonderen gegenständlichen Beschränkungen unterliegt der Schadensersatzanspruch des Bestellers nicht; insbesondere erfaßt er auch entgangenen Gewinn (BGHZ 65, 372 = NJW 1976, 517).

cc) Zum Verhältnis des Vergütungsanspruchs des Unternehmers zum Schadensersatzanspruch des Bestellers § 634 Rn 128.

6. Kündigung des Bestellers wegen mangelhafter, zögerlicher Arbeiten des Unternehmers oder aus sonstigen Gründen in der Person des Unternehmers, § 8 Nr 3 VOB/B

a) Voraussetzungen

aa) Nach § 4 Nr 7 VOB/B kann der Besteller dem Unternehmer eine Frist *zur Beseitigung von Mängeln* setzen, die schon während der Ausführung der Leistung auftreten. Der fruchtlose Ablauf der Frist berechtigt ihn dann zur Kündigung (zu den Voraussetzungen im einzelnen § 633 Rn 88 ff). § 4 Nr 8 Abs 1 sieht entsprechendes beim unerlaubten Einsatz von Subunternehmern vor.

bb) Nach § 5 Nr 4 VOB/B kann der Besteller dem Unternehmer, der *zögerlich arbeitet*, eine Frist zur Vertragserfüllung setzen. Ihr fruchtloser Ablauf berechtigt ihn dann ebenfalls zur Kündigung (zu den Voraussetzungen im einzelnen § 633 Rn 135).

cc) In Fällen dieser Art kann *ausnahmsweise* eine *Fristsetzung* durch den Besteller *entbehrlich sein* (vgl §§ 281 Abs 2, 323 Abs 2).

dd) Die in § 8 Nr 3 VOB/B genannten Fälle der §§ 4 Nrn 7, 8 Abs 1, 5 Nr 4 VOB/B zeichnen sich dadurch aus, daß dem Besteller die Fortsetzung des Vertragsverhältnisses unzumutbar ist. Eine solche *Unzumutbarkeit* kann sich auch aus anderweitigen Verhaltensweisen des Unternehmers ergeben, etwa der grundlosen Einstellung der Arbeiten oder *sonstigen schweren Vertrauensbrüchen*. Dann ist dem Besteller eine Kündigung in entsprechender Anwendung des § 8 Nr 3 VOB/B möglich (INGENSTAU/ KORBION/VYGEN § 8 Nr 92).

ee) Notwendig ist stets eine *Kündigungserklärung* des Bestellers, die nach § 8 Nr 5 VOB/B der Schriftform bedarf. Sie ist bei gesetzter Frist erst nach deren Ablauf zulässig und wirksam. Die Kündigung kann nach § 8 Nr 3 Abs 1 S 2 VOB/B auf einen in sich abgeschlossenen Teil der Leistung beschränkt werden (zu diesem in § 12 Nr 2 a VOB/B wiederkehrenden Begriff § 640 Rn 70).

ff) Dem Besteller obliegt die *Darlegungs- und Beweislast* für das objektive Vorliegen der Kündigungsgründe, in den Fällen der §§ 4 Nr 7, 5 Nr 4 VOB/B für die

Mängel bzw Verzögerungen, für die Fristsetzung und deren Angemessenheit, dem Unternehmer hier für seine rechtzeitige Erfüllung, allgemein dafür, daß er den Kündigungsgrund nicht zu vertreten hat (BGHZ 28, 251 = NJW 1959, 34).

b) Rechtsfolgen

58 **aa)** § 8 Nr 3 VOB/B hebt nicht eigens hervor, daß über *die schon erbrachten Leistungen* des Unternehmers nach den vertraglichen Grundsätzen abzurechnen ist (dazu o Rn 14). Nur angelieferte Bauteile gehören nicht dazu (BGH NJW 1995, 1837).

bb) In erster Linie gibt § 8 Nr 3 Abs 2 S 1 VOB/B dem Besteller *das Recht, die Leistung auf Kosten des Unternehmers anderweitig vollenden zu lassen.*

Zur Vollendung gehört auch die Beseitigung von Mängeln der erbrachten Leistung. Bei Vereinbarung der VOB/B kann der Besteller den Ersatz der Kosten einer Fremdnachbesserung nur nach vorheriger Kündigung des Vertrages verlangen (BGH BauR 1986, 573; NJW-RR 1998, 235).

(1) Die Rechtsnatur dieses Anspruchs ist streitig. Überwiegend wird er als verschuldensunabhängiger Erstattungs-, Ersatzerfüllungsanspruch gesehen (KG BauR 1984, 527; NICKLISCH/WEICK § 8 Rn 26; KAISER BlGBW 1976, 121; 122 f; INGENSTAU/KORBION/VYGEN § 8 Rn 105). LOCHER (Das private BauR Rn 125) spricht von einem speziellen Schadensersatzanspruch (ähnlich ANDERSON BauR 1972, 65, 57).

Auszugehen ist von einem *Schadensersatzanspruch*. Es liegen Mängel oder Verzögerungen vor, die der Unternehmer trotz Fristsetzung nicht beseitigt hat. Damit ist *eine von ihm zu vertretende Leistungsstörung* gegeben. Die für den Unternehmer gravierenden Rechtsfolgen wären ohne eine solche gar nicht zu rechtfertigen.

Auch wenn der Anspruch inhaltlich besonders ausgestaltet ist, muß er doch als Schadensersatzanspruch behandelt werden, namentlich durch Anwendung des § 254 Abs 2 (INGENSTAU/KORBION/VYGEN § 8 Rn 109).

Daß der Besteller die *Kosten der ersatzweisen Fertigstellung vorab* verlangen kann (BGH NJW-RR 1989, 849; INGENSTAU/KORBION/VYGEN § 8 Rn 106), ist mit der Annahme eines Schadensersatzanspruchs ohne weiteres vereinbar. Dieser Anspruch ist *nicht von der Absicht der Fertigstellung abhängig* (aA INGENSTAU/KORBION), wie dies auch sonst bei Schadensersatzansprüchen nicht der Fall ist.

59 (2) In der Sache kann der Besteller die Mehrkosten der Fertigstellung der Leistung durch einen Dritten verlangen. Die *Kosten für die Weiterführung* kann er unabhängig von ihrer Höhe begehren; der Hinweis von INGENSTAU/KORBION/VYGEN § 8 Rn 108 auf § 633 Abs 2 S 3 aF (= § 635 Abs 3 nF) ist insoweit mißverständlich, da diese Bestimmung für die erstmalige Erbringung der Leistung nicht gilt (§ 635 Rn 8). Allerdings ist die Bestimmung entsprechend anzuwenden, soweit der Dritte damit beauftragt werden soll, vorhandene Mängel der Leistung des Unternehmers zu beheben. Dies läßt sich im übrigen auch aus einer entsprechenden Anwendung des § 251 Abs 2 herleiten.

Der Besteller ist gehalten, die *Auswahl des Dritten*, der die Leistungen fortführen soll, mit zumutbarer Sorgfalt vorzunehmen (INGENSTAU/KORBION § 8 Rn 94 unter Hinweis auf § 254 Abs 2). Einerseits ist ein *neues Ausschreibungsverfahren grundsätzlich nicht notwendig*. Andererseits sind gewisse Mehrkosten hinzunehmen, da der Leistungsumfang des Dritten geringer ausfällt, er die Leistungen „mittendrin" aufnehmen muß, was eine preiswerte Kalkulation erschwert, und schließlich in aller Regel besonderer Zeitdruck entstanden ist. Jedoch darf der Besteller die Nachfolgearbeiten deshalb nun *nicht ohne nähere Prüfung* der dafür verlangten Vergütung vergeben.

Nach den genannten Maßstäben kann der Besteller die Leistung des Unternehmers auch im eigenen Betrieb fertigstellen lassen.

(3) Bei der Fertigstellung der Leistung darf der Besteller nach § 8 Nr 3 Abs 3 VOB/B *die Baustelleneinrichtung des Unternehmers* sowie angelieferte Stoffe und Bauteile in Anspruch nehmen; das dient der Beschleunigung und Schadensminderung. Nach Treu und Glauben kann er dazu gehalten sein (BGH NJW 1995, 1837). **60**

Das Rechtsverhältnis, das insoweit zustandekommt, ist den Regeln des Werkvertragsrechts zu unterwerfen; es geht um eine *eigenartige werkvertragliche Nebenpflicht* des Unternehmers (HEYERS BauR 1973, 56, 58; aA OLG Köln BauR 1973, 54, 56, das bei Mängeln von Baustoffen kaufrechtliche Gewährleistung anwenden will).

Die Inanspruchnahme durch den Besteller setzt eine entsprechende Willenserklärung voraus, die die Gegenstände genau bezeichnen muß. Im übrigen hat der Besteller eine *angemessene Vergütung* zu entrichten. Diese ist in erster Linie nach den vertraglichen Vereinbarungen zu bemessen; wo diese keine hinreichenden Maßstäbe abgeben, ist § 632 Abs 2 heranzuziehen, sind also die üblichen Preise maßgeblich.

(4) § 8 Nr 3 Abs 4 VOB/B erlegt dem Besteller die Verpflichtung auf, *binnen 12 Werktagen* nach Abrechnung mit dem Drittunternehmer, der die Leistung fertiggestellt hat, eine *prüfbare Abrechnung* zu erteilen, die sich einmal auf die durch die Fertigstellung verursachten Mehrkosten bezieht, zum anderen auf die sonstigen Schäden des Bestellers. Die Frist ist *keine Ausschlußfrist* (BGH BauR 2000, 571, 572). **61**

(5) Der Erstattungsanspruch des Bestellers *verjährt* an sich in der regelmäßigen Verjährungsfrist des § 195 (BGH NJW 1983, 2439). Eine *Ausnahme* gilt, wenn die Kündigung auf § 4 Nr 7 VOB/B und damit auf *Mängel* der Leistung des Unternehmers gestützt war: Hier ist § 13 Nr 4 VOB/B heranzuziehen (BGHZ 54, 352 = NJW 1971, 99).

cc) Der Besteller ist nicht darauf beschränkt, die Mehrkosten einer anderweitigen Fertigstellung der Leistung zu liquidieren; er kann darüber hinaus auch *Ersatz seiner weiteren Schäden verlangen*, § 8 Nr 3 Abs 2 S 1 aE VOB/B. Nach hM (DÄHNE BauR 1973, 268; KAISER NJW 1974, 1310; INGENSTAU/KORBION/VYGEN § 8 Rn 112) stellt dies keine eigene Anspruchsgrundlage dar, sondern setzt anderweitig begründete Schadensersatzansprüche des Bestellers voraus, wie sie sich namentlich aus den §§ 4 Nr 7, 5 Nr 4 VOB/B ergeben können. Daran ist wohl jedenfalls soviel richtig, daß der Besteller die gegenständlichen Beschränkungen seines Schadensersatzanspruchs im Falle des § 5 Nr 4 VOB – Ersatz des entgehenden Gewinns nur bei Vorsatz oder grober Fahrlässigkeit, wie die Verweisung auf § 6 Nr 6 VOB/B ergibt – nicht durch **62** den Ausspruch einer Kündigung überwinden kann (BGHZ 62, 90 = NJW 1974, 646; OLG Frankfurt NJW-RR 1987, 979, 981).

63 dd) Ausnahmsweise kann der Besteller nach § 8 Nr 3 Abs 2 S 2 VOB/B Schadensersatz wegen Nichterfüllung auf der Basis begehren, daß er *auf die Fertigstellung der Leistung verzichtet.*

(1) Das setzt zunächst voraus, daß der Besteller den Auftrag in berechtigter Weise gekündigt hat. Weitere Voraussetzung ist, daß die *Fertigstellung der Leistung für ihn kein Interesse mehr* hat, was er darzulegen und zu beweisen hat. Doch reicht nicht jeder Interessefortfall aus; er muß vielmehr auf jenen Gründen beruhen, die zur Kündigung des Auftrages geführt haben (BGHZ 50, 160, 168 = NJW 1968, 1524; INGENSTAU/KORBION/VYGEN § 8 Rn 114). Das wird nur ausnahmsweise der Fall sein; es ist zB nicht anzunehmen, wenn der Besteller die Leistungen des Unternehmers rückgängig macht, um sie späterhin erneut vorzunehmen.

Ausnahmsweise hält BGH (WM 1969, 399 = Betr 1969, 480) einen *Interessefortfall des Bestellers dann* für *entbehrlich,* wenn eine ernsthafte und endgültige Erfüllungsverweigerung des Unternehmers vorliegt.

Darüber hinaus muß der Besteller dann berechtigt sein, seinen Schaden nach § 8 Nr 3 Abs 2 S 2 VOB/B zu berechnen, *wenn die Abstandnahme von dem Bauvorhaben einen geringeren Schaden ergibt,* als er mit dessen Fertigstellung verbunden gewesen wäre.

(2) Der Schadensersatzanspruch nach § 8 Nr 3 Abs 2 S 2 VOB/B *unterliegt keinen gegenständlichen Beschränkungen* (INGENSTAU/KORBION/VYGEN § 8 Rn 119 f), namentlich kann auch ohne weiteres entgehender Gewinn liquidiert werden. Der Besteller kann entweder die Leistungen des Unternehmers zurückweisen und seinen Schaden auf dieser Basis berechnen oder die bisherigen Leistungen behalten und dann den sog kleinen Schadensersatzanspruch geltend machen (NICKLISCH/WEICK § 8 Rn 44 f). Insgesamt gelten die zu § 635 aF entwickelten Grundsätze mit der *Maßgabe, daß auch Mangelfolgeschäden miteinzubeziehen sind.*

7. Kündigung wegen wettbewerbswidrigen Verhaltens des Unternehmers, § 8 Nr 4 VOB/B

a) Voraussetzungen

64 aa) § 8 Nr 4 VOB/B nimmt auf das GWB Bezug. Danach *unzulässige Wettbewerbsbeschränkungen* geben dem Besteller das Recht zur Kündigung aus wichtigem Grunde; ein solches vorvertragliches Verhalten *indiziert unwiderleglich die Unzuverlässigkeit des Unternehmers.* Es muß sich freilich um Verhaltensweisen *bei der Vergabe dieses Auftrags* gehandelt haben.

bb) Gleichzusetzen sind sonstige wettbewerbsgefährdende Verhaltensweisen des Unternehmers wie die Zahlung von Schmiergeldern, die Behauptung unwahrer Tatsachen über andere Bewerber, die Abwerbung von Arbeitskräften von Mitbewerbern (INGENSTAU/KORBION/VYGEN § 8 Rn 135; **aA** NICKLISCH/WEICK § 8 Rn 53). Das ist von Bedeutung für die Einhaltung der Kündigungsfrist.

cc) Die Kündigung ist *innerhalb von 12 Werktagen* nach Bekanntwerden des Kündigungsgrundes auszusprechen. Die *Nichteinhaltung* dieser Frist macht die Kündigung *wirkungslos*; sie nimmt dem Besteller auch die sonstigen Rechte, die er aus dem Verhalten des Unternehmers herleiten könnte, wie eine Anfechtung nach § 123, Schadensersatzansprüche aus culpa in contrahendo oder § 823 Abs 2. Zur Fristberechnung kann auf die Erl zu § 626 Abs 2 Bezug genommen werden.

b) Rechtsfolgen
aa) Die Kündigung beendet den Werkvertrag insgesamt; doch kann der Besteller **65** ihre Wirkungen entsprechend § 8 Nr 3 Abs 1 S 2 VOB/B auf in sich abgeschlossene Teile der vorgesehenen Leistung beschränken (Nicklisch/Weick § 8 Rn 54; **aA**, aber interessenwidrig, Ingenstau/Korbion/Vygen § 8 Rn 137).

bb) Im übrigen erwächst dem Besteller ein *Schadensersatzanspruch*, für den im einzelnen § 8 Nr 3 Abs 2–4 maßgeblich ist.

8. Aufmaß, Abnahme und Rechnungserteilung, § 8 Nr 6 VOB/B

Im Falle der Kündigung kann der Unternehmer unabhängig von ihrem Rechtsgrund **66** und ihren sonstigen Folgen jedenfalls *Vergütung für die ausgeführten Leistungen* verlangen. Der sicheren Feststellung dieser Forderung dient § 8 Nr 6 VOB/B.

a) Der Unternehmer kann ein *Aufmaß* gemäß § 14 Nr 2 VOB/B (dazu § 641 Rn 31 ff) verlangen. Das gilt *auch bei Vereinbarung eines Pauschalpreises*, da dieser in den Fällen der Kündigung des Vertrages aufgelöst werden muß.

b) Er kann ferner die *Abnahme seiner bisherigen Leistungen* verlangen, auch wenn diese nach allgemeinen Grundsätzen wegen der Unfertigkeit der Leistung noch nicht erfolgen könnte.

aa) Als Abnahme kommt nur eine konkrete durch den Besteller in Betracht; eine fiktive Abnahme durch Benutzung der Leistung nach § 12 Nr 5 Abs 2 VOB/B scheidet aus (BGHZ 80, 252, 255).

bb) Die Abnahme ist hier im üblichen Sinn zu verstehen.

cc) Auch die *Wirkungen der Abnahme sind die üblichen*. Allerdings hängt die Fälligkeit der Werklohnforderung des Unternehmers von ihr nicht wie sonst ab (BGH NJW 1987, 382 = LM § 16 [B] VOB/B Nr 6). Sie bewirkt den Beginn der Verjährung der Gewährleistungsansprüche des Bestellers.

c) Der Unternehmer hat eine *prüfungsfähige Schlußrechnung* über die erbrachten Leistungen zu erstellen. Das – sowie der Ablauf der Prüfungsfrist für den Besteller – ist Voraussetzung für die Fälligkeit seiner Werklohnforderung (BGH NJW 1987, 382). Wenn er die Aufstellung der Rechnung unterläßt, kann der Besteller dies nach Maßgabe des § 14 Nr 4 VOB/B für ihn tun.

9. Vertragsstrafe nach erfolgter Kündigung, § 8 Nr 7 VOB/B

67 **a)** Ein *Vorbehalt der Vertragsstrafe* ist nur notwendig, wenn eine Abnahme der erbrachten Leistungen tatsächlich erfolgt, BGHZ 80, 252.

b) Zu ihrer Berechnung enthält § 8 Nr 7 VOB/B nur eine Klarstellung.

§ 650
Kostenanschlag

(1) Ist dem Vertrag ein Kostenanschlag zugrunde gelegt worden, ohne dass der Unternehmer die Gewähr für die Richtigkeit des Anschlags übernommen hat, und ergibt sich, dass das Werk nicht ohne eine wesentliche Überschreitung des Anschlags ausführbar ist, so steht dem Unternehmer, wenn der Besteller den Vertrag aus diesem Grunde kündigt, nur der im § 645 Abs. 1 bestimmte Anspruch zu.

(2) Ist eine solche Überschreitung des Anschlags zu erwarten, so hat der Unternehmer dem Besteller unverzüglich Anzeige zu machen.

Materialien: E I –; II § 585; III § 640; Prot II 2254 ff; Jakobs/Schubert, Recht der Schuldverhältnisse II 906 ff.

Schrifttum

Kirschneck, Der unverbindliche Kostenanschlag gemäß § 650 BGB (Diss Tübingen 1998)
Köhler, Die Überschreitung des Kostenanschlags, NJW 1983, 1633
Pahlmann, Die Bindungswirkung des unverbindlichen Kostenvoranschlags, DRiZ 1978, 367
Rentner, Der Kostenanschlag, Gruchot Beitr 51, 740

Rohlfing/Thiele, Überschreitung des Kostenvoranschlags durch den Unternehmer, MDR 1998, 632
Schenk, Der Kostenvoranschlag nach § 650 BGB und seine Folgen, NZBau 2001, 470
Werner, Anwendungsbereich und Auswirkungen des § 650 BGB, in: FS Korbion (1986) 473.

Systematische Übersicht

I. **Allgemeines** ... 1	2. Umfang ... 12
	3. Beweislast ... 14
II. **Informationspflichten des Unternehmers**	4. Aufwendige Herstellung des Werkes ... 15
1. Kostenkontrolle ... 2	IV. **Kündigungsrecht des Bestellers wegen Überschreitung eines Kostenanschlags**
2. Information über die Kosten ... 6	
3. Pflicht zum Abwarten ... 10	1. Grundlage ... 17
III. **Schadensersatzpflichten des Unternehmers**	2. Voraussetzungen ... 18
	a) Kostenanschlag ... 19
1. Voraussetzungen ... 11	b) Kostenüberschreitung ... 21

Titel 9 · Werkvertrag und ähnliche Verträge § 650
Untertitel 1 · Werkvertrag 1

3.	Rechtsfolgen	23	V.	Abweichende Vereinbarungen	28
a)	Vertragsanpassung	23			
b)	Kündigungsrecht	24	VI.	Kostenanschlag	29
c)	Beweislast	25			
d)	Vergütung	26	VII.	Rechtslage nach der VOB/B	32
e)	Schadensersatzanspruch	27			

Alphabetische Übersicht

Abweichung	8	Kündigung	12, 17 ff
Anpassung des Vertrages	23		
Architekt	23	Pauschalpreis	2, 29
Aufwendige Herstellung	15		
		Schadensersatzpflicht	11 ff
Beweislast	14, 25, 27		
		Vergütung	26
Geschäftsgrundlage	17 ff	VOB/B	32
		Vorteilsausgleichung	13
Information des Bestellers	6 ff		
		Wartepflicht	10
Kostenanschlag	3, 7, 19, 29		
Kostenkontrolle	2 ff	Zusatzwünsche	5

I. Allgemeines

1. Die *Kosten* der Erstellung eines Werkes sind *oftmals nicht sicher vorab abzu-* **1**
schätzen, so daß sich der Unternehmer nicht auf die Vereinbarung eines Pauschalpreises einlassen wird. Gehen dann die Kostenrisiken zu Lasten des Bestellers, weil die übliche Vergütung geschuldet wird, § 632 Abs 2, oder Abrechnung nach Aufwand verabredet ist, so hat er ein *Interesse an der Unterrichtung über die Kosten*. Einen diesbezüglichen Anspruch normiert § 650 Abs 2, freilich nur für einen Ausschnitt der denkbaren Fälle. *Die Verletzung der Unterrichtungspflicht macht den Unternehmer schadensersatzpflichtig*, sofern er schuldhaft gehandelt hat. Freilich ist die Ausgestaltung dieses Schadensersatzanspruchs problematisch.

2. § 650 Abs 1 geht von dem Fall aus, *daß der Unternehmer die Kostensteigerung* **2**
nicht zu erkennen brauchte. Die Bestimmung gewährt dem Besteller hier unter bestimmten Voraussetzungen *ein besonderes Kündigungsrecht*, das dem Unternehmer einen geringeren Vergütungsanspruch zuweist, als er ihn bei einer Kündigung des Bestellers nach § 649 hätte.

Die *praktische Problematik* dieses Kündigungsrechts liegt zunächst darin, daß der kündigende Besteller den *Torso eines Werkes* hat, mit dem ihm wenig gedient ist. Auch kann es trotz der Kündigung dazu kommen, daß der Besteller mit *bedrängend hohen Werklohnschulden belastet* bleibt, wenn er die geleistete Arbeit vergüten muß, vgl u Rn 13.

II. Informationspflichten des Unternehmers

1. Kostenkontrolle

2 Der Unternehmer ist verpflichtet, *die Kosten der Erstellung des Werkes ständig zu kontrollieren*, sofern sie nur „auf den Besteller durchschlagen". Dies folgt aus § 242 (vgl SOERGEL/TEICHMANN Rn 5).

a) Weil letzteres *bei der Vereinbarung eines Pauschalpreises* (§ 632 Rn 6 ff) nicht der Fall ist, entfällt diese Verpflichtung hier. Sie besteht aber *immer dann, wenn nach Aufwand abzurechnen* ist, mag sich das nun aus den Vereinbarungen der Parteien oder der Üblichkeit, § 632 Abs 2, ergeben.

3 b) Die Kostenkontrollpflicht des Unternehmers besteht – entgegen der mißverständlichen Formulierung des § 650 Abs 2 – *unabhängig davon, ob ein Kostenanschlag vorliegt oder nicht* (**aA** für den Fall des fehlenden Kostenanschlags SOERGEL/TEICHMANN Rn 5). Sie *entfällt nur in Ausnahmefällen*, nämlich zunächst dann, wenn eine *besondere Entwicklung* in den Kosten *ausgeschlossen* werden kann, weiterhin dann, wenn der Besteller *tatsächlich über die Kosten informiert* ist. Insoweit reicht es aber nicht aus, wenn der Besteller von sich aus Kenntnis über die Kosten haben könnte (ERMAN/SEILER Rn 9), weil er zB bei einem Bauvorhaben einen Architekten beschäftigt oder über eigenen Sachverstand verfügt. Schließlich ist der Unternehmer zu einer Kostenkontrolle nicht verpflichtet, wenn der Besteller deutlich gemacht hat, daß er *das Werk unter allen Umständen*, unabhängig von den Kosten, errichtet haben will.

4 c) Die Kostenkontrollpflicht bezieht sich zunächst auf *die schon angefallenen Kosten*. Diese brauchen zwar nicht im einzelnen exakt erfaßt zu werden, müssen aber doch in ihrer Größenordnung, soweit dies zumutbar ist, ermittelt werden. Sie bezieht sich weiterhin auf *die noch künftig zu erwartenden Kosten*, die zu schätzen sind.

Dabei sind unter Kosten *jene Beträge* – einschließlich des Gewinns – zu verstehen, *die der Unternehmer dem Besteller in Rechnung stellen darf* (zu möglichen Folgekosten des Werkes für den Besteller u Rn 9).

5 d) Die Kostenkontrollpflicht besteht *unabhängig davon, welche Faktoren die Kosten ändernd beeinflussen*. Insbesondere besteht sie auch insoweit, wie dies *eigene Zusatzwünsche des Bestellers* sind, der sich über deren finanzielle Auswirkungen oft nicht hinreichend bewußt ist (vgl auch die Regelung in § 2 Nr 6 Abs 1 S 2 VOB/B). Es ist ferner *nicht entscheidend* das absolute Kostenvolumen des Vertrages oder der eintretenden Änderungen. Die Kostenkontrolle soll dem Besteller Reaktionen ermöglichen, wie sie auch bei einem insgesamt geringen Volumen sinnvoll sein können.

e) Vielfach ergeben sich während der Durchführung eines Werkvertrages in Abständen *präzisere Möglichkeiten der Kostenermittlung*. Sie müssen dem Unternehmer jeweils besonderer Anlaß zur Kostenkontrolle sein.

2. Information über die Kosten

Der Unternehmer ist sodann *verpflichtet, den Besteller über die ermittelten Kosten zu* 6 *informieren,* wenn dazu Anlaß besteht.

a) Entsprechender Anlaß kann sich *schon vor Vertragsschluß* ergeben, sofern dem Unternehmer Fehlvorstellungen des Bestellers über die Kosten bekannt sind oder er auf Grund der Umstände mit ihnen rechnen muß (vgl OLG Celle CR 1991, 610). Derartige Umstände bestehen namentlich dann, wenn Fehlvorstellungen über Kosten derartiger Werke verbreitet sind oder gerade dieser Besteller ersichtlich unerfahren ist. Laien können zB über die Höhe eines Architektenhonorars Fehlvorstellungen haben (OLG Hamm BauR 1999, 1979).

Die schuldhafte Verletzung dieser Informationspflicht kann zu einer Haftung aus culpa in contrahendo führen. Der Besteller kann dartun und beweisen, daß er bei gehöriger Aufklärung *den Vertrag nicht abgeschlossen* hätte. Zur Berücksichtigung der erbrachten Werkleistung im Rahmen des Schadensersatzanspruchs u Rn 13.

b) Nachträglich können sich unerwartete Kostenfaktoren ergeben (OLG Köln VersR 2000, 334). Unabhängig von der Entwicklung der Kosten besteht eine Informationspflicht des Unternehmers, wenn sich der Besteller nach den Kosten erkundigt.

c) Bei dem wesentlichen Überschreiten eines Kostenanschlags hat der Unterneh- 7 mer den Besteller von sich aus – „unverzüglich" – zu informieren.

aa) *Nach dem Gesetzeswortlaut* besteht diese Verpflichtung *dann, wenn ein Kostenanschlag vorliegt,* für den der Unternehmer die Gewähr der Richtigkeit nicht übernommen hat.

Ein solcher *Kostenanschlag* kann Teil der vertraglichen Vereinbarung der Parteien sein. Das ist namentlich der Fall beim Einheitspreisvertrag, bei dem die Massen noch nicht endgültig feststehen. Ein Kostenanschlag kann aber auch dann gegeben sein, wenn der Unternehmer im Zuge der Vorverhandlungen eine Berechnung der zu erwartenden Kosten mündlich oder schriftlich vorlegt (Erman/Seiler Rn 5), ohne daß diese Berechnung Teil des Vertrages würde. Schließlich kann ein Kostenanschlag auch nachträglich erstellt werden.

Regelmäßig wird *der Unternehmer* den Kostenanschlag erstellen, *notwendig* ist das aber *nicht;* er kann vielmehr auch von einem Dritten oder dem Besteller selbst stammen (BGB-RGRK/Glanzmann Rn 4). Dann muß ihn der Unternehmer aber als im wesentlichen richtig akzeptiert haben.

Die *Gewähr für die Richtigkeit* übernimmt der Unternehmer bei der Vereinbarung eines Fest- oder Pauschalpreises (dazu § 632 Rn 6 ff). Wenn die Parteien einen „circa Preis" vereinbaren, liegt regelmäßig ein Kostenanschlag iSd § 650 vor (aA Werner, in: FS Korbion 474, der die Obergrenze des circa-Preises als regelmäßig verbindlich ansehen will).

bb) Auch *ohne das Bestehen eines Kostenanschlages* kann aber eine Informations- 8 pflicht des Unternehmers über die Kosten angenommen werden, wenn ihm bekannt ist oder *erkennbar* sein muß, *daß der Besteller Fehlvorstellungen über diese unterliegt*. Solche Fehlvorstellungen können zB durch eine allgemeine Veranschlagung der Kosten durch den Unternehmer nach üblichen Richtwerten veranlaßt sein, wie sie – mangels Konkretheit – den Anforderungen an einen Kostenanschlag nicht genügt (OLG Hamburg OLG Rspr 34, 47), aber etwa auch auf anderweitigen eigenen Erkundigungen des Bestellers beruhen. Dann wird sich der Besteller nur auf einen Schadensersatzanspruch ein Mitverschulden anrechnen lassen müssen.

cc) Die Informationspflicht besteht dann, wenn die voraussichtlichen Kosten von dem Kostenanschlag „wesentlich" abweichen.

(1) § 650 Abs 2 nennt nur den häufigeren und wichtigeren Fall, daß die Kosten höher sind als vorhergesehen. *Nicht anders* ist aber auch *der gegenteilige Fall* zu behandeln, daß es zu unerwarteten Kosteneinsparungen kommt oder solche möglich erscheinen.

(2) Zur Wesentlichkeit der Abweichung u Rn 22. Es muß sich der Unternehmer *in Zweifelsfällen* eher für als gegen die Information des Bestellers entscheiden und darf jedenfalls nicht seine Entschließung an die Stelle der Entschließung des Bestellers setzen. Die *Ursachen der Abweichung* sind *grundsätzlich unerheblich*.

dd) Über die schlichte Kosteninformation hinaus hat der Unternehmer den Besteller über *die bestehenden Möglichkeiten weiteren Vorgehens* zu beraten.

9 d) Über *sonstige Kosten*, die nicht die eigene Werkleistung betreffen, braucht der Unternehmer den Besteller grundsätzlich nicht zu informieren. Er hat dem Besteller auf Anfrage aber jedenfalls Möglichkeiten der Information zu benennen, soweit ein innerer Zusammenhang mit seiner eigenen Werkleistung gegeben ist. Im übrigen hat er den Besteller im Rahmen des Vertragsschlusses aber ggf auf die *direkten Folgekosten* des Werkes (Unterhaltung und Wartung) hinzuweisen. Aufklärung kann der Besteller hier auch dann erwarten, wenn sich alternativ eine zunächst billige Lösung mit baldigem Ersatzbedarf und eine dauerhafte Lösung anbieten.

3. Pflicht zum Abwarten

10 Soweit eine wesentliche Kostenabweichung mitzuteilen ist, hat der Unternehmer *die Entschließung des Bestellers abzuwarten*, sofern mit einem Zuwarten keine besonderen Gefahren verbunden sind, vgl den Gedanken des § 681 S 1.

III. Schadensersatzpflichten des Unternehmers

1. Voraussetzungen

11 Wenn der Unternehmer die skizzierten Informationspflichten schuldhaft verletzt, macht er sich aus den §§ 280 Abs 1, 241 Abs 2 *schadensersatzpflichtig* (OLG Frankfurt NJW-RR 1989, 209; BGB-RGRK/Glanzmann Rn 18; Erman/Seiler Rn 8), im vorvertraglichen Bereich aus § 311 Abs 2 (OLG Köln VersR 1998, 1175).

Dieser Anspruch kann nach § 254 Abs 1 durch ein Mitverschulden des Bestellers gemindert sein (BGH-RGRK/GLANZMANN). Ein solches liegt insbesondere dann vor, wenn der Besteller seine Informationen über die Kostenfrage aus anderer Quelle geschöpft und sie nicht hinreichend durch Nachfragen bei dem Unternehmer überprüft hat.

2. Umfang

Der Besteller ist *so zu stellen, wie er bei rechtzeitiger und gehöriger Information durch den Unternehmer stehen würde* (BGB-RGRK/GLANZMANN; ERMAN/SEILER; OLG Köln NJW-RR 1998, 1429; OLG Celle BauR 2000, 1493). **12**

a) Daß der Besteller dann die Werkleistung zum Preise des Kostenanschlags (so PAHLMANN DRiZ 1978, 367) oder zu diesem Preise zuzüglich eines hinnehmbaren Aufschlags (so WERNER, in: FS Korbion 478 ff) erhalten hätte, ist *nicht anzunehmen*.

b) Hätte der Besteller bei Information vor Vertragsschluß *den Auftrag gar nicht erteilt*, so entfällt der Vergütungsanspruch des Unternehmers überhaupt (BGB-RGRK/GLANZMANN). *Hätte der Besteller* nachträglich nach § 650 Abs 1 *gekündigt*, so ist nach dieser Bestimmung abzurechnen (ERMAN/SEILER). Ergibt sich, daß der Besteller mit einem geringeren Werk vorlieb genommen hätte, so muß er entsprechend gestellt werden.

c) *Anzurechnen* auf den Schadensersatzanspruch des Bestellers ist *jene Vermögensvermehrung*, die bei ihm *durch das verbleibende Werk* bzw verbleibende Werkteile endgültig eingetreten ist (BGB-RGRK/GLANZMANN). Diese Vermögensmehrung ist *nach objektiven Maßstäben* zu berechnen (aA KÖHLER NJW 1983, 1633, 1635, der den subjektiven Nutzen des Werkes für den Besteller in Ansatz bringen will). **13**

Der Besteller kann von dem Unternehmer auch die Beseitigung jener Teile der Werkleistung verlangen, die dieser nach der fiktiven Kündigung durch den Besteller noch erbracht hat (ERMAN/SEILER Rn 8; KÖHLER NJW 1983, 1635). Er braucht diese dann nicht durch Anrechnung auf seinen Schadensersatzanspruch zu vergüten.

Wenn der Besteller die schon erbrachte Werkleistung behält, *läuft* sein Schadensersatzanspruch *wegen der Vorteilsausgleichung praktisch leer* (LG Köln NJW-RR 1990, 1498). Hat der Besteller das Werk durch Kredit finanziert, bleibt ersatzfähig die erhöhte Zinsbelastung.

3. Beweislast

Die Beweislast für die Informationspflicht des Unternehmers liegt beim Besteller; hinsichtlich des Verschuldens hat sich der Unternehmer zu entlasten. **14**

Seinen Schaden hat grundsätzlich der Besteller darzutun und zu beweisen. Zweifelhaft ist, ob er auch nachweisen muß, daß er nach § 650 Abs 1 gekündigt hätte. Während STAUDINGER/RIEDEL[11] Rn 5 von einer regelmäßigen Kündigung ausgeht, nehmen BGB-RGRK/GLANZMANN Rn 16; ERMAN/SEILER Rn 12; KÖHLER NJW 1983, 1635 eine *Beweislast des Bestellers für die Kündigung* an. Dem ist zuzustimmen: Die Kündigung gehört zur Darlegung des Schadens. Es spricht auch keine tatsächliche Vermutung dafür, daß der Besteller gekündigt hätte, da die Fälle zu unterschiedlich liegen und die Kündigung zuweilen nachteilig sein kann. Freilich ist § 287 Abs 1 ZPO auf den Nachweis der Kündigung anzuwenden (BGB-RGRK/GLANZMANN).

Daß und inwieweit *der Wert der verbleibenden Werkleistung den Schadensersatzanspruch* des Bestellers *mindert*, hat der Unternehmer zu beweisen. Das entspricht den allgemeinen Grundsätzen der Vorteilsausgleichung. Insofern hat der Unternehmer auch zu beweisen, daß der Besteller das Werk nicht anderweitig (durch Eigenarbeit oder Dritte) billiger hätte erwerben können (**aA** LG Köln NJW-RR 1990, 1498).

4. Aufwendige Herstellung des Werkes

15 Abzugrenzen von dem skizzierten Schadensersatzanspruch wegen unzureichender Information über die Kosten ist der Fall, daß der Unternehmer das Werk zu aufwendig herstellt (BGB-RGRK/GLANZMANN Rn 19).

a) Der Unternehmer ist verpflichtet, das Werk kostengünstig zu erstellen. Soweit er Arbeitszeit und Materialien in Rechnung stellen darf, ist er zu einem *sparsamen und effektiven Einsatz* gehalten. Außerdem hat er eine Methode der Werkerstellung zu wählen, die neben der Vermeidung von Mängeln und neben einer zügigen Förderung des Werkes maßgeblich auch eine kostengünstige Abwicklung berücksichtigt.

b) Schuldhafte Verstöße gegen diese Verpflichtung gewähren dem Besteller einen *Schadensersatzanspruch aus §§ 280 Abs 1, 241 Abs 2*, der darauf gerichtet ist, daß der Unternehmer seinen Vergütungsanspruch auf das notwendige Maß reduziert (BGB-RGRK/GLANZMANN). Nur Vergütung für die notwendigen Leistungen kann der Unternehmer von vornherein verlangen, wenn ihm mangels näherer Absprache nach § 632 Abs 2 die übliche Vergütung geschuldet wird.

16 c) Bestreitet der Besteller den *Aufwand des Unternehmers*, so hat dieser ihn *zu beweisen*. Bestreitet der Besteller die Notwendigkeit des Aufwandes, so trifft den Unternehmer die Beweislast auch hierfür. Freilich sind *gewisse Anforderungen an die Substantiierung des Bestreitens* des Bestellers zu stellen, die um so höher anzusetzen sind, je größer der eigene Sachverstand des Bestellers ist. Ganz generell wird der Besteller aber jedenfalls darzutun haben, warum der vom Unternehmer behauptete Aufwand unglaubhaft oder unangemessen erscheint. Bei unverhältnismäßigem Aufwand steht dem Unternehmer gegebenenfalls der Nachweis offen, daß dieser nicht verschuldet war, weil zB preisgünstigere Methoden der Werkerstellung einstweilen nicht ersichtlich waren.

IV. Kündigungsrecht des Bestellers wegen Überschreitung eines Kostenanschlags

1. Grundlage

17 Wenn ein unverbindlicher Kostenanschlag wesentlich überschritten wird, hat der Besteller nach § 650 Abs 1 *ein besonderes Kündigungsrecht*. Die Auslegung der Bestimmung muß es beeinflussen, daß dies dogmatisch als ein *Fall der Störung der Geschäftsgrundlage* zu verstehen ist (OLG Frankfurt NJW-RR 1989, 209; ERMAN/SEILER

Rn 2). Demgegenüber hatte Mot II 504 noch einen Fall des ausnahmsweise beachtlichen Motivirrtums angenommen (wie dort SOERGEL/TEICHMANN Rn 3 f). Aber zu einem Motivirrtum passen die Rechtsfolgen der Kündigung bzw Vertragsanpassung nicht.

2. Voraussetzungen

Die Voraussetzungen des Kündigungsrechts des Bestellers sind enger als die der Informationspflicht des Unternehmers über die Kosten. **18**

a) Kostenanschlag
Dem Vertrag muß ein Kostenanschlag zugrunde liegen. **19**

aa) Es *genügen* hier also *nicht einseitige Vorstellungen* des Bestellers über die zu erwartenden Kosten, auch wenn sie dem Unternehmer erkennbar waren oder sogar bekannt wurden. Der Unternehmer muß die Vorstellungen des Bestellers über die Kosten vielmehr *geteilt* haben.

bb) Die gemeinsamen Vorstellungen über die Kosten beruhen regelmäßig auf einem Kostenanschlag, mag diesen nun der Unternehmer, der Besteller, aber auch ein Dritter aufgestellt haben (BGB-RGRK/GLANZMANN Rn 4). Ein Kostenanschlag in diesem Sinne zeichnet sich dadurch aus, daß er *konkret und verläßlich* wirkt. Daran fehlt es zB, wenn der Unternehmer aus dem Stegreif eine ungefähre Summe nennt (OLG Hamburg OLG Rspr 34, 47). Allerdings kann es in Fällen dieser Art zu einer Haftung des Unternehmers aus positiver Forderungsverletzung kommen, wenn er entsprechende Fehlvorstellungen des Bestellers nicht rechtzeitig korrigiert (o Rn 6 f). Grundsätzlich ist für einen Kostenanschlag *zu fordern, daß er seine Berechnungsgrundlagen erkennen läßt.*

cc) Der Kostenanschlag liegt zugrunde, wenn er zwar gemeinsam für richtig gehalten wird, aber *nicht Vertragsinhalt* geworden ist. Unschädlich ist es, daß in Fällen dieser Art regelmäßig die *preisbildenden Elemente Vertragsinhalt* werden, wie zB die Einheitspreise für die noch näher zu ermittelnden Massen. Typischer zugrunde liegender Kostenanschlag ist das von dem Unternehmer auf Grund geschätzter Massen mit Einheitspreisen versehene „Angebot". Wenn dagegen die Endsumme des Kostenanschlags Vertragsinhalt geworden ist, liegt in Wahrheit ein Pauschalpreisvertrag vor, auf den § 650 Abs 1 Anwendung nicht finden kann (ERMAN/SEILER Rn 4). **20**

dd) Wenn ein Kostenanschlag vorliegt, bleibt dem Unternehmer der Nachweis offen, daß er deshalb nicht zugrundegelegen habe, weil dem Besteller seine Unrichtigkeit bekannt gewesen sei. Dagegen reicht der Nachweis nicht aus, daß er, der Unternehmer, selbst die Unrichtigkeit nicht erkannt habe oder daß der Besteller sie habe erkennen müssen. Auf Verschuldensgesichtspunkte kommt es hier nicht an (ERMAN/SEILER Rn 7).

ee) Ausnahmsweise kann auch auf einen Kostenanschlag verzichtet werden, soweit sich die Parteien auf anderer Basis über die zu erwartenden Kosten *konkret einig* geworden sind, zB auf Grund der Erfahrung bei einem früheren Parallelprojekt.

b) Kostenüberschreitung

21 Die tatsächlich anfallenden Kosten müssen die des Anschlags *wesentlich* überschreiten.

aa) Bei den Kosten muß es sich um die des Werkes handeln. Dabei sind die *Ursachen* der Kostensteigerung grundsätzlich *gleichgültig* (BGB-RGRK/GLANZMANN Rn 13). In Betracht kommen insbesondere *Fehleinschätzungen* der Massen, *Verteuerung* von Material und Arbeit, *zusätzlich notwendige Arbeiten*, die den Umfang des Werkes nicht erweitern.

bb) Dagegen reicht es *nicht* aus, wenn die Kostensteigerung auf einer *Erweiterung des Werkes* beruht, wie sie insbesondere auf Zusatzwünsche des Bestellers oder auf behördliche Auflagen zurückzuführen sein kann (BGB-RGRK/GLANZMANN Rn 12; MünchKomm/SOERGEL Rn 7).

Beim *Vertrag mit dem Architekten* können nur Steigerungen seines Honoraranspruchs das Kündigungsrecht des Bestellers auslösen, nicht dagegen die der Baukosten (BGHZ 59, 339 = NJW 1973, 140. Zur Haftung des Architekten für Baukostensteigerungen Anh II Rn 35 ff zu § 638).

cc) Es ist für das Kündigungsrecht des Bestellers *nicht notwendig*, aber auch nicht schädlich, daß die Fehleinschätzung der Kosten durch den Unternehmer *schuldhaft* war. Gegen SOERGEL/TEICHMANN Rn 8 ist es nicht einmal notwendig, daß die Fehleinschätzung durch den Unternehmer veranlaßt ist. Das Kündigungsrecht des Bestellers besteht auch dann, wenn er selbst den Kostenanschlag schuldhaft unrichtig erstellt hat oder hat erstellen lassen. Allerdings kann dann die Berufung auf § 650 Abs 1 im Einzelfall eine unzulässige Rechtsausübung sein.

22 dd) Die Überschreitung des Kostenanschlags muß *wesentlich sein*. Das läßt sich *nicht in starren Prozentsätzen* erfassen, etwa den von Mot II 503; § 195 ZGB/DDR genannten 10%; es kommt vielmehr auf die Umstände des Einzelfalls an (BGB-RGRK/GLANZMANN Rn 11; KÖHLER NJW 1983, 1633). 10% können nicht einmal als generelle Untergrenze angesehen werden (**aA** MünchKomm/SOERGEL Rn 9); wie umgekehrt selbst 25% nicht unter allen Umständen das Kündigungsrecht des Bestellers auszulösen vermögen (BGH VersR 1957, 298; einschränkend dazu BGH NJW-RR 1987, 337). *Es kommt* vielmehr *darauf an, ob die Steigerung so erheblich ist, daß sie einen redlichen Besteller zu einer Änderung seiner Dispositionen,* namentlich zu einer Kündigung *veranlassen kann* (KÖHLER). Bei größeren Werkleistungen wollen BGB-RGRK/ GLANZMANN und KÖHLER höhere Überschreitungen hinnehmen als bei kleineren. Dem ist zu widersprechen, weil gerade hier der Besteller finanziell ausgelastet sein kann. Es ist von Bedeutung, ob und inwieweit von vornherein mit der Möglichkeit von Kostensteigerungen zu rechnen war. Letztlich *muß der Besteller dartun, daß ein Festhalten an dem Vertrag für ihn aus Kostengründen unzumutbar* ist. Dabei dürfen an ihn keine zu strengen Anforderungen gestellt werden.

3. Rechtsfolgen

23 Dem Besteller erwächst ein *Kündigungsrecht*, das ihn günstiger stellt als eine Kündigung nach § 649.

a) Vertragsanpassung

Dieses Kündigungsrecht des Bestellers ist zwar sein wichtigstes Recht, aber doch nur die ultima ratio, schon weil ihm mit dem unvollendeten Werk oft kaum gedient ist. Wenn es hier um den Fall einer relevanten Störung der Geschäftsgrundlage geht (o Rn 17), dann spricht nichts dagegen, auf die dazu entwickelten Grundsätze zurückzugreifen, nach denen eine *Anpassung des Vertrages* an die veränderten Verhältnisse *vorzuziehen* ist:

aa) Wenn eine *Reduzierung des Leistungsumfangs* oder eine *Abänderung der Leistung* zweckmäßig erscheint, hat der Besteller einen Anspruch gegen den Unternehmer darauf, daß dieser einer entsprechenden Abänderung des Vertrages zustimmt.

bb) Umgekehrt kann der Unternehmer *das Kündigungsrecht des Bestellers dadurch abwenden*, daß er eine zweckmäßige und zumutbare Abänderung des Vertrages anbietet, sofern diese den ursprünglichen Kostenrahmen wahrt. Beharrt der Besteller dann gleichwohl auf seiner Kündigung, beurteilt sich diese nach § 649 (auf der Basis einer fiktiven Vertragsabänderung).

b) Kündigungsrecht

Die Kündigung ist – wie stets – eine *einseitige empfangsbedürftige Willenserklärung*, **24** die von Bedingungen freizuhalten ist, sofern ihr Eintritt nicht in das Belieben des Unternehmers gestellt ist wie zB das Einverständnis mit einer Abänderung des Vertrages. *Gründe brauchen bei ihr nicht genannt zu werden* (BGB-RGRK/GLANZMANN Rn 8). Es genügt, wenn eine wesentliche Kostenüberschreitung als Kündigungsgrund objektiv gegeben war, was auch „nachgeschoben" werden kann. Die Kündigung braucht insofern auch nicht auf der Kostenüberschreitung zu beruhen (**aA** BGB-RGRK/GLANZMANN Rn 7), wenngleich dann natürlich die Wesentlichkeit der Kostenüberschreitung in Zweifel gerät.

c) Beweislast

Die Beweislast für die Voraussetzungen der Kündigung trägt der Besteller, insbesondere also für die zunächst zu erwartenden Kosten, deren Überschreitung und die Wesentlichkeit der Überschreitung (BGB-RGRK/GLANZMANN Rn 9; ERMAN/SEILER Rn 12). Mißlingt der Beweis, bleibt die Kündigung wirksam; sie ist dann aber *nach § 649 zu beurteilen*. **25**

d) Vergütung

Für *die geschuldete* Vergütung nimmt § 650 Abs 1 auf § 645 Abs 1 Bezug. **26**

aa) Danach schuldet der Besteller eine *Teilvergütung*. Es ist der bisherige Arbeitsaufwand des Unternehmers zu dem mutmaßlichen Gesamtaufwand in Beziehung zu setzen. Entsprechend verhält sich dann die geschuldete Teilvergütung zu der mutmaßlichen Gesamtvergütung (BGB-RGRK/GLANZMANN Rn 8 zu § 645).

Dieser Rechenweg führt freilich nur dann zu korrekten Ergebnissen, wenn die *Unkosten des Unternehmers* für Zutaten (Baustoffe), Hilfsmittel (Geräte) etc im Ablauf der Arbeiten gleichmäßig anfallen, was aber nicht die Regel ist. Vielmehr pflegen Kosten dieser Art in der Anfangsphase des Werkes verstärkt anzufallen. Sie sind deshalb, soweit entstanden, als Teil der bisherigen Leistung iSd § 645 zu behandeln (BGB-RGRK/GLANZMANN Rn 11 zu § 645).

bb) Was speziell den *Gewinn des Unternehmers* betrifft, so muß ihm dieser erhalten bleiben, *soweit er anteilig der bisher geleisteten Arbeit entspricht*. Es entfällt – anders als bei § 649 – jener Gewinnanspruch, der der nicht mehr geleisteten Arbeit zuzuordnen ist.

cc) *Unerheblich* ist es, inwieweit die bisherige Arbeit des Unternehmers – objektiv oder für den Besteller – zu einer *Wertschöpfung* geführt hat. Insofern wird sich die Kündigung nach § 650 jedenfalls dann meist als wirtschaftlich sinnlos erweisen, wenn Schadensersatzansprüche gegen den Unternehmer nicht gegeben sind. Aber selbst diese wiegen die Nachteile einer Kündigung oft nicht auf.

dd) Von Vorteil für den Besteller ist die Beurteilung seiner Kündigung nach § 650 statt nach § 649 wegen der *Beweislast*. Während der Besteller im Falle des § 649 S 2 beweisen muß, wieviel der Unternehmer an Kosten gegenüber der vollen Werklohnforderung erspart hat, trifft den Unternehmer im Falle des § 650 Abs 1 die Beweislast dafür, wieviel er überhaupt verdient hat. Es ist hier also „von unten", dort „von oben" zu rechnen.

e) Schadensersatzanspruch

27 Die *Kündigung* nach § 650 Abs 1 und der Schadensersatzanspruch wegen schuldhafter Fehlinformation über die Kosten *schließen sich nicht gegenseitig aus*, sondern bestehen nebeneinander: Der Besteller, der wegen Kostenüberschreitung gekündigt hat, kann die damit nicht abgewendeten Schäden mit dem Schadensersatzanspruch liquidieren. Andererseits ist bei der Berechnung des Schadensersatzes eine erfolgte Kündigung zu berücksichtigen. Bei schuldhaft verspäteter Information ist der Schaden des Bestellers gegebenenfalls auf der Basis einer fiktiven Kündigung zu dem Zeitpunkt zu ermitteln, zu dem er hätte kündigen können (o Rn 11 ff).

V. Abweichende Vereinbarungen

28 1. Das Kündigungsrecht des Bestellers wegen Kostenüberschreitung kann *individualvertraglich ausgeschlossen* werden. Bei Beschränkungen in Allgemeinen Geschäftsbedingungen des Unternehmers ist zu beachten, daß es zu den *wesentlichen Grundgedanken* der gesetzlichen Regelung, § 307 Abs 2 Nr 1, gehört.

2. Bei der Beschränkung von Schadensersatzansprüchen des Bestellers wegen schuldhaft unterlassener Informationen über gestiegene Kosten ist namentlich § 309 Nr 7 lit b beachten.

VI. Kostenanschlag

29 1. Eine Übersicht des Unternehmers über die zu erwartenden Kosten des Werkes kann *in dem Sinne verbindlich* sein, daß *nur die sich ergebende Summe geschuldet* wird, aber auch unverbindlich in dem Sinne, daß die im Ergebnis geschuldete Vergütung erst noch nach den Ansätzen des Kostenanschlages zu ermitteln ist.

2. Wird nur die sich ergebende Summe geschuldet, handelt es sich um einen *Pauschalpreisvertrag* (dazu § 632 Rn 6 ff). Dort auch zu der Frage, wie zu verfahren ist, wenn der vorausgesetzte Umfang über- oder unterschritten wird.

3. Wenn *nur die Berechnungsmethoden genannt* sind, handelt es sich um einen *Einheitspreisvertrag* (dazu § 632 Rn 4 ff). Hier sind jedenfalls die Preisansätze verbindlich; sie müssen aber gegebenenfalls bei wesentlichen Abweichungen in den Massen korrigiert werden (dazu § 632 Rn 52 ff).

4. Welcher der beiden Fälle vorliegt, ist eine *Frage der Auslegung* (BGB-RGRK/ GLANZMANN Rn 22; ERMAN/SEILER Rn 6). Ein Pauschalpreisvertrag wird meist durch besondere Zusätze wie „pauschal" oder „fest" gekennzeichnet sein. Indiz für ihn ist es auch häufig, daß die sich aus den Kostenansätzen ergebende Summe (nach unten) abgerundet wird. Für einen Pauschalpreis spricht ferner die fehlende oder nur kursorische Angabe seiner Grundlagen. Indizien gegen ihn sind die genaue Bezeichnung der Rechnungsgrundlagen, bestehende Unklarheiten über den endgültigen Leistungsumfang oder gar den konkreten Gegenstand des Werkes, zB bei Reparaturen mit zunächst unklarer Schadensursache. **30**

5. *Wenn der Besteller* gegenüber der höheren Werklohnforderung des Unternehmers *einen niedrigeren Pauschalpreis* einwendet, hat der Unternehmer dies zu widerlegen (BGB-RGRK/GLANZMANN – Rn 24; hier § 632 Rn 119). Voraussetzung ist dabei freilich, daß der Besteller die Behauptung des Pauschalpreises *substantiiert*. **31**

Besteht Streit darüber, welche Leistungen mit einem Pauschalpreis abgegolten sein sollen, trifft die Beweislast den Besteller.

6. Eine Mischform von Pauschal- und Einheitspreis liegt vor, wenn der Unternehmer nach Aufwand abrechnen soll, aber ein *Höchstbetrag* gesetzt wird. Dies entbindet den Unternehmer nicht von der Verpflichtung, seinen konkreten Aufwand nachzuweisen.

VII. Rechtslage nach der VOB/B

1. Die VOB/B enthält eingehende Bestimmungen über die Preisgestaltung in § 2 (dazu § 632 Rn 50 ff). **32**

2. Die Verpflichtung des Unternehmers, den Besteller *über Änderungen der Kosten zu informieren*, besteht uneingeschränkt auch im Geltungsbereich der VOB/B.

3. Ein § 650 Abs 1 entsprechendes *Kündigungsrecht* des Bestellers wegen Kostensteigerungen enthält die VOB/B *nicht*. *Insoweit kann aber auf § 650 Abs 1 zurückgegriffen* werden (WERNER, in: FS Korbion 473, 475; BGB-RGRK/GLANZMANN Rn 26; Münch-Komm/SOERGEL Rn 16; **aA** DAUB/PIEL/SOERGEL/STEFANI ErlZ B 2.35; einschränkend INGENSTAU/ KORBION/VYGEN Vor §§ 8, 9 Rn 7). LOCHER (Das private BauR Rn 133): nur wenn die Geltung von §§ 1 Nr 3, 4, 2 Nr 3, 5, 6 VOB/B ausgeschlossen sei. Aber das überzeugt nicht, da dort nur geregelt ist, wann es zu Mehrleistungen kommen kann und wie über diese abzurechnen ist. Der Regelungsgegenstand des § 650 Abs 1 ist davon nicht berührt.

§ 651
Anwendung des Kaufrechts

Auf einen Vertrag, der die Lieferung herzustellender oder zu erzeugender beweglicher Sachen zum Gegenstand hat, finden die Vorschriften über den Kauf Anwendung. § 442 Abs. 1 Satz 1 findet bei diesen Verträgen auch Anwendung, wenn der Mangel auf den vom Besteller gelieferten Stoff zurückzuführen ist. Soweit es sich bei den herzustellenden oder zu erzeugenden beweglichen Sachen um nicht vertretbare Sachen handelt, sind auch die §§ 642, 643, 645, 649 und 650 mit der Maßgabe anzuwenden, dass an die Stelle der Abnahme der nach den §§ 446 und 447 maßgebliche Zeitpunkt tritt.

Materialien: Art 1 G zur Modernisierung des Schuldrechts v 26.11. 2001 (BGBl I 3138); BT-Dr 14/6040, 267; 14/7052, 67, 205.

§ 651 aF: E I § 568; II § 586; III § 641; Mot II 474 ff; Prot II 2259 ff; JAKOB/SCHUBERT, Recht der Schuldverhältnisse II 915 ff. Vgl STAUDINGER/BGB-Synopse 1896–2000.

Schrifttum

DNIESTRZANSKI, Wesen des Werklieferungsvertrages im oesterreichischen Recht (1898)
DROSTE, Der Liefervertrag mit Montageverpflichtung (1991)
OCHSS, Begriff und rechtliche Natur der nach § 651 zu beurteilenden Vertragsverhältnisse (Diss Leipzig 1903)
OERTMANN, Zur Lehre vom Lieferungskauf, DJZ 1914, 278
PETRI, Ein Beitrag zum Werklieferungsvertrag über nicht vertretbare Sachen, AcP 109 (1912) 202

SCHWARK, Zum Verhältnis von schuldrechtlichen Vertragstypen und Vertragswirklichkeit, insbesondere beim Werklieferungsvertrag, RTh 1978, 73
THODE, Die wichtigsten Änderungen im BGB-Werkvertragsrecht: Schuldrechtsmodernisierungsgesetz und erste Probleme – Teil 2, NZBau 2002, 360
ZIRKEL, Der Vertrag zwischen Zulieferer und Assembler – eine Vertragsart sui generis?, NJW 1990, 345.

Systematische Übersicht

I.	**Allgemeines**		2.	Bewegliche Sachen ___ 6
1.	Europarechtliche Vorgaben ___	1	a)	Herstellung ___ 7
2.	Unterschiede zum bisherigen Recht	2	b)	Erzeugung ___ 10
			c)	Lieferung ___ 11
II.	**Gliederungsschema für die Anwendung von Kauf- und Werkvertragsrecht**		d)	Abgrenzungen ___ 12
			aa)	Reiner Kauf ___ 12
			bb)	Kauf mit Montageverpflichtung ___ 13
1.	Grundstücke ___	3	cc)	Anbringung von Ersatzteilen ___ 13
a)	Vom Besteller gestelltes Grundstück	3	3.	Geistige Werke ___ 14
b)	Vom Sachleistenden gestelltes Grundstück ___	4	**III.**	**Vertretbare und nicht vertretbare Sachen** ___ 15
aa)	Bisherige Kombination von Kauf- und Werkvertragsrecht ___	4		
bb)	Jetziger Rechtszustand ___	5		

IV.	**Kaufrecht**		**V. Herstellung nicht vertretbarer**	
1.	Arten des Kaufes	16	Sachen	20
2.	Modifikationen des Kaufrechts	16		
a)	Modifikationen im Kaufrecht	18	**VI. Abweichende Vereinbarungen**	21
b)	Anwendung von Werkvertragsrecht	17		
aa)	Mangel des Stoffes	17		
bb)	Sonstige Anwendung des Werkvertragsrechts	19		

Alphabetische Übersicht

Abnahme	19	Lieferung	11
Anweisung	17		
Auftragsproduktion	16	Mitwirkung	19
Bauträger	4 ff	Pfandrecht	19
		Prüfungspflicht	18
Dispositives Recht	21		
		Rechtsmangel	17
Ersatzteile	13		
Erzeugung	10	Sache	
Europarecht	1	– bewegliche	6 ff
		– Mangel der	17
Gewährleistung	2, 5, 19	– neue	7
Grundstück	3 ff	– nicht vertretbare	15, 20
– des Bestellers	3	– vertretbare	15
– des Sachleistenden	4 ff	Software	14
		Substrat, körperliches	14
Handelskauf	16	Subunternehmer	9
Herstellung	7 ff		
– Kontrolle der	16	Übereignung	10, 16
Herstellungspflicht	8		
		Verbraucher	1, 21
Kauf		Verbrauchsgüterkauf	16, 21
– mit Montagepflicht	13	Verbrauchsgüterkaufrichtlinie	1
– reiner	12		
Kaufrecht	2, 16	Weitervergabe	8
Kündigung	19	Werk	
		– geistiges	14
Leistung		– künstlerisches	14
– geistige	6, 14	Wertverhältnisse	7
– künstlerische	14		

I. Allgemeines

1. Europarechtliche Vorgaben

Die durch das G zur Modernisierung des Schuldrechts neu konzipierte Bestimmung, **1** die auf Verträge nach dem 1.1.2002 anwendbar ist, grenzt den Anwendungsbereich von Kauf- und Werkvertragsrecht voneinander ab. Das war auch schon die Aufgabe des § 651 aF, dem gegenüber die Gewichte nachhaltig zu Gunsten des Kaufrechts verschoben worden sind. Während es für das Werkvertragsrecht europarechtliche Vorgaben nicht gibt, ist beim *Verbrauchsgüterkauf* die Richtlinie 1999/44/EG zu bestimmten Aspekten des Verbrauchsgüterkaufs und der Garantien für Verbrauchsgüter v 25.5.1999 (ABl Nr L 171/12) vorgegeben, nach deren Art 7 die von der Richtlinie gewährten Rechte der Verbraucher – außer teilweise bei gebrauchten Gütern – nicht eingeschränkt werden dürfen; es soll ein Verbraucherschutz-Mindestniveau im Binnenmarkt gewährleistet werden, vgl auch Art 1 Abs 1 der RiLi. Ihr Art 1 Abs 4 bestimmt nun und hat damit auch die Ausgestaltung des § 651 geprägt:

„Als Kaufverträge im Sinne dieser Richtlinie gelten auch Verträge über die Lieferung herzustellender oder zu erzeugender Verbrauchsgüter."

§ 651 geht über die Richtlinie hinaus, indem die Bestimmung *nicht nur Verträge mit Verbrauchern* betrifft, sondern auch solche, in denen auf Kundenseite ein Unternehmer steht. Das anzuwendende Kaufrecht kann also das des Verbrauchsgüterkaufs iSd § 474 sein, aber durchaus auch ein Handelskauf iSd §§ 373 ff HGB oder eben ein „normaler" Kauf iSd §§ 433 ff.

2. Unterschiede zum bisherigen Recht

2 Die Zuweisung zum Kaufrecht geht deutlich über die des bisherigen Rechts hinaus. Das findet eine gewisse Rechtfertigung darin, daß im Mittelpunkt auftretender Probleme bei der Vertragsabwicklung idR Fragen der Gewährleistung stehen werden und die Schwächen der kaufrechtlichen Gewährleistung des bisherigen Rechts – keine Nacherfüllung/Nachbesserung, kurze Verjährung, nadelöhrartiger Zugang zum Schadensersatz – durchweg behoben sind.

a) Teilweise befremdet das Maß der Präferenz für das Kaufrecht allerdings: Wenn aus Stoffen des Kunden eine neue Sache iSd § 950 hergestellt wird, unterlag dies bisher – und unabhängig von § 651 Abs 1 S 1 aF – dem Werkvertragsrecht, zB die Anfertigung eines Anzugs durch den Schneider aus Stoffen des Bestellers. So haben es auch die Beteiligten gesehen; man „kauft" sich diesen Anzug nicht vom Schneider, wie dies jetzt aber die Sicht des § 651 ist. Und wenn man annimmt, daß die fremdnützige Verarbeitung den Auftraggeber zum Eigentümer des Endprodukts macht (vgl BGHZ 14, 114, 116; STAUDINGER/WIEGAND [1995] § 950 Rn 16 mit Nachweisen zur deutlich überwiegenden Auffassung), bleibt der Vorgang im Kaufrecht ein Fremdkörper, weil die dem Kauf typische Übereignung nach den §§ 929 ff ausbleiben muß. Vgl aber auch u Rn 16.

b) Im Kern unverändert geblieben ist die Zuweisung der *Produktion vertretbarer Sachen* aus Stoffen des Unternehmers durch § 651 Abs 1 S 2 HS 1 aF.

c) Soweit dagegen § 651 Abs 1 S 2 HS 2 aF die *Produktion nicht vertretbarer Sachen* aus Stoffen des Unternehmers fast ausschließlich dem Werkvertragsrecht zugewiesen hatte, sind jetzt die Gewichte umgekehrt worden. Namentlich die Gewährleistung folgt nunmehr dem Kaufrecht, nicht dem Werkvertragsrecht, auch eine

Abnahme ist nicht mehr vorgesehen, mit den §§ 642, 643, 645, 649, 650 sind nur noch wenige werkvertragliche Bestimmungen anzuwenden.

II. Gliederungsschema für die Anwendung von Kauf- und Werkvertragsrecht

Ob Kaufrecht oder Werkvertragsrecht Anwendung findet oder ggf eine Kombination beider Materien, richtet sich nach dem Bearbeitungsgegenstand. **3**

1. Grundstücke

Zur Frage der Rechtswahl bei der Bearbeitung von Grundstücken äußert sich § 651 nicht.

a) Vom Besteller gestelltes Grundstück

Wird ein vom Besteller gestelltes Grundstück bearbeitet, zB bebaut oder in sonstiger Weise verändert, findet nach allgemeinen Grundsätzen Werkvertragsrecht Anwendung. Dabei steht das Baugrundstück weithin im Eigentum des Bestellers, notwendig ist das jedoch nicht, vielmehr stellt der Besteller das Grundstück auch dann, wenn er die werkvertraglichen Maßnahmen an dem Grundstück eines Dritten veranlaßt; es läßt zB der Ehemann das Grundstück seiner Ehefrau bebauen. Hierher gehört namentlich auch der Fall, daß ein Hauptunternehmer einzelne Leistungen an einem Grundstück an einen Subunternehmer vergibt.

Dabei findet insbesondere Werkvertragsrecht auch dann Anwendung, wenn ein Scheinbestandteil eines Grundstücks iSd § 95 geschaffen werden soll (zweifelnd SIENZ BauR 2002, 190 f): Für den Bauunternehmer kann es keinen Unterschied machen, ob er das Gebäude für den Grundstückseigentümer oder seinen Mieter errichtet, und die eigentümlichen Eigentumsverhältnisse im Rahmen des § 95 sind für die hier zu regelnden Zusammenhänge ohne Belang.

b) Vom Sachleistenden gestelltes Grundstück

Zweifelhaft ist die Zuordnung des Vertrages, wenn ein von dem Sachleistenden zu bearbeitendes oder neu bearbeitetes Grundstück zu liefern ist. Dabei kann es freilich keinen Zweifeln unterliegen, daß Kaufrecht Anwendung findet, wenn zu der Übereignung nur flankierende Maßnahmen kommen, zB die aufstehende Bebauung nur geräumt werden soll. Hier steht die Lieferung des Grundstücks im prägenden Vordergrund. Probleme ergeben sich vielmehr in der umgekehrten Situation, daß aus wirtschaftlicher Sicht das Grundstück nur die unumgängliche Zugabe zu der eigentlichen Leistung ist, es dem Erwerber vielmehr primär um ein darauf zu errichtendes Gebäude geht, es sich also um einen Erwerb vom sog **Bauträger** handelt. **4**

aa) Unter der Geltung des bisherigen Rechts hat die Rechtsprechung Kauf- und Werkvertragsrecht in Fällen dieser Art kombiniert. Es liege ein Kaufvertrag in bezug auf Grund und Boden vor (BGH NJW 1979, 1406, 1407) und insbesondere in bezug auf dortige Mängel (OLG Düsseldorf NJW-RR 1986, 320), im Hinblick auf die Errichtung des Gebäudes – und dortige Mängel – ein Werkvertrag (BGH NJW 1973, 1235; BGHZ 68, 372; 74, 204; 258, zu einer nachhaltig modernisierten Altbauwohnung BGHZ 100, 391; 108, 164). Für die Verjährung der Vergütungsforderung gebe § 196 Abs 1 Nr 1, Abs 2 aF den Ausschlag gegenüber dem für die Kaufpreisforderung an sich einschlägigen § 195, weil die

Forderung eine einheitliche sei und der Wertschöpfungsanteil in ihr überwiege. Hintergrund dieser Rechtsprechung war die „mangelhafte" Gewährleistung des bisherigen Kaufrechts, wie sie namentlich dem Erwerber einen Nachbesserungsanspruch versagte, ihn vor eine kurze Jahresfrist stellte (§ 477 aF) und ihm Schadensersatz nur unter den engen Voraussetzungen des § 463 aF gewährte.

Diese Rechtsprechung kam zu angemessenen Ergebnissen. Freilich ergaben sich Bedenken: ZB die Eigentumswohnung wurde aus der Sicht der Parteien verkauft, schon ja, wenn sie bereits fertig erstellt war, aber doch auch, wenn sie etwa noch in der Planung war. Hätte ein Werkvertrag vorgelegen, hätte es möglich sein müssen, ihm die VOB/B zugrunde zu legen. Ihre Bestimmungen passen aber weithin nicht. Die freie Kündigungsmöglichkeit nach § 649 kann es beim Erwerb vom Bauträger nicht geben (BGHZ 96, 275).

5 bb) Die weitgehende Angleichung von Kaufrecht und Werkvertragsrecht durch das G zur Modernisierung des Schuldrechts hat der Zuordnungsfrage viel von ihrer Schärfe genommen: Verjährung der Vergütungsforderung so oder so nach den §§ 195, 199, hier wie dort ein Anspruch auf mangelfreie Erfüllung mit ggf einem Anspruch auf Nacherfüllung, gleiche Verjährung für diesen. Betrachtet man die von THODE NZBau 2002, 297, 298 aufgelisteten verbliebenen Unterschiede, um die Zuordnung der Verträge zu der einen oder der anderen Materie zu überprüfen, sucht man nach der sachgerechten Regelung, ergibt sich:

(1) § 632a paßt auf den Bauträgervertrag nicht (vgl § 632a Rn 23 ff).

(2) Es fehlt in der kaufrechtlichen Gewährleistung – dem Buchstaben des Gesetzes nach – das Recht des Kunden zur eigenen Mängelbeseitigung und ggf der Anspruch auf Kostenvorschuß, §§ 634 Nr 2, 637. Doch hat die Rechtsprechung bei einem vereinbarten Nachbesserungsanspruch des Käufers früher § 633 Abs 3 aF entsprechend angewendet (vgl BGH NJW 1991, 1882, zum Kostenvorschuß BGH NJW 1992, 3297). Das kann zwanglos fortgeführt werden.

(3) Die unterschiedlichen Wahlrechte der §§ 439 Abs 1 einerseits, 635 Abs 1 andererseits laufen beim Erwerb vom Bauträger leer. Sollte dieser freilich ein Ersatzobjekt zur Verfügung haben, wäre das Wahlrecht des Erwerbers sogar zweckmäßig.

(4) Beim Kauf gibt es eine Abnahme nicht, aber immerhin muß die angebotene Leistung als Erfüllung angenommen werden, § 363, und kann der Erwerber die Leistung bei Mängeln zurückweisen.

(5) Im Kaufrecht entfällt die Falle des § 640 Abs 2. § 442 paßt durchaus.

(6) Die §§ 648, 648a sind beim Bauträgervertrag gegenstandslos.

(7) § 649 wurde schon immer für unangemessen gehalten beim Bauträgervertrag.

(8) Die von THODE (NZBau 2002, 297, 298 unter Berufung auf BGHZ 143, 89) hervorgehobene Kooperationspflicht der Parteien des Werkvertrages paßt auf den Erwerb

vom Bauträger nicht. Ihre Pflicht zur wechselseitigen Rücksichtnahme wird von § 241 Abs 2 hinreichend umrissen.

Damit erscheint es nach *neuem Recht sachgerecht, den Erwerb vom Bauträger umfassend dem Kaufrecht zu unterwerfen*; als notwendige ergänzende „Anleihe" vom Werkvertragsrecht bleibt nur die entsprechende Anwendung der §§ 634 Nr 2, 637. – Dabei ist die erzielte Konkordanz der rechtlichen Beurteilung mit der Sicht der Parteien nur zu begrüßen.

2. Bewegliche Sachen

Unmittelbar betrifft § 651 bewegliche Sachen, als *Endprodukte, nicht als Einsatzstoffe*; letztere dürfen auch vom Besteller selbst stammen (PALANDT/SPRAU Rn 1). Die Bestimmung weist die Lieferung beweglicher Sachen entweder fast uneingeschränkt dem Kaufrecht zu, wenn diese *vertretbar* sind, oder einer Kombination aus Kauf- und Werkvertragsrecht, wenn sich nicht vertretbare Produkte ergeben. 6

Die beweglichen Sachen müssen als solche zu liefern sein; sie dürfen *nicht nur das Substrat einer primär geistigen Leistung* sein (PALANDT/SPRAU Rn 4). Letzteres gilt ohne weiteres, wenn sie die geistige Leistung nur demonstrieren: die Zeichnungen und Pläne des Architekten, das Drehbuch, das Gutachten, die Diskette bei der Individualsoftware, aber doch auch der Prototyp einer neuartig entwickelten Maschine; in diesen letzteren Fällen ist Werkvertragsrecht anzuwenden. Ebenfalls ist von Werkvertragsrecht auszugehen, wenn es dem Auftraggeber letztlich nicht um die Sache als solche geht, sondern um die Lösung eines Problems und der Auftragnehmer der Ansicht ist, eine bestimmte von ihm zu liefernde Sache könnte das Problem beheben, zB ein logistisches oder sonstiges technisches.

a) Herstellung
aa) Die beweglichen Sachen müssen zu erzeugen oder herzustellen sein. Sind sie schon hergestellt, findet ohnehin Kaufrecht Anwendung. An einer Herstellung fehlt es, wenn Sachen des Bestellers nur gewartet, repariert oder in anderer Weise behandelt werden (PALANDT/SPRAU Rn 2); letzteres unterliegt dem Werkvertragsrecht auch dann, wenn der Wert der Leistung des Auftragnehmers den des Bearbeitungsgegenstandes übersteigt, vgl zB die Aufzucht von Jungtieren. Es muß die Leistung des Auftragnehmers vielmehr zu einer neuen Sache iSd § 950 führen, um § 651 und damit Kaufrecht anwendbar sein zu lassen, auch wenn § 651 von einer neuen Sache nicht ausdrücklich spricht. Aber auch dann, wenn eine neue Sache entsteht, kommt es nicht stets über § 651 S 1 zu einer Anwendung des Kaufrechts, sondern nur dann, wenn die Verarbeitung oder Umbildung durch den Auftragnehmer den Anforderungen des § 951 Abs 1 S 1 aE entspricht: Seine Leistung darf wertmäßig nicht erheblich geringer sein als der Wert des bearbeiteten Stoffes, sofern letzterer von dem Auftraggeber stammt, sofern der Auftraggeber den Ausgangsstoff geliefert hat (stammt er vom Auftragnehmer, ist natürlich Kaufrecht anzuwenden). Auf die Kasuistik zu § 950 kann zurückgegriffen werden, vgl zB BGH JZ 1972, 166: Aus Weißkohl werden Sauerkrautkonserven gefertigt, wobei der Wertanteil des Weißkohls an ihnen 60% beträgt. Die 40% Wertschöpfung sind demgegenüber nicht erheblich genug, so daß einerseits ein Eigentumserwerb nach § 950 ausscheidet und eben andererseits ein Werkvertrag zwischen Auftragnehmer und Auftraggeber anzunehmen ist. Ähnlich 7

und erst recht zB, wenn Getreide zu Mehl verarbeitet, Fleisch handelsgerecht zerlegt werden soll, obwohl Mehl bzw Kotelett an sich neue Sachen sind.

Angesichts der Wertverhältnisse ist Werkvertragsrecht anzuwenden, wenn die neue Sache dadurch entsteht, daß der Auftragnehmer sie iSd § 953 von einer Sache des Auftraggebers trennt.

Damit aber kommt es weithin doch immer noch auf die Unterscheidung des bisherigen Rechts an, ob der Ausgangsstoff vom Unternehmer oder vom Besteller zu liefern ist. Die gegenteilige Behauptung (zB PALANDT/SPRAU Rn 1; AnwKomm/RAAB Rn 5) ist falsch.

8 bb) Umstritten ist, inwieweit der Verkäufer beim Lieferungskauf zur *Herstellung verpflichtet* ist (vgl einerseits bejahend unter Berufung auf den Wortlaut des § 651 Abs 1 aF STAUDINGER/RIEDEL[11] Rn 4, 7; PLANCK/OEGG Anm 3 a; BGB-RGRK/GLANZMANN Rn 15, andererseits verneinend BGHZ 48, 118, 121, ebenfalls unter Berufung auf den Wortlaut des § 651 aF, wie er insoweit nicht verändert worden ist; LARENZ, Schuldrecht II, 2 § 53 IV; FIKENTSCHER § 80 VII 1). Die Frage ist indessen zu pauschal gestellt, um als solche sinnvoll beantwortet werden zu können.

(1) Daß der Kunde einen einklagbaren Anspruch auf Herstellung habe (so STAUDINGER/RIEDEL[11] Rn 7; ERMAN/SEILER Rn 12), trifft nicht zu. *Es kann nur auf Lieferung des fertigen Sachwerks* geklagt werden, ggf auf Feststellung, daß es in bestimmter Weise zu fertigen sei bzw bestimmten Anforderungen zu genügen habe. Die Herstellung als solche bleibt Sache des Lieferanten, der im übrigen auch – vgl sogleich – zur anderweitigen Beschaffung berechtigt sein kann.

(2) Von Interesse ist vor allem die Frage, *ob der Unternehmer die Sache selbst herzustellen hat* oder dies weitervergeben kann. Dies ist im Wege der *Auslegung* zu ermitteln. Im Zweifel dürfte der Unternehmer berechtigt sein, die Herstellung weiterzuvergeben (vgl auch BGHZ 48, 118). Die gegenteilige Regelung in § 4 Nr 8 Abs 1 S 1 VOB/B erklärt sich daraus, daß es dort um nicht vertretbare Sachen geht. Zu berücksichtigen ist insbesondere, ob eine eigene Fertigung durch den Unternehmer *besondere Qualität* garantiert oder sonst einen besonderen Ruf genießt. Im übrigen kommt es auch auf etwaige *Verkehrssitten* an. Hat der Unternehmer selbst herzustellen und verstößt er gegen diese Verpflichtung, fehlt der Sache schon deshalb eine vereinbarte Beschaffenheit iSd § 434 Abs 1 S 1 bzw die zu erwartende Beschaffenheit iSd § 434 Abs 1 S 2 Nr 2.

9 (3) Inwieweit der Besteller *auf die Herstellung Einfluß nehmen darf*, läßt sich nicht einheitlich beantworten, sondern hängt von den getroffenen Vereinbarungen einerseits, der Verkehrssitte und dem Zumutbaren andererseits ab. Dabei ist der Rahmen des Zumutbaren eher eng zu ziehen.

(4) Zweifelhaft kann es schließlich sein, ob der Verkäufer/Unternehmer für ein Verschulden jener Subunternehmer nach § 278 einzustehen hat, die er zulässigerweise einschalten durfte. BGHZ 48, 118 verneint dies unter Berufung auf die Rechtsprechung, nach der der Verkäufer für seine Lieferanten nicht einzustehen habe. (Zutreffend kritisch dazu BGB-RGRK/GLANZMANN Rn 15; ERMAN/SEILER Rn 12; MEDICUS, Bür-

gerliches Recht Rn 805.) *Es handelt sich eben nicht um einen echten Kauf.* Wenn der Verkäufer/Unternehmer eigentlich im eigenen Betrieb herzustellen hätte, kann er seinen Verantwortungsbereich nicht dadurch einschränken, daß er selbständige Dritte einschaltet.

b) Erzeugung
Mit der Erzeugung beweglicher Sachen ist die *Urproduktion* angesprochen. Sie verdankt ihre Erwähnung in § 651 S 1 der kritiklosen Anlehnung an Art 1 Abs 4 VerbrGüKRL, der sie dem Kaufrecht zuweist, ergibt aber für sich wenig Sinn, weil der Erwerb von Naturprodukten – Getreide, Milch, Fleisch ohnehin – unabhängig von § 651 – dem Kaufrecht unterliegen wird: Man kauft die Milch vom Erzeuger. Zweifelsfälle können sich nur bei der – seltenen – Mischproduktion ergeben: Der Auftragnehmer hat die Kuh des Auftraggebers zu melken und die Milch bei ihm abzuliefern. Derlei kann als Dienstleistung ausgestaltet sein und ist dann nach den §§ 611 ff zu behandeln. Sonst findet Werkvertragsrecht Anwendung, wenn der Auftragnehmer nur zu melken hat, Kaufrecht, wenn er die Kuh zu füttern und zu melken hat, in bezug auf die Milch. Werkvertragsrecht gilt dann für die Pflege der Kuh und nach ihrer Schlachtung für die Ablieferung des Fells. Insgesamt hat man sich auch hier an § 950 Abs 1 zu orientieren.

c) Lieferung
Die hergestellten oder erzeugten Sachen müssen zu liefern sein. Das ist *wirtschaftlich* zu verstehen, nicht rechtlich, gar in dem Sinne, daß eine Übereignung an den Auftraggeber nach den §§ 929 ff stattfinden müßte und die Bestimmung ausschiede, wenn er nach § 950 Eigentum erwürbe (**aA** PALANDT/SPRAU Rn 2; VOIT BauR 2002, 145, 147). Die Sachen müssen also entweder an den Auftraggeber zurückgelangen oder nach seiner Disposition an Dritte; sie dürfen nicht der Disposition des Auftraggebers unterliegen. Wenn also der Auftragnehmer Holz des Auftraggebers zu Möbeln verarbeiten soll, findet § 651 Anwendung, wenn der Holzlieferant den weiteren Verbleib/Absatz bestimmt, nicht dagegen, wenn der Tischler diese Möbel verwerten soll.

d) Abgrenzungen
Vom Lieferungskauf des § 651 zu unterscheiden sind:

aa) Der „reine" Kauf. Er *kann auch dann vorliegen, wenn der zu liefernde Gegenstand noch angefertigt* werden muß, und selbst dann, wenn diese Anfertigung von dem Verkäufer selbst vorgenommen wird und vielleicht sogar nur ihm möglich ist, wie es zB bei serienmäßig hergestellten Kraftfahrzeugen der Fall ist. Hier geht es den Parteien *nur um das fertige Produkt*; seine Anfertigung bleibt gegenüber § 651 im Vorfeld des Vertrages.

Die Beantwortung der Frage, ob es den Parteien nur um das fertige Produkt oder auch um seine Anfertigung geht, kann Probleme aufwerfen. Es müssen die Erklärungen der Parteien unter Berücksichtigung ihrer Interessenlage und vor allem auch der Verkehrssitte *ausgelegt* werden. ZB ergibt diese, daß die Bestellung eines PKW nach Preisliste grundsätzlich Kauf ist (RG LZ 1912, 756), die Bestellung von Stoffen bestimmter Zusammensetzung und Webart grundsätzlich Lieferungskauf. Ein gewisses Indiz ist auch, ob der Lieferant einen eigenen Produktionsbetrieb unterhält oder nicht.

Im Ergebnis finden hier nur Kaufregeln Anwendung.

13 **bb)** Der *Kauf mit Montageverpflichtung.* Typisch für diesen ist es, daß sich der Lieferant einer Sache verpflichtet, diese auch noch bei dem Kunden anzubringen, also den Teppichboden zu verlegen, einen Motor oder ein elektrisches Gerät anzuschließen (vgl näher DROSTE, Der Liefervertrag mit Montageverpflichtung [1991]). Wirtschaftlich kann die geschuldete Werkleistung ganz in den Hintergrund treten, aber ausnahmsweise auch gleichgewichtig mit dem Warenwert sein, diesen sogar übertreffen (vgl GRAUE AcP 163 [1963] 401, 404).

Diesen Vertragstyp regelt jetzt § 434 Abs 2 S 1.

cc) Ein Kauf mit Montageverpflichtung liegt nicht vor, wenn es dem Unternehmer im Rahmen eines Reparatur- oder sonstigen Bearbeitungsvertrages obliegt, *Ersatzteile zu beschaffen und einzusetzen* bzw andere Zusätze, die den Wert der bestellereigenen Sache steigern sollen. Hier handelt es sich vielmehr um *einheitliche Werkverträge*, bei denen demgemäß auch bei Mängeln des Ersatzteils die werkvertragliche Gewährleistung einschlägig ist. Das gilt selbst dann, wenn das Ersatzteil – wie zB ein Austauschmotor – von hohem, gar überragendem Wert ist (vgl OLG Karlsruhe NJW-RR 1992, 1014; **aA** SOERGEL/HUBER Vor § 433 Rn 283). Es besteht die für den Werkvertrag typische Situation, daß der Kunde eine umfassende Diagnose erwartet sowie im Ergebnis einen *Reparaturerfolg*. Anders (im Sinne eines Kaufes mit Montageverpflichtung) ist es nur, wenn der Kunde Diagnose und Therapievorschlag schon selbst entwickelt hat und den „Unternehmer" gezielt beauftragt, ein bestimmtes Ersatzteil einzubauen. Auch dann bleiben freilich § 4 Nr 3 VOB/B entsprechende *Untersuchungs- und Hinweispflichten des Unternehmers* bestehen (vgl dazu § 633 Rn 62 ff), deren Verletzung in eine werkvertragliche Gewährleistung mündet.

3. Geistige Werke

14 § 651 und damit das Kaufrecht finden *keine Anwendung auf geistige Werke* (PALANDT/ SPRAU Rn 4 f), sie unterliegen vielmehr dem Werkvertragsrecht, ggf auch dem Dienstvertragsrecht. Das betrifft künstlerische Leistungen (des Theaters, der Musik), sportliche Veranstaltungen, wissenschaftliche oder planerische Leistungen, Entwicklungsleistungen. Teilweise bleiben sie überhaupt unkörperlich; die Dinge liegen aber auch *nicht anders, wenn sie ein körperliches Substrat haben.* Letzteres führt dann nicht zu § 651, wenn die gedankliche Leistung nur verdeutlicht, verständlich gemacht werden soll (Pläne und Skizzen, Drehbuch, schriftliches Gutachten). Aber auch das Porträt des Malers oder Photographen wird nicht „gekauft", sondern bildet letztlich – und ausschlaggebend – eine geistige Leistung. Das gilt für jedes künstlerisch geprägte Bild oder Photo. Eine geistige Leistung bildet auch Software: Ist sie individuell aufbereitet, kommt Werkvertragsrecht zur Anwendung. Die Lieferung von Standardsoftware unterliegt dem Kaufrecht.

III. Vertretbare und nicht vertretbare Sachen

15 Für die Anwendung von § 651 S 1, 2 muß das fertige Werk eine *vertretbare Sache* iSd § 91 sein, also im Verkehr nach Maß, Zahl oder Gewicht bemessen zu werden pflegen. Der *Maßstab* ist ein *objektiver* (RG LZ 1915, 1370), nicht die Sicht der Parteien,

insbesondere des Bestellers. Entscheidend ist, ob die herzustellende Sache *auf die individuellen* Wünsche und *Gegebenheiten des Bestellers zugeschnitten* sein soll oder ob sie nicht näher individualisiert ist, so daß sie an beliebige Personen verkauft werden kann oder jedenfalls soll (BGH NJW 1971, 1793). Letzteres wird auch nicht dadurch ausgeschlossen, daß die Sache nach Mustern des Bestellers gefertigt wird (BGH aaO, vgl aber auch BGH NJW 1991, 2633). Für Vertretbarkeit spricht Bestellung nach *Preislisten* oder *Katalogen*, mögen diese auch eingehenden Detailwünschen des Bestellers Raum lassen. Anders bei Einzelfertigung nach besonderen Wünschen des Bestellers (RGZ 107, 339), mag dabei auch Anlehnung an bestimmte Typen bestehen (vgl OLG Düsseldorf NJW-RR 1997, 186 [Flaschenkästen mit bestimmter Farbe]). Die Produktion in beliebiger Menge ändert dann daran nichts. Die Abänderung nebensächlicher Teile ändert nichts an der Vertretbarkeit (RG SoergRspr 1912, § 651 Nr 3). Bei Maschinen ändern Abwandlungen hinsichtlich Größe oder Stärke nichts an der Vertretbarkeit, solange die Absetzbarkeit auf dem allgemeinen Markt gewahrt bleibt (RG LZ 1909, 476). Anders, wenn die Betriebsverhältnisse des Bestellers besondere Berücksichtigung bei der Produktion gefunden haben und der Absatz an einen Dritten deshalb problematisch erscheint (RGZ 171, 297). Der Prototyp einer Maschine ist nicht vertretbar (RGZ 165, 41). Grundsätzlich nicht vertretbar sind *Werke der bildenden Kunst* (BGHZ 19, 382), vgl aber o Rn 14. Werbematerialien für bestimmte Firmen oder Objekte sind nicht vertretbar (RG LZ 1909, 144; BGHZ 35, 130; BGH NJW 1966, 2307). Auf die anderweitige Verwendungsmöglichkeit auf dem Markt kommt es an bei Bauteilen wie zB Motoren, Lampen, Sitzen für Autos.

IV. Kaufrecht

1. Arten des Kaufes

Ist Vertretbarkeit des Produkts anzunehmen und damit Kaufrecht anzuwenden, beantwortet es sich nach allgemeinen Grundsätzen, zu welcher kaufrechtlichen Materie der Weg führt. Es kann sich um einen Handelskauf handeln, so daß die Bestimmungen der §§ 343 ff, 373 ff HGB Anwendung finden, um einen gewöhnlichen Kauf iSd §§ 433 ff, aber auch um einen Verbrauchsgüterkauf iSd §§ 474 ff.

2. Modifikationen des Kaufrechts

Die Anwendung des Kaufrechts kann nicht so unbesehen erfolgen, wie dies § 651 mit seinen S 1, 2 nahelegt.

a) Modifikationen im Kaufrecht

Besonderheiten ergeben sich zunächst dann, wenn die neue Sache aus Stoff des Auftraggebers hergestellt worden ist. Nimmt man hier an, daß die Herstellung fremdnützig erfolgt (vgl zB BGHZ 14, 114), so erwirbt der Auftraggeber Eigentum schon nach § 950; zu der nach § 433 Abs 1 S 1 geschuldeten Übereignung nach den §§ 929 ff kann es nicht kommen, der Auftragnehmer schuldet nur die Übergabe (in mangelfreiem Zustand). An der Anwendbarkeit des § 651 ändert sich dadurch freilich nichts (vgl schon o Rn 7). Damit entfällt hier aber auch die Möglichkeit des Eigentumsvorbehalts nach § 449.

Zu beachten bleibt außerdem, daß der normale Kauf, selbst dann, wenn er sich auf eine künftige Sache bezieht, die Beschaffung oder Produktion der Sache in seinem Vorfeld beläßt; deshalb hat hier der Käufer in aller Regel keine Rechte zu Einflußnahme oder Kontrolle. Anders liegt es, wenn die Produktion in das Programm des Vertrages einbezogen ist. Hier benachteiligt es den Verkäufer nicht ohne weiteres unangemessen iSd § 307, wenn sich der Käufer in seinen AGB solche Befugnisse ausbedingt. Auch ohne entsprechende ausdrückliche Vereinbarung kann die Auslegung solche Befugnisse des Käufers ergeben (Inspektion, Recht auf Muster oder Proben, auf ein Qualitätskontrollsystem des Verkäufers). Das gilt unabhängig davon, wessen Rohstoffe verarbeitet werden.

Auch sonst kommt bei der *Auftragsproduktion* durchaus eine entsprechende Anwendung der in § 633 Rn 4 dargestellten Grundsätze über die Herstellung eines Werkes in Betracht. Der Federstrich des Gesetzgebers kann die Interessenlage der Beteiligten nicht aufheben. Wer fertigen läßt, kauft nicht.

b) Anwendung von Werkvertragsrecht
aa) Mangel des Stoffes

17 § 651 S 2 beschränkt die Gewährleistungsrechte des Auftraggebers, wenn der von ihm gelieferte Stoff zu einem Mangel geführt hat. Dabei ist die Verweisung auf § 442 Abs 1 S 1 mehrfach mißverständlich.

(1) Zunächst versteht es sich, daß schon der Mangel des Stoffes als solcher die Gewährleistungsrechte des Auftraggebers beschränkt; Kenntnis des Auftraggebers von dem Mangel des Stoffes ist nicht zusätzlich erforderlich. Der Gesetzgeber hat zum Ausdruck bringen wollen, daß *der Stoffmangel der in § 442 angesprochenen Kenntnis gleichsteht*.

Sodann ist klarstellend darauf hinzuweisen, daß die §§ 651 S 2, 442 Abs 1 S 1 nicht nur dann Anwendung finden, wenn ein Mangel des Stoffes zu einem Sachmangel führt, sondern auch dort, wo sich ein *Rechtsmangel* ergibt.

(2) Außerdem bedürfen die §§ 651 S 2, 442 Abs 1 S 1 der Erweiterung: Nicht nur Mängel des von ihm zur Verfügung gestellten Stoffes schmälern die Gewährleistungsrechte des Auftraggebers, sondern auch die *anderen in § 645 Abs 1* genannten bzw von dieser Bestimmung *erfaßten Tatbestände*, also insbesondere die fehlerhafte Anweisung für die Ausführung, vgl im einzelnen zu den in die Risikosphäre des Auftraggebers fallenden Umständen § 645 Rn 29 ff.

18 (3) Schließlich sind die Gewährleistungsrechte des Auftraggebers in den genannten Fällen nicht stets ausgeschlossen, wie dies die Formulierung des Gesetzes nahezulegen scheint. Insoweit bedürfen die Bestimmungen vielmehr der Einschränkung:

Es kann mit dem Mangel des Stoffes – oder der fehlerhaften Anweisung des Auftraggebers – zusammentreffen ein Mangel von Zutaten des Auftragnehmers oder ein fehlsames Verfahren. Dann sind die Rechte des Auftraggebers in entsprechender Anwendung des § 254 Abs 1 zu kürzen.

Vor allem darf der Auftragnehmer die Stoffe des Auftraggebers nicht unbesehen verarbeiten, sondern hat sie *auf ihre Tauglichkeit zu prüfen* und auf Verdachtsmomente hinzuweisen, wie dies § 4 Nr 3 VOB/B vorbildhaft zum Ausdruck bringt (vgl dazu § 633 Rn 62 ff). Ein Verstoß gegen diese nach allgemeinem Zivilrecht aus § 241 Abs 2 herzuleitende Pflicht macht ihn ebenfalls mitverantwortlich iSd § 254 Abs 1.

Die Anwendung des § 254 Abs 1 bedeutet im Ergebnis, daß der Auftraggeber doch Nachbesserung verlangen kann, freilich mit einer eigenen Kostenbeteiligung, daß er gekürzt mindern kann, für den Rücktritt die Schwelle des § 323 Abs 5 S 2 doch noch überschritten werden kann. Für den Schadensersatzanspruch bietet die Anwendung des § 254 Abs 1 keine Probleme.

bb) Sonstige Anwendung des Werkvertragsrechts
Auch sonst ist mehrfach auf Bestimmungen und Wertungen des Werkvertragsrechts zurückzugreifen:

(1) Wenn die Frage der Entgeltlichkeit nicht endgültig geklärt wird, muß für das Ob einer Vergütung § 632 Abs 1 gelten, für ihre Bemessung § 632 Abs 2 (aA PALANDT/ SPRAU Rn 6: § 315).

(2) Zwar findet eine Abnahme nicht statt. In entsprechender Anwendung des § 640 Abs 1 S 2 darf das Produkt aber nicht als nicht gehörige Erfüllung zurückgewiesen werden, wenn der Mangel nur unwesentlich ist.

(3) Der Katalog der Gewährleistungsrechte des § 437 ist – auch hier – um die Befugnis zur Selbstvornahme nach den §§ 634 Nr 2, 637 zu ergänzen (vgl dazu § 634 Rn 67).

(4) Wenn der Auftragnehmer nicht Eigentümer des von ihm hergestellten Produkts wird, kann ihm ein Pfandrecht nach § 647 nicht vorenthalten werden.

(5) Wenn der Auftraggeber bei der Produktion mitzuwirken hat, kann das sinnvoll nur nach den §§ 642, 643 sanktioniert werden. Die Beschränkung der Anwendung dieser Bestimmungen durch § 651 S 3 auf die Produktion nicht vertretbarer Sachen ist nicht sinnvoll, mag dort ihre praktische Bedeutung auch ungleich höher sein.

(6) Wenn die Produktion mißlingt, muß der Auftragnehmer vorbehaltlich des § 275 Abs 2 erneut leisten. Doch ist ihm der mißlungene Leistungsversuch nach § 645 Abs 1 zu vergüten, wenn eine der dortigen Konstellationen vorliegt.

(7) § 649 muß auch beim Kauf anwendbar sein (vgl dort Rn 48). Es ist kein schützenswertes Interesse des Verkäufers an mehr als seiner Gewinnerwartung ersichtlich, wie sie ihm § 649 S 2 sichert.

V. Herstellung nicht vertretbarer Sachen

Wenn nicht vertretbare Sachen zu produzieren sind, ändert sich nichts daran, daß der Vorgang primär nach Kaufrecht zu beurteilen ist. Dessen Modifikation durch § 651 S 2 gilt auch hier (dazu o Rn 17 f). Außerdem finden die §§ 642, 643, 645, 649, 650 hier nach der ausdrücklichen Anordnung des Gesetzes Anwendung; man wird wiederum zusätzlich die §§ 632, 634 Nr 2, 637, 647 zur Anwendung bringen müssen (eben Rn 19).

Der Gefahrübergang vollzieht sich nach § 446, statt nach § 644 Abs 1. Warum § 651 S 3 außerdem § 447 erwähnt, ist nicht verständlich, würde diese Bestimmung doch wegen § 644 Abs 2 auch dann gelten, wenn man vom Werkvertragsrecht ausginge.

VI. Abweichende Vereinbarungen

21 Die Regelungen des § 651 sind dispositiv (PALANDT/SPRAU Rn 1), freilich ist § 475 dann anzuwenden, wenn der Auftraggeber Verbraucher ist. Es ist also ihm gegenüber das Gewährleistungsrecht der §§ 433 ff im Kern unabdingbar, § 475 Abs 1, bei der Verjährung sind die Mindestfristen des § 475 Abs 2 zu wahren, einschränkende Regelungen für den Schadensersatz müssen jedenfalls den §§ 307–309 genügen, § 475 Abs 3. Wenn man die Regelungen der §§ 634 Nr 2, 637 in das Kaufrecht integriert (o Rn 19), gehören auch diese Bestimmungen in den Kanon der in § 475 Abs 1 genannten Bestimmungen.

Anhang zu § 651

VOB Teil B

Allgemeine Vertragsbedingungen für die Ausführung von Bauleistungen – Stand Oktober 2002 – Beil zu BAnz 202a v 29. 10. 2002

§ 1 Art und Umfang der Leistung

1. Die auszuführende Leistung wird nach Art und Umfang durch den Vertrag bestimmt. Als Bestandteil des Vertrags gelten auch die Allgemeinen Technischen Vertragsbedingungen für Bauleistungen.

2. Bei Widersprüchen im Vertrag gelten nacheinander:

a) die Leistungsbeschreibung,

b) die Besonderen Vertragsbedingungen,

c) etwaige Zusätzliche Vertragsbedingungen,

d) etwaige Zusätzliche Technische Vertragsbedingungen,

e) die Allgemeinen Technischen Vertragsbedingungen für Bauleistungen,

f) die Allgemeinen Vertragsbedingungen für die Ausführung von Bauleistungen.

3. Änderungen des Bauentwurfs anzuordnen, bleibt dem Auftraggeber vorbehalten.

4. Nicht vereinbarte Leistungen, die zur Ausführung der vertraglichen Leistung erforderlich werden, hat der Auftragnehmer auf Verlangen des Auftraggebers mit auszuführen, außer wenn sein Betrieb auf derartige Leistungen nicht eingerichtet ist. Andere Leistungen können dem Auftragnehmer nur mit seiner Zustimmung übertragen werden.

Die Bestimmung ist erläutert in § 633 Rn 6.

§ 2 Vergütung

1. Durch die vereinbarten Preise werden alle Leistungen abgegolten, die nach der Leistungsbeschreibung, den Besonderen Vertragsbedingungen, den Zusätzlichen Vertragsbedingungen, den Zusätzlichen Technischen Vertragsbedingungen, den Allgemeinen Technischen Vertragsbedingungen für Bauleistungen und der gewerblichen Verkehrssitte zur vertraglichen Leistung gehören.

2. Die Vergütung wird nach den vertraglichen Einheitspreisen und den tatsächlich ausgeführten Leistungen berechnet, wenn keine andere Berechnungsart (zB durch Pauschalsumme, nach Stundenlohnsätzen, nach Selbstkosten) vereinbar ist.

3. (1) Weicht die ausgeführte Menge der unter einem Einheitspreis erfaßten Leistung oder Teilleistung um nicht mehr als 10 v.H. von dem im Vertrag vorgesehenen Umfang ab, so gilt der vertragliche Einheitspreis.

(2) Für die über 10 v.H. hinausgehende Überschreitung des Mengenansatzes ist auf Verlangen ein neuer Preis unter Berücksichtigung der Mehr- oder Minderkosten zu vereinbaren.

(3) Bei einer über 10 v.H. hinausgehenden Unterschreitung des Mengenansatzes ist auf Verlangen der Einheitspreis für die tatsächlich ausgeführte Menge der Leistung oder Teilleistung zu erhöhen, soweit der Auftragnehmer nicht durch Erhöhung der Mengen bei anderen Ordnungszahlen (Positionen) oder in anderer Weise einen Ausgleich erhält. Die Erhöhung des Einheitspreises soll im wesentlichen dem Mehrbetrag entsprechen, der sich durch Verteilung der Baustelleneinrichtungs- und Baustellengemeinkosten und der Allgemeinen Geschäftskosten auf die verringerte Menge ergibt. Die Umsatzsteuer wird entsprechend dem neuen Preis vergütet.

(4) Sind von der unter einem Einheitspreis erfaßten Leistung oder Teilleistung andere Leistungen abhängig, für die eine Pauschalsumme vereinbart ist, so kann mit der Änderung des Einheitspreises auch eine angemessene Änderung der Pauschalsumme gefordert werden.

4. Werden im Vertrag ausbedungene Leistungen des Auftragnehmers vom Auftraggeber selbst übernommen (zB Lieferung von Bau-, Bauhilfs- und Betriebsstoffen), so gilt, wenn nichts anderes vereinbart wird, § 8 Nr. 1 Absatz 2 entsprechend.

5. Werden durch Änderung des Bauentwurfs oder andere Anordnungen des Auftraggebers die Grundlagen des Preises für eine im Vertrag vorgesehene Leistung geändert, so ist ein neuer Preis unter Berücksichtigung der Mehr- oder Minderkosten zu vereinbaren. Die Vereinbarung soll vor der Ausführung getroffen werden.

6. (1) Wird eine im Vertrag nicht vorgesehene Leistung gefordert, so hat der Auftragnehmer An-

spruch auf besondere Vergütung. Er muß jedoch den Anspruch dem Auftraggeber ankündigen, bevor er mit der Ausführung der Leistung beginnt.

(2) Die Vergütung bestimmt sich nach den Grundlagen der Preisermittlung für die vertragliche Leistung und den besonderen Kosten der geforderten Leistung. Sie ist möglichst vor Beginn der Ausführung zu vereinbaren.

7. (1) Ist als Vergütung der Leistung eine Pauschalsumme vereinbart, so bleibt die Vergütung unverändert. Weicht jedoch die ausgeführte Leistung von der vertraglich vorgesehenen Leistung so erheblich ab, daß ein Festhalten an der Pauschalsumme nicht zumutbar ist (§ 242 BGB), so ist auf Verlangen ein Ausgleich unter Berücksichtigung der Mehr- oder Minderkosten zu gewähren. Für die Bemessung des Ausgleichs ist von den Grundlagen der Preisermittlung auszugehen. Die Nummern 4, 5 und 6 bleiben unberührt.

(2) Wenn nichts anderes vereinbart ist, gilt Absatz 1 auch für Pauschalsummen, die für Teile der Leistung vereinbart sind; Nr. 3 Absatz 4 bleibt unberührt.

8. (1) Leistungen, die der Auftragnehmer ohne Auftrag oder unter eigenmächtiger Abweichung vom Vertrag ausführt, werden nicht vergütet. Der Auftragnehmer hat sie auf Verlangen innerhalb einer angemessenen Frist zu beseitigen; sonst kann es auf seine Kosten geschehen. Er haftet außerdem für andere Schäden, die dem Auftraggeber hieraus entstehen.

(2) Eine Vergütung steht dem Auftragnehmer jedoch zu, wenn der Auftraggeber solche Leistungen nachträglich anerkennt. Eine Vergütung steht ihm auch zu, wenn die Leistungen für die Erfüllung des Vertrages notwendig waren, dem mutmaßlichen Willen des Auftraggebers entsprachen und ihm unverzüglich angezeigt wurden. Soweit dem Auftragnehmer eine Vergütung zusteht, gelten die Berechnungsgrundlagen für geänderte oder zusätzliche Leistungen der Nummern 5 oder 6 entsprechend.

(3) Die Vorschriften des BGB über die Geschäftsführung ohne Auftrag (§§ 677 ff.) bleiben unberührt.

9. (1) Verlangt der Auftraggeber Zeichnungen, Berechnungen oder andere Unterlagen, die der Auftragnehmer nach dem Vertrag, besonders den Technischen Vertragsbedingungen oder der gewerblichen Verkehrssitte, nicht zu beschaffen hat, so hat er sie zu vergüten.

(2) Läßt er vom Auftragnehmer nicht aufgestellte technische Berechnungen durch den Auftragnehmer nachprüfen, so hat er die Kosten zu tragen.

10. Stundenlohnarbeiten werden nur vergütet, wenn sie als solche vor ihrem Beginn ausdrücklich vereinbart worden sind (§ 15).

Nr 1 ist erläutert in § 632 Rn 43, Nr 2 in § 632 Rn 19, Nrn 3–9 in § 632 Rn 50, Nr 10 in § 632 Rn 9.

§ 3 Ausführungsunterlagen

1. Die für die Ausführung nötigen Unterlagen sind dem Auftragnehmer unentgeltlich und rechtzeitig zu übergeben.

Titel 9 · Werkvertrag und ähnliche Verträge **Anhang zu § 651**
Untertitel 1 · Werkvertrag

2. Das Abstecken der Hauptachsen der baulichen Anlagen, ebenso der Grenzen des Geländes, das dem Auftragnehmer zur Verfügung gestellt wird, und das Schaffen der notwendigen Höhenfestpunkte in unmittelbarer Nähe der baulichen Anlagen sind Sache des Auftraggebers.

3. Die vom Auftraggeber zur Verfügung gestellten Geländeaufnahmen und Absteckungen und die übrigen für die Ausführung übergebenen Unterlagen sind für den Auftragnehmer maßgebend. Jedoch hat er sie, soweit es zur ordnungsgemäßen Vertragserfüllung gehört, auf etwaige Unstimmigkeiten zu überprüfen und den Auftraggeber auf entdeckte oder vermutete Mängel hinzuweisen.

4. Vor Beginn der Arbeiten ist, soweit notwendig, der Zustand der Straßen und Geländeoberfläche, der Vorfluter und Vorflutleitungen, ferner der baulichen Anlagen im Baubereich in einer Niederschrift festzuhalten, die vom Auftraggeber und Auftragnehmer anzuerkennen ist.

5. Zeichnungen, Berechnungen, Nachprüfungen von Berechnungen oder andere Unterlagen, die der Auftragnehmer nach dem Vertrag, besonders den Technischen Vertragsbedingungen, oder der gewerblichen Verkehrssitte oder auf besonderes Verlangen des Auftraggebers (§ 2 Nr. 9) zu beschaffen hat, sind dem Auftraggeber nach Aufforderung rechtzeitig vorzulegen.

6. (1) Die in Nr. 5 genannten Unterlagen dürfen ohne Genehmigung ihres Urhebers nicht veröffentlicht, vervielfältigt, geändert oder für einen anderen als den vereinbarten Zweck benutzt werden.

(2) An DV-Programmen hat der Auftraggeber das Recht der Nutzung mit den vereinbarten Leistungsmerkmalen in unveränderter Form auf den festgelegten Geräten. Der Auftraggeber darf zum Zwecke der Datensicherung zwei Kopien herstellen. Diese müssen alle Identifikationsmerkmale enthalten. Der Verbleib der Kopien ist auf Verlangen nachzuweisen.

(3) Der Auftragnehmer bleibt unbeschadet des Nutzungsrechts des Auftraggebers zur Nutzung der Unterlagen und der DV-Programme berechtigt.

Die Bestimmung ist erläutert in § 633 Rn 14.

§ 4 Ausführung

1. (1) Der Auftraggeber hat für die Aufrechterhaltung der allgemeinen Ordnung auf der Baustelle zu sorgen und das Zusammenwirken der verschiedenen Unternehmer zu regeln. Er hat die erforderlichen öffentlich-rechtlichen Genehmigungen und Erlaubnisse – zB nach dem Baurecht, dem Straßenverkehrsrecht, dem Wasserrecht, dem Gewerberecht – herbeizuführen.

(2) Der Auftraggeber hat das Recht, die vertragsgemäße Ausführung der Leistung zu überwachen. Hierzu hat er Zutritt zu den Arbeitsplätzen, Werkstätten und Lagerräumen, wo die vertragliche Leistung oder Teile von ihr hergestellt oder die hierfür bestimmten Stoffe und Bauteile gelagert werden. Auf Verlangen sind ihm die Werkzeichnungen oder andere Ausführungsunterlagen sowie die Ergebnisse von Güteprüfungen zur Einsicht vorzulegen und die erforderlichen Auskünfte zu erteilen, wenn hierdurch keine Geschäftsgeheimnisse preisgegeben werden. Als Geschäftsgeheimnis bezeichnete Auskünfte und Unterlagen hat er vertraulich zu behandeln.

(3) Der Auftraggeber ist befugt, unter Wahrung der dem Auftragnehmer zustehenden Leitung (Nr. 2) Anordnungen zu treffen, die zur vertragsgemäßen Ausführung der Leistung notwendig sind. Die Anordnungen sind grundsätzlich nur dem Auftraggeber oder seinem für die Leitung der Ausführung

bestellten Vertreter zu erteilen, außer wenn Gefahr im Verzug ist. Dem Auftraggeber ist mitzuteilen, wer jeweils als Vertreter des Auftragnehmers für die Leitung der Ausführung bestellt ist.

(4) Hält der Auftragnehmer die Anordnungen des Auftraggebers für unberechtigt oder unzweckmäßig, so hat er seine Bedenken geltend zu machen, die Anordnungen jedoch auf Verlangen auszuführen, wenn nicht gesetzliche oder behördliche Bestimmungen entgegenstehen. Wenn dadurch eine ungerechtfertigte Erschwerung verursacht wird, hat der Auftraggeber die Mehrkosten zu tragen.

2. (1) Der Auftragnehmer hat die Leistung unter eigener Verantwortung nach dem Vertrag auszuführen. Dabei hat er die anerkannten Regeln der Technik und die gesetzlichen und behördlichen Bestimmungen zu beachten. Es ist seine Sache, die Ausführung seiner vertraglichen Leistung zu leiten und für Ordnung auf seiner Arbeitsstelle zu sorgen.

(2) Er ist für die Erfüllung der gesetzlichen, behördlichen und berufsgenossenschaftlichen Verpflichtungen gegenüber seinen Arbeitnehmern allein verantwortlich. Es ist ausschließlich seine Aufgabe, die Vereinbarungen und Maßnahmen zu treffen, die sein Verhältnis zu den Arbeitnehmern regeln.

3. Hat der Auftragnehmer Bedenken gegen die vorgesehene Art der Ausführung (auch wegen der Sicherung gegen Unfallgefahren), gegen die Güte der vom Auftraggeber gelieferten Stoffe oder Bauteile oder gegen die Leistungen anderer Unternehmer, so hat er sie dem Auftraggeber unverzüglich – möglichst schon vor Beginn der Arbeiten – schriftlich mitzuteilen; der Auftraggeber bleibt jedoch für seine Angaben, Anordnungen oder Lieferungen verantwortlich.

4. Der Auftraggeber hat, wenn nichts anderes vereinbart ist, dem Auftragnehmer unentgeltlich zur Benutzung oder Mitbenutzung zu überlassen:

a) die notwendigen Lager- und Arbeitsplätze auf der Baustelle,

b) vorhandene Zufahrtswege und Anschlußgleise,

c) vorhandene Anschlüsse für Wasser und Energie. Die Kosten für den Verbrauch und den Messer oder Zähler trägt der Auftragnehmer, mehrere Auftragnehmer tragen sie anteilig.

5. Der Auftragnehmer hat die von ihm ausgeführten Leistungen und die ihm für die Ausführung übergebenen Gegenstände bis zur Abnahme vor Beschädigung und Diebstahl zu schützen. Auf Verlangen des Auftraggebers hat er sie vor Winterschäden und Grundwasser zu schützen, ferner Schnee und Eis zu beseitigen. Obliegt ihm die Verpflichtung nach Satz 2 nicht schon nach dem Vertrag, so regelt sich die Vergütung nach § 2 Nr. 6.

6. Stoffe oder Bauteile, die dem Vertrag oder den Proben nicht entsprechen, sind auf Anordnung des Auftraggebers innerhalb einer von ihm bestimmten Frist von der Baustelle zu entfernen. Geschieht es nicht, so können sie auf Kosten des Auftragnehmers entfernt oder für seine Rechnung veräußert werden.

7. Leistungen, die schon während der Ausführung als mangelhaft oder vertragswidrig erkannt werden, hat der Auftragnehmer auf eigene Kosten durch mangelfreie zu ersetzen. Hat der Auftragnehmer den Mangel oder die Vertragswidrigkeit zu vertreten, so hat er auch den daraus entstehenden Schaden zu ersetzen. Kommt der Auftragnehmer der Pflicht zur Beseitigung des Mangels nicht nach, so kann ihm

Titel 9 · Werkvertrag und ähnliche Verträge
Untertitel 1 · Werkvertrag

Anhang zu § 651

der Auftraggeber eine angemessene Frist zur Beseitigung des Mangels setzen und erklären, daß er ihm nach fruchtlosem Ablauf der Frist den Auftrag entziehe (§ 8 Nr. 3).

8. (1) Der Auftragnehmer hat die Leistung im eigenen Betrieb auszuführen. Mit schriftlicher Zustimmung des Auftraggebers darf er sie an Nachunternehmer übertragen. Die Zustimmung ist nicht notwendig bei Leistungen, auf die der Betrieb des Auftragnehmers nicht eingerichtet ist. Erbringt der Auftragnehmer ohne schriftliche Zustimmung des Auftraggebers Leistungen nicht im eigenen Betrieb, obwohl sein Betrieb darauf eingerichtet ist, kann der Auftraggeber ihm eine angemessene Frist zur Aufnahme der Leistung im eigenen Betrieb setzen und erklären, daß er ihm nach fruchtlosem Ablauf der Frist den Auftrag entziehe (§ 8 Nr. 3 VOB/B).

(2) Der Auftragnehmer hat bei der Weitervergabe von Bauleistungen an Nachunternehmer die Verdingungsordnung für Bauleistungen zugrunde zu legen.

(3) Der Auftragnehmer hat die Nachunternehmer dem Auftraggeber auf Verlangen bekanntzugeben.

9. Werden bei Ausführungen der Leistung auf einem Grundstück Gegenstände von Altertums-, Kunst- oder wissenschaftlichem Wert entdeckt, so hat der Auftragnehmer vor jedem weiteren Aufdecken oder Ändern dem Auftraggeber den Fund anzuzeigen und ihm die Gegenstände nach näherer Weisung abzuliefern. Die Vergütung etwaiger Mehrkosten regelt sich nach § 2 Nr. 6. Die Rechte des Entdeckers (§ 984 BGB) hat der Auftraggeber.

10. Der Zustand von Teilen der Leistung ist auf Verlangen gemeinsam von Auftraggeber und Auftragnehmer festzustellen, wenn diese Teile der Leistung durch die weitere Ausführung der Prüfung und Feststellung entzogen werden. Das Ergebnis ist schriftlich niederzulegen.

Die Bestimmung ist erläutert in § 633 Rn 29.

§ 5 Ausführungsfristen

1. Die Ausführung ist nach den verbindlichen Fristen (Vertragsfristen) zu beginnen, angemessen zu fördern und zu vollenden. In einem Bauzeitenplan enthaltene Einzelfristen gelten nur dann als Vertragsfristen, wenn dies im Vertrag ausdrücklich vereinbart ist.

2. Ist für den Beginn der Ausführung keine Frist vereinbart, so hat der Auftraggeber dem Auftragnehmer auf Verlangen Auskunft über den voraussichtlichen Beginn zu erteilen. Der Auftragnehmer hat innerhalb von 12 Werktagen nach Aufforderung zu beginnen. Der Beginn der Ausführung ist dem Auftraggeber anzuzeigen.

3. Wenn Arbeitskräfte, Geräte, Gerüste, Stoffe oder Bauteile so unzureichend sind, daß die Ausführungsfristen offenbar nicht eingehalten werden können, muß der Auftragnehmer auf Verlangen unverzüglich Abhilfe schaffen.

4. Verzögert der Auftragnehmer den Beginn der Ausführung, gerät er mit der Vollendung in Verzug oder kommt er der in Nr. 3 erwähnten Verpflichtung nicht nach, so kann der Auftraggeber bei Aufrechterhaltung des Vertrages Schadensersatz nach § 6 Nr. 6 verlangen oder dem Auftragnehmer eine angemessene Frist zur Vertragserfüllung setzen und erklären, daß er ihm nach fruchtlosem Ablauf der Frist den Auftrag entziehe (§ 8 Nr. 3).

Anhang zu § 651 Buch 2
Abschnitt 8 · Einzelne Schuldverhältnisse

Die Bestimmung ist erläutert in § 633 Rn 125.

§ 6 Behinderung und Unterbrechung der Ausführung

1. Glaubt sich der Auftragnehmer in der ordnungsgemäßen Ausführung der Leistung behindert, so hat er es dem Auftraggeber unverzüglich schriftlich anzuzeigen. Unterläßt er die Anzeige, so hat er nur dann Anspruch auf Berücksichtigung der hindernden Umstände, wenn dem Auftraggeber offenkundig die Tatsache und deren hindernde Wirkung bekannt waren.

2. (1) Ausführungsfristen werden verlängert, soweit die Behinderung verursacht ist:

a) durch einen Umstand aus dem Risikobereich des Auftraggebers,

b) durch Streik oder eine von der Berufsvertretung der Arbeitgeber angeordnete Aussperrung im Betrieb des Auftragnehmers oder in einem unmittelbar für ihn arbeitenden Betrieb,

c) durch höhere Gewalt oder andere für den Auftragnehmer unabwendbare Umstände.

(2) Witterungseinflüsse während der Ausführungszeit, mit denen bei Abgabe des Angebots normalerweise gerechnet werden mußte, gelten nicht als Behinderung.

3. Der Auftragnehmer hat alles zu tun, was ihm billigerweise zugemutet werden kann, um die Weiterführung der Arbeiten zu ermöglichen. Sobald die hindernden Umstände wegfallen, hat er ohne weiteres und unverzüglich die Arbeiten wiederaufzunehmen und den Auftraggeber davon zu benachrichtigen.

4. Die Fristverlängerung wird berechnet nach der Dauer der Behinderung mit einem Zuschlag für die Wiederaufnahme der Arbeiten und die etwaige Verschiebung in eine ungünstigere Jahreszeit.

5. Wird die Ausführung für voraussichtlich längere Dauer unterbrochen, ohne daß die Leistung dauernd unmöglich wird, so sind die ausgeführten Leistungen nach den Vertragspreisen abzurechnen und außerdem die Kosten zu vergüten, die dem Auftragnehmer bereits entstanden und in den Vertragspreisen des nicht ausgeführten Teils der Leistung enthalten sind.

6. Sind die hindernden Umstände von einem Vertragsteil zu vertreten, so hat der andere Teil Anspruch auf Ersatz des nachweislich entstandenen Schadens, des entgangenen Gewinns aber nur bei Vorsatz oder grober Fahrlässigkeit.

7. Dauert eine Unterbrechung länger als 3 Monate, so kann jeder Teil nach Ablauf dieser Zeit den Vertrag schriftlich kündigen. Die Abrechnung regelt sich nach Nummern 5 und 6; wenn der Auftragnehmer die Unterbrechung nicht zu vertreten hat, sind auch die Kosten der Baustellenräumung zu vergüten, soweit sie nicht in der Vergütung für die bereits ausgeführten Leistungen enthalten sind.

Die Bestimmung ist erläutert in § 642 Rn 42.

§ 7 Verteilung der Gefahr

1. Wird die ganz oder teilweise ausgeführte Leistung vor der Abnahme durch höhere Gewalt, Krieg, Aufruhr oder andere objektiv unabwendbare vom Auftragnehmer nicht zu vertretende Umstände

Titel 9 · Werkvertrag und ähnliche Verträge Anhang zu § 651
Untertitel 1 · Werkvertrag

beschädigt oder zerstört, so hat dieser für die ausgeführten Teile der Leistung die Ansprüche nach § 6 Nr. 5; für andere Schäden besteht keine gegenseitige Ersatzpflicht.

2. Zu der ganz oder teilweise ausgeführten Leistung gehören alle mit der baulichen Anlage unmittelbar verbundenen, in ihre Substanz eingegangenen Leistungen, unabhängig von deren Fertigstellungsgrad.

3. Zu der ganz oder teilweise ausgeführten Leistung gehören nicht die noch nicht eingebauten Stoffe und Bauteile sowie die Baustelleneinrichtung und Absteckungen. Zu der ganz oder teilweise ausgeführten Leistung gehören ebenfalls nicht Baubehelfe, zB Gerüste, auch wenn diese als Besondere Leistung oder selbständig vergeben sind.

Die Bestimmung ist erläutert in § 644 Rn 30.

§ 8 Kündigung durch den Auftraggeber

1. (1) Der Auftraggeber kann bis zur Vollendung der Leistung jederzeit den Vertrag kündigen.

(2) Dem Auftragnehmer steht die vereinbarte Vergütung zu. Er muß sich jedoch anrechnen lassen, was er infolge der Aufhebung des Vertrages an Kosten erspart oder durch anderweitige Verwendung seiner Arbeitskraft und seines Betriebes erwirbt oder zu erwerben böswillig unterläßt (§ 649 BGB).

2. (1) Der Auftraggeber kann den Vertrag kündigen, wenn der Auftragnehmer seine Zahlungen einstellt oder das Insolvenzverfahren beziehungsweise ein vergleichbares gesetzliches Verfahren beantragt oder ein solches Verfahren eröffnet wird oder dessen Eröffnung mangels Masse abgelehnt wird.

(2) Die ausgeführten Leistungen sind nach § 6 Nr. 5 abzurechnen. Der Auftraggeber kann Schadensersatz wegen Nichterfüllung des Restes verlangen.

3. (1) Der Auftraggeber kann den Vertrag kündigen, wenn in den Fällen des § 4 Nrn. 7 und 8 Abs. 1 und des § 5 Nr. 4 die gesetzte Frist fruchtlos abgelaufen ist (Entziehung des Auftrags). Die Entziehung des Auftrags kann auf einen in sich abgeschlossenen Teil der vertraglichen Leistung beschränkt werden.

(2) Nach der Entziehung des Auftrags ist der Auftraggeber berechtigt, den noch nicht vollendeten Teil der Leistung zu Lasten des Auftragnehmers durch einen Dritten ausführen zu lassen, doch bleiben seine Ansprüche auf Ersatz des etwa entstehenden weiteren Schadens bestehen. Er ist auch berechtigt, auf die weitere Ausführung zu verzichten und Schadensersatz wegen Nichterfüllung zu verlangen, wenn die Ausführung aus den Gründen, die zur Entziehung des Auftrags geführt haben, für ihn kein Interesse mehr hat.

(3) Für die Weiterführung der Arbeiten kann der Auftraggeber Geräte, Gerüste, auf der Baustelle vorhandene oder andere Einrichtungen und angelieferte Stoffe und Bauteile gegen angemessene Vergütung in Anspruch nehmen.

(4) Der Auftraggeber hat dem Auftragnehmer eine Aufstellung über die entstandenen Mehrkosten und über seine anderen Ansprüche spätestens binnen 12 Werktagen nach Abrechnung mit dem Dritten zuzusenden.

4. Der Auftraggeber kann den Auftrag entziehen, wenn der Auftragnehmer aus Anlaß der Vergabe eine Abrede getroffen hatte, die eine unzulässige Wettbewerbsbeschränkung darstellt. Die Kündigung ist innerhalb von 12 Werktagen nach Bekanntwerden des Kündigungsgrundes auszusprechen. Die Nr. 3 gilt entsprechend.

5. Die Kündigung ist schriftlich zu erklären.

6. Der Auftragnehmer kann Aufmaß und Abnahme der von ihm ausgeführten Leistungen alsbald nach der Kündigung verlangen; er hat unverzüglich eine prüfbare Rechnung über die ausgeführten Leistungen vorzulegen.

7. Eine wegen Verzugs verwirkte, nach Zeit bemessene Vertragsstrafe kann nur für die Zeit bis zum Tag der Kündigung des Vertrages gefordert werden.

Die Bestimmung ist erläutert in § 649 Rn 49.

§ 9 Kündigung durch den Auftragnehmer

1. Der Auftragnehmer kann den Vertrag kündigen:

a) wenn der Auftraggeber eine ihm obliegende Handlung unterläßt und dadurch den Auftragnehmer außerstand setzt, die Leistung auszuführen (Annahmeverzug nach §§ 293 ff. BGB),

b) wenn der Auftraggeber eine fällige Zahlung nicht leistet oder sonst in Schuldnerverzug gerät.

2. Die Kündigung ist schriftlich zu erklären. Sie ist erst zulässig, wenn der Auftragnehmer dem Auftraggeber ohne Erfolg eine angemessene Frist zur Vertragserfüllung gesetzt und erklärt hat, daß er nach fruchtlosem Ablauf der Frist den Vertrag kündigen werde.

3. Die bisherigen Leistungen sind nach den Vertragspreisen abzurechnen. Außerdem hat der Auftragnehmer Anspruch auf angemessene Entschädigung nach § 642 BGB, etwaige weitergehende Ansprüche des Auftragnehmers bleiben unberührt.

Die Bestimmung ist erläutert in § 643 Rn 26.

§ 10 Haftung der Vertragsparteien

1. Die Vertragsparteien haften einander für eigenes Verschulden sowie für das Verschulden ihrer gesetzlichen Vertreter und der Personen, deren sie sich zur Erfüllung ihrer Verbindlichkeiten bedienen (§§ 276, 278 BGB).

2. (1) Entsteht einem Dritten im Zusammenhang mit der Leistung ein Schaden, für den auf Grund gesetzlicher Haftpflichtbestimmungen beide Vertragsparteien haften, so gelten für den Ausgleich zwischen den Vertragsparteien die allgemeinen gesetzlichen Bestimmungen, soweit im Einzelfall nichts anderes vereinbart ist. Soweit der Schaden des Dritten nur die Folge einer Maßnahme ist, die der Auftraggeber in dieser Form angeordnet hat, trägt er den Schaden allein, wenn ihn der Auftragnehmer auf die mit der angeordneten Ausführung verbundene Gefahr nach § 4 Nr. 3 hingewiesen hat.

Titel 9 · Werkvertrag und ähnliche Verträge
Untertitel 1 · Werkvertrag

Anhang zu § 651

(2) Der Auftragnehmer trägt den Schaden allein, soweit er ihn durch Versicherung seiner gesetzlichen Haftpflicht gedeckt hat oder durch eine solche zu tarifmäßigen, nicht auf außergewöhnliche Verhältnisse abgestellten Prämien und Prämienzuschlägen bei einem im Inland zum Geschäftsbetrieb zugelassenen Versicherer hätte decken können.

3. Ist der Auftragnehmer einem Dritten nach §§ 823 ff. BGB zu Schadensersatz verpflichtet wegen unbefugten Betretens oder Beschädigung angrenzender Grundstücke, wegen Entnahme oder Auflagerung von Boden oder anderen Gegenständen außerhalb der vom Auftraggeber dazu angewiesenen Flächen oder wegen der Folgen eigenmächtiger Versperrung von Wegen oder Wasserläufen, so trägt er im Verhältnis zum Auftraggeber den Schaden allein.

4. Für die Verletzung gewerblicher Schutzrechte haftet im Verhältnis der Vertragsparteien zueinander der Auftragnehmer allein, wenn er selbst das geschützte Verfahren oder die Verwendung geschützter Gegenstände angeboten oder wenn der Auftraggeber die Verwendung vorgeschrieben und auf das Schutzrecht hingewiesen hat.

5. Ist eine Vertragspartei gegenüber der anderen nach Nummern 2, 3 oder 4 von der Ausgleichspflicht befreit, so gilt diese Befreiung auch zugunsten ihrer gesetzlichen Vertreter und Erfüllungsgehilfen, wenn sie nicht vorsätzlich oder grob fahrlässig gehandelt haben.

6. Soweit eine Vertragspartei von dem Dritten für einen Schaden in Anspruch genommen wird, den nach Nummern 2, 3 oder 4 die andere Vertragspartei zu tragen hat, kann sie verlangen, daß ihre Vertragspartei sie von der Verbindlichkeit gegenüber dem Dritten befreit. Sie darf den Anspruch des Dritten nicht anerkennen oder befriedigen, ohne der anderen Vertragspartei vorher Gelegenheit zur Äußerung gegeben zu haben.

Die Bestimmung ist erläutert in Anh IV zu § 638.

§ 11 Vertragsstrafe

1. Wenn Vertragsstrafen vereinbart sind, gelten die §§ 339 bis 345 BGB.

2. Ist die Vertragsstrafe für den Fall vereinbart, daß der Auftragnehmer nicht in der vorgesehenen Frist erfüllt, so wird sie fällig, wenn der Auftragnehmer in Verzug gerät.

3. Ist die Vertragsstrafe nach Tagen bemessen, so zählen nur Werktage; ist sie nach Wochen bemessen, so wird jeder Werktag angefangener Wochen als $1/6$ Woche gerechnet.

4. Hat der Auftraggeber die Leistung abgenommen, so kann er die Strafe nur verlangen, wenn er dies bei der Abnahme vorbehalten hat.

§ 11 Nr 2 entspricht § 339 S 1, § 11 Nr 4 der Bestimmung des § 341 Abs 3. Die Fristberechnung nach § 11 Nr 3 weicht zT von der nach den §§ 186 ff ab. Wegen der weitestgehenden Identität der Regelungen wird von einer gesonderten Erläuterung abgesehen. Wegen des Vorbehalts der Vertragsstrafe bei der Abnahme ist auf die Erl zu § 640, namentlich Rn 67 ff, entsprechend Bezug zu nehmen.

§ 12 Abnahme

1. Verlangt der Auftragnehmer nach der Fertigstellung – gegebenenfalls auch vor Ablauf der vereinbarten Ausführungsfrist – die Abnahme der Leistung, so hat sie der Auftraggeber binnen 12 Werktagen durchzuführen; eine andere Frist kann vereinbart werden.

2. Auf Verlangen sind in sich abgeschlossene Teile der Leistung besonders abzunehmen.

3. Wegen wesentlicher Mängel kann die Abnahme bis zur Beseitigung verweigert werden.

4. (1) Eine förmliche Abnahme hat stattzufinden, wenn eine Vertragspartei es verlangt. Jede Partei kann auf ihre Kosten einen Sachverständigen zuziehen. Der Befund ist in gemeinsamer Verhandlung schriftlich niederzulegen. In die Niederschrift sind etwaige Vorbehalte wegen bekannter Mängel und wegen Vertragsstrafen aufzunehmen, ebenso etwaige Einwendungen des Auftragnehmers. Jede Partei erhält eine Ausfertigung.

(2) Die förmliche Abnahme kann in Abwesenheit des Auftragnehmers stattfinden, wenn der Termin vereinbart war oder der Auftraggeber mit genügender Frist dazu eingeladen hatte. Das Ergebnis der Abnahme ist dem Auftragnehmer alsbald mitzuteilen.

5. (1) Wird keine Abnahme verlangt, so gilt die Leistung als abgenommen mit Ablauf von 12 Werktagen nach schriftlicher Mitteilung über die Fertigstellung der Leistung.

(2) Hat der Auftraggeber die Leistung oder einen Teil der Leistung in Benutzung genommen, so gilt die Abnahme nach Ablauf von 6 Werktagen nach Beginn der Benutzung als erfolgt, wenn nichts anderes vereinbart ist. Die Benutzung von Teilen einer baulichen Anlage zur Weiterführung der Arbeiten gilt nicht als Abnahme.

(3) Vorbehalte wegen bekannter Mängel oder wegen Vertragsstrafen hat der Auftraggeber spätestens zu den in den Absätzen 1 und 2 bezeichneten Zeitpunkten geltend zu machen.

6. Mit der Abnahme geht die Gefahr auf den Auftraggeber über, soweit er sie nicht schon nach § 7 trägt.

Nrn 1–5 sind erläutert in § 640 Rn 65, Nr 6 in § 644 Rn 30.

§ 13 Mängelansprüche

1. Der Auftragnehmer hat dem Auftraggeber seine Leistung zum Zeitpunkt der Abnahme frei von Sachmängeln zu verschaffen. Die Leistung ist zur Zeit der Abnahme frei von Sachmängeln, wenn sie die vereinbarte Beschaffenheit hat und den anerkannten Regeln der Technik entspricht. Ist die Beschaffenheit nicht vereinbart, so ist die Leistung zur Zeit der Abnahme frei von Sachmängeln,

a.) wenn sie sich für die nach dem Vertrag vorausgesetzte,

sonst

b.) für die gewöhnliche Verwendung eignet und eine Beschaffenheit aufweist, die bei Werken der gleichen Art üblich ist und die der Auftraggeber nach Art der Leistung erwarten kann.

Titel 9 · Werkvertrag und ähnliche Verträge
Untertitel 1 · Werkvertrag

Anhang zu § 651

2. Bei Leistungen nach Probe gelten die Eigenschaften der Probe als vereinbarte Beschaffenheit, soweit nicht Abweichungen nach der Verkehrssitte als bedeutungslos anzusehen sind. Dies gilt auch für Proben, die erst nach Vertragsschluß als solche anerkannt sind.

3. Ist ein Mangel zurückzuführen auf die Leistungsbeschreibung oder auf Anordnungen des Auftraggebers, auf die von diesem gelieferten oder vorgeschriebenen Stoffe oder Bauteile oder die Beschaffenheit der Vorleistung eines anderen Unternehmers, haftet der Auftragnehmer, es sei denn, er hat die ihm nach § 4 Nr. 3 obliegende Mitteilung gemacht.

4. (1) Ist für Mängelansprüche keine Verjährungsfrist im Vertrag vereinbart, so beträgt sie für Bauwerke 4 Jahre, für Arbeiten an einem Grundstück und für die vom Feuer berührten Teile von Feuerungsanlagen 2 Jahre. Abweichend von Satz 1 beträgt die Verjährungsfrist für feuerberührte und abgasdämmende Teile von industriellen Feuerungsanlagen 1 Jahr.

(2) Bei maschinellen und elektrotechnischen/elektronischen Anlagen oder Teilen davon, bei denen die Wartung Einfluß auf die Sicherheit und Funktionsfähigkeit hat, beträgt die Verjährungsfrist für Mängelansprüche abweichend von Abs. 1 2 Jahre, wenn der Auftraggeber sich dafür entschieden hat, dem Auftragnehmer die Wartung für die Dauer der Verjährungsfrist nicht zu übertragen.

(3) Die Frist beginnt mit der Abnahme der gesamten Leistung; nur für in sich abgeschlossene Teile der Leistung beginnt sie mit der Teilabnahme (§ 12 Nr. 2).

5. (1) Der Auftragnehmer ist verpflichtet, alle während der Verjährungsfrist hervortretenden Mängel, die auf vertragswidrige Leistung zurückzuführen sind, auf seine Kosten zu beseitigen, wenn es der Auftraggeber vor Ablauf der Frist schriftlich verlangt. Der Anspruch auf Beseitigung der gerügten Mängel verjährt in 2 Jahren, gerechnet vom Zugang des schriftlichen Verlangens an, jedoch nicht vor Ablauf der Regelfristen der Nummer 4 oder der an ihrer Stelle vereinbarten Frist. Nach Abnahme der Mängelbeseitigungsleistung beginnt für diese Leistung eine Verjährungsfrist von 2 Jahren neu, die jedoch nicht vor Ablauf der Regelfrist nach Nummer 4 oder der an ihrer Stelle vereinbarten Frist endet.

(2) Kommt der Auftragnehmer der Aufforderung zur Mängelbeseitigung in einer vom Auftraggeber gesetzten angemessenen Frist nicht nach, so kann der Auftraggeber die Mängel auf Kosten des Auftragnehmers beseitigen lassen.

6. Ist die Beseitigung des Mangels für den Auftraggeber unzumutbar oder ist sie unmöglich oder würde sie einen unverhältnismäßig hohen Aufwand erfordern und wird sie deshalb vom Auftragnehmer verweigert, so kann der Auftraggeber durch Erklärung gegenüber dem Auftragnehmer die Vergütung mindern (§ 638 BGB).

7. (1) Der Auftragnehmer haftet bei schuldhaft verursachten Mängeln für Schäden aus der Verletzung des Lebens, des Körpers oder der Gesundheit.

(2) Bei vorsätzlich oder grob fahrlässig verursachten Mängeln haftet er für alle Schäden.

(3) Im übrigen ist dem Auftraggeber der Schaden an der baulichen Anlage zu ersetzen, zu deren Herstellung, Instandhaltung oder Änderung die Leistung dient, wenn ein wesentlicher Mangel vorliegt, der die Gebrauchsfähigkeit erheblich beeinträchtigt und auf ein Verschulden des Auftragnehmers zurückzuführen ist. Einen darüber hinausgehenden Schaden hat der Auftragnehmer nur dann zu ersetzen,

a) wenn der Mangel auf einem Verstoß gegen die anerkannten Regeln der Technik beruht,

b) wenn der Mangel in dem Fehlen einer vertraglich vereinbarten Beschaffenheit besteht oder

c) soweit der Auftragnehmer den Schaden durch Versicherung seiner gesetzlichen Haftpflicht gedeckt hat oder durch eine solche zu tarifmäßigen, nicht auf außergewöhnliche Verhältnisse abgestellten Prämien und Prämienzuschlägen bei einem im Inland zum Geschäftsbetrieb zugelassenen Versicherer hätte decken können.

(4) Abweichend von Nummer 4 gelten die gesetzlichen Verjährungsfristen, soweit sich der Auftragnehmer nach Absatz 3 durch Versicherung geschützt hat oder hätte schützen können oder soweit ein besonderer Versicherungsschutz vereinbart ist.

(5) Eine Einschränkung oder Erweiterung der Haftung kann in begründeten Sonderfällen vereinbart werden.

Die Bestimmung ist erläutert in Anh I zu § 638.

§ 14 Abrechnung

1. Der Auftragnehmer hat seine Leistungen prüfbar abzurechnen. Er hat die Rechnungen übersichtlich aufzustellen und dabei die Reihenfolge der Posten einzuhalten und die in den Vertragsbestandteilen enthaltenen Bezeichnungen zu verwenden. Die zum Nachweis von Art und Umfang der Leistung erforderlichen Mengenberechnungen, Zeichnungen und andere Belege sind beizufügen. Änderungen und Ergänzungen des Vertrages sind in der Rechnung besonders kenntlich zu machen; sie sind auf Verlangen getrennt abzurechnen.

2. Die für die Abrechnung notwendigen Feststellungen sind dem Fortgang der Leistung entsprechend möglichst gemeinsam vorzunehmen. Die Abrechnungsbestimmungen in den Technischen Vertragsbedingungen und den anderen Vertragsunterlagen sind zu beachten. Für Leistungen, die bei Weiterführung der Arbeiten nur schwer feststellbar sind, hat der Auftragnehmer rechtzeitig gemeinsame Feststellungen zu beantragen.

3. Die Schlußrechnung muß bei Leistungen mit einer vertraglichen Ausführungsfrist von höchstens 3 Monaten spätestens 12 Werktage nach Fertigstellung eingereicht werden, wenn nichts anderes vereinbart ist; diese Frist wird um je 6 Werktage für je weitere 3 Monate Ausführungsfrist verlängert.

4. Reicht der Auftragnehmer eine prüfbare Rechnung nicht ein, obwohl ihm der Auftraggeber dafür eine angemessene Frist gesetzt hat, so kann sie der Auftraggeber selbst auf Kosten des Auftragnehmers aufstellen.

Die Bestimmung ist erläutert in § 641 Rn 31, 64.

§ 15 Stundenlohnarbeiten

1. (1) Stundenlohnarbeiten werden nach den vertraglichen Vereinbarungen abgerechnet.

(2) Soweit für die Vergütung keine Vereinbarungen getroffen worden sind, gilt die ortsübliche Vergütung. Ist diese nicht zu ermitteln, so werden die Aufwendungen des Auftragnehmers für

Titel 9 · Werkvertrag und ähnliche Verträge   Anhang zu § 651
Untertitel 1 · Werkvertrag

Lohn- und Gehaltskosten der Baustelle, Lohn- und Gehaltsnebenkosten der Baustelle, Stoffkosten der Baustelle, Kosten der Einrichtungen, Geräte, Maschinen und maschinellen Anlagen der Baustelle, Fracht-, Fuhr- und Ladekosten, Sozialkassenbeiträge und Sonderkosten,

die bei wirtschaftlicher Betriebsführung entstehen, mit angemessenen Zuschlägen für Gemeinkosten und Gewinn (einschließlich allgemeinem Unternehmerwagnis) zuzüglich Umsatzsteuer vergütet.

2. Verlangt der Auftraggeber, daß die Stundenlohnarbeiten durch einen Polier oder eine andere Aufsichtsperson beaufsichtigt werden, oder ist die Aufsicht nach den einschlägigen Unfallverhütungsvorschriften notwendig, so gilt Nr. 1 entsprechend.

3. Dem Auftraggeber ist die Ausführung von Stundenlohnarbeiten vor Beginn anzuzeigen. Über die geleisteten Arbeitsstunden und den dabei erforderlichen, besonders zu vergütenden Aufwand für den Verbrauch von Stoffen, für Vorhaltung von Einrichtungen, Geräten, Maschinen und maschinellen Anlagen, für Frachten, Fuhr- und Ladeleistungen sowie etwaige Sonderkosten sind, wenn nichts anderes vereinbart ist, je nach der Verkehrssitte werktäglich oder wöchentlich Listen (Stundenlohnzettel) einzureichen. Der Auftraggeber hat die von ihm bescheinigten Stundenlohnzettel unverzüglich, spätestens jedoch innerhalb von 6 Werktagen nach Zugang, zurückzugeben. Dabei kann er Einwendungen auf den Stundenlohnzettel oder gesondert schriftlich erheben. Nicht fristgemäß zurückgegebene Stundenlohnzettel gelten als anerkannt.

4. Stundenlohnrechnungen sind alsbald nach Abschluß der Stundenlohnarbeiten, längstens jedoch in Abständen von 4 Wochen einzureichen. Für die Zahlung gilt § 16.

5. Wenn Stundenlohnarbeiten zwar vereinbart waren, über den Umfang der Stundenlohnleistungen aber mangels rechtzeitiger Vorlage der Stundenlohnzettel Zweifel bestehen, so kann der Auftraggeber verlangen, daß für die nachweisbar ausgeführten Leistungen eine Vergütung vereinbart wird, die nach Maßgabe von Nr. 1 Absatz 2 für einen wirtschaftlich vertretbaren Aufwand an Arbeitszeit und Verbrauch von Stoffen, für Vorhaltung von Einrichtungen, Geräten, Maschinen und maschinellen Anlagen, für Frachten, Fuhr- und Ladeleistungen sowie etwaige Sonderkosten ermittelt wird.

Die Bestimmung ist erläutert in § 632 Rn 9.

§ 16 Zahlung

1. (1) Abschlagszahlungen sind auf Antrag in Höhe des Wertes der jeweils nachgewiesenen vertragsmäßigen Leistungen einschließlich des ausgewiesenen, darauf entfallenden Umsatzsteuerbetrages in möglichst kurzen Zeitabständen zu gewähren. Die Leistungen sind durch eine prüfbare Aufstellung nachzuweisen, die eine rasche und sichere Beurteilung der Leistungen ermöglichen muß. Als Leistungen gelten hierbei auch die für die geforderte Leistung eigens angefertigten und bereitgestellten Bauteile sowie die auf der Baustelle angelieferten Stoffe und Bauteile, wenn dem Auftraggeber nach seiner Wahl das Eigentum an ihnen übertragen ist oder entsprechende Sicherheit gegeben wird.

(2) Gegenforderungen können einbehalten werden. Andere Einbehalte sind nur in den im Vertrag und in den gesetzlichen Bestimmungen vorgesehenen Fällen zulässig.

(3) Ansprüche auf Abschlagszahlungen werden binnen 18 Werktagen nach Zugang der Aufstellung fällig.

(4) Die Abschlagszahlungen sind ohne Einfluß auf die Haftung des Auftragnehmers; sie gelten nicht als Abnahme von Teilen der Leistung.

2. (1) Vorauszahlungen können auch nach Vertragsschluß vereinbart werden; hierfür ist auf Verlangen des Auftraggebers ausreichende Sicherheit zu leisten. Diese Vorauszahlungen sind, sofern nichts anderes vereinbart wird, mit 3 v.H. über dem Basiszinssatz des § 247 BGB zu verzinsen.

(2) Vorauszahlungen sind auf die nächstfälligen Zahlungen anzurechnen, soweit damit Leistungen abzugelten sind, für welche die Vorauszahlungen gewährt worden sind.

3. (1) Der Anspruch auf die Schlußzahlung wird alsbald nach Prüfung und Feststellung der vom Auftragnehmer vorgelegten Schlußrechnung fällig, spätestens innerhalb von 2 Monaten nach Zugang. Die Prüfung der Schlußrechnung ist nach Möglichkeit zu beschleunigen. Verzögert sie sich, so ist das unbestrittene Guthaben als Abschlagszahlung sofort zu zahlen.

(2) Die vorbehaltlose Annahme der Schlußzahlung schließt Nachforderungen aus, wenn der Auftragnehmer über die Schlußzahlung schriftlich unterrichtet und auf die Ausschlußwirkung hingewiesen wurde.

(3) Einer Schlußzahlung steht es gleich, wenn der Auftraggeber unter Hinweis auf geleistete Zahlungen weitere Zahlungen endgültig und schriftlich ablehnt.

(4) Auch früher gestellte, aber unerledigte Forderungen werden ausgeschlossen, wenn sie nicht nochmals vorbehalten werden.

(5) Ein Vorbehalt ist innerhalb von 24 Werktagen nach Zugang der Mitteilung nach Absatz 2 und 3 über die Schlußzahlung zu erklären. Er wird hinfällig, wenn nicht innerhalb von weiteren 24 Werktagen eine prüfbare Rechnung über die vorbehaltenen Forderungen eingereicht oder, wenn das nicht möglich ist, der Vorbehalt eingehend begründet wird.

(6) Die Ausschlußfristen gelten nicht für ein Verlangen nach Richtigstellung der Schlußrechnung und -zahlung wegen Aufmaß-, Rechen- und Übertragungsfehlern.

4. In sich abgeschlossene Teile der Leistung können nach Teilabnahme ohne Rücksicht auf die Vollendung der übrigen Leistungen endgültig festgestellt und bezahlt werden.

5. (1) Alle Zahlungen sind aufs äußerste zu beschleunigen.

(2) Nicht vereinbarte Skontoabzüge sind unzulässig.

(3) Zahlt der Auftraggeber bei Fälligkeit nicht, so kann ihm der Auftragnehmer eine angemessene Nachfrist setzen. Zahlt er auch innerhalb der Nachfrist nicht, so hat der Auftragnehmer vom Ende der Nachfrist an Anspruch auf Zinsen in Höhe der in § 288 BGB angegebenen Zinssätze, wenn er nicht einen höheren Verzugsschaden nachweist.

(4) Zahlt der Auftraggeber das fällige unbestrittene Guthaben nicht innerhalb von 2 Monaten nach Zugang der Schlussrechnung, so hat der Auftragnehmer für dieses Guthaben abweichend von Abs 3 (ohne Nachfristsetzung) ab diesem Zeitpunkt Anspruch auf Zinsen in Höhe der in § 288 BGB angegebenen Zinssätze, wenn er nicht einen höheren Verzugsschaden nachweist.

Titel 9 · Werkvertrag und ähnliche Verträge
Untertitel 1 · Werkvertrag

Anhang zu § 651

(5) Der Auftragnehmer darf in den Fällen der Absätze 3 und 4 die Arbeiten bis zur Zahlung einstellen, sofern eine dem Auftraggeber zuvor gesetzte angemessene Nachfrist erfolglos verstrichen ist.

6. Der Auftraggeber ist berechtigt, zur Erfüllung seiner Verpflichtungen aus Nummern 1 bis 5 Zahlungen an Gläubiger des Auftragnehmers zu leisten, soweit sie an der Ausführung der vertraglichen Leistungen des Auftragnehmers auf Grund eines mit diesem abgeschlossenen Dienst- oder Werkvertrags beteiligt sind, wegen Zahlungsverzugs des Auftragnehmers die Fortsetzung ihrer Leistung zu Recht verweigern und die Direktzahlung die Fortsetzung der Leistung sicherstellen soll. Der Auftragnehmer ist verpflichtet, sich auf Verlangen des Auftraggebers innerhalb einer von diesem gesetzten Frist darüber zu erklären, ob und inwieweit er die Forderungen seiner Gläubiger anerkennt; wird diese Erklärung nicht rechtzeitig abgegeben, so gelten die Voraussetzungen für die Direktzahlung als anerkannt.

Nr 1 ist erläutert in § 632a Rn 14, Nr 2 in § 641 Rn 16, zu Nrn 3–6 vgl § 641 Rn 64.

§ 17 Sicherheitsleistung

1. (1) Wenn Sicherheitsleistung vereinbart ist, gelten die §§ 232 bis 240 BGB, soweit sich aus den nachstehenden Bestimmungen nichts anderes ergibt.

(2) Die Sicherheit dient dazu, die vertragsgemäße Ausführung der Leistung und die Mängelansprüche sicherzustellen.

2. Wenn im Vertrag nichts anderes vereinbart ist, kann Sicherheit durch Einbehalt oder Hinterlegung von Geld oder durch Bürgschaft eines Kreditinstituts oder Kreditversicherers geleistet werden, sofern das Kreditinstitut oder der Kreditversicherer

– in der Europäischen Gemeinschaft oder

– in einem Staat der Vertragsparteien über den Europäischen Wirtschaftsraum oder

– in einem Staat der Vertragsparteien des WTO-Abkommens über das öffentliche Beschaffungswesen

zugelassen ist.

3. Der Auftragnehmer hat die Wahl unter den verschiedenen Arten der Sicherheit; er kann eine Sicherheit durch eine andere ersetzen.

4. Bei Sicherheitsleistung durch Bürgschaft ist Voraussetzung, daß der Auftraggeber den Bürgen als tauglich anerkannt hat. Die Bürgschaftserklärung ist schriftlich unter Verzicht auf die Einrede der Vorausklage abzugeben (§ 771 BGB); sie darf nicht auf bestimmte Zeit begrenzt und muß nach Vorschrift des Auftraggebers ausgestellt sein. Der Auftraggeber kann als Sicherheit keine Bürgschaft fordern, die den Bürgen zur Zahlung auf erstes Anfordern verpflichtet.

5. Wird Sicherheit durch Hinterlegung von Geld geleistet, so hat der Auftragnehmer den Betrag bei einem zu vereinbarenden Geldinstitut auf ein Sperrkonto einzuzahlen, über das beide Parteien nur gemeinsam verfügen können. Etwaige Zinsen stehen dem Auftragnehmer zu.

6. (1) Soll der Auftraggeber vereinbarungsgemäß die Sicherheit in Teilbeträgen von seinen Zahlungen einbehalten, so darf er jeweils die Zahlung um höchstens 10 v.H. kürzen, bis die vereinbarte Sicherheitssumme erreicht ist. Den jeweils einbehaltenen Betrag hat er dem Auftragnehmer mitzuteilen und binnen 18 Werktagen nach dieser Mitteilung auf ein Sperrkonto bei dem vereinbarten Geldinstitut einzuzahlen. Gleichzeitig muß er veranlassen, daß dieses Geldinstitut den Auftragnehmer von der Einzahlung des Sicherheitsbetrages benachrichtigt. Nr. 5 gilt entsprechend.

(2) Bei kleineren oder kurzfristigen Aufträgen ist es zulässig, daß der Auftraggeber den einbehaltenen Sicherheitsbetrag erst bei der Schlußzahlung auf das Sperrkonto einzahlt.

(3) Zahlt der Auftraggeber den einbehaltenen Betrag nicht rechtzeitig ein, so kann ihm der Auftragnehmer hierfür eine angemessene Nachfrist setzen. Läßt der Auftraggeber auch diese verstreichen, so kann der Auftragnehmer die sofortige Auszahlung des einbehaltenen Betrages verlangen und braucht dann keine Sicherheit mehr zu leisten.

(4) Öffentliche Auftraggeber sind berechtigt, den als Sicherheit einbehaltenen Betrag auf eigenes Verwahrgeldkonto zu nehmen; der Betrag wird nicht verzinst.

7. Der Auftragnehmer hat die Sicherheit binnen 18 Werktagen nach Vertragsabschluß zu leisten, wenn nichts anderes vereinbart ist. Soweit er diese Verpflichtung nicht erfüllt hat, ist der Auftraggeber berechtigt, vom Guthaben des Auftragnehmers einen Betrag in Höhe der vereinbarten Sicherheit einzubehalten. Im übrigen gelten Nr. 5 und Nr. 6 außer Absatz 1 Satz 1 entsprechend.

8. (1) Der Auftraggeber hat eine nicht verwertete Sicherheit für die Vertragserfüllung zum vereinbarten Zeitpunkt, spätestens nach Abnahme und Stellung der Sicherheit für Mängelansprüche, zurückzugeben, es sei denn, daß Ansprüche des Auftraggebers, die nicht von der gestellten Sicherheit für Mängelansprüche umfaßt sind, noch nicht erfüllt sind. Dann darf er für diese Vertragserfüllungsansprüche einen entsprechenden Teil der Sicherheit zurückhalten.

(2) Der Auftraggeber hat eine nicht verwertete Sicherheit für Mängelansprüche nach Ablauf von 2 Jahren zurückzugeben, sofern kein anderer Rückgabezeitpunkt vereinbart worden ist. Soweit jedoch zu diesem Zeitpunkt seine geltend gemachten Ansprüche noch nicht erfüllt sind, darf er einen entsprechenden Teil der Sicherheit zurückhalten.

Die Bestimmung ist erläutert in § 641 Rn 50.

§ 18 Streitigkeiten

1. Liegen die Voraussetzungen für eine Gerichtsstandsvereinbarung nach § 38 Zivilprozeßordnung vor, richtet sich der Gerichtsstand für Streitigkeiten aus dem Vertrag nach dem Sitz der für die Prozeßvertretung des Auftraggebers zuständigen Stelle, wenn nichts anderes vereinbart ist. Sie ist dem Auftragnehmer auf Verlangen mitzuteilen.

2. (1) Entstehen bei Verträgen mit Behörden Meinungsverschiedenheiten, so soll der Auftragnehmer zunächst die der auftraggebenden Stelle unmittelbar vorgesetzte Stelle anrufen. Diese soll dem Auftragnehmer Gelegenheit zur mündlichen Aussprache geben und ihn möglichst innerhalb von 2 Monaten nach der Anrufung schriftlich bescheiden und dabei auf die Rechtsfolgen des Satzes 3 hinweisen. Die Entscheidung gilt als anerkannt, wenn der Auftragnehmer nicht innerhalb von 3 Mo-

Titel 9 · Werkvertrag und ähnliche Verträge
Untertitel 1 · Werkvertrag

naten nach Eingang des Bescheides schriftlich Einspruch beim Auftraggeber erhebt und dieser ihn auf die Ausschlußfrist hingewiesen hat.

(2) Mit dem Eingang des schriftlichen Antrages auf Durchführung eines Verfahrens nach Nr. 2 Abs. 1 wird die Verjährung des in diesem Antrag geltend gemachten Anspruchs gehemmt. Wollen Auftraggeber oder Auftragnehmer das Verfahren nicht weiter betreiben, teilen sie dies dem jeweils anderen Teil schriftlich mit. Die Hemmung endet 3 Monate nach Zugang des schriftlichen Bescheides oder der Mitteilung nach Satz 2.

3. Bei Meinungsverschiedenheiten über die Eigenschaft von Stoffen und Bauteilen, für die allgemeingültige Prüfungsverfahren bestehen, und über die Zulässigkeit oder Zuverlässigkeit der bei der Prüfung verwendeten Maschinen oder angewendeten Prüfungsverfahren kann jede Vertragspartei nach vorheriger Benachrichtigung der anderen Vertragspartei die materialtechnische Untersuchung durch eine staatliche oder staatlich anerkannte Materialprüfungsstelle vornehmen lassen; deren Feststellungen sind verbindlich. Die Kosten trägt der unterliegende Teil.

4. Streitfälle berechtigten den Auftragnehmer nicht, die Arbeiten einzustellen.

Von einer Erläuterung der Bestimmung wird abgesehen.

Sachregister

Die fetten Zahlen beziehen sich auf die Paragraphen, die mageren Zahlen auf die Randnummern.

Abbrucharbeiten
Haftung für Schädigungen Dritter **Anh IV 638** 15
Abbruchverpflichtung
Kaufvertrag/Werkvertrag **Vorbem 631 ff** 16
Abgeschlossene Werkteile
und Anspruch auf Abschlagszahlung **632a** 4 ff
Abgrenzung
Werkvertrag, andere Verträge **Vorbem 631 ff** 4 ff
Abhilfeanspruch
s. Ausführungsfristen
Ablehnungsandrohung
Kündigung wegen Bestellerverzuges **643** 20, 26
Kündigung, fristlose des Unternehmers aus wichtigem Grund **643** 12
Nachbesserungsanspruch und eigene Mängelbeseitigung (VOB/B) **Anh I 638** 31
Sicherheitengestellung durch Besteller **648a** 20, 22
Ablieferung des Werkes
Abnahme und– **631** 18; **640** 2; **641** 2, 4
Art der – **631** 18
Besitzverschaffung **631** 18; **651** 9
Dritte als Hilfspersonen **634a** 45
Eigentumsverschaffung **631** 18
Erfüllungsort **631** 48
Frist
— Ausführungsfrist, Vorlaufsfrist **633** 120
— Fixgeschäft **633** 124
— Parteivereinbarung **633** 118
— Sanktionen **633** 122
— Umstände, maßgebliche **633** 119 ff
— Verlängerung der Fristen **633** 123
— VOB/Teil B (vereinbarte Ausführungsfristen/Förderungspflichten des Unternehmers) **633** 125 ff
und Herstellung des Werkes **631** 17
Klage **631** 17
Offenbarungspflicht hinsichtlich Werkmängel **634a** 44
Synallagma Vergütung und – **631** 17
Unternehmer-Hauptpflicht **631** 42 ff
Verjährung **631** 47
und Verkehrssicherungspflicht **Anh IV 638** 18
Verpflichtung zur – **631** 17
und Vollendung **631** 18

Ablieferung des Werkes (Forts.)
Zug um Zug gegen Vergütung **640** 30; **641** 2, 58
Abmahnung
Androhung von Rechtsfolgen für die Zukunft **634** 44
des Unternehmers wegen Pflichtwidrigkeit **649** 33
Abnahme des Werkes
und abgeschlossene Werkteile **632a** 5
Abgeschlossenheit von Teilleistungen (VOB/B) **640** 71
Ablieferung und Abnahme, Abgrenzung **640** 2; **641** 2, 4
Abnahmefähigkeit des Werkes **646** 1 ff
Abnahmereife **641** 6
Abnahmereife und Werklohnklage **640** 42
Abnahmeverweigerung
s. unten unter Verweigerung der Abnahme
Abrechnungspflichtige Ansprüche **641** 30
Abreden **640** 47
Abschlagszahlungen **641** 10, 18 ff, 49
und Abwicklungsstadium des Vertrages **640** 73
Ähnliche Begriffe **640** 2
Aliud-Abnahme als Erfüllung **634** 154
Allgemeine Geschäftsbedingungen
s. dort
Anfechtung **640** 12, 79
und Angebot des Werkes **640** 2, 9
Annahmeverzug des Bestellers **640** 27
Annahmeverzug und Vergütungsgefahr **644** 25
Anspruch des Unternehmers auf – **640** 26 ff
Anspruchsinhalt **640** 38 ff
Anzeige der Fertigstellung **640** 15
durch Architekten **Vorbem 631 ff** 115; **Anh II 638** 26
Architektenleistung **634a** 38 f; **640** 22
Arglistanfechtung **640** 12
Arglistiges Mängelverschweigen **634a** 41 ff
und Aufmaß, Abgrenzung **641** 32
Ausschluß einer – **640** 37
Austauschverhältnis Leistung/Vergütung, geregeltes **640** 30
Bedingung, Befristung **640** 13
Benutzung des Werkes **640** 18, 56
nach Beschaffenheit ausgeschlossene – **646** 1 ff
Besitzübertragung, einverständliche **640** 8

Abnahme des Werkes (Forts.)
Bestätigung und AGB-Beweislastregelung **639** 47 f
Bestellerobstruktion **641** 9
Bestellervoraussetzungen **640** 11
Bewegliche Sachen **640** 38
Beweislastfolgen **640** 1, 25, 60
Beweisverfahren **640** 59; **641a** 4
BGB/VOB/B-Vergleich **640** 66
Billigung trotz Mängelrüge **640** 23
Billigung des Werkes **640** 4, 6, 39; **646** 8
Billigungsverlangen (Feststellungsklage) **640** 39, 40
Dritte als Hilfspersonen **634a** 45; **639** 15
Ehegatten **640** 11
Eigentumsübergang (Verbindung mit wesentlichen Bestandteilen) **633** 147
Einbeziehung in weitere Arbeiten vor – **645** 30
Einrede vorbehaltsloser Abnahme **640** 61
Erfüllungsanspruch des Bestellers, geschützter vor der – **639** 10
und Erfüllungssicherheit **641** 63
Erklärungsformen **640** 13, 16 ff
Erprobung **640** 18
Fälligkeit **640** 29
Fälligkeit (VOB/B) **640** 67 f
als Fälligkeitsvoraussetzung **641** 4, 69
und Fertigstellung des Werkes **640** 36
und Fertigstellungsbescheinigung (Abnahmewirkung) **641a** 30 f
und Fertigstellungsbescheinigung (Verhältnis) **641a** 1, 3
Fertigstellungsmitteilung **640** 81
Fiktive VOB/B-Abnahme **640** 78 ff
Fingierte Erklärungen (AGB) **639** 51
Förmliche Abnahme, vereinbarte **640** 19
Förmliche VOB/B-Abnahme **640** 75 ff
Fristablauf, fruchtloser: Bedeutung **640** 46
Fristsetzung **640** 45 f
Generalunternehmer **640** 11
als geschäftsähnliche Handlung **640** 10
Gewährleistung und Protokollierung **640** 55
Gewährleistungsrechte, Geltendmachung **640** 16
und Herstellung des Werkes **631** 43, 44; **640** 1, 2
als Hinwegnahme des Werkes **640** 38
Immaterielle Werke **646** 4 f
Ingebrauchnahme **640** 18, 50, 81
und Instruktionspflicht des Unternehmers **633** 149
und Interessenlage **640** 32
Irrtum über Beschaffenheit **640** 12
Kaufrecht, Werkvertragsrecht im Vergleich **640** 1, 3; **Vorbem 631** ff 129
Klage **640** 40, 42, 44

Abnahme des Werkes (Forts.)
eines körperlichen Werkes **646** 2
Kündigung durch den Besteller nach – **649** 9
Kündigung durch Besteller und Vergütungsfolge **649** 20
nach Kündigung des Bestellers (VOB/B) **649** 66
Mängel des Werkes/Verweigerung der Abnahme
 s. unten unter Verweigerung der Abnahme
Mängelauftreten vor der Abnahme
 s. Mängel des Werkes/Gewährleistung (Erstellungsphase)
Mängelfreiheit, Bestätigung nach der – **639** 46
Mängelfreiheit, vorhandene Mängel **640** 15, 33 f
Mängelkenntnis und rügelose – **640** 53 ff
Mängelkenntnis des Unternehmers vor/nach – **639** 14
Mängelursachen **640** 56
Mahnung **640** 41
Minderungsausschluß wegen unterlassenen Vorbehalts **640** 62
Minderungsrecht und Mängelvorbehalt **640** 24
Nachbesserungsanspruch, erforderliche reale – **634** 9
Nachbesserungsanspruch und Umfang eines Mängelvorbehalts **640** 24
Nachbesserungsanspruch VOB/B vor/nach – **Anh I 638** 23, 25 f
Nachbesserungsausschluß wegen unterbliebenen Vorbehalts **640** 62
Nachbesserungsfähigkeit **646** 7
Nachbesserungsrecht des Unternehmers –
 — nach Abnahme: Angebot ordnungsgemäßer Mängelbeseitigung **634** 32
 — vor Abnahme: ohne Bestellerwiderspruch **634** 32
 — nach Abnahme: trotz unterbliebenen Mängelvorbehalts **640** 62
Neuherstellung/Nachbesserungsanspruch (vor Abnahme/nach Abnahme) **634** 28
Offenbarungspflicht von Mängeln **639** 13
Praktische Bedeutung des Anspruchs **640** 27
Produktiver Werkeinsatz **640** 18
Protokoll **640** 59, 76
Prüfung, unzumutbare **646** 4 f
Prüfung des Werkes **640** 15, 35
Reale und geschuldete Abnahme **640** 5 ff
Rechtsmangel **634** 155
Rechtsnatur **640** 10 ff
Rechtsverlust infolge rügeloser – **640** 53 ff
Reparatur **646** 2

Abnahme des Werkes (Forts.)
Rücktritt wegen verweigerter – **640** 42
Rücktrittsverlust wegen unterlassenen Mangelvorbehalts **640** 62
Rügeloser Gebrauch **640** 50, 79; **641a** 31
Sachverständigenherbeiziehung **640** 75
und Sanktionen des Bestellers (Übersicht) **640** 1
Schadensersatzanspruch des Bestellers und unterbliebener Vorbehalt **640** 62
Schlüssiges Verhalten **640** 13, 50
Schuldnerpflicht, Annahmeverzug **642** 22
Schuldnerverzug des Bestellers **640** 29, 41 ff
Selbstvornahme des Bestellers, erforderliche – **634** 69
Sicherungshypothek und Zurückbehaltungsrecht **648** 32
Software **Vorbem 631 ff** 68
Subunternehmer **631** 38; **640** 11, 20
Synallagma **640** 42
Tatsächliche Verhaltensweisen **640** 17
Teilabnahme **640** 23; **641** 106
Teilabnahme und Teilvergütung **641** 106 ff
Teilabnahme (VOB/B) **640** 72 ff
und Übergabe des Werkes **640** 2, 4, 8 f
Unfertiges Werk **633** 183; **640** 54, 74; **644** 28
Unkörperliches Werk **640** 37
Unternehmerpfandrecht und verweigerte – **647** 2
Unternehmertätigkeit vor der – **644** 2
Untersuchungspflicht **640** 53
Unwesentliche Mängel **640** 34
Vergütungsgefahr **644** 2, 20 ff; **645** 7 f
und Verjährung von Bestelleransprüchen
— nach Abnahme **633** 150; **634a** 7
— vor Abnahme **633** 150; **634a** 8
und Verjährungsbeginn **634a** 32 ff
Verkehrssitte und Abnahmefähigkeit **646** 6
und Verschaffung des Werkes **631** 18
Verschaffungspflicht, nicht erfüllte **633** 151
und Verschaffungspflicht des Unternehmers **633** 150
Vertragsgerechtes Werk **640** 6, 33 ff
durch Vertreter **640** 56
Verweigerung der Abnahme
— Annahmeverzug **642** 22 f; **644** 25
— und Besitzfortsetzung zwecks Mängelbeseitigung **633** 144
— Folgen unberechtigter – **640** 41 ff; **641a** 4
— Mängel, vorhandene und berechtigte – **633** 144; **640** 34; **644** 25
— Mängelbehauptung und Unternehmervorgehen **641** 5, 7; **641a** 4
— Schuldnerverzug **640** 29, 41 ff
— Unternehmerpfandrecht **640** 31

Abnahme des Werkes (Forts.)
— und Verjährungsbeginn: endgültige Verweigerung **634a** 36
— und Verjährungsbeginn: vorläufige, begründete Verweigerung **633** 150; **634a** 36
— und Verjährungsbeginn: vorläufige und unberechtigte Verweigerung **634a** 37
— Verjährungsproblematik **634a** 4
— VOB/B **640** 73 f, 82
— Wesentliche Mängel, aber zu Unrecht erfolgte– **640** 34
Verzinsung **641** 113
VOB/B und vorbehaltslose – **640** 63
VOB/B-Sonderregelungen **640** 65 ff
Vollendetes Werk als Gegenstand der – **640** 23
Vollendung anstelle – **646** 11 ff
Vollendung bei Fristablauf **633** 132
Vollendung der Leistung **640** 2, 14
Vorbehalt der Rechte bei/während der – **634a** 4; **640** 57 ff
Vorbehalt der Rechte bei fiktiver VOB-Abnahme **640** 82
Werklohn und Abnahmeanspruch **640** 28 ff
Werklohn Zug um Zug gegen Ablieferung des Werkes **640** 30; **641** 2, 58
und Werkteile, in sich abgeschlossene **632a** 5
Werktyp und – **646** 7
Wesentliche Mängel (VOB/B-Regelung) **640** 73 f
als Willenserklärung **640** 10
Wohnungseigentum **Anh III 638** 26; **640** 21
Zahlung der Vergütung **640** 17; **641a** 4
und Zurückbehaltungsrecht wegen bekannter Mängel **641** 22
Zwangsvollstreckung **640** 40, 44
Zweigliedriger Begriff **640** 4
Abnahmereife des Werkes
und Werklohnklage **640** 6, 42
Abrechnung der Vergütung
s. Vergütung
Abrechnungsfähigkeit
der Werkleistung **641** 41
Abrechnungspflicht
Erstattungsanspruch des Unternehmers, Verjährungsfrage **634a** 9
Kostenvorschuß aufgrund Selbstvornahmebefugnis **634** 82
Abreden
s. Individualvereinbarung
Abriß
der Vorbebauung als vorbereitende Handlung **648** 13
Abruf
Leistungsabruf als Bestellermitwirkung **642** 22

Abschlagszahlungen
  Abnahmefähigkeit, nicht erforderliche
    632a 5
  Abrechnungsfähigkeit für sich **632a** 7;
    641 30
  Abweichende Vereinbarungen **632a** 13
  AGB-Ausschluß **632a** 13
  Anerkenntnis nicht aufgrund der Zahlung
    von – **632a** 12
  Anspruch **632a** 4 ff
  Architektenhonorar **641** 101
  Bauabzugssteuer **632a** 31
  Begriff **632a** 3
  Bemessungsmaßstab **632a** 9
  Einbehalt bei Gegenforderungen (VOB/B)
    632a 20
  Erlöschen des Anspruchs **632a** 10
  Fällige Abschlagszahlungen, nicht bediente
    (VOB/B) **632a** 21 f
  Fälligkeit **632a** 10
  Fristsetzung zur Nachbesserung/Angebot
    der Bestellermitwirkung **634** 49
  Kündigungsrecht des Unternehmers wegen
    verweigerter– **643** 20
  Mängel, bereits festgestellte **632a** 11
  Mängel, künftig zu erwartende **632a** 11
  Mehrwertsteuer **632a** 19
  Nachbesserungsanspruch während der
    Herstellungsphase **633** 91
  Neuregelung, systematischer Kontext
    632a 1
  Nichtleistung **633** 136
  Sicherheit für den Besteller **632a** 8
  als Sicherungsmittel **641** 49
  Synallagma **632a** 11
  Verjährung **632a** 10
  Verordnung bei Bauträgerverträgen
    632a 29
  VOB/B **632a** 1, 3, 14 ff
  und Vorauszahlungen, Abgrenzung **632a** 3
  Vorfinanzierungsrisiko und Anspruch
    auf – **632a** 1, 2
  Vorläufiger Charakter **632a** 12
  Werkteile, in sich abgeschlossene **632a** 5 ff
  Werkverträge aller Art **632a** 2
  und Zurückbehaltungsrecht wegen der
    Nachbesserung **639** 23; **641** 22
Abschluß
  Architektenvertrag **Vorbem 631 ff** 109 ff
  Bauvertrag **Vorbem 631 ff** 69 ff
  Werkvertrag **631** 64 ff
Abstandnehmen
  vom Bauvorhaben **649** 41, 63
Abtretung, Abtretbarkeit
  des Anspruchs auf Leistung
    Vorbem 631 ff 43
  Gewährleistungsansprüche des Unterneh-
    mers an den Besteller **634a** 47; **639** 31

Abtretung, Abtretbarkeit (Forts.)
  Kostenvorschuß, Kostenerstattungsan-
    spruch des Bestellers **Anh III 638** 4
  Minderungsanspruch **Anh III 638** 5 f
  Nachbesserungsanspruch **Anh III 638** 2 f,
    18, 25
  Rücktrittsbefugnis **Anh III 638** 6
  Schadensersatzanspruch **Anh III 638** 7
  Unternehmeransprüche gegen Subunter-
    nehmer **631** 32; **Vorbem 631 ff** 50
  Werklohnanspruch **641** 43
Abwehranspruch
  und Behinderung des Unternehmers an der
    Werkherstellung **631** 46
Änderung der Leistung
  s. Leistungsänderung
Äquivalenzstörung
  Mißverhältnis Leistung/Gegenleistung
    632 6, 60
AHB
  s. Haftpflichtversicherung (AHB)
Aliud
  Annahme als Erfüllung **634** 154
  Gewährleistung (Schuldrechtsmodernisie-
    rungsG) **634** 1
  als mangelhaftes Werk **633** 184
  Zurückweisung **634** 153
Allgemeine Geschäftsbedingungen
  Abnahme, vorbehaltslose **640** 64
  Abnahme-Erleichterungen **640** 49 ff
  Abnahme-Erschwerungen **640** 20, 48
  Abnahme-Förmlichkeiten **640** 19, 50
  Abnahmebestätigung **639** 47 f
  Abnahmeerklärung, fingierte **639** 51
  Abschlagszahlungen des Bestellers **632a** 13;
    639 23; **641** 18
  Abtretung von Ansprüchen gegen Subun-
    ternehmer **Anh III 638** 2
  Abtretungsanspruch (Gewährleistungs-
    rechte) **Anh III 638** 10
  Abtretungsausschluß (Gewährleistungs-
    rechte) **Anh III 638** 8
  Angaben als unverbindliche, garantielose
    639 16
  Anrechnung anderweitigen Erwerbs **649** 28
  Arbeiten des Unternehmers, schadens-
    trächtige **639** 57
  Architektenbefugnis zur Nachbesserung
    Anh II 638 9
  Architektenhaftung, Haftungseinschrän-
    kungen **Anh II 638** 50
  Architektenvollmacht **Vorbem 631 ff** 113
  Aufrechnungsmöglichkeiten **639** 24
  Auftragsweitergabe (Subunternehmer)
    633 105
  Aufwandspauschalierung **649** 28 f
  Ausführungsfristen **633** 134
  Besteller-AGB, Unternehmer-AGB **639** 18

Allgemeine Geschäftsbedingungen (Forts.)
Bestellerrisiken, Modifikationen der
  Gefahrtragung **645** 41 ff
des Bestellers, Werkunternehmerschutz
  631 22
Beweislastregeln **Anh II 638** 53; **639** 46 ff
Bindung eines Vertragsangebots **631** 68
Dauerschuldverhältnis und Laufzeit-
  Verlängerungsmöglichkeiten **649** 4
Eheanbahnungsvertrag **Vorbem 631 ff** 60
Eigenmächtige Unternehmerleistungen
  632 81
Einbehalte vom Werklohn zur Absicherung
  der Gewährleistung **641** 21, 57 ff
Entgangener Bestellergewinn **639** 58
Erfüllungsanspruch, Preisgabe durch den
  Besteller **634** 44
Erfüllungsgehilfen und Schadensersatzver-
  langen **639** 26
Erweiterung der Gewährleistung **639** 65
Fingierte Erklärungen **639** 51
Formstrenge von Anzeigen, Erklärungen
  639 49
Frist (zeitliche Freiräume für den Unter-
  nehmer) **633** 126
Fristsetzung des Bestellers, wirkungslose
  ohne Ankündigung von Sekundärrech-
  ten **634** 44
Gefahrtragungsregeln **644** 29, 32
Gefahrtragungsregeln (unfertiges Werk)
  645 41 ff
Gewährleistungsansprüche, ausgeschlosse-
  ne **639** 29 ff
Gewährleistungsansprüche, Erhalt wenig-
  stens eines Anspruchs **639** 29
Gewährleistungsansprüche und Verschul-
  densfrage **639** 25
Gewährleistungsansprüche und vorherige
  Drittinanspruchnahme **639** 32, 33
Gewährleistungsausschluß unter Verweis
  auf Dritte **639** 31
Haftungsbeschränkungen bei Schädigun-
  gen ggü der anderen Vertragspartei
  Anh IV 638 13
Individualabreden, vorrangige **639** 20
Inhaltskontrolle **639** 21, 50, 52
Kaufkonzeption und Werkvertragsrecht
  639 52
Kaufleute **639** 22, 34, 37, 43, 45, 51, 58
Kaufvertrag und Nachbesserungsrecht
  631 19
Kaufvertrag statt Werkvertrag
  Vorbem 631 ff 15
Kenntnisnahme der VOB/B
  Vorbem 631 ff 84 f
Kosten der Nacherfüllung **639** 38
Kostenerstattungsanspruch nach Selbst-
  vornahme **639** 54

Allgemeine Geschäftsbedingungen (Forts.)
Kostenvorschußverlangen bei der Selbst-
  vornahme **639** 54
Kostenvorschußverlangen/Werklohnfor-
  derung, Aufrechnungsbefugnis **634** 79
Kündigungsrecht des Bestellers **649** 15
Kündigungsrecht des Bestellers wegen
  Verzögerungen/Verzugs **633** 139
Kündigungsrecht wegen Kostenüberschrei-
  tung **650** 28
Leistungen ohne Zusatzvergütung **632** 49
Leistungsbeschreibung **639** 5
Leistungsverweigerungsrechte des Bestel-
  lers **639** 21 ff
Mängelanzeige und Ausschlußfristen
  639 40 ff
Mängelfolgeschäden
  s. dort
Maklervertrag als fingierter Werkvertrag
  Vorbem 631 ff 59
Minderungsausschluß **634** 97
Minderungsbefugnis **639** 55
Minderungsmöglichkeit **639** 37
Nachbesserungsanspruch, Bestellerbe-
  schränkung hierauf **639** 35 ff
Nachbesserungsanspruch, unentziehbarer
  639 53
Nachbesserungsanspruch und Werklohn-
  forderung **639** 21 f, 39
Nachbesserungsbefugnis des Unterneh-
  mers **651** 21
Nachbesserungsversuch und Verjährungs-
  ablauf **639** 19
Nachforderungen nach Rechnungsstellung
  632 105
Nachfristen **639** 50
Pauschalpreisvereinbarung **632** 7
Pfandrecht **647** 21, 22
Planungsarbeiten, zusätzliche **632** 92
Planungsmängel des Bestellers/Einstands-
  pflicht des Unternehmers **633** 20
Preisänderungsvorbehalt des Unterneh-
  mers **632** 24
Preisanpassungen bei Planungsänderungen
  632 70
Preisgleitklauseln **631** 20
Prüfungspflicht des Unternehmers **633** 72
Rechnungsprüfung durch den Besteller
  641 19
Rechnungsstellung als Fälligkeitsvoraus-
  setzung **641** 27
Rechtswahl und Vertragseinordnung
  Vorbem 631 ff 24
Rücktritt vom Werkvertrag (Ausschluß des
  einseitigen Bestellerrechts) **634** 88
Rücktrittsbefugnis **639** 55
Salvatorische Klauseln **639** 28

Allgemeine Geschäftsbedingungen (Forts.)
Schadensbegrenzung auf den voraussehbaren Schaden **639** 58
Schadensersatz VOB/B (eingeschränkter) **Anh I 638** 53
Schadensersatzanspruch statt der Leistung **639** 57
Schadensersatzansprüche, erschwerte Durchsetzung **639** 27
Schadensersatzansprüche, inhaltliche Ausgestaltung **639** 27
Schadensersatzansprüche und Verschuldensfrage **639** 25, 56
Schriftliches Nachbesserungsverlangen **639** 49
Selbständige Garantie und überraschende Freizeichnungsklausel **639** 17
Selbstvornahmebefugnis **639** 54
Sicherheitengestellung durch Besteller **648a** 27
Sicherungshypothek, Ausschluß **648** 43
Sowieso-Kosten **639** 38
Stundung der Vergütung **641** 19
Subunternehmerhaftung **631** 38
Überraschende Gewährleistungsklauseln **639** 19
Übersicherung **641** 53
Unklarheiten bei der Auslegung **639** 20
Vergütungsklausel, erfolgsunabhängige **644** 29
Vergütungsvereinbarungen **632** 23 ff
Verjährung **Anh I 638** 17
Verjährungserleichterung **634a** 27; **Anh I 638** 17; **639** 44 f
Verjährungsverkürzungen **634a** 27 f, 28; **Anh I 638** 17
Verpfändung bestellerfremder Sache **647** 13
Verschuldensfrage **639** 25 ff
Verwendung ggü Unternehmen/juristischen Personen **639** 52
VOB/B **Vorbem 631 ff** 82 f
VOB/B-Geltung, subsidiäre **633** 8
VOB/B-Gewährleistung **Anh I 638** 4
VOB/B-Inhaltskontrolle **Vorbem 631 ff** 86
VOB/B-Schadensersatzanspruch des Bestellers **Anh I 638** 38
VOB/B-Verkürzung der Gewährleistungsfrist **Anh I 638** 4
Vorarbeiten, Vergütungspflicht **645** 42
Vorauszahlungen des Bestellers **632a** 3; **639** 23; **641** 13
Vorbehaltlose Annahme der Schlußzahlung **641** 87
Vorleistungspflichten **639** 21
Vorsatz/grobe Fahrlässigkeit - unzulässige Haftungsbeschränkung **639** 28
Wahlrecht Rücktritt/Minderung **639** 55

Allgemeine Geschäftsbedingungen (Forts.)
Werklohn und Schadensersatz/Bezugnahme **639** 58
Werklohneinbehalt zur Sicherung der Gewährleistung **641** 21, 57 ff
Werklohnforderung als Einrede gegen die Nachbesserung **639** 22
Werklohnzahlung und Nachbesserungsanspruch **639** 22 f
Zahlungspläne für zu errichtende Häuser **632a** 6
Zahlungsverzug des Bestellers **641** 87
Zinsausschluß bei Einbehalten **641** 59
Zurückbehaltungsrecht **639** 22

Allgemeine Technische Vertragsbedingungen für Bauleistungen (ATV)
s. VOB/Teil C

Allgemeine Versicherungsbedingungen für die Haftpflichtversicherung (AHB) **Anh I 638** 48 ff

Amtspflicht
Vergabe von Bauleistungen nach VOB/Teil A **Vorbem 631 ff** 94

Andere Unternehmer
Bedenken gegen deren Leistungen **633** 62 ff
Culpa in eligendo **631** 29
Mangelhafte Leistungen von Vorunternehmern **645** 30
Parallel arbeitende– **631** 26 ff
Streik, Aussperrung **642** 54
Überwachungsaufgabe **631** 30
Verzögerungsursachen **642** 52
VOB/B-Regelung der Mängelverantwortlichkeit **Anh I 638** 10
Vorarbeiten, nicht rechtzeitig erbrachte **642** 37

Anderweitiger Erwerb
Anrechnungsposition bei Kündigung durch den Besteller **649** 30

Anerkannte Regeln der Technik
s. Technikregeln (anerkannte)

Anerkenntnis
und Abschlagszahlung **632a** 12
Architektenvollmacht und Werklohnforderung **Vorbem 631 ff** 115
Aufmaß, gemeinsames als – **641** 32
Auftragswidrige Unternehmerleistung **632** 87
Gewährleistungsrechte des Bestellers **634a** 54
Mängelbeseitigungsarbeiten als– **Anh I 638** 22
Stundenlohnzettel **Vorbem 631 ff** 115; **632** 14

Anfechtbarkeit
Abnahme des Werkes **640** 12
Gewährleistungsrechte (Vorrang) **631** 81
Preisvereinbarung **632** 26 ff

Anfechtbarkeit (Forts.)
Rechnungsstellung **632** 102
Üblichkeit der Vergütung **632** 41
Unternehmerqualifikation, fehlende **631** 21
Werkvertrag **631** 78 ff
Werkvertrag wegen Vergütungsfiktion **632** 35
Anfertigung des Werkes
s. Ausführung der Werkarbeiten
Anforderungen an das Werk
s. Beschaffenheit des Werkes
Angebot
Kostenangebot
s. dort
von Leistungen als invitatio ad offerendum **Vorbem 631 ff** 39
Loslösung des Bestellers vom Vertragsangebot **649** 8
Vergütung von Vorarbeiten (Vertragsangebot) **632** 93 ff
des Werkes, Abgrenzung zur Abnahme **640** 2
Angemessenheit
Entschädigung des Unternehmers nach unterbliebener Mitwirkung des Bestellers **642** 22 ff
Frist zur Mängelbeseitigung **634** 47 ff
der üblichen Vergütung **632** 39
Ankündigung
Vergütungsforderung, zusätzliche **632** 73
Anlageempfehlungen
und Haftung daraus **Vorbem 631 ff** 124
Anlieferung
auf die Baustelle **632a** 8
Annahmeverzug
s. Verzug
Anordnungen des Bestellers
s. Weisungen des Bestellers
Anpassung des Vertrags
nach Kostensteigerung **650** 23
Anrechnung
Abzug vom Vergütungsanspruch bei Kündigung durch den Besteller **649** 27 ff
Vermögensmehrung durch Werkverbleib nach Kündigung wegen verletzter Kosteninformationspflicht **650** 13
Anschlußgleise
Unentgeltliche Unternehmernutzung **633** 80
Anspruchskonkurrenzen
s. Konkurrenzen
Anwartschaftsrecht
Pfandrecht des Unternehmers **647** 9
Anweisungen
an den Unternehmer
s. Weisungen des Bestellers
Anzeige
Aufnahme der Lohnstundenarbeit **632** 13

Anzeige (Forts.)
Auftragsablehnung nach öffentlichem Auftragsanerbieten **Vorbem 631 ff** 41
Auftragswidrige Unternehmerleistung **632** 89
Ausfütührungsbeginn **633** 129
Behinderung des Unternehmers **642** 45 ff
Fertigstellung des Werkes **640** 15
Mängelrüge
s. dort
der Vollendung des Werkes **646** 17
Anzeigenvertrag
als Werkvertrag **Vorbem 631 ff** 26; **646** 9
Anzeigepflicht des Unternehmers
s. Prüfungs- und Anzeigepflicht
Arbeiten
an oder mit einer Sache (AHB-Schutz) **Anh I 638** 52
Arbeitgeber
Unternehmerstellung **633** 56
Arbeitnehmer
Bestellerzahlungen an – **641** 105
und Gehilfenstellung **634** 117
Schutzbereich des Vertrags **Anh IV 638** 12
Arbeitsbehinderung
s. Behinderung des Unternehmers
Arbeitsgemeinschaft
Arge-Mustervertrag Baugewerbe **631** 22
BGB-Gesellschaft **631** 24
Gesamtschuldner **631** 23
als Unternehmer **Vorbem 631 ff** 69
Vermögensverfall eines Unternehmers **649** 53
Arbeitskampf
als unabwendbares Ereignis **644** 36
Arbeitsleistungen
Selbstvornahmebefugnis und Besteller – **634** 73
Vereinbarung der Unentgeltlichkeit **Vorbem 631 ff** 35
Arbeitsmethode
und Rechte Dritter **633** 187
Arbeitsplatz
Bereitstellungspflicht des Besteller **633** 79
Arbeitsrecht
Anwendung **Vorbem 631 ff** 19, 25
Arbeitsstelle
Allgemeine Ordnung (Bestellerstellung) **633** 31 f
Unternehmerpflicht zur Ordnung **633** 57
Arbeitsüberwachung
Bestellerrecht **633** 38 ff
Arbeitsunterbrechung
s. Unterbrechung der Arbeiten
Arbeitszeit
und Teilvergütungsanspruch **645** 22
Architekt, Architektenvertrag
s. a. Sonderfachleute

Architekt, Architektenvertrag (Forts.)
Abnahme durch den Architekten
 Vorbem 631 ff 115; **Anh II 638** 26; **640** 11
Abnahme des Architektenwerkes **640** 22;
 641 100
Abnahme des Architektenwerkes und
 Verjährungsbeginn **634a** 38 f
Abschlagszahlungen **641** 101
Abschluß **Vorbem 631 ff** 109 ff
AGB-Haftungsbeschränkungen
 Anh II 638 50 ff
Anerkenntnis der Vergütung
 Vorbem 631 ff 115
Anerkennung von Leistungen
 Vorbem 631 ff 115
Angebotsüberprüfung **Anh II 638** 18
Anrechnung ersparter Aufwendungen im
 Kündigungsfalle **649** 26
Anzeige der Behinderung gegenüber dem–
 642 46
Arbeitsüberwachung/Planungs- und Koordinierungsmängel **633** 39
Architektenbezeichnung **Vorbem 631 ff** 98
Architektenleistungen, einzelne
 Vorbem 631 ff 99 ff
Aufklärung über Baukosten **631** 56;
 Anh II 638 31
Aufmaß **Anh II 638** 27; **641** 33
Auftragserteilung, Zusatzaufträge durch –
 Vorbem 631 ff 114
Aufwandspauschalierung (ersparte
 Aufwendungen) **649** 28
Ausgleich im Gesamtschuldverhältnis
 Anh II 638 48 f
Auskunft über Baugeschehen
 Vorbem 631 ff 116
Bauaufsicht **Vorbem 631 ff** 101, 113;
 634a 22; **Anh II 638** 25 f; **641** 109
Bauaufsicht und Koordinierung
 Anh II 638 24
Baubetreuung **Vorbem 631 ff** 134
und Bauherr **Vorbem 631 ff** 114
Bauherr-Architekt-Verhältnis **633** 188
Bauherr-Bauunternehmer-Verhältnis
 Anh II 638 43
Bauplan als geistiges Werk
 Vorbem 631 ff 106
Bautagebuch **Anh II 638** 39
Bauunterlagen **Vorbem 631 ff** 116
Bauunternehmer-Architekt-Verhältnis
 Anh II 638 45
Bauwerk und Leistung des – **648** 15
Bauzeitenverlängerung **633** 134
Bedenken ggü dem Besteller **633** 73
Bereicherung durch Leistung des –
 Vorbem 631 ff 112
Berufsbezeichnung **Vorbem 631 ff** 110

Architekt, Architektenvertrag (Forts.)
Bescheinigung von Stundenlohnzetteln
 632 14
Beschleunigungsgebot **Anh II 638** 29
Bestätigungsschreiben **Vorbem 631 ff** 109
und Bestellerverantwortlichkeit **634** 15
Betreuung durch –, VOB/Teil B-Einbeziehung **Vorbem 631 ff** 83
Beweislast für Mängel **Anh II 638** 37 ff
Deliktshaftung **Anh II 638** 56
Dienstvertrag **Vorbem 631 ff** 103
Drittrechte, bei der Planung zu berücksichtigende **633** 188
Durchführung des Bauvorhabens
 Anh II 638 4
Einstandspflicht für Fehlleistungen
 Vorbem 631 ff 105
Erfolgsbezogenheit **Anh II 638** 15
Fälligkeit des Honorars **641** 98 ff
Fertigstellungsbescheinigung **641a** 6
Finanzberatung, Geldbeschaffung **648** 15
Fristsetzung zur Nachbesserung durch den
 Architekten **634** 49
Geldleistung bei Schadensersatz
 Anh II 638 41
Genehmigungsfähigkeit der Planung
 Anh II 638 12
Generalunternehmer, Baubetreuer, Bauträger **631** 40; **Vorbem 631 ff** 111
Gesamtschuld Bauunternehmer und –
 Anh II 638 44 ff
Gewährleistung, Befugnis des –
 Vorbem 631 ff 115
und Haftung des Unternehmers **634** 115
Haftungsbeschränkungen **Anh II 638** 51 ff
Haftungsverbund **Anh II 638** 42 ff
HOAI-Leistungsbild **Vorbem 631 ff** 102 ff;
 Anh II 638 6
HOAI-Phasen, nicht erbrachte
 Anh II 638 15
HOAI-Vergütung
 s. HOAI
Koordinierungsaufgabe **Anh II 638** 23 f
Kosten der Mängelbeseitigung **635** 3
Kostenanschlag bei Vergabe **Anh II 638** 32
Kostenaufklärung **631** 56
Kostengarantie **Anh II 638** 33
Kostenschätzung, Kostenberechnung
 Anh II 638 31
Kostensteigerung und Kündigungsrecht
 650 21
Kostenüberschreitungen **Anh II 638** 30 ff
Kündigung **Vorbem 631 ff** 117;
 Anh II 638 34; **649** 28
Leistungserbringung, vollständige **634a** 38
Leistungsort **641** 42
Mängel des Architektenwerkes
 Anh II 638 33, 37 ff

Architekt, Architektenvertrag (Forts.)
Mängel des Bauwerkes nach Mängel des Architektenwerkes **Anh II 638** 8
Mängelbeseitigung **634a** 38
Mängelbeseitigung, Überwachung **Anh II 638** 28
Mängelkenntnis **634a** 42
Mängelschäden, Mängelfolgeschäden **Anh II 638** 41
Mahnung, Mängelrüge durch –
  Vorbem 631 ff 114
Mehrkostenverantwortlichkeit **Anh II 638** 34 ff, 41
Minderung **Anh II 638** 14 f, 53
MRVG 1971 **631** 74
Nachbesserungsanspruch des Bauherrn **Vorbem 631 ff** 105
Nachbesserungsbefugnis **Anh II 638** 7 ff, 37, 55
Nachfristsetzung durch – **Vorbem 631 ff** 115
Nebenleistungen, atypische **648** 15
Pflichten **Vorbem 631 ff** 116; **Anh II 638** 5 f
Planung, mangelfreie/spätere Mängel der Bauausführung **633** 154
Planung des Werkes **631** 7; **633** 17; **634a** 22; **Anh II 638** 1, 16; **641** 109
Planung des Werkes (Bestelleraufgabe) **633** 114
Prüfbarkeit seiner Rechnung **641** 34
Prüfungspflicht **Anh II 638** 16, 18
Prüfvermerk **641** 76
Rechnung des Architekten **632** 108 ff; **641** 34
Rechnungsprüfung durch – **Anh II 638** 27
Rechtliche Betreuung **Anh II 638** 21
Rechtsnatur des Vertrags **Vorbem 631 ff** 103
Regeln der Technik **Anh II 638** 17
Regreß, wechselseitiger im Verhältnis zum Bauunternehmer **Anh II 638** 46
Schadensersatz aufgrund Einstandspflicht **Vorbem 631 ff** 106
Schadensersatz statt der Leistung **Anh II 638** 16 ff, 35, 41
Schlüssiger Abschluß **Vorbem 631 ff** 109
Schlußrechnung, Bindungswirkung **632** 102 ff
Selbstvornahmebefugnis und Architektenhinzuziehung **634** 72
Sicherheitengestellung **648a** 3
Sicherungshypothek zugunsten – **648** 15
Sonderfachleute **Anh II 638** 16, 49
Sonderstellung des Rechts **Vorbem 631 ff** 108
Sowieso-Kosten **Anh II 638** 41, 36, 37
Steuervorteile **Anh II 638** 20
Unentgeltlichkeitsabrede **632** 99
Verbrauchervertrag und Architektenbeziehung **Anh I 638** 7

Architekt, Architektenvertrag (Forts.)
Vergabe der Arbeiten **Anh II 638** 18
Verjährungsbeginn mit Abnahme des Architektenwerkes **634a** 38 f
Verjährungsfrage und Beratungspflichten **634a** 40
Verkehrssicherungspflicht **Anh IV 638** 19
Verkehrssicherungspflichten **Anh II 638** 55
Verschulden **Anh II 638** 35, 37
Vertragsvorbereitung **Anh II 638** 21
VOB/B-Anwendung **Vorbem 631 ff** 83
VOB/B-Einbeziehung **Anh I 638** 4
VOB/B-Hinweise durch – **Anh II 638** 21
Vollmacht des Architekten **Vorbem 631 ff** 113 ff
Vorbehalt einer Vertragsstrafe durch – **Vorbem 631 ff** 115
Vorteilsausgleich bei Mehrkosten **Anh II 638** 36 f
Vorvertragliche Leistungen **632** 99 f
Vorvertragliche Pflichten **Vorbem 631 ff** 110
Werklohnforderung, Fälligkeit **641** 98 ff
Werkvertrag **Vorbem 631 ff** 103 ff
Werkvertragsrecht, Kenntnisse des – **Anh II 638** 21
Wirtschaftlichkeit **Anh II 638** 19
Wirtschaftlichkeitsverpflichtung **Anh II 638** 19
Zeitplan, Balkendiagramm **Anh II 638** 29
Zusatzaufgaben **Vorbem 631 ff** 114
Architektenbindung
Koppelungsverbot **631** 74; **Vorbem 631 ff** 111 f
Arglist
Anfechtung des Werkvertrags **631** 78 ff
Mängelverschweigen und Gewährleistungsbeschränkungen (unwirksame) **639** 11 ff
Mängelverschweigen und Verjährungsfrage **634a** 41 ff; **Anh I 638** 18, 46
Vorspiegeln nicht vorhandener Eigenschaft **639** 15
Arrest
Sicherung der Vergütung **648** 40
Arztvertrag
Dienstvertrag **Vorbem 631 ff** 22, 27
Gebührenordnung **632** 115
Aufbewahrungsvorschriften
und Herausgabe an Auftraggeber **Vorbem 631 ff** 50
Aufhebung des Vertrages
Wirkung ex nunc, einverständlicher – **649** 45 ff
Aufklärungspflichten
s. a. Beratungspflicht
s. a. Offenbarungspflicht
s. a. Prüfungs- und Anzeigepflicht

Aufklärungspflichten (Forts.)
Abnahmezeitpunkt und Mängelkenntnis **639** 14
Angaben, zutreffende, des Bestellers **631** 64
Ankündigung eines zusätzlichen Vergütungsanspruchs **632** 75 f
Anzeigepflichten VOB/B, verallgemeinerungsfähige **Anh I 638** 9
Eigenschaften des Werkes/Leistungsbeschreibung **639** 29
zur Erfüllung notwendige auftragswidrige Leistung **632** 88
Fehlvorstellungen des Bestellers **634** 140
Genehmigungserfordernisse **633** 34
Grundlage hierfür (Sachkunde) **631** 49; **Vorbem 631 ff** 46
Haftung aus culpa in contrahendo/Gewährleistungsrecht **634** 139, 140
zu jeder Zeit **631** 51
Leistungsbeschreibung **639** 4
Leistungsbeschreibung mit der Folge mangelnder Werkqualität **633** 165
Mangel des Werkes als Folge verletzter – **631** 54 ff; **639** 5
Neue, ungewöhnliche Leistungen **633** 176
Pflichtverletzung und Vertretenmüssen **634** 110
Planungsänderung und Kostensteigerung **631** 66, 103
Projektfinanzierung **Vorbem 631 ff** 121
Rechtsfolgen verletzter – **631** 65
Unangemessenheit Vergütung – Unternehmeraufwand **632** 46
Unmöglichkeitsfolge verletzter – **631** 64
Weisungen des Bestellers, sachwidrige **645** 18

Aufmaß
und Abnahme, Abgrenzung **641** 32
Architektenaufgabe **Anh II 638** 27
Auftragswidrige Leistung und Teilnahme am – **632** 87
Bindung **641** 32
Einheitspreisvertrag **632** 4, 5
Einheitspreisvertrag, Rechnung **641** 72
Fehler **632** 103; **641a** 19
Fertigstellungsbescheinigung **641a** 11, 19, 32
Hilfspersonen, Vollmacht **641** 33
nach Kündigung des Bestellers (VOB/B) **649** 66
Massenermittlung **641** 32
Mitwirkung **641** 31
Pauschalpreisvertrag **632** 6
Schuldanerkenntnis, deklaratorisches **641** 32

Aufrechnung
AGB-ausschlußfeste Möglichkeit mit unbestrittenen Forderungen **639** 24

Aufrechnung (Forts.)
des Bestellers und Sicherungshypothek **648** 30
Kostenvorschußanspruch/Werklohnforderung **634** 79
Schadensersatzanspruch anstelle der Leistung/noch offene Teile der Werklohnforderung **634** 128; **639** 24
Sicherheitenverwertung **641** 72

Aufruhr
als höhere Gewalt (VOB/B) **644** 35

Aufsichtsrecht des Bestellers
als Obliegenheit **631** 60

Auftrag
Aufwandsersatz **Vorbem 631 ff** 53
Werkvertrag, Abgrenzung **Vorbem 631 ff** 35 ff
Werkvertragsrecht, anwendbare Vorschriften des – **Vorbem 631 ff** 39 ff

Auftraggeber
s. Besteller

Auftragnehmer
s. Unternehmer

Auftragsentziehung
s. Kündigung durch den Besteller

Auftragsvergabe (öffentliche Aufträge)
Vergaberecht
s. dort

Auftragswidrige Unternehmerleistung
Auftragslose Leistung/auftragsabweichende Leistung (VOB/B-Regelung) **632** 81 ff

Aufwand (unverhältnismäßiger)
Architektenleistung und Bauwerksmängel **Anh II 638** 41
Erstmalige Werkherstellung **631** 43
und Kosten der Nachbesserung (unverhältnismäßige) **635** 6, 8 ff
Leistungsverweigerungsrecht **633** 143
Mängelbeseitigung durch den Besteller (kleiner Schadensersatz) **634** 134
Mängelbeseitigungsanspruch während der Herstellungsphase **633** 90
Minderung nach verweigerter Nachbesserung wegen – (VOB/B) **Anh I 638** 40
Nachbesserung des Architekten **Anh II 638** 41
Nachbesserung, verweigerte (VOB/B) **Anh I 638** 29
Nacherfüllungsanspruch des Bestellers/Bestellermitverantwortlichkeit **645** 10
Nacherfüllungsanspruch des Bestellers/erforderliche Fristsetzung trotz – **634** 43
und Selbstvornahme des Bestellers
s. dort
Untergang, Beschädigung des Werkes **644** 8
Wohnungseigentum, Nachbesserung **Anh III 638** 26

Aufwandsbezogene Vergütung
  beim Werkvertrag **Vorbem 631 ff** 52, 53
Aufwendige Werkherstellung
  Schadensersatzansprüche des Bestellers
  650 15 f
Aufwendungen des Bestellers
  s. a. Selbstvornahme
  Werklohn, bisher aufgewendeter als
  frustrierte – **649** 41
Aufwendungen des Unternehmers
  Ersparte, zusätzliche und pauschalierte im
  Falle der Kündigung durch den Besteller
  649 27 ff
  Förderung eines Vertragsabschlusses
  632 93 ff
  und Werkvertragskonzeption
  Vorbem 631 ff 59
Aufwendungsersatz
  Genehmigungserfordernisse **633** 35
  Nacherfüllung durch den Unternehmer/
  Bestelleraufwendungen, besondere
  634 137; **635** 1 ff
  Selbstvornahme
  s. dort
  Unentgeltlichkeit und – **Vorbem 631 ff** 35
  Wasser- und Enrgieverbrauch durch den
  Unternehmer **633** 80
Ausbesserung
  s. Reparaturarbeiten
Ausführung der Werkarbeiten
  s. a. Herstellung des Werkes
  Äußerer Ablauf, inhaltliche Gestaltung
  633 46
  Anordnungen des Bestellers **633** 45 ff
  Anzeige- und Prüfungspflichten
  s. Prüfungs- und Anzeigepflichten
  Arbeitsgemeinschaft mehrerer Unternehmer **634** 119
  Arbeitsmethode des Unternehmers **633** 152
  Art und Umfang eigener Leistung/Voraussetzungen **633** 67
  Aufgabenverteilung
  — Beschaffungspflichten (Materialien/
    Zutaten/Geräte) **633** 115 ff
  — Durchführung der Arbeiten **633** 113
  — Planung des Werkes **633** 114
  Ausführungsfrist, Vorlaufsfrist **633** 120
  Bedenken gegen die vorgesehene Art
  633 62 ff
  Behinderung des Unternehmers
  s. dort
  Bereitstellungspflichten des Besteller
  s. dort
  Beschaffenheitspflichten (Materialien,
  Zutaten, Geräte) **633** 115 ff
  Beseitigung vertragswidriger Baustoffe/
  Bauteile **633** 84
  Besteller-Bereitstellungspflichten **633** 79 ff

Ausführung der Werkarbeiten (Forts.)
  Bestellerstellung während der Durchführung **633** 30 ff
  Bestellerverantwortlichkeit (Stoffmängel/
  Anweisungen) **645** 1 ff
  Dispositionsfreiheit des Unternehmers
  s. dort
  Durchführung der Arbeiten **633** 113
  Eigentumsverletzung **Anh IV 638** 21
  Eigenvertantwortliche Unternehmerausführung **633** 53 ff
  und Erfüllungsgehilfe **634** 119
  Freiheiten des Unternehmers **633** 54 ff
  als Gefahrenquelle **Anh IV 638** 16
  Genehmigungen, erforderliche **633** 33 ff
  Koordinierung
  s. dort
  Leitung der Werkausführung
  s. dort
  Mängelerkenntnis während der –
  s. Mängel des Werkes (Erstellungsphase)
  Nachbesserungsphase **634** 25
  Ordnung an der Arbeitsstelle **633** 31
  und Phase der Gewährleistung (Abgrenzung) **633** 1
  Planung des Werkes
  s. dort
  Prüfungs- und Anzeigepflicht des Unternehmers
  s. dort
  Rechtsgutsverletzung anläßlich der –
  634 143
  Sachkunde des Unternehmers
  s. dort
  Schadensträchtige Arbeiten **639** 57
  Schutz- und Unterhaltungspflichten des
  Unternehmers **633** 81
  Selbstausführung geschuldeter Leistung
  633 104 ff
  Sicherstellung laufender Überwachung und
  Prüfung (Mängelkenntnis) **634a** 43
  Technikregeln, Beachtung der anerkannten
  s. dort
  Überwachung der Arbeiten **633** 38 ff;
  642 39
  Unterbrechung der Ausführung
  s. Behinderung der Ausführung
  Unternehmerpflicht zur Selbstausführung
  633 104 ff
  VOB/B-Regelung **633** 29
  Vorbedingungen für die eigene Leistung
  633 69
  Weisungen des Bestellers
  s. dort
Ausführungsart
  Sowieso-Kosten als zusätzlicher Vergütungsanspruch **634** 21

Ausführungsbeginn
 Abruf der Arbeit **633** 128
 Abruf des Bestellers **633** 120
 Anzeige ggü dem Besteller **633** 129
 Bedenken ggü dem Besteller **633** 74
 Bestellermitwirkung **633** 127
 Beurteilung **633** 120
 Beweissicherung, außergerichtliche (Grundstückszustand/Umgebung) **633** 28
 Förderungspflicht des Unternehmers (fristgerechte, zügige Leistungserbringung) **633** 127 ff
 und Schutz- und Unterhaltungspflichten des Unternehmers **633** 81
 Verzögerte Arbeitsaufnahme, Rechtsfolgen **633** 136 ff
 Vorgaben **633** 120
Ausführungsfristen
 Abhilfeanspruch des Bestellers bei Gefährdung **633** 131
 Ablieferung des Werkes
  s. dort
 für Ablieferung des Werkes bestimmte Frist
  — Parteivereinbarung **633** 118
  — Umstände, maßgebliche (§ 271) **633** 119 ff
  — VOB/B-Regelung (Vereinbarung;Förderungspflichten) **633** 125 ff
 Ablieferung des Werkes (VOB/B-Fristen)
  s. VOB/Teil B unter Frist
 Bauzeitenplan/mangelfreies Architektenwerk **Anh II 638** 29
 Behinderung des Unternehmers/anerkannte Verlängerungsumstände **642** 50 ff, 66
 Behinderung und Wiederaufnahmeverpflichtung **642** 64
 Behinderungsanzeige, unterbliebene **642** 48
 Vereinbarte Verlängerung (Abrede/AGB) **633** 134
 und Witterungseinflüsse **642** 58
Ausführungsmängel
 und Koordinierungspflicht **Anh II 638** 24
 Mängelursachen **633** 156; **634** 15
 und Planungsmängel, Abgrenzung **Anh II 638** 4
 oder Planungsmängel, Beweisrecht **Anh II 638** 38
 und Planungsmängel, Zusammentreffen **634** 111
Ausführungsplanung
 s. Planung des Werkes
 als HOAI-Leistungsphase **Vorbem 631 ff** 114
Ausführungsüberwachung
 durch Besteller **642** 40

Ausführungsunterlagen
 und Mängelhinweise des Unternehmers **633** 19
 Planung des Werkes
  s. dort
 VOB/B-Regelung **633** 14
Ausgleichsansprüche
 der Parteien untereinander **Anh IV 638** 1 ff
 Vorleistender Unternehmer (Mängelhaftung)/Nachleistender Unternehmer (verletzte Prüfungspflicht) **633** 77
Ausheben der Baugrube
 Sicherheitengestellung **648a** 3
Auskunft
 Abzug vom Vergütungsanspruch bei Kündigung durch den Besteller **649** 25
 Arbeitsaufnahme **633** 127
 des Architekten über Baugeschehen **Vorbem 631 ff** 116
 der Bank über Bauträger- und Baubetreuungsmodelle **Vorbem 631 ff** 124
 des Baubetreuers gegenüber Betreuten **Vorbem 631 ff** 135
 und Benachrichtigung, Abgrenzung **Vorbem 631 ff** 47
 Kostenvorschuß aufgrund Selbstvornahmebefugnis **634** 82
 des Subunternehmers über Zahlungseingänge bei dem Hauptunternehmer **641** 38
 über Subunternehmerverträge **631** 35
 Überwachung der Unternehmerarbeiten **633** 41
 und Unternehmer-Informationspflichten **Vorbem 631 ff** 48
 des Unternehmers nach Auskunftsbegehren **Vorbem 631 ff** 48
 Verjährung von Ansprüchen **634a** 9
Auskunfteivertrag
 Rechtsnatur **Vorbem 631 ff** 27
Auskunftsvertrag
 Bauträgerschaft, Werbung und Bankenhaftung **Vorbem 631 ff** 124
Auslagen
 und Werklohn **Vorbem 631 ff** 52, 58; **645** 24
Auslegung von Willenserklärungen
 Beschaffenheit des Werkes (Sollbeschaffenheit) **633** 173
 Beschaffungs- oder Herstellungspflichten **651** 31
 Erfolg, geschuldeter oder bloße Tätigkeit **631** 11
 Erschwerung der Werkleistung, Ausgleichsfrage **631** 65
 Garantiefrist, vereinbarte **634a** 30
 Gewährleistungsbeschränkungen **639** 9
 Sowieso-Kosten als zusätzlicher Vergütungsanspruch **634** 20
 Subunternehmer-Gewährleistung **631** 33

Auslegung von Willenserklärungen (Forts.)
  Werkvertrag **631** 77; **633** 7 f
Ausschluß der Gewährleistung
  Mängel des Werkes
  s. dort
Ausschlußfrist
  AGB-Rügefristen bei offensichtlichen
  Mängeln **639** 40 ff
Ausschreibung
  s. Vergaberecht
Außenanlagen
  Begriff **648a** 4
Aussperrung
  und Ausführungsfristen, verlängerte
  642 52 ff
  als unabwendbares Ereignis **644** 36

Bagatellmängel
  und Minderung der Vergütung **634** 102
Bank
  Aufklärungspflicht bei Bauträgerschaft
  Vorbem 631 ff 121
  Bauträgerschaft und finanzierende –
  Vorbem 631 ff 119
  Geschäftsbesorgung **Vorbem 631 ff** 39
  Prospekthaftung **Vorbem 631 ff** 127
Bauablauf
  Prüfungspflicht des ausführenden Unternehmers **633** 68
Bauabzugssteuer
  Abzug von der Werklohnforderung **632a** 30
  und Erlöschen der Werklohnforderung
  641 44
  Freistellungsbescheinigung des Bauunternehmers **632a** 30
Bauaufsicht
  Architektenverpflichtung **Anh II 638** 25
  und Architektenvollmacht
  Vorbem 631 ff 101, 113
  Mängel der Architektenleistung
  Anh II 638 8
  Nicht nachbesserungsfähige – **646** 7
  Örtliche – und Erklärungen des Architekten **Vorbem 631 ff** 113
  Übertragung reiner – auf Architekten
  Vorbem 631 ff 107
  Verjährungsfrage **634a** 22
Baubetreuer
  s. Bauträgerschaft, Baubetreuer
Baubetreuung
  HOAI-Leistungsphase **Vorbem 631 ff** 102
  Sicherheitengestellung **648a** 3
Baubuch 648 53
Bauentwurf
  Planungsänderungen (VOB/B-Regelung)
  633 9 ff
Bauforderungen (GSB)
  Baugeldsicherstellung **648** 46 ff

Baugeld
  Empfänger von Baugeld (GSB) **648** 46 ff
Baugenehmigung
  Architektenplanung, genehmigungsfähige
  Anh II 638 12
  und Architektenwerk **Anh II 638** 12 f
  Bauausführung entgegen einer – **634a** 42
  Bauvertrag und versagte – **Vorbem 631 ff** 73
  Beschaffungspflicht des Bestellers
  Vorbem 631 ff 72
  und Mängelverantwortlichkeit **633** 59
  Verzögerte Arbeitsaufnahme **633** 136
Baugerüst
  Haftungstatbestand **Anh IV 638** 15
Baugrund
  und Baugrundrisiko **633** 143
Bauhandwerker
  Bevorzugung **648** 7
Bauherr
  s. Besteller
Bauherrenmodell
  Prospekthaftung **Vorbem 631 ff** 126 ff
Baukosten
  und Architektenleistung **Anh II 638** 31 f
  Kostenangebot
  s. dort
  Kostenanschlag
  s. dort
  und Vergütung
  s. dort
Bauleiter
  und Mängelkenntnis **639** 15
Bauliche Anlage
  Genehmigungsbedürfnis **Vorbem 631 ff** 72
  Mangelschäden, Mangelfolgeschäden
  Anh I 638 45 f
Baumängel
  s. Mängel des Werkes
Baumaschinen
  Zurverfügungstellung **648** 9
Baumaterialien
  und Sicherungshypothek **648** 9
Bauordnungsrecht
  Haftungstatbestand **Anh IV 638** 15
  Prüfungspflicht des ausführenden Unternehmers **633** 68
Bauplanung
  s. Planung des Werkes
Baurecht
  Öffentliche Aufträge, Preisvorschriften
  632 120
  Würdigung des Gesetzes **Vorbem 631 ff** 12
Baustelle
  Allgemeine Ordnung (Bestellerstellung)
  631 62; **633** 31 f
  Einrichtung der – und Fertigstellung durch Dritten **649** 54

Baustelle (Forts.)
Einrichtung der –, Sicherungshypothek **648** 13
Fertigstellung durch den Besteller **649** 60
Räumung (Kosten) **644** 38; **645** 23
Räumung als Werkvollendung **633** 132
Rechtsfolgen unzureichender – **633** 136 ff
und Überwachungsrecht **633** 42
Verkehrssicherungspflichten **Anh IV 638** 16 ff

Baustofflieferant
Bauforderungen (GSB) **648** 48
und Sicherungshypothek **648** 17

Bautagebuch
Bauaufsicht des Architekten/Verplichtung zur Führung eines– **Anh II 638** 39

Bauteile
Beseitigungsverlangen des Bestellers bei vertragswidrigen – **633** 84 ff

Bauträgerschaft, Baubetreuung
Abgrenzung **Vorbem 631 ff** 130
Architekt als Baubetreuer **Vorbem 631 ff** 134
Aufklärung **Vorbem 631 ff** 124
Bank, Anlageempfehlung **Vorbem 631 ff** 124
Bank, Stellung finanzierender **Vorbem 631 ff** 119 ff
Baubetreuer und Architektenaufgabe **Anh II 638** 1
Baubetreuereigenschaft **Vorbem 631 ff** 130
Baugeldempfang **648** 49
Bauträger-Zahlungsverkehr (Verbraucherschutz) **632a** 23 ff
Bauträgereigenschaft **Vorbem 631 ff** 129
Bauwerkkosten, Erwerberhaftung **Vorbem 631 ff** 142
Beteiligte **Vorbem 631 ff** 119
Dienstleistungen, Werkleistungen als Baubetreuer **Vorbem 631 ff** 134
Erwerberstellung **Vorbem 631 ff** 119, 121, 141 f
Fälligkeit der Werklohnforderung **641** 48a
Festpreisgarantie des Baubetreuers **Vorbem 631 ff** 131
Formbedürftigkeit des Betreuungsvertrags **Vorbem 631 ff** 131
und freie Bestellerkündigung **649** 8
Grundpfandrechte, globale **Vorbem 631 ff** 122
Haftungsfragen **Vorbem 631 ff** 123 ff
Initiatoren **Vorbem 631 ff** 118 ff, 125, 136
Kauf- oder Werkvertragsrecht **651** 3 ff
Kreditvertrag, sonstige Verträge **Vorbem 631 ff** 120 ff
Kündigung gegenüber Bauträger **649** 6
Kündigungsrecht des Bestellers, Ausschluß **649** 14

Bauträgerschaft, Baubetreuung (Forts.)
Makler- und Bauträgerverordnung **Vorbem 631 ff** 122, 129, 135; **632a** 24; **641** 113 ff
Prospekthaftung **Vorbem 631 ff** 126 ff
Risiken **Vorbem 631 ff** 121
Rückabwicklung **634** 88
Rücktritt vom Bauträgervertrag **639** 55
Sicherungshypothek **648** 16, 17
Steuerfragen **Vorbem 631 ff** 118, 130, 141
Treuhändereinschaltung **Vorbem 631 ff** 119, 137 ff
Verbraucherschutz bei Bauträger-Zahlungsverkehr **632a** 23 ff
Verjährung **Vorbem 631 ff** 128, 140
VOB/B-Anwendung beim Bauträgererwerb **Anh I 638** 4
Vollmacht des Baubetreuers **Vorbem 631 ff** 130
Vollmacht für den Treuhänder **Vorbem 631 ff** 139
Werbung **Vorbem 631 ff** 119, 123
Werkvertrag mit Bauträger **Vorbem 631 ff** 129 f
Werkvertragsrecht und Kaufrecht/Abgrenzung **632a** 26 ff

Bauüberwachung
HOAI-Leistungsphase **Vorbem 631 ff** 102

Bauunterlagen
Einsicht, Aufbewahrung **Vorbem 631 ff** 116

Bauunternehmer
s. a. Unternehmer
als Kaufmann **Vorbem 631 ff** 71

Bauvertrag
Ablieferung, Erfüllungsort **631** 48
Abschlagszahlungsanspruch **632a** 2
Abschluß **Vorbem 631 ff** 69 ff
Arge-Mustervertrag **631** 22
Baugenehmigung, fehlende **Vorbem 631 ff** 73
und Bauherrengemeinschaft **Vorbem 631 ff** 142
Bauleistungen, kreditfinanzierte **631** 71
Bauträgerschaft (Abgrenzung Werkvertragsrecht/Kaufrecht) **632a** 26 ff
Bauwerke
s. dort
Begriff **Vorbem 631 ff** 69
Bestellermitwirkung **642** 11
Bestellerpflichten, Unternehmerpflichten **Vorbem 631 ff** 89
BGB und VOB/B-Vergleich **Anh I 638** 8
Culpa in contrahendo **Vorbem 631 ff** 94
Eigentumsverhältnisse **Vorbem 631 ff** 70, 78
Einheitspreisverträge **632** 4, 5
Formbedürftigkeit **Vorbem 631 ff** 75

Bauvertrag (Forts.)
Genehmigungserfordernisse
  Vorbem 631 ff 72
Generalunternehmer, -übernehmer **631** 40
Kündigung
  s. dort
Leistungsort **641** 49
Mitwirkung des Bestellers
  s. dort
Mitwirkungshandlungen Dritter **642** 33
Neubau, verweigerte Baugenehmigung
  Vorbem 631 ff 73
Nichtigkeit und Rückabwicklung **631** 72
Öffentliche Aufträge **632** 118
Preis-Leistungs-Mißverhältnis **632** 29
Rückabwicklung erbrachter Leistungen
  649 49
Rücktritt vom Werkvertrag (Erfüllungsort)
  634 95
Schlüsselfertiges Gebäude
  s. dort
Schlußrechnung
  s. dort
Schlußzahlung **641** 75 ff
Schwarzbau **Vorbem 631 ff** 74
Unternehmer **Vorbem 631 ff** 71
Vergabe nach VOB/A **Vorbem 631 ff** 93
Vergaberecht
  s. dort
Verjährung der Vergütung **641** 53
VOB/B-erfaßte – **Vorbem 631 ff** 82 ff
VOB/Teil A, VOB/Teil B, VOB/Teil C
  s. jeweils dort
Vorarbeiten **632** 41
Vorbereitende Leistungen, Sicherungshypothek **648** 13
Werkvertrag **Vorbem 631 ff** 28, 79
Bauwerke
  s. a. Architekt, Architektenvertrag
  s. a. Bauvertrag
  s. a. Schlüsselfertige Gebäudeerrichtung
  und Arbeiten an einem Grundstück
    Anh I 638 15
  und Architektenleistung **Anh II 638** 1 ff, 5
  Architektenleistung und Genehmigungserfordernisse **Anh II 638** 12 f
  und bauliche Anlagen **Anh I 638** 46
  und Bauplan **Vorbem 631 ff** 107
  Begriff **634a** 18 ff; **Anh I 638** 15; **648** 11;
    648a 3, 4
  Beseitigung einzelner Schäden, abzugrenzende **634a** 19
  Einheitliche Leistung am – **648** 13
  Einzelleistungen und Verjährungsfrage
    634a 21
  Erhaltungsaufwand als Schaden **Anh I 638** 45
  Gefahrtragung **645** 42

Bauwerke (Forts.)
  und Gründungsverhältnisse **633** 68
  Mangel am – und Mangel des Architektenwerkes **Anh II 638** 38
  Mangelhafte Errichtung als Eigentumsverletzung **634** 144
  Mehrheit von Leistungen/Verjährungsfrage **634a** 26
  Neubau **634a** 19
  Planung und Bauaufsicht, Verjährungsfrage **634a** 22
  Sacheinfügung zur Herstellung **633** 147
  Schadensbeseitigung/Neubauerrichtung, Abgrenzung **634a** 19
  Sicherungshypothek **648** 11
  Umbauten, Reparaturen, Veränderungen **648** 12
  Veränderungen **634a** 19
  Verjährungsfrage **634a** 17 ff; **639** 44, 71
  VOB/A **648** 11
  und Werbung **Vorbem 631 ff** 129
  Zahlungspläne (AGB) **632a** 6
Bauwerksteile
  Sicherungshypothek **648** 11
Bauwesenversicherung
  und AHB, Abgrenzung **Anh I 638** 48
Bauzeiten
  s. Ausführungsfristen
Bauzeitenplan Anh II 638 29
Bearbeitung
  Kauf mit Montageverpflichtung, Abgrenzung **651** 13
Beaufsichtigungsrecht des Bestellers
  als Obliegenheit **631** 60
Bedenken des Unternehmers
  gegen Ausführungsart/Stofflieferungen/andere Unternehmerleistungen **633** 62 ff
  gegen Ausführungsplanung **633** 165
  Bestellerweisungen **633** 49; **645** 16
  Beweislast **633** 78
  Planungsschwächen, erkennbare **633** 157
Bedienungshandbuch
  beim Computervertrag **Vorbem 631 ff** 68
Bedienungspersonal
  Maschinenüberlassung mit –
    Vorbem 631 ff 18
Bedingung
  Abnahme **640** 13
  Kündigung des bedingten Werkvertrages
    649 8
Beeinträchtigung
  und Mangelbegriff **633** 178
Beförderungsvertrag
  Werkvertrag **Vorbem 631 ff** 27, 64
Befristung
  s. Frist, Fristsetzung
Beginn der Arbeiten
  s. Ausführungsbeginn

Behinderung des Unternehmers
Abrechnung, vorläufige bei beachtlicher Unterbrechung **642** 73 ff
Abrechnungspflicht für Vergütungsansprüche **641** 30
Anzeigepflicht des Unternehmers **642** 45 ff
Anzeigeunterlassen **642** 48
Arbeitsstelle und Bestellerverantwortlichkeit **633** 31
Aufmaß ohne Mitwirkung des Bestellers **641** 31
Ausführungsfristen **633** 133
Ausführungsfristen, verlängerte **642** 50 ff
Begriffe Behinderung, Unterbrechung **642** 44
Bereitstellungspflichten des Bestellers, unterbliebene **633** 79
Bestellerbehinderungen und Kündigungsrecht des Unternehmers **643** 1 ff
Bestellerweisungen **633** 52
Drittstörungen **642** 52
Förderungspflicht beider Seiten **642** 63
Grundstückszustand/Umgebung vor Beginn der Bauarbeiten **633** 28
Höhere Gewalt **642** 56
Kündigung des Unternehmers **643** 7, 8
Kündigungsmöglichkeit für beide Parteien, vorzeitige wegen Unterbrechung **642** 76
und Mitwirkungshandlung des Bestellers (VOB/B-Anknüpfung) **631** 60; **642** 42
Naturereignisse **642** 34
Planungsunterlagen, nicht überlassene **633** 21
Schadensersatzansprüche wegen Vertretenmüssens behindernder Umstände **642** 81 ff
Streik, Aussperrung **642** 54
Überwachung durch den Besteller **633** 43
Umstände, unabwendbare **642** 56
und Unmöglichkeit, abzugrenzende **642** 44, 69
Unternehmerpflichten, billigerweise zumutbare **642** 59 ff
Ursachen **642** 44
VOB/B-Regelung, umfassende **642** 43
VOB/B-Vereinbarung, fehlende **642** 55, 57, 63, 65, 68
Vorläufige Abrechnung während der Leistungsunterbrechung **642** 69
Wegfall der Behinderung **642** 54
Weisungen des Bestellers **642** 51
an Werkherstellung selbst/fehlendes Abwehrrecht **631** 46
Witterungseinflüsse **642** 58
Behördliche Bestimmungen
und Unternehmerfreiheit **633** 58

Benachrichtigungspflicht
Informationspflicht des Unternehmers **Vorbem 631 ff** 47
Benutzung des Werkes
trotz Mängel **646** 16
Rügelose– **640** 50, 79; **641a** 31
Beratungspflichten (des Architekten)
Vergabe der Arbeiten **Anh II 638** 18
Beratungspflichten (des Bestellers)
Rechtsfolgen verletzter **631** 65
Beratungspflichten (des Unternehmers)
s. a. Aufklärungspflichten
Anforderungen, strenge **631** 49
Architektenpflicht zur umfassenden Beratung **Vorbem 631 ff** 98
Bauträgerschaft, Baubetreuung **Vorbem 631 ff** 132 ff
Bedenken, mitzuteilende **631** 52
Computervertrag **Vorbem 631 ff** 68
Grundlage hierfür (Sachkunde) **631** 49
Haftung aus culpa in contrahendo/ Gewährleistungsrecht **634** 139
Mitwirkungspflichten des Bestellers und – **642** 12, 13
Rechtsfolgen verletzter – **631** 54 ff
Stoffe des Bestellers **645** 18
Unternehmerpflicht, eigene zur Inanspruchnahme von Beratung **633** 53
Verjährungsfrage und Beratungspflichten **634a** 40
Verwendungszwecke des Bestellers **631** 49
über Verzögerungen **642** 35
Bereitstellungskosten des Unternehmers
Entschädigung **642** 25
Bereitstellungspflichten (Bestellerpflichten)
Arbeits- und Lagerplätze **633** 79
Wasser- und Energieanschlüsse (unentgeltliche Nutzung) **633** 80
Zufahrtswege und Anschlußgleise (unentgeltliche Nutzung) **633** 80
Bergungsvertrag
Dienstvertrag **Vorbem 631 ff** 28
Berufsgenossenschaft
Beachtung der Unfallverhütungsvorschriften **Anh IV 638** 18
Beschädigung von Sachen
Deliktische Haftung aufgrund mangelhafter Werkleistung **634** 142 ff
Beschädigung des Werkes
nach Annahmeverzug **644** 25
Anweisung, sachwidrige des Bestellers **645** 17
Bestellerverhalten (Sphärentheorie) **645** 29 ff
Gefahrtragung **644** 8
Höhere Gewalt, VOB/B-Abrechnung **644** 33 ff
Mangel des Bestellerstoffes **645** 17

Beschädigung des Werkes (Forts.)
als Mangel des Werkes **645** 9
Mangel des Werkes, Abgrenzung **645** 11
Vergütungsgefahr **644** 22
Beschaffenheit des Werkes
Abnahme, ausgeschlossene wegen –
646 1 ff
Anfechtbarkeit, Gewährleistung **631** 79
und Dispositionsfreiheit des Unternehmers **633** 151
Eigenschaften als Bestimmungsfaktoren
s. Eigenschaften des Werkes
Garantie
s. dort
Geschuldete Beschaffenheit
s. Verschaffung des Werkes
Gewährleistungsausschluß und Beschaffenheitsvereinbarung, Abgrenzung **639** 3
Hauptpflicht bestimmter Beschaffenheit **633** 152
Mängel des Werkes
s. dort
Sollbeschaffenheit (Verwendungseignung)
s. Verwendungseignung
Technikregeln, anerkannte **633** 168 ff
Übliche und zu erwartende Beschaffenheit **633** 167 ff
Vertraglich vorausgesetzte Beschaffenheit **633** 173
Vertraglich vorausgesetzte Beschaffenheit (VOB/B-Schadensersatzanspruch) **Anh I 638** 47
Vertragliche Vereinbarungen **633** 160, 164 ff
Verwendungseignung des Werkes
s. dort
als Werktyp **646** 7
Wert der Sache/wertbildende Faktoren **633** 154
Beschaffung des Leistungssubstrats
als Gläubigerobliegenheit **645** 35
Bescheinigung
Lohnstundenzettel **632** 14
Beseitigung
Auftragswidrige Unternehmerleistung **632** 84 ff
der Mängel des Werkes
s. dort
Rücktritt beim Werkvertrag (einseitiges Bestellerrecht) **634** 92,f
Vertragswidrige Stoffe, Bauteile **633** 84 ff
Besichtigung des Werkes
durch Gutachter für Fertigstellungsbescheinigung **641a** 26
Besitz
und Abnahme **640** 1, 9
und Abnahmemöglichkeit **646** 2

Besitz (Forts.)
Arbeits- und Lagerplätze, dem Unternehmer zur Verfügung gestellte **633** 79
Mangelhaftes Werk/nur noch Rücktritt, Minderung, Schadensersatz **633** 144
Mangelhaftes Werk/Verweigerung der Abnahme **633** 144
Planungsunterlagen **633** 21
und Übergabe des Werkes **640** 8
Unternehmerpfandrecht und – **647** 16, 23
Verschaffung des Werkes **633** 144
am Werk, Verschaffung als Ablieferung **631** 18
und Werkuntergang, Werkbeschädigung **644** 10
Bestechungsgelder
Herausgabeanspruch **Vorbem 631 ff** 51
Besteller
Abhilfeanspruch (Förderpflicht des Unternehmers) **633** 131
Abnahme des Werkes
s. dort
Abruf der Arbeit **633** 128
Abstandnahme vom Bauvorhaben **649** 41, 63
AGB-Einbringung **631** 22; **639** 18
Anfechtung des Werkvertrages **631** 79
Anordnungen als einseitige Weisungen
s. Weisungen des Bestellers
Arbeitsüberwachung **633** 38 ff
Aufklärungspflichten
s. dort
Auftraggeber **631** 41
Ausführung der Arbeiten/Rechtsstellung des – **633** 30 ff
Bauvertrag und Eigentumsverhältnisse **Vorbem 631 ff** 70
Bedenken des Unternehmers/Risikotragung des – **633** 75
Behördliche Bestimmungen **633** 59
Beratungspflichten
s. dort
Bereitstellungspflichten
s. dort
Bescheinigung von Lohnstundenzetteln **632** 14
Beseitigungsverlangen (vertragswidrige Stoffe/Bauteile) **633** 84 ff
Eigenausführung als nachträgliche Leistungseinschränkung **632** 61 ff
Eigentumsverhältnisse **631** 41
Erfüllungsgehilfe **Anh IV 638** 9
Fahrlässigkeit **Anh IV 638** 8
Fertigstellungsbescheinigung auf Antrag des – **641a** 7
Genehmigungsbeschaffung
Vorbem 631 ff 72 .ff; **633** 33 ff
Generalübernehmer als - **631** 40

Besteller (Forts.)
Gewährleistungsausschluß, anknüpfend an Verhalten des – **639** 30 ff
Gewährleistungsrecht
s. Mängel des Werkes
Haftung **Anh IV 638** 2 ff
Insolvenz **Vorbem 631 ff** 55; **641** 10
Kaufleute
s. dort
Kaufvertrag statt Werkvertrag **Vorbem 631 ff** 15
Koordinierung
s. dort
Kostenvorschuß für Mangelbeseitigung
s. Selbstvornahme
Kreditwürdigkeit, fehlende **631** 80
Kündigung durch den Besteller
s. dort
als Laie, unberatener **633** 66
Leistungsänderung **632** 67
Leistungsbeschreibung des – **631** 56
Leistungsbestimmung, nähere **631** 10
locator **Vorbem 631 ff** 10
Mängel des Werkes/Verantwortlichkeit des ----
s. Mängel des Werkes/Gewährleistung
Mängelbeseitigung, eigene
s. Selbstvornahme
Mehrheit von – **631** 41; **Anh III 638** 19 f
Mitwirkung **631** 60
Nachbesserungsanspruch
s. dort
Nachfragemacht **Vorbem 631 ff** 2
Nachrichten an den – **Vorbem 631 ff** 46 ff
Nebenpflichten **631** 61 ff
Obstruktion **641** 9
Pflichten **631** 58 ff
Pflichtverletzungen
s. Schadensersatzansprüche
Planung des Werkes
s. dort
Räumlichkeiten des Bestellers
s. dort
Rechnung, Bindungswirkung **632** 108
Rechtsgütereinwirkung aufgrund des Werkvertrages **634** 146
Rücktritt vom Werkvertrag (einseitiges Bestellerrecht)
s. dort
Schädigung an Leben/Körper/Gesundheit **Anh I 638** 41
als Schuldner **631** 58 ff; **641** 45
Selbstvornahme
s. dort
Sicherheitsleistung durch – **641** 51
Stoffe des Bestellers
s. dort

Besteller (Forts.)
und Subunternehmer **631** 32 f;
Vorbem 631 ff 42; **633** 105 ff
Überwachung der Unternehmerarbeiten **633** 38 ff
Vergütungspflicht
s. Vergütung
Verkehrssicherungspflichten **633** 69; **Anh IV 638** 16 ff
Vermögensverhältnisse **641** 48
Verschulden/Vertretenmüssen
s. dort
Vertragszweckgefährdung **643** 21, 27
VOB/B-Einbeziehung gegenüber – **Vorbem 631 ff** 85
Wahlrecht **Vorbem 631 ff** 44
Wünsche, Vorschläge **633** 45
Zahlungspflicht **631** 58
Zukunftsbezogenheit des Vertrags und Folgen für den – **631** 20
Zusatzleistungen **632** 72
Bestellvertrag
Rechtsnatur **Vorbem 631 ff** 30
Betrieb des Unternehmers
Betriebsbezogener Werkvertrag **Vorbem 631 ff** 42
Selbstausführung geschuldeter Leistung **633** 105
Streik, Aussperrung **642** 54
Subunternehmerbeauftragung bei fehlender Leistungsfähigkeit **633** 106
Subunternehmerbeauftragung, Zulässigkeit **631** 34 f
und unabwendbares Ereignis **642** 56
Bewegliche Sachen
Kaufrecht/Werkvertragsrecht, Abgrenzung des Anwendungsbereichs **651** 6 ff
Pfandrecht des Unternehmers **647** 4 ff
Beweisrecht
Abnahme **640** 1, 25
Abnahme und Mängelkenntnis **640** 60
und Abnahme-Förmlichkeiten **640** 19
Abnahmefrist, fruchtloser Fristablauf **640** 46
AGB-Beweislastregelungen **639** 46 ff
Architektenwerk, mangelhaftes **Anh II 638** 38
Arglist des Unternehmers **634a** 46
Baugeldverwendung **648** 51
Dokumentationspflichten des Architekten **Anh II 638** 39
Entgeltlichkeit, streitige **632** 120
Entschädigungsanspruch **642** 26
Fertigstellungsbescheinigung **641a** 20
Kausalität einer Pflichtwidrigkeit **634** 111
Kosteninformation **650** 14
Mängel des Architektenwerkes **Anh II 638** 38 ff

Beweisrecht (Forts.)
 Mängel während der Herstellungsphase 633 89
 Mängel des Werkes 633 180; 639 66; 640 1, 25; 646 15
 Mängelbeseitigung, vollständige/mangelfreie 634 50
 Mängelvorbehalt 640 60
 Pflichtwidrigkeit des Unternehmers 634 124
 Prüfungspflicht, Hinweispflicht des Unternehmers 633 78
 Teilabnahme 641 109
 Teilvergütungsanspruch 645 24
 Überzahlung des Unternehmers 641 103
 Üblichkeit einer Vergütung 632 120
 Vergütung nach Kündigung durch den Besteller 649 24 ff
 Vergütung, Preisvereinbarung 632 119
Beweissicherung
 Grundstückszustand/Umgebung vor Beginn der Bauarbeiten (VOB/B) 633 28
Beweisverfahren (selbständiges)
 Hemmung der Verjährung 634a 55 f
Bewerber für Bauleistungen
 VOB/Teil A Vorbem 631 ff 97 ff
BGB und VOB/B Anh I 638 2
BGB-Gesellschaft
 Arbeitsgemeinschaft 631 24
Bieterhaftung
 Vergaberecht Vorbem 631 ff 95 ff
Billigung der Werkleistung
 Abnahme als– 640 4, 6, 39; 646 8
Binnenschiffahrtsregister
 Eintragung 648 55
Bringschuld
 Werkleistung 631 48
Bühnenaufführungsvertrag
 Rechtsnatur Vorbem 631 ff 30
Bürgschaft
 Erfüllungsbürgschaft 641 52
 Gewährleistungsbürgschaft 641 52, 55

Computervertrag
 Werkvertrag Vorbem 631 ff 66 ff
Culpa in contrahendo
 Angebotsveranlassung ohne Auftragsabsicht 632 98
 Architektenvertrag Vorbem 631 ff 110
 Aufklärung über unwirksame Honorarvereinbarung 632 114
 Aufklärungspflicht, verletzte 631 56
 Aufwand-Vergütung-Relation 632 46
 Bestellerhaftung Anh IV 638 2 ff
 Fehlausschreibung 632 56 f, 59
 Haftung wegen unzureichender Aufklärung über Werkseigenschaften 634 139

Culpa in contrahendo (Forts.)
 Initiatorenhaftung bei Bauträgerschaft Vorbem 631 ff 123 ff
 Kalkulationsirrtum, veranlaßter 632 28
 Kosteninformationen 650 6
 Kreditunwürdigkeit des Bestellers 641 48
 Kreditwürdigkeit des Bestellers 631 80
 Obhutspflicht, verletzte 644 13
 Prospekthaftung Vorbem 631 ff 128
 Unternehmerqualifikation, fehlende 631 21
 Vergabe von Bauleistungen Vorbem 631 ff 94
 Verhaltenspflichten des Unternehmers Vorbem 631 ff 40, 41
 Vertragsabschluß Vorbem 631 ff 90 ff
 VOB/Teil A-Bestimmungen und Haftung aus – Vorbem 631 ff 80
 Zusatzvereinbarung, vom Unternehmer geforderte 632 45
Culpa in eligendo
 Einstehen für einen anderen Unternehmer 631 29

Dauerschuldverhältnis
 und Werkvertrag 643 20; 649 2, 4
Deckvertrag
 Werkvertrag Vorbem 631 ff 26
Delegationsbefugnis
 Leitung der Werkarbeiten und Unternehmerrecht der – 633 56
Designervertrag
 Dienstvertrag, Werkvertrag Vorbem 631 ff 26
Diebstahl
 Schutzpflichten des Unternehmers 633 82
 als unabwendbares Ereignis 644 34
Dienstvertrag
 Arbeitskräfte/Maschinenüberlassung 631 23
 Architektenvertrag Vorbem 631 ff 103; Anh II 638 1
 Aufwendersatz Vorbem 631 ff 53
 Auslagen Vorbem 631 ff 52
 Baubetreuung Vorbem 631 ff 134
 Bauforderungen (GSB) 648 48
 Beschäftigungsinteresse des Dienstverpflichteten 649 48
 Gestaltungsmöglichkeiten Werkvertrag und – Vorbem 631 ff 24
 Mängel Vorbem 631 ff 19
 Partnervermittlungsvertrag Vorbem 631 ff 60
 keine Sicherungshypothek 648 9
 Tätigkeit, geschuldete Vorbem 631 ff 20
 Tätigkeit, geschuldete statt Endergebnis 631 4
 Treuhänder bei Bauträgerschaft Vorbem 631 ff 137 ff

Dienstvertrag (Forts.)
Unternehmerpfandrecht, nicht gegebenes **647** 30
Werkvertrag und –, Abgrenzung **631** 4; **Vorbem 631 ff** 4, 6, 19 ff; **Anh IV 638** 5
und Werkvertrag, Leistung in eigener Verantwortung **633** 53
DIN EN ISO
Qualitätssicherungssystem **633** 170
DIN-Normen
und Beschaffenheitsgarantie **633** 161
Deutsches Institut für Normung **633** 170
Prüfungspflicht des ausführenden Unternehmers **633** 68
Qualitätssicherungssysteme, abzugrenzende **633** 170
Schallschutz **633** 170
als Technikregeln, anerkannte **633** 170
VDI-Richtlinien, VDE-Bestimmungen **633** 170
Verarbeitungsrichtlinien, abzugrenzende **633** 170
Dingliche Absicherung
des Unternehmers **648** 4, 5; **648a** 1
Dispositionsfreiheit des Unternehmers
Arbeitsmethoden **Vorbem 631 ff** 44
Förderung der Arbeiten und eingeschränkte – **633** 130
Herstellungspflicht des Unternehmers und – **633** 3
und Selbstvornahmebefugnis **634** 71
und Weisungen des Bestellers **633** 47
Dissens
Vergütungsvereinbarung, fehlende **632** 35, 36
Dokumentationspflicht
des Architekten **Anh II 638** 39
Dritter, Dritte
AGB-Haftungsbeschränkungen bei Vorsatz/grober Fahrlässigkeit **639** 25 f
Andere Unternehmer
s. dort
Ausführungsfristen und Störungen seitens– **642** 52
Beauftragung eines Drittunternehmers **Vorbem 631 ff** 42
Beeinträchtigung unfertiger Werkleistung **645** 33
Behinderung des Unternehmers durch – **642** 36
Fertigstellung durch Besteller und Kosten – **649** 60
Gewährleistungsausschluß unter Einräumung von Rechten gegen – **639** 31
Haftung der Vertragsparteien für Drittschäden **Anh IV 638** 14 ff
Haftung der Vertragsparteien für Schädigungen– **Anh IV 638** 14 ff

Dritter, Dritte (Forts.)
und Pfandrecht des Unternehmers **647** 10
Rechtsmängelhaftung wegen Rechte Dritter
s. Rechtsmängel
als Schadenverursacher am Werk **644** 10
Sicherungshypothek **648** 20
Unternehmerzurechnung der Arglist – **634a** 45
Drittschadensliquidation
Schädigung der Werkleistung **631** 28
Drittzahlungsbefugnis
des Bestellers (VOB/B) **641** 93
Duldung
Arbeitsüberwachung durch den Besteller **633** 41
Werkbesichtigung durch Gutachter **641a** 27

Eheanbahnungsvertrag
als Maklerdienstvertrag **Vorbem 631 ff** 60
Ehegatten
und Abnahme **640** 11
Eigenausführung
als nachträgliche Leistungseinschränkung **632** 61
als Selbstvornahme
s. dort
Eigenmächtige Unternehmerleistung
Auftragslose Leistung/auftragsabweichende Leistung (VOB/B-Regelung) **632** 81 ff
Eigenschaften des Werkes
s. a. Beschaffenheit des Werkes
Begriff, konkrete Merkmale **633** 152 f
Benachrichtigungen des Unternehmers, erforderliche **Vorbem 631 ff** 48
Beschaffenheitsbestimmung durch die– **633** 152
Beschaffenheitsgarantien
s. Garantie
Culpa in contrahendo wegen unzureichender Aufklärung **634** 139
Fehlen garantierter Eigenschaften/Abnahmeverweigerung **640** 73
Konkrete Merkmale **633** 153
und Leistungsbeschreibung **639** 29
Mängel des Werkes
s. dort
Mängel des Werkes wegen minderwertiger – **633** 175
Störende Eigenschaften **633** 176
Verschweigen zugesicherter – **634a** 42
Vortäuschung nicht vorhandener – **634a** 43; **639** 15
Wert der Sache, abzugrenzender **633** 154
Eigentümer-Besitzer-Verhältnis
Besteller und Eigentümer, fehlende Identität **647** 26

Eigentum
und Bauträgerschaft **632a** 28
Besteller und Eigentümer, fehlende Identität **647** 24
und Bestellereigenschaft **631** 41
des Bestellers am Grundstück **648** 19
am Grundstück und Bauvertrag **Vorbem 631 ff** 70
Planungsunterlagen **633** 24
an der Sache und Werkvertrag **631** 4
Schadensersatz, beiderseitiger wegen Verletzung des – **644** 38
und Sicherungshypothek **648** 20
an Unternehmerleistungen **632a** 8
und Unternehmerpfandrecht **647** 7
Verletzung des – durch Erbringung der Werkleistung **Anh IV 638** 21 ff
Verschaffungspflicht des Unternehmers **633** 145 ff
am Werk, Verschaffung als Ablieferung **631** 18
Zweifel am Besteller- **647** 15
Eigentumsverletzung
aufgrund mangelhafter Werkleistung **634** 142 ff
Minderweitige Werkleistung selbst **634** 144
Eigentumsvorbehalt
Eigentumserwerb des Bestellers **633** 145, 148
Eigenverantwortlichkeit
s. a. Dispositionsfreiheit des Unternehmers
Ausführung vertraglicher Leistung durch den Unternehmer **Vorbem 631 ff** 22; **633** 53 ff
Einbehalt
vom Werklohn zur Absicherung der Gewährleistung **641** 21, 57 ff
Einfamilienhaus
Sicherheitengestellung durch Besteller **648a** 7
Eingeschränkter Schadensersatz
nach VOB/B **Anh I 638** 42 ff
Einheitspreisvertrag
Abrechnungspflicht VOB/B **641** 31
und Abschlagszahlungen **632a** 9
Aufmaß **641** 31
Aufwendungsersatz **Vorbem 631 ff** 53
Kostenanschlag **650** 7
Kündigung durch den Besteller **649** 17, 23
Maßstäbe der Vergütung **632** 36
Mengenfehleinschätzung **632** 52 ff
VOB-bevorzugter – **632** 6
Einigung der Parteien
und Hemmung der Verjährung **634a** 48 ff
Einreden, Einwendungen
nicht erbrachter Abschlagszahlung **641** 30

Einreden, Einwendungen (Forts.)
Finanzierung von Bauträger- und Baubetreuermodellen **Vorbem 631 ff** 119
früher begründeter Werkforderung **647** 3
des Mängelbeseitigungsanspruchs ggü der Werklohnforderung **Anh I 638** 27
Nachbesserungsanspruch und unverhältnismäßige Kosten **635** 8
der rügelosen Abnahme trotz Mangelkenntnis **640** 61
Selbstvornahme des Bestellers **634** 69
der vorbehaltlosen Annahme der Schlußzahlung **641** 84
Werklohnforderung und Nachbesserungsanspruch **639** 22
Einsicht
Bauunterlagen des Architekten **Vorbem 631 ff** 116
Überwachungsrecht des Bestellers **633** 42
Einstweilige Verfügung
Sicherungshypothek **648** 35 ff
Vorbeugender Anspruch auf Mängelverursachung **633** 90
Einverständliche Vertragsaufhebung
Wirkung ex nunc **649** 45 ff
Einweisung des Unternehmers
Bestellerobliegenheit (Lage/Höhe des Bauwerks) **633** 27
Einwilligung
Auftragsweitergabe (VOB/B-Regelung) **633** 105
Bearbeitung bestellerfremder Sache **647** 10
Rechtsgütereinwirkung aufgrund des Werkvertrages **634** 146
Elektrotechnische/elektronische Anlagen
VOB/B-Verjährungsfrist **Anh I 638** 15
Energieanschlüsse
Unentgeltliche Unternehmernutzung **633** 80
Entgangener Gewinn
AGB-Beschränkungen, VOB/B-Regelung **639** 58
Architektenverpflichtung und Schadensersatzanspruch statt der Leistung **Anh II 638** 41
und Nacherfüllungsanspruch **634** 107
VOB/B-Schadensersatzanspruch **Anh I 638** 48
Entgegennahme der Werkleistung
und Abnahme **640** 17
Entgeltlichkeit
Angebotskosten **632** 93 ff
Architekt und Unentgeltlichkeitsabrede **632** 100
der Werkleistung **631** 58; **Vorbem 631 ff** 35; **632** 1, 31, 120
Entgeltrisiko
und Vertragsbestimmung **Vorbem 631 ff** 21

Entschädigungsanspruch des Unternehmers
Angebotskosten **632** 93 ff
Mitwirkung des Bestellers (unterbliebene, mangelhafte) **642** 22 ff
Entwurfsplanung
HOAI-Leistungsphase **Vorbem 631 ff** 102
Entziehung des Auftrags
s. Kündigung durch den Besteller
Entziehung von Leistungsteilen
Kündigung, Übernahme in Eigenausführung **632** 61
Erbbaurecht
Sicherungshypothek **648** 18
Erbringung der Werkleistung
s. Ausführung der Werkarbeiten
Erfolg des Werkvertrages
Abgrenzungskriterium **Vorbem 631 ff** 20
Anwaltsvertrag **Vorbem 631 ff** 25
Anzeigenvertrag **Vorbem 631 ff** 25
Auftrag **Vorbem 631 ff** 33
Auslegung **631** 10 f
Bestimmtheit des –, Ermittlung des – **631** 7 ff
Endergebnis statt bloße Tätigkeit **631** 4
Körperliche Objekte **631** 3 ff
Leistungsbeschreibung
s. dort
Leistungserfolg als Vergütungsgrundlage
s. Leistungserfolg
und Lieferung neu herzustellender beweglicher Sachen (Kaufrecht/Werkvertragsrecht) **631** 5
Schulden des Erfolgs **631** 13
Sonstiger Erfolg **631** 6
oder Tätigkeit (Dienstvertrag) **Vorbem 631 ff** 20
und unentziehbarer Nacherfüllungsanspruch des Bestellers **639** 53
Ungewißheit des – und erfolgsunabhängige Vergütung **644** 29
Veränderung einer Sache **631** 5
Vergütung und vereinbarter – **632** 44 f; **631** 15
als Vergütungsgrund **631** 15
Vermittlungstätigkeit **Vorbem 631 ff** 61
Verschuldensvermutung bei Erfolgsverfehlung **Anh II 638** 3
Vorbereitende Tätigkeiten **632** 48
Wartungsvertrag **Vorbem 631 ff** 30
Weisungsgebundenheit **Vorbem 631 ff** 22
Wert der Werkleistung
s. dort
als Zentralbegriff **631** 2 ff
Erfüllung des Werkvertrages
s. a. Hauptpflichten
und Abnahme **640** 1
Abnahme und Mängelvorbehalt **640** 24, 58

Erfüllung des Werkvertrages (Forts.)
Abnahme und Mängelvorbehalt (Verjährungsfrage) **634a** 4
Erbrachte Leistungen bis zur Kündigung **649** 20
Erfüllungsbürgschaft **641** 52
Erfüllungsinteresse/Integritätsinteresse **634** 147
und freie Bestellerkündigung **649** 6
Haftpflichtversicherung (AHB) und ausgeschlossenes Erfüllungsrisiko **Anh I 638** 49
Kündigungsrecht des Unternehmers nach Bestellerbehinderungen und ---- **643** 18
Mängelauftreten vor der Abnahme des Werkes **634** 9
Nacherfüllung als Unternehmerpflicht
s. Nachbesserungsanspruch des Bestellers
Nacherfüllung als Unternehmerrecht
s. Nachbesserungsrecht des Unternehmers
Nacherfüllungsanspruch/ursprünglicher Erfüllungsanspruch **634** 23
und Sicherungszweck, erreichter **641** 63
Verjährung des ursprünglichen Erfüllungsanspruchs **633** 150; **634a** 8
Verschaffungspflicht des Unternehmers
s. Verschaffung des Werkes
Vorbereitende Tätigkeit **644** 2
Werkvertrag **633** 2
Zurückversetzung in das Erfüllungsstadium **634** 64
Erfüllungsgehilfe
AGB-Haftungsbegrenzungen bei Vorsatz/grober Fahrlässigkeit **639** 25 ff
Arglistiges Handeln, Unternehmerzurechnung **639** 15
Begriff **639** 26
des Bestellers **631** 63; **Anh IV 638** 9; **642** 33
und Mängelverursachung, Vertretenmüssen **634** 117
Sonderfachleute **Anh II 638** 16
des Unternehmers **Anh IV 638** 10
der Vertragspartei bei Schädigung der anderen Partei **Anh IV 638** 10, 11
Erfüllungsort
Ablieferungsanspruch **631** 48
Herstellungsanspruch des Bestellers **631** 45
Nachbesserungsanspruch **631** 45
Rücktritt vom Bauvertrag **634** 95
Verschaffungsanspruch **631** 48
Versendung an anderen Ort **Vorbem 631 ff** 44
Werklohnforderung **641** 49
Werkvertrag **641** 49
Erfüllungsverweigerung
s. a. Leistungsverweigerungsrecht (des Unternehmers)

Erfüllungsverweigerung (Forts.)
und Interessefortfall **649** 63
Kündigungsrecht des Bestellers **649** 55
Nachbesserungsanspruch und entbehrliche Fristsetzung **634** 54
Erhaltungsaufwand
als Schaden am Bauwerk **Anh I 638** 45
Erhaltungspflichten
Schutz- und Erhaltungspflichten des Unternehmers
s. dort
Erprobung der Leistung
und Abnahme des Werkes **640** 18
Ersatzstoffe
nach Stoffuntergang **644** 17
Ersatzteile
Reparaturvertrag/Abgrenzung zum Kauf mit Montageverpflichtung **651** 13
Ersetzungsbefugnisse des Unternehmers
anstelle Mitwirkung des Bestellers **642** 15
Erstattungsanspruch
des Bestellers nach Selbstvornahme
s. dort
Nachbesserungsanspruch und Bestelleraufwendungen **635** 3
Vorschuß zur Mängelbeseitigung, nicht verbrauchter (Verjährungsfrage) **634** 9
nach Werkfertigstellung durch Dritten (VOB/B) **649** 61
Erstellung des Werkes
s. Ausführung der Werkarbeiten
Erwartete Beschaffenheit
Werkbeschaffenheit, geschuldete nach dem Üblichen/und zu Erwartenden **633** 167
Erwerberstellung
in Bauträger- und Baubetreuungsmodellen **Vorbem 631 ff** 119, 121, 141 f
Erzeugung beweglicher Sachen
Kaufvertrag/Dienstvertrag/Werkvertrag **651** 10
Europäisches Recht
Kaufrecht/Werkvertragsrecht, Abgrenzung der Anwendung **651** 1
Vergaberecht **Vorbem 631 ff** 91
VOB/A-Ergänzungen **Vorbem 631 ff** 79

Fachwissen des Unternehmers
s. Sachkunde
Fälligkeit
Abnahmeanspruch **640** 67
Abschlagszahlungen **632a** 10
Abschlagszahlungen (VOB/B) **632a** 18
Architektenhonorar **641** 98 ff
Kostenvorschuß aufgrund Selbstvornahmebefugnis (Auskunfts-, Rechenschaftslegungsanspruch) **634** 82
Nachbesserungsanspruch während der Herstellungsphase **633** 91

Fälligkeit (Forts.)
Schlußzahlung **641** 65
Stundung oder Vereinbarung späterer – **641** 19, 116
Subunternehmervergütung **641** 37 ff
Verschaffung des Werkes **633** 150
Werklohnforderung
s. Vergütung
Fahrlässigkeit
s. auch Verschulden/Vertretenmüssen
des Bestellers **Anh IV 638** 8
Mängelverursachung und Unternehmerverantwortlichkeit **634** 112 ff; **Anh I 638** 47
des Unternehmers **Anh IV 638** 10
Fahrzeit-als-Arbeitszeit-Klausel 632 23
Fehlendes Leistungssubstrat
Gläubigerobliegenheit **645** 34 ff
Fehler des Werkes
s. Mängel des Werkes
Fehlschlagen der Nachbesserung
und entbehrliche Fristsetzung zur Mängelbeseitigung **634** 59 f
Fertige Sachen
Gewährleistung **631** 19
Werkvertrag über – **631** 19
Fertigstellung des Werkes
Abnahme/Abnahmeverweigerung **640** 36
Fertigstellungsbescheinigung **641a** 10, 16
Rechtsfolgen des Verzuges **633** 136 ff
Vertragsmäßigkeit des Werkes **640** 33
Fertigstellungsbescheinigung
und abnahmefähiger Werkzustand **641a** 1 ff
Festpreisgarantie
des Baubetreuers **Vorbem 631 ff** 131
Feststellungsklage
s. Klage
Feuerungsanlagen
VOB/B-Verjährungsfrist für Arbeiten an – **Anh I 638** 14
Fiktion
Mindestsätze der HOAI **632** 113
der Vergütung des Werkunternehmers **632** 36
Fiktive Abnahme (VOB/B)
s. Abnahme
Finanzierende Bank
Bauträgerschaft und – **Vorbem 631 ff** 119 ff
Finanzierungshilfen
Abgrenzungen **631** 71
Finanzierungsvermittlung
Werkvertrag **Vorbem 631 ff** 58
Fingierte Erklärungen
AGB-Regelungen **639** 51
Werkvertrag als Maklervertrag **Vorbem 631 ff** 59

Fixgeschäft
  Mangelhafte Leistung wegen Verspätung
    633 124
  Nachbesserungsanspruch und entbehrliche
    Fristsetzung 634 55
Förderungspflichten
  und Arbeitsbehinderung 642 59 f
  Fristgerechte, zügige Leistungserbringung
    durch den Unternehmer 633 127
Förmliche Abnahme (VOB/B)
  s. Abnahme
Form
  der Abnahme (vereinbarte) 640 16 ff
  AGB-Regelungen für Anzeigen, Erklärungen 639 49
  AGB-Rüge 639 41
  Anzeige der Behinderung des Unternehmers 642 46
  Auftragsweitergabe (VOB/B-Regelung)
    633 105 ff
  Baubetreuungsvertrag **Vorbem 631 ff** 131
  Bauvertrag **Vorbem 631 ff** 75
  Bedenken gegen Bestellerweisungen 633 50
  Bedenken des Unternehmers gegen Art der
    Ausführung usw. 633 73
  Beschaffenheitsgarantien 633 161
  Fristsetzung zur Nachbesserung 634 49
  Honorarvereinbarung des Architekten
    632 112
  Kündigung des Bauvertrages (VOB/B)
    643 27; 649 51
  Mängelbeseitigungsbegehren des Bestellens nach VOB/B **Anh I 638** 21
  Vollmacht des Treuhänders
    Vorbem 631 ff 139
  Werkvertrag 631 59
Frachtgeschäft
  Verjährungsfrage **634a** 11
Freistellungsbescheinigung
  Bauabzugssteuer **632a** 30
Frist, Fristsetzung
  Ablieferung des Werkes
    s. dort
  Abnahme des Werkes 640 44a, 44b
  Arbeitsaufnahme, eigene statt Subunternehmereinschaltung 633 110
  Ausführung der Werkleistung
    s. Ausführungsfristen
  Beschaffung anderen Leistungssubstrats
    durch Besteller 645 35
  Bestellermitwirkung 643 9 ff
  Bestellermitwirkung (VOB/B) 643 27
  Dauerschuldverhältnis und Laufzeit-
    Verlängerungsmöglichkeiten 649 4
  Kostenvorschuß und Nachbesserung durch
    den Besteller 634 84
  Mängelanzeige und Ausschlußfristen
    639 40 ff

Frist, Fristsetzung (Forts.)
  zur Mängelbeseitigung (VOB/B)
    Anh I 638 31 ff
  Mängelbeseitigung während der Herstellungsphase 633 94 f
  Mängelbeseitigung während der Leistungsausführung (VOB/B) 649 51
  Nachbesserungsanspruch des Bestellers
    s. dort
  Prüfung der Schlußrechnung 641 73
  Schlußrechnung, Erteilung 641 66
  Sicherheitengestellung durch Besteller
    648a 20
  Sicherheitsleistung durch Unternehmer
    641 61
  Verjährungsfristen
    s. Verjährung
  zur Vertragserfüllung nach zögerlicher
    Arbeit (VOB/B) 649 51
  Verzögerung/Verzug (VOB/B-Pflicht zur
    Förderung) 633 139 f
Früherer Werkvertrag
  Pfandrechtserstreckung 647 3
Frustierte Aufwendungen
  Werklohn, vor Vertragskündigung aufgewendeter 649 41

Gärtnerische Leistungen
  Verjährungsfrage **634a** 23
Garantie
  Beschaffenheitsgarantie
  — Begriff, Form der Vereinbarung 633 161
  — und Beschaffenheitsvereinbarung,
      Abgrenzung 633 164
  — DIN-Normen, Bezugnahme 633 161
  — und Gewährleistungsrecht (Auswirkungen) 633 162
  — und Haftungsausschluß 639 16 f
  — Nacherfüllungsanspruch und Zumutbarkeitsgrenze 633 162
  — Probe 633 161
  — Schadensersatz statt der ganzen
      Leistung 633 162
  — Selbständiges Versprechen 633 163
  — Selbständiges Versprechen, Verjährung
      634a 9
  — Stillschweigende Garantie 633 161
  — VOB/B-Bezugnahme 633 162
  — als zugesicherte Eigenschaft 633 161
  — Zurückhaltung gegenüber der Annahme
      633 161
  Bestellerstoffe 644 29
  Erfolgs-, zu erwartende 644 29
  Fehlerfreies Leistungserbringen 633 53
  für Genehmigungserteilung 633 37
  Kostengarantie des Architekten **Anh
    II 638** 33
  Mängelhaftung auf Schadensersatz 634 120

Garantie (Forts.)
  Mangelfreiheit des Werkes **634** 121
  Verjährungsfrage **634a** 29 f
Gebäude
  s. Bauwerke
Gebrauch und Pflege
  Unternehmereinweisung ggü dem Besteller **633** 149
Gebrauchstauglichkeit
  s. Verwendungseignung
Gebrauchsvorteile
  Schaden durch entgangene– **Anh I 638** 45
Gebührenordnungen
  als Taxen der Vergütung **632** 37, 40
Gefahren, Gefährdung
  Arbeitsstelle und Ordnungsverpflichtung **633** 57
Gefahrenlagen
  und AHB-Versicherungsausschluß **Anh I 638** 50
  für Unternehmer **Anh IV 638** 3 ff
Gefahrenquelle
  Erbringung der Werkleistung als – **Anh IV 638** 16
Gefahrtragung
  Leistungsgefahr
    s. dort
  Preisgefahr
    s. Vergütungsgefahr
  Sachgefahr
    s. dort
  Weisungen des Bestellers **Vorbem 631 ff** 45; **633** 45; **645** 16 f
Geistiges Werk
  Werkvertrag, Dienstvertrag **651** 14
Genehmigungen
  Baugenehmigung
    s. dort
  Bauvertrag, erforderliche – **Vorbem 631 ff** 72 ff
  Rechtsmängel und Gewährleistung **634** 155
  Versagung notwendiger – **Vorbem 631 ff** 73
  und Verwendungseignung des Werkes **633** 175
  VOB/B-Regelung zur Beschaffenheitspflicht des Bestellers **633** 33 ff
Genehmigungsplanung
  HOAI-Leistungsphase **Vorbem 631 ff** 102
Generalübernehmer
  Baugeldempfänger **648** 49
  als Besteller für den Bauherrn **631** 40
Generalunternehmer
  Bauvertrag **Vorbem 631 ff** 69
  Eigentumsverhältnisse am Grund und Boden **Vorbem 631 ff** 70
  und Generalübernehmer, Abgrenzung **631** 40

Geologe
  als Sonderfachmann **Anh II 638** 1
Gerätschaften
  Beschaffungspflicht (Besteller/Unternehmer) **633** 115
  Unternehmerüberlassung und VOB/B-Schadensersatzanspruch **Anh I 638** 51
Gesamtschuld
  Architekt/Bauunternehmer **Anh II 638** 46 ff
  Aufwendungsersatz durch mehrere Unternehmer **633** 80
  Besteller, Unternehmer **Anh IV 638** 20, 26
  Mehrheit von Bestellern **641** 45
Geschäftsbesorgung
  Baubetreuung **Vorbem 631 ff** 133
  Begriff **Vorbem 631 ff** 39
  Gegenstand des Werkvertrages **Vorbem 631 ff** 39
Geschäftsfähigkeit
  Abnahme **640** 11
Geschäftsführung ohne Auftrag
  Bauleistungen **631** 72
  Bestellerbeseitigung von Mängeln trotz Unternehmerrechts auf Mängelbeseitigung **634** 34 ff
  Bestellervorgehen gegen Dritte **639** 33
  Ersetzungsbefugnis des Unternehmers als – **642** 15
  Nacherfüllungsrecht des Unternehmers, übergangenes/Frage eines Bestellerausgleichs **634** 42; **Anh I 638** 34
  Unternehmerausgleich (interner) wegen Mängelhaftung/unterbliebene Prüfungspflicht **633** 77
  Unternehmerleistung, auftraglose **632** 82
Geschäftsgeheimnisse
  und Überwachungsrecht des Bestellers **633** 42
Geschäftsgrundlage
  Leistungsänderung **632** 50, 54, 57
  Störung **632** 66, 68; **642** 80
  Vergütungsvereinbarung **632** 46
  Wegfall **643** 24; **648** 42
Gesetzliche Verbote
  Nichtigkeit des Werkvertrages wegen Verstoßes gegen – **631** 74
Gesetzliches Leitbild
  Maklervertrag **Vorbem 631 ff** 59
  Werkvertrag
    s. dort
Gesetzliches Pfandrecht
  s. Pfandrecht des Werkunternehmers
Gestaltungsrechte
  Rücktritt vom Werkvertrag, Minderung **634** 63; **634a** 14
Gewährleistungsbürgschaft
  Unternehmersicherheit **641** 52, 55

Gewährleistungsfristen
s. Verjährung
Gewährleistungsrecht
s. Mängel des Werkes
Gewerblichkeit
und Unternehmereigenschaft **631** 21
Gläubiger
s. Besteller
Gläubigerobliegenheiten
Behinderung des Unternehmers **642** 61
Beschaffung eines Leistungssubstrats **645** 35
und freie Bestellerkündigung **649** 5
Mitwirkung des Bestellers
s. dort
Mitwirkungspflicht des Bestellers/Folge nicht erfüllter– **643** 22
Gleitklauseln
bei Einheitspreisen **632** 5
Großanlagenbau 642 18
Großer Schadensersatzanspruch
s. Schadensersatzanspruch statt der Leistung
Grundlagenermittlung
HOAI-Leistungsphase **Vorbem 631 ff** 102
Grundpfandrechte
Bauträgerschaft, Baubetreuung und globale – **Vorbem 631 ff** 122
Grundstück, Grundstücksarbeiten
Arrestverfahren **648** 40
Auflassungsentgegennahme **640** 38
Bauträger –, Baubetreuungsmodelle **Vorbem 631 ff** 129, 131
Bauvertrag **Vorbem 631 ff** 69
Bauvertrag und Eigentumsverhältnisse **Vorbem 631 ff** 70
Bauwerke
s. dort
Bebaubarkeit, fehlende **631** 73
zur Bebauung überlassenes **Vorbem 631 ff** 18
Beschaffungsobliegenheit **645** 35
vom Besteller gestelltes/vom Sachleistenden gestelltes Grundstück: Kauf- oder Werkvertragsrecht **651** 3 ff
Beweissicherung vor Beginn der Bauarbeiten **633** 28
Eigentumsverhältnisse und Sicherungseigentum **648** 19 ff
Formbedürftigkeit eines Bauvertrags bei Lieferung eines – **Vorbem 631 ff** 75
Koppelungsverbot (Architektenbindung) **Vorbem 631 ff** 112
Kreditvertrag und Erwerb des – **Vorbem 631 ff** 120
Leistungen ohne Bauwerkqualität, Verjährungsfrage **634a** 23
und Planungsrecht **Vorbem 631 ff** 73

Grundstück, Grundstücksarbeiten (Forts.)
Sicherungshypothek
s. dort
VOB/B-Verjährungsfrist für Arbeiten am – **Anh I 638** 14
Grundwasser
Baugrundprobleme **645** 12
Schutz- und Erhaltungspflicht des Unternehmers **633** 83
Gutachten
s. a. Sachverständiger
Architektenhaftung gegenüber Dritten **Anh II 638** 56
Baugrundgutachten **Anh II 638** 1
Fertigstellungsbescheinigung **641a** 24
Kosten der Nachbesserung **635** 1
Mängel des Werkes **634** 53
Mangelfreiheit **633** 177
Selbstvornahmebefugnis **634** 72
Werkleistung und Verjährungsfrage **634a** 24
als Werkvertrag **Vorbem 631 ff** 28; **651** 14
Gutachter
s. Sachverständiger
Gutgläubiger Erwerb
Sicherungshypothek **648** 23
des Unternehmerpfandrechts **647** 13 f

Haftpflichtversicherung (AHB)
VOB/B-Schadensersatzanspruch: Versicherungsabdeckung/Möglichkeit dazu als Voraussetzung **Anh I 638** 48 ff
Haftung
Mängel des Werkes
s. dort
Projektwerbung (Bauträgerschaft, Baubetreuung) **Vorbem 631 ff** 123 ff
der Vertragsparteien für Schädigung Dritter **Anh IV 638** 14
der Vertragsparteien für Schädigungen der anderen Seite
— Haftung des Bestellers **Anh IV 638** 2 ff, 8 f
— Haftung des Unternehmers **Anh IV 638** 6 f, 10
Handelsrecht
Kaufleute
s. dort
Handwerk
und Bausicherungshypothek **648** 10, 14
und Kaufmannseigenschaft **631** 22
als Werkvertrags-Leitbild **Vorbem 631 ff** 5; **Anh II 638** 1
Handwerksrolle
Eintragung **631** 80
Hardware
Kaufvertrag/Mietvertrag/Werkvertrag **Vorbem 631 ff** 66 ff

Hauptpflichten
s. a. Erfüllung des Werkvertrages
Bestellermitwirkung **642** 33
Herstellung des Werkes
s. dort
Prüfungs- und Anzeigepflicht **633** 64
Verschaffung des Werkes
s. dort
Werklohn
s. Vergütung
Haushaltsrecht
Vergaberecht **Vorbem 631 ff** 90 ff
Herausgabeanspruch
als Ablieferungspflicht für das Werk
Vorbem 631 ff 49; **647** 23
Besteller und Eigentümer, fehlende Identität **647** 24 ff
Frühere Werklohnforderung **647** 3
Stoffe, Hilfsmittel und Erlangtes
Vorbem 631 ff 49
Verweigerung §§ 320 ff BGB **647** 1
Zurückhaltung wegen Werklohnforderung
647 23
Hersteller
als Unternehmer
s. dort
Verarbeitungsrichtlinien **633** 170
Herstellung des Werkes
Abgrenzungskriterium gegenüber Kauf
Vorbem 631 ff 15
und Abnahme durch Besteller **631** 43;
640 1, 2
Änderungen des Bauentwurfs **633** 9 ff
Anordnungen des Bestellers **633** 45 ff
Art und Umfang der Leistung **633** 6 ff
Aufgabenverteilung **633** 113 ff
Ausführung, eigenverantwortliche durch
Unternehmer **633** 53 ff
Ausführung der Werkarbeiten
s. dort
Ausführungsunterlagen **633** 14 ff
Bedenken (Prüfungs- und Anzeigepflicht
des Unternehmers) **633** 62 ff
Bereitstellungspflichten des Bestellers
633 79 f
Bestellermitwirkung, Verzögerung der –
642 1
Betriebsbezogenheit der Leistungserstellung **633** 104 ff
Bewegliche Sachen (Kaufrecht/Werkrecht)
651 7 ff
Beweissicherung zum Grundstückszustand/Umgebung **633** 28
Dispositionsfreiheit **633** 3
Einseitige Änderungsbefugnis **633** 11
Einweisung des Unternehmers **633** 27
Erfüllungsort **631** 45

Herstellung des Werkes (Forts.)
Erstellung und unverhältnismäßiger
Aufwand **631** 44
Fälligkeit (Ablieferungsfrist)
s. Ablieferung des Werkes
Fertige Sachen **631** 19
Freiheiten des Unternehmers **633** 54 ff
Genehmigungserfordernisse **633** 33 ff
Gerätebeschaffung **633** 115 ff
Handwerklicher Unternehmer (BGB-Leitbild) **633** 4
und Herstellungspflicht **633** 3
Herstellungsvorgang, gesetzlich nicht geregelter **Vorbem 631 ff** 8
Kauf künftiger Sache **Vorbem 631 ff** 15
Kauf oder Werkvertrag **Vorbem 631 ff** 15
Kaufrecht, Anlehnung **Vorbem 631 ff** 6
Kaufrecht, Unterschied **Vorbem 631 ff** 14
Klagbarkeit nicht vor Abnahme **631** 43
Kostenanschlag, Kostensteigerung **650** 1 ff
Leistungsänderungen
s. dort
Leitbild des Gesetzgebers **Vorbem 631 ff** 5
Lieferungskauf und Herstellungsverpflichtung/Weitervergaberecht **651** 8
Mängelerkenntnis während der Herstellungsphase
s. Mängel des Werkes
Materialienbeschaffung **633** 115 ff
Mitarbeiterauswahl **633** 56
Mitwirkung des Bestellers
s. dort
als Nachbesserungsanspruch **631** 43
Ordnung auf der Arbeitsstelle **633** 31, 57
Planung des Werkes
s. dort
Planungsänderungen durch den Besteller
633 9 ff
einer Sache **631** 5
Schutz- und Unterhaltungspflichten des
Unternehmers **633** 81
Tätigkeitspflicht **631** 14 ff
Überwachung der Unternehmerarbeiten
633 38 ff
Unternehmer
s. dort
Unternehmer-Hauptpflicht **631** 42 ff;
Vorbem 631 ff 1
als Unternehmeranspruch **631** 46
Veränderung einer Sache **631** 4, 14
und Verschaffung des Werkes **631** 17; **633** 2
Verspätete Herstellung **640** 33
Vertragliche Widersprüche **633** 8
Vertragsmäßigkeit des Werkes **640** 33
Vertragswidrige Stoffe/Bauteile **633** 84 ff
VOB/B-Regelung und allgemeines Werkvertragsrecht **633** 5
VOB/C-Anwendung **633** 7

Herstellung des Werkes (Forts.)
Zusätzliche Leistungen **633** 12 f
Zutatenbeschaffung **633** 115 ff
Herstellungsrecht des Unternehmers
Anerkennung, eingeschränkte **631** 45
Hilfsmittel
Herausgabepflicht **Vorbem 631 ff** 50
Hinnahme der Werkleistung
Abnahmeanspruch als körperliche– **640** 17, 23, 38
Hinterlegung von Geld
als Sicherheitsleistung **641** 66
Hinweispflichten des Unternehmers
Prüfungs- und Anzeigepflichten
s. dort
HOAI
Abweichung nach oben **632** 113
Abweichung nach unten **632** 118
Anwendungsbereich **632** 110
Fälligkeitsvoraussetzung prüffähiger Rechnung **641** 34
Fiktion der Mindestsätze **632** 111
Gestaltungsspielraum **632** 112
Höchstpreischarakter **632** 113
Honorarvereinbarungen **632** 113
Leistungsbild, volles **Vorbem 631 ff** 102
Mindest- und Höchsthonorare **632** 111, 116
Nachträgliche Honorarvereinbarung **632** 112
Phasenausfall und mangelfreies Werk **Anh II 638** 15
Rechnungsstellung als Fälligkeitsvoraussetzung **641** 26
Unentgeltlichkeitsabrede **632** 99
Werkvertrag als Grundlage **632** 110
Höchstpersönliche Leistungspflicht
des Unternehmers **Vorbem 631 ff** 42, 56; **633** 55, 142
Höhere Gewalt
Behinderung des Unternehmers **642** 56
Beschädigung vor Abnahme, VOB/B-Abrechnung **644** 33 ff
kein Bestellerrisiko **645** 38
und Verantwortungsbereich **644** 37
Holschuld
Werkleistung **631** 48
Hufbeschlag eines Tieres
Werkvertrag **Vorbem 631 ff** 28

Immaterielle Werke
Abnahme **646** 4 f
In-sich-abgeschlossene-Werkteile
und Anspruch auf Abschlagszahlung **632a** 5 ff
Individualvereinbarung
Abnahmevereinbarungen **640** 19, 20, 45
Abschlagszahlungen **641** 18

Individualvereinbarung (Forts.)
Ausführungsfristen **633** 134
Gewährleistungsbeschränkungen
— Allgemein verwendbare Kriterien **639** 62
— Formale Umstände als Prüfungsgrundlage (Vorformulierte Bedingungen) **639** 61
— Gefahren für den Besteller **639** 59
— Gerechtigkeitsgehalt der Mängelgewährleistung **639** 59
— Inhaltskontrolle, an den §§ 307 ff orientierte **639** 63
— Notarielle Beurkundung **639** 59, 62
— Sittenwidrigkeitskontrolle/Verbotsgesetze **639** 60
— Treu und Glauben als strengerer Kontrollmaßstab **639** 60
— VOB/B-Bezugnahme, problematische **639** 59
— Wirtschaftliche Überlegenheit als Grundlage **639** 61
Kündigungsrecht des Bestellers, Ausschluß **649** 14
Kündigungsrecht wegen Kostenüberschreitung **650** 28
Pfandrecht des Unternehmers **647** 10, 13, 21 f
Risikozurechnung **645** 40
Sicherheitengestellung **648a** 27
Sicherheitsleistung **641** 41, 59 ff
Sicherungshypothek **648** 42 ff
Subunternehmer, Risikozuweisung **631** 38
Verjährung **634a** 28
Vorauszahlung **641** 15
Vorrang ggü AGB **639** 20
Informationspflicht
Benachrichtigung, Auskunft, Rechenschaft **Vorbem 631 ff** 47
über Kosten **650** 6 ff
Ingebrauchnahme des Werkes
als Abnahme **640** 18
Abnahme VOB/B **640** 81
AGB-Abnahme **640** 48
Ingenieur
HOAI-Geltung **632** 108
MRVG 1971 **631** 74
Inhaltskontrolle
Allgemeine Geschäftsbedingungen
s. dort
Individualvereinbarung
s. dort
Initiator
Bauträgerschaft, Baubetreuer **Vorbem 631 ff** 125
Haftung aus Aufklärungsverschulden **Vorbem 631 ff** 125
Prospekthaftung **Vorbem 631 ff** 127

Insolvenz des Bestellers
Auftragsrecht, anwendbares und –
   Vorbem 631 ff 55
Risikoabwälzung 631 38
Insolvenz des Unternehmers
Drittzahlungsbefugnis des Bestellers
   (VOB/B) 641 96
Kündigung des Bauvertrages (VOB/B)
   649 53
Insolvenzrisiko 641 10
Instruktion
Unternehmereinweisung ggü dem Besteller
   633 149
Interessen
Bestellerinteressen, besondere/entbehrliche Fristsetzung zur Nachbesserung
   634 56 ff
Fortfall des Bestellerinteresses 649 63
Invitatio ad offerendum Vorbem 631 ff 39
Irrtum
anläßlich der Abnahme 640 12

Kalkulation
Vergütung nach Kündigung durch den
   Besteller 649 25
Kalkulationsirrtum
bei Preisvereinbarung 632 27 ff
Rechnungsstellung 632 102
Kapitalanlage
Bauwerk als – Vorbem 631 ff 118
Haftung aus Werbung für –
   Vorbem 631 ff 123 ff
Sicherheitengestellung durch Besteller
   648a 7
Kartellrecht
Vergaberecht Vorbem 631 ff 90 ff
VOB/Teil B als Konditionenkartell
   Vorbem 631 ff 82
Kauf, Kaufrecht
Ablehnung der Entgegennahme des Kaufgegenstandes 649 42
Ablehnung der Entgegennahme/Zahlung
   des Kaufpreises 649 48
Abnahme und Zahlungspflicht 640 1
Abnahmeregelung, keine eigenständige
   Vorbem 631 ff 129
auf Abruf Vorbem 631 ff 16
mit Änderungspflichten Vorbem 631 ff 16
Bauträger –, Baubetreuungsmodelle
   Vorbem 631 ff 129
Bauträgererwerb 651 5 f
Bauträgerschaft (Abgrenzung Werkvertragsrecht/Kaufrecht) 632a 26 ff
Billigung 640 3
Deliktische Haftung aufgrund Eigentumsverletzung 634 143

Kauf, Kaufrecht (Forts.)
Europäisches Recht, Abgrenzung der
   Anwendung von Kauf- und Werkvertragsrecht 651 1
Gewährleistungsrecht, Werkvertrag/Kauf
   im Vergleich 633 159
Herstellung beweglicher Sachen 651 7 ff
Kauf mit Montageverpflichtung 651 13
Kaufrecht, wesentliche Grundgedanken
   631 19
Künftige Sache Vorbem 631 ff 15
Lieferungskauf
   s. dort
Lieferungskauf und Herstellungsverpflichtung/Weitervergaberecht 651 8
Nacherfüllungsanspruch
   Vorbem 631 ff 129; 639 35
Rechtsmängelhaftung, Werkvertrag und
   Kauf im Vergleich 633 186
Rücktrittsrecht, einseitiges vom Kaufvertrag/vom Werkvertrag 634 91
Selbstvornahme, fehlende
   Vorbem 631 ff 129
statt Werkvertrag Vorbem 631 ff 15
Übergang zum Werkvertragsrecht 631 19
mit vereinbarter Nachbesserung
   Vorbem 631 ff 16
Verjährung 634a 2
und VOB/B-Anwendung Anh I 638 4
Weiterfresserschäden 634 144
Werkvertrag, Abgrenzung
   Vorbem 631 ff 4 ff, 6, 13 ff
Werkvertrag und –, Abnahme bzw. Übergabe 640 3
Werkvertrag, Nebenpflichten nach Kaufrecht Vorbem 631 ff 16
Werkvertragsrecht, Anlehnung an das –
   Vorbem 631 ff 6
Kaufleute
Abnahmeerschwerungen 640 48
AGB-Inhaltskontrolle 639 22, 24, 34, 37,
   38, 43, 45, 58, 68
Bauunternehmer 631 22; Vorbem 631 ff 71
Besteller 631 41
Besteller-AGB 631 22
Preisangaben und Mehrwertsteuer 632 25
Verjährungsverkürzung Anh I 638 17
VOB/Teil B-Einbeziehung
   Vorbem 631 ff 85
Werkunternehmer 631 21; Vorbem 631 ff 41
Kausalität
Architektenpflichtverletzung und
   Bauwerksmängel Anh II 638 38 f
Bestellerverantwortlichkeit/Bestellermitverantwortlichkeit 645 10
Mängel des Werkes (Herstellungsphase)
   633 89
Mängelerscheinungen 633 156 ff

Kausalität (Forts.)
Mängelursachen (Übersicht) **633** 156 ff
Störungsklärung als Auftragsinhalt **631** 12
Kenntnis, Kennenmüssen
Arglistiges Mängelverschweigen (Verjährungsfrage) **634a** 41 ff; **639** 11 ff
Bestellerkenntnis vom Mangel anläßlich der Abnahme **640** 55 f; **646** 16
Dritte als Hilfspersonen **634a** 45; **639** 15
Wissensvorsprung ggü dem Erwerber (Bauträgerschaft) **Vorbem 631 ff** 121
Kfz-Brief
und Unternehmerpfandrecht **647** 4
Klage, Klagbarkeit
auf Abnahme **640** 5, 28 ff
Abschlagszahlungen/Abrechnungsmöglichkeit insgesamt **632a** 10
gegen Architekt (Bauunternehmer als Gesamtschuldner) **Anh II 638** 46
Drittinanspruchnahme und Gewährleistungsausschluß **639** 31
Herstellungsanspruch als Nachbesserungsanspruch nach Abnahme **631** 43
Kostenvorschußverlangen aufgrund Selbstvornahmebefugnis **634** 81
Lieferungskauf **651** 8
Mangelbeseitigung **Anh I 638** 27
Mangelerscheinungen, zu bennende **633** 155
Minderung, darüber hinausgehender Schadensersatzanspruch **Anh I 638** 46
Mitwirkung des Bestellers **642** 32
Nachbesserungsanspruch des Bestellers **634** 25
— Mangelbezeichnung (Streitgegenstand, Vollstreckbarkeit) **634** 39
— Werklohnforderung und Mängeleinrede **634** 40
— Werklohnforderung/Mängeleinrede/Einrede der anteiligen Bestellerverantwortlichkeit **634** 17, 41
Planung des Werkes **633** 16
Selbstvornahmebefugnis des Bestellers: Aufwendungsersatz/Kostenvorschußverlangen **634** 75
Teilklage/Teilprozeßaufrechnung (Verjährungsfolge) **634a** 60
Teilvergütungsklage und Minderungsanspruch **634** 194
auf Verschaffung des Werkes **631** 17, 43
auf Vertragsgemäßheit des Werkes (Feststellungsklage) **640** 40
auf Werkerfolg statt auf notwendige Tätigkeit **631** 15
Werklohn bei Abnahmereife **640** 42; **641a** 4
Werklohn bei fehlender Abnahme **641** 5 ff
Werklohnklage und Minderungsanspruch **634** 103

Klage, Klagbarkeit (Forts.)
Werklohnklage im Urkundenprozeß (Fertigstellungsbescheinigung) **641a** 2
Zug-um-Zug-Verurteilungen
s. dort
Kleiner Schadensersatzanspruch
s. Schadensersatzanspruch statt der Leistung
Körperliches Werk
Herstellung **631** 3 ff; **Vorbem 631 ff** 1, 69
Körperteile
Werkleistungen und Verjährungsfrage **634a** 23
Kommissionsvertrag
Dienstvertrag, Werksvertrag **Vorbem 631 ff** 29
Konkurrenzen
Gewährleistungsansprüche **634** 65, 148
Kontrahierungszwang
Zusätzliche Werkleistungen **633** 12 f
Konvention
und Vertragseinordnung **Vorbem 631 ff** 22
Koordinierung
durch Architekten **Anh II 638** 23 f
Ausführungsstadium **633** 158
und Bauaufsicht, Abgrenzung **Anh II 638** 23
Besselleraufgabe **Vorbem 631 ff** 44
Mängel des Werkes **634** 15
Mehrheit von Unternehmen (Ordnung an der Arbeitsstelle) **633** 32
und Planung des Werkes **633** 15
Koppelungsverbot (Architektenvertrag) Vorbem 631 ff 111
Kosten
der Arbeitsunterbrechung **642** 73
Bereitstellungspflichten des Bestellers **633** 79
Beseitigung vertragswidriger Stoffe/Bauteile **633** 86
Beweissicherung, außergerichtliche (Grundstückszustand/Umgebung) **633** 28
Fertigstellungsbescheinigung **641a** 36
Gutachterkosten **Anh I 638** 45
Mängelbeseitigung
s. dort
Mehrkosten
s. dort
Nachbesserungskosten während der Herstellungsphase **633** 90
Prüfungs- und Anzeigepflicht des Unternehmers **633** 67
Sowieso-Kosten
s. dort
des Vertragsangebotes **632** 93 ff
Vorschuß bei der Selbstvornahme
s. dort

Kosten (Forts.)
des Werkes
s. Vergütung
Kostenangebot
CiC-Haftung **632** 98
Vergütung **Vorbem 631 ff** 77; **632** 93 ff
Kostenanschlag
Begriff **650** 19
und Kosten des Vertragsangebots **632** 93
und Kostenkontrollpflicht **650** 3
Kündigungsrecht wegen Überschreitung **650** 17 ff
Selbstvornahmebefugnis und Kostenvorschußverlangen **634** 76
Überschreiten, wesentliches **650** 7 f, 21 f
Verbindlichkeit **650** 30
bei Vergabe der Arbeiten **Anh II 638** 32
VOB/B **650** 32
Kostenberechung
DIN 276/2.BVO **Anh II 638** 31
Kostengarantie
für Besteller **632** 20; **Anh 638** 33
Kostengünstigkeit 650 15
Kosteninformation
als Architektenpflicht **631** 56
als Unternehmerpflicht **650** 6 ff
Kostenkontrolle
als Architektenpflicht **Anh II 638** 30
als Unternehmerpflicht **650** 2
Kostenschätzung
DIN 276/2.BVO **Anh II 638** 31
Kostenüberschreitung
Architektenverantwortlichkeit **Anh II 638** 30 ff
Krankenhausvertrag
Dienstvertrag **Vorbem 631 ff** 29
Kreditgeschäft
Werkvertrag als – **641** 10
Kreditinstitut
Sicherheitengestellung durch – **648a** 13 ff
Kreditvertrag
bei Bauträgerschaft **Vorbem 631 ff** 120
Krieg
als höhere Gewalt (VOB/B) **644** 35
Kündigung durch den Besteller
Abnahmewirkungen **649** 9
Architektenvertrag **Vorbem 631 ff** 117
Dauerschuldverhältnis im Einzelfall **649** 4
und Fertigstellungsbescheinigung **641a** 6
Förderungsmaßnahmen bei Arbeitsbehinderung, unterbliebene **642** 62
Freie Kündigung
— Akquisitionskosten **649** 30
— Allgemeiner Grundgedanke **649** 48
— Anderweitige Werkverwendung **649** 30
— Angebot, Loslösung **649** 8
— Anrechnung anderweitigen Erwerbs **649** 30

Kündigung durch den Besteller (Forts.)
— Anrechnung ersparter Aufwendungen **649** 27 ff
— Anrechnung unterlassenen anderweitigen Erwerbs **649** 31
— Anrechnung der Unternehmerersparnisse **649** 23 ff
— Architekt und ersparte Aufwendungen **649** 28
— Aufwendungen des Unternehmers, zusätzliche **649** 6
— Auskunftsanspruch **649** 25
— Ausschluß durch AGB **649** 15
— Ausschluß durch Individualabrede **649** 14
— Bauträger **649** 8
— vor Bedingungseintritt **649** 8
— Beendigung unter allen Umständen **649** 12
— Bisherige Leistungen **649** 16 ff
— Einheitspreisvertrag **649** 23
— Erfüllungsinteresse des Unternehmers **649** 6, 7
— Fälligkeit der Vergütung **649** 26
— Grundlose Kündigung **649** 8
— und Grundsatz pacta sunt servanda **649** 6
— Jederzeitige Ausübung bis zur Werksvollendung **649** 8
— Kalkulation und Unternehmerersparnis **649** 25
— Konkludente Kündigung **649** 11
— Konkrete Vergütungsberechnung **649** 17, 23
— und Kündigung auch wichtigem Grund, Verhältnis **649** 12
— Mängel der bisherigen Leistung **649** 18
— Mängelvorbehalt bei Abnahme **649** 9
— Mangelfreie Werkvollendung **649** 9
— Mehrwertsteuer **649** 22
— Nachbesserungspflicht, Fortbestand **649** 10, 18
— Nachschieben von Kündigungsgründen **649** 12
— Parallelbestimmungen **649** 6
— Pauschalpreisvertrag **649** 17, 23
— Rechtfertigung **649** 5 ff
— Risikoaufschlag **649** 27
— Rücknahme bisheriger Leistung **649** 19
— Schadensersatzrechtlicher Charakter **649** 7
— Schadloshaltung des Unternehmers **649** 22
— Schlußrechung **649** 26
— Sicherheiten für bisherige Leistung **649** 20
— Sicherheiten für entfallende Leistung **649** 22

Kündigung durch den Besteller (Forts.)
— Teilbare Werklohnforderung **649** 33
— Teilkündigung, Teil der Werkleistung **649** 13
— Überlassung bisheriger Leistung **649** 19
— Überzahlung des Unternehmers **649** 17
— Unzeitige Kündigung, ausgeschlossene **649** 8
— Vergütung für bisherige Leistung **649** 16
— Vergütung künftiger, weggefallener Leistung **649** 21 ff
— Verlustgeschäft **649** 23
— VOB/B-Regelung, übereinstimmende **649** 52
— Vollendung des Werkes als zeitliche Begrenzung **649** 9
— Vorteilsausgleichung **649** 32
— Werkvertrag **649** 8
— Zusätzliche Unternehmeraufwendungen **649** 34
— Zweigeteiltes Vertragsverhältnis **649** 16
Kostenanschlag, überschrittener (Störung der Geschäftsgrundlage) **650** 17 ff
Kosteninformationspflicht, verletzte und deswegen unterbliebene ---- **650** 12
und Rücktritt, Abgrenzung **649** 10
Unterbrechung der Werkarbeiten und vorzeitige– **642** 76 ff
VOB/B-Regelung
— Abnahmeverlangen **649** 66
— Aufmaß **649** 66
— Erfüllungsverweigerung des Unternehmers **649** 55
— Freie Kündigung/Übereinstimmung mit der BGB-Rechtslage **649** 52
— Gewährleistungsrechte (Vermögensverfall) **649** 56
— Gründe in der Unternehmerperson **649** 57
— Insolvenzverwalterwahl der Erfüllung **649** 54
— Kündigungsgrund, Bedeutung **649** 51
— Rückabwicklung und schutzwürdiges Bestellerinteresse **649** 49
— Schadensersatzanspruch wegen nicht ausgeführten Leistungsrestes (Vermögensverfall) **649** 56
— Schadensersatzanspruch wegen Nichterfüllung (Gründe in der Unternehmerperson) **649** 63
— Schlußrechnung **649** 66
— Vergütung für die ausgeführten Leistungen **649** 66
— Vergütung (Gründe in der Unternehmerperson) **649** 58
— Vergütung (Vermögensverfall) **649** 56
— Vermögensverfall des Unternehmers **649** 53 ff

Kündigung durch den Besteller (Forts.)
— Vertragsbeendigung insgesamt (wettbewerbswidriges Unternehmerverhalten) **649** 65
— Vertragsstrafe nach erfolgter Kündigung **649** 67
— Werkvollendung auf Unternehmerkosten (Gründe in der Unternehmerperson) **649** 58, 59
— Wettbewerbswidriges Unternehmerverhalten **649** 64
als vorzeitige Vertragsbeendigung **649** 1
Weisungen, vom Unternehmer mißachtete **Vorbem 631 ff** 45; **645** 16
Wichtiger Grund
— Dogmatik **649** 2
— Fortgesetzt gleichartige Werkleistungen **649** 43
— und freie Kündigung, Verhältnis **649** 12
— Höchstpersönlichkeit, Verstoß gegen vereinbarte Werkherstellung **633** 55
— Kündigungserklärung **649** 38
— Mängel der Leistung/unzumutbare Nachbesserung **649** 42
— Mehrkostenliquidierung **649** 41
— Restwertverbleib **649** 41
— Schadensersatzansprüche des Bestellers **649** 41 f
— Schuldhaft schwere Vertragszweckgefährdung durch den Unternehmer **649** 36 ff
— Teilleistungen, abzurechnende **649** 39
— Vergütungsansprüche des Unternehmers **649** 40
— Verzögerliches, mangelhaftes Arbeiten **649** 37
— Vollendung, unterbliebene/frustrierte Aufwendungen **649** 41
Kündigung durch den Unternehmer
Abrechnungspflicht für Vergütungsansprüche **641** 30
Arbeitsstelle und Unternehmerbehinderung **633** 31
Auflösung des Vertrages **643** 14 f; **648a** 22 ff
Bereits erbrachte Leistungen **643** 17
Bestellermitwirkung, unterlassene **643** 5 ff
Bestellerobstruktion **641** 9
Bestellerweisungen, grob sachwidrige **645** 16
und Fertigstellungsbescheinigung **641a** 6
Genehmigungserfordernisse, fehlende **633** 37
Jederzeitige Kündigungsmöglichkeit nur aufgrund Vereinbarung **Vorbem 631 ff** 54
Sicherheitsgestellung des Bestellers, unterbliebene **648a** 22 ff
Unterbrechung der Werkarbeiten und vorzeitige– **642** 76 ff

850

Sachregister

Kündigung durch den Unternehmer (Forts.)
 VOB/B-Regelung
 — Kündigung wegen unterlassener Mitwirkung **643** 26 f
 — Schuldnerverzug des Bestellers **643** 28 f
 Wichtiger Kündigungsgrund **631** 20; **643** 20
 Zahlungsverzug des Bestellers **641** 102
Künftige Leistung
 Vergütungsanspruch nach Wegfall infolge freien Kündigungsrechts **649** 21 ff
Künftige Sache
 Kauf, Herstellung **Vorbem 631 ff** 15
Künftige Vergütungsansprüche
 Sicherheitenbestellung **648a** 9
Künstlerisches Werk
 Abnahme **646** 4
 Dienstvertrag, Werkvertrag **Vorbem 631 ff** 30
 Gestaltungsspielraum des Künstlers **633** 177
 als höchstpersönliche Leistung **Vorbem 631 ff** 42; **633** 55
 Leistungsbestimmung **631** 10
 Sicherungshypothek **648** 10
 Werkvertrag, Dienstvertrag **651** 14
Kunstaufführung
 Werkvertrag **Vorbem 631 ff** 30

Lagerplätze
 Bereitstellungspflicht des Besteller **633** 79
Landschaftliche Leistungen
 Verjährungsfrage **634a** 23
Leichnam
 Werkleistungen und Verjährungsfrage **634a** 23
Leistung und Gegenleistung
 Mißverhältnis **632** 60
 Werkvertragsindiz **Vorbem 631 ff** 37
Leistungsänderung
 und Behinderung des Unternehmers **642** 47
 als Mitwirkungsbefugnis des Bestellers **642** 37
 Planungsänderung und Kostensteigerung **631** 66, 103
 und Vergütungsfolge **632** 50 ff
 Vergütungsfolge
 s. Vergütung (Leistungsänderung)
Leistungsaustausch
 beim Werkvertrag **640** 30; **641** 1, 2
Leistungsbehinderung, Leistungsunterbrechung
 s. Behinderung des Unternehmers
Leistungsbeschreibung
 Architektenverpflichtung bei Vergabe der Arbeiten **Anh II 638** 18
 Aufklärungspflichten des Unternehmers **631** 8, 56; **639** 4
 und Beschaffenheitsvereinbarung **633** 165
 und Eigenschaften des Werkes **639** 29

Leistungsverweigerungsrecht (des Unternehmers)

Leistungsbeschreibung (Forts.)
 Prüfungspflicht des ausführenden Unternehmers **633** 68
 Sowieso-Kosten als zusätzlicher Vergütungsanspruch **634** 21
 Unternehmer-AGB, Transparenzgebot **639** 5
 Vertragsinhalt bei unsachgemäßer **639** 5
Leistungserfolg
 s. a. Erfolg des Werkvertrages
 Abgegoltener – **632** 43 ff
 Änderung, nachträgliche **632** 66 ff
 Auftragswidriger – **632** 84
 Eigenmächtiger Unternehmer- **632** 81 ff
 Einschränkung, nachträgliche **632** 61 ff
 Erweiterung **632** 71 ff
 Tatsächlicher – **632** 4 ff
 Vorbereitender – **632** 48
 Zusätzlicher – **632** 71 ff
Leistungserschwernisse 632 46; **645** 37
Leistungsgefahr
 Abnahme **644** 7, 12
 Beendigung **644** 12
 Beschädigung, Untergang **644** 8 ff
 Drittschädiger und Drittschadensliquidation **644** 10
 Ersatzlösungen **644** 5
 Leistungserschwernisse **644** 5
 Mangelhaftigkeit, unvermeidliche **644** 5
 Mangelhaftigkeit des Werkes **644** 7
 Unmöglichkeitsregeln und – **645** 6
 VOB/B-Regelung **644** 30
Leistungsverweigerungsrecht (des Bestellers)
 Abschlagsforderungen, nicht prüfbar belegte **632a** 10
 Rechnungserteilung, ausstehende **641** 25
Leistungsverweigerungsrecht (des Unternehmers)
 s. a. Erfüllungsverweigerung
 Abschlagsforderungen, nicht bediente **632a** 11
 AGB-Inhaltskontrolle **639** 21 ff
 Arbeitsstelle und Bestellerverantwortlichkeit **633** 31
 Bedenken des Unternehmers/Sichverschließen des Bestellers **633** 75
 Bestellervorgehen gegen Dritte **639** 33
 Beweissicherung, außergerichtliche (Grundstückszustand/Umgebung) **633** 28
 Genehmigungen, fehlende **Vorbem 631 ff** 72
 Nachbesserungsanspruch und unverhältnismäßige Kosten **635** 11
 Verjährungsfrist, abgelaufene **634a** 61
 Verschaffung des Werkes **633** 143
 und verzögerte Arbeitsaufnahme **633** 136
 Abschlagszahlung, unterbliebene **632a** 11
 Aufwand, unverhältnismäßiger der Nachbesserung **Anh III 638** 26

Leistungsverweigerungsrecht (des Unternehmers) (Forts.)
  Sicherheitengestellung durch Besteller **648a** 21
Leistungszeit
  s. a. Ausführungsfristen
  Ablieferung des Werkes
  s. dort
  Werklohnforderung **641** 4, 11
Leitbild des Gesetzgebers
  Werkvertrag
  s. dort
Leitung der Werkausführung
  und Bestelleranweisungen **633** 47
  und Delegationsbefugnis **633** 56
  Freiheiten des Unternehmers **633** 54 ff
  und Höchstpersönlichkeit **633** 55
  Unternehmer, bestellter Vertreter **633** 48
Lieferanten
  und Bauforderungen (GSB) **648** 48
  und Gehilfenstellung **634** 118
  und Sicherungshypothek **648** 9, 17
Lieferungskauf
  Fertiges Produkt oder Anfertigungsinteresse **651** 12
  Hergestellte/erzeugte bewegliche Sachen **631** 5; **651** 11
  und Herstellungsverpflichtung/Weitervergaberecht **651** 8
  Kauf und Lieferungskauf, Abgrenzung **631** 5; **651** 12
  und Kauf mit Montageverpflichtung, Abgrenzung **651** 13
  Unternehmerrecht zur Herstellungsvergabe **651** 8
  Vertretbare/nicht vertretbare Sachen **651** 15, 20
Locatio conductio Vorbem 631 ff 10
Mängel des Stoffes
  vom Besteller gelieferter Stoff **645** 12
Mängel des Werkes
  s. Mängel des Werkes/Gewährleistung
  s. Mängel des Werkes/Gewährleistung-Ausschluß
  s. Mängel des Werkes/Gewährleistung-Erweiterung
  s. Mängelbeseitigung
  s. Mängelfolgeschäden
  s. Mängelrüge
  s. Rechtsmängel
Mängel des Werkes/Gewährleistung
  vor Abnahme: erneute mangelfreie Erstellungspflicht **644** 7
  Abnahme, erstmaliges Auftreten eines – danach **644** 25
  Abnahme und Kenntnis des Bestellers vom – **640** 52 ff

Mängel des Werkes/Gewährleistung (Forts.)
  Abnahme trotz – **640** 15, 23, 24
  Abnahme und vorbehaltene Mängel **640** 24
  Abnahmeverweigerung
  s. Abnahme des Werkes
  Abschlagszahlungen **632a** 11
  Abtretung von Gewährleistungsansprüchen **Anh III 638** 1 ff
  Abwägung beiderseitiger Mängelverantwortlichkeit **633** 182
  Änderungswünsche, nicht erfüllte berechtigte – **642** 38
  Äußerlichkeiten, störende **633** 177
  Aliud
  s. dort
  Allgemeine Geschäftsbedingungen
  s. dort
  Anerkenntnis **634a** 54
  und Anfechtung der Abnahme **640** 12
  und Anfechtung wegen eines Mangels **631** 81
  Anfertigung des Werkes/Phase der Gewährleistung **633** 1
  Architektenleistung **Anh II 638** 7, 37 ff, 41
  Architektenwerk und daraus folgende– **Anh II 638** 8
  Arglistiges Verschweigen (Verjährungsfolgen) **634a** 41 ff
  Arglistiges Verschweigen (Verjährungsfrage) **631** 81
  Aufklärungspflicht, verletzte **631** 54, 56; **639** 5
  Ausführungsart, vereinbarte **634** 21
  Ausführungsmängel
  s. dort
  Ausmaß der Beeinträchtigung **633** 178
  Ausschluß der Haftung
  s. Mängel des Werkes/Gewährleistung-Haftungsausschluß
  Bagatellmängel **634** 102
  Baugenehmigung **633** 59
  Baumängel **Anh 638** 38; **Anh II 638** 8
  Baumängel/Mängel des Architektenwerkes **Anh II 638** 38
  Bauträgerschaft, Baubetreuungsmodelle **Vorbem 631 ff** 135
  Bedenken des Unternehmers, unterbliebene **633** 52
  und Beeinträchtigung **633** 178
  Begriff, Voraussetzungen **Anh I 638** 8
  Behebbarkeit des Mangels **Anh III 638** 31; **640** 34
  Benachrichtigungen des Unternehmers, erforderliche **Vorbem 631 ff** 48
  Benutzung trotz – **646** 16
  Berechnungsfaktor für Bestelleransprüche **Anh I 638** 27

Mängel des Werkes/Gewährleistung (Forts.)
Beschädigung des Werkes, Abgrenzung
  645 11
Beschädigung des Werkes als – **645** 9
Beschaffenheitsgarantie **633** 161 ff
Beschaffenheitsvereinbarung, nicht erfüllte
  633 164
Beseitigung der Mängel
  s. Mängelbeseitigung
Beseitigungsabsicht des Unternehmers
  (Verjährungshemmung) **634a** 52
Besonders schwere Mängel (Minderung
  der Vergütung) **634** 102
Bestellerverantwortlichkeit
– Mitverantwortlichkeit **631** 56; **Anh
  I 638** 10
– Mitwirkung, fehlerhafte bzw. unterbliebene **642** 4; **643** 5
– Obstruktion des Bestellers **641** 9
– Stoffe des Bestellers, mängelverursachende **651** 17
– Unternehmerverantwortlichkeit/
  Bestellerverantwortungsbereich
  633 181; **634** 13 ff; **645** 10
– Verantwortungsbereich (Herstellungsphase) **633** 89, 181 f
– Weisungen des Bestellers
  Vorbem 631 ff 45
Beurteilungszeitpunkt **633** 179
Beweislast **633** 180; **640** 1, 25
BGB/VOB/Teil B - Vergleich **Anh I 638** 2 f
Eigene Unternehmerleistungen **633** 69, 76
Eigenschaften, minderwertige **633** 175
und Eigenschaften des Werkes **633** 151 ff
Einigung der Parteien **634a** 48 ff
Einzelbezogenheit der Gewährleistung
  634 12
Erfüllungsanspruch, ursprünglicher/
  Gewährleistungsrechte **634a** 4
Erfüllungsbürgschaft **641** 52
Erheblichkeit des Mangels, Bedeutung
  634 45
Erheblichkeit (Schadensersatzanspruch
  statt der Leistung) **634** 109, 131
Erheblichkeitsschwelle (Einseitiger Rücktritt vom Werkvertrag) **634** 86
Erscheinungsformen des Mangels **633** 155
Erstellungsphase und hier erkannte –
– Abschlagszahlungen und Mängeleinrede **633** 92
– Beseitigungspflicht als Teil der Erfüllungspflicht **633** 88
– Beweislast **633** 89
– Erfüllungsanspruch des Bestellers,
  ursprünglicher **634** 9
– Kosten zu Unternehmerlasten **633** 90
– Kostenlast für den Besteller **633** 89

Mängel des Werkes/Gewährleistung (Forts.)
– Kündigung des Vertrages **633** 94 ff;
  649 57
– und Nachbesserungsanspruch nach
  Abnahme (Idenität) **633** 90
– Rücktritt vom BGB-Vertrag **633** 97
– Schadensersatzansprüche **633** 97, 99,
  99 ff, 100
– Unverhältnismäßig hoher Aufwand
  633 90
– Unverhältnismäßiger Aufwand **633** 98
– Ursachen, unerhebliche **633** 89
– VOB/B-Regelung **633** 89; **649** 57
– Vorbeugender Anspruch auf Unterlassung der Mängelverursachung **633** 90
– Zeitraum der Erfüllung **633** 91
Erweiterung der Gewährleistung
  s. Mängel des Werkes/Gewährleistung-
  Haftungserweiterung
Fehlen garantierter Eigenschaften **Anh
  I 638** 42
Fertige Sachen **631** 19
Fertigstellungsbescheinigung **641a** 13 ff
Fristsetzung zur Nacherfüllung **634** 42 ff
Gebrauchsfähigkeit, erheblich beeinträchtigte **Anh I 638** 48
Gefahrtragung **644** 7
Geltendmachung von Werksmängeln
  640 16
Gesamte Beeinträchtigung der Werkleistung **633** 155
Gesamtschau bei Mängelmehrheit **634** 12
Gewährleistungssicherheit **641** 52 ff
Gutachterliche Klärung vorab **634** 53
Individualisierung **634** 46
Kaufrecht/Werkvertragsrecht im Vergleich
  633 159 f; **651** 5
Kausalität **Anh II 638** 38 f
Kenntnis des Bestellers **640** 55 ff; **646** 16
Kenntnis von Mängeln/fehlender Abnahmeakt **646** 16
Kenntnis von Mängeln/Rechtsverlust bei
  vorbehaltsloser Abnahme **640** 53 ff
Kennzeichnung des Mangels **634** 46
Konkurrenzverhältnis der Bestellerrechte
  634 65
Koordinierungsmängel **633** 158
Kosten der Mängelbeseitigung
  s. Mängelbeseitigung
Kündigung durch den Besteller **634** 11;
  649 16
Kündigung durch den Unternehmer **643** 17
und Kündigungsrecht, freies des Bestellers
  649 18
Mängelbeseitigung
  s. dort
Mängelfolgeschäden
  s. dort

Mängel des Werkes/Gewährleistung (Forts.)
Mängelrüge
 s. dort
Mängelursachen (Übersicht) **633** 156 ff
Mangelhafte Eigennachbesserung **634** 83
Mehrheit von Gewährleistungsberechtigten
 — Bestellermehrheit **Anh III 638** 18 f
 — Wohnungseigentum **Anh III 638** 20 ff
Mehrheit von Mängeln **634** 12, 45
Mengenabweichungen
 s. dort
Minderung
 s. dort
Nachbesserungsanspruch des Bestellers
 s. dort
Nachbesserungsrecht des Unternehmers
 s. dort
Nachteilige Eigenschaften ohne Vorliegen von – **634** 139
Neuer Werkvertrag wider besseren Unternehmerwissens **634** 8
und Nichtigkeit des Werkvertrages **631** 74
Nutzung des Werkes trotz – **640** 17 ff
Offensichtliche/nicht offensichtliche Mängel (AGB-Unterscheidung) **639** 40 ff
Perfekter Zustand **633** 177
Pfandrecht des Unternehmers **647** 2
Planungsabweichungen **633** 22
Planungsmängel
 s. Planung des Werkes
Prüfung eines Mangels (Hemmung der Verjährung) **634a** 49 ff
Prüfungs- und Anzeigepflichten des Unternehmers **633** 64, 73; **634** 110; **642** 13
Raum und Zeit, zu beachtende **633** 175
Rechtsgutsverletzung (andere Rechtsgüter) als Folge **634** 143
Rechtsmängel
 s. dort
Rechtsverlust bei Mängelkenntnis **640** 53 ff
Risikolagen **633** 67
Rückforderungsansprüche wegen – **641** 104
Rücktritt vom Werkvertrag (einseitiges Bestellerverlangen)
 s. dort
Schadensersatzansprüche;Schadensersatz- - anspruch statt der Leistung
 s. dort
als schuldhaft schwere Vertragsgefährdung **649** 42
Schutz- und Aufsichtspflichten, verletzte **633** 82
Selbstvornahme
 s. dort
Sicherheitengestellung und vorhandene – **648a** 9

Mängel des Werkes/Gewährleistung (Forts.)
Sicherheitsleistung durch den Unternehmer (Gewährleistungssicherheit) **641** 52 ff
Sicherungshypothek **648** 30 ff
Störende Eigenschaften **633** 176
Stoffmängel (Mängel des zu bearbeitenden Stoffes) **633** 158
Subunternehmereinstehen **631** 33
Technikregeln, Abweichung von anerkannten **633** 171, 172
des Teilwerkes **645** 44
Überzahlung des Unternehmers **641** 104
Unerhebliche Mängel (Minderung der Vergütung) **634** 97
Unfertiges Werk, Abgrenzung **633** 183; **640** 54
Unternehmerleistungen, eigene **633** 69, 76
und Unternehmermöglichkeiten **641a** 3
Unternehmerverantwortlichkeit/Bestellerverantwortungsbereich **633** 181 f; **634** 13 ff
Unternehmervorgehen gegenüber behaupteten– **641a** 4
Unwesentliche Mängel und Abnahmeverweigerung **640** 34
Unwesentliche Mängel und Fertigstellungsbescheinigung **641a** 9, 13
Ursachen (Herstellungsphase) **633** 89
Ursachen (Nacherfüllungsanspruch) **634** 23
Ursachen (Verschulden/Vertretenmüssen des Unternehmers) **634** 110 ff; **645** 19
Veräußerung trotz – **646** 16
Verantwortlichkeit des Unternehmers/ Bestellerbereich **633** 181 f; **634** 13 ff; **645** 10
Verhandlungen und Verjährungshemmung **634a** 49 ff
Verkehrswert, eingeschränkter **633** 174
Verschaffungspflicht, nicht erfüllte **633** 151
Verspätete Leistung **633** 124
Vertretenmüssen **645** 10, 19
VOB/B-Regelung bei Werkabnahme **Anh I 638** 1 ff
Vollendung des Werkes und – **646** 11
Vorbehalt bei Abnahme **640** 24, 57 ff
Vorleistender Unternehmer (Mängelhaftung)/Nachleistender Unternehmer (verletzte Prüfungspflicht) **633** 77
Vorrang des Gewährleistungsrechts **634** 139
Vorunternehmerverursachung **645** 31
Weiterfresserschäden **634** 144
Werklohnklage und vorhandene – **641** 7
Wesentliche Mängel und Abnahmepflicht **640** 34
Wesentliche Mängel und Fertigstellungsbescheinigung **641a** 8

Mängel des Werkes/Gewährleistung (Forts.)
Wesentlichkeit des Mangels (VOB/B)
Anh I 638 42; 640 73
Wohnungseigentum
s. dort
Zeitpunkt für die Beurteilung 633 179
Zinsanspruch des Unternehmers 641 117
Zurückbehaltungsrecht
s. dort
Zustand des Werkes selbst 633 177
**Mängel des Werkes/Gewährleistungsrecht –
Ausschluß**
Allgemeine Geschäftsbedingungen
s. dort
Individualabreden
s. dort
**Mängel des Werkes/Gewährleistungsrecht –
Erweiterung**
AGB-Erweiterung 639 65
Individualvertragliche – 639 64
Minderungsrecht ohne Nachbesserungsgelegenheit 639 69
Nachbesserungsbefugnis des Unternehmers als wesentlicher Grundgedanke 639 67
Nacherfüllungsanspruch auch bei unverhältnismäßigem Aufwand 639 68
Pauschalierung von Minderung und Schadensersatz 639 69
Rücktrittsrecht ohne Nachbesserungsgelegenheit 639 69
Schadensersatz statt der Leistung ohne Nachbesserungsrecht 639 69
Schadensersatzansprüche und Vertretenmüssen 639 70
Selbstvornahme ohne Fristenlauf 639 69
Sowieso-Kosten, abgewälzte 639 66
Subunternehmer, Weiterleitung von Ansprüchen 639 66
Unangemessene Unternehmerbenachteiligung 639 66
Verjährungsfristen, Verlängerung 639 71
Vorleistungsmängel, untersagte Berufung hierauf 639 66
Werklohnteile, fällige/Vorleistungen des Unternehmers 639 68
Zurückbehaltungsrecht, Pauschalierungen 639 68
Mängelbeseitigung
Bereitschaft des Unternehmers, geforderte 634 46
Bereitschaft des Unternehmers, Hemmung der Verjährung 634a 52
und Besitzfortsetzung durch den Unternehmer 633 144
Einverständnis des Bestellers mit bestimmter Art 634 6
Frist zur Nacherfüllung 634 45 ff

Mängelbeseitigung (Forts.)
Konkurrenzverhältnis der Bestellerrechte 634 65
Kosten
— Abwägung beiderseitiger Verantwortlichkeiten 633 182; 634 14 ff; 645 10
— Beseitigung des Werkes nach Rücktritt vom Werkvertrag (einseitiges Bestellerrecht) 634 92
— Beseitigungskosten und Minderungsbetrag 634 102
— Bestellerbeseitigung trotz bestehenden Unternehmerrechts zur Beseitigung 634 34 ff
— Bestellerverantwortlichkeit, alleinige 634 15; 645 10
— Bestellerverantwortungsbereich 633 182; 634 4
— Fristsetzung zur Nachbesserung, unterlassene 634 42
— Nachbesserungskosten als Schadensersatz-Berechungsgrundlage 634 135; Anh III 638 17
— Schadensberechnung statt der Leistung (kleiner) auf der Grundlage der – 634 132
— Vergleichsweise Regelung 634 7
— Werkvollendung, anderweitige auf Unternehmerkosten (Fremdnachbesserung VOB/B) 649 58
Leistungen zur – Anh I 638 22 f
Nachbesserungsanpruch des Besteller
s. dort
Nachbesserungsrecht des Unternehmers
s. dort
Neuer Unternehmerauftrag (fehlende Geschäftsgrundlage) 634 8
und Neuherstellung 634 28 f
Regeldungsdefizite (SchuldrechtsmodernisierungsG) 634 4
Restmängel nach der – 634 107
SchuldrechtsmodernisierungsG 634 23
Selbstvornahme
s. dort
Unmöglichkeit, Unvermögen 635 5
Unternehmerverantwortlichkeit/Bestellerverantwortungsbereich 633 27
Ursachen des Mangels Anh II 638 28
Verzug 634 46
Wirtschaftlich günstigste Lösung 634 71
und Zwangsversteigerung Anh I 638 45
Mängelfolgeschäden
Abgrenzung gegenüber eigentlichen Gewährleistungsansprüchen 639 42
AGB-Anspruchsvorenthaltung 639 57
AGB-Ausschlußfrist für Mängelanzeige 639 42

Mängelfolgeschäden (Forts.)
AGB-Haftungsbegrenzungen bei
  Vorsatz/grober Fahrlässigkeit **639** 25
AGB-Rügefrist **639** 42
und Aufrechnungsausschluß **639** 24
und positive Vertragsverletzung (Rückgriff) **634a** 3
Schadensersatzanspruch und weitere
  Rechtsbehelfe des Bestellers **634** 65
Verjährung **Anh I 638** 13
Verjährung, ungünstiges neues Recht
  634a 1, 7, 60, 62
VOB/B-Schadensersatzanspruch **Anh
  I 638** 46
VOB/B-Schadensersatzanspruch
  (AHB-Haftpflichtversicherungsschutz)
  Anh I 638 49
Mängelfreiheit des Werkes
Abnahme und – **640** 15
Abnahmeverlangen und fruchtloser Fristablauf **640** 46
Architektenwerk **Anh II 638** 5, 29
Architektenwerk, unterbliebene Leistungsphasen bei erzielter ---- **Anh II 638** 15
Bestätigung nach der Abnahme **639** 46
Bestelleranweisungen **633** 47
und Fertigstellungsbescheinigung **641a** 1, 9
Garantie des Unternehmers **633** 53; **634** 121
Herstellungspflicht, erneute mangelfreie
  vor Abnahme **644** 7
und Kündigung durch den Besteller **649** 9
Mangelhaftes Werk nur aufgrund
  Verschuldensgesichtspunktes **633** 182
Mangelverneinung im Einzelfall **633** 177
Unternehmerverpflichtung **631** 42; **633** 88
Vertragsmäßigkeit **640** 44 ff
VOB/B-Beschreibung **Anh I 638** 2
Werklohnforderung bei – und fehlender
  Abnahme **641** 6
Werklohnforderung, fällige **641** 6
Zusätzliche Leistungen, erforderliche
  633 12
Mängelrüge
und Abnahme **640** 23, 35
Abnahme, Rechtsverlust durch unterbliebene – **640** 53 ff
AGB-Ausschlußfrist **639** 40 ff
und Fertigstellungsbescheinigung **641a** 12
Mehrheit von Bestellern **Anh III 638** 19
und Verjährungsbeginn **634a** 34
VOB/B-Mängelrüge zur Erneuerung der
  Verjährung **Anh I 638** 21
Werknutzung ohne– **640** 50, 79; **641a** 31
Mahnbescheid
Vorbehalt gegen Schlußrechnung **641** 92
Mahnung
Abnahme des Werkes **640** 41
Mitwirkung des Bestellers **642** 14

Makler- und Bauträgerverordnung
Bauträger-, Baubetreuerverträge
  Vorbem 631 ff 122, 129, 135
Bauträger-Zahlungsverkehr **632a** 23 f
Maklervertrag
Werkvertrag, Abgrenzung
  Vorbem 631 ff 57 ff
Maschinenüberlassung
mit Bedienungspersonal **Vorbem 631 ff** 18
Massenermittlung
und Abrechnung der Werkleistung **641** 32
Fehleinschätzung **631** 65; **632** 52
Materialien
und Anspruch auf Abschlagszahlung
  632a 4
Mehrheit von Bestellern
Beweisverfahren, selbständiges und
  Verjährungshemmung **634a** 56
Mehrheit von Nachbesserungen
Bestellerverlangen;fruchtlose Versuche
  634 27
Mehrheit von Unternehmern
Beweisverfahren, selbständiges und
  Verjährungshemmung **634a** 56
Gemeinschaftliches Werk/Hemmung der
  Verjährung **634a** 49
Mehrheit von Werkleistungen
Verjährungsfrage **634a** 26
Mehrkosten
Architektenverantwortlichkeit **Anh
  II 638** 34 ff
der Fertigstellung durch Drittunternehmer
  649 58
Vergütung des Werkunternehmers
  s. Vergütung (Mehrkosten)
Mehrwertsteuer
Abschlagszahlungen **632a** 19
HOAI-Honorare **632** 111
Rechnungserteilung **641** 25
Vergütung für nicht mehr ausgeführte
  Leistungen **649** 22
Vergütungsvereinbarung und – **632** 25
Mengenabweichungen
Abnahme nach erfolgter Rüge **634** 152
Abnahme ohne Rüge **634** 151
Erfüllungsanspruch, verbleibender **634** 151
Gewährleistung (SchuldrechtsmodernisierungsG) **634** 1
als mangelhaftes Werk **633** 185
und Preiskorrekturen **632** 52 ff
Preisliche Konsequenzen **634** 150
Menschen
Leistungen am lebenden – **634a** 23, 24
Merkantiler Minderwert
s. a. Schadensersatzanspruch statt der
  Leistung

Merkantiler Minderwert (Forts.)
Architektenverpflichtung und Schadensersatzanspruch statt der Leistung **Anh II 638** 41
Bauwerksmängel (unverhältnismäßiger Beseitigungsaufwand) **Anh III 638** 41
Eingeschränkter Verkehrswert als Mangel **633** 174
Haftpflichtversicherung (AHB) und VOB/B-Schadensersatzanspruch **Anh I 638** 49
und Kostenvorschußverlangen bei der Selbstvornahme **634** 76
Nachbesserung und verbleibender – **634** 30
und Nacherfüllungsanspruch des Bestellers **634** 107
Schadensersatzanspruch statt Leistung/Nacherfüllungsanspruch/Selbstvornahmerecht und – **634** 65
VOB/B-Schadensersatzanspruch **Anh I 638** 43
Wohnungseigentum **Anh III 638** 31
Miete
Werkvertrag, Abgrenzung **Vorbem 631 ff** 17 ff
Minderung
Abnahme, rügelose trotz Mangelkenntnis **640** 62
Abnahmewirkung und Mängelvorbehalt **640** 24
Abtretbarkeit des Anspruchs **Anh III 638** 5
AGB-Haftungsbeschränkungen s. Allgemeine Geschäftsbedingungen
Architektenhonorar **Anh II 638** 14 f, 34, 53
Aufteilung bei Teilerfüllung/Teilzession **634** 104
Bagatellmängel **634** 102
Berechnung **634** 100
Bestellerverantwortlichkeit für Mängel **645** 10
BGB und VOB/B-Vergleich **Anh I 638** 2, 35 ff
Erklärung **634** 63, 98
Frist zur Nachbesserung, fruchtloser Ablauf **634** 97
Fristsetzung zur Nachbesserung, erforderliche/entbehrliche **634** 43
Gestaltungsrecht **634** 63; **634a** 14
Individualvertragliche Beschränkungen (Inhaltskontrolle) **639** 59 ff
Interesse des Bestellers an sofortiger – **634** 97
Kaufrecht als Vorbild **634** 96
Kosten der Mängelbeseitigung **634** 102
Kosten der Mängelermittlung **634** 102
kraft Gesetzes **634** 103
Kündigung durch den Besteller **649** 16
Mängel, besonders schwere **634** 102

Minderung (Forts.)
Mängelverantwortlichkeit, geteilte **633** 182; **634** 18; **645** 10
Mängelvoraussetzung **634** 97
Mehrheit von Bestellern **Anh III 638** 18
und Minderung bisherigen Rechts **634a** 4
Minderwert der Leistung: wechselseitiger Ausschluß von Rücktritt, Schadensersatz statt Leistung und – **634** 65
Nachbesserungsverlangen und Verweisung des Unternehmers auf – **Anh I 638** 29; **635** 6 ff
Nacherfüllungsanspruch, gescheiterter **634** 5; **639** 37
Rechtsmängel **634** 155
Rechtsverlust (unterlassener Mängelvorbehalt trotz Mängelkenntnis) **640** 62
Restmängel nach Nachbesserung **635** 5
und Rücktritt vom Vertrag (einseitiges Bestellerrecht) **Anh I 638** 36; **639** 55
und Rücktritt vom Werkvertrag (einseitiges Bestellerrecht) **634** 92
und Rücktritt vom Werkvertrag, Vergleich **634** 96, 98
und Schadensersatzanspruch statt der Leistung **634** 108, 131
und Selbstvornahmebefugnis **634** 70
Sicherungshypothek **648** 30 ff
Umgestaltung des Werkvertrages **634** 62
Unabdingbarkeit **639** 55
Unwirksamkeit **634a** 15
Verjährung **634a** 14 ff, 61, 63; **Anh I 638** 12
Verjährungseintritt und offene Werklohnforderung **634a** 63
Verkehrswertbeeinflussung **634** 97
Verrechnung **634** 103
VOB/B-Regelung/BGB-Vergleich **Anh I 638** 2, 35
und VOB/B-Schadensersatzanspruch **Anh I 638** 46
und Werklohnforderung (noch offene/bereits gezahlte) **634** 99
Wert im mangelbehaftetem Zustand **634** 102
Wert im mangelfreien Zustand **634** 101
Wohnfläche, zu geringe **634** 102
Wohnungseigentum **Anh III 638** 31 f, 32
und Zurückbehaltungsrecht **641** 22
Minderwert des Werkes
s. Merkantiler Minderwert
Mischformen
Kaufvertrag, Werkvertrag **Vorbem 631 ff** 16
Mitteilung
Bedenken gegen vorgesehene Ausführungsart/Stoffe/andere Unternehmerleistungen **633** 73
Fertigstellungsmitteilung (fiktive Abnahme) **640** 81

Mitverschulden/Mitverursachung
  Bauherr und Architekt **Anh II 638** 37
  Bauunternehmer und Architekt
    Anh II 638 54 f
  Behinderung des Unternehmers/Verlängerung der Ausführungsfristen **642** 66
  Bestellermitverantwortung am Mangel
    631 56, 65; **633** 182; **634** 13 ff, 122;
    645 10
  Nachbesserungsanspruch des Bestellers/
    beiderseitige Mängelverantwortlichkeit
    634 16
  Planungsfehler/verletzte Prüfungspflicht
    des Unternehmers **633** 76
  Planungsmängel seitens des Bestellers/
    Prüfungs- und Hinweispflicht des Unternehmers **633** 20
  Schadensminderungspflicht bei Schadensersatzbegehren des Bestellers **634** 126
  Schädigung Dritter durch die Vertragsparteien (Schadensaufteilung) **Anh IV 638** 25
  Überwachung der Arbeiten **633** 39
Mitwirkung des Bestellers
  Ablehnungsandrohung **643** 12
  Abnahme, verweigerte **642** 22
  Abschlagszahlungen, verweigerte **643** 20, 29
  Änderung des Leistungsgegenstandes
    642 37 f
  Äußere Einflüsse und – **642** 10
  Annahmeverzug **642** 23; **643** 1, 19
  Auflösung des Vertrages ex nunc **643** 14 f
  Aufmaß **641** 31
  Aufnahme der Arbeiten **633** 127
  Baubereich **642** 37
  Bauleistung **643** 29
  Bauvertrag **642** 11
  Bedenken des Unternehmers **633** 75
  Befugnisse des Bestellers **642** 38 ff
  Begriff der Mitwirkungshandlungen **642** 7
  Behinderung durch Dritte **642** 36
  Behinderung des Unternehmers
    s. dort
  Bemessungskriterien für Entschädigung
    642 25
  Entschädigungsanspruch **642** 22 ff
  Ermittlung der Obliegenheiten **642** 11
  Ersatzlieferung **642** 15
  Ersetzungsbefugnis **642** 15
  Erzwingbarkeit, fehlende **642** 18
  Fristsetzung zur Nachbesserung/Angebot der Bestellermitwirkung **634** 49
  Fristsetzung zur Nachholung **643** 9 ff
  Gläubigerobliegenheit **642** 17; **643** 23
  Haftung des Bestellers **642** 21
  Höchstpersönliche – **642** 9
  Interessen, beiderseitige **642** 18 f
  Klagbarkeit **642** 32

Mitwirkung des Bestellers (Forts.)
  Kostensteigerungen **642** 28
  Kündigung des Bestellers, Kündigung des Unternehmers **643** 19
  Kündigung des Unternehmers bei unterbliebener– **643** 5 ff
  Kündigung des Unternehmers (VOB/B)
    643 26 ff
  Mahnung **642** 14
  Mehrkosten **643** 23
  Mißbrauch unterlassener – **643** 18
  Nachbesserung mangelhafter – **642** 16
  Nachbesserungsphase und Mitwirkungsobliegenheiten **634** 26
  Naturereignisse **642** 34 f
  Planung des Werkes
    s. dort
  Positive Forderungsverletzung **643** 22, 24
  Positives Tun **642** 7
  Räumlichkeiten des Bestellers
    s. dort
  Schadensersatzansprüche **642** 33; **643** 29, 30
  Schuldhaft verweigerte – **643** 19
  als Schuldnerpflicht im Einzelfall **642** 31;
    643 22
  Schuldnerpflicht oder Obliegenheit **642** 17, 20 f
  Schuldnerverzug (VOB/B) **643** 29
  Schwere des Verstoßes **643** 7
  Unternehmerstellung gegenüber – **642** 12
  Unverschuldet unterbliebene – **643** 19
  Vergütung für Ersatzlieferung **642** 15
  Vergütungsanspruch, eigentlicher **642** 27
  Vergütungsanspruch nach Kündigung
    643 18
  Vergütungsgefahr **645** 32
  Verschulden, nicht erforderliches **642** 23;
    643 5
  Verweigerte – **642** 7; **643** 5, 18, 19; **644** 26
  VOB/B **642** 41 ff; **643** 25
  Wartezeiten des Unternehmers **642** 25
  Wegfall der Geschäftsgrundlage **643** 24
  Werklieferungsvertrag im eigentlichen
    Sinne **651** 33
  Zahlungsansprüche bei verweigerter –
    643 22
Montageverpflichtung
  Kauf mit – **Vorbem 631 ff** 16; **651** 13

Nacharbeiten
  Nachbesserung und erforderliche – **634** 30
  Selbstvornahmebefugnis und erforderliche – **634** 72
Nachbesserung durch den Besteller
  Schadensersatzanspruch statt der Leistung (Nachbesserungskosten als kleiner Schadensersatz) **634** 132 f

Nachbesserung durch den Besteller (Forts.)
als Selbstvornahme
s. dort
Nachbesserungsanspruch des Bestellers
s. a. Selbstvornahme
Abnahme, erforderliche reale **634** 9
Abnahme, rügelose trotz Mangelkenntnis **640** 62
Abnahmeverweigerung und Werklohnklage **641a** 4
Abnahmewirkung und Mängelvorbehalt **640** 24
Abschlagszahlungen und Zurückbehaltungsrecht **639** 23
Abtretbarkeit **Anh III 638** 2
Abwägung Unternehmerinteressen/Bestellerinteressen **634** 58
AGB-Haftungsbeschränkungen
s. Allgemeine Geschäftsbedingungen
Andere Rechtsgüter des Bestellers, betroffene **634** 30
Anderer, gleich- oder näherkommender Zustand **635** 5
Anspruch, gescheiterter **634** 5; **639** 37
Architektenwerk, Nachbesserungsmöglichkeit **Anh II 638** 7 ff
Architektenwerk und Planungsstadium **Vorbem 631 ff** 120
Aufwand (unverhältnismäßiger) **635** 6; **Anh I 638** 29; **Anh III 638** 25
Aufwand (unverhältnismäßiger)
s. dort
Aufwand (unverhältnismäßiger)
s. a. unten unter Kosten (unverhältnismäßige)
Aufwand, unverhältnismäßiger (erforderliche Fristsetzung) **634** 43
Aufwendungen zur Nacherfüllung **635** 1 ff
Begriff, Wesen des Anspruchs **634** 23
nach Beschädigung, Untergang des Werkes **644** 8; **645** 10
und Beschaffenheitsgarantie des Unternehmers **633** 162
Beseitigungsabsicht des Unternehmers (Verjährungshemmung) **634a** 52
und Besitzfortsetzung durch den Unternehmer **633** 144
Bestellerinteresse, besonderes und entbehrliche Fristsetzung zur Nachbesserung **634** 56
Bestellermitverursachung **634** 13 ff; **645** 10
Bestellermitwirkung **634** 26
Beweislast **634** 50
Drittinanspruchnahme, vorherige außergerichtliche als Voraussetzung (AGB) **639** 53
Einredefreier Bestelleranspruch **634** 45

Nachbesserungsanspruch des Bestellers (Forts.)
Erfüllungsanspruch, mit Abnahme umgewandelter **634** 10
und Erfüllungsanspruch, Vergleich **634** 23
Erfüllungsverweigerung **634** 54
Erstattungsanspruch des Bestellers **635** 3
Fehlschlagen **634** 59 f; **639** 37
Fixgeschäft und entbehrliche Fristsetzung **634** 55
Fristablauf, fruchloser und Bestellererklärung zur Vertragsumgestaltung (sekundäre Rechtsbehelfe) **634** 62 ff
Fristablauf, fruchtloser und Bestellererklärung zur Vertragsumgestaltung (sekundäre Rechtsbehelfe) **634** 48, 50, 88, 97, 123, 155
Fristsetzung **634** 45 ff, 70
Fristsetzung zur Nachbesserung, entbehrliche **634** 51 ff
Gemeinschaftseigentum **Anh III 638** 26 ff
Grundstücksveräußerung mit Gebäudeherstellung **651** 43
als Herstellungsanspruch nach Abnahme **631** 43
Herstellungsphase und Mängelerkenntnis **633** 90, 102
Individualvertragliche Beschränkungen (Inhaltskontrolle) **639** 59 ff
Klageantrag **634** 25
Klageverbindung mit Fristsetzung **634** 50
Kosten (unverhältnismäßige)
— und Aufwand, unverhältnismäßiger **635** 6
— Einrede des Unternehmers **635** 8
— und Leistungsverweigerungsrecht **635** 11
— Maßstäbe, Abwägung aller Umstände **635** 9, 10
— Verschuldensfrage **635** 10
— Wertverhältnis, Wertgrenzen **635** 10
— Wesentlicher Grundgedanke des Werkvertragsrechts **635** 8
Kostenbeteiligung des Besteller **645** 10
Kostenbeteiligung des Bestellers **633** 182
Kündigung durch den Besteller **649** 16
und Kündigungsrecht, freies des Bestellers **649** 18
Mängel als schuldhaft schwere Vertragsgefährdung **649** 42
Mängelbeseitigung als Ziel **634** 24
und Mängelverantwortung (Grundsatz) **644** 7
Maßnahmen der Erfüllung/der Nacherfüllung **634** 23
Mehrfache Nachbesserung **634** 27
Mehrheit von Bestellern **Anh III 638** 18, 19
und merkantiler Minderwert (Kombination) **634** 65

Nachbesserungsanspruch des Bestellers (Forts.)
— Fristsetzung **634** 30
Methode der Nachbesserung **634** 25
Mitverschuldensfrage/Kostenbeteiligung, Kostenquotelung **634** 16
— Fristsetzung **645** 10
Nacherfüllungsanspruch trotz Fristablaufs **634** 50
Naturalleistungsanspruch **634** 24
und Neuherstellung, darin eingeschlossene **634** 23, 28 f
Nicht-mehr-in-Betracht-kommender **641** 8
Nutzungsausfall als Schadensersatz **635** 3
Rechtsgeschäftsähnliche Handlung der Fristsetzung **634** 49
Rechtsmängel **634** 155
Rechtsverlust (unterlassener Mängelvorbehalt trotz Mängelkenntnis) **640** 62
Restmängel **635** 5
Restschaden, verbleibender **634** 105, 107
Risiko des Mißlingens **634** 25
und Schadensersatzanspruch (Mängelrüge während der Herstellungsphase) **633** 102
Schadensersatzverlangen anstelle der Leistung, Verhältnis zum – **634** 107, 125 ff
Schadenverursachung anläßlich der Mängelbeseitigung **634** 107
Scheitern **634** 57; **639** 37
Sicherheitengestellung trotz – **648a** 9
Sicherheitsverlangen des Unternehmers (anteilige Kostenlast des Bestellers) **634** 17
Sicherungshypothek **648** 31 ff
Sowieso-Kosten s. dort
Subunternehmertätigkeiten **631** 39
Transport- und Wegekosten **635** 2
Unentziehbarkeit des Anspruchs **639** 53
Unmöglichkeit der Nacherfüllung **634** 52 f; **635** 5
und Unternehmerpfandrecht **647** 2
Unternehmerschutz, unentziehbarer **639** 68
Unzumutbarkeit der Nacherfüllung **634** 61; **635** 7
Verantwortlichkeit des Unternehmers **634** 13 ff
Verjährte Gewährleistungsansprüche/offene Werklohnforderung **634a** 62
Verjährung **634** 23; **634a** 7
Verschuldensabhängigkeit, ausgeschlossene **639** 36
VOB/Teil B
— vor Abnahme/nach Abnahme **Anh I 638** 25
— Aufwand, unverhältnismäßiger **Anh I 638** 29
— BGB-Vergleich **Anh I 638** 25 f, 29

Nachbesserungsanspruch des Bestellers (Forts.)
— Einrede **Anh I 638** 27
— Fristsetzung **Anh I 638** 31 f
— Klageantrag **Anh I 638** 27
— Leistungen zur Mängelbeseitigung/ neuer Verjährungslauf **Anh I 638** 23
— Mängel als Berechnungsfaktoren **Anh I 638** 27
— Mängelhervortreten während der Verjährungsfrist **Anh I 638** 26
— Mängelkonkretisierung **Anh I 638** 28
— Methode der Nachbesserung **Anh I 638** 29
— Neuherstellung **Anh I 638** 29
— Verjährung **Anh I 638** 12
— Verlangen **Anh I 638** 27
— während Herstellungsphase **633** 91 ff
Vor- und Nacharbeiten **634** 30
Vorauszahlungen und Zurückbehaltungsrecht **639** 23
Vorenthaltene Nacherfüllung wegen Werklohnforderung **639** 39
und Vorleistungspflicht für die Werklohnforderung **639** 23
Vorteilsausgleichung **634** 19
Wahlrecht des Besteller nach fruchtlosem Fristablauf
— Nacherfüllungsverlangen, weiteres/ sekundäre Rechtsbehelfe **634** 62 ff
Werklohnabhängigkeit **634a** 47
und Werklohnanspruch **641** 8; **641a** 3
Werklohnforderung und Einrede des – **639** 22
und Werklohnklage **641a** 4
Werklohnklage/Nachbesserungsanspruch unter anteiliger Kostenpflicht des Bestellers (doppelte Zug-um-Zug-Verurteilung) **634** 17
Werkvollendung, anderweitige auf Unternehmerkosten (Fremdnachbesserung) **649** 58
Wesentlicher Kern des Werkvertragsrechts **639** 36
Wohnungseigentum **Anh III 638** 25
Zumutbarkeitsgrenze **634** 23
und Zurückbehaltungsrecht **641** 35a
und Zurückbehaltungsrecht, akzessorisches **641** 24
Zurückbehaltungsrecht ggü Werklohnforderung **639** 22
Zusammenarbeit mit dem Unternehmer, nicht mehr zumutbare **634** 57
Zweifel am Erfolg der Nachbesserung **634** 57

Nachbesserungsanspruch des Käufers
Bauträgervertrag **Vorbem 631 ff** 129

Nachbesserungsrecht des Unternehmers
  trotz Abnahme, rügeloser durch Besteller
    640 62
  Abnahmezeitpunkt
  — Mängelbeseitigung vor der Abnahme
    634 32
  — Mängelbeseitigung nach der Abnahme
    (Voraussetzungen des Unternehmeranspruchs) **634** 32
  Angebot zur ordnungsgemäßen Mängelbeseitigung **634** 32
  Architekt, Vorbehalt eigener –
    Anh II 638 55
  und deliktische Bestelleransprüche **634** 148
  Duldungspflicht des Bestellers **634** 32
  Eigene Mängelbeseitigung durch den
    Besteller **634** 34 ff
  und Einwilligung des Bestellers zur Rechtsgütereinwirkung **634** 146
  Fristablauf, fruchtloser zur Mängelbeseitigung/Verlust der Nacherfüllungsbefugnis **634** 62
  Grundgedanke des Gesetzes **634** 42
  Kündigung durch den Besteller **649** 16, 18
  Lieferungskauf **651** 19
  bei mangelhafter Bestellermitwirkung
    642 16
  Sicherungshypothek **648** 31 ff
  Unabdingbarkeit **639** 67
  Unmöglichwerden wegen eigener Bestellertätigkeit **634** 36
  Unternehmerverhalten als wichtiger
    Kündigungsgrund **649** 39
  Verlust des Nachbesserungsrechts **634** 33
  Wahlrecht des Unternehmers: Mängelbeseitigung/Neuherstellung **634** 38
  Wesentlicher Grundgedanke gesetzlicher
    Regelung **639** 67
Nacherfüllung
  als Unternehmerpflicht
    s. Nachbesserungsanspruch des Bestellers
  als Unternehmerrecht
    s. Nachbesserungsrecht des Unternehmers
Nachforderungen
  nach Rechnungsstellung **632** 102 ff
Nachrichten
  des Unternehmers **Vorbem 631 ff** 46 ff
Nachträgliche Honorarvereinbarung
  des Architekten **632** 112
Nachträgliche Leistungsänderung
  Vergütung bei – **632** 66 ff
Nachträgliche Leistungseinschränkung
  Vergütung bei – **632** 61 ff
Nachträgliche Leistungserweiterung
  Vergütung, zusätzliche **632** 71 ff

Nachträgliche Mängelrügen
  Fertigstellungsbescheinigung **641a** 14
Nachunternehmer
  s. Subunternehmer
Naturalrestitution
  Schadensersatz **Anh I 638** 56
Naturereignisse
  Behinderung des Unternehmers **642** 34
Nebenpflichten (des Bestellers) 631 54 ff
Nebenpflichten (des Unternehmers)
  Fertigstellung durch den Besteller, bestehende– **649** 60
  Kaufrechtlich zu beurteilende –
    Vorbem 631 ff 16
  Prüfungs- und Anzeigepflicht **633** 64
  Rücksichtnahme auf Besteller **631** 57
  Treu und Glauben als Grundlage **631** 57
  Vergütungsanspruch, Hinweis auf zusätzliche **632** 75
  Verwahrungspflichten **Vorbem 631 ff** 63
Neubau, Neuherstellung
  s. a. Bauwerke
  Grundstücksveräußerung mit – eines
    Gebäudes **651** 41 ff
  und Nachbesserung **645** 11
  Nachbesserung als – **Anh I 638** 29; **646** 7
  nachholbarer Leistung bei fehlendem
    Vertretenmüssen **645** 28
  Neue Sache, Abgrenzung Kaufrecht/
    Werkvertragsrecht **651** 7
  Neuherstellung als Nachbesserung **634** 28 f
  Pfandrecht des Unternehmers **647** 7
  nach schuldlosem Untergang **644** 38
  Selbstvornahmebefugnis des Bestellers
    634 71
  Sicherungshypothek **648** 11
  nach Untergang, Beschädigung **644** 8, 10;
    645 6
  Unternehmerwahlrecht: Mängelbeseitigung oder – **634** 38
  Verweigerte Baugenehmigung
    Vorbem 631 ff 73
  Schadensbeseitigung/Neubauerrichtung,
    Abgrenzung **634a** 19
Neue Leistungen
  Aufklärung des Bestellers **633** 176
Neuer Werkvertrag
  Erfüllung trotz Umgestaltung des Werkvertrages **634** 63
  nach Vertragsauflösung **643** 16
  Wider besseren Unternehmerwissens **634** 8
Nichterfüllung
  Schadensersatzanspruch wegen –
    s. Schadensersatzanspruch statt der
    Leistung
Nichtigkeit
  Architektenvertrag und Koppelungsverbot
    Vorbem 631 ff 111

Nichtigkeit (Forts.)
Genehmigungsversagung **Vorbem 631 ff** 73
MaBV-Abweichungen (Bauträger-Zahlungsverkehr) **632a** 24
Werkvertrag **631** 64 ff; **647** 2
Werkvertrag, neuer wider besseren Unternehmerwissens bei Gewährleistung **634** 8

Notarielle Beurkundung
Baubetreuungsvertrag und Grundstückserwerb **Vorbem 631 ff** 131
Gewährleistungsbeschränkungen im Werkvertrag (Inhaltskontrolle) **639** 59 ff
Treuhändervollmacht und Bauträgermodelle **Vorbem 631 ff** 139

Obhutspflichten (Sachgefahr)
Besteller **644** 15
Unternehmer **644** 13 ff

Obliegenheiten
s. Gläubigerobliegenheiten

Öffentliche Aufträge
Preisvorschriften **632** 118
Stundenlohnvereinbarung **632** 11
Vergaberecht
s. dort
VOB/Teil B-Einbeziehung **Vorbem 631 ff** 85

Offenbarungspflicht
Mängelkenntnis des Unternehmers **634a** 42 ff; **639** 12

Offene Handelsgesellschaft
als Besteller **648** 20

Offensichtliche Mängel
AGB-Rügefristen **639** 40 ff

Organisationsmängel
und Mängelkenntnis **634a** 43, 45; **639** 15

Pacta sunt servanda
und freie Bestellerkündigung **649** 6

Pactum de non petendo
Hemmung der Verjährung **634a** 47

Parteiwille
s. Privatautonomie

Partnerschaftsvermittlung
Maklerdienstvertrag, Werkvertrag **Vorbem 631 ff** 60 ff

Pauschalierte Rechnungsposten 632 23

Pauschalpreisvereinbarung
Abrechnungspflicht für Vergütungsansprüche **641** 30
Abschlagszahlungen **641** 26
Aufmaß, nicht erforderliches **632** 6, 7
Aufwandsersatz **Vorbem 631 ff** 53
Geschäftsgrundlage, Störung **632** 60
Gewähr für Richtigkeit **650** 7
Kündigung durch den Besteller **649** 17, 23
Leistungsänderung **632** 80

Pauschalpreisvereinbarung (Forts.)
Leistungseinschränkung, nachträgliche **632** 64
Mengenabweichung **632** 79
Mengenfehleinschätzung **632** 58 ff
Planungsänderung **632** 80
Rechnungsprüfung **641** 19
Sowieso-Kosten als zusätzlicher Vergütungsanspruch **634** 20
Unterbrechung/dauernde Unmöglichkeit der Leistung und Leistungsabrechnung **642** 74
Vereinbarung, deutliche **632** 7

Persönliches Vertrauen
Abtretung von Werkvertragsansprüchen **Vorbem 631 ff** 43

Personenschäden
Unternehmer-Haftpflichtversicherung **Anh I 638** 47 ff

Pfändung
des Baugeldes **648** 51
von Gewährleistungsansprüchen **Anh III 638** 11
des Werklohnanspruchs **641** 50

Pfandrecht
Schiff **648** 54 ff

Pfandrecht des Werkunternehmers
Abnahme, verweigerte **647** 2
Abrede des – **647** 13, 21 f
AGB-Ausschluß des – **647** 21
AGB-Begründung des – **647** 22
Anwartschaftsrecht **647** 9
Bereicherungsansprüche **647** 2, 24
Besitz, erforderlicher **647** 16 ff
Besteller und Eigentümer, fehlende Identität **647** 24
Bewegliche Sachen als Pfandobjekt **647** 4 ff
Deliktische Ansprüche **647** 2
Dienstvertrag **647** 30
Dritteigentum **647** 10 ff
Einwilligung des Eigentümers **647** 10
Erlöschen **647** 3, 20
Frühere Forderungen **647** 3
Gesetzliches – **647** 1
Gutgläubiger Erwerb **647** 13 ff
Herausgabeanspruch **647** 23 ff
Höhe der Forderung **647** 5
Mängel des Werkes **647** 2
Nachbesserungskosten **647** 2
Neuherstellung **647** 7, 18
Pfandrechtsregeln, anwendbare **647** 1
Rechtsverfolgungskosten **647** 2
Reparatur **647** 18
Rückgabe des Pfandobjekts **647** 3, 20
Rücktritt **647** 2
Sachen des Bestellers **647** 7 ff
Sachen Dritter **647** 10 ff
Scheinbestandteile am Bauwerk **648** 11

Pfandrecht des Werkunternehmers (Forts.)
  Subunternehmer **647** 8
  Tilgung der Forderung **647** 20
  Unpfändbare Sachen **647** 6
  Vertragliche Forderungen **647** 2
  Verwendungen des Unternehmers **647** 26 ff
  Verwertung **647** 19
  Vorleistungspflicht, Absicherung durch –
    647 1
  Wandlung **647** 2
  Werklohnforderung, gesicherte **647** 2
  Zurückbehaltungsrecht trotz – **647** 23
  Zusatzleistungen **647** 2
Pflichtverletzung
  des Architekten **Anh II 638** 37
  und Schadensersatzfolge
  s. Schadensersatzansprüche
  zu vertretende des Unternehmers **645** 18
Planung des Werkes
  Änderungen durch den Besteller (allgemeines Vertragsrecht) **633** 11
  Änderungen durch den Besteller (VOB/B-Regelung) **633** 9 ff
  Angebot eines Werkvertrages **632** 97
  Anzeige- und Prüfungspflicht des ausführenden Unternehmers **633** 68 ff
  des Architekten und Schadensersatz wegen Nichterfüllung **Anh II 638** 16
  Architektenaufgabe bloßer– **Anh II 638** 2; **648** 15
  Ausführungsmängel und Planungsmängel, Zusammentreffen **634** 111
  Ausführungsmängel/Planungsmängel, Abgrenzung **Anh II 638** 4
  Ausführungsplanung, erforderliche Unternehmerprüfung **633** 68
  Ausführungsplanung und mangelnde Werkbeschaffenheit **633** 165
  Ausführungsunterlagen, übergebene **633** 19
  Baubereich **633** 114
  Bauplanung/Bauwerk **Vorbem 631 ff** 107
  Bauträgerschaft, Baubetreuung **Vorbem 631 ff** 121
  Bedenken des Unternehmers **633** 165
  Besteller aufgabe **631** 39; **632** 92; **633** 157
  Bestellerverantwortlichkeit **633** 182; **634** 15
  Drittrechte, zu beachtende **633** 188
  Genehmigungsfähigkeit **633** 175; **Anh II 638** 12
  Gesamtheit der Planung (vorgesehene Art der Ausführung) **633** 68
  Gläubigerobliegenheit **633** 16
  Haftungsanteil bei fehlerhafter – **Anh II 638** 47
  Klagbarkeit **633** 16
  und Koordinierung der Arbeiten **633** 15
  Koordinierungsmängel **633** 158

Planung des Werkes (Forts.)
  Mängel der Architektenleistung **Anh II**; **638** 38; **Anh II 638** 8
  Mangelhaftes Werk/Mitverantwortlichkeit des Bestellers **633** 151
  Parteienvereinbarung **633** 18
  Planungsmängel **633** 16, 20, 157
  Planungsmängel/Ausführungsmängel, Abgrenzung **Anh II 638** 4
  Planungsunterlagen **633** 21
  Subunternehmerstellung **631** 39
  Unternehmeraufgabe **633** 114
  Unternehmererhalt der Unterlagen **633** 21
  Unternehmerleistungen **633** 17, 23
  Unternehmerplanung/Bestellerplanung **633** 157
  Unternehmerprüfung **633** 19
  Verbindlichkeit für den Unternehmer **633** 22
  Vereinbarung zur Aufgabenerledigung **633** 114
  Vergütungspflicht für Planungsarbeiten **633** 26
  Verjährungsfrage **634a** 22, 23
  Verkehrssitte **633** 18
  Vertragsangebot **632** 97
  VOB/B-Regelung **633** 114
  – Weisungen des Bestellers **633** 16
  Wirtschaftlich nicht vertretbare – **Anh II 638** 19 f
  Zusatzarbeiten des Unternehmers **632** 103
Politische Hindernisse 645 37
Positive Vertragsverletzung
  und Gewährleistungsansprüche **634** 108
  Mängelfolgeschäden und Rückgriff auf die– **634a** 3
  Pflichtverletzungen (SchuldrechtsmodernisierungsG)
  s. Schadensersatzansprüche
  Verjährung **Anh I 638** 53
  Verjährung (VOB/B) **Anh I 638** 53
Preisgefahr
  s. Vergütungsgefahr
Preisrecht
  s. a. Vergütung
  Gebührenverordnungen für freie Berufe **632** 98 ff
  Öffentliche Aufträge **632** 118 ff
Privatautonomie
  Kaufvertrag statt Werkvertrag **Vorbem 631 ff** 15
  Preisgestaltung **632** 23
  Rechtswahl und Vertragseinordnung **Vorbem 631 ff** 23
Probelauf
  vor Abnahme **640** 35
Probeleistungen
  VOB/B **Anh I 638** 9

Projektsteuerungsvertrag
Rechtsnatur **Vorbem 631 ff** 30
Prospekthaftung
Bauherrenmodelle, Immobilienanlagen
Vorbem 631 ff 126 ff
Personenkreis, haftender
Vorbem 631 ff 127 ff
Vertrieb der Kapitalanlage
Vorbem 631 ff 127
Prüfung
Prüfbarkeit der Rechnungen **641** 20, 28
der Schlußrechnung **641** 73
Untersuchungsmaßnahmen zur Mängelprüfung (Hemmung der Verjährung) **634a** 49 ff
des Werkes durch Besteller **640** 15, 35
Werkleistung und nicht zumutbare– **646** 3
Prüfungs- und Anzeigepflicht
als Architektenpflicht **Anh II 638** 16, 18
Haftung des Bestellers und – **Anh IV 638** 5
Kauf mit Montageverpflichtung **651** 13
Mängelkenntnis des Unternehmers **634a** 42 ff
Mangelhaftes Werk als Folge unterbliebener – **633** 64
Mitdenken des Unternehmers **633** 63
Mitwirkungshandlungen des Bestellers **642** 12, 13
Prüfungspflicht
– Art und Umfang der Leistung **633** 67
– Ausgleichsprobleme **633** 77
– Bedenkenmitteilung **633** 73, 73 ff
– trotz Bestellerräumlichkeiten **Anh IV 638** 5
– Beweislast **633** 78
– Einzelfallbezogenheit **633** 66
– Freizeichnung des Unternehmers **633** 72
– Gegenstände der Prüfungspflicht **633** 68 ff
– Hinweise für spätere Unternehmer **633** 71
– Intensität **633** 66
– Leistungen anderer Unternehmen **633** 71
– Leistungsbeschreibung des Bestellers **631** 8
– Pflichtwidriges, zu vertretendes Verhalten **634** 110
– Planung des Bestellers **633** 68
– Stofflieferungen seitens des Bestellers **633** 70
– Unterlassen **633** 76
– Unternehmerkenntnisse **633** 66
– Vorbedingungen für die eigene Leistung **633** 69
– Weisungen des Bestellers **Vorbem 631 ff** 45
– Zumutbarkeit **633** 67

Prüfungs- und Anzeigepflicht (Forts.)
Rechtsnatur **633** 64
Stoffe des Bestellers **645** 18
Treu und Glauben **633** 63, 65
Verschuldeter Verstoß **634** 15
VOB/B-Regelung zur Bedenkenmitteilung **633** 62
Qualitätssicherungssysteme
und anerkannte Regeln der Technik, abzugrenzende **633** 170
Räumlichkeiten des Bestellers
Gefahrenabwendungspflicht des Bestellers **631** 61; **Anh IV 638** 5
Mitwirkungsobliegenheiten des Bestellers **Vorbem 631 ff** 18
Prüfungspflicht des Unternehmers **631** 61; **Anh IV 638** 5
Werkvertrag und Raumüberlassung (Werkvertrag/mietvertragliche Elemente) **Vorbem 631 ff** 17
Reale Abnahme
s. Abnahme des Werkes
Rechenfehler
bei Preisvereinbarung **632** 27 ff
Rechnungsstellung **632** 102
Rechenschaft
Bauträgervertrag **Vorbem 631 ff** 135
Kostenvorschuß aufgrund Selbstvornahmebefugnis **634** 82
durch Unternehmer **Vorbem 631 ff** 47
Rechnung
Abschlagszahlungen **632a** 10
Abschlagszahlungen nicht mehr bei vorliegender Schlußrechnung **632a** 10
Anspruch auf Erteilung **641** 25 f
des Architekten **632** 108 ff; **641** 19
Bedeutung **632** 104
Bindungswirkung **632** 102 ff
Deklaratorischer/konstitutiver Charakter **632** 101
Fälligkeit der Vergütung, Erteilung der – **632** 101; **641** 4, 28 ff
Schlußrechnung nach Kündigung des Bestellers (VOB/B) **649** 66
VOB/B-Anforderungen an die Schlußrechnung **641** 65 ff
Rechtliche Betreuung
und Architektenleistung **Anh II 638** 21 f
Rechtsanwalt
BRAGO **632** 116
Dienstvertrag **Vorbem 631 ff** 22
Geschäftsbesorgung **Vorbem 631 ff** 37
Handakten, Herausgabe **Vorbem 631 ff** 50
Prospekthaftung **Vorbem 631 ff** 127
Rechnungsstellung und Nachforderung **632** 104

Rechtsanwalt (Forts.)
  als Treuhänder **Vorbem 631 ff** 140
  Verjährungsfrage **634a** 12
  Verjährungsfrage und Beratungspflichten **634a** 40
  Werkvertrag **Vorbem 631 ff** 26
Rechtsfolge
  und Vertragstypus **Vorbem 631 ff** 22
Rechtsgeschäftsähnliche Handlung
  Abnahme des Werkes **640** 10
  Fristsetzung zur Nachbesserung **634** 49
  Rechnungserteilung **632** 102
  Vorbehalt gegenüber der Schlußzahlung **641** 81
Rechtsmängel
  Abnahme des Werkes **634** 155
  Ausschluß der Bestellerrechte (vertragliche Übernahme der Drittrechte) **633** 188
  Beseitigungsfähigkeit der Rechtsposition **633** 187
  Gewährleistung (SchuldrechtsmodernisierungsG) **634** 1
  Kaufrecht/Werkvertragsrecht **633** 186
  Nacherfüllungsanspruch (Unterschied zum Sachmangel) **634** 155
  Rechte wegen der Arbeitsmethode **633** 187
  Rechte Dritter **633** 186
  Rechte Dritter, bloß behauptete **633** 188
  SchuldrechtsmodernisierungsG/Gleichstellung Sachmängel und– **640** 3
  Sekundäre Rechte **634** 155
  Selbstvornahmebefugnis ohne vorherige Fristsetzung **634** 155
  Verjährung **634a** 25
  Werklieferungsvertrag im eigentlichen Sinne **651** 35
Regeln der Technik
  s. Technikregeln (anerkannte)
Reisevertrag
  und Werksvertragsrecht **Vorbem 631 ff** 34
Reparaturarbeiten
  Abnahme **646** 2
  Bestellerfremde Sache **647** 11, 14
  Eigentumsverletzung aufgrund der Werkleistung **634** 144
  und Herstellung, Abgrenzung **651** 7
  Kauf mit Montageverpflichtung, Abgrenzung **651** 13
  Kfz-Brief, Vorlage **647** 15
  und Neubauerrichtung, Abgrenzung **634a** 19
  Sacheneinfügung zum Zwecke der – **633** 147
  Sicherungshypothek **648** 12
  Störungen unklarer Ursache **631** 12
  Unternehmerstellung **Vorbem 631 ff** 2
  Vertragstyp **Vorbem 631 ff** 30

Reparaturarbeiten (Forts.)
  Verwendete Materialien des Bestellers **633** 148
  Werkleistungen und Verjährungsfrage **634a** 23
Risikobeherrschung
  und Gefahrtragungsregelung **645** 40
Risikozuweisung
  Aufwendungen zur Förderung eines Vertragsabschlusses **632** 93 ff
  Bauträgerschaft **Vorbem 631 ff** 121
  und Sphärentheorie **645** 29 ff
  Subunternehmerhandeln **631** 38
Römisches Recht
  locatio conductio **Vorbem 631 ff** 10
  uti frui habere **631** 18
Rückforderungsanspruch
  Überzahlungen des Unternehmers **641** 103 ff
Rückgabe
  von Sicherheiten **641** 63
Rückgewähranspruch
  nach Neuherstellung/Nachbesserung **635** 12
Rücknahme des Werkes
  nach Kündigung durch den Besteller **649** 19
  Mangelhafte Unternehmerleistung **635** 13
  Rücktritt vom Werkvertrag (einseitiges Bestellerrecht) **634** 91 f
  Schadensersatzanspruch statt der Leistung (großer Schadensersatz) **634** 130
Rücktritt vom Werkvertrag (einseitiges Bestellerverlangen)
  Abtretbarkeit des Anspruchs **Anh III 638** 5
  AGB-Ausschluß **634** 88
  Architektenwerk, fehlende Genehmigungsfähigkeit **Anh I 638** 12
  Bauträgervertrag **634** 88
  Beseitigungsanspruch des Bestellers **634** 92
  Bestellermitverantwortlichkeit für Mängel **645** 10
  Bestellersachen, bearbeitete und funktionslose Wandlung **639** 55
  Bestellersituation/Unternehmersituation **634** 85
  Erfüllungsort **634** 95
  Erklärung des Rücktritts **634** 89
  Frist zur Mängelbeseitigung, fruchtlos abgelaufene **634** 88
  Fristsetzung zur Nachbesserung, erforderliche/entbehrliche **634** 43
  Gestaltungsrecht **634** 63; **634a** 14
  und Gewährleistungsrecht **634** 11
  und Gewährleistungsrechte beim Werkvertrag **634** 92
  Individualvertragliche Beschränkungen (Inhaltskontrolle) **639** 59 ff
  und Kaufrecht **634** 85

Rücktritt vom Werkvertrag (einseitiges Bestellerverlangen) (Forts.)
- Mängelbeeinträchtigung, unerhebliche und Ausschluß des – **633** 178
- Mängelfeststellung während der Herstellungsphase **633** 97
- Mängelverantwortlichkeit **634** 86
- Mängelverantwortlichkeit, geteilte **634** 18
- Mangel, nicht nur unerheblicher **634** 86
- Mehrheit von Bestellern **Anh III 638** 18
- oder Minderungsrecht **639** 55
- Minderwert der Leistung: wechselseitiger Ausschluß von Minderung, Schadensersatz statt Leistung und – **634** 65
- Nacherfüllungsanspruch, gescheiterter **634** 5
- Nutzung des Werkes trotz Mangelkenntnis **634** 87
- Offensichtlich nicht rechtzeitige Werkverschaffung **633** 124
- Pfandrecht des Unternehmers für Ansprüche aus – **647** 2
- Rechnungserteilung (vorzeitige Vertragsbeendigung) **641** 18
- Rechtsmängel **634** 155
- Rechtsverlust (unterlassener Mängelvorbehalt trotz Mängelkenntnis) **640** 62
- Rückgewährschuldverhältnis als Folge **634** 90
- Schadensersatz statt Leistung, Übergang **634** 64
- und Schadensersatzanspruch statt der Leistung **634** 108
- Selbstvornahmebefugnis, damit erloschene **634** 70
- Umgestaltung des Werkvertrages **634** 62
- Unwirksamkeit **634a** 15
- Verjährung **634a** 14 ff, 63
- Verjährungseintritt **634a** 61
- Verjährungseintritt und offene Werklohnforderung **634a** 63
- Verschaffungspflicht, nicht erfüllte **633** 151
- Vertraglicher Ausschluß **634** 88
- Verwirkung **634** 87
- VOB/B-Ausschluß **634** 88
- VOB/B-Zulässigkeit **Anh I 638** 36
- Vorbehaltlose Abnahme trotz Mängelkenntnis **640** 62
- und Wandlung bisherigen Rechts **634a** 4
- Wandlung, frühere **634** 3
- Wegnahmerecht des Unternehmers **634** 93
- Werklieferungsvertrag **634** 88
- Werklohn **634** 90
- Werkrücknahme **634** 91 f
- Werkverbleib beim Besteller **634** 94
- Werkvollendung als zeitliche Begrenzung **649** 9

Rücktritt vom Werkvertrag (einseitiges Bestellerverlangen) (Forts.)
- Wiederherstellung des früheren Zustandes **634** 92
- Wohnungseigentum **Anh III 638** 29
- Zug-um-Zug-Erfüllung **634** 95

Rücktritt vom Werkvertrag (freie Kündigung des Bestellers)
s. Kündigung durch den Besteller

Rüge des Mangels
s. Mängelrüge

Sachbeschädigung
- Beschädigung des Werkes s. dort
- Schutzpflichten des Unternehmers **633** 82

Sachen des Bestellers
- Pfandrecht des Unternehmers **647** 7 ff
- Unternehmerbeschädigung als Mangelfolgeschaden **634** 106
- Unternehmerbeschädigung ohne Zusammenhang mit einem Werkmangel **634** 105

Sachgefahr
- Obhutspflicht des Bestellers **644** 15
- Obhutspflicht des Unternehmers **644** 13 ff
- VOB/B-Regelung **644** 31

Sachkunde
- des Architekten **Anh II 638** 25
- und Aufklärungspflicht (Wesen des Werkvertrages) **631** 49; **639** 4, 29
- Eigenverantwortliche Unternehmerausführung **633** 53
- und Mängelverursachung, Vertretenmüssen **634** 116
- Planungsschwächen, zu erkennende **633** 157
- und Prüfungspflicht **633** 66
- und Selbstvornahmebefugnis des Bestellers **634** 71
- Werkvertragsindiz **Vorbem 631 ff** 22

Sachmängel
s. Mängel des Werkes

Sachschäden
- Unternehmer-Haftpflichtversicherung **Anh I 638** 47 ff

Sachverständiger
- s. a. Gutachten
- Fertigstellungsbescheinigung **641a** 21 ff
- Gerichtlich bestellter – **Vorbem 631 ff** 28
- VOB/B-Abnahme (förmliche Abnahme) **640** 75

Salvatorische Klauseln
- AGB-Verwendung **639** 28

Schaden
- s. a. Schadensersatz
- an baulicher Anlage **Anh I 638** 45, 46
- des Bestellers **Anh IV 638** 6, 7, 10
- Dritter **Anh IV 638** 14 ff

Schaden (Forts.)
Entgangener Gewinn
s. dort
Erhaltungsaufwand **Anh I 638** 45
Gebrauchsvorteile, entgangene **Anh
I 638** 45
am Gewerk anderer Unternehmer
Anh I 638 46
Haftpflichtversicherung **Anh I 638** 47 ff
infolge Fertigstellungsbescheinigung
641a 35 f
am Inventar im Haus **Anh I 638** 46
Kosten ersatzweiser Fertigstellung nach
Kündigung als – **649** 56
Kosten der Mängelbeseitigung als –
Anh I 638 45; **Anh II 638** 41
Mängelfolgeschäden
s. dort
Mängelzusammenhang, fehlender **634** 105
an Material für das Haus **Anh I 638** 46
Mehrkosten durch Einschaltung eines
anderen Unternehmers nach Kündigung
649 41
Merkantiler Minderwert
s. dort
und Nacherfüllung **634** 107
Prozeßkosten **Anh II 638** 41
Restschaden nach Gewährleistung **634** 105
des Unternehmers **Anh IV 638** 2 ff
am Werk selbst **634** 105; **Anh II 638** 37;
Anh I 638 45
Werkverwahrung, weiterhin erforderliche
640 41
Zinsverluste **Anh I 638** 45
Schadensersatzanspruch statt der Leistung
s. a. Schadensersatzansprüche
s. a. Verschulden/Vertretenmüssen
Abdingbares Recht **634** 121
Abnahme, rügelose trotz Mangelkenntnis
640 63 ff
AGB-Haftungsbeschränkungen
s. Allgemeine Geschäftsbedingungen
Angebot der Mängelbeseitigung/Abwendung des – **634** 126
Arbeitsgemeinschaft **634** 120
Architektenvertrag (Verantwortungsbereiche und –) **Anh II 638** 16 ff, 35
Architektenwerk, fehlerhaftes **634** 115; **Anh
II 638** 9, 16, 41
Aufklärungs- und Beratungspflichten,
verletzte/mangelhaftes Werk als Folge
633 140; **634** 10
Aufrechnung/Verrechnung **634** 128
Aufwand (unverhältnismäßiger) zur
Mängelbeseitigung **634** 134;
Anh II 638 41

Schadensersatzanspruch statt der Leistung
(Forts.)
Aufwendungen des Bestellers, besondere
bei der Nacherfüllung des Unternehmers
634 137
Ausführungsmängel **634** 110
Austauschtheorie (kleiner Schadensersatz)
634 129
Baubetreuuer **Vorbem 631** ff 134
Beratung als Werkvertrag **633** 141
Beschaffenheitsgarantie (Verschuldensfrage) **633** 162
Bestellersachen, beschädigte als Werkmängelfolge **634** 138
Bestellerverantwortlichkeit für Mängel
645 10
Bestellerverlangen **634** 125 f
Beweislast **634** 124
BGB und VOB/B-Vergleich **Anh I 638** 2
Differenztheorie (großer Schadensersatz)
634 129
Entgangener Gewinn
s. dort
Erfüllungsgehilfe **634** 112, 117
Ersatzweise Fertigstellung (VOB/B) **649** 52
Fahrlässigkeit, Vorsatz **634** 112 ff
Fertigstellung der Leistung (VOB/B),
Verzicht hierauf **649** 59
Fristsetzung zur Nachbesserung, erforderliche/entbehrliche **634** 43, 123
Garantierte Eigenschaft, fehlende **639** 16 f
Geschäftsähnliche Handlung **634** 125
Gewährleistungsbereich, überschrittener
634 106
Gleichwertiges anderes Werk (großer Schadensersatz) **634** 130
Großer Schadensersatzanspruch: Schadensersatz statt der ganzen Leistung
634 129, 130
Grundstücksveräußerung mit Gebäudeherstellung **651** 43
Gutachterkosten **634** 107
Individualvertragliche Beschränkungen
(Inhaltskontrolle) **639** 59 ff
Kausalität der Pflichtverletzung **634** 111
Kleiner Schadensersatzanspruch: Werkverbleib gegen Schadensausgleich
634 129, 131 ff
und Kostenvorschußanspruch aufgrund
der Selbstvornahmebefugnis **634** 81
Kreditunwürdigkeit des Bestellers **641** 48
Kündigung durch den Besteller **649** 16, 52
Lieferanten des Unternehmers **634** 118
Mängel des Werkes als Schaden **634** 105
Mängelbeeinträchtigung, unerhebliche
und Ausschluß des – **633** 178
Mängelbeseitigungskosten als –
Anh II 638 41; **Anh III 638** 31

Schadensersatzanspruch statt der Leistung
(Forts.)
  Mängelbeseitigungskosten zur freien Verfügung **634** 132
  Mängelbeseitigungskosten (kleiner Schadensersatz) **634** 132
  Mängelbeseitigungskosten und tatsächliche Mängelbeseitigung **634** 133
  Mängelfolgeschäden **634** 106
  Mängelfolgeschäden (Anwendungsbereich des § 634 Nr 4) **634** 105, 138
  Mängelqualifikation (großer Schadensersatz) **634** 129
  Mängelqualität **634** 109
  Mängelverantwortlichkeit, geteilte **634** 18
  Mehrheit von Bestellern **Anh III 638** 18
  und merkantiler Minderwert **634** 107, 134
  und merkantiler Minderwert (Kombination) **634** 65
  und Minderung der Vergütung **634** 108, 126
  Minderwert des Werkes (kleiner Schadensersatz) **634** 131
  Minderwert des Werkes: wechselseitiger Ausschluß von Rücktritt, Minderung und – **634** 65
  Mitverschulden des Bestellers **634** 122
  Nachbesserung und dadurch verursachter Schaden **634** 107
  und Nachbesserungsanspruch **634** 5, 52, 107, 126
  Nachbesserungskosten als Berechnungsbasis **634** 135; **Anh III 638** 17
  Nachbesserungsmaßnahmen, mängelbehaftete **634** 131
  Nacherfüllung
  — und dadurch verursachter Schaden **634** 107
  — und Nacherfüllungsanspruch **634** 5, 52, 107, 126
  — Scheitern **634** 5
  — Unmöglichwerden **634** 52
  — Verlust des Nacherfüllungsanspruch **634** 126
  Nichterfüllung des Unternehmers, vollständige **634a** 8
  Nutzungsausfall durch die Nachbesserung **635** 3
  Offensichtlich nicht rechtzeitige Werkverschaffung **633** 122
  Organisationsmängel **634** 116
  Pflichtverletzungen des Unternehmers **634** 110
  Prüfungs- und Anzeigepflichten, verletzte **634** 110, 111, 115
  Rechtsmängel **634** 155
  Restmängel nach Nachbesserung **634** 107; **635** 5

Schadensersatzanspruch statt der Leistung
(Forts.)
  und Rücktritt vom Werkvertrag (einseitiges Bestellerrecht) **634** 64, 92, 108, 126
  und Selbstvornahmebefugnis **634** 70, 107
  und Selbstvornahmebefugnis, damit verlorengegangene **634** 126
  Sicherungshypothek **648** 30
  Substitut **634** 119
  Teilgläubigerschaft **Anh III 638** 19
  Umgestaltung des Werkvertrages **634** 62
  Unmöglichkeit, anfängliche **634** 136
  Veräußerung des Werkes, zwischenzeitliche **634** 132
  Verdienstausfall **634** 107
  Verjährte Gewährleistungsansprüche/offene Werklohnforderung **634a** 62
  Verjährung **634** 138; **634a** 7
  Verrechnung/Aufrechnung **634** 128
  Verschaffungspflicht, nicht erfüllte **633** 151
  Vertretenmüssen der Ursache **634** 110 ff
  Verzug des Bestellers **643** 29
  VOB/B-Regelung
  s. Schadensersatzansprüche
  Vorteilsausgleichung, versagte **634** 135
  Werklieferungsanspruch (Lieferungskauf) **651** 21 f
  Werklohn, bereits gezahlter als Mindestschaden (großer Schadensersatz) **634** 130
  Werklohnanspruch, entfallender **634** 127
  Werklohnanspruch, noch offene Teile **634** 128
  Werklohnforderung, einredeweise Geltendmachung des – **639** 24
  Werkrücknahme, Werkbeseitigung (großer Schadensersatz) **634** 130
  Wertsteigerung des Bauvorhabens **Anh II 638** 37
  Wohnungseigentum **Anh III 638** 29, 30 f
  und Zurückbehaltungsrecht wegen bekannter Mängel **641** 35a
  Zweckverfehlung **631** 11
Schadensersatzansprüche
  s. a. Entschädigungsanspruch
  s. a. Verschulden/Vertretenmüssen
  Bauträgerschaft und Bankenhaftung **Vorbem 631 ff** 121
  Feststellungsbescheinigung (Bestelleransprüche/Unternehmeransprüche) **641a** 35, 36
  Kündigungsrecht, freies des Bestellers/Schadloshaltung des Unternehmers **649** 7
  Mängelfolgeschäden an anderen Rechtsgütern des Bestellers **634** 30, 52
  Mängelfolgeschäden (Konkurrenz mit weiteren Rechtsbehelfen) **634** 65
  Mängelrüge vor der Abnahme
  — BGB-Regelung **633** 99

Schadensersatzansprüche (Forts.)
— VOB/B-Regelung **633** 100 ff
Pflichtverletzungen des Architekten
— Feststellung eines Pflichtenverstoßes **Anh II 638** 3
— Kostenüberschreitung **Anh II 638** 35 ff
— Nachbesserung oder Schadensersatz **Anh II 638** 9
Pflichtverletzungen des Baubetreuers
— Dienstleistungsaufgabe **Vorbem 631 ff** 134
Pflichtverletzungen des Bestellers
— Änderungen des Vertrages, zu Unrecht verweigerte Zustimmung **Vorbem 631 ff** 73
— Allgemeine Fürsorge- und Obhutspflichten **Anh IV 638** 2 ff
— Angebotskosten ohne Auftragserteilung **632** 98
— Aufklärungs- und Beratungspflichten im vorvertraglichen Vertrauensverhältnis **631** 65
— Behinderungsschäden **642** 85 ff
— Fertigstellungsbescheinigung **641a** 36
— Kreditunwürdigkeit **641** 48
— Mitwirkungshandlungen, unterlassene **642** 33; **643** 7
— Mitwirkungsobliegenheiten als Schuldnerpflichten **643** 22
— Nebenpflichtenverletzung **631** 62
— Schuldhaft schwere Vertragsverletzung **643** 21
— Schuldnerverzug (VOB/B-Regelung) **643** 28 f
— Subunternehmerbeauftragung, direkte **631** 33
Pflichtverletzungen des Unternehmers
— Ablieferungsfrist **633** 122
— Änderungen des Vertrages, zu Unrecht verweigerte Zustimmung **Vorbem 631 ff** 73
— Allgemeine Vertragsstörungen **634** 138
— Arbeitsstelle und Ordnungsverpflichtung **633** 57
— Aufklärungs- und Beratungspflichten **631** 56
— Aufklärungs- und Beratungspflichten, verletzte **633** 140
— Aufklärungspflicht hinsichtlich der Verjährung von Ersatzansprüchen **634a** 40
— Auftragswidrige Unternehmerleistung **632** 84 f
— Aufwendige Werkherstellung **650** 15 f
— Behinderung und Wiederaufnahmeverpflichtung **642** 64
— Behinderungsanzeige, unterbliebene **642** 48

Schadensersatzansprüche (Forts.)
— Behinderungsschäden **642** 82 ff
— Beratungs- und Aufklärungspflichten, verletzte **633** 139
— Beschädigung von Bestellersachen **634** 105, 138
— Bestellerweisungen **633** 52
— Deliktische Haftung auf das Integritätsinteresse **634** 147
— Deliktische Unternehmerhaftung wegen mangelhafter Werkleistung **634** 142 ff
— Deliktische, vertragliche **634** 145 f
— Eigenschaften des Werkes, nachteilige/ Mangelbegriff, nicht erfüllter **633** 139
— Förderungsmaßnahmen bei Arbeitsbehinderung, unterlassene zumutbare **642** 62
— Gutachtenerstattung **Vorbem 631 ff** 28
— Hinweise für andere Unternehmer, erforderliche **633** 71
— Kosteninformationspflicht **650** 27
— Kosteninformationspflichten **650** 11
— Leistungsbeschreibung mit unzureichender Qualitätsbestimmung **633** 165
— Mängelleugnen **Vorbem 631 ff** 48; **634a** 44
— Materialbeschaffungspflicht, Gerätestellungspflicht **633** 116
— Nebenpflichtverletzung **634** 138
— Obhutspflicht für Bestellersachen **644** 14
— Prüfungs- und Anzeigepflicht, verletzte **633** 76
— Schädigungen des Bestellers **634a** 3; **Anh IV 638** 6 ff
— Schuldhaft schwere Vertragsgefährdung **649** 41
— Schutzpflichten, verletzte **633** 82
— Sicherheitsverlangen, unberechtigtes **648a** 29
— Versicherungsschutz für Bestellersachen **644** 14
— Verzögerungen (VOB/B-Anspruch) **633** 138
— Vorvertragliche Pflichten **633** 140 f
— Werkvollendung, anderweitige auf Unternehmerkosten (VOB/B) **649** 58
— Zweckverfehlung **631** 11
Vergaberecht **Vorbem 631 ff** 97
Verzögerung der Arbeitsaufnahme **633** 136
Verzug
 s. Verzug (des Unternehmers)
Verzug mit Schuldnerpflichten
 s. Verzug (des Bestellers)
VOB/B-Regelung
— AGB-Kontrolle **Anh I 638** 38
— Beschaffenheit, Fehlen vereinbarter **Anh I 638** 47

Schadensersatzansprüche (Forts.)
— Bestellerschäden an
 Leben/Körper/Gesundheit **Anh
 I 638** 41
— BGB/VOB/B-Regelung im Vergleich
 Anh I 638 37
— Mängelschäden/Mängelfolgeschäden
 Anh I 638 45 f
— Verjährung **Anh I 638** 46, 53
— Versicherungsschutz/Abdeckung,
 Abdeckungsmöglichkeiten **Anh
 I 638** 47 ff
— Vorsatz/grobe Fahrlässigkeit **Anh
 I 638** 41
— Wesentlicher Mangel: eingeschränkter
 Anspruch (Schaden an baulicher
 Anlage) **Anh I 638** 42 ff
— Wesentlicher Mangel: Gegenständlich
 erweiterter Anspruch **Anh I 638** 47 ff
**Schadensersatzansprüche wegen Verzögerung,
Verzuges**
 s. Verzug (des Bestellers)
 s. Verzug (des Unternehmers)
Schädigung des Werkes
 s. Beschädigung
Schallschutz
 DIN-Normen **633** 170
Schatzfund
 während der Werkausführung **633** 112
Schickschuld
 Werkleistung **631** 48
Schiedsgerichtsverfahren
 Gutachtenerstattung **Vorbem 631 ff** 28
Schiedsgutachtervertrag
 Dienstvertrag, Werkvertrag
 Vorbem 631 ff 31
 und Fertigstellungsbescheinigung **641a** 2
 und Verjährungshemmung **634a** 58
Schiedsrichtervertrag
 Dienstvertrag, Werkvertrag
 Vorbem 631 ff 31
Schiffsbauwerk
 Schiffshypothek **648** 54 ff
Schlüsselfertige Gebäudeerrichtung
 Erwerb, Veräußerung **651** 3 ff
 Gefahrübergang **644** 24
Schlüsselfertige Gebäudeerrichtung
 s. a. Bauwerke
 Erwerb, Veräußerung **Vorbem 631 ff** 14 f
 Gewährleistung nach Kaufrecht/Werkvertragsrecht **631** 19; **651** 3 ff
Schlüssiges Verhalten
 Abnahme **640** 13
 Kündigung des Werkvertrages **649** 9
Schlußrechnung
 s. Rechnung
Schlußzahlung
 Begriff **641** 70

Schlußzahlung (Forts.)
 Vorbehaltlose Annahme der – **641** 78 ff
Schmiergelder
 Herausgabeanspruch **Vorbem 631 ff** 51
Schönheitsreparaturen
 als Schadensbeseitigung **648** 12
Schornsteinfegervertrag
 Werkvertrag **Vorbem 631 ff** 31
Schuldrechtsmodernisierungsgesetz
 Abnahmebegriff/Gleichstellung Sachmängel, Rechtsmängel **640** 3
 Bauträgerschaft (Abgrenzung Werkvertragsrecht/Kaufrecht) **632a** 27; **651** 5
 Gewährleistungsrecht **634** 1
 Gewährleistungsrechte und Verjährungsregelung **634a** 1
 Kaufrecht/Werkvertragsrecht, weitgehende Angleichung **651** 5
 Werkvertragsrecht **631** 5
Schutz- und Erhaltungspflichten des Bestellers
 ggü Unternehmer, Mitarbeiter **633** 56
Schutz- und Erhaltungspflichten des Unternehmers
 Absicherung bisheriger Leistung **633** 81
 Diebstahl/Beschädigungen-Vorbeugung
 633 82
 Schadensersatzansprüche bei Verletzung
 633 82
 Schutz übergebener Gegenstände **633** 82
 Treu und Glauben **633** 81
 Versicherung der Werkleistung **633** 82
 VOB/B-Konkretisierung **633** 81
 Winterschäden/Grundwasser **633** 83
Schutzgesetz
 Baubuch, Führung **648** 53
 Deliktische Haftung **Anh IV 638** 15
 Gesetz zur Sicherung von Bauforderungen
 648 2
 Sicherung von Bauforderungen (GSB)
 648 47
Schwarzarbeit 631 72, 74; **Vorbem 631 ff** 74
Schwarzbau Vorbem 631 ff 74
Seeschiffsregister
 Schiffshypothek **648** 55 ff
Selbstkostenerstattungsvertrag
 VOB/Teil A-Regelung **632** 5, 19
Selbstvornahme
 Abnahme des Werkes, erforderliche **634** 69
 Arbeitsleistungen des Bestellers **634** 73
 Aufwand, unverhältnismäßiger **634** 68
 Aufwandserstattung **634** 74
 Aufwendungen, erforderliche **634** 71
 Bestellerverantwortlichkeit für Mängel
 (anteilige Kürzung) **633** 182
 Dispositionsbefugnis des Bestellers, eingeschränkte **634** 71
 Durchführung **634** 71 ff
 Fehlerbegriff **634** 71

Selbstvornahme (Forts.)
Frist, Fristsetzung (VOB/B) **Anh I 638** 31 f
Fristsetzung, fruchtlose für die Nacherfüllung **634** 70
Fristsetzung zur Nachbesserung, erforderliche/entbehrliche **634** 43
Individualvertragliche Beschränkungen (Inhaltskontrolle) **639** 59 ff
Kauf, anwendbares Recht der – **634** 67
Kaufrecht, fehlendes Recht des Käufers **Vorbem 631 ff** 129
Kostenerstattungsanspruch nach –
— Mitverursachungsregelung **645** 10
— Teilgläubigerschaft **Anh III 638** 19
— Verjährung **634a** 62
— VOB/B-Anspruch **Anh I 638** 34
— Abtretbarkeit **Anh III 638** 4
— Mehrheit von Bestellern **Anh III 638** 18
Kostenvorschußverlangen
— Abrechnungspflicht **634** 82
— Abtretbarkeit **Anh III 638** 4
— Aufrechnung ggü der Werklohnforderung **634** 79
— Aufstockung **634** 76
— und Aufwandserstattungsanspruch **634** 75
— Erstattungsanspruch des Unternehmers, Verjährung **634a** 9
— Klage auf Kostenvorschuß **634** 80
— Kostenvoranschläge **634** 76
— Mängel der Eigennachbesserung **634** 83
— Merkantiler Minderwert, nicht erfaßter **634** 76
— Rechtsprechung, gesetzlich anerkannter Anspruch **634** 75
— Rückforderungsanspruch des Unternehmers **634** 84
— und Schadensersatz **634** 81
— Tatsächliche Durchführung **634** 75
— Umfang **634** 76
— Unabdingbarkeit des Anspruchs **639** 54
— Verjährung **634** 80; **634a** 7, 62
— Verzinsung **634** 78
— Verzug des Unternehmers **634** 78
— Werklohnforderung und Einrede des – **634** 77, 79; **639** 24
— Wohnungseigentum **Anh III 638** 27
— Zweckbezogenheit der Zahlung **634** 75
Mängelbeseitigungsanspruch **634** 68
Merkantiler Minderwert, abzugrenzender **634** 72
und merkantiler Minderwert (Kombination) **634** 65
Minderung wegen des Mangels, Erlöschen des Rechts zur – **634** 70
Minderung, Übergang **634** 64
Nacherfüllungsanspruch, durchsetzbarer als Voraussetzung **634** 69

Selbstvornahme (Forts.)
Nacherfüllungsanspruch, gescheiterter **634** 5
und Nacherfüllungsanspruch, Rückkehr des Bestellers **634** 62
Nacherfüllungsstadium **634** 67
Neuherstellung **634** 71
Rechtsmängel **634** 155
Rechtsverlust (unterlassener Mängelvorbehalt trotz Mängelkenntnis) **640** 62
Restschaden, verbleibender **634** 105, 107
Rücktritt vom Werkvertrag, Erlöschen des Rechts zur – **634** 70
Rücktritt vom Werkvertrag, Übergang **634** 64
Sachverständige Begutachtung **634** 72
Schadensersatz statt Leistung, Übergang **634** 64
Schadensersatzverlangen anstelle der Leistung und ausgeschlossener – **634** 125 ff
Schadenverursachung anläßlich der Mängelbeseitigung **634** 107
SchuldrechtsmodernisierungsG **634** 3
Umgestaltung des Werkvertrages **634** 62
Unabdingbarkeit der Bestellerbefugnis **639** 54
Unbefugte – **635** 5
Unternehmerschutz, nicht einschränkbarer **639** 69
Verjährung der Kostenerstattung **634a** 7
und Verjährungshemmung **634a** 52
VOB/Teil B
— Voraussetzungen **Anh I 638** 30 ff
Vor- und Nachbereitung **634** 72
Werklohnforderung und Erstattungsanspruch aufgrund der – **639** 24
Wirtschaftlich günstigste Methode **634** 71
Sicherheitsleistung
für Abschlagszahlungen **632a** 8
Arten **641** 54 ff
durch Besteller **641** 51; **648a** 3, 4
für Besteller, für Unternehmer (Grundlagen) **641** 47
durch Besteller/vorzeitige Vertragsauflösung **649** 20, 22
Gewährleistungssicherheit **641** 52
Sicherungsmittel, vertragliche **641** 49
durch Unternehmer (VOB/B) **641** 50 ff
Unternehmerschutz, gesetzlicher **641** 48
Zweckerreichung/Sicherheitenrückgabe an den Unternehmer **641** 63
Sicherungshypothek
Abnahme **648** 32
Abreden zur – **648** 42
Abriß der Vorbebauung **648** 13
AGB-Ausschluß **648** 43
Akzessorietät **648** 34

Sicherungshypothek (Forts.)
Anspruch auf Einräumung **648** 34
Architektenleistung **648** 15
Aufrechnung des Bestellers **648** 30
Aushub der Baugrube **648** 13
Baubetreuer **648** 16
Baumschinen, Zurverfügungstellen **648** 9
Baustelleneinrichtung **648** 13
Baustofflieferant **648** 17
Bauträger **648** 17
Bauwerk **648** 11 ff
Bauwerksteile **648** 11
Bestellereigentum **648** 19 ff
Dienstvertrag **648** 9
Dingliche Absicherung **648** 1, 4
Eigentum Dritter **648** 20 ff
Einigung, Eintragung **648** 34
Einstweilige Verfügung (Vormerkung) **648** 35 ff
Generalunternehmer **648** 10
Gewerbsmäßigkeit, nicht erforderliche **648** 10
Grundbuchsperre **648** 6
Grundstück **648** 18
Grundstücksaufteilung **648** 19
Gutgläubiger Erwerb **648** 23
Handwerkerleistungen **648** 10, 14 ff
Insolvenzanfechtung **648** 39
Künstlerische Arbeit **648** 10
Leistungen **648** 14 ff
Leistungsstand, jeweiliger **648** 28
Lieferant von Baumaterialien **648** 9
Mängel der Leistung **648** 30 ff
Mehrheit von Grundstücken **648** 24
Minderung **648** 30
Nachbesserungsbefugnis, Nachbesserungsrecht **648** 31
Neubau **648** 11
oHG als Besteller **648** 20
Planungsleistung, bloße **648** 15
Rechtspolitik **648** 7
Rechtsverfolgungskosten **648** 27
Reparaturen **648** 12
Schadensersatzansprüche **648** 29
Scheinbestandteile **648** 11
Schönheitsreparaturen **648** 12
Sicherheitengestellung und – **648a** 26
Sicherungen, sonstige als – **648** 40 ff
Sicherungshypothek **648** 34 ff
Sicherungsobjekt **648** 18 ff
Statikerleistung **648** 16
Umbauten **648** 12
Unternehmerrisiken **648** 7
Veränderungen **648** 12
Verjährung **648** 34
Vorbereitungshandlungen **648** 13
Vormerkung **648** 6, 33, 35
Wandlung **648** 30

Sicherungshypothek (Forts.)
Werklohnvergütung, zu sichernde **648** 25, 28
Werkvertrag, erforderlicher **648** 8
Wertsteigerung des Grundstücks **648** 26
Zug-um-Zug gegen Mängelbeseitigung **648** 33
Zurückbehaltungsrecht des Bestellers **648** 33
Sittenwidrigkeit
Schwarzarbeiten **Vorbem 631 ff** 74
Werkvertrag **631** 76
Werkvertragliche Mängelgewährleistung (Gerechtigkeitsgehalt)/Beschränkung in Individualabreden **639** 59 ff
Skonto
Vereinbarung **641** 90
Software
Bedienungshandbuch **Vorbem 631 ff** 68
Hard- und Software aus einer Hand **Vorbem 631 ff** 67
Lieferung ohne Benutzerhandbuch **633** 183
Prüfung des Werkes **640** 15
Unternehmereinweisung ggü dem Besteller **633** 149
Werkleistung und Verjährungsfrage **634a** 24
Werkvertrag **Vorbem 631 ff** 66 ff
Sondereigentum
Gewährleistungsrechte **Anh III 638** 22
Sonderfachleute
Architekteneinschaltung **Anh II 638** 16
und Ausichtspflicht des Architekten **Anh II 638** 25
und Bestellerverantwortlichkeit **634** 15
Gesamtschuldner **638** 16, 25; **Anh II 638** 1
und Grundsätze der Architektenhaftung **Anh II 638** 1
Haftung von Architekt und– **Anh II 638** 49
Sowieso-Kosten
AGB-Inhaltskontrolle **639** 38
Anrechnung auf Gewährleistungsrechte des Bestellers **631** 56
Architektenhaftung und anrechenbare – **Anh II 638** 36, 41
bei Ausführungsart, vertraglich vorgesehene **634** 21
Auslegung des Vertrages, ergänzende **634** 20
Leistungsbeschreibung mit minderer Werkausführung/Kosten sachgerechter Ausführung **633** 165
Leistungsbeschreibung und verletzte Hinweispflicht **631** 8
Pauschalpreisvereinbarung **634** 20
als Vergütungsanspruch, zusätzlicher **634** 20
Verletzte Hinweispflicht **631** 8

Speditionsgeschäft
Verjährungsfrage **634a** 11
Sphärentheorie
Anwendungsbereich der – **645** 29 ff
Sportliche Leistung
Abnahme **646** 4
Statiker
und Ausichtspflicht des Architekten **Anh II 638** 25
Beauftragung durch Architekten **Vorbem 631 ff** 114
Gesamtschuldner **Anh II 638** 47
Schadensersatzanspruch **Anh I 638** 49
Sicherungshypothek **648** 15
Sterilisation Vorbem 631 ff 27
Steuerberater
Dienstvertrag, Werkvertrag **Vorbem 631 ff** 32
Haftungsrisiken bei Bauträgerschaft **Vorbem 631 ff** 124
Prospekthaftung **Vorbem 631** 127
SteuerberatergebührenVO **632** 117
als Treuhänder **Vorbem 631 ff** 140
Verjährungsfrage **634a** 13
Verjährungsfrage und Beratungspflichten **634a** 40
Steuerrecht
Bauabzugssteuer
s. dort
Steuervorteile des Bauherrn Vorbem 631 ff 133; **Anh II 638** 20
Stillschweigen
Beschaffenheitsgarantien **633** 161
Haftungsmilderung auf eigenübliche Sorgfalt **634** 121
Vereinbarte Vergütung als Fiktion des Werklohnes **632** 35
Störungen der Vertragsabwicklung
s. Leistungsgefahr; Preisgefahr; Sachgefahr; Gewährleistungsrecht
Stoffe des Bestellers/des Unternehmers
Baustoffe (Sicherungsrechte) **648** 9, 17, 48
Bedenken gegen Güte der Besteller – **633** 62 ff
Begriff des Stoffes **645** 12
Beschaffungspflicht (Besteller/Unternehmer) **633** 115 ff
Beseitigungsverlangen des Bestellers bei vertragswidrigen – **633** 84 ff
Fertigstellung durch den Besteller **649** 60
Garantiehaftung **644** 29
Herausgabepflicht für nicht verbrauchte – **Vorbem 631 ff** 49
Lieferungskauf (Werkrecht/Kaufrecht) **631** 5
Mängel von Bestellerstoffen **645** 12 ff; **651** 17 f
Obhutspflichten **644** 14 ff

Stoffe des Bestellers/des Unternehmers (Forts.)
Unternehmerpfandrecht **647** 4
Verfügungstellung, unterlassene **645** 34
Verwendung nicht erprobter **634a** 42
Streik
und Ausführungsfristen, verlängerte **642** 52 ff
als unabwendbares Ereignis **644** 36
Streitverkündigung
und Verjährungshemmung **634a** 57
Stundenlohnvertrag
als arbeitsbezogene Vergütung **Vorbem 631 ff** 21
Aufwandsrecht § 670 BGB **Vorbem 631 ff** 53
BGB-Regelung **632** 17
Fertigstellungsbescheinigung **641a** 1, 11, 32
Lohnzettel **Vorbem 631 ff** 115; **632** 13
VOB/Teil B-geregelter **632** 8 ff
Stundung
Hemmung der Verjährung **634a** 47
der Werklohnforderung **641** 19, 116
Substitut
und Erfüllungsgehilfe, Abgrenzung **634** 119
Subunternehmer
Abnahme **631** 38; **640** 11, 20
Abtretung der Ansprüche auf Nachbesserung gegen – **Anh III 638** 2; **Vorbem 631 ff** 50
Architektenleistung und Bauwerksmängel **Anh II 638** 43
Auftragserteilung, direkte **631** 33
Auftragsweitergabe (VOB/B-Regelung) **633** 105 ff
Bauforderungen (GSB) **648** 48
Begriff **641** 41
Beschäftigung, Zulässigkeit **631** 34
Besteller und – **631** 32 f
Bestellerverlangen auf Einsetzung **633** 109
Bestellerzahlung an – **641** 93 ff
Beteiligtenbeziehungen **633** 111
Betriebseinrichtungen, fehlende für die Leistungserstellung **633** 106
Einverständnis des Bestellers **633** 105
Einzelfallumstände, Verkehrssitte **633** 107
Fälligkeit anteiliger Vergütung bei Hauptunternehmer-Zahlungseingängen **641** 37 ff
und Gehilfenstellung **634** 117
Gestattung durch Besteller **Vorbem 631 ff** 42
Haftung des Hauptunternehmers **631** 36
Haftungsüberwälzung auf – **631** 38
Hauptunternehmer, Besteller und – **631** 39
Hauptunternehmer, Vertrag mit – **631** 35, 37
Herstellungsvergabe, Unternehmerrecht beim Lieferungskauf **651** 9
und Mängelkenntnis **639** 15

Subunternehmer (Forts.)
  Namen, Anschrift, Auftragsumfang
    633 108
  Pfandrecht des – 647 8
  Schutzbereich des Vertrags **Anh IV 638** 11, 12
  Schutzwirkungen zugunsten Dritter **Anh IV 638** 11
  Sicherheitengestellung **648a** 3, 5
  keine Sicherungshypothek zugunsten –
    648 19
  Unternehmerrecht zur Herstellungsvergabe
    651 9
  Unzulässige Beauftragung, Bestellerrechte
    633 110
  Vergütung 631 38
  Zurückbehaltungsrecht des Unternehmers
    als unzulässige Rechtsausübung 639 22
Synallagma
  Ablieferung des Werkes 631 17
  Abnahmepflicht des Bestellers 640 30, 42
  Abschlagszahlungen **632a** 11
  des Werkvertrags 641 2

Tätigkeit
  oder geschuldeter Erfolg **Vorbem 631 ff** 20
Tätigkeitspflicht
  Einzelheiten der – 631 16
  oder Erfolgsverpflichtung 631 25;
    Vorbem 631 ff 17 ff
  Herstellung eines Werkes als – 631 14 ff
  Subsidiarität der – 631 15
  und Unternehmerverhalten 631 16
Tauglichkeit zum Gebrauch
  Verwendungseignung (neuer Gesetzeswortlaut)
    s. Verwendungseignung
Taxe
  als Vergütungsmaßstab 632 37 ff
Technikregeln (anerkannte)
  Abdingbarkeit 633 171
  Architektenplanung **Anh II 638** 17
  Begriffsbestimmung 633 169
  Beschaffenheitsfrage und Rückgriff auf –
    633 168
  Funktionsfähigkeit des Werkes 633 168
  Hilfen zur Feststellung 633 170
  Mängelverursachung und Unternehmerverantwortlichkeit 634 112 ff
  Minderwertiges Werk trotz Beachtung
    der – 633 172
  und ordentliche Werkausführung 633 168
  Prüfungspflicht des ausführenden Unternehmers 633 68
  Qualitätssicherungssysteme, abzugrenzende 633 170
  Regelverstoß ohne Auswirkungen 633 171
  Unternehmerpflicht zur Beachtung 633 60

Technikregeln (anerkannte) (Forts.)
  Verarbeitungsrichtlinien, abzugrenzende
    633 170
  und Vereinbarung, getroffene 633 168
  VOB/B **Anh I 638** 8
  VOB/B-Schadensersatzanspruch wegen
    Verstoßes **Anh I 638** 47
  Wandelbarkeit 633 169
  Wissenschaft/Praxis, einzeln vertretene
    Auffassungen 633 169
Teilabnahme
  und Fertigstellungsbescheinigung **641a** 8
  Kündigung des Werkvertrages vor Vollendung 640 14
  Möglichkeit 640 23
  Unternehmerverlangen für Teilleistungen
    640 69
  und Vergütungsgefahr 644 20
  VOB/B **632a** 6; 640 69 ff; 641 112
Teilkündigung
  durch den Besteller 649 11
Teilleistungen
  Abnahme und Verjährungsbeginn bei
    vorzeitiger Vertragsauflösung **634a** 35
  und Abschlagszahlungen 641 11, 24
  und Anspruch auf Abschlagszahlung
    632a 4 ff
  und Gewährleistungsausschluß 639 30
  und Teilkündigung 649 13
Teilvergütung
  bei fehlendem Vertretenmüssen 645 21
Telekommunikationsleistungen
  Werkvertrag **Vorbem 631 ff** 32
Theateraufführung Vorbem 631 ff 1, 17; 646 7, 11
Tieraufzucht
  Werkvertrag **Vorbem 631 ff** 16; 651 7
Tiere
  Werkleistungen und Verjährungsfrage
    634a 23
Transportkosten
  Nachbesserungsanspruch des Bestellers
    635 2
Transportvertrag
  s. Beförderungsvertrag
Treu und Glauben
  Abänderung des Vertrages **Vorbem 631 ff** 45
  Abtretung von Gewährleistungsansprüchen **Anh III 638** 11
  Änderungswünsche des Bestellers 633 11
  Anschlußnutzung durch den Unternehmer,
    unentgeltliche 633 80
  Architektenleistung **Anh II 638** 6
  Architektenmängel, Nachbesserungsmöglichkeit **Anh II 638** 9
  Architektenwerk und Nachbesserungsmöglichkeit **Anh II 638** 9
  Ausführungsfristen, zu verlängernde 642 53

Treu und Glauben (Forts.)
Auskunft zur Arbeitsaufnahme **633** 127
Behinderung und Förderungspflichten **642** 60, 63
Behinderungsanzeige **642** 49
Beschaffenheitsgarantien **633** 161
Besteller und Grundstückseigentümer **648** 21
Bestellerweisungen **633** 46
Bindungswirkung einer Rechnung **632** 103
Einweisung des Unternehmers (Lage/Höhe des Bauwerks) **633** 27
Kalkulationsirrtum **632** 28
Leistungsbeschreibung und Vertragsinhalt **639** 5
Mängelbeseitigung, vollständige/mangelfreie **634** 50
Mängelbeseitigungsverlangen, Mängelbeseitigungsbereitschaftsverlangen **634** 46
Mangelhaftes Werk/Verweigerung der Abnahme **633** 144
Nebenpflichten **631** 57
Nichtigkeitseinwand **631** 74
Pfandrecht des Unternehmers, Höhe seiner Forderung **647** 5
Planungsschwächen und Bedenkenäußerung **633** 157
Prüfungs- und Anzeigepflicht des Unternehmers/Äußerung von Bedenken **633** 63 f
Rücktritt vom Werkvertrag (einseitiges Bestellerrecht) **634** 87
Rücktritt vom Werkvertrag/Beseitigungsanspruch beim einseitigen Bestellerrecht **634** 92
Schadenbeseitigung durch Unternehmer **644** 11
Sowieso-Kosten als zusätzlicher Vergütungsanspruch **634** 20
Subunternehmereinschaltung **633** 108
Überwachungsrecht des Bestellers **633** 42
VOB/B als Präzisierung **Vorbem 631 ff** 88
Vorbehalt gegenüber Schlußzahlung **641** 96
Werklohnabrechnung, vorzeitige im Falle der Unterbrechung/dauernden Unmöglichkeit **642** 75
Werkvertragliche Mängelgewährleistung (Gerechtigkeitsgehalt)/Beschränkung in Individualabreden **639** 59 ff
Treuhandschaft
bei Bauträgerschaft, Baubetreuer **Vorbem 631 ff** 119, 137 ff

Übergabe des Werkes
und Abnahme **640** 2, 8 f
Überlassung des Werkes
nach Kündigung durch den Besteller **649** 19
Übernahmeverschulden Vorbem 631 ff 42

Überprüfung
s. Prüfungs- und Anzeigepflicht
Überwachung der Arbeiten
Andere Unternehmer **631** 30
Bestellerrecht **633** 38 ff; **642** 39
und Unternehmerfreiheit **633** 58
Überzahlungen
s. Vergütung
Üblichkeit
als Vergütungsmaßstab **632** 37 ff
Werkbeschaffenheit, geschuldete nach dem Üblichen/und zu Erwartenden **633** 167
Umbauarbeiten Anh IV 638 15
Umbauten 648 12
Umsatzsteuer
s. Mehrwertsteuer
Umstände
Ausführungsfristen und für den Unternehmer unabwendbare– **642** 56
Fälligkeit des Werklohns **641** 4
zur Frage der Vergütung **632** 33 ff
Vergütungsgefahr und unabwendbare - **644** 32 .ff
Unausführbarkeit des Werkes
Anweisung, sachwidrige des Bestellers **645** 17
Mangel des Bestellerstoffes **645** 17
Unentgeltlichkeit
Architektenleistung **632** 99
Auftragsverhältnis **Vorbem 631 ff** 33 f
Unerlaubte Handlung
AGB-Haftungsbeschränkung bei Vorsatz/grober Fahrlässigkeit **639** 25
AGB-Haftungsbeschränkungen **Anh IV 638** 13
Architektenhaftung **Anh II 638** 55
aufgrund mangelhafter Werkleistung **634** 142 ff
Bestellerhaftung **642** 21
des Bestellers ggü. Unternehmer **Anh IV 638** 2
Bestellerschäden an Leben/Körper/Gesundheit (VOB/B-Schadensersatzanspruch) **Anh I 638** 41
Eigentumsverletzung durch Dritte **644** 10
Einstandspflicht des Bestellers **Anh IV 638** 9
Haftpflichtversicherung (AHB) und VOB/B-Schadensersatzanspruch **Anh I 638** 49
Haftungstatbestände ggü. Dritten **Anh IV 638** 15 ff
Pfandrecht des Unternehmers nicht für Ansprüche aus – **647** 2
Schutzpflichten des Unternehmers, verletzte **633** 82
Untergang des Werkes **645** 45
und Vergaberecht **Vorbem 631 ff** 94

Unerlaubte Handlung (Forts.)
Verjährung von Bestelleransprüchen
634a 10
Vertragsordnung/deliktische Ordnung
634a 10
Unfallverhütungsvorschriften
der Berufsgenossenschaften, Beachtung
Anh IV 638 18
Unfertiges Werk
Beeinträchtigung und Teilvergütung
645 1 ff
Bestellerverantwortlichkeit 645 1 ff
Erfüllungsanspruch des Bestellers 633 183
und Mängel des Werkes 640 54
Verjährung des ursprünglichen Erfüllungsanspruchs 634a 8
Ungerechtfertigte Bereicherung
Besteller/Eigentümer, fehlende Identität
647 24
Nacherfüllungsrecht des Unternehmers, übergangenes/Frage eines Bestellerausgleichs 634 34 ff, 42; Anh I 638 34
Pfandrecht des Unternehmers nicht für Ansprüche aus – 647 2
Überzahlung des Unternehmers 641 105
Unterlagenverwertung durch Besteller
632 98
Werkleistungen, rechtsgrundlose 631 72; 632 91, 106
Werkleistungen, verbotswidrige 631 74
Ungewöhnliche Leistungen
Aufklärung des Bestellers 633 176
Unkörperliches Werk
Werkvertragsrecht 631 6; Vorbem 631 ff 5
Unmöglichkeit
nach Abnahme 644 22
Anfängliche Unmöglichkeit: Erfüllungsanspruch/Nacherfüllungsanspruch
634 136; 643 5, 7, 19
nach Annahmeverzug 644 25
Aufklärungspflichten, verletzte 631 64
und Behinderung/Unterbrechung der Arbeiten, Abgrenzung 642 44
Beschaffung des Leistungssubstrats
645 34 ff
Besteller, Vertretenmüssen für – 645 44 ff
Dauernde Unmöglichkeit der Werkleistung
642 69 f
der Fertigstellung wegen unterlassener Bestellermitwirkung 644 26
Genehmigungserfordernisse 633 36
Leistungsgefahr und – 645 6
Mängelbeseitigung während der Herstellungsphase 633 95
Nachbesserung 634 36, 52; 635 5
Nichtigkeit des Vertrages 631 73
vom Unternehmer mitverschuldete 645 26
Verschaffung des Werkes 633 142

Unmöglichkeit (Forts.)
der Werkerstellung nach Stoffuntergang
644 16 f
Werkvertragsrechtliche Besonderheit
645 34
Unterbrechung der Ausführung
s. Behinderung des Unternehmers
Untergang des Werkes
nach Annahmeverzug 644 25
Anweisung, sachwidrige des Bestellers
645 17
Gefahrtragung 644 8
Höhere Gewalt, VOB/B-Abrechnung
644 33 ff
Leistungsgefahr 645 6
Mangel des Bestellerstoffes 645 17
Nachholbarkeit nach – 645 44
Vergütungsgefahr 644 22
Unterlassen
eines anderweitigen Erwerbs nach Kündigung durch den Besteller 649 28
Unterlassensanspruch
Vorbeugender Anspruch auf Mängelverursachung 633 90
Unternehmer
Abwehrrecht, fehlendes gegen Herstellungsbehinderung 631 46
Adressat von Bestellerweisungen 633 48
Änderungswünsche des Bestellers 633 12
AGB-Einbringung 639 18
Andere Unternehmer
s. dort
Anfechtung des Werkvertrages 631 79, 80
Anforderungen 631 21
Anweisungen des Bestellers
s. Weisungen des Bestellers
Arbeiten anderer Unternehmer und eigene Schutzpflichten 633 82; 634 110
Arbeitgeberstellung 633 56
Arbeitsüberwachung 633 38 ff
Arglistiges Verschweigen von Mängeln
634a 41 ff; Anh I 638 18
Art und Umfang eigener Leistung/Voraussetzungen dafür 633 67
Auftragnehmer 631 21
Aufwand-Vergütung-Relation 632 46 ff
Ausgleichsansprüche
s. dort
Auskunftspflicht
s. Auskunft
Bauunternehmer Vorbem 631 ff 71, 81
Bedenken des Unternehmers
s. dort
Benachteiligung, unangemessene 632 24
Beratungspflichten
s. dort
Bereitstellungspflichten
s. dort

Unternehmer (Forts.)
  Beseitigung auftragswidriger Leistung
    632 84 ff
  Betrieb
    s. dort
  conductor **Vorbem 631 ff** 10
  Delegationsbefugnis **633** 56
  Dispositionsfreiheit
    s. dort
  Durchführung der Werkarbeiten **633** 113
  Eigenmächtige Leistungen
    Vorbem 631 ff 53; **632** 81 ff
  Eigenverantwortliche Leistungsausführung
    633 53 ff
  Fertigstellungsbescheinigung auf Antrag
    des – **641a** 7
  Finanzielle Möglichkeiten **Anh II 638** 19
  Förderungspflichten (fristgerechte, zügige
    Leistungserbringung) **633** 127
  Freiheiten bei der Arbeitsausführung
    633 54 ff
  Genehmigungsbeschaffung **633** 33
  Geschäftsbesorgung **Vorbem 631 ff** 39
  Gewerblichkeit **Vorbem 631 ff** 2
  GoA-Ansprüche **631** 72
  Haftpflichtversicherungsschutz und
    VOB/B-Schadensersatz **Anh I 638** 59 ff
  Haftung für Bestellerschäden **Anh IV 638** 6
  Hauptunternehmer, Subunternehmer
    631 31 ff
  Herausgabepflicht **Vorbem 631 ff** 49 f
  Herstellerangaben **633** 170, 172
  Herstellung des Werkes
    s. dort
  Hinweispflicht **631** 49 ff
  Höchstpersönliche Leistungspflicht
    Vorbem 631 ff 42; **633** 55
  Kaufleute
    s. dort
  Koordinierung mehrerer Unternehmer
    (Ordnung an der Arbeitsstelle) **633** 32
  Kosten des Vertragsangebots **632** 93 ff
  Kritisches Mitdenken **Vorbem 631 ff** 46
  Kündigung durch den Unternehmer
    s. dort
  Leistung und Vergütung
    s. Leistungserfolg
  Leistung und Vergütung
    s. Vergütung
  Leistungsfähigkeit **631** 80
  Leitung der Werkarbeit
    s. dort
  Mängel des Werkes: Unternehmerverantwortlichkeit/Bestellerverantwortungsbereich
    s. Mängel des Werkes/Gewährleistung
  Mängelkenntnis und Delegation **639** 15
  Mitarbeiter **633** 48, 79

Unternehmer (Forts.)
  Nacherfüllungsrecht des Unternehmers
    s. dort
  Pfandrecht des Unternehmers
    s. dort
  Pflichten **631** 42 ff
  Pflichtverletzungen
    s. Schadensersatzansprüche
  Planung des Bestellers/Mängelhinweise
    633 19 f
  Planung des Werkes **633** 17, 114
  Planungsarbeiten, zusätzliche **632** 92 ff
  Prüfungs- und Anzeigepflicht
    s. dort
  Qualitätssicherungssysteme **633** 170
  Rechenschaftspflicht **Vorbem 631 ff** 47
  Rechnung, Bindungswirkung **632** 94 ff
  Sachkunde
    s. dort
  Schuldhaft schwere Vertragszweckgefährdung **649** 32 ff
  Schutz- und Erhaltungspflichten
    s. dort
  Selbstausführung geschuldeter Leistung
    633 104 ff
  Sicherheitsleistung; Sicherheitshypothek
    s. dort
  Subunternehmer
    s. dort
  Übernahmeverschulden **Vorbem 631 ff** 42
  Überwachungspflicht **631** 30
  Überzahlungen **641** 103 ff
  Unvermögen zur Mängelbeseitigung **635** 5
  Vergütung und Leistung
    s. Leistungserfolg
  Vergütung und Leistung
    s. Vergütung
  Verkehrssicherungspflichten **Anh IV 638** 18
  Verschaffung des Werkes
    s. dort
  Verschulden/Vertretenmüssen
    s. dort
  Vertrauenswürdigkeit **631** 80
  Vertretung **633** 48
  VOB/B-Einbeziehung gegenüber –
    Vorbem 631 ff 84
  Vorbereitende Tätigkeiten **632** 48 f
  Vorfinanzierung **Vorbem 631 ff** 52
  Vorhaltepflicht (Förderung der Arbeiten)
    633 130
  Weisungen
    s. dort
  Wirtschaftlichkeitspflicht **632** 12, 18
  Zukunftsbezogenheit des Vertrags und
    Folgen für den – **631** 20

Unternehmergewinn
  Teilvergütungsanspruch bei fehlendem
    Vertretenmüssen **645** 23, 24

Untersuchungsmaßnahmen
s. Prüfung
Unverhältnismäßige Kosten
Grenzen des Nachbesserungsanspruchs
s. Nachbesserungsanspruch des Bestellers
Unverhältnismäßiger Aufwand
s. Aufwand (unverhältnismäßiger)
Unvermögen
zur Mängelbeseitigung 635 5
Verschaffung des Werkes 633 142
Unwesentliche Mängel
s. Mängel des Werkes/Gewährleistung
Urkunde
Fertigstellungsbescheinigung 641a 2
Urproduktion
als Erzeugung beweglicher Sachen (Kaufvertrag/Dienstvertrag/Werkvertrag) 651 10

Veräußerung des Werkes
als Abnahme 640 18
Abtretung von Gewährleistungsansprüchen Anh III 638 2, 17
trotz Mängel 646 16
Verantwortungsbereiche
Besteller – Unternehmer 642 1
und höhere Gewalt 644 37, 38
Verarbeitungsrichtlinien
und anerkannte Regeln der Technik, abzugrenzende 633 170
Verbotsgesetze
und Nichtigkeit des Vertrags 631 74, 75
Verbraucherschutz
Kreditvertrag bei Bauträger – und Baubetreuungsmodellen Vorbem 631 ff 120
Verbraucherverträge
Verbrauchsgüterkauf als anzuwendendes Kaufrecht 651 1, 21
VOB/B-Einbeziehung Anh I 638 7
Verfassungsrecht, Verfassungsmäßigkeit
Vergaberecht Vorbem 631 ff 92
Vergabe der Arbeiten
Architektenaufgabe Anh II 638 18
als HOAI-Leistungsphase
Vorbem 631 ff 102
Vergaberecht
Amtspflichten Vorbem 631 ff 94
Bieter, übergangener Vorbem 631 ff 97
Culpa in contrahendo Vorbem 631 ff 95
Europäisches Recht Vorbem 631 ff 91
Gleichbehandlungsgrundsatz
Vorbem 631 ff 92, 96
Haftung im Vergabereich
Vorbem 631 ff 94 ff
Haushaltsrecht Vorbem 631 ff 90
Inhaltskontrolle der VOB/Teil B
Vorbem 631 ff 93

Vergaberecht (Forts.)
Kartellrecht Vorbem 631 ff 92
Regelungen der Vergabegrundsätze
Vorbem 631 ff 93
Verfassungsrecht Vorbem 631 ff 92
VergabeVO, Neufassung Vorbem 631 ff 93a;
Anh I 638 5
und VOB/B-Anwendung Anh I 638 5
VOB/Teil A
s. dort
Vergütung
Abgegoltene Leistung 632 45 ff
Ablieferung des Werkes und –, Synallagma
631 17
Abnahme aufgrund Zahlung 640 17
Abnahmeanspruch und – 640 1, 28 ff
Abnahmeverweigerung, berechtigte 641 7
Abnahmeverweigerung, unberechtigte
641 6
Abschlagszahlungen
s. dort
Abtretung 641 43
Änderung der Leistung 632 50 ff, 66 ff
AGBG-Überraschungsklausel hinsichtlich
auferlegter Leistungen ohne – 632 49
Anerkenntnis durch Architekten
Vorbem 631 ff 115
Anpassung (Übersicht) 631 20
Anpassungsverlangen, grundsätzlicher
Ausschluß 631 20
Anwendung des § 320 BGB auf den Werkvertrag 641 2
Arbeitszeit und Teilvergütungsanspruch
645 22
Architektenhonorar 641 98 ff
Arrestsicherung 648 40
Aufmaß
s. dort
Aufrechnungsmöglichkeiten, AGB-feste
639 24
Auftragsverhältnis bei Unentgeltlichkeit
631 58
Auftragswidrige Leistung 632 38
Aufwand des Unternehmers
Vorbem 631 ff 52, 67; 632 74
Austauschverhältnis Werkleistung und –
640 30; 641 2
und Austauschverhältnis Werkleistung/
Werklohn 640 30
Bauabzugssteuer
s. dort
Bereitstellungskosten 642 25
Beschädigung, Zerstörung infolge höherer
Gewalt (VOB/B) 644 36
Besteller-Vertragszweckgefährdung 643 21, 27
Bestellermitwirkung, verweigerte und
Anspruch auf volle – 643 22, 23, 28

Vergütung (Forts.)
Bestellerobstruktion **641** 9
Beweisfragen **632** 119 f
Druck auf den Unternehmer **641** 35b
Eigenmächtigkeiten **Vorbem 631 ff** 46; **632** 76 ff; **641** 30
Eigentumswohnungen, errichtete **641** 52
Einbehalte (Absicherung der Gewährleistung) **641** 35
Einigung **631** 69
Einschränkung, Erweiterung der Leistung **632** 61 ff, 71 ff
Entfallen des Anspruchs **632** 62; **649** 40
Entfallen des Anspruchs bei mangelhafter Kosteninformation **650** 12
Entschädigungsanspruch bei unterbliebener Mitwirkung als – eigener Art **642** 24, 27
Erfolgsbezogenheit **631** 14; **632** 44; **645** 1
Erfolgseintritt, maßgeblicher (statt Tätigkeit) **631** 15
Erfolgsunabhängige – **644** 29
Erfüllung **641** 44
Erschwerungen für Unternehmer **632** 46
Fälligkeit
— und Abnahme **641** 1 ff
— Abreden **641** 4
— Mangelfreiheit des Werkes **641** 6
— Rechnungserteilung **641** 38 ff
— Rechnungserteilung (vorzeitige Vertragsbeendigung) **641** 18
— Sekundärrechte des Bestellers bei Werkmängel, nur noch bestehende **641** 4
— Sonderregelung im Subunternehmerverhältnis **641** 48 ff
— Unterbrechung/dauernde Unmöglichkeit der Werkleistung **642** 69 ff
— VOB/B-Schlußzahlung **641** 69 ff
Fertigstellung durch den Besteller/Unternehmernebenpflichten **649** 60
als frustrierte Bestelleraufwendungen **649** 41
Genehmigungsversagung **Vorbem 631 ff** 73
Gesamtschuld **641** 45
Gläubiger des Unternehmers (VOB/B-Befugnisse) **641** 93 ff
Herabsetzung als Minderungsfolge **634** 103
Herausgabeanspruch und – **647** 23
und Kostenkontrollpflicht **650** 2
und Kostenvorschußverlangen bei der Selbstvornahme **634** 77, 79
Kündigung durch Besteller **649** 57 ff; **650** 14, 31
Kündigung durch Unternehmer **643** 18, 21
Kündigung durch Unternehmer (VOB/B) **643** 28
Kürzung **632** 23 f

Vergütung (Forts.)
Leistungserfolg, damit abgegoltener s. Leistungserfolg
Leistungsort **641** 42
Mängelbehauptung und Unternehmervorgehen **641** 5; **641a** 4
Mängelbeseitigung, einbezogene **632** 45
und Mängelbeseitigungsansprüche **641** 21 ff
Massenermittlung **641** 32
und Nachbesserungsanspruch des Bestellers/anteilige Kostentragung des Bestellers (doppelte Zug-um-Zug-Verurteilung) **634** 17
Nachbesserungsanspruch/ursprünglicher Erfüllungsanspruch **634** 23
und Nachbesserungseinrede (AGB-Regelung) **639** 22
Neufestsetzung nach Auftragsänderung **632** 61 ff, 65 f, 71; **642** 38
Obhutskosten **642** 25, 29
Pfändbarkeit **641** 43
Pfandrechtssicherung **647** 2
Planungsarbeiten **633** 26
Prüfung der Forderung **641** 20
Rechnung, Schlußrechnung s. Rechnung
Rücktritt vom Werkvertrag (einseitiges Bestellerrecht) **634** 90
Schadensersatzanspruch anstelle der Leistung/noch offene Teile der – **634** 128
Schadensersatzanspruch anstelle der Leistung/Wegfall der – **634** 127
Schuldner **641** 45
Sicherheitenbestellung für voraussichtliche – **648a** 8
Sicherheitsleistung s. dort
und Sicherungsanspruch des Unternehmers **648** 28
Sicherungshypothek s. dort
Stundenlohnarbeiten **641** 97
Stundung **641** 19
Synallagma **641** 2, 3
Teilabnahme, Teilabrechnung (VOB/B) **641** 88 ff
Teilabnahme, Teilvergütung **641** 106 ff
Teilabnahme, Teilvergütung (VOB/B) **641** 112
Teilschuldnervereinbarung **641** 45
Teilvergütung bei fehlendem Vertretenmüssen des Werkuntergangs **645** 21 ff
Überzahlung
— nach Durchführung des Werkvertrags (mängelbedingte/sonstige) **641** 104 ff
— während Vertragsdurchführung **641** 103
Unangemessenheit der Höhe **632** 46

Vergütung (Forts.)
Unmöglichkeit, dauernde der Werkleistung **642** 70
Unmöglichwerden des Nachbesserungsrechts des Unternehmers **634** 36
Untergang des Werkes **644** 21; **645** 17
Vergütungsgefahr
   s. dort
Verjährte Gewährleistungsansprüche/offene Werklohnforderung **634a** 62 f
Verjährung **641** 46 ff
Vertragszweckgefährdung durch den Besteller **643** 21, 27
Verzinsung **641** 113 ff
VOB/B-Abrechnungsverkehr, Besonderheiten **641** 64 ff
bei Vollendung des Werkes **646** 13
Vorarbeiten **645** 42
Vorauszahlungen
   s. dort
Vorbehaltlose Schlußzahlung (VOB/B-Rechtsverlust) **641** 78 ff
Vorbereitungen des Unternehmers **632** 48 ff
Vorläufige Abrechnung während der Leistungsunterbrechung **642** 69 ff
Vorleistungspflicht **Vorbem 631 ff** 52; **645** 2
Vorzeitige Abrechnung (Kündigung, Aufhebung) **641** 8
Wartezeiten **642** 25; **644** 26
Werkvertragskonzeption **Vorbem 631 ff** 53
Wohnungseigentumserwerber **Vorbem 631 ff** 142
Zug um Zug gegen Werkablieferung **640** 30; **641** 2, 48
Zug um Zug Zahlung gegen Mängelbeseitigung **641** 8
Zurückbehaltungsrecht wegen bekannter Mängel **641** 22 f
Zusätzliche Leistungen **632** 71 ff
Vergütung (ausdrücklich vereinbarte)
Änderungsvorbehalt **632** 24
AGBG-Grenzen **632** 23 f
keine AGBG-Preiskontrolle **632** 23
Anfechtbarkeit **632** 26
Aufklärungspflicht **632** 23
Bauvertrag **632** 29
Bemessung **632** 22 ff
Einheitspreisvertrag als – **632** 22
Fahrzeit als Arbeitszeit **632** 23
Kalkulationsirrtum **632** 26 ff
Kaufleute **632** 25
Kürzungen in AGB **632** 23
Mehrwertsteuer **632** 25
Nettopreisvereinbarung **632** 25
Pauschalierungen **632** 23
Pauschalpreisvertrag als – **632** 22
Rahmen, festgelegter **632** 22
Rechenfehler **632** 28

Vergütung (ausdrücklich vereinbarte) (Forts.)
Stillschweigend vereinbarte, Abgrenzung **632** 21
Stundenlohnvertrag als – **632** 22
Treu und Glauben **632** 28
Üblichkeit und –, Abgrenzung **632** 21
Vertragsfreiheit **632** 23
Vorsteuerabzugsrecht **632** 25
Zusatzkosten **632** 24
Vergütung (eigenmächtige Unternehmerleistung)
Anerkennung der Leistung (VOB/B) **632** 87
Eigenmächtigkeit, Rechtfertigung **632** 90
Vergütungspflicht (VOB/B) **632** 88 f; **641** 30
Wegfall der Vergütung, Beseitigungspflicht (VOB/B) **632** 81 ff
Vergütung (fehlende Vereinbarung)
Anfechtbarkeit **632** 35, 41
Angemessenheit der Vergütung **632** 39
Aufwand **632** 34
Bandbreiten **632** 39
Bemessung fiktiver Vergütung **632** 97
Bestellersicht **632** 33
Bestimmungsrecht des Unternehmers **632** 42
Dissens **632** 35
Einheitspreise **632** 38
Entgeltlichkeitsindizien **632** 34
Festlegung §§ 315, 316 **632** 42
Fiktion der Vergütung **632** 35
Gebührenordnungen **632** 37, 38, 40
Höhe **632** 36 ff
Lex-specialis-Regelung § 632 Abs. 1 **632** 32
Pauschalpreise **632** 38
Stundenlohnpreise **632** 38
Tatrichter-Bestimmung **632** 39
Taxe, fehlende **632** 42
Taxe und Üblichkeit als Maßstäbe **632** 37 ff
Üblichkeit, nicht feststellbare **632** 42
Umstände als objektiver Sachverhalt **632** 33
Unternehmerstellung **632** 34
Unwirksamkeit **632** 42
Vertrag – Ortsüblichkeit – Angemessenheit **632** 39
Vorarbeiten des Unternehmers **632** 93 ff
Wert des Werkes **632** 34
Vergütung (Leistungsänderung)
Einschränkung, nachträgliche **632** 61 ff
Erweiterung, nachträgliche **632** 71 ff
Fälle, zu unterscheidende **632** 50 ff
Mengenfehleinschätzungen **632** 52 ff
Preisvereinbarung, neue **632** 66 ff
Vergütung (Mehrkosten)
Architektenverantwortlichkeit **Anh II 638** 30 ff
Bedenken es Unternehmers/erforderliche Umdispositionen **633** 75

Vergütung (Mehrkosten) (Forts.)
  Behinderung und Arbeitsförderung **642** 62, 63
  wegen Bestellermitwirkung **642** 28
  Bestellerweisungen **633** 49, 51
  Schadensbeseitigung bei Verantwortlichkeit des Bestellens **644** 11
  Schutz- und Erhaltungspflicht des Unternehmers **633** 83
  Sowieso-Kosten als zusätzlicher Vergütungsanspruch **634** 20
  Verzögerungsbedingte Mehrkosten **642** 24; **643** 22
  Zusatzleistungen **632** 92; **647** 2
  Zusatzwünsche und Kostenkontrollpflicht **650** 5
Vergütungsgefahr
  Abnahme **644** 20; **645** 7 f
  Abnahme unfertigen Werkes **644** 28
  Abnahmezeitpunkt **644** 2
  Abreden zur – **644** 29
  Annahmeverzug **640** 27; **644** 25
  Beschädigung, Untergang des Werkes **644** 21 ff
  Bestellermitwirkung **645** 32
  Billigkeitsregelung **645** 3
  Erfolgsunabhängige Vergütung **644** 29
  Kaufrecht, neben Werkvertragsrecht anwendbares **644** 24
  Mitwirkungshandlungen, unterlassene **644** 26
  Versendung **644** 27
  VOB/B-Regelung bei höherer Gewalt **644** 32 ff
  Vollendung des Werkes **646** 14
  Vorverlegte – **645** 7 f
Verhaltenspflichten
  und Haftung aus cic **Vorbem 631 ff** 40
Verhandlungen der Parteien
  Hemmung der Verjährung **634a** 48 ff
Verjährung
  Ablauf **634a** 5
  Ablauf (BGB, VOB/B) **Anh I 638** 2, 14 ff
  Ablieferungsanspruch **631** 47
  Abnahme, nicht endgültige aber unberechtigt verweigerte **634a** 37
  Abnahme, unterbliebene bzw. berechtigt verweigerte **634a** 8, 36
  Abnahme und Verjährungsbeginn **634a** 32 ff
  Abtretung von Gewährleistungsrechten **Anh III 638** 10
  Allgemeine Geschäftsbedingungen
  — Erleichterungen/Verkürzungen/Verlängerungen **634a** 27 f; **639** 71
  — Schranken der Zulässigkeit **634a** 28
  Anerkenntnis der Gewährleistungsrechte **634a** 54

Verjährung (Forts.)
  Architektenwerk, Abnahme **634a** 38 f
  Arglistiges Verschweigen von Mängeln **634a** 41 ff
  Aufrechnung mit verjährten Ansprüchen **634a** 61
  Auskunftsansprüche **634a** 9
  Bauaufsicht (Frist) **634a** 22
  Baubetreuung **Vorbem 631 ff** 134
  Bauträger –, Baubetreuungsmodelle **Vorbem 631 ff** 145, 157
  Bauwerk (Frist) **634a** 17 ff; **639** 71
  Bauwerk (Kasuistik zur Abgrenzung) **634a** 18 ff; **648** 11
  Beginn, hinausgeschobener **639** 71
  Beginn, regelmäßiger **634a** 39
  Begutachtungsverfahren als Hemmungsgrund **634a** 58
  Beitritt zu geschlossenen Immobilienfonds **Vorbem 631 ff** 128
  Beratungspflichten hinsichtlich der– **634a** 40
  und Bestellereigenschaft **631** 41
  Bestellerschädigung **634a** 3
  Bestellervorgehen gegen Dritte, ergebnisloses **639** 33
  Beweisschwierigkeiten, zu vermeidende **634a** 1
  Beweisverfahren als Hemmungsgrund **634a** 55 ff
  BGB und VOB/B-Vergleich **Anh I 638** 2, 11
  Culpa in contrahendo (Prospekthaftung) **Vorbem 631 ff** 128
  Deliktische Bestelleransprüche **634** 148
  Entschädigungsanspruch des Unternehmers **642** 27
  Erfüllungsanspruch, ursprünglicher **634a** 8
  Erfüllungsanspruch, ursprünglicher/ Gewährleistungsrechte **634a** 4
  Erstattungsanspruch wegen anderweitiger Werkvollendung **649** 61
  Erstattungsanspruch des Unternehmers nach Selbstvornahme **634** 74; **634a** 9
  und Fertigstellungsbescheinigung **641a** 20
  Fertigstellungsbescheinigung, Gutachterbeauftragung **641a** 25
  Fracht- und Speditionsgeschäfte, Sonderrecht **634a** 11
  Garantie als Eigenschaftszusicherung **634a** 29
  Garantie und Fristeneinfluß **634a** 30
  Garantie, selbständige **634a** 9, 29
  Garantiefrist, vereinbarte **634a** 30
  Gestaltungsrechte und Verjährungsfrage **634a** 14
  Güterbeförderung, Sonderrecht **634a** 11
  Hemmung der Verjährung **634a** 47 ff

Verjährung (Forts.)
Hemmung der Verjährung/Verjährungsneubeginn **634a** 59 f
Herausgabeanspruch gegen Unternehmer **Vorbem 631 ff** 51
Herstellungsanspruch **631** 43; **640** 1
Hilfspersonen, arglistige **634a** 45
Individualvereinbarung **634a** 28
Kauf und Werkvertrag, Annäherung **634a** 2; **651** 5
Leistungen zur Mängelbeseitigung und Einfluß auf – **Anh I 638** 22 f
Leistungen, sonstige (Frist) **634a** 24
Leistungen, werkvertragliche (Frist) **634a** 23 ff
Leistungsverweigerungsrecht nach Fristablauf **634a** 61
Mängelbeseitigungsabsicht und Hemmung der– **634a** 52
Mängelbetrachtung, eigenständige **634a** 26
Mängelfolgeschäden, ungünstigeres Recht **634a** 1
Mehrheit von Berechtigten **Anh III 638** 19
Mehrheit von Leistungen **634a** 26
Minderung **634a** 6, 14 ff
Nachbesserung am Gemeinschaftseigentum **Anh III 638** 27
Nacherfüllungsanspruch des Bestellers **634a** 7, 62
Nacherfüllungsanspruch/ursprünglicher Erfüllungsanspruch **634** 23
Nacherfüllungsanspruch/urspünglicher Erfüllungsanspruch **631** 43
Nebenpflichtenverletzungen **634a** 8
Neubau (Frist) **634a** 19
Planungsleistungen für ein Bauwerk (Frist) **634a** 22
Positive Forderungsverletzung **Anh I 638** 53
Prospekthaftung **Vorbem 631 ff** 128
Prüfung des Werkes und Hemmung der– **634a** 48 ff
Rechtsanwaltstätigkeit **Vorbem 631 ff** 140; **634a** 12
Rechtsmängel (Frist) **634a** 25
Rückforderungsansprüche gegen Unternehmer **641** 103 ff
Rücktritt vom Werkvertrag **634a** 6, 14 ff
Schadensbeseitigung, Abgrenzung zum Bauwerk **634a** 19
Schadensersatzansprüche
– Deliktische Ansprüche des Bestellers **634a** 10
– Mängelfolgeschaden **634a** 7
– Mängelrüge vor der Abnahme **633** 101
– Mängelschaden (großer/kleiner Schadensersatz) **634a** 7
– Nichterfüllung, vollständige **634a** 8
– ohne Mängelursache **634a** 9

Verjährung (Forts.)
SchuldrechtsmodernisierungsG/Verhältnis Neuregelung und Vorgängernorm **634a** 1
Selbstvornahme (Kostenerstattungsanspruch/Kostenvorschußverlangen) **634** 74, 80; **634a** 7, 62
Steuerberaterleistungen **Vorbem 631 ff** 140; **634a** 13
Streitverkündung ggü. Architekt/Bauunternehmer **Anh II 638** 46
Streitverkündung als Hemmungsgrund **634a** 57
Stundung als Hemmung **634a** 47
Subunternehmer, Fristenkoordination **639** 71
Treuhänderhaftung **Vorbem 631 ff** 140
Überzahlungen des Unternehmers **641** 105
Umbauten, Reparaturen und sonstige Veränderungen (Bauwerksfrist) **634a** 19
Unerlaubte Handlung und Gewährleistung, Verhältnis **634a** 2
Verhandlungen als Hemmung **634a** 48 ff
Verlängerung der Gewährleistungsfrist **639** 71
Verschaffung des Werkes **631** 47; **633** 150
VOB/Teil B
– Ablauf **Anh I 638** 19
– Abweichende Vereinbarungen **Anh I 638** 17
– Arglist **Anh I 638** 18
– Bauwerke **Anh I 638** 16
– Beginn **Anh I 638** 19
– Elektrotechnische/elektronische Anlagen **Anh I 638** 15
– Erstattungsanspruch des Bestellers nach Kündigung des Werkvertrages **649** 61
– Erweiterungsgrund (schriftliches Begehren nach Mängelbeseitigung) **Anh I 638** 20; **639** 49
– Feuerungsanlagen **Anh I 638** 14
– Fristen **Anh I 638** 11 ff
– Grundstücksarbeiten **Anh I 638** 15
– Hemmung **Anh I 638** 19
– Leistungsgegenstände (Differenzierung) **Anh I 638** 14 ff
– Mängelbeseitigungsarbeiten, Bedeutung **Anh I 638** 39
– Mängelfolgeschäden **Anh I 638** 13
– Minderung der Vergütung **Anh I 638** 12
– Nachbesserungsanspruch **Anh I 638** 12, 23
– Positive Vertragsverletzung **Anh I 638** 53
– Schadensersatzanspruch **Anh I 638** 12
– Schadensersatzansprüche **Anh I 638** 46, 53
– Selbstvornahme/Kostenerstattung **Anh I 638** 12

Verjährung (Forts.)
— Verjährungsverkürzung, Verjährungsverlängerung gegenüber– **Anh I 638** 17
— Verkürzung der bisherigen Gewährleistungsfrist **Anh I 638** 4
— Versicherbarkeit von Schäden, Bedeutung **Anh I 638** 39
— und Verwertung von Gewährleistungssicherheiten **641** 63
Vollendung des Werkes **646** 12
Vorzeitige Vertragsbeendigung **634a** 35
Werklohnforderung **641** 46
Werklohnforderung, offene/verjährte Gewährleistungsansprüche **634a** 62 f
Werklohnforderung und Sicherungshypothek **648** 34
Wirkungen **Anh I 638** 24
Wirtschaftsprüferleistungen **Vorbem 631 ff** 140
Wohnungseigentum **Anh III 638** 26
Zuruckbehaltung wegen verjährter Ansprüche **634a** 61
Zweckmäßigkeitsüberlegungen/Vermeidung von Beweisschwierigkeiten **634a** 1
Verkehrssicherungspflichten
Architektenhaftung **Anh II 638** 56
Besteller, Unternehmer, Architekt **Anh IV 638** 16 ff
Prüfungspflicht des Unternehmers **633** 69
Verkehrssitte
Abnahmefähigkeit eines Werkes **646** 6
Beschaffenheitsgarantien **633** 161
Planungsleistungen **633** 18
Subunternehmereinschaltung **633** 107
und VOB/Teil C-Anwendung **633** 7
Verlagsvertrag Vorbem 631 ff 30
Vermessungsingenieur
als Sonderfachmann **Anh II 638** 1
Vermögensschaden
Unternehmer-Haftpflichtversicherung **Anh I 638** 48
Vermögensverfall des Unternehmers
Kündigung des Bauvertrages (VOB/B) **649** 47 ff
Vermögensverhältnisse des Bestellers
Unternehmerschutz **641** 48
Vermögensverwalter
Geschäftsbesorgung **Vorbem 631 ff** 39
Verrechnung
Schadensersatzanspruch anstelle der Leistung/noch offene Teile der – **634** 128
Verschaffung des Werkes
s. a. Beschaffenheit des Werkes
und Abnahme des Werkes **631** 18
Befreiung des Unternehmers von der Leistungspflicht **633** 142 f
Beschaffenheit (geduldete)

Verschaffung des Werkes (Forts.)
— Beschaffenheitsvereinbarungen **633** 164 ff
— Eigenschaften des Werkes **633** 152 ff
— Mangelerscheinungen/Mangelursachen **633** 155 ff
— Sollbeschaffenheit **633** 160 ff
— Übliche/zu erwartende Beschaffenheit **633** 167 ff
— Vertraglich vorausgesetzte Beschaffenheit **633** 173
Beschaffenheit (geschuldete), Beschaffenheitsgarantie
s. Garantie
Besitzverschaffung **633** 144
Eigentumsfrage **633** 145 ff
Eigentumsverschaffung **633** 145
Fälligkeit **633** 150
Hauptpflicht **633** 141
Instruktionspflicht **633** 149
Leistungsverweigerungsrecht (unverhältnismäßiger Aufwand) **633** 143
Mängelfreiheit **633** 141, 152 ff
Nichterfüllung **633** 151
Reparaturen, sonstige Bearbeitungen **633** 148
Sanktionierung (Schadensersatz/Rücktritt/Kündigung) **633** 151
Verjährung **633** 150
Vertragsgemäßes Werk **633** 141
Verwendungseignung
s. dort
und Vollendung des Werkes **631** 18
Wesentliche Bestandteile **633** 146 f, 146 ff
Verschulden/Vertretenmüssen
s. auch Fahrlässigkeit; Vorsatz
AGB-Haftungsbegrenzungen bei Vorsatz/grober Fahrlässigkeit **639** 25 ff
Architekt **Anh II 638** 3, 37, 40, 37
Architekt/Bauunternehmer **Anh II 638** 47
Arglistiges Mängelverschweigen **634a** 41 ff
Baustellenunterhaltung, unzureichende **633** 137
Behinderung der Arbeiten **642** 59, 62; **643** 5
Beiderseitiges – für Unmöglichkeit **645** 44
Beschaffenheitsgarantie und Schadensersatzanspruch des Bestellers **633** 162
des Bestellers für Schäden und Mängel am Werk **644** 11; **645** 5, 8, 20
des Bestellers für Unmöglichkeit **645** 44
Bestellerverhalten als schwere Vertragsverletzung **643** 20 ff
Bestellerverhalten, Werkbeschädigung **645** 30
Fehlerfreie Leistung (Garantiepflicht des Unternehmers) **633** 53

Verschulden/Vertretenmüssen (Forts.)
  Gefährdung des Vertragszweckes **643** 20; **649** 36
  und Gefahrtragungsregelung **644** 4
  Genehmigungserfordernisse **633** 36
  Kündigungsrecht des Bestellers während der Herstellungsphase **633** 96
  Mängel des Werkes **Anh I 638** 49, 55; **639** 36
  Mängel des Werkes vor der Abnahme **633** 101
  Mängel des Werkes: Unternehmerverantwortlichkeit **633** 181 f
  Mängelbeseitigung innerhalb gesetzter Frist **634** 50
  Mängelfolgeschäden an anderen Rechtsgütern des Bestellers **634** 30
  Mängelkenntnis des Unternehmers **634a** 43; **639** 13
  Mängelursache beim Schadensersatzanspruch statt der Leistung **634** 110 ff
  Mängelverschulden und unverhältnismäßiger Kostenaufwand **635** 10
  Mitwirkung, verweigerte des Bestellers **642** 23; **643** 19
  Nebenpflichten des Bestellers **631** 62
  Organisationsverschulden **634a** 45
  Selbstvornahme des Bestellers **634** 68
  Subunternehmerhandeln **631** 36
  Teilvergütungsanspruch nach Werkverschlechterung **645** 21 ff
  Unternehmerleistungen, eigene **633** 69
  des Unternehmers **645** 18
  Verjährungsbeginn **634a** 37
  Verschuldensvermutung bei Erfolgsverfehlung **Anh II 638** 3
  Versicherungsschutz, mangelnder **Anh I 638** 61
  Vertragspartei, Schädigung der anderen **Anh IV 638** 8 ff
  Verzögerung der Arbeitsaufnahme **633** 136
  VOB/B-Schadensersatzanspruch des Bestellers **Anh I 638** 41, 44, 47, 48, 53
  Zahlungsverzug des Bestellers **641** 101
Versicherung
  der Bestellersachen **644** 14
  Haftpflichtversicherung AHB
    s. dort
  Unternehmerpflicht bis Abnahmezeitpunkt **645** 41
Vertrag zu Gunsten Dritter
  Werkvertrag **631** 41
Vertrag zu Lasten Dritter
  Unternehmerpfandrecht, gutgläubiger Erwerb als – **647** 14
Vertrag mit Schutzwirkungen für Dritte
  Andere Unternehmen **631** 28 f
  Architektenvertrag **Anh II 638** 57

Vertrag mit Schutzwirkungen für Dritte (Forts.)
  Bestellerposition **631** 57
  Familienangehörige des Bestellers **Anh IV 638** 11
  Gutachter für Fertigstellungsbescheinigung **641a** 24
  Subunternehmervertrag **631** 32
  Unternehmensmitarbeiter **631** 63
  Unternehmer, parallel arbeitende **631** 28
Vertragsangebot
  Vergütung von Vorarbeiten **632** 93 ff
Vertragseinordnung
  als Konvention **Vorbem 631 ff** 22
  Rechtswahl und – **Vorbem 631 ff** 23
Vertragsgefährdung
  Bestellerverhalten, schuldhaft schwere - **643** 20 .ff
  Unternehmerverhalten, schuldhaft schwere - **649** 32 .ff
Vertragsgemäßes Werk
  Fertigstellung/im wesentlichen mangelfreies als Abnahmevoraussetzung **640** 33
  Mängelfreiheit des Werkes
    s. dort
  Verschaffung des Werkes
    s. dort
Vertragsstörung
  und Vergütungsgefahr **645** 5
Vertragsstrafe
  Abnahme eines Teilwerks **640** 14
  Architektenvollmacht **Vorbem 631 ff** 115
  nach Kündigung des Bestellers (VOB/B) **649** 60
Vertragstyp
  Einheitliche Regelung **Vorbem 631 ff** 3
  Leitbild des Gesetzgebers **Vorbem 631 ff** 5
  und Rechtsfolge **Vorbem 631 ff** 22
Vertragsverletzungen
  s. Schadensersatzansprüche
Vertragswahl
  Auftrag, Werkvertrag **Vorbem 631 ff** 35
Vertraulichkeit
  Überwachungsbefugnisse des Bestellers **633** 44
Vertretbare/nicht vertretbare Sachen
  Kaufrecht/Werkvertragsrecht, Abgrenzung **651** 15, 20
Vertretung
  bei Abnahme **640** 11
  und Eigenhaftung **Vorbem 631 ff** 125
  Fristsetzung zur Nachbesserung **634** 49
  Haftung für culpa in eligendo **631** 29
  Leitung der Werkarbeit **633** 48
  Rücktritt vom Werkvertrag, Minderung **634** 63
Vertrieb einer Kapitalanlage
  und Prospekthaftung **Vorbem 631 ff** 127

Verwahrung
 Werkvertrag, Abgrenzung **Vorbem 631 ff** 63
Verweigerung
 Abnahme
  s. dort
 Erfüllung der Werkherstellung
  s. Erfüllungsverweigerung
 Leistungsverweigerungsrecht
  s. dort
 Mitwirkung des Bestellers
  s. dort
 Schlußzahlung als endgültige Zahlungs–
  641 80
Verwendungen des Unternehmers
 Besteller/Eigentümer – fehlende Identität **647** 26 ff
Verwendungseignung
 Zweckverfehlung **631** 11
Verwendungseignung des Werkes
 s. a. Beschaffenheit des Werkes
 s. a. Mängel des Werkes
 s. a. Verschaffung des Werkes
 Äußerlichkeiten **633** 177
 Eingeschränkte Verwendung/fehlende Eignung **633** 175 f
 Folgen des Werkes, unerwünschte **633** 176
 Konkrete Beschaffenheitsvereinbarungen **633** 176
 Minderwertige Eigenschaften **633** 175
 Neue, ungewöhnliche Leistungen **633** 176
 Perfektion **633** 177
 Raum und Zeit, Bedeutung **633** 175
 Rechtsvorschriften, Verstoß **633** 175
 Störende Eigenschaften des Werkes **633** 176
 Tauglich zum Gebrauch (früherer Sprachgebrauch) **633** 160
 Tauglichkeitsbegriff, früherer **633** 174
 und Verkehrswert **633** 174
 Verkehrswert des Werkes **633** 174
 Verneinung eines Mangels **633** 177
 VOB/B-Regelung (Beeinträchtigung der Gebrauchsfähigkeit) **Anh I 638** 43
 Zustand des Werkes selbst **633** 177
Verwirkung
 Gewährleistungsrechte **646** 16
 Rücktritt vom Werkvertrag (einseitiges Bestellerrecht) **634** 87
 Vorbehaltlose Annahme der Schlußzahlung **641** 84
Verzicht
 Ausschluß/Beschränkung von Gewährleistungsrechten **639** 8; **646** 16
Verzögerung der Arbeit
 Kündigung des Bestellers (VOB/B) **649** 57 ff
 Rechtsfolgen (Übersicht) **633** 135 ff

Verzögerung der Arbeitsaufnahme
 Begriff, Abgrenzung zum Verzug **633** 136
Verzug (des Bestellers)
 Abnahme **640** 27; **642** 22
 Abnahmeverweigerung, unberechtigte **634a** 37; **640** 41 ff
 Abschlagszahlungen **643** 24, 29
 Annahmeverzug **641a** 3; **642** 23, 29 f; **643** 19
 Annahmeverzug, Rechtsfolgen **642** 23
 Annahmeverzug und Vergütungsgefahr **644** 25
 Genehmigungserfordernisse **633** 37
 Mitwirkung als Schuldnerpflicht **642** 31; **643** 22
 Mitwirkungshandlungen, unterlassene **642** 23; **644** 26
 oder Obliegenheit des Gläubigers **642** 17 ff, 42; **643** 22, 29
 Schadensersatz wegen – **640** 41; **642** 33; **643** 23, 29
 Schuldnerverzug des Unternehmers und Mitwirkungsverzug des –, Zusammentreffen **643** 6
 Zahlungsverzug **640** 29; **641** 20, 89 ff
Verzug (des Unternehmers)
 aufgrund schuldhafter Vertragszweckgefährdung durch den Unternehmer **649** 37
 Aufwendungsersatz nach Selbstvornahme **634** 74
 Beseitigung vertragswidriger Stoffe/Bauteile **633** 86
 Fertigstellung der Arbeiten **633** 137; **640** 33
 Kostenvorschußverlangen bei der Selbstvornahme **634** 78, 79
 Mängelbeseitigung **634** 46
 Mitwirkungsverzug des Gläubigers und –, Zusammentreffen **643** 6
 und Verzögerung der Arbeitsaufnahme, Abgrenzung **633** 136
 Verzögerung nach Kündigung durch den Besteller wegen Fehlverhaltens **649** 58 ff
Viehmastvertrag
 Werkvertrag **Vorbem 631 ff** 32
VOB/Teil A
 Angebotsbearbeitung **632** 97
 Arbeiten aus dem Bestelleraufgabenbereich **632** 97
 Architektenpflicht bei Vergabe der Arbeiten **Anh II 638** 18
 Bauvertrag, späterer und – **Vorbem 631 ff** 78
 Bauwerkbegriff als Abgrenzungskriterium **648** 11
 Culpa in contrahendo **Vorbem 631 ff** 95
 Entschädigungsanspruch für Planungsarbeiten **632** 97
 Europarecht und – **Vorbem 631 ff** 79

VOB/Teil A (Forts.)
  Interessen, jeweils geschützte
    Vorbem 631 ff 95
  Rechtsnormqualität, fehlende
    Vorbem 631 ff 80
  Richtlinien für Vergabe von Werkleistungen (Übersicht) Vorbem 631 ff 78
  Stundenlohnvertrag 632 8
  Vergaberecht Vorbem 631 ff 93
  Vergabeverfahren und Auftragsvergabe
    Vorbem 631 ff 78
  VOB/B-Anwendung (VergabeVO) Anh I 638 5
VOB/Teil B
  Abhilfeanspruch (Förderpflicht des Unternehmers) 633 131
  Ablauf der Verjährung Anh I 638 19 ff
  Abnahme des Werkes
    s. dort
  Abrechnungsverkehr, Besonderheiten 641 75 ff
  Abschlagszahlungen 632a 3, 14 ff
  Abstandnahme vom Bauvorhaben 649 57
  AGB, andere 633 8
  als allgemeine Geschäftsbedingungen
    Vorbem 631 ff 82; Anh I 638 4
  Andere Unternehmerleistungen Anh I 638 10
  Anerkenntnis auftragswidriger Leistung 632 97
  Anordnungen des Bestellers
    s. Weisungen des Bestellers
  Anwendbarkeit einzelner Teile
    Vorbem 631 ff 86; Anh I 638 4
  Arbeitsaufnahme 633 127 ff
  Arbeitskampf 644 36
  Arbeitsstelle und Ordnungsverpflichtung 633 57
  Arbeitsüberwachung 633 38 ff
  Architektenbetreuung des Bestellers
    Vorbem 631 ff 85
  Architektenbetreuung bezüglich Anwendung – Anh II 638 21
  Arglist Anh I 638 18
  Art und Umfang der Leistung 633 6
  Aufruhr, Krieg 644 35
  Auftragnehmer, Auftraggeber 631 21, 41
  Auftragslose Leistung/auftragsabweichende Leistung 632 81 ff
  Ausführung der Werkarbeiten 633 29
  Aussperrung 644 36
  Bauleistungen, erfaßte Vorbem 631 ff 86
  Bauleistungen, vorausgesetzte 631 40; Anh I 638 4, 8
  Baustelleneinrichtung und Fertigstellung durch Dritte 649 54
  Bauträgererwerb Vorbem 631 ff 129; Anh I 638 4

VOB/Teil B (Forts.)
  Bauvertrag, fehlender Anh I 638 5
  Bauvertrag und VOB/B-Einbeziehung
    Vorbem 631 ff 82, 84
  Bauwerksarbeiten, Verjährung Anh I 638 15
  Bauzeitenpläne Anh II 638 29
  Bedenken gegen vorgesehene Ausführungsart/Stoffe/andere Unternehmerleistungen 633 62 ff, 73
  Behinderungen des Unternehmers
    s. dort
  Benennung als Vertragsbestandteil
    Vorbem 631 ff 84
  Bereitstellungspflichten des Bestellers 633 79
  Beschaffenheitsgarantie 633 162
  Beseitigung auftragswidriger Leistung 632 84 f
  Beseitigung vertragswidriger Stoffe/Bauteile 633 84 ff
  Besteller, Mitverantwortung für Mängel Anh I 638 10
  Besteller als Privatmann Vorbem 631 ff 85
  Bestellerschäden an Leben/Körper/Gesundheit Anh I 638 41
  Bestellerstellung, verbesserte Anh I 638 4
  Bestellerstellung während der Arbeitsausführung 633 30 ff
  Betrieb des Unternehmers/Leistungserbringung 633 106
  Bewegliche Sachen, Verjährung
    Anh I 638 16
  BGB und – (Vergleich) Anh I 638 2
  Bindungswirkung einer Rechnungsstellung 632 104
  Delegationsbefugnis 633 56
  Diebstahl 644 34
  Drittzahlungsbefugnis des Bestellers 641 94
  Eigenmächtige Leistung 632 81 ff
  Eigenverantwortliche Leistungsausführung 633 53 ff
  Einbeziehung insgesamt Anh I 638 4
  Einheitspreisvertrag, Vordersätze 632 5
  Einschränkung der Leistung 632 61
  Einweisung des Unternehmers (Lage/Höhe des Bauwerks) 633 27
  Elektrotechnische/elektronische Anlagen
    Anh I 638 15
  Entgangener Gewinn 639 58
  Ersatzerfüllungsanspruch nach Kündigung des Bestellers 649 58
  Ersatzerfüllungsanspruch, Verzicht 649 57
  Feuerungsanlagen, Verjährung
    Anh I 638 14
  Fiktive Abnahme 640 78; 649 60
  Förmliche Abnahme 640 75
  Fristen (Ausführungsfristen)
  — Abhilfeanspruch des Bestellers 633 131

Sachregister　　　　　　　　　　　　　　　　　　　　　　　　　　　VOB/Teil B

VOB/Teil B (Forts.)
- Abnahmereife **633** 132
- Arbeitsaufnahme, verzögerte **633** 136
- Baustelleneinrichtung, unzureichende **633** 136, 137
- Bauzeitenverlängerung **633** 134
- Förderungspflichten des Unternehmers **633** 127 ff
- Kündigungsrecht des Bestellers **633** 139
- Rechtsfolgen der Verzögerung **633** 135 ff
- Schadensersatzanspruch neben fortbestehenden Erfüllungsanspruch **633** 138
- Schuldnerpflichten **633** 133; **649** 57 ff
- Vereinbarte Fristen **633** 126
- Verzug mit der Fertigstellung **633** 136

Gefahrtragung **644** 30 ff
Gegenstände, übergebene (Schutzfunktion) **633** 82
Geschäftsgeheimnisse und Überwachungsrecht des Bestellers **633** 42
Gewährleistung
- BGB/VOB/Teil B - Vergleich **Anh I 638** 2 f
- Zentralnorm **Anh I 638** 1

Gewährleistung, isolierte Regelanwendung **Anh I 638** 7
Gewährleistungsfristen **Anh I 638** 11 ff
Gläubiger des Unternehmers **641** 93 ff
Grundstücksarbeiten, Verjährung **Anh I 638** 15
Grundstückszustand/Umgebung vor Beginn der Bauarbeiten **633** 28
Haftung der Vertragsparteien für Schäden anderer **Anh IV 638** 1 ff
Höhere Gewalt, Abrechnung **644** 33 ff
Inhaltskontrolle **Vorbem 631 ff** 83
Insolvenz des Unternehmers **649** 53, 54
Interessefortfall des Bestellers **649** 57
Kaufvertrag **Anh I 638** 4
Konditionenkartell **Vorbem 631 ff** 82
Koordinierung einer Unternehmermehrheit **633** 32
Kostenerstattung/Kostenvorschußverlangen bei der Selbstvornahme
s. Selbstvornahme
Kosteninformationspflicht **650** 32
Kündigung durch den Besteller
s. dort
Kündigungsrecht wegen unterlassener Bestellermitwirkung **643** 26 ff
Leistung und Vergütung **632** 43
Leistungen nach Probe **Anh I 638** 9
Leistungsänderung als Bestellerbefugnis **642** 37
Leistungseinschränkung, nachträgliche **632** 61 f
Leistungsgefahr **644** 30

VOB/Teil B (Forts.)
Leistungsgegenstand und Verjährung **Anh I 638** 14 ff
Leistungsverweigerungsrecht des Unternehmers **633** 75
Leitung der Arbeitsausführung **633** 54
Mängel des Werkes **Anh I 638** 8
Mängelbeseitigungsbegehren, schriftliches (Erneuerung der Verjährung) **Anh I 638** 20 f
Mängelbeseitigungsleistungen und Verjährung **Anh I 638** 22
Mängelbeseitigungsverlangen während Arbeitsausführung **649** 51
Mängelvermeidung während der Herstellungsphase **633** 88 ff
Mangelhaftes Werk **Anh I 638** 2, 8
Mehrkosten bei Fertigstellung durch Dritte **649** 53
Mengenfehleinschätzungen **632** 52 ff
Merkantiler Minderwert
s. dort
Minderung
s. dort
Mitarbeiterauswahl **633** 56
Mitwirkungshandlungen des Bestellers **642** 42
Modifikation und deren Bedeutung **Vorbem 631 ff** 86
Nachbesserungsanspruch des Bestellers
s. dort
Nachforderungen nach Rechnungsstellung **632** 104
Öffentliche Auftraggeber **Anh I 638** 5
Pauschalpreisvertrag **632** 6
Planung des Werkes **633** 15 ff
Planung des Werkes (Bestelleraufgabe) **633** 114
Planungsänderungen durch den Besteller **633** 9 ff
Planungsunterlagen **633** 14 f
Probeleistungen **Anh I 638** 9
Prüfbarkeit der Rechnung **641** 28 ff
Prüfungspflicht des Unternehmers (Gegenstände) **633** 68 ff
Rechnungsstellung als Fälligkeitsvoraussetzung **641** 27
Rechnungsstellung und Nachforderungen **632** 104
Rechtsergänzung **Vorbem 631 ff** 5
Rechtsverlust (vorbehaltlose Annahme der Schlußzahlung) **641** 79 ff
Rücktritt vom Werkvertrag (einseitiges Bestellerverlangen)
s. dort
Sachgefahr **644** 31

VOB/Teil B (Forts.)
Schadensersatzanspruch statt der Leistung;Schadensersatzansprüche
s. dort
Schlußrechnung, Anforderungen **641** 65 ff
Schlußrechnung durch Besteller **641** 68
Schutz- und Erhaltungspflichten des Unternehmers
s. dort
Selbstausführung geschuldeter Leistung **633** 104 ff
Selbsthilfebefugnis **633** 84
Selbstvornahme
s. dort
Sicherheitsleistung **641** 50 ff
Sicherungshypothek **648** 44
Streik **644** 36
Stundenlohnvertrag **632** 9 ff
Stundenlohnzettel, Anerkenntnisfiktion **632** 15
Subsidiäre Geltung **633** 8
Subunternehmer **631** 34, 35
Subunternehmer-Auftragsweitergabe **633** 105 ff
Tätigkeitsregelung, detaillierte **631** 16
Technikregeln (anerkannte) **633** 60; **Anh I 638** 8
Teilabnahme **641** 123
Text (Ausgabe Oktober 2002) **Anh 651**
Treu und Glauben, Verkehrssitte **Vorbem 631 ff** 88
Überwachung der Arbeiten **633** 38 ff, 42
Unterbrechung der Ausführung
s. Behinderung des Unternehmers
Unterbrechung der Verjährung **Anh I 638** 19 ff
Unternehmer als Verwender **Anh I 638** 7
Unternehmerleistung (zusätzliche) ohne Auftrag **632** 82 ff
Unternehmerperson und Kündigungsgründe **649** 53 ff, 57 ff
Urheberschaft an Planungsunterlagen **633** 25
Verbraucherverträge **Anh I 638** 7
Vereinbarung als Ganzes **Vorbem 631 ff** 82 ff; **Anh I 638** 3 ff
Vergütung auftragswidriger Leistung **632** 82 ff
Vergütung, nicht vereinbarte und nicht ortsübliche **632** 12
Vergütungsgefahr **644** 32 ff
Verjährung
s. dort
Verletzung fremder Rechte **Anh IV 638** 22 f
Vermögensverfall des Unternehmers **649** 53 ff
Vertragliche Widersprüche (zu erbringende Werkleistung) **633** 8

VOB/Teil B (Forts.)
Vertragsbestandteil **Vorbem 631 ff** 100
Vertragsgrundlage **Anh I 638** 4
Vertragsgrundlage insgesamt **634a** 28
Verwenderbestimmung **Vorbem 631 ff** 83
Verzögerungen des Unternehmers **649** 57 ff
und VOB/C-Anwendung **633** 7
Vorauszahlungen des Bestellers **641** 12
Vorbehaltlose Annahme der Schlußzahlung **641** 78 ff
Vorhaltepflicht (Förderung der Arbeiten) **633** 130
Wandlung (frühere) **Anh I 638** 36
Weisungen des Bestellers
s. dort
Werkvollendung, anderweitige auf Unternehmerkosten (Fremdnachbesserung) **649** 58
Wettbewerbswidriges Unternehmerverhalten **649** 64 f
Witterungseinflüsse **644** 34
Zahlungsverzug des Bestellers **641** 89 ff
Zinsanspruch **641** 118
Zögerliche Unternehmertätigkeit **649** 53
Zusätzliche Leistungen **633** 12 f
Zusatzaufträge **Vorbem 631 ff** 85
Zusatzleistung und Vergütung **632** 71

VOB/Teil C
Beweissicherung, außergerichtliche (Grundstückszustand/Umgebung) **633** 28
Inhalt **Vorbem 631 ff** 81
Verkehrssitte **633** 7
und VOB/Teil B-Anwendung **633** 7
Vollendung des Werkes
und Abnahme **640** 2
als Abnahmevoraussetzung **640** 14
und Kündigung durch den Besteller **649** 7
statt Abnahme **646** 11 ff
und Verschaffung des Werkes **631** 18
Vollmacht
Abnahme **640** 11
des Architekten **Vorbem 631 ff** 113 ff
Aufmaß **641** 33
des Baubetreuers **Vorbem 631 ff** 130
des Treuhänders **Vorbem 631 ff** 139
Vollstreckungsbescheid
Vorbehalt gegen Schlußrechnung **641** 82
Vorarbeiten
Nachbesserung und erforderliche – **634** 30
Nicht rechtzeitig erbrachte – **642** 37
Selbstvornahmebefugnis und erforderliche – **634** 72
Vergütung **632** 93 ff
Vorauszahlungen
Abrede, erforderliche **641** 12
Abschlagszahlungen, Abgrenzung **632a** 3
Abschlagszahlungen als – **641** 18

Vorauszahlungen (Forts.)
　AGBG-Vereinbarkeit **641** 13
　und Nachbesserungsanspruch **639** 23
　Sicherungsfunktion **647** 14
　VOB/B-Regelung **641** 16 f
Vorbehalt der Rechte
　durch Besteller bei der Abnahme **640** 57 ff; **641a** 13
Vorbehalt des Unternehmers
　gegenüber Schlußzahlung des Bestellers **641** 81
Vorbehaltlose Annahme
　der Schlußzahlung **641** 78 ff
Vorbereitende Tätigkeiten
　Vergütung des Unternehmers **632** 48 f; **645** 23
Vordersätze
　beim Einheitspreisvertrag **632** 4, 5
Vorfinanzierungspflicht
　des Unternehmers **Vorbem 631 ff** 52; **641** 45
Vorhaltepflicht
　Förderung der Arbeiten **633** 130
Vorläufige Abrechnung
　s. Vergütung
Vorleistungspflicht des Unternehmers
　und Abschlagszahlungsanspruch **632a** 1
　Bedeutung **641** 2, 3
　Sicherungsbedürfnis aufgrund – **648** 1; **648 a** 1
　Untergang des Werkes **645** 2
Vorleistungspflichten des Bestellers
　und Nachbesserungsanspruch **639** 23
Vormerkung
　Sicherungshypothek **648** 35
Vorplanung
　HOAI-Leistungsphase **Vorbem 631 ff** 102
Vorsatz
　Baugeldverwendung, zweckwidrige **648** 51
　Mangel des Werkes **Anh I 638** 41
　des Unternehmers **Anh IV 638** 10
Vorschußanspruch
　Selbstvornahme des Bestellers
　s. dort
Vorschußpflicht
　Auslagen **Vorbem 631 ff** 52
Vorteilsausgleichung
　Anrechnung anderweitiger Vorteile auf die Vergütung im Kündigungsfall **649** 32
　Mehrkosten des Bauwerks **Anh II 638** 36
　Nacherfüllungsanspruch des Bestellers **634** 19
　Schadensersatz und – **650** 14
　Sowieso-Kosten
　s. dort
Vorunternehmer
　s. Andere Unternehmer
Vorvertragliche Leistungen
　des Architekten **632** 99 ff

Vorvertragliche Pflichten
　Aufklärung zur Leistungsbeschreibung **639** 4
　Aufklärungspflichten, Leistungsausschreibung **631** 64 ff
　Schadensersatzansprüche wegen Verletzung – **634** 139 f
Vorzeitige Vertragsbeendigung
　Aufhebung des Vertrages, einverständliche **649** 45
　Kündigung des Werkvertrages
　　s. Kündigung durch den Besteller
　Kündigung des Werkvertrages
　　s. Kündigung durch den Unternehmer
　Rücktritt vom Werkvertrag (einseitiges Bestellerverlangen)
　　s. dort
　Schadensersatzanspruch statt der Leistung
　　s. dort

Wahlrecht
　Großer und kleiner Schadensersatzanspruch statt der Leistung **634** 129 ff
　Mängelbeseitigung oder Neuherstellung **634** 38
　Nacherfüllungsverlangen/weiteres/sekundäre Rechtsbehelfe **634** 62
Wahrnehmung berechtigter Interessen
　Überwachungsbefugnisse des Bestellers **633** 44
Wandlung
　s. Rücktritt vom Werkvertrag
Wartezeiten des Unternehmers
　Entschädigung **642** 25
　Ersatzanspruch **644** 26
Wartung
　Werkleistungen und Verjährungsfrage **634a** 23
　Werkvertrag **Vorbem 631 ff** 33
Wasseranschlüsse
　Unentgeltliche Unternehmernutzung **633** 80
Wegnahmerecht
　Auftragswidrige Unternehmerleistung **632** 84
　nach Rücktritt vom Werkvertrag (einseitiges Bestellerrecht) **634** 93
Weigerungsrecht
　Änderungswünsche des Bestellers **633** 12
Weisungen des Bestellers
　Adressat **633** 48
　und Änderungen/Erweiterungen des Werkes selbst, abzugrenzende **633** 47
　Anordnungen als einseitige – **633** 45; **Vorbem 631 .ff** 44
　Anweisung trotz geäußerter Bedenken **633** 50
　und Arbeitsüberwachung **633** 40

Weisungen des Bestellers (Forts.)
Art und Weise der Werkerbringung **633** 45 ff; **642** 40
Baustoffe, vorgeschriebene **633** 52
Bedenken, zu Unrecht erhobene/Bedenken, zu Unrecht unterlassene **633** 52
Bedenken des Unternehmers **633** 49
Behinderungsfolge **633** 52
und Dispositionsfreiheit des Unternehmers **Vorbem 631 ff** 44; **633** 46, 47
Gefahrtragungsfolgen **633** 45; **645** 14 ff
Gewährleistungsfolgen **633** 45
Leitungsbefugnisse, abzugrenzende **633** 47
Mängelfolge **633** 52
Mehrkostenfolge **633** 51; **645** 16
Mitarbeiter des Unternehmers **633** 48
Treu und Glauben **633** 46
Überprüfungspflicht des Unternehmers **634** 110
Untergang, Verschlechterung, Beschädigung des Werkes wegen sachwidriger --- **645** 17
Vertretbarkeit, fehlende schutzwürdige Unternehmerbelange **633** 46
Verweigerungsrecht **633** 50
VOB/B-Regelung **633** 46 ff
Warnpflicht des Unternehmers **633** 49
und Werkvertrag **Vorbem 631 ff** 24, 44 ff
und werkvertragliche Erfolgsgarantie **Vorbem 631 ff** 24, 41
und Wünsche, Vorschläge **633** 45; **645** 14
Zumutbarkeitsgrenze **Vorbem 631 ff** 49; **645** 16
Zweckmäßigkeit, Rechtfertigung **633** 49; **645** 14 ff

Weiterfresserschäden
Kaufvertrag, Werkvertrag **634** 144

Werbemaßnahmenvertrag
Dienstvertrag, Werkvertrag **Vorbem 631 ff** 37

Werbung für Kapitalanlagen
Haftungsfolgen **Vorbem 631 ff** 123 ff

Werkanforderungen
s. Beschaffenheit des Werkes

Werkausführung
s. Ausführung der Werkarbeiten

Werklieferungsvertrag
Stofflieferung durch den Besteller/Ersetzungsbefugnis des Unternehmers **633** 117

Werklohn
s. Vergütung

Werkrücknahme
Rücktritt vom Werkvertrag (einseitiges Bestellerrecht) **634** 91 f
Schadensersatzanspruch statt der Leistung (großer Schadensersatz) **634** 130

Werkstätten des Unternehmers
und Überwachungsrecht des Bestellers **633** 42

Werkteile (abgeschlossene)
und Anspruch auf Abschlagszahlung **632a** 4 ff

Werkvertrag
Abgrenzungen **Vorbem 631 ff** 4, 13 ff
Änderung des Leistungsgegenstandes **642** 37 f
Auslagen **Vorbem 631 ff** 52
Begriff **631** 1 ff
und Dauerschuldverhältnis **643** 20; **649** 2, 4
und Dienstvertrag, Leistung in eigener Verantwortung **633** 53
Einheitliche Regelung **Vorbem 631 ff** 3
Entgeltlichkeit **631** 58
Erfolgsbezogenheit
s. Erfolg des Werkvertrages
Fertigstellungsbescheinigung **641a** 6
Fortgesetzt gleiche Werkleistungen **649** 43
Geschichte **Vorbem 631 ff** 8 ff
Gesetzliche Regelung, Überblick **Vorbem 631 ff** 8 ff
Gewährleistungsrecht
s. Mängel des Werkes
Herstellung des Werkes
s. dort
und Kaufrecht, Abgrenzung der Anwendung durch europäisches Recht **651** 1
Kaufrecht, Anlehnung **Vorbem 631 ff** 6
Leistungsaustausch **640** 30; **641** 1, 2
Leitbild **Vorbem 631 ff** 5; **Anh I 638** 39; **Anh II 638** 1; **641** 105; **650** 28
Sonderbestimmungen **Vorbem 631 ff** 3
Vertragsordnung/deliktische Ordnung **634a** 10
Vertragstypen **Vorbem 631 ff** 3
Vorvertragliches Vertrauensverhältnis **631** 64 ff
Vorzeitige Beendigung
s. Kündigung durch den Besteller; Kündigung durch den Unternehmer
Vorzeitige Beendigung
s. Rücktritt vom Werkvertrag (einseitiges Bestellerverlangen)
Vorzeitige Beendigung
s. Schadensersatz statt der Leistung
Zukunftsbezogenheit **631** 19 ff

Werkzeuge des Bestellers 647 4

Wert des Werkes
Eingeschränkter Verkehrswert als Mangel **633** 174
Herstellung beweglicher Sachen/Kaufrecht oder Werkvertragsrecht **651** 7

Wert des Werkes (Forts.)
Kosteninformationspflichten, verletzte und verbleibender– **650** 14
Kostenüberschreitung und Architektenverantwortlichkeit **Anh II 638** 36
Merkantiler Minderwert
 s. dort
Minderwert der Leistung aufgrund Mangels (sekundäre Bestelleransprüche) **634** 65
Nachbesserung unter unverhältnismäßigen Kosten **635** 9
Tatsächlicher Wert/Wert in mangelfreiem Zustand **634** 100
und wertbildende Faktoren, Abgrenzung **633** 154
Wertersatz
Werkverbleib beim Besteller nach Rücktritt vom Werkvertrag **634** 94
Wertminderung des Werkes
als Mangel **Anh I 638** 48
Wertsteigerung
Schadensmindernde – **Anh II 638** 37
und Sicherungshypothek **648** 26
Wesentliche Bestandteile
Verschaffungspflicht des Unternehmers **633** 146 ff
Wesentliche Kostenabweichung 650 8, 21
Wesentliche Mängel
s. Mängel des Werkes/Gewährleistung
Wettbewerbswidriges Unternehmerverhalten
und Kündigungsrecht des Bestellers (VOB/B) **649** 64 ff
Wichtiger Kündigungsgrund
Schuldhaft schwere Vertragsgefährdung durch den Besteller **643** 20 ff
Schuldhaft schwere Vertragsgefährdung durch den Unternehmer **649** 36 ff
Wiederherstellung des früheren Zustandes
nach Rücktritt vom Werkvertrag (einseitiges Bestellerrecht) **634** 92
Willenserklärung
Abnahme **640** 10
Winterschäden
Schutz- und Erhaltungspflicht des Unternehmers **633** 83
Wirtschaftliche Identität
Besteller und Grundstückseigentümer **648** 21 f
Wirtschaftlichkeit
Architektenverpflichtung bei Werksplanung **Anh II 638** 19
Wirtschaftsprüfer
Verjährung **Vorbem 631 ff** 140
Wissenschaft
und Regeln der Technik **633** 169

Wissenschaftliche Leistung
Höchstpersönliche Werkleistung **Vorbem 631 ff** 42; **633** 55
Witterungseinflüsse
und Arbeitsbeginn **633** 120
und Ausführungsfristen **642** 58
als höhere Gewalt **644** 34
Schutzpflichten des Unternehmers **633** 82
und Verjährungslauf **634a** 47
Wohnungseigentum
Abnahme des Gemeinschaftseigentums, des Sondereigentums **640** 21
Gewährleistungsrechte (Gemeinschaftseigentum)
— Abnahme des Werkes **Anh III 638** 26
— Beschlußfassung **Anh III 638** 24
— Kostenvorschußverlangen **Anh III 638** 27
— Minderung **Anh III 638** 31 f
— Nachbesserungsanspruch **Anh III 638** 24
— Rücktritt vom Werkvertrag **Anh III 638** 29
— Schadensersatzanspruch statt der Leistung **Anh III 638** 29
— Schadensersatzanspruch wegen vertragsgemäßer Herstellung **Anh III 638** 30
— Verjährung **Anh III 638** 26
Gewährleistungsrechte (Sondereigentum) **Anh III 638** 21, 26, 29
Kapitalanlage und Steuerersparnis **Vorbem 631 ff** 141 f
Schuldner von Werklohnforderungen **Vorbem 631 ff** 141; **641** 45
Sicherungshypothek **648** 18

Zahlung
s. Vergütung
Zahlungspläne
für zu errichtende Häuser **632a** 6
Zahlungsverkehr
Bauträger-Zahlungsverkehr (Verbraucherschutz) **632a** 23 ff
Zahnarzt
Dienstvertrag, Werkvertrag **Vorbem 631 ff** 29
Zeitfaktor
und Vertragsbestimmung **Vorbem 631 ff** 21
Zerstörung des Werkes
s. Untergang des Werkes
Zinsen, Verzinsung
AGB-Ausschluß von einbehaltenen Beträgen **641** 59
Architektenverpflichtung und Schadensersatzanspruch statt der Leistung **Anh II 638** 41
Aufwendungsersatz nach Selbstvornahme **634** 74

Zinsen, Verzinsung (Forts.)
   Zahlungsverzug des Bestellers **641** 92, 119
   Zinsverlust als Schaden **Anh I 638** 45
Zufahrtwege
   Unentgeltliche Unternehmernutzung **633** 80
Zug-um-Zug-Leistung
   Werklohn gegen Ablieferung des Werkes **640** 30; **641** 2, 58; **647** 23
   Werklohn gegen Mängelbeseitigung **641** 5
   Werklohnforderung gegen Mängelbeseitigung **641** 7; **641a** 4
Zugesicherte Eigenschaften
   s. Garantie (Beschaffenheitsgarantie)
Zumutbarkeit/Unzumutbarkeit
   Auskunftsansprüche **634a** 9
   Bestellerweisungen **645** 16
   und entbehrliche Fristsetzung zur Mängelbeseitigung **634** 61
   Leistungssubstrat, Gläubigerobliegenheit zur Beschaffung **645** 35
   Mängelbeseitigung **Anh I 638** 41
   Nachbesserung unter unverhältnismäßigen Kosten **635** 9
   Nachbesserungsanspruch des Bestellers **635** 7
   Planungsänderungen (VOB/B-Regelung) **633** 10
   der Vertragsfortsetzung für Besteller **649** 54, 57, 64
Zurückbehaltungsrecht
   Abschlagszahlungen **632a** 11; **641** 22
   Abschlagszahlungen/Vorauszahlungen und Nachbesserungsanspruch **639** 23
   Einzubauende Sachen **648** 1
   und Nacherfüllungsanspruch, akzessorischer **641** 24
   Rechnungserteilung, steuerliche Anforderungen **641** 25

Zurückbehaltungsrecht (Forts.)
   Sicherheitengestellung **648a** 20
   Sicherungshypothek und – **648** 32 f
   als Sicherungsmittel **648** 9
   trotz Unternehmerpfandrechts **647** 23
   und Verzugsausschluß **641** 24
   Werklohnforderung und Nachbesserungsverlangen **639** 22, 33
   des Werklohns wegen bekannter/unbekannter Mängel **641** 22 ff
Zusätzliche Leistungen
   und Kontrahierungszwang **633** 11
   Nicht notwendige Zusatzarbeiten **633** 13
   Vergütung **633** 13
Zusatzleistungen
   Auftragswidrige des Unternehmers **632** 81 ff
   vom Besteller geforderte **632** 71 ff
   Planungsarbeiten des Unternehmers **632** 103
Zusatzvereinbarung
   und Architektenvollmacht **Vorbem 631 ff** 113
   vom Unternehmer geforderte – **632** 45
Zutaten
   Beschaffungspflicht (Besteller/Unternehmer) **633** 115 ff
Zwangsversteigerung
   und Mängelbeseitigung **Anh I 638** 45
Zwangsvollstreckung
   Abnahme des Werkes (Hinwegnahme) **640** 44
Zweckerreichung 645 34
Zweckvereitelung 645 34
Zweckverfehlung
   und Unternehmerpflichten **631** 11
Zweckwidrige Baugeldverwendung 648 50 ff

**J. von Staudingers
Kommentar zum Bürgerlichen Gesetzbuch
mit Einführungsgesetz und Nebengesetzen
Übersicht vom 20. Juni 2003**

Die Übersicht informiert über die Erscheinungsjahre der Kommentierungen in der 13. Bearbeitung und deren Neubearbeitungen (= Gesamtwerk STAUDINGER). *Kursiv* geschrieben sind die geplanten Erscheinungsjahre.

Die Übersicht ist für die 13. Bearbeitung und für deren Neubearbeitungen zugleich ein Vorschlag für das Aufstellen des „Gesamtwerk STAUDINGER" (insbesondere für solche Bände, die nur eine Sachbezeichnung haben). Es wird empfohlen, die Austauschbände chronologisch neben den überholten Bänden einzusortieren, um bei Querverweisungen auf diese schnell Zugriff zu haben. Bei Platzmangel sollten die ausgetauschten Bände an anderem Ort in gleicher Reihenfolge verwahrt werden.

	13. Bearb.	Neubearbeitungen	
Buch 1. Allgemeiner Teil			
Einl BGB; §§ 1–12; VerschG	1995		
§§ 21–89; 90–103 (1995)	1995		
§§ 90–103 (2004); 104–133	*2004*		
§§ 134–163	1996	2003	
§§ 164–240	1995	2001	
Buch 2. Recht der Schuldverhältnisse			
§§ 241–243	1995		
AGBG	1998		
§§ 244–248	1997		
§§ 249–254	1998		
§§ 255–292	1995		
§§ 293–327	1995		
§§ 255–314		2001	
§§ 315–327		2001	
§§ 328–361	1995		
§§ 328–361b		2001	
§§ 362–396	1995	2000	
§§ 397–432	1999		
§§ 433–534	1995		
Wiener UN-Kaufrecht (CISG)	1994	1999	
§§ 535–563 (Mietrecht 1)	1995		
§§ 564–580a (Mietrecht 2)	1997		
2. WKSchG; MÜG (Mietrecht 3)	1997		
§§ 535–562d (Mietrecht 1)		2003	
§§ 563–580a (Mietrecht 2)		2003	
§§ 581–606	1996		
§§ 607–610	./.		
VerbrKrG; HWiG; § 13a UWG	1998		
VerbrKrG; HWiG; § 13a UWG; TzWrG		2001	
§§ 611–615	1999		
§§ 616–619	1997		
§§ 620–630	1995		
§§ 616–630		2002	
§§ 631–651	1994	2000	2003
§§ 651a–651l	2001		
§§ 652–704	1995		
§§ 652–656		2003	
§§ 705–740	*2003*		
§§ 741–764	1996	2002	
§§ 765–778	1997		
§§ 779–811	1997	2002	
§§ 812–822	1994	1999	
§§ 823–825	1999		
§§ 826–829; ProdHaftG	1998	2003	
§§ 830–838	1997	2002	
§§ 839, 839a	2002		
§§ 840–853	2002		
Buch 3. Sachenrecht			
§§ 854–882	1995	2000	
§§ 883–902	1996	2002	
§§ 903–924; UmweltHaftR	1996		
§§ 903–924		2002	
UmweltHaftR		2002	
§§ 925–984	1995		

	13. Bearb.	Neubearbeitungen
§§ 985–1011	1993	1999
ErbbVO; §§ 1018–1112	1994	2002
§§ 1113–1203	1996	2002
§§ 1204–1296; §§ 1–84 SchiffsRG	1997	2002
§§ 1–64 WEG	*2003*	

Buch 4. Familienrecht

§§ 1297–1320; NeLebGem (Anh §§ 1297 ff); §§ 1353–1362	2000	
§§ 1363–1563	1994	2000
§§ 1564–1568; §§ 1–27 HausratsVO	1999	
§§ 1569–1586b	*2004*	
§§ 1587–1588; VAHRG	1998	
§§ 1589–1600o	1997	
§§ 1589–1600e; Anh §§ 1592, 1600e		2000
§§ 1601–1615o	1997	2000
§§ 1616–1625	2000	
§§ 1626–1633; §§ 1–11 RKEG	2002	
§§ 1638–1683	2000	
§§ 1684–1717; Anh § 1717	2000	
§§ 1741–1772	2001	
§§ 1773–1895; Anh §§ 1773–1895 (KJHG)	1999	
§§ 1896–1921	1999	

Buch 5. Erbrecht

§§ 1922–1966	1994	2000
§§ 1967–2086	1996	
§§ 1967–2063		2002
§§ 2087–2196	1996	
§§ 2197–2264	1996	
§§ 2265–2338a	1998	
§§ 2339–2385	1997	

EGBGB

Einl EGBGB; Art 1–2, 50–218	1998
Art 219–222, 230–236	1996

EGBGB/Internationales Privatrecht

Einl IPR; Art 3–6	1996	
Art 7, 9–12	2000	
IntGesR	1993	1998
Art 13–18	1996	
IntVerfREhe	1997	
Kindschaftsrechtl Ü; Art 19	1994	
Art 19–24		2002
Art 20–24	1996	
Art 25, 26	1995	2000
Art 27–37	2002	
Art 38	1998	
Art 38–42		2001
IntWirtschR	2000	
IntSachenR	1996	

Gesamtregister	*2004*	
Vorläufiges Abkürzungsverzeichnis	1993	
Das Schuldrechtsmodernisierungsgesetz	2002	2002
BGB-Synopse 1896–1998	1998	
BGB-Synopse 1896–2000		2000
100 Jahre BGB – 100 Jahre Staudinger (Tagungsband 1998)	1999	

Demnächst erscheinen

§§ 705–740	2003	
§§ 2064–2196		2003
Art 18 EGBGB; Vorbem A + B zu Art 19 EGBGB		2003
Art 219–245 EGBGB		2003

Nachbezug: Um sich die Vollständigkeit des „Gesamtwerk STAUDINGER" zu sichern, haben Abonnenten jederzeit die Möglichkeit, die ihnen fehlenden Bände früherer Jahre zu für sie erheblich vergünstigten Bedingungen nachzubeziehen (z. B. 55 bis Dezember 2000 erschienene Bände [1994 ff., 37.981 Seiten] seit 1. Januar 2003 als Staudinger-Einstiegspaket 2003 für € [D] 4.598,–/sFr 7.357,– ISBN 3-8059-0972-1). Auskünfte erteilt jede gute Buchhandlung und der Verlag.

Dr. Arthur L. Sellier & Co. KG – Walter de Gruyter GmbH & Co. KG oHG, Berlin
Postfach 30 34 21, D-10728 Berlin, Telefon (030) 2 60 05-0, Fax (030) 2 60 05-222